www.ingramcontent.com/pod-product-compliance
Lightning Source LLC
Chambersburg PA
CBHW050406110426
42812CB00006BA/1813
* 9 7 8 1 9 5 1 9 4 8 1 2 2 *

ספר

הלכתא ברורה

מסכת ברכות

כולל ההלכות שבחלק א-ב

של המשנה ברורה

ושאר ההלכות הנמצאות על הדף

בשילוב תמצית דברי הביאור הלכה והשער הציון

מסודרות על הדף ע"פ ציוני ה'עין משפט'

בתוספת מקורות של הבאר הגולה

לאסוקי שמעתתא אליבא דהלכתא

ספר הלכתא ברורה על מסכת סוכה
וכן ספרי חזרה ברורה: ג' כרכים על כל ו' חלקי משנה ברורה
ניתן להשיג ע"י:
"עם הספר" י. לעוויץ 0047 -377-718
יעקב בלוי 05-266-6245

ספר זה
ספר הלכתא ברורה על מסכת שבת
ספר הלכתא ברורה על מסכת פסחים
ספר הלכתא ברורה על מסכת ר"ה ויומא
ספר הלכתא ברורה על מסכת ביצה ומועד קטן
ספר הלכתא ברורה על מסכת תענית מגילה וחנוכה
ספר חזרה ברורה על דיני חושן משפט ע"פ הסדר של הקשו"ע
וכן ספרי חזרה ברורה על יורה דעה: ב' כרכים
עם שאר הספרים המוזכרים למעלה
ניתן להשיג ע"י: www.chazarahmp3.com

1139 East 12th St.
Brooklyn, NY 11230
718 - 646 - 1243
info@chazarahmp3.com

ביד"צ שע"י העדה החרדית שליט"א

בית דין צדק
לכל מקהלות האשכנזים
שע"י "העדה החרדית"
פעיה"ק ירושלם תובב"א
רח' שטראוס 26/א

BETH DIN TZEDEK
OF THE ORTHODOX
JEWISH COMMUNITY
26 \A STRAUSS ST.
JERUSALEM

ת.ד. P.O.B 5006 טל.TEL 02-6236550 פאקס FAX 02-6221317

ב"ה

הסכמת הביד"צ שליט"א

נודע בשערים המצוינים בהלכה גודל ענין החזרה והשינון לדעת את הדרך ילכון בה ואת המעשה אשר יעשון בפרט בהלכתא רברבתא כהלכות שבת וכדו' אשר לפעמים נצרך להם ואין פנאי לחפש מקורו בספר, וע"כ בואו ונחזיק טובה להאי גברא יקירא הרה"ג ר' אהרן זליקוביץ שליט"א מעיר נ"י, אשר ערך ספר "חזרה ברורה" לפי סדר המשנה ברורה לחזור ולשנן הלכות שבת תחומין ועירובין שבמשנ"ב חלק ג' וד'.

והנה עבר על הספר ידידינו הגאון רבי חיים יוסף בלויא שליט"א מו"צ פעיה"ק רב שכו' פאג"י ומרבני ועד השחיטה דעדתינו, ומעיד כי הספר בנוי לתלפיות לתועלת ללומדים לשינון וחזרה, ע"כ אף ידינו תכון עמו לחלקו ביעקב ולהפיצו בישראל, והרוצים לידע את המעשה אשר יעשון עליהם לעיין בפנים הספר משנה ברורה ובהלכה, וכידוע מפי הפוסקים שאין לסמוך על ספרי הקיצורים ללא לימוד מקור הדברים בעיון כדת של תורה.

מי יתן וחפץ ה' בידיו של המחבר יצליח להגדיל תורה ולהאדירה מתוך שמחה ונחת וברכת ה' מלא, עדי נזכה לביאת גוא"צ אשר אליו מייחלים עינינו בקרוב הימים בב"א.

וע"ז באעה"ח ביום ז"ך לחודש תמוז - בין המצרים יהיה לששון ולשמחה - תשע"ה לפ"ק הביד"צ דפעיה"ק ת"ו

נאם
יצחק טוביה ווייס – גאב"ד

נאם
משה שטרנבוך – ראב"ד

נאם
אברהם יצחק אולמאן

נאם
נפתלי ה' פרנקל

יבלנו בעד ספר "חזרה ברורה" על משנה ברורה

הרה"ג רב עזריאל אוירבאך שליט"א

בס"ד

הרב עזריאל אוירבאך
רב בית הכנסת "חניכי הישיבות", בית וגן
רח' הפסגה 53, בית וגן, ירושלים

Rabbi Azriel Auerbach
Rabbi of "Chaniche Hayeshivot"
53 Hapisga St., Bayit Vegan, Jerusalem

ב"ה

ראיתי את הספר "חזרה ברורה" הנועד לאלו אשר כבר
עסקו בעיון בשו"ע ובס' משנה ברורה - לקיים ושננתם
ובפרט בדבר הלכה בעניני או"ח אשר יום יום ידרושון
לדעת את הדרך ילכו בה. והנה המחבר עשה עבודה
יפה ומתוקנת ערוך ומסודר במעשה אומן לשם שינון הלכה
בבחינת נר לרגלי דבריך ואור לנתיבתי.
וברכה להמשך זיכוי הרבים להחדרת ההלכה היום
יומית מתוך הרחבת הדעת.

עזריאל אוירבאך

בס"ד

ראיתי את הספר "חזרה ברורה" הנועד לאלו אשר כבר עסקו בעיון בשו"ע ובס' משנה ברורה - לקיים ושננתם ובפרט בדבר הלכה בעניני או"ח אשר יום יום ידרושון לדעת את הדרך ילכו בה, והנה המחבר עשה עבודה יפה ומתוקנת ערוך ומסודר במעשה אומן לשם שינון הלכה בבחינת נר לרגלי דבריך ואור לנתיבתי.

וברכה להמשך זיכוי הרבים להחדרת ההלכה היום יומית מתוך הרחבת הדעת.

עזריאל אוירבאך

קיבלנו בעד ספר "חזרה ברורה" על משנה ברורה

הרה"ג רב ישראל גנס שליט"א

הרב ישראל גנס
רח' פנים מאירות 2
קרית מטרסדורף, ירושלים 94423

בס"ד א' אלול תשע"ב

ראיתי את הספר "חזרה ברורה" אשר הפליא לעשות
האברך היקר הרב אהרן זליקוביץ שליט"א.
בספר הזה יש עמל רב, יגיעה רבה, סדר נפלא, ובעיקר תועלת
גדולה ללימוד המשנה ברורה שיוכלו לזכור את דבריו, הן המ"ב
הן הבה"ל והן השעה"צ.
ולא נצרכה אלא לברכה שיוסיף המחבר תת תנובה לזכות הרבים
בעוד ספרים מועילים.

הכו"ח לכבוד התורה ועמליה פה עיה"ק ירושלים תובב"א

ישראל גנס

בס"ד א' אלול תשע"ב
ראיתי את הספר "חזרה ברורה" אשר הפליא לעשות האברך היקר הרב אהרן זליקוביץ שליט"א. בספר הזה יש עמל רב, יגיעה רבה, סדר נפלא, ובעיקר תועלת גדולה ללימוד המשנה ברורה שיוכלו לזכור את דבריו, הן המ"ב הן הבה"ל והן השעה"צ. ולא נצרכה אלא לברכה שיוסיף המחבר תת תנובה לזכות הרבים בעוד ספרים מועילים.

הכו"ח לכבוד התורה ועמליה פה עיה"ק ירושלים תובב"א
ישראל גנס

קיבלנו בעד ספר "חזרה ברורה" על משנה ברורה

הרה"ג רב שמואל פירסט שליט"א

Rabbi Shmuel Fuerst
6100 North Drake Avenue
Chicago, Illinois 60659
(773) 539-4241
Fax (773) 539-1208

בס"ד

הרב שמואל פירסט
דיין ומו"ץ אגודת ישראל
שיקאגא, אילינאי

ה' מנחם אב תשע"ב

ראיתי הספר "חזרה ברורה" שחיברו הר"ר אהרן זליקוביץ שליט"א שכתוב בתוכו כל דברי המחבר והרמ"א וכמעט כל דברי המ"ב ושע"צ וב"ה, והכל ערוך בסדר נאה. והתועלת מהספר יהיה להלומדי המ"ב שיוכלו לחזור על ספר מ"ב באופן קל להבין אותה על בוריה.

ובודאי ספר הנ"ל יהיה תועלת גדולה להרבה לומדי משנה ברורה שיהא להם קל לחזור על דבריו כדי שיהיו בקיאין בדבריו ועי"ז יזכו לשמור ולעשות ולקיים את דבר הלכה.

יהי רצון שיזכה המחבר שיתקבל הספר "חזרה ברורה" לפני כל הלומדים הלכות אלו ויזכה לסיים כל שאר חלקים של המ"ב, ויזכה לשבת באהלה של תורה כל ימי חייו.

הכו"ח לכבוד התורה,
בידידות, שמואל פירסט

קיבלנו בעד ספר "חזרה ברורה" על משנה ברורה

הרה״ג רב שמואל פעלדער שליט״א

RABBI SHMUEL FELDER
BETH MEDRASH GOVOAH
LAKEWOOD N.J.08701

שמואל יצחק פעלדער
דיין ומו״ץ בית מדרש גבוה
לייקואוד נוי זשערזי

בעזהי״ת יום א׳ כ״א אייר תשע״ב לפ״ק

הן הובא לפני קונטרוס שחיברו ר׳ אהרן זליקוביץ שליט״א על משנה ברורה אשר בשם ״חזרה ברורה״ יקבנו המכיל בתוכו כל דברי המחבר והרמ״א ומ״ב, וגם תמצית דברי הביאור הלכה ושער הציון, הכל עורך בצורה מסודרת ומאירת עינים, באופן ששייך לחזור על ספר משנה ברורה עם תמצית בה״ל ושעה״צ באופן קל ובהיר בלא בלבול ועירבוביא.

ובודאי שיש בחיבור זה תועלת גדולה ללומדי משנה ברורה לחזור ולשנן הדברים בצורה מועילה ביותר למען תהיה תורתם בלבם ערוכה ושמורה להיות בקיאין בדבר הלכה ללמוד וללמד לשמור ולעשות ולקיים.

ועל כן אברך הרב המחבר שיזכה שיתקבלו הדברים באהבה ובשמחה לפני הלומדים ויזכה לחבר עוד חיבורים כזה ואחרים בתורה הקדושה ולשבת באהלה של תורה כל ימי חייו מתוך מנוחת הנפש והרחבת הדעת.

הכו״ח לכבוד התורה
שמואל יצחק פעלדער

הרה"ג רב יחזקאל רוטה שליט"א

RABBI Y. ROTH
1556-53RD STREET
BROOKLYN, N. Y. 11219
TEL:(718) 435-1502

יחזקאל רוטה
אבדק"ק קארלסבורג
בארא פארק ברוקלין, נ.י. יע"א

להי"ו

תפארת שבנצח למב"י לסדר כללותיה ופרטותיה ודיקדוקיה מסיני תשע"ד לפ"ק

בימי הספירה שמסוגלים מאד ללמוד הלכה ברורה, כמבואר בתשו' המפורסמת לכ"ק זקיני זי"ע בשו"ת מראה יחזקאל סי' ק"ד בשם רבו הרה"ק מרימנאב זי"ע, שכל ההלכות שנשתכחו בימי אבלו של משה והחזירן עתניאל בן קנז כדאיתא בתמורה ט"ז, היתה בימי העומר, וע"כ מסוגל מאד בימים הקדושים הללו לעשות חזרה על הלימוד שלא ישתכח, וע"ז רומז לשון והחזירן מלשון חזרה, וע"כ מאד מתאים כעת לחזק את ידי הרב המופלג צמ"ס כמוהר"ר **אהרן זליקוביץ** שליט"א שאיתמחי מכבר לערוך חיבור **חזרה ברורה** על המ"ב או"ח, ונתעטר בהמלצות והסכמות מגדולי הרבנים שיחי', ועל של עכשיו באתי מה שהוציא עתה חדש מן הישן על הלכות או"ה שביו"ד, ובוודאי יועיל להלומדים לחזור על לימודם, ודבר גדול עשה בזה שיהי' מוכן ומזומן לפני הלומד הלכות שירוץ בהם בלי גימגום וחיפוש, ובזה יתרבה יודעי דת ודין לזכור הלכה המביא לידי מעשה, והמחבר יהי' נמנה בין מזכי הרבים להגדיל תורה ולהאדירה, ויזכה להמשיך בעבוה"ק על מי מנוחות מתוך הרחבה וכט"ס עדי שיתרומם קה"ת וישראל ב"ב אמן.

הכו"ח לחיזוק תוה"ק ולומדיה

הק' יחזקאל רוטה

קיבלנו בעד ספר "חזרה ברורה" על יו"ד הלכות איסור והיתר

הקדמה

בעזה"י. תנא דבי אליהו: "כל השונה הלכות בכל יום מובטח לו שהוא בן עולם הבא, שנאמר 'הליכות עולם לו', אל תקרי הליכות אלא הלכות". **ואיתא** בגמ' (סוטה כא.) "משל לאדם שהיה מהלך באישון לילה ואפילה, ומתיירא מן הקוצים ומן הפחתים ומן הברקנים ומחיה רעה ומן הלסטין, ואינו יודע באיזה דרך מהלך, נזדמנה לו אבוקה של אור, ניצל מן הקוצים ומן הפחתים ומן הברקנים, (פירש רש"י: כך זכה לקיים מצוה ניצל ממקצת פורעניות), ועדיין מתיירא מחיה רעה ומן הליסטין ואינו יודע באיזה דרך מהלך, כיון שעלה עמוד השחר ניצל מחיה רעה ומן הליסטין, (פי' רש"י: זכה לתורה ניצול מיצה"ר ומן החטא), ועדיין אינו יודע באיזה דרך מהלך, הגיע לפרשת דרכים ניצל מכולם; מאי פרשת דרכים, מר זוטרא אמר: זה ת"ח דסלקא ליה שמעתתא אליבא דהלכתא" (פי' רש"י: כלומר זכה לכך ניצול מכולם). מבואר דהמעלה הגבוהה ביותר בלימוד התורה, היא לאסוקי שמעתתא אליבא דהלכתא.

וכך מצינו גם בדברי הרמב"ם באגרת לתלמידו: "ואין המטרה העיקרית אלא ידיעת מה שצריך לעשות וממה להמנע". **וכתב** הטור לבניו (נדפס בדף האחרון בספר ארחות חיים לרא"ש - ירושלים תשכ"ב): "והוי זהיר בתלמוד תורה לשמה, כדי שתדע המצות ותשמור עצמך מן העבירות וכו', והוי זהיר להאריך ולהעמיק ולחפש אחר כל הספרים בדרך פסק ההלכה בדבר הצריך לעולם וכו', ובכל מסכתא שתלמוד תכתוב מעט בכל מן הפוסקים, ומן ההלכות המעורבבות כתוב הכללים, כדי שיהיו בידך, ואם תספק באחד מהם, תמצאם בפעם אחרת, ובזה יצאו דבריך לאור ותתקיים תורתך".

כתב הדרישה (יו"ד סי' רמ"ו סק"ב, הובא בש"ך שם סק"ה ובט"ז שם סק"ב): "יש בעלי בתים נוהגין ללמוד בכל יום גפ"ת ולא שאר פוסקים, ומביאים ראיה מהא דאמרינן סוף פרק בתרא דנדה: 'תנא דבי אליהו כל השונה הלכות בכל יום מובטח לו שהוא בן העולם הבא'. אבל לי נראה כי לא זאת המרגוע ולא בזאת יתהלל המתהלל, כי אם בזאת יתהלל השכל וידוע בספרי פוסקים דיני תורה כגון האלפסי והמרדכי והרא"ש ודומיהם, דזהו שורש ועיקר לתורתנו, ואינם יוצאים כלל בלימוד גפ"ת, דהא דתנא דבי אליהו וכו', כבר כתב רש"י שם: כל השונה הלכות, פירוש הלכות פסוקות". **וכתב** המשנ"ב (סי' קנה סק"ט): "וכשלומד רק מעט, נכון שעיקר למודו יהיה בהלכות, שידע איך להתנהג למעשה וכנ"ל, ואמרו חז"ל (ברכות ח.) על הפסוק (תהלים פז, ב): 'אוהב ה' שערי ציון מכל משכנות יעקב', אוהב ה' שערים המצוינים בהלכה יותר מכל בתי כנסיות וכו', וגם אמרו (נדה עג.): 'כל השונה הלכות בכל יום מובטח לו שהוא בן עוה"ב". **בנוסף** לאמור לעיל הובא בשם החזו"א זצ"ל: "שהמפרש היותר טוב של הגמרא הוא השלחן ערוך".

מטרת הספר שלפנינו 'הלכתא ברורה' היא, לאפשר לכל לומד - גם ללומד גמרא ורש"י בלבד - לראות מיד את ההלכה למעשה, ע"פ המראה מקומות שציין ה"עין משפט".

כדי להימנע מאריכות יתר, ברוב מקומות שהציון ב"עין משפט" הוא גם לרמב"ם וגם השו"ע, לא הבאתי את פסק הרמב"ם אלא רק את דברי השו"ע, אליהם חיברתי גם את דברי המשנה ברורה, וכן את הנקודות העיקריות שבדברי הביאור הלכה והשער הציון. במקומות שבהם ציין ה"עין מפשט" רק לדברי הרמב"ם, הבאתי רק את דברי הרמב"ם ללא הוספת דברי נושאי כליו, מלבד במקומות שבהם יש בנושאי הכלים פירוש נוסף לעצם הסוגיא.

הוספתי בשולי הדף גם את כל ציוני ה"באר הגולה", בהן מבוארת מקורה של כל הלכה בדברי הראשונים. במקומות שבהם פוסק השו"ע שלא כפי' רש"י בגמ', הוספתי את עיקר דברי הנושאי כלים והמפרשים, כדי שהסוגיא תובן ע"פ השיטה שכמותה פסק.

והתועלת הספר הזה רבה, שבאמצעותו יוכל הלומד לדעת את כל ההלכות בסמיכות למקורותיהם בגמ', ובנוסף, במקומות שלהלכה נפסק אחרת מכפי הנראה מפירוש רש"י, יוכל הלומד לראות מיידית לפי איזו שיטה בראשונים פוסק השו"ע, ואיך מתפרשת הסוגיא לפי אותה שיטה. **להשלמת** הענין הוספתי את כל ההלכות שבמ"ב חלק א' וב' - גם אלו שאינן מובאות ב"עין משפט" - אותן סדרתי על הדף ע"פ דברי הבית יוסף, הביאור הגר"א ו"באר הגולה". את ההלכות שאינן מוזכרות בגמ', סדרתי ליד ההלכות השייכות להן, שהוזכרו בסוגיא, או בשער המילואים.

הקדמה

גם בספר זה סדרתי את דברי השו"ע והמשנ"ב משולבים זה בזה - כפי שעשיתי בס"ד בספר "חזרה ברורה" - כך שניתן לקרוא את כל הענין ברציפות, כדי להקל על הלומד. **כיון** שבמקומות רבים נצרכים מאד גם דברי הביאור הלכה ושער הציון, הן מחמת חידושים להלכה שמופיעים בהם והן מחמת תוספת הסבר בסוגיות הגמ' או בפסקי השו"ע, לקטתי את עיקרי דבריהם והצבתי אותם בתוך דברי השו"ע והמשנ"ב.

וזאת למודעי שדברי השו"ע והרמ"א וסידורם לא שונו על ידי בשום אופן. גם דברי המשנ"ב הובאו בדרך כלל כלשונם ממש ללא שום שינוי, מלבד במקומות מועטים בלבד, שבהם נאלצתי לשנות מעט למען הסדר הטוב. גם את לשונות הביאור הלכה והשער הציון שהוצבו בתוך דברי השו"ע והמשנ"ב השתדלתי כמיטב יכולתי שלא לשנות, מלבד במקומות שהיה הכרחי לעשות זאת, הן מחמת צורך ההבנה והן מחמת סידור הדברים.

כדי שלא יצטרך ללומד, לבדוק בכל הלכה האם הוא מדברי השו"ע, הרמ"א, או המשנ"ב, הבאתי את דבריהם בצורת "פונטים" שונים: דברי השו"ע המחבר הובאו באותיות גדולות ברורות ב"פונט" זה: **מחבר**. ודברי הרמ"א הובאו באותיות כתב רש"י גדולות וברורות ב"פונט" זה: **רמ"א**. הציטוטים מהמשנ"ב נעשו באותיות רגילות ב"פונט" זה: משנה ברורה. את הליקוט מדברי הביאור הלכה הכנסתי לסוגריים עגולים ב"פונט" זה: (ביאור הלכה). ואת תמצית השער הציון הצגתי בסוגריים מרובעים וב"פונט" שונה: [שער הציון]. במעט המקומות בהן היה צורך בהוספה כלשהי, הודפסו הדברים באופן זה: ‹באופן זה›. **ולמטה** בחלק ה"באר הגולה", דברי הבאר הגולה עצמו הובאו כזה: **(באר הגולה)**. וכל שאר הדברים המובאים שם בשם הפוסקים, נכתבים באופן זה: ‹באופן זה›.

יתן ה' שספר זה יהיה לתועלת הרבים להגדיל תורה ולהאדירה, שנוכל להיות בקיאים בדבר ה' זו הלכה, ללמוד וללמד לשמור ולעשות ולקיים, ושלא אכשל ח"ו בדבר הלכה, ושאזכה להיות ממזכי הרבים, ולראות בבנין בית המקדש בב"א.

לוח ה"פונטים"

מחבר   **רמ"א**   משנה ברורה   (ביאור הלכה/באר הגולה)   [שער הציון]   ‹הוספה›

מפתח כללי

מפתח הלכות – משנה ברורה חלק א'

לוח המפתח

- האותיות שהם תוך רבוע כזה א הם אותיות הסעיפים.
- כשהסעיף אינו נכתב במקום א' בשלימותה, אלא נחלקה לחלקים, אז נרשם בהמפתח אצל כל חלק וחלק מספר כזה (1) או (2) וכדו'.
- כשהעין משפט מביא הלכה אחת בכמה מקומות, בקצת המקומות לא הבאנו את ההלכה בשלימותה, ובמפתח רשמנו את המקומות האלו כזה [יא.]

משנה ברורה חלק א'

הלכות הנהגת אדם בבקר

א: דין השכמת הבוקר, ובו ט' סעיפים - א - כח: ב – ג - ג. ד - מילואים ה -יב. ו – ט - מילואים

ב: דין לבישת בגדים, ובו ו' סעיפים - א – ה - מילואים ו - טו.(2) מג:(1) סב.(3)

ג: הנהגת בית הכסא, ובו י"ז סעיפים - א - ס: ב – ג - סב. ד - כג: ה - סא: ו - ה: ז - סא: ח - סב.
ט - מילואים י - סב. יא - נה. יב - סב. יג - מ. יד – יז - מילואים

הלכות נטילת ידים שחרית

ד: דיני נטילת ידים, ובו כ"ג סעיפים - א - ס: ב – י - מילואים יא - נא. יב – כא - מילואים כב - טו. כג - ס:

ה: כוונת הברכות, ובו סעיף אחד - א - מז.

ו: דין ברכת אשר יצר ואלהי נשמה ופירושיו, ובו ד' סעיפים - א - ס: ב - מילואים ג - מז. ד - מילואים

ז: דין לברך ברכת אשר יצר כל היום אחר הטלת מים, ובו ד' סעיפים - א – ד -מילואים

הלכות ציצית (מסכת מנחות ל"ז – מ"ד)

ח: הלכות ציצית ועטיפתו, ובו י"ז סעיפים - א – ו - ברכות ס: ז - מב. ח – ט - מילואים י - לו. ברכות יד: יא - מג:
יב – טו - מילואים טז - מג. יז -מא. מד.

ט: איזה בגדים חייבים בציצית ואיזה פטורים מציצית, ובו ו' סעיפים - א – ד - לט: ה - מא: ו - מ.

י: דיני כנפות הטלית, ובו י"ב סעיפים - א - מג: ב – ג - לז: ד – ה - מ: ו - מ:(2) מא.(1) ז - מ: ח – יב - מילואים

יא: דיני חוטי הציצית, ובו ט"ו סעיפים - א - מב: ב – ג -מילואים ד - לט.(3) מא:(4,1) מב.(2) ה - מב:
ו – ח - מילואים ט - מא:(1) מב.(2) י – יב - מב. יג - מילואים יד - לט. טו - מב.

יב: דברים הפוסלים בציצית, ובו ג' סעיפים - א – ג - לח:

יג: דיני ציצית בשבת, ובו ג' סעיפים - א - כח.(1) לז: ב - לז: ג - לח.

יד: דיני ציצית שעשאן א"י, ונשים, וטלית שאולה, ובו ה' סעיפים - א - מב. ב - מב: ג - מד. ד – ה - מילואים

טו: אם להתיר ציצית מבגד לבגד, ודין נקרע הטלית, ובו ו' סעיפים - א - מא: ב – ו - מא.

טז: שיעור טלית, ובו סעיף א' - א - מ:(1) מא.(2)

יז: מי הם החייבים בציצית, ובו ג' סעיפים - א – ג - מג.

מפתח הלכות – משנה ברורה חלק א׳

יח: זמן ציצית, ובו ג׳ סעיפים - [א] - מג. ברכות יג.(1) [ב] - מג. [ג] - מג:

יט: זמן ברכת ציצית, ובו ב׳ סעיפים - [א] - מב. [ב] - מא.

כ: דיני לקיחת ומכירת טלית, ובו ב׳ סעיפים - [א – ב] - מג.

כא: כדת מה לעשות בציצית שנפסקו, ובטליתות ישנים, ובו ד׳ סעיפים - [א – ב] - מילואים [ג – ד] - מא:

כב: ובו סעיף אחד - [א] - מב:

כג: דיני ציצית בבית הקברות, ובו ג׳ סעיפים - [א] - ברכות יח. [ב] - לז: [ג] - מא.(2) ברכות יח.(1)

כד: הנהגת לבישת הציצית, ושכרה ועונשה, ובו ו׳ סעיפים - [א] - מא. [ב – ו] - מג:

הלכות תפילין (מסכת מנחות כ״ח – מ״ד)

כה: דיני תפילין בפרטות, ובו י״ג סעיפים - [א – ג] - מילואים [ד] - ברכות יד: [ה] - לו. ברכות ס: [ו] - לו. [ז] - מילואים
[ח] - לה: [ט] - לו. ברכות ס: [י] - לו. [יא] - מילואים [יב] - מג.(1) מילואים(2) [יג] - מילואים

כו: דין מי שאין לו אלא תפלה אחת, ובו ב׳ סעיפים - [א] - לח. מד. [ב] - לו.

כז: מקום הנחתן ואופן הנחתן, ובו י״א סעיפים - [א] - לו:(2,1) לז. לז:(2,1) ברכות יג:(1) [ב] - לה: [ג – ה] - מילואים [ו] -
לז. [ז] - מילואים [ח] - לה: [ט] - לז. לז: [י – יא] - לה:

כח: דיני חליצת התפילין, ובו ג׳ סעיפים - [א] - לו: [ב – ג] -לו.

כט: ובו סעיף אחד - [א] - לו:

ל: זמן הנחתן, ובו ה׳ סעיפים - [א] - ברכות ט: [ב] - לו.(1) לו: [ג] - לו. [ד – ה] - מילואים

לא: דין תפילין בשבת וי״ט, ובו ב׳ סעיפים - [א – ב] - לו:

לב: סדר כתיבת תפילין, ובו נ״ב סעיפים - [א – ב] - לד: [ג] - מילואים [ד] - [כח.] כט. לד. [ה] - לז. [ו] - לב: [ז] - לב. [ח
– יד] - מילואים [טו] - כט. [כט:] [טז] - כט: [יז – יט] - מילואים [כ] - לב: [כא – כג] - מילואים [כד] - ל: [כה] - כט:
[כו – כח] - מילואים [כט – ל] - לב: [לא – לג] - ל. [לד – לה] - מילואים [לו] - לא: [לז] - מב: [לח] - לד: [לט – מ] - לה.
[מא] -מילואים [מב – מג] - לה. [מד] - לה.(1) לא:(2) מילואים(3) [מה] - לג. [מו – מז] - לד: [מח] - מב:
[מט – נא] - מילואים [נב] - לד:

לג: דין תיקוני תפילין ודין הרצועות, ובו ה׳ סעיפים - [א – ב] - לה. [ג] - לה. לה:(2) [ד] - מילואים [ה] - לה:

לד: סדר הנחת הפרשיות בתפילין, והמהדרים אשר להם ב׳ זוגות תפילין, ובו ד׳ סעיפים - [א] - לד: [ב – ד] - מילואים

לה: דין מנין השיטין, ובו סעיף אחד - [א] - לד:

לו: דקדוק כתיבתן, ובו ג׳ סעיפים - [א] - כט.(1) כט: [ב – ג] - כט:

משנת סופרים - מילואים

לז: זמן הנחת תפילין, ובו ג׳ סעיפים - [א] - מד. [ב] - מילואים [ג] - ברכות כ:

לח: מי הם החייבין בתפילין והפטורים, ובו י״ג סעיפים - [א – ב] - מילואים [ג] - כ: [ד] - מילואים [ה] - ברכות יא.
ברכות טז: [ו – יג] - מילואים

לט: מי הם הכשרים לכתוב תפילין ולקנות מהם, ובו י׳ סעיפים - [א] - מב: [ב – ז] - מילואים [ח – ט] - מב: [י] - מג.

מפתח הלכות – משנה ברורה חלק א'

מ: דין איך לנהוג בקדושת התפילין, ובו ח' סעיפים - [א] - ברכות כד. [ב] - ברכות כה: כו.(2) [ג] - ברכות כג: כד.(2) [ד] - ברכות כה: [ה – ח] - ברכות כג:

מא: דין העושא משאוי איך ינהג בתפילין, ובו סעיף אחד - [א] - מילואים

מב: אם מותר לשנות תפילין של יד לשל ראש, ובו ג' סעיפים - [א – ב] - לד: [ג] - ברכות כג:

מג: איך להתנהג בתפילין בהכנסו לבהכ"ס, ובו ט' סעיפים - [א] - ברכות כג. כג:(2) [ב – ג] - ברכות כג. [ד] - ברכות כג. כג: [ה – ז] - ברכות כג. [ח] - ברכות כה. [ט] - ברכות כג.

מד: איסור שינה בתפילין, ובו סעיף אחד - [א] - ברכות כג:

מה: דין תפילין בבית הקברות ובבית המרחץ, ובו ב' סעיפים - [א] - ברכות יח. [ב] - מילואים

הלכות ברכות השחר

מו: דיני ברכת השחר, ובו ט' סעיפים - [א –] - ס: [ג – ד] - מנחות מג: [ה – ז] - מילואים [ח] - ס: [ט] - מילואים

הלכות ברכות

מז: דיני ברכת התורה, ובו י"ד סעיפים - [א] - מילואים [ב] - יא: [ג] - מילואים [ד] - כ: [ה] - יא: [ו] - מו. [ז – יב] - יא: [יג – יד] - מילואים

מח: אומרים פרשת התמיד, ופסוקי קרבן שבת אומרים אצל פרשת התמיד, ובו סעיף אחד - [א] - מילואים

מט: שיכול לומר ק"ש בעל פה, ובו סעיף אחד - [א] - מילואים

נ: טעם למה אומרים משנת איזהו מקומן, ובו סעיף אחד - [א] - מילואים

נא: דיני תפלה מן ברוך שאמר עד ישתבח, ובו ט' סעיפים - [א – ב] - מילואים [ג] - מה: [ד] - מו. [ה – ו] - מילואים [ז] - ד: [ח – ט] - מילואים

נב: דין מי ששהה לבוא לבהכ"נ עד ישתבח, ובו סעיף אחד - [א] - מילואים

נג: דין הראוי לירד לפני התיבה, ובו כ"ו סעיפים - [א – יד] - מילואים [טו – יז] - לד. [יח – כו] - מילואים

נד: דינים השייכים לישתבח, ובו ג' סעיפים - [א] - מו. [ב – ג] - מילואים

נה: דיני קדיש, ובו כ"ב סעיפים - [א] - כא: [ב – ג] - מילואים [ד] - מח. [ה – כב] - מילואים

נו: דין עניית הקדיש על ידי הקהל, ובו ה' סעיפים - [א – ה] - ג.

נז: דין ברכו ועונייתו, ובו ב' סעיפים - [א – ב] - נ.

הלכות קריאת שמע

נח: דיני ק"ש וברכותיה, ובו ז' סעיפים - [א] - ט: י:(2) [ב] - י: [ג – ה] - ח: [ו] - י: [ז] - כו.

נט: דין ברכה ראשונה ביוצר, ובו ה' סעיפים - [א] - יא. יא: [ב] - יב. [ג – ד] - מילואים

ס: דין ברכות לקריאת שמע, ואם צריכים כוונה, ובו ה' סעיפים - [א] - יא: [ב – ג] - יב. [ד – ה] - יג.

סא: דין כמה צריך לדקדק ולכוין בקריאת שמע, ובו כ"ו סעיפים - [א – ד] - מילואים [ה – ו] - יג: [ז] - מילואים [ח] - יג: [ט – יב] - לג: [יג – יט] - מילואים [כ] - טו: [כא – כו] - מילואים

מפתח הלכות – משנה ברורה חלק א'

מפתח הלכות – משנה ברורה חלק א׳

הלכות תפלה

פט: הלכות תפלה וזמנה, ובו ח׳ סעיפים - [א] - [ט:] כו. כז.(2) כט:(1) [ב] - יד. [ג] - י:(2) יד.(1) [ד] - ל: [ה] - מילואים [ו] - ה: [ז] - מילואים [ח] - ל.

צ: מקום הראוי להתפלל עם הצבור, ודין ההולך בדרך, ובו כ״ז סעיפים - [א – ב] - י: [ג] - טז. [ד] - לא. לד: [ה] - לד: [ו] - ג. [ז] - ו: [ח] - ח: סא. [ט] - ו. ח. [י] - כח: [יא] - ח. [יב] - ו: [יג] - סג. [יד] - מז: [טו] - ה: [טז – יז] - מילואים [יח] - ח. ל: [יט] - ו: [כ] - ח. [כא – כג] - ה: [כד] - כז: [כה] - כז: [כו] - כה. כו. [כז] - מילואים

צא: שיאזור מתניו ויכסה ראשו בשעת תפלה, ובו ו׳ סעיפים - [א] - כה. [ב – ה] - מילואים [ו] - ל:

צב: הנצרך לנקביו, ודין רחיצה לתפלה ושאר הכנות לתפלה, ובו י׳ סעיפים - [א] - כג. [ב] - כב: [ג] - כג. [ד – ז] - טו. [ח – י] - מילואים

צג: קודם שיתפלל צריך לשהות, ובו ד׳ סעיפים - [א] - לב: [ב] - ל: לא. [ג – ד] - לא.

צד: צריך לכוין נגד א״י, ודין הרוכב או יושב בספינה, ובו ט׳ סעיפים - [א – ה] - ל. [ו – ח] - מילואים [ט] - ל.

צה: כיון איבריו בשעת תפלה, ובו ד׳ סעיפים - [א] - י: [ב] - מילואים [ג] - כד: [ד] - מילואים

צו: שימנע כל הטרדות כדי שיכוין, ובו ב׳ סעיפים - [א – ב] - כג:

צז: שלא יגהק ושלא יפהק בשעת התפלה, ובו ה׳ סעיפים - [א] - כד. כד: [ב – ד] - כד: [ה] - מילואים

צח: צריך שיהיה לו כוונה בתפלתו, ובו ה׳ סעיפים - [א] - לא. [ב] - מילואים [ג] - כט: [ד] - כו: [ה] - לב: נה.

צט: דין שתוי ושכור לתפלה, ובו ג׳ סעיפים - [א] - לא. [ב – ג] - מילואים

ק: תפלת המועד צריך לסדר, ובו סעיף אחד - [א] - מילואים

קא: שצריך לכוין בכל הברכות, ושיכול להתפלל בכל לשון, ובו ד׳ סעיפים - [א] - [ל:] לד: [ב] - כד:(2) לא. [ג] - לא. [ד] - מ:

קב: שלא להפסיק כנגד המתפלל, ובו ה׳ סעיפים - [א – ג] - לא: [ד – ה] - כז.

קג: מי שנזדמן לו רוח בתפלתו או עטוש, ובו ג׳ סעיפים - [א – ג] - כד:

קד: שלא להפסיק בתפלה, ובו ח׳ סעיפים - [א] - לב: [ב] - לא. לב: [ג – ד] - לג. [ה – ו] - כג. [ז – ח] - כא:

קה: דין המתפלל ב׳ תפלות, ובו סעיף אחד - [א] - ל:

קו: מי הם הפטורים מתפלה, ובו ב׳ סעיפים - [א] - יז: כ:(2) [ב] - יג:

קז: המסופק אם התפלל, ודין תפלת נדבה, ובו ד׳ סעיפים - [א – ד] - כא.

קח: מי שלא התפלל לסבת טעות, או אונס או במזיד, ובו י״ב סעיפים - [א – ח] - כו. [ט – יב] - כו:

קט: דין איך יתנהג היחיד לכוין בתפלתו עם הציבור, ובו ג׳ סעיפים - [א – ג] - כא:

קי: היוצא לדרך, ופועלים מה יתפללו, וסדר תפלת הדרך ובהמ״ד, ובו ח׳ סעיפים - [א] - כח: כט. ל.(1) [ב] - טז. [ג] - כט: ל. [ד] - כט: ל.(2) [ה – ו] - כט: [ז] - ל. [ח] - כח:

קיא: דין סמיכות גאולה לתפלה, ובו ג׳ סעיפים - [א] - ד:(1) ט: מב.(1) [ב – ג] - מילואים

קיב: שלא להפסיק לא בשלשה ראשונות ולא בשלשה אחרונות, ובו ב׳ סעיפים - [א] - לד. [ב] - יא.

מפתח הלכות – משנה ברורה חלק א'

קיג: דיני הכריעות בי"ח ברכות, ובו ט' סעיפים - [א] - לד. [ב] - לא. [ג] - לד: [ד – ה] - כח: [ו] - יב: [ז] - יב. [ח] - מילואים [ט] - לג:

קיד: דין הזכרת הרוח וגשם וטל, ובו ט' סעיפים - [א] - לג. [ב] - מילואים [ג] - כט: [ד] - מילואים [ה] - כו: כט. לג. [ו – ז] - מילואים [ח] - יב: [ט] - מילואים

קטו: טעם ברכת אתה חונן, ובו סעיף אחד - [א] - לג.

קטז: פירוש ברכת רפאנו, ובו סעיף אחד - [א] - מילואים

קיז: דיני ברכת השנים, ובו ה' סעיפים - [א] - לג. [ב – ג] - מילואים [ד] - כו: כט. לג. [ה] - כט.

קיח: חתימת ברכת השיבה, ובו סעיף אחד - [א] - יב:

קיט: דין הרוצה להוסיף בברכות, ובו ד' סעיפים - [א – ב] - לא. [ג – ד] - לד.

קכ: שראוי לומר רצה בכל תפלה, ובו סעיף אחד - [א] - מילואים

קכא: דיני מודים, ובו ג' סעיפים - [א] - לד. [ב] - לג: [ג] - מילואים

קכב: דינים השייכין בין י"ח ליהיו לרצון, ובו ג' סעיפים - [א] - יז. [ב] - ד: [ג] - יז.

קכג: דיני הכריעות בסיום י"ח ברכות, ובו ו' סעיפים - [א] - לד. [ב] - ל: [ג – ו] - מילואים

קכד: דין הנהגת ש"ץ בי"ח הברכות, ודין עניית אמן, ובו י"ב סעיפים - [א – ז] - מילואים [ח – ט] - מז. [י] - כט: [יא] - מז. [יב] - מה.

קכה: דיני קדושה, ובו ב' סעיפים - [א – ב] - מילואים

קכו: דין ש"צ שטעה, ובו ד' סעיפים - [א] - כט. [ב] - לד. [ג] - ל: [ד] - מילואים

קכז: דין מודים דרבנן, ובו ב' סעיפים - [א] - יב:(1) לד:(2) סוטה מ.(1) [ב] - מילואים

משנה ברורה חלק ב'

הלכות נשיאת כפים (מסכת סוטה ל"ז – מ')

קכח: דיני נשיאת כפים ואיזה דברים הפוסלים בכהן, ובו מ"ה סעיפים - [א] - לח: [ב] - לח: מנחות מד.(1) [ג – ד] - לח: [ה] - מ. [ו – ז] - לט. [ח] - לח: [ט] - לט. [י] - לח. לח:(2) [יא] - לט. [יב] - לח. [יג] - לז: [יד] - לח. [טו] - לט. [טז] - לט: [יז] - מילואים [יח] - לט: [יט] - ברכות לד. [כ] - לח: ברכות לד.(1) [כא] - ברכות לד. [כב] - לח: [כג] - מילואים [כד] - לח: [כה] - לח: [כו] - מ. [כז – כח] - מילואים [כט] - לח: [ל – לד] - מילואים [לה] - ברכות לב: [לו – לז] - לט. [לח – מה] - מילואים

קכט: באיזה תפלות נושאים כפים, ובו ב' סעיפים - [א – ב] - מילואים

קל: רבש"ע שאומרים בשעת נשיאת כפים, ובו סעיף אחד - [א] - נה:

הלכות נפילת אפים

קלא: דיני נפילת אפים, ובו ח' סעיפים - [א] - לד: [ב – ז] - מילואים [ח] - לד:

מפתח הלכות – משנה ברורה חלק ב׳

הלכות תפלה

קלב: דיני קדושת ובא לציון, ובו ב׳ סעיפים - [א – ב] - מילואים

קונטרס מאמר קדישין - מילואים

קלג: דין ברכו בשבת, ובו סעיף אחד - [א] - מילואים

קלד: סדר והוא רחום, והגבהת התורה, ובו ב׳ סעיפים - [א – ב] - מילואים

הלכות קריאת ספר תורה

קלה: סדר קריאת התורה ביום ב׳ וה׳, ובו י״ד סעיפים - הלכתא ברורה מגילה

קלו: מי הם הנקראים לס״ת בשבת, ובו סעיף אחד - הלכתא ברורה מגילה

קלז: כמה פסוקים צריכים לקרא לכל אחד, ובו ו׳ סעיפים - הלכתא ברורה מגילה

קלח: שלא לשייר בפרשה פחות מג׳ פסוקים, ובו סעיף אחד - הלכתא ברורה מגילה

קלט: סדר קריאת התורה וברכותיה, ובו י״א סעיפים - [א – ו] - הלכתא ברורה מגילה [ז] - נ. [ח – יא] - ה״ב מגילה

קמ: דיני הפסק בברכת התורה, ובו ג׳ סעיפים - הלכתא ברורה מגילה

קמא: דיני קורא והמקרא, ובו ח׳ סעיפים - [א – ד] - הלכתא ברורה מגילה [ה] - סוטה לט: [ו – ח] - הלכתא ברורה מגילה

קמב: דין מי שקרא וטעה, ובמקום שאין שם מי שיודע לקרות בדיוק, ובו ב׳ סעיפים - הלכתא ברורה מגילה

קמג: דין אם נמצאת ס״ת מוטעה, ויתר דיני הספר, ובו ה׳ סעיפים - הלכתא ברורה מגילה

קמד: שלא לדלג בתורה מענין לענין, ודיני ההפטרה, ובו ד׳ סעיפים - הלכתא ברורה מגילה

קמה: דיני המתרגמין, ובו ג׳ סעיפים - [א] - ברכות מה. סוטה לט: [ב – ג] - הלכתא ברורה מגילה

קמו: שלא לדבר בשעת הקריאה, ובו ד׳ סעיפים - [א] - ברכות ח. [ב] - ברכות ח. סוטה לט. [ג – ד] - ה״ב מגילה

קמז: דיני גלילת ס״ת, ובו ח׳ סעיפים - [א – ו] - הלכתא ברורה מגילה [ז] - סוטה לט: [ח] - הלכתא ברורה מגילה

קמח: שלא יפשיט ש״צ התיבה, ובו סעיף אחד - [א] - סוטה לט:

קמט: שהצבור לא יצאו מבהכ״נ עד שיצניע ס״ת, ובו סעיף אחד - [א] - סוטה לט:

הלכות בית הכנסת

קנ: בנין בהכ״נ, ושיהיה גבוה, ובו ה׳ סעיפים - הלכתא ברורה מגילה

קנא: דיני קדושת בהכ״נ, ובו י״ב סעיפים - [א – ד] - ה״ב מגילה [ה] - סב: [סג.] [ו] - סב: [ז] - סג. [ח – יב] - ה״ב מגילה

קנב: שלא לסתור שום בהכ״נ, ובו סעיף אחד - הלכתא ברורה מגילה

קנג: דיני בנין בהכ״נ, ובו כ״ב סעיפים - הלכתא ברורה מגילה

קנד: דיני תשמיש קדושה ונרות בית הכנסת, ובו ט״ו סעיפים - הלכתא ברורה מגילה

קנה: לילך מבהכ״נ לבית המדרש, ובו ב׳ סעיפים - [א] - סד.(1) הלכתא ברורה מגילה(2) [ב] - הלכתא ברורה מגילה

קנו: סדר משא ומתן, ובו סעיף אחד - [א] - לה:(1) הלכתא ברורה מגילה(2)

מפתח הלכות – משנה ברורה חלק ב׳

הלכות נטילת ידים (מסכת ידים פ״א – פ״ב; ומסכת חולין ק״ה – ק״ז)

קנז: דיני זמן קביעות סעודה, ובו סעיף אחד - [א] - מילואים

קנח: דיני נט״י לסעודה, ובו י״ג סעיפים - [א] - קה. [ב – ד] - מילואים [ה] - קו.(1) קז:(2) [ו – ז] - ברכות מג. [ח] - מילואים [ט] - ברכות יט. [י] - מילואים [יא] - ברכות נא. [יב – יג] -פ״ב מ״ג

קנט: באיזה כלי נוטלין הידים, וכיצד יבואו המים לידיו, ובו כ׳ סעיפים - [א] - קז.(3,1) פ״א מ״ב(2) [ב] - קז. [ג] - פ״א מ״ב קז. [ד] - קז. [ה] - מילואים [ו] - פ״א מ״ב [ז – ח] - קז. [ט – יג] - פ״א מ״ה [יד – טו] - קו. [טז – יח] - מילואים [יט] - פ״ב מ״ג [כ] - מילואים

קס: איזו מים כשרים ואיזו פסולים לנטילה, ובו ט״ו סעיפים - [א] - קז. פ״א מ״ג [ב] - פ״א מ״ג(1) פ״א מ״ד(2) פ״א מ״ה(3) [ג – ה] - מילואים [ו] - קה. קה: קו. [ז – ח] - קו. [ט] - פ״א מ״ג קו. [י] - פ״ב מ״ב [יא] - פ״ב מ״ד [יב] - פ״ב מ״ג(1) ברכות נ:(2) [יג] - פ״א מ״א קז.(1) פ״ב מ״ג(2) [יד] - קז. [טו] - מילואים

קסא: דיני חציצה בנטילה, ובו ד׳ סעיפים - [א] - קו: [ב – ג] - מילואים [ד] - קו.

קסב: הגבהה ושפשוף הידים בנטילה, ובו י׳ סעיפים - [א] - פ״ב מ״ג [ב] - פ״ב מ״א [ג] - פ״א מ״א [ד – ח] - פ״ב מ״ג [ט] - פ״ב מ״ב [י] - מילואים

קסג: דין מי שאין לו מים, והמאכיל לאחרים, ובו ב׳ סעיפים - [א] - קז. [ב] - קז:

קסד: דין שיכול להתנות על הנטילה, ובו ב׳ סעיפים - [א] - קו: [ב] - מילואים

קסה: דין העושה צרכיו ורוצה לאכול, ובו ב׳ סעיפים - [א] - מילואים [ב] - ברכות מו:

הלכות בציעת הפת

קסו: דין הפסקה בין בציעה לנטילה, ובו סעיף אחד - [א] - מב. נב:

קסז: מקום וזמן הבציעה, ומי הוא הבוצע, ובו כ׳ סעיפים - [א] - לט: [ב] - לה לח:(1). [ג] - מנחות לה: [ד] - מילואים [ה – ז] - מ. [ח] - נא. [ט] - לה. [י] - מ: [יא] - מב. מב: [יב] - מב: [יג] - מב. [יד] - מו. [טו – יז] - מז. [יח – כ] - מילואים

קסח: על איזה מיני פת מברכין, ובו י״ז סעיפים - [א – ה] - לט: [ו – ח] - מב. [ט] - מילואים [י] - לז.(1) לז:(2) [יא – יג] - לז: [יד] - מילואים [טו] - לז: לח.(1) [טז] - לז: [יז] - מילואים

הלכות דברים הנוהגים בסעודה

קסט: דין שמש הסעודה, ובו ג׳ סעיפים - [א – ג] - חולין קז:

קע: דברי מוסר שינהג אדם בסעודה, ובו כ״ב סעיפים - [א] - מילואים [ב] - מז. [ג – יא] - מילואים [יב] - מז. [יג – כ] - מילואים [כא] - מה. [כב] - מילואים(1) מ.(2)

קעא: שלא לנהוג בזיון באוכלין, ובו ה׳ סעיפים - [א – ה] - נ:

קעב: מי שהכניס אוכלין ומשקין לפיו בלא ברכה, ובו ב׳ סעיפים - [א – ב] - נ:

קעג: דין מים אמצעיים, ובו ג׳ סעיפים - [א] - חולין קה. קה: [ב – ג] - מילואים

קעד: דין ברכת היין בסעודה, ובו ח׳ סעיפים - [א – ב] - מא: [ג] - נא: [ד] - מב: [ה – ו] - מילואים [ז] - מא: [ח] - מג.

קעה: דיני ברכת הטוב והמטיב על היין, ובו ו׳ סעיפים - [א – ד] - נט: [ה] - מג. [ו] - נט:

מפתח הלכות – משנה ברורה חלק ב׳

קעו: שהפת פוטר את הפרפרת, ובו סעיף אחד - א - מב:

קעז: דברים הבאים בתוך הסעודה ואחר הסעודה מה דינם, ובו ה׳ סעיפים - א – ה - מא:

קעח: איזהו דברים קרויים הפסק בסעודה, ובו ז׳ סעיפים - א - נט:(1) מילואים(2) ב - מילואים(1) נט:(2) ג – ז - מילואים

קעט: איזה דברים קרויין היסח הדעת בסעודה שצריך לחזור ולברך, ובו ו׳ סעיפים - א – ב - מב. ג – ד - מילואים ה - מב. ו - מ.

קפ: דיני פירורי הפת, ובו ה׳ סעיפים - א – ב - מב. ג - נב: ד - חולין קה: ה - מילואים

הלכות מים אחרונים

קפא: דין מים אחרונים, ובו י׳ סעיפים - א - נג: חולין קה. ב – ג - חולין קה. קה: ד – ה - מילואים ו - מג. מו: מז.(2) ז - חולין קה. ח – ח - מילואים י - נג:

הלכות ברכת המזון

קפב: דין כוס ברכת המזון, ושלא יהא פגום, ובו ז׳ סעיפים - א – ב - מילואים ג - נב. ד – ה - מילואים ו - נב. ז - מילואים

קפג: המברך איך יתנהג בכוס של בה״מ, ובו י״ב סעיפים - א - נא. ב - נ:(1) נא. ג - נא. ד - נא.(1) נא: ה - מילואים ו - נא: ז – ח - מילואים ט – יב - נא:

קפד: לקבוע ברכה במקום סעודה, ועד כמה יכול לברך מי ששכח ולא בירך, ובו ו׳ סעיפים - א - נג: ב - נ: ג - מילואים ד - כא. ה - נא:(1) נג: ו - מה.

קפה: לברך בהמ״ז בקול רם, ויתר פרטים בברכת המזון, ובו ה׳ סעיפים - א - מ: ב - טו. טו: ג - מה: ד – ה - לא:

קפו: אם נשים וקטנים חייבים בבה״מ, ובו ב׳ סעיפים - א – ב - כ:

קפז: דיוקים בנוסח ברכת המזון, ובו ד׳ סעיפים - א - מ: ב – ד - מט.

קפח: נוסח ברכה ג׳, ודיני בהמ״ז בשבת, והטועה בבהמ״ז, ובו י׳ סעיפים - א – ב - מה: ג - מט. ד - מח: מט. ה - מח: ו - מט.(1) מט:(2) ז - מט.(1) מט: ח - מט: ט – י - מילואים

קפט: נוסח ברכה רביעית ודיניה, ובו ב׳ סעיפים - א - מט. ב - מו:

קצ: שתיית היין אחר הברכה ודיניו, ובו ה׳ סעיפים - א - מז. ב – ה - מילואים

קצא: אם הפועלים מחויבים לברך, ובו ג׳ סעיפים - א – ג - טז.

קצב: ברכת זימון בג׳ או בעשרה, ובו ב׳ סעיפים - א - מה.(1) מו:(1,2) מט:(1,2,3) נ.(4) ב - מט:

קצג: אם מצטרפין לזימון אם לאו, ובו ו׳ סעיפים - א - מה.(2) מה:(1) נ.(3) חולין קו.(1) ב – ג - מב: ד – ו - נ.

קצד: שלשה שאכלו כאחד ונפרדו, לענין הזימון מה דינם, ובו ג׳ סעיפים - א - מה:(1) נ.(2) ב - מה: ג - מו.

קצה: חבורות שאוכלים בהרבה מקומות מה דינם, ובו ג׳ סעיפים - א - נ. נ:(2) ב - נ. ג - נ:

קצו: מי שאכל דבר איסור אם מצטרף לזימון, ובו ד׳ סעיפים - א – ד - מה.

מפתח הלכות – משנה ברורה חלק ב׳

קצו: דין צירוף לזימון ג׳ או עשרה, ובו ד׳ סעיפים - א - מז. ב – ד - מח.

קצח: אחד נכנס אצל שלשה שאכלו, ובו סעיף אחד - א - מה:

קצט: על מי מזמנים ועל מי אין מזמנים, ובו י״א סעיפים - א – ב - מה. ג - מז: ד - מה.(1) מז: ה - יז:
ו - מה.(1) מה: ז – ט - מה: י - מח. יא - מה:

ר: דין המפסיק כדי לברך, ובו ב׳ סעיפים - א - מה: ב - מו. מו:(2)

רא: מי הוא המברך, ובו ד׳ סעיפים - א - מו. מז.(1) ב - מו. ג - נה. ד - נג:

הלכות ברכת הפירות

רב: דיני ברכת פירות האילן, ובו י״ח סעיפים - א - לה. ב – ג - לו: ד - לה:(1) לו.(2) ה - מילואים ו - לו. לו:
ז – ח - לח. ט - מ: י – יא - לט. יב – יד - לח: טו – יח - לו:

רג: דיני ברכת פירות הארץ, ובו ח׳ סעיפים - א - לה. ב – ג - מ. ד – ה - מילואים ו – ז - לו: ח - לו.

רד: דיני הברכות ליתר מאכלים, ובו י״ג סעיפים - א - לו.(2) לח.(3) לט.(5) מ:(6,1) מד:(1) מילואים(4) ב – ו - מילואים
ז - מד: [מה.] ח - לו. לח.(1) ט - לו. י - לח. יא - לו:(1) לח.(2) יב - לה: יג - מג.

רה: ברכות ירקות, ובו ה׳ סעיפים - א - לה.(1) לח: מ.(1) ב – ה - לט.

רו: דיני הפסק וטעות בברכת הפירות, ובו ו׳ סעיפים - א - מ. ב - מא. ג - טו:(3) כד.(5) מ.(1) מ:(4) ד - מג:
ה - מילואים ו - לג.(2) לח:

רז: דין ברכה אחרונה על הפירות, ובו סעיף אחד - א - מד:

רח: דין ברכה מעין ג׳ אחרי ה׳ מיני פירות וה׳ מיני דגן, ובו י״ח סעיפים - א - מד. ב - לו: לז.(1) לז:(2) לט.(2) ג - לו:
ד - לז. ה - לו. ו - לח. ז – ח - לז. ט - לו: י - מד. א – יב - מד. יג – טו - מילואים טז - מא: יז - יב.(3)
לה:(2) מא:(1) יח - מילואים

רט: דין טעות וספק בברכת היין, ובו ג׳ סעיפים - א – ב - יב. ג - לה.

רי: האוכל פחות מכזית מה דינו, ובו ב׳ סעיפים - א - לח: ב - יד.

ריא: דיני קדימה בברכת הפירות, ובו ו׳ סעיפים - א – ב - מא. ג - לט. ד - מא.(1) מא:(2) ה – ו - מא.

ריב: שהעיקר פוטר הטפל, ובו ב׳ סעיפים - א - [לה:] מד. ב - מד.

ריג: מי שיצא אם מוציא אחרים, ובו ג׳ סעיפים - א - מב. חולין קו.(2) ב - מה: ג - נג:

ריד: בכל ברכה צריך להיות שם ומלכות, ובו סעיף אחד - א - מ:

רטו: עניית אמן אחר הברכות, ובו ד׳ סעיפים - א - מה: ב - נא: נג: ג - נג: ד - לג.

הלכות ברכת הריח

רטז: דיני ברכת הריח, ובו י״ד סעיפים - א - מג: מד: ב - מג.(1) מג:(2) ג – ו - מג. ז – ט - מג: י - מילואים
יא - מג: יב – יג - מג. יד - מילואים

ריז: ברכת הבשמים והמוגמר, ובו ח׳ סעיפים - א - נג. ב - נא:(1) נג.(2) ג - נג. ד - מילואים ה - נא: ו - נא: נב:
ז – ח - נג.

מפתח הלכות – משנה ברורה חלק ב׳

הלכות ברכות שונות

ריח: ברכות הנעשים על הנסים, ובו ט׳ סעיפים - [א – ב] - נד. [ג] - נט: [ד – ו] - נד. [ז] - נז: [ח] - נד: [ט] - נד.

ריט: ברכת הודאות היחיד, ובו ט׳ סעיפים - [א – ט] - נד:

רכ: הטבת חלום ותעניתו, ובו ב׳ סעיפים - [א – ב] - נה:

רכא: ברכת הודאת הגשמים, ובו ב׳ סעיפים - [א – ב] - נט:

רכב: ברכת הודאת הטוב והרע, ובו ד׳ סעיפים - [א] - נט: [ב] - נד. [ג] - לג: נד. ס: [ד] - נד. ס.

רכג: מי שילדה אשתו, ומת מורישו, ובנה בית חדש, וקנה כלים חדשים מה מברך, ובו ו׳ סעיפים - [א – ב] - נט: [ג] - [נד.] נט: ס. [ד – ו] - נט:

רכד: דיני ברכות פרטיות, ובו י״ג סעיפים - [א – ד] - נז: [ה – ח] - נח. [ט] - ט: נח. [י – יב] - נח: [יג] - נד. נט:

רכה: דיני ברכת שהחיינו, ובו י׳ סעיפים - [א] - נח: [ב] - נח:(1) מילואים(2) [ג – ז] - מילואים [ח – י] - נח:

רכו: הרואה פרחי האילן מה מברך, ובו סעיף אחד - [א] - מג:

רכז: ברכת הזיקים, ובו ג׳ סעיפים - [א] - נח:(1) נט.(2) [ב – ג] - נט.

רכח: ברכת ימים ונהרות הרים וגבעות, ובו ג׳ סעיפים - [א] - נד. [ב] - נט: [ג] - נד.

רכט: ברכת הקשת וחמה בתקופתה, ובו ב׳ סעיפים - [א] - נט. [ב] - נט:

רל: דין קצת ברכות פרטיות, ובו ה׳ סעיפים - [א] - נד.(1) ס. [ב – ד] - ס. [ה] - ס:

רלא: שכל כוונותיו יהיו לשם שמים, ובו סעיף אחד - [א] - סג.

הלכות תפלת המנחה

רלב: דברים האסורים לעשות בשעת המנחה, ובו ג׳ סעיפים - [א – ב] - מילואים [ג] - כח:

רלג: זמן תפלת המנחה, ובו ב׳ סעיפים - [א] - כו:(1) כז.(3,2) כט:(3) [ב] - טו.

רלד: הרוצה להתפלל מנחה גדולה ומנחה קטנה, ובו ב׳ סעיפים - [א] - מילואים(1) לב:(2) [ב] - כו.

הלכות ק״ש ותפלה של ערבית

רלה: זמן ק״ש של ערבית, ובו ד׳ סעיפים - [א] - ב. [ב] - ד: [ג] - ב. [ד] - ח:

רלו: ברכות קריאת שמע של ערבית, ובו ד׳ סעיפים - [א] - ב. יא. [ב – ג] - ד: [ד] - מילואים

רלז: סדר תפלת ערבית, ובו סעיף אחד - [א] - מילואים

רלח: לקבוע עתים לתורה בלילה, ובו ב׳ סעיפים - [א – ב] - ג:

רלט: דין קריאת שמע על מטתו, ובו ב׳ סעיפים - [א] - ד: ס: [ב] - ד:

הלכות צניעות

רמ: איך יתנהג האדם בתשמיש מטתו, ובו י״ז סעיפים - [א] - כב.(1) כד.(3) מילואים [ב – ה] - מילואים [ו] - מילואים(1) כד.(3) כה:(3) כו.(3,2) [ז – ח] - מילואים [ט – י] - סב. [יא – יד] - מילואים [טו] - ה:(1) מילואים [טז] - מילואים [יז] - ה:

רמא: שלא להשתין ערום בפני מטתו, ובו סעיף אחד - [א] - מילואים

§ מסכת ברכות דף ב. §

אות א'

משעה שהכהנים נכנסים לאכול בתרומתן

סימן רל"ה ס"א - [א]זמן ק"ש בלילה משעת יציאת [ב]שלשה כוכבים [ג]קטנים - ואפי' מפוזרים, **דכתיב**: ובשכבך, וקודם לילה לאו זמן שכיבה הוא, ולילה מקרי משנראו ברקיע ג' כוכבים בינונים, **אך** מפני שאין הכל בקיאין ויבואו לטעות בגדולים, וגדולים בודאי אינן סימן ללילה, שכמה פעמים נראין אפילו ביום, החמירו גבי ק"ש דאינו קורא עד שיראו ג' קטנים, [**משא"כ** לגבי תענית לא הטריחו ואוקמי אדינא דסגי בבינונים].

ואם הוא יום מעונן, ימתין עד שיצא הספק מלבו - דספק דאורייתא הוא, **ואם** הוא יודע מתי שקעה החמה, ימתין כשיעור ד' מילין שהוא ע"ב מינוט, **ועיין** לקמן סימן רצ"ג ס"ב במ"ב ובה"ל, דכל הענין דשם שייך גם לכאן.

ואם קראה קודם לכן - ר"ל קודם צה"כ, או ביום המעונן קודם שיצא הספק מלבו, **[ד]חוזר וקורא אותה** - עיין במאמ"ר ובנהר שלום שכתבו, דמעיקר הדין הוא ולא משום חומרא, וכן דעת הגר"א.

בלא ברכות - דהא כבר בירך אותם, ואע"ג דלא יצא בק"ש שקרא קודם הזמן, אעפ"כ לא הוי הברכות לבטלה, **דאע"ג** דמסמכינן להן לק"ש, מ"מ עיקרן לא נתקנו דוקא לק"ש, ולפיכך בדיעבד שקראן קודם לזמן של ק"ש יצא.

[ה]ואם הצבור מקדימים לקרות ק"ש מבעוד יום - והיו עושין כן מפני הדחק, שכמה פעמים אילו היו ממתינין בתפלת ערבית עד צה"כ, היה כל אחד הולך לביתו ולא היו מתפללין בצבור, שטורח להם להתאסף עוד, **וגם** איכא עמי הארץ טובא, דאי לא יתפללו בצבור לא היו מתפללין כלל, **וע"כ** סומכין עצמן על דעת ר' יהודה שס"ל דמפלג המנחה ולמעלה נחשב ערבית להתפלל תפלת ערבית, וכדאיתא לעיל סימן רל"ג דשרי לעשות כן בשעת הדחק, **וכיון** שנחשב לענין תפלה ללילה, היה מנהגם שהיו קורין אז ג"כ ק"ש, אף שהוא דלא כהלכתא לרוב הפוסקים.

יקרא עמהם קריאת שמע וברכותיה ויתפלל עמהם - כדי לסמוך גאולה לתפלה, וגם להתפלל עם הצבור. **ולא** יכוין אז לצאת ידי חובת ק"ש, כי אם בקריאה שניה שקורא אח"כ בזמנה. ‹כדי שלא יעבור על בל תוסיף, דכיון דקודם צה"כ אינו זמן ק"ש לא דיום ולא דלילה, הוי כישן בשמיני בסוכה, שבכוונה למצוה עובר על בל תוסיף – אג"מ או"ח ח"ב סי' ס'›. [**ואף** שכתב הפמ"ג עוד עצה, דיתנה אם זמנה עכשיו, כתנאי דאמרי שזמנה קודם צה"כ, טוב וכו', **לא** העתקתי, משום דמביאור הגר"א וכן מכמה אחרונים משמע דאין כאן ספק כלל, דדעת ר"ת (תוס' ד"ה מאימתי) יחידאה היא].

וכשיגיע זמן, קורא קריאת שמע בלא ברכות - ודי שיקרא שתי פרשיות הראשונות, כיון שהזכיר יציאת מצרים בבהכ"נ, **דנהי** דלענין ק"ש לא יצא בזה הזמן, משום דאכתי לאו זמן שכיבה הוא, לענין יציאת מצרים שאנו מחוייבין להזכיר בלילה, יוצא בזה הזמן - מ"א בשם תר"י, **אבל** בשאגת אריה האריך ומסיק, דירא שמים יש לו ליזהר לקרות כל השלש פרשיות של ק"ש אחר צאת הכוכבים.

ואין כדאי לסמוך על הקריאה שקורא על מטתו, אפילו אם מנהגו לקרות כל הג' פרשיות, דהא צריך לכוין לצאת ידי מ"ע של ק"ש, כדלעיל בסימן ס', וק"ש שעל מטתו אין אנו מכונים לשם מצוה כי אם להבריח המזיקין, **ועוד** שאפילו אם נימא דאין צריך כונה לצאת המ"ע, צריך עכ"פ כונת הלב לקבל עליו עול מלכות שמים במורא, ובאותה שעל מטתו אין מכוין לזה. [**והשמטתי** טעם ראשון שהביא המג"א דצריך לקרות ק"ש של חובה קודם אבילה, [ו]דרש"י ‹ד"ה עד סוף› פליג על זה].

והנה בזמנינו נהגו רוב העולם לקרות ק"ש ולהתפלל אחר צאת הכוכבים כדין, **מיהו** באיזה מקומות בבתי כנסיות יש עדיין מנהג הישן שמתפללין תיכף אחר מנחה אף שהוא מבע"י קצת, **והמתפלל** במקומות האלו יראה לחזור ולקרות ק"ש כשיגיע הזמן, **ולפחות** יראה לקרות כל הפרשיות על מטתו כדין, ויכוין לצאת בזה המ"ע של ק"ש, **ובאיזה** מקומות יש מנהג שהותיקין אינן קוראין ק"ש עם הצבור, אלא שותקין עד שמ"ע ומתפללין עמהם, וממתינין אחר התפלה עד צה"כ וקורין ק"ש וברכותיה, ואין חוששין לסמיכת גאולה לתפלה, **וגם** מנהג זה נזכר בדברי הקדמונים, ואשרי המתפלל מעריב בזמנו בצבור.

(**ובמעשה רב** כ', דמוטב להתפלל ערבית בזמנה ביחיד, **אם** א"א לו לאסוף [ז]עשרה בזמן ק"ש, **ואף** בשבת דעתו שם שיתפלל בזמנה דוקא).

הגה: ומיהו לא יחזור ויתפלל בלילה, אע"פ שהצבור מקדימים הרבה לפני הלילה, אלא א"כ הוא רגיל בשאר פרישות וחסידות, דאז לא מתחזי כיוהרא מה שיחזור ויתפלל (מרדכי ריש ברכות והגהות מיימוני ותרומת הדשן) – (הלשון מגומגם, **דכיון שהוא מתפלל עמהם לכתחלה, משום דאין תפלתו של אדם נשמעת אלא עם הצבור, פשיטא שלא יחזור ויתפלל משום ברכה לבטלה, ועוד דמאן דרגיל בפרישות היכי שרי ליה לחזור ולהתפלל, ואפשר כונתו כמש"כ רב האי ומובא בב"י, שיש נוהגים להתפלל עם הצבור תפלת נדבה, ואח"כ בזמנה מתפלל עוד תפלת חובה, וכתב ב"י דבזה צריך שיהא מכיר עצמו שיהא זהיר וזריז בכונה, ולזה אפשר כוון הכא בהג"ה, ומצאתי אח"כ שכן היה מפרש הלבוש**).

באר הגולה

[א] ברכות ב' ע"א [ב] שבת ל"ה ע"ב [ג] רבינו יונה שם בברכות [ד] כן העלה ב"י להלכה [ה] שם [ו] ‹ר"ל דרש"י כתב ריש מסכת ברכות, ליישב מה שאנו קורין ק"ש קודם צה"כ, משום שסומכים על מה שקורא ק"ש על מטתו, וק"ש שקוראים בבהכ"נ אינו אלא לעמוד בתפלה מתוך דברי תורה, עכת"ד. מ"מ תקשי לרש"י, כיון דאינו יוצא אלא בק"ש שעל מטתו איך רשאי לאכול קודם, וכקושיית תר"י, אלא ע"כ צ"ל דס"ל לרש"י דכה"ג שרי כיון דעכ"פ קרא בבהכ"נ, ויוצא במה שקורא על מטתו – מחה"ש› [ז] ‹‹אפשר דהוא מיירי שאינו עומד עם הצבור, דאז לא שייך מחזי כיוהרא {דלקמן בבה"ל} – משנה הלכה›

מאימתי

קורין את שמע בערבין. משעה שהכהנים נכנסים לאכול בתרומתן עד סוף האשמורה הראשונה דברי ר' אליעזר. וחכמים אומרים עד חצות. רבן גמליאל אומר עד שיעלה עמוד השחר. מעשה ובאו בניו מבית המשתה אמרו לו לא קרינו את שמע אמר להם אם לא עלה עמוד השחר חייבין אתם לקרות ולא זו בלבד אמרו אלא *כל מה שאמרו חכמים עד חצות מצותן עד שיעלה עמוד השחר *הקטר חלבים ואברים מצותן עד שיעלה עמוד השחר *וכל הנאכלים ליום אחד מצותן עד שיעלה עמוד השחר א"כ למה אמרו חכמים עד חצות °כדי להרחיק אדם מן העבירה: גמ' *תנא היכא קאי דקתני מאימתי ותו מאי שנא (א) דתני בערבית ברישא לתני דשחרית ברישא תנא אקרא קאי דכתיב °בשכבך ובקומך והכי קתני זמן קריאת שמע דשכיבה אימת משעה שהכהנים נכנסין לאכול בתרומתן ואי בעית אימא יליף מברייתו של עולם דכתיב °ויהי ערב ויהי בקר יום אחד אי הכי סיפא דקתני *בשחר מברך שתים לפניה ואחת לאחריה ובערב מברך שתים לפניה ושתים לאחריה לתני דערבית ברישא. תנא פתח בערבית והדר תני בשחרית עד דקאי בשחרית פריש מילי דשחרית והדר פריש מילי דערבית: אמר מר משעה שהכהנים נכנסים לאכול בתרומתן. מכדי כהנים אימת קא אכלי תרומה משעת צאת הכוכבים לתני משעת צאת הכוכבים. מלתא אגב אורחיה קמשמע לן כהנים אימת קא אכלי בתרומה משעת צאת הכוכבים והא קמשמע לן *דכפרה לא מעכבא כדתניא *°ובא השמש וטהר ביאת שמשו מעכבתו מלאכול בתרומה ואין כפרתו מעכבתו מלאכול בתרומה. *וממאי דהאי ובא השמש ביאת השמש והאי וטהר טהר יומא

דילמא

תורה אור: דברים ו · בראשית א · ויקרא כב

[פי' תוס' זבחים ק"ז: ד"ה לבאר (בגאונים)]

רש"י

מאימתי קורין את שמע בערבין. משעה שהכהנים נכנסים לאכול בתרומתן. כהנים שנטמאו וטבלו והעריב שמשן והגיע עתם לאכול בתרומה: עד סוף האשמורה הראשונה. שליש הלילה כדמפרש בגמ' (דף ג.) ומשם ואילך עבר זמן דלא מקרי תו זמן שכיבה ולא קרינן ביה בשכבך ומקמי הכי נמי לאו זמן שכיבה לפיכך הקורא קודם לכן לא יצא ידי חובתו. אם כן למה קורין אותה בבית הכנסת כדי לעמוד בתפלה מתוך דברי תורה והכי תניא בברייי' בברכות ירושלמי. ולפיכך חובה עלינו לקרותה משתחשך. ובקריאת פרשה ראשונה שאדם קורא על מטתו יצא: עד שיעלה עמוד השחר. שכל הלילה קרוי זמן שכיבה: הקטר חלבים ואברים. של קרבנות שנזרק דמן ביום: מצותן. להעלות כל הלילה ואינן נפסלים בלינה עד שיעלה עמוד השחר והן למטה מן המזבח דכתי' לא ילין לבקר (שמות לד): חלבים. של כל קרבנות: אברים. של עולה: וכל הנאכלים ליום אחד. כגון חטאת ואשם וכבשי עצרת ומנחות ותודה: מצותן. זמן אכילתן: עד שיעלה עמוד השחר. והוא מביאן להיות נותר דכתיב בתודה לא יניח ממנו עד בקר (ויקרא ז) וכלם מתודה ילמדו: אם כן למה אמרו חכמים עד חצות. בקריאת שמע ובאכילת קדשי': כדי להרחיק אדם מן העבירה. ואסרום באכילה קודם זמנן כדי שלא יבא לאכלן לאחר עמוד השחר ויתחייב כרת וכן בקריאת שמע לזרז את האדם שלא יאמר יש לי עוד שהות ובתוך כך יעלה עמוד השחר ועבר לו הזמן. והקטר חלבים דקתני הכא לא אמרו בו חכמים עד חצות כלל ולא נקט להו הכא אלא להודיע שכל דבר הנוהג בלילה כשר כל הלילה. והכי נמי תנן בפרק שני דמגילה (דף כ:) כל הלילה כשר לקצירת העומר ולהקטר חלבים ואברים: גמ' היכא קאי. מהיכא קא סליק דתנא ביה חובת קריאת שמע שהתחיל לשאול כאן זמן הקריאה: אקרא קאי. ושם למד חובת הקריאה: ואיבע"א. הא דתנא ערבין ברישא יליף מברייתו של עולם: והדר תנא בשחרית. מאימתי קורין את שמע בשחרית: משעת צאת הכוכבים. שהוא גמר ביאת השמש כדיליף לקמן (עמוד ב):

דילמא

תוספות

מאימתי קורין וכו'. פי' רש"י ואנן היכי קרינן מבעוד יום ואין אנו ממתינין לצאת הכוכבים כדמפרש בגמ' על כן פירש רש"י שקריאת שמע שעל המטה עיקר והוא לאחר צאת הכוכבים. והכי איתא בירושלמי אם קרא קודם לכן לא יצא ואם כן למה אנו מתפללין קריאת שמע בבית הכנסת כדי לעמוד בתפלה מתוך דברי תורה. תימה לפירושו והלא אין העולם רגילין לקרות סמוך לשכיבה אלא פרשה ראשונה (לקמן דף ס:) ואם כן שלש פרשיות היה לו לקרות. ועוד קשה דצריך לברך בקריאת שמע שתים לפניה ושתים לאחריה בערבית. ועוד דאותה קריאת שמע סמוך למטה אינה אלא בשביל המזיקין כדאמר בסמוך (דף ה.) ואם תלמיד חכם הוא אינו צריך. ועוד קשה דא"כ פסקינן כרבי יהושע בן לוי דאמר תפלות באמצע תקנום פי' באמצע בין שני קריאת שמע בין קריאת שמע של שחרית ובין ק"ש של ערבית. ואנן קיי"ל כר' יוחנן דאמר לקמן (דף ד:) איזהו בן העולם הבא זה הסומך גאולה של ערבית לתפלה. לכן פי' ר"ת דאדרבה קריאת שמע של בית הכנסת עיקר. ואם תאמר היאך אנו קורין כל כך מבעוד יום. ויש לומר דקיימא לן כרבי יהודה דאמר בפרק תפלת השחר (דף כו.) דזמן תפלת מנחה עד פלג המנחה דהיינו אחד עשר שעות פחות רביע ומיד כשיכלה זמן המנחה מתחיל זמן ערבית. ואם תאמר היאך אנו מתפללין תפלת מנחה סמוך לחשכה ואפילו לאחר פלג המנחה. יש לומר דקיימא לן כרבנן דאמרי זמן תפלת המנחה עד הערב ואמרינן לקמן (דף כז.) השתא דלא אתמר הלכתא לא כמר ולא כמר דעבד כמר עבד ודעבד כמר עבד. מכל מקום קשיא דהוי כתרי קולי דסתרן אהדדי שהרי מאיזה טעם אנו מתפללין ערבית מיד לאחר פלג המנחה משום דקיימא לן דשעת המנחה כלה כדברי רבי יהודה ומיד הוי זמן ערבית ובזמן התפלה עצמה לא קיימא לן כרבי יהודה אלא כרבנן. על כן אומר ר"י דודאי קריאת שמע של בית הכנסת עיקר ואנו שמתפללין ערבית מבעוד יום סבירא לן כהני תנאי דגמרא דאמרי משעה שקדש היום וגם משעה שבני אדם נכנסים להסב דהיינו סעודת ע"ש והיא היתה מבעוד יום ומאותה שעה הוי זמן תפלה. וגם ראיה (לקמן כז) דרב הוי מצלי של שבת בערב שבת ומסתמא גם היה קורא קריאת שמע. מכל אותן הראיות משמע דקריאת שמע של בית הכנסת היא עיקר. והא דקאמר בירושלמי למה היו קורין בבהכ"נ וכו' אומר ר"ת שהיו רגילין לקרות ק"ש קודם תפלתם כמו שאנו רגילין לומר אשרי תחלה ואותה ק"ש אינה אלא לעמוד בתפלה מתוך דברי תורה. ומכאן נראה מי שקורא ק"ש על מטתו שאין לברך וגם אינו צריך לקרות אלא פרשה ראשונה: ליתני דשחרית ברישא. כדאשכחן בתמיד דכתיב של בקר תחלה: אי הכי סיפא דקתני שחרית ברישא. אי אמרת בשלמא דסמיך אקרא דבשכבך א"כ אינו מקפיד קרא אלא אק"ש. אלא א"א דסמיך אקרא דברייתו של עולם א"כ קפיד אכל מילי א"כ סיפא דקתני וכו': מברך שתים לפניה וכו'. (ירושלמי) ושבע ברכות הוי כנגד שבע ביום הללתיך (תהלים קיט) ולא קא חשיב יראו עינינו דההיא ברכה תקנו רבנן* כדי להמתין לחבריהם בבית הכנסת. ודוקא בבית הכנסת שלהם שהיו עומדים בשדה והם מסוכנים מן המזיקים אבל בבתי כנסיות שלנו אין צריכין להמתין לחבריהם אלא בלילה: והא קמ"ל דכפרה לא מעכבא. וא"ת הא תניא חדא זימנא במס' נגעים (פי"ד) ומייתי לה בהערל (דף עד:) העריב שמשו אוכל בתרומה וי"ל דרגילות של משניות לאשמועינן בקוצר אף למה שמפורש כבר*:

דילמא

עין משפט נר מצוה

א א מיי' פ"א מהלכות ק"ש הלכה ט' סמ"ג עשין י"ח טור וש"ע או"ח סימן רל"ה סעיף א':

ב ב ג מיי' וסמ"ג שם טוש"ע שם סעיף ג':

ג ד מיי' פ"ד מהל' מעשה קרבנות הלכה ב' סמ"ג עשין (קכ"ג) [קפ"ג]:

ד ה מיי' פ"י שם הלכה ח' [סמ"ג שם]:

ה ו מיי' פ"א מהל' ק"ש הלכה ה' סמ"ג עשין י"ט טוש"ע או"ח סי' כ"ח ובסי' רל"ה סע"א:

ו ז מיי' פ"ז מהל' תרומות ה"ב [סמ"ג לאוין רנ"ז]:

רב נסים גאון

גמ' ובא השמש וטהר ביאת שמשו מעכבתו מלאכול בתרומה. מכלל דתאי דכתב רחמנא (ויקרא כ"ב) ואחר יאכל מן הקדשים אינו מיוחד אלא בתרומה בלבד אבל דבר שהוא למעלה הימנה מן הקדשים אינו מותר לטמא לאכלן לאחר ביאת השמש בלבד אלא אסור הוא כל אותה הלילה לאכול בקדשים עד שיבא היום ויביא כפרתו ואז יהא מותר בקדשים ואיתא מפרשא במסכת יבמות בפ' הערל (דף עד) והכי אמרי התם דתנן טבל ועלה אוכל במעשר העריב שמשו אוכל בתרומה הביא כפרתו אוכל בקדשים מנלן אמר רבא אמר רב חסדא ג' קראי כתיבי כתיב (ויקרא כ"ב) לא יאכל מן הקדשים כי אם רחץ בשרו במים תלה הדבר ברחיצה בלבד וכתי' (שם) ובא השמש וטהר [ואחר יאכל מן הקדשים] תלה הדבר גם בביאת אור השמש והיא שעת יציאת הכוכבים וכתיב (שם י"ב) וכפר עליה הכהן וטהרה תלה בטירו' הטהר' גם בהקרבת קרבן ואלו המקראות היו נראין כסותרין זה את זה ולפי שאי אפשר להיות דברי הכתובין סותרין זה את זה כי כלם נכוחים למבין העתיקו לנו קדמונינו פירושם והעמידו לנו כל אחד ואחד מאלו המקראות בדבר שהוא מיוחד לו ואמרו הא כיצד כאן למעשר כאן לתרומה כאן לקדשים הפסוק הראשון שתלה בו הדבר ברחיצה בלבד הוא מיוחד למעשר והפסוק השני שהצריכו לביאת השמש הוא מיוחד לתרומה אבל קדשי המזבח אין מותר לו לאכלן אלא א"כ הביא הכפרה שהוא מתחייב בה ואז תהי כפרתו גמורה כדכתיב וכפר עליה הכהן וטהרה: ואני אפרש לך עיקר גדול שלמדונו רבותינו ז"ל כי אלו הג' דברים המעשר והתרומה והקדשים כל אחד ואחד יש לו יתרון ויש בו חומרא שהיא מיוחדת לו זולתי חבריו ואע"פ ששלשתן קראן הכתוב קדשים. המעשר כבר נאמר בו (דברים כ"ו) בערתי הקדש מן הבית ויש בו חומרא שאין מותר לאכלו חוץ לחומת ירושלים אלא חייבין הן בעליו לשאת אותו לשם ולאכלו שם כדכתיב (שם י"ב) לא תוכל לאכול בשעריך כי אם לפני ה' אלהיך תאכלנו וכתיב (שם) והבאתם שמה. ודבר שאין יכול להביאו למקדש פודהו בשוויו (מאותיים) [לאחרים] ואם רצה ליטלו לעצמו יש עליו לתת שוויו ותוספת חומש כדכתיב (ויקרא כ"ז) ואם גאל יגאל איש ממעשרו וגו' ויהיו דמיו שמורין אצלו עד עת עלותו לרגל מעלהו עמו לירושלים ומוציאו לשם במאכל ובמשתה כדכתיב (דברים י"ד) ונתתה בכסף [וגו'] ונתתה הכסף בכל אשר תאוה נפשך. וחייב להתודות עליו כדכתיב בפרשת כי תכלה לעשר (שם כ"ו) ואמרת לפני ה' אלהיך ומפורש בספרי (פרשת כי תבא) ואמרת בכל לשון לפני ה' אלהיך זה וידוי מעשר ואסור לאונן לאכול ממנו ואם נטמא אסור באכילה והאוכלו חייב מלקות ואם היה שמן אסור להדליקו בנר דכתיב [illegible]

מסורת הש"ס

מגילה פרק ב' דף כ:

מכילתא דר"י פ' בא פסחים סח: מגילה כ:

[תענית ב.]

[ע' תוס' לקמן כח. ד"ה הכא ותו' סוטה לג: ד"ה ורבי]

לקמן יא.

כליס פ"א נגעי' פרק י"ד פ"ב פ' אמור יבמות עד:

עיין גירסת הגאונים בספר המאור

[וע' תוס' זבחי' כח. ד"ה אמר ותוס' מנחות נג. ד"ה הכל]

הגהות הב"ח

(א) גמ' דתני דערבי' ברישא:

גליון הש"ס

[illegible]

אבל מה שחוזר וקורא ק"ש לא מחזי כיוהרא, דלענין ק"ש כמעט כל הפוסקים מסכימים דזמנה הוא מצה"כ.

(**אבל באמת** כ"ז דוחק, והמעיין במקור הדברים במרדכי ובהג' מיימוני ובתה"ד יראה, שלא נזכר כלל לחזור ולהתפלל, **אלא** כתבו כולם דצריך לנהוג כדעת ר"ת לקרוא ולהתפלל לאחר פלג המנחה, **והנוהגים** לאחר בק"ש ובתפלה עד צה"כ מחזי כיוהרא, **וכונתם** משום דפורש מן הצבור שקוראים ומתפללים אחר פלג המנחה, **וכתב הב"י**, דלענין תפלה יש לסמוך עליהם שלא לפרוש מן הצבור, ולהתפלל עמהם בשוה, **אבל** בק"ש שלרוב הפוסקים לא יצאו קודם צה"כ, בודאי מותר לו לאחר בקריאתו עד צה"כ, וכן העתיק בד"מ, **וכפי** הנראה ט"ס הוא בכאן, וצ"ל "ומיהו לא יאחר להתפלל בלילה וכו'", וכן הוא באמת הלשון בתה"ד עיי"ש, ואדברי המחבר קאי, **וכונתו** דאע"ג דלענין ק"ש **אם** ירצה להמתין בק"ש וברכותיה עד צה"כ בודאי שפיר עביד, וכמו שהמנהג באמת בזמנינו, **אבל** עכ"פ שמ"ע יתפלל עם הצבור, ואם גם ימתין בתפלה מחזי כיוהרא, **ואפשר** עוד דהלשון "יחזור" שטפא דלישנא הוא, ומשום דגבי ק"ש לפי המנהג שקורין עם הצבור כתב "חוזר", נקט גם הכא "חוזר", והכונה כשהוא רגיל בפרישות יאחר להתפלל, ודוחק).

הסכמת הפוסקים הוא, דעכ"פ אין לו להקדימה יותר מפלג המנחה, ואם הקדים לא יצא, לא בק"ש וברכותיה ולא בתפלה לכו"ע, וצריך לחזור ולקרוא ק"ש וברכותיה ולהתפלל שמ"ע, [**דברכת** ק"ש יש לה דין תפלה, והיכא דאינו יוצא בתפלה, גם בברכות אינו יוצא, **ועיין** לעיל ברל"ג, דיש דעות דסברי דפלג הוא שעה ורביע קודם שמתכסה השמש מעינינו, **וע"כ** בדיעבד אין לחזור אא"כ אם הקדים להתפלל קודם הזמן הזה]. **ואפילו** מפלג המנחה ולמעלה אינו אלא למי שהתפלל מנחה קודם פלג, אבל להתפלל מנחה ומעריב אחר פלג הוי תרתי דסתרי אהדדי.

כתבו האחרונים, מי שנוהג לקרות ק"ש ולהתפלל בצבור בזמנה, וכשהיה בצבור שקורים ומתפללים מבעוד יום, טעה והתחיל בברכת ק"ש, יגמור הברכות עם הק"ש עד שמ"ע כדי שלא יהיה ברכה לבטלה, [ח] **אבל** שמ"ע לא יתפלל עמהם, וכשיגיע זמן ק"ש יקרא ק"ש בלא ברכות ויתפלל עם הצבור, **ואע"ג** דעכשיו אינו סומך גאולה לתפלה, דתפלה בזמנה עדיף מסמיכת גאולה לתפלה, [**היינו** דכיון שדרכו תמיד לנהוג כרבנן דאין מתפללין מבעו"י, ומנחה מתפללין אחר פלג. **ואם** אין לו עשרה בלילה להתפלל עמהם, נכון להתפלל עם הצבור גם לכתחילה מבעו"י, **ונראה** דוקא אם בזה היום לא התפלל מנחה אחר פלג המנחה].

אות ב' – ג'

עד חצות

עד שיעלה עמוד השחר

סימן רלה ס"ג - [ט] לכתחלה צריך לקרות ק"ש מיד בצאת הכוכבים

- דזריזין מקדימין למצות, [י] **וזמנה עד חצי הלילה** - פי' דרבנן גדרו שאסור להתאחר בק"ש ביותר מחצות, שלא לבוא לידי מכשול, **ואם** מתאחר, מקרי עובר על דברי חכמים, **אבל** עד חצות ליכא איסורא אם מתאחר, אלא שלא נקרא זריז וכנ"ל, **והיינו** ביושב ואינו עוסק באכילה או במלאכה המטרדת, דאלו אוכל או עוסק במלאכה המטרדת כההיא דסי' רל"ב ס"ב, מדינא אסור משהגיע זמן ק"ש, וכנ"ל בס"ב.

(**המחבר** סתם כדעת הרמב"ם והסמ"ג, ודלא כדעת הרשב"א והרא"ש, דס"ל דלא קי"ל כחכמים דעשו סייג עד חצות, **ועיין** בשאגת אריה שדעתו לדינא כדעת הרשב"א והרא"ש, והאריך לדחות דברי הב"י במה שהביא ראיה לדעת הרמב"ם, **ואין** דבריו שם מוכרחין לדחות דברי הב"י, גם נוכל לומר דגם ר"ג מודה לחכמים לדינא דיש סייג לכתחלה עד חצות, ולא בא לחלוק במשנה כ"א על ר"א דס"ל דמן התורה הוא רק אשמורה הראשונה, **ומה** דאצטריך לפסוק בגמרא הלכה כר"ג, אף דחכמים ג"כ ס"ל הכי, והלכה כרבים, משום דחכמים לא פירשו בדבריהם דהחצות הוא רק משום סייג, ובזה היו מסופקין בניו של ר"ג, ע"ש בגמרא שהשיב להם רבנן כוותי ס"ל, ובזה אמר דהלכה כר"ג כמו שהשיב לבניו, **וגם** מפשטיות לשון המשנה מוכח ג"כ דר"ג ס"ל סייג דחצות בשארי דברים, ולמה נאמר דבק"ש חולק על חכמים ולא ס"ל סייג כלל, **אמנם** מצאתי שגם הרא"ש והרשב"א לאו יחידאי הם, מ"מ רובא דרבוותא קיימי בשיטת השו"ע, וכן בדה"ח וח"א העתיקו דברי השו"ע להלכה, **ובמקום** הדחק, כגון שהוא מלמד תורה לאחרים וכה"ג, אפשר דיכול לסמוך על שיטת הרא"ש, לאחר עד אחרי חצות).

ואם עבר ואיחר וקרא עד שלא עלה עמוד השחר, יצא ידי חובתו - דמן התורה לכו"ע זמנה כל הלילה, ד"ובשכבך" כל זמן שבני אדם שוכבין משמע.

ומשום דמיירי בעבר דהיינו בפשיעה, נקט "עד שלא עלה", **אבל** בנאנס, אפילו אחר שעלה עמוד השחר, רק שהוא קודם הנץ, נמי קורא ויוצא, וכדלקמיה בסעיף ד'.

אות ד'

הקטר חלבים ואברים מצותן עד שיעלה עמוד השחר

רמב"ם פ"ד מהל' מעשה הקרבנות ה"ב - כל שקרבו מתיריו ביום, מעלין אותו על המזבח כל הלילה, כיצד, זבחים שנזרק דמם ביום, מקטירין אימוריהן בלילה עד שיעלה עמוד השחר, וכן איברי העולות מקטירין אותן בלילה עד שיעלה עמוד השחר; [יא] וכדי להרחיק מן הפשיעה אמרו חכמים שאין מקטירין האימורין ואיברי העולה אלא עד חצות הלילה.

באר הגולה

ח ‹משמע דדוקא כשהוא עושה כן בקביעות מחזי כיוהרא [לעיל בבה"ל], אבל ברגיל בכל פעם להתפלל בצבור בזמנה, לא מחזי כיוהרא כשאירע פעם להיות עם צבור המתפלל לפני זמנה, כשלא יתפלל אז – משנה הלכה› ט **רבינו יונה שם לדעת כולהו תנאי דריש פ"ק דברכות** י **שם וכחכמים** יא ‹אך רש"י רפ"ק דברכות כתב דהקטר חלבים לא אמרו בו חכמים עד חצות כלל – משנה למלך›

אות ה'

וכל הנאכלים ליום אחד, מצותן עד שיעלה עמוד השחר

רמב"ם פ"י מהל' מעשה הקרבנות ה"ח - כל אלו הנאכלין ליום ולילה, דין תורה שהן נאכלין עד שיעלה עמוד השחר, וכדי להרחיק מן העבירה אמרו חכמים שאין נאכלין אלא עד חצות הלילה.

אות ו'

בשחר מברך שתים לפניה ואחת לאחריה, ובערב מברך שתים לפניה ושתים לאחריה

[יב]טור או"ח סימן נח - וקורין ק"ש ומברכין שתים לפניה ואחת לאחריה, ובערב שתים לפניה ושתים לאחריה, וסמכום על פסוק (תהלים קיט): שבע ביום הללתיך על משפטי צדקך.

סימן רלו ס"א - "בערב מברך שתים לפני ק"ש - "אשר בדברו" וכו', ו"אהבת עולם", **ואינה** פותחת ב"ברוך" דהויא סמוכה לראשונה, **ויש** להפסיק בין "ברקיע כרצונו", לבין "בורא יום ולילה", ד"כרצונו" קאי אדלעיל.

ומנהג ספרד שלא לומר "ה' צבאות" וכו' "אל חי" וכו', אלא מסיימין תיכף אחרי "מבדיל בין יום" וכו', "ברוך אתה" וכו', כי היכי דלהוי מעין חתימה סמוך לחתימה, וכן נכון, **ועיין** בטור שיישב גם מנהגנו, דהוי ג"כ מעין חתימה, שאנו מתפללין שימלוך ה' ויתקיים "והיה לעת ערב יהיה אור" לנו וחשך לשונאי ה', (עיין לקמן בסוף הסימן, שכתב דאינו בקשה אלא לשון שבח), **ומה** שאנו אומרים "ה' צבאות", כתבו ג"כ האחרונים, משום דכתיב: "עושה שחר עיפה ה' צבאות שמו".

ושתים לאחריה - ראשונה "אמת ואמונה", ואינה פותחת ב"ברוך" דהויא סמוכה לחברתה, דק"ש לא הוי הפסק, **וחותם**: "בא"י גאל ישראל", ולא "גואל ישראל" כמו בתפלה, משום שנתקנה על הגאולה שעברה, **ובמעריבית** של יו"ט נוהגין לסיים: "מלך צור ישראל וגואלו", ומפקפקין הרבה בזה, והרבה מהאחרונים מישבין המנהג, **ואעפ"כ** יותר טוב לסיים "גאל ישראל" כמו בשאר ימות השנה.

וברכה שניה "השכיבנו", וחותם: "שומר עמו ישראל לעד", מפני שלילה צריכין שימור מן המזיקין, **ואע"ג** דקי"ל דצריך לסמוך גאולה לתפלה אף בערבית, וכדלקמיה בס"ב, מ"מ "השכיבנו" לא הוי הפסק, דכגאולה אריכתא דמיא, **וכתבו** בתר"י הטעם, דכשעבר ה' לנגוף את מצרים, היו ישראל מפחדים ומתפללים להש"י שיקיים דברו, שלא יתן המשחית לבא אל בתיהם לנגוף, וכנגד אותה תפלה תקנו לומר "השכיבנו", הלכך מעין גאולה היא.

והמנהג לומר "והוא רחום" קודם תפלת ערבית. **ודע** דמה שמבואר לעיל בסי' נ"ד במ"ב בשם האחרונים, דאחר "ברכו" דינו כאמצע הפרק, דעיקר "ברכו" שאומר הש"ץ הכונה אברכות שמברכין העולם אח"כ, וכיון שענו העולם "ברכו", הוי כאלו התחילו הברכה, **פשוט** דאין לחלק בין שחרית לערבית, ולפי"ז צריך ליזהר מאד שלא לספר אחר "ברכו" דערבית, אפי' קודם שהתחיל לברך הברכה ראשונה, אם דעתו להתפלל אז מעריב עם הצבור, ובעו"ה הרבה אנשים נכשלין בזה.

אות ז'

ביאת שמשו מעכבתו מלאכול בתרומה, ואין כפרתו מעכבתו מלאכול בתרומה

רמב"ם פ"ז מהל' תרומות ה"ב - אין הטמאים אוכלין בתרומה עד שיעריב שמשן ויצאו שלשה כוכבים בינוניים, וזה העת כמו [יג]שליש שעה אחר שקיעת החמה, שנאמר: ובא השמש וטהר, עד שיטהר הרקיע מן האור, ואחר יאכל מן הקדשים.

באר הגולה

[יב] (ע"פ מהדורת נהרדעא) [יג] **ברכות י"א** [יד] (י"ל דס"ל דמהלך מיל הוא כ"ד דקות, וכמש"כ הרמב"ם בפי' המשניות פ"ג מ"ב, ונמצא שמהלך ג' רבעי מיל הוא י"ח דקות)

דילמא ביאת אורו הוא ומאי וטהר טהר גברא אמר רבה בר רב שילא א"כ לימא קרא ויטהר מאי וטהר °טהר יומא כדאמרי אינשי איערב שמשא ואדכי יומא. במערבא הא דרבה בר רב שילא לא שמיע להו ובעו לה מיבעיא האי ובא השמש ביאת שמשו הוא ומאי וטהר טהר יומא או דילמא ביאת אורו הוא ומאי וטהר טהר גברא (א) והדר פשטו לה מברייתא מדקתני בברייתא סימן לדבר צאת הכוכבים שמע מינה ביאת שמשו הוא ומאי וטהר טהר יומא: אמר מר משעה שהכהנים נכנסין לאכול בתרומתן ורמינהו מאימתי קורין את שמע בערבין משהעני נכנס לאכול פתו במלח עד שעה שעומד ליפטר מתוך סעודתו. סיפא ודאי פליגא אמתניתין. רישא מי לימא פליגי אמתני'. לא עני וכהן חד שיעורא הוא. ורמינהו *מאימתי מתחילין לקרות ק"ש בערבית משעה שבני אדם נכנסין לאכול פתן בערבי שבתות דברי ר"מ וחכמים אומרים משעה שהכהנים זכאין לאכול בתרומתן סימן לדבר צאת הכוכבים. ואע"פ שאין ראיה לדבר זכר לדבר שנאמר °ואנחנו עושים במלאכה וחצים מחזיקים ברמחים מעלות השחר עד צאת הכוכבים ואומר °והיו לנו הלילה משמר והיום מלאכה *מאי ואומר וכי תימא מכי ערבא שמשא ליליא הוא ואינהו דמחשכי ומקדמי ת"ש והיו לנו הלילה משמר והיום מלאכה קא סלקא דעתך דעני ובני אדם חד שעורא הוא ואי אמרת עני וכהן חד שעורא הוא חכמים היינו רבי מאיר אלא שמע מינה עני שעורא לחוד וכהן שעורא לחוד לא עני וכהן חד שעורא הוא ועני ובני אדם לאו חד שעורא הוא. ועני וכהן חד שעורא הוא ורמינהו מאימתי מתחילין לקרות שמע בערבין משעה שקדש היום בערבי שבתות דברי ר' אליעזר רבי יהושע אומר משעה שהכהנים מטוהרים לאכול בתרומתן רבי מאיר אומר משעה שהכהנים טובלין לאכול בתרומתן אמר לו ר' יהודה והלא כהנים מבעוד יום הם טובלים ר' חנינא אומר משעה שעני נכנס לאכול פתו במלח ר' אחאי ואמרי לה ר' אחא אומר משעה שרוב בני אדם נכנסין להסב. ואי אמרת עני וכהן חד שעורא הוא ר' חנינא היינו ר' יהושע אלא לאו שמע מינה שעורא דעני לחוד ושעורא דכהן לחוד שמע מינה. הי מנייהו מאוחר מסתברא דעני מאוחר דאי אמרת דעני מוקדם ר' חנינא היינו ר' אליעזר אלא לאו שמע מינה דעני מאוחר שמע מינה: אמר מר אמר ליה רבי יהודה והלא כהנים מבעוד יום הם טובלים שפיר קאמר ליה רבי יהודה לרבי מאיר ורבי מאיר הכי קאמר ליה מי סברת דאנא אבין השמשות דידך קא אמינא אנא אבין השמשות דרבי יוסי קא אמינא דאמר *רבי יוסי בין השמשות כהרף עין זה נכנס וזה יוצא ואי אפשר לעמוד עליו קשיא

רש"י

דילמא ביאת אורו. שיאור השמש ביום השמיני ויטהר האיש עצמו בהבאת קרבנותיו ואחר יאכל: **אם כן.** דהאי קרא וטהר לשון לווי הוא נימא קרא ויטהר מאי וטהר: **אדכי.** לשון עבר נתפנה מן העולם השמש: **מברייתא.** דקתני לקמן בשמעתין (ב) משעה שהכהנים נכנסין לאכול בתרומתן וראיה לדבר צאת הכוכבים ש"מ אין כפרתן מעכבתן: **משהעני.** שאין לו נר להדליק בסעודתו: **סיפא ודאי פליגא אמתני'.** דקתני הכא עד שעה שעומד ליפטר מתוך הסעודה והיינו לא כר' אליעזר ולא כרבנן ולא כרבן גמליאל. דדריש ובשכבך תחלת זמן שכיבה ובמתני' תנן עד סוף האשמורה הראשונה: **עני וכהן.** עני כל לילותיו וכהן טמא לאכול בתרומה: **חד שעורא הוא.** צאת הכוכבים: **בערבי שבתות.** ממהרין לסעודה שהכל מוכן: **שאין ראיה לדבר.** שהיום כלה בצאת הכוכבים זכר לדבר איכא: **דמחשכי.** ועושין מלאכה בלילה משקיעת החמה עד צאת הכוכבים: **ומקדמי.** ומשכימין קודם היום דאימא יום לא הוי עד הנץ החמה והם מקדימין מעלות השחר דהוי כמו מהלך ה' מילין (פסחים דף צג:): **ת"ש והיה לנו הלילה משמר.** מדקאמר והיום מלאכה אלמא האי דעבד מעלות השחר עד צאת הכוכבים יממא הוא. וזכר לדבר איכא דכל עת מלאכה קוראה הכתוב יום: **קס"ד.** רוב בני אדם היינו עניים כלומר בני אדם בערבי שבתות ועניים בימות החול חד שעורא הוא: **משעה שקדש היום בערבי שבתות.** היינו בין השמשות ספק יום ספק לילה וכיון דספק הוא קדש היום מספק: **משעה שהכהנים טובלים.** היינו קודם בין השמשות כדי שיהא להם קודם בין השמשות הערב שמש והכי אמרינן בבמה מדליקין (דף לה.) דזמן הטבילה קודם בין השמשות מעט: **והלא כהנים מבעוד יום הם טובלים.** רבי יהודה לטעמיה דאמר בבמה מדליקין *בין השמשות כדי מהלך חצי מיל קודם צאת הכוכבים קרוי בין השמשות והוי ספק הלכך טבילה דמקמי הכי מבעוד יום הוא ולאו זמן שכיבה הוא ולקמן מפרש מאי אהדר ליה רבי מאיר: **נכנסין להסב.** אית דאמרי בימות החול ואית דאמרי בשבתות מכל מקום מאוחר הוא (לכולם): **והי מינייהו מאוחר.** (לכולם) דעני או דכהן: ה"ג אי ס"ד דעני קודם ר' חנינא היינו ר' אליעזר: **בין השמשות דר' יהודה** מהלך חצי מיל לפני צאת הכוכבים ודרבי יוסי כהרף עין לפני צאת הכוכבים ורבי מאיר כרבי יוסי ס"ל וכי טביל מקמי הכי סמוך לחשכה הוא וזמן שכיבה קרינן ביה:

תוספות

דילמא ביאת אורו הוא. פי' רש"י עד שיזרח אורו של יום השמיני ומאי וטהר טהר גברא שיטהר האיש בהבאת קרבנותיו. ותימה לפירושו לפרוך אההיא דהערל (דף עד:) דהעריב שמשו אוכל בתרומה וכו' מנלן דביאת שמשו הוא. ועוד היכי מצי למימר דמיירי בזריחה דאי בזריחה הוא הוה מצי למכתב בקרא וזרח השמש וטהר כמו ממזרח השמש (במדבר כא) או לשון יציאה כמו השמש יצא על הארץ (בראשית יט) (ג) ונקט בקרא ובא השמש אלמא דהיינו שקיעת החמה. ועוד דבסמוך קא מבעיא ליה האי ובא השמש אי ביאת אורו הוא ופשיט מברייתא זכר לדבר וכו' תפשוט ממתניתין (דנגעים פי"ד) העריב שמשו אוכל בתרומה אלמא דהיינו ביאת שמש. וי"ל דה"פ ממאי דהאי ובא השמש וטהר ביאת שמש הוא ממש ומאי וטהר טהר יומא דהיינו צאת הכוכבים דילמא ביאת אורו הוא דהיינו תחלתה של שקיעת החמה והוא תחלת הכנסתה ברקיע ועדיין יש שהות ביום *חמש מילין עד צאת הכוכבים ומאי וטהר טהר גברא והשתא למתניתין דהערל לא קשה מידי דמצי למימר (ד) העריב שמשו דהתם היינו ביאת אורו ואף מהתם לא תפשוט דהיינו צאת הכוכבים. משום הכי איצטריך לאתויי הכא הברייתא דצאת הכוכבים:

אם כן לימא קרא ויטהר. אף על גב דבכמה מקומות כתיב וטהר. התם ליכא למיטעי אבל הכא דאיכא למיטעי הוה ליה למכתב ויטהר:

משעה שהעני נכנס לאכול פתו במלח. תימא עני גופיה °מתי יתפלל דהא אמרת זמן אכילתו היינו זמן ק"ש וכיון שבא זמן ק"ש אסור להתחיל בסעודה עד שיתפלל ברישא כדתניא לקמן (דף ד:) וקורא ק"ש ומתפלל ואוכל פתו ומברך וכל העובר על דברי חכמים חייב מיתה ויש לומר דזמן תפלה הוי קודם לזמן סעודה דלאו דוקא משעני נכנס לאכול אלא פורתא מעיקרא קאמר שעד שיכינו לו סעודתו יקרא ויתפלל:

אע"פ שאין ראיה לדבר. ראיה גמורה אינה דהא לא מיירי התם לענין ק"ש*:

ואי ס"ד דעני קדים רבי חנינא היינו ר' אליעזר. ולא מצי למימר דעני קדים לקדוש היום או קדוש היום קדים לשעורא דעני. דלא מסתברא לחלק כל כך בשעורי זמן שכיבה דכל זמנים הללו אית ביה:

אמר ליה ר' יהודה והלא כהנים מבעוד יום הם טובלים. תימא תיקשי ליה לנפשיה שהרי פלג המנחה מבעוד יום היא והוא אומר (לקמן דף כז.) מיד כשיעבור פלג המנחה הוי זמן תפלת ערבית. ויש לומר דלדידיה לא קשיא דלא דריש בשכבך ובקומך אבל לרבנן דדרשי קשיא דאינו זמן שכיבה:

רב נסים גאון

הכנענים כדכתב (ויקרא כ"ג) וכהן כי יקנה נפש ומפרש (יבמות ס"ו) מנין לכהן שנשא אשה יקנה עבדים שיאכלו בתרומה ת"ל וכהן כי יקנה נפש ומנין לאשתו שקנתה עבדים שיאכלו בתרומה ת"ל וכהן כי יקנה נפש קנין כספו קנינו שקנה קנין אוכל ורשאי הכהן למוכרה לתרומה לכהן אחר לפי שהוא בספו ואסור לאכלו בלא רחיצת ידים ואינה מותרת לטבול יום אלא עד צאת הכוכבים ואם נפל חלק אחד של תרומה לתוך צ"ט חלקים של חולין נאסר הכל לישראל ונעשה הכל כתרומ' שאין לישראל היתר לאכלה ואינה מותרת אלא לכהן בלבד אבל אם נפל אחד של תרומה לתוך ק' של חולין מפריש ממנו חלק אחד ונותנו לכהן והשאר מותר לישראל הרי אלו בתרומה מה שאין כן במעשר כדתנן (בכורים פרק ב' משנה א') התרומה והבכורין נכסי כהן הן וחייבין עליהן מיתה וחומש ואסורין לזרים ועולין בא' ומאה ומעינין רחיצת ידים והערב שמש הרי אלו בתרומה ובבכורים מה שאין כן במעשר. והחומרו' שישנן בקודש שהוא קרוי קרבן מפני שמקטיר ממנו אמוריו וחלביו על גבי המזבח ואם תהיה מחשבת כהן המקריבו באחת מהעבודו' הארבע שהן שחיטה וקבלה והולכה וזריקה אם מחשב בשחיטה לזרוק דמה או להקטיר אמוריה למחרת אותו היום או אם יחשב באחת הארבע העבודות לוכל הימנה כזית בשר חוץ לזמנו נעשה אותו הזבח פיגול ונפסל במחשבה שחשב בשעת עבודה כדכתיב (ויקרא ז') לא יחשב לו פגול ודרשינן (זבחים דף כ"ט) במחשבה נפסל וכן מה שישתייר ממנו עד שיעבור העת והזמן הקצוב לו כבר נעשה נותר כדכתיב (ויקרא י"ט) ביום זבחכם יאכל וממחרת והנותר וגו' הפגול והנותר אם אוכל אדם מהן כזית במזיד חייב כרת ובשוגג חייב חטאת כדתנן (כריתות דף ב') ל"ו כריתות בתורה ומהן האוכל חלב ודם ונותר ופגול על אלו חייבין על זדונן כרת ועל שגגתם חטאת וכן נמי האדם הטמא אם יאכל כזית מבשר הקדשים במזיד חייב כרת כדכתי' (ויקרא ז') והנפש אשר תאכל בשר מזבח השלמי' [וגו' וטומאתו עליו ונכרתה] ואם בשוגג אכל חייב קרבן עולה ויורד היינו שאמר בו הכתוב (שם ה') ואם לא תגיע ידו ואם לא תשיג ידו וכל קרבן שחלק בו הכתוב בין עשיר לעני נקרא עולה ויורד והחטאת המתחייב בה על החלב ועל הדם והפגול והנותר וכלל המנויין במשנתנו היא חטאת קבועה בידל בין עשיר שנין בה ואי תיה לפירושיה דקרבן עולה ויורד המתחייב בו טמא שאכל את הקדש בפרשת (ויקרא ה) ונפש כי תחטא ושמעה בפסוק שני ונפש אשר תגע בכל דבר טמא לפי שהשלים הענין בפסוק השלישי וכתיב ונעלם ממנו והוא ידע ואשם וכשאנו מעיינין באלו הפסוקים אין אנו רואין בהן זולתי זכרון הטומאה לא יותר וכבר ידענו כי כל אדם מישראל אם הוא נוגע בדבר טמא אינו חייב אלא ליטהר בלבד ואין עליו חטא בזה הדבר ולא אשמה אלא אם כן עשה דבר שגורם לו אשמה ושעשה שמתחייב עליו להתכפר בקרבן ולא מצינו בפשוטן של כתובים הללו כלום מזה הדבר אבל העתיקו לנו רבותינו ז"ל פירושן של דברים הללו ובירורן והגידו לנו אי זו פשע הוא שחייב אותו הקרבן ההוא ומאי היא אכילת בשר הקדש או ביאת המקדש כדתניא (שבועות דף ו') ובנין שאינו מדבר אלא בטומאת מקדש וקדשיו הוזהר וענש על הטומאה וחייב קרבן על הטומאה מה כשהוזהר וענש על הטומאה על טומאת מקדש וקדשיו אף כשחייב קרבן על הטומאה על טומאת מקדש וקדשיו ומי שנגע בדבר מכל הטמאות הנזכרות בכתובין ואכל כזית מבשר הקודש בשגג או נכנס למקדש בשגג נתחייב קרבן עולה ויורד כדקתני בסיפיה דהתיא מתני' שהזכרנוה (כריתות דף ב') חוץ מן המטמא מקדש וקדשיו שהוא בעולה ויורד והוא שהיתה לו ידיעה בתחלה כי אתו הבשר קודש הוא וגם היתה לו ידיעה בטומאה שנטמא בה ובשעה שאכלו שגג באחת מהן או בשתיהן ואח"כ נודע לו אותו הדבר שכבר שגג בו כדתנן (שבועות דף ב') כל שיש בה ידיעה בתחלה וידיעה בסוף והעלם בנתיים הרי אלו בעולה ויורד ומי ששחט דבר אחד מקדשי המזבח חוץ לעזרה או הקטיר מהם כלום בחוץ חייב כרת כדכתיב (ויקרא י"ז) איש איש מבית ישראל אשר ישחט [וגו'] ואל פתח אהל מועד לא הביאו ומי שנהנה מהן שוה פרוטה בשגג נתחייב באשם מעילות כדכתיב (שם ה') נפש כי תמעול מעל וחטאה בשגגה וגו' והאנן נמי אין מותר לו לוכל מהם כלום דנמר ליה מקל ותוכר ממעשר בפס"*) אלו המדות עדיפין הקדשים מן התרומה וגרסי רבנן דאית להו מדות אחרות שהן עדיפין בהן מן התרומה אין אנו מאריכין להזכירם לפי שהן נכללות בזו המשנה דמס' חגיגה (דף כ') דתנן חומר בקודש מבתרומה וכו' ולמדנו מגמרא דרבנן בכללי דתרומה יש לה יתרון על המעשר ומעלתה למעלה ממעלתו שהכתוב חייב עליה מיתה כדכתיב (ויקרא כ"ב) ומתו בו כי יחללוהו והמעשר לא דייב עליו יותר מהמלקות על האוכל מעשר טמא כמו ששנו (יבמות דף ע"ג) אוכלו בטומאת עצמו לוקה מה שאין כן

מסורת הש"ס: [פסחים צד.] · נחמיה ד · שם · מגילה כ: · [נד: ע"ש היטב ועיין רש"י נדה נג. ד"ה כה"ג] · רש"א · רש"ל · שבת ל"ד ב' [נדה נ"ג.]

הגהות הב"ח: (א) גמ' והדר פשטו ליה מברייתא: (ב) רש"י ד"ה מברייתא וכו' שהכהנים זכאין לאכול בתרומתן סימן לדבר לצאת: (ג) תוס' ד"ה דילמא וכו' על הארץ מדכתיב בקרא ובא השמש וכו' מברייתא סימן לדבר: (ד) בא"ד העריב שמשו דהתם (היינו ביאת אורו) תימה אלו מוקדים באלו לגבה ובמקום כלדו ס"ה היינו לאו דוקא שקיעת החמה: תוספתא ברכות פ"ק

גליון הש"ס

גמ' טהר יומא. עתוי"ט רפ"ב דזבחים ד"ה וטב"י: בהגהת מהרי"ב אחר תיבת כיס"ש. אבל קשה לי הא בשבת שם איתא דלר"י שיעור בה"ש ב' תלתי או ג' רבעי מיל וצ"ע: תוס' ד"ה משעה כו'. מתי יתפלל כו'. וכי כעני עו"ג יחי' שעורא. בספר חדות יעקב בשם גליון תוס' כב"י:

הגהות הגר"א

רש"י ד"ה קס"ד. היינו עניים. נ"ל באנים: שם ד"ה בין השמשות. מהלך חצי מיל. נ"ל יותר מחצי מיל. נראה תרי תלתי מיל ולר"י ג' רבעי מיל (שבת ל"ד):

*) אולי צ"ל בס"ס טבול יום דף ק"א:

מסורת הש"ס

תורה אור

קשיא דר' מאיר אדר"מ תרי תנאי אליבא דר"מ קשיא דר' אליעזר אדר' אליעזר תרי תנאי אליבא דר' אליעזר ואב"א רישא לאו ר' אליעזר היא: עד סוף האשמורה: מאי קסבר ר' אליעזר אי קסבר שלש משמרות הוי הלילה לימא עד ארבע שעות ואי קסבר ארבע משמרות הוי הלילה לימא עד שלש שעות לעולם קסבר שלש משמרות הוי הלילה והא קמ"ל דאיכא משמרות ברקיע ואיכא משמרות בארעא דתניא ר' אליעזר אומר שלש משמרות הוי הלילה ועל כל משמר ומשמר יושב הקב"ה ושואג כארי שנאמר °ה' ממרום ישאג וממעון קדשו יתן קולו שאוג ישאג על נוהו (ירמיה כה) וסימן לדבר משמרה ראשונה חמור נוער שניה כלבים צועקים שלישית תינוק יונק משדי אמו ואשה מספרת עם בעלה. מאי קא חשיב ר' אליעזר אי תחלת משמרות קא חשיב תחלת משמרה ראשונה סימנא למה לי אורתא הוא אי סוף משמרות קא חשיב סוף משמרה אחרונה למה לי סימנא יממא הוא אלא חשיב סוף משמרה ראשונה ותחלת משמרה אחרונה ואמצעית דאמצעיתא ואב"א כולהו סוף משמרות קא חשיב וכי תימא אחרונה לא צריך למאי נפקא מינה למיקרי ק"ש למאן דגני בבית אפל ולא ידע זמן ק"ש אימת כיון דאשה מספרת עם בעלה ותינוק יונק משדי אמו ליקום וליקרי. אמר רב יצחק בר שמואל משמי' דרב ג' משמרות הוי הלילה ועל כל משמר ומשמר יושב הקב"ה ושואג כארי ואומר אוי לבנים שבעונותיהם החרבתי את ביתי ושרפתי את היכלי והגליתים לבין אומות העולם: תניא א"ר יוסי פעם אחת הייתי מהלך בדרך ונכנסתי לחורבה אחת מחורבות ירושלים להתפלל בא אליהו זכור לטוב ושמר לי על הפתח (והמתין לי) עד שסיימתי תפלתי לאחר שסיימתי תפלתי אמר לי שלום עליך רבי ואמרתי לו שלום עליך רבי ומורי ואמר לי בני מפני מה נכנסת לחורבה זו אמרתי לו להתפלל ואמר לי היה לך להתפלל בדרך ואמרתי לו מתיירא הייתי שמא יפסיקו בי *עוברי דרכים ואמר לי היה לך להתפלל תפלה קצרה באותה שעה למדתי ממנו שלשה דברים למדתי שאין נכנסין לחורבה ולמדתי שמתפללין בדרך ולמדתי שהמתפלל בדרך מתפלל תפלה קצרה ואמר לי בני מה קול שמעת בחורבה זו ואמרתי לו שמעתי בת *קול שמנהמת כיונה ואומרת אוי לבנים שבעונותיהם החרבתי את ביתי ושרפתי את היכלי והגליתים לבין האומות ואמר לי חייך וחיי ראשך לא שעה זו בלבד אומרת כך אלא בכל יום ויום שלש פעמים אומרת כך ולא זו בלבד אלא בשעה שישראל נכנסין לבתי כנסיות ולבתי מדרשות ועונין יהא *שמיה הגדול מבורך הקב"ה מנענע ראשו ואומר אשרי המלך שמקלסין אותו בביתו כך מה לו לאב שהגלה את בניו ואוי להם לבנים שגלו מעל שולחן אביהם: ת"ר מפני שלשה דברים אין נכנסין לחורבה °מפני חשד מפני המפולת ומפני המזיקין. מפני חשד ותיפוק ליה משום מפולת

בחדתי

רש"י

קשיא דרבי מאיר אדר' מאיר. לעיל אמר לאכול פתן בערבי שבתות והוא שעור מאוחר משל כהן. והכא אמר משעת טבילה שהיא קודם בין השמשות: **קשיא דר' אליעזר.** דברייתא אדר' אליעזר דמתני': **ואב"א רישא.** דמתני': **לאו ר' אליעזר היא.** והא דקתני דברי ר' אליעזר אסוף הזמן קאי דקאמר עד סוף האשמורה הראשונה ופליגי רבנן עליה ואמרי עד חצות. דרבי אליעזר דריש בשכבך זמן התחלת שכיבה שבני אדם הולכים לשכב זה קודם וזה מאוחר. ורבנן דרשי כל זמן שכיבה דהיינו כל הלילה אלא שעשו סייג לדבר ואמרו עד חצות. ור"ג לית ליה ההוא סייג: **מאי קסבר כו'.** הוה ליה לומר זמן הניכר: **אי קסבר.** דפליגי תנאי לקמן בהא מלתא איכא מאן דאמר ג' משמרות הוי הלילה במשמרות עבודת המלאכים ושיר שלהם נחלק לשלש חלקים ראשונה לכת אחת שניה לכת אחרת שלישית לכת שלישית. ואיכא מאן דאמר ארבע משמרות הוי הלילה: **והא קמ"ל.** כשנתן לך סימן זמן הקריאה בסוף האשמורה ולא פי' לך סימן מפורש למדך שיש היכר לכל אדם בדבר כי היכי דאיכא ברקיע: **ישאג שאוג ישאג.** הרי ג': **ואשה מספרת עם בעלה.** כבר הגיע קרוב ליום ובני אדם מתעוררים משינתן והשוכבים יחד מספרים זה עם זה: **מאי קא חשיב.** סימנים הללו שנתן למשמרות הארץ היכן נתנו. בתחלת האשמורות או בסופן: **אורתא הוא.** לאת הכוכבים: **ושמר.** והמתין כמו לא יאמר אדם לחבירו שמור לי בלד ע"ג פלוני (סנהדרין דף כג:) ובב"ק בפ' החובל (דף צ':) שמרה עומדת על פתח חצרה. וכן ואביו שמר את הדבר (בראשית לז). שומר אמונים (ישעיה כו): **תפלה קצרה.** [הביננו] ולקמן מפרש לה בפ' תפלת השחר (דף כט.): **אשרי המלך שמקלסין אותו בביתו כך.** אשרי כל זמן שהיה קלוס זה בתוך בהמ"ק: **מפני חשד.** שלא יאמרו זונה מוכנת לו שם: **ומפני המפולת.** שחומת החורבה רעועה ומסוכן הוא פן תפול החומה עליו: **תיפוק ליה.** כלומר למה לנו ג' טעמים לדבר א' הרי די באחת מהן אם לא בא ללמדך שיש שעות שאין הטעם הזה וצריך להגיה בשביל זה:

בחדתי

תוספות

קשיא דר' מאיר אדר' מאיר. דלא מצי למימר בשעה שבני אדם נכנסין וכהן חד שעורא הוא דאם כן רבי מאיר היינו רבי אחאי לפי' רש"י שפי' שרוב בני אדם נכנסין להסב דהיינו בע"ש. *[וגם כן] (א) לא מסתברא למימר דבני אדם ממהרין כל כך בערבי שבתות כמו בזמן שהכהנים טובלין דהיינו מבעוד יום קודם הערב שמש: **קשיא** דרבי אליעזר אדרבי אליעזר. דלא מצי למימר משקדש היום וכהנים נכנסין לאכול בתרומתן חד שעורא הוא. דא"כ ר' אליעזר היינו ר' יהושע: **למאן** דגני בבית אפל. וא"ת והלא רבי אליעזר בעי (לקמן ד' ט:) עד שיכיר בין תכלת לכרתי בק"ש של שחרית. וי"ל מ"מ כיון שידע מתי יעלה עמוד השחר. קודם שיקום ויזמן עצמו כבר הגיע אותו עת: **היה לך** להתפלל תפלה קצרה. לכאורה משמע שאין זה הביננו. דהא קא בעי לקמן (ד' ל.) מאי איכא בין הביננו לתפלה קצרה. א"כ לפי' הקונ' שפי' בכאן דהיינו הביננו קשה. אלא ע"כ היינו תפלה אחריתא כדמפרש לקמן *צרכי [דף כט:] עמך מרובים וכו'. וגם על זה קשה דלקמן אמרינן שאין לומר תפלת של צרכי עמך אלא במקום סכנה. ורבי יוסי לא הוה במקום סכנה פי' במקום לסטים. מדהשיב לו שמא יפסיקו בי עוברי דרכים ולא השיב שמא יהרגוני [עיין תוס' סוטה מ.] לסטים. ונראה לי כפ"ה תפלה קצרה דהכא היינו הביננו. ואע"ג דלייט עלה אביי *אמאן דמתפלל הביננו. היינו [לקמן כט.] דוקא בעיר אבל בשדה מותר. והא דאמרי' לקמן מאי איכא בין הביננו לתפלה קצרה. הכי קאמר בין תפלה קצרה דאמר בפ' תפלת השחר (דף כט:) כגון צרכי עמך וכו'. אבל ודאי תפלה קצרה דהכא צ"ל הביננו: **ועונין** יהא שמיה הגדול מבורך. מכאן יש לסתור מה שפי' במחזור ויטרי יהא שמיה רבא שזו תפלה שאנו מתפללין שימלא שמו כדכתיב (שמות יז) כי יד על כס יה שלא יהא שמו שלם וכסאו שלם עד שימחה זרעו של עמלק ופירושו כך יהא שמי"ה שם יה רבא כלומר שאנו מתפללין שיהא שמו גדול ושלם ומבורך לעולם הוי תפלה אחרת כלומ' ומבורך לעולם הבא. וזה לא נראה מדקאמר הכא יהא שמיה הגדול מבורך משמע דתפלה אחת היא ואינו רוצה לומר שיהא שמו גדול ושלם אלא יהא שמו הגדול מבורך וגם מה שאומרי' העולם [ועי' תוס' שבת קיט:] לכך אומרים קדיש בלשון ארמית לפי שתפלה נאה ושבח גדול הוא על כן נתקן בלשון תרגום *שלא יבינו המלאכים ויהיו מתקנאין בנו וזה אינו נראה שהרי כמה תפלות יפות שהם בלשון עברי אלא נראה כדאמרינן בסוף סוטה (דף מט.) אין העולם מתקיים אלא אסדרא דקדושתא ואיהא שמיה רבא דבתר אגדתא שהיו רגילין לומר קדיש אחר הדרשה ושם היו עמי הארצות ולא היו מבינים כולם לשון הקודש לכך תקנוהו בלשון תרגום שהיו הכל מבינים שזה היה לשונם:

עין משפט נר מצוה

ז א טוש"ע או"ח סימן א' סעיף ב ג:
ח ב טור או"ח סי' כ"ו:
ט ג מיי' פ"ה מהל' תפלה ה"ו ופי"ב מהל' רוצח ושמירת נפש הלכה ו' (סמ"ג עשין י"ט ועשין ע"ט) טוש"ע או"ח סימן צ' סעיף ו':

רב נסים גאון

בתרומה *ומעלת הקדש עדיפא מהתרומה שיש בו חיוב כרת והוא חמור יות' מהמיתה ואע"פ ששניהם בידי שמים כדאמרינן (בסוף) מסכת כריתות (דף כג) דהא איסור מעילה לר' קל במיתה וקדשים איסור חמור בכרת ואתי איסור מעילה דקיל וחייל אאיסור כרת דחמיר ואיתא נמי בהרב' מקומות מן התלמוד אנו מזכירין מהן מה שעלה בידינו במס' שבת בפ' במה מדליקין (דף כה) ובפסחים בפ' כל שעה (דף לג) ובחגיגה בפרק חומר בקדש (דף כה) וביבמות בפרק הערל (דף עג) ובשחיטת חולין (דף לא) בפרק השוחט אחד בעוף וכסדר הזה נמי אירע להיות דינם במעלות הטומאה כמו שתדע שהשרץ הוא אב הטומאה וכל מה שנגע בו מן החולין נקרא ראשון ומה שנגע בראשון נקרא שני והשני בחולין אינו מטמא שלישי ואינו פוסל ולפיכך קראתו המשנה פסול ולא קראתו טמא לפי שכל ולד טמא שאינו מטמא אחר פסול מיקרי וכל ולד טמא שמטמא אחר הוא שנקרא טמא וזה עיקר ראוי להיזהר בו וכך שנינו במס' טהרות (פ"ב מ"ג) הראשון שבחולין טמא ומטמא השני פסול ואינו מטמא ויש במקומות הרבה במשנה מה שמסייע לזה והיה ר' עקיבא סובר כי השני בחולין מטמא שלישי כדמפורש במס' סוטה (פרק כשם דף כז) אלא על אותה סתם המשנה שהזכרנו אנו סומכין ולא על דברים של ר' עקיבא ואע"פ שכל התנאין שסוברין (באותו) [כאותו] הסתם מנאם במסכת סוטה (דף ל) והעמידם כולם בשיטה אחת וקיימא לן דכל מילתא דאקמוה רבנן בשיטה נפקא לה מהלכתא מיהו אין אנו תופסין זה העיקר אלא אם אין אנו מוצאין בתלמוד מה שדוחה אותו עיקר ומסייע דברי אותם התנאים שהעמדנום בשיטה והרי מצינו סיוע לאותם התנאים חדא בהדא מס' דברכות בפ' ואלו דברים (דף נב) דאמרינן הכא בשלחן שני עסקינן ואין שני עושה שלישי בחולין ובמס' חולין בפ' השוחט (דף לג) ידים שניות הן ואין שני עושה שלישי בחולין ובמס' יו"ט בפ' יו"ט שחל להיות ערב שבת (דף יח) אמרינן ולד הטומאה היכא משכחת לה גבי תרומה כהנים זריזין הן ובפסחים בפרק כל שעה (דף לד ועי' רש"י שם) אמרי כי האי טונא ואיבעי תימה התם דנגעי בראשון דהוו להו אינהו שני ושני עושה שלישי בתרומה מכלל דבחולין אין שני עושה שלישי ובפרק (ו') [ד] דמס' טבול יום איתא בג' משניות מסודרות מפני [שהוא] שלישי ושלישי טהור בחולין והזכירו במס' נדה בפרק ראשון (דף ו) אחת מהן ואשכחן בתלמוד ארץ ישראל (ברכות פרק אין עומדין הלכה א') דעבדוה להא מילתא דוגמא להילכתא פסיקתא דגרסינן אבדן שאל לר' כמה מעלות לקדש א"ל ד'. כמה מעלות בתרומה א"ל ג'. וקאים מצלי כדי לעמוד להתפלל מתוך דבר תורה ומתוך דבר הלכה ברורה שאין בה ספק כדאמרינן (ברכות פרק אין עומדין דף לא) בעניינא דצלותא אין עומדין להתפלל אלא מתוך דבר הלכה פסוקה ואילו היה בחולין נמי שלישי לא היתה מעלה לתרומה בזה הענין המעשר אין לו מעלה יתירה על החולין בזה הענין אלא שוה הוא לחולין כי השני מזה ומזה אין עושה שלישי אבל יש לתרומה מעלה יתירה שהשני מטמא שלישי בתרומה כדתנן (טהרות פ"ב משנה ד') הראשון והשני שבתרומה מטמאין ומטמאין השלישי פסול ואינו מטמא וזה הדבר אין בו חלוקה כי ר' עקיבא לא חלק אלא בחולין בלבד אבל בתרומה מודה הוא לחכמים שאין בה אלא שלישי כמפורש בפרק אחד לארבעה עשר (דף יט) הקדש יש לו מעלה יתירה והיא שהשלישי מטמא את הרביעי בקדש כדתנן (טהרות פ"ב משנה ה') הראשון והשני והשלישי שבקדש מטמאין ומטמאין הרביעי פסול ואינו מטמא ובפרק חומר בקדש (חגיגה דף כ) נמי אמרי הרביעי בקדש פסול השלישי בתרומה ועל זה הסדר ובזה התיקון נסדרו אותן הכתובים שהזכרנו לפי הפירוש שפירשום רז"ל לפי שיש לטמא ג' שמות טמא וטבול יום ומחוסר כיפורים ויש לטהרה ג' דברים שגורמין לה טבילה והערב שמש והבאת קרבן והטמא הוא שנטמא ועדיין לא טבל והרי הוא אסור ליגע בכל דבר שנקרא קדש כלל ואפילו במעשר וכ"ש במה שהוא למעלה הימנו ואם הוא עושה הראשון שגורם לטהרה שהיא הטבילה אם טבל כראוי וכהלכה הותר לוכל במעשר מיד ואע"פ שעדיין לא בא השמש כדכתב רחמנא (ויקרא כ"ב) ולא יאכל מן הקדשים כי אם רחץ ויסור ממנו שם טמא ויחזור להקראות טבול יום ועדיין הוא אסור בתרומה וקדשים ואפי' אם נגע בהן הוא מטמאן כדאמרינן בפרק יציאות השבת (דף יד) טבול יום דאורייתא הוא דכתיב ובא השמש וטהר אבל לא יהו מטמאין כדתנא בתוספתא טהרות (פרק א') אבא שאול אומר טבול יום תחילה לקדש ר"ם אומר מטמא את הקדש ופוסל את התרומה וחכמים אומרים כשם שאינו פוסל אלא משקי תרומה ואוכלי תרומה כך אינו פוסל אלא משקי קדש ואוכלי קדש ואמרינן בגמ' (מעילה דף ח) לרבנן כיון דטבל קלשא ליה טומאתו פסולא משוי טמא לא משוי וכל מה שנגע בו טבול יום מתרומה ובקדשים הוא בעצמו פסול ואינו מטמא אחרים ואיתא בגמרא דמעילה (שם) בפרק חטאת העוף ובמס' פרה בפרק צלוחית (פרק י"א משנה ד') שנינו כל הטעון ביאה מים מדברי תורה מטמא את הקדש ואת התרומה ואת החולין ואת המעשר ואסור על ביאת המקדש לאחר ביאתו מטמא את הקדש ופוסל את התרומה דברי ר"ם וחכמים אומרים פוסל בקדש הרי נתברר לנו מדברי החכמים בברייתא ובזו המשנה כי טבול יום פוסל בקדש ואינו מטמא לפי שפירשו בטעמו של דבר כיון דטביל קלשא ליה טומאתו ואינו זז מזה הענין עד שיבא אליו השמש ויצאו הכוכבים אז יהא מותר לוכל בתרומה כדכתב רחמנא (ויקרא כ"ב) ובא השמש וטהר ואחר יאכל מן הקדשים וזהו שלמדנוהו ממה שנאמר במשנה משעה שהכהנים נכנסין לוכל בתרומתן דביאת שמשו מעכבתו לוכל בתרומה ותניא בתורת כהנים [פ' שמיני פרק ח' דין ט' ומייתי לה ביבמות עה וע"ש] וטמא עד הערב יכול לכל דבר ת"ל וטהר אי וטהר יכול לכל דבר ת"ל וטמא עד הערב הא כיצד טהור לחולין מבעוד יום ולתרומה משתחשך ולאחר שישלים יומו פורח ממנו שם טבול יום שהרי יומו כבר חלף ועבר אלא נשתייר עליו להקריב הקרבן שהוא נתחייב בו ולפיכך הוא נקרא מחוסר כיפורים ועדיין הוא אסור

*) עיין רש"י שם ודברי רבינו צריכין בהור

הגהות הב"ח

(א) תוס' ד"ה קשיא דרבי מאיר וכו' דהיינו בע"ש א"נ לא מסתברא

גליון הש"ס

גמ' מפני חשד. עיין שבת כג

מ"א יפסיקוני

קול הברה [וע' תוס' סנהדרין יא. ד"ה בת קול]

גי' רש"א שמו

§ מסכת ברכות דף ג, §

אות א'

ועל כל משמר ומשמר יושב הקב"ה ושואג כארי ואומר: אוי לבנים שבעונותיהם החרבתי את ביתי ושרפתי את היכלי והגליתים לבין אומות העולם

סימן א ס"ב - [א]המשכים להתחנן לפני בוראו, יכוון לשעות שמשתנות המשמרות, שהן בשליש הלילה ולסוף שני שלישי הלילה ולסוף הלילה, שהתפלה שיתפלל באותן השעות על החורבן ועל הגלות, רצויה.

סימן א ס"ג - [ב]ראוי לכל ירא שמים שיהא מיצר ודואג על חורבן בית המקדש - אבל התורה והתפלה יהיה בשמחה.

והמקובלים האריכו מאוד בגודל מעלת קימת חצות כי רבה היא, וכבר נדפס בסידורים סדר ההנהגה על פי כתבי האר"י ז"ל, **והעת** להתאונן על החורבן נכון יותר שיהיה קודם חצות מעט, ומחצות ואילך יעסוק בתורה, ובסוף הלילה יבקש צרכיו, וי"א אז "שומרים לבוקר", **ואם** הוא קרוב להנה"ח, יאמר המזמורים לבד וידלג הקינות, ואח"כ יאמר "שומרים לבוקר".

ואחר התיקון שיעור משניות קודם לכל דבר, ואם זכה לחכמת האמת, עת ההיא מסוגלת מאוד.

וזמן חצות הוא תמיד באמצעות הלילה ממש בכל מקום, ואפילו בלילות הארוכות או הקצרות, והיא י"ב שעות אחר חצי היום.

האחרונים קבלו מ"שכבי" עד "קומי", היינו משבועות שאומרים "שכבי", עד ט"ב שאומרים "קומי", א"צ לקום בלילה, **וי"א** מט"ו באב עד ט"ו באייר יקום, **והנוהגים** על פי קבלה סוברים שצריך לקום תמיד.

חבורה שנתחברו יחד לומר תיקון חצות בצבור, אין למנעם, ואדרבה "ברוב עם הדרת מלך".

וטוב יותר שיאמרו את התיקון בבהכ"נ משיאמרוהו בחדר הסמוך לו, דבהכ"נ קדיש טפי, וגם שיהיו מעשרה הראשונים.

וצריך ביחוד להזהר מאוד מאוד משיחות חולין בניעורם בלילה.

ומי שאינו יכול להשכים קודם אור הבוקר, מחמת שהוא חלש בטבעו, או שהוא יודע בעצמו שאם יקום באשמורת יישן בעת התפלה, מוטב לישן כל הצורך, **ומ"מ** יהיה זהיר מאוד לקום שעה, ולפחות חצי שעה, קודם קריאת השמש לבהכ"נ, כדי שיהיה יוכל להכין עצמו להתפלל בצבור ובנקיות.

כתב של"ה, שבכל סעודה יאמר "על נהרות בבל", ובשבת וכן בימים שאין אומרים בהם תחנון, יאמר "שיר המעלות בשוב ד'" וגו', **והעיקר** שידע מה קאמר, ואחר כונת הלב הן הדברים.

אות ב'

בשעה שישראל נכנסין לבתי כנסיות ולבתי מדרשות ועונין יהא שמיה הגדול מבורך, הקב"ה מנענע ראשו ואומר: אשרי המלך שמקלסין אותו בביתו כך, מה לו לאב שהגלה את בניו, ואוי להם לבנים שגלו מעל שולחן אביהם

טור או"ח סימן נו - [ג]שמיה רבא, יש מפרשים שם יה רבא, שאנו מתפללין על שם יה שאינו שלם, שיתגדל ויתקדש ושיחזור להיות שלם, והיינו לעת הגאולה שינקום מעמלק, שנשבע שלא יהיה השם שלם עד שינקום ממנו, דכתיב: כי יד על כס יה, שאין הכסא שלם ואין השם שלם אלא לאחר שינקום ממנו, ואז יהיה השם שלם וגם הכסא, דכתיב: האויב תמו חרבות לנצח, וכתיב: וה' לעולם ישב כונן למשפט כסאו, הרי השם שלם והכסא שלם. ומה שאנו אומרין הקדיש בלשון תרגום, י"א מפני המלאכים שלא יתקנאו בנו שאנו משבחים שבח נאה כזה, וגם שע"י זה הקב"ה נזכר לחורבן הבית וגלות ישראל, כדאיתא בפ"ק דברכות, בשעה שישראל עונין אמן יש"ר, הקב"ה מנענע בראשו ואומר: אוי לבנים שגלו מעל שלחן אביהם, ומה לו לאב שככה מקלסין אותו בניו ורחקם מעל שלחנו, וכביכול שיש דאגה לפניו, ואם יבינו המלאכים זה, יקטרגו עלינו, ע"כ אומרים אותו בלשון שלא יבינו, שאינן מכירין ארמית. ור"י פירש הטעם, לפי שהיו רגילין לומר אותו אחר הדרשה, כדאיתא בשילהי סוטה, אמאי קאי עלמא, אסידרא דקדושה, ואיהא שמיה רבא דאגדתא, והיו שם עמי הארץ שאינן מכירין אלא ארמית שהוא לשונם, לכן נהגו לאומרו בלשון שהכל מבינין בו, [ד]ולפי פירוש זה יהיה כפשוטו, שמיה רבא, תרגום של שמו הגדול.

[ה]סימן נו ס"א - [ו]יש לכוין בעניית הקדיש - כי אמרו חז"ל: כל העונה "איש"ר מברך" בכל כחו, קורעין לו גזר דינו, **ופי'** הראשונים, דר"ל בכל כונתו ובכל איבריו, דהיינו שיאמרנה בלב ונפש,

---

באר הגולה

[א] **רא"ש מהא דברכות ג'** [ב] **רא"ש שם** [ג] ‹עיין תוס' ד"ה עונין, שמביא כל הני צדדים› [ד] ‹הלא גם לפי' הראשון שאומרין הקדיש בלשון התרגום משום מלאכים, יכול להיות ששמיה רבא הוא תרגום של שמו הגדול. **ונראה** לי דלפי פי' ראשון אינו מוכרח לומר שהוא תרגום, {מבואר דלהצד שהכוונה ששם יה יתרבה, הוי רבא לשון קודש}, שאף אם הוא לשון הקדש לא יקטרגו עלינו מלאכים, הואיל ואין מבינים שאר הקדיש, אבל לפי פי' שני שאומרים תרגום כדי שיבינו עמי הארץ, מוכרח אתה לומר שגם זה תרגום כדי שיבינו, אבל יתגדל ויתקדש כיון שמיוסד על פי מקרא, הניחוהו בלשון הקודש – פרישה› [ה] ‹ע"פ הב"י› [ו] **שבת קי"ט לפירש"י שם ור' יונה בפ"ג דברכות**

ולא רק כמוציא שפתיו ולבו בל עמו, **גם** יכוין לשמוע הקדיש מפי הש"ץ, כדי שידע על מה הוא עונה איש"ר, ו"אמן" שאחר "דאמירן בעלמא".

וכ"ש שצריך ליזהר מאד ומאד שלא להשיח באמצע קדיש או קדושה, **וכדאיתא** במסכת דרך ארץ, דר' חמא אשכחיה לאליהו בכמה אלפי גמלים טעונים אף וחימה, לשלם לאלו, **וכל** המדבר באלו המקומות, עליו הכתוב אומר "ולא אותי קראת יעקב".

וכתוב בספר חסידים, מעשה בחסיד אחד, שראה לחסיד אחר במותו, ופניו מוריקות, א"ל למה פניך מוריקות, א"ל מפני שהייתי מדבר בשעה שהש"ץ היה אומר "ויכולו", וברכת "מגן אבות", וב"יתגדל".

ובספר מטה משה הביא בשם מדרש, שחכם אחד נתראה לתלמידו בחלום, וראה התלמיד שהיה לו כתם במצחו, וא"ל מפני מה אירע לך כך, א"ל מפני שלא הייתי נזהר מלדבר כשהחזן היה אומר קדיש, **ואפי'** להרהר בד"ת אסור בשעה שהחזן אומר קדיש, מפני שצריך לכוין הרבה בעניית הקדיש, **ואין** חילוק בין קדיש על תנ"ך, או אגדה, או משניות.

נוסח הקדיש "יתגדל ויתקדש", שהוסד ע"פ המקרא "והתגדלתי והתקדשתי" האמור לענין מלחמת גוג ומגוג, שאז יתגדל שמו של הקב"ה, דכתיב: ביום ההוא יהיה ד' אחד ושמו אחד.

ויאמר הדלית ד"יִתְגַּדֵּל ויִתְקַדֵּשׁ" בצירי, כי הוא עברי ולא תרגום, (**אמנם** בסידור יעב"ץ וסידור הרב, הניקוד בפת"ח - פסקי תשובות), **ולא** בשני שוואין כאלו התיו והגימל בשווא, אלא הגימל בפתח.

וידגיש הגימל ד"יתגדל", דלא לישתמע "יתקדל" לשון עורף, תרגום "עורף": קדל, **ולא** ידגיש ביותר הב' ד"יתברך", **ויחתוך** היטב הה' ד"ויתהלל". "**די ברא**" ב' תיבות הן. **אחר** תיבות "כרעותיה" יפסיק קצת, דתיבות אלו קאי אלמעלה על "יתגדל".

"**בזמן** קריב ואמרו אמן", נכון שיאמר הש"ץ בבת אחת, ולא יפסיק ביניהם, כי נוהגים שאין הקהל עונים "אמן" עד שיאמר הש"ץ "אמן", **אם** הש"ץ מאריך הרבה בנגון של "ואמרו אמן", לא ימתינו עליו בעניית ה"אמן".

כשאומר העונה "איש"ר", יפסיק קצת בין "אמן" ל"יהא שמיה רבא", וכה"ג בין "אמן" ל"מודים", כי תיבת "אמן" קאי עניה על הש"ץ, ו"יהא שמיה רבא" הוא מאמר בפני עצמו.

"**יהא** שמיה רבא וכו'", הוא תרגום של "יהא שמו הגדול מבורך לעולם ולעולמי עולמים".

"**שמה**" בלי יוד, גם בלי מפיק ה"א, **ומדברי** הפמ"ג משמע, שטוב יותר לומר במפיק ה"א. "**מְבָרַךְ**" בקמץ תחת הבית, ופתח תחת הריש, "**לְעָלַם**" בקמץ תחת העין, "**ולעלמי**" בוי"ו.

וצריך הש"ץ ג"כ לומר בלחש "יהא שמיה רבא" וכו', ולא יאמר עוד הפעם "אמן", רק יתחיל "יהא שמיה" וכו', אח"כ יתחיל "יתברך" וכו' בקול רם, **ויש** בו ח' לשונות של שבח, כנגד ז' רקיעים והרקיע שעל גבי ראשי החיות, **ובתחלה** אומר "יתגדל ויתקדש" שהם ב' לשונות של שבח, שהם בסך הכל י' לשונות של שבח, כנגד עשרת הדברות.

"**מן** כל ברכתא" ג' תיבות, ובימים שכופלים הקדישים "לעילא ולעילא", אין לומר רק "מכל ברכתא", כדי שלא יהא בסך הכל רק כ"ח תיבות.

הגה: ולא יפסיק בין "יהא שמיה רבא" ל"מברך" - עיין בפמ"ג ומחצית השקל, דהיינו שלא יפסיק בשתיקה ביניהם, אבל אין צריך לומר בנשימה אחת, **עיין** במ"א, ולפי דבריו גם בין "יהא שמיה" ל"רבא" אין להפסיק. **(הגהות אשר"י בשם א"ז כתב, דלפי ראשון** (שבטור) **לא יפסיק בין "שמיה" ל"רבא", ולפי ר"י** (שם) **אין להפסיק בין "רבא" ל"מברך").**

[ז]**ולענות אותו בקול רם** - שעי"ז מתעורר הכוונה, וע"י קול זה מתבטלין גזירות קשות, **ומ"מ** לא יתן קולות גדולות שיתלוצצו עליו בני אדם, ויגרום להם חטא. [ח]**ולהשתדל לרוץ כדי לשמוע קדיש** - שעניית איש"ר הוא מצוה גדולה מאד.

איש"ר עדיף טפי מקדושה ומודים, לכן בקהלות גדולות בעזרה שיש כמה מנינים, כששומע שתיהם כא' יענה איש"ר, **ומ"מ** אם יש לפניו שתי בתי כנסיות, בא' מגיעים לקדיש שאחר שמ"ע, ובא' מגיעים לקדושה, ילך ויענה קדושה, כי שם ישמע ג"כ הקדיש שלאחר שמ"ע. **אסור** להפסיק באמצע איש"ר כששומע קדושה, **ולהיפך** צ"ע.

הגה: ויש לעמוד כשעונין קדיש וכל דבר שבקדושה - עד אחר שיסיים איש"ר, **וי"א** שיש לעמוד עד "אמן" שלאחר "יתברך וכו' ואמרו אמן".

וי"א שא"צ לעמוד, אלא שכל קדיש שתופסו מעומד, כגון לאחר הלל, לא ישב עד שיענה אמן יש"ר, **ויש** לחוש לדברי המחמירים, ויש ללמוד ק"ו מעגלון מלך מואב, שהיה נכרי וקם מעצמו מעל כסאו לדבר ד', כ"ש אנחנו עמו. **ובכוונות** איתא, שהאריז"ל היה נוהג בכל הקדישים שלאחר עמידה דשחרית מנחה ערבית, היה נשאר עומד, **ובשל** "תתקבל" ושל חזרת ס"ת, היה עונה ואח"כ היה יושב. (**צ"ע** בכוונת הדברים, וז"ל שער הכוונות: "וכן בקדיש תתקבל של אחר חזרת הס"ת להיכל, אז היה נשאר מעומד וגומר עניית הקדיש ואח"כ היה יושב" - פסקי תשובות). **ובקדיש** ערבית של שבת, להנוהגין לומר קדיש קודם "ברכו", ג"כ י"א שיש לעמוד.

ומי שבא לבהכ"נ ושומע הקהל עונין קדיש, עונה עמהם, אע"פ שלא שמע ש"צ שאמר: יתגדל וכו' (הגהות מדפיס במרדכי דברכות) - אפי' אם בא בעת גמר עניית אמן יש"ר, דהיינו שאומרים "מברך" וכדומה, אפ"ה יאמר "יהא שמיה רבא" וכו', **ולא** יאמר "אמן", ד"אמן" קאי על "יתגדל" דש"ץ, אבל "יש"ר" שבח באפי נפשיה הוא, **וכן** לענין קדושה, אם בא קודם שהשלימו, מותר לומר עמהם, **ואם** בא בעת שרוב הצבור אומרים "איש"ר", יאמר ג"כ עמהם "איש"ר", אם יכול אז לכוין דעתו בעניית ה"אמן", שיתבונן על מה הוא עונה.

(המשך ההלכות מול עמוד ב')

באר הגולה

ז תוס' שם בשבת ע"פ הפסיקתא וזוהר פרשת תרומה ח שם בזוהר

עין משפט נר מצוה

א מיי' פ"ג מהלכות אבילות הלכה ט' סמ"ג עשין דרבנן ב' טור וש"ע יו"ד סימן שדמ סעיף יז:

במקומן חיישינן. פי' שידוע שרגילין שם המזיקין. והוה לעיל דבתרי ופריצי ליכא משום מזיקין איירי בשתם שאין רגילין: **אין** אומרין בפני המת אלא דבריו של מת. ופסק *רב אלפס משום רב האי דוקא דברי תורה אבל דברים דעלמא לית לן בה. °ודוקא בארבע אמות שלו:

רוח צפונית מנשבת. פי' לבדה דהא אמרינן בפרק לא יחפור (ב"ב דף כה.) שהיא מנשבת עם כל אחד ואחד:

*__ואתא__ איהו ואמר כחצות. ואם תאמר מכל מקום לימא בחצות כמו שאמרו לו מן השמים דהא אמת אמרו לו. וי"ל שלא רצה לומר להם דבר שלא היה יכול להראות ולהוכיח אם ישאלו לו: **ואין** הבור מתמלא מחוליתו. פירש רש"י אם יחפור ויחזיר בו עפרו לא יהא מלא. *ותימא דאין הנדון דומה לראיה שהרי לא היה אומר להם אלא ליטול מן העשירים וליתן לעניים. אם היה מצוה ליטול מן העניים ולחזור וליתן להם אז היה דומה למשל. ומפרש רבינו תם מחוליתו מנביעתו כלומר אין הבור מתמלא מן המים הנובעים בו. ובתוספתא יש אין הבור מתמלא מחוליתו אלא אם כן מושכין לו מים מלך אחר. ור"י פירש שאם תחפור מצד זה ותניח מצד אחר לא תמלא. שמה שנותן כאן חסר כאן. כמו כן מה שנוטל מן העשירים יתחסר מן העשירים:

תורה אור

בחדרתי ותיפוק ליה משום מזיקין בתרי אי °בתרי חשד נמי ליכא בתרי ופריצי. מפני המפולת ותיפוק ליה משום חשד ומזיקין בתרי וכשרי. מפני המזיקין ותיפוק ליה מפני חשד ומפולת בחורבה חדתי ובתרי וכשרי אי בתרי מזיקין נמי ליכא במקומן חיישינן ואב"א לעולם בחד ובחורבה חדתי דקאי בדברא דהתם משום חשד ליכא דהא אשה בדברא לא שכיחא ומשום מזיקין איכא: *ת"ר ארבע משמרות הוי הלילה דברי רבי ר' נתן אומר שלש מ"ט דר' נתן דכתיב °ויבא גדעון ומאה איש אשר אתו בקצה המחנה ראש האשמורת התיכונה תנא אין תיכונה אלא שיש לפניה ולאחריה ורבי מאי תיכונה אחת מן התיכונה שבתיכונות ור' נתן מי כתיב תיכונה שבתיכונות תיכונה כתיב מ"ט דרבי א"ר זריקא א"ר אמי א"ר יהושע בן לוי כתוב אחד אומר °חצות לילה אקום להודות לך על משפטי צדקך וכתוב אחד אומר °קדמו עיני אשמורות הא כיצד ארבע משמרות הוי הלילה ור' נתן סבר לה כרבי יהושע דתנן *ר' יהושע אומר עד שלש שעות שכן דרך מלכים לעמוד בשלש שעות שית דליליא ותרתי דיממא הוו להו שתי משמרות רב אשי אמר משמרה ופלגא נמי משמרות קרו להו: ואמר רבי זריקא אמר רבי אמי אמר רבי יהושע בן לוי *[א]אין אומרין בפני המת אלא דבריו של מת אמר רבי אבא בר כהנא לא אמרן אלא בדברי תורה אבל מילי דעלמא לית לן בה ואיכא דאמרי אמר רבי אבא בר כהנא לא אמרן אלא*[אפילו] בדברי תורה וכ"ש מילי דעלמא: ודוד בפלגא דליליא הוה קאי מאורתא הוה קאי דכתיב °קדמתי בנשף ואשועה וממאי דהאי נשף אורתא הוא דכתיב °בנשף בערב יום באישון לילה ואפילה אמר רב אושעיא אמר רבי אחא הכי קאמר (דוד) מעולם לא עבר עלי חצות לילה בשינה. רבי זירא אמר עד חצות לילה היה מתנמנם *כסוס מכאן ואילך היה מתגבר כארי רב אשי אמר עד חצות לילה היה עוסק בדברי תורה מכאן ואילך בשירות ותשבחות. ונשף אורתא הוא הא נשף צפרא הוא דכתיב °ויכם דוד מהנשף ועד הערב למחרתם מאי לאו מצפרא ועד ליליא לא מאורתא ועד אורתא אי הכי לכתוב מהנשף ועד הנשף או מהערב ועד הערב אלא אמר רבא תרי נשפי הוו נשף ליליא ואתי יממא נשף יממא ואתי ליליא. ודוד מי הוה ידע פלגא דליליא אימת השתא משה רבינו לא הוה ידע דכתיב °כחצות הלילה אני יוצא בתוך מצרים מאי כחצות אילימא דאמר ליה קודשא בריך הוא כחצות *מי איכא ספיקא קמי שמיא אלא דאמר ליה (למחר) *בחצות (כי השתא) ואתא איהו ואמר כחצות אלמא מספקא לי' ודוד הוה ידע דוד סימנא הוה ליה *דאמר רב אחא בר ביזנא א"ר שמעון חסידא כנור היה תלוי למעלה ממטתו של דוד וכיון שהגיע חצות לילה בא רוח צפונית ונושבת בו ומנגן מאליו מיד היה עומד ועוסק בתורה עד שעלה עמוד השחר כיון שעלה עמוד השחר נכנסו חכמי ישראל אצלו אמרו לו אדונינו המלך עמך ישראל צריכין פרנסה אמר להם לכו והתפרנסו זה מזה אמרו לו אין הקומץ משביע את הארי *ואין הבור מתמלא מחוליתו *אמר להם לכו ופשטו ידיכם בגדוד מיד יועצים באחיתופל ונמלכין בסנהדרין ושואלין באורים ותומים אמר רב יוסף מאי קרא (דכתיב) °ואחרי אחיתופל בניהו בן יהוידע ואביתר ושר צבא למלך יואב אחיתופל זה יועץ וכה"א* °ועצת אחיתופל אשר יעץ בימים ההם כאשר ישאל (איש) בדבר האלהים

°שופטים ז °תהלים קיט °שם °שם °משלי ז °שמואל א ל °שמות יא °דה"א כז °שמואל ב טז

בחדתי. שנפלה מחדש שהחומה שלה נפלה ועודנה בחזקתה: **חשד נמי ליכא**. דתנן (במסכת קדושין דף פ:) אבל אשה מתיחדת עם שני אנשים: **בתרי ופריצי**. דאמרינן התם לא שנו אלא בכשרים: **במקומן חיישינן**. במקום שהם מצויין תדיר חיישינן אפילו בתרי: **בדברא**. בשדה: **קדמו עיני אשמורות**. אלמא חצות לילה שהיה דוד עומד שתי משמרות יש בהם: **ור' נתן**. אמר לך האי קדמו עיני אשמורות דקאמר דוד קדמו לשאר מלכים קאמר שדרכן לעמוד בשלש שעות ביום בתחלת שעה שלישית: **שית דליליא**. חצות לילה הוי שש שעות: **ותרתי דיממא**. שאר מלכים ישנים הוו להו תרתי משמרות של שמונה שעות: **אלא לדבר הלכה**. אסור לספר לפניו שהכל חייבין לספר בהן והמת דומם והוה ליה לועג לרש חרף עושהו (משלי יז): **אבל מילי דעלמא**. שאין גנאי למחריש בהן לית לן בה: **מאורתא**. מתחלת הלילה: **בנשף בערב יום**. בהעריב היום קרוי נשף: **ס"ק**.(א) קרא דחצות לילה: **מעולם לא עבר עלי חצות לילה בשינה**. שקודם לכן הייתי עומד: **מתנמנם כסוס**. עוסק בתורה כשהוא מתנמנם. כסוס הזה שאינו נרדם לעולם אלא מתנמנם וננעור תמיד: **בשירות ותשבחות**. והכי מפרש בההוא קרא להודות לך וגו': **למחרתם**. ליום מחרת של חנייתם שם: ה"ג אי הכי לכתוב מהנשף ועד הנשף או מהערב ועד הערב אלא אמר רב אשי תרי נשפי הוו: **נשף יממא**. קפנדעלה כמו לנשוף מדוכתיה*(מגילה דף ג.) וכמו האי בוקא דאטמא דשף מדוכתיה טרפה (חולין דף מב:): **ואתא איהו ואמר כחצות**. לפי שלא היה יודע לכוין השעה ולהעמיד דבריו בשעת המאורע: **כנור היה תלוי למעלה ממטתו**. ונקביו לצד צפון כיון שהגיע חצות הלילה רוח צפונית מנשבת בו דאמר מר (ב"ב דף כה.) ארבע רוחות מנשבות בכל יום ויום שש שעות ראשונות של יום מנשבת רוח מזרחית מהלוך החמה [א] ושש אחרונות רוח דרומית ובתחלת הלילה רוח מערבית ובחצות הלילה רוח צפונית(ב): **אין הבור מתמלא מחוליתו**. העוקר חוליא מבור וחוזר ומשליכו לתוכו אין מתמלא בכך. אף כאן אם אין אתה מכין לעניים שבנו מזונות ממקום אחר אין אנו יכולין לפרנסם משל עצמנו: **יועצים באחיתופל**. איזה הדרך ילכו והיאך יליבו מלב ומשחית וטכסיסי מארב מלחמה: **ונמלכין בסנהדרין**. נוטלין מהם רשות כדי שיתפללו עליהם: **ושואלין באורים ותומי'**. אם יצליחו: ה"ג מאי קרא ואחרי אחיתופל בניהו בן יהוידע ואביתר ושר צבא למלך יואב אחיתופל זה יועץ:

בניהו

מסורת הש"ס

לקמן דף ט: · לקמן נה. · גי' רי"ף ורש"ל · [סוכה כו:] · גטין ז: · פי' בדבר שמי בחצות ולמר כי השתא ולפ"ז לא קשה קושית התוס' [העתק ממילואי גירסאות] · לקמן נט. · [פי' עפר שחפרו הבור ויש מעפר שחופרין מן הבור אינו מתמלא עד שיתוסף בו עפר אחר עורך ערך חליא]

הגהות הב"ח

(א) רש"י ד"ה בנשף כו' ס"ק האי קרא דחצו': (ב) ד"ה כנור וכו' לצפונית הס"ד ואחר כך צריך להיות ד"ה אין הקומץ משביע את הארי מל' מלא קומצו מלא כף מהאכיר אינו משביע את הארי. פ"ה קומץ לשון וגכי בעיניים כתגבים כדמתרגם כקמלין ר"ל מתגבר אחד אינו שבע ארי הס"ד ואח"כ מ"ה ואין הבור:

רב נסים גאון

ליגע בכלום דבר מקדשי המזבח עד שיביא הכפרה שהוא מתחייב בה וכן אם נכנס למקדש משערי ניקנור ולפנים שהוא מחנה שכינה נתחייב כרת אם היה מזיד ואם היה שוגג בחטאת כדתנא בתוספ' (כלים פרק א') כל הטמאין שנכנסו משערי ניקנור ולפנים אפי' מחוסרי כפרה חייבין על זדונן כרת ועל שגגתן חטאת ובמשנה בתחלת טהרות (כלים פרק א' משנה ח') עזרת ישראל מקודשת ממנה שאין מחוסר כפורים נכנס לשם וחייבין עליה חטאת ובספרי (פרשת נשא) מפורש מפתח עזרה ולפנים מחנה שכינה דהיינו עזרת ישראל ותניא בספרי *טמא יהיה לרבות את הטבול יום עד שטמאתו בו לרבות. מחוסר כפרה ואיתא בנזירות בפרק ג' מינין (דף מה מכות דף ח) ולאחר שיביא כפרתו ויקריבנה הכהן כראוי וכהלכה ויכפר עליו כבר נגמרה לה טהרתו והותר לו לוכל בקדשי מזבח ולהכנס למחנה שכינה והיינו מעזרת ישראל ולפנים וכדאמר הכתוב (ויקרא יב) וכפר עליה הכהן וטהרה וכבר אמרו חכמים כי הוא חייב טבילה לאחר שמקריב כפרתו ואז יהא מותר לוכל בקדשי מזבח כדתנן בפרק חומר בקדש (חגיגה דף כא) אונן ומחוסר כפורים צריכין טבילה לקדש אבל לא לתרומה ואמרינן בגמרא (שם דף כד) כיון דעד האידנא הוו אסירי למיכל בקדש אצרכינהו רבנן טבילה ואלו השמות שהן קרויין לטמא כמו שהזכרנו איתנהו מסודרין במשנה בתחלת טהרות (כלים פרק א' משנה ה') מחוסר כפורים אסור בקודש ומותר בתרומה ובמעשר הזר להיות טבול יום אסור בקודש ובתרומה ומותר במעשר חזר להיות בעל קרי אסור בשלשתן ובמשנת נגעים בפרק י"ד (משנה ג') כבס בגדיו וטבל טהר מלטמא כשרץ הרי הוא טבול יום אוכל במעשר העריב שמשו אוכל בתרומה הביא כפרתו אוכל בקדשים והיינו מתני' שהזכרנוה מקודם ובפסחים בפרק כל שעה (דף לה ע"ש) אמרינן העריב אין לא העריב לא אמאי הא טהור הוא אלא מעלה

הרי נתברר לנו עכשיו מכל [illegible] הרקיע מאורו של יום ויראו [illegible] (כלים א') תני הקורא את ש[illegible] ומן הלילה ספק כולו מן היום [illegible] הכסיף העליון והשוה לתחתון [illegible] שוין רק שהעת הנקרא בין הש[משות illegible] בלילה אין יוצאין בין ידי חו[בתן illegible] אלא בשעה שהוא בין השמש[ות illegible] להיות קודם זה העת לדעתו [illegible] עין סמוך ליציאת הכוכבים [illegible]

[illegible] רבנן מפני ג' דברים כו' ותיפוק לי' משום מזיקין בתרי מכלל דתרי לא מזקי להו ואיתא מיפרשא בפרק כיצד מברכין על הפירות (דף מג) דתני לאחד נראה ומזיק לשנים נראה ואינו מזיק אלא אם כן יהיה אותו המקום קבוע למזיקין צריכין לחוש להם ואפי' בתרי כדאמרי' בדוכתא דקביעי חיישינן ומה שאמרו אי בתרי חשדא נמי ליכא זה הדבר בנוי על אותו העיקר שבמשנה בפרק עשרה יוחסין (קידושין דף פ') לא יתייחד איש אחד עם שתי נשים אבל אשה אחת מתייחדת עם שני אנשים והואיל (והשנים) [וחן שנים] מותר להן להתייחד עם האשה כי החשד מסתלק מביניהן אלא אם כן היו פרוצים כי הפרוצין החשד קבוע הוא בהן ואפי' אם היו עשרה כדאמרי' (שם) אמר רב יהודה אמר שמואל לא שנו אלא בכשרים אבל בפרוצין אפילו עשרה נמי לא מעשה היה והוציאוה י' במטה ומזה העיקר אמרי' נמי הכא בתרי ופריצי: **ר' זירא** אמר עד חצות לילה

* בספרי פ' חקת שלפנינו ליתא [illegible]   ** פירושו כבור אלי.

גליון הש"ס

גמ' בתרי חשד נמי ליכא. עפ"י יו"ד סי' קמ"א ס"ק כ"ז: **שם** וכה"א ועצת אחיתופל כו'. עיין תשובת רשב"א סי' [illegible] מ"ח: **תוס'** ד"ה אין אומרין כו'. ודוקא בד' אמות שלו. עי' תוס' ב"ק ט"ז: ד"ה שהושיבו. משמע דאיה לזה:

הגהות הגר"א

[א] רש"י ד"ה כנור. ושם כו'. נ"ב אינו כן (אלא שם אחרונות רוח מערבית ובתחלת הלילה רוח דרומית וכמ"ש בזו"ה פ' בראשית):

וגם השליח ציבור צריך לומר "יהא שמיה רבא". וכשמתחיל "יתגדל", יש לומר: ועתה יגדל כח וגו' זכור רחמיך וגו' - כלומר קודם שהתחיל, דבשעה שאומר החזן "יתגדל" צריך לשמוע ולשתוק, כמבואר בריש סימן קכ"ה, דצריך להאזין ולהבין מה שאומר הש"ץ, וגם שידע אח"כ על מה עונה אמן.

והאר"י ז"ל לא היה רוצה שיאמרו, וכמעט היה מגמגם ואומר שאינו מהתיקונים, **ולכן** אין לאומרו בין "ישתבח" ל"יוצר", או בקדיש דערבית שהוא בין גאולה לתפלה, ובכל מקום שאסור להפסיק.

[ט]סימן נ ס"ב - [י]כששליח צבור אומר "יתברך", כל העם עונים: אמן. וכן כשאומר "בריך הוא", וכן כשאומר "ואמרו אמן". ולא נהגו לומר "אמן" אחר "יתברך" - אבל אחר "יתגדל ויתקדש שמיה רבא", המנהג לענות אמן, **ופלא** על השו"ע שלא העתיק ה"אמן" הזה, אשר הוא ברמב"ם והעתיקו ב"י.

ולא אחר "בריך הוא" - יש שטועים, שבשעה שהש"ץ אומר "בריך הוא", עונים גם הם תיבות אלו: "בריך הוא לעילא", **וזה** ודאי חירוף הוא, דמשמע דמתברך רק לעילא ולא לתתאה ח"ו, **אלא** יש להם לומר גם "מן כל ברכתא", או שיאמרו רק "בריך הוא", כמנהגנו.

ולא יפסיק בין "בריך הוא" "לעילא מן כל ברכתא" וכו' - עיין בשע"ת שהביא, דמספר הכונות מוכח להיפך, דתיבת "בריך הוא" מחובר אל תיבת "דקודשא", ואח"כ יש הפסק קצת כמו אתנחתא, ושוב מתחיל "לעילא" וכו', כלומר: שיתברך וישתבח שמו של הקב"ה לעילא וכו', וכן הסכים בביאור הגר"א.

[יא]סימן נ ס"ג - [יב]העונים עד "לעלמי עלמיא" בלבד, טועים הם, כי אסור להפריד בין "עלמיא" ל"יתברך" - משמע בב"י, דצ"ל כל הנוסח של "יתברך" עד "דאמירן בעלמא", כ"ח תיבות, **ועיין** במ"א, דמנהג קדמונים עיקר, שלא לומר רק עד "יתברך", ומשם והלאה ישתוק ויכוין למה שאומר הש"ץ, ושומע כעונה.

ובביאור הגר"א כתב, שלא לומר רק עד תיבת "עלמיא" בלבד, כי כאן הוא סיום השבח של "אמן יהא שמיה רבא", ומ"יתברך" ולהלן מתחיל פרק אחר, ואין לערבם בבת אחת, **ונראה** שאם יאמרם בשתי נשימות, גם להגר"א שרי, **ובעיקר** הענין יש מקומות חלוקין במנהגן בזה, **ועכ"פ** אם הוא עומד במקום שאין רשאי להפסיק, יזהר בזה שלא יאמר רק עד "עלמיא".

[יג]סימן נ ס"ד - [יד]כשאומר החזן "יתגדל", כורע; וכן ב"יהא שמיה רבא", וכן ב"יתברך", וכן ב"בריך הוא", וכן ב"אמן".

[טו]סימן נ ס"ה - [טז]לאחר שסיים הקדיש, פוסע ג' פסיעות [יז]ואח"כ אומר: עושה שלום וכו'.

אות ג'

מפני שלשה דברים אין נכנסין לחורבה: מפני חשד, מפני המפולת ומפני המזיקין

סימן צ ס"ו - [יח]ולא בחורבה, מפני חשד - היינו שיחשדוהו שיש לו זונה מוכנת שם, **ומפני המפולת ומפני המזיקים** - ואם החורבה עומדת בשדה, אין לחוש בה לחשד, שאין זונה מצויה בשדה, וה"ה אם אשתו עמו ג"כ ליכא למיחש לחשד, **ואם** היא חורבה בריאה וחזקה, ליכא למיחש בה למפולת, **ואם** שנים נכנסין בה, אין לחוש למזיקין, שלאחד נראה ומזיק, ולשנים נראה ואינו מזיק, ולג' אין נראה כלל, אם לא במקום שידוע שרגילין שם מזיקין, **ואבוקה** כשנים, וירח כשלשה, **לפיכך** אם הם שנים מותר ליכנס בה, אם היא בריאה וחזקה, ועומדת בשדה.

מוכח בגמרא, דמוטב להתפלל בדרך מבחורבה, ואפילו היכא דליכא בה כי אם טעם אחד, ‹דמפני ג' דברים אין נכנסין לחורבה להתפלל – ב"י›, **ואם** הוא מתירא שיפסיקוהו עוברי דרכים, יתפלל תפלה קצרה.

---

§ מסכת ברכות דף ג: §

אות א'

אין אומרין בפני המת אלא דבריו של מת

יו"ד סימן רמד סט"ז - [א]אין אומרים בפני המת אלא דברים של מת - ‹דהמת שומע כל מה שמדברים – ערוה"ש›, **כגון צרכי קבורתו והספד; אבל שאר כל דבר, אסור; וה"מ בדברי תורה** - משום לועג לרש חרף עושהו, ‹כלומר שזלזול וביזוי יש לו בזה, שאנו עוסקין בתורה והוא אינו יכול›, **אבל במילי דעלמא לית לן בה** - ‹דלית בה משום לועג לרש – לבוש›.

באר הגולה

ט ‹מילואים› | י רמב"ם בסדר התפלות | יא ‹מילואים› | יב תשו' רבי יוסף גיקטילייא | יג ‹מילואים› | יד לשון הכל בו | טו ‹מילואים› | טז ב"י בשם מנהג | יז תרומת הדשן | יח ברכות ג' | א ברכות דף ג' ע"ב וכלישנא קמא, הרי"ף והרא"ש והרמב"ן בשם רב האי גאון, וכ"כ הרמב"ם פרק י"ג מהלכות אבל ה"ט, וכתב הרא"ש והטור בשם רב האי, שאפילו חוץ לד' אמות אסור, ואיתא במרדכי סוף מ"ק, שאסור בכל אותו חדר שהמת מונח בו

משמע דעת המחבר, דד"ת אפילו חוץ לד' אמות אסור, ‹וכהרא"ש, ודלא כהתוס' ד"ה אין›, ומילי דעלמא אפי' תוך ד' אמות שרי, [ב]**והב"ח** פסק, דד"ת אסור אפי' חוץ לד' אמות, ומילי דעלמא אינו אסור אלא תוך ד"א, **ודבריו** של מת מותר אפי' בד"ת אפי' תוך ד"א, וכן נהגו לדרוש באגדות ופסוקים אפי' תוך ד"א בפני המת, ויוצאין מענין לענין עד שמגיעין לספר שבחיו של מת, מעסק תורתו וחסידותו ויותר מדות טובות שהיו בו, ע"כ, **וכתב** המרדכי, דכל אותו חדר שהמת מונח בו חשוב כד' אמות, וכן פסק הב"ח, וע"ל סי' שס"ו - ש"ך.

אות א'*[ג]

וכיון שהגיע חצות לילה בא רוח צפונית ונושבת בו ומנגן מאליו, מיד היה עומד ועוסק בתורה עד שעלה עמוד השחר

סימן רל"ח ס"א - [ד]צריך ליזהר בלמוד הלילה יותר מבשל יום - כדאמרינן: לא איברי לילא אלא לגירסא, וכיון דלכך נברא הלילה, ע"כ צריך ליזהר בה יותר, **ואיתא** בגמרא: כל העוסק בתורה בלילה, הקב"ה מושך עליו חוט של חסד ביום, שנאמר: יומם יצוה ד' חסדו ובלילה שירה עמי, **עוד** אמרו: ת"ח העוסקים בתורה בלילה, מעלה עליהן הכתוב כאלו עסוקין בעבודה, ומייתי שם מקרא.

עוד אמרו: כל העוסק בתורה בלילה שכינה כנגדו, שנאמר: קומי רוני בלילה, היינו לעסוק בתורה, וכתיב בתריה: שפכי כמים לבך נוכח פני ה', **וכתב** הרמב"ם והובא ביו"ד סי' רמ"ו: הרוצה לזכות בכתרה של תורה יזהר בכל לילותיו, ולא יאבד אפילו אחת מהן בשינה ואכילה ושתיה ושיחה וכיו"ב וכו', **ומה** דכתב "בכל לילותיו", היינו דאפילו בקיץ בלילות הקצרים, כגון בתמוז, שאז נקבע הלילה העיקר לשינה כמו שכתבו התוספות, אפ"ה צריך עכ"פ ללמוד מעט קודם השינה.

והמבטלו עונשו מרובה - וכדאמרינן: כל בית שאין ד"ת נשמעין בו בלילה, אש אוכלתו, שנאמר וגו', **ואיתא** בפ"ק דאבות: ודלא מוסיף יסיף, היינו דלא מוסיף ללמוד בלילה מט"ו באב ואילך, יסוף מן העולם.

ועיין במ"א, דלשינת האדם בלילה אין לזה שיעור קבוע, אלא תלוי בכל אדם לפי כח בריאותו, ועכ"פ לא ישתקע בשינה יותר מדאי, וכדאי' במשנה: שינה לצדיקים רע להן ורע לעולם, ופירש"י מפני שאינם עוסקין בתורה.

[**כתב** בבה"ט שאין לקרוא מקרא בלילה, ובפמ"ג משמע דיכול לקרוא מקרא, **ונראה** דאפי' להמחמירין לית בזה איסורא, אלא שלכתחילה יותר טוב ללמוד מקרא ביום, **ונובע** דבר זה ממה דאיתא במדרש, שהיה הקב"ה לומד עם משה מקרא ביום ומשנה בלילה].

[ה]סימן רל"ח ס"ב - [ו]אם יש לו חק קבוע ללמוד כך וכך ליום, והיה טרוד ביום ולא השלימו, ישלימנו בלילה מיד - כלומר אפילו בלילות הקצרים מחוייב להיות ניעור בלילה כדי להשלים חוקו, **ולא** יאחר זה עד יום מחר, כי יום של אחריו מחוייב בפני עצמו, ונמצא דיום זה לא השלים חוקו, והוי מעוות לא יוכל לתקון. **והוי** נדר, כדאמרינן: האומר אשנה פרק זה, נדר גדול נדר לאלהי ישראל, **ואיתא** ביו"ד בסימן רי"ד ס"א, דאם נהג לעשות דבר טוב, אם היה דעתו לנהוג כן לעולם, הוי נדר, **וטוב** שיתנה בתחלה שלא יהיה עליו דבר זה בנדר, פן יזדמן איזה פעם שלא יוכל להשלים.

באר הגולה

[ב] ‹וז"ל הטור: אין אומרים בפני המת אלא דברים של מת, כגון צרכי קבורתו והספד, אבל שאר כל דבר אסור, בין בד"ת בין במילי דעלמא, ודוקא תוך ד"א, אבל חוץ לד"א שרי הכל. ורבינו האי כתב דאף חוץ לד' אמות אסור בד"ת, עכ"ל. **וז"ל** הדרישה: כתב רב האי, דאין אומרים דברי תורה לפני המת אלא דברים של מת, אבל מילי דעלמא אמרינן, וחוץ לד' אמות איירי, עכ"ל, **ולא** כתב אפילו חוץ לד' אמות, ולכאורה משמע דה"ק דדוקא חוץ לד' אמות איירי הא דמתיר במילי דעלמא, אבל תוך ד' אמות אפילו דברים דעלמא אסור, ע"כ. **וז"ל** הב"ח: דאי איתא דבתוך ד' אמות איירי, מאי אתא רבי יהושע בן לוי לאשמועינן, דדברי תורה אסור תוך ד' אמות, הא פשיטא הוא, כדתניא לא יהלך אדם בבית הקברות ותפילין בראשו וס"ת בזרועו וקורא, ואם עושה כן עובר משום לועג לרש, וכ"ש בפני המת, דליכא למימר דאתא לאשמועינן דברי תורה הוא דאסור אבל מילי דעלמא שרי, דהא לישנא דאין אומרים בפני המת וכו' אתא לאשמועינן איסורא, **ולכך** צריך לפרש דחוץ לד' אמות איירי, ואשמועינן איסורא, דדוקא בדבריו של מת הוא דשרי אפילו תוך ד' אמות, אבל דברי תורה אסור אפילו חוץ לד' אמות, **אבל** מילי דעלמא לית לן בה בחוץ לד' אמות, מיהו תוך ד' אמות אפילו מילי מילי דעלמא אסור, דאף במילי דעלמא אית ביה משום לועג לרש תוך ד' אמות – ב"ח› [ג] ‹ע"פ הגר"א שציין גם לגמ' זה› [ד] **עירובין י"ח** [ה] ‹מילואים› [ו] **שם ס"ה ע"א**

מאימתי פרק ראשון ברכות ד

בניהו בן יהוידע זה סנהדרין ואביתר אלו אורים ותומים וכן הוא אומר ובניהו בן יהוידע על הכרתי ועל הפלתי ולמה נקרא שמם כרתי ופלתי כרתי שכורתים דבריהם פלתי שמופלאים בדבריהם* ואח"כ שר צבא למלך יואב אמר רב יצחק בר אדא ואמרי לה אמר רב יצחק בריה דרב אידי מאי קרא עורה כבודי עורה הנבל וכנור אעירה שחר. רבי זירא אמר משה לעולם הוה ידע ודוד נמי הוה ידע וכיון דדוד הוה ידע כנור למה ליה לאתעורי משנתיה וכיון דמשה הוה ידע למה ליה למימר כחצות משה קסבר שמא יטעו אצטגניני פרעה ויאמרו משה בדאי הוא דאמר מר *למד לשונך לומר איני יודע שמא תתבדה ותאחז רב אשי אמר בפלגא אורתא דתליסר נגהי ארבסר הוה קאי והכי קאמר משה לישראל אמר הקב"ה למחר כחצות הלילה כי האידנא אני יוצא בתוך מצרים: לדוד שמרה נפשי כי חסיד אני לוי ור' יצחק חד אמר כך אמר דוד לפני הקב"ה רבונו של עולם לא חסיד אני שכל מלכי מזרח ומערב ישנים עד שלש שעות ואני חצות לילה אקום להודות לך ואידך כך אמר דוד לפני הקב"ה רבונו של עולם לא חסיד אני שכל מלכי מזרח ומערב יושבים אגודות אגודות בכבודם ואני ידי מלוכלכות בדם ובשפיר ובשליא כדי לטהר אשה לבעלה ולא עוד אלא כל מה שאני עושה אני נמלך במפיבשת רבי ואומר לו מפיבשת רבי יפה דנתי יפה חייבתי יפה זכיתי יפה טהרתי יפה טמאתי ולא בושתי א"ר יהושע בריה דרב אידי מאי קרא ואדברה בעדותיך נגד מלכים ולא אבוש תנא לא מפיבשת שמו אלא איש *בשת שמו ולמה נקרא שמו מפיבשת שהיה מבייש פני דוד בהלכה לפיכך זכה דוד ויצא ממנו כלאב וא"ר יוחנן לא כלאב שמו אלא דניאל שמו ולמה נקרא שמו כלאב שהיה מכלים פני מפיבשת בהלכה ועליו אמר שלמה בחכמתו בני אם חכם לבך ישמח לבי גם אני ואומר חכם בני ושמח לבי ואשיבה חורפי דבר. ודוד מי קרי לנפשיה חסיד והכתיב לולא האמנתי לראות בטוב ה' בארץ חיים ותנא משמיה דרבי יוסי למה נקוד על לולא אמר דוד לפני הקב"ה רבש"ע מובטח אני בך שאתה משלם שכר טוב לצדיקים לעתיד לבוא אבל איני יודע אם יש לי חלק בינידם אם לאו שמא יגרום החטא *כדר' יעקב בר אידי דר' יעקב בר אידי רמי כתיב והנה אנכי עמך ושמרתיך בכל אשר תלך וכתיב ויירא יעקב מאד אמר שמא יגרום החטא *כדתניא עד יעבור עמך ה' עד יעבור עם זו קנית עד יעבור עמך ה' זו ביאה ראשונה עד יעבור עם זו קנית זו ביאה שנייה מכאן אמרו חכמים ראוים היו ישראל ליעשות להם נס בימי עזרא כדרך שנעשה להם בימי יהושע בן נון אלא שגרם החטא: וחכ"א עד חצות: חכמים כמאן סבירא להו אי כרבי אליעזר סבירא להו לימרו כרבי אליעזר

ואי

רש"י

בניהו בן יהוידע זה סנהדרין. שהיה אב בית דין: **וכן הוא אומר ובניהו בן יהוידע על הכרתי ועל הפלתי**. ראשון וקודם להם שבתחילה נוטלים רשות ואח"כ שואלים אם יצליחו: **ואביתר אלו אורים ותומים**. שכל ימי דוד היה נשאל באביתר עד מלחמת אבשלום ששאל אביתר ולא עלתה לו ושאל לצדוק ועלתה לו כדאמרי' בסדר עולם ונסתלק אז מן הכהונה: **שכורתים את דבריהם**. שאומרים דברים קצובים וגמורים שלא יפתחו ולא יוסיפו: **שר צבא למלך יואב**. להוליך אנשי המלחמה: **מאי קרא**. דכנור היה תלוי למעלה ממטתו ומעוררו: **עורה כבודי**. אל תתכבדי בשינה כשאר מלכים: **אעירה שחר**. שאר מלכים השחר מעוררן ואני מעורר את השחר: **שמא יטעו אצטגניני פרעה**. אם אני יודע לכוין השעה הם אינם יודעים לכוין השעה וקודם שיגיע חצות יהו סבורים שהגיע ועדיין לא באה המכה ויאמרו משה בדאי הוא הלכך טוב לאחוז לשון איני יודע: **דאמר מר**. במסכת דרך ארץ: **ותאחז**. תהא נאחז ונכשל בדבריך: **בפלגא אורתא דתליסר נגהי ארבסר**. ליל שעבר שלשה עשר (א) ולמחרת יגיע ארבעה עשר: **ידי מלוכלכות בדם**. שהנשים מראות לו דם נדה אם טמא אם טהור שיש מראות דם טהור באשה: **ובשפיר**. הוא עור הולד שהעצמות והגידים והבשר נצורים בתוכו. ויש שפיר שהאשה יושבת עליו ימי טומאה וימי טהרה ואי זה זה המרוקם ובמס' נדה (דף כד ב) מפרש לה ויש שפיר מלא מים ודם שאינו חשוב ולד לישב עליו טומאת יולדת וימי טהרתה: **ובשליא**. דתנן (שם כו) אין שליא בלא ולד והוא כמין לבוש שהולד שוכב בתוכה וקורין ששי"דור בלע"ז ותניא (שם) אין שליא פחותה מטפח ותחלתה כחוט של ערב וסופה כתורמוס והיו מביאין אותה לפניו לראות אם יש בה כשיעור ואם עשויה כדת שליא שנחזיקנה שהיה ולד בתוכה ונמוח ותשב עליו ימי טומאה וטהרה אם לאו: **זכיתי וחייבתי**. שייך בדיני ממונות ודיני נפשו': **טמאתי וטהרתי**. בהלכות טומאה וטהרה: **מפיבושת**. [מפי בושת] בדברי הלכה היו יוצאין מפיו היה בושת לדוד שפעמים שהיה טועה והוא אומר לו טעית: **לפיכך**. בזכות שהיה דוד מקטין עצמו זכה ויצא ממנו כלאב: **אלא דניאל שמו**. במקום אחד אומר (שמואל ב ג) ומשנהו כלאב לאביגיל אשת נבל וגו' ובמקום אחר אומר והשני דניאל לאביגיל בדברי הימים (א ג): **שהיה מכלים פני מפיבושת**. כל אב מכלים (ב) את הרב שהיה אב בהוראות: **לולא האמנתי לראות בטוב ה'**. כבר טרדוני מילהתך כמו שנאמר כי גרשוני היום מהסתפח בנחלת ה' לאמר לך עבוד וגו' (שמואל א כו): **נקוד על לולא**. לדרוש את הנקודה שהיא ממעטת את משמעות הכתוב לומר שלא דבר ברור היה לו לראות בטוב ה' (ג). לולא לשון אם לא כמו לולי אלהי אבי וגו' היה לי (בראשית לא): **שמא יגרום החטא**. תירוצא הוא לעולם מוחזק בידו שהוא חסיד וזה שספק בידו אם יראה בטוב ה' לפי שהיה ירא שמא יחטא ויגרום החטא מלראות בטוב: **ויירא יעקב**. שמא אחר הבטחה חטאתי וכדתניא שהחטא גורם שאין ההבטחה מתקיימת: **ביאה ראשונה**. שבאו (ד) בימי יהושע: **ביאה שנייה**. כשעלו מגלות בבל בימי עזרא: **ראויים היו** (ה) **ליעשות להם נס**. לבוא ביד רמה: **אלא שגרם החטא**. ולא הלכו אלא ברשות כורש וכל ימי מלכי פרס נשתעבדו להם לכורש ולאחשורוש ולדריוש האחרון: **חכמים כמאן סבירא להו**. כמשמעות בשכבך האמור בתורה: **אי כר' אליעזר סבירא להו**. דאית ליה בשכבך כל זמן שבני אדם עוסקין ליעך ולשכב זה מקדים וזה מאחר: **לימרו** (ו) **כר' אליעזר**. דאמר סוף האשמורה הראשונה דודאי כל שדעתו לישן כבר שכב וישן:

תוספות

בניהו זה סנהדרין. מסברא אומר כן. אביתר אלו אורים ותומים וכן הוא אומר ובניהו בן יהוידע על הכרתי ועל הפלתי כלומר היה קודם להם אם כן אורים ותומים היו אחר בניהו. א"כ אביתר שהוזכר אחר בניהו הייט אורים ותומים כך פירש רש"י. ותימה לפירושו פשיטא דאביתר כהן היה בימי דוד שלא היה כהן אחר שכולם נהרגו בנוב עיר הכהנים ולמה צריך ראיה עליה. ועוד לגירסת הקונטרס בניהו בן יהוידע אין זה הפסוק בשום מקום. לכך (מפרש) [גרים] רביט תם כדאי' (בדה"א כ"ז) *ואחרי אחיתופל יהוידע בן בניהו זה סנהדרין וכן הוא אומר ובניהו בן יהוידע על הכרתי ועל הפלתי ופי' ר"ת דכרתי ופלתי הייט סנהדרין שכורתין דבריהם לאמתן ופלתי שמופלאים בהוראה כמו מופלא שבבית דין. וא"ת היכי פשיט יהוידע בן בניהו מבניהו בן יהוידע. וי"ל דמסתמא ממלא מקום אביו היה וכי היכי דאביו היה מסנהדרין גם הוא היה מהם*:

וקורא

ולאי

רב נסים גאון

ישב ומנמנם כסום איתא במסכת סוכה בפ' הישן (דף כו) אמר רב אסור לאדם לישן ביום יתר משינת הסוס אמר אביי שינתיה דמר כדרב דרב כר' דר' כרוך סלך ישראל דדוד כדסוסיא דסוסי שיתין נישמי. הא דאמר (רב) [רב אחא] הבא אין הבור מתמלא מחוליתו מתפרשא לך מתניא דבפרק הרואה מקום (דף נט) דתניא בשעה שבקש הקב"ה להביא מבול לעולם נטל ב' כוכבים מכימה והביא מבול לעולם וכשבקש לסתמם נטל ב' כוכבים מעיש וסתמן ומראקשינן וליסתמה בדידה ופרקינן אין הבור מתמלא מחוליתו שמעת מינה דהכין הוא פירושה שהבור אם תחזיר לתוכו העפר שניטלת ממנו אינו ממלא אותו אלא צריך להוסיף עפר אחר ולפיכך לא היו מספיקין כאן אותן ב' כוכבים שניטלו ממנה והוצרך ליטול ב' כוכבים מעיש לסתמן ולזה נתכוונו העם באמרם לדוד המלך אין הבור מתמלא מחוליתו תשובה לדבריו שאמר להם לכו והתפרנסו זה מזה כלומר כי אין מספיק לנו מה שאנו נותנים זה מזה אלא צריכין אנו תוספת ממקום אחר מיד אמר להם לכו ופשטו ידיכם בגדוד:

מסורת הש"ס

ס"ל ולפה נקרא שמם אורים ותומים שמאירים את דבריהם ותומים שמשלימים את דבריהם ופי' ביומא עג:

מס' דרך ארץ זוטא פ"ג

[עיין ביבמות דף עט ע"ב תוס' ד"ה אלא אם כבל שם ופ"ש]

סנהדרין דף לח:

ג"ו שם וסוטה דף לו.

[וכ"ה בערוך ערך אחר]

[ועי' תוס' סנהדרין טז: ד"ה ואחרי]

הגהות הב"ח

(א) רש"י ד"ה אלימ' וכו' נ"ל שעבר של שלשה עשר ולמחרת יגיע ארבעה עשר: (ב) ד"ה שהיה מכלים כו' מכלים את פני הרב: (ג) ד"ה לולא כו' בטוב ה' בארץ ישראל כבר טרדוני: (ד) ד"ה ביאה וכו' שבאו לארץ בימי יהושע: (ה) ד"ה ראויים היו ישראל ליעשות: (ו) ד"ה לימא כר' אליעזר דאמר עד סוף:

עין משפט נר מצוה

יא א מיי' פ"ו מהלכות תפלה הלכה ז טור ושו"ע או"ח סימן רלה סעיף ב:
יב ב מיי' פ"ו שם הלכה יא סמג עשין יט טור או"ח סימן רלה ושו"ע או"ח סימן רלו סעיף ב:
יג ג מיי' פ"ב שם הלכה ט (סמג שם) טור ושו"ע או"ח סי' קי"א סעיף א':
יד ד מיי' (וסמג) שם טוש"ע או"ח סימן קכב סעיף ב:
טו ה מיי' פ"ז שם הלכה יב סמג עשין יט טוש"ע או"ח סימן נא סעיף ז [ורב אלפס פ' אין עומדין דף כו א]:
טז ו מיי' פ"ז שם הלכה ב טוש"ע או"ח סימן רלט סעיף א:

עירובין כא:

[לקמן כז ב כפי שנדפס שם בצד הגליון וע"ע תוס' שם ד"ה והלכתא]

רב נסים גאון

ואיבעית אימא לאפוקי ממאן דאמר דתפלת ערבית רשות. מי הוא שאמר דתפלת ערבית רשות ר' יהושע הוא ואיתא בפרק תפלת השחר (דף כז) אמר רב יהודה אמר שמואל תפלת ערבית רבן גמליאל אומר חובה ר' יהושע אומר רשות:

לקמן יח.

תהלים קיט

פסחים קיח.

ישעיה ו

[בע"י וברב אלפס איתא א"ר [illegible]]

[נ"א רב אסי או רב יוסף]

תוספות

וקורא קריאת שמע ומתפלל. מכאן משמע שמשעה שהגיע זמן קריאת שמע של לילה שאין לו לאכול סעודה עד שיקרא ק"ש ויתפלל ערבית: **דאמר** רבי יוחנן איזהו בן העוה"ב וכו'. ואנו שאומרים יראו עינינו ופסוקים אחרים אחר השכיבנו. כראה הואיל ותקינו להו רבנן ה"ל כגאולה אריכתא דתקינו לומר זה שבתוך כך יתפלל חבירו גם הוא ולא ילך מבהכ"נ עד שיגמור כל אחד תפלתו. וגם יש באותם פסוקים י"ח אזכרות כנגד י"ח ברכות דשמנה עשרה ואגב שתקנו לומר אותם פסוקים תקנו לומר חתימה של יראו עינינו. והלכה כר' יוחנן דברייתא מסייע ליה וכן פסק ה"ג. ואם כן יש ליזהר שלא לספר בין גאולה דערבית לשמנה עשרה. ומיהו בסדר רב עמרם פי' מה שאנו אומרים קדיש בין גאולה לתפלת ערבית לאשמעינן דלא בעינן מסמך גאולה דערבית לתפלה משום דתפלת ערבית רשות. ולא נהירא [דאם כן] ר' יוחנן סבירא ליה תפלת ערבית חובה דפלוגתא היא *דרב ור' יוחנן והלכה כר' יוחנן. ונכון להחמיר ולהזהר מלספר בינתיים. ואי תימא קשיא הלכתא אהלכתא דקיימא לן תפלת ערבית רשות והכא פסקינן כרבי יוחנן צריך לומר דאפילו אי סובר רבי יוחנן כרב דאמר רשות היא מכל מקום מחייב לסמוך. אם כן גם לנו יש לסמוך:

הא

תורה אור

ואי כרבן גמליאל סבירא להו לימרו כרבן גמליאל לעולם כרבן גמליאל סבירא להו והא דקא אמרי עד חצות כדי להרחיק את האדם מן העבירה כדתניא חכמים עשו סייג לדבריהם *כדי שלא יהא אדם בא מן השדה בערב ואומר אלך לביתי ואוכל קימעא ואשתה קימעא ואישן קימעא ואח"כ אקרא ק"ש ואתפלל וחוטפתו שינה ונמצא ישן כל הלילה אבל אדם בא מן השדה בערב נכנס לבית הכנסת אם רגיל לקרות קורא ואם רגיל לשנות שונה וקורא ק"ש ומתפלל ואוכל פתו ומברך °וכל העובר על דברי חכמים חייב מיתה מאי שנא בכל דוכתא דלא קתני חייב מיתה ומאי שנא הכא דקתני חייב מיתה איבעית אימא משום דאיכא אונס שינה ואיבע"א לאפוקי ממאן דאמר *תפלת ערבית רשות קמ"ל דחובה: אמר מר קורא ק"ש ומתפלל מסייע ליה לר' יוחנן *דאמר ר' יוחנן [ב]איזהו בן העולם הבא זה הסומך גאולה לתפלה של ערבית רבי יהושע בן לוי אומר תפלות באמצע תקנום במאי קא מפלגי *אי בעית אימא קרא איבע"א סברא איבע"א סברא דר' יוחנן סבר גאולה °מאורתא נמי הוי אלא גאולה מעלייתא לא הויא אלא עד צפרא ור' יהושע בן לוי סבר כיון דלא הויא אלא מצפרא לא הויא גאולה מעלייתא ואב"א קרא ושניהם מקרא אחד דרשו דכתיב °בשכבך ובקומך ר' יוחנן סבר מקיש שכיבה לקימה מה קימה ק"ש ואח"כ תפלה אף שכיבה נמי ק"ש ואח"כ תפלה ר' יהושע בן לוי סבר מקיש שכיבה לקימה מה קימה ק"ש סמוך למטתו אף שכיבה נמי ק"ש סמוך למטתו מתיב מר בריה דרבינא *בערב מברך שתים לפניה ושתים לאחריה ואי אמרת בעי לסמוך הא לא קא סמך גאולה לתפלה דהא בעי למימר השכיבנו אמרי °כיון דתקינו רבנן השכיבנו כגאולה אריכתא דמיא דאי לא תימא הכי שחרית היכי מצי סמיך והא *אמר רבי יוחנן [ג]בתחלה אומר °ה' שפתי תפתח ולבסוף [ד]הוא אומר °יהיו לרצון אמרי פי אלא התם כיון דתקינו רבנן למימר ה' שפתי תפתח כתפלה אריכתא דמיא הכא נמי כיון דתקינו רבנן למימר השכיבנו כגאולה אריכתא דמיא: אמר רבי אלעזר *א"ר אבינא [ה]כל האומר °תהלה לדוד בכל יום °שלש פעמים מובטח לו שהוא בן העולם הבא מאי טעמא אילימא משום דאתיא באל"ף בי"ת נימא °אשרי תמימי דרך דאתיא בתמניא *אפין אלא משום דאית ביה °פותח את ידך נימא *הלל הגדול דכתיב ביה °נותן לחם לכל בשר אלא משום דאית ביה תרתי אמר רבי יוחנן מפני מה לא נאמר נו"ן באשרי °מפני שיש בה מפלתן של שונאי ישראל דכתיב °נפלה לא תוסיף קום בתולת ישראל במערבא מתרצי לה הכי נפלה ולא תוסיף לנפול עוד קום בתולת ישראל אמר רב נחמן בר יצחק אפילו הכי (א) חזר דוד וסמכן ברוח הקדש שנא' °סומך ה' לכל הנופלים: א"ר אלעזר בר אבינא גדול מה שנאמר במיכאל יותר ממה שנאמר בגבריאל דאילו במיכאל כתי' °ויעף אלי אחד מן השרפים ואלו גבי גבריאל כתי' °והאיש גבריאל אשר ראיתי בחזון בתחלה מועף ביעף וגו' מאי משמע דהאי אחד מיכאל הוא אמר ר' יוחנן אתיא אחד אחד כתיב הכא ויעף אלי אחד מן השרפים וכתי' התם °והנה מיכאל אחד (מן) השרים הראשונים בא לעזרני תנא מיכאל באחת גבריאל בשתים אליהו בארבע ומלאך המות בשמנה ובשעת המגפה באחת: א"ר יהושע בן לוי אע"פ שקרא אדם ק"ש בביהכ"נ [ו]מצוה לקרותו על מטתו אמר רבי *יוסי מאי קרא °רגזו ואל תחטאו אמרו בלבבכם על משכבכם ודומו סלה אמר רב נחמן

אם

* כ"א אלפי"ן

רש"י

ואי כרבן גמליאל סבירא להו. דמשמע ליה בשכבך כל זמן שבני אדם שוכבים ויש בכלל הזה כל הלילה: **לימרו כר"ג.** עד עמוד השחר: **מן העבירה.** שמא יסמוך על שהות שיש לו כדתניא: **קימעא.** מעט: **משום אונס שינה.** התוקפתו לעבור על דברי חכמים הוזקקו להזהירו יותר: **ממאן דאמר.** לקמן בפ' תפלת השחר (דף כז:): **אמר מר קורא ק"ש.** של ערבית תחלה ואח"כ מתפלל: **מסייע ליה לר' יוחנן.** דאמר ערבית נמי ק"ש ואחר כך תפלה *כדי שיסמוך גאולה לתפלה. ודלא כר' יהושע בן לוי דאמר תפלה ואחר כך ק"ש: **זה הסומך.** וכל שכן דשחרית דעיקר גאולת מצרים בשחרית הוה כדכתיב ממחרת הפסח יצאו בני ישראל (במדבר לג) וסמיכת גאולה לתפלה רמזה דוד בספר תהלים דכתיב ה' צורי וגואלי (תהלים יט) וסמיך ליה יענך ה' ביום צרה (שם כ) ואמרי' בברכות ירושלמי (פ"א) מי שאינו סומך גאולה לתפלה למה הוא דומה לאוהבו של מלך שבא ודפק על פתחו של מלך יצא המלך ומצאו שהפליג אף הוא הפליג אלא יהיה אדם מקרב להקב"ה אליו ומרצהו בתשבחות וקלוסין של יציאת מצרים והוא מתקרב אליו ובעודו קרוב אליו יש לו לתבוע צרכיו: **באמצע תקנום.** בין שני ק"ש תקנו כל תפלות של יום דקא סבר תפלת ערבית קודמת לק"ש: **גאולה מאורתא לא הוי.** הילכך גאולה דאורתא לא חשיבא לאהדורי עלה סמיכת תפלה: **מה קימה ק"ש ואח"כ תפלה.** דבשחרית כולהו מודו דבעי מסמך: **שלש פעמים.** כנגד שלש תפלות: **דאית ביה תרתי.** דאתי באל"ף בי"ת ויש בו שבח הכנת מזון לכל חי: **אפילו הכי.** אף על פי שהפסיק נו"ן מפני נפילה שבה ולא אבה לרמזה חזר ורמז סמיכת הנפילה תכף לה: **ויעף אלי.** בפריחה אחת ולא הרגיע בינתים: **מועף ביעף.** שתי פריחות: **באחת.** בפריחה אחת: **אמרו בלבבכם.** אמרו מה שכתוב על לבבך (דברים ו): **על משכבכם.** שנאמר בשכבך (שם): **ודומו.** בשינה אחרי כן:

ואם

מסורת הש"ס

ערש"י ד' ג. ד"ה וליעבד

[לקמן כו ב שבת ט ב יומא פז:]

לקמן דף ט:

[יבמות לה: קדושין לה: ב"ב ה: ס"ע לד: סנהדרין ג. שבועות כב: ע"ש בתוס' זבחים ב. ז: מנחות יג: עג: חולין קיח: תמורה ג:]

[לקמן ט ב וע' רש"י שם ד"ה כיון]

הגהות הב"ח

(א) גמ' חזר דוד וסמכה ברוח הקדש:

דברים ו · תהלים נא · שם יט · שם קמה · שם קיט · שם קמו · עמוס ה · תהלים קמה · דניאל ט · שם · תהלים ד

גליון הש"ס

בגמ' וכל העובר על ד"ה. עירובין כ"א ע"א ועי' רש"י סוטה ד ע"ב ד"ה נעקר ובתוס' שם: **שם** מאורתא נמי הוי. ע"ל ט ע"א: **שם** כיון דתקינו רבנן השכיבנו. עי' תשובת הרשב"א סימן נ"ח: **שם** בכל יום ג"פ. בהרא"ש ליתא ג"פ וכן בטור ובירוקה סימן נ"ך איתא כל האומר תהלה לדוד בכל יום מובטח לו: **שם** מפני שיש בה מפלתן. עי' תשובת הרשב"א סימן מ"ט: **בהגהת** מהרי"ב אחר כס"ד והלכתא. ועי' מגילה כ"ג ע"א תוס' ד"ה כיון:

§ מסכת ברכות דף ד: §

אות א'

כדי שלא יהא אדם בא מן השדה בערב ואומר: אלך וכו'

סימן רלה ס"ב - אאסור להתחיל לאכול חצי שעה סמוך לזמן ק"ש של ערבית - היינו סמוך לצאת הכוכבים, [**והיינו** אפי' במקום שהצבור מקדימין להתפלל מפלג המנחה ולמעלה, אין לחוש בזה להחמיר], **ומשמע** ממ"א דאפילו במוצאי שבת יש ליזהר שלא להתחיל אז הסעודה, ועיין במ"ב רצ"ט מש"כ בזה.

והטעם, שמא ימשך בסעודתו, ופעמים ישתקע עי"ז גם בשינה, וישכח לקרות שמע, **ואפילו** לאכול קמעא אסור, ומ"מ טעימה בעלמא מיני פירות או אפילו פת בכביצה, שרי.

חצי שעה - דעת הט"ז להקל בזה, ולא בעי אלא שיעור מועט, ‹דכאן שזמנה ארוך, אין איסור בסמוך כמו בתפלת מנחה, אלא דסמוך שיעור קטן לפני הזמן – שם›, **והאחרונים** מסכימים לפסק השו"ע, דכל דליכא אלא חצי שעה אסור להתחיל לאכול, **ואם** ביקש מאחד שיזכירנו להתפלל, ליכא אסורא להתחיל לאכול אפילו כשכבר הגיע זמן ק"ש.

וכן לישן, אפילו דעתו רק לישן קמעא, גמ'. **וה"ה** דאסור אז לעשות כל המלאכות המבוארות לעיל בסימן רל"ב ס"ב, שהם דברים המביאים לידי פשיעה, [**אבל** שאר מלאכות שאין דרכן להמשך שרי, **אבל** במהרי"ו משמע דמחמיר בכל מלאכות], **וכ"ש** כשהגיע זמן ק"ש, בודאי אסור להתחיל בהן, **וא"ר** מצדד להתיר בהם קודם שהגיע זמן ק"ש.

מיהו ללמוד לכו"ע שרי בסמוך לה, ואדרבה מצוה הוא, וכמ"ש בש"ס: אדם בא מן השדה בערב נכנס לביהכ"נ, אם רגיל לקרות קורא, לשנות שונה, וקורא ק"ש ומתפלל, **אבל** משהגיע זמן ק"ש אסור אף ללמוד, כשהוא מתפלל בביתו ביחיד, [דכשהוא מתפלל בצבור לית לן למיחש שמא יפשע], **ואם** אמר לחבירו שאינו לומד שיזכירנו שיתפלל, מותר.

כתבו האחרונים, הקורין ומתפללין מבעוד יום, אע"ג שיש להם לחזור ולקרות ביציאת הכוכבים וכנ"ל בס"א, **אפ"ה** מותר להם לאכול קודם שיקרא שנית, שהרי עכ"פ כבר קרא, **ומ"מ** בהגיע זמן צה"כ ממש נכון ליזהר גם בזה. ‹עיין בסימן רס"ז ס"ב, וצ"ע›.

בואם התחיל לאכול אחר שהגיע זמנה - ובתוך חצי שעה סמוך לצה"כ נמי כאחר שהגיע זמן הוא, (וה"ה כשהתחיל במלאכות שכתבנו מקודם, ג"כ דינא הכי), **מפסיק** - מיד [כשיגיע צה"כ], **וקורא ק"ש** - כיון דק"ש דאורייתא הוא, והוא התחיל באיסור, **ואם** התחיל בהיתר, דהיינו לפני חצי שעה שסמוכה לצה"כ, אפי' לק"ש אינו מפסיק, כל שיש לו שהות לקרוא אחר גמר סעודתו, וכנ"ל בסימן עיי"ן במ"ב.

בלא ברכותיה - משום דברכות אינם אלא מדרבנן, לא הטריחוהו להפסיק בשבילם, **וגומר סעודתו, ואח"כ קורא אותה בברכותיה ומתפלל.**

הגה: אבל אין צריך להפסיק לתפלה, הואיל והתחיל לאכול - כמ"ש המחבר, שאינו מפסיק אלא לקרות ק"ש בלחוד בלא ברכות ובלא שמ"ע, ומשום שהם רק מדרבנן, **והאי** דהדר ושנאו הרמ"א, משום דרצה לסיים: אבל וכו'.

אבל אם לא התחיל לאכול, אע"פ שנטל ידיו, צריך להפסיק (ר"ן פ"ק דשבת) - היינו אף שיש עוד שהות הרבה להתפלל, מחמרינן ליה שיפסיק, **ולא** דמי להתחיל סמוך למנחה דאינו מפסיק בדיעבד אם כבר נטל ידיו, כדמבואר לעיל בסי' רל"ב, דבמנחה כיון דזמנה מועט, מירתת ולא אתי למפשע, **משא"כ** בערבית דזמנה בדיעבד כל הלילה, גזרינן דלמא אתי למפשע, ויסמוך על אריכותה של לילה, להכי כל זמן שלא התחיל באכילה עצמה מטרחינן ליה להפסיק אף שנטל ידיו, **ודוקא** כשלא בירך עדיין ענט"י, אבל אם כבר בירך ענט"י, נכון שלא יפסיק, אלא יברך "המוציא" ויאכל כזית, ויפסיק סעודתו, **ואף** דבהתחיל לאכול א"צ להפסיק, הכא שאני, שלא התחיל לאכול רק בשביל שלא יהא הפסק בין נט"י ל"המוציא", שאינו נכון לכתחלה, כמבואר לעיל בסי' קס"ו.

ואם אין שהות להתפלל, מפסיק אף לתפלה (הראב"ד בהגהות פ"ג מהל' ברכות) - ר"ל בין שהוא עומד סמוך לעלות השחר, **או** אפילו עומד בתחלת הלילה, רק שסעודה זו תמשך עד עלות השחר, כגון סעודות גדולות בימות הקיץ שהלילות קצרים, **צריך** להפסיק מיד ביציאת הכוכבים, **ואפילו** התחיל בהיתר מבעוד יום, נמי הדין כן.

אות ב'

איזהו בן העולם הבא, זה הסומך גאולה לתפלה של ערבית

טור סימן רלה - וזמנה אחר ק"ש של ערבית; דלא כריב"ל דאמר תפלות באמצע תקנום, פי' בבקר ק"ש ואח"כ תפלה, ובערב תפלה ואח"כ ק"ש; אלא כרבי יוחנן, דאמר ר"י איזה בן העוה"ב, זה הסומך גאולה לתפלה, ואפילו של ערבית, הלכך זמנה אחר ק"ש ובברכותיה.

סימן רלו ס"ב - גאין לספר בין גאולה דערבית לתפלה - שגם בערבית מצוה לסמוך גאולה לתפלה, [**ואמרו** חז"ל: איזהו בן עוה"ב, זה הסומך גאולה לתפלה של ערבית].

דואף הנוהגין לומר י"ח פסוקים ו"יראו עינינו", אין להפסיק בין "יראו עינינו" לתפלה - דאותן פסוקים לא מקרי הפסק, כיון דתקינו לאומרם הו"ל כגאולה אריכתא.

באר הגולה

א ב"י לדעת רבינו יונה והרשב"א אהא דאיתא שם בגמרא ד' ע"ב | ב מרדכי בפרק קמא דשבת והר"ן שם מהא דמפסיקין לק"ש, ומהא דסוכה ל"ח ע"א | ג שם ד' וכרבי יוחנן | ד הרא"ש שם ובתשובה ‹עיין תוס' ד: ד"ה דאמר רבי יוחנן כו', וא"כ יש ליזהר שלא לספר בין גאולה דערבית כו', וזהו שכתב ואף הנוהגין כו' – גר"א›

ובטור מסיים בזה: ומה שנוהגין להפסיק בפסוקים ו"יראו עינינו" וקדיש, לפי שבימים הראשונים היו בתי כנסיות שלהם בשדות, והיו יראים להתאחר שם עד זמן תפלת ערבית, ותקנו לומר פסוקים אלו שיש בהם י"ח אזכרות, כנגד י"ח ברכות שיש בתפלת ערבית, ונפטרין בקדיש, **ועתה** שחזרו להתפלל ערבית בבתי כנסיות לא נתבטל מנהג הראשון, ומ"מ אין להפסיק בדברים אחרים, **ויש** מן הגדולים שנהגו שלא לאמרם, עכ"ל, **ובזה** נבין דברי המחבר.

[ח]ומיהו מה שמכריז ש"צ "ראש חדש" בין קדיש לתפלת ערבית, לא הוי הפסק, כיון שהוא צורך התפלה - ולאו דוקא לקרוא ולהכריז שהוא ר"ח שהוא דאורייתא, או להכריז "טל ומטר" שאם יטעו צריך לחזור, **אלא** אפילו להכריז "על הנסים" שפיר דמי, ואע"ג שאם יטעו ג"כ אין צריך לחזור, דמ"מ הוא צורך תפלה, **ודוקא** במקום זה יכול להפסיק, אבל כשהוא עומד בברכת ק"ש בין הפרקים, אסור לו להכריז שום דבר.

[**ודוקא** בערבית, דסמיכת גאולה לתפלה שלו לא חמיר כולי האי, משום דתפלת ערבית רשות, **אבל** בין גאולה לתפלה דשחרית, חמירא טפי ואסור].

[ט]וכן יכול לומר "ברכו" להוציא מי שלא שמע, ולא הוי הפסק - דגם זה הוא צורך תפלה. **הגה: ועיין לעיל סי' ס"ט** - ר"ל דשם בהג"ה מבואר, דדוקא בערבית מקילינן לזה, אבל לא בשחרית.

ראיתי מדקדקים נהגו לעמוד כשאומרים הי"ח פסוקים של "ברוך ה' לעולם" וכו', ומנהג יפה הוא, כי נתקנו במקום תפלת י"ח, ועל כן ראוי לעמוד בהן כמו בתפלה - והרבה אחרונים כתבו דיותר טוב שלא לעמוד, כדי להראות שאין רוצה לצאת בזה ידי חובת תפלת י"ח, [**ועכ"פ** לא יעמוד ופניו אל הקיר, דאז נראה כמכוין לצאת בזה תפלת י"ח], **אך** כשמתפלל עם הצבור, וקורא אח"כ ק"ש וברכותיה, אז יוכל לומר "ברוך ה'" וכו' מעומד, ועיין מה שנכתוב לקמיה.

כתב מ"א בשם רש"ל, שיש לומר: "הושיענו אלהי ישענו", והוא פסוק בדברי הימים, **ולא** יאמר: "הושיענו ה' אלהי ישענו", דא"כ הוא מוסיף על י"ח אזכרות. ‹**אמנם** כן הוא נוסח שלנו, וי"ל דשם א' הוא נגד ברכת המינים – מחה"ש›.

[י]סימן רלו ס"ג - [יא]מצא צבור שקראו ק"ש ורוצים לעמוד בתפלה, יתפלל עמהם, ואחר כך יקרא ק"ש עם ברכותיה - דתפלת הצבור עדיפא ממסמך גאולה לתפלה דערבית, **ואפילו** אם הצבור מתפללין מבע"י, אפ"ה יתפלל עמהם ויקרא ק"ש וברכותיה כשיגיע זמנה, [**ואם** דרכו להתפלל מנחה אחר פלג המנחה, שוב אין לו להתפלל ערבית קודם הלילה], **אבל** כ"ז דוקא כשהוא משער שלא יוכל להשיג אח"כ מנין להתפלל עמהם, דאל"ה אין לו לבטל מצות סמיכת גאולה לתפלה. [**אבל** בשחרית עדיף מצות גאולה לתפלה מתפלה בציבור, וע"כ אם בא ל"עזרת אבותינו" וכו', אסור לו להתפלל עם הצבור, ולקרוא ק"ש וברכותיה אח"כ].

ואם הם עוסקים עדיין בברכות ק"ש, והוא משער שעד שיגיעו הצבור לשמ"ע יוכל לומר ק"ש וברכותיה עד "שומר עמו ישראל לעד", יעשה כן וידלג "ברוך ה' לעולם" וכו', ויתפלל שמ"ע עם הצבור, **דאותן** הפסוקים אינן אלא מנהג, ויש גדולים שסוברים שאין לאומרו, ולכן מוטב לדלג כדי לקיים תפלה בצבור עם סמיכת גאולה לתפלה, כן כתבו כמה אחרונים.

והנה בדברי הט"ז וא"ר מבואר בהדיא, ד"ברוך ה' לעולם" וכו' וגם "יראו עינינו" יאמר אחר התפלה, וכן העתיק הח"א, וכן משמע קצת במ"א, **אכן** במעשה רב כתב, דאחר התפלה לא יאמר הפסוקים ד"ברוך ה' לעולם" וכו', ומשמע דטעמיה דלא נתקן אלא לאומרו במקומו ולא אחר שכבר התפלל ערבית, **וע"כ** נראה דטוב שלא יחתום ברכת "יראו עינינו", אלא יאמר עד "כי אין לנו מלך אלא אתה", **ואע"ג** דברכה בלא חתימה בעלמא אינה חשובה ברכה כלל, מ"מ כיון דאפילו קודם י"ח הוא רק מנהגא בעלמא, הבו דלא להוסיף עלה.

עוד כתבו, במקומות שמקדימין להתפלל ערבית מבע"י, ובא לבהכ"נ בשעה שמתחילין "ברכו", והוא לא התפלל מנחה, יתפלל מנחה בעוד שהם קורין ק"ש וברכותיה, [ט]ואח"כ יתפלל ערבית עם הצבור, ואח"כ יקרא ק"ש וברכותיה בלילה, **אכן** אם יהיה לו לתפלת ערבית מנין בלילה, ימתין בתפלת מנחה להתפלל בשעה שהצבור מתפללין ערבית, ותפלת ערבית יתפלל אח"כ כדינה עם צבור בלילה.

בתחלה אומר: ה' שפתי תפתח

סימן קיא ס"א - [י]צריך לסמוך גאולה לתפלה, ולא יפסיק ביניהם - ואפילו בשהייה בעלמא יותר מכדי דיבור יש לזהר לכתחלה, **וכדי** דבור הוא כדי שאילת תלמיד לרב.

[יא]אפי' ב"אמן" אחר "גאל ישראל" - וה"ה דקדיש וקדושה אין לענות, **ונקט** "אמן" משום דשם סליק ענינא של הברכות ק"ש, והו"א דיכול לענות אמן אפילו אחר עצמו, **קמ"ל** דאסור משום הפסק, ואפילו אחר הש"ץ לא יענה.

ולא בשום פסוק, [יב]חוץ מ"ה' שפתי תפתח" - ואפי' בערבית קודם תפילת י"ח ג"כ יש לזהר בזה, **אבל** במוסף ומנחה מותר לומר פסוקים קודם "ד' שפתי תפתח", **אבל** לא אח"כ, דפסוק זה מכלל תפלה הוא, דהא מהאי טעמא נוכל לומר אותו בין גאולה לתפילה, מפני דכיון דקבעוהו רבנן בתפלה יש לו דין תפלה, א"כ אין להפסיק בינו לתפלת י"ח.

באר הגולה

[ה] **הרשב"א בתשובה** [ו] **אגור בשם רב עמרם** [ז] ‹ע"פ הבאר הגולה› [ח] **ב"י אפי' לדעת התוספות והרא"ש, וכ"כ הכל בו והרשב"א שם** ‹ולא מיבעיא לדעת רב עמרם ורב נטרונאי, אלא אפילו לדעת התוס' והרא"ש שכתבו, שאין להפסיק בין גאולה לתפלה בדברים אחרים, כדי להתפלל עם הציבור שפיר דמי – ב"י› [ט] ‹והא הוי שניהם אחר פלג, והוי תרתי דסתרי, וצ"ע› [י] **ברכות ט'** [יא] **בית יוסף על פי הזוהר** [יב] **ברכות ט'**

אות ד'

ולבסוף הוא אומר: *יהיו לרצון אמרי פי*

סימן קכב ס"ב - [יג]"אין נכון לומר תחנונים קודם "יהיו לרצון" - עיין בב"י וד"מ שכתבו, דמדינא אין איסור, דלא חמור קודם "יהיו לרצון" מברכת "שומע תפלה", דקי"ל דיכול לשאול בה כל צרכיו, **רק** דלכתחלה נכון יותר לומר "יהיו לרצון" קודם "אלהי נצור".

אלא אחר סיום י"ח מיד, יאמר "יהיו לרצון" - כתב בסדר היום: "יהיו לרצון" וכו', הוא מסוגל לכמה ענינים, תחלתו יו"ד וסופו יו"ד, תיבותיו יו"ד, ויו"ד יודי"ן, ויש בו מ"ב אותיות, וסודו סוד גדול, **לכן** צריך לאומרו בנחת ולכוין, ומועיל הרבה לקבל תפלתו ולא ישוב ריקם. **ואם בא לחזור ולאומרו פעם אחרת אחר התחנונים, הרשות בידו.**

כתב הח"א, נכון וראוי לכל אדם להתפלל בכל יום ביחוד על צרכיו ופרנסתו, ושלא ימוש התורה מפיו וזרעו וזרע זרעו, ושיהיו כל יוצאי חלציו עובדי ה' באמת, ושלא ימצא ח"ו פסול בזרעו, וכל מה שיודע בלבו שצריך לו, **ואם** אינו יודע לדבר צחות בלשה"ק, יאמרנה אף בלשון אשכנז, רק שיהיה מקירות לבו.

וטוב יותר לקבוע תפלות על כל הענינים הצריכים לו אחר שסיים כל הי"ח, מלקבעם בברכת "שומע תפלה", כדי שכשיצטרך לענות קדיש או קדושה, יהיה יוכל לענות אחר אמירתו "יהיו לרצון" לכו"ע.

אות ה'

כל האומר תהלה לדוד בכל יום שלש פעמים, מובטח כו'

סימן נא ס"ז - [יד]"צריך לכוין בפסוק "פותח את ידך", ואם לא כוון, צריך לחזור ולאומרו פעם אחרת - שעיקר מה שקבעו לומר "תהלה לדוד" בכל יום, הוא בשביל אותו פסוק, שמזכיר בו שבחו של הקב"ה, שהוא משגיח על בריותיו ומפרנסן.

עיין בח"א שהביא בשם הלבוש, שצריך לומר מפסוק "פותח" עד סוף המזמור כסדר, **ואם** לא נזכר עד שכבר אמר מזמורים אחרים, ואין לו שהות לחזור, מ"מ יאמר אחר התפלה, מפסוק "פותח" עד סוף המזמור. ‹**האג"מ** הבין בדברי המשנ"ב, שלעולם אין לומר במקום שנזכר, אלא או יחזור ויאמר מ'פותח' על הסדר, או יאמר אחר התפילה, דהסדר מעכב, **וכבר** נתקשו עליו בזה, שכוונת המשנ"ב 'אין לו שהות לחזור', היינו מ'פותח את ידך' עד סוף 'אשרי'. **ורבים** המה הפוסקים הסוברים שדי בזה שאומר שוב רק הפסוק 'פותח את ידך' היכן שנזכר, ואין צריך לומר שוב עד סוף 'אשרי' – פסקי תשובות›.

ואין די באמירה, אלא שיתבונן מה שהוא אומר, ויכיר נפלאות ד', **וכן** מה שאמרו בגמרא: כל האומר "תהלה לדוד" ג' פעמים בכל יום, מובטח לו שהוא בן עוה"ב, ג"כ באופן זה - מ"ב סי' א' ס"ה.

הגה: ואומרים פסוק: ואנחנו נברך יה, אחר תהלה לדוד (טור וכל בו), וכופלין פסוק: כל הנשמה תהלל יה, לפי שהוא סוף פסוקי דזמרה (טור), וכן פסוק: ה' ימלוך לעולם ועד (אבודרהם) - ובשם האר"י כתבו, שיש לומר ג"כ תרגום פסוק זה, דהיינו שנים יאמר מקרא ואחד תרגום, **ושיש** לומר פסוק "כי בא סוס פרעה", שגם פסוק זו מעיקר שירה, **ובשם** הגר"א כתבו, שלא לומר "כי בא" וגו'.

"**מי** כמוכה" תנינא, הכף דגושה, **אבל** "מי כמוכה" קמא, וכן "כל עצמותי תאמרנה ד' מי כמוך", הכף רפויה. "**עם** זו גאלת", הגימל דגושה. "**ידמו** כאבן", הכף דגושה.

יש להפסיק בין "במים" ובין "אדירים", שה"אדירים" קאי על מצרים.

ויאמר שירת הים בשמחה, וידמה בדעתו כאלו באותו היום עבר בים, והאומר בשמחה מוחלין לו עונותיו.

כשמגיע ל"ועתה ה' אלהינו מודים אנחנו לך", או לפסוק "וכל קומה לפניך תשתחוה", אין לשחות ולהשתחות שם, כדלקמן סי' קי"ג (הר"י ס"פ אין עומדין ור' ירוחם). ונהגו לעמוד כשאומרים: ברוך שאמר, ויברך דויד - עד שיאמר: אתה הוא ד' האלהים, **וישתבח.**

האר"י ז"ל כשאמר "ואתה מושל בכל" נתן צדקה מעומד.

משמע בב"י, דבשבת נכון ג"כ לעמוד כשאומרים הפסוק: ד' מלך ד' מלך וגו', וכ"כ המ"א בשם בע"ה, **וכתב** עוד בשם האר"י, דכשהצבור היו אומרים: ד' מלך וגו', היה עומד עמהן, אף שהוא לא הגיע לשם.

אות ו'

מצוה לקרותו על מטתו

סימן רלט ס"א - [טו]"קורא על מטתו פרשה ראשונה של שמע - [וכהיום גם נשים נהגו לאמרם]. **ואם** התפלל ערבית מבעוד יום, צריך לקרות כל הפרשיות, ויכוין לצאת בהן המ"ע של ק"ש, וגם המצוה של זכירת יציאת מצרים, **וטוב** לומר תמיד כל ק"ש, שהיא רמ"ח תיבות בצירוף "אל מלך נאמן", לשמור רמ"ח אבריו.

ומברך "המפיל חבלי שינה על עיני" וכו' - מלשון השו"ע משמע, דברכת "המפיל" אומר אחר ק"ש, כדי שתהא הברכה סמוכה לשינה, ומה שקורא אח"כ "יושב בסתר" ואינך, כיון דהוי משום שמירה לא הוי הפסק, **ויש** מדקדקין לברך "המפיל" בסוף אחר כל הפסוקים, **ויש** מאחרונים שהסכימו, שיברך ברכת "המפיל" קודם, ואח"כ ק"ש ויתר פסוקי דרחמי, כמו שנדפס בסידורים, [**ולא** הוי הק"ש הפסק, דק"ש נמי משום שמירה הוא, וכ"ש יתר הפסוקים, וגם דיתר פסוקים בק"ש אריכתא דמיא], **ונראה** דלמעשה יתנהג האדם כפי טבעו, דהיינו אם טבעו להרדם באמצע ק"ש, טוב יותר שיקדים ברכת "המפיל" מה דאפשר, **ואם** אין טבעו לזה, טוב יותר לאחר ברכת "המפיל" עד לבסוף.

הגה: ויקרא קריאת שמע סמוך למטתו - ולא יקרא ק"ש כשיכנס לישן, אלא כשרואה שהשינה באה עליו - סדה"י, **אבל** בכנה"ג כתב שיש לקרות מיד, שמא יחטפנו שינה אח"כ ולא יקרא, **ואין** לחוש משום הפסק אלא כשעושה דבר אחר בינתים, אבל מה שיושב ודומם לא מקרי הפסק, אף ששהה איזה זמן קודם שיישן.

באר הגולה

[יג] שם ור' יונה פ"ד דברכות [יד] רבי יונה בשם הגאונים אהא דברכות ד' [טו] ברכות ד' ע"א ודף ס' ע"ב

(ועיין בח"א שמצדד לומר, דאפילו לא היה יכול אח"כ כלל לישן, ג"כ אין הברכה לבטלה, דעל מנהגו של עולם הוא מברך, וכן משמע בחד תירוצא באליה רבא, ולענ"ד צ"ע בזה, אחרי דברכה זו מברך על עצמו "המפיל חבלי שינה על עיני" וכו', ועכ"פ נ"ל דאם מסתפק שמא לא יוכל אח"כ לישן, בודאי אין כדאי לכתחלה לברך).

ואין אוכלים ושותים ולא מדברים אחר קריאת שמע שעל מטתו, אלא יישן מיד, שנאמר: אמרו בלבבכם על משכבכם ודומו סלה (כל בו ורוקח ורבינו ירוחם).

ואם תאב לשתות או לדבר איזה ענין נחוץ, נראה שמותר, אך יחזור ויקרא פרשת "שמע", **אכן** אם כבר אמר ברכת "המפיל", יזהר בזה, כי יפסיק בין הברכה להשינה.

ואם צריך לשמש מטתו, ירחץ עצמו מהש"ז שעליו, ויטול ידיו ואח"כ יקרא, **ולפחות** יאמר ברכת "המפיל" ו"שמע" אחר התשמיש.

ועיין לעיל סימן ס"ג, אי מותר לקרות כשהוא שוכב - ר"ל דשם מוכח בס"א בהג"ה, דלכתחלה אין כדאי לילך ולשכב ולקרותה בשכיבה, אפילו כשהוא שוכב על צדו ממש.

כתב המ"א, דוקא כשקורא זו הק"ש לשם חובה, כגון שהתפלל ערבית מבע"י, וצריך עתה לכוון לקיים המ"ע דק"ש, לכך צריך ליזהר בכל פרטיה, **אבל** אם כבר קרא בזמנה, וקורא עתה רק משום ק"ש שעל המטה, מותר לכתחלה לקרותה בשכיבה, **ויש** שמחמירין לכתחלה לקרותה בעמידה או בישיבה, [**היינו** מה שקורא בפעם ראשונה, אבל מה שקורא וחוזר וקורא עד שמשתקע בשינה, לכו"ע אין להחמיר בדבר, **ומ"מ** נ"ל דהמיקל בפעם ראשונה בודאי אין למחות בידו, דהא אפי' בק"ש של חובה דעת רוב הפוסקים להקל כשהוא רוצה לשכב על צדו ממש, **ומ"מ** המרגיל עצמו לקרות בישיבה או בעמידה טוב יותר, דהקורא בשכיבה מצוי שנרדם באמצע הקריאה, ומפסיד ברכת "המפיל"], **אכן** אם כבר שכב, לכו"ע מותר להטות על צדו ולקרוא.

ויש לו לאדם להרגיל עצמו לשכב על צדו דוקא, ואיסור גדול לשכב פרקדן, דהיינו שמושלך על גבו ופניו למעלה, או שפניו טוחות למטה, [**היינו** אפי' שינה בלבד בלא קריאה].

ואם קרא ק"ש ולא יוכל לישן מיד, אז חוזר וקורא כמה פעמים זה אחר זה - פרשה ראשונה, וראוי שלא לכפול פסוק ראשון, ולכן יתחיל בפעם השני מן "ואהבת" - ע"ל סי' ס"א ס"י, **עד שישתקע בשינה, ושיהיה קריאתו סמוך לשינתו (הגהות מיימוני)** - או שיאמר שאר פסוקים דרחמי, וה"ה אם מהרהר בד"ת שפיר דמי.

ואין מברכין על ק"ש שעל מטתו (הגהות מיימוני וב"י בשם תוס' פ' כל הבשר) - פי' "אשר קדשנו במצותיו וצונו על ק"ש", אין לברך, **ולאפוקי** מדעת איזה פוסק שמצריך לברך, (**דאף** שאמרו מצוה לקרותה על מטתו, מ"מ אין זה בכלל מצוה דרבנן, שיהא שייך לברך עליה, **אבל** בק"ש בשחר וערב, אותן הברכות עולים כאלו נברך "אקב"ו לקרות שמע").

כתבו הפוסקים, הישן ביום א"צ לברך ברכת "המפיל", **וטוב** שיאמר "ויהי נועם" וגו', "יושב בסתר" וגו'. (**עיין** לעיל ריש סי' רל"א, דהביא מהלבוש שאין נוהגין כן).

(**נסתפקתי**, אם הוא עדיין קודם עמוד השחר בעת ברכת "המפיל", אך הוא משער שעד שיישן יעלה עה"ש, אי אזלינן בתר עת הברכה שהוא עדיין לילה, או בתר שינה שיהיה ביום, ועל שינת היום לא נתקנה הברכה כמו שכתבו הפוסקים, **אבל** אחר שעלה עה"ש לא מסתפק לי כלל, דאף דאיכא אינשי דגנו בההיא שעתא עד הנץ החמה, ועדיין זמן שכיבה הוא ע"פ הדחק, כדאיתא בברכות ט', מ"מ לענין ברכת "המפיל" נראה דעבר זמן, שהרי אינו יכול לומר "השכיבנו" אחר עה"ש, כדאיתא שם בגמרא, וממילא בענינינו ג"כ אינו יכול לומר "שתשכיבני לשלום", שאין עוד הזמן של תחלת שכיבה אלא סוף שכיבה, כפירש"י שם).

ואומר: [טז]"יושב בסתר עליון", ואומר: "ה' מה רבו צרי" עד "לה' הישועה", ואומר: [יז]"ברוך ה' ביום ברוך ה' בלילה ברוך ה' בשכבנו ברוך ה' בקומנו", "ויאמר ה' אל השטן יגער ה' בך השטן" וכו', "ה' שומרך" וכו' "מעתה ועד עולם", "בידך אפקיד רוחי" וכו', "יברכך ה'" וכו' עד "וישם לך שלום", ואומר: [יח]"השכיבנו" עד סמוך לחתימה - כל אלו הפסוקים שנהגו לאומרם, הוא להגן שלא יבוא עליו ח"ו דבר רע, **ואם** הוא חולה או אנוס, די במה שיאמר פרשה ראשונה של ק"ש וברכת "המפיל" לבד.

כתבו הספרים, שבלילה קודם השינה נכון לאדם שיפשפש במעשיו שעשה כל היום, ואם ימצא שעשה עבירה, יתודה עליה ויקבל על עצמו שלא לעשותה עוד, **ובפרט** בעונות המצויים, כגון חניפות שקרים ליצנות לשה"ר, וכן עון בטול תורה צריכים בדיקה ביותר, **גם** ראוי למחול לכל מי שחטא כנגדו וציערו, ובזכות זה האדם מאריך ימים.

אחז"ל: הישן בבית יחידי, והיינו בלילה, אוחזתו לילית, ובית היינו חדר, [**ולפי"ז** הישן בחדרו ביחידי, אף שבבית יש אנשים, צריך ליזהר שלא יהיה נעול רק פתוח לבית, **והעולם** נוהגין להקל בזה, **ונ"ל** דאף להמחמירין, אם בבית יש שם אשה לבד, ועי"ז שיהיה פתוח יהיה איסור ייחוד, לא יפתחנו ולא יגיע לו שום ריעותא, כי "שומר מצוה לא ידע דבר רע"].

אלו צריכין שימור מהמזיקין: חולה, חיה, חתן, כלה, אבל, ות"ח בלילה, היינו כשהוא עומד יחידי באישון לילה ואפלה.

[יט]סימן רל"ט ס"ב - [כ]כשיפשוט חלוקו, לא יהפכנו ממטה למעלה, שא"כ נמצא גופו ערום, אלא יפשטנו דרך ראשו ויכסה עצמו בסדינו מתחת, ויכנס במטתו.

באר הגולה

טז שבועות ט"ו ע"ב | יז טור בשם רב עמרם | יח שם בשם הרא"ש אביו | יט (מילואים) | כ שבת קי"ח ע"ב

ואם תלמיד חכם הוא. שרגיל במשנתו לחזור על גרסתו תמיד דיו בכך: **ירגיז יצר טוב.** שיעשה מלחמה עם יצר הרע: **ודומו סלה.** יום הדומיה הוא יום המות שהוא דומיה עולמית: **זה מקרא.** חומש שמלוה לקרות בתורה: **זו משנה.** שיתעסקו במשנה: **זה גמרא.** סברת טעמי המשניות שממנו יוצאה הוראה. אבל המורים הוראה מן המשנה נקראו מבלי העולם במס' סוטה (דף כב.): **כאלו אוחז חרב של שתי פיות בידו.** להרוג את המזיקין: **מאי משמע.** (ב) דבקריאת שמע: **התעיף עיניך בו.** אם תכפל וסגרת עיניך בתורה (ג) היא משתכחת ממך: **ובני רשף יגביהו עוף.** העוף מסלקם ממך (ד): **קטב מרירי.** זה שם שד הצהרים במסכת פסחים (דף קיא:): **ולחומי רשף.** כתיב בין רעב למזיקין נדרש לפניו ולאחריו יסורין ומזיקין: **אפילו תינוקות של בית רבן יודעים.** שהתורה מגינה שלמדין מספר חומש אם שמוע תשמע כל המחלה אשר שמתי וגו'. ואפילו הקטנים שלא הגיעו לספר איוב כבר למדו:

החשיתי מטוב. מן התורה: **וכאבי נעכר.** מכה עכורה: **המוכר עצב.** שפירש הימנו דבר חשוב כזה ומתוך דוחקו מכרו: **ושמח.** שהרי הקב"ה מזהירם מלעזוב אותה ומשבחה לפניהם בלקח טוב אחר שנתנה להם: **פשפש ולא מצא.** לא מצא עבירה בידו שבשבילה ראוין יסורין הללו לבא: **אשרי הגבר אשר תיסרנו יה ומתורתך תלמדנו.** שבשביל יסורין צריך אדם לבא לידי תלמוד תורה: **יסורין של אהבה.** הקב"ה מייסרו בעוה"ז בלא שום עון כדי להרבות שכרו בעולם הבא יותר מכדי זכיותיו: **וה' חפץ דכאו החלי.** מי שהקב"ה חפצו מחלהו ביסורין: **אשם.** קרבן: **נפשו.** מדעתו: **דבר זה.** שאשרי אדם אשר תיסרנו יה: **מתורתך תלמדנו.** כלומר מתורתך אנו למדין אותו: **נאמר ברית ביסורין דכתיב אלה דברי הברית.** אחר הקללות נאמר במשנה תורה: אף יסורין ממרקין כל עונותיו של אדם גרסי': **ודרך חיים.** חיי העוה"ב הויין לו תוכחות מוסר לאדם:

וכנים

תורה אור

אם תלמיד חכם הוא אין צריך אמר אביי אף תלמיד חכם מיבעי ליה למימר חד פסוקא דרחמי כגון °בידך אפקיד רוחי פדיתה אותי ה' אל אמת: א"ר לוי בר חמא אמר ר"ש בן לקיש לעולם ירגיז אדם יצר טוב על יצר הרע שנא' °רגזו ואל תחטאו. אם נצחו מוטב ואם לאו יעסוק בתורה שנאמר אמרו בלבבכם אם נצחו מוטב ואם לאו יקרא קריאת שמע שנאמר על משכבכם אם נצחו מוטב ואם לאו יזכור לו יום המיתה שנאמר ודומו סלה. וא"ר לוי בר חמא אמר ר' שמעון בן לקיש מאי דכתיב °ואתנה לך את לוחות האבן והתורה והמצוה אשר כתבתי להורותם לוחות אלו עשרת הדברות תורה זה מקרא והמצוה זו משנה אשר כתבתי אלו נביאים וכתובים להורותם זה גמרא *מלמד שכולם נתנו למשה מסיני: א"ר יצחק כל הקורא ק"ש על מטתו כאלו אוחז חרב של שתי פיות בידו שנאמר °רוממות אל בגרונם וחרב פיפיות בידם מאי משמע אמר מר זוטרא ואיתימא רב אשי מרישא דעניינא דכתיב °יעלזו חסידים בכבוד ירננו על משכבותם וכתיב בתריה רוממות אל בגרונם וחרב פיפיות בידם. ואמר רבי יצחק כל הקורא קריאת שמע על מטתו מזיקין בדילין הימנו שנאמר °ובני רשף יגביהו עוף ואין עוף אלא תורה שנאמר °התעיף עיניך בו ואיננו ואין רשף אלא מזיקין שנאמר °מזי רעב ולחומי רשף וקטב מרירי. אמר רבי שמעון בן לקיש כל העוסק בתורה יסורין בדילין הימנו שנאמר ובני רשף יגביהו עוף ואין עוף אלא תורה שנאמר התעיף עיניך בו ואיננו ואין רשף אלא יסורין שנאמר מזי רעב ולחומי רשף אמר ליה רבי יוחנן *הא אפילו תינוקות של בית רבן יודעין אותו שנאמר °ויאמר אם שמוע תשמע לקול ה' אלהיך והישר בעיניו תעשה והאזנת למצותיו ושמרת כל חקיו כל המחלה אשר שמתי במצרים לא אשים עליך כי אני ה' רופאך אלא כל שאפשר לו לעסוק בתורה ואינו עוסק הקב"ה מביא עליו יסורין מכוערין ועוכרין אותו שנא' °נאלמתי דומיה החשיתי מטוב וכאבי נעכר *ואין טוב אלא תורה שנאמר °כי לקח טוב נתתי לכם תורתי אל תעזובו. אמר רבי זירא ואיתימא רבי חנינא בר פפא בא וראה שלא כמדת הקב"ה מדת בשר ודם אדם מוכר חפץ לחבירו מוכר עצב ולוקח שמח אבל הקב"ה אינו כן נתן להם תורה לישראל ושמח שנא' כי לקח טוב נתתי לכם תורתי אל תעזובו. אמר רבא ואיתימא רב חסדא אם רואה אדם שיסורין באין עליו יפשפש במעשיו שנא' °נחפשה דרכינו ונחקורה *ונשובה עד ה' פשפש ולא מצא יתלה בבטול תורה שנאמר °אשרי הגבר אשר תיסרנו יה ומתורתך תלמדנו ואם תלה ולא מצא בידוע שיסורין של אהבה הם שנאמר °כי את אשר יאהב ה' יוכיח. אמר רבא אמר רב סחורה אמר רב הונא כל שהקב"ה חפץ בו מדכאו ביסורין שנאמר °וה' חפץ דכאו החלי יכול אפילו לא קבלם מאהבה תלמוד לומר °אם תשים אשם נפשו מה אשם לדעת אף יסורין לדעת ואם קבלם (א) מה שכרו °יראה זרע יאריך ימים ולא עוד אלא שתלמודו מתקיים בידו שנא' °וחפץ ה' בידו יצלח פליגי בה רבי יעקב בר אידי ורבי אחא בר חנינא חד אמר אלו הם יסורין של אהבה כל שאין בהן בטול תורה שנאמר אשרי הגבר אשר תיסרנו יה ומתורתך תלמדנו וחד אמר אלו הם יסורין של אהבה כל שאין בהן בטול תפלה שנאמר °ברוך אלהים אשר לא הסיר תפלתי וחסדו מאתי אמר להו רבי אבא בריה דר' חייא בר אבא הכי אמר *ר' חייא בר אבא א"ר יוחנן אלו ואלו יסורין של אהבה הן שנאמר כי את אשר יאהב ה' יוכיח אלא מה ת"ל ומתורתך תלמדנו אל תקרי *תלמדנו אלא תלמדנו דבר זה מתורתך תלמדנו ק"ו משן ועין מה שן ועין שהן אחד מאבריו של אדם עבד יוצא בהן לחרות יסורין שממרקין כל גופו של אדם על אחת כמה וכמה והיינו דרבי שמעון בן לקיש דאמר רשב"ל נאמר ברית במלח ונאמר ברית ביסורין נאמר ברית במלח דכתיב °ולא תשבית מלח ברית ונאמר ברית ביסורין דכתיב °אלה דברי הברית מה ברית האמור במלח מלח ממתקת את הבשר אף ברית האמור ביסורין יסורין ממרקין כל עונותיו של אדם: *תניא רבי שמעון בן יוחאי אומר שלש מתנות טובות נתן הקדוש ברוך הוא לישראל וכולן לא נתנן אלא ע"י יסורין אלו הן תורה וארץ ישראל והעולם הבא תורה מנין שנאמר אשרי הגבר אשר תיסרנו יה ומתורתך תלמדנו ארץ ישראל דכתיב °כי כאשר ייסר איש את בנו ה' אלהיך מיסרך וכתיב בתריה כי ה' אלהיך מביאך אל ארץ טובה העולם הבא דכתיב °כי נר מצוה ותורה אור ודרך חיים תוכחות מוסר. תני תנא קמיה דר' יוחנן כל העוסק בתורה ובגמילות חסדים

וקובר

תהלים לא · שם ד · שמות כד · [ע' מגילה יט ב] · תהלים קמט · שם · איוב ה · דברים לג · [גטין כט. חולין פח:] · שמות טו · תהלים לט · משלי ד · איכה ג · תהלים לד · משלי ג · ישעיה נג · שם. שם · שם · תהלים סו · ר"ל הדל"ת בפתח אלא בצירי (ח"מ) · ויקרא ב · דברים כח · מכילתא פ' יתרו וספרי פ' ואתחנן ע"ש · שם ח · משלי ו

משלי כג · לקמן מח: ע"ז יט: מנחות נג: אבות פו

ס"א פשפש ומצא יעשה תשובה שנאמר תשובה

[יתכן - להיות הכי אמר אבא א"ר יוחנן אלו וכו' ועיין מו"ק דף כג.]

רב נסים גאון

מה אשם לדעת אף יסורין לדעת. כי הקרבנות אין מותר להקריבן אלא ברצון בעלים ולא בעל כורחן כדתניא (ערכין דף כא וש"נ) יקריב אותו מלמד שכופין אותו יכול בעל כורחו ת"ל לרצונו הא כיצד כופין עד שיאמר רוצה אני ואמרו עוד מנין למתעסק בקדשים שפסול וכו' לעכב מנין תלמוד לומר לרצונכם תזבחהו (לרצונכם זבחו) לדעתכם זבחו ואיתא בשחיטת חולין בפ' הכל שוחטין (דף יג) ובמס' נדרים בפרק אין בין מודר הנאה מחבירו (דף לה) איתא אמר ר' יוחנן הכל צריכין [דעת] חוץ ממחוסר כפרה:

הגהות הב"ח

(א) גמ' אם קבלם עליו מאהבה מה שכרו: (ב) רש"י ד"ה מאי משמע סמך דבקריאת שמע: (ג) ד"ה התעיף וכו' בתורה הס"ד ואח"כ מ"ה ואיננו היא משתכחת: (ד) ד"ה ובני רשף וכו' העוף מסלק ממך את בני רשף הס"ד:

תורה אור

וקובר את בניו מוחלין לו על כל עונותיו אמר ליה רבי יוחנן בשלמא תורה וגמילות חסדים דכתיב °בחסד ואמת יכופר עון חסד זו גמילות חסדים שנאמר °רודף צדקה וחסד ימצא חיים צדקה וכבוד אמת זו תורה *שנאמר °אמת קנה ואל תמכור אלא קובר את בניו מנין תנא ליה ההוא סבא משום ר' שמעון בן יוחאי אתיא עון עון כתיב הכא בחסד ואמת יכופר עון וכתיב התם °ומשלם עון אבות אל חיק בניהם. א"ר יוחנן נגעים ובנים אינן יסורין של אהבה ונגעים לא והתניא כל מי שיש בו אחד מארבעה מראות נגעים הללו אינן אלא מזבח כפרה מזבח כפרה הוו יסורין של אהבה לא הוו ואב"א *הא לן והא להו ואי בעית אימא הא בצנעא הא בפרהסיא ובנים לא היכי דמי אילימא דהוו להו ומתו והא *א"ר יוחנן דין גרמא דעשיראה ביר אלא הא דלא הוו ליה כלל והא דהוו ליה ומתו. רבי חייא בר אבא חלש על לגביה ר' יוחנן א"ל חביבין עליך יסורין א"ל לא הן ולא שכרן א"ל הב לי ידך יהב ליה ידיה ואוקמיה. ר' יוחנן חלש על לגביה ר' חנינא א"ל חביבין עליך יסורין א"ל לא הן ולא שכרן א"ל הב לי ידך יהב ליה ידיה (א)ואוקמיה אמאי לוקים ר' יוחנן לנפשיה אמרי *אין חבוש מתיר עצמו מבית האסורים רבי *אליעזר חלש על לגביה רבי יוחנן חזא דהוה קא גני בבית אפל גלייה לדרעיה ונפל נהורא חזייה דהוה קא בכי ר' *אליעזר א"ל אמאי קא בכית אי משום תורה דלא אפשת *שנינו אחד המרבה ואחד הממעיט ובלבד שיכוין לבו לשמים ואי משום מזוני לא כל אדם זוכה לשתי שלחנות *ואי משום בני דין גרמא דעשיראה ביר א"ל להאי שופרא דבלי בעפרא קא בכינא א"ל על דא ודאי קא בכית ובכו תרוייהו אדהכי והכי א"ל חביבין עליך יסורין א"ל לא הן ולא שכרן א"ל הב לי ידך יהב ליה ידיה ואוקמיה. רב הונא תקיפו ליה ארבע מאה דני דחמרא על לגביה רב יהודה אחוה דרב סלא חסידא ורבנן ואמרי לה רב אדא בר אהבה ורבנן ואמרו ליה לעיין מר במיליה אמר להו ומי חשידנא בעינייכו אמרו ליה מי חשיד קב"ה דעביד דינא בלא דינא אמר להו אי איכא מאן דשמיע עלי מלתא לימא אמרו ליה הכי שמיע לן דלא יהיב מר שבישא לאריסיה אמר להו מי קא שביק לי מידי מיניה הא קא גניב ליה כוליה אמרו ליה היינו דאמרי אינשי בתר גנבא גנוב וטעמא טעים אמר להו קבילנא עלי דיהיבנא ליה איכא דאמרי הדר חלא והוה חמרא ואיכא דאמרי אייקר חלא ואיזדבן בדמי דחמרא: תניא אבא בנימין אומר על שני דברים הייתי מצטער כל ימי על תפלתי שתהא לפני מטתי ועל מטתי שתהא נתונה בין צפון לדרום על תפלתי שתהא לפני מטתי מאי לפני מטתי אילימא לפני מטתי ממש והאמר רב יהודה אמר רב ואיתימא ריב"ל מנין למתפלל שלא יהא
ישעיה לח דבר חוצץ בינו לבין הקיר שנאמר °ויסב חזקיהו פניו אל הקיר ויתפלל לא תימא לפני מטתי אלא אימא סמוך למטתי ועל מטתי שתהא נתונה בין צפון לדרום דא"ר חמא ברבי חנינא אמר רבי יצחק כל הנותן מטתו בין
תהלים יז צפון לדרום הויין ליה בנים זכרים שנאמר °וצפונך תמלא בטנם ישבעו בנים רב נחמן בר יצחק אמר אף אין
בראשית כה אשתו מפלת נפלים כתיב הכא וצפונך תמלא בטנם וכתיב התם °וימלאו ימיה ללדת והנה תומים בבטנה: תניא אבא בנימין אומר שנים שנכנסו להתפלל וקדם אחד מהם להתפלל ולא המתין את חברו ויצא טורפין
איוב יח לו תפלתו בפניו שנאמר °טורף נפשו באפו הלמענך תעזב ארץ ולא עוד אלא שגורם לשכינה שתסתלק
שם / דברים לב מישראל שנאמר °ויעתק צור ממקומו ואין צור אלא הקב"ה שנאמר °צור ילדך תשי ואם המתין לו מה שכרו
אמר

משלי טז · שם כא · שם כג · ירמיה לב

וכניס. קא סלקא דעתיה הקובר את בניו: **ארבע מראות.** שאת ותולדתה בהרת ותולדתה. בהרת עזה כשלג שניה לה כסיד ההיכל. שאת כצמר לבן שניה לה כקרום ביצה: **הא לן והא להו.** בא"י שערי חומה מקודשות בה ומצורע טעון שילוח חוצה להן אינן יסורין של אהבה(ג). בבל שאין טעונין שילוח והן מזבח כפרה הוו יסורין של אהבה: **בצנעא.** תחת בגדיו: **דין גרמא דעשיראה ביר.** זה עלם של בן עשירי שמת לו: **ביר.** כמו בר וגר עלם פחות מכשעורה ממנו (ג) בסודרו לעגמת נפש. וגברא רבא כר"י לא באו לו יסורין שאינן של אהבה: **דהוו להו בנים ומתו.** הוו להו יסורין של אהבה שהאבלות מכפרת על עונותיו: **גלייה.** ר' יוחנן לדרעיה: **ונפל נהורא.** שהיה בשרו מבהיק שיפה היה מאד כדאמרינן בב"מ בהשוכר את הפועלים (דף פד.): **אי משום תורה.** שלא למדת הרבה כרצונך: **אחד המרבה ואחד הממעיט.** לענין קרבנות שנויה בשלהי מנחות (דף קי.) נאמר בעולת בהמה ריח ניחוח ובמנחה ריח ניחוח ללמדך שאחד המרבה וכו': **אי משום מזוני.** שאינך עשיר: **על דא ודאי קא בכית.** על זה ודאי יש לך לבכות: **דני.** חביות: **תקיפו.** החמילו: **ליעיין מר במיליה.** יפשפש במעשיו: **אי איכא דשמיע עלי מילתא לימא.** אם יש בכם ששמע עלי דבר שאני צריך לחזור בי יודיעני: **שבישא.** חלקו בזמורות הגפן שחותכין מהן בשעת הזמיר ותנן (ב"מ דף קג.) כשם שחולקין ביין כך חולקין בזמורות ובקנים. שריגים מתרגמינן שבשין (בראשית מ): **מי שביק לי מידי מיניה.** וכי אינו חשוד בעיניכם שהוא גונב לי הרבה יותר מחלקו: **בתר גנבא גנוב כו'.** הגונב מן הגנב אף הוא טועם טעם גנבה: **סמוך למטתי.** כל ימי נזהרתי שלא לעשות מלאכה ושלא לעסוק בתורה כשעמדתי ממטתי עד שאקרא ק"ש ואתפלל: **צפון לדרום.** ראשה ומרגלותיה זה לצפון וזה לדרום. ונראה בעיני שהשכינה במזרח או במערב לפיכך נכון להסב דרך תשמיש לרוחות אחרות: **וצפונך.** לשון צפון וסיפיה דקרא ישבעו בנים: **תמלא בטנם.** תמלא ימי הריונם: **טורף נפשו באפו.** לך אומר אשר גרמת לך לטרוף את נפשך בפניך ומה היא הנפש זו תפלה כמו שנאמר ואשפוך את נפשי לפני ה' (ש"א א): **הלמענך תעזב ארץ.** וכי סבור היית שבשבילך שיצאת (ד) תסתלק השכינה ויעזוב את חבירך המתפלל לפניו: נוא

הא לן והא להו. פי' רש"י לבני ארץ ישראל שצריכין שילוח חוץ לשלשה מחנות לא הוו יסורין של אהבה. ותימא דשילוח מחנות לא היה נוהג אלא בזמן שהיובל נוהג ובתי ערי חומה. ובימי האמוראין לא היה היובל נוהג כדאמרינן במסכת גיטין (פ"ד דף לו.) והיאך היה מדבר ר' יוחנן מדבר שלא היה נוהג בימיו. וי"מ הא לן והא להו לענין טומאה שנזהרין בא"י ולא בבבל: **והאמר** רבי יוחנן דין גרמא דעשיראה ביר. פי' רש"י דלאדם חשוב כר' יוחנן מסתמא לא היו אלא יסורין של אהבה. ותימא דהא מסיק דהיכא דלא הוו ליה בנים כלל לא הוו יסורין של אהבה והרי כמה צדיקים שלא היו להם בנים (ה). ואי משום בנות ר' יוחנן כמי הוו ליה בנות בפ' בתרא דקדושין (דף עא:) ונראה לפרש דהכי פריך והאמר ר' יוחנן דין גרמא וכו' אלמא מדהוה רגיל לנחם אחרים בכך ש"מ דהוו יסורין של אהבה. אבל אינו תלוי בכך שהצדיקים עצמם פעמים מעונים ביסורין: *ה"ג **לא** כל אדם זוכה לשתי שלחנות. אבל אין לגרוס °אין אדם זוכה דהא כמה צדיקים זוכין לשתי שלחנות כגון *רבי וכדאמרינן בפרק בתרא דהוריות (דף י:): **דינא** בלא דינא. הרבה צדיקים יש שלוקין בגופם ובממונם אלא הם היו יודעים שלא היה נותן שבישא לאריסיה והיו רוצים לרמוז לו שלא יעשה עוד: **שלא** יהא דבר חוצץ בינו לבין הקיר. אבל מלתא דקביעא כגון ארון ותיבה אין זה הפסק. אבל מטה נראה שאין זה קבוע: **אלא** אימא סמוך למטתי. שלא היה עושה מלאכה עד שיתפלל. ורש"י פירש אפילו ללמוד שאסור ללמוד קודם תפלה. ולא ידעתי מנא ליה. אבל ראיה דשרי ללמוד קודם דלקמן בפרק שני (דף יד ב) אמרינן דרב מקדים ומשי ידיה ומברך ומתני פרקיה וקרי ק"ש כי מטא זמן ק"ש וכו': **כל** הנותן מטתו בין צפון לדרום וכו'. ולא בין מזרח למערב ודוקא כשישן עם אשתו מפני שהשכינה מלויה בין מזרח למערב והיה הדבר גנאי לשכב אלל אשתו מפני התשמיש וכן משמע ומוכחי קראי: המהפלל

עין משפט נר מצוה

יז א מיי' פ"ז מהל' בית הבחירה הל' ט טוש"ע או"ח סי' ג' סעיף ו ובסימן ר"מ סעיף יז:
יח ב מיי' פ"ה מהלכות תפלה הלכה ו סמג עשין יט טוש"ע או"ח סימן צ סעיף כא:
יט ג מיימוני פ"ו שם הלכה ד טוש"ע או"ח סימן פ"ט סעיף ו:
[ע"ג ד ב תורה דכתיב כו']
כ ד מיי' פ"ה שם הלכה יא סמג עשין יט טוש"ע או"ח סימן צ סעיף טו:
[וכ"ה במס' דרך ארץ זוטא פ"ד]
[בבא מליעא פה א]

רב נסים גאון

דין גרמא דעשיראה ביר. פרשו רבי' שרירא ורבי' האיי חמודו ז"ל ר' יוחנן קבר י' בנים זכרים וכי העשירי שבהן נפל לתוך יורה גדולה שהיתה רותחת ריתות קשה וחזק תמם בשרו ונמק נטל ר' יוחנן עצם של אצבע קטנה שלו וצררה בסדינו והי' מנחם בה אחרים ואית דאמרי כי נשאר לו בן אחד ושמו ר' מתנה ושיגרו מארץ ישראל לבבל ללמוד תורה לפני שמואל:

גליון הש"ס

תוס' ד"ה לא כו'. אין אדם זוכה כו'. עי' שבת דף נה ע"ב תוס' ד"ה ארבעה:

מסורת הש"ס

בערוך ערך גרם פי' אותו עלם שן הוה דאיתו ממאה וכ"כ הרשב"ם בב"ב קטז. וי"מ ביר סעודת הבראה לאבל
[לקמן מד וש"נ]
ב"ב דף קטז.
[נדרים ז: סנהדרין לט.]
[אלעזר]
[אלעזר]
לקמן יז. מנחות קי. [שבת ט. יומא מב. שבועות טו.]
[ועיין תוס' נדה ח. ד"ה ואמר]

הגהות הב"ח

(א) גמ' ואוקמיה ואמאי לא נוקים ר"י לנפשיה:
(ב) רש"י ד"ה הא לן וכו' אהבה בבבל שאינן טעונין שילוח הוו מזבח כפרה ויסורין של אהבה:
(ג) ד"ה דין גרמא וכו' מכשעורה ממש שאינו מטמא במגע והיה נושאו קשור בסודרו לעגמת:
(ד) ד"ה דלמענך וכו' שיצאת מבה"כ והנחת חבירך תסתלק השכינה:
(ה) תוס' ד"ה והאמר וכו' שלא היו להם בנים וכן יהושע לא מצינו שהיה לו בנים ולא משום בנות:

§ מסכת ברכות דף ה: §

אות א'

ועל מטתי שתהא נתונה בין צפון לדרום

סימן ג ס"ו - [א]וכן אסור לישן בין מזרח למערב, אם אשתו עמו - רק יכוין שיהא ראשה של המטה לצפון ומרגלותיה לדרום.

ובתשו' מנחם עזריה פסק כמו שכתב הזוהר, שיהא ראשה ומרגלותיה של המטה זה למזרח וזה למערב, ושיהא הראש למערב, **ומ"מ** טוב יותר לכתחילה לנהוג כהשו"ע, כי י"א שגם כוונת הזוהר הוא כהגמ'.

[ב]ונכון להזהר אפילו כשאין אשתו עמו - בזה אין להחמיר רק בשוכב ערום, ובאין קלעים סביב המטה.

סימן רמ סי"ז - [ג]מטה שישן בה [ד]עם אשתו, צריך שתהא ראשה ומרגלותיה זה לצפון וזה לדרום - עיין לעיל בסימן ג' ס"ו ובמ"ב שם.

[ה]סימן רמ סט"ו - [ו]לא יבעול והוא שבע או רעב, אלא כשיתעכל המזון שבמעיו; ולא יבעול מעומד, ולא מיושב, ולא בבית המרחץ.

אות ב'

מנין למתפלל שלא יהא דבר חוצץ בינו לבין הקיר וכו'

סימן צ סכ"א - [ז]צריך שלא יהא דבר חוצץ בינו ובין הקיר - שנאמר: ויסב חזקיהו פניו אל הקיר ויתפלל, **ואפילו** אם הוא רחוק מן הקיר, שעומד באמצע בהכ"נ, ג"כ יש ליזהר שלא יחוץ בינו לקיר, **והפמ"ג** מצדד לומר, דאם החציצה הוא חוץ לד"א ממנו, רשות אחרת היא ושרי, וכן פסק המגן גבורים.

ומ"מ אין זה אלא למצוה מן המובחר, ולית ביה איסורא כשצריך לכך מצד דוחק המקום, **ע"כ** אם א"א בקלות להתפלל בענין אחר, כגון לפעמים שמתפללין בעשרה באיזה חדר, וא"א לכל אדם לעמוד בלי חציצה לכותל, אל יעכב התפילה בשביל זה לילך לחדר אחר להתפלל, **ומ"מ** יעצים עיניו או יתפלל מתוך הסידור, ולא יביט לחוץ, כדי שלא יבוא לידי ביטול כונה ע"י דבר החוצץ שלפניו.

ודבר קבוע כגון ארון ותיבה אינם חוצצים - ומטות שלנו העשויות לשכיבה, ואין דרך לטלטלן ממקום למקום, נקראות דבר קבוע ואינם חוצצות, **ויש** חולקין, וטוב להחמיר בדאפשר.

(ולא חשיב מחיצה רק בדבר גדול שגבהו י' ורחבו ד') - אפי' אם אינו רחב ד' רק למעלה ולא למטה, **(אבל דבר קטן לא חשיב הפסק) (אבודרהם ואורחות חיים בשם הרמב"ד)** - והפר"ח חולק, וכן בספר מאמ"ר כתב, דמדברי תשובת הרמב"ם שהובא בב"י לא משמע הכי, **ומ"מ** ספסלים שבבה"כ לכו"ע לא חשיב הפסק, דקבועים הם.

עיין בט"ז, דכל דבר שהוא צורך תפלה, אפילו הוא גדול הרבה אינו חשוב הפסק, כגון השולחן שבבית שמניחין עליו הסידור, **ולכן** נהגו בבה"כ שיש לפני כל אחד שולחן קטן, שקורין שטענדער, שמניחין עליו הסידורים, אע"פ שגבוה י' ורוחב ד', וכ"כ שארי אחרונים.

וכן בעלי חיים אינם חוצצים, אפילו [ח]אדם אינו חוצץ. הגה: ול"נ דבעלי חיים חוצצים, ואדם אינו חוצץ, וכן נראה סברת הפוסקים, ואפשר דנפל טעות בספרים.

[ט]סימן צ סכ"ב - [י]ויש מי שאומר שיש ליזהר מלהתפלל אחורי שום אדם, וטוב לחוש לדבריו - כתב בספר מאמר מרדכי, לכאורה יש לדקדק בזה, דא"א ליזהר בזה, דאיך אפשר שיהיו כל העם העומדים בבהכ"נ נגד הכותל בלא הפסקת אדם, **לכן** נראה דאף להי"א לא הוי הפסק גמור שיהא אסור לכל אדם, אלא זהירות בעלמא שיש ליזהר בדאפשר, ובבה"כ וכיוצא בו דא"א בענין אחר, פשיטא דמותר לכתחלה להתפלל אחורי אדם, **אלא** שהמדקדק במעשיו יראה שיהיה לו מקום קבוע נגד הכותל, עכ"ל.

[יא]סימן צ סכ"ג - [יב]הבגדים המצויירים, אע"פ שאינם בולטות, אין נכון להתפלל כנגדם - שלא יהא מביט בציורים ולא יכוין בתפילתו, **אבל** משום חציצה לית בבגדים, ולכן אם אין מצוירים ותלוים על הכותל, שרי להתפלל נגדם. **ואם יקרה לו להתפלל כנגד בגד או כותל מצויר, יעלים עיניו.**

הגה: ולכן אסור ג"כ לצייר ציורים בספרים שמתפללין בהם, שלא תתבטל הכוונה (מרדכי ריש פרק כל הצלמים) - וכן יש ליזהר מטעם זה, שלא לצייר בכותל בהכ"נ ציורים נגד פניו של אדם, אלא למעלה מקומת איש.

אסור להתפלל כנגד המראה, דמיחזי כמשתחוה לבבואה שלו, **והיינו** אף בעינים סתומות, דבפתוחות בלא"ה אסור משום ביטול כונה.

באר הגולה

[א] **ברכות ה' לפי פי' התוספות** ‹"ודוקא כשישן עם אשתו", וכן נראה מדברי רש"י› [ב] **ב"י לדעת הרמב"ם** [ג] **ברכות ה' ע"ב** [ד] **שם בתוס'** [ה] ‹ע"פ הגר"א וז"ל: כן פי' המפרשים מש"כ כל הנותן מטתו בין צפון לדרום. **וכתב** הדמשק אליעזר, עיין בספר שבילי אמונה, שמפרש כן הא דכל הנותן מטתו כו', היינו כשאינו רעב ולא שבע, דאז מזגו לא קר ולא חם, והיינו בין צפון, שמצפון בא הקור, ובין דרום, היינו חום, ע"ש, **ובשל"ה** מפרש כל הנותן כו', היינו שמשמש חצות לילה, {דבחצות הלילה מנשבת רוח צפונית, ושש שעות ראשונות של יום מנשבת רוח מזרחית, ושש אחרונות של יום רוח דרומית, ובתחלת הלילה רוח מערבית, עיין רש"י לעיל ג:, ולכאורה לפי"ז היה צ"ל בין מערב לצפון} ע"ש, והיינו שאז הוא זמן העכול, שהוא אוכל בהתחלת הלילה, ובשש שעות שהוא חצי לילה הוא זמן עכול, ואז אינו שבע ואינו רעב כנ"ל› [ו] **שם** ‹לשון הרמב"ם› [ז] **ברכות ה'** [ח] **מרדכי ומהרי"א** [ט] ‹מילואים› [י] **ספר הפליאה** [יא] ‹מילואים› [יב] **אבודרהם בשם תשו' רמב"ם**

אבל בגדים שמצוייר עליהם דברי תפלות, אפי' ליכנס עליהם בבהכ"נ אסור (תשובת הרא"ש) - שנאמר: ולא תביא תועבה אל ביתך, ואפילו בביתו אסור.

אות ג'

<u>סמוך למטתי</u>

סימן פט ס"ו - [יג]אפילו ללמוד, אסור משיגיע זמן תפלה - היינו משעלה עמוד השחר, **אבל** קודם לזה מותר אפילו להתחיל, וכשהתחיל ממילא שוב אינו פוסק, אם לא שירא שיעבור הזמן, **ויש** מקילין לכתחילה אפילו אחר שעלה עה"ש, כל זמן שלא הגיע זמן סמוך להנץ, שראוי להתפלל בו לכתחילה.

ואסור רק להתחיל ללמוד, אבל אם כבר התחיל, אפילו אחר שהגיע הזמן, שוב אינו פוסק, אם ישאר לו שהות אח"כ להתפלל בזמן תפלה, **אך** ק"ש י"א דצריך להפסיק ולקרותה, כיון שהתחיל אחר שכבר הגיע זמנה, **ויש** מקילין גם בזה, אם לא שירא שיעבור הזמן.

והיינו מי שרגיל להתפלל בבית מדרשו - ר"ל שרגיל להתפלל שם ביחידות, **ואינו רגיל לילך לבהכ"נ, דאיכא למיחש דלמא מטריד בגירסיה ויעבור זמן ק"ש ותפלה** - ואם רגילין צבור להתאסף אליו שם, גם בזה מותר, דוודאי יזכרוהו כשיבואו.

עיין בח"א שכתב, דאפילו יש לו שיעור קבוע מה שלומד, דליכא למיחש כ"כ שמא ימשך בלימוד, אפ"ה אסור, **ולכן** מי שהוא בדרך או דר בישוב, אפילו בקיץ, אע"ג שמצוה להתפלל בשעה שהצבור מתפללין, מ"מ כיון שאסור ללמוד קודם שמתפלל, מוטב שיתפלל תיכף, כדי שלא יתבטל מלימודו, **ובזה"ז** דעוברי דרכים ע"פ רוב אינם לומדים תורה בדרך, והיה מהראוי שימתינו על זמן שהצבור מתפללין, **מ"מ** כיון שנמשך מזה שעוברים זמן ק"ש, ולפעמים גם זמן תפלה, לכן יזהרו שתיכף בקומם, קודם שיעסקו בשום דבר, יתפללו, **ומכ"ש** דבקהלות גדולות מתפללין תיכף כשהאיר היום, ואח"כ לעולם הוא בשעה שהצבור מתפללין, עכ"ל, **ויראה** לצמצם בעת שמברך על התפילין, שיהיה יכול להכיר את חבירו ברחוק ד"א.

ואם אמר לחבירו שאינו לומד, שאם יטרד בגירסא יזכרנו שלא יעביר הזמן, מותר ללמוד.

אבל מי שרגיל לילך לבהכ"נ, מותר. [יד]ואם הוא מלמד לאחרים, אפילו אם אינו רגיל לילך לבית הכנסת, מותר, כיון שהשעה עוברת, דזכות הרבים דבר גדול הוא, ואם לא ילמדו עכשיו יתבטלו ולא יוכלו ללמוד - ודוקא אם לא יעבור זמן ק"ש עי"ז, דאם ירא שיעבור הזמן, מחוייב לקרותה מקודם, כיון שכבר הגיע הזמן, **(ע"ל סי' ק"ו).**

אות ד'

<u>שנים שנכנסו להתפלל, וקדם אחד מהם להתפלל ולא המתין את חברו ויצא, טורפין לו תפלתו בפניו</u>

סימן צ סט"ו - [טו]אם נשאר אדם יחידי מתפלל [טז]בבהכ"נ שבשדות, [יז]או אפי' בבית הכנסת שבעיר אם היא [יח]תפלת ערבית (שמתפללים בלילה), חייב חבירו להמתין לו עד שיסיים תפלתו, כדי שלא יתבלבל בתפלתו - דוקא אם נכנסו בשוה, אבל אם נכנס יחידי בשעה שלא יוכל לסיים עמהם תפלתו, אין חייב להמתין לו, דכיון שרואה שלא יוכל לסיים עמהם, ונכנס, איגלאי מילתא שאינו מפחד אם נשאר יחידי, **מיהו** מדת חסידות הוא להמתין אף בכה"ג, (התוס' כתבו שהר"י היה ממתין, ומשמע שם שאף בכה"ג המתין, כי היה מחמיר על עצמו - לבושי שרד).

[יט](ויש מחמירין אפילו ביום ובבהכ"נ שלנו שהם בעיר) (הטור ומרדכי בשם ר"י והר"י פ' קמא דברכות). [כ]ואם מאריך בבקשות ותחנונים, אינו חייב להמתין לו.

---

§ מסכת ברכות דף ו. §

אות א'

<u>אין תפלה של אדם נשמעת אלא בבית הכנסת</u>

סימן צ ס"ט - [א]ישתדל אדם להתפלל בבהכ"נ - ואפילו אם יש לו עשרה בביתו, ישתדל בבהכ"נ, **עם הציבור** - מפני שאין הקב"ה מואס בתפלת הצבור, ואפילו היה בהם חוטאים, לא ימנע מלהתפלל עמהם.

אם יש לו שתי בתי כנסיות, ואחד יש בו ברוב עם, מצוה להתפלל בו יותר, **כתבו** האחרונים, דאם יש בבהכ"נ של רוב עם רוב בלבול, ואין אדם שומע לא תפלה ולא קה"ת, מוטב להתפלל בביתו בעשרה.

ובהכ"נ ביחיד ובביתו בעשרה, תפלת צבור עדיף, **ואפילו** יכול לשמוע קדיש וברכו, אפילו הכי תפלת צבור עדיף.

ועיקר תפלה בצבור הוא תפלת י"ח, דהיינו שיתפללו עשרה אנשים שהם גדולים ביחד, **ולא** כמו שחושבין ההמון, שעיקר להתפלל בעשרה הוא רק לשמוע קדיש וקדושה וברכו, ולכן אינם מקפידין רק שיהיו י' בבהכ"נ, וזהו טעות, **ולכן** חוב על האדם למהר לבוא לבהכ"נ, כדי שיגיע להתפלל י"ח בצבור.

‹המשך ההלכות מול עמוד ב'›

באר הגולה

[יג] **ברכות ה' לפירש"י והרא"ש** ‹והרא"ש כתב על דברי רש"י, ותימה הוא מנא ליה הא, (וכמו שהקשה התוס'), ואפשר דמיירי באדם שמתפלל בבית מדרשו ואינו רגיל לילך לבית הכנסת, דאיכא למיחש דילמא מיטריד בגירסיה ויעבור זמן תפילה וק"ש, ע"כ - ב"י› [יד] **רבינו יונה שם** [טו] **שם ה'** [טז] ‹תוס' שם בשם ר"ח - גר"א› [יז] ‹כן פי' הרי"ף וכ"כ תוס' שם - גר"א› [יח] **רי"ף ור"ת** [יט] ‹שם בתוס' בשם ר"י - גר"א› [כ] **ר' יונה** [א] **שם ו'**

אמר ר' יוסי ברבי חנינא זוכה לברכות הללו
(ישעיה מח) שנאמר °לוא הקשבת למצותי ויהי כנהר
שלומך וצדקתך כגלי הים ויהי כחול זרעך
וצאצאי מעיך וגו': תניא אבא בנימין אומר
אלמלי נתנה רשות לעין לראות אין כל בריה
יכולה לעמוד מפני המזיקין אמר אביי אינהו
נפישי מינן וקיימי עלן כי כסלא לאוגיא אמר
רב הונא כל חד וחד מינן אלפא משמאליה
ורבבתא מימיניה* אמר רבא האי דוחקא דהוי
בכלה מינייהו הוי הני ברכי דשלהי מינייהו (א)
הני מאני דרבנן דבלו מחופיא דידהו הני
כרעי דמנקפן מינייהו האי מאן דבעי למידע
להו לייתי קיטמא נהילא ונהדר אפורייה
ובצפרא חזי כי כרעי דתרנגולא האי מאן דבעי
למחזינהו ליתי שלייתא דשונרתא אוכמתא
בת אוכמתא בוכרתא בת בוכרתא ולקליה
בנורא ולשחקיה ולימלי עיניה מניה וחזי להו
ולשדייה בגובתא דפרזלא ולחתמי' בגושפנקא
דפרזלא דילמא גנבי מניה ולחתום פומיה כי
היכי דלא ליתזק רב ביבי בר אביי עבד הכי
חזא ואתזק בעו רבנן רחמי עליה ואתסי:
תניא אבא בנימין אומר° *אין תפלה של אדם
(מלכים א ח) נשמעת אלא בבית הכנסת שנאמר °לשמוע
אל הרנה ואל התפלה במקום רנה שם תהא
תפלה אמר רבין בר רב אדא א"ר יצחק מנין
(תהלים פב) שהקב"ה מצוי בבית הכנסת שנאמר °אלהים
נצב בעדת אל ומנין לעשרה שמתפללין
ששכינה עמהם שנאמר אלהים נצב בעדת
אל *ומנין לשלשה שיושבין בדין ששכינה
(שם) עמהם שנאמר °בקרב אלהים ישפוט ומנין
לשנים שיושבים ועוסקין בתורה ששכינה
(מלאכי ג) עמהם שנאמר °אז נדברו יראי ה' איש אל
(שם) רעהו ויקשב ה' וגו' *מאי °ולחושבי שמו אמר
רב אשי (ב) חשב אדם לעשות מצוה ונאנס ולא
עשאה מעלה עליו הכתוב כאילו עשאה
ומנין שאפילו אחד שיושב ועוסק בתורה
(שמות כ) ששכינה עמו שנאמר °בכל המקום אשר אזכיר את שמי אבוא אליך וברכתיך
וכי מאחר דאפילו חד תרי מבעיא תרי מכתבן מלייהו בספר הזכרונות חד לא
מכתבן מליה בספר הזכרונות וכי מאחר דאפי' תרי תלתא מבעיא מהו דתימא
דינא שלמא בעלמא הוא ולא אתיא שכינה קמ"ל דדינא נמי היינו תורה וכי
מאחר דאפי' תלתא עשרה מבעיא עשרה קדמה שכינה ואתיא תלתא עד
דיתבי: א"ר אבין בר רב אדא א"ר יצחק מנין שהקב"ה מניח תפילין שנאמר
(ישעיה סב) °נשבע ה' בימינו ובזרוע עוזו בימינו זו תורה שנאמר °מימינו אש דת למו (דברים לג)
(תהלים כט) ובזרוע עוזו אלו תפילין שנאמר °ה' עוז לעמו יתן ומנין שהתפילין עוז הם
(דברים כח) לישראל דכתי' °וראו כל עמי הארץ כי שם ה' נקרא עליך ויראו ממך *ותניא
ר' אליעזר הגדול אומר אלו תפילין שבראש א"ל רב נחמן בר יצחק לרב חייא
בר אבין הני תפילין דמרי עלמא מה כתיב בהו א"ל °ומי כעמך ישראל גוי אחד (דה"א יז)
בארץ ומי משתבח קוב"ה בשבחייהו דישראל אין דכתיב °את ה' האמרת היום (דברים כו)
(וכתיב) וה' האמירך היום *אמר להם הקב"ה לישראל אתם עשיתוני *חטיבה אחת בעולם ואני אעשה אתכם (חגיגה ס"ק דף ג.)
חטיבה אחת בעולם אתם עשיתוני חטיבה אחת בעולם שנאמר °שמע ישראל ה' אלהינו ה' אחד ואני (שם ו)
אעשה אתכם חטיבה אחת בעולם שנאמר ומי כעמך ישראל גוי אחד בארץ אמר ליה רב אחא בריה דרבא
לרב אשי תינח בחד ביתא בשאר בתי מאי א"ל °כי מי גוי גדול ומי גוי גדול °אשריך ישראל °או הנסה אלהים (שם ד שם לג)
(שם) °ולהתך עליון אי הכי נפישי להו טובי בתי אלא כי מי גוי גדול ומי גוי גדול דדמיין להדדי בחד ביתא (שם ד)
אשריך ישראל ומי כעמך ישראל בחד ביתא או הנסה אלהים בחד ביתא ולתתך עליון בחד ביתא
וכולהו

רש"י

לוא הקשבת. לשון המתנה היא: **למצותי.** בשביל מצותי אשר צויתי לגמול חסד: **לראות.** כל השדים העומדים לפניו: **כי כסלא לאוגיא.** כשורת חפירה המקפת האוגיא שעושין תחת הגפנים כמו שנינו (מ"ק דף ב) אין עושין אוגיות לגפנים לאסוף שם מים להשקות הגפן. כסלא הוא תלם של מענה המקפת סביב סביב את אל האוגיא והגפן נטוע באל וברים נדרים (דף ו ב) הדין אוגיא להוי פאה: **האי דוחקא דהוי בכלה.** פעמים שבני אדם יושבים רווחים ביום השבת (ג) שבאין לשמוע דרשה ודומה להם כיושבים דחוקים: **הני ברכי דשלהי.** ברכים עייפים: **מאני דרבנן דבלו.** בגדי התלמידים שבלים מהר והם אינם בני מלאכה שיבלו בגדיהם: **מחופיא דידהו.** באין המזיקים ויושבין אצלם ומתחככים בהם. חופיא לשון חופף ומפספס (שבת דף נ) פריי"ר בלע"ז: **שלייתא דשונרתא.** שליית הולד של חתול נקבה: **בוכרתא.** הבכורה לאמה: **בת בוכרתא.** ואף אמה היתה בכורה: **ולימלי עיניה מניה.** ישים ממנה מעט בעיניו. כל לשון נתינה בעין קוריהו בלשון גמרא לשון מלוי לפי שדבר מועט הוא מלא: **גובתא דפרזלא.** קנה חלול של ברזל: **ולחתמיה.** לקנה: **בגושפנקא דפרזלא.** בחותם של ברזל דבמידי דצייר וחתים לית להו רשותא כדאמרינן בכל הבשר בשחיטת חולין (דף קה ב): **במקום רנה.** בבהכ"נ ששם אומרים הצבור שירות ותשבחות בנעימת קול ערב: **בעדת אל.** בבית מועד שלו: **ומנין לעשרה וכו'.** °עדה קרויה בעשרה שנא' עד מתי לעדה הרעה הזאת (במדבר יד) יצאו כלב ויהושע: **בקרב אלהים ישפוט.** ואין בית דין קרויים אלהים אלא בג' בפ"ק דסנהדרין (דף ג ב): **ויקשב ה'.** ממתין להם שם: **אשר אזכיר את שמי.** אשר יזכר שמי על (ד) מצותי ודברי: **אבא אליך.** לשון יחיד הוא: **מכתבן מלייהו.** כדכתיב ויכתב ספר זכרון לפניו (סיפא דקרא): **קדמה שכינה ואתיא.** קודם שיהיו כל העשרה: **נצב בעדת אל.** מעיקרא משמע: **עד דיתבי.** כדכתיב ישפוט בשעת המשפט: **עוז לעמו.** ומנין שהתפילין עוז הם לישראל דכתיב וראו וגו' ויראו ממך: **מה כתיב בהו.** בשלמא בתפילין דידן כתיב שמע (דברים ו) והיה אם שמוע (שם יא) קדש לי כל בכור (שמות יג) והיה כי יביאך (שם) פרשיות שנצטוו בהם לשום זכרון מצותיו של הקב"ה אות וזכרון להם לישראל אלא בדידיה מאי כתיב בהו: **האמרת.** לשון חשיבות ושבח כמו יתאמרו כל פועלי און (תהלים צד) ישתבחו: **בשאר בתי מאי** (ה). שהרי ארבעה בתים הם:

תוספות

המתפלל ולא המתין את חבירו טורפין לו וכו'. פירש רבינו תם דזה היה להם בבתי כנסיות שלהם שהיו בשדה ולכך בלילה יש להמתין. והר"י היה מאחר תפלתו ומאריך עד שיצאו כולם ואם בתוך כך היה שום אדם בא בבית הכנסת היה מעיין בספר עד שגמרו תפלתם. ונראה להחמיר אף לנו: **כי** כסלא לאוגיא. כעין תלמים המקיפין את הערוגה כדאמרינן בריש נדרים (דף ו:) הדין אוגיא להוי פאה: **חד** לא מכתבן מליה בספר הזכרונות. כלומר עם אחרים אבל בספר לבדו נכתבין כדאמרינן וכל מעשיך בספר נכתבין (אבות פרק ב) כ"ש מדה טובה: **אלו** תפילין שבראש.(ו) לפי שיש בהן רוב שם של שדי שהשי"ן כתובה בקמט שבבתים והדל"ת ברצועות. ותימא מסכת פרק במה מדליקין (דף כח ב) דקאמר מן המותר בפיך ולא מפיק רצועות מתורת ה' בפיך. ועוד דבפ' בתרא דמגילה (דף כו ב) קרי לרצועות תשמישי קדושה בעלמא. אלא י"ל אלו תפילין שבראש לפי שהן בגבהו של ראש ונראין דשייך בהו וראו אבל תפילין של יד מכוסין דכתיב (שמות יג) לך לאות על ידך ולא לאחרים לאות*: **מי** כעמך ישראל. זה שיסד הפייטן (ביום א' דפסח) טוטפת כלילו גדלי: ***אחורי** בית הכנסת. פי' רש"י כל פתחי בתי כנסיות היו למזרח ואחוריהם למערב וזה המתפלל אחורי בית הכנסת ואינו מחזיר פניו לבהכ"נ נראה ככופר במי שהצבור מתפללין לפניו. ולא נהירא דאדרבה במהדר אפיה לבית הכנסת מיחזי כשתי רשויות שהקהל מתפללין למערב והוא מתפלל כנגדם למזרח. ע"כ נראה אחורי בהכ"נ מי שהוא אחורי העם במזרח והעם משתחוים למערב והכי קאמר ולא מהדר אפיה כו'. ודוקא הם שהיה מנהגם להתפלל למערב. אבל אנו מתפללים למזרח שאנו במערבו של א"י וכתיב והתפללו אליך דרך ארצם (מ"א ח) ונראה כמו שפי' להם לצד מערב יתפרש לנו לצד מזרח:

עין משפט נר מצוה

כא א מיי' פ"ח מהלכות תפלה הלכה א (סמג עשין יט) טור וש"ע א"ח סימן צ סעיף ט:

[ועי' תוס' שבת סב. ד"ה שי"ן ותוס' עירובין צז. ד"ה קשר ומגילה כו: ד"ה תשמישי ותוספות מנחות לה: ד"ה אלו]

גליון הש"ס

גמ' אין תפלתו של אדם כו'. עי' ע"ז ד ע"ב תוס' ד"ה כיון. וגרסתם אלא עם הצבור: רש"י ד"ה ומנין לעשרה וכו' עדה כו'. לקמן כ"א ע"ב:

מסורת הש"ס

שנאמר יפול מצדך אלף ורבבה מימינך ס"א [וכ"ה הגי' בילקוט ובע"י]

[פי' תוספות סוכה יג. ד"ה בשלש]

שבת סג. ע"ש קדושין מ ע"ש

לקמן דף נז. מנחות לה: [מגילה טז: סוטה יז. חולין פט.]

[פי' ציור אחד בעולם כלומר דבר העיקר שאין כמותו. ערוך בערך אמר ג']

שם ס

הגהות הב"ח

(א) גמ' דשלהי מינייהו הוי הני: (ב) שם אמר רב אשי אפי' חישב אדם: (ג) רש"י ד"ה האי דוחקא וכו' כשבאין לשמוע: (ד) ד"ה אשר אזכיר וכו' שמי על פי מצותי: (ה) ד"ה בשאר בתי מאי כתיב בהו שהרי: (ו) תוס' ד"ה אלו תפילין שבראש פרש"י [במנחות ל"ה] לפי שיש:

וכולהו כתיבי באדרעיה: אמר רבין בר רב אדא אמר רבי יצחק כל הרגיל לבא לבית הכנסת ולא בא יום אחד הקב"ה משאיל בו שנאמר °מי בכם ירא ה' שומע בקול עבדו אשר הלך חשכים ואין נוגה לו (א) אם לדבר מצוה הלך נוגה לו ואם לדבר הרשות הלך אין נוגה לו יבטח בשם ה' מאי טעמא משום דהוה ליה לבטוח בשם ה' ולא בטח: אמר ר' יוחנן בשעה שהקב"ה בא בבית הכנסת ולא מצא בה עשרה °מיד הוא כועס שנא' °מדוע באתי ואין איש קראתי ואין עונה. א"ר חלבו אמר רב הונא א כל הקובע *מקום לתפלתו אלהי אברהם בעזרו וכשמת אומרים לו אי עניו אי חסיד מתלמידיו של אברהם אבינו ואברהם אבינו מנא לן דקבע מקום דכתיב °וישכם אברהם בבקר אל המקום אשר עמד שם *ואין עמידה אלא תפלה שנאמר °ויעמוד פינחס ויפלל: *אמר רבי חלבו אמר רב הונא ב היוצא מבית הכנסת אל יפסיע פסיעה גסה אמר אביי לא אמרן אלא למיפק אבל למיעל מצוה למרהט שנא' (ב) °נרדפה לדעת את ה' אמר רבי זירא מריש כי הוה חזינא להו לרבנן דקא רהטי לפרקא בשבתא אמינא קא מחליין (ג) רבנן שבתא כיון דשמענא להא דרבי תנחום א"ר יהושע בן לוי לעולם ג ירוץ אדם [א] לדבר הלכה ואפילו בשבת שנא' °אחרי ה' ילכו כאריה ישאג וגו' (ד) אנא נמי רהיטנא: אמר ר' זירא אגרא דפרקא רהטא אמר אביי אגרא דכלה דוחקא אמר רבא אגרא דשמעתא סברא אמר רב פפא אגרא דבי *טמיא שתיקותא אמר מר זוטרא אגרא דתעניתא צדקתא אמר רב ששת ד אגרא דהספדא דלויי אמר רב אשי אגרא דבי הלולי מילי: אמר רב הונא ה כל המתפלל אחורי בית הכנסת נקרא רשע שנאמר °סביב רשעים יתהלכון אמר אביי לא אמרן אלא דלא מהדר אפיה לבי כנישתא אבל מהדר אפיה לבי כנישתא לית לן בה ההוא גברא דקא *מצלי אחורי בי כנישתא ולא מהדר אפיה לבי כנישתא חלף *אליהו חזייה אידמי ליה כטייעא א"ל כדו בר קיימת קמי מרך שלף ספסרא וקטליה א"ל ההוא מרבנן לרב ביבי בר אביי ואמרי לה רב ביבי לרב נחמן בר יצחק מאי °כרום זלות לבני אדם אמר ליה אלו דברים שעומדים ברומו של עולם ובני אדם מזלזלין בהן ר' יוחנן ור' אלעזר דאמרי תרווייהו כיון שנצטרך אדם לבריות פניו משתנות ככרום שנאמר כרום זלות לבני אדם מאי כרום כי אתא רב דימי אמר עוף אחד יש בכרכי הים וכרום שמו וכיון שחמה זורחת *מתהפך לכמה גוונין ר' אמי ור' אסי דאמרי תרווייהו כאילו נדון בשני דינים אש ומים שנאמר °הרכבת אנוש לראשנו באנו באש ובמים: ואמר רבי חלבו אמר רב הונא ו לעולם יהא אדם זהיר בתפלת המנחה שהרי אליהו לא נענה אלא בתפלת המנחה שנאמר °ויהי בעלות המנחה ויגש אליהו הנביא ויאמר וגו' *ענני ה' ענני שתרד אש מן השמים ועניני שלא יאמרו מעשה כשפים הם ר' יוחנן אמר אף בתפלת ערבית שנאמר °תכון תפלתי קטרת לפניך משאת כפי מנחת ערב רב נחמן בר יצחק אמר אף תפלת שחרית שנאמר °ה' בקר תשמע קולי בקר אערך לך ואצפה: וא"ר חלבו אמר רב הונא °כל הנהנה מסעודת חתן ואינו משמחו עובר בחמשה קולות שנאמר °קול ששון וקול שמחה קול חתן וקול כלה קול אומרים הודו את ה' צבאות ואם משמחו מה שכרו אמר רבי יהושע בן לוי זוכה לתורה שנתנה בחמשה קולות שנאמר °ויהי ביום השלישי בהיות הבקר ויהי קולות וברקים וענן כבד על ההר וקול שופר וגו' ויהי קול השופר וגו' והאלהים יעננו בקול. איני והא כתיב °וכל העם רואים את הקולת אותן קולות דקודם מתן תורה הוו רבי אבהו אמר כאילו הקריב תודה שנאמר °מביאים תודה בית ה' רב נחמן בר יצחק אמר כאילו בנה אחת מחורבות ירושלים שנאמר °כי אשיב את שבות הארץ כבראשונה אמר ה': וא"ר חלבו אמר רב הונא כל אדם שיש בו יראת שמים דבריו נשמעין שנאמר °סוף דבר הכל נשמע את האלהים ירא וגו' מאי °כי זה כל האדם *א"ר אלעזר אמר הקב"ה כל העולם כלו לא נברא אלא בשביל זה רבי אבא בר כהנא אמר שקול זה כנגד כל העולם כולו *ר' שמעון בן עזאי אומר ואמרי לה ר' שמעון בן זומא אומר כל העולם כולו לא נברא אלא לצוות לזה: וא"ר חלבו אמר רב הונא כל שיודע בחברו שהוא רגיל ליתן לו שלום יקדים לו שלום שנאמר °בקש שלום ורדפהו ואם נתן לו ולא החזיר נקרא גזלן שנאמר °ואתם בערתם הכרם גזלת העני בבתיכם:

אמר

רש"י

וכולהו כתיבי באדרעיה. כל הכתובים הללו כתובים בזרוע בבית אחד שאותן של יד אינן אלא בית אחד כדאמרינן במנחות (דף לד:) וכל הפרשיות כתובות בו: **משאיל בו**. מה טיבו של פלוני למה לא בא: **ירא את ה'** (ה). שהיה רגיל לבא אליו: **אשר הלך חשכים ואין נוגה לו**. אשר עתה הלך למקום חשך (ו) אשר ימנע עצמו מלהשכים לפתחי: **ואין עונה**. שיעור שיוכלו לענות דבר קדושה: **אלהי אברהם**. שקבע מקום לתפלתו: **בעזרו**. כדרך שהיה עוזר לאברהם: **אל יפסיע פסיעה גסה**. לפי שמראה בעצמו שעכוב בית הכנסת דומה עליו כמשוי: **נרדפה**. לשון מרוצה משמע שהרודף רץ: **לפרקא**. לשמוע הדרשה: **מחליין רבנן שבתא**. דאמר מר (שבת ד' קיג:) אסור לפסוע פסיעה גסה בשבת שנאמר אם תשיב משבת רגלך: **אגרא דפרקא**. עיקר קבול שכר הבריות הרצים לשמוע דרשה מפי חכם היא שכר המרוצה שהרי רובם אינם מבינים להעמיד גרסא ולומר שמועה מפי רבן לאחר זמן שיקבלו שכר למוד: **אגרא דכלה**. שבת שלפני הרגל שהכל נאספין לשמוע הלכות הרגל: **אגרא דשמעתא סברא**. שהוא יגע וטורח ומחשב להבין טעמו של דבר: **אגרא דתעניתא לדקה**. שנותנין לדקה לערב לפרנסת העניים *שהתענו היום: **דלויי**. להרים קול בלשון נהי ועגמת נפש שיבכו השומעים:

תורה אור

תוספות

מילי. לשמח החתן בדברים: **אחורי בית הכנסת**. כל פתחי בית הכנסת היו במזרח והכי תניא בתוספתא דמגילה (פרק ג) מעין מקדש ומשכן פניהם למערב ואחוריהם למזרח והמתפלל אחורי בית הכנסת ואינו מחזיר פניו לבית הכנסת נראה ככופר במי שהצבור מתפללין לפניו והא דרב הונא מוקי לה לאביי (ז) בדלא מהדר אפיה לבי כנישתא: **חלף ההוא טייעא**. סוחר ערבי: **כדו בר***. כלו שתי בר רשות כי הא דאמרינן בסוכה (ד' מה:) הא דעיילי בבר: **כרום זלות**. סיפיה דקרא דלעיל: **דברים שעומדים ברומו של עולם**. כגון תפלה שעולה למעלה: **כיון שנצטרך אדם לבריות**. הוא זל בעיניהם: **לראשנו**. להיות נושה בנו דמתרגמינן כנושה (שמות כב) כרשיא: **עובר בחמשה קולות**. מזלזל בחמשה קולות שבירך בהן הקב"ה את ישראל: **אותן קולות דקודם מתן תורה הוו**. הנך קולות בתראי היינו הנך דאיירי בהו לעיל וקאמר דנראין היו ואע"פ שהקול אינו נראה זה נראה: **מביאים תודה בית ה'**. כי אשיב את שבות וגו'. סיפיה דקרא דחמשה קולות דלעיל הוא: **בשביל זה**. שיברא זה: **לצוות**. שלוו"ן בלע"ז: **גזלת העני**. והלא אף גזלת העשיר גזלה היא אלא גזלת העני שאין לו כלום לגזול ממנו אלא שלא להשיב על שלומו:

וכעגע

עין משפט נר מצוה

כב א מיי' פ"ה מהלכות תפלה הלכה ו סמג עשין יט טוש"ע או"ח סי' צ סעיף יט:

כג ב ג מיי' פ"ח שם הלכה ב ופכ"ד מהל' שבת הלכה ה סמג עשין יב יט טוש"ע או"ח סי' צ סעיף יב ובסי' ש"א סעיף א [רב אלפס כאן ובשבת פרק טו]:

כד ד טור ושו"ע י"ד סי' שד"מ סעיף א [סמ"ג עשין י"ב]:

כה ה מיי' פ"ה מהלכות תפלה הלכה ז סמג עשין יט טוש"ע או"ח סימן צ סעיף ז:

כו ו טור או"ח סי' רלב:

הגהות הגר"א

גמ' [א] לדבר הלכה. נ"ב ג' הרי"ף והרא"ש מצוה:

גליון הש"ס

גמ' מיד הוא כועס כו'. עי' בזוה"ק פרשת תרומה [ד' קל"א ע"א] ועי' בתשובת רשב"א סי' כ': שם כל הנהנה מסעודת חתן כו'. מג"א סימן קנ"ו:

[עי' סנהדרין דף נה. וברש"י שם]:

תהלים יב

[ע' תוס' עירובין יח: ד"ה ולא אחורי]

שם

ס"א עליו

מלכים א יח

הגהות הב"ח

(א) גמ' ואם לדבר מצוה: (ב) שם שנאמר ונדעה נרדפה: (ג) שם אמינא קא מחללין רבנן: (ד) שם כאריה ישאג כי הוא ישאג ויחרדו בנים מים אנא נמי רהיטנא: (ה) רש"י ד"ה ירא ה' כצ"ל ותיבת את נמחק: (ו) ד"ה אשר הלך וכו' חשך ומנע עצמו מלהשכים לביהכ"נ הס"ד: (ז) ד"ה אחורי וכו' מוקים לה אביי כצ"ל ואות למ"ד נמחק:

[שבת ל:]

[בשבת שם איתא שמעון בן עזאי ועי' ברטנורה רפ"ד דאבות ורש"י קדושין מט: ד"ה בן עזאי]

תהלים לד

מסורת הש"ס

כשתי רשויות כ"כ ברש"י בעין יעקב

פ"ל ד"ז ע"ב

לקמן סו:

ג"א ואמר

ישעי' נ

שם

בראשית יט

תהלים קו

הושע ו

שם יא

בית אבל ר"א · בית עצמו' של מתים [ע"ל דף נט. רש"י ד"ה אוכא טמיא]

ס"א תתא טייעא חויית א"ל כדו [ג' הערוך כרובר]

שם סו

[לקמן ט:]

תהלים קמא

שם ה

ירמיה לג

שמות יט

שם כ

ירמיה לג

שם

קהלת יב שם

ישעיה ג

מי שהולך בשבת ויו"ט בהשכמה להתפלל במנין עשרה, כי רוב צבור מאחרים תפלתם, ובאותו מנין מתפללים גם תפלת מוסף תיכף אחר תפלת שחרית, ויש זמן אח"כ לילך לבהכ"נ, **יותר** טוב לילך להתפלל מוסף עם הצבור בבהכ"נ, דברוב עם הדרת מלך, כ"כ בתשובת יד אליהו, **ודוקא** אם מקום מיוחד לתפלתו הוא בבהכ"נ, אבל אם אין מקומו מיוחד להתפלל בבהכ"נ, טוב יותר שיתפלל כל התפלה במקום אחד.

כתב בתשובת רדב"ז: תפוס, שהשר נתן לו רשות יום אחד להתפלל עם הצבור במנין, איזה יום שירצה, **יתפלל** אותו יום תיכף, ולא יחמיץ המצוה להמתין על יום כיפור או פורים.

[ב]**ואם הוא אנוס שאינו יכול לבוא לבהכ"נ** - היינו שתש כחו אף שאינו חולה, **יכוין להתפלל בשעה שהציבור מתפללים** - ודוקא אם טריחא ליה מילתא לאסוף עשרה.

משמע בע"ז דף ד' ע"ב, דאם מתפלל מוסף בשעה שהצבור מתפללין שחרית, לא מיקרי בשעה שהצבור מתפללין, **ואם** מתפלל עמהם בבהכנ"ס, מיקרי תפלת הצבור.

ואם הוא אונס ממון, שמחמת השתדלותו להתפלל עם הצבור יבוא לידי הפסד, יכול להתפלל בביתו ביחיד, או בבהכ"נ בלא צבור, **אבל** משום מניעת ריוח לא ימנע מלהתפלל עם הצבור, דחילוק יש בין מניעת ריוח לבין הפסד מכיסו, וכ"כ בשב יעקב, **והעיד** על הגאון מו"ה זלמן מירל"ש, אב"ד דק"ק האמבורג, שפעם אחת הלך לבהכ"נ מעוטף בטלית ותפילין כדרכו, ופגע בו אדם אחד שהיה לו למכור אבנים טובות, ורצה שילך עמו לביתו, והגאון השיב לו שימתין עד שיבוא מבהכנ"ס, ובתוך כך מכרן לאחר, והאחר הרויח בהם כמה אלפים ר"ט, ושמח הגאון שמחה גדולה, שהשליך מנגד ממון רב עבור תפלת צבור.

וכ"כ בספר אליהו רבא בשם תשובת ב"י, דיש לקנוס האנשים שמונעים לילך לבהכ"נ משום שעוסקין בתורה, או משום שמשתכרין ממון, ולעשירים יש לקנוס יותר, **ובעל** תורה אף שעוסק בלימוד, מ"מ איכא חשדא וחילול השם.

(והוא הדין בני אדם הדרים בישובים ואין להם מנין, מ"מ יתפללו שחרית וערבית בזמן שהציבור מתפללים, סמ"ג) - פי' בשעת שקהלות ישראל מתפללים, **ובאשכנז** שנהגו להקדים ערבית, כמש"כ סימן רל"ה, יחיד הדר בכפר או בדרך, צריך להמתין עד צאת הכוכבים.

ובימות הקיץ שהצבור מאחרים תפלת שחרית, והדר בישוב אסור אפילו ללמוד, שמא ימשוך בלימודו ויעבור זמן תפלה, וא"כ יתבטלו זמן ארוך, לכן מוטב שיתפלל תיכף בהנץ החמה, **ומכ"ש** כהיום, דבקהלות גדולות מתפללין תיכף משהאיר הבוקר, וא"כ לעולם הוא בשעה שהצבור מתפללין.

[ג]**וכן אם נאנס ולא התפלל בשעה שהתפללו הציבור והוא מתפלל ביחיד, אעפ"כ יתפלל בבהכ"נ** - מפני שהוא מקום קבוע לקדושה, ותפלתו מתקבלת שם יותר, **ופשוט** דאם הוא ת"ח, ויש חשש חילול הד' כשיבוא אחר התפלה בבהכ"נ, דיתפלל בביתו.

---

§ מסכת ברכות דף ו: §

אות א'

כל הקובע מקום לתפלתו אלהי אברהם בעזרו

סימן צ סי"ט - [א]יקבע מקום לתפלתו, שלא ישנהו אם לא לצורך - שכן מצינו באברהם אבינו שקבע מקום לתפילתו, כדכתיב: וישכם אברהם בבוקר אל המקום אשר עמד שם את פני ד' וגו'.

ואין די [ב]במה שיקבע לו בהכ"נ להתפלל, אלא גם בבהכ"נ שקבוע בה צריך שיהיה לו מקום קבוע - ותוך ד"א חשוב מקום א', דא"א לצמצם.

וגם כשמתפלל בביתו יקבע מקום, שלא יבלבלוהו בני הבית.

אות ב' – ג'

היוצא מבית הכנסת אל יפסיע פסיעה גסה וכו'

לעולם ירוץ אדם לדבר הלכה ואפילו בשבת

סימן צ סי"ב - [ג]מצוה לרוץ כשהולך לבית הכנסת - עד פתח בהכ"נ, ובבהכ"נ עצמה אסור לרוץ, אלא ילך באימה.

וכן לכל דבר מצוה - שנאמר: ונדעה נרדפה לדעת את ה' וגו', **ומזה** נלמוד דכ"ש שיש ליזהר אז, שלא לעמוד באמצע הדרך להסיח עם חבירו באיזה חפצי עצמו, כי ע"ז מצוי שבא אחר ברכו וקדושה.

ועיין בפרישה שכתב, דעיקר הריצה יהיה כשבא סמוך לבהכ"נ, דשם מינכר הוא שעושה לשם מצות בהכ"נ, **וכתב** הפמ"ג, דבשחרית שהולך עם טלית ותפילין בידו, תמיד מינכר הוא, **ומ"מ** ברחוב עכו"ם לא ירוץ.

אפילו בשבת שאסור לפסוע פסיעה גסה - ואף בחול נוטל אחד מת"ק ממאור עיניו של אדם.

אבל כשיוצא מבית הכנסת אסור לרוץ - ולא לפסוע פסיעה גסה, לפי שמראה עצמו שעיכוב בהכ"נ דומה עליו כמשאוי, **בד"א** כשהולך לעסקיו, אבל אם יוצא ע"מ לחזור, מצוה לרוץ כדי לחזור מהר, **וכן** אם יוצא מבהכ"נ לבית המדרש כדי ללמוד תורה.

סימן שא ס"א - [ד]אין לרוץ בשבת [ה]אא"כ הוא לדבר מצוה, כגון לבהכ"נ או כיוצא בו - שנאמר: וכבדתו מעשות דרכיך, ודרשו: שלא יהא הילוכך בשבת כהילוכך בחול, שדרך האדם למהר

באר הגולה

ב שם ז: | ג ר"י בשם הגאונים | א ברכות ו' | ב הרא"ש בשם הירושלמי | ג ברכות ו' ע"ב | ד שבת קי"ג | ה ברכות ו'

ולרוץ אחר עסקו, **ואף** בחול אין לפסוע פסיעה גסה, דנוטלת אחד מת"ק ממאור עיניו, אלא דבשבת איכא נמי איסורא משום "מעשות דרכיך".

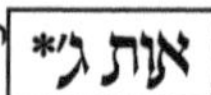

אגרא דתעניתא צדקתא

יו"ד סימן רנ ס"ב - [ו]בתענית מחלקים מזונות לעניים; וכל תענית שאכלו העם ולנו ולא חלקו צדקה לעניים, הרי אלו כשופכי דמים - רגילין היו בליל תענית לעשות צדקה, והיו עיני העניים נשואות לכך, ואם ילינו, נמצאו עניים רעבים שנשענו על כך - ש"ד.

[ח]בד"א, כשלא נתנו להם הפת והפירות – [שזהו דבר המוכן לאכול – ט"ז], **אבל אם אחרו המעות או החטים אינם כשופכי דמים** - דמעות וחטים, [אין מוכן לאכילה – ט"ז], ולא נשענו עניים עליהם אותו הלילה, ולית לן בה עד למחר, עכ"ל רש"י - ש"ד. ‹**שהרי** אף אם היו נותנין להם בלילה, לא היו יכולין לאכול מזה, ובהכרח שהכינו להם מקודם – ערוה"ש›.

אגרא דהספדא דלויי

יו"ד סימן רנ ס"א - [ט]מצוה גדולה להספיד על המת כראוי – ‹וכי אפשר שכל העיר יספדום, בתמיה, ולכן נראה דעל סתם בני אדם, חיוב ההספד על הקרובים, שהם בוכים ומספידים את המת ומספרים בשבחו מה שיש ביכולת בלתי הפלגות, או במעשה אבותיהם, **אך** על אדם המופלג בחכמה ויראה, זהו חיוב על כל העיר – ערוה"ש›.

[י]ומצותו שירים קולו לומר עליו דברים המשברים את הלב, כדי להרבות בכיה ולהזכיר שבחו - וכל המוריד דמעות על אדם כשר, הקדוש ברוך הוא סופרן ומניחם בבית גנזיו, וכל המתעצל בהספדו של אדם כשר, אינו מאריך ימים, וראוי לקברו בחייו, ש"ס - ש"ד.

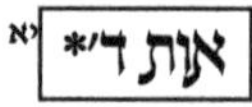

אגרא דבי הלולי מילי

אבה"ע סימן סה ס"א - [יב]מצוה לשמח חתן וכלה ולרקד לפניה, [יג]ולומר שהיא נאה וחסודה (פירוש מן ותשא חן וחסד לפניו) [יד]אפילו אינה נאה.

אות ה'

כל המתפלל אחורי בית הכנסת נקרא רשע

סימן צ ס"ז - [טו]ולא אחורי בהכ"נ, אם אינו מחזיר פניו לבהכ"נ - בתשובת יד אליהו כתב, דנ"ל מה שאמרו גבי המתפלל אחורי בהכ"נ, לא שייך אלא דוקא כשהצבור מתפללים תפילת י"ח, והוא ג"כ מתפלל י"ח, **ובספר** מאמר מרדכי חולק עליו.

ואחורי בהכ"נ הוא הצד שהפתח פתוח בו, והוא הפך [טז]הצד שפונים אליו הקהל כשמתפללים - כלומר דמיירי במתפלל באותו צד שהפתח פתוח שם, דהיינו בצד מערב, לפיכך אם מחזיר פניו כלפי בהכ"נ, נמצא שמתפלל לאותו צד שהצבור מתפללין, וע"כ לא נקרא רשע, **אבל** אם מחזיר פניו מבהכ"נ, נמצא מתפלל היפך מהצבור, שהם מתפללין למזרח והוא למערב, וע"כ נקרא רשע, שנראה כשתי רשויות ח"ו, **ולפי** פירוש זה, אם עומד אחורי בהכ"נ בצד מזרח, והופך מבהכ"נ ומתפלל לצד מזרח כמו שהצבור מתפללין, ג"כ אינו נקרא רשע.

[יז]וי"מ [יח]בהפך - הוא דעת ר"י הובא בתוס' שם, דמפרש אחורי בהכ"נ, היינו אחורי כותל מזרחי שאין שם פתחים, וכשעומד אחורי אותו כותל, ואחוריו כלפי הכותל, אע"פ שפניו כלפי רוח מזרח, ונמצא מתפלל לרוח שכל הצבור מתפללין, אפ"ה נקרא רשע, כי הוא מכלל אותם שנאמר עליהם: ואחוריהם אל היכל ד', **אבל** אם מהדר אפיה לבי כנישתא, אע"פ שנמצא שהוא מתפלל כלפי רוח מערב, וכל הקהל כנגד רוח מזרח, לית לן בה, כיון שכל הקהל מתפללין כלפי כותל מזרחי ששם ההיכל, והוא פניו ג"כ כלפי אותו הכותל, אין לחוש.

[יט]וראוי לחוש לדברי שניהם - שלא יתפלל אלא במערב, ויחזיר פניו לבהכ"נ, **ואף** דזה מותר לכו"ע, מ"מ לא שרי אלא מדוחק, הלא"ה מצוה להתפלל בבהכ"נ.

וגם [כ]כשמתפלל בשאר צדדים חוץ לבהכ"נ - דהיינו בצפון או בדרום, **יש להחמיר שיחזיר פניו לבהכ"נ** - כדי שלא יהיה אחוריו נגד בהכ"נ, **ואף** שאכתי אינו מתפלל לרוח שהצבור מתפללין,

---

באר הגולה

[ו] ‹ע"פ מהדורת נהרדעא› [ז] **גם זה שם ממימרא דר' אלעזר אמר רבי יצחק כל תענית וכו', סנהדרין דף ל"ה ע"א, ופירש רש"י רגילין היו בלילי תענית לעשות צדקה, והיו עיני העניים נשואות לכך וכו', אבל במקום שאין דרך לחלק כך, לא נשענו העניים עליהם ואין אלו כשופכי דמים** [ח] **שם בגמ'** [ט] **ברייתא שבת דף ק"ה:** [י] **מימרא דרב ששת ברכות דף ו: וכפי' רש"י שם** [יא] ‹ע"פ מהדורת נהרדעא› [יב] **מימרות דאמוראי כתובות דף י"ז ע"א** [יג] **ברייתא שם וכב"ה** [יד] **שם** [טו] **שם ו' לפירש"י** ‹וכמו שפי' רבינו יונה בשם רש"י, **ומדברי** התוס' (ו. ד"ה אחורי) נראה שהם סוברים שרש"י מפרש דאחורי בהכ"נ, היינו אחורי הכותל שאין שם פתחים, ודחו דבריו, ופירשו הם דאחורי בהכ"נ היינו הכותל שפתוחים בו הפתחים, וכמש"כ ה"ר יונה לדעת רש"י – ב"י› [טז] **רבינו יונה והגה"מ** [יז] ‹רבינו יצחק הזקן מובא ברבינו יונה – ע"פ מהדורת פרידמאן. **ועיין** במ"ב שהביאו בשם התוס', ולא נמצא שם בשם ר"י, אבל אפשר דזהו מה שמביא התוס' בשם רש"י› [יח] **פירוש אחורי כותל מזרחי ואחוריו אל הכותל** [יט] ‹הג' מיימוניות בשם סמ"ק – ע"פ מהדורת פרידמאן› [כ] **רבינו יונה**

מ"מ כיון שאינו מתפלל בהיפך לית לן בה, **וכ"ז** כשעומד בצפון בהכ"נ או בדרומו, אבל כשעומד במזרחו או במערבו, אסור אף אם רוצה להטות עצמו לצפונו או לדרומו.

ומיירי בשאי אפשר לו להפוך פניו למזרח, כגון שיש צואה לפניו כמלא עיניו, הא לאו הכי עדיף טפי שיהפוך פניו למזרח, **ומ"מ** גם בכל זה לא שרי אלא מדוחק, כמש"כ לעיל.

וכל זה כשניכר שמחזיר אחוריו לבהכ"נ, [כא]אבל אם הוא מתפלל בבית הסמוך לבהכ"נ, ופניו כנגד ארץ ישראל כראוי, ואחוריו לכותל ביתו שהוא כותל בהכ"נ, מותר, שאינו ניכר שמחזיר פניו מבהכ"נ - וה"ה בעזרות הבנויות בכותל מזרחי, שרי להתפלל שם, דחדר הוא ואין נראה כאחוריו לבית הכנסת, **וכ"כ** השכנה"ג, שראה קהלות רבות שעזורותיהם לצד מזרח, ומתפללין ופניהם כלפי מזרח ואחוריהם כלפי כותל מזרחי שבבהכ"נ, **ומ"מ** יותר טוב בעת שבונים העזרות, לעשותו בצד אחר לא בצד מזרח, כי יש מפקפקים בזה.

אות ו'

לעולם יהא אדם זהיר בתפלת המנחה

טור סימן רלב - וכשיגיע זמן תפלת המנחה יתפלל, ומאוד צריך ליזהר בה, דא"ר חלבו אמר רב הונא לעולם יזהר אדם בתפלת המנחה, שהרי לא נענה אליהו אלא בתפלת המנחה, שנאמר: ויהי בעלות המנחה ויגש אליהו; והטעם, מפני שתפלת השחר זמנה ידוע בבקר, בקומו ממטתו יתפלל מיד קודם שיהא טרוד בעסקיו, וכן של ערב בלילה זמנה ידוע, בבואו לביתו והוא פנוי מעסקיו; אבל של מנחה שהיא באמצע היום בעוד שהוא טרוד בעסקיו, צריך לשום אותה אל לבו ולפנות מכל עסקיו ולהתפלל אותה, ואם עשה כן שכרו הרבה מאד.

באר הגולה

כא ב"י בשם תשובת רמב"ם

§ מסכת ברכות דף ז. §

אות א'

שאין מרצין לו לאדם בשעת כעסו

רמב"ם פ"ה מהל' דעות ה"ז - אם רואה שדבריו מועילים ונשמעים, אומר, ואם לאו, שותק; כיצד לא ירצה חבירו בשעת כעסו; ולא ישאל לו על נדרו בשעה שנדר, עד שתתקרר דעתו וינוח; ולא ינחמנו בשעה שמתו מוטל לפניו, מפני שהוא בהול עד שיקברהו; וכן כל כיוצא באלו.

אות ב'

כל דבור ודבור שיצא מפי הקדוש ברוך הוא לטובה, אפילו על תנאי, לא חזר בו

רמב"ם פ"י מהל' יסודי התורה ה"ד - דברי הפורענות שהנביא אומר, כגון שיאמר פלוני ימות, או שנה פלונית רעב, או מלחמה וכיוצא בדברים אלו, אם לא עמדו דבריו, אין בזה הכחשה לנבואתו, ואין אומרים הנה דבר ולא בא, שהקב"ה ארך אפים ורב חסד ונחם על הרעה, ואפשר שעשו תשובה ונסלח להם כאנשי נינוה, או שתלה להם כחזקיה; אבל אם הבטיח על טובה ואמר שיהיה כך וכך, ולא באה הטובה שאמר, בידוע שהוא נביא שקר, שכל דבר טובה שיגזור האל, אפילו על תנאי, אינו חוזר; ולא מצינו שחזר בדבר טובה אלא בחרבן ראשון, כשהבטיח לצדיקים שלא ימותו עם הרשעים וחזר בדבריו, וזה מפורש במסכת שבת, הא למדת שבדברי הטובה בלבד יבחן הנביא; הוא שירמיהו אמר בתשובתו לחנניה בן עזור כשהיה ירמיה מתנבא לרעה וחנניה לטובה, אמר לו לחנניה אם לא יעמדו דברי, אין בזה ראיה שאני נביא שקר, אבל אם לא יעמדו דבריך, יודע שאתה נביא שקר, שנאמר: אך שמע נא את הדבר הזה וגו' הנביא אשר ידבר שלום, בבוא דבר הנביא, יודע הנביא אשר שלחו ה' באמת.

מאימתי פרק ראשון ברכות ז

תורה אור

א"ר יוחנן משום ר' יוסי(א) מנין שהקב"ה מתפלל שנאמר °והביאותים אל הר קדשי ושמחתים בבית תפלתי תפלתם לא נאמר אלא תפלתי מכאן שהקב"ה מתפלל. מאי מצלי אמר רב זוטרא בר טוביה אמר רב יה"ר מלפני שיכבשו רחמי את כעסי ויגולו רחמי על מדותי ואתנהג עם בני במדת רחמים ואכנס להם *לפנים משורת הדין. תניא א"ר ישמעאל בן אלישע פעם אחת נכנסתי להקטיר קטורת לפני ולפנים וראיתי אכתריאל יה ה' צבאות שהוא יושב על כסא רם ונשא ואמר לי ישמעאל בני ברכני אמרתי לו יה"ר מלפניך שיכבשו רחמיך את כעסך ויגולו רחמיך על מדותיך ותתנהג עם בניך במדת הרחמים ותכנס להם לפנים משורת הדין ונענע לי בראשו (ב) וקמ"ל *שלא תהא ברכת הדיוט קלה בעיניך: וא"ר יוחנן משום ר' יוסי מנין שאין מרצין לו לאדם בשעת כעסו דכתיב °פני ילכו והנחותי לך אמר לו הקב"ה למשה המתן לי עד שיעברו פנים של זעם ואניח לך ומי איכא רתחא קמיה דקודשא בריך הוא אין *דתניא °ואל זועם בכל יום וכמה זעמו רגע וכמה רגע אחד *מחמשת רבוא ושמונת אלפים ושמנה מאות ושמנים ושמנה בשעה וזו היא רגע *ואין כל בריה יכולה לכוין אותה שעה חוץ מבלעם הרשע דכתיב ביה °ויודע דעת עליון *השתא דעת בהמתו לא הוה ידע דעת עליון הוה ידע אלא מלמד שהיה יודע לכוין אותה שעה שהקב"ה כועס בה והיינו דאמר להו נביא לישראל °עמי זכר נא מה יעץ בלק מלך מואב וגו' מאי °למען דעת צדקות ה' א"ר אלעזר אמר להם הקב"ה לישראל דעו כמה צדקות עשיתי עמכם שלא כעסתי בימי בלעם הרשע שאלמלי כעסתי לא נשתייר משונאיהם של ישראל שריד ופליט והיינו דקא"ל בלעם לבלק °מה אקב לא קבה אל ומה אזעם לא זעם ה' מלמד שכל אותן הימים לא זעם. וכמה זעמו רגע וכמה רגע א"ר אבין ואיתימא רבי אבינא רגע כמימריה. ומנא לן דרגע רתח שנא' °כי רגע באפו חיים ברצונו ואב"א מהכא °חבי כמעט רגע עד יעבור זעם ואימת רתח אמר אביי בהנך תלת שעי קמייתא כי חוורא כרבלתא דתרנגולא וקאי אחד כרעא כל שעתא ושעתא נמי קאי הכי כל שעתא אית ביה שורייקי סומקי בההיא שעתא לית ביה שורייקי סומקי. ההוא צדוקי דהוה בשבבותיה דר' יהושע בן לוי הוה קא מצער ליה טובא בקראי יומא חד שקל תרנגולא ואוקמיה בין כרעי' דערסא ועיין ביה סבר כי מטא ההיא שעתא אלטייה כי מטא ההיא שעתא נייס אמר ש"מ לאו אורח ארעא למעבד הכי °ורחמיו על כל מעשיו כתיב וכתיב °גם ענוש לצדיק לא טוב תנא משמיה דר' מאיר בשעה שהחמה זורחת וכל מלכי מזרח ומערב מניחים כתריהם בראשיהם ומשתחוים לחמה מיד כועס הקב"ה: וא"ר יוחנן משום רבי יוסי טובה מרדות אחת בלבו של אדם יותר מכמה מלקיות שנא' °ורדפה את מאהביה וגו' ואמרה אלכה ואשובה אל אישי הראשון כי טוב לי אז מעתה וריש לקיש אמר יותר ממאה מלקיות שנאמר °תחת גערה במבין מהכות כסיל מאה: וא"ר יוחנן משום ר' יוסי שלשה דברים בקש משה מלפני הקב"ה ונתן לו בקש שתשרה שכינה על ישראל ונתן לו שנאמר °הלוא בלכתך עמנו *בקש שלא תשרה שכינה על עובדי כוכבים ונתן לו שנאמר °ונפלינו אני ועמך בקש להודיעו דרכיו של הקב"ה ונתן לו שנא' °הודיעני נא את דרכיך אמר לפניו רבש"ע מפני מה יש צדיק וטוב לו ויש צדיק ורע לו יש רשע וטוב לו ויש רשע ורע לו אמר לו משה צדיק וטוב לו צדיק בן צדיק צדיק ורע לו צדיק בן רשע רשע וטוב לו רשע בן צדיק רשע ורע לו רשע בן רשע: אמר מר צדיק וטוב לו צדיק בן צדיק צדיק ורע לו צדיק בן רשע איני והא כתיב °פקד עון אבות על בנים וכתיב °*ובנים לא יומתו על אבות ורמינן *קראי אהדדי ומשנינן לא קשיא הא כשאוחזין מעשה אבותיהם בידיהם הא כשאין אוחזין מעשה אבותיהם בידיהם אלא הכי קא"ל צדיק וטוב לו צדיק גמור צדיק ורע לו צדיק שאינו גמור רשע וטוב לו רשע שאינו גמור רשע ורע לו רשע גמור ופליגא דר' מאיר דא"ר מאיר שתים נתנו לו ואחת לא נתנו לו שנא' °וחנתי את אשר אחון אע"פ שאינו הגון ורחמתי את אשר ארחם אע"פ שאינו הגון °ויאמר לא תוכל לראות את פני תנא משמיה דר' יהושע בן קרחה כך א"ל הקב"ה למשה כשרציתי לא רצית עכשיו שאתה רוצה איני רוצה ופליגא דר' שמואל בר נחמני א"ר יונתן דא"ר שמואל בר נחמני א"ר יונתן בשכר שלש זכה לשלש בשכר °ויסתר משה פניו זכה לקלסתר פנים בשכר כי ירא זכה °לוייראו מגשת אליו בשכר מהביט זכה °לותמונת ה' יביט: °והסירותי את כפי וראית את אחרי *אמר רב חנא בר ביזנא א"ר שמעון חסידא מלמד שהראה הקב"ה למשה קשר של תפילין: וא"ר יוחנן משום ר' יוסי °כל דבור ודבור שיצא מפי הקב"ה לטובה אפי' על תנאי לא חזר בו מנא לן ממשה רבינו שנא' °הרף ממני ואשמידם וגו' ואעשה אותך לגוי עצום אע"ג דבעא משה רחמי עלה דמלתא ובטלה אפ"ה אוקמה בזרעיה שנא' °בני משה גרשום ואליעזר ויהיו בני אליעזר רחביה הראש וגו' ובני רחביה רבו למעלה וגו' ותני רב יוסף למעלה מששים רבוא אתיא רביה רביה כתיב הכא רבו למעלה וכתיב התם °ובני ישראל פרו וישרצו וירבו:

אמר

ונענע לי בראשו. כמודה בברכתי ועונה אמן: **דעת בהמתו לא הוה ידע.** במסכת ע"א מפרש לה בפ"ק: **מאי קרא.** דאף הוי כרגע דכתיב כי רגע באפו חיים ברצונו: **כרבלתא שעי קמייתא.** באחד מרגעי תלת שעות ראשונות: **שורייקי.** טיי"ש בלעז: **לצדיק לא טוב.** לענוש את הבריות: **מרדות אחת.** לשון רדוי והכנעה שאדם שם על לבו מאליו: **ורדפה את מאהביה וגו'.** וכשתראה שאין עוזר תשים על לבה לאמר אשובה אל אישי הראשון: **תחת גערה במבין.** תחת גערה באדם מבין טובה מהכות כסיל מאה. תחת הטעם למעלה תחת התי"ו ולא כמו אל תירא ואל תחת (דברים א) שטעמו בחי"ת אלא למעלה תחת התי"ו ראשון לומר שהוא שם דבר שאי אפשר לפותרו לשון תפעל לומר תכניע את האדם אלא תכנע היא בעצמה. ולכך שינה את נקודתה לומר שהוא שם דבר: **ג' דברים בקש משה ונתן לו.** שהרי לסוף שאלתו כתיב גם את הדבר הזה אשר דברת אעשה: **להודיעו דרכיו.** מנהג מדת משפטיו כגון מפני מה צדיק וטוב לו רשע ורע לו צדיק ורע לו רשע וטוב לו: **את אשר אחון.** את אשר יכמרו רחמי עליו לשעה ואע"פ שאינו כדאי: **כשרציתי.** בסנה: **לא רצית.** שנא' ויסתר משה פניו: **ופליגא.** דר' יהושע בן קרחה שמענישו על כך אדרבי שמואל שאמר קבל שכר על זה: **לקלסתר פנים.** כי קרן עור פניו: **ותמונת ה' יביט.** זה מראה אחוריים כך שנוי' בספרי (פ' בהעלותך): **קשר של תפילין.** מאחוריו הוא ואמרי' לעיל דהקב"ה מניח תפילין:

אדכי

שאלמלי כעסתי לא נשתייר וכו'. ואם תאמר מה היה יכול לומר בשעת רגע. יש לומר כלם. אי נמי מאחר שהיה מתחיל קללתו באותה שעה היה מזיק אפילו לאחר כן: **ההוא** צדוקי דהוה בשבבותיה דריב"ל כו' לאו אורח ארעא. אף על גב דהצדוקים וכו' מורידין ולא מעלין. *הייט בידי אדם אבל בידי שמים לאו אורח ארעא להענישם ולהטריחם ולהורגם בידי שמים שלא כדרך בני אדם. ואי גרסינן הכא עובד כוכבים ניחא דקאמר התם העובד כוכבים ורועי בהמה דקה לא מעלין ולא מורידין*:

לא

עין משפט נר מצוה

כז א מיי' פ"ה מהלכות דעות הלכה ז:

כח ב מיי' פ"י מה' יסודי התורה הלכה ד:

יש גורסים שמנה רבוא ויותר נכון למחוק הרבוא כלל ולגרוס שמונת אלפים שמנה מאות ופ"ח שמכוון נגד פסוקי תורה

רב נסים גאון

טובה מרדות אחת בלבו של אדם יותר מק' מלקיות שנא' (משלי יז) תחת גערה במבין. מכלל שהמבין הוא הלב וכי הגערה מגיא ביה ספי ממה דמגיא המלקות לגוף ובפרק הרואה (דף סא) אמרי' תנו רבנן לב מבין כליות יועצות: **והא כתי'** פוקד עון אבות על בנים וכתיב לא יומתו אבות על בנים ורמינן קראי אהדדי ומשנינן כאן שאוחזין מעשה אבותיהם בידיהם וכאן שאין אוחזין מעשה אבותיהם בידיהם עיקרה דהא רמיא ודהא שינויית. במס' סנהדרין (דף כז) בפרק דיני ממונות בגמרא וזה בורר לו אחד:

הגהות הב"ח

(א) גמ' משום ר' יוסי בן זמרא מנין שהקב"ה: (ב) שם ראשו וקמ"ל נ"ב ס"א מאי קמ"ל:

מסורת הש"ס

[לקמן מה: כתובות לז. בבא קמא לט: ב"מ כד: ל:] [ע"ז ט:] [וע"ע בתוס' ע"ז ד: ד"ה ש"מ לאו כו'] מגילה דף טו. ע"ז דף ד כל הענין ס"א שאין במדבר כד סנהדרין קה: [כ"ב טו:] [פי' תוס' כתובות כט. סד"ה אלו וע"ז לו: ד"ה דכתי'] מנחות דף לה:

ישעיה נו. תהלים ז. מיכה ו. שם. במדבר כג. תהלים ל. ישעיה כו. תהלים קמה. משלי יז. הושע ב. משלי יז. שמות לג. שם. שם. שם לד. דברים כד. סנהדרין כז: שמות לג. שם. במדבר יב. שם לג. שם. דברים ט. דה"א כג. שמות א.

א"ר יוחנן משום ר"ש בן יוחי מיום שברא הקב"ה את העולם לא היה אדם שקראו להקב"ה אדון עד שבא אברהם (א) וקראו אדון שנאמר °ויאמר אדני (אלהים) במה אדע כי אירשנה. אמר רב אף דניאל לא נענה אלא בשביל אברהם שנא' °ועתה שמע אלהינו אל תפלת עבדך ואל תחנוניו והאר פניך על מקדשך השמם למען אדני למענך מבעי ליה אלא למען אברהם שקראך אדון: וא"ר יוחנן משום ר"ש בן יוחי מנין שאין מרצין לו לאדם בשעת כעסו שנאמר °פני ילכו והנחותי לך: ואמר ר"י משום ר"ש בן יוחי מיום שברא הקב"ה את עולמו לא היה אדם שהודה להקב"ה עד שבאתה לאה והודתו שנאמר °הפעם אודה את ה': ראובן א"ר אלעזר אמרה לאה ראו מה בין בני לבן חמי דאילו בן חמי אע"ג דמדעתיה זבניה לבכירותיה דכתיב °וימכר את בכרתו ליעקב חזו מה כתיב ביה °וישטם עשו את יעקב וכתיב °ויאמר הכי קרא שמו יעקב ויעקבני זה פעמים וגו' ואילו בני אע"ג דעל כרחיה שקליה יוסף לבכירותיה מניה דכתיב °ובחללו יצועי אביו נתנה בכורתו לבני יוסף °אפי' הכי לא אקנא ביה דכתיב °וישמע ראובן ויצילהו מידם: רות *מאי רות א"ר יוחנן שזכתה ויצא ממנה דוד שריוהו להקב"ה בשירות ותשבחות מנא לן דשמא גרים אמר רבי *אליעזר דאמר קרא °לכו חזו מפעלות ה' אשר שם שמות בארץ אל תקרי שמות °אלא שמות: וא"ר יוחנן משום רבי שמעון בן יוחי קשה תרבות רעה בתוך ביתו של אדם יותר ממלחמת גוג ומגוג שנאמר °מזמור לדוד בברחו מפני אבשלום בנו וכתיב בתריה °ה' מה רבו צרי רבים קמים עלי ואילו גבי מלחמת גוג ומגוג כתיב °למה רגשו גוים ולאומים יהגו ריק ואילו מה רבו צרי לא כתיב: מזמור לדוד בברחו מפני אבשלום בנו מזמור לדוד °קינה לדוד מיבעי ליה אמר ר' שמעון בן *אבישלום משל למה הדבר דומה לאדם שיצא עליו שטר חוב קודם שפרעו היה עצב לאחר שפרעו שמח אף כן (ב) דוד כיון שאמר לו הקב"ה °הנני מקים עליך רעה מביתך היה עצב אמר שמא עבד או ממזר הוא דלא חייס עלי כיון דחזא דאבשלום הוא שמח משום הכי אמר מזמור*: *וא"ר יוחנן משום ר"ש בן יוחי מותר להתגרות ברשעים בעולם הזה שנאמר °עוזבי תורה יהללו רשע ושומרי תורה יתגרו בם תניא נמי הכי *רבי דוסתאי בר' מתון אומר מותר להתגרות ברשעים בעוה"ז שנא' עוזבי תורה יהללו רשע וגו' ואם לחשך אדם לומר והא כתיב °אל תתחר במרעים אל תקנא בעושי עולה אמור לו מי שלבו נוקפו אומר כן אלא אל תתחר במרעים להיות כמרעים אל תקנא בעושי עולה להיות כעושי עולה ואומר °אל יקנא לבך בחטאים כי אם ביראת ה' כל היום איני והאמר ר' יצחק אם ראית רשע שהשעה משחקת לו אל תתגרה בו שנאמר °יחילו דרכיו בכל עת ולא עוד אלא שזוכה בדין שנאמר °מרום משפטיך מנגדו ולא עוד אלא שרואה בצריו שנאמר °כל צורריו יפיח בהם לא קשיא הא במילי דידיה הא במילי דשמיא ואיבעית אימא הא והא במילי דשמיא ולא קשיא הא ברשע שהשעה משחקת לו הא ברשע שאין השעה משחקת לו ואב"א הא והא ברשע שהשעה משחקת לו ולא קשיא °הא בצדיק גמור הא בצדיק שאינו גמור *דאמר רב הונא מאי דכתיב °למה תביט בוגדים תחריש בבלע רשע צדיק ממנו וכי רשע בולע צדיק והא כתיב °ה' לא יעזבנו בידו וכתיב °לא יאונה לצדיק כל און אלא צדיק ממנו בולע צדיק גמור אינו בולע ואב"א* °שעה משחקת לו שאני: וא"ר יוחנן משום רבי שמעון בן יוחי כל הקובע מקום *לתפלתו אויביו נופלים תחתיו שנאמר °ושמתי מקום לעמי לישראל ונטעתיו ושכן תחתיו ולא ירגז עוד ולא יוסיפו בני עולה לענותו כאשר בראשונה רב הונא רמי כתיב לענותו וכתיב *לכלותו בתחלה לענותו ולבסוף לכלותו: וא"ר יוחנן משום רבי שמעון בן יוחי °גדולה שמושה של תורה יותר מלמודה שנא' °פה אלישע בן שפט אשר יצק מים על ידי אליהו למד לא נאמר אלא יצק מלמד שגדולה שמושה יותר מלמודה: א"ל רבי יצחק לרב נחמן מ"ט לא אתי מר לבי כנישתא לצלויי אמר ליה לא יכילנא א"ל לכנפי למר עשרה וליצלי אמר ליה טריחא לי מלתא ולימא ליה מר לשלוחא דצבורא בעידנא דמצלי צבורא ליתי ולודעיה למר א"ל מאי כולי האי א"ל דאמר ר' יוחנן משום ר"ש בן יוחי

מאי

תורה אור

בראשית טו · דניאל ט · שמות לג · בראשית כט · שם כה · שם כז · שם · דה"א ה · בראשית לז · תהלים ג · [עי' תוס' יומא לח ב ותוספות כתובות קד ב ס"ס שני] · ד"א אמר סתם ברא דרחים על אבא · תהלים לז · תהלים י · שם · מגילה ו: ב"מ עא. · משלי יב · כ"א לתורתו · שמואל ב ז · בס' שבידינו כתיב לבלותו מלכים ב ג

לא היה אדם שקראו אדון. וא"ת והא כתיב ברוך ה' אלהי שם (בראשית ט) וי"ל דהתם אינו באל"ף דל"ת שהוא לשון אדנות. וא"ת אמאי לא מייתי קרא אדני (אלהים) מה תתן לי (שם טו) שהוא כתוב קודם. וי"ל שהפרשיות לא נאמרו כסדר ואין מוקדם ומאוחר בתורה וזה הפסוק דבין הבתרים היה קודם לכן. וכן צ"ל ע"כ שהרי אברהם היה בן שבעים שנה בברית בין הבתרים. ואחר הדברים האלה (שם) נאמר אחר מלחמת המלכים כדפירש רש"י בפירוש חומש ובמלחמת המלכים היה בן ע"ג שנים שהרי כל הימים של סדום נ"ב שנים כדאמרי' בפ"ק דשבת (דף יא.) צא מהם י"ב שנים שעבדו את כדרלעומר וי"ג שנים של מרידה ונשאר מישובה כ"ו שנים שהיתה בשלוה ובהפיכתה היה אברהם בן צ"ט שנה שהרי היתה ההפיכה שנה אחת קודם שנולד יצחק צא מהם ששה ועשרים שנה למפרע של שלוה נמצא שבן ע"ג שנה היה במלחמת המלכים. אם כן היתה פרשת בין הבתרים קודם לפרשת אחר הדברים שלש שנים ואותה פרשה מסיימת ויחשבה לו לצדקה ולכך הביא אותו פסוק דבמה אדע שהוא מוקדם. ומזה מיישב רשב"ם דבמקום אחד משמע שהיה לילה דכתיב וספור הככבי' (בראשי' טו) ובתר הכי כתי' ויהי השמש לבוא משמע שהוא יום. אלא ודאי ש"מ דשני פרשיות הם ולאו בבת אחת נאמרו ואין מוקדם ומאוחר בתורה:

רב

אדני אלהים. כתוב באל"ף דל"ת: הפעם אודה את ה'. לפי שראתה ברוח הקדש שיעקב מעמיד שנים עשר שבטים ולו ארבע נשים כיון שילדה בן רביעי הודית על חלקה שעלה יותר מן החשבון המגיע לה: ראו מה בין בני לבן חמי. על שם העתיד קראה שמו כדאמרינן לקמן שמא גרים: רות. המואביה משום דאיירי בפירושי השמות נקט לה: למה רגשו גוים. מה תועלת להם אלמא דבר קל הוא בעיניו: מי שלבו נוקפו. הירא מעבירות שבידו: אומר כן. מפרש אל תתחר במרעים אל תתקוטט והוא אינו כן אלא אל תתחר במרעים *להתגרות במעשיהם לומר אעשה כן גם אני: ואומר אל יקנא לבך בחטאים כי אם ביראת ה' כל היום. (ג) *אפשר לומר אל תתקוטט עם רשעים כי אם ביראת ה' יראי ה' אלא על כרחך אל יקנא לבך לעשות כמותן: יחילו. יצליחו. וחבירו על כן לא יחיל טובו (איוב כ): מרום משפטיך מנגדו. מסולקין דיניך ברחוק הימנו: יפיח בהם. בנפיחתו הוא דוחה אותם כקש: ושמתי מקום. סיפיה דקרא ולא יוסיפו בני עולה לענותו: כתיב לענותו. בספר שמואל: וכתיב לכלותו. בדברי הימים (א יז): בתחלה. כשנבנה הבית נבנה על מנת שלא לענות עוד אויבים לישראל: ולבסוף. כשחטאו נגזר עליהם עינוי ותפלתם מגינה עליהם מן הכליון: לא יכילנא. תש כחי:

עת

מסורת הש"ס

ס"א להתאוות · עי' בפרש"י שבע"ש · כ"ב יד: ע"ש · נ"ל אלעזר · תהלים מו · שם ג · שם ב · שמואל ב יב · מגילה ו ב · משלי כח · מס' ד"א רבה פרק ב · משלי כג · תהלים י · חבקוק א · תהלים לז · פי' על זה תמצא בהרי"ף בע"י [וברש"ל] ועיין בילקוט תהלים יו"ד רמז תרמ"ט

הגהות הב"ח

(א) גמ' שבא אברהם אבינו וקראו: (ב) שם אף כאן דוד כיון: (ג) רש"י ד"ה ואומר וכו' היום ואי אפשר:

גליון הש"ס

גמ' אפ"ה לא אקנא ביה כו'. עב"ב קכג ע"א וברש"א בח"א: שם אלא שמות. עי' שם קמג ע"ב תוד"ה שהיו: שם קינה לדוד מיבעי ליה. עיין בזוה"ק פרשה ויצא ד"ה וירא והנה באר בשדה. דמשני דחשיב דוד דקוב"ה סליק ליה חובוי להכוא עלמא. כיון דחמא דהכא בהאי עלמא בעי למיגבי מיניה חדי תו דחמא כו': שם הא בצדיק גמור כו'. עי' זוה"ק ר"פ פינחס: שם שעה משחקת לו שאני כו'. מג"א ס"ס קנ"ו: שם גדולה שמושה כו'. עי' תוס' כתובות י"ז ע"א ד"ה מבטלין:

מאימתי פרק ראשון ברכות ח

מאי דכתיב [א] °ואני תפלתי לך ה' עת רצון אימתי *עת רצון בשעה שהצבור מתפללין. ר' יוסי ברבי חנינא אמר מהכא °כה אמר ה' בעת רצון עניתיך ר' אחא ברבי חנינא אמר מהכא °הן אל כביר ולא ימאס וכתיב °פדה בשלום נפשי מקרב לי כי ברבים היו עמדי תניא נמי הכי רבי נתן אומר מנין שאין הקב"ה מואס בתפלתן של רבים שנאמר הן אל כביר ולא ימאס וכתיב פדה בשלום נפשי מקרב לי וגו' (א) אמר הקב"ה כל העוסק בתורה ובגמילות חסדים °ומתפלל עם הצבור מעלה אני עליו כאילו פדאני לי ולבני מבין אומות העולם אמר ר"ל בכל מי שיש לו בית הכנסת בעירו ואינו נכנס שם להתפלל נקרא שכן רע שנאמר °כה אמר ה' על כל שכני הרעים הנוגעים בנחלה אשר הנחלתי את עמי את ישראל ולא עוד אלא שגורם גלות לו ולבניו שנא' °הנני נותשם מעל אדמתם ואת בית יהודה אתוש מתוכם. אמרו ליה לר' יוחנן איכא סבי בבבל תמה ואמר °למען ירבו ימיכם וימי בניכם על האדמה כתיב אבל בחוצה לארץ לא כיון דאמרי ליה מקדמי ומחשכי לבי כנישתא אמר היינו דאהני להו כדאמר ר' יהושע בן לוי לבניה קדימו וחשיכו ועיילו לבי כנישתא כי היכי דתורכו חיי א"ר אחא ברבי חנינא מאי קרא °אשרי אדם שומע לי לשקד על דלתותי יום יום לשמור מזוזת פתחי וכתיב בתריה כי מוצאי מצא חיים. אמר רב חסדא גלעולם יכנס אדם שני פתחים בבית הכנסת סלקא דעתך אלא אימא שיעור שני פתחים ואחר כך יתפלל: °על זאת יתפלל כל חסיד אליך לעת מצא אמר ר' חנינא לעת מצא זו אשה שנא' °מצא אשה מצא טוב *במערבא כי נסיב אינש אתתא אמרי ליה הכי מצא או מוצא מצא דכתיב מצא אשה מצא טוב ויפק רצון מה' מוצא דכתיב °ומוצא אני מר ממות את האשה וגו' ר' נתן אומר לעת מצא זו תורה שנאמר °כי מוצאי מצא חיים וגו' רב נחמן בר יצחק אמר לעת מצא זו מיתה שנא' °למות תוצאות תניא נמי הכי תשע מאות ושלשה מיני מיתה נבראו בעולם שנאמר למות תוצאות תוצאות בגימטריא הכי הוו קשה שבכלן אסכרא ניחא שבכלן נשיקה אסכרא דמיא כחיזרא בגבבא דעמרא דלאחורי נשרא ואיכא דאמרי כפיטורי בפי ושט נשיקה דמיא כמשחל בניתא מחלבא ר' יוחנן אמר לעת מצא זו קבורה א"ר חנינא מאי קרא °השמחים אלי גיל ישישו כי ימצאו קבר אמר רבה בר רב שילא היינו דאמרי אינשי ליבעי אינש רחמי אפילו עד זיבולא בתרייתא שלמא מר זוטרא אמר לעת מצא זה בית הכסא אמרי במערבא הא דמר זוטרא עדיפא מכלהו. אמר ליה רבא לרפרם בר פפא לימא לן מר מהני מילי מעלייתא דאמרת משמיה דרב חסדא במילי דבי כנישתא אמר ליה הכי אמר רב חסדא מאי דכתי' °אוהב ה' שערי ציון מכל משכנות יעקב אוהב ה' שערים המצויינים (ג) בהלכה יותר מבתי כנסיות ומבתי מדרשות והיינו דאמר ר' חייא בר אמי משמיה דעולא מיום שחרב בית המקדש אין לו להקב"ה בעולמו אלא ארבע אמות של הלכה בלבד. *ואמר אביי מריש הוה גריסנא בגו ביתא ומצלינא בבי כנישתא כיון דשמענא להא דאמר רבי חייא בר אמי משמיה דעולא מיום שחרב בית המקדש אין לו להקב"ה בעולמו אלא ארבע אמות של הלכה בלבד דלא הוה מצלינא אלא היכא דגריסנא. *רבי אמי ורבי אסי אף על גב דהוו להו תליסר בי כנישתא בטבריא לא מצלו אלא ביני עמודי היכא דהוו גרסי: ואמר רבי חייא בר אמי משמיה דעולא גדול הנהנה מיגיעו (ג) יותר מירא שמים דאילו גבי ירא שמים כתיב °אשרי איש ירא את ה' ואילו גבי נהנה מיגיעו כתיב °יגיע כפיך כי תאכל אשריך וטוב לך *אשריך בעולם הזה וטוב לך לעולם הבא ולגבי ירא שמים וטוב לך לא כתיב ביה: ואמר רבי חייא בר אמי משמיה דעולא °לעולם ידור אדם במקום רבו שכל זמן ששמעי בן גרא קיים לא נשא שלמה את בת פרעה והתניא אל ידור לא קשיא הא דכייף ליה הא דלא כייף ליה: אמר רב הונא בר יהודה אמר רבי מנחם אמר ר' אמי מאי דכתי' °ועוזבי ה' יכלו זה המניח ס"ת (ד) ויוצא רבי אבהו נפיק בין גברא לגברא. בעי רב פפא °בין פסוקא לפסוקא מהו תיקו רב ששת מהדר אפיה וגריס אמר אנן בדידן ואינהו בדידהו: אמר רב הונא בר יהודה אמר רבי אמי °לעולם ישלים אדם פרשיותיו עם הצבור שנים מקרא ואחד תרגום

ואפילו

עת רצון. אלמא יש שעה שהיא של רצון: כביר לא ימאס. תפלת הרבים לא ימאס: מקרב לי. ממלחמות הבאות עלי: כי ברבים היו עמדי. שהתפללו עמי: פדה בשלום. זה שעסק בדברי שלום דהיינו תורה דכתיב וכל נתיבותיה שלום (משלי ג) וכן גמילות חסדים נמי שלום הוא שמתוך שגומל חסד בגופו לחבירו הוא מכיר שהוא אוהבו ובא לידי אחוה ושלום: הנני נותשם מעל אדמתם. סיפיה דקרא הוא: מקדמי. שחרית: מחשכי. ערבית כלומר מאריכין בבית הכנסת: שיעור של שני פתחים. רוחב יכנס לפנים שלא ישב סמוך לפתח דנראה עליו כמשוי עכוב בית הכנסת ויהא מזומן סמוך לפתח לצאת: יתפלל לעת מצא. יתפלל שיהו מצויין לו כשיצטרך: לעת מצא זו מיתה. שימות במיתה יפה ונחה: אסכרא. איסטר"אנגולמנט בלע"ז שבתוך הגוף: כחיזרא בגבבא דעמרא דלאחורי נשרא. כענפי הסירים הנסבכים בגזת הצמר כשאדם נותק בחזקה ומשליך לאחור שאי אפשר שלא ינתק הצמר עמה: כפיטורי בפי ושט. יש אוקיינוס יש בו מקומות שאינו מקבל ברזל ומחברין לוחי הספינה ע"י חבלים ועקלים שתוחבי' בנקביו ותוקעין אותו בדוחק לפי שהם גסין כמדת הנקב: פיטורי. חבלים דמתרגמינן ופטורי ציצים (מלכים א ו) אטונין: בפי ושט. הוא הנקב שהוא עגול כפי ושט: כמשחל בניתא מחלבא. *כמושך נימא שער מתוך החלב: זיבולא בתרייתא שלמא. שיהא לו שלום כל ימי חייו ואף ביום קבורתו עד השלכת עפר האחרונה שבכיסוי קבורתו: זיבולא. פלא"דא בלע"ז: לעת מצא זה בית הכסא. שיהא דר במקום שיש בית הכסא סמוך לו לפי שהיתה קרקע של בבל מצולת מים ואין יכולין לחפור שם חפירות והיו צריכין לצאת בשדות ולהתרחק מאד: המצויינים. ציון והוספה לבור: ביני עמודי. שבית המדרש נכון עליהם מלמעלה: שכל זמן ששמעי בן גרא קיים כו'. דסמוך למיתת שמעי כתיב ויתחתן שלמה את פרעה (מלכים א ג): הא דכייף ליה. אם כפוף הוא לרבו לקבל תוכחתו ידור אצלו. ואם לאו טוב להתרחק ממנו ויהי שוגג ואל יהי מזיד: מהדר אפיה וגריס. משנתו כשקורין בספר תורה: ישלים פרשיותיו. של כל שבת ושבת:

ואפילו

(ה) רב ששת מהדר אפיה וגריס. וא"ת והא אמרינן בסוטה (פ"ז ד' לט.) מאי דכתי' וכפתחו עמדו כל העם (נחמיה ח) כיון שנפתח ספר תורה אסור לספר אפי' בדבר הלכה. ויש לומר התם איירי בקול רם כדי שלא יבטלו קול קריאת התורה והכא איירי בנחת. והאי דקא מהדר אפיה רבותא משמע אע"ג דמהדר אפיה שנראה כמניח ספר תורה שפיר דמי והאי דאהדר אפיה כדי שיכוון גרסתו. ורב אלפס (מגילה פ"ד) כתב דה"ג מפרשי דוקא שיש שם עשרה אחריני אז יכול ללמוד. אבל אין שם עשרה כי אם עמו לא. והכא מיירי שהיו שם עשרה בלא הוא ועוד תירץ האלפסי שאני רב ששת שתורתו אומנתו הוא. (ו) ואכן מסתבר לן כי האי *תירוצא*: שנים מקרא ואחד תרגום. יש מפרשים והוא הדין לנעזות בלע"ז שלהן הוי כמו תרגום

מסורת השש"ס

[יומא סט: תענית כד: יבמות עב. סנהדרין סד.]

לקמן דף ל:

תהלים קיב: שם קכח [אבות פ"ד מ"א חולין מד:]

ישעיה א

הגהות הב"ח

(א) גמ' פדה בשלום נפשי מקרב לי וגו' מאי פדה בשלום נפשי אמר הקב"ה: (ב) שם המצויינים בהלכה: (ג) שם הנהנה מיגיע כפו יותר: (ד) שם זה המניח ס"ת כשהוא פתוח ויוצא: (ה) תו' קודם ד"ה רב ששא נ"ל ד"ה שיעור שני פתחים פירש בקונטרס שיעור ב' פתחים ממש צריך להכנס לבית הכנסת שיעור רוחב ב' פתחים שהם ח' אמות אבל זה אינו דמאחר שהוא יושב בבה"כ מה לי סמוך לפתח מה לי אינו סמוך וכן אם היה בית הכנסת צר והיה שם רוב עם בע"כ צריך לישב קרוב וסמוך לפתח אלא הכי פי' שלא ימהר להתפלל מיד כשבא בבית הכנסת אלא ישב מעט כדי שתתיישב דעתו עליו שגם זה אין דבר הגון להתחיל מיד שנראה עליו כמשאוי: (ו) ד"ה רב ששת וכו' אומנתו הוא וכתב ואכן מסתבר:

עין משפט נר מצוה

כט א מיי' פ"ח מהלכות תפלה הלכה א' סמג עשין יט טוש"ע או"ח סימן צ סעיף ט:
ל ב מיי' שם וסמ"ג שם טוש"ע או"ח סימן צ סעיף יא:
לא ג מיי' שם הלכה ג וסמג שם טור שו"ע או"ח שם סעיף כ:
לב ד מיי' שם הלכה ג וסמג שם טוש"ע או"ח שם סעיף יח:
לג ה ו מיי' פי"ב שם הלכה ט סמג שם טוש"ע או"ח סימן קמ"ו סעיף א:

[ועי' תוס' סוטה לט. ד"ה כיון]

לד ז [טור שם] ח מיי' שם סמ"ג שם טוש"ע שם סעיף ב [רב אלפס כאן ובפרק הקורא את המגילה דף רע"ג]:
לה ט מיי' פי"ג שם הלכה כה סמג שם טור ושו"ע או"ח סימן רפ"ה סעיף א:

הגהות הגר"א

[א] גמ' מאי דכתי' ואני. כ"ב גי' רי"ף ורא"ש אין תפלתו של אדם נשמעת אלא בבית הכנסת שנאמר ואני:

[יבמות סג:]

קהלת ז

גליון הש"ס

גמ' כל העוסק בתורה כו'. ברי"ף איתא ומטי בבהכ"נ: שם לעולם ידור כו'. מג"א סימן תר"ח סק"ג: שם בין פסוקא לפסוקא כו'. עי' יומא ע ע"א בתו' ד"ה ולא מפני: רש"י ד"ה כמשחל כו' כמושך כו'. כי מן המים משיתהו שמות ב' (מתרגם מן מיא שחלתיה):

[מגילה כט. ועיין שם היטב]

§ מסכת ברכות דף ח. §

אות א'

אימתי עת רצון בשעה שהצבור מתפללין

סימן צ ס"ט - [א]ישתדל אדם להתפלל בבהכ"נ - ואפילו אם יש לו עשרה בביתו, ישתדל בבהכ"נ, **עם הציבור** - מפני שאין הקב"ה מואס בתפלת הצבור, ואפילו היה בהם חוטאים, לא ימנע מלהתפלל עמהם.

אם יש לו שתי בתי כנסיות, ואחד יש בו ברוב עם, מצוה להתפלל בו יותר, **כתבו** האחרונים, דאם יש בבהכ"נ של רוב עם רוב בלבול, ואין אדם שומע לא תפלה ולא קה"ת, מוטב להתפלל בביתו בעשרה.

ובהכ"נ ביחיד ובביתו בעשרה, תפלת צבור עדיף, **ואפילו** יכול לשמוע קדיש וברכו, אפילו הכי תפלת צבור עדיף.

ועיקר תפלה בצבור הוא תפלת י"ח, דהיינו שיתפללו עשרה אנשים שהם גדולים ביחד, **ולא** כמו שחושבין ההמון, שעיקר להתפלל בעשרה הוא רק לשמוע קדיש וקדושה וברכו, ולכן אינם מקפידין רק שיהיו י' בבהכ"נ, וזהו טעות, **ולכן** חוב על האדם למהר לבוא לבהכ"נ, כדי שיגיע להתפלל י"ח בצבור.

מי שהולך בשבת ויו"ט בהשכמה להתפלל במנין עשרה, כי רוב צבור מאחרים תפלתם, ובאותו מנין מתפללים גם תפלת מוסף תיכף אחר תפלת שחרית, ויש זמן אח"כ לילך לבהכ"נ, **יותר** טוב לילך להתפלל מוסף עם הצבור בבהכ"נ, דברוב עם הדרת מלך, כ"כ בתשובת יד אליהו, **ודוקא** אם מקום מיוחד לתפלתו הוא בבהכ"נ, אבל אם אין מקומו מיוחד להתפלל בבהכ"נ, טוב יותר שיתפלל כל התפלה במקום אחד.

כתב בתשובת רדב"ז: תפוס, שהשר נתן לו רשות יום אחד להתפלל עם הצבור במנין, איזה יום שירצה, **יתפלל** אותו יום תיכף, ולא יחמיץ המצוה להמתין על יום כיפור או פורים.

[ב]ואם הוא אנוס שאינו יכול לבוא לבהכ"נ - היינו שתש כחו אף שאינו חולה, **יכוין להתפלל בשעה שהציבור מתפללים** - ודוקא אם טריחא ליה מילתא לאסוף עשרה.

משמע בע"ז דף ד' ע"ב, דאם מתפלל מוסף בשעה שהצבור מתפללין שחרית, לא מיקרי בשעה שהצבור מתפללין, **ואם** מתפלל עמהם בבהכנ"ס, מיקרי תפלת הצבור.

ואם הוא אונס ממון, שמחמת השתדלותו להתפלל עם הצבור יבוא לידי הפסד, יכול להתפלל בביתו ביחיד, או בבהכ"נ בלא צבור, **אבל** משום מניעת ריוח לא ימנע מלהתפלל עם הצבור, דחילוק יש בין מניעת ריוח לבין הפסד מכיסו, וכ"כ בשב יעקב, **והעיד** על הגאון מו"ה זלמן מירל"ש, אב"ד דק"ק האמבורג, שפעם אחת הלך לבהכ"נ מעוטף בטלית ותפילין כדרכו, ופגע בו אדם אחד שהיה לו למכור אבנים טובות, ורצה שילך עמו לביתו, והגאון השיב לו שימתין עד שיבוא מבהכנ"ס, ובתוך כך מכרן לאחר, והאחר הרויח בהם כמה אלפים ר"ט, ושמח הגאון שמחה גדולה, שהשליך מנגד ממון רב עבור תפלת צבור.

וכ"כ בס' א"ר בשם תשו' ב"י, דיש לקנוס האנשים שמונעים לילך לבהכ"נ משום שעוסקין בתורה, או משום שמשתכרין ממון, ולעשירים יש לקנוס יותר, **ובעל** תורה אף שעוסק בלימוד, מ"מ איכא חשדא וחילול הד'.

(והוא הדין בני אדם הדרים בישובים ואין להם מנין, מ"מ יתפללו שחרית וערבית בזמן שהציבור מתפללים, סמ"ג) - פי' בשעת שקהלות ישראל מתפללים, **ובאשכנז** שנהגו להקדים ערבית, כמש"כ סימן רל"ה, יחיד הדר בכפר או בדרך, צריך להמתין עד צה"כ.

ובימות הקיץ שהצבור מאחרים תפלת שחרית, והדר בישוב אסור אפילו ללמוד, שמא ימשוך בלימודו ויעבור זמן תפלה, ואח"כ יתבטלו זמן ארוך, לכן מוטב שיתפלל תיכף בהנץ החמה, **ומכ"ש** כהיום, דבקהלות גדולות מתפללין תיכף משהאיר הבוקר, וא"כ לעולם הוא בשעה שהצבור מתפללין.

[ג]וכן אם נאנס ולא התפלל בשעה שהתפללו הציבור והוא מתפלל ביחיד, אעפ"כ יתפלל בבהכ"נ - מפני שהוא מקום קבוע לקדושה, ותפלתו מתקבלת שם יותר, **ופשוט** דאם הוא ת"ח, ויש חשש חילול הד' כשיבוא אחר התפלה בבהכ"נ, דיתפלל בביתו.

אות ב'

כל מי שיש לו בית הכנסת בעירו ואינו נכנס שם כו'

סימן צ סי"א - [ד]מי שיש לו בהכ"נ בעירו ואינו נכנס בו להתפלל, נקרא שכן רע - דכן דרך שכנים הרעים, שאין נכנסין לבית חביריהם. **וגורם גלות לו ולבניו** - דכתיב: כה אמר ה' על כל שכיני הרעים וגו', הנני נותשם מעל אדמתם.

ועיין באחרונים שכתבו, שאפילו אין שם מנין עשרה, דהא סתמא קתני, **ובפמ"ג** מסתפק בזה.

ואם מתפלל בביתו בעשרה, בכל גווני אינו נקרא שכן רע, דכל בי עשרה שכינתא שריא, **ומיהו** עכ"פ מידי חובת בהכ"נ לא נפיק, אא"כ אותו המקום שמתפללין בו קבוע לקדושה.

ואם יש שתי בתי כנסיות בעיר, טוב לילך להרחוקה, כי שכר פסיעות יש.

וכל המשכים ומעריב לבהכ"נ, זוכה לאריכת ימים, שנאמר: אשרי אדם שומע לי לשקוד על דלתותי יום יום, וכתיב אחריו: כי מוצאי מצא חיים וגו'.

אות ג'

לעולם יכנס אדם... שיעור שני פתחים, ואחר כך יתפלל

סימן צ ס"כ - [ה]יכנס שיעור שני פתחים ואח"כ יתפלל. י"מ [ו]שיעור שני פתחים דהיינו ח' טפחים יכנס לפנים,

---

באר הגולה

א שם ו' | ב שם ז: | ג ר"י בשם הגאונים | ד ברכות ח' ע"א | ה ברכות ח' | ו ירושלמי ואורחות חיים וכן פי' רש"י

שלא ישב אצל הפתח, שנראה כמשאוי ישיבת בהכ"נ, ולפי"ז [ז]אם יש לו מקום מיוחד אצל הפתח, אין בכך כלום.

[ח]וי"מ שהטעם מפני שמביט לחוץ ואינו יכול לכוין, ולפי זה אם אינו פתוח לרשות הרבים אין בכך כלום.

[ט]וי"מ שלא ימהר להתפלל מיד כשנכנס, אלא ישהא שיעור שני פתחים - כדי שתתיישב דעתו עליו ויתפלל בכונה, כי כשיתפלל תיכף בכניסתו פתאום, אין דעתו מיושבת עליו.

ונכון לחוש לכל הפירושים - עיין בב"ח שכתב, שצריך לעשות עזרה לפני בהכ"נ, דוגמת האולם שהיה לפני ההיכל, והאריך לפרש בזה המאמר דשיעור שני פתחים, וכ"כ המ"א, וכן נהגו כהיום בכל מקום, **וע"כ** טוב להדר לכתחילה שלא להתפלל בעזרה כי אם בבהכ"נ.

מכבדין בפתח בהכ"נ, שיכנס הגדול תחלה, הואיל וראוי למזוזה.

אות ד'

לא הוה מצלינא אלא היכא דגריסנא

סימן צ ס"ח - [י]בית המדרש קבוע קדוש יותר מבהכ"נ, ומצוה להתפלל בו יותר מבהכ"נ, [יא]והוא שיתפלל בי' - ואפילו אם בבהכ"נ איכא רוב עם הדרת מלך, מ"מ בהמ"ד עדיף, **וה"מ** למי שלומד בו, [יב]וכדי שלא יבטל מלימודו לילך לבהכ"נ, הא בלא"ה רוב עם עדיף, כ"כ הפמ"ג, **ונראה** פשוט, דזה דוקא בבהמ"ד שקבוע ליחיד ללימוד, דלא קבוע קדושתו כ"כ, וכדמשמע ממ"א, דבזה איירינן הכא, **אבל** בהמ"ד שקבוע לרבים ללימוד התורה, בוודאי קדושתו חמורה יותר מבהכ"נ, ומוטב להתפלל בו בעשרה יותר מבהכ"נ שיש בו רוב עם, אפילו מי שאינו לומד בו כלל, **וכדאיתא** בגמרא, דאוהב ה' שערים המצויינים בהלכה יותר מבתי כנסיות וכו', וכן משמע [יג]מכמה אחרונים.

הגה: וי"א דאפי' בלא י' עדיף להתפלל בבהמ"ד הקבוע לו; ודוקא מי שתורתו אומנתו ואינו מתבטל בלאו הכי (הר"י פ"ק דברכות) - ר"ל כי אם לדברים הכרחים לצרכי גופו ולימודו, ע"כ אין לו ללכת לבהכ"נ אפילו אם אין שם עשרה, מפני שמבטל מלימודו בשעת הליכתו, **ועיין** בביאור הגר"א שכתב, דבאופן זה שתורתו אומנתו, אפילו לדעה הראשונה לא בעינן עשרה, **וכ"ש** בלומד תורה ברבים עם תלמידים, שאין לו לבטל מלימודו לילך לבי כנישתא.

ואפילו הכי לא ירגיל עצמו לעשות כן, שלא ילמדו עמי הארץ ממנו ויתבטלו מבהכ"נ (תשו' הרא"ש והטור) - כי לא ידינוהו לכף זכות לתלות בתורתו, שבשביל לימודו הוא מתפלל ביחיד, רק יאמרו שאינו חושש בתפלה, וידונו ק"ו על עצמם, ולא יחושו כלל לתפלה.

וכ"ש שלא יעסוק בתורה בבהכ"נ בזמן שהציבור אומרים סליחות ותחינות (הגהות אלפסי החדשים) - וכן בשעת קה"ת, **כתב** בספר מאמר מרדכי, דאם הוא כבר התפלל, ואינו עומד שם אלא לענות הקדישים והקדושות מאותם שפורסים על שמע או שחוזרים כל התפלה, עוסק בתורה ואינו חושש, וכן מוכח מלשון הג"ה, דמיירי דוקא בענין שפורש מן הצבור וכו'.

אות ד'* [יד]

אשריך בעולם הזה, וטוב לך לעולם הבא

יו"ד סימן רמו סכ"א - הגה: לא יחשוב האדם לעסוק בתורה ולקנות עושר וכבוד עם הלמוד, כי מי שמעלה מחשבה זו בלבו אינו זוכה לכתרה של תורה; אלא יעשה אותו קבע ומלאכתו עראי, וימעט בעסק ויעסוק בתורה, ויסיר תענוגי הזמן מלבו, ויעשה מלאכה כל יום כדי חייו, אם אין לו מה יאכל, ושאר היום והלילה יעסוק בתורה.

ומעלה גדולה למי שמתפרנס ממעשה ידיו, שנאמר: יגיע כפיך כי תאכל וגו'. וכל המשים על לבו לעסוק בתורה ולא לעשות מלאכה להתפרנס מן הצדקה, הרי זה מחלל השם ומבזה התורה, שאסור ליהנות מדברי תורה. וכל תורה שאין עמה מלאכה, גורכת עון וסופו ללסטס הבריות. ‹רמב"ם›.

אות ה' – ו'

זה המניח ספר תורה [טו](כשהוא פתוח) ויוצא

רבי אבהו נפיק בין גברא לגברא

סימן קמו ס"א - [טז]אסור לצאת ולהניח ס"ת כשהוא פתוח - וע"ז נאמר: ועוזבי ה' יכלו, ומתרגמינן: ודשבק אורייתא דיי' ישתצון, **ואפילו** איכא עשרה דצייתי לס"ת זולתו, וגם הוא כבר שמע קה"ת בעשרה, אפ"ה אסור.

(מלשון זה משמע, דאפילו לא התחילו עדיין לקרות, אסור, מכיון שכבר נפתח הספר, **ואף** דבס"ב סתם המחבר כהרמב"ם, דדוקא כשהתחיל לקרות אסור, הכא לענין לצאת חמיר טפי, **ואף** דלענין בין גברי לגברי חמיר שם מהכא, דהכא שרי והתם אסור, לענין לצאת כשהיא פתוחה חמיר הכא מהתם, **אכן** מלשון הרמב"ם משמע, דהכא ג"כ אינו אסור רק כשהתחיל לקרות, **אמנם** לפי מה שמצדד המ"א, וכן משמע מהגר"א, דשם ג"כ אסור תיכף משנפתח, א"כ בענינו בוודאי אין להקל).

אבל בין גברא לגברא, שפיר דמי - (עיין בפר"ח שמצדד לומר, דמשעה שגמר הקריאה, אפילו לא בירך עדיין ברכת "אשר נתן", יכול לצאת, **ובספר** מטה יהודה חולק על זה, דהברכה שייכא להקריאה, וחשיבא כוותיה).

באר הגולה

[ז] ר' יונה [ח] טור בשם ר"מ מרוטנבורג [ט] הרא"ש הביאו שם [י] ברכות ח' [יא] רמב"ם [יב] ‹לא הבנתי, דהכא אין הטעם משום בטול בהמ"ד, אלא מטעם דקדוש יותר מבהכ"נ כדאיתא בגמ' אוהב ד' שערי ציון וכו' - רעק"א› [יג] [משו"ע הגר"ז וחי' רעק"א וחיי אדם] [יד] ‹ע"פ מהדורת נהרדעא› [טו] ‹ע"פ הג' הב"ח› [טז] ברכות ח'

והוא כשנשארו עשרה בביהכ"נ, וכשכבר שמע קה"ת, או שדעתו לבוא מיד, **וגם** זה אינו מותר כי אם כשהוא לצורך גדול.

(וזהו דוקא כשאירע הדבר באקראי בעלמא, אבל כשעושין זה תדיר, נראה פירוק עול תורה, וכמעט שאני אומר, שעליהם נאמר: ועוזבי ה' יכלו ח"ו – תשב"ץ).

אות ז'

בין פסוקא לפסוקא מהו, תיקו

טור סימן קמו - גרסינן בפ"ק דברכות ועוזבי ה' יכלו, זה המניח ס"ת כשהוא פתוח ויוצא, [יז]ואפילו בין פסוק לפסוק אסור לצאת, אבל בין גברא לגברא שפיר דמי.

אות ח'

רב ששת מהדר אפיה וגריס, אמר: אנן בדידן ואינהו בדידהו

סימן קמו ס"ב - [יח]כיון שהתחיל הקורא לקרות בס"ת, אסור לספר אפילו בד"ת - וכן לפרש דבר תורה, או להורות הוראה לאדם ששואל, אסור, [דהא יכול להורות אח"כ], **ולאפרושי** מאיסורא, מותר לומר בדרך קצרה, אם אי אפשר להפריש ע"י רמיזה.

והמ"א מצדד לומר, דמשעה שנפתח הס"ת, אפילו לא התחיל עדיין הקורא לקרות, ג"כ אסור, וכן משמע דעת הגר"א בביאורו, דמשעה שפתחו הס"ת כדי לברך אסור לספר.

אפי' בין גברא לגברא - שמא ימשך הלמוד בעת הקריאה, **והב"ח** מיקל בלמוד בין גברא לגברא, **ובא"ר** מצדד, דעם אחרים אין להקל שמא ימשך, ובבינו לבין עצמו, המיקל ללמוד אז אין למחות בידו, **אך** להורות אז הוראה לפי שעה אין להחמיר, דלא שכיח כ"כ בזה שמא ימשך.

[יט]ואפילו אם השלים הוא הפרשה - שנים מקרא ואחד תרגום, **ועיין** בפמ"ג שמצדד לומר, דאפי' אם כבר שמע קריאת התורה בעשרה, ג"כ אסור, וכן משמע בביאור הגר"א.

[כ]ויש מתירים לגרוס (פי' ללמוד) בלחש - מיירי דאיכא עשרה דצייתי לס"ת מבלעדו, ואפ"ה אינו מותר בקול רם לדעה זו, כדי שלא יטריד שאר השומעים.

(**באמת** שיטה זו תמוה לכאורה מאד, דמאי מהני שיגרוס בלחש, שלא יבטל שארי השומעים קה"ת, מ"מ גם הוא מצווה לשמוע קה"ת, ואם ילמוד את למודו לא יתן לבו לשמוע מה שקורא הקורא, **ואפילו** אם יש עשרה דצייתי, מאי מהני לגבי דידיה, הא על כל איש ואיש מוטל החיוב דתקנת עזרא, **ובאמת** מפני זה דחאה בעל שבולי הלקט שיטה זו מהלכה, **ולולא** דמסתפינא הו"א, דשיטה זו מיירי שכבר יצא בעצמו ידי קה"ת, ואפ"ה בקול רם אסור, שלא יטריד שאר השומעים, וכן דעת בה"ג שנזכר אחר זה, יהיה ג"כ מיירי רק בכה"ג, **ולפי"ז** אפשר דקאי המחבר רק אמאי דסמיך ליה, שכבר השלים הפרשה, ולפי מה שכתבנו במ"ב, דאפילו כבר יצא ידי קריאה, **אלא** דבאמת מדברי המחבר בסוף סעיף זה, שכתב וכ"ז אינו ענין וכו', לא משמע כן, וצ"ע).

וי"א שאם יש י' [כא]דצייתי (פי' המשימין לבם) לס"ת, מותר לספר (בד"ת) (ב"י בשם מהרי"א).

[כב]ויש מתירים למי שתורתו אומנתו - היינו דאפילו היכא דאיכא י' דצייתי, אינו מותר ללמוד בעת הקריאה, כי אם בשתורתו אומנתו, שאינו מבטל שום שעה מלמודו, [**ובדליכא** י' דצייתי, אינו מועיל תורתו אומנתו אפי' לשיטה זו], **ועיין** בא"ר שהביא בשם כמה ראשונים, דהשתא אין לנו תורתו אומנתו לענין זה.

[כג]ויש מתירים למי שקודם שנפתח ס"ת מחזיר פניו ומראה עצמו שאינו רוצה לשמוע ס"ת אלא לקרות, ומתחיל לקרות - טעם שיטה זו, דס"ל שכיון שכבר התחיל במצוה מתחלה, וראו אותו אנשי ביהכ"נ שכבר קבע עצמו ללמוד, אינו מחוייב לפסוק, **אבל** אם לא התחיל מתחלה, אין לשום אדם, ואפילו מי שתורתו אומנתו, ללמוד בשום אופן כלל.

[כד]ולקרות שנים מקרא ואחד תרגום בשעת קריאת התורה, שרי - לכל הדעות שנזכרו לעיל, כיון שהוא מעין מה שקורא הש"ץ, אע"פ שאין קורא ממש בפסוק שהש"ץ קורא, **ומ"מ** גם זה אינו מותר רק בלחש, שלא יבלבל דעת השומעים.

(**עיין** במ"א שהביא בשם תה"ד, דמותר אפילו ליכא עשרה דצייתי לס"ת, כיון דגם הוא עסוק באותו ענין, **ובאמת** אין דברי תה"ד מוכרחין כלל, ואפשר דוקא בדאיכא עשרה דצייתי, **אבל בדליכא עשרה לא מהני, דהא הוא קורא בפני עצמו בחומש, ולפעמים בפרשיות ובפסוקים אחרים, ואינו שומע הפרשה שקורין בספר, ולא** מיבעיא לדעת הט"ז וסייעתו בסי' נ"ה, דישן וכן מדבר ואינו שומע אינו מצטרף לענין תפלה, משום דבעינן עשרה דצייתי, בודאי גם הכא בעינן עשרה דצייתי למה שקורא בספר, **ואין** להתיר במה שעוסק באותו ענין, דהא הט"ז שם כתב, דגם בההיא דסעיף ו' דעסוק ג"כ בענין תפלה, אינו מותר רק משום דיכול להפסיק ולשתוק, ושומע כעונה, **אלא** אפילו להשו"ע שם דמקיל, אפשר הוא דוקא בתפלה ולא בקריאת התורה, דשם בעינן דוקא צבור, **ותדע** דהא בעניני התפלה, אחד מקבץ עשרה בני אדם אף שכבר התפללו, ויצאו ידי ברכו וקדושה, ועובר לפני התיבה ואומר ברכו וקדושה, והכל עונין אחריו, **ולא** מצינו כן בקריאת התורה, שאחד שלא שמע קה"ת יוכל לקבץ

באר הגולה

יז ‹וכיון דאסיקנא בתיקו, אזלינן לחומרא - ב"ח. ‹**והשמיט** השו"ע, שאינו נוהג עכשיו, שאין מתרגמין עכשיו ואין מפסיקין בין פסוק לפסוק - גר"א› **יח** סוטה ל"ט **יט** הרשב"א בתשובה **כ** רש"י שם ‹כל זה לתרץ מש"כ רב ששת מהדר כו', וג' סברות הראשונות כתובות בתוס' דברכות שם - גר"א› **כא** בעל ה"ג **כב** הרי"ף שם [פ"ק דברכות] והביאו הטור **כג** תלמידי ר' יונה ‹וזהו שכתב מהדר כו', ולסברות הראשונות דחקו עצמן דלרבותא קאמר - גר"א. **דאפי'** בכה"ג דכו"ע רואים שאינו שומע קה"ת, ג"כ שרי - דמשק אליעזר› **כד** מרדכי והג"א ומנהג ר"י חסיד

עשרה שכבר קראו, ולקרות עוד הפעם בשבילו, וע"כ דלא נתקנה אלא בצבור דוקא, **ובאמת** ע"כ מוכרחין אנו לומר כן לדעת השו"ע, דקה"ת חמיר טפי, דהא בענינו מבואר להדיא בבה"ג ורי"ף, דבעינן י' דצייתי, ולא מצטרף במה שאחד יושב ועוסק אפי' בד"ת, ולדעת השו"ע שם הלא מצטרף במה שיושב שם בביהכ"נ לחוד, וע"כ דקריאה חמירא טפי, ומזה באמת נפשט ספיקא דפמ"ג שהבאתי לעיל במ"ב סימן נ"ה, שמסתפק לענין קה"ת אם ישן מהני, ומדברי בה"ג ורי"ף משמע דלא מהני).

[כה]**וכל זה** - ר"ל כל הקולות הנזכרים בסימן זה לענין שמיעת הקריאה,

אינו ענין לפרשת זכור ופרשת פרה, שהם בעשרה מדאורייתא, שצריך לכוין ולשומעם מפי הקורא.

פרשת פרה - עיין בבאור הגר"א ופר"ח וש"א שכתבו, דאינו עיקר, ופרשת פרה הוא מדרבנן, **מ"מ** לענין זה מסתברא דגם לדידהו לא מקילינן כל הקולות הנ"ל.

והנכון שבכל הפרשיות ראוי למדקדק בדבריו לכוין דעתו ולשומעם מפי הקורא - ר"ל אפי' להעביר הסדרא שמו"ת בשעת הקריאה אינו מן המובחר, אלא ראוי לדקדק ולשמוע מפי הקורא מלה במלה.

ופר"ח כתב, דמעיקר הדין הוא, שאסור לעסוק בשום דבר ואפילו בשמו"ת בשעת הקריאה, ואפי' איכא עשרה דצייתי זולתו, [**אם** לא מי שתורתו אומנתו, ובזמנינו ליכא תורתו אומנתו וכנ"ל], **וכן** הביא מ"א בשם של"ה שמחמיר בזה, אלא צריך לשתוק ולשמוע הקריאה מפי הש"ץ, וכן דעת הגר"א במעשה רב, **ומ"מ** לקרות שמו"ת או עם פירש"י בין גברא לגברא, מותר אפילו לדעה זו, **והמ"א** הביא בשם מטה משה, דנכון לקרות בלחש מלה במלה עם הש"ץ, דבלא זה א"א לכוין ולשמוע, וכ"כ כמה אחרונים.

(**והנה** כל זה הסעיף הוא תוכחת מגולה, לאותן האנשים המפקירין את נפשותם ומספרין בשיחה בטלה בעת הקריאה, אם בין גברא לגברא שהספר סתום, אסור לספר עם חבירו, ולכמה פוסקים אסור אפילו בד"ת, כמה יגדל האיסור בעת שהספר פתוח, שבזיון הוא כשמסיר אזנו מלשמוע דבר ה', וגדול עונו מנשוא, **שאפילו** מי שיוצא באמצע הקריאה נאמר עליו: ועוזבי ה' יכלו, כ"ש בזה שעומד בביהכ"נ ואינו רוצה להטות אזנו לתורה, **ולבד** זה מצוי כמה פעמים חילול השם עי"ז ברבים, כגון שהוא עומד במזרח ביהכ"נ, ועונו נראה לעין כל, ויש בזה חשש ד"לא תחללו את שם קדשי", **גם** כמה פעמים המעשיות שלו מעורבין בלה"ר ורכילות מראשן ועד סופן, ולבד זה האיסור של שיחה בטלה בבהכ"נ וביהמ"ד, שהוא ג"כ איסור גדול, **ראה** וחשוב כמה איסורין עובר עי"ז, וגם תפלתו מתועבת עבור זה לפני ה', כדכתיב: מסיר אזנו משמוע תורה גם תפלתו תועבה, ואשרי מי שנותן כבוד לתורה, וכמו שנאמר: כי מכבדי אכבד וגו').

אות ט'

לעולם ישלים אדם פרשיותיו עם הצבור שנים וכו'

סימן רפה ס"א - [כו]אע"פ שאדם שומע כל התורה כולה כל שבת בצבור, חייב לקרות לעצמו בכל שבוע פרשת אותו השבוע - היינו שלא יקדים לקרות קודם אותו שבוע, וגם לא יאחר, דצריך להשלים פרשיותיו עם הצבור, **וכל** המשלים פרשיותיו עם הצבור, מאריכין לו ימיו ושנותיו, גמ'.

שנים מקרא ואחד תרגום - אבל לא יקרא אחד מקרא ואחד תרגום, ויכוין לשמוע מהש"ץ, **אלא** צריך לקרות ב' פעמים מקרא חוץ ממה ששמע מהש"ץ, **אם** לא שקרא אז ג"כ בפיו, **ועיין** במ"א שכתב בשם לחם חמודות, דבדיעבד יוצא פעם אחת במה ששמע מהש"ץ, **ויש** אחרונים שמחמירין אפי' דיעבד.

ובענין הקריאה יש דעות בזה בין אחרונים, י"א שיקרא כל פסוק ב' פעמים ותרגום עליו, **וי"א** שיקרא כל פרשה ב' פעמים ואח"כ התרגום, היינו שיקרא כל פרשה פתוחה או סתומה ב' פעמים ואח"כ התרגום, **ובמ"א** ובש"ת מצדדים כדעה ראשונה, **ובספר** מעשה רב איתא, שהגר"א נהג לומר התרגום אחר כל פרשה פתוחה או סתומה, או אחר מקום שנראה יותר הפסק ענין, **ודעביד** כמר עביד ודעביד כמר עביד. (**יש** שקורין כל הסדרה ואח"כ פעם ב' ואח"כ התרגום, **ויכול** לעשות כמו שירצה, דלכולם יש פנים בהלכה, **ואפשר** שיכול לעשות פעמים כך ופעמים כך, ערה"ש).

מי שהוא בקי בטעמים ובנקודות בעל פה, טוב להדר לקרות בס"ת גופא.

אפילו "עטרות ודיבן" - [כז]ר"ל אע"פ שאין בו תרגום, **וה"ה** "ראובן ושמעון" וכיו"ב, צריך לקרותו ג' פעמים, **ויש** מחמירין דב"עטרות ודיבן" שיש בו תרגום ירושלמי, צריך לקרות שם התרגום.

[כח]סימן רפה ס"ב - אם למד הפרשה בפי' רש"י, חשוב כמו תרגום - שהוא מפרש את המקרא כמו שמפרש התרגום ויותר ממנו, וע"כ יוצא במה שקורא שני פעמים מקרא ואחד פירוש רש"י, **ואותן** פסוקים שאין עליהם פירש"י, יקרא אותן ג' פעמים, **אבל** אם קראה בשאר לעז שהוא מפרש רק את המלות לחוד, לא יצא י"ח במקום תרגום, לפי שהתרגום מפרש כמה דברים שאין להבין מתוך המקרא.

מי שאינו בר הכי שיבין את פירש"י, ראוי לקרות בפירוש התורה שיש בלשון אשכנז בזמנינו, כגון ספר "צאינה וראינה" וכיוצא בו, המבארים את הפרשה ע"פ פירש"י ושאר חכמינו ז"ל הבנוים על יסוד התלמוד.

וירא שמים יקרא תרגום וגם פירוש רש"י - כי התרגום יש לו מעלה שניתן בסיני, וגם הוא מפרש כל מלה ומלה, **ופירש"י** יש לו מעלה, שהוא מפרש את הענין ע"פ מדרשי חז"ל יותר מהתרגום, **ובאמת** כן ראוי לנהוג לכל אדם, שילמוד בכל שבוע הסדרה עם פירש"י לבד התרגום, כי יש כמה פרשיות בתורה ובפרט בחלק ויקרא, שא"א להבינם כלל ע"י תרגום לחוד.

באר הגולה

כה תוס' ריש פ"ב דברכות והרא"ש והסמ"ג כו ברכות ח' כז ‹פי' רש"י [שם ע"ב ד"ה ואפי'] דהרבותא הוא אע"ג דאין עליו תרגום, צ"ל המקרא ג"פ. והתוס' [ד"ה ואפי'] הקשו עליו דא"כ למה נקט עטרות ודיבון, הו"ל למימר ראובן ושמעון דאין בו תרגום, ולכן פירשו דנקט עטרות ודיבון שאין בהם תרגום אונקלוס, אבל יש בהם תרגום ירושלמי, וקמ"ל דאפ"ה צריך לומר פעם ג' תרגום אונקלוס, כיון שאין בהם תרגום ירושלמי. – מחה"ש› כח ‹מילואים ועיין תוס' ד"ה שנים›

ואפילו *°עטרות ודיבון שכל המשלים פרשיותיו עם הצבור מאריכין לו ימיו ושנותיו רב ביבי בר אביי סבר לאשלומינהו לפרשייתא *דכולא שתא במעלי יומא דכפורי *תנא ליה חייא בר רב מדפתי כתיב °ועניתם את נפשתיכם בתשעה לחדש בערב וכי בתשעה מתענין והלא בעשרה מתענין אלא לומר לך כל האוכל ושותה בתשיעי מעלה עליו הכתוב כאילו מתענה תשיעי ועשירי. סבר לאקדומינהו אמר ליה ההוא סבא תנינא ובלבד שלא יקדים ושלא יאחר כדאמר להו ר' יהושע בן לוי לבניה אשלימו פרשיותייכו עם הצבור שנים מקרא ואחד תרגום *והזהרו בורידין כרבי יהודה דתנן *רבי יהודה אומר עד שישחוט את הורידין והזהרו בזקן ששכח תלמודו מחמת אונסו דאמרינן *לוחות ושברי לוחות מונחות בארון אמר להו רבא לבניה כשאתם חותכין בשר אל תחתכו על גב היד איכא דאמרי משום סכנה ואיכא דאמרי משום קלקול סעודה ואל תשבו על מטת ארמית ואל תעברו אחורי בית הכנסת בשעה שהצבור מתפללין. *ואל תשבו על מטת ארמית. איכא דאמרי לא תגנו בלא ק"ש ואיכא דאמרי דלא תנסבו גיורתא וא"ד ארמית ממש ומשום מעשה דרב פפא *דרב פפא אזל לגבי ארמית הוציאה לו מטה אמרה לו שב אמר לה איני יושב עד שתגביהי את המטה הגביהה את המטה ומצאו שם תינוק מת מכאן אמרו חכמים אסור לישב על מטת ארמית ואל תעברו אחורי בית הכנסת בשעה שהצבור מתפללין מסייע ליה לרבי יהושע בן לוי דאמר ר' יהושע בן לוי *אסור לו לאדם שיעבור אחורי בית הכנסת בשעה שהצבור מתפללין אמר אביי ולא אמרן אלא דליכא פתחא אחרינא אבל איכא פתחא אחרינא לית לן בה ולא אמרן אלא דליכא בי כנישתא אחרינא אבל איכא בי כנישתא אחרינא לית לן בה ולא אמרן אלא דלא דרי טונא ולא רהיט ולא מנח תפילין אבל איכא חד מהנך לית לן בה: תניא אמר ר"ע בשלשה דברים אוהב אני את המדיים כשחותכין את הבשר אין חותכין אלא על גבי השולחן כשנושקין אין נושקין אלא על גב היד וכשיועצין אין יועצין אלא בשדה אמר רב אדא בר אהבה מאי קראה °וישלח יעקב ויקרא לרחל וללאה השדה אל צאנו: תניא אמר רבן גמליאל בשלשה דברים אוהב אני את הפרסיים הן צנועין באכילתן וצנועין בבית הכסא וצנועין בדבר אחר: °אני צויתי למקודשי תני רב יוסף אלו הפרסיים המקודשין ומזומנין לגיהנם: רבן גמליאל אומר וכו': אמר רב יהודה אמר שמואל הלכה כר"ג *תניא ר"ש בן יוחי אומר [2]פעמים שאדם קורא ק"ש שתי פעמים בלילה אחת קודם שיעלה עמוד השחר ואחת לאחר שיעלה עמוד השחר ויוצא בהן ידי חובתו אחת של יום ואחת של לילה. הא גופא קשיא אמרת פעמים שאדם קורא קריאת שמע שתי פעמים בלילה אלמא לאחר שיעלה עמוד השחר ליליא הוא והדר תני יוצא בהן ידי חובתו אחת של יום ואחת של לילה אלמא יממא הוא לא לעולם ליליא הוא והא דקרי ליה יום דאיכא אינשי דקיימי בההיא שעתא אמר רב אחא בר חנינא אמר רבי יהושע בן לוי הלכה כרבי שמעון בן יוחי איכא דמתני להא דרב אחא בר חנינא אהא דתניא רבי שמעון בן יוחי אומר משום ר' עקיבא [3]פעמים שאדם קורא קריאת שמע שתי פעמים ביום אחת קודם הנץ החמה ואחת לאחר הנץ החמה ויוצא בהן ידי חובתו אחת של יום ואחת של לילה הא גופא קשיא אמרת פעמים שאדם קורא ק"ש שתי פעמים ביום אלמא קודם הנץ החמה יממא הוא והדר תני יוצא בהן ידי חובתו אחת של יום ואחת של לילה אלמא ליליא הוא

רש"י

תורה אור

אין בו תרגום: **מעלה עליו הכתוב כו'.** והכי קאמר קרא הכינו עצמכם בתשעה לחדש לענוי המחרת והרי הוא בעיני כענוי היום: **לאקדומינהו** · לסדר כל הפרשיות בשבת אחת או בשתי שבתות: **עד שישחוט את הורידין.** כדי שיצא כל הדם ולא אמר כן אלא בעוף הואיל וצולהו כולו כאחד: **מחמת אונסו.** שחלה או שנטרד בדוחק מזונות הזהרו בו לכבדו: **שברי לוחות מונחות בארון.** דכתיב (דברים י) אשר שברת ושמתם בארון אף השברים תשים בארון: **משום סכנה.** שלא יקוץ ידו: **משום קלקול סעודה.** אף בתבורה קטנה יצא דם ויכלך את המאכל וימאיס את המסובין: **בלא ק"ש.** שהאי מטתך דומה למטת ארמית: **ארמית ממש.** על מטת ארמית: **מעשה דרב פפא.** שאמרה לו שב על המטה והיה בנה מת מוטל עליה והיתה רוצה להעליל עליו ולומר שישב עליו והרגו: **אסור לעבור וכו'.** שנראה כמבריח עצמו מפתח בית הכנסת שבמזרח: **על גב היד.** את יד חברו הוא נושק ודרך חשיבות הוא זה מפני הרוק: **אלא בשדה** · דאמרי אינשי אזנים לכותל: **בדבר אחר.** תשמיש: **אני צויתי למקודשי.** במפלת בבל כתיב אני צויתי את מלכי פרס (א) ומדי לבא ולהשחיתה: **ליליא הוא.** עד הנץ החמה: **דקיימי בההיא שעתא.** הלכך זמן ק"ש דיום הוא דגבי קרית שמע ובקומך כתיב והא קיימי:

והאי

תוספות

תרגום שמפרש לפעמים · כי כמו שהתרגום מפרש לע"ה כך הם מבינים מתוך הלע"ז · ולא נהירא שהרי התרגום מפרש במה שאין ללמוד מן העברי כדאשכחן *בכמה דוכתי דאמר רב יוסף (מגילה ד' ג·) אלמלא תרגומא דהאי קרא לא ידענא מאי קאמר ע"כ אין לומר בשום לשון פעם שלישית כי אם בלשון תרגום:

ואפילו עטרות ודיבון וכו'. פי' רש"י אפי' עטרות ודיבון שאין בו תרגום שצריך לקרותו שלשה פעמים בעברי. וקשה אמאי נקט עטרות ודיבון שיש לו מ"מ תרגום ירושלמי · היה לו לומר ראובן ושמעון או פסוקא אחרינא שאין בו תרגום כלל. ויש לומר משום הכי נקט עטרות ודיבון אע"ג שאין בו תרגום ידוע אלא תרגום ירושלמי וצריך לקרות ג' פעמים העברי מ"מ יותר טוב לקרות פעם שלישית בתרגום:

כאילו מתענה תשיעי ועשירי. ה"פ אם נצטווה להתענות יום ט'. והקשה רבינו שמואל ב"ר אהרן מיגבי"ל מאי קשיא ליה והא כתיב בראשון בארבעה עשר יום לחדש בערב תאכלו מצות (שמות יב) ואותו ערב ר"ל ערב של ט"ו הכא נמי נימא מאי ערב ערב של עשירי ויש לומר דשאני התם דכתיב תאכלו לבסוף דמשמע הכי בראשון בי"ד בלילה תאכלו מצות. אבל הכא כתיב ועניתם קודם בערב דמשמע ועניתם מיד ביום התשיעי:

ישלים פרשיותיו עם הצבור. נראה דכל השבוע מכיון דמתחילין לקרות הפרשה דהיינו ממנחת שבת ואילך עד שבת הבאה נקראת עם הצבור ואע"ג דלענין גיטין לא נקרא קמי שבת אלא מרביעי ואילך (בפסחים ד' קו·) [*וזמן השלמה יש במדרש (ב) ג' דברים צוה רבינו הקדוש לבניו בשעה שנפטר שלא תאכלו לחם בשבת עד' שתגמרו כל הפרשה משמע דקודם אכילה צריך להשלימה. ומיהו אם השלימה לאחר אכילה שפיר דמי. מ"מ מצוה מן המובחר קודם אכילה:

לא לעולם ליליא הוא. תימא אם כן לימא רבותא שפעמים יש אדם קורא לאחר שיעלה עמוד השחר שני פעמים ויוצא בו משום שחרית ומשום ערבית. וי"ל דהכי קאמר לעולם לילא הוא בשאר מצות דבעינן בהו יום כמו תפילין וציצית. אבל גבי ק"ש לא הואיל ואיכא אינשי דקיימי בההיא שעתא לאו זמן שכיבה הוא. והאי דנקט לאחר שיעלה עמוד השחר לאו דוקא מיד הוא דהא צריך להמתין לכל הפחות שיעורא דמתניתין (לקמן ט:) עד שיכיר בין תכלת *לכרתי:

נשלם

רב נסים גאון

ואיכא דאמרי מטה ארמית ממש. ממעשה שהיה לרב פפא אמרי דרב פפא היתה לו מלוה אצל נוי אמר כיון שרחק רב פפא לגוי במלות שלו רצה הגוי לעשות לו עלילה במרמה כדי להנצל בה מנהת ביע' שלו מה עשה נטל תינוק אחד קטן מת והשכיבו על מטה שלו וכסהו בבגדים כדי שלא ירגיש בו אדם ואמר לו לרב פפא בא עמי לביתי ואני נותן לך את שיש לך אצלי הלך אצלו ונכנס לביתו אמר לו הגוי שב לך על המטה נתן עיניו רב פפא בדברים שהיו על המטה קודם שישב עליה ומצא התינוק המת טומן בתוך הבגדים והרגיש הדברים שרצה להתעולל עליו עלילות ברשע ומאותה שעה אסרו חכמים לישב על מטה ארמית מפני כן וזה המעשה בקבלה הוא אצלי מרבי אדונינו הרב הקדוש רבנו חושיאל ריש בי רבנן ז"ל ולתחיה וגם מצאתי אותו בתשו' הגאונים כמו כן:

עין משפט נר מצוה

לו א מיי' פ"ו מהלכות תפלה הלכה א סמג עשין יט טוש"ע או"ח סימן ל סעיף ח:

לז ב ג מיי' פ"א מהלכ' ק"ש הל' יב סמג עשין יח טוש"ע או"ח סימן נח סעיף ג ד ה וסימן לה סעיף ד:

[ג"י הערוך בערך כל כרכיתי סבר לאשלומינהו לכלהו פרשייתא דכלה במעלי יומא דכפורי פי' בן עשרה פרשיות שקורין בד' שבתות שבאלול ובד' שבתות שבאדר ומפני שהיה רב ביבי עובד בחדש הכלה כמש' דכלה לא מצא פנאי להשלים כל פרשה בשבתה]

מסורת הש"ס

[קידושין דף מט. המתרגם פסוק כצורתו]

ס"א דיבון ועטרות שבספר מסעי

פסחים דף סח: יומא דף פא: ר"ה דף ט.

[סנהדרין ע:]

חולין פ"ד דף כז.

ב"ב פ"ק דף יד: מנחות לט.

פסחים קיב:

[ע"ש ברש"י ובכתב"י המעשה כענין אחר וכ"ע גם בפי' רש"י דסכא]

[כ"ל וכ"ה בסמג עיין יש]

לקמן דף סא. ע"ש

בראשית לא

ישעיה יג

תוספתא פ"א

[עוד לעגיה ללבן]

הגהות הב"ח

(א) רש"י ד"ה אני צויתי וכו' פרס לבא כצ"ל ותיבת ומדי נמחק: (ב) תוס' ד"ה ישלים וכו' במדרש יש ג' דברים:

§ מסכת ברכות דף ח: §

אות א'* [א]

עד שישחוט את הורידין

יו"ד סימן כב ס"א - בעוף צריך לשחוט הורידין, (פי' חוטים שמהן יוצא הדם, ויני"י בלע"ז) - כתב רבינו ירוחם, דצריך לשחוט לפחות ב' ורידין, **או לנקבם בשעה שהוא מפרכס שעדיין הדם חם, כדי שיצא ולא יתקרר בתוכו** - אפילו דעתו בשעת שחיטה לנתחו אבר אבר, דהואיל ודרכו לצלותו שלם, חיישינן דילמא מימלך עלויה ויצלנו שלם, כ"כ הפוסקים, **ואם לא עשה כן, לא יצלנו שלם** - ומבואר בהרא"ש, דאם לא נקבם בשעת שחיטה, מותר לצלותו ע"י שיחתוך הוורידין עם הבשר שסביבותם מן הצואר, ע"ש, וכן נראה מהך דמסירים הראש בעוף בהג"ה - ש"ך.

ואם צלאו שלם, ישליך הורידין ויחתוך סביבם כדי נטילה, שהוא כעובי אצבע – [פירוש רוחב אצבע, כמו שכתוב סי' ק"ה – ט"ז]. ‹ור"ל רוחב אגודל, דכל מקום שנזכר בפוסקים אצבע, הוא אגודל, כמבואר – פמ"ג›.

אות א'

אסור לו לאדם שיעבור אחורי בית הכנסת בשעה שהצבור מתפללין

סימן צ ס"ח - [ב]**אסור לעבור חוץ לבהכ"נ בצד שהפתח פתוח בו, בשעה שהציבור מתפללים, מפני שנראה ככופר, כיון שאינו נכנס להתפלל** - עיין בפמ"ג, שיש להחמיר אפילו בעת ק"ש ופסוקי דזמרה.

[ג]**ואם נושא משאוי, או שלבוש תפילין** - דנראה שעול מלכותו עליו, ולא יבואו לחשדו, **או שיש בהכ"נ אחר בעיר, או שיש לבהכ"נ זה פתח אחר** - נ"ל דה"ה אם רגילין בבהכ"נ הזה לעשות כמה מנינים, ג"כ שרי, דלא יבואו לחשדו. [ד]**(או שרוכב על הבהמה)** - שניכר שמפני שהוא טרוד בשמירת הבהמה אינו נכנס, **מותר.**

אות ב' – ג'

פעמים שאדם קורא קריאת שמע שתי פעמים בלילה, אחת קודם שיעלה עמוד השחר, ואחת לאחר שיעלה עמוד השחר, ויוצא בהן ידי חובתו, אחת של יום ואחת של לילה

פעמים שאדם קורא קריאת שמע שתי פעמים ביום, אחת קודם הנץ החמה ואחת לאחר הנץ החמה, ויוצא בהן ידי חובתו, אחת של יום ואחת של לילה

סימן נח ס"ג - [ה]**ומי שהוא אנוס, כגון שהיה משכים לצאת לדרך** - פי' שאין לו פנאי להמתין ולהתעכב עד הזמן משיראה, כגון שצריך לצאת לדרך, וה"ה שאר ענינים כיוצא בזה שאין לו פנאי, **במקום גדודי חיה ולסטים, שלא יוכל לעמוד ולא לכוין, אפילו פרשה ראשונה, ואפי' עד [״על] לבבך"** – ‹וע"ל סי' פ"ט ס"ח בהג"ה, ובלבוש נזכר ג"כ "פסוק אחד", וצ"ע›.

[ו]**או שבני השיירא (קראבאנא בלע"ז) הולכים מהרה ולא ימתינו לו כלל** - אם ירצה לקרות באמצע הדרך, **ומיירי** דזמן הליכתו עם השיירא, או בכל כיוצא בזה, ימשך עד סוף זמן ק"ש.

יכול לקרותה עם ברכותיה משעלה עמוד השחר, דכיון שעלה עמוד השחר שפיר קרינן ביה "ובקומך" - ויניח תפילין, ולא יברך עליהם קודם שיגיע הזמן דמשיראה את חבירו ברחוק ד"א ויכירנו, ‹וימשמש כשיגיע הזמן ויברך›, **וגם** יש לו להתפלל בביתו אחר ק"ש וברכותיה.

וה"ה כשיש קבורת מת בעיר, או מילה, או יום ערבה דמפשי ברחמים, וצריך להקדים את עצמו, יכול לקרותה משעלה עה"ש, ‹ועם ברכותיה, דומיא דאינך, **וצל"ע** לענין תפלין איך יניחם אז קודם זמן הנחתם, ואינו דומה למה שהעתקנו על השכים לצאת לדרך, **דשם** הקילו חז"ל להניחן קודם הזמן, ולמשמשן כשיגיע הזמן ולברך עליהם, וכדלעיל בסי' ל' ס"ג, משא"כ הכא, **ויותר** טוב לומר "ברוך שאמר" ופסוקי דזמרה בלא תפילין עד "יוצר אור", וכשיגיע הזמן דכדי שיראה, יניח תפילין ויברך עליהם ויאמר מ"יוצר אור" והלאה›.

[ז]**וגם שפיר מקרי "יוצר אור"** - והמ"א ופמ"ג פסקו דאין לומר "יוצר אור" כ"כ בהשכמה, עד שיכיר בין תכלת ללבן, והוא הזמן דעד שיראה חבירו ברחוק ד"א הנ"ל, גם בביאור הגר"א מצדד כהמ"א, **ובלא"ה** צריך לכתחילה להמתין אם יוכל מחמת מצות תפילין וכנ"ל.

אבל אם אינו במקום גדודי חיה וליסטים, וגם אין בני השיירא נחפזים כ"כ, אפילו יוצא לדרך אחר שעלה עמוד השחר, אינו קורא עד שיגיע זמנה.

סימן נח ס"ד - [ח]**אם קראה משעלה עמוד השחר אעפ"י שלא היה אנוס, יצא בדיעבד** - דמקצת אנשים קמים באותו הזמן, וקרינן ביה "ובקומך", ובדיעבד העמידוהו על דין תורה, **ודוקא** באקראי בעלמא, דהיינו פעם אחת בחודש, הוא דיוצא בדיעבד,

---

באר הגולה

[א] ‹ע"פ מהדורת נהרדעא› [ב] **ברכות ח'** [ג] ‹בגמ' "ולא רהיט", וגם הרי"ף השמיטו – מעדני יו"ט› [ד] **ב"י בשם רבינו ירוחם** ‹וכתב רבינו ירוחם: וכמו כן דוקא שאינו הולך רכוב, וטעמו, משום דבקצת נוסחי איכא בפרק הרואה, ולא אמרו אלא דלא רכיב חמרא, אבל רכיב חמרא לית לן בה – ב"י› [ה] **שם בגמ' ח' לפי' הרי"ף** ‹בדיעבד הוא, א"נ בשעת הדחק, כגון מי שהיה משכים לצאת לדרך וכיוצא בו, אבל לכתחלה לא – רי"ף› **ורמב"ם ורשב"א** [ו] ר' יונה [ז] הרשב"א [ח] הרי"ף והרמב"ם שם

אבל אם הוא רגיל לעשות כן, אמרו חכמים שאפי' בדיעבד לא יצא, וצריך לחזור ולקרותה, **מיהו** אם שעת הדחק הוא, אפילו רגיל טובא שרי, דמאי הו"ל למיעבד.

י"א דעמוה"ש הוא מעט קודם שהאיר פני המזרח, (**ומעה"ש עד הנץ** החמה הוא שעה וחומש), **וי"א** דעמוה"ש נקרא משהאיר פני המזרח, (**ולפי"ז** יצא לנו ג"כ קולא לענין בדיעבד לק"ש של ערבית אם לא היה אנוס, ‹דיוצא עד שהאיר פני מזרח›, **וזה** הזמן הוא קודם הזמן דמשיראה את חבירו הנ"ל בס"א.

ואם קראה בלא ברכות, יחזור לקרותה בזמנה עם הברכות.

ועיין לקמן סימן ס' (ב"י) – (משמע מדבריו, דאם קראה בברכות, אף בהם יצא, ולכאורה לפי מה שכתב המג"א יש להסתפק אם יצא בדיעבד בברכת "יוצר אור", ומ"מ נראה דא"צ לחזור ולברך, דאנו צריכין רק לחשוש לדעת ר"ה גאון, דדלמא ברכת יוצר הוו אמרי, לענין לכתחלה, כמש"כ הפמ"ג).

סימן נח ס"ה - [ט]**אם נאנס ולא קרא ק"ש ערבית עד שעלה עמוד השחר, כיון שעדיין לא הנץ החמה, קורא קריאת שמע ויוצא בה ידי חובת קריאת שמע ערבית** - דכיון דמקצת אנשים ישנים באותו הזמן, לכן בשעת הדחק קרינן ביה ג"כ "ובשכבך", **אבל** בלא"ה אפילו בדיעבד לא יצא.

[י]**ואם היה אנוס באותה שעה לצאת לדרך מקום גדודי חיה ולסטים, לא יקרא אז ק"ש פעם שנית לצאת בה ידי חובת ק"ש של יום, שמאחר שעשה לאותה שעה לילה, אי אפשר לחזור ולעשותה יום** - אפילו אחר שיגיע הזמן דשיכיר את חבירו ברחוק ד"א, אלא ימתין אולי יזדמן לו לקרותה בזמנה כהלכתה.

לא יקרא וכו' - ויש חולקין בזה, עיין א"ר ובביאור הגר"א.

סימן רלה ס"ד - [יא]**"הקורא ק"ש של ערבית אחר שעלה עמוד השחר, קודם הנץ החמה (פי' יציאת החמה, מענין "כנצו הרמונים"), לא יצא ידי חובתו** - דאף דמן התורה קרינן "בשכבך" עד הנץ, משום דאיכא עדיין מקצת אנשים דגנו בההיא שעתא, **מ"מ** היכא דלא איתנס בטלו חכמים ממנו מצות ק"ש על שאיחר כ"כ, ואינו יוצא ידי חובתה שוב בקריאתה, [**ופשוט** דאם ירצה, שרי לקרות ק"ש בלא ברכות כקורא בתורה].

(נקט הני תרי לישני, "אחר שעלה עה"ש קודם הנץ", לאשמועינן דבלא אונס, אפילו קראה תיכף משעלה עה"ש ג"כ אינו יוצא, **ובאונס** אפילו קראה אח"כ, כל שלא הנץ החמה יוצא, כ"כ הפוסקים).

אלא אם כן היה אנוס, כגון שכור או חולה וכיוצא בהן - ואפילו נשתכר לאחר שהגיע זמן ק"ש, דהיינו מצה"כ ואילך, נמי אינו בכלל מזיד, דקסבר עדיין יש שהות שבתוך כך יפוג יינו, **אבל** בנשתכר זמן מועט קודם עלות השחר, שאי אפשר בשעה קטנה כזו להפיג שכרותו, לא הוי אונס, ולא יצא ידי חובתו.

§ מסכת ברכות דף ט. §

אות א'

ובלבד שלא יאמר השכיבנו

סימן רלה ס"ד - [א]**ואנוס שקרא אז, לא יאמר "השכיבנו"** - מתבאר בפוסקים, דאפי' אם ירצה לדלג תיבת "השכיבנו", ולהתחיל מן "ותקננו בעצה" וכו', נמי אינו נכון.

דכיון שעלה עמוד השחר אינו זמן שכיבה - ר"ל אינו זמן שבני אדם הולכים לשכב, שיהיה שייך לומר על זה "השכיבנו", **אבל** מ"מ מיקרי זמן שכיבה לענין מצות עשה דק"ש דכתיב בה "בשכבך", דהכוונה כל זמן שבני אדם שוכבין, ועדיין יש מקצת בני אדם שוכבין וכנ"ל.

הגה: אבל אומר הברכות, דהיינו שתים שלפני ק"ש, וברכת "אמת ואמונה" עד "השכיבנו", אומר (טור ומרדכי והגהות מיימוני וע"ל סימן נ"ח ס"ה) - ולא יאמר "ברוך ה' לעולם" וגו', וגם שמ"ע לא יתפלל, דתפלת ערבית נתקנה רק בשביל לילה, ומכיון שעלה עה"ש יום הוא לכל דבר.

אות ב'

עד שעת חפזון

רמב"ם פ"ח הל' קרבן פסח הט"ו - כבר ביארנו בכמה מקומות, שאין הפסח נאכל אלא עד חצות, כדי להרחיק מן העבירה, ודין תורה שיאכל כל הלילה עד שיעלה עמוד השחר.

באר הגולה

[ט] שם בגמרא ח' לפי' הרי"ף ‹והא דר' שמעון דאמר פעמים שאדם קורא ק"ש של ערבית קודם הנץ החמה, דוקא בשעת הדחק - רי"ף› ורמב"ם שם [י] רא"ש שם [יא] שם ח' ע"ב כרשב"י משום רבי עקיבא [א] שם בגמרא ט' ‹תוס' שם ד"ה ובלבד כו' אבל כו' - גר"א›

מאימתי פרק ראשון ברכות ט

לא לעולם יממא הוא והאי דקרו ליה ליליא
דאיכא אינשי דגנו בההיא שעתא אמר רבי
אחא ברבי חנינא אמר רבי יהושע בן לוי
הלכה כר"ש שאמר משום רבי עקיבא. אמר
רבי זירא °ובלבד שלא יאמר השכיבנו. כי
אתא רב יצחק בר יוסף אמר הא דרבי אחא
ברבי חנינא אמר ריב"ל *לאו בפירוש איתמר
אלא מכללא איתמר דההוא זוגא דרבנן
דאשתכור בהלולא דבריה דר' יהושע בן לוי
אתו לקמיה דריב"ל אמר *כדאי הוא ר"ש
לסמוך עליו בשעת הדחק: מעשה שבאו
בניו וכו': ועד השתא לא שמיע להו הא דר"ג
הכי קאמרי ליה. רבנן פליגי עילווך *ויחיד
ורבים הלכה כרבים או דלמא רבנן כוותך
סבירא להו והאי דקאמרי עד חצות כדי
להרחיק אדם מן העבירה אמר להו רבנן כוותי
סבירא להו וחייבין אתם והאי דקאמרי עד
חצות כדי להרחיק אדם מן העבירה: ולא זו
בלבד אמרו אלא וכו': ור"ג מי קאמר עד חצות
דקתני ולא זו בלבד (א) אמרו הכי קאמר להו ר"ג
לבניה אפילו לרבנן דקאמרי עד חצות מצותה
עד שיעלה עמוד השחר והאי דקא אמרי עד
חצות כדי להרחיק אדם מן העבירה: הקטר
חלבים וכו': *ואילו אכילת פסחים לא קתני
ורמינהי ק"ש ערבית והלל בלילי פסחים
ואכילת פסח מצותן עד שיעלה עמוד השחר
אמר רב יוסף לא קשיא הא ר' אלעזר בן
שמות יב עזריה הא רבי עקיבא *דתניא °ואכלו את
הבשר בלילה הזה רבי אלעזר בן עזריה אומר נאמר כאן בלילה הזה ונאמר
שם להלן °ועברתי בארץ מצרים בלילה הזה מה להלן עד חצות אף כאן עד חצות
שם אמר ליה ר' עקיבא והלא כבר נאמר °בחפזון [ב]עד שעת חפזון א"כ מה תלמוד
לומר בלילה יכול יהא נאכל כקדשים ביום תלמוד לומר בלילה בלילה הוא
נאכל ולא ביום בשלמא לר' אלעזר בן עזריה דאית ליה גזירה שוה אצטריך
למכתב ליה הזה אלא לר' עקיבא האי הזה מאי עביד ליה למעוטי לילה אחר
הוא דאתא סד"א הואיל ופסח קדשים קלים ושלמים קדשים קלים מה שלמים
נאכלין לשני ימים ולילה אחד אף פסח נאכל שתי לילות במקום ב' ימים ויהא
נאכל לב' לילות ויום אחד קמ"ל בלילה הזה בלילה הזה הוא נאכל ואינו נאכל
שם בלילה אחר ור' אלעזר בן עזריה °מלא תותירו עד בקר נפקא ורבי עקיבא אי
מהתם הוה אמינא מאי בקר בקר שני ורבי אלעזר אמר לך כל בקר בקר
דברים טז ראשון הוא. והני תנאי כהני תנאי *דתניא °שם תזבח את הפסח בערב כבוא
השמש מועד צאתך ממצרים ר' אליעזר אומר בערב אתה זובח וכבוא השמש
אתה אוכל ומועד צאתך ממצרים אתה שורף רבי יהושע אומר בערב אתה
זובח כבוא השמש אתה אוכל ועד מתי אתה אוכל והולך עד מועד צאתך
ממצרים א"ר אבא הכל מודים כשנגאלו ישראל ממצרים לא נגאלו אלא בערב
שם שנאמר °הוציאך ה' אלהיך ממצרים לילה וכשיצאו לא יצאו אלא ביום שנא'
במדבר לג °ממחרת הפסח יצאו בני ישראל ביד רמה על מה נחלקו על שעת חפזון ר'
אלעזר בן עזריה סבר מאי חפזון חפזון דמצרים ורבי עקיבא סבר מאי חפזון
חפזון דישראל *תנ"ה הוציאך ה' אלהיך ממצרים לילה וכי בלילה יצאו והלא
לא יצאו אלא ביום שנא' ממחרת הפסח יצאו בני ישראל ביד רמה אלא מלמד
שמות יא שהתחילה להם גאולה מבערב: °דבר נא באזני העם וגו' אמרי דבי ר' ינאי
*אין נא אלא לשון בקשה אמר ליה הקב"ה למשה בבקשה ממך לך ואמור
להם לישראל בבקשה מכם שאלו ממצרים כלי כסף וכלי זהב שלא יאמר
אותו

רש"י

ואי דקרו ליה ליליא. דקאמר יוצא בו ק"ש של לילה: **משום דאיכא דגנו**. וקרינא ביה ובשכבך: **ובלבד שלא יאמר השכיבנו**. הקורא ק"ש של לילה שחרית סמוך לעמוד השחר לא יאמר השכיבנו שאין עוד זמן תחלת שכיבה אלא זמן סוף שכיבה: **דאשתכור**. וישנו ונרדמו עד לאחר עמוד השחר: **בשעת הדחק**. תורה אור אבל שלא בשעת הדחק לא: **הכי קא אמרי ליה**. לרבן גמליאל ולא גרס אלא: **רבנן פליגי עילווך**. כלומר מי פליגי רבנן עליך דהא דאמרי עד חצות דוקא קאמרי דלא משמע להו ובשכבך כל זמן שכיבה אלא כל זמן שדרך בני אדם להתעסק לילך ולשכב ומיהו בהא פליגי אדר' אליעזר דאלו רבי אליעזר סבירא ליה זמן עסק שכיבה אינו אלא עד האשמורה הראשונה ולרבנן עד חצות. ואת סבירא לך ובשכבך כל זמן שבני אדם שוכבים והייני כל הלילה ויחיד ורבים הלכה כרבים: **או דילמא כוותך סבירא להו**. ומשמע להו ובשכבך כל זמן שכיבה והא דקאמרי עד חצות הרחקה הוא כדי לזרז ומיהו היכא דאתנים ולא קרא קודם חצות עדיין זמן חיובא הוא ומחייבי ונפקי ידי ק"ש בזמנו: **כוותי סבירא להו**. וחייבין אתם לקרות גרסינן ולא גרסינן מותרים דאפילו שלא בזמנו תנן (עמוד ב) הקורא מכאן ואילך לא הפסיד כאדם הקורא בתורה: **שעת חפזון**. שנחפזו לצאת והיינו עמוד השחר כדכתיב לא תצאו איש מפתח ביתו עד בקר (שמות יב): **יכול יהא נאכל**. כשאר קדשים ביום שחיטתו כדרך תודה שאף היא זמן אכילתה יום א' ואוכל והולך כל יום שחיטתה והלילה עד הבקר (ב) כדין תודה דכתיב ביום קרבנו יאכל (ויקרא ז): **מה שלמים נאכלין לשני ימים ולילה אחד**. שבינתים דכתיב ביום זבחכם יאכל וממחרת (שם יט) אף פסח כמי הואיל ואינו נאכל אלא בלילה נוקים שני לילות במקום שני ימים דשלמים ויהא נאכל בשני לילות ויום א' לא שיאכלנו ביום אלא שיהא שהות זמן שלא יפסל באכילה בשביל המתנת היום ויאכלנו בלילה השנית (ג) קמ"ל: **שם תזבח את הפסח בערב כבא השמש מועד צאתך ממצרים**. הרי לך שלשה זמנים שאינם שוים. בערב כי ינטו צללי ערב היינו לאחר חצות שנסתלקה חמה מראש כל אדם ונוטה למערב. כבא השמש משחשכה. מועד צאתך ממצרים בבקר. כילד יתקיימו כולם. בערב לזמן שחיטה כבא השמש התחלת זמן אכילה מועד צאתך זמן שריפה כלומר בבקר הוא נעשה נותר שהגיע זמן שריפה אלא לפי שאין שורפין קדשים ביום טוב ממתינין לו עד בקר שני: **עד מתי אתה אוכל**. הייני כר"ע אבל לתנא קמא עד חצות לילה הוי זמן אכילה ותו לא דאי לא מאי בינייהו: **הכל מודים**. רבי עקיבא גופיה מודה שהלילה מחצות ואילך היתה שעת חפזון למצרים לשלחם מן הארץ: **מערב נגאלו**. נתנו להם רשות לצאת: **חפזון דמצרים**. מכת הבכורים שעל ידם נחפזו למהר לשלחם: **חפזון דישראל**. לא שמעו להם לצאת עד בקר: אותו

תוספות

לעולם יממא הוא. ואם תאמר ליתני שתי פעמים קודם הנץ החמה והוי רבותא טפי דאפילו קודם הנץ הוי זמן דקריאת שמע של שחרית. וי"ל כדפרישנא דהאי יממא לענין שאר מצות. אבל לענין ק"ש הואיל ואיכא אינשי דגנו לאו זמן קימה הוא. ותימא דקשיא דרבי עקיבא אדר' עקיבא דהכא קאמר אחר הנץ ולקמן (עמוד ב) קאמר משיכיר בין חמור לערוד דהיינו אפילו קודם. וי"ל דתרי תנאי אליבא דרבי עקיבא. אי נמי יש לומר יממא הוא אפילו גבי קרית שמע דהא זמן קימה הוא והא דלא נקט ב' פעמים קודם הנץ משום דבעי לאשמועינן שאינו יוצא בשל לילה אחר הנץ*: **ובלבד** שלא יאמר השכיבנו. פירש בקונטרס אמילתא דר"ש בן יוחי דקורא קודם שיעלה עמוד השחר קאי. ונראה לי דאז ודאי זמן שכיבה הוא ומצי למימר השכיבנו. ועוד דהוה ליה למימר אמאי דסליק מיניה. ופי' השר מקוצי דקאי אקודם הנץ דסליק מיניה ולכך קאמר דלא מצי למימר השכיבנו דלאו זמן שכיבה הוא כיון שעלה כבר עמוד השחר אפילו קודם הנץ: **ר' אלעזר** בן עזריה אומר נאמר כאן בלילה הזה וכו'. וא"ת היכי מצי למימר רבי אלעזר בן עזריה עד חצות והכתיב לא תותירו ממנו עד בקר (שמות יב) דמשמע עד בקר מיהא מצי לאכלו. ויש לומר דמצי למימר דהכי קאמר לא תעשו דבר שיבא לידי נותר עד הבקר. שאם לא יהא נאכל עד חצות לא תוכל לאוכלו ולא לשורפו בלילה כדקא אמרינן *ביום אתה שורפו ואי אתה שורפו בלילה ואם כן ישאר עד הבקר:
אלא

[לקמן ס: עיין שם]

לח א מיי' פ"א מהל' ק"ש הל' י' (סמ"ג עשין יח) טוש"ע או"ח סימן רלה סעיף ד:

לט ב מיי' פ"ח מהל' קרבן פסח הל' יד:

[לקמן יח: שבת כט. לט: קמו: עירובין מו. לד. יבמות ס: כתובות ס: ב"ק כ: ב"מ לו. ק"ה. בבא בתרא מ: קכו. קכט: שבועות כא. חולין לד. לה. קיא: מנחות ס:]

[פסחים ג. זבחים נו:]

הגהות הב"ח

(א) גמ' ולא זו בלבד הכי קאמר כצ"ל ותיבת אמרו נמחק: (ב) רש"י ד"ה יכול יהא וכו' עד הבקר מן התורה דכתיב ביום: (ג) ד"ה מה שלמים וכו' בלילה השנית. נ"ב ורשב"ם סוף פסחים דף ק"כ ע"ב הביא תחלה פי' רבינו דהכא ואח"כ כתב וז"ל ולי נראה שאף ביום שבינתים יאכל דהא בלילה הזה לא בא למעט אלא יום שחיטתו שלפני לילה הראשון של פסח אבל מכאן ואילך יאכלנו עד עמוד השחר של ליל שני קמ"ל עכ"ל:

גיטין יט. [שבת מה. עירובין מו. נדה ו. ט:]

[לקמן לז. שבת ס: קל: ביצה יח. יומא לו: יבמות מ. מו: מז. ב"ק קב. ע"ז ז. בכורות לו. נדה לו: מט.]

[ועי' תוספות פסחים פט. ד"ה דאלו]

פסחים קב: מגילה כא. זבחים מ: מכילתא דר"י פרשה כא

ספרי פ' ראה

ספרי שם

[סוטה יד: סנהדרין מג: פס:]

עין משפט
נר מצוה

מ א ב מיי' פ"א מהלכות ק"ש הלכה יא ופ"ד מהל' תפילין הלכה י סמג עשין יח טוש"ע או"ח סימן נח סעיף א' וכסי' סט סעיף א:

מא ג מיי' פ"ז מהלכות תפלה הלכה יז סמג עשין י"ט טוש"ע או"ח סימן סו סעיף ח וסי' קי"א סעיף א:

מב ד מיי' פ"ג מהל' אבל הלכה יד טור שו"ע או"ח סימן רכד סעיף ט [רב אלפס לקמן פרק הרואה דף מז:]:

מג ה [מיי' פ"ז מהל' תפלה הלכה יח] סמ"ג עשין יט טוש"ע או"ח סימן רלו סעיף ב:

אלא בין תכלת שבה ללבן שבה. פי' רש"י צמר הצבוע תכלת ויש מקומות שלא עלה שם הצבע שפיר. וקשה דאמרינן במנחות (מג ב ושם) ראה מצוה זו שבה תלוי מצוה אחרת ואיזו זו ק"ש כדתנן עד שיכיר בין תכלת ללבן. ואי קאי אגיזת צמר היכא תלויה בציצית. ועוד בלילה נמי פעמים יכולין לראות צמר שאינו צבוע כדרכו. ע"כ יש לפרש בין תכלת שבה בציצית שהיה קבוע בו תכלת וגם שני חוטין לבן ועושין בו חוליא של תכלת וחוליא של לבן: **אחרים** אומרים עד שיראה חברו וכו'. בירושלמי במה אנן קיימין אי ברגיל אפי' ברחוק טפי חכים ביה ואי בשאינו רגיל אפילו בקרוב לגביה לא חכים ביה תפתר ברגיל ואינו רגיל כהדין אכסניא דאתי לקילין. וצריך לומר דהאי אחרים לאו ר' מאיר ניהו דהא ר' מאיר איירי לעיל מינייהו*: **לק"ש** כותיקין. תימה דלעיל פסקינן כמאן דמתיר לאחר עמוד השחר מיד ולקמן פסקי' הלכה כר' יהושע דאמר עד ג' שעות והכא פסק אביי שהוא בתרא ואמר כותיקין ומשמע דהכי הלכתא. וי"ל דודאי זמן ק"ש מתחיל לאחר עמוד השחר וזמנו עד ג' שעות ומיהו מצוה מן המובחר כותיקין סמוך להנץ החמה כדי לסמוך גאולה לתפלה ואפי' ותיקין נמי מודו לרבי יהושע שאם לא קרא קודם הנץ החמה דיכול לקרות עד שלש שעות ועל זה אנו סומכין וכן בפ' מי שמתו (דף כ"ב ב) דקאמר בעל קרי שירד לטבול אם יכול לעלות ולקרות קודם הנץ וכו' ומסיק בגמרא (ד' כ"ה ב) דילמא כר' יהושע וכותיקין כלומר מתני' דקתני קודם הנץ החמה כותיקין אלמא ותיקין נמי מודו לר' יהושע שאין שעה עוברת עד שלש שעות. ומיהו קשה דאמרינן ביומא (ד' לז ושם) אף היא עשתה נברשת של זהב כיון שהחמה זורחת היו ניצוצות יוצאות הימנה והיו יודעין שהגיע הנץ החמה ובא זמן ק"ש של שחרית ומוקי לה התם בשאר עמא דירושלים אלמא משמע דעיקר זמן ק"ש לאחר הנץ החמה והא לא הוי כותיקין שהיו קורין קודם להנץ סמוך להנץ. וי"ל דאותו זמן הוקבע לצבור לפי שלא היו יכולין להקדים ולמהר כותיקין כי רוב בני אדם אינם יכולין לכוין אותה שעה: **כל** הסומך גאולה לתפלה אינו ניזוק. וא"ת והלא כל העולם סומכין גאולה לתפלה ומאי רבותיה דרב ברונא דלא פסיק חוכא מפומיה. ויש לומר דהכי קאמר כל הסומך גאולה לתפלה כותיקין שקורין ק"ש קודם הנץ ותפלה לאחר הנץ:

כל

אותו צדיק °ועבדום וענו אותם קיים בהם (בראשית טו) ואחרי כן יצאו ברכוש גדול לא קיים בהם אמרו לו ולואי שנצא בעצמנו משל לאדם שהיה חבוש בבית האסורים והיו אומרים לו בני אדם מוציאין אותך למחר מבית האסורין ונותנין לך ממון הרבה ואומר להם בבקשה מכם הוציאוני היום ואיני מבקש כלום: °וישאלום (שמות יב) א"ר אמי מלמד שהשאילום בעל כרחם איכא דאמרי בעל כרחם דמצרים וא"ד בעל כרחם דישראל מ"ד בעל כרחם דמצרים דכתיב °ונות בית תחלק שלל (תהלים סח) מ"ד בעל כרחם דישראל משום משוי: °וינצלו את מצרים (שמות יב) *א"ר אמי מלמד שעשאוה כמצודה שאין בה דגן ור"ל אמר עשאוה כמצולה שאין בה דגים: °אהיה אשר אהיה (שם ג) א"ל הקב"ה למשה לך אמור להם לישראל אני הייתי עמכם בשעבוד זה ואני אהיה עמכם בשעבוד מלכיות אמר לפניו רבש"ע דיה לצרה בשעתה א"ל הקב"ה לך אמור להם °אהיה שלחני אליכם: (שם) °*ענני ה' ענני (מ"א יח) א"ר אבהו למה אמר אליהו ענני ב' פעמים מלמד שאמר אליהו לפני הקב"ה רבש"ע ענני שתרד אש מן השמים ותאכל כל אשר על המזבח וענני שתסיח דעתם כדי שלא יאמרו מעשה כשפים הם שנאמר °ואתה הסבות את (שם) לבם אחורנית: **מתני'** *מאימתי קורין את שמע בשחרית משיכיר בין תכלת ללבן ר' אליעזר אומר בין תכלת לכרתי *(וגומרה) *עד הנץ (א) החמה *ר' יהושע אומר עד שלש שעות שכן דרך מלכים לעמוד בשלש שעות *הקורא מכאן ואילך לא הפסיד כאדם הקורא בתורה: **גמ'** מאי בין תכלת ללבן אילימא בין גבבא דעמרא חיורא לגבבא דעמרא דתכלתא הא בליליא נמי מידע ידעי אלא *בין תכלת שבה ללבן שבה. תניא רבי מאיר אומר משיכיר בין זאב לכלב ר"ע אומר בין חמור לערוד **ואחרים אומרים משיראה את חברו רחוק ד' אמות ויכירנו אמר רב הונא הלכה כאחרים אמר אביי [ב]לתפילין כאחרים לק"ש כותיקין *דאמר ר' יוחנן ותיקין היו *גומרין אותה עם הנץ החמה תניא נמי הכי *ותיקין היו גומרין אותה עם הנץ החמה כדי שיסמוך גאולה לתפלה ונמצא מתפלל ביום א"ר זירא מאי קראה °ייראוך עם שמש ולפני (תהלים עב) ירח דור דורים העיד ר"י בן אליקים משום קהלא קדישא דבירושלים [ג]כל הסומך גאולה לתפלה אינו נזוק כל היום כולו א"ר זירא איני והא אנא סמכי ואיתזקי א"ל במאי איתזקת דאמטיית אסא לבי מלכא התם נמי מבעי לך למיהב אגרא למחזי אפי מלכא דא"ר יוחנן *[ד]לעולם ישתדל אדם לרוץ לקראת מלכי ישראל ולא לקראת מלכי ישראל בלבד אלא אפילו לקראת מלכי עכו"ם שאם יזכה יבחין בין מלכי ישראל למלכי עכו"ם. אמר ליה רבי אלעא לעולא כי עיילת להתם שאיל בשלמא דרב ברונא אחי במעמד כל החבורה דאדם גדול הוא ושמח במצות זימנא חדא סמך גאולה לתפלה ולא פסיק חוכא מפומיה כוליה יומא. היכי מצי סמיך והא א"ר יוחנן *בתחלה הוא אומר ה' שפתי תפתח ולבסוף הוא אומר יהיו לרצון אמרי פי וגו' אמר ר' אלעזר תהא בתפלה של ערבית. והא אמר ר' יוחנן *איזהו בן העוה"ב [ה]זהו הסומך גאולה של ערבית לתפלה של ערבית אלא א"ר אלעזר תהא בתפלת המנחה רב אשי אמר אפי' תימא אכולהו וכיון דקבעוה רבנן בתפלה כתפלה אריכתא דמיא דאי לא תימא הכי *ערבית היכי מצי סמיך והא בעי למימר השכיבנו אלא כיון דתקינו רבנן השכיבנו כגאולה אריכתא דמיא ה"נ כיון דקבעוה רבנן בתפלה כתפלה אריכתא דמיא. מכדי האי יהיו לרצון אמרי פי משמע לבסוף ומשמע מעיקרא דבעינא למימר מ"ט תקנוהו רבנן לאחר י"ח ברכות לימרו מעיקרא א"ר יהודה בריה דר' שמעון בן פזי הואיל ולא אמרו דוד אלא לאחר י"ח פרשיות לפיכך תקינו רבנן לאחר י"ח ברכות. הני י"ח י"ט הויין אשרי האיש ולמה רגשו גוים חדא פרשה היא דאמר ר' יהודה בריה דרבי שמעון בן פזי ק"ג פרשיות אמר דוד ולא אמר הללויה עד שראה במפלתן של רשעים שנאמר °יתמו חטאים מן הארץ ורשעים עוד אינם ברכי נפשי את ה' הללויה (תהלים קד). הני ק"ג ק"ד הויין אלא שמע מינה אשרי האיש ולמה רגשו גוים חדא פרשה היא דאמר ר' שמואל בר נחמני אמר רבי יוחנן

כל

תורה אור

אותו צדיק. אברהם: **כמצודה שאין בה דגן.** דרך ציידי עופות לזרוק דגן תחת מצודות כדי שיבאו עופות ונלכדין וכשאין בה דגן אין עוף פונה אליה כך ריקנו המצרים מכל ממונם. וינצלו כתרגומו ורוקינו: **כמצולה שאין בה דגים.** כמו מצולות ים כלומר בתוך התהום אין מצויין דגים אלא על שפת הים היכא דאיכא מזון: **דיה לצרה בשעתה.** דיה לצרה שיתאוננו בה בשעה שתבא עליהם למה תדאיבם עכשיו בבשורה קשה: **שתסיח דעתם.** מלבא בלבם מזמה של רשע להכחישני ולומר על ידי כשפים הבאתי האש הזאת: **מתני' תכלת.** ירוק הוא וקרוב לצבע כרתי שקורין פור"יש: **גמ' בין תכלת שבה ללבן שבה.** גיזת צמר שצבעה תכלת ויש בה מקומות שלא עלה שם הצבע יפה: **ערוד.** חמור הבר: **לתפילין.** להניח תפילין שמצות הנחתן קודם קריאת שמע בפ' שני (ד' יד:): **ותיקין.** אנשים ענוים ומחבבין מצוה: **מתפלל ביום.** דהנץ החמה לדברי הכל יום הוא: **מאי קראה.** דמצוה להתפלל עם הנץ החמה: **דכתיב ייראוך עם שמש וגו'.** מתי מתיראין ממך כשמוראך מקבלים עליהם דהיינו מלכות שמים שמקבלין עליהם בק"ש (ב): **עם שמש.** כלומר כשהשמש יוצא היינו עם הנץ החמה: **ולפני ירח.** אף תפלת המנחה מצותה עם דמדומי חמה: **שאם יזכה.** לעוה"ב לראות גדולתן של ישראל: **יבחין.** כמה הרבה גדולתן יותר על האומות עכשיו: **תהא.** הא דרבי יוחנן בתפלת ערבית דלא חיישינן לסמוך גאולה לתפלה דגאולה ביממא הואי: **דא"ר יהודה בריה דר' שמעון גרסי':**

פתח

מסורת הש"ס

פסחים קיט. [וע"ש בתוס' ד"ה כמצודה]

[לעיל ו:]

[מנחות מג:]

[לקמן ד' כה:]

[לעיל דף ג:]

[פירש"י על זה תמצא לקמן י:]

תוספתא פ"א

[פי' קורלין עי' תוס' סוטה מד: ועי' תוס' יומא לז: סוף ד"ה אמר אביי]

לקמן יט: כה.

לעיל ד:

ג"ז שם

שם

[ע' תוס' סוטה יב. וע"ז סד:]

[ג"א ל"נ עי' תוי"ט]

[עי' תוס' מנחות מג: ד"ה בין וכו' דהו פי' רש"י דבכלל ופי' כאן אחר]

לקמן כה: כו.

תוספתא פ"א

רב נסים גאון

אחרים אומרים כדי שיראה את חברו ברחוק ד' אמות ויכירנו. הא מילתא איתמר עלה בגמ' דבני מערבא מה אנן קיימין אם ברגיל אפי' ברחוק כמה חכים ליה ואי בשאינו רגיל אפי' קאים גביה לא חכים ליה אלא כאן אנו קיימין ברגיל ואינו רגיל כהדא דאזיל לאכסניא ואתי לקיצין: **העיד** (ר' שמעון) [ר"י] בן אליקים משום קהלה קדושה בגמ' דבני מערבא במס' דמעשר שני (ספ"ב הלכה ד') פרשו עדה קדושה ר' יוסי בן (משלם) [המשולם] ור' שמעון בן מנסיא ובמס' דיום טוב בפרק אין צדין (דף כז) גרסי' אמר ר' שמעון בן פזי אמר ר' יהושע בן לוי אמר ר' יוסי בן שאול אמר ר' משום קהלה קדושה שבירושלים. *ר' שמעון בן מנסיא וחבריו ובאגרתא דקהלת (פסוק ראה חיים) למה קורין אותן עדה קדושה שהיו משלשין את היום שליש לתפלה שליש לתורה שליש למלאכה ויש אומרים על שהיו יגעים בתורה בימות החורף ובמלאכה בימות הקיץ ר' יצחק בן אלעזר קרי לר' שמלאי ולר' ... ברקי עדה קדושה שהיו משלשין את היום ויש אומרים על שהיו יגיעין בתורה וכו':

*) ע"ש בגמ' ורש"י וצ"ע.

הגהות הב"ח

(א) במשנה וגומרה עד הנץ. נ"ב ר"א הוא דקאמר לה עיין לקמן דף כ"ה ריש ע"ב: (ב) רש"י ד"ה ייראוך וכו' בק"ש. נכתב בגליון עי' לקמן דף כט ע"ב פי' רש"י ייראוך עם שמש זו היפך ממש שפי' כאן אק"ש:

§ מסכת ברכות דף ט: §

אות א׳ - ב

<u>ואחרים אומרים: משיראה את חברו רחוק ד׳ אמות ויכירנו לתפילין כאחרים</u>

סימן נח ס״א - [א]זמן קריאת שמע של שחרית, משיראה את חבירו הרגיל עמו קצת - כאכסנאי דאתי לפרקים, **ברחוק ד׳ אמות, ויכירנו** - דאי רגיל עמו הרבה, אפילו רחוק ממנו מכירו, ואי אינו רגיל כלל, אפילו קריב לגביה אינו מכירו.

ונקבע זה הזמן לק״ש, אף דמקצת אנשים קמים ממטתם משעלה עה״ש, וקרינן ביה "ובקומך" מן התורה, דלכן בדיעבד יצא, וכדלקמן בסעיף ד׳, **מ״מ** כיון דרובא דאינשי לא קיימי עד שיכיר א׳ את חבירו, **ועוד** מפני שקבעו פ׳ ציצית בק״ש, דכתיב בה: וראיתם אותו, לפיכך קבעו חכמים זמנה משיכיר בין תכלת ללבן, והוא הזמן דמשיכיר את חבירו ברחוק ד״א.

‹**ולענין סמיכת גאולה לתפילה, משמע מדברי הר״י והובא בב״י, שאינו יכול לסמוך, כי אינו עדיין זמן תפילה לכתחילה, שהוא הנץ החמה, אך יש לדחות, ולפי דברי רי״ו** ‹עיין להלן בהערה› **משמע דיכול לסמוך, ואולם באמת דין זה תלוי, אי מותר מצד הדין להתפלל קודם הנץ החמה, ועיין בח״א ובדה״ח, משמע שמדינא אין להתפלל לכתחילה קודם הנץ, וכ״ז שלא בשעת הדחק, אבל בשעת הדחק ודאי מותר, כמ״ש המ״א›.**

וברכות ק״ש לפניה ג״כ אין לומר קודם הזמן הזה, ‹**ואף** ד״אהבה רבה" אפשר דהיו יכולין לומר, כדמוכח קצת מרש״י ברכות י״א: ד״ה אי אמרת וכו׳ {וצע״ק למש״כ רש״י גופא באותו עמוד ד״ה יוצר אור וכו׳ אידך מאי היא וכו׳ ויש ליישב בדוחק}, **עכ״פ** "יוצר אור" בודאי אין לומר קודם הזמן הזה, **אפילו** לדעת השו״ע שמקיל בזה לקמן בסעיף ג׳, היינו בשעת הדחק, **וכ״ש** לפי מה שפסק המג״א והפמ״ג שם, דאפילו בשעת הדחק אין לומר, **אבל** עד "ברכו" מותר לומר קודם זה הזמן, **אך** אין נ״מ כ״כ מדין זה, **דהא** לכתחילה בודאי אין להשהות התפילין מלהניחם עד בין "ישתבח" ל"יוצר", **וא״כ** ממילא יאמר "ברוך שאמר" ופסוקי דזמרה אחר הזמן דכדי שיראה, דהא זמן תפילין בבוקר הוא בכדי שיראה ולא קודם, **ובשבת** שאין מניחין רק טלית, תלוי דבר זה במה שיש פלוגתא בין השו״ע והרמ״א בסימן י״ח ס״ג, אי רשאי לברך עליו מעה״ש ואילך, **אך** מי שהשעה דחוקה לו, יכול לעת עתה לומר "ברוך שאמר" ופסוקי דזמרה בלא תפילין עד "יוצר אור", וכשיגיע הזמן דכדי שיראה, יניח תפילין ויברך עליהם ויאמר מ"יוצר אור" והלאה›.

[ב]ונמשך זמנה עד סוף ג׳ שעות, שהוא רביע היום - שכן דרך בני מלכים לעמוד אז, ולהכי קרינן ביה עדיין "ובקומך",

ומונין אלו הג׳ שעות מזמן עמוד השחר, כן כתב המ״א, **ודעת** הגר״א משעת הנץ החמה, **ולענין** לכתחילה אין נ״מ בזה, דבלא״ה אסור לאחר עד אותו הזמן.

ואין חילוק בין ימות הקיץ שהיום ארוך, ובין ימות החורף שהיום קצר, חשבינן היום לי״ב שעות, ולעולם חלק רביע מהיום הוא זמן ק״ש, **לכך** יש ליזהר בימי החורף למהר לקרוא ק״ש, מאחר שהיום קצר, ורביע היום קצר - ט״ז. **ובאמת** בימי הקיץ צריך ליזהר טפי, דדרך בני אדם לעמוד בזמן אחד כמו בימות החורף, ואז כבר חלף ועבר ק״ש, דכל שהיום גדול יותר, זמן ק״ש ממהר לבוא, וצריך לגומרה כולה בזמנה.

והמאחרים קריאת שמע בשביל ציצית או תפילין, טועים, אלא יקרא ק״ש בברכותיה בזמנה בלא ציצית ותפילין, וכשיהיה לו יניחם ויקרא בהם ק״ש, או פרשה אחרת, או מזמור תהלים, **ואפילו** אם ספק לו שמא יעבור זמן ק״ש, ג״כ אין להמתין על טלית ותפילין, דאינו מעכב זה את זה, **אבל** בלא״ה ימתין, דכל הקורא ק״ש בלא תפילין כאלו מעיד עדות שקר בעצמו.

ויש אנשים שמאחרים זמן ק״ש בשביל תפילה בצבור, וג״ז שלא כדין הוא, ועכ״פ יזהרו לקרות שמע בזמנה קודם התפלה, ולכוין לצאת בזה, **ואין** לאחר הקריאה לבהכ״נ בשביל הזקנים המאחרים לבוא ויצטרכו להתפלל ביחידי, כיון שעי״ז יעבור זמן ק״ש, ואין אומרים לו לאדם חטא בשביל שיזכה חבירך, **ובשבת** ויו״ט מצוי מאד לעבור זמן ק״ש מפני כמה דברים, ע״כ החכם עיניו בראשו, לקבץ מנין ולהתפלל קודם, או עכ״פ לקרות שמע בזמנו קודם שיעמוד להתפלל עם הצבור.

[ג]ומצוה מן המובחר לקרותה כוותיקין, (פי׳ תלמידים, ורש״י פי׳ אנשים ענוים ומחבבים המצות), שהיו מכוונים לקרותה מעט קודם הנץ החמה, (פי׳ יציאת החמה, כמו "הנצו הרמונים"), כדי שיסיים קריאת שמע וברכותיה עם הנץ החמה, ויסמוך התפלה מיד בהנץ החמה. [ד]ומי שיוכל לכוין לעשות כן שכרו מרובה מאד - ומובטח לו שהוא בן עוה״ב, ולא יוזק כל אותו היום, גמ׳.

כי עיקר מצות תפילה לכתחילה הוא מעת התחלת הנץ, היא השעה שהחמה מתחלת לזרוח בראשי ההרים, מדכתיב: יראוך עם שמש, **ואם** היו מתחילין לקרותה משיכיר את חבירו, היה הרבה בין זה השיעור ובין הנץ, והיה להם להתאחר אחר ק״ש ולהמתין עד שתנץ החמה, ולא היו סומכין גאולה לתפלה, **לכן** היו מכוונין לקרותה סמוך להנץ החמה ולגומרה עם הנץ.

‹**דע**, דהזהירים לקרות כוותיקין, מותר לקרות ולהתפלל ביחידי אם אין להם מנין, וגדולה מזה מוכח במשנה ברכות דף כ״ב, ירד לטבול

באר הגולה

[א] ברכות ט׳ וכאחרים [ב] שם וכרבי יהושע ‹ואע״ג דבריש פ״ק דברכות (דף ג׳:) אמרינן רבי נתן ס״ל כרבי יהושע וכו׳, שית דליליא ותרתי דיממא תרי משמרות הויין, ה״ק תרתי שלמות שדרך כל מלכים לישן, דאילו בשעה שלישית קצתם קמים אחר חציה, וקצתם סמוך לסופה, וקצתם בסופה ממש - כסף משנה›. ‹והב״ח כתב, דלאחר שעומדים ממטתן שוהין בלבישתן ובעשיית צרכיהן עד סוף שעה שלישית, ואז קורין שמע› [ג] שם [ד] שם

וכו', דאפילו אם אין לו תפילין בעת ההיא, ג"כ אפ"ה יזהר לקרותה בזמנה סמוך להנץ, ומשנה זו איירי בוותיקין, כדמסקינן בגמ' שם).

הגה: שיעור הנץ החמה הוא כמו שיעור שעה אחת קודם שיעלה כל גוף השמש על הארץ (מיימוני) - ויש גורסין עישור שעה, **ועיין** בביאור הגר"א שכתב, שצ"ל שליש עישור שעה.

סימן פט ס"א - [ה]זמן תפלת השחר, מצוותה שיתחיל עם הנץ החמה, כדכתיב: ייראוך עם שמש, [ו]ואם התפלל משעלה עמוד השחר והאיר פני המזרח, יצא.

[ז]סימן ל ס"א - [ח]זמן הנחתן בבוקר, משיראה את חבירו [ט]הרגיל עמו קצת ברחוק ד' אמות ויכירנו - דאלו רגיל עמו הרבה, יכירנו אפילו מרחוק, ואינו רגיל כלל, לא יכיר אפילו בקרוב מאוד.

ר"ל תחלת זמן הנחתן משיראה, ומצותן כל היום, **והטעם**, דעד זמן הזה חיישינן שמא יישן בהם, ובכלל לילה הוא לענין תפילין.

אות ג'

כל הסומך גאולה לתפלה אינו נזוק כל היום כולו

סימן סו ס"ח - [י]צריך לסמוך גאולה לתפלה, ולא יפסיק לאחר שאמר "גאל ישראל" - אפילו בשהייה בעלמא ביניהם, **והוא** חמור מאמצע הפרק, דאין להפסיק בו אפילו מפני היראה כמו בתפלה, אם לא במקום שיש חשש סכנה.

סימן קיא ס"א - [יא]צריך לסמוך גאולה לתפלה, ולא יפסיק ביניהם - ואפילו בשהייה בעלמא יותר מכדי דיבור יש לזהר לכתחלה, **וכדי** דבור הוא כדי שאילת תלמיד לרב.

[יב]אפי' ב"אמן" אחר "גאל ישראל" - וה"ה דקדיש וקדושה אין לענות, **ונקט** "אמן" משום דשם סליק ענינא של הברכות ק"ש, והו"א דיכול לענות אמן אפילו אחר עצמו, **קמ"ל** דאסור משום הפסק, ואפילו אחר הש"ץ לא יענה.

ולא בשום פסוק, [יג]"חוץ מה' שפתי תפתח" - ואפילו בערבית קודם תפילת י"ח ג"כ יש לזהר בזה, **אבל** במוסף ומנחה מותר לומר פסוקים קודם "ד' שפתי תפתח", **אבל** לא אח"כ, דפסוק זה מכלל תפלה הוא, דהא מהאי טעמא נוכל לומר אותו בין גאולה לתפילה, מפני דכיון דקבעוהו רבנן בתפלה יש לו דין תפלה, א"כ אין להפסיק בינו לתפלת י"ח.

הגה: וי"א שמותר לענות אמן על "גאל ישראל", וכן נוהגין (טור) - היינו אחר החזן ולא אחר עצמו, **אבל** לאיש"ר וקדושה אינו מפסיק, ד"אמן" שייך לברכה ולא הוי הפסק, משא"כ באלו.

וי"א הא דצריך לסמוך גאולה לתפלה, היינו דוקא בחול או ביו"ט, אבל בשבת א"צ, (פי' דטעמא דבעינן למסמך גאולה לתפלה, [יד]משום דכתיב: יענך ה' ביום צרה, וסמיך ליה: יהיו לרצון אמרי פי וגו' וגאלי, ושבת לאו זמן צרה) - ויו"ט כיון דיום זה הוי בשאר ימים יום צרה, שייך ביה ג"כ הפסוק ד"יענך ה'" וגו' אחר הפסוק "יהיו לרצון" דמיירי בגאולה.

(ולענ"ד נראה דמשא"כ ביו"ט, הוא משום שהם ימי הדין, כדתנן במשנה ב' פ"ק דר"ה: בפסח, על התבואה וכו') (הגהת אשיר"י פ"ק דברכות וכל בו הלכות שבת ומהרי"ל הל' יום טוב).

והב"י חולק ע"ז, וס"ל דההוא קרא סמך בעלמא, ועיקר סמיכת גאולה לתפלה הוא מדברי חכמים, [טו]שדימו י"ח ברכות אחר ברכת גאולה, לאוהבו של מלך שבא ודפק על פתח המלך, ויצא המלך לקראתו, ואם רואהו המלך שהפליג והלך לו, אף הוא מפליג ושוב אינו מתקרב אליו כשחוזר ודופק, כך הוא במפסיק בין גאולה לתפלה, **וע"כ** כתב רמ"א וטוב להחמיר.

וטוב להחמיר אם לא במקום שצריך לכך (טור) - היינו דמותר לענות איש"ר וקדושה וברכו, בין גאולה לתפלה דשבת אף בשחרית, כ"כ הא"ר ופמ"ג ושלמי צבור, **(ואף** דהשע"ת כתב, דלפי מה דמסיק השאגת אריה להלכה כדעת הב"י, דאין לחלק לענין סמיכת גאולה לתפלה בין שבת לחול, א"כ תו אין להקל בזה, מ"מ נלענ"ד דאין להחמיר בזה, אחרי דאפילו בחול יש מקילין בעניית אלו בין גאולה לתפלה, יש לסמוך עכ"פ ע"ז לענין שבת, וכן פסק בדרך החיים).

(ועיין בחידושי רע"א שמסתפק לענין שבת, אם מצא צבור שקראו ק"ש ועומדין להתפלל, אם מותר להתחיל להתפלל עמהם, **ולפלא** קצת שלא הביא שהל"ח והא"ר כתבו בפירוש להקל בזה ג"כ לדברי הרמ"א, **ומשמע** מניה דהוא ס"ל, דאפילו לדברי הרמ"א, אפשר דסמיכת גאולה לתפילה דשבת שחרית חמירא מערבית דחול, **ולפי** מאי דמסיק השאגת אריה דהלכה כדעת הב"י, בודאי אין להקל בדין זה, ודברי השע"ת אמת ויציב לענין זה, וגם אין המנהג להקל בזה).

באר הגולה

[ה] **ברכות כ"ו** [ו] **הרא"ש שם** ‹ורבינו ירוחם כתב, זמן תפילה משיכיר את חבירו ברחוק ד' אמות, ומצוה מן המובחר שיתפלל אחר הנץ החמה מיד, ועוד פשוט בתפילת השחר דאם התפלל משעלה ברק השחר והאיר פני המזרח יצא. **ונראה** שהוא סובר דהא דאמר אביי בפרק קמא דברכות (ט:) לתפילה כאחרים דאמרי משיראה את חבירו ברחוק ד' אמות ויכירנו, להתפלל קאמר, **ולא** ידעתי מי הכניסו לרבינו ירוחם בזה, שהרי פי' רש"י דבזמן הנחת תפילין איירי ולא בזמן תפילה, וכן פירש ה"ר יונה ז"ל – ב"י. **ולא** ידעתי מי הכניסו להעין משפט בזה, דהביא רק מסימן פ"ט, להראות דלא פסק השו"ע כרבינו ירוחם, **ואמאי** לא ציין לסי' ל' לענין הל' תפילין, דשם פסק השו"ע כמו שפרש"י, וצ"ע› [ז] ‹פשוט› [ח] **ברכות ט'** [ט] **תוס' בשם הירושלמי** [י] **ברכות ט'** [יא] **ברכות ט'** [יב] **בית יוסף על פי הזוהר** [יג] **ברכות ט'** [יד] ‹עיין רש"י דף ד:› [טו] ‹עיין רש"י דף ד:›

אות ד'

לעולם ישתדל אדם לרוץ לקראת מלכי ישראל... אפילו לקראת מלכי עכו"ם

סימן רכד ס"ט - [טז]מצוה להשתדל לראות מלכים, אפילו מלכי אומות העולם - ומותר לטמא בטומאה של דבריהן מפני כבודן, בין למלכי ישראל ובין למלכי אומות העולם, **וכן** מפני כבוד הבריות, כגון לילך לנחם אבלים. **אם** רואה פעם אחת המלך, לא יבטל יותר מלימודו לראותו, אם לא שבא בחיל יותר ובכבוד גדול יותר.

אות ה'

זהו הסומך גאולה של ערבית לתפלה של ערבית

[יז]טור סימן רלה - וזמנה אחר ק"ש של ערבית; דלא כריב"ל ‹דף ד:› **דאמר תפלות באמצע תקנום, פי' בבקר ק"ש ואח"כ תפלה, ובערב תפלה ואח"כ ק"ש; אלא כרבי יוחנן, דאמר ר"י איזה בן העוה"ב, זה הסומך גאולה לתפלה, ואפילו של ערבית, הלכך זמנה אחר ק"ש וברכותיה.**

סימן רלו ס"ב - [יח]אין לספר בין גאולה דערבית לתפלה - שגם בערבית מצוה לסמוך גאולה לתפלה, [**ואמרו** חז"ל: איזהו בן עוה"ב, זה הסומך גאולה לתפלה של ערבית].

[יט]ואף הנוהגין לומר י"ח פסוקים ו"יראו עינינו", אין להפסיק בין "יראו עינינו" לתפלה - דאותן פסוקים לא מקרי הפסק, כיון דתקינו לאומרם הו"ל כגאולה אריכתא.

ובטור מסיים בזה: ומה שנוהגין להפסיק בפסוקים ו"יראו עינינו" וקדיש, לפי שבימים הראשונים היו בתי כנסיות שלהם בשדות, והיו יראים להתאחר שם עד זמן תפלת ערבית, ותקנו לומר פסוקים אלו שיש בהם י"ח אזכרות, כנגד י"ח ברכות שיש בתפלת ערבית, ונפטרין בקדיש, **ועתה** שחזרו להתפלל ערבית בבתי כנסיות לא נתבטל מנהג הראשון, ומ"מ אין להפסיק בדברים אחרים, **ויש** מן הגדולים שנהגו שלא לאמרם, עכ"ל, **ובזה** נבין דברי המחבר.

[כ]ומיהו מה שמכריז ש"צ "ראש חדש" בין קדיש לתפלת ערבית, לא הוי הפסק, כיון שהוא צורך התפלה - ולאו דוקא לקרוא ולהכריז שהוא ר"ח שהוא דאורייתא, או להכריז "טל ומטר" שאם יטעו צריך לחזור, **אלא** אפילו להכריז "על הנסים" שפיר דמי, ואע"ג שאם יטעו ג"כ אין צריך לחזור, דמ"מ הוא צורך תפלה, **ודוקא** במקום זה יכול להפסיק, אבל כשהוא עומד בברכת ק"ש בין הפרקים, אסור לו להכריז שום דבר.

[**ודוקא** בערבית, דסמיכת גאולה לתפלה שלו לא חמיר כולי האי, משום דתפלת ערבית רשות, **אבל** בין גאולה לתפלה דשחרית, חמירא טפי ואסור].

[כא]וכן יכול לומר "ברכו" להוציא מי שלא שמע, ולא הוי הפסק - דגם זה הוא צורך תפלה.

הגה: ועיין לעיל סי' ס"ט - ר"ל דשם בהג"ה מבואר, דדוקא בערבית מקילינן לזה, אבל לא בשחרית.

ראיתי מדקדקים נהגו לעמוד כשאומרים הי"ח פסוקים של "ברוך ה' לעולם" וכו', ומנהג יפה הוא, כי נתקנו במקום תפלת י"ח, ועל כן ראוי לעמוד בהן כמו בתפלה - והרבה אחרונים כתבו דיותר טוב שלא לעמוד, כדי להראות שאין רוצה לצאת בזה ידי חובת תפלת י"ח, [**ועכ"פ** לא יעמוד ופניו אל הקיר, דאז נראה כמכוין לצאת בזה תפלת י"ח], **אך** כשמתפלל עם הצבור, וקורא אח"כ ק"ש וברכותיה, אז יוכל לומר "ברוך ה'" וכו' מעומד, ועיין מה שנכתוב לקמיה.

כתב מ"א בשם רש"ל, שיש לומר: "הושיענו אלהי ישענו", והוא פסוק בדברי הימים, **ולא** יאמר: "הושיענו ה' אלהי ישענו", דא"כ הוא מוסיף על י"ח אזכרות. ‹**והיינו** נוסח שלנו, די"ל דשם הויה א' נגד ברכת המינים – מחה"ש›.

באר הגולה

טז שם | יז ‹ע"פ מהדורת נהרדעא› | יח שם ד' וכרבי יוחנן | יט הרא"ש שם ובתשובה | כ הרשב"א בתשובה | כא אגור בשם רב עמרם

§ עניני הלכה שונים הקשורים להדף §

ישעיהו אמר: ליתי חזקיהו גבאי

הרמב"ם כתב פ"ב מהלכות מלכים הלכה ה', דכל העם באים אליו ועומדים לפניו ומשתחוים ארצה, ואף נביא עומד בפני המלך. **ואני** כתבתי בגליון שכן מבואר במדרש רבה ריש פ' נשא, והוא מירושלמי הוריות, **וצ"ע** בברכות דף יו"ד, דאיך אמר ישעיהו שחזקיהו יבא אליו, והא הוא היה מלך והנביא צריך לעמוד לפני המלך - שו"ת שואל ומשיב מהדורה תליתאה ח"א סימן תכג.

יש להבין, מה זו שנתגאה ישעיהו מבלי לילך לאיש צדיק כמוהו, בשלמא חזקיהו מיאן לילך, כבר אמרו [כתובות יז א] מלך שמחל על כבודו אין כבודו מחול, אבל ישעיהו למה לא מחל על כבודו, דהרב מותר למחול על כבודו.

אבל הדברים יובנו בכך, דהקשו איך ס"ד לישעיהו מבלי לילך לחזקיהו, הא קיי"ל [הוריות יג א] מלך קודם לכהן גדול, וכהן גדול קודם לנביא, ומכ"ש דמלך קודם לנביא, ועיין בברייתא סוף הוריות. **ותירצו**, היינו מלך על כל ישראל, אבל חזקיהו שלא מלך רק על ב' שבטים הנשארים, הלכך לא תארהו ישעיהו בתואר מלך כראוי, אם לא ימלוך על כל ישראל ביחד, ולכך חשב שהוא קודם לו במעלה. **ובזה** יובן טעם הנביא ישעיהו שלא רצה למחול כבודו לילך לחזקיהו, כי ע"י כך ביקש להראות לו כי חטא לנפשו במה שלא לקח אשה, **כי** ודאי ח"ו על חזקיהו שביטל עשה דפריה ורביה, דהא קיי"ל [יבמות סג ב] כבן עזאי, האומר נפשי חשקה בתורה, פטור מפריה ורביה, ואין לך מי שנפשו חשקה בתורה יותר ממלך חזקיהו, שדרשו עליו בחלק [סנהדרין צד ב] וחובל עול מפני שמן, שאין לך תנוקות בכל גבול ישראל שלא היו יודעים בתורה, וא"כ ודאי דאין עליו משפט כעובר על מצות עשה. **אבל** מ"מ אף דפטור, לא קיים מצות עשה דהא לא נשא אשה, והרי זה דומה למי שאין לו טלית בת ד' כנפות, למ"ד שחובת מנא, שאין חייב בציצית ולא מיקרי עובר על מצות עשה, אבל מ"מ לא קיים מצות עשה זו, דהא אינו מקיים ציצית.

וכן הדבר בזה, דאף דפטור מחמת חשק התורה, מ"מ לא קיים פריה ורביה והרי ביטל מצות עשה. **וגבי** ציצית אמרינן בגמרא [מנחות מא א] דקטינא דלביש סדינא למען יהא פטור מציצית, והוכיחו לו מלאכי השרת ואמרו קטינא קטינא סדינא בקייטא וכו', שאל ענשיתו, והשיבו אין, בעידן ריתחא ענשיתו, פירוש על עשה כה"ג דפטור ממנו דסדין בציצית פטור, רק מ"מ לא קיים מצות ציצית, ובעידן ריתחא נענש עליו, **וא"כ** אף בחזקיהו בביטול פריה ורביה כן. ואמרינן בגמרא [ראש השנה ח ב] מלך וצבור, מלך נכנס תחלה לדין מקמיה דליפוש חרון אף ויפוש ריתחא.

וא"כ בזה בטח מלך חזקיהו, כי חשב בפועל אינו עובר על מצות עשה, כי נפשו חשקה בתורה כבן עזאי, ובעידן ריתחא לא יענש, היותו מלך נכנס תחלה לדין טרם דליפוש חרון אף ויפוש ריתחא. **אמנם** ישעיהו הנביא ברצונו להוכיח דלא יבטל מפריה ורביה ויהיה נשמר מאף וחימה של הקדוש ברוך הוא, ולמען לא יבטח היותו מלך נכנס תחלה לדין ולא יהיה בעידן ריתחא, מיאן לילך אצלו, והיינו כי הוא חשוב ממנו, מפני שלא מלך רק על ב' שבטים, ולית ליה תואר מלך, ונביא קודם כנ"ל, ובזה שהראהו דאין לו תואר מלך, וא"כ אינו נכנס תחלה לדין, א"כ אין לו לבטל מפריה ורביה, דלא יענש בעידן ריתחא, לכך בכונה לא הלך אצלו, דמזה יודע לו היותו לאו בתואר המלך, ויהיה בכלל עונש פריה ורביה, כנ"ל ואתי שפיר - יערות דבש ח"א דרוש טו.

אפי' חרב חדה מונחת על צוארו של אדם וכו'

גמ' ר"ה דף י"ז: מיתבי השב בינתים מוחלין לו, לא שב בינתים, אפילו הביא כל אילי נביות שבעולם אין מוחלין לו, לא קשיא הא ביחיד הא בצבור. **ק"ל** הא גבי חזקיהו מלך יהודה שאמר ליה הנביא כי מת אתה ולא תחיה, דאמרינן בפ"ק דברכות (דף י') דאמר לו הנביא כבר נגזר עליך גזירה, ואמר לו בן אמוץ כלה נבואתך וצא, כך מקובלני, אפילו חרב חדה מונחת על צוארו של אדם אל ימנע עצמו מן הרחמים, ואמרינן איתמר נמי ר"י ור"א דאמרי תרוייהו, אפי' חרב חדה כו' ומסקנא הכי הוה, שנקרע גזר דינו והוסיפו על חייו ט"ו שנה. **וליכא** למימר דהוה בעשרה ימים שבין ר"ה ליוה"כ, דהא חליו היה בניסן, ומיד לאחר שנקרע גזר דין שלו בו ביום אמר ליה הנביא, ביום הג' תעלה בית ה', והוא היה ליל מפלת סנחרב, שהיה ליל א' של פסח, כדאמר באגדה, ומייתי לה רש"י בפי' לנביאים. **ואפשר** לומר דשאני חזקיהו דרב גובריה, שהיה משונה מאוד במעשיו ובתורתו, ושקול כמו ציבור, **א"נ** מלך שאני, דדמי ושקול כנגד ציבור, כדאמר שלמה, לעשות משפט עבדו ומשפט עמו ישראל, אלמא שקול מלך כציבור - טורי אבן מס' ר"ה דף יז עמוד ב'.

כל פרשה שהיתה חביבה על דוד פתח בה באשרי וסיים בה באשרי פתח באשרי דכתיב °אשרי האיש וסיים באשרי דכתיב °אשרי כל חוסי בו: הנהו בריוני דהוו בשבבותיה דר"מ והוו קא מצערו ליה טובא הוה קא בעי ר' מאיר רחמי עלויהו כי היכי דלימותו אמרה לי' ברוריא דביתהו מאי דעתך משום דכתיב °יתמו חטאים מי כתיב חוטאים חטאים כתיב ועוד שפיל לסיפיה דקרא ורשעים עוד אינם כיון דיתמו חטאים ורשעים עוד אינם אלא °בעי רחמי עלויהו דלהדרו בתשובה ורשעים עוד אינם בעא רחמי עלויהו והדרו בתשובה: אמר לה ההוא צדוקי לברוריא כתיב °רני עקרה לא ילדה משום דלא ילדה רני אמרה ליה שטיא שפיל לסיפיה דקרא דכתיב כי רבים בני שוממה מבני בעולה אמר ה' *אלא מאי עקרה לא ילדה רני כנסת ישראל שדומה לאשה עקרה שלא ילדה בנים לגיהנם כותייכו: א"ל ההוא צדוקי לר' אבהו כתיב °מזמור לדוד בברחו מפני אבשלום בנו וכתיב °לדוד מכתם בברחו מפני שאול במערה הי מעשה הוה ברישא מכדי מעשה שאול הוה ברישא לכתוב ברישא אמר ליה אתון דלא דרשיתון סמוכין קשיא לכו אנן דדרשינן סמוכים לא קשיא לן *דא"ר יוחנן סמוכין מן התורה מנין שנא' °סמוכים לעד לעולם עשוים באמת וישר למה נסמכה פרשת אבשלום לפרשת גוג ומגוג שאם יאמר לך אדם כלום יש עבד שמורד ברבו אף אתה אמור לו כלום יש בן שמורד באביו אלא הוה הכא נמי הוה: אמר ר' יוחנן משום רבי שמעון בן יוחי מאי דכתיב °פיה פתחה בחכמה ותורת חסד על לשונה כנגד מי אמר שלמה מקרא זה לא אמרו אלא כנגד דוד אביו שדר בחמשה עולמים ואמר שירה דר במעי אמו ואמר שירה שנאמר °ברכי נפשי את ה' וכל קרבי את שם קדשו יצא לאויר העולם ונסתכל בכוכבים ומזלות ואמר שירה שנאמר °ברכו ה' מלאכיו גבורי כח עושי דברו לשמוע בקול דברו ברכו ה' כל צבאיו וגו' ינק משדי אמו ונסתכל בדדיה ואמר שירה שנאמר °ברכי נפשי את ה' ואל תשכחי כל גמוליו מאי כל גמוליו אמר ר' אבהו שעשה לה דדים במקום בינה טעמא מאי אמר (רבי) יהודה כדי שלא יסתכל במקום ערוה רב מתנא אמר כדי שלא יינק ממקום הטנופת ראה במפלתן של רשעים ואמר שירה שנאמר °יתמו חטאים מן הארץ ורשעים עוד אינם ברכי נפשי את ה' הללויה נסתכל ביום המיתה ואמר שירה שנאמר °ברכי נפשי את ה' ה' אלהי גדלת מאד הוד והדר לבשת מאי משמע (א) דעל יום המיתה נאמר אמר רבה בר רב שילא מסיפא דעניינא דכתיב °תסתיר פניך יבהלון תוסף רוחם יגועון וגו' רב שימי בר עוקבא ואמרי לה מר עוקבא הוה שכיח קמיה דר' שמעון בן פזי והוה מסדר אגדתא קמיה דר' יהושע בן לוי אמר ליה מאי דכתיב °ברכי נפשי את ה' וכל קרבי את שם קדשו אמר ליה בא וראה שלא כמדת הקדוש ברוך הוא מדת בשר ודם *מדת בשר ודם צר צורה על גבי הכותל ואינו יכול להטיל בה רוח ונשמה קרבים ובני מעים והקב"ה אינו כן צר צורה בתוך צורה ומטיל בה רוח ונשמה קרבים ובני מעים והיינו דאמרה חנה °אין קדוש כה' כי אין בלתך ואין צור כאלהינו. מאי אין צור כאלהינו אין צייר כאלהינו *מאי כי אין בלתך אמר ר' יהודה בר מנסיא אל תקרי כי אין בלתך אלא אין לבלותך שלא כמדת הקדוש ברוך הוא מדת בשר ודם מעשה ידיו מבלין אותו והקב"ה מבלה מעשיו א"ל אנא הכי קא אמינא לך הני חמשה ברכי נפשי כנגד מי אמרן דוד לא אמרן אלא כנגד הקב"ה וכנגד נשמה מה הקב"ה מלא כל העולם אף נשמה מלאה את כל הגוף מה הקדוש ברוך הוא רואה ואינו נראה אף נשמה רואה ואינה נראית מה הקב"ה זן את כל העולם כלו אף נשמה זנה את כל הגוף מה הקב"ה טהור אף נשמה טהורה מה הקב"ה יושב בחדרי חדרים אף נשמה יושבת בחדרי חדרים יבא מי שיש בו חמשה דברים הללו וישבח למי שיש בו חמשה דברים הללו: אמר רב המנונא מאי דכתיב °מי כהחכם ומי יודע פשר דבר מי כהקדוש ברוך הוא שיודע לעשות פשרה בין שני צדיקים בין חזקיהו לישעיהו חזקיהו אמר ליתי ישעיהו גבאי דהכי אשכחן באליהו דאזל לגבי אחאב (שנאמר °וילך אליהו להראות אל אחאב) ישעיהו אמר ליתי חזקיהו גבאי דהכי אשכחן ביהורם בן אחאב דאזל לגבי אלישע מה עשה הקב"ה הביא יסורים על חזקיהו ואמר לו לישעיהו לך ובקר את החולה שנאמר °בימים ההם חלה חזקיהו למות ויבא אליו ישעיהו בן אמוץ הנביא ויאמר אליו כה אמר ה' (צבאות) צו לביתך כי מת אתה ולא תחיה וגו' מאי כי מת אתה ולא תחיה מת אתה בעולם הזה ולא תחיה לעולם הבא אמר ליה מאי כולי האי אמר ליה משום דלא עסקת בפריה ורביה א"ל משום דחזאי לי ברוח הקדש °דנפקי מינאי בנין דלא מעלו א"ל בהדי כבשי דרחמנא למה לך מאי דמפקדת איבעי לך למעבד ומה דניחא קמיה קודשא בריך הוא לעביד אמר ליה השתא הב לי ברתך אפשר דגרמא זכותא דידי ודידך ונפקי מנאי בנין דמעלו א"ל כבר נגזרה עליך גזירה א"ל בן אמוץ כלה נבואתך וצא כך מקובלני מבית אבי אבא °אפי' חרב חדה מונחת על צוארו של אדם אל ימנע עצמו מן הרחמים אתמר נמי רבי יוחנן ורבי *(אליעזר) דאמרי תרוייהו אפילו חרב חדה מונחת על צוארו של אדם אל ימנע עצמו מן הרחמים שנא' °הן יקטלני לו איחל (ג):

א"ר

רש"י

פתח באשרי וסיים באשרי. אלמא חדא היא דאשרי כל חוסי בו סיומא דלמה רגשו גוים הוא: **בריוני.** פריצים: חטאים **כתיב.** קרי ביה חטאים שיכלה יצר הרע: **שפיל.** השפיל עצמך לסוף המקרא כל דבר שהוא בסוף קרוי שפילו של דבר: **סמוכים לעד לעולם.** בדברי תורה כתיב [אחרי] נאמנים כל פקודיו סמוכים (ג) סמיכת כל פקודיו עשוים באמת וישר ולצורך ולא דבר רק: **כלום יש עבד שמורד ברבו.** ויבא להכחיש את דברי הנביא: **אמור לו כלום יש בן כו'** והא חזינן הכא דהוה: **הכא נמי הוה.** סופיה להיות: **ואמר שירה.** כנגד כולם אמר שירה לכשראה רוח הקודש עליו: **וכל קרבי.** על שם קרבי אמו שדר בתוכן: **מאי משמע.** דעל יום המיתה נאמר: **בא וראה וכו'.** הוא סבר דהכי בעי מאי שנא קרבים דנקט: **חמשה ברכי נפשי.** לעיל חשיב להו: **מאי דכתיב מי כהחכם ומי יודע פשר דבר.** משום דאיירי בסופה בסמיכת גאולה לתפלה נקט ליה: **דאשכחן דאזל אליהו לגבי אחאב.** דכתיב וילך אליהו להראות אל אחאב: **יהורם אזל לגבי אלישע.** כשהלכו על מואב הוא ויהושפט (במלכים ב ג) דמתוך שלא היו הולכים זה אצל זה לא היה מוכיחו על שלא נשא אשה: **כבשי דרחמנא.** סתרים דהקב"ה כמו רישא בכבשא (חולין ד' נג:) בהטמנת האפר: **נגזרה גזרה.** שתמות: **מקובלני מבית אבי אבא.** דוד שראה את המלאך וחרבו שלופה בידו בסוף ספר שמואל (ב כד) ולא מנע עצמו מן הרחמים:

תוספות

כל פרשה שהיתה חביבה על דוד כו'. וא"ת מאי כל הפרשיות והא לא אשכחן שום פרשה אחרת שמתחלת באשרי ומסיימת באשרי אלא היא. וי"ל דלאו דוקא פתח באשרי וסיים באשרי. אלא חתימה מעין פתיחה כמו תהלה שפתח בתהלה וסיים בתהלה תהלת ה' ידבר פי וכן הרבה פרשיות שמתחילות בהללויה ומסיימות בהללויה:

רב נסים גאון

אמר לה ההוא מינא לברוריא. ברוריא היא בתו של ר' חנינא בן תרדיון והיא היתה אשתו של ר' מאיר ואית' בפירקא קמא דמסכת ע"ז (דף יח) ברוריא דביתהו דר' מאי' ברתי' דר' חנניה בן תרדיון הואי וכבר למדה הרבה חכמות לפני החכמים כדאמרינן בפסחים בפ' תמיד (דף סב:) אמר ליה ומה ברוריא דביתהו דר' מאיר ברתי' דר' חנניה בן תרדיון דהות גמרא תלת מאה (משמעי) [שמעתתא] ביומא מתלת מאה רבותא: **למה** נסמכה פרשת אבשלום לפרשת גוג ומגוג. פרש' גוג ומגוג הוא המזמור הראשון שכתוב בו יתיצבו מלכי ארץ *קשה תרבות רעה בתוך ביתו של אדם יותר ממלחמת גוג ומגוג והתם בפרק לפני אידיהן של גוים (ע"ז דף ג) גרסי' לעתיד באים אומות העולם ומתגיירין ומניחין תפילין בראשיהן ותפילין בזרועותיהן ומזוזה בפתחיהן כיון שרואין מלחמת גוג ומגוג אומר להם על מי אתם באים על ה' ועל משיחו שנא' (תהלים ב) למה רגשו גוים [וגו'] יתיצבו מלכי ארץ מיד כל אחד ואחד מנתק מוסרותיו והולך לו שנא' ננתקה את מוסרותימו וגו' וכולא ברייתא:

*) פה ניכר חסרון קצת. ועי' לעיל ז' ב'.

הגהות הב"ח

(א) גמ' מאי משמע אמר רבה בר ר' שילא כצ"ל ותיבות דעל יום המיתה נאמר נמחק: (ב) שם הן יקטלני לו איחל לסוף יהב ליה ברתיה נפק מיניה מנשה ורבשקה יומא חדא ארכבינהו אכתפיה לאמטויינהו לבי מדרשא אמר חד מינייהו חזי רישא דאבא למטוי ביה גלדאי וחד אמר חזי רישא דאבא לאקרובי עליה לעכו"ם תבעינהו בארעא מנשה חיה ורבשקה מית קרי אנפשיה וכלי כליו רעים [ישעיה לב] אמר רב חנן אפילו בעל: (ג) רש"י ד"ה סמוכים וכו' סמוכים לעד סמיכת כל:

גליון הש"ס

גמ' בעי רחמי. עיין תענית כג ב ובזוה"ק פ' ויקרא במדרש הנעלם בפ' המכסה אני מאברהם: שם דנפקי מינאי. עי' טורי אבן ר"ה יז ב ד"ה ל"ק: שם אפילו חרב חדה. עי' תוס' נדה סו ב ד"ה הכל:

מסורת הש"ס

אלא מאי לא ילדה כצ"ל רש"ל

כמות דף ד. [ע"ש]

תהלים קיא

משלי לא

תהלים קג

שם

שם

[צ"ל רב]

שם קד

שם

שם

שם קג

[מגילה יד. ע"ש]

שמואל א ב

[מגילה יד. ע"ש היטב]

קהלת ח

מלכים א יח

מלכים ב כ

ישעיה לח

[צ"ל אלעזר]

איוב יג

עין משפט נר מצוה

מד א מיי׳ פ״ה מהל׳ תפלה הלכה ז סמג עשין יט טוש״ע או״ח סימן צ ס״א:
מה ב מיי׳ שם הלכה ד וסמג שם טור שו״ע או״ח סי׳ צה ס״א:
מו ג מיי׳ פ״ו שם [ה״ד] סמג שם טוש״ע או״ח סימן פט ס״ג:
מז ד מיי׳ פ״א מהל׳ ק״ש הלכה יא סמג עשין יח טוש״ע או״ח סימן נח ס״א:
מח ה מיי׳ שם הלכה י״ג טור שו״ע שם סעיף ו:
מט ו מיי׳ פ״ב שם הלכה ב וסמג שם טוש״ע או״ח סימן סג ס״א:

מסורת הש״ס

אבי אבא שחפה את ההיכל. שלמה: **שגנז ספר רפואות.** כדי שיבקשו רחמים: **גירר עצמות אביו.** לפי שהיה רשע בזהו ולא נהג בו כבוד בקבורתו להוליאו כהוגן במטות זהב וכסף: **סתם מי גיחון.** מי שלוח בדברי הימים (ב לב) ולמה כדי שלא יבאו מלכי אשור וימלאו מים לשתות ולא זהו גיחון הנהר הגדול דההוא לאו בא״י הוא אלא מעין קטן הוא סמוך לירושלים שנאמר והורדתם אותו אל גיחון (מ״א א) ומתרגמינן ותחתון יתיה לשילוחא: **עבר ניסן בניסן.** קס״ד משנתקדש החדש לשם ניסן נמלך לעבר את השנה ועשאו אדר כמו שנאמר בדברי הימים (ב ל) ויועץ המלך (חזקיהו) לעשות הפסח בחדש השני: **ביום שלשים של אדר.** ואע״פ שלא נתקדש החדש שעדיין לא באו עדים: **תפלה בזכות עצמו.** שאומר בתפלתו עשה לי בזכותי כגון חזקיהו שאמר זכר נא את אשר התהלכתי לפניך (א) וגו׳: **פרועה.** מגולה שניטלה (ב) תקרה שלה: **סרוגה לסנות.** משל אחרים: **יהנה.** ואין איסור בדבר: **כאלישע.** כמו שמצינו באלישע שנהנה: **ושרוצה שלא להנות.** משל אחרים: **אל יהנה.** ואין בדבר לא משום גסות רוח ולא משום שנאה: **כשמואל הרמתי.** כמו שמצינו בשמואל הרמתי שלא רצה להנות: **כי שם ביתו.** לעיל מיניה כתיב והיה מדי שנה בשנה וסבב בית אל והמלפה ושפט את ישראל וסמיך ליה ותשובתו הרמתה כי שם ביתו וכי איני יודע ששם ביתו אלא אכולהו מקומות דקרא דלעיל מיניה קאי שכל מקום שהיה הולך שם היה נושא כל כלי תשמישי ביתו עמו ואהל חנייתו שלא להנות מן אחרים: **בהוד יפיה.** בדדיה: **תפלה לעני.** דרך עניות: **יכוין את רגליו.** זו אצל זו: **ורגליהם רגל ישרה.** כרגלין כרגל אחד: **הקורא מכאן ואילך לא הפסיד.** שהרי הוא כאדם שקורא אחת מכל הפרשיות שבתורה ואע״פ שלא יצא ידי ק״ש יש לו קבול שכר כעוסק בתורה: **מתני׳ יטה.** על לדו: **בשכבך.** דרך שכיבה: **יעמוד.** דכתיב ובקומך: **כדרכו.** או בקימה או בשכיבה או בישיבה או מהלך:

גדול הקורא ק״ש בעונתה יותר מהעוסק בתורה. תימה אפי׳ תפלה נמי דהא אמרינן פ״ק דשבת (ד׳ יא.) כגון אנו מפסיקין בין לק״ש בין לתפלה. וי״ל דהכי קאמר יותר מהעוסק בתורה פעם אחרת שלא בשעת ק״ש. אבל העוסק בתורה בשעת ק״ש לא מיירי ואפי׳ בתפלה פוסק: שנאמר

תורה אור

א״ר חנן אפי׳ בעל החלומות אומר לו לאדם למחר הוא מת אל ימנע עצמו מן הרחמים שנאמר °כי ברוב חלומות והבלים ודברים הרבה כי את האלהים ירא מיד °ויסב חזקיהו פניו אל הקיר ויתפלל אל ה׳ °מאי קיר אמר רשב״ל מקירות לבו שנא׳ °מעי מעי אוחילה קירות לבי וגו׳ ר׳ לוי אמר על עסקי הקיר אמר לפניו רבונו של עולם ומה שונמית שלא עשתה אלא קיר אחת קטנה החיית את בנה אבי אבא שחפה את ההיכל כולו בכסף ובזהב על אחת כמה וכמה °זכר נא את אשר התהלכתי לפניך באמת ובלבב שלם והטוב בעיניך עשיתי מאי והטוב בעיניך עשיתי א״ר יהודה אמר רב שסמך גאולה לתפלה ר׳ לוי אמר שגנז ספר רפואות תנו רבנן *ששה דברים עשה חזקיהו המלך על ג׳ הודו לו ועל ג׳ לא הודו לו על ג׳ הודו לו גנז ספר רפואות והודו לו כתת נחש הנחשת והודו לו גירר עצמות אביו על מטה של חבלים והודו לו ועל ג׳ לא הודו לו סתם מי גיחון ולא הודו לו קצץ דלתות היכל ושגרם למלך אשור ולא הודו לו עבר ניסן בניסן ולא הודו לו ומי לית ליה לחזקיהו °החדש הזה לכם ראש חדשים *זה ניסן ואין אחר ניסן אלא טעה בדשמואל *דאמר שמואל אין מעברין את השנה ביום שלשים של אדר הואיל וראוי לקובעו ניסן סבר הואיל וראוי לא אמרינן: א״ר יוחנן משום ר׳ יוסי בן זמרא כל התולה בזכות עצמו תולין לו בזכות אחרים וכל התולה בזכות אחרים תולין לו בזכות עצמו משה תלה בזכות אחרים שנא׳ °זכור לאברהם ליצחק ולישראל עבדיך תלו לו בזכות עצמו שנאמר °ויאמר להשמידם לולי משה בחירו עמד בפרץ לפניו להשיב חמתו מהשחית חזקיהו תלה בזכות עצמו דכתיב זכר נא את אשר התהלכתי לפניך תלו לו בזכות אחרים שנא׳ °וגנותי *אל העיר הזאת להושיעה למעני ולמען דוד עבדי והיינו דריב״ל דאמר ריב״ל מאי דכתיב °הנה לשלום מר לי מר אפי׳ בשעה ששיגר לו הקב״ה שלום מר הוא לו: °נעשה נא עליית קיר קטנה רב ושמואל חד אמר עלייה פרועה היתה וקירוה וחד אמר אכסדרה גדולה היתה וחלקוה לשנים בשלמא למ״ד אכסדרה היינו דכתיב קיר אלא למ״ד עלייה מאי קיר שקירוה בשלמא למ״ד עלייה היינו דכתיב עליית אלא למ״ד אכסדרה מאי עליית *מעולה שבבתים. ונשים לו שם מטה ושולחן וכסא ומנורה אמר אביי ואיתימא ר׳ יצחק הרוצה להנות יהנה כאלישע ושאינו רוצה להנות אל יהנה כשמואל הרמתי שנאמר °ותשובתו הרמתה כי שם ביתו וא״ר יוחנן *שכל מקום שהלך שם ביתו עמו. °ותאמר אל אישה הנה נא ידעתי כי איש אלהים קדוש הוא א״ר יוסי בר׳ חנינא מכאן שהאשה מכרת באורחין יותר מן האיש קדוש הוא מנא ידעה רב ושמואל חד אמר שלא ראתה זבוב עובר על שולחנו וחד אמר סדין של פשתן הציעה על מטתו ולא ראתה קרי עליו קדוש הוא א״ר יוסי בר׳ חנינא הוא קדוש ומשרתו אינו קדוש (שנא׳) °ויגש גיחזי להדפה א״ר יוסי בר׳ חנינא שאחזה בהוד יפיה. עובר עלינו תמיד א״ר יוסי בר׳ חנינא משום רבי אליעזר בן יעקב °כל המארח תלמיד חכם בתוך ביתו ומהנהו מנכסיו מעלה עליו הכתוב כאילו מקריב תמידין. וא״ר יוסי בר׳ חנינא משום ראב״י °אל יעמוד אדם במקום גבוה ויתפלל אלא במקום נמוך ויתפלל שנא׳ °ממעמקים קראתיך ה׳ תניא נמי הכי *לא יעמוד אדם לא על גבי כסא ולא ע״ג שרפרף ולא במקום גבוה ויתפלל אלא במקום נמוך ויתפלל לפי שאין גבהות לפני המקום שנאמר ממעמקים קראתיך ה׳ וכתיב °תפלה לעני כי יעטוף. וא״ר יוסי בר׳ חנינא משום ראב״י [ב]המתפלל צריך שיכוין את רגליו שנא׳ °ורגליהם רגל ישרה (א״ר יצחק א״ר יוחנן) וא״ר יוסי בר׳ חנינא משום ראב״י מאי דכתיב °לא תאכלו על הדם [ג]לא תאכלו קודם שתתפללו על דמכם (א״ד) א״ר יצחק *א״ר יוחנן א״ר יוסי בר׳ חנינא משום ראב״י כל האוכל ושותה ואח״כ מתפלל עליו הכתוב אומר °ואותי השלכת אחרי גויך אל תקרי גויך אלא גאיך אמר הקב״ה לאחר שנתגאה זה קבל עליו מלכות שמים: ר׳ יהושע אומר עד ג׳ שעות: אמר רב יהודה אמר שמואל [ד]הלכה כרבי יהושע: הקורא מכאן ואילך לא הפסיד: אמר רב חסדא אמר מר עוקבא ובלבד שלא יאמר יוצר אור מיתיבי הקורא מכאן ואילך לא הפסיד כאדם שהוא קורא בתורה אבל מברך הוא שתים לפניה ואחת לאחריה תיובתא דרב חסדא תיובתא איכא דאמרי אמר רב חסדא אמר מר עוקבא מאי לא הפסיד שלא הפסיד ברכות תניא נמי הכי [ה]הקורא מכאן ואילך לא הפסיד כאדם שקורא בתורה אבל מברך הוא שתים לפניה ואחת לאחריה א״ר מני גדול הקורא ק״ש בעונתה יותר מהעוסק בתורה מדקתני הקורא מכאן ואילך לא הפסיד כאדם הקורא בתורה מכלל דקורא בעונתה עדיף: **מתני׳** *בית שמאי אומרים בערב כל אדם יטה ויקרא ובבקר יעמוד שנאמר °ובשכבך ובקומך ובית הלל אומרים [ו]כל אדם קורא *כדרכו שנאמר ובלכתך בדרך אם כן למה נאמר ובשכבך ובקומך בשעה שבני אדם שוכבים ובשעה שבני אדם עומדים א״ר טרפון אני הייתי בא בדרך °והטתי לקרות כדברי ב״ש וסכנתי בעצמי מפני הלסטים אמרו לו כדי היית לחוב בעצמך שעברת על דברי ב״ה:

גמ׳

תוספתא דסנהדרין פ״ב

רב נסים גאון

תנו רבנן ו׳ דברים עשה חזקיהו מלך יהודה מדעתו וכו׳ גירר עצמות אביו על מטה של חבלים. ומפרשי רבנן טעמא דמילתא מהו שגרם לו לעשות בעצמו׳ אביו כן במס׳ סנהדרין (דמ״ז) בפ׳ נגמר הדין כי נתטוין כי חיכי דתיהוי ליה כפרה: **ויגש** גיחזי להדפה אמר (ריש לקיש) [ר׳ יוסי בר חנינא] שדחפ׳ בהוד יופיה. בגמ׳ דבני מערבא בפ׳ כל ישראל יש להן חלק (הלכה ד) ובפ׳ שני דיבמות (הלכה ב) אמר ר׳ יוסי בר חנינא שנתן ידיו בהוד שביופית בין דדיה:

שמואל א ז

תוספתא פרק ג׳

[לפמ״ש תוס׳ מיר כט. ד״ה ה״ג פ״ש יוחנן ככא דה״ל יוחנן א״ר כרכי חנינא]

דברים ו

[עי׳ תוס׳ לקמן יג: ד״ה על וכו׳ וכן כרש״י שם ד״ה כעמידה]

מקום שנהגו דף ט

סנהדרין פ״ק דף יב:

שייך לעיל ט: במתניתין

עי׳ רש״א בח״א

[נדרים ט. מנחות קח:]

נדרים דף לה מלכים ב ד

שם

תהלים קל

שם קב

יחזקאל א

ויקרא יט

מלכים א יד

ספרי פרשת ואתחנן

גליון הש״ס

גמ׳ מאי קיר. ירושלמי [ברכות פ״ד] ופ׳ חלק ושם איתא עוד דרשות בזה: שם כל המארח ת״ח. עי׳ יומא ע״א א וכתובות קה ב: במשנה והטיתי כו׳. עי׳ תוס׳ יבמות יד א ד״ה לא עשו:

הגהות הב״ח

(א) רש״י ד״ה התולה וכו׳ לפניך וגו׳ הס״ד ואח״כ מ״ה מר הוא לו על שאמר לו למען דוד עבדי הס״ד: (ב) ד״ה פרוע וכו׳ תקרה ומעזיבה שלה:

§ מסכת ברכות דף י: §

אות א'*[א]

אין מעברין את השנה ביום שלשים של אדר, הואיל וראוי לקובעו ניסן

רמב"ם פ"ד מהל' קידוש החודש הי"ד - הגיע יום שלשים באדר ולא עיברו עדיין השנה, לא יעברו אותה כלל, שאותו היום ראוי להיות ראש חדש ניסן, ומשיכנס ניסן ולא עיברו אינן יכולים לעבר; ואם עיברוה ביום שלשים של אדר, הרי זו מעוברת. באו עדים אחר שעיברוה והעידו על הירח, הרי אלו מקדשין את החדש ביום שלשים, ויהיה ראש חדש אדר שני; ואילו קידשוהו קודם שיעברו את השנה, שוב לא היו מעברין, שאין מעברין בניסן.

רמב"ם פ"ד מהל' ביאת מקדש הי"ח - ועוד אחרת היתה שם באותה השנה, שעיבר חזקיה המלך את השנה ביום שלשים של אדר שראוי להיות ראש חדש ניסן, ועשה אותו החדש אדר שני, ולא הודו לו חכמים, שאין מעברין ביום זה כמו שביארנו בקידוש החדש.

אות א'

אל יעמוד אדם במקום גבוה ויתפלל, אלא במקום נמוך ויתפלל

סימן צ ס"א - [ב]המתפלל, לא יעמוד על גבי מטה ולא על גבי כסא ולא על גבי ספסל, [ג](ואפי' אינן גבוהין ג', ב"י בשם מהרי"א) - מפני שכשהוא עומד עליהם, הוא טרוד וירא שמא יפול, ולא יוכל לכוין בתפלתו.

והב"ח והט"ז מתירין כשאינן גבוהין ג', **אבל** הא"ר פוסק כהשו"ע.

ולא על גבי מקום גבוה - לפי שאין גבהות לפני המקום, שנאמר: ממעמקים קראתיך ה'.

[ד]אלא א"כ היה זקן או חולה - שקשה לו לירד מעל המטה, **ואף** דאין בו משום גבהות, מ"מ יאסר לעמוד מחמת ביעתותא, **צ"ל** הטעם, דלא הטריחוהו חכמים, והתירוהו להתפלל עליהם במה שייטב לו, בישיבה או בעמידה, **או** י"ל דמיירי שם בגווני דליכא ביעתותא.

או שהיה כוונתו להשמיע לצבור - דמותר לו לעמוד ע"ג מקום גבוה, ואפילו ע"ג כסא או ספסל, ואין בזה משום גבהות, **ויש** מן האחרונים שכתבו, דהיכא דיש בו משום ביעתותא, אפילו להשמיע לצבור אסור.

כתב המ"א, שעכשיו נהגו שהמקום שהש"ץ עומד עליו הוא עמוק משאר בהכ"נ, משום "ממעמקים קראתיך ה'", **ולכן** נקרא הש"ץ בכל מקום "יורד לפני התיבה".

[ה]סימן צ ס"ב - [ו]שיעור מקום גבוה שאמרו, ג' טפחים - פי' אפי' הוא ארעא סמיכתא וגובה ג"ט, אסור לעמוד עליו להתפלל, **אבל** פחות מזה אין גבהו ניכר.

היה גבוה ג', ויש בו ד' אמות על ד' אמות, הרי הוא כעלייה ומותר להתפלל בו; וכן אם היה מוקף מחיצות, אע"פ שאין בו ד' על ד', מותר להתפלל בו, שאין גובהו ניכר, כיון שחלק רשות - ובימה חדשה שבבהכ"נ שעדיין לא הוקפה מחיצות, פשוט דאסור להתפלל עליה, **ומיהו** לענין שמש שמקומו לעמוד שם בקביעות לצרכי בהכ"נ, נראה דמותר, כמו לענין אומנין בס"ג.

אות ב'

המתפלל צריך שיכוין את רגליו

סימן צה ס"א - [ז]יכוין רגליו זה אצל זה בכיון, כאילו אינם אלא א', להדמות למלאכים דכתיב בהן: ורגליהם רגל ישרה, כלומר: רגליהם נראים כרגל אחד - שכיון שמדבר עם השכינה, צריך לסלק כל מחשבות הגוף מלבו, ולדמות כאלו הוא מלאך, **ובדיעבד** אפילו אם לא כיון רגליו כלל יצא.

ואפילו אם הוא יושב בעגלה, מ"מ יכוין רגליו. **עוד** כתבו, שאל יסמוך אז לאחריו, ולא יהא מוטה לצדדיו, ואל יפשוט רגליו, ואל ירכיבם זה על זה, מפני שכל זה הוא דרך גאוה, אלא יושב וראשו כפוף.

(י"א כשעומד להתפלל ילך לפניו ג' פסיעות, דרך קירוב והגשה לדבר שצריך לעשות) (רוקח) - ואין צריך לחזור לאחוריו כדי לילך לפניו, כ"כ הא"ר, **אבל** מנהג העולם לילך לאחוריו.

כתב בד"מ, מהרי"ל היה נוהג לעמוד בשחרית לתפילת י"ח, מתי שהתחיל הש"ץ "תהלות לאל עליון", **ובמנחה** כשירד הש"ץ לפני התיבה, **ובערבית** כשהתחיל הש"ץ קדיש, **וגם** יסיר אז כיחו וניעו, וכל דבר המבלבל מחשבתו.

באר הגולה

א ‹ע"פ מהדורת נהרדעא› ב **ברכות י'** ג ‹זהו מדברי מהרי"א בב"י, והוכחתו מדתניא לא יעמוד ע"ג מטה וכו', ואח"כ אמר ולא על מקום גבוה, ולא כללם בחדא מחתא בשיאמר לא ע"ג מקום גבוה, נראה דבא ללמדנו דמטה וספסל וכלים אפי' בלא גבוה ג' אסור, לפי שיש לחוש לטירדא שלא יפול ולא יתכוין בתפילתו, **ותמהתי** ע"ז... אבל לפי הנלע"ד אין כאן הוכחה למהרי"א ממה שלא כללם התנא בחד בבא, דאי לא קאמר אלא ע"ג מקום גבוה, הייתי אומר דע"ג כלים שרי מטעם דהו"ל כרשות בפ"ע, כמ"ש בתר הכי במוקף מחיצות דשרי, קמ"ל דלא, **וצריך** לתת שיעור, דודאי בכסא כל שהוא אינו אסור, ע"כ ודאי הוי שיעורו עכ"פ ג' – ט"ז› ד **תוספתא שם פ"ג וא"ח ושאר פוסקים** ה ‹ע"פ הב"י והגר"א› ו **רמב"ם** ז **ברכות י'**

אות ג'

לא תאכלו קודם שתתפללו על דמכם

סימן פט ס"ג - [ח]ולא לאכול ולא לשתות - והעובר ע"ז, אמרו חז"ל שעליו אמר הכתוב: ואותי השלכת אחר גוך, אמר הקב"ה: לאחר שאכל ושתה ונתגאה קבל עליו מלכות שמים, **וגם** הסמיכו דבריהם על הפסוק: לא תאכלו על הדם, לא תאכלו קודם שתתפללו על דמכם, ואפילו טעימה בעלמא אסור, (**ונ"מ** בזה הטעם השני, לאסור אפילו אחר שקבל עליו מלכות שמים בק"ש, כל זמן שלא התפלל תפלת י"ח, **ע"כ** נ"ל דאפילו מי שמוכרח לאכול לרפואה קודם התפלה, יקרא עכ"פ ק"ש קודם).

אבל [ט]מים מותר לשתות קודם תפלה - דלא שייך בהו גאוה, **בין בחול ובין בשבת ויו"ט** - כלומר דלא תימא דבשבת אסור בלא"ה, משום דאסור לטעום קודם קידוש, **קמ"ל** דאינו אסור רק דוקא בשהגיע זמן קידוש, והכא כיון שלא התפלל, לא הגיע עדיין זמן קידוש, **ואחר** תפלת מוסף אסור משום קידוש, **וקודם** מוסף, עיין סימן רפ"ו ס"ג.

ודוקא בלא צוקער, אבל עם צוקער אסור, וכ"ש משקה שכר שקורין ביער, ודאי אסור, **וטיי"א** וקאפ"ע מותר לשתותו קודם תפלה, כדי שיוכל לכוין דעתו ולהתפלל, ובפרט בהמקומות שרגילין בהם, ואין מתיישב הדעת בלתם, **וכ"ז** בלא צוקער ובלא חלב, **והעולם** נוהגין להקל לשתות עם צוקער, **ואפשר** דכוונת האחרונים וכן הרדב"ז שכתב, דעם צוקער אין לך גאוה גדולה מזו קודם התפלה, רק אם נותן הצוקער בתוך הטיי"א למתקו, דזהו אסור קודם התפלה, **אבל** אם לוקח מעט צוק"ר בפיו בעת השתייה, ובלתי זה אין יכול לשתות הטיי"א, אין זה בכלל גאוה, **היוצא** מדברינו, דבנתינת הצוקע"ר בתוך הטיי"א, או לאכול מעט מיני תרגימא בעת השתייה, כדי שלא לשתות הטיי"א וקאפ"ע אליבא ריקנא, אין שום צד להקל בזה קודם התפלה, **אם** לא מי שיש לו חלישת הלב, והוא צריך זה לרפואה, **ומ"מ** טוב שיאמר מתחילה עכ"פ פרשת "שמע ישראל".

(**ואיני** יודע הטעם לאסור לשתות עם צוקע"ר, דאטו שם אכילה יש בזה, והרי אינה אלא להטעים את החמין קצת, **והעולם** נוהגים היתר גם בחלב, לפי שאינו בא אלא להטעים המים – ערוה"ש).

כתב בספר פת"ש החדש, דיש למנוע מלשתות הטיי"א בבוקר קודם התפלה באסיפת חבירים, עי"ש טעמו, (וז"ל: ודלא כמו שיש שמבשלים סאמעווא"ר ושותין באסיפה... שהוא דרך שמחה, ועוד גורם זה, שמשכימים לפתחו ואומרים לו צפרא דמרי טב, כדלעיל – שם), **ומלבד** זה, רגיל להסתעף מזה איסור אחר, דהלא כתב הרשב"א והובא בב"י, דלכך אסור לו לאדם לעסוק בחפציו קודם שיתפלל, כדי שלא יפנה לבו לשום דבר עד שיתפלל, וכ"כ בשו"ע סוף ס"ב, שהוא אסור להתעכב בדברים אחרים כלל עד שיתפלל, **והרגילין** באסיפת חברים בעת שתית הטיי"א, רגיל לפעמים ע"י ריבוי השיחה, לעבור עי"ז גם זמן ק"ש ותפלה.

וכן אוכלים ומשקין לרפואה, מותר - אפילו אוכלין ומשקין טובים דשייך בהו גאוה, כיון שאינו עושה משום גאוה אלא לרפואה, אע"פ שאינו חולה גמור שרי, **וכ"ש** שמותר לשתות קודם התפלה הרקות ושיקויים לרפואה.

(**עיין** בפר"ח ופמ"ג, דאפי' אם יכול לאכלם לאחר התפלה, גם כן מותר, כיון שהוא מכוין לרפואה. **כתב** הח"א: נ"ל דאפשר הצריך לאכול מפני חולשת הלב, מותר).

(**כתבו האחרונים**, דאיש חלש שאינו יכול להעמיד על נפשו עד עת שגומרים הצבור תפלתם בבהכ"נ, טוב יותר להתיר לו שיתפלל לעצמו בביתו בבוקר, ויאכל מעט, ואח"כ ילך לבהכ"נ לשמוע קדיש וברכו ושאר דברי קדושה, משיאכל קודם התפלה וילך לבהכ"נ להתפלל עם הצבור).

אות ד'

הלכה כרבי יהושע

סימן נח ס"א - [י]ונמשך זמנה עד סוף ג' שעות, שהוא רביע היום - [יא]שכן דרך בני מלכים לעמוד אז, ולהכי קרינן ביה עדיין "ובקומך", **ומונין** אלו הג' שעות מזמן עמוד השחר, כן כתב המ"א, **ודעת** הגר"א משעת הנץ החמה, **ולענין** לכתחילה אין נ"מ בזה, דבלא"ה אסור לאחר עד אותו הזמן.

ואין חילוק בין ימות הקיץ שהיום ארוך, ובין ימות החורף שהיום קצר, חשבינן היום לי"ב שעות, ולעולם חלק רביע מהיום הוא זמן ק"ש, **לכך** יש ליזהר בימי החורף למהר לקרוא ק"ש, מאחר שהיום קצר, ורביע היום קצר - ט"ז. **ובאמת** בימי הקיץ צריך ליזהר טפי, דדרך בני אדם לעמוד בזמן אחד כמו בימות החורף, ואז כבר חלף ועבר ק"ש, דכל שהיום גדול יותר, זמן ק"ש ממהר לבוא, וצריך לגומרה כולה בזמנה.

והמאחרים קריאת שמע בשביל ציצית או תפילין, טועים, אלא יקרא ק"ש בברכותיה בזמנה בלא ציצית ותפילין, וכשיהיה לו יניחם ויקרא בהם ק"ש, או פרשה אחרת, או מזמור תהלים, **ואפילו** אם ספק לו שמא יעבור זמן ק"ש, ג"כ אין להמתין על טלית ותפילין, דאינו מעכב זה את זה, **אבל** בלא"ה ימתין, דכל הקורא ק"ש בלא תפילין כאלו מעיד עדות שקר בעצמו.

ויש אנשים שמאחרים זמן ק"ש בשביל תפילה בצבור, וג"ז שלא כדין הוא, ועכ"פ יזהרו לקרות שמע בזמנה קודם התפלה, ולכוין לצאת בזה, **ואין** לאחר הקריאה לבהכ"נ בשביל הזקנים המאחרים לבוא ויצטרכו להתפלל ביחידי, כיון שעי"ז יעבור זמן ק"ש, ואין אומרים לו

באר הגולה

ח שם י' **ט** טור בשם אבי העזרי ושאר פוסקים **י** שם (ט:) **וכרבי יהושע** **יא** (ואע"ג דבריש פ"ק דברכות (דף ג'.) אמרינן רבי נתן ס"ל כרבי יהושע וכו', שית דליליא ותרתי דיממא תרי משמרות הויין, ה"ק תרתי שלמות שדרך כל מלכים לישן, דאילו בשעה שלישית קצתם קמים אחר חציה, וקצתם סמוך לסופה, וקצתם בסופה ממש – כסף משנה). (**והב"ח** כתב, דלאחר שעומדים ממטתן שוהין בלבישתן ובעשיית צרכיהן עד סוף שעה שלישית, ואז קורין שמע)

לאדם חטא בשביל שיזכה חבירך, **ובשבת** ויו"ט מצוי מאד לעבור זמן ק"ש מפני כמה דברים, ע"כ החכם עיניו בראשו, לקבץ מנין ולהתפלל קודם, או עכ"פ לקרות שמע בזמנו קודם שיעמוד להתפלל עם הצבור.

[יב]סימן נח ס"ב - [יג]אם לא קרא אותה קודם הנץ החמה, יש לו להקדים לקרותה במהרה כל מה שיוכל - דזריזין מקדימין למצות, **ומ"מ** אין צריך להתפלל עבור זה ביחידי, או לקרות בלא תפילין.

מכאן תוכחת מגולה לבני אשכנז, שמאחרים מאד ק"ש, ואמרו חז"ל: אלמלא לא נברא העולם אלא בשביל קבלת מלכות שמים די.

ועיין לקמן בסימן פ"ט במ"ב, דנכון למנוע מלשתות הטיי וקאפע בבוקר קודם התפילה באסיפת חברים.

אות ה'

הקורא מכאן ואילך לא הפסיד כאדם שקורא בתורה, אבל מברך הוא שתים לפניה ואחת לאחריה

סימן נח ס"ו - [יד]אע"פ שזמנה נמשך עד סוף השעה הג', אם עברה שעה ג' ולא קראה - ואפי' בפשיעה, **[טו]קורא אותה בברכותיה כל שעה ד' שהוא שליש היום** - דברכות אינם שייכים לק"ש, דאע"פ שנתקנו קודם ק"ש, מ"מ לאו ברכת ק"ש היא, שהרי אינו מברך "אקב"ו לקרות שמע", והרי הם כמו תפילה, ולפיכך דינם כמו תפילת השחר שהוא רק עד שליש היום, **ואין לו שכר כקורא בזמנה.**

ונראה פשוט דמה שכתב "ולא קראה", לאו דוקא, דה"ה אפילו קרא אותה כולה מקודם בזמנה בלא ברכותיה, אלא לרבותא נקטיה, דלא נימא כיון דלא קראה כלל עד עתה גרוע יותר, [טז]**ובתשובת** משכנות יעקב מפקפק בזה, היכא דמתחלה קרא את כולה, עי"ש.

[יז]ואם עברה שעה ד' ולא קראה, קורא בלא ברכותיה כל היום - אפילו נאנס, [יח]אפ"ה מכאן ואילך הפסיד הברכות, ואם בירך הוי ברכה לבטלה, (**ועיין בתשובת משכנות יעקב**, שדעתו נוטה להכריע בדיעבד עד חצות, [יט]**כמו גבי תפלה, דקי"ל** לקמן שאם עבר הזמן תפלה, **אעפ"כ** מתפלל עד חצות, עיי"ש, **ואפשר** שיש לסמוך ע"ז לענין אם היה לו אונס שלא היה יכול לקרות הברכות עד ד' שעות, כי מצאתי בספר מהרי"ל הלכות תפילה, שכתב בשם מהר"ש, שהמנהג להקל בנאנס שלא להפסיד הברכות).

עיין בלבוש שכתב: יכול לקרותה וכו', והכוונה הוא, שטוב שיקראנה כדי שיקבל עליו עול מלכות שמים, **אבל** אינו מחוייב, שאינו מקיים בזה המ"ע דק"ש, וכמו שהסכימו כל האחרונים, שאין נמשך זמן ק"ש מן התורה רק עד ג' שעות, וכנ"ל.

ודע, דמ"מ פרשת ציצית או שארי פסוקים שהם מזכירת יציאת מצרים, מחוייב מן התורה כל היום, דהא מן התורה לא נקבע זמן לזכירתה, וכמו שכתב השאגת אריה, דעד הערב הוא זמן לזכירת יציאת מצרים.

אות ו'

כל אדם קורא כדרכו, שנאמר: ובלכתך בדרך

סימן סג ס"א - [כ]קורא אותה מהלך או עומד או שוכב או רוכב ע"ג בהמה או יושב.

אות ו'* [כא]

בשעה שבני אדם שוכבים ובשעה שבני אדם עומדים

רמב"ם פ"א מהל' קריאת שמע ה"א - פעמים בכל יום קוראין ק"ש בערב ובבקר, שנאמר: ובשכבך ובקומך, בשעה שדרך בני אדם שוכבין, וזה הוא לילה, ובשעה שדרך בני אדם עומדין, וזה הוא יום.

באר הגולה

[יב] ‹מילואים› [יג] **רבי יונה שם** [יד] **ברכות ט' ע"א** [טו] **שם י'** [טז] ‹הוכיח מן הסוגיא של ברכת אנשי המשמר, בגמ' י"א, היינו ממה שאמרו שם בגמ' דבשלמא אם אמרו ברכת יוצר אור ולא ברכת אהבה רבה, א"כ שפיר יש ראיה דברכות אין מעכבות זו את זו, שהרי כיון שלא אמרן אז ברכת אהבה רבה, אעפ"י שכבר היתה ראויה להיאמר מצד הזמן, א"כ ודאי שאף אח"כ לא אמרוה, משא"כ אם הברכה האחת שאמרו היינו ברכת אהבה רבה ולא ברכת יוצר, אז אין ראיה דברכות אין מעכבות זו את זו, שהרי יתכן שרק אז לא אמרוה מחמת שעדיין לא הגיע אז זמנה, אבל אח"כ משהגיע זמנה השלימוה, ע"כ. והקשה המשכנות יעקב, דמהיכי תיתי שגם אח"כ לא השלימוה, והלא שפיר מסתברא שאח"כ כבר היה להם זמן טובא להשלים את מה שלא אמרו מקודם, ומכח שאלה זו מוכיח שם כי ברכות ק"ש שייכות לק"ש, ולפיכך בשלמא אם מה שלא בירכו ברכה אחת היה משום שעדיין לא היתה השעה ראויה לכך, ניחא, שאפשר להשלימה אח"כ, וכענין האמור לגבי ברכת הטבילה, משא"כ אם היתה השעה ראויה לכך, אלא שמסיבות אחרות, דהיינו חוסר הזמן, לא ברכוה, שוב א"א להשלימה, כי מקומה לפני ק"ש ולא לאחריה - מ"ב המבואר› [יז] **רא"ש שם לדעת רב האי גאון** [יח] ‹נ"ל טעמא, דברכות תקנת חכמים, והוסיפו לו {רק} שעה אחת - מעדני יו"ט› [יט] ‹דלמאי דקיי"ל לקמן ריש סימן פ"ט דתפלה זמנה עד חצות בדיעבד, ה"ה לברכות האלו, וק"ו הוא, דהא תפלה קיי"ל בודאי כר' יהודה דזמנה עד ד' שעות, ואפ"ה מתפלל עד חצות, מכ"ש ברכות שהם מספיקא של הרא"ש אם דמיא לתפלה או לא, לא כ"ש שיהא מותר לאמרם עד חצות, אלא שהפסיד שכר ברכות בזמנה, כנלפענ"ד - חת"ס› [כ] **ברכות י'** [כא] ‹ע"פ מהדורת נהרדעא›

§ מסכת ברכות דף יא. §

אות א'

הכונס את הבתולה פטור

סימן ע ס"ג - [א]הכונס את הבתולה, פטור מק"ש - וברכותיה, וה"ה מתפלה, **ג' ימים אם לא עשה מעשה** - וד' לילות, כגון אם נשא ביום הרביעי בצהרים, פטור עד מוצאי שבת ועד בכלל, **ולפעמים** יצוייר ד' ימים, כגון אם נכנס לחופה ביום ד' עד שלא קרא ק"ש של שחרית, פטור ד' ימים.

מפני שהוא טרוד טרדת מצוה - שמחשב על עסק בתולים, משא"כ באלמנה לא טריד.

אבל לאחר מעשה שאינו טרוד עוד, חייב, **וכן** מזה הזמן ואילך חייב אף אם לא בעל, דכיון שכבר עבר ג' ימים ולא עשה מעשה, מתייאש אח"כ מן הדבר, ואינו טרוד כלל.

[ב]והני מילי בזמן הראשונים, אבל עכשיו שגם שאר בני אדם אינם מכוונים כראוי, גם הכונס את הבתולה קורא - ר"ל חייב לקרות, ועם ברכותיה כדין, וגם מתפלל, דכיון שחייב בק"ש חייב בתפלה, **ואם** אינו קורא מיחזי כיוהרא, שמראה שמכוין בכל שעה, **ולענין** תפילין, עיין לעיל בסי' ל"ח ס"ז במ"ב.

הגה: וע"ל סימן ל"ט אם שכור יקרא ק"ש - שם נתבאר דבשכרות מעט קורא ומתפלל, דבזמנינו בלא"ה אין אנו מכוונין כ"כ, **הא** אם אין יכול לדבר לפני המלך, אין לקרות ולהתפלל עד שיסיר יינו מעליו.

אות ב'

חוץ מן התפילין

סימן לח ס"ה - [ג]אבל ביום ראשון אסור להניח תפילין - דתפילין נקראין "פאר" בפסוק, ואבל מעולל באפר, ואין נאה לתת פאר תחת אפר.

ואפילו ביום שנקבר שאינו יום המיתה, כיון שהוא יום ראשון לאבילות ולמנחמים, **וע"כ** אפילו אם נקבר בלילה, לא יניח תפילין ביום.

אבל אם מת או נקבר בחוה"מ, מניח תפילין בין בחוה"מ, ובין לאחר המועד, אף שהוא יום ראשון לאבילות, מ"מ כבר נחמוהו מנחמים במועד, **והפמ"ג** מפקפק בהנחה בחוה"מ, דמ"מ יום מר הוא לו היום הראשון, **ועכ"פ** צריך ליזהר שלא לברך עליהן, ובלא"ה המנהג שלא לברך על תפילין בחוה"מ.

וכן כשנקבר ביו"ט שני, יניח תפילין באסרו חג, דיו"ט שני עולה למנין שבעה, ויום שאחר המועד יחשב לשני.

וכן אם שמע שמועה קרובה, דהיינו בתוך שלשים אפילו ביום ל' עצמו, ג"כ דינו כיום הקבורה, **ולכן** אפילו אם שמע בלילה, לא יניח תפילין ביום, **ואפילו** בא לו שמועה קרובה כשכבר הניח תפילין והתחיל להתפלל, חולצן.

ואם שמע שמועה רחוקה, דהיינו לאחר שלשים, שאין האבילות רק שעה אחת, מותר להניח תפילין, וכ"ש שא"צ לחלצן, **וע"כ** אם בא לו השמועה באמצע פסוקי דזמרה וכה"ג, לא יחלוץ התפילין, רק יחלוץ מנעליו משום אבילות, **ואם** ע"י השמועה בא לידי בכי, צריך לחלצן.

מכאן ואילך חייב - דכתיב: ואחריתה כיום מר, ש"מ דעיקר מרירות הוא יום ראשון.

משמע דחייב מיד, ויש פוסקים דביום ב' אין להניח קודם הנץ, ע"כ מהנכון להמתין מלהניח עד אחר הנץ.

אפי' באו פנים חדשות - לנחם אותו, ומשמע דמניח לכתחלה, **אבל** האחרונים מסקי דאין להניח בפניהם תפילין עד שילכו להם, **אלא** דאין חולץ אם הניח קודם שבאו פנים חדשות.

יו"ד סימן שפח ס"א - אבל אסור להניח תפילין ביום ראשון - ‹דהיינו ביום קבורה אף שמת אתמול, כ"כ הא"ר או"ח - רעק"א›.

‹**עבה"ט** באו"ח סי' ל"ח שכתב בשם מהריט"ץ, דדוקא יום המיתה שהוא יום הקבורה פטור מתפילין יום ראשון, אבל כשהמיתה יום אחד והקבורה יום אחר, חייב בתפילין אפילו ביום ראשון, עי"ש, **ועיין** בדגמ"ר שהביאו ג"כ והשיג עליו, והעלה דאפילו אם הוא יום קבורה לחוד אסור בתפילין, עי"ש. **ועיין** בשו"ת זכרון יצחק, שכתב שגם אביו הגאון בעל משנת חכמים השיג על דעת מהריט"ץ הנ"ל, ע"ש - פת"ש›.

‹**כתב** עוד הא"ר שם, דאם מת לו מת ונקבר ביום טוב, דמניח תפילין ביום א' שלאחר יום טוב, דכבר נהגו בדברים שבצנעה, ע"ש, ובחו"ל דעושין ב' ימים יו"ט, דיו"ט אחרון עולה ליום א', פשוט דמניח תפילין למחרתו ביום א' שלאחר יום טוב - רעק"א›.

‹**וכתב** בספר אליה רבה באו"ח סי' ל"ח, דיש להסתפק באם שמע אחר שהתפלל ערבית, דקי"ל לעיל סוס"י שע"ה, דאותו יום אינו עולה ומונה מיום המחרת, אי מניח תפילין ביום שני שנקרא לו ראשון, **ומדברי** הט"ז לקמן סי' ת"ב סי"א משמע דמניח תפילין, עכ"ד, **ועיין** בספר חומות ירושלים שכתב, דשם לא משמע כן, ודעתו שיניח בלא ברכה ויכסה אותם, ע"ש - פת"ש›. ‹**לחומרא** אמרינן למנות מיום מחר, ולא לקולא לענין לפטור מתפילין, וכן נראה עיקר לדינא - ערוה"ש›.

ואם שמע שמועה קרובה, דינה כיום קבורה דאסור להניח תפילין - ש"ך.

ואחר שהנץ החמה ביום שני, מותר להניחם - ויש פוסקים דאינו אסור אלא ביום ראשון, וביום ב' מותר מיד אפי' קודם הנץ החמה, וכן פסק הב"ח - ש"ך.

באר הגולה

[א] שם במשנה דף ט"ז [ב] תוס' שם בסוף הפ' ור"מ מרוטנבורג [ג] מועד קטן כ"א וכדעת הרי"ף שם

מאימתי פרק ראשון ברכות יא

גמ' בשלמא ב"ה קא מפרשי טעמייהו וטעמא דב"ש אלא ב"ש מ"ט לא אמרי כב"ה אמרי לך ב"ש א"כ נימא קרא *בבקר ובערב מאי בשכבך ובקומך בשעת שכיבה שכיבה ממש ובשעת קימה קימה ממש וב"ש האי ובלכתך בדרך מאי עביד להו ההוא מבעי להו *לכדתניא בשבתך בביתך פרט *לעוסק במצוה ובלכתך בדרך פרט לחתן מכאן אמרו "הכונס את הבתולה פטור ואת האלמנה חייב מאי משמע אמר רב פפא כי דרך מה דרך רשות אף כל רשות מי לא עסקינן דקא אזיל לדבר מצוה ואפילו הכי אמר רחמנא לקרי אם כן לכתוב רחמנא בשבת ובלכת מאי בשבתך ובלכתך בשבת דידך ובלכת דידך הוא דמחייבת הא דמצוה פטירת *אי הכי אפילו כונס את האלמנה נמי האי טריד והאי לא טריד אי משום טרדא אפילו טבעה ספינתו בים נמי וכי תימא ה"נ אלמה א"ר אבא בר זבדא אמר רב *אבל חייב בכל המצות האמורות בתורה "חוץ מן התפילין שהרי נאמר בהם פאר שנאמר °פארך חבוש עליך (יחזקאל כד) התם טריד טרדא דמצוה הכא טריד טרדא דרשות (א)*וב"ש ההוא מבעי להו פרט לשלוחי מצוה וב"ה אמרי ממילא ש"מ דאפילו בדרך נמי קרי: ת"ר בה"א עומדין וקורין יושבין וקורין ומטין וקורין הולכין בדרך וקורין (ב) עושין במלאכתן וקורין *ומעשה ברבי ישמעאל ור' אלעזר בן עזריה שהיו מסובין במקום אחד והיה ר' ישמעאל מוטה ור' אלעזר בן עזריה זקוף כיון שהגיע זמן קריאת שמע הטה רבי אלעזר וזקף ר' ישמעאל אמר לו רבי אלעזר בן עזריה לר' ישמעאל ישמעאל אחי אמשול לך משל למה הדבר דומה משל לאחד שאומרים לו זקנך מגודל אמר להם יהיה כנגד המשחיתים אף כך אתה כל זמן שאני זקוף אתה מוטה עכשיו כשאני הטתי אתה זקפת אמר לו אני עשיתי כדברי ב"ה ואתה עשית כדברי ב"ש ולא עוד אלא שמא יראו התלמידים ויקבעו הלכה לדורות מאי ולא עוד וכי תימא בית הלל נמי אית להו מטין ה"מ דמטה ואתא מעיקרא אבל הכא כיון דעד השתא הוית זקוף והשתא מוטה אמרי ש"מ כב"ש סבירא להו שמא יראו התלמידים ויקבעו הלכה לדורות. תני רב יחזקאל עשה כדברי ב"ש עשה כדברי ב"ה עשה רב יוסף אמר "עשה כדברי ב"ש לא עשה ולא כלום *דתנן מי שהיה ראשו ורובו בסוכה ושלחנו בתוך הבית ב"ש פוסלין וב"ה מכשירין אמרו להם ב"ה לב"ש מעשה שהלכו זקני ב"ש וזקני ב"ה לבקר את ר' יוחנן בן החורנית מצאוהו שהיה ראשו ורובו בסוכה ושלחנו בתוך הבית ולא אמרו לו כלום אמרו להם *משם ראיה אף הם אמרו לו א"כ היית נוהג לא קיימת מצות סוכה מימיך רב נחמן בר יצחק אמר עשה כדברי בית שמאי חייב מיתה דתנן אמר ר"ט אני הייתי בא בדרך והטתי לקרות כדברי ב"ש וסכנתי בעצמי מפני הלסטים אמרו לו כדאי היית לחוב בעצמך שעברת על דברי ב"ה: **מתני'** "בשחר מברך שתים לפניה ואחת לאחריה ובערב מברך שתים לפניה ושתים לאחריה אחת ארוכה ואחת קצרה מקום שאמרו להאריך אינו רשאי לקצר לקצר אינו רשאי להאריך לחתום אינו רשאי שלא לחתום שלא לחתום אינו רשאי לחתום: **גמ'** מאי מברך אמר ר' יעקב א"ר אושעיא יוצר

רש"י

גמ' בשכבך בביתך פרט לעוסק במצוה. לקמיה מפרש מאי משמע: **ובלכתך בדרך פרט לחתן.** ואע"ג דחתן נמי עוסק במצוה הוא אי לאו קרא יתירה לא נפקא לן מקרא קמא דכיון דעוסק במצוה לא כתיב בקרא בהדיא אלא מיעוטא בעלמא הוא דקא דרשינן מביתך וממעטינן מיניה עוסק במלאכת מצוה דאיכא טרדא אבל חתן דטרדא דמחשבה בעלמא הוא שמחשב על עסק בתולים אי לאו קרא יתירה לא אתמעוט: **הכונס את הבתולה פטור.** שטרוד במחשבת בעילת מצוה: **מאי משמע.** פרט לעוסק במצוה: **כי דרך.** בשבתך ובלכתך איקשו לדרך: **מי לא עסקינן כו'.** כלומר מנלן דבדרך רשות לחודא איירי קרא הא קרא דרך סתמא כתיב וממילא משתמע נמי מיניה דרך מצוה ואפילו הכי אמר רחמנא ליקרי: **אי משום טרדא.** דמחשבה פטרת ליה אפילו טבעה ספינתו נמי: **אלמה אמר רבי אבא.** כמו למה אמר (ג) אע"פ שטרוד בצערו חייב בכל המצות חוץ מן התפילין שנאמר בהם פאר ליחזקאל פארך חבוש עליך וגו' וכיון דבעו פאר ואבל מתגולל בצערו בעפר אין זה פאר: **טריד טרדא דמצוה.** וכיון דאכן מיעוט בעלמא דרשינן פרט לחתן מסתייך אם ממעטת מיניה טרדא דמצוה: **וב"ש אמרי לך.** נהי נמי דקרא למדרש מיניה פרט לחתן אתא ממילא ש"מ בלכת דידך הוא דמחייבת אלמא בדרך נמי קרי: **עוסקין במלאכתן וקורין.** לקמן מוקמינן לה בפרק שני (ד' טז.): **מעשה ר' אלעזר בן עזריה.** כב"ש: **לאחד שאמרו לו זקנך מגודל אמר להם יהיה זה כנגד המשחיתים.** משל שלך דומה לאחד שאומרים לו זקנך נאה ומגודל והוא אומר להם הואיל וקלסתם אותו אף הוא יהיה כנגד המשחיתים הגדול הזה יהיה נתון לתער ולמספרים שאביא עליו ואשחיתנו: **עכשיו שאני הטתי.** הרי אני כמקלס את מעשיך שהיית מוטה ואתה נזקפת: **ב"ה נמי אית להו מטין.** דבמטין נמי שרו כדאמרינן לעיל מטין וקורין: **אבל.** עכשיו כיון דעד השתא היית זקוף ועכשיו הטית אם לא נזקפתי אני יראתי התלמידים ויקבעו הלכה: **לא קיימת כו'.** וכי היכי דעשה כדברי ב"ה לא עשה ולא כלום לדברי ב"ש אף העושה כדברי ב"ש לא עשה ולא כלום לדברי ב"ה: **מתני' בשחר מברך שתים וכו'.** כדאמר בברכות ירושלמי שבע ברכות הללו על שם (תהלים קיט) שבע ביום הללתיך: **אחת ארוכה ואחת קצרה.** אשתים לאחריה דערבית קאי (כ"א ארוכה אמת ואמונה קצרה השכיבנו): **לחתום.** בברוך: **שלא לחתום.** כגון ברכת הפירות ומצות: **גמ' מאי מברך.** שתים לפניה דשחר מאי ניהו:

תוספות

שנאמר בהם פאר. פרש"י ואבל מתגולל בעפר קרנו ואין נאה לתת פאר תחת אפר. וא"ת ולמה לי האי טעמא תיפוק ליה מדאמר ליחזקאל פארך חבוש עליך מכלל דלכולי עלמא אסור. ותירץ השר מקוצי דצריך טעמא של רש"י כי היכי דלא נילף שאר מצות מתפילין מקל וחומר. א"נ צריך טעמא דרש"י לחייבו בתפילין לאחר יום ראשון דלא שייך מגולל בעפר קרנו אלא ביום ראשון דוקא:

תני רב יחזקאל עשה כבית שמאי עשה ורב יוסף אמר עשה כב"ש לא עשה ולא כלום. וא"ת פשיטא דאין הלכה כמותן. וי"ל הואיל וב"ש מחמירים על האדם טפי מב"ה לא שייך לומר פשיטא. דהא דעשה כב"ש לא עשה ולא כלום הייטו היכא דב"ש מקילין וב"ה מחמירין אבל הכא בק"ש לא פסלי ב"ה דברי ב"ש. אבל תימא א"כ מה מייתי מסוכה כו' לא קיימת מצות סוכה כו' ופירש"י דכי היכי דמי שעשה כב"ה לא עשה ולא כלום לב"ש אף העושה כב"ש לא עשה ולא כלום לב"ה ומאי קא מדמה התם פסלי ב"ש לגמרי מה דמכשרי ב"ה. אבל הכא קרא קרית שמע כב"ש איכא דב"ה יצא. ע"כ פירש הר"ר שמעיה דקא מדמה הכי מדקאמר לא קיימת אע"ג דמן הדין יצא שהרי בראשו ורובו בסוכה אינו אסור אלא גזירה שמא ימשך אחר שלחנו. כה"ג גבי ק"ש אע"ג דמן הדין יצא בדיעבד כיון דלב"ה אין נכון כדאיתא במתניתין כדאי היית לחוב בעצמך. אם עשה כב"ש לב"ה לא עשה ולא כלום [וע' תוספות סוכה ג· ד"ה דאמר]:

אחת ארוכה ואחת קצרה. פירש רש"י ארוכה אמת ואמונה. קצרה השכיבנו. ותימה דהשכיבנו נמי ארוכה הרבה ותדע מדלא קא חשיב לה בתוספתא בהדי הקצרות. ועוד פעמים שמאריכין הרבה בתוספת כמו אור יום הנף. ועוד אמת ואמונה פעמים שמקצרין בה מאד כדאמרינן לקמן למ"ד אין אומרים פרשת ציצית בלילה הוא קא מסיים מודים אנחנו לך שהוצאתנו ממצרים וכו' בפרק היה קורא (לקמן' יד ע"ב) ונראה לר"ת דהכל קאי (ד) באמת ואמונה אחת ארוכה ואחת קצרה כלומר בין יאריך בה בין יקצר בה כדלקמן. וכן אשכחנא התם (יבמות ד' מח.) אחת ארוכות ואחת נשואות אחת בתולות ואחת בעולות:

מקום שאמרו לקצר. כגון בברכת פירות ובברכת המצות אין לו להאריך: ורבנן

מסורת הש"ס

[בערב ובבקר כן יתכן להיות]

לקמן דף טז. סוכה דף כה.

[עי' תוספות לקמן דף טז:]

לקמן דף טז: סוכה דף כה. מ"ק ד' טו. כתובות דף ו: שמחות פ"ו

תוספתא פ"א בסרי פרשת ואתחנן

סוכה דף [ג. ז:] כח. עירובין דף יג:

[שבת כט: ושם נסמן]

עין משפט נר מצוה

נ א מיי' פ"ד מהלכות ק"ש הלכה א סמג עשין יח טור ש"ע א"ח סימן ע סעיף ג:

נא ב מיי' פ"ד מהלכות תפילין הלכה יג ופ"ד מהלכות אבילות הלכה ט סמג עשין [דרבנן] ב טוש"ע א"ח סימן לח סעיף ה וטור ש"ע יו"ד סימן שפח סעיף א:

נב ג (מיי' פ"ב מהלכות ק"ש הלכה ב) טוש"ע א"ח סי' ס"ג סעיף ב:

[עי' רש"י ותוס' סוכה כה. ד"ה ובלכתך וכו' דגרסו לסיסך וכ"ה בתוספתא פ"א]

נג ד מיי' פ"א מהלכות ק"ש הלכה ה סמ"ג עשין י"ט טוש"ע א"ח סימן נט וסימן רלו סעיף א:

יש גורסין ומוסיפין בזה עי' רש"א בשם הילקוט וא"נ להגיה דכיון דצריכא ליה לב"ה למימר ממילא ש"מ כהאי סברא לחודיה שיקשם נכון אבל זהו ודאי שמוקשם על ב"ש נ"ל ב' פסוקים:

רב נסים גאון

והא אמר רב בא בר זבדא אמר רב אבל חייב בכל מצו' האמור' בתורה חוץ מן התפילין מפני שנאמר בהן פאר בפ' ואלו מגלחין במועד (דף טו) גרסי' אבל אסור להניח תפילין מדקאמר ליה רחמ' ליחזקאל (יחזקאל כד) פארך חבוש עליך מכלל דכולי עלמא אסירי ובסוף פרק חזקת (ב"ב דף ס) כך דרשינן על ראש שמחתי אמר ר' יצחק זה אפר מקלה שבראש חתנים בעא מיניה רב פפא היכא מנח ליה אמר ליה במקום תפילין שנאמר (ישעי' סא) לשום לאבלי ציון לתת להם פאר תחת אפר מיכן למדנו שהתפילין נאמר בהן פאר:

הגהות הב"ח

(א) גמ' טריד טרדא דרשות (וב"ה אמרי וכו' נמי קרי) תא"מ וכ"ב פ"א וב"ה הא כתיב בשבתך בביתך ובלכתך בדרך למה לי ש"מ ותיבת וב"ש ההוא מבעי להו פרט לשלוחי מצוה נמחק: (ב) שם בדרך וקורין עוסקין במלאכתן: (ג) רש"י ד"ה אלמה וכו' למה אמר אבל אפ"פ שטרוד: (ד) תוד"ה אחת וכו' דהכל קאי אאמת:

«**ועיין** במג"א סי' ל"ח, דביום ב' אם באו פנים חדשות, אינו מניח עד שילכו, ואם הניח אינו חולץ, **ועיין** בד"מ כאן כתב בשם המרדכי, דביום ג' אפילו באו פנים חדשות מניח, **ולענ"ד** דברי המרדכי תמוהים, דהרי ר"א אמר מג' ואילך אם באו פנים חדשות אינו חולץ, עיין בסוגיא, א"כ מנ"ל לומר לדינא דבג' מניח, וצ"ע – רעק"א.

«**והנוהגין** בתפילין דר"ת, לא יניחום כל ימי האבלות, **וראיתי** מי שכתב בשם האריז"ל להניחם, ולאו מר בר רב אשי חתום עלה, ובפרט לפי הטעם המבואר בזוהר פ' פנחס ברעיא מהימנא ע"ש – ערוה"ש.

«**ואין** להקשות, מאי שנא תפילין שאינו מבטל אלא יום אחד, ותלמוד תורה מבטל כל ז', וכי חמור תפילין מתלמוד תורה. **דאין** זו קושיא, דתלמוד תורה יש בה משום שמחה, דכתיב פקודי ה' ישרים משמחי לב, ושמחה אסורה כל ז', אבל בתפילין אין בהן אלא משום פאר, וסגי שלא יתפאר יום ראשון ואחר כך מותר, {שאין עיקר מרירותיה דאבל שמצטער הרבה אלא יום ראשון}, **ועוד** שהרי אבל חייב בקריאת שמע, וקי"ל דקריאת שמע שחרית וערבית פוטר תלמוד תורה, והרי אינו מבטל מתלמוד תורה כלל כל ז', **אבל** תפילין אע"ג דקילו מתלמוד תורה, סגי שיבטל מהם יום אחד – לבוש.

אות ב'* [ד]

עומדין וקורין, יושבין וקורין, ומטין וקורין, הולכין בדרך וקורין, עושין במלאכתן וקורין

סימן סג ס"א - [ה]קורא אותה מהלך או עומד או שוכב או רוכב ע"ג בהמה או יושב.

אות ג'

עשה כדברי בית שמאי לא עשה ולא כלום

סימן סג ס"ב - [ו]מי שרוצה להחמיר לעמוד כשהוא יושב ולקרותה מעומד, נקרא עבריין - דהלכה כב"ה, דס"ל דהא דכתיב "ובקומך", אין הכונה בעמידה כדעת ב"ש, אלא בזמן שדרך בני אדם לקום ממטתם, ואסור לו להחמיר לעשות כב"ש, **ואפילו** אם אין הכונה בעמידתו לעשות כב"ש, אלא לעורר הכוונה וכדומה, אפ"ה אסור, ובין ביום «דנראה שעושה כדברי ב"ש», ובין בלילה «דאף כדברי ב"ש לא עשה» [ב"י], **ונקרא** עבריין, כדאמרינן בפ' כירה, דמאן דעבר אדרבנן שרי למיקרי ליה עבריינא, **ואעפ"כ** אין צריך בזה לחזור ולקרות בדיעבד.

דוקא בזה הוא דאסור, משום שנראה לכל דמשום חומרא קעביד, **אבל** אם עומד יכול לישב, דאז אינו נראה דמשום חומרא קעביד, רק משום דצריך לישב, **ודוקא** בשחרית, אבל בערבית אין לו לחטות ולישב כשעומד, דנראה דעושה כב"ש.

כתב א"ר בשם מהרש"ל, דביוה"כ כו"ע מודים דשרי לעמוד, דאינו עושה משום יוהרא אלא מצותו בכך, ר"ל להדמות אז למלאכים שנקראים עומדים, **והפמ"ג** אוסר גם בזה.

כתב ביש"ש, מי שמחמיר בפני רבים בדבר שמותר, ואיכא למיחש ליוהרא, מנדין אותו, **והיינו** אם אותו הדבר פשט היתרו בכל ישראל, **ואם** ידוע שעושה לש"ש, אין מנדין אותו, **ואם** מחמיר בפני רבו, ורבו מיקל, מנדין אותו אפילו עביד לש"ש, **ואפילו** אם אינו פשוט כ"כ להתיר, לא יחמיר נגד דברי רבו, אם לא שיש לו ראיה לסתור דבריו, עכ"ל.

אות ג'* [ז]

מי שהיה ראשו ורובו בסוכה ושלחנו בתוך הבית... פוסלין

סימן תרל"ד ס"ד - מי שהיה ראשו ורובו בסוכה, ושלחנו חוץ לסוכה, ואכל, כאילו לא אכל בסוכה – (לדעת התוס', מן התורה לא יצא, כיון דרבנן גזרו על זה, ואמרו כאלו לא קיים מצות סוכה, **ולהר"ן** וריטב"א רק מדרבנן, ולדינא אין נפקותא, דלכל השיטות צריך לחזור ולאכול בסוכה, **אכן** לענין אם יברך זמן באכילה שניה, דעת הפמ"ג דיברך, **והבכור"י** חולק עליו).

אפילו אם היא סוכה גדולה, גזירה שמא ימשך אחר שלחנו - ר"ל וכ"ש אם היא קטנה שאינה מחזקת רק ראשו ורובו, ושולחנו היה בתוך הבית, דבזה בודאי שייך לומר שמא ימשוך אחר שולחנו, כיון דהמקום צר לו בסוכתו, **וגם** דהרבה פוסקים סוברים דבזה אינו יוצא מן התורה, דלאו דירה היא כלל.

ואם מקצת שולחנו עומד בסוכה ומקצתו תוך הבית, מותר, דלא גזרינן שמא ימשך אחר שולחנו, [**ואפי'** אם רובו בבית, ובסוכה רק טפח ממנו, מותר, דהא סגי בשלחן טפח, כ"כ המ"א, **ובברכ"י** כתב דוקא רובו בסוכה, ואפי' משהו יותר מחציו סגי, דמה דדי בשלחן טפח, זהו אם אינו מחזיק רק טפח, **אבל** בשלחן גדול ורק מקצתו בסוכה, גזרינן שמא ימשך]. **אבל** אם כל שולחנו בבית, אפילו הוא יושב כולו בסוכה, «ולא רק ראשו ורובו», והסוכה היתה סוכה גדולה, אסור, [מ"א, **ובא"ר** כתב שצ"ע בזה].

[**ונראה** דכ"ז דוקא ביושב על פתח הסוכה מבפנים, ולוקח מן המאכל שערוכין לפניו על השלחן מבחוץ, דאז גזרינן שמא ימשך אחר שלחנו, **אבל** שלא בכה"ג, שיושב בסוכה ואוכל, ואינו לוקח מן השלחן כלל, רק שנוהג כמו עני שפתו בידו ואוכל, אז לא גזרו חכמים כלל שמא ימשך].

[**וסוכה** שמחזקת רק ראשו ורובו, אפי' אם ירצה לאכול בפנים ופתו בידו, ג"כ אינו יוצא בזה, דכל שאינה ראויה לאכילה כדרכה, היינו שאין לו מקום להעמיד שלחן ולאכול, אינה סוכה, **משא"כ** בשיכול להעמיד שם שולחן, אלא שמתעצל בזה, בודאי יוצא באכילתו].

באר הגולה

ד «ע"פ מהדורת נהרדעא» ה **ברכות י'** ו **שם בגמ' י' ובשבת מ'** ז «ע"פ מהדורת נהרדעא»

אות ד'

בשחר מברך שתים לפניה ואחת לאחריה, ובערב מברך שתים לפניה ושתים לאחריה

סימן נט ס"א - [ח]"בא"י אלהינו מלך העולם יוצר אור ובורא חושך", [ט]תקנו להזכיר מדת לילה ביום, להוציא מלב האפיקורסים שאומרים שמי שברא אור לא ברא חושך - צריך להפסיק בין "יוצר" ובין "אור", כי היכי דלא לישתמע "יוצרור".

סימן רלו ס"א - [י]בערב מברך שתים לפני ק"ש - "אשר בדברו" וכו', ו"אהבת עולם", **ואינה** פותחת ב"ברוך" דהויא סמוכה לראשונה, **ויש** להפסיק בין "ברקיע כרצונו", לבין "בורא יום ולילה", ד"כרצונו" קאי אדלעיל.

ומנהג ספרד שלא לומר "ה' צבאות" וכו' "אל חי" וכו', אלא מסיימין תיכף אחרי "מבדיל בין יום" וכו', "ברוך אתה" וכו', כי היכי דלהוי מעין חתימה סמוך לחתימה, וכן נכון, **ועיין** בטור שיישב גם מנהגנו, דהוי ג"כ מעין חתימה, שאנו מתפללין שימלוך ה' ויתקיים "והיה לעת ערב יהיה אור" לנו וחשך לשונאי ה', (**עיין** לקמן בסוף הסימן, שכתב דאינו בקשה אלא לשון שבח), **ומה** שאנו אומרים "ה' צבאות", כתבו ג"כ האחרונים, משום דכתיב: "עושה שחר עיפה ה' צבאות שמו".

ושתים לאחריה - ראשונה "אמת ואמונה", ואינה פותחת ב"ברוך" דהויא סמוכה לחברתה, דק"ש לא הוי הפסק, **וחותם:** "בא"י גאל ישראל", ולא "גואל ישראל" כמו בתפלה, משום שנתקנה על הגאולה שעברה, **ובמערבית** של יו"ט נוהגין לסיים: "מלך צור ישראל וגואלו", ומפקפקין הרבה בזה, והרבה מהאחרונים מיישבין המנהג, **ואעפ"כ** יותר טוב לסיים "גאל ישראל" כמו בשאר ימות השנה.

וברכה שניה "השכיבנו", וחותם: "שומר עמו ישראל לעד", מפני שלילה צריכין שימור מן המזיקין, **ואע"ג** דקי"ל דצריך לסמוך גאולה לתפלה אף בערבית, וכדלקמיה בס"ב, מ"מ "השכיבנו" לא הוי הפסק, דכגאולה אריכתא דמיא, **וכתבו** בתר"י הטעם, דכשעבר ה' לנגוף את מצרים, היו ישראל מפחדים ומתפללים להש"י שיקיים דברו, שלא יתן המשחית לבא אל בתיהם לנגוף, וכנגד אותה תפלה תקנו לומר "השכיבנו", הלכך מעין גאולה היא.

והמנהג לומר "והוא רחום" קודם תפלת ערבית. **ודע** דמה שמבואר לעיל בסי' נ"ד במ"ב בשם האחרונים, דאחר "ברכו" דינו כאמצע הפרק, דעיקר "ברכו" שאומר הש"ץ הכונה אברכות שמברכין העולם אח"כ, וכיון שענו העולם "ברכו", הוי כאלו התחילו הברכה, **פשוט** דאין לחלק בין שחרית לערבית, ולפי"ז צריך ליזהר מאד שלא לספר אחר "ברכו" דערבית, אפי' קודם שהתחיל לברך הברכה ראשונה, אם דעתו להתפלל אז מעריב עם הצבור, ובעו"ה הרבה אנשים נכשלין בזה.

אות ד'* [יא]

תוס' ד"ה אחת ארוכה. ועוד פעמים שמאריכין הרבה בתוספת, כמו אור יום הנף

סימן סח ס"א - [יב]יש מקומות שמפסיקים בברכות ק"ש לומר פיוטים, ונכון למנוע מלאמרם משום דהוי הפסק. הגה: ויש אומרים דאין איסור בדבר, וכן נוהגין בכל המקומות לאמרם (כר"י ס"פ אין עומדין והרשב"א והטור) - שזה שאמרו בברכות י"א: מקום שאמרו להאריך אינו רשאי לקצר, לקצר אינו רשאי להאריך, **וכתב** הרמב"ם: כללו של דבר, כל המשנה ממטבע שטבעו חכמים בברכות, הרי זה טועה וחוזר ומברך כמטבע, **כתב** הכ"מ: דוקא אם פתח בברכה במקום שלא תקנו לפתוח, או חתם במקום שאמרו שלא לחתום, או שחיסר מברכות הארוכות התחלת הברכה שמתחלת בשם ומלכות, או שלא סיים בשם, **אבל** אם שינה בנוסח הברכה, ולא אמר אותו לשון ממש, אלא שאמר בנוסח אחר בענין הברכה, אפילו חיסר כמה תיבות, יצא בדיעבד, הואיל והיה בה אזכרה ומלכות וענין הברכה, **דשאר** נוסח הברכה לא נתנו בו חכמים שיעור, שיאמר כך וכך מלות דוקא, דא"כ היה להם לתקן נוסח כל ברכה במלות מנויות, ולהשמיענו כל ברכה וברכה בנוסחתה, וזה לא מצינו, **לבד** התיבות שפרטו חכמים שהם מעכבות, כגון שלא הזכיר ברית ותורה בבהמ"ז, ו"משיב הרוח" וכל כיו"ב. **ובביאור** הגר"א כתב, דהרמב"ם חזר בו מזה, וסובר דאפי' בברכה ארוכה, אם לא גמר סוף הברכה כדינה, מ"מ בדיעבד יצא, וכדיעה הראשונה המובא בסי' קפ"ז ס"א.

והמיקל ואינו אומרם לא הפסיד, ומ"מ לא יעסוק בשום דבר, אפי' בד"ת אסור להפסיק ולעסוק כל זמן שהצבור אומר פיוטים, וכ"ש שאסור לדבר שום שיחה בטילה - ה"ה אפילו אם כבר גמר הוא והצבור הפיוטים והברכה, והוא עומד בין פרק לפרק, ג"כ אסור להפסיק.

ומ"מ מי שלומד ע"י הרהור, שרואה בספר ומהרהר, לית ביה איסורא, דהרהור לאו כדיבור דמי, אלא שמתוך כך יבואו לדבר ויבואו לידי הפסק - ר"ל כשיראו ההמון שהוא מסתכל בספר, יבואו ג"כ לדבר, אבל הרהור בעלמא בד"ת אפשר דיש להקל, **אמנם** בשעה שהחזן אומר קדיש אסור להרהר, שצריך הרבה לכוין בעניית הקדיש.

(המשך ההלכות מול עמוד ב')

באר הגולה

ח ברכות י"א | ט תלמידי ר' יונה שם | י ברכות י"א | יא (ע"פ הגר"א) | יב תשובת הרמ"ה ורמב"ם והטור בשם אביו הרא"ש

°יוצר אור ובורא חשך (א)לימא יוצר אור ובורא נוגה כדכתיב קאמרינן אלא מעתה °עושה שלום ובורא (ב)רע מי קא אמרינן כדכתיב אלא כתיב רע וקרינן הכל *לישנא מעליא הכא נמי לימא נוגה לישנא מעליא אלא אמר רבא **כדי להזכיר מדת יום בלילה ומדת לילה ביום בשלמא מדת לילה ביום כדאמרינן יוצר אור ובורא חשך אלא מדת יום בלילה היכי משכחת לה אמר אביי גולל אור מפני חשך וחשך מפני אור ואידך מאי היא אמר רב יהודה אמר שמואל אהבה רבה וכן אורי ליה רבי אלעזר *לר׳ פדת בריה אהבה רבה תניא נמי הכי ^באין אומרים אהבת עולם אלא אהבה רבה ורבנן אמרי אהבת עולם וכן הוא אומר °ואהבת עולם אהבתיך על כן משכתיך חסד א״ר יהודה אמר שמואל ^גהשכים לשנות עד שלא קרא ק״ש צריך לברך משקרא ק״ש א״צ לברך שכבר נפטר באהבה רבה אמר רב הונא למקרא צריך לברך ולמדרש א״צ לברך ור׳ אלעזר אמר למקרא ולמדרש צריך לברך למשנה א״צ לברך ור׳ יוחנן אמר אף למשנה נמי צריך לברך [אבל לתלמוד א״צ לברך] ורבא אמר ^דאף לתלמוד צריך (לחזור ו)לברך *דאמר רב חייא בר אשי זימנין סגיאין הוה קאימנא קמיה דרב לתנויי פרקין בספרא דבי רב הוה מקדים וקא משי ידיה ובריך ומתני לן פרקין. מאי מברך א״ר יהודה אמר שמואל אשר קדשנו במצותיו וצונו °לעסוק בדברי תורה ור׳ יוחנן מסיים בה הכי *הערב נא ה׳ אלהינו את דברי תורתך בפינו ובפיפיות עמך בית ישראל ונהיה אנחנו וצאצאינו וצאצאי עמך בית ישראל כלנו יודעי שמך °ועוסקי תורתך ברוך אתה ה׳ המלמד תורה לעמו ישראל ורב המנונא אמר אשר בחר בנו מכל העמים ונתן לנו את תורתו ברוך אתה ה׳ נותן התורה (*) אמר רב המנונא זו היא מעולה שבברכות °הלכך לימרינהו לכולהו: תנן התם *^ואמר להם הממונה ברכו ברכה אחת והם ברכו וקראו עשרת הדברות שמע והיה אם שמוע ויאמר וברכו את העם ג׳ ברכות אמת ויציב ועבודה וברכת כהנים ובשבת מוסיפין ברכה אחת למשמר היוצא מאי ברכה אחת כי הא דרבי אבא ור׳ יוסי בר אבא אקלעו להההוא אתרא בעו מנייהו מאי ברכה אחת לא הוה בידייהו ואתו שיילוהו לרב מתנה לא הוה בידיה אתו שיילוהו לרב יהודה אמר להו הכי אמר שמואל אהבה רבה *ואמר רבי זריקא אמר רבי אמי א״ר שמעון בן לקיש יוצר אור כי אתא רב יצחק בר יוסף אמר הא דרבי זריקא לאו בפירוש אתמר אלא מכללא אתמר דאמר ר׳ זריקא א״ר אמי אמר ר׳ שמעון בן לקיש זאת אומרת ברכות אין מעכבות זו את זו אי אמרת בשלמא יוצר אור הוו אמרי היינו דברכות אין מעכבות זו את זו דלא קא אמרי אהבה רבה

אלא

רש״י

יוצר אור ובורא חשך (ג) (עושה שלום ובורא רע). לקמיה מפרש אידך מאי היא דאילו ברכה דישתבח איננה מן המנין שהיא לאחרי פסוקי דזמרה כמו ברכת הלל ואומרים אותה קודם זמן קריאת שמע אם ירצו: כדכתיב קאמרי׳. כתיב בקרא יוצר אור ובורא חשך עושה שלום ובורא רע: שכבר נפטר באהבה רבה. שיש בה מעין ברכת התורה ותן בלבנו ללמוד וללמד לשמור ולעשות ולקיים את כל דברי תלמוד תורתך ותלמדם חקי רצונך: מדרש. הוא קרוב למקרא כגון מכילתא וספרא וספרי שהם מדרשי מקראות: ^ילגמרא אין צריך לברך. אפילו קודם אהבה רבה קאמר והכי מוכח מילתא בפסח שני*: אף לגמרא צריך לברך. שהוא עיקר התורה שממנו הוראה יוצאה. גמרא היינו סברת טעמי משנה ותירוצי משניות הסותרות זו את זו וחסורי מחסרא: ומברך. ברכת התורה: ור׳ יוחנן מסיים בה הכי. דבעי פתיחה בברוך וחתימה בברוך: הערב נא ה׳ אלהינו. יערבו עלינו לעסוק בהם מאהבה: ברוך אתה ה׳ המלמד תורה לעמו ישראל גרסינן. ולא גרסינן למדני חקיך שאין זו ברכה והודאה על שעבר אלא לשון בקשה ודוד כי אמרה (תהלים קיט) לא לשם ברכה אמרה אלא בלשון בקשה. והכי קאמר ה׳ שאתה ברוך למדני חקיך: וזו היא מעולה שבברכות. התורה לפי שיש בה הודאה למקום וקילוס לתורה ולישראל: תנן התם. במס׳ תמיד: אמר להם הממונה. והוא סגן הכהנים כדאי׳ ביומא היינו סגן היינו ממונה (בפירש״י שם ט״ו:): ברכו ברכה אחת. לקמן מפרש מאי היא ומן הברכות שלפני ק״ש היא דהתם מסדר לכוליה סדר עבודת השחר וקאמר דלאחר שסדרו האברים ע״ג הכבש ומלחום ירדו ובאו להם ללשכת הגזית לקרות את שמע והדר תני אמר להם הממונה ברכו ברכה אחת והם ברכו וקראו עשרת הדברות: וברכו את העם. עם העם: ועבודה. בשביל העבודה שעשו היו מברכין אחריה רצה ה׳ אלהינו עבודת עמך ישראל ואשי ישראל ותפלתם תקבל ברצון ברוך המקבל עבודת עמו ישראל ברצון. אי נמי שאותך לבדך ביראה נעבוד: וברכת כהנים. לברך את העם ובשאר תפלה לא היה להם פנאי ואף זמן קריאת שמע לא הגיע כדאמר במסכת יומא (ד׳ לז ע״ב) הקורא את שמע עם אנשי משמר ועם אנשי מעמד לא יצא לפי שאנשי משמר מקדימין כו׳: מוסיפין ברכה אחת. לקמיה מפרש לה: למשמר היוצא. שהמשמרות מתחלפות ביום השבת כדאמרינן במסכת סוכה (ד׳ נו:) משמר היוצא עושה תמיד של שחר ומוספין ומשמר הנכנס עושה תמיד של בין הערבים ובזיכין: מאי ברכה אחת. דקתני רישא איזו מן הברכות הוא אומר: לאו בפירוש אתמר. לא שמע מפי ר״ל שאמ׳ בפירוש מאי ברכה אחת יוצר אור: זאת אומרת. דקתני ברכו ברכה אחת: ברכות אין מעכבות זו את זו. בירך את האחת ולא בירך את השניה נפקא מיהא ידי חובתו בההיא שבירך ואין חברתה מעכבת לומר שאין זו מועלת בלא זו. ומהכא שמע ר׳ זריקא דס״ל לר״ל דהך ברכה אחת יוצר אור היא: אי אמרת בשלמא יוצר אור הוו אמרי. ולא אהבה רבה ואע״ג דמטא ליה זמנא שאף בלילה ראוי לומר כל שכן דכיון דאמרי יוצר אור ודאי מטיא זמנה ואפ״ה לא אמרי אלא יוצר אור ושו לא אמרי לה היינו דקאמר שמע מינה ברכות אין מעכבות זו את זו:

אלא

תוספות

ורבנן אמרי אהבת עולם וכו׳. הלכך תקינו לומר בשחרית אהבה רבה ובערבית אהבת עולם: שכבר נפטר באהבה רבה. עד הלכך נימרינהו לכולהו. בירושלמי יש הא דאמרי׳ שכבר נפטר באהבה רבה והוא ששנה על אתר פירוש לאלתר שלמד מיד באותו מקום. ונשאל להרב ר׳ יצחק כגון אנו שאין אנו לומדין מיד לאחר תפלת השחר שאנו טרודין והולכים כך בלא למוד עד אמצע היום או יותר אמאי אין אנו מברכין ברכת התורה פעם אחרת כשאנו מתחילין ללמוד. והשיב ר״י דלא קיימא לן כאותו ירושלמי הואיל וגמר׳ שלנו לא אמרו ואין צריך לאלתר ללמוד. ועוד אפי׳ לפי הירושלמי דוקא אהבה רבה דלא הוי עיקר ברכה לברכת התורה דעיקר אהבה רבה (ד) לק״ש נתקן ובשביל היא אינו נפטר מברכת התורה אלא אם ילמוד מיד וגם לא יעשה היסח הדעת. אבל ברכת אשר בחר בנו וברכת לעסוק בדברי תורה שהן עיקר לברכת התורה פוטרת כל היום. וא״ת מאי שנא מסוכה שצריך לברך על כל סעודה וסעודה לישב בסוכה. וי״ל דשאני תורה שאינו מייאש דעתו דכל שעה אדם מחוייב ללמוד דכתיב והגית בו יומם ולילה והוי כמו יושב כל היום בלא הפסק. אבל אכילה בסוכה יש שעה קבועה. וא״ת מפני מה אין אנו מברכין לישן בסוכה. וי״ל דברכה דאכילה שמברכין לישב פוטרתו. א״נ משום שמא לא יישן והוי ברכה לבטלה שהרי אין בידו לישן כל שעה שירצה. והיה אומר ר״ת כשאדם עומד ממטתו בלילה (בשחרית) ללמוד שא״צ לברך ברכת התורה מפני שברכת התורה של אתמול שחרית פוטרת עד שחרית אחרת ולא נהירא. והצרפתים נהגו לומר פסוקים (ה) וברכת כהנים וגם אלו דברים שאין להם שיעור שהיא משנה (פ״א דפאה) ואלו דברים שאדם אוכל פירותיהן כו׳ שהיא *ברייתא (מס׳ שבת קכז.) מפני הירושלמי דבעי שילמוד על אתר. אבל א״ל כמו שכתבתי כבר: ה״ג ברוך אתה ה׳ המלמד תורה לעמו ישראל. אבל לא גרס למדני חקיך שאין זו ברכה אלא בקשה שאמר דוד: וברכת כהנים. ואין זה דוכן שהרי לא היו עומדים לדוכן עד לאחר הקטרת אמורים דאמרי׳ בתענית (פ״ד ד׳ כו:) שלשה פעמים ביום הכהנים נושאין כפיהם וכו׳ וא״כ הוה ליה למתני ד׳ פעמים אחד לפני הקטרה ואחד לאחר הקטרה אלא בלא נשיאות כפים אמרו ברכת כהנים כמו שאנו אומרים:

משום

עין משפט נר מצוה

נד א מיי׳ פ״א מהלכות ק״ש הלכה ד טוש״ע או״ח סימן נט סעיף א:

נה ב מיי׳ שם סמג עשין יט טור שו״ע או״ח סימן מז סעיף א:

נו ג מיי׳ פ״ז מהלכות תפלה הלכה י טור שו״ע או״ח סימן מז סעיף ז:

נז ד מיי׳ שם טוש״ע שם סעיף ג:

נח ה מיי׳ שם טוש״ע שם סעיף ה:

נט ו מיי׳ פ״ו מהלכות תמידין הלכה ד:

מסורת הש״ס

[פסחים ג. וש״נ יבמות יא: וש״נ]

[לקמן יב. ע״ש]

[צ״ל בפרק שני דף יד:]

[עי׳ תוס׳ נדה ח. ד״ה ואמר]

לקמן דף יד:

[עי׳ תוס׳ כתובות ח. ד״ה שהכל ועי׳ תוס׳ לקמן מו. ד״ה כל הברכות ותוס׳ פסחים קד: ד״ה חוץ]

תמיד דף לב:

הגהות הב״ח

(א) גמ׳ ולימא יוצר: (ב) שם שלום ובורא את הכל מי קא אמרינן כדכתיב: (ג) רש״י ד״ה יוצר וכו׳ ובורא את הכל לקמיה מפרש: (ד) תוס׳ ד״ה שכבר וכו׳ לק״ש נתקן ובשבילה אינו כצ״ל ותיבת היא נמחק: (ה) בא״ד וברכת כהנים:

גליון הש״ס

בגמ׳ לעסוק כו׳. כרי״ף הגירסא על ד״ת: שם ועוסקי כו׳. כרי״ף הגירסא ולומדי תורתך לשמה: שם הלכך כו׳. כרי״ף וכרא״ש הגירסא אמר ר״פ הלכך

(*) כרב אלפס אי׳ הוא דרב המנונא מעולה כו׳

[אולי שגגת הדפוס הוא]

וע"כ אין לאדם לפרוש עצמו מהציבור במקום שנהגו לאמרם, ויאמר אותם עמהם, וע"ל סי' ל' ס"י (מהרי"ל וד"מ) - ומהרח"ו כתב בשם האר"י, שלא היה אומר פיוטים ופזמונים אלא מה שסדרו הראשונים, כגון הקלירי שנתקנו על דרך האמת, וכן לא היה אומר "יגדל", **ומ"מ** העיד בנו של מהרח"ו על אביו, שכשהיה ש"ץ בקהל בימים נוראים, היה אומר כל הווידוים וכל הפיוטים, וישמע חכם וממנו יקח חכמה ומוסר השכל, שלא לשנות המנהגים, **ובשל"ה** האריך בשם גאונים, שמצוה לומר פיוטים, וכשפייט ר"א: וחיות אשר הנה מרובעות לכסא וכו', להטה אש סביבותיו.

אמנם המנהגים שנהגו בשרשי התפלה, לכו"ע אין לשנות כל אחד ממנהג מקומו, כגון מנוסח אשכנז לספרד או להיפך, וכל כה"ג, כי י"ב שערים בשמים נגד י"ב שבטים, וכל שבט יש לו שער ומנהג לבד, **ולענין** דינא, האשכנזים המתפללים עם הספרדים או להיפך, יצאו י"ח תפלה, **וכ"ז** רק במנהגים שנהגו בשרשי תפלה, אבל מה שנזכר בגמרא, או בדברי הפוסקים שלמדו מהגמרא, הוא שוה לכל, ואין רשות לשום אדם לנהוג במנהגו.

עיין במ"א, דבפסח שהחזנים מאריכים הרבה בניגונים, טוב יותר לומר הפיוט קודם שמתחיל בברכת "יוצר אור", דברוב הוי הפיוט שלא מעין הברכה, ויהיה חשוב הפסק כשישהה כדי לגמור כולה, **ולכתחלה** ראוי לחוש לזה.

ואם שכח לומר הפיוט עד שגמר הברכה, אסור לאומרו, דלא עדיף מ"על הניסים" בחנוכה ופורים, **ואם** מתפלל ביחיד, לא יאמר שום פיוט באמצע ברכה.

דרך אגב ראיתי להזכיר כאן, מה שהרבה מההמונים טועים בראש השנה ויום כפור, בשעה שמנגן החזן בתחלת ברכת "יוצר אור" הפיוט של "אורות מאופל אמר ויהי", אח"כ מתחילין ההמון מיד "מלך" או "סלח נא", ואינם מתחילים הברכה מראש, וראוי להזהירם על זה.

סימן קיב ס"ב - [יג]אין לומר פיוטים ולא קרובץ (פי' קרובץ ליוצר, וי"א שהוא ר"ת: קול רנה וישועה באהלי צדיקים) בתפלה. הגה: [יד]ויש מתירין הואיל וצרכי רבים הם, (הרא"ש והתוס' והרי"ף והר"ן והגהות מיימוני פ"י וטור); וכן נוהגים בכל מקום לאמרם.

ובתשו' רדב"ז האריך ג"כ להתיר, וכתב שיש בידו קצת שאלות ששאל אחד מן הראשונים משמים ע"י התבודדות ותפילות והזכרת שמות, והיו משיבין לו על שאלותיו, ושאל ע"ז ג"כ, והשיבו לו שמותר, **וע"ש** שהזהיר מאוד לבלי לשנות המנהג, ועיין בב"ח שהאריך בזה, וכן בשו"ת חות יאיר, שיש לומר הפיוטים ואין לשנות.

עפר"ח שהזהיר מאוד, שלא לעבור על ידם זמן ק"ש ותפילה, ואין להתענות על ידם עד אחר חצות, ע"ש, **ואם** הוא רואה שהצבור יעברו זמן ק"ש ע"י אריכתם, לא ימתין עליהם, אלא כיון שמתחיל ש"ץ ב"יוצר אור", הוא יתחיל לעצמו בלחש להתפלל כסדר עד אחר "ד' אלהיכם אמת", ושם ימתין בשתיקה, ולא ידבר אפילו בדברי תורה, עד שיגיע ש"ץ לאותו מקום, ויתפלל עמו כסדר.

---

§ מסכת ברכות דף יא: §

אות א'

כדי להזכיר מדת יום בלילה ומדת לילה ביום

סימן נט ס"א - [א]"בא"י אלהינו מלך העולם יוצר אור ובורא חושך", [ב]תקנו להזכיר מדת לילה ביום, להוציא מלב האפיקורסים שאומרים שמי שברא אור לא ברא חושך - צריך להפסיק בין "יוצר" ובין "אור", כי היכי דלא לישתמע "יוצרור".

אות ב'

אין אומרים אהבת עולם אלא אהבה רבה

סימן ס ס"א - [ג]ברכה שנייה "אהבת עולם" - פי' תחלת הברכה מתחלת "אהבת עולם", אבל כל נוסח הברכה וחתימתה, היא כמו שאנו אומרין בברכת "אהבה רבה", אף לדעה זו.

(הגה: וי"א "אהבה רבה", וכן נוהגין בכל אשכנז) - היינו בבקר, אבל [ד]בערב נוהגין לומר "אהבת עולם", **והטעם** שנהגו לומר בבוקר "אהבה רבה", משום דכתיב: חדשים לבקרים רבה אמונתך.

וכ"ז לכתחלה, אבל בדיעבד אף אם אמר כל הנוסח של "אהבת עולם" בבוקר, יצא ידי חובתו.

[ה]ואינה פותחת ב"ברוך", מפני שהיא סמוכה לברכת "יוצר אור". ואם היא פוטרת ברכת התורה, ע"ל סי' מ"ז.

באר הגולה

יג **ר"ח ור' שמחה** ‹כמש"ל סי' ס"ח בשו"ע - גר"א› יד ‹תוס' הנ"ל וכנ"ל - גר"א› א **ברכות י"א** ב **תלמידי ר' יונה שם** ג **ברכות י"א וכרבנן, הרי"ף** ‹כפי הגירסא אשר לפני הרי"ף והרא"ש ז"ל, דרבנן פליגי על רב יהודה אמר שמואל, וגרסו תניא נמי הכי אין אומרין אהבה רבה אלא אהבת עולם, א"כ יש לומר דוקא אהבת עולם, כרבנן דתניא כוותייהו, **אבל** לפי מה שהוא לפנינו, דהברייתא מסייע לשמואל דאומרין אהבה רבה, ורבנן אמרו אהבת עולם, **א"כ** יש לומר דרבנן סברי דיכול לומר אהבת עולם גם כן, **והגירסא** שלפנינו לכאורה נכון יותר, דאז רב יהודה אמר שמואל ס"ל כת"ק דברייתא, דאל"כ האיך יפלוג אמורא על סתמא דברייתא ורבנן ולא אסקיה בתיובתא, וע"כ יש למנהגינו יסוד - מגן גיבורים› ד ‹מדתפס הגמ' להא דשמואל, ש"מ דכן הלכה, אך גבי ערבית דלא מצינו דסתמה כשמואל, הלכה כרבנן דאמרי אהבת עולם - דמשק אליעזר› ה **טור**

אות ג'

השכים לשנות, עד שלא קרא ק"ש צריך לברך, משקרא ק"ש א"צ לברך, שכבר נפטר באהבה רבה

סימן מז ס"ז - [ו]ברכת "אהבת עולם" פוטרת ברכת התורה - שיש בה מעין ברכת התורה, "ותן בלבנו ללמוד וללמד לשמור ולעשות ולקיים" וכו'.

נקט "אהבת עולם", לפי מה שפסק לקמן בסימן ס' ס"א, **אבל** להרמ"א שם, אומרים "אהבה רבה" בשחרית.

ולכאורה מדסתם משמע, דאפילו לא כיון בעת הברכה לפטור בזה בה"ת, סגי, (ומדברי תר"י משמע לכאורה, דאם יודע בודאי שלא כיון, או כגון שלא נזכר שלא אמר בה"ת עד אחר שאמר "אהבה רבה", אין "אהבה רבה" פוטרת, **אבל** מדברי הרא"ש לכאורה אין לחלק בזה, **אך** ראה זה מצאתי אח"כ בפמ"ג, דאם רוצה יוכל לכוין בפירוש בברכת "אהבה רבה" שלא לפטור לבה"ת, דבזה לכו"ע אינו יוצא, אפילו למ"ד מצות אינן צריכות כונה). **ועיין** מש"כ עליו בבה"ל סי' נ"ב ס"א.

ופשוט דה"ה בברכת "אהבת עולם" בערבית ג"כ שפוטרת, דזיל בתר טעמא, **ונ"מ** לענין אם עבר וישן שינת קבע על מטתו קודם, לדעת המחבר לקמן בסעיף י"א, דשינת קבע הוי הפסק, ואפילו לפי המנהג שנהגינן כדעת הי"א שם להקל, מ"מ טוב יותר שיכוין בברכת "אהבת עולם" לפטור, לצאת ידי דעת רוב הפוסקים המחמירין בזה, (**ועוד** נ"מ, למי שאינו רגיל ללמוד שרוצה ללמוד תיכף אחר ערבית, דאינו צריך לברך, אפילו לדעת המחבר לקמן בס"י לפי מה שכתב המ"א שם, דמחמיר בהפסק במי שאינו רגיל לחזור על לימודו).

[ז]אם למד מיד בלי הפסק - דברכת "אהבה רבה" כיון דניתקן העיקר לק"ש, לא מיתחזי לשם בה"ת אלא בשונה מיד, אפי' מעט לשם מצות לימוד, ואז שוב לא יצטרך לברך כל אותו היום, אפילו הפסיק ועמד וחזר ללימודו, על דרך שיתבאר לקמיה בברכת התורה.

וכתב הלבוש, שאף אם התפלל וסיים התפלה, אינו נקרא בזה הפסק, כיון שאח"כ למד מיד, (**אח"כ** מצאתי ביותר מזה בספר אור זרוע הגדול, דדוקא אם הפליג בעסקיו בין ברכת "אהבה רבה" ללימוד, מיהו כל עניני תפלה, וגם שהולכים אחר ספריהם להביאם לבהמ"ד, אין זה הפסק, עכ"ל, **ונראה** דדוקא אם לא הפסיק בדבור, אבל אם הפסיק בדבור שלא מענינו, גם להאור זרוע יחזור ויברך).

[ח]סימן מז ס"ח - [ט]ויש להסתפק אי סגי בקורא ק"ש סמוך לה מיד בלי הפסק - די"ל דק"ש הוי רק כדברי תפלה, כיון שאינו אומר זה לשם לימוד, **ועיין** בביאור הגר"א שהוכיח בפשיטות, דאין ק"ש מועיל לזה, **אח"כ** מצאתי ג"כ בספר אליהו רבא, שהביא כן מהרבה פוסקים, ופסק כן להלכה.

(**ואם** נצטרף לזה עוד, שישן ביום שינת קבע, לכו"ע יש לסמוך ע"ז ולברך, כי בלא"ה כמעט כל הפוסקים מצריכין בכל אחד לחזור ולברך, **אח"כ** מצאתי בחידושי רע"א יותר מזה, דאפילו המחבר דקאמר יש להסתפק, היינו רק זהירות בעלמא לכתחלה, אבל בדיעבד ג"כ מודה, דאם לא למד תיכף צריך לברך בה"ת).

ונראה דאם קרא ק"ש לאחר זמן ק"ש, דהוי כקורא בתורה, אפשר דלכו"ע אין צריך לחזור ולברך, אפילו אם לא למד אח"כ מיד.

ולכן יש ליזהר לברך ברכת התורה קודם אהבת עולם - דשמא ישכח ללמוד תיכף לאחר התפלה, [גם אפשר דכוונת השו"ע, אם אין דעתו ללמוד מיד].

אות ג'

תוס' ד"ה שכבר: שאין אנו לומדין מיד לאחר תפלת השחר כו' דשאני תורה שאינו מייאש דעתו דכל שעה אדם מחוייב ללמוד כו' מפני שברכת התורה של אתמול שחרית פוטרת עד שחרית אחרת

[י]סימן מז ס"ט - [יא]י"א שאם הפסיק בין ברכת התורה ללימודו, אין בכך כלום - טעמם, דדוקא ב"אהבה רבה", דלא הוי עיקר ברכה לברכת התורה, אז אינו פוטר אלא א"כ למד מיד בלי הפסק, **אבל** ברכת התורה פוטרת כל היום, אפילו לא למד אחר תפלת שחרית עד חצי היום, **ולא** דמי לכל הברכות, שאסור להפסיק בין הברכה להמצוה, דשאני הכא דמצוה להגות יום ולילה, וא"כ לעולם ליכא היסח הדעת.

אבל רוב האחרונים חולקין על המחבר דמסכים לדעת הי"א הזה, דלא כתב המחבר רק "והנכון" וכו', **וסבירא** להו, דדין ברכת התורה כמו בכל ברכת המצות או הנהנין, דצריך לחזור ולברך אם הפסיק תיכף אחר הברכה, אף אם יודע בבירור שלא הסיח דעתו, דכיון שלא התחיל עדיין בהמצוה, אין לה אח"כ על מה לחול, **וכן** הסכים הפר"ח והגר"א, וכן העתיק הח"א להלכה.

ומ"מ נ"ל, דכיון שיש פוסקים שסוברין דאין צריך לחזור ולברך, יותר טוב אם אירע לו שהפסיק אחר ברכת התורה, שיכוין אח"כ בברכת "אהבה רבה" לצאת בזה ידי ברכת התורה, וילמוד מעט תיכף אחר שסיים תפלתו.

והנכון [יב]שלא להפסיק ביניהם, וכן נהגו לומר פרשת ברכת כהנים סמוך לברכת התורה - הטעם בג' פסוקים, שרצו לסדר כדרך הקורא בתורה, ונקטו אלו משום שיש בהן ברכה.

ומותר לומר אפי' קודם אור הבוקר, דלא כיש מחמירין לאסור אז לומר אלו הפסוקים, מטעם שאין נשיאת כפים בלילה, **דזה** אינו, דמטעם לימוד אנו אומרים אותו, ולא מטעם נשיאת כפים.

באר הגולה

ו ברכות י"א | ז ירושלמי שם (הובא בתוס') | ח (מילואים) | ט ב"י לתירוץ שני | י (ע"פ הבאר הגולה והב"י) | יא ר"י (ד"ה שכבר) ור' יונה והמרדכי | יב ב"י מדברי הרמב"ם (וכמנהג הצרפתים שכתבו התוס' (ד"ה שכבר), וכן נוהגים לומר בסמוך פרשת ברכת כהנים - ב"י)

ונהגו לומר ג"כ "אלו דברים שאין להם שיעור", שהיא משנה, ומימרא ד"אלו דברים שאדם" וכו', ‹וכ"כ בתוס'›, כדי לקיים מקרא ומשנה וגמ'.

[יג]סימן מז ס"י - [יד]אם הפסיק מללמוד ונתעסק בעסקיו, כיון שדעתו לחזור וללמוד, לא הוי הפסק - משמע דמי שאין דרכו ללמוד, ונמלך ללמוד, צריך לחזור ולברך, כ"כ המ"א, **והט"ז** כתב להיפך, דמדלא כתב השו"ע "אם דעתו לחזור", משמע דס"ל דמסתמא אמרינן דהוי דעתיה, אם יזדמן שיוכל ללמוד, אפי' בשעה שאין רגיל ללמוד, שילמוד, **ויש** להקל בספק ברכות.

וה"ה לשינה - ר"ל שינת עראי, דהיינו שהתנמנם במיושב על אצילי ידיו, ואפילו בלילה.

ומרחץ ובית הכסא, דלא הוי הפסק - לפי שגם שם אינו מסיח דעתו עדיין מללמוד אח"כ, **ועוד** שגם שם צריך ליזהר בדיניהם, כמו בגילוי טפח וטפחיים בבה"כ, וכיוצא בזה במרחץ לענין שאילת שלום, ע"כ לא הסיח דעתו עדיין מהתורה.

[טו]סימן מז סי"א - [טז]שינת קבע ביום על מטתו, הוי הפסק. [יז]וי"א דלא הוי הפסק, [יח]וכן נהגו - ובל"ח כתב: ולי נראה שהמברך תע"ב, וכן נהג מורי מהר"י לברך, **וכן** הסכים הפר"ח וא"ר בשם הרבה ראשונים ואחרונים, וכ"כ הגר"א, וכן העתיק הח"א להלכה, **ואף** דבפמ"ג משמע דנוכל לסמוך על המנהג הזה שלא לברך, עכ"פ נראה פשוט, דהסומך על כל הפוסקים שהזכרנו ומברך, לא הפסיד.

[יט]סימן מז סי"ב - [כ]אף אם למד בלילה, הלילה הולך אחר היום שעבר, ואינו צריך לחזור ולברך - ואפי' לא למד ביום כלל, **שכל** זמן שהוא ניעור, מוטל עליו ללמוד כל זמן שיש לו פנאי, ואין ההפסק וההיסח הדעת חשיב הפסק לענין ברכת התורה.

כל זמן שלא ישן - ר"ל שינת קבע, אבל אם ישן שינת קבע על מטתו, אפי' בתחלת הלילה, חשיב הפסק, **ואפי'** הי"א שבסעיף י"א מודו בזה.

ואם היה ניעור כל הלילה, י"א דא"צ לברך בבוקר, **וי"א** דצריך לברך, כי קבעו חכמים ברכה זו בכל יום, דומיא דשאר ברכות השחר, [כא]**וספק** ברכות להקל, **אך** אם אפשר לו, יראה לשמוע בה"ת מאחר, ויאמר לו שיכוין להוציאו בהברכות, והוא יכוין לצאת, ויענה אמן, ויאמר אח"כ איזה פסוקים, כדי שיהא נחשב לו במקום לימוד, **או** יכוין לצאת בברכת "אהבה רבה", וילמוד תיכף מעט אחר שיסיים תפלתו.

ואם היה ישן ביום שינת קבע על מטתו, ובלילה שלאחריו היה ניעור כל הלילה, פסק הגאון רע"א, דבזה לכו"ע צריך לברך בבוקר בה"ת, **ואין** ברכת "אהבת עולם" של ערבית פוטרת, אם לא למד מיד אחר התפלה.

אות ד'

אף לתלמוד צריך לברך

סימן מז ס"ב - [כב]צריך לברך בין למקרא בין למשנה בין לגמרא. הגה: בין למדרש (טור) - והמחבר ג"כ מודה בזה, אלא דס"ל דהוא בכלל מקרא.

אות ה'

הלכך לימרינהו לכולהו

סימן מז ס"ה - [כג]ברכות התורה: אקב"ו על דברי תורה - ומנהג מדינותינו לומר: לעסוק בד"ת.

והערב נא וכו' - ויש מדקדקין להוסיף "וצאצאי צאצאינו", כי כל מי שהוא ת"ח, ובנו ובן בנו ת"ח, שוב אין התורה פוסקת מזרעו, שנאמר: לא ימושו מפיך וגו', **וא"צ** לכך, כי בכלל "וצאצאינו" הוא ג"כ בני בנים.

ואשר בחר בנו - גר יכול לומר ברכת "אשר בחר בנו".

ותמיד תהיה תפלת האב והאם שגורה בפיהם, להתפלל על בניהם שיהיו לומדי תורה וצדיקים ובעלי מדות טובות, **ויכוין** מאוד בברכת "אהבה רבה", ובברכת התורה בשעה שאומרים "ונהיה אנחנו וצאצאינו", וכן כשאומר ב"ובא לציון" "למען לא ניגע לריק ולא נלד לבהלה".

אות ו'

אמר להם הממונה ברכו ברכה אחת והם ברכו וכו'

רמב"ם פ"ו מהל' תמידין ומוספין ה"ד - ואחר שמעלין האיברים לכבש מתכנסין כולן ללשכת הגזית, והממונה אומר להם ברכו ברכה אחת, והן פותחין וקורין [כד]אהבת עולם, ועשרת הדברות, ושמע, והיה אם שמוע, ויאמר, ואמת ויציב, ורצה, [כה]ושים שלום; ובשבת מוסיפין ברכה אחת, והיא שיאמרו אנשי משמר היוצא לאנשי משמר הנכנס: מי ששכן את שמו בבית הזה ישכין ביניכם אהבה אחוה שלום וריעות; ואחר כך מפיסין פייס שלישי ורביעי, וזוכה בקטורת מי שזכה, ונכנס ומקטיר, ואחר כך נכנס זה שזכה בדישון המנורה ומטיב שתי הנרות, ויוצא זה שהקטיר עם מדשן המנורה, ועומד על מעלות האולם הוא ואחיו הכהנים.

באר הגולה

יג ‹ע"פ הבאר הגולה והב"י› **יד** **הרא"ש ור"י** ‹ד"ה שכבר› **בשם ר"ת** **טו** ‹מילואים› **טז** **טור בשם תשובת אביו הרא"ש** **יז** **אגור בשם אביו** **יח** **ב"י** **יט** ‹ע"פ הב"י› **כ** **שם** **כא** ‹ויש שמתמיהין, דבריש הסימן כתב לחשוש לשיטות דברכה"ת דאורייתא עכ"פ לענין ברכה השלישית - פסקי תשובות› **כב** **ברכות י"א** **כג** **הרמב"ם** ‹עיין בגליון הש"ס, **וכתב הרא"ש והטור שי"א לעסוק בדברי תורה, וכן הוא נוסח אשכנזי ופלאניא** **כד** ‹ולכאורה קשה לדברי רבינו, מאחר דפסק בפ"א מהל' ק"ש דברכות אינם מעכבות, היאך כתב דברכה דהוו אמרי הוה אהבה רבה, והו"ל למימר דהוה יוצר אור, מצד הדין ברכות אינם מעכבות, עיין שם בש"ס וצ"ע - פרי עץ חיים› **כה** ‹וכתב רבינו "שים שלום" במקום ברכת כהנים האמור במשנה שם, משום שלא היה שם ברכת כהנים עד לאחר הקטרה, כדאיתא שם במשנה, וכתבו רבינו בסמוך, וקרי ל"שים שלום" ברכת כהנים, מפני שסמוך לה מברכים ברכת כהנים, **והתוס'** (ורש"י) כתבו דברכת כהנים ממש קאמר, שקורין אותה עכשיו בלא נשיאות כפים - כסף משנה›

§ מסכת ברכות דף יב. §

אות א'

ומאי ברכות אין מעכבות זו את זו, סדר ברכות

סימן ס ס"ג - [א]**סדר הברכות אינו מעכב, שאם הקדים שנייה לראשונה, יצא ידי חובת ברכות** - בדיעבד, **וה"ה** אם אמר ברכת "אמת ויציב" קודם ק"ש, או שאלו הברכות אמר אחר ק"ש, או אפילו אחר התפילה.

ואם בירך ברכה אחת, ושנייה לא בירך כלל, יוצא מיהא ידי חובתו בההיא שבירך. (**דלא** מיבעי לדעת השו"ע שפסק בס"ב דברכות אין מעכבות לק"ש, [ב]דלא כרב האי, בודאי אין מעכבות זו את זו ג"כ, כמ"ש בב"י, ‹עיין להלן בהערה›, **ואפילו** לדעת רב האי שסובר דברכות מעכבות זו את זו, [ג]היינו דוקא בצבור ולא ביחיד).

[ד]**סימן ס ס"ב** - [ה]**קרא ק"ש בלא ברכה, יצא י"ח ק"ש,** [ו]**וחוזר וקורא הברכות בלא ק"ש** - ר"ל אע"ג דאינן מעכבות לק"ש, ויוצא ידי חובת ק"ש אף אם לא בירך כלל, מ"מ ידי חובת ברכות לא יצא, ויכול לברך בלא ק"ש, כי לא ניתקנו דוקא על ק"ש, שאין מברך "אק"ב וצונו".

ונ"ל שטוב לחזור ולקרות ק"ש עם הברכות - כדי לעמוד בתפילה מתוך ד"ת, וק"ש זו נחשבת כקורא בתורה.

(**ולפ"ז** אפילו אם קרא ק"ש בתוך ג' שעות, והברכות הוא מברך אחר ג' שעות, אפ"ה צריך לקרות עוד הפעם קריאת שמע).

אות א'*[ז]

שכבר בטלום מפני תרעומת המינין

סימן א ס"ה - [ח]**טוב לומר פרשת העקדה** - קודם פרשת הקרבנות, כדי לזכור זכות אבות בכל יום, וגם כדי להכניע יצרו, כמו שמסר יצחק נפשו. **ופרשת המן** - כדי שיאמין שכל מזונותיו באין בהשגחה פרטית, וכדכתיב: המרבה לא העדיף והממעיט לא החסיר, להורות שאין ריבוי ההשתדלות מועיל מאומה. **ואיתא** בירושלמי ברכות: כל האומר פרשת המן, מובטח לו שלא יתמעטו מזונותיו.

ואין די באמירה, אלא שיתבונן מה שהוא אומר, ויכיר נפלאות ד', **וכן** מה שאמרו בגמרא: כל האומר "תהלה לדוד" ג' פעמים בכל יום, מובטח לו שהוא בן עוה"ב, ג"כ באופן זה.

ויכול לומר פרשת העקידה ופרשת המן אפילו בשבת.

[ט]**ועשרת הדברות** - כדי שיזכור בכל יום מעמד הר סיני, ויתחזק אמונתו בה'.

[י]**ופרשת עולה ומנחה ושלמים וחטאת ואשם** - וה"ה פרשת תודה, דגם היא בכלל שלמים, **ואחר** עולה ושלמים ותודה, יאמר פרשת נסכים, כי אין זבח בלא נסכים, אבל חטאת ואשם אין טעון נסכים, (**ועיין** בפמ"ג דמסתפק, **אם** צריך לומר פרשת נסכים ג"פ, לעולה ותודה ושלמים, דחייב על כל אחד בנסכים, **או** דלענין קריאה די בפעם אחד, **וכן** מצדד הארה"ח).

(**פרשת** עולה: מתחלת "ויקרא" עד "ואם מן הצאן", **ופרשת** מנחה: מן "ונפש" עד "תקריב", ואם יש לו פנאי, יקרא גם בפרשת צו, מן "וזאת תורת המנחה" עד "יקדש", וכהן יוסיף פסוק "וכל מנחת כהן כליל תהיה", **ופרשת** שלמים: מן "ואם זבח שלמים" עד "ואם מן הצאן", ובפרשת צו, מן "וזאת תורת השלמים" עד "במדבר סיני", והוא ג"כ פרשת תודה, **ואח"כ** פרשת נסכים בפרשת שלח, מן "וידבר" ד"כי תבואו" עד "אתכם").

(**ופרשת** חטאת: בויקרא, מן "ונפש אחת תחטא" עד "ונסלח לו", ואם יש לו פנאי, יקרא גם בפ' צו, "וזאת תורת החטאת" עד "באש תשרף", **ופרשת** אשם: בפ' צו, מן "וזאת תורת האשם" עד "אשם הוא", ואם יש לו פנאי, יקרא גם בויקרא, **ופרשת** עולה ויורד ג"כ, דהיא באה על שבועת ביטוי, מן "ונפש כי תחטא" עד "והיתה לכהן כמנחה").

דאמרינן במנחות: זאת תורת החטאת, כל העוסק בתורת חטאת כאלו הקריב חטאת וכו', (**ומה** טוב למי שנוהג בזה, שילמוד מתחלה את ענינים האלו מן הגמ', **או** מספרי הרמב"ם, כדי שיבין אח"כ מה שהוא אומר, ובזה תחשב לו כאילו הקריב ממש קרבן, **וכן** מה שאנו אומרין בכל יום: אביי הוה מסדר וכו', וענייני עשיית הקטורת, מצוה לראות להבין מה שהוא אומר).

עיין במ"א שכתב, דאם יודע שנתחייב חטאת, יאמר פרשת חטאת קודם, **ומדברי** שארי הפוסקים לא משמע כן.

(**וטוב** לומר כל אלו הפרשיות קודם התפלה, ובבהכ"נ, **אך** שלא יאחר עי"ז זמן ק"ש, או אפילו תפלה בצבור).

(**וצריך** להתודות קודם קריאת פרשת הקרבנות, והוידוי יהיה במעומד).

הגה: ודוקא ביחיד מותר לומר עשרת הדברות בכל יום, אבל אסור לאומרם בצבור (תשובת הרשב"א) - [יא]מפני הכופרים, שיאמרו אין תורה אלא זו, ובפרט בזמנינו, **ולכך** אין כותבין אותו ג"כ על קונטרס המיוחד לצבור.

באר הגולה

[א] **ירושלמי פ"ב ה"א** ‹כנ"ל - גר"א. ממ"ש י"ב. ש"מ סדרן לא מעכב - דמשק אליעזר› [ב] ‹ודייק מדקאמר תלמודא: ומאי ברכות אינם מעכבות, לקדם, אלמא סתמא דתלמודא ס"ל דסדרן אינו מעכב, אבל אם לא אמר כלל מעכב - ב"י› [ג] ‹עיין תוס' דף י"ג. ד"ה היה› [ד] ‹ע"פ הבאר הגולה› [ה] **שם י"ג** ‹היה קורא בתורה והגיע זמן המקרא אם כוון לבו יצא› **ובירושלמי פ"ב ה"א** ‹אמר רבי אבא זאת אומרת ברכות אינם מעכבות זו את זו. **דלמ"ד** ברכות מעכבות זו את זו, ואף ידי זו שבירך לא יצא, ה"ה נמי אם קורא ק"ש בלא ברכותיה, אף ידי ק"ש לא יצא, **ולמ"ד** ברכות אינם מעכבות זו את זו, אם קרא ק"ש בלא ברכותיה ידי ק"ש מיהא יצא - ב"י› [ו] **רב האי והרשב"א מההיא דברכות דף י"ב** ‹וכי מטא זמניה מימר אמר› [ז] ‹ע"פ הב"י והגר"א› [ח] **שם בטור** [ט] **תמיד ל"ב** [י] **תענית כ"ז ומגילה ל"א** [יא] ‹והא דכתב רש"י: עכו"ם. הוא ע"פ השמטת הצנזורה, וצ"ל: תלמידי ישו›

תורה אור

אלא אי אמרת אהבה רבה הוו אמרי מאי ברכות אין מעכבות זו את זו דלמא האי דלא אמרי יוצר אור משום דלא מטא זמן יוצר אור וכי מטא זמן יוצר אור הוו אמרי *ואי מכללא מאי דאי מכללא לעולם אהבה רבה הוו אמרי וכי מטא זמן יוצר אור הוו אמרי ליה ומאי ברכות אין מעכבות זו את זו °סדר ברכות: וקורין עשרת הדברות שמע והיה אם שמוע ויאמר אמת ויציב ועבודה וברכת כהנים. א"ר יהודה אמר שמואל אף בגבולין בקשו לקרות כן אלא שכבר בטלום מפני תרעומת המינין תניא נמי הכי ר' נתן אומר בגבולין בקשו לקרות כן אלא שכבר בטלום מפני תרעומת המינין רבה בב"ח סבר למקבעינהו בסורא א"ל רב חסדא כבר בטלום מפני תרעומת המינין אמימר סבר למקבעינהו בנהרדעא א"ל רב אשי כבר בטלום מפני תרעומת המינין: ובשבת מוסיפין ברכה אחת למשמר היוצא. מאי ברכה אחת א"ר חלבו [ב]משמר היוצא אומר למשמר הנכנס מי ששכן את שמו בבית הזה הוא ישכין ביניכם אהבה ואחוה ושלום וריעות: מקום שאמרו להאריך: פשיטא [ג]היכא דקא נקיט כסא דחמרא בידיה וקסבר דשכרא הוא ופתח ומברך אדעתא דשכרא וסיים בדחמרא יצא דאי נמי אם אמר שהכל נהיה בדברו יצא דהא תנן *על כולם אם אמר שהכל נהיה בדברו יצא אלא היכא דקא נקיט כסא דשכרא בידיה וקסבר דחמרא הוא (א) פתח ובריך אדעתא דחמרא וסיים בדשכרא מאי בתר עיקר ברכה אזלינן או בתר חתימה אזלינן ת"ש [ד]שחרית פתח ביוצר אור וסיים במעריב ערבים לא יצא פתח במעריב ערבים וסיים ביוצר אור יצא ערבית פתח במעריב ערבים וסיים ביוצר אור לא יצא פתח ביוצר אור וסיים במעריב ערבים יצא כללו של דבר הכל הולך אחר החתום שאני התם דקאמר ברוך יוצר המאורות הניחא לרב *דאמר כל ברכה שאין בה הזכרת השם אינה ברכה שפיר אלא לר' יוחנן דאמר כל ברכה שאין בה מלכות אינה ברכה מאי איכא למימר אלא כיון דאמר רבה בר עולא *כדי להזכיר מדת יום בלילה ומדת לילה ביום כי קאמר ברכה ומלכות מעיקרא אתרוייהו קאמר ת"ש מסיפא כללו של דבר הכל הולך אחר החתום כללו של דבר לאתויי מאי לאו לאתויי הא דאמרן לא לאתויי נהמא ותמרי ה"ד אילימא דאכל נהמא וקסבר דתמרי אכל ופתח אדעתא דתמרי וסיים בדנהמא היינו בעיין לא צריכא כגון דאכל תמרי וקסבר נהמא אכל ופתח בדנהמא וסיים בדתמרי [יצא] דאפילו סיים בדנהמא נמי יצא מאי טעמא דתמרי נמי מיזן זייני: אמר רבה בר *חיננא סבא משמיה דרב [ה]כל שלא אמר אמת ויציב שחרית ואמת ואמונה ערבית לא יצא ידי חובתו שנאמר °להגיד בבקר חסדך ואמונתך בלילות: ואמר רבה בר חיננא [סבא] משמיה דרב [ו]המתפלל כשהוא כורע כורע בברוך וכשהוא זוקף זוקף בשם אמר שמואל מאי טעמא דרב דכתיב °ה' זוקף כפופים מיתיבי °מפני שמי נחת הוא מי כתיב בשמי מפני שמי כתיב אמר ליה *שמואל לחייא בר רב *בר אוריאן תא ואימא לך מלתא מעלייתא דאמר אבוך הכי אמר אבוך כשהוא כורע כורע בברוך כשהוא זוקף זוקף בשם. רב

רש"י

אלא אי אמרת. הך ברכה דקאמרי אהבה רבה היכי ש"מ דאין מעכבות זו את זו דלמא האי דלא אמרי יוצר אור משום דלא מטא זמניה הוא וכי מטא זמניה אמרי לה ואע"ג דקרו אינהו ק"ש לא מטא זמניה כדאמרינן בעלמא (יומא לז:) הקורא את שמע עם אנשי משמר לא יצא שאנשי משמר מקדימין: **ואי מכללא מאי.** וכי אמר ליה מכללא מאי גריעותא איכא. דאמר לאו בפירוש אתמר הא שפיר מצי למשמע מכללא דיוצר אור קא אמרי ומשנינן ליכא למשמע מהכא דילמא לעולם אימא לך אהבה רבה וכו': **סדר ברכות.** אם הקדים המאוחרות: **בקשו.** לקבוע עשרת הדברות בקריאת שמע: **מפני תרעומת המינין.** שלא יאמרו לעמי הארץ אין שאר תורה אמת ותדעו שאין קורין אלא מה שאמר הקדוש ב"ה ושמעו מפיו בסיני: **המינין.** עכו"ם: **פתח בדשכרא וסיים בדחמרא.** תחלת הברכה אמר ע"מ שהכל וכיון שהגיע למלך העולם נזכר שהוא יין ואמר פרי הגפן פשיטא לן דיצא דהא אפילו סיים כל הברכה כדעת פתיחתה ואמר שהכל יצא על היין דתנן וכו': **אלא.** קא מבעיא לן פתח אדעתא דחמרא כדי לסיים בפה"ג וכשהגיע למלך העולם נזכר שהוא שכר וסיים שהכל מהו: **בתר עיקר ברכה אזלינן.** ועיקר ברכה אדעתא דיין נאמרה והוי כמו שסיים ביין ואין ברכת היין מוציאה ידי ברכת שכר שאין השכר מן הגפן: **פתח ביוצר אור.** כלומר אדעתא דלימא יוצר אור: **וסיים במעריב ערבים.** כשאמר מלך העולם נזכר וסיים אשר בדברו מעריב ערבים: **שאני התם וכו'.** כלומר דלמא פתיחה איגה כלום והא דקתני יצא לפי שחוזר וחותם בה בברוך יוצר המאורות וע"י חתימתה קאמר דיצא *אלא שהכל שאין חותם בה בברוך ופתיחתה אדעתא דבירא פרי הגפן הוא אימא דלא יצא: **מאי איכא למימר.** היכי נפיק משום חתימתה הא אין מלכות בחתימתה: **ה"ג אלא כיון דאמר כו'.** אלא לא תימא משום חתימתה יצא אלא פתיחתה כמי מעלייתא היא ולא תפשוט מיניה לחמרא ושכרא דלגבי ברכות ערבית ושחרית הוא דמצי למימר דכי פתח בזו וסיים בזו יצא דהא כי פתח בשחרית אדעתא דמעריב ערבים הוה דעתיה לאדכורי בה מדת היום בלילה כגון גולל אור וכי פתח ערבית אדעתא דיוצר אור הוה דעתיה לאדכורי בה מדת לילה כגון ובורא חשך הלכך אדעתא דתרוייהו הויא: **לאו לאתויי הא דאמרן.** כגון שכרא וחמרא: **היינו בעיין.** (ג) דהא ברכת התמרים על העץ ועל פרי העץ איגה עולה לברכת הלחם ואי בהא פשטת דהכל הולך אחר חתום ברכות הוא הדין לחמרא ושכרא: **כל מי שלא אמר** ברכת אמת ויציב כמו שתקנוה וכן אמת ואמונה בערבית לא יצא: **שנא' להגיד בבקר חסדך.** וברכת אמת ויציב כולה על חסד שעשה עם אבותינו היא שהוציאם ממצרים ובקע להם הים והעבירם וברכת אמת ואמונה מדבר בה אף על העתידות שאנו מצפים שיקיים לנו הבטחתו ואמונתו לגאלנו מיד מלכים ומיד עריצים ולשום נפשנו בחיים ולהדריכנו על במות אויבינו כל אלה הנסים התדירים תמיד: **כשהוא כורע.** באבות ובהודאה כורע בברוך וזוקף את עצמו כשהוא מזכיר את השם על שם ה' זוקף כפופים (תהלים קמו): **נחת.** לשון הכנעה: כחיזרא

תוספות

משום דלא מטא זמן יוצר אור. דנהי דשחיטת התמיד משיעלה עמוד השחר פי' רש"י מיהו לא הוה שעה לומר יוצר אור כדאמרי' הקורא כו' ויכול לסבור הברייתא כותיקין*: **ברכה** אחת למשמר היוצא וכו'. תימה קצת מאי היה הואיל ולית בה לא שם ולא מלכות: **פתח** ואמר בא"י אלהינו מלך העולם והיה סבור שהיה יין והבין שהיה שכר ואחר שהבין שהיה שכר סיים שהכל: **לא** לאתויי נהמא. ופירש רב אלפס השתא דלא אפשיטא בעיין אזלינן לקולא ואפילו פתח בחמרא וסיים בשכרא יצא. ור"י הי' אומר °לחומרא דצריך לברך פעם אחרת. ומיהו היה אומר ר"ח אם היה יודע בבירור שטעה בדבורו שאמר בורא °פרי העץ[תחת (בורא)] פרי הגפן דבתוך כדי דבור יכול לחזור בו. וכן בי"ט בחתימה של יום טוב אם טעה בין מקדש ישראל והזמנים ואמר מקדש השבת וחזר בתוך כדי דבור יצא אחרי שהוא יודע שהוא י"ט. והקשה הר"ר יעקב מקינון מאי קא מבעיא ליה והא ודאי מצות אינן צריכות כוונה. והיה אומר הר"י דהיינו בשומע תפלה אחורי בית הכנסת ולא נתכוין לצאת. אבל היכא דנתכוין לברך על היין ונמצא שכר לא מהני: **להגיד** בבקר חסדך. חסד שהקדוש ב"ה עשה לנו במצרים. ואמונתך פי' מדבר על העתיד שאנו מצפים שישמור הבטחתו ואמונתו ויגאלנו מיד המלכים ובסוף ברכה חוזר לגאולה דפרעה כדי לסמוך לגאל ישראל. א"נ ע"ד המדר' (רבה איכה ג) חדשים לבקרים רבה אמונתך שאדם מאמין ומפקיד רוחו בידו ומחזירה בלא יגיעה: **אמת** ויציב וכו'. לא קאי על הסכינה אלא קאי אהדבר הזה וכו'. וכן איתא בהר"ס. ואיתא בירושלמי האי מרגניתא דלית ביה טימא פירוש שאין לה שומא כל מה שמשבח מתגני לה כדאמר לקמן (ד' לג ב) בחד דפתח ואמר האל הגדול הגבור והנורא והיה מאריך הרבה וא"ל ר' חנינא סיימת לשבחי דמרך כי כל פה לא יוכל לספר שבחו: כרע

עין משפט נר מצוה

ס א מיי' פ"א מהלכות ק"ש הלכה ח טוש"ע או"ח סימן ס' סעיף ג:
סא ב מיי' פ"ז מהלכות תמידין הלכה ד:
סב ג מיי' פ"ח מהלכות ברכות הלכה יא (סמג עשין כז) טור ש"ע או"ח סי' רט סעיף א ב:
סג ד מיי' פ"א מהלכות ק"ש הלכה ח (סמג עשין יח) טוש"ע או"ח סימן נט סעיף ג:
סד ה מיי' פ"א מהל' ק"ש הלכה ז טוש"ע או"ח סימן סו סעיף י:
סה ו מיי' פ"ה מהלכות תפלה הלכה י סמג עשין יט טור ש"ע או"ח סימן קיג סעיף ז:

רב נסים גאון

כבר בטלום מפני תרעומת המינין. התלמוד ארץ ישראל של זה הפרק פירשות בדין הזה שיהו קורין עשרת הדברות בכל יום מפני מה אין קורין אותן מפני טענת המינין שלא יהו אומרים אלו לבדם ניתנו למשה בסיני: **מקום** שאמרו להאריך אינו רשאי לקצר לקצר אינו רשאי להאריך לחתום אינו רשאי שלא לחתום פירושהו בתוספת' (פרק א') אלו ברכות שמקצרין המברך על הפירות ועל המצות כו' ואלו ברכות שמאריכין בהן ברכות של תעניות וברכות של ראש השנה ושל יום הכפורים כו' ובגמ' דבני מערבא (פרק א) גרסי ר' יודן מטבע קצר פותח בברוך ואינו חותם בברוך מטבע ארוך פותח בברוך וחותם בברוך: **הניחא** למאן דאמר כל ברכה שאין בה הזכרת השם אינה ברכה. עיקר חלוקה של רב ור' יוחנן בפרק כיצד מברכין (דף מ) ובגמ' דבני מערבא בפרק הרואה מקום (הלכה א) גרסי ר' זעירה בר' יהודה בשם רב כל ברכה שאין עמה מלכות אינה ברכה אמר ר' תנחומא ואנא אמינא טעמא (תהלים קמה) ארוממך אלוהי המלך:

מסורת הש"ס

[וע"ע תוס' יומא לז: ד"ה אמר אביי] [שבת מ: יבמות סו: ב"ב קכה: חולין לד. נה. קיא:] לקמן מ. לקמן מ: [לעיל יא: ע"ש] ר"ל תניא וכן לקמן כצ"ל [חגיגה יד. ע"ש] [בגיטין סג. וכן במנחות נג. בר אוריין פירש"י בן תורה אבל ביומא פח. ובסוכה מג: ובתענית לא: ובחגיגה יד: איתא בר אריא בר אוריא ולא פירש"י כלום]

הגהות הב"ח

(א) גמ' דחמרא הוא ופתח: (ב) רש"י ד"ה היינו בעיין דהא ברכת:

גליון הש"ס

תוס' ד"ה לא כו' לחומרא כו' ולא סיין הכא לומר ספק ברכות לקולא [ובמג"א סימן ר"ט ס"ק ג' הקשה כן] דכבר כתב הרש"א בפסחים קב ע"א בפי' רשב"ם ד"ה להודיעך כחו. דל"ש כן אלא בברכת המצות דהברכות אינן מעכבות. אבל בברכת הנהנין אסור לאכול בלא ברכה ע"ש. ולא הוי כאן חשש ברכה לבטלה. דאם לא יברך יהא אסור לו לשתות. אח"ז ראיתי באבן העוזר (סימן רי"ד) שכ"כ מסברא דנפשיה ולא הביא דברי הרש"א. ועי' מ"ש לקמן (מ"ם ע"ב) בתוס' ד"ה ר"מ: באי"ד שאמר בפה"ע תחת בפה"ג. משמע מזה דאם בירך על היין בפה"ע דלא יצא. [וכ"כ המג"א סימן ר"ח ס"ק כ"ב בשם תשובת ר"י סלוי] ותמוה לי. דהא יין יש פרי עליו. דהא מברכין בפה"ג וא"כ שפיר מברך בפה"ע. אלא דסיי' לו לברך יותר שהוא מגפן. וא"כ לא גרע מבירך שהכל דקיי"ל דיוצא. אח"ז מצאתי בעזה"י בתשובת גינת וורדים חלק או"ח סכ"ע דהעלה לעיקר דיצא:

[יב]יש שכתבו דלא אסור לאומרו בצבור, אלא לקובעו בין הברכות כמו ק"ש, אבל קודם "ברוך שאמר" מותר אף בצבור, **ואנן** נקטינן לאסור בצבור כלל וכלל, **וביחיד** דוקא שלא בתוך התפלה, אבל לקבוע בתוך הברכות, גם ליחיד אסור.

אות ב'

משמר היוצא אומר למשמר הנכנס: מי ששכן את שמו בבית הזה הוא ישכין ביניכם אהבה ואחוה ושלום וריעות

רמב"ם פ"ו מהל' תמידין ומוספין ה"ד - ואחר שמעלין האיברים לכבש מתכנסין כולן ללשכת הגזית, והממונה אומר להם: ברכו ברכה אחת, והן פותחין וקורין אהבת עולם, ועשרת הדברות, ושמע, והיה אם שמוע, ויאמר, ואמת ויציב, ורצה, ושים שלום; ובשבת מוסיפין ברכה אחת, והיא שיאמרו אנשי משמר היוצא לאנשי משמר הנכנס: מי ששכן את שמו בבית הזה ישכין ביניכם אהבה אחוה שלום וריעות.

אות ג'

היכא דקא נקיט כסא דחמרא בידיה וקסבר דשכרא הוא, ופתח ומברך אדעתא דשכרא וסיים בדחמרא, יצא

סימן רט ס"א - [יג]לקח כוס של שכר או של מים, ופתח ואמר: "בא"י אמ"ה" על דעת לומר "שהכל", וטעה ואמר "בפה"ג", אין מחזירין אותו, מפני שבשעה שהזכיר שם ומלכות שהם עיקר הברכה, לא נתכוין אלא לברכה הראויה לאותו המין - זהו דעת הרמב"ם, **אבל** רוב הפוסקים וכמעט כולם חולקים עליו, והסכימו דלא אזלינן בתר דעתו, כיון שבפיו הוציא ברכה שאינה ראויה לאותו המין, לא יצא ומחזירין אותו, **וכתבו** האחרונים דכן יש להורות.

[יד]ויש אומרים שאם לקח כוס שכר או מים וסבור שהוא של יין, ופתח: "ברוך אתה ה' אלהינו מלך העולם" על דעת לומר "בורא פרי הגפן", ונזכר שהוא שכר או מים וסיים "שהכל", יצא - היינו אע"ג דבשעה שהזכיר שם ומלכות שהוא עיקר הברכה, היה דעתו על ברכה שאינה ראויה לאותו המין כלל, אפ"ה כיון שחתימת הברכה הזכיר בפיו כהוגן, יצא בדיעבד, **וכן** הלכה.

(**ודע דאף לדעת הי"א**, היכא דבשעת אמירת שם ומלכות היתה על דעת שלא לסיים כהוגן ואח"כ נזכר וסיים כהוגן, הוא בעיא בגמרא, ומשום דלא איפשטא אזלינן לקולא, **וא"כ** לפי"ז אי איתרמי כה"ג במלתא דאורייתא, כגון בבהמ"ז, שבשעה שאמר "בא"י אמ"ה" היתה דעתו לומר "על העץ ועל פה"ע", ונזכר וסיים בפיו "הזן את העולם" כהוגן, הכי נמי דלא יצא וצריך לחזור לראש, דהא ספיקא דאורייתא הוא, ומ"מ לדינא צ"ע, דמכמה ראשונים משמע דפליגי על רש"י [הראב"ד והרמב"ן ופירשו כן דעת הרי"ף ג"כ], וסברי דפשיטא דלא אזלינן כלל בתר מחשבה לבד, כיון שבפיו אמר כהוגן, וא"כ לדידהו בודאי אף בדאורייתא יצא, וצ"ע לדינא).

הגה: וכ"ש אם היה בידו יין וסבור שהוא מים, ופתח אדעתא לומר "שהכל", ונזכר ובירך "בורא פרי הגפן", שיצא, שהרי אף אם סיים "שהכל" יצא (טור) - ונמצא שאף לפי מחשבתו היתה ברכה הראויה לאותו המין.

סימן רט ס"ב - [טו]לקח כוס של שכר או מים, ובירך "ברוך אתה ה' אלהינו מלך העולם בפה"ג", ותוך כדי דיבור נזכר שטעה, ואמר: "שהכל נהיה בדברו", וכך היתה אמירתו: "ברוך אתה ה' אלהינו מלך העולם בורא פרי הגפן שהנ"ב", יצא - היינו אפילו בעת תחלת הברכה היה סבור שהוא יין, ונמצא שהיה תחלת הברכה וסופה שלא כהוגן, אפ"ה כיון שעקר תוך כדי דיבור וסיים כהוגן, יצא.

אבל לאחר כדי דיבור לא מהני עקירתו, וחוזר ומברך, [**ואפי'** אם בתחילת הברכה בשעה שאמר: בא"י אמ"ה, ידע שהוא מים, ודעתו היה לברך "שהכל", אלא שאח"כ טעה בדיבורו ואמר "בפה"ג", וחזר לאחר כ"ד וסיים "שהכל", ג"כ לא יצא, דהא עקירה שעקר לאחר כ"ד כמאן דליתא דמיא, ונמצא שסיים שלא כהוגן].

ודע, דהא דמקילינן בדיעבד בתוך כדי דיבור, דוקא בברכות דרבנן, **אבל** בבהמ"ז שהוא דאורייתא, אם אירע כה"ג, כגון שאכל לחם, [ואכל כדי שביעה, דאל"ה הלא חיובו רק מדרבנן], וטעה וסבר שאכל פירות, והתחיל לברך: "בא"י אמ"ה על העץ ועל פרי העץ", ונזכר שהוא לחם וסיים: "הזן את העולם" וכו' כהוגן, צריך לחזור ולברך, (**והטעם**, דהא בגמ' הוא בעיא דלא איפשיטא, וכתב ברי"ף דנקטינן לקולא משום דהוא

באר הגולה

יב ‹וטוב לומר... ועשרת הדברות - טור. כתב מהרש"ל וז"ל: ואף דבפ"ק דברכות אמרו שמנעו העם מלאומרם מפני המינים, היינו דוקא לקובעם בברכות כמו ק"ש, אבל בלא ברכה לית לן בה, עכ"ל, וכן משמע מלשון רש"י וז"ל: בקשו לקבוע עשרה דברות בק"ש, **וב"י** תירץ וז"ל: איכא למימר היינו דוקא בצבור, אבל ביחיד דליכא משום תרעומת המינים טוב לאומרם, שע"י כן יזכור מעמד הר סיני בכל יום ותתחזק אמונתו בזה, עכ"ל, **וכן** משמע בתשו' הרשב"א, דכל בצבור אסור ואפילו לא קבעום בברכות ק"ש, **ואפשר** דלישנא ד"כבר בטלום" משמע ליה דלגמרי בטלום בצבור - ב"ח› יג **ברכות י"ב ע"א לפי' הרמב"ם** ‹דין זה המבואר בשו"ע סעיף א' וסעיף ב', הוא אבעיא דלא אפשיטא בברכות דף י"ב. ורוב הפוסקים ‹חוץ מהתוס' שם ד"ה לא› נקטו האבעיא לקולא, מטעם ספק ברכות להקל. **אלא** שרש"י [שם ד"ה פתח] היה גרסתו כמש"כ בסעיף א' בשם י"א, שהכונה היתה שלא כהוגן והאמירה כהוגן. **והרי"ף** והרא"ש גרסו דהאבעיא היתה כמש"כ בסעיף ב', דתחלת החתימה היתה שלא כהוגן וסופה כהוגן - מחה"ש. ‹**והרמב"ם** מפרש כפי' רש"י, ולמד מזה דה"ה להיפך {דגם כשרק הכוונה כהוגן, והאמירה שלא כהוגן, לילך אחר הכוונה לקולא}, והבעיא לקולא - גר"א› יד **רש"י ותוס' ‹פתח› שם ושאר פוסקים** טו **הרי"ף לפי פי' הרא"ש וכ"כ המרדכי בשם ר"מ מאיברא**

ספיקא דרבנן, [טז] ומינה דבדאורייתא אזלינן להחמיר, **ואי בשעה שאמר שם ומלכות היתה כונתו לומר כהוגן, אלא שאח"כ נכשל בלשונו ואמר: על העץ ועל פרי העץ, נראה שמהני מה שחזר תכ"ד לומר כהוגן, אפי' בדאורייתא, וספיקא דהש"ס הוא רק אם הכוונה היתה ג"כ שלא כהוגן).**

ודוקא באופן זה שציירנו, אבל אם טעה וסבר על הלחם שאכל שהוא אחד מחמשת המינים, והתחיל לברך: "בא"י אמ"ה על המחיה", ונזכר, **יכול** לסיים: "הזן את העולם כולו" וכו', ויצא, דמחיה נמי מזון הוא.

כתבו האחרונים, מי שאומר אחר ברכת היין "בורא מאורי האש", ונזכר שצריך להקדים בשמים, וסיים "בורא מיני בשמים", יצא ידי בשמים, וחוזר ומברך: בא"י אמ"ה בורא מאורי האש, **ודוקא** כשנתכוין בשעת הזכרת שם ומלכות על הבשמים שנקט בידו, ונכשל בלשונו ואמר: בורא מאורי האש", **אבל** כשנתכוין על האש, יצא ידי ברכת "מאורי האש", ואח"כ מברך ברכה אחרת על הבשמים, **דהא** על האש ג"כ צריך לברך, והסדר אינו מעכב.

הגה: ואם היו אחרים שותים ג"כ ויין לפניהם, ודעתו ג"כ על יין שהיה סבור שבכוסו יין, ובירך בפה"ג - וכונתו היתה להוציא גם האחרים בברכתו, **ונמלא אח"כ שבכוסו מים או שכר, כשחוזר ושותה אח"כ יין א"ל לחזור ולברך, ויולא בברכה שבירך על כוסו אע"פ שהיתה בטעות, דהא דעתו היה לשתות ג"כ שאר יין, גם הוליא האחרים ששותין שם, ולכן ברכתו ברכה (תשובת מהרי"ל)** - אמר שני טעמים לפטור: אחד, כיון שדעתו לשתות שאר יין, ואפילו לא היה אז אותו היין לפניו והביאו לו אח"כ, חל הברכה עליהם, **ואף** דכוס זה היה מים והתחיל לשתותו, אפ"ה לא מקרי הפסק, כיון שלא הפסיק בדיבור בינתים, [**ואם** אמר בינתיים: בשכמל"ו, נראה דצריך לחזור ולברך, ולא מהני בזה מה שמוציא אחרים בברכתו לגבי דידיה], **ואפי'** לא היה דעתו בהדיא לשתות יותר, ורק בסתמא, כיון שהוציא אחרים בברכתו שיהיו יכולים לשתות היין שלפניהם, [שאם לא היה יין לפניהם, רק שהיה סבור להשקותם מכוס זה, פשוט דלא מהני]. נמצא שלא היתה ברכתו לבטלה, ולכן מותר גם לו לשתות שאר יין, [ד"מ ומג"א. **ולענ"ד** נראה בפשיטות דלהכי תפס מהרי"ל השני טעמים, משום דכל טעם בפני עצמו לא פסיקא ליה כ"כ, דטעם הראשון תלוי בפלוגתא, וגם טעם שני לא ברירא, כמו שמפקפק המ"א ע"ז מאד].

והנה הרמ"א אזיל לשיטתו בסימן ר"ו ס"ו בהגהה, שס"ל שם דהיכא שלא היה דעתו בהדיא ורק בסתמא, צריך לחזור ולברך, ולכן בעניננו נמי כתב דהא דעתו וכו', **אבל** לפמש"כ שם במ"ב ובה"ל, דיש כמה פוסקים שסוברין דאפי' בסתמא, כל שהיו לפניו על השלחן בשעת ברכה, ממילא חל הברכה על כולם, וא"צ לחזור ולברך כשנשפך הכוס שבירך עליו, **א"כ** ה"ה בעניננו כשנמצא מים, ושותה כוס אחר יין שהיה לפניו, בכל גווני א"צ לחזור ולברך.

אות ד'

שחרית, פתח ביוצר אור וסיים במעריב ערבים, לא יצא, פתח במעריב ערבים וסיים ביוצר אור, יצא; ערבית, פתח במעריב ערבים וסיים ביוצר אור, לא יצא, פתח ביוצר אור וסיים במעריב ערבים, יצא; כללו של דבר: הכל הולך אחר החתום

סימן נט ס"ב - "אם טעה ואמר: "אשר בדברו מעריב ערבים", ונזכר מיד ואמר: "יוצר אור", וגם סיים: "יוצר המאורות", יצא - דוקא מיד, דהיינו בתוך כדי דיבור, אבל לאחר כדי דיבור לא יצא, דלא קאי הברכה שפתח "בא"י אמ"ה", על מה שחזר ואמר "יוצר אור", כיון שלא אמרו מיד, **ומה** שכתב אח"כ "ולא אמר יוצר אור", ה"ה אם אמרו ולא מיד, כן כתב הפמ"ג בשם הב"ח והפרישה. (**ובאמת** דבריו אינם מובנים, דהא הוי יותר מכדי דיבור, **ואף** אם נאמר דכונתו דמצרפין תיבת "יוצר אור" לתיבת "אשר בדברו", והוי כאלו אמר "אשר בדברו יוצר אור", **אעפ"כ** דבריו צע"ג, דלא שייך סברתו כי אם לפי הס"ד דגמרא, דרצה לפשוט האבעיא [וכגירסת הרא"ש ופירושו עי"ש], אם נקט כסא דשיכרא בידיה וקסבר דחמרא הוא, ופתח בא"י אמ"ה בפה"ג, ונזכר וסיים שהנ"ב, אם יוצא בזה, מי מצרפינן תיבת שהנ"ב להשם ומלכות שאמר תחלה, מברייתא שאומרת דאם פתח בשחרית במעריב ערבים וסיים ביוצר אור, [היינו שאמר בא"י אמ"ה אשר בדברו מעריב ערבים יוצר אור ובורא חושך וכו' עד סוף ברכת יוצר המאורות], דיוצא בזה, **אלמא** דמצרפינן אמירתו שאמר יוצר אור להשם ומלכות שאמר מתחלה, ולא חיישינן למה שאמר בנתיים אשר בדברו מעריב ערבים שהם תיבות שאינם לעניננא, **הוא** דשייך סברת הב"ח, דהברייתא איירי דוקא תכ"ד, **דאל"ה** בודאי לא אמרינן צירוף, וכמו שפסק השו"ע לקמן בסימן ר"ט ס"ב, **אבל** לפי מה דדחי הגמרא האבעיא, וסבר דבעלמא לא אמרינן צירוף, ושם כיון דאמר רבה בר עולא כדי להזכיר מדת יום בלילה ומדת לילה ביום, כי קאמר ברכה ומלכות מעיקרא אתרווייהו קאמר, מה צריך לכדי דיבור, **ואין** לדחות דברינו, דמכיון דבאמת פסקינן האבעיא לקולא וכמו שכתב הרי"ף, א"כ סברת הברייתא כפשטא מטעם צירוף, ולא אמרינן תו הסברא דמעיקרא אתרוייהו קאמר, **דזה** אינו, דטעמו של הרי"ף הוא, דמכיון דלא נפשטה האבעיא אזלינן לקולא בענין דרבנן, וא"כ מהיכי תיתי לן להחמיר בעניננו, אדרבה זיל לאידך גיסא)

באר הגולה

טז ‹ושונה הלכות כתב: וצ"ע לדינא, וכנ"ל בס"א, ועיין במ"ב דבזה לא נשאר בצ"ע, ופסק דצריך לחזור ולברך, וגם הבה"ל לא כ"כ רק לעיל בס"א, ומשום דכמה ראשונים פליגי על רש"י, וס"ל דודאי יצא, אבל הכא כיון שטעה בפיו, הוי ספק גמור, וע"כ בדאורייתא צריך לילך לחומרא› **יז** **שם לפי הרא"ש** ‹פירש"י פתח ביוצר אור, כלומר אדעתיה דלימא יוצר אור, וסיים במעריב ערבים, כשאמר מלך העולם נזכר וסיים אשר בדבריו מעריב ערבים. **והרא"ש** [סי' יד] כתב וז"ל: וקשיא לפירושו, דהא תנן בברייתא פתח ביוצר אור וסיים במעריב ערבים, דלא משמע אדעתא דיוצר אור, אלא שאמר יוצר אור, דומיא דסיים במעריב ערבים – נחלת צבי›

אבל בדרך החיים פוסק, דאפילו אם לא נזכר עד קרוב לסוף הברכה, מ"מ כיון שלא גמר אותה, א"צ להתחיל מראש ברכת "יוצר אור" מחדש, רק יאמר: יוצר אור ובורא חושך וכו', עד סוף ברכת "יוצר המאורות", ויוצא בזה, (ומה שנקט השו"ע "ונזכר מיד", הוא משום אורחא דמלתא), **וכן** יש לנהוג למעשה, (ובפרט דיש כמה דעות מהראשונים, דאפילו לא אמר כלל "יוצר אור", רק שסיים "יוצר המאורות", יצא, כמו שכתבנו לקמן, **עכ"פ** בודאי יש לצרף דעתם להקל, לענין אם לא אמר "יוצר אור" מיד).

אבל אם אמר: "בדברו מעריב ערבים", ולא אמר "יוצר אור" - פי' אע"פ שסיים: בא"י יוצר המאורות, כיון שתחילתו ואמצעו שלא כדין, לא יצא, **או לא סיים "יוצר המאורות", לא יצא** - וצריך לחזור לראש "בא"י אמ"ה" כסדר, עד אחר "יוצר המאורות".

ואם אמר: "יוצר אור ובורא חשך אשר בדברו מעריב ערבים", וגם סיים "מעריב ערבים", לא יצא. הגה: וכ"כ אם לא אמר תחלה רק "יוצר אור", אם סיים "מעריב ערבים", לא יצא (דברי עצמו לפרש כן הטור והרא"ש) - פי' שאמר "יוצר אור" וכל נוסח של הברכה, לבד שטעה בהחתימה, אעפ"כ לא יצא, דהא לא בירך בהחתימה על האור המתחיל להאיר ביום זה.

כו"ע סוברים כן כמבואר בב"י, דהחתימה בודאי צריכה להיות כדין, **ומה** דנקט השו"ע מתחלה "או לא סיים יוצר המאורות", אין כונתו דוקא באופן שטעה ואמר מתחלה "אשר בדברו מעריב ערבים", רק נקטיה לסיומא מילתא דרישא, **וגם** מה דנקט "ואם אמר יוצר אור ובורא חושך אשר בדברו מעריב ערבים" וכו', הוא משום דרצה לסיים בסיפא: דאם סיים "יוצר המאורות" יצא, אע"פ שהפסיק ב"מעריב ערבים".

ואם תוך כדי דיבור נזכר ואמר "יוצר המאורות", יצא, **אבל** אם שהה אחר שאמר "המעריב ערבים" כדי דיבור, לא יצא, אף שאמר "יוצר המאורות" לאחר כדי דיבור, **ויאמר** עוד הפעם מברכת "יוצר אור" מתחילתה.

ואם טעה ולא נזכר עד שהתחיל "אהבה רבה", לא יפסיק בינתים, רק יסיים כסדר ברכת "אהבה רבה", ואח"כ יאמר "יוצר אור" קודם ק"ש.

אבל אם סיים "יוצר המאורות", כיון שפתח "יוצר אור", יצא, אף על פי שהפסיק ב"מעריב ערבים" - תוך כדי דיבור של פתיחת "יוצר אור", ואמר כל הנוסח דערבית לבד החתימה, אעפ"כ לא אמרינן שנעקר עי"ז התיבות הראשונות של "יוצר אור".

תמצית זה הסעיף הוא: דשני דברים יש בברכת "יוצר אור" דשחרית לעיכובא: א'. פתיחת הברכה או אמצעיתה צריכה להיות כדין, ב'. חתימת הברכה. **ודע**, דה"ה בברכת "מעריב ערבים" דערבית, כמבואר בברכות י"ב ע"א.

(והנה כ"ז לדעת השו"ע וכל הפוסקים האחרונים, דתרוייהו בעינן שיהיו כדין, א' פתיחת ברכה או אמצעיתה, ב' חתימת הברכה, והגר"א בביאורו השיג על פסק השו"ע בכמה ראיות, ופסק לעיקר [יח] כדעת הרשב"א המובא בב"י, דתלוי רק בחתימת הברכה לבד, שאם חתם כדין יצא).

אות ד'* [יט]

דאפילו סיים בדנהמא נמי יצא; מאי טעמא, דתמרי נמי מיזן זייני

סימן רח סי"ז - [כ] וה"ה אם בירך על התמרים ברכת המזון במקום "על העץ", יצא - דתמרים נמי זיין כעין מיני דגן, ושייך בהו בדיעבד בהמ"ז, **משא"כ** שאר פירות אפי' מז' המינים, אפי' בדיעבד אין יוצא בבהמ"ז.

(היינו בדיעבד, דלכתחלה בודאי יש לו לברך ברכה המיוחדת, **ואפילו** אם אכלן בתוך המזון לאחר גמר סעודה, אין לו לפוטרן בברכת המזון, אלא טעון ברכה לפניו ולאחריו, **ולדידן** אין שייך זה, דהכל נחשב אצלנו בתוך הסעודה, ואינו טעון ברכה רק לפניו, וכבסי' קע"ז).

ואפילו לא אמר אלא ברכת "הזן", בין על היין בין על התמרים, יצא - אע"ג שאין בו מעין שלש, מ"מ כיון שכבר גמר "הזן את הכל", שוב אין יכול לומר הברכות הנותרות, שלא נתקנו לכתחלה על היין והתמרים, (ומ"מ צריך טעם, דהלא חסר בברכתו ברכת הארץ וברכת ירושלים, **וע"כ** צ"ל דלא תקנו לכלול בהברכה כל ג' דברים, מזון וארץ וירושלים, רק לכתחלה, ובדיעבד אם לא הזכיר רק מזון לחוד יצא, **אח"כ** מצאתי שכ"כ הרבינו יונה, והוכיח מזה דברכה מעין ג' היא דרבנן, ולמ"ד דאורייתא באמת צ"ע).

[כא] ואם נזכר עד שלא חתם ברכת "הזן", יתחיל: "ועל שהנחלת לאבותינו ארץ חמדה טובה ורחבה", ויסיים ברכה דמעין שלש - דלכתחלה הלא בודאי יש לו לברך ברכה שיכלול מעין שלש כדין.

באר הגולה

יח ‹פי' רש"י, פתח ביוצר אור, כלומר אדעתא דלימא יוצר אור, וסיים במעריב ערבים, כשאמר מלך העולם נזכר וסיים אשר בדברו מעריב ערבים. **וכתב** הרשב"א: שלא כתב כן רש"י אלא באשגרת לישנא, ומשום דנקט כסא דשיכרא דוקא באדעתא, פי' נמי הא באדעתא, ולאו דוקא, דכל עצמנו אין אנו צריכים להעמידה דוקא באדעתא, אלא משום דברכת הפירות כיון שהיא קצרה כ"כ, אילו פתח בהדיא בדחמרא הויא כולה ברכה בדחמרא, דפתיחתה וחתימתה באים כאחד, אבל בברכת המאורות שהוא מטבע ארוך, אע"פ שפתח ואמר בהדיא המעריב ערבים, אכתי צריכה היא לחתימה, ויש בחתימתה עדיין לתקן כי אזלינן בתר חתימה, עכ"ל - ב"י›

יט ‹ע"פ הב"י› **כ** ברכות י"ב **כא** הרא"ש

אות ה'

כל שלא אמר אמת ויציב שחרית ואמת ואמונה ערבית, לא יצא ידי חובתו

סימן סו ס"י - [כב]**כל מי שלא אמר "אמת ויציב" שחרית, ו"אמת ואמונה" ערבית, לא יצא** [כג]**י"ח המצוה כתקנה** -

אבל לא שלא יצא כלל ידי ק"ש, דהא קי"ל דברכות אין מעכבות לק"ש, אלא שעי"ז הק"ש שלו ג"כ איננו כראוי, **ויחזור** עכ"פ לאמרה אחר התפלה אם לא אמרה קודם התפלה, **וטוב** שיאמר עוד הפעם ק"ש.

כתב הטור בשם הירושלמי, צריך להזכיר ב"אמת ויציב": יציאת מצרים; ומלכות; וקריעת ים סוף; ומכות בכורות, **ומשמע** ברשב"א דלעכובא הוא אפילו דיעבד, **וצ"ע** מברכות י"ד ע"ב בגמרא: "והא בעי לאדכורי" וכו', "דאמר הכי" וכו' "ושרנו לך", ר"ל "מי כמוכה" עד סוף הברכה, דלפי"ז חסר מכות בכורות, ודוחק לחלק בין שחרית לערבית, **ואולי** נוסח אחר היה להם בסוף, שהיה בתוכו ג"כ ספור מכות בכורות, **וגם** מירושלמי ברכות משמע קצת דהוא רק לכתחלה, וצ"ע למעשה.

אם החליף ברכה של שחרית לערבית, או להיפך, אם עדיין לא אמר השם של סוף הברכה, יחזור לתחלת הברכה, **ואם** אמר השם, יסיים, ואין צריך לחזור.

הגה: מי שהוא אנוס ודחוק ואין לו פנאי להתפלל מיד אחר ק"ש, יקרא ק"ש עד "אמת", וימתין לומר שאר הברכה עד שיתפלל, שאז יאמר: "ויציב ונכון" וכו' ויתפלל, כדי שיסמוך גאולה לתפלה (ב"י בשם רוקח) - צ"ע, וכי מי התיר לו לפסוק מפני שאין לו פנאי, אלא מי שאין לו פנאי יקרא ק"ש לבדה בלא ברכות, ואח"כ כשיהיה לו פנאי יקרא ק"ש וברכותיה ויתפלל - מ"א, **ובספר** נהר שלום כתב, דמ"מ דין הרמ"א הוא אמת ונכון הוא, היכא שקרא ק"ש כי היה סבור שיוכל לגמור כל התפלה, ושוב אחר שקרא ק"ש מוכרח הוא מחמת איזה אונס להפסיק, **ובהא** קאמר דעדיף הוא טפי שיפסיק אחר "ד' אלהיכם אמת", ואח"כ כשיבא להתפלל יתחיל "ויציב" וכו', **אבל** היכא שידע מעיקרא שלא יהיה לו פנאי לקרות ק"ש ולהתפלל, וירא שמא יעבור זמן ק"ש עד שיהיה לו פנאי, גם הוא מודה להמ"א, שיקרא ק"ש לבדו.

אות ו'

המתפלל כשהוא כורע כורע בברוך, וכשהוא זוקף זוקף בשם

סימן קיג ס"ז - [כד]**כשכורע, כורע ב"ברוך"** - כשאומר "ברוך" יכרע בברכיו, [כה]וכשאומר "אתה" ישחה עד שיתפקקו החוליות.

וכשזוקף, זוקף בשם - דכתיב: ד' זוקף כפופים.

וכשאומר "מודים", יכרע ראשו וגופו כאגמון בבת אחת, ויעמוד כך בשחיה עד "ד'", ואז יזקוף.

(**עיין במגן אברהם סי' קכ"ז שמבאר את דעת מהרא"י, דס"ל דבכריעה שבתחלת ברכה, אם רצה שלא לזקוף עד סמוך לחתימה הרשות בידו, אלא שאם רוצה לזקוף מיד, צריך לזקוף בשם, וכן בכריעה שבסוף ברכה, שהוא חייב לזקוף מיד, כדי שלא להיות שחוח בתחלת ברכה שלאחריה, אזי צריך הוא לזקוף בשם, שמשום "ד' זוקף כפופים" לבד לא הצריכו לזקוף מכריעתו כלל, אלא שאם בלא"ה הוא זוקף, אז משום "ד' זוקף כפופים" יזקוף בשם, וע"כ הנוהגין להתפלל בראש השנה ויום הכיפור בכריעה, אין צריך לזקוף אלא בסוף ברכה ותחלתה**).

באר הגולה

כב ברכות י"ב | כג לפירוש הטור ‹דלאו למימרא דלא יצא ידי חובת ק"ש, דהא ברכות אינם מעכבות, אלא היינו לומר שלא יצא י"ח המצוה כתקנה - ב"י› | כד שם | כה ‹והוא מהמג"א בשם השל"ה בשם הזוהר›

מאימתי פרק ראשון ברכות

24

רב ששת *כי כרע כרע בחיזרא כי קא זקיף זקיף בחויא: ואמר רבה בר חיננא סבא משמיה דרב *כל השנה כולה אדם מתפלל האל הקדוש מלך אוהב צדקה ומשפט חוץ מעשרה ימים שבין ראש השנה ויום הכפורים שמתפלל המלך הקדוש והמלך המשפט ורבי אלעזר אמר אפילו אמר האל הקדוש יצא שנאמר °ויגבה ה' צבאות במשפט והאל הקדוש נקדש בצדקה אימתי ויגבה ה' צבאות במשפט אלו עשרה ימים שמר"ה ועד יוה"כ וקאמר האל הקדוש מאי הוה עלה אמר רב יוסף האל הקדוש ומלך אוהב צדקה ומשפט רבה אמר המלך הקדוש והמלך המשפט והלכתא כרבה: ואמר רבה בר חיננא סבא משמיה דרב כל שאפשר לו לבקש רחמים על חבירו ואינו מבקש נקרא חוטא שנאמר °גם אנכי חלילה לי מחטא לה' מחדול להתפלל בעדכם אמר רבא אם ת"ח הוא (א) צריך שיחלה עצמו עליו מ"ט אילימא משום דכתיב °ואין חולה מכם עלי (ואין) [ו]גולה את אזני דילמא מלך שאני אלא מהכא °ואני בחלותם לבושי וגו': ואמר רבה בר חיננא סבא משמיה דרב כל העושה דבר עבירה ומתבייש בו מוחלין לו על כל עונותיו שנאמר °למען תזכרי ובשת ולא יהיה לך עוד פתחון פה מפני כלמתך בכפרי לך לכל אשר עשית נאם ה' אלהים דילמא צבור שאני אלא מהכא °ויאמר שמואל אל שאול למה הרגזתני להעלות אותי ויאמר שאול צר לי מאד ופלשתים נלחמים בי *וה' סר מעלי ולא ענני עוד גם ביד הנביאים גם בחלומות ואקראה לך להודיעני מה אעשה ואילו אורים ותומים לא קאמר משום דקטליה לנוב עיר הכהנים ומנין דאחילו ליה מן שמיא שנא' °(ויאמר שמואל אל שאול) [ו]מחר אתה ובניך עמי *וא"ר יוחנן עמי במחיצתי ורבנן אמרי מהכא °והוקענום לה' בגבעת שאול בחיר ה' יצתה בת קול ואמרה בחיר ה': אמר ר' אבהו בן זוטרתי אמר רב יהודה בר זבידא בקשו לקבוע פרשת בלק בקריאת שמע ומפני מה לא קבעוה משום טורח צבור מ"ט אילימא משום דכתיב בה °אל מוציאם ממצרים לימא פרשת רבית ופרשת משקלות דכתיב בהן יציאת מצרים אלא אמר ר' יוסי בר אבין משום דכתיב בה האי קרא *°כרע שכב כארי וכלביא מי יקימנו ולימא האי פסוקא ותו לא גמירי כל פרשה דפסקה משה רבינו פסקינן *דלא פסקה משה רבינו לא פסקינן פרשת ציצית מפני מה קבעוה א"ר יהודה בר חביבא מפני שיש בה *חמשה דברים מצות ציצית יציאת מצרים עול מצות ודעת מינים הרהור עבירה והרהור ע"ז בשלמא הני תלת מפרשן עול מצות דכתיב °וראיתם אותו וזכרתם את כל מצות ה' ציצית דכתיב ועשו להם ציצית וגו' יציאת מצרים דכתיב אשר הוצאתי וגו' אלא דעת מינים הרהור עבירה והרהור ע"ז מנלן דתניא אחרי לבבכם זו מינות וכן הוא אומר °אמר נבל בלבו אין אלהים אחרי עיניכם זה הרהור עבירה שנאמר °ויאמר שמשון אל אביו אותה קח לי כי היא ישרה בעיני אתם זונים זה הרהור ע"ז וכן הוא אומר °ויזנו אחרי הבעלים: **מתני'** *מזכירין יציאת מצרים בלילות *א"ר אלעזר בן עזריה *הרי אני כבן שבעים שנה ולא זכיתי שתאמר יציאת מצרים בלילות עד שדרשה *בן זומא שנא' °למען תזכור את יום צאתך מארץ מצרים כל ימי חייך ימי חייך הימים כל ימי חייך הלילות וחכ"א ימי חייך העוה"ז *כל להביא לימות המשיח:

גמ' *תניא אמר להם בן זומא לחכמים וכי מזכירין יציאת מצרים לימות המשיח והלא כבר נאמר °הנה ימים באים נאם ה' ולא יאמרו עוד חי ה' אשר העלה את בני ישראל מארץ מצרים כי אם חי ה' אשר העלה ואשר הביא את זרע בית ישראל מארץ צפונה ומכל הארצות אשר הדחתים שם אמרו לו לא שתעקר יציאת מצרים ממקומה אלא שתהא שעבוד מלכיות עיקר ויציאת מצרים טפל לו כיוצא בו אתה אומר °לא יקרא שמך עוד יעקב כי אם ישראל יהיה שמך

לא

כחיזרא. שבט ביד אדם וחובטו כלפי מטה בבת אחת: **וזקיף כחויא.** בנחת ראשו תחלה ואח"כ גופו שלא תראה כריעתו עליו כמשוי: **כחויא.** כנחש הזה כשהוא זוקף עצמו מגביה הראש תחלה ונזקף מעט מעט: **המלך הקדוש.** לפי שבימים הללו הוא מראה מלכותו לשפוט את העולם: **המלך המשפט.** כמו מלך המשפט. כמו נושאי הארון הברית (יהושע ג) כמו ארון הברית. וכן המסגרות המכונות (מלכים ב טז) שהוא כמו מסגרות המכונות. וכן העמק הפגרים (ירמיה לא) כמו עמק הפגרים: **ס"א ואם תלמיד חכם הוא וצריך לרחמים צריך שיחלה עצמו עליו.** אם ת"ח הוא זה שצריך לרחמים צריך שיחלה חבירו עצמו עליו: **בחלותם.** על דואג ואחיתופל הוא אומר שהיו ת"ח: **למען תזכרי ובושת.** סיפיה דקרא בכפרי לך את כל אשר עשית: **גם בחלומות גם בנביאים.** ולא א"ל גם באורים לפי שנתבייש ממנו שלא יאמר לו אתה גרמת לעצמך שלא נענית באורים ותומים לפי שהרגת את הכהנים: **ורבנן.** סברי מהכא שמעינן דאחילו לו: **והוקענום.** גבעונים אמרו לדוד בסוף ימיו שהיה רעב ג' שנים וישאל דוד בה' ויאמר ה' אל שאול ואל בית הדמים על אשר המית את הגבעונים שהרג את הכהנים שהיו מספיקים לגבעונים לחם ומים שהגבעונים נתנם יהושע חוטבי עצים ושואבי מים למזבח (ב) ויאמר דוד אל הגבעונים ובמה אכפר לכם וברכו את נחלת ה' והם אמרו לו יותן לנו שבעה אנשים מבניו והוקענום בגבעת שאול ובת קול יצאה וסיימה אחריהם בחיר ה' דודאי הם לא אמרו בחיר ה' שהרי לגנותו היו באין ולא לכבודו: **פרשת רבית.** אל תקח מאתו נשך ותרבית וגו' (ויקרא כה) וסמיך ליה יציאת מצרים: **ופרשת משקלות.** אבני צדק וגו' (ויקרא יט) סיפיה דקרא אשר הוצאתי אתכם וגו': **כרע שכב.** דדמי לבשכבך ובקומך שהקדוש ב"ה שומרנו בשכבנו ובקומנו לשכב שלוים ושקטים כארי וכלביא: **ולימא האי פסוקא.** וליכא טורח לצבור: **עול מלות.** ועשיתם את כל מצותי: **מינות.** אותם ההופכים טעמי התורה למדרש טעות ואליל: **וכן הוא אומר אמר נבל בלבו אין אלהים.** ואין לך נבל מן ההופך דברי אלהים חיים: **מתני' מזכירין יציאת מצרים בלילות.** פרשת ציצית בק"ש ואע"פ שאין לילה זמן ציצית דכתיב וראיתם אותו וזכרתם אומרים אותה בלילה מפני יציאת מצרים שבה: **כבן שבעים שנה.** כבר הייתי נראה זקן ולא זקן ממש שבאת עליו שיבה יום שהעבירו רבן גמליאל מנשיאותו ומינו רבי אלעזר בן עזריה נשיא כדאיתא לקמן בפרק תפלת השחר (ד' כח.) ואותו היום דרש בן זומא מקרא זה: גמ'

כרע כחיזרא. ולקמן (ד' כח:) אמרינן עד שיראה איסר וכו' (ג) לא סגי בכריעה לבד וראשו זקוף אלא בעי כמי שיכוף הראש וכן איתא בירושלמי דפרקין ובלבד שלא ישוח יותר מדאי. אמר רבי ירמיה ובלבד שלא יעשה כהדין חרדונא והיינו תרגום ירושלמי של צב (ויקרא יא) והצב כשהוא שוחה ראשו זקוף. ובר"ה וי"כ שאנו שוחין כל שעה בתפלה צריך ליזהר *שיגביה קודם שיסיים הברכה רק שיכרע בברוך ושיגביה מיד דאמרינן לקמן סוף אין עומדין (ד' לד.) אם בא לשחות תחלת כל ברכה וסוף כל ברכה מלמדין אותו שלא ישחה:

והלכתא כותיה דרבה. דצריך לחתום המלך הקדוש והמלך המשפט ואם לא אמר *מחזירין אותו. וכן זכרנו ומי כמוך וכתוב לחיים ובספר חיים מחזירים אותו אם לא אמר. דכל המשנה ממטבע שטבעו חכמים אינו יוצא ידי חובתו וכך פסק רבינו יהודה אם ספק לו אם אמר אם לא אמר מחזירים אותו כדאיתא בירושלמי דתענית פ"ק היה מתפלל ואינו יודע אם הזכיר טל ומטר ואם לאו כל שלשים יום בחזקת שלא למוד. פירוש שלא אמר אלא כמו שהוא למוד עד עתה שלא אמר כן. אחר כן בחזקת שהזכיר והוא הדין לכל הדברים שצריך להזכיר כך הדין. ואם כן בעשרת ימי תשובה דליכא שלשים יום צריך לחזור. *ור"ח כתב דאין מחזירין אותו מכל אותן דברים דלא פסק בספר בפירוש והביא ראיה לדבריו:

בקשו לקבוע פרשת בלק בפרשת ק"ש ומפני מה לא קבעוה וכו'. איתא בירושלמי דאותן ג' פרשיות שתקנו בקריאת שמע לפי שבהן עשרת הדברות ועיין בו ותמצא הכל:

הדרן עלך מאימתי

עין משפט נר מצוה

סו א מיי' פ"י מהלכות תפלה הלכה יג טור ש"ע או"ח סימן קיג סעיף ו:
סז ב מיי' פ"ב שם הלכה יח סמג עשין י"ט טור ש"ע או"ח סי' קיח וסי' תקפב סעיף א:
סח ג מיי' פ"א מהלכות ק"ש הלכה ג:

רב נסים גאון

זה ששנינו אמר רבי אלעזר בן (עזריא) [עזריה] הרי אני כבן שבעים שנה. מיפרשא מילתיה בפרק תפלת השחר (דף כח) במעשה שהיה בין רבן גמליאל ור' יהושע בעת שהסכימו חכמים להעביר את רבן גמליאל מגדולתו ולהמליך תחתיו את ר' אלעזר בן עזריה אמר והא בר תמניסרי אנא ולית לי חיוראתא איתרחיש ליה ניסא והדרו ליה תמניסרי דארי חיוראתא והיינו דתנן אמר ר' אלעזר בן עזרי' הריני כבן ע' שנה ולא בן שבעים:

ל"ל ור"ם

הגהות הב"ח

(א) גמ' אם ת"ח הוא וצריך לרחמים צריך שיחלה: (ב) רש"י ד"ה והוקענום וכו' מים למזבח ויקרא המלך לגבעונים ויאמר דוד אל הגבעונים מה אעשה לכם ובמה אכפר וברכו: (ג) תוס' ד"ה כרע וכו' איסר וכו' פי' לא סגי:

גי' מהרש"א הן עם כלביא יקום עד יאכל טרף וכ"ה בהדיא בתנחומא

גליון הש"ס

תוס' ד"ה כרע כו' שיגביה כו'. עי' תוס' לקמן ל"ה ע"א ד"ה ומנלהו: **תוס'** ד"ה והלכתא כו' מחזירין אותו. עיין תוס' לקמן לד ע"א ד"ה אמצעיות:

ספרי פ' ראה

מכילתא פרשת בא פ' ט"ז

מכילתא שם תוספתא פ"א

מסורת הש"ס

[ואלהים]

[עירובין נג:]

[תענית כז: מגילה כב.]

ס"א ששה

[לקמן כח.]

דברים טז

בדפוסי' אחרי' כל ימי חייך

ירמיה כג

בראשית לה

§ מסכת ברכות דף יב: §

אות א'

כי כרע כרע כחיזרא, כי קא זקיף זקיף כחיויא

סימן קיג ס"ו - [א]**כשהוא כורע, יכרע במהירות בפעם אחת; וכשהוא זוקף, זוקף בנחת, ראשו תחלה ואח"כ גופו, שלא תהא עליו כמשאוי.**

אות א'* [ב]

תוס' ד"ה כרע כחיזרא: ובלבד שלא ישוח יותר מדאי

סימן קכז ס"א - [ג]**כשיגיע ש"ץ ל"מודים", שוחין עמו הציבור,** [ד]**ולא ישחו יותר מדאי** - הצבור, **ולענין** ש"ץ גופא, בודאי לא עדיף משאר מתפלל, דפסק המחבר לעיל בסי' קי"ג ס"ה, דלא ישחה הרבה.

ולא ישחו יותר מדאי - פירוש שישחה כדין שאר שחיות, **והב"ח** מפרש, ד"במודים" שאומר עם הש"ץ לא ישחה, רק ינענע ראשו מעט, **והעולם** לא נהגו כן. ‹**ורבים** וטובים נוהגים כדברי הב"ח, ורק כופפים ראשם מעט, ויש להם יסודות איתנים על מי לסמוך, והנח להם לישראל וכו', וכן הוא גם על פי קבלת האר"י ז"ל – פסקי תשובות›.

[ה]**ואומרים: מודים אנחנו לך שאתה הוא ה' אלהינו אלהי כל בשר כו', וחותם: ברוך אל ההודאות,** [ו]**בלא הזכרת השם** - ודעת הגר"א לומר: בא"י אל ההודאות, **והעולם** לא נהגו כן.

ואין הש"ץ צריך להמתין עד שיסיימו הצבור "מודים דרבנן", אלא מתפלל כדרכו.

אות ב'

כל השנה כולה אדם מתפלל האל הקדוש, מלך אוהב צדקה ומשפט; חוץ מעשרה ימים שבין ראש השנה ויום הכפורים, שמתפלל המלך הקדוש והמלך המשפט

סימן קיח ס"א - [ז]**השיבה שופטינו, חותם בה: מלך אוהב צדקה ומשפט** - ואם אמר בכל השנה "המלך המשפט" או "האל המשפט", יצא. **ומר"ה ועד יום הכפורים חותם: המלך המשפט** - [ח]"בשני ההי"ן, ויזהר בזה, כי י"א דלא יצא, **ומ"מ** בדיעבד אם אמר "מלך המשפט", לא יחזור. **הגה: מיהו אם אמר: מלך אוהב צדקה ומשפט, א"צ לחזור** - עיין באחרונים דמסקי, דאם נזכר תוך כדי דיבור מעת אמרו "ומשפט", אומר "המלך המשפט" ג"כ, **ואם** לאחר כ"ד, שוב לא יאמר, ואין מחזירין אותו. **ולא אמרו שיחזור אלא במקום שבכל השנה אומרים: האל אוהב צדקה ומשפט, (הר"י ספ"ק דברכות וטור והגהות מנהגים) וע"ל סימן תקפ"ב.**

סימן תקפב ס"א - [ט]**בעשרת ימי תשובה אומר: "המלך הקדוש", "המלך המשפט"** - משום שעכשיו הם ימי דין, שהקב"ה יושב ודן כל העולם, ומראה מלכותו וממשלתו שהוא בכל משלה. **ואם טעה או שהוא מסופק, אם הוא ב"המלך הקדוש", חוזר לראש** - דג' ברכות ראשונות חשובות כאחת, ובמסופק חזקה מה שהוא רגיל הוא מזכיר, **והכא** לא מהני שיאמר צ' פעמים, דהכא אינו רשאי לומר "ברוך אתה ד'", דהוי ברכה לבטלה, **ואם** יאמר בלא שם, א"כ בתפלה כשיאמר בשם יחזור ללימודו לומר "האל הקדוש", הלכך לית ליה תקנתא, [**וה"ה** כשיאמר "ברוך אתה השם", ג"כ לא מהני, כיון דבברכה צריך לומר שם ד' כדבעי, והורגל בזה, א"כ יחזור ללימודו].

ואם בר"ה ויוה"כ נודע לו שהתפלל על הסדר לומר "ובכן תן פחדך" וגו', רק שמסופק בגמר הברכה אם סיים "המלך הקדוש", **אפשר** דא"צ לחזור, דאולי לא שייך לומר בזה כהרגל לשונו בכל השנה, מחמת התוספות שמוסיף לומר קודם סיום הברכה.

[**ח"א** הביא בשם הגאון מהר"ר אבלי פאסוועלער, שאם טעה בליל ר"ה ולא אמר "המלך הקדוש", שא"צ לחזור, כדין טעה ולא הזכיר "יעלה ויבא" בליל ר"ח שא"צ לחזור, מחמת שאין מקדשין החודש בלילה, **ולענ"ד** לא נהירא, דזה היה שייך רק אם היה מתפלל תפילת חול, משא"כ בזה שמתפלל תפילת יו"ט, ממ"נ אינו יוצא, **ואולי** דהוא מיירי שנזכר תיכף שסיים "האל הקדוש" לאחר כדי דיבור, ולדידיה צריך לסיים בשל חול, **ואף** זה צע"ג, דאף דבתלמידי רבנו יונה מסתפק דאפשר דיוצא בשל חול בדיעבד, אבל להתיר לכתחילה לסיים בשל חול, זה לא מצינו].

ואם הוא ב"המלך המשפט", אם נזכר קודם שעקר רגליו, [י]**חוזר לברכת "השיבה", ואומר משם ואילך על הסדר; ואם לא נזכר עד שעקר רגליו, (ע"ל סוף סימן קי"ז)** - ס"ה וע"ש במ"ב, **חוזר לראש. (ע"ל סימן קי"ח)** - דשם פסק הרמ"א להלכה, דאם אמר "מלך אוהב צדקה ומשפט", כיון שהזכיר "מלך", א"צ לחזור, **וע"ש** במ"ב מה שכתבנו בשם האחרונים.

במהרי"ל כתב, דיש מקומות נוהגין לומר מערבית בשני לילות של ר"ה, **ואין** נוהגין כן במקומינו, לפי שהם שירות ושבחות.

עוד כתב בשם מנהגים, דנוהגין הקהל לומר פסוק "תקעו בחודש שופר" וגו', ולא הוי הפסק, דהוי כגאולה אריכתא.

באר הגולה

[א] שם י"ב [ב] ‹ע"פ הגר"א› [ג] **טור בשם הירושלמי פ"ק דברכות הביאו הרי"ף ורא"ש** [ד] ‹רמב"ם. ועיין תוס' דסוף פ"א י"ב ב' ד"ה כרע כו' ובלבד כו', ומפרש הרמב"ם על הציבור במודים דרבנן, דעלה קאי בירושלמי שם, וע"ל סי' קי"ג ס"ה – גר"א› [ה] **סוטה מ ע"א הביאו הרי"ף והרא"ש** [ו] **רמב"ם בפ"ט מה"ת ור' יונה** [ז] **ברכות י"ב** [ח] ‹ואם אמר מלך המשפט בלא ה"א, משמע בב"י תקפ"ב בשם א"ח בשם הראב"ד דחוזר. אע"פ שלא שייך ב' ההי"ן ידיעה כמבואר, כאן מרמזין המלך הידוע אדון כל הוא המשפט בעצמו. **ובחדושינו** ברכות י"ב: כתבנו על פי' רש"י [שם ד"ה המלך המשפט] המלך המשפט כמו מלך המשפט כו', ע"כ. ולא פי' כן על המלך הקדוש, אלא דלא תימא דהפרש בין מלך אוהב כו' ובין המלך המשפט הוא בעצמו המשפט, וא"כ מלך המשפט לא יצא, לזה אמר דאין כן ויש שאר הפרש כו'. שוב ראיתי בפר"ח כתב בפשיטות מלך המשפט יצא, ועיין א"ר שם – פמ"ג› [ט] **מימרא דרב ברכות י"ב, ומדפליג ר"א ואמר יצא, ש"מ לרב לא יצא, הרא"ש והרי"ף ורמב"ם** [י] **כר' אשי שם ל"ד וכפירוש הרמב"ם והרי"ף וכ"כ התוס'**

אות ב'*[יא]

תוס' ד"ה והלכתא. כל שלשים יום בחזקת שלא למוד

סימן קיד ס"ח - [יב]בימות החמה, אם נסתפק אם הזכיר "מוריד הגשם" אם לא - משום דרגיל מימי החורף לומר "משיב הרוח ומוריד הגשם", ע"כ נסתפק לו אולי אמר עכשיו ג"כ הכי, ולא אמר "מוריד הטל" כשאר בני אדם, **אבל** להיפך לא מצי המחבר למנקט, דהיינו שנסתפק לו בימות הגשמים אם הזכיר גשם, **דהמחבר** איירי למנהג ספרד, שנוהגין לומר בימות החמה "מוריד הטל", ויצא בזה אפילו בימות הגשמים, וכנ"ל בסעיף ה', **וע"ז** כתב רמ"א ולדידן וכו'.

עד ל' יום בחזקת שהזכיר הגשם, וצריך לחזור - דעד זמן זה חזקה שאמר כמו שרגיל עד עתה, אבל מכאן ואילך כבר הורגל לשונו לומר כהלכה.

ואע"ג דבסעיף ט' כתב דדי בצ' פעמים, ובל' יום יש יותר מזה מפני תפילת המוספין, כבר תרצו הרבה מאחרונים, דל' יום ג"כ ר"ל כמנין תפילות התמידות שיש בל' יום, דהיינו ג"פ ביום, **וא"כ** לדבריהם לא בעינן ל' יום שלימים, אלא כיון שהושלם צ' תפילות, ממילא הורגל לשונו לומר כהלכה, **ולענין** שאלה דאין בל' יום צ' תפילות, מפני תפילת שבת ויו"ט שאין בהן רק שבע ברכות, יצמח מזה חומרא, דיהא צריך לחזור מספיקא אפי' אחר ל' יום, עד שיושלם צ' תפילות, שהורגל לשונו לומר בהן כהוגן, **ומדברי** הגר"א ועוד כמה אחרונים משמע, דהעיקר תלוי רק בל' יום, בין להקל בין להחמיר, **ונראה** דלמעשה יש להקל כשניהם, דספק ברכות להקל.

כתב הט"ז, אם שגג או פשע באיזה יום או יומים מאלו הל' יום, ולא התפלל כלל, מ"מ לא הורע חזקתו עי"ז, ואין צריך להשלים כנגד זה יום אחר, עי"ש, **וכתב** בספר מגן גבורים, דכ"ש אם שאל ב"שומע תפילה" וכדומה דעולה לו, **ועיין** במחצית השקל ובספר מאמר מרדכי ובדה"ח, שכולם מפקפקים בדינו של הט"ז.

(והנה להפוסקים שסוברין דתלוי בל' יום ממש, בין להקל ובין להחמיר, לכאורה היום הראשון מצטרף ג"כ ליום שלם, **אף** שלא התחיל בו רק במוסף או במנחה, **אך** יש לעיין לענין שאלה, דבזה ג"כ השיעור ל' יום כמו לענין הזכרה, כמו שכתב הא"ר, **אם** מצטרף ב' ימים ראשונים של פסח ג"כ לזה, **והנה** לפי דעת האחרונים החולקין על הט"ז, במש"כ דאם שגג או פשע יום אחד ולא התפלל כלל דמצטרף לענין חזקת ל' יום, ודאי דכ"ש בזה דלא מצטרף, **אך** מסתפקנא לדברי הט"ז, דאולי הט"ז לא מיירי רק באם דילג באמצע ולא בתחלתו, **או** אולי דגם בזה מכיון שבצירוף השני ימים האלו נשלם ל' יום שלא אמר בהן "טל ומטר", כבר העתיק עצמו מחזקתו שקודם לכן).

ואם ברור לו שהיה בדעתו לזכור מעין המאורע בתוך התפלה, ולאחר זמן מופלג נפל ספק בלבו אם זכר בתפלה או לא, אין צריך לחזור, **ואם** נתעורר הספק מיד אחר התפלה, יש לחזור.

הגה: וכ"ה לדידן דאין מזכירין טל בימות החמה, אם נסתפק לו אם אמר "מוריד הגשם" בימות הגשמים, כל ל' יום חוזר, דודאי אמר כמו שרגיל, והרי לא הזכיר לא טל ולא גשם; לאחר ל' יום אינו חוזר (ד"ע).

אות ג'

מזכירין יציאת מצרים בלילות

רמב"ם פ"א מהל' קריאת שמע ה"ג - אף על פי שאין מצות ציצית נוהגת בלילה, קוראין אותה בלילה מפני שיש בה זכרון יציאת מצרים, ומצוה להזכיר יציאת מצרים ביום ובלילה, שנאמר: למען תזכור את יום צאתך מארץ מצרים כל ימי חייך. וקריאת שלש פרשיות אלו על סדר זה, היא הנקראת קריאת שמע.

---

§ מסכת ברכות דף יג. §

אות א'

היה קורא בתורה והגיע זמן המקרא, אם כוון לבו יצא

סימן ס ס"ה - [א]הקורא את שמע ולא כוון לבו בפסוק ראשון שהוא שמע ישראל, לא יצא ידי חובתו - כונה זו האמורה כאן, איננו הכונה האמורה בס"ד, דשם הוא הכונה לצאת ידי חובת מצוה, זה בעינן לכל הפרשיות, **משא"כ** כונה זו, הוא להתבונן ולשום על לבו מה שהוא אומר, ולכך הוא לעיכובא רק בפסוק ראשון, שיש בו עיקר קבלת עול מלכות שמים ואחדותו ית', **וי"א** שאפילו כונה לצאת הוא לעיכובא רק בפסוק ראשון, [כסף משנה].

והשאר, אם לא כוון לבו, אפילו היה קורא בתורה, או [ב]מגיה הפרשיות האלו בעונת קריאת שמע, יצא - והוא שקורא כהלכתה, **והוא שכוון לבו בפסוק ראשון.**

באר הגולה

יא ‹ע"פ הגר"א› **יב ירושלמי פ"ק דתענית** **א רמב"ם וכרבי מאיר שם בדף י"ג:** **ב** ‹קורא להגיה שכתוב בשו"ע, אין פירושו שוה לקורא להגיה האמור בש"ס, דבש"ס ר"ל שאינו קורא כהלכתו, [כפי' התוס'], ובשו"ע ר"ל שקורא כדין בנקודתן, אלא שאין כוונתו רק להגיה, אבל מתכוין לצאת – מחה"ש. **אבל** הכסף משנה יש לו דרך אחרת וז"ל: וסובר רבינו [הרמב"ם שהוא המקור לדברי המחבר], דהאי אוקימתא היא לפום מאי דמתמה ש"מ מצות צריכות כונה, וקאמר דא"צ כונה, ומאי אם כיון לבו, אם כיון לקרות, **אבל** לדידן דקי"ל שצריך לכוין [לצאת] בפסוק ראשון, פירושא דמתני' היינו, היה קורא בתורה אפילו להגיה, [ולפי"ז יכול לפרש להגיה כמו שפי' השו"ע], אם כיון לבו בפסוק ראשון יצא, ואם לא כיון לבו בפסוק ראשון, אפילו היה קורא שלא להגיה לא יצא, **ואין** להקשות, הא אפילו למאי דהוה ס"ד למ"ד א"צ כונה כלל, קורא להגיה לא יצא, וכל שכן לדידן דמצריכינן כונה, **דהיא** הנותנת דלמאי דהוה ס"ד כיון שאין שם כונה אפילו בפסוק ראשון, בעינן מיהא כונה לקרות [כפי' רש"י וז"ל: בקורא להגיה. את הספר אם יש בו טעות, דאפילו לקריאה נמי לא מתכוין], אבל לדידן דאיכא כונה גמורה בפסוק ראשון, שאר פרשיות אפילו קראן להגיה לית לן בה – כסף משנה. **ובאמת** לשון השו"ע ג"כ משמע כמו שכתב הכסף משנה – מחה"ש›

מאימתי פרק ראשון ברכות יג

לא שיעקר יעקב ממקומו אלא ישראל עיקר ויעקב טפל לו וכן הוא אומר °אל תזכרו ראשונות וקדמוניות אל תתבוננו אל תזכרו ראשונות זה שעבוד מלכיות וקדמוניות אל תתבוננו זו יציאת מצרים °הנני עושה חדשה עתה תצמח תני רב יוסף זו מלחמת גוג ומגוג *משל למה הדבר דומה לאדם שהיה מהלך בדרך ופגע בו *זאב וניצל ממנו והיה מספר והולך מעשה זאב פגע בו ארי וניצל ממנו והיה מספר והולך מעשה ארי פגע בו נחש וניצל ממנו שכח מעשה שניהם והיה מספר והולך מעשה נחש אף כך ישראל צרות אחרונות משכחות את הראשונות: *°אברם הוא אברהם בתחלה נעשה אב לארם ולבסוף נעשה אב לכל העולם כולו שרי היא שרה בתחלה נעשית שרי לאומתה ולבסוף נעשית שרה לכל העולם כולו: תני בר קפרא *כל הקורא לאברהם אברם עובר בעשה שנאמר °והיה שמך אברהם רבי אליעזר אומר עובר בלאו שנאמר °ולא יקרא עוד [את] שמך אברם אלא מעתה הקורא לשרה שרי הכי נמי התם קודשא בריך הוא אמר לאברהם °שרי אשתך לא תקרא את שמה שרי כי שרה שמה אלא מעתה הקורא ליעקב יעקב ה"נ שאני התם דהדר אהדריה קרא דכתיב °ויאמר אלהים לישראל במראות הלילה ויאמר יעקב יעקב מתיב רבי יוסי בר אבין ואיתימא רבי יוסי בר זבידא °אתה הוא ה' האלהים אשר בחרת באברם אמר ליה התם נביא הוא דקא מסדר לשבחיה דרחמנא מאי דהוה מעיקרא:

הדרן עלך מאימתי

*היה *קורא בתורה והגיע זמן המקרא אם כוון לבו יצא בפרקים שואל מפני הכבוד ומשיב ובאמצע שואל מפני היראה ומשיב דברי ר' מאיר ר' יהודה אומר *באמצע שואל מפני היראה ומשיב מפני הכבוד ובפרקים שואל מפני הכבוד ומשיב שלום לכל אדם אלו הן *בין הפרקים בין ברכה ראשונה לשניה בין שניה לשמע בין שמע לוהיה אם שמוע בין והיה אם שמוע לויאמר בין ויאמר לאמת ויציב ר' יהודה אומר *בין ויאמר לאמת ויציב לא יפסיק אמר ר' יהושע °) בן קרחה *למה קדמה פרשת שמע לוהיה אם שמוע *כדי שיקבל עליו עול מלכות שמים תחלה ואחר כך מקבל עליו עול מצות והיה אם שמוע לויאמר שוהיה אם שמוע נוהג בין ביום ובין בלילה *ויאמר אינו נוהג אלא ביום בלבד:

גמ' ש"מ *מצות צריכות כוונה מאי אם כוון לבו לקרות והא קא קרי בקורא להגיה: ת"ר *ק"ש ככתבה דברי רבי וחכ"א *בכל לשון מ"ט דרבי אמר קרא והיו בהוייתן יהו ורבנן מאי טעמייהו אמר קרא שמע בכל לשון שאתה שומע ולרבי נמי הא כתיב שמע ההוא מבעי ליה השמע לאזניך מה שאתה מוציא מפיך *ורבנן סברי לה כמאן דאמר לא השמיע לאזנו יצא ולרבנן נמי הא כתיב והיו °ההוא מבעי להו שלא יקרא למפרע ורבי שלא יקרא למפרע מנא ליה נפקא ליה מדברים הדברים ורבנן דברים הדברים לא דרשי למימרא דסבר רבי דכל התורה כולה בכל לשון נאמרה דאי סלקא דעתך בלשון הקודש נאמרה והיו דכתב רחמנא למה לי איצטריך משום דכתיב שמע למימרא דסברי רבנן דכל התורה כולה בלשון הקודש נאמרה דאי סלקא דעתך בכל לשון נאמרה שמע דכתב רחמנא למה לי איצטריך משום דכתיב והיו: ת"ר והיו שלא יקרא למפרע הדברים על לבבך יכול תהא כל הפרשה צריכה כוונה תלמוד לומר האלה עד כאן צריכה כוונה מכאן ואילך אין צריכה כוונה דברי ר' אליעזר א"ל רבי עקיבא הרי הוא אומר אשר

°) [ענין בן קרחה פירשו תוס' בשבת קנ. וב"ב קיג. וע' תוס' פסחים קיב. ובכורות נח.]

רש"י

גמ' לא שיעקר יעקב ממקומו. שהרי מלינו שקראו הקב"ה יעקב אחר זאת ברדתו למצרים שנאמר ויאמר אלהים לישראל ויאמר יעקב יעקב ויאמר הנני (בראשית מו): **הנני עושה חדשה.** בתר אל תזכרו ראשונות כתיב: **בתחלה אב לארם.** לאנשי מדינתו שמארץ ארם היה שנאמר בעבר הנהר ישבו אבותיכם (יהושע כד) ואומר אל ארם נהרים אל עיר נחור (בראשית כד): **אב לכל העולם.** אב המון גוים (שם יז): **שרי.** לשון יחיד משמע שרתי: **מסדר שבחיה.** דמעיקרא אשר בחרת בו בהיות שמו אברם ושמת שמו אברהם:

הדרן עלך מאימתי

היה קורא בתורה. פרשת ק"ש: **והגיע זמן המקרא.** זמן ק"ש: **בפרקים.** בין ההפסקות ולקמן מפרש להו במתניתין בין *פרשה ראשונה לשניה בין שניה לשמע כו': **שואל מפני הכבוד.** שואל בשלום אדם נכבד שראוי להקדים לו שלום: **ומשיב.** שלום אם הקדימו לו ובגמרא פריך כיון דשואל פשיטא דמשיב: **ובאמצע.** באמצע הברכה או הפרשה: **מפני היראה.** אדם שהוא ירא מפניו שלא יהרגהו אבל מפני הכבוד לא: **ר"י.** בגמרא מפרש פלוגתייהו: **בין ויאמר לאמת ויציב לא יפסיק.** בגמרא (ד' יד) מפרש טעמייהו: **והיה אם שמוע נוהג בין ביום בין בלילה.** דמשתעי בתלמוד תורה דכתיב (דברים יא) ולמדתם אותם את בניכם: **ויאמר אינו נוהג אלא ביום.** דמשתעי בציצית שאינה נוהגת אלא ביום דכתיב וראיתם אותו פרט לכסות לילה (שבת ד' כז:): **גמ' ש"מ מצות צריכות כוונה.** שיהא מתכוין לשם מצות ותקשה לרבה דאמר במסכת ראש השנה (דף כח.) התוקע לשיר יצא: **כוון לקרות.** אבל לצאת ידי מצוה לא בעינן שיהא מתכוין אלא לקרות בתורה בעלמא: **הא קא קרי.** הא בקורא קא עסיק תנא ואתי דקתני היה קורא בתורה: **בקורא להגיה.** את הספר אם יש בו טעות דאפילו לקריאה נמי לא מתכוין: **ככתבה.** בלשון הקדש: **מדברים הדברים.** דהוה ליה למכתב והיו דברים האלה (דברים ו) למדרש שיקרא הדברים כסדרן ולא למפרע כגון ובשעריך ביתך מזוזות: **לימא קסבר ר' וכו'.** מדאיצטריך ליה קרא לק"ש שתהא ככתבה סבירא ליה בשאר כל התורה בכל לשון נאמרה לקרות: **משום דכתיב שמע.** דלא תדרוש שמע בכל לשון שאתה שומע כרבנן: **עד כאן.** עד על לבבך: היכא

תוספות

היה קורא אם כוון לבו יצא. בירושלמי אמרינן (א) ברכות אינן מעכבות דאע"פ שלא אמר שתים לפניה ושתים לאחריה יצא דאם לא כן תקשי מאי מהני אם כוון לבו הרי לא בירך תחלה. וא"ת הא (ג) בפ"ק (ד' יב.) מסקינן סדר ברכות אין מעכבות הא ברכות מעכבות. וי"ל דהתם איירי בצבור. דיקא נמי דקתני אמר להם הממונה:

ובאמצע שואל מפני וכו'. ופסק רבינו שמעיה דבמקום שאסור לספר אסור לדבר אפילו בלשון הקודש וכן משמע מתוך מתניתין. ובירושלמי קאמר אפילו באמצע הפסוק רב הונא בשם רב יוסף אמר ודברת בם מכאן שיש לך רשות לדבר בם. והיינו כמי דאמרי' בפ"ק דיומא (דף יט:) ודברת בם ולא בתפלה פירוש שאין משיבין בה מפני הכבוד:

בקורא להגיה. פירש בקונטרס שאין מתכוין לקרות. תימה אכתי הא קא קרי. ע"כ נראה בקורא להגיה שאינו קורא התיבות כהלכתן וכנקודתן אלא ככתיבתן קרי כדי להבין בחסרות וביתרות כמו לטטפת ומזוזת ואם כוון לבו לאו דוקא אלא כלומר לקרות כדין כנקודתן וכהלכתן:

וחכמים אומרים בכל לשון. אומר הר"י דהלכה כחכמים דהלכה כרבי מחבירו ולא מחביריו (עירובין ד' מו:) ועוד דרבנן סבירא להו כמאן דאמר לא השמיע לאזנו יצא וכותיה פסקינן לקמן (ד' טו:):

***בלשון** הקדש נאמרה. פירש רש"י פרק שני דמגילה (ד' יז: ושם) לקרות בתורה. ולא נהירא °דהא עזרא תיקן קריאת התורה ומקמי דאתא עזרא והיו למה לי. וי"ל דמיירי בפרשיות המחוייבין לקרות דאורייתא כמו פרשת זכור *אי נמי מקרא בכורים ווידוי מעשר ופרשת חליצה שמצוה בתורה לקרותן אעפ"כ בכל לשון נאמרה בסיני שכל דבור ודבור שהיה יוצא מפי הקב"ה היה מתחלק לשבעים לשון*:

עד כאן מצות כוונה. עד בכל מאדך שבשני פסוקים אלו מדברים ביחוד ה' באהבתו וביראתו: אשר

עין משפט נר מצוה

א א מיי' פ"ב מהלכות ק"ש [ה"א] סמג עשין יח טור שו"ע או"ח סי' ס סעיף ה:
ב ב מיי' שם הלכה טו טז סמג שם טוש"ע או"ח סי' סו סעיף א:
ג ג ד מיי' שם הלכה יז סמג שם טוש"ע שם סעיף ס:
ד ה מיי' פ"ג מהלכות ציצית הלכה ז סמג עשין כו טוש"ע או"ח סימן יח סעיף א:
ה ו מיי' פ"ב מהלכות (ק"ש) [שופר הלכה ד] טוש"ע או"ח סימן ס סעיף ד:
ו ז מיי' פ"ב מהל' ק"ש הלכה י סמג עשין יח טוש"ע או"ח סימן סב סעיף ב:

רב נסים גאון

מותיב ר' יוסי בר אבין ואיתימא ר' יוסי בר זבדא אתה הוא ה' האלהים אשר בחרת באברם וכו'. אברהם מי לא הדר קרייה רחמנא אברם ובתוספתא נמי [בס"א דמכילתין] בענין זה המקום אברם הוא אברהם אע"פ שחזר וקרא את אברהם אברם אינו לגנאי אלא לשבח כו' הוא אברם עד שלא נדבר עמו הוא אברהם משנדבר עמו ויש ששואלין למה נשתנה שמו של אברהם ושמו של יעקב ולא נשתנה שמו של יצחק ופשטה של שאלה זו כי אברהם ויעקב אבותיהם קראום באותן השמות ולפיכך גידלם הקב"ה בשמות שקרא להן הוא אבל יצחק הקב"ה קרא כזה השם קודם שנולד כדכתיב (בראשית יז) אבל שרה אשתך יולדת לך בן וקראת את שמו יצחק ואית במכילתא דר' ישמעאל [בפ' בא] יצחק לא נשתנה שמו למה שנקרא שמו מפי הקב"ה ובגמרא דבני מערבא (בסיפא דהאי פירקא) מפני מה נשתנה שמו של אברהם ושמו של יעקב ושמו של יצחק לא נשתנה אילו אבותיהם קראו אותן בשמן אבל יצחק הקב"ה קרא. ארבעה נקראו עד שלא נולדו יצחק וישמעאל יאשיה ושלמה:

סליק פירקא קמא

פירקא תנינא

שמעת מינה מצות צריכות כוונה. איתיה להדיא דהא מילתא בפרק ראוהו בית דין במסכת ראש השנה (דף כח) דקאמר אלמא קא סבר רבא מצות אין צריכות כוונה ואיתיביה אביי כמה תיובתא ולבסוף אוקמי' אלא אמר רבא לצאת לא בעי כוונה לעבור בזמנו לא בעי כוונה שלא בזמנו בעי כוונה:

גליון הש"ס

גמ' כל הקורא כו'. ענ"א סימן קנו ועיין פר"ח ס"ס ס"ז: פרק היה קורא גמ' ההוא מבע"ל כו'. עיין תוס' סוטה י"ז ע"ב ד"ה דכתיב: תוס' ד"ה בלשון כו' דהא עזרא כו'. עיין מג"א ריש סימן קל"ט.

מסורת הש"ס

תוספתא פ"א ומכילתא פ' בא · [עי' תוס' ע"ז כ: ד"ה ולאו וכו' תמלא שביה לפניכם גי' אחרת] · [נ"ל ברכה] · תוספתא פ"א · [ר"ה דף כח:] · [עי' תוס' לקמן יד:] · [עירובין לה: פסחים קיד:] · סוטה לב: מגילה דף יז. · [עי' תוספות סוטה לב: ד"ה ורבנן]

הגהות הב"ח

(א) תוס' ד"ה היה קורא וכו' בירושלמי אמרי' זאת אומרת ברכות: (ג) בא"ד וא"ת הא. נ"ב תימה דילמא הא דברכות מעכבות זו דוקא [שלא] ברכות [כלל] אבל אם קרא ק"ש [ואח"כ] בירך דילא אם בירך הברכות [אח"כ מעכבות]:

אות ב'

באמצע שואל מפני היראה ומשיב מפני הכבוד, ובפרקים שואל מפני הכבוד ומשיב שלום לכל אדם

סימן סו ס"א - [ג]בין הפרקים, שואל בשלום - ואפי' בלשון לע"ז, **אדם נכבד** - שראוי להקדים לו שלום, כגון שהוא זקן, (**ואם** איננו זקן, רק שהוא גדול ממנו בשנים, איננו בכלל מפני הכבוד), **או** ת"ח, וכן אם הוא עשיר שראוי לכבד לו מחמת עשרו.

ודוקא בשפגעו זה את זה ממילא, **אבל** במשכים לפתחו, או לילך בבהכ"נ ממקום הקבוע לו למקום חבירו ליתן לו שלום, ואפילו לאביו ורבו, אסור, **ואפילו** קודם שהתחיל "ברוך שאמר", כיון שהוא קודם התפלה.

ודוקא בפנים חדשות שואל ומשיב, שאם לא ישאל יבא לידי שנאה, **ובספר** החינוך ג"כ כתב, דמי שלא ראינו שיקפיד על חבירו כלל, לא יפסיק אפילו בין הפרקים, **ע"כ** לפי מנהגנו כהיום, שאין אנו נוהגין לשאול בשלום בבהכ"נ בעת התפלה, חלילה לשאול או להשיב אפילו דברי תורה, לא בין הפרקים ולא בפסוקי דזמרה.

וכל מה שאסור לדבר, אפילו בלשון הקודש אסור לדבר, **ואפי'** תיבה אחת אסור.

אם עבר והפסיק בק"ש אפילו במקום שאין רשאי להפסיק, ולא שהה כדי לגמור את כולה, לכו"ע אינו חוזר רק לאותו הפסוק, **וי"א** לאותו התיבה שפסק ממנה, אם הוא במקום דסליק עניינא.

ומשיב שלום לכל אדם - שהקדים לו שלום, **ומשמע** בחידושי הרשב"א, דמותר לכתחלה לשאול בשלום הקורא, אע"פ שיודע שיצטרך להשיבו, (**ומחצית** השקל כתב, **דאפשר** דדוקא בין הפרקים מותר לשאלו, אבל לא באמצע הפרק).

(**לעכו"ם** בודאי מותר להשיב, **ואם** הוא גברא אלימא, הוא בכלל מפני היראה).

ובאמצע, שואל בשלום מי שהוא ירא ממנו, [ד]כגון: אביו או רבו - ר"ל רבו מובהק שעיקר תורתו הימנו, **אע"פ** שהוא גדול בתורה עתה יותר מרבו, **ושייך** בהו מורא, מדכתיב: איש אמו ואביו תיראו, ותנן: ומורא רבך כמורא שמים.

או מי שהוא גדול ממנו בחכמה - ואם הם שוים, הוי בכלל מפני הכבוד, **ואם** הקורא גדול ממנו, אינו מפסיק כלל אפי' לת"ח.

או מי שהוא גדול ממנו בחכמה - והאחרונים פסקו, דאפי' אם הוא גדול ממנו הוי רק מפני הכבוד, **אם** לא שהוא ת"ח מופלג בדורו, אז הוי בכלל מורא.

וכ"ש מלך - ואפי' מלך ישראל הוי בכלל מפני היראה, דכתיב: שום תשים עליך מלך, שתהא אימתו עליך, **או אנס** - או מלשין, (**ראיתי** בספר שלמי שמחה שהביא בשם מהרש"ק, דאפי' בשביל הפסד ממון מותר להפסיק).

ומשיב שלום לאדם נכבד – (עיין באר היטב בשם הר"י חסיד, דדוקא תיבה אחת, **ובמגן** גיבורים כתב, דמלשון תר"י **משמע**, כדי שאלת שלום ממש).

[ה]ואפילו באמצע הפסוק - י"א דבאמצע הפסוק לא יפסיק, אם לא במקום דסליק ענינא, ואם פסק, חוזר אח"כ לתחלת הפסוק, **ולענין** מעשה, כשמפסיק לענות קדיש או קדושה, אם א"א לו למהר לסיים הענין, יכול לפסוק אפילו באמצע הענין, ולסמוך על בעלי סברא הראשונה שלא חלקו בכך, לצורך מצוה רבה כזו, ולענות עם הצבור, ואח"כ יחזור לתחלת הפסוק.

[ו]חוץ מפסוק "שמע ישראל" - שאין דבר גדול כקבלת מלכות שמים, **[ז]ו"בשכמל"ו"** - שגם הוא מכלל היחוד, **שלא יפסיק בהם כלל** - ומטעם זה לא יפסיק ג"כ בין "שמע ישראל" ל"בשכמל"ו".

ומשמע דאפי' קדיש וקדושה וברכו לא יענה (באמצע בשכמל"ו, או בין שמע לבשכמל"ו), (**ולענ"ד אף דפשטא דמילתא משמע דלא יענה, וכן איתא בח"א, לענ"ד צע"ג בזה, לפי מה דבירורנו לעיל בסימן ס"א, דהדין עם הב"ח ושה"ג, דבדיעבד אם לא אמר בשכמל"ו א"צ לחזור, מנין לנו להשוותו לענין שיהא אסור להפסיק בו לאיש"ר וקדושה וברכו, והראיה שהביא הגר"א לדין הב"י, מיעקב אבינו ע"ה שלא הפסיק ליוסף בעת שקרא שמע, אין ראיה לבשכמל"ו, כי לא אמרו יעקב אז כלל, רק קודם פטירתו אמרו, כדאיתא פסחים נ"ו. ואף אם נניח שבאמצע בשכמל"ו לא יפסיק בכל גווני, איך הדין אם נזדמן לו לענות איש"ר בין שמע לבשכמל"ו, ומדלא חלקו הפוסקים, משמע דלא יענה, וצע"ג למעשה**).

ואפשר דאם הקריאה היה לאחר ג' שעות, דהוא רק כקורא בתורה, צריך להפסיק.

אם לא מפני מי שירא שמא יהרגנו - ודינו הוא כמו בתפלה לקמן בסימן ק"ד.

באר הגולה

ג ברכות י"ג וכר"י | ד לפי' הגאונים והרא"ש (ופירש"י מפני היראה, אדם שירא ממנו שמא יהרגנו, וכן כתב הרמב"ם ז"ל, אנס. ולא נהירא לאדוני אבי ז"ל, דהא מילתא דפשיטא שאין לך דבר שעומד בפני פיקוח נפש, ופי' הוא מפני היראה, היינו יראת אביו או רבו, דכתיב איש אמו ואביו תיראו, ותנן מורא רבך כמורא שמים, וכן פירשו הגאונים – טור) | ה ירושלמי ד' ע"ב | ו כן מצא הב"י כתוב | ז ב"י

אות ג' – ד'

אלו הן בין הפרקים: בין ברכה ראשונה לשניה, בין שניה לשמע, בין שמע לוהיה אם שמוע, בין והיה אם שמוע לויאמר

בין ויאמר לאמת ויציב לא יפסיק

סימן סו ס"ה - [ח]**ואלו הן בין הפרקים: בין ברכה ראשונה לשניה; בין שניה ל"שמע"; בין "שמע" ל"והיה אם שמוע"; בין "והיה אם שמוע" ל"ויאמר".**

אבל בין "ויאמר" ל"אמת ויציב" לא יפסיק, [ט]שלא להפסיק בין "ה' אלהיכם" ל"אמת" - אפילו בשהייה בעלמא, **הטעם**, משום דכתיב: וד' אלהים אמת, לפיכך אין להפסיק בו, **והוא** חמור אפי' מאמצע הפרק.

אלא יאמר: אני ה' אלהיכם אמת, ואז יפסיק כדין באמצע הפרק - משמע שא"צ לומר יותר, **ויש** שסוברין דכיון ד"ויציב" הוא ג"כ לשון אמת, אין להפסיק בין "אמת" ל"ויציב", **ובביאור** הגר"א מסכים להשו"ע, **וטוב** ליזהר לכתחלה.

ובין הפרקים דערבית ג"כ דינן כמו בשחרית, (**ואלו הן**: בין ברכה ראשונה לשניה, ובין שניה ל"שמע", ובין "שמע" ל"והיה", ובין "והיה" ל"ויאמר", ובין "ויאמר" ל"אמת ואמונה", {ולאחר העיון נ"ל דדינו כמו בין "ויאמר" ל"אמת ויציב"}, וגם בין "גאל ישראל" ל"השכיבנו", **אך** צל"ע לענין פרשת "ויאמר" בלילה, **אם באמצעה נחשב לאמצע הפרק או לא, כיון ד"ויאמר" אינו נוהג אלא ביום, וצ"ע, ואחר** ברכת "שומר עמו ישראל לעד", נראה דנחשב תו בין הפרקים, **אף** לדידן דאמרינן "ברוך ה' לעולם אמן ואמן").

(**כתב** בחידושי רע"א, מי שמניח תפילין דר"ת וקורא ק"ש בלי ברכות, לא יפסיק בחנם, **אבל** שואלים מפני הכבוד אפילו באמצע הפרק, **ומיירי** דוקא בק"ש שקרא פעם שניה, כמו שנוהגין לקרות בתפילין דר"ת, דאינו יוצא בה מ"ע של ק"ש, ורק קורא אותה כדי לקרות שמע בתפילין, **אבל** אם אחד קורא ק"ש אפילו בלי ברכות לצאת בה ידי קריאה, כי ירא שיעבור הזמן, אסור להפסיק באמצע הפרק מדינא, כמו בשאר בק"ש, **אך** לענין בין הפרקים יש לעיין בזה, דאפשר דהברכה קושרת אותם יחדיו, ובלתה מותר בכל גווני, **ומדברי** הרשב"א משמע לכאורה, דגם בזה שייך דין בין הפרקים).

אות ה'

ויאמר אינו נוהג אלא ביום בלבד

סימן יח ס"א - [י]**לילה לאו זמן ציצית הוא, דאמעיט מ"וראיתם אותו", להרמב"ם כל מה שלובש בלילה פטור, אפילו הוא מיוחד ליום, ומה שלובש ביום חייב, אפילו מיוחד ללילה.**

ומ"מ מותר לצאת לר"ה בליל שבת בטלית עם הציצית, ולא הוי משוי, שהם נוי הבגד ותכשיטיה.

ולהרא"ש כסות המיוחד ללילה, פטור אפילו לובשו ביום, וכסות המיוחד ליום או ליום ולילה, חייב אפילו לובשו בלילה. הגה: וספק ברכות להקל, ע"כ אין לברך עליו אלא כשלובש ביום, והוא מיוחד ג"כ ליום - פי' גם ליום, ואפילו גם מיוחד ללילה, וכ"ש ליום לבד.

והיינו דוקא לענין ברכה, אבל אסור ללבוש כסות של לילה ביום בלא ציצית, וכן כסות של יום בלילה, משום ספק, **ומ"מ** נראה, דהש"ץ הלובש טלית בלילה, א"צ לבדוק הציצית, דבכגון זה בודאי נוכל לסמוך על חזקתן שמכבר.

אות ו'

מצות צריכות כוונה

סימן ס ס"ד - דע, דלפי המתבאר מן הפוסקים, שני כונות יש למצוה: א', כונת הלב למצוה עצמה, וב', כונה לצאת בה, דהיינו שיכוין לקיים בזה כאשר צוה ד', **וכונת** המצוה שנזכר בזה הסעיף, אין תלוי כלל בכונת הלב למצוה עצמה, שיכוין בלבו למה שהוא מוציא מפיו, ואל יהרהר בלבו לד"א, כגון בק"ש ותפילה ובהמ"ז וקידוש וכדומה, **דזה** לכו"ע לכתחילה מצוה שיכוין בלבו, ובדיעבד אם לא כיון יצא, לבד מפסוק ראשון של ק"ש, וברכת "אבות" של תפילה, **רק** שמחולקים בענין אם חייב לכוין קודם שמתחיל המצוה לצאת בעשיית אותה המצוה, **ולמצוה** מן המובחר כו"ע מודים דצריך כונה, כדאיתא בנדרים: ראב"צ אומר, עשה דברים לשם פועלם, ונאמר: ותהי יראתם אותי מצות אנשים מלומדה.

[יא]**י"א שאין מצות צריכות כוונה** – (וה"מ שמכוין לפעולה זו שהוא עושה, רק שאין מכוין לצאת בזה ידי המצוה, כגון בענין תקיעות, שתוקע לשיר או להתלמד, וכדומה בשאר המצות, **אבל** אם הוא מתעסק בעלמא וממילא עלה המצוה בידו, כגון שנופח בשופר ועלה תקיעה בידו, וכה"ג בשאר המצות, לכו"ע לא יצא).

(**ודע עוד**, דדוקא אם הוא יודע שהוא חייב עדיין במצוה זו שהוא עושה, אבל אם הוא סבור שהוא פטור ממנה, כגון שנטל לולב ביום א'

באר הגולה

ח ברכות י"ג | ט שם י"ד | י מנחות מ"ג וכר"ש | יא תוס' ור' יונה

דסוכות, וקסבר שהוא ערב סוכות, או שקסבר שלולב זה פסול הוא, לכו"ע לא יצא, **ובמתכוין** בפירוש שלא לצאת, לכו"ע לא יצא).

(וי"א דבדבר שאין בו אלא אמירה, לכו"ע צריכה כונה).

[יב] **וי"א שצריכות כוונה לצאת בעשיית אותה מצוה** - ואם לא כיון לצאת ידי חובתו בעשיית המצוה, לא יצא מן התורה, וצריך לחזור ולעשותה.

(**בין** אם הוא עושה בעצמו ואין מתכוין לצאת בה ידי חובה, **ובין אם שמע** מאחר, כגון מגילה ושופר, ולא התכוין בהשמיעה לצאת בה ידי חובת המצוה, וה"ה בכל מצות התלויות באמירה, כגון ק"ש ובהמ"ז).

ואפילו אם ספק לו אם כיון, אם הוא מצוה דאורייתא, ספיקא לחומרא, כ"כ הפמ"ג, **ונ"ל** דלא יברך אז על המצוה, דבלא"ה יש כמה דיעות בענין הברכה, אפילו אם ודאי לא כיון בראשונה.

לפיכך התוקע להתלמד, או המברך בהמ"ז עם קטנים לחנכם במצות, והוא היה ג"כ חייב בבהמ"ז, ושכח אז להתכוין לצאת בה ג"כ עבור עצמו, וכן כה"ג בכל המצות שעשאם לשום איזה ענין, לא יצא ידי חובתו.

ועיין בט"ז, דהמברך עם קטנים הנ"ל, לא יצא אפילו למ"ד מצות אין צריכות כוונה, דהוי כמכוין בפירוש שלא לצאת, **ואם** כונתו בעשיית המצוה לשום איזה ענין וגם לצאת בה ידי המצוה, יצא.

(**ואעפ"כ נ"ל**, דאם לא אכל כדי שביעה, דאז חיוב בהמ"ז שלו הוא מדרבנן, אפשר דיש לסמוך בדיעבד על דעת הרדב"ז ‹מובא לקמן בסמוך›, שכמה מהאחרונים הסכימו לדבריו, דבמצוה דרבנן אין צריך כונה לצאת, ואין צריך לחזור ולברך, **ואף** דהט"ז כתב דזה הוי כמכוין שלא לצאת, ראייתו צע"ג, **ולכתחלה** מי שיש עליו חיוב בהמ"ז, ורוצה לברך עם קטנים לחנכם, יתנהג בא' משתים, או שיכוין לצאת בזה ג"כ עבור עצמו, ויוצא בזה, **או** שיכוין בפירוש שלא לצאת, ויברך אח"כ עבור עצמו).

(**ודע**, דכ"ז הוא בשארי המצות, אבל מצוה התלוי באכילה, כגון כזית מצה בפסח, וה"ה אכילת כזית בסוכה בלילה הראשונה, דעת השו"ע לקמן בסימן תע"ה ס"ד, דיצא בדיעבד אפילו אם לא כיון, **והב"ח** מחמיר שם גם בזה).

(**ועיין** בב"ח ובפמ"ג, דמשמע מדבריהם דמצות ציצית וסוכה הכונה בהם לעיכובא כמו בשאר המצות, **ולפי"ז** אם קראוהו לתורה, ולוקח טליתו או טלית הקהל לעלות לבימה, שאז זמנו בהול ומסתמא אינו מכוין אז בלבישתו לקיים המ"ע של ציצית, ממילא עובר בזה על המ"ע, אם לא כשמכוין לשם מצוה, ואז יוכל לברך ג"כ, **והעולם** אינם נזהרין בזה, ואולי שטעמם, דכיון שאין רוצה ללבוש אז את הטלית, ואינו לובשו אלא מפני כבוד התורה לשעה קלה, אין זה לבישה המחייבתו בציצית, דומיא דמי שלובש להראות לקונה מידתו, שפטור אז מציצית, **ועצה** היעוצה לעשות כמו שכתב השערי אפרים, הבאתי את דבריו לעיל בסימן י"ד ס"ג בבה"ל).

וכן הלכה - (ועיין בפמ"ג דמספקא ליה, **אם הא דפוסק השו"ע להלכה** דצריכות כונה, הוא מטעם ודאי, או משום דספיקא דאורייתא לחומרא, ונ"מ לענין דרבנן, וכתב נ"מ ג"כ לענין ברכה, **ואליהו** רבה ס"ל דלא מספקא ליה להשו"ע כלל, גם בביאור הגר"א מוכח בהדיא דס"ל כהא"ר).

כתב המ"א בשם הרדב"ז, דזה דוקא במצוה דאורייתא, אבל במצוה דרבנן א"צ כונה, ולפי"ז כל הברכות, שהם ג"כ דרבנן, לבד מבהמ"ז, אם לא כיון בהם לצאת, יצא בדיעבד, **אך** מכמה מקומות בשו"ע משמע שהוא חולק ע"ז, וכן מביאור הגר"א משמע ג"כ שאין לחלק בין מצוה דאורייתא למצוה דרבנן.

ודע, דכתב המ"א, דאף דהשו"ע פסק להלכה דמצות צריכות כונה, וא"כ היכא שלא כיון בפעם ראשונה צריך לחזור ולעשות המצוה, **אעפ"כ** לא יברך עוד עליה, שלענין ברכה צריך לחוש לדעת הי"א שא"צ כונה.

ודע עוד, דכתב הח"א, דמה דמצרכינן ליה לחזור ולעשות המצוה, היינו במקום שיש לתלות שעשייה הראשונה לא היתה לשם מצוה, כגון בתקיעה שהיתה להתלמד, או בק"ש שהיתה דרך לימודו, וכדומה, **אבל** אם קורא ק"ש כדרך שאנו קורין בסדר תפילה, וכן שאכל מצה או תקע ונטל לולב, אע"פ שלא כיון לצאת, יצא, שהרי משום זה עושה כדי לצאת, אע"פ שאינו מכוין, עכ"ל, (**ובשאר** מצות ע"י הברכות, או ע"י ההכנה להמצוה, כגון מה שאמרו בירושלמי גבי מצה, דבין שכיון ובין שלא כיון, מכיון שהיסב חזקה דכיון, **ובירושלמי** גבי היה עובר אחורי בהכ"נ ושמע קול שופר או קול מגילה וכו', הדא דתימא בשעובר, **אבל בעמד**, חזקה כיון, **ופירושו**, דדוקא אם עומד אחורי בהכ"נ סתמא לאו למצוה קאי, אבל בעומד בתוך בהכ"נ ושומע קול שופר, מסתמא עומד לשם כונה, וכל כה"ג נוכל למצוא בכל המצות), **ור"ל** היכא שמוכח לפי הענין שעשייתו הוא כדי לצאת, אע"פ שלא כיון בפירוש, יצא, אבל בסתמא בודאי לא יצא, **וכ"ז** לענין בדיעבד, אבל לכתחילה ודאי צריך ליזהר לכוין קודם כל מצוה לצאת ידי חובת המצוה, וכן העתיקו כל האחרונים בספריהם.

(**ודע עוד, דאף לפי דברי הח"א, בק"ש של ליל שבת, לפי מנהגינו שאנו** קורין אותה בבהכ"נ בברכותיה קודם זמנה, וסומכין על מה שיקרא אותה עוד הפעם בזמנה, **אז אף אם אירע** שקרא אותה בבהכ"נ בזמנה, אך שלא כיון לצאת, נראה דצריך לחזור ולקרותה מדינא, **דהכא** לא מוכח מדקראה בסדר התפלה שכדי לצאת קראה, דהרי קורא תמיד בסדר התפלה אף שלא בזמנה כדי לסמוך גאולה לתפלה).

אות ז'

בכל לשון

סימן סב ס"ב - "יכול לקרותה בכל לשון, "ויזהר מדברי שיבוש שבאותו לשון, וידקדק בו כמו בלשון הקודש -

באר הגולה

יב בה"ג ורא"ש בפ"ב דר"ה | יג שם י"ג סוטה ל"ב | יד ר"מ פ"ב מהל' ק"ש

ודוקא שמבין באותו הלשון, וה"ה בתפלה ובהמ"ז ובקידוש וברכת המצות והפירות והלל.

(**ונ"ל בפשיטות, דאותן דברים הנאמרין בכל לשון, הוא דוקא אם אנשי אותו המדינה מדברין כך, אבל אם אנשי המדינה אינם יכולין לדבר זה הלשון, ורק הוא ועוד איזה אנשים יחידים יודעים זה הלשון, זה לא נחשב לשון כלל למדינה זו שאינה מכרת בזו הלשון, דבשלמא לשה"ק הוא לשון מצד העצם, משא"כ שאר לשון איננו כי אם מצד הסכם המדינה, וכיון שאין אנשי המדינה זו מכירין בלשון זה, לא נקרא לשון כלל, וצ"ע למעשה בזה, ולפי"ז תדע לנכון, דמה שכתבנו במ"ב דצריך ג"כ שיבין בזה הלשון, היינו דאינו מועיל מה שאנשי המדינה מדברים בזה הלשון**).

וכ"ז מצד הדין, אבל למצוה מן המובחר הוא דוקא בלשה"ק, כן כתב הב"ח, **ועיין** בספרי האחרונים, דבימינו אף מצד הדין יש ליזהר שלא לקרותה בלשון אחר כי אם בלשון הקודש, כי יש כמה וכמה תיבות שאין אנו יודעים איך להעתיקם היטב, כגון תיבת "ושננתם", יש בו כמה ביאורים, אחד לשון לימוד, ואחד לשון חידוד, כמו שאמרו חז"ל: שיהו ד"ת מחודדין בפיך, שאם ישאלך אדם דבר אל תגמגם ותאמר לו, **וכן** כמה וכמה תיבות שבק"ש שאין אנו יודעין היטב ביאורו על לשון אחר, כגון תיבת "את", ותיבת "לטוטפות" וכדומה, **אבל** כשאנו קוראין שמע בלשה"ק, וכן בתפלה וברכת המזון וקידוש ושארי ברכות, אפילו אם אינו מבין הלשון יצא, דזה אינו מצוי שבן ישראל לא ידע ביאור הפסוק ראשון שבק"ש, שהכונה בו לעיכובא, (**דבלא"ה בודאי לא יצא בק"ש, כי אף אם נאמר, דמה שאמרינן בכל לשון שאתה שומע לא קאי על לשה"ק, דבו אפילו אינו שומע אותו כלל לא נתבטל ממנו שם לשון עי"ז, עכ"פ מי עדיף מאם קרא ולא כיון דלא יצא**).

תורה אור

°אשר אנכי מצוך היום על לבבך מכאן אתה למד שכל הפרשה כולה צריכה כוונה אמר רבה בר בר חנה אמר ר' יוחנן הלכה כר"ע איכא דמתני לה אהא דתניא *הקורא את שמע צריך שיכוין את לבו ר' אחא משום ר' יהודה אומר כיון שכוון לבו בפרק ראשון שוב אינו צריך אמר רבה בר בר חנה אמר ר' יוחנן הלכה כר' אחא שאמר משום ר' יהודה תניא אידך והיו שלא יקרא למפרע על לבבך ר' זוטרא אומר עד כאן מצות כוונה מכאן ואילך מצות קריאה רבי יאשיה אומר עד כאן מצות קריאה מכאן ואילך מצות כוונה מ"ש מכאן ואילך מצות קריאה דכתיב לדבר בם הכא נמי הא כתיב ודברת בם ה"ק עד כאן מצות כוונה וקריאה מכאן ואילך קריאה בלא כוונה ומאי שנא עד כאן מצות כוונה וקריאה דכתיב על לבבך ודברת בם התם נמי הא כתיב על לבבכם לדבר בם ההוא מבעי ליה לכדרבי יצחק *דאמר °ושמתם את דברי אלה צריכה שתהא שימה כנגד הלב: אמר מר ר' יאשיה אומר עד כאן מצות קריאה מכאן ואילך מצות כוונה מ"ש מכאן ואילך מצות כוונה משום דכתיב על לבבכם הכא נמי הא כתיב על לבבך ה"ק עד כאן מצות קריאה וכוונה מכאן ואילך כוונה בלא קריאה ומ"ש עד כאן מצות קריאה וכוונה דכתיב על לבבך ודברת בם התם נמי הא כתיב על לבבכם לדבר בם ההוא בדברי תורה כתיב וה"ק רחמנא אגמירו בנייכו תורה כי היכי דליגרסו בהו: ת"ר °שמע ישראל ה' אלהינו ה' אחד °עד כאן צריכה כוונת הלב דברי ר"מ אמר רבא הלכה כר"מ תניא סומכוס אומר *כל המאריך באחד מאריכין לו ימיו ושנותיו אמר רב אחא בר יעקב ובדל"ת אמר רב אשי *ובלבד שלא יחטוף בחי"ת ר' ירמיה הוה יתיב קמיה דר' [חייא בר אבא] חזייה דהוה מאריך טובא א"ל *כיון דאמליכתיה למעלה ולמטה ולארבע רוחות השמים תו לא צריכת: אמר רב נתן בר מר עוקבא אמר רב יהודה על לבבך בעמידה על לבבך סלקא דעתך אלא אימא *עד על לבבך בעמידה מכאן ואילך לא ורבי יוחנן אמר כל הפרשה כולה בעמידה ואזדא ר' יוחנן לטעמיה דאמר רבה בר בר חנה א"ר יוחנן הלכה כר' אחא שאמר משום ר' יהודה: ת"ר שמע ישראל ה' אלהינו ה' אחד °זו ק"ש של ר' יהודה הנשיא א"ל רב לר' חייא לא חזינא ליה לרבי דמקבל עליה מלכות שמים אמר ליה *בר פחתי *בשעה שמעביר ידיו על פניו מקבל עליו עול מלכות שמים חוזר וגומרה או אינו חוזר וגומרה בר קפרא אומר אינו חוזר וגומרה רבי שמעון ברבי אומר חוזר וגומרה א"ל בר קפרא לר"ש ברבי בשלמא לדידי דאמינא אינו חוזר וגומרה היינו דמהדר רבי אשמעתא דאית בה יציאת מצרים אלא לדידך דאמרת חוזר וגומרה למה ליה לאהדורי כדי להזכיר יציאת מצרים בזמנה אמר ר' אילא בריה דרב שמואל בר מרתא משמיה דרב אמר שמע ישראל ה' אלהינו ה' אחד ונאנס בשינה יצא אמר ליה רב נחמן לדרו עבדיה °בפסוקא קמא צערן טפי לא תצערן אמר ליה רב יוסף לרב יוסף בריה דרבה אבוך היכי הוה עביד אמר ליה בפסוקא קמא הוה קא מצער נפשיה טפי לא הוה מצער נפשיה אמר *רב יוסף °פרקדן לא יקרא קריאת שמע מקרא הוא דלא ליקרי הא מיגנא שפיר דמי והא רבי יהושע בן לוי *לייט אמאן דגני אפרקיד אמרי מיגנא כי מצלי שפיר דמי מקרא אע"ג דמצלי נמי אסור והא ר' יוחנן מצלי וקרי שאני ר' יוחנן דבעל בשר הוה: ובפרקים שואל וכו': משיב מחמת מאי אילימא מפני הכבוד השתא משאל שאיל אהדורי מבעיא אלא שואל מפני הכבוד ומשיב שלום לכל אדם אימא סיפא ובאמצע שואל מפני היראה ומשיב משיב מחמת מאי אילימא מפני הכבוד השתא משאל שאיל אהדורי מבעיא אלא מפני היראה היינו דר"י דתנן ר"י אומר באמצע שואל מפני היראה ומשיב מפני הכבוד ובפרקים שואל מפני הכבוד ומשיב שלום לכל אדם חסורי מחסרא והכי קתני בפרקים שואל מפני הכבוד ואין צריך לומר שהוא משיב ובאמצע שואל מפני היראה ואין צריך לומר שהוא משיב דברי ר"מ רבי יהודה אומר באמצע שואל מפני היראה ומשיב מפני הכבוד

ובפרקים

דברים יא

דברים ו

שם יא

שם ו

איכא דמתני לה. להא דרבה בב"ח: **בפרק ראשון.** כל פרשת שמע: **ע"כ מצות כוונה כו'.** כולה מפרש לה ואזיל: (א) **א"ר יאשיה עד כאן.** פרק ראשון: **מצות כוונה כו'.** קס"ד דכוונה בלא קריאה: **מכאן ואילך.** פרשת והיה אם שמוע: **שתהא שימה כנגד הלב.** דהא ושמתם דכתיב לאו בקריאה וכוונה איירי אלא בשימת תפילין של יד שיהא שם אותה על גובה של יד כנגד הלב על קיבורת הזרוע בדו"ן: **ה"ג הסוא בדברי תורה כתיב.** כדמוכח קרא ולמדתם אותם את בניכם וגו': **עד כאן.** פסוק ראשון לבדו: **ובדל"ת.** ולא בחי"ת דכל כמה דאמר אח בלא דל"ת לא משתמע מידי ומה בלע בהארכתו אבל בדל"ת יאריך עד כשיעור שיחשוב בלבו יחיד בשמים ובארץ ולארבע רוחותיה כדמפרש לקמן: **ובלבד שלא יחטוף בחי"ת.** בשביל אריכות הדל"ת לא ימהר בקריאתה שלא יקראנה בחטף[א] בלא פתח ואין זה כלום: **דאמליכתיה למעלה וכו'.** שהארכת שיעור שתחשוב בלבך ה' אחד בשמים ובארץ וד' רוחותיה: **בעמידה.** אפי' לב"ה דאמרי [לעיל יא.] עוסקין במלאכתן וקורין ומהלכין וקורין מודים הם שצריך לעמוד במקום אחד עד המקרא הזה לפי שעד כאן מצות כוונה: **לא חזינא דמקבל עליה מלכות שמים.** שהיה שונה לתלמידיו מקודם זמן ק"ש וכשהגיע הזמן לא ראיתיו מפסיק: **חוזר וגומרה.** לאחר שעמדו התלמידים: **דקא מסדר.** לשנות לתלמידים בכל יום שמעתא דאית בה יציאת מצרים במקום פרשת ציצית ואמת ויציב: **בזמנה.** בזמן ק"ש: **בפסוקא קמא צערן.** אם ראיתני מנמנם צערני עד שאנער יפה בפסוק ראשון: **פרקדן.** שוכב על גבו ופניו למעלה: **לייט אמאן דגני אפרקיד.** שמא יתקשה אברו בתוך שנתו ונראה לרבים והוא דרך גנאי: **מיגנא.** לישן: **כי מצלי שפיר דמי.** כשהוא מוטה על צדו מעט שפיר דמי אבל מקרי ק"ש אפילו מצלי נמי אסור שמקבל עליו מלכות שמים דרך שררה וגאוה: **לכל אדם.** אפילו אינו נכבד: **חסורי מחסרא.** דהוה ליה למתני בתרווייהו אין צריך לומר ותו ליכא למקשי מידי:

אחי

אשר אנכי מצוך. דאי כדקא אמרת הוה ליה למכתב אשר צויתיך דמצוך משמע אפילו מכאן ואילך ומ"מ אצטריך האלה דאי לאו הכי הוה אמינא דאף פרשה שנייה בכלל: **אמר** רבא הלכה כרבי מאיר. והכי הלכתא דקיי"ל כרבא דהוא בתרא: **על** לבבך בעמידה. בירושלמי מפרש לאו דאי היה יושב עומד אלא דאם היה מהלך עומד אע"ג דב"ה אמרי כל אדם קורא כדרכו מ"מ מצוה מן המובחר לעמוד כשהוא מהלך לפי שאינו מיושב כל כך ואינו יכול לכוין כשהוא מהלך כאשר היה עומד וכן הלכה דמהלך בדרך מצוה לעמוד בפסוק א' ובעינן כונה בפסוק ראשון לבד וכן איתא בתנחומא* רב יהודה בשם שמואל אמר אסור לקבל עליו עול מלכות שמים כשהוא מהלך אלא יעמוד ויקרא וכשיגיע לואהבת ילך לדרכו: **שואל** מפני היראה וכו'. ר"מ ור' יהודה הלכה כרבי יהודה דאמר אפילו באמצע משיב מפני הכבוד א"כ נראה שמותר לענות קדיש וקדושה באמצע ק"ש דאין לך מפני הכבוד גדול מזה אבל באמצע י"ח אסור °דמשמע (ג) לקמן בפ' אין עומדין (ד' לא.) *דבין גאולה לתפלה אין לענות וכ"ש בתפלה עצמה ומי שמתפלל לבדו וש"צ מגיע למודים ישחה למודים אבל לא יאמר מודים *ודוקא שהיה באמצע הברכה אבל בסוף הברכה לא דנראה ככורע בשביל הברכה ואמרינן (לקמן ד' לד.) דאין לכרוע בכל ברכות אלא באותן שתקנו חכמים ור"ת היה רגיל שהיה ממתין בעושה פלא כדי לענות קדיש וקדושה עם הצבור והי' סובר אפי' שהה כדי לגמור את הכל אינו חוזר לראש:

ימים

עין משפט
נר מצוה

ז א מיי' פ"ב מהלכות ק"ש ה"א סמג עשין יח טור שו"ע או"ח סימן ס סעיף ה וכסימן סג סעיף ד:

ח ב ג ד מיי' שם הלכה ט סמג שם טור ושו"ע או"ח סי' סא סעיף ו ח:

ט ה מיי' שם הלכה ג סמג שם טוש"ע או"ח סימן סג סעיף ג:

י ו טור וש"ע או"ח סימן סא סעיף ה:

יא ז מיי' שם סמג שם טוש"ע או"ח סי' סג סעיף ה:

יב ח מיי' שם הלכה ב טוש"ע (או"ח) שם ס"א:

ריש פרשת לך

ר"ל ממאי דאמרי' התם א"א דבר לאחר אמת ויציב וכגירסת הרי"ף והא"ש ע"ש כ"ה כחלופי גרסאו' והוא דחוק ולפר"ד צ"ל דמשמע לעיל ט:

[ועי' תוס' לקמן כא: ד"ה עד]

רב נסים גאון

ההוא מיבעי לי לכדר' יצחק דאמר ר' יצחק צריכה שתהא שימה כנגד הלב. אתפילין של יד קאי ועיקרה במס' דמנחות (דף לז) בפר' הקומץ את המנחה: **שאני** ר' יוחנן דבעל בשר הוה. איתיה לפירושיה בבבא מציעא בפ' השוכר את הפועלין (דף פד) אמר (רבא) [רב פפא] אבריה דר' יוחנן בת ח' קבין ואמרי לה בת ג' קבין:

[פי' בן גדולים עיין שבת ג: כט. נזיר נט. וכרש"י שם]

גליון הש"ס

גמ' זו ק"ש של ריב"ל. עי' בר"י בפרקין יא. ד"ה מתני' האומנין: תוס' ד"ה שואל כו' דמשמע כו'. ע' תשובת כאר שבע סימן י:

מסורת הש"ס

תוספתא פ"ב

ספרי פרשת ואתחנן [מנחות לז:]

[שלא יראו פניו כשהוא מסכינן ומתגנה ערוך בערך בר פחתי ועי"ש עוד פי' אחרים]

נדה דף יד.

[תיבת לייט לקמן סו. קדושין לג: ושם נסמן]

הגהות הגר"א

[א] רש"י ד"ה ובלבד כו' בחטף (בלא) תו"מ:

הגהות הב"ח

(א) רש"י ד"ה עד כאן וכו' ואזיל כס"ד ואח"כ מ"ה עד כאן ותיבת א"ר יאשיה נמחק: (ב) תוס' ד"ה שואל מפני היראה וכו' באמצע י"ח אסור דמשמע. נ"ב וכן משמע בס' מי שמתו דף כ"א ע"ב:

§ מסכת ברכות דף יג: §

אות א'*[א]

צריכה שתהא שימה כנגד הלב

סימן כז ס"א - מקום הנחתן של יד בזרוע שמאל - מדכתיב "ידכה" בה"א, פירוש: יד כהה, דהיינו השמאל שהיא תשה וכהה, **ועוד** דרשו, מדכתיב: וקשרתם וכתבתם, מה כתיבה בימין שכן דרך בני אדם, אף קשירה בימין, וכיון דקשירה בימין ממילא הנחה בשמאל, **ואם** הניחו בימין, אף בדיעבד לא יצא.

בבשר התפוח שבעצם - והוא המקום הנקרא קיבורת בלשון חז"ל, **שבין הקובד"ו** - הנקרא עלינבויגי"ן, **ובית השחי** - והוא לעיכובא כדילפינן לזה בגמ' מקרא.

(**וצריך** ליזהר שלא יהיה קצה התפילין למטה מבשר התפוח, כמו בשל ראש שצריך ליזהר שלא יהיה קצהו על המצח, דהא ילפינן במנחות גז"ש גובה שביד מגובה שבראש).

ויטה התפלה מעט לצד הגוף, בענין שכשיכוף זרועו למטה יהיו כנגד לבו, [ב]ונמצא מקיים: והיו הדברים האלה על לבבך.

אות א'

עד כאן צריכה כוונת הלב

סימן ס ס"ה - [ג]הקורא את שמע ולא כוון לבו בפסוק ראשון שהוא שמע ישראל, לא יצא ידי חובתו - כונה זו האמורה כאן, אינהו הכונה האמורה בס"ד, דשם הוא הכונה לצאת ידי חובת מצוה, זה בענין לכל הפרשיות, **משא"כ** כונה זו, הוא להתבונן ולשום על לבו מה שהוא אומר, ולכך הוא לעיכובא רק בפסוק ראשון, שיש בו עיקר קבלת עול מלכות שמים ואחדותו ית', **וי"א** שאפילו כונה לצאת הוא לעיכובא רק בפסוק ראשון, [כסף משנה].

והשאר, אם לא כוון לבו, אפילו היה קורא בתורה, או מגיה הפרשיות האלו בעונת קריאת שמע, יצא - והוא שקורא כהלכתה, **והוא שכוון לבו בפסוק ראשון.**

סימן סג ס"ד - [ד]עיקר הכוונה הוא בפסוק ראשון, הלכך אם קרא ולא כוון לבו בפסוק ראשון, לא יצא י"ח וחוזר וקורא – (פמ"ג מסתפק אם הוא מדאורייתא או מדרבנן), **וה"ה** "בשכמל"ו", דאם לא כיון בו, ג"כ צריך לחזור ולקרות בכונה. (**ועיין** לעיל סימן ס"א סי"ג בבה"ל וצ"ע).

ואפילו אם קודם שהתחיל לקרות נתכוין לקיים בהקריאה המ"ע דק"ש, **מ"מ** כל שבאמצע פנה לבו לדברים אחרים, הרי לא קבל עליו מלכות שמים בהסכמת הלב.

וחוזר וקורא בלחש, שלא יהיה נראה כמקבל שתי רשויות ח"ו.

ואפילו אם כבר קרא כל פרשת "שמע" "והיה אם שמוע", ואח"כ נזכר שלא קרא פסוק ראשון בכונה, צריך לחזור ולקרות כל הפרשה "שמע", דאם לא יקרא רק הפסוק ראשון, הוי כקורא למפרע דאינו יוצא, **ואם** נזכר באמצע פרשת "והיה אם שמוע", יגמור עד "ויאמר", ויתחיל ויקרא "שמע" עד "והיה אם שמוע", ויחזור לפרשת "ויאמר".

[ה]ואפי' למ"ד מצות אינן צריכות כוונה, מודה הכא - דאע"פ שאין מתכוין לצאת בזה ידי המצוה, עכ"פ צריך כוונת הלב בכל פסוק ראשון, כדי שיקבל עליו עול מלכות שמים.

אות ב' - ג' - ד'

כל המאריך באחד, מאריכין לו ימיו ושנותיו

ובלבד שלא יחטוף בחי"ת

כיון דאמליכתיה למעלה ולמטה ולארבע רוחות השמים, תו לא צריכת

סימן סא ס"ו - [ו]צריך להאריך בחי"ת של "אחד", כדי שימליך הקב"ה בשמים ובארץ, [ז]שלזה רומז החטוטרות שבאמצע הגג החי"ת - כתב המ"א בשם המ"ע, שיאריך בחי"ת כשיעור שליש, ובד' כשיעור ב' שלישים, **וי"א** שלא יאריך בחי"ת כלל, רק יכוין הכל בדלי"ת, וכ"כ הגר"א בביאורו.

ויאריך בדלי"ת של "אחד" שיעור שיחשוב שהקב"ה יחיד בעולמו ומושל בד' רוחות העולם; ולא יאריך יותר מכשיעור זה. [ח]ויש נוהגים להטות הראש כפי המחשבה: מעלה ומטה ולד' רוחות - אע"ג דאמרינן: הקורא את שמע לא יקרוץ בעיניו וכו', **דהתם** הקריצה והרמיזה לצורך דבר אחר ומבטלין הכונה, אבל הכא הרמיזה היא לצורך הכונה, **והטייה** צריכה להיות מזרח צפון מערב דרום, ולא יטה הראש מזרח מערב צפון דרום, דהוי ח"ו שתי וערב.

סימן סא ס"ח - [ט]לא יחטוף בחי"ת, [י]ולא יאריך באל"ף.

באר הגולה

[א] (ע"פ מהדורת נהרדעא) [ב] (ומרש"י משמע דבא להורות על עיקר מקום של התפילין) [ג] **רמב"ם וכרבי מאיר שם בדף י"ג** [ד] **שם וכר"מ** [ה] **הרשב"א שם** [ו] **שם בגמ'** (כ"כ תר"י וסמ"ק, וזהו שכתב שלא יחטוף בחי"ת, {אלמא צריך להאריך בח' כשיעור שיחשוב בלבו שהוא יחיד בשמים ובארץ, ובד' יחשוב שהוא יחיד בד' הרוחות – נחלת צבי}, **אבל** רש"י ושאר פוסקים פי' שיכוון הכל בדלי"ת, וכ"כ בזוהר ותיקונים - גר"א) [ז] **מנחות כ"ט ע"ב** [ח] **טור** [ט] **בבבלי שם** [י] **הרא"ש** (וז"ל: וכן לא יאריך באל"ף, דהוה משמע אי חד, כלומר אין חד)

אות ה'

עד על לבבך בעמידה, מכאן ואילך לא

סימן סג ס"ג - [יא]היה מהלך בדרך ורצה לקרות קריאת שמע, צריך לעמוד - להתעכב במקום אחד, **בפסוק ראשון** - ר"ברוך שם כמל"ו" בכלל פסוק ראשון, **ויש** מחמירין עד "על לבבך", [יב]**ומשם** והלאה מותר לקרותה בהליכה או בעמידה.

ואע"ג דלעיל ס"א משמע, דמן הדין מותר לקרות כשהוא מהלך, מ"מ [יג]מצוה מן המובחר לעמוד בשעת פסוק ראשון, דהוא עיקר ק"ש, לפי שאינו מיושב כ"כ, ואינו יכול לכוין כשהוא מהלך כאשר היה יושב, **ובדיעבד** אם קרא כשהוא מהלך, אינו צריך לחזור ולקרות.

ומותר לקרותה בין בעמידה ובין בישיבה, ואפילו לק"ש של ערבית, **דדוקא** אם משנה מעמידה לישיבה אסור לק"ש של ערבית, משום דנראה שעושה כב"ש, **משא"כ** מהליכה לישיבה.

ויושב בקרון או בספינה אינו צריך לעמוד, דיוכל לכוין היטב, **וברוכב** על הבהמה יש דיעות בין האחרונים, ונכון להחמיר.

אות ו'

בשעה שמעביר ידיו על פניו מקבל עליו עול מלכות שמים

סימן סא ס"ה - [יד]נוהגין ליתן ידיהם - ר"ל יד ימין, **על פניהם בקריאת פסוק ראשון, כדי שלא יסתכל בדבר אחר שמונעו מלכוין.**

[טו]**סימן קו ס"ב - [טז]מי שתורתו אומנתו, כגון רשב"י וחביריו** - דהם לא היו עוסקים כלל במלאכתם, ואין מבטלין מלימודם אפילו רגע, **מפסיק לק"ש** - מפני שהיא דאורייתא, **ולא לתפלה** - דהיא דרבנן, **ואף** אם נסבור דהיא ד"ת, מ"מ מה"ת אין לה זמן קבוע, ודי בפעם אחת ביום וכנ"ל, **וכשקורא** ק"ש יקראנה עם ברכותיה, ואח"כ יחזור ללימודו ולא יתפלל.

ואף שצריך לבטל ולהפסיק לימודו לעשיית כל המצות אפילו של ד"ס, דהלומד ואינו מקיים נוח לו שלא נברא, **מ"מ** תפלה הואיל ואינה אלא בקשת רחמים, קילא משאר מצות לגבי אנשים כאלו, שאינם מבטלים מלימודם אפילו רגע.

אבל אנו, מפסיקים בין לק"ש בין לתפלה - שאנו שמפסיקין מדברי תורה למלאכתינו, כ"ש שנפסיק לתפלה.

הגה: [יז]ואם לומד לאחרים, אינו פוסק, כמו שנתבאר לעיל סי' פ"ט - ואפילו אם עי"ז יעבור הזמן, **ודוקא** באופן שאם לא ילמדו עכשיו יתבטלו, ולא יוכלו להתקבץ ללמוד אח"כ, הלא"ה פוסק אם יעבור זמן ק"ש או תפלה, (**ואולי דכאן מיירי שהתחיל קודם שהגיע הזמן ק"ש, ע"כ מקילינן שלא להפסיק אפילו אם יעבור הזמן, ועיין ברכות י"ג ע"ב ברש"י ד"ה לא חזינא וכו', שהיה שונה לתלמידיו מקודם זמן ק"ש וכו', משמע מרש"י דלאחר שהגיע זמן ק"ש, אסור לו להתחיל ללמוד אפילו עם אחרים אם הוא משער שיעבור הזמן, אלא חייב לקרותה מקודם**).

ומהח"א משמע דבכל גווני פוסק אם יעבור זמן התפלה, **והמבטל** תפלה משום לימוד, אפילו לומד עם אחרים כל היום, כאלו לא למד, ובא"ר ג"כ כתב בשם פסקי תוס' להחמיר בזה, **ועיין** בבה"ל שביארנו, דלכו"ע לכתחילה אסור לו להתחיל ללמוד אפילו עם אחרים אחר שכבר הגיע זמן ק"ש, אם הוא משער שע"י לימודו יעבור הזמן, אלא חייב לקרות ק"ש מקודם.

ומ"מ פוסק וקורא פסוק ראשון של ק"ש - כדי לקבל מלכות שמים בזמן ק"ש, **ויחזור** אחר הלכה שיש בה יציאת מצרים, כדי להזכיר יצ"מ בזמן ק"ש, **ואחר** לימודו טוב שיגמור כל ק"ש, אף שעבר זמנה, [מ"א, ‹כן הוא בגמ' דברכות דף י"ג – שם›].

ואם אין השעה עוברת, ויש לו שהות עדיין להתפלל ולקרוא ק"ש, אינו פוסק כלל (ב"י בשם הר"ן) - ר"ל אפילו לפסוק ראשון, ואפילו לומד ביחידי, [לבוש], **וכתבו** האחרונים, דאפילו התחיל ללמוד באיסור, דהיינו לאחר שכבר הגיע זמן קריאת שמע ותפלה, שאסור לו להתחיל ללמוד עד שיתפלל תחלה, אם הוא לומד בביתו ואינו רגיל לילך לבית הכנסת להתפלל, **מכל** מקום אם כבר התחיל אין צריך להפסיק, ורשאי ללמוד כל זמן שיש שהות עדיין.

ובא"ר פסק, דלענין ק"ש שהוא דאורייתא, אף שישאר לו זמן אח"כ לקרותה, מ"מ צריך להפסיק תיכף ולקרותה כולה, אם הוא לומד ביחידי, (**והפר"ח כתב דהעיקר** {כהלבוש}, **דביש שהות אין צריך לפסוק מתורה אף לק"ש, ומדברי הגר"א משמע ג"כ, דמסכים אף בק"ש להרמ"א, ואפילו אם לומד ביחידי, ע"כ נלע"ד, דלא מיבעי אם התחיל**

באר הגולה

[יא] **ברכות י"ג כרב יהודה** ‹כן הוא דעת הרי"ף והרמב"ם ותוס' [ד"ה על], כרבא דאמר הלכה כר"מ שא"צ כוונה אלא בפסוק ראשון לבד. דכיון דאמרי ואזדא ר' יוחנן לטעמיה דאמר הלכה כר' אחאי, והאי דר' אחאי נשנית לענין כוונת ק"ש, א"כ הטעם דעמידה הוא משום כוונה, א"כ לרבא דפסק דא"צ כוונה אלא בפסוק ראשון, א"צ ג"כ לעמוד אלא בפסוק ראשון בלבד, א"כ ממילא נדחו מהא דרבא דברי ר' נתן שאמר עד על לבבך בעמידה, וגם דברי ר"י שאמר דעד כל הפרשה כולה בעמידה. **ולא** כהראב"ד והלכות גדולות שהביא הרא"ש שפסקו, דצריך לעמוד עד על לבבך, משום דלא להוי כקריאת עראי, ע"ש – נחלת צבי› [יב] ‹דאינו נראה דמחמיר כבית שמאי, אלא מחמיר כדעת הפוסקים ההם {הראב"ד ובה"ג} – מחה"ש› [יג] ‹כ"כ תוס' ד"ה על לבבך, ועיין רש"י שכתב, דגם ב"ה מודים שצריך לעמוד במקום אחד עד המקרא הזה› [יד] **מהא דברכות י"ג לפי' הרא"ש** ‹וז"ל: י"א שימליכהו במחשבה. **וי"א** שירמוז בעיניו בשעה שממליכו בשמים ובארץ ובארבע רוחות העולם, ומביאין סמך לדבריהם מעובדא דר' חייא, דא"ל רבי חייא לרב בר פחתי בשעה שמעביר ידיו וכו', ומה שהיה נותן ידיו על עיניו, שלא יראה שהוא רומז בעיניו. **ואין** ראיה משם, לפי שהיה יושב בתוך הצבור היה מעביר ידיו על עיניו, כדי שיוכל לכוין. ‹**ולא** מצאתי בהפוסקים לחלק בין אם הוא יושב בציבור או לא, ודלמא דהוא לאו דוקא› [טו] ‹ע"פ הגר"א› [טז] **שבת י"א** [יז] ‹ומ"מ כו' ברכות י"ג: – גר"א. **גבי** ר' יהודה הנשיא, דלא היה מפסיק רק לפסוק ראשון, והרמ"א קאי על ראש דברי המחבר, במי שתורתו אומנתו מפסיק לק"ש, על זה כתב, במי שתורתו אומנתו ולומד עם אחרים, אינו מפסיק אף לק"ש, כי אם לפסוק ראשון – דמשק אליעזר› ‹**והמ"ב** לא הזכיר ענין זה דעוסק בתורתו אומנתו, ועיין במאמ"ר›

ללמוד קודם שהגיע זמן ק"ש, בודאי אין צריך להפסיק, אם יודע שלא יעבור הזמן עי"ז, **ואפילו** אם התחיל ללמוד בביתו ביחידות אחר שהגיע זמן ק"ש, מ"מ באם כשלא ילמוד עתה יתבטל מלימודו ולא ילמוד כלל, אפשר דיש להקל, ולסמוך על דעת הלבוש והפר"ח הנ"ל, **ואפשר** שיותר טוב בזה שיפסיק ויקרא ק"ש, ויחזור ללימודו, כדי לצאת בזה דעת המחמירין, אף שהוא בלי תפילין, וצ"ע).

וכ"ז אם הוא לומד בביתו, אבל אם הוא לומד בבהמ"ד, (א"צ להחמיר כלל בזה, **ואפי'** לכתחילה מותר להתחיל וללמוד אף ביחידות קודם התפלה, כשלא יעבור עי"ז זמן ק"ש, דבבהמ"ד של רבים לא שייך דילמא מיטריד בגירסיה), **או** אפי' בביתו, אך שהתחיל ללמוד בהיתר, דהיינו קודם שהגיע זמן ק"ש, **בודאי** יש לסמוך על דעת הרמ"א שלא להפסיק אפי' אח"כ, כל עוד שיש שהות.

אות ז'

בפסוקא קמא צערן, טפי לא תצערן

סימן סג ס"ה - [יח]אם היה ישן, מצערים אותו ומעירים אותו עד שיקרא פסוק ראשון והוא [יט]ער ממש; מכאן ואילך אין מצערים אותו כדי שיקרא והוא ער ממש, שאף על פי שהוא קורא מתנמנם, יצא - וה"ה אונס אחר המבטל כונתו יצא, דהרי עכ"פ קרא כולה, **אבל** אם נשתקע בשינה ולא קרא, לא יצא, דהרי עכ"פ צריך לקרותה כולה.

ודע דיש ג' דיעות בין הפוסקים: י"א דרק פסוק ראשון בלבד הוא מן התורה, **וי"א** דכל הפרשה ראשונה הוא מן התורה, **וי"א** דגם השניה הוא מן התורה, **ופרשה** ציצית לכו"ע הוא מן התורה, כדי להזכיר יציאת מצרים, ותקנו להזכיר בזמן ק"ש, (כדמבואר כאן בגמ').

הגה: ודין שתוי ושכור עיין לקמן סי' צ"ט ס"א.

[כ]סימן סג ס"ו - [כא]הקורא ק"ש: לא ירמוז בעיניו, ולא יקרוץ בשפתיו, ולא יראה באצבעותיו, בפרשה ראשונה שהוא עיקר קבלת עול מלכות שמים, [כב]מפני שנראה כקורא עראי, וכתיב: ודברת בם, ודרשינן: עשה אותם קבע - ואפילו לדבר מצוה אסור לרמוז, וכ"ש שאסור לשאוף טאבאק בק"ש. **ויש** מחמירין גם בפרשה שניה, **אך** לדבר מצוה לכו"ע מותר לרמוז בפרשה שניה, אבל להפסיק להדיא לא, עיין לקמן בסימן ס"ו.

(ומ"מ נ"ל דיש להקל בפרשה שנייה, למי שרגיל הרבה בשאיפת טבאק, וא"א לו לכוין מחמת זה).

אות ח'

פרקדן לא יקרא קריאת שמע

סימן סג ס"א - [כג]קורא אותה מהלך או עומד או שוכב או רוכב ע"ג בהמה או יושב, [כד]אבל לא פרקדן, דהיינו שפניו טוחות בקרקע או מושלך על גבו ופניו למעלה - (ובדיעבד יצא – פמ"ג), **ואפי'** מוטה מעט על צידו ג"כ אסור, [שם י"ג:], מפני שנראה כמקבל עליו עול מלכות שמים דרך שררה וגאוה, **אבל קורא והוא שוכב על צדו. הגה: (מאחר שכבר שוכב ואיכא טרחא לעמוד) (הר"י פ' מי שמתו)** - ר"ל ופשט כל מה שעליו, ואיכא טורח לעמוד ולחזור וללבשם,**אבל** אם שוכב בחלוקו, צריך לעמוד.

(והנה כ"ז הוא רק לפי דעת הג"ה, דסתם כשיטת רבינו יונה, **אבל** בב"י פסק כהפוסקים שחולקין על הר"י, וס"ל דאפילו לכתחלה מותר לשכב על צדו ולקרוא, דעל צדו ממש אינו נקרא דרך גאוה, **והנה** להלכה משמע מדברי הע"ת וט"ז ומ"א, דיש לתפוס כהב"י, וכן פסק המגן גיבורים, **אמנם** בספר א"ז פוסק כהרמ"א, וכן במ"ז מצדד דהדין עם הרמ"א, וכן בחידושי רע"א מצדד לומר, דלהחמיר יש לפסוק כדעת הרבינו יונה, **ע"כ** בודאי יש להחמיר לכתחילה).

[כה]ואם היה בעל בשר הרבה ואינו יכול להתהפך על צדו, [כו]או שהיה חולה, נוטה מעט לצדו וקורא - אבל אם יכול על צידו, אפילו רק בפסוק ראשון לבד, מחויב לעשות כן, וכ"ש אם יכול לקרותה בישיבה.

(**ואם** קשה עליהם הישיבה והעמידה, יכולים אפילו לכתחילה לילך ולשכב מעט על צדו ולקרוא, **אם אינם יכולים על צדו ממש**).

אות ח'* [כז]

מיגנא, כי מצלי שפיר דמי

אבה"ע סימן כג ס"ג - אסור לאדם שיקשה עצמו לדעת או יביא עצמו לידי הרהור, אלא אם יבא לו הרהור יסיע לבו מדברי הבאי לדברי תורה שהיא אילת אהבים ויעלת חן; [כח]לפיכך אסור לאדם לישן על ערפו ופניו למעלה, עד שיטה מעט כדי שלא יבא לידי קישוי - (כי בישנו על ערפו מתחמם החוט השדרה, שדרך שם הולך הזרע, ומקורו מהמוח – ערוה"ש).

ולא יסתכל בבהמה וחיה ועוף בשעה שמזדקקין זכר לנקבה; ומותר למרביעי בהמה להכניס כמכחול בשפופרת, מפני שהם עסוקים במלאכתם לא יבואו לידי הרהור.

באר הגולה

[יח] שם [יט] **כן פסק הרא"ש ורבי יונה ושכ"כ רב האי** (וכתב הרא"ש: הא דקאמר נאנס בשינה, ר"ל שהוא מתנמנם ואינו יכול לקרות בכוונה מכאן ואילך, וכן הא דאמר ליה רב נחמן לדרו עבדיה בפסוקא קמא צערן, כלומר הקיצני משינתי עד שאוכל לכוון, טפי לא תצערן, אף אם אקרא בלא כוונה לא תצערן להקיצני, דמילתא דפשיטא היא שצריך לקרות כולה – ב"י. **וכן** משמע ברש"י "עד שאנער יפה") [כ] (מילואים) [כא] **יומא י"ט** [כב] **הרי"ף בפ"ב דברכות** [כג] **ברכות י'** [כד] **שם י"ג לפי' הרמב"ם** (פי' רש"י שוכב על גבו ופניו למעלה. והרמב"ם נראה שמפרש, שבין פניו למעלה בין פניו למטה נקרא פרקדן – ב"י) [כה] **שם בגמ'** [כו] **רמב"ם** [כז] (ע"פ מהדורת נהרדעא) [כח] **מימרא דריב"ל ברכות דף י"ג:** (עיין ברש"י דלא כתב משום איסור שלא יבא לידי קשוי, אלא משום דנראה לרבים והוא דרך גנאי)

אות ח'** [כט]

תוס' ד"ה שואל. שמותר לענות קדיש וקדושה באמצע ק"ש בא"ד: דבין גאולה לתפלה אין לענות

[ל]**סימן סו ס"ג - [לא]לקדיש ולקדושה ולברכו, מפסיק אפי' באמצע הפסוק** - דאם פוסק לשאול מפני כבוד בשר ודם, ק"ו מפני כבוד הקב"ה, **ומה"ט** נראה, דאם שמע קול רעמים יפסיק ויברך, דהוי מצוה עוברת, **ויש** חולקין, דכיון שהוא עוסק בשבחו של מקום, אין לו לפסוק בשביל שבח אחר, ולא דמי לכל הני דהוי דבר שבקדושה, **גם** מח"א משמע, דאם שמען באמצע אין לו לברך עליהן, כי אם כששמע אותן בין הפרקים.

קדיש - היינו לאיש"ר עד "עלמיא", ולא יאמר "יתברך", **ויענה** אמן אחר "דאמירן בעלמא", **אבל** על "תתקבל" "יהא שלמא" "עושה שלום", לא יענה אמן, כי אינו אלא מנהג.

קדושה - יאמר רק "קדוש" ו"ברוך", שזהו עיקר קדושה, **ולא** "ימלוך", **וכ"ש** שלא יאמר "נקדש", ושאר דברים שמוסיפין בשבת, **וכל** זה אפילו בין הפרקים לא יאמר.

ברכו - שעונה: "ברוך ד' המבורך לעולם ועד", **ובברכת** התורה יענה: "ביהל"ו", וגם אמן על סוף הברכה, **ויש** מפקפקין באמן זה, ובין הפרקים יש להקל, [דבלא"ה הפמ"ג מקיל על כל אמן].

וכן ל"מודים", אבל לא יאמר אלא תיבת "מודים" בלבד - פי' "מודים אנחנו לך", ולא כל המודים דרבנן, דהו"ל הפסקה גדולה, **ונראה** דה"ה בבין הפרקים, [מדמדמהו רמ"א ל"יתברך וישתבח"].

הגה: וכן בברכו לא יאמר "יתברך וישתבח" כו'. וי"א דאמן שעונין אחר ברכת "האל הקדוש" ואחר "שומע תפלה" יש לו דין קדושה, ויוכל לענות אותם בק"ש, וכן עיקר - "האל הקדוש", משום דהוא סיום ג' ברכות ראשונות, **ו"שומע** תפלה" הוי סיום אמצעיות, **אבל** האמן אחר סיום "שים שלום", אף דהוא סיום כל הי"ח, הסכימו הרבה אחרונים דלא יענה באמצע ק"ש, עיין במ"א הטעם.

ולכל הני מילי פוסקים מכ"ש באומר תחנונים (תשו' הרשב"א) - לכאורה "הני מילי" לאו דוקא, דה"ה לכל אמן צריך לפסוק כשאומר תחנונים, **אבל** באמת דברי הרמ"א נכונים מאד, דהוא מיירי בתחנונים הרגיל לומר בסוף סיום י"ח, ע"כ אלו אמנים דוקא.

וכ"ש דפוסקים לכל הני מילי בפסוקי דזמרה.

ולענין אם מותר לענות אמן בין הפרקים של ק"ש וברכותיה, הח"א כתב, דאינו מותר לענות רק האמן מן הברכה עצמה שסיימה מתחלה, **אבל** הפמ"ג וכן בחי' רע"א הסכימו, דכל אמן מותר לענות בין הפרקים.

הטיל מים, לא יברך "אשר יצר", רק יטול ידיו, ולאחר התפלה יברך.

(עיין בכסף משנה, דבברכות קצרות אסור להפסיק באמצע, אפילו לאיש"ר וקדושה, **והטעם**, דע"י ההפסק לא יוכל להתחבר הסוף ברכה להשם ומלכות שאמר, והביאו להלכה בספר מגן גיבורים, **ופשוט** דלפי"ז אפי' בברכה ארוכה דאמרינן שמפסיק, אם אירע לו זה אחר שאמר סוף הברכה "ברוך אתה ד'", יזהר מלהפסיק לשום דבר, **ובח"א** נשאר בצ"ע לענין דיעבד, אם צריך לחזור לראש).

[לב]**סימן סו ס"ט - [לג]אין לענות קדיש וקדושה בין גאולה לתפלה** - וכן ברכו ומודים, **ויראה** לצמצם שיכרע בתחלת התפלה, בעת שהצבור שוחין עצמן במודים.

יש מאחרונים שכתבו, דבשבת מותר לענות קדיש וקדושה, וכל הני שדומים להם הנזכרים לעיל בס"ג, בין גאולה לתפלה.

[לד]**וכיצד עושה, ממתין ב"שירה חדשה" כדי לענות** - ר"ל אם עדיין לא שמע קדושה או ברכו, ממתין ב"שירה חדשה", לאחר שאמר "עושה פלא", **וכ"ז** לכתחלה, אבל בדיעבד כל שלא אמר "ברוך אתה ד'", יכול לענות, **ולאחר** כן צריך להתחיל מראש "שירה חדשה", או עכ"פ מ"צור ישראל", דהוא התחלת הענין, וגם הלא צריך לאמר מעין החתימה סמוך לחתימה לכתחלה.

---

§ מסכת ברכות דף יד. §

אות א'

ובמגילה מהו שיפסיק

סימן תרצב ס"ב - [א]אין לשוח בעוד שקורין אותה - היינו בין השומע ובין הקורא, אסור להם לשוח לכתחלה, ואפי' בד"ת, **ולענין** דיעבד יש חילוק, דהשומע אם שח בעת הקריאה, לא יצא, אפילו אם חיסר לשמוע תיבה אחת, דהא לא שמעה כולה, **אבל** הקורא יצא.

ולפעמים אפי' לכתחלה מותר, כגון לשאול בין הפרקים מפני הכבוד, כמו לענין ק"ש, [**ובש"ג** מסתפק מה נקרא במגילה בין הפרקים, **והגאון** מהרש"ק כתב, דפרקים נקראת, בין תחילתה ל"איש יהודי", ובין "איש יהודי" ובין "בלילה ההוא", **ובמחה"ש** מביא בשם ל"ח, כיון שיש בה פרשיות, אע"פ שהם פרשיות סתומות, מ"מ פרקים נקראו].

וכ"ז לענין שיחה באמצע הקריאה, אבל אם שח בין הברכה לתחלת הקריאה, בין השומע ובין הקורא, הפסיד הברכה.

וכן בין סוף הקריאה להברכה, ג"כ אסור להפסיק, [בין השומע ובין הקורא, דכיון דנהגינן לברך אחר המגילה, ממילא למגילה שייכא, **ובדיעבד** אם שח בינתיים, יש לעיין לדעת הטור אם יוכל לברך ברכת "הרב", **ולבעל** העיטור דהברכה אין שייכא כ"כ למגילה, אלא הודאה בפני עצמו, בודאי יוכל לברך].

באר הגולה

[כט] (ע"פ הב"י והבאר הגולה) [ל] (ע"פ הב"י) [לא] סמ"ק ורבי יונה והרא"ש ורוב המפרשים [לב] (ע"פ הבאר הגולה) [לג] תוספות שם בדף י"ג והמרדכי שם [לד] מהרי"ק בשם ר"ת [א] טור לדעתו וכ"כ רשב"א בתשו'

היה קורא פרק שני ברכות יד

אחי. כך שמו: **תנא דבי רבי חייא**. שהיה שונה בבית רבי חייא: **מהו שיפסיק**. לשאלת שלום: **ימים שהיחיד גומר בהן את ההלל**. שהוא חובה לכל אדם והם אחד ועשרים יום בשנה כדאמרינן במסכת ערכין (ד׳ י׳): **מהו שיטעום**. את התבשיל לדעת אם צריך מלח או תבלין: **מטעמת**. טעימת תבשיל: תורה אור **רביעתא**. רביעית הלוג: **חדלו לכם מן האדם**. כשיש לכם לעסוק בכבוד המקום אל תתעסקו בכבוד אדם דאי לאו הכי למה ליה לחדול: **ושמואל**. לא דריש לשון במה אלא כמשמעו במה חשבתו לזה שהקדמת כבודו לכבודי: **שואל מפני הכבוד**. והא ק״ש קודם תפלה הוא וקתני שואל: **תרגמה ר׳ אבא**. להא דרב ושמואל דאסרי: **במשכים לפתחו**. אבל פגעו בדרך שואל: ה״ג אמר רב אידי בר אבין אמר רב יצחק בר אשיאן אסור לאדם לעשות חפציו קודם שיתפלל*: **צדק**. תפלה שמצדיקו לבוראו והדר וישם פעמיו לדרכי חפציו: **אל תקרי שבע אלא שבע**. ילין בל יפקד מן השמים בחלום הרי הוא רע לכך אין מבגיחין לפקדו:

ובפרקים שואל מפני הכבוד ומשיב שלום לכל אדם תניא נמי הכי הקורא את שמע ופגע בו רבו או גדול הימנו בפרקים שואל מפני הכבוד וא״צ לומר שהוא משיב ובאמצע שואל מפני היראה ואצ״ל שהוא משיב דברי ר׳ מאיר ר׳ יהודה אומר באמצע שואל מפני היראה ומשיב מפני הכבוד ובפרקים שואל מפני הכבוד ומשיב שלום לכל אדם בעא מיניה אחי תנא דבי רבי חייא מרבי חייא בהלל ׳ובמגילה מהו שיפסיק (א)אמרינן ק״ו ק״ש דאורייתא פוסק הלל דרבנן מבעיא או דלמא *פרסומי ניסא עדיף א״ל פוסק ואין בכך כלום אמר רבה ׳ימים שהיחיד גומר בהן את ההלל בין פרק לפרק פוסק באמצע הפרק אינו פוסק וימים שאין היחיד גומר בהן את ההלל אפי׳ באמצע הפרק פוסק איני והא רב בר שבא איקלע לגביה דרבינא וימים שאין היחיד גומר את ההלל הוה ולא פסיק ליה שאני רב בר שבא דלא חשיב עליה דרבינא: בעי מיניה אשיאן תנא דבי ר׳ אמי מר׳ אמי השרוי בתענית מהו שיטעום אכילה ושתיה קביל עליה והא ליכא או דילמא הנאה קביל עליה והא איכא א״ל טועם ואין בכך כלום תניא נמי הכי ׳מטעמת אינה טעונה ברכה ׳והשרוי בתענית טועם ואין בכך כלום עד כמה ר׳ אמי ור׳ אסי טעמי עד שיעור רביעתא: אמר רב ׳כל הנותן שלום לחבירו קודם שיתפלל כאלו עשאו במה שנאמר °חדלו לכם מן האדם אשר נשמה באפו כי במה נחשב הוא *אל תקרי במה אלא במה ושמואל אמר במה חשבתו לזה ולא לאלוה מתיב רב ששת בפרקים שואל מפני הכבוד ומשיב תרגמה ר׳ אבא במשכים לפתחו (א״ר יונה א״ר זירא כל העושה חפציו קודם שיתפלל כאלו בנה במה אמרת א״ל לא אסור קא אמינא וכדרב אידי בר אבין ד) אמר רב אידי בר אבין אמר רב יצחק בר אשיאן ׳אסור לו לאדם לעשות חפציו קודם שיתפלל שנאמר °צדק לפניו יהלך וישם לדרך פעמיו ואמר רב אידי בר אבין אמר רב יצחק בר אשיאן ׳כל המתפלל ואח״כ יוצא לדרך הקב״ה עושה לו חפציו שנאמר צדק לפניו יהלך וישם לדרך פעמיו: (ו) א״ר יונה א״ר זירא *כל הלן שבעת ימים בלא חלום נקרא רע שנאמר °ושבע ילין בל יפקד רע אל תקרי שבע אלא שבע א״ל רב אחא בריה דרבי חייא בר אבא הכי א״ר חייא א״ר יוחנן כל המשביע עצמו מדברי תורה ולן אין מבשרין אותו בשורות רעות שנאמר ושבע ילין בל יפקד רע: אלו הן בין הפרקים וכו׳: א״ר אבהו א״ר יוחנן ׳הלכה כר׳ יהודה דאמר בין אלהיכם לאמת ויציב לא יפסיק *א״ר אבהו א״ר יוחנן מאי טעמיה דרבי יהודה דכתיב וה׳

ימים שהיחיד גומר בהם את ההלל. לאו דוקא יחיד אלא אפילו צבור קורא יחיד כיון שאין כל ישראל ביחד כמו שהיו בשחיטת פסחים בי״ד בניסן ולאו דוקא גומר דודאי קי״ל דימים שאין יחיד גומר את ההלל אין חובה לאמרו כלל אפילו בדילוג דהכי משמע בערכין (פ״ב ד׳ י:) דחשיב כ״א יום דיחיד גומר בהן את ההלל ופריך ר״ה וי״כ נמי לימא משמע דבשאר ימים טובים כמו בראשי חדשים פשיטא ליה דאין לומר מדלא חשיב יותר מכ״א יום וגם מדלא קאמר לגמור בר״ה ובי״ה דאז הוה משמע דבשאר ימים טובים כמו בר״ח ודאי אין גומרין אבל קורין אבל עתה משמע אפילו קורין לא וכן משמע בפרק בתרא דתענית (ד׳ כח:) רב איקלע לבבל חזנהו דהוו קא קרו בר״ח סבר לאפסוקינהו. פירוש שהיה סובר שהיו גומרים אותו כיון דחזא דקא מדלגי דלוגי אמר ש״מ מנהג אבותיהם בידיהם אלמא דימים דאין גומרין בהן הלל אין חובה לאמרו ומה שאנו אומרין אותו היינו משום מנהג. וכתוב במחזור ויטרי כיון שאינו אלא מנהג בעלמא לא מברכינן עליה כדאמר פרק לולב וערבה (סוכה ד׳ מד:) אין מברכין על דבר שהוא מנהג. ומיהו אומר ר״ת דאינו ראיה דאטלטול ודאי לא מברכינן אבל על מלוה פשיטא דמברכינן דהא חזינן כל יו״ט שני אינו אלא מנהגא ומברכין והכא נמי משמע דמברכין דאי לא מברכין מאי הפסקה שייך בה ועוד ראיה דמברכינן על מנהגא מהא דרב על לבי כנישתא וכו׳ ואם לא ברכו בתחלה אמאי לא הרגיש רב דהוה מנהגא עד שדלגו אלא בוודאי ברכו מפני שמברכים בטוב על מנהגא ובשביל כן לא הרגיש עד הדלוג וא״ת אמאי לא אסיק אדעתיה אם ברכו לקרות או לגמור וי״ל דבכך אין לחוש שבטוב יכול לברך לגמור אפי׳ כשהוא מדלג או איפכא ומה שמברכין כך על הדלוג לקרות וכשהן גומרין לגמור כדי שלא יטעו ומשום הכי לא היה יכול להבין מתוך הברכה עד הדלוג ויש שרוצין לומר דיחיד האומר הלל בימים שאין גומרין שאין לו לברך ומיהו השר מקוצי היה אומר דכיון שרצה לחייב עצמו מברך ואין זה ברכה לבטלה מידי דהוה אלולב (ב) ואתפילין דהני נשי מברכות אע״ג שאינן חייבות ובלילי פסחים יש שמברכין פעמים בתחלה לקרות ואחר הסעודה אחר שפוך מברכין לגמור ומייתי ראיה מירושלמי (דפרק א׳) מההיא דמייתי עלה דכל הברכות *פותחין בברוך חוץ מן הברכות הסמוכות לחברתה וברכת הפירות והמצות ופריך בירושלמי עלה והא איכא גאולה פירוש אשר גאלנו דסמוכה לחברתה ואמאי פותחת בברוך שנייא דאם שמעה בבהכ״נ יצא ופריך והרי סופה פירוש יהללוך דאינה סמוכה שהסעודה מפסקת ואפ״ה אינה פותחת בברוך ומשני שתים הנה אחת להבא ואחת לשעבר פירוש אחת להבא זו היא אותה ברכה שמברכין אחר אכילה לגמור ולאותה ברכה היא סמוכה אחת לשעבר היינו אותה שבירך קודם אכילה אלמא דמברכין שני פעמים אבל זה הפירוש אינו מיושב דהרי (ג) סיפא משמע דקאי אברכה דאשר גאלנו דקאי בה מתחלה אלא ודאי אברכה דאשר גאלנו קאי כאשר אפרש מיהו משמע בירושלמי כאשר פירשתי תחלה שהיו מברכין ב׳ פעמים תחלה וסוף אבל אומר ר׳ יהודה דזו היא תמיהא גדולה מאחר שבירך קודם אכילה אמאי מפסיק ואוכל בינתים שהרי בימים שאין יחיד גומר בהן את ההלל כיון שבירך תחלה כמו הכא אינו מותר לפסוק אלא מפני הכבוד דאי בשלא בירך אמאי לא יפסיק באמצע אפילו שלא מפני הכבוד הא לא היה מפסיק שום ברכה אלא נראה הא דפריך בירושלמי הרי גאולה דמשמע דמברכין עליה בתחלה איירי באדם שעושה הסדר בבת אחת שאז אינו מפסיק שאינו צריך אבל אנו שמפסיקין לאכול אין לנו לברך כלל לא בתחלה ולא בסוף והא דקאמר בירושלמי והרי (ד) סיפא זהו אשר גאלנו דחותמת בברוך ואמאי והא הודאה בעלמא היא כברכת פירות ואמאי חותמת בברוך ומשני שתים הנה שתי גאולות אחת להבא ואחת לשעבר פירוש לעתיד כמו יגיענו וגם היא ארוכה קצת וגם יש בה לשעבר כמו אשר גאלנו מגאולת מצרים לפיכך חותמת בברוך ומה שהקשה מיהללוך שאינה סמוכה לפי מה שפרשתי עתה ואפ״ה אינה פותחת בברוך יש ליתן טעם לפי שהיא הודאה בעלמא ואפילו שהיא ארוכה קצת תקנו בה חתימה ולא פתיחה כמו אלהי נשמה. וכן משמע בירושלמי שהיה דרכן לומר הלל בבית הכנסת ואח״כ שותין כוסות שלהם בביתם בלא שום סדר דבעי בירושלמי (פ׳ ע״פ) שאין בבת אחת מהו פירוש זה אחר זה בלא הלל וסדר בינתים מהו (ה) שמעינן מן הדא דא״ר יוחנן הלל אם שמעה בבית הכנסת יצא וכן משמע בתוספתא *דמי שלא היה יודע ונכנס בבית הכנסת וכו׳ והשתא נמי מיושב דבשביל כך פותחת ברכה דאשר גאלנו בברוך דטעמא שאינה סמוכה כי הא דאם קרא הלל בבהכ״נ יצא: **או** דילמא הנאה קביל עליה. הא לישנא משמע דמיירי בתענית יחיד שקבל עליו אבל בתענית הכתוב לא: **טועם** ואין בכך כלום. פירש ר״ח שחוזר ופולט דלא חשיב הנאה מן הטעימה אבל בולע לא אפילו בשאר תעניות ומשום הכי הפולט אינו צריך ברכה שאינו נהנה: **במשכים** לפתחו. וכן הלכה אבל פגעו באקראי מותר:

למה

עין משפט נר מצוה

יג א טור וש״ע או״ח סימן תרצב סעיף ב:
יד ב מיי׳ פ״ג מהלכות חנוכה הלכה ט טור ש״ע או״ח סימן תכב סעיף ד [ובסי׳ תפח סעי׳ א] ובסימן תרמד סעיף א:
טו ג מיי׳ פ״א מהלכות ברכות הלכה ב סמג (הלכות ברכות) עשין כז טוש״ע או״ח סימן רי סעיף ב:
טז ד מיי׳ פ״א מהלכות תענית הלכה יד טוש״ע או״ח סימן תקסז סעיף א [רב אלפס תענית פ״א דף קעב]:
יז ה מיי׳ פ״ו מהלכות תפלה הלכה ד סמג עשין יט טור ש״ע או״ח סימן פט סעיף ב:
יח ו [מיי׳ שם סמג שם טוש״ע] שם סעיף ג: [ו מיי׳ שם טוש״ע שם וע״ש בב״י]
יט ז מיי׳ פ״ב מהלכות ק״ש הלכה יז סמג עשין יח טוש״ע או״ח סימן סו סעיף ה:

רב נסים גאון

אמר (רבא) [רבה] ימים שהיחיד גומר בהן את ההלל כו׳. איתיה לפירושיהו במסכתא תענית בפ׳ בג׳ פרקים בשנה (דף כח) דאמר ר׳ יוחנן משום ר׳ שמעון בן יהוצדק י״ח ימים יחיד גומר בהן את ההלל כו׳ והתם נמי אמרינן אמר- (רבה) [רבא] זאת אומרת הלל דראש חודש לאו דאורייתא ולפיכך התיר רבא לפסוק בו אפי׳ באמצע הפרק:

גליון הש״ס

גמ׳ מטעמת כו׳. עי׳ ילקוט ש״א י״ד בפסוק ויפדו העם את יונתן:

מסורת הש״ס

[שבת דף כג:] ב״מ עד שיתפלל
ישעיה ב
*סוטה ד:
עי׳ רש״א
תהלים פה
מבלי יט
לקמן דף נה: [וגם איתא ר׳ זעירא וכ״ה בשאלתות] [בפ׳ מקן]
[נ״ל ואמר]
[פותחות וחותמות בברוך כצ״ל רש״א]
*פרק ע״פ

הגהות הב״ח

(א) גמ׳ מהו שיפסיק מי אמרינן:
(ב) תוס׳ ד״ה ימים וכו׳ מידי דהוה אלולב ואתקיעות דהני נשי:
(ג) בא״ד אינו מיושב דהרי סיפא משמע:
(ד) בא״ד בירושלמי והרי סופה זהו:
(ה) בא״ד מהו נשמעינן מן הדא:

אות ב'

ימים שהיחיד גומר בהן את ההלל: בין פרק לפרק פוסק, באמצע הפרק אינו פוסק; וימים שאין היחיד גומר בהן את ההלל: אפילו באמצע הפרק פוסק

סימן תכב ס"ד - [ב]לענין הפסקה, אפילו באמצע - הפרק, **שואל בשלום [ג]אדם שהוא צריך לנהוג בו כבוד, ומשיב שלום לכל אדם, אבל בענין אחר לא יפסיק** - ואפילו בין הפרקים. **ועיין** לעיל בסימן ס"ו, ותלמוד לכאן ביאור הדברים.

(עיין בא"ר בשם הרב דוד אבודרהם, דלדעת הפוסקים דיחיד אין מברך על הלל, אין שייך בזה שם הפסק כשקורא ביחיד, אכן מדברי המחבר שהביא למעלה דעת הרמב"ם, שאין מברכין כלל בר"ח על הלל, ושנהגו כוותיה, והכא סתם בדין זה, משמע דס"ל דדין זה שייך לכו"ע, ולא דמי למי שקורא בספר תהלים דיכול להפסיק לכל דבר, דשאני הכא דהוא פרסומי ניסא וחשיבא יותר, ולהכי אין להפסיק בכדי).

הגה: ודוקא בר"ח, ופסח בימים שאין גומרים הלל, אבל כשגומרים אותו, לענין הפסקה דינו כמו בק"ש, וע"ל סי' תפ"ח ס"א - ששם מבואר היטב דיני הפסקה.

סימן תפח ס"א - [ד]שחרית נכנסים לבית הכנסת, וקורים הזמירות של שבת - היינו המזמורים שאומרים קודם פסוקי דזמרה, **וגם** "מזמור שיר ליום השבת" אומרים, דיו"ט נמי אקרי שבת, **וכן** אומרים ברכת "נשמת" כמו בשבת, **ואחר** "ברכו" אומרים ברכת "יוצר אור" כמו בחול.

[**ובכנסיות** יו"ט אין אומרים "מזמור שיר ליום השבת", רק כשחל יו"ט בשבת. **ויש** מקומות שאין אומרים "לכה דודי" כשחל יו"ט בשבת או בחוה"מ שחל בשבת, רק "מזמור שיר ליום השבת" אומרים].

ומתפללין תפלת שחרית, [ה]וגומרין ההלל, ([ו]ומברכין "לקרות הכלל") - ר"ל שלא יאמר "לגמור ההלל", דשמא ידלג תיבה או אות אחת, ויש חשש ברכה לבטלה, [לשון הטור בשם הר"מ, **ולכאורה** אף אם יברך "לקרות", אם ידלג מההלל ג"כ לא יצא, **ואפשר** לומר דסבר הר"מ, דאף אם לא קרא התיבה כתיקונה ג"כ יצא, ולזה אמר, אם יאמר "לקרות" לא יהיה חשש ברכה לבטלה, **משא"כ** אם יאמר "לגמור", אף אם ידלג אות אחת, הרי לא גמר, ויש כאן חשש ברכה לבטלה], **ואם** אמר "לגמור" יצא, ובמקום שנהגו לומר "לגמור", אין לבטל מנהגם.

ואם חיסר פסוק אחד או תיבה אחת, צריך להתחיל אח"כ מאותו פסוק ולגמור עד סוף ההלל, דאם יאמרנו במקום שנזכר, הו"ל קריאה למפרע, ולא יצא, [**וצריך** ליזהר מאוד בימים שגומרין ההלל, שלא יקרא התיבות בטעות שמשתנה הענין עי"ז].

אם בא לבהכ"נ סמוך להלל, יקרא תחלה הלל עם הצבור, ואח"כ יתפלל, והוא שלא יעבור זמן ק"ש ותפלה עי"ז, [**ואם** הוא עומד באמצע פסוקי דזמרה, לא יפסיק, **אכן** הם הוא עומד בין "ישתבח" ל"יוצר", יפסיק כדי שיאמר הלל בציבור, והיינו אם הוא יודע שאח"כ לא יזדמן לו ציבור שיאמרו הלל].

[ז]ואין מפסיקין בו אלא כדרך שאמרו בקריאת שמע, באמצע הפרק שואל בשלום אביו או רבו, ומשיב שלום לאדם נכבד שנתן לו שלום; ובין הפרקים שואל בשלום אדם נכבד, ומשיב שלום לכל אדם - ופרטי דינים אלו עיין לעיל סימן ס"ו.

הגה: (ודוקא בב' ימים הראשונים שגומרים בהם ההלל, דינא הכי לענין הפסקה, אבל בימים שאין גומרין, ע"ל סי' תכ"ב ס"ד).

[ח]ואם פסק באמצע - היינו אפי' באמצע הפרק, **ושהה אפילו כדי לגמור את כולו, אינו צריך לחזור אלא למקום שפסק** - ומדסתם משמע אפי' שהה באונס, ועיין לעיל בסימן תכ"ב במ"ב.

ואלו הן הפרקים: "הללויה הללו עבדי ה'" וגו', "בצאת ישראל ממצרים" וגו', "לא לנו ה' לא לנו" וגו', "אהבתי" וגו', "הללו את ה' כל גוים" וגו', "מן המצר" וגו', **ורד"ק** כתב, ד"מן המצר" אינו תחלת המזמור, אלא מתחיל "הודו לה' כי טוב" וגו'.

סימן תרמד ס"א - שחרית אחר חזרת התפלה, [ט]נוטלין הלולב ומברכין: "על נטילת לולב", [י]"שהחיינו" - ואח"כ ינענע, **והנה** "שהחיינו" זה הוא על קיום המצוה, וע"כ אף דאתמול בלילה בירך "שהחיינו", שם היה על מצות סוכה ועל יו"ט, וזה הוא על מצות לולב, **ואם** נטל הלולב ביום א' ולא בירך "שהחיינו", יכול לברך כל ז' אימת שיזכור, ובשעת נטילה דוקא, **ואם** בירך ביום א', שוב אין מברך ביום ב' "שהחיינו", [דאע"פ שיום א' היה חול, הו"ל כמו שבירך בשעת עשייה, דיצא].

בטור איתא דמשכימין, והוא משום דזריזין מקדימין למצוה, לקיים מצות לולב.

באר הגולה

[ב] מימרא דרבא ברכות י"ד [ג] **הרא"ש שם ורוב המפרשים** ‹ודוקא מפני הכבוד, הלא"ה לא, וכדאמרינן התם ברב בר שבא דאזיל לקמיה דרבינא בימים שאין היחיד גומר בהן את ההלל, ולא פסיק ליה לשאל בשלומיה, ואמרינן משום דלא חשיב עליה דרבינא, כלומר דלא חשיב מפני הכבוד, דלאו רביה ולא גדול בחכמה הוא – ר"ן מס' שבת› [ד] לשון טור [ה] מימרא ערכין י' [ו] טור בשם הר"מ מרוטנברג. הרב בסי' תרמ"ד ‹היינו המחבר, הובא להלן בסמוך› פסק שמברכין לגמור, וכן כתב הטור בסי' זה, אף שהר"מ היה מברך לקרות, הרא"ש דחה דבריו, וכתב הבית יוסף שכן נראה מהמפרשים בפ"ב דברכות וכן נהגו הספרדים [ז] ציינתיו לעיל סי' תכ"ב [ח] גם זה ציינתי שם [ט] ברייתא סוכה מ"ו [י] הרא"ש, וכהא דרב כהנא דמסדר להו אכסא דקדושה, הכי נמי דלולב מברכין ליה בשעת נטילה

אין אומרים "אל נא" ביום א' דסוכות, כי אומר במקומו "אז היתה חניית סוכו", שהוא ג"כ שיר ושבח כמו "אל נא", **ובמקום** שמהפכין הסדר כשחל בשבת יום ראשון, אז ראוי לומר "אל נא" ביום א' ולא ביום ב', **והעולם** לא נהגו כן לפי שלא ידעו טעמו של דבר.

וגומרים ההלל; וכן כל שמונת ימי החג - ולא הוי כחוה"מ פסח דמדלגין, משום דבסוכות כל יום חשוב כיו"ט בפני עצמו, כיון שחלוק קרבנותיו מיום שלפניו.

[יא] **ומברכים "לגמור את ההלל", בין צבור בין יחיד** - ר"ל ולא הוי כמו ר"ח וחוה"מ פסח, דלכמה פוסקים אין מברכין אז על ההלל אפילו לצבור, ובפרט ליחיד, **דשם** ההלל הוא רק מנהג של כל ישראל, אבל בזה דמדינא הוא, מברכין לכו"ע בין לצבור בין ליחיד.

עיין לעיל סימן תפ"ח ס"א בהג"ה שם, דבמדינותינו המנהג לברך "לקרות ההלל".

[יב] **ואין מפסיקין בו אלא כדרך שאמרו בקריאת שמע: באמצע, שואל מפני היראה ומשיב מפני הכבוד; בין הפרקים, שואל מפני הכבוד ומשיב שלום לכל אדם; ואם פסק באמצע, ושהה אפי' כדי לגמור את כולו, אינו צריך לחזור אלא למקום שפסק** - הכל מבואר לעיל בסימן תפ"ח ובמ"ב שם, לענין הלל בשני ימים הראשונים של פסח, דגומרין בו ההלל, **ולא** כפלו הכא אלא לאשמועינן, דבסוכות שוין בזה לדינא כל שמונת הימים, [דיש כמה דינים חלוקין לענין הפסקה, בין חוה"מ פסח דדינו לענין זה כר"ח, ובין חוה"מ סוכות דחמיר טפי], **ולדידן** בחו"ל גם שמחת תורה בכלל זה, דגם בו גומרין ההלל, דהוא ספק שמיני.

אם הביאו לו לולב באמצע הלל, מותר לו להפסיק בין הפרקים, דהיינו בין מזמור למזמור, לברך - ח"א.

אות ג'

מטעמת אינה טעונה ברכה

סימן רי ס"ב - הטועם את התבשיל [יג] "אינו צריך לברך עד רביעית - ועד בכלל, **דאע"ג** דאסור ליהנות מן העוה"ז בלא ברכה, אפי' כל שהוא, בין באכילה בין בשתיה, **היינו** כשמכוין לאכול ולשתות, אבל הכא שאין כונתו אלא לטעום לידע אם צריך מלח או תבלין, א"צ ברכה לא לפניה ולא לאחריה, **אבל** יותר מרביעית, כיון שהוא הנאה יתירה, חשיב כמו שמתכוין לאכילה.

ואפי' אם הוא אוכל קצת מהמאכל אחר הבישול, שאין ביכלתו לתקן אז המאכל, ורק לידע אם הוא טוב, **ג"כ** מצדדים הא"ר והפמ"ג דגם זהו בכלל טעימה, אחרי שאין כונתו לשם אכילה.

[**ואם** כוונתו לטעימה וגם ליהנות מזה, יש לעיין, **ומח"א** משמע דצריך לברך].

ועיין במ"א שכתב, דעד רביעית דשרי היינו אפילו לטעום מהרבה קדירות, (**והנה א"א לומר דכוונתו מכולם כדי רביעית, דא"כ מאי רבותא, וע"כ נראה דכוונת המ"א הוא, דמותר כדי רביעית מכל קדרה וקדרה, דעל כל אחת בשם טעימה מקרי, לידע אם צריכה מלח ותבלין**).

(**ולכאורה דבריו אלו שייכים לשתי הדעות המבוארים בסימן תקס"ז ס"ב, דהיינו להפוסקים שם דאפילו בבת אחת מותר כדי רביעית, יהיה מותר מכל קדרה וקדרה רביעית בב"א, ולהפוסקים שם דדוקא מעט מעט, יהיה מותר מכל קדרה מעט מעט עד כדי רביעית, אמנם ראיתי לקמן שם בביאור הגר"א, דס"ל דשתי הדעות שם הוא רק לענין התענית, אבל לענין ברכה, ע"כ מה דקאמרה הגמרא כדי רביעית, היינו בבת אחת, וא"כ ע"כ דס"ל דאפילו בבת אחת שרי**).

ומיהו אם כונתו לאכול מעט, אסור לעשות הרבה פעמים דהו"ל אכילה מעלייתא, (מ"א, **ולכאורה כיון שכוונתו לאכול, אפי' פעם אחת אסור, דהעיקר תלוי בכוונת הלב, ונראה שלזה כוון הפמ"ג שכתב: וצ"ע קצת בזה, ונ"ל שכוונת המ"א הוא, אפי' לפי"מ שהביא מתחלה ראיה מרוקח להקל אפילו במתכוין, כיון שהוא טועם רק מעט, הכא שהוא הרבה פעמים, אסור אף לדידיה**).

ולענין טעימה איזה דבר אוכל לידע אם הוא טוב, מצדדים האחרונים דשיעורו הוא רק עד כזית.

ודע, דאף שבשו"ע כתב "אין צריך לברך", ממילא אסור לברך, דהו"ל ברכה לבטלה.

[יד] **ואפילו אם הוא בולעו** - ואם הוא פולט, מותר אפילו ביותר מרביעית בלי ברכה, גם לדעה זו.

וי"א [טו] שאם הוא בולעו, טעון ברכה - אפילו בכל שהוא, כיון שיש לו הנאת מעיו, **ולא פטרו את הטועם אלא כשחוזר ופולט** - דבזה התירו כשכונתו רק לטעימה בעלמא, כיון שאין לו רק הנאת החיך מהתבשיל שטעם, או מהאוכל שלעס.

[טז] **ואז אפי' על הרבה אינו צריך ברכה** - וע"כ הלועס לתינוק, כיון שאינו בולע, אפילו להרבה א"צ ברכה.

הגה: וספק ברכות להקל - היינו באפילו אם הוא בולע לא יברך, כיון שאין כונתו לאכילה וכסברא הראשונה. **והנה** המ"א חולק על השו"ע והרמ"א, וס"ל דבבולע לכו"ע חייב לברך, **אבל** כמה אחרונים החליטו עם פסק הרמ"א, דהוא ספק ברכה ולא יברך, **ולכתחלה** טוב ליזהר הרוצה לבלוע, שיתכוין ליהנות ממנו בתורת אכילה, ויברך עליו.

ואותן שנותנין עשב שקורין טאב"ק לתוך שפופרת, ומדליקין אותו ושואבין העשן בפיהם, נסתפק המ"א בזה אי הוי כטועם ופולט, **והאחרונים** החליטו בפשיטות שאין לברך על עישון הטאב"ק הזה.

באר תגולה

יא ציינתיו לעיל סימן תפ"ח יב גם זו ציינתי שם יג שם י"ד ע"א יד ממשמעות הרי"ף והרמב"ם טו תוס' בשם ר"ח ושאר פוסקים טז ולפירוש זה אינו ענין שיעור רביעית אלא לענין תענית, אבל לענין ברכה דלפניו אין חילוק בין פחות מרביעית ליותר מרביעית, שאם הוא בולע אפילו בכל שהוא צריך לברך, ואם אינו בולע כלל אע"פ שטועם שיעור גדול א"צ לברך, דברכה שאני, שאינו מברך אלא על הנאת מעיו, וכיון שלא בלע כלל אינו מברך – ב"י

אות ד'

והשרוי בתענית טועם ואין בכך כלום

סימן תקסז ס"א - [יז]"השרוי בתענית יכול לטעום כדי רביעית - הלוג, והיינו ביצה ומחצה, אם יש בו מלח או תבלין, **דלא** קביל עליה שלא יהנה, אלא שלא יאכל וישתה, וזה לא מיקרי אכילה ושתיה, [יח]"**ובלבד שיפלוט** - דאל"ה חשיב שתיה, ואפילו משהו אסור. **ואפשר** דאפי' כונתו להנאת עצמו שרי, כיון שאינו בולע.

כתב הט"ז, דדינא דשו"ע הוא דוקא לענין תענית, אבל מי שמודר מאיזה מאכל, אסור אפילו לטועמו ולפלוט, דשם הנאה קביל עליה.

[יט]"**וביום הכפורים ובתשעה באב, אסור** - דא"א לומר שלא קיבל עליה, דלאו בקבלתו תליא, ואפילו בפחות מרביעית אסור, (**ושנוי** להמחבר יוה"כ ות"ב משארי תעניות צבור הכתובים, **אף** דהם נמי א"צ קבלה, משום דאינהו אין חיובן גדול כ"כ, וברצון תלוי, כ"ז מבואר מדברי הרב ב"י בשם הריב"ש, **ובאשכול** ראיתי שהעתיק את דברי הר"י אברצלוני, שממנו נובע הדין לאסור הטעימה ביוה"כ ות"ב, דהטעם, דקיי"ל אסור להושיט ידו למים באלו, וכל הנאה אסורה, עכ"ל, **וכונתו**, כמו לענין רחיצה לאו רחיצה ממש אסרו, אלא אפילו הושטת יד למים, ה"ה לענין אכילה, לאו אכילה ממש דוקא, **אלא** ה"ה כל הנאה של אכילה, **ולטעם** זה פשוט דוקא ביוה"כ ות"ב אסור).

הגה: ויש מחמירין בכל תענית צבור - היינו ד' תעניתים הכתובים, **והכי נוהגין (תוס' והג' מיימוני ות"ה)** - דבהם נמי א"צ קבלה, (הרמ"א העתיק דעת התוספת, דכל תענית שא"צ קבלה אסור).

ובמקום סעודת מצוה, שמבשלין ביום לצורך הלילה, יש לסמוך אדעה ראשונה, להתיר בשארי תעניתים לטעום התבשיל מעט מעט, אם יש בו מלח ותבלין, ולפלוט.

אות ה'

כל הנותן שלום לחבירו קודם שיתפלל כאילו עשאו במה

סימן פט ס"ב - [כ]כיון שהגיע זמן תפלה - היינו מעמוד השחר, **אסור לאדם להקדים לפתח חבירו ליתן לו שלום** - וה"ה אם הולך בבהכנ"ס ממקום הקבוע לו למקום חבירו ליתן לו שלום.

וה"ה אם היה אביו או רבו, **ואם** יש לחוש לאיבת גברא אלמא, אם יכול ליתן ידו בלא אמירת שלום, שפיר דמי, **וכשפגעו** בדרך, יש להקל בגברא אלמא גם באמירת שלום, דבלא"ה מדינא מותר, וכדלקמן, כן נ"ל.

משום [כא]דשמו של הקב"ה שלום - ואין ראוי להזכיר שמו על האדם ולכבדו קודם שמכבד להקב"ה, **ובלשון** לע"ז יש לעיין, **ומסתברא** דאם אומר: הרחום ירחמך, או החנון יחננך וכדומה, שרי, דמברכו בשמו של הקב"ה.

אבל מותר לומר לו: צפרא דמרי טב; ואפילו זה אינו מותר אלא כשהוצרך ללכת לראות איזה עסק - ר"ל שהוצרך ללכת דרך חצירו של חבירו בראיית איזה עסק, ואגב זה הולך לפתחו לומר לו: צפרא דמרי טב, אבל ליתן לו שלום, אף בכה"ג אסור, (**ומשמע** דדוקא בזה, כיון שעכ"פ הוא משכים לפתחו לזה, אבל אם הוא משכים לפתח חבירו לראות שם איזה עסק, ואגב זה נותן לו ג"כ שלום, מותר, כ"כ הפמ"ג, **אבל** מדברי הב"ח והגר"א משמע, דאסור אף בכה"ג).

ודע, דמה שכתב השו"ע לראות איזה עסק, דוקא לראות, אבל להתעסק ממש אסור קודם התפלה, וכדלקמן בסעיף ג'.

אבל אם אינו הולך אלא להקביל פניו קודם תפלה, אפי' זה הלשון אסור.

וכן אסור לכרוע לו כשמשכים לפתחו, [כב]וי"א דכריעה אסורה אפי' בלא משכים לפתחו - וכן יש להורות.

ואם התחיל לברך הברכות, (א"כ) אין לחוש כל כך - פי' דאז מותר לכרוע כשאין משכים לפתחו, **אבל** במשכים לפתחו, בין לכרוע או נתינת שלום, אפילו התחיל בברכות אסור.

ואם אינו משכים לפתחו, אלא שפגע בו בדרך, מותר ליתן לו שלום.

[כג]וי"א שאפילו במוצא חבירו בשוק, לא יאמר לו אלא "צפרא דמרי טב" - ולא יתן שלום, אע"פ דרגיל ליתן לו שלום, **כדי שיתן לב שהוא אסור להתעכב בדברים אחרים כלל עד שיתפלל** - ר"ל דאף דמדינא מותר, מ"מ נהגו קדמונינו להחמיר בזה מזה הטעם, **ואם** התחיל הברכות, אין לחוש כ"כ ומותר ליתן שלום.

וכ"ז לפתוח לומר לחבירו שלום, אבל כשחבירו שואל בשלומו, מותר להשיב בכל ענין, **וכ"ש** דמי שכבר התפלל, מותר להשכים לפתחו של חבירו שלא התפלל ליתן לו שלום, אע"פ שיצטרך להשיבו.

באר הגולה

[יז] בעיא ונפשטא ברייתא ברכות י"ד [יח] תוס' ורא"ש בשם ר"ח [יט] רא"ש בפ"ק דתענית בשם הר"י ברצלוני [כ] שם י"ד [כא] ר' יונה שם ור' ירוחם בשם גאון [כב] א"ח [כג] הראב"ד ורשב"א

אות ו' – [ו']

אסור לו לאדם לעשות חפציו קודם שיתפלל

כל המתפלל ואחר כך יוצא לדרך, הקב"ה עושה לו חפציו

סימן פט ס"ג - [כד]**אסור לו להתעסק בצרכיו, או לילך לדרך, עד שיתפלל תפלת י"ח** - ואפילו קודם מנחה ומעריב אם הגיע זמנם, דינם כמו קודם שחרית.

ואפילו אם במקום שיבוא יהיה יכול ג"כ להתפלל עם הצבור בזמנו, אעפ"כ אסור, דהליכה בדרך הוי כעוסק בצרכיו, **אך** כ"ז שלא בשעת הדחק, אבל בשעת הדחק שאין השיירא ממתנת לו, יכול לילך מקודם לדרך ויתפלל בדרך, **ומשמע** מהרבה פוסקים, דאפילו כבר הנץ החמה, ג"כ מותר בזה.

(ויש מקילין לאחר שאמרו מקצת ברכות, קודם שאמרו "ברוך שאמר", וטוב להחמיר בזה) (תרומת הדשן).

וקודם אור הבוקר שרי לעשות מלאכה, **וכתב** הא"ר, דמ"מ אין לעשות שום ענין עד שיברך סדר הברכות, **ופשוט** דכוונתו בחצי שעה שסמוך לאור הבוקר.

ומי שיש לו עבדים עברים או משרתים שצריך שישמשוהו, יזהירם מבערב שבקומם ממטתם ירחצו ידיהם ויברכו הברכות, ויקראו פרשה א' של "שמע", ואח"כ יכול לעשות צרכיו, **וכ"ז** הוא ממדת חסידות, אבל מדינא אין קפידא.

אות ז'

הלכה כרבי יהודה דאמר: בין אלהיכם לאמת ויציב לא יפסיק

סימן סו ס"ה - [כה]**ואלו הן בין הפרקים: בין ברכה ראשונה לשניה; בין שניה ל"שמע"; בין "שמע" ל"והיה אם שמוע"; בין "והיה אם שמוע" ל"ויאמר".**

אבל בין "ויאמר" ל"אמת ויציב" לא יפסיק, [כו]**שלא להפסיק בין "ה' אלהיכם" ל"אמת"** - אפילו בשהייה בעלמא, **הטעם**, משום דכתיב: וד' אלהים אמת, לפיכך אין להפסיק בו, **והוא** חמור אפי' מאמצע הפרק. **אלא יאמר: אני ה' אלהיכם אמת, ואז יפסיק כדין באמצע הפרק** - משמע שא"צ לומר יותר, **ויש** שסוברין דכיון ד"ויציב" הוא ג"כ לשון אמת, אין להפסיק בין "אמת" ל"ויציב", **ובביאור** הגר"א מסכים להשו"ע, **וטוב** ליזהר לכתחלה.

באר הגולה

כד ברכות י"ד כה ברכות י"ג כו שם י"ד

(ירמיה י) וה' אלהים אמת חוזר ואומר אמת או אינו חוזר ואומר אמת א"ר אבהו א"ר יוחנן חוזר ואומר אמת רבה אמר אינו חוזר ואומר אמת ההוא דנחית קמיה דרבה שמעיה רבה דאמר אמת אמת תרי זימני אמר רבה כל אמת אמת תפסיה להאי אמר רב יוסף כמה מעליא הא שמעתתא דכי אתא רב שמואל בר יהודה אמר אמרי במערבא ערבית דבר אל בני ישראל ואמרת אליהם אני ה' אלהיכם אמת אמר ליה אביי מאי מעליותא והא אמר רב כהנא אמר רב לא יתחיל ואם התחיל גומר וכי תימא ואמרת אליהם לא הוי התחלה והאמר רב שמואל בר יצחק אמר רב דבר אל בני ישראל לא הוי התחלה ואמרת אליהם הוי התחלה אמר רב פפא קסברי במערבא ואמרת אליהם נמי לא הויא התחלה עד דאמר ועשו להם ציצית אמר אביי הלכך אנן אתחולי מתחלינן דקא מתחלי במערבא וכיון דאתחלינן מגמר נמי גמרינן דהא אמר רב כהנא אמר רב לא יתחיל ואם התחיל גומר חייא בר רב אמר אמר אני ה' אלהיכם צריך לומר אמת לא אמר אני ה' אלהיכם אינו צ"ל אמת והא בעי לאדכורי יציאת מצרים דאמר הכי מודים אנחנו לך ה' אלהינו שהוצאתנו מארץ מצרים ופדיתנו מבית עבדים ועשית לנו נסים וגבורות על הים ושרנו לך: אמר ר' יהושע בן קרחה למה קדמה פרשת שמע וכו': תניא ר"ש בן יוחי אומר בדין הוא שיקדים שמע לוהיה אם שמוע שזה ללמוד וזה ללמד והיה אם שמוע לויאמר שזה *ללמוד וזה לעשות אטו שמע ללמוד אית ביה ללמד ולעשות לית ביה והא כתיב ושננתם וקשרתם וכתבתם ותו והיה אם שמוע ללמד הוא דאית ביה ולעשות לית ביה והא כתיב וקשרתם וכתבתם אלא הכי קאמר בדין הוא שתקדם שמע לוהיה אם שמוע שזה ללמוד וללמד ולעשות והיה אם שמוע לויאמר שזה יש בה ללמד ולעשות ויאמר אין בה אלא לעשות בלבד ותיפוק ליה מדרבי יהושע בן קרחה חדא ועוד קאמר חדא כדי שיקבל עליו עול מלכות שמים תחלה ואח"כ יקבל עליו עול מצות ועוד משום דאית בה הני מילי אחרניתא. רב משי ידיה וקרא ק"ש ואנח תפילין (א) וצלי והיכי עביד הכי והתניא החופר כוך למת בקבר פטור מק"ש ומן התפלה ומן התפילין ומכל מצות האמורות בתורה הגיע זמן ק"ש עולה ונוטל ידיו ומניח תפילין וקורא ק"ש ומתפלל הא גופא קשיא רישא אמר פטור וסיפא חייב הא לא קשיא סיפא בתרי ורישא בחד מ"מ קשיא לרב רב כרבי יהושע בן קרחה סבירא ליה דאמר עול מלכות שמים תחלה ואח"כ עול מצות אימר דאמר רבי יהושע בן קרחה להקדים קריאה לקריאה קריאה לעשיה מי שמעת ליה ותו מי סבר ליה כרבי יהושע בן קרחה והאמר *רב חייא בר אשי זמנין סגיאין הוה קאימנא קמיה דרב ומקדים ומשי ידיה ומברך ומתני לן פרקין ומנח תפילין והדר קרי ק"ש וכ"ת בדלא מטא זמן ק"ש א"כ מאי אסהדתיה דרב חייא בר אשי לאפוקי ממ"ד למשנה אין צריך לברך קמ"ל דאף למשנה נמי צריך לברך מ"מ קשיא לרב שלוחא הוא דעוית: אמר עולא כל הקורא ק"ש בלא תפילין כאילו מעיד עדות שקר בעצמו א"ר חייא בר אבא א"ר יוחנן כאילו הקריב עולה בלא מנחה וזבח בלא נסכים: ואמר רבי יוחנן הרוצה שיקבל עליו עול מלכות שמים שלמה יפנה

רש"י

וה' אלהים אמת. לכך אין מפסיקין בין אני ה' אלהיכם לאמת: **כל אמת אמת תפסיה לנפשי.** ריהטא של אמת תפסתו לזה: **הא שמעתתא.** דרב שמואל בר יהודה אמר אמרי במערבא וכו'. ק"ש של ערבית אין קורין בה פרשת ציצית כולה לפי שאין מצות ציצית בלילה אבל מתחילין אותה ומפסיקים בה ומדלגים ואומרים אני ה' אלהיכם אמת: **לא יתחיל.** אין צריך להתחיל ויאמר ערבית: **אתחולי מתחלינן.** דהא מתחלי במערבא: **אמר אני ה' אלהיכם.** דהיינו פרשת ציצית: **צריך לומר אמת.** כדכתיב וה' אלהים אמת: **והא בעי לאדכורי יציאת מצרים.** דתנן (לעיל ד' יב:) מזכירין יציאת מצרים בלילות ואי לא אמר אמת ואמונה ולא אמר פרשת ציצית היכי מדכר יציאת מצרים: **ושרנו לך.** מי כמכה באלים וגו' מלכותך ראו בניך עד גאל ישראל והשכיבנו: **שזה ללמוד.** ודברת בם: **וזה ללמד.** ולמדתם אותם את בניכם ואם לא למד תחלה היאך ילמד את בניו: **וזה לעשות.** ויאמר אין בה אלא עשייה: **וקשרתם.** דתפילין: **וכתבתם.** דמזוזה עשייה היא: **רב משי ידי.** פעם אחת ראוהו שעשה כן: **והיכי עביד הכי.** שהקדים ק"ש לתפילין: **כוך.** קבר שחופרין בקירות מערה ארכו ד' ורחבו ז' טפחים: **פטור מק"ש.** דהעוסק במצוה פטור מן המצוה כדאמרינן בפ"ק (ד' יא.) בשבתך בביתך פרט לעוסק במצוה: **וסיפא בתרי.** והכי קאמר אם שנים הם מניח את חבירו חופר והוא עולה ומקיים מצות ק"ש ותפילין ותפלה וחוזר למלאכה וחבירו יעלה ויניח תפילין ויקרא ק"ש ויתפלל: **מ"מ.** תפילין קודמים לק"ש: **עול מצות.** דהנחת תפילין עול מצוה הוא: **קריאה לקריאה.** שמע שהוא קבלת מלכות שמים לוהיה אם שמוע שהוא קבלת עול מצות: **ומקדים.** משכים: **ומברך.** על התורה: **ומתני פרקין.** אלמא (ב) מקדים הוא לעסוק בתורה דהיינו [א] עשייה דמצוה מקמי מלכות שמים: **שלוחא הוא דעוית.** השליח קלקל שאיחר להביא לו תפילין מעיקרא *והגיע זמן ק"ש והוזקק לקרות כדי שלא יעבור הזמן וכי מטי שלוחא דתפילין אנחינהו: **כאלו מעיד עדות שקר בעצמו.** לישנא מעליא: **כאילו הקריב עולה בלא מנחה.** שחייבו הכתוב להקריב עמה שנא' (במדבר כח) ועשירית האיפה וגו' אף הקורא ואינו מקיים אינו גומר את המצוה: **נסכים.** הוא היין המתנסך על גבי המזבח אחר העולה והזבח כדכתי' ונסכיה' חצי ההין וגו' (שם) וה"ה דמצי למימ' כאילו הקריב עולה בלא מנחה ונסכים דהא עולה נמי טעונה נסכים אלא לישנא דקרא נקט עולה ומנחה זבח ונסכים:

יפנה

תוספות

למה קדמה פרשת שמע לוהיה אם שמוע. וא"ת תיפוק ליה דקדמה בתורה וי"ל דהכי קאמר למה קדמה אף לפרשת ציצית דקדמה לכולן אלא ודאי אין אנו חוששין לזה שהיא קודמת בתורה משום דאמרינן אין מוקדם ומאוחר וא"כ היה לנו להקדים והיה שהיא מדברת בלשון רבים: **ויאמר** אינה נוהגת אלא ביום. מכאן משמע כר' שמעון דאמר בפ' התכלת (מנחות ד' מג.) דציצי' מ"ע שהזמן גרמא וכן איתא בקדושין (פ"ק ד' לג:) דקאמר ציצית מצות עשה שהזמן גרמא וא"ת א"כ למ"ד (מנחות מא.) ציצית חובת טלית הוא ואפילו מונחת בקופסא אפ"ה חייבת בציצית היכי אשכחן שיהא הזמן גרמא. וי"ל דאם היה כסות המיוחד ללילה פטור והכי איתא בירושלמי דקדושין אמר להם ר"ש אי אתם מודים לי דציצית מ"ע שהזמן גרמא שהרי כסות לילה פטור מן הציצית א"ר אילא טעמא דרבנן שאם היה מיוחד ליום ולילה שחייב בציצית: **ומנח** תפילין ומצלי. ומהתם משמע שמותר להניח תפילין בין גאולה לתפלה וכן בטלית מניח אדם טליתו בין גאולה לתפלה. וכן מצינו שרבי יצחק ברבי יהודה שלא אחר טליתו ושהה השליח וכבר קרא ק"ש בברכותיה ונתעטף בטליתו וגמר שמונה עשרה והביא ראיה מהכא מההיא דרב. מ"מ יש לחלק בין תפילין לטלית דעיקר ק"ש ותפלה שייכי בתפילין כדאמר בסמוך כאילו מעיד עדות שקר בעצמו פירוש באדון שלוה שהוא קורא והיו לטוטפת ולאות על ידך ואין. ותפלה נמי כדאמרן קרי ק"ש ומתפלל* זו היא מלכות שמים אבל ציצית שאינו אלא חובת טלית שאם יש לו טלית חייב ואם אין לו פטור מציצית ויכול לקרות ק"ש בלא ציצית ודאי דהוי הפסקה. והרב רבי משה מקוצי היה אומר דאפי' מכאן אין ראיה דמצי למימר הניח תפילין בלא ברכה ולאחר י"ח ממשמש בהם ומברך עליהם ובהכי סגי שגם מותר להתעטף בטלית בעת שידיו מטונפות ואחר שיטול ידיו ימשמש בטליתו ומברך: **ומכל** מצות האמורות בתורה. וא"ת וכי ק"ש לא הוה בכלל מצות האמורות בתורה. וי"ל דאי לא תני בהדיא ק"ש הוה אמינא דדוקא הני דלית להו קביעות זמן אבל ק"ש דקביע להו זמן לא הואיל וזמן עובר קמ"ל: **עולה** בלא מנחה. ה"ה דמצי למימר בלא נסכים שהרי עולה נמי טעונה נסכים אלא לישנא דקרא נקט עולה ומנחה וגו':

אמאן

* ישנה מפלין ויקרא ק"ש ויתפלל. כצ"ל.

עין משפט נר מצוה

כ א טוש"ע או"ח סימן סו סעיף ו:

כא ב שם סעיף ח:

כב ג ד מיי' פ"ד מהל' ק"ש הלכה ג סמג עשין יח טור וטוש"ע או"ח סימן עא סעיף ה ו וביורה דעה סימן שסה סעיף א:

כג ה מיי' פ"ד מהלכות תפילין הלכה כו טוש"ע או"ח סימן כה סעיף ד [רב אלפס כאן ובהלכות תפילין דף טו. וע"ש הנוסחא]:

רב נסים גאון

לאפוקי ממאן דאמר למשנה אינו צריך לברך. בעל זו השמועה רב הונא ועיקרה בפרק ראשון (דף יא:):

הגהות הב"ח

(א) גמ' ואנח תפילין ומצלי והיכי: (ב) רש"י ד"ה ומתני פרקין אלמא. נ"ב מפרש הקושיא מכח [שלמד] קודם ק"ש כי [על זה שייך] אחר כך לומר וכי תימא בדלא מטי זמן ק"ש דאי [מכח דמנח תפילין והדר קרי] מאי קאמר וכ"ת וכו' הא כיון דלא מטי זמן] ק"ש גם זמן תפילין [לא מטא לכך] פירש רש"י דקושיא הוא [מכח דעסק קודם] בתורה. רק קשה למה [לא מקשה] באמת מכח [מכח דמנח תפילין ולא] יצטרך לומר וכ"ת והסבר לתרץ [דס"ק וכי תימא בדלא] מטי זמן ק"ש והיה מתחיל בעשיית מצוה דהיינו [לימוד וכיון דהתחיל] להתעסק בעשיית מצוה הניח תפילין שהוא ג"כ עשיית מצוה קודם ק"ש זה אינו דא"כ מאי מקשה אחר כך אם כן [מאי אסהדתיה דרב"א] דילמא זהו אסהיד דהיכא דלא מטי זמן קריאת שמע והתחיל [בעשיית מצוה] שהוא לימוד יניח תפילין כשיגיע [הזמן קודם ק"ש] וצ"ע [ואם נפרש דלימוד לא מקרי] עשיה פי' כך [ותו מי סבר לה כר' יהושע ב"ק והאמר וכו' אלמא] דאף בקריאה לא סבר כר' יהושע ב"ק [מדלמד קודם ק"ש והלימוד] הוי קריאה דמצוה אבל לפי פירש"י [משמע דלימוד מיקרי] עשיה:

מסורת הש"ס

[נ"ל ללמד]

ס"א והשיב דלא אזיל

[לעיל דף יא:]

הגהות הגר"א

[א] רש"י ד"ה ומתני פרקין כו' דהיינו עשיה. נמחק עשיה. וכ"ב קריאה.

§ מסכת ברכות דף יד: §

אות א'

אינו חוזר ואומר אמת

סימן סו ס"ו - [א]אם פסק מפני היראה או הכבוד אחר שאמר "אמת", או שסיים קודם החזן וסמך "ה' אלהיכם" עם "אמת", וממתין שיתחיל החזן ושיאמר עמו, אינו צריך לחזור ולומר פעם אחרת "אמת" - פי' דאילו אם לא שהה, משתקינן ליה כשחוזר ואומר "אמת", כמו ב"שמע שמע", ו"מודים מודים", **אבל** בשהה, אף דלא משתיקין ליה, מ"מ אינו צריך לחזור, דלמה לו לכופלו פעם שניה, **וכן** בכל מקום שהוא פוסק באיזה ברכה מברכות ק"ש, כשחוזר אח"כ, אינו צריך לחזור אלא לתיבה שפסק ממנה, **ובתפלה** עיין לקמן בסימן ק"ד ס"ה.

אות א'* [ב]

דאמר הכי: מודים אנחנו לך וכו'

כתב הטור בשם הירושלמי, צריך להזכיר ב"אמת ויציב": יציאת מצרים; ומלכות; וקריעת ים סוף; ומכות בכורות, **ומשמע** ברשב"א דלעכובא הוא אפילו דיעבד, **וצ"ע** מברכות י"ד ע"ב בגמרא: "והא בעי לאדכורי" וכו', "דאמר הכי" וכו' "ושרנו לך", ר"ל "מי כמוכה" עד סוף הברכה, דלפי"ז חסר מכות בכורות, ודוחק לחלק בין שחרית לערבית, **ואולי** נוסח אחר היה להם בסוף, שהיה בתוכו ג"כ ספור מכות בכורות, **וגם** מירושלמי ברכות משמע קצת דהוא רק לכתחלה, וצ"ע למעשה - מ"ב סי' ס"ו ס"י.

אות ב'

משי ידיה וקרא קריאת שמע, ואנח תפילין, וצלי

סימן סו ס"ח - [ג]רק אם אירעו אונס שלא הניח תפילין, ונזדמנו לו בין גאולה לתפלה - ולא היה יכול להמתין בק"ש עד שיזדמן תפילין, משום שהיה מתירא שיעבור זמן ק"ש, **מניח אז, ולא [ד]יברך עליהם עד אחר שיתפלל** - שממשמש בהם ומברך עליהם.

והפר"ח חולק, וס"ל דכיון דשרי להניח תפילין בין גאולה לתפלה, יכול לברך ג"כ, ולא מיקרי הפסק, וכן פסק בספר אבן העוזר, **אמנם** הדה"ח והח"א ושאר הרבה פוסקים, העתיקו כולם דברי השו"ע להלכה.

[ה]אבל טלית לא יניח אז - דע"כ אם ירצה להתעטף בטלית, יהיה מוכרח לעמוד בשתיקה בלי להתחיל י"ח, והוי השתיקה הפסק, **ולא** הותר כי אם לתפילין, דתפילין יש להם שייכות לק"ש ותפלה טפי מציצית.

ואם עד שלא אמר "גאל ישראל" נזדמנו לו טלית ותפילין, מניחם, ולא יברך עליהם עד אחר תפלה - שאין הנחת התפילין ולבישת הטלית הפסק, שהרי אפילו יכול לקרות ולעסוק במלאכתו בעוד שהוא קורא.

הגה: וי"א שקודם "גאל ישראל" יברך על התפילין - ר"ל קודם שאמר "ברוך אתה ד'", דלאחר מכן בודאי אסור להפסיק בשום דבר, אלא יסיים "גאל ישראל", ויניח התפילין בלי ברכה.

וכן נהוג (מרדכי [ו]ותוס' ‹ד"ה ומנח› **והגהות מיימוני)** - ומוכח מדברי האחרונים דהכי קי"ל.

נראה פשוט, דכאן אסור לומר: "ברוך שם כבוד" וכו', שנוהגין לומר אחר ברכת "על מצות", **גם** נכון שלא יברך בזה כי אם ברכה אחת "להניח", דבלא"ה הרבה פוסקים סוברין כן, ועיין בסמוך מש"כ בשם מאמ"ר.

ואם מתיירא שיעבור זמן תפלה, מתפלל בלי תפילין, ותיכף כשיבואו אח"כ לידו באמצע היום או במנחה, יניחם ויאמר איזה מזמור, [**כי** אסור לעשות שום מלאכה קודם שיקיים המצוה המוטלת עליו].

צ"ע, מי שאין לו תפילין בעת שהצבור מתפללין, אם טוב יותר שיתפלל עם הצבור אף שהוא בלי תפילין, ואח"כ כשיגיעו התפילין לידו יקיים מצות תפילין לבד, **או** מוטב שיתעכב אחר תפלת הצבור, כדי לשאול תפילין מחבירו, כדי שיקרא ק"ש ויתפלל בתפילין, **פסק** המ"א, דמוטב שיתעכב אחר תפלת הצבור וישאול תפילין, כדי שיקרא ק"ש ויתפלל בתפילין.

באר הגולה

[א] שם וכרבה [ב] ‹ע"פ המ"ב› [ג] שם י"ד [ד] שם בתוס' בשם ר"מ מקוצי [ה] ב"י [ו] ‹אע"ג דמדברי התוס' שם משמע, דאפילו בין גאולה לתפלה ממש יכול לברך, מ"מ לא רצה הרב להקל כל כך - עולת תמיד›

אות ב* [ז]

תוס' ד"ה ומנח. שמותר להניח תפילין בין גאולה לתפלה וכן בטלית

סימן סו ס"ב - [ח]**אם שכח להניח ציצית ותפילין** - או שהיה אנוס, שלא היה לו ציצית ותפילין מתחלה, **יכול להפסיק בין הפרקים להניחם, ויברך עליהם.**

ואם נזדמן לו באמצע הפרק, ישהה מלהניחם עד בין הפרקים, כדי שיהיה יוכל לברך עליהם, **וה"מ** אם נזדמן לו באמצע ברכת "יוצר אור" או "אהבה רבה", אבל אם נזדמן לו תפילין באמצע ק"ש, יניח תיכף, כי כל תיבה ותיבה של ק"ש מצוה שיהיה עליו תפילין, וההנחה תהיה בברכה, (**הטעם**, כי אנו פוסקין כהרמ"א בס"ח בהג"ה, דגם באמצע הפרק של "אמת ויציב" מותר לברך, **ואעפ"כ** באמצע הפרק של "יוצר אור" או "אהבה רבה", גם הרמ"א מודה לדעת המחבר, דטוב יותר להמתין עד בין הפרקים, כדי שיהיה יוכל לברך אליבא דכו"ע).

הגה: וי"א שלא יברך עליהם עד אחר התפלה, והכי נהוג לענין טלית (ב"י) - דבציצית אינו חובת גברא, שאם אין לו טלית פטור מציצית, ויוכל לקרות ק"ש בלי ציצית, ע"כ מקרי הפסקה ע"י הברכה, **אבל** תפילין דהוא חובת הגוף, וגם בלתי התפילין הוא כמעיד עדות שקר בעצמו ח"ו, שאומר "וקשרתם" ואיננו קושר, ע"כ נקטינן כדעה הראשונה, דלא חשיבה הפסק, **וכ"ז** לענין הברכה, אבל הלבישה לבדה מותר, ולאחר התפלה ימשמש בציצית ויברך, **ומשמע** בב"י, דאפילו באמצע הפרק מותר הלבישה, לבד מפרק א' של ק"ש, **וכתב** הפמ"ג, דהכי נקטינן כהכרעת הרמ"א.

והיכא שהוא יושב בבהכ"נ ומתבייש לישב בלי טלית, לכו"ע יכול לברך עליו בין הפרקים. ‹**דברים** אלו הם מדברי אבן העוזר, דס"ל דאף הלבישה הוא הפסק, וכשמפסיק כבר ללבישה ה"ה דיכול לברך, **אבל** לדעת המ"ב הלבישה אינו הפסק, ויכול ללבוש באמצע הפרק אפי' אם אינו מתבייש, ומברך אחר התפלה אפי' הוא מתבייש – שבט הלוי›.

אות ב** [ט]

בא"ד: שגם מותר להתעטף בטלית בעת שידיו מטונפות, ואחר שיטול ידיו ימשמש בטליתו ומברך

סימן ח ס"י - [י]**אם לובש טלית קטן בעוד שאין ידיו נקיות, ילבשנו בלא ברכה, וכשיטול ידיו ימשמש בציצית ויברך עליו** - דבזה יחשב קצת כאלו לובשו אז, **ואע"ג** דקי"ל בכל המצות דצריך לברך עובר לעשייתן ממש, הכא שאני משום דאכתי גברא לא חזי.

או כשילבש טלית אחר, יברך עליו, ויכוין לפטור גם את זה, ואין צריך למשמש בציציות של ראשון - והכי נהוג בזמנינו, לברך על ט"ג ולכוין לפטור בזה הטלית קטן, **והכי** עדיף טפי ממה שנוהגין איזה אנשים, שמברכין על הט"ק ותיכף מברכין על הט"ג, שגורמין ברכה שאינה צריכה, **ועוד** אפילו אם יפסיק זמן מרובה בין הט"ק לגדול, כמה פעמים אין ראוי לברך עליו, דאין פתוח רובו, או דהוא קטן מהשיעור, או דהוא ישן בו בלילה.

אות ג' – ד'

החופר כוך למת בקבר, פטור מק"ש ומן התפלה ומן התפילין ומכל מצות האמורות בתורה; הגיע זמן ק"ש, עולה ונוטל ידיו ומניח תפילין וקורא ק"ש ומתפלל

סיפא בתרי, ורישא בחד

סימן עא ס"ה - [יא]**החופר קבר למת, פטור** - אפילו בשעת נוחו מעט, שגם אז נקרא עדיין עוסק במצוה, שעי"ז יתחזק כוחו לחזור ולחפור.

סימן עא ס"ו - **היו ב' או יותר חופרים,** [יב]**כל הצריכים לצרכי החפירה בבת אחת, פטורין; ואם יש נוספים, נשמטים וקורין, וחוזרים אלו ומתעסקים והאחרים נשמטין וקורין** - ר"ל ונמצא שקראו כולם, ולא נתבטל שום דבר מעסק הקבר כלל, אפילו רגע. **(עיין ביו"ד סימן שס"ה).**

יו"ד סימן שסה ס"א - [יג]**החופר כוך למת** - ‹אפילו המת אינו קרובו – ערוה"ש›. **פטור מקריאת שמע ומן התפלה ומן התפילין ומכל מצות האמורות בתורה** - דעוסק במצוה הוא ופטור משאר מצות. ‹**ואפי'** יעבור זמן ק"ש, ואע"ג דק"ש מצוה עוברת, וקבורת המת אינה עוברת, ולמה לא יקרא ק"ש ואח"כ יגמור הכוך, **אך** בכל ענייני מת לא אמרינן כן משום כבוד המת, דכשהתחיל לעסוק בצרכיו אין לו להפסיק בשביל מצוה אחרת – ערוה"ש›.

באר הגולה

[ז] ‹עפ"י הגר"א וז"ל: עיין תוס' י"ד: ד"ה ומנח כו'. **הנה** דעת ר"י שבין תפילין ובין טלית יניח ויברך, מדכתב והר"מ מקוצי כו', **ודעת** תוס' דבתפלין מנח ומברך, וטלית לא יתעטף, וכן דעת הרא"ש והטור, **ודעת** הר"מ מקוצי, דבין תפילין ובין טלית יתעטף ויניחם בלא ברכה, **אלא** שבב"י נסתפק בדעת הרא"ש, דאפשר שסובר כהר"מ מקוצי ג"כ שלא יברך על התפילין, ובטלית ס"ל כדעת התוס' שלא יתעטף כלל, **וכתב** דזהו דוקא בין גאולה לתפלה, אבל קודם גאל ישראל ודאי שמותר להתעטף בציצית, דהא אף במלאכה מותר חוץ מפרשה ראשונה, כמ"ש בסי' ס"ג ס"ז, **ופסק** שלא יברך על שניהם כדעת הר"מ מקוצי, וכפי שיטתו דהרא"ש והרשב"א ס"ל כוותיה, וכמ"ש בסעיף ח' בשו"ע, **אבל** בד"מ דחה דבריו, ופי' דהרא"ש ס"ל דמברך אתפילין, וטלית יתעטף בלא ברכה, **אלא** שפי' דמיירי קודם גאל ישראל, אבל אחר גאל ישראל הסכים לפסק הב"י, וכמ"ש בתוס' י"ג ב' ד"ה שואל כו', דבין גאולה כו' וכמ"ש בהג"ה שם, וכן פסק בהג"ה כאן, שכתב והכי נהוג כו', **ומ"ש** ויש אומרים כו' הוא דעת הר"מ מקוצי, **אבל** דעת השו"ע להכריע דבאמצע הפרק לא יברך על שניהם, ובין הפרקים יברך על שניהם, דלא כמ"ש בב"י, ולמד כן מדברי הרא"ש בתשובה, וכמ"ש בטור סי' פ' ובהג"ה שם, ומברך עליהם, וכשיטתו דמפרש דברי הרא"ש דאין מברך על תפילין, ואפ"ה ס"ל כאן דמברך, וס"ל דה"ה בטלית, וכ"כ בבדה"ב, **אבל** לפי מ"ש בד"מ דהרא"ש ס"ל דמברך אתפילין אף באמצע הפרק, ע"כ אין מחלק בין באמצע לבין הפרקים› [ח] **שבלי הלקט** [ט] ‹עפ"י הבאר הגולה› [י] **תוס' בברכות י"ד ובמנחות ל"ו** [יא] **שם י"ד** [יב] **לפי' הרמב"ן בס' תורת האדם** [יג] **ברייתא ברכות דף י"ד ע"ב**

ואם הם שנים, והגיע זמן ק"ש, אחד עולה וקורא ק"ש ומתפלל, וחוזר זה וחופר, ועולה חבירו וקורא ק"ש ומתפלל; ודוקא כוך, דלא חפיר ליה אלא חד, אבל אם היה מקום ששנים יכולים להתעסק בו כאחד, פטורים.

‹**ונ"ל** דלאו דוקא בחפירת קבר, אלא ה"ה בכל צרכי המת כשעוסק, אם הוא מוכרח לעסוק בזה, כגון שהאונן אין ביכולתו לעשות דבר זה, או שאין כאן אבלים, פטור העוסק מכל המצות. **ומיהו** נ"ל דכ"ז הוא כשעוסק בחנם לשם מצוה, אבל כשבא בשכרו, כגון הקברנים שנוטלים שכירות בעד טרחתם, לא נקראו עוסקי במצוה שיהיו פטורים ממצוה אחרת, שהרי לא לשם מצוה הם עוסקים, **ומיהו** אם א"א בלעדם, דרק המה ביכולתם לעסוק בזה ולא אחר, אין להם לבטל עשייתם מפני מצוה אחרת, מפני כבודו של מת - ערוה"ש›.

אות ה'

כל הקורא ק"ש בלא תפילין, כאילו מעיד עדות שקר בעצמו

סימן כה ס"ד - [יד]**צריך שיהיו תפילין עליו בשעת ק"ש ותפלה** - ר"ל לכל הפחות בשעת ק"ש ותפלה, ואמרינן בגמרא: כל הקורא ק"ש בלי תפלין, הרי הוא כאלו מעיד עדות שקר בעצמו ח"ו, ופירשו בתוספות ‹ד"ה ומנח›: לפי שאומר "וקשרתם לאות" וגו', ואין קושר, **ואף** שבדיעבד יצא ידי ק"ש, מ"מ יש לו עבירה מצד אחר, שמראה על עצמו שאין רוצה לקיים רצון הש"י, וזהו עדות שקר שמעיד על עצמו, [טו]ויש עוד פי' אחר עיין בלבוש.

ודע, דלא אמרו כן אלא כשעושה כן במזיד, שמתעצל להניח תפלין קודם ק"ש, [טז]אבל מי שאין לו תפלין, או כשהוא בדרך, ומחמת קור וצינה אינו יכול להניח תפלין, וכל כה"ג, בודאי אין לו לאחר ק"ש בזמנה מחמת זה.

וכתב בספר חרדים, דמזה נלמוד כשאומר: ואהבת את ד' וגו', יראה להכניס אהבת הש"י בלבו, שלא יהיה כדובר שקר ח"ו.

באר הגולה

יד ברכות י"ד **טו** ‹ויש מפרשים [רש"י שם] מעיד עדות שקר על עצמו, ר"ל על הש"י, והכי קאמר, כיון שאומר בק"ש והיה אם שמוע וגו' ונתתי מטר ארצכם וגו', ומשמע אבל אם לא תשמעו איני נותן, הא חזינן שהוא יתברך נותן ואפילו אין אנו שומעין, שהרי הוא אינו מניח תפילין והקב"ה נותן מטר - לבוש› **טז** ‹וכדמבואר כאן בגמ' "שלוחא הוא דעוית"›

§ מסכת ברכות דף טו. §

אות א'

יפנה

סימן ב ס"ו - ויבדוק נקביו - כדי שיהיה אח"כ גופו נקי בשעת קבלת מלכות שמים בק"ש ותפלה, **ואין** צריך רק בדיקה לבד, ואם בדק את עצמו ואינו רוצה עתה לנקביו, זה נקרא מן הדין גוף נקי, וחלילה לאחר שוב עבור זה זמן ק"ש, או אפילו רק תפלה בצבור.

הגה: ויכסה כל גופו, ולא ילך יחף - אחז"ל: שימכור אדם כל מה שיש לו ויקח מנעלים לרגליו, **ובמקומות** הערב שדרכן לילך יחף, שרי, **עוד** כתב בשם של"ה, דאם עושה משום תשובה על עונותיו, מותר, וכן עשה דוד המלך ע"ה, "הולך יחף". **וירגיל עלמו לפנות בוקר וערב, שהוא זריזות ונקיות (הגהות מיימוני).**

אות ב' - ג'

מי שאין לו מים לרחוץ ידיו, מקנח ידיו בעפר ובצרור ובקסמית

אבל לתפלה מהדר; ועד כמה, עד פרסה; וה"מ לקמיה, אבל לאחוריה אפילו מיל אינו חוזר... הא פחות ממיל חוזר

סימן ד סכ"ב - [א]אם אין לו מים, יקנח ידיו בצרור או בעפר או בכל מידי דמנקי - או שישפשף בטלית יבש, ועיין לקמן בסי' צ"ב, כמה צריך לחזור אחר מים.

ואפילו היו מלוכלכים בודאי, כגון שעשה צרכיו וקינח, ג"כ מהני.

ודע, דנקיון, כיון שהוא עומד במקום מים, צריך לנקות כל היד, בין גבו ובין תוכו עד הפרק, **ובדיעבד** די עד סוף קשרי אצבעותיו, **אבל** לא כמו שנוהגין איזה אנשים, שמנקין רק ראשי אצבעותיהן.

[ב]ויברך: על נקיות ידים - י"א דגם בזה מברכין ענט"י, ומ"מ כל האחרונים לא זזו מפסק השו"ע.

ויועיל לתפלה, [ג]אבל לא להעביר רוח רעה שעליהן.

ואם יש לו מים, צריך ליטול אפילו לתפלת מנחה וערבית, אפי' אם אינו יודע להן שום לכלוך, והנטילה יהיה בלא ברכה, כי לא תקנו ברכה כי אם בשחרית.

ואם אין לו מים לתפילת מנחה ומעריב, י"א דדינו כהכא, דינקה בכל מידי דמנקי, פן מודבק בהם איזה דבר מאוס או זוהמא.

סימן צב ס"ד - [ד]צריך לרחוץ ידיו במים, אם יש לו - הטעם ע"ז עיין לעיל בריש סי' ד' במ"ב, **וגם** לתפלת מנחה וערבית צריך נטילה, וכדלקמן ברל"ג ס"ב.

ודעת הרמב"ם, דהיכא דצריך ליטול ידיו ולא נטל, וגם לא נקה אותן בצרור, אפי' בדיעבד אין תפלתו תפלה, וצ"ע לדינא - פמ"ג, **ועיין** בביאור הלכה שביארנו, דאין חוזר ומתפלל.

ואין הנגוב מעכב בזה, כמו שמעכב בנטילה לאכילה.

ואם אין לו, [ה]צריך לחזור אחריהם עד פרסה - ודוקא כשיודע שהם מלוכלכות, אבל בסתם ידים מיקל בסמוך ס"ה.

ואם יצטרך ע"ז לילך אח"כ יחידי, או שלא יוכל ע"ז להגיע למחוז חפצו בעוד יום, א"צ לחזור כלל.

והני מילי כשהוא הולך בדרך והמים נמצאים לפניו - ורוכב דינו בכל זה כמהלך ברגליו, גם אין חילוק בין דרך רע לטוב, **וכ"ז** דוקא כשיודע בודאי שימצא שם מים, אבל בספק לא.

[ו]אבל אם צריך לחזור לאחוריו למקום מים, עד מיל חוזר; יותר ממיל אינו חוזר - והרבה פוסקים סוברין דמיל עצמו דינו כיותר ממיל.

וכ"ש כשהוא יושב בביתו, דבודאי חייב לחזור לכתחלה אחר מים, אם יודע שידיו מלוכלכות.

[ז]ואם מתירא שיעבור זמן התפלה - לגמרי, **ינקה ידיו בצרור או בעפר או בכל מידי דמנקי** - ר"ל דאין לו לחזור אז אחר מים, שמא יעבור הזמן.

ואם הוא במקום שיש שם עשרה שמתפללים, ואם יחזור אחר מים יעבור זמן תפלת הצבור, כתב הב"ח, דאף שיש לו שהות, א"צ לחזור וינקה במידי דמנקי, (**ואין העולם נוהגין להחמיר, להפסיק באמצע פסוקי דזמרה ולחזור אחר מים המזומנים בעיר, דע"פ רוב יבטל עי"ז מתפלה בצבור**).

וכ"ש לענין ק"ש דבודאי אסור לו להמתין על מים, אם יש חששה שמא יעבור הזמן, אלא ינקה ויקרא, **ויש** הרבה פוסקים שסוברין, דבק"ש תיכף משהגיע התחלת זמנה, אם אין לו מים, מנקה ויקרא, ולא ימתין על מים.

(ועיין לקמן סי' רל"ג) - דשם מבואר זמן המנחה.

סימן צב ס"ה - [ח]רחץ ידיו שחרית והסיח דעתו - ר"ל שהפליג הרבה בין הנטילה להתפלה עד שהסיח דעתו, **וכ"ש** ששייך היסח הדעת בין הנטילה של שחרית לתפלת המנחה.

באר הגולה

[א] **ברכות ט"ו** [ב] **רא"ש בסוף ברכות** [ג] **שבת ק"ט ושם בזוהר פרשת וישב** [ד] **ברכות ט"ו** [ה] ‹כגירסת רש"י ור"ה ורי"ף ורמב"ם, {"אבל לתפלה מהדר"}, דלא כתוס' - גר"א› [ו] **שם בגמ' לגירסת רמב"ם** ‹אין מחייבין אותו לחזור לאחוריו אלא עד מיל, אבל אם עבר מן המים יותר אינו חייב לחזור› [ז] **שם** ‹דהא רב חסדא לייט אמאן דמהדר אמיא בעידן צלותא. ‹**דאז** יש לסמוך אגירסת התוס' ע"ש בד"ה אמאן כו', וכתב הטור בסי' רל"ג, ודוקא להעביר זמן תפלה, ולגירסת הגאונים הנ"ל, צריך להעביר אף זמן תפלה עד שיעור הנ"ל בשם רב עמרם, וכן משמע מפרש"י - גר"א› [ח] **ממשמעות המיי' פ"ד מה"ת וטור ואבי"ה**

תורה אור

איפנה ויטול ידיו ויניח תפילין ויקרא ק"ש ויתפלל וזו היא מלכות שמים שלמה א"ר חייא בר אבא א"ר יוחנן כל הנפנה ונוטל ידיו ומניח תפילין וקורא ק"ש ומתפלל מעלה עליו הכתוב כאלו בנה מזבח והקריב עליו קרבן דכתיב °ארחץ בנקיון כפי ואסובבה את מזבחך ה' (תהלים כו) א"ל רבא לא סבר לה מר כאילו טבל דכתיב ארחץ [בנקיון] ולא כתב ארחיץ [כפי] א"ל רבינא לרבא חזי מר האי צורבא מרבנן דאתא ממערבא ואמר במי שאין לו מים לרחוץ ידיו מקנח ידיו בעפר ובצרור ובקסמית א"ל שפיר קאמר מי כתיב ארחץ במים בנקיון כתיב כל מידי דמנקי דהא *רב חסדא *לייט אמאן דמהדר אמיא בעידן (א) צלותא והני מילי לק"ש גאבל לתפלה מהדר ועד כמה עד פרסה *והנ"מ לקמיה אבל לאחוריה אפילו מיל אינו חוזר [ומינה] מיל הוא דאינו חוזר הא פחות ממיל חוזר: **מתני'** *דהקורא את שמע ולא השמיע לאזנו יצא *ר' יוסי אומר לא יצא הקרא ולא דקדק באותיותיה ר' יוסי אומר יצא רבי יהודה אומר לא יצא והקורא למפרע לא יצא קרא וטעה יחזור למקום שטעה: **גמ'** מאי טעמא דר' יוסי משום דכתיב שמע *השמע לאזנך מה שאתה מוציא מפיך ות"ק סבר שמע בכל לשון שאתה שומע ור' יוסי תרתי שמע מינה. תנן *התם זחרש המדבר ואינו שומע לא יתרום ואם תרם תרומתו תרומה מאן תנא חרש המדבר ואינו שומע דיעבד אין לכתחלה לא אמר רב חסדא ר' יוסי היא דתנן הקורא את שמע ולא השמיע לאזנו יצא (ב) דברי רבי יהודה ר' יוסי אומר לא יצא עד כאן לא קאמר ר' יוסי לא יצא אלא גבי ק"ש דאורייתא אבל תרומה משום ברכה הוא וברכה דרבנן ולא בברכה תליא מילתא וממאי דר' יוסי היא דילמא ר' יהודה היא ואמר גבי ק"ש נמי דיעבד אין לכתחלה לא תדע דקתני הקורא דיעבד אין לכתחלה לא אמרי האי דקתני הקורא להודיעך כחו דר' יוסי דאמר דיעבד נמי לא *דאי ר' יהודה אפי' לכתחלה נמי יצא במאי אוקימתא כר' יוסי ואלא הא דתניא *לא יברך אדם בהמ"ז בלבו ואם בירך יצא מני לא ר' יוסי ולא ר' יהודה דאי ר' יהודה הא אמר לכתחלה נמי יצא אי ר' יוסי דיעבד נמי לא אלא מאי ר' יהודה ודיעבד אין לכתחלה לא אלא הא דתני ר' יהודה בריה דרבי שמעון בן פזי חרש המדבר ואינו שומע תורם לכתחלה מני לא ר' יהודה ולא ר' יוסי אי ר' יהודה הא אמר דיעבד אין לכתחלה לא אי ר' יוסי הא אמר דיעבד נמי לא אלא לעולם רבי יהודה ואפי' לכתחלה נמי ולא קשיא הא דידיה הא דרביה *דתנן רבי יהודה אומר משום ר' אלעזר בן עזריה הקורא את שמע צריך שישמיע לאזנו שנאמר °שמע ישראל ה' אלהינו ה' אחד (דברים ו) אמר ליה רבי מאיר הרי הוא אומר אשר אנכי מצוך היום על לבבך אחר כונת הלב הן הן הדברים השתא דאתית להכי אפילו תימא רבי יהודה כרביה סבירא ליה ולא קשיא הא רבי מאיר הא רבי יהודה. תנן *התם יהכל כשרים לקרות את המגילה חוץ מחרש שוטה וקטן ורבי יהודה מכשיר בקטן מאן תנא חרש דיעבד נמי לא אמר רב מתנה רבי יוסי היא דתנן הקורא את שמע ולא השמיע לאזנו לא יצא דברי ר' יהודה רבי יוסי אומר לא יצא (ג) ממאי דרבי יוסי היא ודיעבד נמי לא

דילמא

[מגילה יט:] [ע"ש ברש"י ד"ה ...]

רש"י

יפנה. לנקביו: **דכתיב ארחץ בנקיון.** משמע ארחץ כל הגוף ולא כתיב ארחיץ כפי לדרשה אתא לומר שמעלה עליו שכר רחיצת כפיו כאלו טבל כל גופו: **קסמית.** קיסס: **לק"ש.** בעידנא דק"ש שזמנה קבוע פן יעבור הזמן אבל לתפלה דכל היום זמנה הוא צריך למהדר אמיא: **מתני' ולא דקדק באותיותיה.** לפרשן יפה בשפתיו: **גמ' תרתי ש"מ.** כי דרשת נמי שמע בכל לשון שאתה שומע ש"מ נמי דצריך להשמיע לאזנו: **לא יתרום.** לפי שאינו שומע הברכה שהוא מברך עליה: **מאן תנא כו' לא יצא.** אפי' בדיעבד ה"מ כו': **ברכה דרבנן היא.** דאמור רבנן (פסחים ד' ז:) כל המצות כולן מברך עליהן עובר לעשייתן: **וממאי דר' יוסי היא.** קס"ד האי דמוקמי לה כר' יוסי משום דסבירא לן דר' יהודה לכתחלה נמי מכשיר: **דלמא ר' יהודה היא.** וק"ש נמי דיעבד אין לכתחלה לא. ה"ג ול"ג אפילו: **משום ר' יוסי.** להודיעך כחו דאפי' דיעבד נמי לא יצא: **בלבו.** שלא השמיע לאזנו: **ואי ר' יוסי דיעבד נמי לא.** דהא בהמ"ז דאורייתא היא ואכלת ושבעת וברכת (דברים ח): **אלא מאי ר' יהודה.** וק"ש דיעבד אין לכתחלה לא והא דתרומה וברכת המזון דר' יהודה: **אלא רבי יהודה לכתחלה קאמר.** והא דרבי יהודה בריה דר' שמעון בן פזי ר' יהודה היא ודתרומה ר' יוסי היא ומודה הוא דברכות דרבנן דיעבד שפיר דמי והא דברכת המזון ר' יהודה היא משמיה דרביה ר' אלעזר בן עזריה דאומר צריך שישמיע לאזנו וכל צריך לכתחלה משמע הא דיעבד שפיר דמי: **אחר כוונת הלב כו'.** ואפי' לכתחלה נמי א"ל: **השתא דאתית להכי.** דאשמעת לן פלוגתא דר"מ: **אפילו תימא ר' יהודה.** דאמר בק"ש נמי יצא דיעבד אין לכתחלה לא והא דברכת המזון ודתרומה רבי יהודה היא ודקא קשיא לך דר' יהודה בריה דר"ש בן פזי מני ר"מ היא דמכשר לכתחלה: **מאן תנא חרש דיעבד נמי לא.** דקתני גבי שוטה: **לא יצא.** דיעבד הוא: **וממאי.** דחוץ מחרש דקאמר דיעבד הוא ורבי יוסי היא דפסיל דיעבד: *ו**לכתחלה הוא דלא. הא דיעבד שפיר דמי.** ובהא איכא למימר דאפילו ר' יהודה מודה דלא שמעינן דפליג בק"ש אלא דיעבד:

מדסיפא

תוספות

אמאן דמהדר אמיא בעידן ק"ש. ויש ספרים דגרסי הני מילי לק"ש אבל לתפלה לא דקאמר רשב"ל (פסחים מו.) לגבל ולתפלה ד' מילין ונראה דלא גרסינן ליה דהוא הדין לענין נטילה נמי מטעם שלא יעבור זמן תפלה דמאי שנא ק"ש מתפלה וגם יש לקמן פרק מי שמתו (ד' כב.) בטלוה לנטילותא כדרב חסדא דלייט אמאן דמהדר אמיא בעידן צלותא °ומדלא הזכיר שם ק"ש משמע דבכל ענין מותר וההיא דרשב"ל דאמר ולתפלה ד' מילין פירש רש"י להתפלל שם במנין: **דילמא** ר' יהודה היא. וא"ת והלא אין נזכר ר' יהודה ברישא. וי"ל דפשיטא מדסיפא ר' יהודה רישא נמי ר' יהודה (ד) ופליגי במילתא דר' יהודה: **להודיעך** כחו דרבי יוסי. וא"ת לשמעינן כחו דרבי יהודה דכח דהתירא עדיף. וי"ל כיון דרבי יהודה לא דריש השמע לאזנך אין כאן שום חדוש ופשיטא דלכתחלה (ה) ומהיכא תיתי לאוסרו אי שרי דיעבד הוא הדין לכתחלה: **אי** ר' יוסי דיעבד נמי לא. וא"ת לעולם אימא לך רבי יוסי היא וברכת המזון שאני דלא כתיב ביה שמע דבשלמא תרומה דלעיל ומגילה דלקמן שהן מדרבנן יש לדמותם לק"ש שתקנו שצריך שישמיע לאזנו כמו בק"ש ותקנו ממש שלא יצא כמו בק"ש אבל בבהמ"ז שהיא מדאורייתא כיון דלא כתיב ביה שמע למה יש לנו לתקן שלא יצא אם לא השמיע לאזנו כיון דמה"ת יצא. וי"ל כיון שתקנו שצריך להשמיע לאזנו כמו בק"ש הואיל ומדרבנן מיהא צריך להשמיע אין לחלק בין ק"ש ובין בהמ"ז דאפילו בדיעבד אית לן למימר שלא יצא: **ורבי** יהודה מכשיר בקטן. וא"ת באיזה קטן מיירי אי בקטן שלא הגיע לחנוך הא אמרינן בפרק ראוהו בית דין (ר"ה ד' כט.) שכל שאינו מחוייב בדבר אינו מוציא את הרבים ומ"ט דר' יהודה דמכשיר ואי בהגיע לחנוך מאי טעמייהו דרבנן דאסרי הרי קריאת מגילה דרבנן ואמרי' קטן שהגיע לחנוך מדרבנן כגדול ופוטר דרבנן כדאמר לקמן בפ' מי שמתו (ד' כ:) דקטן מוציא אביו שלא אכל אלא כזית דהיינו דרבנן. וי"ל שאני ברכת המזון שהיא חומרא יתירתא יותר מדאורייתא ובקל נפטרים ממנה כדאמרי' לקמן (שם) והם החמירו על עצמם אם בכזית אם בכביצה* א"נ התם ליכא בקטן אלא חד דרבנן דמיירי שהקטן אכל כדי שביעה לכך אתי דרבנן ומוציא דרבנן אבל הכא דגבי קטן איכא תרתי דרבנן דהמגילה דרבנן והקטן דרבנן אינו יכול להוציא היכא דליכא אלא חד דרבנן:

דילמא

מסורת הש"ס

ג' רש"א

לקמן דף כב. קדושין לג: ושם נסמן

פסחים דף מו. חולין דף קכב.

ספרי פ' ואתחנן מגילה יז: יט: ס"א דברי ר' יהודה

[לעיל יג.]

תרומות פ"א משנה ב

עיין לע"ב ר"ה במאי אוקימתא כרבי יוסי דאי ר"י

דברים ו

מגילה דף יט: כל הכתבן

עין משפט נר מצוה

כד א טור וש"ע או"ח סימן ב סעיף ו:

כה ב ג מיי' פ"ג מהל' ק"ש הלכה א' ופ"ד מהלכות תפלה הלכה ב ג סמג עשין יח טוש"ע או"ח סימן ד סעיף כב וסימן צב סעיף ד ה ו וסימן רלג סעיף ב:

כו ד מיי' פ"ב מהלכות ק"ש הלכה ח סמג עשין יח טור שו"ע או"ח סימן סב סעיף ג:

כז ה מיי' וסמג שם טוש"ע שם סעיף א:

כח ו מיי' שם הלכה יא(סמג שם)טוש"ע או"ח סימן קפה סעיף א:

כט ז מיי' פ"ד מהלכות תרומות הלכה ד:

ל ח מיי' פ"א מהלכות מגילה הלכה ב סמג עשין דרבנן ד טור שו"ע או"ח סי' תרפט סעיף ב:

רב נסים גאון

אבל לתפלה מהדר ועד כמה עד פרסה. ידוע כי הפרסה ארבעת מילין ובמסכת פסחים בפ' אלו עוברין בפסח (דף מו) אמרינן אמר ר' אבהו אמר ריש לקיש לגבל ולתפלה ולנטילת ידים ד' מילין ואיתמר עלה אמר ר' יוסי בר' חנינא לא שנו אלא לפניו אבל לאחריו אפי' מיל אינו חוזר אמר רב אחא בר יעקב ומינה מיל הוא דאינו חוזר הא פחות ממיל חוזר ודכוותה בשחיטת חולין בפרק העור והרוטב (דף קכג) ומזה העיקר אמרי' הכא אבל לתפלה מהדר ועד כמה עד פרסה ובמס' מגילה (דף ג) אמרי' שיעורא דמיל כמה הוי כמחמתן לטבריא ובפ' אלו עוברין בפסח (דף מו) נמי שיעורא דמיל כמה הוי כמטגדל נוניא לטבריא:

הגהות הב"ח

(א) גמ' דמהדר אמיא בעידן צלותא [והני מילי וכו' פחות ממיל חוזר] תא"מ. ונ"ב ס"א אינו ולשון האלפסי הוא: (ב) שם דתנן הקורא וכו' לאזנו יצא ר' יוסי אומר כצ"ל ותיבת דברי רבי יהודה נמחק וכן בסמוך: (ג) שם וממאי דר' יוסי: (ד) תוס' ד"ה דילמא וכו' רישא נמי ר' יהודה הס"ד והשאר נמחק: (ה) תד"ה להודיעך וכו' ופשיטא דלכתחלה שרי ומהיכא תיתי:

גליון הש"ס

תוס' ד"ה אמאן כו' ומדלא הזכיר. ע' תוס' שבת יח ע"א ד"ה כגון רשב"י:

צריכים נטילה לתפלה, אם יש לו מים, אע"פ שאינו יודע להם שום לכלוך - דכיון שהסיח דעתו משמירתן, ידים עסקניות הן, ושמא נגעו במקום הטינופת.

אבל לתורה ולברכות ולק"ש, סתם ידים כשרות הן, **אבל** בסימן ד' כתב הפמ"ג, דלק"ש פסולות סתם ידים.

ולא יברך; ואם אין לו מים מזומנים, א"צ לחזור וליטול - ואעפ"כ צריך לנקות אותן במידי דמנקי, דדילמא מודבק בו מעט צואה או זיעה, ע"י הנגיעה במקומות המכוסין, ויתקנח ע"י הנקיון, **ודוקא** בסתם ידים מיקל המחבר, אבל אם נגע במקום מטונף, וכ"ש כשעשה צרכיו, אף בתפלת המנחה צריך לחזור אחר מים.

הגה: ואפי' היו ידיו מלוכלכות ונוטלן לתפלה, אינו מברך, וכדלעיל סי' ז'.

סימן צב ס"ו - [ט]**העומד בתפלה ונזכר שנגע במקום מטונף** - נקט הכי, משום דלכתחילה אסור ליגע בתפלה גופא, וכדלקמן, אבל ה"ה אם נגע בתפילה גופא, **די בנקיון עפר או צרורות או מחכך ידיו בכותל** - אבל אם עומד בק"ש או בפסוקי דזמרה, צריך לילך וליטול ידיו.

[י]**סימן צב ס"ז** - [יא]**מקום מטונף, היינו מקומות המכוסין באדם, לפי שיש בהם מלמולי זיעה, וכן אם חיכך הראש.**

הגה: ולכן אסור ליגע במקומות אלו בשעה שעומדים בתפלה או עוסק בתורה (כל בו) - ובדיעבד די בנקיון בעלמא לתורה ולברכות אע"פ שיש לו מים.

(**ואם** נגע מותר בהרהור).

ואם נגע בטיט ורפש, אפשר דאפילו לכתחילה שרי כך, **אבל** לעיל בסוף סימן ד' כתב הפמ"ג, דצריך לנקות מתחלה אף לד"ת, וכן נראה להחמיר לכתחלה ברפש, (**ולדעת האבי העזרי שהובא בטור משמע, דצריך ליטול ידיו במים אם יש לו, אבל לדעת הרא"ש דפוסק, דאפילו אם נגע במקום המטונף, די בניקיון אם אין לו מים, אפשר דלא איירי הגמרא בלכלך בטיט, דשם די תמיד בנקיון, והפמ"ג לעיל בסי' ד' מחמיר ביש לו מים, ולענ"ד יש לעיין לדעת הרא"ש).**

וכן בלועת הפוזן והאף, כי אם ע"י בגד (מהרי"ל) - והגר"א מיקל בזה, וכ"כ בשע"ת בשם מור וקציעה.

סימן רלג ס"ב - [יב]**אם יש לו מים, צריך ליטול ידיו כדי להתפלל** - בין לתפילת המנחה בין לתפלת ערבית, דמצוה ליטול ידיו לתפלה, **אף ע"פ שאינו יודע להם שום לכלוך, ולא יברך. (וע"ל סימן נ"ב סעיף כ')** - היינו מה דמבואר שם, דאפילו היו ידיו מלוכלכות ונוטל ידיו לתפלה, אינו מברך, **ועיין** לעיל בסימן ז' ס"א במ"ב.

ואם נטל ידיו לתפלת המנחה, ולא הסיח דעתו משמירתן, אין צריך ליטול ידיו לתפלת ערבית.

הגה: ואפי' עומד מלמודו - ר"ל דמסתמא לא נגע באמצע הלימוד במקום מטונף, אפ"ה **יטול ידיו לתפלה (מנהגים)** - [ומיירי שעשה צרכיו ונטל ידיו קודם שהתחיל ללמוד, דאל"ה מאי רבותא, דלמא נגע במקום מטונף באמצע היום זמן הרבה קודם שהתחיל ללמוד ולא מדכר, וכדקימ"ל דסתם ידים עסקניות הם, וידוע דסתם ידים כשרות לתורה].

וכתב המ"א, דמ"מ אם נטל לתפלה והפסיק בלימוד, א"צ ליטול שנית, **ובשבת** שמפסיקין במכירת המצות, צריכין ליטול שנית לתפלת המוסף, אא"כ לא הסיח דעתו משמירת ידיו, **והא"ר** כתב, דכל זמן שהם בבית המדרש מן הסתם אין כאן היסח הדעת, וכן המנהג.

ואפילו נטל ידיו לאכילה ואכל ולא הסיח דעתו, צריך נטילה לתפלה, שאין נטילתו לאכילה עולה לתפלה, ‹כיון שלא נטל לתפלה›, **אבל** נטילת שחרית שנטל כשקם ממטתו ולא הסיח דעתו, עולה לו לתפלה. ‹דהוי נטילה לתפלה – לשון המ"א›.

ואם אין לו מים מזומנים, אינו צריך ליטול - אלא ינקה ידיו בכל מידי דמנקי, **וכ"ז** בסתם ידים, אבל אם נגע ידיו במקום מטונף, או עשה צרכיו, צריך לחזור אחר מים אף בתפלת מנחה ומעריב, וכמו בתפלת שחרית, וכמבואר שיעורו לעיל בסימן צ"ב ס"ד, וע"ש במ"ב ובה"ל ששייך לכאן.

אות ד'

הקורא את שמע ולא השמיע לאזנו, יצא

סימן סב ס"ג - [יג]**צריך להשמיע לאזנו מה שמוציא בפיו** - בק"ש וה"ה בברכותיה, מדרבנן, **ודעת** הראב"ד הובא בחי' הרשב"א, דהוא מדאורייתא לכתחלה. **ואם לא השמיע לאזנו יצא** – (אפילו בק"ש, וכ"ש בשארי מצות), **ובלבד שיוציא בשפתיו** - אבל אם הרהר בלבו לא יצא, דקי"ל הרהור לאו כדיבור דמי.

אות ה'

קרא ולא דקדק באותיותיה, רבי יוסי אומר: יצא

סימן סב ס"א - [יד]**אעפ"י שמצוה לדקדק באותיותיה, קראה ולא דקדק בהן, יצא** - אין הענין שלא הזכיר התיבות והאותיות, שבודאי לא יצא, **אבל** ענין לא דקדק, הוא שלא נתן ריוח בין הדבקים, או שלא התיז הז' של "תזכרו" וכדומה, וכנ"ל בסימן ס"א, {ב"ח וא"ר בשם החינוך, וכן מוכח מפרש"י שם במתניתין דף ט"ו ע"ש, ומהגמרא שם ע"ב עי"ש}.

מ"מ יזהר מאד לכתחילה בזה, ואיתא בש"ס: המדקדק בהן שכרו שמצננין לו גיהנם, שהוא מדה כנגד מדה, שמאחר שהוא מעורר

באר הגולה

[ט] תשו' הרמב"ן [י] ‹מילואים› [יא] שם [יב] ל' הטור בסי' צ"ב ושם ציינתי מוצא הדינין [יג] ברכות ט"ו וכת"ק [יד] ברכות ט"ו וכר"י

עצמו בזה, ומניע את חומו הטבעי לדקדק באותיות, ובשכר זה החום הטבעי שהוא מעורר, מצננין לו כנגדו חום אחר, שהוא בגיהנם.

אות ו׳

הקורא למפרע, לא יצא

סימן סד ס״א - [טו]**קראה למפרע, לא יצא;** [טז]**בד״א בסדר הפסוקים** - וכ״ש אם סירס את התיבות, שנאמר: והיו הדברים האלה וגו׳, בהוויתן יהו, **ואף** פרשת "ויאמר", כשתקנו רבנן לאומרה משום מצות זכירת יציאת מצרים, ג״כ כעין זה תקנוה.

(**אם** קרא פסוק "והיו הדברים" וגו׳ קודם "ואהבת", יחזור ויקרא רק פסוק "והיו הדברים", ולא "ואהבת", אף דבעת הקריאה קראה אחר "והיו הדברים", מ״מ עכשיו הוא כסדרן, **ולפי״ז** אם נאמר דפסוק ראשון בלבד הוא מדאורייתא, לא יצוייר המיעוט ד"והיו", רק אם שינה התיבות של "שמע" למפרע, דאם יקרא הפסוק "שמע" לבסוף, בודאי יצא).

אבל אם הקדים פרשה לחברתה, אע״פ שאינו רשאי, יצא, לפי שאינה סמוכה לה בתורה - ר״ל שאינו אלא תקנת חכמים, שהם סדרום כך, כמו שאמרו: למה קדמה "שמע" ל"והיה אם שמוע", כדי שיקבל עליו עול מ״ש תחלה, ואח״כ יקבל עליו עול מצות וכו׳. (**עיין בביאור הגר״א שכ׳, דלכאורה מוכח מהתוספתא, דמדרבנן לא יצא בכל גווני, וכן בהפמ״ג מפקפק בזה, דאימא דמדרבנן לא יצא).**

(**ודע, דהפמ״ג הניח בצ״ע בעיקר הדין, למה בכתיבת הפרשיות פסק השו״ע דפסול שלא כסדרן, אף דשם גם כן אין הפרשיות סמוכות זה אחר זה, והכא יצא, והטעם נ״ל פשוט, דשם כיון דארבע פרשיות שבתפילין, וב׳ פרשיות שבמזוזה, מעכבות זו את זו, אם כן אם חיסר פסוק אחד או פרשה אחת, הרי הוא כאלו לא כתב כלל, ולכן אמרינן דמה שגילתה לנו התורה דבעינן כסדרן, הכונה הוא על כל הד׳ פרשיות ביחד, שכולה נחשבת רק כפרשה אחת, ומחולקת רק בפסוקים, משא״כ בענינינו, אם לא קרא רק פרשה ראשונה, בודאי יש לו עכ״פ מצוה דקבלת עול מ״ש, אף אם לא קרא השניה של קבלת עול המצות, אף אם נאמר דשתיהן דאורייתא, אין מעכבין זו את זו, שהרי בכל אחת כתוב צווי בפני עצמה, וכל פרשה ופרשה מורה על ענין מיוחד בפני עצמו, לכן אמרינן דכונת הכתוב "והיו", הוא רק על הפסוקים שבכל פרשה, וכ״ז אפילו אם שתיהן דאורייתא, וכ״ש אם נאמר דפרשה אחת מן התורה, בודאי לא קאי "והיו" רק על הפסוקים שבפרשה זו, ומ״מ מדרבנן בודאי לא יצא, אפילו אם שינה הפסוקים בפרשה ב׳ וג׳).**

אות ו׳* [יז]

קרא וטעה, יחזור למקום שטעה

סימן סד ס״ב - עיין לקמן דף טז. אות א׳.

סימן סד ס״ג - עיין לקמן דף טז. אות א׳.

סימן סד ס״ד - עיין לקמן דף טז. אות א׳.

אות ז׳

חרש המדבר ואינו שומע לא יתרום, ואם תרם תרומתו תרומה

רמב״ם פ״ד מהל׳ תרומות ה״ד - חמשה לא יתרומו ואם תרמו תרומתן תרומה: חרש מדבר ואינו שומע, מפני שאינו שומע הברכה; והאלם ששומע ואינו מדבר, והערום, מפני שאינן יכולין לברך; והשיכור והסומא, מפני שאינן יכולין לכוין ולהפריש את היפה.

אות ז׳* [יח]

לא יברך אדם ברכת המזון בלבו, ואם בירך יצא

סימן קפה ס״ב - [יט]**צריך שישמיע לאזניו מה שמוציא בשפתיו; ואם לא השמיע לאזניו יצא,** [כ]**ובלבד שיוציא בשפתיו** - אבל אם הרהר בלבו לא יצא, ואם מחמת חולי או אונס אחר בירך בהמ״ז בלבו, יצא - מ״א, **ועיין** לעיל בסימן ס״ב במ״ב שבירונו, דהאי "יצא" לא לגמרי קאמר, דהא קי״ל הרהור לאו כדיבור דמי, אלא ר״ל דעכ״פ בשעה שאינו יכול לברך יהרהר בלבו, והקב״ה יקבע לו שכר עבור זה, אבל בעצם אינו יוצא, **וע״כ** כשנסתלק האונס, אם עדיין לא נתעכל המזון, יברך ברכת המזון, **ועיין** במה שכתבנו שם במ״ב ובבה״ל בכל הסעיף, כי הכל שייך לכאן.

אות ח׳

הכל כשרים לקרות את המגילה חוץ מחרש שוטה וקטן

סימן תרפט ס״ב - [כא]**אחד הקורא ואחד השומע מן הקורא, יצא ידי חובתו; והוא שישמע מפי מי שהוא חייב בקריאתה** - וצריך שיכוין הקורא להוציא, והשומע לצאת, כדין שארי מצות שאחד מוציא חבירו. **לפיכך אם היה הקורא** [כב]**חרש** - היינו המדבר ואינו שומע כלל, (לא יצא).

(המשך ההלכות מול עמוד ב׳)

באר הגולה

[טו] ברכות ט״ו [טז] ר״מ פ״ב מהל׳ ק״ש [יז] (ע״פ מהדורת נהרדעא) [יח] (ע״פ מהדורת נהרדעא) [יט] ברכות ט״ו [כ] לפי׳ רש״י (ד״ה בלבו: שלא השמיע לאזניו. נראה מדבריו שצריך שיוציא בשפתיו - ב״י) **ולפירוש רבינו יונה שם והרא״ש** [כא] **משנה** (מגילה) י״ט [כב] **שם וכדעת הרי״ף ורא״ש, וכן הוא בקצת נוסחאות ספרי רמב״ם, ועיין בכסף משנה שם וב״י** (ואפשר לדחוק ולומר שהם סוברים דאע״ג דתלמודא מוקי מתניתין כרבי יוסי, ולפי״ז לא קימ״ל כי האי מתניתין, דהא בפרק היה קורא (ברכות טו:) איפסיקא הלכתא שם בגמ׳ דלא כרבי יוסי, **היינו** אי אמרינן דכי היכי דפליגי בק״ש פליגי במגילה, אבל כיון דחזינן דרבי בפרק היה קורא גבי ק״ש כתב (היינו שסתם המשנה), הקורא את שמע ולא השמיע לאזנו יצא, רבי יוסי אומר לא יצא, דמשמע דסבר (רבי) דיצא, ומשנ״ה קתני לה בסתם, ורבי יוסי דפליג הוה יחידאה, וגבי מגילה קתני סתם דלא יצא (היינו לפי האוקימתא בגמ׳), ולא כתב שום חולק בדבר, **אית** לן למימר דס״ל דמגילה שאני דבעינן בה פרסומי ניסא, וכל שלא השמיע לאזנו ליכא פרסומי ניסא, **ומ״מ** הדבר דחוק כיון דחזינן דתלמודא משמע ליה דמגילה וקריאת שמע שוים הם, מנין לנו לחלק ביניהן - ב״י)

עין משפט
נר מצוה

לא א מיי' פ"ב מהלכות ק"ש הלכה ח סמג עשין יח טור שו"ע או"ח סימן סב סעיף ג:
לב ב מיי' פ"א מהלכות ברכות הלכה ז סמג עשין כז טוש"ע או"ח סימן קפה סעיף ב וסימן רו סעיף ג:

[כרב אלפס שלפנינו ליתא אלא הך דויי"ן של תזכרו בשם הירושלמי אמנם ברא"ש ובטור סימן סא איתא כל זה וכתב הב"י שכ"כ ה"ר יונה בספר היראה ע"ש]

לג ג מיי' פ"ב מהלכות ק"ש הלכה ח ט סמג עשין יח טוש"ע או"ח סימן סא סעיף כ:
לד ד מיי' שם הלכה ח ט טור ר"ס סב:

רב נסים גאון

תני ר' (יאשיה) [אושעיא] קמיה דרבא וכתבתם הכל בכתב ואפי' צוואות נמי אמר ליה דאמר לך מני ר' יהודה היא דאמר גבי סוטה אלות כותב צוואות אינו כותב. עיקר דבריו של ר' יהודה במס' סוטה בפ' היה מביא את מנחתה (דף יז) בא לו לכתוב המגילה מאיזה מקום היה כותב ר' יהודה אומר כל עצמו לא היה כותב אלא יתן ה' אותך ובאו המים המאררים וגו' ואינו כותב ואמרה האשה אמן אמן:

הגהות הגר"א

[א] תוס' ד"ה בין כו' וכן צריך כו'. ג"כ ירוש' צ:

תוספות

דילמא ר' יהודה וחסורי מחסרא וכו'. תימה דאין זה בשום מקום דקאמר חסורי מחסרא ולאוקמי אליבא דחד תנא ועוד לוקמיה כר' יוסי ובלא חסורי מחסרא. וי"ל משום דלקמן פסקינן כר' יהודה לכך ניחא לאוקמיה אליבא דר' יהודה:

אבל בשאר מצות יצא. וא"ת הא לעיל אמר דשאר מצות ילפינן מק"ש כגון תרומה ומגילה וברכת המזון. וי"ל דרב יוסף פליג אסוגיא דלעיל: **בין** הדבקים. *רב אלפס מוסיף כגון [א] וחרה אף דאם לא יתן ריוח אז נראה כמו וחרף וכן מוסיף וראיתם אותו וזכרתם את ועשיתם את שצריך ליתן ריוח בין מ"ם שבסוף תיבה לאל"ף שבתחלת תיבה שאחרי' וכן צריך [א] להתיז זיי"ן של תזכרו שלא ישמע שי"ן למען שיהיה לנו שכר מצות ואין לנו לעשו' על מנת לקבל פרס:
אהלים

גמרא

תורה אור

דילמא רבי יהודה היא ולכתחלה הוא דלא הא דיעבד שפיר דמי לא ס"ד דקתני חרש דומיא דשוטה וקטן מה שוטה וקטן דיעבד נמי לא אף חרש דיעבד נמי לא ודילמא הא כדאיתא והא כדאיתא ומי מצית לאוקמה כרבי יהודה והא מדקתני סיפא רבי יהודה מכשיר בקטן מכלל דרישא לאו רבי יהודה היא ודילמא כולה ר' יהודה היא ותרי גווני קטן וחסורי מחסרא והכי קתני הכל כשרין לקרות את המגילה חוץ מחש"ו בד"א בקטן שלא הגיע לחנוך אבל קטן שהגיע לחנוך אפילו לכתחלה כשר דברי רבי יהודה שרבי יהודה מכשיר בקטן במאי אוקימתא כר"י ודיעבד אין לכתחלה לא אלא הא דתני ר"י בריה דר' שמעון בן פזי חרש המדבר ואינו שומע תורם לכתחלה מני לא ר' יהודה ולא ר' יוסי אי ר' יהודה דיעבד אין לכתחלה לא אי ר' יוסי דיעבד נמי לא אלא מאי ר' יהודה ואפילו לכתחלה נמי אלא הא דתניא *לא יברך אדם ברכת המזון בלבו ואם בירך יצא מני לא ר' יהודה ולא ר' יוסי אי רבי יהודה הא אמר אפי' לכתחלה נמי ואי ר' יוסי הא אמר אפי' דיעבד נמי לא לעולם ר' יהודה היא ואפילו לכתחלה נמי ולא קשיא הא דידיה הא דרביה דתניא א"ר יהודה משום ר' אלעזר בן עזריה הקורא את שמע צריך שישמיע לאזנו שנאמר שמע ישראל אמר לו ר' מאיר הרי הוא אומר אשר אנכי מצוך היום על לבבך אחר כונת הלב הן הן הדברים השתא דאתית להכי אפי' תימא ר' יהודה כרביה ס"ל ולא קשיא הא ר' יהודה הא רבי מאיר א"ר חסדא אמר רב שילא *הלכה כרבי יהודה שאמר משום רבי אלעזר בן עזריה והלכה כרבי יהודה וצריכא דאי אשמעינן הלכה כר' יהודה הוה אמינא אפילו לכתחלה קמ"ל הלכה כר' יהודה שאמר משום ר' אלעזר בן עזריה ואי אשמעינן הלכה כרבי יהודה שאמר משום ר' אלעזר בן עזריה הוה אמינא *צריך ואין לו תקנה קמ"ל הלכה כרבי יהודה אמר רב יוסף מחלוקת בק"ש אבל בשאר מצות דברי הכל לא יצא דכתיב °הסכת ושמע ישראל מיתיבי לא יברך אדם ברכת המזון בלבו ואם בירך יצא אלא אי אתמר הכי אתמר אמר רב יוסף מחלוקת בק"ש דכתיב שמע ישראל אבל בשאר מצות דברי הכל יצא והכתיב הסכת ושמע ישראל ההוא בדברי תורה כתיב: קרא ולא דקדק באותיותיה: א"ר טבי א"ר יאשיה הלכה כדברי שניהם להקל: וא"ר *טבי א"ר יאשיה מאי דכתיב °שלש הנה לא תשבענה שאול ועוצר רחם וכי מה ענין שאול אצל רחם אלא לומר לך מה רחם מכניס ומוציא אף שאול מכניס ומוציא והלא דברים ק"ו ומה רחם שמכניסין בו בחשאי מוציאין ממנו בקולי קולות שאול שמכניסין בו בקולי קולות אינו דין שמוציאין ממנו בקולי קולות מכאן תשובה לאומרים אין תחיית המתים מן התורה: תני ר' אושעיא קמיה דרבא וכתבתם הכל בכתב אפילו צוואות א"ל דאמר לך מני *ר' יהודה היא דאמר גבי סוטה אלות כותב צוואות אינו כותב והתם הוא דכתיב °וכתב את האלות האלה אבל הכא דכתיב וכתבתם אפי' צוואות נמי אטו טעמיה דר' יהודה משום דכתיב וכתב *טעמיה דר' יהודה משום דכתיב אלות אלות אין צוואות לא אצטריך סד"א נילף כתיבה כתיבה מהתם מה התם אלות אין צוואות לא אף הכא נמי צוואות לא כתב רחמנא וכתבתם אפי' צוואות: תני רב עובדיה קמיה דרבא ולמדתם [ג]שיהא למודך תם שיתן ריוח בין הדבקים ענֵי רבא בתריה כגון *על לבבך על לבבכם בכל לבבך בכל לבבכם עשב בשדך ואבדתם מהרה הכנף פתיל אתכם מארץ א"ר חמא ברבי חנינא [ד]כל הקורא ק"ש ומדקדק באותיותיה מצננין לו גיהנם שנאמר °בפרש שדי מלכים בה תשלג בצלמון אל תקרי בפרש אלא בפרש אל תקרי בצלמון אלא בצלמות: ואמר רבי חמא ברבי חנינא למה נסמכו
אהלים

דברים כז | משלי ל | במדבר ה | תהלים סח

רש"י

מדסיפא ר' יהודה. דקתני ר' יהודה מכשיר בקטן: **ודילמא כולה ר' יהודה היא וחסורי מחסרא והכי קתני הכל כשרין לקרות את המגילה חוץ מחש"ו.** והא כדאיתא והא כדאיתא: **בד"א.** דקטן לכתחלה לא בקטן שלא הגיע לחנוך אבל הגיע לחנוך אפי' לכתחלה שרי. הגיע לחנוך מצות כגון בן תשע ובן עשר כדאמרינן ביומא פרק בתרא (ד' פב.): **במאי אוקימתא.** למתניתין דמגילה: **כר' יהודה.** ואשמעת לן דכי אמר ר' יהודה בק"ש יצא דיעבד קאמר ולא לבתחלה: **אלא הא דתני כו' תורם.** ואע"פ שהוא צריך לברך ואין אזניו שומעות מני: **אלא מאי.** בעית למימר דר' יהודה היא דק"ש אפי' לכתחלה קאמר כי היכי דתיקו הא דר' יהודה בריה דר' שמעון בן פזי אליביה והאי דאפליגו בדיעבד להודיעך כחו דר' יוסי: **אלא הא דתניא כו'.** מני: **לעולם ר' יהודה** (א) **אפי' לכתחלה מכשיר.** ודמגילה רבי יוסי היא ואפי' דיעבד נמי פסיל והא דתורם לכתחלה ר' יהודה והא דברכת המזון דרביה הוא דאמר ר' יהודה משום רבי אלעזר בן עזריה צריך להשמיע לאזנו והאי לישנא לכתחלה משמע אבל דיעבד יצא: **השתא דאתית להכי.** דאשמעתן הא פלוגתא דר"מ: **אפי' תימא ר' יהודה.** דאמר בק"ש יצא דיעבד אין לכתחלה לא ומתני' דמגילה לכתחלה היא דפסלה לחרש ור' יהודה היא והא דברכת המזון נמי ר' יהודה היא ודקא קשיא לך הא דר"י בריה דר' שמעון בן פזי מני ר"מ היא דמכשיר לכתחלה: **הלכה כר' יהודה.** דק"ש שלא השמיע לאזנו יצא: **הוה אמינא.** דר' יהודה לכתחלה כמי אמר והאי דאפליג דיעבד משום דרבי יוסי: **ואין לו תקנה.** אפילו בדיעבד: **בשאר מצות.** בכל הברכות: **ההוא.** הסכת ושמע בדברי תורה כתיב כדאמרי' בפ' הרואה (ד' סג:) כתתו עצמכם על דברי תורה: **ולא דקדק.** שמגמגם: **הלכה כדברי שניהם להקל.** הלכה כר' יהודה דלא בעי שמיעה והלכה כר' יוסי דלא בעי דקדוק: **שאול ועוצר רחם.** פסוק הוא בספר משלי שלש הנה לא תשבענה: **רחם מכנים.** הזרע ומוציא הולד: **שאול.** קבר: **שמכניסין בו בקולי קולות.** של בכי ומספד: **וכתבתם.** שתהא כתיבה תמה ושלימה: **ואפילו צוואות.** שבפרשה כגון וקשרתם וכתבתם צריך לכתוב בתפילין ומזוזות: **דאמר לך מני.** הא דאצטריך ליה קרא לרבות צואות לכתיבה: **רבי יהודה היא.** דשמעינן גבי כתיבת פרשת סוטה משום דלא כתיב ביה וכתבתם אלא וכתב דאמר אלות אין צואות לא כגון והשביע אותה הכהן ואמר הכהן דתנן (סוטה ד' יז) רבי יהודה אומר כל עצמו אינו כותב אלא יתן ה' אותך לאלה ולשבועה: **משום אלה** הוא. דמשמע מיעוטא הא לא כתיב מיעוטא הוה משמע כוליה מלתא מוכתב והכא דליכא מיעוטא למה ליה לרבוייהו מוכתבתם: **בין הדבקים.** תיבות המדובקות זו בזו אם אינך מפרידן כשהתיבה השניה מתחלת באות שהתיבה שמלפניה נגמרת הוא קורא אותן שתי אותיות באות אחת אם אינו מתעסק ליתן ריוח ביניהן כדמפרש רבא: **בפרש שדי.** אם תפרש שדי ותבדיל תיבות של מלכות שמים מלכים בה תשלג *בצלמון התורה אשר בה מלכים ימלוכו תשלג ותצנן לך את צל המות:
אהלים

מסורת הש"ס

[מגילה יט:]

הגהות הב"ח

(א) רש"י ד"ה לעולם ר' יהודה היא ואפילו:

[ערכין ב. יומא מג. יבמות צ. גיטין מ. נזיר מו: הוריות ח. וע' גיטין טו.]

סנהדרין לג.

[סוטה דף יז.]

[ע"ש בסוטה היטב]

[הנך הם שלא כסדרן ובשלשות בפ' ואתחנן נמצאים כסדרן]

[בערוך ערך פרש ביאר הענין באופן אחר ע"ש]

ואע"ג דבעלמא קי"ל, דאם לא השמיע לאזנו יצא, הכא לענין מגילה דהוא משום פרסומי ניסא, החמירו בו יותר, דהשמיעה לאזנו הוא לעיכובא, [**ולפי"ז** מי שקורא המגילה לעצמו, צריך ליזהר מאד שישמיע לאזנו, דאל"ה אפי' בדיעבד לא יצא], **א"נ** דחרש גרע טפי, שאינו יכול להשמיע לאזנו [ט"ז], **ועיין** בשע"ת, דדוקא אם הוא חרש גמור שאינו שומע כלל, לאפוקי אם הוא שומע כשמדברים לו בקול רם.

וכ"ז הוא לדעת השו"ע, [כג]אבל דעת כמה אחרונים, דאפי' הוא חרש גמור, יצא השומע ממנו, **ומ"מ** לכתחלה כו"ע מודים שלא יעמידוהו להוציא רבים י"ח.

(מלשון השו"ע משמע דאינו בר חיוב כלל, אף לקרות לעצמו, **אכן** מסברתו בב"י, שכתב דמשום פרסומי ניסא הוא, משמע לכאורה דהוא רק לענין להוציא אחרים שהם פקחין, צריכין לשמוע מאיש ששומע באזניו דוקא, עי"ש, משום דהלא אותן אחרים יכולין לקרות לעצמן, או להשתדל שיוציאן איש אחר שיש לו חוש השמיעה כמותו, **אבל** לא לפוטרו לגמרי מקריאה עכ"פ, והלא אף דבעלמא נשים פטורות ממ"ע שהזמן גרמא, הכא חייבו אותן מפני שאף הן היו באותו הנס, ואף חרשין היו באותו הנס, ולא גרע מהן, **אכן** לדינא אין נ"מ, דבלא"ה הלא דעת כמה ראשונים, שגם לאחרים הוא מוציא, וכ"ש שהוא בעצמו בר חיובא, **וע"כ** חרש לעצמו בודאי מחויב לקרות בעצמו, כיון שאינו שומע, **ואף** אם יקראנו בלא טעמים ג"כ אין קפידא).

ודע, דמי שכבדו אזניו, או שהוא רחוק מן הבימה ואינו יכול לשמוע היטיב מן הקורא, יזהר לקרות לעצמו ממגילה כשרה, או עכ"פ יאחוז חומש, והתיבות שיחסר לו יאמר תיכף מן החומש.

או [כד]**קטן או שוטה, השומע ממנו לא יצא** - אע"ג דקטן נמי חייב עכ"פ מדרבנן, כדלעיל, אפ"ה אינו יכול להוציא את הגדול, דלגבי קטן הוי תרי דרבנן, ר"ל דעצם קריאת המגילה הוי רק מד"ס, וחיובו של קטן הוי ג"כ רק מדרבנן בכל המצות, משא"כ גדול הוי חד דרבנן, ולא אתי תרי דרבנן ומפיק חד דרבנן, [תוספות].

והנה לעיל בסי' תרע"ה ס"ג הביא המחבר, [כה]דיש מי שמכשיר בקטן שהגיע לחינוך, שיכול להוציא אחרים בהדלקתו, וה"ה לענין קריאת המגילה, [דהא בהא תליא, כמ"ש המ"א וכ"כ הגר"א, **אכן** ש"א ישבו דעת המחבר שהשמיט כאן דעה זו, דבמגילה לא רצה לסמוך עליו], **ועיין** בעקרי דינים שכתב בשם סמא דחיי, דבמקום הדחק כשאין שם אנשים בקיאים במקרא מגילה, יכול להוציאם קטן שהגיע לחינוך.

§ מסכת ברכות דף טו: §

אות א'

הלכה כרבי יהודה שאמר משום רבי אלעזר בן עזריה, והלכה כרבי יהודה

סימן סב ס"ג - [א]**צריך להשמיע לאזנו מה שמוציא בפיו** - בק"ש וה"ה בברכותיה, מדרבנן, **ודעת** הראב"ד הובא בחי' הרשב"א, דהוא מדאורייתא לכתחלה. **ואם לא השמיע לאזנו יצא** – (אפילו בק"ש, וכ"ש בשארי מצות), **ובלבד שיוציא בשפתיו** - אבל אם הרהר בלבו לא יצא, דקי"ל הרהור לאו כדיבור דמי.

אות ב'

אבל בשאר מצות דברי הכל יצא

סימן קפה ס"ב - [ב]**צריך שישמיע לאזניו מה שמוציא בשפתיו; ואם לא השמיע לאזניו יצא,** [ג]**ובלבד שיוציא בשפתיו** - אבל אם הרהר בלבו לא יצא, ואם מחמת חולי או אונס אחר בירך בהמ"ז בלבו, יצא - מ"א, **ועיין** לעיל בסימן ס"ב במ"ב שבירנו, דהאי "יצא" לא לגמרי קאמר, דהא קי"ל הרהור לאו כדיבור דמי, אלא ר"ל דעכ"פ בשעה שאינו יכול לברך יהרהר בלבו, והקב"ה יקבע לו שכר עבור זה, אבל בעצם אינו יוצא, **וע"כ** כשנסתלק האונס, אם עדיין לא נתעכל המזון, יברך ברכת המזון, **ועיין** במה שכתבנו שם במ"ב ובבה"ל בכל הסעיף, כי הכל שייך לכאן.

סימן רו ס"ג - [ד]**וצריך להשמיע לאזניו, ואם לא השמיע לאזניו יצא, ובלבד שיוציא בשפתיו** - אבל אם הרהר בלבו את הברכה, לא יצא.

אות ג'

שיהא למודד תם, שיתן ריוח בין הדבקים

סימן סא [ה]**ס"כ** - [ו]**צריך ליתן ריוח בין תיבה שתחילתה כסוף תיבה שלפניה, כגון: בכל לבבך; על לבבכם; בכל לבבכם** - אין הכוונה שיפסיק ביניהם, רק שיקרא בענין שישתמע שהם שני למדי"ן, **אבל** מ"מ צריך מקף בינתים, כי בלא מקף צריך לקרות "בכל" בחול"ם, ובמקף בקמ"ץ, **עשב בשדך; ואבדתם מהרה; הכנף פתיל; אתכם מארץ.**

באר הגולה

[כג] ‹בפרק היה קורא (ח:) הביא מחלוקת רבי יוסי ורבי יהודה בק"ש בלא השמיע לאזניו, ואח"כ הביא דברי רב יוסף, מחלוקת בק"ש, אבל בשאר מצות דברי הכל יצא, דהשתא מאחר דקיימא לן כרב יוסף, בעל כרחך אית לן למימר דמתניתין דהכל כשרים לקרות את המגילה חוץ מחרש שוטה וקטן, פירושא דהא כדאיתא והא כדאיתא, חרש לכתחלה הוא דלא הא דיעבד שפיר דמי, שוטה וקטן דיעבד נמי לא, והכי מוכחת הסוגיא התם, דלרב יוסף בקריאת שמע בלחוד הוא דפליג רבי יוסי ואמר דלא יצא אפילו בדיעבד, אבל כל שאר המצות לפחות בדיעבד יצא. וכך פסק בעל המאור בפרק היה קורא, והבית יוסף נמי הביא ספר ארחות חיים שכתב בשם הרמב"ם, דוקא שוטה וקטן הוא דאינו מוציא אחרים ידי חובתן, וכן יראה עיקר, ואפשר דאף דעת הרא"ש כך היא. **והילכך** נקטינן דחרש מוציא אחרים ידי חובתן דיעבד, וקטן אפילו הגיע לחינוך אינו מוציא אפילו דיעבד, נ"ל - ב"ח› [כד] וכת"ק, **אבל נשים מוציאות לאנשים, טור בשם רש"י בריש ערכין** [כה] ‹הוא בעל העיטור, מפרש דבלא הגיע לחינוך איירי - פמ"ג. ודלא כתוס' ד"ה ורבי יהודה› [א] **ברכות ט"ו וכת"ק** [ב] **ברכות ט"ו** [ג] **לפי' רש"י** ‹ט"ו. ד"ה בלבו: שלא השמיע לאזניו. נראה מדבריו שצריך שיוציא בשפתיו - ב"י› **ולפירוש רבינו יונה שם והרא"ש** [ד] **ציינתיו בסי' קפ"ה** [ה] ‹כצ"ל וכן תוקן במהדורת נהרדעא› [ו] **שם בגמרא ט"ו**

אות ד'

כל הקורא קריאת שמע ומדקדק באותיותיה וכו'

טור סימן סב - אע"פ שצריך לדקדק באותיותיה, קרא ולא דקדק באותיותיה יצא; ומ"מ צריך ליזהר לדקדק בהם, דאמר רב חמא בר חנינא, כל הקורא שמע באותיותיה מצננין לו גיהנם. ‹עיין לעיל דף ט"ו. אות ה' ובמ"ב.›

§ מסכת ברכות דף טז. §

אות א'

קרא וטעה ואינו יודע להיכן טעה: באמצע הפרק יחזור לראש, בין פרק לפרק יחזור לפרק ראשון, בין כתיבה לכתיבה יחזור לכתיבה ראשונה... אבל פתח בלמען ירבו ימיכם סרכיה נקט ואתי

סימן סד ס"ב - [א]קרא פרשה וטעה בה, [ב]אם יודע היכן טעה, כגון שקרא כולה אלא שדילג פסוק אחד באמצע, חוזר לראש אותו הפסוק וגומר הפרשה - דאם יאמר רק אותו הפסוק, הו"ל קריאה למפרע, **ואפילו** אם לא נזכר שדילג הפסוק מפרשה ראשונה, רק עד אחר שאמר גם פרשה שאחריה, אפ"ה די במה שיאמר מן הדילוג עד סוף הפרשה ראשונה, דסדר הפרשיות אין מעכב.

ואם דילג תיבה אחת, י"א שבזה די שיחזור לאותו התיבה ויגמור, אם הוא במקום שמתחיל ענין בפני עצמו, כגון שדילג מפסוק "ושננתם" תיבת "ודברת", [ג]**אבל** בספר אליהו רבא הכריע מכמה ראשונים, דצריך לחזור לעולם לראש אותו הפסוק.

כתב הפר"ח, דוקא טעה, אבל בהזיד ובמתכוין, חוזר לראש, כמו לענין תפלה, **והמ"א** מסתפק בזה.

[ד]**ואם אינו יודע היכן טעה, חוזר לראש הפרשה** - מחמת ספק, אפילו היה זה בפרשה שניה, ואפילו למ"ד פרשה שניה דרבנן, דכיון דעסוק בק"ש צריך לתקן הכל, **ואם** היה זה בפרשה ראשונה, תלוי בזה, אם זוכר שאמר "שמע" בכונה, וגם "בשכמל"ו", חוזר ל"ואהבת", **ואם** אינו זוכר שאמר "שמע" בכוונה, בלא"ה חוזר לראש, כי כיון שלא קראה בכונה, הוי כלא קרא כלל את הפסוק "שמע", וממילא צריך לקרות כל זו הפרשה, שלא יהיה הקריאה למפרע, **ויקראנה** בלחש, או ימתין מעט, שלא יראה כקורא "שמע שמע".

סימן סד ס"ג - [ה]טעה בין פרשה לפרשה, שהוא יודע שסיים פרשה ואינו יודע אם ראשונה אם שנייה, חוזר לפרשה ראשונה ויתחיל: והיה אם שמוע - ומיירי שאינו זוכר כלל שום תיבה שאמר מפרשה שנייה, **וגם** מיירי שעדיין לא התחיל תיבת "ויאמר", דאם אחר שהתחיל "ויאמר" עלה לו הספק על לבו, תלינן דמסתמא אמר גם פרשה שניה כפי הרגלו.

סימן סד ס"ד - [ו]היה עומד ב"וכתבתם", ואינו יודע אם ב"וכתבתם" שבפרשה ראשונה אם ב"וכתבתם" שבפרשה שנייה, חוזר ל"וכתבתם" שבראשונה - והא דלא קאמר ב"וקשרתם", משום דיש הפרש, ד"וקשרתם" הראשון הוא בקמץ, שהוא לשון יחיד, והשני הוא בסגול, שהוא לשון רבים, **וט"ז** כתב עוד טעם, שאין דרך לטעות באמצעה, דיוכל להרגיש לפי הזמן שהתחיל לקרות, אבל כשהוא עומד בסוף, שיש כאן קצת זמן ארוך, שפיר יוכל לפעמים לטעות, דשמא סיים הפרשה שניה.

והני מילי שלא התחיל "למען ירבו ימיכם," [ז]אבל אם התחיל "למען ירבו ימיכם" - ר"ל ונסתפק לו אח"כ, פן אמר ה"למען ירבו" אחר "וכתבתם" שבפרשה ראשונה, **אין צריך לחזור, דסירכיה נקט ואתא** - דמסתמא אמר כפי ההרגל, לומר "למען ירבו" אחר "וכתבתם" שבשניה, **ומכ"ש** אם מצא עצמו בתיבה אחרת באמצע הפרשה, חזקה שאמר כל מה שלמעלה מזה, ולא דילג פסוק או תיבה.

וכ"ז כשקורא ביחיד, אבל אם הוא קורא עם הצבור, ורואה שהש"ץ עומד ב"וכתבתם" שבפרשה ראשונה או סמוך לו, יחזור ל"וכתבתם" שבראשונה, דמוכחא מלתא שטעה ולא נקט סירכיה ואזיל. **וכן** לאידך גיסא, אם עומד ב"וכתבתם", דפסק בשו"ע דחוזר ל"וכתבתם" הראשון, אם רואה שהש"ץ והצבור עומדים ב"וכתבתם" שבשניה, או סמוך לו מלפניו או מלאחריו, יאמר ג"כ אח"כ הפסוק "למען ירבו", דהא מסתמא הוא קרא ג"כ השניה כמותם, ורגלים לדבר איכא.

באר הגולה

[א] **שם בגמרא** [ב] **הרא"ש בשם התוספתא ור' יונה ותוספות** [ג] ‹מיהו מתוס' דף ט"ז. [ד"ה הקורא] ואגודה וסמ"ק ואבודרה"ם, משמע דאף שדילג תיבה, מתחיל לתחילת הפסוק – א"ר› [ד] **שם בגמ' ט"ז** [ה] **שם** [ו] **שם** [ז] ‹ומדברי כל הפוסקים נראה שמפרשים כמו שכתב רבינו, **אבל** רש"י פירש סירכיה נקיט, אין לטעות מכאן עד "אמת ויציב", ואין צריך לחזור אלא ל"אמת", שהפרשה שגורה בפיו, **וכתב** עליו הרשב"א, נראה לי מלשונו שהוא מפרש, שאם מצא עצמו מ"למען ירבו" ולמטה, והוא מסתפק אם קרא מה שלמעלה ממה שהוא מוצא בו עצמו, כגון שמצא עצמו ב"ועשו להם ציצית", ואינו יודע אם קרא תחלת הפרשה אם לאו, חזקה אמרה, כיון שהוא זכור שאמר "למען ירבו ימיכם", לפי שכל אותה פרשה שגורה בפיו עד "אמת ויציב", וחזקה סירכיה נקט בה ולא השמיט ממנה כלום, **ומכלל** דברים אלו, שאם מצא עצמו באמצע שאר פרשיות, והוא מסתפק אם אמר מה שלמעלה ממנו אם לאו, צריך הוא לחזור עד המקום שהוא ברור לו שקרא, לפי שאין שאר הפרשיות שגורות בפיו כל כך, ושמא השמיט בהן, וכעין ראיה לדבריו, מדנקט "למען ירבו ימיכם", דאם לא כן הוה ליה למימר מצא עצמו באמצע פרשה, חזקה סירכיה נקט ואתא, ומאי שנא "למען ירבו" דנקט, **ומיהו** לא מסתברא, דה"ה ודאי לכל שאר הלשונות אם מצא עצמו בהם, שהוא חזקה שאמר כל שלמעלה ממנו משום דסירכיה נקט, ו"למען ירבו" דנקט משום טעה בין כתיבה לכתיבה נקט ליה, כלומר אם ידע שאמר כתיבה ומסופק אם ראשונה אם שנייה, אם אחריה אמר "למען ירבו", חזקה מכתיבה שנייה סליק וסירכיה נקט, ותדע לך, דמאי שנא פרשת ציצית שתהא שגורה יותר משאר הפרשיות, אדרבה שאר הפרשיות שגורות יותר שנוהגים בכל מקום בין ביום בין בלילה – ב"י›

היה קורא פרק שני ברכות טז

אהלים לנחלים דכתיב °כנחלים נטיו כגנות עלי נהר כאהלים נטע וגו' לומר לך מה נחלים מעלין את האדם מטומאה לטהרה אף אהלים מעלין את האדם מכף חובה לכף זכות: הקורא למפרע לא יצא וכו': רבי אמי ורבי אסי הוו קא קטרין ליה גננא לר' אלעזר אמר להו אדהכי והכי איזיל ואשמע מלתא דבי מדרשא ואיתי ואימא לכו אזל אשכחיה לתנא דקתני קמיה דר' יוחנן *קרא וטעה ואינו יודע להיכן טעה (א) באמצע הפרק יחזור *לראש בין פרק לפרק יחזור לפרק ראשון בין כתיבה לכתיבה יחזור לכתיבה ראשונה אמר ליה ר' יוחנן לא שנו אלא שלא פתח בלמען ירבו ימיכם אבל פתח בלמען ירבו ימיכם סרכיה נקט ואתי אתא ואמר להו אמרו ליה *אלו לא באנו אלא לשמוע דבר זה דיינו:

מתני' האומנין קורין בראש האילן ובראש הנדבך מה שאינן רשאין לעשות כן בתפלה *חתן פטור מק"ש לילה הראשונה ועד מוצאי שבת אם לא עשה מעשה ומעשה בר"ג שנשא אשה וקרא לילה הראשונה אמרו לו תלמידיו *למדתנו רבינו שחתן פטור מק"ש אמר להם איני שומע לכם לבטל הימני מלכות שמים אפי' שעה אחת:

גמ' *ת"ר האומנין קורין בראש האילן ובראש הנדבך ומתפללין בראש הזית ובראש התאנה ושאר כל האילנות יורדים למטה ומתפללין ובעל הבית בין כך ובין כך יורד למטה ומתפלל לפי שאין דעתו מיושבת עליו רמי ליה רב מרי ברה דבת שמואל לרבא תנן האומנין קורין בראש האילן ובראש הנדבך אלמא לא בעי כונה ורמינהי הקורא את שמע צריך שיכוין את לבו שנאמר שמע ישראל ולהלן הוא אומר °הסכת ושמע ישראל מה להלן בהסכת אף כאן בהסכת אשתיק א"ל מידי שמיע לך בהא א"ל הכי אמר רב ששת והוא שבטלין ממלאכתן וקורין והתניא *בית הלל אומרים עוסקין במלאכתן וקורין לא קשיא הא בפרק ראשון הא בפרק שני *ת"ר הפועלים שהיו עושין מלאכה אצל בעל הבית קורין ק"ש ומברכין לפניה ולאחריה ואוכלין פתן (ב) ומברכין לפניה ולאחריה [ו] ומתפללין תפלה של שמונה עשרה אבל אין יורדין לפני התיבה ואין נושאין כפיהם והתניא מעין י"ח אמר רב ששת לא קשיא *הא ר"ג הא ר' יהושע אי ר' יהושע מאי איריא פועלים אפילו כל אדם נמי אלא אידי ואידי ר"ג ולא קשיא [ח] כאן בעושין בשכרן כאן בעושין בסעודתן והתניא *הפועלים שהיו עושים מלאכה אצל בעל הבית קורין ק"ש ומתפללין ואוכלין פתן ואין מברכים לפניה [א] אבל מברכין לאחריה שתים כיצד *ברכה ראשונה כתקונה שניה פותח בברכת הארץ וכוללין בונה ירושלים בברכת הארץ במה דברים אמורים בעושין בשכרן אבל עושין בסעודתן או שהיה בעל הבית מיסב עמהן מברכין כתיקונה: חתן פטור מק"ש: *תנו רבנן *בשבתך בביתך פרט לעוסק במצוה ובלכתך בדרך פרט לחתן מכאן אמרו הכונס את הבתולה פטור ואת האלמנה חייב מאי משמע אמר רב פפא כי דרך מה דרך רשות אף הכא נמי רשות מי לא עסקינן דקאזיל לדבר מצוה ואפילו הכי אמר רחמנא ליקרי אם כן לימא קרא בלכת מאי בלכתך שמע מינה בלכת דידך הוא דמחייבת הא דמצוה פטירת

אי

רש"י

אהלים לנחלים. כנחלים נטיו כאהלים נטע: **אף [אהלים].** בתי מדרשות. אהלים לשון נטיעה נופלת בהם שנאמר ויטע אהלי אפדנו (דניאל יא): **קטרין ליה גננא.** קושרין לו חופה להשיאו אשה: **יחזור לראש.** כגון שהיה יודע שבפרק זה טעה ודלג אבל אינו יודע באיזה מקום בו טעה: **בין פרק לפרק.** שיודע שגמר הפרשה וצריך להתחיל פרשה אחרת ואינו יודע באיזה מהן: **יחזור לפרק ראשון.** להפסק ראשון (ג) והיה אם שמוע: **בין כתיבה לכתיבה.** שיודע שצריך לומר וכתבתם ואינו יודע אם ראשון אם שני: (ד) **וא"ר יוחנן.** לתנא וכו': **סרכיה נקט.** *אין לטעות מכאן עד אמת ויציב וא"צ לחזור אלא לאמת שהפרשה שגורה בפיו: **מתני' האומנין.** שהם עסוקים במלאכתן בראש האילן או בראש הנדבך והגיע זמן ק"ש קורין לשם מיד: **נדבך.** בנין של אבנים כמו נדבכין די אבן גלל (עזרא ו): **מה שאינן רשאין לעשות כן בתפלה.** דצלותא רחמי היא ובעי כוונה הלכך אין מתפללין בראש האילן ובראש הנדבך דמסתפי דילמא נפלי דאין יכולין לעמוד שם אלא על ידי הדחק ומחמת בעתותא לא מצי מכווני: **גמ' ומתפללין בראש הזית ובראש התאנה.** בזמן שעוסקין בהן מפני שענפיהם מרובים ויכולין לעמוד שם שלא בדוחק ואין שם פחד ליפול לפיכך מתפללין בראשם אבל בשאר אילנות אין מתפללין: **בין כך ובין כך.** כלומר בין מתאנה בין משאר אילנות: **יורד ומתפלל.** דהא אינו משועבד למלאכה שהוא ברשות עצמו: **לפי שאין דעתו מיושבת עליו.** מבעתותו ואם הקלו אצל פועלים מפני בטול מלאכה לא הקלו אצל בעל הבית: **ברה דבת שמואל.** בכמה מקומות קרי ליה בר רחל ובת שמואל היתה ונשבית לבין העמים כדאמר בכתובות (דף כג:) ובא עליה אחד ונתעברה הימנו ואח"כ נתגייר ושמיה איסור כדאמרי' בב"ב (דף קמט.) רב מרי בריה הורתו שלא בקדושה הוה לכך לא היה נקרא על שם אביו: **תנן האומנין קורין בראש האילן.** אפי' בזמן שהן עסוקין אלמא לא בעי כוונה: **שבטלין ממלאכתן וקורין.** כדי שיהו קורין בכוונה ראשין להיבטל ממלאכתן: **פרק ראשון.** פרשת שמע בעי כוונה: **קורין את שמע ומברכין לפניה ולאחריה.** כתקונה וכן בזמן תפלה: **אבל אין יורדין לפני התיבה.** אינן רשאין ליבטל ממלאכתן ולירד לפני התיבה לעשות שליח צבור שיש שם בטול מלאכה יותר מדאי: **מעין שמונה עשרה.** הביננו לדעת דרכיך כו' שכולל *י"ח ברכות בברכה אחת וג' ראשונות וג' אחרונות כהלכתן: **הא ר"ג הא רבי יהושע.** דתנן בפרק תפלת השחר (דף כח:) ר"ג אומר בכל יום ויום מתפלל אדם י"ח ברכות רבי יהושע אומר מעין י"ח: **עושין בשכרן.** שנוטלין שכר פעולתן לבד סעודתן צריכין למהר המלאכה ומתפללין מעין י"ח: **אבל עושין בסעודתן.** בשביל האכילה לבדה מתפללין י"ח: **וסתניא.** בניחותא דיש חלוק בין עושין בשכרן לעושין בסעודתן: **ואין מברכין לפניה.** °שאינה מן התורה: **אבל מברכין לאחריה.** שהיא מן התורה דכתיב ואכלת ושבעת וברכת (לקמן דף מח:): **וכוללין** *שני ברכות באחת שברכת הארץ ובנין ירושלים דומות: **בשבתך בביתך פרט לעוסק במצוה.** כבר פירשתיה בפרק ראשון (דף יא.):

מתני'

תוספות

אהלים לנחלים. פי' הקונטרס דכתיב כנחלים נטיו כאהלים נטע. ולי נראה דאהלים דהאי קרא לאו לשון אהל אלא לשון בשמים אלא נראה מדסמיך מה טובו אוהליך לכנחלים נטיו:

הקורא את שמע ואינו יודע להיכן טעה חוזר לראש. פי' מטעם שאינו יודע מהיכן טעה אבל אם היה יודע מהיכן טעה שדלג תיבה או פסוק אינו צריך לחזור אלא מאותו פסוק ואילך וכן בהלל ומגילה:

מעשה בר"ג שנשא אשה וקרא ק"ש בלילה ראשונה. לאו מעשה לסתור הוא דקמ"ל אם גדול הוא ובוטח בעצמו שיוכל להתכוין והוא ראוי ליטול את השם הרשות בידו:

לפי שאין דעתו מיושבת עליו. ואם תאמר תיפוק ליה משום דאמרינן לעיל (דף י:) לא יעמוד אדם במקום גבוה ויתפלל. וי"ל דהתם מיירי על גבי כסא או ספסל אבל באילן שעלה שם לעשות מלאכתו הוי כמו עלייה:

הא בפרק ראשון. לאו דוקא נקט פרק א'. דהיינו אליבא דרבא ורבא אמר לעיל (יג:) פסוק ראשון לבד והכי הלכתא:

אפי' כל אדם נמי. וא"ת הא שאר כל אדם רשות ופועלים חובה. וי"ל דפשיטא ליה כיון שיכול לומר מעין י"ח אין זה פום חדום אם הפועלים אומרים אפילו לכתחלה:

*__וחותם__ בברכת הארץ. אע"ג דמדאורייתא הם. יש כח ביד חכמים לעקור דבר מן התורה הואיל וטרודים °במלאכת בעל הבית:

אי

עין משפט נר מצוה

לד א מיי' פ"ב מהלכות ק"ש הלכה יג יד סמג עשין יח טור שו"ע או"ח סימן סד סעיף ב ג ד:

לה ב מיי' שם הלכה ד סמג שם טור שו"ע או"ח סימן סג סעיף ח:

לו ג מיי' פ"ד מהלכות ק"ש הלכה א סמג שם טור שו"ע או"ח סימן ע סעיף ג:

לז ד ה מיי' פ"ה מהל' תפלה הלכה א טור שו"ע או"ח סימן צ סעיף ג:

לח ו מיי' פ"ב מהלכות ק"ש הלכה ד סמג שם טוש"ע או"ח סימן סג סעיף ז:

לט [ו ח מיי' פ"ה מהל' תפלה הלכה ח] ז מיי' פ"ב מהלכות ברכות הלכה ב: ם ח מיי' וסמג שם טור שו"ע או"ח סימן קצא סעיף א:

רב נסים גאון

למה נסמכו אהלים לנחלים. והוא שנאמר בתורה (במדבר כד) משמו של בלעם מה טובו אהליך יעקב כנחלים נטיו:

[לכאורה צ"ל פותח אמנם גם הכ"מ פ"ב מהלכות ברכות דין ב' העתיק דברי תוס' הללו וחותם וכו' ולכן נ"ל דהיה הגי' לפניהם כמ"ש הטור סימן קצא שניה פותח וכו' וכולל וכו' וחותם בברכת הארץ]

הגהות הב"ח

(א) גמ' להיכן טעה יחזור לראש באמצע הפ' יחזיר לתחלת הפרק בין פרק לפרק כצ"ל: (ב) שם ואוכלין פתן [ואין - מברכין לפניה] תא"מ. וכ"כ האלפסי והאשר"י גורסי' ומברכין לפניה וכן הוא בטור בסימן קצ"א: (ג) רש"י ד"ה יחזור לפרק וכו' ראשון ויתחיל והיה אם: (ד) שם ד"ה ואמר ליה ר' יוחנן:

[עי' תוס' סוכה כה. ד"ה ובלכתך]

הגהות הגר"א

[א] גמ' ואין מברכין לפניה. כ"ב וכ"ה גירסת תוס' (ביומא ע"ט א' ובסוכה כ"ו ב' ובחולין ק"ז א') אבל גירסת רי"ף והגאונים ומברכין לפניה וכ"ה בתוספתא (כ"כ הרשב"א אבל ליתא בתוספתא שלנו):

גליון הש"ס

רש"י ד"ה ואין מברכין לפניה שאינה מן התורה. עי' לקמן (דף לה ע"א) תוס' ד"ה לפניו וד"ה אלא. ויומא (דף עט ע"ב) תוס' ד"ה ולא כירך. ובסוכה (דף כו ע"ב) תוס' ד"ה ולא כירך. ובחולין (דף קז ע"א) תוס' ד"ה ולא כירך: תוס' ד"ה וחותם כו' במלאכת בעה"ב. עי' לקמן (דף מו ע"א) ... לאו דאורייתא שהרי פועלים שוקים אותה. וצ"ע:

אות ב'

האומנין קורין בראש האילן ובראש הנדבך

סימן סג ס"ח - [ח]האומנין [ט]וכן בעל הבית, שהיו עושים מלאכה בראש האילן או בראש שורות הבנין, קורין קריאת שמע במקומם, ואינם צריכים לירד.

[י]**סימן סג ס"ט - [יא]הכתף, אע"פ שמשאו על כתיפו, קורא קריאת שמע** - ואפילו אם המשא הוא של ד' קבין, דלגבי תפלה אסור, לגבי ק"ש מותר. **אבל לא יתחיל בשעה שטוען, ולא בשעה שפורק, מפני שאין לבו מיושב.**

אות ג'

חתן פטור מקריאת שמע לילה הראשונה, ועד מוצאי שבת אם לא עשה מעשה

סימן ע ס"ג- [יב]הכונס את הבתולה, פטור מק"ש - וברכותיה, וה"ה מתפלה, **ג' ימים אם לא עשה מעשה** - וד' לילות, כגון אם נשא ביום הרביעי בצהרים, פטור עד מוצאי שבת ועד בכלל, **ולפעמים** יצוייר ד' ימים, כגון אם נכנס לחופה ביום ד' עד שלא קרא ק"ש של שחרית, פטור ד' ימים. **מפני שהוא טרוד טרדת מצוה** - שמחשב על עסק בתולים, משא"כ באלמנה לא טריד.

אבל לאחר מעשה שאינו טרוד עוד, חייב, **וכן** מזה הזמן ואילך חייב אף אם לא בעל, דכיון שכבר עבר ג' ימים ולא עשה מעשה, מתייאש אח"כ מן הדבר, ואינו טרוד כלל.

[יג]**והני מילי בזמן הראשונים, אבל עכשיו שגם שאר בני אדם אינם מכוונים כראוי, גם הכונס את הבתולה קורא** - ר"ל חייב לקרות, ועם ברכותיה כדין, וגם מתפלל, דכיון שחייב בק"ש חייב בתפלה, **ואם** אינו קורא מיחזי כיוהרא, שמראה שמכוין בכל שעה, **ולענין** תפילין, עיין לעיל בסי' ל"ח ס"ז במ"ב.

הגה: וע"ל סי' ל"ט אם שכור יקרא ק"ש - שם נתבאר דבשכרות מעט קורא ומתפלל, דבזמנינו בלא"ה אין אנו מכוונין כ"כ, **הא** אם אין יכול לדבר לפני המלך, אין לקרות ולהתפלל עד שיסיר יינו מעליו.

אות ד' – ה'

ומתפללין בראש הזית ובראש התאנה, ושאר כל האילנות יורדים למטה ומתפללין

ובעל הבית בין כך ובין כך יורד למטה ומתפלל

סימן צ ס"ג- [יד]האומנין שעושין מלאכה לבעל הבית, יכולין להתפלל בראש הזית ובראש התאנה, ואין בזה משום לא יעמוד על גבי מקום גבוה ויתפלל, [טו]דכיון שעלו לעשות מלאכתם הוי כמו שעלה לעלייה; ובשאר אילנות, צריכים לירד. [טז]והטעם שנשתנה הזית והתאנה משאר אילנות, מפני שיש להם ענפים הרבה יותר משאר אילנות, ויש טורח גדול בעלייתם ובירידתם, ויתבטלו ממלאכתם, ולפיכך אמרו שיתפללו שם, אבל שאר אילנות דליכא ביטול, ירדו.

[יז]**ובעל הבית, אפילו מראש הזית והתאנה צריך לירד להתפלל, דהא אינו משועבד למלאכה, שהוא ברשות עצמו, ואם הקילו אצל פועלים מפני ביטול מלאכה, לא הקילו אצל בעל הבית.**

אות ו'

אמר רב ששת: והוא שבטלין ממלאכתן וקורין

סימן סג ס"ז - [יח]היה עוסק במלאכה ורצה לקרות ק"ש, יתבטל ממלאכתו עד שיקרא פרשה ראשונה, כדי שלא יהא כקורא עראי - משמע דמכאן והלאה מותר, אפי' בברכות ק"ש, וכן מבואר בהדיא בסי' ס"ו בב"י, **וע"ל** בסי' קצ"א ‹באות ח'› בט"ז, וצע"ג.

אות [ז' – ח']

ומתפללין תפלה של שמונה עשרה, אבל אין יורדין לפני התיבה, ואין נושאין כפיהם

כאן בעושין בשכרן, כאן בעושין בסעודתן

רמב"ם פ"ה מהל' תפילה ה"ח - האומנין שהיו עושין מלאכה בראש האילן או בראש הנדבך או בראש הכותל, והגיע זמן תפלה, יורדין למטה ומתפללין וחוזרין למלאכתן; ואם היו בראש הזית או בראש התאנה, מתפללין במקומן מפני שטרחן מרובה. ומה הן מתפללין, אם היו עושין בסעודתן בלבד, מתפללין שלש תפלות של תשעה עשר ברכות; היו עושין בשכרן, מתפללין הביננו; ובין כך ובין כך אין יורדין לפני התיבה ואין נושאין את כפיהן.

[יט]**סימן קי ס"ב - [כ]הפועלים שעושין מלאכה אצל בעה"ב, אם אינו נותן להם שכר חוץ מסעודתן, מתפללין י"ח**

באר הגולה

ח שם ט ‹אע"ג דלגבי תפלה יש חילוק בינם לבעה"ב, לגבי ק"ש אין חילוק ביניהם, דמדמפליג בריש פרק היה קורא (טז) בין בעה"ב לאומנין בתפלה, ולא מפליג בק"ש, שמע מינה דלק"ש דינם שוה - ב"י. **והשמיט** דעת הר"ר מנוח, שסובר דבעה"ב בק"ש ירדו. ויראה ממשנה כן, דאל"כ איך תנן אומנין, אפי' בעה"ב נמי, ויש מקום לטעות - ראש יוסף› י ‹מילואים› יא ירושלמי יב שם במשנה דף ט"ז יג תוס' שם בסוף הפ' ור"מ מרוטנבורג יד ברכות ט"ז טו הרא"ש שם טז ר' יונה שם ‹ודלא כרש"י› יז שם בגמרא יח שם בגמרא ט"ז יט ‹ע"פ מהדורת נהרדעא› כ שם ט"ז

- ג' פעמים בכל יום כשאר כל אדם, שאין הבעה"ב מקפיד בעיכובן, כיון שאינו נותן להם שכר. **אבל אין יורדין לפני התיבה, ואין נושאין כפיהם** - שזהו עיכוב גדול ומקפיד.

ואם נותן להם שכר, מתפללין "הביננו" - כי אז מקפיד הבעה"ב אם יתעכבו להתפלל כל הי"ח, והוו להו לפועלים כשעת הדחק וכנ"ל, **והיינו** דוקא בימות החמה, וכנ"ל בסעיף א'.

[כא]**והאידנא אין דרך להקפיד בכך, ומסתמא אדעתא דהכי משכירין אותם שיתפללו י"ח** - וה"ה כל נוסח התפילה כשאר כל אדם, (**ופשיטא** דיזהרו להתפלל התפילות בזמן התפלה, ובעו"ה יש פועלים שנכשלין בזה, שמאחרין זמן תפלה עד בין השמשות ממש).

וכתב הלחם חמודות, דה"ה שמותרים לילך לבהכ"נ להתפלל בעשרה, **ועיין** במ"א, דזה דוקא במקום שאין דרך בעלי בתים להקפיד בכך, **ומ"מ** אין יורדין לפני התיבה, כ"כ הפמ"ג, **ובפר"ח** איתא, דהאידנא יורדין ג"כ לפני התיבה, **ונ"ל** דאין להחמיר אם עי"ז לא יתאחר הזמן יותר.

אות ז'

ואין מברכים לפניה, אבל מברכין לאחריה שתים

רמב"ם פ"ב מהל' ברכות ה"ב - הפועלים שהיו עושין מלאכה אצל בעל הבית ואכלו פתן, אין מברכין לפניה, ומברכין לאחר סעודתן שתי ברכות בלבד, כדי שלא יבטלו מלאכת בעל הבית, ברכה ראשונה כתיקונה, שנייה פותח בברכת הארץ וכולל בה בונה ירושלים [כב]וחותם בברכת הארץ; ואם היו עושין בסעודתן בלבד, או שהיה בעל הבית מיסב עמהן, מברכין ד' ברכות כתיקונן כשאר כל אדם.

אות ח'

ברכה ראשונה כתקונה, שניה פותח בברכת הארץ וכוללין בונה ירושלים בברכת הארץ

סימן קצא ס"א - [כג]פועלים העושים מלאכה אצל בעל הבית, מקצרין בבהמ"ז, כדי שלא לבטל מלאכת בעל הבית; כיצד, ברכה ראשונה כתקנה, ושניה פותח בברכת הארץ וכולל בה "בונה ירושלים", וחותם בברכת הארץ - דאף דדרשינן בגמרא מקרא, שיברך לה' בבהמ"ז על המזון ועל הארץ ועל ירושלים, **אין** ר"ל שמן התורה צריך לחתום על כל אחד ואחד בברכה בפני עצמו, אלא מדאורייתא די כשיברך על שלשתן בברכה אחת, **אך** דרבנן תקנו לחתום בברכה על כל אחד, ובפועלים משום בטול מלאכה תקנו שרק "הזן" יברך בפני עצמו, אבל ברכת הארץ ובנין ירושלים כיון שדומות זו לזו, יכללם בברכה אחת - [כד]מ"א בביאור דברי רש"י, וכ"כ עוד הרבה אחרונים לדינא.

[**ואפי'** אם נאמר דמנין הג' ברכות הם מדאורייתא, מ"מ יש כח ביד חכמים לעקור דבר מן התורה בשב ואל תעשה, כן הוא לדעת התוס', **אבל** הרבה ראשונים אין סוברין כן, דיהא הנוסח גופא בפתיחה וחתימה דאורייתא].

ואין אומרים ברכת "הטוב והמטיב" כלל - שזו אינה כי אם מדרבנן בעלמא, ועקרוה אצל פועלים, בין שמברכין בעצמן, בין ששומעין מפי אחר המזמן ומברך בהמ"ז כתיקונה, הרי הן עומדין למלאכתן כשחותם ברכת ירושלים.

ולענין ברכת הזימון אם מחויבין פועלים בכך או לא, יש דעות בין האחרונים, **ולפי** מה שכתב בס"ב, לא נפקא מינא מידי לדידן, דבודאי חייבין, **אך** כשאוכל פועל עם אנשים אחרים והוא גמר סעודתו מקודם, נראה דלא ימתין עליהם אם אינם רוצים לענות אותו, דבכגון זה בודאי בעה"ב מקפיד.

בד"א, כשנוטלים שכר על מלאכתן מלבד הסעודה - וע"כ צריכין למהר המלאכה, רש"י, **אבל אם אין נוטלים שכר אלא הסעודה שאוכלים לבד, מברכין כל ד' ברכות כתקנן; וכן אם בעה"ב מיסב עמהם, אע"פ שנוטלים שכר מלבד הסעודה, מברכין כל ד' ברכות** - דמסתמא מוחל להם.

[כה]סימן קצא ס"ב - [כו]והאידנא לעולם מברכים כל ארבע ברכות, שאין דרך בני אדם עכשיו להקפיד בכך, ומסתמא אדעתא דהכי שוכרים פועלים, שיברכו כל ארבע ברכות כתקנם.

[כז]סימן קצא ס"ג - [כח]אסור לעשות מלאכה בעודו מברך - מפני שנראה כמברך בדרך עראי ומקרה, ואפילו תשמיש קל אסור לעשות, ואצ"ל שלא יעסוק בדבר שצריך לשום לבו אליו, **וכתב** הט"ז, שיש ליזהר שלא לעיין אפילו בד"ת בשעה שמברך בהמ"ז, כי זה מורה על היות הבהמ"ז אצלו רק על צד המקרה וההזדמן, **ולאו** דוקא בבהמ"ז, ה"ה כשעוסק בתפלה או באיזו ברכה אחרת, (**וה"ה** כשעוסק באיזה מצוה, לא יעסוק אז בדבר אחר), **וזה** נכלל במאמר תורתנו: ואם תלכו עמי קרי, דהיינו שלא יהיו המצות אצלנו על צד המקרה וההזדמנות בעלמא, (**ומ"מ בדיעבד כשבירך כשהיה עסוק, יצא, דלא גרע משיכור**).

(וכן הוא לעיל סוף סימן קפ"ג) - אלא דשם מיירי שמקודם התחיל במלאכה, וכאן מיירי שמקודם התחיל לברך, והיא היא.

באר הגולה

[כא] **הגהות מיימוני** [כב] ‹עיין תוס' ד"ב וחותם ובהגה שם› [כג] **ברכות ט"ז** [כד] ‹וז"ל: ול"נ שרש"י תירץ קושיא זו וכו' {מה דג' ברכות דאורייתא הם}, **וכתב** המחה"ש: דשלש ברכות דאורייתא, שצריך להזכיר בברכת המזון הני ג' דברים, מזונות וארץ ובנין ירושלים, אבל אין כל אחד צריך ברכה מיוחדת מן התורה, ושרי לכוללם בברכה אחת. **והנה** תירוץ מ"א מסתבר, אבל מה שהבין כן מדברי רש"י, לא ידעתי איך, דגם לשיטת התוספות או הרב ב"י אתי שפיר דברי רש"י, עכ"ל› [כה] ‹מילואים› [כו] **הגהות מיימוני** [כז] ‹ע"פ הב"י וז"ל: ואיכא למידק, למה אמרו שלא יברכו אלא שתים מפני ביטול מלאכתו של בעל הבית, יברכו השתים אחרונות והם עוסקים במלאכתם, וי"ל דמהכא משמע דאסור לברך בשעת עשיית מלאכה, והכי איתא בירושלמי (ברכות פ"ב ה"ה) אמר רבי מונא זאת אומרת שאסור לעשות מלאכה עד שיברך› [כח] **ירושלמי שם**

עין משפט נר מצוה

מא א(מיי' פ"ד מהלכות תפילין הלכה יג) ופ"ד מהלכות אבל הלכה ט [סמג עשין דרבנן ב] טוש"ע או"ח סי' לח סעיף ה וביו"ד סימן שפח סעיף א:
מב ב מיי' פ"א ה"ב ופ"ה מהלכות אבילות ה"ג סמג עשין מד"ס ב טור שו"ע י"ד סימן שפא סעיף א:
מג ג מיי' פ"ד מהלכות ק"ש הלכה ז טור שו"ע או"ח סימן ע סעיף ג:
מד ד מיי' פי"ב מהל' אבל הלכה יב טור שו"ע יו"ד סימן שעז סעיף א:
[מד] [ה] מיי' פ"ד מהלכות נחלות הלכה ס טוש"ע חו"מ סימן רעט סעיף ה:

אי הכי מאי איריא הכונס את הבתולה אפי' כונס את האלמנה נמי הכא טריד והכא לא טריד אי משום טרדא אפילו טבעה ספינתו בים נמי *אלמה אמר רבי אבא בר זבדא אמר רב אבל חייב בכל מצות האמורות בתורה *חוץ מן התפילין שהרי נאמר בהן פאר שנאמר °פארך חבוש עליך וגו' אמרי התם טרדא דרשות הכא טרדא דמצוה: **מתני'** *רחץ לילה הראשון שמתה אשתו אמרו לו תלמידיו *למדתנו רבינו *[ב]שאבל אסור לרחוץ אמר להם איני כשאר בני אדם אסטנים אני *וכשמת טבי עבדו קבל עליו תנחומין אמרו לו תלמידיו *למדתנו רבינו שאין מקבלין תנחומין על העבדים אמר להם אין טבי עבדי כשאר כל העבדים כשר היה *[ג]חתן אם רוצה לקרות קרית שמע לילה הראשון קורא רבן שמעון בן גמליאל אומר *לא כל הרוצה ליטול את השם יטול: **גמ'** מ"ט דרבן (שמעון בן) גמליאל קסבר *אנינות לילה דרבנן דכתיב °ואחריתה כיום מר ובמקום אסטנים לא גזרו ביה רבנן: וכשמת טבי עבדו וכו': ת"ר עבדים ושפחות אין עומדין עליהם בשורה ואין אומרים עליהם ברכת אבלים ותנחומי אבלים *מעשה ומתה שפחתו של רבי אליעזר נכנסו תלמידיו לנחמו כיון שראה אותם עלה לעלייה ועלו אחריו נכנס לאנפילון נכנסו אחריו נכנס לטרקלין נכנסו אחריו אמר להם כמדומה אני שאתם נכוים בפושרים עכשיו אי אתם נכוים אפילו בחמי חמין לא כך שניתי לכם [ד]עבדים ושפחות אין עומדין עליהם בשורה ואין אומרים עליהם ברכת אבלים ולא תנחומי אבלים אלא מה אומרים עליהם כשם שאומרים לו לאדם על שורו ועל חמורו שמתו המקום ימלא לך חסרונך כך אומרים לו על עבדו ועל שפחתו המקום ימלא לך חסרונך תניא אידך עבדים ושפחות אין מספידין אותן ר' יוסי אומר אם עבד כשר הוא אומרים עליו הוי איש טוב ונאמן ונהנה מיגיעו אמרו לו אם כן מה הנחת לכשרים: ת"ר *אין קורין אבות אלא לשלשה ואין קורין אמהות אלא לארבע אבות מאי טעמא אילימא משום דלא ידעינן אי מראובן קא אתינן אי משמעון קא אתינן אי הכי אמהות נמי לא ידעינן אי מרחל קא אתינן אי מלאה קא אתינן אלא עד הכא חשיבי טפי לא חשיבי תניא אידך *[ה]עבדים ושפחות אין קורין אותם אבא פלוני ואמא פלונית ושל ר"ג היו קורים אותם אבא פלוני ואמא פלונית מעשה לסתור משום דחשיבי: א"ר אלעזר מאי דכתיב °כן אברכך בחיי בשמך אשא כפי כן אברכך בחיי זו ק"ש בשמך אשא כפי זו תפלה ואם עושה כן עליו הכתוב אומר °כמו חלב ודשן תשבע נפשי ולא עוד אלא שנוחל שני עולמים העוה"ז והעולם הבא שנאמר °ושפתי רננות יהלל פי: ר' אלעזר בתר דמסיים צלותיה אמר הכי יהי רצון מלפניך ה' אלהינו שתשכן בפורינו אהבה ואחוה ושלום וריעות ותרבה גבולנו בתלמידים ותצליח סופנו אחרית ותקוה ותשים חלקנו בגן עדן ותקננו בחבר טוב ויצר טוב בעולמך ונשכים ונמצא *יחול לבבנו ליראה את שמך ותבא לפניך קורת נפשנו לטובה. רבי יוחנן בתר דמסיים צלותיה אמר הכי יהי רצון מלפניך ה' אלהינו שתציץ בבשתנו ותביט ברעתנו ותתלבש ברחמיך ותתכסה בעזך ותתעטף בחסידותך ותתאזר בחנינותך ותבא לפניך מדת טובך וענותנותך. ר' זירא בתר דמסיים צלותיה אמר הכי יהי רצון מלפניך ה' אלהינו שלא נחטא ולא נבוש ולא נכלם *מאבותינו. ר' חייא בתר דמצלי אמר הכי יהי רצון מלפניך ה' אלהינו שתהא תורתך אומנותנו ואל ידוה לבנו ואל יחשכו עינינו. רב בתר צלותיה אמר הכי יהי רצון מלפניך ה' אלהינו שתתן לנו חיים ארוכים חיים של שלום חיים של טובה חיים של ברכה חיים של פרנסה חיים של חלוץ עצמות חיים שיש בהם יראת חטא חיים שאין בהם בושה וכלימה חיים של עושר וכבוד חיים שתהא בנו אהבת תורה ויראת שמים חיים שתמלא לנו את כל משאלות לבנו לטובה. רבי בתר צלותיה אמר הכי *יהי רצון מלפניך ה' אלהינו ואלהי אבותינו שתצילנו מעזי פנים ומעזות פנים מאדם רע ומפגע רע מיצר רע מחבר רע משכן רע ומשטן המשחית *ומדין קשה ומבעל דין קשה בין שהוא בן ברית בין שאינו בן ברית ואע"ג דקיימי קצוצי עליה דרבי. רב ספרא בתר צלותיה אמר הכי יהי רצון מלפניך ה' אלהינו שתשים שלום בפמליא

יחזקאל כד | עמוס ח | תהלים סג

מתני' רחץ לילה הראשון שמתה אשתו. ונקברה בו ביום ואע"פ שאבל אסור ברחיצה הוא רחץ כדאמר טעמא אסטנים אני והוא אדם מעונג ומפונק: **גמ' קסבר אנינות לילה דרבנן.** ואע"פ שהיה ליל יום המיתה וכתיבא אנינות באורייתא דכתיב לא אכלתי באוני ממנו (דברים כו) ופחות מיום אחד אינו אנינות דילפי רבנן מואחריתה כיום מר קסבר ר"ג אין לילה של אחריו עם היום אלא מדרבנן הוא כשאר ימי האבל וגבי אסטנים לא גזור בה רבנן פלוגתייהו דתנאי היא בזבחים (ד' ל:) באנינות לילה אי מדאורייתא אי מדרבנן: **אין עומדין עליהם בשורה.** כשחוזרים מבית הקברות היו עושים שורות סביב האבל ומנחמין אותו ואין שורה פחותה מעשרה: **ברכת אבלים.** ברכת רחבה שמברין אותו סעודה ראשונה משל אחרים ומברכין שם ברכת אבלים והיא מפורשת בכתובות פרק ראשון (ד' ח:): **לאנפילון.** בית קטן שלפני טרקלין הגדול: **נכוים בפושרים.** כלומר סבור הייתי שתבינו דבר ברמז מועט כשראיתם אותי סר מעליכם ליכנס לאנפילון: **פוי.** לשון גניחה וצעקה: **אין קורין אבות.** לישראל: **אלא לשלשה.** אברהם יצחק ויעקב לאפוקי שבטים: **אלא לארבע.** שרה רבקה רחל ולאה: **אבא פלוני אמא פלונית.** לא בבניהם קאמר אלא בשאר בני אדם כעין שאנו קורין עכשיו מר פלוני מרת פלונית כך היו רגילין לומר אבא פלוני ואמא פלונית: **כן אברכך.** וכמו חלב ודשן. תרי קראי דסמיכי להדדי: **רננות.** שתים: **בפורינו.** בגורלנו: **אחרית ותקוה.** שתהא אחריתנו טובה ונראה מה שקוינו: **ותקננו.** לשון תקון: **ונשכים ונמצא יחול לבבנו ליראה את שמך.** שלא יתגבר עלינו יצר הרע בהרהור הלילה לסור מאחריך ביום אלא כשנשכים בכל בקר נמצא לבבנו מייחל לך: **ותבא לפניך קורת נפשנו.** כלומר ספוק לרכנו וקורת רוחנו: **ותביט ברעתנו.** תדע ותתן לבך ברעה הבאה עלינו: **מעזי פנים.** שלא יתגרו בי: **ומעזות פנים.** שלא יוליאו עלי לעז ממזרות: **שאינו בן ברית.** שאינו מהול: **ואע"ג דקיימי קלוצי עליה דרבי.** שהיו שוטרים עומדין במצות אנטונינוס להכות ולהנקם בכל העומדים עליו:

אי הכי מאי איריא בתולה. אי אמרת בשלמא דטעמא משום טרדא שפיר אלא מאחר שהוא תולה הטעם במצוה אלמנה נמי: **אסטנים** אני. ואיכא לער אם לא היה רוחץ דאינו אסור לרחוץ בימי אבלו אלא משום תענוג וגם לתוך ראשו אי אית ליה ערבוביא ברישיה שרי אפי' תוך שבעה וכן התיר רבינו שמואל ליולדת אבלה לרחוץ תוך שבעה ולרחוץ נמי בתשעה באב וכן משמע נמי במס' יומא (ד' עז:) מי שיש לו חטטין בראשו סך כדרכו ביום הכפורים ואינו חושש אע"ג דסיכה כשתיה ביוה"כ וכן משמע בירושלמי אבל אסור ברחיצה הדא דתימא ברחיצה של תענוג אבל ברחיצה שאינה של תענוג מותר כהדא דאיתמר מי שיש לו חטטין ברישיה וכו': **אנינות** לילה דרבנן. וא"ת והרי אונן נמי אינו נוהג אלא במעשר אבל לענין רחיצה דאבילות דרבנן הוא וא"כ לעולם אימא לך דאנינות לילה דאורייתא הוי גבי מעשר. ויש לומר דאי איתא דהוי דאורייתא גבי מעשר. גבי שאר דברים דרבנן נמי הוה לן למגזר דכל דתקון רבנן כעין דאורייתא תקון: **אין** עומדין עליהם בשורה. דילמא אתי לאסוקי ליוחסין:

מסורת הש"ס

[לעיל יז. וש"נ]
שמחות פ"ט
נ"א לא
מו"ק דף טו:
שמחות פ"א הלכה יא
נ"א לא
פסחים דנט.
[עי' פירש"י לקמן יז:]
[פסחים לב. זבחים לט: ק:]
שמחות פ"א הלכה י
שמחות פ"א הלכה יד
שמחות פ"א הלכה יג
[סי' תחות לבבנו. בערוך ערך יהול]
[סי' יוסר מאבותינו. ערוך בערך הכ"ל]
שבת דף ל:
[שיכולין את לדון שלא בקשי. בערוך הכ"ל]

§ מסכת ברכות דף טז: §

אות א'

חוץ מן התפילין, שהרי נאמר בהן פאר

סימן לח ס"ה - [א]אבל ביום ראשון אסור להניח תפילין - דתפילין נקראין "פאר" בפסוק, ואבל מעולל באפר, ואין נאה לתת פאר תחת אפר.

ואפילו ביום שנקבר שאינו יום המיתה, כיון שהוא יום ראשון לאבילות ולמנחמים, **וע"כ** אפילו אם נקבר בלילה, לא יניח תפילין ביום.

אבל אם מת או נקבר בחוה"מ, מניח תפילין בין בחוה"מ, ובין לאחר המועד, אף שהוא יום ראשון לאבילות, מ"מ כבר נחמוהו מנחמים במועד, **והפמ"ג** מפקפק בהנחה בחוה"מ, דמ"מ יום מר הוא לו היום הראשון, **ועכ"פ** צריך ליזהר שלא לברך עליהן, ובלא"ה המנהג שלא לברך על תפילין בחוה"מ.

וכן כשנקבר ביו"ט שני, יניח תפילין באסרו חג, דיו"ט שני עולה למנין שבעה, ויום שאחר המועד יחשב לשני.

וכן אם שמע שמועה קרובה, דהיינו בתוך שלשים אפילו ביום ל' עצמו, ג"כ דינו כיום הקבורה, **ולכן** אפילו אם שמע בלילה, לא יניח תפילין ביום, **ואפילו** בא לו שמועה קרובה כשכבר הניח תפילין והתחיל להתפלל, חולצן.

ואם שמע שמועה רחוקה, דהיינו לאחר שלשים, שאין האבילות רק שעה אחת, מותר להניח תפילין, וכ"ש שא"צ לחלצן, **וע"כ** אם בא לו השמועה באמצע פסוקי דזמרה וכה"ג, לא יחלוץ התפילין, רק יחלוץ מנעליו משום אבילות, **ואם** ע"י השמועה בא לידי בכי, צריך לחלצן.

מכאן ואילך חייב - דכתיב: ואחריתה כיום מר, ש"מ דעיקר מרירות הוא יום ראשון.

משמע דחייב מיד, ויש פוסקים דביום ב' אין להניח קודם הנץ, ע"כ מהנכון להמתין מלהניח עד אחר הנץ.

אפי' באו פנים חדשות - לנחם אותו, ומשמע דמניח לכתחלה, **אבל** האחרונים מסקי דאין להניח בפניהם תפילין עד שילכו להם, **אלא** דאין חולץ אם הניח קודם שבאו פנים חדשות.

יו"ד סימן שפח ס"א - אבל אסור להניח תפילין ביום ראשון - ‹דהיינו ביום קבורה אף שמת אתמול, כ"כ הא"ר או"ח - רעק"א.

(**עבה"ט** באו"ח סי' ל"ח שכתב בשם מהריט"ץ, דדוקא יום המיתה שהוא יום הקבורה פטור מתפילין יום ראשון, אבל כשהמיתה יום אחד והקבורה יום אחר, חייב בתפילין אפילו ביום ראשון, עי"ש, **ועיין** בדגמ"ר שהביאו ג"ב והשיג עליו, והעלה דאפילו אם הוא יום קבורה לחוד אסור בתפילין, עי"ש. **ועיין** בשו"ת זכרון יצחק, שכתב שגם אביו הגאון בעל משנת חכמים השיג על דעת מהריט"ץ הנ"ל, ע"ש - פת"ש).

‹**כתב** עוד הא"ר שם, דאם מת לו מת ונקבר ביום טוב, דמניח תפילין ביום א' שלאחר יום טוב, דכבר נהגו בדברים שבצנעה, ע"ש, ובחו"ל דעושין ב' ימים י"ט, דיו"ט אחרון עולה ליום א', פשוט דמניח תפילין למחרתו ביום א' שלאחר יום טוב - רעק"א.

(**וכתב** בספר אליה רבה באו"ח סי' ל"ח, דיש להסתפק באם שמע אחר שהתפלל ערבית, דקי"ל לעיל סוס"י שע"ה, דאותו יום אינו עולה ומונה מיום המחרת, אי מניח תפילין ביום שני שנקרא לו ראשון, **ומדברי** הט"ז לקמן סי' ת"ב סי"א משמע דמניח תפילין, עכ"ד, **ועיין** בספר חומות ירושלים שכתב, דשם לא משמע כן, ודעתו שיניח בלא ברכה ויכסה אותם, ע"ש - פת"ש). ‹**לחומרא** אמרינן למנות מיום מחר, ולא לקולא לענין לפטור מתפילין, וכן נראה עיקר לדינא - ערוה"ש.

ואם שמע שמועה קרובה, דינה כיום קבורה דאסור להניח תפילין - ש"ך.

ואחר שהנץ החמה ביום שני, מותר להניחם - ויש פוסקים דאינו אסור אלא ביום ראשון, וביום ב' מותר מיד אפי' קודם הנץ החמה, וכן פסק הב"ח - ש"ך.

‹**ועיין** במג"א סי' ל"ח, דביום ב' אם באו פנים חדשות, אינו מניח עד שילכו, ואם הניח אינו חולץ, **ועיין** בד"מ כאן כתב בשם המרדכי, דביום ג' אפילו באו פנים חדשות מניח, **ולענ"ד** דברי המרדכי תמוהים, דהרי ר"א אמר מג' ואילך אם באו פנים חדשות אינו חולץ, עיין בסוגיא, א"כ מנ"ל לומר לדינא דבג' מניח, וצ"ע - רעק"א.

‹**והנוהגין** בתפילין דר"ת, לא יניחום כל ימי האבלות, **וראיתי** מי שכתב בשם האריז"ל להניחם, ולאו מר בר רב אשי חתום עלה, ובפרט לפי הטעם המבואר בזוהר פ' פנחס ברעיא מהימנא ע"ש - ערוה"ש.

‹**ואין** להקשות, מאי שנא תפילין שאינו מבטל אלא יום אחד, ותלמוד תורה מבטל כל ז', וכי חמור תפילין מתלמוד תורה. **דאין** זו קושיא, דתלמוד תורה יש בה משום שמחה, דכתיב פקודי ה' ישרים משמחי לב, ושמחה אסורה כל ז', אבל בתפילין אין בהן אלא משום פאר, וסגי שלא יתפאר יום ראשון ואחר כך מותר, {שאין עיקר מרירותיה דאבל שמצטער הרבה אלא יום ראשון}, **ועוד** שהרי אבל חייב בקריאת שמע, וקי"ל דקריאת שמע שחרית וערבית פוטר תלמוד תורה, והרי אינו מבטל מתלמוד תורה כלל כל ז', **אבל** תפילין אף על גב דקילו מתלמוד תורה, סגי שיבטל מהם יום אחד - לבוש.

אות ב'

שאבל אסור לרחוץ

יו"ד סימן שפא ס"א - רחיצה כיצד, אסור לרחוץ כל גופו, אפילו בצונן; אבל פניו ידיו ורגליו, בחמין אסור - (עיין בספר תפארת למשה שכתב, דגם בפושרין אסור כל שנתחמם אצל האור, משום לא פלוג, וגם אין דרך לרחוץ בחמין יותר מדאי, וכשאסרו רחיצת חמין, פושרין אסרו - פת"ש). **בצונן, מותר. ואם היה מלוכלך מטיט וצואה, רוחץ כדרכו ואינו חושש.**

הגה: וכל זה מדינא אינו אסור רק שבעה, אבל אח"כ מותר ברחיצה, אלא שנהגו המדינה לאסור (כל) רחיצה כל ל'

באר הגולה

א מועד קטן כ"א וכדעת הרי"ף שם

יוס, ואפילו לחוף הראש אסור - ‹היינו בחמין, ובצונן מותר - ערוה"ש›, **ואין לשנות המנהג, כי מנהג קדוש הוא ונתייסד על פי ותיקין (א"ז בשם רשב"א)** – ‹כתב הש"ך, דלא גרסינן "כל", "כל רחיצה כל ל'", דודאי רחיצה בצונן ליכא איסורא כלל. **י"א דכוונתו**, דרחיצת פניו ידיו ורגליו בצונן ליכא איסורא כלל, אבל בודאי כל גופו בצונן אסור כל ל'. **וי"א דכוונתו** דרחיצה בצונן מותר אפילו כל גופו. **וי"א** דירא שמים יחוש לאסור לעצמו אף בצונן רחיצה כל גופו, **אבל** לאחרים יש להורות להקל, **ודוקא** בע"ש דאיכא צורך מצוה קצת, אבל רחיצה של תענוג בנהרות יש לאסור›.

אות ג'

חתן אם רוצה לקרות קריאת שמע לילה הראשון, קורא

סימן ע ס"ג - [ב]הכונס את הבתולה, [ג]פטור מק"ש - וברכותיה, וה"ה מתפלה, **ג' ימים אם לא עשה מעשה** - וד' לילות, כגון אם נשא ביום הרביעי בצהרים, פטור עד מוצאי שבת ועד בכלל, **ולפעמים** יצוייר ד' ימים, כגון אם נכנס לחופה ביום ד' עד שלא קרא ק"ש של שחרית, פטור ד' ימים.

מפני שהוא טרוד טרדת מצוה - שמחשב על עסק בתולים, משא"כ באלמנה לא טריד.

אבל לאחר מעשה שאינו טרוד עוד, חייב, **וכן** מזה הזמן ואילך חייב אף אם לא בעל, דכיון שכבר עבר ג' ימים ולא עשה מעשה, מתייאש אח"כ מן הדבר, ואינו טרוד כלל.

[ד]והני מילי בזמן הראשונים, אבל עכשיו שגם שאר בני אדם אינם מכוונים כראוי, גם הכונס את הבתולה קורא - ר"ל חייב לקרות, ועם ברכותיה כדין, וגם מתפלל, דכיון שחייב בק"ש חייב בתפלה, **ואם** אינו קורא מיחזי כיוהרא, שמראה שמכוין בכל שעה, **ולענין** תפילין, עיין לעיל בסי' ל"ח ס"ז במ"ב.

הגה: וע"ל סימן ל"ט אם שכור יקרא ק"ש - שם נתבאר דבשכרות מעט קורא ומתפלל, דבזמנינו בלא"ה אין אנו מכוונין כ"כ, **הא** אם אין יכול לדבר לפני המלך, אין לקרות ולהתפלל עד שיסיר יינו מעליו.

אות ד'

עבדים ושפחות אין עומדים עליהם בשורה, ואין אומרים עליהם ברכת אבלים, ולא תנחומי אבלים

יו"ד סימן שעז ס"א - [ה]העבדים והשפחות, אין עומדין עליהם בשורה, ואין אומרים עליהם תנחומי אבלים, אלא אומרים לו: המקום ימלא חסרונך, כשם שאומרים לאדם על שורו וחמורו - ‹ועכשיו לא שייך דין זה, כי אין לנו עבדים ושפחות - ערוה"ש›.

אות ד'*

עבדים ושפחות אין מספידין אותן

רמב"ם פי"ב מהל' אבל הי"ב - העבדים והשפחות אין מספידין אותן, ואין עומדין עליהן בשורה, ואין אומרים עליהן ברכת אבלים ותנחומי אבלים, אלא אומרין לו כשם שאומרין לו על שורו ועל חמורו: המקום ימלא חסרונך.

אות [ה']

עבדים ושפחות אין קורין אותם אבא פלוני ואמא פלונית, ושל רבן גמליאל היו קורים אותם אבא פלוני ואמא פלונית... משום דחשיבי

חו"מ סימן רעט ס"ה - [ו]העבדים והשפחות אין קורין להם אבא פלוני ואימא פלונית, שלא יבא מהדבר תקלה ונמצא זה הבן נפגם - ‹פי' התקלה היא שזה הבן נפגם, ור"ל זה שקורא לשפחה: אמי, נמצא שהוא בנה, ויאמרו שהוא עבד, וכשקורא לעבד: אבא, אף דאינו מוכרח שהוא עבד אם אמו היא ישראלית, מ"מ פגם מיהו איכא, דהא אין קדושין תופסין בעבד, והו"ל בן קדש, וכבן דנפקת ברא - באה"ט›. **לפיכך אם היו העבדים והשפחות חשובים ביותר ויש להם קול, וכל הקהל מכירים אותם ואת [ח]בניו ועבדי אדוניהם, כגון עבדי הנשיא, הרי אלו מותר לקרות להם אבא ואימא.**

---

§ מסכת ברכות דף יז. §

אות א'

אלהי, נצור לשוני מרע ושפתותי מדבר מרמה כו'

סימן קכב ס"א - [א]אם בא להפסיק ולענות קדיש וקדושה בין י"ח ל"יהיו לרצון", אינו פוסק, ש"יהיו לרצון" מכלל התפלה הוא.

באר הגולה

[ב] **שם במשנה דף ט"ז** [ג] ‹ואם רצה להחמיר על עצמו ולקרות, אינו רשאי, דמיחזי כיוהרא, הרא"ש. **והרי"ף** ורמב"ם כתבו דלא חיישינן ליוהרא – מ"א›. ‹**הרא"ש** סבר דהלכה כרב שישא בריה דרב אידי, דבתרא הוא, וא"כ הלכה כרשב"ג דאמר שאינו רשאי, דכל מקום ששנה רשב"ג במשנתינו הלכה כמותו, **והרי"ף** והרמב"ם סברי דהלכה כרבי יוחנן, דהוא מאריה דתלמודא טפי מרב שישא בריה דרב אידי, וכיון דר' יוחנן אמר מוחלפת השיטה, א"כ רשב"ג הוא דאמר רשאי והלכה כוותיה, {ומאיזה טעם ס"ל דיותר מסתבר להפוך משנתינו מלהפוך המשנה דט"ב}, **וכיון** דהרי"ף והרמב"ם ז"ל הסכימו, הכי נקטינן, וכ"ש לפי מה שנתבאר שבזה"ז כו"ע מודו – ב"י› [ד] **תוס' שם בסוף הפ' ור"מ מרוטנבורג** [ה] **ברייתא ברכות דף ט"ז ע"ב** [ו] ‹ע"פ מהדורת נהרדעא› [ז] **שם דין ה' ברייתא בפרק ב' דברכות דף ט"ז: וכפי פירושו שם** ‹מפי' רש"י ורבנו נראה דמפרשים כפי' המאירי, שאין מחובת הכבוד להזכירם דרך כבוד, ומי שרוצה הרשות בידו. ובדעת הרמב"ם ושו"ע נראה שיש כאן איסור, וכדעת י"א המובא במאירי, והטעם שמא יעלום ליוחסין {וזה חלוק מאיך שפי' הסמ"ע הובא בבאה"ט, דיעשה פגם בהבן} – הערות פסקי ריא"ז› [ח] **ברמב"ם איתא: בני** [א] **תשובת הרשב"א**

עין משפט נר מצוה

מה א טור וש"ע א"ח סי' קכב סעיף א:
מו ב טור וש"ע סימן תקסה סעיף ד:
מז ג מיי' פ"ה מהלכות דעות הלכה ז:
מח ד מיי' פ"ח מהל' תשובה הלכה ב:

רש"י

בפמליא של מעלה. בחבורת שרי האומות שכשהשרים של מעלה יש תגר ביניהם תיכף יש קטטה בין האומות כדכתיב ועתה אשוב להלחם עם שר פרס (דניאל י): **ובפמליא של מטה.** בחבורת החכמים: **בקרן אורה.** בזוית אורה: **ומי מעכב.** שאין אנו עושים רצונך: **שאור שבעיסה.** יצר הרע שבלבבנו המחמיצנו: **איני כדאי.** לא הייתי חשוב והגון להיות נוצר: **ועכשיו שנוצרתי.** מה חשיבותי הרי אני כאילו לא נוצרתי: **ק"ו.** שבמיתתי עפר אני: **מרק.** כלה והתם: **כי הוה מסיים ספרא דאיוב.** על שם שאיוב נפטר בשם טוב: **מרגלא בפומיה.** דבר זה רגיל בפיו: **אני.** העוסק תורה אני בתורה בריה אני וכן °חברי עם הארץ בריה הוא: **אני מלאכתי בעיר.** כלומר נוחה מלאכתי ממלאכתו: **מתגדר.** מתגדל לתפוס אומנותי: **ושמא תאמר.** הדין עמו שאינו מתגדר במלאכתי שאילו היה תופס אומנותי לא היה לו לב פתוח להרבות בתורה כמותי והיה ממעיט ואין לו שכר: **שנינו.** שיש לו שכר לממעיט כמו למרבה: **ובלבד שיכוין לבו לשמים.** ואלל קרבנות הוא במנחות בסופה*: **ערום ביראה.** להערים בכל מיני ערמה ליראת בוראו: **תכלית חכמה.** עיקרה של תורה שיהא עמה תשובה ומע"ט: **העושה שלא לשמה נוח לו שלא נברא.** פירוש שאינו לומד כדי לקיים אלא לקנטר דבפרק מקום שנהגו (ד' נ:) אמרי' רבא רמי כתיב עד שמים חסדך וכתיב מעל השמים כאן בעוסק שלא לשמה כו' והתם איירי במקיים כדי שיכבדוהו וכן משמע בירושלמי דפירקין: **ויאכלו וישתו.** שבעו מזיו השכינה כאילו אכלו ושתו: **גדולה הבטחה.** שהרי קראן שאננות ובוטחות: **לבי כנישתא.** תינוקות של בית רבן היו רגילין להיות למדים לפני רבן בבית הכנסת: **בי רבנן.** בית המדרש ששם שונים משנה וגמרא: **ונטרן לגברייהו.** ממתינות לבעליהן ונותנות להם רשות ללכת וללמוד תורה בעיר אחרת: **מפטרי רבנן.** זה מזה שהיה נוטל רשות מחבירו לשוב לביתו ולארצו: **עולמך תראה בחייך.** כל צרכיך תמצא: **פיך ידבר חכמות.** בלשון ברכה היו אומרים: **יישירו.** לשון יושר שתהא מבין בתורה כהלכה:

תוספות

ונפשי כעפר לכל תהיה. מה עפר אינו מקבל כליה לעולם כן יהי רצון שזרעי לא יכלה לעולם כמו שהוא אומר והיה זרעך כעפר הארץ: **אני** בריה וחברי בריה. כלומר יש לו לב כמוני להבחין בין טוב לרע: **העושה** שלא לשמה נוח לו שלא נברא. וא"ת האמר רב יהודה אמר רב פרק מקום שנהגו (ד' נ:) לעולם יעסוק אדם בתורה ובמצות אפי' שלא לשמה שמתוך שלא לשמה בא לשמה וי"ל דהכא מיירי שאינו לומד אלא לקנטר חביריו והתם מיירי שלומד ע"מ שיכבדוהו*:

גמרא

בפמליא של מעלה ובפמליא של מטה ובין התלמידים העוסקים בתורתך בין עוסקין לשמה בין עוסקין שלא לשמה וכל העוסקין שלא לשמה יהי רצון שיהו עוסקין לשמה. ר' אלכסנדרי בתר צלותיה אמר הכי יהי רצון מלפניך ה' אלהינו שתעמידנו בקרן אורה ואל תעמידנו בקרן חשכה ואל ידוה לבנו ואל יחשכו עינינו איכא דאמרי הא רב המנונא מצלי לה ור' אלכסנדרי בתר דמצלי אמר הכי רבון העולמים גלוי וידוע לפניך שרצוננו לעשות רצונך ומי מעכב שאור שבעיסה ושעבוד מלכיות יהי רצון מלפניך שתצילנו מידם ונשוב לעשות חוקי רצונך בלבב שלם. רבא בתר צלותיה אמר הכי *אלהי עד שלא נוצרתי איני כדאי ועכשיו שנוצרתי כאלו לא נוצרתי עפר אני בחיי ק"ו במיתתי הרי אני לפניך ככלי מלא בושה וכלימה יהי רצון מלפניך ה' אלהי שלא אחטא עוד ומה שחטאתי לפניך מרק ברחמיך הרבים אבל לא ע"י יסורין וחלאים רעים והיינו וידוי דרב המנונא זוטי ביומא דכפורי. מר בריה דרבינא כי הוה מסיים צלותיה אמר הכי °אלהי נצור לשוני מרע ושפתותי מדבר מרמה ולמקללי נפשי תדום ונפשי כעפר לכל תהיה פתח לבי בתורתך ובמצותיך תרדוף נפשי ותצילני מפגע רע מיצר הרע ומאשה רעה ומכל רעות המתרגשות לבא בעולם וכל החושבים עלי רעה מהרה הפר עצתם וקלקל מחשבותם יהיו לרצון אמרי פי והגיון לבי לפניך ה' צורי וגואלי. רב ששת כי הוה יתיב בתעניתא בתר דמצלי אמר הכי °רבון העולמים גלוי לפניך בזמן שבית המקדש קיים אדם חוטא ומקריב קרבן ואין מקריבין ממנו אלא חלבו ודמו ומתכפר לו ועכשיו ישבתי בתענית ונתמעט חלבי ודמי יהי רצון מלפניך שיהא חלבי ודמי שנתמעט כאילו הקרבתיו לפניך על גבי המזבח ותרצני. *ר' יוחנן כי הוה מסיים ספרא דאיוב אמר הכי סוף אדם למות וסוף בהמה לשחיטה והכל למיתה הם עומדים אשרי מי שגדל בתורה ועמלו בתורה ועושה נחת רוח ליוצרו וגדל בשם טוב ונפטר בשם טוב מן העולם ועליו אמר שלמה °טוב שם משמן טוב ויום המות מיום הולדו. מרגלא בפומיה דר"מ גמור בכל לבבך ובכל נפשך לדעת את דרכי ולשקוד על דלתי תורתי נצור תורתי בלבך ונגד עיניך תהיה יראתי שמור פיך מכל חטא וטהר וקדש עצמך מכל אשמה ועון ואני אהיה עמך בכל מקום. מרגלא בפומייהו דרבנן דיבנה אני בריה וחברי בריה אני מלאכתי בעיר והוא מלאכתו בשדה אני משכים למלאכתי והוא משכים למלאכתו כשם שהוא אינו מתגדר במלאכתי כך אני איני מתגדר במלאכתו ושמא תאמר אני מרבה והוא ממעיט *שנינו אחד המרבה ואחד הממעיט ובלבד שיכוין לבו לשמים. מרגלא בפומיה דאביי לעולם יהא אדם ערום ביראה °מענה רך *משיב חמה ומרבה שלום עם אחיו ועם קרוביו ועם כל אדם ואפילו עם נכרי בשוק כדי שיהא אהוב למעלה ונחמד למטה ויהא מקובל על הבריות אמרו עליו על רבן יוחנן בן זכאי שלא הקדימו אדם שלום מעולם ואפילו נכרי בשוק. מרגלא בפומיה דרבא תכלית חכמה תשובה ומעשים טובים שלא יהא אדם קורא ושונה ובועט באביו ובאמו וברבו ובמי שהוא גדול ממנו בחכמה ובמנין שנאמר °ראשית חכמה יראת ה' שכל טוב לכל עושיהם *לעושים לא נאמר אלא לעושיהם לעושים לשמה ולא לעושים שלא לשמה וכל העושה שלא לשמה נוח לו שלא נברא. מרגלא בפומיה דרב [לא כעולם הזה העולם הבא] °העולם הבא אין בו לא אכילה ולא שתיה ולא פריה ורביה ולא משא ומתן ולא קנאה ולא שנאה ולא תחרות אלא צדיקים יושבין ועטרותיהם בראשיהם ונהנים מזיו השכינה שנאמר °ויחזו את האלהים ויאכלו וישתו: גדולה הבטחה שהבטיחן הקב"ה לנשים יותר מן האנשים שנא' °נשים שאננות קומנה שמענה קולי בנות בוטחות האזנה אמרתי א"ל רב לר' חייא נשים במאי זכיין *באקרויי בנייהו לבי כנישתא ובאתנויי גברייהו בי רבנן ונטרין לגברייהו עד דאתו מבי רבנן. כי הוו מפטרי רבנן מבי ר' אמי ואמרי לה מבי ר' חנינא אמרי ליה הכי עולמך תראה בחייך ואחריתך לחיי העולם הבא ותקותך לדור דורים לבך יהגה תבונה פיך ידבר חכמות ולשונך ירחיש רננות עפעפיך יישירו נגדך עיניך יאירו במאור תורה ופניך יזהירו כזוהר הרקיע שפתותיך יביעו דעת וכליותיך תעלוזנה מישרים ופעמיך ירוצו לשמוע דברי עתיק יומין. כי הוו מפטרי רבנן מבי רב חסדא ואמרי לה מבי ר' שמואל בר נחמני אמרו ליה הכי °אלופינו מסובלים וגו' אלופינו מסובלים רב ושמואל ואמרי לה רבי יוחנן ור' אלעזר חד אמר אלופינו בתורה ומסובלים במצות וחד אמר אלופינו בתורה ובמצות ומסובלים ביסורים

אין

מסורת הש"ס

[דף קי:]
[יומא פו:]
[גי' ר"י א"ר יוחנן כי הוה מסיים ר"ם ספרא דאיוב]
קהלת ז
מנחות דף קי. לעיל ה: [וש"נ]
משלי טו
[ישיב כנ"ע]
תהלים קיא
ס"א ללומדיהם לא נאמר אלא לעושיהם
שמות כד
ישעיה לב
סוטה דף כא.
תהלים קמד
[וע"ע תענית ז. תוספות ד"ה וכל העוסק ותוס' פסחים נ: ד"ה וכאן ותוס' נזיר כג: ד"ה שמתוך ותוס' סוטה כב: ד"ה לעולם]

רב נסים גאון

ועפעפיך יישירו נגדך. איתי' מפרש במסכתא מגילה בפרק הקורא את המגילה למפרע (דף יח) אמר לי' רמי בר [חמא] לרבי ירמיה מדיפתי מאי (משלי ד) ועפעפיך יישירו נגדך אמר לית אלו דברי תורה שכתב בהן (שם כג) התעיף עיניך בו(ישרים)[אפילו הכי מיושרין] הן אצל ר' מאיר:

גליון הש"ס

ברש"י ד"ה אני כו' וכן חברי עם הארץ. עי' סוכה דף נט ע"א תוס' ד"ה הלוקח:

הגה: ודוקא במקום שנוהגין לומר "יהיו לרצון" מיד אחר התפלה, אבל במקום שנוהגין לומר תחנונים קודם "יהיו לרצון", מפסיק גם כן לקדיש וקדושה - ר"ל אפילו אם לא התחיל עדיין לאומרם, **ואפילו** אם דרך האיש ההוא להחמיר לעצמו לומר "יהיו לרצון" תיכף אחר הח"י ברכות, ואירע לו לומר איש"ר וקדושה קודם שאמר "יהיו לרצון", ואין לו שהות לומר ה"יהיו לרצון", מותר לו לענות, **ומ"מ** לכתחלה יראה ליזהר שלא יבוא לידי כן, כי יש מחמירין בזה.

ובמקומות אלו נוהגים להפסיק ב"אלהי נצור" קודם "יהיו לרצון", לכן מפסיקין גם כן לקדושה ולקדיש ולברכו (ד"ע לפי רשב"א שבבית הב"י) - ועיין בסימן ס"ו, הדברים שמפסיקין באמצע ברכת ק"ש, וה"ה הכא.

וטוב לומר "יהיו לרצון" קודם התחנונים ואחריהם.

אבל בין "יהיו לרצון" לשאר תחנונים, שפיר דמי - היינו דמותר אפי' לענות סתם אמן, וכ"ש אמן ד"האל הקדוש" ו"שומע תפלה", ואיש"ר וקדושה וברכו.

והא דמסיים בסוף הסעיף, כדרך שמפסיק בברכת ק"ש, ושם אינו מותר לסתם אמן, **שם** הלא איירי ברגיל לומר תחנונים, ע"כ עשאום עליו קבע, ודמיין קצת לשמ"ע, **וברישא** איירי במי שרגיל לומר לפרקים, ע"כ אין להם דמיון לשמ"ע כלל, **ולפי"ז** במדינותינו ש"אלהי נצור" רגילין הכל לאומרו, אין להפסיק בו לסתם אמן, בין קודם שהתחילו בין באמצע.

(**ואם** התחיל לומר איזה תחנונים שאינו רגיל בהן, ונזדמן לו לענות סתם אמן, נ"ל דאסור, כיון שלא אמר עדיין "יהיו לרצון", דלא גריעא לכו"ע הפסוק "יהיו לרצון", שהתקינו חז"ל לאומרו אחר י"ח ברכות, משאר תחנונים שהרגיל בעצמו לאמרן אחר תפלתו, דאמרינן דבמקצת דמיין לתפילה, ואין להפסיק לאמן בין באמצען ובין קודם שהתחיל לאמרן).

[ב]**ומיהו הרגיל לומר תחנונים אחר תפלתו, אם התחיל הש"צ לסדר תפלתו והגיע לקדיש או לקדושה, מקצר ועולה** - גם זה מיירי המחבר בשכבר אמר "יהיו לרצון", דאל"ה לא היה המחבר מיקל, דהוא ס"ל דבכל גווני אין להפסיק קודם "יהיו לרצון", **והאי** "ומיהו" אסוף דבריו ד"מקצר ועולה" קאי, ור"ל דאע"פ שאמר מתחלה, דבין "יהיו לרצון" לשאר תחנונים שפיר דמי להפסיק, **מ"מ** אם יכול לקצר כדי לעקור רגליו, עדיף טפי, דאע"פ שאמר "יהיו לרצון", מ"מ כל זמן שלא פסע הוי כעומד לפני המלך.

ומקצר ועולה, היינו שמפסיק באמצע התחנונים ופוסע לאחריו, דאין חובה לומר תחנונים בכל פעם, **ואם** אין לו שהות לפסוע, ולא אמר "יהיו לרצון" קודם "אלהי נצור", טוב שיאמר עתה "יהיו לרצון" קודם שיענה עמהם.

ואם לא קצר, יכול להפסיק כדרך שמפסיק בברכה של ק"ש, אפי' באמצע - ואם כבר סיים הכל, אלא שאינו יכול לפסוע מחמת אדם שמתפלל לאחוריו, לכולי עלמא יכול להפסיק ולענות אמן, **ובמאמר** מרדכי כתב בפשיטות, דאפילו "ברוך הוא וברוך שמו" מותר אז לומר.

[ג]**סימן קכב ס"ג** - [ד]**הרגיל לומר ד' דברים אלו, זוכה ומקבל פני שכינה: עשה למען שמך, עשה למען ימינך, עשה למען תורתך, עשה למען קדושתך** - (עשה למען קדושתך, עשה למען תורתך, [וכן הוא בסידורים], ואנו נוהגים להוסיף פסוק: למען יחלצון ידידיך הושיעה ימינך ועננִי, ועוד נוהגים לומר פסוק המתחיל באות של שמו ומסיים באות של שמו – ערוה"ש).

אות ב'

רבון העולמים, גלוי לפניך בזמן שבית המקדש קיים כו'

סימן תקסה ס"ד - [ה]**טוב לומר בתחנונים שאחר תפלת המנחה לאחר "אלהי נצור" וכו': "רבון כל העולמים, גלוי וידוע לפניך שבזמן שבית המקדש קיים אדם חוטא ומקריב קרבן ואין מקריבים ממנה אלא חלבו ודמו" וכו'.**

אות ג'

מענה רך משיב חמה, ומרבה שלום עם אחיו ועם קרוביו ועם כל אדם כו'

רמב"ם פ"ה מהל' דעות ה"ז - תלמיד חכם לא יהא צועק וצווח בשעת דבורו כבהמות וחיות, ולא יגביה קולו ביותר, אלא דבורו בנחת עם כל הבריות, וכשידבר בנחת יזהר שלא יתרחק עד שיראה כדברי גסי הרוח; ומקדים שלום לכל האדם, כדי שתהא רוחן נוחה הימנו, ודן את כל האדם לכף זכות, מספר בשבח חבירו ולא בגנותו כלל, אוהב שלום ורודף שלום.

אות ד'

העולם הבא אין בו לא אכילה ולא שתיה ולא פריה כו'

רמב"ם פ"ח מהל' תשובה ה"ב - העולם הבא אין בו גוף וגויה, אלא נפשות הצדיקים בלבד בלא גוף כמלאכי השרת, הואיל ואין בו גויות אין בו לא אכילה ולא שתייה

באר הגולה

[ב] שם [ג] (ע"פ הב"י) [ד] **טור בשם הגדה** (וז"ל: ויש מוסיפין לומר מלכנו אלהינו יחד שמך בעולמך, והכי איתמר בהגדה אמר שמואל כל הזריז לומר ד' דברים הללו וכו'. **וז"ל** הב"י: וקשיא לי, דא"כ מה צורך להביא ראיה מן ההגדה, לייתי ראיה מדאיתא בסוף פרק היה קורא (יז) דכל חד מרבנן הוה אמר מילתא בתר צלותיה, **ואפשר** דמשום דבהגדה קאמר שהאומר ד' דברים הללו זוכה לקבל פני שכינה, נקט לה, **ועוד** דמסוף פרק היה קורא כבר כתב חדא מהנך מילי דהוו אמרי רבנן בתר צלותייהו, דהיינו אלהי נצור, ומהגדה מייתי להוסיף עוד ד' דברים הללו - ב"י) [ה] **טור מהא דברכות י"ז**

ולא דבר מכל הדברים שגופות בני אדם צריכין להן בעולם הזה, ולא יארע דבר בו מן הדברים שמארעין לגופות בעולם הזה, כגון ישיבה ועמידה ושינה ומיתה ועצב ושחוק וכיוצא בהן; כך אמרו חכמים הראשונים: העולם הבא אין בו לא אכילה ולא שתיה ולא תשמיש, אלא צדיקים יושבים ועטרותיהם בראשיהן ונהנין מזיו השכינה; הרי נתברר לך שאין שם גוף, לפי שאין שם אכילה ושתיה; וזה שאמרו צדיקים יושבין, דרך חידה אמרו, כלומר הצדיקים מצויין שם בלא עמל ובלא יגיעה; וכן זה שאמרו עטרותיהן בראשיהן, כלומר דעת שידעו שבגללה זכו לחיי העולם הבא מצויה עמהן, והיא העטרה שלהן, כענין שאמר שלמה: בעטרה שעטרה לו אמו, והרי הוא אומר: ושמחת עולם על ראשם, ואין השמחה גוף כדי שתנוח על הראש, כך עטרה שאמרו חכמים כאן היא הידיעה; ומהו זהו שאמרו נהנין מזיו שכינה, שיודעים ומשיגין מאמתת הקדוש ברוך הוא, מה שאינם יודעים והם בגוף האפל השפל.

השגת הראב"ד: העוה"ב אין בו גוף. א"א דברי האיש הזה בעיני קרובים למי שאומר אין תחיית המתים לגופות אלא לנשמות בלבד, וחיי ראשי לא היה דעת חז"ל על זה, שהרי אמרו כתובות (דף קי"א) עתידין צדיקים שיעמדו בלבושיהן ק"ו מחטה וכו', וכן היו מצוין לבניהם (שבת קי"ד) אל תקברוני בכלים לבנים ולא בשחורים שמא אזכה, וכן אמרו (סנהדרין צ"ב) שלא ישובו הצדיקים לעפר אלא עומדין בגוייתם, וכן אמרו (סנהדרין צ"א) במומם עומדין ומתרפאין, וכל אלה מוכיחים כי בגוייתם הן עומדין חיים; אבל אפשר שהבורא ישים גוייתם חזקות ובריאות כגוית המלאכים וכגוית אליהו זכור לטוב, ויהיו העטרות כמשמען וכפשוטן ולא יהיה משל.

באר הגולה

ו ‹ול"נ שאין חילוק בין רבינו להראב"ד אלא בשמות בלבד, דלרבינו העולם שלאחר המות נקרא העוה"ב, וכמ"ש בסוף פרק זה ז"ל: זה שקראו אותו חכמים עוה"ב, לא מפני שאינו מצוי עתה, וזה העולם אובד ואח"כ יבא אותו העולם, אין הדבר כן, אלא הרי הוא מצוי ועומד, שנאמר: אשר צפנת ליראיך, ולא קראוהו עוה"ב אלא מפני שאותם החיים באים לו לאדם אחר חיי העולם הזה שאנו קיימים בו בגוף ונפש, וזהו הנמצא לכל אדם בראשונה, עכ"ל. וכל אותם המאמרים שהביא הראב"ד, הם לעולם התחיה, והראב"ד ז"ל קורא לעולם התחייה עוה"ב, ובכך עלו דברי שניהם כהוגן, ואלו ואלו דברי אלהים חיים – כסף משנה›

עין משפט
נר מצוה

מט א ב מיי׳ פ״ה מהל׳ תענית הלכה י סמג עשין מד״ס ג טור שו״ע או״ח סי׳ תקנד סעיף כב:

א נ מיי׳ פ״ד מהלכות אבילות הלכה ו ופ״ד מהלכות ק״ש הלכה ג סמג עשין יח כ טוש״ע או״ח סימן עא סעיף א:

ב ד מיי׳ פ״ד מהלכות (אבל) [ק״ש] הלכה ד טור שו״ע אורח חיים סימן עב סעיף א [וביו״ד סימן שנח סעיף א]:

ג ה ו מיי׳ (פ״ד) [ספ״ו] מהל׳ תפלה ופ״ד מהלכות ק״ש הלכה א סמג עשין יח טוש״ע או״ח סימן ק״ו סעיף א:

ד ו מיי׳ פ״ד מהלכות אבל הלכה ו סמג עשין מד״ס ב טוש״ע יו״ד סימן שמא סעיף א וטוש״ע או״ח סימן קלט סעיף ה:

רב נסים גאון

אמר רב אשי הני בני מתא מחסיא אבירי לב נינהו דקא חזו יקרא דאורייי׳ תרי זימני בשתא. היינו תרי ירחי דכלה חודש אדר והחדש אלול והתם בבבא מציעא (אמרינן) בפ׳ השוכר את הפועלי׳ (דף פו) אמרינן אמר כו׳ רבה בר נחמני אגב שמדא נח נפשיה אכלו ביה קורצי בי מלכא איכא גברא חד מיהודאי דקא מפגר תריסר אלפי גברי ירחא בקייטא וירחא בסיתוא מכרגא ובפרק השואל (דף לז) אמרי איהו שאיל להו ביומי דכלה:

סליק פרק ב׳

הגהות הב״ח

(א) תוס׳ ד״ה רב שישא וכו׳ דבכל מקום:

פרק ג

(ב) שם במשנה פטור מקריאת שמע ומן התפילין כצ״ל ותיבת ומן התפלה נמחק:

גליון הש״ס

ברש״י שבתא דאוריית׳ כו׳ הלכות החג כו׳. עי׳ רש״י לקמן ל ע״א ד״ה שבתא דרגלא כו׳ ועצרת כו׳:

תוספות

פריץ זה אחיתופל. שפרץ פרצה במלכות בית דוד. ולאלה זה דואג שילא לתרבות רעה כדמפרש בחלק (דף קו:) גבי ווי שילא זה: **צווחה** זה גחזי. שהיה מצורע וכתיב ביה טמא טמא יקרא והיינו צוחה: **והם** כזונין בזרוע. ולכך יש להגיה *בתקיעות והם בזרוע עדיך בלו ולא גרסינן עדיך לא בלו: [תענית יא ע״ב]

תרי זימני בשתא. אבל בעצרת שאינו אלא יום אחד לא היו כל כך מתאספין ושמא כיסא איתרחיש להו וראיתי בספר העתים שחבר הרב רבי יהודה בר ברזילי ששמע שהיה עמוד של אש יורד מן השמים עליהם בכלה דאלול ובכלה דאדר: **רב** שישא בריה דרב אידי אמר לעולם לא תחליף. פר״ח דהלכה כרב *ששת דהוא בתראה והלכה כרשב״ג דאמר לא כל הרוצה ליטול את השם יטול (א) ובכל מקום ששנה רבן שמעון בן גמליאל במשנתינו הלכה כמותו חוץ מערב ולידן וראיה אחרונה (כתובות עז.) וכן פסק ר״ח ומיהו אנו שבשום פעם אין אנו מכוונים היטב גם חתן יש לקרות דאדרבה נראה כיוהרא אם לא יקרא כלומר אני מכוין בכל שעה אבל לעשות מלאכה בתשעה באב אין לעשות מלאכה: [רב ששת גמ׳ אמר] [ר״ל רבא צ״ל]

הדרן עלך היה קורא

מי שמתו מוטל לפניו. רש״י גריס מי שמתו אחר תפלת השחר אבל נראה לר״י שהוא אחר היה קורא דאיירי בסיפיה מק״ש וכאן מתחיל נמי מפטור ק״ש ובירושלמי גריס כמו כן: **פטור** מק״ש. בירושלמי מפרש טעמא א״ר בון כתיב למען תזכור כו׳ עד כל ימי חייך ימים שאתה עוסק בחיים ולא ימים שאתה עוסק במתים: הכי גרסינן פטור מקריאת שמע ומן התפלה ומן התפילין:

הכי גריס רש״י שלאחר המטה אפילו המטה צריכה להם חייבין לפי שלעולם לא היו רגילים לשאת שכבר נשאו חלקם ותימה קצת הלשון לפרש מאי קאמר אפי׳ צריכה להם והלא לא היו נושאין כלל את המת לכך נראה כגרסת הספרים שלפני המטה ושלאחר המטה את שהמטה צריכה להם פטורין אין צריכה להם חייבין: **אלו** ואלו פטורין מן התפלה. אבל בק״ש ובתפילין שהן מדאורייתא חייבים וקשיא דקאמר מי שמתו מוטל לפניו דפטור מן קריאת שמע ומן התפילין וכו׳ כל שכן דפטור מן התפלה אלא לא בעי למיתני ברישא אלא החלוק שבין נושאי המטה למתו מוטל לפניו:

ואינו מברך. פרש״י ואין זקוק לברך. ומשמע מתוך פירושו שאם רצה לברך רשאי מיהו בירושלמי קאמר אם רצה להחמיר אין שומעין לו לכך נראה לומר אינו מברך אינו רשאי לברך ומפרש בירושלמי למה וקאמר מפני כבודו של מת או נמי מפני שאין לו מי שישא משאו ופריך והתניא פטור מנטילת לולב וקא ס״ד דמיירי ביו״ט וכו ואינו טרוד לישא משאו ומשני תפתר בחול פי׳ בחולו של מועד. והתניא

גמרא

תורה אור

אין פריץ שלא תהא סיעתנו כסיעתו של דוד שיצא ממנו אחיתופל ואין יוצאת שלא תהא סיעתנו *כסיעתו של שאול שיצא ממנו דואג האדומי ואין צווחה שלא תהא סיעתנו כסיעתו של אלישע שיצא ממנו גחזי ברחובותינו שלא יהא לנו בן או תלמיד שמקדיח תבשילו ברבים: °שמעו אלי אבירי לב הרחוקים מצדקה רב ושמואל ואמרי לה רבי יוחנן ורבי אלעזר חד אמר כל העולם כולו נזונין בצדקה והם נזונין בזרוע וחד אמר כל העולם כולו נזונין בזכותם והם אפילו בזכות עצמן אין נזונין כדרב יהודה אמר רב *דאמר רב יהודה אמר רב בכל יום ויום בת קול יוצאת *מהר חורב ואומרת כל העולם כולו נזונין בשביל חנינא בני וחנינא בני די לו בקב חרובין מערב שבת לערב שבת ופליגא דרב יהודה דאמר רב יהודה מאן אבירי לב גובאי טפשאי אמר רב יוסף תדע דהא לא איגייר גיורא מינייהו אמר רב אשי בני מתא מחסיא אבירי לב נינהו דקא חזו יקרא דאורייתא תרי זמני בשתא ולא קמגייר גיורא מינייהו: חתן אם רוצה לקרות וכו׳: *למימרא דרבן שמעון בן גמליאל חייש ליוהרא ורבנן לא חיישי ליוהרא והא איפכא שמעינן להו דתנן [א]מקום שנהגו לעשות מלאכה בתשעה באב עושין מקום שנהגו שלא לעשות אין עושין וכל מקום תלמידי חכמים בטלים רבן שמעון בן גמליאל אומר [ב]לעולם יעשה כל אדם את עצמו כתלמיד חכם קשיא דרבנן אדרבנן קשיא דרבן שמעון בן גמליאל אדרבן שמעון בן גמליאל אמר רבי יוחנן מוחלפת השיטה רב שישא בריה דרב אידי אמר לעולם לא תחליף דרבנן אדרבנן לא קשיא ק״ש כיון דכ״ע קא קרו ואיהו נמי קרי לא מיחזי כיוהרא *הכא כיון דכולי עלמא עבדי מלאכה ואיהו לא קא עביד מיחזי כיוהרא דרבן שמעון בן גמליאל אדרבן שמעון בן גמליאל לא קשיא *התם בכונה תליא מילתא ואנן סהדי דלא מצי לכווני דעתיה אבל *הכא הרואה אומר מלאכה הוא דאין לו פוק חזי *כמה בטלני איכא בשוקא:

(שמות ב) [התם] [הכא] [התם] [ישעיה מו]

הדרן עלך היה קורא

מי *שמתו מוטל לפניו [ג]פטור מק״ש (ב) ומן התפלה ומן התפילין ומכל מצות האמורות בתורה [ד]נושאי המטה וחלופיהן וחלופי חלופיהן את שלפני המטה ואת שלאחר המטה את שלפני המטה צורך בהם פטורים ואת שלאחר המטה צורך בהם חייבין [ה]ואלו ואלו פטורים מן התפלה קברו את המת וחזרו אם יכולין להתחיל ולגמור עד שלא יגיעו לשורה יתחילו ואם לאו לא יתחילו העומדים בשורה הפנימיים פטורים והחיצונים חייבים (*[ו]נשים ועבדים וקטנים פטורים מק״ש ומן התפילין וחייבין בתפלה ובמזוזה ובברכת המזון):

גמ׳ מוטל לפניו אין ושאינו מוטל לפניו לא ורמינהי *מי [ז]שמתו מוטל לפניו אוכל בבית אחר ואם אין לו בית אחר אוכל בבית חבירו ואם אין לו בית חבירו עושה מחיצה ואוכל ואם אין לו דבר לעשות מחיצה מחזיר פניו ואוכל ואינו מיסב ואוכל ואינו אוכל בשר ואינו שותה יין ואינו מברך ואינו מזומן ואין

רש״י

כל העולם כולו נזונין בצדקה. בצדקתו של הקב״ה ולא בזכות שבידן: **והם נזונין בזרוע.** בזכות שבידם ובצדיקים משתעי קרא וקרי להו רחוקים מצדקתו של הקדוש ב״ה: **אינן נזונין.** שאין להן כדי צרכיהם ומתפרנסים בקושי: **ופליגא דרב יהודה.** דאיהו אמר אבירי לב היינו רשעים: **גובאי.** שם אומה היא בבבל ובמסכת קדושין (פ״ד דף ע:) אמרינן שהיו מן הנתינים: **שבתא דאורייתא תרי זימני בשתא.** שהיו נאספים שם ישראל באדר לשמוע בהלכות הפסח מדרש דרב אשי ובאלול לשמוע °הלכות החג: **לא כל הרוצה וכו׳.** אם לא הוחזק חכם וחסיד לרבים אין זה אלא גאוה שמראה בעצמו שיכול לכוין לבו: **אמרי אינשי עבידתא הוא דלית ליה.** הרואה אותו שאינו עושה מלאכה אינו מבין שמחמת תשעה באב הוא בטל אלא אין לו מלאכה לעשות: **פוק חזי כמה בטלני איכא בשוקא.** אף בימי מלאכה:

הדרן עלך היה קורא

מי שמתו כו׳ פטור מלקרות ק״ש. לפי שהוא טרוד במחשבת קבורתו והויא דומיא דחתן דפטור משום טירדא דמצוה: **וחלופיהן.** שכן דרך שמתחלפין לשאת לפי שהכל חפצין לזכות בו: **את שלפני המטה.** שיתעסקו בו כשהגיע המטה אצלם: **ושלאחר המטה.** שכבר נשאוהו כבר: **שלפני המטה צורך בהם פטורים.** אם צריכים לשאתו פטורים: **ושלאחר המטה.** אף אם צורך בהם חייבים הואיל שכבר יצאו ידי חובתן מן המת: **ואלו ואלו פטורין מן התפלה.** דלאו דאורייתא היא ורבותינו פירשו לפי שיש להם עוד שהות ולי נראה שאין זה לשון פטור: **לשורה.** שהיו מנחמין את האבל בהקף שורה סביבותיו בשובם מן הקבר: **גמ׳ שאינו מוטל לפניו.** כגון הוא בבית אחד והמת בבית אחר: **אוכל בבית אחר.** דנראה כלועג לרש וכו׳: **ואינו מיסב.** כדרך המסובים בחשיבות על לדו השמאלית ובמטה: **ואינו מברך.** ואינו צריך לברך ברכת המוציא: **ואינו מזומן.** אינו צריך לברך ברכת המזון: ואין

מסורת הש״ס

[סערוך מספף הדברים למעלה באין פרץ כסיעתו של שאול כו׳ וע״ש מלתא בטעמא]

חולין דף פו.
תענית דף כד:
[בתענית כד: כתב רש״י דלא גרסינן מהר חורב ודע דגם בחולין ליתא]

פסחים דף נה.

שם נה:

שמחות פ״י

[משנה לקמן כ.]

מ״ק דף כג:
שמחות פ״י

§ מסכת ברכות דף יז: §

אות א' - ב'

מקום שנהגו לעשות מלאכה בתשעה באב, עושין; מקום שנהגו שלא לעשות, אין עושין; וכל מקום ת"ח בטלים לעולם יעשה כל אדם את עצמו כתלמיד חכם

סימן תקנד סכ"ב - מקום שנהגו לעשות מלאכה בט' באב, עושין; במקום שנהגו שלא לעשות, אין עושין - כדי שלא יסיחו דעתם מהאבלות, **ומטעם** זה גם בלילה אסור במלאכה, דהא גם בלילה מחוייב להתאבל, **מיהו** כל מלאכה שאין בה שיהוי שרי, דאין מסיח דעתו בכך. (**וכהיום מנהג כל ישראל בכל מקום שלא לעשות – מטה יהודא, וכונתו הוא רק עד חצות, כדלקמיה בהג"ה**).

ובכל מקום ת"ח בטלים, וכל הרוצה לעשות עצמו תלמיד חכם לענין זה, עושה - ולא מיחזי כיוהרא, דהרואה אומר דמניעתו ממלאכה הוא מפני שלא נזדמן לו מה לעשות.

אות ג'

מי שמתו מוטל לפניו, פטור מקריאת שמע, ומן התפלה

סימן עא ס"א - [א]מי שמת לו מת שהוא חייב להתאבל עליו - שהם שבעה קרובים, אב ואם, בן ובת, אח ואחות, ואשתו.

[ב]אפילו אינו מוטל עליו לקברו - כגון שמתה אחותו הנשואה לבעל, דהבעל חייב לטפל בקבורתה.

פטור מק"ש ומתפלה - וכן מכל הברכות אפי' ברכת הנהנין, ומכל מצות האמורות בתורה, (**ודוקא מ"ע, אבל מצות ל"ת חייבין, ואפילו בדבר שהוא מדרבנן בעלמא**), **ואם** רוצה לאכול פת, אף דאינו צריך לברך "המוציא", מ"מ צריך ליטול ידיו, ולא יברך על הנטילה.

(**כתב הדה"ח, אם נקבר המת לאחר שאכל, ועדיין לא עבר הזמן שיתעכל המזון, חייב לברך בהמ"ז, וכן ב"אשר יצר", אם עשה צרכיו בעודו אונן, חייב לברך "אשר יצר" אחר שנקבר המת, אפילו כל היום, ע"ש טעמו, אם לא שמבקש עוד לעשות צרכיו, א"צ עתה לברך כי אם ברכה אחת על שתיהם**).

ואם קרא ק"ש, אינו יוצא, וצריך לחזור ולקרות אחר הקבורה.

ואם יש חבורה בעיר שנוהגין שכתפים מיוחדים להוציא המת, ולאחר שנתעסקו הקרובים בצרכי המת ימסרוהו להם והם יקברוהו, משמסרהו להם מיד חייב בכל המצות, ואפילו קודם שהוציאוהו מהבית, ששוב אינו מוטל עליהם, **ולפי"ז** לא יפה עושים האוננים, שממתינים להתפלל עד אחר קבורה, דתיכף כשנתפשרו עם החברא קדישא בעד מקום קבורה, ונתנו להם כל הוצאות ותכריכים, חייבים להתפלל, **ואמנם** לפעמים שעדיין אינן שוין באיזה מקום יקברוהו, והוא כבודו של מת, או כל זמן שמספידין אותו, אזי פטור, ותיכף אחר זה מותר להתפלל, וחייב, **אבל** במקום שאין חבורה המיוחדת לזה, אף שיש לו מי שיתעסק בקבורה עבורו, נמשך האנינות עד שיקברוהו וישליכו העפר עליו, ומיד שמתחילין להשליך העפר עליו, ילך האבל לבית של הקברות, ויקרא ויתפלל שם.

ואם נמשך אנינות עד סמוך לסוף זמן ק"ש, שהוא עד רביע היום כפי ערך השעות של יום, ואם יתפלל כסדר יעבור הזמן של ק"ש, יקרא ק"ש בלא ברכות, ואח"כ יתפלל כסדר ויקרא עוד הפעם ק"ש עם הברכות, **ואם** נמשך האנינות עד לאחר ארבעה שעות, דעת המ"א, דברכות שחר דהיינו מה שקודם ב"ש, לא יאמרם אף שיש לו פנאי, כיון שבשעת עיקר חיובו שהוא בבוקר היה אז פטור, **ויש** חולקין עליו, **וספק** ברכות להקל, **זולת** ברכת התורה, וברכת "שלא עשני גוי" ו"שלא עשני עבד" ו"שלא עשני אשה", אותן הברכות אף להמ"א יוכל לברך, **ולא** יניח תפילין, ויתפלל הי"ח ברכות לבד, אבל ברכת ק"ש, משמע בשו"ע לעיל בסי' נ"ח ס"ו דכבר עבר זמנם, **ולפי** מה שכתבתי לעיל בסוף סי' נ"ח במ"ב, מותר לו לומר אף ברכת ק"ש, כיון דבאונס עבר הזמן, **ולכו"ע** אפשר דיכול לומר פסוקי דזמרה.

ואם עדיין לא כלו הד' שעות שהוא שליש היום, רק שהוא סמוך לזמן ההוא, ואם יתפלל כסדר יעבור זמן התפלה, ויצטרך להתפלל שמ"ע אחר שליש היום, ידלג פסוקי דזמרה, וכאופן שנתבאר לעיל בסי' נ"ב, בדין איחר לבוא לבית הכנסת, **אבל** לא ידלג מק"ש וברכותיה כלל, אף שעי"ז יהיה מוכרח להתפלל שמ"ע אחר שליש היום.

עוד כתב בדה"ח, דאלו הברכות: שלא עשני גוי ועבד ואשה וברכת התורה, זמנן כל היום, ואפי' אחר חצות אם נקבר יאמרם, **אבל** תפלת י"ח לא יתפלל רק עד חצות ולא יותר, גם א"צ להשלים אותה תפלה בתפלה הסמוכה, כגון אם לא התפלל שחרית, לא ישלים במנחה, **דלא** דמי לשכח או נאנס ולא התפלל שחרית, דמשלימה במנחה, דהתם באמת היה מחויב, רק שע"י סיבה לא התפלל, משא"כ כאן דהוי פטור מדין, **וכן** הדין במנחה ומעריב.

וה"מ אם היה מתו מוטל לפניו מעת התחלת חיוב התפלה עד השלמת זמנה, כגון שהיה מתו מוטל לפניו מעלות השחר והאיר פני כל המזרח עד אחר חצות, **אבל** אם מת לאחר שכבר התחיל החיוב עליו, כגון לאחר שהאיר כל פני המזרח, אע"פ שלא קברוהו עד אחר חצות, משלים בזמן מנחה, **דהואיל** וחל עליו החיוב מתחלת עת שבא זמן התפלה, אע"פ שלא היה שהות לגמור התפלה, מ"מ כיון שחל עליו החיוב חייב להשלים אח"כ התפלה בזמן מנחה, **ואפשר** דבזה חייב ג"כ לברך ברכת השחר אם לא בירכן בבוקר כשקם ממטתו, דהא בשעת חיובן היה חייב.

באר הגולה

[א] **ברכות י"ח** [ב] ‹שם רב אשי אמר כיון שמוטל עליו לקברו כמוטל לפניו דמי כו', ופי' הרא"ש כל שחייב להתאבל, דלא כר"ת - גר"א. **דר"ת** התיר לעצמו בבשר ויין, לפי שהיה בעיר אחרת, ואצל אחותו היה בעלה עמה, דדוקא כשאין עמו בעיר שום קרוב המתאבל עליו, התם אותו קרוב שנודע לו בעיר אחרת חייב לצאת לו מעירו ולטפל בקבורתו כאילו מוטל לפניו, ואסור בבשר ויין, **ואם** נודע לכולם, כולם חייבים לילך מעירם, דהי מינייהו מפקת כיון דכולם שוים, בין שכולם עמו בעיר בין שכולם בעיירות אחרות - ב"ח›

[ג]**ואפילו אם רוצה להחמיר על עצמו ולקרות, אינו רשאי** - פי' ומיירי בשאין לו מי שיעסוק בצרכי המת, **א"נ** דמיירי בכל גווני, שאסרוהו מפני כבודו של מת, שלא יאמרו מת זה קל הוא בעינו של אונן, ואין חרד על מיתתו, **וזהו** דעת המחבר עצמו מעיקר הדין, **ומש"כ** אח"כ "אין מוחין", ר"ל דמ"מ אין אנו יכולין למחות במי שנוהג היפך זה, דיש לו על מי לסמוך, היכא שיש לו מי שישתדל בשבילו בצרכי קבורה.

[ד]**ואם יש לו מי שישתדל בשבילו בצרכי קבורה, ורצה להחמיר על עצמו ולקרות, אין מוחין בידו** - פי' דאפילו אם מוטל עליו לקברו, רק שיש לו בני אדם אחרים שיתעסקו בשבילו, ורוצה להחמיר על עצמו, אין מוחין בידו, זהו דעת ראבי"ה, **וכתב** רש"ל, שעכשיו לא נהגו כראבי"ה.

(עיין ביו"ד סי' שמ"א) - דשם פסק, דאינו רשאי להחמיר בכל גווני, וכן עיקר, **ומ"מ** בן שהוא אונן על אביו, ויש מתעסקין בלעדו, מותר לו לילך לבהכ"נ לומר קדיש עליו, כי זהו כבודו של אביו, ומותר לכו"ע, ומכ"ש בשבת ויו"ט, **ודוקא** כשאין אבלים אחרים, אבל כשיש אבלים אחרים לא, ‹דכל זמן שלא נקבר המת אין דין גיהנם, נמצא דגוזל שאר אבלים – פמ"ג›.

‹מקום שמוליכין המת מעיר לעיר, **אם מקום קרוב הוא, הוי אונן ופטור** מן ק"ש ותפלה, **אבל** אם המקום רחוק, כגון מהלך ב' ימים, לא הוי אונן עד שיבואו לעיר קבורתו›.

אות ד'

נושאי המטה וחלופיהן וחלופי חלופיהן, את שלפני המטה ואת שלאחר המטה, את שלפני המטה וכו'

סימן עב ס"א - [ה]נושאי המטה וחילופיהן וחילופי חילופיהן, [ו]בין אותם שהם לפני המטה, בין אותם שהם לאחריה, מאחר שלמטה צורך בהם, פטורים - כגון בעיר שיש בה חבורה המזומנת לכך, וכל בני החבורה מחליפין לשאת, לפי שכולם חפצים לזכות בו, כולם פטורים מק"ש, לפי שהם טרודים טרדת מצוה, **ואפילו** הרחוקים מהמטה, ואע"פ שיש שהות לאחרונים לקרוא בעוד שנושאים הראשונים, אפ"ה פטורין, מפני דלפעמים נמלכין ונותנין להם לשאת, ולפיכך אין להם להתחיל.

ובמקום שאין חבורה המזומנת לכך, הסמוכין למטה פטורין, לפי שדרך לזכותם בהמצוה כשיכבד על הנושאים, אבל הרחוקים מהמטה חייבין.

ושאר המלוין את המת, שאין למטה צורך בהם, חייבים - בק"ש, ואע"פ שהלוית המת הוא בכלל גמילת חסדים, וגמ"ח הוא מן התורה, מ"מ הם אינם טרודים כלל, ויכולין לקרות פסוק ראשון בכונה ובעמידה, והשאר כשהם מהלכין, **אבל** פטורין מתפלה.

יו"ד סימן שנח ס"א - [ז]נושאי המטה וחילופיהן וחילופי חילופיהן, בין אותם שהם לפני המטה בין אותם של אחריה, מאחר שלמטה צורך בהם - ‹לפי שאין כח לשאת כל הדרך, ולכן מחליפין אלו לאלו, {וברש"י כתוב: לפי שהכל חפצים לזכות בו}, כלומר שאלו נושאים ואלו נחים ואלו נחים ואלו נושאים, וכן לעולם עד שתגיע המטה לבית הקברות›, **פטורים (מק"ש)** - שעוסק במצוה פטור מהמצוה - ש"ך, ‹**ופשוט** הוא דאם יש די בנשיאת המטה שישאוהו אותם שכבר התפללו, ילכו האחרים להתפלל, אף שרצונם לשאת המטה›, **ושאר המלוין את המת, שאין למטה צורך בהם, חייבים. (ועיין באו"ח סימן ע"ב)** - ‹ואע"ג דגם הלויית המת מצוה היא, מ"מ הא אין שיעור לזה, ומלוים ד' אמות והולכין וקורין ק"ש ומתפללין – ערוה"ש›.

אות ה' – ו'

ואלו ואלו פטורים מן התפלה

נשים ועבדים וקטנים פטורים מק"ש ומן התפילין, וחייבין בתפלה ובמזוזה ובברכת המזון

סימן קו ס"א - כל הפטורים מק"ש - כגון מפני שהם עוסקים במצוה, או שטרודים טרדת מצוה, וכמבואר בסימן ע' ס"ג, **פטורים מתפלה.**

וכל שחייב בק"ש חייב בתפלה; [ח]חוץ מהמלוין את המת, [ט]שאין למטה צורך בהם - ר"ל שאינם מוכנים כלל לעזור בנשיאת המטה, דאל"ה פטורין גם מק"ש, **שאע"פ שהם חייבים בק"ש, פטורים מתפלה** - הואיל והיא מדברי סופרים [רש"י], ועוד שהיא בעמידה ואין יכולין לשהות כ"כ, **אבל** ק"ש עיקר כונתה ועמידתה אינה אלא בפסוק ראשון, ובקל יוכל לעמוד ולכוין.

ואם עבר זמן תפלה עי"ז, אין צריך להשלים בתפלה הסמוכה, כיון דבשעת חובתו היה פטור מן הדין.

[י]**ונשים ועבדים, שאע"פ שפטורים מק"ש חייבים בתפלה, מפני שהיא מ"ע שלא הזמן גרמא** - כ"ז לדעת הרמב"ם,

---

באר הגולה

[ג] **תוספות** ‹ודלא כרש"י ד"ה ואינו מברך› **ורבי יונה ורא"ש מהירושלמי ה' ע"ב** [ד] **ראבי"ה** [ה] **ברכות י"ז** [ו] **לפירוש רמב"ם שם והטור** ‹נראה מדברי רש"י שהוא סובר, דהא דקתני את שלמטה צורך בהם, היינו שלפני המטה, והא דקתני את שאין למטה צורך בהם, היינו שלאחר המטה, {ודלא כגירסתינו ברש"י}, והכי קאמר נושאי המטה וחילופיהן וכו', שלפני המטה ושלאחר המטה, זהו משפטם, דשלפני המטה כיון שיש למטה צורך בהם פטורין, ושלאחר המטה כיון שאין למטה צורך בהם חייבים. **והמרדכי** כתב הכי גריס רש"י: שלפני המטה צורך בהם פטורים, ושלאחר המטה אפילו צורך בהם חייבים לקרות, והיינו טעמא, דכיון שנשאו אותו אין טרודין כל כך במצוה, {ורש"י כתב: שכבר יצאו ידי חובתן מן המת}. **ומדברי** רבינו כאן ובסימן ק"ו נראה שהוא מפרש, נושאי המטה וחילופיהן וכו' בין אותם שהם לפני המטה בין אותם שהם לאחריה, אם יש למטה צורך בהם, אלו ואלו פטורים, ואם אין למטה צורך בהם, אלו ואלו חייבים. **ומדברי** הרמב"ם בפ"ד מהלכות ק"ש נראה שהוא מפרש דהכי קאמר, נושאי המטה וחילופיהן וכו' בין אותם שהם לפני המטה בין אותם שהם לאחריה, מאחר שלמטה צורך בהם פטורים, ומאי דקתני סיפא ואת שאין למטה צורך בהם חייבים, הכי קאמר, ושאר המלוין את המת שאין למטה צורך בהם חייבים – ב"י› [ז] **ציינתיו באו"ח סימן ע"ב סעיף א'** [ח] **ברכות י"ז** [ט] **רמב"ם פ"ו מה"ת** [י] **שם בגמ' כ'**

שרק זמני התפלה הם מדברי סופרים, אבל עיקר מצות תפלה היא מן התורה, שנאמר: ולעבדו בכל לבבכם, איזו עבודה שהיא בלב, הוי אומר זו תפלה, אלא שאין לה נוסח ידוע מן התורה, ויכול להתפלל בכל נוסח שירצה, ובכל עת שירצה, ומשהתפלל פעם אחת ביום או בלילה, יצא י"ח מן התורה, **וכתב** המ"א, שע"פ סברא זו נהגו רוב הנשים, שאין מתפללין י"ח בתמידות שחר וערב, לפי שאומרות מיד בבוקר סמוך לנטילה איזה בקשה, ומן התורה יוצאות בזה, ואפשר שאף חכמים לא חייבו יותר.

אבל דעת הרמב"ן, שעיקר מצות תפלה מד"ס, שהם אנשי כה"ג, שתיקנו י"ח ברכות על הסדר, להתפלל אותן שחרית ומנחה חובה, וערבית רשות, **ואע"פ** שהוא מ"ע מד"ס שהזמן גרמא, והנשים פטורות מכל מ"ע שהזמן גרמא אפילו מד"ס, כגון קידוש הלבנה, **אעפ"כ** חייבו אותן בתפילת שחרית ומנחה כמו אנשים, הואיל ותפלה היא בקשת רחמים, **וכן** עיקר, כי כן דעת רוב הפוסקים, וכן הכריע בספר שאגת אריה.

ע"כ יש להזהיר לנשים שיתפללו י"ח, ונכון ג"כ שיקבלו עליהן עול מלכות שמים, דהיינו שיאמרו עכ"פ "שמע ישראל", כדאיתא בסי' ע', ויאמרו ג"כ ברכת "אמת ויציב" כדי לסמוך גאולה לתפלה, **וכ"ז** לענין שחרית ומנחה, אבל תפלת ערבית שהוא רשות, אע"פ שעכשיו כבר קבלוהו עליהם כל ישראל לחובה, מ"מ הנשים לא קבלו עליהם, ורובן אין מתפללין ערבית.

ותפלת מוספין, בצל"ח כתב דפטורות, **אבל** בספר מגן גבורים פסק דחייבות.

וקטנים שהגיעו לחינוך, חייבים לחנכם - להתפלל י"ח ערב ובוקר, **ומ"מ** רשאי ליתן להם לאכול קודם תפלת שחרית, ואסור לענותם, כמש"כ בסי' רס"ט ושמ"ג, לענין להאכילם קודם קידוש.

אות ז'

מי שמתו מוטל לפניו, אוכל בבית אחר וכו'

יו"ד סימן שמא ס"א - [יא]**מי שמת לו מת שהוא חייב להתאבל עליו** - אפילו אינו מוטל לפניו, אלא מוטל עליו לקברו, כל דין אונן עליו וכמו שיתבאר - ש"ך, **קודם קבורה** - ‹לא ינהג בפניו קלות ראש, כדי שלא יאמרו על המת, אדם קל היה, ולכך אין זה טרוד בקבורתו ואינו חושש במיתתו, והו"ל גנאי גדול למת ובכלל לועג לרש הוא, שאין לך לועג לרש גדול מזה, אלא יתראה לכל שהוא נטרד ונבהל על מיתתו, וגם שהוא טרוד ומתעסק בקבורתו. לפיכך אמרו... - לבוש›, **אוכל בבית אחר** – [דהוה כלועג לרש, כן פירש"י בפרק מי שמתו, **והא** דלא אסרו גם באחר מטעם זה, לפי שדוקא בחייב בקבורתו יש חשש במה שאינו עוסק בקבורתו ויושב לאכול בפני המת – ט"ז]. **ואם** אינו לפניו, מותר לאכול בבית שהוא שם, פרישה, וכ"כ הב"ח, אוכל בבית אחר מיירי במוטל לפניו ואיכא משום לועג לרש אם אוכל בפניו, **וזה** ודאי אסור אפי' בשבת, ע"כ - ש"ך, ‹שמראה שאינו חושש לו ואוכל בפניו - ערוה"ש›.

(**באמת** פליגי אהדדי, דודאי להט"ז שכתב: לפי דדוקא בחייב בקבורתו כו', א"כ בשבת שאינו רשאי לעסוק בקבורתו, מותר, **ולהש"ך** שכתב: דאפי' בשבת אסור, ודאי דס"ל דגם אחר אסור, ‹וכ"כ רעק"א›. **שוב** מצאתי בספר תפל"מ שכתב בהדיא כן, דלהש"ך גם אחר שאינו קרובו אסור לאכול לפניו, והא דתניא: מתו, משום אכילת בשר ויין, ע"ש. **ולענין** דינא נראה להחמיר כהש"ך - פת"ש).

קודם קבורה - הוא אונן, ואסור בכל הדברים שאונן אסור בהן, אבל לאחר קבורה, אפי' באותו יום שמת, אין דין אונן עליו - ש"ך.

אין לו בית אחר, אוכל בבית חבירו; אין בית לחבירו - כגון שהוא שרוי בין העובדי כוכבים - ש"ך, **עושה לו מחיצה ואוכל;** [יב]**ואפי' מחיצה של סדין סגי, אם תקע שולי הסדין בענין שאינו ניטל ברוח** - ‹וגובה מחיצה הוא י"ט›. [יג]**ואם אין לו דבר לעשות מחיצה, מחזיר פניו ואוכל** - ‹להורות דעושה זה מכח ההכרח, ואינו מביט בהמת בעת אכילתו. **ונ"ל** דשתיית עראי או אכילת עראי אין קפידא לאכול או לשתות בחדר זה, ואינו זקוק לצאת, אך שיחזיר פניו, מחמת דבארעי ליכא כל כך לועג לרש כמובן - ערוה"ש›.

ובין כך ובין כך, [יד]**ואפילו הוא בעיר אחרת** - משמע אפי' יש לו מי שיתעסקו עמו בעירו שמת, **דין אונן עליו**, [דכולן קרואים מוטל עליהם לקברו], והיינו כדעת הרא"ש שחולק אר"ת ומביאו הטור, **אבל** הב"ח פסק כר"ת, דקרובים שבעיר אחרת אין דין אונן עליהם, אא"כ אין למת קרובים המתאבלים עליו בעירו, שמוטל עליהם לקברו, **אבל** אם יש לו קרובים המוטל עליהם לטפל בעירו, אין דין אונן על אותן הקרובים שבעיר אחרת, ע"ש - ש"ך, ‹**ומ"מ** למעשה נראה שצריכין אנו לילך אחר הטור והשו"ע, ולכן מי שהודיעו לו ע"י הטעלעגרף שמת לו מת, ינהוג אנינות עד זמן הקבורה כפי השערתו - ערוה"ש›, [טו]**אינו מיסב ואוכל** - פי' על השלחן, ‹ר"ל שלפעמים לא הטו על מטה, אלא על השלחן שאוכלים עליו - בדי שלחן›, או על המטה - ש"ך, ‹לאכול בהסיבה כדרך החשובים על צדו השמאלית, וזהו כדי להראות הכנעה ושאוכל רק מפני ההכרח - ערוה"ש›.

‹**במסכת** שמחות איתא ג"כ: ואינו אוכל כל צרכו, ובירושלמי איתא: ולא אוכל כל צרכו ולא שותה כל צרכו - הגהת שר"ע›. ‹**והפוסקים** לא הביאו זה, משום דלא נזכר זה בש"ס שלנו - ערוה"ש›.

ואינו אוכל בשר ואינו שותה יין - ‹כדי להראות צער ושאינו אוכל ושותה בהרחבה, וגם פרפראות נ"ל שאין לאכול, דאינו מותר רק מה שהוא הכרח - ערוה"ש›. ‹**מהר"י** אלפאנדרי נסתפק, אם מותר בתבשיל בשר וחמר מדינה - רעק"א›, (**עיין** בתשו' נו"ב בתשובה מבן המחבר, שכתב דאונן מותר ברוטב של בשר - פת"ש). ‹**ולכן** בתבשיל של בשר אין חשש, וכן שארי משקין לשתות מעט לפחוכי צערא נראה דשרי, ולכן מותר לשתות מעט יי"ש ומי דבש ושכר, אבל לא הרבה - ערוה"ש›.

ואינו מברך ברכת המוציא - ‹כיון שטרוד במחשבת צרכי קבורה דהוי ליה מצוה, והעוסק במצוה פטור מן המצוה - לבוש›.

‹**ונוטל** ידיו ואינו מברך. מהר"י אלפאנדרי - רעק"א›, (**כתב** בספר חמודי דניאל כ"י, נראה דאונן אע"פ שמותר לאכול בלא ברכה, חייב בנטילת ידים, בין במים ראשונים בין באחרונים, ע"ש, **ולענ"ד** צ"ע בזה. **שוב** ראיתי בספר ברכי יוסף, שכתב דפשיטא ליה דאונן חייב בנט"י, דנט"י

באר הגולה

יא ברייתא מ"ק דף כ"ג: וברכות דף י"ז: | יב הרשב"א בתשובה | יג שם בברייתא | יד טור בשם אביו הרא"ש | טו שם בברייתא

הוי משום גזירה משום סרך תרומה, ולפי"ז דהוי גזירה דרבנן, אין ספק דחייב, דכולהו לאוין מדאורייתא ודרבנן האונן חייב, **והביא** דמהר"י אלפאנדרי נסתפק בזה, ובשו"ת מכתם לדוד הסכים כן דחייב, **ומ"מ** נראה דהאונן יטול ידיו ולא יברך, ע"ש - פת"ש).

‹**ומ"מ** ליטול ידיו לאכילה, מותר משום נקיות, אבל אינו מברך על נט"י, וכן כשהולך לנקביו נוטל ידיו ואינו מברך אשר יצר, וכן נט"י שחרית נוטל ואינו מברך, וגם ברכת התורה לא יברך, ויברך אחר הקבורה, **וכן** לא ילמוד ולא יאמר תהילים ולא שום תחנה ובקשה, וגם קדיש לא יאמר כיון שפטור מכל המצות, **ויש** שנהגו שאחרים אומרים תהילים והאונן אומר קדיש, ונראה שלא נכון לעשות כן – ערוה"ש›.

ולא ברכת המזון - (כתב בספר חכמת אדם, דאם אכל ונקבר המת ועדיין לא נתעכל המזון שבמעיו, צריך לברך בהמ"ז, ע"ש, וכ"כ הגאון מהר"י ז"ל מליסא בסדור תפלה שלו, **וכן** ראיתי בכתבי הרב הגדול מהר"ר דניאל זצ"ל, אך כתב דטוב שיאכל מעט קודם, **וכתב** עוד הגאון מהר"י ז"ל מליסא, וכן באשר יצר, אם עשה צרכיו בעודו אונן, חייב לברך אשר יצר אחר שנקבר המת, אפי' כל היום - פת"ש). ‹**ולענ"ד** לא נראה כן, דכיון שבשעת האכילה ועשיית צרכיו היה פטור, אינו חל עליו חיוב עוד, ואפילו להסוברים שצריך להבדיל, זהו מפני שזמן חיובה נמשכת עד יום ד', משא"כ באלו שהחיוב אינו אלא בשעת מעשה, וכן נ"ל עיקר לדינא – ערוה"ש›.

ואין מברכים עליו ולא מזמנין עליו, [טו]אפילו אם אוכל עם אחרים שמברכים, לא יענה אחריהם אמן.

ופטור מכל מצות האמורות בתורה - (עיין בתשובת ח"צ, דדוקא מצות עשה פטור, אבל מצות לא תעשה חייב כשאר אנשים, ע"ש. **ועיין** פרי מגדים באו"ח שכתב, דאונן בע"פ מחצות, עשה דתשביתו, או בחוה"מ לאו דבל יראה, אין מוזהר עליה כו', ע"ש, **ועיין** בספר חומות ירושלים מה שהשיג עליו - פת"ש).

[טז]**ואפילו אם אינו צריך לעסוק בצרכי המת, כגון שיש לו אחרים שעוסקים בשבילו** - ‹צריך ליזהר בכל זה, שאין הכל יודעין שיש לו עוסקין אחרים, ויודעים שזה קרובו, ויהיה גנאי למת אם יראו שלא יהא נזהר, ויאמרו אינו חושש במיתתו שאדם קל היה – לבוש›.

(**כתב** בספר חמודי דניאל כ"י, מי שמת לו מת ר"ל, והוא קודם התפלה, אם יש לו קוברין, אין להגיד לו כדי שיתפלל, **אך** אם מוטל עליו להתעסק, צריך להגיד לו - פת"ש).

[יז]**וי"א שאפילו אם ירצה להחמיר על עצמו לברך או לענות אמן אחר המברכין, אינו רשאי (ועיין באו"ח סי' ע"א)** – ‹אי משום כבוד של מת, אי משום שיהא פנוי לעסוק בצרכי המת – ערוה"ש›.

[יח]**ובשבת ויו"ט** - ‹שהכל יודעים שאינו טרוד בקבורתו – לבוש›, **אוכל בשר ושותה יין** - ‹ובסוגיא איתא: בשבת מסב ואוכל – רעק"א›.

(אם ירצה) (רבינו יונה פ' מי שמתו) - דכיון שהוא מתכוין למצוה, אם ירצה יאכל, ואם ירצה לא יאכל, שאינה חובה על האדם שיאכל בשר וישתה יין בשבת, שהרי אמרו עשה שבתך חול ואל תצטרך לבריות, הלכך בכל דבר שהוא מצוה, חייבים לעשותו בשבת, אבל זה רשות הוא, אם ירצה יאכל בשר וישתה יין, ואם לא ירצה יניח, עכ"ל תר"י, **ומשמע** דברכות ותפלה חייב בשבת וביו"ט, וכן נראה ממה שסדר הרב האי "אם ירצה" קודם "ומברך" - ש"ך.

‹**עיין** בתשו' ושב הכהן שהעלה, דקאי רק על שבת, אבל ביום טוב מחויב לאכול בשר, ועכ"פ לשתות יין, (כיון שהוא חייב מצד הדין לקיים מצות שמחה, גם אונן חייב, אם אינו רוצה לקברו). ואפילו בליל יום טוב האחרון, עיין שם – רעק"א›. ‹**ואפי'** בליל י"ט הראשון חייב כל אדם ג"כ בשמחה כמו בשאר ימי החג, ‹עיין שעה"צ סימן תקמ"ו ס"ק ט"ו›, ולכן גם אונן בליל ראשון כיון שאינו רוצה לקברו בלילה חייב בשמחה, ואינו רשאי להחמיר על עצמו, ע"ש - פת"ש).

ומברך, וחייב בכל המצות, [כ]חוץ מתשמיש המטה שאסור בו – ‹ומ"מ אסור בד"ת לדעת הי"א סעיף ה' בהגה, תפל"מ, וכ"כ בספר שמחת הנפש, שאין קורין אותו לעלות לתורה ואסור בד"ת – רעק"א›.

(**עיין** באו"ח סי' תרצ"ו ס"ז לענין מי שמת לו מת בפורים, אם מותר בבשר ויין, **ועיין** בתשו' ושב הכהן שהאריך בזה, והעלה שאונן אסור בבשר ויין בפורים, ע"ש - פת"ש).

סימן קצט ס"ה - [כא]**אונן בחול, שהוא פטור מלברך** - פי' כל זמן שמתו מוטל לפניו, כבסימן ע"א, **אין מזמנין עליו** - ואפי' להאומרים שאם רצה להחמיר ולענות ולברך הרשות בידו, [ומיירי בשיש לו מי שישתדל עבורו בצרכי הקבורה, אבל לא מסרו עדיין לכתפים], **מ"מ** כיון שהוא פטור אינו מצטרף, **ועיין** בסי' ע"א, לענין אם יש חבורה בעיר המיוחדים להוצאת המת ומסרהו להם.

ואפילו בדיעבד אם בירך להוציא לאחרים, לא מהני, דכל שהוא בעצמו פטור מן הדבר, אין יכול להוציא לאחרים.

---

§ מסכת ברכות דף יח. §

אות א'*[כב]

ובשבת מיסב ואוכל בשר ושותה יין, ומברך ומזמן וכו'

סימן עא ס"ב - [כג]**בד"א בחול, אבל בשבת חייב כל היום** - בכל הברכות ובכל המצות, זולת דברים שבצינעא, ומותר לילך לבית הכנסת.

באר הגולה

טז ירושלמי כתבוהו הרא"ש שם והרמב"ן בסת"ה | יז הרא"ש ושכן משמע בירושלמי | יח תוספות שם במו"ק בשם הירושלמי בעיא ולא איפשטא, וטור ושאר פוסקים | יט שם בברכות בברייתא: שבת, וכתב הרא"ש דה"ה ליו"ט | כ כת"ק דרשב"ג וכדמפרש בגמ' שם דף י"ח ע"א בברכות, וכן פסק הרי"ף שם והרמב"ם והרא"ש | כא ברכות י"ח ומו"ק כ"ג | כב ‹ע"פ הבאר הגולה› | כג בבלי שם ובמועד קטן כ"ג

ואין מברכין עליו ואין מזמנין עליו ופטור מקריאת שמע ומן התפלה ומן התפילין ומכל מצות האמורות בתורה ובשבת מיסב ואוכל בשר ושותה יין ומברך ומזמן ומברכין עליו ומזמנין עליו וחייב בכל המצות האמורות בתורה *רשב"ג אומר מתוך שנתחייב באלו נתחייב בכולן וא"ר יוחנן מאי בינייהו תשמיש המטה איכא בינייהו קתני מיהת פטור מקריאת שמע ומן התפלה ומן התפילין ומכל מצות האמורות בתורה אמר רב פפא תרגמא אמחזיר פניו ואוכל רב אשי אמר כיון שמוטל עליו לקוברו כמוטל לפניו דמי שנאמר °ויקם אברהם מעל פני מתו ונאמר ואקברה מתי מלפני כל זמן שמוטל עליו לקוברו כמוטל לפניו דמי מתו אין אבל משמרו לא והתניא המשמר את המת אע"פ שאינו מתו פטור מק"ש ומן התפלה ומן התפילין ומכל מצות האמורות בתורה משמרו אע"פ שאינו מתו מתו אע"פ שאינו משמרו מתו ומשמרו אין אבל מהלך בבית הקברות לא והתניא *לא יהלך אדם בבית הקברות ותפילין בראשו וספר תורה בזרועו וקורא ואם עושה כן עובר משום °לועג לרש חרף עושהו התם תוך ארבע [אמות] הוא דאסור חוץ לארבע אמות חייב דאמר מר *מת תופס ד' אמות לק"ש הכא חוץ לד' אמות נמי פטור: גופא °המשמר את המת אע"פ שאינו מתו פטור מקריאת שמע ומן התפלה ומן התפילין ומכל מצות האמורות בתורה היו שנים זה משמר וזה קורא וזה משמר וזה קורא בן עזאי אומר היו באים בספינה מניחו בזוית זו ומתפללין שניהם בזוית אחרת מאי בינייהו אמר רבינא חוששין לעכברים איכא בינייהו מר סבר חיישינן ומר סבר לא חיישינן: ת"ר °המוליך עצמות ממקום למקום הרי זה לא יתנם בדסקיא ויתנם על גבי חמור וירכב עליהם מפני שנוהג בהם מנהג בזיון ואם היה מתירא מפני נכרים ומפני לסטים מותר וכדרך שאמרו בעצמות כך אמרו [ו] בספר תורה אהייא אילימא ארישא פשיטא מי גרע ספר תורה מעצמות אלא אסיפא: אמר רחבה *אמר רב יהודה °כל הרואה המת ואינו מלוהו עובר משום לועג לרש חרף עושהו ואם הלוהו מה שכרו אמר רב אסי עליו הכתוב אומר °מלוה ה' חונן דל °ומכבדו חונן אביון: רבי חייא ורבי יונתן הוו שקלי ואזלי בבית הקברות הוה קשדיא תכלתא דרבי יונתן אמר ליה רבי חייא [ז] דלייה כדי שלא יאמרו למחר באין אצלנו ועכשיו *מחרפין אותנו אמר ליה ומי ידעי כולי האי והא כתיב °והמתים אינם יודעים מאומה אמר ליה *אם קרית לא שנית אם שנית לא שלשת אם שלשת לא פירשו לך °כי החיים יודעים שימותו אלו צדיקים שבמיתתן נקראו חיים שנאמר °ובניהו בן יהוידע בן איש חי רב פעלים מקבצאל הוא הכה את שני אריאל מואב והוא ירד והכה את הארי בתוך הבור ביום השלג

בן

רש"י

ואין מברכין עליו. אין צריך שיברכו לו אחרים בברכת הלחם: ואין מזמנין עליו. אין מצטרף עם שלשה לזימון: תשמיש המטה איכא בינייהו. לר"ש חייב אבל בעונה בשבת: קתני מיהא פטור מק"ש ומכל ברכות. ואפילו כשהוא אוכל בבית חבירו: תרגמא. להא דתני פטור אמי שאין לו בית אחר דקאמר מחזיר פניו ואוכל: רב אשי אמר. לעולם אכולה ומתניתין נמי אפילו בבית אחר נמי פטר ליה דכל שמוטל עליו לקוברו קרי מוטל לפניו: ויקם אברהם וגו' וכתיב ואקברה מתי מלפני. והיא שעתא לאו לפניו הוה: משמרו. אדם אחר שאינו קרובו אלא משמרו: תופס ד' אמות לק"ש. שאסור לקרות בתוך ארבע אמות שלו משום לועג לרש: פטור מק"ש. משום דעוסק במצוה: חוששין לעכברים. תנא קמא חייש לעכברים אפי' בספינה: דסקיא. מרצוף גדול של עור: ואם היה מתירא. וצריך לרכוב על הסוס ולרוץ: אלא אסיפא. אם היה מתירא רוכב: מלוה ה' חונן דל. קרי ביה מלוה את המקום מי שחונן את הדל ואין לך דל מן המת והמלוה אותו כאלו מלוה את המקום: דלייה. הגביהנו: לא שנית. לא חזרת עליו פעם שניה כדי שתתבונן בו: אלו צדיקים. ומאי יודעים שימותו נותנים אל לבם יום המיתה ומושכים ידיהם מן העבירה ורשעים אינם יודעים מאומה שעושים עצמם כאינם יודעים וחוטאים: הוא הכה. השפיל את השנים של דורות משני מקדשים שלא היה בהם כמותו: אריאל. זה בית המקדש שנא' הוי אריאל אריאל קרית חנה דוד (ישעיה כט): מואב. על שם שבנאו דוד דאתי מרות המואביה:

תוספות

והתניא פטור מתקיעת שופר הית לך למימר בחול ולא בי"ט בתמיה ומשני א"ר חנינא מכיון שהוא זקוק להכין לו ארון ותכריכין כדתנן (שבת קנא.) מחשיכין על התחום להביא לו ארון ותכריכין כמו שהוא טעה משלו דמי אלמא משמע דבשבתות וי"ט אינו רשאי לברך ולהתפלל דטרוד להחשיך לו על התחום להביא ארון ותכריכין וקשיא מסיפא דקתני בשבת מברכין עליו ומזמנין עליו וכן תניא נמי בירושלמי בד"א בחול אבל בשבת מיסב ואוכל ומברך ועונים אחריו אמן. ואומר הר"י דפליגי אהדדי רישא וסיפא בירושלמי. ורבי נתנאל היה אומר דאפשר ליישב דודאי אם דעתו להחשיך על התחום או יש לנו לומר דטרוד להחשיך ואינו רשאי לברך אבל בסיפא מיירי בשאין דעתו להחשיך על התחום ומיהו הא' טעמא לא שייך לטעמא דמשום כבודו. ומן הירושלמי דמשני דפטור מנטילת לולב דמיירי בחול המועד דטרוד לישא משאו למדנו שבחול המועד שייך אנינות כשמתו מוטל לפניו וכיון דכשמוטל לפניו שייך אנינות כי מוטל עליו לקוברו כמוטל לפניו דמי וכן איפכא מי שמתו מוטל לפניו ואין עליו לקוברו אינו נוהג אנינות וכן משמע בירושלמי נמסר לרבים אוכל בשר ושותה יין נמסר לכתפים כנמסר לרבים ועל כרחך נמסר לרבים ר"ל אפי' לפניו דאי שלא לפניו תיפוק ליה שמיד חל עליו אבלות משיצא מפתח ביתו וכיון דלא חל עליה אנינות א"כ אדם שאינו יכול לקבור מתו כגון אדם שמת בבית האסורים ואין המושל מניחו לקוברו נראה שאין חייב לנהוג בו אנינות שהרי אין זה מוטל עליו לקברו מפני שאינו יכול לפדותו ולהוציאו לקברו כדתניא במסכת שמחות (פ"ב) נתיאשו בעליו מלקוברו מתאבלין עליו ופסיק מיניה תורת אנינות מיהו באותו שתפסו מושל גם אבילות אינו חייב דלא דמי לנתיאשו מלקוברו(א) שהם אינו קוברו הו אבל הכא עדיין הוא מצפה אם יוכל לעשות פשרה עם המושל להניחו לקברו וכן מעשה דר' אליעזר בר"ש בבבא מציעא (דף פד:) דפסק הלכות אנינות ומעשה שמתה אחותו של ר"ת בשבת והודיעו לו במוצאי שבת בעיר אחרת ואכל בשר ושתה יין ואמר כיון שיש לה בעל שחייב בקבורתה אינו אסור בבשר ויין ואפשר שגם ר"ת אם היה בעיר עצמו היה מיקל מאותו הטעם: **וספר** תורה בזרועו וקורא. והוא הדין דעל פה אסור לקרות: **וירכב** עליהם. אבל אי מפשילן לאחוריו על החמור שפיר דמי וכן בס"ת ואפילו אם בדעתך לאסור ס"ת אבל בנביאים וכתובים שפיר דמי *מדנקט ס"ת ולא מסתבר לומר משום שריותא דנכרים ולסטים דהא פשיטא דמותר דלמה יהיה אסור ועוד דבהדיא אמר בירושלמי דסקיא מלאה ספרים או שהיו בה עצמות של מת הרי זה מפשילן לאחוריו ורוכב עליו*: **אלא** אסיפא משום לסטים מותר לרכוב עליהם. וה"ה לאחוריו מותר אפילו בלא לסטים: **למחר** באין אצלנו ועכשיו מחרפין אותנו. ותימה והא אמרי' בפ' התכלת (מנחות דף מא.) ההיא שעתא ודאי רמינן ליה פי' נותנין ציצית בטליתותיהן (ב) משום לועג לרש וי"ל דה"פ הכא דמביישין אותם במה שהחיים מלווים והמתים אינם מלווים וגדול המלווה וכו' (ג) וההיא דהתכלת היינו דרמו חוטים למתים ועכשיו אנו מסלקין אותן *ומאי שנא אומר ר"ת דוקא הם שהיו רגילים כולם בחייהם ללבוש טלית בד' כנפות וללבוש ציצית וגם לכל העוסקים בהם יש להם ציצית והוה לועג לרש אם לא היה להם ציצית או משום דכתיב לדורותם לדור תם אבל אנו שגם בחיינו אין מנהגינו ללבוש תמיד ציצית אי הוי רמינן להו הוי כמו לועג לרש וכ"ש גנאי לאותם שהיה להם בחייהם א"כ יהיה לועג לרש לאחרים ועוד א"ר ת שמע מאנשי לותי"ר (ד) דמסירים הציצית דציצית עולה למנין תרי"ג עם ח' חוטין וחמשה קשרים ואם לובש ציצית נראה כאלו קיים כל התורה ומיחזי כשיקרא וזה לא נהירא דגם חיים עתה למה לובשים הלא לא קיימו כל התורה כולה ומיהו י"ל דאנו סומכים על מסכת שמחות (פי"ב) שצוה אבא שאול לבניו הטילו תכלת מאפיליוני ואע"פ שהגמרא חולק עליו יש דברים שאנו מניחין הגמ' שלנו ואנו עושין כספרים החיצונים כמו מחזון ישעיהו כפסיקתא וכמו ויחל שיש בגמ' (מגילה דף לא.) דבתענית קורין ברכות וקללות ובמס' סופרים (פי"ז) מפרש ויחל והרי"צב"א היה רגיל שלא להסירם מן הכנף אלא לקושרם ולהדקם בתוך הכנף לאפוקי נפשיה מפלוגתא אם הם חייבין בציצית יש להם ציצית ואם לאו הרי הם מכוסין*: **שני** אריאל מואב. על שם דוד ושלמה שבנו את הבית ובאו מרות המואביה:

בן

עין משפט נר מצוה

ח א מיי' פ"ד מהלכות תפילין הלכה כג ופי"ד מהלכות אבל הלכה יג [ופי"ג מהל' כלים הלכה ו] סמ"ג עשין כב טוש"ע או"ח סימן עה סעיף א וסימן עא סעיף ו [וטור ש"ע יו"ד סימן רפב סעיף ד וסי' שסז סעיף ב ג]:

ו ב מיי' פ"ד מהלכות ק"ש הלכה ג טוש"ע או"ח סימן עא סעיף ג ד וביו"ד סימן שמא סעיף ו':

ז ג מיי' פי"ד מהלכות אבל הלכה י"ד סמג עשין ב טור ש"ע יו"ד סימן תג סעיף יד: [ד מיי' פ"י מהל' ס"ת הלכה יא טוש"ע יו"ד סי' רפב סעיף ג']:

ח ד (מיי' וסמג שם) טור ש"ע יו"ד סימן שסא סעיף ג [הטוש"ע או"ח סי' כג סעיף א' וביו"ד סי' שסז סעיף ד']:

רב נסים גאון

פרק ג

דאמר מר מת תופש ד' אמות לקרית שמע. עיקרה במסכתא סוטה בפרק משוח מלחמה (דף מג) כי אתא רב דימי אמר ר' יוחנן משום ר' אליעזר בן יעקב מת תופש ד' אמות לקרית שמע דכתיב (משלי יז) לועג לרש חרף עושהו:

מסורת הש"ס

[כמ"ק איתא רבן גמליאל וכן איתא בשמחות]

הגהות הב"ח

(א) תוס' ד"ה מברך וכו' לנתייאשו מלקוברו ששוב אינו קוברו אבל: (ב) תוס' ד"ה למחר וכו' ציצית בטליתותיהן וליכא משום לועג. [ע"ש במנחות ותרא"ם דהגהה צ"ע]: (ג) בא"ד וגדול המלוה וכו' וקשה מההיא דהתכלת: (ד) בא"ד מאנשי לותי"ר כא דמסירים הציצית משום דציצית עולה:

[א]עד הערב, אם מחשיך על התחום להתעסק בצרכי קבורה - וה"ה במקום שצריך להושיב גבאים לאחר מנחה, להשוות בעד מקום קבורה, או לעסוק בשאר צרכי המת.

אבל אם אינו מחשיך על התחום, חייב גם לעת ערב - כתב הט"ז, כיון שיש עליו חיוב בעת ההיא, יש לו לקרות ק"ש של ערבית בעוד יום, אע"פ שאין הקהל קורין ק"ש אלא בלילה, מ"מ זה שיהיה פטור בלילה לא יבטל ממנו עול מלכות שמים, **אבל** ממ"א משמע וכ"כ א"ר, דלא יקרא ק"ש וברכות מבעוד יום, וכ"ש שלא יתפלל תפלת י"ח, ‹דכיון שרוצה להתפלל ערבית תפלת חול, א"כ חול הוא אצלו וחל עליו אנינות, ואונן פטור להתפלל – באה"ט›, **ונראה** דיקרא ק"ש בלא ברכות, ובמו"ש יאכל בלא הבדלה, ולא יתפלל, ולאחר שיקבר המת יבדיל, אפי' עד סוף יום ג'.

[ב]ויו"ט שני דינו כחול - ואפילו אינו רוצה לקברו, מ"מ חל עליו כל דיני אנינות, **ודוקא** כשיכול לקברו אלא שהוא אינו רוצה, אבל אם א"א לקברו מחמת איד עו"ג, או אונס אחר, לא חל עליו אנינות. **(ועיין סי' תקמ"ח סעיף כ').**

וכתב בחכמת אדם, דאם מת לו מת ביו"ט בשחרית בשעת תפלה, במקום שהמנהג להושיב גבאים, ולא יכול לקבצם עד אחר התפלה, לא חל עליו אז אנינות, וחייב להתפלל, דהוי כמו אונס, **וכן** בליל יו"ט, אפי' של יו"ט שני, הסכימו רוב האחרונים דיקדש ויתפלל הכל, ואין בו דין אונן, מטעם שאין דרך לקבור בלילה, ומותר בכל חוץ מלימוד תורה, מפני שהוא משמח.

וכ"ז לענין יו"ט, אבל לענין חול בין בלילה בין ביום, אפילו אם יש איזה מניעה מן הגבאים שאין מתקבצין, אפ"ה חל אנינות.

מי שהתחיל להתפלל או לקרות שמע, ונעשה אונן פתאום, או יגמור או יפסיק, יש דיעות בזה.

ויו"ט ראשון, אם רוצה לקוברו בו ביום ע"י עובדי כוכבים, דינו כחול; ואם אינו רוצה לקוברו בו ביום, דינו כשבת.

אות א'

לא יהלך אדם בבית הקברות ותפילין בראשו וספר תורה בזרועו וקורא

סימן מה ס"א - [ג]אסור לכנס בבית הקברות או בתוך ד' אמות של מת, ותפילין בראשו, משום לועג לרש - ואפילו תוך ד"א של מקום התחלת הקברים ג"כ אסור, אי ליכא מחיצה מפסקת ביניהם, **והא** דלא עירב ביחד ויאמר: אסור לילך תוך ד"א של קבר או של מת, דעת המ"א, דבא לרמז דממקום בה"ק ולפנים אסור אפי' רחוק ד"א מן הקבר, **ויש** מקילין בזה, **ועיין** בבה"ל, דבאמצע בה"ק שיש קברים סביב, נראה דיש להחמיר אפילו רחוק ד"א מן הקבר, **משא"כ** בסוף בה"ק דאין שם קברים, רק דהוקצה הקרקע לקברים, אין להחמיר מדינא ברחוק ד"א מן הקבר, **ואעפ"כ** נכון שלא יכנוס כלל בתפילין שבראשו כל שהוא לפנים ממחיצת בה"ק, שמא יתקרב בתוך ד"א של איזה קבר בלי דעת.

וכתב העט"ז, דכל אותו חדר שהמת מונח בו, חשוב כד"א של מת, **ומג"ג** חולק עליו, וכתב דאינו תופס רק ד"א.

ואפילו קבר של קטן שעדיין לא הגיע לכלל מצות, אפ"ה אין לכנוס שם בתפילין בראשו, משום לועג לרש.

[ד]ואם הם מכוסים, מותר - וצריך שגם הרצועות תהיינה מכוסות, **לפיכך** אע"פ שמותר לכנוס בתש"י לבדה הואיל והוא מכוסה, צריך ליזהר ברצועה שעל אצבעו שתהיה ג"כ מכוסה.

סימן עא ס"ז - [ה]אסור לקרות ק"ש תוך ארבע אמות של מת, או בבית הקברות - וה"ה לומר קדיש ושאר דברי קדושה, והטעם משום לועג לרש. **עיין** לעיל בסי' מ"ה במ"ב, מה שכתבתי שם לענין לכנוס בתוכו בתפילין, וה"ה לענין זה.

[ו]ואם קרא, לא יצא - קנסוהו חכמים הואיל ועבר על דבריהם, אפילו היה שוגג, **והראב"ד** חולק, וסבירא ליה דאין צריך לחזור ולקרות, כיון דהמקום ההוא היה ראוי לקרות בו, ורק משום "לועג לרש", יצא בדיעבד, **ולדינא**, לענין קריאת שמע הסכימו האחרונים, לחוש לדברי הרמב"ם לחזור ולקרות, **אבל** אם בירך או התפלל, אינו חוזר, **ולענין** ברכות ק"ש מסתפק הפמ"ג, עי"ש טעמו, ‹דדלמא כל שקורא, חוזר וקורא בברכות, דהכי תקנו – שם›.

יו"ד סימן רפב ס"ד - [ז]לא יאחוז אדם ס"ת ויכנס בו לבית הכסא או לבית המרחץ, [ח]או לבית הקברות - משום לועג לרש, היינו המתים - ש"ך, **אע"פ שכרוך במטפחת ונתון בתיק שלו** - ‹כיון דאחיזתה מצוה היא, יש בה משום לועג לרש – לבוש›.

‹**ואפילו** כשיחזור וילך מהם, לא יוציא מן התיק, וכל שכן שלא יקרא... – לבוש›

[ט]ולא יקרא בו עד שירחיק ד' אמות מהמת או מבית הקברות או [י]מבית הכסא - ‹ממקום שכלה הריח – ערוה"ש›.

[בסימן שס"ז כתב, דאפילו בעל פה אסור לקרות שם. **ומבואר** כאן דאחיזה לחוד יש איסור בבה"ק עצמו, ‹ולא תוך ד"א›, ‹וע"ל בסי' שס"ז ס"ג, לא משמע כן – פת"ש›, וקריאה לחוד אסור אפילו תוך ד' אמות – ט"ז].

יו"ד שסז ס"ב - [יא]לא יהלך בבית הקברות או בתוך ד' אמות של מת ותפילין בראשו, משום לועג לרש, ואם הם מכוסים, מותר.

באר הגולה

[א] שם בתוס' והרא"ש שם במ"ק [ב] שם [ג] ברכות י"ח [ד] ב"י וכן מצא בתשובת רשב"א [ה] ברכות י"ח וסוטה מ"ב [ו] רמב"ם [ז] שם ה"ו מברייתא וכתבו לו ס"ת וכו' סנהדרין כ"א ע"ב [ח] מברייתא ברכות דף י"ח ע"א, וכפי פירושו דתרתי קתני, אוחז אע"פ שאינו קורא, כיון דמצוה היא, או קורא אע"פ שאינו אוחז, איכא לועג לרש [ט] שם בגמ' [י] רמב"ם שם, וכתב הכסף משנה שטעמא דמסתבר הוא [יא] ברייתא ברכות דף י"ח ע"א

יו"ד שסז ס"ג - [יב]**לא יהלך בבית הקברות או בתוך ד' אמות של מת או של קבר וספר תורה בזרועו ויקרא בו או יתפלל,** [יג]**והוא הדין על פה אסור לקרות, אלא אם כן לכבוד המת, כמו שנתבאר. (וע"ל סימן שד"מ סעיף ט"ז).**

‹**עיין** בתשו' מהריט"ץ שכתב, דהא דאסור לקרות ולהניח תפילין תוך ד"א של מת, היינו מי שהיה חייב במצות אלו בעת שהיה בחיים, ואחר מיתתו נעשה חפשי מן מצות אלו, הוי לועג לרש, **אבל** אשה וקטן שפטורים בחייהם, אין זה לועג לרש, ע"ש, **ועיין** בצל"ח דפשיטא ליה דגם במת קטן ואשה הוי לועג לרש, ע"ש - פת"ש›.

‹**עיין** בתשו' נו"ב, שנשאל אם הולכים בעת צרה להתפלל על קברי צדיקים, אם נכון ליקח עמהם ס"ת לבית הקברות, **והשיב** דמדברי התלמוד והפוסקים [יד]אין מפורש אם באחיזה לחוד יש גם כן איסור, ‹**ואין** זה דומה לתפילין וציצית, שהם מצות שהאדם חייב בהם ואיכא לועג לרש, אבל לישא ס"ת בידיו אין זה מן המצות, ולמה יתראה כלועג לרש - ערוה"ש›, **אלא** שלשונו של הרמב"ם בהלכות ס"ת משמע לאיסור, ‹**שזהו** כאומר: אני אוחז הס"ת ולא אתה, ולא דמי לציצית שיתבאר דכשאינו נגרר על הארץ מותר, דשאני ס"ת שבה כתובים כל המצות - ערוה"ש›, **ועכ"פ** חלילה לעשות כן, דמבואר בזוהר פרשת אחרי, שאם ח"ו הספר ההוא חסר אות אחת, גורמים רעה גדולה ח"ו, וא"כ הרי אין לנו ס"ת שיהא בדוק בחסרות ויתרות, ע"ש - פת"ש›.

[טו]**סימן כג ס"ג -** [טז]**הנכנס תוך ד' אמות של מת או של קבר, דינו כנכנס לבית הקברות** - ואפילו בקבר של קטן יש להחמיר משום לועג לרש, דשמא נשמת אדם גדול הוא, **אבל** בקבר אשה, דבחייה ג"כ פטורה, ליכא משום לועג לרש.

אות א'** [יז]

מת תופס ארבע אמות לקריאת שמע

סימן עא ס"ז - עיין לעיל אות א'.

יו"ד שסז ס"ג - עיין לעיל אות א'.

יו"ד שסז ס"ו - [יח]**כיון שהרחיק ד' אמות, קורא ומתפלל, ואפילו רואה הקבר או בית הקברות. ואם יש שם מחיצה, מותר אחר המחיצה, סמוך אפי' תוך ד' אמות לקבר.**

‹**וגם** באמירת קדיש יש להרחיק ד' אמות מהקברים, **ותחינות** נוהגין לומר על הקברים, אף שיש בהם פסוקים, מפני שאומרים זה לכבוד המתים, **וגם** נהגו לומר תהילים אצל מת בעת שכיבתו על הארץ, מפני שעושין זה לכבודו ולתקון נשמתו, וקשה לבטל המנהג, **ומותר** לומר צדוק הדין סמוך לקבר - ערוה"ש›.

אות ב'

המשמר את המת אע"פ שאינו מתו, פטור מק"ש ומן התפלה ומן התפילין ומכל מצות האמורות בתורה. היו שנים, זה משמר וזה קורא, וזה משמר וזה קורא

סימן עא ס"ג - [יט]**המשמר את המת, אפילו אינו מתו, פטור** - מק"ש ותפלה וכל המצות, מפני שהוא עוסק במצוה, ששומרו מן העכברים, ואפילו בספינה חיישינן לעכברים, גמרא, **ואינו** רשאי אז להחמיר על עצמו, ואפילו הוא יושב חוץ לד"א.

סימן עא ס"ד - [כ]**היו שנים משמרים, זה משמר וזה קורא, ואח"כ משמר זה וקורא זה.**

יו"ד סימן שמא ס"ו - [כא]**המשמר את המת, אפילו שאינו מתו, פטור מקריאת שמע ומכל מצות האמורות בתורה** - דעוסק במצוה הוא, ופטור משאר המצות - ש"ך, **היו שנים, זה משמר וזה קורא.**

אות ג'

המוליך עצמות ממקום למקום, הרי זה לא יתנם בדסקיא ויתנם על גבי חמור וירכב עליהם, מפני שנוהג בהם מנהג בזיון; ואם היה מתירא מפני נכרים ומפני לסטים, מותר

יו"ד סימן תג ס"י - [כב]**המוליך עצמות ממקום למקום, הרי זה לא יתנם בשק או בדסקיא ויניחם על החמור וירכב עליהם, מפני שנוהג בהם מנהג בזיון** - עיין לעיל סי' רפ"ב סעיף ג' - ש"ך, [כג]**אבל אם מפשילו לאחוריו על החמור, שפיר דמי** - ‹וכן כשיושב בקרון לא ישב על הנוצאות, אלא מניחן בקרון מן הצד - ערוה"ש›. **ואם היה מתירא מפני הגנבים והלסטים, מותר.**

‹המשך ההלכות מול עמוד ב'›

באר הגולה

[יב] **שם בברייתא** [יג] **שם בתוספות** [יד] ‹הנה לשון הגמרא במס' ברכות דף י"ח. לא יהלך אדם בבה"ק ותפילין בראשו וספר תורה בזרועו ויקרא בו. משמעות דברים הללו, שלא יהלך עם ספר תורה ויקרא בו, שזה הוא משום לועג לרש, אבל האחיזה בלחוד, מה לועג לרש יש בו. וכן פירש הכ"מ בפי"ד מהלכות אבילות הלכה י"ג. **ואמנם** בפרק יו"ד מהלכות ס"ת הלכה וי"ו, פירש הכסף משנה דעת הרמב"ם להיפך, דברייתא מילי מילי קתני, הן הקריאה לחוד בלא אחיזת ספר תורה בידו, והן האחיזה לחוד, תרוייהו יש בהו משום לועג לרש. **ודברי** הטור בסי' רפ"ב ובסי' שס"ז ג"כ אינן בסגנון אחד, וכבר הרגיש בזה הלח"מ בהלכות אבל. **ודברי** השלחן ערוך ביו"ד סימן שס"ז ס"ב מורים כדבריו בכ"מ בהלכות אבל. **אמנם** בסימן רפ"ב ס"ד מורים כדבריו בכ"מ בהלכות ספר תורה, שכל אחד לחוד יש בו משום לועג לרש, וכן כתב שם הט"ז בס"ק ג', שבבית הקברות עצמו גם האחיזה לחוד אסור. **והרי** שמדברי התלמוד והפוסקים אין שום צד מפורש, לא האיסור ולא ההיתר - נו"ב› [טו] ‹ע"פ הבאר הגולה› [טז] **ב"י מההיא דברכות** ‹הא דתניא לא יהלך אדם בבית הקברות ותפילין בראשו וכו', דוקא תוך ארבע אמות הוא דאסיר, אבל חוץ לארבע אמות שרי, ומשמע בגמרא דבית הקברות לאו דוקא, דאפילו חוץ לבית הקברות תוך ארבע אמות של מת אסור - ב"י› [יז] ‹ע"פ מהדורת נהרדעא› [יח] **הרשב"א בתשובה** [יט] **ברכות י"ח** [כ] **שם** [כא] **ברייתא שם בברכות דף י"ח.** [כב] **ברייתא ברכות דף י"ח ע"א** [כג] **הרא"ש שם**

בן איש חי אטו כולי עלמא בני מתי נינהו אלא בן איש חי שאפי' במיתתו קרוי חי רב פעלים מקבצאל שריבה וקבץ פועלים לתורה והוא הכה את שני אריאל מואב שלא הניח כמותו לא במקדש ראשון ולא במקדש שני והוא ירד והכה את הארי בתוך הבור ביום השלג איכא דאמרי דתבר גזיזי דברדא ונחת *וטבל איכא דאמרי דתנא סיפרא דבי רב ביומא דסיתוא. והמתים אינם יודעים מאומה אלו רשעים שבחייהן קרויין מתים שנאמר °ואתה חלל רשע נשיא ישראל ואי בעית אימא מהכא °על פי שנים עדים או (על פי) שלשה עדים יומת המת חי הוא אלא המת מעיקרא: *בני ר' חייא נפוק לקרייתא אייקר להו תלמודייהו הוו קא מצערי לאדכוריה א"ל חד לחבריה ידע אבון בהאי צערא א"ל אידך מנא ידע והא כתיב °יכבדו בניו ולא ידע א"ל אידך ולא ידע והא כתיב °אך בשרו עליו יכאב ונפשו עליו תאבל ואמר רבי יצחק *קשה רמה למת *כמחט בבשר החי אמרי בצערא דידהו ידעי בצערא דאחרינא לא ידעי ולא והתניא *מעשה בחסיד אחד שנתן דינר לעני בערב ר"ה בשני בצורת והקניטתו אשתו והלך ולן בבית הקברות ושמע שתי רוחות שמספרות זו לזו אמרה חדא לחברתה חברתי בואי ונשוט בעולם ונשמע מאחורי הפרגוד מה פורענות בא לעולם אמרה לה חברתה איני יכולה שאני קבורה במחצלת של קנים אלא לכי את ומה שאת שומעת אמרי לי הלכה היא ושטה ובאה ואמרה לה חברתה חברתי מה שמעת מאחורי הפרגוד אמרה לה שמעתי שכל הזורע ברביעה ראשונה ברד מלקה אותו הלך הוא וזרע ברביעה שניה של כל העולם כולו לקה שלו לא לקה לשנה האחרת הלך ולן בבית הקברות ושמע אותן שתי רוחות שמספרות זו עם זו אמרה חדא לחברתה בואי ונשוט בעולם ונשמע מאחורי הפרגוד מה פורענות בא לעולם אמרה לה חברתי לא כך אמרתי לך איני יכולה שאני קבורה במחצלת של קנים אלא לכי את ומה שאת שומעת בואי ואמרי לי הלכה ושטה ובאה ואמרה לה חברתה חברתי מה שמעת מאחורי הפרגוד אמרה לה שמעתי שכל הזורע ברביעה שניה שדפון מלקה אותו הלך וזרע ברביעה ראשונה של כל העולם כולו נשדף ושלו לא נשדף אמרה לו אשתו מפני מה *אשתקד של כל העולם כולו לקה ושלך לא לקה ועכשיו של כל העולם כולו נשדף ושלך לא נשדף סח לה כל הדברים הללו אמרו לא היו ימים מועטים עד שנפלה קטטה בין אשתו של אותו חסיד ובין אמה של אותה ריבה אמרה לה לכי ואראך בתך שהיא קבורה במחצלת של קנים לשנה האחרת הלך ולן בבית הקברות ושמע אותן רוחות שמספרות זו עם זו אמרה לה חברתי בואי ונשוט בעולם ונשמע מאחורי הפרגוד מה פורענות בא לעולם אמרה לה חברתי הניחני דברים שביני לבינך כבר נשמעו בין החיים אלמא ידעי דילמא איניש אחרינא שכיב ואזיל ואמר להו ת"ש דזעירי הוה מפקיד זוזי גבי אושפיזכתיה עד דאתי ואזיל לבי רב שכיבה אזל בתרה לחצר מות אמר לה זוזי היכא אמרה ליה זיל שקלינהו מתותי *בצנורא דדשא בדוך פלן ואימא לה לאימא תשדר לי מסרקאי וגובתאי דכוחלא בהדי פלניתא דאתיא למחר אלמא ידעי [דלמא] דומה קדים ומכריז להו ת"ש דאבוה דשמואל הוו קא מפקדי גביה זוזי דיתמי כי נח נפשיה לא הוה שמואל גביה הוו קא קרו ליה בר אכיל זוזי דיתמי אזל אבתריה לחצר מות אמר להו בעינא אבא אמרו ליה אבא טובא איכא הכא אמר להו בעינא אבא בר אבא אמרו ליה אבא בר אבא נמי טובא איכא הכא אמר להו בעינא אבא בר אבא אבוה דשמואל היכא אמרו ליה סליק למתיבתא דרקיעא אדהכי חזייה ללוי דיתיב אבראי אמר ליה אמאי יתבת אבראי מאי טעמא לא סלקת אמר ליה דאמרי לי כל כי הנך שני דלא סליקת למתיבתא דרבי אפס ואחלישתיה לדעתיה לא מעיילינן לך למתיבתא דרקיעא אדהכי והכי אתא אבוה חזייה דהוה קא בכי ואחיך אמר ליה מאי טעמא קא בכית אמר ליה דלעגל קא אתית מאי טעמא אחיכת דחשיבת בהאי עלמא טובא אמר ליה אי חשיבנא נעיילוה ללוי ועיילוהו ללוי אמר ליה זוזי דיתמי היכא אמר ליה זיל שקלינהו באמתא דרחיא עילאי ותתאי דידן ומיצעי דיתמי אמר ליה מאי טעמא עבדת הכי אמר ליה אי גנובי גנבי מגנבו מדידן אי אכלה ארעא אכלה מדידן אלמא דידעי דילמא שאני שמואל כיון דחשיב קדמי ומכרזי *פנו מקום •ואף ר' יונתן הדר ביה דאמר רבי שמואל בר נחמני אמר ר' יונתן מנין למתים שמספרים זה עם זה שנאמר °ויאמר ה' אליו זאת הארץ אשר נשבעתי לאברהם ליצחק וליעקב לאמר מאי לאמר אמר הקדוש ברוך הוא למשה לך אמור להם לאברהם ליצחק וליעקב שבועה שנשבעתי לכם כבר קיימתיה לבניכם

ואי

רש"י

גזיזי דברדא. חתיכות של ברד והקרח שקורין גלאצ"א בלע"ז והיינו ביום השלג: ונחת וטבל *לקריו. *כדי לעסוק בתורה: דתנא סיפרא דבי רב. תורת כהנים: חלל רשע. על צדקיהו הוא אומר ועדיין בימי יחזקאל חי היה וקורהו חלל: לקריתא. להתעסק בעבודת אחוזתם: אייקר תלמודייהו. אשכחת תלמודם מגרסתם. אייקר הוכבד עליהם מחמת שכחה: לצערא דידהו. לצער גופם ממש כגון עקיצת הרימה: שתי רוחות. של שתי ילדות מתות: ונשמע. ונדע (א) מה גזרו היום פורענות בעולם. שהעולם נדון בר"ה: הפרגוד. מחילה המבדלת בין מקום השכינה: ברביעה ראשונה. יורה. שלש רביעיות הן בכירה שניה ושלישית ראשונה בי"ז במרחשון שניה בכ"ג שלישית בר"ח כסליו: ברד מלקה אותו. שעתיד ברד ליפול סמוך לרביעה *ראשונה ומה שנזרע כבר הוקשה והברד שוברו והנזרע בשניה עדיין רך הוא ואינו נשבר בשביל הברד כענין שנאמר והפשתה והשעורה נכתה והחטה והכוסמת לא נכו (שמות ט): שדפון. מלקה הרך ואינו משדף הקשה: אלמא ידעי. דברים האמורים בין החיים: לחצר מות. לבית הקברות: בצנורא דדשא. בחור מפתן הבית שהדלת סובב בו: מסרקאי. מסרק שלי: גובתא. קנה ובשביל שמתה ילדה אמרה כן לעגמת נפש: בהדי פלניתא דאתיא למחר. לקבורה: אלמא ידעי. מה שעושין שידעה זו שזו גוססת ונטויה למות: דלמא דומה. מלאך שהוא ממונה על המתים קדים ומכריז להו עכשיו יבא פלוני אבל שאר דברי החיים אינם יודעים: בעינא אבא. מבקש אני את אבא כך היה שמו: א"ל. המתים נגלו לו כאילו הם חוץ מקבריהם ויושבים בעגולה: חזייה. שמואל ללוי *חברו שהיה יושב חוץ לישיבה של שאר מתים: כל כי הנך שני. מספר השנים שלא נכנסת בישיבתו של רבי אפס במס' כתובות בפרק הנושא את האשה (דף קג:): חזייה. שמואל לאבוה דקא בכי וחייך: דלעגל אתית. במהרה תקבר: באמתא דרחיא. כל בנין מושב הרחיים קרוי אמת הרחיים: אלמא ידעי. מי חשוב בין החיים: זאת הארץ. במיתת משה כתיב:

תוספות

בן איש חי אטו כולי עלמא. בספרים מדויקים כתיב חי וקרינן חיל ומן הכתיב דייק הכי שלא כתיב חיל אלא חי: סיפרא דבי רב. מהאי דריש שהוא חמור שבספרים: בתוך הבור. שהוא באמצע הספרים: אלמא ידעי. מדקאמר לעגל קא אתית ולא מצי לשנויי כדלעיל דומה קדים ואמר להו דהיינו דוקא לאלתר אבל כל כך לא היה מקדים דהוא עצמו אינו יודע:

אפילו

רב נסים גאון

דילמא דומה תנא דקדים מכריז להו. במסכת סנהדרין בפרק כל ישראל יש להן חלק (דף לד) אמרי' אמר ר' יוחנן אותו מלאך שהוא ממונה על הרוחות דומה שמו: ת"ש דאבוה דשמואל הוו מפקדי גביה זוזי דיתמי אמר ליה דאמרו לי כל הנך שני דלא עיילת למתיבתא דר' אפס הכא נמי לא תיעול. איתיה לפירושה במסכת כתובות בפרק הנושא את האשה (דף קג) דתנו רבנן בשעת פטירתו של רבי כו' אמר להם לחכמי ישראל אני צריך נכנסו חכמי ישראל אצלו אמר להם אל תספדוני בעיירות והושיבו ישיבה לאחר ל' יום שמעון בני חכם גמליאל בני נשיא חנינא בר חמא ישב בראש ודאמרי' עלה לא קביל עליה ר' חנינא שהיה ר' אפס גדול ממנו ב' שנים ומחצה יתיב ר' אפס ברישא ויתיב ר' חנינא אבראי ואתא לוי יתיב גביה ומשום הכא לא עיילוה* ללוי למתיבתא דרקיעא עד דבעא שמואל רחמי עליה ועיילוה:

הגהות הב"ח

(א) רש"י ד"ה שתי וכו' מתות הס"ד ואח"כ מ"ה בואי ונשוט ונדע:

גליון הש"ס

גמ' ואף ר' יונתן הדר ביה. עי' סוטה דף לד ע"ב תוס' ד"ה אבותי: רש"י ד"ה ונחת כו' כדי לעסוק בתורה. עי' ב"ק דף פ"ב ע"ב תוס' ד"ה אתא:

[כלומר שתא קדמיתא עתון ופי' תוי"ט כ"ב פ"ז מ"ג]

מסורת הש"ס

וכתרגום רב יוסף בד"ה א' יא איתא שגנב מחמת שנגע בארץ אחד

[צ"ל שניה]

[עיין תוס' ב"ק פג: ד"ה אתא]

[במס' פו"ע מו. כתב רש"י ד"ה בני רבי חייא יהודה וחזקי' שמן]

[סוטה דף י. סנהדרין מח:]

ס"א חבירו

נ"א צנורא

[כתובות קג:]

תורה אור

יחזקאל כא — דברים יז — איוב יד — שם — דברים לד

‹המשך מדף י"ח.›

אות [ד']

כך אמרו בספר תורה

יו"ד סימן רפב ס"ג - [כד]**היה הולך ממקום למקום וס"ת עמו, לא יניחנו בשק ויניחנו על גבי חמור וירכב עליו, אלא מניחו בחיקו כנגד לבו והוא רוכב על החמור; ואם היה מפחד מפני הגנבים, מותר** - ‹דמוטב שתתבזה עכשיו לפי שעה, ולא תפול ליד הגנבים שיבזוהו וינהגו בה קלות ראש זמן ארוך - לבוש›.

והב"ח האריך בזה ומסיק, ולענין הלכה נקטינן הכא והכא לחומרא, דשלא במקום סכנה לא שרי אלא בחיקו כנגד לבו, ואפי' בשאר ספרים, **ובמקום** סכנה נמי לא שרי אלא להפשילו לאחוריו, אבל לא לרכוב עליו, וכדכתב הר"ר יונה לפרש דברי רב אלפס, דהכי משמע הלשון כדפי', עכ"ל, **ובודאי** היכא דאפשר להחמיר בכבוד תורה עדיף, אבל היכא דלא אפשר, מותר אפילו לרכוב עליהם - ש"ך. ‹ודבר קשה הוא להתיר זה, אם לא שא"א בשום אופן באופן אחר - ערוה"ש›.

אות ד'

כל הרואה המת ואינו מלוהו, עובר משום לעג לרש

יו"ד סימן שסא ס"ג - [כה]**הרואה את המת ואינו מלוהו, עובר משום לועג לרש,** [כו]**ובר נידוי הוא,** [כז]**ולפחות ילוונו ד' אמות** - (עיין בתשו' יד אליהו שכתב, דזה מיירי ביש לו כל צרכו, אבל באין לו כל צרכו, פשיטא דצריך ללוותו עד קברו - פת"ש).

אות [ה']

דלייה

סימן כג ס"א - [כח]**מותר ליכנס בבית הקברות והוא לבוש ציצית, והוא שלא יהא נגרר על הקברות; אבל אם הוא נגרר על הקברות, אסור משום לועג לרש** - שנראה כמחרף, שאינם יכולים לקיים את המצות.

[כט]**בד"א בימיהם, שהיו מטילים ציצית במלבוש שלובשים לצורך עצמם** - שהיה אז מנהג בגדיהם עשויים בני ד' כנפות.

אבל אנו שאין מכוונים בהם אלא לשם מצוה, אסור אפילו אינם נגררים; והני מילי כשהציציות מגולים, [ל]**אבל אם הם מכוסים, מותר** - כגון שמחביא את הציצית של הט"ג תחת כנפי כסותו, ומה"ט גם בט"ק שלובשו תחת למדיו, אין בו משום לועג לרש, כיון שהוא מכוסה, אם לא שהולך בלי לבוש העליון, גם בהם אסור עד שיתחבם בהכנפות, **ומפמ"ג** משמע דיש להחמיר בט"ג אף מכוסה, כיון שהוא מיוחד לתפלה, **אכן** בב"י לא משמע כן, וגם בדה"ח סתם וכתב דמכוסה מותר.

יו"ד סימן שסז ס"ד - [לא]**מותר ליכנס לבית הקברות או לתוך ד' אמות של מת או של קבר, והוא לבוש ציצית, והוא שלא יהא נגרר על הקבר; אבל אם נגרר, אסור משום לועג לרש.**

[לב]**בד"א בימיהם שהיו מטילים ציצית במלבוש שלובשים לצורך עצמן, אבל האידנא שאין אנו לובשין אותו אלא לשם מצוה, אסור, אפי' אינם נגררים.**

[לג]**והני מילי כשהציציות מגולים, אבל אם הם מכוסים, מותר** - כתב מהרש"ל, והעולם נוהגין היתר בטלית קטן, וכ"כ הב"ח, וסיים הטעם, כיון שהציציות מכוסים - ש"ך.

באר הגולה

[כד] ברכות י"ח ע"א [כה] מימרא דרחבא וכו' ברכות דף י"ח ע"א [כו] טור מעובדא דרב המנונא וכו' וציינתיו לעיל בסימן שמ"ג סעיף א' [כז] שם מדברי רבינו יונה והרא"ש [כח] ברכות י"ח [כט] ר' יונה שם והרא"ש [ל] ב"י ותשובת הרשב"א [לא] מעובדא דרבי חייא ורבי יהונתן שם [לב] טור בשם ה"ר יונה וכ"כ התוספות שם ‹ד"ה למחר› [לג] שם בתוספות

§ מסכת ברכות דף יט. §

אות א'

בכ"ד מקומות בית דין מנדין על כבוד הרב

יו"ד סימן שלד סמ"ג - על כ"ד דברים מנדין את האדם, ואלו הן: (א) המבזה את החכם, אפילו לאחר מותו. (ב) המבזה שליח ב"ד. (ג) הקורא לחבירו עבד. (ד) המזלזל בדבר אחד מדברי סופרים, וא"צ לומר מדברי תורה. (ה) מי ששלחו לו ב"ד וקבעו לו זמן, ולא בא. (ו) מי שלא קבל עליו את הדין, מנדין אותו עד שיתן. (ז) מי שיש ברשותו דבר המזיק, מנדין אותו עד שיסיר הנזק. (ח) המוכר קרקע שלו לעובד כוכבים, מנדין אותו עד שיקבל עליו כל אונס שיבא מהעובד כוכבים לישראל חבירו בעל המצר. (ט) המעיד על ישראל בערכאות של עובדי כוכבים, והוציא ממנו ממון בעדותו שלא כדין, מנדין אותו עד שישלם. (י) טבח כהן שאינו מפריש המתנות ונותנם לכהן אחר, מנדין אותו עד שיתן. (י"א) המחלל יום טוב שני של גליות, אף על פי שהוא מנהג. (י"ב) העושה מלאכה בערב פסח אחר חצות. (י"ג) המזכיר שם שמים לבטלה, או לשבועה בדברי הבאי. (י"ד) המביא את הרבים לידי אכילת קדשים בחוץ. (ט"ו) המביא רבים לידי חילול השם. (ט"ז) המחשב שנים וקובע חדשים בחוצה לארץ. (י"ז) המכשיל את העור. (י"ח) המעכב את הרבים מלעשות מצוה. (י"ט) טבח שיצתה טריפה מתחת ידו. (כ) טבח שלא הראה בדיקת סכינו לחכם. (כ"א) המקשה עצמו לדעת. (כ"ב) המגרש את אשתו ועשו בינו ובינה שותפות או משא ומתן המביאן להזקק זה לזה כשיבואו לבית דין, מנדין אותם. (כ"ג) חכם ששמועתו רעה. (כ"ד) המנדה למי שאינו חייב נידוי. הגה: ואין צריכין לענין נידוי עדות וראיה ברורה, אלא אומד הדעת באמתות הדברים, שהתובע טוען ברי, ואז אפי' אשה אפי' קטן נאמן אם הדעת נותן שאמת הדבר (מהרי"ק).

אות ב'

המספר אחר מטתן של תלמידי חכמים

יו"ד סימן שמג ס"ז - [א]ואם ביזה את החכם לאחר מותו, בית דין היו מנדין אותו, והם מתירים לו משיחזור בתשובה - ‹ויראה לי שצריך לילך על קברו עם עשרה בני אדם ולבקש מחילה, ואם קבורתו בריחוק מקום, ישלח שליח, או לכתוב לשם שיבקשו מחילה בעדו, דלא גרע זה ממדבר רע על שוכני עפר שצריך לעשות כן, כמ"ש בחו"מ - ערוה"ש›.

יו"ד סימן שלד סמ"ז - המבזה את החכם, אפי' בדברים, [ב]ואפילו לאחר מיתה, אם יש עדים בדבר, בית דין מנדין אותו ברבים, והם מתירין לו כשיחזור בתשובה.

אות ג'

משקין

רמב"ם פ"ב מהל' סוטה ה"ו - הגיורת והמשוחררת, ואשת הגר ואשת עבד משוחרר, וממזרת ואשת ממזר, ואשת הסריס, בין סריס חמה בין סריס אדם, המותרות לבעליהן, הרי הן ככל הנשים ושותות.

אות ד'

והמזלזל בנטילת ידים

סימן קנח ס"ט - [ג]צריך ליזהר בנט"י, שכל המזלזל בנטילת ידים חייב נידוי, [ד]ובא לידי עניות, [ה]ונעקר מן העולם.

אות ה'

שכל המתנדה ומת בנדויו, ב"ד סוקלין את ארונו

יו"ד סימן שלד ס"ג - [ו]מנודה שמת, בית דין שולחין ומניחין אבן על ארונו - ‹וא"צ לעשות עליו גל כגלו של עכן - ש"ך›.

אות ו'

הנהיג את בני רומי להאכילן גדיים מקולסין בלילי פסחים

סימן תעו ס"א - [ז]ובכל מקום אסור לאכול שה - בין שה כשבים או שה עזים, **צלוי כולו כאחד** - דהיינו ראשו על כרעיו ועל קרבו כמו בפסח, **בלילה זה, מפני שנראה כאוכל קדשים בחוץ. [ח]ואם היה מחותך, או שחסר ממנו אבר** - ר"ל שצלה אותו כשהוא מחותך, או אפי' כשהוא מחובר, אלא שנחתך ממנו אבר א' קודם הצליה, ובשעת צליה הניחו אצלו וצלאו ביחד, **או שלק בו אבר והוא מחובר** - ר"ל ואח"כ צלהו כולו כאחד, **הרי זה מותר במקום שנהגו** - הואיל ואינו דומה לצליית הפסח.

באר הגולה

[א] שם בברכות דף י"ט ע"א, ובירושלמי פ"ג דמו"ק מייתי ראיה מהך מתני' דאפי' לאחר מותו [ב] מהא דנידו את עקביא וכו' משנה ו' פ"ה דעדיות ומייתי לה בברכות דף י"ט ע"א [ג] עדיות פ"ה [ד] שבת ס"ב [ה] סוטה ד' [ו] ברייתא מו"ק דף ט"ו ע"א וכרבי יהודה [ז] ברייתא שם [ח] שם ע"ד

ואי ס"ד דלא ידעי . אין מבינין כלום אלא לערא דגופא : המספר אחר המת . בגנותו של מת אחר מיתתו : קניא מטללא . קנה גדול וכבד נפל מן הגג : טללא . גג : ארנקא דמוחיה . כיס שהמוח מונח בו : והמטים עקלקלותם . לעיל מיניה כתיב הטיבה ה' לטובים וסמיך ליה והמטים עקלקלותם והמכריעים את חובותם יותר על זכיותם להטותם לכף חובה : יוליכם ה' את פועלי האון . לגיהנם : בכ"ד מקומות . הבתא משמע מלינו שנדו חכמים בני אדם בכ"ד מקומות לכבוד הרב לפי שלא נשאו כבוד לרבם : הוא היה אומר . עקביא בן מהללאל במסכת עדיות: אין משקין . תורה אור

ואי ס"ד דלא ידעי כי אמר להו מאי הוי אלא מאי דידעי למה לי' למימר להו לאחזוקי ליה טיבותא למשה אמר רבי יצחק כל המספר אחרי המת כאלו מספר אחרי האבן איכא דאמרי דלא ידעי ואיכא דאמרי דידעי ולא איכפת להו איני והא אמר רב פפא חד אישתעי מילתא בתריה דמר שמואל ונפל קניא מטללא ובזעא לארנקא דמוחיה שאני צורבא מרבנן דקודשא בריך הוא תבע ביקריה אמר רבי יהושע בן לוי כל המספר אחר *מטתן של תלמידי חכמים נופל בגיהנם שנא' °והמטים עקלקלותם יוליכם ה' את פועלי האון שלום על ישראל אפילו בשעה ששלום על ישראל יוליכם ה' את פועלי האון תנא דבי ר' ישמעאל אם ראית תלמיד חכם שעבר עבירה בלילה אל תהרהר אחריו ביום שמא עשה תשובה שמא סלקא דעתך אלא ודאי עשה תשובה והני מילי בדברים שבגופו אבל בממונא עד דמהדר למריה : ואמר ר' יהושע בן לוי *בכ"ד מקומות בית דין מנדי' על כבוד הרב וכולן שנינו במשנתנו אמר ליה ר' אלעזר היכא אמר ליה לכי תשכח נפק דק ואשכח תלת המזלזל בנטילת ידים והמספר אחר מטתן של תלמידי חכמי' והמגיס דעתו כלפי מעלה ‏המספר אחר מטתן של תלמידי חכמים מאי היא *דתנן הוא היה אומר אין משקין לא את הגיורת ולא את המשוחררת וחכמים אומרים ‏משקין ואמרו לו מעשה בכרכמית שפחה משוחררת בירושלים והשקוה שמעיה ואבטליון ואמר להם דוגמא השקוה ונדוהו ומת בנדויו וסקלו בית דין את ארונו ‏והמזלזל בנטילת ידים מאי היא *דתנן א"ר יהודה חס ושלום שעקביא בן מהללאל נתנדה שאין עזרה ננעלת על כל אדם בישראל בחכמה ובטהרה וביראת חטא כעקביא בן מהללאל אלא את מי נדו את אלעזר בן חנוך שפקפק בנטילת ידים וכשמת שלחו בית דין והניחו אבן גדולה על ארונו *ללמדך ‏שכל המתנדה ומת בנדויו ב"ד סוקלין את ארונו המגיס דעתו כלפי מעלה מאי היא *דתנן שלח לו שמעון בן שטח לחוני המעגל צריך אתה להתנדות ואלמלא חוני אתה גוזרני עליך נדוי אבל מה אעשה שאתה *מתחטא לפני המקום ועושה לך רצונך כבן שמתחטא לפני אביו ועושה לו רצונו ועליך הכתוב אומר °ישמח אביך ואמך ותגל יולדתך ותו ליכא והא איכא דתני רב יוסף *תודוס איש רומי ‏הנהיג את בני רומי להאכילן גדיים מקולסין בלילי פסחים שלח ליה שמעון בן שטח אלמלא תודוס אתה גוזרני עליך נדוי שאתה מאכיל את ישראל קדשים בחוץ *במשנתנו קאמרינן והא ברייתא היא ובמתני' ליכא והא איכא הא *דתנן ‏חתכו חוליות ונתן חול בין חוליא לחוליא ר' אליעזר מטהר ‏וחכמים מטמאים וזהו תנורו של עכנאי מאי עכנאי אמר רב יהודה אמר שמואל מלמד שהקיפוהו הלכות כעכנאי זה וטמאוהו ותניא *אותו היום הביאו כל טהרות שטיהר ר"א ושרפום לפניו ולבסוף ברכוהו אפילו הכי נדוי במתני' לא תנן אלא בכ"ד מקומות היכא משכחת לה ר' יהושע בן לוי מדמה מילתא למילתא ור' אלעזר לא מדמה מילתא למילתא: נושאי המטה וחלופיהן: *ת"ר ‏אין מוציאין את המת סמוך לק"ש ואם התחילו אין מפסיקין איני והא רב יוסף אפקוהו סמוך לק"ש *אדם חשוב שאני : שלפני המטה ושלאחר המטה : ת"ר °העוסקים בהספד בזמן שהמת מוטל לפניהם נשמטין אחד אחד וקורין אין המת מוטל לפניהם הן יושבין וקורין והוא יושב ודומם הם עומדים ומתפללין והוא עומד ומצדיק עליו את הדין ואומר רבון העולמים הרבה חטאתי לפניך ולא נפרעת ממני אחד מני אלף יהי רצון מלפניך ה' אלהינו שתגדור פרצותינו ופרצות כל עמך בית ישראל ברחמים אמר אביי [ ] לא מבעי ליה לאינש למימר הכי *דארשב"ל וכן תנא משמיה דרבי יוסי לעולם אל יפתח אדם פיו לשטן °ואמר רב יוסף מאי קראה שנאמר °כמעט כסדום היינו מאי אהדר להו נביא שמעו דבר ה' קציני סדום: קברו את המת וחזרו וכו' : אם יכולים להתחיל ולגמור את כולה אין אבל פרק אחד או פסוק אחד לא ורמינהו קברו את המת וחזרו אם יכולין להתחיל ולגמור אפילו פרק אחד או פסוק אחד הכי נמי קאמר ‏אם יכולין להתחיל ולגמור אפי' פרק אחד או אפילו פסוק אחד עד שלא יגיעו לשורה יתחילו ואם לאו לא יתחילו :

(מראי מקומות בגליון: תהלים קכה; משלי כג; ישעיה א)

רש"י

אם קינא לה בעלה ונסתרה : לא את הגיורת . דבני ישראל אמור בפרשה (במדבר ה) פרט לאשת גר ועבד משוחרר : בכרכמית . כך שמה או על שם מקומה': דוגמא השקוה . על שהיו (א) דומים להם הם השקוה שהיו שמעיה ואבטליון מבני בניו של סנחריב כדאמרינן בגיטין בפרק הנזקין (דף נז:) : ר' יהודה . פליג אדלעיל דקתני שנדו את עקביא : שאין עזרה ננעלת . בפרק ה' דפסחים (דף סד:) שהיו שערי העזרה ננעלים כששוחטין פסחים של כל כת וכת שהפסח נשחט בג' כתות : על כל אדם בישראל . כלומר כשהיתה ננעלת עליהם והייט כשנתמלאה פה לפה לא היה בכולם אדם חשוב בחכמה ויראת חטא כעקביא: אלעזר בן חנוך שפקפק . זילזל והיינו כמי לכבוד הרב שעבר ע"פ הגוזרים על הידים : אלמלא חוני אתה . שיגא שמך בגדולה ובחשיבות : צריך אתה לנדות. לפי שהטריח לפני המקום על עסק גשמים לא כך שאלתי כמה פעמים וכבוד המקום כבוד הרב הוא : מתחטא . לשון חוטא נקל בלבו לחטוא לאביו ולהטריחו על תאותו : מקולסים . צלויים כשהן שלמין ותולין כרעיהן וקרסוליהן וקרביהם סביבותן בשפוד ועל שם כך קורהו מקולס שהוא לשון מזויין כדמתרגם וכובע נחושת על ראשו (שמואל א יז) וקולסא דנחשת : בלילי פסחים. זכר לפסח שלולהו שלם שנאמר בו על כרעיו ועל קרבו (שמות יב) כלומר עם כרעיו ועם קרבו : גוזרני עליך נדוי. והיינו נמי לכבוד הרב שאסרו חכמים את הדבר לפי שהוא קרוב להאכיל את ישראל קדשים בחוץ שהרואה סבור שהקדישו לשם פסח : חתכו חוליות . תנור של חרס שהוא עשוי ככלי ומטלטל ותחלת ברייתו מן הטיט ומצרפו בכבשן כשאר קדרות ואם נטמא הצריכו הכתוב נתיצה ואם נתצו בענין זה שחתכו סביב כחוליות עגולות וחזר וחיברו בטיט של חול בין חוליא לחוליא רבי אליעזר מטהר עולמית שאינו עוד ככלי חרס שלא נשרף בכבשן וחכמים מטמאין : כעכנאי . כנחש זה שכורך עצמו בעגולה : כל טהרות . שנעשו בתנור זה או שנגעו באוירו והיה ר' אליעזר מטהרן והם שרפום : וברכוהו . לפי שהרבה מאד לחלוק בדבר זה כדאמרינן בבבא מציעא בפרק הזהב (דף נט:) : נדוי במתני' לא תנן . הא דברכוהו בברייתא הוא דתני לה : מדמה מילתא למילתא . כל מקום שראה במתניתין שנחלק היחיד על הרבים מחלוקת גדולה או אחד מן החכמים שמדבר קשה כנגד גדול הימנו אומר ראוי היה כאן נדוי : אין מוליכין את המת . לקברו : סמוך לקריאת שמע . לפי שמתבטלין מן הקריאה : אין המת מוטל לפניהם . שהמת בבית אחר והם מספידין אותו כאן ויש מפרשין שנתון לצד אחר : והוא יושב ודומם . האבל : למימר הכי . לא נפרעת ממני דמשמע הפרע : הרואה

(מראי מקומות בגליון: [פי' אחרי מטתן לשון הטייה הוא כלומר נטה מדרך הישרה וכדקתני דבי רבי ישמעאל אם ראית ת"ח ס' שודאי עשה תשובה לפיכך אסור לספר בזה ערוך ערך אחר בשם ר"ח]; עדיות פ"ה מ"ו; שם פסחים סד:; שם מ"ק טו.; תענית דף יט.; פסחים נג. ע"ש ביצה כג. ע"ש תוספתא שם פ"ב; [עירובין סג. מנחות לח: כתובות קמ.]; עדיות פ"ז מ"ז; כלים פ"ה מ"י ב"מ נט; ב"מ דף נט:; שמחות פ"י; [שבת דף כח. קמב: פסחים קי. מו"ק יח: יב. מגילה כב: כתובות נג: ס. ב"מ עג. מס' פ"ג ה: כת. מח: חולין קלד:] לקמן ס. כתובות ח:)

תוספות

אפי' בשעה ששלום על ישראל . והיינו לאחר מיתתו דלא אתו לאנצויי בהדי המספרים בגנותם מהכא משמע דאיירי לאחר מיתה :

דוגמא השקוה . פרש"י לפי שהיתה גיורת כמותם שהיו גרים וכן משמע בירושלמי דמועד קטן (פ"ג) מהו דוגמא דכוות'. בערוך פירש *דוגמא השקוה מי צבע אבל לא היו מרים ממש ולא מחקו התורה עליה אלא ליראה אותה :

מדלגין

(מראה מקום בגליון: [בשם רב האי גאון והערוך גרס דוכמא ופי' כפירש"י ע"ש ערך דגם])

הגהות הב"ח

(א) רש"י ד"ה דוגמא השקוה על שהיו הם דומין לה השקוה :

גליון הש"ס

גמ' ואי"י אלא קראה בגל' כמעט כסדום . עיין מו"ק דף יח ע"א תוס' ד"ה ואסתייעא :

אות ז'

וחכמים מטמאים

רמב"ם [ט]פט"ז מהל' כלים ה"ה - תנור שחתכו חוליות ונתן חול בין חוליא לחוליא, וטח בטיט על הכל מבחוץ, ה"ז מקבל טומאה.

אות ח'

אין מוציאין את המת סמוך לק"ש, ואם התחילו אין מפסיקין

סימן ע' ס"ב - [י]אין מוציאין את המת סמוך לק"ש, שאין שהות להוציאו [יא]ולקברו קודם שיגיע זמן ק"ש - (ר"ל דהאי "סמוך" דקאמרינן הכא, אין פי' כמו "סמוך למנחה" דבסימן רל"ב, שהוא חצי שעה, אלא פי' כדי שהות להוציאו ולקברו קודם שיגיע זמן התחלת ק"ש, שהוא משיכיר את חבירו ברחוק ד"א – תלמידי רבנו יונה). **ואם** כבר הגיע זמן ק"ש, יש להם להתאחר זמן שיוכלו לשער שכבר התפללו רוב הקהל, וגם שנושאי המטה כבר קראו והתפללו.

ואפילו הוא אדם חשוב, דלענין זה ליכא בזמננו אדם חשוב להקל עי"ז.

מסתימת לשונו משמע, דכן הדין בק"ש של ערבית, **ולדינא** הסכימו האחרונים, להקל בשל ערבית, לפי שאם לא יקברנו היום, יעבור על "לא תלין", **ואף** שיוכל לקברו בלילה אחר שיקרא ק"ש ויתפלל, עכ"פ יעבור על מ"ע "כי קבור תקברנו ביום ההוא" אם לא יקברנו קודם שקיעת החמה, **ואם** נזדמן שנשתהה הוצאת הקבורה עד שחשיכה, ימתינו מלהוציאו עד שיתפללו הקהל מעריב.

ואם התחילו להוציאו - אפי' אחר שהגיע זמן ק"ש, **אין מפסיקין כדי לקרות** - פי' העם הצריכין לשאת המטה, אפי' אם יעבור עי"ז זמן ק"ש, דקבורת מתים דבר תורה, **אבל** אלו שאין למטה צורך בהם, חייבים לקרות תיכף, אע"פ שיש עדיין עוד שהות.

יו"ד סימן שנח ס"ב - [יב]אין מוציאין את המת סמוך לק"ש, כל שאין שהות להוציאו לקברו קודם שיגיע זמן קריאת שמע - שלא להפקיע חובת קריאת שמע - ש"ך, **ואם התחילו להוציאו, אין מפסיקין כדי לקרות. הגה: ויש להמתין מלקברו עד שיוכלו לשער שכבר התפללו רוב הקהל; ואין חילוק בזה בין ק"ש של שחרית לק"ש של ערבית. ויש מקילין בשל ערבית, הואיל וזמנה כל הלילה** - (ועוד כדי שלא לבא לבל תלין, ודע דבל תלין אינו אלא כשמשהין אותו כל הלילה וקוברין ביום, אבל כשקוברין בסוף הלילה, אינו עובר בבל תלין, ואף שיש חולקים בזה, מ"מ כן עיקר לדינא – ערוה"ש). **(מבואר באו"ח סימן ע"ב).**

אות ט'

העוסקים בהספד, בזמן שהמת מוטל לפניהם, נשמטין אחד אחד וקורין; אין המת מוטל לפניהם, הן יושבין וקורין והוא יושב ודומם, הם עומדים ומתפללין, והוא עומד ומצדיק עליו את הדין

סימן ע' ס"ג - [יג]העם העוסקים בהספד, בזמן שהמת מוטל לפניהם, נשמטים אחד אחד וקורין [יד]ומתפללין - שא"א שיקראו כאן אצל המת, משום "לועג לרש".

(ולכאורה משמע, דאפילו אם עי"ז יעבור בתוך כך זמן ק"ש, ג"כ אין לחוש, דהרי כבר התחילו לעסוק במצוה ופטורין מן המצוה, אף שהמצוה השניה חמורה ממנה הרבה).

ומתפללין - והרבה פוסקים חולקין, וס"ל דהקילו לענין תפלה במת מוטל לפניהם, כיון שהתפלה הוא דרבנן, **ונראה** דלענין חזן הספדן בודאי יש לסמוך להקל בזה, שלא יצטרך להפסיק לתפלה, **דאפילו** לענין ק"ש י"א דהוא פטור בזה, עיין בטור וב"י.

אין המת מוטל לפניהם, הם קורין ומתפללין, והאונן יושב ודומם - ואין עונה אחריהם כלום, מטעם שנתבאר בסי' ע"א.

יו"ד סימן שמד סי"ב - [טו]העם העוסקים בהספד, כל זמן שהמת מוטל לפניהם, נשמטים אחד אחד וקורין את שמע ומתפללין - (אבל המספידין עצמם פטורין, ודוקא ביום הראשון, אבל מכאן ואילך חייבים גם המספידין – ערוה"ש). **אין המת מוטל לפניהם, הם יושבים וקורים, והאונן יושב ודומם; הם עומדים ומתפללים, והוא מצדיק עליו הדין ואומר: יהי רצון מלפניך ה' אלהי שתגדור פרצותינו ופרצות עמך בית ישראל** - (ברחמים – לבוש).

אות [י']

לא מבעי ליה לאינש למימר הכי

יו"ד סימן שעו ס"ב - הגה: לא יאמר אדם: לא נפרעתי כפי מעשי, או כיוצא בדברים אלו, שאל יפתח פיו לשטן - (בשעה שהדין עליו שורה, ולא דמי לשארי זמנים שאומרים בתפלות כעין זה, דהשטן מקטרג בשעת הסכנה, **ומזה** הטעם נ"ל מה שאין אומרים תחנון בבית האבל, מפני שאומרים "חטאתי" וכו', וכ"ש וידוי אין אומרים, שלא לעורר הדינים, אלא יאמר "יהי"ר מלפניך שתגדור פרצותינו" וכו', ולא יאמר "חטאתי" וכו', ולכן גם "והוא רחום" לא יאמרו, מפני שיש שם "לא כחטאינו תעשה לנו" וגו', וכיוצא באלו הדברים, ואין להזכירם בבית האבל – ערוה"ש).

באר הגולה

ט (כן תוקן במהדורת נהרדעא) | י שם בגמ' י"ט | יא רבי יונה והרא"ש ע"פ הירושלמי | יב גם זה שם סעיף ב' | יג שם בגמ' | יד ר' יונה שם (אע"ג דבסיפא תני קורין ומתפללין, וברישא לא קתני אלא קורין, מ"מ לאו דוקא, אלא דבסיפא בא להשמיענו היאך יעשו בק"ש והיאך בתפלה) | טו ברייתא ברכות דף י"ט ע"א

אות י'

אם יכולין להתחיל ולגמור אפילו פרק אחד וכו'

סימן ע"ד ס"ד - [טז]**קברו את המת וחזרו האבלים לקבל תנחומין, וכל העם הולכין אחריהם ממקום הקבר למקום שעומדים שם האבלים לעשות שורה לקבל תנחומין, אם יכולים העם להתחיל [יז]ולגמור אפילו פסוק אחד קודם שיגיעו לשורה, יתחילו** - ויקראו כל מה שיוכלו.

(אע"ג דבס"ב איתא, דאין מוציאין מת אא"כ יש שהות לקברו קודם, איירי שחשבו מתחלה שיהיה שהות, ואח"כ אין שהות).

(יש לדקדק, שהרי פסוק ראשון לכו"ע אסור לקרותו מהלך, וא"כ היכי משכחת לה שיהא שהות לקרותו עד שלא יגיעו לשורה, דהרי אע"פ שהוא רחוק קצת, מ"מ הרי אסור לקרות בהליכה, **אח"כ** מצאתי קושיא זו בספר מאמר מרדכי, וכתב על זה: ושמא י"ל, דר"ל אם הוא בריחוק קצת, שטרם שיגיע האבל לשם, יכולים לעמוד בפסוק ראשון, ולהיות עם האבל לשורה ביחד, וכגון שמשערים בהליכת האבלים, שיגיעום טרם שיגיעו הם לשורה).

ואם לאו, לא יתחילו. הגה: אם יש שהות ביום לקרות אח"כ (ב"י בשם הרמב"ן) - אבל אם יעבור זמן קריאת שמע, יקראו ק"ש תחלה, כיון שעדיין לא התחילו במצות תנחומין, (כ"כ מ"א, **ועיין** בפמ"ג שכתב, דמשמע מזה דהעוסק במצוה אפילו במצוה דרבנן, שוב אין לו לפסוק אפילו למצוה דאורייתא, וצ"ע מנין לו זה, עכ"ל).

(**בספר** מאמר מרדכי מפקפק על הג"ה זו, וכתב דמדברי הרבינו יונה לא משמע הכי, שכתב: לא יתחילו, טעמא דמילתא, דתנחומי אבלים מדאורייתא, דבכלל ג"ח הוי, ולפיכך אמרו דכיון שעוסק במצוה פטור מן המצוה, ואע"פ שכבר נקבר המת, לא יתחיל, עכ"ל, ודין עוסק במצוה הוא אפילו בדליכא שהות, **וסיים** ע"ז שם: דדין זה צ"ע למעשה, **וברמב"ם** פסק, דניחום אבילות הוא מ"ע מד"ס, ולפי"ז הדין עם ההג"ה).

באר הגולה

טז שם י"ז וי"ט יז מהר"י אבוהב ‹וכתב מרן ז"ל בב"י בשם מהרי"א ז"ל, דמשמע מפירש"י ז"ל דה"ק, יתחילו ויגמרו כולה, ע"ש, וכ"כ הרשב"א ז"ל בחידושיו והביאו הפרישה ז"ל, ע"ש, ואנו לא מצאנו שום דבר בפירש"י על זה, ולא פי' כלום על זאת הברייתא, ואין ספק שגירסא אחרת היתה לפניהם. **וכתב** הפרישה דצ"ע, שהרי הטור ביו"ד סי' שע"ו כתב, יתחילו ויקראו מה שיוכלו, משמע שמיד שמגיעין לשורה פוסקים, ע"כ, וכ"כ הב"ח והמ"א ז"ל {והמ"ב} – מאמ"ר›

עין משפט נר מצוה

יט א מיי' פ"ד מהלכות ק"ש הלכה ו סמג עשין יח טוש"ע או"ח סימן עב סעיף ה: [וכתוספתא פ"ג דמכות]

כ ב מיי' פ"י מהלכות כלאים הלכה כט סמג לאוין רפג טוש"ע יו"ד סימן שג:

כא ג מיי' פ"ג מהלכות אבל הלכה יד טוש"ע יו"ד סימן שעג סעיף א:

כב ד ה מיי' פ"ו מהל' קרבן פסח הלכה ח:

כג ו מיי' פ"ג מהלכות אבל הלכה יד טור יו"ד סימן שעג:

כד ז מיי' פי"א מהלכות אבדה הלכה יח [והלכה יג ושם פי"ג] סמג עשין עד טוש"ע חו"מ סימן רנט סעיף ג:

העומדים בשורה וכו': *ת"ר שורה הרואה פנימה פטורה ושאינה רואה פנימה חייבת רבי יהודה אומר הבאים מחמת האבל פטורין מחמת עצמן חייבין: אמר רב יהודה אמר רב המוצא כלאים בבגדו פושטן אפי' בשוק מ"ט אין חכמה ואין תבונה ואין עצה לנגד ה' *כ"מ שיש חלול השם אין חולקין כבוד לרב מתיבי קברו את המת וחזרו ולפניהם ב' דרכים אחת טהורה ואחת טמאה בא בטהורה באין עמו בטהורה בא בטמאה באין עמו בטמאה משום כבודו אמאי לימא אין חכמה ואין תבונה לנגד ה' תרגמה רבי אבא בבית הפרס דרבנן דאמר *רב יהודה אמר שמואל מנפח אדם בית הפרס והולך ואמר רב יהודה בר אשי משמיה דרב בית הפרס שנדש טהור ת"ש דאמר ר' אלעזר בר צדוק מדלגין היינו על גבי ארונות של מתים לקראת מלכי ישראל ולא לקראת מלכי ישראל בלבד אמרו אלא אפי' לקראת מלכי עכו"ם שאם יזכה יבחין בין מלכי ישראל למלכי עכו"ם אמאי לימא אין חכמה ואין תבונה ואין עצה לנגד ה' כדרבא דאמר רבא דבר תורה אהל כל שיש בו חלל טפח חוצץ בפני הטומאה ושאין בו חלל טפח אינו חוצץ בפני הטומאה ורוב ארונות יש בהן חלל טפח וגזרו על שיש בהן משום שאין בהן ומשום כבוד מלכים לא גזרו בהו רבנן ת"ש *גדול כבוד הבריות שדוחה [את] לא תעשה שבתורה ואמאי לימא אין חכמה ואין תבונה ואין עצה לנגד ה' תרגמה רב בר שבא קמיה דרב כהנא בלאו דלא תסור אחיכו עליה לאו דלא תסור דאורייתא היא אמר רב כהנא *גברא רבה אמר מילתא לא תחיכו עליה כל מילי דרבנן אסמכינהו על לאו דלא תסור ומשום כבודו שרו רבנן *ת"ש והתעלמת מהם פעמים שאתה מתעלם מהם ופעמים שאין אתה מתעלם מהם הא כיצד אם היה כהן והיא בבית הקברות או היה זקן ואינה לפי כבודו או שהיתה מלאכתו מרובה משל חברו לכך נאמר והתעלמת אמאי לימא אין חכמה ואין תבונה ואין עצה לנגד ה' שאני התם דכתיב והתעלמת מהם וליגמר מינה *איסורא ממונא לא ילפינן ת"ש ולאחותו *מה תלמוד לומר הרי שהיה הולך לשחוט את פסחו ולמול את בנו ושמע שמת לו מת יכול יחזור ויטמא אמרת לא יטמא יכול כשם שאינו מטמא להם כך אינו מטמא למת מצוה ת"ל ולאחותו לאחותו הוא דאינו מטמא אבל

רש"י

שרואה פנימה. את חלל ההקף אחורי שורה הפנימית והאבל יושב שם: **מחמת עצמן.** ולא מחמת כבוד שלא באו לנחם אלא לראות את המחורע: **אין חכמה.** חשובה נגד ה': **אחת טמאה.** שיש בה קבר: **בא בטהורה.** האבל: **בבית הפרס.** דלא מטמא אלא מדרבנן והוא שדה שנחרש בו קבר ותשו חכמים שמא דלדלו כלי המחרישה את העצמות והדורס עליה' מסיטן ועלם כשעורה מטמא במגע ובמשא ולא באהל וכיון דמדרבנן הוא דאסור. רבנן הוא דאחלוה ליקרייהו גבי אבל: **מנפח אדם.** לפניו שאם הי' שם עלם ירא ירלאו דאי דאורייתא הוא לא הוינן מזלזלינן ביה כולי האי למיסמך אנפיחה והך בדיקה לעושה פסח אישתרי ולא לאוכלי תרומה כדאמרינן בחומר בקדש (חגיגה דף כה:): **שנדש.** ברגלים: **לקראת מלכי ישראל.** הרי לכבוד הבריות עוברים על נפש לא יטמא (ויקרא כא) דהא ר' אלעזר בר לדוק כהן הוה כדאמרינן בבכורות (דף לו.): **מדלגין.** מארון לארון: **דבר תורה.** הלכה למשה מסיני: **אינו חולץ בפני הטומאה.** דנקראת טומא' רצוצה ובוקעת ועולה: **אם לא תעשה.** קס"ד כל ל"ת קאמר: **בלאו דלא תסור וגו'.** אחיכו עליה. אינהו סבור דאפי' אמרו לו דבר תורה והוא עומד בפני הכבוד יעבור עליו והא האי נמי דאורייתא הוא: **כל מילי דרבנן וכו'.** והכי קאמר להו דבר שהוא מדברי סופרים נדחה מפני כבוד הבריות וקרי ליה ל"ת משום דכתיב לא תסור. ודקא קשיא לכו דאורייתא הוא. רבנן אחלוה ליקרייהו לעבור על דבריהם היכא דאיכא כבוד הבריות כגון לטלטל בשבת אבנים של בית הכסא לקנוח (שבת דף פא:) או מי שנפסקה ציצית טליתו בכרמלית לא הצריכו להניח טליתו שם וליכנס לביתו ערום (מנחות דף לח.): **והיא בבית הקברות.** האבדה: **ואינה לפי כבודו.** אין האבדה חשובה לפי כבודו להשיבה: **או שהיתה מלאכתו מרובה.** שדמי בטול מלאכתו לרדוף אחריה יתרים על דמי האבדה ולא ירלו הבעלים להשיב לו יותר ממה שמשיב להם ונמלא הוא מפסיד: **ונגמר מינה.** לגבי כלאים דאמרן פושטן אפילו בשוק: **ממונא.** קל מאיסורא: **ולאחותו מה תלמוד לומר.** בנזיר כתיב כל ימי הזירו לה' על נפש מת לא יבא וסמיך לי' לאביו ולאמו לאחיו ולאחותו לא יטמא להם דהא כולהו בכלל על נפש מת לא יבא היו ולמה יצאו לאביו פרט למת מלוה לאמו מה תלמוד לומר משום מת מלוה לא איצטריך דמלאביו נפקא ודרשי ליה בספרי ללמוד שאם היה נזיר זה כהן דהוו עליה שתי קדושות אף הוא לאמו הוא דלא יטמא אבל מטמא הוא למת מלוה לאחיו מה תלמוד לומר הרי שהיה כ"ג והוא נזיר אף הוא לאחיו לא יטמא אבל מטמא למת מלוה ולאחותו מה תלמוד לומר אם אינו ענין לזה תנהו ענין למי שהולך לשחוט את פסחו ולמול את בנו שמטמא למת מלוה: **ושמע שמת לו מת.** מקרוביו יכול יטמא להם: **אמרת לא יטמא.** הואיל ועונת שחיטת הפסח היא וחלה עליו חובת הפסח שהוא בכרת אם יטמא בטל מלעשות פסח ולמול את בנו נמי (א) מצות כרת היא. ואית דאמרי בערבי פסחים נמי קאמר דמילת זכריו מעכב הפסח:

תוספות

מדלגין היינו על גבי ארונות. תימה לפ"ה דפי' גולל כיסוי של ארון דתני' *כל אשר יגע על פני השדה לרבות גולל ודופק וא"כ גם הגולל מטמא באהל והיאך היו מדלגין עליו וי"ל דלא קשה דהא תני' בשמחות (פ"ד הלכה כא) *כל טומאה שאין הנזיר מגלח עליה אין כהן מוזהר עליה וגולל ודופק אין נזיר מגלח עליהן כדתנן במס' נזיר פרק כהן גדול (דף נד.) והיה אומר ר"ת דליתי' להני כללי דהא אמר התם רביעית דם אין הנזיר מגלח עליו עד שיהא חצי לוג ואפילו הכי כהן מוזהר עליו כדאמרינן בפרק בהמה המקשה (חולין דף עב.) דרביעית דם הבא מב' מתים טמא ומפקינן ליה מעל כל נפשות מת לא יבא וי"ל דהתם מכל מקום הוי שם טומאה שהנזיר מגלח עליה אבל גולל ודופק אינו כלל בנזיר ולכך אין כהן מוזהר עליו אי נמי הא ברייתא סברה כזקנים הראשונים [נזיר נג.] שהיו אומרי' רביעית דם גם בתגלחת נזיר ומיהו תימה אמאי אין המת מטמא באהל כיון שהכסוי עצמו מקבל טומאה דכל דבר המקבל טומאה אינו חוצץ בפני הטומאה אם כן מטמא באהל וי"ל דאין מטמא אלא לד חיצון שבו אבל לד פנימי טהור כדתנן במסכת אהלות בפט"ו (משנה ט) חבית שהיא מלאה משקין טהורים ומוקפת למיד פתיל ועשאה גולל לקבר הנוגע בה מטמא טומאת שבעה והחבית והמשקין טהורין לפי שלד פנימי כולו טהור ומיהו תימה לפ"ה דפירש בפ"ק דערובין (דף טו) (ב) גבי אין עושין מבעלי חיים גולל ודופק לקבר ואי גולל היינו כסוי הארון וכי עושין מבעלי חיים כסוי לארון (ג) ע"כ פר"ת דגולל היינו מצבה וכן דרך בני אדם ליתן בהמה על הקבר לסימן עד שיתנו עליו מצבה*):

רוב ארונות יש להם חלל טפח. וכ"ל שראש הארון פתוח שאם היה סתום אדרבה כי יש בו פותח טפח מטמא ואפילו בלד הריקן שבו כדאמרינן במסכת אהלות בפ"ז (מ"א) כפש אטומה הנוגע בה מן הלדדין טהור פי' בלד הריקן מפני שטומאה בוקעת ועולה בוקעת ויורדת ואם היה מקום הטומאה טפח ע"ט (ד) על רום טפח הנוגע בה מכל מקום טמא מפני שהוא כקבר סתום אלמא בקבר סתום אינו מטמא כל סביביו אלא כשיש עליו טפח אבל בטומאה רצוצה אינו מטמא אלא כנגד הטומאה ולא מלד הריקן ובפרק המוכר פירות (ב"ב דף ק:) יש להאריך**):

ולאחותו מה ת"ל. גבי נזיר כתיב על (כל נפשות) [נפש] מת לא יבא וכתיב בתריה לאביו ולאמו לאחיו ולאחותו לא יטמא וכולהו יתירי נינהו דמנפש מת נפקא ודרשינן לאביו מה תלמוד לומר לגופיה לא איצטריך דהא מנפש מת נפקא כולהו ולא בא אלא להוציא את מת מצוה שמותר לטמא בו לאמו מה תלמוד לומר לגופיה לא איצטריך ולהתיר את מצוה דמלאביו נפקא אלא להביא שאם היה נזיר וכהן שיש עליו שתי קדושות אין הכתוב מזהירו מלטמא אלא לאמו אבל מטמא הוא למת מצוה לאחיו מה תלמוד לומר שאם היה כהן גדול ונזיר דקדושתו חמור דגם בלא נזירות אסור לטמא לקרוביו אעפ"כ לאחיו הוא דאינו מטמא אבל מטמא הוא למת מצוה ואם אינו ענין לנזיר גרידא ולא לכהן הדיוט נזיר תנהו ענין לכ"ג נזיר ולאחותו מה תלמוד לומר הרי שאם היה כ"ג ונזיר והלך לשחוט פסחו ולמול את בנו דאיכא מצות טובא אפ"ה לאחותו הוא דאינו מטמא אבל מטמא למת מצוה: **אמרת** לא יטמא. מפני שקאי על אדם שהוא נזיר וכהן גדול ועושה פסח משמע דעושה פסח גרידא רשאי לטמא לקרובים ותימה דבזבחים (פי"ב דף ק.) גבי מעשה דיוסף הכהן שמתה אשתו בערב פסח וטמאוהו אחיו בע"כ ופריך מהא ברייתא דהכא דקאמר לא יטמא ומאי פריך דילמא שאני הכא דמיירי דכל קדושות האלו בו כדפרישי' אבל עושה פסחו גרידא רשאי לטמא על כן נראה לפרש אמרת לא

רב נסים גאון

שאותי רבים להשות לא הקפיד אלא על ידי ששרפו טהרותיו בפניו פירוש עכנה נקבה של נחשים וזה שנתכוונו לדמותן לדברים בעכנה מפני שהקיפו דבריהן עליו בראיות ברורות שאין עליהן פירכא והתקיפו עליו באתקפות מרורות ששברין דבריו ולא מצא מהן מנוס כעכנה זו שאם מקפת על שום דבר וסוגרת עליו לא יהיה לו ממנה מפלט ודכוותה התם בבבא קמא בפרק הגוזל בתרא (דף קיז) עכנה עכנה (פתחי)[פתח]פיך ויכנס הרב אצל התלמיד. וזה שאמרו יצאת בת קול ואמרה מה לכם אצל ר' אליעזר שהלכה כמותו בכ"מ ראיתי בו ב' תשובות האחת כי בת קול לא אמרה שהלכה כמותו בדבר זה אלא בכל מקום סתם הוא שאמרה ואיפשר לומר כי בכל מקום זולתי זה המקום ויהיה כוונתה או מה שרומת לו שמעמו שאין הלכה כר' אליעזר בזה הדבר ויהיו דברי בת קול נכוחים וקיימים והשנית שלא היתה הכונה אלא לנסות את החכמים אם יניחו הקבלה שבידם והגמרא שבפיהם בשביל בת קול ואם לאו ודומה למה שכתב (דברים יג) כי מנסה ה' אלהיכם אתכם והנה נודע עם כל זאת בירור קבלתם וזה שאמר ר' יהושע (דברים ל) לא בשמים היא כלומר כי תורת ה' תמימה וכבר נתנה לנו בסיני והודיענו כי אינו מחליף ממנה דיבור אחד ואין בתורתנו חסרון ולא ספק כדי שנצטרך אל ראיה מן השמים וכל מקום בתלמוד שיש בו ור' יהושע היא ראמר אין משגיחין בבת קול מיכן היא עיקרו והברכה שבירכוהו לר' אליעזר שהיא כינוי לנידוי פירשו במסכת סנהדרין בסוף פרק ד' מיתות (דף סח) כי בשעת פטירתו התירוהו כמו שאמרו עמד ר' יהושע על רגליו ואמר הותר הנדר הותר הנדר: **העומדים** בשורה הפנימיים פטורין. במס' סנהדרין בפרק כהן גדול (די"ט) אמרינן אמר ר' מנשיא בר עות שאילית את ר' יאשיה רבה מבית עילמין דהוצל ואמר לי אין שורה פחותה מי"ד בני אדם ואין אבלים מן המנין: **תרגמה ר'** אבא בבית הפרס דרבנן. איתיה לפירושא דבית הפרס במס' אהלות (פרק יח [illegible]) [illegible]

§ מסכת ברכות דף יט: §

אות א'

שורה הרואה פנימה פטורה, ושאינה רואה פנימה חייבת

סימן עב ס"ה - [א]העומדים בשורה לנחמו, הפנימים שרואים פני האבל, פטורים; והחיצונים שאינם רואים פני האבל, חייבים.

אות ב'

המוצא כלאים בבגדו פושטן אפילו בשוק

יו"ד סי' שג ס"א - [ב]הרואה כלאים של תורה על חבירו, אפי' היה מהלך בשוק, היה קופץ לו וקורעו מעליו מיד, [ג]ואפי' היה רבו - דבמקום שיש חילול השם אין חולקין כבוד לרב - ש"ך.

(וי"א דאם היה הלובש שוגג - דהיינו שאינו יודע כלל שהוא כלאים,

א"צ לומר לו בשוק - עד שיגיע לביתו - ש"ך, **דמשום כבוד הבריות ישתוק, ואל יפרישנו משוגג) (טור בשם הרא"ש)** - ‹דגדול כבוד הבריות שידחה את המצוה בשוגג, אפילו בלא תעשה של תורה, שעה אחת, ואינו צריך למהר להפרישו משוגג – לבוש›. (**עיין** בשו"ת שאגת אריה, שחולק ע"ז - פת"ש).

אבל אם אחר שמצאו ישהנו עליו, נמצא שהוא משהה אותו במזיד עליו - ש"ך.

‹**ואין** ללמוד מזה לשארי איסורים, כשראובן יודע ששמעון עובר איסור תורה, ושמעון שוגג בדבר, שא"צ להגיד לו, **דשאני** הכא שהוא לשעה קלה, דכשיבא לביתו יגיד לו ויפשוט, אבל באיסור תמידי מחוייב להגיד לו, נוב"י, **ואפילו** באיסור דרבנן תמידי, נ"ל דמחוייב להגיד לו, ואין למנוע מצד כבוד הבריות – ערוה"ש›.

ואם היה של דבריהם, אינו קורעו מעליו ואינו פושטו בשוק, עד שמגיע לביתו - ‹דגדול כבוד הבריות שדוחה לא תעשה של דבריהם – לבוש›. **(וכן בבית המדרש א"צ למהר לצאת) (טור), ואם היה של תורה, פושטו מיד** - ‹וז"ל הלבוש: ולכן אם הוא בבית המדרש אינו צריך למהר לצאת בשבילו אם הוא כלאים דרבנן, ואם הוא של תורה פושטו מיד›. ‹**וז"ל** הגר"א: ר"ל דגם במוצאו בבגד שלו הדין כן›.

(**עיין** בנחלת צבי שכתבתי, דהאי "עד שמגיע" קאי גם ארישא, אאינו קורעו מעליו, דכשיגיע לביתו גם חבירו קורעו מעליו, אף שאינו אלא כלאים דרבנן, ע"ש - פת"ש).

אות ב'* [ד]

כל מקום שיש חלול השם אין חולקין כבוד לרב

יו"ד סימן רמב סי"א - לאפרושי מאיסורא, כגון שרואה אדם שעובר עבירה מפני שאינו יודע שהוא אסור, או מפני רשעתו, מותר להפרישו ולומר לו שהוא אסור בפני רבו, שבכל מקום שיש חילול השם אין חולקין כבוד לרב.

אות ג'

קברו את המת וחזרו, ולפניהם שתי דרכים, אחת טהורה ואחת טמאה, בא בטהורה באין עמו בטהורה, בא בטמאה באין עמו בטמאה, משום כבודו

יו"ד סימן שעב ס"א - אף על פי שהכהן אסור ליכנס לבית הפרס - הוא שדה שנחרש בו קבר - ש"ך, **(פי': שדה שנאבד בה קבר, ונחרש בה קבר, ושיעורה מאה אמה), או לארץ העמים, אם היה צריך לילך שם לישא אשה או ללמוד תורה, ואין לו דרך אחרת, יכול לעבור דרך שם, אפילו אם מוצא ללמוד במקום אחר** - ‹דלא מכל אדם, אדם זוכה ללמוד – לבוש›. **[ה]וכן אבל העובר דרך שם, יכול לילך אחריו לנחמו.**

באר הגולה

[א] **שם י"ז וי"ט וכת"ק** ‹בגמ' איתא שורה הרואה את פנימי, פירש"י הרואה את הפנימי, חלל ההיקף אחורי שורה הפנימית והאבל יושב שם, עכ"ל. **לשון** זה צריך ביאור, ומו"ח ז"ל ביאר דגם שורה שאחר הפנימית הכניס רש"י בכלל הפטור, שהיא תוכל לראות את האבל דרך האויר שבין שתי כתיפות של העומדים בשורה הפנימית, ואין חייב אלא היקף שלישית. **וק"ל** דא"כ למה אמרו שורה לשון יחיד, הל"ל שורות, ותו מאי הוצרך רש"י להזכיר חלל ההיקף. **ונלע"ד** דרש"י תיקן בזה ב' דברים, הא', למה לא אמר שורה הרואה את האבל, שנית, אם השורה דרך ריבוע סביב האבל, נמצא שיש ד' שורות רואות פני אבל, ולמה אמר לשון יחיד, **ע"כ** פי' דבפנים יושבת שורה אחד והאבל ביניהם, ושאר השורות מקיפים בהיקף בעגול סביב אותה השורה. וזהו שכ' רש"י היקף אחורי השורה, ר"ל שמקיפין השורה גם אחריה, וכל שטח היקף אותה שורה מיקרי שורה א', אע"פ שהיא גם מאחוריים, כנ"ל ליישב דעת רש"י – ט"ז›. ‹**והוא** דחוק בעיני א"צ להאריך, ולפע"ד נראה דתיבת אחורי שכתב רש"י ז"ל, הוא כמו אחרי, או צ"ל אחרי במקום אחורי, וקאמר דרואה פנימה, היינו חלל ההיקף מה שהוא אחר השורה הפנימית, דהיינו כשנתחיל משורות החיצונות עד השורה הפנימית ואחריה, ומה שאחר הפנימיות מצד זה, היינו חלל ההיקף שהאבל יושב שם, **ואף** שלשון אחרי קצת דחוק לפי זה, מ"מ נ"ל דעדיף לסבול דוחק זה מלסבול שאר דוחקים, ונ"ל דכך הבינוהו מהרש"א ומהרש"ל ושאר המפרשים שלא פי' בו כלום - מאמ"ר›

[ב] **לשון הרמב"ם בפ"י מהלכות כלאים הכ"ט ממימרא דרב יהודה אמר רב ברכות דף י"ט ע"ב, וכפי גירסתו שם בגמ', המוצא כלאים פושטו, ולא גרס בבגדו, והמוצא כלאים על חבירו קאמר, וכעובדא דרב אדא בר אהבה שם דף כ' ע"א, וסיים שם שאין כבוד הבריות דוחה איסור לא תעשה המפורש בתורה**

[ג] **שם ונלמד מהא דאמרו שם בגמרא, כל מקום שיש חילול השם אין חולקין כבוד לרב**

[ד] ‹ע"פ מהדורת נהרדעא, אבל שם כתב סי' שעב ס"א, והוא ט"ס›

[ה] **ברייתא ברכות דף י"ט ע"ב וכאוקימתא דרבי אבא שם**

אות ד׳ – ה׳

מנפח אדם בית הפרס והולך

בית הפרס שנדש טהור

רמב״ם פ״ו מהל׳ קרבן פסח ה״ח - מי שבא בבית הפרס, הרי זה מנפח והולך, ואם לא מצא עצם ולא נטמא, שוחט ואוכל פסחו, ואף על פי שהלך בבית הפרס, שטומאת בית הפרס מדבריהן כמו שביארנו בהלכות טמא מת, ולא העמידו דבריהם במקום כרת כמו שביארנו; וכן בית הפרס שנדוש טהור לעושה פסח.

אות ו׳

מדלגין היינו על גבי ארונות של מתים לקראת מלכי ישראל, ולא לקראת מלכי ישראל בלבד אמרו אלא אפילו לקראת מלכי אומות העולם, שאם יזכה יבחין בין מלכי ישראל למלכי אומות העולם

טור יו״ד סימן שעב - אע״פ שהכהן אסור ליכנס לשדה שנחרש בו קבר או לארץ העמים, אם צריך לילך שם לדבר מצוה כגון לישא אשה או ללמוד תורה, ואין לו דרך אחר לעבור, יכול לעבור דרך שם, אפילו אם מוצא ללמוד במקום אחר; וכן אבל העובר דרך שם, יכול הכהן לילך אחריו לנחמו; ומטעם זה קאמר בגמרא שהיו מדלגין על הקברות לילך לקראת מלכי ישראל ונכרים, דכיון דרוב ארונות יש בהן פותח טפח, אין בו אלא איסורא דרבנן, ולדבר מצוה לא אסרו; [ד]וזהו דוקא בימיהם שהיו קוברין בענין שיש ביציאת הקבר פותח טפח, אבל האידנא שכולו סתום, אפילו יש בו אויר טפח, כל כנגדו טמא מן התורה.

אות ז׳

היה כהן והיא בבית הקברות, או היה זקן ואינה לפי כבודו, או שהיתה מלאכתו מרובה משל חברו וכו׳

חו״מ סימן רעב ס״ב - היה כהן והבהמה רובצת בין הקברות, אינו מטמא לה.

חו״מ סימן רעב ס״ב - וכן אם היה זקן שאין דרכו לפרוק ולטעון, הואיל ואינה לפי כבודו, פטור. זה הכלל, כל שאילו היתה שלו היה פורק וטוען, ה״ז חייב לטעון ולפרוק בשל חבירו.

---

§ מסכת ברכות דף כ. §

אות א׳

אבל מטמא הוא למת מצוה

יו״ד סימן שעד ס״א - [א]מצוה להטמאות למת מצוה, אפילו הוא כהן גדול ונזיר, והולך לשחוט את פסחו, ולמול את בנו, ומצא מת מצוה, הרי זה מיטמא לו - ‹בתוספות נזיר כתבו, דאפילו לטלטלו מחמה לצל שלא יסריח שרי - רעק״א›. ‹**לא** רק לקבורה מיטמאין כהנים למת מצוה, אלא גם לכל הכבוד שצריך מדינא לעשות למת זה, מיטמאין, **ולכן** רשב״ג שהיה הנשיא וגדול העולם, ולא היה ר׳ ישמעאל כה״ג יכול לעשות לו שם במקום ההריגה אלא כבוד זה לבד, ליטול ראשו מהקרקע ולומר איך עתה לוחכת את העפר, אף שלא היה להחזיק הרבה זמן, אלא רק זמן קצר עד שהרגו אותו נמי, היה כבוד המחוייבין לעשות לרשב״ג, שאף כהנים מחוייבין - אג״מ›.

אות ב׳

נשים ועבדים וקטנים פטורין מקריאת שמע

סימן ע ס״א - [ב]נשים ועבדים פטורים מק״ש - אפילו מדרבנן, [ב״ח ולח״מ, וכן משמע מהגר״א ומהש״ס שם, אמר לה רבא וכו׳], **מפני שהיא מצות עשה שהזמן גרמא** - דתלה הכתוב בזמן שכיבה וזמן קימה.

ופטורות ג״כ מברכות ק״ש, דיש להם ג״כ זמן קבוע, כדלעיל בסימן נ״ח ס״ו, **אבל** ברכת "אמת ויציב" דניתקן על ענין זכירת יציאת מצרים, וכן הברכות שלאחריה דערבית, מחוייבות לאמרם, דמצות זכירת יציאת מצרים נוהגת ביום ובלילה, [וגם "השכיבנו", דכגאולה אריכתא היא], **וא״כ** ממילא צריכים לסמוך גאולה לתפלה, דבתפלה חייבות כדלקמן סימן ק״ו ס״א, כן כתב המ״א, **ועיין** בפמ״ג שכתב, דלמאן דסובר זכירת י״מ בלילה הוא [ג]רק מדרבנן, ואסמכתא אקרא, א״כ ממילא הוא מ״ע שהזמן גרמא, ופטורות מן התורה, רק מדרבנן ‹דחייבו אף בלילה, א״כ חיובו כל הזמן, ולכן מדרבנן הנשים› **חייבות**, וכ״כ בספר ישועות יעקב, **ואפי׳** אם נימא דהוא מצוה מה״ת ביום ובלילה, מצדד בספר שאגת אריה דהנשים פטורות, מטעם דהזכרה דיום היא מצוה בפני עצמה, ואם לא הזכיר ביום, א״צ להזכיר הזכרה זו בלילה, ומה שמזכיר בלילה היא מצוה בפני עצמה. ‹ע״פ מ״ב המבואר›.

ופסוקי דזמרה, עיין בחידושי רע״א דמוכח מדבריו, דהעיקר ניתקנו בשביל התפלה, א״כ ממילא חייבות, [**והגר״ז** כתב להיפך, וצ״ע].

‹המשך ההלכות מול עמוד ב׳›

באר הגולה

[ד] ‹כ״כ התוספות שם (ד״ה רוב) – ב״י› [א] **ברייתא ברכות דף י״ט ע״ב ונזיר דף מ״ח ע״ב** [ב] **ברכות כ׳** [ג] ‹לרש״י [כ: ד״ה הכי גרסינן] מצות עשה דרבנן שהזמן גרמא נשים חייבות – שם›. ‹דהיינו כמו שכתבו התוס׳ ד״ה בתפלה, מאי מצות עשה שייכי ביה, היינו כיצד שייך לומר שהיא מצות עשה, שהיינו אומרים שנחשבת כמצות עשה שהזמן גרמא, והרי לפי״ז נשים פטורות ממצוה דרבנן שהזמן גרמא, ובאמת הן חייבות בזה – ראש יוסף›

עין משפט נר מצוה

כה א מיי׳ פ״ג מהלכות אבל הלכה ח טור שו״ע יו״ד סימן שע״ד סעיף א:
כו ב מיי׳ פ״ד מהלכות ק״ש הלכה א ... טור ושו״ע או״ח סימן ע סעיף א ג:

תורה אור

*אבל מטמא הוא למת מצוה אמאי לימא אין חכמה ואין תבונה ואין עצה לנגד ה׳ שאני התם דכתיב ולאחותו ולינמר מינה *שב ואל תעשה שאני: אמר ליה רב פפא לאביי מאי שנא ראשונים דאתרחיש להו ניסא ומאי שנא אנן דלא מתרחיש לן ניסא *אי משום תנויי בשני דרב יהודה כולי תנויי בנזיקין הוה ואנן קא מתנינן שיתא סדרי וכי הוה מטי רב יהודה בעוקצין *האשה שכובשת ירק בקדרה ואמרי לה *זיתים שכבשן בטרפיהן טהורים אמר הויות דרב ושמואל קא חזינא הכא ואנן קא מתנינן בעוקצין תליסר מתיבתא ואילו רב יהודה כי הוה שליף חד מסאניה אתי מטרא ואנן קא מצערינן נפשין ומצוח קא צווחינן ולית דמשגח בן אמר ליה קמאי הוו קא מסרי נפשייהו אקדושת השם אנן לא מסרינן נפשין אקדושת השם כי הא דרב אדא בר אהבה חזייה לההיא כותית דהוות לבישא *כרבלתא בשוקא סבר דבת ישראל היא קם קרעיה מינה אגלאי מילתא דכותית היא שיימוה בארבע מאה זוזי א״ל מה שמך אמרה ליה מתון אמר לה מתון מתון ארבע מאה זוזי שויא: רב גידל הוה רגיל דהוה קא אזיל °ויתיב אשערי דטבילה אמר להו הכי טבילו והכי טבילו אמרי ליה רבנן לא קא מסתפי מר מיצר הרע (א) אמר להו דמיין באפאי כי קאקי חיורי *ר׳ יוחנן הוה רגיל דהוה קא אזיל ויתיב *אשערי דטבילה אמר כי סלקן בנות ישראל ואתיין מטבילה מסתכלן בי ונהוי להו זרעא דשפירי כוותי אמרי ליה רבנן לא קא מסתפי מר מעינא בישא אמר להו אנא *מזרעא דיוסף קא אתינא דלא שלטא ביה עינא בישא דכתיב °בן פורת יוסף בן פורת עלי עין ואמר רבי אבהו אל תקרי עלי עין אלא עולי עין רבי יוסי ברבי חנינא אמר מהכא °וידגו לרוב בקרב הארץ מה דגים שבים מים מכסין עליהם ואין עין הרע שולטת בהם אף זרעו של יוסף אין עין הרע שולטת בהם ואב״א עין שלא רצתה לזון ממה שאינו שלו אין עין הרע שולטת בו:

מתני׳ ¹נשים ועבדים וקטנים פטורין מק״ש ומן

רש״י

אבל מטמא הוא למת מצוה. והוא כבוד הבריות ודוחה דבר תורה: **שב ואל תעשה שאני.** דברים רבים התירו לעקור דבר תורה מפני סייג ומפני כבוד הבריות היכא דאינו עוקר דבר במעשה ידים אלא יושב במקומו ודבר תורה נעקר מאליו כגון תקיעת שופר ולולב בשבת וסדין בציצית ודכוותייהו סוגיא ביבמות (דף צ:) אבל מעקר בידים לא והלובש כלאים עוקרו במעשה ממש שהוא לובשו וטומאת גופי׳ שהותרה לכהן ולנזיר ליטמא למת מצוה דקא מעקר בידים מפני כבוד הבריות דלאו שב ואל תעשה הוא היינו טעמא דלא גמרינן מיניה דהתם (ב) לאו כבוד הבריות הוא דדחי לא תעשה דידה דמעיקרא כשנכתב ל״ת דטומאה לא על מת מצוה נכתב כשם שלא נכתב על הקרובים אבל השבת אבדה ופסח לכל ישראל נאמר ואלא כבוד הבריות נתנו לדחות ע״כ היינו דדחייתן איכה בידים אלא בישיבתו תדחה המצוה אבל כלאים דבמעשה ידיו ידחה הזהיר באזהרתו: **בנזיקין הוה.** לא היו גדולים בכל גמרא של ד׳ סדרים אלא *בתלתא בבי שלנו והאי מילתא נקט הכא משום דמיירי שמוסרין נפשם על קדושת השם ועד השתא איירי נמי במי שמבזה עצמו על קדושת השם לפשוט כלאים בשוק: **האשה שכובשת ירק או זיתים שכבשן בטרפיהן.** משנה היא במס׳ עוקצין*: **טהורים.** שמוסקין זיתים עם העלין כדי לאחזן בהן דהוו להו עלין יד לזיתים להביא להם טומאה כדאמרינן בהעור והרוטב (דף קיח.) שהיד מביא טומאה על האוכל ואם כבשן בטרפיהן בחומץ בטלה תורת יד מן העלין לפי שהכבישה מרקבתן ומרככתן ואינן ראוין שוב לאחוז בהן: **הויות דרב ושמואל קא חזינא הכא.** כלומר טעם המשניות הללו קשה עלי ככל הקושיות שהיו שני רבותי מתקשין בהן בכל הגמ׳: **בתליסר מתיבתא.** בי״ג פנים יש בינינו משנה וברייתא של ששה סדרים ומסכת עוקצין גם היא בי״ג פנים כגון משנת רבי ור׳ חייא ומשנת בר קפרא ולוי ותנא דבי שמואל והכי אמרינן במסכת נדרים (דף מא.) רבי מתני הלכתא בי״ג פנים: **כרבלתא.** שם לבוש חשוב כמו פטשיהון וכרבלתהון (דניאל ג): **מתון מתון.** לשון מאתן: **ד׳ מאות.** ב׳ פעמים ב׳ מאות כלומר השם גרם לי. לשון אחר מתון מתון לשון המתנה אם המתנתי הייתי משתכר ד׳ מאות זוז: **כי קאקי חיורי.** אווזים לבנים: **ר׳ יוחנן.** אדם יפה תואר היה דאמרי׳ בהשוכר את הפועלים (דף פד.) שופריה דר׳ אבהו מעין שופריה וכו׳: **עולי עין.** מסולקין מן העין שאינה שולטת בהן: **שלא רצתה לזון.** ליהנות מאשת אדוניו: **מתני׳ נשים ועבדים וקטנים פטורים מק״ש.** שהיא מ״ע שהזמן גרמא וקי״ל בקדושין (דף כט.) דנשים פטורות מדאורייתא ותפילין נמי מ״ע שהזמן גרמא דסבר לילה ושבת לאו זמן תפילין נינהו: **קטנים.** אפי׳ קטן שהגיע לחנוך לא הטילו על אביו לחנכו בק״ש לפי שאינו מצוי תמיד כשמגיע זמן ק״ש:

תוספות

לא יטמא אפי׳ עושה פסחו גרידא וא״ת מהיכא פשיטא ליה אמרת לא יטמא וי״ל כדפירש״י דלא אתי עשה שאין בו כרת כטומאה קרובים וידחה עשה שיש בו כרת כגון עושה פסח וגם מילה שייך בה כרת וא״ת התם דפריך על מעשה דיוסף הכהן מנ״ל [לתלמודא] דהכא מיירי בעושה פסחו לחוד וי״ל מדלא קייל גבי עושה פסחו כמו גבי אחרים מי שהיה נזיר וכהן הדיוט דמעיקרא נקט נזיר לחוד ואח״כ נזיר וכהן הדיוט וכו׳ וא״ת מנא ליה (לתלמודא) דהאי קרא בעושה פסחו ולמול את בנו הא קרא כתיב בנזיר וי״ל אם אינו ענין בנזיר דהא כתיבי פסוקים אחרים דמטמא במת מצוה תנהו ענין להולך לשחוט פסחו וכו׳. והשר מקולי מיישב פירש״י דמיירי הכא דיש בו כל הקדושות הללו כו׳ ומ״מ פריך התם גבי יוסף הכהן דע״כ אף בעושה פסח גרידא אינו רשאי לטמא דאי ס״ד עושה פסח מטמא לקרובים. ולאחותו למה לי למימר דמטמא למת מצוה כיון דמטמא לקרובים אלמא עושה פסחו אינו מעלה עליו שום חומרא טפי א״כ פשיטא דמטמא למת מצוה וכי תימא מכל מקום צריך קרא דמטמא למת מצוה מפני שיש בו ג׳ קדושות נזיר וכהן ועושה פסח ולעולם אימא לך דעושה פסח גרידא מטמא לקרובים לא היא דהא כבר שמעינן מלאביו ולאמו ולאחיו דנזיר וכ״ג לא מהני מידי למת מצוה א״כ ע״כ קראי לא אצטריכו אלא למעלה דפסח ולמה לי פשיטא דאי מטמא לקרובים כ״ש למת מצוה ואע״ג דאצטריך קרא דלאמו לכהן הדיוט ונזיר דמטמא למת מצוה אע״ג דכתב קרא דמטמא לקרובים ואצטריך קרא שהן ב׳ קדושות אע״ג דשמעינן כבר דמעלה דנזיר לא מהני מידי למת מצוה מלאביו ה״מ כהן דקדושתו קדושת עולם ומשום הכי יש לנו לומר כי יש לו שתי קדושות דטפי קדושה ולכך אצטריך קרא אבל עושה פסח שקדושתו לפי שעה אם אתה מתיר לו לקרובים ה״ה למת מצוה מכ״ש דמאי חזית ליתן לו קדושה טפי גבי מת מצוה יותר מן הקרובים. א״נ יש לפרש בקולר הברייתא מדתניא גרידא על ישראל נזיר ואח״כ נזיר וכהן הדיוט ואח״כ נזיר וכ״ג וא״כ מסברא יש לנו לומר (כי יש) דאינו מטמא לקרובים כמו נזיר וכלהו איך ודוק מעצמך: **שב ואל תעשה** שאני. וא״ת נזיר וכ״ג קום עשה הוא דיטמא למת ותירץ רש״י דקרא גלי לן דלאו דלא יטמא לא נאמר גבי מת מצוה ולא נהירא דא״כ כל מקום דאמרי׳ שעשה דוחה ל״ת לקרי שב ואל תעשה וכו׳ והיאך קרי ליה דחייה אימא שאינו דחייה דהתם לא נאמר הלאו ועוד דהא מילה ותמיד ופסח דדחו שבת כדאמרינן פרק אלו דברים (פסחים דף סט:) אלמא מקרי שפיר דחייה. אלא נראה דמנזיר לא גמרינן דמה לנזיר שכן ישנו בשאלה וכן מכהן מה לכהן שכן לאו שאינו שוה בכל: **זיתים** שכבשן בטרפיהן טהורים. פירש הקונטרס כיון דכבשן בקדרה בטלים מתורת יד להביא טומאה ולא נהירא דא״כ מאי האי דקאמר עלה שלא נכבשו אלא למראה מה נתינת טעם יש דבטליניהו מתורת יד לכך נראה לפרש דטהורים משום דאותן עלין לא חשיבי אוכל שאינן ראוין לאכילה אלא ע״י אותה כבישה בקדרה שלא נכבשו אלא למראה כלומר מה שכבש העלין עמהן לא כבשן אלא להראות שהזיתים נאים וחדשים ומשום הכי טהורים. אבל כבשן להיות ראויין לאכילה משעה שיהו מתוקנין לראיית אכילה טמאים: **תליסר** מתיבתא. יש מפרשין תליסר ישיבות יש בנו שבקיאים ותליסר לאו דוקא אלא לשון הרגיל בגמ׳ כמו תליסר (חולין מד:) זוזי פשיטי ורש״י פי׳ בע״א*): **וקטנים** פטורין מק״ש. פירש הקונטרס קטן שהגיע לחנוך ולא נהירא דהא פ׳ לולב הגזול (סוכה דף מב.) אמרי׳ קטן היודע לשמור תפילין אביו חייב לקנות לו תפילין אלמא כשהגיע לחנוך דשייכי ביה תפילין חייב בתפילין ובק״ש נמי יש לחייבו יותר מסתמא מדאשכחן התם קטן היודע לדבר אביו מלמדו תורה ופסוק ראשון של ק״ש ונראה לר״ת דמיירי בקטן שלא הגיע לחנוך ומיהו סיפא דקתני וחייבין בתפלה היה ר״י ר״ל דמיירי בקטן שהגיע לחנוך דאי לא הגיע לא הוו להו לחייבו בתפלה ולא נהירא דאם כן לא הוו להו קטנים דומיא דנשים ועבדים שפטורים בכל ענין וקטנים אינם פטורים אלא בשלא הגיע ואין יודע לשמור תפיליו ופי׳ ר״ת דודאי איירי הכל בקטן שלא הגיע לחנוך וחייבין דסיפא קאי אנשים ועבדים לחוד אבל קטנים פטורים מכל וכל כיון דלא הגיע לחנוך וא״ת א״כ אמאי תנא קטנים בהדי נשים ועבדים כיון דאין שוין כדפרישית וי״ל דכן דרך התנא לשנות יחד נשים ועבדים וקטנים שלא הגיעו לחנוך כמו נשים ועבדים וקטנים פטורים מסוכה (סוכה דף כח.): בתפלה

*) וע״ע רש״י שבת קיט. ד״ה תריסר וז״ל תליסר ותוס׳ ב״ב קנג: ד״ה עליתא ורש״י ותוס׳ חולין צה: ד״ה תריסר וז״ל תליסר:

רב נסים גאון

לאביו ולאמו לאחיו ולאחותו לא יטמא זה שדבר הכתוב בכל אלו הקרובין צריך היה הדבר להזכיר את כולם שאי אפשר שיזכיר דבר שאין בו תלמוד כדכתיב (דברים לב) כי לא דבר רק הוא מכם ואין לנו דרך לידע לאיזה תלמוד נכתבו כולם אלא מקבלת החכמים ז״ל לפי שאם באנו לעיין בהם מדרך דעתנו היה עולה על לבנו כי בהזכירו את האב שמעלתו למעלה מכולם והאם עם הבנים חייבים בכבודו לא היה צריך להזכיר את השאר והיינו אומרים אם הזהיר הכתוב מליטמא לאב שהוא עדיף מכולם כל שכן לשאר קרובין שהם פחותין ממנו ולא היינו יודעין מה צורך היה לו להזכיר האם והאח והאחות עד ששמענו קבלה של חכמים שבירושם ופירשום ואמרו כי לאביו ולאמו צריך הדבר להזכיר את שניהם שאם היה מזכיר את אחד מהן לא היינו למדין ממנו חברו לפי שכל אחד מהם יש לו מעלה מיוחדת לו ואינה כחברו שהאב עדיף מן האם שבנו מיוחס אחריו ולא אחר האם והאם יש לה יתרון על האב מפני שהיא ודאי אמו ואביו אינו ודאי אלא חזקה שאפשר שתזנה אמו ותהר לנוכרים ויהיה זה הבן מאיש אחר ולתי בעלה ולפיכך הוצרך לומר לאביו ולאמו ואיתא במסכת נזיר בפרק כהן גדול ונזיר אינן מטמאין לקרוביהן (דף מט) לאביו ולאמו למה לי צריכא דאי כתב רחמנא אביו הוה אמינא היינו טעמא דלא מיטמא לית משום דחזקה בעלמא הוא אבל אמו (היא) דודאי ילדתיה ליטמא לה ואי כתב רחמנא אמו הוה אמינא אמו היא דלא מיטמי לה דלא אזיל זרעה בתרה אבל אביו כיון דאמר רחמנא (במדבר א) למשפחותם לבית אבותם אימא ליטמי ליה קמ״ל ועוד אמרו (שם דף מח) אם הוצרך לומר אביו ואמו למה הזכיר עוד את אחיו והלא אין צריך להזכירו מפני שהוא נלמד מאביו ואמו זה שהזכיר את אחיו לא לצורך עצמו נאמר אלא ללמד על מת מצות שאין לו קוברין נאמר שמותר לנזיר להטמא לו ולהתעסק בקבורתו כדתניא לאחיו אינו מיטמא אבל מטמא למת מצות ונשתיירה עדיין אחותו ושאלנו עליה למה הוצרך הכתוב עוד להזכירה ולאחותו מה תלמוד והשבנו כי הוצרך להזכירה ללמוד ממנה תוספת תלמוד שהנזיר אפי׳ אם היה הולך לעשות מצוה ונזדמן לו מת מצוה שיניח את המצוה שהיה סובר לעשותה ויטמא למת מצוה ויתעסק בו עד שיקברנו ולפיכך הזכיר הכתוב את אחותו כי כשהוכיר אחיו למדנו כי הנזיר מטמא למת מצוה בזמן שאינו מתעסק למצוה אחרת והזכרנו עוד לידע אם בזמן כשהוא עוסק במצוה יניחנה ויתעסק במת מצוה אם לאו אתא ולאחותו ללמד כי מת מצוה קודם כמו שאמרו הרי שהיה הולך לשחוט את פסחו ולמול את בנו כו׳ ת״ל ולאחותו לאחותו הוא דאינו מיטמא אבל מיטמא למת מצוה ודרשינן ליה תו בדרך אחרת לאביו הוא דאינו מיטמא אבל מיטמא למת מצוה לאמו לאמו אינו מיטמא אבל מיטמא למת מצוה לאחיו שאם היה כהן והוא נזיר לאחיו אינו מטמא אבל מטמא למת מצוה ולאחותו מה תלמוד לומר הרי שהיה הולך לשחוט פסחו ולמול את בנו כו׳ מכל מקום ולאחותו בא ללמדנו מה שכבר הזכרנו: **ואילו** רב יהודה כי מטי גבי האשה שכובשת ירק בקדרה. זו המשנה בתחלת פרק שני דמסכת טהרות. ואמרי

ומן התפלין וחייבין בתפלה ובמזוזה ובברכת המזון: **גמ'** ק"ש פשיטא מצות עשה שהזמן גרמא הוא וכל מצות עשה שהזמן גרמא נשים פטורות מהו דתימא הואיל ואית בה מלכות שמים קמ"ל: ומן התפלין: פשיטא מהו דתימא הואיל ואתקש למזוזה קמ"ל: וחייבין בתפלה: דרחמי נינהו (א) מהו דתימא הואיל וכתיב בה ערב ובקר וצהרים כמצות עשה שהזמן גרמא דמי קמ"ל: ובמזוזה: פשיטא מהו דתימא הואיל ואתקש לתלמוד תורה קמשמע לן: ובברכת המזון: פשיטא מהו דתימא הואיל וכתיב בתת ה' לכם בערב בשר לאכל ולחם בבקר לשבע כמצות עשה שהזמן גרמא דמי קמ"ל: אמר רב אדא בר אהבה נשים חייבות בקדוש היום דבר תורה אמאי מצות עשה שהזמן גרמא הוא וכל מצות עשה שהזמן גרמא נשים פטורות אמר אביי מדרבנן א"ל רבא והא דבר תורה קאמר ועוד כל מצות עשה נחייבינהו מדרבנן אלא אמר רבא אמר קרא זכור ושמור כל שישנו בשמירה ישנו בזכירה והני נשי הואיל ואיתנהו בשמירה איתנהו בזכירה א"ל רבינא לרבא נשים בברכת המזון דאורייתא או דרבנן למאי נפקא מינה לאפוקי רבים ידי חובתן אי אמרת (בשלמא) דאורייתא אתי דאורייתא ומפיק דאורייתא (אלא אי) אמרת דרבנן הוי שאינו מחוייב בדבר וכל שאינו מחוייב בדבר אינו מוציא את הרבים ידי חובתן מאי ת"ש באמת אמרו בן מברך לאביו ועבד מברך לרבו ואשה מברכת לבעלה אבל אמרו חכמים תבא מארה לאדם שאשתו ובניו מברכין לו אי אמרת בשלמא דאורייתא אתי דאורייתא ומפיק דאורייתא אלא אי אמרת דרבנן אתי דרבנן ומפיק דאורייתא ולטעמיך קטן בר חיובא הוא אלא הכא במאי עסקינן כגון שאכל שיעורא דרבנן דאתי דרבנן ומפיק דרבנן: דרש רב עוירא זמנין אמר לה משמיה דר' אמי וזמנין אמר לה משמיה דר' אסי אמרו מלאכי השרת לפני הקב"ה רבש"ע כתוב בתורתך אשר לא ישא פנים ולא יקח שחד והלא אתה נושא פנים לישראל דכתיב ישא ה' פניו אליך אמר להם וכי לא אשא פנים לישראל שכתבתי להם בתורה ואכלת ושבעת וברכת את ה' אלהיך והם מדקדקים [על] עצמם עד כזית ועד כביצה: **מתני'** בעל קרי מהרהר בלבו ואינו מברך לא לפניה ולא לאחריה ועל המזון מברך לאחריו ואינו מברך לפניו רבי יהודה אומר מברך לפניהם ולאחריהם: **גמ'** אמר רבינא זאת אומרת הרהור כדבור דמי דאי סלקא דעתך לאו כדבור דמי למה מהרהר אלא מאי הרהור כדבור דמי יוצא בשפתיו כדאשכחן בסיני ורב חסדא אמר הרהור לאו כדבור דמי דאי סלקא דעתך הרהור כדבור דמי יוצא בשפתיו אלא מאי הרהור לאו כדבור דמי למה מהרהר אמר רבי אלעזר כדי שלא יהו כל העולם עוסקין בו והוא יושב ובטל ונגרוס בפרקא אחרינא (ב) אמר רב אדא בר אהבה בדבר שהצבור עוסקין בו והרי

רש"י

ומן התפלין. משום דסתם קטן אינו יודע לשמור גופו שלא יפיח בהן: **וחייבין בתפלה**. דתפלה רחמי היא ומדרבנן היא ותקנוה אף לנשים ולחנוך קטנים: **ובמזוזה ובברכת המזון**. מזוזה מצות עשה שלא הזמן גרמא ובגמרא פריך פשיטא: **ברכת המזון**. בגמרא בעי לה דאורייתא או דרבנן: **גמ' מהו דתימא נקיש תפלין למזוזה**. דכתיב וקשרתם וכתבתם מה מזוזה נשים חייבות אף תפילין נשים חייבות קמשמע לן: הכי גרסינן תפלה דרחמי נינהו. ולא גרס פשיטא דהא לאו דאורייתא היא: **נקיש מזוזה לתלמוד תורה**. דכתיב (דברים יא) ולמדתם אותם את בניכם וסמיך ליה וכתבתם מה תלמוד תורה נשים פטורות ואע"ג דאין הזמן גרמא רחמנא פטרינהו דכתיב את בניכם ולא בנותיכם אף מזוזה נשים פטורות קמ"ל דנשים חייבות דכתיב למען ירבו ימיכם גברי בעו חיי נשי לא בעו חיי בתמיה: **קדוש היום מ"ע שהזמן גרמא הוא**. זכור את יום השבת לקדשו (שמות כ) זכרהו על היין: **בשמירה**. דלא תעשה מלאכה (שם): **והני נשי איתנהו בשמירה**. דתנן (קדושין דף כט.) כל מצות לא תעשה בין שהזמן גרמא בין שאין הזמן גרמא נשים חייבות דהשוה הכתוב אשה לאיש לכל עונשים שבתורה: **נשים בברכת המזון דאורייתא**. דכתיב ואכלת ושבעת (דברים ח) והוה ליה מצות עשה שאין הזמן גרמא: **או דרבנן**. דכתיב על הארץ הטובה אשר נתן לך (שם) והארץ לא נתנה לנקבות להתחלק ולאי משום בנות צלפחד חלק אביהם הם דנטלו שהיה מיוצאי מצרים: **בן**. קטן: **מברך**. ברכת המזון לאביו אם אין אביו יודע לברך: **שיעורא דרבנן**. כגון כזית לר"מ וכביצה לרבי יהודה דמדאורייתא ואכלת ושבעת וברכת כתיב אבל בשיעור כי האי לא מחייב אלא מדרבנן והלכך אתי קטן דרבנן ומפיק גדול: **עד כזית עד כביצה**. עד כזית לר"מ עד כביצה לר' יהודה דתנן (לקמן דף מה.) עד כמה מזמנין ר"מ אומר עד כזית ר' יהודה אומר עד כביצה: **מתני' בעל קרי**. מתקנת עזרא ואילך שתקן טבילה לבעלי קריין לעסוק בתורה כדאמרי' בב"ק בפרק מרובה (דף פב:): **מהרהר**. ק"ש בלבו כשמגיע זמן המקרא: **ואינו מברך**. אפילו בהרהור: **לא לפניה ולא לאחריה**. כיון דברכות לאו מדאורייתא מחייב לא אצרכוהו רבנן: **ועל המזון מברך לאחריו**. דחיובא דאורייתא הוא: **ואינו מברך לפניו**. דלאו דאורייתא הוא: **רבי יהודה אומר וכו'**. בגמ' מפרש לה: **גמ' כדבור דמי**. וכל אדם נמי יוצא ידי חובתו בהרהור: **למה מהרהר**. מה מועיל: **כדאשכחן בסיני**. שהפרישן מאשה דכתיב אל תגשו אל אשה (שמות יט) ועל פרישה זו סמך עזרא לתקן טבילה לבעלי קריין קודם שיעסקו בתורה דכתיב (דברים ד) והודעתם לבניך וסמיך ליה יום אשר עמדת לפני ה' אלהיך בחורב כדאמרינן לקמן בפרקין (דף כא:):

תוספות

בתפלה פשיטא כיון דכתיב ערב ובקר וצהרים אשיחה ואהמה כמצות עשה שהזמן גרמא הוי קמ"ל דרחמי נינהו. ורש"י לא גרים ליה שהרי תפלה דרבנן היא ומאי מ"ע שייכי ביה. ומ"מ יש ליישב דהא הלל דרבנן ונשים פטורות מהאי טעמא דמצות עשה שהזמן גרמא הוא כדאמרינן בסוכה (דף לח.) מי שהיה עבד ואשה או קטן מקרין אותו עונה אחריהן מה שהם אומרים דאין השומע פטור מקריאתן כיון שהם פטורים: **איכא** דגרסי בברכת המזון פשיטא. ומשני כיון דכתיב בתת ה' לכם בערב בשר לאכול ולחם בבקר לשבוע כמ"ע שהזמן גרמא הוא קמ"ל: **נשים** בברכת המזון דאורייתא או דרבנן. פי' הקונטרס דסלקא דעתך דלא מחייבי מדאורייתא משום דכתיב על הארץ הטובה ונשים לא נטלו חלק בארץ ומה שנטלו בנות צלפחד חלק אביהם נטלו. ותימה כהנים ולוים נמי תבעי שהרי לא נטלו חלק בארץ וא"כ לא יוציאו אחרים ידי חובתן בברכת המזון אלא י"ל דטעמא משום דכתיב על בריתך שחתמת בבשרנו ועל תורתך שלמדתנו ונשים ליתנהו לא בברית ולא בתורה ואמרינן לקמן (דף מט.) מי שלא אמר ברית ותורה בברכת המזון לא יצא ידי חובתו והשתא קא מבעיא ליה כיון דלא מצו למימר ברית ותורה לא הוו אלא מדרבנן או דלמא כיון דלא שייך בהו הוי שפיר דאורייתא והא דלקמן מיירי באנשים דשייכי בברית ותורה: **בעל** קרי מהרהר בלבו ואינו מברך לא לפניה ולא לאחריה. פי' אפילו בהרהור כדמשמע בגמ' והיינו טעמא דשריא טפי בק"ש מברכות משום דק"ש דאורייתא וברכות דרבנן ואפי' למ"ד ק"ש דרבנן היינו היכא דהזכיר יציאת מצרים אבל מתניתין שלא הזכיר יציאת מצרים שלא התירו לו לומר אמת ויציב והוי ק"ש דאורייתא ואמת ויציב דרבנן שהרי הזכיר יציאת מצרים בק"ש ואין להקשות נתקן דלימא אמת ויציב ולא לימא ק"ש דהא עדיף דלימא ק"ש דאית ביה נמי מלכות שמים: **יוציא** בשפתיו. כיון דשרית ליה הרהור אע"פ שהוא כדבור לענין לצאת ידי ק"ש כמו כן מקרי דבור לענין דמקרי עוסק בתורה ומדשרית ליה להרהר אע"פ שהוא בעל קרי התיר לו גם דבור: **כדאשכחן** בסיני. פירוש אף ע"ג דכדבור דמי לענין שיצא מ"מ לאו כדבור דמי לענין שיהא בעל קרי אסור להרהר כדאשכחן בסיני דהיה שם דבור והיו צריכין לטבול ואע"פ שהיו שותקין שומע כעונה [סוכה לח:]: **ורב** חסדא אמר לאו כדבור דמי. ר"ח פירש דהלכה כרב חסדא מדתרלי רב אדא ורבי אלעזר למלתיה שמע מינה כותיה קיימי ולא יצא בקריאת שמע בהרהור: והרי

עין משפט נר מצוה

כו א מיי' פ"ד מהלכות תפילין הלכה יג סמג עשין כב טוש"ע או"ח סימן לח סעיף ג: כח ב מיי' פ"א מהל' תפלה הלכה ב סמג עשין יט טוש"ע או"ח סימן קו סעיף ב: כט ג מיי' פ"ה מהלכו' מזוזה הלכה י סמג עשין כג טוש"ע יו"ד סימן רצא סעיף ג: ל ד מיי' פ"ה מהלכות ברכות הלכה א סמג עשין כז טוש"ע או"ח סימן קפו סעיף א ב: לא ה מיי' פי"ב מהל' ע"ג הלכה ג סמג עשין כט טוש"ע או"ח סימן רעא סעיף ב: [ה מיי' פ"ה מה' ברכות הלכה א' טוש"ע שם]: לב ו מיי' פ"א מהלכות ברכות הלכה יא: לג ז ח מיי' פ"ה שם הלכה טו וטז סמג עשין כז טוש"ע או"ח סימן קפו סעיף ג: לד (ט מיי' פ"ד מהל' ק"ש הלכה ח סמג עשין יח טוש"ע או"ח סימן סח): לה (י) ב טוש"ע או"ח סי' סב סעיף ג(ד):

רב נסים גאון

לא זיתים שכבשן בטרפיהן וזו המשנה בתחלת פרק ב' דמסכת עוקצין: ורב יהודה כי הוה שליף חד מסאניה אתי מיטרא. איתיה לפירושא במסכת תענית בפרק סדר תעניות האלו (דף כד) והיינו דאמרי' רב יהודה חזנהו לתרתי בי תריד דהוו קא פרצי בריפתא אמר שמע מינה איכא שבעא בעלמא יהב עיניה הוה כפנא אמרו ליה רבנן לרב כהנא בריה דרב נחמיא שמעיה מר דשכיח קמיה נעשייה דליפוק לשוקא עשייה נפק לשוקא חזא כינופיא אמר להו מאי האי [א"ל] אכוספא דתמרי דקא מיזדבן אמר שמע מינה איכא כפנא אמר ליה לשמעיה שלוף לי מסאני שלף ליה חד מסאנא בעא למישלף אידך אתא אליהו כו' ובפרק כל היד המרבה לבדוק דמסכת נדה (דף יג) אמרי' שאני רב יהודה דאימתא דמאריה עליה (קרי) [דקרי] עליה שמואל עליה דרב יהודה אין זה ילוד אשה: ר' יוחנן הוה אזיל ויתיב אשערי טבילה אמר כי סלקן בנות ישראל מטבילה נפגען בי דניהוי להו בני שפירי כותי. אתה מוצא שהזכירו שבח יופיו בבבא מציעא בפרק השוכר את הפועלים (דף פד) אמר ר' יוחנן אנא אשתיירי משפירי ירושלים האי מאן דבעי מיחזי שופריה דר' יוחנן נייתי כסא דכספא מבי סקלי כו': קריאת שמע ותפילין הויין להו מצות עשה שהזמן גרמא וכל מצות עשה שהזמן גרמא נשים פטורות וכל מצות עשה שלא הזמן גרמא אחד אנשים ואחד נשים חייבין. פירשו בברייתא (קדושין דף לג) איזו היא מצות עשה שהזמן גרמא סוכה ולולב שופר וציצית ואיזו היא מצות עשה שלא הזמן גרמא מזוזה ומעקה ומציאת אבדה ושילוח הקן: אקיש מזוזה לתלמוד תורה מה תלמוד תורה פטירי אף מזוזה נמי פטירי קמ"ל. הא נמי איתה בפירקא קמא דקידושין (דף לד) דאקשינן הרי תלמוד תורה פריה ורביה ופדיון הבן דמצות עשה שלא הזמן גרמא ונשים פטורות ואמרינן (שם דף ל) ותלמוד תורה גופיה מנלן דכתיב ולמדתם אותם את בניכם בניכם ולא בנותיכם: כדאשכחן בסיני מה סיני דבור אסור הרהור מותר. במסכת שבת בפרק ר' עקיבא (דף פו) אמרי' אמר אביי בר אבין ור' חנינא בר אבין דאמרי תרווייהו ניתנה תורה לטבולי יום ואמר עלה אמימר ראויה קאמינא ואעפ"כ מי שאירע לו קרי בלילי ר' בסיון דההיא שתא כבר שמע את הדברות ולא סגיא דלא הרהר בלבו: רבי

מסורת הש"ס

קדושין דף כט. [וש"נ]

[שבועות דף כ: ע"ש]

הגהות הב"ח

(א) גמ' דרחמי נינהו (מהו דתימא וכו' קמ"ל) תא"מ ונ"ב כרוב הספרים לא גרסי ליה: (ב) שם ונגרוס בפרק אחריני. (ג) רש"י ד"ה כמ"ב דרך ארץ כדלקמן בדף כ"ג: [נ"ל ראוי]

ר"ס דף כא.

[עי' תוס' לעיל טו. ד"ה ור' יהודה]

גליון הש"ס

גמ' ומן התפלין פשיטא. עיין תוס' עירובין צו ע"ב ד"ה לא ס"ד: שם וכמזוזה פשיטא. עיין יומא דף י"א ע"ב ואם כן לא הוה פשיטא דלא נימא למעטו מן ביתך ולא ביתה. ועי"ק: שם וכבהמ"ז פשיטא. עיין לקמן כסמוך א"ל רבינא לרבא נשים בבהמ"ז דאורייתא או דרבנן. ועי"ע: שם נשים בבהמ"ז דאורייתא. ע' תשובת תשב"ץ ח"א סימן קס"ט: שם ולטעמיך קטן. פ' בר"ן מגילה פ"ב (ובדף ...) בשם הרמב"ן ולע"ג. אח"ז ראיתי ברמב"ן במלחמות ש"ל גירסא אחרת כאן: שם דאתי דרבנן ומפיק דרבנן. עי' ר"ס לג ע"א תוס' ד"ה כא ר' יהודה ועירובין צו תוס' ד"ה דילמא [ומגילה יט תוס' ד"ה ור"י]: שם אמר רבינא זאת אומרת. פי' בטורי אבן מגילה יט ע"ב בד"ה ר"י מכשיר:

ולענין ברכת השחר, לכאורה תלוי זה אם נימא דהברכות האלו יש להם זמן, עיין לעיל בסוף סימן נ"ב במשנה ברורה ובבה"ל, וצ"ע, **ומסתימת** לשון הטוש"ע בסימן מ"ו ס"ד, ובפרט מהלבוש שם, משמע דמברכות ברכות השחר כמו אנשים.

ואולם כ"ז כתבנו לענין חיוב, אבל פשיטא דיכולות להמשיך חיוב על עצמן, ולברך אפי' ברכות ק"ש.

[ד]ונכון הוא ללמדם שיקבלו עליהן עול מלכות שמים. הגה: ויקראו לפחות פסוק ראשון (ב"י בשם אוהל מועד) - בספר נחלת צבי פי', דכונת המחבר כל פרשה א', והרב הוסיף עליו דעכ"פ כל פסוק ראשון, **אבל** בלבוש משמע, דגם כונת המחבר הוא רק פסוק אחד, וזהו שביאר הרב.

משמע מצד הדין פטורין, [ה]**והב"ח** פסק, דחייבין מדינא לקבל מלכות שמים בפסוק א', **אבל** הרבה אחרונים חולקין ע"ז.

סימן ע ס"ב - קטנים פטורים, [ו]לר"ת כשלא הגיעו לחינוך - ומ"מ פסוק ראשון שבק"ש, מצוה על אביו ללמדו משיודע לדבר, ולאו דוקא בזמן ק"ש. **אבל** הגיע לחינוך שהוא כבר שית כבר שבע, חייב אביו לחנכו וכמו בשאר כל המצות, **וגם** שיקראנה בזמן ק"ש, עם הברכות לפניה ולאחריה.

[ז]ולרש"י אפילו הגיעו לחינוך, מפני שאינו מצוי אצלו בזמן ק"ש בערב, וישן הוא בבוקר - ר"ל לכך לא הטילו על אביו לחנכו. **ועיין** בב"ח שכתב, דאם הוא בן י"ב שנה, לכולי עלמא הוטל על אביו לחנכו בזה.

(הנה הגר"ז כתב, דלרש"י פטורים גם מברכות ק"ש, **ולכאורה** יש לעיין, דאפשר דדוקא זמן ק"ש שאינו נמשך רק עד ג' שעות, אינו מצוי אצלו, משא"כ אח"כ, **אך** מדברי רש"י שכתב, **דתפלה רחמי הוא וכו'**, דגם היא נמשכת אח"כ, ואפ"ה הוצרך לטעם זה, **וגם** אינו מסתברא להחמיר יותר בברכות ק"ש מק"ש עצמה, ונשים בברכת "אמת ויציב" להמ"א שאני).

וראוי לנהוג כר"ת - ר"ל אע"ג דמדינא מסתברא כרש"י, וכ"כ הגר"א ז"ל, אעפ"כ נכון לנהוג כר"ת, **אך** בתפלה לכו"ע חייב אם הגיע לחינוך.

§ מסכת ברכות דף כ: §

אות א'

ומן התפילין

סימן לח ס"ג - [א]נשים ועבדים פטורים מתפילין, מפני שהוא מצות עשה שהזמן גרמא - [ב]דהא שבת ויו"ט לאו זמן תפילין. **וטומטום** ואנדרוגינוס חייבין בתפילין מספק ככל המצות.

הגה: ואם הנשים רוצין להחמיר על עצמן, מוחין בידם (כל בו) - מפני שצריכין גוף נקי, ונשים אין זריזות להזהר.

עיין בפמ"ג שה"ה לענין עבדים, **ועיין** בספר תוספות שבת שכתב בהדיא להיפך.

[ג]סימן לז ס"ג - [ד]קטן היודע לשמור תפילין בטהרה שלא יישן ושלא יפיח בהם. הגה: ושלא ליכנס בהן לבית הכסא, חייב אביו לקנות לו תפילין לחנכו - במצות הנחתן, וכן ללמדו הדינים הנצרכים לזה, דקודם לכן אין רשאי להניח תפילין, ולאו חינוך הוא.

(**נראה** פשוט דלדעת המחבר, אם מאיזה טעם לא קנה אביו עבורו תפילין, כגון שלא היה יכול לשמרם בטהרה וכה"ג, ונעשה בנו בן י"ג שנים ויום אחד, שוב אין על אביו מצות חינוך, דאיש הוא וחייב מעצמו בכל המצות, **ואם** איש עני הוא, כל ישראל חייבים בזה).

(**ויש** לעיין אם יש לו ב' בנים, אם חייב לקנות תפילין עבור כל אחד, או שיוצא במה שיחנך מתחלה לבנו האחד, ואחר תפלתו יתנם לבנו השני, **וכן** ביש לו בן אחד, והוא משיג לשאול עבורו תפילין, או שיתן לו את תפליו לק"ש ותפלה בכל עת החינוך, דהיינו עד שיעשה לאיש, **אם** יוצא בזה, **דאפשר** מה דנקט הברייתא אביו קונה לו תפילין, היינו דוקא בזמנם, שהיו מניחין תפילין כל היום, ואין מצוי שישאיל אחד לחבירו תפיליו, משא"כ בזמנינו, תדע, דלא נקט כן בלולב, וצ"ע).

[ה]הגה: וי"א דהאי קטן דוקא שהוא בן י"ג שנים ויום אחד - היינו אפילו אם לא הביא ב' שערות, (פי' ואז תליא באם יודע לשמור תפיליו), **וכן נהגו, ואין לשנות (דברי עצמו)** - וקודם לכן אין מניחו ללבוש תפילין אפי' אם ירצה, דבודאי אין יודע לשמור תפילין.

באר הגולה

[ד] **אוהל מועד** ‹כתוב באהל מועד: נראה דעבד ואשה חייבים הם בקבלת היחוד, דהיינו פסוק ראשון - ב"י› **‹לחומרא** בעלמא, דלא כאהל מועד שכתב שחייבות, שבגמ' לא משמע כן דקאמר מהו דתימא הואיל כו' - גר"א› [ה] ‹"מהו דתימא הואיל ואית בה מלכות שמים, קמ"ל", פי' הואיל ועכ"פ נשים ועבדים חייבים לקבל עליהם יחוד מלכות שמים שכתוב בפסוק ראשון, ליתחייבו נמי בקריאת כל שלשה פרשיות, קמ"ל. שמעינן דאע"פ דפטורים מקריאת כל השלשה פרשיות, מ"מ חייבים הם בקבלת יחוד השם עליהם ולקרות פסוק ראשון, וכ"כ ב"י בשם ספר אהל מועד - ב"ח› [ו] **שם בתוס'** [ז] **שם בפירש"י** [א] **ברכות כ'** [ב] ‹עיין רש"י, והוא כתב כן לצד דלילה לאו זמן תפילין, ואנן לא קימ"ל כן› [ג] ‹ע"פ הגר"א› [ד] **סוכה מ"ב** [ה] ‹וז"ל הגר"א: כמ"ש בברכות כ' {דקטנים פטורים מן התפילין}, **ועיין** רש"י ד"ה קטנים וד"ה ומן התפילין כו' {דתלוי בבן י"ג, דאפי' בקטן שהגיע לחינוך מיירי}, **ועיין** תוס' שם ד"ה וקטנים שדחקו עצמן הרבה, {דקשיא להו, דהלא איתא דקטן היודע לשמור תפיליו אביו חייב לקנות לו תפילין}, **אבל** לפי"ז לא קשה, {דהא דקטן היודע לשמור הוא בא להקל, דאפי' בבן י"ג אם אינו יודע לשמור תפיליו פטור, אבל בפחות מי"ג לעולם פטור}, **וכן** מה שהקשו מק"ש, {דאיך אפשר דהא מתני' דקטנים מיירי בהגיע לחנוך, דא"כ איך איתא דפטורין מק"ש, הא איתא בסוכה קטן היודע לדבר אביו מלמדו תורה ופסוק ראשון של ק"ש כו'}, **דשם** לחנכו בתורה ולא לקרות בעונתה, וגם א"צ רק פסוק ראשון, **ועיין** רש"י הנ"ל ד"ה וקטנים›, {דכתב לא הטילו על אביו לחנכו בק"ש שאינו מצוי תמיד כשהגיע זמן ק"ש, **הרי** דדייק דפטרוהו מעונת ק"ש, אבל מחמת חיוב תורה שפיר אביו חייב לחנכו - דמשק אליעזר}

‹ומה דאין נוהגין כהיום לדקדק בזה, ‹דבבן י"ג יהיה תלוי באם יודע לשמור תפיליו›, **אפשר** דהרמ"א לא פסק לנהוג כוותיה רק לענין שלא יניח קודם בר מצוה, ולא לזה, **א"נ** דכ"ז דוקא בזמנם שהיו מניחין תפילין כל היום, וקשה ליזהר בשמירתן, אבל כהיום שאין מניחין רק בזמן ק"ש ותפילה, תלינן מסתמא בשנעשה י"ג שידע לשמור תפיליו, אם לא כשנדע שאין יודע לשמור תפיליו›.

ועכשיו נהגו להניח ב' או ג' חדשים קודם הזמן, (**ועיין** בפמ"ג שמצדד לפסוק כמש"כ הב"ח, דעכ"פ קטן בן י"ב שנה הלומד תלמוד ומבין, יכול להניח תפילין, דעליו בודאי נוכל לסמוך, **אם יודע לשמור את עצמו מהדברים הנזכרים בסמוך**).

חרש המדבר ואינו שומע, או שומע ואינו מדבר, חייב להניח תפילין, **אבל** אין שומע ואין מדבר, אין מוחין בידו מלהניחם אם רוצה.

אות ב'

וחייבין בתפלה

סימן קו ס"ב - [ו]ונשים ועבדים, שאע"פ שפטורים מק"ש חייבים בתפלה, [ז]מפני שהיא מ"ע שלא הזמן גרמא - כ"ז לדעת הרמב"ם, שרק זמני התפלה הם מדברי סופרים, אבל עיקר מצות תפלה היא מן התורה, שנאמר: ולעבדו בכל לבבכם, איזו עבודה שהיא בלב, הוי אומר זו תפלה, אלא שאין לה נוסח ידוע מן התורה, ויכול להתפלל בכל נוסח שירצה, ובכל עת שירצה, ומשהתפלל פעם אחת ביום או בלילה, יצא י"ח מן התורה, **וכתב** המ"א, שע"פ סברא זו נהגו רוב הנשים, שאין מתפללין י"ח בתמידות שחר וערב, לפי שאומרות מיד בבוקר סמוך לנטילה איזה בקשה, ומן התורה יוצאות בזה, ואפשר שאף חכמים לא חייבו יותר.

[ח]**אבל** דעת הרמב"ן, שעיקר מצות תפלה מד"ס, שהם אנשי כה"ג, שתיקנו י"ח ברכות על הסדר, להתפלל אותן שחרית ומנחה חובה, וערבית רשות, **ואע"פ** שהוא מ"ע מד"ס שהזמן גרמא, והנשים פטורות מכל מ"ע שהזמן גרמא אפילו מד"ס, כגון קידוש הלבנה, **אעפ"כ** חייבו אותן בתפילת שחרית ומנחה כמו אנשים, הואיל ותפלה היא בקשת רחמים, **וכן** עיקר, כי כן דעת רוב הפוסקים, וכן הכריע בספר שאגת אריה.

ע"כ יש להזהיר לנשים שיתפללו י"ח, ונכון ג"כ שיקבלו עליהן עול מלכות שמים, דהיינו שיאמרו עכ"פ "שמע ישראל", כדאיתא בסי' ע', ויאמרו ג"כ ברכת "אמת ויציב" כדי לסמוך גאולה לתפלה, **וכ"ז** לענין שחרית ומנחה, אבל תפלת ערבית שהוא רשות, אע"פ שעכשיו כבר קבלוהו עליהם כל ישראל לחובה, מ"מ הנשים לא קבלו עליהם, ורובן אין מתפללין ערבית.

ותפלת מוספין, בצל"ח כתב דפטורות, **אבל** בספר מגן גבורים פסק דחייבות.

וקטנים שהגיעו לחינוך, חייבים לחנכם - להתפלל י"ח ערב ובוקר, **ומ"מ** רשאי ליתן להם לאכול קודם תפלת שחרית, ואסור לענותם, כמש"כ בסי' רס"ט ושמ"ג, לענין להאכילם קודם קידוש.

אות ג'

ובמזוזה

יו"ד סימן רצא ס"ג - [ט]הכל חייבים במזוזה, אפילו נשים ועבדים - דהוי ליה מצות עשה שאין הזמן גרמא, ועוד דכתיב למען ירבו ימיכם, והנהו נמי בעי חיי, **ומחנכים את הקטנים לעשות מזוזה לפתחיהם.**

אות ד'

ובברכת המזון

סימן קפו ס"א - [י]נשים חייבות בברכת המזון, וספק הוא אם הן חייבות מדאורייתא - לפי שהיא מ"ע שלא הזמן גרמא, **ומוציאות את האנשים** – (והיינו כגון שאמרו ברית ותורה, ואע"ג שא"צ לומר).

או אם אינן חייבות - (וה"ה עבד), **אלא מדרבנן** - מדכתיב: על הארץ הטובה, ונשים אין להם חלק בארץ מצד עצמן, אם לא בבת יורשת, **משא"כ** כהנים ולוים אע"פ שאין להם חלק, מ"מ יש להם ערי מגרש, **וי"א** משום שלא ניתן להם ברית ותורה, ‹כן הוא בתוס' ע"ש›.

ואינן מוציאות אלא למי שאין חיובו אלא מדרבנן - כגון שלא אכל כדי שביעה, שאין חיובו אלא מדרבנן, [**דבאכלו** פחות מכדי שביעה, בודאי יכולה האשה להוציא, ואפי' להשיטות שסוברים דכזית וכביצה הוא מן התורה, [יא]**דהמעיין** ברוב הראשונים יראה דזה תלוי בזה, דמאן דסובר דכזית דאורייתא, הוא סובר דנשים חייבות מן התורה בבהמ"ז].

ומסיים הטור, דמפני שהוא ספק, נקטינן דאין מוציאות את האחרים שאכלו כדי שביעה, וכ"כ הרמב"ם.

‹**ודע, דאף דמשו"ע משמע, שהחזיק בדעת הרמב"ם והרא"ש וסייעתם, דנשים בבהמ"ז ספק הוא אם חייבות מדאורייתא, ומשום דהוי בעיא ולא אפשיטא בש"ס, מ"מ לא ברירא כולי האי, ויש הרבה מגדולי הראשונים דס"ל, דהם חייבות ודאי מדאורייתא›.**

באר הגולה

[ו] **שם בגמרא כ'** [ז] ‹ואע"ג דבגמרא קאמר דטעמא דנשים ועבדים חייבין בתפילה משום דרחמי נינהו, צ"ל דלא היה כתוב האי טעמא בגירסתו מדלא כתב האי טעמא, וכתב טעמא אחרינא משום דמצות עשה שלא הזמן גרמא היא – ב"ח› [ח] ‹וכן נראה מדברי רש"י ותוספות דתפלה דרבנן – מחה"ש› [ט] **משנה ברכות דף כ' ע"ב** [י] **ברכות כ' בעיא ולא איפשטא לדעת הרמב"ם והרא"ש** [יא] ‹דאי אפשר להעמיד שאשה מברכת לבעלה כשאכל שיעור דרבנן, כיון שאין כזה שיעור, אלא הברייתא מתבארת כפשוטה שאשה מברכת לבעלה מפני שנשים חייבות מדאורייתא – מלחמות. **וכתב** עוד: וא"ת בן לאביו, תפתר כשמגיע לכלל שנותיו לפום גמ' דילן דלא קשיא לן בן לאביו בעיקר נוסחי, ע"כ. **כלומר** דס"ל שאין הבן שבגמרא מיירי בבן קטן, אלא בבן גדול, שהוא ודאי יכול להוציא המחוייבים מדאורייתא, משום שהוא בעצמו מחוייב מדאורייתא, **וא"ת** שגירסת הגמרא שלנו הוא "ולטעמיך קטן בר חיובא הוא", שמשמעות הגמרא הוא שודאי בן דהכא היינו קטן וכו', ועל זה הוא מדחה שאין זה גירסה נכונה, ועיין בגליון הש"ס›

כתב בשערי אפרים, אשה שאכלה כדי שביעה, ונסתפקה אם בירכה, [יב]חייבת לברך, עי"ש טעמו, וכן הסכים בח"א ובמג"ג, **אכן** בחידושי רע"א וכן בברכי יוסף פסקו, [יג]שאינה צריכה לחזור ולברך, וכן מצדד בפמ"ג, **ומ"מ** נראה דהרוצה לסמוך על דעת ש"א וסייעתו, אין למחות בידו, (דבלא"ה דעת הראשונים הנ"ל, דחייבת בודאי מדאורייתא).

(וע"ל סי' קנ"ט בענין זימון שלהם).

סימן קפו ס"ב - [יד]קטן חייב מדרבנן, כדי לחנכו - היינו אפי' לא אכל רק כזית, ג"כ חייב מדרבנן לחנכו, **וההיא דבן מברך לאביו** - ר"ל ההיא דאיתא בגמרא, דבן קטן מברך ומוציא את אביו בבהמ"ז, כשאין יודע לברך, [רש"י], **כשלא אכל האב כדי שביעה, שאינו חייב אלא מדרבנן** - אבל אם אכל האב כדי שביעה, שחייב לברך מן התורה, אין בנו קטן שמחויב רק מדרבנן יכול להוציאו.

וכתבו האחרונים, דקטן אינו מוציא את האשה, דשמא מדאורייתא חייבת.

ואם גם הבן לא אכל כדי שביעה, דהוי אצלו תרי דרבנן, אם מוציא לאביו, יש דעות בין הפוסקים, ויש להחמיר, [**ובפרט** להרמב"ן דס"ל דקטן גרע משאר חיובי דרבנן, דאין עליו חיוב כלל, רק האב מחויב לחנכו].

אות ה'

נשים חייבות בקדוש היום דבר תורה

סימן רעא ס"ב - [טו]נשים חייבות בקידוש אע"פ שהוא מצות עשה שהזמן גרמא, (פי' מ"ע התלויה בזמן), משום דאתקש "זכור" ל"שמור", והני נשי הואיל ואיתנהו בשמירה איתנהו בזכירה - ד"זכור את יום השבת לקדשו" האמור בדברות הראשונות, ו"שמור את יום השבת לקדשו" האמור בדברות אחרונות, שניהם בדבור אחד נאמרו, ו"זכור" קאי על מ"ע דקידוש וכנ"ל, ו"שמור" קאי על שמירה ממלאכה, וכשם שבאיסור מלאכה בודאי גם נשים מוזהרות, דבמצות לא תעשה אין חלוק בין זמן גרמא בין שאין הזמן גרמא, כן בעשה ד"זכור" גם נשים מצוות.

ופשוט דקטן אינו מוציא את האשה, דלא אתי דרבנן ומפיק דאורייתא, [ואפי' כבר התפללה ראוי להחמיר], **ואפילו** אם הוא בן י"ג שנה, חיישינן שמא לא הביא שתי שערות, דבמילי דאורייתא לא סמכינן אחזקה, דמכיון שהגיע לכלל שנים הגיע לכלל סימני שערות, עד שיתמלא זקנו, [לאו דוקא, אלא כל שיש רבוי שער בזקנו], **ולכן** תקדש האשה לעצמה, ואם אינה יודעת לקדש בעצמה, תאמר עמו מלה במלה מראשו ועד סופו, ולא תכוין לצאת בקידושו, **ובאופן** זה כיון שהיא אומרת הקידוש בעצמה, נכון שיהא פת או יין מונח גם לפניה בעת הקידוש, ולא תסמוך על מה שהנער אוחז הכוס או הפת בידו, כיון שאינה יוצאת בקידוש שלו, (**הוא** כדי לצאת דעת הגאון רע"א, דס"ל דאין לומר, דלענין קידוש על הכוס שהוא דרבנן, סמכינן על חזקה דרבא שהביא ב' שערות, ולגבי דאורייתא יוצאות באמירתן, **דכיון** דמברכת לעצמה, לא שייך לומר דיוצאת ג"כ בשמיעה, דאם באת לומר דיוצאת בשמיעה דשומע כעונה, א"כ ברכתה שבפיה לבטלה), **ועצה** זו מועילה אפילו אם הוא קטן ביותר.

(**ועיין** בשע"ת דכתב: אולי יש לומר בזה, דאומרת לעצמה רק נוסח הקידוש בלי פתיחה וחתימה, ומדאורייתא יוצאת בזה, דאין חיוב ברכה מדאורייתא רק להזכיר את יום השבת, ולגבי דרבנן סמכינן דהביא ב' שערות ויוצאת בשמיעתה, וזהו דוחק לחלק הברכות לחצאין, וגם לא תדע ליזהר בזה, וע"כ העתקתי אופן הפשוט, **ואולם** קצת נוכל לייעץ באופן אחר, דתאמר עמו רק פרשת "ויכלו" בלבד, ומסתבר דיוצאת בזה ידי קידוש דאורייתא, ואח"כ כששומעת הברכה, יוצאת בזה גם מצות קידוש על הכוס, **אך** לפי מה שכתבנו לעיל, דילפינן מגז"ש דצריך להזכיר יציאת מצרים בקידוש, וא"כ ב"ויכלו" ליכא עדיין יצ"מ), (דרק כשתתפלל יש ס"ס, וכדלקמן, דעכ"פ אמרה השכיבנו).

וכ"ז בשלא התפללה האשה תפלת ערבית, אבל אם התפללה, דלדעת המ"א הנ"ל כבר יצאה ידי קידוש דאורייתא, **בזה** יש לסמוך על נער בן י"ג שנים שיוציאה אח"כ בקידוש, [דהוי ס"ס], דהיינו שיכוין להוציאה.

כתב בספר א"ר, שני אנשים אם רוצים להוציא בני ביתם, לא יקדשו כאחת, דתרי קלי לא משתמעי.

ומוציאות את האנשים, הואיל וחייבות מן התורה כמותם - וכן הסכימו הט"ז ומ"א והגר"א וש"א, **ומ"מ** יש להחמיר לכתחלה שלא תוציא אשה אנשים שאינם מבני ביתה, דזילא מילתא.

ולכן יכולה להוציא אפילו היא כבר יצאת ידי קידוש, וכמו באיש לקמן בסימן רע"ג ס"ד, דלענין קידוש אנשים ונשים שוין, [**עיין** בפמ"ג שמסתפק בזה, דאולי אשה אע"פ שהיא מחויבת, אינה בכלל ערבות שתוכל להוציא כשיצאת כבר, ונשאר בספק, וגם הדגמ"ר הלך בשיטה זו שאינה יכולה להוציא, **אבל** הגרע"א חולק ומוכיח, דאשה במה שמחוייבת מן התורה היא בכלל ערבות כאיש, ויכולה להוציא].

אך לענין זמן יש חילוק, דבאיש זמן חיובו מן התורה כשהוא בן י"ג, ובאשה כשנעשית בת י"ב, דאז היא מתחייבת בכל המצוות.

ודע, דכשאחד מוציא לחבירו ידי קידוש, צריך לכוין להוציאו, והשומע צריך לכוין לצאת, **לכן** מהנכון שיזכיר בעה"ב לבני ביתו שיכוונו לצאת, **ועיין** לקמן בסימן רע"ג במ"ב סק"ל מה שנכתוב שם.

אות ה'*

נשים בברכת המזון, דאורייתא או דרבנן

סימן קפו ס"א - עיין לעיל אות ד'.

באר הגולה

[יב] (טעמו, שלא שייך לומר שאף אם לא בירכה פטורה, כיון שלהצד שלא בירכה חייבת עכ"פ מדרבנן, ולכן אין זה נקרא ספק ספיקא, ושוב חייבת משום ספק דאורייתא – מ"ב המבואר) [יג] (כיון שלגבי הדאורייתא יש כאן ס"ס שאינה חייבת, שמא בירכה, ושמא אינה חייבת כלל מדאורייתא, וס"ס דאורייתא לקולא, ולגבי החיוב דרבנן, אע"פ שיש רק ספק אחד שאינה חייבת, ספק דרבנן לקולא – מ"ב המבואר) [יד] שם בגמרא [טו] ברכות כ'

אות ו'

וכל שאינו מחוייב בדבר, אינו מוציא את הרבים ידי חובתן

רמב"ם פ"א מהל' ברכות הי"א - כל השומע ברכה מן הברכות מתחלתה ועד סופה, ונתכוון לצאת בה ידי חובתו, יצא, ואף על פי שלא ענה אמן, וכל העונה אמן אחר המברך הרי זה כמברך; והוא שיהיה המברך חייב באותה ברכה, היה המברך חייב מדברי סופרים והעונה חייב מן התורה, לא יצא ידי חובתו, עד שיענה או עד שישמע ממי שהוא חייב בה מן התורה כמוהו.

אות ז' – ח'

בן מברך לאביו

כגון שאכל שיעורא דרבנן, דאתי דרבנן ומפיק דרבנן

סימן קפו ס"ב - עיין לעיל אות ד'.

אות (ט')

מברך לפניהם ולאחריהם

סימן פח ס"א - [טז]כל הטמאים קורין בתורה וקורין ק"ש ומתפללין, [יז]חוץ מבעלי קרי שהוציאו עזרא מכל הטמאים, ואסרו בין בד"ת בין בק"ש ותפלה עד שיטבול, כדי שלא יהיו ת"ח מצויין אצל נשותיהן כתרנגולין - וגם כי הקרי בא מקלות ראש, וד"ת צריך להיות באימה ויראה ברתת וזיע, כמו בעת נתינתה.

[יח]ואח"כ בטלו אותה תקנה, והעמידו הדבר על הדין, שאף בעל קרי מותר בד"ת ובקריאת שמע ובתפלה, בלא טבילה ובלא רחיצה דתשעה קבין - שהיתה גזירה שאין רוב הצבור יכולין לעמוד בה, ובטלוה משום ביטול תורה, ומשום ביטול פריה ורביה.

ומ"מ מי שירצה לנהוג ולטבול, תע"ב, **ודוקא** אם עי"ז לא יעבור זמן ק"ש ותפלה, **ואפשר** דאפילו אם עי"ז יתבטל מתפלה בצבור, ג"כ אין נכון להחמיר בזה, [דכיון דבטלוה, אין להחמיר במידי דאתי לידי קולא].

וכן פשט המנהג - ומ"מ יש אנשי מעשה שנוהגין בתקנה זו, וטובלין את עצמן לקריין, ואם קשה עליהם הטבילה, רוחצין את עצמן בט' קבין.

אות (י') – כ'

(הרהור כדבור דמי)

הרהור לאו כדבור דמי

סימן סב ס"ג - [יט]צריך להשמיע לאזנו מה שמוציא בפיו - בק"ש וה"ה בברכותיה, מדרבנן, **ודעת** הראב"ד הובא בחי' הרשב"א, דהוא מדאורייתא לכתחלה. **ואם לא השמיע לאזנו יצא** – (אפילו בק"ש, וכ"ש בשארי מצות), **ובלבד שיוציא בשפתיו** - אבל אם הרהר בלבו לא יצא, דקי"ל הרהור לאו כדיבור דמי.

סימן סב ס"ד - [כ]אם מחמת חולי או אונס אחר, קרא ק"ש בלבו, יצא - האי "יצא" לא לגמרי קאמר, דהא קי"ל הרהור לאו כדיבור דמי, **אלא** ר"ל דעכ"פ בשעה שאינו יכול לדבר יהרהר ק"ש בלבו, והקב"ה יקבע לו שכר עבור זה, **אבל** בעצם אינו יוצא בזה, על כן כשיסתלק האונס, אם עדיין לא עבר זמן ק"ש, מחוייב לחזור ולקרותה, (ובח"א ראיתי שכתב, דמי שהרהר הברכה בלבו [כא]צ"ע, ולענ"ד, בבהמ"ז בודאי יחזור ויברך, ואפילו בשארי ברכות, הסומך על כל הראשונים ומברך, בודאי לא הפסיד).

הגה: ואף לכתחלה יעשה כן אם הוא במקום שאינו נקי לגמרי, ואינו יכול לנקותו משום אונס, יהרהר בלבו – (האי דינא לאו דוקא לענין ק"ש, דה"ה לענין תפלה ושאר ברכות, **ולאו** דוקא אם המקום אינו נקי, דה"ה אם הוא בעצמו אינו נקי לגמרי, כגון שנגע בידיו במקומות המכוסים, **דאם** היו ידיו או שאר מקומות מגופו מטונפות ממש, בודאי אפי' ההרהור אסור).

ובלבד שלא יהא מקום מטונף לגמרי, דאסור להרהר בדברי תורה במקום הטנופת (ב"י) - ואם המקום ההוא מטונף לגמרי, לא יהרהר נוסח קריאת שמע או הברכה, רק יחשוב בלבו שמחוייב ואינו יכול לקיים, ויצטער על זה, וד' יראה ללבב ליתן לו שכר המחשבה כיון שהוא אנוס.

(ונ"ל דכ"ז אם יודע בודאי שמטונפות, אבל בספק אפשר דיש לסמוך ולהקל בזה בענין הרהור בכל הברכות לבד מק"ש ותפלה, לפי מה דמבואר לקמן בסי' קפ"ה ס"ה, **אך** יש לדחות דשם רק לענין דיעבד, ומ"מ אם הוא מכוסה ג"כ, יש להקל, דיש בזה ג"כ דיעות בין הראשונים).

כתב הט"ז: מזה יש ללמוד במי שצמא בלילה במטתו, שא"א לו ליטול ידיו ולברך, יהרהר הברכה בלבו וישתה, **ובספר** מטה יהודא חולק עליו וכתב, דהרי אפשר לו לעמוד וליטול ידיו, ואין דומה לחולה ולאנוס, דאין דנין אפשר משא"א, **ואפילו** אם אין לו מים על הנטילה והשתייה, או שקשה לו לעמוד מפני הקור, הרי יוכל לקנח ידיו בכותל,

---

באר הגולה

[טז] הרי"ף והרא"ש מהא דברכות כ"ו [יז] שם ובדף כ"ב ובב"ק דף פ"ב [יח] ברכות כ"ב וחולין קל"ו [יט] ברכות ט"ו וכת"ק [כ] ספר א"ח לדעת הירושלמי [כא] ‹משום דיש פוסקים, הרמב"ם וסמ"ג וריא"ז, דס"ל הרהור הוי כדיבור בדיעבד›

או בכל מידי דמנקי, וזה מהני אפילו כשיודע בודאי שנגע בידיו במקומות המכוסים.

ונראה פשוט דהשותין בבית המרחץ, שלא כדין עושין, דהרי שם אסור אפי' ההרהור, ואינו אנוס לשתייה זו, (**ובאמת** לענ"ד דבר זה פשוט מאוד, דאין להתיר משום שהוא אנוס על הברכה שאינו יכול לברך, «וגם להרהר אסור», דזה היה שייך לומר רק אם היו אומרים חז"ל דהוא מצוה לברך, ובאמת הלא אחז"ל ברכות ל"ו: דאסור להנות בלי ברכה, ולבד זה, הלא יכול לצאת מהמרחץ ולברך ולשתות, או עכ"פ לכנוס בבית אמצעי של המרחץ, ויהרהר שם הברכה).

[כב]סימן מז ס"ד - [כג]המהרהר בדברי תורה, אינו צריך לברך -

דהרהור לאו כדיבור דמי, **ולפי"ז** יש ליזהר לאותן הלומדים בעיון מתוך הספר, שיזהרו להוציא קצת ד"ת בפה אחר הברכה, אם אינו אומר פסוקי ברכת כהנים או שאר דברי תורה אחר הברכה כמו שנוהגין.

והגר"א בביאורו מחמיר אפי' בהרהור לבד, שלא להרהר כל זמן שלא בירך בה"ת, (דגם הגר"א מודה דאפי' בתורה הרהור לאו כדיבור, אלא דס"ל דגם ההרהור הוא מצוה, כדכתיב והגית בו יומם ולילה).

ולכו"ע מותר לעשות איזה פעולת מצוה קודם בה"ת, אע"ג דבשעת מעשה בודאי הוא מהרהר בדין הזה, אפ"ה מותר, דכל שאינו מתכוין ללימוד א"צ ברכה.

הגה: וה"ה דיכול לפסוק דין בלא נתינת טעם לדבריו, (ר"ן פ"ק דשבת ופ' כל הצלמים כתב דהוי כהרהור) - שהטעם שהוא עיקר הדין אינו אלא מהרהר בלבו, **והגר"א** בביאורו חולק ע"ז, וס"ל דלא גרע זה מהקורא מקרא בלבד, דצריך לברך.

ונראה דוקא לפסוק דין בין בעלי דינין, דאינו דרך לימוד, אבל ללמוד דין בספר בלי טעם, מברך, דלא גרע מכותב.

אות כ*[כד]

כדי שלא יהו כל העולם עוסקין בו והוא יושב ובטל ונגרוס בפרקא אחרינא... בדבר שהצבור עוסקין בו

סימן סה ס"ב - [כה]קרא קריאת שמע, ונכנס לבהכ"נ ומצא צבור שקורין ק"ש, צריך לקרות עמהם פסוק ראשון -

וגם בשכמל"ו, **שלא יראה כאילו אינו רוצה לקבל עול מלכות שמים עם חביריו** - [כו]ודעת הגר"א בביאורו, שצריך לקרות עמהם כל ק"ש, **אמנם** בפסוקי דזמרה נראה דאין להחמיר יותר מפסוק ראשון, דבלא"ה דעת המחבר להחמיר בפסוקי דזמרה, וכדלקמיה.

וכ"ש אם לא קרא עדיין, דצריך לקרוא את הפסוק הראשון, **אבל** לא יכוין לצאת בזה המ"ע דק"ש, כיון שאין לו תפילין בראשו, וגם יהיה בלא ברכות.

וה"ה שאר דבר שהצבור אומרים, כגון "תהלה לדוד" או "עלינו", קורא עמהם, שכן דרך ארץ. «**ואנו** אין נוהגין כן רק ב"שמע ישראל", וב"עלינו" כשאומרים: "ואנחנו כורעים" צריך לכרוע עמהם כמו במודים, משום דלא ליתחזי שכל העם כורעים והוא אינו כורע, **ויש** נוהגים לומר גם "עלינו" עם הציבור - ערוה"ש».

[כז]וה"ה אם הוא בבהכ"נ ואומר דברי תחנונים או פסוקים, במקום שרשאי לפסוק - ונ"ל דאפילו אם הוא אצלו קודם בה"ת, כיון שאינו אומר הפסוק לשם לימוד, **רק** שבזה יזהר שלא יאמר יותר מפסוק ראשון, [דבזה לא הוי רק כקורא בתורה, ואסור].

אבל אם הוא עסוק במקום שאינו רשאי לפסוק, כגון מ"ברוך שאמר" ואילך, לא יפסיק, אלא יאמר התיבות שהוא אומר בשעה שהציבור אומרים פסוק ראשון, בניגון הצבור, שיהיה נראה כאילו קורא עמהם - והאחרונים כתבו, דבברכת ב"ש ו"ישתבח" ובפסוקי דזמרה, יש להפסיק כדי לקבל עול מלכות שמים עם הצבור, **אבל** בברכות של ק"ש, וכן בין הפרקים, לא יפסיק כלל, אלא יאמר אותן התיבות בניגון כמו שהצבור אומרים ק"ש.

[כח]סימן סה ס"ג - [כט]קרא ק"ש ונכנס לבהכ"נ, ומצא צבור שקורין ק"ש, טוב שיקרא עמהם כל ק"ש, ויקבל שכר כקורא בתורה. הגה: אבל אינו חייב רק בפסוק ראשון, כמו שנתבאר (ב"י).

באר הגולה

[כב] «ע"פ הבאר הגולה והב"י, וז"ל הב"י: דהלכה כרב חסדא דהרהור לאו כדיבור דמי» [כג] **האגור ותוס' בפ"ג דברכות** [כד] «ע"פ הגר"א» [כה] **רא"ש שם בשם בה"ג** «כ: כדי שלא כו' - גר"א» [כו] «שבמסקנת הגמ' הטעם שהחמירו בק"ש יותר מבתפלה, אינו משום שק"ש היא קבלת עומ"ש, אלא היינו משום שהיא מדאורייתא, ולפי"ז שוב אין מקום לומר שרק בפסוק ראשון צריך לקרוא עמהם, אלא ה"ה בכל הק"ש - מ"ב המבואר» [כז] **תרומת הדשן** «כמש"כ שם ונגרוס כו' בדבר כו' - גר"א» [כח] «מילואים» [כט] **רוקח** «הרוקח כתב שיקרא כל ק"ש, ופי' ב"י דהיינו בדרך על צד היותר טוב, וכמ"ש בה"ג, ויותר נראה דס"ל דצריך לקרות כולה - גר"א»

§ מסכת ברכות דף כא. §

אות א'*[א]

מנין לברכת המזון לאחריה מן התורה

סימן קפד ס"ד - [ב]אכל ואינו יודע אם בירך ברכת המזון אם לאו, צריך לברך מספק, מפני שהיא מן התורה - היינו כל בהמ"ז אף ברכה רביעית שאינה אלא מדרבנן, כי היכי דלא לזלזולי בה.

וגם יכול להוציא לאחר שאכל ולא בירך, [אם אותו האחר אינו יודע לברך, **ואם** יודע בעצמו, בודאי מצוה שיברך בעצמו].

ודוקא כששבע, דאי לא שבע לרוב הפוסקים הוא מדרבנן, **ומ"מ** ראוי לירא שמים בנסתפק אם בירך או לא, אפילו שלא אכל אלא כזית, שיטול ידיו ויברך "המוציא" ויאכל כזית ויברך בהמ"ז.

אות א'

ספק קרא קריאת שמע ספק לא קרא, חוזר וקורא ק"ש

סימן סז ס"א - [ג]ספק אם קרא ק"ש, חוזר וקורא - הטעם, דקי"ל ק"ש דאורייתא, כלומר דהא דכתיב: ודברת בם בשבתך בביתך וגו', קאי אפרשה זו גופא, שחייב לדבר בו בשעת שכיבה ועמידה, **ולפיכך** אם נסתפק אם קרא או לאו, חייב לחזור ולקרות ככל ספיקא דאורייתא. **[ד]ומברך לפניה ולאחריה** - אע"ג דהרבה פוסקים סוברין דפרשה ראשונה הוא מדאורייתא, והשניה הוא מדרבנן, ויש מן הפוסקים שסוברין דרק פסוק ראשון הוא מדאורייתא, וכ"ש הברכות דלכו"ע הוא מדרבנן, וספק דרבנן אינו חוזר, **יש** לומר כך היתה התקנה, שכל זמן שקורין חייב לקרות כעיקר התקנה ובברכותיה, אם לא במקום שהתירו בפירוש, כגון ההיא דלקמן סימן ק"ו ס"ב בהג"ה, (**ונראה פשוט, דהיינו דוקא במקום שמסתפק לו גם בהברכות, אבל אם ידע שבירך הברכות, והספק לו על ק"ש גופא אם כיון בפסוק ראשון וכה"ג, אף** דצריך לחזור ולקרותה, מ"מ כבר יצא ידי חובת הברכות, דאינן שייכין לק"ש, **ואפי'** אם נודע לו בודאי שלא כיון לבו בפסוק ראשון, אין צריך רק לחזור ולקרות כל פרשת שמע, כדי שלא יקראנה למפרע).

ולכאורה אם יודע שאמר פסוק ראשון או פרשה ראשונה, לכל אחד מן הדעות, וספק לו אם קרא השאר, א"צ לחזור ולקרות, **מיהו** בסי' ס"ד ס"ג וד' משמע שצריך לחזור, וצ"ל דמעיקרא כן תקנו שיחזור, (**ונ"ל** דבזה יותר טוב שיקראנה בלי הברכות, כי בלא"ה פקפקו הגר"א והפמ"ג על עיקר הדין דהשו"ע, מאי שנא בזה מבשאר מצוה שמחוייב לעשות אותה מספק, דאין מברך עליה, **והגם** שכבר יישבה הכ"מ בשם הרשב"א, מ"מ הבו דלא לוסיף עלה, דאפשר דלא תקנו הברכות רק אם בעת שנולד הספק היה לו ספיקא דאורייתא על המצוה גופא).

ולכאורה כ"ז דוקא בשלא עבר זמן ק"ש, אבל בעבר זמן של ג' שעות, שוב אינו מברך לא לפניה ולא לאחריה מחמת ספק, דתו הו"ל ספיקא דרבנן, **אבל** זה אינו, דזמן זכירת יצ"מ נמשך אח"כ ג"כ, וכמו שכתב המ"א, א"כ הוא חייב עדיין עכ"פ בברכת "אמת ויציב" עד שעה ד', וכדלעיל בסימן נ"ח, **ומכאן** והלאה לא תיקנו ע"ז ברכה, אבל יאמר מחמת ספק איזה פסוק של יצ"מ.

והיכא שהוא מסופק לו אם אמר פרשת ציצית וגם "אמת ויציב", צריך לחזור לכו"ע, דיציאת מצרים חייבין להזכיר מדאורייתא, **אך** יש דיעות בזה, די"א דיאמר פרשת ציצית וגם "אמת ויציב", דכולה חדא מילתא היא, **וי"א** דיאמר רק פ' ציצית, ויקיים בזה המצוה דאורייתא של זכירת יצ"מ, "ואמת ויציב" א"צ לומר, וכן הסכים השאגת אריה, ‹**והחילוק** בין דין זה לדין הקודם, הוא כדלהלן בדברי השאגת אריה›, (**ואף** דהב"ח והט"ס ס"ל דחוזר ואומר שניהם, **מ"מ** צדדתי להכריע כמותו, **משום** דעיקר הדין, **אפי'** היכא דמסתפק לו על כל הק"ש, אם צריך לברך ג"כ, אינו מבורר כ"כ, וכנ"ל בשם הגר"א והפמ"ג).

וכתב עוד, דאם נעשה לו ספק זה בערב, שאינו יודע אם אמר פרשת ציצית וברכת "אמת ואמונה", **חוזר** ואומר "אמת ואמונה", וא"צ לחזור ולקרות פרשת ציצית מספק, ‹**וטעמא** דמילתא, כיון דמעיקרא דתקנתין א"צ לומר פ' ציצית בלילה, לדידן דקי"ל כר"ש דאין מצות ציצית בלילה, "ואמת ואמונה" תקנת חכמים היא לאומרה בלילה, הילכך מספיקא חוזר ואומר "אמת ואמונה", דאית בה תרתי, יצ"מ ומברכת ק"ש הוא, אבל פ' ציצית בלילה אין בה אלא חדא, יצ"מ גרידא, הילכך "אמת ואמונה" עדיפא – שאגת אריה›. ‹**וזהו** ג"כ הטעם, אמאי בשעברה ג' שעות אומר "אמת ויציב" וכדלעיל, דזמן דנתקן לפ' ציצית כבר עברה – בירורי הלכה›.

ואם ברי לו שקרא כל השלשה פרשיות, ואינו מסופק לו אלא ב"אמת ויציב" שחרית, או "אמת ואמונה" ערבית, **תרוייהו** חד דינא, שא"צ לחזור ולומר מספק, דכיון שאמר פרשת ציצית, לכו"ע הברכות הוא מדרבנן, שכבר נזכר יציאת מצרים בפרשת ציצית.

[ה]אבל אם יודע שקראה, אלא שמסופק אם ברך לפניה ולאחריה, אינו חוזר ומברך - דתו הו"ל דרבנן, אפילו ברכת "אמת ויציב", וספיקא לקולא.

ואם יודע שאמר "אמת ויציב", ואינו זוכר אם קרא ק"ש, דעת הא"ר דאינו חוזר, וגם ראיה מלעיל סימן ס"ד, ‹דמסתמא אמר כפי ההרגל›.

באר הגולה

[א] ‹ע"פ הבאר הגולה› [ב] **טור ורמב"ם מהא דברכות כ"א** [ג] **ברכות כ"א וכר' אלעזר הרי"ף ורמב"ם** [ד] ‹רמב"ם, דקשה לו קושיות תוס' שם ד"ה ספק, {ותימה הא ע"כ צ"ל שהוא מסופק גם מק"ש, שאם היה ברור לו מק"ש וספק מאמת ויציב, לא יהיה מן התורה כיון שהזכיר יציאת מצרים בק"ש, וא"כ הואיל ומסופק משניהם, יחזור לק"ש דאית בה תרתי מלכות שמים ויציאת מצרים, דהכי עדיף, מלומר אמת ויציב דליכא אלא חדא, כדאמר בסמוך גבי מתני', ע"כ. **אבל** לשיטת הרמב"ם ניחא, דאה"נ דמיירי דמסופק בשניהם, והא דאמר חוזר לאמת ויציב, היינו גם לאמת ויציב, דלק"ש חוזר משום דהוי דאורייתא כשלא אמר אמת ויציב, ויש בו עומ"ש, וממילא חוזר נמי לאמת ויציב וכנ"ל}, **ועוד** {מש"כ שם ספק קרא ק"ש אינו חוזר וקורא ק"ש}, למה לא יקרא מחמת ספק, {מה קלקול יש בזה כי נחמיר במלכות שמים לחזור}, אלא {להרמב"ם ניחא – דמשק אליעזר}, דפי' עם הברכות, ומשום לא תשא – גר"א› [ה] **שם**

עין משפט נר מצוה

לו א מיי' פ"ב מהלכות ק"ש הלכה יג סמג עשין יח טוש"ע או"ח סימן סז:
לז ב ג מיי' פ"י מהל' תפלה הלכה ו סמג עשין יט טוש"ע או"ח סימן קז סעיף א:
לח ד מיי' שם הלכה ז סמג שם טוש"ע או"ח סי' רסח סעיף ב:
לט ה מיי' פ"א מהלכות תפלה הלכה ט סמג שם טוש"ע או"ח סימן קז סעיף א:

מסורת הש"ס

לקמן דף כב:
מכילתא דר"י פ' בא ולקמן דף מח: ע"ש
[נ"ל רב יהודה אמר שמואל וכן איתא בריף וברא"ש]
פסחים דף נד:
[וכ"כ תוס' לקמן כט. ד"ה מפני]

והרי תפלה דדבר שהצבור עסוקין בו ותנן *היה עומד בתפלה ונזכר שהוא בעל קרי לא יפסיק אלא יקצר טעמא דאתחיל הא לא אתחיל לא יתחיל שאני תפלה דלית בה מלכות שמים והרי ברכת המזון לאחריו דלית בה מלכות שמים ותנן על המזון מברך לאחריו ואינו מברך לפניו אלא ק"ש וברכת המזון דאורייתא ותפלה דרבנן: אמר רב יהודה (א) *מנין לברכת המזון לאחריה מן התורה שנאמר °ואכלת ושבעת וברכת מנין לברכת התורה לפניה מן התורה שנאמר °כי שם ה' אקרא הבו גדל לאלהינו אמר ר' יוחנן למדנו ברכת התורה לאחריה מן ברכת המזון מקל וחומר וברכת המזון לפניה מן ברכת התורה מקל וחומר ברכת התורה לאחריה מן ברכת המזון מקל וחומר ומה מזון שאין טעון לפניו טעון לאחריו תורה שטעונה לפניה אינו דין שטעונה לאחריה וברכת המזון לפניה מן ברכת התורה מק"ו ומה תורה שאין טעונה לאחריה טעונה לפניה מזון שהוא טעון לאחריו אינו דין שיהא טעון לפניו איכא למפרך (ב) מה למזון שכן נהנה ומה לתורה שכן חיי עולם ועוד תנן על המזון מברך לאחריו ואינו מברך לפניו תיובתא: אמר רב *יהודה ספק קרא קריאת שמע ספק לא קרא °אינו חוזר וקורא ספק אמר אמת ויציב ספק לא אמר חוזר ואומר אמת ויציב °מאי טעמא קריאת שמע דרבנן אמת ויציב דאורייתא מתיב רב יוסף °ובשכבך ובקומך אמר ליה אביי ההוא בדברי תורה כתיב תנן בעל קרי מהרהר בלבו ואינו מברך לא לפניה ולא לאחריה ועל המזון מברך לאחריו ואינו מברך לפניו ואי ס"ד אמת ויציב דאורייתא לברוך לאחריה מאי טעמא מברך אי משום יציאת מצרים הא אדכר ליה בקריאת שמע ונימא הא ולא לבעי הא קריאת שמע עדיפא דאית בה תרתי ור' אלעזר אמר *ספק קרא קריאת שמע ספק לא קרא חוזר וקורא ק"ש ספק התפלל ספק לא התפלל אינו חוזר ומתפלל ורבי יוחנן אמר *ולואי שיתפלל אדם כל היום כולו: ואמר רב יהודה אמר שמואל היה עומד בתפלה ונזכר שהתפלל פוסק ואפילו באמצע ברכה איני והאמר רב נחמן כי הוינן בי רבה בר אבוה בען מיניה הני בני בי רב דטעו ומדכרי דחול בשבת מהו שיגמרו ואמר לן גומרין כל אותה ברכה הכי השתא התם גברא בר חיובא הוא ורבנן הוא דלא אטרחוהו משום כבוד שבת אבל הכא הא צלי ליה: ואמר רב יהודה אמר שמואל התפלל ונכנס לביהכ"נ ומצא צבור שמתפללין אם יכול לחדש בה דבר יחזור ויתפלל ואם לאו אל יחזור ויתפלל וצריכא דאי אשמעינן קמייתא ה"מ יחיד ויחיד

או

רש"י

אלא יקצר. כל ברכה וברכה: דלית בה מלכות שמים. אין מלך העולם בברכות של י"ח: ה"ג והרי ברכת המזון לפניה דלית בה מלכות שמים כו'. לישנא אחרינא שאני תפלה דלית בה מלכות שמים. קבלת מלכות שמים כדאיתא בק"ש שמקבל עליו את השם לאדון ולמלך מיוחד ולהאי לישנא גרסינן והרי ברכת המזון לאחריו דלית בה מלכות שמים ולשון זה נראה שהוא עיקר מדמשני ליה אלא ק"ש וברכת המזון דאורייתא והאי בלאחריו עסקינן ואי ללישנא קמא הא לא איירי בברכת המזון לאחריו בדאתקפתיה דלהדרי תלמודא עילויה אלא ק"ש וברכת המזון דאורייתא כו'. ואית דגרסי הכא בלשון קושיא ק"ש דרבנן היא אלא ק"ש דלית בה מלכות שמים וברכת המזון דאורייתא לאפוקי תפלה דרבנן ואין בה מלכות שמים למאן דגרס הכי מפרשינן לקמן בשכבך ובקומך בדברי תורה כתיב: כי שם ה' אקרא. אמר להם משה לישראל אני אברך תחלה ואתם ענו אחרי אמן כי שם ה' אקרא בברכה אתם הבו גודל לאלהינו באמן הכי מפרשי לה במסכת יומא (דף לז.): אינו טעון לפניו. °כלומר שלא מצינו לו מקרא מפורש לברך לפניו: טעון לאחריו. כדכתיב ואכלת ושבעת וברכת: תורה שטעונה לפניה. כדאמרן: איכא למפרך. בתרווייהו כשאתה בא ללמוד תורה מן המזון איכא למפרך מה למזון שכן נהנה וכשאתה בא ללמוד מזון מן התורה איכא למפרך מה לתורה שכן חיי העולם הבא: ק"ש דרבנן. לקמן פריך לה: אמת ויציב דאורייתא היא. שמזכיר בה יציאת מצרים דחובה דאורייתא היא דכתיב למען תזכור את יום צאתך מארץ מצרים (דברים טז): דאית בה תרתי. יציאת מצרים ומלכות שמים: חוזר וקורא ק"ש. קסבר ק"ש דאורייתא היא: ולואי שיתפלל אדם כל היום. בהלכות גדולות פסק הלכה כרבי יוחנן בספק והלכה כשמואל בודאי התפלל: מהו שיגמרו. את הברכה אם נזכר באמצע הברכה אחת מן הברכות שטעה: יחיד ויחיד. כשהתפלל תחלה היה יחיד וכשחזר שהתפלל והתחיל להתפלל היה ביחיד:

תוספות

והרי תפלה דדבר שהצבור כו'. וא"ת אמאי שבק בבא דק"ש דקאי בגווה דדבר שהצבור עסוקין בו וקתני אינו מברך לפניה כו'. וי"ל משום רבותא דתפלה פריך מיניה אע"ג דתפלה מעומד ונראה לכל שאין זה עומד כמותם אפילו הכי אמרינן אם לא התחיל לא יתחיל. וא"ת כיון דלא ידע טעמא דבסמוך יקשה גם לרבינא מה לי ק"ש וברכת המזון יותר מתפלה וי"ל דלרבינא ניחא כיון דהרהור כדבור דמי יש להצריכו בק"ש ובברכת המזון שהם מדאורייתא יותר מתפלה דרבנן אבל לרב חסדא כיון דהרהור אינו כלום רק שלא יהא יושב ובטל מה לי ק"ש מה לי תפלה: הא אי לא אתחיל לא יתחיל. וא"ת אימא דבדבור קאמר לא בהרהור שפיר דמי וי"ל דמשמע דלא יתחיל אפי' בהרהור מדלא קאמר יקצר בדבור או יהרהר באריכות: הכי גרסי' אלא ק"ש וברכת המזון דאורייתא ותפלה דרבנן ולא גרסינן מידי בתר הכי עד אמר רב יהודה אמר רב. ופי' הקונטרס ק"ש דאורייתא כיון שאינו אומר אמת ויציב כדפי' במתניתין ויש ספרים גורסים *ק"ש דרבנן הוא. ומשני אלא ק"ש אית בה מלכות שמים וברכת המזון דאורייתא ותפלה דרבנן וכן הגירסא בפ"ה וקשה דבמתניתין פי' דק"ש דאורייתא לכולי עלמא כיון שלא אמר אמת ויציב דבהכי מיירי מתניתין וגם יש ספרים גורסים שאני תפלה דלית בה מלכות שמים והרי ברכת המזון דלית בה מלכות שמים ותנן על המזון מברך לאחריו וכו' אלא היינו טעמא דק"ש אית בה מלכות שמים וברכת המזון דאורייתא ותפלה דרבנן וגם על גירסא זו קשה כדפירש': ספק לא אמר אמת ויציב חוזר. ותימה הא ע"כ צריך לומר שהוא מסופק גם מק"ש שאם היה ברור לו מק"ש וספק מאמת ויציב לא יהיה מן התורה כיון שהזכיר יציאת מצרים בק"ש ואם כן הואיל ומסופק משניהם יחזור לק"ש דאית בה תרתי מלכות שמים ויציאת מצרים דהכי עדיף מלומר אמת ויציב דליכא אלא חדא כדאמר בסמוך גבי מתני'. ואומר ר"י דודאי מתני' גבי בעל קרי שידענו בו שלא אמר ק"ש ולא אמת ויציב כלל ואנו רוצים להתיר לו הלכך טוב הוא יותר שיאמר ק"ש דאיכא תרתי אבל הכא שהוא ספק אם אמר אמת ויציב ומספקא ליה אם אמר שניהם כדפרישית טוב הוא יותר שיאמר אמת ויציב מלומר ק"ש דכשיאמר אמת ויציב שמא יש לתלות שתקן הכל דאם קרא כבר אמת ויציב גם קרא ק"ש כבר דמסתמא התפלל כדרך תפלה ק"ש ואח"כ אמת ויציב ויצא ידי שתיהן וכי נמי תימא דלא אמר כבר שתיהן מ"מ שמא אמר ק"ש ולא אמר אמת ויציב שזה יכול להיות ועתה כשיאמר אמת ויציב נמצא שהשלים הכל וכי תימא שמא לא קרא לא זה ולא זה כיון דספיקא הוא כולי האי לא אטרחוהו רבנן לחזור שניהם אבל אם יאמר ק"ש אין זו תקנה גמורה כל כך דשמא קרא ק"ש אחרת ולא יצא כלל במה שעושה עתה ואם ברור שלא אמר כבר לא אמר נמי אמת ויציב שאין רגילות לומר אמת ויציב בלא ק"ש ואם כן כשיאמר מעתה ק"ש לא תקן כלל ולא יצא מדי ספקו עוד אמר הר"ר שמעון דמיירי שפיר שאינו מסופק אלא מאמת ויציב אבל ברור הוא שקרא ק"ש ואפילו הכי הוי אמת ויציב דאורייתא שר"ל ספק לא אמר אמת ויציב עם פרשת ציצית שמסופק אי לא אמר לא פרשת ציצית ולא אמת ויציב ואם כן לא הזכיר כלל יציאת מצרים וכולה מילתא דיציאת מצרים קרי ליה אמת ויציב לפי דטעם אמת ויציב הוי משום יציאת מצרים והלכך הוי פרשת ציצית בכלל אמת ויציב: ההוא בדברי תורה כתיב. והא דאמרינן לעיל בפרק קמא (דף ג.) בערב משום דכתיב ובשכבך אסמכתא בעלמא הוא*:

ורבי יוחנן אמר ולואי שיתפלל אדם כל היום. אומר ר"י דהלכה כרבי יוחנן ודוקא בספק התפלל °אבל ודאי התפלל לא *תדע דהא מסתמא לא פליג אהא דאמר רב יהודה אמר שמואל בסמוך ונזכר שהתפלל פוסק וכו' וכן אם יכול לחדש דבר בתפלתו:

עד

הגהות הב"ח

(א) גמ' אמר ר' יהודה אמר רב מנין לברכת המזון: (ב) שם מה למזון. נ"ב עיין לקמן בס' שלשה שאכלו סוף דף מח:

[עיין תוס' סוטה לב: ד"ה ורבי]

גליון הש"ס

גמ' אינו חוזר וקורא. עי' ברבינו יונה לעיל פ"ב י"ח ד"ה באמצע: שם מ"ש ק"ש דרבנן. עי' בב"ק פו ע"א תוס' ד"ה וכן היה ר"י טוענו מכל המצות האמורות בתורה ובסוטה לב ע"ב תוס' ד"ה ורבי ובמנחות מג ע"ב תוס' ד"ה ואיזו: רש"י ד"ה שאינו כו' כלומר שלא מצינו. ועיי"ל כזה בב"מ פח ע"ב ועיין קדושין טו ע"א תוס' ד"ה א"ק: תוס' ד"ה ור' כו' אבל ודאי התפלל. עי' לקמן כג ע"א תוס' ד"ה מפני:

[ועי' תוס' סוטה לב ע"ב ד"ה ורבי ותוס' מנחות מג ע"ב ד"ה ואיזו]

איתא בש"ס דף י"ג ע"ב, שאם אמר הלכה שמוזכר בה יציאת מצרים, יצא ידי המ"ע של הזכירה, **וכתב** המ"א, ונ"ל דכ"ש אם אמר שירת הים דיצא, **והחתם** סופר פליג ע"ז, דבקרא כתיב: למען תזכור את יום צאתך וגו', ולא די במה שיזכור שעבר הים, והסכים עמו רעק"א.

ואם יוצא ידי הזכירה בהרהור, עיין בבה"ט בשם הבית יעקב, ובפמ"ג מסתפק בזה, **ובשאגת** אריה האריך להוכיח מש"ס, ומסיק דאינו יוצא ידי חובה בהרהור.

ופשוט בגמ', דגם בלילה צריך להזכיר יצ"מ, **ועיין** בפמ"ג דמסתפק, אם הוא דאורייתא או דרבנן, ונ"מ לענין ספיקא, **ובשאגת** אריה כתב בהדיא דהוא דאורייתא, וכן משמע מרמב"ם דהוא דאורייתא, **וחייב** להזכיר בזמן שהוא לילה ודאי ולא קודם, וע"כ אם הזכיר בין השמשות, כגון שהתפלל קודם צה"כ, לא יצא ידי חובתו, דביה"ש ספיקא הוא, וספיקא דאורייתא לחומרא.

ובשאר מצות דאורייתא, היכא שמחוייב לעשות אותה מספיקא, פסק לענין טומטום אף דחייב בציצית, ולענין מילה באנדרוגינוס, וכן כל כי האי גוונא, דלא יברך על המצוה, כי הברכות הם דרבנן, וספיקא לקולא, **אך** יש פוסקים שמחלקין בין היכא שהספק הוא אם מחוייב כלל בהמצוה, כגון ההיא שכתבנו, ובין היכא שמחוייב אלא שאינו יודע אם עשה המצוה, דאז צריך לברך עליה ג"כ, **ולפי"ז** לולב או שופר ביום א', היכא דמספקא ליה אם כבר עשה המצוה, וכה"ג, צריך לעשותה בברכה, **וכתב** הפמ"ג, דמכ"מ בשם הרשב"א, וכן ממ"א בשם הריב"ש, מוכח דלא ס"ל לחילוק זה, אלא תמיד בלי ברכה, וגם מהגר"א מוכח דלא ס"ל לחילוק זה, **ואם** הביאו לו שופר או לולב ביום א' ביה"ש, לכו"ע נוטל ובלי ברכה, כי בזה הספק הוא אם חייב עתה כלל בהמצוה.

אות ב' - ג'

ולואי שיתפלל אדם כל היום כולו

היה עומד בתפלה ונזכר שהתפלל, פוסק ואפילו באמצע ברכה

סימן קז ס"א - 'אם הוא מסופק אם התפלל, חוזר ומתפלל - ומתנה ואומר: אם לא התפללתי תהא לחובתי, ואם התפללתי תהא לנדבה, **ואע"פ** שכל ספק מד"ס להקל, מ"מ הכא חוזר ומתפלל, מפני שהלואי שיתפלל אדם כל היום בתורת נדבה, וע"י חידוש וכדלקמיה.

ואינו צריך לחדש שום דבר - הכא, דאין לך חידוש גדול מזה שיצא ידי ספיקו, (**בין אם מתפלל עתה ביחיד או בצבור, גם אין נ"מ בזה בין אם פעם ראשון היה ביחיד או בצבור**).

(**עיין בפמ"ג שכתב דלדעת הרשב"א בתשו', חוב עליו לחזור ולהתפלל ולהתנות, ולדעת חידושיו אין חיוב עליו, רק דנכון לחזור, דהלואי שיתפלל אדם כל היום, ובספר מאמר מרדכי הוכיח מדברי התשובה גופא, דאין חוב עליו, רק שכתב הרשב"א, דכיון דחז"ל הרשוהו לחזור ולהתפלל, ואין בו משום ש"ש לבטלה, אם אינו חוזר, הרי הוא כמראה בעצמו שאינו חושש לתפלה, ולכן צריך לחזור ולהתנדב**).

כתב בדה"ח, דערבית בספק א"צ לחזור ולהתפלל תפלת י"ח, דקבעוה חובה בודאי לא בספק, **אבל** מדברי הפמ"ג משמע רק דאין חוב עליו לכו"ע, אבל לכתחילה נכון הוא שיחזור ויתפלל גם בערבית, כי באמת גם בערבית אפילו למ"ד רשות, מ"מ לכתחילה מצוה היא, וממילא מה שיצא ידי ספיקו נחשב כחידוש גם בערבית, וכן משמע לענ"ד מלשון הרמב"ם, **ועל** צד היותר טוב יראה לחדש דבר בהחזרה.

(**עיין בח"א שכתב, דהיום אין נוהג דין זה, לפי מה דמבואר לקמן בסעיף ד', דצריך שיהא מכיר את עצמו ואמיד בדעתו שיוכל לכוין, וידוע שבזמה"ז אפילו אחד מאלף לא ימצא, וא"כ אין יכול להתנות, ולא נהירא לענ"ד, אחד דדברי הרשב"א אינם מוסכמים לכו"ע, כי דעת הראב"ד דחוב עליו לחזור ולהתפלל, ואפילו לדעת הרשב"א ג"כ יש לחלק מהא דס"ד, דשם איירי במתפלל סתם בתורת נדבה, שם יפה קרינן בה: למה לי רוב זבחיכם, דדי בקרבנות התמידים וכן בג' תפלות הקבועות, אבל בזה שרוצה להתפלל כדי לצאת ידי ספיקו, דינו הוא כמו שאר תפילות, דצריך לכתחילה להשתדל לכוין, ובדיעבד די אם לא כיון רק ב"אבות", וכן משמע לשון השו"ע, וכן בכל הפוסקים ראשונים ואחרונים שראיתי, לא נמצא שום רמז שהיום ישתנה זה הדין, וגם הדה"ח והגר"ז והשלחן שלמה, העתיקו השו"ע להלכה**).

אבל אם ברי לו שהתפלל, אינו חוזר ומתפלל בלא חידוש - דתפילות כנגד תמידים תקנום, והוי כמקריב שני תמידין לשם חובה, שאסור משום בל תוסיף, **ואפילו** התפלל מתחלה ביחיד, ועכשיו רוצה להתפלל בצבור, אפ"ה אסור. (כן מבואר בגמ').

ועל ידי חידוש, חוזר ומתפלל בנדבה כל הפעמים שירצה - פי' דוקא בנדבה, אבל לשם חובה אפילו בחידוש אסור, **והא** דבעינן חידוש בנדבה, דע"י החידוש מינכר מתוכה שתפילתו היא לשם תחנונים ולא לשם חובה, ובלא חידוש מיחזי כמי שעושה אותה לשם חובה, (**ואין חילוק בין אם מתפלל תפלה זו עם הצבור או ביחידי**).

ועיין בב"י שביאר דעת הטור, דה"ה אם מתפלל תפילה שלא בתורת חובה, וגם לא התכוין בה לשום נדבה, והוא מחדש בה, דשפיר דמי, דע"י החידוש מינכר שהיא לשם תחנונים, (**ועיין ברמב"ם דמוכח, דלא מהני אלא במכוין לשם נדבה, ולא במתפלל סתם**).

חוץ מתפלת מוסף שאין מתפללים אותה בנדבה - ר"ל אפילו דשל ר"ח וחוה"מ, כיון שאומר: ומוספים כהלכתם, והמוספין אינן קרבין אלא משל צבור, ואין היחיד יכול לנדב אותם.

'ובשבת ויו"ט, אינו מתפלל תפלת נדבה כלל - לפי שאין נדרים ונדבות קרבין בהם.

באר הגולה

ו ברכות כ"א | ז טור בשם הרי"ף ורמב"ם בשם הגאונים

ועיין באחרונים שכתבו, דלפי"ז בתפלת מוסף, וה"ה בשבת ויו"ט בכל התפילות, אם נסתפק אם התפלל אותם, אינו יכול לחזור ולהתפלל אותם, דהרי צריך להתנות וכנ"ל, ובזה אינו יכול להתנות.

ואם התחיל להתפלל על דעת שלא התפלל, ונזכר שכבר התפלל, פוסק [ח]אפי' באמצע ברכה, אפילו יכול לחדש בה דבר - דתחלת תפילתו היה מסתמא בודאי לשם חובה, שהרי היה סבור שלא התפלל עדיין, ולא מהני בה חידוש, ולכך אפילו אם ירצה עתה לגומרה לשם נדבה לא מהני, כיון שכבר התחיל בה לשם חובה, דא"א להביא קרבן שחציו חובה וחציו נדבה. (**ואפילו** בתפילת ערבית דקי"ל שהיא רשות, פוסק, מאחר דהשתא שוינן עלן כחובה, מסתמא התחיל בה אדעתא דחובה).

וכ"ז כשהתחיל על דעת שלא התפלל, אבל אם היה לו ספק אם התפלל, והתחיל בתנאי וכנ"ל, ונזכר באמצע שהתפלל, י"ל דא"צ חידוש וגומר כך לשם נדבה, דכיון שהתחיל מתחלה כהוגן אדעתא דספיקא, וספק הוי כחידוש, תו אין צריך חידוש, **ובלבוש** משמע שגומרה ע"י חידוש, ואפשר דהוא על צד היותר טוב, (כ"כ הא"ר, **ובספר מאמר מרדכי** כתב, דהלבוש מדינא קאמר, מטעם דמה דאמרינן אין לך חידוש גדול מזה, הוא מחמת דמה שמתפלל מכח ספק זהו חידושו, וכל שנזכר באמצע שכבר התפלל, איגלאי מילתא למפרע דתפילתו תפילת נדבה, וצריך חידוש ככל נדבה, וכנ"ל).

אות ד'

גומרין כל אותה ברכה

סימן רסח ס"ב - [ט]אם טעה והתחיל תפלת החול, גומר אותה ברכה שנזכר בה שטעה, ומתחיל של שבת - הטעם הוא, דבדין הוא דבעי לצלויי י"ח ברכות בשבת כמו בחול, ולהזכיר קדושת היום בעבודה כמו בר"ח וחוה"מ, ורק משום כבוד שבת לא אטרחוהו רבנן, ותקנו ברכה אחת אמצעית לשבת, **ולכן** בדיעבד שהתחיל הברכה, גומרה, שהיא ראויה לו מן הדין, ואח"כ מתחיל הברכה המיוחדת לשבת, **וה"ה** בכל זה לענין יו"ט.

[י]לא שנא נזכר בברכת "אתה חונן", לא שנא נזכר בברכה אחת משאר הברכות; בין בערבית בין בשחרית [יא]מוסף ומנחה - דבדיעבד גם במוסף אם התפלל י"ח ברכות, ורק הוסיף בה "ונעשה לפניך חובותינו בתמידי יום ובקרבן מוסף", יצא, וכדאיתא בס"ד, לכך גם לה שייך בדיעבד הברכה של חול.

[יב]וי"א דבמוסף פוסק אפילו באמצע ברכה - דסבירא להו, דבמוסף לא שייך כלל תפלת י"ח ברכות, דאף בחול אין אומרים רק שבע ברכות, ולכך פוסק אפילו באמצע ברכה.

וכן פסקו האחרונים, משום ספק ברכה לבטלה.

אות ה'

התפלל ונכנס לביהכ"נ ומצא צבור שמתפללין, אם יכול לחדש בה דבר, יחזור ויתפלל, ואם לאו אל יחזור ויתפלל

סימן קז ס"א - עיין לעיל אות ב' - ג'.

[יג]סימן קז ס"ב - [יד]חידוש זה שאמרנו, הוא שיחדש דבר בכל ברכה מהאמצעיות מעין הברכה - אבל לא בג' ראשונות ובג' אחרונות, וכדלקמן בסימן קי"ב.

ואם חידש אפי' בברכה אחת, דיו, כדי להודיע שהיא נדבה ולא חובה - (מלשון זה משמע, דאפילו בברכת "שומע תפלה", ולא כהי"א שהובא בטור עי"ש, ומ"מ נראה דאפילו לדעת השו"ע, בעינן שהבקשה הזו לא יהיה מורגל בה בכל יום בעת התפלת חובה, דהלא הטעם שע"י החידוש יודע שהיא נדבה ולא חובה).

הגה: [טו]וי"א דלא מיקרי חידוש, אלא אם נתחדש אצלו דבר שלא היה צריך אליו קודם לכן (טור בשם הרא"ש).

[טז]סימן קז ס"ג - [יז]אין צבור מתפללין תפלת נדבה כלל - דאין צבור מקריבין קרבן נדבה, אלא לקיץ המזבח כשהמזבח בטל, וזהו דבר שאינו מצוי, לכן אין להתפלל י"ח כנגד זה, **אבל** יחיד יכול להתפלל נדבה ע"י חידוש אפילו בצבור.

[יח]סימן קז ס"ד - [יט]הרוצה להתפלל תפלת נדבה - ר"ל אפילו הוא ע"י חידוש, **צריך שיהא מכיר את עצמו זריז וזהיר ואמוד בדעתו, שיוכל לכוין בתפלתו מראש ועד סוף; אבל אם אינו יכול לכוין יפה, קרינן ביה: למה לי רוב זבחיכם; והלואי שיוכל לכוין בג' תפלות הקבועות ליום.**

באר הגולה

ח גמרא שם ותוס' ‹ד"ה ור' יוחנן› ט ברכות כ"א י הרא"ש ורבינו יונה שם יא ‹הרא"ש - ב"י› יב רבי יונה ורמב"ם וסמ"ג יג ‹ע"פ הגר"א וכדלקמן› יד רמב"ם טו ‹ממה שכתב שם: אם יכול לחדש כו', וכי יש לך אדם שאינו יכול לחדש בא' מהן, אבל הרא"ש בתשובה והג"ה פי', בנתחדש אצלו דבר כו', משום קושיא הנ"ל - הגר"א› טז ‹מילואים› יז הרי"ף שם יח ‹מילואים› יט תשובת הרא"ש

או צבור וצבור אבל יחיד לגבי צבור כמאן דלא צלי דמי קמ"ל ואי אשמעינן הכא משום דלא אתחיל בה אבל התם דאתחיל בה אימא לא צריכא אמר רב הונא הנכנס לבית הכנסת ומצא צבור שמתפללין [א]אם יכול להתחיל ולגמור עד שלא יגיע ש"ץ למודים יתפלל ואם לאו אל יתפלל ריב"ל אמר [ב]אם יכול להתחיל ולגמור עד שלא יגיע ש"צ לקדושה יתפלל ואם לאו אל יתפלל במאי קא מפלגי מר סבר יחיד אומר קדושה ומר סבר אין יחיד אומר קדושה *וכן אמר רב אדא בר אהבה *מנין שאין היחיד אומר קדושה שנאמר °ונקדשתי בתוך בני ישראל [ג]כל דבר שבקדושה לא יהא פחות מעשרה מאי משמע דתני *רבנאי אחוה דרבי חייא בר אבא אתיא תוך תוך כתיב הכא ונקדשתי בתוך בני ישראל וכתיב התם °הבדלו מתוך העדה הזאת *מה להלן עשרה אף כאן עשרה ודכולי עלמא מיהת מפסק לא פסיק איבעיא להו מהו להפסיק ליהא שמו הגדול מבורך כי אתא רב דימי אמר ר' יהודה *ור"ש תלמידי דרבי יוחנן אמרי לכל אין מפסיקין חוץ מן יהא שמו הגדול מבורך שאפילו עוסק במעשה מרכבה פוסק ולית [ד]הלכתא כותיה: ר' יהודה אומר מברך לפניהם ולאחריהם: למימרא דקסבר רבי יהודה בעל קרי מותר בדברי תורה והאמר ריב"ל מנין לבעל קרי שאסור בדברי תורה *שנאמר °והודעתם לבניך ולבני בניך וסמיך ליה יום אשר עמדת וגו' מה להלן בעלי קריין אסורין אף כאן בעלי קריין אסורין וכי תימא *רבי יהודה *לא דריש סמוכים והאמר *רב יוסף אפילו מאן דלא דריש סמוכים בכל התורה במשנה תורה דריש דהא רבי יהודה לא דריש סמוכין בכל התורה כולה ובמשנה תורה דריש ובכל התורה כולה מנא לן דלא דריש דתניא *בן עזאי אומר נאמר °מכשפה לא תחיה ונאמר כל שוכב עם בהמה מות יומת סמכו ענין לו לומר מה שוכב עם בהמה בסקילה [ה]אף מכשפה נמי בסקילה אמר ליה ר' יהודה וכי מפני שסמכו ענין לו נוציא לזה לסקילה אלא אוב וידעוני בכלל כל המכשפים היו ולמה יצאו להקיש להן ולומר לך מה אוב וידעוני בסקילה אף מכשפה בסקילה ובמשנה תורה מנא לן דדריש דתניא רבי אליעזר אומר *[ו]נושא אדם אנוסת אביו ומפותת אביו אנוסת בנו ומפותת בנו ר' יהודה אוסר באנוסת אביו ובמפותת אביו ואמר רב גידל אמר רב מאי טעמא דר' יהודה דכתיב °לא יקח איש את אשת אביו ולא יגלה (את) כנף אביו כנף שראה אביו לא יגלה וממאי דבאנוסת אביו כתיב דסמיך ליה ונתן האיש השוכב עמה וגו' אמרי אין במשנה תורה דריש והני סמוכין מבעי ליה לאידך דריב"ל דאמר ריב"ל *כל המלמד לבנו תורה מעלה עליו הכתוב כאלו קבלה מהר חורב שנאמר °והודעתם לבניך ולבני בניך וכתיב בתריה יום אשר עמדת לפני ה' אלהיך בחורב *תנן זב שראה קרי ונדה שפלטה שכבת זרע המשמשת וראתה *דם צריכין טבילה ורבי יהודה פוטר עד כאן לא פטר רבי יהודה אלא בזב שראה קרי דמעיקרא לאו בר טבילה הוא אבל בעל קרי גרידא מחייב וכי תימא ה"ה דאפילו בעל קרי גרידא נמי פטר רבי יהודה והאי דקא מפלגי בזב שראה קרי להודיעך כחן דרבנן אימא סיפא המשמשת וראתה *דם צריכה טבילה למאן קתני לה אילימא לרבנן פשיטא השתא ומה זב שראה קרי דמעיקרא לאו בר טבילה הוא מחייבי רבנן המשמשת וראתה *דם דמעיקרא בת טבילה היא לא כל שכן אלא לאו ר' יהודה היא ודוקא קתני לה

משמשת

רש"י

או צבור וצבור. בין בראשונה בין בשניה היה עם הצבור כגון עשרה אחר עשרה וזה עמהם בשתיהן שכח שהתפלל עם הראשונים: רב הונא סבר. יחיד המתפלל עם הצבור אומר קדוש הלכך אם לא גמר עד שלא יגיע ש"ץ לקדוש לית לן בה אבל מודים אף על פי שיחיד אומר מודים אם אינו אומרו עם הצבור הרואה את כולם כורעים והוא אינו כורע נראה ככופר במי שחבריו משתחוין לו: מפסק לא פסיק. תפלתו לקדושה לענות עם הצבור וכן למודים: במשנה תורה דריש. והאי קרא במשנה תורה הוא נאמר: מכשפה לא תחיה. ולא פירש באיזו מיתה תמות ונאמר אצלו כל שוכב עם בהמה מות יומת: סמכו ענין לו. סמכתו פרשת מכשפה לא תחיה לשוכב עם בהמה: מה שוכב עם בהמה בסקילה. כדאמרינן לה בסנהדרין פרק ד' מיתות (דף נד:) בגזרה שוה דתהרוגו דהכא מכי הרוג תהרגנו דמסית אף מכשף בסקילה: אמר ליה רבי יהודה וכי מפני שסמכו ענין. לשוכב עם בהמה נוציא זה המכשף לסקילה שהיא חמורה מכל מיתות שבתורה אלא מקרא מפורש יש לו במקום אחר שהוא בסקילה: אוב וידעוני בכלל. לא תחיה דכל המכשפים היו ולמה יצאו בפני עצמן כשהפרישן לסקילה כדכתיב באבן ירגמו אותם דמיהם בם להקיש אליהם את כל הכלל שזו מדה בתורה שכל דבר שהיה בכלל ויצא מן הכלל ללמד לא ללמד על עצמו יצא אלא ללמד על הכלל כולו יצא: זב שראה קרי וכו'. לענין טבילה שתקן עזרא לבעלי קריין לעסוק בתורה קאי ולשאר טמאים לא הצריך וקאמר הכא דאם יש לו טומאה אחרת עם הקרי שאינו יכול לצאת ממנה בטבילה זו כגון זב ונדה שהם טמאים טומאת שבעה אפילו הכי צריך לטבול לקריו קודם שיעסוק בתורה: פולטת שכבת זרע. הרי היא כבעל קרי: ורבי יהודה פוטר.(א) קס"ד דאין טבילה זו מטהרתו מכל וכל: המשמשת למאן קתני לה. להשמיענו כח מי הוצרכו לחלוק בה: אילימא לרבנן. להודיעך כחן דמחייבי בה: פשיטא זב שראה קרי. שקדמתו טומאת הזיבה מעיקרא: דמעיקרא. בשעה שראה קרי לאו בר טבילה הוא ומחייבי ליה רבנן טבילה לקרי לדברי תורה:

משמשת

תוספות

עד שלא יגיע שליח צבור למודים. וטעמא לפי שצריך לשוח עם הצבור שלא יראה ככופר במי שהצבור משתחוין לו והוא הדין נמי אם יגיע למודים כששליח צבור יגיע שהוא משתחוה עם חביריו אבל אין גמרא פסיקא ליה כי האי גוונא אבל אין נראה דמשום מודים דרבנן נקט הכי שמצוה לענות שזה לא מצינו לו עיקר בגמ' ור"ת היה רגיל כשהיה מתפלל ביחיד כשהחזן מגיע למודים היה כורע עם הקהל בלא אמירה כלל ודוקא באמצע ברכה אבל בסוף ברכה לא דאמר לקמן (דף לד.) דאסור לשחות בסוף כל ברכה וברכה מיהו לכתחלה אין לעשות כן כדמשמע הכא וכתב רש"י בסוכה פרק לולב הגזול (דף לח:) דאדם המתפלל ושמע מפי החזן קדיש או קדושה אינו יכול להפסיק ולענות עם הצבור אלא ישתוק ויכוין מעט דשומע כעונה וי"ל דלכתחלה אין לעשות כן דעניים חשיבא טפי הדור מצוה. ור"ת ור"י היו אומרים דאדרבה אי שומע כעונה הוי הפסקה אם שותק. ומ"מ נהגו העם לשתוק ולשמוע וגדול המנהג. בירושלמי פרק תפלת השחר קאמר לא התפלל (ב) ובא ומצאן מתפללין מוסף אם היה יודע שיהיה מתפלל וגומר עד שלא יתחיל ש"ץ כדי לענות אמן מתפלל אם לאו לא יתפלל. באיזה אמן אמרו פליגי ביה תרי אמוראי חד אמר באמן של האל הקדוש וחד אמר באמן של שומע תפלה ולא פליגי כאן בחול כאן בשבת והא דאמרינן באמן של שומע תפלה היינו בחול לכך יש ליזהר לענות אמן בהאל הקדוש וגם לענות אמן בשומע תפלה ומתוך הירושלמי משמע שהיו רגילין לומר י"ח ברכות שלמות במוסף של חול כגון בר"ח ובחול המועד ומיהו אנן סמכינן אהא דאמר פרק תפלת השחר (לקמן דף כט.) דקאמר תמני סרי תקון תשסרי לא תקון ומה שאנו אומרים עננו בין גואל לרופא לא קשה שאינו אלא לש"ץ אבל יחיד כוללה בש"ת ועוד אומר הר"ר חיים דאיתא בתוספתא (דפ' ה"ה) בהדיא כמנהגנו דקאמר התם ימים שיש בהן קרבן מוסף כגון ר"ח וח"ה ערבית ושחרית מתפלל י"ח שלמות ואומר מעין המאורע בעבודה ואם לא אמר מחזירים אותו ובמוספים מתפלל שבע ואומר קדושת היום באמצע ובירושלמי נמי י"ל דטעות סופר הוא ול"ג של מוסף אלא בא ומצאן מתפללים וכן משמע בירושלמי פרק מי שמתו דגם זו המימרא כתובה שם ולא הזכיר של מוסף כלל: אין יחיד מתפלל קדושה. וכן הלכה אבל המתפלל י"ח עם החזן לכשיגיע ש"ץ לקדושה יאמר עם השליח צבור נקדש וכל הקדושה משלם יכול לענות עם הצבור דאין זה קרוי יחיד:

ונחזי

עין משפט נר מצוה

מ א [טוש"ע או"ח סי' קט סעיף א]: ב מיי' פ"י מהלכות תפלה הלכה טז סמג עשין יט טור ש"ע או"ח סימן קט סעיף א:

מא ג מיי' פ"ח שם הלכה ו טור ש"ע או"ח סימן נה סעיף א:

מב ד מיי' פ"י שם הלכה טז טור ש"ע או"ח סימן קד סעיף ז:

מג ה מיי' פי"א מהל' ע"ג הלכה טו סמג לאוין נה טור יו"ד סימן קעט:

מד ו מיי' פ"ב מהלכות איסורי ביאה הי"ג טוש"ע אה"ע סי' טו:

רב נסים גאון

ר' יהודה דלא דריש סמוכין בכל התורה ובמשנה תורה דריש. פירשו לטעמא דמילתא בפרק ס"ו נשים (דף ד) ואמרי ובמשנה תורה מאי טעמא דריש איבעית אימא משום דמוכח ואיבעית אימא משום דמופנה:

[אולי צ"ל ור"ש בן לקיש ועי' כתובות קיא:]

[עי' תוס' יבמות דף ד. ד"ה וכי מפני ותוס' קדושין סג. ד"ה וסמיך ליה]

הגהות הב"ח

(א) רש"י ד"ה ור' יהודה פוטר דקסבר דאין: (ב) תוס' ד"ה עד וכו' בירושלמי וכו' לא התפלל שחרית ובא:

מסורת הש"ס

[תיבת וכן ליתא בכ"י]

מגילה דף כג:

[שם ע"ש בסנה' עד: ע"ש]

[צ"ל ואתיא עדה עדה דכתיב עד מתי לעדה הרעה הזאת מה להלן וכו' כך איתא במגילה]

[עי' תוספות ב"ק פב: ד"ה אתא]

[פסחים כח:]

יבמות דף ד'

שם סנהדרין דף סו:

יבמות ד. לז. וע"ש במשנה

[קדו' ל. ע"ש]

לקמן כו.

[צ"ל נדה]

[צ"ל נדה]

[צ"ל נדה]

תורה אור

ויקרא כב

במדבר טז

דברים ד

שמות כב

דברים כג

דברים ד

§ מסכת ברכות דף כא: §

אות א' - ב'

אם יכול להתחיל ולגמור עד שלא יגיע שליח צבור למודים, יתפלל, ואם לאו אל יתפלל

אם יכול להתחיל ולגמור עד שלא יגיע שליח צבור לקדושה, יתפלל, ואם לאו אל יתפלל

סימן קט ס"א - [א]**הנכנס לבהכ"נ ומצא צבור מתפללין** - זה הסעיף מיירי בתפילת המנחה, וה"ה בשחרית אם היה עומד בק"ש וברכותיה בשעה שהצבור התחילו שמ"ע, **אם יכול להתחיל ולגמור** - עד "אלהי נצור", **קודם שיגיע ש"צ לקדושה או לקדיש, יתפלל** - דקדושה אסור לומר ביחיד, וכן קדיש.

לכאורה כיון דצריך לגמור תפילתו קודם קדושה, כ"ש שישמע הקדיש שאחר שמ"ע, **י"ל** דמיירי במעריב דליכא קדושה, **א"נ** מיירי שכבר שמע קדושה, דמשום קדושה לא היה צריך להמתין, דמ"מ צריך לגמור קודם קדיש שאחר שמ"ע.

והיינו שיגמור עכ"פ קודם שיגיע ש"ץ ל"יהא שמיה רבא", ולא יענה אמן אז, רק "יש"ר" בלבד, מטעם דכיון דלא מתכוין אז על מה לומר האמן, מקרי אמן יתומה, **ואם** נותן לבו ויודע אז על מה עונה האמן, רשאי.

וכ"ה אמן ד"האל הקדוש" ו"שומע תפלה", דינן כקדיש וקדושה (תוס' והרא"ש ומרדכי ותרומת הדשן) - לכאורה בשלמא אמן ד"שומע תפילה", יש נ"מ, דיהיה צריך להמתין מלהתפלל אפילו אחר קדושה, עד שידע שיגמור קודם ברכת ש"ת, **אבל** אמן ד"האל הקדוש" למאי נ"מ, כיון דצריך לגמור להתפלל קודם קדושה, ממילא יענה אמן אחר "האל הקדוש", **וי"ל** דנ"מ אפילו אם שמע קדושה, דמ"מ צריך להמתין משום אמן ד"האל הקדוש" שלא שמע עדיין, **וגם** לענין שלא יעמוד להתפלל תיכף אחר קדושה, כי אם אחר שיענה האמן על הברכה, דגם זה הוא שייך לקדושה.

וה"ה אם יודע שהצבור יאמרו ברכו והוא לא שמע עדיין, אם יוכל לגמור תפילתו טרם שיאמרו הקהל ברכו, מתפלל כדרכו, **ואם** יודע שלא יוכל לגמור תפילתו קודם ברכו, צריך להמתין ב"שירה חדשה" עד שישמע ברכו.

ואם כבר שמע קדושה או ברכו, או יודע שישמע אח"כ, א"צ להמתין, **מיהו** לקדיש צריך להמתין, דהא אין לו קצבה, **ואפשר** דהקדישים מ"עלינו" ואילך אינם בכלל זה, כ"כ המ"א וש"א, **והדה"ח** והח"א כתבו, דכל הקדישים אם שמע [ב]‹אותם› כבר וענה "איש"ר", א"צ תו להמתין.

ואם לאו, אל יתפלל [ג]**אם אין השעה עוברת** - רק ימתין ב"שירה חדשה", **ואם** רוצה לצאת להתפלל בעזרה חוץ לבהכ"נ, מתפלל וא"צ להמתין, ‹כתב באג"מ דע"כ מיירי דיש לו צורך גדול›.

[ד]**ואם נכנס אחר קדושה, אם יכול להתחיל ולגמור קודם שיגיע ש"צ ל"מודים", יתפלל, ואם לאו אל יתפלל** - דצריך לשחות עם הקהל, שלא יהא נראה ככופר במי שהצבור משתחוים לו, **ואפילו** שמע כמה פעמים "מודים" בצבור, צריך להמתין, דהא הטעם שלא יהא נראה ככופר אם אינו משתחוה.

ולאו דוקא כשנכנס אחר קדושה, דה"ה אם נכנס קודם קדושה, והמתין מלהתפלל עד אחר קדושה, צריך ג"כ לשער בעצמו אם יוכל לגמור עד שיגיע ש"ץ למודים.

ולרמ"א הנ"ל בהג"ה, צריך לגמור קודם אמן של "שומע תפילה", או שישער בעצמו שיוכל להגיע בתפילתו בברכת ש"ת עם הש"ץ בשוה, ואם לאו לא יתחיל עד "מודים", וכן העתיקו האחרונים לדינא.

וה"ה אם יכול להגיע ל"מודים", או לאחת מהברכות ששוחים בהם, כשיגיע ש"ץ ל"מודים", יתפלל - ואע"פ שלא יכול לומר "מודים דרבנן" שהצבור אומרים, אין בכך כלום כיון ששוחה עמהם, **וזה** מותר אפילו לכתחילה, אך יצמצם שברכת "שומע תפילה" יאמר עם הש"ץ בשוה, וכדלקמיה בס"ב.

ודע דאיש"ר עדיף מקדושה, ע"כ אם בא סמוך לקדושה, ואם ימתין עד אחר קדושה לא יגמור תפילתו עד אחר קדיש, ולהמתין עד אחר קדיש אינו יכול מפני שזמן תפילה עובר, **טוב** שיתחיל להתפלל קודם קדושה, ויהיה יכול לענות איש"ר.

וקדושה עדיף ממודים, ע"כ אם בא סמוך לקדושה, ואם יתחיל מיד לא יוכל לאמר קדושה, **ואם** ימתין עד אחר קדושה לא יהיה יוכל לאמר מודים עם הצבור, **ולהמתין** עד אחר מודים אינו יכול, מפני חשש שיעבור זמן תפילה, **מוטב** שיתחיל להתפלל אחר קדושה, כ"כ המ"א, **ולפי** מה שביארנו לקמן בשם המג"ג, טוב שיתחיל בזה להתפלל עם הש"ץ בשוה, ויהיה לו קדושה ומודים.

וכ"ש דאיש"ר עדיף ממודים, ע"כ מי שבא לבהכ"נ תיכף אחר קדושה, ואם ימתין עד אחר מודים לא יוכל לענות איש"ר אחר הקדיש שאחר י"ח, **ואם** ימתין עד אחר הקדיש יעבור זמן התפילה, **יתחיל** מיד, דמוטב לבטל מודים מלבטל איש"ר, ועוד דמודים אפשר לשחות באמצעיתן.

וכן עדיף איש"ר מתפילה בצבור, ע"כ אם בא סמוך לקדיש, ואם יתפלל תיכף יבטל איש"ר, ואם ימתין עד אחר קדיש, לא יוכל להתפלל ערבית עם הצבור, **איש"ר** עדיף, ותיכף אחר זה יתחיל להתפלל שמ"ע לשם מנחה, ואין לו לחוש למה שהצבור מתחילין ערבית, כיון שהוא עדיין יום.

באר הגולה

[א] **ברכות כ"א** [ב] ‹ע"פ המ"ב המבואר› [ג] **סמ"ק והג"מ** [ד] **תוספות שם** ‹ד"ה עד. והוא הדין נמי אם יגיע למודים כששליח צבור יגיע למודים, דשפיר דמי, כיון שהוא משתחוה עם חביריו› **והגהות מיימוניות**

(עיין בפמ"ג דקחשיב סדר המדרגות, איזה עדיף מחבירו, ונ"מ לענין אם שומע שתיהן כאחת בשתי מניינים, איזה מהם קודם, או אם אינו יכול לקיים את כולם, וכתב שם את סדרם כך: **איש"ר** דקדיש עדיף מקדושה, וקדושה עדיף ממודים, ומודים וגם ברכו עדיף משתי אמנים, היינו ד"האל הקדוש" ו"שומע תפלה", ואלו האמנים עדיפי מאחרים, **אך** שהוא מסתפק שם לענין מודים וברכו איזה עדיף, ומצדד שם דמודים עדיף, **ודה"ח** כתב, דלפעמים ברכו עדיף ממודים, דהא לענין מודים יכול לכוין להגיע באמצע ברכה ולשחות, **עוד** כתב שם, דעניית שתי אמנים אלו עדיף מתפלה בצבור, דהרי דחינן אותו מלהתפלל בצבור בשביל עניית האמנים אלו, **אך** שכתב שם, דצבור זה גרע במקצת מאחריני, משום דבא באמצע, **ומסמך** גאולה לתפילה בשחרית עדיף אפילו מאיש"ר, ותדע שהרי אין לענות קדיש וקדושה בין גאולה לתפילה, **ואם** נזדמן לו לענות מודים אחר שאמר גאל ישראל, ישחה ולא יאמר כלום, **ובלילה עדיף אפילו תפילה בצבור מסמיכת גאולה לתפלה).**

(**נסתפקתי**, אם מדרך טבעו להאריך בתפלה, ואינו יכול לסיים עד קדושה, אם מותר להתחיל, **ומכאן** אין ראיה לאיסור, **דאפשר** דזה לאו תפלת צבור גמורה מקרי, מאחר שלא התחיל עמהן בשוה, **אבל** אם מתחיל בשוה, אפשר כיון דעתה חל עליו החיוב להתפלל בצבור, וחיוב עניית הקדושה לעת עתה אין עליו, אין לו לחוש כלל למה שאח"כ לא יהיה יכול לקיים מצוה דעדיפא מזה, וגם דאז יהיה אנוס ופטור מלענות, **ומ"מ** אין להביא ראיה להקל, ממה דנקט הגמרא "ומצא צבור מתפללין", ולא נקט יותר רבותא את הענין שציירנו, דאפשר דהגמרא מילתא דשכיחא נקט, **וצריך** לעיין בדין כללי אין מעבירין על המצות). (והכרעת האחרונים, שאין לאדם למנוע עצמו מלהתחיל שמו"ע יחד עם הציבור, ולהתפלל במתינות ובכונה כרצונו - פסקי תשובות).

ואם צריך להתחיל כדי לסמוך גאולה לתפלה - פי' שטעה ואמר עד "גאל ישראל", שממילא מחויב להסמיך לה התפילה מיד, **וה"ה** אם מצד שהשעה עוברת מחוייב לעמוד תיכף להתפלל, דאל"ה צריך לכתחילה להמתין משום קדושה ב"שירה חדשה".

ונזדמן לו שמגיע ש"צ ל"מודים" כשהוא באחת הברכות (באמצעה), ישחה עמו - ואינו אומר אז "מודים", והשחיה הוא כדי שלא יהא נראה ככופר במי שהצבור משתחוים לו.

[ה]**ומ"מ** אם אינו מוכרח לו להתחיל מיד, לא הותר לו להתחיל התפילה על דעת שישחה באמצע הברכות, אף דמותר לשחות באמצע כל הברכות, **משום** דשמא ישכח מלשחות, כיון שאינו מחוייב שם לשחות בלא"ה, **ואם** יתן לבו לזה, יטרד ולא יכוין בתפילתו.

אבל אם הוא בתחלתה או בסופה, לא ישחה, שאין שוחין בתחלת ברכה או בסופה, אלא באבות ובהודאה.

אות ג'

כל דבר שבקדושה לא יהא פחות מעשרה

סימן נה ס"א - [ו]אומרים קדיש - פי' אחר פסוקי דזמרה.

אין פוחתין משבעה קדישים בכל יום, כנגד "שבע ביום הללתיך", דהיינו **א'**. אחר פסוקי דזמרה שהוא אחר "ישתבח", **וב'**. חצי קדיש אחר תפלת י"ח ברכות, **וג'**. אחר סדר קדושה, ובו אומרים ג"כ "תתקבל צלותהון", שהוא שייך ג"כ לתפלת י"ח, **וד'**. אחר "עלינו", שיש בו אמירת פסוקים, **וה'**. אחר "אשרי" במנחה, **וששי**. אחר תפלת מנחה, **ז'**. אחר ק"ש של ערבית קודם תפלת י"ח, **וקדיש** שאחר תפלת ערבית, אף דהוא ג"כ מצוה, לא קחשבינן בכלל אלו השבעה, עי"ש בלבוש הטעם.

כאשר טוב למעט בברכות, כך טוב למעט בקדישים, **ועיין** באחרונים שקראו תגר ע"ז שנאספים עשרה בני אדם, ואומרים כמה קדישים על פסוקי תורה או משנה או גמרא.

כתב בהלכות קטנות, כששנים או ג' אומרים קדיש יחד, ואחד מקדים, אם באים כל אחד תוך כדי דיבור, יענה עם הראשון או עם האחרון "אמן", ויעלה לכולם, **ואם** יש הפסק, יענה על כל אחד ואחד.

עשרה יהודים לועזים, שאין מי שיודע בלשון הקודש להוציא אותם י"ח, יוכל אחד מהם להיות ש"ץ, ולומר קדיש וקדושה בלשון לע"ז.

[ז]ואין אומרים אותו בפחות מי' זכרים בני חורין, גדולים שהביאו ב' שערות - לאפוקי נשים ועבדים וקטנים, **וה"ה** טומטום ואנדרוגינוס, וחצי עבד וחצי בן חורין, אינו מצטרף.

עיין פר"ח, שקרא ערער על המקומות שנוהגין, שהקטן אומר קדיש וברכו, והקהל עונים אחריו, דשלא כדין הם עושים, **ואפילו** אם יש עשרה אנשים גדולים חוץ ממנו, **ועיין** בפמ"ג שמצדד ג"כ להחמיר בזה לכתחלה.

אדם הנוצר ע"י ספר יצירה, אם מצטרף ליו"ד ולכל דבר שבקדושה, עיין בתשובת חכם צבי, ובספר עיקרי דינים, מה שכתב בענין זה.

וה"ה לקדושה וברכו שאין נאמרין בפחות מעשרה - שכל דבר שבקדושה, כגון קדיש, אפי' קדיש דרבנן שאחר הלימוד, וקדושה וברכו וקריאת התורה ונשיאת כפים, וה"ה לכל חזרת הש"ץ מפני הקדושה שיש בה, אין אומרים אותו בפחות מעשרה, **שנאמר**: ונקדשתי בתוך בני ישראל, וילפינן בגז"ש ד"תוך תוך" ממרגלים, דכתיב: עד מתי לעדה הרעה הזאת, יצאו יהושע וכלב, נשאר עשרה וקוראין "עדה".

כתב הט"ז, דבעת אמירת פסוקי דזמרה א"צ עשרה, דאפילו אם אמרוהו ביחידות, כל שיש עשרה בשעת אמירת הקדיש, די בכך, **וכן** אם התחילו להתפלל ערבית ביחידות, ובאו עשרה לעת אמירת הקדיש, יכול לומר הקדיש, **וכן** בכל לימוד שאדם לומד פסוקים או אגדה, או באמירת "עלינו", או באמירת "אשרי" שקודם מנחה, או באמירת תהלים בבקר, אם היה בלי מנין ונזדמן תיכף מנין, שיש לומר קדיש, **ומ"א** לא כ"כ, וכן מהגר"א מוכח כהמ"א, **ע"כ** הסכימו האחרונים, דהנכון שיאמרו אח"כ מזמור או ג' פסוקים ויאמרו קדיש, **ועיין** בפמ"ג דמוכח מיניה,

באר הגולה

ה (וכ"כ התוס' ד"ה עד: מיהו לכתחילה אין לעשות כן) | ו **טור ומפרש הטעם באגור בשם הראב"ד** | ז **ברכות כ"א מגילה כ"ג**

דלענין פסוקי דזמרה, ולענין תפלת ערבית, גם המ"א מודה להט"ז. (עיין לעיל סי' נג ס"ג במ"ב שכתב שאם גמר הש"ץ ברכת ישתבח ואח"כ באו מנין, יאמרו עכ"פ שלשה פסוקים, והוא שלא כדברי הפמ"ג כאן).

אות ג'*

תוס' ד"ה אין. לכשיגיע ש"ץ לקדושה יאמר עם השליח צבור כו'

[ח]**סימן קט ס"ב - [ט]אם מתחיל להתפלל עם ש"צ, כשיגיע עם ש"צ ל"נקדישך", יאמר [י]עמו מלה במלה כל הקדושה, כמו שהוא אומר** - פי' שיאמר עמו "נקדש", "לדור ודור" וכו', עד "האל הקדוש", ואח"כ יתפלל בפני עצמו, אם יוכל לסיים קודם שיגיע ש"ץ לסיום "שומע תפלה".

ובת"צ לא יאמר עם הש"ץ "עננו" ברכה בפני עצמה, ואפילו במנחה, אלא ב"שומע תפלה" כיחיד.

וכן יאמר עמו מלה במלה [יא]ברכת "האל הקדוש" וברכת "שומע תפלה" - פי' יכוין בשתי הברכות אלו לסיים עם הש"ץ ביחד, ואז א"צ תו לעניית אלו האמנים, כמו הש"ץ בעצמו.

וגם יכוין כשיגיע ש"צ ל"מודים", יגיע גם הוא ל"מודים", או ל"הטוב שמך ולך נאה להודות", כדי שישחה עם הש"צ במודים - ובספר מג"ג כתב, דטוב יותר להתפלל מלה במלה, לקיים שחיה ואמנים, משימהר להתפלל עד שלא יגיע ש"ץ למודים.

הגה: [יב]אבל לכתחלה לא יתחיל עד אחר שאמר קדושה ו"האל הקדוש", אלא שאם הוצרך להתחיל מכח שהשעה עוברת, או כדי לסמוך גאולה לתפלה, דינא הכי (טור וד"ע) - (עיין במ"א הטעם, דצריך לשתוק ולשמוע, ר"ל ואיך יאמר בעצמו "נקדש", **ולפי"ז** לדידן דנהגינן בלא"ה כהט"ז לאמר "נקדש", א"כ תו לא שייך להחמיר בזה, **אך** באמת עיקר הדין דלא כט"ז).

ובספר א"ר האריך מכמה פוסקים, דאפילו לכתחילה מותר להתחיל עם הש"ץ בשוה, **ועיין** ח"א שמשמע מיניה, דעכ"פ בשחרית בודאי יש להקל בזה, כדי שלא יצטרך להמתין כ"כ ב"שירה חדשה", ע"ש, **ואפילו** במנחה יש להקל בזה ע"י צורך קצת, כ"כ בספר מאמ"ר, **וכעין** זה כתב בספר מגן גבורים, וז"ל: מי שאינו יוכל לשער שיבוא עם הש"ץ ל"מודים" אם יתחיל אחר קדושה, ושמא יתבלבל עי"ז, יכול להתחיל עם הש"ץ, ויאמר עמו הקדושה וכל התפילה מלה במלה, עכ"ל.

(**אך** אם עמד להתפלל מקודם הש"ץ, ומתוך כונתו המרובה או מאיזה סיבה, הגיע לקדושה עם הש"ץ, או להיפך, שהתחיל אחר שהתחיל הש"ץ, ומחמת שהאריך הש"ץ הגיע לקדושה, **משמע** מא"ר דזה גם לדידיה אינו מותר רק דיעבד, ונ"ל דה"ה כשאין לו עצה אחרת לשמיעת הקדושה).

[יג]**סימן קט ס"ג - [יד]יחיד העומד בתפלה, וכשיגיע למקום קדושה היו הציבור אומרים קדושה דסידרא** - היינו ב"ובא לציון", וה"ה קדושת יוצר, **אינו אומר קדוש עמהם, שאין הקדושות שוות** - (משמע דבלא זה היה אומר עמהם "קדוש קדוש", אע"פ שעד עתה לא התפלל התפלה שלו עם הש"ץ בשוה, **ומכאן** אתה למד למה שכתבתי למעלה בס"ב).

ונראה דה"ה אם היו הצבור אומרים "כתר" - היינו לבני ספרד, ולמנהג אשכנז הוא "נעריצך", **שאינו אומר עמהם "קדוש", אלא ישתוק ויכוין למה שאומרים, דשומע כעונה** - וטעם המחבר הוא, משום דאינו עומד עמהם בענין אחד, שהם עומדים במוסף, והוא עומד בשחרית, לא עדיף דבר זה מאם הם היו עומדים אז בקדושה דסידרא, **ואע"ג** דהגאונים כתבו בהדיא דמצטרף עמהם, ס"ל להמחבר, דהרשב"א דכתב יחיד העומד בתפילה וכו', פליג עליהם.

הגה: וי"א דקדושת "כתר", דהיינו קדושת מוסף, והיחיד מתפלל שחרית, יוכל לומר עמהם, דשניהם קדושת י"ח וקדושתן שוה, וכן נ"ל עיקר. (ולא פליג רשב"א אהגאונים שהביא ב"י) - ס"ל, דהרשב"א לא אמר אלא בקדושה דסידרא, שהוא רק סיפור איך מלאכים מקדישין, אבל בשתי קדושות מענין אחד, כגון של שחרית ושל מוסף, אפשר דמודה לדברי הגאונים, לכך אין לדחות דבריהם, **וכן** פסק הפמ"ג שאין לזוז מזה.

ויאמר כל הנוסח של ה"כתר" או "נעריצך" שאומר הש"ץ במוסף, וזה מקרי ענין אחד, כי העיקר בקדושה הוא "קדוש קדוש קדוש", והן שוין לעולם.

אות ד'

ולית הלכתא כותיה

סימן קד ס"ז - [טו]אינו פוסק לא לקדיש - ר"ל לאיש"ר, **ולא לקדושה** - וה"ה לברכו, **אלא [טז]ישתוק ויכוין למה שאומר ש"צ** - עד "יתברך", **ויהא כעונה** - לענין שיצא בזה ידי חיוב קדיש וקדושה, ומ"מ לא חשיב הפסק.

(**ויש לעיין**, למנהגינו דס"ל דאע"ג דשומע כעונה, אינו כדבור ממש, **אם א'** היה צריך לנקביו בשעה שחבירו הוציאו בתפלתו, אם יצא, **ואף** דלענין בעל קרי אסור כשחבירו מוציאו בתפלתו, אפשר דבעל קרי חמיר טפי).

(היה עומד בתפלה וקראוהו לספר תורה, אינו פוסק) (ת"ה) - ואם פסק בזה, וכן לקדיש ולקדושה, דינו כשח במזיד, ולדעת הפוסקים דשם חוזר לראש, גם בזה חוזר לראש, **אך** אם סבר שמותר להפסיק, הוי כשוגג ואינו חוזר לראש, וכנ"ל.

באר הגולה

ח (ע"פ הב"י והגר"א) ט **רמב"ם** י (וצ"ל דמש"כ התוס': וכל הקדושה משלם יכול לענות עם הצבור, ר"ל עם הש"צ, דכל הפוסקים מביאים התוס', ואינם מעוררים נקודה זה) יא **תרומת הדשן** יב (כמ"ש בגמ' שם אם יכול כו' - גר"א. **ולא** אמרן שיוכל להתפלל עם הש"ץ, ש"מ דזה הוא בדוחק - דמשק אליעזר) יג (מילואים) יד **תשובת הרשב"א** טו **ברכות כ"א** טז **טור בשם ר"ח** (עיין בתוס' דהביא נדון בענין זה)

ואם קראוהו לס"ת והוא עומד אחר תפלת י"ח, אפילו לא התחיל עדיין "אלקי נצור", פוסק ועולה, **אך** יזהר לומר "יהיו לרצון" קודם.

[יז]**סימן קד ס"ח** - [יח]**אחר שסיים י"ח ברכות** - היינו שאמר גם "יהיו לרצון", **קודם "אלהי נצור", יכול לענות קדושה וקדיש וברכו, (וע"ל סימן קכ"ב)** - דאם לא אמר "יהיו לרצון", אסור להפסיק, ולזה רמז הרמ"א במה שכתב: וע"ל סי' קכ"ב.

אות ה'

אף מכשפה נמי בסקילה

טור יו"ד סימן קעט - ויש בו ג' חלוקים: העושה מעשה ע"י כשפים חייב סקילה; ואם אינו עושה מעשה כמו אוחז העינים, פטור אבל אסור; ועל ידי ספר יצירה מותר לעשות לכתחלה.

אות ו'

נושא אדם אנוסת אביו ומפותת אביו, אנוסת בנו ומפותת בנו

רמב"ם פ"ב מהל' איסורי ביאה הי"ג - הבא על אשה ובתה דרך זנות, או על אשה ואחותה וכיוצא בהן, הרי זה כמי שבא על שתי נשים נכריות, שאין נעשות ערוה זו עם זו אלא בנישואין לא בזנות; וכן אם אנס אביו או בנו או אחיו או אחי אביו אשה או פיתה אותה, הרי זו מותרת לו וישאנה, שלא נאמר אלא אשת, ואין כאן אישות.

אבה"ע סימן טו ס"ה - אבל אם אנס אביו אשה, מותרת לו.

---

§ מסכת ברכות דף כב. §

אות א'

הזבים והמצורעים ובאין על נדות מותרים לקרות בתורה ובנביאים ובכתובים, לשנות במשנה וגמרא ובהלכות ובאגדות, אבל בעלי קריין אסורים

סימן פח ס"א - [א]כל הטמאים קורין בתורה וקורין ק"ש ומתפללין, [ב]חוץ מבעלי קרי שהוציאו עזרא מכל הטמאים, ואסרו בין בד"ת בין בק"ש ותפלה עד שיטבול, כדי שלא יהיו ת"ח מצויין אצל נשותיהן כתרנגולין - וגם כי הקרי בא מקלות ראש, וד"ת צריך להיות באימה ויראה ברתת וזיע, כמו בעת נתינתה.

[ג]**ואח"כ בטלו אותה תקנה, והעמידו הדבר על הדין, שאף בעל קרי מותר בד"ת ובקריאת שמע ובתפלה, בלא טבילה ובלא רחיצה דתשעה קבין** - שהיתה גזירה שאין רוב הצבור יכולין לעמוד בה, ובטלוה משום ביטול תורה, ומשום ביטול פריה ורביה.

ומ"מ מי שירצה לנהוג ולטבול, תע"ב, **ודוקא** אם עי"ז לא יעבור זמן ק"ש ותפלה, **ואפשר** דאפילו אם עי"ז יתבטל מתפלה בצבור, ג"כ אין נכון להחמיר בזה, [דכיון דבטלוה, אין להחמיר במידי דאתי לידי קולא].

וכן פשט המנהג - ומ"מ יש אנשי מעשה שנוהגין בתקנה זו, וטובלין את עצמן לקריין, ואם קשה עליהם הטבילה, רוחצין את עצמן בט' קבין.

כתבו האחרונים, שארבעים סאה מים שאובים כשרים לטבילה זו, וכן הט' קבין הוא ג"כ במים שאובים, **ואפילו** משלשה כלים, ובאופן שלא יפסיק משפיכת כלי אחד עד שיתחיל השני, **אבל** יותר מג' כלים אין מצטרפין לשיעור ט' קבין.

והנך ט' קבין צריך שישפוך עליו, אבל לא לטבול בתוכם, בין אם הם בכלי או בקרקע, דכל שהוא דרך טבילה בעינן דוקא ארבעים סאה, ובקרקע, כשאר טבילות, (עיין לקמן אות ח'), **ומ"מ** אם נכנס חציו למקוה, ולא הרכין ראשו לטבול חצי גופו אשר בחוץ, רק שפכו עליו מלמעלה ט' קבין, מועיל לטהר.

כתב בספר מטה אפרים, דבעת שפיכת הט' קבין על האדם, יש לו לעמוד זקוף, ושתי ידיו מונחים נגד לבו, ולא ידחק אותם בחיבוק הרבה, רק בריווח קצת כדי שיבואו המים גם שם, **ויזהיר** לשופכים עליו שישפכו כנגד גופו ממש.

ושיעור ט' קבין, עיין בבה"ט שהוא שיעור ט"ו קווארט פוליש, **עיין** בס' מטה אפרים הנ"ל שכתב, דבקווארט שלנו צריך כ"ד קווארט לשפיכת ט' קבין, **ובשעת** הדחק שאין הכלים מחזיקין כ"כ, יש להקל בי"ח קווארט.

וכן יש ליזהר בכל זה, אותם שנוהגים להטהר בערה"י ועיו"כ ע"י ט' קבין.

כתב במ"א, דאף הנוהג טבילה לקרי, דוקא בריא, או חולה ששמש מטתו, אבל חולה שראה קרי לאונסו, פטור מכלום, (**קצת נראה**, דחולה נקרא לענין זה, מי שהוא חלוש, וראיה לזה מברכות כ"ב לענין ת"ח, עי"ש ברש"י ד"ה אפשר), ואין לו רק לרחוץ אותו מקום שלא יהיה מלוכלך מש"ז, **וכן** בריא שראה מים חלוקים, פטור מכלום, דלא גזר עזרא ע"ז לענין ד"ת ותפלה, ורק לענין תרומה טמא משום מים חלוקים.

באר הגולה

[יז] (מילואים) [יח] טור בסי' קכ"ב [א] הרי"ף והרא"ש מהא דברכות כ"ו [ב] שם ובדף כ"ב ובב"ק דף פ"ב [ג] ברכות כ"ב וחולין קל"ו

תורה אור

משמשת וראתה נדה אינה צריכה טבילה אבל בעל קרי גרידא מחייב לא תימא מברך אלא מהרהר ומי אית ליה לרבי יהודה הרהור והתניא בעל קרי שאין לו מים לטבול קורא קריאת שמע ואינו מברך לא לפניה ולא לאחריה ואוכל פתו ומברך לאחריה ואינו מברך לפניה אבל מהרהר בלבו ואינו מוציא בשפתיו דברי רבי מאיר רבי יהודה אומר בין כך ובין כך מוציא בשפתיו אמר רב נחמן בר יצחק עשאן ר' יהודה כהלכות דרך ארץ דתניא * °והודעתם לבניך ולבני בניך וכתיב בתריה יום אשר עמדת לפני ה' אלהיך בחורב מה להלן באימה וביראה וברתת ובזיע אף כאן באימה וביראה וברתת ובזיע מכאן אמרו * הזבים והמצורעים ובאין על נדות מותרים לקרות בתורה ובנביאים ובכתובים לשנות במשנה וגמרא ובהלכות ובאגדות אבל בעלי קריין אסורים רבי יוסי אומר שונה הוא ברגיליות ובלבד שלא *יציע את המשנה רבי יונתן בן יוסף אומר מציע הוא את המשנה ואינו מציע את (א) הגמרא רבי נתן בן *אבישלום אומר אף מציע את הגמרא ובלבד שלא יאמר אזכרות שבו רבי יוחנן הסנדלר תלמידו של רבי עקיבא משום ר"ע אומר לא יכנס למדרש כל עיקר ואמרי לה לא יכנס לבית המדרש כל עיקר ר' יהודה אומר שונה הוא בהלכות דרך ארץ מעשה ברבי יהודה שראה קרי והיה מהלך על גב הנהר אמרו לו תלמידיו רבינו שנה לנו פרק אחד בהלכות דרך ארץ ירד וטבל ושנה להם אמרו לו לא כך למדתנו רבינו שונה הוא בהלכות דרך ארץ אמר להם אע"פ שמיקל אני על אחרים מחמיר אני על עצמי: תניא ר' יהודה בן בתירא היה אומר *אין דברי תורה מקבלין טומאה מעשה בתלמיד אחד שהיה מגמגם למעלה מרבי יהודה בן בתירא אמר ליה בני פתח פיך ויאירו דבריך שאין דברי תורה מקבלין טומאה שנאמר °הלא כה דברי כאש נאם ה' מה אש אינו מקבל טומאה אף דברי תורה אינן מקבלין טומאה אמר מר מציע את המשנה ואינו מציע את הגמרא מסייע ליה לרבי אלעאי דאמר רבי אלעאי אמר ר' אחא בר יעקב משום רבינו הלכה מציע את המשנה ואינו מציע את הגמרא כתנאי מציע את המשנה ואינו מציע את הגמרא דברי רבי מאיר רבי יהודה בן גמליאל אומר משום רבי חנינא בן גמליאל זה וזה אסור ואמרי לה זה וזה מותר מ"ד זה וזה אסור כרבי יוחנן הסנדלר מ"ד זה וזה מותר כרבי יהודה בן בתירא *אמר רב נחמן בר יצחק נהוג עלמא כהני תלת סבי כרבי אלעאי בראשית הגז כרבי יאשיה בכלאים כרבי יהודה בן בתירא בד"ת כרבי אלעאי בראשית הגז דתניא *רבי אלעאי אומר [י]ראשית הגז אינו נוהג אלא בארץ כרבי יאשיה בכלאים כדכתיב °(כרמך) לא תזרע [כרמך] כלאים *רבי יאשיה אומר [י]לעולם *אינו חייב עד שיזרע חטה ושעורה וחרצן במפולת יד כרבי יהודה בן בתירא בדברי תורה דתניא רבי יהודה בן בתירא אומר [ד]אין דברי תורה מקבלין טומאה כי אתא זעירי אמר בטלוה לטבילותא ואמרי לה בטלוה לנטילותא מאן דאמר בטלוה לטבילותא כרבי יהודה בן בתירא מאן דאמר בטלוה לנטילותא כי הא *דרב חסדא לייט אמאן דמהדר אמיא בעידן צלותא: תנו רבנן בעל קרי שנתנו עליו תשעה קבין מים טהור נחום איש גם זו לחשה לרבי עקיבא ורבי עקיבא לחשה לבן עזאי ובן עזאי יצא ושנאה לתלמידיו בשוק פליגי בה תרי אמוראי במערבא רבי יוסי בר אבין ורבי יוסי בר זבידא חד תני שנאה וחד תני לחשה מאן דתני שנאה משום בטול תורה ומשום בטול פריה ורביה ומאן דתני לחשה [ה]שלא יהו תלמידי חכמים מצויים אצל נשותיהם כתרנגולים אמר רבי ינאי שמעתי שמקילין בה ושמעתי שמחמירין בה [ו]וכל המחמיר בה על עצמו מאריכין לו ימיו ושנותיו אמר ריב"ל מה טיבן של טובלי שחרין מה טיבן הא איהו דאמר בעל קרי אסור בדברי תורה הכי קאמר מה טיבן בארבעים סאה אפשר בתשעה קבין מה טיבן בטבילה אפשר בנתינה אמר רבי חנינא גדר גדול גדרו בה דתניא מעשה באחד שתבע אשה לדבר עבירה אמרה לו ריקא יש לך ארבעים סאה שאתה טובל בהן מיד פירש אמר להו רב הונא לרבנן רבותי מפני מה אתם מזלזלין בטבילה זו אי משום צינה אפשר במרחצאות אמר ליה רב חסדא *וכי יש טבילה בחמין אמר ליה רב אדא בר אהבה קאי כוותך רבי זירא הוה יתיב באגנא דמיא בי מסותא אמר ליה לשמעיה זיל ואייתי לי תשעה קבין ושדי עלואי אמר ליה רבי חייא בר אבא למה ליה למר כולי האי והא יתיב בגווייהו אמר ליה כארבעים סאה מה ארבעים סאה בטבילה ולא בנתינה אף [ח]תשעה קבין בנתינה ולא בטבילה רב נחמן תקן חצבא בת תשעה קבין כי אתא רב דימי אמר רבי עקיבא ורבי יהודה גלוסטרא אמרו לא שנו אלא לחולה לאונסו אבל לחולה המרגיל ארבעים סאה אמר רב יוסף אתבר חצביה דרב נחמן כי אתא רבין אמר *באושא הוה עובדא בקילעא

רש"י

משמשת וראתה נדה. דטומאת קרי קדמה וכשראתה הקרי ראויה היתה לטבול מיד: לא כ"ש. דלא אתיא טומאת נדה שהיא אחרונה ומפקעה לטבילה שנתחייבה בה כבר: אלא לאו רבי יהודה. קתני להודיעך דאפי' היכא דקדם הקרי אתיא טומאת נדה ומפקעה טבילה דאין טבילה אלא המטהרת ואי לרבי יהודה לית ליה תקנת עזרא למה ליה לאשמעינן בהא כל בעלי קריין נמי לא בעו טבילה לדברי תורה הלכך על כרחך דוקא קתני לה: לא תימא. במתני' מברך אלא מהרהר: עשאן ר' יהודה. לברכת המזון: כהלכות ד"א. שמותר לשנותה בעל קרי כדבריו: מה להלן באימה. דכתיב וירא העם וינועו וגו' (שמות כ): מכאן אמרו. כל הטמאים מותרים בתורה שאף הם יכולים להיות באימה וברתת אבל בעל קרי אינו אלא מתוך קלות ראש וזחות הדעת: ובועלי נדות. אם טבלו °לקריין לדברי תורה הטבילה אינה עולה להם לטהרם מטומאת בועל נדה שהיא שבעת ימים אבל לתקנת עזרא עולה להם כדתנן במתניתין זב שראה קרי ונדה כו' צריכין טבילה: ברגיליות. במשניות השגורות בפיו שהוא מוליכן מפיו במרוצה ואין צריך להאריך בהן: שלא יציע. בטעמי פירושיהן: ואינו מציע את המדרש גרסי'. מפני שצריך הוא תמיד להזכיר בו את הפסוקים שהוא דורש: אזכרות. שבמקראות הנדרשים: לא יכנס למדרש כל עיקר. לא להציע ולא לשנות אבל לבית המדרש הוא נכנס ושותק: הלכות דרך ארץ. כגון דרכן של ת"ח שהיא ברייתא ופרק בן עזאי הטוען ארבעה דברים אל לבו: מגמגם וקורא. בעל קרי היה: נראה בעיני דה"ג א"ר אלעאי הלכה כו'. ולא גרסינן מסייע ליה: משום רבינו. רב: כי הנך תלת סבי. וכולהו לקולא: אינו נוהג אלא בארץ. בשחיטת חולין יליף טעמא בפרק הזרוע: חטה ושעורה וחרצן. שלשתן במפולת יד דהוו להו כלאי זרעים וכלאי הכרם כאחת: לטבילותא. דבעלי קריין: חד תני. בבן עזאי לחשה לתלמידים: משום בטול פריה ורביה. שהיו נמנעים מתשמיש מפני טורח הטבילה: שמקילין בה. במרחצאות או בנתינת תשעה קבין: שמחמירין בה. בארבעים סאה: של טובלי שחרין. בעלי קריין הטובלין שחרית: והא איהו אמר כו'. לעיל בריש שמעתין: אפשר בנתינה. תשעה קבין ואע"ג דלא תנא לקמן אלא בחולה (ב) סתם תלמידי חכמים חולים הם כדאמר במסכת נדרים (דף מט:) כמאן מצלינן אקלירי ואמריעי כרבי יוסי. קלירי חולין מריעי רבנן: גדר גדול גדרו. במה שהצריכו בארבעים סאה: שתבע אשה. אותה אשה פנויה היתה וחכמים גזרו על היחוד אף על הפנויה: אתם מזלזלים. לנהוג כרבי יהודה בן בתירא: אפשר במרחצאות. חמין: קאי כוותך. דבעי טבילה זו במקוה כשאר טבילות: באגנא דמיא. גיגית: תקן חצבא. ליתן מים לתלמידים עליהם שחרית קודם קריאת התורה: לא שנו. דסגי בנתינה אלא בחולה שראה קרי לאונסו: המרגיל. וממשיך את הקרי עליו שמשמש מטתו: אתבר חצביה. אינו צריך לנו דחולה לאונסו לא שכיח:

בקילעא

עין משפט נר מצוה

מה א מיי' פ"ד מהלכות ק"ש הלכה ח סמג עשין יח טוש"ע או"ח סימן פח:

מו ב מיי' פ"י מהלכות בכורים הלכה א סמג עשין קמג טוש"ע י"ד סי' שלג סעיף א:

מז ג מיי' פ"א מהלכות כלאים הלכה יג סמג לאוין רפ טוש"ע י"ד סי' רצו סעיף א:

מח ד מיי' פ"ד מהל' ק"ש הלכה ח ופ"ד מהל' תפלה הל' ד (ופ"א מהל' ברכות הל' ט) ופ"י מהל' ספר תורה הל' ח סמג עשין יח טוש"ע א"ח סי' פח טוש"ע י"ד סי' רפב סעיף ט:

מט ה מיי' פ"ה מהלכות דעות הל' ד ופ"ד מהלכות תפלה הלכה ד סמג לאוין פא טוש"ע או"ח סי' פח וסי' רמ סעיף א וטוש"ע אה"ע סי' כה סעיף ב:

נ ו טור א"ח סי' רמא:

נא ז טוש"ע י"ד סימן רא סעיף עה:

נב ח טור א"ח בכ"י סי' פח:

[עיין תוספות יומא לח: ד"ה ולא ותוס' כתובות קד: ד"ה שני]

רב נסים גאון

מה ארבעים סאה בטבילה ולא בנתינה. פירשו בברייתא דשיעור מקוה שכשר לטבילה מ' סאה ואיתה להא ברייתא בפרק ערבי פסחים (דף קט) ובעירובין בפרק מבוי (דף יד): עזרא תיקן להן טבילה לבעלי קריין. זו אחת מי' תקנות שתיקן עזרא ומפרשא בבבא קמא בפ' מרובה (דף פב) ובגמ' דהקורא את המגילה עומד דבני מערבא (הלכה א):

[עי' ברש"י קדושין לט. ד"ה לא קי"ל וכו' וטעמיה דרבי יאשיה לא ידענא וכו' ועי' תוס' בקדושין שם ובכורות נ"ד. סד"ה דגן ובתוס' חולין פב: ד"ה ולאפוקי מה שכתבו בזה]

הגהות הב"ח

(א) גמ' מציע את (הגמ') תז"מ. וכ"כ גי' רש"י המדרש וכן בכל העמוד: (ב) רש"י ד"ה אפשר וכו' דלא תנא לה אלא בחולה. נ"ב בסמוך בסוף עמוד זה:

גליון הש"ס

רש"י ד"ה ובועלי נדות אם טבלו לקריין. עי' מ"ל פ"ג ה"ג מהל' ביאת המקדש:

מסורת הש"ס

[כל זה וגם ד"ה לכ"ש וגם ד"ה אלא לאו שייכים לסוף ע"ב דלעיל בסמוך]

[מ"ק טו.]

תוספתא פ"ב

[במרוץ ערך לע סי' שלא ילמד לאחרים ודבר זה אנו לומדין מק"ו מסיני אם ללמוד אסור ללמד לכ"ש]

כמס' ד"א פ"ג

[עי' תוס' ב"ק פ"ב: ד"ה אתא] ירמיה כג

חולין קלו:

שם: וקלח:

דברים כב

קדושין לט. חולין פב: קלו: בכורות נד.

לעיל טו.

[תענית יג.]

[גי' הערוך באושא הוה בקילעא דר' אושעיא וכו'. באישא פי' תולה]

‹ודע עוד, דמה שמסתפק בשע"ת לענין חציצה בטבילת בעל קרי, מצאתי בספר האשכול שכתב בהדיא, דאין פוסל חציצה בזה, **אך** ביש חציצה ברוב גופו, משמע שם דפוסל גם בזה›.

הגה: יש שכתבו שאין לאשה נדה בימי ראייתה ליכנס לבית הכנסת, או להתפלל, או להזכיר השם, או ליגע בספר (הגהות מיימוני) - ובבנימין זאב כתב, שלא נהגו רק שלא לכנוס לבהכ"נ, ולא לראות ס"ת, וגם כשמתפללת אינה עומדת בפני חברותיה, ומשום מנהג וכבוד עושין כן, ולא משום איסור, עכ"ל, **וכן** הסכימו האחרונים, דצריכה להתפלל בביתה, ולברך כל הברכות, ובפרט ברהמ"ז וקידוש שהוא מן התורה.

כתב רי"ו: יש טועים לומר, שהנשים יולדות לא יכנסו לבהכ"נ עד שעברו מ' יום לזכר ופ' לנקיבה, ומנהג טעות הוא, וצריך למחות בידם.

[ד]**וי"א שמותרת בכל, וכן עיקר (רש"י הלכות נדה), אבל המנהג במדינות אלו כסברא ראשונה** - ובמדינותינו נוהגין היתר לעולם, ומברכות ומתפללות, **ומ"מ** לא יסתכלו בס"ת בשעה שמגביהים אותה להראות לעם - ח"א, **עוד** כתב, שלא יכנסו לבית הקברות עד שיטבלו.

ובימי לבון נהגו היתר. ואפילו במקום שנהגו להחמיר, בימים נוראים וכה"ג, שרבים מתאספים לילך לבית הכנסת, מותרין לילך לבהכ"נ כשאר נשים, [ה]כי הוא להן עצבון גדול שהכל מתאספים והן יעמדו חוץ (פסקי מהרא"י) - ומיום ראשון של סליחות ואילך מיקרי ימים נוראים לכל כה"ג. **וה"ה** אם משיאה בנה או בתה, או שהיא בעצמה יולדת, שהולכין לבהכ"נ אחר ד' שבועות, שרי אע"פ שהיא נדה, **וכיון** שמותרים לילך לבהכ"נ, שרי ג"כ להתפלל בכל זה לכו"ע.

אות ב'

ראשית הגז אינו נוהג אלא בארץ

יו"ד סימן שלג ס"א - [ו]ראשית הגז אינו נוהג אלא בארץ, בין בפני הבית בין שלא בפני הבית. [ז](וי"א דבר תורה ראשית הגז נוהג אפילו בחו"ל, אלא שלא נהגו כן) (טור).

אות ג'

לעולם אינו חייב עד שיזרע חטה ושעורה וחרצן במפולת יד

יו"ד סימן רצז ס"א - הזורע שני מיני תבואה או שני מיני ירקות [ח]עם זרע הכרם, הרי זה לוקה שתים, אחת משום שדך לא תזרע כלאים, ואחת משום לא תזרע כרמך כלאים. ואינו לוקה משום לא תזרע כרמך כלאים, עד שיזרע בא"י חטה ושעורה וחרצן במפולת יד; וכן אם חפה אותם בעפר, לוקה; וכן [ט]אם זרע שני מיני ירק וחרצן, או זרע אחד ירק וזרע אחד מין תבואה וחרצן במפולת יד, הרי זה לוקה.

אות ד'

אין דברי תורה מקבלין טומאה

סימן פח ס"א - עיין לעיל אות א'.

יו"ד סימן רפב ס"ט - [י]כל הטמאים, אפילו נדות, מותרים לאחוז בס"ת ולקרות בו - ‹דדברי תורה אינם מקבלים טומאה, כי הם קדושים וטהורים ומבריחים כל טומאה - לבוש›, **והוא שלא יהיו ידיהם מטונפות או מלוכלכות** - ‹וכן אם נגעו בבשרן במקומות המכוסין, או חפפו ראשן, דאז אסורים ליגע בכתבי קדש וכ"ש בס"ת עד שירחצו ידיהם - ערוה"ש›.

אות ה'

שלא יהו תלמידי חכמים מצויים אצל נשותיהם כתרנגולים

סימן פח ס"א - עיין לעיל אות א'.

סימן רמ ס"א - [יא]אם היה נשוי, לא יהא רגיל ביותר עם אשתו - עיין רמב"ן בחומש פרשת קדושים בראשו, **אלא בעונה האמורה בתורה.**

אבה"ע סימן כה ס"ב - [יב]ולא ירבה בתשמיש להיות מצוי אצלה תמיד, שדבר זה פגום הוא מאד ומעשה בורות הוא, אלא כל הממעט בתשמיש ה"ז משובח, ובלבד שלא יבטל עונה אלא מדעת אשתו.

באר הגולה

ד ‹כמ"ש במתני' שם ונדה כו' כנ"ל, ואף סברא ראשונה לא כתב אלא לחומרא בעלמא, ועיין יו"ד סי' רפ"ב ס"ט - גר"א› ה ‹כמ"ש בפ"ב דחגיגה, כדי לעשות נחת רוח לנשים כו', ואע"ג דקרוב לעבודה בקדשים, כ"ש כאן - גר"א› ו **לשון הרמב"ם מהא דאמר רב נחמן נהוג עלמא כתלתא סבי וכו'** חולין דף קל"ו: ז ‹כי רנב"י לא מדינא קאמר, דודאי הלכה ככל התנאים והאמוראים דפליגי עליה, ורנב"י גופא קניס אטמא וה"ה לראשית הגז דחד דינא להו, וכן בטבילה וכלאים, אלא מנהגא קאמר, ועיין רא"ש ריש פירקין ועיין תוס' קל"ו ב' ד"ה כר"א כו', ומשמע מדבריהם כסברא ראשונה, וכן דעת כל הפוסקים - גר"א› ח **מסקנת הגמ' ברכות דף כ"ב ע"א ובכמה דוכתי, דקי"ל כרבי יאשיה דאינו לוקה עד שיזרע וכו'** ט **זה פשוט כיון דמשמע ליה לר' יאשיה דה"ק קרא לא תזרע בהדי כרמך כלאים** י **רמב"ם שם ה"ח, וכתב הטעם שאין דברי תורה מקבלין טומאה, שם בברכות דף כ"ב ע"א** יא **טור מהא דברכות כ"ב ע"א דהוא הדין בכל אדם** יב **שם בפכ"א מהא"ב מברייתא בעל קרי כו' וכדמפרש שם בגמ' שלא יהיו מצויים אצל נשותיהם כו' ברכות דכ"ב.**

אות ו'

<u>וכל המחמיר בה על עצמו מאריכין לו ימיו ושנותיו</u>

טור סימן רמא - ויש חסידים ואנשי מעשה שהיו מחמירין על עצמן וטובלין לקירוין להתפלל, וחומרא יתירה היא זו, שאף להרי"ף שכתב שיש מצריכין טבילה לתפלה, לאו דוקא טבילה, אלא רחיצה בתשעה קבין, ואני כתבתי למעלה שא"צ לא טבילה ולא רחיצה, והמחמיר תע"ב.

אות ז'

<u>וכי יש טבילה בחמין</u>

יו"ד סימן רא סע"ה - [יג]יש מי שאוסר להטיל יורה מלאה מים חמין לתוך המקוה לחממו – [משום גזירת מרחצאות שתטבול בהם – ט"ז], וכן למלאת מקוה מים חמין ולחברו לנהר בשפופרת הנוד. הגה: [יד]ויש מקילין ומתירין להטיל חמין למקוה כדי לחממו (הגהות מרדכי בשם ראבי"ה וריב"א). ומכל מקום יש להחמיר, אם לא במקום שנהגו להקל, אז אין למחות בידן (בנימין זאב); ובחמי טבריא מותר לכו"ע (מרדכי).

אות ז'* [טו]

<u>ארבעים סאה בטבילה ולא בנתינה</u>

יו"ד סימן רא ס"א - אין האשה עולה מטומאתה ברחיצה במרחץ; ואפילו עלו עליה כל מימות שבעולם, עדיין היא בטומאתה וחייבין עליה כרת עד שתטבול כל גופה בבת אחת במי מקוה או מעיין שיש בהם ארבעים סאה.

אות ח'

<u>תשעה קבין בנתינה ולא בטבילה</u>

בית יוסף סימן פח - ותשעה קבין שאמרו דוקא כששופכם עליו, אבל לטבול בתוכם לא מהני מידי, בין אם הם בכלי או בקרקע, דגרסינן בפרק מי שמתו (שם.) רבי זירא הוה יתיב באגנא דמיא בי מסותא, א"ל לשמעיה זיל ואייתי תשעה קבין ושדי עילואי, א"ל רב חייא בר אבא למה ליה למר כולי האי והא יתיב מר בגווייהו, א"ל כמ' סאה, מה מ' סאה בטבילה ולא בנתינה, אף ט' קבין בנתינה ולא בטבילה.

באר הגולה

[יג] מרדכי בשם ר"ת, וכתב שאפשר הטעם משום גזירת מרחצאות, דאיתא בנדה דף ס"ו: ובסוף פ"ק דתענית, אילימא בחמין טבילה בחמין מי איכא והא שאובין, פי' דכשאובין חשיבי, וברכות דף כ"ב. א"ל רבא וכי יש טבילה בחמין, ואע"ג דתנן ביומא ל"א: אם היה כ"ג אסטניס מחמין לו חמין וכו', י"ל כמה דברים התירו במקדש ואסרו בגבולין מדרבנן [יד] ‹וראייתם מפ"ק דתענית, עיין תוס' שם ד"ה טבילה כו', אלמא דטעמא משום שאובין הוא, וכן הוא בגמ' שם שאובין נינהו, אלא שפי' כשאובין נינהו, והוא דחוק מאד, ואע"ג דמשכחת טבילה בחמין כהאי גוונא, מ"מ הוא בדרך רחוקה - גר"א› [טו] ‹ע"פ מהדורת נהרדעא›

עין משפט נר מצוה

נג א מיי' פ"ד מהל' תפלה הלכה ו:
נד ב מיי' פ"ב מהלכות ק"ש הלכה ז:
נה ג ד מיי' פ"ד מהל' תפלה הל' ט סמג עשין י"ט טוש"ע או"ח סימן פח סעיף ב:

[ע' תוספו' חולין קכב: ד"ה לגבל]

[שייך לדף כג.]

נו ה מיי' וסמג שם טוש"ע או"ח סימן עו סעיף ח:
נז ו ז מיי' שם הל' יג סמג שם טוש"ע א"ח סימן עח:

רב נסים גאון

היה עומד בתפלה ונזכר שהוא בעל קרי לא יפסיק. אמרי' עלה בתלמוד ארץ ישראל [פ"ג הלכה ה'] מתניתא ברבים אבל בינו לבין עצמו מפסיק ור' מאיר ברם כר' יהודה אפי' בינו לבין עצמו אינו מפסיק כשאין לו מים לטבול אבל יש לו מים לטבול אפי' ר' יהודה מודה שהוא מפסיק:

הגהות הב"ח

(א) במשנה רש"י ד"ה עד שיתן וכו' ובגמ' פריך כמה: (ב) תוס' ד"ה ונחזי וכו' בהרבה מקומות. נ"ב בפרק אין עומדין דף ל"ג גבי הבדלה פריך תלמודא נמי הכי וצריך לומר ג"כ כמ"ש התוספות הכא: (ג) ד"ה אלא וכו' וכן לקמן. נ"ב סוף דף כ"ה: (ד) בא"ד ורבינו יהודה פירש. נ"ב עיין בספר נחלת צבי סימן ו' ס"ס שמנה כאור לדברים אלו:

תוספות

ונחזי עזרא היכן תקן. בהרבה מקומות (ב) גבי שאר תקנות לא פריך גמרא הכי אלא שאני הכא דדבר הרגיל בכל יום הוא על כן אנו זכורים: **ולית** הלכתא כוותיה. דטבילה בכל יום ארבעים סאה אלא אפילו לאחרים נמי סגי בתשעה קבין אי נמי הכי פירושו ולית הלכתא כוותיה אלא כר' יהודה בן בתירא דאמר דברי תורה אין מקבלין טומאה וי"מ דוקא לתורה אבל לתפלה צריך. *טבילה ופי' ר"י דלא שנא והטובל בערב יוה"כ אין לו לברך והמברך הוה ברכה לבטלה:

*__אלא__ דכולי עלמא חוזר לראש. וה"ה דהו"מ לאוקמי דכולי עלמא אין חוזר לראש ומדלא מוקי הכי ש"מ דהלכה דחוזר לראש וכן לקמן (ג) בהדיא אמר ר' אבהו חוזר לראש ותימה דבמסכת ר"ה (דף לד:) א"ר יוחנן שמע תשע תקיעות בט' שעות ביום יצא אלמא תקיעות מצטרפות אע"ג דשהה כדי לגמור כולם וכן במגילה (פ"ב ד' יח:) כמי דאמרינן אמר רב אין הלכה כרבי מונא דאמר אם שהה חוזר לראש דקאמר נקוט דרב ביבי בידך ואומר השר מקוצי דיש לחלק דשאני הכא דאין ראוי לקרות וכן לקמן (ד' כד:) דרבי אבהו אזל במבואות המטונפות דהתם כ"ע מודו דחוזר לראש אבל היכא דגברא חזי כמו מגילה ושופר כולי עלמא מודו דאינו חוזר לראש אלא למקום שפסק ורבינו יהודה פירש (ד) דהכא לא מצי למימר דכולי עלמא דאין חוזר לראש ובדשהה קמיפלגי דהא לכ"ע הוי גברא חזי כיון דאינו חוזר לראש אבל ודאי אי הו"מ למימר הכי הוה אמר ליה:

והא זבח רשעים תועבה. פרש"י דדוקא במקום שהיה יכול להסתפק ולתלות שיש שם צואה:

אע"פ שהתפלל תפלתו תועבה. והוי מעוות לא יוכל לתקן ור"י פי' דיחזור ויתפלל:

ממתין עד שיכלו המים. במשתין על גבי קרקע או ע"ג בגדים ואין שם טופח ע"מ להטפיח כדמשמע לקמן (ד' כה.) כגון דעביד טיף טיף שנבלעין מהרה כן פי' הרב רבי יוסף ומיהו נראה אפילו אם יש בהן טופח על מנת להטפיח מותרין כיון דמדאורייתא אינן אסורין אלא כנגד העמוד בלבד ורבנן הוא דגזור וכיון שעומד כבר בתפלתו לא אטרחוהו רבנן לחזור בתפלה:

חיישינן

גמרא

בקילעא דרב אושעיא אתו ושאלו לרב אסי אמר להו לא שנו אלא לחולה המרגיל אבל לחולה לאונסו פטור מכלום א"ר יוסף אצטמיד חצביה דרב נחמן מכדי כולהו אמוראי ותנאי בדעזרא קמיפלגי ונחזי עזרא היכי תקן אמר אביי עזרא תקן לבריא המרגיל מ' סאה ובריא לאונסו ט' קבין ואתו אמוראי ופליגי בחולה מר סבר חולה המרגיל כבריא המרגיל וחולה לאונסו כבריא לאונסו ומר סבר חולה המרגיל כבריא לאונסו וחולה לאונסו פטור מכלום אמר רבא נהי דתקן עזרא טבילה נתינה מי תקן והאמר מר *עזרא תקן טבילה לבעלי קריין אלא אמר רבא עזרא תקן טבילה לבריא המרגיל מ' סאה ואתו רבנן והתקינו לבריא לאונסו ט' קבין ואתו אמוראי וקא מיפלגי בחולה מר סבר חולה המרגיל כבריא המרגיל וחולה לאונסו כבריא לאונסו ומר סבר לבריא המרגיל מ' סאה וחולה המרגיל כבריא לאונסו ט' קבין אבל לחולה לאונסו פטור מכלום אמר רבא *הלכתא בריא המרגיל וחולה המרגיל ארבעים סאה ובריא לאונסו תשעה קבין אבל לחולה לאונסו פטור מכלום: *ת"ר בעל קרי שנתנו עליו ט' קבין מים טהור בד"א לעצמו אבל לאחרים ארבעים סאה ר' יהודה אומר מ' סאה מכל מקום ר' יוחנן וריב"ל ור"א ור' יוסי בר' חנינא חד מהאי זוגא וחד מהאי זוגא ארישא חד אמר הא דאמרת במה דברים אמורים לעצמו אבל לאחרים מ' סאה לא שנו אלא לחולה המרגיל אבל לחולה לאונסו ט' קבין וחד אמר כל לאחרים אפילו חולה לאונסו עד דאיכא מ' סאה וחד מהאי זוגא וחד מהאי זוגא אסיפא חד אמר הא דאמר רבי יהודה מ' סאה מכל מקום לא שנו אלא בקרקע אבל בכלים לא וחד אמר אפי' בכלים נמי בשלמא למ"ד אפי' בכלים היינו דקתני ר' יהודה אומר מ' סאה מכל מקום אלא למ"ד בקרקע אין בכלים לא מכל מקום לאתויי מאי לאתויי מים שאובין רב פפא ורב הונא בריה דרב יהושע ורבא (ברבי) בר שמואל כריכו ריפתא בהדי הדדי א"ל רב פפא הבו לי לדידי לברוך דנפול עילואי ט' קבין אמר להו רבא (ברבי) [בר] שמואל תנינא במה דברים אמורים לעצמו אבל לאחרים מ' סאה אלא הבו לי לדידי לברוך דנפול עילואי ארבעים סאה אמר להו רב הונא הבו לי לדידי לברוך דליכא עילואי לא האי ולא האי רב חמא טביל במעלי יומא דפסחא להוציא רבים ידי חובתן ולית הלכתא כוותיה:

מתני' *היה עומד בתפלה ונזכר שהוא בעל קרי לא יפסיק אלא יקצר ירד לטבול אם יכול לעלות ולהתכסות ולקרות עד שלא תהא הנץ החמה יעלה ויתכסה ויקרא ואם לאו יתכסה במים ויקרא ולא יתכסה לא במים הרעים ולא *במי המשרה עד שיטיל לתוכן מים *וכמה ירחיק מהן ומן הצואה ד' אמות:

גמ' ת"ר היה עומד בתפלה ונזכר שהוא בעל קרי לא יפסיק אלא יקצר היה קורא בתורה ונזכר שהוא בעל קרי אינו מפסיק ועולה אלא מגמגם וקורא ר"מ אומר אין בעל קרי רשאי לקרות בתורה יותר מג' פסוקים תניא אידך היה עומד בתפלה וראה צואה כנגדו מהלך לפניו עד שיזרקנה לאחוריו ד' אמות והתניא לצדדין ל"ק הא דאפשר הא דלא אפשר היה מתפלל ומצא צואה במקומו אמר רבה אע"פ שחטא תפלתו תפלה מתקיף ליה רבא והא °זבח רשעים תועבה אלא אמר רבא הואיל וחטא *אע"פ שהתפלל תפלתו תועבה*: ת"ר היה עומד בתפלה ומים שותתין על ברכיו פוסק עד שיכלו המים וחוזר ומתפלל להיכן חוזר רב חסדא ורב המנונא חד אמר חוזר לראש וחד אמר למקום שפסק לימא בהא קמיפלגי

מר

רש"י

בקילעא. כניסת הבית חדר שלפני הטרקלין שקורין פורטיג"ו בלע"ז: **אצטמיד**. נתחזקו סבריו ונלמדו כלומר נורך לנו עוד בו: **וקא מיפלגי אמוראי**. רב דימי ורבין: **דאמר מר**. גבי עשר תקנות בב"ק בפרק מרובה: **אמר רבא הלכתא וכו'**. אפלוגתא דאמוראי הוא דפסק רבא דפליגי אליבא דרבנן מיהו השתא אנן כרבי יהודה בן בתירא נהגינן כדאמר רב נחמן לעיל ורב נחמן בר יצחק בתרא הוה: **לעצמו**. לעסוק בתורה לעצמו אבל ללמד לאחרים מ' סאה: **ור"י אומר מ' סאה מ"מ**. מ' סאה שאמרו בכל ענין שהן ולקמן מפרש לה: **חד מהאי זוגא וחד מהאי זוגא**. פליגי ארישא בפירושא דמילתא דת"ק: **אסיפא**. דר' יהודה: **ל"ש אלא בקרקע**. לא תימא מ"מ דר' יהודה לאכשורי בכלי אתא דאין כשר אלא מ' סאה בקרקע ולקמן בעי א"כ מאי מ"מ: **אבל לאחרים מ' סאה**. והכא נמי דלאפוקי אחרים ידי חובתן כלאחרים דמי: **דנפול עילואי**. לאו דוקא אלא טבלתי במ' סאה: **לא האי ולא האי**. לא הוצרכתי לא לזו ולא לזו שלא ראיתי קרי: **טביל**. ובירך רגיל היה לעשות כן דהו"ל ללמד אחרים ובשאר ימות השנה לא היה טובל אלא נותן עליו ט' קבין: **ולית הלכתא כוותיה**. דכי היכי דלעצמו בנתינה לאחרים נמי בנתינה אי נמי דקיי"ל כרבי יהודה בן בתירא:

מתני' לא יפסיק. תפלתו לגמרי אלא יקצר כל ברכה וברכה ואומר כל הברכות בקוצר: **במים סרוחים**. מים סרוחים: **עד שיתן לתוכן מים**. ובגמרא (ד' כה:) (א) מפרש כמה מיא רמי ואזיל ומפרש לה בחסורי מחסרא והכי קתני לא יקרא אצל מי רגלים עד שיתן לתוכן מים: **וכמה ירחיק מהם**. ממי רגלים:

גמ' מגמגם. במרוצה: **יותר מג' פסוקים**. כגון בבית הכנסת דאי אפשר לפחות כדתנן (מגילה פ"ג ד' כג:) הקורא בתורה לא יפחות מג' פסוקים: **וספניא לצדדין**. א"צ להלך עד שתהא לאחוריו: **דאפשר**. לילך לפניו ילך לפניו עד שתהא לאחוריו: **לא אפשר**. כגון יש נהר לפניו מסתלק לצדדים:

נהר

מסורת הש"ס

ב"ק פב.

תוספתא פ"ב

[לעיל כה.]

מגילה כו:

[עי' לקמן כה: ד"ה מי משרה]

משלי כא

[עי' תוס' ערובין סד: ד"ה שכור]

רא"ש מאי תקנתא להדר ולצלי

§ מסכת ברכות דף כב: §

אות א'

הלכתא, בריא המרגיל וחולה המרגיל ארבעים סאה, ובריא לאונסו תשעה קבין, [א]אבל לחולה לאונסו פטור מכלום

רמב"ם פ"ד מהל' תפילה ה"ו - מנהג פשוט בשנער ובספרד, שאין בעל קרי מתפלל עד שרוחץ כל בשרו במים, משום הכון לקראת אלהיך ישראל; [ב]בד"א בבריא, או בחולה שבעל, אבל חולה שראה קרי לאונסו, פטור מן הרחיצה ואין בזה מנהג.

אות ב'

ירד לטבול, אם יכול לעלות ולהתכסות ולקרות עד שלא תהא הנץ החמה, יעלה ויתכסה ויקרא; ואם לאו יתכסה במים ויקרא

רמב"ם פ"ב מהל' ק"ש ה"ז - מי שירד לטבול, אם יכול לעלות ולהתכסות קודם שתנץ החמה, יעלה ויתכסה ויקרא; ואם היה מתירא שמא תנץ החמה קודם שיקרא, יתכסה במים שהוא עומד בהן ויקרא; ולא יתכסה לא במים הרעים שריחן רע, ולא במי המשרה, ולא במים צלולין, מפני שערותו נראית בהן; אבל מתכסה הוא במים עכורין שאין ריחן רע וקורא במקומו.

אות ג' - ד'

היה עומד בתפלה וראה צואה כנגדו, מהלך לפניו עד שיזרקנה לאחוריו ארבע אמות

הא דאפשר, הא דלא אפשר

סימן פא ס"ב - [ג]היה קורא - וה"ה אם היה מתפלל, [גמ' שם], **וראה צואה כנגדו** - ומיירי שהוא יותר מד"א ממקום שכלה הריח, **ילך כדי שיזרקנה מאחריו ארבע אמות** - ממקום שכלה הריח, וה"ה שיכול להחזיר פניו לצד מערב, כיון שאינו עומד בתפלת י"ח.

ואם אי אפשר, כגון שיש לפניו נהר או דבר אחר המעכב, ילך כדי שיניחנה לצדדין ד"א - ומיירי שאינו יכול להחזיר פניו למערב מפני איזה סיבה, דאל"ה יחזיר פניו.

[ד]**וא"צ לחזור אלא למקום שפסק** - ס"ל כיון דלא היה בתוך ד' אמות שלו, לא אמרינן דהיה לו לבדוק, דלא הטריחתו תורה לבדוק בכמלא עיניו, **ואי** היה בתוך ד', לכו"ע היה צריך לחזור לראש, דפשע דהיה לו לבדוק מתחלה.

וה"ה בכל זה לענין מי רגלים, **אך** לענין לחזור אח"כ, לכו"ע במי רגלים אינו חוזר אלא למקום שפסק.

[ה]**ולהר"ר יונה, אם היה במקום שהיה לו לתת אל לבו שיש שם צואה, צריך לחזור לראש** - ס"ל כיון דהיה מקום שראוי להסתפק, פשע, דלא הו"ל לקרות ולהתפלל עד שיתברר לו.

ועיין בא"ר שכתב, דגם הרא"ש והרוקח ס"ל כהרר"י, **ומ"מ** לדינא נראה דאין להחמיר בדיעבד, דהדה"ח והשולחן שלמה ועוד שארי אחרוני זמנינו, כולם העתיקו רק דעה הראשונה לדינא, (וכ"ש לענין שאר ברכות בודאי אין להחמיר). **(ועי"ל סי' ע"ו ס"ח).**

אות ה'

היה מתפלל ומצא צואה במקומו... אף על פי שהתפלל תפלתו תועבה

סימן עו ס"ח - [ו]קרא במקום שראוי להסתפק בצואה - דהיינו במקום שמצוי שם קטנים וכיו"ב, **ומצאה אח"כ** - בתוך ד' אמותיו, **צריך לחזור ולקרות** - עם הברכות, וגם ה"ה לענין תפלה, ד"זבח רשעים תועבה", דהו"ל לבדוק המקום, **ואם** בירך בהמ"ז ושאר ברכות, עיין סוף סימן קפ"ה.

באר הגולה

[א] ‹ונראה טעמא דרבא, דמשום דאמר לעיל דפליגי, מר סבר חולה המרגיל כבריא ובעי מ' סאה, ומר סבר חולה המרגיל ט' קבין, וא"כ הוי ספיקא דדינא, וגברא בחזקת טומאה קאי, ומספיקא לא נטהר מטומאתו, אע"ג דהוי ספיקא דרבנן, דהעמד טמא על חזקתו, אבל בחולה לאונסו דמספקא לן אם בעי ט' קבין או לא, הוה ספיקא דרבנן ולקולא, לכן פסק דולא כלום - אור שמח› [ב] ‹כיון דקי"ל בטלוה לטבילותא, וס"ל לבני שנער וספרד דלא בטלוה אלא לד"ת, אבל לתפלה נהי דבטלוה לטבילה רחיצה בט' קבין מיהא בעי, כמ"ש הרי"ף בפרק מי שמתו בשם רבינו האי, {וכן הביא התוס' שיטה זו בשם י"א, ודלא כר"י שם ורש"י}, אם כן בריא בין מרגיל בין בשאינו מרגיל וחולה המרגיל, צריכין רחיצה בט' קבין אחר התקנה, כטבילה קודם התקנה, וחולה לאונסו פטור מכלום, שבזמן התקנה נמי היה פטור - כסף משנה› ‹**לכאורה** אינו מובן האי רחיצה מאי היא, אי טבילה, הרי כבר כתב שבטלה תקנה דטבילה, ואי תשעה קבין, היה לו לומר מפורש נתינת ט' קבים עליו, כיון שהיא דוקא בנתינה עליו ולא בתוכן, ודוקא ט' קבין ולא פחות. **ונראה** לענ"ד דרבינו פסק כרב הונא, דאיתא בברכות דף כ"ב א"ל ר' הונא לרבנן רבותי מפני מה אתם מזלזלין בטבילה זו, אי משום צינה אפשר במרחצאות, א"ל ר' חסדא וכי יש טבילה בחמין, א"ל, רב אדא בר אהבה קאי כוותך, **ופי'** רש"י קאי כוותך דבעי טבילה זו במקוה כשאר טבילות, עכ"ל, **מכלל** דרב הונא לא מצריך אלא רחיצה בחמין לבד, **וכדאמרו** שם ר' זירא הוה יתיב באגנא דמיא בי מסותא, א"ל לשמעיה זיל ואייתי לי ט' קבין ושדי עלואי, א"ל ר' חייא בר אבא למה ליה למר כולי האי, והא יתיב בגוייהו, א"ל כארבעים סאה מה ארבעים סאה בטבילה ולא בנתינה, אף ט' קבין בנתינה ולא בטבילה, הרי דרחב"א ס"ל ג"כ דסגי במה דיתיב ורחיץ בגוייהו, ורב הונא לא מצריך גם שישב בגוייהו, אלא שירחץ עצמו לבד, וע"כ לא משום טבילה הוא, אלא משום הכון לקראת אלהיך ישראל - זיו משנה› [ג] **ברכות כ"ב** [ד] **הרשב"א שם** [ה] **שם** [ו] **שם כ"ב לפי' התוספות ורבי יונה והרא"ש** ‹ממש"כ שם הואיל וחטא כו', ואי במקום שאין ראוי להסתפק, לא הול"ל הואיל וחטא כו' - גר"א. ‹**וקצת** משמע ממה דציין העין משפט אף על דברי רבה, ולא ציין רק על רבא, משמע דס"ל דרבה עוסק במקום דלא היה לו להסתפק, אע"פ שהוא ג"כ אמר "שחטא", אלמא דאינו מדייק כדיוק הגר"א›

ואם נמצאת חוץ לד"א בתוך שיעור כמלא עיניו, ע"ל סימן פ"א ס"ב.

ופשוט דה"ה אם לאחר התפלה מצא שהיו בגדיו או מנעליו מטונפין, ויודע שנטנפו ע"י שהיה קודם התפלה במקום מטונף, כגון בה"כ, וכה"ג במקום האשפתות, ולא שמר את עצמו להיות נקי בצאתו משם, דצריך לחזור, דפשע.

ואם כשהשלים תפלתו ומצא צואה, עבר זמן תפלה, אין משלימה בתפלה אחרת, דפושע הוה, ואין תשלומין אלא בנאנס.

צריך לחזור ולקרות – (עיין בפמ"ג שכתב, דוקא אם מצא אח"כ, אבל אם התפלל במקום שראוי להסתפק, והלך לו ולא בדק, וא"א לו לחזור המקום ולבדוק, צ"ע אם יחזור ויתפלל, **ובספר ישועות יעקב מסיק להלכה, דאם קרא במקום שיש אשפה, והלך למקומו, צריך לחזור ולקרות ולהתפלל, דחזקת אשפה שיש בו צואה, וא"כ הוא ספק קרוב לודאי, ואזלינן לחומרא אף בדרבנן, אבל במקום שראוי להסתפק, דהיינו שאינו בחזקת היתר לקרות, ולא בחזקת שיש בו צואה, בזה מספק אינו מחוייב לחזור ולקרות, רק במצאה אח"כ דוקא).**

(**עיין בפמ"ג ובנשמת אדם שמסתפקים, אם מה דצריך לחזור ולקרות הוא מדאורייתא או דרבנן, ולבסוף דבריהם מצדדים שהוא רק מדרבנן, דמדאורייתא בדיעבד יצא בזה, ואעפ"כ לכו"ע אם הוא במקום המטונף, אף שא"א לו לצאת משם, כגון שהוא חבוש בבית האסורין וכיוצא בזה, לכתחילה מוטב לו שלא יתפלל כלל, דעובר בזה על איסור דאורייתא).**

אבל אם אין המקום ראוי להסתפק בו, א"צ לחזור ולקרות - דאנוס הוי, דמאי הו"ל למעבד. **ואם** ישב בלילה במקום שהיה שם צואת חתול וכיוצא, ונדבק בבגדו והתפלל בבהכ"נ, ובשובו לביתו מצא שהטינוף דבוק בבגד, **א"צ** לחזור ולקרות ולהתפלל, דדמי לאין המקום ראוי להסתפק.

[י]**ומי רגלים, אפילו מצאן במקום שראוי להסתפק, אין צריך לחזור ולקרות** - דאפילו לכתחילה היה מותר לקרות כל זמן שלא ידע, וכנ"ל בס"ז, **אבל** אם נודע לו מזה שיש כאן מי רגלים, ועבר וקרא או התפלל, צריך לחזור ולקרות ולהתפלל, דעבר על ודאי דרבנן, כ"כ הפמ"ג.

אות ו' – ז'

היה עומד בתפלה ומים שותתין על ברכיו, פוסק עד שיכלו המים, וחוזר ומתפלל למקום שפסק

סימן עח ס"א - [ח]**היה קורא והתחילו מי רגליו שותתין על ברכיו, פוסק עד שיכלו המים, וחוזר לקרות** - ואף דלמטה ברכיו לחות עדיין ממי רגליו, מותר.

ה"ה לד"ת ולתפלה, פוסק עד שיכלו המים לשתות, ואפילו אם יצטרך ע"ז לשהות הרבה באמצע תפלה, שיהיה כדי לגמור כולה, ויצטרך ע"ז אח"כ לחזור לראש, אפ"ה ממתין, (והוא מהפמ"ג, **וכתב עוד,** דאפשר דאפילו יעבור ע"ז זמן תפלה, אפ"ה ממתין, **וכ"ש** לפי מה שכתבנו לעיל, דאפשר דבעת השתיתה הוא מדאורייתא, יש להחמיר).

[ט]**אפי' אם נפלו על בגדיו ויש בהם טופח על מנת להטפיח, כיון שהם מכוסים בבגדו** - ר"ל שהבגד העליון לא נתלכלך, **ואם** גם הוא נתלכלך, בק"ש ושאר דברי קדושה צריך לילך ולהסיר בגדיו, או עכ"פ לכסות המקום המלוכלך בבגד אחר, **אך** לענין תפלה שא"א לו להפסיק ולעסוק בזה, מתפלל כדרכו אחר השתיתה, כיון דאיסור מי רגלים אינו אלא מדרבנן, וכבר הוא עומד בתפלה, לא גזרו.

[י]**ואם נפלו מי רגלים בארץ, מרחיק מהם ד' אמות** - עיין בבה"ל, דלענין תפלה ג"כ נכון להחמיר להרחיק בנפלו לו על הארץ, כמו לק"ש, (**דהב"י פוסק כדעת הרשב"א, דכיון שכבר הוא עומד בתפלה א"צ להרחיק כלל במי רגלים שהוא מדרבנן, אבל** לקמן בסימן צ' סכ"ז, בהשתין תינוק בבהכ"נ, משמע דפוסק כאידך פוסקים, דצריך להרחיק גם בתפלה ד"א, **או שישתוק עד שיביאו לו מים להטיל בתוכם, ולא** דמי להפשטת בגדים דהקילו רבנן בתפלה, **אף דהם טופח ע"מ להטפיח, וכמו שכתבנו במ"ב, משום דהוא הפסק גדול לילך ולפשטם וללבוש אחרים תחתם, משא"כ הליכה לא מיקרי הפסק כ"כ, וכן שתיקה, ובלבוש מתרץ, דהכא שבלא"ה בגדיו ג"כ מלוכלכין ממי רגלים, וא"א לו לפושטם באמצע תפלתו, ע"כ הקילו בו ג"כ שלא ירחיק ג"כ ממי רגלים שנטפו מהם על הארץ, ונכון להחמיר,** כי שיטה השניה והשלישית שהובא בהפמ"ג שניהם דלא כלבוש, וגם בתשובת הרשב"א גופא משמע דהוא מיקל אפילו באין בגדיו מלוכלכין, וכ"כ בספר מטה יהודא, וכן מוכח בתוס' (ד"ה ממתין), **ועכ"פ** לענין השתנת תינוק, משמע מהפמ"ג דאין לזוז מפסק השו"ע דשם, וכן משמע בשע"ת).

הגה: או כשיעור שיתבאר לקמן סי' פ"ב, או ממתין עד שיבלעו בקרקע (הר"י פ"ב דברכות) - "או ממתין עד שיבלע בקרקע כשיעור, ויתבאר לקמן סימן פ"ב" - כצ"ל.

וכתב המ"א, דאף דאפשר דע"י ההמתנה על הבליעה יצטרך לשהות כדי לגמור כולה, ויצטרך לחזור לראש, אפ"ה אין לחוש לזה בק"ש, דהוי כקורא בתורה, **אבל** אם נזדמן לו כן בברכת ק"ש, טוב יותר שירחיק מהם, ולא ימתין על הבליעה בקרקע, **ובדיעבד** אם שהה בברכת ק"ש כדי לגמור כולה, אינו חוזר לראש, (אא"כ שהה כדי לגמור מתחילת "יוצר

באר הגולה

[ז] **תוס'** (עירובין ס"ד. ד"ה שיכור) [ח] **ברכות כ"ב** [ט] **תוס' שם ורבי יונה והרא"ש** (עיין תוס' ד"ה ממתין כו', וכיון שעומד כו'. **וראיה** מדלא קאמר שם מרחיק כמ"ש שם בצואה, הרשב"א. **ודעת** הטור דה"ה לק"ש, **והג"מ** כתב דאף בתפלה צריך לכסות בבגדים או להרחיק כשיעור, **והכריע** כדעת התוס' בתפלה, אבל בק"ש כדעת הג"מ, כיון דיכול להלוך, וזהו שכתב כיון כו', ואם כו' - גר"א) [י] **הג"מ**

אור" עד "גאל ישראל", ואז יחזור מתחילת הברכה שפסק - שונה הלכות, וכדלעיל בסימן ס"ה במ"ב.

[יא] ואפילו שהה כדי לגמור את כולה, אינו צריך לחזור אלא למקום שפסק. הגה: וי"א דאם שהה כדי לגמור את כולה חוזר לראש, וכן עיקר, וכמו שכתבתי לעיל סי' ס"ה - ר"ל דתלוי העיקר אם הוא אנוס בעת ההפסק חוזר לראש, וה"נ הא אנוס הוא, **ומשערין לפי הקורא.**

ולענין תפלה אם נזדמן כן באמצע, והמתין על הבאת מים או על הבליעה בקרקע, בכדי לגמור כל התפלה, נ"ל דאפשר דא"צ לחזור לראש, כי בדיעבד יש לסמוך על דעת הרשב"א והתוס', דס"ל דא"צ להרחיק כלל כיון שכבר הוא עומד בתפלה, וא"כ לא היה אז אנוס, אם לא שבפסיקה עד שיכלו המים לבד היה השיעור כדי לגמור כולה, (**ואפשר** דמ"מ יש לחזור, מטעם דבלא"ה דעת הרי"ף והרמב"ם, דבתפלה חוזר אף בלא אונס).

[יב] סימן צב ס"ב - "אם באמצע תפלתו נתעורר לו תאוה, יעמיד עצמו עד שיגמור, ולא יפסיק - ר"ל שקודם התפלה בדק עצמו, או שלא היה צריך לנקביו כלל, לכך אע"פ שאח"כ נתעורר אפילו לגדולים, אינו רשאי להפסיק באמצע.

ופשוט דלאחר שסיים שמ"ע, אסור לו להעמיד עצמו עוד ולאמור קדושה, כי זהו ענין אחר.

ואם בשעת ק"ש וברכותיה נתעורר, בין לקטנים בין לגדולים, קורא כדרכו - ר"ל אף דבק"ש וברכותיה הוא יכול לילך ממקום זה למקום אחר לפנות שם או להטיל מים, וכמו שמסיים בסוף הסעיף, **אפ"ה** אם הוא רוצה הוא יכול לקרות כדרכו, ואין צריך להפסיק, כיון דמקודם בדק את עצמו.

ועיין בביאור הלכה דביארנו, דאין מותר רק עד שמ"ע, אבל שמ"ע דהוא ענין אחר אסור לו לאמור, כיון דהוא צריך לנקביו, **ע"כ** יראה להפסיק עכ"פ בברכת "אמת ויציב" ולצאת לנקביו, כדי שיהיה יוכל אח"כ לסמוך גאולה לתפלה, **ויותר** טוב אם יכול לצאת בין הפרקים.

וכן אם נתעורר לו תאוה קודם שהתחיל הברכות ק"ש, נראה דאסור לו לאמר שוב הברכות ק"ש קודם שיבדוק את עצמו, **וא"כ** לפי מה שמבואר לעיל בסוף סימן נ"ד, ד"ברכו" שייך לברכת ק"ש, ואחר "ברכו" נחשב כאמצע פרק של "יוצר אור", אם נתעורר לו תאוה בסוף פסד"ז, אסור לו לאמר "ברכו", דהוא ענין אחר, **אם** לא שיכול להעמיד עצמו עד פרסה, יש לסמוך להקל וכנ"ל.

(**ופשוט** דה"ה אם התחיל לשמוע קריאת התורה, וקודם לזה לא היה צריך לנקביו, ובאמצע נתעורר לו תאוה קצת, באופן שאין בו משום בל תשקצו, מותר לו לשמוע כל קה"ת, ולענות "ברוך ד' הלע"ו", עד מפטיר שנקרא ענין אחר, כיון שהתחיל בהיתר, וכן ה"ה באמצע הלל ומגילה וברהמ"ז, וכל כי האי גוונא, מותר לו לגמור את הענין כדרכו, כיון שאינו מתאוה כל כך שיהא בו משום בל תשקצו).

(**ונראה** דה"ה בדברי תורה, אם הוא לומד לעצמו, וקודם הלימוד לא היה צריך לנקביו, ובאמצע ענינא נתעורר לו תאוה קצת, אף שהוא משער בעצמו שאין יכול לעצור את עצמו עד שיעור פרסה, אפ"ה מותר לו לגמור את הענין, **ועכ"פ** נ"ל, דאם עי"ז שיפסיק עתה יוגרם לו אח"כ ביטול תורה, בודאי יגמור את הענין, **ובפרט** אם הוא רק התעוררות בעלמא, ויכול לעצור עצמו עד פרסה, דאין לו להחמיר בזה).

הגה: ודוקא שאינו מתאוה כל כך דאית ביה משום בל תשקצו - ר"ל שאינו נדחק להוצאת הנקבים, אלא בהתעוררות בעלמא.

אבל בלאו הכי, יותר טוב להפסיק - ר"ל אף שיוכל להעמיד עצמו עד שיגמור, מ"מ יותר טוב שיפסיק בין לגדולים ובין לקטנים, משום איסור בל תשקצו, **וקאי** ארישא גם אתפלה, **(תשובת הרשב"א סימן קל"א פסק דמותר** - ‹להמשיך›, **ותרומת הדשן סי' ט"ז פסק דאסור** - ‹להמשיך›, **וצריך לחלק כך).**

ועיין במ"א שמאריך בדין זה ומסיק, דבצבור אף תרומת הדשן מודה להרשב"א דאין להפסיק באמצע התפלה, מפני כבוד הבריות, **ואפילו** ביחיד יש לסמוך ג"כ אהרשב"א דלא יפסיק, וכ"כ בח"א דאסור להפסיק, **ובדרך** החיים כתב, דאם יש בו משום בל תשקצו יכול להפסיק, ועכ"פ גם לדידיה אין עליו חיוב להפסיק, כיון שיכול לעצור עצמו עד שיגמור התפלה, **ואם** א"א לו לעמוד עד שיגמור שמ"ע, מותר לו לצאת ולפנות באמצע, רק שלא יפסיק בדבור - ח"א.

ומשמע מזה דאח"כ לא יצטרך לחזור לראש, כיון שקודם התפלה לא היה צריך לנקביו, והוא שלא ישהה ע"י היציאה כדי לגמור כל התפלה, (**ואם** שהה עי"ז כדי לגמור כולה, בתפלה לכו"ע חוזר לראש, וכן בק"ש לפי מה דפסק הרמ"א לעיל בסי' ס"ה).

(**ולענין** ק"ש גם המג"א מודה, דאם מתאוה כל כך דאית ביה משום בל תשקצו, מחוייב להפסיק ולבדוק את עצמו, כיון דיכול להפסיק באמצע).

ואם רצה להרחיק ולהטיל מים, עושה - אק"ש דלעיל מיניה קאי, דתלוי ברצונו, דאילו בתפלה אין רשאי לזוז ממקומו עד שיגמור.

באר הגולה

[יא] **שם בגמ' לדעת הרי"ף ורמב"ם** [יב] ‹ע"פ הרשב"א, עיין בסמוך בבאר הגולה› [יג] **תשובת הרשב"א** ‹ז"ל הרשב"א: כיון שלא היה צריך לנקביו כלל כשהתחיל להתפלל, וממשמש נקביו קודם לכן, ובאמצע נתעורר לו, לא יפסיק ואפי' מים שותתין כו', כדאיתא בגמ' כ"ב: ולא אמרו שצריך להרחיק, כ"ש כשיכול לעמוד עצמו עד שיסיים, וה"ה כשצריך לגדולים, כל שיכול לעמוד עד שיסיים אינו פוסק, ואם אירע לו מקרה באמצע מרוב דחקו ונתעטש, ממתין וכו', עכ"ל. ‹**קשה** לי, אמאי כל שכן, הא תפלה במקום מי רגלים קיל יותר מן צריך לנקביו, דהא במי רגלים אם התפלל תפלתו תפלה, כדלקמן סי' פ"ה, ובצריך לנקביו תפלתו תועבה - רעק"א. ‹**אולם** לפי מה שהבאנו לעיל בסימן ע"ט, הרבה דיעות שחולקים ע"ז, דאם התפלל נגד מי רגלים, אין תפלתו תפלה, ניחא בפשיטות - בה"ל›

§ מסכת ברכות דף כג. §

אות א'

דכולי עלמא אם שהה כדי לגמור את כולה חוזר לראש

סימן קד ס"ה - [א]בכל מקום שפוסק, אם שהה כדי לגמור את כולה - אפילו עומד בסוף התפלה, משערינן מתחלת התפלה עד סופה, **ואפילו** רק שתיקה בעלמא בלי דיבור, **ואפילו** רק בין ברכה לברכה, **חוזר לראש.**

הנה לפי מה דאנו נוהגין כהכרעת הרמ"א לעיל בסימן ס"ה גבי ק"ש, כדעת הפוסקים דאינו חוזר לראש כי אם בשהשהייה היה מחמת אונס, ה"ה בתפלה נמי הדין כן, **אך** י"א דעניננו דאיירינן גבי עקרב או שור שבא כנגדו, או שפסק מחמת ליסטים וכה"ג, מקרי נמי הפסק מחמת אונס, דבעת הזה לא היה יכול להתפלל, ומקרי הפסק וחוזר לראש עי"ז, **וי"א** דזה לא מיקרי אונס, כי אם בשהיה ההפסק מחמת שהוא בעצמו לא היה ראוי לתפלה, או שהמקום היה אינו ראוי, משא"כ באונס אחר, **והכריע** המ"א ועוד הרבה אחרונים, דבתפלה אונס אחר נמי מיקרי אונס, מאחר דיש מהראשונים שסוברים, דבתפלה אם שהה לגמור את כולה אפילו בלי אונס כלל חוזר לראש, **אבל** בק"ש וכל שאר ענינים, לא מיקרי אונס כי אם בשהאיש או המקום אינו ראוי.

ואם לא חזר לראש אלא למקום שפסק וגמרה, צריך לחזור לראש ולהתפלל כל התפלה, **וה"מ** שהיה אונס גמור, אבל אונס ליסטים וכה"ג שנזכר לעיל, בדיעבד יצא, דאולי הלכה כהי"א המקילים הנ"ל, דזה לא מיקרי אונס.

ואם לאו, חוזר לתחלת הברכה שפסק בה - ר"ל שלא שהה בשתיקה כדי לגמור כולה, **אבל** מ"מ שהה הרבה, דאי לא שהה רק כדי לגמור אותה ברכה, לכו"ע אינו חוזר רק לאותו המקום בלבד.

דס"ל דחמירה תפלה לענין זה מק"ש, ולפיכך בקריאת שמע או בברכותיה, סגי בשהפסיק שיחזור למקום שפסק, אבל בכאן בעינן לתחלת ברכה, כי ע"י שהייה רבה נתקלקל הברכה, **ודוקא** אם השהייה היתה באמצע ברכה, אבל בין ברכה לברכה, בדיעבד לית לן בה, כל שלא שהה לגמור כולה.

(**עיין בדה"ח שכתב, דזה דוקא אם ההפסק היה ע"י דיבור, משא"כ ע"י שהייה בעלמא, אפילו אם היה ההפסק מחמת אונס, אמנם בפמ"ג משמע, דאף על שתיקה בעלמא צריך לחזור לראש הברכה, וצ"ע, ומחידושי רע"א משמע, שנשאר ג"כ בספק בענין זה**).

(**עוד נ"ל, דלא אמרינן חוזר לתחלת ברכה בשהייה, כי אם בשהשהייה היה ע"י אונס, שלא היה האיש או המקום ראוי, כההיא דמים שותתין על ברכיו, או שאר אונס, אז אמרינן כיון דאם היה שוהה כדי גמר כולה חוזר לראש, ע"כ בשוהה קצת חוזר לתחלת ברכה, משא"כ** בשוהה ברצון, **אם** לא ששהה לגמור כולה ובלי אונס, דאז הוא ג"כ רק מדרגה אחת למטה).

עיין בח"א שכתב, דבדיעבד אם לא חזר לתחלת הברכה, כיון שהשלים הברכה אינו רשאי לחזור.

ובמגן גבורים חולק לגמרי על דין השו"ע, וכתב דמעיקר הדין אם לא שהה לגמור את כולה לא חשיב הפסק, ואינו חוזר רק למקום שפסק, **והא** דכתבו התוספות חוזר לתחלת ברכה, מיירי בשהה לגמור כולה, וס"ל להתוספות דאונס זה לא חשיב אונס גם בתפלה, **ובביאור** הגר"א מסכים לשיטת הרשב"א המובא בב"י, ומשמע מיניה דבכל גווני אינו חוזר רק לאותו המקום שפסק בלבד, אם לא ששהה לגמור כולה ומחמת אונס, דאז חוזר לראש התפלה.

ואם פסק בג' ראשונות, חוזר לראש; ואם באחרונות, חוזר ל"רצה" - דכל אלו כברכה א' חשיבי, לכך אפי' לא שהה, חוזר לראש התפלה או ל"רצה".

ולפי מה שכתבתי בשם הגר"א והמג"ג, ה"ה הכא אין צריך לחזור רק לאותו מקום שפסק.

כתב הח"א, היינו דוקא כשסיים כבר הברכה, (שאם הפסיק לאחר שסיים כבר ברכה ב', או ברכת "מחיה מתים" או עבודה, אזי חוזר לראש), אבל אם הפסיק באמצע ברכה, אינו חוזר אלא לתחלת אותה הברכה, (כגון שהפסיק ב"אתה גבור", חוזר ל"אתה גבור", וכיו"ב), דכל באמצע לא נקרא חזרה אלא תיקון הלשון, (וכדלקמן בסי' קי"ד ס"ד בשו"ע, ע"ש ובבה"ל ס"ו. **ובחזו"א** כתב שאין חילוק בזה - שונה הלכות, דאינו דומה הפסק דכאן, למוריד הגשם דהתם).

סימן קד ס"ו - [ב]הא דאמרינן אם שהה כדי לגמור את כולה, בקורא משערינן - נקט "קורא" משום דדין זה נובע מק"ש, דשם ג"כ דינא הכי.

אם [ג]שח בתפלה - וה"ה אם הזכיר מאורע של שאר ימים בתפלה, כגון של שבת ויו"ט בחול וכה"ג, ג"כ דינו כאלו שח, **דינו לענין חזרה כדין ההפסקות האמורות בסימן זה** - ר"ל דאם שח באמצע ברכה שיחה מועטת, (ר"ל אפילו בלי אונס), ואפילו אם לא שהה עי"ז כדי לגמור אותה ברכה, חוזר לראש הברכה, **ואם** שהה ע"י השיחה כדי לגמור כל התפלה מראשו לסופו, חוזר לראש התפלה.

ולפי מה שביארנו לעיל, לא יהיה דין זה רק בששח ע"י אונס, כגון ע"י אנס וליסטים וכה"ג וכנ"ל, **אבל** אם שח שלא באונס, כי אם בשגגה ע"י איזה טעות, או שסבר שהוא מותר, **אפילו** שהה כדי לגמור כולה, אינו חוזר לראש כי אם לתחלת הברכה.

(ובכל מקום שאמרנו בענינים אלו חוזר לראש הברכה, בדיעבד אם לא חזר, אין לו לחזור לראש עבור זה, כי בדיעבד סמכינן על הרשב"א, דס"ל דבכל ענינים אלו אין לו לחזור לראש הברכה, רק למקום שפסק).

באר הגולה

א שם הרא"ש ותוס' (ל"ג. ד"ה אבל) | ב הרשב"א שם ריש פ"ב | ג ב"י לדעת התוספת

מר סבר *אם שהה כדי לגמור את כולה חוזר לראש ומר סבר למקום שפסק אמר רב אשי האי אם שהה אם לא שהה מיבעי ליה *אלא °דכולי עלמא אם שהה כדי לגמור את כולה חוזר לראש *והתם בדלא שהה קמיפלגי דמר סבר גברא דחויא הוא ואין ראוי ואין תפלתו תפלה ומר סבר גברא חזיא הוא ותפלתו תפלה תנו רבנן °הנצרך לנקביו אל יתפלל ואם התפלל תפלתו תועבה אמר רב זביד ואיתימא רב יהודה לא שנו אלא שאינו יכול לשהות בעצמו אבל אם יכול לשהות בעצמו תפלתו תפלה ועד כמה אמר רב ששת °עד פרסה איכא דמתני לה אמתניתא במה דברים אמורים כשאין יכול לעמוד על עצמו אבל אם יכול לעמוד על עצמו תפלתו תפלה ועד כמה אמר רב זביד (א) *עד פרסה אמר רבי שמואל בר נחמני אמר רבי יונתן * °הנצרך לנקביו הרי זה לא יתפלל משום שנאמר °הכון לקראת אלהיך ישראל ואמר רבי שמואל בר נחמני אמר רבי יונתן מ"ד °שמור רגלך כאשר תלך אל בית האלהים שמור עצמך שלא תחטא ואם תחטא הבא קרבן לפני וקרוב לשמוע *(דברי חכמים) אמר רבא הוי קרוב לשמוע דברי חכמים שאם חוטאים מביאים קרבן ועושים תשובה מתת הכסילים [זבח] אל תהי ככסילים שחוטאים ומביאים קרבן ואין עושים תשובה כי אינם יודעים לעשות רע אי הכי צדיקים נינהו אלא אל תהי ככסילים שחוטאים ומביאים קרבן ואינם יודעים אם על הטובה הם מביאים אם על הרעה הם מביאים אמר הקב"ה בין טוב לרע אינן מבחינים והם מביאים קרבן לפני רב אשי ואיתימא רב חנינא בר פפא אמר שמור נקביך בשעה שאתה עומד בתפלה לפני. תנו רבנן *°הנכנס לבית הכסא חולץ תפליו ברחוק ד' אמות ונכנס אמר רב אחא בר רב הונא אמר רב ששת לא שנו אלא בית הכסא קבוע אבל בית הכסא עראי חולץ ונפנה לאלתר °וכשהוא יוצא מרחיק ד' אמות ומניחן מפני שעשאו בית הכסא קבוע איבעיא להו מהו שיכנס אדם בתפילין לבית הכסא קבוע להשתין מים רבינא שרי רב אדא בר מתנא °אסר אתו שיילוה לרבא אמר להו אסור חיישינן שמא יפנה בהן ואמרי לה שמא יפיח בהן תניא אידך הנכנס לבית הכסא קבוע חולץ תפליו ברחוק ד' אמות ומניחן בחלון הסמוך לרשות הרבים ונכנס וכשהוא יוצא מרחיק ד' אמות ומניחן דברי בית שמאי ובית הלל אומרים אוחזן בידו ונכנס ר"ע אומר אוחזן בבגדו ונכנס בבגדו ס"ד זימנין מישתלי להו ונפלי אלא אימא אוחזן בבגדו ובידו ונכנס ומניחם בחורין הסמוכים לבית הכסא [ח] ולא יניחם בחורין הסמוכים לרשות הרבים שמא יטלו אותם עוברי דרכים ויבא לידי חשד ומעשה בתלמיד אחד שהניח תפליו בחורין הסמוכים לרשות הרבים ובאת זונה אחת ונטלתן ובאת לבית המדרש ואמרה ראו מה נתן לי פלוני בשכרי כיון ששמע אותו תלמיד כך עלה לראש הגג ונפל ומת באותה שעה התקינו °שיהא אוחזן בבגדו ובידו ונכנס תנו רבנן בראשונה היו מניחין תפילין בחורין הסמוכין לבית הכסא ובאין עכברים ונוטלין אותן התקינו שיהו מניחין אותן בחלונות הסמוכות לרשות הרבים ובאין עוברי דרכים ונוטלין אותן התקינו שיהא אוחזן בידו ונכנס אמר רבי מיאשא *בריה דריב"ל הלכה °גוללן כמין ספר ואוחזן בימינו כנגד לבו אמר רב יוסף בר מניומי אמר רב נחמן ובלבד °שלא תהא רצועה יוצאת מתחת ידו טפח אמר רבי יעקב בר אחא אמר רבי זירא °לא שנו אלא שיש שהות ביום ללבשן אבל אין שהות ביום ללבשן עושה להן כמין כיס טפח ומניחן *אמר רבה בר בר חנה אמר רבי יוחנן ביום גוללן כמין ספר ומניחן בידו כנגד לבו ובלילה עושה להן כמין כיס טפח ומניחן אמר אביי °לא שנו אלא בכלי שהוא כליין אבל בכלי שאינו כליין אפילו פחות מטפח אמר מר זוטרא ואיתימא רב אשי תדע שהרי פכין קטנים מצילין באהל המת ואמר רבה בר בר חנה כי הוה אזלינן בתריה דרבי יוחנן כי הוה בעי למיעל לבית הכסא כי הוה נקיט ספרא דאגדתא הוה יהיב לן כי הוה נקיט תפילין לא הוה יהיב לן אמר הואיל ושרונהו רבנן

ננטרן

רש"י

דמר סבר. כל המפסיק בתפלתו אם שהה כדי לגמור כולה חוזר לראש. כדאמרינן גבי ק"ש לקמן בפירקין (דף כד:) ובשהה קא מיפלגי הכא: **האי אם שהה אם לא שהה מיבעי ליה.** במילתא דרב חסדא ורב המנונא מיבעי ליה לאפלוגי בין שהה ללא שהה ומדלא אפליג שמע מינה אפילו בדלא שהה קאמר: **גברא דחויא הוא.** כשהתחיל להתפלל והיה צריך לנקביו דחוי הוא מלהתפלל הלכך מה שהתפלל אינה תפלה וחוזר לראש: **ומר סבר גברא חזיא.** אע"פ שאינו יכול להמתין עד שיסיים תפלתו תפלה ראויה היא מה שהתפלל קודם שהיתה: **ועד כמה.** יכול להעמיד עצמו מנקביו שיהא מותר להתחיל בתפלה: **איכא דמתני.** להאי במה דברים אמורים במתניתא גופא ולא משמעתא דרב זביד ורב יהודה וכי איירי אינהו בשיעורא הוא דאיירי: **שמור עצמך שלא תחטא.** ותצטרך רגלך ללכת אל בית האלהים להביא חטאת: **הוי קרוב לשמוע.** תשובה בהבאת קרבנך מתת אותו ככסילים בלא תשובה: **שמור נקביך.** מבין רגליך כמו להסך את רגליו (שמואל א כד) שמור נקביך שלא יפיחו: **בית הכסא קבוע.** שיש בו גומא וכל בתי כסאות שבגמרא על פני השדה הם בלא חפירה: **עראי.** שזה מתחיל עכשיו לעשותו בית הכסא: **חולץ ונפנה לאלתר.** ויאחז תפילין בידו כדאמרינן לקמן ובקבוע נמי אוחזן בידו אלא שצריך לחלצן ברחוק ד' אמות שבזמן שהם בראשו הם בגלוי וגנאי הדבר: **מהו שיכנס בתפילין.** כשהן בראשו קאמר: **שמא יפנה בהן.** גדולים: **בחורים הסמוכים לבית הכסא.** לפנים מן הגדר בשדה שהוא נפנה בה נותנן בחורים שבכותל: **בחורים הסמוכים לרשות הרבים.** חורי כותלי מחיצות השדה שאין עוברים מצוין במקום הילוך בני אדם והוא יכנס לאחורי הגדר לפנות: **גוללן.** ברצועות שלהן: **שלא תהא רצועה.** שיש בה קדושה שהרי בהן הוא קושרן וקשר נראה בעשייתו כמין דל"ת על שם אחת מאותיות של שדי והשי"ן עשוי' בכותלי הקציצה החיצונה והיו"ד עשויה בראש רצועת תפילין של יד ורצועה קטנה מאד כפוף ראשה ונראית כמין יו"ד: **ואוחזן בימינו.** שלא בבגדו כדי שלא יפלו: **ביום.** כשהוא חולצן בשביל בית הכסא גוללן כמין ספר כדאמרן: **ובלילה.** כשהוא חולצן בביתו על מנת להניע עד הבקר: **עושה להם כיס טפח.** דחללו טפח דחשיב הכלי אהל להפסיק בינם לקרקע: **לא שנו.** דבעי טפח אלא בכלי שהוא כליין. כיס העשוי לצרכן דכליין קרוב להיות בטל אצלם הילכך בעינן דבר הניכר שיהא חוצץ בפניהם: **שהרי פכין קטנים מצילין.** בהיקף צמיד פתיל באהל המת ואף על גב דלא הוו טפח חיילי: **אמר הואיל ושרונהו רבנן.** לאוחזן בידו משום שמירתן:

ננטרן

תוספות

חיישינן שמא יפנה בהן ואסור. ודוקא בבית הכסא קבוע חיישינן שמא יפנה בהן אבל בבית הכסא עראי שאין רגילים לפנות שם מותר להשתין בהן ולא חיישינן שמא יפנה בהן והא דתניא לקמן לא ישתין בהן אפילו בבית הכסא עראי היינו דוקא כשאוחזן בידו דחיישינן שמא ישפשף בהן הניצוצות אם יפלו מים על רגליו או יגע באמה: **שהרי** פכין קטנים מצילין באהל המת. ועל כרחך מטעם אויר הוא דאי לית בהו אויר כלל לא היו מצילין דהוי כמו אוכלין שגבלן בטיט °שמקבלין טומאה באהל המת:

דברים

עין משפט נר מצוה

נח א מיי' פ"ד מהל' תפלה הלכה יג סמג עשין יט טוש"ע א"ח סימן קב סעיף ה:

נט ב ג מיי' שם הל' י' סמג שם טוש"ע א"ח סימן צב סעיף א:

ס ד מיי' וסמג שם טוש"ע שם סעיף א ג:

סא ה ו מיי' פ"ד מהל' תפילין הלכה יז סמג עשין כב טוש"ע א"ח סימן מג סעיף ה [רב אלפס כאן ובהל' תפילין דף עה]:

סב ז מיי' וסמג שם טוש"ע שם סעיף א: [ח מיי' שם]:

סג ח ט י מיי' וסמג שם טור ש"ע שם סעיף ה':

סד כ ל מיי' שם הלכה יט סמג שם טוש"ע שם סעיף ו:

ואיתימא רב יהודה עד פרסה כצ"ל רש"ל

רב נסים גאון

פכין קטנים מצילין באהל המת. עיקרה בסיפרי (פרשת חקת) וכל כלי פתוח בכלי חרש הכתוב מדבר מה ת"ל פתוח ואפילו כל שהוא (והואיל והוא) [הוא] טמא באהל המת לפיכך אם יהיה מוקף בצמיד פתיל מציל על מה שבתוכו כדמפרש התם נמי וכל כלי פתוח מיכן אמרו כלים מצילין בצמיד פתיל באהל המת ואמרו עוד טמא הוא אין ת"ל הוא אלא הוא שיציל על עצמו ובשבת בפ' אמר רבי עקיבא (דף פד) ובבבא קמא בפ' כיצד הרגל מועדת (דף כה) גרסי' תניא מפץ במת מנין ודין הוא ומה פכין קטנים שפטורין בזב טמאין במת:

[בר בריה כצ"ל וכ"ה בשאלתות פ' כח וכן איתא לקמן כד:]

הגהות הב"ח

(א) גמ' איכא דמתני לה במתניתא וכו' אמר רב זביד אמר רב יהודה עד פרסה:

גליון הש"ס

תוס' ד"ה שהרי וכו' שמקבלין טומאה באהל המת. כדאיתא זבחים דף ג ע"א:

מסורת הש"ס

[לקמן כד: ר"ס לד:]

[ע"ל כב: תוס' ד"ה אלא]

והכא

עמוס ד

קהלת ד

פסחים ס"ב

[שמות הדסים וע' תוספתא בעין יעקב]

שבת סב.

[הך דרבה בב"ח צ"ל קודם הא דר' יעקב בר אחא רש"ל]

ואם שח בין ברכה לברכה, אע"ג דעשה איסור בזה, מ"מ לא שייך בזה שום תיקון לכו"ע, אלא מיד אחר השיחה גומר תפלתו.

ואם שח במזיד, צע"ג בדין זה, י"א דחוזר תיכף לראש התפלה, אפילו בשיחה מועטת, **וי"א** דלא שנא בין שוגג למזיד, (והגר"א בשם הרשב"א ג"כ בשיטה זו, **אך דהוא מיקל יותר, דאפילו בשח במזיד אינו חוזר לראש הברכה, רק למקום שפסק, כי הוא הולך לשיטתו דס"ל כן בשח בשוגג**). (**ונראה דמי שמצריך לחזור לראש התפלה בשח במזיד, הוא אפילו בשח בין ברכה לברכה, ובשולחן שלמה לא כתב כן, וצ"ע בטעמו**).

אות ב' - ג'

הנצרך לנקביו אל יתפלל, ואם התפלל תפלתו תועבה עד פרסה

סימן צ"ב ס"א - [ד]היה צריך לנקביו, אל יתפלל - דכתיב: הכון לקראת אלקיך ישראל, וכתיב: שמור רגליך כאשר תלך אל בית האלהים, ואחז"ל: אמר הקב"ה שמור נקביך בשעה שאתה עומד בתפלה לפני.

[ה]**ואם התפלל תפלתו תועבה, וצריך לחזור ולהתפלל** - [ו]י"א דדוקא לגדולים, אבל לקטנים בדיעבד א"צ לחזור ולהתפלל, (**ולדעתם אפילו אם לא יכול לגמור תפלתו, דבאמצע התחילו מי רגליו להיות שותתין על ברכיו, אפ"ה אח"כ כשפוסקין המי רגלים וצריך לחזור לתפלתו, אין צריך לחזור רק למקום שפסק, אפילו אם היה יודע מתחלה שצריך לנקביו**), [ז]**ויש** חולקין, (**ואין כח בידינו להכריע ביניהם**).

וה"מ שאינו יכול לעמוד עצמו שיעור הילוך פרסה - הוא ד' מילין, שהוא שיעור שעה וחומש, (**והא דלא נקט בהדיא שיעור שעה וחומש, כתב בחידושי רע"א בשם הגינת ורדים, דבא להורות, דאף אם ע"י שיושב במקום אחד יכול להעמיד עצמו מעט יותר, מ"מ משערינן כאלו הוא מהלך, שאין יכול להעמיד עצמו ולילך עד פרסה**).

אבל אם יכול להעמיד עצמו שיעור פרסה - ר"ל מעת התחלת התפלה היה בו כח לשהות שיעור זה, [ח]**יצא בדיעבד** - ומשמע אפילו אם אחר כך תיכף אחר התפלה הלך ועשה צרכיו, והיה בתוך שיעור הזה, יצא בדיעבד.

אות ד'

הנצרך לנקביו הרי זה לא יתפלל, משום שנאמר: הכון לקראת אלהיך ישראל

סימן צ"ב ס"א - [ט]אבל לכתחלה לא יתפלל עד שיבדוק עצמו תחלה יפה - ר"ל אפילו יכול לעצור בעצמו יותר מפרסה, כיון שהוא מרגיש בעצמו קצת שצריך לנקביו, **ואפילו** אם עי"ז שינקה את עצמו לא יהיה יוכל להתפלל עם הצבור, אפ"ה טוב יותר להתפלל ביחידי בגוף נקי, **אמנם** אם רואה שעי"ז שיבדוק יעבור זמן תפלה לגמרי, הסכים המ"א ושארי האחרונים, שמותר להתפלל, אם הוא משער בעצמו שיוכל לעצור שיעור שעה וחומש.

הגה: וכל הנצרך לנקביו אסור אפילו בדברי תורה, כל זמן שגופו משוקץ מן הנקבים (הגהות מיימוני) - וכ"ש בק"ש ושאר ברכות, ואפילו אם אינו מתאוה כ"כ שיהא בו משום בל תשקצו, כיון שאינו יכול לעמוד עצמו עד פרסה.

ובדיעבד משמע מדברי הפמ"ג, דאין צריך לחזור ולקרות ק"ש, וכ"כ הרמב"ן במלחמות, (וממילא דכ"ש לשאר ברכות ואפי' לבהמ"ז).

ובפרסה מותר אפילו בק"ש, **והשע"ת** מחמיר בזה.

ואם הוא מלמד תורה לרבים או דורש, ובאמצע נצטרך לנקביו אפילו גדולים, מותר לו לשהות עצמו, דבל תשקצו הוא רק איסורא דרבנן, ומפני כבוד הבריות נדחה.

(**וש"ץ שהוא צריך לנקביו קודם חזרת הש"ץ, אם יכול להעמיד עצמו עד פרסה, כיון דבדיעבד תפלתו תפלה, ויש בזה משום כבוד הבריות, פשוט דמותר לסמוך בזה על שיטת הרי"ף, המיקל לכתחילה בשיעור פרסה, ונראה דאף המחמירין מודין כאן מפני כבוד הבריות, אבל אם אין יכול להעמיד עצמו בשיעור פרסה, דלכו"ע תפלתו תועבה, מהו, דכיון דגזרו חז"ל ע"ז ואמרו דתפלתו תועבה, וא"כ כל ברכותיו לבטלה ויש בהן משום "לא תשא", אפשר דאין להקל משום כבוד הבריות, ואולי סלקו חז"ל איסורם מזה, וממילא אין הברכה לבטלה, וצע"ג**).

(**ואם נזדמן לו כן להקורא בס"ת כשעלה לבימה, פשוט דמותר לו לקרוא, דשם בדיעבד קריאתו קריאה, וכדלעיל, וכ"ש אם כבר התחיל לקרוא ונתעורר לו תאוה, דמותר לו לגמור את כל הקריאה, וכדלקמן בס"ב**).

סימן צ"ב ס"ג - [י]צריך קודם תפלה להסיר כיחו וניעו וכל דבר הטורדו.

באר הגולה

[ד] **ברכות כ"ג** [ה] **מיימוני שם** [ו] ‹דת"ר היה עומד בתפלה ומים שותתין על ברכיו, יפסיק עד שיכלו המים, ואמרינן כשחוזר לאיזה מקום צריך לחזור. רב המנונא ורב חסדא, חד אמר למקום שפסק, וחד אמר חוזר לראש התפלה. ומסקינן בשהה כדי לגמור כולה דכו"ע חוזר לראש, ולא פליגי אלא בלא שהה, דמר סבר גברא דחויא הוא, ומר סבר גברא חזיא ותפלתו תפלה, וקיימ"ל כמאן דאמר חוזר למקום שפסק, לעיל בסימן ע"ח. הרי דאפילו הרגיש קודם תפלה שמצטרך לשתיתת מי רגלים, ומה"ט ס"ל לאידך חוזר לראש, אפ"ה קיימ"ל דאינו חוזר אלא למקום שפסק, ומה שהתפלל תחלה עלה לו - מחה"ש› [ז] ‹כן מבואר בתשובת רשב"א, וראיה מש"ס שהביא לא דק, דשם לא נצרך לנקביו קודם תפלה, אלא בתוך התפלה - א"ר, ‹והיינו דלא כמו שפי' רש"י "כשהתחיל להתפלל"› [ח] **שם בגמ' לגירסת הרמב"ם והרא"ש ור"י** ‹כגירסת ספרים שלנו, ודלא כגירסת הרי"ף: "אבל יכול לעמוד על עצמו מותר", והיינו אפי' לכתחילה, וכ"כ רש"י: שיהא מותר להתחיל בתפלה› [ט] ‹כמ"ש ארשב"נ אר"י הנצרך כו', ומשמע אע"פ שיכול לעמוד על עצמו, תר"י, וגם לגירסתינו: תפלתו תפלה, מכלל דלכתחילה לא - גר"א› [י] **מיימון שם** ‹וז"ל: ואעפ"כ לכתחלה לא יתפלל עד שיבדוק עצמו יפה יפה, ויבדוק נקביו ויסיר כיחו וניעו וכל הדבר הטורדו, ואחר כך יתפלל›

אות ה' - ו'

הנכנס לבית הכסא חולץ תפיליו ברחוק ד' אמות, ונכנס וכשהוא יוצא מרחיק ד' אמות ומניחן, מפני שעשאו בית הכסא קבוע

סימן מג ס"ה - [יא]**אם רוצה ליכנס לבית הכסא** [יב]**קבוע לעשות צרכיו, חולצן ברחוק ד"א** - [יג]נקט "קבוע" משום סיפא, לאשמעינן דאפילו בקבוע מכניס התפילין עמו משום שמירה, **אבל** אה"נ דאפילו באינו קבוע כלל, צריך לחלוץ ברחוק ד"א ממקום שרוצה לפנות, וכדלעיל.

וכן מה דנקט "לעשות צרכיו", ג"כ משום רבותא דסיפא, **אבל** באמת ה"ה להשתין צריך לחלוץ ברחוק ד"א ‹מבה"כ קבוע›, וכדלעיל בס"א.

הגה: ויש אומרים אפילו בלא צרכיו (ב"י בשם רבי האי), וטוב להחמיר - המ"א מסיק, דמדינא אסור לכנס לבהכ"ס בתפילין, דלא גרע ממרחץ, **ועיין** בפמ"ג ובמאמ"ר שכתבו, דמדברי הרא"ש לא משמע הכי.

כתב הרמ"ע, דמותר לכנס בתפילין למבואות המטונפות, אפי' יש שם מקום מטונף להדיא, וטוב לכסותו בכובע, ואם רוצה לחלצן ולחזור ולהניחן שפיר דמי, **והמג"א** מצדד לומר, דכשיודע שיכנס דרך מבואות המטונפות, לא יניחם בביתו אלא בבהכ"נ, או שיניחם בביתו ויכסם במבואות המטונפות, **ונסתפק** המחה"ש דאפשר דצריך לכסות ג"כ הרצועות, וכ"ש ג' כריכות שעל האצבע, **ובתשובות** רדב"ז משמע ג"כ, שסובר דמדינא צריך לכסות התפילין במקומות המטונפות, וכל שאי אפשר לו לכסותם מוטב שיניחם בבהכ"נ, **ומשמע** שם דהדלי"ת והיו"ד שברצועות אין צריך לכסות, שהם דרך קשירה לא דרך כתיבה.

(**ובספר** אור זרוע משמע כהרמ"ע, דכתב דמותר לעבור בבית הכסא לפי דרכו, שלא לצורך נקביו, ותפילין בראשו, **ומשמע** מלשונו שהוא מחלק בין אם הוא עובר או שהוא קובע עצמו להיות שם, **ובזה** יש ליישב קצת קושית המג"א ממרחץ דחולץ, **ואע"ג** דלענין ד"ת לא מחלקינן בין מהלך או עומד, לענין זה מחלקינן).

וגוללן ברצועות שלהן, ואוחזן בימינו [יד]**ובבגדו כנגד לבו** - אבל לא בשמאלו, מפני שצריך לקנח בה כמש"כ בסימן ג', **והכא** ליכא למיחש לניצוצות, שיבוא לשפשף ביד שאוחז בה התפילין, **דכיון** שמיירי בבה"כ קבוע, מסתמא עושה צרכיו מיושב.

[טו]**ויזהר שלא תהא רצועה יוצאה מתחת ידו טפח, וכשיוצא, מרחיק ד' אמות ומניחן.**

אות ו'* [טז]

רש"י ד"ה בית הכסא קבוע: שיש בו צואה, וכל בתי כסאות שבגמרא על פני השדה הם, בלא חפירה

רש"י ד"ה עראי: שזה מתחיל עכשיו לעשותו בית הכסא

סימן מג ס"ב - [יז]**בית הכסא קבוע, היינו שיש בו צואה** - (נראה לכאורה דאפילו אם עתה אין בו צואה כלל, כיון דהוא מקום שרגילין לפנות שם, גזרינן שמא יעשה צרכיו, ולא נקט המחבר לשון זה רק להורות לנו, דאם יש צואה במקום הזה, תו חיישינן שמא הוא יעשה צרכיו ג"כ במקום הזה, ואפי' אם עד עתה לא היה זה המקום מיוחד לפנות, ובזה ניחא מה דסיים המחבר "בלי חפירה", להורות דאם הוא בחפירה חשוב כמאן דליתא, ומותר אם אותו המקום אינו מיוחד לפנות עד עתה, ועיין במ"א מה שתמה על המחבר, ולפי"ז ניחא הכל).

והוא על פני השדה בלא חפירה - ר"ל אז צריך לחלצן ברחוק ד"א, **אבל** אם הוא בחפירה, הרי החפירה הוא רשות לעצמו, ובה"כ שלמעלה רשות לעצמו, ואין לו דין בה"כ כלל, ומותר ליכנס בתוכו בתפילין שעליו, **ומ"מ** קודם שישתין צריך לחלצן לד"ה, כמו בשאר בה"כ קבוע, כן מסיק המ"א.

בד"א להשתין, אבל לעשות צרכיו, משמע מדברי הב"י דיש להחמיר לחלוץ ברחוק ד"א ממקום שרוצה לעשות צרכיו, **אפילו** נפנה במקום שאינו בה"כ כלל, אלא בחצירו או על פני השדה, ‹וכנ"ל בהערה›.

סימן מג ס"ג - [יח]**בית הכסא עראי, היינו כגון להשתין מים, שאין אדם הולך בשבילם לבית הכסא** - פי' הא דאמרינן לעיל דמותר להשתין בו בתפילין שבראשו, היינו במקום שאין בו צואה, וגם הוא מקום שאין רגילין לפנות שם, ולכך לא גזרינן שמא יפנה בהתפילין, ואפילו אם הוא מקום צנוע.

והפעם הזאת נעשה המקום הזה ביה"כ תחלה - עיין בפמ"ג דס"ל, דהאי לישנא לאו דוקא, דאפילו מיוחד מכמה זמנים להשתין, מ"מ עראי יחשב.

(**ואם** הוא מקום המסריח מפני מי רגלים המצוי תמיד שם, לכאורה המקום הזה דין בה"כ קבוע יש לו, דלא גרע מעביט של מי רגלים המסריח, דדינו כצואה מדאורייתא, ולא גרע ממים סרוחים או מי משרה וכו', דדינו כצואה, **ואפשר** דלענין זה לא מחלקינן בזה, ובכל גווני מותר להשתין בו בתפילין שעליו, ולא חיישינן בו שמא יפנה בו, כיון דאינו מיוחד רק להשתין, **ואין** לאסור מטעם המי רגלים גופא, כיון דהוא מיוחד שם דינו כצואה, דזה אינו, דא"כ הא מי רגלים נגד העמוד ג"כ דינו כצואה, ואפ"ה בבה"כ עראי מותר להשתין בתפילין שבראשו, ואפי'

באר הגולה

[יא] שם בגמרא [יב] כן הוא בגמ' שם, אבל הב"י כתב שהטור לפי גירסתו שלפניו והרמב"ם והרי"ף והרא"ש, לא חלקו בין קבוע לעראי ‹ואע"ג דגרסינן בגמ': אבל בית הכסא עראי חולץ ונפנה לאלתר, וכשהוא מניחן מרחיק ד' אמות מפני שעשאו בית הכסא קבוע. **משמע** דסברי דלא קיימ"ל הכי, וכן דעת הרי"ף והרא"ש ז"ל שהשמיטוהו, וצריך טעם למה - ב"י› [יג] ‹מאמ"ר, כדי להשוות דברי השו"ע עם הב"י› [יד] כר"ע שם הרמב"ם שם והטור ורבי יונה [טו] שם בגמ' [טז] ‹ע"פ הבאר הגולה› [יז] רש"י שם בגמ' [יח] שם ברש"י

בקבוע היה מותר אי לאו דחיישינן שמא יפנה בהם, וא"כ אפשר דבזה לא חיישינן שמא יפנה ומותר).

אות ז'

מהו שיכנס אדם בתפילין לבית הכסא קבוע להשתין מים... אסר

סימן מג ס"א - [יט]אסור ליכנס לבית הכסא קבוע להשתין בתפילין שבראשו, [כ]גזירה שמא יעשה בהם צרכיו - ה"ה דבזרוע נמי אסור מה"ט, והא דנקט בראשו, בא למעוטי אם אוחזן בידו.

המג"א כתב, דמש"כ המחבר להשתין, לרבותא נקט, דאפילו להשתין אע"פ שהוא חייו של אדם, אסור לכנס, וכ"ש שלא לצורך.

[כא]ואם אוחזן בידו - ר"ל בבגדו וביד ימינו כנגד לבו, כמש"כ בס"ה, **מותר להשתין בהם בבית הכסא קבוע.**

הגה: והיינו דוקא כשמשתין מיושב דליכא למיחש לנצוצות, אבל משתין מעומד פשיטא דאסור - שמא יקנח הניצוצות, **דלא עדיף מבית הכסא עראי.**

וה"ה כשהם בראשו דאסור, ‹כשהוא מעומד בבה"כ קבוע›, דחיישינן שמא ישב ויעשה בהם צרכיו.

וכ"ה אם משתין מיושב או בעפר תחוח - או במקום מדרון, **דליכא נצוצות, בבה"כ עראי נמי שרי.**

ואין חילוק בין קבע לעראי לענין זה, אלא דבה"כ קבוע מסתמא עושה צרכיו מיושב, ובה"כ עראי מסתמא עושה מעומד, הואיל ואינן נפנה לגדולים (ב"י בשם נ"י ומגדל עוז) - ומ"מ יש חילוק קצת, דבקבע דיש חשש שמא יעשה צרכיו, צריך שיהיה בבגדו ובידו, ובעראי אפי' בידו לבד נמי מותר, בזה דליכא חשש ניצוצות.

[כב]ובבית הכסא עראי מותר להשתין בהם כשהם בראשו - דלא גזרינן ביה שמא יפנה בהם, ורק שיזהר שלא יפיח בהם.

(ופשוט דה"ה לענין תפילין של זרועו, ונראה שיסיר הכריכות מעל כף ידו, שלא יבוא לשפשף בם).

[כג]אבל אם אוחזן בידו אסור להשתין בהם מעומד אפילו אם תופס אותם בבגדו, מפני שצריך לשפשף בידו

ניצוצות שברגליו - וחיישינן שמא ישפשף ביד שאוחז בה התפילין, **ומיירי** בין בעראי ובין בקבוע, וכמו שכתב בהג"ה - מג"א.

אלא חולצן ברחוק ד' אמות ונותנם לחבירו - ומיירי בקבוע, דאי בבה"כ עראי, חולץ ומשתין לאלתר - מג"א, וכ"כ הט"ז.

[כד]ומדברי הרמב"ם נראה שאסור להשתין כשהם בראשו, בין בבית הכסא קבוע בין בבית הכסא עראי - וה"ה בזרועו, [מסתימות לשון הרמב"ם, וכן משמע בשו"ע של הגר"ז, **אכן** מצאתי בפמ"ג דמצדד להיתר בשם הא"ר], **דס"ל** דגזרינן שמא יפיח בהם, **אבל** כשהן בכיסן ואוחז הכיס בידו, מותר להשתין בהן לד"ה, שכשהן בכיסן אין איסור בהפחה.

ויש לחוש לדבריו - ולעת הצורך כגון שיתבטל עי"ז מתפלה בצבור, יכול לסמוך אדיעה ראשונה, אך שיזהר הרבה שלא יבוא לידי הפחה, כ"כ הח"א, **ומ"מ** נוהגין לחלוץ הש"ר, וגם הש"י נכון להסיר הרצועות מכף היד, שלא יבוא לשפשף הניצוצות בהם.

[כה]סימן מג ס"ד - [כו]אם הם בחיקו וחגור חגורה, או בבגדו בידו, מותר בין להשתין בין לפנות - דתו ליכא למיחש משום ניצוצות, וגם משום שמא יפלו ממנו, ומותר בין בבה"כ קבוע ובין בעראי.

צ"ע דבס"א כתב, אפי' תופס אותם בבגדו אסור ‹להשתין›, ועיין בט"ז ומ"א שנדחקו בזה מאד, **ובביאור** הגר"א כתב דסעיף זה שהוא מבעל התרומות, הוא שיטה אחרת החולק על הא דס"א, **וס"ל** דבבגדו וידו תו לא חיישינן לשפשוף הניצוצות, **ובקשורין** בבגדו לכו"ע מותר.

[כז]סימן מג ס"ט - [כח]מותר לרופא ליקח עביט של מי רגלים בידו - לבדוק בו החולה, **ותפילין בראשו** - וא"צ לחלוץ אז התפילין, ועובדא הוי ברופא וה"ה בכל אדם, **ובבעל נפש יחמיר לעצמו.**

אות [ח']

ולא יניחם בחורין הסמוכים לרשות הרבים, שמא יטלו אותם עוברי דרכים ויבא לידי חשד

רמב"ם פ"ד מהל' תפילין הי"ז - היה לבוש תפילין והוצרך לבית הכסא, לא יניח התפילין בחורין הסמוכין לרשות הרבים ויכנס, שמא יטלום עוברי דרכים; כיצד

באר הגולה

יט ברכות כ"ג | כ ‹דפשטינן דאסור חיישינן שמא יפנה בהן, ואמרי לה שמא יפיח בהן, משמע דללישנא בתרא אפילו בשל עראי אסור, דלהפחה איכא למיחש אף בבית הכסא דעראי, ורבינו לפי שפסק בעראי דמותר להשתין דלא חיישינן להפחה, לכך לא הזכיר בדבריו אלא לישנא קמא, גזירה שמא יעשה בהן צרכיו - ב"ח› | כא שם | כב תוס' שם ‹ד"ה חיישינן› והרא"ש בה"ת וסמ"ג וספר התרומה | כג שם בגמ' | כד פ"ד מהלכות תפילין ‹דפשטינן דאסור חיישינן שמא יפנה בהן, ואמרי לה שמא יפיח בהן, משמע דללישנא בתרא אפילו בשל עראי אסור, דלהפחה איכא למיחש אף בבית הכסא דעראי, והלכה כלישנא בתרא, ולפע"ד נראה עיקר כהרמב"ם, גם הב"י כתב דיש לחוש לדבריו, וכן בדין שהרי ידוע דשכיחא טובא הפחה בשעת השתנה - ב"ח› | כה ‹ע"פ הגר"א וז"ל: זו היא שיטה אחרת, {דדוקא בידו בלא בגדו אסור להשתין מעומד כשהן בידיו, אבל בגדו שרי}, דלא פריך {הגמ' עמוד ב', על מש"כ ולא ישתין בהם מים כשהן בידיו, השתא בה"כ קבוע שרי כו'}, אלא לב"ה דמתירין בהכ"ס קבוע בידו לבד, אבל לר"ע {דאין מתיר בבה"כ קבוע רק לאחוז בבגדו ובידו} לא קשה מידי, ולכן לא פליגי אליביה, {דאין חילוק כלל בין בה"כ קבוע לארעי}, וחולק על מ"ש בס"א› | כו ספר התרומה | כז ‹מילואים. וז"ל הגר"א: דהא אפי' להשתין מותר בהם בבהכ"ס עראי, ואפי' בקבוע היה מותר אי לאו דחיישינן שמא יפנה, ואף שאסור מן התורה כנגד העמוד, כ"ש בכה"ג› | כח תשובת הרשב"א

יעשה, אפילו הוצרך להשתין מים, חולץ תפיליו ברחוק ארבע אמות, וגוללן בבגדו כמין ספר תורה, ואוחזן בימינו כנגד לבו, ויזהר כדי שלא תהא רצועה יוצאת מתחת ידו טפח, ונכנס ועושה צרכיו, וכשיצא מרחיק ארבע אמות מבית הכסא ולובשן.

[כט]**סימן מג ס"ז** - [ל]**בד"א, בבית הכסא שבשדה; אבל בבית הכסא שבבית, לא יכניסם כלל, כיון שיכול להניחם במקום המשתמר** - משמע דאפילו בכיס לא יכניסם, **ועיין** במחצית השקל שכתב, דאם הם בכיסן, ונותנן בכיס התפור במלבושו, דאותו כיס אינו כליין, והוי כלי תוך כלי ומותר.

ושאר ספרים וכתבים שיש בהן שמות, אם הם בכיס שרי להכניסן, [ועיין בפמ"ג, דאפי' בבהכ"ס שבבית, והגר"ז מחמיר, וברדב"ז משמע להקל], **וי"א** דבעינן דוקא תיק בתוך תיק אם צריך ליכנס לבה"כ, וכדלעיל לענין תפילין, [א"ר], ‹**לכאורה** מדברי הלבוש שעליו קאי, מבואר דעוסק אפי' בבה"כ שבשדות, ועוד דאל"ה היינו שיטת הגר"ז בשעה"צ, **ומש"כ** וכדלעיל לענין תפילין, היינו תפילין בבית› **וס"ת** אסור בכל גווני, **וכתב** בשע"ת, דאותן המלבישין התינוקות בקמיע שכתוב שמות בקלף, צריך ליזהר שיהיה כלי בתוך כלי, כיון שהתינוקות נפנים בהם בעודם עליהם.

אות ח' – ט – י

שיהא אוחזן בבגדו ובידו ונכנס

גוללן כמין ספר ואוחזן בימינו כנגד לבו

שלא תהא רצועה יוצאת מתחת ידו טפח

סימן מג ס"ה - עיין לעיל אות ה'-ו'.

אות כ' – ל'

לא שנו אלא שיש שהות ביום ללבשן, אבל אין שהות ביום ללבשן, עושה להן כמין כיס טפח, ומניחן

לא שנו אלא בכלי שהוא כליין, אבל בכלי שאינו כליין, אפילו פחות מטפח

סימן מג ס"ו - [לא]**היה לבוש בתפילין והוצרך לבית הכסא בלילה, או סמוך לחשיכה, שאין שהות להניחם עוד אחר שיצא, לא יכנס בהם גלולין בבגדו, ואפילו להשתין מים** – (ר"ל במיושב או בעפר תיחוח, דליכא משום ניצוצות), **בבית הכסא קבוע** – (וה"ה לענין בה"כ עראי ותפילין שבראשו).

דמה שהותר בסעיף הקודם לאוחזן בימינו בבגדו, דוקא כשיש לו שהות להניחם עוד אח"כ, לא הטריחוהו להניחם בכלי.

אלא כיצד יעשה, חולצן ומניחן בכלי אם היה בו טפח - אבל כשאין בו טפח, בטל לגבי התפילין כיון שהוא כליין, ואסור להכניסם לבית הכסא, **או בכלי שאינו כליין אע"פ שאין בו טפח,** [לב]**ואוחז הכלי בידו ונכנס** - שלא יטלו אותם עוברי דרכים, גמ' עי"ש.

(**והמ"א הביא עוד בשם רש"י, דאם הכלי היה טפח, חשיב הכלי אוהל** להפסיק בינם לקרקע, ומותר להניחם בביתו על גבי קרקע, **ובכלי** שאינו כליין אפי' פחות מטפח).

אות ל'*[לג]

פכין קטנים מצילין באהל המת

רמב"ם פי"ט מהל' טומאת מת ה"א - [לד]**ע"ש.**

באר הגולה

כט ‹ע"פ הגר"א וז"ל: כמ"ש שם בראשונה כו' התקינו כו' ועדיין כו', ע"כ. **הרי** דעדיף להניחן במקום חוץ לבה"כ, רק בבה"כ שלהם שהיה בשדה, ולא היו רשאים לילך מרחק רב בלא תפילין, וסמוך לבה"כ לא היה אפשר להניחם כמ"ש בגמ', להכי התירו לקחת בידו, משא"כ בבה"כ שלנו שהוא סמוך לבית – דמשק אליעזר›
ל **ספר התרומה והטור ור' ירוחם** לא **שם** לב **רמב"ם** לג ‹ע"פ מהדורת נהרדעא› לד ‹ואין השייכות מובן›

ננטרן אמר רבא כי הוה אזלינן בתריה דר"נ כי הוה נקיט ספרא דאגדתא יהיב לן כי הוה נקיט תפילין לא יהיב לן אמר הואיל ושרונהו רבנן ננטרן ת"ר *לא יאחז אדם תפילין בידו וס"ת בזרועו ויתפלל ולא ישתין בהן מים *ולא יישן בהן לא שינת קבע ולא שינת עראי. אמר שמואל סכין ומעות וקערה וככר הרי אלו כיוצא בהן. אמר רבא אמר רב ששת לית הלכתא כי הא מתניתא דב"ש היא דאי ב"ה השתא בית הכסא קבוע שרי בית הכסא עראי מיבעיא מיתיבי דברים שהתרתי לך כאן אסרתי לך כאן מאי לאו תפילין אי אמרת בשלמא בית הלל התרתי לך כאן קבוע אסרתי לך כאן בית הכסא עראי אלא אי אמרת ב"ש הא לא שרו ולא מידי כי תניא ההיא לענין טפח וטפחיים דתני חדא כשהוא נפנה מגלה לאחריו טפח ולפניו טפחיים ותניא אידך לאחריו טפח ולפניו ולא כלום מאי לאו אידי ואידי באיש ולא קשיא כאן לגדולים כאן לקטנים ותסברא אי בקטנים לאחריו טפח למה לי אלא אידי ואידי בגדולים ולא קשיא הא באיש הא באשה אי הכי הא דקתני עלה *זהו ק"ו שאין עליו תשובה מאי אין עליו תשובה דרכא דמילתא הכי איתא אלא לאו תפילין ותיובתא דרבא אמר רב ששת תיובתא מכל מקום קשיא השתא בית הכסא קבוע שרי בית הכסא עראי לא כל שכן הכי קאמר בית הכסא קבוע דליכא ניצוצות שרי בית הכסא עראי דאיכא ניצוצות אסרי אי הכי אמאי אין עליו תשובה תשובה מעלייתא היא הכי קאמר הא מילתא תיתי לה בתורת טעמא ולא תיתי לה בק"ו דאי אתיא לה בתורת ק"ו זהו ק"ו שאין עליו תשובה: *ת"ר הרוצה ליכנס לסעודת קבע מהלך עשרה פעמים ד' אמות או ד' פעמים י' אמות ויפנה ואח"כ נכנס אמר ר' יצחק הנכנס לסעודת קבע חולץ תפיליו ואח"כ נכנס ופליגא דר' חייא דא"ר חייא מניחן על שלחנו וכן הדור לו ועד אימת אמר רב נחמן בר יצחק עד זמן ברכה תני חדא צורר אדם תפיליו עם מעותיו באפרקסותו ותניא אידך לא יצור לא קשיא הא דאזמניה הא דלא אזמניה *דאמר רב חסדא האי סודרא דתפילין דאזמניה למיצר ביה תפילין צר ביה תפילין אסור למיצר ביה פשיטי אזמניה ולא צר ביה צר ביה ולא אזמניה שרי למיצר ביה זוזי ולאביי דאמר *הזמנה מילתא היא אזמניה אע"ג דלא צר ביה אי אזמניה אסיר אי לא אזמניה לא בעא מיניה רב יוסף בריה דרב נחוניא מרב יהודה מהו שיניח אדם תפיליו תחת מראשותיו תחת מרגלותיו לא קא מיבעיא לי שנוהג בהן מנהג בזיון כי קא מיבעיא לי תחת מראשותיו מאי א"ל הכי אמר שמואל מותר אפילו אשתו עמו מיתיבי לא יניח אדם תפיליו תחת מרגלותיו מפני שנוהג בהם דרך בזיון אבל מניחן תחת מראשותיו ואם היתה אשתו עמו אסור היה מקום שגבוה ג' טפחים או נמוך ג' טפחים מותר תיובתא דשמואל תיובתא אמר רבא אע"ג דתניא תיובתא דשמואל הלכתא כוותיה מ"ט

כל

דברים שהתרתי לך כאן כו'. ולא בעי לשנויי דברים שהתרתי לך בבית הכסא עראי אסרתי לך בקבוע דאסור לפנות בגדולים והתפילין בראשו אבל להשתין מותר משום דלא אשכחן בברייתא אבל הך דטפח וטפחיים אשכחן ליה בברייתא בהדיא הר"ר יוסף:

והא

ננטרן. ישמרוני אכניס עמי וישמרוני מן המזיקין: **לא יאחוז בידו וכו' ויתפלל.** שאין דעתו מיושבת עליו בתפלה שהרי לבו תמיד עליהן שלא יפלו מידו: **ולא יישן בהן.** שמא [א] יפיח: **הרי אלו כיוצא בהן.** לענין תפלה שדואג עליהן שלא תפול הסכין ותזיקנו והקערה תשפך והמעות יאבדו והככר יטנף: **לית הלכתא כי הא מתניתא.** דקתני לא ישתין בתפילין: **דבית שמאי היא.** דאמרי לעיל מניחן בחלון הסמוך לר"ה ולא יכניסם בידו ויכנס: **דאי ב"ה.** הא אמרי לעיל אוחזן בידו ונכנס: **בית הכסא עראי.** כגון להשתין שאין אדם הולך בשבילם לבית הכסא והפעם הזאת נעשה המקום הזה בית הכסא תחלה: **שהתרתי לך כאן.** בבית הכסא קבוע: **אסרתי לך כאן.** בבית הכסא עראי: **מאי לאו תפילין.** שאמרו בית הלל אוחזן בידו ונכנס לבית הכסא קבוע ולהשתין בהם אסרו כדמפרש טעמא לקמן: **הא לא שרו.** בבית הכסא קבוע: **כי תניא ההיא.** לאו לענין תפילין תניא אלא לענין גלוי טפח וטפחיים דלגדולים אינו מגלה אלא טפח ולקטנים מגלה טפחיים ועלה קאי גלוי טפחיים שהתרתי לך כאן אסרתי לך כאן: **לאחריו טפח.** ולא יותר משום צניעות: **ולפניו טפחיים.** משום קילוח מי רגלים הנתזין למרחוק: **מאי לאו כו'.** והיינו דקאמר לעיל דברים שהתרתי לך בבית הכסא עראי אסרתי לך בקבוע: **אלא אידי ואידי בגדולים.** ומתוך שהוא דוחק עצמו לגדולים הוא בא לידי קטנים הלכך באיש מלאחריו טפח ומלפניו טפחיים ובאשה מלפניה ולא כלום והכי קאמר הא דלעיל דברים שאסרתי לך באשה התרתי לך באיש: **אי הכי.** דלענין טפח וטפחיים קתני דברים שהתרתי לך כאן אסרתי לך כאן: **הא דקתני עלה.** בסיפא דידה וזה הוא ק"ו שאין עליו תשובה בדבר הזה יש לך להשיבני ק"ו ואין לי עליו תשובה להחזיר לך אי אמרת בשלמא בתפילין קאמר וכדאמרן וב"ה היא היינו דקתני דיש כאן להקשות קל וחומר השתא בית הכסא קבוע שרי בית הכסא עראי מיבעיא ואין לי תשובה להשיבך עליו אלא אי אמרת לענין טפח וטפחיים מאי ק"ו יש להקשות כאן: **אורחא דמילתא הכי הוא.** שהאיש צריך לגלות לפניו ולא האשה: **תיובתא דרבא אמר רב ששת.** דאמר בית שמאי היא ולא בית הלל דאם כן לא משכחת מידי לאוקמה הך ברייתא דקתני מאי שהתרתי לך כאן אסרתי לך כאן: **דליכא ניצוצות.** שיהא צריך לשפשפן בימינו מעל רגליו: **בית הכסא עראי.** לקטנים: **דאיכא ניצוצות.** הניתזין על גבי רגליו ואמרינן במסכת יומא (דף ל') מצוה לשפשפן שאסור לאדם שיצא בניצוצות שעל גבי רגליו שמא יראה ככרות שפכה ונמצא מוציא לעז על בניו שהם ממזרים הילכך אי אפשר לאחוז תפילין בידו: **הא מילתא.** דתפילין דבית הכסא עראי וקבוע: **תיתי לה בתורת טעמא.** להתיר בבית הכסא קבוע את האסור בבית הכסא עראי משום טעמא דניצוצות: **דאי אתיא לה בתורת ק"ו.** לומר דין הוא להקל בבית הכסא עראי קל ולהחמיר בבית הכסא (א) חמור ולא תזיל בתר טעמא אלא בתר חומרא וקולא ואנן עבדינן איפכא אין לי עליו מה להשיבך שאין לי למצוא שיהא בשום מקום בית הכסא עראי חמור מן הקבוע שאוכל להשיבך אם התרתי בקבוע שהוא קל בדבר פלוני אתיר בשל עראי שהוא חמור בה אבל טעמא איכא למאי דעבדינן דהכא איכא ניצוצות והכא ליכא ודבר זה לאו קל וחומר לא קל ולא חמור: **הנכנס לסעודת קבע.** וגנאי הוא שיצטרך לנקביו בתוך הסעודה: **מהלך עשרה פעמים כו'.** ובכל פעם ופעם בודק עצמו ויושב אולי יוכל להפנות שההילוך מוריד הגדולים לנקב: **חולץ תפיליו.** שמא ישתכר בסעודה ויתגנה בתפיליו: **וכן הדור לו.** שיהו מזומנים לו ויחזור ויניחם בשעת ברכה: **באפרקסותו.** סודר של ראשו: **עם מעותיו.** לא עם המעות ממש אלא שני קשרים זה אצל זה: **ש"מ הא דאזמניה הא דלא אזמניה.** להניח סודר לתפילין דכיון דאזמניה שוב אסור לצור בו מעות מאחר שהקצו לכך: **צר ביה.** אי אזמניה אין אי לא אזמניה לא קדיש ושרי למיצר ביה דהכי תניא בהדיא בסנהדרין (מח:) הניח בו תפילין יניח בו מעות: **ולאביי דאמר הזמנה מילתא היא.** גבי אורג בגד למת בסנהדרין בפרק נגמר הדין (ד' מז:): **מהו שיניח תפיליו תחת מראשותיו.** בלילה כשהוא ישן: **אם היה מקום גבוה ג' טפחים.** למעלה מראשותיו ועליו נותן התפילין או למטה מראשותיו יוצא מקום מן המטה:

כל

עין משפט
נר מצוה

סה א מיי' פ"ה מהל' תפלה הלכה ה סמג עשין יט טור ש"ע א"ח סימן צז סעיף א:

סו ב מיי' פ"ד מהלכות תפילין הלכה יח סמג עשין כב טור וש"ע א"ח סימן מג סעיף א:

סז ג מיי' שם הל' טו סמג שם טוש"ע א"ח סימן מד:

סח ד מיי' פ"ה מהלכות תפלה הלכה ה סמג עשין יט טוש"ע א"ח סימן צז סעיף א:

סט ה מיי' פ"ה מהל' דעות ה"ו טור ש"ע א"ח סימן ג סעיף ד:

ע ו מיי' פ"ד מהלכות דעות הלכה ב:

עא ז ח מיי' פ"ד מהל' תפילין הלכה טו סמג עשין כב טוש"ע א"ח סימן מ סעיף א:

עב ט מיי' שם הל' ט סמג שם טוש"ע א"ח סי' מב סעיף ג:

עג י כ מיי' שם הל' כד סמג שם טוש"ע א"ח סי' מ סעיף ג:

רב נסים גאון

ולאביי דאמר הזמנה מילתא היא. עיקר דבריו של אביי במס' סנהדרין בפ' נגמר הדין (דף מז) איתמר האורג בגד למת אביי אמר אסור ורבא אמר מותר אביי אמר אסור הזמנה מילתא היא:

הגהות הב"ח

(א) רש"י ד"ה דאי אתיא וכו' בבית הכסא קבוע חמור:

גליון הש"ס

רש"י ד"ה ולא יישן בהן שמא יפיח. עיין סוכה ד' כו ע"א וצ"ע:

מסורת הש"ס

סוכה מה:

[שם כו.]

[ב"מ לה.]

שבת פב

סנהדרין מח.

[שם מז: מח. מגילה כו: מנחות לד:]

הגהות הגר"א

[א] רש"י ד"ה ולא יישן בהן שמא יפיח. כצ"ל:

§ מסכת ברכות דף כג: §

אות א'

לא יאחז אדם תפילין בידו וספר תורה בזרועו ויתפלל

סימן צו ס"א - [א]כשהוא מתפלל - בפמ"ג כתב, דה"ה בשעת ק"ש ופסוקי דזמרה, **לא יאחוז בידו תפילין, ולא ספר מכתבי הקודש** - וה"ה כל ספרים שלנו.

ולא קערה מלאה - שלבו עליה שלא ישפך ממנה, **ולא סכין** - שלא יפול לארץ ויתקע ברגלו, **ומעות** - שלא יתפזרו, ואף אם הם צרורין טריד שמא יאבדו, אם לא שאוחזן באופן דליכא למיחש שמא יאבדו, **וככר, מפני שלבו עליהם שלא יפלו, ויטרד ותתבטל כוונתו** - וכתב בברכ"י, דה"ה דאסור להושיב תינוק לפניו בשעת תפלה.

ודוקא הני שאם יפלו יש בהם הפסד או יזיקו לו, אבל שארי דברים מותר לאחוז, [ב]**וי"א** דהני לאו דוקא, אלא אורחא דמילתא נקט, וה"ה שאין ליטול שום דבר בידו בשעת התפלה, וכן הסכים הט"ז.

ובדיעבד א"צ לחזור ולהתפלל, אם לא שיודע שעי"ז לא כיון ב"אבות", [**ונ"ל** דבזה יחזור אף בזמנינו, שאם לא יאחזם יכוין].

ולולב בזמנו, מותר לאחוז בידו, כיון שהאחיזה בידו היא מצוה, אינו נטרד בשבילו.

ומותר הש"ץ להחזיק הס"ת בידו בשבת כשאומר "יקום פורקן", דכיון שכונתו אז להתפלל על לומדי תורה, ע"כ מחזיק הס"ת בידו ולא לשם שמירה, והוי כמו לולב בזמנו, **וכן** מותר להחזיק בשעה שמברכים החודש.

צ"ע אם מותר ליקח תפילין וס"ת בידו היכא דמתיירא מפני גנבים, דאפשר דהתירו לו.

נפל ספר על הארץ ואינו יכול לכוין, מותר להגביהו כשיסיים הברכה שהוא עומד בה, ואי לא"ה לא יפסיק, **וכ"ש** שאין לקרוץ באצבע וכיוצא בשעת תפילה.

אם התחיל להתפלל שמ"ע ונתבלבל, מותר לילך למקום הידוע לו ליקח משם סידור.

[ג]**סימן צו ס"ב - [ד]מותר לאחוז מחזור תפלות בידו בשעה שמתפלל, הואיל ותופס לצורך תפלה עצמה, לא טריד, דומיא דלולב דמשום דלקיחתו מצוה לא טריד.**

הגה: [ה]ומ"מ אם לא היה בידו קודם שהתחיל, לא יחזור אחריו בתפלה ליטלו - מפני שמטריד, **אלא אם כן היה במקום מיוחד שהוא מוכן, אז מותר ליטלו אפילו בתוך התפלה, כדי להתפלל מתוכו (הר"י פרק מי שמתו)** - וכתב ט"ז, דה"ה דיש ליזהר למי שמתפלל מתוך הסידור, שירשום תחילה כל המקומות שצריך להתפלל באותו תפילה, ולא יחפש אחריהם בשעה שמתפלל, כי יפסיק עי"ז ולא יכוין יפה, **וכ"כ** הברכ"י שכן נוהגין רבים מאנשי מעשה, כשרוצין לומר תפילה מחודשת, כגון "עננו", או כגון "ותודיענו" כשחל יו"ט במו"ש.

ונמצא באחרונים, שאף בחזרת הש"ץ נכון הוא שיהיה הסידור פתוח לפניו, להיות אזניו פקוחות על מה שאומר הש"ץ.

אות ב'

ולא ישתין בהן מים

סימן מג ס"א - [ו]ובבית הכסא עראי מותר להשתין בהם כשהם בראשו - דלא גזרינן ביה שמא יפנה בהם, ורק שיזהר שלא יפיח בהם.

(**ופשוט** דה"ה לענין תפילין של זרועו, ונראה שיסיר הכריכות מעל כף ידו, שלא יבוא לשפשף בם).

[ז]**אבל אם אוחזן בידו, אסור להשתין בהם מעומד אפילו אם תופס אותם בבגדו, מפני שצריך לשפשף בידו ניצוצות שברגליו** - וחיישינן שמא ישפשף ביד שאוחז בה התפילין, **ומיירי** בין בעראי ובין בקבוע, וכמו שכתב בהג"ה - מג"א.

אלא חולצן ברחוק ד' אמות ונותנם לחבירו - ומיירי בקבוע, דאי בבה"כ עראי, חולץ ומשתין לאלתר - מג"א, וכ"כ הט"ז.

[ח]**ומדברי הרמב"ם נראה שאסור להשתין כשהם בראשו, בין בבית הכסא קבוע בין בבית הכסא עראי** - וה"ה בזרועו, [מסתימות לשון הרמב"ם, וכן משמע בשו"ע של הגר"ז, **אכן** מצאתי בפמ"ג דמצדד להיתר בשם הא"ר]. **דס"ל** דגזרינן שמא יפיח בהם, **אבל** כשהן בכיסן ואוחז הכיס בידו, מותר להשתין בהן לד"ה, שכשהן בכיסן אין איסור בהפחה.

ויש לחוש לדבריו - ולעת הצורך כגון שיתבטל עי"ז מתפלה בצבור, יכול לסמוך אדיעה ראשונה, אך שיזהר הרבה שלא יבוא לידי הפחה, כ"כ הח"א, **ומ"מ** נוהגין לחלוץ הש"ר, וגם הש"י נכון להסיר הרצועות מכף היד, שלא יבוא לשפשף הניצוצות בהם.

באר הגולה

א **ברכות כ"ג** **ב** ‹בב"י כתב שמפרש"י נראה, ששאר דברים שאין בהם הפסד אם יפלו מידו, מותר להתפלל בעודן בידו, והרר"י כתב בשם י"מ, דכל הני לאו דוקא, אלא אורחא דמילתא נקט, וה"ה שאין לו ליטול שום דבר בידו בשעת התפלה, אלא לולב בלבד כו', עכ"ל› **ג** ‹ע"פ הגר"א› **ד** **תה"ד ורבי יונה** **ה** ‹מהנ"ל דטריד – גר"א› **ו** **תוס' שם והרא"ש בה"ת וסמ"ג וספר התרומה** ‹דהא דתניא ולא ישתין בהם מים כתב ה"ר יונה והרא"ש, ודוקא בעודן בידו, אבל בראשו מותר להשתין בהם בבית הכסא עראי, דליכא חשש ניצוצות כיון שהם בראשו, ומשום חשש שמא יפנה בהן נמי ליכא, דכיון דבית הכסא עראי הוא ליכא למיחש שמא יפנה בהם, וכ"כ התוס' (כג. ד"ה חיישינן) וכן דעת סמ"ג והתרומה, **אבל** מדברי הרמב"ם נראה שאסור להשתין בעודן בראשו, בין בבית הכסא קבוע בין בבה"כ שאינו קבוע, וכבר השיגו הראב"ד, {וע"ל כ"ג. אות ז}, ומ"מ לענין מעשה נכון ליזהר כדברי הרמב"ם ז"ל – ב"י› **ז** **שם בגמ'** **ח** **פ"ד מהל' תפילין**

אות ג'

ולא יישן בהן לא שינת קבע ולא שינת עראי

סימן מד ס"א - [ט]**כל זמן שהתפילין בראשו או בזרועו, אסור לישן בהם אפילו שינת עראי** - דגזרינן שמא יבוא להפיח בהם, (**דלא** כהרא"ש ור"י שמתירין שינת עראי, והגר"א משמע שדעתו לפסוק כמותם להקל, **אך** לדעתו לא מיקרי שינת עראי כי אם כדי הילוך ק' אמה, **ואף** בזה דוקא אם הניח ראשו בין ברכיו).

[י]**אלא אם הניח עליהם סודר** - דעי"ז יזכור שיש תפילין עליו, ולא יבוא להפיח, [יא]**ולא היתה עמו אשה, ישן בהם שינת עראי** - ואין שיעור לשינת עראי, [מ"א], **וי"א** כדי הילוך ק' אמה, והוא חלק ס"ז משעה בקירוב, וכן פסק הגר"א.

אבל אם אשתו עמו אסור, גזירה שמא ישמש בהן, [גמ'] (סוכה).

וכיצד הוא עושה, מניח ראשו בין ברכיו, והוא יושב וישן - דאל"ה חיישינן שמא יבוא להשתקע בשינת קבע.

ולא חשיב היסח הדעת אלא כשהוא עומד בשחוק וקלות ראש, אבל כשהוא עוסק במלאכתו ואומנתו, ואין דעתו עליהן ממש, אין זה נקרא היסח הדעת, {**אם** לא שמטריד דעתו כ"כ לצרכי הגוף, עד שלבבו פונה מיראת שמים מחמת טרדתו}, **וכן** כשהוא ישן שוכח הבלי העולם.

ומ"מ מצוה מן המובחר שיהא דעתו תמיד על התפילין, ושלא יסיח דעתו מהן למשוך ולהרהר במחשבות רעות, שמטעם זה חייב למשמש כל שעה שלא יסיח דעתו מהן, **זולת** בשעת התפלה והלימוד א"צ ליתן דעתו בהן.

[יב]**היו תפילין כרוכין בידו, מותר לישן בהם אפי' שינת קבע** - דלא חיישינן להפחה כיון שאינם עליו.

[יג]**ואם אוחזן בידו ואינם כרוכים בידו, אסור לישן בהם אפי' שינת עראי** - דחיישינן שמא יפלו מידו. **הגה: ודוקא כשאוחזן בלא נרתקן, אבל בנרתקן בכל ענין שרי. (ב"י בשם העיטור)** - דאפי' אם יפלו על הקרקע אין חשש כ"כ, **ועיין** בביאור הגר"א שכתב, דדוקא אם הנרתק מחזיק טפח, אז חשיב חציצה להפסיק בינו לקרקע.

אות ד'

סכין, ומעות, וקערה, וככר הרי אלו כיוצא בהן

סימן צו ס"א - עיין לעיל אות א'.

אות ה'

הא באיש, הא באשה

סימן ג ס"ד - (העושה צרכיו לגדולים), [יד]**לא יגלה עצמו כי אם לאחריו טפח** - ולא יותר משום צניעות. **ומלפניו טפחיים** - דמתוך שהוא דוחק את עצמו לגדולים, הוא בא לידי קטנים, וצריך טפחיים משום קלוח מי רגלים הנתזין למרחוק.

[טו]**והב"ח** כתב, דנכון להחמיר שיהיה גם מלפניו רק טפח, ולא הסכימו עמו הרבה מהאחרונים.

[**והמטיל** קטנים, יגלה לפניו טפחיים, ופשוט דאם הולך במכנסים ומשתין מעומד, גם טפחיים לא יגלה, כי אם מה שצריך].

ואשה מאחריה טפח ומלפניה ולא כלום.

ויזהר שלא ילכלך שם בגדיו וגופו ומנעליו.

אות ה'* [טז]

בית הכסא קבוע דליכא ניצוצות שרי, בית הכסא עראי דאיכא ניצוצות אסרי

סימן מג ס"א - [יז]**ואם אוחזן בידו** - ר"ל בבגדו וביד ימינו כנגד לבו, כמש"כ בס"ה, **מותר להשתין בהם בבית הכסא קבוע. הגה: והיינו דוקא כשמשתין מיושב דליכא למיחש לנצוצות, אבל משתין מעומד פשיטא דאסור** - שמא יקנח הניצוצות, **דלא עדיף מבית הכסא עראי.**

וה"ה כשהם בראשו דאסור, (כשהוא מעומד בבה"כ קבוע), דחיישינן שמא ישב ויעשה בהם צרכיו.

וכ"ה אם משתין מיושב או בעפר תחוח - או במקום מדרון, **דליכא נצוצות, בבה"כ עראי נמי שרי.**

באר הגולה

ט **ברכות כ"ג וסוכה כ"ו.** י **שם** (בסוכה) **בגמ'** יא **לשון רמב"ם פ"ד מהל' תפילין** יב **שם לפי פירושו שם בגמ'** (ומתוך דבריו נראה, שהוא מפרש הא דאוקימנא שם בסוכה הנך תלת ברייתות, חדא בדנקיט להו בידיה, וחדא בדפריס סודרא עלייהו, וחדא בדמנחי ברישיה, **דהיינו** הא דקתני ישן בהן בין קבע בין עראי, בדנקיט להו בידיה, כלומר שהם כרוכין יפה בידו, דליכא למיחש שמא יפלו כשישן, **ולא** דמי להא דת"ר לא יאחז אדם תפילין בידי וכו' ולא יישן בהם כו', דההיא אחיזה בעלמא בלא כריכה. **והא** דקתני לא קבע ולא עראי, בדמנחי ברישיה. **והא** דקתני ישן בהם שינת עראי אבל לא שינת קבע, בדמנחי ברישיה ופריס סודרא עלייהו – ב"י. **ודלא** כפי' רש"י שם) יג **לפי' רש"י שם בגמ'** (סוכה, ועיין רש"י הכא ובהג' הגר"א ובגליון הש"ס) יד **שם כ"ג** טו (כי כך היא גירסת הטור: ויגלה מלפניו טפח, ומלאחריו טפחיים, ואשה מאחריה טפח, ומלפניה ולא כלום. **ואין** ראוי לומר שטעות אחד נפל בכמה ספרים כמו שפירש ב"י, אלא נראה דכך היתה גירסתם בפרק מי שמתו (דף כ"ג ב), **והדעת** נוטה לגירסא זו, דמלפניו יוכל להזהר ביותר שלא ילכלך בגדיו במי רגלים, דרואה בעיניו מה שהוא לפניו וסגי בטפח, אבל לאחוריו דאינו רואה צריך טפחיים, **ובאשה** החמירו, דמאחר שאינה צריכה ליתן אל לבה להזהר מלפניה, נותנת דעתה ביותר על מאחריה שלא תלכלך בגדיה, ולכן סגי בטפח. **ולפענ"ד** נראה דהעיקר כדברי רבינו מטעמא דפרישית, ומ"מ יש להחמיר כחומרות שתי הגרסאות – ב"ח) טז (ע"פ הבאר הגולה) יז **שם**

ואין חילוק בין קבע לעראי לענין זה, אלא דבה"כ קבוע מסתמא עושה צרכיו מיושב, ובה"כ עראי מסתמא עושה מעומד, הואיל ואינן נפנה לגדולים (צ"י בשם נ"י ומגדל עוז) - ומ"מ יש חילוק קצת, דבקבע דיש חשש שמא יעשה צרכיו, צריך שיהיה בבגדו ובידו, ובעראי אפי' בידו לבד נמי מותר, בזה דליכא חשש ניצוצות.

[יח]**סימן מג ס"ד** - [יט]**אם הם בחיקו וחגור חגורה, או בבגדו בידו, מותר בין להשתין בין לפנות** - דתו ליכא למיחש משום ניצוצות, וגם משום שמא יפלו ממנו, ומותר בין בבה"כ קבוע ובין בעראי.

צ"ע דבס"א כתב, אפי' תופס אותם בבגדו אסור, ועיין בט"ז ומ"א שנדחקו בזה מאד, **ובביאור** הגר"א כתב דסעיף זה שהוא מבעל התרומות, הוא שיטה אחרת החולק על הא דס"א, **וס"ל** דבבגדו וידו תו לא חיישינן לשפשוף הניצוצות, **ובקשורין** בבגדו לכו"ע מותר.

אות ו'

הרוצה ליכנס לסעודת קבע, מהלך עשרה פעמים ד' אמות, או ד' פעמים י' אמות, ויפנה ואחר כך נכנס

רמב"ם פ"ד מהל' דעות ה"ב - [כ]**ולא יאכל עד שיבדוק עצמו יפה יפה, שמא יהיה צריך לנקביו.** [כא]**לא יאכל אדם עד שילך קודם אכילה עד שיתחיל גופו לחום, או יעשה מלאכתו או יתיגע ביגע אחר, כללו של דבר יענה גופו וייגע כל יום בבקר עד שיתחיל גופו לחום, וישקוט מעט עד שתתישב נפשו, ואוכל; ואם רחץ בחמין אחר שיגע, הרי זה טוב, ואחר כך שוהה מעט ואוכל.**

אות ז' – ח'

מניחן על שלחנו, וכן הדור לו עד זמן ברכה

סימן מ ס"ח - [כב]**הנכנס לסעודת קבע, חולצן** - דיש לחוש שמא ישתכר בסעודה ויתגנה בתפיליו, [רש"י ופרישה]. **ומניחן על השלחן עד זמן ברכה** - כדי שיהיו מזומנים לו לחזור ולהניחן בשעת ברכה, [רש"י].

וחוזר ומניחן – (ברמב"ם איתא דלובשן אחר שנטל ידיו מים אחרונים, ומסתמא טעמו כדי שלא ילבשם בידים מזוהמות, **ולא** הביאו האחרונים את דבריו, ואפשר שטעמם, דלפי מה דאנן פסקינן, דאפילו דיבור בעלמא אסור להפסיק בין מים אחרונים לבהמ"ז, כ"ש בזה).

(והנה לדינא, להמחבר לעיל בסימן כ"ה סי"ב, בודאי צריך לחזור ולברך, **ואפילו** לדעת הרמ"א דדעתו שם, דכשמסירן על דעת להחזיר מיד אין צריך לברך, והכא נמי הרי הסירו והניחו אצלו על השולחן על דעת לחזור ולהניחו בשעת בהמ"ז, מ"מ הרי כתבו שם, דכשמסירן על דעת ליכנס בהם לבה"כ, צריך לחזור ולברך לכו"ע, דמפני שאין רשאי לילך בהם לבה"כ, אידחי ליה שעה זו ממצוה, **וא"כ** ה"נ, כיון דגזרו חז"ל שלא ילך בעת הסעודה בתפילין, א"כ אידחי ממצוה, וצ"ע).

[כג]**אבל לאכילת עראי אין צריך לחלצן** - נראה דשיעור אכילת עראי הוא כביצה, וכדין סוכה בסימן תרל"ט.

בספר שולחן שלמה מסתפק, דאפשר דזהו דוקא מי שמניחן כל היום, אבל לא מי שדרכו להניח בשעת ק"ש ותפלה.

אות ט'

האי סודרא דתפילין דאזמניה למיצר ביה תפילין, צר ביה תפילין, אסור למיצר ביה פשיטי; אזמניה ולא צר ביה, צר ביה ולא אזמניה, שרי למיצר ביה זוזי

סימן מב ס"ג - [כד]**סודר דאזמניה למיצר ביה תפילין** [כה]**לעולם** - אפי' בדבור בלבד, (וצ"ע למעשה אם לא נטלו), **וכ"ש** אם נטלו ואמר: זה יהיה לתפילין, דמהני, (אבל במחשבה בעלמא בודאי לא מהני).

(ודע, דמה שכתבנו דאין די ההזמנה במחשבה, דוקא אם לא צר ביה תיכף בעת ההזמנה, רק לאחר זמן ולא חשב אז כלל, רק הניח בו בסתמא ופנייה אח"כ, **אבל** אם המחשבה הזו היה בעת שצר ביה, הרי צר ביה אדעתא דקביעותא, ואסור אפילו אם פנייה אח"כ, דמחשיב כמו צר ביה ואזמניה).

לעולם - י"א דוקא בפירוש, אבל בסתמא לא אמרינן דהזמנתו הוא על עולם, כיון דסתם סודר אין מיוחד לתפילין, **אבל** מדברי הגר"א בביאורו משמע, דסתמא הוי כלעולם, ולא מיעט המחבר בזה אלא היכא דהתנה שלא יהיה רק לפי שעה ולא לעולם, **ואם** עשה כיס להניח תפילין, או שאמר לאומן עשה לי כיס של תפילין, לכו"ע הוי סתמא כלעולם.

וצר ביה תפילין חד זימנא, אסור למיצר ביה זוזי - וכן שאר דבר, אפילו דבר שיש בה קדושה, כל שהוא למטה מתפילין, כגון מזוזה, ולא נקט זוזי רק משום סיפא, **ולפי"ז** אין לתת סידור בכיס שהיה

באר הגולה

[יח] ‹ע"פ הגר"א וז"ל: זו היא שיטה אחרת, {דדוקא בידו בלא בגדו אסור להשתין מעומד כשהן בידיו, אבל בגדו שרי}, דלא פריך {הגמ' על מש"כ ולא ישתין בהם מים כשהן בידיו, השתא בה"כ קבוע שרי כו'}, אלא לב"ה דמתירין בהכ"ס קבוע בידו לבד, אבל לר"ע {דאין מתיר בבה"כ קבוע רק לאחוז בבגדו ובידו} לא קשה מידי, ולכן לא פליגי אליביה, {דאין חילוק כלל בין בה"כ קבוע לארעי}, וחולק על מ"ש בס"א› [יט] **ספר התרומה** [כ] ‹ברייתא בברכות כ"ג ב', הנכנס לסעודת קבע מהלך וכו' ונפנה ונכנס – עבודת המלך› [כא] ‹למד כן מהך ברייתא שהבאנו מברכות כ"ג, וסובר רבנו דלאו משום עשיית צרכיו הוא, אלא משום הלוך קודם אכילה, ומ"ש ונפנה, הוא מלתא בפני עצמו – עבודת המלך› [כב] **ברכות כ"ג** [כג] **ירושלמי שם פ"ב, הרמב"ם בפ"ד מהלכות תפילין, והמרדכי** [כד] **ברכות כ"ג וסנהדרין מ"ח** [כה] **מרדכי פרק בני העיר**

מיוחד מתחלה לתפילין לבד, **ואעפ"כ** אין למחות בזה, דכיון דרגילין בזה, הו"ל כאלו התנו מתחלה, **ואעפ"כ** לכתחלה אין נכון לעשות כן.

ואסור לעולם, אפילו לאחר שנתקלקל ואין ראוי עוד לתפילין, וצריך גניזה.

(**ואפילו** בעידנא דצר עתה פעם ראשון אחר הזמנה, צרר אותם עם מעות ג"כ, אעפ"כ חלה הקדושה, מאחר שהזמינו בתחלה לתפילין לבד, וממילא דאסור לעשות כן, אם לא שיחזור בפירוש מההזמנה הראשונה, ואתי דבור ומבטל דבור, **ואפשר** עוד לומר, דאם עשה כיס לשם תפילין, ואח"כ צרר ביה מעות, ואח"כ צרר ביה תפילין, דאסור למיצר ביה זוזי אח"כ, כיון דבשעה שצר ביה המעות לא בטליה בפירוש מההזמנה, **ואולי** דזהו חשיב כביטול בפירוש, וצ"ע).

ואף שצר רק לפי שעה דהוא דרך עראי, כיון שהיה בסתמא, מצרפינן המעשה להזמנה, **אבל** אם פירש בעת הנחה דהוא ע"מ לפנותו, שרי להשתמש בו חול אח"כ.

ואם עשה הכיס לשם תפילין, וצר ביה תפילין חדא זימנא, אפילו ע"מ לפנותן אח"כ, אסור למיצר ביה זוזי, **וה"ה** אם היה כיס עשוי, והוסיף בו איזה דבר לצורך תפילין לנאותו, הוי כמי שעשה הכיס לשם תפילין, עד שיטול מה שחידש.

ובעשה כיס מחדש לצורך תפילין, ג"כ אין אסור להשתמש ביה חול עד דצר ביה, דהזמנה לאו מילתא היא, וה"ה בכל תשמישי קדושה, אפי' תיק לס"ת.

כ"ז בסודר או כיס שלו, אבל אין אדם אוסר דבר שאינו שלו, **אא"כ** גנב בגד וחתכו ועשה ממנו כיס, דאז קניה בשינוי מעשה ואסרו.

(**נ"ל** דדוקא אם בעת ההזמנה היה לו כבר תפילין, אז חל ההזמנה, אבל אם עשה כיס לתפילין שיקנם אח"כ, לא חל בזה ההזמנה, והוי אח"כ כצר ביה ולא אזמניה, דמותר אם הוא רק לפי שעה).

וקטן שצר ביה תפילין בהכיס שהזמינו לכך, ג"כ נאסר, **אבל** דבר הנאסר בהזמנה לחוד, לא מיתסר בהזמנת קטן, דקטן יש לו מעשה ואין לו מחשבה, אפילו גילו מחשבתם בדיבורים.

(**עיין** בתשובת שער אפרים שהעלה, דכל מה שהוא עודף על מקום הנצרך לתפילין, לא מיקרי צורך תפילין, **לכן** התיר שם בכיס התפילין שיש לו ב' כיסין זה תחת זה, דמותר להניח התפילין למטה ומעות בכיס שהוא למעלה ממנו).

(**ותיק** של תפילין של יד, עיין בפמ"ג שמצדד לומר, דאין עליו שם תשמישי קדושה, כי הבית עצמו אין עליו רק שם תשמישי קדושה, דאין עליו השין, **ובמקום** אחר ביארתי בכמה ראיות דאינו כן, **ועוד** ממקומו הוא מוכרע בברכות כ"ג: דקרמי הגמרא שתי ברייתות אהדדי בענין זה, וא"כ לישני דהא ברייתא דתניא צורר אדם תפיליו עם מעותיו, איירי בשל יד, **ואין** לומר דתפיליו משמע תרוייהו, דאל"ה לתני תפלה, א"כ הרי מוכח להדיא דאסור גם השי"י, דהא מסתמא באידך ברייתא קתני ג"כ לא יצור אדם תפיליו עם מעותיו, כדמשמע פשטות הגמרא, עי"ש, **ובדוחק** יש לומר דהאיסור הוא משום רצועות שעליהן, שיש בהן הקשר ש"י, דלדעת רש"י הוא גוף הקדושה, אבל א"כ איך יתרץ הנ"י ואידך פוסקים דסברי דלא כרש"י, ש"מ דהאי דינא דר"ח אשל יד נמי קאי).

ותיק של טלית לא מיקרי תשמישי קדושה, רק תשמיש מצוה, ולכן מותר להניח בו שאר דברים של חול, דאף דמונח בו ג"כ תיק של תפילין, לא הוי התיק של טלית כי אם תשמיש דתשמיש, ותשמיש דתשמיש אין בו קדושה כלל, **ואפי'** אם ניתן בתוכו הסידור שלו דיש בו קדושה, או התפילין בלא תיק, מ"מ בעת הצורך מותר ליתן בתוכו דברים של חול, דהלא הוא עשוי מתחלה גם לטלית דהוא דבר של חול, והוי כאלו התנה.

הגה: ואם התנה עליו מתחלה, בכל ענין שרי (ב"י בשם רבי ירוחם ומהרי"א) - אפילו עשה הכיס לשם תפילין, וגם צר ביה בקביעות, שרי, כיון דהתנה בעת עשייה שיהיה יוכל לשנות כשירצה, **ותנאי** מהני להשתמש בהן אפילו בעודן בקדושתן, אך לתשמיש מגונה לא מהני תנאי, **וה"ה** אם ירצה לכרוך איזה דבר ברצועה הקבוע בתפילין שעליו, דלא מהני משום ביזוי מצוה.

(**אם** לא עשה הכיס לשם תפילין, איירי אפילו אם לא היה התנאי רק בעת שצר ביה, **ואם** מיירי דעשה הכיס לשם תפילין, יהיה ג"כ מיירי דהיה התנאי בעת העשיה).

וקלף המעובד לשם תפילין - היינו הפרשיות של תפילין, וה"ה עור המעובד להבתים ש"ר, או של יד, ואף דאין חקוק עליו השין, מ"מ גוף קדושה מיקרי, **וכ"ש** עור המעובד לס"ת או מזוזה.

אסור לכתוב עליו דברי חול - אבל להורידו מקדושתו, כגון לכתוב עליו מזוזה שקדושתה קלה מתפילין, או שאר ד"ת, מותר, אפילו על עור שנתעבד לס"ת.

וגט הוי דבר של חול, ואסור לכתבו על קלף המעובד לס"ת, אם לא שהתנה וכדלקמן.

דהזמנה כי האי גוונא - שהוא ע"י מעשה גמור, לאפוקי אם היה רק הזמנה בדבור בעלמא, או שהיה רק תיקון הקלף ושרטוטו לשמה, **לגוף הקדושה, מילתא היא (ר"ן סוף פ' נגמר הדין).**

(**ועיין** בתשובת משכנות יעקב, דדיו שנעשה לכתיבת סת"מ, הוי ג"כ הזמנה לגוף הקדושה, ועדיף מיניה, ואסור להשתמש ממנו לחול, אם לא התנה מעיקרא, **וראיתי** בספר משנת אברהם שהשיג עליו, וצ"ע, **ע"כ** יותר טוב להתנות מתחלה בעת עשיית הדיו).

ולאפוקי הזמנה לתשמישי קדושה, כגון עשיית כיס לתפילין, או עיבוד עור לרצועות, שהוא רק תשמישי קדושה, דמותר לשנותו אפילו לחול, **ועיין** בבה"ל שביארנו, דשלא במקום הדחק יש להחמיר בעיבוד עור לרצועות.

וכן הזמנה לגוף המצוה, כגון ציצית שופר לולב סוכה נר חנוכה, אפילו עשאן לכך, לא מיתסרי, דהזמנה לאו מילתא היא, ומותר להשתמש בהו חול אף בלי תנאי.

ואף דבסעיף א' קי"ל, דמותר לשנות הש"ר ולהורידו מקדושתו, מטעם דהזמנה לאו מילתא היא, אף דשם הוא גוף הקדושה, **שאני** התם דעכ"פ עושה בהם קדושה קצת, אבל הכא הלא רוצה לעשות בהם דבר חול, ולזה מהני הזמנה בגוף הקדושה.

ועיין במג"א שהביא דיעות החולקין ע"ז, וס"ל דאף בגוף הקדושה הזמנה אינה כלום, **ואעפ"כ** לענין מעשה יש להחמיר כסברא הא', **ועכ"פ** מהני תנאי בזה.

מיהו אם התחיל לכתוב על הקלף סת"ם, או שאר כתבי הקדש, אפילו על הנייר, אסור לכתוב אח"כ עליו דברי חול לכו"ע, שזה עשה מעשה של גוף הקדושה, **ואפי'** תנאי לא מהני בזה.

[כו]אזמניה ולא צר ביה, או צר ביה ולא אזמניה, שרי למיצר ביה זוזי - פי' צר ביה לפי שעה, וגם בסתמא, אפי' אם עשה כן פעמים הרבה, אך שבכל פעם היה לפי שעה דרך עראי, ולא אזמניה מעולם לשם תפילין, לא נתקדש עי"ז.

י"א דהיינו דהסודר לא נתקדש, ע"י שצר ביה פעם אחת בלי הזמנה, אבל כל זמן שהתפילין שם, אין מדרך הכבוד להניח יחד שם גם מעות, (**אבל לא איסור ממש, וצ"ע**), אלא יקשרם בקשר בפני עצמו, [רש"י כ"ג: ד"ה עם]. (**והגר"ז העתיק, דשרי למיצר זוזי עם תפילין יחד**).

(**עיין** בספר נהר שלום שכתב, דה"ה דמותר להשתמש בו תשמיש מגונה, **ודוקא** לאחר שניטלו התפילין משם).

אבל אם צר ביה בקביעות, או שצר ביה אפילו פעם אחת, אך שצר ביה אדעתא דקביעותא, דהיינו שהיה אז בדעתו למיצר ביה תמיד, אפילו לא אזמניה מעיקרא, ג"כ אסור, דהוי כאזמניה וצר ביה, **ואם** פירש ע"מ לפנותו, אפילו צר ביה כמה פעמים וגם אזמניה מעיקרא, מותר, כל שלא עשה כיס לשם תפילין.

אות י' - כ'

תחת מרגלותיו לא קא מיבעיא לי, שנוהג בהן מנהג בזיון

תחת מראשותיו... מותר, אפילו אשתו עמו

סימן מ ס"ג - [כז]אפי' להניח בכלי תוך כלי, אסור להניחם תחת מרגלותיו; [כח]וכן אסור להניחם תחת מראשותיו כנגד ראשו, [כט]אפילו בכלי תוך כלי, ואפי' אין אשתו עמו - שהוא ג"כ דרך בזיון, (**ואפי'** אם היו כלי בתוך כלי קודם שנתנם תחת הכר, וכ"ש אם ע"י צירוף הכר נעשה כלי בתוך כלי).

אבל שלא כנגד ראשו, אם אין אשתו עמו, מותר - אפילו שלא בכלי כלל, רק שמניחן בענין שלא יתגלגלו משם לצדדין, כגון שמניחן בין כר התחתון לכר שתחת ראשו, שלא כנגד ראשו, גמ'.

ואם אשתו עמו, צריך כלי בתוך כלי - דהיינו שמניחן בתוך כלי או כיס המיוחד להן תחת הכר, דהכר מיקרי כלי שני, **או** שיניחן בלי כלי כלל תחת שני כרין.

ולא התירו חכמים להניח תפילין תחת מראשותיו כשאשתו עמו, אפי' בכלי תוך כלי, אלא כדי שישתמרו מן הגנבים והעכברים, **ולפיכך** אם יש לו מקום אחר שמשתמרים שם, לא יניחם כלל במטה. **ומיהו** אם יש למעלה מראשותיו מקום יוצא מן המטה שהוא גבוה ג"ט, או נמוך ג"ט למטה מראשותיו, מותר להניחן עליו, (ע"ש בגמ' - שם במ"א).

[ל]סימן מ ס"ה - [לא]להניחם במטה כנגד צדו, דינן כתחת מרגלותיו - שפעמים מתהפך במטה וישכב עליהן.

ספסלים שבבהכ"נ, שתחת הספסלים יש תיבה להצניע שם טלית ותפילין, י"א דאסור לישב על הספסלין, ויש מתירין, **אבל** כשיש חלל טפח בהתיבה פנוי, מותר ודאי לישב על הספסלין, **ובעל** נפש ראוי לו להחמיר שלא במקום הדחק גם בזה, כי תפילין יש להזהר בקדושתן מאד, **ואם** קבעו במסמרים לכותל, מותר לישב על הספסל.

[לב]סימן מ ס"ו - [לג]שכח ושמש מטתו בתפילין, לא יאחוז לא בבתים ולא ברצועות, עד שיטול ידיו, מפני שהידים עסקניות הן ושמא נגעו במקום הטנופת - ואח"כ יחלצם עד שיקנח הקרי, וכמש"כ ס"ז.

[לד]סימן מ ס"ז - [לה]ישן בהם וראה קרי, לא יאחוז בבתים, אלא יאחוז ברצועה ומסיר אותם - דבזה לא חיישינן כ"כ שמא נגעו במקום הטינופת, ולכך הקילו לאחוז ברצועה ולהסירה, כדי שלא להשהות התפילין על עצמו בעוד שהוא מטונף בהקרי.

הגה: עד שיקנח הקרי מעליו ויטול ידיו (ב"י) - אבל אח"כ מותר להניחן אע"פ שהוא טמא.

באר הגולה

כו שם בברכות ושם בסנהדרין | כז שם | כח שם | כט ר' יונה שם | ל ‹מילואים› | לא ר' יונה שם | לב ‹מילואים› | לג סוכה כ"ו | לד ‹מילואים› | לה שם

§ מסכת ברכות דף כד. §

אות א'

בין כר לכסת שלא כנגד ראשו

סימן מ ס"ג - [א]וכן אסור להניחם תחת מראשותיו כנגד ראשו, [ב]אפילו בכלי תוך כלי, ואפי' אין אשתו עמו - שהוא ג"כ דרך בזיון, (**ואפי'** אם היו כלי בתוך כלי קודם שנתנם תחת הכר, וכ"ש אם ע"י צירוף הכר נעשה כלי בתוך כלי).

אבל שלא כנגד ראשו, אם אין אשתו עמו, מותר - אפילו שלא בכלי כלל, רק שמניחן בענין שלא יתגלגלו משם לצדדין, כגון שמניחן בין כר התחתון לכר שתחת ראשו, שלא כנגד ראשו, גמ'.

ואם אשתו עמו, צריך כלי בתוך כלי - דהיינו שמניחן בתוך כלי או כיס המיוחד להן תחת הכר, דהכר מיקרי כלי שני, **או** שיניחן בלי כלי כלל תחת שני כרין.

ולא התירו חכמים להניח תפילין תחת מראשותיו כשאשתו עמו, אפי' בכלי תוך כלי, אלא כדי שישתמרו מן הגנבים והעכברים, **ולפיכך** אם יש לו מקום אחר שמשתמרים שם, לא יניחם כלל במטה. **ומיהו** אם יש למעלה מראשותיו מקום יוצא מן המטה שהוא גבוה ג"ט, או נמוך ג"ט למטה מראשותיו, מותר להניחן עליו, (ע"ש בגמ' – שם במ"א).

אות ב'

מנח להו אשרשיפא ופריס סודרא עלוייהו

סימן רמ ס"ו - ואם יש בו תפילין - וה"ה מזוזה, **[ג]או ספרים** - ר"ל כ"ד ספרי קודש, ומיירי שאינם עשויין בגלילה, דאי עשויין בגלילה דינם כס"ת וכנ"ל.

אפילו של גמרא - ר"ל אע"ג דגמרא לא ניתן לכתוב בדורות הראשונים, משום דדברים שבע"פ אסור לאומרם בכתב, **אפ"ה** כיון דלבסוף התירו האמוראים לכתוב משום "עת לעשות לה'", הו"ל כשאר ספרי קודש, **וממילא** היום ה"ה כל הספרים הן בכתיבה או בדפוס יש בהן קדושה.

אסור עד שיתנם בכלי בתוך כלי - ר"ל אע"ג דלא בעינן בהו הפסק מחיצה כמו בס"ת, מ"מ כלי בתוך כלי בעינן, (**ואין** נ"מ בין אם הספרים מונחים למטה, או שעומדים בגובה על הדף שקורין פאליצ"ע, כיון שהם באותו חדר ואין מחיצה מפסיק ביניהם, אסור).

וה"ה שני כיסויין, ומה שנוהגין איזה אנשים שתולין נגד הספרים וילון לכסותם, וסוברים שבזה לבד די, לאו שפיר עבדי, דזה הוי רק כיסוי אחד, ובעינן עוד כיסוי אחר שיכסה אותן לבד זה.

וכתבו האחרונים, דוילון התלוי לפני המטה, אף דאין שם מחיצה עליה, כיון דאינה קשורה לצד מטה והיא נע ונד ע"י רוח, ואין זה נחשב הפסק לענין ס"ת וכנ"ל, **מ"מ** שם כיסוי יש עליה אם אין הספרים נראין ע"ז, **וע"כ** אם יכסה על הספרים אפילו רק בכיסוי אחד, מותר, דתו הוי שני כיסויין וככלי בתוך כלי דמיא.

[ד]והוא שלא יהא השני מיוחד להם, (וע"ל סי' מ' סעיף ב') - ועיין שם במ"ב, שביארנו כל פרטי הדינים, **אבל אם הוא מיוחד להם, אפילו מאה כחד חשיבי.**

ואם פירש טלית ע"ג ארגז, חשוב ככלי בתוך כלי - ר"ל אע"ג דהטלית אינו פרוש רק מלמעלה ולא מלמטה, אפ"ה נחשב כאלו היה מונח בכלי תוך כלי.

ואם הארגז גדול שמחזיק ארבעים סאה, והוא אמה על אמה ברום שלש אמות, חולקת רשות לעצמה, וא"צ לפרוס עוד כסוי על הארגז, **ויש** מחמירין בזה, [**ונראה** דבשאר ספרים לבד הס"ת תפילין ומזוזות, הסומך להקל אין למחות בידו], **אכן** אם מחובר לכותל במסמרין, לכו"ע יש להקל.

אות ב*[ה]

והוה ידענא דיום טבילה הוה

סימן רמ ס"א - [ו]וכל אדם צריך לפקוד את אשתו בליל טבילתה - ר"ל אפי' שלא בשעת עונתה, **[ז]ובשעה שיוצא לדרך, אם אינו הולך לדבר מצוה** - ר"ל אפי' שלא בשעת עונתה, **אך** ביוצא לדרך מהני מחילה דידה.

וכן אם אשתו מניקה, [ח]והוא מכיר בה שהיא משדלתו ומרצה אותו ומקשטת עצמה לפניו כדי שיתן דעתו עליה, חייב לפקדה - ר"ל אף שהיא מניקה או מעוברת מ"מ חייב לפקדה, **היינו** אפילו שלא בשעת עונתה.

באר הגולה

[א] שם [ב] ר' יונה שם [ג] תוס' (כ"ו.) והרא"ש והראב"ד [ד] שם בגמרא (כ"ו.) [ה] (ע"פ הבאר הגולה) [ו] ממשמעות מימרא דרב הונא (המנונא) בריה דרב יוסף ברכות כ"ד ע"א [ז] יבמות ס"ב ע"ב [ח] פסחים ע"ב ע"ב ובפי' רש"י וערובין ק' ע"ב נדרים כ' ע"ב

כל לנטורינהו טפי עדיף (א) והיכא מנח להו אמר ר' ירמיה בין כר לכסת שלא כנגד ראשו והא תני רבי חייא מניחן בכובע תחת מראשותיו דמפיק ליה למורשא דכובע לבר *בר קפרא צייר להו בבילתא ומפיק למורשהון לבר רב שישא בריה דרב אידי מנח להו אשרשיפא ופרים סודרא עלייהו אמר רב המנונא בריה דרב יוסף זימנא חדא הוה קאימנא קמיה דרבא ואמר לי זיל אייתי לי תפילין ואשכחתינהו בין כר לכסת שלא כנגד ראשו והוה ידענא [ב]דיום טבילה הוה ולאגמורן *הלכה למעשה הוא דעבד בעי מיניה רב יוסף בריה דרב נחוניא מרב יהודה שנים שישנים במטה אחת מהו שזה יחזיר פניו ויקרא ק"ש וזה יחזיר פניו ויקרא ק"ש א"ל הכי אמר שמואל ואפילו אשתו עמו מתקיף לה רב יוסף אשתו ולא מיבעיא אחר אדרבה *אשתו כגופו אחר לאו כגופו מיתיבי שנים שישנים במטה אחת זה מחזיר פניו וקורא וזה מחזיר פניו וקורא ותניא אחריתי הישן במטה ובניו ובני ביתו בצדו הרי זה לא יקרא ק"ש אא"כ היתה טלית מפסקת ביניהן ואם היו בניו ובני ביתו קטנים מותר בשלמא לרב יוסף לא קשיא הא באשתו הא באחר אלא לשמואל קשיא אמר לך שמואל לרב יוסף מי ניחא והתניא היה ישן במטה (ג) ובניו ובני ביתו במטה לא יקרא ק"ש אא"כ היתה טליתו מפסקת בינייהן אלא מאי אית לך למימר אשתו לרב יוסף תנאי היא לדידי נמי תנאי היא: אמר מר זה מחזיר פניו וקורא ק"ש והא איכא עגבות מסייע ליה לרב הונא דא"ר הונא עגבות אין בהם משום ערוה לימא מסייע ליה לרב הונא *האשה יושבת וקוצה לה חלתה ערומה מפני שיכולה לכסות פניה בקרקע אבל לא האיש תרגמה רב נחמן בר יצחק כגון שהיו פניה טוחות בקרקע: אמר מר אם היו בניו ובני ביתו קטנים מותר ועד כמה אמר רב חסדא תינוקת בת שלש שנים ויום אחד ותינוק בן ט' שנים ויום אחד איכא דאמרי תינוקת בת י"א שנה ויום אחד ותינוק בן שתים עשרה שנה ויום אחד *אידי ואידי עד כדי °שדים נכונו ושערך צמח א"ל רב כהנא לרב אשי התם אמר רבא אע"ג דתיובתא דשמואל הלכתא כוותיה דשמואל הכא מאי אמר ליה *אטו כולהו בחדא מחתא מחתינהו אלא היכא דאיתמר איתמר והיכא דלא איתמר לא איתמר א"ל רב מרי לרב פפא שער יוצא בבגדו מהו קרא עליה שער שער: א"ר יצחק טפח באשה ערוה למאי אילימא לאסתכולי בה והא *א"ר ששת למה מנה הכתוב תכשיטין שבחוץ עם תכשיטין שבפנים לומר לך כל המסתכל באצבע קטנה של אשה כאילו מסתכל במקום התורף אלא באשתו ולק"ש אמר רב חסדא שוק באשה ערוה שנאמר °גלי שוק עברי נהרות וכתיב °תגל ערותך וגם תראה חרפתך *אמר שמואל קול באשה ערוה שנא' °כי קולך ערב ומראך נאוה אמר רב ששת שער באשה ערוה שנא' °שערך כעדר העזים: אמר ר' חנינא אני ראיתי את רבי שתלה תפיליו מיתיבי °התולה תפיליו יתלו לו חייו *דורשי חמורות אמרו °והיו חייך תלואים לך מנגד זה התולה תפיליו לא קשיא הא ברצועה הא בקציצה ואיבעית אימא לא שנא רצועה ולא שנא קציצה אסור וכי תלה רבי בכיסתא תלה אי הכי מאי למימרא מהו דתימא תיבעי הנחה כספר תורה קמ"ל: ואמר ר' חנינא אני ראיתי את רבי שגיהק ופיהק ונתעטש ורק וממשמש

רש"י

כל לנטורינהו טפי עדיף. להו מבזיוני (ג) כמה שהוא מוזהר על שמירתן מן העכברים ומן הגנבים טפי עדיף להו מבזיוני: בכובע. הוא הכיס שלהם: למורשא דכובע. שהתפילין נכרין בבליטתן בקצה הכיס והוא כמורשא: צייר להו בבילתא. ביריעה הפרוסה סביבו' מטתו קושרן: ומפיק למורשהון לבר. בליטת הקשר שהתפילין בולטין מן היריעה היה הופך לצד החוץ ולא לצד המטה: אשרשיפא. ספסל: יום טבילה הוה. יום שטבלה אשתו דהוה ליה ליל תשמיש והיינו כשמואל דאמר אפילו אשתו עמו: ולאגמורן הלכה למעשה. מה שלוני להביאם לו לא עשה אלא ללמדני הלכה לעשות מעשה כשמואל: ואפילו אשתו עמו. (ד) שיחזיר פניו דכל זמן שהן פונים פנים כנגד פנים פשיטא ליה דאסור דאיכא הרהור נגיעת ערוה על ידי אברי תשמיש: אשתו כגופו. ורגיל בה וליכא הרהור כולי האי: בשלמא לרב יוסף. דאמר אשתו היא דשריא אבל אחר לא מתרץ להו למתניתא הא באשתו הא באחר והא דקתני בני ביתו אינו אשתו: היה ישן במטה ובני ביתו. ואשתו בכלל ביתו: לדידי נמי. בין אשתו בין אחר פלוגתא דהני תנאי היא: הא איכא עגבות. דנגעי אהדדי: וקוצה חלתה ערומה. ואף על פי שערום אסור לברך אשה יושבת מותרת שבישיבתה פניה שלמטה מכוסים בקרקע: אבל לא האיש. מפני שהביצים והגיד בולטין ונראין ואף על פי שמגולות עגבותי' והיינו סייעתא: כגון שהיו פניה טוחות. דבוקות ומכוסות בקרקע טוחות משמע לשון שעיעות טיח חלק שאינה בולטת אפלטיירש"א בלעז: בת שלש ובן תשע. שהוא זמן שהן באין לכלל ביאה: בת י"א ובן י"ב. זמן שהן באות לכלל שערות ושדיהן נכונים משם ואילך באות לכלל [ביאה] שאדם מתאוה להן: התם אמר רבא. גבי תפילין תחת מראשותיו דקאמר שמואל אפי' אשתו עמו הלכה כשמואל: הכא. גבי שנים שהם ישנים דקא שרי שמואל באשתו עמו מאי: מחתא מחתינהו. באריגה אחת *ארגתם: יצא שערו בבגדו. שנקב בגדו כנגד זקן התחתון ויצא מן השער בנקב מהו מי הוי ערוה לקרות ק"ש כנגדו או לא: שער שער. כלומר מה בכך: לאסתכולי בה. אם אשת איש היא: תכשיטין שבפנים. כומז דפוס של בית הרחם שהיו עושין לבנותיהן ונוקבין כותלי בית הרחם כדרך שנוקבין את האזנים ותוחבין אותו כדי שלא יזדקקו להן זכרים: עם תכשיטין שבחוץ. אצעדה וצמיד הן הביאו אותן על כפרת הרהור עבירה שנסתכלו בבנות מדין: לאשתו ולק"ש. אם טפח מגולה בה לא יקרא ק"ש כנגדה: שוק. *באשת איש: ערוה. להסתכל וכן באשתו לק"ש: גלי שוק. וכתיב בתריה תגל ערותך: קולך ערב. מדמשבח לה קרא בגוה שמע מינה תאוה היא: התולה תפיליו. ביתד יתלו חייו: דורשי רשומות. קשרים וסתומים הכלולים בתורה דורשי חמורות גרסינן והיא היא: זה התולה תפיליו. שהתורה חייו של אדם (ה) ורמז לך הכתוב שיתלו חייו: ברצועה. והקציצה למטה גנאי הוא להם אבל תולה הוא אותם בקציצה והאה הקציצה מונחת על היתד והרצועה למטה: בכיסתא תלה. בתוך תיקן היו ותלה התיק: שגיהק. ריט"ייר בלעז פעמים שאדם מוציא מגופו לפיו נפיחה מתוך שובעו וריחה כריח המאכל שאכל: פיהק. באליי"ר בלע"ז חיך מלקוחיו פותח להוציא רוח הפה מלא כאדם שרוצה לישן או שעמד משינה: ונתעטש. שטרנוד"ר בלעז ויש שדורשים גיהק נוטריקון גו הקים שטריליי"ר פיהק פיו הקים: ורק. ע"ג קרקע: וממשמש

תוספות

והא תני רבי חייא מניחן בכובע תחת מראשותיו. ואם תאמר אימא בכובע שלא כנגד ראשו שהרי בברייתא דלעיל נמי תני תחת מראשותיו ולא פריך מיניה משום דמצינן לפרושי שלא כנגד ראשו ואומר (ו) הרב דא"כ מאי איריא בכובע אפילו שלא בכובע נמי אלא ש"מ דמיירי אפילו כנגד ראשו ומ"מ קשיא לישני דמיירי באשתו עמו דבעיא כלי בתוך כלי וצ"ע:

שנים שהיו ישנים במטה. וא"ת והלא רואה ערות עצמו וי"ל שיוציא ראשו לחוץ וא"ת והרי לבו רואה את הערוה וי"ל דקסבר לבו רואה את הערוה מותר אי נמי חולץ בבגדו כנגד לבו:

והתניא היה ישן במטה ובני ביתו וכו'. פי' רש"י אשתו בכלל ביתו ולא נהירא חדא דלא אשכחן אשתו דמקריא בני ביתו ועוד לפירושו הו"ל והא קתני כאן כיון דאברייתא דלעיל קאי אבל מדקאמר והתניא משמע דברייתא אחרת היא ואומר ה"ר יוסף דגרסינן היה ישן במטה ואשתו ישנה בצדו לא יחזיר פניו ויקרא אא"כ היתה טלית מפסקת בינו לבינה:

וממשמש

עד א מיי' וסמג טוש"ע שם:
עה ב טוש"ע או"ח סימן רמ סעיף (ו) [א]:
עו ג מיי' פ"ג מהלכות ק"ש הלכה יח סמג עשין יח טוש"ע או"ח סימן עג סעיף ב:
עז ד מיי' שם טוש"ע שם סעיף א:
עח ה ו מיי' פ"א מהל' ברכות הלכה ט סמג עשין כז טור שו"ע או"ח סי' עד סעיף ד וכסי' רו סעיף ג' [וביו"ד סי' שכח סעיף א]:
עט ז מיי' פ"ג מהלכות ק"ש הלכה יח סמג עשין יח טור שו"ע או"ח סימן עג סעיף ג:
פ ח מיי' שם הל' יט טוש"ע שם סעיף ד:
פא ט מיי' פכ"א מהל' איס"ב הל' ב סמג לאוין קכו טוש"ע אה"ע סי' כא סעיף א:
פב י מיי' פ"ג מהל' ק"ש הל' טז סמג עשין יח טוש"ע או"ח סי' עה סעיף א:
פג כ [מיי' פכ"א מהל' איס"ב הלכה ב טוש"ע] שם סעי"ג טוש"ע אה"ע סי' כא סעי' א:
פד ל [מיי' שם] טוש"ע או"ח סי' עה סעיף ב וטוש"ע אה"ע שם:
פה מ נ מיי' פ"ד מהל' תפילין הל' ט סמג עשין כב טוש"ע או"ח סי' מ סעיף א:
פו ס מיי' פ"ד מהלכות תפלה הל' יא סמג עשין יט טוש"ע או"ח סי' צז סעיף א:

[שבת קמח. פסחים מג. חולין נח:]

רב נסים גאון

מסייעא ליה לרב הונא דאמר רב הונא עגבות אין בהן משום ערוה. הא מילתא מיפרשא בפ' ב' דמס' חלה בגמ' דבני מערבא (הלכה א') הדא אמרה עגבות אין בהם משום ערוה הדא דאיתמר לברכה אבל להבים אפי' כל שהוא אסור להביט כהדה דתני המסתכל בעקיבה של אשה כמסתכל בבית הרחם והמסתכל בבית הרחם כאילו בא עליה: והאמר רב ששת למה מנה הכתוב תכשיטין שבחוץ עם תכשיטין שבפנים. מפרשי' לה במס' שבת בפ' במה אשה (ד' סד) תקרב את קרבן ה' אמר ר' אלעזר עגיל זה דפוס של דדין כומז זה דפוס של בית הרחם אמרליה רבא אסו מקרא לא שמעת מיניה כומז כאן מקום זמה והנה כבר הזכיר

מסורת הש"ס

בשאלתות ס' נא איתא רב פפא

[שבת כד. ביצה כב: ע"ש קל. ע"ז עד. סנהדרין יח.]

[כתובות סו. מנחות נג: כרות לה:]

חלה פ"ב משנה ג

[קדושין פא:]

[חולין נח: סוכה ב'? ביהור ע"ש]

שבת סד:

[קדושין פ.]

[פסחים נד. חולין קלד:]

[ע"ז כה: ו ע"ש פי' ע"ש ובדברי הגאון]

הגהות הב"ח

(א) גמרא טפי עדיף מבזיוני והיכא: (ב) שם היה ישן במטה ובני ביתו כצ"ל ותיבת ובניו נמחק: (ג) רש"י ד"ה כל לנטורינהו וכו' מבזיוני כיון שהוא: (ד) ד"ה ואפילו אשתו עמו והוא שיחזיר: (ה) ד"ה זה התולה תפיליו שבתפילין חיים של אדם. נ"ב בפרק התכלת דף מ"ד ואמר ריש לקיש כל המניח תפילין מאריך ימים שנאמר אדני עליהם יחיו: (ו) תוס' ד"ה והא תני וכו' ואומר הרב רבינו יוסף דא"כ:

גליון הש"ס

תוס' ד"ה והתניא וכו' דלא אשכחן אשתו דמקריא בני ביתו. עי' פסחים דף נט ע"ב תוס' ד"ה ולא יפסחו. ועי' תר"ת או"ח בלקוטיו (סימן רל"ח):

אות ג'

אדרבה אשתו כגופו

סימן עג ס"ב - [ט]אם היה ישן עם אשתו, קורא בחזרת פנים לצד אחר, ואפילו בלא הפסקת טלית, משום דחשיבא כגופו - משום דאשתו כגופו ורגיל בה וליכא הרהורא, ומ"מ צריך חזרת פנים, דפנים להדי פנים א"א דליכא הרהורא, **ואם** האיש מחזיר פניו לבד, והאשה נשארת כמות שהיא, אף שפניה נגד אחוריו מ"מ הוא מותר לקרות, דשוב ליכא הרהור, ובלבד שלא יהא בשרו נוגע בערותה, **אבל** אם תרוייהו רצונם לקרות, אז גם היא צריכה להחזיר פניה, ואפילו בשרם נוגעים זה בזה, מותרים לקרות, גמ'.

[י]ויש מי שאוסר - ר"ל בלא הפסקת טלית, **ונכון לחוש לדבריו** - ולפי דבריהם צריך מאוד ליזהר בזה, בק"ש שעל המטה ובברכת "המפיל", שיהיה ביניהם הפסקת טלית, ואז אפי' פנים להדי פנים מותר.

אות ד'

אחר לאו כגופו

סימן עג ס"א - [יא]שנים שהיו ישנים בטלית א', ובשר שניהם נוגעים זה בזה, לא יקרא ק"ש - שמא יבא לידי הרהור, **ונקט** נוגעים, משום דאז אסור לקרות בלא הפסקת טלית, אפילו אם ירצו להחזיר פניהם מזה לזה, גמ', **ואם** הם שוכבים פנים להדי פנים, אסור לקרות בלא הפסקת טלית, אפילו אם אינם נוגעים, כל ששוכבים בקירוב אחד לחבירו, [יב](והמאמר מרדכי מסתפק בזה).

אא"כ היתה טלית מפסקת ביניהם [יג]ממתניהם ולמטה - ואז אפילו פניהם זה לזה מותר, דשוב לא יבוא לידי הרהור.

אבל ממתניהם ולמעלה אפי' בשרם נוגע זה בזה, לא אתי לידי הרהור.

(**נסתפקתי אם בעינן שיהא חוצץ עד סוף גופם, ולא סגי רק כיסוי ערוה לחוד, דאפשר דהכא חמירא טפי, ומשום הרהורא, רק דממעלה למתניו ס"ל דלא שייך הרהורא, או אולי אפילו הטלית קצר, ולמטה ברגליהם נוגעין זה בזה, שרי, וצ"ע**).

ובכ"ז צריך ג"כ שיוציא ראשו לחוץ, שלא יהא עיניו יוכל לראות את הערוה, וצריך ג"כ לחוץ על לבו, שלא יהא לבו רואה את הערוה.

כתב הפר"ח, דנראה לו, דאם בדיעבד קרא בלא החזרת פנים ובלא הפסקת טלית, דיצא ידי חובתו, **והפמ"ג** מפקפק בזה.

(**כתב בספר עבודת היום, בד"א כל זה הסימן, כשקורא ק"ש או מתפלל או מדבר ד"ת בפיו, אבל להרהר בד"ת, הלא קי"ל דמותר אפילו כשערותו מגולה, ועי"ש שכתב עוד, ומטעם זה מותר להרהר בדברים שבקדושה בשעת תשמיש, שהרהור אינו כדיבור לענין זה, אע"פ שהוא כדיבור לענין להרהר במבואות המטונפות**).

אות ה' – ו'

האשה יושבת וקוצה לה חלתה ערומה מפני שיכולה לכסות פניה בקרקע, אבל לא האיש

כגון שהיו פניה טוחות בקרקע

סימן עה ס"ד - [יד]יש מי שאומר שהנשים יכולות לברך ולהתפלל כשהן לבושות החלוק, אע"פ שאינן

באר הגולה

[ט] שם בגמ' הרי"ף והרמב"ם **[י] הרא"ש בשם ר"י** ‹כברייתא דפליגא על רב יוסף לחומרא – גר"א›. ‹**אמנם** חזיתיה להרב פר"ח ז"ל שכתב דהעיקר כהר"י שהוא היש מי שאוסר, והביא ראיה מהא דאמרינן בסוף הסוגיא, א"ל רב כהנא לרב אשי התם אמר רבא הלכה כשמואל, הכא מאי, א"ל אטו כלהו בחדא מחתא מחתינהו, היכא דאיתמר איתמר היכא דלא איתמר לא איתמר, **וכתב** רש"י וז"ל: התם גבי תפילין דאמר שמואל אפי' אשתו עמו, הכא גבי שנים שהם ישנים דקא שרי שמואל באשתו עמו, מאי, עכ"ל. **ומשמע** ודאי דכולא מימרא דשמואל דחינן לה, עכ"ל הרב פר"ח. **ור"ל** דמדהשיב רב אשי היכא דלא איתמר לא איתמר, דחי כל מה שהתיר שמואל, בין באשתו בין באחר, **ובהורמנותיה** דמו"ר הוא ניהו גברא רבא לפע"ד אין כאן ראיה מכמה טעמי, חדא, דאף אם נודה שכך היא כוונת רש"י כמו שהבין הרב פר"ח, דלהיתר אשתו אתא, מ"מ ראיה לא הויא, דאטו גברא אגברא קא רמית, הרי שפיר יש לנו לפרש הסוגיא בלי שום דוחק אליבייהו דהרי"ף והרמב"ם ז"ל, והוא דרב כהנא לא שאל לרב אשי אלא באחר דפליגי ביה רב יוסף ושמואל, דרב יוסף ס"ל דדוקא באשתו מקלינן משום דהויא כגופו, משא"כ באחר, ושמואל סובר דבין באשתו בין באחר שרי, ושאל רב כהנא אם אמר רבא דהלכתא כשמואל במאי דקאמר הכא ואפי' באשתו, דמשמע כ"ש באחר, כי היכי דפסיק הלכתא כוותיה גבי תפילין במאי דקאמר ואפי' אשתו עמו, והכי משמע בסוגיית הש"ס, דלבתר דשקיל בפלוגתא דר"י ושמואל קאמר הכי, ועוד דבאשתו לא מצינו לשום אמורא שיחלוק, דאפי' רב יוסף מודה בה, ומן הסברא לא היה רב כהנא מסתפק בזה, אעפ"י שיש איזה ברייתא שאוסרת, מ"מ הרי ברייתות אחרות דקיימי כשמואל וגם כרב יוסף, וא"כ לא היה מסתפק רב כהנא, **ועוד** קשה, דנלפע"ד דאף רש"י ז"ל מודה בזה, ומש"כ דקא שרי שמואל באשתו, היינו משום דבמילתיה דשמואל לא הוזכר רק אשתו, ושמעינן אחר במכ"ש, מדקאמר אפי', ולהכי נקט אשתו, אבל לפי האמת יודה דשאלת רב כהנא בפלוגתא דר"י ושמואל היא, **ובר** מן דין קשיא לי, דאף אם נניח כדברי הפר"ח בהבנת דברי רש"י, ושכל הפוסקים והמפרשים סוברים כן בפי' הסוגיא, מ"מ איני רואה שום ראיה מהכא, דהא לא דחו בש"ס מילתיה דשמואל כלל ועיקר, אלא השיבו רב אשי לרב כהנא דלא אמר רבא הילכתא בזה כשמואל, ואין לנו ללמוד מתפילין, והכי משמע מדברי הר"י גופיה, שכתב דכיון דלא איפסיקא הילכתא לא כשמואל ולא כר"י עבדינן לחומרא וכו', ואי כדברי הרב פר"ח ז"ל, איך קאמר כיון דלא איפסיקא הלכתא וכו', עדיפא מינה הו"ל למימר, דדחו מילתיה דשמואל, וכ"ש דלא איפסיקא הילכתא כוותיה, **אלא** ודאי ע"כ צ"ל דפירושא דשמעתתא הכין, דרב אשי לא דחה מילתיה דשמואל כל עיקר, אלא השיב לרב כהנא דאין לנו לומר דרבא פוסק כשמואל, דהיכא דאיתמר וכו', א"כ הוי כאילו לא אמרו מידי בגמרא על זה לענין פסק הלכה, וזהו שכתב הר"י כיון דלא איפסיקא וכו', כנ"ל ברור ונכון – מאמ"ר› **[יא] ברכות כ"ד וכרב יוסף** **[יב]** ‹דין זה הוא בפמ"ג א"א בהקדמה, ששכיבה פנים כנגד פנים אסור אף בלי נגיעה, משום לא פלוג, כלומר שלא חילקו בין נוגעים לאין נוגעים, אלא אסרו גם באין נוגעים כיון שעלולים בקלות לבוא לידי נגיעה, ורק כשטלית מפסקת באופן שא"א שיבואו לידי נגיעה מותר, ואף שאין דבר זה מפורש בגמ', פשוט לו להפמ"ג כן עפ"י המבואר בסוגיא, שנגיעה של פנים כנגד פנים חמור יותר מנגיעה מאחוריהם, ולכן יש לאסור פנים כנגד פנים בלי נגיעה אטו נגיעה, ומשא"כ כשאינם פנים כנגד פנים אין לגזור כשאינם נוגעים שמא יבואו לידי נגיעה, כיון שאף אם יבואו לנגיעה אין זה חמור כל כך, ובמאמר מרדכי נסתפק בדבר זה, ובחזו"א סי' טז סק"ו וסק"ט חולק על הפמ"ג ומשנ"ב, שאין מקור לדבריהם, וכל שאינם נוגעים זה בזה מותר אפילו פנים כנגד פנים, וגם בערוה"ש משיג על הפמ"ג – מ"ב המבואר› **[יג] הרמב"ם** **[יד] בספר א"ח**

מפסיקות למטה מהלב - הטעם, דערותן למטה מאוד, ואין הלב שלה יכול לראותה.

והב"ח חולק וס"ל, דגם באשה בעינן הפסקה בין לב לערוה, אפילו כשיש לה מלבוש, **אבל** שאר האחרונים הסכימו לפסק השו"ע.

ועיין ביו"ד סי' ר', דמסקי הט"ז והש"ך שם, דלפי מה שפסק השו"ע פה, דאין שייך באשה לבה רואה את הערוה, מותרת לברך ברכת הטבילה כשהיא עומדת בתוך המים, אף שהיא עדיין ערומה, דמשום גילוי ערוה אין בזה, דהמים נחשבין כמו כיסוי, **ויותר** טוב שיהיה לבה למעלה מן המים, דזה שרי אף באיש, וכמו שכתב רמ"א בהג"ה בס"ב, **או** שתחבק זרועותיה להפסיק בין לבה לערוה, וכן פסק החכמ"א, **וה"ה** אם עוכרת ברגליה, שלא יהא איבריה נראין בהם, זה לכו"ע מהני, **ואם** יש עוד נשים ערומות עומדות בבית הטבילה, פשוט דצריכה בעת הברכה להחזיר פניה וגופה מהן, **ואף** אם נימא דמקום המקוה הוא רשות בפני עצמו, לא מהני, כדמוכח בסי' ע"ט.

הגה: ואם הן ערומות, צריך שתהא ערוה שלהן טוחות בקרקע או יושבות על שאר דבר - דמ"מ אם הן עומדות ערומות, יש בהן איסור אחר, דהיינו איסור גילוי ערוה, לא מצד הלב, אלא מצד שנאמר: ולא יראה בך ערות דבר, ואסורה לברך, **אלא** צריכה שתהא ערוה שלה טוחות בקרקע, ר"ל דבוקות ומכוסות בהקרקע.

דאז אין לבן רואה ערוה שלהן - לאו דוקא לבן, דלבן בלא"ה אינו רואה ערותן, אלא על שלא תהא בגילוי ערוה לגמרי קאמר, **וטעות** סופר הוא, וצ"ל "ואז אינו נראה ערוה שלהן".

[טו]**ועיין** במ"א, דדעתו, דאף אם העגבות נראין, אין להקפיד, דעגבות אין בהן משום ערוה, וכן משמע קצת מביאור הגר"א, **ובא"ר** פסק, דעגבות יש בהן משום ערוה.

מה שאין כן באיש (ב"י בשם א"ח ועיין לקמן סי' ר"ו ס"ג) - דלא שייך זה, כי הביצים והגיד בולטין.

סימן רו ס"ג - [טז]ולא יברך ערום, עד שיכסה ערותו; בד"א באיש - שהגיד והביצים בולטין ונראין, ולא מהני בלא כיסוי, **אבל אשה יושבת ופניה של מטה טוחות בקרקע** - פי' דבוקות ומכוסות בקרקע, **כי בזה מתכסה ערותה** - וצריך להיות מכוסה כ"כ שלא תהא נראה עגבותיה, כי העגבות יש בהן משום ערוה - ב"י, **ובמ"א** מאריך בזה, ומסיק דעגבות אין בהן משום ערוה, וכן נוטה קצת דעת הגר"א, **ובא"ר** וכן במג"ג מצדדים לדינא כהב"י, ולכן יש להחמיר לכתחלה. **(וע"ל סי' ע"ד ס"ד).**

ואפילו אם אינו ערום, אם לבו רואה את הערוה, או שראשו מגולה, אסור לברך.

יו"ד סימן קכח ס"א - [יז]לפיכך אסור לאיש להפריש חלתו ערום, מפני שאי אפשר לו לברך כשהוא ערום - אע"פ שהוא יושב, מפני שערותו בולטת, משא"כ באשה - ש"ך, [יח]**אבל האשה מותרת, [יט]והוא שיהו פניה שלמטה טוחות בקרקע** - (משמע דמותר לברך מיושב, **ועיין** במג"א שכתב, דהפרשת חלה אינה מצוה כ"כ, דאינו עושה אלא לתקן מאכלו, להכי מותר לברך מיושב, ע"ש, **לפי"ז** גם אם היא לבושה בבגדים, רשאה לברך מיושב, **ועיין** שם בספר ישועות יעקב מהגאון ש"ב אב"ד מלבוב נר"ו, שדחה זה, ומחלק דהיכא דאפשר לעשות בעמידה, אינו רשאי להיות בישיבה, ולהכי בציצית מברך מעומד, **ושאני** הכא דא"א לעמוד ערומה, לכן מותרת לברך בישיבה, דעיקר הטעם דאין לישב, הוא משום שנחשב כמזלזל בדבר, ואין פחד ה' לנגד עיניו, **אבל** כשעושה הדבר מחמת הכרח, אין בזה שום זלזול, עי"ש - פת"ש).

אות ז'

אם היו בניו ובני ביתו קטנים מותר

סימן עג ס"ג - [כ]אם היה ישן עם בניו בעודם קטנים, מותר לקרות בחזרת פנים בלא הפסקת טלית - דלדידהו לכו"ע אמרינן, כיון דגם בהן חשובין כגופו וליכא הרהורא, ומ"מ פנים להדי פנים אסור, והיינו שיהא אחוריהם זה לזה, **ואם** פני בניו נגד אחוריו, צריך עכ"פ ליזהר שלא יהא בשרו נוגע בערותן, כן נ"ל, **וראיה** מלקמן סימן ע"ד ס"ה, דמוכח דאם בשרו נוגע בערות חבירו ג"כ אסור.

[כא]**ובפר"ח** מיקל בפנים להדי פנים, והביא ראיה, [כב]**ובספר** מאמ"ר וברכי יוסף דחו ראיתו, **ומשמע** עוד מדברי המאמ"ר, דאפי' אם נימא דא"צ להחזיר פנים, עכ"פ בנוגע ערותו בבשרם או להיפך אסור.

באר הגולה

טו ‹ואע"ג דרב הונא אמר עגבות אין בהם משום ערוה, לא קיימ"ל כוותיה, וא"כ נקטינן כדתרגם רב נחמן בר יצחק כגון שהיו פניה טוחות בקרקע, עכ"ל הרב"י, ולכן כתב הרמב"ם, שיהא כל פניה טוחות בקרקע, **אבל** הרע"ב כתב, עגבות אין בהם משום ערוה, וכן משמע פשטה דגמרא דף כ"ד דאמר רב הונא עגבות אין בהם משום ערוה, **ואע"ג** דלית הלכתא כברייתא דמסייע ליה, כמ"ש סי' ע"ג דצריך הפסקת טלית, היינו מטעם דנוגע בהן, **דלמה** לא פסקינן כרב הונא, דהא ליכא מאן דפליג, ובפרק מי שמתו שמוקי לה שהיה פניה טוחות בקרקע, מהא ליכא למשמע מינה דלא ס"ל כרב הונא, דנהי דדחי הסייעתא, אבל מ"מ יכול להיות הדין אמת - מ"א מחה"ש› **טז** גם זה בסי' ע"ד **יז** משנה ג' פ"ב דחלה **יח** שם במשנה **יט** אוקימתא דגמרא ברכות דף כ"ד ע"א **כ** שם בגמרא **כא** ‹מדגרסינן בברייתא: הישן במטה ובניו ובני ביתו בצידו, הרי זה לא יקרא קריאת שמע אא"כ היתה טלית מפסקת ביניהן, ואם היו בניו ובני ביתו קטנים מותר. והנה בהך ברייתא לא אידכר כלל חזרת פנים, דנימא דכי קתני מותר דקאי אחזרת פנים, ומשמע ודאי דהכי קאמר, הרי זה לא יקרא קריאת שמע אא"כ היתה טלית מפסקת, דאז אפי' פנים בפנים מותר, ואהא קאמר שאם היו בניו ובני ביתו קטנים, מותר בלא הפסקת טלית אפי' פנים בפנים, והכי נקיטנן - פר"ח› **כב** ‹דכיון דחזינן בש"ס דס"ל לר"י דאשתו קילא טפי לענין זה, משום דהויא כגופו, ואפ"ה ס"ל דבעינן חזרת פנים כמבואר בש"ס, ממילא ה"ה לבניו הקטנים, דחד טעמא אית להו, ומהברייתא אין ראיה, דה"ק, הרי זה לא יקרא ק"ש אלא אם כן היתה טלית מפסקת ביניהם, כלו' דלא מועיל חזרת פנים וצריך הפסקת טלית (ואף הרב פר"ח מודה בזה), ובהפסקת טלית שרי ואפי' בלא חזרת פנים, וכמ"ש מרן ז"ל, ואח"כ קתני ואם היו בניו ובני ביתו קטנים מותר, כלומר בחזרת פנים ששיללנו בתחלה, ואין צריך הפסקת טלית, כנ"ל לדעת הרמב"ם והטור ז"ל, **ומ"מ** איך שיהיה קשיא לי על דברי הרב פר"ח ז"ל, דאף אם נניח דפי' הברייתא כמ"ש הוא ז"ל, דאין צריך חזרת פנים, מ"מ אין להביא ראיה משם להתיר בנגיעת ערוה, דחזרת פנים לחוד ונגיעת ערוה לחוד - מאמ"ר›

ואם הם גדולים, צריך להפסקת טלית - וה"ה קטנים אחרים שאינם בניו, **אך** לפי מה שמבואר לקמן בסימן ע"ה ס"ד בהג"ה, דקטן כל זמן שאין ראוי לביאה, היינו בזכר עד ט' שנים ויום אחד, ובנקיבה עד בת ג' ויום אחד, אין ערותו ערוה, [כג]לכאורה גם לענינינו יש להקל אם עדיין לא הגיע הזמן.

אות ח'

תינוקת בת אחת עשרה שנה ויום אחד, ותינוק בן שתים עשרה שנה ויום אחד

סימן עג ס"ד - [כד]**עד כמה הם חשובים קטנים, התינוק עד שיהיו לו י"ב שנים, והתינוקת עד שיהיו לה י"א שנים,** [כה]**ואפי' הביאו ב' שערות, מותר; ובשנת י"ג לתינוק וי"ב לתינוקת** - ר"ל משהתחיל יום ראשון בשנה זו, **אם הביאו ב' שערות אסור בלא הפסק; ואם לא הביאו ב' שערות, מותר** - עיין במ"א שכתב, דלפי מה שפסק הטור באבן העזר סימן כ"א, אסור משהגיע הזמן הזה אפילו לא הביאו ב' שערות, **וגם** אפי' בלא ק"ש, אסורים לישן ביחד ערומים בקירוב בשר משהגיע הזמן הזה.

[כו]**ומשנת י"ג ואילך לתינוק, וי"ב לתינוקת, אפילו לא הביאו ב' שערות, אסור** - ר"ל ג"כ תיכף משהושלם השנת שלשה עשר, וא"צ י"ג שנה ויום אחד, רק שלימות, ויום הלידה ג"כ בכלל, **כגון** אפילו אם נולד באחד בתשרי בסוף היום, כשבא לתחלת ליל שנת י"ד שנולד בו, היינו אחד בתשרי, נשלם לו הי"ג שנים ונעשה גדול, **וכן** הדין לענין בר מצוה, אך דשם בעינן ג"כ שתי שערות.

אות ט'

כל המסתכל באצבע קטנה של אשה, כאילו מסתכל במקום התורף

אבה"ע סימן כא ס"א - [כז]**והמסתכל אפילו באצבע קטנה של אשה ונתכוין ליהנות ממנה, כאילו נסתכל בבית התורף (פי' ערוה) שלה.**

אות י'

אלא באשתו

סימן עה ס"א - [כח]**טפח מגולה באשה, במקום שדרכה לכסותו, אפי' היא אשתו, אסור לקרות ק"ש כנגדה** - מפני שזה מביא לאדם לידי הרהור כשמסתכל בו, בכלל ערוה היא, ואסור לקרות או להזכיר שום דבר שבקדושה נגד זה, כמו נגד ערוה ממש, **ולפי** מה שביארנו לקמן סעיף ו' בשם האחרונים, דנגד ערוה ממש אסור אפילו בעוצם עיניו, עד שיחזיר פניו, ה"ה בזה, **ויש** מתירין בזה אם הוא נזהר מלראות כלל, וכשא"א בענין אחר נראה דיש לסמוך ע"ז.

אבל פניה וידיה כפי המנהג שדרך להיות מגולה באותו מקום, בפרסות רגל עד השוק, והוא עד המקום שנקרא קניא בל"א, במקום שדרכן לילך יחף, מותר לקרות כנגדו, שכיון שרגיל בהן אינו בא לידי הרהור, **ובמקום** שדרכן לכסות, שיעורן טפח, כמו שאר גוף האשה, **אבל** זרועותיה ושוקה, אפילו רגילין לילך מגולה כדרך הפרוצות, אסור.

וצריך ליזהר בשעה שאשתו מינקת, ומגלה דדיה, שלא לדבר אז שום דברי קדושה.

(**עיין בספר שולחן שלמה שכתב, דשיעור זה שייך אפי' בקטנה מבת ג' ואילך, שהיא ראויה לביאה, ואם היא בתו, הוא מי"א שנה ואילך**).

עיין בפמ"ג שהביא דיעות לענין דיעבד בזה, אם צריך לחזור ולקרות כמו לענין ערוה גמורה, **ובדה"ח** משמע, דאפילו בדיעבד צריך לחזור ולקרות, **ומ"מ** נ"ל, דכשלא נתכוין להסתכל, אין להחמיר בדיעבד לחזור ולקרות, אף באשה אחרת.

הגה: וי"א דוקא באשתו, אבל באשה אחרת - בין פנויה בין א"א, [כט]**אפילו פחות מטפח הוי ערוה, (הגהות מיימוני).**

עיין בנשמת אדם שכתב, דלכו"ע זה לא הוי אלא מדרבנן, ומהני בזה עצימת עינים, וכן בשער אשה המבואר בס"ב.

ואם השוק מגולה, י"א דאפילו באשתו ופחות מטפח אסור לקרות נגדה, שהוא מקום הרהור יותר משאר איברים, [ל][ב"ח וט"ז].

וכ"ז לא איירי אלא לענין איסור ק"ש, דהאיסור הוא להרבה פוסקים לקרות נגד המגולה אפילו בלא מכוין לאיסתכולי, **אבל** לענין איסור הסתכלות, לכו"ע המסתכל באשה אפילו באצבע קטנה, כיון שמסתכל בה להנות, עובר בלאו ד"לא תתורו אחרי עיניכם", **ואמרו,** שאפי' יש בידו תורה ומע"ט, לא ינקה מדינה של גיהנם.

באר הגולה

כג ‹היינו לפי מה דקימ"ל כלישנא בתרא, דאי ללישנא קמא, זהו ציור ההיתר של בניו ובני ביתו, ולא באחרים› **כד שם וכלישנא בתרא ברי"ף ורמב"ם והרא"ש** ‹מדקאמר י"א שנה יום א' וכו', ולא אמרו עד י"א שנה ויום א' וכו', משמע דאף תינוקת בת י"א ויום א' ותינוק בן י"ב שנה ויום א' בכלל היתר, דהלא קאי על אם היו בניו ובני ביתו קטנים שרי לקרות, והמה בכלל היתר עד כדי שדים נכונו כו', ומדפתס בת י"א שנה יום א' וכו', משמע דקודם זה שרי אף בהביאו ב' שערות, וכן לאחר זה, והיינו בת י"ב שנה יום א' וכו', בזה אף בלא הביאו ב' שערות אסור לקרות ק"ש - דמשק אליעזר› **כה רבי יונה ורא"ש** **כו שם ורמב"ם שם** **כז מימרא דרב ששת שבת דף ס"ד ע"ב** **כח ברכות כ"ד** **כט** ‹גירסת הרא"ש שם {על קושיית הגמ': אי לאסתכולי וכו'}, לא קשיא הא באחרת והא באשתו ולק"ש, {משמע דבאחרת אף בק"ש א"צ טפח, ודוקא באשתו לק"ש אמרו טפח} - גר"א› **ל** ‹א"ר חסדא שוק באשה ערוה, ונראה דנקט שוק, דאפילו פחות מטפח חשוב נמי ערוה, וכדנפקא לן מקרא: גלי שוק עברי נהרות, וכתיב: תגל ערותך, דמשמע כל שוק הוי ערוה אפילו פחות מטפח. **ועוד** נראה ממה שכתב רש"י וז"ל: שוק באשת איש ערוה להסתכל בה, וכן באשתו לקריאת שמע, עכ"ל. דקשה טובא, לאיזה צורך פירש דשוק באשה ערוה מיירי נמי באשת איש, הלא אפילו אצבע קטנה אסור, כ"ש שוק, אלא דמדאיצטריך קרא לשוק, אלמא אי לאו קרא הו"א דאפילו באשת איש ליכא איסורא להסתכל, דמסתמא מטונף ומזוהם הוא השוק באשה כמו באיש מחמת מלאכה, השתא דגלי לן קרא, אסור בין באשת איש להסתכל בה, בין באשתו לק"ש, והשתא ניחא דאתי רש"י לפרש, דאי לאו קרא הו"א דבשוק ליכא איסורא כלל - ב"ח›

וראיה בעלמא לפי תומו בלא נהנה, שרי, אם לא מצד המוסר, **ובספר** מנחת שמואל הוכיח, דאדם חשוב יש לו ליזהר בכל גווני, **וכתב** הפמ"ג, דבמקומות שדרך להיות מכוסה, כגון זרועותיה וכה"ג שאר מקומות הגוף, אף ראיה בעלמא אסור.

וכתבו הפוסקים, דבתולות דידן בכלל נידות הם משיגיעו לזמן ווסת, ובכלל עריות הם.

ונראה מדברי הרא"ש, דטפח באשה ערוה אפי' לאשה אחרת, רק שבעצמה יכולה לקרות אע"פ שהיא ערומה, כדלעיל

סי' ע"ד - אבל הרשב"א חולק ע"ז, וטעמו, דס"ל דכי היכי דבעצמה יכולה לקרות כשהיא ערומה, אלמא דאין בגילוי כל גופה משום: ולא יראה בך ערות דבר, אלא לאנשים ומשום הרהור, כן אף אשה אחרת מותרת לקרות ולהתפלל נגדה כשהיא ערומה, **והאחרונים** מסכימים עם הרשב"א, ודעתם דגם הרא"ש מודה לזה.

ודע עוד, דלכו"ע אין מותר לקרות נגדה כשהיא ערומה, רק כשהיא יושבת, כדי שלא יהא פניה שלמטה נראית, אבל כשהיא עומדת, דינה כמו נגד ערות איש, ואפילו ברשות אחרת אסור.

אות כ'

קול באשה ערוה

סימן עה ס"ג - [לא]**יש ליזהר משמיעת קול זמר אשה** - אפילו פנויה, **בשעת ק"ש. הגה: ואפי' באשתו** - ובדיעבד אם קרא, חוזר וקורא בלא הברכות.

אבל שלא בשעת ק"ש, שרי לשמוע לקול זמר פנויה, אך שלא יכוין להנות מזה, כדי שלא יבוא לידי הרהור, **וזמר** אשת איש, וכן כל העריות, לעולם אסור לשמוע, וכן פנויה שהיא נדה מכלל עריות היא, **ובתולות** דידן כולם בחזקת נדות הן, משיגיע להן זמן וסת.

וקול זמר פנויה נכרית, היא ג"כ בכלל ערוה, ואסור לשמוע בין כהן ובין ישראל, **ומ"מ** אם הוא בדרך בין העכו"ם, או בעיר, והוא אנוס שא"א לו למחות, כיון דלא מצינו דמקרי ערוה מדאוריתא, מותר לקרות ולברך, דאל"כ כיון שאנו שרויין בין העכו"ם נתבטל מתורה ותפלה, וע"ז נאמר: עת לעשות לד' הפרו תורתך, **אך** יתאמץ לבו לכוין להקדושה שהוא עוסק, ולא יתן לבו לקול הזמר.

אבל קול הרגיל בו אינו ערוה (ב"י בשם אהל מועד והגהות מיימוני) - ר"ל כיון שרגיל בו לא יבוא לידי הרהור, ואפילו מא"א, **ואפ"ה** אסור לכוין להנות מדיבורה, שהרי אפילו בבגדיה אסור להסתכל להנות.

אבה"ע סימן כא ס"א - [לב]**ואסור לשמוע קול ערוה** - {אבל קול פנויה או קול אשתו מותר, אלא בעת תפלה אסור, כמ"ש באו"ח, **ועיין** בפרישה מש"כ בשם מהרש"ל, ודוקא קול ערוה אסור, אבל קול דיבור שלה מותר, **ואין** להקשות מש"ס קידושין דף ע', דאיתא שם קול ערוה אפילו בשאילת שלומה אסור, **תירץ** הרשב"א, קול דיבור מה שהיא משיבה על שאילת שלומה גרע טפי - ב"ש}.

אות ל'

שער באשה ערוה

סימן עה ס"ב - [לג]**שער של אשה שדרכה לכסותו, אסור לקרות כנגדו. הגה: אפי' אשתו** - ואפילו אם אין דרכה לכסותו רק בשוק, ולא בבית ובחצר, מ"מ בכלל ערוה היא לכו"ע אפילו בבית, ואסור שם לקרות נגדה אם נתגלה קצת מהן, **ודע** עוד, דאפילו אם דרך אשה זו וחברותיה באותו מקום לילך בגילוי הראש בשוק כדרך הפרוצות, אסור, וכמו לענין גילוי שוקה דאסור בכל גווני, כיון שצריכות לכסות השערות מצד הדין, {**ויש** בזה איסור תורה, מדכתיב: ופרע את ראש האשה, מכלל שהיא מכוסה}, **וגם** כל בנות ישראל המחזיקות בדת משה, נזהרות מזה מימות אבותינו מעולם ועד עתה, בכלל ערוה היא, ואסור לקרות כנגדן.

ולא בא למעט ‹במש"כ השו"ע "שדרכה לכסותו"›, רק בתולות, שמותרות לילך בראש פרוע, **או** כגון שער היוצא מחוץ לצמתן, שזה תלוי במנהג המקומות, שאם מנהג בנות ישראל בזה המקום ליזהר שלא לצאת אפילו מעט מן המעט חוץ לקישוריה, ממילא בכלל ערוה היא ואסור לקרות כנגדן, ואם לאו מותר, דכיון שרגילין בהן ליכא הרהורא.

ושער של איש, אפילו של ערוה היוצא דרך נקב שבבגדו, מותר לקרות כנגדו, ‹גמ' - מ"א›, **אבל** אם הכיס נראה, הוי ערוה.

[לד]**אבל בתולות שדרכן לילך פרועות הראש, מותר** - עיין במ"א שכתב, דלא ילכו בגילוי הראש רק אם שערותיהן קלועות ולא סתורות, **אבל** המחצית השקל והמגן גבורים מקילין בזה.

ובתולות ארוסות, אסורות לילך בגילוי הראש, וה"ה בתולות שנבעלו, צריכין לכסות הראש, **ומ"מ** אם זינתה ואינה רוצה לצאת בצעיף על ראשה כדרך הנשים, אין יכולין לכופה.

כתב הח"א, נכריות שאינן מוזהרות לכסות שערן, צ"ע אם דינן בזה כבתולות.

הגה: וה"ה השערות של נשים שרגילין לצאת מחוץ לצמתן (ב"י בשם הרשב"א) - ר"ל שמלבד כובע שעל ראשה יש לה צמת, והוא בגד המצמצם השער שלא יצאו לחוץ, ואותו מעט שא"א לצמצם

באר הגולה

[לא] **מרדכי בשם רבינו האי ושאר פוסקים** ‹שם אמר שמואל קול באשה ערוה, וכתב הרא"ש: לשמוע ולא לענין ק"ש. אבל רוב האחרונים פירשו דקאי לענין ק"ש, וסמך הר"ב שו"ע כאן אדברי הרא"ש, ולא אסרי מצד הדין, לפי שכן נראה מדברי הרמב"ם, אבל גבי שער אשה לא סמך הר"ב שו"ע כמו שנראה מדברי הרמב"ם, לפי שגם הרא"ש פירשו לענין ק"ש, לכן כתב גבי שער בסעיף ב' אסור לקרות כנגדו. אבל הר"ב הג"ה בדרכי משה כתב כאן גבי קול וז"ל: ולי נראה דאף בלא זהירות יש לחוש משום איסורא, מאחר דרבים האוסרים, ומהתימה שלא כתב כן כאן - נחלת צבי› [לב] **מימרא דשמואל ברכות דף כ"ד ע"א** ‹וכהרא"ש הנ"ל› [לג] **שם בגמ'** [לד] **הרא"ש והמרדכי והג"מ**

ויוצא מהצמצת, ע"ז מקיל הרשב"א, **ומותר** לקרות בזה אפילו נגד אשה אחרת, דכיון דרגילין בהן ליכא הרהורא, **אבל** לכוין להסתכל באשה אחרת, אפילו בשערות שמחוץ לצמתן אסור.

(**ואותן** נשים הבאות מארצות שאין דרכן לגלותן מחוץ לצמתן, למקום שדרכן לגלותן, מותרין לגלותן, אם אין דעתן לחזור, **ולענין** לקרות ק"ש כנגדו, כתב בספר שולחן שלמה, דנראה שמותר אפילו דעתן לחזור, טעמו, דליכא הרהורא, **ואם** באו ממקום שדרכן לגלות, למקום שאין דרכן לגלות, לא יגלו, אפילו אם דעתן לחזור, טעמו, משום הרהור דאנשים, **ואסור** לקרות ק"ש כנגדן, אפילו אם דעתן לחזור, **ואם** איש אחד בא ממקום שדרכן לגלות, למקום שאין דרכן לגלות, אסור לקרות ק"ש כנגדן בכל גווני, **ואם בא** ממקום שאין דרכו לגלות, למקום שדרכו לגלות, מותר אם אין דעתו לחזור).

(**ולענין** עיקר איסור גילוי שער דאשה, כתב המ"א בשם התוס' דכתובות, דדוקא בשוק אסור, אבל בחצר שאין אנשים מצויים שם, מותרים לילך בגילוי הראש).

(**ודע**, דענין זה לא שייך כלל להדין דשער באשה ערוה האמור בסעיף זה, ואפילו בביתה ובחדרה אסור לכו"ע לקרות כנגדה, הואיל דדרכן לכסות בשוק, אית ביה משום הרהורא והוי ערוה, **אולם אפילו** עיקר הדין לענין גילוי שער שהביא בשם התוספות לא ברירא, דהנה הסמ"ג כתב בשם הירושלמי לאיסור, וכן דעת הטור שם, והב"ח כתב שם שכן דעת הרמב"ם, ומפרש גם הש"ס שלנו כן, שבגלוי ממש אפילו בחדרה אסור).

ובזוהר פרשה נשא החמיר מאוד, שלא יתראה שום שער מאשה, דגרמא מסכנותא לביתא, וגרמא לבנהא דלא יתחשבון בדרא, וסטרא אחרא לשרות בביתא, וכ"ש אם הולכות בשוקא כך, ע"כ בעאי איתתא דאפילו קורות ביתה לא יחמון שערה חדא מרישאה, **ואי** עבדית כן מה כתיב: בניך כשתילי זיתים, מה זית וכו', בנהא יסתלקון בחשובין על שאר בני עלמא, ולא עוד אלא דבעלה מתברך בכל ברכאן דלעילא וברכאן דלתתא, בעותרא בבנין ובני בנין, עכ"ל בקיצור, **וכתב** המ"א דראוי לנהוג כהזוהר, **וביומא** איתא במעשה דקמחית, בזכות הצניעות היתירה שהיתה בה, שלא ראו קורות ביתה אמרי חלוקה, יצאו ממנה כהנים גדולים.

(**ובעל** הבית שמואל כתב, דלפי מנהגינו הוי דת יהודית בגלוי ממש אפילו בחצרה וחדרה, ואפילו אי תימא שלא תצא עבור זה בלי כתובה, עכ"פ איסורא איכא, **וכ"כ** בתשובת חת"ס, דכיון דכבר קבלו עלייהו אבות אבותינו בכל מקום ששמענו שנפוצים ישראל לאסור בזה, א"כ הו"ל דין גמור שקיבלו עלייהו, כהך דיעה האוסרת, **וכתב** לבסוף, דבארצותינו שנתפשט המנהג ע"פ הזוהר, איסור גמור הוא, ויש לחוש לרביצת האלה האמור בזוהר, ומי שחפץ בברכה ירחיק ממנו, עכ"ל).

(**וכ"ז** לענין חצרה וחדרה, אבל לילך בשוק וחצר של רבים, לכו"ע אף אם תלך במטפחת לבד לכסות שערה, מיקרי עוברת על דת יהודית, עד שתלך ברדיד מלמעלה ככל הנשים).

(**ודע עוד**, דהנשים שהורגלו לילך בשערות ראשן, מה מאוד צריכה האשה העומדת על הטבילה להשגיח היטיב, שלא יצאו משערותיה לחוץ, ואפילו משהו משער אחד, דאל"ה תשאר נדה גמורה וחייב עליה כרת, **ואם** היא טובלת בליל ש"ק, שא"א לה לטלטל את הנר ולהשגיח היטיב בזה, תכרוך על ראשה בדבר דק, שקורין טול, שהוא מלא חללים כדי שיכנס המים בהם ולא יהיה חציצה, **ואף** שהוא דבר פשוט מאד לכל מי שיודע דת ודין, מ"מ מפני חומר הענין שהוא נוגע לאיסור כרת, לא מנעתי את עצמי מלהודיע זה פה).

וכ"ש שער נכרית, אפי' דרכה לכסות (הגהות אלפסי החדשים)

- קרי נכרית להשער שנחתך ואינו דבוק לבשרה, וס"ל דע"ז לא אחז"ל שער באשה ערוה, וגם מותר לגלותה ואין בה משום פריעת הראש, **ויש** חולקין ואומרים, דאף בפיאה נכרית שייך שער באשה ערוה, ואיסור פריעת ראש, **וכתב** הפמ"ג, דבמדינות שיוצאין הנשים בפיאה נכרית מגולה, יש להם לסמוך על השו"ע.

ומשמע מיניה שם, דאפילו שער של עצמה שנחתך ואח"כ חברה לראשה, ג"כ יש להקל, **ובספר** מגן גבורים החמיר בזה, **וכתב** עוד שם, דאם אין מנהג המקום שילכו הנשים בפאה נכרית, בודאי הדין עם המחמירין בזה, משום מראית העין.

אבה"ע סימן כא ס"א - ואסור... או לראות שערה - (שכל אלו דברים מביאין ההרהור - לבוש).

והמתכוין לאחד מאלו הדברים, מכין אותו מכת מרדות. ואלו הדברים אסורים גם בחייבי לאוין.

אות מ' - נ'

התולה תפיליו יתלו לו חייו

בכיסתא תלה

סימן מ ס"א - [לה]**אסור לתלות תפילין** - על היתד, מפני שהוא דרך בזיון.

בין בבתים בין ברצועות - בין שהבתים תלויות למטה, ובין שהרצועות תלויות למטה.

[לו]**ומ"מ** באקראי בעלמא, שאוחז התפילין בידו והרצועות תלויות למטה, אין להקפיד, **אבל** אם התפילין תלויין, אסור בכל גווני, **ואין** בכלל זה מה שהתש"ר תלוי באויר, ומחזיק ביד ברצועות ומשימם על

באר הגולה

לה **ברכות כ"ד** (כשינויא בתרא, רי"ף וכל הפוסקים - גר"א) לו (מדלא משני, רבי בעראי תלה, ש"מ אפילו בעראי אסור, ורש"י [ד"ה התולה] שפירש התולה "ביתד", אורחא דמילתא נקיט. ומיהו הא דמשני בכיסתא, עדיפא משני, וה"ה הוה מצי למימר ברצועות דרך עראי, גם יש סניף תירוץ א' [בגמרא], משום הכי מותר בעראי - פמ"ג)

הראש, כי זהו צורך הנחתן, **ויש** מניחין הש"ר על הדף וכדומה בשעה שלובשין.

אבל מותר לתלותן בכיסן - וספרים, כגון ספרי תלמוד וכדומה, דומה לתפילין, **ומ"מ** ספרים או סידורי תפלות הקבועים בלוחות שבהם שלשלת של כסף, אסור לתלותן בם, שהלוחות אין דומות לכיס, לפי שהן מחוברות לסידור והרי הן כסידור עצמו.

וס"ת אסור לתלותה בכל גווני, אפי' כשהיא באה"ק ותולה האה"ק, **ועיין** בח"א שכתב, דאפי' כשאה"ק מחובר ביתידות לכותל, אסור כל שאין תחתיו עומד דבר מה.

נוהגים העולם להתענות כשנופל תפילין מידו על הארץ בלא נרתיקן, **וה"ה** כשנופל ס"ת אפי' בנרתיקן, **ועיין** בא"ר שכתב, דאפי' תפילין בנרתיקן, יתן פרוטה לצדקה.

מותר לכתוב פסוקים בנייר ולתלותן בפתח ביהכ"נ.

אות ס'

שגיהק ופיהק

סימן צז ס"א - [לי]**לא יגהק, (מוליא מגופו לפיו נפיחה מתוך שובעו, רייטי"ר בלע"ז), ולא יפהק, (פותח פיו להוליא רוח הפה); ואם צריך לפהק מתוך אונס, יניח ידו על פיו, שלא תראה פתיחתו** - הוא הדין דבגיהוק מתוך אונס ליכא איסורא, גמרא, ומה דלא נקטו, אפשר משום דבו ליכא חיובא להניח ידו, שאין פתיחת פיו רב כל כך, וגם הוא לזמן מועט מאוד, מה שאין כן בפיהוק.

(ויזהר שלא יניח ידו על סנטרו - היינו לחי התחתון, **בשעת התפלה, דהוי דרך גסות הרוח) (טור והרי"ף)** - וחזנים העושים כן בשעת הזמר מותר, לפי שאינם מתכוונים לגסות אלא להנעים את הקול, **אבל** שלא בשעת הזמר אסור.

באר הגולה

לז ברכות כ"ד

וממשמש בבגדו. פרש"י להעביר הכינה העוקצתו אבל לא מתעטף אם נפלה טליתו ותרי מילי נינהו. וכ"א פי' דחדא מילתא היא פי' ממשמש בבגדו תקן (ה) שלא יפול מעל ראשו אבל אם נפל מעל ראשו לא היה מתעטף שהרי היא הפסקה אם מתעטף כיון שנפל לגמרי אבל לתקן קצת שלא יפול לא הוי הפסקה:

ואומר רבון העולמים. מיד באמצע תפלתו ואח"כ מתחיל ממקום שפסק:

אמר ליה לדידי לא סבירא לי. פירוש משום תרתי מילי חדא דסבירנא דאינו חוזר לראש דאמר רבי יוחנן (ר"ה דף ל"ד:) שמע תשע תקיעות בתשע שעות יצא ועוד דסבירא לי מניח ידו על פיו ואם כן הוי ליה ראוי אלא לדידך דסבירא לך דחייב להפסיק וכו':

בחבלי השוא. כלומר בחנם מושכים עליהם עון כי טוב היה שלא היו מקיימין אותו כלל:

*__פסק__ רבינו חננאל כרב חסדא [עי"ן לקמן כה.] דאסור לקרות ק"ש אפילו לואה תחת בגדו על בשרו וס"ל כל עצמותי תאמרנה (תהלים לה) °דאע"ג דר' חסדא תלמיד דר' הונא הוה לחומרא אזלינן ורב אלפס פסק כרב הונא מדאקשי גמרא מיניה ביומא פרק הממונה (ד' ל.):

ליה

וממשמש בבגדו. להעביר הכינה העוקצתו: **אבל לא היה מתעטף.** אם נפלה טליתו כשהוא מתפלל לא היה נוטלה ומתעטף שלא להפסיק: **על סנטרו.** מנטו"ן בלעז שלא תראה פתיחת פיו: **הרי זה מקטני אמנה.** כאילו אין הקב"ה שומע תפלה לחש (ד) ומגביה הרבה: **הרי זה מנביאי השקר.** דכתיב ויקראו בקול גדול (מלכים א' י"ח): המגהק והמפהק הרי זה מגסי הרוח וי"א ניכר שהוא מכוער גרסינן: **אלא עטוש אעטוש קשיא.** דאין עטוש אלא לאוכסו: **למטה.** מפיח בקול: **ותקילא לי כי כולו תלמודאי.** שקולה עלי וחביבה לפי שהיה רגיל להתעטש: **כשם שעושים לו נחת רוח.** שהעטוש נחת רוח לאדם: **כך עושים לו נחת רוח מלמעלה.** מן השמים למלאת שאלתו: **אפשר כדר' יהודה.** להבליע באפרקסותו סודר שבראשו ושני ראשין תלויין בפניו: **פתקיה.** זרקו: **מישתמיט מיניה.** לא היה נראה אליו לפי שהיה רבי אבא חפץ לעלות לא"י ורב יהודה אוסר לו לפיכך לא היה נכנס לבית המדרש: **ואשמע מיניה מילתא.** מבחוץ: **מבית וועדא.** מבית המדרש: **ונתעטש.** מלמטה: **עד שיכלה הרוח.** מגופו שנודף מאותו רוח: **וחוזר לתפלה.** למקום שפסק: **ואומר.** בתוך התפלה דהא מופסקת ועומדת כבר על ידי הרוח לפיכך יכול להפסיק נמי ולומר דבר זה באמצע: **חוצץ בטליתו על צוארו.** מה שיש מן הטלית ולמעלה מן כתפיו מדביק בצוארו וכיון ערום קאמר: **לדידי לא סבירא לי.** לא הייתי מזקיקו להפסיק: **בחבלי השוא.** בחבלים שאינם חזקים אלא טוחין להנתק הן מושכין העון על עצמם אף זה על ידי דבור בעלמא הוא נענש: **ובדבר הזה.** בשביל דבור זה שנזהרתם עליו תאריכון ימים: **היתה טליתו חגורה על מתניו.** לכסותו ממתניו ולמטה אע"פ שממתניו ולמעלה הוא ערום קורא ק"ש:

אבל

תורה אור

*וממשמש בבגדו ^ג^אבל לא היה מתעטף * ^ג^וכשהוא מפהק היה מניח ידו על סנטרו מיתיבי המשמיע קולו בתפלתו הרי זה מקטני אמנה המגביה קולו בתפלתו הרי זה מנביאי השקר מגהק ומפהק הרי זה מגסי הרוח המתעטש בתפלתו סימן רע לו ויש אומרים (א) ניכר שהוא מכוער הרק בתפלתו כאילו רק בפני המלך בשלמא מגהק ומפהק לא קשיא ^ד^כאן לאונסו כאן לרצונו אלא מתעטש אמתעטש קשיא מתעטש אמתעטש נמי לא קשיא ^ה^כאן מלמעלה כאן מלמטה דאמר רב זירא הא מילתא *אבלעא לי בי רב המנונא *ותקילא לי כי כולי תלמודאי המתעטש בתפלתו סימן יפה לו כשם שעושים לו נחת רוח מלמטה כך עושין לו נחת רוח מלמעלה אלא רק ארק קשיא רק ארק נמי לא קשיא אפשר כדרב יהודה דאמר רב יהודה ^ו^היה עומד בתפלה ונזדמן לו רוק מבליעו בטליתו ואם טלית נאה הוא מבליעו באפרקסותו רבינא הוה קאי אחורי דרב אשי נזדמן לו רוק פתקיה לאחוריה א"ל לא סבר לה מר להא דרב יהודה מבליעו באפרקסותו א"ל אנא ^ז^אנינא דעתאי: ^ח^המשמיע קולו בתפלתו הרי זה מקטני אמנה: אמר רב הונא ^ט^לא שנו אלא שיכול לכוין את לבו בלחש אבל אין יכול לכוין את לבו בלחש מותר וה"מ ביחיד אבל בצבור אתי למיטרד צבורא: רבי אבא הוה קא משתמיט מיניה דרב יהודה דהוה קא בעי למיסק לארעא דישראל *דאמר רב יהודה כל העולה מבבל לא"י עובר בעשה שנאמר °בבלה יובאו ושמה יהיו עד יום פקדי אותם נאם ה' אמר איזיל ואשמע מיניה מילתא *מבית וועדא והדר אפיק אזל אשכחיה לתנא דקתני קמיה דרב יהודה ^י^היה עומד בתפלה ונתעטש ממתין עד שיכלה *הרוח וחוזר ומתפלל איכא דאמרי ^כ^היה עומד בתפלה ובקש להתעטש מרחיק לאחריו ד' אמות ומתעטש וממתין עד שיכלה הרוח וחוזר ומתפלל ואומר רבש"ע יצרתנו נקבים נקבים חלולים חלולים גלוי וידוע לפניך חרפתנו וכלימתנו בחיינו ובאחריתנו רמה ותולעה ומתחיל ממקום שפסק [א] אמר ליה (ב) *אילו לא באתי אלא לשמוע דבר זה דיי: ת"ר היה ישן בטליתו ואינו יכול להוציא את ראשו מפני הצנה חוצץ בטליתו על צוארו וקורא ק"ש וי"א ^ל^על לבו ותנא קמא הרי לבו רואה את הערוה קסבר לבו רואה את הערוה מותר אמר רב הונא א"ר יוחנן היה מהלך במבואות המטונפות מניח ידו על פיו וקורא ק"ש א"ל רב חסדא האלהים אם אמרה לי ר' יוחנן בפומיה לא צייתנא ליה איכא דאמרי אמר רבה בר בר חנה אמר ריב"ל היה מהלך במבואות המטונפות מניח ידו על פיו וקורא ק"ש א"ל ר' חסדא האלהים אם אמרה לי ריב"ל בפומיה לא צייתנא ליה ומי אמר ר' הונא הכי והאמר רב הונא ^מ^ת"ח אסור לו לעמוד במקום הטנופת לפי שאי אפשר לו לעמוד בלי הרהור תורה לא קשיא כאן בעומד כאן במהלך ומי אמר רבי יוחנן הכי והאמר *רבה בר בר חנה א"ר יוחנן ^נ^בכל מקום מותר להרהר בדברי תורה חוץ מבית המרחץ ומבית הכסא וכי תימא הכא נמי כאן בעומד כאן במהלך איני והא *רבי אבהו הוה קא אזיל בתריה דרבי יוחנן והוה קא קרי ק"ש כי מטא במבואות המטונפות אשתיק א"ל לר' יוחנן °להיכן אהדר *א"ל אם שהית כדי לגמור את כולה חזור לראש הכי קאמר ליה לדידי לא סבירא לי לדידך דסבירא לך אם שהית כדי לגמור את כולה חזור לראש תניא כותיה דרב הונא תניא כותיה דרב חסדא תניא כותיה דרב הונא המהלך במבואות המטונפות מניח ידו על פיו ויקרא ק"ש תניא כותיה דרב חסדא *^ע^היה מהלך במבואות המטונפות לא יקרא ק"ש ולא עוד אלא שאם היה קורא ובא פוסק לא פסק מאי אמר ר' מיאשה בר בריה דריב"ל עליו הכתוב אומר °וגם אני נתתי להם חוקים לא טובים ומשפטים לא יחיו [בהם] ר' אסי אמר (ג) °הוי מושכי העון בחבלי השוא רב אדא בר אהבה אמר מהכא °כי דבר ה' בזה ואם פסק מה שכרו אמר ר' אבהו עליו הכתוב אומר °ובדבר הזה תאריכו ימים: אמר רב הונא היתה טליתו חגורה לו על מתניו מותר לקרות ק"ש תניא נמי הכי ^פ^היתה טליתו של בגד ושל עור ושל שק חגורה על מתניו מותר לקרות ק"ש

אבל

ירמיה כז | יחזקאל כ | ישעיה ס | במדבר טו | דברים לב

עין משפט נר מצוה

פז א טוש"ע או"ח סי' לז סעיף ג:

פח ב טוש"ע שם סעי' ד:

פט ג [טור שו"ע שם ס"א] ד [מיי' פ"ד מהל' תפלה הל' יא טוש"ע שם סעיף א:

צ ה טוש"ע או"ח סי' קג סעיף ג:

צא ו ז מיי' פ"ד מהל' תפלה הלכה יא סמג עשין יט טור שו"ע או"ח סימן צז סעיף ב:

צב ח ט מיי' פ"ה שם הלכה ע סמג שם טוש"ע או"ח סימן קא סעיף ב:

צג י מיי' פ"ד שם הל' יא סמג שם טוש"ע או"ח סי' קג סעי' א:

צד כ מיי' שם הל' יב טוש"ע שם סעי' ב:

צה ל מיי' פ"ג מהלכות ק"ש הלכה יז סמג עשין יח טוש"ע או"ח סימן עד סעיף א:

צו מ ש"ע י"ד סי' רמו סעיף כו בהגה:

צז נ מיי' שם הלכה ד סמג שם טוש"ע א"ח סימן פה סעיף ב:

צח ס ע מיי' שם הלכה יד וס"ב שם הל' יב טוש"ע או"ח סימן פה סעי' א וסי' פה סעי' א וסי' עת:

צט פ מיי' פ"ג שם הל' יז סמג שם טוש"ע א"ח סי' עד סעיף ו:

רב נסים גאון

הזכיר סבעת שהוא תכשיט שבחוץ עם כומז שהוא תכשיט שבפנים ובתר הכי הוזכרה שמעתא דרב ששת והתם היא עיקרה ולא הוזכרה בכאן אלא כדי להקשות ממנה:

הגהות הב"ח

(א) גמ' המגהק והמפהק וכו' ויש אומרים (ניכר שהוא מכוער) תא"מ ונ"ב ס"א שהוא עכרן: (ב) שם אמר אילו כצ"ל ותיבת ליה נמחק: (ג) שם ר' אסי אמר מהכא הוי מושכי: (ד) רש"י ד"ה הרי זה וכו' לחש הס"ד ואח"כ מ"ה המגביה הרבה הרי זה מנביאי: (ה) תוס' ד"ה וממשמש וכו' תקן בגדו שלא יפול:

גליון הש"ס

תוס' ד"ה פסק ר"ח וכו' דאע"ג דר"ח וכו'. עי' בב"מ (דף נ"ג ע"א):

מסורת הש"ס

תיבת וכשהוא מפהק ליתא מן הגמ' אלא מפירש"י נכתב בגמ' רש"א

ס"א איבעי לי

[מנחות יז.]

שבת מא. כתובות קי:

מבית וועדא ואתי ואזיל כצ"ל רש"א

[כ"ה ברא"ש אבל בטוש"ע ליתא הרוח]

[לעיל טז. שבת מא.]

שבת מ. קנ. קדושין לג. ע"ג מד: זבחים קב: ר"ה לד: [לעיל כג.]

תוספתא פ"ב

הגהות הגר"א

[א] גמרא (ומתחיל ממקום שפסק) תא"מ (וכ"מ בתוס' ורא"ש ותר"י דל"ג לה):

§ מסכת ברכות דף כד: §

אות א'

וממשמש בבגדו

סימן צז ס"ג - [א]אם כינה עוקצתו, ימשמש בבגדיו להסירה שלא תתבטל כוונתו, אבל לא יסירנה בידו - ואם עבר ונטלה, ישפשף ידו בכותל או בד"א, וכדלעיל בסימן צ"ב ס"ו.

הגה: ודוקא בשעת התפלה, אבל שלא בשעת התפלה, יכול ליטול כינה ולזורקה בבהכ"נ, (א"ז) (וע"ל סימן ד' סעיף י"ח)

- דמבואר שם דהנוגע בכינה צריך ליטול ידיו במים, מפני רוח רעה השורה על הידים, **וכ"ש** אם הוא קודם התפילה, דצריך ליטול ידיו במים מפני התפילה.

אות ב'

אבל לא היה מתעטף

סימן צז ס"ד - [ב]אם נשמט טליתו ממקומו, יכול למשמש בו ולהחזירו - אפילו נפל רובו, **אבל אם נפל כולו, אינו יכול לחזור ולהתעטף בו, דהוי הפסק** - ואפילו אם נשאר עדיין בידו, העטיפה הוי הפסק.

ואם עבר והתעטף בו, א"צ להתחיל מתחילת הברכה, אלא גומר התפילה והולך, וכשיגמור תפילתו ימשמש בו ויברך.

ואם הוא טרוד עי"ז, ואינו יכול לכוין, ילבשנו כשיסיים הברכה.

זקן שמשים בתי עינים שקורין ברי"ל, אם הם רפויין בחוטמו, שקרוב ליפול ע"י כריעות והשתחויות, נכון להחמיר שיקשרם מתחלה בחוט.

אות ג'

וכשהוא מפהק היה מניח ידו על סנטרו

סימן צז ס"א - [ג]לא יגהק, (מוליא מגופו לפיו נפיחה מתוך שובעו, רייטי"ר בלע"ז), ולא יפהק, (פותח פיו להוליא רוח הפה); ואם צריך לפהק מתוך אונס, יניח ידו על פיו, שלא תראה פתיחתו - ה"ה דבגיהוק מתוך אונס ליכא איסורא, גמ', ומה דלא נקטו, אפשר משום דבו ליכא חיובא להניח ידו, שאין פתיחת פיו רב כ"כ, וגם הוא לזמן מועט מאוד, משא"כ בפיהוק.

[ד](ויזהר שלא יניח ידו על סנטרו - היינו לחי התחתון, **בשעת התפלה, דהוי דרך גסות הרוח) (טור והרי"ף)** - וחזנים העושים כן בשעת הזמר מותר, לפי שאינם מתכוונים לגסות אלא להנעים את הקול, **אבל** שלא בשעת הזמר אסור.

[ה]**סימן צה ס"ג - [ו]מניח ידיו על לבו כפותין, (פירוש כקשורין), הימנית על השמאלית** - במקום שנוהגין לעמוד כן לפני המלך כשמדברים עמו ושואלים מאתו צרכיהם, והכל כמנהג המקום, **ובספר** עשרה מאמרות כתב בשם האר"י, שיניחו זרועותם על לבם ימנית על שמאלית, **ובשם** הרמ"ק, שיכוף האגודל בתוך פיסת היד, [ז]**ועומד כעבד לפני רבו, באימה ביראה ובפחד.** [ח]**ולא יניח ידיו על חלציו, מפני שהוא דרך יוהרא. (וע"ל ריש סי' ל"ז)** - ויש להתנועע בשעת תפלה, משום: כל עצמותי תאמרנה וכו'.

אות ד'

מגהק ומפהק... כאן לאונסו, כאן לרצונו

סימן צז ס"א - עיין לעיל אות ג'.

אות ה'

מתעטש אמתעטש... כאן מלמעלה, כאן מלמטה

סימן קג ס"ג - [ט]המתעטש בתפלתו, מלמטה סימן רע לו - [י]י"א דדוקא כשמפיח בקול, **והמ"א** חולק, דה"ה בלי קול, **וגם** בזה צריך להרחיק כנ"ל, **מלמעלה סימן יפה לו.**

אות ו' – ז'

היה עומד בתפלה ונזדמן לו רוק, מבליעו בטליתו

אנא אנינא דעתאי

סימן צז ס"ב - [יא]אסור לו לרוק - וכל שאסור בתוך התפילה, אסור אפילו בתחנונים שלאחר התפילה, דכל זמן שלא פסע הו"ל כעומד לפני המלך. **ואם א"א לו שלא לרוק** - כגון שיצטער בזה ויהא טרוד בתפילתו, [יב]**מבליעו בכסותו בענין שלא יהא נראה** - כגון בבגד תחתון, **אבל** בבגד עליון כיון שהרוק נראה, אסור, **ובמדינתינו** שלובשין פאצילעס, אף שהרוק נראה אפשר דמותר, דכיון שעשוי לכך אין בו משום מיאוס, כן כתב המ"א, **אבל** שארי אחרונים כתבו, שגם בזה צריך לכרוך מקום הרוק שלא יהא נראה. **ואחר** הרקיקה ימתין כדי הילוך ד"א, וכדלעיל בסימן צ"ב ס"ט.

באר הגולה

א **שם בפירוש רש"י** **ב** **שם בתוספות** **ג** **ברכות כ"ד** **ד** ‹כגירסת הרי"ף - גר"א, עיין לקמן בהערה› **ה** ‹ע"פ הגר"א והב"י› **ו** **מיימוני פ"ה מה"ת** **ז** **פ"ק דשבת** **ח** ‹ברכות כ"ד: וכגירסת הרי"ף: ולא היה מניח ידו על סנטרו, ופי' הוא על צידו, ועיין סי' צ"ז ס"א - גר"א› **ט** **ברכות כ"ד** **י** ‹פי' רש"י: מפיח בקול. ונ"ל אבל הפחה בלא קול לא - מעדני מלך. **וצ"ע** מאי שנא. **ובדפוס** לובלין איתא: מפיח בקל. ונ"ל פי', דקאי אדלעיל מניה דאיתא התם: אלא עיטוש אעיטוש קשיא, וכתב רש"י, וליכא לחלק בין אונס לרצון, דאין עיטוש אלא לאונסו, ומשני: כאן מלמעלה כאן מלמטה, ולזה פירש"י מלמטה מפיח בקל, כלומר ואינו בא מחמת אונס. **ובר"יף** בפירש"י איתא רק מפיח, **וכן** עיקר, דאי איתא דיש חילוק, הו"ל לגמרא לחלק ולשנויי דרבי הפיח בלא קול, ואין לומר דא"כ מנא ידעי, י"ל דמכח הרחקה שהרחיק, דע"כ אפילו בלא קול צריך להרחיק לאחריו - מ"א› **יא** **שם** **יב** ‹ולא הביא השו"ע מש"כ: ואם טלית נאה הוא, מבליעו באפרקסותו›

ואם הוא אסטניס, (פי' שאינו יכול לראות דבר מאוס), ואינו יכול להבליעו בכסותו - פי' שמאוס לו להבליעו בכסותו, או שאינו יכול לשהותו בפיו עד שיבליענו, או שהוא כסות נאה, ואם נצריכנו שיבליענו בו, יטרידנו ג"כ.

זורקו לאחוריו - היינו שהופך פניו לאחוריו, או שזורקו בידו לאחוריו, **אבל** לא כלפי מעלה, שנראה ככופר.

ואם א"א לזורקו לאחוריו, זורקו לשמאלו, אבל לא לימינו; וכל שכן לפניו דאסור (הר"י פ' מי שמתו) - מפני שהמתפלל שכינה לפניו, **ומ"מ** אם א"א לו לרוק אלא לפניו או לימינו, והוא מצטער בתפילה ע"י שאינו יכול לרוק, מותר לו לרוק לימינו, ואפילו לפניו.

והא דלקמן בריש סי' קכ"ג, שהופך פניו לצד שמאל תחלה, שהוא ימין של הקב"ה, י"ל דהטעם, כיון שמעולם לא ירדה השכינה למטה מי', א"כ אין השכינה כנגד המתפלל, ולפיכך חלקו כבוד לימין דידיה ברקיקה שהיא בשעת תפלה; אבל כשפוסע שלשה פסיעות, האדם מרחיק עצמו ממקום תפלתו והוא כנגד השכינה, ולפיכך נותן שלום לשמאלו שאז הוא כנגד ימינו של הקב"ה - ר"ל שע"כ כונתו אז בעת השתחויה להשתחות נגד השכינה שהיא למעלה מעשרה, כי הלא לא ירדה למטה, **(ב"י בשם אביו).**

והאחרונים תרצו בפשיטות, דהכא בשעת רקיקתו מסלק ממנו כבוד השכינה, וכמש"כ בסי' ג' לענין התכבדו מכובדים וכו', ע"כ אזלינן בתר ימין ושמאל של האדם, **משא"כ** בסימן קכ"ג דאיירי בהשתחואה, שמשתחוה בסוף תפילתו להשכינה, ע"כ אזלינן בתר ימין דשכינה.

אות ח' - ט'

המשמיע קולו בתפלתו, הרי זה מקטני אמנה

לא שנו אלא שיכול לכוין את לבו בלחש, אבל אין יכול לכוין את לבו בלחש, מותר; והני מילי ביחיד, אבל בצבור אתי למיטרד צבורא

סימן קא ס"ב - ולא ישמיע קולו - דכתיב בתפילת חנה: רק שפתיה נעות וקולה לא ישמע, **וכל** המשמיע קולו בתפלתו, הרי זה מקטני אמנה, כאלו אין מאמין שהקב"ה שומע תפלת לחש, **וכל** המגביה קולו בתפילתו, הרי זה מנביאי השקר, שהיה דרכן לצעוק בקול לעבודה זרה שלהן.

ועיין בברכי יוסף ובח"א, דלכתחילה צריך להתפלל בלחש כ"כ, שאף חבירו העומד בסמוך לו לא יהיה יוכל לשמוע, **ומ"מ** אם א"א לו לכוין בענין זה, יש לו לעשות בענין שיכול לכוין, **אך** שיזהר שלא יטריד לאחרים וכדלקמיה.

ואפילו בפסוקי דזמרה טוב שלא להרים קול, כי הקב"ה שומע בלחש, לא כאותם המגביהים קולם יותר מדאי, **ומיהו** בשבת שנוהגים שאחד אומר פסוקי דזמרה בקול רם, שפיר דמי.

[יג]**ואם אינו יכול לכוין בלחש, מותר להגביה קולו** - ואיירי דאפי' אם ישמיע קולו במקצת ג"כ לא יוכל לכוין, דאל"ה אסור.

הט"ז כתב, דאף אם יכול לכוין בלחש, אבל לא כ"כ כמו בקול, מיקרי אינו יכול לכוין, ויכול להתפלל ביחיד בקול, **ועיין** בבה"ל שכתבנו דאין להקל בזה, (לפי מה דאיתא בזוהר, שאם מגביה קולו בתפילה כ"כ עד שחבירו יכול לשמוע, אין תפילתו נשמעת למעלה, **ובפרט** לפי מה דמשמע בביאור הגר"א, דלדעת הרשב"א והטור, לא נמצא בהגמרא דיהא מותר להגביה הקול במקום שאינו יכול לכוין, (דבגמ' לא אמרו אלא אמשמיע קולו - שם), עכ"פ בדינו של הט"ז בודאי יש להחמיר בזה).

והני מילי בינו לבין עצמו, אבל בצבור אסור, דאתי למטרד צבורא - אפילו להשמיע קולו במקצת, וכ"ש להגביה קולו.

(**אלא** אם אינו יכול לכוין בלחש, ילך ויתפלל בביתו בקול, ומ"מ האידנא אין לנו להורות היתר זה, להתפלל ביחיד ולעורר הכונה, שילמדו ממנו אחרים, **אם** לא גדול הדור ומפורסם שכל מעשיו לשם שמים).

הגה: ואם משמיע קולו בביתו כשמתפלל כדי שילמדו ממנו בני ביתו, מותר (טור).

אות י'

היה עומד בתפלה ונתעטש, ממתין עד שיכלה הרוח וחוזר ומתפלל

סימן קג ס"א - [יד]היה עומד בתפלה ויצא ממנו רוח מלמטה, ממתין עד שיכלה הריח - דמעיקרא אסור אפילו בד"ת, [ומה דאיתא בגמ' עד שיכלה הרוח, ג"כ הכוונה עד שיכלה הריח, וכדמוכח מפי' רש"י שם] **וחוזר** - היינו למקום שפסק, **ומתפלל** - אפילו שהה אחר שפסק הריח, וע"י הצירוף היה כדי לגמור כולה, **דהא** אם היה רוצה היה מתפלל מיד שפסק, וא"כ לא היה כל ההפסק מחמת אונס, ואינו חוזר לראש, לפי מה שפסק הרמ"א לעיל בסימן ס"ה.

כתבו האחרונים, דבזה אין צריך לומר ה"רבון" הכתוב בס"ב, דכשאין מרחיק אין ניכר בושתו וכלימתו. (וכן משמע בגמ', דברישא בסעיף א' [בציור דלישנא קמא] אין אומר רבון כו' - גר"א).

אות כ'

היה עומד בתפלה ובקש להתעטש, מרחיק לאחריו ד' אמות ומתעטש, וממתין עד שיכלה הרוח, וחוזר ומתפלל; ואומר: רבונו של עולם, יצרתנו נקבים נקבים חלולים חלולים, גלוי וידוע לפניך חרפתנו וכלימתנו בחיינו, ובאחריתנו רמה ותולעה; ומתחיל ממקום שפסק

באר הגולה

יג שם כ"ד | יד ברכות כ"ד

סימן קג ס"ב - [טו]בקש לצאת ממנו רוח מלמטה, ונצטער הרבה [טז]ואינו יכול להעמיד עצמו - [יז]דבלא"ה אין לו להוציא רוח בשום פנים בתפלה, **ולא** חיישינן לבל תשקצו, אלא כשמשהא עצמו לקטנים או לגדולים, אבל להפחה לא.

הולך אחוריו ד' אמות ומוציא הרוח - דבעינן שיהא פניו נגד המקום שהתחיל להתפלל, להראות שרוצה עדיין לחזור לתפלתו, ואפילו לצדדין או לפניו אסור.

ונראה לי דעכ"פ יראה להזיז התפילין ולנתקן, שלא יהיו מונחין על מקומן, כי אסור להפיח בתפילין.

וממתין עד שיכלה הריח, ואומר: רבון העולמים, יצרתנו נקבים נקבים חלולים חלולים, גלוי וידוע לפניך חרפתנו וכלימתנו, חרפה וכלימה בחיינו, רמה ותולעה במותנו, וחוזר למקומו - ובח"א הסכים לדעת הסוברים, דיחזור למקומו קודם ה"רבון".

ואומר רבון וכו' - בתוך התפלה, דהא מופסקת ועומדת כבר ע"י הרוח, לפיכך יכול להפסיק נמי ולומר דבר זה באמצע, [רש"י].

[יח]וחוזר למקום שפסק - לכאורה הכוונה לתחלת הברכה שפסק בה, וכדלקמן בסימן ק"ד ס"ה, ועיין לקמן מה שכתבנו שם להלכה בשם האחרונים, {דבדיעבד אם לא חזר לתחלת הברכה, כיון שהשלים הברכה אינו רשאי לחזור}.

הגה: וע"ל סי' פ"ה - ר"ל דנתבאר שם, דאם שהה כדי לגמור את כולה, חוזר לראש, **וכתב** הב"ח, דדוקא אם השהייה היה ע"י העיטושים וריח הנודף לבד, **ולא** מצרפינן לזה מה שצריך לילך לאחריו ד"א, והחזרה, ואמירת ה"רבון", וכ"כ הפמ"ג.

(**ולכאורה** לפי"ז אם שהה בק"ש כדי לגמור כולה, והשהייה היה ע"י אונס, כגון שהלך לבה"כ לעשות צרכיו, דקי"ל לעיל בסימן ס"ה דחוזר לראש, **לא** נצרף בתוך השיעור רק מה שהלך לבה"כ, דבעת הזה לא היה גברא חזי, וגם הזמן שהיה בבה"כ, אבל מה שהלך אח"כ מבה"כ לביתו, אפשר דלא נוכל לצרף, דאז לא היה אנוס באמת, דאי בעי היה מקנח ידיו בעפר ובצרור, והיה גומר את ק"ש, לפי מה דקי"ל דלא ניתקנה נט"י אלא בשחרית, דנעשה בריה חדשה, וצ"ע).

י"א דכ"ז מיירי כשמתפלל בביתו, אבל כשמתפלל בצבור דהוי ליה ביוש גדול, א"צ להרחיק כלל לאחוריו, וגם לא יאמר ה"רבון", רק ממתין עד שיכלה ממנו הריח, וכן נוהגין (ת"ה) - וטוב שיהרהר בלבו.

אות ל'

חוצץ בטליתו... על לבו

סימן עד ס"א - (נעתיק פה ההקדמה מפמ"ג לסימן ע"ד וע"ה כי הוא נצרך מאוד. דע, כי הדין איסור ערוה המבואר בסי' זה ובסי' ע"ה, נחלק לה' חלקים כאשר יתבאר בעזה"י. [א] עינו רואה ערותו. [ב] לבו רואה ערותו, כגון שהוא הולך בחלוק בלי מכנסים ובלי אזור, או כגון שהיה מושכב ערום תחת המכסה והוציא ראשו לחוץ, ולבו עם הערוה תחת המכסה. [ג] גילוי ערוה, כגון שהולך בביתו ערום, אף שהוציא ראשו לחוץ לבית, וגם לבו מכוסה בבגד, דליכא כאן משום עינו ולבו רואה את הערוה, עכ"ז יש כאן איסור משום גילוי הערוה. [ד] עיניו רואה ערות חבירו, ואין חילוק בין ערות ישראל או עכו"ם, ואפי' קטן בן ט' וקטנה בת ג', ופשיטא מאשה בין א"א בין פנויה. [ה] לבו רואה ערות חבירו).

(**והנה** בעיניו רואה ערותו דאות א', או דאות ד' ברואה ערות חבירו, אסור מה"ת, דכתיב: ולא יראה בך ערות דבר, לקרות ק"ש או לעסוק בד"ת ודבר קדושה, וא"כ הקורא ק"ש ורואה ערוה, עובר בלאו מן התורה, וה"ה כל דבר שבקדושה, **אבל** הרהור מותר בערוה, אלא שומע כעונה אסור בערוה, דהוי כדיבור, **ועי"ש** בפמ"ג שמצדד עוד, דאף דאין לוקין על לאו זה, דאין בו מעשה, מ"מ חייב מכות מרדות מדבריהם, ופסול עבור זה לעדות מדרבנן, **ובספק** אם ראה ערוה, צריך לחזור ולקרות, דספיקא דאורייתא לחומרא, לכן יחזור ויקרא מספק, **ולענין** אם צריך לחזור ולקרות עם ברכותיה, י"ל דתליא בזה, אם נאמר דהלכה כרבא בתמורה, דכל מילתא דאמר רחמנא לא תעביד אי עביד לא מהני, הוי ספק תורה בק"ש, לכן יקרא עם ברכותיה, **משא"כ** אם נאמר דמדרבנן חוזר וקורא, י"ל ספיקא דרבנן לקולא).

(**וגילוי** ערוה, אע"פ שלבו מכוסה ועיניו אינן רואות, כגון שעוצמם, או הוציא ראשו חוץ לחלון, אפ"ה אסור לקרות ולעסוק בתורה, והוא איסור מן התורה, **ולא** מיבעי אם אחר עומד לנגדו, דאסור מה"ת, רק אפילו אין אחר עומד לנגדו, אסור, כמש"כ רש"י בחומש, ד"ולא יראה בך" קאי על הקב"ה, **ואם** קרא וערותו מגולה, צריך לחזור ולקרות).

(**והפרש** יש בין רואה ערותו לערות חבירו, דברואה ערותו, יש דיעות בסימן ע"ה דעוצם עיניו לא מהני, ולא יצוייר החזרת פנים, כי צריך להחזיר גם גופו, ואלו בערות חבירו, לכו"ע מהני החזרת פנים עם גופו, **גם** הפרש בין עיניו רואה ערוה או גילוי ערוה, אף דתרוייהו מדאורייתא הם, מ"מ יש חילוק ביניהם, דבעיניו רואה, לא מהני כיסוי המים כמו ערוה בעששית, ואלו לגילוי ערוה, מהני כיסוי המים).

(**ואיסור** לבו רואה ערוה הוא רק מדרבנן, לכן בלבו חוץ למים, או ערוה בעששית ולבו רואה אותה, מותר לקרות ק"ש ולעסוק בד"ת, משא"כ בעיניו רואה דהוא מן התורה, אסור בכה"ג, **והפרש** יש בין לבו רואה ערוה שלו או של חבירו, דאלו לערותו, מהני הפסקה בזרועותיו, ומכ"ש באבנט, ולשל חבירו לא מהני הפסקה, דסוף סוף לבו רואה ערות חבירו, וצריך דוקא כיסוי בבגד על לבו, **וכיסוי** ביד על לבו לא מהני אף

באר הגולה

טו שם | טז רמב"ם | יז (וכן מבואר מגמ' דף כ"ג. שמור נקביך בשעה שאתה עומד בתפלה לפני, ופי' רש"י שם: שלא יפיחו) | יח הר"ר יונה ורא"ש (עיין בה"ג, ובגמ' שלנו איתא בהדיא {ומתחיל ממקום שפסק} – גר"א)

לערות חבירו, דאין גוף מכסה גוף, **ואם** הולך בכתונת לבד, וא"כ האיסור הוא מטעם דלבו רואה הערוה, וכגון שאינו הולך באזור, בכה"ג יש תקנה בחיבוק זרועותיו, או אף בידו מהני, כגון שיכסה בכתונת על הלב, **ואם** הכתונת דק מאוד ונראית הערוה משם, דינו כדין המים המבואר בסימן זה, ולעיניו לא מהני כמו ערוה בעששית).

[יט] **היה ישן ערום בטליתו** - המחבר תפס לשון הגמרא {ברכות כ"ד ע"ב}, דשם שייך האי לישנא, **אבל** בענייננו ה"ה כשהיה ישן בחלוקו בלא מכנסים, ג"כ דינא הכי.

צריך לחוץ בטלית על לבו, ואז יקרא – (ר"ל אפילו אם הוציא ראשו חוץ לטליתו, שלא יהיה עם ערותו תחת מכסה אחד, מ"מ אסור, דלבו רואה ערוה, עד שיחוץ על לבו להפסיק, ואז אפילו אינו מוציא ראשו חוץ להטלית שרי ע"י זה).

פי' דידביק הטלית על לבו, כדי שיהא הפסק בין לבו לערוה, אבל בלא"ה אסור, דנהי דלבו מכוסה בטלית שעל כל גופו, הרי עדיין לבו וערוה בהדדי הן, ואין דבר ביניהן, (**וכתב** הל"ח והא"ר, **דאם** מכסה לבו בבגד בפני עצמו, סגי **אף אם** אינו מדביקו על לבו).

וה"ה אם חוצץ בטליתו מתחת ללבו, כדי שיהא הפסק בין לבו לערוה, ואפילו אם לבו מגולה לגמרי.

משום דלבו רואה את הערוה אסור - דערוה בראיה תלי רחמנא, כדכתיב: לא יראה בך ערות דבר וגו', ומצינו לשון ראיה בלב, כדכתיב: ולבי ראה הרבה חכמה, לפיכך החמירו חכמים בזה.

ודע, דאפילו אם לבו מכוסה בבגד להפסיק בינו לערוה, צריך שתהא ערותו ג"כ מכוסה, ואם הוא מגולה, הסכימו הרבה אחרונים דאסור לקרות מן התורה, אפילו אם מכוסה בהטלית גם על ראשו ועיניו, שלא יוכל לראות את הערוה, **שהרי** לא נאמר "לא תראה ערות דבר", אלא "לא יראה בך", כלומר שתהא מכוסה בענין שלא יוכל להראות אפילו לאחר.

לפיכך העומד בבית ערום, והוציא ראשו חוץ לחלון שלא יראה ערותו, אע"פ שחצץ בבגד על לבו, הרי זה לא יקרא, כיון שערותו מגולה ונראית בבית, **אבל** הישן ערום בכילה שאינה גבוה י' טפחים, והוציא ראשו חוצה לה, וגם חצץ באיזה דבר להפסיק בין לבו לערוה, אע"פ שערותו מגולה בכילה, הרי זה כמכוסה בטלית, שכיון שאין הכילה גבוה י"ט, שם כיסוי עליה כמו מלבוש, **ואינו** דומה לבית, שהוא חלוק רשות לעצמו ולא נוכל לכנות עליה שם כיסוי, ע"כ אסור, (**ואם הוציא ראשו** ולבו חוץ לכילה, אסור, דהוי כאלו הוא כולו לחוץ).

(**ואם** הוא עומד ערום במגדל של עצים, ומוציא ראשו לחוץ, מסתפק הירושלמי אם דינו כבית ואוהל ואסור, או דינו ככלי והוי כמו מלבוש, **והרבינו** ירוחם פוסק בזה לקולא, **אך** שלא יהא לבו רואה את הערוה, **ולפ"ז** משמע בפשיטות, **דאם** אחד עומד ערום בתוך כלי, נחשב הכלי כמו מלבוש, ומהני כשמסתכל בעיניו כלפי חוץ, וכ"כ הדרישה, והט"ז מחמיר בזה שם, ותמה הפמ"ג עליו, ומ"מ צריך להפסיק בין לבו לערוה, דלא עדיף מכתונת).

וכן אם צואה בבית בתוך ד"א, והוציא ראשו חוץ לחלון, אסור לקרות ק"ש, דשדינן ראשו בתר רובו, ואפילו לדעת המתירין לקמן בסימן ע"ו ס"ד, **ואם** הכניס ראשו לחדר שיש שם צואה, אסור ג"כ לכו"ע לקרות, דעכ"פ הצואה נגד עיניו, **ולדעת** הרשב"א המובא בסימן ע"ט ס"ב, אסור אפילו הוא עומד מבחוץ נגד הפתח, כיון שהצואה כנגדו.

עיין בדה"ח, דאפילו בדיעבד אם קרא ק"ש והתפלל בראיית לבו לערוה, חוזר, והק"ש חוזר עם ברכותיה אם קראם בראיית לבו לערוה, דהכי תקנו חכמים, **אבל** בשאר ברכות יש להסתפק בדיעבד אם יחזור, וספק ברכות להקל, **ובח"א** ובנשמת אדם משמע, דיש להקל בדיעבד גם לענין תפלה, בדבר דהאיסור הוא רק מדרבנן, **ואפשר** דיש לתפוס כוותיה לענין זה, ונצרף דעת [כ]רש"י ור"ש תלמידו המובא [כא]בתוס' {ברכות כ"ה:}.

הגה: וכ"ה אם לבו רואה ערות חבירו, אסור (טור) - דהיינו שאין הפסק בין לבו לערות חבירו, כגון ששניהם שוכבים ערומים ומתכסים בטלית אחד, והם רחוקים זה מזה, דהיינו שאין בשרם נוגע, אלא שפניהם זה כנגד זה, והוא עצמו יש לו הפסק בין לבו לערוה, אעפ"כ אסור משום דלבו רואה ערות חבירו, **או** כגון ששניהם עומדים במים, ולבו אינו רואה ערות עצמו, לפי שמכוסה בבגד ממטה ללבו, אלא שרואה ערות חבירו שאינו מכוסה, אסור אף שעיניו חוץ למים, דמכל מקום לבו רואה.

אות מ'

תלמיד חכם אסור לו לעמוד במקום הטנופת, לפי שאי אפשר לו לעמוד בלי הרהור תורה

יו"ד סימן רמו סכ"ו - ואסור לעסוק בדברי תורה במקומות המטונפים, ולכן אמרו שאסור לתלמיד חכם לעמוד במקומות המטונפים, מפני שלא יהרהר בדברי תורה (פשוט פ' מי שמתו); ומ"מ מותר ליכנס למרחץ אף מתוך הלכה שאינה פסוקה (ת"ה), ולא חיישינן שיהרהר, דבמרחץ שומר עצמו מהרהור תורה (סברת הרב דלא כמסקנת ת"ה שמגמגם בזה)

- גם בת"ה כתב, דמותר ליכנס לבית הכסא ולבית המרחץ אף מתוך הלכה שאינה פסוקה, **ודוקא** גבי תפלה אסור, משום דאי אפשר לו לכוון יפה, ממ"נ, דודאי הרהורי ההלכה ירחיקוהו למעיין בה, ואם כן ע"כ יהא לבו טרוד, אם עיין הוא בהלכה לא יוכל לכוין בתפלה, ואם יכריח מחשבת לבו לסלק עיון ההלכה, ההיא גופא טרדא היא לו, שצריך להסיר מלבו מה שהוא חפץ לחשוב, ויפסיד על ידי כך כוונת התפלה, **ותו** יש לחלק, דדוקא גבי תפלה חיישינן פן יהרהר בה בדברי תורה, משום דתרווייהו דברים של קדש הם, אבל לא חיישינן שיהרהר במקום הטנופת כגון בבית המרחץ ובבית הכסא, ע"כ, **אלא** שאח"כ

באר הגולה

[יט] ברכות כ"ד וכיש אומרים הרי"ף ורמב"ם ושאר פוסקים [כ] ‹לכאורה רש"י אינו מובא שמה› [כא] ‹ד"ה והרי, דלבו רואה את הערוה מותר›

כתב, אמנם הדבר ידוע שקשה מאד להסיר מלבו הרהורי תורה אפי' במקום הטנופת, מי שלבו נבהל ולהוט לעיין בפלפול הלכה, ואף כי אמרינן פרק מי שמתו, אמר רב הונא ת"ח אסור לעמוד במבואות המטונפות, מפני שא"א לו בלא הרהורי תורה, אלמא דחיישינן להכי, צ"ע, ע"כ, **וכתב** על זה בד"מ, ונראה לי דע"כ צריכין לחלק בין מבואות המטונפות למרחץ, דאל"כ לא יהא ת"ח מותר ליכנס למרחץ לעולם, כמו שאסור ליכנס למבואות המטונפות, **אלא** ע"כ צ"ל דאינו מהרהר במרחץ כלל, ונזהר טפי ממה שנזהר במבואות המטונפות, ואם כן אפילו מתוך הלכה שאינה פסוקה נמי שרי, עכ"ל, **רצה** לומר כיון דבכוון הולך לבית המרחץ לרחוץ שם, אם כן פונה ממנו טרדת הלמוד עד שיצא מבית המרחץ, וכן בבית הכסא, **ונראה** דגם דעת מהרא"י כן, שהרי האריך שם בתשובה דמותר, והוכיח כן מהש"ס ספ"ק דקידושין, ולא כתב האי סיומא דאמנם הדבר ידוע כו', אלא להזהיר לתלמידי חכמים כשנכנסים לבה"כ או לבית המרחץ יפנו מחשבתם ממחשבת הלמוד, **וכ"כ** בספר מעדני מלך בסתמא בשם ת"ה, דמותר ליכנס לבית המרחץ אף מתוך הלכה שאינה פסוקה, ועיין באו"ח סימן פ"ה - ש"ד.

(**עיין** בשע"ת באו"ח סי' ג', שכתב סגולה שינצל שלא יהרהר בד"ת בבית הכסא בשם האר"י ז"ל, שיאמר תחלה התכבדו מכובדים כו', **אף** שכתב בשו"ע שם דעכשיו לא נהגו לאמרו, מ"מ יש לאמרו בשביל זה כדי שינצל מהרהור דברי תורה, ע"ש, **ואולי** לא נאמרו הדברים אלא ליחידים אשר תורתם אומנתם ולא לזולתם, דמחזי כרמות רוחא, עכ"ד, **ולענ"ד** נראה דלא שייך מיחזי כיוהרא, אלא בדבר שעושה בפני רבים, משא"כ בזה, **כעת** ראיתי שגם הב"י באו"ח שם בשם האבודרהם כתב ג"כ דמחזי כיוהרא, ע"ש - פת"ש).

אות נ'

בכל מקום מותר להרהר בדברי תורה, חוץ מבית המרחץ ומבית הכסא

סימן פה ס"ב - [כב]אפי' להרהר בד"ת, אסור בבית הכסא ובבית המרחץ [כג]ובמקום הטנופת, והוא המקום שיש בו צואה ומי רגלים - ואפילו בתוך הד"א של הבה"כ ממקום שכלה הריח, ג"כ אסור להרהר.

ובבית המרחץ - כי נפיש זוהמא בתוכו ומאוס, והו"ל כצואה ובה"כ, ואפילו בזמן שאין שם אדם.

וטעם איסור ההרהור בכל אלו המקומות, משום דבעינן "והיה מחניך קדוש" וליכא.

וכן אסור לעיין בבה"כ במשקלי השמות והפעלים של לשון הקודש, שאין דרך להגיע לידיעה רק ע"פ הכתובים, ויבוא להרהר במקרא, **ויחשוב** שם חשבונות ביתו והוצאותיו, כדי שלא יבא לידי הרהור, ובשבת יחשוב בבנינים וציורים נאים, **ופשוט** דמותר אדם להתבונן בבה"כ בגודל שפלותו, ושבסופו יחזור כולו להיות עפר רימה ותולעה, ואין נאה לו הגאוה.

כתב בספר תוספות ירושלים בשם הירושלמי, דבבורסקי אסור להתפלל וכן להזכיר כל דבר שבקדושה, והוא שהותחל העיבוד שיש ריח רע, אבל אם עדיין לא התחיל מותר, **ופשוט** דבזמן שאסור, הוא אפילו להאומן עצמו שמורגל בהריח רע ואינו מרגיש, כל שבני אדם מצטערים מזה הר"ר.

כתב ב"י: מי שתלמודו שגור בפיו, והרהר בבה"כ ובבית המרחץ לאונסו, מותר. **יש** אומרים דכיון דאנוס הוא בהרהורו, יכול אפילו לבטא בשפתיו, וכן משמע מזבחים ק"ב ע"ב, **אבל** בספר ברכי יוסף מסיק, דהדבור אסור בכל גווני, והראיה מהגמרא יש לדחות, כמש"כ שם הרב ברכת הזבח וצאן קדשים, **ומה** שכתב: דאם הרהר לאונסו מותר, היינו ר"ל דאם הרהר לא עבד איסורא מאחר שהיה לאונסו, **ברם** לכתחילה חובת גברא לדחות ההרהור, וכ"ש דהדבור אסור, **וכ"כ** בספר ישועות יעקב דהדבור אסור.

הגה: ואפי' הלכות המרחץ אסור ללמוד במרחץ.

[כד]דברים של חול, מותר לאמרם שם בלשון הקדש - ומדת חסידות הוא להחמיר.

[כה]וכן הכנויים, כגון "רחום" "נאמן" וכיוצא בהם, מותר לאמרם שם - דגם בני אדם מכונים בהם לפעמים, כמו שנאמר: חנון ורחום וצדיק, **ודוקא** באומר כך, אבל באומר: הרחום ירחם עליך, י"ל דאסור כמו שאלת שלום. **אבל השמות שאינם נמחקין, אסור להזכירם שם** - לאו דוקא, דהא איכא "שלום" דאסור להזכיר שם.

הראב"ד אוסר ב"רחום", וכתב הב"ח ויש להחמיר, וכן פסק הפר"ח, **מיהו** בלע"ז לכו"ע שרי, הואיל וזה אינו מיוחד דוקא להקב"ה, **משא"כ** שאר ד"ת, וכ"ש השמות שאינם נמחקין, אסור לאמור שם אפילו בלשון לע"ז, כגון "גא"ט" בלשון אשכנז, או "בוגא" בלשון פולין ורוסיא וכה"ג, **שאף** ששם זה אין בו קדושה באותיות כתיבתו, ומותר למוחקו, מ"מ יש בו משום בזיון בהזכרתו במקום טינופת, **כמו** בהזכרת ה"שלום", שמותר ג"כ למוחקו, ואעפ"כ כיון שהקב"ה נקרא בו, אע"פ שאינו מיוחד לו, אסור להזכירו כשמתכוין על ענין השלום, **וכ"ש** בזה שלכמה דברים דינם כשמות שבלשה"ק, כגון לענין שבועה, ולענין הזכרת ש"ש לבטלה, ולענין קללת חבירו בשם.

[כו]ואם נזדמן לו שם להפריש מדבר האסור, מפריש, ואפילו בלשון הקודש ובענייני קודש - דהיינו לומר לו אפילו בלשון הוראה שאסור לעשות כן, וא"צ לדקדק ולומר: אל תעשה כך, בלי לשון הוראה, [מ"א]. **ויש** מחמירין וסוברין, דאסור לומר בלשון הוראה, דזה הוא תורה, כגון אם רואה בע"פ שמגלחין אחר חצות, יאמר: אין מגלחין, דלשון זה אינו לשון הוראה, אע"ג דממילא נשמע דאסור, אבל לא יאמר: אסור לגלח, [ח"א]. (**ומקרוב נדפס חידושי הר"ן על**

באר הגולה

כב שבת מ' | כג הרמב"ם | כד שם בגמ' | כה שם י' | כו שם מ'

שבת, איתא שם בהדיא דלא כהח"א, וראיותיו יש לדחות, וכ"כ הגר"ז כהמ"א). **ונ"ל** דאם אין דבריו נשמעין בקיצור, יוכל להעריך לפניהם גודל האיסור בכל חלקיו, כדי להפרישן.

וה"ה אם נכנס בלבו הרהור עבירה, מותר להרהר שם בד"ת, מפני שזהו כמו להפרישו מאיסור, שהתורה מצלת מהרהורים רעים.

כתב המ"א בשם הר"ן, אפילו בלא אפרושי מאיסורא, שרי לומר לחבירו: עשה לי כך וכך, אפילו אם ממילא הוי הוראה, שבזה מורה לו שהוא מותר לעשות כן, כיון שאינו אומרם בלשון הוראה.

הגה: ובמקום שמותר להרהר בד"ת - כגון בבית אמצעי של מרחץ וכנ"ל, או כגון שהוא בעצמו אינו נקי לגמרי, כגון שנגע בידיו במקומות המכוסים, **דאם** ידיו או שאר מקומות מגופו מטונפות ממש, אפילו ההרהור אסור, **מותר לפסוק דין, ובלבד שלא יאמר טעמו של דבר (ר"ן)** - דפסק דין הוי כמו הרהור, שמחשב הטעם בלבו.

אות ס' - ע'

להיכן אהדר, אמר ליה אם שהית כדי לגמור את כולה, חזור לראש

היה מהלך במבואות המטונפות, לא יקרא ק"ש; ולא עוד אלא שאם היה קורא ובא, פוסק

סימן פה ס"א - [כז]**לא ילך אדם במבואות המטונפות ויניח ידו על פיו ויקרא ק"ש** - כלומר שקורא כ"כ בלחש, עד שאינו ניכר כלל שמרחש בשפתיו, ג"כ אסור, [פרישה], (הגם דאין זה מבואר בלשון הגמ' והשו"ע – אור החמה), **ואפילו אם היה קורא ובא, צריך להפסיק כשיגיע למבוי המטונף** - ר"ל בתוך ד"א, ואם הוא לפניו, אסור כמלא עיניו.

וכשיצא משם, [כח]**אפילו שהה כדי לגמור את כולה, אינו צריך לחזור אלא למקום שפסק. הגה: וי"א שחוזר לראש, וכן עיקר, (ועי"ל סימן ס"ה).**

סימן סה ס"א – (דע דדעת המחבר, דכל שאר הברכות לבד מתפלה, אם שהה באמצע כדי לגמור כולה, אינו חוזר לראש, אפילו היה ההפסק מחמת אונס, ובתפלה אם שהה כדי לגמור את כולה, אפילו היה ההפסק שלא מחמת אונס, חוזר לראש, **ודעת הי"א**, (הוא הדעה שמביא הרמ"א), דאין לחלק בין תפלה לשאר ענינים, אלא בכל דבר אם שהה מחמה אונס חוזר לראש, **והכרעת הד"מ**, דלדבר שהוא מדרבנן לבד מתפלה, יש להקל ולפסוק שלא לחזור לראש, אפילו בשהה מחמת אונס, **אך** הלבוש והב"ח והא"ר פליגי עליו).

[כט]**קראה סירוגין, דהיינו שהתחיל לקרות והפסיק בין בשתיקה בין בדיבור, וחזר וגמרה, אפילו שהה כדי לגמור את כולה, יצא, אפילו היה ההפסק מחמת אונס** - אפילו אם שח במזיד, אף דעשה איסור בזה, אעפ"כ א"צ לחזור רק למקום שפסק, ואפילו כשפסק באמצע ברכה, **וה"ה** כששח באמצע הלל ומגילה ובהמ"ז, או שאר ברכה ארוכה, **ודוקא** כשהוא אומרן בעצמו, דאם שומע מאחר שמוציאו והוא שח בנתיים, ממילא אינו שומע ואיך יצא בזה, **ועיין** בבה"ל שכתבנו, דבק"ש נכון שיחזור הפרשיות עוד הפעם כששח במזיד, כי יש אומרים דצריך לחזור לראש, (**אבל** בבהמ"ז וכ"ש בשאר ברכות, לא יחזור בדיעבד).

הגה: וי"א דאם היה אונס, והפסיק כדי לגמור את כולה - היינו מראש ועד סוף, אפילו עומד בסוף, **חוזר לראש** - טעמם, דבשלמא אם לא היה אנוס, שאם היה רוצה היה יכול לקרות, לא הוי השתיקה ואפילו הדבור הפסק, אבל באנוס חשיבא השהייה הפסק, כיון שלא היה אז יכול לקרות, **ועיין** במ"א שמסיק, דדוקא אם האונס הוא מחמת שהאיש אינו ראוי, כגון שהוצרך לנקביו, או שהמקום אינו ראוי, כגון שמצא שם צואה או מי רגלים, והוצרך לשהות עד שיוציאום, **אבל** אונס אחר, כגון מחמת ליסטים וכה"ג, הוי כמו ששתק ברצון, דלא חשיב הפסק לדעה זו, **ודוקא** בק"ש וברכותיה וכה"ג, אבל בתפלה חוזר לראש אפילו באונס אחר.

והכי נהוג - וכן פסקו האחרונים, וה"ה בתפלה והלל ומגילה וברכת כהנים.

והיינו אם הפסיק בק"ש, אפי' אם ההפסק היה רק כדי לגמור הק"ש, חוזר לראש ק"ש, **ובברכת** ק"ש לא יחזור לראש הברכה שפסק בתוכה, אא"כ שהה כדי לגמור מתחלת ברכת "יוצר אור" עד "גאל ישראל", (**דהירושלמי בעי, הא דאמרינן אם הפסיק ושהה כדי לגמור את כולה לא יצא, וצריך שיהא חוזר לראש, מאי כולה דקאמר, כגון ק"ש עם ברכותיה, או היא ולא ברכותיה, או אפילו כדי לגמור ברכותיה ולא היא, והא בהא תליא, דאם נאמר דצריך לשהות עד כדי ק"ש וברכותיה דוקא, כי מישך שייכי להדדי, ה"ה כשחוזר לראש יחזור ג"כ עם ברכותיה, ואם** נאמר דכדי לגמור כולה היינו ק"ש עצמה, ה"ה כשחוזר אין צריך לחזור רק הק"ש, **ונ"ל דאף דמוכח מירושלמי הזה, דדין שהה כדי לגמור כולה הוא רק מדרבנן**, מדאיבעי ליה אי עם הברכות או לא, **מ"מ לענין ק"ש בעצמה נכון להחמיר כי היא מדאורייתא, ואין בה חשש ברכה לבטלה**, משא"כ לענין הברכות, **ע"כ אם שהה בק"ש אפילו רק כדי לגמור** הפרשיות, **צריך לחזור**, ורק הק"ש לבדה, **אבל הברכות**, אפילו אם שהה בק"ש כדי לגמור הפרשיות וגם הברכות, א"צ לחזור, כי יש לנו לילך לקולא ולומר דהברכות לא שייך לק"ש, **ואם** שהה בברכת ק"ש לא יצטרך לחזור לראש, אא"כ שהה כדי לגמור מתחלת "יוצר אור" עד "גאל ישראל", דיש לנו לילך לקולא, דלא אמרינן ברכותיה ולא היא, אלא הברכות עם ק"ש הוא אחד לזה, וכ"כ הח"א).

ועיין בבה"ל דביארנו, דאם הפסיק בברכת ק"ש בין ברכה לברכה, בכל גווני אין צריך לחזור ולברך בדיעבד, (דדילמא קי"ל דברכותיה ולא

באר הגולה

כז ברכות כ"ד | כח לדעת הרי"ף ורמב"ם | כט ברכות כ"ד לדעת הרי"ף והרמב"ם

היא, וממילא ה"ה דברכות ג"כ אין להם התקשרות זה עם זה, כדקי"ל בעלמא דאין מעכבות זו את זו, **ואם** הפסיק באמצע הברכה, לא יצטרך לחזור רק לתחלת הברכה זו גופא, **רק** אם פסק באמצע "אמת ויציב", נראה דיחזור לק"ש מטעם הנ"ל), (כי היא מדאורייתא ואין בה חשש ברכה לבטלה), **אבל** בק"ש אם הפסיק בין פרשה לפרשה מחמת אונס, ושהה בה כדי לגמור כל הפרשיות, חוזר לראש.

(**ועיין** במ"א דמצריך לחזור ולקרות הלל בלי ברכה מחמת חששת הד"מ, וא"כ ה"ה במגילה יחזור לקרותה בלי ברכה, **ובפמ"ג** מסתפק שם לענין הברכה, משמע דלא פשיטא ליה למעשה כהמ"א. **וא"כ** לפי"ז בכל דבר שהוא מילתא דרבנן, אי נוגע לחשש ברכה לבטלה, יש לעיין, אם שהה בה כדי לגמור כולה אפילו באונס גמור, אם יחזור לראש, **וכן** יש לעיין לענין ברכת ק"ש שלפניה או שלאחריה שהיא ג"כ מדרבנן, כיון שכבר הזכיר יציאת מצרים בפ' ציצית, ואח"כ מצאתי בנ"א שמסתפק לענין כל הברכות, וא"כ לפי"ז ה"ה בברכת ק"ש, **אך** מדברי הדה"ח משמע, דבברכת ק"ש ג"כ הדין כמו בק"ש, אע"ג דהוא בעצמו פסק בהלכות הלל כהמ"א דיחזור לקרותה בלי ברכה, ואולי ס"ל דברכת ק"ש השוו רבנן לק"ש).

(**ועיין** במ"א שמסתפק לענין בהמ"ז, אם שהה בה כדי לגמור כולה מחמת אונס, אם חוזר לראש, **אולם** לפי דברי הדה"ח הנ"ל, דאפילו בברכת ק"ש שהיא דרבנן חוזר לראש, א"כ כ"ש בבהמ"ז שהיא דאורייתא, וכן פסק בנ"א, דכשהאדם או המקום אינו ראוי יחזור לראש).

(**ודע** עוד, דבבהמ"ז דמחמירין לחזור לראש, הוא אפילו בשהה בין ברכה לברכה, שכן באופן זה מיירי המ"א שם, **ואף** דלענין ברכת ק"ש מקילין בזה במ"ב, שם שאני, דהברכות אין מעכבות זו את זו, משא"כ בבהמ"ז, כל הג' ברכות הם חשובות כא'). (ובסי' קפג ס"ו מסופק בזה).

(**ונ"ל** פשוט דה"ה בנשיאת כפים, שייך בו כל זה הדין דשהה כדי לגמור כולה, ואם היה השהיה מחמת אונס, חוזר לראש הברכת כהנים, **ושיעור** דלגמור כולה, היינו עצם הברכות השלשה מראש לסוף, בלי אמירת הרבש"ע ויה"ר שאומרים הקהל, **ואפשר** דבמקומות שמנגנין הכהנים בעת האמירת הקהל, גם זה יש לחשוב בתוך השיעור, וצ"ע).

וכ"ז לענין דיעבד, אבל לכתחילה לא יפסיק לשהות כדי לגמור כולה, אפילו שלא מחמת אונס, ואפילו בשתיקה בעלמא, ואפילו בדבר שהוא מדרבנן, כגון ברכת ק"ש והלל ומגילה וכה"ג, וכ"ש דבתפלה יש ליזהר מאד בזה, כי יש שמחמירין בתפלה אפילו דיעבד.

ומשמע מדברי המ"א, דלכתחילה נכון ליזהר שלא ינגן הש"ץ הרבה בברכת ק"ש, שיהיה בהפסק אחד כדי לגמור כולה, שאז יצטרכו הקהל להפסיק הרבה בשתיקה על ידו.

ונ"ל דכ"ש דיש ליזהר בברכת כהנים שהוא מדאורייתא, שלא יאריכו אז הקהל באמירת התחנונים בעת הברכת כהנים, שעי"ז שותקין הכהנים זמן הרבה באמצע הברכה, **ומחמת** זה טוב לעשות כמו שראיתי כתוב בשם הגר"א, וכן משמע בסימן קכ"ח סעיף מ"ה בהג"ה, שיאמרו גם בפעם שלישית הרבש"ע, ולא יה"ר הארוך, כי בהרבה פעמים מצוי שאין הכהנים מנגנין כלל, ורק עומדין וממתינין עד שיסיימו הקהל אמירתם, ועי"ז יש לפעמים זמן כדי לגמור כולה.

ולענות קדיש או קדושה, מותר לשהות אפילו כדי לגמור את כולה, **ומשמע** בספר שלחן שלמה, דדוקא אם הוא עומד בסוף ברכת "אמת ויציב", דהיינו אצל "שירה חדשה", אבל אם עדיין לא הגיע ל"שירה חדשה", טוב יותר שישהה בסירוגין באמצע ברכה, כמה פעמים פחות מכדי לגמור כולה.

ומשערין ענין השהייה לפי הקורא, ולא לפי רוב בני אדם (רשב"א) - בין להקל בין להחמיר, **וכן הוא לקמן סי' ק"ד.**

סימן עח ס"א - [ל]**ואפילו שהה כדי לגמור את כולה, אינו צריך לחזור אלא למקום שפסק. הגה: וי"א דאם שהה כדי לגמור את כולה חוזר לראש, וכן עיקר, וכמו שכתבתי לעיל סי' ס"ה** - ר"ל דתלוי העיקר אם הוא אנוס בעת ההפסק חוזר לראש, וה"נ הא אנוס הוא, **ומשערין לפי הקורא.**

ולענין תפלה אם נזדמן כן באמצע, והמתין על הבאת מים או על הבליעה בקרקע, בכדי לגמור כל התפלה, נ"ל דאפשר דא"צ לחזור לראש, כי בדיעבד יש לסמוך על דעת הרשב"א והתוס', דס"ל דא"צ להרחיק כלל כיון שכבר הוא עומד בתפלה, וא"כ לא היה אז אנוס, אם לא שבפסיקה עד שיכלו המים לבד היה השיעור כדי לגמור כולה, (**ואפשר** דמ"מ יש לחזור, מטעם דבלא"ה דעת הרי"ף והרמב"ם, דבתפלה חוזר אף בלא אונס).

אות פ'

היתה טליתו של בגד ושל עור ושל שק חגורה על מתניו, מותר לקרות ק"ש

סימן עד ס"ו - [לא]**היתה טליתו חגורה על מתניו לכסותו ממתניו ולמטה** - ר"ל אפילו רק עד למטה מערותו, **אע"פ שממתניו ולמעלה הוא ערום, מותר לקרות ק"ש** - כיון שערותו מכוסה, וגם הטלית מפסקת בין לבו לערוה, **ובמקום** הדחק, דאל"ה אין נכון לכתחלה לעשות כן אפי' באיזה ברכה, וכ"ש בק"ש.

אבל להתפלל אסור, עד שיכסה לבו - ה"ה כל גופו, ונקט לבו איידי דרישא, דבק"ש א"צ לכסות לבו, **וטעם** דתפלה חמורה, לפי שבתפלה צריך לראות את עצמו כעומד לפני המלך ומדבר עמו, שצריך לעמוד באימה, **אבל** בק"ש אינו מדבר לפני המלך. (וכ"כ ברש"י).

באר הגולה

ל שם בגמ' לדעת הרי"ף ורמב"ם | לא שם בגמ' כ"ד וכ"ה

§ מסכת ברכות דף כה. §

אות א'

לתפלה עד שיכסה את לבו

סימן עד ס"ו - [א]היתה טליתו חגורה על מתניו לכסותו ממתניו ולמטה - ר"ל אפילו רק עד למטה מערותו, **אע"פ שממתניו ולמעלה הוא ערום, מותר לקרות ק"ש** - כיון שערותו מכוסה, וגם הטלית מפסקת בין לבו לערוה, **ובמקום** הדחק, דאל"ה אין נכון לכתחלה לעשות כן אפי' באיזה ברכה וכ"ש בק"ש.

אבל להתפלל אסור, עד שיכסה לבו - ה"ה כל גופו, ונקט לבו איידי דרישא, דבק"ש א"צ לכסות לבו, **וטעם** דתפלה חמורה, לפי שבתפלה צריך לראות את עצמו כעומד לפני המלך ומדבר עמו, שצריך לעמוד באימה, **אבל** בק"ש אינו מדבר לפני המלך.

סימן צא ס"א - [ב]היתה טלית חגורה על מתניו לכסותו ממתניו ולמטה, אסור להתפלל עד שיכסה לבו - והוא הדין כל גופו, דצריך הוא לראות את עצמו כאלו עומד לפני המלך ומדבר באימה.

[ג]ואם לא כסה את לבו, או שנאנס ואין לו במה יתכסה, הואיל וכסה ערותו והתפלל, יצא - ר"ל אפי' היה ממתניו ולמעלה ערום, יצא.

(**ונראה** דקאי על מה דמיירי בריש הסעיף, שהיתה הטלית חגורה על מתניו, דאין לבו רואה את הערוה ג"כ, **אבל** אם לבו רואה את הערוה, כגון שהיה לבוש חלוק בלא מכנסים, אף דהוא רק מדרבנן, כמו שכתב הפמ"ג, מ"מ צריך לחזור ולהתפלל, **וצ"ע** למעשה).

(**עיין** בהרמב"ם דמסיים: ולכתחלה לא יעשה, ונדחקו בביאורו, **ונ"ל** דהשמיענו למי שנאנס ואין לו במה לכסות, דלכתחלה מוטב שלא יתפלל כלל, אח"כ מצאתי זה במ"מ).

(**ונראה** דרק במי שנאנס מתירין בק"ש ממתניו ולמעלה ערום בסוף סימן ע"ד, אבל בלא"ה לא).

אות ב'

שכח ונכנס בתפילין לבית הכסא מניח ידו עליהן עד שיגמור

סימן מג ס"ח - [ד]אם שכח תפילין בראשו ועשה בהם צרכיו, מניח ידו עליהן עד שיגמור עמוד הראשון - דעמוד החוזר מביא האדם לידי הדרוקן, וסילון החוזר מביא האדם לידי ירקון, **ויוצא וחולצן וחוזר ונכנס.**

אות ג'

צואה על בשרו, או ידו מונחת בבית הכסא... מותר לקרות קריאת שמע... אסור לקרות ק"ש

סימן עו ס"ד - [ה]היתה צואה על בשרו ומכוסה בבגדיו – (עיין בפמ"ג שכתב, דלא נתבאר שיעור הבגד המכסה, אי בעינן ג' טפחים, או די בג' אצבעות, **ולא** אבין כונתו, דהלא איתא בס"ו, דצואה כל שהוא יכול לבטלה ברוק, אלמא לא בעינן שיעור להכיסוי, ומקרא מלא הוא: וחפרת בה ושבת וכסית וגו', **ולומר** דהכא גרע משום דבשרו מטונף מצואה, זה אינו, דא"כ מאי מהני אם הוא כיסוי גדול).

או שהכניס ידיו בבית הכסא דרך חור - ר"ל מחיצה יש בינו לבין בה"כ, ופשט ידו לפנים מן המחיצה, [מ"א] ‹בשם רש"י›, **דאלת"ה** הלא י"א בסימן פ"ג, דאסור לקרות כנגד מחיצת בה"כ, דכצואה דמיא.

ואינו מריח ריח רע, [ו]יש מתירים לקרות - דכתיב: כל הנשמה תהלל יה, דהיינו הפה והחוטם בכלל ההילול, אבל לא שאר איברים, דאפילו אינם נקיים שרי.

[ז]ויש אוסרים - טעמם, דכתיב: כל עצמותי תאמרנה ה' מי כמוך, בעינן שיהיו כולם נקיים, **ופשוט** דלפי"ז ה"ה אם אחד מאיבריו הוא בתוך ד' אמות של הצואה, ג"כ אסור מטעם זה.

ואם הצואה היא על בגדיו ומכוסה מלמעלה ג"כ, לכו"ע שרי, **ומ"מ** יזהר כל אדם שיהיו תמיד בגדיו נקיים, ובפרט בעת התפלה.

ומי שידיו מטונפות מקינוח ביהכ"ס, אם אין בהם ממשות צואה, אלא לכלוך בעלמא, והלך ריחה, והיא על ידו דומיא דמלמולי זיעה, שרי לקרות כנגדה אפי' בלי כיסוי, **ודוקא** אחר, משום דלאו כצואה דמיא, אבל הוא גופא, כל שידיו מלוכלכות מלמולי זיעה וחיכוך הראש, אסור לקרות ק"ש ותפלה עד שיטול ידיו, או עכ"פ אם אין לו מים ינקה ידיו, וכדלעיל בסימן ד'.

[ח]וי"א שלא התיר המתיר בצואה על בשרו, אלא במקום שהיא נכסה מאליה בלא מלבוש, כגון אצילי ידיו - ר"ל אז מהני כיסוי בגד.

ונכון לעשות כדברי המחמיר - ובעת הדחק יש לסמוך אדברי המתירין, שדוקא הפה והחוטם הוא בכלל ההילול, אבל לא שאר איברים.

באר הגולה

[א] שם בגמ' כ"ד וכ"ה [ב] ברכות כ"ד וכ"ה [ג] הרמב"ם [ד] שם בגמ' כ"ה [ה] שם ‹כ"ה› לפי' הרא"ש [ו] הרי"ף והרא"ש ור' יונה וכרב הונא [ז] ר"ח וא"ז וכרב חסדא [ח] הרא"ש ורבי יונה שם בשם י"א

מי שמתו פרק שלישי ברכות כה

אבל ‎*לתפלה עד שיכסה את לבו וא"ר הונא ‎ג‎שכח ונכנס בתפילין לבית הכסא מניח ידו עליהן עד שיגמור ס"ד אלא כדאמר ר"נ בר יצחק עד שיגמור עמוד ראשון ולפסוק לאלתר וליקום משום דרשב"ג. ‎*דתניא רשב"ג אומר עמוד החוזר מביא את האדם לידי הדרוקן סילון החוזר מביא את האדם לידי ירקון: ‎*אתמר צואה על בשרו או ידו מונחת בבית הכסא רב הונא אמר ‎ג‎מותר לקרות ק"ש רב חסדא אמר אסור לקרות ק"ש אמר רבא מ"ט דרב הונא דכתיב °כל הנשמה תהלל יה ורב חסדא אמר אסור לקרות ק"ש מ"ט דרב חסדא דכתיב °כל עצמותי תאמרנה ה' מי כמוך:

אתמר ריח רע שיש לו עיקר רב הונא אמר ‎ד‎מרחיק ד' אמות וקורא ק"ש ורב חסדא אמר מרחיק ד' אמות ממקום שפסק הריח וקורא ק"ש תניא כותיה דרב חסדא לא יקרא אדם ק"ש לא כנגד צואת אדם ולא כנגד צואת כלבים ולא כנגד צואת חזירים ולא כנגד צואת תרנגולים ‎*ולא ‎ה‎כנגד [א] צואת אשפה שריחה רע ואם ‎ו‎היה מקום גבוה עשרה טפחים או נמוך עשרה טפחים יושב בצדו וקורא ק"ש ואם לאו מרחיק מלא עיניו ‎ז‎וכן לתפלה ריח רע שיש לו עיקר מרחיק ד' אמות ממקום הריח וקורא ק"ש אמר רבא לית הלכתא כי הא מתניתא ‎*(בכל הני שמעתתא) אלא כי הא ‎*דתניא ‎ח‎לא יקרא אדם ק"ש לא כנגד צואת אדם [ב] ולא כנגד צואת חזירים ולא כנגד צואת כלבים בזמן שנתן עורות לתוכן בעו מיניה מרב ששת ריח רע שאין לו עיקר מהו אמר להו ‎ט‎אתו חזו הני ציפי דבי רב דהני גנו והני גרסי וה"מ ‎י‎בדברי תורה אבל בק"ש לא ודברי תורה נמי לא אמרן ‎כ‎אלא דחבריה אבל דידיה לא: אתמר צואה עוברת אביי אמר מותר לקרות ק"ש רבא אמר ‎ל‎אסור לקרות ק"ש אמר אביי מנא אמינא לה ‎*דתנן °הטמא עומד תחת האילן והטהור עובר טמא טהור עומד תחת האילן וטמא עובר טהור ואם עמד טמא וכן באבן המנוגעת ורבא אמר לך התם בקביעותא תליא מילתא דכתיב °בדד ישב מחוץ למחנה מושבו הכא °והיה מחניך קדוש אמר רחמנא והא ליכא: א"ר פפא ‎נ‎פי חזיר כצואה עוברת דמי פשיטא לא צריכא [ס]אע"ג דסליק מנהרא א"ר יהודה ספק צואה אסורה ספק מי רגלים מותרים א"ד אמר רב יהודה °ספק צואה בבית מותרת באשפה אסורה ספק מי רגלים אפילו באשפה נמי מותרין סבר לה כי הא דרב המנונא דאמר רב המנונא ‎ע‎לא אסרה תורה אלא כנגד עמוד בלבד וכדרבי יונתן דר' יונתן רמי כתיב °ויד תהיה לך מחוץ למחנה ויצאת שמה חוץ וכתיב °ויתד תהיה לך וגו' וכסית את צאתך הא כיצד כאן בגדולים °כאן בקטנים אלמא קטנים לא אסרה תורה אלא כנגד עמוד בלבד הא נפול לארעא שרי ורבנן הוא דגזרו בהו וכי גזרו בהו רבנן בודאן אבל בספקן לא גזור ובודאן עד כמה אמר רב יהודה אמר שמואל כל זמן שמטפיחין וכן אמר רבה בב"ח א"ר יוחנן כל זמן שמטפיחין וכן אמר עולא כל זמן שמטפיחין גניבא משמיה דרב אמר כל זמן שרשומן ניכר א"ר יוסף שרא ליה מריה לגניבא השתא צואה אמר רב יהודה אמר רב כיון שקרמו פניה מותר מי רגלים מיבעיא א"ל אביי מאי חזית דסמכת אהא סמוך אהא דאמר רבה בר רב הונא אמר רב צואה אפילו כחרס אסורה והיכי דמי צואה כחרס אמר רבה בב"ח א"ר יוחנן כל זמן שזורקה ואינה נפרכת וא"ד כל זמן שגוללה ואינה נפרכת אמר רבינא הוה קאימנא קמיה דרב יהודה מדפתי חזא צואה אמר לי עיין אי קרמו פניה אי לא א"ד הכי א"ל עיין אי מפלאי אפלויי מאי הוי עלה אתמר צואה כחרס אמימר אמר אסורה ומר זוטרא אמר מותרת אמר רבא °הלכתא צואה כחרס אסורה ומי רגלים כל זמן שמטפיחין מיתיבי מי רגלים כל זמן שמטפיחין אסורין נבלעו או יבשו מותרים מאי לאו נבלעו דומיא דיבשו מה יבשו דאין רשומן ניכר אף נבלעו דאין רשומן ניכר הא רשומן ניכר אסור אע"ג דאין מטפיחין ולטעמיך אימא רישא כל זמן שמטפיחין הוא דאסור הא רשומן ניכר שרי ‎*אלא מהא ליכא למשמע מינה לימא כתנאי כלי שנשפכו ממנו מי רגלים אסור לקרות ק"ש כנגדו ומי רגלים עצמן שנשפכו נבלעו מותר לא נבלעו אסור ר' יוסי אומר כל זמן שמטפיחין מאי נבלעו ומאי לא נבלעו דקאמר ת"ק אילימא נבלעו דאין מטפיחין לא נבלעו דמטפיחין ואתא ר' יוסי למימר כ"ז שמטפיחין הוא דאסור הא רשומן ניכר שרי היינו ת"ק אלא נבלעו דאין רשומן ניכר לא נבלעו דרשומן ניכר ואתא ר' יוסי למימר כ"ז שמטפיחין הוא דאסור הא רשומן ניכר שרי לא דכ"ע כ"ז שמטפיחין הוא דאסור הא רשומן ניכר שרי והכא

רש"י

אבל לתפלה. צריך הוא להראות את עצמו כעומד לפני המלך ולעמוד באימה אבל ק"ש אינו מדבר לפני המלך: **הדרוקן.** חולי של מי רגלים: **ירקון.** חולי שמו גלניצ"ה: **ידיו בבית הכסא.** מחילה יש בינו לבין בית הכסא ופשט ידיו לפנים מן המחילה: **כל הנשמה.** הפה והחוטם בכלל ההילול ולא שאר אברים: **שיש לו עיקר.** שהצואה מונחת שם ומסרחת ושאין לו עיקר הפחת רוח: **מרחיק ד' אמות.** מן העיקר ואע"פ שהריח בא אליו וכגון שהיא לאחוריו שאינו רואה אותה: **ממקום שפסק הריח.** שהריח כלה שם: **לא כנגד צואת אדם כו'.** ואע"פ שאין ריח: **לית הלכתא כי הא מתניתא.** דלעיל דאסר צואת כלבים וחזירים בשאין בהם עורות: **בזמן שיש בהן עורות.** אצואת כלבים וחזירים קאי °שדרכן לתתן °בעבוד העורות אבל צואת אדם אפי' בלא עורות שהרי אין דרכן להתן שם הלכך ע"כ בלא עורות קאמר: **שאין לו עיקר.** הפחת רוח: **ציפי.** מחצלות של בית המדרש: **דהני גנו והני גרסי.** ואע"פ שדרך הישנים להפיח: **וה"מ לגרסא.** משום דלא אפשר: **אבל לק"ש.** יצא לחוץ ויקרא: **אבל לדידיה.** הפיח הוא עצמו ממתין עד שיכלה הריח: **צואה עוברת.** אדם שנושא' לפניו גרף של רעי להעבירו: **מותר לקרות.** וא"צ להפסיק: **הטמא עומד תחת האילן.** ולא בנושא את המת קאי דמת לא שנא עומד ול"ש יושב ול"ש הולך אהל הוא וגבי מצורע קתני לה בת"כ דגלי ביה רחמנא ישיבה דכתיב בדד ישב מחוץ למחנה מושבו: **[מושבו] טמא.** מכאן אמרו עומד כמי כיושב דמי דקביע אבל מהלך לא קביע: **אבן המנוגעת.** הרי היא כמצורע שהקישה הכתוב זאת התורה לכל נגע הצרעת ולנתק ולצרעת הבגד ולבית (ויקרא יד): **פשיטא.** דפי חזיר אינו בלא צואה: **בבית מותר.** דאין דרך להניח צואה בבית: **לא אסרה תורה.** במי רגלים לקרות אלא כנגד עמוד הקלוח בלבד: **ויצאת שמה חוץ.** ולא הצריכו כסוי וכתיב וכסית: **עד כמה.** ישהו על גבי קרקע ויהא אסור: **שרא ליה מריה.** ימחול לו רבונו דודאי שקר העיד משמיה דרב: **היבשה** נפרכת היא יותר מן הלחה: **איכא דאמרי.** חומרא היא אף ע"פ שאם זורקה נפרכת הואיל ואינה נפרכת מגלגול לחה היא: **קרמו.** לשון קרום טיל"א כלומר גלד מעט: **אי מפלאי אפלויי.** אם יש בה סדקים סדקים יבשה היא ושרי: **מאי הוי עלה.** דמי רגלים: **נבלעו.** בארץ: **יבשו.** על גבי אבנים בחמה בטופח

תוספות

לית הלכתא כי הא מתניתא אלא כי הא דתניא כו'. פרש"י לית הלכתא כי הא מתניתא דלעיל דאסרה צואת כלבים וחזירים אפי' בשאין בהם עורות אבל בצואת אדם לא שייך ואסור בכל ענין משמע אבל בצואת תרנגולים לא איירי רבא ובאידך ברייתא לא גרס צואת תרנגולים כלל ולא פליג בהא אמתניתא דלעיל ולפי זה יש לאסור צואת תרנגולין ואומר רבינו יהודה דדוקא כשהן בלול שלהם שיש שם סרחון גדול אבל בתרנגולים ההולכים בבית אין חוששין. ובירושלמי* יש דאדומים בלבד יש לחוש *ולא ידעינן לפרש ועוד קאמר מרחיקין מגללי בהמה ד' אמות ר' שמואל ברבי יצחק אומר ובלבד של חמור:

ריח רע שאין לו עיקר. י"מ דבתי כסאות שלנו בעומק אם יש בהן מחילה מפסקת הויא כמו ריח רע שאין לו עיקר כמו בתי כסאות דפרסאי לקמן (ד' כו.): והרי

עין משפט נר מצוה

ק א [מיי' פ"ד מהלכות תפלה הלכה ז] טוש"ע שם וכסי' צא סעיף א:

קא ב מיי' פ"ד מהל' תפלין הל' כ סמג עשין כב טוש"ע א"ח סי' מג סעיף ח:

קב ג מיי' פ"ג מהל' ק"ש הלכה יא טוש"ע א"ח סימן ש סעיף ד:

קג ד מיי' שם הל' יב סמג עשין יח טור ש"ע א"ח סי' עט סעיף א:

[כגדולות מרדכי פירש לפי שבארץ אדום היו השעורים מצויים כדאי' כתובות סד: והיו מאכילין התרנגולין שעורי' ואותן מסריחות וע' ב"י סי' עט]

קד ה שם סעיף ח:

קה ו [מיי' שם הלכה ט טוש"ע] שם סעי' ב:

קו ז מיי' פ"ד מהלכות תפלה הלכה ח סמג שם טור ש"ע א"ח סי' צ סעיף כו:

קז ח מיי' פ"ג מהלכות ק"ש הל' ו סמג שם טור ש"ע אורח חיים סימן עט סעיף [א] ד:

קח ט כ [מיי' שם הל' יד טור ש"ע] שם סעיף ט:

קט ל מיי' שם הלכה יג סמג שם טוש"ע א"ח סימן עו סעיף ג:

קי מ מיי' פ"י מהלכות טומאת צרעת הל' יב:

תוספתא פ"ב

קיא נ מיי' פ"ג מהל' ק"ש הלכה יג סמג עשין יח טוש"ע א"ח סימן עו סעיף ג:

קיב ס ע מיי' שם הל' טו [וע"ש בכ"מ] טור ש"ע שם סעי' ז:

קיג פ מיי' שם הל' ז סמג שם טוש"ע א"ח סי' פב סעי' א [וסעיף ב]:

רב נסים גאון

ריח רע שיש לו עיקר. גרסי בני מערבא [כפירקין הלכה ה] אמר רב חסדא* ססוף ריח רע ד' אמות הדא דאיתמר לאחריו אבל לפניו עד מקום שעיניו רואות כהדא ר' בא וחבריה הוו יתבין קמי פתדקייה ברמשא אמרין סדר למימר מילי דאורייה אמרין מכיון דאילו הוה ביממא הוינן חמין ליה ואסור ברם כדון אסור:

*לפנינו בגי' א"ר אמי

גליון הש"ס

גמ' כאן בקטנים. ע' בכורות מ"ד ע"ב תוס' ד"ה אימתי: רש"י ד"ה בזמן שיש כו' שדרכן לתתן כו'. עי' ברש"י כתובות ע"ז ע"א ד"ה מקמץ וצ"ע: שם בעבוד העורות. וכן איתא בילקוט פ' כא בפסוק ולא יתרץ כלב לשונו. ולא עוד אלא שזכו לעבד עורות מלאוכן ולכתוב בהם סת"ס:

מסורת הש"ס

במכות מד: לקמן סב: תמיד כז:

יומא ל.

ולא כנגד אשפה כצ"ל (ח"מ)

[כרי"ף ובהרא"ש ליתא]

קדושין לג: נגעים פי"ג משנה ז תוספתא דנגעים פ"ו ת"כ פרשה מצורע

[שבת קכא. ועי' ברש"י מגלה כב. כו. יבמות עו: נדרים ס: עב. וע' כ"מ כו: נ. נד. פא: ב"ב קד. קנ. קסב: ע"ג כב. עב. שבועות לח. זבחים פט: מנחות קה. נדה לג: וע' היטב קדושין ה:]

הגהות הגר"א

[א] גמ' ולא כנגד אשפה כצ"ל (כן) שם (ולא כנגד צואת חזירים) תא"מ וכ"ה בתוספתא נ"ב לה:

הגה: ושכבת זרע על בשרו דינו כצואה (מהרי"ל) - ר"ל ע"כ יש להחמיר בה כשהיא על בשרו אף שהיא מכוסה, כמו בצואה וכנ"ל, **אבל** כשהיא על בגדיו ומכוסה, שרי לכו"ע וכנ"ל בצואה. **וי"א** דאינו כצואה. **מיהו** בספר חסידים מוכח, דאפילו על בגדיו ומכוסה יש לרחצו או לפשטו, שלא יהיה דבוק בו הטומאה, ומכ"ש כשנכשל ח"ו ע"י קרי, שלא יהיה לו למזכרת איסור.

[ט]סימן עו ס"ה - [י]צואה בפי טבעת, אפי' היא מכוסה, אסור לקרות לדברי הכל - ר"ל אפילו לדברי המתיר בס"ד בצואה על בשרו ומכוסה, שאני הכא דבמקומה נפיש זוהמא טפי, **ע"כ** יש לו לאדם להתעורר ולראות תמיד שיהא נקי פי הטבעת שלו, ולרחצו במים או ברוק, כדי שלא ישאר שמה אפי' משהו מצואה.

ובדיעבד אם קרא ק"ש, חוזר וקורא, **אך** לענין תפלה צ"ע אם יחזור ויתפלל, כ"כ הח"א, **אבל** הרבה אחרונים כתבו, שצריך לחזור ולהתפלל.

אפילו אינה נראית כשהוא עומד, ונראית כשהוא יושב - אבל אם אינה נראית אפילו כשהוא יושב, מותר, שלא ניתנה תורה למלאכי השרת.

מי שיש לו חולי הטחורים, וזב ממנו דם תמיד, ואגב הדם יוצא ממנו ליחה סרוחה מעופשת, ויש לו ריח רע, אסור בכל דבר שבקדושה כל זמן שליחה סרוחה שותת ממנו, **ואם** אין שם ריח רע, אם הדם או הליחה יוצא דרך דחיה בסירוגין, הוי מן המעים, ויש לו תקנה ברחיצת מקום הזוהמא, **ואם** שותת ויורד תדיר מעצמה, אז הוי מפי הטבעת, וא"צ תקנה.

אות ד'

ריח רע שיש לו עיקר... מרחיק ארבע אמות וקורא ק"ש וכו'

רמב"ם פ"ג מהל' ק"ש הי"ב - [יא]ריח רע שיש לו עיקר, מרחיק ד' אמות וקורא, [יב]אם פסק הריח, ואם לא פסק הריח, מרחיק עד מקום שפסק הריח; ושאין לו עיקר, כגון מי שיצא ממנו רוח מלמטה, מרחיק עד מקום שתכלה הריח וקורא. גרף של רעי ועביט של מימי רגלים, אסור לקרות קריאת שמע כנגדן, ואף על פי שאין בהן כלום ואין להם ריח רע, מפני שהם כבית הכסא.

השגת הראב"ד: ריח רע שיש לו עיקר וכו' עד מרחיק עד מקום שפסק הריח וקורא. כתב הראב"ד ז"ל: א"א אינו כן, אלא מרחיק ארבע אמות ממקום שפסק הריח וקורא, דהא תניא כוותיה דרב חסדא דס"ל הכי; והא דאמר רבא לית הלכתא כי הא מתניתא, לאו הכא אמרה, אלא אצואת כלבים וחזירים דבעיא נתינת עורות, והכי כתב רב האי גאון ז"ל בעיקר, עכ"ל.

סימן עט ס"א – (אעתיק בכאן הקדמה לסימן זה. דע דהדין צואה נחלק לעשרה דינים: (**א**) צואה מלאחריו ומצדדים: (**ב**) לפניו: (**ג**) במקום גבוה יו"ד או נמוך יו"ד: (**ד**) צואה בחדר אחר ופתח פתוח: (**ה**) צואה בעששית: (**ו**) צואה במים: (**ז**) ריח רע שיש לו עיקר: (**ח**) צואה עוברת: (**ט**) דין מי רגלים ועביט וגרף של רעי: (**י**) אשפה וצואת בהמה).

(**א.** צואה מאחריו או מן הצדדים תוך ד"א, אסור מן התורה לקרות ק"ש ולהתפלל ולדבר ד"ת, או לברך שום ברכה, משום שנאמר: והיה מחניך קדוש, וכל תוך ד"א חניה של אדם הוא, **ואם** קרא במקום שראוי להסתפק, ואח"כ מצא, חוזר וקורא).

(**ב.** צואה מלפניו מרחיק מלא עיניו, ופליגי בזה הרא"ש והרשב"א, הרשב"א סובר דלאו ד"ולא יראה לך ערות דבר" קאי נמי אצואה, **ולפי"ז** יש חומרא, דאפי' בחדר אחר, כל שרואה אותה אסור מן התורה, כמו בערוה, וקולא אליבא דהרשב"א, דחוץ לד"א אף שהוא בתוך כמלוא עיניו, הרהור מותר כמו בערוה, **והרא"ש** ס"ל, דלאו ד"ולא יראה" קאי רק אערוה ולא אצואה, ובצואה ליכא רק איסור משום "מחניך קדוש", **א"כ** קולא להרא"ש, דבחדר אחר אע"פ שרואה אותה מותר, מטעם דגלי קרא דברשות אחרת לאו מחניך הוא, ומה דאסור בחדר אחד לפניו כמלא עיניו, הוא או מטעם איסור דרבנן, או גם מה"ת, דכל שרואה אותה לפניו כמלא עיניו בכלל חניה הוא ואסור, **ולפי"ז** איכא חומרא להרא"ש, דכמלא עיניו אסור אף בהרהור מדרבנן או מדאורייתא, דמלוא עיניו מקום חנייה הוא, **ולפי** מה שכתוב בפר"ח, לא יהיה בזה חומרא להרא"ש).

(**ג.** צואה במקום גבוה יו"ד או נמוך יו"ד, דהוי רשות אחרת, להרא"ש אפי' רואה שרי, דלאו "דלא יראה" לא קאי עלה, **ולהרשב"א** אסור כנ"ל, **ולכו"ע** מהני בזה עצימת עינים, כיון שהוא ברשות אחר, כ"כ המ"ז וסתם פה כהמ"א, ושם חזר מזה ומשמע דדעתו להחמיר, **ובמקום** הדחק יש להקל, **ואם** צריך שיהיה רוחב ד', יתבאר אי"ה).

(**ד.** צואה בחדר אחר ופתח פתוח, או צואה לפני הפתח, אע"פ שרואה אותה, להרא"ש שרי, ואף בדליכא דלת, דלאו ד"לא יראה" לא קאי בכה"ג, ולא גרע ממה שכתבנו באות ג', **ולהרשב"א** אסור, ואפשר דביש דלת גם להרשב"א מותר, מטעם דפתח פתוח כנעול דמי, **אך** מדברי השו"ע לא משמע הכי, כמו שכתב המ"ז בעצמו, וכן כל האחרונים סתמו בזה ולא חילקו).

(**ה.** צואה בעששית מותר, דבכסוי תליא רחמנא, ומשמע מפרש"י והרמב"ם, דאפי' אם אין הצואה מכוסה כלל, רק מחיצת זכוכית מפסקת ביניהם, זו היא הכסוי, ולאו דוקא שיכסה הצואה מכל צדדיו, **ואפי'** להב"ח, דמקום גבוה בעינן י"ט על רוחב ד' טפחים על ד' טפחים, במחיצה לא בעינן זה, וכל שיש הפסק בינו לצואה שרי, וזהו הכסוי,

---

באר הגולה

[ט] ‹מילואים› [י] יומא ל' [יא] ‹פלוגתא דרב הונא ורב חסדא, ופסק כרב הונא דרביה הוא ואע"ג דתניא כוותיה דרב חסדא, הא אמר רבא לית הלכתא ככל הני שמעתתא, ודחי קצת ממאי דאיתני בההיא ברייתא, וכיון דמשבשתא היא במקצת, לא מהני סיועא דידה לרב חסדא למדחי כללא דאין הלכה כתלמיד במקום הרב – כסף משנה› [יב] ‹הלא לרב הונא מרחיק ד' אמות אף שלא פסק הריח, וכמו שפירש"י. ואף שיש ליישב, מ"מ יותר נראה כמ"ש מגדול עוז, שהרמב"ם [פוסק כרב חסדא], והיה גורס בדרב חסדא: עד מקום שיכלה הריח – נחלת צבי›

והנה שיעור רוחב המחיצה לא זכר הפמ"ג מאומה, ועיין במ"א, דאם המחיצה בבית, בעינן שתהא חוצצת מכותל לכותל, ואם בשדה לא זכר שיעורה, **ועיין** בנ"א שהאריך בזה, ודעתו דכל שהיא רוחב ד"ט חשיבא מחיצה להתיר כנגדה, אבל לא כנגד האויר, **עוד** כתב הפמ"ג, אם צואה בחוץ ורואה תוך החלון זכוכית, שרי לכו"ע, שהרי מחיצת זכוכית מפסקת ביניהם, ואפילו הרשב"א בסעיף ב' דאוסר ברשות אחרת כשרואה אותה, מ"מ כשיש מחיצת זכוכית שרי).

(ו. צואה במים, לאו כסוי הוי, אע"ג דלגבי ערוה הוי כסוי, בצואה לא, דכתיב: וכסית, והאי לאו כסוי מיקרי, משא"כ לגבי ערוה).

(ז. ריח רע שיש לו עיקר, הוי כצואה מן התורה, ע"כ צריך להתרחק מלאחריו ד"א ממקום שכלה הריח, ואם קרא חוזר וקורא, **אך** לענין זה קיל מצואה, דאם הוא בחדר אחר, אף דלא מהני הפסק לריח רע, מ"מ הרחקה ד"א ממקום שכלה הריח א"צ, רק כל שאין מגיע לו הר"ר מותר, **ואף** אם בחדר שהוא שם הגיע הר"ר, מ"מ כיון שלו לא הגיע, מותר, **ואם** מגיע לו הר"ר, אסור בזה רק מדרבנן, דהוא חשוב רק כר"ר שאין לו עיקר, דאיסורו רק מדרבנן, כא"ר ופרישה, ולא כלבוש, וכן העתיק הדה"ח להלכה, **אמנם** מדברי הגר"א בביאורו משמע דסובר כלבוש, דאף בהפסק רשות בעינן ד"א ממקום שכלה הריח, וכן העתיק הח"א, אח"כ מצאתי בפמ"ג שמצדד לומר, דמכוסה והפסקת רשות, אעפ"כ בעינן ד"א ממקום שכלה הריח, ולבסוף נשאר בצ"ע).

(ח. צואה עוברת ואין עומד במקומו, ג"כ הוא ד"ת, דלפניו כמלא עיניו, ולאחריו ד"א, ומהרמב"ם משמע, והב"ח פסק כן, דאף מלפניו די בד"א).

(ט. מי רגלים, מן התורה אסור רק נגד העמוד, הא שותת וכ"ש בארעא, מדרבנן, מ"מ צריך להרחיק ממי רגלים כמלא עיניו לפניו, ולאחריו ד"א, **וכ"ז** כשאין מסריחין, הא כשמסריחין מד"ת אסור).

(י. אשפה שריחה רע, ונבילה שמסרחת, וכל דבר כיוצא בזה, דינו כצואה ומן התורה אסור, וה"ה עביט של מי רגלים וגרף של רעי, נמי מן התורה אסור. **ולענין** צואת בהמה וחיה, יבואר בסוף הסימן. וריח רע שאין לו עיקר, אסור רק מדרבנן).

[יג]**היתה צואת אדם מאחריו** - אפילו אין מגיע ממנה ריח רע, **צריך להרחיק ד' אמות ממקום שכלה הריח** - דכתיב: והיה מחניך קדוש, וקבלו חז"ל, שמחנה של אדם הוא ד"א, ואם יגיע ריח רע מהצואה בתוך ד' אמותיו, הרי אין כל מקום חנייתו בקדושה, (**עיין** בנ"א שכתב, ‹דהרחקת ד' אמות› ממקום שכלה הריח הוא רק מדרבנן, ע"כ בדיעבד אין חוזר ומתפלל, **ומלבוש** ופמ"ג משמע שהוא דאורייתא). ‹ע"פ מ"ב המבואר›.

[יד]**אפילו אם יש לו חולי שאינו מריח, צריך להרחיק ד' אמות ממקום שיכלה הריח למי שמריח.**

ומלפניו, צריך להרחיק מלא עיניו - (ובזה א"צ ממקום שכלה הריח, אלא כיון שאינו יכול לראותה, הרי מחנהו קדוש).

(**עיין** בח"א שכתב, דלהרשב"א הוא מדאורייתא, ד"ולא יראה בך ערות דבר" קאי נמי אצואה לדידיה, ותלי הכתוב בראיה, אבל להרא"ש לא הוי רק מדרבנן, **ובפמ"ג** מסתפק בזה להרא"ש, **ומהמ"א** וכן מהפר"ח ושארי אחרונים משמע, דאף להרא"ש הוא מדאורייתא).

(ומ"מ אף אי נימא דהוא מדאורייתא, אין מחוייב להתרחק בכמלא עיניו רק אי ידע שיש שם צואה, אע"פ שאין רואה אותה בעיניו, משא"כ בספק, **ויש** מחמירין אם הוא מקום שראוי להסתפק).

עיין בפמ"ג שכתב, דלהרשב"א דוקא דיבור אסור בתוך כמלא עיניו, אבל להרהר בד"ת מותר, אם הוא חוץ לד"א ממקום שכלה הריח, **ולהרא"ש** יש לעיין בזה, דאפשר דאסור מה"ת או מדרבנן.

[טו]**אפילו בלילה, או שהוא סומא, שאינו רואה אותה, צריך להרחיק עד מקום שאינו יכול לראות ביום** - ע"כ אסור לאמר אפילו בלילה, ק"ש או שאר כל דבר שבקדושה, לפני הבתים, כי דרך להיות שם צואה, וכ"ש בחצר.

(**פשוט** דסומא צריך לשער בכמלא עיניו דאדם בינוני, **ושאר** אנשים בלילה שאינו רואה, לכאורה צריך כל אחד לשער לפי ראייתו של יום, אם יש לו ראייה גדולה או קטנה).

(**ודע** עוד, דלענין צואה לכו"ע לא מהני החזרת פנים לחוד בלא גופו, שיהא זה נחשב כמו צואה לאחריו, **לא** מיבעי לדעת הט"ז ושאר אחרונים לעיל בס"ס ע"ה, דגם בערוה לא מהני זה, וכ"ש בצואה, **ואפילו** לדעת הב"י, דלדידיה מהני שם החזרת פנים לחוד, שאני התם דעצימת עין ג"כ מהני לדידיה, משא"כ בענינינו דעצימת עין וסומא אסור, גם זה אסור, דלהב"י שקולין הם עצימת עין והחזרת פנים).

[טז]**ואם הוא מצדו, דינו כמלאחריו** - [יז]ומ"מ לכתחלה יזהר לילך כדי שיהיה הצואה מלאחריה, ואז סגי בד"א, **ואם** א"א רק בטירחא יתירא, סגי גם לצדדין בד' אמות כמו מלאחריו, **וה"מ** צדדין ממש, אבל צדדין שלפניו, כגון רין שטאקין סרוחים הנמשכים לאורך הרחוב וכה"ג, כתב המ"א דדינו כלפניו, **וא"ר** כתב דדינו כמן הצדדין, וסגי בד"א, **וכתב** הח"א, דמה שרואה בלא הטיית ראשו לצדדין, לכו"ע דינו כלפניו.

עוד כתב, דצריך ליזהר מאוד בשעת קידוש לבנה ברחובות, שרין שטאקין סרוחין נמשכין לאורך הרחוב מצדדין, שאפילו הם ברחוק ד"א, הרי נמשכין גם מלפניו, ואסור כמלא עיניו, וכ"ש שצריך להרחיק ד"א ממקום שכלה הריח, ומוטב שלא לקדש כלל, **והנזהר** מלהזכיר דברי קדושה במקום שאינו נקי, עליו הכתוב אומר: ובדבר הזה תאריכו ימים.

באר הגולה

יג ברכות כ"ה וכרב חסדא הרי"ף ורבינו יונה ורא"ש והרשב"א יד רא"ש מההיא דירושלמי אפי' בלילה טו ירושלמי טז רמב"ם

יז ‹דהא בסימן פ"א ס"ב כתוב כן בקריאת שמע ג"כ דאחוריו עדיף מצדדיו – פמ"ג. **דהא** אמרינן בפרק מי שמתו [ברכות כב, ב] תניא היה עומד בתפילה וראה צואה כנגדו, מהלך לפניו עד שיזרקנה לאחוריו ד' אמות, והתניא לצדדין, לא קשיא הא דאפשר, הא דלא אפשר›

הגה: ש"ץ המתפלל וצואה בבהכ"נ, או בבית שמתפלל שם, אפילו הוא לאחריו בכל הבית, צריך לשתוק עד שיוציאנה - ואם עי"ז שהה הש"ץ כדי לגמור כולה, ולא היה בתוך ד' אמותיו, לא יחזור לראש, **מאחר שמוציא רבים ידי חובתן, ואי אפשר שלא יהא מן הקהל בתוך ד' אמות של הצואה (הגהות מרדכי החדשים פרק תפלת השחר)** - ר"ל ממקום שכלה הריח, דהוי כאלו מתפלל כל אחד עתה לעצמו, **ואף** דאנן נוהגין שכל יחיד ויחיד מתפלל לעצמו, מ"מ הלא צריך כל יחיד ויחיד לענות אמן על ברכת הש"ץ, ואסור להיות צואה לפניו.

ואם אירע ששום אדם אינו יושב בתוך ד"א של הצואה, מותר להתפלל, ואע"פ שהצואה מפסקת ביניהם ובין הש"ץ, יכולין להחזיר פניהם כדי שלא יהא לפניהם, דאסור כמלא עיניו, **מיהו** בסי' נ"ה ס"כ כתב: י"א דלא יענה אמן כשיש צואה מפסקת ביניהם, ועי"ש מש"כ.

ואם הש"ץ עוסק עתה בפסוקי דזמרה, דאינו מוציא ידי חובה ואין שם עניית אמן, מותר לו לאמר כדרכו, אם הוא חוץ לד' אמותיו ממקום שכלה הריח, (**ולכאורה** ה"ה אם הש"ץ עוסק בק"ש וברכותיה, אין להשתיקו, דהרי אין אנו נוהגין עתה להוציא בזה ידי חובה, **ואף** אם נזדמן שהוא לאחד בתוך ד' אמותיו, ומחמת זה לא יוכל לגמור הברכות קודם החזן, ולענות אמן על ברכת החזן, מה איכפת להחזן בזה, הלא צריך לאמר הברכות והק"ש בשביל עצמו, **ואינו** דומה לחזרת הש"ץ בזמנינו, שעיקרה ניתקן בשביל הצבור, וצ"ע).

ואם בפס"ד הוא בתוך ד' אמותיו, צריך לשתוק, ואפילו אם שהה כדי לגמור כולה, אינו חוזר רק למקום שפסק, וכן בברכת ק"ש, (ואא"כ שהה כדי לגמור מתחילת "יוצר אור" עד "גאל ישראל", ואז יחזור מתחילת הברכה שפסק - שונה הלכות), **אבל** בק"ש ובתפלה בלחש, השוהה כדי לגמור כולה, דהיינו מראש התפלה עד סופה, והיה הצואה בתוך ד' אמותיו, חוזר לראש, ומשערין לפי הקורא, (**ובמי רגלים, אי צריך לחזור לראש בשביל זה, עיין לעיל בסי' ע"ח בבה"ל**).

ואם תינוק השתין מים בבהכ"נ, ג"כ ישתוק הש"ץ וימתין, עד שיטילו בהן מים, או יכסוהו או ירחיקו כל הקהל מהן ד"א, **ועיין** מה שכתבנו בבה"ל, דאם המי רגלים היו חוץ לד"א של הש"ץ, אפשר דיש לסמוך על סברת המקילים, שאין צריך להודיעו, (**דבספר** מור וקציעה **כתב, דאם תינוק השתין מים בעוד שהש"ץ מתפלל בקול רם, ואין הש"ץ יודע, אין להשתיקו, ועיקר** טעמו הוא, כיון דאיסור מי רגלים אינו אלא מדרבנן, מפני כבוד הצבור ראוי להעמיד על דין תורה, **ובאמת** קשה לדחות בזה כל האחרונים שלא הזכירו סברא זו, משמע דלא ס"ל, **אם לא** שהמי רגלים הוא מאיזה חולה המטפטף לאונסו, שבודאי יש ליזהר שלא לגלות שלא לביישו, ומ"מ אם הוא חוץ לד' אמותיו של הש"ץ, לפי מה שאין אנו נוהגין היום לצאת בתפלת הש"ץ, אפשר דיש לסמוך להקל במי רגלים שלא להודיע להש"ץ להשתיקו, **ואם** נזדמן בעת ק"ש וברכותיה חוץ לד' אמותיו של הש"ץ, בודאי יש להקל שלא להודיעו), **ומ"מ** יראו הקהל להתרחק או לכסות או להטיל מים, דאל"ה לא יוכלו לענות אמן, [**ונ"ל** דאף אם מפסיקים בין הקהל והש"ץ, אין לחוש בזה להחמיר כהי"א בסי' נ"ה ס"כ, והקרוב אלי דגם הי"א הנ"ל מודים].

ועיין לקמן סוף סי' ל', (ועיין לקמן סי' פ"ז בדין צואה בבית).

אות ה'

ולא כנגד (צואת) אשפה שריחה רע

סימן עט ס"ח - [יח]אסור לקרות כנגד אשפה שריחה רע - ודינה לכל דבר כצואת אדם, וע"כ צריך להרחיק מלפניה כמלא עיניו, **ואפילו** אם ידוע לו שאין בה צואה ומי רגלים, (דאל"ה, אפילו אם אין ריחה רע, הלא קי"ל ספק צואה באשפה אסורה), **והוא** מן התורה.

זה הכלל, כל ר"ר הבא מדבר המסריח, כיוצא באלו שנתפרשו, שיש לו עיקר, מרחיקין ממנה כדין צואת אדם, דבכלל "והיה מחניך קדוש הם", כלומר שאם מגיע אליו הר"ר אין מחנהו קדוש, ואסור לקרות.

(ונ"ל דאם ברוב הימים נסתלק ממנה הר"ר, מותר אם היא בדוקה מצואה, **ואף** דבצואה קי"ל סימן פ"ב, דאסורה עד שתהא נפרכת, דאז חשיבה כעפרא בעלמא, **שאני הכא**, דאשפה הלא היא עפר מעיקרה, ורק אסורה וחשיבה כצואה מטעם הריח, וממילא כשנסתלק הריח חוזרת להיות עפר, כנלענ"ד).

אות ו'

ואם היה מקום גבוה עשרה טפחים או נמוך עשרה טפחים, יושב בצדו וקורא קריאת שמע, ואם לאו מרחיק מלא עיניו

סימן עט ס"ב - [יט]היתה במקום גבוה עשרה טפחים או נמוך עשרה - וה"ה להיפך, אם הוא היה עומד על המקום הגבוה, והצואה מונח למטה בארץ.

גבוה עשרה - וגם שהוא רוחב ד' על ד' טפחים, דהוי מקום חשוב, **ובדיעבד** אם לא היה רוחב ד' על ד', ג"כ אינו צריך לחזור ולהתפלל רק בתורת נדבה, כי יש פלוגתת האחרונים בזה.

באר הגולה

[יח] שם בגמ' [יט] בבבלי שם

[כ]או שהיתה בבית אחד והוא בבית אחר - פי' בחדר אחר, **אפי' הפתח פתוח ויושב בצדה** - פי' אצל מקום הפתח, **ורואה אותה** - ואין חילוק בין יש שם דלת או לא, **אם אין לה ריח, יכול לקרות, דכיון שהיא ברשות אחרת, קרינן ביה שפיר: והיה מחניך קדוש, להרא"ש.**

ואם הכניס ראשו למקום שיש שם הצואה, לכו"ע אסור, ואפי' בעוצם עיניו, **וכן** להיפך, אם הצואה והאדם בבית, והוציא ראשו חוץ לבית או חוץ לחלון, ג"כ אסור לקרות, דשדינן ראשו בתר רובו.

אבל להרשב"א דוקא כשאינו רואה אותה - טעמו, דס"ל דקרא ד"ולא יראה" קאי ג"כ אאיסור צואה האמור בתחלת המקרא, (והרהור מותר בכל גווני, דכיון דנפקא לן רק מ"ולא יראה", לא חמיר מנגד ערוה, דקי"ל דהרהור מותר).

ואם הוא רואה אותה דרך חלון של זכוכית, לכו"ע שרי, **ואם** מעצים עיניו או בלילה, י"א דשרי בזה לכו"ע, כיון שהוא ברשות אחר, (ואינו רואה להדיא, אין כאן משום "מחניך קדוש", ולא משום "ולא יראה בך ערות דבר"), **ויש** אוסרין, (לפי מה שכתבנו לעיל בסוף סימן ע"ה, מסקנת האחרונים לענין איסור ערוה, דאפילו בעוצם עיניו אית ביה ג"כ משום "ולא יראה בך" וגו', ה"ה דאפילו בענינינו יש להחמיר בזה, **אמנם** לפי מה שמצדד הפמ"ג בסי' ע"ה, דאפילו בערוה גופא אם הוא ברשות אחרת מותר לכו"ע בעוצם עיניו, אין כאן שום קושיא), **ובשעת** הדחק שאינו יכול להחזיר פניו, יש לסמוך על דעת המקילין, (ובלא"ה הלא הרבה תופסין כהרא"ש, והוי ס"ס), **אולם** בשאינו יכול לראות הצואה מחמת גובהו או עומקו, לכו"ע שרי בזה.

(והנה כשהוא מתפלל וחזיר עובר לפני החלון הפתוח, נ"ל דבזה לכו"ע יש להקל כשעוצם עיניו, דיש לצרף לזה עוד דעת הב"ח לעיל בסימן ע"ו, דס"ל דבצואה עוברת די בד"א אף לפניו, וכ"ש כשהוא ברשות אחר, **ובלא** עצימת עין נכון להחמיר, וכן המנהג).

ולכן אסור לדבר דברי קדושה והוא מסתכל דרך חלון פתוח, אם רואה האשפתות ורין סטאקין שברחובות, או שחזיר עומד לפני חלונו, אע"פ שאין מגיע לו ר"ר, **וצריך** לזהר בזה בשעת קידוש לבנה דרך חלון פתוח, או על גאנקעס, אלא צריך שעכ"פ יעצים עיניו, ואז אם אין ריח רע מגיע לו מותר, (מפני שהוא שעת הדחק שצריך לקדש הלבנה, סומך על המקילין - מ"ב המבואר), **ובמקום** שמסופק בזה אם הוא אשפה, מותר דהוי ס"ס, שמא הלכה כהרא"ש, **ומ"מ** לכתחילה נכון יותר שיעצים עיניו, "מהיות טוב" וגו'.

(בב"י משמע דלעיקר הלכה תפסינן כהרא"ש, וכ"כ הע"ת, ומדברי השו"ע משמע שמצדד יותר להרשב"א, כ"כ הפמ"ג בשם הנ"צ, וכ"כ א"ר, ובח"א משמע דהוא ספיקא דדינא, וכן נכון).

[כא]**ואם יש לה ריח, לא מהני הפסקה ולא שינוי רשות** - ("הפסקה" ר"ל מה שהזכיר בתחלה בשהיתה על מקום גבוה י"ט, והנה לט"ז בודאי ניחא, דס"ל דאין אנו צריכין שיהיה רחב ד', ואעפ"כ חשיב הפסק, **אבל** להב"ח דס"ל שיהיה ג"כ רחב דע"ד, א"כ למה מיקרי זה בשם הפסקה, והלא גם זה הוא רשות בפני עצמו, וצע"ק).

וכדעה זו פסקו האחרונים, (דלא כהי"א דלקמן), ר"ל ובעינן ד"א ממקום שכלה הריח, (לבוש), **ויש** מקילין דבזה די עד מקום שיכלה הריח לבד, (והפמ"ג נשאר בצ"ע, וכן במכוסה והריח נודף, ג"כ יש דיעות בין הפוסקים).

ע"כ מי שמתפלל בבית והריח ר"ר ממקום אחר, יפסיק וישהא עד שיעבור הריח, **ומי** שיש לו חולי שאינו מריח, אפשר שיש להקל בזה במקום הדחק, [**כי** הא"ר מדמה ללילה, ושם הדה"ח מתיר בשעת הדחק, **ואפשר** דשם משום דמצרפינן לזה דעת הרא"ש, וצ"ע].

אם העבירו צואה בבית, ונשאר עדיין ר"ר בבית, יש להחמיר, **מיהו** נ"ל דמי שאינו מריח מותר לקרות בזה, (דהוי ריח רע שאין לו עיקר, ואיסורו רק מדרבנן - מ"ב המבואר).

[כב]**ויש אומרים דכי היכי דהפסקה מועלת לצואה עצמה, ה"נ מועלת לריח רע שלה.**

אות ז'

וכן לתפלה

סימן צ סכ"ו - [כג]כל מקום שאין קורין בו ק"ש, אין מתפללים בו. וכשם שמרחיקים מצואה ומי רגלים וריח רע ומן המת ומראיית הערוה לק"ש, כך מרחיקים לתפלה - וה"ה לת"ת וכל דברי קדושה.

אות ח'

לא יקרא אדם ק"ש לא כנגד צואת אדם, ולא כנגד צואת חזירים ולא כנגד צואת כלבים, בזמן שנתן עורות לתוכן

סימן עט ס"א - עיין לעיל אות א'.

סימן עט ס"ד - [כד]צואת כלב וחזיר, אם נתן בהם עורות, מרחיקים מהם כמו מצואת אדם - (מלשון זה משמע, דאפי' אם ניטל אח"כ העורות מהן ונתייבש וניטל הריח רע, ג"כ שם צואה עליהן, ומלשון תר"י לא משמע לכאורה כן).

באר הגולה

[כ] הרא"ש שם [כא] רמב"ם שם [כב] רבינו יונה והרא"ש בשם רבני צרפת [כג] רמב"ם [כד] ברכות כ"ה

ואם לאו, דינם כדין צואת שאר בהמה חיה ועוף, שאין צריך להרחיק מהם [כה]אם אין בהם ריח רע; ואם יש בהם ריח רע - היינו כל שדרך בני אדם להצטער מאותו הריח, **דינם כצואת אדם** - ור"ל אם ידעינן שיש בהם ר"ר, אבל מסתמא א"צ לבדוק בזה, דמסתמא אין בהם ר"ר.

(לא קאי על צואת כלב וחזיר, כי אם אשאר בהמה חיה ועוף, דבכלב וחזיר קים להו לחז"ל שאין ריחם רע, כל זמן שלא ניתן בתוכם עורות, כן מוכח בגמרא שם כ"ה ע"א א"ר לית הלכתא וכו' עי"ש).

ובענין הרחקה ד"א ממקום שכלה הריח מלאחריו, ומלפניו כמלא עיניו,

ואפשר אפילו אם פסק הריח אח"כ, מ"מ כבר חלה עלייהו שם צואה, ואסור כמו בצואת אדם, (וצ"ע למעשה, **ולפי"ז**, כ"ש בצואת חתול וכל אלו הדברים המוזכרים מס"ה והלאה, אסור אפילו נפסק הריח אח"כ).

והמ"א חולק על כל זה, ופסק דסתם צואת בהמה חיה ועוף, לבד מאלו הידועים שריחן רע מאוד וכדלקמן, אפילו אם יש בהם ר"ר בעת היציאה, אין הר"ר חזק כ"כ, ודרכו לפסוק, ע"כ אין דינם כצואה, וא"צ להרחיק אלא עד מקום שיכלה הריח, וכן פסק בספר מגן גבורים, **ובדה"ח** סובר דהוא ספיקא דדינא, ע"כ בק"ש אם קרא בתוך ד"א, חוזר וקורא, ובתפלה יחזור ויתפלל, ויתנה אם יצא שתהא לנדבה, עי"ש, **ולי** נראה דאין להחמיר כלל לענין תפלה, דהרבה אחרונים סוברים כהמ"א.

כתב הח"א, דבר שטבעו ריח רע, כגון עטרן וכדומה, מותר, ולא נקרא צואה אלא מה שנסרח מחמת עיפוש, וכ"כ בספר מנחת שמואל.

אות ח'* [כו]

תוס' ד"ה לית הלכתא. דדוקא כשכן בלול שלהם שיש שם סרחון גדול, אבל בתרנגולים ההולכים בבית אין חוששין

בא"ד: ובירושלמי יש דבאדומים בלבד יש לחוש, ולא ידעינן לפרש

בא"ד: מרחיקין מגללי בהמה ד' אמות... ובלבד של חמור

סימן עט ס"ה - [כז]**צואת חמור הרכה לאחר שבא מהדרך, וצואת חתול ונמיה, ונבלה מסרחת, דינם כצואת אדם** - והני מסתמא ריחן רע, ולכן אפי' אם יזדמן פעם אחת שאין מריחין, אסור, דהו"ל כצואת אדם, כ"כ המ"א, (**אמנם** לעיקרא דדינא יש לפקפק בזה, די"ל דכל עיקר שחל עלייהו שם צואה, אינו רק כי אם כשיצאו מן הבהמה היו מסריחין, משא"כ כשמתחלה לא היה בהן ר"ר, אין חל עלייהו שם צואה כלל, ואינו דומה לצואת אדם דאסור שם בכל גווני, וצ"ע).

[כח]**וההולך בדרך, אע"פ שרואה צואת בהמה כנגדו, אם אין הריח בא לו, אינו חושש למיעוט לתלותה בשל חמור;** [כט]**ובסמוך לעיר, י"א שיש לחוש, לפי שרוב הבהמות המצויות שם הם חמורים. הגה: במקום דשכיחי חמורים.**

סימן עט ס"ו - [ל]**בירושלמי אוסר לקרות כנגד מי רגלי חמור הבא מן הדרך, וכנגד צואת תרנגולים** [לא]**אדומה** - מלשונו משמע שר"ל, שלפי שהצואה אדומה, היא מסרחת מאוד, **והאחרונים** כתבו, שהתרנגולים אדומים הוא מה שקורין ענגלי"ש האן, אינדיק (או וואלעכשי הענער), כי צואתן מסרחת מאוד, **ומהנכון** שלא להחזיק אותם בבית שלומדים ומברכים שם, ובפרט בבית ת"ח, כי אי אפשר לו בלא הרהור תורה.

סימן עט ס"ז - [לב]**צואת תרנגולים ההולכים בבית, דינה כצואת בהמה חיה ועוף** - ואפילו אם עיקר חיותן מה' מיני דגן, ג"כ יש להקל, כל זמן שלא ידעינן שצואתם מסרחת.

והעופות היושבים על ביצתם, ידוע שאז צואתם מסרחת מאוד, ע"כ פשוט דדינם אז כצואת אדם.

אבל הלול שלהם - הוא בנין קטן העשוי לאווזין ותרנגולין, **יש בו סרחון, ודינו כצואת אדם** - מפני שרבה בו צואה יש בו סירחון והוא מאוס, ע"כ דינו כצואת אדם.

(ובדה"ח משמע, באינדיק או וואלעכשי הענער, וכן בלול של תרנגולין, דאם עבר וקרא נגדן, יחזור ויקרא, ולענין תפלה יתנה, ונ"ל שטעמו משום דמתר"י והרא"ש משמע, דלא פסיקא להו דין זה אף בלול כ"כ דדינו כצואת אדם, לכן דעתו דלענין תפלה צריך להתנות, ולכתחלה בודאי צריך האדם להחמיר, דהוא ספיקא דאורייתא, לכן כתב המחבר דדינו כצואת אדם).

וכתב הח"א, דה"ה דיר של בהמה ג"כ אסור מטעם זה, (**ובספר** קיצור שו"ע כתב דלא נהירין ליה דבריו, וגם הפוסקים לא הזכירוהו, ומלול של תרנגולין יש לחלק, ור"ל משום דמלבד הסרחון הוא מאוס ג"כ, ומי יאמר דגם בדיר של בהמה שייך סברא זו, **אך** מ"מ נ"ל ברור להלכה דהדין עם הח"א ולא מטעמיה, דרפת בקר הוא בכלל אשפה, וכבר אמרו דסתם אשפה אפילו אין ריחה רע אסורה, מחמת חזקת אשפה שיש בה צואה עד שיבדוק, וגם הקיצור שו"ע יודה לזה, **וכשהרפת** מסריח שדרך להצטער ממנה בני אדם, אין אנו צריכין לכל זה, דהיא בכלל אשפה שריחה רע, **ואם** פינו הרפת מהדיר ונסתלק הר"ר מהדיר, נראה דמותר אח"כ לקרות שם, אך בתנאי שיהיה בדוק לו גם הכתלים מצואה, כי ע"פ הרוב מצוי טנופת על הכתלים, **ע"כ** שומר נפשו ירחק מזה, ואחז"ל בברכות, שמי שנזהר לזכור דבר ה' בקדושה, זוכה לאריכת ימים).

באר הגולה

כה טור מירושלמי לקמן | כו (ע"פ הבאר הגולה והב"י) | כז ירושלמי והביאו רא"ש ור' יונה | כח טור בשם ר' יחיאל אחיו ור' יונה | כט שם ברבינו יונה | ל שם | לא י"מ תרנגולים אדומים וי"מ צואה אדומה | לב שם בבלי בתוס' ורא"ש והמרדכי שם

אות ט' – י' – כ'

אתו חזו הני ציפי דבי רב, דהני גנו והני גרסי והני מילי בדברי תורה, אבל בקריאת שמע לא אלא דחבריה, אבל דידיה לא

סימן עט ס"ט - [לג]יצא ממנו ריח מלמטה, אסור בדברי תורה עד שיכלה הריח; ואם יצא מחבירו, מותר בד"ת, משום דא"א, שהתלמידים קצתם גורסים וקצתם ישנים, ומפיחים בתוך השינה - משום דר"ר שאין לו עיקר הוא אסור רק מדרבנן, לכך לא גזרו בזה מפני ביטול תורה.

[לד]אבל לקרות קריאת שמע - או לברך שום ברכה, **אסור עד שיכלה הריח** - דאפשר לצאת לחוץ ולקרות, **וכתב** הא"ר, דאם הוא רוצה יכול להרחיק למקום שלא נשמע שם הריח, ודי, וא"צ ד"א.

אות ל'

צואה עוברת... אסור לקרות קריאת שמע

סימן עו ס"ג- עיין לקמן אות נ'.

אות מ'

הטמא עומד תחת האילן והטהור עובר, טמא; טהור עומד תחת האילן וטמא עובר, טהור, ואם עמד טמא

רמב"ם פ"י מהל' טומאת צרעת הי"ב - חומרא יתירה יש במצורע, שמטמא בביאתו לבית, בין בימי החלט בין בימי הסגר; כיצד, נכנס לבית, נטמא כל אשר בבית, בין אדם בין כלים, אע"פ שלא נגע בהן נעשו ראשון לטומאה, שנאמר: מחוץ למחנה מושבו, מה הוא טמא אף מושבו טמא; היה עומד תחת האילן ועבר אדם טהור תחת האילן, נטמא; היה הטהור עומד תחת האילן ועבר המצורע תחתיו, לא טמאהו; ואם עמד נטמא, שהרי נעשה לו מושב.

אות מ'* [לה]

וכן באבן המנוגעת

רמב"ם פט"ז מהל' טומאת צרעת ה"ג - וכן אבן מנוגעת הנכנסת לאהל והונחה שם, נטמא כל אשר באהל; היתה מונחת תחת האילן והטהור עובר, נטמא; היה הטהור עומד תחת האילן ועבר אדם באבן מנוגעת, לא טמאהו; ואם הניחה שם, טמאהו, שמושב המנוגע כמוהו, בין אדם בין כלים, בין אבנים ועציו ועפרו.

אות נ'

פי חזיר כצואה עוברת דמי

סימן עו ס"ג- [לו]העבירו צואה לפניו, אסור לקרות כנגדה - וה"ה אם היתה שטה ע"פ המים.

עיין בב"י דסובר, דאין לחלק בין צואה קבועה לעוברת, ע"כ גם בזה בעינן הרחקה מלפניו כמלא עיניו, ומלאחריו ד"א ממקום שכלה הריח, וכן העלה הט"ז והפר"ח, **והב"ח** והא"ר פסקו, דכיון דצואה עוברת היא ואינה עומדת במקום אחד, סגי בהרחקת ד' אמות ממקום שכלה הריח אפילו מלפניו, **ויש** להחמיר לכתחילה, **ולענין** דיעבד אם כבר קרא והתפלל, והיתה הצואה עוברת לפניו חוץ לד"א, עיין בפמ"ג שכתב וזה לשונו: וכבר כתבנו כל היכא דאיכא פלוגתא, חוזר וקורא ק"ש בלא ברכותיה, ובתפלה אינו חוזר ומתפלל.

אך אם העבירו צואה מלפניו ע"פ רחבו, אז די בד' אמות, דהיינו קודם שמגיע לד' אמותיו, או אחר שנתרחקה ממנו ד' אמות, שרי, כיון שהוא אז מצדו, ואמרינן בסימן ע"ט, דמצדו הוי כמו לאחריו, דסגי בד"א ממקום שכלה הריח, **דעד** מקום שכלה הריח הוא כמו צואה ממש, כיון דריח רע שיש לו עיקר הוא, (**ואף** דלפי מה דכתב המ"א, דצדדין שלפניו הוא כלפניו, היה נכון להחמיר גם בזה, וכן כתב הלבש"ר, מ"מ לא רציתי לסתום כך, משום דבצדדין שלפניו ג"כ הא"ר מיקל, ובפרט בענין זה שהרבה אחרונים פוסקין כהב"ח, אפילו בלפניו ממש, ע"כ נראה דאין להחמיר בצדדין שלפניו בזה).

ופי חזיר כצואה עוברת דמי, אפילו עולה מן הנהר אין הרחיצה מועלת לו, דהוי כגרף של רעי - ואם החלון פתוח וחזיר עובר, אם מותר לקרות, עיין בסימן ע"ט ס"ב בבאור הלכה ובמשנה ברורה מה שנכתוב שם.

באר הגולה

לג שם לפי' רש"י והרא"ש | לד שם בגמ' | לה «ע"פ מהדורת נהרדעא» | לו שם

אות ס' - ע'

ספק צואה, בבית מותרת, באשפה אסורה; ספק מי רגלים אפילו באשפה נמי מותרין

לא אסרה תורה אלא כנגד עמוד בלבד

סימן עו ס"ז - [לז]**ספק אם צואה בבית, מותר לקרות, דחזקת בית שאין בה צואה** - ואם מצוי שם קטנים, צריך לבדוק, [תלמידי הרבנו יונה בסוגיא דהתפלל ומצא צואה, דף כ"ב: ע"ש].

ספק אם צואה באשפה, אסור, משום דחזקת אשפה שיש בה צואה - לאו חזקה גמורה, דא"כ אפילו במי רגלים היה אסור, אלא ר"ל שדרך להמצא שם צואה, ע"כ אסור עד שיבדוק.

והיכא דמצא צואה, ואינו יודע אם הוא צואת כלבים ושאר בהמה וחיה, או צואת אדם, **דעת** המ"א דאזלינן בזה בתר המצוי, דאם מצויין תינוקות יותר מכלבים, אפילו בבית אסור, **וה"ה** איפכא באשפה, אם מצויין כלבים יותר, תלינן דהוא מכלבים להקל, **ודוקא** אם בדק האשפה ולא נמצא בו שאר צואה בלתי זה, דאל"ה הלא אמרינן דסתם אשפה חזקה שיש בו צואה, דרגילין להפנות שם, וכן פסקו האחרונים כהמג"א.

אבל ספק מי רגלים – (ר"ל שמסופק לו אם יש שם מי רגלים), **אפילו באשפה, מותר** - ור"ל לאחר שבדקוה שלא נמצא בה צואה, וגם שאין מגיע ממנה ריח רע, דאל"ה תיפוק ליה משום אשפה גופא.

משום דלא אסרה תורה לקרות כנגד מי רגלים, אלא כנגד עמוד של קלוח - כתב המ"א בשם הרא"ש, דשותת לא חשיב נגד העמוד, ושרי מדאורייתא, **ובהגהות** הגר"ח צאנזאר מפקפק בזה, **ואחר שנפל לא מיתסר אלא מדרבנן, ובספיקן לא גזרו** – (ונלפענ"ד דה"ה אם מצא בבית ששפוך על הארץ, ואינו יודע אם הוא מים או מי רגלים, יש להקל אפילו במקום שמצוי שם קטנים, דכך מצוי מים שנשפך כמו מי רגלים, ומה שכתב הח"א דאזלינן בתר המצוי, שאם קטנים בבית מסתמא הטינוף מהם, אפילו במי רגלים, **שם** איירי שאנו יודעין שהוא מי רגלים, והספק הוא אם הוא מי רגלי אדם או בהמה, לכך אזלינן בתר המצוי, דאם קטנים מצויים יותר תלינן בהם, משא"כ בענינינו, **ועל** דינו דח"א גופא לכאורה יש לעיין, דהלא במי רגלים קי"ל להקל, אפילו באשפה שמצוי להמצא שם מי רגלים, אלמא דלא אזלינן בתר המצוי לענין מי רגלים, ויש לחלק בין אם הספק הוא על עצם הדבר, או שהדבר בודאי נמצא, ואנו צריכין לתלותו באיזה דבר, תלינן במצוי אפילו במילתא דרבנן, וצ"ע).

ואם הוא יודע שהיה כאן מי רגלים, ונסתפק אם הטיל לתוכו רביעית מים, וכיוצא בו, כתב הח"א, דכיון דאיתחזק איסורא, אזלינן לחומרא אפילו במילתא דרבנן, **ומ"מ** בשעת הדחק, שיתבטל ע"ז מק"ש ותפלה, יוכל לסמוך על הפוסקים, דאפילו בזה אזלינן לקולא במילתא דרבנן.

ואם אירע לו כזה בצואה, דהיינו שהוא יודע שהיה כאן צואה בבית, ונסתפק אם פינוהו, **נראה** דאסור לקרות ולהתפלל עד שיתברר לו, דהלא הוא מילתא דאורייתא.

אות פ'

הלכתא: צואה כחרס אסורה, ומי רגלים כל זמן שמטפיחין

סימן פב ס"א - [לח]**צואה יבשה כ"כ שאם יזרקנה תתפרך, הרי היא כעפר ומותר לקרות כנגדה,** [לט]**והוא שלא יהיה בה ריח רע** - ודוקא שאם יזרקנה תתפרך לפירורין דקין, אבל לשנים ושלשה לא מהני.

הגה: וי"א דלא הוי כעפר רק אם נפרכת על ידי גלילה בלא זריקה – (בגמרא פליגי תרי לישני בזה, ודעה הראשונה ג"כ דעתה להחמיר, אך ס"ל דיותר נקל הוא להתפרך ע"י גלילה מע"י זריקה).

וכן עיקר ([מ]**רש"י והרא"ש פרק מי שמתו), (טור)** – (משמע מזה דס"ל דאם ראינו שנפרכה ע"י גלילה, די בזה, וא"צ לחוש דלמא לא היתה נפרכת ע"י זריקה, **אבל** בא"ר כתב בשם האחרונים, דצריך להחמיר ג"כ כדעת המחבר).

(ועיין בחי' הרשב"א בשם הראב"ד, [מא]דמשמע מיניה דאי חזא דמפלאי אפלויי, אז הגיע לשיעור שתהא נפרכת ע"י גלילה, ויפה זה מצואה כחרס דקי"ל דאסורה, **אכן** לפי מה שהחמיר בא"ר לחוש לדעת המחבר, אין להקל בזה, **שוב** מצאתי בערוך ובאור זרוע, דסוברים דשיעור זה עדיין לא הגיע אף לצואה כחרס, ואסור, וכן משמע מכל הפוסקים שלא הביאו כלל להא דהרשב"א הנ"ל).

ובימי הקור שהצואה נקרשת הרבה כאבן, וגם אין מגיע אז ממנה שום סרחון, נסתפק המ"א אי שרי לקרות כנגדה, אי בתר השתא אזלינן, או עדיין שם צואה עליה, כיון שיכולה לחזור לקדמותה בזמן החום, **והאחרונים** הסכימו כולם בזה לאיסור, ואף בדיעבד אם קרא, צריך לחזור ולקרות ק"ש, ולהתפלל בתורת נדבה.

כתב בספר שולחן שלמה, דה"ה נגד מי רגלים קרושים, ג"כ יש להחמיר שלא לקרות נגדן, [מב]**וצ"ע** בזה.

ואם הצואה תחת מים קרושים, אפשר דהוי כיסוי, אע"ג דמים לא מהני, מ"מ גלד וכפור י"ל דהוי בכלל "וכסית", וכעששית דמי,

---

באר הגולה

[לז] שם בבלי וכלישנא בתרא [לח] ברכות כ"ה [לט] רבי מנוח [מ] «כפירש"י דלישנא בתרא לחומרא, ועבדינן לחומרא כנ"ל הרא"ש - גר"א» [מא] «וז"ל: איכא דאמרי כל שגוללה ואינה נפרכת, הא נפרכת עפר בעלמא הוא ושרי, כתב הראב"ד ז"ל והיינו פלאי פלויי והוא המקל וקיי"ל כותיה» [מב] «שמי רגלים קרושים, כיון שאין איסורם מה"ת, אפשר שא"צ להרחיק מהם – אשל אברהם בוטשאטש»

ובתר השתא אזלינן, **וצואה** שנתכסה בשלג, חשוב כיסוי כל כמה שלא נמחה השלג.

סימן פב ס"ב - [מג]מי רגלים שנבלעו בקרקע - או בבגד, [ח"א, וכן מוכח מתוס' ברכות כ"ב: ד"ה ממתין, ע"ש], **אם היו מרטיבין היד, אסור לקרות כנגדם. וי"א דאינו אסור רק בטופח ע"מ להטפיח** - פי' שאם מניח ידו עליהם, מעלה לחות בה, שאם יניחנה על דבר אחר מקבל ממנה לחות, ואם אינן לחים כ"כ מותר. **ויש לסמוך ע"ז** - וכן הסכמת כל האחרונים, דדוקא טופח ע"מ להטפיח, **ואז** בעי הרחקה מהן ד"א כמו מצואה, [פמ"ג בסי' ע"ז ופשוט, וכן מוכח בדף כ"ה. בגמ' ע"ש], **ומ"מ** כיון שאינם בעין, רק שבלועין בקרקע או בבגד, א"צ לשפוך עליהן רביעית לכו"ע, אלא די שיביא עליהן רק מעט מן המעט מים, שאין בהן ג"כ רק טופח ע"מ להטפיח, ושרי.

באר הגולה

מג **שם בגמ' לדעת הרמב"ם** ‹והרמב"ם כתב בפ"ג מהלכות ק"ש (ה"ז) מי רגלים שנבלעו בקרקע, אם היו מרטיבין היד אסור לקרות כנגדם. **משמע** שפוסק דכל שטופחין אע"פ שאין בהם כדי להטפיח, אסור, וכדמשמע פשטא דלישנא דרבא, והא דאמרינן בטופח על מנת להטפיח איכא בינייהו, הכי פירושו, דת"ק לא בעי על מנת להטפיח, (ודלא כרש"י), והכי קאמר, נבלעו דאין מטפיחין כלל, אע"פ שרישומן ניכר, מותר, לא נבלעו, אלא הם מטפיחין, אסור, רבי יוסי אומר כל זמן שמטפיחין מותר, עד שיהא בהם על מנת להטפיח, והשתא אתי שפיר רבא כת"ק דרבי יוסי, ואע"ג דלישנא דרבא כלישנא דרבי יוסי, כיון דרבי יוסי קאי את"ק, אית לן לפרושי דעל מנת להטפיח קאמר – ב"י›

והבא בטופח על מנת להטפיח איכא בינייהו: ירד לטבול אם יכול לעלות כו': לימא תנא סתמא כר' אליעזר דאמר *עד הנץ החמה אפי' תימא ר' יהושע ודלמא כותיקין *דא"ר יוחנן ותיקין היו גומרין אותה עם הנץ החמה: ואם לאו יתכסה במים ויקרא: והרי לבו רואה את הערוה א"ר אלעזר ואי תימא ר' אחא בר אבא בר אחא משום רבינו במים עכורין שנו דדמו כארעא סמיכתא שלא יראה לבו ערותו. ת"ר מים צלולין ישב בהן עד צוארו וקורא וי"א עוכרן ברגלו ות"ק והרי לבו רואה את הערוה קסבר לבו רואה את הערוה מותר והרי עקבו רואה את הערוה קסבר עקבו רואה את הערוה מותר אתמר עקבו רואה את הערוה מותר נוגע אביי אמר אסור ורבא אמר מותר רב זביד מתני לה להא שמעתא הכי רב חיננא בריה דרב איקא מתני לה הכי נוגע דברי הכל אסור רואה אביי אמר אסור רבא אמר מותר *לא נתנה תורה למלאכי השרת והלכתא נוגע אסור רואה מותר אמר רבא צואה בעששית מותר לקרות ק"ש כנגדה ערוה בעששית אסור לקרות ק"ש כנגדה צואה בעששית מותר לקרות ק"ש כנגדה דצואה בכסוי תליא מילתא והא מיכסיא ערוה בעששית אסור לקרות ק"ש כנגדה °ולא יראה בך ערות דבר אמר רחמנא והא קמיתחזיא אמר אביי צואה כל שהוא מבטלה ברוק אמר רבא וברוק עבה אמר רבא צואה בגומא מניח סנדלו עליה וקורא ק"ש בעא מר בריה דרבינא צואה דבוקה בסנדלו מאי תיקו *אמר רב יהודה עכו"ם ערום אסור לקרות ק"ש כנגדו מאי איריא עכו"ם אפילו ישראל נמי ישראל פשיטא ליה דאסור אלא עכו"ם אצטריכא ליה מהו דתימא הואיל וכתיב בהו °אשר בשר חמורים בשרם אימא כחמור בעלמא הוא קמ"ל דאינהו נמי איקרו ערוה דכתיב °וערות אביהם לא ראו: ולא יתכסה לא במים הרעים ולא במי המשרה עד שיטיל לתוכן מים: וכמה מיא רמי ואזיל אלא ה"ק לא יתכסה לא במים הרעים ולא במי המשרה כלל ומי רגלים עד שיטיל לתוכן מים ויקרא ת"ר *כמה יטיל לתוכן מים כל שהוא ר' זכאי אומר רביעית אמר רב נחמן מחלוקת לבסוף אבל בתחלה כל שהן ורב יוסף אמר מחלוקת לכתחלה אבל לבסוף דברי הכל רביעית אמר ליה רב יוסף לשמעיה אייתי לי רביעיתא דמיא כר' זכאי: *ת"ר גרף של רעי ועביט של מי רגלים אסור לקרות ק"ש כנגדן ואף ע"פ שאין בהן כלום ומי רגלים עצמן עד שיטיל לתוכן מים וכמה יטיל לתוכן מים כל שהוא ר' זכאי אומר רביעית בין לפני המטה בין לאחר המטה רבן שמעון בן גמליאל אומר לאחר המטה קורא לפני המטה אינו קורא אבל מרחיק הוא ארבע אמות וקורא ר"ש בן אלעזר אומר אפי' בית מאה אמה לא יקרא עד שיוציאם או שיניחם תחת המטה איבעיא להו היכי קאמר (א) אחר המטה קורא מיד לפני המטה מרחיק ארבע אמות וקורא או דלמא הכי קאמר לאחר המטה מרחיק ד' אמות וקורא לפני המטה אינו קורא כלל ת"ש דתניא ר"ש בן אלעזר אומר אחר המטה קורא מיד לפני המטה מרחיק ארבע אמות רבן שמעון בן גמליאל אומר אפי' בית מאה אמה לא יקרא עד שיוציאם או שיניחם תחת המטה בעיין איפשיטא לן מתנייתא קשיין אהדדי איפוך בתרייתא מה חזית דאפכת בתרייתא איפוך קמייתא מאן שמעת ליה דאמר *כוליה בית כארבע אמות דמי ר"ש בן אלעזר היא אמר רב יוסף בעאי מיניה מרב הונא מטה פחות משלשה פשיטא לי דכלבוד דמי שלשה ארבעה חמשה ששה שבעה שמנה תשעה מהו א"ל לא ידענא עשרה ודאי לא מיבעי לי אמר אביי שפיר עבדת דלא איבעיא לך כל עשרה רשותא אחריתי היא אמר רבא הלכתא פחות משלשה כלבוד דמי עשרה רשותא אחריתי היא משלשה עד עשרה היינו דבעא מיניה רב יוסף מרב הונא ולא פשט ליה אמר רב הלכה כר"ש בן אלעזר וכן אמר באלי א"ר יעקב *ברה דבת שמואל הלכה כרבי שמעון בן אלעזר ורבא אמר אין הלכה כר"ש בן אלעזר רב אחאי איעסק ליה לבריה בי רב יצחק בר שמואל בר מרתא עייליה לחופה ולא הוה מסתייעא מילתא אזל בתריה לעיוני חזא ספר תורה דמנחא אמר להו אילו השתא לא אתאי סכנתון לברי דתניא °בית שיש בו ספר תורה או תפילין אסור לשמש בו את המטה עד שיוציאם או שיניחם כלי בתוך כלי אמר אביי לא שנו אלא בכלי שאינו כליין אבל בכלי שהוא כליין אפילו עשרה מאני כחד מאנא דמי אמר רבא גלימא אקמטרא

בטופח ע"מ להטפיח איכא בינייהו. ת"ק בעי על מנת להטפיח ור' יוסי מחמיר: לימא תנא סתמא כר' אליעזר. והלכה כמותו: דילמא לותיקין קאמרה מתני' עם הנץ החמה אבל לכ"ע עד שלש שעות: והרי לבו רואה את הערוה. קס"ד כל אבר שאין דרכו לראות את הערוה [ורואה] אותו בשעה שקורא בתורה קרינן ביה ולא יראה בך ערות דבר: לא נתנה תורה למלאכי השרת שאין להם ערוה על כרחנו יש לנו ערוה ואין אנו יכולים להשמר מכל זה: (ב) כל שהוא. מעט: ברוק. רוקק עליה ומכסה אותה ברוק: בעששית. לנטירנ"א בלעז כלומר מחילת זכוכית או קלף דק מפסיק בנתיים והיא נראית: בכסוי תליא מילתא. וכסית את צאתך: מים הרעים. סרוחים: *מי המשרה. ששורים שם הפשתן והקנבוס והם מסריחים: וכמה מיא רמי ואזיל. כמה ישליך לתוכם ויבטלם הלא מרובין הם: ומי רגלים. מועטין והם בכלי והוא בא לקרות ק"ש אצלם: לבסוף. שמי רגלים בכלי וזה נותן לתוכן מים בההיא קאמר ר' זכאי רביעית: אבל לכתחלה. שקדמו המים למי רגלים דברי הכל כל שהוא שכשמטיל מי רגלים בכלי לבסוף ראשון ראשון שנופל לתוך המים מתבטל ואע"פ שהם רבים והולכין °כבר בטלו: אייתי לי רביעתא. אפי' בתחלה: גרף ועביט. שניהם כלי חרס הם אלא של רעי קרוי גרף ושל מי רגלים קרוי עביט: אסור לקרות ק"ש כנגדם. הואיל ומיוחדין לכך ואע"פ שאין בתוכן כלום: ומי רגלים עצמן. בכלי שאינו מיוחד להם: בין לפני המטה. שאין המטה מפסקת בינו לבינם: בין לאחר המטה. שהמטה מפסקת ביניהם אסור: או שיניחם תחת המטה גרסינן. ולא גרסינן כלי בתוך כלי: תחת המטה. כאילו היו טמונים בארץ: היכי קאמר. רשב"ג: בעיין איפשיטא לן. שאלתנו נתפרשה לה בחלוק שבין לפני המטה ולאחר המטה: מתנייתא קשיין. שהוחלפה שיטתן: מאן שמעת ליה וכו'. °לא ידעתי היכן היא: פשיטא לי. במניחן תחת המטה ורגליה קצרים שאין הימנה ולקרקע שלשה טפחים כלבוד דמי והרי הן כטמונים: עשרה ודאי. לא שאלתי ממנו דנראה כאילו אינה תחתיה מאחר שיש הפסק כל כך אין זה כסוי: עייליה לחופה ולא הוה מסתייעא מילתא. דנישואין שלא היה יכול לבעול: סכנתון לברי. כמעט סכנתם את בני למות בעונש העון: אפילו עשרה מאני. וכולן כליין כחד מאנא דמי: אקמטרא

והרי לבו רואה את הערוה. פירש ר"י מדפריך גמרא הכי בפשיטות משמע דלבו רואה את הערוה אסור אלא דרבינו שמעיה תלמידו של רש"י פסק כת"ק דלבו רואה את הערוה מותר ומיהו בסמוך משמע דחשור דלא פליגי הני אמוראי אלא בעקבו רואה את הערוה אבל בלבו רואה את הערוה כ"ע מודו דאסור:

והלכתא נוגע עקבו אסור. וטעמא דגזרינן נוגע עקבו שמא יגע בידיו: גרף של רעי. פי' רש"י של חרס בלוע משמע לפירושו אבל כלי דלא בלע כגון זכוכית אפשר דשרי [א]:

ובלבד שיטיל בהן רביעית מים. אבל בגרף אפשר דלא מהני מים:

עין משפט נר מצוה

קיד א מיי' פ"ג (ופ"ג) מהל' ק"ש הלכה ז סמג עשין יח טוש"ע א"ח סי' עד סעיף ג:
קטו ב מיי' שם פ"ג הלכה יח טוש"ע שם סעיף ה:
קטז ג מיי' שם הלכה י סמג שם טוש"ע א"ח סי' עו סעיף א:
קיז ד מיי' שם הלכה טו סמג שם טוש"ע א"ח סי' עה סעיף ה:
קיח ה ו מיי' שם הלכה יא סמג שם טוש"ע א"ח סי' עו סעיף ו:
קיט ז ח מיי' שם טוש"ע שם סעי' ב:
קכ ט מיי' שם הלכה טו סמג שם טוש"ע א"ח סי' פה סעיף ד:
קכא י מיי' שם פ"ג הלכה ז טוש"ע א"ח סי' עד סעיף ב (וסימן פו):
קכב כ ל מיי' שם פ"ג הלכה י טוש"ע א"ח סי' עו סעיף א:
קכג מ (נ) מיי' שם הל' יב סמג שם טוש"ע א"ח סימן פז סעיף א: [נ טור שם]:
קכד ס ע מיי' פ"ד מהל' תפילין הל' כד ופי"י מהל' ס"ת הל' ז סמג עשין כב טוש"ע א"ח סימן מ סעיף ב וכסי' רמ סעיף ו [וני"ד סי' רפב ס"ח]:

רב נסים גאון

לימא תנן סתמא כר' אליעזר דאמר עד הנץ החמה. (דאמר) [עיקר] מחלוקת ר' אליעזר ור' יהושע בפירקא קמא (דף ט) דהא מסכתא: מאן שמעת ליה דאמר כל הבית כולו כד' אמות דמי ר' שמעון בן אלעזר · עיקר דבריו של ר' שמעון בן אלעזר בתוספתא דעירובין (פ"ב) ובגמרא בפרק עושין פסין (דף כג.) אמר רבי שמעון בן אלעזר כל איר שתשמיש לדירה כגון דיר וסהר ומוקצה והצר אפילו בית ה' כורין אפילו בית י' כורין מותר שמעינן מיהא דר' שמעון היה מתיר לטלטל כל כי האי שיעור' מפני שתשמיש לדירה וכולו כד' אמות דמי ליה: אמר רב יוסף בעו מיניה מרב הונא פחות מג' כלבוד דמי. עיקרא דהא מילתא דכל פחות מג' כלבוד דמי שנוי במשנה ובהרבה מקומות תם בתוספתא ואנו מזכירים מה שנמצא בידינו במסכת כלאים בפרק קרחת הכרם (משנה ד) שנינו מחיצת הקנים אם אין בין קנה לקנה ג' טפחים כדי שיכנס הגדי הרי זה כמחיצה ובתוספתא נמי רכויתה ובפרק קמא דעירובין (דף טז:) מקיפין ג' חבלים ט' מקיפין בקנים ובלבד שלא יהא בין קנה לחברו ג' טפחים ובגמרא דהאי פירקא (שם דף טז.) תא שמע ג' מרות במחיצה כו' והיא שנויה בתוספת' כלאים (פרק ד) ובמתני' (סוכה פרק א דף טז.) המשלשל דפנות מלמעלה למטה אם גבוהות מן הארץ ג' טפחים פסולה משום דנפקא לה מתורת לבוד והא דאמרינן הכא עשרה רשותא אחריתי היא איתיה לעיקרא בפירקא קמא דשבת (דף ו.) בברייתא דתנו רבנן ד' רשויות לשבת כו' [וכן בסוכה דף ס ע"ש]:

מסורת הש"ס

[לעיל ט:]
לעיל דף ט: לקמן מ.
[דיבור זה [ודבור הקדוש] שייך לעיל במשנה כב:]
יומא ל. קדושין נד. [מעילה יד:]
[שבת קנ. ע"ש]
[נזיר לח.]
תוספתא פ"ב
[עירובין מב:]
[עי' פירש"י לעיל טו. ד"ה כרס]

תורה אור

דברים כג
יחזקאל כג
בראשית ט

הגהות הגר"א

[א] בתוס' סד"ה גרף נמחק ב' נקודו' הפסק (וד"ה גרף וד"ה בלבד הוא דבור אחד וכ"ה בדפו"י וכ"מ במרדכי ודלא כרש"ל):

הגהות הב"ח

(א) גמ' היכי קאמר רשב"ג אחר המטה: (ב) רש"י ד"ה כל שהוא וד"ה ברוק נ"ל אחר ד"ה בכסוי:

גליון הש"ס

רש"י ד"ה אבל כו' כבר בטלו. עי' ע"ב דף עג ע"א תוס' ד"ה כי אתא: רש"י ד"ה מאן שמעת ליה כו' לא ידעתי כו'. וכן ברש"י שבת עז: ד"ה למ"ד. יז. ד"ה הניחא. מנ: ד"ה לא

זוי · קז: ד"ה הספוין. קלא: ד"ה כאדם וד"ה זה סקן. ערובין מ: ד"ה דרב אחא. פסחים לד: ד"ה תנא [פ"א. ד"ה אבל]. קז: כרש"י ד"ה גלות. יומא יס. ד"ה שער הדלקה. עב: ד"ה הא כמ"ד. פה. ד"ה ולוי הסדר. סוכה כז: ד"ה שלא סעמיד. כח. ד"ה שיתות. כט. ד"ה כבציל. מח. ד"ה שיר. נב: ד"ה שבעה. ביצה טו: ד"ה ופירותיה. כה: ד"ה גלף. תענית סוף פ"ב ד"ה שמעיה. מגילה יד. ד"ה נכואה. סוטה לו: ד"ה אלא זה. מט. ד"ה זיו החכמה. קדושין ל. ד"ה לא אלא. ב"ק ס: ד"ה ולמ"ד. כז: ד"ה לא אלא. סנהדרין יד. ד"ה טורמוסין. מח: ד"ה והלא. ע: ד"ה כסת. שבועות לו. ד"ה לא א"א. זבחים כב. ד"ה והא תנא. ט: ד"ה לב' ימים. חולין [מו: ד"ה נקלף] נ: ד"ה איסטומכא. נב. ד"ה כר זכאי. נג: ד"ה וסרי. קטו: ד"ה גולל. קלא. ד"ה תשעה. ערכין י. ד"ה ולא מוסיפין. יח: ד"ה אלא. יג. ד"ה מקשעה. תמורה טו: ד"ה כיוצא. כח: ד"ה נעבד נמי:

§ מסכת ברכות דף כה: §

אות א'

במים עכורין

סימן עד ס"ב - [א]הרוחץ ערום במים צלולים ורוצה לשתות, יכסה בבגד ממטה ללבו, כדי שלא יהא לבו רואה את הערוה כשיברך - פי' דהמים אע"פ שהם צלולים, מ"מ מהני כיסויין לענין שלא יהא אסור מחמת גילוי ערוה, ובתנאי שיוציא ראשו חוץ למים ולא יסתכל בערוה, כיון דהמים צלולים ונראית בהם ערותו, **אלא** שעדיין יש איסור משום לבו רואה את הערוה, כיון שהלב עם הערוה במים, ע"כ צריך לכסות בבגד ממטה ללבו, כדי שיהיה הפסק בין לבו לערוה, **וה"ה** אם חוצץ בבגד על לבו ג"כ מהני, וכנ"ל בס"א.

וה"ה שיכסה ראשו שלא יברך בגילוי הראש.

[ב]ודוקא בבגד, אבל בידים לא הוי כיסוי - בין אם מכסה על לבו או בין לבו לערוה, **אם** לא שמחבק בזרועותיו כדלקמן, **והטעם**, דאין גוף מכסה גוף, **ודוקא** בידים דידיה, אבל אם אחרים מכסים לבו בידיהם שרי.

הגה: וכ"ש אם מכסה ראשו בידיו לא מיקרי כסוי הראש - ר"ל לענין שיהא מותר לברך, או להוציא מפיו שאר דברי קדושה, **וע"ל סי' ל"א (תרומת הדשן בשם א"ז).**

[ג]ואם היו המים עכורים, שאין איבריו נראין בהם, מותר לקרות והוא בתוכן – (ועדיף זה יותר משאם היה לבוש חלוק בלי מכנסים, אף דשם ג"כ אין איבריו נראין בהם מלמעלה, **משום** דהם דבוקים לגופו, ודמו כארעא סמיכתא, כדאיתא בגמ', ומקרי עי"ז שאין לבו רואה לערוה).

ואם הם צלולין, עוכרן ברגליו, **ודוקא** בקרקע שייך זה, אבל לא בכלי, שאין בו עפר וטיט, כ"כ המ"א, **אבל** באור זרוע כתב, דאפי' ברוחץ את עצמו רגיגית שייך זה.

[ד]והוא שלא יהא ריחן רע.

(ואם אין לבו בתוך המים רק למעלה מן המים, אף בצלולים שרי) (ד"ע) - דהמים מקרי הפסק בין לבו לערוה, **ויזהר** ג"כ שעיניו יהיו חוץ למים ולא יסתכל בערוה, דלא עדיף מערוה בעששית.

[ה]סימן עד ס"ג - [ו]אם האדם מחבק גופו בזרועותיו, דיינינן ליה כהפסקה - פי' אם עומד במים צלולים, ולבו ג"כ תוך המים, וצריך להפסיק בין לבו לערותו, די בזה להפסיק, אע"ג דכיסוי בעלמא בידיו מבואר בס"ב דלא מהני, זה עדיף טפי, **והטעם**, כיון שאין דרכן של בני אדם לחבק עצמן כך, והוא עושה כן, מקרי הפסקה אף דהוא חד גוף, **וכן** הסכימו האחרונים, דלא כמהר"ם טיוולו ופר"ח שמחמירין בזה, **וכשהוא** הולך בחלוק בלא מכנסים, והוא מדביק בידיו על חלוקו על הלב או מתחת לבו, כדי להפסיק בין לבו לערוה, גם לדידיהו שרי.

אות ב'

והלכתא: נוגע אסור, רואה מותר

סימן עד ס"ה - [ז]שאר אבריו רואים את הערוה, מותר - ר"ל ולא בעינן שיהא מכסה להערוה בפני עצמו באיזה דבר, כדי שלא יראוה האיברים. **אבל אם [ח]איזה מאבריו נוגע בין בערותו בין בערות חבירו, אסור לקרות ק"ש או [ט]להתפלל** - דגזרינן נגיעת שאר איבריו משום נגיעת ידיו, ונגיעת ידיו שלא יבוא לידי הרהור, (תוס').

ויריכותיו שהערוה שוכבת עליהן, צריך להפסיקן בבגד, או להרחיקן בענין שלא יגע [י]הגיד בהם - אבל בנגיעה דכיס אין להקפיד, דאין לחוש בו משום הרהור, **והמדקדקין** מדקדקין גם בזה, כי יש חולקין, **ובדיעבד** יצא אפילו אם נגע הגיד בהירכים.

אות ג'

צואה בעששית, מותר לקרות קריאת שמע כנגדה

סימן עו ס"א - [יא]צואה בעששית - הוא של זכוכית, או דבר אחר המנהיר, **מותר לקרות כנגדה, אע"פ שרואה אותה דרך דפנותיה, משום דבכסוי תלה רחמנא, דכתיב: וכסית את צאתך, והא מתכסיא.**

ואם מגיע לו ריח רע אסור, ואפילו למ"ד בסימן ע"ט ס"ב, דהפסקה מועלת לר"ה, דוקא מחיצה שהוא רשות בפני עצמו, אבל כפיית כלי לא, **ומ"מ** א"צ בזה ד"א ממקום שכלה הריח, אלא כל זמן שאין מגיע אליו סגי, כ"כ הפמ"ג בסימן זה, **אבל** בסימן ע"ט נשאר בצ"ע.

דע, דבכל ההלכות אלו עד סי' פ"ח, וכן לענין איסור ערוה הנ"ל, כל מקום שנזכר הדין לענין ק"ש, בין לענין היתר בין לענין איסור, הוא לאו דוקא ק"ש, דה"ה תורה ותפלה וכל עניני הקדושה, ובין שאומרם בלשון קודש ובין בלשון חול.

אות ד'

ערוה בעששית, אסור לקרות קריאת שמע כנגדה

סימן עה ס"ה - [יב]ערוה בעששית, ורואה אותה דרך דפנותיה, אסור לקרות כנגדה, דכתיב: ולא יראה בך

באר הגולה

[א] הרא"ש בשם ר"ת מהא דברכות כ"ד וכ"ה וכיש אומרים [ב] תרומת הדשן בשם א"ז [ג] שם בגמ' כ"ה [ד] שם במשנה [ה] ‹מילואים› [ו] רבי יונה בשם רבני צרפת [ז] שם בגמ' כ"ה [ח] לפי' הר"ר יונה והרא"ש וא"ח בשם הראב"ד ‹דה"ה לכל האיברים הנוגעים בערוה, והא דנקט עקבו מפני שהעקב עומד כנגד הערוה – ב"י› [ט] ר' ירוחם [י] ב"י [יא] ברכות כ"ה [יב] שם

ערות דבר, והא מתחזיא - עששית היא של זכוכית, או בגד דק המנהיר עד שנראית הערוה, או טפח מבשר האשה במקום שדרכה להיות מכוסה, שגם זה הוא נקרא ערוה, **ואפילו** היא בבית אחר ורואה אותה דרך עששית שבהחלון, לפי שבראיה תלה הכתוב, **ואפילו** בדיעבד צריך לחזור ולקרות.

ועצימת עינים שרי בכל זה לכו"ע, כיון שהערוה עכ"פ מכוסה.

[יג]סימן עה ס"ו - [יד]היתה ערוה כנגדו, והחזיר פניו ממנה - ר"ל אפילו החזרת פנים לבד בלא גופו, דלא גרע מעצימת עינים דשרי לדידיה, **או שעצם עיניו, או שהוא בלילה, או שהוא סומא, מותר לקרות, דבראייה תלה רחמנא, והא לא חזי לה** - ר"ל אע"פ שהוא בסמוך לו תוך ד' אמותיו, דבצואה קי"ל בסי' ע"ט, דאסור אפילו אם הוא מלאחריו, בזה גילה הכתוב דתלוי רק בראיה.

והאחרונים הסכימו, דכל אלו העצות לבד מהחזרת פנים, לא מהני, דלא כתיב "ולא תראה", אלא "ולא יראה", ר"ל לא יראה הרואה, **ואפילו** החזרת פנים שהותר, הוא רק דוקא אם החזיר כל גופו, ועומד בצד אחר, דנעשית הערוה מצידו, אבל אם החזיר פניו לבד לא מהני, **וא"כ** בהוא עצמו ערום, לא יצוייר שום עצה שיהא מותר לדבר ד"ת.

עיין בפמ"ג ושארי אחרונים, דבהוא עצמו ערום, אפשר דגם לדעת השו"ע לא מהני כל אלו העצות.

ונ"מ בכל זה אף לדידן דמחמירין בעצימת עינים וכנ"ל, מ"מ אם החזיר פניו וגופו מן הערוה, מהני לכו"ע, אפילו בסמוך לו.

וכתב במשבצות זהב, דאם הוא ברשות אחד ואדם ערום הוא ברשות אחר כנגדו, והוא עוצם עיניו מלראותו, י"ל דשרי בזה לכו"ע, וכן משמע קצת בדרך החיים, **ובאשל** אברהם משמע דחזר מזה, וכן בח"א לא משמע כן, **אכן** אם חלון של זכוכית מפסיק בינו לערוה, ועוצם עיניו מלראותו, מהני לכו"ע, כיון דיש עכ"פ איזה חציצה המכסה נגד הערוה.

מותר להרהר בד"ת כשהוא ערום, וא"צ לומר כנגד ערוה אחרת, שנאמר "ערות דבר", דיבור אסור הרהור מותר, **ומ"מ** אין לו לשמוע אז ברכה מחבירו לצאת ידי חובה, כי אי אפשר לומר שומע כעונה, כיון שא"א לו לענות.

אות ה' – ו'

צואה כל שהוא מבטלה ברוק

וברוק עבה

סימן עו ס"ו - [טו]היה לפניו מעט צואה - אפילו כל שהוא, [ברכות כ"ה:], כי אין שיעור לאיסור צואה, **יכול לבטלה ברוק שירוק בה, ויקרא כנגדה, והוא שיהא הרוק עבה** - אז חשיב כיסוי, ודוקא כשאין מגיע לו ריח רע.

[טז]ואין הבטול מועיל אלא לפי שעה, אבל אם לא יקרא מיד, והרוק נימוח ונבלע בה, לא בטלה.

ואם נותן מים ע"ג הצואה, לא מהני, אא"כ המים עכורים שאין הצואה נראית מתוכם, **ולא** דמי לצואה בעששית, דהתם כסוי מעליא הוא, משא"כ בזה, **ולכן** יש ליזהר מלקרות נגד עביט מלא מים, אשר השליכו בתוכו בגדי קטנים שיש בהם צואה.

כתב בחידושי רע"א בשם הנזירות שמשון, דא"צ להרחיק ממה שהאדם מקיא, אף שהוא מאוס.

אות ז' – ח'

צואה בגומא, מניח סנדלו עליה וקורא קריאת שמע

צואה דבוקה בסנדלו מאי, תיקו

סימן עו ס"ב - [יז]צואה בגומא, מניח סנדלו עליה וקורא, דחשיבא כמכוסה, וכיון שאין ריח רע מגיע לו, מותר - לאו דוקא סנדל, ה"ה באיזה דבר שמכסה מהני, ונקט סנדל, דלא תימא דבטיל לגבי גופו, והוי כמו שמכסה אותה ברגלו יחיפה, דבודאי אין גופו חשוב כיסוי, קמ"ל.

והוא שלא יהא סנדלו נוגע בה - ר"ל אפילו אם אין הצואה מתפשט על צדדי הסנדל מבחוץ, ואינו נראה, **ואע"ג** דבעששית אפילו נוגע ודבוקה בה שרי, מפני שאינו נראה מבחוץ, סנדלו גרע טפי, מפני שעתה הוא מלבוש שלו, **ע"כ** אם חלצו וכיסה בו שרי.

עיין בע"ת ופמ"ג שמצדדים לומר, דאם אחר שקרא ק"ש וברכותיה מצא צואה דבוקה בסנדלו מתחתיתו, חוזר וקורא ק"ש בלא ברכותיה, עי"ש הטעם, ‹דדין זה איבעיא ולא איפשטא, ורק מספק אנו מחמירין - מ"ב המבואר›, **ואם** נתפשט הצואה גם בצדדי הסנדל מבחוץ, עיין לקמן סעיף ח' מה שנכתוב שם, ‹שחוזר וקורא בברכותיה אם היה מקום שצריך להסתפק - שונה הלכות›.

אות ט'

נכרי ערום אסור לקרות קריאת שמע כנגדו

סימן עה ס"ד - [יח]אסור לקרות כנגד ערוה - דכתיב: כי ד' אלהיך מתהלך בקרב מחנך והיה מחניך קדוש, ולא יראה בך ערות דבר וגו', מכאן למדו חכמים, שבכל מקום שד' אלקינו מתהלך עמנו, דהיינו כשאנו עוסקים בקריאת שמע ותפלה או בד"ת, צריך ליזהר שלא יראה ד' בנו ערות דבר, דהיינו שלא יהיה דבר ערוה כנגד פניו של אדם הקורא או המתפלל כמלא עיניו, **וכן** שלא יהיה אז ערום, שעי"ז מתראה ערוה שלו, כלול ג"כ במקרא הזה.

באר הגולה

[יג] ‹ע"פ הט"ז וז"ל: או שעצם עיניו וכו', כ"כ ב"י, והוא תמוה בעיני, חדא דלישנא דתלמודא לא משמע הכי, דאיתא שם: טעמא מאי דכתיב ולא יראה בך ערות דבר והא קמתחזי, ולא קאמר והא קא חזי, ש"מ כיון דמתחזי נגדו, אע"ג דאיהו לא חזי, אסור› [יד] רמב"ם [טו] ברכות כ"ה [טז] ירושלמי הביאו רא"ש והרשב"א בשם הראב"ד [יז] שם [יח] שם בגמ' כ"ה

אפילו של עו"ג - אע"פ שנאמר בהם: בשר חמורים בשרם, אימא כבהמה בעלמא דמי, קמ"ל.

וכן כנגד ערות קטן, אסור - עיין בב"י דלא חשש לדעת המחמירין רק לכתחלה, אבל בדיעבד אם קרא אין חוזר וקורא.

ויש מתירין נגד ערות קטן, כל זמן שאינו ראוי לביאה, (ר' ירוחם והרא"ש פרק מי שמתו ומהר"א מפראג), וכן עיקר (עיין ביו"ד סימן רס"ה) - היינו בקטן עד בן ט' שנים, ובקטנה עד בת ג' שנים.

וקטן בעצמו יוכל לקרות כשהוא ערום עד בן ט' שנים, **ונגד** ערות איש הוא מותר רק עד שיגיע לחינוך.

כתב המ"א, ומ"מ לא יאחוז המוהל הערוה בידו בשעת הברכה, **והא"ר** ומחה"ש מקילין, **והפמ"ג** כתב, דעכשיו שאין בקיאין כ"כ, יש לחוש לסכנה, ויש לתפוס בידו, וגם הגר"א פסק דאסור לעשות כהמג"א.

אות י'

לא יתכסה לא במים הרעים ולא במי המשרה כלל

סימן עד ס"ב - עיין לעיל אות א'.

סימן פו ס"א - [יט]מים סרוחים, או מי משרה ששורין בהן פשתן או קנבוס - שמסריח, וכ"ש משרה של כובסין, שמכבסין בהם בגדי קטנים שיש בהם צואה, **צריך להרחיק מהם כמו מן הצואה** - ר"ל לפניו כמלא עיניו, ולאחריו ד"א ממקום שכלה הריח, **וכתב** הפמ"ג דאיסורו הוא מה"ת כמו צואה.

ע"כ אותן מקואות שמימיהן סרוחין בימות הקיץ, לא מיבעי דאסור לברך בתוכן, אלא אפילו הרחקה כצואה בעינן, **ודוקא** אם מסריח עד שדרך בני אדם להצטער מאותו הר"ר.

גינה שממשיכין לה מים סרוחים ורעים, והיא סמוכה לבהכ"נ, אף אם קדמה, בעל הגינה צריך להרחיק, דהוי מילתא דאיסורא.

כתב הא"ר והובא בפמ"ג, במרתפות היין שיש ריח רע מעופש, וקץ ביה, אסור לקרות ק"ש, וה"ה כל כה"ג, **וברמב"ם** משמע דמותר, ורק גדולי החכמים היו נזהרין מזה בעת התפלה, עיי"ש, **ולפלא** שלא העירו בזה.

אות כ' - ל'

כמה יטיל לתוכן מים... רביעית

מחלוקת לכתחילה, אבל לבסוף דברי הכל רביעית

סימן עז ס"א - [כ]אסור לקרות כנגד מי רגלים - וצריך לזה כל דיני הרחקה, כמו לקמן בסימן ע"ט ס"א לענין צואה, **עד שיטיל לתוכן רביעית מים ואז מותר** - לפי שמן התורה אין אסור לקרות רק כנגד עמוד של קלוח בלבד, ואחר שנפל על הארץ אין איסורו רק מדברי סופרים, **לכן** הקילו חז"ל שיכול לבטלם ע"י רביעית מים, ואפילו היו המי רגלים מרובין, **ולפי"ז** אינו מועיל הרביעית מים אלא דוקא כשאין מסריחין, אבל אם ידוע שהם מסריחין, דאז אסור מד"ת לקרות נגדם, אין מועיל רביעית, אלא צריך שירבה עליהן מים לבטל הסרחון, [כ"ה: בגמרא וכמה מיא רמי וכו', ע"ש].

וי"א דבעינן דוקא בבת אחת, דאל"ה קמא קמא בטיל, [**ושארי** הפוסקים לא הביאו, וגם הרשב"א מיקל בזה, לכן צ"ע למעשה בדיעבד].

ולא שנא על גבי קרקע - ויראה שילכו המים על כל מקומות שהמי רגלים נשפכים שם, שהם טופח ע"מ להטפיח, (ספר שלחן שלמה, ומדמצריך שילכו המים עליהם, משמע דס"ל דטופח ע"מ להטפיח לחוד לא חשיב חבור, **דנסתפקתי** אם המי רגלים בשני מקומות, וביניהם יש מקום שהוא רק טופח כדי להטפיח, והטיל הרביעית מים רק במקום אחד, אי מהני, דאולי לא נחשב חיבור ע"י טופח כדי להטפיח, כי אם כשיש באותו מקום מים עכ"פ כקליפת השום, כמו דפסקינן לענין חיבור מקואות, **או** אפשר בעניננו שהוא מדרבנן שאני, וצ"ע).

לא שנא בכלי, [כא]ובלבד שלא יהא עביט המיוחד להם - שאז אפי' אין בו מי רגלים כלל, אסור לקרות נגדו, ואינו מועיל בנתינת המים להכשיר הכלי עצמו, כמו שיתבאר בסימן פ"ז. **(ודין עביט ע"ל סימן פ"ז).**

[כב]לא שנא היו הם בכלי תחלה ונותן עליהן מים, לא שנא היו המים בכלי תחלה - וכן אם היו מים כרביעית תחלה ע"ג קרקע, והשתין אח"כ ע"ג המים, מותר לקרות ק"ש, ואפילו אם עתה מחמת מי רגלים נתפשט יותר.

[כג]סימן עז ס"ב - [כד]רביעית שאמרו, למי רגלים של פעם אחת - ואפילו אם השתין הרבה, די ברביעית, **וכן** אם השתין רק מעט, י"א דצריך ג"כ רביעית, **אבל** בתשובת חכם צבי פסק, דאם המי רגלים הם פחותים מרביעית, דסגי ברוב מים לבטלן, וא"צ רביעית, דלא אמרו רביעית אלא להקל, שאף אם המי רגלים של פעם אחת הם מרובים מרביעית, סגי ברביעית לבטלן, אבל לא להחמיר, **ואפילו** אם המי רגלים הם משתי פעמים, סגי ברוב מים לבטלן, וכן הסכימו האחרונים, (**ואפילו** לדעה הראשונה י"ל, דדוקא כשהשתין במקום אחד, אז צריך רביעית לבטל השעור, משא"כ כשהטיל מקצת במקום אחד ומקצת במקום אחר, די שיהיה רק כנגדם מים), ‹**משמע** דאף רוב א"צ באופן זה – מ"ב המבואר›.

ולשל שני פעמים, שתי רביעיות; ולשל שלש, שלשה. (הגה: וכן לעולם) - פסק כדעת הרמב"ם ושארי פוסקים, ולא כדעת

באר הגולה

יט ברכות כ"ב | כ ברכות כ"ב וכ"ה וכרבי זכאי | כא טור והרשב"א | כב שם בגמ' | כג ‹מילואים› | כד רמב"ם בפ"ג מהל' ק"ש

הרשב"א שמיקל בזה, כמו שמבואר בב"י, **ובמגן** גבורים מצדד לומר, דאין ביניהם מחלוקת, ואף הרמב"ם לא קאמר דבעי ב' רביעית לב' פעמים, רק בשבאו זה אחר זה, כגון שהשתין ונתן לתוכו רביעית מים, כשחוזר ומשתין, צריך עוד הפעם לתת לתוכו מים, וכן לעולם, ולא מהני לזה מה שהטיל הרביעית בפעם ראשונה, **אבל** אם השתין כמה פעמים ורוצה לקרות כנגדן, די בהטלת רביעית לבד, **ובביאור** הגר"א מסכים ג"כ להלכה, דדי בהטלת רביעית לבד בזה, עי"ש כי קצרתי.

אות מ' – (נ')

גרף של רעי ועביט של מי רגלים, אסור לקרות קריאת שמע כנגדן, ואף על פי שאין בהן כלום

אחר המטה קורא מיד, לפני המטה מרחיק ארבע אמות

סימן פז ס"א - [כה]**גרף של רעי ועביט של מי רגלים, של חרס או של עץ, צריך להרחיק מהם כמו מצואה** - לפניו כמלא עיניו, ולאחריו ד"א ממקום שכלה הריח, **אפי' הטיל בהם מים** - ואפי' אם עתה אין בהם כלום, ואפי' אם הם רחוצים יפה מבפנים ומבחוץ, ונקיים לגמרי שאין בם אפילו ריח רע.

ומשמע מדברי הרבה אחרונים דמסכימים לדברי הרבינו יונה, דמן התורה אסור גרף ועביט, אע"ג דמ"ר עצמן אינו אלא מדרבנן, העביט חמיר טפי, דכיון דמיוחד לזה הו"ל כבית הכסא, (**או משום דהוא מסריח יותר, דיינינן ליה כמו צואה**), ולכן לא מהני בהן ג"כ הטלת מים, ואפי' מילאן עד שוליהן, **ואם** קרא או התפלל במקום עביט, שהיה בתוך ד' אמותיו, חוזר, אם מצאו במקום שהיה ראוי לו להסתפק בו תחילה עליו, **ולענין** שאר ברכות, עיין לקמן סימן קפ"ה ס"ה ובמ"ב שם, ותדין לכאן, **ואם** מצא הגרף והעביט בתוך שיעור כמלא עיניו, אינו חוזר בדיעבד.

ואם הכלי מיוחד ג"כ לתשמיש אחר, כגון לשפוך לתוכו שופכין, אם אין בו צואה ולא ריח רע, מותר, **וכן** אם בכל פעם שמשתין נותן לתוכו רביעית מים, מותר אם אין מגיע ממנו ריח רע, (**ולכאורה קשה מאוד, הלא לדעת ר"י עביט אסור מן התורה, וא"כ מה מהני לזה מה שמטיל תמיד רביעית מים, הלא מה דמהני רביעית מים למ"ר אף שהוא מרובה, הוא משום דמ"ר אינו אלא מדרבנן וכפי' הרשב"א {ברכות כ"ה:}, הא אם היה איסורו מן התורה, לא היה מהני כלל, וממילא מה מהני זה להעביט דאיסורו מן התורה מטעם זוהמא הנבלע בתוכו, וכי משום מעט מים ששופך בתוכו לא יכנסו בתוכו זוהמת המ"ר, ואולי י"ל דכיון דחזינן דאין בו ר"ר, ממילא מוכח דלא נבלע בתוכו זוהמא כ"כ, ואין איסורו רק משום דהוא יחדו למ"ר וחשבו כבה"כ, ועל כן כיון ששופך תמיד מים בתוכו תיכף אחר הטלת המ"ר, לא הניחו להתייחד לבית הכסא, ולפי"ז** נ"ל, דבזה אם מגיע ריח רע מן הכלי, דינו כעביט ממש, וצריך להרחיק ד"א ממקום שכלה הריח.

[כו]**אבל אם הן של מתכת, או של זכוכית** - הט"ז מפקפק בזכוכית, אבל רוב האחרונים וכמעט כולם מסכימים להקל, **או של חרס מצופה** - י"א דהיינו מה שאנו קורין גלייזירט, **וי"א** דדוקא אם הוא מצופה באבר, לא גלייזירט, **מותר** - והטעם, דבכל אלו ס"ל דאין בולעין, ואפילו אם בולעין אין בליעתן מרובה, ע"כ אין דין בה"כ עליהם.

אם הם רחוצים יפה - מבפנים ומבחוץ, **וגם** שלא יהיה ממנה ריח רע, **ואם** מגיע ממנה ר"ר, דינה כריח רע שאין לו עיקר, אחרי דהכלי אין עליה שם גרף ועביט, ונקיה היא, וא"צ להרחיק רק עד מקום שיכלה הריח, **ואם** הכלי אין רחוצה, צריך להרחיק ממנה ד"א, אולי יש עליה ממשות של זוהמא.

חרס מצופה - י"א דבעינן שיהא מצופה מבפנים ומבחוץ, **ויש** מקילין דדי בשמצופה רק מבפנים, **והנה** למעשה יש להחמיר דבעינן שיהא מצופה גם מבחוץ, **אך** כשכפאו על פיו, יש לסמוך להקל על דעת המתירין, כ"כ א"ר.

והכלים שאנו קורין פארצליין, לענין שארי איסורים דינם ככלי חרס דלא מהני הגעלה, ונראה דיש להחמיר גם לענין זה, (**וצ"ע**, דהרי בכלי חרס גלייזירט, דעת הפוסקים הנ"ל דאינו בכלל גרף של רעי, וזו בודאי חשוב כמו כלי חרס לענין בליעת איסור, וכן כלי חרס המצופין אבר, כתב הח"י דדעת רוב הפוסקים דהרי הוא ככלי חרס, ובזה לכו"ע מהני, **אלא** ודאי דלענין גרף של רעי כיון דיכול להדיחו והוא שוע, אין בזה חשש גרף, וא"כ ה"ה בעניננו נמי אפשר דכיון דהם שועין ואינם בולעין כ"כ כמו כלי חרס, **אפשר** דאין דינם ככלי חרס, ומ"מ נראה דלמעשה נכון להחמיר, **דאפילו** בכלי זכוכית גופא הפר"ח מחמיר, ונהי דשם נקטינן כדעת האחרונים להקל, מ"מ בזה יש להחמיר).

[כז]**סימן פז ס"ב - גרף ועביט של חרס או של עץ שכפאו על פיו,** [כח]**יש מתירין** - דהוי כמו כיסוי.

[כט]**ויש אוסרין, והלכה כדברי האוסרים** - דכיון שהזוהמא בלוע בתוכו, הכלי גופא הוא כמו צואה, ואסור עד שיכסהו, **אבל** של מתכות, אפילו אינו רחוץ מבפנים, מהני כפיה, דאין איסורו אלא מתוכו, וכפיה חשוב כיסוי.

ואם כיסה על הגרף והעביט ור"ר נודף מהם, בין שהוא של חרס ורחוץ או של מתכת ואינו רחוץ, כתב הדה"ח דצריך להרחיק ד"א ממקום שכלה הריח, דזה מיקרי ר"ר שיש לו עיקר, ועיין במ"ש בבה"ל בסי' ע"ט בהקדמה אות ז', **ואם** הוא של מתכת ורחוץ, די שירחיק עד מקום שיכלה הר"ר, דזהו ר"ר שאין לו עיקר.

כתב של"ה, שירגיל האדם שיהא לו עביט של מתכות או זכוכית, ויהיה רחוץ ונקי, ויטיל לתוכו רביעית מים כשמשתין בו, ואז מותר לו לברך "אשר יצר" וללמוד תורה אצלו, **ונ"ל** אם הוא נקי ואינו יוצא שום ר"ר ממנו, אזי די שירחצוהו מע"ש לע"ש, עכ"ל.

באר הגולה

[כה] משמעות הגמ' דברכות כ"ה לדעת התוס' ‹ד"ה ובלבד. אבל בגרף אפשר דלא מהני מים› ושאר פוסקים [כו] שם בתוס' ור' יונה בשם רבני צרפת [כז] ‹מילואים› [כח] טור בשם אבי העזרי ומרדכי בשם ראבי"ה [כט] טור ושם במרדכי

אות נ'

אחר המטה קורא מיד, לפני המטה מרחיק ארבע אמות

טור סימן פז - ואם הגרף והעביט בבית, בהא פליגי ביה תנאי, רשב"א אמר אפי' בית של מאה אמה חשיב כולו כד"א, ולא יקרא עד שיוציאנו או יניחנו תחת המטה, דאז חשיב כאילו הוא ברשות אחרת; ורשב"ג לא מחשב כל הבית כד"א, וסבר דאם הן אחר המטה קורא מיד, דמטה חוצצת וחשיב כאילו הוא ברשות אחרת, לפני המטה מרחיק ממנו ד"א; ורבנן סברי אין חלוק בין לפני המטה ולאחריה, אלא בכל ענין מרחיק ממנו ד"א; ולית הלכתא כרשב"א דחשיב כל הבית כד"א, דרבא פסק דלא כוותיה. ולענין מטה אם תחוץ, פסק גאון כרשב"ג שחוצצת, מהא דבעי רב יוסף מרב הונא מטה פחותה מג' כלבוד דמי, גדה"ו זח"ט מאי, א"ל לא ידענא, עשרה לא מיבעיא לי דכרשותא אחריתא דמיא, אמר רבינא הלכתא פחות מג' כלבוד דמי, י' רשות אחריתי היא, גדה"ו זח"ט בעי מיניה רב יוסף מרב הונא ולא פשיט ליה, ולחומרא; והגאון מפרש להך בעיא אליבא דרשב"ג, דפחות מג' אינה חוצצת ודאי, ובי' חוצצת, מג' עד י' מיבעיא ליה, וכיון דמיבעיא ליה אליביה פסק כוותיה, דעד י' אינה חוצצת; ומיהו לפירש"י אין ראיה משם לפסוק כרשב"ג, שהוא פי' הבעיא אליבא דרשב"א, ואתחת המטה קאי, דפחות מג' כלבוד דמי וחשיב כמכוסה, למעלה מי' כאילו הוא ברשות אחרת ולא חשיב כמכוסה תחתיה, מג' עד י' מיבעיא ליה, ולפי זה תחת המטה עד ג' שרי, דחשיב כמכוסה, וכן כתב הראב"ד, דאפילו רשב"א דמחמיר מודה בהא.

סימן פז ס"ג - [ל]מותר לקרות ק"ש בבית שיש בו צואה ומי רגלים או גרף ועביט, כיון שהרחיק מהם כשיעור שנתבאר בסימן ע"ט.

ואם היה בבית מטה גבוה יו"ד, והמחיצות מגיעות לארץ מכל הצדדים, או עכ"פ שרגליה קצרות ואינן גבוהות ג"ט, דהוי כלבוד, וצואה או גרף ועביט עומד אחורי מטה, מקרי המטה מחיצה, ושרי לקרות לפני המטה, וא"צ להרחיק, **ובלבד** שלא יראה את הגרף, וגם שלא יגיע לו ריח רע, (**ופשוט דה"ה כששוכב על המטה, אך יש לו ליזהר בזה שלא יוציא אבר אחד חוץ למטה למקום הגרף**).

[לא]**וכתב** המ"א, דדוקא כשהמטה חוצצת מכותל לכותל, אבל בלא"ה לא חשיבה מחיצה, **והרבה** מפקפקין בדין זה, גם [לב]בספר נשמת אדם תמה עליו, **ע"כ** מסיק בח"א, (**דלצואה יש להחמיר כדעת המ"א**), ובמי רגלים שהיו על הארץ או בכלי שאינו גרף, דאינן אלא מדרבנן, יש להקל לקרות ולברך נגד המחיצה, אפילו אינה חוצצת, **אבל** לא כנגד האויר, (**דמחיצה הרחב ד"ט, חשיב מחיצה להתיר כנגדו, ואם המחיצה הוא יותר מן האויר, דהוי עומד מרובה על הפרוץ, נ"ל דאפילו בצואה יש להתיר בשעת הדחק נגד המחיצה, ובלבד שלא יראה הצואה, וכן חריץ המפסיק עמוק י"ט במשך ד"ט, ורחבו משפתו לשפתו ג"כ רוחב ד"ט, הרי זה כשתי רשויות**).

דפים הקבועים בכותל, שקורין פאליצא או באנק, אע"פ שגבוהים י"ט, ואפשר אפילו רוחב ד' טפחים, לא הוי רשות לעצמו, כיון שאין לו מחיצות המגיעות לארץ, **וכן** שולחנות שלנו, שעומדים על רגלים שאין ברחבן ד"ט, אע"פ שהן גבוהין י"ט, לא הוי מחיצה להפסיק - ח"א, (**דדוקא כשהמחיצה הוא גבוה י"ט ברוחב ד"ט מן הקרקע עד סוף גובה י"ט, או אע"פ שפחות מג"ט סמוך לקרקע אין בו רוחב ד', כגון שעומד על רגלים דקים, דאמרינן לבוד**).

עוד כתב שם, גרף או אפילו מי רגלים העומד בין תנור לכותל, נ"ל דאסור לעמוד בצד התנור ולקרות, אע"פ שהתנור מפסיק, דכיון דהוא מתשמישי הבית, בטל לגבי הבית, וכן כל כיוצא בזה, **אבל** שאר כלי הבית שאינו מיוחד לבית, נ"ל דמפסיקים, וע"פ האופנים המבוארים לעיל גבי מטה.

אם הניח להגרף והעביט תחת המטה, ומחיצות המטה מגיעין עד פחות מג' סמוך לארץ, אפילו אם המטה בעצמה אינה גבוה יו"ד, שרי לקרות לפני המטה ועל גבה, דאמרינן לבוד והוי כמכוסה, **וכ"ז** כשאין מגיע ר"ר, אבל כשמגיע, לא מהני כיסוי ולא הפסק מחיצה, **ומטות** שלנו שרגליהן גבוהות ג"ט, צריך הרחקה מהגרף כדין.

[לג]וכן אם כפה עליהם כלי, אע"פ שהם עמו בבית, הרי אלו כקבורים ומותר לקרות כנגדו - אפי' יש קצת אויר בין הכלי לקרקע, כגון שבולט קצת מצד א', כל שהוא פחות מג"ט אמרינן לבוד, והוי כמכוסה, **אבל** אם הכלי פתוח למעלה, אפילו פחות מג' אסור.

(**כתב הלבוש, אם העמיד להגרף והעביט בתוך כלי שמחיצותיה גבוהין יותר מן הגרף והעביט, עד שאינן נראין, הוי כמכוסין ומותר, אם אין ריח רע, אבל הנ"צ והל"ח חולקין, וסוברין דלא מהני, אם לא כשמחיצותיה גבוהין יותר עשרה טפחים, כ"כ א"ר**).

(**כתב הפמ"ג, גג רחב שבולט על הבית, שקורין פיר ליבין, לא נחשב זה לרשות בפני עצמו לגבי ר"ה, ע"כ אם יש צואה חוצה לו, אסור לומר תחתיו ד"ת, ואפילו באין רואהו, ואפילו אם הוא רק מקום הראוי להסתפק, צריך ליזהר בזה**).

באר הגולה

[ל] **ברכות כ"ה וכרשב"ג** [לא] ‹וידוע דהלכה כרבנן, דאע"ג דלרשב"ג גם כה"ג מפסיק אפילו אינה מכותל לכותל, מ"מ כיון דלא קיימ"ל כפי' הגאון אלא כפי' רש"י, א"כ לא קימ"ל כרשב"ג - מחה"ש› [לב] ‹ולא ידעתי מנין לו בפשיטות כ"כ דהלכה כרבנן, דהא כתבו תר"י וכ"כ הרא"ש דלפי' ר"ה גאון דאיבעיא אזלא אליבא דרשב"ג, הלכה כרשב"ג, ואף שהרא"ש כתב, כיון דהרי"ף לא הביא בעיא זו משמע דס"ל דהלכה כת"ק, הא כתב הב"י די"ל אדרבה, דמשו"ה לא כתב דין דמטה, דס"ל כפי' ר"ה גאון והלכה כרשב"ג, ולא הוצרכו להביאה, דפחות מג' ודאי כלבוד, וגבוה י"ט ודאי מהני, וזה כבר כתבוהו, **ומכ"ש** די"ל דגם רבנן מודים בזה, וה"ק רב יוסף, עשרה ודאי לא קא מיבעיא לי, דבהא אפילו רבנן מודו - נשמת אדם› [לג] **הרמב"ם**

אות ס' - ע'

בית שיש בו ספר תורה או תפילין, אסור לשמש בו את המטה עד שיוציאם או שיניחם כלי בתוך כלי

אלא בכלי שאינו כליין, אבל בכלי שהוא כליין אפילו עשרה מאני כחד מאנא דמי

סימן מ ס"ב - [לד]**בית שיש בו תפילין, אסור לשמש בו מטתו** - או לעשות צרכיו, (והוא מהדה"ח, וצ"ע מנין לו זה).

וה"ה חומשים או סדורי תפילות או שאר ספרים, בין בכתיבה או בדפוס, הכל יש בהם קדושה, ובעינן כלי תוך כלי, **ואפילו** אם הן כתב משיט"א, היינו שאינה כתיבת סת"ם, והוא רק כתב אשורי (אבל אינו מרובע, עיין בב"י אבה"ע סי' קכ"ו), **וכריכת** הספר אינה נחשבת לכיסוי, דהיא מגוף הספר, ובעינן עוד שני כיסויין.

כל המיקל בקדושת ספרים הנדפסין עתיד ליתן את הדין, דדפוס הוי כמו כתיבה - ט"ז, **אך** בתשובת חו"י נוטה להקל בזה בשעת הדחק, כשאין לו במה לכסות.

עד שיוציאם - בחדר אחר, או שמפסיק בפניהם במחיצה גבוה יו"ד טפחים.

או שיניחם בכלי תוך כלי - לאו דוקא כלים, דה"ה שני כיסויין, **ואם** פירש טלית או שאר כיסוי על הכיס של תפילין, אע"פ שהכיסוי אין מכסה רק למעלה ומן הצדדין, ולא למטה, אפ"ה שרי, (**אך אם** שני הכיסויים היה כזה, שלא היה מכוסה רק למעלה ולא למטה, צע"ק, והפוסקים לא הזכירו חילוק בזה), **והוא שאין השני מיוחד להם, שאם הוא מיוחד אפי' מאה חשובים כאחד** - לאו דוקא, וה"ה אם הפנימי אינו מיוחד והחיצון מיוחד, או ששניהם אינם מיוחדים, וכמ"ש בהג"ה, **ואינו** אסור כלי בתוך כלי רק אם שניהם מיוחדים.

הגה: ואם שניהם אינן מיוחדים להם, או שהפנימי אינו מיוחד להם והחיצון מיוחד להם, מותר (וע"ל סי' ר"מ סעיף ו') - ההג"ה לא בא רק לפרש דברי המחבר, דלא נטעה בלישניה.

וכלי אחד אפילו אינו מיוחד לא מהני ואסור.

ואותן המניחין כיס התפילין והטלית לתוך כיס א' גדול, הרי גם הכיס הגדול נקרא כליין המיוחד להן, וצריך עוד כסוי על גבן, **אם** לא שמכסה בטלית על התפילין בתוך הכיס, דאז שרי, דהטלית אינו כליין, **וה"ה** אם כיס התפילין מחובר למעלה על הכיס הגדול, הרי צד השני של כיס הגדול אין נקרא כליין, ומועיל להן אם הפכן.

כתב המ"א, דה"ה במזוזה הקבועה לפנים בחדר, צריך כלי בתוך כלי, דהיינו שיכסה אותה בב' כסויין, ואחד מהם יהיה עכ"פ אינו מיוחד לה, **ואם** על המזוזה יש כסוי זכוכית, אף שהמזוזה נראית מתוכה, אפ"ה נחשבת כסוי אחד, ודי בפריסת סודר על המזוזה, דהא עתה לא מיתחזיא, וכ"כ הדה"ח, **אבל** לכו"ע לא מהני אם יכסנה עוד בזכוכית מלמעלה, אע"ג שמכוסה בשני כסויין, דהא המזוזה נראית מתוכן.

כתב בחכמת אדם: נ"ל דבין במזוזה או שאר ספרים, אם עשה מתחלה ב' כלים שיחשב אחד לכלי בתוך כלי, כגון שכרך המזוזה בנייר ואח"כ הניחה בתיק שלה, מותר, כיון שבתחלה כיון לכך.

סימן רמ ס"ו - ואם יש בו תפילין - וה"ה מזוזה, [לה]**או ספרים** - ר"ל כ"ד ספרי קודש, ומיירי שאינם עשויין בגלילה, דאי עשויין בגלילה דינם כס"ת וכנ"ל.

אפילו של גמרא - ר"ל אע"ג דגמרא לא ניתן לכתוב בדורות הראשונים, משום דדברים שבע"פ אסור לאומרם בכתב, **אפ"ה** כיון דלבסוף התירו האמוראים לכתוב משום "עת לעשות לה'", הו"ל כשאר ספרי קודש, **וממילא** היום ה"ה כל הספרים הן בכתיבה או בדפוס יש בהן קדושה.

אסור עד שיתנם בכלי בתוך כלי - ר"ל אע"ג דלא בעינן בהו הפסק מחיצה כמו בס"ת, מ"מ כלי בתוך כלי בעינן, (**ואין** נ"מ בין אם הספרים מונחים למטה, **או שעומדים בגובה על הדף שקורין פאליצ"ע, כיון שהם באותו חדר ואין מחיצה מפסיק ביניהם, אסור**).

וה"ה שני כיסויין, ומה שנוהגין איזה אנשים שתולין נגד הספרים וילון לכסותם, וסוברים שבזה לבד די, לאו שפיר עבדי, דזה הוי רק כיסוי אחד, ובעינן עוד כיסוי אחר שיכסה אותן לבד זה.

וכתבו האחרונים, דוילון התלוי לפני המטה, אף דאין שם מחיצה עליה, כיון דאינה קשורה לצד מטה והיא נע ונד ע"י רוח, ואין זה נחשב הפסק לענין ס"ת וכנ"ל, **מ"מ** שם כיסוי יש עליה אם אין הספרים נראין ע"ז, **וע"כ** אם יכסה על הספרים אפילו רק בכיסוי אחד, מותר, דתו הוי שני כיסויין וככלי בתוך כלי דמיא.

[לו]**והוא שלא יהא השני מיוחד להם, (וע"ל סי' מ' סעיף ב')** - ועיין שם במ"ב, שביארנו כל פרטי הדינים, **אבל אם הוא מיוחד להם, אפילו מאה כחד חשיבי.**

ואם פירש טלית ע"ג ארגז, חשוב ככלי בתוך כלי - ר"ל אע"ג דהטלית אינו פרוש רק מלמעלה ולא מלמטה, אפ"ה נחשב כאלו היה מונח בכלי תוך כלי.

ואם הארגז גדול שמחזיק ארבעים סאה, והוא אמה על אמה ברום שלש אמות, חולקת רשות לעצמה, וא"צ לפרוס עוד כסוי על הארגז, **ויש** מחמירין בזה, [**ונראה** דבשאר ספרים לבד הס"ת תפילין ומזוזות, הסומך להקל אין למחות בידו], **אכן** אם מחובר לכותל במסמרין, לכו"ע יש להקל.

באר הגולה

לד שם כ"ה | לה תוס' והרא"ש והראב"ד | לו שם בגמרא (כ"ו.)

יו"ד סימן רפב ס"ח - [לז]בית שיש בו ס"ת לא ישמש בו מטתו עד שיוציאנו - (עיין בתשו' אא"ז פנים מאירות, שכתב דחדר הפתוח לבית שיש בו ס"ת או ספרים, אסור לשמש מטתו גם בחדר ההוא, ‹**דברים** תמוהים הם, כיון שהוא חדר בפ"ע - ערוה"ש›, **ואם** עושה ווילון לפני הפתח, שרי, ע"ש וצ"ע בזה - פת"ש).

ואם אין לו מקום להוציאו, [לח]יעשה לפניו מחיצה גבוה עשרה טפחים - (עיין בתשו' שער אפרים, דאם המחיצה עשויה בסריגי חלונות שקורין גיגאטי"ר, אינה מועלת ואסור, ע"ש, וכ"כ המג"א בסימן ר"מ - פת"ש).

(**כתב** בתשובת חות יאיר, דהכא לא מהני אם הספרים למעלה מי"ט, כדמהני בס"א, **וגם** ווילון סביב הספרים או סביב המטה לא מקרי מחיצה - פת"ש). ‹**אא"כ** קושר קצוות הסדין באיזה דבר, ואם לאו ה"ז כמחיצה הניטלת ברוח - ערוה"ש›.

[לט]אבל ע"י הנחת כלי בתוך כלי שאינו מיוחד אינו מותר אלא בתפילין ושאר כתבי הקדש וחומשים, אבל לא בס"ת, [מ]והרמב"ם מתיר אף בס"ת - ‹וכל הראשונים חלקו עליו, והלכה כרבים - ערוה"ש›. **[מא]ואם פירש טליתו על הארגז שמונח בו, חשוב ככלי בתוך כלי.**

(**בתשו'** חו"י נשאל, אם יש איזה צד היתר לת"ח דדחיקא ליה שעתא לשמש מטתו בחדר שיש בו הספרים, **וצידד** להקל בספרים הנדפסים ע"י עכו"ם, ואם הספרים בכתב אשכנזי, פשיטא יש ג"כ צד היתר, {ואפשר דה"ה בכתב שקורין רש"י}, **והעלה** דאם הוא שעת הדחק גדול, דא"א לעשות בהם כדין הש"ס, יש לסמוך על הנ"ל להקל בזמן עונה וליל טבילה, וליל יציאה וביאה בדרך, ע"ש. **ובספר** באר היטב באו"ח סי' ר"מ, לא העתיק יפה - פת"ש). ‹**צע"ג**, ולענ"ד אין להתיר, ובהכרח לכסות עליהם שני כיסויין, ואם עומדין בדפין אצל הכותל בלי ארגז, יכסם ג"כ בשני כיסויין, או כיסוי ארוך י' טפחים, שהיא אפשר כמחיצה לענין ספרים - ערוה"ש›.

[מב]סימן מ ס"ד - [מג]אשתו עמו במטה ואינו רוצה לשמש, מקרי אין אשתו עמו - [מד]וט"ז אוסר להיות אשתו עמו במטה, עד שיניח התפילין כלי בתוך כלי, שמא ישכח וישמש, וכן משמע בביאור הגר"א, (**וראיתי בס' מטה יהודא שכתב, דאפי' לדעת השו"ע, היינו אם הוסכם אצלו שלא לשמש, ס"ל דלא חיישינן שמא ימלך, אבל** בסתמא לכו"ע מיקרי אשתו עמו).

באר הגולה

לז שם ה"ז מברייתא ברכות דכ"ה ע"ב **לח** כריב"ל וכמר זוטרא שם ‹עמוד ב'› **לט** טור בשם אביו הרא"ש כלישנא דריב"ל, וכן כתב הרשב"א בחידושיו, והגמי"י בשם סמ"ג וספר התרומה **מ** שם בפ"י מהס"ת וכפשטא דברייתא, דמשמע דהא דתני או שיניחם כלי בתוך כלי, קאי נמי אס"ת דקתני ברישא **מא** מימרא דרבא שם **מב** ‹ע"פ הבאר הגולה והב"י› **מג** ב"י מהא דברכות כ"ה ‹והא דאמרינן דבאשתו עמו בעינן כלי בתוך כלי, נראה דכשרוצה לשמש דוקא הוא, וכשאינו רוצה לשמש מיקרי אין אשתו עמו, ואין לומר דאע"פ שאין בדעתו לשמש כיון שאשתו עמו בעי כלי בתוך כלי, דחיישינן שמא ימלך לשמש וישכח התפילין, דא"כ כי תניא בית שיש בו ס"ת או תפילין אסור לשמש בו את המטה עד שיוציאם, ליתני אסור להיות אשתו עמו במטה, אלא ודאי כדאמרן - ב"י› **מד** ‹וז"ל: ותמהתי על פה קדוש דאזיל לקולא בשביל הוכחה קלושה כזו, דודאי התנא עיקר האיסור נקט שהוא התשמיש, וממילא ידעינן שכל שאשתו עמו ודאי צריך להזהיר שלא יהיה בענין שאסור לו התשמיש, דשמא ישכח וישמש›

§ מסכת ברכות דף כו. §

אות א'

גלימא אקמטרא ככלי בתוך כלי דמי

סימן מ ס"ב - [א]בית שיש בו תפילין, אסור לשמש בו מטתו - או לעשות צרכיו, (והוא מהדה"ח, וצ"ע מנין לו זה).

וה"ה חומשים או סדורי תפילות או שאר ספרים, בין בכתיבה או בדפוס, הכל יש בהם קדושה, ובעינן כלי תוך כלי, **ואפילו** אם הן כתב משיט"א, היינו שאינה כתיבת סת"ם, והוא רק כתב אשורי (אבל אינו מרובע, עיין בב"י אבה"ע סי' קכ"ו), **וכריכת** הספר אינה נחשבת לכיסוי, דהיא מגוף הספר, ובעינן עוד שני כיסויין.

כל המיקל בקדושת ספרים הנדפסין עתיד ליתן את הדין, דדפוס הוי כמו כתיבה - ט"ז, **אך** בתשובת חו"י נוטה להקל בזה בשעת הדחק, כשאין לו במה לכסות.

עד שיוציאם - בחדר אחר, או שמפסיק בפניהם במחיצה גבוה יו"ד טפחים.

או שיניחם בכלי תוך כלי - לאו דוקא כלים, דה"ה שני כיסויין, **ואם** פירש טלית או שאר כיסוי על הכיס של תפילין, אע"פ שהכיסוי אין מכסה רק למעלה ומן הצדדין, ולא למטה, אפ"ה שרי, [ב][מ"א], (**אך** אם שני הכיסויים היה כזה, שלא היה מכוסה רק למעלה ולא למטה, צע"ק, והפוסקים לא הזכירו חילוק בזה).

סימן רמ ס"ו - ואם פירש טלית ע"ג ארגז, חשוב ככלי בתוך כלי - ר"ל אע"ג דהטלית אינו פרוש רק מלמעלה ולא מלמטה, אפ"ה נחשב כאלו היה מונח בכלי תוך כלי.

ואם הארגז גדול שמחזיק ארבעים סאה, והוא אמה על אמה ברום שלש אמות, חולקת רשות לעצמה, וא"צ לפרוס עוד כסוי על הארגז, **ויש** מחמירין בזה, [**ונראה** דבשאר ספרים לבד הס"ת תפילין ומזוזות, הסומך להקל אין למחות בידו], **אכן** אם מחובר לכותל במסמרין, לכו"ע יש להקל.

יו"ד סימן רפב ס"ח - [ג]ואם פירש טליתו על הארגז שמונח בו, חשוב ככלי בתוך כלי.

אות ב'

אימר דאמר רבי יהושע בן לוי דלית ליה ביתא אחרינא

סימן רמ ס"ו - [ד]בית שיש בו ספר תורה או חומשים העשוים בגלילה - ר"ל שהן כתובין בקלף כמו ספר תורה, אלא שיש בהן רק חומש התורה, **וה"ה** שאר כתבי קודש כשהן עשויין בגלילה, **אסור לשמש בו עד שיהיה בפניו מחיצה** - ר"ל אפילו היא מונחת בארגז וע"ג הארגז יש עוד כיסוי, דלגבי תפלין ושאר ספרים מהני וכדלקמיה, **בס"ת** אסור עד שיהיה מחיצה מפסקת, **וכשיש** מחיצה, אפילו אינה מונחת בארגז כלל ג"כ שרי.

(**משמע בגמרא** (כ"ה), **דבס"ת יש חשש סכנה אם יעבור ע"ז**).

ומה שפרוש וילון סביב המטה, אינה בכלל מחיצה, **ואפילו** הוילון הוא גבוה הרבה שאין הספר נראה עי"ז, והס"ת מונחת בארגז ובכמה כיסויין על הארגז, ג"כ אסור, שהוילון נע ונד ע"י רוח, (**אא"כ קושרה מלמטה שלא תניד המחיצה**).

כתב המ"א, אם יש נקבים וחלונות במחיצה כעין סריגה, אסור עד שיהיו הספרים מכוסים מן העין שאין נראין, **ובספר** נהר שלום מפקפק על דבריו, וכן בספר תוספת ירושלים, **ובמקום** הדחק יש לסמוך ע"ז, אכן לכתחלה טוב לכסות שלא יהיו הספרים נראין, ובפרט ס"ת בודאי יש להחמיר, [**ואם** יש שום כסוי על הספרים מותר, ואפי' בס"ת, דהא באמת כיון שהמחיצה מפסקת הוי ליה שם כרשות אחרת, אלא דעכ"פ איכא קצת בזיון משום שנראית, וכיון דמכוסה שרי].

(**מסתימת** הטוש"ע **משמע, דכיון שיש מחיצה המפסקת, אפילו** אם הס"ת עומד למעלה בגובה ונראית מרחוק שרי, **ועיין** בא"ר שמפקפק בזה, **ובס"ת** בודאי יש להחמיר ולכסותה בכיסוי, **ובשאר** ספרים אפשר שיש להקל, כיון שיש מחיצה גמורה המפסקת).

(ולענין לעשותה בשבת, ע"ל ריש סי' שט"ו).

[ה]ואם יש לו בית אחר - פי' חדר אחר, **אסור עד שיוציאנו** - (ואם הפתח פתוח ונראה מרחוק, יש לעיין בדבר, **דאפילו** לפי מה שפסק המ"א להחמיר היכא דהמחיצה עשויה כעין סריגה, משום דהספרים נראין, **אפשר דהכא עדיף טפי**, דהא עיקר הטעם משום דכשנראה דרך נקבי המחיצה איכא קצת בזיון, והכא כיון דהוא חדר אחר לגמרי אין בזה בזיון, **ותדע דחדר עדיף ממחיצה**, דהא אפילו במחיצה טובה שאין נראה על ידה הס"ת, ג"כ מחמרינן היכא דיש לו חדר אחר להוציאה שם, **אלמא דחדר עדיף טפי**, **ומצאתי בנהר שלום שגם הוא מצדד להקל בזה, אלא שמדבריו משמע דהמ"א מחמיר בזה**, ולענ"ד נראה דגם המ"א מודה דיש להקל בזה וכדכתיבנא, **ולמעשה** נראה דבשאר ספרים בודאי יש לסמוך להקל, דאין מחוייב לכסותן שם, ולענין ס"ת יש להחמיר לכסותה שם, **אח"כ** מצאתי בפתחי תשובה בשם הפמ"א, שמחמיר בזה גם לענין שאר ספרים, והפת"ש מסיים ע"ז: וצ"ע בזה, ולי נראה דהסומך להקל כנהר שלום אין למחות בידו).

יו"ד סימן רפב ס"ח - [ו]בית שיש בו ס"ת לא ישמש בו מטתו עד שיוציאנו - (עיין בתשו' אא"ז פנים מאירות, שכתב דחדר הפתוח לבית שיש בו ס"ת או ספרים, אסור לשמש מטתו גם בחדר ההוא, (**דברים** תמוהים הם, כיון שהוא חדר בפ"ע - ערוה"ש), **ואם** עושה ווילון לפני הפתח, שרי, ע"ש וצ"ע בזה - פת"ש).

באר הגולה

א שם כ"ה | ב וכן משמע בגמרא דף כ"ו. אמר רבא גלימא אקמטרא ככלי תוך כלי דמי, וכיון שאמר אקמטרא, משמע דהגלימה אינה פרוסה כי אם על גבי קמטרא ולא תחתיה, ואעפ"כ שרי - מחה"ש | ג מימרא דרבא שם | ד ברכות כ"ו. ושם בתוס' | ה שם | ו שם ה"ז מברייתא ברכות דכ"ה:

מי שמתו פרק שלישי ברכות כו

תורה אור

אקמטרא *ככלי בתוך כלי דמי. אמר רבי יהושע בן לוי ס"ת צריך לעשות לו מחיצה עשרה מר זוטרא איקלע לבי רב אשי חזייה לדוכתיה דמר בר רב אשי דמנח ביה ספר תורה ועביד ליה מחיצה עשרה אמר ליה כמאן כרבי יהושע בן לוי [ג]אימר דאמר רבי יהושע בן לוי דלית ליה ביתא אחרינא מר הא אית ליה ביתא אחרינא אמר ליה *לאו אדעתאי: כמה ירחיק מהן ומן הצואה ארבע אמות: אמר רבא אמר רב סחורה אמר רב הונא [ד]לא שנו אלא לאחוריו אבל לפניו מרחיק מלא עיניו וכן לתפלה איני והא אמר רפרם בר פפא אמר רב חסדא עומד אדם כנגד בית הכסא ומתפלל הכא במאי עסקינן בבית הכסא שאין בו צואה איני והאמר *רב יוסף בר חנינא [ה]בית הכסא שאמרו אע"פ שאין בו צואה ובית המרחץ שאמרו אע"פ שאין בו אדם אלא הכא במאי עסקינן בחדתי *והא מיבעי ליה לרבינא [ו]הזמינו לבית הכסא מהו יש זימון או אין זימון כי קא מיבעי ליה לרבינא למיקם עליה לצלויי בגויה אבל כנגדו לא אמר רבא [ז]הני בתי כסאי דפרסאי אע"ג דאית בהו צואה כסתומין דמו: **מתני'** *זב שראה קרי ונדה שפלטה שכבת זרע והמשמשת שראתה נדה [י'] צריכין טבילה ורבי יהודה (י') פוטר: **גמ'** איבעיא להו בעל קרי שראה זיבה לר' יהודה מהו כי פטר רבי יהודה התם בזב שראה קרי דמעיקרא לאו בר טבילה הוא אבל בעל קרי שראה זיבה דמעיקרא בר טבילה הוא מחייב או דילמא לא שנא תא שמע המשמשת וראתה נדה צריכה טבילה ורבי יהודה פוטר והא משמשת וראתה נדה כבעל קרי שראה זיבה דמיא וקא פטר רבי יהודה ש"מ תני רבי חייא בהדיא בעל קרי שראה זיבה צריך טבילה ורבי יהודה פוטר:

הדרן עלך מי שמתו

תפלת השחר עד חצות ר' יהודה אומר [א]עד ד' שעות תפלת *המנחה עד הערב רבי יהודה אומר עד פלג המנחה תפלת הערב אין לה קבע *ושל מוספים כל היום °(ר' יהודה אומר עד ז' שעות): **גמ'** ורמינהו מצותה °עם הנץ החמה כדי שיסמוך גאולה לתפלה ונמצא מתפלל ביום כי תניא ההיא לותיקין *דא"ר יוחנן ותיקין היו גומרים אותה עם הנץ החמה וכ"ע עד חצות ותו לא והאמר רב מרי בריה דרב הונא בריה דר' ירמיה בר אבא אמר רבי יוחנן [ב]טעה ולא התפלל ערבית מתפלל בשחרית שתים [ג]שחרית מתפלל במנחה שתים כולי יומא מצלי ואזיל עד חצות יהבי ליה שכר תפלה בזמנה מכאן ואילך [ד]שכר תפלה יהבי ליה שכר תפלה בזמנה לא יהבי ליה איבעיא להו טעה ולא התפלל מנחה מהו שיתפלל ערבית ב' את"ל טעה ולא התפלל ערבית מתפלל שחרית ב' משום דחד יומא הוא דכתיב °ויהי ערב ויהי בקר יום אחד אבל הכא תפלה במקום קרבן היא וכיון דעבר יומו בטל קרבנו או דילמא כיון דצלותא רחמי היא כל אימת דבעי מצלי ואזיל ת"ש דאמר רב הונא בר יהודה א"ר יצחק א"ר יוחנן [ה]טעה ולא התפלל מנחה מתפלל ערבית ב' ואין בזה משום דעבר יומו בטל קרבנו מיתיבי °מעות [ו]לא יוכל לתקון וחסרון לא יוכל להמנות *מעות לא יוכל לתקון זה שבטל ק"ש של ערבית וק"ש של שחרית או תפלה של ערבית או תפלה של שחרית וחסרון לא יוכל להמנות זה שנמנו חביריו לדבר מצוה ולא נמנה עמהם א"ר יצחק א"ר יוחנן הכא במאי עסקינן °שבטל במזיד אמר רב אשי דיקא נמי דקתני בטל ולא קתני טעה ש"מ:

תנו

אקמטרא. ארגז של ספרים ובמגילה (ד' כו:) קמטרי דספרי וכן תרגם יונתן ובגנזי ברומים (יחזקאל כז) אלמין דזהירין מחתין בקמטרין וכן לאשר על המלתחה (מלכים ב י) לדעל קמטרא: **ככלי בתוך כלי דמי.** דהא גלימא לאו כליין הוא: **מחיצה עשרה.** ואם לאו לא ישמש: **לדוכתיה.** במקום מטתו: **לאו אדעתאי.** לא נתתי לבי: **כנגד בית הכסא.** ברחוק ארבע אמות: **דלית בה צואה.** שפינו אותה: **בית המרחץ.** אסור להרהר בו: **דפרסאי.** בחפירה היו ופיהם ברחוק מן הגומא והוא בשיפוע והרעי מתגלגל ונופל לגומא:

מתני' זב שראה קרי. אע"פ שעמא טומאת שבעה משום זיבה ואין טבילה זו מטהרתו אפ"ה צריך טבילה לדברי תורה כתקנת עזרא משום קרי וכן נדה אם באה להתפלל י"ח: **שפלטה שכבת זרע.** הרי היא כבעל קרי כדאשכחן בסיני שלשת ימים אל תגשו אל אשה (שמות יט) לפי שככבת זרע מטמא בפליטתו כל שלשה ולאחר מכאן כבר הסריח בגופה ואין ראוי עוד להזריע להיות עוד ולד עלר הימנה וה"פ נדה שפלטה עתה התשמיש ששמשה אתמול קודם שראתה: **ורבי יהודה פוטר.** קא סלקא דעתך השתא הואיל וטומאת זיבה קודמת והרי הוא טמא טומאה חמורה ואינו אוסרתו בדברי תורה כדאמרינן בערקין הזבים והמצורעים מותרים תו לא אתיא טומאת קרי דקילא ואסרה ליה: **גמ' לאו בר טבילה הוא.** לדברי תורה ואע"פ שטומאתו חמורה ותו לא אתי קרי ומצריך ליה:

הדרן עלך מי שמתו

תפלת השחר: **עד הערב.** עד חשכה: **עד פלג המנחה.** בגמרא מפרש לה: **אין לה קבע.** כל הלילה זמנה ובגמרא מפרש מאי לשון אין לה קבע:

גמ' מצותה. של קריאת שמע: **לותיקין.** המקדימין למצות ומחזרים לעשות דבר בזמנו ומצותו מקדימים (א)לאחר הנץ החמה להתפלל וכי תנן במתני' למאחרים שלא יאחר יותר מחצות שמשם ואילך עבר הזמן: **וכולי עלמא.** שאר המתפללין המאחרין עד חצות יכולין לאחר ותו לא: **במנחה.** היינו אחר חצות: **אם תימצי לומר.** כלומר אם תשיבני בשאלתי ממה שאמרנו טעה ולא התפלל ערבית וכו': **וכיון דעבר יומו בטל קרבנו.** ואינו מקריבו ביום אחר אם זמנו קבוע כגון *מוספים של כל יום ויום:

מבדיל

ספר תורה עשה לו מחיצה. ודוקא ספר תורה וגם בחומשים יש להחמיר כמו בספר תורה אבל בשאר ספרים דיין בכסוי בעלמא: הדרן עלך מי שמתו

תפלת השחר עד חצות וכו' תפלת המנחה עד הערב. וא"ת אמאי לא קתני גבי תפלת המנחה כל היום כמו גבי תפלת המוספין וי"ל דזמן מוספין הוא כל היום אפילו משחרית שהרי קרבנות יכול להקריב מיד אחר התמיד א"כ גם תפלת מוספין יכול להתפלל מיד מן הבקר מה שאין כן במנחה (ב) אלא משש שעות ומחצה והכי נמי בפ"ק דע"ג (ד' ד:) לא ליצלי איניש צלותא דמוספין בתלת שעי קמייתא בריש שתא ביחיד כו' אלמא בשאר ימות השנה יכול להתפלל ולהכי מקדים תפלת המנחה לתפלת המוספין משום שהיא תדירה בכל יום אע"פ שתפלת מוספין קודמת:

טעה ולא התפלל ערבית מתפלל בשחרית שתים. וא"ת והאמר רב לקמן (ד' כז:) תפלת ערבית רשות וקי"ל כותיה באיסורי ועוד קשה דאמר לקמן (ד' ל:) טעה ולא התפלל יעלה ויבוא בלילה אין מחזירים אותו משום דאין מקדשין את החדש בלילה ולמה ליה האי טעמא תיפוק ליה דתפלת ערבית רשות וי"ל הא דאמרינן דתפלת ערבית רשות היינו לגבי מלוה אחרת והיא עוברת דאז אמרינן תדחה תפלת ערבית מפניה אבל לחנם אין לו לבטלה *ומיהו אם איחר עד המנחה נראה דעבר זמנו בטל קרבנו כיון ששהה כל כך ולאחר ב' תפלות לא מצינו שתיקנו חכמים לחזור ולהתפלל אם שכח ואפילו תפלה אחת אם בטל במזיד לא יוכל לתקן ובסמוך קרי ליה מעוות לא יוכל לתקון:

איבעיא להו טעה ולא התפלל תפלת מנחה כו'. לא בעי אם טעה ולא התפלל תפלת מוסף דהא ודאי אינו מתפלל בערבית דהיאך יקרא את הקרבנות וכבר עבר זמן מוסף וגם לא תיקנו שבע ברכות של מוסף אלא משום ונשלמה פרים שפתינו ובזה ודאי עבר זמנו בטל קרבנו אבל שאר תפלות דרחמי נינהו ולואי שיתפלל אדם כל היום כולו ואין כאן עבר זמנו בתפלה אחרת:

טעה

מסורת הש"ס

[שבת נה. ע"ש בפירש"י עירובין נט: גיטין כב. קידושין לג. פא: כתובות ס: סנהדרין ה: מנחות לה: חולין ו.]

שבת י. [ושם איתא ר' יוסי]

[נדרים ז. שבת י.]

לעיל דף כה:

[פי' תוס' לקמן כז. ד"ה וכו']

עמידין

ברכות א

קהלת א

חגיגה דף ט:

עין משפט נר מצוה

קכה א [טוש"ע שם ושם] ב מיי' פ"י מהל' ס"ת הלכה ז טוש"ע או"ח סימן רע סעיף ו [וטי"ד שם]:

קכו ג מיי' פ"ג מהל' ק"ש הל' ח' טוש"ע או"ח סי' עט סעיף א:

קכז ד מיי' שם הל' ב סמג עשין יח טוש"ע או"ח סימן פג סעיף א:

קכח ה מיי' שם הלכה ג טוש"ע שם סעיף ג:

קכט ו טוש"ע שם סעיף ד:

קל ז מיי' פ"ד מהל' ק"ש הלכה ח וס"ד מהל' תפלה הל' ה (סמג עשין יח טור או"ח סי' פח):

א ח ט מיי' פ"ג מהל' תפלה הלכה א סמג עשין יט טוש"ע או"ח סי' פט סעיף א:

ב י מיי' שם הלכה ט סמג שם טוש"ע או"ח סי' קח סעיף ג:

ג כ מיי' שם טוש"ע שם סעיף א:

ד ל מיי' שם הל' א טוש"ע או"ח סי' פט סעיף א:

ה מ מיי' שם הל' ט טוש"ע או"ח סי' קח סעיף ב וסימן רלד סעיף ב:

ו נ ס מיי' שם הל' ח טוש"ע שם סי' קח סעיף ז:

[וע"ע תוס' יומא סו: ד"ה והאמר ותוס' חגיגה ט: ד"ה או]

הגהות הב"ח

(א) רש"י ד"ה לותיקין וכו' מקדימין (א ב) להתפלל לאחר הנץ החמה וכי תנן: (ב) תוס' ד"ה תפלת וכו' מה שא"כ במנחה דאינה אלא משש:

[ע' תוס' פסחים קז. ד"ה סמוך וכו' שני טעמים שנקרא תפלת המנחה]

סנ"א ל"ג

לעיל דף ט: ודף כה:

ואם אין לו מקום להוציאו, ^ז^יעשה לפניו מחיצה גבוה עשרה טפחים - (עיין בתשו' שער אפרים, דאם המחיצה עשויה בסריגי חלונות שקורין גיגאטי"ר, אינה מועלת ואסור, ע"ש, וכ"כ המג"א בסימן ר"מ - פת"ש).

(**כתב** בתשובת חות יאיר, דהכא לא מהני אם הספרים למעלה מי"ט, כדמהני בס"א, **וגם** ווילון סביב הספרים או סביב המטה לא מקרי מחיצה - פת"ש). ‹**אא"כ** קושר קצוות הסדין באיזה דבר, ואם לאו ה"ז כמחיצה הניטלת ברוח - ערוה"ש›.

אות ג'

<u>לא שנו אלא לאחוריו, אבל לפניו מרחיק מלא עיניו</u>

סימן עט ס"א - ומלפניו, צריך להרחיק מלא עיניו - (ובזה א"צ ממקום שכלה הריח, אלא כיון שאינו יכול לראותה, הרי מחנהו קדוש).

(עיין בח"א שכתב, דלהרשב"א הוא מדאורייתא, ד"ולא יראה בך ערות דבר" קאי נמי אצואה לדידיה, ותלי הכתוב בראיה, אבל להרא"ש לא הוי רק מדרבנן, ובפמ"ג מסתפק בזה להרא"ש, ומהמ"א וכן מהפר"ח ושארי אחרונים משמע, דאף להרא"ש הוא מדאורייתא).

(ומ"מ אף אי נימא דהוא מדאורייתא, אין מחוייב להתרחק בכמלא עיניו רק אי ידע שיש שם צואה, אע"פ שאין רואה אותה בעיניו, משא"כ בספק, ויש מחמירין אם הוא מקום שראוי להסתפק).

עיין בפמ"ג שכתב, דלהרשב"א דוקא דיבור אסור בתוך כמלא עיניו, אבל להרהר בד"ת מותר, אם הוא חוץ לד"א ממקום שכלה הריח, **ולהרא"ש** יש לעיין בזה, דאפשר דאסור מה"ת או מדרבנן.

^ח^אפילו בלילה, או שהוא סומא, שאינו רואה אותה, צריך להרחיק עד מקום שאינו יכול לראות ביום - ע"כ אסור לאמר אפילו בלילה, ק"ש או שאר כל דבר שבקדושה, לפני הבתים, כי דרך להיות שם צואה, וכ"ש בחצר.

(**פשוט** דסומא צריך לשער בכמלא עיניו דאדם בינוני, **ושאר** אנשים בלילה שאינו רואה, לכאורה צריך כל אחד לשער לפי ראייתו של יום, אם יש לו ראייה גדולה או קטנה).

(**ודע עוד**, דלענין צואה לכו"ע לא מהני החזרת פנים לחוד בלא גופו, שיהא זה נחשב כמו צואה לאחריו, **לא** מיבעי לדעת הט"ז ושאר אחרונים לעיל בס"ס ע"ה, דגם בערוה לא מהני זה, וכ"ש בצואה, **ואפילו** לדעת הב"י, דלדידיה מהני שם החזרת פנים לחוד, שאני התם דעצימת עין ג"כ מהני לדידיה, משא"כ בענינינו דעצימת עין וסומא אסור, גם זה אסור, דלהב"י שקולין הם עצימת עין והחזרת פנים).

^ט^ואם הוא מצדו, דינו כמלאחריו - ומ"מ לכתחלה יזהר לילך כדי שיהיה הצואה מלאחריה, ואז סגי בד"א, **ואם** א"א רק בטירחא יתירא, סגי גם לצדדין בד' אמות כמו מלאחריו, **וה"מ** צדדין ממש, אבל צדדין שלפניו, כגון רין שטאקין סרוחים הנמשכים לאורך הרחוב וכה"ג, כתב המ"א דדינו כלפניו, **וא"ר** כתב דדינו כמן הצדדין, וסגי בד"א, **וכתב** הח"א, דמה שרואה בלא הטיית ראשו לצדדין, לכו"ע דינו כלפניו.

עוד כתב, דצריך ליזהר מאוד בשעת קידוש לבנה ברחובות, שרין שטאקין סרוחין נמשכין לאורך הרחוב מצדדין, שאפילו הם ברחוק ד"א, הרי נמשכין גם מלפניו, ואסור כמלא עיניו, וכ"ש שצריך להרחיק ד"א ממקום שכלה הריח, ומוטב שלא לקדש כלל, **והנזהר** מלהזכיר דברי קדושה במקום שאינו נקי, עליו הכתוב אומר: ובדבר הזה תאריכו ימים.

אות ג'*

<u>וכן לתפלה</u>

סימן צ סכ"ו - ^י^כל מקום שאין קורין בו ק"ש, אין מתפללים בו. וכשם שמרחיקים מצואה ומי רגלים וריח רע ומן המת ומראיית הערוה לק"ש, כך מרחיקים לתפלה - וה"ה לת"ת וכל דברי קדושה.

אות ד'

<u>בית הכסא שאמרו אע"פ שאין בו צואה</u>

סימן פג ס"א - ^יב^אסור לקרות כנגד בית הכסא ישן - ר"ל לפניו כמלא עיניו, ולאחריו ד"א, **ואם** יש שם ריח רע, צריך ד"א ממקום שכלה הריח, **אפילו פינו ממנו הצואה.**

ופשוט דאפילו אם לא הזמינו מתחלה לאותו המקום לבה"כ, כיון שהדרך לפנות שם נקרא בה"כ ישן, **וראיה** מלעיל סימן מ"ב, שכתבו שם הפוסקים, דאם דרכו תמיד לצור תפילין בהסודר, אסור להשתמש בו תשמיש אחר כאילו אזמניה.

ואיסורו מן התורה, כיון שזה המקום מכבר דרכו להיות בו צואה, אין זה "מחניך קדוש", **ע"כ** אם נסתפק לו אם הוא בה"כ ישן או חדש, אזלינן לחומרא כדין כל ספק צואה.

^יג^ויראה לי דהיינו כשאין לו מחיצות - כמו אחורי הגדר או אחורי הבתים.

באר הגולה

[ז] כריב"ל וכמר זוטרא שם [ח] ירושלמי [ט] רמב"ם [י] ‹ע"פ מהדורת נהרדעא› [יא] רמב"ם [יב] ברכות כ"ו [יג] בב"י ממשמעות הגמרא שם ‹משמע לי, דהא דאסרינן לקרות ק"ש כנגד בית הכסא, דוקא בבית הכסא שאין לו מחיצות כמו בתי כסאות שבזמן חכמי התלמוד, אבל אם יש לו מחיצות כמו בתי כסאות דידן, אע"פ שיש בו צואה קורא כנגדו בסמוך ואינו חושש, דכיון דמחיצה מפסקת הוי רשות בפני עצמו, וראיה מדאקשינן עליה דרבא דמרחיק מצואה שלפניו מלא עיניו, מדאמר רב חסדא עומד אדם כנגד בית הכסא ומתפלל, ואי בבית הכסא שיש לו מחיצות, מאי קושיא שאני התם שיש לו מחיצות, אלא ודאי סתם בית הכסא דידהו הוא בלא מחיצות - ב"י›

(ולפי"ז נראה, שבעיירות הקטנות שאין לכל אחד בה"כ קבוע, אחורי הבתים במקום שרגילין לפנות, דין בה"כ יש לו כמו אחורי הגדר, ומה שנוהגין איזה אנשים, שבהגיע זמן סוכות מפנין המקום שיהיה נקי, ועושין שם סוכה, הרי יש לו דין בה"כ ישן, ומה יועיל הפינוי, **אפשר** משום הבנין שבונה שם, אף דהוא רק על איזה ימים ואח"כ יוחזר להיות בה"כ כמקדם, נעקר שם בה"כ ממנו, ומשמע בפנים מאירות, דעקירת השם מהני לזה, **אך אפי'** אם נימא דזה מקרי עקירת השם, צריך מדינא עכ"פ מתחלה לבדוק בזה הכתלים של הבית ולנקותם, דאל"ה יהיה אסור לו לברך ולקדש שם, דאולי הם מטונפות מכל השנה, כי הלא הוא מקום הראוי לו להסתפק, **ובעיני** ראיתי בסוכות שנמצא מכשולות מענינים כאלו וכיוצא בהם הרבה, שלוקחין איזה דלת או דף לסוכה, והיא היתה מונחת מתחלה במקום מאוס, **ושומר** נפשו ירחק מלעשות סוכה במקומות אלו, אלא ירחיקנה מאחורי הבתים במקום שהוא נקי, ואם יצטרך לעשות עי"ז עירוב, יטלטל ע"י עירוב).

אבל אם יש לו מחיצות, אע"פ שיש בו צואה, קורא כנגדו בסמוך ואינו חושש - נראה דאיירי במגיעות לארץ, או עכ"פ עד פחות מג' טפחים סמוך לארץ, דאמרינן לבוד, **דאל"ה** אסור לדעת רב האי גאון המובא בב"י.

(נסתפק הפמ"ג, אם בעינן דוקא ארבעה מחיצות, או אפילו ג' מחיצות).

אם אין מגיע לו ריח רע - ואם מגיע ר"ר, אסור עד שירחיק ד"א ממקום שכלה הריח, (**דסתם** בזה כדעה הראשונה לעיל בסי' ע"ט סוף ס"ב, **וי"א** דמחיצת בה"כ לכו"ע אין מועלת להפסיק לר"ר, ולכן סתמתי ג"כ במ"ב להחמיר דבעינן ד"א ממקום שכלה הריח, ‹כהלבוש שם, ולא די שירחיק רק עד מקום שכלתה הריח›, **דבלא"ה** סוברין שם הרבה אחרונים כן), **ובזה** די אפי' לפניו לדעת המחבר.

ודע דדעת המחבר להתיר אפילו במחיצות שאין גבוהות יו"ד, כדאיתא בב"י, **ובזה** חולקים עליו כל האחרונים.

ובגבוהות יו"ד, יש מן האחרונים שסוברין כוותיה, והרבה מן האחרונים שחולקין גם בזה, **וטעמם**, דס"ל דכיון דהמחיצות מיוחדות לקבל צואה, כמו צואה דיינינן להו, וכגרף של רעי לקמן בסימן פ"ז, דאסור אפילו אין בו ריח רע, **וכן** מדברי הגר"א בביאורו, משמע ג"כ שדעתו להחמיר בזה, וכן בפמ"ג ובדה"ח ושאר הרבה אחרוני זמנינו, כולם מחמירין בזה, וס"ל דצריך להרחיק מהמחיצות ד"א, ולפניו כמלא עיניו, אפילו פינו ממנו הצואה ואין בו ריח רע.

ולכן צריך ליזהר שלא לקרות ולהתפלל ולדבר בד"ת בחצר כנגד בית הכסא כמלא עיניו, אע"פ שהוא סגור ואי אפשר לראות הצואה שבו, **ולכן** נכון ליזהר כשעושה סוכה בחצר, שיעשה בענין שלא יהיה מכוון מחיצות בה"כ נגד פתח הסוכה כשהיא פתוח, דאז יהיה צריך ליזהר בזה בעת שהוא מדבר ד"ת ושאר דברי קדושה, **וכן** אם יש נגד חלון ביתו בית הכסא והחלון פתוח, והוא עומד בביתו ופניו כלפי בית הכסא, נכון ליזהר מלדבר אז דברי תורה, **ומ"מ** לעת הדחק יש לסמוך להקל אם אין מגיע לו ריח רע, דאיכא ס"ס, היינו הב"י והב"ח בסימן זה, דמתירין במחיצות גבוהות עשרה, והרא"ש בסימן ע"ט ס"ב, דמתיר אפילו בצואה כשהוא ברשות אחרת, אף דרואה אותה, **ובעוצם** עיניו, לכו"ע מהני בכה"ג.

עוד כתבו האחרונים, דמה דאנו מחמירין במחיצות בה"כ לדונם מבחוץ כצואה, דוקא במחיצות שאינם נעשים אלא בשביל בית הכסא, כגון שעשה בחצר חדר מיוחד לזה, **אבל** אם בנה במחיצה של בית שהסמיכה לאותה מחיצה, אע"פ שאותה מחיצה הוא מחיצה של בה"כ ממש, אין על אותה מחיצה דין בה"כ לענין זה, ומותר לקרות אפילו בסמוך, כיון שאין המחיצה מיוחדת לבה"כ לבד.

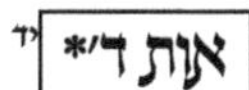

אות ד'* [יד]

ובית המרחץ שאמרו אע"פ שאין בו אדם

סימן פד ס"א - [טו]מרחץ חדש שלא רחצו בו - פי' אפילו פעם אחד, דאי רחצו, תו הו"ל כמרחץ ישן לכל דיניו, מאחר דהיה בו הזמנה ומעשה, **מותר לקרות בו** - ואע"ג דבבה"כ קי"ל לעיל בסימן פ"ג ס"ב, דאסור ע"י הזמנה בעלמא, שאני בה"כ דמאיס טפי.

ובישן, בבית החיצון שכל העומדין שם לבושים, מותר; ובאמצעי, שקצת העומדין שם לבושים וקצת ערומים - (כי דרכם היה, שאחר שלבש חלוקו בבית האמצעי, היה יוצא לבית החצון לגמור שם הלבישה), **יש שם שאילת שלום, אבל לא ק"ש ותפלה** - וכן כל הברכות וד"ת אסור שם, **הגה: ומותר להרהר שם בד"ת (ר"ן פ"ק דשבת ופרק כל הצלמים)** - ואפילו נגד אנשים ערומים, דהרהור נגד ערוה אין איסור.

ומשמע מדברי הט"ז, דבדיעבד אם בירך שם אינו חוזר ומברך, **וכן** בק"ש אין חוזר וקורא, אף אם היה נמצא שם אז אדם ערום בבית האמצעי, **אך** באופן שלא עמד נגדו בעת הקריאה, או כגון שהחזיר פניו וגופו ממנו, **דאל"ה** חוזר וקורא מטעם שקרא נגד ערוה.

ובפנימי, שכולם עומדים שם ערומים - (בירושלמי איתא, שרובם עומדים שם ערומים), **אפילו שאלת שלום אסור** - כי "שלום" הוא שמו של הקב"ה, שנ': ויקרא לו ד' שלום, **וה"ה** שאסור ליתן שלום לחבירו במבואות המטונפות, דכל דינו כבית הפנימי.

ואדם ששמו "שלום", יש אוסרין בבית המרחץ לקרותו בשמו, אלא בלשון לע"ז, **ויש** מתירין, כיון שאינו מתכוין על ענין השלום, אלא להזכרת שמו של אותו אדם, **ובדברי** סופרים הלך אחר המיקל, וכן נוהגין, **וירא** שמים יש לו להחמיר, יען כי הרבה מאחרונים אוסרין, ויבלע המ"ם, ויאמר רק "שלו" בלא מ"ם, או "שלון" בנו"ן, **וגם** באגרת הרשות נכון שלא לכתוב שלום עם וא"ו, רק "שלם", שמצוי לזרוק באשפות.

באר הגולה

יד ‹ע"פ הב"י› | טו שבת י' והביאו הרי"ף והרא"ש בס"פ מי שמתו

(ואסור לענות אמן בבית המרחץ) (ר"ן פרק כירה) - על אחד שאמר בחוץ או באיזה בית שום ברכה, **ונראה** דהיינו דוקא בבית הפנימי, דהוא כבה"כ, אבל בבית אמצעי שרי לענות, **גם** אם שאל לו אדם דבר הלכה בבית הפנימי, אסור לומר לו: אין משיבין במרחץ, **וה"ה** כשנתן לו אדם אחד שלום במרחץ, אסור לומר: אין משיבין במרחץ, **אבל** רשאי לומר בכל זה "מרחץ הוא", דזה לא הוי אפילו הרהור, **אבל** בבית אמצעי מותר לומר לו: אין משיבין במרחץ, **ויש** מחמירין גם בבית אמצעי בזה, רק אם יש בו משום דרכי שלום, מותר לומר בלשון זה.

י"א (דבית אמצעי) אפי' אם עכשיו כולם לבושים, או שאין שם אדם כלל, מ"מ כיון דהבית מיוחד להיות בו ערומים ולבושים, קצת דין מרחץ עליו, **ויש** מקילים בזה, ולדבריהם בחדר שדר שם הבלן, ובני אדם עומדים שם ג"כ ערומים, שרי לומר ד"ת וקידוש ותפלה באין שם אדם.

וכ"ז לענין בית אמצעי, אבל בית הפנימי שכולם עומדים שם ערומים ורוחצין שם, הוא מאוס טפי, ולכו"ע דינו כבית הכסא, ואסור אפילו אין שם אדם, **ואפילו** היתה דרכו של אותו המרחץ לרחוץ בו רק בימות החמה, ובימי החורף הוא סגור, מ"מ גם אז כל דיני מרחץ עליו, דלא נעקר עדיין שמו ממנו, (**ופשוט** דמיירי שלא נבנה הבנין מתחלה לשם מרחץ, דאל"ה אפילו היו רוחצין בו רק פעם אחת, ג"כ דינו כבה"כ ישן).

אך אם עשו שינוי מעשה בגופו, כגון שעקרו שם תנורו וכיוצא בו, ועשוהו בית דירה, מותר לו להניח בפתחו מזוזה ולברך עליה, ולקרות ולהתפלל שם, וכן הדין לענין בה"כ.

ולענין בית הטבילה מסיק הט"ז, דכל דינו כבית אמצעי של מרחץ, ואין לברך שם שום ברכה, רק ברכת הטבילה שהיא הכרחית שם, כדיעבד היא חשובה, **וכל** זה אם המברך איננו ערום, וגם שלא יעמוד נגד ערומים בעת הברכה, דאז אסור מטעם ערוה, אם לא שהחזיר פניו וגופו מהן, **וה"ה** בכל זה באשה המברכת בבית הטבילה, **ובפמ"ג** כתב, דיותר טוב שתברך במים, והטעם, דשם במקום המים יותר מסתבר דאינו נחשב כבית אמצעי של מרחץ, **ופשוט** דגם שם צריכה בעת הברכה להחזיר פניה וגופה מנשים הערומות העומדות שם בבית הטבילה.

והנה לפי דעת הט"ז, אף כשאין שם אדם ערום, אין לברך שם ברכה אחרת לדעת המחמירין לעיל בבית אמצעי, **אבל** מהמ"א משמע להקל בזה, דאין בה זוהמא, וכן כתב בברכי יוסף, **והנה** במקוה ששופכין בה מים חמין, יש לומר דיש בה הבלא, **ומכל** מקום אפשר לומר, דאין בה זוהמא והבלא כל כך כמו במרחץ.

והני מקואות העומדים במרחץ גופייהו, במרחץ ודאי אסור לברך שם ברכת הטבילה, **ואפילו** במים צ"ע, די"ל הבלא דמרחץ נפיש, ובמים נמי אסור.

אין לשתות בבית המרחץ, כי הלא אסור לברך שם, ובלי ברכה אין לשתות, **ומי** שרוצה לשתות, מסיק בפמ"ג שיברך בבית החצון, או בחדר הבלן בשעה שאין שם בני אדם ערומים, או שיכנס בבית הטבילה במים עד למעלה מערותו, וגם יכסה ראשו, ויברך וישתה שם מעט ע"מ לשתות במרחץ, והוא שיהיה שם החדרים בבית אחד תוך בית המרחץ, **הא** לברך חוץ למרחץ כלל, אסור, **ופשיטא** דלברך ולא לשתות כלל רק במרחץ, בודאי אסור להפסיק בין ברכה לשתיה.

מזוזה במרחץ, בבית הפנימי ובאמצעי פטור, וה"ה מרחץ שיש לפניה חצר, ובחצר עומדים שם מקצתן ערומים, פטור ג"כ, **ודירת** הבלן חייבת במזוזה, דהוא חדר גמור, אך מפני שמצוי שם בני אדם ערומים, צריך לכסות המזוזה.

מלץ הויז, שעושין ממנו לפעמים מרחץ פעם א' או ב' בשנה, או לייטער הויז, חייב במזוזה, **ויש** אומרים דיש לכסות המזוזה, **וכן** מותר להתפלל בתוכו.

בית שעומדין בו אמבטאות לרחיצה, משמע מהאחרונים דדינו כבית הפנימי, דנפיש שם הבלא וזוהמא.

אות ה'

הזמינו לבית הכסא מהו

סימן פג ס"ב - [טז]הזמינו לבה"כ ועדיין לא נשתמש בו, מותר לקרות כנגדו - דקי"ל הזמנה לאו מילתא היא, **ואפילו** בתוך ד' אמותיו, **ויש** מחמירין בזה.

(**ואין** חילוק בזה בין הזמנה ע"י דיבור, להזמנה ע"י מעשה, **ואם** היה בו הזמנה ומעשה, הוא בה"כ גמור לכל דיניו, וממילא דאיסורו מן התורה, **ובודאי** אם לא הזמינו רק לפי שעה, לא הוי איסורו מן התורה).

אבל לא בתוכו - מדרבנן, דהו"ל בזיון גדול לק"ש או לתפלה, **ואפילו** בדיעבד אם קרא והתפלל בתוכו לא יצא.

דהיינו אם אותו המקום הוא בלא מחיצות, אין אסור רק אותו המקום שהזמין, **ואם** מקום המושב שהזמין הוא מוקף במחיצות, אסור ע"י ההזמנה כל שטח ההיקף שבתוך המחיצות, **אבל** מבחוץ מותר בסמוך לו, (אפי' בתוך ד"א, והיינו אפי' לדעת המחמירים לעיל, משום שהמחיצות מפסיקות, ואף דקי"ל שמחיצות בה"כ אינם מפסיקות, זה דוקא בבה"כ ישן, אבל בחדש ודאי שהם מפסיקות - מ"ב המבואר).

אבל אם נשתמש בו אפי' רק פעם אחת, תו יש עליו שם בה"כ ישן לכל דיניו, כיון דהיה שם הזמנה ומעשה, **ואם** לא היה שם הזמנה, ורק במקרה נפנה שם, ואח"כ פינו ממנו הצואה, וגם אין בו ריח רע, נ"ל דאין עליו שם בה"כ כלל, ומותר אפי' בתוכו, וכן מצאתי בספר יבשר טוב.

כתב הבה"ט, דלהרהר בד"ת מותר בתוך בה"כ החדש, כשעדיין לא נשתמש בו, **ופשוט** דהבונים שבונים בה"כ, אסורים לברך שם שום ברכה מבפנים במקום המחיצות, **ואפי'** בעוד שלא בנו המחיצות, דכיון שהורשם להם המקום, הרי נתייחד זה המקום לבה"כ, ואסור.

באר הגולה

טז שם בגמרא

אות ו'

הני בתי כסאי דפרסאי, אף על גב דאית בהו צואה כסתומין דמו

סימן פג ס"ד - [יז]בה"כ שהוא בחפירה ופיו [יח]ברחוק ד"א מן הגומא, והוא עשוי במדרון בענין שהרעי מתגלגל ונופל מיד למרחוק, וכן המי רגלים יורדין מיד לגומא, כסתום דמי - פי' דהו"ל כאלו אין המקום הזה בה"כ כלל, ובין שיש לו מחיצות מלמעלה על הגומא או לא, **ומותר לקרות בו, [יט]אם אין בו ריח רע, וגם אין משתינין בו חוץ לגומא.**

הגה: אבל אם משתינין בהם לפעמים, אסור להרהר בהם בדברי תורה, כ"ש לקרות ק"ש (הגהות מיימוני) - ר"ל ואפילו בשעה שאין שם מי רגלים ואין בהם ריח רע, לפי שיש שם בה"כ על מקום זה שמחוץ לגומא, שמשתינים שם.

וכתב הט"ז, דמ"מ למחיצות בה"כ הזה אין להם דין מחיצות בה"כ, להרחיק מהן מכנגדן וכנ"ל, **דהא** במי רגלים אין איסור מן התורה אלא כנגד הקילוח לבד, ואחר שנפל על הארץ איסורו רק מדרבנן, ואין מחיצות אלו נקראים בשביל זה מחיצות בה"כ.

ונראה דאותן המקומות שנוהגין לעשות מקום מיוחד להשתנה לכל, וידוע שאותן המקומות מסריחין מאוד, גם על מחיצותיהן יש שם בה"כ לכל דיניו, **דומיא** דעביט של מי רגלים, שמבואר בהרבה פוסקים דאיסורו מן התורה, ואע"ג דמי רגלים עצמן אינן אלא מדרבנן, מ"מ כיון שהוא מיוחד לזה הוא מסריח ביותר, וחמיר טפי, וה"נ דכוותיה, **ועיין** בפמ"ג דדעתו, דמי רגלים המסריח איסורו מן התורה.

אות ז'

צריכין טבילה

רמב"ם פ"ד מהל' ק"ש ה"ח - כל הטמאין חייבין בקריאת שמע ומברכין לפניה ולאחריה והן בטומאתן, אע"פ שאפשר להן לעלות מטומאתן בו ביום, כגון הנוגעין בשרץ או בנדה וזבה ומשכבה וכיוצא בהן; ועזרא ובית דינו תקנו שלא יקרא בדברי תורה בעל קרי לבדו, והוציאוהו מכלל שאר הטמאין עד שיטבול.

רמב"ם פ"ד מהל' תפילה ה"ה - לפיכך היו אומרין בזמן תקנה זו, שאפילו זב שראה קרי, ונדה שפלטה שכבת זרע, ומשמשת שראתה דם נדה, צריכין טבילה לקריאת שמע וכן לתפלה מפני הקרי, אף על פי שהם טמאין, וכן הדין נותן, שאין טבילה זו מפני טהרה, אלא מפני הגזירה שלא יהיו מצויין אצל נשותיהן תמיד; וכבר בטלה גם תקנה זו של תפלה, לפי שלא פשטה בכל ישראל, ולא היה כח בציבור לעמוד בה.

טור סימן פח - כל הטמאין קורין בתורה וקורין שמע ומתפללין, חוץ מבעל קרי, שבא מקלות ראש, לכך אסור בד"ת ובק"ש ובתפלה; והאידנא שרי, דאמר רב נחמן בר יצחק נהוג עלמא כר"י בן בתירא בד"ת, דאמר ד"ת אין מקבלין טומאה וא"צ טבילה.

אות ח' - ט'

עד ארבע שעות

עם הנץ החמה

סימן פט ס"א - [כ]זמן תפלת השחר, מצוותה שיתחיל עם הנץ החמה, כדכתיב: ייראוך עם שמש - היא השעה שהחמה מתחלת לזרוח בראשי ההרים, **וראוי** ונכון ליזהר בזה לכתחלה אף בימי הסליחות, וכן בחורף כשמשכימים ובאים לבהכ"נ בבוקר השכם, ימתינו מלהתפלל עד הנץ, **אך** כשמשכים לצאת לדרך, וכה"ג שאר דחק ואונס, דמותר להקדים כדלקמן בס"ח, עכ"פ ימתינו מלברך על התפילין, עד שיכיר את חבירו הרגיל עמו קצת ברחוק ד' אמות, דמקודם אסור לברך עליהן.

כתב בפמ"ג, דבחג השבועות שניעורין כל הלילה, מותר להתפלל קודם הנץ, דכשילכו לביתם בהשכמה, טורח הוא להתקבץ שנית, **ומ"מ** יש ליזהר שלא לקרות ק"ש כ"כ בהשכמה, דהיינו קודם שיראה את חבירו ברחוק ד' אמות ויכירנו, דזה אסור לכתחלה, וכדלעיל בסימן נ"ח.

[כא]ואם התפלל משעלה עמוד השחר והאיר פני המזרח, יצא - בדיעבד, ואפילו שלא בשעת הדחק, **ובשעת** הדחק כגון במשכים לצאת לדרך, וכה"ג שאר דחק ואונס, אפילו לכתחילה, וכדלקמן בס"ח.

עה"ש - הוא מה שמתחיל השחר להבריק במקצתו מעט מעט, (והוא מה שמתחיל האור להתנוצץ בפאת המזרח, קודם הנץ החמה כשיעור שעה וחומש שעה, **ולא** כמו שטועין איזה אנשים, שעמוד השחר הוא כוכבא דצפרא, דהוא זמן הרבה קודם).

האיר פני מזרח - ובעינן שיאיר פני כל המזרח, ולא סגי במה שהבריק השחר כנקודה בלבד, (והוא בערך שש דקות אחר עלות - תבואות שמש), **וכתב** בחי' רע"א, דאף שהכוכבים נראין עדיין ברקיע, מ"מ יום הוא.

ומשמע מדברי המחבר, דקודם האיר פני מזרח, אף דעלה עמוד השחר, (דהוא כשיעור שעה וחומש שעה קודם הנץ החמה) אפי' בדיעבד לא יצא, וכן הסכימו הרבה אחרונים, **דלא** כמ"א, (דדעתו, דמשעלה עה"ש יצא בדיעבד, דיום הוא, **ובפמ"ג** מפקפק בזה, **אף** דבעצם הדין משמע דס"ל כדבריו, דמן התורה יום הוא אף קודם שהאיר פני

באר הגולה

יז שם בגמ' | יח טור בשם רש"י (וליתא ברש"י שלנו - גר"א) | יט טור ורבי ירוחם | כ ברכות כ"ו | כא הרא"ש שם

המזרח לכל דבר, כיון שעלה השחר, ומפני זה בשעת הדחק מותר לכתחלה תיכף משעלה עה"ש, **עכ"פ** שלא בשעת הדחק מצדד להוכיח מדברי הרמב"ם לענין תפלה, דאף בדיעבד לא יצא משעלה עה"ש, **ולדינא** בודאי יש לחוש לכל הני רבוותא בכל דבר שמצותו ביום, אם עשהו קודם שהאיר המזרח לחזור ולעשותו לאחר שהאיר, **אמנם** בתפלה אפשר דיש לחלק בזה, והוא דשלא בשעת הדחק לכאורה יש להחמיר בזה אף בדיעבד, וכהפמ"ג הנ"ל, דלא סגי כשהבריק השחר כנקודה, אלא עד שיאיר כל המזרח, **אבל** בשעת הדחק, אם התפלל קודם שהאיר המזרח, אפשר דיש לסמוך בזה בדיעבד על המ"א והפר"ח והפמ"ג הנ"ל, שלא לחזור ולהתפלל משום חשש ברכה לבטלה, וצ"ע, **ולכתחלה** בודאי יש ליזהר בזה מאד, אפילו בשעת הדחק).

ודע, דדברי השו"ע אינם אמורים רק לענין חובת מצות תפלה בלבד, דיצא בה אחר שהאיר המזרח, דבזה כבר הגיע זמנה, דניתקנה כנגד התמיד, ושחיטות התמיד היה תיכף משהאיר המזרח, **אבל** לענין ק"ש שקודם התפלה לא איירי המחבר בסימן זה, ועיין לעיל בסימן נ"ח במ"ב, דלא יצא בזה ידי חובת ק"ש אף דיעבד, אם רגיל לעשות כן, עד שיכיר את חבירו הרגיל עמו קצת ברחוק ד"א, וזה מאוחר מזמן דהאיר המזרח, **ובפרט** כשרוצה אז להניח תפילין ולברך עליהן, דבודאי אין לברך עד שיגיע הזמן דמשיכיר הנ"ל, (**ואם מניחן מקודם, יניח בלא ברכה, וכשיגיע הזמן ימשמש ויברך**).

(והפר"ח חולק על השו"ע, וס"ל דמשהאיר הוא זמנה לכתחלה, רק לוותיקין הוא קודם הנץ, **ואין** נ"מ בכ"ז לדינא לדידן, שכל אחד מישראל נוהג וזהיר לכתחלה לסמוך גאולה לתפלה, איך יכול לכתחלה להתפלל תיכף משיאיר היום, הא צריך לקרות ק"ש וברכותיה, ובדידהו בעינן דוקא עד שיכיר את חבירו ברחוק ד"א, **אך** לאחר הזמן הזה, אפשר דאין למחות ביד הנוהגין להקל, **אך** למצוה מן המובחר, לכו"ע אין להתפלל י"ח קודם הנץ).

[כב]**ונמשך זמנה עד סוף ד' שעות שהוא שליש היום** - ואם היום ארוך י"ח שעות, הוי ו' שעות על היום, וכשהיום ארוך ט' שעות, הוי ג' שעות, דלעולם משערין שעות אלו לפי ענין היום, והם נקראין שעות זמניות, שהיום מתחלק לי"ב חלקים, **וענין** השליש הוא, שתפלת השחר הוא נגד קרבן תמיד, ולעולם לא איחרו אותו מלהקריב לאחר שליש היום, **וצריך** לגמור התפלה י"ח בתוך השליש היום.

אות י'

טעה ולא התפלל ערבית, מתפלל בשחרית שתים

סימן קח ס"ב - [כג]טעה ולא התפלל מנחה, מתפלל ערבית שתים, הראשונה ערבית, והשניה לתשלומין; טעה ולא התפלל ערבית, מתפלל שחרית שתים, הראשונה שחרית, והב' לתשלומין - ואסור לאכול קודם שיתפלל השניה, דהא כבר הגיע זמנה, **ואם** התחיל אינו מפסיק, כ"כ המ"א, (אמנם הא כתוב בס"ג דאינו משלים אלא בזמן התפלה, וכתב בא"ר בשם הפרישה וז"ל: לא יאחר אלא שיעור הילוך ד"א או אמירת אשרי ויתפלל מיד תפלת תשלומין, עכ"ל, ואולי ס"ל למ"א דכל זה אינו אלא לכתחלה – מחה"ש), **אבל** בספר מחצית השקל ובספר מגן גבורים הכריעו, דאפילו בדיעבד מפסיק, משום דצריך להסמיך התפילה השניה להראשונה בכל מה דאפשר.

[כד]**לאחר שאומר "יוצר" וי"ח ברכות** - ר"ל עם התחנון שאומר אח"ז, דאין להפסיק בין הי"ח לתחנון, **יאמר "אשרי", ואח"כ יתפלל י"ח לתשלומי ערבית** - כדי לעמוד גם בתפילת תשלומין מתוך דברי תנחומין של תורה, וכנ"ל בסימן צ"ג, **וגם** דהא בלא"ה יהיה צ"ל "אשרי" קודם "למנצח" "ובא לציון", יאמרנה עכשיו ולא יאמר אח"כ, **ועיין** באחרונים שהסכימו, דה"ה אם מתפלל מנחה שתים בשביל השלמה, יאמר ג"כ עוד הפעם "אשרי" קודם תפילה השניה, **וכל** זה הוא רק לכתחילה, אבל מדינא אין צריך הפסקה בין תפילה לתפילה רק כדי הילוך ד' אמות.

ולא יפסיק לכתחילה ביניהם בשום דבר, ואפילו בלימוד אסור, כי תפילת השלמה צריכה להיות בעוד שעוסק בתפילה החיובית, **ומ"מ** נ"ל דחזרת ש"ץ של תפילה החיובית מותר לשמוע קודם, דזה מיקרי עדיין עוסק בתפילה.

(וכן כשמתפלל ערבית שתים, משום שלא התפלל מנחה, יאמר "אשרי" בין תפלה לתפלה) (סמ"ק וריב"ש) - כדי להשלים בזה גם ה"אשרי" שהיה צריך לומר קודם המנחה, **ויש** מאחרונים שכתבו בשם המקובלים, שלא לומר "אשרי" בערבית, ואף שהוא בשביל תפילת המנחה, ג"כ יש להחמיר בזה, **וכתב** בדרך החיים, דאיך שהאדם ינהוג בזה יש לו על מי לסמוך, **אך** כל זמן שהוא יום לא ימנע מלומר "אשרי", אף שהוא אחר תפילת המנחה, **ע"כ** אם נתאחר ובא לבהכ"נ בשעה שהצבור התחילו תפילת המנחה, יתפלל עמהם, ויאמר "אשרי" אח"כ, **ועיין** במ"א שכתב, דמדברי הזוהר משמע, דאפילו באופן זה לא יאמרנו אדעתא דחובה, רק כקורא בתורה, [ואז מותר אפי' בערבית].

אות כ'

שחרית, מתפלל במנחה שתים

סימן קח ס"א - [כה]טעה - (היינו שסבר שהתפלל, ואח"כ נזכר שלא התפלל, או ששכח להתפלל), וכונתו לאפוקי הזיד וכדלקמן בס"ז, **או נאנס** - כגון שהיה חולה או שכור וכדלקמן בס"ח, **ולא התפלל שחרית, מתפלל מנחה שתים.**

ולענין אונן שעבר עליו זמן תפלה עד שקבר מתו, ע"ל בסי' ע"א ס"א ובמ"ב שם, (דא"צ להשלים, אם היה מתו מוטל לפניו מעת התחלת חיוב התפלה עד השלמת זמנה).

באר הגולה

כב שם במשנה וכרבי יהודה | כג שם | כד סמ"ק | כה ברכות כ"ו

ומי שבזמן תפילה לא היה לו מים לרחוץ ידיו, ועי"ז עבר זמן תפילה, גם זה הוא בכלל אונס, וצריך אח"כ להתפלל שתים, **ולכתחילה** אין נכון לבטל התפילה משום מים, וכדלעיל בסימן צ"ב ס"ד.

ואם עסק בצרכי צבור, עיין לעיל בסוף סימן צ"ג במ"ב, {שכיון שבשעת חובתו היה פטור ממנה מן הדין, אין צריך לתשלומין כלל}, **ועיין** בפמ"ג בסימן זה שכתב, דנכון שגם בזה יתפלל אח"כ להשלים התפילה שחסרה לו, **אך** בזה יתפלל אותה בתורת נדבה, ויחדש בה דבר.

ומי שלא התפלל מחמת שלא היתה דעתו נכונה עליו כראוי, אף דשלא כדין עשה בזה, וכדלעיל בסימן ק"א ס"א וצ"ח ס"ב, **מכל** מקום אין זה בכלל מזיד, ומהני ליה השלמה.

הראשונה מנחה, והשניה לתשלומין - כי צריך להקדים תפילה שהיא חובת שעה, לתפילת התשלומין.

ואין די שיכוין לשמוע מש"ץ ולצאת בה בשביל עצמו לתשלומין, בין עבור ערבית או שחרית, דלא תקנו שיצא בחזרת הש"ץ אלא דוקא מי שאינו בקי, **ומ"מ** בדיעבד יצא אם היה זה בשביל השלמת תפילת ערבית, **ואע"ג** דבסימן קכ"ד קי"ל, דאפילו בדיעבד אין בקי יוצא בחזרת הש"ץ, מ"מ בזה שהיא לתשלומין בשביל תפילת ערבית שהיא רשות, קילא.

וכשהוא ש"ץ, יוצא ידי השלמה במה שמחזיר התפילה בקול רם, ויכוין בה בשביל עצמו לתשלומין, וגם להוציא בה מי שאינו בקי.

ואם היפך - פי' שהיתה בדעתו שתהא הראשונה לתשלומין, **לא יצא ידי תפלה שהיא תשלומין, וצריך לחזור ולהתפלל אותה** - בין שהיפך במזיד או בשוגג, דלא תקנו רבנן השלמה אלא בזמן התעסקות בתפילה חיובית, ולא קודם לכן, **ויש** מפקפקים לומר שא"צ לחזור ולהתפלל, אא"כ גילה דעתו בפירוש בתפילתו שהשניה היא לשם חובה והראשונה לתשלומין, וכגון שהוא מוצאי שבת והבדיל בשניה ולא הבדיל בראשונה, כמו שיתבאר, **ולענין** דינא כתב הפר"ח והפמ"ג, שאין לנו אלא דברי המחבר, וכן העתיק הדה"ח להלכה, **ומ"מ** טוב יותר שבעת שחוזר ומתפלל, יתנה ויאמר: אם איני מחוייב להתפלל פעם שנית, אני מתפלל אותה בתורת נדבה.

(**ודע דפשוט, דדוקא אם נתכוין בהדיא לשם תשלומין, אבל אם התפלל שניהם בסתמא, לכו"ע יצא**).

(**ונסתפקתי, אם התחיל להתפלל אותה בתורת תשלומין, ונזכר באמצע והשלימה כראוי, דהיינו לשם חובה, וספיקתי היא, דכיון דקי"ל דכל ברכות התפילה על הסדר נאמרו, כדלקמן בסי' קי"ט, אפשר דיחשב עי"ז כחד ענינא, ולא מהני עקירת המחשבה, או אולי לענין תשלומין הקילו רבנן, וצ"ע**).

אך אם התפלל השניה לתשלומין והראשונה לשם חובה, וטעה בשל חובה ולא אמר בה "טל ומטר", באופן דצריך לחזור, ולא נזכר זה עד אחר תפילה שניה, **אפ"ה** השניה עלתה לתשלומין, ויתפלל אח"כ לשם חובה, ואף שהתפילה החיובית בטעות היתה, לא אמרינן כמאן דלא התפלל כלל דמיא לענין זה, משום דמ"מ בעת שהתפלל השניה לתשלומין היה זמן תפילה, **וכן** כל כיוצא בזה, שהתפלל תפלה הראשונה לחיובא וטעה בה, ששכח או הוסיף באופן שצריך לחזור ולהתפלל אותה, **וכתב** המגן גבורים, דכל זה אם כיון בפירוש בשניה לתשלומין, אבל אם לא כיון, טוב יותר שתעלה לו השניה לשם חובה, ויתפלל אח"כ לתשלומין, דבזה יוצא לכל הדיעות.

וכן הדין בכל מקום שצריך להתפלל תפלה לתשלומין.

(**כתב הפמ"ג נסתפקתי, ספק התפלל שחרית או לא, ועבר זמן שחרית, אם** משלימה במנחה או לא, **דשמא** לא תקנו דמשלימה בעבר זמנה **אלא בודאי לא התפלל, ולא בספק**).

ולענין ק"ש אם יש לה תשלומין, עיין לעיל סוף סימן נ"ח, ובמה שכתבנו שם במ"ב. **ועי"ש** עוד, דברכת ק"ש אין לה תשלומין לכו"ע, דהיינו אפילו אם ירצה לברך אותם בעת שקורא ק"ש פעם אחרת עם ברכותיה, **דלא** תקנו חז"ל תשלומין אלא לתפלה שהיא בקשת הרחמים.

[כו]סימן קח ס"ג - [כז]הא דמשלים התפלה שהפסיד, דוקא בזמן תפלה, אבל בשעה שאין זמן תפלה, לא - יש מאחרונים שכתבו, שר"ל דלא תקנו חז"ל תפלת השלמה רק בעודנו עוסק בתפילתו העיקרית, אחר ששהא כדי הלוך ד"א או "אשרי" בינתים, (וכ"כ הא"ר בשם הפרישה).

אבל הרבה אחרונים הסכימו, דאף דלכתחילה בודאי צריך לזהר בזה, להתפלל תפלת השלמה תיכף אחר תפילה החיובית, אבל בדיעבד אינו מעכב, **רק** אם עבר זמן תפלה, דהיינו אם לא התפלל ערבית, יתפלל שחרית שתים רק עד ד' שעות על היום, שהוא זמן תפילה לשחרית, דהא נוטל עבור זה שכר תפלה בזמנה, **משא"כ** אחר ד' שעות, דנוטל רק שכר תפלת רחמי, כ"כ הפמ"ג ומג"ג ודה"ח.

אלא שבדה"ח הוסיף דבר חדש שלא נזכרו בשארי אחרונים, והוא דאם גם תפלת שחרית גופא לא התפלל **עד** אחר ד' שעות, דצריך להתפלל אז שתים, כיון שעוסק בתפלה.

ואם שכח להתפלל מנחה, י"א דמתפלל מעריב שתים רק עד חצות לילה, שהוא זמן הראוי לערבית לכתחלה, **אמנם** הפמ"ג כתב, דזמן השלמת תפילת המנחה הוא כל הלילה עד עמוד השחר.

ואם שכח ולא התפלל שחרית, יש לה השלמה רק מעת שמתחלת זמן מנחה, והוא החצי שעה שאחר חצות, וגם שיתפלל מנחה מקודם, **ונמשך** זמן ההשלמה בדיעבד עד בין השמשות, ואפילו היה יום שיש בו מוסף, והתפלל מוסף באמצע.

באר הגולה

כו (ע"פ הגר"א) **כז** **רשב"א** (וז"ל: ומיהו דוקא בזמן תפלה, לפי שכיון שהוא זמן תפלה והוא עסוק בתפלתו, חוזר ומשלים מה שטעה בתפלותיו, אבל שלא בזמן תפלה לא, שאם לא כן, מאי מתפלל ערבית שתים ומתפלל מנחה שתים דקאמר, לימא טעה ולא התפלל שחרית קודם חצות, חוזר ומתפלל לאחר חצות, א"נ טעה ולא התפלל מנחה, חוזר ומשלימה כל הלילה, הוה ליה למימר)

כ"ז העתקתי מן האחרונים לדינא, **אמנם** לכתחילה יותר נכון בכל זה, שאם לא התפלל תיכף תפלת השלמה אחר התפילה החיובית, יתפלל אותה בתורת נדבה, **דהיינו** שיתנה ויאמר: אם אני חייב הרי זו לחובתי, ואם לאו הרי היא נדבה, וכן הסכים הפמ"ג.

אות כ'* [כח]

<u>תוס' ד"ה טעה. ולאחר ד' תפלות לא מצינו שתיקנו חכמים כו'</u>

סימן קח ס"ד - [כט]אין תשלומין אלא לתפלה הסמוכה בלבד, שאם טעה ולא התפלל שחרית ולא מנחה, מתפלל ערבית שתים, אחרונה לתשלומי מנחה, אבל שחרית אין לה תשלומין, וכן בשאר תפלות - ה"ה אפילו אם התפלל מנחה, ג"כ לא יכול להשלים בערב עבור שחרית, דהכלל, דלא תקנו השלמה רק בזמן תפילה הסמוכה לה.

כתבו האחרונים, שאין תפילת מוסף מועיל להשלמה, דהיינו שאם חסר שחרית ביום שיש בו מוסף, לא יכול להשלים להתפלל מוסף שתים.

אם שכח שחרית והתפלל מוסף, ועדיין לא עבר זמן שחרית, אפ"ה יתפלל שחרית.

מי ששכח ולא התפלל שחרית ומוסף, ונזכר במנחה, יתפלל מנחה ואחריו מוסף, ואחריו שחרית, **ואם** התפלל מוסף קודם מנחה, יצא.

אות כ'** [ל]

<u>תוס' ד"ה איבעיא. דהיאך יקרא את הקרבנות וכבר עבר זמן מוסף</u>

סימן קח ס"ו - [לא]עבר כל היום ולא התפלל מוסף, אין לה תשלומין - דהאיך יקרא הקרבנות וכבר עבר זמן מוסף.

אות ל'

<u>שכר תפלה יהבי ליה, שכר תפלה בזמנה לא יהבי ליה</u>

סימן פט ס"א - [לב]ואם טעה, או עבר - ר"ל שבמזיד שהה את התפלה עד שעבר זמנה, **והתפלל אחר ד' שעות עד חצות, אע"פ שאין לו שכר כתפלה בזמנה, שכר תפלה מיהא איכא** - וה"ה שלכתחילה אם לא התפלל מקודם, צריך להתפלל אחר ד' שעות עד חצות, רק שאין לו שכר כתפלה בזמנה.

וטוב שיתפלל אז בתורת נדבה, [לג]כי יש פוסקים שסוברים, דבהזיד עד ד' שעות שוב לא מצי להתפלל כלל, ע"כ יתפלל ויתנה, שאם מצד הדין הוא פטור, הוא בתורת נדבה.

הגה: ואחר חצות אסור להתפלל תפלת שחרית, (ב"י בשם הרשב"א פרק תפלת השחר) וע"ל ריש סי' ק"ח - משמע מלשון הרב, דאפי' תיכף אחר חצות אסור להתפלל שחרית, ואדלעיל קאי, בין עבר במזיד או טעה בשוגג, [לד]**ויש** מקילין בהחצי שעה שאחר חצות, **ולדינא** משמע מפמ"ג ודה"ח, שאין לזוז מפסק הרב, וכן משמע מביאור הגר"א, דבאמת כבר הגיע זמן מנחה, שמתחלת מתחילת שבע, אלא מטעם שאין אנו בקיאים ושמא יבוא לטעות, וע"כ אסרו חז"ל, (**ואחר חצי שעה זו, לכו"ע שוב לא יתפלל תפלת שחרית, אפילו אם מה שלא התפלל עד עתה היה באונס, וכ"ש במזיד, והמתפלל, ברכותיו לבטלה לכמה פוסקים**).

ע"כ כששגג או נאנס ולא התפלל קודם חצות, ימתין אחר חצות חצי שעה, דהיינו כדי שיגיע זמן תפלת מנחה, ויתפלל מנחה, ואח"כ שחרית בתורת השלמה, ולא להיפך, **וגם** דוקא בשגג או נאנס, אבל במזיד אין לו תקנה, כמו שיתבאר כל זה בסימן ק"ח, **אמנם** בדיעבד אם התפלל שחרית בחצי שעה זו שאחר חצות, יצא וא"צ להתפלל שנית.

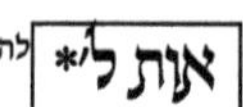

אות ל'* [לה]

<u>בטל קרבנו</u>

רמב"ם פ"ח מהל' תמידין ה"כ - התמידין אינם מעכבין את המוספין, ולא המוספין מעכבין את התמידין, ולא המוספין מעכבין זה את זה, ולא מנין העולות כולן מעכב; כיצד, הרי שלא מצאו אלא ששה כבשים, מקריבין ששה, אפילו לא מצאו אלא אחד, מקריבין אותו, בין בראשי חדשים בין בימי המועדות והשבתות; ואינן חייבין להקריב השאר למחר או למועד אחר, אלא כל קרבן צבור שעבר זמנו בטל קרבנו.

באר הגולה

[כח] ‹ע"פ הב"י› [כט] **רמב"ם ורשב"א ורא"ש** [ל] ‹ע"פ הבאר הגולה› [לא] **תוס' שם** [לב] **שם בגמ'** ‹שם כולה יומא כו', וה"ה לר"י מד' שעות - גר"א. ‹**מדאמרי** רבנן עד חצות ילפינן לה, כי היכי דלא נשוי כל כך פלוגתא בין רבי יהודה ורבנן, דלרבי יהודה אם התפלל אחר ד' שעות לא יהבי ליה שכר תפילה כלל, ולרבנן מתפלל והולך עד חצות ויהבי ליה שכר תפילה בזמנה, הילכך ממעטינן בפלוגתייהו, דלכו"ע מד' שעות עד חצות שכר תפילה יהבי ליה, בין בשכח בין בהזיד, אלא דלר"י לא יהבי ליה שכר תפילה בזמנה, ולרבנן יהבי ליה שכר תפילה בזמנה - ב"י› [לג] ‹והרא"ש משמע דוקא טעה, וכן משמע בגמ', דהא מדין טעה ולא התפלל שחרית אתי, ושם במזיד לא, כמ"ש שם - גר"א› [לד] ‹דהא זמן מנחה הוא משש ומחצה, א"כ היה ראוי להתיר לו להתפלל שחרית עד שש ומחצה אי עבר ולא התפלל קודם ד'. וכן דעת הב"ח באמת, וכתב דעד חצות שכתוב בשו"ע הוא לאו דוקא. **אבל** מ"א ס"ל דהוא דוקא, דהא באמת זמן מנחה מתחיל מחצות, אלא משום טעות הוסיפו חצי שעה ואמרו שלא להתפלל מנחה עד שש ומחצה, עכ"פ מחצות ואילך כבר אינו ראוי לתפלת שחרית - מחה"ש› [לה] ‹ע"פ מהדורת נהרדעא›

אות מ'

טעה ולא התפלל מנחה, מתפלל ערבית שתים

סימן קח ס"ב - [לו]טעה ולא התפלל מנחה, מתפלל ערבית שתים, הראשונה ערבית, והשניה לתשלומין.

סימן רלד ס"ב - [לז]אם שכח ולא התפלל מנחה, מתפלל ערבית שתים - ואם הזיד, ע"ל בסימן ק"ח ס"ז, **ואומר "אשרי" קודם תפלה שהיא תשלומין לתפלת המנחה. (וע"ל סימן ק"ח)** - ס"ב, ובמ"ב.

אות נ' - ס'

מעות לא יוכל לתקן... זה שבטל ק"ש של ערבית וק"ש של שחרית, או תפלה של ערבית, או תפלה של שחרית שבטל במזיד

סימן קח ס"ז - [לח]הזיד ולא התפלל תפלה אחת, אין לה תשלומין אפי' בתפלה הסמוכה לה; [לט]ואם רצה יתפלל אותה נדבה, ואינו צריך חידוש אם מתפלל אותה בתפלה הסמוכה לה - והב"ח והגר"א פסקו דצריך חידוש.

ומי שבא לבהכ"נ סמוך לערבית, והתפלל ערבית מבע"י, ועדיין לא התפלל מנחה, אף שלכתחילה שלא כהוגן עשה, שהיה לו להתפלל תפילת י"ח לשם מנחה בעוד שהקהל מתפללין ערבית, **מ"מ** אין לדמותו להזיד ולא התפלל, כיון שעדיין לא עבר זמן המנחה, **ואף** את"ל שא"א לו להתפלל תפילת המנחה באותה שעה, כיון שכבר עשאו לילה בתפילת ערבית, מ"מ לא יהא אלא ערבית שתים והשניה לתשלומי מנחה, **ואם** הוא ר"ח, יזכיר "יעלה ויבא" גם בשניה, כיון שכבר קיבל עליו ר"ח במה שהזכיר בו "יעלה ויבא", **וה"ה** אם אירע כן בשבת, יתפלל השניה ג"כ של שבת, **וכתבו** האחרונים, דאם לא הזכיר בראשונה "יעלה ויבא", גם בשניה לא יזכיר, כיון שהוא עדיין יום.

מי שהתפלל במקום שהיה ראוי להסתפק בצואה, ומצא אח"כ צואה, שצריך לחזור ולהתפלל, לפי שפשע שהיה לו לבדוק, ה"ה דפושע ומזיד מקרי לענין זה, דאם בעת כשמצא כבר עבר זמן תפילה, תו אין לו תשלומין אחר כך.

[מ]סימן נח ס"ז - [מא]אם לא קראה ביום, י"א שיש לה תשלומין בערבית, וכן אם לא קרא ק"ש בערבית, יש לה תשלומין ביום - אין הכונה שיצא בזה ידי ק"ש, מאחר שכבר עבר זמנה, ואינו אלא כקורא בתורה, רק שלכתחילה צריך להשלימה כמו תפילה. **ע"כ** מיבעי ליה לאקדומי חובת שעתא ברישא, ותיכף אחר מעריב יקרא עוד "שמע" בשביל זה הפעם שחיסר, אם בשוגג חיסרה.

[מב]ויש חולקים - הגר"א והברכי יוסף הכריעו כדעה זו.

[מג]סימן קח ס"ה - [מד]אע"פ שאין תשלומין אלא לתפלה הסמוכה לאותה תפלה, ותפלות (אחרות) שהפסיד אין להם תשלומין, אם רצה להתפלל אותה נדבה ושיחדש בה שום דבר, הרשות בידו; ונכון לעשות כן - ולכן מי שהיה חולה או תפוס בתפיסה, ולא היה המקום נקי, כשיצא יתפלל כל התפילות שהפסיד, **ויתפלל** מעריב ואח"כ מנחה ואח"כ שחרית, **ואם** יצא מתפיסה בר"ח, מזכיר בכולם "יעלה ויבא", **אבל** אם יצא בשבת ויו"ט, ימתין עד הערב ויתפלל, דקי"ל בסימן ק"ז, שאין מתפללין נדבה בשבת ויו"ט. (**ובזה"ז** אין להתפלל נדבה, וכ"כ הא"ר - כף החיים).

עיין בפמ"ג שהסכים, דטוב שיתנה ויאמר: אם אני חייב להתפלל הרי זה לחובתי, ואם לאו הרי זו לנדבה, ובזה יצא ידי כל הדיעות, **שיש** כמה דיעות שסוברים, דיש תשלומין לתפילה אפילו לכמה תפילות שעברו.

[מה]סימן קח ס"ח - [מו]מי שלא התפלל בעוד שיש לו זמן להתפלל, מפני שסבור שעדיין ישאר לו זמן אחר שיגמור אותו עסק שהוא מתעסק בו, ובין כך ובין כך עברה לו השעה, (חשיב אונס) - ואפילו אם העסק הוא מהדברים הנזכרים בסימן רל"ב לאיסור משהגיע זמן תפלה, והוא התחיל בעסק זה באיסור, **כיון** שלא ביטל התפלה בשאט נפש, אלא היה סבור להתפלל אחר שיגמור העסק ושכח אח"כ.

וכן מי שהיה טרוד בצורך ממונו שלא יבא לידי הפסד, ועל ידי כך הפסיד מלהתפלל - (ואם אין ברור הזיקא, **עולת תמיד** כתב דהוי פושע, וא"ר כתב דהוא שוגג, **וא"כ** הוי ספק, ונראה דיתפלל ויתנה: **אם אני חייב הרי זה לחובתי, ואם לאו הרי הוא נדבה**).

וכן אם היה טרוד לקנות ולמכור סחורתו, וע"י כך עבר זמן התפילה.

וכן מי שהוא שכור ולא התפלל, כולם חשובים אנוסים, ויש להם תשלומין. הגה: מיהו לכתחלה לא יעבור זמן תפלה משום הפסד ממון (ת"ה) - (ואפשר דביותר מחומש נכסיו אינו מחוייב).

באר הגולה

[לו] שם [לז] **כתבי מהר"ר ישראל [ריב"ש]** ‹כתוב בכתבי מהרא"י, שאם עבר זמן המנחה ורוצה להתפלל ערבית, שאינו אומר אשרי, דהואיל וכבר עבר זמן המנחה, אם כן היום כלה והלך לו, ולא מצינו תשלומין לאשרי. **והריב"ש** כתב בתשובה, שנכון הדבר לומר אשרי אחר תפלת ערבית קודם תפלה שהיא תשלומין לתפלת המנחה, כדי שיהא בזה היכר שהתפלה היא תשלום תפלת המנחה, ואין בזה משום עבר יומו, כמו שאין כן בתפלה עצמה - ב"י› [לח] **בגמרא שם** [לט] **הרא"ש והרשב"א** [מ] ‹ע"פ הגר"א› [מא] **כל בו בשם רבינו חיים** ‹מדמחתינהו בחדא מחתא שם כ"ו א', {ק"ש ותפלה}, ותירץ דבמזיד, ס"ל דקאי אתרווייהו {דכמו בתפלה בלא התפלל בשוגג יש לו תשלומין, כמו כן בק"ש} - גר"א› [מב] **שם** ‹דבשלמא תפלה כמש"כ שם כיון דרחמי כו', {כמו כן יש לו תשלומין, משא"כ בק"ש דנשים פטורות ולא חשבינן לרחמי, ה"נ לענין תשלומין - דמשק אליעזר}. **ומ"מ** צ"ע, דמאי תשלומין שייך כאן, ומאי איסור הוא, כיון שאינו אלא כקורא בתורה - גר"א› [מג] ‹מילואים› [מד] **הר"ר יונה שם** [מה] ‹מילואים› [מו] **הרמב"ם**

עין משפט נר מצוה

ז א מיי׳ פ״י [ס״י] מהל׳ תפלה הלכה טו סמג עשין יט טוש״ע או״ח סימן קח סעי׳ ט:
ח ב מיי׳ שם טוש״ע שם סעיף י:
ט ג מיי׳ שם הלכה ח סמג שם טור וש״ע או״ח סי׳ קיד סעיף ה:
י ד מיי׳ שם הלכה ט סמג שם טוש״ע או״ח סי׳ קיז סעיף ד:
יא ה מיי׳ שם הלכה יד טוש״ע או״ח סימן רצד סעיף א:
יב ו מיי׳ פ״א מהלכות תפלה הלכה ה ו טוש״ע או״ח סימן נח סעיף ד [רב אלפס ברכות פ״ג דף יד ב]:
יג ז ח מיי׳ פ״ג שם הל׳ ד סמג שם טוש״ע או״ת סי׳ רל״ג סעיף א:

תנו רבנן [א]טעה ולא התפלל מנחה בערב שבת מתפלל בליל [א] שבת שתים [ב]טעה ולא התפלל מנחה בשבת מתפלל במוצאי שבת שתים של חול מבדיל בראשונה ואינו מבדיל בשניה ואם הבדיל בשניה ולא הבדיל בראשונה שניה עלתה לו ראשונה לא עלתה לו למימרא דכיון דלא אבדיל בקמייתא כמאן דלא צלי דמי ומהדרינן ליה ורמינהו *טעה [ג]ולא הזכיר גבורות גשמים בתחיית המתים ושאלה [ד]בברכת השנים מחזירין אותו הבדלה [ה]בחונן הדעת אין מחזירין אותו מפני שיכול לאומרה על הכוס קשיא איתמר רבי יוסי ברבי חנינא אמר °תפלות אבות תקנום רבי יהושע בן לוי אמר [ו]תפלות כנגד תמידין תקנום תניא כוותיה דר׳ יוסי ברבי חנינא ותניא כוותיה דרבי יהושע בן לוי תניא כוותיה דרבי יוסי בר׳ חנינא אברהם תקן תפלת שחרית שנא׳ °וישכם אברהם בבקר אל המקום אשר עמד שם *ואין עמידה אלא תפלה שנאמר °ויעמד פינחס ויפלל יצחק תקן תפלת מנחה שנאמר °ויצא יצחק לשוח בשדה לפנות ערב ואין שיחה אלא תפלה °שנאמר °תפלה לעני כי יעטף ולפני ה׳ ישפוך שיחו יעקב תקן תפלת ערבית שנאמר °ויפגע במקום וילן שם *ואין פגיעה אלא תפלה שנאמר °ואתה אל תתפלל בעד העם הזה ואל תשא בעדם רנה ותפלה ואל תפגע בי ותניא כוותיה דר׳ יהושע בן לוי *מפני מה אמרו תפלת השחר עד חצות שהרי תמיד של שחר קרב והולך עד חצות ורבי יהודה אומר עד ארבע שעות שהרי תמיד של שחר קרב והולך עד ארבע שעות ומפני מה אמרו תפלת המנחה עד הערב שהרי תמיד של בין הערבים קרב והולך עד הערב רבי יהודה אומר עד פלג המנחה שהרי תמיד של בין הערבים קרב והולך עד פלג המנחה ומפני מה אמרו תפלת הערב אין לה קבע שהרי אברים ופדרים שלא נתעכלו מבערב קרבים והולכים כל הלילה ומפני מה אמרו של מוספין כל היום שהרי קרבן של מוספין קרב כל היום רבי יהודה אומר עד שבע שעות שהרי קרבן מוסף קרב והולך עד שבע שעות ואיזו היא [ז]מנחה גדולה משש שעות ומחצה ולמעלה ואיזו היא מנחה קטנה מתשע שעות ומחצה ולמעלה איבעיא להו רבי יהודה פלג מנחה קמא קאמר או פלג מנחה אחרונה קאמר תא שמע דתניא ר׳ יהודה אומר [ח]פלג המנחה אחרונה אמרו והיא י״א שעות חסר רביע נימא תיהוי תיובתיה דר׳ יוסי בר׳ חנינא אמר לך ר׳ יוסי בר׳ חנינא לעולם אימא לך תפלות אבות תקנום ואסמכינהו רבנן אקרבנות דאי לא תימא הכי תפלת מוסף לר׳ יוסי בר׳ חנינא מאן תקנה אלא תפלות אבות תקנום ואסמכינהו רבנן אקרבנות: רבי יהודה אומר עד ארבע שעות: איבעיא להו *עד ועד בכלל או דלמא עד ולא עד בכלל תא שמע ר׳ יהודה אומר עד פלג המנחה אי אמרת בשלמא עד ולא עד בכלל היינו דאיכא בין ר׳ יהודה לרבנן אלא אי אמרת עד ועד בכלל ר׳ יהודה היינו

מבדיל בראשונה. פעם ראשונה מתפלל בשביל תפלה של עכשיו לפיכך אומר בה הבדלה בחונן הדעת והשניה היא בשביל תשלומי תפלת שבת אינו מבדיל בה: **שניה עלתה לו.** בשביל תפלת מ״ש וראשונה לא עלתה לו שאינה כלום שאין לו להקדים (א) תפלה שעבר זמנה לתפלה שזמנה עכשיו והשניה כמי לא עלתה לו לשל שבת הואיל והבדיל בה גילה דעתו שאינה של שבת והיא תחשב לשל ערבית: **אבות תקנום.** כדקתני בברייתא לקמיה: **כנגד תמידים תקנום.** אנשי כנסת הגדולה: **רבי יהודה.** ס״ל שאין תמיד של שחר קרב אלא עד ארבע שעות: **אברים.** של עולות: **ופדרים.** של שאר קרבנות שנזרק דמן קודם שקיעת החמה קרבין כל הלילה וכנגדן תקנו תפלת ערבית: **מנחה גדולה.** אם בא להקדים תמיד של בין הערבים אינו יכול להקדימו קודם שש שעות ומחצה דבין הערבים כתיב ביה מכי ינטו צללי ערב משהחמה נוטה למערב דהיינו משש שעות ומחצה ולמעלה דאמר מר חצי שש וחצי שבע חמה עומדת בראש כל אדם באמצע הרקיע (פסחים ד׳ צד.): **מנחה קטנה.** זמן תמיד של בין הערבים בכל יום מתשע שעות ומחצה ולמעלה כדתנן בתמיד נשחט (ד׳ נח.) נשחט בשמונה ומחצה וקרב בתשע ומחצה והתם מפרש טעמא: **פלג מנחה אחרונה.** חלק את ב׳ שעות ומחצה האחרונים ביום ותמצא פלג אחרון של מנחה מי״א שעות חסר רביע ולמעלה: **דאי לא תימא הכי.** דמודה רבי יוסי ברבי חנינא דרבנן אסמכינהו אקרבנות: **תפלת המוספין מאן תקנה.** אלא ע״כ רבנן אסמכינהו אקרבנות וכי עיינו במוספין ולא מצאו תפלה כנגדם עמדו הם ותקנוה: **עד ועד בכלל.** לרבי יהודה הוא דקא בעי דאילו לרבנן עד ולא עד בכלל:

תורה אור

טעה ולא התפלל מנחה בע״ש וכו׳ טעה ולא התפלל מנחה בשבת מתפלל ערבית שתים. דהיינו של מוצאי שבת ומבדיל בראשונה וכו׳. כתב רבינו יהודה אם טעה ולא הזכיר ר״ח במנחה לא יתפלל עוד בלילה דלמה יתפלל עוד הרי כבר התפלל כל תפלת המנחה מבעוד יום לבד ר״ח שלא הזכיר א״כ אין מרויח כלום אם יחזור ויתפלל במוצאי ר״ח הרי לא יזכיר עוד תפלת ר״ח וי״ח כבר התפלל ולא דמי להא דאמר הכא טעה ולא התפלל מנחה בשבת דמתפלל ערבית בחול שתים פירוש של חול משום שלא התפלל כלל א״כ ירויח תפלת י״ח כשמתפלל במ״ש אע״פ שלא יזכיר של שבת וא״ת והלא הוא מתפלל יותר ממה שהוא חייב להתפלל שלא היה לו להתפלל כי אם ז׳ ברכות והוא מתפלל י״ח בכך אין לחוש שגם בשבת היה דין שיתפלל כל י״ח רק שלא הצריכוהו מפני הטורח נמצא שמרויח כל תפלתו אבל כשטעה ולא הזכיר של ר״ח כבר התפלל א״כ לא ירויח כלום אם יתפלל במוצאי ר״ח (דהא) [וה״ה] כמי אם התפלל במנחה בשבת י״ח שלמות ולא הזכיר של שבת נראה דלמ״ש לא יתפלל שתים דכבר התפלל י״ח ברכות ומיהו ברב אלפס לא משמע כן דאפי׳ היכא דאינו מרויח כלום מצריך להתפלל פעם אחרת וזה לשונו שכתב אהא דקאמר שמבדיל בראשונה ואינו מבדיל בשניה ואם לא הבדיל בראשונה והבדיל בשניה שניה עלתה לו ראשונה לא עלתה לו דאיבעי ליה לאקדומי תפלת שניה ברישא (דהכי) [דהיא] חובה וכיון דלא אבדיל ברישא ואבדיל בבתרייתא גלי דעתיה דקבתרייתא היא חובה הלכך בעי למהדר ולצלויי זימנא אחריתי כדי להקדים חובת שעתיה ברישא ואי אבדיל בתרווייהו אע״ג דלא מיבעי ליה למעבד הכי לא מחוייב לאהדורי ואי לא אבדיל אפילו בחדא מנהון לא מהדרינן ליה דתניא טעה ולא הזכיר הבדלה בחונן הדעת אין מחזירין אותו מפני שיכול לאומרה על הכוס עכ״ל אלמא דמצריך להתפלל זימנא אחריתי אע״ג שלא יחזור ויתפלל פעם שניה יותר מבראשונה. כך היה נראה להר״ר משה מאלאוו״ר מתוך לשון האלפסי:

קשיא. תימה אמאי לא משני דמיירי קודם שהעשירו דאמרינן לקמן בפרק אין עומדין (דף לג.) העשירו קבעוה על הכוס וי״ל דלא אשכחן ברייתא דשניה בין שתי תקנות:

יצחק תקן תפלת המנחה. ואע״ג דאמרינן (יומא כח:) לצלותא דאברהם מכי שחרי כתלי וי״ל היינו אחר שתקנה יצחק:

ואין שיחה אלא תפלה שנאמר תפלה לעני כי יעטוף. תימה דבפ״ק דע״ז (ד׳ ז: וע״ש) מוכיח דשיחה [זו] תפלה מויצא יצחק לשוח בשדה י״ל דכוונא בו מצינו במגילה (פ״ק ד׳ יג.) ויהי אומן את הדסה ואין הדסים אלא צדיקים דכתיב והוא עומד בין ההדסים °ובפרק חלק (סנהדרין ד׳ נג.) הוא אומר להיפך:

יעקב תקן תפלת ערבית. תימה דאמר בפרק גיד הנשה (חולין ד׳ צא:) וילך חרנה כי מטי לחרן בעי למיהדר אמר אפשר שעברתי במקום וכו׳ אלמא דהתם מוכח דהתפלל ערבית ביום מאחר שהתפלל כבר והוה דעתיה למהדר וקשה למתניתין דפרק קמא דקאמר שאינו (ב) זמן תפלה עד צאת הכוכבים ולפי מה שפירשנו דקי״ל כר׳ יהודה דאמר עד פלג המנחה ניחא ויפה מנהג שלנו *דאדרבה טוב להתפלל מבעוד יום קצת:

עד פלג המנחה. תימה מנא ליה הא בשלמא עד תשע שעות ומחצה דעד אותו זמן הוי תפלת המנחה ניחא דהיינו מנחה קטנה אבל הא מנא ליה וי״ל דר׳ יהודה ס״ל דתפלה כנגד קטרת תקנוה דכתיב תכון תפלתי קטרת לפניך (תהלים קמא):

איבעיא להו עד ועד בכלל וכו׳. תימה דאמר בנדה בפרק הרואה כתם (ד׳ נח:) כל שיעורי חכמים להחמיר חוץ מכגרים של כתמים אלמא עד ולא עד בכלל וי״ל אי אמרי׳ עד ועד בכלל יש בו גם חומרא שיתפלל ולא אמרי׳ עבר זמנו בטל קרבנו ואפי׳ במזיד:

תוס׳

מסורת הש״ס

תוספתא פ״ג לקמן כט. לג. (תענית ג:)
[לעיל ו:]
[תענית ז: ח. סוטה יד. סנהדרין לה:]
תוספתא פ״ג ע״ש
[עירובין סב: פסחי׳ קיז: ר״ה ל: סוכה מח: נזיר ו: מנחות סח: חולין מו: פד: ערכין יח: נדה נח:]
[עיין פסקי תוס׳ פרק הקומץ רבה סימן קיח]

הגהות הגר״א

[א] גמ׳ בליל שבת שתים. נ״ב שתים של שבת. גירסת רי״ף ושאר פוסקים:

הגהות הב״ח

(א) רש״י ד״ה שניה עלתה וכו׳ שאין לו להקדים. נ״ב פירוש דודאי הוא לא הקדים ראשונה לתשלומין א״כ מסתמא [דעתו היה] על חובה ולשם [חובה לא] עלתה משום דלא הבדיל בה ע״כ [כתב רש״י] אח״כ אם כן דאמרינן דמסתמא דעתו [היה בראשונה לחובה] רק דלא עלתה לו משום דלא הבדיל בה א״כ תעלה שניה לשם שבת דהרי לא הקדים תפלת תשלומין לחובה ע״ז מתני רש״י דהואיל דהבדיל בשניה גילה דעתו שאינה של שבת והיא תחשב לשל ערבית ר״ל בשעה שהתפלל ראשונה אמרינן דעתו היה לשם חובה אבל כשהתפלל והבדיל בשניה אז גילה דעתו שהיא תהיה של ערבית וק״ל ועי׳ בתשב״ץ: (ב) תוס׳ ד״ה יעקב וכו׳ דפרק קמא דקאמר שאינו. נ״ב [אע״ג דלא] אמרו זמן דצאת הכוכבים אלא לענין [ק״ש מ״מ] כיון דקי״ל דצריך גם כן לסמוך גאולה לתפלה [בערבית] א״כ בע״כ דתפלת ערבית אחר צאת הכוכבים:

גליון הש״ס

גמ׳ תפלות אבות תקנום. עי׳ תענית (דף כ״ח ע״א) ברש״י ד״ה הללו: שם ואין שיחה אלא תפלה. בשאלתות דרא״ג ס׳ לך לך איתא שנאמר אשפוך לפניו שיחי. וכן הוא בתוס׳ ע״ג (דף ז׳ ע״ב) ד״ה ואין: תוס׳ ד״ה ואין כו׳ ובפרק חלק הוא אומר להיפך. וכן בסנה׳ (ד׳ צ״ו ע״ב) ואין כסף אלא צדיקים שנאמר ואכרה לי. ובחולין (דף צ״ב ע״א) אומר בהיפך:

§ מסכת ברכות דף כו: §

אות א'

<u>טעה ולא התפלל מנחה בע"ש, מתפלל בליל שבת שתים</u>

סימן קח ס"ט - [א]טעה ולא התפלל מנחה בערב שבת, מתפלל ערבית שתים של שבת: הראשונה לערבית, והשניה לתשלומין - אע"ג שבאה לתשלומין של חול, מ"מ כיון שעכשיו הוא שבת, מתפלל אותה ג"כ של שבת, **ואם** טעה והתפלל השניה של חול, פטור מלהתפלל, **ואם** הקדים בזה השל חול לשל שבת, לא יצא לכו"ע, שהרי ניכר שהקדים התשלומין, **אך** אם עדיין היום גדול, אלא שקיבל שבת ב"מזמור שיר" וגו' או ב"ברכו", ולא התפלל עדיין מנחה, דמבואר לקמן בסימן רס"ג סט"ו, דיתפלל ערבית שתים, **לכתחילה** צריך להתפלל שתים של שבת, והראשונה לשם ערבית והשניה לשם תשלומי מנחה, **ובדיעבד** אם התפלל ראשונה לשם מנחה, ואפילו אם התפלל אותה של חול, אפשר דיצא הואיל ועדיין יום הוא.

הגה: וה"ה אם לא התפלל מנחה בער"ח, מתפלל של ר"ח שתים - וכן פסקו המ"א והדה"ח והח"א ושארי אחרונים, **דלא** כהלבוש וסייעתו שסוברים, [ב]דאין צריך להזכיר בשניה של ר"ח.

ואם לא הזכיר "יעלה ויבא" בראשונה והזכיר בשניה, צריך לחזור ולהתפלל - דבזה שלא הזכיר בראשונה, גלי דעתו דנתכוין בה לשם תשלומין של ער"ח דהוי חול, וכבר מבואר בתחלת הסימן, דאם הקדים התשלומין לשל חוב דלא יצא, וכמו בהבדלה בסעיף שאחר זה, ע"כ יחזור ויתפלל אותה התפילה, **והיינו** דוקא כשהתשלומין בא מחמת תפלה שאינו של ר"ח, דכיון שלא הזכיר "יעלה ויבא" בראשונה, גלי אדעתיה דצלי בראשונה אדעתא דתשלומין של יום חול, **אבל** אם היה ר"ח ב' ימים, ולא התפלל מנחה ביום ראשון של ר"ח, שצריך להתפלל ערבית שתים, ולא הזכיר בראשונה "יעלה ויבא", א"צ לחזור ולהתפלל, דליכא ראיה דבשביל תשלומין התפלל אותה.

עוד כתבו האחרונים, דמה שכתב הרמ"א, דאם לא הזכיר בראשונה והזכיר בשניה צריך לחזור, הני מילי בסתמא, **אבל** אם כיון בפירוש הראשונה לשם חובה והשניה להשלמה, יצא.

(ועיין בדה"ח שכתב, דה"ה למי שנתחייב להתפלל שתים ביום ראשון שמתחילין לומר "טל ומטר", היינו ששכח להתפלל מנחה בהיום שלפניו, וצריך להתפלל בערב שתים, ולהזכיר בשניהם "טל ומטר", ולא הזכיר בראשונה והזכיר בשניה, כל דינו הוא כמו שכתוב כאן).

אבל אם לא הזכיר בשתיהן - (הטעם דאין מקדשין החודש בלילה), **או הזכיר בראשונה ולא בשנייה, אין צריך לחזור.**

מי שלא התפלל ערבית בר"ח, והתפלל שחרית שתים, ולא הזכיר בשניה "יעלה ויבא", אין צריך לחזור ולהתפלל, כיון דאפילו אם היה מתפלל בערבית גופא ושכח א"צ לחזור, א"כ לא יהיה חמיר התשלומין מאלו התפלל בזמנה. [ג][דלא כמג"א, וכן הסכים הדה"ח [ד]אך מטעם אחר, ע"ש].

וכן אם טעה ולא התפלל מנחה בר"ח, ור"ח הוא שני ימים, ומתפלל ערבית שתים, והשניה הוא לתשלומין של מנחה, אפילו לא הזכיר בה ר"ח א"צ לחזור, כיון דאפי' בעיקר התפלה דערבית א"צ לחזור בשביל "יעלה ויבא", ק"ו מה שהוא עכשיו לתשלומין.

(כל בו, חוץ ממה שכתב של ר"ח שתים) - (ר"ל כל מה שכתב בהג"ה זו, כתוב בכל בו, חוץ ממה שכתב בהג"ה, דמתפלל שתים של ר"ח, זו היא דלא כהכל בו, **דהכל** בו סובר דלכתחלה אינו מזכיר של ר"ח בשניה, **ולדינא** אין נ"מ בכ"ז, דהלכה כהרמ"א בזה).

אות ב'

<u>טעה ולא התפלל מנחה בשבת, מתפלל במוצאי שבת שתים של חול, מבדיל בראשונה ואינו מבדיל בשניה; ואם הבדיל בשניה ולא הבדיל בראשונה, שניה עלתה לו, ראשונה לא עלתה לו</u>

סימן קח ס"י - [ה]טעה ולא התפלל מנחה בשבת, מתפלל במו"ש (שתים של חול), מבדיל בראשונה ואינו מבדיל בשניה - משום דהבדלה די בפעם אחד, **משא"כ** בשבת ור"ח, דצריך להזכירה בכל התפילות, ע"כ פסק בסעיף הקודם, דמתפלל של שבת ושל ר"ח שתים.

ואם לא הבדיל בראשונה, והבדיל בשניה, שניה עלתה לו, ראשונה לא עלתה לו - דמיבעי ליה לאקדומי חובת שעתיה ברישא, והוא גילה דעתו שהתפלל הראשונה לתשלומין, לכן צריך לחזור ולהתפלל אחת לתשלומין בלא הבדלה, **אך** אם כיון במחשבתו שהראשונה לחיובא והשניה לתשלומין, ומה שהיפך ההבדלה היה בטעות, ושגג ולא נתכוין כלל, א"צ לחזור.

ואם הבדיל בשתיהן, או לא הבדיל בשתיהן, יצא - שאין חוזרין בשביל הזכרת הבדלה בתפילה, הואיל ויכול לאומרה על הכוס, כמש"כ בסימן רצ"ד, **ואם** אח"כ טעם קודם שהבדיל על הכוס, דקיימא לן צריך לחזור ולהתפלל, מכל מקום עלתה לו תפלת

באר הגולה

א **שם בגמרא** ב ‹דלא דמי ערב ר"ח לערב שבת, דגבי ערב שבת הוי טעמא, כיון שכבר קבל עליו שבת הוי זילזולא דשבת, דהיאך יעשה שבת חול שיתפלל תפילה של חול בשבת, אבל בר"ח לא שייך טעם זה, דאין קדושתו חמורה כל כך, ועוד שהרי בלא"ה מתפללין כל נוסח של תפלת חול בר"ח, ואין זלזול לר"ח כשלא יאמר יעלה ויבא בשניה, דשב ואל תעשה הוא, משא"כ בשבת, נ"ל - לבוש› ג ‹וז"ל: דטעמא דבערבית אין מחזירין, דאין קידוש החדש בלילה, והכא יממא› ד ‹כאן בפלוגתא דרבוותא, י"ל דיסמוך על תפלת מוסף, כמו בש"ץ - דה"ח› ה **שם** ‹כתב רב האי גאון, אע"פ שנשאר בקושיא, כיון דלא קאמר תיובתא, לאו משבשתא היא, דטעמא דמסתבר הוא, דכיון דאבדיל בשניה גליא דעתיה דכיון בראשונה לשם תשלומין ושניה משום חובה, ואין להקדים של תשלומין לחובת הזמן, וצריך להתפלל אותה של תשלומין פעם שנית - רא"ש›

התשלומין, כיון דבשעה שהתפלל התשלומין שפיר היה פטור מחובת שעתא, שהרי היה כוס לפניו, רק שעל ידי שטעם נתחייב.

יצא - כ"ז בסתמא, אבל אם היה בדעתו בפירוש הראשונה להשלמה, נראה דלא יצא. ‹**דין** זה נאמר לפי שיטת השו"ע ס"א, שאף בהיפך בדעתו בלי גילוי דעת לא יצא, **אבל** לפי דעת האחרונים {הובאו במשנ"ב שם}, רק בגילה דעתו לא יצא – כף החיים›.

אות ב*

תוס' ד"ה טעה. אם טעה ולא הזכיר ר"ח במנחה כו'

בא"ד: ומיהו ברב אלפס... ואי אבדיל בתרוייהו וכו'

סימן קח סי"א - 'טעה במנחה של שבת והתפלל י"ח ולא הזכיר של שבת, מתפלל במוצאי שבת שתים, ואינו מבדיל בשניה, ויתפלל אותה בתורת נדבה - היינו שיתנה ויאמר: אם חייב אני הרי זה לחובתו, ואם לאו הרי זה לנדבה, **ואינו צריך לחדש בה דבר.**

דיש בזה מחלוקת, התוספות בשם ר"י ס"ל, דא"צ לחזור בשביל זה, דהא כבר התפלל י"ח, רק ששכח של שבת, וכשישלים ויתפלל י"ח ולא יזכיר של שבת, מה ירויח בזה התשלומין, **וחכמי** פרובינצ"ה ס"ל, דמה שהתפלל י"ח בלא שבת, הוי כאלו לא התפלל כלל כיון שלא עשה כדין, **וע"כ** הכריעו הפוסקים שיחזור להתפלל בתורת נדבה, וא"צ לחדש, כיון שיש סברא שצריך לחזור ולהתפלל מצד הדין, אין חידוש גדול מזה.

ועיין בפמ"ג, דה"ה כל ספק פלוגתא דרבוותא יתפלל בנדבה, ובתנאי שיהא ספק פלוגתא ממש, לא יחיד נגד רבים, ולא קטן נגד גדול, ואז דינו כמו בספק אם התפלל, לעיל בסימן ק"ז סעיף א', **ובשבת** ויו"ט אין מתפלל תפילת ספק, דאיך יתנה, דאין מביאין נדבה בשבת, כדלעיל בסימן ק"ז.

אם נאנס ולא התפלל במו"ש, מתפלל ביום שתי תפלות, אחת לחובה ואחת לתשלומין, ולא יאמר "אתה חוננתנו" אע"פ שלא הבדיל, כ"כ כה"ג בשם הרדב"ז, **וכתב** המ"א שלא ידע את טעמו, ובספר מגן גבורים העתיק את טעמו ממנו, וז"ל, אפי' עדיין לא הבדיל, א"צ לומר "אתה חוננתנו" כיון שחייב להבדיל, שלא תקנו תשלומין לדבר שיש לו תקנה, וכיון ש"אתה חוננתנו" יש לו תקנה בהבדלה, אין לו תשלומין.

וה"ה אם לא הזכיר "יעלה ויבא" במנחה של ר"ח - ר"ל שנכון ג"כ להתפלל בערבית תפלה שניה להשלמה ובתורת נדבה, **והיינו** ג"כ מטעם הנ"ל, מפני שאינו מרויח כלום בתפילה זו, שהרי "יעלה ויבא" לא יאמר עכשיו, שכבר עבר ר"ח, ותפילת שמנה עשרה כבר התפלל, **אבל** אם בלילה ג"כ ר"ח, לכו"ע יתפלל, דהא ירויח שיאמר "יעלה ויבא", כ"כ המ"א והסכימו עמו האחרונים, **ובדיוקא** נקט "יעלה ויבא", דאם שכח "טל ומטר" או "משיב הרוח" בשבת ור"ח במנחה, או ששכח שאר דבר המצריכו לחזור ולהתפלל, לכו"ע יתפלל בערב שתים, דהא ירויח זה בתפילת התשלומין.

עוד כתב המ"א, דה"ה בליל יו"ט שני, ור"ל אם התפלל של חול במנחה של יו"ט ראשון, צריך להתפלל בלילה להשלמה לכו"ע, דהא ירויח שיתפלל של יו"ט, [ח]**ובספר** צל"ח חלק ע"ז הדין השני, והביאו בחי' רע"א.

אם חל ראש חדש בערב שבת, והיה ראש חדש רק יום אחד, ושכח במנחה להזכיר של ר"ח, ונזכר אחר שחשכה, אין להשלים כלל בליל שבת, כיון דאינו מועיל כלום, ורק שיכול להתפלל בנדבה, ואין מתפללין תפלת נדבה בשבת.

אם לא התפלל שחרית ביום ראשון של פסח וביום שמ"ע, כשמשלים במנחה יתפלל תפלות שוות, ואם טעה בתשלומין והתפלל כמו שהיתה ראויה להתפלל בשחרית, אינו חוזר, **וכן** אם לא התפלל מנחה ביום שלפני יום שמתחילין לומר "טל ומטר", ומתפלל ערבית שתים, ישאל מטר בשניהם, ובדיעבד אם לא שאל בשל תשלומין, יצא, (**וכתב** בדה"ח, **דאם לא הזכיר בשניה, יחזור ויתפלל בתורת נדבה, ויתנה: אם חייב אני להתפלל, תהא לחובתי, ואם לאו תהא לנדבתי,** [ט]וכ"כ בשע"ת בשם המאמ"ר, **ובמ"ב העתקתי לפטור**, מפני שראיתי כמה וכמה אחרונים שסוברים כהפר"ח, **ודעביד כמר עביד ודעביד כמר עביד**).

[י]סימן קח סי"ב - [יא]הטועה ומזכיר מאורע שאר ימים בתפלה שלא בזמנה - כגון שהזכיר "יעלה ויבא" שלא בר"ח וחוש"מ, או שהוסיף של שבת ויו"ט בחול וכה"ג, ונזכר לאחר שגמר הברכה או כל התפילה, **לא הוי הפסקה** - שיהיה צריך עי"ז לחזור לראש, או לתחלת הברכה שהפסיק בה. **הגה: מיהו אם נזכר שטעה, פוסק אפי' באמצע הברכה (א"ז מסכת ברכות).**

לא הוי הפסקה - ורוב האחרונים חולקים על פסק זה, וס"ל ‹שאם עשה כן במזיד›, דלא עדיף זה מאם הפסיק בשיחה באמצע התפילה, דפסק השו"ע לעיל בסימן ק"ד ס"ו, שצריך לחזור לתחלת ברכה, ובג' ראשונות ואחרונות חוזר לתחלת הג', ועיין לעיל שם שביארנו כל פרטי דיני השיחה, **גם** בדה"ח ובח"א סתמו לדינא כמותם. ‹ע"פ השונה הלכות›.

‹ומ"מ לענין תפילת התשלומין, כגון מי שלא התפלל מנחה בר"ח או בשבת או בשאר מועדים, שמתפלל ערבית שתים, והזכיר בתפילה של תשלום ר"ח או שבת או מאורע שאר מועדים, **כיון דתפילה זו בא לתשלום היום שעבר, הסכימו הרבה אחרונים דלא הוי הפסק**›.

באר הגולה

[ו] ‹ע"פ הגר"א› [ז] **טור בסי' רצ"ב בשם רבי יונה** ‹עיין תוס' שם ד"ה טעה וכו' - רש"י› [ח] ‹בס' בנין אריאל השיג, כיון דב' ימים ר"ח הוי רק מספק, א"כ ממ"נ, אם יום ב' ר"ח, התפלל כדינו, ואם יום א' ר"ח, אין מהראוי להזכיר עכשיו יעוי"ב. **ובס'** צל"ח כתב דבב' ימים ר"ח היכי דבאו עדים מן המנחה ולמעלה כיומא אריכתא דמיא, {שנוהגין אותו היום קודש ולמחר קודש, ואמרינן כן בכל חדשי השנה, וכל ראשי החדשים הם קדושה א' לענין תפלה}. **אולם** בב' י"ט של גליות האחרונה, אם ביום א' התפלל מנחה של חול, אינו מתפלל ערבית ב' - רעק"א› [ט] ‹משום דעת מג"א לעיל בס"ט, לענין אם משלים בשחרית דר"ח תפלת ערבית שלפניו, {דיש לו צ"ע גם בזה} – שע"ת› [י] ‹מהנ"ל (תוס' בשם הרי"ף) אם הבדיל בשתיהן יצא, (דקדק ה"ר יונה, דכל הטועה ומזכיר מאורע שאר ימים בתפילה שלא בזמנה, לא הוי הפסקה – ב"י), ועיין ט"ז {הובא דבריו במ"ב}, וכן בכנה"ג חלק ע"ז, דשאני כאן דזמן הבדלה הוא – הגר"א› [יא] **א"ח בשם רבינו יונה**

ועיין בדה"ח שהוסיף עוד וכתב, דה"מ אם הזכיר דבר שאין שייך לאותו היום, כגון שאומר "זכרנו וכו' וכתבנו" וכו', דאין זמן כתיבה היום, או שאמר "יעלה ויבא" עד לאחר "יום ר"ח הזה", שהוא שקר מוחלט, שהיום אינו ר"ח, ע"כ דינו כשח באמצע תפילה וכנ"ל, **אבל** אם לא אמר שקר, כגון שאמר "זכרנו לחיים" ולא אמר "וכתבנו", **או** הבדלה ב"חונן הדעת", שמזכיר מה שחנן לו השי"ת לב להבין ולהבדיל, וזה שייך בכל השנה, לתת תודה להשי"י שחלק לו לב להבין ומדע לידע, [ט"ז], **או** שאמר "יעלה ויבא" עד "ביום ר"ח הזה", דלא הוי שקר רק כמוסיף בתפילתו, **ואף** שאסור להוסיף בג' ראשונות ואחרונות, מ"מ כשח לא הוי, עכ"ל.

ועיין בח"א שכתב, בין לענין שיחה בשוגג בתפלה, ובין לענין שהזכיר דבר שלא בזמנו ‹בשוגג›, בדיעבד אם לא חזר לתחלת הברכה, כיון שסיים הברכה, אף שהוסיף בה דבר שלא כענינו, אינו רשאי לחזור, וכ"ש אם כבר השלים תפלתו, עי"ש טעמו בנשמת אדם. ‹ע"פ השונה הלכות›.

אות ג'

ולא הזכיר גבורות גשמים בתחיית המתים

סימן קיד ס"ה - [יב]"בימות הגשמים, אם לא אמר "מוריד הגשם", מחזירין אותו - אפילו אם אמר "משיב הרוח", **ואפילו** בתפילה ראשונה, והוא במוסף של יו"ט אחרון של חג, לדידן דנוהגין להכריז "משיב הרוח ומוריד הגשם" קודם מוסף.

(עיין בחידושי רע"א דמצדד לומר, דבליל שבת אם שכח לומר "משיב הרוח", דאין מחזירין, דלא גרע מאם היה מתפלל רק מעין שבע דיצא בדיעבד, אף דשם לא הוזכר גשם, וסיים דצ"ע).

[יג]"והני מילי שלא הזכיר טל, אבל אם הזכיר טל, אין מחזירין אותו - אפי' אם אמר רק "מוריד הטל" לבד, (ודוקא לאחר שאמר כבר השם של סיום הברכה, אבל אם נזכר קודם סיום הברכה, יחזור ויזכיר גשם).

וטעמו, דאע"ג דלא נעצר, מ"מ שבח הוא להקב"ה בהזכרתו, **משא"כ** בשאלה, דצריך לשאול על דבר הנעצר, לא מהני אם לא שאל מטר, אף ששאל טל.

אות ד'

ושאלה בברכת השנים מחזירין אותו

סימן קיז ס"ד - [יד]"אם לא שאל מטר בימות הגשמים, מחזירין אותו, אע"פ ששאל טל - עיין במ"א ובשע"ת שכתבו, דאם נזכר קודם שהתחיל "תקע בשופר", אומרו שם, **ובסימן** קי"ד בבה"ל הארכנו בזה, ובירורנו דיותר טוב שיאמר בשומע תפלה, דבזה יצא לכו"ע, עתה מצאתי בספר קיצור ש"ע, שפסק ג"כ הכי, **ואם** נזכר קודם שסיים ברכת השנים, יאמר במקום שנזכר, **אך** אם נזכר אחר "כשנים הטובות", יחזור ויאמר "וברך שנתנו כשנים הטובות", כדי שיהיה מעין חתימה סמוך לחתימה, **וטוב** יותר שיתחיל "ותן טל ומטר" ויגמור כסדר.

אבל אם שאל מטר ולא טל, אין מחזירין אותו.

אות ה'

הבדלה בחונן הדעת אין מחזירין אותו, מפני שיכול לאומרה על הכוס

סימן רצד ס"א - [טו]"אומרים הבדלה ב"חונן הדעת" - ואפילו אם נזדמן שהבדיל על הכוס מקודם, מ"מ צריך להבדיל בתפלה ג"כ, **ואי** עיקר מצות הבדלה היא דאורייתא או דרבנן, עיין במה שנכתוב לקמן ריש סימן רצ"ו.

וקבעוה בברכה זו, מפני שאסור לתבוע צרכיו קודם הבדלה, [**ויש** עוד טעם, מפני שהיא ברכת חכמה, דהיינו להכיר בין קדש לחול, קבועה בברכת חכמה]. **מנהג** פשוט לומר "אתה חונן" וכו' עד "לאנוש בינה", ואח"כ "אתה חוננתנו" וכו', "וחננו מאתך" וכו', **ואם** התחיל מ"אתה חוננתנו" ואילך, יצא, [דהלא יש בה גם מענין הברכה].

ואם טעה ולא הבדיל, משלים תפלתו ואינו חוזר, מפני שצריך להבדיל על הכוס - היינו דלכתחלה מצוה להבדיל בין בתפלה ובין בכוס, והכא בדיעבד סומך עצמו על מה שיבדיל אח"כ על הכוס, **ומ"מ** אסור לעת עתה במלאכה עד שיבדיל בכוס, או שיאמר עכ"פ "המבדיל בין קודש לחול", וכמ"ש סוף סימן רצ"ט.

אות ו'

תפלות כנגד תמידין תקנום

סימן צח ס"ד - [טז]"התפלה היא במקום הקרבן, ולכך צריך ליזהר שתהא דוגמת הקרבן: בכוונה, ולא יערב בה מחשבה אחרת, כמו מחשבה שפוסלת בקדשים; ומעומד, דומיא דעבודה; קביעות מקום כמו הקרבנות, שכל אחד קבוע מקומו לשחיטתו ומתן דמו; ושלא יחוץ דבר בינו לקיר, דומיא דקרבן שהחציצה פוסלת בינו לכלי - בטור כתוב עוד: ובינו לקרקע, **וכתב** ט"ז דוקא ג' טפחים, אבל בפחות מג"ט אפילו מצוה ליכא, **ויש** אוסרין אפי' פחות מג', **ומ"מ** לכו"ע מותר לשטוח ביוה"כ על הקרקע עשבים יבשים, ולעמוד עליהם להתפלל, דבטל הוא לגבי קרקע.

וראוי שיהיו לו מלבושים נאים מיוחדים לתפלה, כמו בגדי כהונה, אלא שאין כל אדם יכול לבזבז על זה; ומ"מ טוב הוא שיהיו לו מכנסים מיוחדים לתפלה, משום נקיות.

אסור להתפלל בבריכה.

באר הגולה

[יב] שם ‹תענית ג'› [יג] טור בשם ירושלמי והרי"ף [יד] ברכות ל"ג תענית שם [טו] ברכות ל"ג ופסחים קי"ב [טז] סימנתיו לעיל סימן צ'

אות ו'*[יז]

שהרי תמיד של בין הערבים קרב והולך עד פלג המנחה

רמב"ם פ"א מהל' תמידין ומוספין ה"ג - תמיד של בין הערבים שוחטין אותו משיאריך הצל ויראה לכל שהאריך, והוא משש ומחצה ומעלה [יח]עד סוף היום; ולא היו שוחטין אותו בכל יום אלא בשמונה שעות ומחצה וקרב בתשע ומחצה, ולמה מאחרין אותו שתי שעות אחר תחילת זמן שחיטתו, מפני הקרבנות של יחידים או של צבור, לפי שאסור להקריב קרבן כלל קודם תמיד של שחר, ולא שוחטין קרבן אחר תמיד של בין הערבים; חוץ מקרבן פסח לבדו, שאי אפשר שיקריבו כל ישראל פסחיהן בשתי שעות.

אות ו'**[יט]

שהרי אברים ופדרים שלא נתעכלו מבערב קרבים והולכים כל הלילה

רמב"ם פ"א מהל' תמידין ומוספין ה"ו - ומקטירין איברי עולות והאימורין [כ]עד חצי הלילה, כמו שביארנו במעשה הקרבנות; [כא]ואיברין ואימורין שלא נתאכלו בין מן התמיד בין משאר הקרבנות, מהפכין בהן כל הלילה עד הבקר, שנאמר: כל הלילה עד הבקר.

רמב"ם פ"ד מהל' מעשה הקרבנות ה"ו - וכל הלילה כשר להקטיר אימורין ואיברים.

אות ו'***[כב]

שהרי קרבן של מוספין קרב כל היום

רמב"ם פ"ד מהל' מעשה הקרבנות ה"ו - כל היום כשר לסמיכה ולשחיטה ולמליקה להקטר להגשה ולהזייה ולתנופה ולקמיצה ולקרבן המוספין.

אות ז' - ח'

מנחה גדולה משש שעות ומחצה ולמעלה; ואיזו היא מנחה קטנה, מתשע שעות ומחצה ולמעלה

פלג המנחה אחרונה אמרו, והיא י"א שעות חסר רביע

סימן רלג ס"א - [כג]מי שהתפלל תפלת המנחה לאחר ו' שעות ומחצה ולמעלה, יצא, [כד]ועיקר זמנה מט' שעות ומחצה ולמעלה [כה]עד הלילה, לרבנן - דתפלת המנחה כנגד תמיד של בין הערבים תקנוה, וזמן שחיטתו מדאורייתא התחלתו אחר שש שעות ומחצה, דהיינו חצי שעה אחר חצות היום, [**דבין** הערבים כתיב ביה, מכי ינטו צללי ערב, דהיינו משהחמה נוטה למערב, דהוא משש ומחצה ולמעלה, רש"י ברכות כ"ו], **ורק** משום כדי שיהיו יכולין להקריב קרבנות יחיד מקודם, שאחר התמיד של בין הערבים אסור להקריב שום קרבן, לכן היו מאחרין הקרבתו בכל יום עד ט' שעות ומחצה, **לבד** מערב פסח שחל להיות בע"ש, שהיו שוחטין התמיד בשש שעות ומחצה, [כדי שיהיו יכולים להתעסק אח"כ ג"כ בקרבן פסח קודם שיכנוס השבת, דצליתו אינו דוחה שבת], **וע"כ** עיקר זמן תפלת המנחה לכתחלה הוא מט' ומחצה ולמעלה, כנגד התמיד שהיו מקריבין בכל יום, **ומ"מ** אם התפלל מו' ומחצה ולמעלה יצא, אחרי דעיקר זמנו של תמיד מדאורייתא מתחיל מאותו זמן.

ויש מהראשונים שמקילין לכתחלה משש שעות ומחצה ולמעלה, **ועכ"פ** אם רוצה לאכול או לצאת לדרך, או שעתה יוכל להתפלל עם הצבור, ואם ימתין על מנחה קטנה לא יהיה לו מנין, לכו"ע מותר להתפלל לכתחלה משש שעות ומחצה ולמעלה. ‹**ועיין** בשעה"צ לקמן תחילת סי' רל"ד›.

משמע דמקודם שנשלם החצי שעה שאחר חצות, לא יצא אפילו דיעבד, [כו]**ויש** מאחרונים דס"ל, דאף דלכתחלה אסור להתפלל קודם שנשלם החצי שעה שאחר חצות, מ"מ בדיעבד שהתפלל בזו החצי שעה לא יתפלל שנית, [**ובאמת** אף דאין אנו בקיאים, ומשום זה אסור מקודם, מי גרע מספק התפלל או לא התפלל, דאינו חוזר ומתפלל, ‹ע"ש בסי' ק"ז

באר הגולה

[יז] ‹ע"פ מהדורת נהרדעא› **[יח]** ‹דרבי יהודה לא פליג ארבנן אמאי דקאמרי דתמיד קרב והולך עד סוף היום, ומאי דקאמר רבי יהודה הוא משום דלא חייש אלא לזמן הקרבה, וכיון דזמן הקרבה שהיו מקריבים כל יום לא היה אלא עד פלג המנחה, אע"פ שמן הדין יכול להקריב עד הערב, מ"מ לא חיישינן להכי אלא לזמן הקרבה לבד הוא דחיישינן. **וכי** תימא ההקרבה לא היתה אלא בט' שעות ומחצה, וי"ל דמ"מ הקטורת שהיו מקטירין אחר התמיד היה שעה ורביע לעיסוקו, שנמצא שהיה כלה בי"א שעות חסר רביע, ותפלת המנחה כנגד הקטורת תקנוה, וכמו שאמר הכתוב: תכון תפלתי קטורת לפניך משאת כפי מנחת ערב, ולכך הוי זמנה עד פלג המנחה, ודברי אלה מבוארים בדברי התוספות ז"ל ד"ה עד, ע"ש - לחם משנה בל' תפלה פ"ג ה"ב› **[יט]** ‹ע"פ מהדורת נהרדעא› **[כ]** ‹הולך לשיטתו בפ"ד ממעה"ק, דזהו גזירת חכמים כדי להרחיק מן העבירה, כדתנן ריש ברכות, וכבר כתבנו דרש"י והרע"ב סוברים דגזירת חכמים לא היתה רק על אכילת הקדשים, אבל בהקטרתן לא גזרו, ע"ש - ערוה"ש› **[כא]** ‹ביאור דבריו כן הוא, דלכאורא איך אפשר לומר דההקטרה היתה עד חצי הלילה ולא יותר, והא ביומא (מה, א) יש פלוגתא, דר"מ סובר שהיתה מערכה בפ"ע לאיברים ואימורים, ובלשון הש"ס פדרים שלא נתעכלו דמקטירן כל הלילה, ואפילו לרבנן שלא היתה בשבילן מערכה בפ"ע, אומר שם שנותנן על גבי המערכה הגדולה ואפילו על הכבש, ע"ש, וא"כ הרי הקטירן כל הלילה, ולזה מפרש הרמב"ם, דזהו כשנתנן על המזבח והתחילו להקטירן אך לא נתאכלו, דבכה"ג פשיטא דמותר לכתחלה להקטירן עד הבוקר - ערוה"ש› **[כב]** ‹ע"פ מהדורת נהרדעא› **[כג]** **ב"י לדעת הרמב"ם בפ"ג מהלכות תפלה** **[כד]** ‹כ"ו: ופי' הרמב"ם דזמן מנחה גדולה הוא לענין דיעבד, אבל רש"י מפרש אף לכתחלה, אלא דעיקר זמנה מזמן מנחה קטנה, וכן דעת הטור ושאר פוסקים - גר"א› **[כה]** **ברכות כ"ו ע"א** **[כו]** ‹ועיקרן של דברים, שזמנה העיקרי הוא מחצות היום ואילך, דהיינו מתחילת שעה ז', דעל כרחך מזמן זה מתחיל השמש לערוב לבית מבואו, וכן כתב רש"י בהדיא בפירוש החומש בפרשת בא [שמות יב, ו] ובפרשת אמור [ויקרא כג, ה], אלא שמפני שכותלי בית המקדש לא מיכווני ביה, נשחט התמיד בשש ומחצה - פר"ח. **ועיין** מש"כ רש"י בסוגיין: אינו יכול להקדימו קודם שש שעות ומחצה, דבין הערבים כתיב ביה מכי ינטו צללי ערב, משהחמה נוטה למערב, דהיינו משש שעות ומחצה ולמעלה, דאמר מר: חצי שש וחצי שבע, חמה עומדת בראש כל אדם, באמצע הרקיע, עכ"ל.

בביה"ל דאינו חיוב), **ויש** לדחות, דכיון שקבעו חז"ל זמני התפלות, והם אמרו שש ומחצה, הוי מתחלה כלא התפלל בזמנה, וצ"ע למעשה].

ודע, דמש"כ: עד הלילה לרבנן, לאו דוקא, דהא לערך רבע שעה קודם צה"כ לכו"ע בכלל ביה"ש הוא, כדלקמן בסי' רס"א, ואין להתפלל מנחה אז, **ועיין** לקמיה בהג"ה שניה מה שכתבנו בענין זה למעשה.

ולרבי יהודה עד פלג המנחה, שהוא עד סוף י"א שעות חסר רביע - שזמן מנחה קטנה הוא שתי שעות ומחצה, דהלא הוא מט' שעות ומחצה עד סוף י"ב שעות, ונמצא דפלג המנחה הוא שעה שלמה ועוד רביע.

הגה: ומשערינן שעות אלו - היינו כל חשבון השעות הנ"ל, בין למנחה גדולה בין למנחה קטנה ופלג המנחה, **לפי ענין היום, ואף אם היום ארוך משערינן לי"ב שעות** - מחלקינן היום בין ארוך בין קצר לי"ב חלקים, וכל חלק נקרא שעה, וע"פ שעות אלו קבעינן זמן מנחה לכל הנ"ל, **והם נקראים שעות זמניות, וכן כל מקום ששיערו חכמים בשעות, משערינן בשעות אלו (רמב"ם בפי' המשנה בפ"ק דברכות).**

[**ונ"ל** דאף החצי שעה שאחר חצות למנחה גדולה, הוא ג"כ שעות זמניות, דהא בגמ' איתא לתרווייהו כי הדדי, ט' ומחצה למנחה קטנה וו' ומחצה למנחה גדולה, וכי היכי דשם הוא זמניות ה"נ במנחה גדולה הוא זמניות, **אף** דלכאורה כיון דהוסיפו חצי שעה הוא כדי שלא יטעו דאין אנו בקיאים, צריך להיות תמיד חצי שעה, **וצ"ע**].

ושיעור י"ב שעות היום דמשערינן בו יש מחלוקת בין הפוסקים, די"א דחשבינן מעמוד השחר עד צה"כ, **וממילא** לר' יהודה מותר להתפלל מנחה עד שעה ורביע קודם צה"כ, ולרבנן עד הלילה וכנ"ל, וכך סתם המחבר בסימן זה ולקמן בסי' תמ"ג, **וי"א** דחשבינן הי"ב שעות מנץ החמה עד שקיעתה, וממילא לר' יהודה אינו מותר להתפלל מנחה רק עד שעה ורביע קודם השקיעה, ולרבנן עד השקיעה.

באר הגולה

משמע דזמן מנחה גדולה משש ומחצה הוי מה"ת, דמשש ומחצה הוי בין הערבים, **והקשה** בגליון הש"ס ריש פרק תמיד נשחט על רש"י, דהא בגמ' יומא דף כח. מבואר להדיא, דזהו רק דינא דרבנן משום כתלי המקדש המעוקמין, אבל מדאורייתא זמן התמיד הוי משש ומעלה, ות"ע)

§ מסכת ברכות דף כז. §

אות א'

שממאנין את הקטנה

אבה"ע סימן קעה סי"א - היתה אחת גדולה ואחת קטנה, מת בעל הקטנה, תצא משום אחות אשה; מת בעל הגדולה, מלמדין את הקטנה שתמאן בבעלה, וייבם הגדולה.

אות ב'

ושמשיאין את האשה על פי עד אחד

אבה"ע סימן יז ס"ג - אשה שהלך בעלה למדינת הים, והעידו עליו שמת, אפי' עד אחד, אפי' העד עבד או שפחה או אשה או קרוב, מותרת; ואפי' עד מפי עד, או אשה מפי אשה, או עבד או שפחה או קרוב, כשרים לעדות זו.

אות ג'

ועל תרנגול שנסקל בירושלים על שהרג את הנפש

רמב"ם פ"י מהל' נזקי ממון ה"ב - ואחד השור ואחד שאר בהמה חיה ועוף שהמיתו, הרי אלו נסקלין.

אות ד'

ועל יין בן ארבעים יום שנתנסך על גבי המזבח

רמב"ם פ"ו מהל' איסורי מזבח ה"ט - ואלו הן היינות הפסולין לגבי המזבח: המתוק, והמעושן, והמבושל באש או בשמש, או שנשתנה טעמו בבישול; אבל יין שמחממין אותו בשמש ולא נתנה בו טעם בישול, וכן יין צמוקין, ויין מגיתו שלא שהה ארבעים יום, ויין הדליות, ויין כרם הנטוע בבית השלחין או בבית הזבלים, או יין גפנים שנזרע זרע ביניהן, או יין כרם שלא נעבד, כל אלו היינות לא יביא לכתחלה, ואם הביא כשר.

אות ה'

ועל תמיד של שחר שקרב בארבע שעות

רמב"ם פ"א מהל' תמידין ומוספין ה"ב - ואימתי זמן שחיטתן, של בקר שוחטין אותו קודם שתעלה החמה משיאור פני כל מזרח, ופעם אחת דחקה השעה את הצבור בבית שני, והקריבו תמיד של שחר בארבע שעות ביום.

אות ו' – ז'

עד ועד בכלל

הלכה כרבי יהודה

סימן פט ס"א - [א]ונמשך זמנה עד סוף ד' שעות שהוא שליש היום - ואם היום ארוך י"ח שעות, הוי ו' שעות על היום, וכשהיום ארוך ט' שעות, הוי ג' שעות, דלעולם משערין שעות אלו לפי ענין היום, והם נקראין שעות זמניות, שהיום מתחלק לי"ב חלקים, **וענין** השליש הוא, שתפלת השחר הוא נגד קרבן תמיד, [ב]ולעולם לא איחרו אותו מלהקריב לאחר שליש היום, **וצריך** לגמור התפלת י"ח בתוך השליש היום.

אות ח'

דעבד כמר עבד, ודעבד כמר עבד

סימן רלג ס"א - [ג]ואסיקנא, דעבד כמר עבד, ודעבד כמר עבד - ויש לכל אחד משניהם קולא וחומרא, היינו דלענין מנחה דעת ר' יהודה אינה אלא לחומרא, דאין להתפלל מנחה רק עד פלג המנחה, **אבל** ממילא יש קולא לענין מעריב, דמשם ואילך נחשב כלילה לענין שיוכל להתפלל תפלת מעריב, **היינו** רק התפלה עצמה, דאילו זמן ק"ש של ערבית לכו"ע בצאת הכוכבים הוא, וכדלקמן בסימן רל"ה, **ולרבנן** הוי קולא לענין תפלת המנחה, דמתפללין עד הערב, וממילא חומרא לענין תפלת הערב, דאין להתפלל קודם חשיכה.

והוא שיעשה לעולם כחד מינייהו - פ' שלא ינהוג פעם כך ופעם כך, משום דהוה תרתי דסתרי, **שאם עושה כרבנן ומתפלל מנחה עד הלילה, שוב אינו יכול להתפלל ערבית מפלג המנחה ולמעלה; ואם עושה כר' יהודה ומתפלל ערבית מפלג המנחה ולמעלה, צריך ליזהר שלא יתפלל מנחה באותה שעה** - ואפילו למחר, אלא קודם פלג דוקא, **ומכ"ש** שלא יתפלל ביום אחד מנחה אחר פלג כרבנן, וערבית קודם צה"כ.

[ד]ועכשיו שנהגו להתפלל תפלת מנחה עד הלילה - ר"ל עד ביה"ש שהוא ספק לילה, **אין להתפלל תפלת ערבית קודם שקיעת החמה** - ר"ל סוף שקיעה, שהוא לדעת המחבר בסי' רס"א זמן מועט קודם צאת הכוכבים, **ואע"ג** דגם אז אין להתפלל עד צאת הכוכבים ממש, דמקודם לכן הוי רק ספק לילה, וכדלקמן בסימן רל"ה, בהאי פורתא לא דק.

באר הגולה

[א] שם במשנה וכרבי יהודה [ב] והא צ"ל יותר עדיף מזה, דלר' יהודה דפסקינן כוותיה, לא היה הזמן של תמיד אלא עד ד' שעות [ג] שם כ"ז ע"א [ד] ר' יונה שם

היינו רבנן אלא מאי *עד ולא עד בכלל אימא סיפא ושל מוספין כל היום ר' יהודה אומר עד שבע שעות ותניא *היו לפניו שתי תפלות אחת של מוסף ואחת של מנחה מתפלל של מנחה ואחר כך של מוסף שזו תדירה וזו אינה תדירה רבי יהודה אומר מתפלל של מוסף ואחר כך של מנחה שזו עוברת וזו אינה עוברת אי אמרת בשלמא עד ועד בכלל היינו ידמשכחת להו שתי תפלות בהדי הדדי אלא אי אמרת עד ולא עד בכלל היכי משכחת להו שתי תפלות בהדי הדדי כיון דאתיא לה של מנחה אזלא לה של מוספין אלא מאי עד ועד בכלל קשיא רישא מאי איכא בין רבי יהודה לרבנן מי סברת דהאי פלג מנחה פלג אחרונה קאמר פלג ראשונה קאמר והכי קאמר אימת נפיק פלג ראשונה ועייל פלג אחרונה מכי נפקי י"א שעות חסר רביע אמר רב נחמן אף אנן נמי תנינא *רבי יהודה בן בבא העיד חמשה דברים *שממאנין את °הקטנה ושמשיאין ^באת האשה על פי עד אחד ועל ^יתרנגול שנסקל בירושלים על שהרג את הנפש ועל ^דיין בן ארבעים יום שנתנסך על גבי המזבח °*ועל ^התמיד של שחר שקרב בארבע שעות ש"מ ^יעד ועד בכלל ש"מ אמר רב כהנא ^יהלכה כרבי יהודה הואיל *ותנן בבחירתא כוותיה: ועל תמיד של שחר שקרב בארבע שעות: מאן תנא להא *דתנן °וחם השמש ונמס בארבע שעות אתה אומר בארבע שעות או אינו אלא בשש שעות כשהוא אומר °כחום היום הרי שש שעות אמור הא מה אני מקיים וחם השמש ונמס בארבע שעות מני לא רבי יהודה ולא רבנן אי רבי יהודה עד ארבע שעות נמי צפרא הוא אי רבנן עד חצות נמי צפרא הוא אי בעית אימא רבי יהודה אי בעית אימא רבנן אי בעית אימא רבנן אמר קרא בבקר בבקר חלקהו לשני בקרים ואי בעית אימא רבי יהודה האי בקר יתירא להקדים לו שעה אחת דכולא עלמא מיהא וחם השמש ונמס בארבע שעות מאי משמע אמר רבי אחא בר יעקב אמר קרא וחם השמש ונמס איזו היא שעה שהשמש חם והצל צונן הוי אומר בארבע שעות: תפלת המנחה עד הערב וכו': אמר ליה רב חסדא לרב יצחק התם אמר רב כהנא הלכה כרבי יהודה הואיל ותנן בבחירתא כוותיה הכא מאי אישתיק ולא אמר ליה ולא מידי אמר רב חסדא נחזי אנן מדרב מצלי של שבת בערב שבת מבעוד יום ש"מ הלכה כרבי יהודה אדרבה מדרב הונא ורבנן לא הוו מצלו עד אורתא שמע מינה אין הלכה כרבי יהודה השתא דלא אתמר הלכתא לא כמר ולא כמר ^ידעבד כמר עבד ודעבד כמר עבד רב איקלע לבי גניבא וצלי של שבת בערב שבת והוה מצלי רבי ירמיה בר אבא °לאחוריה דרב וסיים רב ולא פסקיה לצלותיה דרבי ירמיה שמע מינה תלת שמע מינה °מתפלל אדם של שבת בערב שבת ושמע מינה מתפלל תלמיד אחורי רבו ושמע מינה ^יאסור לעבור כנגד המתפללין מסייע ליה לרבי יהושע בן לוי דאמר רבי יהושע בן לוי אסור לעבור כנגד המתפללין איני והא רבי אמי ורבי אסי חלפי רבי אמי ורבי אסי חוץ לארבע אמות הוא דחלפי ורבי ירמיה היכי עביד הכי והא אמר רב יהודה אמר רב לעולם אל יתפלל אדם לא

תורה אור

שמות טז (וחם השמש ונמס)

בראשית יח (כחום היום)

היינו רבנן. דקס"ד רבי יהודה פלג אחרון של מנחה אחרונה קאמר: **מתפלל של מנחה וכו'.** רבנן לטעמייהו דאמרי תפלת המוספים כל היום כמו של מנחה הלכך תדיר קודם ור' יהודה לטעמיה דאמר מוספין עד שבע שעות ותו לא והויא לה מצוה עוברת ושל מנחה יש לה עוד שהות עד פלג המנחה: **שתי תפלות בהדי הדדי.** חצי האחרון של שעה שביעית הוא זמן לשתיהן דהא אמר מנחה גדולה משש שעות ומחצה ולמעלה: **היכי משכחת לה.** הרי עבר זמן המוספים משעברה שעה ששית: **פלג ראשונה.** של מנחה אחרונה ועד בכלל ואף על גב דתנא יהב סימנא לפלג אחרונה דקתני איזו פלג מנחה מי"א שעות חסר רביע ה"ק כו': **אף אנן נמי תנינא.** לרבי יהודה עד ועד בכלל: **שממאנין את הקטנ'.** קטנה שהשיאתה אמה לאחר מיתת אביה דמדאורייתא אין קדושיה כלום שהרי קטנה אינה בת דעת ואת אמה לא זכתה תורה להיות לה כח לקדשה אלא לאב שנאמר את בתי נתתי לאיש הזה (דברי' כב) ומיהו רבנן תקינו לה קדושין להצריכה מיאון כדי שישאוה ולא תהא לזנות לפיכך אם מיאנה לאחר זמן ואמרה אי אפשי בו יוצאת ומותרת לכל אדם ואינה צריכה הימנו גט והעיד ר' יהודה בן בבא שפעמים שמצוה על בית דין ללמדה שתמאן בו כגון שני אחים נשואין שתי אחיות יתומות אחת גדולה וקדושיה קדושי תורה ואחת קטנה שאין קדושיה אלא מדרבנן ומת בעלה של גדולה בלא בנים ונפלה לפני אחיו ליבום וכמלאת זקוקה לו מן התורה וזיקה זו אוסרת את אשתו עליו משום אחות זקוקה שהיא כאחות אשתו וא"ר אליעזר במסכת יבמות (דף קט.) מלמדין קטנה זו שתמאן בבעלה ותעקור קדושיה למפרע ותעשה כל בעילותיה כאלו הן של זנות כדי להתיר את בעלה ליבם את אחותה דתנן נשאין על האנוסה ועל המפותה (יבמות דף לז.) והעיד רבי יהודה בן בבא ביום שנשנית עדיות שהלכה כר"א: **ע"פ עד אחד.** שאמר לה מת בעליך במדינת הים (יבמות דף קכב.): **שנסקל תרנגול.** שניקר קדקדו של תינוק במקום שהמוח רופף וניקב את מוחו וסקלוהו כמשפט שור שנגח את האדם דכתיב (שמות כא) השור יסקל וגמרינן בג"ש שור שור משבת לעשות כל בהמה חיה ועוף כשור (ב"ק ד' נד:): **ועל יין בן ארבעים יום.** שיצא מכלל יין מגתו ובא לכלל יין גמור וקרינן ביה נסך שכר (במדבר כח): **בארבע שעות.** ותו לא אלמא כרבי יהודה ס"ל וקאמר בארבע שעות אלמא לרבי יהודה עד ועד בכלל: **הלכה כרבי יהודה.** דמתני' דאין תמיד של שחר קרב לאחר ארבע שעות וה"ה לתפלה: **בבחירתא.** עדיות קרי בחירתא שהלכה כאותן עדיות: **כשהוא אומר כחום היום הרי שש שעות אמור.** כלומר מצינו במקום אחר שסינה הכתוב בלשונו ואמר והוא יושב פתח האוהל כחום היום ולא אמר כחום השמש אלא היום משמע כל המקומות חמין בין חמה בין צל הוא מדבר בשעה ששית: **הא מה אני מקיים וחם השמש.** דמשמע השמש חם והצל צונן: **בארבע שעות.** דאילו קודם ארבע שעות אף השמש צונן: **מני.** הא דמשמע דארבע לאו בקר הוא דהא כתיב וילקטו אותו בבקר בבקר וחם השמש ונמס הנותר ומדמוקי ונמס בארבע שעות מכלל דלאו זמן לקיטה הוא ולאו בקר מיקרי: **ארבע שעות נמי צפרא הוא.** דהא אמרת עד ועד בכלל וגבי תמיד כתיב תעשה בבקר: **לשני בקרים.** שלא היו לוקטים אלא בשלש שעות ראשונות שהוא בקר ראשון: **התם אמר רב כהנא.** גבי תפלת השחר: **של שבת בערב שבת.** שקבל עליו שבת מבעוד יום: **שמע מינה.** כרבי יהודה ס"ל דאמר מפלג המנחה אזיל ליה זמן תפלת המנחה ועייל ליה זמן תפלת ערבית: **ולא פסקיה לצלותיה.** כלומר לא הפסיק בין רבי ירמיה ולכותל לעבור לפניו ולישב במקומו אלא עמד על עמדו:

תא שמע ושל מוספין כל היום ורבי יהודה אומר עד שבע שעות ותניא היו לפניו וכו'. ולא גרסי' אימא סיפא ושל וכו' שאינו במשנה שדברי רבי יהודה שאמר עד שבע שעות אינו במשנה ויש ספרים שהגיהו אותו במשנה ומיהו בכל הספרים הישנים אינו. וא"ת ורבי למה לא הזכיר אותו במשנה וי"ל משום דלא ס"ל כוותיה בהא דאמר עד שבע שעות אבל בהא דקאמר עד ארבע שעות ס"ל כוותיה משום דתנן בבחירתא כוותיה ובההיא דפלג המנחה נמי משום דאמרינן לקמן דעבד כמר עבד ודעבד כמר עבד דהכי פירושא דעבד כר' יהודה (עבר) דאמר מפלג המנחה ליליא הוא עבד ומשום הכי מנחה לא אבל אין לפרש הכל בתפלת המנחה ועבד כרבי יהודה שהתפלל מנחה קודם פלג דפשיטא דרבנן מודו בשיעורו דרבי יהודה:

דרב צלי של שבת בע"ש. תימה דהא אמרינן בפרק במה מדליקין (ד' כג:) ובלבד שלא יקדים ושלא יאחר. ויש לומר דהתם בשאינו מקבל עליו שבת מיד אבל הכא מיירי שמקבל עליו שבת מיד הלכך לא הויא הקדמה וטעמא משום דס"ל כרבי יהודה וכן הנך דלקמן שהתפללו של מ"ש בשבת היינו משום דסבירא להו כרבי יהודה לענין תפלת הערב שהיא שעה ורביע קודם הלילה אעפ"כ [אין] אסור לעשות מלאכה (א) *במ"ש מיד לאחר פלג המנחה וכן לענין תוספת שבת (*וט' בלא) וי"ה דקי"ל שהוא מן התורה *אם כן לא צריך שיעור גדול כל כך: ולא

[בע"ש]

[ויו"ט]

[אס"כ]

יד א מיי' פ"ז מהלכות יבום וחליצה הלכה טו טוש"ע אה"ע סימן קעה סעיף יא:

טו ב מיי' פי"ב מהל' גרושין הלכה טו סמג עשין נ טוש"ע אה"ע סי' יז סעיף ג:

טז ג מיי' פ"י מהלכות נזקי ממון הלכה ב סמג עשין סו:

יז ד מיי' פ"ו מהל' איסורי מזבח הל' ט:

יח ה מיי' פ"א מהל' תמידין הל' ב סמג עשין קצ:

יט ו ז מיי' פ"ג מהל' תפלה [הל' א] סמג עשין יט טוש"ע או"ח סי' פ"ט סעיף א:

כ ח מיי' שם הלכה ד סמג שם טוש"ע או"ח סי' רלג סעיף א:

כא ט מיי' שם הלכה ז סמג עשין כט טור שו"ע או"ת סימן רסז סעיף ב:

כב י מיי' פ"ה מהל' תפלה הלכה ו סמג עשין יט טוש"ע או"ח סי' קב סעיף ד:

רב נסים גאון

העיד ר' יהודה בן בבא על חמשה דברים. הא דתני על התרנגול שנסקל בירושלים [על] שהרג את הנפש כבר מפורש בתלמוד ארץ ישראל במסכת עירובין בפרק המוצא תפילין (הלכה א) והכי גרסינן ראו (נ"א ראה) מוחו של תינוק רופף והלך וניקרו וזה הדבר ידוע הוא כי התינוקות מחויק פתוחין ונראה להן רפרוף מתחת העור שעל המוח ניקר אותו מקום עד שנקבו והרגו לתינוק וזה התרנגול ראוי להרגו מן הכתוב כי אין הפרש לשורו לתרנגלו וכל בעלי חיים שברשותו אכולהי אמר רחמנא, סקל יסקל השור: הואיל ותנן (בבתריתא) [בבחירתא] כוותיה ומאי היא מס' עדיות פ"ז מ"א שזו המשנה שניה בה העיד ר' יהודה בן בבא:

גליון הש"ס

גמ' שממאנין את הקטנה. הקטנות כצ"ל [וכמבואר בנדה ח]: שם ועל תמיד של שחר. עי' כרש"י מגלי' לא ועי' מנחות ד' סד ע"ב תוס' ד"ה ועל: שם לאחוריה דרב. תפלה של חול. כן הוא בכס"ג:

מסורת הש"ס

[ע' תוס' חולין נט. ד"ה כל שיעורי]

לקמן דף כח.

עדיות פ"ו משנה א נדה דף ח.

[ע' תוס' מנחות סד: ד"ה ועל]

[קדושין נד: בכורות מ.]

מכילתא דר"י פרשת בשלח

הגהות הב"ח

(א) תוס' ד"ה דרב וכו' מלאכה במ"ש ל"ב דאכתי יום הוא וכן לענין תוספת שבת אין צריך להוסיף קודם פלג המנחה:

ואם בדיעבד התפלל תפלת ערבית מפלג המנחה ולמעלה, יצא.

אבל קודם פלג אפילו בדיעבד לא יצא, **ולעיל** מתבאר דיש דעות בפוסקים אימת הוא פלג המנחה, וע"כ יש לסמוך להקל שלא לחזור ולהתפלל אף אם התפלל שעה ורביע קודם שקיעת החמה, [א"ר, ודלא כמ"א, **ונ"ל** דאפי' המ"א מודה בזמנינו, דנוהגין שלא לעשות מלאכה אחר שקיעת החמה, דחוששין לדעת הגר"א והרבה מהראשונים, דס"ל דתיכף אחר שקיעה הוא ביהש"מ, ולדבריהם בודאי פלג המנחה הוא קודם השקיעה שעה ורביע, **א"כ** בודאי אין לחזור ולהתפלל בדיעבד].

ובשעת הדחק, יכול להתפלל תפלת ערבית מפלג המנחה ולמעלה - ר"ל דאף אם דרכו תמיד להתפלל מנחה אחר פלג, מ"מ יכול להתפלל תפלת ערבית ג"כ בזמן הזה, **ומ"מ** אין להקל בזה רק אם עכ"פ באותו היום התפלל מנחה קודם פלג, **אבל** אם באותו היום גופא התפלל מנחה אחר פלג, שוב אסור לו להתפלל ערבית קודם הלילה, דהוי תרתי דסתרי באותו יום גופא, **וכ"ז** אם מתפלל ביחידי, אבל צבור שהתפללו מנחה, וכשילכו לביתם יהיה טורח לקבצם שנית לתפלת ערב, ויתבטל תפלת הצבור לגמרי, הקילו האחרונים שמותר להתפלל ערבית סמוך למנחה, ועיין לקמן בסימן רל"ה ס"א. (ועיין לקמן סימן רס"ז ס"ב).

הגה: ולדידן במדינות אלו שנוהגין להתפלל ערבית מפלג המנחה, אין לו להתפלל מנחה אחר כך - ר"ל אפילו ביום אחר לא יתפלל מנחה אחר פלג, כיון דתמיד מחזיק אותו זמן לזמן תפלת הערב, **אפילו** אם בדעתו באותו היום להתפלל מעריב אחר צה"כ.

ובדיעבד או בשעת הדחק, יצא אם מתפלל מנחה עד הלילה - ר"ל דכיון שהוא שעת הדחק, מותר לו לכתחלה להתפלל מנחה בשעה שנהג עד היום להתפלל מעריב, **וכבר** כתבתי דיש לו ליזהר שלא להתפלל אז מעריב רק אחר צה"כ, **אם** לא שהוא בצבור ויהיה טורח לקבצם שנית כשילכו כל אחד לביתו.

דהיינו עד צאת הכוכבים (בית יוסף בשם אהל מועד ורשב"א) - לאו דוקא, דערך רבע שעה קודם צאת הכוכבים בודאי בין השמשות הוא לכו"ע, ואין להתפלל באותו זמן, **אלא** ר"ל סמוך לזה, וכן איתא בד"מ ברל"ב.

ודע דאף שמהמחבר והרמ"א משמע, דלדידן דנוהגים להתפלל מעריב אחר צה"כ, מותר להתפלל מנחה אפי' אחר שקיעה עד סמוך לצה"כ, **יש** פוסקים רבים שחולקים בזה, ודעתם שתפלת המנחה הוא רק קודם שקיעת החמה, (משום דכנגד תמיד של בה"ע הוא ונפסל בשקיעת החמה - מגן גיבורים), **ולכן** לכתחלה צריך כל אדם ליזהר להתפלל קודם שקיעת החמה דוקא, דהיינו שיגמור תפלתו בעוד שלא נתכסה השמש מעינינו, **ומוטב** להתפלל בזמנה ביחידות מלהתפלל אח"כ בצבור, **ובדיעבד** יוכל לסמוך על דעת המקילים להתפלל אחר שקיעה עד רבע שעה קודם צה"כ, אך כל מה שיכול להקדים מחוייב להקדים, כדי שלא יכנס בספק בין השמשות, [**ונ"ל** עוד, דאפי' לדעת הגר"א והגאונים, דסברי דתיכף אחר השקיעה הוא ביהש"מ, **מ"מ** נוכל לומר דבשעת הדחק סומכין על דעת ר' יוסי, דס"ל דאז עדיין יום ודאי עד שנראה שהכסיף העליון והשוה לתחתון, **ולא** גרע ממאי דאמרו בברכות, כדאי הוא רשב"י לסמוך עליו בשעת הדחק, וכ"ש בענינינו].

אכן אם כבר נראו כוכבים, כבר עבר זמן מנחה בודאי, דזהו סימן ללילה, כמבואר כ"ז בסי' רצ"ג, [**אפי'** שני כוכבים, שהוא ביהש"מ, **ובעו"ה** ראיתי אנשים שהורגלו להתפלל מנחה זמן הרבה אחר השקיעה, עד ממש שהכסיף העליון והשוה לתחתון, דזהו ודאי שלא כדין].

אך כ"ז בדיעבד ושעת הדחק גדול, אבל לכתחלה בודאי אין לאחר זמן המנחה עד אחר שקיעה, וכ"ש שיש ליזהר מאד שלא לאחר עד סמוך לצה"כ, **וכבר** אחז"ל: במערבא לייטי אמאן דמצלי עם דמדומי חמה, דלמא מטרפא ליה שעתא.

(**ובספר סדר זמנים** כתב, לענין דיעבד כשמתפלל אחר שקיעה, שיתפלל על תנאי, אם הוא עדיין יום, יהיה נחשב לתפלת המנחה, והתפלה שיתפלל אחר צה"כ יהיה לשם ערבית, ואם עכשיו הוא לילה, יהיה תפלה זאת עולה לו לשם תפלת ערבית, והשניה שיתפלל אח"כ יהיה לתשלומין בשביל מנחה, דחובה קודמת לתשלומין, וכדלעיל בסימן ק"ח).

אות ט'

מתפלל אדם של שבת בערב שבת

סימן רסז ס"ב - [ה]מקדימין להתפלל ערבית יותר מבימות החול - משום דהוי נהיגי עלמא לקבל עליהם שבת מכי פתח הש"ץ "ברכו", וכדלעיל בסימן רס"א ס"ד, לכך מהנכון להקדים להתפלל ערבית כדי להקדים הקבלת שבת, **וה"ה** דיכול לקבל עליו שבת קודם תפלת ערבית.

[ו]ומפלג המנחה יכול להדליק ולקבל שבת בתפלת ערבית - אבל קודם פלג המנחה אין יכול להדליק ולקבל שבת, **ואפילו** אם בדיעבד התפלל תפלת שבת, צריך לחזור ולהתפלל.

ופלג המנחה, י"א דהוא שעה ורביע קודם הלילה, וי"א דהוא שעה ורביע קודם השקיעה, **ועיין** לעיל בסימן רס"ג ס"ד ובמש"כ שם במ"ב.

משמע מדברי המ"א, דאפילו הנוהגין להתפלל מעריב בזמנה, מותרים להתפלל בליל שבת מבע"י, ובלבד שיהיה מפלג המנחה ואילך, דכיון דמצותה להוסיף מחול על הקודש, וכבר קבל שבת עליו, יכול לסמוך על דעת הסוברים דהוי כלילה לענין תפלה, **אך** הנוהג כן יזהר עכ"פ בע"ש להתפלל מנחה קודם פלג המנחה, כדי שלא יהיה תרתי דסתרי אהדדי, {**היינו** דלדעת ר' יהודה בגמרא, זמן מנחה נמשך רק עד

באר הגולה

[ה] שם מהא דר' יוסי שבת קי"ח [ו] שם בשם תוס' והרא"ש מהא דרב צלי של שבת בע"ש ברכות כ"ז

פלג המנחה, ומשם ואילך הוא זמן תפלת ערבית, ולדעת רבנן, זמן מנחה הוא עד סוף היום, וזמן מעריב הוא בערב}.

וי"א דבצבור יש להקל להתפלל מעריב מבע"י, אף אם התפלל מנחה אחר פלג המנחה, (**הוא מדה"ח**, שכתב דבצבור יש להקל, מטעם כיון דבשאר מקומות נוהגין להקל בזה גם בחול, מטעם שטרחא לאספם פעמים ולקבצם, עכ"פ יש להם לסמוך על האי טעמא בערב שבת, עכ"ל), **ונ"ל** שאין לסמוך על זה, (משום דכל האחרונים לא הזכירו קולא זו, וטעמם הוא, כיון דאנן נהיגין בשאר ימות החול להתפלל בזמנה כדין, משום שאין לקולא זו מקור מן הש"ס, (ועיין מש"כ לעיל סימן רל"ג ס"א במ"ב), **איך** נסמוך על קולא זו בשבת), **רק** כשהוא מתפלל מעריב עכ"פ בבין השמשות ובשעת הדחק, אבל לא כשהוא עדיין ודאי יום, **וק"ש** יחזור ויקרא כשהוא ודאי לילה.

ולאכול מיד - הטעם, דכיון דקבל עליו שבת והוסיף מחול על הקודש, נחשב כשבת לענין זה דיכול לקדש ולאכול מיד, ויוכל לגמור סעודתו מבע"י, **ויש** חולקין וסוברין, שיזהר למשוך סעודתו עד הלילה, ויאכל כזית בלילה, **וטעמם**, דכיון דהג' סעודות ילפינן ממה דכתיב: אכלוהו היום כי שבת היום לה' וגו', בעינן שיקיים אותם ביום שבת עצמו, **ולכתחלה** נכון לחוש לדבריהם.

ואם לאחר שהתפלל מעריב אין עד הלילה חצי שעה, יש ליזהר שלא להתחיל לאכול, אלא ימתין עד הערב ויחזור ויקרא ק"ש בלא הברכות, ואח"כ יאכל, הואיל ולהרבה פוסקים לא יצא ידי חובת ק"ש קודם הלילה, (עיין בסימן רל"ה ס"ב, וצ"ע), **מיהו** הנוהג להקל בזה אין למחות בידו, דיש לו על מי לסמוך, **וכ"ז** לענין היתר אכילה, אבל לענין ק"ש גופא דהוא דאורייתא, אין לסמוך, ויזהר לקרותה בלילה לצאת ידי חובת ק"ש.

(וע"ל סי' רל"ג כיצד משערין שיעור פלג המנחה).

אות י'

אסור לעבור כנגד המתפללין

סימן קב ס"ד - 'אסור לעבור כנגד המתפללים בתוך ד' אמות – (כתב בספר מאמ"ר, הטעם), מפני שמבטל כונתו עי"ז, ולכן אסור אפי' עוסק אז (העובר) בק"ש, (ע"פ השונה הלכות). **והח"א** כתב הטעם, מפני שמפסיק בין המתפלל להשכינה. (**ולפי המאמ"ר נראה דאם** המתפלל משלשל הטלית על פניו, כמו שנוהגים הרבה, דמותר לעבור על פניו, **ומ"מ** ראוי לחוש ולהחמיר, **ובפרט** לפי מה שכתב הח"א, דטעם האיסור מפני שמפסיק בין המתפלל להשכינה, בודאי אין להקל בזה).

(ועיין בא"ר בשם של"ה, דה"ה דיש ליזהר שלא לעבור בעת שקורין "שמע ישראל").

ודווקא לפניהם - וצדדים שלפניהם, להמ"א כלפניהם דמי, ולהאליהו רבא שרי.

[ח]**אבל בצדיהם מותר לעבור ולעמוד** - ר"ל שיעבור (בצדו) ויעמוד שם ולא ילך להלאה (ממקום עמידתו בתפלה), כדי שלא יהיה כנגד פניהם, שכל שיכול לראותו אף שהוא בצדדין שלפניו, כלפניו דמי ואסור, מפני שמבטל כונתו עי"ז, (ע"פ הערוה"ש), **ולפי"ז** כ"ש דאסור לילך ולעמוד נגד פניו בתוך ד"א, כן הוא לדעת המ"א, **והא"ר** סובר דלא אסרו רק לעבור בתוך ד"א נגד פניו, אבל (צדדין שלפניו מותר, וכן) לילך בתוך ד"א ולעמוד, מותר אפי' לפניו, (ע"פ השונה הלכות), **ואפשר** דיש להקל במקום הדחק. (**אך** הערוה"ש כתב, דזהו אם כבר עמד שם, אבל לבא לעמוד שם, הרי בע"כ עובר קצת לפניו ומבלבל כונתו).

והזוהר פ' חיי שרה, אוסר אפילו בצידיהם תוך ד"א.

[ט]**סימן קב ס"ה - 'אם השלים תפלתו והיה אדם אחר מתפלל אחריו, אסור לפסוע ג' פסיעות עד שיגמור מי שאחריו את תפלתו, שאם יעשה זה הרי הוא כעובר כנגד המתפלל** - ומיירי שהוא בתוך ד"א, או שיבוא לתוך ד"א ע"י ג' פסיעות שיפסע לאחוריו.

ואם אינו אחריו ממש, רק מרוחק לצדדין, נראה דשרי להא"ר הנ"ל.

וצריך לדקדק בזה, אפי' אם האחרון התחיל להתפלל אחריו, מאחר שכבר התחיל - ולא נקרא בא בגבולו, ואפילו אם האחרון מאריך בתפילתו, דאדרבה זה שפוסע הוא בא עכשיו בגבולו.

באר הגולה

ז ברכות כ"ז | ח הר"ר יונה | ט (ע"פ הגר"א וז"ל: וכן משמע בגמ' דברכות כ"ז א' (מעובדא דרב ירמיה בר אבא). **ולפי** פירש"י משמע, דמותר לפסוע לאחוריו, רק שאסור לעבור לפני המתפלל שוב למקומו, ע"ש - מ"א) | י אורחות חיים

עין משפט נר מצוה

כג א מיי' פ"ה מהל' ת"ת הלכה ו סמג עשין יג טוש"ע א"ח סי' ל סעיף כד [וביו"ד סימן רמב סעיף טז] :
כד ב מיי' שם הל' ה סמג עשין יג טוש"ע יו"ד סי' רמב סעיף יז :

לפיל לתומרא כצ"ל רש"א

כה ג מיי' שם הל' ג טוש"ע שם סעי' ג :
כו ד מיי' שם הלכה ט טוש"ע שם סעי' כד :
כז ה מיי' שם טוש"ע א"ח סימן ל סעיף כה :
כח ו ז טוש"ע א"ח סימן רסג סעיף יד :
כט ח מיי' פ"ג מהלכות תפלה הל' ז (ופכ"ט מהלכות שבת הל' י"א) סמג עשין כט טור שו"ע א"ח סי' רפו סעיף ג :
ל ט מיי' וסמג שם טור ש"ע א"ח סי' רצג סעיף ג :
לא י מיי' פ"ג מהלכות תפלה הלכה ו :
לב כ מיי' פ"א מהל' תפלה הלכה ו ופ"ג הל' ו ז ופ"ט הלכה ט סמג עשין יט טור א"ח סי' רלה רלו רלז :

ולא אחורי רבו . פירש רש"י משום יוהרא ויש מפרש שנראה כמשתחוה לרבו : **והנותן** שלום לרבו והמחזיר שלום . פירוש כשאר בני אדם שאינו אומר שלום עליך רבי והיינו דאמרינן (ב"ק דף עג:) כדי שאילת תלמיד לרב אי נמי ההוא לכתחלה קאמר ובתלמיד חבר דשרי ככל הני דלקמן : **הואיל** והתפללו וכו' . הכא נמי כימא *לענין (א) חומרא ואמאי שרי ליה ובקונטרס פי' בפנים אחר: **שאני** צבור . אע"ג דלא מטא זמן *אין (ב) איסורא איסור בעשיית מלאכה אף על גב דטעותא הוא : **צלי** של מוצאי שבת וכו' . יש לומר דהכא מיירי שיש לו צורך מצוה לעשות במוצאי שבת כגון ללכת למול תינוק ולא יהיה לו יין להבדלה אם לא יקדים דודאי צריך להוסיף מחול על הקדש דאורייתא אבל בחנם לא ופשיטא שלא היו ממהרים להבדיל ולהתפלל של מוצאי שבת בשבת דגם במלאכה אסור עם חשיכה : **הלכה** כדברי האומר רשות . לאו דוקא רשות אלא כדפרישית לעיל (ד' כו.) ולכך נקרא רשות לבטלה עבור מצוה אחרת העוברת : **והלכתא** כוותיה דרב . ונראה דלכך תקנו פסוקים וקדיש בין גאולה לתפלה דרשות היא: [ע' תוס' לעיל ד: ד"ה אמר ר"י] : ושל

לא *כנגד רבו ולא אחורי רבו ותניא רבי אליעזר אומר המתפלל אחורי רבו והנותן שלום לרבו והמחזיר שלום לרבו * והחולק על ישיבתו של רבו והאומר *דבר שלא שמע מפי רבו גורם לשכינה שתסתלק מישראל שאני רבי ירמיה בר אבא *דתלמיד חבר הוה והיינו *דקאמר ליה רבי ירמיה בר אבא לרב מי בדלת אמר ליה אין בדילנא ולא אמר מי בדיל מר ומי בדיל והאמר רבי אבין פעם אחת התפלל רבי של שבת בערב שבת ונכנס למרחץ ויצא ושנה לן פרקין ועדיין לא חשכה *אמר רבא ההוא דנכנס להזיע וקודם גזירה הוה איני והא אביי שרא ליה לרב דימי בר ליואי לכברויי סלי ההוא טעותא הואי וטעותא מי הדרא והא אמר אבידן פעם אחת נתקשרו שמים בעבים כסבורים העם לומר חשכה הוא ונכנסו לבית הכנסת והתפללו של מוצאי שבת בשבת ונתפזרו העבים וזרחה החמה ובאו ושאלו את רבי ואמר הואיל והתפללו התפללו שאני צבור דלא מטרחינן להו : א"ר חייא בר אבין רב צלי של שבת בערב שבת רבי יאשיה מצלי של מוצאי שבת בשבת רב צלי של שבת בערב שבת אומר קדושה על הכוס או אינו אומר קדושה על הכוס ת"ש דאמר רב נחמן אמר שמואל *מתפלל אדם של שבת בערב שבת ואומר קדושה על הכוס והלכתא כוותיה רבי יאשיה מצלי של מוצאי שבת בשבת אומר הבדלה על הכוס או אינו אומר הבדלה על הכוס ת"ש דאמר רב יהודה אמר שמואל *מתפלל אדם של מוצאי שבת בשבת ואומר הבדלה על הכוס אמר ר' זירא אמר רבי אסי אמר ר' אלעזר א"ר חנינא אמר רב בצד עמוד זה התפלל ר' ישמעאל בר' יוסי של שבת בערב שבת כי אתא עולא אמר בצד תמרה הוה ולא בצד עמוד הוה ולא ר' ישמעאל ברבי יוסי הוה אלא ר' אלעזר בר' יוסי הוה ולא של שבת בערב שבת הוה אלא של מוצאי שבת בשבת הוה : תפלת הערב אין לה קבע : מאי אין לה קבע אילימא דאי בעי מצלי כוליה ליליא ליתני תפלת הערב כל הלילה אלא מאי אין לה קבע כמאן דאמר *תפלת ערבית רשות דאמר רב יהודה אמר שמואל תפלת ערבית רבן גמליאל אומר חובה ר' יהושע אומר *רשות אמר אביי הלכה כדברי האומר חובה ורבא אמר הלכה כדברי האומר רשות . ת"ר מעשה בתלמיד אחד שבא לפני ר' יהושע א"ל תפלת ערבית רשות או חובה אמר ליה רשות בא לפני רבן גמליאל א"ל תפלת ערבית רשות או חובה א"ל חובה א"ל והלא ר' יהושע אמר לי רשות א"ל *המתן עד שיכנסו בעלי תריסין לבית המדרש כשנכנסו בעלי תריסין עמד השואל ושאל תפלת ערבית רשות או חובה א"ל רבן גמליאל חובה אמר להם רבן גמליאל לחכמים כלום יש אדם שחולק בדבר זה אמר ליה ר' יהושע לאו א"ל והלא משמך אמרו לי רשות אמר ליה יהושע עמוד על רגליך ויעידו בך עמד רבי יהושע על רגליו ואמר אלמלא אני חי והוא מת יכול החי להכחיש את המת ועכשיו שאני חי והוא חי היאך יכול החי להכחיש את החי היה רבן גמליאל יושב ודורש ור' יהושע עומד על רגליו עד שרננו כל העם ואמרו לחוצפית התורגמן עמוד ועמד אמרי עד כמה נצעריה וניזיל בר"ה אשתקד צעריה בבכורות במעשה דר' צדוק צעריה הכא נמי צעריה תא ונעבריה מאן נוקים ליה נוקמיה לרבי יהושע בעל מעשה הוא נוקמיה לר' עקיבא דילמא עניש ליה דלית ליה זכות אבות אלא נוקמיה לר' אלעזר בן עזריה דהוא חכם והוא עשיר והוא עשירי לעזרא הוא חכם דאי מקשי ליה מפרק ליה והוא עשיר דאי אית ליה לפלוחי לבי קיסר אף הוא אזל ופלח והוא עשירי לעזרא דאית ליה זכות אבות ולא מצי עניש ליה אתו ואמרו ליה ניחא ליה למר דליהוי ריש מתיבתא אמר להו איזיל ואימליך באינשי ביתי אזל ואמליך בדביתהו אמרה ליה דילמא

כנגד רבו . אלא רבו ומראה כאילו הם שוים : **אחורי רבו** . נמי יוהרא הוא : **שלום לרבו** . כשאר כל אדם שלום עליך ולא אמר לו שלום עליך רבי : **והיינו דקאמר ליה** . אותו היום שהתפלל רב של שבת בערב שבת אמר ליה רבי ירמיה מי בדלת מן המלאכה הואיל וקבלת עליך תורה אור שבת בתפלתך : **ולא אמר ליה מי בדיל מר** . שמע מינה תלמיד חבר הוי ליה : **נכנס למרחץ** . סלקא דעתך לאחר שגזרו על הזיעה ועל הרחיצה בשבת כדאמרי' במסכת שבת בפרק כירה שהסיקוה (ד' מ:) אלמא אע"ג דצלי לא בדיל מאיסורי שבת: **אמר רבא להזיע** . נכנס להזיע מחמת חום בית המרחץ ולא נתן עליו מים : **וקודם גזרה** . עד שלא גזרו על הזיעה ובכל דוכתא דאמרינן כדאמר רבא להזיע כו' מהכא אמרינן : **לכברויי סלי** . לעשן אותן בגפרית לאחר שהתפלל של שבת בערב שבת : **טעותא הואי** . לא קבל עליו תוספת שבת משעת תפלה מדעת אלא יום המעונן היה וכסבור חשכה ואחר כך זרחה חמה : **הואיל והתפללו התפללו** . ולא הצריכם להתפלל משתחשך אלמא תפלה היא ואע"פ שלא הותרו במלאכה התם הוא דלא לעבור על ד"ת אבל לענין תוספת אע"ג דבטעות הוה תוספת הוא ע"י תפלה הואיל ואמר תפלה קבלה היא: **בעלי תריסין** . חכמים המנצחים זה את זה בהלכה: **מי אך יכול החי להכחיש את המת** . על כרחי אני צריך להודות שאמרתי לו רשות : **התורגמן** . שהיה עומד לפני רבן גמליאל ומשמיע לרבים את הדרשה מפי רבן גמליאל : **עמוד** . שתוק : **אשתקד**. שנה שעברה: **בראש השנה** . במסכת ראש השנה (דף כה.) שאמר לו גוזר אני עליך שתבא אצלי במקלך ובמעותיך ביום הכפורים שחל להיות בחשבונך : **בבכורות**. במסכת בכורות (דף לו.): **במעשה דרבי צדוק** . בבכורות הוא ר' צדוק הוה ליה בוכרא ואמר ליה רבן גמליאל לר' יהושע עמוד על רגליך כו' כי הכא : **תא ונעבריה**. בואו ונעביר אותו מן הנשיאות: **בעל מעשה הוא** . והוה ליה לרבן גמליאל לצערא טפי : **לית ליה זכות אבות** . ודילמא עניש ליה רבן גמליאל : **מעברין לך** . יורידוך מן הנשיאות בשביל אחר : ה"ג

דהא מעשה . וכרשב"א בחדושיו שם :

רב נסים גאון

אמר רבא [ט'] להזיע וקודם גזירה. איתה מפורשה במס' שבת בפ' כירה (דף מ.) אמר ר' שמעון בן פזי אמר ר' יהושע בן לוי משום בר קפרא בתחלה היו רוחצין בחמין שהוחמו מערב שבת כו' ראו שאין הדבר עומד והתירו להן חמי טבריא ועדיין זיעה במקומה עומדת הודיענו בכאן כי רבי שהתפלל של שבת בערב שבת כבר קיבלה לשבת עליה ואיחייב לשבות ונאסרו עליו החמין לרחוץ בהן ולא נכנס במרחץ אלא להזיע בלבד וזה המעשה היה קודם שגזרו חכמים על הזיעה לפי מה שיש בהלכה שהזכרנו אסרו להן להזיע: **אמרי** [עד] כמה נצעריה וניזיל בר"ה צעריה בבכורות צעריה . האי דצעריה בראש השנה שנוי הוא בפרק אם אינן מכירין אותו (דף כה.) דתנן ועוד באו שנים ואמרו ראינוהו בזמנו שלח לו רבן גמליאל גוזר אני עליך שתבא אצלי במקלך ובמעותיך ביום הכפורים שחל להיות בחשבונך ובבכורות (עוד) בפרק כל פסולי המוקדשים (דף לו.) פירש מעשה (אחר) שאירע לר' יהושע עם רבן גמליאל דכסיף ליה קמי רבנן והעמידו על רגליו ברבים עד שנכנסה קנאה בלב כל העם שהיו לשם ושיתקו את המתורגמן וזו היא הגירסא של ז' המעשה ר' צדוק הוה ליה בוכרא רמא ליה שערי בסלי נצרין של ערבה קלופה בהדי דאכיל איבוע שיפותיה אתא לקמיה דר' יהושע אמר ליה כלום חלקנו בין בור לחבר אמר ליה הין בא לפני רבן גמליאל אמר ליה לאו אמר ליה והלא ר' יהושע אמר לי הין אמר לו המתן עד שיכנסו בעלי תריסין לבית המדרש כיון שנכנסו עמד השואל ושאל כלום חלקנו בין בור לחבר אמר לו ר' יהושע לאו אמר לו רבן גמליאל והלא משמך אמרו לי הין אמר לו עמוד על רגליך ויעידו בך עמד ר' יהושע על רגליו ואמר אלמלי אני (מת) [חי] והוא (חי) [מת] יכול החי להכחיש את (החי) [המת עכשיו שאני חי והוא חי היאך חי יכול להכחיש את החי] היה רבן גמליאל יושב ודורש ור' יהושע עומד עד שרננו כל העם ואמרו להוצפית התורגמן העמד : נוקי לר' עקיבא לית ליה זכות אבות. איתה בסנהדרין בפרק כל ישראל יש להן חלק (דף לו) מבני בניו של סיסרא למדו תורה בירושלים ומאן אינון ר' עקיבא ואיתה נמי בפ' הניזקין דמסכת גיטין (דף מז): נוקי לר' אלעזר בן עזריה שהוא חכם ועשיר והוא עשירי לעזרא הסופר. החכמה שלו גלויה היא וידועה הלא תראה היאך אמר ר' יהושע אין דור יתום שר' אלעזר בן עזריה שרוי בתוכו באותה המעשה האמור במסכת חגיגה בפרק א' (דף ג) והעושר שלו נמי כבר גרסי' בפרק (במה אשה) [נ"ל במה בהמה] (שבת דף נד) י"ב אלפי עגלי הוה מעשר ר' אלעזר בן עזריה מעדריה כל שתא ובמס' קדושין בפרק האיש מקדש (דף מט) על מנת שאני עשיר אין אומרים כר' אלעזר בן חרסום וכר' אלעזר בן עזריה ויחוסו לעזרא הסופר נמי איתה במנחות באות מצה (דף נג) אמרו ליה רבנן לר' פרידא (רב עוירא) [ר' עזרא] בריה דרב אבטולם דהוא עשירי לר' אלעזר בן עזריה דהוא עשירי לעזרא קאי אבבא ובגמרא דפירקין דבני מערבא [הלכה ח] וגם (בפסחים בפרק תמיד) [נ"ל בתענית פ"ד ה"א] גרסינן הלכו ומינו את ר' אלעזר בן עזריה בן ט"ז שנה ונתמלא כל ראשו שיבה והיה ר' עקיבא יושב ומצטער ואמר לא שהוא בן תורה יותר ממני אלא שהוא בן גדולים יותר ממני אשרי אדם שזכו לו אבותיו אשרי אדם שיש לו יתד להתלות בה ומה היתה יתידתו של ר' אלעזר בן עזריה שהיה עשירי לעזרא :

מסורת הש"ס

חגיגה ק. וע"ש

סוכה דף כז: וסוף מסכת כלה

[עירובין מ:]

[גיטין לג.]

הגהות הב"ח

(א) תוס' ד"ה הואיל וכו' כמי כימא לענין מלאכה ואמאי שרי : (ב) ד"ה שאני וכו' אין איסור בעשיית כצ"ל ותיבת איסורא נמחק:

ס"א רשות והלכתא כדברי האומר חובה ורבא אמר הלכה כדברי האומר רשות פ' יומא דפסו:

[בכורות לו. וע"ש נמחק]

גליון הש"ס

גמ' והמחזיר שלום לרבו . כרי"ף וברא"ש ליתא להא והמחזיר שלום לרבו : שם דתלמיד חבר הוה . עיין קדושין ד' מ"ז ע"א תוס' ד"ה כרלין : שם וקודם גזרה הוה . ע' שבת ד' מ' ע"ב ברש"י ד"ה

§ מסכת ברכות דף כז: §

אות א'

<u>לא כנגד רבו ולא אחורי רבו</u>

סימן צ סכ"ד - [א]לא יתפלל בצד רבו - כי הוא יוהרא, שמראה שהוא שוה לרבו, **ורבו** היינו שרוב חכמתו הימנו, או גדול הדור, **כתב** הח"א, נ"ל דה"ה אביו.

ולא אחורי רבו - דמיחזי נמי כיוהרא, **וי"א** שנראה כמשתחוה לרבו בתפילתו, **וי"א** מפני שהוא מצער לרבו, דשמא יצטרך לפסוע ג' פסיעות לאחריו בעוד שהוא יתפלל, ויצטרך להמתין עליו.

ולא לפניו - בק"ו, דזה ודאי הוא בזיון לרבו, שעומד באחוריו נגדו.

(יש אומרים דכל זה לא מיירי אלא להתפלל ביחיד, אבל בצבור אם כך הוא סדר ישיבתו, אין לחוש אם מתפלל לפניו או אחריו) (ב"י בשם מהרי"א ואוהל מועד) - שהכל יודעין שמקום זה מיוחד לרב וזה לתלמיד, ולית ביה משום יוהרא, או כמשתחוה לו.

(ואע"פ שטוב להחמיר) - היינו לחוש לטעם השלישי הנ"ל, מפני שנראה כמצער לרבו, דלפי"ז יש להחמיר גם בצבור לאחריו.

(המנהג להקל) - עיין בביאור הלכה, דמ"מ טוב לכתחילה כשקובע לו מקום מאחורי רבו, שירחיק כשיעור ד"א וג' פסיעות, כדי שלא יצער לרבו, (ומלבוש משמע, שאפילו בלפניו טוב להחמיר, ואפשר שהטעם הוא, משום דהוי בזיון לרבו כשעומד באחוריו נגדו, אפילו בענין זה).

[ב]אם הרחיק ד' אמות, מותר - דרשות אחרת היא, **ועיין** בפמ"ג שכתב בשם הפר"ח, דלפניו סגי בד"א מצומצמות, אבל לאחורי רבו בעינן ד"א וג' פסיעות, כדי שיהיה יוכל רבו לפסוע ג' פסיעות לאחריו, ולא יצטרך להמתין עליו, ובתוך ד' אמותיו הלא אסור לפסוע, כדלקמן בסימן ק"ב.

עוד כתב, דבתוך האלמעמרע מותר אפילו בסמוך, דרשותא אחריתא הוא.

(ועיין ביורה דעה סי' רמ"ב סעיף ט"ז) - ר"ל דשם נתבאר, דרחוק ד"א מועיל אפילו אם רבו לאחוריו, וכן כתבו האחרונים.

יו"ד סימן רמב סט"ז - [ג]ולא יתפלל לפניו ולא לאחריו ולא בצדו - הטעם בכל זה, שלא ישוה עצמו לרבו, **והתוספות** כתבו, דאחורי רבו טעמו דנראה כמשתחוה לרבו. [והר"ר יונה פי' משום הפסקה, דשמא יצטרך רבו לפסוע ג' פסיעות לאחריו בעוד שזה מתפלל, ולא יוכל לפסוע, ורש"י פי' הטעם דיוהרא הוא – ט"ז].

וכתב ב"י בשם שבולי לקט בשם רב האי, דהא דאסור להתפלל כנגד רבו, היינו אצל רבו כדפירש"י וטור, לא אמרו אלא ביחיד, **אבל** בצבור אין לו לחלוק כבוד לרבו, ומותר להתפלל כנגדו, ע"כ, ומביאו ד"מ - ש"ך.

ולא לאחריו ולא בצדו - אמרינן בש"ס פ' תפלת השחר, דתלמיד חבר מותר, וכ"כ המחבר באו"ח סימן צ' סכ"ה, **ובבית** יוסף שם, דלהתפלל ואחוריו לרבו, אפי' תלמיד חבר נמי לא, דביזוי גדול הוא - ש"ך.

ואין צריך לומר שאסור להלוך בצדו, אלא יתרחק לאחר רבו, ולא יהא מכוון כנגד אחוריו, אלא יצדד עצמו לצד אחר, בין כשמתפלל עמו בין כשהולך עמו.

[ד]וחוץ לד' אמות, הכל מותר. (ועיין באו"ח סי' צ') - כתב בית יוסף באו"ח ס"ס צ', ומיהו משמע דלא מהני ריחוק ארבע אמות אלא להתפלל אחורי רבו כנגדו, **אבל** להתפלל ואחוריו לרבו, אפי' רחוק כמה לא, **אבל** מדברי הטור שם נראה, דברחוק ד' אמות אפילו אחוריו לרבו שרי, וכ"כ הב"ח שם, דהו"ל רשות אחרת בפני עצמו - ש"ך.

אות ב'

<u>והנותן שלום לרבו, והמחזיר שלום לרבו</u>

יו"ד סימן רמב סט"ז - [ה]לא יתן שלום לרבו ולא יחזיר לו שלום, כדרך שאר העם, אלא שוחה לפניו ואומר לו ביראה ובכבוד: [שלום עליך רבי. ואם נתן לו רבו שלום, אומר לו]: שלום עליך מורי ורבי – [דכל שמשיב שלום דרכו להוסיף קצת, כמ"ש סי' קמ"ח – ט"ז], (ולענ"ד דיצא להרמב"ם כן מההיא דריש ברכות דף ג. לאחר שסיימתי תפלתי א"ל שלום עליך רבי, והחזרתי לו שלום עליך רבי ומורי – רעק"א), **(וכן נוהגין).**

(וי"א דאין לתלמיד לשאול בשלום רבו כלל, שנאמר: ראוני נערים ונחבאו) (ירושלמי הביאו הגהת מיימוני פ"ה וכ"כ תא"ו נתיב ב' וב"י בשם רבינו יונה) – (זהו דרך הירושלמי, אבל בש"ס שלנו אינו כן, וכ"כ הרמב"ם והטור, ע"ש – ערוה"ש). (**עיין** מש"כ אא"ז בהקדמתו לספר פנים מאירות, דאם עובר לפני הרב ואינו נותן לו שלום, הוי דרך בורות, ע"ש היטב - פת"ש).

אות ג'

<u>והחולק על ישיבתו של רבו</u>

יו"ד סימן רמב ס"ב - [ו]כל החולק על רבו, כחולק על השכינה. וכל העושה מריבה עם רבו, כעושה עם

באר הגולה

[א] ברכות כ"ז [ב] ר' יונה והרא"ש [ג] שם ממימרא דרב יהודה אמר רב ברכות דף כ"ז ע"א, וציינתיו ג"כ בטור או"ח סי' צ' [ד] ה"ר יונה וכ"כ הטור מהא דמשני רב אמי ורב אסי חוץ לארבע אמות עברו, ברכות שם [ה] ברייתא דר"א ברכות דף כ"ז ע"ב: [ו] מימרות דאמוראי סנהדרין דף ק"י ע"א

השכינה. וכל המתרעם עליו, כאילו מתרעם על השכינה. וכל המהרהר אחר רבו, כמהרהר אחר השכינה.

יו"ד סימן רמב ס"ג - ח איזהו חולק על רבו, כל שקובע לו מדרש ויושב ודורש ומלמד ט שלא ברשות רבו, ורבו קיים י אע"פ שהוא במדינה אחרת - כתוב בכסף משנה, דר"ל דהיינו דוקא כשקובע עצמו להורות הוראות, **אבל** מדברי הב"ח אינו נראה כן, שכתב דר"ל דכיון שהוא קובע לו מדרש, הרי הוא חולק על שררתו של רבו, ותדע שהרי אפי' לבדוק סכין של שחיטה, שאינו שום הוראה כלל, אסור משום כבוד של רבו כו', בזמן הש"ס - ש"ך. ‹**ולענ"ד**, כולא חדא עניינא הוא, דידוע בזמן הש"ס וגם בזמן הגאונים יצאה הוראה מהישיבה של ראש הגולה או ריש מתיבתא לכל ישראל, ועתה שגם התלמיד קובע מדרש כזה ללמד לכל ישראל תורה ולהורתם הוראות, אין לך חולק על רבו יותר מזה, **אבל** בזמה"ז שקביעות מדרש יש בהרבה עיירות ואין הוראה יוצאה לרבים ממדרש כזה, וודאי בזה לא שייך חולק על רבו, ואדרבא יגדיל תורה ויאדיר, **ולפי"ז** בזמה"ז לא שייך דין זה כלל - ערוה"ש›.

הגה: אבל מותר לחלוק עליו באיזה פסק או הוראה, אם יש לו ראיות והוכחות לדבריו שהדין עמו (פסקי מהרא"י) - ‹ומ"מ אם רבו עומד על דעתו, אסור לו להורות עד שרבו יודה לדבריו - ערוה"ש›.

ומדברי מהרי"ק לא נראה כן, שכתב שם להוכיח אפילו היה תלמידו, אם אח"כ נתחכם יכול לחלוק עליו ולהורות בפניו אפילו להלכה, ממה שחלק ריש לקיש על רבי יוחנן, ‹והיינו דוקא משום דנתחכם אח"כ, ולא רק משום דיש לו ראיות›, **ודוחק** לומר דקים ליה דר"ל לא היה חולק אלא מסברא, ‹ומשום כך צריך למה דנתחכם אח"כ, אבל אי היה לו ראיות היה מותר לחלוק אפי' בלא נתחכם אח"כ - עצי לבונה›, **ולענין** מה שהביא מהרא"י שם ראיה, שכך היה דרכה של התורה מימות התנאים ואמוראים וגאונים בכמה מקומות, **י"ל** דהיינו בנטילת רשות או שמת, וכדלקמן ס"ד, וצ"ע - ש"ך. ‹ודברי הש"ך צע"ג - ערוה"ש›.

‹**ועיין** בתשובת חוט השני, שגדול אחד התרעם עליו על השגתו על גדולי הקדמונים, ומה גם לומר דאישתמיט להו דברי הש"ס והפוסקים, **והשיב** לו שאין ע"ז להתרעם, כי כן מצינו במחברים שבכל דור ודור שלא נמנעו להשיג על גדולים שלפניהם, **וזה** הלשון אישתמיטתיה הוא לקוח מהש"ס, שכן מצינו כמה פעמים שאמרו על גדולי האמוראים, והוא לשון נקיה ודרך כבוד לומר דבאותה שעה נשמט ממנו הדבר ההוא, כי השכחה היא טבע אנושית כוללת כל האישים, ואין חילוק בין רב למעט, ע"ש שהאריך בזה, ושם תמצא בקיאות נפלאות - פת"ש›.

אות ד'

והאומר דבר שלא שמע מפי רבו

יו"ד סימן רמב סכ"ד - יא לא יאמר דבר שלא שמע מרבו, עד שיזכיר שם אומרו - שסתם מה שהתלמיד אומר, סוברים השומעים שמפי רבו שמע, ואם לא שמעו מפיו, צריך להודיעו מפי מי שמע, **אבל** שמועה ששמע מרבו, רשאי לאומרו בסתם, **וכתב** הב"ח, מיהו נראה דוקא שבידוע שלא למד לפני רב אחר, אבל אם למד לפני שנים, צריך להזכיר שם אומרו - ש"ך, [דהא צריך לומר דבר בשם אומרו, ובזה לא ידעו ממי קיבל – ט"ז].

מיהו עכשיו ‹לא שייך דין זה, שהרי ידוע שאנו מורים ובאים מתוך ספרי רבותינו, ואם חכם אחד חידש איזה חידוש, אומרים משמו, ואסור לומר סתם, דעכשיו› סתם מה שהאדם אומר סוברים העולם שהוא מפי עצמו, והלכך הדין משתנה, **ומ"מ** ודאי דאסור לומר בסתם, ‹דנראה שהוא חידש דבר זה - ערוה"ש›, וכ"ש משם עצמו, דבר ששמע מאחרים, דהוי מתעטף בטלית שאינו שלו - ש"ך.

אות ה'

דתלמיד חבר הוה

סימן צ סכ"ה - יב תלמיד חבר מותר להתפלל אחורי רבו - וה"ה בצד רבו, אבל לפני רבו אסור.

אות ו' – ז'

טעותא הואי

שאני צבור, דלא מטרחינן להו

סימן רסג סי"ד - יג אם ביום המעונן טעו צבור וחשבו שחשיכה, והדליקו נרות והתפללו תפלת ערבית של שבת, ואח"כ נתפזרו העבים וזרחה חמה, א"צ לחזור ולהתפלל ערבית, יד אם כשהתפללו היה מפלג המנחה ולמעלה - דלא מטרחינן צבורא אף שבטעות היתה, (ואפילו התפללו באותו היום מנחה אחר פלג המנחה, אף דהוי תרתי דסתרי, לא מטרחינן צבורא משום זה), **אבל** אם התפללו מעריב קודם פלג המנחה, אפילו צבור נמי מחזירין, דלאו זמן תפלת ערבית היא כלל.

ואם יחיד הוא שטעה בכך, צריך הוא לחזור ולהתפלל תפלת ערבית - כיון שבטעות התפלל, שסבר שכבר חשכה, (היינו אפילו התפלל אז מנחה קודם פלג המנחה, ואע"ג דבכל ערב שבת מותר באופן זה להתפלל ערבית קודם הלילה, דקיי"ל [ברכות כ"ז] דעביד כמר עביד וכו', **אפ"ה** כיון שהוא נוהג תמיד כרבנן, ובטעות התפלל היום, שסבר שכבר חשכה, לכך צריך לחזור ולהתפלל), **והוא** הדין בחול

באר הגולה

ז ‹ע"פ מהדורת נהרדעא› ח לשון רמב"ם בפ"ה מהלכות תלמוד תורה ה"ב שסובר שזה פי' חולק על רבו ט ברייתא שם דף ה' ע"ב י ברייתא שם יא שם מברייתא דר"א ברכות דף כ"ז ע"ב, וכפירושו ‹בב"י› שכל מה שהתלמיד אומר סוברים השומעים שמרבו שמע, ואם לא שמעו מפיו צריך להודיע מפי מי שמע יב שם בגמרא יג ברכות כ"ז יד ב"י ושכן נראה מדברי רבי יונה

נמי דינא הכי, כיון שהוא נוהג תמיד להתפלל מעריב בזמנו כרבנן, והיום בטעות התפלל.

[טו]ולענין עשיית מלאכה, בין ציבור בין יחיד מותרים, דקבלת שבת היתה בטעות.

[טז]וי"א שאותם שהדליקו נרות אסורים בעשיית מלאכה - אף אם לא התפללו, **ושאר אנשי הבית מותרין** - דבלא הדלקה, אף שהתפללו תפלת שבת, כיון שבטעות היתה, לא שמה קבלה.

וטעם הי"א, דסבירא להו דקבלה שהיא ע"י הדלקה עדיפא, דאית בה מעשה, (**והוא מהב"י**, **ולפי"ז אם היו מקבלין על עצמן שבת ע"י אמירה, דהיינו ע"י "מזמור שיר ליום השבת", והיתה בטעות, שאח"כ נתפזרו העבים וזרחה החמה, היו מותרים לכו"ע במלאכה, אבל לפי מה שהסביר הגר"א בבאורו טעם הי"א, נראה דגם זה אסור להי"א, דהוא הסביר הטעם של הי"א, דס"ל דקבלה בטעות הוי קבלה, ומתפלה אין ראיה, דתפלה בטעות אינה כלום ואפילו בצבור, רק משום דלא מטרחינן להו לחזור ולהתפלל, לכן הקבלה שבאה ע"י התפלה ג"כ אינה כלום, משא"כ בקבלה דהדלקה, עכ"ד, א"כ לפי"ז ב"מזמור שיר", או בסתם קבלה בע"פ, דינו כמו בהדלקה**).

(**עיין** באר שכתב, דוקא בצבור, אבל יחיד שהדליק נרות בטעות, לא חשיב קבלה כלל, **והפמ"ג** והדה"ח מחמירין בהדלקה אף ביחיד, **וכל** זה דוקא לאחר פלג המנחה).

[יז]ועיין באחרונים שהביאו בשם כמה מגדולי הפוסקים, דס"ל דקבלת צבור בטעות אפי' רק ע"י תפלה שמה קבלה, **רק** שבזה אין המיעוט נמשכין אחר הרוב, כיון שבטעות היתה הקבלה, **ואין** להקל נגד אלו הפוסקים, **ובמקום** הדחק יש לסמוך על דעה קמייתא שבשולחן ערוך.

[יח]וי"א שאותו נר שהודלק לשם שבת אסור ליגע בו ולהוסיף בו שמן, ואפי' אם כבה אסור לטלטלו - היינו אפילו אחר שלא הדליק עדיין ולא קבל שבת, כ"כ הא"ז, **וכתב** המ"א הטעם, דאזיל לשיטתיה דקבלת צבור בטעות שמה קבלה, וא"כ הוקצה הנר למצותו, וכיון שהוקצה לבעלים הוקצה לכל, וגם אסור ליגע בו, דחיישינן שמא ישתמש בו, **ולצורך** מצוה יש להקל, (**ועיין בשו"ע הגר"ז, שמתמיה מאד על איסור הנגיעה**).

כתב הפמ"ג, מי שהדליק נר שבת בעוד היום גדול, והתנה שלא לקבל שבת, אפ"ה הוקצה הנר למצותה, ואסור להשתמש בו תשמיש חול, ואפילו אחרים אסורים, דמוקצה לבעלים אסור לכל.

אות ח'

מתפלל אדם של שבת בערב שבת ואומר קדושה על הכוס

סימן רסז ס"ב - [יט]מקדימין להתפלל ערבית יותר מבימות החול - משום דהוי נהיגי עלמא לקבל עליהם שבת מכי פתח הש"ץ "ברכו", וכדלעיל בסימן רס"א ס"ד, לכך מהנכון להקדים להתפלל ערבית כדי להקדים הקבלת שבת, **וה"ה** דיכול לקבל עליו שבת קודם תפלת ערבית.

[כ]ומפלג המנחה יכול להדליק ולקבל שבת בתפלת ערבית - אבל קודם פלג המנחה אין יכול להדליק ולקבל שבת, **ואפילו** אם בדיעבד התפלל תפלת שבת, צריך לחזור ולהתפלל.

ופלג המנחה, י"א דהוא שעה ורביע קודם הלילה, וי"א דהוא שעה ורביע קודם השקיעה, **ועיין** לעיל בסימן רס"ג ס"ד ובמש"כ שם במ"ב.

משמע מדברי המ"א, דאפילו הנוהגין להתפלל מעריב בזמנה, מותרים להתפלל בליל שבת מבע"י, ובלבד שיהיה מפלג המנחה ואילך, דכיון דמצותה להוסיף מחול על הקודש, וכבר קבל שבת עליו, יכול לסמוך על דעת הסוברים דהוי כלילה לענין תפלה, **אך** הנוהג כן יזהר עכ"פ בע"ש להתפלל מנחה קודם פלג המנחה, כדי שלא יהיה תרתי דסתרי אהדדי, {**היינו** דלדעת ר' יהודה בגמרא, זמן מנחה נמשך רק עד פלג המנחה, ומשם ואילך הוא זמן תפלת ערבית, ולדעת רבנן, זמן מנחה הוא עד סוף היום, וזמן מעריב הוא בערב}.

וי"א דבצבור יש להקל להתפלל מעריב מבע"י, אף אם התפלל מנחה אחר פלג המנחה, (**הוא מדה"ח, שכתב דבצבור יש להקל, מטעם כיון דבשאר מקומות נוהגין להקל בזה גם בחול, מטעם שטרחא לאספם פעמים ולקבצם, עכ"פ יש להם לסמוך על האי טעמא בערב שבת, עכ"ל), ונ"ל** שאין לסמוך על זה, (**משום דכל האחרונים לא הזכירו קולא זו, וטעמם הוא, כיון דאנן נהיגין בשאר ימות החול להתפלל בזמנה כדין, משום שאין לקולא זו מקור מן הש"ס**, ‹ועי"ל סי' רל"ג ס"א במ"ב›, **איך נסמוך על קולא זו בשבת**), **רק** כשהוא מתפלל מעריב עכ"פ בבהש"מ ובשעת הדחק, אבל לא כשהוא עדיין ודאי יום, **וק"ש** יחזור ויקרא כשהוא ודאי לילה.

ולאכול מיד - הטעם, דכיון דקבל עליו שבת והוסיף מחול על הקודש, נחשב כשבת לענין זה דיכול לקדש ולאכול מיד, ויוכל לגמור סעודתו מבע"י, **ויש** חולקין וסוברין, שיזהר למשוך סעודתו עד הלילה, ויאכל כזית בלילה, **וטעמם**, דכיון דהג' סעודות ילפינן ממה דכתיב: אכלוהו היום כי שבת היום לה' וגו', בעינן שיקיים אותם ביום שבת עצמו, **ולכתחלה** נכון לחוש לדבריהם.

באר הגולה

[טו] **הרא"ש שם והרשב"א שם ותלמידי רבי יונה שם ורי"ו** ‹לשון הרשב"א: שאני התם ומשום טרח צבור, ודוקא לענין תפלה הוא שאין צריך לחזור ולהתפלל, משום דאיכא טירחא דציבורא, אבל לענין מלאכה עושין הן כיחיד, דקבלה בטעות הוא ואינה קבלה לא ליחיד ולא לצבור› [טז] **מרדכי ספ"ב דשבת בשם הגאונים** [יז] ‹ואני עיינתי וראיתי בשבלי הלקט, דרש"י {כן משמע ד"ה הואיל}, וגאונים חולקים על רשב"א והרא"ש, וס"ל דקבלת צבור אפילו בטעות הוי קבלה, וכן פירש בחכמת שלמה דברי תוס', {וס"ל בביאור דברי הגמרא, שמאחר שאין מטריחין את הציבור לחזור ולהתפלל, משמע שתפילתם תפילה, ולכן גם קבלתם הוי קבלה - מ"ב המבואר}. ודברי מרדכי שהביא הב"י שהם היש אומרים שאותן שהדליקו וכו', הבין הב"י ושו"ע דמודים להרא"ש, ולכן דחקו לחלק בין הדלקה לתפילה כמו שיתבאר, ולענ"ד הוא טעות, דמדכתב המרדכי ולא התפללו בטעות אסורין אף אותן שלא הדליקו, דחולק על רשב"א והרא"ש, כי הם ס"ל דגם בהדלקה ותפלה לא הוי קבלה בטעות - א"ר› [יח] **שבלי הלקט שם בשם הגאונים** [יט] **שם מהא דר' יוסי שבת קי"ח** [כ] **שם בשם תוס' והרא"ש מהא דרב צלי של שבת בע"ש ברכות כ"ז**

ואם לאחר שהתפלל מעריב אין עד הלילה חצי שעה, יש ליזהר שלא להתחיל לאכול, אלא ימתין עד הערב ויחזור ויקרא ק"ש בלא הברכות, ואח"כ יאכל, הואיל ולהרבה פוסקים לא יצא ידי חובת ק"ש קודם הלילה, ‹עיין בסימן רל"ה ס"ב, וצ"ע›, **מיהו** הנוהג להקל בזה אין למחות בידו, דיש לו על מי לסמוך, **וכ"ז** לענין היתר אכילה, אבל לענין ק"ש גופא דהוא דאורייתא, אין לסמוך, ויזהר לקרותה בלילה לצאת ידי חובת ק"ש.

(וע"ל סי' רל"ג כילד משערין שיעור פלג המנחה).

אות ט'

מתפלל אדם של מוצ"ש בשבת, ואומר הבדלה על הכוס

סימן רצג ס"ג - [כא]מי שהוא אנוס, כגון שצריך להחשיך על התחום לדבר מצוה - היינו שהולך מביתו מבע"י עד סוף התחום, ויושב שם עד הערב, כדי שמיד שיחשך ילך לדבר מצוה הנחוץ לו, **ומיירי** ששם לא ימצא לו כוס להבדיל עליו, **יכול להתפלל של מו"ש מפלג המנחה ולמעלה** - ומ"מ ימתין מלקרות ק"ש עד צה"כ, ‹דדוקא עם הציבור ראוי להתפלל ולקרות עמהם, [סי' רלה ס"א], הא יחיד טוב שיקרא ק"ש בלילה אחר צה"כ - פמ"ג›, **ולהבדיל מיד, [כב]אבל לא יברך על הנר, וכן אסור בעשיית מלאכה, עד צאת הכוכבים.**

‹וכדי שלא יתפלל בדרך במהלך בלבד, אין לו להקדים להתפלל בביתו, משום דהרי ימתין לקרות ק"ש עד צה"כ, ולא יסמוך גאולה לתפלה, וכבר כתב מ"א, דהעולם סומכין עכשיו אמ"ד סמיכת גאולה לתפלה עדיף מתפלה מעומד›.

ומ"מ כתבו האחרונים, דאין לעשות כן, דדבר תמוה הוא לרבים, גם שמא יבואו להקל במלאכה, **ובפרט** בימינו דנוהגין לעשות תמיד כרבנן שמתפללין מנחה עד הערב, בודאי מדינא אסור להקדים מעריב במו"ש, **ואף** דבע"ש יש שמקילין, היינו משום דמצוה להוסיף מחול על הקודש, משא"כ במו"ש.

אות י'

דאי בעי מצלי כוליה ליליא

רמב"ם פ"ג מהל' תפילה ה"ו - תפלת הערב אע"פ שאינה חובה, המתפלל אותה, [כג]זמנה מתחילת הלילה עד שיעלה עמוד השחר.

אות כ'

הלכה כדברי האומר רשות

טור סימן רלה - וכשיגיע הלילה יתפלל תפלת ערבית, ואינה חובה, שלא נתקנה אלא כנגד איברים ופדרים של תמיד של בין הערבים שלא נתעכלו ביום, שקרבין והולכין כל הלילה; ומ"מ מצוה איכא ואין לבטלה. ורב אלפס כתב, דהאידנא קבעוה חובה ואין לבטלה כלל.

טור סימן רלו - כתב רב נטרונאי, מדברי חכמים אין אומרים בערב אלא שתים לפניה ושתים לאחריה, וכיון שהלכה כרב דאמר תפלת ערבית רשות, תיקנו האחרונים שאחר שאמר: שומר את עמו ישראל לעד, שאומר פסוקים שיש בהם זמירות ושבח, ולומר אחריהם ברכה, ומפסיק בקדיש, כלומר אסתיים תפלה, הרוצה לצאת יצא.

טור סימן רלז - ואומר ש"צ ברכו, ועונין ברוך ה' המבורך, וקורין ק"ש וברכותיה, ויראו עינינו, וקדיש, ומתפללין הציבור בלחש, ואין הש"ץ מחזיר התפלה, וכתב הרמב"ם ז"ל הטעם, לפי שאינה חובה, ואומר קדיש, ונפטרין לבתיהן לשלום.

---

§ מסכת ברכות דף כח. §

אות א'

ונתנה להם רשות לתלמידים ליכנס

יו"ד סימן רמו ס"ז - [א]אין מלמדין תורה לתלמיד שאינו הגון - [ב]‹אלא לתלמיד הגון נאה במעשיו, או לתלמיד תם שאין ברור לנו אם הוא הגון או אינו הגון, אבל אם הוא הולך בדרך לא טובה, זהו תלמיד שאינו הגון - לבוש›, **אלא מחזירין אותו למוטב, ומנהיגין אותו בדרך ישרה, ובודקין אותו, ואח"כ מכניסין אותו לבית המדרש ומלמדין אותו.**

‹ויש לתמוה על זה מההיא מעשה דר"ג בברכות, שהיה מכריז כל תלמיד שאין תוכו כברו אל יכנס לבהמ"ד, וראב"ע לא עשה כן, ומבואר שם דר"ג לאו שפיר עביד, והלכה כראב"ע, ואין תוכו כברו מקרי כשאין בו יראת שמים,

באר הגולה

כא ברכות כ"ז לפי' הטור בשם רב האי והתוס' ורא"ש והמרדכי שם | כב טור | כג ‹משנה (שם דף כ"ו) תפלת הערב אין לה קבע, ובגמרא מאי אין לה קבע, אי לימא דאי בעי מצלי כולה ליליא, ליתני תפלת הערב כל הלילה, אלא מאי אין לה קבע, כמ"ד תפלת ערבית רשות. **ופי'** ה"ר יונה דה"ק, אם איתא דאין בו משמעות אחר אלא שזמנה כל הלילה, ליתני תפלת הערב כל הלילה, ומדלא תני הכי שמעינן דאיכא נמי משמעות אחר, דאתא לאשמועינן שהיא רשות, וא"כ אין לה קבע, ר"ל ב' דברים: שהיא רשות, ושזמנה כל הלילה - כסף משנה› | א **טור ורמב"ם בפ"ד מהלכות תלמוד תורה ה"א, ממימרא דרבי זירא חולין דף קל"ג ע"א** | ב ‹כן הוא לשון הרמב"ם "או לתם", וכתב עליו הכסף משנה: כלומר שאין ברור לנו אם הוא טוב אם לאו, ולמד כן מדאמרינן פרק תפלת השחר, שהיה ר"ג מכריז כל תלמיד שאין תוכו כברו אל יכנס לבית המדרש, ואסיקנא התם שלא הסכימו על ידו›

דלמא מעברין לך אמר לה [לשתמש אינש] יומא חדא בכסא דמוקרא ולמחר ליתבר אמרה ליה לית לך חיורתא ההוא יומא בר תמני סרי שני הוה אתרחיש ליה ניסא ואהדרו ליה תמני סרי דרי חיורתא היינו דקאמר ר' אלעזר בן עזריה *הרי אני כבן שבעים שנה ולא בן שבעים שנה תנא אותו היום סלקוהו לשומר הפתח *ונתנה להם רשות לתלמידים ליכנס שהיה ר"ג מכריז ואומר *כל תלמיד שאין תוכו כברו לא יכנס לבית המדרש ההוא יומא אתוספו כמה ספסלי א"ר יוחנן פליגי בה אבא יוסף בן דוסתאי ורבנן חד אמר אתוספו ארבע מאה ספסלי וחד אמר שבע מאה ספסלי הוה קא חלשא דעתיה דר"ג אמר דלמא ח"ו מנעתי תורה מישראל אחזו ליה בחלמיה חצבי חוורי דמליין קטמא ולא היא ההיא ליתובי דעתיה הוא דאחזו ליה תנא עדיות בו ביום נשנית וכל היכא דאמרינן בו ביום ההוא יומא הוה ולא היתה הלכה שהיתה תלויה בבית המדרש שלא פירשוה ואף ר"ג לא מנע עצמו מבית המדרש אפילו שעה אחת דתנן *בו ביום בא יהודה גר עמוני לפניהם בבית המדרש אמר להם (א) מה אני לבא בקהל א"ל ר"ג אסור אתה לבא בקהל א"ל ר' יהושע מותר אתה לבא בקהל א"ל ר"ג והלא כבר נאמר °לא יבא עמוני ומואבי בקהל ה' א"ל ר' יהושע וכי עמון ומואב במקומן הן יושבין (ג) *כבר עלה סנחריב מלך אשור ובלבל את כל האומות שנאמר °ואסיר גבולות עמים ועתידותיהם שוסתי ואוריד כאביר יושבים *וכל דפריש מרובא פריש אמר לו ר"ג והלא כבר נאמר °ואחרי כן אשיב את שבות בני עמון נאם ה' וכבר שבו אמר לו ר' יהושע והלא כבר נאמר °ושבתי את שבות עמי ישראל ועדיין לא שבו מיד התירוהו לבא בקהל אר"ג הואיל והכי הוה איזיל ואפייסיה לר' יהושע כי מטא לביתיה חזינהו לאשיתא דביתיה דמשחרן א"ל °מכותלי ביתך אתה ניכר שפחמי אתה א"ל אוי לו לדור שאתה פרנסו *שאי אתה יודע בצערן של ת"ח במה הם מתפרנסים ובמה הם נזונים אמר לו נעניתי לך מחול לי לא אשגח ביה עשה בשביל כבוד אבא פייס אמרו מאן ניזיל ולימא להו לרבנן אמר להו ההוא כובס אנא אזילנא שלח להו ר' יהושע לבי מדרשא מאן דלביש מדא ילבש מדא ומאן דלא לביש מדא יימר ליה למאן דלביש מדא שלח מדך ואנא אלבשיה אמר להו ר"ע לרבנן טרוקו גלי דלא ליתו עבדי דר"ג ולצערו לרבנן א"ר יהושע מוטב דאיקום ואיזיל אנא לגבייהו אתא טרף אבבא א"ל מזה בן מזה יזה ושאינו לא מזה ולא בן מזה יאמר למזה בן מזה מימיך מי מערה ואפרך אפר מקלה א"ל ר"ע רבי יהושע נתפייסת כלום עשינו אלא בשביל כבודך למחר אני ואתה נשכים לפתחו אמרי היכי נעביד נעבריה *גמירי מעלין בקדש ואין מורידין נדרוש מר חדא שבתא ומר חדא שבתא אתי לקנאויי אלא לדרוש ר"ג *תלתא שבתי וראב"ע חדא שבתא והיינו דאמר מר *שבת של מי היתה של ראב"ע היתה ואותו תלמיד ר' שמעון בן יוחאי הוה: ושל מוספין כל היום: א"ר יוחנן ונקרא פושע ת"ר *היו לפניו שתי תפלות אחת של מנחה ואחת של מוסף מתפלל של מנחה ואח"כ מתפלל של מוסף שזו תדירה וזו אינה תדירה ר' יהודה אומר מתפלל של מוסף ואח"כ מתפלל של מנחה שזו מצוה עוברת וזו מצוה שאינה עוברת *א"ר יוחנן הלכה מתפלל של מנחה ואח"כ מתפלל של מוסף ר' זירא °כי הוה חליש מגירסיה הוה אזיל ויתיב אפתחא דבי ר' נתן בר טובי אמר כי חלפי רבנן אז איקום מקמייהו ואקבל אגרא נפק אתא ר' נתן בר טובי א"ל מאן אמר הלכה בי מדרשא א"ל הכי א"ר יוחנן אין הלכה כר' יהודה דאמר מתפלל אדם של מוסף ואח"כ מתפלל של מנחה א"ל רבי יוחנן אמרה אמר ליה אין *תנא מיניה ארבעין זמנין א"ל חדא היא לך או חדת היא לך א"ל חדת היא לי משום דמספקא לי בר' יהושע בן לוי: אריב"ל כל המתפלל תפלה של מוספין לאחר שבע שעות לר' יהודה עליו הכתוב אומר °נוגי ממועד אספתי ממך היו מאי משמע דהאי נוגי לישנא דתברא הוא כדמתרגם רב יוסף תברא אתי על שנאיהון דבית ישראל על דאחרו זמני מועדיא דבירושלים א"ר אלעזר כל המתפלל תפלה של שחרית לאחר ארבע שעות לר' יהודה עליו הכתוב אומר נוגי ממועד אספתי ממך היו מאי משמע דהאי נוגי לישנא דצערא הוא דכתיב °דלפה נפשי מתוגה רב נחמן בר יצחק אמר מהכא °בתולותיה נוגות והיא מר לה

רב

דברים כג | ישעיה י | ירמיה מט | עמוס ט | צפניה ג | תהלים קיט | איכה א

רש"י

ה"ג דלמא מעברין לך אמר לה יומא חדא בכסא דמוקרא ולמחר ליתבר ול"ג מעלין בקדש: **כסא דמוקרא.** *כוס זכוכית יקרה שקורין לה בלשון ישמעאל ערקי"א והאומרים בני אדם במשל הדיוט יום אחד ישתמש בו בעליו ויתכבד בו ואם ישבר ישבר: **לית לך חיורתא.** אין לך שערות לבנות של זקנה ונאה לדרשן להיות זקן: **י"ח דרי חיורתא.** י"ח שורות של זקנה: **קא חלשא דעתיה דר"ג.** כשראה שנתוספו היום תלמידים רבים והיה דואג שלא יענש במה שמנעם בימיו מלבא: **דמליין קטמא.** כלומר אף אלו אינם ראויים: **תלויה.** בספק שלא פירשוה מתוך שרבו התלמידים רב החדוד והפלפול: **לאשיתא דביתיה דמשחרן.** כותלי ביתו של ר' יהושע שהיו שחורות: **שפחמי אתה.** עושה פחמים וי"א נפח: **נעניתי לך.** דברתי למולך יותר מן הראוי: **דלביש מדא.** הרגיל ללבוש המעיל ילבש כלומר הרגיל בנשיאות יהיה נשיא: **מזה בן מזה.** כהן בן כהן יזה את מי חטאת: **אפר מקלה.** אפר הקלוי בתנורים ובכירות כלומר אפר סתם: **שבת של מי היתה.** במסכת חגיגה: **ואותו תלמיד.** ששאל תפלת ערבית רשות או חובה רשב"י הוא: **ונקרא פושע.** המאחר כ"כ: **מתפלל של מנחה.** מאחר שהגיע זמנה כדי להקדימה בתחלת זמנה שלא יקרא פושע גם עליה: **ואח"כ של מוספין.** הואיל ואיחר *זמנה אינו עובר דהא אמרי רבנן ושל מוספים כל היום: **שזו מצוה עוברת.** ר' יהודה לטעמיה דאמר עד שבע שעות ותו לא: **כי חלפי רבנן.** תלמידים היוצאים מבית ר' נתן: **מאן אמר הלכה בי מדרשא.** מי מבני הישיבה אמר בבית המדרש שהלכה כר' יהודה: **חדא היא לך או חדת היא לך.** אחת היא לך שלא למדת דבר משמו של ר' יוחנן אלא זו בלבד לכך חביבה היא לך או חדשה היא לך שהיית סבור שאחד מן האחרים אמרה: **ס"ג א"ל חדת היא לי דמספקא לי בר' יהושע בן לוי.** סבור הייתי שר' יהושע בן לוי אמרה: אמר ריב"ל גרסי' ול"ג דאמר: **ממועד.** מחמת שהעבירו מועדי התפלות וחגים יהיו נוגים ואסופים וכלים: נח

תוספות

ושל מוספין כל היום. הקשה הרב רבינו שמשון ז"ל דאמרי' בפרק תמיד נשחט (דף נח.) מוספין בשש בזיכין בשבע וכ"ת ה"מ למצוה אבל דיעבד כל יומא נמי זמניה הוא הרי *בתמורה (ס"ב ד' יד) משמע שהמוספין היו כשרין עם התמיד ונקטרין עמו. ותירץ דהתם איירי בשבת*:

הלכה מתפלל של מנחה ואח"כ מתפלל של מוסף. מכאן יש ליזהר ביוה"כ להתפלל תפלת שחרית קודם שש שעות ומחצה דהיינו קודם שיגיע שעת המנחה דאל"כ היו צריכין להתפלל תפלת המנחה קודם והר"י אומר דאינו צריך דהא דקאמר שיתפלל תפלת המנחה קודם היינו כשיש לו לעשות צרכיו שלא יוכל להתפלל תפלת המנחה בזמנה וצריך להתפלל שניהם מיד כגון שהיה לו לילך לסעודה גדולה כמו לנשואין ומתיירא שמא ימשוך בסעודתו או שישתכר אבל אם היה לו שהות להתפלל אחר תפלת מוסף תפלת המנחה בזמנה אין לו להקדים תפלת המנחה אלא יתפלל כסדר מוסף ואח"כ מנחה:

כדמתרגם רב יוסף על דאחרו זמני מועדיא. ואי משתעי ברגלים אין שייך לומר לשון איחור שהרי אין להם תשלומין אלא ע"כ בתפלה משתעי קרא:

כיון

עין משפט נר מצוה

לג א מיי' פ"ד מהלכות ת"ת הלכה א טוש"ע יו"ד סי' רמו סעיף ז: [נ"ל ביומא ד' ע. כ"כ המג"א סימן רפ"א]

עיין רש"ל ורש"א

לד ב מיי' פי"ב מהל' איסורי ביאה הלכה כה סמג לאוין קטז טוש"ע אה"ע סימן ד סעיף י:

לה ג מיי' פ"א מהל' ת"ת הלכה ט ופ"י מהל' מתנות עניים הלכה יח:

לו ד מיי' פ"א מהל' מלכים הל' ז טוש"ע י"ד סימן רמה סעיף כב בהגהה:

לז ה ו מיי' פ"ג מהל' תפלה הלכה ה סמג עשין יט טוש"ע או"ח סימן רפו סעיף א:

לח ז מיי' שם הל' יא טוש"ע שם סעיף ד:

לט ח שם סעיף א:

מס' ידים פ"ד משנה ד'

[יומא סד: יבמות טז: כתובות טו. קדושין עג. זבחים עג.]

[יותר נכון לגרוס תרתי וכ"ה בהקדמת הרמב"ם לפי' המשניות ביבמות]

חגיגה ג.

[לעיל כז.]

מסורת הש"ס

[ומי' פירש"י לקמן לח. ד"ה כסא]

לעיל פ"א דף יב:

[דוגמתו יומא עב:]

נ"ל וזמנה רש"ל

[יומא כו. וע' תוס' מגילה יב: ותוס' יבמות עו: וכתוס' ס. ד"ה מנימין]

ס"א ואוי לה לספינה שאתה קברניטה

[יומא יב: פג. מגילה ט: כה: הוריות יב: שבת כא:]

[תמיד לא: מנחות לט. לט. ושם מסיק לה מקרא וצ"ע לשון גמירי]

[זבחים יב. נא.]

[פסחים עב. מגילה ז: כתובות כב:נ.]

הגהות הב"ח

(א) גמ' אמר להם (מה אני) תא"מ. ונ"ב ס"א מותר: (ג) שם במקומן הן יושבין ואלא כבר:

רב נסים גאון

וזה שאמרו כל בו ביום דאמרינן ההוא יומא איתמר. יש במשנה הרב' מזה הענין כגון האי דתנן במס' ידים (פ"ג מ"ה) אמ' ר' שמעון בן עזאי מקובל אני מפי ע"ב זקנים ביום שהושיבו את ר' אלעזר בן עזריה בראש ששיר השירים וקהלת מטמאין את הידי' אמר ר' עקיבא חס ושלום וכו' (פ"ד מ"א) בו ביום נמנו וגמרו על עריבת [הרגלים] בו ביום אמרו [משנה ג] כל הזבחים כו' ובתוספתא [ידים פ"ב] בו ביום עמד יהודה גר עמוני: אמר רבן גמליאל השתא איזיל ואפייסיה לר' יהושע אזל חזינהו לאשיתא דביתיה דהוו קא משחרן כו'. ופירשו בגמרא דבני מערבא אזל ואשכח לר' יהושע יתיב עביד מחטין אמר ליה מן אילין את חיי אמר לית ער כדון את בעי מידע. אוי לדור שאתה פרנסו. והאי דאמר ליה עשה בשביל כבוד בית אבא כלומר בשביל הלל הזקן וזקני שהיה מזרע דוד כדגרסינן בפ' יציאות השבת (דף טו) הלל ושמעון גמליאל ושמעון נהגו נשיאותן בפני הבית ק' שנה וזה רבן גמליאל הנזכר בכאן הוא בנו של רבן שמעון בן גמליאל שהוא רביעי להלל הזקן דהוי ליה רבן גמליאל חמישי להלל ובנו רבן שמעון ששי להלל ובנו ר' יהודה הנשיא שהוא רבי והוא רבינו הקדוש הוי שביעי להלל הזקן ואיתא במסכת שבת בפרק במה בהמה (דף נו) רבי דאתי מרור מתפך בזכותיה דדוד ובגמרא דפרק אחרון דתענית דבני מערבא (הלכה ב) אמרי אמר לוי מגילת יוחסין מצאו בירושלים וכתוב בה הלל מן דדוד ואיתא בפ' אע"פ שאמרו בכתובות (ד' סב) ברקן במשפחות רבי אתי משפטיה בן אביטל. והאי דאמרינן אעפ"כ לא עברוה לר' אלעזר בן עזריה פירשו בתלמוד ארץ ישראל אלא מינו אותו אב בית דין והיינו דאמר מר שבת של מי היתה של ר' אלעזר בן עזריה היתה ואיתא בפירקא קמא דחגיגה (דף ג) תנו רבנן מעשה בר' יוחנן בן ברוקא ור' אלעזר חסמא שהלכו לתקביל את פני ר' יהושע בפקיעין אמר להם מה חידוש היה היום בבית המדרש אמרו לו תלמידיך אנחנו ומימיך אנו שותין אמר להן אעפ"כ אי אפשר לבית המדרש בלא חידוש שבת של מי היתה אמרו לו שבת של ר' אלעזר בן עזריה:

גליון הש"ס גמ' מכותלי ביתך. עיין תשב"ץ ח"א ענין קמב: שם ונקרא פושע. עיין לקמן (דף מ"ג ע"ב): שם כי הוה חליש מגירסא. עיין עירובין (דף כ"ח ע"ב):

כדמוכח ביומא ע"ש, והרי ודאי הוא אינו הגון, **וצ"ל** דזה שאין תוכו כברו, יכול להיות שילמוד לשם איזו פנייה, דבזה במשך הזמן מתוך שלא לשמה בא לשמה, ותלמיד שאינו הגון הוא הלומד לקנתר או להוציא דברי תורה לענינים אחרים, כדמחלק התוס' בפסחים בנוגע מה שאמרו, דהלומד שלא לשמה נוח לו שלא נברא, ומ"מ היה להם להטור והשו"ע לבאר, וצ"ע - ערוה"ש›.

אות ב'

מותר אתה לבא בקהל

אבה"ע סימן ד ס"י - [ג]**האידנא נתבלבלו כל האומות, לפיכך עמוני ומואבי ואדומי שנתגיירו, מותרין לבא בקהל מיד, דכל דפריש מרובא פריש, ואנו תולים שהוא מרוב אומות שהם מותרים מיד.** [ד]**להרמב"ם הוא הדין למצרי;** [ה]**ולהרא"ש, מצרי באיסורו עומד.**

אות ג'

במה הם מתפרנסים ובמה הם נזונים

רמב"ם פ"א מהל' תלמוד תורה ה"ט - **גדולי חכמי ישראל היו מהן חוטבי עצים, ומהן שואבי מים, ומהן סומים, ואעפ"כ היו עוסקין בתלמוד תורה ביום ובלילה, והם מכלל מעתיקי השמועה איש מפי איש מפי משה רבינו.**

רמב"ם פ"י מהל' מתנות עניים הי"ח - **לעולם ידחוק אדם עצמו ויתגלגל בצער, ואל יצטרך לבריות, ואל ישליך עצמו על הצבור, וכן צוו חכמים ואמרו: עשה שבתך חול ואל תצטרך לבריות; ואפילו היה חכם ומכובד והעני, יעסוק באומנות, ואפילו באומנות מנוולת, ולא יצטרך לבריות, מוטב לפשוט עור בהמות נבלות, ולא יאמר לעם: חכם גדול אני, כהן אני, פרנסוני, ובכך צוו חכמים; גדולי החכמים היו מהם חוטבי עצים, ונושאי הקורות, ושואבי מים לגנות, ועושי הברזל והפחמים, ולא שאלו מן הצבור, ולא קיבלו מהם כשנתנו להם.**

אות ד'

מזה בן מזה יזה

יו"ד סימן רמה סכ"ב - **ומי שהוחזק לרב בעיר, אפילו החזיק בעצמו באיזה שררה, אין להורידו מגדולתו אף על פי שבא לשם אחר גדול ממנו (ריב"ש); אפילו בנו ובן בנו לעולם קודמים לאחרים, כל זמן שממלאים מקום אבותיהם ביראה והם חכמים קצת (רמב"ם פ"א מהלכות מלכים).**

ובמקום שיש מנהג לקבל רב על זמן קצוב, או שמנהג לבחור בכל פעם מי שירצו, הרשות בידם (כל בו).

אבל כל שקבלו הקהל עליהם, וכל שכן אם עשו ברצון השררה, אין לשום גדול בעולם להשתרר עליו ולהורידו (שם בריב"ש).

אות ה' – ו'

ושל מוספין כל היום

ונקרא פושע

סימן רפו ס"א - [ו]**זמן תפלת מוסף מיד אחר תפלת השחר** - כמו קרבן מוסף שזמנו לכתחלה אחר התמיד, (וגם המתפללין כותיקין, או שמתפלל ביחיד, יתפלל מיד אחר שחרית).

[ז]**ואין לאחרה יותר מעד סוף ז' שעות** - דעיקר זמן הקרבת המוסף היה לכתחלה עד סוף שבע.

(ומשמע דעד שש ומחצה יכול לאחר ואח"כ להתפלל, ולכאורה לדעת המחבר לקמן בדעה א', הלא יוצרך להתפלל מנחה מקודם, ותהיה התפלה שלא כסדר הקרבה, אף אם יתפלל מוסף ג"כ בתוך שבע, וי"ל דמ"מ פושע לא מקרי, כיון שעיקר התפלה לא איחר זמנה, אבל לכתחלה בודאי נכון ליזהר שלא יבא לזה לדעה זו).

ואם התפלל אותה אחר שבע שעות, נקרא פושע, ואעפ"כ יצא י"ח, מפני שזמנה כל היום. [ח]**ואם שכח ולא התפלל עד שעבר כל זמנה, אין לה תשלומין** - כיון שנזכר בה קרבן מוסף, וקרבן מוסף אין לה תשלומין, **משא"כ** שארי תפלות שלא נזכר בהם קרבן כלל, יש להן תשלומין כמ"ש סי' ק"ח.

אות ז'

הלכה: מתפלל של מנחה ואחר כך מתפלל של מוסף

סימן רפו ס"ד - [ט]**היו לפניו שתי תפלות, א' של מנחה וא' של מוספין, כגון שאיחר מלהתפלל תפלת מוסף עד ו' שעות (ומחלה, טור), שהוא זמן תפלת מנחה, צריך להתפלל של מנחה תחלה ואח"כ של מוסף** - [י]שמנחה הוא תדיר. **הגה:**

באר הגולה

ג משנה ד' פ"ד דמס' ידים ומייתי לה בברכות דף כח ע"א ד שם בסופ"ב ה טור בשם אביו הרא"ש שם מפסקיו, שסובר מצרים שבו למקומן, שנתן להם הכתוב קצבה, כדכתיב מקץ מ' שנה אקבץ, הכי תניא בתוספתא דידיה, וכ"כ ה"ה בשם הרמב"ן, ובב"ח הכריע כדעת הרמב"ם ו תוס' ‹כו. ד"ה תפלת השחר› והרא"ש ור' יונה רפ"ד דברכות ורמב"ם ז ברכות כ"ח כר' יוחנן ‹"ונקרא פושע"›, וכרבי יהושע בן לוי ‹וכן הביא הב"י מריב"ל, וקשה, דהא ריב"ל אמר כן אליבא דר' יהודה, ואנן פסקינן כת"ק וכדלקמן› ח טור בשם רשב"ם ותוס' ורא"ש ורבינו יונה ריש פ"ד דברכות ט שם וכת"ק י ‹עיין מה שפי' רש"י, וז"ל הבית אפרים: ואין כוונת רש"י ליתן טעם לקדימת מנחה למוסף, דבאמת אין בזה בנותן טעם, דמאי חזית דחיישת לפשיעה דמנחה ניחוש לפשיעה דמוסף, דלמא כשיתרשל עוד יעבור היום ולא יתפלל, ומוסף גרע שאין לו תשלומין, אלא ודאי שטעם קדימת מוסף למנחה הוא כמו

ומיהו אם הקדים של מוסף, יצא (ב"י בשם הרשב"א) - דהא דתדיר קודם, הוא רק למצוה ולכתחלה, ולא לעיכובא בדיעבד.

(**ואם** איחר עד סמוך לשבע, מסתפק הפמ"ג, דאולי בזה בכל גווני מוסף קודם לכו"ע, דלא יעבור על מצותו הראויה ויהיה פושע).

[יא] **וי"א דהיינו דוקא שצריך עתה להתפלל שתיהן, כגון שרוצה לאכול ואסור לו לאכול עד שיתפלל מנחה, אבל אם א"צ עתה להתפלל מנחה, יכול להקדים של מוסף.**

ולפי מה דמסיק הרמ"א לעיל בסימן רל"ב ס"ב בהג"ה, אין לאסור לאכול קודם מנחה כשהגיע זמן מנחה גדולה, אלא בסעודה גדולה, **וסעודת** שבת לא מקרי סעודה גדולה, כי אם סעודת נשואין או ברית מילה, ולא חיישינן שמא יפשע, **ובפרט** האידנא דסומכין על קריאה לבהכ"נ למנחה, א"צ להתפלל עתה מנחה.

הגה: ומיהו אם הגיע מנחה קטנה, יתפלל מנחה תחלה (הר"י והרא"ש בשם ירושלמי) - ואם הוא סמוך לערב, ואין לו שהות להתפלל שתיהן, יתפלל מוסף, דמנחה יש לה תשלומין בערבית, משא"כ במוסף - מ"א, **ובספר** דגול מרבבה חולק עליו מהירושלמי שמפורש להיפוך, וכן הקשה עליו בספר בית מאיר, **ובחידושי** הגרע"א מיישבו בדוחק.

[יב] **ויש מי שהורה שאין עושים כן בצבור להקדים תפלת מנחה לתפלת מוסף, כדי שלא יטעו** - פי' בשאר ימים, להתפלל מנחה קודם מוסף אפילו קודם חצות.

אות ח'

[יג] **כל המתפלל תפלה של מוספין לאחר שבע שעות וכו'**

סימן רפו ס"א - עיין לעיל אות ה' - ו'.

באר הגולה

ששנו חכמים, תדיר ושאינו תדיר תדיר קודם, {וכמ"ש כאן בגמ'}, רק שבא ליתן טעם דמה בכך שתדיר הוא, מ"מ למה פסקינן ליה להאי שיתפלל מנחה עכשיו, והרי בשאר ימות השנה אין חוששין לזה ומאחרין כשירצה עד זמן מנחה קטנה, וא"כ גם עתה יאחר עד זמן ההוא ואין בכך כלום, לזה כתב רש"י הטעם שמצווין לו להקדים בתחלת זמנה, אע"פ שיש שהות הרבה עדיין, מ"מ כיון דהאי גברא ע"כ פושע הוא על תפלת מוסף כיון ששהה עד שעת המנחה, ולמיחש מיבעיא פן יפשע גבר גם על תפלת המנחה, הלכך מצרכינן ליה להתפלל מנחה תיכף בתחלת זמנו, ואין מורין לו שימתין עד זמן מנחה קטנה, ועצלנותו גרמה לזה, שחוששין דאי מורינן ליה שיתפלל מנחה אח"כ יפשע בה כאשר פשע בתפלת המוסף, כנלענ"ד› [יא] **תוס' ורא"ש שם בשם הר"י ור' יונה והרשב"א** [יב] **טור בשם הרמב"ם** [יג] ‹וקשה מה דמתיין כן על ריב"ל, הא ריב"ל אמר כן אליבא דר' יהודה, ואנן פסקינן כת"ק›

עין משפט
גר מצוה

לט א ב מיי' פ"י מהל' תפלה הלכה יו סמג עשין יט טוש"ע או"ח סימן ל סעיף י:
מ ג מיי' פ"ו שם הלכה ד סמג שם טוש"ע או"ח סימן רפו סעיף ג:
מא ד מיי' וסמג שם טור שו"ע א"ח סי' רלב סעיף ג:
מב ה מיי' פ"י מהל' ברכות הלכה כג כד סמג עשין כז טוש"ע א"ח סי' קי סעיף ח:
מג ו טור ושו"ע או"ח סימן א סעיף א:
מד ז מיי' פ"ב מהל' תפלה הלכה ב סמג עשין יט טור שו"ע א"ח סי' קי סעיף א:
מה ח ט מיי' פ"ה שם הלכה יב סמג שם טוש"ע א"ח סימן קיג סעיף ד:
מו י כ מיי' שם טוש"ע שם סעיף ה:

מסורת
השים

לא על לפרקא דרב יוסף. שהיה ראש הישיבה בפומבדיתא והיה דורש בשבת קודם תפלת המוספין ולאחר הדרשה היו הולכים לבית הכנסת ומתפללים תפלת המוספין: **בצבור שנו**. אם הוא בבהכ"נ עם הצבור לא יקדים להתפלל: **מתני' מה מקום**. כלומר מה טיבה: **גמ' ולא אכשל**. וישמחו חברי על כשלוני הרי רעות שתים שיבאו על ידי שאגרום להם *שיענשו: **מיושבי קרנות**. חנוונים או עמי הארץ שעוסקים בדבר שיחה: **מההגיון**. לא תרגילום במקרא יותר מדאי משום דמשכא. לשון אחר משיחת ילדים: **דעו לפני מי וכו'**. כדי שתתפללו ביראה ובכוונה: **עמוד הימיני**· שני עמודים העמיד שלמה באולם שם הימני יכין ושם השמאלי בועז (מלכים א ז) הימיני לעולם חשוב: **פטיש**. המפולץ פי"ק בלע"ז: **אוסרני**. חובש אותי: **מיתת עולם**. לעוה"ב: **שני דרכים**. מאימת משפטו אם לדין מוליכין אותי לפניו: **עד כאן**. בתמיה כלומר ולא יותר ממורא בשר ודם: **ולואי**. שיהא כמורא בשר ודם שאם כן תחדלו מעבירות הרבה: **עבירה**. בסתר ממורא הבריות ויודע שהכל הוא גלוי להקב"ה ואינו מניח בכך: **מפני הטומאה**. טומאת אהל המת בכל הבית: **לחזקיהו שבא**. אלי ללוותי: **מתני' מעין שמנה עשרה**· בגמרא מפרש: **הושע ה' וכו'**. זו תפלה קצרה: **בכל פרשת העבור כו'**. מפרש בגמרא: **אם אינו יכול לירד**. שאין לו מי שיאחז את חמורו: **יחזיר את פניו**. לצד ירושלים: **באסדא**. כמו ותשם בסד רגלי (איוב יג) בית הסהר שקורין ליפ"ש בלע"ז. לשון אחר עצים הקשורים זה עם זה הרבה יחד ובלשון מקרא קורא אותם רפסודות (ד"ה ב) ובלע"ז רדיי"ל ובלשון אשכנז ולו"ס ומשיטן בנהר להוליכן ממקום למקום ויכולין להלך עליהן כמו בספינה: **גמ' הבו לה' בני אלים** שהוא רמז לאבות וגבורות וקדושת השם כדאמרינן בראש השנה (דף לב.) מנין שאומרים אבות ת"ל הבו לה' בני אלים כו': **שיתפקקו**. שיראו הפקקים הם הקשרים כמו ששנינו* (ב"ב פ:) בקנים ובגפנים מן הפקק (ב) שלמעלה והיא הקשר שחלל הקנה פקוק וסתום שם: **איסר**. שני קמטים אחד מלמטה ואחד מלמעלה וכאיסר רוחב בשר באמצע: **דמצער נפשיה**. שהוא ניכר שחפץ לכרוע אלא שהוא מצטער: **ביבנה**. לאחר זמן מרובה: **הפקולי**· מוכר פקולי צמר גפן שקורין קוטו"ן:

תורה אור

כיון שהגיע זמן תפלת המנחה אסור לטעום כלום וכו'. ואית ליה לרבי יהושע מפסיקין ואפילו מן האכילה ולא היא:
לייט

רב אויא חלש ולא אתא לפרקא דרב יוסף למחר כי אתא בעא אביי לאנוחי דעתיה דרב יוסף א"ל מ"ט לא אתא מר לפרקא א"ל דהוה חליש לבאי ולא מצינא א"ל אמאי לא טעמת מידי ואתית א"ל לא סבר לה מר להא דרב הונא דאמר רב הונא אסור לו לאדם שיטעום כלום קודם שיתפלל תפלת המוספין א"ל איבעי ליה למר לצלויי צלותא דמוספין ביחיד ולטעום מידי ולמיתי א"ל ולא סבר לה מר להא דא"ר יוחנן "אסור לו לאדם שיקדים תפלתו לתפלת הצבור א"ל לאו אתמר עלה א"ר אבא "בצבור שנו ולית הלכתא "לא כרב הונא ולא "כריב"ל כרב הונא הא דאמרן כריב"ל דאריב"ל *כיון שהגיע זמן תפלת המנחה אסור לו לאדם שיטעום כלום קודם שיתפלל תפלת המנחה: **מתני'** ר' נחוניא בן הקנה היה מתפלל בכניסתו לבית המדרש וביציאתו תפלה קצרה אמרו לו מה מקום לתפלה זו אמר להם בכניסתי אני מתפלל שלא יארע דבר תקלה על ידי וביציאתי אני נותן הודאה על חלקי: **גמ'** ת"ר "בכניסתו מהו אומר יהי רצון מלפניך ה' אלהי שלא יארע דבר תקלה על ידי ולא אכשל בדבר הלכה וישמחו בי חברי ולא אומר [א] על טמא טהור ולא על טהור טמא ולא יכשלו חברי בדבר הלכה ואשמח בהם ביציאתו מהו אומר מודה אני לפניך ה' אלהי ששמת חלקי מיושבי בית המדרש ולא שמת חלקי מיושבי קרנות שאני משכים והם משכימים אני משכים לדברי תורה והם משכימים לדברים בטלים אני עמל והם עמלים אני עמל ומקבל שכר והם עמלים ואינם מקבלים שכר אני רץ והם רצים אני רץ לחיי העולם הבא והם רצים לבאר שחת: ת"ר °כשחלה ר' אליעזר נכנסו תלמידיו לבקרו אמרו לו רבינו למדנו אורחות חיים ונזכה בהן לחיי העולם הבא אמר להם הזהרו בכבוד חבריכם ומנעו בניכם מן ההגיון והושיבום בין ברכי תלמידי חכמים וכשאתם מתפללים דעו לפני מי אתם עומדים ובשביל כך תזכו לחיי העולם הבא וכשחלה רבי יוחנן בן זכאי נכנסו תלמידיו לבקרו כיון שראה אותם התחיל לבכות אמרו לו תלמידיו נר ישראל עמוד הימיני פטיש החזק מפני מה אתה בוכה אמר להם אילו לפני מלך בשר ודם היו מוליכין אותי שהיום כאן ומחר בקבר שאם כועס עלי אין כעסו כעס עולם ואם אוסרני אין איסורו איסור עולם ואם ממיתני אין מיתתו מיתת עולם ואני יכול לפייסו בדברים ולשחדו בממון אעפ"כ הייתי בוכה ועכשיו שמוליכים אותי לפני ממ"ה הקב"ה שהוא חי וקיים לעולם ולעולמי עולמים שאם כועס עלי כעסו כעס עולם ואם אוסרני איסורו איסור עולם ואם ממיתני מיתתו מיתת עולם ואיני יכול לפייסו בדברים ולא לשחדו בממון ולא עוד אלא שיש לפני שני דרכים אחת של גן עדן ואחת של גיהנם ואיני יודע באיזו מוליכים אותי ולא אבכה אמרו לו רבינו ברכנו אמר להם יהי רצון "שתהא מורא שמים עליכם כמורא בשר ודם אמרו לו תלמידיו עד כאן אמר להם ולואי תדעו כשאדם עובר עבירה אומר שלא יראני אדם. בשעת פטירתו אמר להם פנו כלים מפני הטומאה והכינו כסא לחזקיהו מלך יהודה שבא: **מתני'** רבן גמליאל אומר בכל יום ויום מתפלל אדם שמנה עשרה רבי יהושע אומר מעין י"ח ר"ע אומר "אם שגורה תפלתו בפיו מתפלל י"ח ואם לאו מעין י"ח ר"א אומר העושה תפלתו קבע אין תפלתו תחנונים ר' יהושע אומר ההולך במקום סכנה מתפלל תפלה קצרה ואומר הושע ה' את עמך את שארית ישראל בכל פרשת העבור *יהיו צרכיהם לפניך ברוך אתה ה' שומע תפלה היה רוכב על החמור ירד ויתפלל ואם אינו יכול לירד יחזיר את פניו ואם אינו יכול להחזיר את פניו יכוין את לבו כנגד בית קדשי הקדשים היה מהלך בספינה או באסדא יכוין את לבו כנגד בית קדשי הקדשים: **גמ'** °הני י"ח כנגד מי א"ר הלל בריה דר' שמואל בר נחמני *כנגד י"ח אזכרות שאמר דוד °הבו לה' בני אלים רב יוסף אמר כנגד י"ח אזכרות שבקריאת שמע (א) א"ר תנחום אמר רבי יהושע בן לוי כנגד שמונה עשרה חוליות שבשדרה: ואמר ר' תנחום אמר רבי יהושע בן לוי "המתפלל צריך שיכרע עד שיתפקקו כל חוליות שבשדרה עולא אמר "עד כדי שיראה איסר כנגד לבו רבי חנינא אמר "כיון שנענע ראשו שוב אינו צריך אמר רבא "והוא דמצער נפשיה ומחזי כמאן דכרע הני תמני סרי תשסרי הוויין אמר רבי לוי ברכת הצדוקים ביבנה תקנוה כנגד מי תקנוה א"ר לוי לרבי הלל בריה דרבי שמואל בר נחמני כנגד °אל הכבוד הרעים לרב יוסף כנגד אחד שבקריאת שמע לר' תנחום א"ר יהושע בן לוי כנגד חוליא קטנה שבשדרה: ת"ר *שמעון הפקולי הסדיר י"ח ברכות לפני רבן גמליאל על הסדר ביבנה אמר להם ר"ג לחכמים כלום יש אדם שיודע לתקן ברכת הצדוקים עמד שמואל הקטן ותקנה לשנה אחרת שכחה

והשקיף

[פ' כתי"ע]
שבת דף ע:
[תענית כה: ב"ק פא.]
נ"י ויהיו
תוספתא פ"ג תהלים כט
שם
מגילה יז:

הגהות הגר"א

[א] גמ' ולא אומר על טמא טהור ולא על טהור טמא. כל זה נ"ל למעלה קודם ולא אכשל:

רב נסים גאון

רבן גמליאל אומר בכל יום אדם מתפלל י"ח. בתלמוד ארץ ישראל הזכירו עוד טעמים אחרים (כעין) [אולי צ"ל על שתקנו] י"ח תוספת על מה שיש בתלמודינו דאמרינן ר' חנניה בשם ר' פינחס כנגד י"ח פעמים שאבות כתובין בתורה אברהם יצחק ויעקב אם יאמר לך אדם י"ט הן אמור לו והנה ה' נצב עליו לית הוא מינהון אם יאמר לך אדם י"ז הן אמור לו ויקרא בהן שמי ושם אבותי מינהון הוא ר' שמואל בר נחמני בשם ר' יונתן כנגד י"ח ציווים שכתב בפרשת משכן שני אמר ר' חייא בר ארא ובלבד מן ואתו אהליאב בן אחיסמך עד סופיה דסיפרא: היה יושב בספינה או באסדא. בגמ' דבני מערבא גרסי היא אסדא היא רפסודות דכתיב (דברי הימים ב ב) תביאם לך רפסודות על ים יפו:

הגהות הב"ח

(א) גמ' אזכרות שבק"ש ר' תנחום א"ר יהושע בן לוי אמר כנגד: (ב) רש"י ד"ה שיתפקקו וכו' מן הפקק ולמעלה:

גליון הש"ס

גמ' כשחלה ר"א. במס' דרך ארץ רבה פ"ג איתא ר"א בן עזריה. וע"ש עוד איזה שינויים: שם הני י"ח כנגד מי. עי' מדרש תנחומא ר"פ ויקא עוד איזה טעמים. ושם איתא דריב"ל אמר נגד י"ח אזכרות שאמר דוד בהבו לה' בני אלים:

§ מסכת ברכות דף כח: §

אות א' - ב'

אסור לו לאדם שיקדים תפלתו לתפלת הצבור בצבור שנו

סימן צ ס"י - [א]כשעומד עם הצבור, אסור לו להקדים תפלתו לתפלת ציבור - אע"ג דבסעיף הקודם כתב, דאפילו הוא בביתו יכוין לשעה שהצבור מתפללין, **היינו** כדי שתהא תפלתו נשמעת, אבל איסורא ליכא אי מקדים לתפילת צבור, אבל כשעומד עם הצבור ומקדים, איסורא נמי איכא, **ועיין** בא"ח שכתב הטעם, מפני שהוא כמבזה את הצבור, **ומשמע** בגמ', דאפי' אם הוא רוצה לעשות זה בשביל לימוד התורה, כגון שיש לו שיעור קבוע ללמוד תורה אצל אחד.

ואפי' רוצה לצאת חוץ לבהכ"נ, כ"כ המ"א בשם הריב"ש, **אבל** בספר מאמ"ר כתב, דאין מדברי הריב"ש ראיה, ומסיק דאין בו איסור דמקדים תפלתו, אלא דלאו שפיר עביד, דמפסיד מיהא תפלת הצבור.

כתב הב"ח, דאם צריך הוא למהר תפלתו, כגון שיוצא לדרך, יצא מבהכ"נ ויתפלל בביתו, **ואפשר** דבשביל לימוד התורה ג"כ מותר לעשות כן, וכן משמע בספר מאמר מרדכי, **אך** שם איירי לענין תפילת מוסף, ואפשר דה"ה לענין שחרית.

איתא בגמרא, דאם חלש לבו, יכול להתפלל בביתו קודם הצבור, ובבהכ"נ אף זה אסור, **ועיין** סימן קי"ד ס"ב, דאם הוא חולה או אנוס, אף בבהכ"נ שרי, כ"כ הב"ח והפרישה שם.

[ב]אא"כ השעה עוברת, ואין הציבור מתפללין לפי שמאריכים בפיוטים או לסבה אחרת - משמע דאז אפי' בבהכ"נ שרי, וכן מוכח לשון תר"י, **והב"ח** פסק, דוקא שהזמן קצר כ"כ, שבעוד שילך לביתו יעבור זמן תפלה, **אבל** אם יש זמן, ילך לביתו ויתפלל ביחיד.

(אבל בלא שעה עוברת, יתפלל הפיוטים והתחינות עם הציבור, ולא יפרוש מן הציבור אפי' לעסוק בד"ת, וע"ל סי' ס"ח).

אות ג'

לא כרב הונא

סימן רפו ס"ג - [ג]מותר לטעום קודם תפלת המוספין, דהיינו אכילת פירות, או אפילו פת מועט - דהיינו כביצה, דכ"ז הוא בכלל אכילת עראי, **וכ"ש** אם אוכל מיני תרגימא מחמשת המינים דשרי, [**ועד** כמה נקרא אכילת ארעי, עיין בסי' תרל"ט לגבי סוכה, וה"ה הכא], **אפילו טעימה שיש בה כדי לסעוד הלב** - דהיינו שאוכל פירות הרבה, דאכילת פירות לא מקרי קבע.

ואע"ג דלאחר תפלת שחרית כבר נתחייב בקידוש, ואסור לאכול ולשתות מקודם, ואין קידוש אלא במקום סעודה, **י"ל** דדי כשישתה כוס יין אחר הקידוש, ‹אם אין לו מה' מינים - שונה הלכות›, דגם זהו מקרי סעודה, כנ"ל סי' רע"ג, ואח"כ יאכל הפירות, **או** כשאין לו יין כ"כ, יש לסמוך [בקידוש של שחרית] על הפוסקים דס"ל, דדי כשישתה כל הכוס יין של קידוש שמחזיק רביעית, דזהו מקרי ג"כ קידוש במקום סעודה.

(**ואפילו** בכהן שצריך לישא כפיו במוסף, ג"כ מותר לשתות רביעית יין שלנו, דבודאי יש בו ג"כ מים, ועיין לעיל בסימן קכ"ח סל"ח, מה שכתבנו שם במ"ב אודות יין שרף).

כתב בא"ר והובא בשע"ת, דאם חלש לבו ואין לו יין ולא שאר דבר לקדש עליו, רשאי לאכול פירות וה"ה מיני תרגימא מה' מינים קודם מוסף, [ד]אף בלי קידוש, **אבל** בלא"ה אין להקל.

[ה]אבל סעודה אסורה - [ו]ונראה דאם חלש לבו, יכול גם פת לאכול עד שתתיישב דעתו, אף שהוא יותר מכביצה.

אות ד'

ולא כרבי יהושע בן לוי

סימן רלב ס"ג - [ז]והא דאסור לאכול סעודה קטנה, היינו כשקובע לסעודה; אבל לטעום, דהיינו אכילת פירות, מותר - אפי' כבר הגיע זמן מנחה קטנה, ואפי' אם אוכל הרבה פירות, דזה לא מקרי סעודה, **ותבשיל** העשוי מחמשת המינים, גם כן מותר אם אינו קובע עלייהו.

[ח]וה"ה לאכול פת כביצה, כדרך שאדם אוכל בלא קבע, מותר - כביצה ולא יותר, **וכתב** המ"א, דבשתיה יותר מכביצה נמי אסור, **אף** דלענין אכילה חוץ לסוכה חשיב עראי אף ביותר מכביצה, בזה דהחשש הוא שמא ימשך, וזה שייך בשתיה יותר אם הוא משקה המשכר, **וסתם** משקה מותר לשתות אפילו הרבה.

אות ה'

בכניסתו מהו אומר, יהי רצון מלפניך וכו'

סימן קי ס"ח - הנכנס לבית המדרש יתפלל: יר"מ ה' אלהינו ואלהי אבותינו שלא אכשל בדבר הלכה וכו' - ואין בה חתימה. **האר"י** ז"ל היה אומרה בכל בוקר, והיה אומר אח"כ: כי ד' יתן חכמה מפיו דעת ותבונה, גל עיני ואביטה נפלאות מתורתך.

באר הגולה

[א] **ברכות כ"ח** [ב] **רבי יונה והרא"ש** [ג] **שם כ"ח דלא כרב הונא** [ד] ‹דיש לסמוך בזה על הראב"ד, דמותר לטעום קודם קידוש של יום. ועוד דבזה יש לסמוך על הנחלת צבי שכתב, דלא חל קידוש קודם מוסף - א"ר› [ה] ‹אע"פ שאין הלכה כרב הונא דאמר אסור לאדם שיטעום כלום קודם המוספין, מ"מ צריך להתפלל אותה קודם אכילה, כדאיתא במסכת תעניות בפרק ג' פרקים, גבי נשיאות כפים, שחרית ומוסף דלא שכיחי בהו שכרות, אלמא אין דרך לאכול קודם, וכ"כ ר"ח התם, שמעינן מכאן דאין אדם רשאי לאכול עד אחר תפלת מוסף, הלכך לא שכיח בה שכרות - טור› [ו] [עיין במ"א מש"כ בשם הב"ח, דס"ל דמדינא קודם מוסף מותר לקדש ולסעוד, ‹**דמדינא** שרי אפילו סעודה, כיון דלית הלכתא כרב הונא, אלא כיון דאין לאכול שכך נהגו הכל שלא לאכול קודם תפלת מוסף, א"כ נמשך דאין רשאי לאכול משום אל תטוש תורת אמך, **ונ"מ** מהאי פסקא דידן, דמאן דחליש ליביה וקשה עליה טובא להתפלל מוספין מקמי אכילה, שרי ליה לאכול מקמי תפילה, דבהא מילתא מצי אינש להקל כנגד המנהג - ב"ח›, **ואף** שהמ"א מפקפק עליו בזה, והט"ז ועוד אחרונים חולקין עליו בהדיא וסוברין כדעת השו"ע, הכא כיון דחלש לבו יש להקל] [ז] **ברכות כ"ח ע"ב** [ח] **טור**

כתב ט"ז, דה"ה מי שיושב ללמוד ביחידות, ובפרט אם הגיע להוראה, צריך להתפלל שלא יטעה בלימוד ובהוראה, לומר על טמא טהור ועל אסור מותר, **וטוב** לומר נוסח אחד קצר כולל הרבה, וזהו: יר"מ ה' או"א שתאיר עיני במאור תורתך, ותצילני מכל מכשול וטעות, הן בדיני איסור והיתר, הן בדיני ממונות, הן בהוראה הן בלימוד, גל עיני ואביטה נפלאות מתורתך, ומה ששגיתי כבר העמידני על האמת, ואל תצל מפי דבר אמת עד מאוד, כי ד' יתן חכמה מפיו דעת ותבונה, **וכשהוא** לומד בחבורה, צריך לבקש ג"כ שלא ישמח בתקלתם, ולא ישמחו בתקלתו, וכדאיתא בגמרא.

וביציאתו יאמר: מודה אני לפניך ה' אלהי, ששמת חלקי מיושבי בית המדרש - וה"ה העוסק בתורה ביחידות כל היום, צריך לומר כן בכל ערב אחר גמר לימודו.

כתב הרמב"ם: ואלה שתי תפלות חובה, ויש לו להתפלל יושב או עומד כמו שיזדמן לו, ולא יחזור פניו למזרח ולא למערב, ולא יעשה השתחויה וכו', עי"ש, והביאו הא"ר ושארי אחרונים.

אות ו'

שתהא מורא שמים עליכם כמורא בשר ודם

סימן א ס"א - [ט]יתגבר כארי לעמוד בבוקר לעבודת בוראו - כי לכך נברא האדם, כמו שאמר הכתוב: כל הנקרא בשמי ולכבודי בראתיו וגו', **[י]שיהא הוא מעורר השחר** - ואף אם ישיאנו יצרו בחורף לומר: איך תעמוד בבוקר כי הקור גדול, או ישיאנו בקיץ לומר: איך תעמוד ממטתך ועדיין לא שבעת משנתך, יתגבר עליו ואל ישמע לו, ויחשוב בנפשו אילו היה נצרך לעמוד לשרת לפני מלך בשר ודם, כמה היה זהיר וזריז לעמוד בהשכמה להכין עצמו לעבודתו, כ"ש וק"ו בן בנו של ק"ו לפני מלך מלכי המלכים הקב"ה.

ומיד כשיתעורר משנתו ואינו רוצה לישן, יטול ידיו אף שנשאר מושכב, ומכ"ש שלא ילך ד"א בלי נטילת ידים, וצריך מאד ליזהר בזה, ובזוה"ק מפליג עבור זה בענשו למאד, כי הוא משהה על עצמו רוח הטומאה.

ומ"מ חלילה לעבור שום איסור עבור חסרון נט"י, כגון לעצור עצמו מלהשתין עי"ז, או ליקח מים שהכין חבירו עבור עצמו, אם לא שברור לו שיתן תיכף תמורתם אחרים, ויש שנכשלין בזה.

אם אירע כשמשכים בלילה, שאין לו מים ליטול ידיו ג"פ כראוי להעביר רוח הטומאה, אעפ"כ חלילה לו לבטל מד"ת משום זה עד שיאיר היום, אלא יטול מעט, או ינקה ידיו בכל מידי דמנקי, ויברך וילמוד כדין התלמוד והפוסקים.

אם אירע שהמים רחוקים, ואין לו מי שיקרבם אליו, נהגו קצת מבעלי הנפש שהולכים פחות פחות מד"א, **וכתב** השערי תשובה ע"ז דלא נהירא, דעדיף יותר שילכו במרוצה, שלא להשהות רוח רעה על ידיו.

י"א דלענין זה אמרינן, כולא ביתא כד' אמות דמי, **אבל** אין לסמוך ע"ז כי אם בשעת הדחק.

(נכון מאד ליזהר לומר קודם כל ג' תפלות, הודאת ה"יהי רצון" המבואר בירושלמי, דהיינו בשחרית: מודה אני לפניך ד' או"א שהוצאתני מאפלה לאורה, ובמנחה: מודה אני וכו', שכשם שזיכיתני לראות כשהחמה במזרח כך זכיתי לראותה במערב, בערבית: יה"ר כו' כשם שהייתי באפילה והוצאתני לאורה, כן תוציאני מאפילה לאורה). ושום אחד מהפוסקים לא הביאו זה - ערוה"ש.

בשל"ה כתב סוד: לחבר יום ולילה בתורה או בתפלה, הן בבוקר הן בערב.

הגה: ועכ"פ לא יאחר זמן התפלה שהצבור מתפללין - היינו אעפ"י שלא יעבור זמן תפלה, מ"מ מצוה עם הצבור.

הגה: שויתי ה' לנגדי תמיד, הוא כלל גדול בתורה ובמעלות הצדיקים אשר הולכים לפני האלהים, כי אין ישיבת האדם ותנועותיו ועסקיו והוא לבדו בביתו, כישיבתו ותנועותיו ועסקיו והוא לפני מלך גדול; ולא דבורו והרחבת פיו כרצונו והוא עם אנשי ביתו וקרוביו, כדבורו במושב המלך; כל שכן כשישים האדם אל לבו שהמלך הגדול הקב"ה, אשר מלא כל הארץ כבודו, עומד עליו ורואה במעשיו, כמו שנאמר: אם יסתר איש במסתרים ואני לא אראנו נאם ה', מיד יגיע אליו היראה וההכנעה בפחד השי"ת ובושתו ממנו תמיד (מורה נבוכים).

דהיינו שיצייר בנפשו תמיד איך שהוא עומד לפני הש"י, כי הקב"ה מלא כל הארץ כבודו. **וכתבו** בשם האר"י ז"ל, שיצייר שם הוי"ה תמיד נגד עיניו בניקוד "יִרְאָה", וזהו סוד "שויתי ה' לנגדי תמיד", וזה תועלת גדול לענין היראה.

ויש שהיו רגילין מחמת זה לעשות מנורות של קלף מצויירים להניח בסידורים, וכותבים בהם "שויתי ה'" וגו' בן ד' אותיות, ושארי שמות, ומנורה כזה היתה נקראת בשם "שויתי", והטעם הוא בכדי שיהיה נזכר שלא לשיח שיחה בטלה בתוך התפלה מאימת השם, **וכתב** בשע"ת שראוי לאזור חיל לבטל המנהג, כי ע"פ הרוב אינם משמרים את הקלף כראוי, ותשתפכנה בראש כל חוצות, וגם כמה פעמים בא לידי מחיקת השם, **ונראה** דבמנורות הגדולות המצויירות על קלף שקובעים בבהכ"נ לפני העמוד תחת טבלא של זכוכית, שאין שייך בזה טעם הנ"ל, לית לן בה, עכ"ל, **והקובעין** בעמוד בלא טבלא יש למחות בידם, כי ע"י הנרות שקובעין בעמוד, בא ברוב העתים לידי מחיקת השם ח"ו.

(**הרוצה** לקיים "שויתי" כראוי, יזדרז לקיים מה שנכתוב בשם ספר החינוך, וז"ל: שש מצות חיובן תמידי, לא יפסקו מעל האדם אפילו רגע אחד כל ימיו, וכל זמן וכל רגע שיחשוב בהן קיים מצות עשה, ואין קץ למתן שכר המצות, ואלו הם):

(**א.** להאמין שיש אלוה אחד בעולם שהמציא כל הנמצאות, ומחפצו ורצונו הוא כל מה שהוא עכשיו, ושהיה ושיהיה לעדי עד, ושהוא הוציאנו ממצרים ונתן לנו התורה, וזהו מצות עשה, דכתיב: אנכי ה'

באר הגולה

ט טור | י ירושלמי

אלהיך אשר הוצאתיך וגו', ופירושו: תדעו ותאמינו שיש לעולם אלוה המשגיח, שהרי הוצאתיך מארץ מצרים).

(**ב.** שלא נאמין בשום אלהים זולתו, שנאמר: לא יהיה לך אלהים אחרים על פני, ואפילו מודה שהקב"ה שולט על הכל, רק שידמה בדעתו שמסר הנהגת העולם למלאך או לכוכב, ה"ז מודה בע"ז, ועובר על: לא יהיה לך אלהים אחרים על פני, אלא יאמין שהקב"ה בעצמו ובכבודו משגיח בכל העולמות, ואין לשום נברא כח לעשות דבר בלתי רצונו, ולכן נקרא הקב"ה "אלהי האלהים").

(**ג.** לייחדו, שנאמר: שמע ישראל ה' אלהינו ה' אחד, ופירושו: שמע ישראל ודע, כי ה' שהווה את הכל ברצונו, והוא אלהינו המשגיח בכל העולמות, הוא ה' אחד בלי שום שיתוף).

(**ד.** לאהוב המקום ב"ה, שנאמר: ואהבת את ה' אלהיך וגו', וכיצד יגיע האדם לאהבה, הוא ע"י התורה, וכדאיתא בספרי: לפי שנאמר "ואהבת", איני יודע כיצד לאהוב את המקום, ת"ל: והיו הדברים האלה אשר אנכי מצוך היום על לבבך, שמתוך כך אתה מכיר את מי שאמר והיה העולם, כלומר שע"י ההתבוננות בתורה יכיר את גדולתו של הקב"ה, שאין לו ערך ולא קץ, ותתיישב האהבה בלבו בהכרח, **וענין** המצוה, שיראה האדם להשים כל מגמתו וכל מחשבתו אחר אהבת הש"י, ויעריך בלבו, כי כל מה שיש בעולם מעושר ובנים וכבוד, הכל הוא כאין נגד אהבתו ית', וייגע תמיד בבקשת חכמת התורה, למען ישיג ידיעה בה', **והקובע** את מחשבתו בעניינים הגשמיים ובהבלי העולם שלא לשם שמים, רק להתענג ולהשיג כבוד, ביטל עשה זו וענשו גדול).

(**ה.** להיות יראת הש"י על פניו תמיד לבלתי יחטא, וע"ז נאמר: את ה' אלהיך תירא, ומי שבא דבר עבירה לידו, חייב להעיר רוחו ולתת אל לבו באותו הפרק, שהקב"ה משגיח בכל מעשי בני אדם, אף אם יהיו במחשך מעשיהם, וישיב להם נקם לפי רוע המעשה, וכדכתיב: אם יסתר איש במסתרים ואני לא אראנו נאום ה' וגו').

(**ו.** שלא נתור אחר מחשבת הלב וראיית העינים, שנאמר: ולא תתורו אחרי לבבכם וגו', ואמרו חכמים: "אחרי לבבכם" זו אפיקורסות, "ואחרי עיניכם" זו זנות, **ובכלל** אפיקורסות הוא כל מחשבות זרות שהם היפך דעת התורה, **ובכלל** זנות הוא מי שהוא רודף אחר תאות העולם, מבלי שיכוין בהם כלל לכוונה טובה, כלומר שלא יעשה אותם כדי שיעמוד בריא ויוכל להשתדל בעבודת בוראו, רק כוונתו תמיד להרבות תענוגים גדולים לנפשו. **כ"ז** לקטתי מלשונו הנחמד בקצרה, וקילורין הם לעינים, ואשרי המקיימם כראוי).

ולא יתבייש מפני בני אדם המלעיגים עליו בעבודת הש"ת - ועכ"פ לא יתקוטט עמהם, מפני שמדת העזות מגונה מאד, ואין ראוי להשתמש ממנה כלל אפילו בעבודת הש"י, כי יקנה קנין בנפשו להיות עז אפילו שלא במקום עבודתו ית'.

(**אבל** אם הוא עומד במקום שיש אפיקורסים המתקוממים על התורה, ורוצים לעשות איזה תקנות בעניני העיר, ועי"ז יעבירו את העם מרצון ה', ופתח בשלום ולא נשמעו דבריו, מצוה לשנאתם ולהתקוטט עמהם, ולהפר עצתם בכל מה שיוכל).

וכן אם הוא אדם בינוני עומד במקום גדולים, לא יתבייש מהם ללמוד ולעשות המצוה, **אך** אם אפשר לו לעשות המצוה שלא בפניהם טוב יותר, **ומיהו** בפני בינונים שילמדו ממנו, י"ל טוב יותר לעשות בפניהם, שילמדו ממנו לעשות כמעשהו, **אך** יכוין לבו לשם שמים ולא להתפאר חלילה.

גם בהלכו לכת - ר"ל אף בשעה שהוא בביתו בהצנע, ג"כ יהיה לכתו עם ה' אלהיו, וכמו שמסיים והולך, **ובשכבו על משכבו, ידע לפני מי הוא שוכב, ומיד שיעור משנתו יקום בזריזות לעבודת בורא יתברך ויתעלה (טור)** - לאו דוקא, אלא ישהה מעט, ולא יעמוד פתאום, כי זה מזיק לגוף.

טוב לומר תיכף בקומו: מודה אני לפניך מלך חי וקיים, שהחזרת בי נשמתי בחמלה, רבה אמונתך, **ותיבת** "בחמלה" יהיה באתנחתא, "ורבה אמונתך" בלי הפסק, והוא מן הכתוב: חדשים לבקרים וגו', שהקב"ה מקיים אמונתו להחזיר נשמות המופקדים בבוקר, **וא"צ** לזה נט"י, ואף אם ידיו מטונפות, כי אין מזכיר בזה הנוסח לא שם ולא כינוי, **ומ"מ** ללמוד נראה דאסור קודם שנטל ידיו, ובלא"ה אסור קודם ברכת התורה.

אות ז'

אם שגורה תפלתו בפיו מתפלל י"ח, ואם לאו מעין י"ח

סימן קי ס"א - [יא]בשעת הדחק, כגון שהוא בדרך, או שהיה עומד במקום שהוא טרוד, וירא שיפסיקוהו - קאי ג"כ אדלעיל כשהוא בדרך, וירא שיפסיקוהו עוברי דרכים, דאל"ה אפילו בדרך טוב יותר שיתפלל כל הי"ח ברכות בהליכה או בישיבה, וכדלעיל בסימן צ"ד, מלהתפלל "הבינו" בעמידה. **[יב]או שלא יוכל להתפלל בכוונה תפלה ארוכה** – (ר"ל מפני רוב טרדותיו או שהוא חולה).

[יג]מתפלל אחר ג' ראשונות: הבינו, ואומר אחריה ג' אחרונות - ו"הבינו" כוללת כל הברכות האמצעיות, ועיין בטור וב"י את נוסחה ופירושה.

אבל שלא בשעת הדחק, [יד]אמרינן בגמרא דאביי לייט אמאן דמתפלל "הבינו", **ומ"מ** בדיעבד יצא ואין צריך לחזור ולהתפלל, **והא"ר** מחמיר אפילו בדיעבד.

וכתבו האחרונים, דאם רואה שהזמן תפלה עוברת אם יתפלל ארוכה, מותר לכתחלה להתפלל "הבינו", **והיינו** בימות החמה.

(**וכהיום** אין נוהגין להתפלל "הבינו" מחמת הטרדה, ונ"ל הטעם לזה, דלכאורה קשה על הדין דשו"ע, מלעיל סימן ק"א ס"א, דאיתא

באר הגולה

[יא] טור [יב] ‹כמ"ש במתני' כ"ח: וכר"ע דהלכה כמותו - גר"א› [יג] ברכות כ"ח וכ"ט [יד] ‹וזהו שכתב שם לייט עלה אביי כו', אע"ג דבכולא סוגיא משמע דמותר, כמש"כ שם כל השנה כולה כו', ושם ל. כנ"ל, אלא דלייט אשלא בשעת הדחק - גר"א›

שם דאם אינו יכול לכוין את לבו בכולם, יכוין את לבו עכ"פ ב"אבות", ומשמע דעי"ז ממילא מותר להתפלל כל התפילה, כיון שהוא אנוס שאינו יכול לכוין, **אך** די"ל דכאן דמיירי דשבעה ברכות יכול לכוין, לכך התירו לו להתפלל "הביננו" ולא יותר, כדי שיכלול כל השמ"ע בקצרה ובכונה, אבל שם מיירי דלא יכול לכוין אפילו אלו הז' ברכות, לכך לא התירו לו לקצר, **ע"כ** ניחא דלא נהגו היום ב"הביננו", שאנו חוששין שאפילו הז' לא יכוין, **א"נ** מפני שאם באנו לקצר כהיום מחמת טרדה, לא נתפלל לעולם תפילה שלמה מפני רוב הטרדה בעו"ה).

וצריך לאמרה מעומד - שהיא במקום תפלת ח"י בשעת הדחק, כיון שהיא כוללת כולן, **והעדיפו** כח תפלה זו לענין זה יותר משמ"ע שמותר להתפלל במהלך בדרך, משום דאם יצטרך לעמוד יהיה טרוד ולא יוכל לכוין, **משא"כ** בזה דקצרה היא לא יטרד ע"י עמידתו.

ואם עבר והתפללה במיושב, נשאר הפמ"ג בספק, דאפשר דצריך לחזור ולהתפלל במעומד כשבא לביתו.

וכשיגיע לביתו אין צריך לחזור ולהתפלל.

ואינו מתפלל "הביננו" בימות הגשמים, ולא במו"ש ויו"ט - אלא מתפלל י"ח, ואם הפסיקוהו, עיין לעיל בסי' ק"ד ס"ה ובמ"ב.

בימות הגשמים מפני שצ"ל "ותן טל ומטר" בברכת השנים, ובמוצ"ש ויו"ט צ"ל הבדלה, **ואפילו** אם ירצה לכללם בברכת "הביננו", ג"כ אינו רשאי, והטעם עיין בב"י [טו]ובמ"א, **ועיין** בפמ"ג שמסתפק לומר, דאפילו בדיעבד אם התפלל "הביננו" באלו הימים וכלל בתוכן, אפשר דלא יצא, דעבר על תקנת חז"ל.

עיין בח"א שכתב, דדוקא "הביננו" אסור, אבל לקצר כל ברכה וברכה ולכלול בתוכם שאלה והבדלה, מותר אם הוא חולה, או שעת הדחק גדול, (כדלקמן סימן ק"ד ס"א), והנוסח עיין שם.

(**עיין בחידושי רע"א שמסתפק לענין מו"ש ויו"ט, אם השעה עוברת, י"ל דבזה במו"ש ויו"ט מוטב שיתפלל "הביננו" ולא יזכיר הבדלה, דעכ"פ בדיעבד יצא בעלמא בלא הבדלה, ממה שלא יתפלל כלל).**

אות ח' – ט'

המתפלל צריך שיכרע עד שיתפקקו כל חוליות שבשדרה

עד כדי שיראה איסר כנגד לבו

סימן קיג ס"ד - [טז]המתפלל, צריך שיכרע עד שיתפקקו כל חוליות שבשדרה - פקק הוא לשון קשר, ור"ל שמחמת הכריעה בולטים הקשרים של החוליות. **[יז]ולא יכרע באמצע מתניו וראשו ישאר זקוף, אלא [יח]גם ראשו יכוף כאגמון** - (וה"ה בכריעה שעושה אחר שסיים תפלתו, נמי דינא הכי).

אות י' – כ'

כיון שנענע ראשו שוב אינו צריך

והוא דמצער נפשיה ומחזי כמאן דכרע

סימן קיג ס"ה - [יט]ולא ישחה כ"כ עד שיהיה פיו כנגד חגור של מכנסים - דמיחזי כיוהרא, ששוחה יותר משיעור שחיה.

ואם הוא זקן או חולה ואינו יכול [כ]לשחות עד שיתפקקו, כיון שהרכין (פי' שהשפיל) ראשו, דיו, מאחר שניכר שהוא חפץ לכרוע אלא שמצער עצמו.

---

§ מסכת ברכות דף כט. §

אות א' – ב'

טעה בכל הברכות כלן, אין מעלין אותו; בברכת המינים

מעלין אותו, חיישינן שמא מין הוא

לא שנו אלא שלא התחיל בה, אבל התחיל בה גומרה

סימן קכו ס"א - [א]ש"צ שטעה ודילג אחת מכל הברכות, וכשמזכירין אותו יודע לחזור למקומו, אין מסלקין אותו - אלא שוהין עד שיזכירו אותו, וכשנזכר חוזר למקום שטעה, כמו יחיד הטועה, (ועיין ברמב"ם דמשמע מיניה, [ב]דעד שעה צריך להמתין עליו, **אולם** בשארי פוסקים לא ראיתי שיעור זה, וכן בב"י שהעתיק דברי הרמב"ם, השמיט מיניה תיבת "שעה", וצ"ע). (וה"ה אפילו אם טעה ודילג שתים ושלש ברכות, ג"כ דינא הכי, אלא נקט דבר ההוה).

ולאפוקי אם הזיד ודילג, אפילו בשאר ברכות מסלקין מיד.

מכל הברכות וכו' - ר"ל אפי' אם טעה ודילג ברכת תחיית המתים או בונה ירושלים, אין מסלקין אותו לומר שמא כופר הוא בתחיית המתים, או אינו מאמין בביאת המשיח, אלא תלינן שבשגגה השמיט, והטעם עיין בב"י בשם הרר"י, (דדוקא בברכת המינין איכא למיחש שמא מין הוא ואינו רוצה לקלל את עצמו, אבל בתחיית המתים אע"פ שלא יאמין בה אפשר שיאמר אותה, הואיל ואינו מקלל את עצמו, הילכך כיון שאפשר שיאמר אותה ויהיה מין ולא נוכל להכיר אותו, אפי' כשלא אמר אותה אין מעלין אותו), **ועיין** בט"ז דס"ל, דאם השמיט שתיהם, בודאי אנו צריכין לחוש לזה, ואפי' אם התחיל מסלקין אותו, **ויש** שחולקין עליו.

באר הגולה

טו (שרב האי גאון והרי"ף והרמב"ם והרא"ש כולם פסקו כרב נחמן אמר שמואל, ואע"ג דאסקי בקושיא, כיון דלא אמר תיובתא לא נדחה מהלכה, וכן הסוגיא בכולי תלמודא. **והר"ר** יונה כתב ליישב קושית מר זוטרא, שאם היה כולל ההבדלה, היה נראה שהבדלה היא ברכה בפני עצמה, כיון שתקנו מעין הבדלה כמו שתיקנו מעין שאר הברכות – מחה"ש). (**וא"ת** גבי שאלה נמי נימא האי טעמא, י"ל דבשלמא הבדלה כיון דאיכא ר"ע דסבר דברכה בפני עצמה היא, יבואו לומר דהלכה כר"ע, משא"כ בשאלה ליכא למ"ד ולא יבואו לומר כן – מ"א) **טז ברכות כ"ח** **יז** (תוס' י"ב: ד"ה כרע כו', וכן איתא כו', וכ"כ הרא"ש בשם הערוך על הגמ' וירושלמי הזה, והוא מה שפי' הרא"ש בשם רב האי, עד שיראה איסר כנגד לבו, שיכוף ראשו כאגמון, שאז רואה איסר שמונח כנגד לבו, ולא שישחה גופו וראשו זקוף, טור – גר"א) **יח הרשב"א** **יט הגהות אשר"י** **כ ברכות כ"ח** **א ברכות כ"ט** **ב** (דמשמע ליה לרבינו דלעולם אין המתנה אלא שעה אחת, משום שאמרו במתני' בפ' אין עומדין, העובר לפני התיבה וטעה יעבור אחר תחתיו ולא יהא סרבן באותה שעה, מדקאמר באותה שעה, משמע דשיעורו אינו אלא שעה אחת, והא דהמתינו לשמואל ג' שעות, משום דהוא תקן הברכה וראוי לחלוק לו כבוד זה להמתין לו כל כך – לחם משנה)

והשקיף בה שתים ושלש שעות ולא העלוהו אמאי לא העלוהו והאמר רב יהודה אמר רב *טעה בכל הברכות כלן אין מעלין אותו בברכת הצדוקים מעלין אותו חיישינן שמא מין הוא שאני שמואל הקטן דאיהו תקנה וניחוש דלמא הדר ביה אמר אביי גמירי טבא לא הוי בישא ולא והכתיב °ובשוב צדיק מצדקתו ועשה עול ההוא רשע מעיקרו אבל צדיק מעיקרו לא ולא והא *תנן אל תאמין בעצמך עד יום מותך שהרי *יוחנן כ"ג שמש בכהונה גדולה שמנים שנה ולבסוף נעשה צדוקי *אמר אביי הוא ינאי הוא יוחנן רבא אמר ינאי לחוד ויוחנן לחוד ינאי רשע מעיקרו ויוחנן צדיק מעיקרו הניחא לאביי אלא לרבא קשיא אמר לך רבא צדיק מעיקרו נמי דלמא הדר ביה אי הכי אמאי לא אסקוהו שאני שמואל הקטן דאתחיל בה דאמר רב יהודה אמר רב ואיתימא רבי יהושע בן לוי לא שנו אלא שלא התחיל בה אבל התחיל בה גומרה: הני שבע דשבתא כנגד מי א"ר חלפתא בן שאול כנגד שבעה קולות שאמר דוד על המים הני תשע דר"ה כנגד מי א"ר יצחק דמן קרטיגנין כנגד תשעה אזכרות שאמרה חנה בתפלתה דאמר מר *בראש השנה נפקדה שרה רחל וחנה הני עשרים וארבע דתעניתא כנגד מי א"ר חלבו כנגד כ"ד רננות *שאמר שלמה בשעה שהכניס ארון לבית קדשי הקדשים אי הכי כל יומא נמי נמרינהו אימת אמרינהו שלמה ביומא דרחמי אנן נמי ביומא דרחמי אמרי להו: רבי יהושע אומר מעין שמנה עשרה: מאי מעין שמנה עשרה רב אמר מעין כל ברכה וברכה ושמואל אמר הביננו ה' אלהינו לדעת דרכיך ומול את לבבנו ליראתך ותסלח לנו להיות גאולים ורחקנו ממכאובינו ודשננו בנאות ארצך ונפוצותינו מארבע תקבץ והתועים על דעתך ישפטו ועל הרשעים תניף ידיך וישמחו צדיקים בבנין עירך ובתקון היכלך ובצמיחת קרן לדוד עבדך ובעריכת נר לבן ישי משיחך טרם נקרא [א] אתה תענה ברוך אתה ה' שומע תפלה *לייט עלה אביי אמאן דמצלי הביננו אמר רב נחמן אמר שמואל כל השנה כולה מתפלל אדם הביננו חוץ ממוצאי שבת וממוצאי ימים טובים מפני שצריך לומר הבדלה בחונן הדעת מתקיף לה רבה בר שמואל ונימרה ברכה רביעית בפני עצמה מי לא תנן *ר"ע אומר אומרה ברכה רביעית בפני עצמה ר' אליעזר אומר בהודאה *אטו כל השנה כולה מי עבדינן כר' עקיבא דהשתא נמי נעביד כל השנה כולה מאי טעמא לא עבדינן כר"ע תמני סרי תקון תשסרי לא תקון הכא נמי שבע תקון תמני לא תקון מתקיף לה מר זוטרא ונכללה מכלל הביננו ה' אלהינו המבדיל בין קדש לחול קשיא: אמר רב ביבי בר אביי כל השנה כולה מתפלל אדם הביננו חוץ מימות הגשמים מפני שצריך לומר שאלה בברכת השנים מתקיף לה מר זוטרא ונכללה מכלל ודשננו בנאות ארצך ותן טל ומטר אתי לאטרודי אי הכי הבדלה בחונן הדעת נמי אתי לאטרודי אמרי התם כיון דאתיא בתחלת צלותא לא מטריד הכא כיון דאתיא באמצע צלותא מטריד מתקיף לה רב אשי ונימרה בשומע תפלה דא"ר תנחום אמר רב אסי טעה ולא הזכיר גבורות גשמים בתחיית המתים מחזירין אותו שאלה בברכת השנים אין מחזירין אותו מפני שיכול לאומרה בשומע תפלה והבדלה בחונן הדעת אין מחזירין אותו מפני שיכול לאומרה על הכוס טעה שאני: גופא א"ר תנחום אמר רב אסי טעה ולא הזכיר גבורות גשמים בתחיית המתים מחזירין אותו שאלה בברכת השנים אין מחזירין אותו מפני שיכול לאומרה בשומע תפלה והבדלה בחונן הדעת אין מחזירין אותו מפני שיכול לאומרה על הכוס מיתיבי *טעה ולא הזכיר גבורות גשמים בתחיית המתים מחזירין אותו שאלה בברכת השנים מחזירין אותו והבדלה בחונן הדעת אין מחזירין אותו מפני שיכול לאומרה על הכוס ל"ק הא ביחיד הא בצבור בצבור מ"ט לא משום דשמעה משליח צבור אי הכי האי מפני שיכול לאומרה בשומע תפלה מפני ששומע משליח צבור מיבעי ליה אלא אידי ואידי ביחיד ול"ק °הא דאדכר קודם שומע תפלה

הא

והשקיף. חשב לזכור אותה לשון סוכה כדמתרגמינן וישקף ואסתכי (בראשית יט): **רשע מעיקרו.** ושב מרשעתו פעמים שחוזר ונעשה רשע: **סוף ינאי.** ששנינו בקידושין (פ"ג דף סו) שהרג חכמי ישראל: **ינאי רשע מעיקרו.** ונעשה לדיק וחזר לרשעתו: **דאתחיל בה.** התחיל לאומרה וטעה באמצעיתה: **לא שנו.** הא דאמר רב יהודה מעלין אותו: **שבעה קולות.** במזמור קול ה' על המים (תהלים כט): **שאמרה חנה.** בפרשת עלץ לבי (ש"א ב): **כ"ד רננות.** בפרשת ויעמוד שלמה (מלכים א ח) רנה תפלה תחנה כלהון כ"ד איכא: **ביומא דרחמי.** שהוצרך לבקש רחמים שדבקו שערים זה בזה ולא היו מניחין להכניס ארון לבית קדשי הקדשים כדאמרי' במועד קטן (דף ט.): **מעין כל ברכה.** אומר בקולר ומברך על כל אחת ואחת: **הביננו.** ואינו מברך אלא שומע תפלה בכל הברכות שבין שלש ראשונות לשלש אחרונות הביננו כנגד אתה חונן ומול את לבבנו כנגד השיבנו לסלוח לנו כנגד סלח לנו להיות גאולים כנגד גאולה וכן כולם: **בנאות ארצך.** לשון נוה כמו בנאות דשא ירביצני (תהלים כג) והוא כנגד ברכת השנים: **והתועים על דעתך.** העוברים על דבריך: **ישפטו.** כנגד לדקה ומשפט. לשון אחר והתועים במשפט על דעתך ישפטו השיבם ללמדם לשפוט כדבריך וכן עיקר נראה לי וכן בה"ג: **לייט עלה אביי.** לפי שמדלג הברכות וכוללן בברכה אחת: **כל השנה מי עבדינן כרבי עקיבא.** כלומר כשאנו מתפללין י"ח שלמות מי עבדינן כר' עקיבא לומר ברכה רביעית בפני עצמה דהשתא כשמתפללין הביננו נעביד כותיה: **שבע תקון.** שלש ראשונות ושלש אחרונות והביננו: **ונכללה.** להבדלה: **מכלל.** בתוך הביננו כדרך שהוא כוללה בחונן הדעת ויאמר הביננו ה' אלהינו המבדיל בין קדש לחול לדעת דרכיך: **לאטרודי.** לטעות: **בתחלה.** התפלה יכול אדם לכוין דעתו יותר מן האמצע: **גבורות גשמים.** הזכרה בעלמא היא לפיכך מחזירין אותו שאינה תפלה שיכול לאומרה בשומע תפלה: **ביחיד.** מחזירין אותו: **בצבור.** יחיד המתפלל עם הצבור: **דאדכר קודם ש"ת.** אין מחזירין אותו שיכול לאומרה בשומע תפלה:

תחנונים

לייט עלה אביי אמאן דמצלי הביננו. והכי קי"ל ויש ספרים דמסיק ה"מ במתא אבל בדרך שרי כדמשמע במכילתין (א) גבי רבי יוסי וכו':

ונכללה בהביננו. והא דאמרינן בפ"ק דנדה (דף ח:) כל השנה כולה מתפלל אדם י"ח חוץ ממוצאי יה"כ מפני טורח לבור מפני התעניות וי"א שמתפללים י"ח שלימות מפני שצ"ל הבדלה בחונן הדעת ותימה אמאי לא פריך ונכללה בהביננו וי"ל דלא דמי דהתם כל השנה כולה מתפלל י"ח ואין לנו להקשות ונכללה מכלל כדי לשנות המנהג של כל השנה אבל הכא שכל השנה מתפלל הביננו פריך שפיר למה לי לשנות המנהג בשביל אתה חוננתנו ונכללה בהביננו:

מפני שיכול לאומרה בשו"ת. כדאמר [לקמן לא.] (עו"ג דף ח) שואל אדם צרכיו בשו"ת ודוקא צרכיו כגון שיש לו חולה בתוך ביתו או שצריך שדהו מים דהוא מעין תפלה וכן שאלה אבל הזכרה והבדלה ושאר שבחים אסור שאינה מעין שו"ת ונראה שכל האומר ברוך אתה ה' שו"ת אחר שסיים דברי תחנונים מיושב מגונה כדאמרי' (מגילה דף יח.) מכאן ואילך אסור לספר בשבחו של מקום כלומר להוסיף ברכות על אלו ואפילו אם בא להתפלל שמנה עשרה עוד פעם אחרת אסור שנראה כמוסיף על הברכות והא דאמר לעיל (דף כא.) ולואי שיתפלל אדם כל היום (ב) היינו דוקא ספק התפלל אבל ודאי אוקמינן לעיל שפוסק אפי' באמצע ברכה כשמואל בפרק מי שמתו (שם) ומה ששליח צבור שונה בהן היינו להוציא רבים ידי חובתן ומה שמתפלל בלחש היינו כדי להסדיר תפלתו כדמוקמינן בפרק בתרא דר"ה (דף לד:):

הא

עין משפט נר מצוה

מז א ב מיי' פ"י מהל' תפלה הל' ג סמג עשין יט טוש"ע או"ח סי' קכ"ו סעיף א:

מח ג ד ה מיי' פ"ב שם הל' ג ד סמג שם טוש"ע או"ח סימן קי סעיף א:

מט ו מיי' פ"י שם הל' ח סמג שם טוש"ע א"ח סי' קיד סעיף ה:

נ ז מיי' שם הלכה ט סמג שם טוש"ע א"ח סי' קיז סעיף ד:

נא ח מיי' שם הל' יד סמג שם טוש"ע א"ח סימן רלד סעיף א:

נב ט מיי' שם הל' ט סמג שם טוש"ע א"ח סימן קי"ז סעיף ה:

רב נסים גאון

הני כ"ד דתעניתא כנגד מי אמר ר' חלבו כנגד כ"ד רננות שאמר שלמה. הא מילתא פרשה בתלמוד ארץ ישראל בפירקין ובפרק ב' דתענית (הלכה ב) ר' חלבו ור' שמואל כנגד כ"ד פעמים רנה תפלה תחנה שכתובין בפרשת שלמה ואית בגמרא בפ' משקין בית השלחין (מועד קטן דף ט) ובפרק כל ישראל יש להם חלק (דף קז) כשעה שבנה שלמה את בית המקדש ובקש להכניס ארון לבית קדש הקדשים דבקו שערים זה בזה אמר כ"ד רננות כו':

הגהות הב"ח

(א) תוס' ד"ה לייט וכו' במכילתין. נ"ב לעיל בפ"ק דף ג' וע"ש בתוס' בד"ה היה לך: (ב) ד"ה מפני וכו' היינו דווקא בספק התפלל אבל בוודאי התפלל אוקמינן:

הגהות הגר"א

[א] טרם נקרא אתה תענה. נ"ב כי אתה עונה בכל כו'. גי' רי"ף ורא"ש ועיין רמב"ם:

תורה אור: יחזקאל יח

[אבות פ"ב מ"ד] [יומא ט.] נ"א ואמר [ר"ה יא. יבמות סד:] [שבת ל. מ"ק ט. סנהדרין קז:] [קידושין לג: ושם] לקמן לג. נדה ח. [לקמן לג:] תוספתא פ"ג לעיל כו: לקמן לג. תענית ג.

ודע דמוכח לכו"ע, דאם אנו יודעין שהוא כופר בתחיית המתים, או אינו מאמין בגאולה העתידה, וכ"ש אם אינו מאמין בתורה מן השמים, או בגמול ועונש, לכו"ע אפיקורוס גמור הוא, ואסור להניחו להיות ש"ץ, **ואם** עמד בחזקה, אין עונין אמן אחריו.

אבל אם דילג ברכת המלשינים, מסלקין אותו מיד, שמא אפיקורוס הוא - פי' ואין ממתינין לו שיזכירו אותו, אלא מסלקין אותו מהתיבה מיד, כי שמא נזרקה בו עתה אפיקורסות, ואינו רוצה לקלל עצמו, לכן דילג ברכה זו, **ואפי'** אם היה מוחזק עד עתה לכשר וצדיק, ג"כ חיישינן לזה, [ברכות כ"ט]. **ומ"מ** אין מסלקין אותו מש"ץ משום פעם אחת, כיון שי"ל שטעה.

ודוקא בשדילג כולה, אבל אם דילג ראש הברכה וסיים חתימתה, לא מצינו שמסלקים אותו, **וכן** אם לא רצה לומר "לכופרים", אלא "ולמלשינים", אין מסלקין אותו, מפני שיש מקומות שאומרים לכתחילה "ולמלשינים". (**אפשר דדוקא אם דילג רק אותה לבד, אבל אם דילג אותה ואת חברתה הסמוכה לה, מוכח דבשגגה בא זה לידו**).

(**ונראה** דאם נזכר מעצמו וחזר לברכת "ולמלשינים", אין צריך להורידו, דהרי מוכח דמעיקרא בשגגה היה).

ואם התחיל בה וטעה, אין מסלקין אותו - אפילו שהא בינתים הרבה ולא היה יכול להזכר, אפ"ה תלינן שבשגגה הוא מדהתחיל בה, [גמרא כ"ט].

אות ג' - ד' - ה'

הבינו ה' אלהינו לדעת דרכיך וכו'

כל השנה כולה מתפלל אדם הבינו, חוץ ממוצאי שבת וממוצאי יו"ט, מפני שצריך לומר הבדלה בחונן הדעת

כל השנה כולה מתפלל אדם הבינו חוץ מימות הגשמים, מפני שצריך לומר שאלה בברכת השנים

סימן קי ס"א - [ג]בשעת הדחק, כגון שהוא בדרך, או שהיה עומד במקום שהוא טרוד, וירא שיפסיקוהו - קאי ג"כ אדלעיל כשהוא בדרך, וירא שיפסיקוהו עוברי דרכים, דאל"ה אפילו בדרך טוב יותר שיתפלל כל הי"ח ברכות בהליכה או בישיבה, וכדלעיל בסימן צ"ד, מלהתפלל "הבינו" בעמידה.

[ד]או שלא יוכל להתפלל בכוונה תפלה ארוכה - (ר"ל מפני רוב טרדותיו או שהוא חולה). **[ה]מתפלל אחר ג' ראשונות: הבינו, ואומר אחריה ג' אחרונות** - ו"הבינו" כוללת כל הברכות האמצעיות, ועיין בטור וב"י את נוסחה ופירושה.

אבל שלא בשעת הדחק, [ו]אמרינן בגמרא דאביי לייט אמאן דמתפלל "הבינו", **ומ"מ** בדיעבד יצא ואין צריך לחזור ולהתפלל, **והא"ר** מחמיר אפילו בדיעבד.

וכתבו האחרונים, דאם רואה שהזמן תפלה עוברת אם יתפלל ארוכה, מותר לכתחלה להתפלל "הבינו", **והיינו** בימות החמה.

(**וכהיום** אין נוהגין להתפלל "הבינו" מחמת הטרדה, **ונ"ל הטעם לזה, דלכאורה קשה על הדין דשו"ע, מלעיל סימן ק"א ס"א, דאיתא שם דאם אינו יכול לכוין את לבו בכולם, יכוין את לבו עכ"פ ב"אבות", ומשמע דעי"ז ממילא מותר להתפלל כל התפילה, כיון שהוא אנוס שאינו יכול לכוין, אך די"ל דכאן דמיירי דשבעה ברכות יכול לכוין, לכך התירו לו להתפלל "הבינו" ולא יותר, כדי שיכלול כל השמ"ע בקצרה ובכונה, אבל שם מיירי דלא יכול לכוין אפילו אלו הז' ברכות, לכך לא התירו לו לקצר, ע"כ ניחא דלא נהגו היום ב"הבינו", שאנו חוששין שאפילו הז' לא יכוין, א"נ מפני שאם באנו לקצר כהיום מחמת טרדה, לא נתפלל לעולם תפילה שלמה מפני רוב הטרדה בעו"ה**).

וצריך לאמרה מעומד - שהיא במקום תפלת ח"י בשעת הדחק, כיון שהיא כוללת כולן, **והעדיפו** כח תפלה זו לענין זה יותר משמ"ע שמותר להתפלל במהלך בדרך, משום דאם יצטרך לעמוד יהיה טרוד ולא יוכל לכוין, **משא"כ** בזה דקצרה היא לא יטרד ע"י עמידתו.

ואם עבר והתפלה במיושב, נשאר הפמ"ג בספק, דאפשר דצריך לחזור ולהתפלל במעומד כשבא לביתו.

וכשיגיע לביתו אין צריך לחזור ולהתפלל.

ואינו מתפלל "הבינו" בימות הגשמים, ולא במו"ש ויו"ט - אלא מתפלל י"ח, ואם הפסיקוהו, עיין לעיל בסי' ק"ד ס"ה ובמ"ב.

בימות הגשמים מפני שצ"ל "ותן טל ומטר" בברכת השנים, ובמוצ"ש ויו"ט צ"ל הבדלה, **ואפילו** אם ירצה לכללם בברכת "הבינו", ג"כ אינו רשאי, והטעם עיין בב"י [ז]ובמ"א, **ועיין** בפמ"ג שמסתפק לומר, דאפילו בדיעבד אם התפלל "הבינו" באלו הימים וכלל בתוכן, אפשר דלא יצא, דעבר על תקנת חז"ל.

עיין בח"א שכתב, דדוקא "הבינו" אסור, אבל לקצר כל ברכה וברכה ולכלול בתוכם שאלה והבדלה, מותר אם הוא חולה, או שעת הדחק גדול, (כדלקמן סימן ק"ד ס"א), והנוסח עיין שם.

(**עיין בחידושי רע"א שמסתפק לענין מו"ש ויו"ט, אם השעה עוברת, י"ל דבזה במו"ש ויו"ט מוטב שיתפלל "הבינו" ולא יזכיר הבדלה, דעכ"פ בדיעבד יצא בעלמא בלא הבדלה, ממה שלא יתפלל כלל**).

אות ו'

ולא הזכיר גבורות גשמים בתחיית המתים, מחזירין אותו

סימן קיד ס"ה - [ח]בימות הגשמים, אם לא אמר "מוריד הגשם", מחזירין אותו - אפילו אם אמר "משיב הרוח", **ואפילו** בתפילה ראשונה, והוא במוסף של יו"ט אחרון של חג, לדידן דנוהגין להכריז "משיב הרוח ומוריד הגשם" קודם מוסף.

באר הגולה

[ג] **טור** [ד] ‹כמ"ש במתני' כ"ח: וכר"ע דהלכה כמותו - גר"א› [ה] **ברכות כ"ח וכ"ט** [ו] ‹וזהו שכתב שם לייט עלה אביי כו', אע"ג דבכולא סוגיא משמע דמותר, כמש"כ שם כל השנה כולה כו', ושם ל. כנ"ל, אלא דלייט אשלא בשעת הדחק - גר"א› [ז] ‹עיין לעיל כ"ח: אות ז' בהערה› [ח] **שם**

(עיין בחידושי רע"א דמצדד לומר, דבליל שבת אם שכח לומר "משיב הרוח", דאין מחזירין, דלא גרע מאם היה מתפלל רק מעין שבע דיצא בדיעבד, אף דשם לא הוזכר גשם, וסיים דצ"ע).

[ט]והני מילי שלא הזכיר טל, אבל אם הזכיר טל, אין מחזירין אותו - אפי' אם אמר רק "מוריד הטל" לבד, (ודוקא לאחר שאמר כבר השם של סיום הברכה, אבל אם נזכר קודם סיום הברכה, יחזור ויזכיר גשם). **וטעמו**, דאע"ג דלא נעצר, מ"מ שבח הוא להקב"ה בהזכרתו, **משא"כ** בשאלה, דצריך לשאול על דבר הנעצר, לא מהני אם לא שאל מטר, אף ששאל טל.

אות ז'

שאלה בברכת השנים, מחזירין אותו

סימן קיז ס"ד - [י]אם לא שאל מטר בימות הגשמים, מחזירין אותו, אע"פ ששאל טל - עיין במ"א ובשע"ת שכתבו, דאם נזכר קודם שהתחיל "תקע בשופר", אומרו שם, **ובסי'** קי"ד בבה"ל הארכנו בזה, ובירנו דיותר טוב שיאמר בשומע תפלה, דבזה יצא לכו"ע, עתה מצאתי בספר קיצור ש"ע, שפסק ג"כ הכי, **ואם** נזכר קודם שסיים ברכת השנים, יאמר במקום שנזכר, **אך** אם נזכר אחר "כשנים הטובות", יחזור ויאמר "וברך שנתנו כשנים הטובות", כדי שיהיה מעין חתימה סמוך לחתימה, **וטוב** יותר שיתחיל "ותן טל ומטר" ויגמור כסדר.

אבל אם שאל מטר ולא טל, אין מחזירין אותו.

אות ח'

והבדלה בחונן הדעת, אין מחזירין אותו, מפני שיכול לאומרה על הכוס

סימן רצד ס"א - [יא]אומרים הבדלה ב"חונן הדעת" - ואפילו אם נזדמן שהבדיל על הכוס מקודם, מ"מ צריך להבדיל בתפלה ג"כ, **ואי** עיקר מצות הבדלה היא דאורייתא או דרבנן, עיין במה שנכתוב לקמן ריש סימן רצ"ו.

וקבעוה בברכה זו, מפני שאסור לתבוע צרכיו קודם הבדלה, [**ויש** עוד טעם, מפני שהיא ברכת חכמה, דהיינו להכיר בין קדש לחול, קבועה בברכת חכמה]. **מנהג** פשוט לומר "אתה חונן" וכו' עד "לאנוש בינה", ואח"כ "אתה חוננתנו" וכו', "וחננו מאתך" וכו', **ואם** התחיל מ"אתה חוננתנו" ואילך, יצא, [דהלא יש בה גם מעינן הברכה].

ואם טעה ולא הבדיל, משלים תפלתו ואינו חוזר, מפני שצריך להבדיל על הכוס - היינו דלכתחלה מצוה להבדיל בין בתפלה ובין בכוס, והכא בדיעבד סומך עצמו על מה שיבדיל אח"כ על הכוס, **ומ"מ** אסור לעת עתה במלאכה עד שיבדיל בכוס, או שיאמר עכ"פ "המבדיל בין קודש לחול", וכמ"ש סוף סימן רצ"ט.

אות ט'

הא דאדכר קודם שומע תפלה, הא דאדכר בתר כו'

סימן קיז ס"ה - [יב]אם לא שאל מטר, ונזכר קודם "שומע תפלה", אין מחזירין אותו, ושואל ב"שומע תפלה" - ר"ל בברכת "שמע קולנו", קודם "כי אתה שומע", שמתוקנת לשאול בה כל הבקשות, **אבל** הזכרת "משיב הרוח", קי"ל דאם שכח חוזר, משום דהזכרה שבח הוא, ואין מקומה בזו הברכה שמתוקנת לבקשה.

(ואם היה לו תענית וצריך לומר "עננו", יאמר השאלה קודם "עננו") (אבודרהם) - דשאלה חמורה מ"עננו", דאם לא אמרה מחזירין אותו, משא"כ ב"עננו".

ואם לא נזכר עד אחר "שומע תפלה", [יג]אם לא עקר רגליו, חוזר לברכת השנים; ואם עקר רגליו, חוזר לראש התפלה; ואם השלים תפלתו ואינו רגיל לומר תחנונים אחר תפלתו, אע"פ שעדיין לא עקר רגליו, כעקורים דמי - וה"ה אם רגיל לומר תחנונים, וסיים תחנוניו ואמר אחריהם הפסוק "יהיו לרצון" וגו', שבאמירת פסוק זה עשה היסח הדעת מלומר עוד תחנונים, ונשלמה תפלתו, אע"פ שלא התחיל עדיין "עושה שלום".

ואם נזכר אחר שחתם "שומע תפלה", קודם שהתחיל "רצה", נראה שאומר "ותן טל ומטר", ואחר כך אומר "רצה" - ואם נזכר אחר שאמר "בא"י", יסיים "למדני חוקיך", ויאמר "ותן טל ומטר", ואח"כ "כי אתה שומע" וכו'.

(**לכאורה** נראה דה"ה אם חיסר בשאר ברכה דבר שהוא מעיקר הברכה, כגון שחיסר ענין קיבוץ גליות בברכת "תקע בשופר", שנקראת במגילה על שם זה, ג"כ יכול להשלים בברכת "שומע תפלה", דלא מיעטו רק דבר שהוא מענין שבח, כגון הזכרה והבדלה, ושאר שבחים שאינם ענין תפלה ובקשה, משא"כ בזה, וגם אפילו בהבדלה גופא פסק המ"א, דאם יודע שלא יהיה לו כוס להבדיל, ושכח לומר הבדלה ב"חונן הדעת", יאמרנה ב"שומע תפלה", כדי שלא יצטרך לחזור, א"כ ה"ה בזה, **אח"כ** מצאתי בפמ"ג, דאם דילג איזה תיבות שהוא מענין הברכה, אין יכול להשלימו ב"שומע תפלה", וטעמו, דלא דמי לשאלה והבדלה, דזה איננו נוסח קבוע תמיד, לכך תקנו לזה תקנה. **ודע**, דלדעת הגר"א דס"ל דהעיקר תלוי בחתימה, יצא, ואפילו השלמה א"צ, כי מיבעי לי לפי דעת השו"ע).

(**ובדילג** הברכה לגמרי, אין שום נ"מ בין נזכר קודם "שומע תפלה" או אח"כ, דאין רשאי לכלול ב"שומע תפלה", **ואם** הוסיף איזה דבר שהוא מקלקל את הברכה, כגון שאמר "טל ומטר" בימות החמה וכה"ג, בזה בודאי אין לו שום תיקון ב"שומע תפלה").

באר הגולה

[ט] טור בשם ירושלמי והרי"ף [י] ברכות ל"ג תענית שם [יא] ברכות ל"ג ופסחים ק"ב [יב] שם [יג] טור בשם הרמב"ם והרא"ש

עין משפט נר מצוה

נד א ב מיי' פי' מהל' תפלה הלכה י סמג עשין יט טוש"ע או"ח סי' קכב סעיף א:
נה ג ד מיי' פ"ד שם הלכה טז סמג שם טוש"ע או"ח סימן נח סעיף ג:
נו ה מיי' פ"ג שם הל"ד סמג שם טוש"ע או"ח סי' פט סעיף א וכסי' רלג סעיף א:
נז ו מיי' פ"ד שם הל' יט סמג שם טוש"ע או"ח סי' קי סעיף ג:
נח ז מיי' פ"א מהלכות דעות הלכה ד ופ"ב הלכה ג:
נט ח ט מיי' פ"י מהל' ברכות [ע"ש ולא תמצא והכ"מ סי' קי תמה על הרמב"ם שהשמיטו] סמג עשין (כו) [יט] טוש"ע או"ח סימן קי סעיף ד:

הא דאדכר בתר שומע תפלה: אמר רבי תנחום אמר רב אסי אמר ר' יהושע בן לוי *טעה ולא הזכיר של ר"ח בעבודה חוזר לעבודה נזכר בהודאה חוזר לעבודה בשים שלום חוזר לעבודה ואם סיים חוזר לראש אמר רב פפא בריה דרב אחא בר אדא הא דאמרן סיים חוזר לראש לא אמרן אלא שעקר רגליו אבל לא עקר רגליו חוזר לעבודה א"ל מנא לך הא א"ל מאבא מרי שמיע לי ואבא מרי מרב. אמר רב נחמן בר יצחק הא דאמרן עקר רגליו חוזר לראש לא אמרן אלא שאינו רגיל לומר תחנונים אחר תפלתו אבל רגיל לומר תחנונים אחר תפלתו חוזר לעבודה איכא דאמרי אמר רב נחמן בר יצחק [ד]הא דאמרן כי לא עקר רגליו חוזר לעבודה לא אמרן אלא שרגיל לומר תחנונים אחר תפלתו אבל אם אינו רגיל לומר תחנונים אחר תפלתו חוזר לראש: ר' אליעזר אומר העושה תפלתו קבע וכו': מאי קבע א"ר יעקב בר אידי אמר רבי אושעיא [ה]כל שתפלתו דומה עליו כמשוי ורבנן אמרי [ו]כל מי שאינו אומרה בלשון תחנונים רבה ורב יוסף דאמרי תרוייהו כל שאינו יכול לחדש בה דבר א"ר זירא אנא יכילנא לחדושי בה מילתא ומסתפינא דלמא מטרידנא אביי בר אבין ור' חנינא בר אבין דאמרי תרוייהו כל שאין מתפלל עם דמדומי חמה דא"ר חייא בר אבא א"ר יוחנן *מצוה [ז]להתפלל עם דמדומי חמה וא"ר זירא מאי קראה °ייראוך עם שמש ולפני ירח דור דורים *לייטי עלה במערבא אמאן דמצלי עם דמדומי חמה מאי טעמא דלמא מיטרפא ליה שעתא: רבי יהושע אומר המהלך במקום סכנה מתפלל תפלה קצרה וכו' בכל פרשת העבור: מאי פרשת העבור אמר רב חסדא אמר מר עוקבא אפי' בשעה שאתה מתמלא עליהם עברה כאשה עוברה יהיו כל צרכיהם לפניך איכא דאמרי אמר רב חסדא אמר מר עוקבא אפילו בשעה שהם עוברים על דברי תורה יהיו כל צרכיהם לפניך ת"ר *המהלך במקום גדודי חיה ולסטים מתפלל תפלה קצרה ואיזה היא תפלה קצרה ר' אליעזר אומר עשה רצונך בשמים ממעל ותן נחת רוח ליראיך מתחת והטוב בעיניך עשה בא"י שומע תפלה ר' יהושע אומר [א] שמע שועת עמך ישראל ועשה מהרה בקשתם בא"י שומע תפלה רבי אלעזר ברבי צדוק אומר שמע צעקת עמך ישראל ועשה מהרה בקשתם בא"י שומע תפלה אחרים אומרים צרכי עמך ישראל מרובין ודעתם קצרה יהי רצון מלפניך ה' אלהינו שתתן לכל אחד ואחד כדי פרנסתו ולכל גויה וגויה די מחסורה [ב] ברוך אתה ה' שומע תפלה אמר רב הונא [ח]הלכה כאחרים אמר ליה אליהו לרב יהודה אחוה דרב סלא חסידא [ט]לא תרתח ולא תחטי לא תרוי ולא תחטי וכשאתה יוצא לדרך המלך בקונך וצא מאי המלך בקונך וצא אמר רבי יעקב אמר רב חסדא זו תפלת הדרך ואמר רבי יעקב אמר רב חסדא כל היוצא לדרך צריך להתפלל תפלת הדרך מאי תפלת הדרך [י]יהי רצון מלפניך ה' אלהי שתוליכני לשלום ותצעידני לשלום ותסמכני לשלום [ג] ותצילני מכף כל אויב ואורב בדרך ותשלח ברכה במעשי ידי [ד] ותתנני לחן לחסד ולרחמים בעיניך ובעיני כל רואי [ה] בא"י שומע תפלה אמר אביי [כ]לעולם

לישתף

תורה אור

תהלים עב

רש"י

תחנונים. כגון אלהי נצור לשוני מרע שאנו אומרים בעמידה אחר תפלה: אבל אם אינו רגיל. הויא סיום תפלתו כעקירה אפילו לא עקר: כמשוי. והיינו לשון קבע חוק קבוע הוא עלי להתפלל וצריך אני לצאת ידי חובתי (א): מי שאינו יכול. לכוין לבו לשאול צרכיו: לחדש בה דבר. בבקשתו והיינו לשון קבע כיום (ב) כן אתמול כן מחר: דילמא מטרידנא. שמא אטעה ולא אדע לחזור למקום שהפסקתי: שאינו מתפלל עם דמדומי חמה. והיינו לשון קבע תפלתו עליו חוק קבוע לצאת ידי חובה ואינו מקפיד לחזר אחר שעת מצוה ועת רצון: עם דמדומי חמה. תפלת יוצר עם הנץ החמה ותפלת המנחה עם שקיעת החמה: ייראוך עם שמש. זו תפלת יוצר (ג): ולפני ירח. זו מנחה: לייטי במערבא. על מי שמשהה תפלת המנחה עד דמדומי חמה שמא תטרף לו השעה ע"י אונס ועבר הזמן: בכל פרשת העבור וכו'. כמו פרישת העבור: אפי' בשעה שאתה מתמלא עליהם עברה כאשה עוברה. והכי משמע בכל עניני פרישת העבור כגון עברה *בעברה: יהיו כל צרכיהם גלוים לפניך לרחם עליהם: אפי' בשעה שהם עוברים. ולשון פרשת העבור שהן פורשין לעבירה: עשה רצונך בשמים. שאין שם חטא ואין רצונך עליהם אלא לטוב ועבור לתחתונים על רצונך: ותן. להם ליראיך: נחת רוח. שלא יתערבב רוחם על ידי הבריות כגון ע"י חיות ולסטים: והטוב בעיניך עשה. אתה להם ודוגמא זו מצינו בספר שופטים (י) ויאמרו בני ישראל חטאנו עשה אתה לנו (כטוב) [ככל הטוב] בעיניך אך הצילנו וגו': שועה. לשון נכיחה יותר מתפלה: ודעתם קצרה. ואינם יודעים לפרש צרכיהם: לא תרתח ולא תחטי. לא תכעוס שמתוך הכעס אתה בא לידי חטא: לא תרוי. לא תשתכר ביין: המלך. טול רשות:

לישתף

תוספות

הא דאדכר (אחר) [בתר] שומע תפלה. או ודאי מחזירין אותו מיהו אם לא עקר רגליו אינו צריך לחזור לראש ולא לברכת השנים אלא חוזר לשומע תפלה וכן משמע בירושלמי פ' אין עומדין דקאמר אם לא שאל בברכת השנים מחזירין אותו ולהיכן חוזר ר' שמעון בשם ר' יוחנן אמר בר"ח אם עקר רגליו חוזר לראש ואם לאו חוזר לעבודה ה"נ אם עקר רגליו חוזר לראש ואם לאו חוזר לשומע תפלה אלמא משמע בהדיא דאינו חוזר אלא לשומע תפלה כי לא עקר רגליו מיהו הירושלמי פליג אגמרא דידן בגבורות גשמים דהכא קתני לא הזכיר גבורות גשמים מחזירין אותו ולא קאמר לאומרו בשומע תפלה ובירושל' קאמר אם לא שאל בברכת השנים אומרה בשומע תפלה ודכוותה אם לא הזכיר גבורות גשמים בתחיית המתים מזכיר בשומע תפלה ומה אם שאלה שהיא מדוחק אומרה בשומע תפלה הזכרה שהיא מריוח לא כ"ש אלמא דבהדיא איתא התם דחוזר בגבורות גשמים לשומע תפלה ואפשר להיות שהגמרא שלנו לא חשש לפרשו משום הקל וחומר כדאיתא בירושלמי והא דקתני לא הזכיר גבורות גשמים מחזירין אותו איירי שלא הזכיר כלל בשומע תפלה והא ליתא דהא במסקנא מוקי האי מימרא בנזכר קודם שומע תפלה משום פירכא דשאלה ובירושלמי קאמר היה עומד בטל והזכיר של גשם מחזירין אותו פי' בימות הקיץ ופריך והא תניא בטל וברוחות לא חייבו חכמים להזכיר והכי פריך כי היכי דאם לא הזכיר כלל מטל אינו עיכוב ואם היה רוצה להזכיר מזכיר ה"נ אם עמד בטל והזכיר של גשם אין לחוש דלא גרע מלא הזכיר טל כלל ומשני דלא דמי ההוא דמקל ומצלי לההוא דמצלי ולא מקל פי' מקלל כלומר אינו דומה כשעומד בטל והזכיר של גשם שהוא סימן קללה למי שאינו מזכיר כלל לא טל ולא גשם שאינו מקלל וכן הלכה למעשה שאם עומד בשל טל והזכיר של גשם דמחזירין אותו ואם לא הזכיר משניהם כלל אין מחזירין אותו והדר קאמר בירושלמי קאי בגשם והזכיר בשל טל אין מחזירין אותו ופריך מהכא והתניא או שלא הזכיר גבורות גשמים מחזירין אותו ומשני הא דאדכר הא דלא (ד) אדכר הא דלא אדכר לא טל ולא מטר לכך מחזירין אותו הא דהזכיר של טל ומטר ולא נהירא דפשיטא אם הזכיר שניהם דאין מחזירין אותו ואם לא הזכיר כלל פשיטא דמחזירין אותו אלא ודאי יש לפרש הא דאדכר טל הא דלא אדכר כלל לא טל ולא מטר לפיכך מחזירין אותו אבל אם הזכיר טל אף בימות הגשמים אין מחזירין אותו לכך יש בני אדם שאומרים כל שעה טל מתוך שהם רגילים אם כן בימות הגשמים אם שכח מוריד הגשם אין מחזירין אותו: טעה ולא הזכיר של ר"ח בעבודה חוזר לעבודה. ובהלכות גדולות פי' דוקא ביחיד אבל בצבור אינו חוזר מפני ששומעה מש"צ מיהו צריך לדקדק מפי החזן כל אות ואות של תפלה אע"פ שהוא בקי דהא אמרינן בראש השנה (פ"ד דף לד:) כשם שמוציא את שאינו בקי כך מוציא הבקי ואע"ג דאמרינן התם לא פטר רבן גמליאל אלא העם שבשדות משום דאניסי וטרידי אבל *טעה לא יש לומר היינו שלא התפלל כלל אבל היכא שהתפלל כבר לא חשבינן ליה כאילו לא התפלל כלל וה"ה לכל דבר שמחזירין אותו אי הדר שמע ליה משלוחא דצבורא מראש ועד סוף נפיק והרב ר"מ פסק דוקא שכח להזכיר של ר"ח אבל שכח ברכה שלמה מחזירין אותו ואינו יוצא בשמיעתו משליח צבור (וע"ע תוס' ר"ה לד: ד"ה כך): איכא דאמרי אמר רב נחמן וכו'. רב אלפס פסק כאיכא דאמרי דברגיל לומר תחנונים ולא עקר רגליו אינו חוזר לראש ואם אינו רגיל גם כי לא עקר רגליו חוזר לראש ואם עקר גם כי רגיל לומר תחנונים כמו אלהי נצור לשוני חוזר לראש:

כל שאינו יכול לומר תחנונים. פי' ר"ח דאם יכול לומר לשון תחנונים אפי' עליו כמשא הוי תפלה מעליא דלא בעינן אלא לשון תחנונים בלבד:

והיכי

מסורת הש"ס

[וע' רש"י כתובות לגדו']

שבת דף קיח:

[קדושין לג: וש"נ]

תוספתא פ"ג

[כפיר לא ... וכ"ה שם ברא"ש]

הגהות הב"ח

(א) רש"י ד"ה כמשוי וכו' ידי חובתי הס"ד ואח"כ מתחיל בדבור מי שאינו אומר בלשון תחנונים. מי שאינו: (ב) ד"ה לחדש וכו' קבע כהיום כן: (ג) ד"ה ייראוך וכו' תפלת יוצר. נ"ב ע' לעיל ד' ט ע"ב פירש"י דקאי אק"ש: (ד) תוס' ד"ה הא דאדכר וכו' דלא אדכר פירוש הא דלא אדכר לא טל ולא מטר לכך מחזירין אותו הא דאדכר והזכיר:

הגהות הגר"א

[א] גמ' (רי"א שמע שועת עמך ישראל ועשה מהרה בקשתם בא"י ש"ת) תא"מ ונ"ב בתוספתא ל"ג לה: [ב] שם די מחסורה. נ"ב והטוב בעיניך עשה. גירסת רי"ף ורמב"ם ורא"ש: [ג] שם ותסמכני לשלום. נ"ב ותחזירני לביתי לשלום: [ד] שם (ותשלח ברכה במעשה ידי) תא"מ: [ה] שם ובעיני כל רואי. נ"ב כי אתה שומע ס'. שור:

§ מסכת ברכות דף כט: §

אות א'*[א]

<u>תוס' ד"ה הא דאדכר. לכך יש בני אדם שאומרים כל שעה טל, מתוך שהם רגילים וכו'</u>

סימן קיד ס"ג - [ב]**אם אמר "משיב הרוח" (בימות החמה)** - ר"ל "משיב הרוח" לבד ולא הזכיר גשם, **או לא אמרו בימות הגשמים, אין מחזירין אותו** - דרוחות וכן טל אין נעצרין בלא"ה, ואמירתו לא מעלה ולא מוריד, **ואפילו** עדיין לא סיים הברכה, מאחר שאין חיוב כלל להזכיר רוח וטל לעולם.

ומ"מ לכתחילה נוהגין בכל המקומות לומר "משיב הרוח" בהזכרה בימות הגשמים, שמועיל אז לנגב לחות הארץ שהיא מרובה.

וכן בטל, אם הזכירו בימות הגשמים, או לא הזכירו בימות החמה, אין מחזירין אותו - המחבר קאזיל למנהג ספרד, שנוהגין לכתחילה לומר "מוריד הטל" בימות החמה, אפ"ה אין מחזירין, מאחר שלא חייבום חכמים בזה.

הגה: ואנו בני אשכנז לא מזכירין טל, לא בימות החמה ולא בימות הגשמים, רק אומרים בימות החמה: רב להושיע מכלכל חיים וכו' (טור) - ורק בשאלה אנו נוהגין לבקש גם על טל, והוא מפני שאנו מבקשין שיהיה לברכה, כי יש טל שאינו לברכה, ובימות החמה אף בשאלה אין אנו אומרין טל, **ובדיעבד** אם אמר בימות החמה בין בהזכרה ובין בשאלה, כגון שאמר "ותן טל" ולא הזכיר מטר, לכו"ע אין מחזירין אותו.

י"א שש"ץ פוסק להזכיר בתפלת מוסף יו"ט הראשון של פסח, אבל הקהל מזכירין ואינן פוסקין עד מנחה, ששמעו כבר מש"ץ שפסק בתפלת המוסף, וכן נוהגין - דבמוסף עדיין אין היכר להצבור, **ואם** יחיד איחר תפלתו עד שהתחיל הש"ץ להתפלל מוסף ופסק מלהזכיר גשם, שוב לא יאמר "משיב הרוח", **ויחיד** הדר בישוב, ימהר אז להתפלל מוסף קודם שמתפללין הקהילות, **ונ"ל** דאם יש לו ספק פן כבר התפללו, מוטב שלא לאמר, דבזה יצא בדיעבד לכו"ע.

אות א' - ב'

<u>טעה ולא הזכיר של ראש חדש בעבודה, חוזר לעבודה; נזכר בהודאה, חוזר לעבודה; בשים שלום, חוזר לעבודה; ואם סיים, חוזר לראש</u>

<u>הא דאמרן כי לא עקר רגליו חוזר לעבודה, לא אמרן אלא שרגיל לומר תחנונים אחר תפלתו, אבל אם אינו רגיל לומר תחנונים אחר תפלתו, חוזר לראש</u>

סימן תכב ס"א - [ג]**ערבית שחרית ומנחה, מתפלל י"ח ברכות ואומר "יעלה ויבא" ב"רצה"** - ומבואר לעיל בסימן רל"ו ס"ב, דמכריז הש"ץ בין קדיש לתפלה שהוא ר"ח, ולא חשיב הפסק כיון שהוא צורך תפלה, [**ודוקא** בין קדיש לתפלה, אבל כשהוא עומד בברכת ק"ש בין הפרקים, אסור להפסיק]. [**ודוקא** בערבית, דסמיכת גאולה לתפלה שלו לא חמיר כולי האי, משום דתפלת ערבית רשות, **אבל** בין גאולה לתפלה דשחרית, חמירא טפי ואסור - מסי' רל"ו ס"ב].

ואם לא אמרו בערבית, אין מחזירין אותו, (ובאיזה מקום שנזכר שאינו חוזר, ע"ל סימן רל"ד סעיף ד' וה') - ושם מבואר, דמשהתחיל לומר "ותחזינה" והזכיר "ברוך אתה ה'", אפילו לא סיים "המחזיר" וכו', נמי אינו חוזר.

בין שר"ח יום אחד בין שהם ב' ימים, מפני שאין מקדשין את החדש בלילה - ולא היה עדיין קדושת ר"ח על היום, **ואפילו** בליל ב' של ר"ח שייך טעם זה, שהלא יום ב' הוא רק משום ספיקא, דאילו היום א' היה קודש היום שני הוא חול.

[ד]**אבל אם לא אמרו שחרית ומנחה, מחזירין אותו.**

[ה]**ואם נזכר קודם שהתחיל "מודים", אומר במקום שנזכר** - ואח"כ יאמר "מודים", והיינו אפי' כבר אמר וסיים ברכת "ותחזינה", **ואם** לא סיים עוד "המחזיר", רק אמר "ברוך אתה ה'", כתבנו לעיל בסי' קי"ד ס"ו בבה"ל, דנכון יותר לסיים "למדני חקיך", כדי שלא יהיה הזכרת השם לבטלה, ויאמר "יעלה ויבא", ואח"כ יאמר עוד הפעם "ותחזינה".

ואם לא נזכר עד אחר שהתחיל "מודים", אם נזכר קודם שהשלים תפלתו, חוזר ל"רצה" - דג' אחרונות חשובות כאחת.

ואם לא נזכר עד שהשלים תפלתו - היינו שסיים ברכת "שים שלום" ואמר "יהיו לרצון" וכו', ד"יהיו לרצון" מכלל התפלה הוא, וכדלעיל בסי' קכ"ב, **חוזר לראש.**

[ו]**ואם הוא רגיל לומר תחנונים אחר תפלתו, ונזכר אחר שהשלים תפלתו קודם שיעקור רגליו, חוזר ל"רצה"** - ואין נ"מ בזה בין אם אומר התחנונים קודם "יהיו לרצון" או אחר "יהיו לרצון", דכל שהוא עוסק עדיין בתחנונים, או שעדיין צריך לומר תחנונים, לא מקרי עדיין סילוק תפלה.

באר הגולה

[א] ‹ע"פ הב"י והגר"א› [ב] תענית ג' [ג] ברייתא שבת כ"ד [ד] שם ברייתא [ה] גמרא ברכות כ"ט ‹הולך על ההמשך, אם לא נזכר עד אחר שהתחיל מודים› [ו] שם כלישנא בתרא דרב נחמן בר יצחק, וכן פסקו הרי"ף והרא"ש והרמב"ם

נקט האי לישנא "דקודם שיעקור רגליו", משום דהמחבר מיירי שעדיין לא אמר תחנונים, רק דכיון דרגיל, מסתמא יתחיל לומר גם עתה, **אבל** אם כבר אמר תחנונים וסיים אותם, ואין במחשבתו לומר עוד, אפילו עדיין לא עקר רגליו, כמי שעקר דמי וחוזר לראש התפלה.

[**עוד** פשוט, אם דרכו לומר אחר תחנונים עוד פעם "יהיו לרצון" כמנהג המדקדקין, כל שלא סיים "יהיו לרצון" שני, הוי כלא סיים, דהוא ג"כ מכלל התחנונים, וכ"כ בא"ר].

הגה: ואם הוא ספק אם הזכיר או לאו, אין צריך לחזור (כל בו) - טעמו, דכיון שאין עוברין שלשים יום שאין מזכירין בו "יעלה ויבוא", אין זה חזקה שלמה לומר שבודאי לא הזכיר.

ומ"מ להלכה לא נקטינן כן, דרוב האחרונים וכמעט כולם חולקין ע"ז, וסוברין דאפילו בספק צריך לחזור ולהתפלל, דמסתמא התפלל כמו שרגיל בכל יום בלא "יעלה ויבוא", **מיהו** כבר כתבנו לעיל בסימן קי"ד במ"ב בשם האחרונים, דאם ברור לו שהיה בדעתו לזכור מעין המאורע בתוך התפלה, ולאחר זמן מופלג נפל ספק בלבו אם זכר בתפלה או לא, אין צריך לחזור, **אך** כ"ז אם הספק נפל לו לאחר זמן, אבל אם נתעורר לו הספק מיד אחר התפלה, יש לו לחזור.

וע"ל ששכח מלהזכיר בשחרית, ע"ל סימן קכ"ו - דשם מבואר שאין צריך לחזור משום טרחא דצבורא, ויש לו לסמוך על תפלת מוסף שיתפלל, ושם נזכר קדושת היום.

אות ב'*

תוס' ד"ה טעה. אבל בצבור אינו חוזר מפני ששומעה מש"צ כו'

סימן קכ"ד ס"י - [ח]מי ששכח ולא אמר "יעלה ויבא" בר"ח או בחולו של מועד, או בכל דבר שצריך לחזור בשבילו - משמע מלשון זה, דאפילו אם דילג "משיב הרוח", שהיא מג' ראשונות, **יכוין דעתו וישמע מש"צ כל י"ח ברכות מראש ועד סוף כאדם שמתפלל לעצמו; ולא יפסיק ולא ישיח, [ט]ופוסע ג' פסיעות לאחוריו; דכיון שכבר התפלל אלא ששכח ולא הזכיר, אע"פ שהוא בקי ש"צ מוציאו** - דאע"ג דקי"ל דש"ץ אינו מוציא אלא דוקא מי שאינו בקי, שאני הכא שהתפלל אלא ששכח ולא הזכיר, לכן אע"פ שהוא בקי הש"ץ מוציאו.

עיין בספר ברכי יוסף דמסיק, שלא יאמר אז "מודים דרבנן", אלא יכוין לשמוע מש"ץ ה"מודים" שהוא אומר, **והאידנא** שנוהגין איזה חזנים לומר ה"מודים" בתחלתו בלחש, לא יוכל לצאת תפלתו ע"י הש"ץ, **ולא** ידעתי מאיזה מקום יצא להם המנהג הזה, דאף דנוהגין הצבור לאמר אז "מודים דרבנן", מ"מ תפילתו ניתקן להוציא מי שאינו בקי, וצריך לאמר עכ"פ קצת בקול, שיוכלו לשמוע עשרה בני אדם העומדים סביבו.

ועיין באחרונים שכתבו, דמוטב שיחזור ויתפלל בעצמו, דהאידנא לאו כל אדם יכול לכוין דעתו לשמוע מש"ץ מראש ועד סוף, ושמא לבבו יפנה ולא ישמע מש"ץ איזה מלות המעכבים בתפילה, **וכתב** הב"ח וא"ר, דאם הש"ץ דרכו להבליע המלות, מדינא אסור לסמוך אש"ץ, אלא חייב להתפלל בעצמו.

(**עיין בחידושי רע"א שכתב וז"ל: עיין בלשון תוס' והרא"ש ‹וה"ה לכל דבר שמחזירין אותו›, דמשמע להדיא, אף היכא דלא גמר תפלתו וא"צ לחזור לראש התפלה, אלא דחוזר ל"רצה", מ"מ אינו חוזר, וישמע מהש"ץ כל התפלה, ע"ש, ובכה"ג לכאורה מפסיק מיד ואינו גומר תפלתו, כיון דרצונו לצאת בשמיעה מהש"ץ, ממילא מה שגומר תפלתו הוי ברכה לבטלה, ולענ"ד בכה"ג דא"צ לחזור לראש רק ל"רצה", אפשר דימתין עד שיגיע הש"ץ ל"רצה", ומשם ואילך יכוין לתפלת הש"ץ, וא"צ לשמוע כל התפלה מראשו ועד סופו, עכ"ל**).

אות ג' – ד'

כל שתפלתו דומה עליו כמשוי

כל מי שאינו אומרה בלשון תחנונים

סימן צ"ח ס"ג - [י]יתפלל דרך תחנונים, [יא]כרש המבקש בפתח ובנחת - הוא ענין אחד, ור"ל שיאמרה בנחת בלשון תחנונים, ‹דפירוש בלשון תחנונים, היינו כרש המבקש בפתח שמדבר בנחת - ב"ח›, כמי שמבקש רחמים על עצמו, **וישים** אל לבו, שאין ביד שום נברא מלאך או מזל או כוכב למלאות שאלתו, כי אם ברצונו יתברך.

ושלא תראה עליו כמשא ומבקש ליפטר ממנה - פי' אע"פ שאומרה בלשון תחנונים, אם אינו מחשב כמו שצריך דבר, ובא לבקש מלפני המלך, אלא שמתפלל מפני החיוב לצאת ידי חובתו, אינו נכון, ומאוד צריך ליזהר בזה.

ומ"מ בדיעבד אפילו אם לא אמרה בלשון תחנונים, לא יחזור ויתפלל, (ומה מאוד צריך האדם ליזהר בזה, כי יש כמה פוסקים המצריכין לחזור ולהתפלל מחמת זה, ועכ"פ לכתחילה מאוד יזהר בזה, **עוד** נ"ל פשוט, דאפילו לדעת המחמירין, אין לעיכובא רק ב"אבות" לבד, ובשאר ברכות רק לכתחילה, דהלא לדידהו עיקר הטעם משום כונה, וא"כ בשאר ברכות לא הוי לעיכובא דיעבד).

אות ה'

מצוה להתפלל עם דמדומי חמה

סימן פ"ט ס"א - [יב]זמן תפלת השחר, מצותה שיתחיל עם הנץ החמה, כדכתיב: ייראוך עם שמש - היא השעה

באר הגולה

[ז] ‹ע"פ הבאר הגולה› [ח] **בה"ג ותוס' ברכות כ"ט** [ט] **בב"י** [י] **ברכות כ"ט** ‹כר' אושעיא ורבנן, דלכתחלה לכו"ע תרווייהו בעי. טור וב"י – גר"א› [יא] ‹הראשונים נחלקו מהו לשון תחנונים, רש"י ר"י מלוניל ונמוק"י פירשו, שאינו יכול לכוין לבו לשאול צרכיו, תר"י פירש, שאומרה בנחת כמי שמבקש רחמים על עצמו, הרא"ה פירש, שאינו יכול לאומרה בל' תחנונים אלא בטרוניא, ספר הנר פירש, שקוראה כאגרת שזמנה קצוב, אבל תחנון יש להאריך ויש לקצר, וכעי"ז פירש המאירי, שקוראה כאגרת דרך מצות אנשים מלומדה› [יב] **ברכות כ"ו**

שהחמה מתחלת לזרוח בראשי ההרים, **וראוי** ונכון ליזהר בזה לכתחלה אף בימי הסליחות, וכן בחורף כשמשכימים ובאים לבהכ"נ בבוקר השכם, ימתינו מלהתפלל עד הנץ, **אך** כשמשכים לצאת לדרך, וכה"ג שאר דחק ואונס, דמותר להקדים כדלקמן בס"ח, עכ"פ ימתינו מלברך על התפילין, עד שיכיר את חבירו הרגיל עמו קצת ברחוק ד' אמות, דמקודם אסור לברך עליהן.

סימן רלג ס"א - "ועכשיו שנהגו להתפלל תפלת מנחה עד הלילה - ר"ל עד ביה"ש שהוא ספק לילה, **אין להתפלל תפלת ערבית קודם שקיעת החמה** - ר"ל סוף שקיעה, שהוא לדעת המחבר בסי' רס"א זמן מועט קודם צאת הכוכבים, **ואע"ג** דגם אז אין להתפלל עד צאת הכוכבים ממש, דמקודם לכן הוי רק ספק לילה, וכדלקמן בסימן רל"ה, בהאי פורתא לא דק.

ואם בדיעבד התפלל תפלת ערבית מפלג המנחה ולמעלה, יצא - אבל קודם פלג אפילו בדיעבד לא יצא, **ולעיל** מתבאר דיש דעות בפוסקים אימת הוא פלג המנחה, וע"כ יש לסמוך להקל שלא לחזור ולהתפלל אף אם התפלל שעה ורביע קודם שקיעת החמה, [א"ר, ודלא כמ"א, **ונ"ל** דאפי' המ"א מודה בזמנינו, דנוהגין שלא לעשות מלאכה אחר שקיעת החמה, דחוששין לדעת הגר"א והרבה מהראשונים, דס"ל דתיכף אחר שקיעה הוא ביהש"מ, ולדבריהם בודאי פלג המנחה הוא קודם השקיעה שעה ורביע, **א"כ** בודאי אין לחזור ולהתפלל בדיעבד].

ובשעת הדחק, יכול להתפלל תפלת ערבית מפלג המנחה ולמעלה - ר"ל דאף אם דרכו תמיד להתפלל מנחה אחר פלג, מ"מ יכול להתפלל תפלת ערבית ג"כ בזמן הזה, **ומ"מ** אין להקל בזה רק אם עכ"פ באותו היום התפלל מנחה קודם פלג, **אבל** אם באותו היום גופא התפלל מנחה אחר פלג, שוב אסור לו להתפלל ערבית קודם הלילה, דהוי תרתי דסתרי באותו יום גופא, **וכ"ז** אם מתפלל ביחידי, אבל צבור שהתפללו מנחה, וכשילכו לביתם יהיה טורח לקבצם שנית לתפלת ערב, ויתבטל תפלת הצבור לגמרי, הקילו האחרונים שמותר להתפלל ערבית סמוך למנחה, ועיין לקמן בסימן רל"ה ס"א. ‹ועיין לקמן סימן רס"ז ס"ב›.

הגה: ולדידן במדינות אלו שנוהגין להתפלל ערבית מפלג המנחה, אין לו להתפלל מנחה אחר כך - ר"ל אפילו ביום אחר לא יתפלל מנחה אחר פלג, כיון דתמיד מחזיק אותו זמן לזמן תפלת הערב, **אפילו** אם בדעתו באותו היום להתפלל מעריב אחר צה"כ.

ובדיעבד או בשעת הדחק, יצא אם התפלל מנחה עד הלילה - ר"ל דכיון שהוא שעת הדחק, מותר לו לכתחלה להתפלל מנחה בשעה שנהג עד היום להתפלל מעריב, **וכבר** כתבתי דיש לו ליזהר שלא להתפלל אז מעריב רק אחר צה"כ, **אם** לא שהוא בצבור ויהיה טורח לקבצם שנית כשילכו כל אחד לביתו.

דהיינו עד צאת הכוכבים (בית יוסף בשם אהל מועד ורשב"א) - לאו דוקא, דערך רבע שעה קודם צאת הכוכבים בודאי בין השמשות הוא לכו"ע, ואין להתפלל באותו זמן, **אלא** ר"ל סמוך לזה, וכן איתא בד"מ ברל"ב.

ודע דאף שמהמחבר והרמ"א משמע, דלדידן דנוהגים להתפלל מעריב אחר צה"כ, מותר להתפלל מנחה אפי' אחר שקיעה עד סמוך לצה"כ, **יש** פוסקים רבים שחולקים בזה, ודעתם שתפלת המנחה הוא רק קודם שקיעת החמה, ‹משום דכנגד תמיד של בה"ע הוא ונפסל בשקיעת החמה – מגן גיבורים›, **ולכן** לכתחלה צריך כל אדם ליזהר להתפלל קודם שקיעת החמה דוקא, דהיינו שיגמור תפלתו בעוד שלא נתכסה השמש מעינינו, **ומוטב** להתפלל בזמנה ביחידות מלהתפלל אח"כ בצבור, **ובדיעבד** יוכל לסמוך על דעת המקילים להתפלל אחר שקיעה עד רבע שעה קודם צה"כ, אך כל מה שיכול להקדים מחוייב להקדים, כדי שלא יכנס בספק בין השמשות, [**ונ"ל** עוד, דאפי' לדעת הגר"א והגאונים, דסברי דתיכף אחר השקיעה הוא ביהש"מ, **מ"מ** נוכל לומר דבשעת הדחק סומכין על דעת ר' יוסי, דס"ל דאז עדיין יום ודאי עד שנראה שהכסיף העליון והשוה לתחתון, **ולא** גרע ממאי דאמרו בברכות, כדאי הוא רשב"י לסמוך עליו בשעת הדחק, וכ"ש בענינינו].

אכן אם כבר נראו כוכבים, כבר עבר זמן מנחה בודאי, דזהו סימן ללילה, כמבואר כ"ז בסי' רצ"ג, [**אפי'** שני כוכבים, שהוא ביהש"מ, **ובעו"ה** ראיתי אנשים שהורגלו להתפלל מנחה זמן הרבה אחר השקיעה, עד ממש שהכסיף העליון והשוה לתחתון, דזהו ודאי שלא כדין].

אך כ"ז בדיעבד ושעת הדחק גדול, אבל לכתחלה בודאי אין לאחר זמן המנחה עד אחר שקיעה, וכ"ש שיש ליזהר מאד שלא לאחר עד סמוך לצה"כ, **וכבר** אחז"ל: במערבא לייטי אמאן דמצלי עם דמדומי חמה, דלמא מטרפא ליה שעתא.

‹**ובספר סדר זמנים כתב**, לענין דיעבד כשמתפלל אחר שקיעה, **שיתפלל על תנאי, אם הוא עדיין יום**, יהיה נחשב לתפלת המנחה, **והתפלה** שיתפלל אחר צה"כ יהיה לשם ערבית, **ואם עכשיו הוא לילה**, יהיה תפלה זאת עולה לו לשם תפלת ערבית, והשניה שיתפלל אח"כ יהיה לתשלומין בשביל מנחה, דחובה קודמת לתשלומין, וכדלעיל בסימן ק"ח›.

אות ו'

הלכה כאחרים

סימן קי ס"ג - "ההולך במקום גדודי חיה ולסטים, מתפלל: צרכי עמך מרובים וכו', ואינו צריך לא לג' ראשונות

באר הגולה

יג **ר' יונה שם** ‹וז"ל: ועכשיו כיון שמנהגנו להתפלל תפלת מנחה אחר פלג המנחה כרבנן וגכו'. וכמ"ש בגמ' כ"ט: אביי בר אבין ורחב"א דאמרי תרווייהו כל כו', מצוה להתפלל כו', ואע"ג דלייטי עלה במערבא, ה"מ מאן דמאחר טפי, אבל קודם ביאת השמש במעט שפיר דמי, ואע"ג דשעת מנחה מו' שעות ומחצה, מאן דמצלי מפלג מנחה ולמעלה טפי עדיף, ובלבד שלא ידחה השעה, עכ"ל ר"ח – גר"א›

יד **ברכות כ"ט ול'**

ולא לג' אחרונות - לפי שאז אינו מיושב דעתו כלל, ולכך פטרוהו אז מלהתפלל אפי' תפילת "הביננו".

(ואפשר דה"ה אם הוא מוכרח לצאת לדרך של גדודי חיה ולסטים אחר שכבר התפלל, אין צריך להתפלל ג"כ רק תפילה קצרה זו, ולא תפילת הדרך, **ואם** יצא לדרך והתפלל תפילת הדרך, ובאמצע הדרך נודע לו שהוא מקום גדודי חיה ולסטים, נ"ל דאין צריך עוד להתפלל תפילה קצרה זו, דנכלל במה שאמר מתחלה: והצילנו מכל אויב ואורב בדרך ומכל מיני פגעים רעים וכו').

ומתפלל אותה בדרך כשהוא מהלך, [טו]ואם יכול לעמוד עומד, וכשיגיע לישוב ותתקרר דעתו, חוזר ומתפלל תפלת י"ח ברכות - היינו אם לא עבר עדיין זמנה.

(ואם לא חזר להתפלל, הוי כאילו שכח להתפלל לגמרי, ונתבאר לעיל סי' ק"ח) (כן משמע בבית יוסף) - ר"ל אף דהתפלל התפילה קצרה, כמאן דליתא דמיא לענין עצם מצות תפילה, וחייב להשלימה בתפילה הסמוכה.

והיינו דוקא אם מה שלא חזר והתפלל היה בשגגה, שלא היה יודע שחייב לחזור ולהתפלל, או מחמת שכחה, או שכלה הזמן בדרך ולא היה יכול להתפלל בבואו לביתו, **אבל** אם במזיד לא התפלל, הרי הוא מעוות שאינו יכול לתקן.

ואם עבר זמן שני תפילות בדרך, והוצרך להתפלל תפילה קצרה, אין תשלומין לתפלה ראשונה.

אות ז'

לא תרתח ולא תחטי

רמב"ם פ"ב מהל' דעות ה"ג - וכן הכעס מדה רעה היא עד למאד, וראוי לאדם שיתרחק ממנה עד הקצה האחר, וילמד עצמו שלא יכעוס ואפילו על דבר שראוי לכעוס עליו; ואם רצה להטיל אימה על בניו ובני ביתו, או על הציבור אם היה פרנס ורצה לכעוס עליהן כדי שיחזרו למוטב, יראה עצמו בפניהם שהוא כועס כדי לייסרם, ותהיה דעתו מיושבת בינו לבין עצמו, כאדם שהוא מדמה כועס בשעת כעסו והוא אינו כועס; אמרו חכמים הראשונים: כל הכועס כאילו עובד עבודת כוכבים; ואמרו: שכל הכועס, אם חכם הוא חכמתו מסתלקת ממנו, ואם נביא הוא נבואתו מסתלקת ממנו; ובעלי כעס אין חייהם חיים, לפיכך צוו להתרחק מן הכעס עד שינהיג עצמו שלא ירגיש אפילו לדברים המכעיסים, וזו היא הדרך הטובה, ודרך הצדיקים הן עלובין ואינן עולבין, שומעים חרפתם ואינם משיבין, עושין מאהבה ושמחים ביסורים, ועליהם הכתוב אומר: ואוהביו כצאת השמש בגבורתו.

אות ז'* [טז]

לא תרוי ולא תחטי

רמב"ם פ"ה מהל' דעות ה"ג - כשהחכם שותה יין, אינו שותה אלא כדי לשרות אכילה שבמעיו; וכל המשתכר הרי זה חוטא, ומגונה ומפסיד חכמתו; ואם נשתכר בפני עמי הארץ, הרי זה חילל את השם; ואסור לשתות יין בצהרים ואפילו מעט, אלא אם היה בכלל האכילה, שהשתיה שהיא בכלל האכילה אינה משכרת, ואין נזהרין אלא מיין שלאחר המזון.

אות ח' – ט'

יהי רצון מלפניך ה' אלהי שתוליכני לשלום וכו'

[יז]לעולם לישתף איניש נפשיה בהדי צבורא, היכי נימא: יהי רצון מלפניך ה' אלהינו שתוליכנו לשלום וכו'

סימן קי ס"ד - [יח]"היוצא לדרך, יתפלל: יר"מ ה' אלהינו ואלהי אבותינו שתוליכנו לשלום וכו' - סעיף זה מיירי אפי' אחר שכבר התפלל שמו"ע.

וצריך לאמרה בלשון רבים - פי' כל הנוסח של תפלת הדרך, שמתוך כך תפילתו נשמעת יותר, **ובשם** ספר הקנה כתבו, דמילת "ותתנני לחן", יאמר בלשון יחיד, **ובדיעבד** יצא אפי' אם אמר כל הנוסח בלשון יחיד.

ודוקא בתפילה הקבועה לרבים, אבל כשאדם רוצה לבקש איזה בקשה בעד עצמו, אין צריך להתפלל בלשון רבים.

הנפטר מחבירו אל יאמר לו: לך בשלום, אלא: לך לשלום, **וכשנפטר** מן המת יאמר: בשלום, ולא לשלום, [ברכות ס"ד].

באר הגולה

טו **הרמב"ם** ‹שמפרש מש"כ שם {ל.} "והיכי מצלי" אתפלה קצרה, וכתב הרי"ף דהלכתא כרב ששת, ומיהו דרב חסדא טפי עדיף, כמש"כ שם דרב ששת גופא אמר מהיות טוב כו' - גר"א› **טז** ‹ע"פ מהדורת נהרדעא› **יז** ‹נראה הא דנקט מתחלה בגמרא הך צלותא בלשון יחיד, ומאי שנא מתפלה קצרה של מהלך במקום סכנה או במקום גדודי חיה ולסטים במשנתינו ובברייתא, דכולם נתקנו בלשון רבים. וצ"ל דהני משום דהם במקום סכנה, שהשטן מקטרג בשעת הסכנה, צריך יותר רחמים, לכך נתקנו בלשון רבים, שמתוך כך תפלתו נשמעת בזכות הרבים, משא"כ כאן תפלת הדרך שמיירי שהולך בדרך שלא במקום סכנה, עלה מתחלה על דעת הש"ס שאומר בלשון יחיד, וקאמר אביי לעולם וכו', ומדויק אמרו לעולם, ורצונו בזה דבין מהלך במקום סכנה ובין שלא במקום סכנה לישתף בהדי ציבורא ויאמר בלשון רבים, ואביי על כל תפלות קצרות קאי. **ובזה** הונח לן לשון רש"י בד"ה לישתף וכו', אל יתפלל תפלה קצרה בלשון יחיד וכו'. ולכאורה תפלה קצרה מאן דכר שמה, וברש"י שבאלפסי באמת הגירסא אל יתפלל תפלה זו. ולפמ"ש גירסת רש"י כאן נכונה, ואביי על כל תפלה קצרה קאי, ומאותן תפלות קצרות שבמשנתינו ובברייתא דת"ר היה מהלך במקום גדודי וכו', יליף להך דהכא - צל"ח› **יח** **ברכות כ"ט ול'**

ויעסוק בתורה בדרך, וכבר אמרו: המהלך בדרך ומפנה לבו לבטלה, מתחייב בנפשו, **אבל** לא יעיין בהלכה, דילמא אתי לאיטרודי, **וכתב** המ"א, ואפשר דביושב בעגלה ואיש אחר מנהיג הסוסים, שרי אפילו עיון.

עוד משמע בגמרא, דהמהלך בדרך צריך להרעיב עצמו מעט, כי השביעה קשה אז למעיים, מפני טורח הדרך.

ויזהר כל אדם שיהיה לו פת, אפילו הולך במקום קרוב, ובמקום דשכיח פת, כי כמה פעמים שיקרה מקרות ר"ל בדרך.

ונכון לכל י"ש בעת יציאתו לדרך, שיקח עמו הטלית ותפילין שלו, אפילו הוא נוסע למקום קרוב ודעתו לחזור היום, פן יקרה איזה מקרה ויתבטל ממצוה, **ובעו"ה** יש עוברי דרכים שאין לוקחין עמן אפי' תפילין, וסומכין עצמן שבדרך ישאלו מאחרים, ועונם גדול, כי הרבה פעמים מצוי שעי"ז עוברים זמן ק"ש ותפלה כשממתינים עד שיזדמן להם, **ועוד** שלוקחין תפילין ממה שבא בידם, ואין מקפידים אם הקשר של ראש הוא לפי מידתו או לא. (**ובזמננו** אין מקפידים בכך בנסיעות קצרות שחוזר בו ביום, בהסתמך כי מקרים כאלו שישארו על אם הדרך בלי טלית ותפילין אין מצוי כלל, וגם קיים חשש שכחה ושמא יאבדו, או לא ישמרו כהוגן בדרך מגשם או שמש, **אמנם** גדולי ישראל היו מקיימים גם הלכה זו כפשוטה, וגם מובא בשם המהר"ל מפראג דיש ענין סגולי להצלחת הדרך – פסקי תשובות).

ואם אפשר - כגון שהחברותא ממתנת, [גמ'], **יעמוד מלילך כשיאמרנה** - אך אם עיכוב עמידתו יטרידו, מותר לומר במהלך או במיושב.

[יט]**ואם היה רוכב אין צריך לירד** - שירידתו ועלייתו טורדתו, **אלא** יעמיד הבהמה מלילך אם אפשר לו, שאם ירכוב הרי הוא כמהלך, **וה"ה** ליושב בעגלה שא"צ לירד, אלא להעמיד הסוסים אם אפשר לו.

[כ]**סימן קי ס"ה** - [כא]**אין לומר אותה אלא פעם אחת ביום** - פי' בכל יום ויום, כל זמן שהוא בדרך מחויב לומר אותה, **אפי' אם ינוח בעיר באמצע היום** - ר"ל שמתעכב שם איזה שעות כדי לנוח, ואח"כ חוזר והולך לדרכו, כיון שכשנח בעיר דעתו היה לחזור ולילך, א"צ לחזור ולברך.

אבל אם דעתו ללון בעיר, ואחר כך נמלך ויצא ממנה לעבור חוצה לה או לשוב לביתו, צריך לחזור ולהתפלל אותה

פעם אחרת - דהוי היסח הדעת, **וכ"ש** אם לן בדרך באושפיזא בלילה, דצריך לברך בבוקר.

(**ונראה** דאם לן באושפיזא, והשכים קודם הבוקר לנסוע לדרכו, דצריך לברך תפלת הדרך אף שלא האיר עדיין היום, דזה הוי היסח הדעת גמור, וכן משמע קצת בביאור הגר"א, **אך** לישנא דפמ"ג שכתב: דבכל בוקר יאמר אותה, משמע קצת שלא כדברינו, **ואולי** נקט לשון זה משום דלכתחילה נכון לצאת בכי טוב, **ואפילו** את"ל דטוב יותר להמתין מלומר תפלת הדרך עד אור היום, עכ"פ אם יזדמן לו שאז לא יוכל לומר, כגון שיהיה אז סמוך לפרסה לביתו, מוטב שיאמרנה קודם שהאיר היום, כנלענ"ד לכאורה).

אך אם הוא נוסע כל הלילה, דהיינו שאינו לן בקביעות באושפיזא, רק ינוח איזה מעט זמן באושפיזא, ואח"כ חוזר לנסוע, יש לברך תפלת הדרך בבוקר בלי חתימה.

[כב]**סימן קי ס"ו** - [כג]**הר"מ מרוטנבורג, כשהיה יוצא לדרך בבקר** - פי' כשהיה נחוץ לפעמים לילך לדרך בבוקר קודם התפלה, והיה אומר הברכות בדרך, **היה אומרה אחר "יהי רצון", כדי להסמיכה לברכת "הגומל חסדים", ותהיה ברכה הסמוכה לחברתה** - שאינה פותחת ב"ברוך", **אבל** כשהוא מהלך אחר התפילה, אין יכול לומר תה"ד קודם התפלה, דהלא עכ"פ אסור לאומרה עד שהחזיק בדרך, וכמ"ש בס"ז.

ואם הולך באמצע היום, יסמיכה לברכה אחרת, כגון שיאכל או ישתה איזה דבר ויברך ברכה אחרונה, או יטיל מים ויאמר "אשר יצר", **ובמקום** שאין יכול לעשות כ"ז, כגון שאין לו על מה לברך, וגם הוא יושב בעגלה בין אנשים, ואינם רוצים להמתין עליו עד שירד ויעלה, **אעפ"כ** מותר לומר תפלת הדרך, דכמה ראשונים סוברים דתה"ד אין צריכה שתהיה סמוכה לחברתה.

עיין בטור וב"י, נוהגין ליטול רשות מהגדולים ומתברכים כשהולכים בדרך, **ויש** סמך ממ"ש חז"ל: נמלכין בסנהדרין, ופרש"י: נטלו רשות כדי שיתפללו עליהם.

ויכנס בכי טוב ויצא בכי טוב, והיינו בשחרית בנץ החמה, ובערבית תחילת השקיעה, דשמא יפול באחת הפחתים, **וע"כ** כשהוא סמוך לעירו שהוא יודע להזהר שם מהפחתים, יכול לילך שם בלילה, **אם** אינו הולך יחידי שאין לחוש למזיקים.

באר הגולה

יט רבינו יונה | כ (מילואים) | כא כלבו | כב (מילואים) | כג טור בשמו

§ מסכת ברכות דף ל. §

אות א' – ב'

משעה שמהלך בדרך

עד פרסה

סימן קי ס"ז - [א]אומר אותה אחר שהחזיק בדרך - ר"ל שלא יאמרנה כשעדיין הוא בתוך העיר שדר בה, אף שמכין עצמו לצאת לדרך, **ועיבורה** של עיר, דהיינו שבעים אמה ומעט יותר סמוך לעיר לאחר שכבר כלו כל הבתים, הרי הוא כתוך העיר, [ב]**והט"ז** מתיר אפילו בתוך העיר, משעה שגמר בלבו והכין עצמו לצאת, **אבל** הא"ר והפמ"ג ושארי אחרונים חולקין ע"ז, והסכימו דלכתחילה יש ליזהר שלא לעשות כך, **אך** בדיעבד יש לסמוך על דבריו.

וכ"ז בתחלת יציאתו מביתו, אבל כשהוא לן בדרך, יוכל לומר תפלת הדרך בבוקר כשמכין עצמו לצאת, אפילו כשהוא עדיין בעיר, דכבר החזיק בדרך.

אין לאומרה, [ג]אלא אם כן יש לו לילך פרסה, אבל פחות מפרסה לא יחתום ב"ברוך" - שפחות מפרסה בקרוב לעיר אינו מקום סכנה מן הסתם, **אם** לא שמוחזק לן באותו מקום שהוא מקום סכנה, אז יש לברך תפלת הדרך בכל גווני.

ומפני זה כשאחד בא מן הדרך בתוך פרסה, מנהג העולם שלא ליתן לו שלום, דאין זה מקרי בא מן הדרך, דהא אין אומר תפילת הדרך.

(**ולכאורה לפי"ז** אפילו אם יש לו ליסע פרסה ביחד, אך שהוא נוסע הפרסה דרך איזה עיר, או שיודע שאיזה עיר קרובה בצד דרך נסיעתו בתוך פרסה, ג"כ לא יאמר תפלת הדרך בחתימה, דהא ליכא מקום סכנתא, **ואפשר** דלא פטרו רק אם כל דרך נסיעתו היה פחות מפרסה, ומה שאמר אח"כ "ובלבד שלא הגיע" וכו', שאני התם דמה שהלך כבר ליכא לאיצטרופי לחייבו עי"ז, ומה שיסע למחר נסיעה אחריתא היא, משא"כ בענינינו, וצ"ע).

פרסה הוא ח' אלפים אמה, דמיל הוא אלפים אמה, ופרסה הוא ד' מילין.

ואין חילוק בין הולך בספינה להולך ביבשה, א"ר, **ולפי"ז** גם הנוסע על מסילת הברזל יש לו לברך תפלת הדרך, אפילו אם נוסע רק פרסה.

[ד]ולכתחלה יאמר אותה בפרסה ראשונה (רש"י וכר"י) - ולפי"ז הנוסע על מסילת הברזל יש לזהר לכתחילה, תיכף כשמתחיל לנסוע לברך ברכת תפלת הדרך, שיהיה תוך פרסה ראשונה, ובדיעבד יברך עד לבסוף, כל זמן שיש לו עדיין פרסה אחת ליסע על המסילה.

[ה]ואם שכח מלאומרה, יאמר אותה כל זמן שהוא בדרך, [ו]ובלבד שלא הגיע תוך פרסה הסמוכה לעיר שרוצה ללון בה, ומשם ואילך יאמר אותה בלא ברכה - ואפילו אם בדעתו ליסע עוד אח"כ כמה פרסאות מעיר זו, הוא נסיעה בפני עצמה, והשתא הוא עכ"פ פחות מפרסה וליכא סכנה.

אות ג'

אפילו מהלך

סימן קי ס"ד - [ז]ואם אפשר - כגון שהחברותא ממתנת, [גמ'], **יעמוד מלילך כשיאמרנה** - אך אם עיכוב עמידתו יטרידו, מותר לומר במהלך או במיושב. **[ח]ואם היה רוכב אין צריך לירד** - שירידתו ועלייתו טורדתו, **אלא** יעמיד הבהמה מלילך אם אפשר לו, שאם ירכוב הרי הוא כמהלך, **וה"ה** ליושב בעגלה שא"צ לירד, אלא להעמיד הסוסים אם אפשר לו.

אות ד' – ה'

הביננו בעי לצלויי שלוש קמייתא ושלוש בתרייתא, וכי מטי לביתיה לא בעי למהדר לצלויי; בתפלה קצרה לא בעי לצלויי לא שלוש קמייתא ולא שלוש בתרייתא, וכי מטי לביתיה בעי למהדר לצלויי

הביננו מעומד, תפלה קצרה בין מעומד בין מהלך

סימן קי ס"א - [ט]בשעת הדחק, כגון שהוא בדרך, או שהיה עומד במקום שהוא טרוד, ויירא שיפסיקוהו - קאי ג"כ אדלעיל כשהוא בדרך, ויירא שיפסיקוהו עוברי דרכים, דאל"ה אפילו בדרך טוב יותר שיתפלל כל הי"ח ברכות בהליכה או בישיבה, וכדלעיל בסימן צ"ד, מלהתפלל "הביננו" בעמידה.

[י]או שלא יוכל להתפלל בכוונה תפלה ארוכה – (ר"ל מפני רוב טרדותיו או שהוא חולה).

[יא]מתפלל אחר ג' ראשונות: הביננו, ואומר אחריה ג' אחרונות - ו"הביננו" כוללת כל הברכות האמצעיות, ועיין בטור וב"י את נוסחה ופירושה.

אבל שלא בשעת הדחק, אמרינן בגמרא דאביי לייט אמאן דמתפלל "הביננו", **ומ"מ** בדיעבד יצא ואין צריך לחזור ולהתפלל, **והא"ר** מחמיר אפילו בדיעבד.

באר הגולה

[א] **ברכות ל'** [ב] ‹ומש"כ שיחזיק בדרך, פי' שיהיה מוחזק בודאי לילך – ט"ז› [ג] **טור** ‹כפי' בה"ג – גר"א. וכמו שהובא ברש"י› [ד] ‹לחוש לפרש"י לכתחילה – גר"א› [ה] ‹דהעיקר כפי' בה"ג דלא כרש"י – גר"א› [ו] ‹כפי' בה"ג דבפחות מפרסה ליכא סכנה כנ"ל – גר"א› [ז] ‹כנ"ל [בס"ג, דהלכתא כרב ששת, ומיהו דרב חסדא טפי עדיף, כמש"כ שם דרב ששת גופא אמר מהיות טוב כו'], וכפירש"י ותוס' דאתפלת הדרך קאי "והיכי מצלי לה" – גר"א› [ח] **רבינו יונה** [ט] **טור** [י] ‹כמ"ש במתני' כ"ח: וכר"ע דהלכה כמותו – גר"א› [יא] **ברכות כ"ח וכ"ט**

מסורת הש"ס: [ב"ק פא:] · תוספתא פ"ג · תוספתא פ"ג · תוספתא פ"ג

גמרא

לישתף איניש נפשיה בהדי צבורא היכי נימא יהי רצון מלפניך ה' אלהינו שתוליכנו לשלום וכו' אימת מצלי אמר רבי יעקב אמר רב חסדא ^א^משעה שמהלך בדרך עד כמה אמר רבי יעקב אמר רב חסדא ^ב^עד פרסה והיכי מצלי לה רב חסדא אמר מעומד רב ששת אמר ^ג^אפילו מהלך רב חסדא ורב ששת הוו קאזלי באורחא קם רב חסדא וקא מצלי א"ל רב ששת לשמעיה מאי קא עביד רב חסדא אמר ליה קאי ומצלי א"ל אוקמן נמי לדידי ואצלי *מהיות טוב אל תקרא רע. מאי איכא בין הבינו לתפלה קצרה ^ד^הבינו בעי לצלויי ג' קמייתא וג' בתרייתא וכי מטי לביתיה לא בעי למהדר לצלויי בתפלה קצרה לא בעי לצלויי לא ג' קמייתא ולא ג' בתרייתא וכי מטי לביתיה בעי למהדר לצלויי והלכתא ^ה^הבינו מעומד תפלה קצרה בין מעומד בין מהלך: היה רוכב על החמור וכו': ת"ר *היה רוכב על החמור והגיע זמן תפלה אם יש לו מי שיאחז את חמורו ירד למטה ויתפלל ואם לאו ישב במקומו ויתפלל רבי אומר ^ו^בין כך ובין כך ישב במקומו ויתפלל לפי שאין דעתו מיושבת עליו אמר רבא ואיתימא רבי יהושע בן לוי הלכה כרבי: ת"ר * ^ז^סומא ומי שאינו יכול לכוין את הרוחות יכוין לבו כנגד אביו שבשמים שנא' °והתפללו אל ה' היה ^ח^עומד בח"ל יכוין את לבו כנגד ארץ ישראל שנא' °והתפללו אליך דרך ארצם היה עומד בארץ ישראל יכוין את לבו כנגד ירושלים שנאמר °והתפללו אל ה' דרך העיר אשר בחרת היה עומד בירושלים יכוין את לבו כנגד בית המקדש שנאמר °והתפללו אל הבית הזה היה עומד בבית המקדש יכוין את לבו כנגד בית קדשי הקדשים שנאמר °והתפללו אל המקום הזה היה עומד בבית קדשי הקדשים יכוין את לבו כנגד בית הכפורת °היה עומד אחורי בית הכפורת יראה עצמו כאילו לפני הכפורת נמצא עומד במזרח מחזיר פניו למערב במערב מחזיר פניו למזרח בדרום מחזיר פניו לצפון בצפון מחזיר פניו לדרום נמצאו כל ישראל מכוונין את לבם למקום אחד א"ר אבין ואיתימא ר' אבינא ^ד^מאי קראה °כמגדל דויד צוארך בנוי לתלפיות תל שכל פיות פונים בו: אבוה דשמואל ולוי ^ט^כי הוו בעו למיפק לאורחא הוו מקדמי ומצלי וכי הוה מטי זמן ק"ש קרו כמאן כי האי תנא דתניא *השכים לצאת לדרך מביאין לו שופר ותוקע לולב ומנענע מגילה וקורא בה וכשיגיע זמן ק"ש קורא השכים לישב בקרון או בספינה מתפלל וכשיגיע זמן ק"ש קורא רשב"א אומר בין כך ובין כך קורא ק"ש ומתפלל כדי שיסמוך גאולה לתפלה במאי קמיפלגי ^י^מר סבר תפלה מעומד עדיף ומר סבר מסמך גאולה לתפלה עדיף מרימר ומר זוטרא הוו מכנפי בי עשרה בשבתא דרגלא ומצלו והדר נפקא לפרקא רב אשי מצלי בהדי צבורא ביחיד מיושב כי הוה אתי לביתיה הדר ומצלי מעומד אמרי ליה רבנן ולעביד מר כמרימר ומר זוטרא אמר להו טריחא לי מלתא ולעביד מר כאבוה דשמואל ולוי אמר להו לא חזינא להו לרבנן קשישי מינן דעבדי הכי:

מתני' ר' אלעזר בן עזריה אומר אין תפלת המוספין אלא בחבר עיר וחכ"א ^כ^בחבר עיר ושלא בחבר עיר ר' יהודה אומר משמו כל מקום שיש שם חבר עיר יחיד פטור מתפלת המוספין: **גמ'** ר' יהודה היינו ת"ק איכא בינייהו יחיד שלא בחבר עיר ת"ק סבר פטור ור' יהודה סבר חייב א"ר הונא בר חיננא אמר ר' חייא בר רב הלכה כר' יהודה שאמר משום ראב"ע א"ל רב חייא בר אבין שפיר קאמרת דאמר שמואל מימי לא מצלינא צלותא דמוספין ביחיד

בנהרדעא

רש"י

לישתף נפשיה. לא יתפלל תפלה קצרה בלשון יחיד אלא בלשון רבים שמתוך כך תפלתו נשמעת: **עד כמה.** זמנה להתפלל: **עד פרסה.** אבל לא לאחר שהלך פרסה וכה"ג מפרש עד כמה יבקש לילך שיהא צריך להתפלל עד פרסה אפי' אין לו לילך אלא עד פרסה אבל דרך פחות מפרסה אין צריך להתפלל תפלה זו: **רב ששת.** מאור עינים הוה: **מהיות טוב אל תקרא רע.** הואיל ואני יכול להתפלל מעומד שהרי חבורתי עומדת לא אקרא רע להתפלל מהלך ואע"פ שמותר: **וכי מטי לביתיה בעי מהדר לצלויי.** שהרי לא התפלל כלום מתפלת י"ח: **שאין דעתו מיושבת עליו.** שקשה עליו עכוב הדרך: **לכוין את הרוחות.** לצד ארץ ישראל כדבעינן למימר תל שהכל פונים בו: **אחורי בית הכפורת.** במערב העזרה היו י"א אמה אצל מכותל בית קדשי הקדשים לכותל מערבי של עזרה והעומד שם מחזיר פניו לבית הכפורת למזרח: **הוו מקדמי.** קודם היום: **בקרון ובספינה.** איכא בעתותא דמיא: **קורא ק"ש.** ימתין עד שיגיע זמן ק"ש ויקראנה ואח"כ יתפלל: **תפלה מעומד עדיף.** שיכול לכוין את לבו לפיכך היו מקדימין להתפלל מעומד בביתם שלא יטרטו להתפלל בדרך במהלך: °**בשבתא דרגלא.** שלפני פסח ועצרת וסוכות ומרימר בעירו ומר זוטרא בעירו היו הדרשנים ושחרית היו העם הולכים לבית המדרש וכשמגיע זמן ק"ש קורין והדרשן דורש והעם נשמטים ומתפללים איש איש לבדו ולכך הם היו מאספין להם י' שחרית קודם שילכו לבית המדרש וקורין ק"ש ומתפללים בסמיכת גאולה לתפלה והדר נפקי לפרקא ודרשי: ומצלי בהדי צבורא ל"ג: **רב אשי.** היה ראש ישיבה במתא מחסיא ודורש והוא לא היה מתפלל קודם בית המדרש אלא כשמגיע זמן ק"ש לוחש הדרשה יחד למתורגמן העומד לפניו ובעוד שהמתורגמן משמיע לרבים הוא קורא את שמע וסומך גאולה לתפלה ומתפלל מיושב שלא היה רוצה לצאת שלא להטריח את הצבור לקום מפניו: **בהדי צבורא.** בשעה שהצבור נשמטין ומתפללין אי נמי בהדי צבורא כמו שהוא יושב בתוך הצבור כלומר שאינו יוצא וכי הוה אתי לביתי' חוזר ומתפלל מעומד לכוין את לבו: **טריחא לי מילתא.** לצאת בית המדרש עד שאתפלל: **ולעביד מר כאבוה דשמואל ולוי.** שמתפללין קודם היום בביתם מעומד ולא תצטרך לב' תפלות ומשום מסמך גאולה לתפלה כיון דמצלו קודם ק"ש לא קפדי: **לא חזינן להו לרבנן קשישי מינן דעבדי הכי.** שיקדימו תפלה לקריאת שמע הלכך כיון דממתין מתפלה עד זמן ק"ש מצוה לסמוך תפלה אחר גאולה לפיכך מתפלל מיושב במקומו ולפי שאין דעתו מיושבת עליו כ"כ צריך לחזור ולהתפלל בביתו:

מתני' אין תפלת המוספין אלא בחבר עיר. לא תקנוה אלא בצבור. חבר עיר חבורת העיר אבל לא ליחיד: **משמו.** של ראב"ע: **כל מקום כו'.** ובגמ' פריך היינו ת"ק אליבא דראב"ע:

גמ' יחיד שלא בחבר עיר. יחיד הדר בעיר שאין שם עשרה לת"ק אליבא דרבי אלעזר דאמר לא תקנוה אלא בעשרה יחיד זה פטור ולרבי יהודה אין יחיד פטור אלא במקום עשרה שש"צ לצבור פוטרו:

בנהרדעא

תוספות

והיכי מצלי לה. אתפלת הדרך קאי ורב ששת אמר אפי' מהלך וקי"ל כרב ששת ומיהו בתוספ' פסק ה"ר יוסף כרב חסדא וכן רב אלפס פי' דרב חסדא עדיפא ליה טפי:

מאי איכא בין הבינו לתפלה קצרה. תימה לימא דאיכא בינייהו דתפלה קצרה אינו מתפלל אלא במקום סכנה והבינו מתפלל אפילו שלא במקום סכנה וי"ל דהכי קא בעי מאי בינייהו כל א' במקומו תפלה קצרה במקום סכנה והבינו שלא במקום סכנה:

הלכה כרבי. שלא ירד למטה ואפי' שלא במקום סכנה ואפילו במהלך מתפלל ואינו צריך להחזיר פניו כנגד ירושלים:

היה עומד בח"ל יכוין כנגד ארץ ישראל. ול"ג לבו דאפניו קאי כדקתני סיפא היה עומד במזרח מחזיר פניו למערב:

לתלפיות תל שכל פיות פונים בו. וכהך שמעתא קי"ל וכן מסקינן בלא יחפור (ב"ב כה:) דקאמר אתון דקיימיתון לצפונא דא"י אדרימו ולא כהני אמוראי דלעיל (שם) דפליגי אי השכינה במזרח או במערב עכשיו אנו במערבה של א"י על כן אנו פונין למזרח:

אבוה דשמואל ולוי הוו מקדמי ומצלו. פירש רש"י קודם עמוד השחר ולא נראה דאם כן לא היו יוצאין בו כלל (א) דעדיין אינו יום לכך נראה כפי' ר"ח דמשעלה עמוד השחר קאמר והוו מקדמי קודם הנץ החמה קאמר ועדיין אינו עיקר זמן תפלה:

מסמך גאולה לתפלה עדיף. מלהתפלל מעומד והכי פסקי בה"ג הלכה כר"ש בן אלעזר ומשמע די"ח ברכות מותר להתפלל בדרך במהלך ואין צריך לעמוד וא"ת ומ"ש מהבינו דמסקינן לעיל דמעומד דוקא וי"ל דשאני הבינו שהיא קצרה ואין כאן בטול דרך כ"כ כמו בי"ח ברכות ועוד פירש הר"ם דהכא כי הדר לביתיה מצלי מעומד כדאמרינן בסמוך רב אשי מצלי בהדי צבורא ביחיד מיושב כדי לקרות ק"ש בשעתה וכי הדר לביתי' מצלי מעומד ור"ח פסק כאבוה דשמואל ולוי ומיהו מדקאמר רב אשי לא חזינן לרבנן קשישי דקא עבדי הכי משמע דאין הלכה כמותם:

אין

עין משפט נר מצוה

ס א ב טוש"ע א"ח סי' קי סעיף ז:
סא ג שם סעיף ד:
סב ד ה מיי' פ"ב מהל' תפלה ה"ב [וספ"ד] טוש"ע שם סעיף א ג:
סג ו מיי' פ"ה שם הלכה ג סמג עשין יט טור שו"ע או"ח סי' צד סעיף ד:
סד ז מיי' שם הלכה ג טוש"ע שם סעיף ג:
סה ח מיי' שם הלכה ג טוש"ע שם סעיף א:
סו ט י טוש"ע או"ח סי' פט סעיף ח:
סז כ טוש"ע או"ח סי' רפו סעיף ג:

רב נסים גאון

אמר ליה אוקמן לדידי נמי ואצלי מהיות טוב אל תקרא רע. התם בבבא קמא בפרק מרובה (ד' פא) אמרינן מהלכין בשבילי הרשות שלמה אטרת כדתניא הרי שכלו פירותיו מן השדה ואינו מניח בני אדם ליכנס בתוך שדהו מה הבריות אומרות עליו מה הנאה יש לו לפלוני ומה הבריות מזיקות אותו עליו הכתוב אומר מהיות טוב אל תקרא רע ומתמהינן מהיות טוב אל תקרא רע קרא הוא ומתרצי' איכתיב כי האי גוונא (משלי ג) אל תמנע טוב מבעליו:

הגהות הב"ח

(א) תוס' ד"ה אבוה וכו' לא היו יוצאין כלל בתפלה דיום כיון דעדיין אינו יום:

גליון הש"ם

גמ' היה עומד אחורי בית הכפורת. עי' ברכינו יונה פ"ק דף ו' ע"א וכדף הספר דף כ' ע"ב: רש"י ד"ה בשבתא דרגלא וכו' ועצרת. עי' לעיל י"ז ע"ב ברש"י ד"ה שבתא ותוס' שם ד"ה תרי זימני:

תורה אור: מלכים א ח · שם · שם · ד"ה ב ו · מלכים א ח · שיר ד

וכתבו האחרונים, דאם רואה שהזמן תפלה עוברת אם יתפלל ארוכה, מותר לכתחלה להתפלל "הבינו", **והיינו** בימות החמה.

(**וכהיום** אין נוהגין להתפלל "הבינו" מחמת הטרדה, **ונ"ל הטעם לזה**, דלכאורה קשה על הדין דשו"ע, **מלעיל סימן ק"א ס"א, דאיתא** שם דאם אינו יכול לכוין את לבו בכולם, יכוין את לבו עכ"פ ב"אבות", **ומשמע דעי"ז ממילא מותר להתפלל כל התפילה, כיון שהוא אנוס שאינו יכול לכוין, אך די"ל דכאן דמיירי דשבעה ברכות יכול לכוין, לכך התירו לו להתפלל "הבינו" ולא יותר, כדי שיכלול כל השמ"ע בקצרה ובכונה, אבל שם מיירי דלא יכול לכוין אפילו אלו הז' ברכות, לכך לא התירו לו לקצר, ע"כ ניחא דלא נהגו היום ב"הבינו", שאנו חוששין שאפילו הז' לא יכוין, א"נ מפני שאם באנו לקצר כהיום מחמת טרדה, לא נתפלל לעולם תפילה שלמה מפני רוב הטרדה בעו"ה).**

וצריך לאמרה מעומד - שהיא במקום תפלת ח"י בשעת הדחק, כיון שהיא כוללת כולן, **והעדיפו** כח תפלה זו לענין זה יותר משמ"ע שמותר להתפלל במהלך בדרך, משום דאם יצטרך לעמוד יהיה טרוד ולא יוכל לכוין, **משא"כ** בזה דקצרה היא לא יטרד ע"י עמידתו.

ואם עבר והתפללה במיושב, נשאר הפמ"ג בספק, דאפשר דצריך לחזור ולהתפלל במעומד כשבא לביתו.

וכשיגיע לביתו אין צריך לחזור ולהתפלל.

סימן קי ס"ג - [יב]**ההולך במקום גדודי חיה ולסטים, מתפלל: צרכי עמך מרובים וכו', ואינו צריך לא לג' ראשונות ולא לג' אחרונות** - לפי שאז אינו מיושב דעתו כלל, ולכך פטרוהו אז מלהתפלל אפי' תפילת "הבינו".

(**ואפשר** דה"ה אם הוא מוכרח לצאת לדרך של גדודי חיה ולסטים אחר שכבר התפלל, אין צריך להתפלל ג"כ רק תפילה קצרה זו, ולא תפילת הדרך, **ואם** יצא לדרך והתפלל תפילת הדרך, ובאמצע הדרך נודע לו שהוא מקום גדודי חיה ולסטים, נ"ל דאין צריך עוד להתפלל תפילה קצרה זו, דנכלל במה שאמר מתחלה: והצילנו מכל אויב ואורב בדרך ומכל מיני פגעים רעים וכו').

ומתפלל אותה בדרך כשהוא מהלך, [יג]**ואם יכול לעמוד עומד, וכשיגיע לישוב ותתקרר דעתו, חוזר ומתפלל תפלת י"ח ברכות** - היינו אם לא עבר עדיין זמנה.

(ואם לא חזר להתפלל, הוי כאילו שכח להתפלל לגמרי, ונתבאר לעיל סי' ק"ח) (כן משמע בבית יוסף) - ר"ל אף דהתפלל התפילה קצרה, כמאן דליתא דמיא לענין עצם מצות תפילה, וחייב להשלימה בתפילה הסמוכה. ‹עיין רש"י שם ד"ה וכי מטי כו' - גר"א›.

והיינו דוקא אם מה שלא חזר והתפלל היה בשגגה, שלא היה יודע שחייב לחזור ולהתפלל, או מחמת שכחה, או שכלה הזמן בדרך ולא היה יכול להתפלל בבואו לביתו, **אבל** אם במזיד לא התפלל, הרי הוא מעוות שאינו יכול לתקן.

ואם עבר זמן שני תפילות בדרך, והוצרך להתפלל תפילה קצרה, אין תשלומין לתפלה ראשונה.

אות ו'

בין כך ובין כך ישב במקומו ויתפלל, לפי שאין דעתו מיושבת עליו

סימן צד ס"ד - [יד]**היה רוכב על החמור, אין צריך לירד ולהתפלל, אפילו אם יש לו מי שתופס חמורו, אלא מתפלל דרך הילוכו** - מפני שקשה עליו עיכוב הדרך, ואין דעתו מיושבת עליו עי"ז.

וכן אם היה בספינה או ע"ג קרון, אם יכול לעמוד, עומד - ר"ל שאינו יושב אלא עומד על רגליו, אבל מ"מ מהלך בתנועות הספינה והקרון שהולכין כדרכן. **ואם לאו, יושב במקומו ומתפלל** - ובכ"ז יחזיר פניו לא"י אם אפשר לו, (הוצאתי דברי ממ"א, שכתב ברוכב על החמור דצריך לצדד פניו לא"י, ופשוט דה"ה ביושב בספינה, וכ"ש הוא, דהא בזה מחמיר השו"ע לכתחילה אם יכול לעמוד לא יתפלל בישיבה, וכן פסק הגר"ז בשניהם דיחזיר פניו. והתוי"ט י"ל דס"ל, דבמה שמקילינן בישיבה אין להחמיר בחזרת פנים, ודלא כמ"א, וצ"ע).

[טו]**או אם היה הולך ברגליו, מתפלל דרך הילוכו אף אם אין פניו כנגד ירושלים, אפילו שלא במקום סכנה,** [טז]**כי אם יעמוד ויתפלל יקשה בעיניו איחור דרכו ויטרד לבו ולא יוכל לכוין,** [יז]**והכל לפי הדרך ולפי המקום ולפי יראתו ויישוב דעתו** - ואם קדם הוא להשיירא וממתין עליהם, ויש לו מי שיאחוז את בהמתו, ירד למטה ויתפלל, **וכ"ש** כשמהלך ברגליו שצריך הוא לעמוד ולהתפלל, שבעמידה זו לא יטרד לבו, כיון דבלא"ה צריך הוא להמתין על השיירא.

ויש מחמירין לעמוד ב"אבות", וראוי לחוש לדבריהם אם הוא שלא במקום סכנה - דברכת "אבות" הכונה לעכובא, ומהלך אינו יכול לכוין כ"כ, **וכן** ברוכב על הבהמה, יעמידה עד גמר ברכת "אבות", אבל א"צ לירד ממנה.

אות ז'

סומא ומי שאינו יכול לכוין את הרוחות, יכוין לבו כנגד אביו שבשמים

סימן צד ס"ג - [יח]**מי שאינו יכול לכוין הרוחות, יכוין לבו לאביו שבשמים** – (ונראה דטוב שיצדד פניו לצד אחד מצדדיו, וא"כ אם הוא עומד נגד מזרח, ממילא הצידוד הוא לצפון או

באר הגולה

יב ברכות כ"ט ול' | יג הרמב"ם ‹שמפרש מש"כ שם "והיכי מצלי" אתפלה קצרה, וכתב הרי"ף דהלכתא כרב ששת, ומיהו דרב חסדא טפי עדיף, כמש"כ שם דרב ששת גופא אמר מהיות טוב כו' - גר"א› | יד שם | טו תוס' שם | טז ר' ירוחם ‹רש"י שם ד"ה שאין כו' - גר"א› | יז אהל מועד | יח שם ל'

לדרום, ואם הוא עומד נגד צפון, אם מצדד לימינו למזרח פשיטא דטוב, ואם לשמאלו שהוא מערב, עכ"פ לא הפסיד, וכן בדרום להיפך).

אות ח'

היה עומד בחוץ לארץ, יכוין את לבו כנגד ארץ ישראל וכו'

סימן צד ס"א - [יט]**בקומו להתפלל, אם היה עומד בחו"ל, יחזיר פניו כנגד ארץ ישראל** - שנאמר: והתפללו אליך דרך ארצם, פי' כשעומד בחו"ל למזרחה של א"י, יכוין פניו למערב שהוא כנגד א"י, וכשעומד מצד מערב כמו במדינותינו, יהפוך פניו למזרח, וכן בכל הרוחות, **וכן** הביאור במש"כ לקמיה: היה עומד בא"י יחזיר פניו וכו', היה עומד בירושלים יחזיר פניו וכו'.

[כ]**ויכוין גם לירושלים ולמקדש ולבית קדשי הקדשים** - ר"ל יכוין לבו, אע"פ שא"א לו להחזיר פניו נגדם, **ור"ל** שיחשוב בלבו ורעיונו כאלו הוא עומד במקדש אשר בירושלים, במקום קודש הקדשים.

היה עומד בא"י, יחזיר פניו כנגד ירושלים - שנאמר: והתפללו אל ד' דרך העיר אשר בחרת, **ויכוין גם למקדש ולבית קדשי הקדשים.**

היה עומד בירושלים, יחזיר פניו למקדש - שנאמר: והתפללו אל הבית הזה, **ויכוין ג"כ לבית קדשי הקדשים.**

היה עומד אחורי הכפורת - פי' במערבו של בהמ"ק, **מחזיר פניו לכפורת** - שנאמר: והתפללו אל המקום הזה, ויראה את עצמו כאלו הוא עומד לפני הכפורת, [גמרא [כא] ועיין הגירסא ברא"ש].

(**עיין במ"ב דהיינו במערבו של בהמ"ק, כן פי' המ"א, ולכאורה למה לא פי' כרש"י, דהיינו בי"א אמות שבין הכותל מערבי ובין אחורי הכפורת, ונלענ"ד דהיה קשה ליה להמ"א, למה לא נקט השו"ע היה עומד במקדש יכוין לק"ק, כדאיתא בגמרא, וע"כ משום דעתה אסור לכנוס לאותו מקום דכולנו טמאי מתים, וכדלקמן בסימן תקס"א, וא"כ ה"נ בזה, וע"כ פי' דשו"ע כולל בזה כל הצד שנגד מערב בהמ"ק, ואף דזה לכאורה נכלל במה שאמר מתחלה "היה עומד בירושלים יחזיר פניו למקדש", דכולל מסתמא בדבריו לכל רוחותיו, י"ל דהו"א, כיון די"א בגמ' דשכינה במערב, אין ראוי לעמוד באחוריו למערב ולהשתחוות נגד מזרח, והאי "יחזיר פניו" קאי רק אם עומד במזרח צפון ודרום, קמ"ל דלא קי"ל הכי).**

אות ח'* [כב]

תוס' ד"ה לתלפיות. עכשיו אנו במערבה של א"י, על כן אנו פונין למזרח

סימן צד ס"ב - [כג]**אם מתפלל לרוח משאר רוחות** - כגון שרוצה להחכים או להעשיר, ואמרו חז"ל: הרוצה להחכים ידרים, להעשיר יצפין, **או** כגון שרוכב על החמור, ואי אפשר לו להחזיר את עצמו לצד א"י.

יצדד פניו לצד א"י אם הוא בחו"ל - לקיים מה שנאמר: והתפללו אליך דרך ארצם; **ולירושלים אם הוא בא"י; ולמקדש אם הוא בירושלים.**

[כד]**הגה: ואנו שמחזירין פנינו למזרח, מפני שאנו יושבים במערבה של א"י, ונמצא פנינו לא"י (טור וסמ"ג).**

ואם עמד לצפון או לדרום, והזכירו לו, אסור לעקור רגליו להפוך למזרח, אלא יעקם פניו למזרח, ודי בזה אפי' אם מתפלל עם אחרים שפניהם למזרח, **ואם** א"א, או שעומד פניו למערב, יכוין לבו לק"ק, ולא יעקור רגליו, **אך** אם מתפלל בבהכ"נ דאווושא מילתא, מצדד בפמ"ג לומר דיהפוך את עצמו לצד הקהל, וכן פסק בספר שולחן שלמה.

ולפי שצריך להתפלל לצד מזרח, נהגו לקבוע ההיכל שס"ת בתוכו בכותל מזרחי, **ואם** א"א לו לקבוע במזרח, יקבע בדרום, ועכ"פ לא למערב, שיהיה אחורי העם להיכל, **ומיהו** אפילו קבעו ההיכל בכותל אחר, צריך המתפלל להחזיר פניו למזרח.

בהכ"נ שהעמידו בו את ארון הקודש לצד דרום העולם, וכולם מתפללים נגד ארון הקודש שהוא לצד דרום, **אף** שהוא שלא כהוגן, וכנ"ל, מ"מ הבא להתפלל שם יתפלל לצד שהצבור מתפללין, **אך** יצדד פניו למזרח.

אין עושין מקום הארון ולד התפלה נגד זריחת השמש ממש, כי זהו דרך המינים, רק מכוונים נגד אמצע היום (הגהות אלפסי החדשים) - האי לישנא לאו דוקא, אלא ר"ל בערך חצי שעה או שעה אחר «הזריחה», שאז השמש כבר נדה הרבה ממקומה, **ומשערים** כ"ז בעת שיחול תקופת ניסן או תשרי, או שבוע אחת קודם לזה.

ועיין באחרונים שהסכימו כולם לדברי הלבוש, דבמדינותינו שאין אנו יושבין במערבה של א"י מכוון, רק נוטה ג"כ לצפונו, שיעמידו כותל בהכ"נ נוטה קצת לצד מזרחית דרומית של העולם, שאז תעמוד מכוון

באר הגולה

[יט] ברכות ל'. [כ] ר' יונה שם «כן מפורש בהני מקראות שמביא גמ' - גר"א» [כא] «"היה עומד אחורי הכפורת הופך פניו לבית הכפורת" - רא"ש. וכן נראה מפי רש"י - רש"ש. ומ"מ הוסיף המ"ב גם גירסתינו: שיראה את עצמו וכו', וז"ל רבינו יונה שציין רעק"א: היה עומד אחורי בית הכפורת יראה את עצמו כאלו עומד לפני הכפורת, כלומר יחזיר פניו לקיר מערבי ששם הכפורת, ויראה בלבו כאלו היה עומד בפנים עם ישראל ופניו לפני הכפורת עצמו, הרי שאע"פ שלא היה מתפלל לרוח שכל ישראל היו מתפללין, שהכפורת היה נתון בצד מערב, וכל ישראל שהיו בבהכ"נ היו מתפללין פניהם כנגד מערב ששם הכפורת, וזה כשעומד אחורי הכפורת ופניו לכפורת נמצא שפניו כנגד המזרח ואינו מתפלל לצד שכל ישראל מתפללין, ואפי' הכי אין בכך כלום, כיון שפניו לקיר הכפורת ופני כל ישראל לכפורת» [כב] «ע"פ הגר"א וב"י» [כג] מהר"י אבוהב וסמ"ג [כד] «תוס' ברכות שם ד"ה לתלפיות כו' - גר"א»

כנגד א"י ובהמ"ק וקדשי קדשים, (**המשך** לשון הלבוש:) (וגם עי"ז לא נחזיק ידי המינים, שיאמרו אנו מתפללין נגד השמש כמותם, **ובאיזה אופן** נעמידנה באלו הארצות, נ"ל שנעמידנה באופן שביום תקופת ניסן או תקופת תשרי, או סמוך להן בו' או בז' ימים, כשתזרח השמש בבוקר, תהיה נכנסת בחלון שבאמצע כותל המזרח מן הבית הכנסת, ויכה הניצוץ כנגדה על הכותל המערבי, נוטה הניצוץ מן האמצע כותל המערבי לצד דרום, רחוק מן האמצע באופן שכמו חצי שעה או שעה אחר הזריחה תגיע אל אמצע הכותל ממש מול חלון המזרחי, ובהכ"נ כזו ודאי היא עומדת ממש באלו הארצות נגד ירושלים ובית המקדש, **אבל** אם נעמידנה באופן שכשחוזרת החמה בימים הנ"ל בחלון המזרחי, יכה ניצוץ השמש בכותל המערבי ממש נגד החלון באמצעו מיד בעת הזריחה, זהו ממש כנגד מזרח, וזהו חוקם לעשות כן, וגם לא נשתחוה נגד ירושלים ובהמ"ק רק בצדם, לפיכך לא נעמוד בהכ"נ באופן זה, עכ"ל).

וכן כל מדינה לפי תחנותה יעמידו הבהכ"נ לפי דרכם, **ובספר** לחם חמודות יישב מנהג העולם, (להתפלל נגד מזרח ממש), ומ"מ משמע מיניה ג"כ, שטוב יותר לעשות כדברי הלבוש, **ואם** מזדמן למקום שהכותל הוא כנגד המזרח, הוא מצדד פניו נגד מזרחית דרומית, **אך** אם מזדמן לו שעומד ומתפלל בצד דרום אה"ק, לא יעשה כן, שאז יהיה נראה כהופך עורף ולא פנים כלפי אה"ק.

וכתב בפמ"ג, דבמקומות שעושין הכותל ממש נגד המזרח, טוב לעשות מקום הרב לצפון אה"ק, כדי שיוכל להדרים ויחכים, דבדרום א"א להדרים וכנ"ל, **ובמקומות** שעושין כלבוש, ראוי להושיב הרב לימין הארון, אם לא להסיר מחלוקת אל יקפיד.

ומי שרוצה לקיים אמרם: הרוצה להעשיר יצפין או להחכים ידרים, מכל מקום יצדד פניו למזרח - ורש"י פירש איפכא, שיעמוד למזרח ויצדד פניו לדרום או לצפון, וכן מנהגנו, ונכון הוא, כדי שלא יהא חלוק בעמידתו מן הצבור.

כתב הפמ"ג, דבמקומות שעושין כלבוש, הכותל לצד מזרחית דרומית, אין צריך להדרים, דבלא"ה כן הוא, **גם** א"א להצפין, דנראה כהופך פניו מא"י.

אות ט' - י'

כי הוו בעו למיפק לאורחא הוו מקדמי ומצלי, וכי הוה מטי זמן קריאת שמע קרו

מר סבר: תפלה מעומד עדיף; ומר סבר: מסמך גאולה לתפלה עדיף

סימן פט ס"ח - [כה]**בשעת הדחק, כגון שצריך להשכים לדרך** - ואין השיירא ממתנת לו, או שאר דחק ואונס, **יכול להתפלל משעלה עמוד השחר** - פי' דבסתם דרך אינו יכול לכוין בתפלה, בין כשהוא מהלך ברגליו, או יושב בעגלה או בספינה, **ולפיכך** אמרו חכמים, שטוב יותר שיתפלל משעלה עה"ש, אף שאינו עדיין עיקר זמן תפלה, וגם לא יוכל לסמוך גאולה לתפלה, כי לא יוכל לקרוא אז ק"ש, דעדיין לא הגיע זמנה עד שיכיר את חבירו ברחוק ד"א.

וימתין מלקרות ק"ש עד שיגיע זמנה. (אם אפשר לו לקרות ק"ש על הדרך, דהיינו שיתכוין בפסוק ראשון, וכמו שנתבאר לעיל סי' נ"ח) (ב"י בשם הרשב"א) - ר"ל דאם יודע שגם ק"ש פסוק ראשון לא יוכל לכוין בדרך, כגון שהוא במקום גדודי חיה וליסטים, מותר לקרוא ק"ש בביתו ג"כ תיכף משעלה עה"ש, אע"פ שעדיין לא הגיע עיקר הזמן.

ואע"פ שאינו סומך גאולה לתפלה, הכי עדיף טפי שיתפלל בביתו מעומד, ממה שיתפלל בזמנה והוא מהלך ויסמוך גאולה לתפלה - עיין בביאור הלכה בס"א שכתבנו בשם הרבה פוסקים, דס"ל דדוקא (כשיתפלל) אחר שהאיר מזרח, וקודם לזה לא הגיע עדיין זמן תפלה, **ובפרט** כשרוצה אז לברך על התפילין, דזה אפילו לדעת המקילין אסור אפילו אחר שהאיר מזרח, עד זמן שיכיר את חבירו ברחוק ד"א, **ואם** הגיע הזמן הזה, לכו"ע יקרא ק"ש ויתפלל בביתו כתקונה, אף שעדיין לא הנץ החמה, כיון שהוא שעת הדחק.

ואם הוא בדרך במלון, והשיירא שלו עומדים להתפלל קודם זה הזמן, ומשער דעד "ברכו" יגיע הזמן, יוכל הוא להתחיל ברכת "ברוך שאמר" ג"כ עמהם לעת עתה בלא תפילין, או שילבש תפילין בלי ברכה, ואחר שיגיע בין "ישתבח" ל"יוצר", יראה אם הגיע הזמן ימשמש בהן ויברך.

עדיף טפי שיתפלל בביתו וכו' - ורוב העולם אין נזהרין בזה, ואפשר דנוהגים כאידך פוסקים (דפסקו כרבי שמעון בן אלעזר), דס"ל דמסמך גאולה לתפלה עדיף, ע"כ מתפללין בדרך עם סמיכת גאולה לתפלה - מ"א.

עוד כתב, אם הוא בדרך ומתיירא שיעבור זמן ק"ש, יקרא ק"ש בלי ברכות, וכשיבוא למלון יקרא עוד הפעם ק"ש עם ברכותיה, ויסמוך גאולה לתפלה, **ואם** הוא רואה שיעבור גם זמן תפלה, שהיא רק עד ד' שעות, ודאי יתפלל י"ח ג"כ בדרך, מהלך או מיושב - פמ"ג.

(**ואם** רוצה ליסע מביתו אחר שהגיע זמנה, ואין השיירא ממתנת לו רק זמן מועט, ואין בזה כדי שיקרא ק"ש ויתפלל, **לכאורה** בזה מוטב שיתפלל בביתו בעמידה, ויקרא ק"ש על הדרך עם ברכותיה כתיקונה, **אך** יש לדחות, דהרי קודם שמקיים ק"ש של שחרית יש איסור ליסע בדרך, וא"כ כשמוכרח לעבור וליסע קודם שמקיים המצות ק"ש ותפלה, מפני שאין השיירא ממתנת לו, מוטב לכו"ע שיהיה דחוי אז תפלה שהיא דרבנן, ולא ק"ש שהיא דאורייתא, **וההיא** דשו"ע שאני, שלא הגיע אז זמן ק"ש, **ואף** שבאמת אין המצוה נדחית בזה רק מתאחרת לפי שעה, גם בזה יש מעליותא במה שהיא דאורייתא, וצ"ע, **ואפשר** שגם בזה יקרא ק"ש

באר הגולה

[כה] ברכות ל' וכאבוה דשמואל ולוי

לבדה בלא ברכות, ובדרך יתפלל הכל כסדר, וצ"ע, **ואולם** לפי מה דאנו נוהגין כהיום, כהפוסקים דס"ל דמסמך גאולה לתפלה עדיף, בודאי אין להקדים תפלה לק"ש).

וכשנוסע בלילה, ויכול לבוא במלון להתפלל שם מעריב, נכון להתאחר להתפלל עד בואו שם, ולא יתפלל בעודו בדרך, **אם** לא שהוא ישן על העגלה, ויש לחוש שמא בתוך כך יעלה עמוד השחר, **או** שהוא ירא שמא לא יהיה לו שם מקום מנוחה להתפלל, שיבלבלוהו שם בני הבית.

[כו]**סימן צד ס"ה - [כז]היה יושב בספינה או בעגלה, אם יכול לעמוד במקום הכריעות, עומד כדי שיהיה כורע מעומד, ופוסע ג' פסיעות. הגה: אע"פ שיושב בכל התפלה** - מפני ביעתותא, וא"כ הו"א דגם במקום הכריעות עדיף לישב, קמ"ל דמ"מ אם אפשר כו', **מ"מ אם אפשר לו לעמוד, יעמוד, כדי לקיים הכריעות והפסיעות כדרכן (ב"י בשם א"ח)** - וה"ה כשמהלך ברגליו, יראה לעמוד קצת בשעת הכריעות, ויפסע לאחוריו ג' פסיעות.

ואם א"א לו, כגון שרוכב על הבהמה, יחזיר הבהמה ג' פסיעות לאחריה, ועולה לו כאלו פוסע בעצמו (הגהות אלפסי החדשים ס"פ תפלת השחר) - או יחזיר עצמו לאחוריו ע"ג בהמתו, כדרך שהיה נוהג אם היה בא להפטר מלפני המלך.

אות י"א [כח]

רב אשי מצלי בהדי צבורא ביחיד מיושב, כי הוה אתי לביתיה הדר ומצלי מעומד

סימן צד ס"ט - [כט]מי שהוכרח להתפלל מיושב - וה"ה במהלך בדרך, **כשיוכל** - דהיינו שלא עבר זמנה, **צריך לחזור ולהתפלל מעומד, [ל]ואינו צריך להוסיף בה דבר** - ר"ל דזה לא הוי כמתפלל בתורת נדבה, דקי"ל לקמן בסימן ק"ז, דצריך לחדש בה.

[לא]**ולדינא** הסכימו האחרונים, שא"צ לחזור ולהתפלל שנית, וכן המנהג, שאין עוברי דרכים שהתפללו בדרך במיושב, חוזרין ומתפללין שנית, **ומ"מ** אם הוא רוצה יכול להתפלל שנית בתורת נדבה, אם הוא בטוח שיכוין לבו בתפילתו, וא"צ לחדש בה דבר, דזה שמתפלל עתה בעמידה הוא כחידוש, כ"כ בספר מגן גבורים, **ומדברי** פמ"ג משמע, שאין כדאי להתפלל היום נדבה.

הגה: ומי שבא בדרך והוא סמוך למלון, אם יכול להסתלק מן הדרך - לילך לצדדיו ולהתפלל שם בעמידה, **במקום שלא יפסיקוהו עוברי דרכים, יסתלק שם, ולא יתפלל במלון של עודי כוכבים** - שבודאי יש בו גילולים ותועבות, ואין להכניס לשם דבר שבקדושה, שהרי משה רבנו ע"ה אמר: כצאתי את העיר וגו', ולא רצה להתפלל במצרים, לפי שהיתה מלאה גילולים.

שלא יבלבלוהו בני הבית, אבל אם א"א לו להסתלק מן הדרך במקום שלא יפסיקוהו, יתפלל במלון באיזה קרן זוית (תרומת הדשן) - "שלא יבלבלוהו בני הבית" צ"ל בסוף אחר תיבת "קרן זוית", ור"ל שלא יחוש רק למצוא קרן זוית שלא יבלבלוהו, אבל לא יחוש לגילולים, שהרי כל תפלתינו בעיירות מלאות גילולים, **ואם** בכותל מזרחי שם תלוים גילולים, אל יתפלל לאותו צד, אלא לצד אחר אע"פ שאינו מזרח.

ואם א"א להסתלק מן הדרך, וצריך להתפלל מהלך או מיושב, וגם במלון יודע הוא שלא ימצא קרן זוית שלא יבלבלוהו, **מוטב** להתפלל בדרך מיושב או מהלך, כיון שאז יכול לכוין יותר, **ומ"מ** אם יכול להתפלל במלון בבקעה או בחצר או בגינה, מוטב, ויצא ידי שניהם ויתפלל במעומד ובכונה.

אות כ'

בחבר עיר ושלא בחבר עיר

סימן רפו ס"ב - כל יחיד חייב להתפלל תפלת המוספין, בין אם יש צבור בעיר או לא - דלא תימא דהואיל דהוא במקום הקרבת הקרבן, לא הוטלה המצוה רק על הצבור שבעיר ולא על היחיד, קמ"ל דלא אמרינן הכי.

הגה: ואח"כ חוזר השליח צבור התפלה כמו בשאר תפלות (ב"י בשם שבולי לקט).

באר הגולה

כו ‹ע"פ הב"י וז"ל: ואמרינן במאי קא מיפלגי, מר סבר תפילה מעומד עדיף, ומר סבר מיסמך גאולה לתפילה עדיף, אלמא דכשיושב בקרון או בספינה מתפלל מיושב, וטעמא דקרון, מפני שאי אפשר לעמוד מפני שמתנועע לכאן ולכאן, והאי טעמא שייך נמי בספינה, ורש"י כתב דטעמא דספינה, משום ביעתותא דמיא›

כז **ספר ארחות חיים** כח ‹ע"פ הבאר הגולה› כט **ברכות שם ל'** ל **ב"י ממשמעות הגמ'** ‹ומשמע מהא דרב אשי, שמי שהתפלל מיושב, כשחוזר להתפלל מעומד אין צריך לחדש דבר בתפילתו, דהא סתמא קאמר הדר ומצלי מעומד, משמע דמצלי תפילה הנהוגה בלי תוספת ומגרעת - ב"י› לא ‹דדוקא בתורת נדבה היה מתפלל רב אשי שנית, ע"ש, {ועכשיו אין מתפללין נדבה, וכן נהגו עוברי דרכים שאין חוזרין ומתפללין שנית - פמ"ג}, **ומלשון** רש"י משמע מפני שלא היה יכול לכוון בפעם ראשונה שהיה בשעת הדרשה, לכן היה מתפלל שנית, ואפשר שעי"ז נהגו עוברי דרכים שאין מתפללין שנית - מ"א›

בנהרדעא לבר מההוא יומא דאתא פולמוסא דמלכא למתא ואטרידו רבנן ולא צלו וצלי לי ביחיד והואי יחיד שלא בחבר עיר יתיב רבי חנינא קרא קמיה דר' ינאי ויתיב וקאמר הלכה כר' יהודה שאמר משום ר' אלעזר בן עזריה א"ל *פוק קרא קראיך לברא דאין הלכה כרבי יהודה שאמר משום ראב"ע א"ר יוחנן אני ראיתי את רבי ינאי דצלי והדר צלי א"ל רבי ירמיה לר' זירא ודילמא מעיקרא לא כוון דעתיה ולבסוף כוון דעתיה א"ל *חזי מאן גברא רבא דקמסהיד עליה: *ר' אמי ור' אסי אע"ג דהוו להו תליסר בי כנישתא בטבריא לא הוו מצלו אלא ביני עמודי היכא דהוו גרסי איתמר רב יצחק בר אבדימי משום רבינו אמר הלכה כר' יהודה שאמר משום ראב"ע ר' חייא בר אבא צלי והדר צלי א"ל רבי זירא מאי טעמא עביד מר הכי אילימא משום דלא כוון מר דעתיה והאמר ר"א לעולם ימוד אדם את עצמו אם *יכול לכוין את לבו יתפלל ואם לאו אל יתפלל אלא דלא אדכר מר דריש ירחא והתניא טעה ולא הזכיר של ר"ח [א] (א) בערבית אין מחזירין אותו מפני שיכול לאומרה בשחרית בשחרית אין מחזירין אותו מפני שיכול לאומרה במוספין *במוספין אין מחזירין אותו מפני שיכול לאומרה במנחה א"ל לאו איתמר עלה א"ר יוחנן בצבור שנו: כמה ישהה בין תפלה לתפלה רב הונא ור"ח חד אמר כדי שתתחונן דעתו עליו וחד אמר כדי שתתחולל דעתו עליו מאן דאמר כדי שתתחונן דעתו עליו דכתיב °ואתחנן אל ה' ומ"ד כדי שתתחולל דעתו עליו דכתיב °ויחל משה אמר רב ענן אמר רב טעה ולא הזכיר של ר"ח ערבית אין מחזירין אותו לפי שאין בית דין מקדשין את החדש אלא ביום אמר אמימר מסתברא מילתא דרב בחדש מלא אבל בחדש חסר מחזירין אותו א"ל רב אשי לאמימר מכדי רב טעמא קאמר מה לי חסר ומה לי מלא אלא לא שנא:

הדרן עלך תפלת השחר

אין עומדין להתפלל אלא מתוך כובד ראש חסידים הראשונים היו שוהין שעה אחת ומתפללין כדי שיכוונו לבם לאביהם שבשמים *אפי' המלך שואל בשלומו לא ישיבנו ואפי' נחש כרוך על עקבו לא יפסיק: **גמ'** מנא ה"מ א"ר אלעזר דאמר קרא °והיא מרת נפש ממאי דילמא חנה שאני דהות מרירא לבא טובא אלא א"ר יוסי בר' חנינא מהכא °ואני ברב חסדך אבא ביתך אשתחוה אל היכל קדשך ביראתך ממאי דילמא דוד שאני דהוה מצער נפשיה ברחמי טובא אלא אמר ר' יהושע בן לוי מהכא °השתחוו לה' בהדרת קדש אל תקרי בהדרת אלא בחרדת ממאי דילמא לעולם אימא לך הדרת ממש כי הא דרב יהודה הוה מציין נפשיה והדר מצלי אלא א"ר נחמן בר יצחק מהכא °עבדו את ה' ביראה וגילו ברעדה *מאי וגילו ברעדה א"ר אדא בר מתנא אמר *רבה במקום גילה שם תהא רעדה אביי הוה יתיב קמיה דרבה חזייה דהוה קא בדח טובא אמר וגילו ברעדה כתיב א"ל אנא תפילין מנחנא ר' ירמיה הוה יתיב קמיה דר' זירא חזייה דהוה קא בדח טובא אמר ליה °בכל עצב יהיה מותר כתיב א"ל אנא תפילין מנחנא מר בריה דרבינא עבד הלולא לבריה חזנהו לרבנן דהוו קבדחי טובא

אייתי

רש"י

בנסרדעא. לפי שיש שם לבור והשליח פוטרני: **פולמוסא.** חיל: **דצלי והדר צלי.** ולמה ליה ב' תפלות אלא אחת של שחרית ואחת של מוספין ש"מ לית ליה דראב"ע: **ודילמא מעיקרא לא כוון דעתיה.** **מאן גברא רבא דקמסהיד עליה.** רבי יוחנן שהעיד על הדבר יפה דקדק שבשביל תפלת המוספין היתה: **משום רבינו.** רב: **בצבור שנו.** דאין מחזירין משום דשמע ליה מש"ץ ואיכא מקצת הזכרה אבל ביחיד צריך לחזור ובה"ג מפרש לה בש"צ משום טירחא דצבורא אבל יחיד הדר: **טעה ולא הזכיר במוספין.** שהתפלל אותה חונן: **כמה ישהה בין תפלה לתפלה.** מי שיש עליו לחזור ולהתפלל או משום דטעה או משום מוספין כמה ישהה בין זו לזו: **שתתחונן.** שתהא דעתו מיושבת לערוך דבריו בלשון תחנה: **שתתחולל.** לשון חילוי והיא היא אלא בלישנא בעלמא פליגי: **בחדש מלא.** כשהחדש שעבר מלא עושין ר"ח ב' ימים הלכך יכול לאומרה למחר דערבית של מחר ר"ח גמור יותר מן הראשון: **מכדי טעמא קאמר.** שאין מקדשין את החדש בלילה:

הדרן עלך תפלת השחר

כובד ראש. הכנעה: **שוהין שעה אחת.** במקום שבאו להתפלל: **גמ' אשתחוה אל היכל קדשך ביראתך.** מתוך יראה: **מציין נפשיה.** מקשט עצמו בבגדיו: **עבדו את ה' ביראה.** תפלה שהיא לנו במקום עבודה עשו אותה ביראה: **בכל עצב יהיה מותר.** כשאדם מרא את עצמו עצב יהיה לו שכר: **דהוה קא בדח טובא.** יותר מדאי ונראה כפורק עול: **תפילין מנחנא.** והם עדות שממשלת קוני ומוראו עלי:

תוספות

*ה"ג **אין** הלכה כרבי יהודה שאמר משום ראב"ע. אלא הלכה כרבנן וכן פסק ר"ח דלהכי מייתי (ב) רבי אמי ור' אסי שהיו מתפללים ביחיד כרבנן ביני עמודי דגרסי לאשמעינן דהלכה כרבנן: **והתניא** טעה ולא הזכיר של ר"ח בערבית אין מחזירין אותו. ל"ג ליה דהא אמרינן בסמוך טעה ולא הזכיר של ר"ח אין מחזירין אותו לפי שאין מקדשין כו' אי נמי אי איתא אגב אחריכא נקט ליה:

כמה ישהה בין תפלה לתפלה. כגון אדם שטעה ורוצה להתפלל שנית וכן בין תפלת שחרית לתפלת המוספין: **כדי** שתתחולל דעתו עליו. ומפרש בירושלמי דהיינו כשילך ארבע אמות: **לפי** שאין מקדשין את החדש כו'. פי' לעיל בריש פרקין (דף כו.) מה שמקשין ותיפוק ליה משום רשות משום דהיינו דוקא לעשות מלוה אחרת עוברת וי"מ דוקא בלילה ראשונה אין מחזירין אותו לפי שאין מקדשין החדש בלילה אבל בלילה שניה מחזירין אותו שכבר מקודש מיום שלפניו ולא נראה לחלק:

מסתברא מילתא דרב בחדש מלא. כלומר שהיה אותו שלפניו מלא דאז יכול לאומרה בערבית של מחר שהוא עיקר והיה אומר ה"ר ילחק לכל דבר שאמרו חכמים אין מחזירין אותו כגון יעלה ויבא בערבית ועל הנסים לא מיבעיא אם עקר רגליו (ג) ופתח בברכה שלאחריה דאין מחזירין אותו אלא אפילו לא עקר אלא שסיים אותה ברכה שתקנו בה לאומרה אין מחזירין אותו ולא נהירא לרבינו אלחנן דהא חזינן בברכת המזון דאותן שאמרו חכמים מחזירין וגם אותן שאין מחזירין שוין היכא דלא עקר רגליו כדאמר לקמן (דף מט.) אם שכח של שבת וסיים הברכה כולה ועדיין לא התחיל בברכת הטוב והמטיב אומר ברוך אשר נתן שבתות למנוחה כו' וקאמר נמי התם אם טעה ולא הזכיר של ר"ח קודם שעקר רגליו דהיינו קודם שיתחיל ברכת הטוב והמטיב דאותה קורא עקר רגליו אומר ברוך אשר נתן ראשי חדשים וכו' אלמא היכא דלא עקר אלו ואלו שוין ואם עקר רגליו שהתחיל בברכת הטוב והמטיב של שבת חוזר לראש ושל ר"ח מעות לא יוכל לתקון והכי נמי יחזור (ד) באותה ברכה אם לא התחיל בברכה שלאחריה. ומיהו אין ראיה מהתם דשאני התם בברכת המזון שכבר בירך ג' ברכות וברכת הטוב והמטיב לאו דאורייתא היא על כן אין מחזירין אותו לגמרי כי אין דומה שם הפסק כל כך ואין להביא ממנו ראיה לי"ח ברכות דאם יחזירוהו בדבר שאין לו לחזור הוי כמו הפסקה ועוד דאין להביא ראיה לכאן דאם היית אומר היכא שלא עקר רגליו בי"ח ברכות שהיה לו לחזור א"כ היה צריך לחזור לרצה ואין זה הגון ומיהו אומר ר"י דראה את ר"ת דהיכא דלא עקר רגליו חזר לרצה אפי' בדברים שאין מחזירין כגון על הנסים וכן עמא דבר:

הדרן עלך תפלת השחר

אל תקרי בהדרת אלא בחרדת. תימה אמאי לא מוכח בהדיא מדכתיב בתריה חילו מלפניו כל הארץ וי"ל הייט קרא דכתיב במזמור הבו לה' בני אלים ומההוא קרא בעי להוכיח במסכת מגילה (דף יז:) שאומרים אבות וגבורות וקדושת השם וי"ח ברכות תקנו כנגד האזכרות ומשום הכי דייק מאותו קרא שכתוב באותה פרשה אבל אותו דחילו וגו' אינו כתוב באותה פרשה:

אייתי

עין משפט נר מצוה

סח א מיי' פ"ד מהל' תפלה הלכה טו ופ"י הלכה א [טוש"ע א"ח סימן קא סעיף א]:
סט ב מיי' פ"ח מהלכות תפלה הלכה ג סמג עשין יט טוש"ע א"ח סי' נ סעיף יח:
ע ג מיי' פ"ד שם הל' טו סמג שם (טוש"ע א"ח סי' קא סעיף א):
עא ד ה מיי' פ"י שם הלכה יב סמג שם טוש"ע א"ח סימן קטו סעיף ג:
עב ו מיי' שם הל' טו סמג שם טור טוש"ע א"ח סי' קה:
עג ז ח מיי' שם הלכה יא סמג שם טוש"ע א"ח סי' תכב סעיף א:
א ט מיי' פ"ד שם הל' טז סמג שם טוש"ע א"ח סי' צג סעי' ב:
ב י מיי' פ"ה שם הל' ה סמג שם טוש"ע א"ח סימן צא סעיף ו:

[הרי"ף והרא"ש לא גרסי זה וע' בטור סימן קכ"ו והכ"נ]

הגהות הב"ח

(א) גמ' ולא הזכיר של ר"ח (בערבית וכו'. בשחרית) תא"מ. ונ"ב ס"א אין זה: (ב) תוס' ד"ה אין הלכה כו' דלהכי מייתי הכא רבי אמי וכו' ביחיד ביני עמודי היכא דהוו גרסי כנ"ל ותיבת כרבנן נמחק: (ג) ד"ה מסתברא וכו' עקר רגליו ופתח נ"ב פי' או פתח: (ד) בא"ד וה"נ יחזור לאותה ברכה:

הגהות הגר"א

[א] גמ' של ר"ח בערבית. נ"ב רי"ף וש"ס ל"ג אלא בשחרית אין כו' לגד:

גליון הש"ס

מתני' אפי' המלך. עי' יומא י"ט ע"ב תוס' ד"ה גם:

מסורת הש"ס

[יבמות פ. כתובות ט.]
[חולין ז.]
לעיל דף ט.
[עי' תוס' לקמן לד: ד"ה יסיין]
[דבורי רש"י מתהפכו כזה]
שמות לב
שמואל א א
תהלים ה
שם כט
שם ב
יומא ד:
[רב כ"נ]
משלי יד

§ מסכת ברכות דף ל: §

אות א'

ודילמא מעיקרא לא כוון דעתיה

סימן קא ס"א - עיין דף ל"ד: אות ד'.

אות ב'

אע"ג דהוו להו תליסר בי כנישתא בטבריא, לא הוו מצלו אלא ביני עמודי היכא דהוו גרסי

סימן צ סי"ח - [א]בית המדרש קבוע קדוש יותר מבהכ"נ, ומצוה להתפלל בו יותר מבהכ"נ, [ב]והוא שיתפלל בי' - ואפילו אם בבהכ"נ איכא רוב עם הדרת מלך, מ"מ בהמ"ד עדיף, **וה"מ** למי שלומד בו, וכדי שלא יבטל מלימודו לילך לבהכ"נ, הא בלא"ה רוב עם עדיף, כ"כ הפמ"ג, **ונראה** פשוט, דזה דוקא בבהמ"ד שקבוע ליחיד ללימוד, דלא קבוע קדושתו כ"כ, וכדמשמע ממ"א, דבזה איירינן הכא, **אבל** בהמ"ד שקבוע לרבים ללימוד התורה, בוודאי קדושתו חמורה יותר מבהכ"נ, ומוטב להתפלל בו בעשרה יותר מבהכ"נ שיש בו רוב עם, אפילו מי שאינו לומד בו כלל, **וכדאיתא** בגמרא, דאוהב ה' שערים המצויינים בהלכה יותר מבתי כנסיות וכו', וכן משמע מכמה אחרונים.

הגה: וי"א דאפי' בלא י' עדיף להתפלל בבהמ"ד הקבוע לו; ודוקא מי שתורתו אומנתו ואינו מתבטל בלאו הכי (הרי"ף פ"ק דברכות) - ר"ל כי אם לדברים הכרחים לצרכי גופו ולימודו, ע"כ אין לו ללכת לבהכ"נ אפילו אם אין שם עשרה, מפני שמבטל מלימודו בשעת הליכתו, **ועיין** בביאור הגר"א שכתב, דבאופן זה שתורתו אומנתו, אפילו לדעה הראשונה לא בעינן עשרה, **וכ"ש** בלומד תורה ברבים עם תלמידים, שאין לו לבטל מלימודו לילך לבי כנישתא.

ואפילו הכי לא ירגיל עצמו לעשות כן, שלא ילמדו עמי הארץ ממנו ויתבטלו מבהכ"נ (תשו' הרא"ש והטור) - כי לא ידינוהו לכף זכות לתלות בתורתו, שבשביל לימודו הוא מתפלל ביחיד, רק יאמרו שאינו חושש בתפלה, וידונו ק"ו על עצמם, ולא יחושו כלל לתפלה.

וכ"ש שלא יעסוק בתורה בבהכ"נ בזמן שהציבור אומרים סליחות ותחינות (הגהות אלפסי החדשים) - וכן בשעת קה"ת, **כתב** בספר מאמר מרדכי, דאם הוא כבר התפלל, ואינו עומד שם אלא לענות הקדישים והקדושות מאותם שפורסים על שמע או שחוזרים כל התפלה, עוסק בתורה ואינו חושש, וכן מוכח מלשון הג"ה, דמיירי דוקא בענין שפורש מן הצבור וכו'.

אות ג'

לעולם ימוד אדם את עצמו, אם יכול לכוין את לבו יתפלל, ואם לאו אל יתפלל

רמב"ם פ"ד מהל' תפילה הט"ו - כוונת הלב כיצד, כל תפלה שאינה בכוונה אינה תפלה, ואם התפלל בלא כוונה, חוזר ומתפלל בכוונה; מצא דעתו משובשת ולבו טרוד, אסור לו להתפלל עד שתתיישב דעתו; לפיכך הבא מן הדרך והוא עיף או מיצר, [ג]אסור לו להתפלל עד שתתיישב דעתו, אמרו חכמים ישהה שלשה ימים עד שינוח ותתקרר דעתו ואח"כ יתפלל.

[ד]סימן פט ס"ד - [ה]הצמא והרעב - הרבה, **הרי הם בכלל החולים, אם יש בו יכולת לכוין דעתו, יתפלל; ואם לאו, אם רצה אל יתפלל עד שיאכל וישתה** - משמע שאינו מחוייב, מדקאמר "אם רוצה", **והטעם**, משום דעכשיו בזה"ז בלא"ה אין מכוונים כ"כ, ומ"מ אם רוצה לאכול ולשתות קודם כדי שיכוין, מותר.

הצמא – (אף דמים מותר בלא"ה לשתות, נ"מ למי שאינו יכול לשתות אליבא ריקנא, ומוכרח לאכול מעט קודם איזה דבר).

אות ד' – ה'

בשחרית אין מחזירין אותו מפני שיכול לאומרה במוספין, במוספין אין מחזירין אותו מפני שיכול לאומרה במנחה בצבור שנו

טור סימן קכו - ובכ"מ שיחיד חוזר, ש"צ חוזר אם טעה כשמחזיר התפלה, חוץ מבר"ח שחרית, שאם לא הזכיר

באר הגולה

[א] ברכות ח' [ב] רמב"ם פ"ח מה"ת [ג] ‹מסתימות לשון הרמב"ם מבואר, דדין כוונה הוא על כל התפלה, שכל התפלה הכוונה מעכבת בה, וקשה ממה שפסק הרמב"ם בפ"י שם, ז"ל: מי שהתפלל ולא כיון את לבו, יחזור ויתפלל בכוונה, ואם כיון את לבו בברכה ראשונה, שוב אינו צריך, דמבואר להדיא דהכוונה אינה מעכבת רק בברכה ראשונה, וצ"ע. **ונראה** לומר דתרי גווני כוונות יש בתפלה, האחת כוונה של פירוש הדברים, ויסודה הוא דין כוונה, ושנית שיכוון שהוא עומד בתפלה לפני ד'. כמבואר בדבריו פ"ד שם ז"ל: ומה היא הכוונה, שיפנה את לבו מכל המחשבות, ויראה עצמו כאלו עומד לפני השכינה. ונראה דכוונה זו אינה מדין כוונה, רק שהוא מעצם מעשה התפלה, ואם אין לבו פנוי ואינו רואה את עצמו שעומד לפני ד' ומתפלל, אין זה מעשה תפלה, והרי הוא בכלל מתעסק דאין בו דין מעשה. וע"כ מעכבת כוונה זו בכל התפלה, דבמקום שהיה מתעסק דינו כלא התפלל כלל, וכאילו דלג מלות אלה, והלא ודאי דלענין עצם התפלה כל הי"ט ברכות מעכבין. **ורק** היכא שמכוון ומכיר מעשיו ויודע שהוא עומד בתפלה, אלא שאינו יודע פירוש הדברים, שזה דין מסוים רק בתפלה לבד, הוספת דין כוונה, בזה הוא דאיירי הסוגיא דברכות דף ל"ד. המתפלל צריך שיכוון לבו בכל הברכות, ואם אינו יכול לכוון את לבו בכולם יכוון באחת מהן, אמר ר' חייא א"ר ספרא משום חד דבי רבי באבות. **ובאמת** דגם בדין כוונה תרי דינים יש בזה, חדא דין כוונה שמכוון לעשות המצוה, והוי מדין כוונה של כל המצות, דקי"ל מצות צריכות כוונה, ובזה אין חילוק בין ברכה ראשונה לשאר התפלה, כיון דהוא דין הנוהג בכל המצות, וכשאר המצות דכל המצוה כולה צריכה כוונה ולא מהני כוונת מקצתה, הכי נמי בתפלה דכוותה כולה צריכה כוונה. וזהו שפסק כן הרמב"ם, דהא דבעינן שידע שהוא עומד בתפלה מעכב בכל התפלה כולה, והיינו מתרי טעמי, חדא משום דבלאו הכי הוי מתעסק, ועוד משום דין מצות צריכות כוונה, דתרווייהו מעכבי בכל התפלה כמו בכל המצות. ורק בכוונת פירוש הדברים, דהוא דין מסוים רק בתפלה, בזה הוא דקי"ל דלא מעכבא רק בברכה ראשונה דאבות, וכמבואר בהסוגיא דברכות דף ל"ד. - חידושי הגר"ח הלוי› [ד] ‹ע"פ הגר"א› [ה] הרמב"ם פ"ה מה"ת

יעלה ויבא, אינו חוזר שלא להטריח על הציבור. כתב בסה"מ על שם בה"ג, שגם בתפלת המוסף אין מחזירין אותו מפני טורח ציבור... לא נהירא, דלא קאמר בגמרא אלא בשחרית, מפני שתפלת המוספין לפניו, אבל לא סמכינן ממוסף על מנחה שלאחר זמן - ‹וטעמו, מפני שהוא גורס כך בגמרא: טעה ולא הזכיר ראש חודש בשחרית וכו', במוספין אין מחזירין אותו מפני שיכול לאמרה במנחה, אבל יש ספרים שאינם גורסים כך. **ותמהני** על רבינו שמקשה עליו, מדלא קאמר בגמרא אלא מפני שתפילת המוספין לפניו, שהרי לפי מה שכתב סמ"ג, בה"ג גורס בגמרא ג"כ מפני שתפילת המנחה לפניו, **וכך** הוה ליה למימר, שאין גירסת בה"ג עיקר, שהרי הרי"ף והרמב"ם והרא"ש אינם גורסים אלא מפני שתפילת המוספין לפניו, ודוקא משחרית למוסף שרגילים להתפלל כאחת אמרו דסמכינן, אבל לא מתפילת המוסף לתפילת המנחה. **ולענין** הלכה, כיון שהרי"ף והרמב"ם והרא"ש ז"ל סוברים שלא אמרו אלא בטעה בתפילת שחרית, אבל טעה בתפילת המוספין חוזר, הכי נקטינן - ב"י›.

סימן קכו ס"ג - [ו]כל מקום שהיחיד חוזר ומתפלל, ש"צ חוזר ומתפלל, אם טעה כמותו כשמתפלל בקול רם; חוץ משחרית של ר"ח - (וה"ה חוה"מ - פמ"ג), **[ז]שאם שכח ש"צ ולא הזכיר "יעלה ויבא" עד שהשלים תפלתו, אין מחזירין אותו, מפני טורח הצבור, שהרי תפלת המוספין לפניו שהוא מזכיר בה ר"ח** - ואם שכח "משיב הרוח" ו"טל ומטר" וכה"ג, מחזירין אותו, דדוקא ב"יעלה ויבא", מפני שזכרון אחד עולה לכאן ולכאן, **אבל [ח]אם נזכר קודם שהשלים תפלתו, חוזר ל"רצה" ואין בזה טורח צבור.**

הגה: י"א דהם טעה בשחרית של שבת ויו"ט, דינו כמו בר"ח, והכי נהוג (טור וסמ"ק) - ר"ל ששכח והתפלל של חול, ולא הזכיר מענינו של שבת ויו"ט, והשלים תפלתו.

הלבוש הביא דיעות בזה ולא הכריע, **אבל** האחרונים כתבו כהרב.

אבל אם נזכר קודם שהשלים תפלתו, חוזר ל"ישמח משה", או ביו"ט ל"אתה בחרתנו", כ"כ הפמ"ג, **ומדברי** הרב בהג"ה לקמן בסימן רס"ח ס"ה, קצת לא משמע כן.

(והנה באמת דין זה אינו מצוי כלל, שלא יזכירוהו השומעים עד שישלים תפלתו, **ואפילו** אם נאמר דלא כפמ"ג, ג"כ אינו מצוי שיתפלל כל הברכות האמצעיות ולא יזכירוהו, דאם הוא עומד עדיין בתוך הברכה, בודאי לכו"ע צריך לחזור לברכת שבת ויו"ט, **ואולי** דכונת הרמ"א במ"ש "והכי נהוג", לענין אם חל שבת ויו"ט ביחד, ושכח השליח צבור להזכיר של שבת, דמהני במה שיזכיר של שבת במוסף גם לשל שחרית).

אות ו'

<u>**כדי שתתחונן דעתו עליו**</u>

סימן קה ס"א - [ט]המתפלל שתי תפלות, זו אחר זו - כגון שחרית ומוסף, או ששכח ולא התפלל, וצריך להשלימה בזמן תפלה שלאחריה, ומתפלל שתים, **וכתב** בספר שולחן שלמה, וכן אם סיים שמונה עשרה, אף שעדיין לא עקר רגליו, ונזכר שטעה, וצריך לחזור ולהתפלל, ימתין כזה.

צריך להמתין בין זו לזו [י]כדי הילוך ד' אמות, כדי שתהא דעתו [יא]מיושבת להתפלל בלשון תחינה - ושיעור זה צריך להיות אחר שעקר רגליו ואמר "עושה שלום" וגו'.

ואפילו אינו רוצה לחזור למקומו, אלא מתפלל שנית במקום שעומד שם כשפסע אחר תפלה הראשונה, **אבל** לחזור למקומו, אפי' אינו רוצה להתפלל שנית, צריך להמתין, כמש"כ בסימן קכ"ג.

והנה לפי מה שיבואר בסימן ק"ח במשנה ברורה, דבין ששכח ערבית ומתפלל שחרית שתים להשלמה, ובין ששכח שחרית ומתפלל מנחה שתים להשלמה, צריך לומר "אשרי" בין תפלה לתפלה, **לא** יצוייר דין זה רק בשכח תפלת המנחה שמתפלל ערבית שתים להשלמה, דשם לא יאמר "אשרי", כמו שמבואר שם במ"ב.

[יב]סימן קכג ס"ב - [יג]במקום שכלו ג' פסיעות יעמוד - ויכוין רגליו כמו בתפלה כשאומר "עושה שלום", מפני שמטה עצמו לצד שכינה, [**ופמ"ג** כתב עד שיתחיל ש"ץ להתפלל, ולא נהירא].

ולא יחזור למקומו עד שיגיע ש"צ לקדושה - שאם חוזר מיד, דומה לתלמיד שנפטר מרבו, ופסע לאחוריו, וחוזר מיד, שסופו מוכיח על תחלתו, שלא פסע לאחוריו כדי להפטר ממנו, והוא מגונה, **אבל** כשממתין על קדושה, או עכ"פ להתחלת תפילת הש"ץ, נראה לכל שחוזר בשביל הקדושה, ולכוין למה שיאמר הש"ץ.

ופי', אם רוצה לחזור למקומו, אינו רשאי עד וכו', אבל אם רוצה, עומד שם ואינו חוזר למקומו כלל - כ"מ, **וכתב** המ"א, דלפי מה שהביא בב"י, די"א דבעינן ששה פסיעות, דהיינו ג' לאחוריו וג' בשובו למקומו, א"כ ע"כ צריך לחזור למקומו בג' פסיעות לפניו, **ומטעם** זה קצת מקפידין שלא יעבור אדם לפניהם בעוד שעומדין במקום שפסע, שלא יפסיק זה בין ששה פסיעותיהם, **אבל** מ"מ ע"י קפידתם טועים, כשרואים מי שרוצה לעבור לפניהם, הם ממהרים לחזור למקומם קודם שיתחיל הש"ץ התפילה, דהוא מעיקר הדין.

ואם האריך בתפילתו, ובעת שפסע הגיע הש"ץ לקדושה, יכול לחזור תיכף למקומו לומר קדושה, **ואף** דמהרי"ל היה נוהג, דכשהיה מסיים י"ח והש"ץ נפל על אפיו, אז היה נשאר במקומו שפסע שם, ונפל ג"כ על אפיו עם הצבור בשוה, ולא היה חוזר תיכף למקומו, **קדושה** שאני, שטוב יותר לאומרה במקומו כמו שאר הקהל.

ולפחות עד שיתחיל שליח צבור להתפלל בקול רם - עיין בב"ח שהסכים, דלכתחלה נכון להחמיר עד קדושה, **אם** לא

באר הגולה

[ו] שם דף ל' [ז] בה"ג ורמב"ם וטור [ח] רש"י בתשובה ורבינו שמחה [ט] ברכות ל' [י] ‹תוס' שם בשם ירושלמי, והוא בירושלמי שם – גר"א› [יא] ‹עיין רש"י שם ד"ה שתתחונן כו', "שתהא דעתו מיושבת לערוך דבריו בלשון תחנה"› [יב] ‹ע"פ הגר"א› [יג] הרי"ף שם והרא"ש

שהמקום צר ודחוק, וכדי דלא ליתי לאנצויי, וכ"כ בדרך החיים, **אך** בזמן כשאומרים פיוטים, בודאי יש להקל ולחזור תיכף כשמתחיל הש"ץ י"ח.

הגה: [יד]והש"ץ יעמוד כדי הילוך ד' אמות, קודם שיחזור למקומו להתפלל בקול רם (תשו' הרשב"א) - (עיין במ"א שכתב בשם הרשב"א, דמדינא יכול לחזור מיד, דהדבר ידוע שחזרתו הוא להוציא רבים ידי חובתן, אלא שנהגו כן, **אולם** מדברי הגר"א משמע, דמדינא צריך להמתין כדי ד"א, דהוא נכלל במה שפסק בסימן ק"ה, דבין תפלה לתפלה צריך להמתין כדי ד"א).

וכן יחיד המתפלל, יעמוד במקום שכלו פסיעותיו כשיעור זה, קודם שיחזור למקומו (ב"י בשם רבינו ירוחם וירושלמי) - וב"ח חולק ופוסק, דאין חילוק במתפלל ביחידי בביתו למתפלל עם הצבור, אלא בכל גווני צריך לשהות כפי השיעור שיגיע ש"ץ לקדושה, או עכ"פ עד שיתחיל ש"ץ בקול רם, וכן פסק המג"א, **אם** לא שצריך לחזור ולהתפלל שנית לתשלומין, דאז לכו"ע די כדי הילוך ד"א, דהכל יודעין שחזרתו הוא להתפלל שנית, **ומ"מ** במקום הדחק יש להקל, דאף בזה די בד"א.

יחיד שמתפלל בצבור וסיים תפלתו קודם לש"ץ, אסור להחזיר פניו לצבור, עד שיסיים ש"ץ תפלתו (ב"י בשם שבולי הלקט) - היינו אע"פ שעדיין עומד במקום שכלו פסיעותיו, לא יחזיר פניו לצבור, דהיינו לצד מערב, כל זמן שלא סיים הש"ץ, כי יגרום בזה ביטול כונה להמתפללים, וגם שיחשדוהו שדילג, **ולענין** אם רוצה לחזור למקומו, כבר מבואר דצריך לכתחילה להמתין עד שיגיע ש"ץ לקדושה, או עכ"פ עד שיתחיל הש"ץ.

(משמע מזה, דכיון שסיים הש"ץ די, ואפי' אם רוב הציבור עומדין עדיין, והנה לפי טעם הראשון שהעתקתי במ"ב, והוא מהט"ז, נראה דיש להחמיר בזה, **ולטעם** השני מותר, וכן משמע מפמ"ג, **ולמעשה** יש לעיין בזה).

אות ז' – ח'

טעה ולא הזכיר של ראש חדש ערבית, אין מחזירין אותו, לפי שאין בית דין מקדשין את החדש אלא ביום

מה לי חסר ומה לי מלא, אלא לא שנא

סימן תכב ס"א - [טו]ערבית שחרית ומנחה, מתפלל י"ח ברכות ואומר "יעלה ויבא" ב"רצה" - ומבואר לעיל בסימן רל"ו ס"ב, דמכריז הש"ץ בין קדיש לתפלה שהוא ר"ח, ולא חשיב הפסק כיון שהוא צורך תפלה, [**ודוקא** בין קדיש לתפלה, אבל כשהוא עומד בברכת ק"ש בין הפרקים, אסור להפסיק]. [**ודוקא** בערבית, דסמיכת גאולה לתפלה שלו לא חמיר כולי האי, משום דתפלת ערבית רשות, **אבל** בין גאולה לתפלה דשחרית, חמירא טפי ואסור - מסי' רל"ו ס"ב].

ואם לא אמרו בערבית, אין מחזירין אותו, (ובאיזה מקום שנזכר שאינו חוזר, ע"ל סימן רל"ד סעיף ד' וה') - ושם מבואר, דמשהתחיל לומר "ותחזינה" והזכיר "ברוך אתה ה'", אפילו לא סיים "המחזיר" וכו', נמי אינו חוזר.

בין שר"ח יום אחד בין שהם ב' ימים, מפני שאין מקדשין את החדש בלילה - ולא היה עדיין קדושת ר"ח על היום, **ואפילו** בליל ב' של ר"ח שייך טעם זה, שהלא יום ב' הוא רק משום ספיקא, דאילו היום א' היה קודש היום שני הוא חול.

אות ט'

אין עומדין להתפלל אלא מתוך כובד ראש

סימן צג ס"ב - [טז]לא יעמוד להתפלל אלא באימה והכנעה - שנאמר: עבדו את ד' ביראה, היינו התפלה שהיא לנו במקום עבודה, עשו אותה ביראה.

לא מתוך שחוק וקלות ראש ודברים בטלים, [יז]ולא מתוך כעס, אלא מתוך שמחה, כגון דברי תנחומין של תורה, סמוך לגאולת מצרים, או סמוך ל"תהלה לדוד" שכתוב בו "רצון יראיו יעשה", "שומר ה' את כל אוהביו" - ר"ל דמצוה מן המובחר שאין עומדים אלא מתוך אימה והכנעה, אלא כיון דאין כל אחד יכול ליזהר להכניס בלבו הכנעה ואימה, עכ"פ לא יתפלל מתוך שחוק, אלא מתוך שמחה של מצוה, ב"ח וא"ר.

אות י'

הוה מציין נפשיה והדר מצלי

סימן צא ס"ו - [יח]דרך החכמים ותלמידיהם שלא יתפללו אלא כשהם עטופים. הגה: ובעת זעם יש לחבק הידים בשעת התפלה כעבדא קמיה מריה, ובעת שלום יש להתקשט בבגדים נאים להתפלל (טור).

באר הגולה

יד ‹כמ"ש תוס' ספ"ד בשם הירושלמי, וכמש"ל סי' ק"ה - גר"א› טו ברייתא שבת כ"ד טז שם ל"א ורש"י יז ‹כן הוא גירסת הטור שם - גר"א› יח שם ‹רמב"ם›

§ מסכת ברכות דף לא. §

אות א'

אסור לאדם שימלא שחוק פיו בעולם הזה

סימן תקס ס"ה - [א]**אסור לאדם שימלא פיו שחוק בעולם הזה** - שהשמחה יתירה משכח המצות, **ועיין** בט"ז ופרישה, דאפי' בשמחה של מצוה, כגון בחתונה ופורים, לא ימלא פיו שחוק. ‹וזהו כשעוסק בהשחוק זמן מרובה עם אחרים, אבל שחוק בעלמא לית לן בה - ערוה"ש›.

אות ב'

אין עומדין להתפלל לא מתוך דין, ולא מתוך דבר הלכה, אלא מתוך הלכה פסוקה

סימן צג ס"ג - [ב]**אין עומדים להתפלל מתוך דין, ולא מתוך הלכה, שלא יהא לבו טרוד בה, אלא מתוך הלכה פסוקה** - שאין בה עיון ולא מחלוקת, כדי שלא יטרד עי"ז בתפלה, **הגה:** [ג]**והיינו נמי כמו מתוך שמחה, כי "פקודי ה' ישרים משמחי לב" (טור).**

ומ"מ אם עסק בפלפול הלכה והתחילו הצבור להתפלל, יתפלל עמהם, **ובפרט** עכשיו שאין מכוונים כ"כ בתפלה, ולא הזהירו אלא לכתחלה שלא יעסוק בפלפול קודם התפלה.

אות ג'

בנות ישראל החמירו על עצמן, שאפילו רואות טיפת כו'

יו"ד סימן קפג ס"א - ואפי' לא ראתה אלא טיפת דם כחרדל, יושבת עליו שבעה נקיים - וה"ה פחות מחרדל, ‹**ורבותא** דטיפת דם כחרדל, היינו משום דהוה מצינן למימר, דבדם מרובה דוקא הוא שראוי להחמיר בו, דשמא יצא מן המקור בג' ימים זה אחר זה, ושהה בפרוזדור שהוא כמו שיצא לחוץ, וצריכה מן התורה ז' נקיים אם היא בימי זובה, ולהכי נקט טיפה כחרדל, אע"ג דודאי אינה אלא ראייה א' - ב"י›.

היינו מדרבנן, אבל מדאוריתא א"צ לישב ז' נקיים אלא זבה גדולה, אלא שכדי שלא תבא לידי טעות החמירו חז"ל, והצריכו לעולם ז' נקיים - ש"ך.

[דג' חששות יש כאן, **האחד** במראה דם שיטעו לטהר, על כן החמירו לטמא כל מראה אודם, **ועוד חשש** לענין ימי נדה, דשמא עד יום האחרון של ראייתה עדיין לא ראתה דם טמא, על כן היה צריך ששה נקיים, **ועוד חשש** שתטעה בימים בין זיבה לנידה, דיש מקום לטעות בין נקיים דנדה לנקיים דזיבה, ע"כ צריכה בכל מקום ז"נ - ט"ז].

אות ד'

מערים אדם על תבואתו ומכניסה במוץ שלה, כדי שתהא בהמתו אוכלת ופטורה מן המעשר

יו"ד סימן שלא ספ"ד - מותר להערים על התבואה להכניסה במוץ, כדי שתהיה בהמתו אוכלת ופטורה מן המעשר; וזורה מעט מעט אחר שהכניס לבית, ופטור לעולם מן התרומה ומן המעשרות, שהרי אינו מתחיל לגמור הכל - ‹שאין הבית קובע מן התורה אלא משנגמרה בכרי, אבל לפני מירוח אין ראיית הבית קובעתו, דגבי תרומה ומעשר כתיב דגן, והוא המירוח, ורבנן הוא דאסרו באכילת קבע, אבל אכילת עראי לא אסרו, **מ"מ** אסור להערים להכניס במוץ כדי שיאכל הרבה פעמים מעט מעט כדי שתפטר תבואה זו לעולם מן התרומה ומעשרות, **אבל** להאכיל לבהמתו עראי אפי' כמה פעמים לא גזרו, עכ"ל הש"ך - באה"ט›.

אות ה'

המקיז דם בבהמת קדשים, אסור בהנאה, ומועלין בו

רמב"ם פ"ב מהל' מעילה הי"א - אבל המקיז דם לבהמת קדשים, הרי הוא אסור בהנייה ומועלין בו, הואיל ואינה יכולה לחיות בלא דם, הרי הוא כגופה.

אות ה'*[ד]

תוס' ד"ה רב אשי. העוסק בצרכי צבור כעוסק בד"ת דמי

סימן צג ס"ד - [ה]**"העוסק בצרכי צבור כעוסק בתורה דמי, פירוש: לענין לעמוד מתוכו להתפלל, שגם זו שמחה היא לו שעוסק בצרכי צבור** - ובלבד שיהא דומה להלכה פסוקה, שלא יהא בה דבר של טרדה, **ומ"מ** אין לבטל תפלת הצבור משום זה, **וכ"ש** אם מתירא שיעבור הזמן, דרשאי להתפלל.

[ו]**ו"מ דהיינו לענין דאינו צריך לפסוק להתפלל** - וכן פסקו האחרונים, ואפילו אם יעבור זמן התפלה, אם אין שם מי שישתדל אלא הוא, **וא"צ** להתפלל מנחה שתים בשביל תשלומי שחרית, שכיון שבשעת חובתו היה פטור ממנה מן הדין, א"צ לתשלומין כלל.

אות ו'

אין עומדין להתפלל לא מתוך עצבות כו'

סימן צג ס"ב - [ז]**לא יעמוד להתפלל אלא באימה והכנעה** - שנאמר: עבדו את ד' ביראה, היינו התפלה שהיא לנו במקום עבודה, עשו אותה ביראה.

באר הגולה

[א] **מימרא דרבי יוחנן משום רשב"י ברכות ל"א** ‹עד לעתיד לבא, כי יסיר ה' לב האבן ויעבור רוח הטומאה מן הארץ ולא יהיה יצה"ר, אז ימלא שחוק פינו ולשונינו רנה, בהיותינו יושבים ועטרותינו בראשנו ונהנים מזיו השכינה בבי"א - מחה"ש› [ב] **שם ל"א** [ג] ‹תוס' שם ד"ה רבנן כו' - גר"א. **דהאי** "כוותייהו קי"ל" כו' שכתבו התוס', כוונתם כשניהם, כרבנן ורב אשי, ועי"ז מסיימים, אלא מתוך כובד ראש ושמחה של מצוה, והלא רב אשי עבד כברייתא דעמד להתפלל מתוך הלכה פסוקה, והתוס' מסיימים ושמחה של מצוה, הרי דס"ל דהלכה פסוקה היינו שמחה של מצוה, דהתורה משמח הלב, ויותר נראה דט"ס בתוס', וצ"ל "כתרווייהו קי"ל" - דמשק אליעזר› [ד] ‹ע"פ הגר"א› [ה] **ירושלמי שם** [ו] **טור וב"י בשם רמב"ם וסמ"ג** [ז] **שם ל"א ורש"י**

מסורת הש"ס

עין משפט נר מצוה

כסא דמוקרא. כוס של זכוכית לבנה: ליפרי לן מר. שירה: הי תורה והי מצוה דמגנו עלן. היכן התורה שעסקנו והיכן המצות שאנו מקיימין שיגינו עלינו מדינה של גיהנם: הלכה פסוקה. שאינה צריכה עיון שלא יהא מהרהר בה בתפלתו: יושבת עליה ז' נקיים. לבד מאותו יום שפוסקת והתורה לא הצריכה ז' נקיים אלא לזבה שנאמר ואם טהרה מזובה ואין זבה אלא הרואה שלשה ימים רצופין בתוך י"א יום שבין נדה לנדה: ומכניסה. בבית: במוץ שלה. קודם שירוח אותה שאין מתחייב במעשר מן התורה אלא בראיית פני הבית ומשנמרח בכרי אבל לפני מירוח אין ראיית פני הבית קובעתו דגבי תרומה ומעשר כתיב דגן ראשית דגנך (דברים יח) והוא המירוח לפיכך כשמכניסה לבית קודם מירוח לא הוקבעה למעשר מן התורה ורבנן הוא דאסרו אכילת קבע בדבר שלא נגמר מלאכתו אבל אכילת עראי לא אסרו ומאכל בהמה עראי הוא דתנן במסכת פאה (פ"א מ"ו) מאכיל לבהמה חיה ועוף עד שימרח הלכך בהמתו אוכלת ופטורה אבל איהו אסור באכילת קבע: אסור בהנאה ומועלין בו. ואע"ג דקי"ל אין מועלין בדמים ילפינן לה מקראי במסכת יומא (דף נט:) ובשחיטת חולין (דף קיז.) ה"מ כשנשחטו בעזרה דהיכא למימר נתתיו לכם על המזבח לכפר (ויקרא יז) לכפר נתתיו לך ולא למעילה אבל בדם הקזה מועלין כלומר אם נהנה מביא קרבן מעילה והנך הויין הלכות פסוקות שאין עליהן קושיות ותירוצים שיהא צריך להרהר בהן: כמתניתין. מתוך כובד ראש: כברייתא. מתוך הלכה פסוקה: עצלות. עצבות: מתוך קלות ראש. חילוף של כובד ראש מתוך זחות לב ועתק: אלא מתוך שמחה (א). כגון דברי תנחומים של תורה כגון סמוך לגאולת מצרים או סמוך לתהלה לדוד שהוא של שבח ותנחומין כגון רצון יראיו יעשה שומר ה' את כל אוהביו וכגון מקראות המסודרות בתפלת ערבית כי לא יטוש ה' את עמו וכיוצא בהן: אלוייה. ליווהו בדרך: צניתא. דקלים: אדכרתן מילתא כו'. וזה שאומרים מימות אדם הראשון הם שהוא גזר על אותו מקום לישוב דקלים: אם תכין לבם. אז תקשיב אזנך: זמנין תלתא. שחרית מנחה וערבית: יכול משבא לגולה הוחלה. התפלה הזאת הוחלה כמו נתחלה אבל קודם לכן לא היה רגיל בכך: יכול יהא כוללן. לשלש תפלות הללו בשעה אחת: יכול ישאל צרכיו. כגון ברכות דאתה חונן עד ש"ת ואח"כ יתפלל שלש ברכות ראשונות שהן של שבח: רנה זו תפלה. של שבח: בקשה. שאלת צרכיו: אחר אמת ויציב. קודם ג' ראשונות: שצריך

אייתי כסא דזוגיתא חיורתא. מכאן נהגו לשבר זכוכית בנשואין: במקום גילה שם תהא רעדה. פשוטו של מקרא עבדו את ה' ביראה וכשיבא יום רעדה תגילו והכי מפורש בירושלמי עבדו את ה' ביראה היינו תפלה דאיקרי עבודה *כדתניא בספרי (פ' עקב) ולעבדו בכל לבבכם זו תפלה:

המקיז דם בבהמת קדשים וכו'. וקשה דאמר בפ"ג דע"ז (דף מד.) גבי דמים חיצונים ודמים פנימיים של קרבנות אלו ואלו נמכרים לגננים לזבל אלמא דאין מועלין בהן *וי"ל דהתם היינו לאחר זריקת דמים וכבר נתכפרו בעלים מה שאין כן הכא: רבנן עבדי כמתניתין. וטעמייהו קי"ל ולכן אין מתפללין מתוך קלות ראש ושחוק אלא מתוך כובד ראש ושמחה של מצוה כגון שעוסק בדברי תורה ולכן נהגו לומר פסוקי דזמרה ואשרי קודם תפלה: רב אשי עביד כברייתא. ירושלמי לא יעמוד ויתפלל אלא מתוך דבר הלכה א"ר ירמיה העוסק בצרכי צבור כעוסק בדברי תורה דמי: שכן מצינו בנביאים הראשונים שסיימו דבריהם בדברי שבח ותנחומין. ומקשה בירושלמי חוץ מירמיה וכו' והא כתיב כי אם מאס מאסתנו (איכה ה) מיהו *מההוא קראי דסוף תרי עשר וקהלת לא פריך מידי שחשבו בטוב בדברי תנחומין ולא מיירי בפורענות דישראל: ומוצאו בזוית אחרת. תימה דאמר לקמן (דף לד.) הבא לשחות בסוף כל ברכה וברכה מלמדין אותו שלא ישחה ותירץ הר"ר יוסף דהכא מיירי בתחנונים שהיה אומר אחר י"ח ברכות ולא נהירא דהא מי"ח קאמר ונראה להר"י דודאי בסוף כל ברכה אסור לשחות אבל באמצע הברכה מיהא מותר לשחות ובהכי מיירי הכא וכשהיה מגיע לסוף הברכה היה זוקף ולכך נהגו העולם בראש השנה וביום הכפורים שמתפללין זכרנו ובכן תן ותמלוך שוחים כשמגיעים לפסוקים ובסוף ברכה זוקפין שאין לשחות בסוף ברכות אלא היכא דתקון: דבר

תורה אור

אייתי כסא דמוקרא בת ארבע מאה זוזי ותבר קמייהו ואעציבו רב אשי עבד הלולא לבריה חזנהו לרבנן דהוו קא בדחי טובא אייתי כסא *דזוגיתא חיורתא ותבר קמייהו ואעציבו אמרו ליה רבנן לרב המנונא זוטי בהלולא דמר בריה דרבינא לישרי לן מר אמר להו ווי לן דמיתנן ווי לן דמיתנן אמרי ליה אנן מה נעני בתרך א"ל *הי תורה והי מצוה דמגנו עלן א"ר יוחנן משום רשב"י *אסור לאדם שימלא שחוק פיו בעולם הזה שנאמר °אז ימלא שחוק פינו ולשוננו רנה אימתי בזמן שיאמרו בגוים הגדיל ה' לעשות עם אלה אמרו עליו על ר"ל שמימיו לא מלא שחוק פיו בעוה"ז מכי שמעה מר' יוחנן רביה: ת"ר אין עומדין להתפלל לא מתוך דין ולא מתוך דבר הלכה אלא מתוך הלכה פסוקה והיכי דמי הלכה פסוקה אמר אביי כי הא דר' זירא *דאמר ר' זירא בנות ישראל החמירו על עצמן *שאפילו רואות טיפת דם כחרדל יושבת עליה שבעה נקיים רבא אמר כי הא דרב הושעיא דאמר רב הושעיא *מערים אדם על תבואתו ומכניסה במוץ שלה כדי שתהא בהמתו אוכלת ופטורה מן המעשר ואב"א כי הא דרב הונא *דא"ר הונא א"ר זעירא המקיז דם בבהמת קדשים אסור בהנאה ומועלין בו רבנן עבדי כמתניתין רב אשי עביד כברייתא: ת"ר *אין עומדין להתפלל לא מתוך עצבות ולא מתוך עצלות ולא מתוך שחוק ולא מתוך שיחה ולא מתוך קלות ראש ולא מתוך דברים בטלים אלא *מתוך שמחה של מצוה וכן לא יפטר אדם מחברו לא מתוך שיחה ולא מתוך שחוק ולא מתוך קלות ראש ולא מתוך דברים בטלים אלא מתוך [א] דבר הלכה שכן מצינו בנביאים הראשונים שסיימו דבריהם בדברי שבח ותנחומים [ב] וכן תנא *מרי בר בריה דרב הונא בריה דר' ירמיה בר אבא אל יפטר אדם מחבירו אלא מתוך דבר הלכה שמתוך כך זוכרהו כי הא *דרב כהנא אלוייה לרב שימי בר אשי מפום נהרא עד בי צניתא דבבל כי מטא להתם א"ל מר ודאי דאמרי אינשי הני צניתא דבבל איתנהו מאדם הראשון ועד השתא א"ל אדכרתן מילתא דרבי יוסי ברבי חנינא דאמר ר' יוסי ברבי חנינא מאי דכתיב °בארץ אשר לא עבר בה איש ולא ישב אדם שם וכי מאחר דלא עבר היאך ישב אלא לומר לך כל ארץ שגזר עליה אדם הראשון לישוב נתישבה וכל ארץ שלא גזר עליה אדם הראשון לישוב לא נתישבה רב מרדכי אלוייה *לרב שימי בר אשי מהגרוניא ועד בי כיפי ואמרי לה עד בי דורא: ת"ר *המתפלל צריך שיכוין את לבו לשמים אבא שאול אומר סימן לדבר °תכין לבם תקשיב אזנך תניא *א"ר יהודה כך היה מנהגו של ר"ע כשהיה מתפלל עם הצבור היה מקצר ועולה מפני טורח צבור וכשהיה מתפלל בינו לבין עצמו אדם מניחו בזוית זו ומוצאו בזוית אחרת וכל כך למה מפני כריעות והשתחויות: א"ר חייא בר אבא *לעולם יתפלל אדם בבית שיש בו חלונות שנאמר °וכוין פתיחן ליה וגו' *יכול יתפלל אדם כל היום כלו כבר מפורש על ידי דניאל °וזמנין תלתא וגו' יכול משבא לגולה הוחלה כבר נאמר °די הוא עבד מן קדמת דנא יכול יתפלל אדם לכל רוח שירצה ת"ל °(לקבל)[נגד] ירושלם יכול יהא כוללן בבת אחת כבר מפורש ע"י דוד דכתיב °ערב ובקר וצהרים וגו' יכול ישמיע קולו בתפלתו *כבר מפורש על ידי חנה שנאמר °וקולה לא ישמע יכול *ישאל אדם צרכיו ואח"כ יתפלל כבר מפורש על ידי שלמה שנאמר °לשמוע אל הרנה ואל התפלה רנה זו תפלה תפלה זו בקשה אין אומר דבר *(בקשה) אחר אמת ויציב אבל אחר התפלה אפי' כסדר וידוי של יוה"כ אומר איתמר נמי אמר רב חייא בר אשי אמר רב *אע"פ שאמרו שואל אדם צרכיו בשומע תפלה אם בא לומר אחר תפלתו אפילו כסדר של יוה"כ אומר: אמר רב המנונא כמה הלכתא גברוותא איכא למשמע מהני קראי דחנה °וחנה היא מדברת על לבה מכאן למתפלל צריך שיכוין לבו רק שפתיה נעות מכאן למתפלל שיחתוך בשפתיו וקולה לא ישמע מכאן שאסור להגביה קולו בתפלתו ויחשבה עלי לשכורה °מכאן *ששכור אסור להתפלל ויאמר אליה עלי עד מתי תשתכרין וגו' א"ר אלעזר מכאן לרואה בחבירו דבר

מסורת הש"ס: [פ' לעיל כח. פירש"י ד"ה כסא] · [פ' תוס' שבת כ: ד"ה אך ותוס' ב"מ כט: וחולין סד: ד"ה כזוגיתא] · עיין כפין יעקב כגירסא · [פירש"י ותוס' במגילה שם] · פסחים דף ס. מנחות סז: נדה סו: [ע"ע מה:] · מעילה יב: [וע"ש] · תוספתא פ"ג · שבת ל: פסחים קיז. · עירובין סד. · סוטה מו: · תוספתא פ"ג · תוספתא שם · לקמן לד: · תוספתא שם · דניאל שם · שם · שמואל א א · מלכים א ח · ירושלמי פ"ד · ע"ז ח. · שמואל א א · עירובין סד.

תורה אור: תהלים קכו · ירמיה ב · תהלים י · דניאל ו · שם · תהלים נה · ע"ז ז:

ג א טוש"ע א"ח סימן תקס סעיף ה:

[וכ"ה לסדיה הפנים ג.]

ד ב מיי' פ"ד מהלכות תפלה הלכה יח סמג עשין יח טוש"ע א"ח סי' צג סעיף ג:

[ועי' תוס' יומא נט: ד"ה כוא ותוס' מעילה יב: ד"ה המקיז]

ה ג מיי' פי"א מהלכות איסורי ביאה הל' ד סמג לאוין קיא טוש"ע י"ד סי' קפג:

[רב אלפס כאן ובשבועות פ"ב דף רס"ע]

ו ד מיי' פ"ג מהל' מעשר הלכה ו טוש"ע י"ד סימן של"א סעיף סד:

ז ה מיי' פ"ב מהלכות מעילה הלכה יא סמג עשין רי:

ח ו מיי' פ"ד מהלכות תפלה הל' יח סמג עשין יט טוש"ע א"ח סי' צג סעיף ב:

ט ז מיי' שם הלכה טז סמג שם טוש"ע א"ח סימן נח סעי' א:

י ח מיי' פ"ה שם הלכה ב טוש"ע א"ח סי' צ סעיף יא:

יא ט טור א"ח סי' קיד:

יב י מיי' פ"ה מהלכות תפלה הלכה ו סמג שם טוש"ע א"ח סימן ל סעיף ד:

יג כ מיי' פ"ז שם הל' ג טוש"ע א"ח סימן קיט סעיף א:

יד ל מיי' פ"ד שם הל' טו סמג שם טוש"ע א"ח סי' נח סעי' א:

טו מ נ מיי' פ"ה שם הלכה ט סמג שם טור ש"ע א"ח סי' קא סעיף ב:

טז ס מיי' פ"ד שם הל' יז סמג שם טור וש"ע א"ח סי' נט סעיף א:

הגהות הב"ח

(א) רש"י ד"ה אלא מתוך שמחה של מצוה כגון:

הגהות הגר"א

[א] גמ' אלא מתוך דבר הלכה. נ"ב ק"ס על תיבת דבר הלכה וצ"ל שמחה של מצוה: [ב] שם (וכו') תוס':

[לרב אשי כ"ה בסוטה וכ"כ רש"י גיטין נט. ד"ה זילו ע"ש שכן מוכח וע"ש ברש"י ביבמות. ד"ה א"ל]

גליון הש"ס

גמ' כבר מפורש על ידי חנה. עי' יומא פג ע"א: שם יכול ישאל אדם צרכיו. עי' לקמן לב ע"א:

לא מתוך שחוק וקלות ראש ודברים בטלים, [ח]ולא מתוך כעס, אלא מתוך שמחה, כגון דברי תנחומין של תורה, סמוך לגאולת מצרים, או סמוך ל"תהלה לדוד" שכתוב בו "רצון יראיו יעשה", "שומר ה' את כל אוהביו" - ר"ל דמצוה מן המובחר שאין עומדים אלא מתוך אימה והכנעה, אלא כיון דאין כל אחד יכול ליזהר להכניס בלבו הכנעה ואימה, עכ"פ לא יתפלל מתוך שחוק, אלא מתוך שמחה של מצוה, ב"ח וא"ר.

אות ז'

המתפלל צריך שיכוין את לבו לשמים

סימן צח ס"א - [ט]המתפלל צריך שיכוין בלבו פירוש המלות שמוציא בשפתיו - ואל יכוין האדם בשמות ויחודים, רק יתפלל כפשוטו להבין הדברים בכונת הלב, **אם** לא מי שהוא בא בסוד ד', ויודע לכוין ביה בלבא ורעותא ודחילו, דאל"ה ח"ו מקלקל בזה הרבה, **ובתשו'** רש"ל כתב והעיד על הר"ש, שאמר אחרי שלמד סתרי הקבלה, שהוא מתפלל כתינוק בן יומו.

ויחשוב כאלו שכינה [י]כנגדו; ויסיר כל המחשבות הטורדות אותו עד שתשאר מחשבתו וכוונתו זכה בתפלתו; ויחשוב [יא]כאילו היה מדבר לפני מלך בשר ודם היה מסדר דבריו ומכוין בהם יפה לבל יכשל, ק"ו לפני מלך מלכי המלכים הקב"ה שהוא חוקר כל המחשבות. וכך היו עושים חסידים ואנשי מעשה, שהיו מתבודדים ומכוונין בתפלתם עד שהיו מגיעים להתפשטות הגשמיות ולהתגברות כח השכלי, עד שהיו מגיעים קרוב למעלת הנבואה. ואם תבא לו מחשבה אחרת בתוך התפלה, ישתוק עד שתתבטל המחשבה - ובספר הגן כתב: לבטל מחשבה רעה בשעת התפילה, יאמר ג"פ "פי פי פי", הוא ר"ת: פלטי יוסף, דהם התגברו על יצר לבם, וכדאיתא בסנהדרין, **ואח"כ** ירוק ג"פ, ולא ירוק לגמרי רק בדרך נחת, והלשון תהא בין שפתים בשעת הרקיקה, ובודאי תלך המחשבה, **וכתב** המ"א ע"ז, ואין נ"ל לעשות זה בתוך תפילת י"ח, דהוי הפסק, ומי יודע אם רפואה בדוקה היא.

א"ר הביא בשם קיצור של"ה וז"ל: סגולה להעביר מחשבת חוץ, שקודם תפילה יעביר ג"פ יד ימינו על מצחו, ויאמר בכל פעם: לב טהור ברא לי אלהים ורוח וכו', **וכן** אם בא לו מחשבת חוץ בתוך התפילה, ישתוק מעט, ויעביר ימינו על מצחו, ויהרהר פסוק הנ"ל, ע"כ.

[יב]וצריך שיחשוב בדברים המכניעים הלב ומכוונים אותו לאביו שבשמים, ולא יחשוב בדברים שיש בהם קלות ראש. הגה: ויחשוב קודם התפלה מרוממות האל יתעלה ושפלות האדם, ויסיר כל תענוגי האדם מלבו (הר"י)

ועיין בפני יהושע שכתב, דאלו הכונות המבוארים כאן בשו"ע, א"א לכוין בשעת התפלה, רק קודם, ובתפלה צריך לכוין פירוש המלות.

ואסור לאדם לנשק בניו הקטנים בבהכ"נ, כדי לקבוע בלבו שאין אהבה כאהבת המקום (בנימין זאב ואגודה) - בשל"ה קורא תגר על המביאים ילדים לבהכ"נ, והיינו קטנים שעדיין לא הגיעו לחינוך, מטעם כי הילדים משחקים ומרקדים בבהכ"נ, ומחללים קדושת בהכ"נ, **וגם** מבלבלים דעת המתפללים, **ועוד** גם כי יזקינו לא יסורו ממנהגם הרע אשר נתחנכו בילדותם, להשתגע ולבזות קדושת בהכ"נ, **אבל** כשהגיעו לחינוך, אדרבה יביאנו אתו לבהכ"נ, וילמדהו אורחות חיים לישב באימה וביראה, ולא יניחנו לזוז ממקומו, ויזרזהו לענות אמן וקדיש וקדושה, **ועיין** בתנא דבי אליהו, גודל העונש שיש להאב שמניח את בנו לענות דברים של הבל ותפלות בבהכ"נ.

אות ח'

כשהיה מתפלל עם הצבור, היה מקצר ועולה, מפני טורח צבור

סימן נג סי"א - [יג]ש"צ שמאריך בתפלתו כדי שישמעו קולו ערב, אם הוא מחמת ששמח בלבו על שנותן הודאה להש"י בנעימה, תבא עליו ברכה, והוא שיתפלל בכובד ראש ועומד באימה וביראה; אבל אם מכוין להשמיע קולו, ושמח בקולו, הרי זה מגונה.

איתא בספר חסידים: בשעה שרשב"ג יצא לדין ליהרג, אמר לר' ישמעאל כה"ג, אחי מפני מה אני יוצא ליהרג, א"ל שמא היית דורש ברבים ושמח לבך ונהנית מד"ת, א"ל אחי נחמתני.

מי שיש לו קול נעים, ירנן להקב"ה ולא שאר רננות. **ואם** רקק, יקנח פיו ואח"כ יתפלל.

[יד]ומ"מ כל שמאריך בתפלתו לא טוב עושה, מפני טורח הצבור - כתב בים של שלמה, אסור לו להאריך שלא ברצון הקהל אפילו בשבת ויו"ט, **ואף** ברצון הקהל, יותר מדאי מגונה, כי אין זה לא מחציו לד' ולא מחציו לכם.

כתב שכנה"ג בשם תשובת ר"י ברונא, ש"ץ שנפסל קולו, אם נשמע כאילו הוא מרתת ושבור, פסול.

עוד כתב, אם שני חזנים שוים, כהן קודם ללוי, לוי לישראל, ות"ח קודם לע"ה, אפילו הוא כהן וכ"ש לוי.

באר הגולה

[ח] ‹כן הוא גירסת הטור שם - גר"א› [ט] ברכות ל' [י] סמ"ק והטור [יא] ‹צ"ל "כי אילו" - מאמר מרדכי› [יב] ספר א"ח [יג] תשובת הרשב"א [יד] ‹כמ"ש בברכות ל"א א', כך היה מנהגו של ר"ע כשהיה מתפלל בצבור כו', וכן אמרו בכמה מקומות: מפני טורח צבור - גר"א›

אות ט'

וכשהיה מתפלל בינו לבין עצמו, אדם מניחו בזוית זו ומוצאו בזוית אחרת, וכל כך למה, מפני כריעות והשתחויות

טור סימן קד - היה מתפלל בדרך ובאה בהמה או קרון כנגדו, יטה מן הדרך ולא יפסיק, אבל בענין אחר אין לו לצאת ממקומו עד שיגמור תפלתו; וההיא דר"ע כשהיה מתפלל בינו ולבין עצמו אדם היה מניחו בזוית זו והיה מוצאו בזוית אחרת מרוב כריעות והשתחואות, בתחנונים של אחר תפלה היו.

[טו]**סימן קד ס"ב - היה מתפלל בדרך ובאה בהמה או קרון כנגדו, יטה מן הדרך ולא יפסיק** - ר"ל אף דהוא סכנתא שלא יבוא הבהמה והקרון עליו, מ"מ כיון דאפשר לו להנצל מזה ע"י שיטה מן הדרך, אסור להפסיק בדבור, לומר לאיש אחר שיכה במקל להבהמה, ולגעור בבעל הקרון שלא יבוא כנגדו.

אבל בענין אחר, אין לצאת ממקומו עד שיגמור תפלתו - וסימן צ' סכ"ז שאני, שהוא צורך תפלה. **ויש** לגעור בחזנים, שעוקרין ממקומן ביוה"כ כשמגיעין אל "ואנחנו כורעים", ובסדר עבודה, **אלא** מעמידין לו שטענדער כנהוג בינו לתיבה, ובעבודה מסלקין השטענדער, וא"צ לעקור רגליו.

(**ובדיעבד** אם יצא ממקומו ולא שהה לגמור את כולה, כל זמן שלא הפסיק בדבור, אין לו להתחיל אח"כ לכו"ע רק מאותה תיבה, ולא לתחלת הברכה).

אא"כ הוא בתחנונים שלאחר התפלה - דאז מותר אם העקירה לצורך מצוה קצת, כגון מה שאנו נוהגין בש"ץ, שתיכף אחר חזרת התפלה עוקר רגליו ויושב לתחנון, במקומות שנוהגין לומר תחנון בישיבה, **וכן** עולה לבימה לקריאת התורה, אף שלא הגיע עדיין להקדיש שעם "תתקבל", שפוסע בו הג' פסיעות, **או** כגון מה דאמרינן בגמרא בר"ע, שהיה אדם מניחו בזוית זו, ומוצאו בזוית אחרת, מרוב כריעות והשתחויות, והיינו בתחנונים שלאחר התפלה, **אבל** שלא לצורך, אסור להאדם לזוז ממקומו עד שיפסע הג' פסיעות - מ"א.

כתב הע"ת, לאחר שסיים התפלה קודם שאמר "עושה שלום", אין איסור אם עקר רגליו למצוה קצת, כגון שכיבדו אותו לפתיחת ארון הקודש בעת שאומרים "אבינו מלכנו", שהעולם חושבים זה קצת למצוה, **ומ"מ** נראה, דיש לומר קודם לכן "יהיו לרצון" וגו'.

אות ט*[טז]

תוס' ד"ה ומוצאו. ולכך נהגו העולם בראש השנה כו'

סימן קיג ס"ב - [יז]הנוהגים לשחות בר"ה ויו"כ כשאומרים "זכרנו" ו"מי כמוך", צריכים לזקוף כשמגיעים לסוף הברכה - אין הטעם שוה בהם, דב"מי כמוך" צריכין לזקוף קודם הגמר, דבברכת "מחיה המתים" אין שם שחיה מצד תקנת חכמים, ואם יכרע יהיה כמוסיף, **וב"זכרנו"** יש שם שחיה מצד תקנת חכמים, כשאומר: בא"י מגן אברהם, וכיון שזה שוחה בכל התפלה, לא יהיה ניכר תקנת חכמים, **ולפי"ז** יש חילוק בין זקיפה ד"זכרנו" לזקיפה ד"מי כמוך", דב"זכרנו" צריך לזקוף קודם שיאמר איזה תיבות הסמוכות ל"ברוך אתה", כדי שיוכל אח"כ לשחות כשיאמר "ברוך אתה", **אבל** בזקיפה ד"מי כמוך", אין צריך לזקוף עד שיאמר "ברוך אתה", וכן בשאר ברכות שאין בה שחיה בסופן - ט"ז.

וכן הנוהגים להתפלל כל התפלה בר"ה ויוה"כ בכריעה, צריכים לזקוף בסוף כל ברכה ובתחלת כל ברכה, שלא להוסיף על תקנת חכמים, שלא תקנו אלא בתחלת אבות והודאה ובסופן.

הגה: ואע"ג דב"אבות" כורע בסוף הברכה, מ"מ צריך לזקוף מעט בסוף "זכרנו", כדי שיהא נראה שחוזר וכורע משום חיוב (ד"ע לפי הטור) - כי השחיה ראשונה היתה רשות, ועוד טעם שצריך לזקוף, כדי לכרוע אח"כ ב"ברוך" ולזקוף בשם וכדלקמן.

אות י'

לעולם יתפלל אדם בבית שיש בו חלונות

סימן צ ס"ד - [יח]צריך לפתוח פתחים או חלונות כנגד [יט]ירושלים, כדי להתפלל כנגדן - ואפילו בבית הכנסת כשמתפלל עם הצבור נכון ליזהר בזה, **וכ"ש** כשמתפלל בבית ביחידי דצריך ליזהר בזה לכתחילה, **וכדאיתא** בגמרא, דלא יתפלל אדם אלא בבית שיש בו חלונות.

ואע"ג דצריך שיתן עיניו למטה, ומה נפקא מינה בהחלונות, מ"מ כשנתבטלה כוונתו ישא עיניו לשמים לעורר הכוונה.

וטוב [כ]שיהיו בבהכ"נ שנים עשר חלונות - לאיזה צד שירצה, ובתנאי שיהיה גם בצד שמתפלל לקבל ירושלים.

אות כ'

אחר התפלה אפילו כסדר וידוי של יום הכפורים אומר

סימן קיט ס"א - [כא]אם רצה להוסיף בכל ברכה מהאמצעיות, מעין הברכה, מוסיף; כיצד, היה לו חולה, מבקש עליו רחמים בברכת רפאנו; היה צריך פרנסה, מבקש עליה בברכת השנים - עיין פר"ח דמייתי מזוהר פ' וישלח, "הצילני נא" וכו', דבתפלה בעי לפרושי מילי כדקא יאות.

המבקש רחמים על חבירו, א"צ להזכיר שמו, שנאמר: אל נא רפא נא לה, ולא הזכיר שם מרים, **והני** מילי בפניו, אבל שלא בפניו צריך להזכיר שמו.

באר הגולה

טו (פשוט) | טז (ע"פ הגר"א) | יז טור ותוספות | יח שם ל"ד | יט רמב"ם | כ זוהר פ' פקודי | כא ע"ז ח' והרי"ף בפ"ה דברכות

עיין בפמ"ג שכתב, דדוקא אם היה לו חולה, וכן בפרנסה דוקא אם צריך לפרנסה, **אבל** אינו רשאי לבקש רחמים בברכה מאמצעיות על העתיד, שלא יחלה ושלא יחסר לחמו וכה"ג, **משא"כ** ב"שומע תפלה", אפי' על העתיד רשאי לבקש.

הגה: וכשהוא מוסיף, יתחיל בברכה ואח"כ מוסיף, אבל לא יוסיף ואח"כ יתחיל הברכה (טור סי' תקס"ז) - דצריך לעשות עיקר ממטבע שטבעו חכמים, ובקשה שלו תהיה טפילה, ולא להיפך.

וכתב הפמ"ג, דצריך להקדים ולומר מאמר שלם מענין הברכה, כגון אם רוצה לבקש שיתן לו ד' דעה, יקדים ויאמר: אתה חונן לאדם דעת, **אבל** לא תיבת "אתה" לבד, וכה"ג בכל הברכות.

וב"שומע תפלה" יכול לשאול כל צרכיו, שהיא כוללת כל הבקשות.

טוב להתודות ב"שומע תפלה", ויאמר: חטאתי עויתי פשעתי, ולשאול על מזונותיו אפילו אם הוא עשיר, **ואם** יש לו עון מחודש, מזכירו בפירוש בתפלה הקודמת אצלו, ויאמר התפילה בהכנעה, ועכ"פ בקול בוכים, ויקבל עליו שלא לעשות עוד כזה מדעתו, ואם לאו אז מקטרגים עליו ח"ו מלמעלה.

[כב]**ולהר"ר יונה, כשמוסיף בברכה מעין אותה ברכה, אם מוסיף אותו בשביל כל ישראל** - והוא הדין בשביל רבים, **אומר אותו בלשון רבים ולא בלשון יחיד** - כיון שהוא אומרה בשביל רבים.

ולא יוסיף אלא בסוף הברכה ולא באמצע - שכששואל צרכי רבים באמצע הברכה, נראה כמוסיף על המטבע שתקנו חכמים, **בד"א** ביחיד, אבל בצבור מותרים, ולכן אומרים סליחות באמצע ברכת "סלח לנו", וכן באמצע ברכה אמצעית של יוה"כ.

עיין בפמ"ג שמצדד לומר, דדוקא קודם שאמר בא"י, אבל לאח"כ ‹אחר שסיים כבר הברכה›, נראה דאסור, ועי"ש דאינו ברור לו דבר זה. ‹ע"פ מ"ב המבואר›

ואם שואל צרכיו ממש, כגון שיש לו חולה בתוך ביתו או שהוא צריך לפרנסה, יכול לשאול אפי' באמצע הברכה, והוא שישאל בלשון יחיד ולא בלשון רבים - דאף שהתירוהו לשאול אפילו באמצע הברכה, כיון שצריך לו לפי שעה, אם יאמרנה ג"כ בלשון רבים, יהיה נראה כמוסיף על המטבע שטבעו חכמים.

וטוב ליזהר לכתחילה בכ"ז כדברי הר"ר יונה.

ובברכת "שומע תפלה" וכן בסוף התפלה, בין קודם "יהיו לרצון" בין אחריו, יכול לשאול בין בלשון יחיד בין בלשון רבים, בין צרכיו ממש בין צרכי רבים - וב"ח כתב, דלהרר"י "שומע תפלה" דומה לשאר ברכות לענין זה, דבאמצע אסור לשאול בלשון רבים.

[כג]**סימן קיט ס"ב** - [כד]**יש מי שאומר שכשמוסיף בברכה לצורך יחיד, לא יאריך** - אפילו בברכת "שומע תפלה", וכ"ש בשאר ברכות, **אבל** לאחר תפלה אפילו קודם "יהיו לרצון", מותר להאריך בכל גווני.

ובליקוטי מהרי"ל איתא: כשחלה מהרי"ל, גזרו הצבור תענית ואמרו סליחות, ומנהגם היה אז לומר סליחות באמצע ברכת "סלח לנו", **משמע** דצבור לצורך יחיד שרי ‹להאריך - ערוה"ש› אפילו באמצע ברכה, **י"ל** שאני מהרי"ל, דרבים צריכים לתורתו וכרבים דמי.

אות ל'

מכאן למתפלל צריך שיכוין לבו

סימן צח ס"א - עיין לעיל אות ז'.

אות מ' - נ'

מכאן למתפלל שיחתוך בשפתיו

מכאן, שאסור להגביה קולו בתפלתו

סימן קא ס"ב - [כה]**לא יתפלל בלבו לבד, אלא מחתך הדברים בשפתיו, ומשמיע לאזניו בלחש** - ויש שכתבו דצריך לחוש לדברי הזוהר, שאף לכתחילה לא ישמיע לאזניו, **אבל** המ"א כתב, שאין ראיה מהזוהר, וכ"כ הגר"א, דאף דעת הזוהר הוא כהשו"ע, וכ"כ שארי אחרונים, שטוב יותר לכתחילה שישמיע לאזניו, **ובדיעבד** לכו"ע, אם אמר בלחש כ"כ שאפילו לאזניו לא השמיע, יצא, כיון שמ"מ הוציא בשפתיו.

(ובדיעבד אם התפלל בלבו, מצדד המ"א דלא יצא, וכן כתב בספר נפש החיים פרק ה').

ולא ישמיע קולו - דכתיב בתפילת חנה: רק שפתיה נעות וקולה לא ישמע, **וכל** המשמיע קולו בתפלתו, הרי זה מקטני אמנה, כאילו אין מאמין שהקב"ה שומע תפלת לחש, **וכל** המגביה קולו בתפילתו, הרי זה מנביאי השקר, שהיה דרכן לצעוק בקול לעבודה זרה שלהן.

ועיין בברכי יוסף ובח"א, דלכתחילה צריך להתפלל בלחש כ"כ, שאף חבירו העומד בסמוך לו לא יהיה יוכל לשמוע, **ומ"מ** אם א"א לו לכוין בענין זה, יש לו לעשות בענין שיכול לכוין, **אך** שיזהר שלא יטריד לאחרים וכדלקמיה.

ואפילו בפסוקי דזמרה טוב שלא להרים קול, כי הקב"ה שומע בלחש, לא כאותם המגביהים קולם יותר מדאי, **ומיהו** בשבת שנוהגים שאחד אומר פסוקי דזמרה בקול רם, שפיר דמי.

באר הגולה

כב שם ‹ברבינו יונה› ממשמעות הגמרא ‹דעבודה זרה› | כג ‹מילואים› | כד מרדכי שם | כה שם ל"א

[כו]**ואם אינו יכול לכוין בלחש, מותר להגביה קולו** - ואיירי דאפי' אם ישמיע קולו במקצת ג"כ לא יוכל לכוין, דאל"ה אסור.

הט"ז כתב, דאף אם יכול לכוין בלחש, אבל לא כ"כ כמו בקול, מיקרי אינו יכול לכוין, ויכול להתפלל ביחיד בקול, **ועיין** בבה"ל שכתבנו דאין להקל בזה, (לפי מה דאיתא בזוהר, **שאם מגביה קולו בתפילה כ"כ עד שחבירו יכול לשמוע, אין תפילתו נשמעת למעלה, ובפרט לפי מה** דמשמע בביאור הגר"א, **דלדעת הרשב"א והטור, לא נמצא בהגמרא** דיהא מותר להגביה הקול במקום שאינו יכול לכוין, **עכ"פ בדינו של הט"ז בודאי יש להחמיר בזה).**

והני מילי בינו לבין עצמו, אבל בצבור אסור, דאתי למטרד צבורא - אפילו להשמיע קולו במקצת, וכ"ש להגביה קולו.

(**אלא אם אינו יכול לכוין בלחש, ילך ויתפלל בביתו בקול, ומ"מ האידנא** אין לנו להורות היתר זה, להתפלל ביחיד ולעורר הכונה, שילמדו ממנו אחרים, **אם לא גדול הדור ומפורסם שכל מעשיו לשם שמים**).

הגה: ואם משמיע קולו בביתו כשמתפלל כדי שילמדו ממנו בני ביתו, מותר (טור).

[כז]**סימן קא ס"ג** - [כח]**י"א שבראש השנה ויו"כ מותר להשמיע קולם בתפלה, אפילו בצבור** - לעורר הכונה, ולמיטרד ציבורא לא חיישינן, כיון שסידורים ומחזורים בידם.

הגה: וכן נוהגין, ומ"מ יזהרו שלא להגביה קולם יותר מדאי (דרשות מהרי"ו) - דהרי זה מנביאי הבעל, שנאמר בהם "ויקראו בקול גדול", **א"נ** דעל ידי זה בודאי יבלבל אחד מהן את חבירו.

ועיין במג"א דמסיק, דיותר טוב להתפלל בלחש אם יכול לכוין, וכ"כ הרבה אחרונים.

ומ"מ נראה דהחזנים שמגביהים קולם כדי לעורר הכונה, ולהשמיע שפיר הדברים, שפיר עבדי, דעיקר תפלת ש"ץ נתקנה דוקא בקול רם, **אכן** אותם שעושין כן כדי להראות קולם, ודאי עושים שלא כהוגן.

אות ס'

מכאן, ששכור אסור להתפלל

סימן צט ס"א - [כט]**שתה יין כדי רביעית, אל יתפלל עד שיסיר יינו** - ואף אם רגיל לשתות הרבה, ואינו שיכור כלל ברביעית, אפ"ה לא יתפלל לכתחלה אם שתה רביעית יין.

ואפילו אם עי"ז יעבור זמן תפלה - פר"ח, **ועיין** בשם הים של שלמה, דעכשיו שבלא"ה אין מכונין כ"כ בתפלה, אין לחוש כ"כ להחמיר, אם ע"י המתנתו יעבור זמן תפלה.

ודוקא אם שתאו בבת אחת, אבל בשני פעמים, או שמזגו במעט מים, מותר, **ואם** שתה יותר מרביעית, בכל גווני אסור עד שיסיר יינו מעליו, **וכ"ז** כשיכול לדבר לפני המלך, דאל"ה אין שייך לענינינו דאיירי בתפלה שום חילוק בזה.

כתב המ"א בשם הסמ"ק, יין שבתוך הסעודה אינו משכר, **וכתב** הפמ"ג, דכ"ז הכל לפי מה שמבין בדעתו.

ונראה דה"ה שאר משקין המשכרים, וכפי מה שכתב הט"ז לענין נשיאת כפים, **ואפילו** לדעת המ"א שם דמיקל בנשיאת כפים, מסתברא דתפילה חמירא ואסור כמו ביין, כ"כ בספר מגן גיבורים, **ולפי** דעת הט"ז הנ"ל, לא בעינן בשאר משקין שיעור רביעית, **ולי** נראה דמ"מ בעינן שיהא בו כדי לשכר כרביעית יין.

ואם שתה יותר, אם הוא [ל]יכול לדבר לפני המלך, אם התפלל תפלתו תפלה.

ואם אינו יכול לדבר לפני המלך, אם התפלל תפלתו תועבה - והוי כאלו עובד עכו"ם, **וצריך לחזור ולהתפלל כשיסיר יינו מעליו** - ואם אינו מתפלל בשעת שכרות, ניצל מכל צרה.

[לא]**ואפילו אם עבר זמן התפלה, משלים אותה בתפלה שאחריה, כדין שוגג** - ואפילו התחיל לשתות אחר שהגיע זמנה, שהיה סבור שיהיה לו שהות להתפלל לאחר שיפוג מן היין המועט שהתחיל לשתות בדיעה מיושבת, ואח"כ נמשך לב להמשתה ושכח על התפלה, ונשתכר כ"כ עד שלא נשאר לו שהות להפיג את יינו טרם עבור זמן התפלה, ג"כ שוגג מיקרי, **ומיהו** ודאי אם הוא סמוך למנחה, ויעבור הזמן ודאי אם ישתכר, שלא יוכל להפיג את יינו בזמן קצר כזה, מזיד הוי לכו"ע, ואין לו תשלומין.

הגה: ודין ק"ש כדין תפלה - היינו דאף שתוי אסור לכתחלה בק"ש, וברכות ק"ש ג"כ דינם כק"ש, **והלבוש** כתב, דיש מקילין בק"ש אף אם הוא שכור, דשאני תפלה שהוא בקשת צרכיו, **אכן** לפי הביאור הגר"א, מסקנת הירושלמי לאסור שכור בק"ש, ע"כ יש ליזהר לכתחילה שלא לבוא לידי כך, **ובדיעבד** אם נשתכר אין לפטור את עצמו מק"ש משום זה, **ואם** יפוג יינו עד שלא עבר זמן ק"ש, יחזור ויקרא הפרשיות.

אבל שאר ברכות יכול לברך אע"פ שהוא שכור (מרדכי הגה' מיימוני) - כלל בזה אף בהמ"ז שהיא דאורייתא, **אבל** אין מצרפין אותו למנין עשרה, **ולענין** ג' לזימון אפשר דשרי.

עיין בביאור הגר"א, ולפי דבריו יש להחמיר לכתחילה בשיכור שאינו יכול לדבר לפני המלך, אף בשאר ברכות, וכ"כ הפמ"ג.

וכ"ז כשלא הגיע לשכרותו של לוט, דאל"ה כשוטה יחשב לגמרי לכו"ע, ופטור אז מכל המצות, **ע"כ** אפילו בדיעבד אם קרא אז ובירך, לא מיפטר בכך, שהרי פטור היה באותה שעה, וחייב אח"כ לחזור ולקרות ולברך - פר"ח ופמ"ג.

באר הגולה

כו שם כ"ד | כז (מילואים) | כח מרדכי דיומא | כט עירובין ס"ד | ל שם | לא סמ"ק

עין משפט
נר מצוה

יז א מיי׳ פ״ו מהלכות דעות הלכה ז סמג עשין יא:

[שייך לעיל עמוד א]

יח ב מיי׳ פ״ג מהלכות שופר הלכה כב:

יט ג מיי׳ פ״ה מהל׳ תפלה הלכה ו סמג עשין יט טוש״ע או״ח סימן קב סעיף א:

כ ד ה מיי׳ פ״ט מהל׳ ביאת המקדש הלכה ו ופ״ה מהל׳ מעשה הקרבנו׳ הל׳ א ופ״א מהל׳ פסולי המוקדשין הלכה א סמג לאוין שם:

כא ו מיי׳ פ״ו מהלכות ת״ת הלכה ג סמג עשין יג טוש״ע יו״ד סימן רמב סעיף ד:

כב ז ח מיי׳ (פ״ל מהל׳ שבת הל׳ ט) ופ״א מהל׳ תענית הל׳ יב סמג עשין ג טוש״ע או״ח סי׳ רפח סעיף ד:

דבר שאינו הגון. פירוש אע״ג דליכא איסורא דאורייתא דאי איכא איסורא דאורייתא פשיטא הוכח תוכיח כתיב (ויקרא יט):

גברא בגוברין. פי׳ אדם שיהא חשוב לימנות בין אנשים:

***מכאן** ששכור אסור להתפלל. ירושלמי במסכת תרומות פרק קמא רבי זירא בעי קמיה דרבי אמי שכור מהו שיברך א״ל ואכלת ושבעת וברכת ואפילו מדומדם. פירוש ואפי׳ הוא שתוי ושכור כל כך שאינו יכול לדבר כראוי דהכי משמע ושבעת וברכת:

מכאן שאסור לישב בד׳ אמות של תפלה. בין מלפניו (בין מלאחריו) ובין מן הצדדין ופירשו תשובת הגאונים דוקא ביושב ובטל אבל אם היה עוסק בק״ש ובברכותיה וכיוצא בהם אפילו יושב שפיר דמי:

[עמכה] עמך משמע בתוך ארבע אמות משום דכתיב עמכה מלא בה״א כלומר שלא היה יושב בתוך ארבע אמות שלה כי אם בחמישית:

מורה הלכה בפני רבך אף. ואף ע״פ שלא למד עדיין בפניו מ״מ גדול הדור היה °ובא ללמוד לפניו:

כל היושב בתענית בשבת. פירש ר״ח בתענית חלום וכן איתא במדרש תהלים וכשיושב בתענית חלום בשבת פי׳ בה״ג שאומר עננו באלהי נצור ואפילו קובע ברכה לעצמו כיון שאינו בתוך י״ח גדולה

תורה אור

*דבר °שאינו הגון צריך להוכיחו ותען חנה ותאמר לא אדני אמר עולא ואיתימא רבי יוסי ברבי חנינא אמרה ליה לא ארון אתה בדבר זה ולא רוח הקודש שורה עליך שאתה חושדני בדבר זה איכא דאמרי הכי אמרה ליה לא ארון אתה לאו איכא שכינה ורוח הקודש גבך שדנתני לכף חובה ולא דנתני לכף זכות מי לא ידעת דאשה קשת רוח אנכי ויין ושכר לא שתיתי אמר רבי אלעזר מכאן לנחשד בדבר שאין בו שצריך להודיעו אל תתן את אמתך לפני בת בליעל אמר רבי אלעזר מכאן לשכור שמתפלל כאלו עובד ע״ז כתיב הכא לפני בת בליעל וכתיב התם °יצאו אנשים בני בליעל מקרבך מה להלן ע״ז אף כאן ע״ז ויען עלי ויאמר לכי לשלום אמר רבי אלעזר מכאן לחושד את חברו בדבר שאין בו שצריך לפייסו ולא עוד אלא שצריך לברכו שנאמר ואלהי ישראל יתן את שלתך: ותדר נדר ותאמר ה׳ צבאות אמר רבי אלעזר מיום שברא הקב״ה את עולמו לא היה אדם שקראו להקב״ה צבאות עד שבאתה חנה וקראתו צבאות אמרה חנה לפני הקב״ה רבש״ע מכל צבאי צבאות שבראת בעולמך קשה בעיניך שתתן לי בן אחד משל למה הדבר דומה למלך בשר ודם שעשה סעודה לעבדיו בא עני אחד ועמד על הפתח אמר להם תנו לי פרוסה אחת ולא השגיחו עליו דחק ונכנס אצל המלך א״ל אדוני המלך מכל סעודה שעשית קשה בעיניך ליתן לי פרוסה אחת: אם ראה תראה א״ר אלעזר אמרה חנה לפני הקב״ה רבש״ע אם ראה מוטב ואם לאו תראה אלך ואסתתר בפני אלקנה בעלי וכיון דמסתתרנא משקו לי מי סוטה ואי אתה עושה תורתך פלסתר שנאמר °ונקתה ונזרעה זרע הניחא למאן דאמר אם היתה עקרה נפקדת שפיר אלא למאן דאמר אם היתה יולדת בצער יולדת בריוח נקבות יולדת זכרים שחורים יולדת לבנים קצרים יולדת ארוכים מאי איכא למימר *דתניא ונקתה ונזרעה זרע מלמד °שאם היתה עקרה נפקדת דברי ר׳ ישמעאל א״ל רבי עקיבא אם כן ילכו כל העקרות כולן ויסתתרו וזו שלא קלקלה *נפקדת אלא מלמד שאם היתה יולדת בצער יולדת בריוח קצרים יולדת ארוכים שחורים יולדת לבנים אחד יולדת שנים מאי אם ראה תראה *דברה תורה כלשון בני אדם: בעני אמתך אל תשכח את אמתך ונתתה לאמתך א״ר יוסי בר׳ חנינא ג׳ אמתות הללו למה אמרה חנה לפני הקב״ה רבש״ע *שלשה בדקי מיתה בראת באשה ואמרי לה שלשה דבקי מיתה ואלו הן נדה וחלה והדלקת הנר כלום עברתי על אחת מהן: ונתתה לאמתך זרע אנשים מאי זרע אנשים אמר רב גברא בגוברין ושמואל אמר זרע שמושח שני אנשים ומאן אינון שאול ודוד ורבי יוחנן אמר זרע ששקול כשני אנשים ומאן אינון משה ואהרן שנאמר °משה ואהרן בכהניו ושמואל בקוראי שמו ורבנן אמרי זרע אנשים זרע שמובלע בין אנשים כי אתא רב דימי אמר לא ארוך ולא גוץ (א) ולא קטן ולא אלם ולא צחור ולא גיחור ולא חכם ולא טפש: אני האשה הנצבת עמכה בזה אמר ריב״ל °מכאן שאסור לישב בתוך ארבע אמות של תפלה: אל הנער הזה התפללתי א״ר אלעזר שמואל מורה הלכה לפני רבו היה שנאמר וישחטו את הפר ויביאו את הנער אל עלי משום דוישחטו את הפר הביאו הנער אל עלי אלא אמר להן עלי קראו כהן ליתי ולשחוט חזנהו שמואל דהוו מהדרי בתר כהן למישחט אמר להו למה לכו לאהדורי בתר כהן למישחט °שחיטה בזר כשרה אייתוהו לקמיה דעלי אמר ליה מנא לך הא אמר ליה *מי כתיב ושחט הכהן והקריבו הכהנים כתיב °מקבלה ואילך מצות כהונה מכאן לשחיטה שכשרה בזר אמר ליה מימר שפיר קא אמרת מיהו מורה הלכה בפני רבך את °וכל *המורה הלכה בפני רבו חייב מיתה אתיא חנה וקא צווחה קמיה אני האשה הנצבת עמכה בזה וגו׳ אמר לה שבקי לי דאענשיה ובעינא רחמי ויהיב לך רבא מיניה אמרה ליה אל הנער הזה התפללתי: וחנה היא מדברת על לבה אמר רבי אלעזר משום רבי יוסי בן זמרא על עסקי לבה אמרה לפניו רבונו של עולם כל מה שבראת באשה לא בראת דבר אחד לבטלה עינים לראות ואזנים לשמוע חוטם להריח פה לדבר ידים לעשות בהם מלאכה רגלים להלך בהן דדים להניק בהן דדים הללו שנתת על לבי למה לא להניק בהן תן לי בן ואניק בהן: ואמר רבי אלעזר משום רבי יוסי בן זמרא °כל היושב בתענית בשבת קורעין לו גזר דינו של שבעים שנה ואף על פי כן חוזרין ונפרעין ממנו דין עונג שבת *מאי תקנתיה אמר רב נחמן בר יצחק °ליתיב תעניתא לתעניתא: ואמר רבי אלעזר חנה הטיחה דברים כלפי מעלה שנאמר ותתפלל על ה׳ מלמד שהטיחה דברים כלפי מעלה ואמר רבי אלעזר אליהו הטיח דברים כלפי מעלה שנאמר °ואתה הסבות את לבם אחורנית א״ר שמואל בר רבי יצחק מנין שחזר הקב״ה והודה לו לאליהו

דכתיב

שצריך להודיעו. הנחשד צריך לנקות את עצמו ולהודיע את חושדו שאין בו אותו דבר מגונה: **לפני בת בליעל.** אל תחשבני כבת בליעל: **ולמספר.** אתייחד עם אחרים ויחשדני בעלי: **פלסתר.** שקר: **שלש אמהות.** דריש להו לשון מיתה: **בדקי מיתה.** שהאשה נבדקת בהן בשעת הסכנה שאם ימלא בה אחד מהם תמות: **נדה וחלה והדלקת נר.** של שבת על ג׳ עבירות הללו נשים מתות וטעמא יליף במסכת שבת (ד׳ לב:): **שמובלע בין אנשים** רב דימי מפרש לה לא ארוך ולא גוץ וכו׳: **אלם.** פי׳ עב: ***לחור.** רו״ש בלע״ז: **גיחור.** שהוא לבן יותר מדאי: **ולא חכם.** יותר מדאי שלא יהיה תימה בעיני הבריות ומתוך שמדברין בו שולטת בו עין הרע: **הנצבת עמכה.** משמע אף הוא עמה בעמידה: **אל הנער הזה.** על זה ולא לאחר מכאן שחטא לעלי ורצה לענשו ולהתפלל שינתן לה בן אחר: **והקריבו הכהנים.** אמרו בפרק קמא דחגיגה (ד׳ יא.) והקריבו זה קבלת הדם: **של שבעים שנה.** כלומר אפילו נגזר עליו מנעוריו לפי שתענית קשה בשבת לפי שהכל מתענגים בו והוא מתענה: **תעניתא לתעניתא.** יתענה למחר: **ותתפלל על ה׳.** כך כתוב הוא במקרא ולא גרסינן הכא אל תקרי: **שחזר והודה לאליהו.** לדבריו הודה לאחר זמן בנבואת נביאים אחרים:

דכתיב

מסורת הש״ס

ערכין טו:

[לחור שהוא לבן. גיחור רו״ש בלע״ז כצ״ל וכ״ה [ברש״י] לקמן נח: וגמרא בכורות דף מה: ועי׳ פירש״י לקמן נט: [ועי׳ במעדני יו״ט לקמן נח:]

במדבר ה

סוטה כו. [וכא מחלפת השיטה ועי׳ תוס׳ וכתוס׳ מנחות יח: ועש״ק]

שבת לב.

תהלים צט

עירובין סג.

[תענית יב:]

מלכים א יח

ר״א נפקדת

[יבמות עא. כתובות סז: קדושין יז: גיטין מא: נדרים ג. ב״מ לא: לד: ע״ז כז. סנהדרין סד. סה: ל: מכות יב. זבחים קח: כריתות יא. ערכין ג. נדה לב: מד.]

זבחים לב.
[יומא כז.
מנחות יט.]

הגהות הב״ח

(א) גמ׳ ולא קטן. נ״ב פי׳ שהוא דק ביותר ולא אלם פירוש שהוא עב כרכס לשון ואלים:

גליון הש״ס

תוס׳ ד״ה מורה וכו׳ וכא ללמוד לפניו. עי׳ תכ״ד סימן קל״ח:

§ מסכת ברכות דף לא: §

אות א'*

תוס' ד"ה מכאן לשכור: ואכלת ושבעת וברכת ואפילו מדומדם

[א]סימן קפה ס"ד - [ב]אפילו נשתכר כל כך עד שאינו יכול לדבר כראוי, יכול לברך ברכת המזון - דכתיב: ואכלת ושבעת וברכת, ואפילו מדומדם, ירושלמי, פי' שאינו יכול לדבר כראוי, **ומ"ושבעת"** קדייק ליה, שמצוי כמה פעמים שאחר שביעה האדם עומד שיכור, ואפ"ה חייבתו התורה לברך.

[ג]סימן קפה ס"ה - [ד]ואם בירך והיתה צואה כנגדו, «נסתפקו התוס' {עירובין ס"ד.} והרא"ש אם צריך לחזור ולברך» - ר"ל דבתפלה קי"ל לעיל בסימן ע"ו, במי שהתפלל ומצא צואה כנגדו, או בצדו תוך ד' אמותיו, במקום שהיה ראוי להסתפק, ופשע ולא בדק, שצריך לחזור ולהתפלל, משום שנאמר: זבח רשעים תועבה, וכן ה"ה לענין ק"ש, **ונסתפקו** התוספות והרא"ש אם גם בבהמ"ז אמרינן הכי, **או** דלמא שאני בהמ"ז דקילא מהתם, דהרי בשתוי אף שיכול לדבר לפני המלך, קי"ל דאל יתפלל, ולענין בהמ"ז ודאי מותר בשתוי.

אבל לכתחלה גם הם מודים, דאסור לברך שום ברכה וכן ד"ת נגד צואה, ומן התורה, דהא כתיב: והיה מחניך קדוש, ואטו תפלה כתיב בקרא, אלא כל דבר קדושה אסור לקרות במקום שאינו נקי, ולא מסתפקי אלא כשכבר בירך ומצא אח"כ.

(**ולכאורה** משמע מזה, דאם היה נודע לו מתחלה ועבר ע"ז, לא היו מסתפקים בזה, כיון דעבר לכתחלה בשאט נפש על איסור דאורייתא, בודאי חוזר ומברך, **ואף** בזה שבאמת שוגג היה, שלא ידע שיש כאן צואה, ואף שחטא בזה שפשע ולא בדק, בזה מסתפקים אולי לא קאמר הגמרא רק לענין תפלה דחמיר טפי ולא בבהמ"ז, **אך** מפמ"ג משמע שהוא מפרש לסעיף זה כפשטיה, דאפילו בנודע לו מתחלה מסתפקים, **וצ"ע**).

ולדינא דעת הע"ת והא"ר בשם הב"ח, כשמצא צואה כנגדו בתוך ד' אמותיו, דצריך לחזור ולברך בהמ"ז, אם עדיין לא נתעכל המזון, [**דחוץ** לד' אמות אפי' נגדו, כבר הכרענו בסי' פ"א, דאפי' לגבי תפלה אינו חוזר ומתפלל], **וכן** מצאתי בלקוטי הרמב"ן, שהביא מתחלה ספיקא שנסתפקו בעלי התוספות בזה, ואח"כ מסיק דאין חילוק בזה בין תפלה ובין שארי דברי קדושה.

או שהיה שכור (פי' לגמרי) - היינו שנשתכר כ"כ, עד שאינו יכול לדבר לפני המלך, **נסתפקו התוספות והרא"ש אם צריך לחזור ולברך** - כשיפוג יינו, ועדיין לא נתעכל המזון, **ומ"מ** מיירי שלא הגיע לשכרותו של לוט, דאל"ה כשוטה יחשב ופטור מכל המצות, וחייב לכו"ע לחזור ולברך. **ובסעיף** הקודם שמתיר לברך, מיירי שיכול לדבר לפני המלך, **והקשו** כמה אחרונים, דכיון שאינו יכול לדבר כראוי, מסתמא אינו יכול לדבר לפני המלך, ואפ"ה מתיר הירושלמי, **ולדינא** מסקי האחרונים, דאם אירע שנשתכר כ"כ ‹שאינו יכול לדבר בפני המלך - שונה הלכות›, אעפ"כ יברך, **ולכתחלה** יזהר לברך קודם שיבוא לידי כך.

ומשום מי רגלים פשיטא שאינו חוזר לברך - היינו ג"כ באופן זה, דבירך בהמ"ז ואח"כ מצא מי רגלים בתוך ד' אמות, **ולהכי** קאמר פשיטא וכו', דאפי' לכתחלה היה מותר לו לברך כל זמן שלא נודע לו שיש כאן מי רגלים, דנגד מי רגלים הוא רק איסורא דרבנן, ועל ספיקן לא גזרו, **דאי** היה נודע לו מתחלה שיש כאן מי רגלים, ועבר ע"ז ובירך נגדם, לא הוה אמר המחבר "פשיטא", דדין אחד הוא עם מצא צואה כנגדו.

אות א'

מכאן לרואה בחברו דבר שאינו הגון צריך להוכיחו

רמב"ם פ"ו מהל' דעות ה"ז - הרואה חבירו שחטא או שהלך בדרך לא טובה, מצוה להחזירו למוטב, ולהודיעו שהוא חוטא על עצמו במעשיו הרעים, שנאמר: הוכח תוכיח את עמיתך. המוכיח את חבירו, בין בדברים שבינו לבינו, בין בדברים שבינו לבין המקום, צריך להוכיחו בינו לבין עצמו, וידבר לו בנחת ובלשון רכה, ויודיעו שאינו אומר לו אלא לטובתו להביאו לחיי העולם הבא; אם קיבל ממנו מוטב, ואם לאו יוכיחנו פעם שניה ושלישית, וכן תמיד חייב אדם להוכיחו עד שיכהו החוטא, ויאמר לו: איני שומע; וכל שאפשר בידו למחות ואינו מוחה, הוא נתפש בעון אלו, כיון שאפשר לו למחות בהם.

אות ב'

שאם היתה עקרה נפקדת

רמב"ם פ"ג מהל' סוטה הכ"ב - שוטה ששתת והיתה טהורה, [ה]הרי זו מתחזקת ופניה מזהירות; ואם היה בה חולי, יסור; ותתעבר ותלד זכר; ואם היה דרכה לילד בקושי, תלד במהרה; היה דרכה לילד נקבות, תלד זכרים.

אות ג'

מכאן, שאסור לישב בתוך ארבע אמות של תפלה

סימן קב ס"א - [ו]אסור לישב בתוך ד' אמות של מתפלל - ואפילו אם המתפלל עומד בתחנונים שלאחר התפלה, כל זמן שלא פסע, **וה"ה** לענין שלא לעבור נגד המתפלל.

באר הגולה

[א] ‹ע"פ הב"י והגר"א› [ב] **טור בשם ירושלמי פ"ק דתרומות** [ג] ‹מילואים› [ד] **עירובין ס"ד** [ה] ‹ונ"ל שמקורו מסוטה דף כ"ב: במשנה רבי אומר הזכות תולה וכו' ואינה משבחת ואינה יולדת, משמע דאם טהורה משבחת - חי' הגרי"ז. **ומש"כ** רבינו ופניה מזהירות, הוציאו ממאי דאמרינן שאם היא טמאה פניה מוריקות כו', ומרובה מדה טובה ממדת פורענות - שרשי הי"ם› [ו] **ברכות ל"א**

וגם סמיכה אסור, **אך** סמיכה במקצת, שאם ינטל יוכל לעמוד, יש להקל במקום הדחק.

ואפילו כשהוא יושב באלכסון, די בד' אמות, ולא בעינן הד' אמות עם האלכסון - מ"א.

כתב הח"א, אם המתפלל עומד בצד אחד מדבר שהוא קבוע גבוה י' ורחב ד', מותר לישב בצד השני, דהא מפסיק רשות, **אבל** לעבור מצד השני, אפשר אם אינו גבוה כ"כ שלא יוכל להסתכל בצד השני, אסור, וכן פסק בהלק"ט, **וכן** מצדד הפמ"ג, שיש להחמיר לעבור באלמעמרע נגד המתפלל, אף שהוא רשות בפני עצמו, ולישב מתיר ברשות אחרת, אפילו בתוך ד"א.

[ז]**בין מלפניו בין מן הצדדין (בין מלאחריו)** [ח]**(תוס' ומרדכי ואשרי פ' אין עומדין), צריך להרחיק ד' אמות** - וכן הסכימו האחרונים, (דגם מלאחריו צריך להרחיק).

[ט]**ואם עוסק בדברים שהם מתקוני התפלות,** [י]**ואפילו בפרק איזהו מקומן, אינו צריך להרחיק** - וה"ה אם עוסק בפרקים במנחה בשבת, ג"כ מותר לישב בצד המתפלל.

[יא]**ויש מתיר בעוסק בתורה, אע"פ שאינו מתקוני התפלות** - דס"ל דלא אסרו חכמים לישב בצד המתפלל, אלא כשיושב ודומם, דנראה כאלו אינו רוצה לקבל עליו עול מלכות שמים, אבל כשהוא יושב ועוסק בתורה, הרי הוא כמקבל עליו עול מלכות שמים.

ודוקא אם מוציא ד"ת בשפתיו, אבל מהרהר בלבו אינו מועיל, ואפי' בעניני תיקוני התפילות, דאתו למיחשדיה שאינו מקבל עליו עול מלכות שמים.

ועיין באחרונים, דטוב להחמיר לעמוד כדעה הראשונה, אם לא במקום הדחק, **ובלאחריו** נ"ל שאין להחמיר בזה, [דבלא"ה יש מקילין בלאחריו].

[יב]**ויש מי שאומר דהני מילי מן הצד, אבל כנגדו אפילו כמלא עיניו אסור, אפילו** - היושב נגד המתפלל **עוסק בקריאת שמע** - מפני שנראה כמשתחוה לו, **ולפי"ז** דוקא לישב אסור, אבל לעמוד מותר, ואפילו בתוך ד"א, **ואולי** אף לעמוד ס"ל דאסור, דעי"ז מתבטל כונתו.

ועיין בפר"ח שפסק כדעה קמייתא, דאין חילוק בין מלפניו ובין מן הצדדין, **ושארי** אחרונים כתבו, שטוב להחמיר כהיש מי שאומר, **ונ"ל** שבעמידה חוץ לד"א בודאי אין להחמיר, ואולי אף בתוך ד"א וכנ"ל, [ובפרט אם היה עוסק בתורה].

[יג]**סימן קב ס"ב** - [יד]**יש מי שאומר שאם היושב בצד המתפלל חלוש, מותר** - ר"ל שידוע שהוא חלוש וא"א לו לעמוד, ולכך מותר לו לישב, דחולשתו מוכחת עליו שמפני כך ישב. **ויש** לסמוך על דבריו, אם א"א לו בקל להרחיק ד"א ולישב שם.

ודוקא לישב בצד המתפלל, הא לפניו יש מחמירין אף בחלוש, [א"ר, **והפמ"ג** כתב, דמסתימת הפוסקים לא משמע כן].

[טו]**סימן קב ס"ג** - [טז]**אם היושב ישב כבר, ועמד זה בצדו, אינו צריך לקום, שהרי זה בא בגבולו** - אלא המתפלל צריך להרחיק ד"א ממנו כשרוצה לעמוד ולהתפלל.

(ומ"מ מדת חסידות הוא לקום אפי' בכהאי גוונא) (ב"י בשם מהרי"א) - כדי להרים מכשול מחבירו שעשה שלא כשורה, שעמד להתפלל בתוך ד"א של היושב כבר בהיתר, וישיבתו היא גנאי למקום קדוש של התפילה.

ודוקא בביתו, אבל במנין קבוע, וכ"ש בבהכ"נ, צריך לקום, דהוא מקום מיוחד לכל בני אדם, **ואפי'** אם המקומות קבועים לכל אחד שקנאום בדמים, נמי יש להחמיר. **אך** בעוסק בתורה לא יחמיר בזה, (בכה"ג דהוא קדים לישב, אפי' בבהכ"נ - ערוה"ש), וכ"ש רב שיושב עם תלמידים ולומדים, ובאו עשרה המתפללים, א"צ לעמוד, ואפי' מדת חסידות ליכא.

אות ד' – ה'

שחיטה בזר כשרה

מקבלה ואילך מצות כהונה

רמב"ם פ"ט מהל' ביאת המקדש ה"ו - שחיטת הקדשים כשירה בזרים אפילו קדשי קדשים, בין קדשי יחיד בין קדשי צבור, שנאמר: ושחט את בן הבקר לפני י"י והקריבו בני אהרן, מקבלה ואילך מצות כהונה; וכן ההפשט והניתוח והולכת עצים למזבח כשירה בזרים, שנאמר באיברים: והקטיר הכהן את הכל המזבחה, זו הולכת איברים לכבש, הולכת איברים היא שצריכה כהונה, ולא הולכת עצים.

רמב"ם פ"ה מהל' מעשה הקרבנות ה"א - כבר ביארנו ששחיטת הקדשים כשירה בזרים, ומקבלת הדם ואילך מצות כהונה.

רמב"ם פ"א מהל' פסולי המוקדשין ה"א - כל הפסולין לעבודה מותרין לשחוט קדשים לכתחלה, ואפי' קדשי קדשים; חוץ מן הטמא שאינו שוחט לכתחלה, ואע"פ שהוא חוץ לעזרה ופשט ידיו ושחט בעזרה, גזירה שמא יגע בבשר.

באר הגולה

ז תוס' ורא"ש ח ‹ד"ה מכאן, ועיין רש"ל שכתב: בין מלאחריו נמחק ונ"ב נ"ל טעות. ועיין ט"ז› ט שם י הרא"ש הרשב"א וסמ"ק
יא סמ"ג יב אהל מועד יג ‹מילואים› יד א"ח טו ‹מילואים› טז טור בשם אביו

אות ו'

וכל המורה הלכה בפני רבו חייב מיתה

יו"ד רמב ס"ד - "אסור לאדם להורות לפני רבו לעולם, וכל המורה לפניו חייב מיתה.

אות ז' – ח'

כל היושב בתענית בשבת, קורעין לו גזר דינו של שבעים שנה, ואף על פי כן חוזרין ונפרעין ממנו דין עונג שבת

ליתיב תעניתא לתעניתא

סימן רפח ס"ד - [יז]מותר להתענות בו תענית חלום כדי שיקרע גזר דינו - וגם יבלה כל היום בתורה ובתפלה, ויתכפר לו, **ובסדר** היום כתב, דיוכל להתודות על עונותיו כשמתענה, כמו בחול.

ועיין לעיל בסימן ר"כ במ"ב, דעוברות ומניקות אין להורות להן להתענות אפילו בחול, אלא יתנו פדיון נפשם לצדקה, **ובפרט** אם הן חלושות, בודאי אין להן להחמיר על עצמן.

כתב הט"ז, אם הרהר ביום וחלם לו בלילה מענין ההרהור, אין לו להתענות בשבת, דההרהור גרם זה ולא הראוהו מן השמים.

ואם חבירו ראה עליו חלום רע בשבת, וסיפר לו, לא יתענה, אבל אם אירע כן בחול, יתענה - כנה"ג מ"ב ומ"א וא"ר, **ועיין** לעיל בסימן ר"כ במ"א, דמי שחלם לו חלום קשה על חבירו, יתענה, והביאו כאן גם הא"ר, **ומשמע** שהחולם בעצמו יתענה כיון שהוא בחול, **ואולי** דשם מיירי שאינו רוצה לספר לו לצערו.

(**אם** אקלע החלום בת"צ, א"צ להתענות יום אחר, **דעולה לו יום זה**).

[יח]וצריך להתענות ביום ראשון, כדי שיתכפר לו מה שביטל עונג שבת – (וה"ה אם היה יו"ט שחל בשבת, והתענה בו תענית חלום, די ביום אחד לבד).

ואם ביום ראשון הוא תענית חובה, כגון י"ז בתמוז וכדומה, או אפילו תענית יחיד שנהג בו חובה, כגון שיש לו מנהג קבוע תמיד להתענות יום ראשון של סליחות, **אינו** עולה לו, כיון שאף אם לא היה מתענה בשבת היה מתענה יום זה, וצריך ליתן יום אחר, **ויש** חולקין ע"ז, וס"ל דאף תענית חובה שהוא ביום ראשון עולה לו, ויכוין ביום התענית חובה, שיהיה לו כפרה על מה שהתענה ביום השבת, **ומי** שקשה לו התענית, יכול לסמוך על המקילין דעולה לו.

[כ]ואם תשש כחו ואינו יכול להתענות ב' ימים רצופים, לא יתענה ביום א' ויתענה אח"כ.

באר הגולה

[יז] מימרא דרבא עירובין דף ס"ג ע"א [יח] ברכות ל"א [יט] שם [כ] רשב"א

§ מסכת ברכות דף לב. §

אות א'

<u>לעולם יסדר אדם שבחו של הקב"ה ואחר כך יתפלל</u>

רמב"ם פ"א מהל' תפילה ה"ב - ולפיכך נשים ועבדים חייבין בתפלה, לפי שהיא מצות עשה שלא הזמן גרמא, אלא חיוב מצוה זו כך הוא, שיהא אדם מתחנן ומתפלל בכל יום ומגיד שבחו של הקב"ה, ואח"כ שואל צרכיו שהוא צריך להם בבקשה ובתחנה, ואח"כ נותן שבח והודיה לה' על הטובה שהשפיע לו, כל אחד לפי כחו.

דכתיב ואשר הרעותי. ריש דקרא תוספה הצולעה והנדחה אקבצה ואשר הרעותי אני גרמתי להם שהרעותי יצר הרע : **אלמלא שלש מקראות הללו.** שמעידין שיש ביד הקדוש ברוך הוא לתקן יצרנו ולהסיר יצר הרע ממנו : **נתמוטטו.** רגליהם במשפט אבל עכשיו יש לנו פתחון פה שהוא גרם לנו שברא יצר הרע : **הטיח.** לשון זריקה כמו כמטחוי קשת (בראשית כא) : **אין ארי נוהם.** שמח ומשתגע ומזיק : **מלי כריסי זני בישי.** מילוי הכרס הוא ממיני חטאים הרעים. זני מתרגמינן למינהו לזנוהי (בראשית א) : **הרף ממני.** הראהו שיש כח בידו למחול ע"י תפלה : **הניחה לי.** תורה אור

דכתיב °ואשר הרעותי : *אמר רבי חמא ברבי חנינא אלמלא שלש מקראות הללו נתמוטטו רגליהם של שונאי ישראל חד דכתיב ואשר הרעותי וחד דכתיב °הנה כחומר ביד היוצר כן אתם בידי בית ישראל וחד דכתיב °והסירותי את לב האבן מבשרכם ונתתי לכם לב בשר רב פפא אמר מהכא °ואת רוחי אתן בקרבכם ועשיתי את אשר בחקי תלכו ואמר רבי אלעזר משה הטיח דברים כלפי מעלה שנאמר °ויתפלל משה אל ה' אל תקרי אל ה' אלא על ה' שכן דבי רבי אליעזר בן יעקב *קורין לאלפין (א) עיינין ולעיינין אלפין דבי רבי ינאי אמרי מהכא °ודי זהב מאי ודי זהב אמרי *דבי ר' ינאי כך אמר משה לפני הקב"ה רבונו של עולם בשביל כסף וזהב שהשפעת להם לישראל עד שאמרו די הוא גרם שעשו את העגל אמרי דבי ר' ינאי אין ארי נוהם מתוך קופה של תבן אלא מתוך קופה של בשר אמר רבי אושעיא משל לאדם שהיתה לו פרה כחושה ובעלת אברים האכילה כרשינין והיתה מבעטת בו אמר לה מי גרם ליך שתהא מבעטת בי אלא כרשינין שהאכלתיך אמר רבי חייא בר אבא אמר ר' יוחנן משל לאדם אחד שהיה לו בן הרחיצו וסכו והאכילו והשקהו ותלה לו כיס על צוארו והושיבו על פתח של זונות מה יעשה אותו הבן שלא יחטא אמר רב אחא בריה דרב הונא אמר רב ששת היינו דאמרי אינשי מלי כריסיה זני בישי שנאמר °כמרעיתם וישבעו שבעו וירם לבם על כן שכחוני רב נחמן אמר מהכא °ורם לבבך ושכחת את ה' ורבנן אמרי מהכא °ואכל ושבע ודשן ופנה ואי בעית אימא מהכא °וישמן ישרון ויבעט אמר רבי שמואל בר נחמני אמר רבי יונתן מנין שחזר הקדוש ברוך הוא והודה לו למשה שנאמר °וכסף הרביתי *להם וזהב עשו לבעל : °וידבר ה' אל משה לך רד מאי לך רד אמר רבי אלעזר אמר לו הקדוש ב"ה למשה משה רד מגדולתך כלום נתתי לך גדולה אלא בשביל ישראל ועכשיו ישראל חטאו (ב) אתה למה לי מיד תשש כחו של משה ולא היה לו כח לדבר וכיון שאמר °הרף ממני ואשמידם אמר משה דבר זה תלוי בי מיד עמד ונתחזק בתפלה ובקש רחמים משל למלך (ג) שכעס על בנו והיה מכהו מכה גדולה והיה אוהבו יושב לפניו ומתירא לומר לו דבר אמר המלך אלמלא אוהבי זה שיושב לפני הרגתיך אמר דבר זה תלוי בי מיד עמד והצילו : °ועתה הניחה לי ויחר אפי בהם ואכלם ואעשה אותך לגוי גדול וגו' אמר רבי אבהו אלמלא מקרא כתוב אי אפשר לאומרו מלמד שתפסו משה להקדוש ברוך הוא כאדם שהוא תופס את חבירו בבגדו ואמר לפניו רבונו של עולם אין אני מניחך עד שתמחול ותסלח להם : °ואעשה אותך לגוי גדול וגו' אמר רבי אלעזר אמר משה לפני הקדוש ב"ה רבונו של עולם ומה כסא של שלש רגלים אינו יכול לעמוד לפניך בשעת כעסך כסא של רגל אחד על אחת כמה וכמה ולא עוד אלא שיש בי בושת פנים מאבותי עכשיו יאמרו ראו פרנס שהעמיד עליהם בקש גדולה לעצמו ולא בקש עליהם רחמים : °ויחל משה את פני ה' אמר רבי אלעזר (ד) מלמד שעמד משה בתפלה לפני הקדוש ברוך הוא עד שהחלהו *ורבא אמר עד *שהפר לו נדרו כתיב הכא ויחל וכתיב התם °לא יחל דברו *ואמר מר הוא אינו מיחל אבל אחרים מחלין לו ושמואל אמר מלמד שמסר עצמו למיתה עליהם שנאמר °ואם אין מחני נא מספרך *אמר רבא אמר רב יצחק מלמד שהחלה עליהם מדת רחמים ורבנן אמרי מלמד שאמר משה לפני הקב"ה רבש"ע *חולין הוא לך מעשות כדבר הזה ויחל משה את פני ה' תניא רבי אליעזר הגדול אומר מלמד שעמד משה בתפלה לפני הקדוש ברוך הוא עד שאחזתו אחילו *מאי אחילו אמר רבי אלעזר אש של עצמות מאי אש של עצמות אמר אביי אשתא דגרמי °זכור לאברהם ליצחק ולישראל עבדיך אשר נשבעת להם בך מאי בך אמר רבי אלעזר אמר משה לפני הקדוש ב"ה רבונו של עולם אלמלא נשבעת להם בשמים ובארץ הייתי אומר כשם ששמים וארץ בטלים כך שבועתך בטלה ועכשיו שנשבעת להם בשמך הגדול מה שמך הגדול חי וקים לעולם ולעולמי עולמים כך שבועתך קיימת לעולם ולעולמי עולמים : °ותדבר אליהם ארבה את זרעכם ככוכבי השמים וכל הארץ הזאת אשר אמרתי האי אשר אמרתי אשר אמרת מיבעי ליה אמר רבי אלעזר עד כאן דברי תלמיד מכאן ואילך דברי הרב ורבי שמואל בר נחמני אמר אלו ואלו דברי תלמיד (ה) אלא כך אמר משה לפני הקדוש ברוך הוא רבונו של עולם דברים שאמרת לי לך אמור להם לישראל בשמי הלכתי ואמרתי להם בשמך עכשיו מה אני אומר להם : °מבלתי יכולת ה' יכול ה' מיבעי ליה אמר רבי אלעזר אמר משה לפני הקב"ה רבש"ע עכשיו יאמרו אומות העולם תשש כחו כנקבה ואינו יכול להציל אמר הקב"ה למשה והלא כבר ראו נסים וגבורות שעשיתי להם על הים אמר לפניו רבונו של עולם עדיין יש להם לומר למלך אחד יכול לעמוד לשלשים ואחד מלכים אינו יכול לעמוד אמר ר' יוחנן מנין שחזר הקדוש ברוך הוא והודה לו למשה שנאמר °ויאמר ה' סלחתי כדברך תני דבי רבי ישמעאל כדבריך עתידים אוה"ע לומר כן אשרי תלמיד שרבו מודה לו °ואולם חי אני אמר רבא אמר רב יצחק מלמד שאמר לו הקדוש ב"ה למשה משה החייתני בדבריך : *דרש רבי שמלאי *לעולם יסדר אדם שבחו של הקב"ה ואחר כך יתפלל מנלן ממשה דכתיב °ואתחנן אל ה' בעת ההיא וכתיב ה' אלהים אתה החלות להראות את עבדך את גדלך ואת ידך החזקה אשר מי אל בשמים ובארץ אשר יעשה כמעשיך וכגבורותיך וכתיב בתריה אעברה נא ואראה את הארץ הטובה וגו' : (סימן מעשי"ם צדק"ה קרב"ן כה"ן תעני"ת מנע"ל ברז"ל) :

אמר

משמע שהיה אוחז בו : **שלש רגלים.** אברהם יצחק ויעקב : **שסתלהו.** הפליג בו אטיי"ר בלע"ז : **נדרו.** דבורו שאמר ואכלם : **שמסר עצמו למיתה.** ויחל לשון חלל : **שהחלה עליהם מדת רחמים.** כמו יחולו על ראש יואב (ש"ב ג) לשון הניח : שאחזתו אחילו גרס : **אשתא דגרמי.** מולייר בלע"ז : **אשר נשבעת להם בך.** שנאמר בעקדת יצחק בי נשבעתי (בראשית כב) : **עד כאן.** עד ככוכבי השמים : **מכאן ואילך דברי הרב.** אמר לו אעשה כדבריך : **דברים שאמרת לי.** בסנה אמרת לי אעלה אתכם מעני מצרים אל ארץ טובה ורחבה (שמות ג) : **שמייתני.** בפני האומות : עלה

כב א מיי' פ"ה מהלכות תפלה הלכה ב :

מיכה ד | ירמיה יח | יחזקאל לו | שם | במדבר יא | דברים א | הושע יג | דברים ח | שם לג | הושע ב | שמות לב | דברים ט | שמות לב | שם | שם | במדבר ל | חגיגה י | שמות לב | שם | שם | במדבר יד | שם | שם | ע"ז ז: | דברים ג | דברים לא | נ"ל לה

[סוכה נב: ע"ש] [מגילה כד:] [יומא פו: סנהדרין קכ.] [אולי צ"ל ורב] [צ"ל שהתיר וכ"ה בילקוט ובע"י וכו'] [רב יצחק אמ' מלמד ס' כ"ל וכ"ה בילקוט ובע"י] [ע"ז ד.] גיטין ע.

רב נסים גאון

ואולם חי אני אמר לו הקב"ה למשה משה החייתני בדבריך. זה הדבר קשה היה בפני התלמידים והיו מלעיזים בו עלינו החולקין על דברי רבותינו ז"ל ואמנם כי פשוטו של זה הדבר נראה שאינו מתקבל על הדעת שמשתבשין בה ואני ברחמי שמיא פירשתיה פירוש צח וביארתי מעשיה ביאור יפה שהוא שוה לענין הכתוב ולסברא והרי אני מזכירין המימרא כלא כדגרסי' בגמ' ואחר כן נאמר פירושה (במדבר יד) מבלתי יכולת ה' יכול ה' מיבעי ליה אמר ר' אלעזר אמר משה לפני הקב"ה רבש"ע עכשיו יאמרו אומות העולם תשש [כחו] כנקבה ואין בו כח להצילם אמר לו בן עמרם והלא כבר ראו נסים וגבורות שעשיתי על הים אמר לפניו רבונו של עולם יאמרו לפני מלך אחד יכול לעמוד בפני ל"א (מלך) [מלכים] אינו יכול לעמוד אמר ר' יוחנן מנין שחזר הקב"ה והודה למשה שנא' (שם) ויאמר ה' סלחתי כדברך תנא דבי ר' ישמעאל כדבריך עתידין אומות העולם לומר אשרי תלמיד שרבו מודה לו ואולם חי אני אמר רבא א"ר יצחק אמר לו הקב"ה למשה משה החייתני בדבריך עד כאן היא הדרשה שאמרה בזה הפסוק ופירושה אנו מזכירין דע לך כי החיים והיכולת שתי מדות הן ממדותיו של הקב"ה שהן מדות עצמו וגדולתו שאינן נחלפין ממנו כלל כי הכח והיכולת אינם נמצאים אלא במי שהוא חי ומי שהוא חי העולמים שלא יתמו שנותיו אי אפשר שלא יהיה יכול וזה הדבר אע"פ שהוא שריר ומקויים בסברא יש לו חיזוק מן הכתוב והיינו דכתב רחמנא (דברים לב) כי אשא אל שמים ידי ואמרתי חי אנכי לעולם פתח מזכרן הדר שהוא היכולת וסיים בזכר החיים ואמר חי אנכי לעולם קיימת לו היכולת מפני שהוא חי העולמים ובעת שאירע מעשה המרגלים ואמר הקב"ה להשמידם לאומתו נגש הנביא עליו השלום בתפלה בערם אמר בכלל דבריו מבלתי יכולת ה' ולפי שידע הקב"ה כי אמת דבר וכי אם הוא משמיד את העם במדבר ואינו מכבש לפניהן את ארץ כנען האומות אומרים עליו כי קצרה ידו ותשש כחו ואינו יכול לעמוד כנגד ל"א (מלך) [מלכים] ולגרשם מפני בניו ולפיכך קבל תפלתו בערם תעתר לו ואמר סלחתי כדברך ואמר לו אחר כן ואולם חי אני הודיע לנביא שבוראי אילו השמידם לעם היו האומות אומרים שאין לו יכולת ולא היו מכירין גבורתו והואיל ואין מתברר להם שהוא יכול גם כן אין מתברר להם שהוא חי והנה בשביל עתירת הנביא בער העם הודו האומות כי יש להקב"ה החיים לעלמין ונתברר להם שהוא חי וקיים וזכה הנביא לשבח בשביל זה הדבר כי בשביל עתירתו נודעה גדולתו של מלכו ועצמו וגבורתו ונתפרסמו בקצות הארץ ונתברר ונתקיים כי הקב"ה יתעלה שמו חי בעצמו ולפיכך א"ל רחמנא ואולם הי אני אתר שאמר כדברך תיכף לה והדרשי ליה רבנן החייתני בדבריך כלומר שבשביל עתירתך גרם הדבר ונתברר לאומות שאני חי וזה הוא צד התירוץ של זה הדבר והיה נעלם מאד וסייעני הקב"ה לגלותו ולפרשו ולא ראיתי אדם שקדמני לזה התירוץ וזה הפירוש יהיה שמור בידך :

הגהות הב"ח (א) גמ' קורין לאלפין. נ"ב פרש"י ס' סקורה עומד דכייס כדכש' אבל בתפלה איסורא איכא ע"ש ד' כ"ד ע"ב : (ב) שם ועכשיו ישראל חטאו (אתה למה לי) תא"מ ונ"ב ס"א למה לך גדולה : (ג) שם משל למלך כ"ו בכעס : (ד) שם א"ר אלעזר (מלמד שעמד וכו' שהחלהו) תא"מ ונ"ב ס"א מלמד שהתפלל משה עד שהחלה אביי אמר עד שהחלה לפקב"ה : (ה) שם דברי תלמיד כן אלא :

אמר ר' אלעזר גדולה תפלה יותר ממעשים טובים שאין לך גדול במעשים טובים יותר ממשה רבינו אעפ"כ לא נענה אלא בתפלה שנאמר °אל תוסף דבר אלי וסמיך ליה עלה ראש הפסגה: וא"ר אלעזר גדולה תענית יותר מן הצדקה מאי טעמא זה בגופו וזה בממונו: וא"ר אלעזר גדולה תפלה יותר מן הקרבנות שנא' °למה לי רוב זבחיכם וכתיב ובפרשכם כפיכם (א) א"ר יוחנן °* *כל כהן שהרג את הנפש לא ישא את כפיו שנא' °ידיכם דמים מלאו: *וא"ר אלעזר מיום שחרב בית המקדש ננעלו שערי תפלה שנאמר °גם כי אזעק ואשוע שתם תפלתי ואע"פ ששערי תפלה ננעלו שערי דמעה לא ננעלו שנאמר °שמעה תפלתי ה' ושועתי האזינה אל דמעתי אל תחרש רבא לא גזר תעניתא ביומא דעיבא משום שנא' °סכותה בענן לך מעבור תפלה: וא"ר אלעזר מיום שחרב בית המקדש נפסקה חומת ברזל בין ישראל לאביהם שבשמים שנא' °ואתה *קח לך מחבת ברזל ונתתה אותה קיר ברזל בינך ובין העיר: א"ר חנין א"ר חנינא כל המאריך בתפלתו אין תפלתו חוזרת ריקם מנא לן ממשה רבינו שנא' °ואתפלל אל ה' וכתיב בתריה וישמע ה' אלי גם בפעם ההיא איני והא *א"ר חייא בר אבא א"ר יוחנן כל המאריך בתפלתו ומעיין בה סוף בא לידי כאב לב שנא' °תוחלת ממושכה מחלה לב מאי תקנתיה יעסוק בתורה שנא' °ועץ חיים תאוה באה ואין עץ חיים אלא תורה שנאמר °עץ חיים היא למחזיקים בה לא קשיא הא דמאריך ומעיין בה הא דמאריך ולא מעיין בה א"ר חמא בר' חנינא אם ראה אדם שהתפלל ולא נענה יחזור ויתפלל שנאמר °קוה אל ה' חזק ויאמץ לבך וקוה אל ה': ת"ר ארבעה צריכין חזוק ואלו הן תורה ומעשים טובים תפלה ודרך ארץ תורה ומעשים טובים מנין שנא' °רק חזק ואמץ מאד לשמור *ולעשות ככל התורה חזק בתורה ואמץ במעשים טובים תפלה מנין שנא' קוה אל ה' חזק ויאמץ לבך וקוה אל ה' דרך ארץ מנין שנא' °חזק ונתחזק בעד עמנו וגו': °ותאמר ציון עזבני ה' וה' שכחני היינו עזובה היינו שכוחה אמר ר"ל אמרה כנסת ישראל לפני הקב"ה רבש"ע אדם נושא אשה על אשתו ראשונה זוכר מעשה הראשונה אתה עזבתני ושכחתני אמר לה הקב"ה בתי י"ב מזלות בראתי ברקיע ועל כל מזל ומזל בראתי לו שלשים חיל ועל כל חיל וחיל בראתי לו שלשים לגיון ועל כל לגיון ולגיון בראתי לו שלשים רהטון ועל כל רהטון ורהטון בראתי לו שלשים קרטון ועל כל קרטון וקרטון בראתי לו שלשים גסטרא ועל כל גסטרא וגסטרא תליתי בו שלש מאות ושששים וחמשה אלפי רבוא כוכבים כנגד ימות החמה וכולן לא בראתי אלא בשבילך ואת אמרת עזבתני ושכחתני °התשכח אשה עולה אמר הקב"ה כלום אשכח עולות אילים [א] ופטרי רחמים שהקרבת לפני במדבר אמרה לפניו רבש"ע הואיל ואין שכחה לפני כסא כבודך שמא לא תשכח לי מעשה העגל אמר לה °גם אלה תשכחנה אמרה לפניו רבש"ע הואיל ויש שכחה לפני כסא כבודך שמא תשכח לי מעשה סיני אמר לה °ואנכי לא אשכחך והיינו דא"ר אלעזר א"ר אושעיא מאי דכתיב גם אלה תשכחנה זה מעשה העגל ואנכי לא אשכחך זה מעשה סיני: חסידים הראשונים היו שוהין שעה אחת: מנא הני מילי א"ר יהושע ב"ל אמר קרא °אשרי יושבי ביתך ואמר ר' יהושע ב"ל המתפלל צריך לשהות שעה אחת אחר תפלתו שנא' °אך צדיקים יודו לשמך ישבו ישרים את פניך תניא נמי הכי המתפלל צריך שישהא שעה אחת קודם תפלתו ושעה אחת אחר תפלתו קודם תפלתו מנין שנא' אשרי יושבי ביתך לאחר תפלתו מנין דכתיב אך צדיקים יודו לשמך ישבו ישרים את פניך תנו רבנן חסידים הראשונים היו שוהין שעה אחת ומתפללין שעה אחת וחוזרין ושוהין שעה אחת וכי מאחר ששוהין תשע שעות ביום בתפלה תורתן היאך משתמרת ומלאכתן היאך נעשית אלא מתוך שחסידים הם תורתם משתמרת ומלאכתן מתברכת: אפילו המלך שואל בשלומו לא ישיבנו: אמר רב יוסף לא שנו אלא למלכי ישראל אבל למלכי עכו"ם פוסק מיתיבי המתפלל וראה אנס בא כנגדו ראה קרון בא כנגדו לא יהא מפסיק אלא מקצר ועולה לא קשיא הא דאפשר לקצר (*יקצר ואם לאו פוסק) ת"ר מעשה בחסיד אחד שהיה מתפלל בדרך בא שר אחד ונתן לו שלום ולא החזיר לו שלום המתין לו עד שסיים תפלתו א"ל ריקא והלא כתוב בתורתכם °רק השמר לך ושמור נפשך וכתיב °ונשמרתם מאד לנפשותיכם כשנתתי לך שלום למה לא החזרת לי שלום אם הייתי חותך ראשך בסייף מי היה תובע את דמך מידי א"ל המתן לי עד שאפייסך בדברים א"ל אילו היית עומד לפני מלך בשר ודם ובא חברך ונתן לך שלום היית מחזיר

רש"י

בדבר תפלה זו נתרציתי להראותך אותה: **ובפרשכם כפיכם.** אי לאו דגדולה תפלה כיון דאמר למה לי רוב זבחיכם למה לי תו ובפרשכם הא אפילו זבחיהם לא ניחא ליה: **אל תחרש.** מדלא (ב) כתיב את דמעתי תראה ש"מ נראית היא לפניו ואין צריך להתפלל אלא שתתקבל לפניו: **ונתתה אותה קיר ברזל.** סימן למחיצת ברזל המפסקת בינו לבינם: **ומעיין בה.** מצפה שתעשה בקשתו על ידי האריכתו סוף שאינה נעשית ומצאת תוחלת ממושכה הנם והיא כאב לב כשאדם מצפה ואין תאותו באה: **תוחלת.** לשון חלוי ותקוה: **ועץ חיים תאוה באה.** סופו של מקרא הוא: **קוה.** והתחזק ולא תמשוך ידך אלא חזור וקוה: **צריכין חזוק.** שיתחזק אדם בהן תמיד בכל כחו: **דרך ארץ.** אם אומן הוא לאומנתו אם סוחר הוא לסחורתו אם איש מלחמה הוא למלחמתו: **שלשים חיל.** ראשי גייסות וחבורות חלוקות: **לגיון וקרטון וגסטרא.** שמות של שררה כגון שלטון והגמון ודוכס ופחה: **עולה.** כמו עולות וקרבנות: **גם אלה.** מעשה העגל שאמרו אלה אלהיך ישראל (שמות לב): **ואנכי זה מעשה סיני.** שנאמר בו אנכי ה' אלהיך (שם כ): **יושבי ביתך.** והדר יהללוך: **יודו לשמך.** והדר ישבו ישרים את פניך: **תשע שעות.** לשלש תפלות: **תורתם משתמרת.** בתוך לבם שאין תלמודם משתכח: **אבל למלכי עכו"ם פוסק.** שלא יהרגנו: **הא דאפשר בקלור.** כגון שסמוך לגמור תפלתו: אבל

תוספות

גדולה תפלה יותר ממעשים טובים. *שהרי משה רבינו ע"ה אף על פי שהיו בידו מעשים טובים הוצרך לתפלה:

כל המאריך בתפלתו ומעיין בה. פירוש שמצפה שתבא בקשתו לפי שכוון בתפלתו. תימה דהכא משמע דעיון תפלה לאו מעליותא הוא וכן משמע פ' הרואה (לקמן נה.) ג' דברים מזכירין עונותיו של אדם וקאמר עיון תפלה. ולא כן משמע בפ' מפנין (שבת קכז.) דקאמר אדם אוכל פירותיהן בעוה"ז וקא חשיב עיון תפלה אלמא מעליותא הוא וכן משמע בגמ פשוט (ב"ב קסד:) דקאמר משלשה דברים אין אדם ניצול בכל יום וקאמר עיון תפלה פירוש שאין אדם מעיין בה אם כן משמע שהוא טוב וי"ל דתרי עיון תפלה יש עיון תפלה דהכא המצפה שתבא בקשתו ועיון תפלה דהתם שמכוין את לבו לתפלה*:

אל דמעתי אל תחרש. פרש"י דדייק מדיוקא מדלא קאמר ודמעתי תראה ש"מ שהיא נראית בכל פעם ואין להתפלל רק שתתקבל:

קודם תפלתו מנין שנא' אשרי יושבי ביתך. ולפיכך תקנו לומר זה הפסוק קודם תהלה לדוד לאפוקי מהנהו דאמרי אשרי הרבה: אבל

עין משפט נר מצוה

כד א מיי' פט"ו מהל' תפלה הלכה ג סמג עשין כ טוש"ע או"ח סי' קכח סעיף לה:
כה ב טוש"ע או"ח סי' לח סעיף ה:
כו ג מיי' פ"ד מהל' תפלה הלכה טו סמג עשין יט טור וש"ע או"ח סי' צג סעיף א:
כז ד ה מיי' פ"ו שם הל' ט סמג שם טור וש"ע או"ח סימן קד סעיף א:
כח ו מיי' שם טוש"ע שם סעיף ג:
כט ז מיי' שם טוש"ע שם סעיף א:

ב"מ נח.

[וע"ע תוס' שבת קיח: וכר"ה טז: וב"ב קסד:]

רב נסים גאון

אפילו המלך שואל בשלומו לא ישיבנו. ושנינו עוד בתוספתא הכותב את השם אפי' המלך שואל בשלומו לא ישיבנו היה כותב ה' או ו' שמות כיון שגמר אחד מהן משיב שאילת שלום ואיתא להא ברייתא בגמרא דבני מערבא דפירקין: תנו רבנן מעשה בחסיד אחד שהיה מתפלל בדרך אית בבבא קמא בפ' הגוזל (דף קג.) כל מעשה בחסיד אחד אינו אלא ר' יהודה בן בבא או ר' יהודה בר' אילעאי ואיתא דכוותה בתמורה (דף טו) בפרק יש בקרבנות הצבור:

נ"ל לעשות

הגהות הב"ח

(א) גמ' שנאמר ובפרשכם כפיכם וגו' ידיכם דמים: (ב) רש"י ד"ה אל תחרש מדלא. נ"ב וכב"מ דף נ"ט פי' בע"א ע"ש:

הגהות הגר"א

[א] גמ' עולות (אילים) תז"מ ונ"ב אשים:

גליון הש"ס

גמ' כל כהן שהרג. בהגהה מוהרי"ב ז"ל וכן בתוס' יבמות (דף ז.) ד"ה שנאמר. וע' בהוי"ם סוף פרק ז' דבכורות: תוס' ד"ה גדולה וכו' שלא תפלה. ועי' תשובת מהרשד"ם חא"ח סי' ל':

[ברב אלפס אי' והא דלא אפשר לקצר אפשר לקצר בקצר ואי לא מפסיק]

מסורת הש"ס

[עי' תוס' סנהדרין לה: וכן בתוס' דיבמות ז. ד"ה שנאמר]

בן אדם קח לך כצ"ל

לקמן נה.

§ מסכת ברכות דף לב: §

אות א'

כל כהן שהרג את הנפש לא ישא את כפיו

סימן קכח סל"ה - [א]כהן שהרג את הנפש, אפילו בשוגג, לא ישא את כפיו, אפילו עשה תשובה - דכתיב: ובפרשכם כפיכם אעלים עיני מכם וגו', ידיכם דמים מלאו, [גמ'].

טעם דעה זו, דס"ל דאע"פ שאין לך דבר שעומד בפני התשובה, מ"מ אין קטיגור נעשה סניגור, דבידים אלו שהרג את הנפש, אין ראוי לישא את כפיו, אע"פ שעשה תשובה, ‹**משמע** דס"ל להמחבר בפשיטות לנידון דידן להחמיר, ‹היינו אפי' כשעשה תשובה›, **משום דאין קטיגור נעשה סניגור**, כ"כ א"ר ומטה יהודה, **אכן** בע"ת וביאור הגר"א מוכח דס"ל, דהמחבר סמך עצמו איש חולקין שהביא בסל"ז›, ‹וז"ל: וי"א שאם עשה תשובה, נושא כפיו›.

‹עיין במ"א שמצדד, דדוקא במת מיד, הא לא מת מיד, אין להחמיר בשוגג, שמא הרוח בלבלתו ומת›.

דחף אשה הרה והפילה, נושא את כפיו, דאין חייבין מיתה על עוברין, [היינו אפי' בדידעינן שכלו חדשיו].

ואם אנסוהו להרוג, נושא את כפיו, ואע"ג דברציחה קי"ל דיהרג ואל יעבור, מ"מ אם עבר ולא נהרג לא מיפסל לנ"כ בשביל זה, [**וצ"ע**, דמנלן דמדמינן להמיר בסל"ז, דלמא מדמינן לעבד ע"ז ממש, דהטעם משום דעשה מעשה, וה"נ בענינננו].

הגה: ויש אומרים דאם עשה תשובה, נושא כפיו - היינו אפילו כשעבר במזיד. **ויש להקל על בעלי תשובה, שלא לנעול דלת בפניהם, והכי נהוג. (ד"ע, דלא גרע ממומר)** - ויש איזה אחרונים שמחמירין עכ"פ במזיד, ‹וצ"ע לדינא, ועכ"פ אם עלה אין להורידו›.

אות ב'

הא דמאריך ומעיין בה

סימן צח ס"ה - [ב]אל יחשוב: ראוי הוא שיעשה הקדוש ברוך הוא בקשתי כיון שכוונתי בתפלתי, כי [ג]אדרבה זה מזכיר עונותיו של אדם, (שעל ידי כך מפשפשין במעשיו לומר בטוח הוא בזכיותיו), אלא יחשוב שיעשה הקב"ה בחסדו, ויאמר בלבו: מי אני, דל ונבזה, בא לבקש מאת מלך מלכי המלכים הקדוש ברוך הוא, אם לא מרוב חסדיו שהוא מתנהג בהם עם בריותיו.

אות ג'

המתפלל צריך שישהא שעה אחת קודם תפלתו כו'

סימן צג ס"א - ישהה שעה אחת קודם שיקום להתפלל, כדי שיכוין לבו למקום; ושעה אחת אחר התפלה, שלא תהא נראית עליו כמשאוי שממהר לצאת ממנה - תלמידי רבנו יונה הוכיחו מגמ', דאע"ג דבכל מקום דאמרינן "שעה", פי' שעה מועטת, הכא פי' שעה אחת מי"ב שעות ביום, ‹מדשאלו תורתם ומלאכתם אימתי נעשית›. [ד]**ומיהו** זה לחסידים, ולשאר עם די בשעה מועטת שישהא קודם שיתחיל, שהוא כדי הילוך ח' טפחים, כמש"כ בסימן צ' סוף ס"כ.

כתב בסדר היום, אם יכול להתעכב עד שלא ישאר עשרה בבהכ"נ, טוב לו, עי"ש טעמו, ‹בכדי שהוא לא יהיה בהגורמים סילוק השכינה, דאינה שורה בפחות מי' - ערוה"ש, גם כי הישיבה בבה"כ הוא מצוה בפני עצמה.

האר"י ז"ל היה מתפלל מתוך הסידור, כדי שיכוין מאוד, גם שלא להבליע נקודה, **והכל** לפי מה שמרגיש האדם בנפשו.

אות ג'* [ה]

תוס' ד"ה קודם: תקנו לומר זה הפסוק קודם תהלה לדוד

סימן רלד ס"א - הגה: אין לומר "אשרי" שקודם מנחה אלא כשיש מנין בבהכ"נ, כדי שיאמרו עליו הקדיש שלפני תפלת המנחה - ואם אמרו בלא מנין ואח"כ בא מנין, יאמרו מזמור א' ואח"כ יאמרו קדיש, **וה"ה** כשלומדים בבהמ"ד בלא מנין, ואח"כ קורין בבהמ"ד אנשים להשלים המנין, לא יפה עושים, **דהא** עיקר טעם קדיש על הלימוד הוא משום שנתקדש השם ברבים, וא"כ בעינן שיהיו י' בבה"מ בעת הלימוד, **מיהו** אפשר ללמוד משנה א' וכיו"ב אחר שהתאספו י' אנשים ולומר קדיש. [מ"א, **דלא** כהט"ז, וע"ל בסימן נ"ה במ"ב ס"א].

יש שכתבו שנוהגין לומר פרשת התמיד קודם "אשרי" של תפלת המנחה, נגד תמיד של בין הערבים, ומנהג יפה הוא - ט"ז ומ"א כתבו לומר אחר "אשרי", אבל אין המנהג כן, **וטוב** ג"כ לומר "פטום הקטורת", **אך** כ"ז אם לא יעבור זמן תפלה, אבל אם יש חשש שיעבור זמן תפלה, אפילו "אשרי" ידלג, ובעו"ה יש אנשים שנכשלין בזה.

כתב הטור, סדר תפלת המנחה: אומר "אשרי" וקדיש ומתפללין י"ח, וש"ץ חוזר התפלה כמו בשחרית, ונופלין על פניהם ואומרים: "ואנחנו לא נדע" וגו', ואומרים קדיש שלם וכו'.

וכתבו הפוסקים, דאם התפללו מנחה סמוך לחשיכה, ונמשכו באמירת "אבינו מלכנו" או שארי תחנונים אחר התפלה עד שחשיכה, אין לומר קדיש תתקבל, שהתפלה היתה ביום אחר, **אבל** אם אירע

באר הגולה

[א] **ברכות ל"ב** [ב] **טור וסמ"ק** ‹ברכות ל"ב: ועיין תוס' ד"ה כל כו' "פי' שמצפה שתבא בקשתו לפי שכוון בתפלתו" - גר"א, ועיין ברש"י "ע"י הארכתו"› [ג] **ר"ה ט"ז:** [ד] ‹מתוך שחסידים הן תורתן משתמרת וכו'. וא"ת והא ברייתא דלעיל דתני המתפלל צריך שישהא שעה אחת קודם תפלתו, בכל אדם קאמר, וא"כ אימת יעשו תורתם ומלאכתם, דליכא למימר בכל אדם טעמא דחסידים, י"ל דשעה דתני בשאר בני אדם לאו דוקא, אלא בשישהו פורתא סגי - שיטה מקובצת› ‹**ומיהו** אנו מתפללין וקורים פסוקי דזמרה מקודם (שיעור פסוקי דזמרה חצי שעה), ואח"כ ברכות וק"ש, ושוהה מעט קודם שיתחיל פסוקי דזמרה, הוה קרוב לשעה כמו חסידים - פמ"ג› ‹**ודע** דבכאן אין הכונה על תפלת שמ"ע, שהרי שוהין הרבה עד שמ"ע בפסוקי דזמרה ובק"ש וברכותיה, אלא הכונה על כל סדר התפלה, דהענין מהשהיה הוא שתיקה והתבוננות בלב, להבין לפני מי הוא מכין עצמו להתפלל - ערוה"ש› [ה] ‹ע"פ הב"י שהביא תוס' זה על מש"כ הטור: סדר תפלת המנחה בציבור אומר אשרי וכו', וכמו שהביאו המ"ב›

שהתפלה עצמה נמשכה בלילה, וכמו תפלת נעילה, אומרים קדיש תתקבל, [ואפי' אם התפלה נמשכה רק עד צה"כ, נמי מותר, כל שלא כלתה ביום והיה הפסק בינה ללילה, א"ר], (וז"ל: דדוקא כיון שהפסיקו מלהתפלל קודם שנתחדש יום, אבל אם נמשכה עד הלילה, אומרים קדיש).

אות ד' – ה'

אפילו המלך שואל בשלומו לא ישיבנו

לא שנו אלא למלכי ישראל, אבל למלכי עכו"ם פוסק

סימן קד ס"א - [ו]לא יפסיק בתפלתו - ואפילו במקום הפסד ממון אין לו להפסיק, **ואפילו** רמיזה בעלמא אסור, אם לא לתינוק הבוכה, מותר לו לרמז לו בידיו כדי שישתוק, ולא יטרידו מתפלתו, ואם אינו מועיל, ירחיק את עצמו ממנו, ולא ידבר עמו, **וכן** אדם נכבד שעומד בתפלה, והש"ץ ממתין עליו באמירת קדיש או קדושה, והוא אינו מרוצה בכך שימתינו עליו, וזה מטרידתו בתפלה, מותר לו לרמוז לש"ץ שיתפלל כדרכו.

כתב הח"א, העומד בתפלה ונסתפק באיזה דין איך יתפלל, כגון ששכח איזה דבר בתפלה, מותר לילך ממקומו למקום מיוחד ולעיין שם בספר, **ואם** מותר לשאול הדין, צ"ע, ונ"ל דמותר.

ואפי' מלך ישראל שואל בשלומו, לא ישיבנו; אבל מלך עו"ג - וה"ה אנס דעלמא, ומתיירא שמא יהרגנו, **אם אפשר לו לקצר, [ז]דהיינו שיאמר תחלת הברכה וסופה קודם שיגיע אליו, יקצר; [ח]או אם אפשר לו שיטה מן הדרך, יטה ולא יפסיק בדיבור** - וטוב יותר לקצר בדאפשר, משיטה מן הדרך - ב"ח וא"ר, **אבל** הפמ"ג כתב, יש להתיישב בזה, דמשמע דהליכה לצורך התפלה לא הוי הפסק.

ואם אי אפשר לו, [ט]יפסיק - ר"ל שמותר אפילו לשאול לו בשלומו, כשמשער שבלתי זה אפשר שיהיה בסכנה, וכ"ש שמותר להשיב לו.

אות ו'

המתפלל וראה אנס בא כנגדו, ראה קרון בא כנגדו כו'

סימן קד ס"ב - [י]היה מתפלל בדרך ובאה בהמה או קרון כנגדו, יטה מן הדרך ולא יפסיק - ר"ל אף דהוא סכנתא שלא יבוא הבהמה והקרון עליו, מ"מ כיון דאפשר לו להנצל מזה ע"י שיטה מן הדרך, אסור להפסיק בדבור, לומר לאיש אחר שיכה במקל להבהמה, ולגעור בבעל הקרון שלא יבוא כנגדו.

אבל בענין אחר, אין לצאת ממקומו עד שיגמור תפלתו - וסימן צ' סכ"ז שאני, שהוא צורך תפלה. **ויש** לגעור בחזנים, שעוקרין ממקומן ביוה"כ כשמגיעין אל "ואנחנו כורעים", ובסדר עבודה, **אלא** מעמידין לו שטענדער כנהוג בינו לתיבה, ובעבודה מסלקין השטענדער, וא"צ לעקור רגליו. (**ובדיעבד אם יצא** ממקומו ולא שהה לגמור את כולה, כל זמן שלא הפסיק בדבור, אין לו להתחיל אח"כ לכו"ע רק מאותה תיבה, ולא לתחלת הברכה).

אא"כ הוא בתחנונים שלאחר התפלה - דאז מותר אם העקירה לצורך מצוה קצת, כגון מה שאנו נוהגין בש"ץ, שתיכף אחר חזרת התפלה עוקר רגליו ויושב לתחנון, במקומות שנוהגין לומר תחנון בישיבה, **וכן** עולה לבימה לקריאת התורה, אף שלא הגיע עדיין להקדיש שעם "תתקבל", שפוסע בו הג' פסיעות, **או** כגון מה דאמרינן בגמרא בר"ע, שהיה אדם מניחו בזוית זו, ומוצאו בזוית אחרת, מרוב כריעות והשתחויות, והיינו בתחנונים שלאחר התפלה, **אבל** שלא לצורך, אסור להאדם לזוז ממקומו עד שיפסע הג' פסיעות - מ"א.

כתב הע"ת, לאחר שסיים התפלה קודם שאמר "עושה שלום", אין איסור אם עקר רגליו למצוה קצת, כגון שכיבדו אותו לפתיחת ארון הקודש בעת שאומרים "אבינו מלכנו", שהעולם חושבים זה קצת למצוה, **ומ"מ** נראה, דיש לומר קודם לכן "יהיו לרצון" וגו'.

אות ז'

דאפשר לקצר

סימן קד ס"א- עיין לעיל אות ד' - ה'.

---

§ מסכת ברכות דף לג. §

אות א' – ב'

אפילו נחש כרוך על עקבו לא יפסיק

לא שנו אלא נחש, אבל עקרב פוסק

סימן קד ס"ג- [א]ואפילו נחש כרוך על עקבו, לא יפסיק - ר"ל ע"י דיבור, כגון לומר לאחר שיסירנה, (**הטעם**, משום דרוב פעמים אינו נושך, {רש"י והרמב"ם בפי' המשנה}, ובמקום שיש חשש שממית, הוי נחש כמו עקרב).

(אבל יכול לילך למקום אחר כדי שיפול הנחש מרגלו) (הר"י) - וכן כל הסעיף זה ושאחר זה שמזכיר הפסק, מיירי הכל ע"י דיבור, אבל ע"י הליכה מותר, שהליכה לא נקרא הפסק, **ודוקא** הכא דהוא לצורך להסיר הנחש, אף דתלינן דמן הסתם לא יהיה סכנה, אבל שלא לצורך, מקרי הליכה ג"כ קצת הפסק, וכמו שפסק המחבר בס"ב, (וזה לפי מה דמשמע מפשטיה דהג"ה שכתב: דיכול לילך וכו').

באר הגולה

[ו] שם ל' ול"ב [ז] הר"ר יונה (ואף דבעין י"ח בדף ג', אין הלכה כרב דאמר מעין כל ברכה וברכה, אלא הבינגו, מ"מ כאן דעומד באמצע תפלה וכבר התחיל אתה חונן, וכפרש"י באפשר דמקצר, היינו שהוא סמוך לגמור תפלתו, ועוד דא"א לו לומר גם הג' אחרונות בשלמות, דיראה שבתוך כך יפגיע לו המלכות, בזה כו"ע מודו דהאי לקצר היינו כל ברכה וברכה כרב - דמשק אליעזר) [ח] שם והרא"ש (הביאו בפ' אין עומדין ירושלמי, היה עומד ומתפלל בסרטיא ופלטיא, ה"ז מעביר מפני החמור או מפני הקרון, ובלבד שלא יפסיק את תפילתו. וכתבו עליו, משמע דהיכא שיכול להנצל בשיתרחק לצד אחר, אין לו להפסיק ולדבר, ומה שאמרו גבי מלכי עכו"ם פוסק, משום דכיון שיש לו להשיב שלום, א"א בלא דיבור, אבל אם מתחלה היה יכול להתרחק לצד אחר וינצל בזה, יתרחק, כדי שלא יצטרך להפסיק בדיבור - ב"י) [ט] (ומעשה דאותו חסיד עם ההגמון, צ"ל שהיה בטוח שיקבל תשובתו - מ"א) [י] ירושלמי דברכות ט' ובבלי שם [א] שם ל' ושם ל"ג

מסורת הש"ס | עין משפט נר מצוה

אבל עקרב פוסק. וטעמו לפי שהעקרב *מסוכן לעקוץ יותר מהנחש מוכן לישוך: **אין מעידין עליו.** לומר לאשתו מת בעליך להתירה לינשא פעמים שאין האריות רעבים ואין אוכלין אותו: **נחשים ועקרבים.** או זה או זה מעידים עליו שמת דהא מועד הנחש לישוך: **אגב איננא.** כשנפל עליהם ודחקם הזיקוהו: **שור תם.** שלא נגח אדם: **מועד.** שנגח ג' פעמים: **בדקולא.** סל שתולין בו תבן בראשו ואוכל: **ושדי דרגא.** לאו דוקא אלא כלומר הזהר ממנו הרבה: **ביומי ניסן.** מתוך שעברו ימי הסתיו שהארץ יבשה ועכשיו רואה אותה מלאה דשאים זחה דעתו עליו ונכנס בו יצר הרע: **ערוד.** מן הנחש והצב בא שנזקקין זה עם זה ויוצא משניהם ערוד*: **את חורו.** שהוא יוצא משם: **ומת הערוד.** מצאתי בה"ג אמרי במערבא כשהערוד נושך את האדם אם הערוד קודם למים מת האדם ואם האדם קודם למים מת הערוד ונעשה נס לר' חנינא ונבקע מעין מתחת עקבו: **מתני' מזכירין גבורות גשמים** משיב הרוח שאינו לשון בקשה אלא לשון הזכרה ושבח: **ושואלין** ותן טל ומטר לשון בקשה: **והבדלה בחונן הדעת.** במוצאי שבת אתה חוננתנו: **גמ' מתוך שקולה חכמה.** החכם יודע להבדיל בין קדש לחול ובין טמא לטהור: **בין שתי אותיות.** בין שתי הזכרות: **במילתא מיהא גדולה היא.** במקום שצריכה נקמה דבר גדול הוא: **שתי נקמות הללו למה.** אחת לרעה להנקם מן העכו"ם שלא קבלו את התורה: **ואחת לטובה.** כדאמרינן בב"ק (דף לח.) מפארן הופיע והפקיר ממונן לישראל שור של ישראל שנגח שור של עכו"ם פטור: **הופיע.** גלה והפקיר כשלא קבלו את התורה: **העשירו.** לקנות יין: **קבעוה על הכוס.** ואז נשתכח תקנת עזרא וכשחזרו והענו קבעוה בתפלה ונחלקו היאך יאמרוה: **בתחלה.** כשעלו מן הגולה והיו דחוקים: **קדושות.** קדוש היום: **מפני שיכול.** משמע אם ירצה שלא לחזור ולהתפלל הא אם אמרה בתפלה א"צ לאומרה על הכוס: **ואנא שמעית.** אני שמעתי: **חוזר לראש.** לתפלה ולכוס: הלכהא

מחזיר לו א"ל לאו ואם היית מחזיר לו מה היו עושים לך א"ל היו חותכים את ראשי בסייף א"ל והלא דברים ק"ו ומה אתה שהיית עומד לפני מלך בשר ודם *שהיום כאן ומחר בקבר כך אני שהייתי עומד לפני מלך מלכי המלכים הקב"ה שהוא חי וקיים לעד ולעולמי עולמים על אחת כמה וכמה מיד נתפייס אותו השר ונפטר אותו חסיד לביתו לשלום: אפי' נחש כרוך על עקבו לא יפסיק: אמר רב ששת לא שנו אלא נחש אבל עקרב פוסק מיתיבי *נפל לגוב אריות אין מעידין עליו שמת נפל לחפירה מלאה נחשים ועקרבים מעידין עליו שמת שאני התם דאגב איצצא מזקי א"ר יצחק ראה שוורים פוסק דתני רב אושעיא *מרחיקין משור תם חמשים אמה ומשור מועד כמלא עיניו תנא משמיה דר' מאיר רישׁ תורא בדקולא סליק לאגרא ושדי דרגא מתותך אמר שמואל הני מילי בשור שחור וביומי ניסן מפני שהשטן מרקד לו בין קרניו ת"ר *מעשה במקום אחד שהיה ערוד והיה מזיק את הבריות באו והודיעו לו לר' חנינא בן דוסא אמר להם הראו לי את חורו הראוהו את חורו נתן עקבו על פי החור יצא ונשכו ומת אותו ערוד נטלו על כתפו והביאו לבית המדרש אמר להם ראו בני אין ערוד ממית אלא החטא ממית באותה שעה אמרו אוי לו לאדם שפגע בו ערוד ואוי לו לערוד שפגע בו ר' חנינא בן דוסא: **מתני'** *מזכירין גבורות גשמים בתחיית המתים ושאלה בברכת השנים והבדלה בחונן הדעת *ר"ע אומר אומרה ברכה רביעית בפני עצמה רבי אליעזר אומר בהודאה: **גמ'** מזכירין גבורות גשמים מאי טעמא *אמר רב יוסף מתוך ששקולה כתחיית המתים לפיכך קבעוה בתחיית המתים ושאלה בברכת השנים מאי טעמא אמר רב יוסף מתוך שהיא פרנסה לפיכך קבעוה בברכת פרנסה הבדלה בחונן הדעת מ"ט א"ר יוסף מתוך שהיא חכמה קבעוה בברכת חכמה ורבנן אמרי מתוך שהיא חול לפיכך קבעוה בברכת חול א"ר אמי גדולה דעה שנתנה בתחלת ברכה של חול וא"ר אמי *גדולה דעה שנתנה בין שתי אותיות שנאמר כי אל דעות ה' וכל מי שאין בו דעה אסור לרחם עליו שנאמר כי לא עם בינות הוא על כן לא ירחמנו עושהו אמר רבי אלעזר גדול מקדש שנתן בין ב' אותיות שנאמר פעלת ה' מקדש ה' וא"ר אלעזר כל אדם שיש בו דעה כאילו נבנה בית המקדש בימיו דעה נתנה בין שתי אותיות מקדש נתן בין שתי אותיות מתקיף לה *רב אחא קרחינאה אלא מעתה גדולה נקמה שנתנה בין שתי אותיות שנאמר אל נקמות ה' אמר ליה אין במילתה מיהא גדולה היא והיינו דאמר עולא שתי נקמות הללו למה אחת לטובה ואחת לרעה לטובה דכתיב הופיע מהר פארן לרעה דכתיב אל נקמות ה' אל נקמות הופיע: רבי עקיבא אומר אומרה ברכה רביעית כו': א"ל רב שמן בר אבא לר' יוחנן מכדי אנשי כנסת הגדולה תקנו להם לישראל ברכות ותפלות קדושות והבדלות נחזי (א) היכן תקון א"ל בתחלה קבעוה בתפלה העשירו קבעוה על הכוס העני חזרו וקבעוה בתפלה והם אמרו *המבדיל בתפלה צריך שיבדיל על הכוס איתמר נמי אמר ר' חייא בר אבא אמר רבי יוחנן אנשי כנסת הגדולה תקנו להם לישראל ברכות ותפלות קדושות והבדלות בתחלה קבעוה בתפלה העשירו קבעוה על הכוס חזרו והענו קבעוה בתפלה והם אמרו המבדיל בתפלה צריך שיבדיל על הכוס איתמר נמי רבה ורב יוסף דאמרי תרוייהו המבדיל בתפלה צריך שיבדיל על הכוס אמר *רבא *ומותבינן אשמעתין *טעה ולא הזכיר גבורות גשמים בתחיית המתים ושאלה בברכת השנים מחזירין אותו והבדלה בחונן הדעת אין מחזירין אותו מפני שיכול לאומרה על הכוס לא תימא מפני שיכול לאומרה על הכוס אלא אימא מפני שאומרה על הכוס איתמר נמי אמר רבי בנימין בר יפת שאל ר' יוסי את ר' יוחנן בצידן ואמרי לה ר' שמעון בן יעקב דמן צור את ר' יוחנן ואנא שמעית המבדיל בתפלה צריך שיבדיל על הכוס או לא ואמר ליה צריך שיבדיל על הכוס איבעיא להו המבדיל על הכוס מהו שיבדיל בתפלה אמר רב נחמן בר יצחק ק"ו מתפלה ומה תפלה דעיקר תקנתא היא אמרי המבדיל בתפלה צריך שיבדיל על הכוס המבדיל על הכוס דלאו עיקר תקנתא היא לא כ"ש תני ר' *אחא אריכא קמיה דרב חיננא המבדיל בתפלה משובח יותר ממי שיבדיל על הכוס ואם הבדיל בזו ובזו *ינוחו לו ברכות על ראשו הא גופא קשיא אמרת המבדיל בתפלה משובח יותר ממי שיבדיל על הכוס אלמא תפלה לחודה סגי והדר תני אם הבדיל בזו ובזו ינוחו לו ברכות על ראשו וכיון דנפיק ליה בחדא אפטר והויא *ברכה שאינה צריכה ואמר רב ואיתימא ר"ל ואמרי לה ר' יוחנן ור"ל דאמרי תרוייהו כל המברך ברכה שאינה צריכה עובר משום לא תשא אלא אימא הכי אם הבדיל בזו ולא הבדיל בזו ינוחו לו ברכות על ראשו בעא מיניה רב חסדא מרב ששת טעה בזו ובזו* מהו אמר ליה טעה בזו ובזו חוזר לראש אמר

אבל עקרב פוסק. בירושלמי קאמר דאם היה נחש מרתיע לבא כנגדו פוסק לפי שבא כנגדו בכעס מתכוין להזיקו ומיהו לא מליא אם פסק שיחזור לראש מדלא קאמר ואם פסק חוזר לראש אבל לתחלת ברכה מיהא יחזור ואם טעה בג' ראשונות או בג' אחרונות חוזר לתחלת הג' באבות בראשונות ובעבודה באחרונות כדאמרינן לקמן בפרקין (דף לד.): אמר

ל א ב מיי' פ"ו מהל' תפלה הלכה ט (סמג עשין יט) טוש"ע או"ח סי' קד סעיף ג:
לא ג מיי' פי"ג מהל' גירושין הלכה יז (סמג לאוין ל) טוש"ע אה"ע סי' יז סעי' כט:
לב ד ה (מיי' פ"ו מהל' תפלה סמג עשין יט) טוש"ע או"ח סימן קד סעיף ד:
לג ו מיי' פ"ב מהל' תפלה הלכה טו סמג שם טוש"ע או"ח סי' קיד סעי' א:
לד ז מיי' שם הל' טז סמג שם טוש"ע או"ח סי' קיז סעי' א:
לה ח ט מיי' שם הלכה ד יב סמג שם טוש"ע או"ח סימן רצד סעי' א:
לו י מיי' פ"י שם הלכה ח סמג שם טוש"ע או"ח סי' קיד סעי' ה:
לז כ מיי' שם הל' ט סמג שם טוש"ע או"ח סי' קיז סעי' ד:
לח ל מיי' שם הל' יד סמג שם טוש"ע או"ח סי' רצד סעיף א:
לט מ טור או"ח שם:
מ נ מיי' פ"א מהל' ברכות הלכה טו סמג עשין כז טוש"ע או"ח סי' רו סעי' ו ובסי' רטו סעי' ד [רב אלפס לקמן פ"ח]:
מא ס ש"ע או"ח סי' רצד סעיף א:

רב נסים גאון

אפי' נחש כרוך על עקבו לא יפסיק אמר רב ששת לא שנו אלא נחש אבל עקרב פוסק. בתלמוד ארץ ישראל פירשו טעמא דמלתא ואמרי הא עקרב מפסיק למה ששם דמחיא וחוזר ומחיא: **באותה** שעה אמרו אוי לו לאדם שפגע בו ערוד ואוי לו לערוד שפגע בו ר' חנינא בן דוסא. פירשו עוד בתלמוד ארץ ישראל ואמרו מאי עיסקא דהדין חברברה אלא כד הוא נכית לבר נשא אין בר נשא קדים למיא חברברה מיית ואין חברברה קדים למיא בר נשא מיית אמרין ליה תלמידוי רבי ולא הרגשתה יבא עלי מאה שהיה לבי מכוון בתפלתי לא הרגשתי אמר ר' יצחק בן אלעזר ברא לו הקב"ה מעיין מתחת כפות רגליו לקיים מה שנאמר (תהלים קמה) רצון יראיו יעשה: **מזכירין** גבורות גשמים בתחיית המתים. פירשו בתלמוד ארץ ישראל כשם שתחיית המתים חיים לעולם כך ירידת גשמים חיים לעולם ר' חייא בר אבא שמע ליה מן הדא קרייה (הושע ו) יחיינו מיומים ונדעה נרדפה לדעת את ה' ויבא כגשם לנו ובבראשית רבה דר' הושעיא (פרשה יג) ר' חייא בר אבא אמר שקולה כנגד תחיית המתים ר' אבא בריה דר' חייא בר אבא אף חכמים קבעו אותה בתחיית המתים בזו יד ובזו יד בזו פתיחה ובזו פתיחה בזו יד (יחזקאל לז) היתה עלי יד ה' ובזו יד (תהלים קמה) פותח את ידך בזו פתיחה (יחזקאל לז) הנני פותח את קברותיכם ר' יוחנן בשם ר' אלעזר בר אבינא בזו שירה ובזו שירה בזו שירה (ישעיה מב) ירונו יושבי סלע ובזו שירה (תהלים סה) יתרועעו אף ישירו:

Marginal references (מסורת הש"ס): נ"א מוכן; [חולין קכז.]; [לעיל כח:]; יבמות קכא.; פסחים קיג:; [תוס' פ"ג]; תענית דף ג.; [דגורי רש"י הספר כטעות וצריך להגיה]; [קדושין י.]; סנהד' צב. ע"ש; שמואל א ב; ישעיה כז; שמות טו; שם ע"ש; תהלים צד; דברים לג; [שבת קנ: ע"ש פסחי' קה:קז.]; נ"ל רבה; [קדו' כ: וש"נ]; תוספתא פג; לעיל כו: כט.; [ע' שבת קיח. קיג.]; [שבת לג. מגיל' כה: ע"ג ס:]; [יומא ע. סוטה מא.]; שמות כ; [עי' פירוש ברא"ש]

הגהות הב"ח

(א) גמ' נחזי היכן תיקון. נ"ב בפרק מי שמתו דף כב ע"ב גבי טבילת בעלי קרי פריך תלמודא נמי הכי וע"ש בתוס':

גליון הש"ס

גמ' נתן עקבו על פי החור. עיין יפה מראה בתענית (פרק ג סימן יז) ד"ה מעלתו:

(והגר"א דרך דרך אחרת בזה, דהטוש"ע אינם סוברים כהג"ה, אלא דהליכה בעצמה ג"כ מיקרי הפסק, וכמש"כ בס"ב, דבענין אחר אין לו לצאת ממקומו, ובמקום שאסור, אפילו הליכה לבדה ג"כ אסור, ומה שכתב כאן דאפילו נחש וכו' לא יפסיק, היינו אפילו כדי ללכת ממקום זה למקום אחר, כיון דאין סכנה בדבר, ולמעשה לא הכריע הגר"א כאיזה שיטה, ונראה דיש לנהוג כמו שהעתקתי במ"ב, דבמקום שיש צורך גדול יש לסמוך על המקילים, דהליכה לא חשיב הפסק, כי כן הסכימו כמה אחרונים).

[ב]אבל עקרב, פוסק, לפי שהוא מועד יותר להזיק; [ג]ונחש נמי, אם ראה שהוא כעוס ומוכן להזיק, פוסק - אפילו באינו כרוך על עקיבו, אלא שרואה שבא נגדו, פוסק, **ואם** הוא יכול להשתמט ע"י שיטה מן הדרך קודם שיבוא אליו, יטה ולא יפסיק בדבור, וכנ"ל בס"א.

אות ג'

לגוב אריות אין מעידין עליו שמת, נפל לחפירה מלאה נחשים ועקרבים, מעידין עליו שמת

אבה"ע סימן יז סכ"ט - אין מעידין על האדם שמת אלא כשראוהו כשמת ודאי ואין בו ספק; כיצד, ראוהו שנפל לגוב אריות ונמרים וכיוצא בהם, אין מעידין עליו, שמא לא היו רעבים ולא אכלוהו; אבל אם נפל לחפירת נחשים ועקרבים, מעידין עליו, מפני שעל ידי שדוחקן כשעומד עליהם מזיקין אותו.

אות ד' – ה'

ראה שוורים פוסק

מרחיקין משור תם חמשים אמה, ומשור מועד כמלא עיניו

סימן קד ס"ד - [ד]אם ראה שור בא כנגדו, פוסק, שמרחיקין משור תם, (פי' תם [ה]שאינו רגיל להזיק), נ' אמות, וממועד, (פי' שרגיל להזיק), מלא עיניו; [ו]ואם שוורים שבמקום ההוא מוחזקים שאינם מזיקים, אינו פוסק.

ושור המסורס, אפי' אם אינו יודע אינו פוסק, **ודוקא** שלא הזיק מעולם, אבל אם הזיק אפי' פעם אחת, פוסק אפילו במקומות שאין רגילין שאר השוורים להזיק.

אות ו'

מזכירין גבורות גשמים בתחיית המתים

סימן קיד ס"א - [ז]מתחילין לומר בברכה שניה: משיב הרוח ומוריד הגשם - מפני שיש בה תחיית המתים, [ח]והגשמים הם חיים לעולם כתחיית המתים, **בתפלת מוסף של יו"ט האחרון של חג** - והיה ראוי להזכיר לרצות לפני השי"ת מיו"ט הראשון של חג, שנידונין בו על המים, **אלא** לפי שהגשמים הם סימן קללה בחג הסוכות, שא"א לישב בסוכה בשעת הגשם, אין מזכירין הגשם עד עבור ז' ימי ישיבה בסוכה.

וראוי היה מן הדין להתחיל להזכיר מיד בליל יו"ט האחרון, **אלא** לפי שבתפלת ערבית אין כל העם בבהכ"נ, נמצא זה מזכיר וזה אין מזכיר, ויעשו אגודות אגודות.

ולמה אין מזכירין בשחרית, יש שכתבו מפני שאסור להזכיר הגשם עד שיכריז הש"ץ או השמש בקול רם "מוריד הגשם" קודם התפלה וכדלקמיה, **וזה** א"א להכריז בשחרית, מפני שצריך לסמוך גאולה לתפלה, **ועוד** טעם אחר עיין בט"ז.

ואם טעה, והזכיר "משיב הרוח ומוריד הגשם" במעריב של שמ"ע, או בשחרית, אינו חוזר.

ואין פוסקין עד תפלת מוסף של יו"ט הראשון של פסח - הטעם דאין פוסקין מבערב, הוא ג"כ כנ"ל, שלא יהיה דבר מעורב ביניהם, שזה מזכיר וזה אינו מזכיר, **אבל** עתה שפוסקין במוסף, ידעו הכל ע"י הש"ץ או השמש שמכריז קודם תפלת מוסף "מוריד הטל", שהכרזת הזכרת הטל סימן הוא להם להפסקת הזכרת הגשם עוד.

וזה הוא למנהג ספרד, שנוהגין לומר "מוריד הטל" במקום "מוריד הגשם" בימות החמה, **אבל** במדינותינו שאין נוהגין לומר "מוריד הטל" בימות החמה, וא"א להכריז בלשון זה, **ולהכריז** להדיא שיפסקו מלומר "מוריד הגשם", ג"כ אין נכון, מפני שנראה כממאנים בגשמים, על דרך שאמרו: אין מתפללין על רוב טובה, **ע"כ** פסק הרמ"א בס"ג, שנוהגין שלא להפסיק מלהזכיר גשם עד תפלת המנחה, ששמעו כבר

באר הגולה

ב **ירושלמי** כ"ג ‹והב"י הביא לשונו: מ"ט דמחייא וחזרה ומחייא. ולכאורה כיון דלא הביא סברא זה בהשו"ע, ואמאי מביא המקור מהירושלמי› ג **שם** ד **שם** ל"ג ה ‹ולענ"ד דתם הכא אינו כמו תם של תורה במס' ב"ק, דהיינו אעפ"י שהזיק כבר פ"א או שנים, דהכא החשש דיזיק אותו עכשיו מה יועיל אם הזיק רק פעם או פעמים, וע"כ אינו רגיל להזיק שלא הזיק כלל (וכמו דמשמע מרש"י) – שבה"ל› ו **הר"ר יונה** ז **ברכות** ל"ג **ותענית ב'** ח ‹כתב הטור ז"ל דטעמא דמזכירין גבורות גשמים בתחיית המתים, משום דכשם שתחיית המתים חיים לעולם, כך גשמים חיים לעולם, עכ"ל. **וכתב** מרן ז"ל (הב"י) וז"ל: ומש"כ וטעמא וכו', שם בגמרא: מ"ט אר"י מתוך ששקולה כתחיית המתים לפיכך קבעוה בתחיית המתים, עכ"ל. **ומשמע** להדיא מדבריו דדברי הטור ז"ל מכוונים לדברי הש"ס הנ"ל. **ותימה** דלכאורה לא משמע הכי, דבש"ס יהיב טעמא דשקולה כתחיית המתים, והטור יהיב טעמא משום דדומה לה, וכך משמע מדברי הרב ב"ח ז"ל, דכתב על דברי הטור וז"ל: הכי איתיה האי לישנא ממש בירושלמי וכו', אבל בפ' אין עומדין אמרו: מ"ט אר"י וכו', משמע מדבריו דתרי מילי נינהו, ושלא כדמשמע מדברי מרן ז"ל. **ברם** כד דייקינן שפיר מצינו למימר דצדקו דברי מרן ז"ל, דדברי הטור ז"ל מכוונים לדברי הש"ס והם פירש למה שנאמר שם, ור"ל מתוך ששקולה כתחיית המתים, דהיינו שכמו שתחיית המתים היא חיים לעולם, כך גשמים חיים לעולם, הילכך היא שקולה כנגדה ודומה אליה, וק"ל. **ויש** לכוין לזה דברי הרב ב"ח, והכי דייק לישניה, שכתב הכי איתא האי לישנא וכו', אבל בפ' אין עומדין אמרו בלשון אחר, משמע דאין הפרש ביניהם אלא בלשון לא בעיקר הטעם, והכי מסתבר, דאל"כ למה ליה להטור ז"ל להניח תלמודא דידן ולהביא לשון הירושלמי, אלא ודאי חדא מלתא היא, והביא לשון הירושלמי משום דמבורר טפי, והוא כעין פי' למאי דאיתמר בש"ס דילן, כנ"ל ברור, וכן משמע בלבוש כדברי, ע"ש – מאמ"ר›

מש"ץ שפסק בתפילת מוסף, **אבל** בתפלת מוסף כל הקהל וגם הש"ץ מזכירין הגשם בתפילת לחש, כדי שלא יהיה דבר מעורב בין הצבור.

ואם טעה במעריב של פסח או בשחרית ומוסף, ולא הזכיר "משיב הרוח ומוריד הגשם", לכו"ע אין חוזר.

אות ז'

ושאלה בברכת השנים

סימן קיז ס"א - [ט]ברכת השנים, צריך לומר בה בימות הגשמים: ותן טל ומטר; [י]ומתחילין לשאול מטר בחוצה לארץ [יא]בתפלת ערבית של יום ס' אחר תקופת תשרי - כלומר בתפילת ערבית שמתחיל יום ס', **ואז** יכריז השמש לאחר הקדיש קודם התפלה "טל ומטר", בכדי שידעו לומר: ותן טל ומטר, **ואם** לא הכריז אעפ"כ יאמרו.

ובדיעבד אם לא שאל, מחזירין אותו, (ואפי' **אם עדיין לא נשלם ס' יום** מעל"ע), **ואינו** דומה לערבית של ר"ח, דשם הטעם משום דאין מקדשין החודש בלילה, כ"כ בספר ברכ"י, **ובספר** זכור לאברהם מצדד שלא לחזור בדיעבד, וכמו בהזכרה, עי"ש, **אבל** מדברי כמה אחרונים שראיתי לא משמע כן.

(ויום התקופה הוא בכלל הס', הגה"מ) - כלומר יום שנפלה בו התקופה מחשבים מכלל הס', אפי' אם התקופה נופלת בחצי יום או אח"כ, רק שיהא קצת קודם הלילה, **ולעולם** ב' ימים בין התקופה להשאלה, דאם התקופה ביום א', השאלה בתפילת ערבית השייכה ליום ד'.

[יב]ובארץ ישראל מתחילין לשאול מליל ז' במרחשון - לפי ששם צריך לגשמים, לפי שגבוה הוא מכל הארצות, משא"כ בגולה, **ואנו** בכל חו"ל בתר בני גולה דבבל אזלינן.

בן א"י בחו"ל או להיפך, אם דעתו בתוך שנה לחזור, שואל כמקומו, **ואם** דעתו אחר שנה, שואל כמקום שהוא שם, אע"פ שיש לו אשה ובנים בביתו, כ"כ הפר"ח והביאו הפמ"ג, (**אין** כוונתו לשנה דוקא, אלא לאחר ס' יום לתקופה, שאין דין שאלת גשמים תלוי בשם "בן א"י", אלא בהיותו בא"י בתקופה זו שהיא תקופת השאלה – הליכות שלמה), **ובספר** ברכי יוסף הסכים בשם כמה גדולים לדעת מהר"ז גוטה ומהר"י מולכו, דכל אחד ישאל כבני העיר הנמצא בה, ודלא כהפר"ח, עי"ש, **ולכאורה** מדברי הבה"ט משמע, דהם מיירי דוקא באין דעתו לחזור, וצריך לעיין בתשובת דבר שמואל ובס' יד אהרון, כי שם מקורם.

ושואלין עד תפלת המנחה של ערב יום טוב הראשון של פסח - כלומר ועד בכלל, **ומשם ואילך פוסקין מלשאול** - ואין חילוק בפסיקה בין א"י לחו"ל.

(**ואם** טעה במעריב ליל ראשון של פסח, והתפלל תפלת שמו"ע של חול, ונזכר לאחר שהתחיל "ברך עלינו", שהדין הוא שצריך לסיים כל אותה ברכה, אינו אומר "טל ומטר", כיון שגם הצבור אינם אומרים, **ואם** חלה השאלה ביום שבת וטעה והתפלל של חול, והתחיל "ברך עלינו", ג"כ אינו אומר "טל ומטר", כיון שהציבור עדיין לא התחילו, והיחיד נגרר תמיד אחר הצבור).

הנוסח: "ושבענו מטובך", **ובסידור** האר"י כתוב "מטובה".

אות ח' – ט'

והבדלה בחונן הדעת

המבדיל בתפלה צריך שיבדיל על הכוס

סימן רצד ס"א - [יג]אומרים הבדלה ב"חונן הדעת" - ואפילו אם נזדמן שהבדיל על הכוס מקודם, מ"מ צריך להבדיל בתפלה ג"כ, [גמ'], **ואי** עיקר מצות הבדלה היא דאורייתא או דרבנן, עיין במה שנכתוב לקמן ריש סימן רצ"ו.

וקבעוה בברכה זו, מפני שאסור לתבוע צרכיו קודם הבדלה, [מ"א בשם ירושלמי. **ויש** עוד טעם, מפני שהיא ברכת חכמה, דהיינו להכיר בין קדש לחול, קבועה בברכת חכמה]. **מנהג** פשוט לומר "אתה חונן" וכו' עד "לאנוש בינה", ואח"כ "אתה חוננתנו" וכו', "וחננו מאתך" וכו', **ואם** התחיל מ"אתה חוננתנו" ואילך, יצא, [דהלא יש בה גם מענין הברכה].

אות ח'* [יד]

גדולה דעה שנתנה בתחלת ברכה של חול

סימן קטו ס"א - [טו]מפני שמותר האדם מן הבהמה היא הבינה והשכל, קבעו ברכת "אתה חונן" ראש לאמצעיות, [טז]שאם אין בינה אין תפלה - עוד טעם על סדר הברכות כתוב בספר סדר היום, "אתה חונן": ראשונה שאלת החכמה והדעת באדם, דבלא"ה טוב ממנו הנפל, **ולכן** צריך לכוין בה כראוי, שזה עיקר השאלה שצריך האדם לשאול מאת הבורא ית', שיתן לו שכל ודעת ישר למאוס ברע ולבחור בטוב, "**השיבנו**" לאחר הדעת, כי מתוך הדעת נותן לבו על חטאו, וכונת הברכה הזאת, לבקש מאת ד' יתברך שיכניע וישפיל גיאות יצרו, "**סלח** לנו": אחר תשובה צריך שיעלה על לבו החטאים או הפשעים בעצמם, "**רפאנו**": רפואה אחר הגאולה, שכל זמן שאדם בצער אינו עומד מעל חליו, ועיקר הכונה לבקש מאת אלקינו שירפא אותנו כדי שנהיה בריאים וחזקים, לעסוק בתורה כראוי ולשמור כל המצות, **ברכת** פרנסה אחר רפואה, שכשהאדם חולה אז אינו מבקש על המזון, אבל אחר שנתרפא מבקש אחר פרנסתו, לחזור ולהבריא גופו ונפשו, וצריך לכווין שיזמין לנו ד' יתברך פרנסתינו בנחת ולא בצער, בהיתר ולא באיסור.

באר הגולה

ט ברכות ל"ג | י תענית י' | יא טור בשם הרא"ש | יב שם בגמ' | יג ברכות ל"ג ופסחים ק"ב | יד (ע"פ הגר"א) | טו במגילה דף י"ז | טז ירושלמי

עיין בא"ר שמביא דיעות, דיש אומרים שצריך לומר "חננו מאתך" וכו', ולא "וחננו", מפני שהוא התחלה בבקשה, **וי"א** שצריך לומר "וחננו".

והא דמבדילין בברכה זו, לפי שהוא חכמה, שהאדם מבדיל בין דבר לדבר, לכן קבעוהו בברכת החכמה, **ורמז** לדבר, "בינה", ר"ת: בשמים יין נר הבדלה.

כתוב בטור, מה שתקנו לומר "אבינו" בברכת "השיבנו" וב"סלח לנו", משא"כ בשאר ברכות, **היינו** טעמא, שאנו מזכירין לפניו שהאב חייב ללמד עם בנו, וב"סלח לנו" משום דכתיב: וישוב אל ד' וירחמהו, ע"כ אנו מזכירין רחמי האב על הבן.

אות י'

טעה ולא הזכיר גבורות גשמים בתחיית המתים... מחזירין אותו

סימן קיד ס"ה - [יז]"בימות הגשמים, אם לא אמר "מוריד הגשם", מחזירין אותו - אפילו אם אמר "משיב הרוח", **ואפילו** בתפילה ראשונה, והוא במוסף של יו"ט אחרון של חג, לדידן דנוהגין להכריז "משיב הרוח ומוריד הגשם" קודם מוסף.

(עיין בחידושי רע"א דמצדד לומר, דבליל שבת אם שכח לומר "משיב הרוח", דאין מחזירין, דלא גרע מאם היה מתפלל רק מעין שבע דיצא בדיעבד, אף דשם לא הוזכר גשם, וסיים דצ"ע).

[יח]**והני מילי שלא הזכיר טל, אבל אם הזכיר טל, אין מחזירין אותו** - אפי' אם אמר רק "מוריד הטל" לבד, (ודוקא לאחר שאמר כבר השם של סיום הברכה, אבל אם נזכר קודם סיום הברכה, יחזור ויזכיר גשם).

וטעמו, דאע"ג דלא נעצר, מ"מ שבח הוא להקב"ה בהזכרתו, **משא"כ** בשאלה, דצריך לשאול על דבר הנעצר, לא מהני אם לא שאל מטר, אף ששאל טל.

אות כ'

ושאלה בברכת השנים, מחזירין אותו

סימן קיז ס"ד - [יט]"אם לא שאל מטר בימות הגשמים, מחזירין אותו, אע"פ ששאל טל - עיין במ"א ובשע"ת שכתבו, דאם נזכר קודם שהתחיל "תקע בשופר", אומרו שם, **ובסי'** קי"ד בבה"ל הארכנו בזה, וביררנו דיותר טוב שיאמר בשומע תפלה, דבזה יצא לכו"ע, עתה מצאתי בספר קיצור ש"ע, שפסק ג"כ הכי, **ואם** נזכר קודם שסיים ברכת השנים, יאמר במקום שנזכר, **אך** אם נזכר אחר "כשנים הטובות", יחזור ויאמר "וברך שנתנו כשנים הטובות", כדי שיהיה מעין חתימה סמוך לחתימה, **וטוב** יותר שיתחיל "ותן טל ומטר" ויגמור כסדר.

אבל אם שאל מטר ולא טל, אין מחזירין אותו.

אות ל'

והבדלה בחונן הדעת, אין מחזירין אותו

סימן רצד ס"א - ואם טעה ולא הבדיל, משלים תפלתו ואינו חוזר, מפני שצריך להבדיל על הכוס - היינו דלכתחלה מצוה להבדיל בין בתפלה ובין בכוס, והכא בדיעבד סומך עצמו על מה שיבדיל אח"כ על הכוס, [גמ'], **ומ"מ** אסור לעת עתה במלאכה עד שיבדיל בכוס, או שיאמר עכ"פ "המבדיל בין קודש לחול", וכמ"ש סוף סימן רצ"ט.

אות מ'

קל וחומר מתפלה, ומה תפלה דעיקר תקנתא היא, אמרי: המבדיל בתפלה צריך שיבדיל על הכוס, המבדיל על הכוס, דלאו עיקר תקנתא היא, לא כל שכן

טור סימן רצד - ואם טעה ולא הבדיל בתפלה, אין צריך לחזור, מפני שצריך להבדיל על הכוס, דקי"ל המבדיל בתפלה צריך שיבדיל על הכוס; והמבדיל על הכוס צריך שיבדיל בתפלה.

אות נ'

כל המברך ברכה שאינה צריכה, עובר משום: לא תשא

סימן רו ס"ו - נטל בידו פרי לאוכלו ובירך עליו, ונפל מידו ונאבד או נמאס, צריך לחזור ולברך, אע"פ שהיה מאותו מין לפניו יותר כשבירך על הראשון. הגה: רק שלא היה דעתו עליו לאוכלו. וצ"ל: ברוך שם כבוד מלכותו לעולם ועד, על שהוציא ש"ש לבטלה. ואם אמר כשנפל: "ברוך אתה ה'", ולא אמר "אלהינו", יסיים ויאמר "למדני חוקיך", שיהא נראה כקורא פסוק, ואין כאן מוציא ש"ש לבטלה.

סימן רטו ס"ד - [כ]"כל המברך ברכה שאינה צריכה - כגון שמברך בתוך הסעודה על דברים שנפטרו כבר ע"י ברכת "המוציא", דזו הברכה שלא לצורך היא כלל, [כא][ברכות ל"ג], **ועוד** כתבו הפוסקים, דאפי' אם עכשיו לא היה הברכה לבטלה, ג"כ היא לפעמים בכלל ברכה שאינה צריכה, כגון אם שלחנו ערוך לפניו, ודעתו לילך וליטול ידיו ולאכול, ולוקח קודם הנטילה ומברך על דברים שדעתו

באר הגולה

יז שם **יח** טור בשם ירושלמי והרי"ף **יט** ברכות ל"ג תענית שם **כ** הרמב"ם שם **כא** ‹דמש"כ השו"ע כל המברך ברכה שאינה צריכה, פירושו שמברך ברכה לבטלה, {וזהו שציין השעה"צ דף ל"ג, דכן הוא מוכח שמה}, ולכן פירש המ"ב דהיינו שמברך בתוך הסעודה על דברים שנפטרו כבר ע"י ברכת המוציא, דהוי ברכה לבטלה, ובברכה לבטלה נחלקו הראשונים אם אסורה מן התורה או מדרבנן, אבל ברכה שאינה צריכה, לכו"ע הוי רק מדרבנן - דברי סופרים›

לאכלם בתוך הסעודה, גם זה אסור, דגורם ברכה שא"צ, [**וה"ה** אם יש לפניו ב' דברים שיכול לפוטרם בברכה אחת, והוא מברך על כל אחת], **וכ"ש** המפסיק בין הברכה לעשיה, דגורם שתתבטל הברכה הראשונה לגמרי, בודאי אסור.

הרי זה נושא שם שמים לשוא, והרי הוא כנשבע לשוא - אף שהוא מברך כסדר נוסח הברכה בדרך הודאה ושבח, כיון שאינה צריכה, **וכ"ש** אם הזכיר שם השם לבטלה ח"ו, **ולאו** דוקא שם של ד' אותיות, ה"ה שארי השמות ג"כ בכלל איסור הזה, **וה"ה** אם הוציא השם בלשון לעז לבטלה, דהיינו שלא בדרך שבח והודאה, ג"כ יש איסור.

הוא לשון הרמב"ם, ומקורו ממה דאיתא בגמרא: כל המברך ברכה שא"צ, עובר משום: לא תשא את שם וגו', **ומ"מ** דעת כמה ראשונים, דעיקר האיסור הוא מדרבנן, כיון שהוא מזכירו בברכה דרך שבח והודאה, וקרא אסמכתא בעלמא, **אבל** אם הוא מזכירו להשם ח"ו לבטלה בלא ברכה, לכו"ע יש בו איסור תורה, [כב]שהוא עובר על מ"ע ד"את ה' אלהיך תירא", שהיא אזהרה למוציא שם שמים לבטלה, **כי** זהו מכלל היראה, שלא להזכיר שמו הגדול כי אם בדרך שבח והודאה מה שמחויב, אבל לא לבטלה.

ומ"מ בין לדעת הרמב"ם ובין לשארי פוסקים, אם נסתפק לו על איזה ברכה אם בירך או לא, אם הוא דבר שהוא דאורייתא, חוזר ומברך, **ואם** הוא דרבנן, לא יחזור ויברך, ומשמע מכמה אחרונים, דאיסור יש בדבר לחזור ולברך, [**ונ"ל** הטעם, דמשום דאסמכו הדבר א"לא תשא", שהלאו הזה חמיר משאר לאוין, דחשיב ליה בגודל חומרה כחייבי כריתות ומיתות ב"ד, וגם גודל עונשה, לכך אפי' ספיקה חמור משאר ספיקי דרבנן, ואסור להחמיר מספק].

כתבו האחרונים, דאפילו יש ספק ספיקא להצריך ברכה, כגון ספק אכל כזית או לא, ואת"ל לא אכל, שמא הלכה דעל בריה אפילו פחות מכזית מברכין, אפ"ה ספיקו להקל ולא יברך.

ואסור לענות אחריו אמן - דלא עדיף מתינוק שמזכיר השם דרך לימודו, דלא עשה איסור בהזכרתו, ואפ"ה אין לענות אמן אחריו, דאין שם ברכה עלה, כ"ש זה דעשה איסור דהוציא ש"ש לבטלה. (ומ"מ נראה, **דאם אחד נוהג כאיזה דעה, ואותה דעה לא הודחה** לגמרי מן הפוסקים, כגון מי שמברך: **בא"י חי העולמים כדעת הירושלמי, אף** שמן הדין אין מחוייב לענות עליה אמן, דספק אמן לקולא, **מ"מ** אין איסור אם עונה עליה, **דאין בו חשש ד"לא תשא"**).

כתב הא"ר בשם ס"ח, אם תשמע שחברך מזכיר השם, אל תכנס תוך דבריו לומר: עשה לי כך וכך, שהרי עי"ז ישתוק לשמוע דבריך, ואתה גורם שיוציא שם שמים לבטלה, **אבל** אם תשמע שחברך הזכיר שם השם לקלל את חבירו, אז תפסיק דבריו, כי יחטא כשיקלל.

אות ס'

טעה בזו ובזו חוזר לראש

סימן רצ"ד ס"א - ואם טעם קודם שהבדיל על הכוס, צריך לחזור ולהבדיל בתפלה - ואע"ג דקי"ל בסימן רצ"ט ס"ה, דאם טעה ואכל קודם הבדלה, יכול להבדיל אח"כ, **מ"מ** כאן דטעה גם בתפלה, קנסינן ליה וצריך לחזור ולהתפלל ולהבדיל בתפלה.

(**אפשר** דדוקא אם לא הבדיל עדיין על הכוס, ובא לפנינו לשאול, אז הדין דיחזור ויבדיל בתפלה ואח"כ על הכוס, **אבל אם** עבר והבדיל על הכוס אחר שטעם, שוב אין צריך לחזור ולהבדיל בתפלה, כיון שמ"מ כבר יצא מצות הבדלה – פמ"ג, ובדה"ח סתם דאין חילוק בזה).

(**עיין** בא"ר ובחי' רע"א שהביאו בשם הרשב"א, דה"ה אם עשה מלאכה אז קודם הבדלה, והיינו בשלא אמר "המבדיל" מתחלה, דצריך לחזור ולהבדיל בתפלה, **ובספר** קובץ על הרמב"ם מפקפק בדין זה של הרשב"א למעשה, והביאו בפתחי תשובה, ע"ש, **והיינו** מפני שהרמב"ם לא הביא דין זה של הטוש"ע כלל, ומשמע דלא מפרש כן את מה שאמר הגמרא ד"טעה בזו ובזו" כמו שמפרשי הרשב"א והרא"ש ותר"י, וכן מפי' רש"י [כג]משמע דלא מפרש כן, וכן בספר אור זרוע פירש בו פירוש אחר, ע"ש, דהיינו שטעה בהבדלה גופא, **וע"כ** לענין מלאכה עכ"פ אין להחמיר בדיעבד לחזור ולהתפלל, מאחר שלא הוזכר בהדיא בתר"י והרא"ש, ויש לסמוך בזה על הרמב"ם).

(ה"ה ביו"ט שחל במו"ש, אם לא אמר "ותודיענו", אינו חוזר, מפני שמזכיר אח"כ הבדלה על הכוס של קידוש, **ואם** טעם אז אחר התפלה קודם שאמר הקידוש של יקנה"ז, ג"כ צריך לחזור לראש התפלה כמו במו"ש, **דכי משום שאכל גם קודם קידוש איתגורי איתגור**).

אם שכח להתפלל, מתפלל שחרית שתים, ואינו מזכיר "אתה חוננתנו" לא בראשונה ולא בשניה, **בד"א** כשכבר הבדיל מאתמול על הכוס, (שכבר יצא בעצם המצוה, אין כדאי להזכיר עתה בתפלה, דאולי לא נתקן השלמה לדבר שיכול לצאת בו מצד אחר), **אבל** אם לא הבדיל כלל, דיש עליו עדיין חיוב מצות הבדלה, יזכיר "אתה חוננתנו" בשחרית בתפלה שניה שהיא להשלמה, (דבתפלה ראשונה אין להזכיר כלל), ואח"כ צריך להבדיל ג"כ על הכוס, כדלקמן סי' רצ"ט ס"ו, (**והטעם** בזה, דהנה המעיין בהרדב"ז יראה, דהוא סובר דבכל גווני אינו צריך להזכיר "אתה חוננתנו" בשחרית, **והמ"א** סובר, דבכל גווני צריך להזכיר, והיינו בתפלה שניה שהיא להשלמה, וכמו שפירשו התו"ש והפמ"ג, **וע"כ** נלענ"ד להכריע כמש"כ).

באר הגולה

כב ‹דאף להרמב"ם, שם לבטלה אינו אלא איסור עשה, וברכה שאינה צריכה חמירא ממנו, איפכא משאר ראשונים – דברי סופרים› **כג** ‹כי לפי הפירוש הנ"ל, 'חוזר לראש' היינו רק לראש התפילה, אך לגבי ההבדלה על הכוס לא שייך לומר ש'חוזר', כיון שעדיין לא הבדיל על הכוס כלל, ואילו רש"י פי' ש'חוזר לראש' היינו לתפילה ולכוס, ומשמע שהוא סובר שהטעות בכוס היתה בהבדלה על הכוס עצמה, ולכן אמר שאם טעה גם בזה, חוזר לראש התפילה וגם מבדיל – מ"ב המבואר›

אמר ליה רבינא לרבא הלכתא מאי אמר ליה כי קידוש מה קידוש אף על גב דמקדש בצלותא מקדש אכסא אף הבדלה נמי אע״ג דמבדיל בצלותא מבדיל אכסא: ר׳ אליעזר אומר בהודאה: ר׳ זירא הוה רכיב חמרא הוה קא שקיל ואזיל ר׳ חייא בר אבין בתריה אמר ליה ודאי דאמריתו משמיה דר׳ יוחנן הלכה כר׳ אליעזר ביום טוב שחל להיות אחר השבת אמר ליה [א] אין *הלכה מכלל דפליגי ולא פליגי והא פליגי רבנן אימר דפליגי רבנן בשאר ימות השנה ביום טוב שחל להיות אחר השבת מי פליגי והא פליג ר׳ עקיבא *אטו כל השנה כולה מי עבדינן כר׳ עקיבא דהשתא ניקו ונעביד כוותיה כל השנה כולה מאי טעמא לא עבדינן כרבי עקיבא דתמני סרי תקון תשסרי לא תקון הכא נמי שב תקון תמני לא תקון אמר ליה לאו הלכה אתמר °אלא מטין אתמר [ב] *דאתמר ר׳ יצחק בר אבדימי אמר משום רבינו הלכה ואמרי לה מטין ר׳ יוחנן אמר מודים ור׳ חייא בר אבא אמר נראין אמר ר׳ זירא נקוט דרבי חייא בר אבא בידך *דדייק וגמר שמעתא מפומא דמרה שפיר כרחבא דפומבדיתא דאמר רחבא *אמר ר׳ יהודה *הר הבית סטיו כפול היה והיה סטיו לפנים מסטיו אמר רב יוסף אנא לא האי ידענא ולא האי ידענא אלא מדרב ושמואל ידענא דתקינו לן מרגניתא בבבל ׳ותודיענו ה׳ אלהינו את משפטי צדקך ותלמדנו לעשות חקי רצונך ותנחילנו זמני ששון וחגי נדבה [ד] ותורישנו קדושת שבת וכבוד מועד וחגיגת הרגל בין קדושת שבת לקדושת יום טוב הבדלת ואת יום השביעי מששת ימי המעשה קדשת הבדלת וקדשת את עמך ישראל בקדושתך ותתן לנו וכו׳: **מתני׳** * °האומר * ׳על קן צפור יגיעו רחמיך ועל טוב יזכר שמך ׳מודים מודים משתקין אותו: **גמ׳** בשלמא מודים מודים משתקין אותו משום דמיחזי כשתי רשויות ועל טוב יזכר שמך נמי משמע על הטובה ולא על הרעה *ותנן ׳חייב אדם לברך על הרעה כשם שמברך על הטובה אלא על קן צפור יגיעו רחמיך מ״ט פליגי בה תרי אמוראי במערבא רבי יוסי בר אבין ורבי יוסי בר זבידא חד אמר מפני שמטיל קנאה במעשה בראשית וחד אמר מפני שעושה מדותיו של הקדוש ברוך הוא רחמים ואינן אלא גזרות ההוא דנחית קמיה דרבה ואמר אתה חסת על קן צפור אתה חוס ורחם עלינו אמר רבה כמה ידע האי צורבא מרבנן לרצויי למריה א״ל אביי והא משתקין אותו תנן *ורבה נמי לחדודי לאביי הוא דבעי ההוא דנחית קמיה דר׳ חנינא ׳אמר האל הגדול הגבור והנורא והאדיר והעזוז והיראוי החזק והאמיץ והודאי והנכבד המתין לו עד דסיים כי סיים א״ל סיימתינהו לכולהו שבחי דמרך למה לי כולי האי אנן הני תלת דאמרינן אי לאו דאמרינהו משה רבינו באורייתא ואתו אנשי כנסת הגדולה ותקנינהו בתפלה לא הוינן יכולין למימר להו ואת אמרת כולי האי ואזלת משל למלך בשר ודם שהיו לו אלף אלפים דינרי זהב והיו מקלסין אותו בשל כסף הלא גנאי הוא לו: ואמר *רבי חנינא * ׳הכל בידי שמים חוץ מיראת שמים שנאמר ׳ועתה ישראל מה ה׳ אלהיך שואל מעמך כי אם ליראה אטו יראת שמים מילתא זוטרתא היא והא״ר חנינא משום ר׳ שמעון בן יוחי אין לו להקב״ה בבית גנזיו אלא אוצר של יראת שמים שנאמר °יראת ה׳ היא אוצרו אין לגבי משה מילתא זוטרתא היא דאמר ר׳ חנינא משל לאדם שמבקשים ממנו כלי גדול ויש לו דומה עליו ככלי קטן קטן ואין לו חומה עליו ככלי גדול: מודים מודים משתקין אותו: אמר ר׳ *זירא ׳כל האומר שמע שמע כאומר מודים מודים דמי מיתיבי הקורא את שמע וכופלה הרי זה מגונה מגונה הוא דהוי שתוקי לא משתקינן ליה לא קשיא הא דאמר מילתא מילתא ותני לה והא דאמר פסוקא פסוקא ותני ליה אמר ליה רב פפא לאביי ודילמא מעיקרא לא כוון דעתיה ולבסוף כוון דעתיה אמר ליה

חברותא

הלכתא מאי. המבדיל בתפלה צריך שיבדיל על הכוס או לא: **ביום טוב שחל להיות אחר השבת.** שאין מתפללין אתה חונן: ה״ג הלכה מכלל דפליגי ולא פליגי והא פליגי רבנן אומר דפליגי רבנן בשאר ימות השנה ביו״ט שחל להיות אחר השבת מי פליגי והא פליג ר״ע אטו כל השנה מי עבדינן כר״ע דהשתא נעביד וכו׳. והכי *פריך א״ל רבי זירא [ג] הלכה מכלל דפליגי בתמיה ופריך הגמרא ולא פליגי והא פליגי רבנן וכו׳: **והא פליג ר׳ עקיבא.** לומרה ברכה רביעית לעצמה ואצטרי׳ למימר הלכה כר״א לאפוקי מדר״ע: **אטו כל השנה כולה מי עבדינן כר״ע דהשתא נעביד כוותיה.** דאצטריך למימר הלכה כר״א: **הלכה.** מ״ד הלכה דרשינן לה בפרקין ומ״ד מטין מדרש לא דרשינן ברבים אבל אורויי מורינן ליחיד לעשות כר״א בי״ט שחל להיות בא׳ בשבת ומ״ד נראין אורויי נמי לא מורינן ואי עביד לא מהדרינן עובדא: **מודים.** חכמים לר״א בי״ט שחל להיות אחר השבת: **נקוט דר׳ חייא בר אבא בידך.** שהוא מדקדק בלשון רבו וקובע בו סימנים שלא יתחלף לו נראין במטין או במודים: **כרחבא.** שהיה מדקדק בלשון רבו ואומר סטיו כפול היה ואע״פ שבלשון משנה קרוהו אצטבא בפסחים ובסוכה על גב האצטבא הוא דקדק בלשון רבו ולא אמר אצטבא כפולה היתה יש פותרין הא דרחבא מדאמר ר׳ יהודה דדייק ספיקי דרבוותיה אי מדרבי יהודה אי מדרב יהודה וקשיא לי בגוה טובא חדא דרחבא לא ראה רבי יהודה מימיו לא רבי יהודה ברבי אלעאי ולא ר׳ יהודה *נשיאה ועוד כולהו אמוראי נמי°כסיא דייקו לומר דבר בשם אומרו ועוד ליכא למימר מהא דדייק לישנא דשמעתא אלא ספיקי דרבוותא: **סטיו כפול.** אצטבאות זו לפנים מזו בהיקף עגול לישב שם: **לא האי ידענא כו׳.** לא נראין ולא מודים ולא מטים: **ותודיענו.** לומר במקום ותתן לנו ולכשיגיע בין קדושת שבת לקדושת י״ט וכו׳ הבדלת וקדשת את עמך ישראל בקדושתך יאמר ותתן לנו ה׳ אלהינו מועדים לשמחה וכו׳ ומסיים מקדש ישראל והזמנים: **מתני׳ האומר.** בתפלתו: **על קן צפור יגיעו רחמיך.** אגדים שהיו מראים עצמם כמתכוונים להעמיק בלשון תחנונים ואומרים רחום וחנון אתה ועל קן צפור יגיעו רחמיך שאמרת לשלח את האם או שאומר על טוב שאתה עושה לנו יזכר שמך או שאומר מודים מודים משתקין אותו: **גמ׳ שמטיל קנאה.** לומר על אלה חס ולא על שאר בריותיו: **מדותיו.** מצותיו והוא לא לרחמים עשה אלא להטיל על ישראל חקי גזרותיו להודיע שהם עבדיו ושומרי מצותיו וגזרות חקותיו אף בדברים שיש לשטן ולעכו״ם להשיב עליהם ולומר מה צורך במצוה זו: **ורבה נמי לחדודי לאביי הוא דבעי.** שישיב לו מה שהשיב: **אי לאו דאמרינהו משה.** האל הגדול הגבור והנורא אשר לא ישא פנים ולא יקח שוחד (דברים י): **ותקנינהו בתפלה.** כשהתפלל עזרא על מעל הגולה בספר עזרא (נחמיה ט): **הכל בידי שמים.** כל הבא על האדם ביד הקב״ה הוא כגון ארוך קצר עני עשיר חכם שוטה לבן שחור הכל בידי שמים הוא אבל צדיק ורשע אינו בא על ידי שמים את זו מסר בידו של אדם ונתן לפניו שני דרכים והוא יבחר לו יראת שמים: **מילתא מילתא ותני לה.** כל תיבה ותיבה חוזר ושונה מגונה הוי שתוקי לא משתקינן ליה שאין זה דומה למקבל עליו שתי מלכיות אלא למתלוצץ אמר פסוק שלם ותני ליה משתקינן ליה דמחזי כשתי רשויות:

חברותא

עין משפט נר מצוה

כב א מיי׳ פ״ב מהל׳ בית הבחירה הל׳ א:

מג ב מיי׳ פ״ב מהל׳ תפלה הלכה יב סמג עשין יט טוש״ע או״ח סי׳ תצא סעיף ב:

[נ״ל פירושא]

מד ג מיי׳ פ״ט מהל׳ תפלה הל׳ ז סמג שם:

מה ד מיי׳ שם הלכה ד סמג שם טוש״ע או״ח סימן קכח סעיף ב:

מו ה מיי׳ פ״י מהלכות ברכות הלכה ג סמג עשין כז טוש״ע או״ח סימן רכב סעיף ג:

מז ו מיי׳ פ״ט מהל׳ תפלה הל׳ ז טוש״ע או״ח סימן קיג סעיף ט:

מח ז מיי׳ פ״ה מהל׳ תשובה הל׳ א:

מט ח מיי׳ פ״ב מהל׳ ק״ש הלכה יא סמג עשין יח טוש״ע או״ח סי׳ סא סעיף ט:

רב נסים גאון

אמר ר׳ זירא נקוט דר׳ חייא בר אבא בידך דגמר שמעתתא מפומיה דרביה. איתא בפרק כיצד מברכין על הפירות (דף לח) מה ענין בנימין בר יפת אצל ר׳ חייא בר אבא ר׳ חייא בר אבא דייק שמעתא מפומיה דרביה ר׳ חייא בר אבא כל ל׳ יומין הוה מהדר לתלמודיה קמיה דר׳ יוחנן רביה ואית דכוותה בפ׳ כיסוי הדם (דף פו) דשחיטת חולין ובפ׳ המביא אשם תלוי דכריתות (דף כו): מודים מודים משתקין אותו. בתלמוד ארץ ישראל נתנו הפרש בזה הדבר ואמרו הדה דאיתמר בצבור אבל ביחיד תחנונים הם יבגמ׳ דמגילה (ירושלמי פרק ד הלכה י) אמרו הכוותה אמן אמן שמע שמע:

[כרב אלפס וברא״ש סדר המשנה דהכא כוה״ל האומר יברכוך טובים הרי זה דרך המינות האומר על קן צפור וכו׳ וע״ש פירש״י ורבינו יונה וכן כמה ספרי הרא״ש ודע שבסדר הזה נשנית ג״כ במשנה דמגילה כה. מכוון ממש]

הגהות הגר״א

[א] גמ׳ (א״ל אין) תא״מ:
[ב] נ״ל איתמר:
[ג] רש״י ד״ה ה״ג כו׳ (א״ל ר׳ זירא) תא״מ:
[ד] גמ׳ (ותנחילנו זמני ששון ותגי נדבה) תא״מ וכ״ב ברמב״ם ל״ג לה:

מסורת הש״ס

[שבת קו: וש״נ נסמן]

[לעיל כט.]

עירובין מו:

[לקמן לח: פסחים נב:]

פסחים יג:נב: סוכה מה.

מגילה כה:

לקמן דף נד [וש״נ]

[עירובין יג. מגילה שם מ״ו נט: זבחים יג. חולין מג: נדה ד: מה.]

[ע׳ תוס׳ מגילה ותוס׳ נדה]

ישעיה לג

מגילה שם [סוכה נג:]

גליון הש״ס

גמ׳ אלא מטין אתמר. עיין תשובת דבר שמואל (סימן קיד): בבמתני׳ האומר על קן צפור. ע׳ זוה״ק פ׳ אמור על פסוק אדם וכבהמה תושיע ה׳. ובמדרש רבה פרשת כי תצא (פ״ו):

§ מסכת ברכות דף לג: §

אות א'

<u>הר הבית סטיו כפול היה, והיה סטיו לפנים מסטיו</u>

רמב"ם פ"ה מהל' בית הבחירה ה"א - הר הבית, והוא הר המוריה, היה חמש מאות אמה על חמש מאות אמה, והיה מוקף חומה, וכיפין על גבי כיפין היו בנויות מתחתיו, מפני אהל הטומאה, [א]וכולו היה מקורה סטיו לפנים מסטיו.

אות ב'

<u>ותודיענו ה' אלהינו את משפטי צדקך וכו'</u>

סימן תצא ס"ב - [ב]יו"ט שחל להיות במו"ש, אומר ב"אתה בחרתנו": "ותודיענו" - והוא דוגמת "אתה חוננתנו" שמזכירין במו"ש בברכת אתה חונן, **וע"כ** דינו ג"כ כ"אתה חוננתנו", שאם טעה ולא אמרו, אין מחזירין אותו, שיכול לומר אח"כ קידוש על הכוס, ושם נזכר הבדלה ג"כ.

אות ג'

<u>על קן צפור יגיעו רחמיך</u>

רמב"ם פ"ט מהל' תפילה ה"ז - מי שאמר בתחנונים: מי שריחם על קן ציפור שלא ליקח האם על הבנים, או שלא לשחוט אותו ואת בנו ביום אחד, ירחם עלינו, וכיוצא בענין זה, משתקין אותו, מפני שמצות אלו גזרת הכתוב הן ואינן רחמים, שאילו היו מפני רחמים, לא היה מתיר לנו שחיטה כל עיקר.

אות ד'

<u>מודים מודים משתקין אותו</u>

סימן קכא ס"ב - [ג]האומר: מודים מודים, משתקים אותו - אף אם לא השתחוה ב' פעמים, ובין לכפול המלות, ובין לכפול ענין וענין, הכל אסור, דמיחזי כשתי רשויות.

(**מסתפקנא**, אם אמר רק תיבת "מודים מודים" לבד, והשאר אמר כהלכתו, אם גם בזה משתקין אותו, דאולי הגמרא מיירי דכפל גם התיבות שאחר זה, אבל בזה לבד לא מיחזי כשתי רשויות, אחרי שאח"כ אמר: שאתה הוא ד' אלקינו, **ואפשר** אפילו את"ל דלענין "שמע" מקילינן בתיבת "שמע שמע" בלחוד, דעי"ז לא מיחזי כשתי רשויות, אפשר בתיבת "מודים מודים" חמור טפי, וצ"ע).

אות ה'

<u>חייב אדם לברך על הרעה כשם שמברך על הטובה</u>

סימן רכב ס"ג - [ד]חייב אדם לברך על הרעה בדעת שלמה ובנפש חפצה, כדרך שמברך בשמחה על הטובה; [ה]כי הרעה לעובדי השם היא שמחתם וטובתם, כיון שמקבל מאהבה מה שגזר עליו השם, נמצא שבקבלת רעה זו הוא עובד את השם, שהיא שמחה לו - כי באמת כל היסורין בין בגוף ובין בממון הוא הכל כפרה על העונות, כדי שלא יצטרך להתיסר לעתיד לבא, ששם העונש הוא הרבה יותר גדול, **וכדאיתא** במדרש: יצחק תבע יסורין, {היינו שהוא הכיר גודל מדת הדין שלעתיד, וכעין זה אמר ג"כ דוד המלך ע"ה: סמר מפחדך בשרי וממשפטיך יראתי, ותבע בעצמו יסורין, כדי שינקה מכל וכל ולא יצטרך לפחוד עוד}, אמר לו הקב"ה: חייך דבר טוב אתה מבקש, וממך אני מתחיל, שנאמר: ויהי כי זקן יצחק ותכהין עיניו מראות.

אות ו'

<u>אמר: האל הגדול הגבור והנורא והאדיר והעזוז והיראוי וכו'</u>

סימן קיג ס"ט - [ו]אין להוסיף על תאריו של הקב"ה, יותר מ"האל הגדול הגבור והנורא"; ודוקא [ז]בתפלה, מפני שאין לשנות ממטבע שטבעו חכמים, [ח]אבל בתחנונים או בקשות ושבחים שאדם אומר מעצמו, לית לן בה; [ט]ומכל מקום נכון למי שירצה להאריך בשבחי המקום, שיאמר אותו בפסוקים.

אות ז'

<u>הכל בידי שמים חוץ מיראת שמים</u>

רמב"ם פ"ה מהל' תשובה ה"א - רשות לכל אדם נתונה, אם רצה להטות עצמו לדרך טובה ולהיות צדיק, הרשות בידו, ואם רצה להטות עצמו לדרך רעה ולהיות רשע, הרשות בידו; הוא שכתוב בתורה: הן האדם היה כאחד ממנו לדעת טוב ורע, כלומר הן מין זה של אדם היה יחיד בעולם, ואין מין שני דומה לו בזה הענין, שיהא הוא מעצמו בדעתו ובמחשבתו יודע הטוב והרע, ועושה כל מה שהוא חפץ, ואין מי שיעכב בידו מלעשות הטוב או הרע, וכיון שכן הוא, פן ישלח ידו.

באר הגולה

[א] ‹וסטיו היינו איצטבאות לישב עליהם, והיו אצטבאות כפולות כדפירש"י שם, ומה עניין זה לקירוי. **ונראה** דהרמב"ם אינו מפרש כרש"י, אלא כמו שראיתי במוסף הערוך, דסטיו בלשון יווני הוא מקום מקורה בלי דפנות, ועשוי לטייל שם כדי שיהא הרוח נושב. **ועוד** דאפילו לפירש"י בע"כ שהיה גג על האיצטבא, שהרי במשנה דפסחים (יא, ב) דשתי חלות של תודה פסולות היו מונחות בע"פ בהר הבית על גב האיצטבא, ואומר בגמ' שם תני על גג האיצטבא, ועל זה מייתי הא דסטיו לפנים מסטיו, הרי היה גג להאיצטבא, ובע"כ שהיה מקורה - ערוה"ש› [ב] ברכות ל"ג [ג] שם ל"ג [ד] שם נ"ד ע"א [ה] טור [ו] ברכות ל"ג [ז] טור בשם ר"י [ח] ‹שהרי ספר תהלים מלא שבחות - גר"א› [ט] רבי יונה

אות ח'

כל האומר שמע שמע כאומר מודים מודים דמי

סימן סא ס"ט - [י]אסור לומר "שמע" ב' פעמים - משום דנראה כאלו מקבל עליו שתי רשויות ח"ו, **[יא]בין שכופל התיבות שאומר: שמע שמע, בין שכופל הפסוק ראשון.**

ובדיעבד בכפילת הפסוק יצא, (דלא מיבעי לפיר"ח ‹הובא בתוס' ד"ה אמר פסוקא›, דכפילת הפסוק רק מגונה הוי, בודאי לא מיעקר עי"ז הקריאה ראשונה, **אלא אפילו** לפירש"י דמשתקין אותו, ג"כ מסתברא דיצא, דהלא על אמירה ראשונה לא היה איסור, ואמירה שניה לא הוי הפסק בק"ש, דהרי לא שהה בזה כדי לגמור את כולה, ודומה זה למה דמקשה הגמרא שם, ודילמא מעיקרא לא כיון דעתיה וכו', והרי שם ג"כ אח"כ [יב]אמר עוד פסוק ולא כיון, אפ"ה לא מיקרי בזה הפסק, ויוצא במה שאמר פעם ב', וה"ה הכא דיצא במה שאמר בפעם א').

ובכפילת התיבות צ"ע, (כי לפי' רש"י דפירש בגמ', דלהכי לא הוי בזה רק מגונה ואין משתקין אותו, משום דקריאתו לא נחשב רק כמתלוצץ, אפשר דלפי"ז דלא יצא, **אבל** לפיר"ח דפירש דבזה משתקין אותו, משמע דלית ליה האי סברא דרש"י, נראה דיצא בזה, **וראיה** ממה דמקשי שם הגמ' ודילמא מעיקרא לא כיון דעתיה ולסוף כיון דעתיה, ולפיר"ח קאי הקושיא על כפלות התיבה, דבזה משתקין אותו, אלמא לא חשיב הפסק מה דמפסיק בין תיבה לחבירתה בתיבה שלא כדין, וה"ה בעניננו).

ואם לא כיון מעיקרא, יחזור ויקרא בלחש, **ואם** ליכא שומעין, אפילו בקול רם מותר, **אבל** אם כיון מעיקרא, אפילו בלחש אסור.

ובסליחות מותר לומר "שמע" בכל פעם שאומר "ויעבור", דכיון שמפסיק הרבה בינתים, לא מיחזי כשתי רשויות, **ועיין** בט"ז שכתב ג"כ, דאם ממתין איזה זמן בין הקריאה ראשונה לשנייה, שרי, דאין משתקין אותו אא"כ קורא ב' פעמים רצופים, ואפילו מגונה נמי לא הוי.

איתא בב"י, דמפסוק ראשון והלאה אין חשש ‹לכפול›, **ומלשון** הרי"ף לכאורה לא משמע כן, ועיין במגן גבורים, שגם המאירי מחמיר בזה, **אך** על מטתו בודאי אין להחמיר בזה.

[יג]סימן סא ס"י - [יד]כשקורא ק"ש על מטתו, מותר לקרות כל הפרשה ולחזור ולקרותה - משמע דוקא על מטתו, כדי להשתקע בשינה מתוך ק"ש משום שמירה, **אבל** במקום אחר אסור לקרות אפי' פרשה כולה ב' פעמים - גר"א, **ונ"ל** דכ"ז דוקא אם קורא פ' "שמע" לבדה, אבל אם קורא ג"כ שאר הפרשיות, אין חשש בדבר. **ועל** מטתו ג"כ אין מותר אא"כ קורא הפרשה, ולא פסוק ראשון בלבד - גר"א.

[טו]ויש מי שאומר שגם בזה יש ליזהר מלומר פסוק ראשון (הגה: ב' פעמים) - ‹ולכן יתחיל בפעם השני מן "ואהבת" - ערוה"ש›.

אות ח*[טז]

תוס' ד"ה אמר פסוקא: ואותן בני אדם שאומרים ב' או ג' כו'

אך מה שאומרים ה' הוא האלהים ז' פעמים ביוה"כ

סימן סא סי"א - [יז]האומרים באשמורת בסליחות, וביו"כ בתפלת נעילה, ב' פעמים פסוק "שמע ישראל", יש ללמדם שלא יאמרו - [יח]והב"ח כתב דאין לבטל המנהג במקום שנהגו כן, וכ"כ א"ר, **אבל** הלבוש והל"ח והמ"א אוסרין, ומדברי הגר"א משמע ג"כ שאוסר.

סימן סא סי"ב - [יט]"ה' הוא האלהים" שאומרים אותו ביום כפור בתפלת נעילה ז' פעמים, מנהג כשר הוא - שמשבחין לבורא יתברך שדר למעלה משבעה רקיעים, גם מצינו בקרא ב' פעמים "ד' הוא האלקים" גבי אליהו.

ומה שאומרים ג' פעמים "בשכמל"ו" ביוה"כ, ג"כ מותר, דלא חשיב לשתי רשויות אלא בפסוק "שמע", שהוא עיקר קבלת עומ"ש, וכיון שקבל עליו עומ"ש פעם אחת, אין חשש באמירת "בשכמל"ו" יותר מפעם אחד, דהא קאי על פסוק "שמע ישראל", וליכא מאן דאתי למיטעי.

הגה: י"א שיש ליזהר שלא לענות על שום ברכה ב' פעמים אמן (ב"י בשם אוהל מועד) - דגם זה מחזי כשתי רשויות, **ועיין** במ"א שמיקל בדבר, אבל האחרונים הסכימו לאסור, **ואם** הוא אומר "אמן ואמן" שרי, כדכתיב: ברוך ד' לעולם אמן ואמן.

ועיין בפמ"ג שכתב דבר חדש בזה, והוא דיש תרי גווני אמן, אחד, שאני מאמין ומחזק שכן הוא האמת, **והשני**, שהוא פי' של בקשה, ר"ל שיאמנו הדברים וימלא משאלותינו, **וא"כ** בברכה שיש בה שני ענינים, על דרך משל: רפאנו ד' ונרפא, רופא חולי וכו', שפיר י"ל ב' פעמים אמן.

ואם נזדמן לו לענות על ב' דברים, אפשר דאמן אחד יעלה לכאן ולכאן, **ואם** יאמר "אמן ואמן" עדיף טפי.

---

§ מסכת ברכות דף לד. §

אות א'

העובר לפני התיבה וטעה, יעבור אחר תחתיו

סימן קכו ס"ב - [א]ש"צ שטעה ואינו יודע לחזור למקומו - ר"ל שהוא נבהל, ואינו יודע לחזור אף לאחר שמזכירין אותו וכנ"ל ‹ששהא בינתים הרבה›, **יעמוד אחר תחתיו, (כדרך שנתבאר לעיל סי' נ"ג)** - ר"ל דמבואר שם בסי"ז דלא יהיה סרבן באותה שעה.

באר הגולה

[י] **בבלי ל"ג** [יא] ‹שרש"י פי' בכפילת הפסוקים משתקין אותו, אבל תוס' ורי"ף וכל הפוסקים כתבו להיפך, ומ"מ אסור בשניהם לד"ה - גר"א› [יב] ‹כלומר בשלמא אם דברי הגמרא היו עוסקים רק מענין כפילת הפסוק הראשון שבק"ש, לא היה ראיה משם שכפילות הפסוק אינה הפסק, שהרי היינו יכולים לומר דל מהכא הקריאה הראשונה, וקריאתו מתחלת רק בפעם השנית, אכן מכיון שנתברר שדברי הגמ' עוסקים גם בשכפל כמה פסוקים, שוב מוכרח להדיא שאין הקריאה מחוסרת הכוונה נחשבת להפסק - מ"ב המבואר› [יג] ‹מילואים› [יד] **הגה' מיימוני ומהרי"א בשם בה"ג** [טו] **שם** [טז] ‹ע"פ הבאר הגולה› [יז] **תוס' שם ל"ד והרא"ש** [יח] ‹דדוקא כשיחיד אומר אותו בפני הצבור אסור, אבל כשכל הצבור אומרים כן לעורר הכוונה, שרי - א"ר› [יט] **שם** [א] **שם ל"ד**

אין עומדין פרק חמישי ברכות לד

*חברותא כלפי שמיא מי איכא אי לא כוון דעתיה מעיקרא מחינן ליה במרזפתא דנפחא עד דמכוין דעתיה: **מתני'** (*האומר יברכוך טובים הרי זה דרכי מינות) *העובר לפני התיבה וטעה יעבור אחר תחתיו ולא יהא סרבן באותה שעה מהיכן הוא מתחיל מתחלת הברכה שטעה *זה העובר לפני התיבה לא יענה אמן אחר הכהנים מפני הטרוף ואם אין שם כהן אלא הוא לא ישא את כפיו *ואם הבטחתו שהוא נושא את כפיו וחוזר לתפלתו רשאי: **גמ'** ת"ר העובר לפני התיבה צריך לסרב ואם אינו מסרב דומה לתבשיל שאין בו מלח ואם מסרב יותר מדאי דומה לתבשיל שהקדיחתו מלח כיצד הוא עושה פעם ראשונה יסרב שניה *מהבהב שלישית פושט את רגליו ויורד *ת"ר שלשה רובן קשה ומיעוטן יפה ואלו הן שאור ומלח וסרבנות אמר רב הונא טעה בשלש ראשונות חוזר לראש באמצעיות חוזר לאתה חונן באחרונות חוזר לעבודה ורב אסי אמר אמצעיות אין להן סדר מתיב רב ששת מהיכן הוא חוזר מתחלת הברכה שטעה זה *תיובתא דרב הונא אמר לך רב הונא אמצעיות כלהו חדא ברכתא נינהו אמר רב יהודה לעולם אל ישאל אדם צרכיו לא בשלש ראשונות ולא בשלש אחרונות אלא באמצעיות דא"ר חנינא ראשונות דומה לעבד שמסדר שבח לפני רבו אמצעיות דומה לעבד שמבקש פרס מרבו אחרונות דומה לעבד שקבל פרס מרבו ונפטר והולך לו *ת"ר מעשה בתלמיד אחד *שירד לפני התיבה בפני רבי אליעזר והיה מאריך יותר מדאי א"ל תלמידיו רבינו כמה ארכן הוא זה אמר להם כלום מאריך יותר ממשה רבינו דכתיב ביה (דברים ט) את ארבעים היום ואת ארבעים הלילה וגו' שוב מעשה בתלמיד א' שירד לפני התיבה בפני ר"א והיה מקצר יותר מדאי א"ל תלמידיו כמה קצרן הוא זה א"ל כלום מקצר יותר ממשה רבינו דכתיב (במדבר יב) אל נא רפא נא לה א"ר יעקב אמר רב חסדא כל המבקש רחמים על חבירו אין צריך להזכיר שמו שנאמר אל נא רפא נא לה ולא קמדכר שמה דמרים: ת"ר *אלו ברכות שאדם שוחה בהן באבות תחלה וסוף בהודאה תחלה וסוף ואם בא לשוח בסוף כל ברכה וברכה ובתחלת כל ברכה וברכה מלמדין אותו שלא ישחה *אריב"ל משום בר קפרא הדיוט כמו שאמרנו כהן

רש"י

חברותא כלפי שמיא. מנהג שנוהג אדם בחברו ינהג אלל המקום ולא יזהר בתפלתו: **מחינן ליה**. כלומר מלמדין אותו שיטין ומכין אותו אם ירגיל בכך: **מרזפתא**. קורנס ותגם את המקבת בידה מתרגמינן מרזפתא (שופטים ד): **מתני' ולא יהא סרבן באותה שעה**. לפי שהאר יורדין לפני התיבה כשאומרים תורה אור לו לך רד צריך לסרב פעם אחת כלומר איני כדאי לכך כדאמרי' לקמן בשמעתין אבל זה לא יסרב מפני שנגאי הוא שתהא התפלה מופסקת כל כך: **מתחלת הברכה שטעה זה**. אם דלג א' מן הברכות ואמר אחרת ואינו יודע לשוב ולאחוז סדרו יתחיל העובר תחתיו אותה ברכה שדלג זה ואומר משם ולהלן: **לא יענה אמן אחר הכהנים**. הש"ל בסוף כל ברכה וברכה: **מפני הטרוף**. שלא תטרף דעתו ויטעה לפי שש"ל הוא צריך להתחיל ברכה שניה ולומר לפני הכהנים כל תיבה ותיבה כדאמרינן במס' סוטה (דף לט:) ובעניתו אמן לא יוכל לכוין מהר ולהתחיל בברכה שלאחריו: **אם אין שם כהן אלא הוא**. החזן: **לא ישא את כפיו**. שמא לא יוכל לחזור לתפלתו לדעת לכוין להתחיל בשים שלום שדעתו מטורפת מאימת הצבור: **ואם הבטחתו**. כלומר אם בטוח הוא שאין דעתו מטורפת מאימת הצבור: **גמ' יסרב**. כשאומרים לו לך יעשה עצמו כלא רולה כלומר איני כדאי: **שהקדיחתו**. לשון שרפה כמו כי אש קדחה באפי (דברים לב): **מהבהב**. כלומר מזמין עצמו כמו נגער לעמוד: **אין להן סדר**. ואם דלג ברכה אחת ואח"כ נזכר בה אומרה אף שלא במקומה: °**מתחלת הברכה שטעה זה**. ומדקאמר משמע דגומר ממנה והלאה אלמא על סדרה צריך לחזור ולאומרה: **חדא ברכתא נינהו**. ודקתני מתני' מתחלת הברכה שטעה זה היינו אתה חונן: **ונפטר**. נוטל רשות: **א"צ להזכיר שמו**. של חולה: **תחלה וסוף**. במודים ולך נאה להודות:

תוספות

*אמר מודים מודים משתקין אותו. ירושלמי הדא דתימא בצבור אבל ביחיד תחנונים הם: *אמר פסוקא פסוקא וכפליה. פי' בקונטרס משתקין אותו דמחזי כעושה ב' רשויות ובה"ג ובפר"ח מפרש איפכא פסוקא פסוקא אין משתקין אותו מיהו מגונה הוי אך לשון הגמרא לא משמע כפי' ואותן בני אדם שאומרים ב' או ג' פעמים שמע ישראל ביוה"כ משתקין אותם לפירש"י ולפר"ח מגונה מיהא הוי או שמא אין לחוש רק כשקורא ק"ש בעונתה ומקבל עליו עול מלכות שמים ומ"מ טוב שלא לומר אך מה שאומרים ה' הוא האלהים ז' פעמים ביוה"כ ויום ערבה כנגד ז' רקיעים משבחים לבורא שהוא דר למעלה מז' מנהג כשר הוא וגם מליט בקרא שתי פעמים ה' הוא האלהים גבי אליהו (מלכים א יח): **מהיכן** הוא מתחיל מתחלת הברכה שטעה בה. ירושלמי בטיטי אשתתק באופנים אתון שיילון לר' בון אמר להו בשם ריב"ל זה שעבר תחתיו יתחיל ממקום שפסק ופריך והתנן מתחיל מתחלת הברכה שטעה בה אמר להו מכיון דעניתון קדושת השם כמי שהוא תחלת הברכה דמי: **לא** יענה אמן אחר הכהנים מפני הטרוף. תימה תיפוק ליה דמפסיק תפלה אם עונה אמן וי"ל מאחר שלא אמר האי טעמא ש"מ דעניית אמן לא חשיב ליה הפסקה מאחר שצורך תפלה הוא אבל לקרות כהנים לדוכן אומר ר"ת שאין ש"ל יכול לקוראם דחשיב הפסקה לתפלה אם קוראם אלא אחד מבני הקהל קוראם והא דאמרינן בסוטה פ' אלו נאמרים (ד' לח.) לשנים קורא כהנים וכו' לאו אשליח צבור קאי אלא אחזן כדתניא בספרי (פרשה נשא) אמור להם מלמד שהחזן אומר להם אמרו וחזן לאו היינו שליח צבור דחזן היינו המתעסק בצרכי צבור וכן משמע נמי בסוטה (ד' לט:) דלאו אשליח צבור קאי דמעיקרא קאמר אין הכהנים רשאין להתחיל בברכה עד שיכלה הדבור מפי הקורא פי' הקורא כהנים ואח"כ אומר אין שליח צבור רשאי וכו' משמע דשנים הם ויש שהיו רוצים לומר דכמו כן אין ש"צ רשאי להקרות יברכך לכהנים דכמו כן הוי הפסקה אמנם רבינו יהודה פי' דבהדיא יש במדרש טעמי יתרות וחסרות אמור להם מלמד ששליח צבור אומר להם על כל דבור ודבור וכן יש שרולים להתיר לשליח צבור עצמו לקרות כהנים אפילו לפי' ר"ת ומה דפי' דהויא הפסקה היינו דוקא בימיהם מיד כשסיימו ברכת הודאה לא היו אומרים או"א ברכנו בברכה כדמשמע בסוטה (שם) דקאמר אין הקורא רשאי לקרות כהנים עד שיכלה אמן מפי הצבור פי' אמן שעונין בסיום ברכת הודאה אלמא משמע שלא היו אומרים אלא כהנים מיד אבל עכשיו שהורגלו לומר אלהינו בלשון ברכה ותפלה אין זו הפסק דלא גרע מעניית אמן דהכא דלא חשיבא הפסק כדפרישית*: **אמצעיות** אין להן סדר. פי' בקונטרס ואם דלג ברכה אחת ואחר כך נזכר בה שלא במקומה אומרה במקום שנזכר. ולא נהירא דהא תנן במגילה (פ"ב ד' יז.) הקורא את המגילה למפרע לא יצא ותניא (שם) וכן בהלל וכן בק"ש וכן בתפלה לכך נראה כפירוש רשב"ם ורב אלפס דאין להן סדר דקאמר היינו שיתחיל במקום שדלג הברכה ומשם ואילך יאמר הכל על הסדר אבל ודאי לא יתחיל באתה חונן כמו בג' ראשונות וג' אחרונות שחוזר לראש וראיה מדתניא בתוספתא דמגילה *הקורא את שמע והשמיט בה פסוק אחד לא יקרא אותו פסוק בפני עצמו אלא מתחיל מאותו פסוק ואילך וגומר עד סופה ותניא נמי בפ"ב דמגילה (ד' יח:) שאם השמיט פסוק א' במגילה שקורא על הסדר מאותו פסוק ואילך והתם משוי תפלה למגילה לענין הך מילתא כדפרישית ובה"ג פסק כרב אסי דאמר אמצעיות אין להן סדר חדא דרב הונא כתלמיד לגבי רב אסי כדאמרינן בכמה מקומות אמר רב הונא אמר רב אסי ועוד דלרב הונא צריך לדחוק ולשנויי מתני' דכולהו חדא ברכתא נינהו ואשנויי דחיקי לא ניקום ונסמוך ועוד דרב אסי ורב ששת קיימי בחד שיטתא ועוד דבכל סופרים הלך אחר המיקל וא"כ אדם שטעה ודלג ברכה אחת באמצעיות או שלא אמר המלך המשפט בין ר"ה ליוה"כ דקי"ל בפ"ק (דף יב:) דמחזירין אותו לא יחזור לאתה חונן אלא לאותה ברכה שדלג ומשם ואילך יאמר על הסדר כדפי' רשב"ם והיכא שטעה בג' ראשונות כגון שטעה בחתימתן או לא הזכיר בין ר"ה ליוה"כ בברכת אבות זכרנו או בתחיית המתים מי כמוך או שלא אמר המלך הקדוש חוזר לראשונה והיכא שטעה בשלש אחרונות כגון שטעה כמו כן בחתימתן או שלא הזכיר בין ר"ה השנה ליוה"כ בשים שלום בספר חיים טובים או וכתוב לחיים טובים בהודאה חוזר לעבודה וטעמא דכיון שכולה שבח הוי כברכה א'. ותענית צבור שש"ל קובע ברכה לעצמו שאומר עננו בין גואל לרופא אם שכחה ונזכר בה קודם סיום תפלה אין מחזירין אותו כיון שהיה צריך לחזור ולומר על הסדר כפי' רשב"ם א"כ הויא ברכה לבטלה אם מחזירין אותו אבל לפי' הקונטרס היה אומרה במקום שנזכר ואין כאן ברכה לבטלה: **אל** ישאל אדם צרכיו לא בג' ראשונות ולא בג' אחרונות. פי' ר"ת ורבינו האי דוקא ליחיד אבל צרכי צבור שואלין ולכך אנו אומרים זכרנו וקרובץ ויעלה ויבא בהם ותדע דדוקא יחיד קאמר שהרי עיקר ברכות אחרונות צרכי צבור הם*: **מלמדין** אותו שלא ישחה. וא"ת וישחה ומה בכך וי"ל שלא יבא לעקור דברי חכמים שלא יאמרו כל אחד מחמיר כמו שהוא רוצה ואין כאן תקנת חכמי' וחיישינן (א) ליוהרא:

קידה

עין משפט נר מצוה

[עייך לדף לג:]
[ג"ז עיין לעיל]

נ א מיי' פ"י מהלכות תפלה הלכה ג סמג עשין יט טוש"ע או"ח סי' קכו סעיף ג:

נא ב מיי' שם טוש"ע שם וסי' נג סי"ז:

נב ג מיי' שם הלכה ד סמג שם טוש"ע שם סימן קיט סעיף ג וסי' קכו סעיף ב:

נג ד מיי' פי"ד מהל' נשיאת כפים הל' ה סמג עשין כ טוש"ע או"ח סימן קכח סעיף יט:

נד ה מיי' שם פט"ו הלכה י טוש"ע שם סעיף כ:

נה ו טוש"ע או"ח סי' נג סעיף עו:

נו ז מיי' פ"י מהל' תפלה הלכה א ד סמג עשין יט טוש"ע או"ח סי' קכו סעיף ב:

נז ח מיי' פ"ה שם הלכה ד ופ"ו שם הל' ג סמג שם טוש"ע או"ח סי' קיב סעיף א:

נח ט מיי' פ"ה שם הל' יא סמג עשין יט טוש"ע או"ח סי' קכג סעיף א:

נט י מיי' פ"ה שם הל' יוד סמג שם טוש"ע או"ח סי' קיג סעיף א:

רב נסים גאון

תנו רבנן אלו ברכות שאדם שוחה בהן כו'. פי' בתלמוד ארץ ישראל בפ' מאימתי קורין הכל שוחין בהודאה עם שליח צבור ר' זעירא אמר ובלבד במודים ת"ר תני ובלבד שלא ישוח יותר מדאי ובגמ' דר' אבות נזיקין (בבא קמא דף טז) איתא שדרו של אדם לסוף (ע') [שבע] שנה נעשה נחש והני מילי היא דלא כרע במודים ובגמ' דסוטה בפ' אלו נאמרים בכל לשון (דף מ) אמרי בזמן ששליח צבור אומר מודים העם מה הם אומרים:

הגהות הב"ח

(א) תוס' ד"ה מלמדין וכו' וחיישינן ליוהרא. נ"ב כלומר ועוד חיישינן ליוהרא:

[ועי' תוס' מנחות מד. ד"ה כל כהן כו']

גליון הש"ס

רש"י ד"ה מתחלת הברכה וכו' ומכילא ס'. עיין בקרבן נתנאל שמצא גירסא בקלף. תיובתא דרב אסי לימא מהוי תיובתא דר"ה אמר לך ר"ה: גמ' אר"ש בן פזי אריב"ל. במדרש רבה בראשית פרשה לט איתא ריב"ל בשם ריב"ל אמר כ"ג תחלת כל ברכה שוחה והמלך בתחלת כל ברכה ובסוף כל ברכה שוחה. רבי סימון בשם ריב"ל אמר המלך משהיה כורע לא היה זוקף:

מסורת הש"ס

מגילה דף כה.
שם [ועמ"ש לעיל לג:] גירסת הרי"ף והרא"ש]
ר"ה כח
[סוטה לח:]
[פירוש יעבנא כראבון] גיטין ט. ע"ש
[נ"ל תיובתא דרב אסי ליתא תורי תיובתא דרב ודנא וכו' קושיה הגירסא לפני רש"י וע' בסוף ס' קרבן נתנאל]
מכילתא דר"י פרשה בשלח [לפי שמטה לכתחלה במקום ממון כדאיתא לעיל ז: הלכך קתני ידו פ' רש"י ד"ה לג. ד"ה ידו]
במדבר יב
[תוספתא פ"א]
[ועי' תוס' ע"ח ד"ה וכו' נא]

אות ב'

ולא יהא סרבן באותה שעה

סימן קכו ס"ב - עיין לעיל אות א'.

סימן נג סי"ז - [ב]אם טעה ש"צ וצריכין להעמיד אחר תחתיו, אותו שמעמידין תחתיו לא יסרב - (שלא להפסיק בתפלה).

אות ג'

מהיכן הוא מתחיל, מתחלת הברכה שטעה זה

סימן קיט ס"ג- [ג]אם דילג או טעה בברכה אחת מהאמצעיות - פי' שדילג הברכה לגמרי, **וטעה** פי', ששינה בה בענין שצריך לחזור מחמת זה, **ותרוייהו** איירי בשוגג, דבמזיד צריך לחזור לתחלת י"ח, כמש"כ סימן קי"ד ס"ז.

(ענין טעות נ"ל דנכלל בשני אופנים, א' שלא השלים את הברכה כדין, כגון שלא חיתמה כדין, או שחיסר איזה דבר שהוא עיקר הברכה, כגון שלא אמר "טל ומטר" בימות הגשמים, או שחיסר להזכיר ענין קיבוץ גליות בברכת "תקע בשופר", שעיקרה בנויה ע"ז, אף אם חיתמה כראוי, וכה"ג, וכמו שאם חיסר "יוצר אור" בברכת "יוצר אור", דפסק המחבר דלא יצא, ב', אם אמר איזה דבר שהוא מקלקל את הברכה, כגון שאמר "טל ומטר" בימות החמה, וכה"ג, והנה כ"ז הוא לפי דעת המחבר לעיל בסימן נ"ט, אבל לפי דעת הגר"א שם, דאפילו אם לא הזכיר בתחלה כלל "יוצר אור", כיון שחתם כדין יצא בדיעבד, נראה דה"ה הכא באופן הראשון, אזלינן בתר חתימה ויצא, כיון שבה מזכיר ענין קיבוץ גלויות).

אינו צריך לחזור אלא לראש הברכה שטעה או שדילג - ואם נזכר בטעותו בעוד שהוא עומד עדיין בהברכה, יחזור למקום שטעה לבד, [**אך** אם הוא מבוהל (והוא ש"ץ) ואינו יכול לחזור למקומו, ואחר עומד תחתיו, בכל גווני צריך להתחיל מתחילת הברכה].

ומשם ואילך יחזור על הסדר - ואפילו אם לא נזכר עד אחר כמה ברכות, צריך לחזור ולומר כולן אחריה, שאם יאמר אותה ברכה לבדה במקום שנזכר, נמצא ששינה סדרן של ברכות, ולא יצא י"ח, שסדר ברכות הוא מאנשי כנה"ג, וסמכו סדרן על המקראות.

סימן קכו ס"ב- עיין לקמן אות ז'.

אות ד'

העובר לפני התיבה לא יענה אמן אחר הכהנים מפני הטרוף

סימן קכח סי"ט - [ד]אין ש"צ רשאי לענות אמן אחר ברכה של כהנים - שמא תתבלבל דעתו, ולא ידע להקרות אח"כ פסוק ב' או ג', [ה]**ואם** מתפלל מתוך הסידור, ומובטח לו שלא תתבלבל דעתו, רשאי לענות "אמן", [כ"כ א"ר ודה"ח, **ומשמע** מן ח"א, דבסתם מתפלל מתוך הסידור סגי, ואפשר דגם כונת הדה"ח כן]. ד"אמן" זה אינו חשיב הפסק, דהוא צורך תפלה, **ועל** "אמן" של הברכה "אשר קדשנו בקדושתו" וכו', יש מחמירין שבכל גווני לא יענה, משום הפסק בתפלה, **ושאני** "אמן" של הברכת כהנים גופא דלא הוי הפסק, שהוא מורה על קבלת הברכה.

אות ה'

ואם אין שם כהן אלא הוא לא ישא את כפיו; ואם הבטחתו שהוא נושא את כפיו וחוזר לתפלתו, רשאי

סימן קכח ס"כ - [ו]אם ש"צ כהן, אם יש שם כהנים אחרים, לא ישא את כפיו - אלא הוא עומד, ואחר שאינו כהן מקרא, כמ"ש סכ"ב.

שמא לא יוכל לכוין לחזור ל"שים שלום", שדעתו מטורפת מאימת הצבור, **ואפילו** אם בטוח הוא בעצמו שלא תטרף דעתו, ג"כ לא רצו חכמים להקל בזה, לעקור ממקומו ולעלות לדוכן, היכי שיש כהנים אחרים בביהכ"נ, ולא תתבטל הנשיאת כפים.

[ז]ואפי' אין שם כהן אלא הוא, לא ישא את כפיו אא"כ מובטח לו שיחזור לתפלתו בלא טירוף דעת, שאם הוא מובטח בכך, כיון שאין שם כהן אלא הוא, ישא את כפיו כדי שלא תתבטל נשיאות כפים - ולדידן שמתפללין מתוך הסידור, הוי כמובטח לו שיחזור לתפלתו, **ומ"מ** כשיש כהנים אחרים, לא יעקור רגליו, דהא אף במובטח לא שרינן אלא בדליכא כהן אחר, [ח][**ודעת** הפר"ח להקל בזה כשמובטח, אף ביש כהנים אחרים, ודלא כהשו"ע, **ובמקום** שנהגו כותיה אפשר דאין למחות בידם].

[ט]סימן קכח סכ"א - [י]אין הכהנים רשאים לנגן בברכת כהנים שנים או שלשה נגונים, משום דאיכא למיחש לטירוף הדעת, ואין לנגן אלא נגון אחד מתחלה ועד סוף - דע"י טרדתם בהשתנות הניגונים, לא ידעו איזה פסוק או תיבה יתחילו,

---

באר הגולה

[ב] **שם במשנה** [ג] **ברכות ל"ד** ‹וכל הפוסקים פסקו כרב אסי, וכתב הרי"ף שגאון פירש כפירוש רש"י, ודחה פירושו והעלה כפירוש רשב"ם, וכן הסכימו התוספות (ד"ה אמצעיות) - ב"י› [ד] **ברכות ל"ד** [ה] ‹וכדי שלא להקשות מהמשנה, נ"ל שיש לתרץ, דמשנתינו לרבותא נקטה ואם הבטחתו כו' {על ענין של נשיאת כפים}, אפי' לענין הפסק גדול דנשיאת כפים - לחם חמודות› [ו] **שם ורמב"ם** [ז] **שם בגמ'** [ח] ‹ומאי דמייתו המהר"ם מרוטנבורק סייעתא, מדלא קתני ואם הבטחתו שהוא עונה אמן, אלמא דבכל גוונא לא יענה אמן, דבנשיאות כפים התירו כדי שלא תתבטל נשיאות כפים, **לאו** מילתא היא, שהרי בל"ח כתב, שמצא במדרש רבה, שאם הוא מובטח שחוזר לתפילתו שיכול לענות אמן, ומי יוכל לחלוק על המדרש בלי ראיה מהש"ס, והא ודאי הוייא תיובתייהו, **ועיקר** דקדוקם במשנה אינו, דלרבותא נקט נשיאות כפים וכ"ש אמן, והכי דייק קצת לישנא דמתניתן, מדלא קתני לא ישא את כפיו אא"כ מובטח לו שיחזור לתפילתו, והשתא דנקט מתניתן בבא אחריתי, וקתני ואם הבטחתו וכו', משמע דקאי אפי' היכא דאיכא כהנים הרבה - פר"ח› [ט] ‹ע"פ הגר"א וז"ל: ממתני' הנ"ל› [י] **תרומת הדשן**

ואף שמקרין לפניהם כל תיבה ותיבה, מ"מ ע"י טירוף דעתם ישכחו ג"כ קריאת המקרא.

ונראה דה"ה שלא ינגנו הכהנים כל אחד ניגון אחר, דגם בזה יש בלבול.

וכן החזנים בכל מקום שמנגנים, לא נכון שינגנו בענין אחד הרבה נגונים - ט"ז, **ועיין** בא"ר שהמליץ בעדם.

אות ו'

העובר לפני התיבה צריך לסרב, ואם אינו מסרב, דומה לתבשיל שאין בו מלח; ואם מסרב יותר מדאי, דומה לתבשיל שהקדיחתו מלח. כיצד הוא עושה, פעם ראשונה יסרב, שניה מהבהב, שלישית פושט את רגליו ויורד

סימן נג סט"ז - מי שאינו ש"צ קבוע, [יא]צריך לסרב מעט קודם שירד לפני התיבה, ולא יותר מדאי, אלא פעם ראשונה מסרב, וכשיאמרו לו פעם שניה, מכין עצמו כמו שרוצה לעמוד, ובפעם שלישית יעמוד. [יב]ואם האומר לו שירד הוא אדם גדול, אינו מסרב לו כלל - דאין מסרבין לגדול, **וכתב** התוס' בפסחים, דבדבר גסות ושררה, אפי' האומר לו הוא אדם גדול, יסרב.

(וענין הסירוב כדי להראות שאינו ראוי לאותה שררה ואיצטלא, ולכן בזמננו שאין עיקר תקנת הש"ץ אלא לאמירת קדישים וחזרת הש"ץ, אין שום ענין לסרב – פסקי תשובות).

שליח ציבור שלא רצה להיות עוד ש"ץ, וקבלו אחר במקומו, א"צ רשות, כיון שבידו עוד להיות ש"ץ, **ודוקא** מהקהל א"צ רשות, אבל מהש"ץ השני צריך ליטול רשות, כן כתב בתשובת יד אליהו, **ולפי** מה שביארנו בבה"ל (בסט"ו להלן), גם ש"ץ כזה צריך ליטול רשות מתחלה.

[יג]סימן נג סט"ו - [יד]ש"צ קבוע יורד לפני התיבה מעצמו ולא ימתין שיאמרו לו - שהרי כבר מינוהו לזה, (**ובביאור** הגר"א סותר לזה מערכין י"א ע"ב, ומהטור ג"כ אינו מוכח, רק דאינו צריך לסרב, אבל לא דאין צריך להמתין כלל, ומ"מ בדוחק יש ליישב דעת השו"ע, דמיירי הגמרא בש"ץ שאינו קבוע לענין התפלה, רק דהוא ממונה לשארי דברים, דיש ש"ץ שהוא ממונה לתקיעת שופר ולנדות ושארי דברים, ואע"ג דבודאי מתרצים הצבור שיהיה הוא שלוחם ג"כ לתפלה, מ"מ עביד דמימלך, **משא"כ** בש"ץ שהתמנותו היה העיקר שהוא יהיה הש"ץ לתפלה, א"צ למימלך כלל).

אות ז'

טעה בשלש ראשונות, חוזר לראש; באמצעיות, חוזר לאתה חונן; באחרונות, חוזר לעבודה

סימן קכו ס"ב - [טו]ומתחיל מתחלת הברכה שטעה זה, אם היה הטעות באמצעיות - ואפילו אם לא טעה אלא בסוף, שקריאת אותה ברכה כמאן דליתא דמי, **ואין** חילוק בין שטעה, או שנחלש ואינו יכול לגומרה, והוצרך אחר לעמוד תחתיו.

ולכתחילה טוב שיהיה אותו האחר מי שכיון לכל התפלה עם הש"ץ, ולא שח בשעה שהיה ש"ץ מתפלל, **ואם** לא נמצא כזה, יקחו אף מי שלא כיון בזה, **ואפ"ה** גם בזה לא יתחיל אלא מתחלת הברכה, מפני טורח הצבור.

ולכן בימים נוראים, שלפעמים נחלש הש"ץ באמצע הפיוטים, ועומד אחר תחתיו, צריך ליזהר שיתחיל העומד מתחלת הברכה מ"אתה בחרתנו", ולא יחזור הפיוטים, **ומ"מ** בדיעבד אם התחיל במקום שנשתתק, ולא מראש "אתה בחרתנו", כיון שעדיין לפני השני לומר בסוף סליחות "מחל לעונותינו", אין להקפיד במה שקיצר באמצעיות.

ואם היה בג' ראשונות, מתחיל בראש; ואם בג' אחרונות, מתחיל "רצה" - דג' ראשונות וג' אחרונות חשובות כחדא ברכה, ואין לחלק חדא ברכה לשני אנשים, **ומשו"ה** אין חילוק בין שטעה ודילג ברכה אחת מהג' ברכות, או שטעה ונשתתק בהם באמצע ברכה, או בין ברכה לברכה, בכל גווני בג' ראשונות חוזר לראש, ובאחרונות חוזר ל"רצה", כ"כ בנשמת אדם.

וכ"כ הגרע"א, שהורה לחזן שנחלש ביוה"כ בתפילת שחרית בפייט של סדר קדושה, והוצרך אחר לירד לפני התיבה, שיחזור מראש התפילה ובלא אמירת הפייט.

(ומוכח מרע"א והנ"א, דדבריהם איירי דוקא אם זה העומד תחתיו לא כיון מתחלה לתפילת הש"ץ, אבל אם כיון לתפילת הש"ץ ולא שח בינתים, א"צ לחזור בטעה בפייט של סדר קדושה כי אם למקום שפסק הראשון, וכן הדין בג' אחרונות, אם טעה או נשתתק בברכה שלישית, א"צ לחזור כי אם לאותה ברכה, אם העומד תחתיו כיון לתפילת הש"ץ, ואפילו אם לא כיון רק מתחלת "רצה", מצדד שם דדי).

(אך זה לא מצאתי בירור מדבריהם, אם טעה באמצע ברכה אחת מהג' או נשתתק, וזה העומד תחתיו כיון לתפילת הש"ץ מתחלתו, אם צריך לחזור לתחלת ברכה זו, או די למקום שפסק בלבד, כיון דהג' ברכות חשובות כחדא, ואפ"ה מקילינן משום דהתכוין מתחלה, א"כ חדא היא אצלו, וא"כ ה"ה דסגי מחמת זה אפילו אם יתחיל באמצע ברכה, ואולי יש לחלק, ומדברי ב"י משמע, דאפילו בכי האי גווני צריך לחזור לתחלת ברכה, ולא השיגו עליו הנ"א והגרע"א בזה, משמע לכאורה, דאפילו לדבריהם נמי הכי הוא, וצ"ע).

ש"ץ שהוא כהן, ובאמצע התפלה נודע שמת אחד בבתים הסמוכים, **אם** אפשר לסתום הפתחים והחלונות של בהכ"נ, או של בית שהמת שם, ואע"פ שיש עוד טומאה דרבנן, (הואיל וסוף טומאה לצאת – חכ"א), א"צ להודיע להש"ץ עד שיגמור תפילתו, **ומיהו** ודאי אם סיים תפילתו בלחש, ולא התחיל עדיין בקול רם, יאמרו לו ויצא, ויחזור אחר בקול רם, **אבל** אם א"א ליזהר בזה, צריך לצאת ואפילו באמצע התפלה,

באר הגולה

יא ברכות ל"ד | יב הרא"ה | יג (מילואים) | יד טור | טו (אינו מובן אמאי ציין העין משפט על רב הונא, כיון דהלכה כרב אסי, וכנ"ל באות ג')

והשני העומד תחתיו יתחיל מתחלת ברכה, אם הוא באמצעיות, (**ובדיעבד אם הגידו לו, אפי' הוא רק טומאה דרבנן, פסק בפמ"ג דצריך לפסוק באמצע, ומדברי השע"ת משמע, דאין צריך לפסוק בזה שהוא מדרבנן באמצע התפילה**).

אות ז'* [טז]

תוס' ד"ה אמצעיות. ותענית צבור שש"צ קובע ברכה לעצמו כו'

סימן קיט ס"ד - [יז]"ש"צ שגמר "גואל ישראל" ושכח ולא אמר "עננו", לא יחזור אפי' אם עדיין לא גמר רק "רפאנו" - ר"ל שסיים ברכת "רפאנו", ואמר: בא"י, **אבל** אם נזכר קודם שחתם, אפי' אם אמר: ברוך אתה, הואיל ולא אמר עדיין השם, חוזר ואומר "עננו" עם חתימה, ואחר זה חוזר ואומר ברכת "רפאנו".

ואם חזר ברכה לבטלה היא - היינו דע"י שיחזור לומר "עננו", יצטרך בהכרח לומר אח"כ ברכת "רפאנו" עוד הפעם, כדי שיהיה על הסדר, ברכת השנים אחר "רפאנו", והיא ברכה לבטלה, שאין מחזירין בשביל "עננו".

(**ומשמע מזה, דמשום "עננו" גופא לא הוי ברכה לבטלה, ולא זכיתי להבין, כיון דס"ל להפוסקים ד"עננו" זה הוא כשאר "עננו" דעלמא, דקי"ל שאין מחזירין אותו, א"כ אם יחזור לומר עתה, הוא ברכה לבטלה, כיון דקביעותו הוא בין "גואל" ל"רופא" ולא בין "רפאנו" לברכת השנים, אם נצריכו לומר עתה, בודאי בשם חזרה מיקרי, ואפשר דס"ל, דכיון דקבעוה חז"ל לכתחילה לומר ברכה בפני עצמה, יש בה עדיפותא משאר "עננו" דלא הצריכו רק לכוללה, ואם לאו דהיה היזק ע"ז לברכת "רפאנו", לא היינו מסתפקים במה שאנו נותנים עצה לכללה בש"ת, כי לא מצינו תיקון ע"י "שומע תפלה" רק אם חיסר שאלה בברכת השנים, או להירושלמי "משיב הרוח" בברכת "אתה גבור", אבל לא אם חיסר ברכה שלמה, וכמו שפסקו כל האחרונים, ואכתי צ"ע**).

(אלא יאמר "עננו" ב"שומע תפלה" כיחיד) - עיין בדה"ח שפוסק, דלא יחתמנה בברכה, רק ב"שומע תפלה" כשאר יחיד בעלמא, וכן נכון, דבזה יצא לכו"ע. **וה"ה** אם לא היו יו"ד המתענים בבהכ"נ, ובאו אחר ברכת "רפאנו", יאמר בשומע תפלה כיחיד.

ואם שכח גם ב"שומע תפלה", אפילו נזכר קודם שהתחיל "רצה", שוב לא יאמר, אלא יאמרנה אחר שיסיים "בשלום", קודם "אלהי נצור", ובלא חתימה.

ואם התחיל הש"ץ להתפלל בקול רם, והיו אז בבהכ"נ יו"ד שמתענים, ואח"כ הלכו מקצתן קודם שהתחיל הש"ץ "עננו", לא יאמר "עננו", וטוב שיאמר אז ב"שומע תפלה", **ואם** כבר התחיל "עננו" ויצאו, גומר.

וכל זה בש"ץ, שמקום קביעותו לומר "עננו" הוא בין "גואל" ל"רופא", אבל ביחיד שכולל "עננו" בברכת "שומע תפלה", אם שכח לאמר "עננו", כל שסיים "שומע תפלה", אף שלא פתח ב"רצה", אין צריך לחזור, כדין כל דבר שאין מחזירין אותו, **וטעם** החילוק הוא, דשם שאני שהוא כלול תוך הברכה, וכל שסיים הברכה איכא בחזרתו ברכה לבטלה, **משא"כ** כאן דקבעוהו ברכה בפני עצמה, אין לבטלה אם לא שיצטרך לברך ברכת "רפאנו" עוד הפעם בשביל זה, וכל זמן שלא אמר השם של "ברוך אתה", לית ברכה לבטלה.

ואם שכח ואמר "עננו" קודם "ראה נא", דעת המ"א דצ"ל "עננו" פעם אחר, אחר "ראה נא", וכן כתב בדה"ח, **ובפמ"ג** נשאר בדין זה בצ"ע, **ובספר** מגן גבורים האריך בזה, ומסיק לדינא ג"כ, דאין לחזור ולומר "עננו" פעם אחרת, ואם ירצה יאמרנה בשומע תפלה כיחיד.

אות ח'

לעולם אל ישאל אדם צרכיו לא בשלש ראשונות, ולא בשלש אחרונות, אלא באמצעיות

סימן קיב ס"א - [יח]"אל ישאל אדם צרכיו בג' ראשונות, ולא בג' אחרונות - דג' ראשונות למה הן דומין, לעבד שמסדר שבח לפני רבו, והאמצעיות לעבד שמבקש פרס מרבו, אחרונות לעבד שקבל פרס מרבו, שמשבחו והולך לו, **ולפי** שהראשונות הן מסדר השבח, וע"כ אין ראוי לשאול בהן צרכיו, וה"ה אחרונים.

ודוקא צרכי יחיד, [יט]"אבל צרכי צבור שרי - שזה הוא ג"כ מעין השבח וכבוד לרב, שרבים צריכים לו.

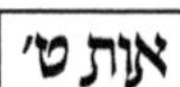

ונפטר והולך לו

סימן קכג ס"א - [כ]כורע ופוסע ג' פסיעות לאחריו, בכריעה אחת - כעבד הנפטר מרבו, **ושיעור** הכריעה כבר כתבתי לעיל בסימן קי"ג בבה"ל, שהוא כדי שיתפקקו כל חוליותיו שבשדרה.

עיין בבית יוסף כמה טעמים לג' פסיעות, **ועוד** כתבו טעם, משום דאחז"ל, דבזכות ג' פסיעות שרץ נבוכדנצר לכבוד הש"י, זכה להחריב בית המקדש, ולכן אנו פוסעים ג' פסיעות, ומתפללין שיבנה בית המקדש.

ואחר שפסע ג' פסיעות בעודו כורע, קודם שיזקוף, כשיאמר: עושה שלום במרומיו, הופך פניו לצד שמאלו - שהמתפלל רואה עצמו כאלו שכינה מול פניו, ושמאל האדם הוא צד ימינו של הקב"ה, **ולא** כאותן שאומרין "עושה שלום" בעוד שפוסעין, דאין נכון לעשות כן, וכן הדין ב"עושה שלום" דקדיש.

וכשיאמר: הוא יעשה שלום עלינו, הופך פניו לצד ימינו - דלא כהאומרים "עלינו ועל כל ישראל", אלא "ועל כל ישראל" יאמר כשמשתחוה לפניו.

באר הגולה

[טז] ‹ע"פ הבאר הגולה› [יז] **תוס' שם** [יח] **ברכות ל"ד** [יט] **תוספות ורא"ש** [כ] **יומא נ"ג ומביאו הרי"ף והרא"ש בסוף פרק ה' דברכות מרדכי שם** ‹אחרונות דומה לעבד שמקבל פרס מרבו ונפטר והולך לו. ועל כן לאחר סיום התפילה אנו חוזרים לאחוריוו ומשתחוים כעבד שקיבל פרס מרבו, וחוזר לאחוריו ומשתחוה - ברית שלום. וזהו לכאורה כוונת העין משפט›

ואח"כ ישתחוה לפניו, כעבד הנפטר מרבו.

הגה: ונהגו לומר אח"כ: יה"ר שיבנה בית המקדש כו', כי התפלה במקום העבודה, ולכן מבקשים על המקדש שנוכל לעשות עבודה ממש (ד"ע).

אות י'

אלו ברכות שאדם שוחה בהן: באבות תחלה וסוף, בהודאה תחלה וסוף; ואם בא לשוח בסוף כל ברכה וברכה ובתחלת כל ברכה וברכה, מלמדין אותו שלא ישחה

סימן קיג ס"א - [כא]**אלו ברכות ששוחין בהם: ב"אבות" תחלה וסוף, ובהודאה תחלה וסוף** - היינו בתחלת מודים, ולבסוף כשמסיים: בא"י הטוב שמך, [כן משמע ברמב"ם פ"ה מהל' תפלה ה"י, ע"ש. [כב]**ועיין** ברש"י ברכות ל"ד. ד"ה תחלה וסוף].

ואם בא לשחות בסוף כל ברכה, או בתחלתה, מלמדין אותו שלא ישחה - שלא יבא לעקור תקנת חכמים, שלא יאמרו כל אחד מחמיר כמו שהוא רוצה, **וגם** דחיישינן ליוהרא, שמחזיק עצמו יותר כשר משאר הצבור.

(הנה מדברי הא"ר מוכח, דהאיסור הוא דוקא ב"ברוך אתה", אבל בסוף ברכה ממש יכול לשחות, **והפמ"ג** מפקפק בזה, **ועיין** רש"י ברכות ל"ד. ד"ה תחלה וסוף, דמפרש רש"י במודים ולך נאה להודות, ועי"ז מסיים הברייתא דבסוף כל שאר ברכות מלמדין שלא ישחה, משמע כפמ"ג, **ואולי** רש"י לאו דוקא קאמר, וגם הוא ס"ל כהרמב"ם, דסוף ברכה היינו כשאומר בא"י הטוב וגו').

אבל באמצעיתן, יכול לשחות - שאין לחוש שיבואו לעקור תקנת חכמים עי"ז, כיון שחכמים לא תקנו כלל לשחות באמצע שום ברכה. **וכן** סתמו הרבה אחרונים, דלא כיפה מראה שגמגם לאסור.

[כג]**סימן קכא ס"א** - [כד]**שוחין ב"מודים" תחלה וסוף** - תחלה, היינו בתחלת "מודים", וכשאומר ד' זיקוף, **וסוף**, בברכת "הטוב שמך", דהיינו בעת אמירת: ברוך אתה, וכשאומר ד' זיקוף, וכנ"ל בסי' קי"ג לענין ברכת אבות.

איתא בגמרא: אם לא כרע במודים, נעשה שדרו נחש לאחר שבע שנים.

אם נזדמן לו רוק, לא ישחה עד שיצא הרוק מפיו. ‹**דאם** ירוק בשעה ששוחה, הרי נראה כאלו ח"ו ירוק על זה - ערוה"ש›.

באר הגולה

כא ברכות ל"ד | כב ‹דלישנא דרש"י משמע לכאורה, דבסוף החתימה כורע, ואע"פ שאמרו כשכורע כורע בברוך, אין משם סתירה לפירוש זה, שלא אמרו כן שכורע בברוך אלא לענין שחייה דאבות תחלה וסוף, ולאפוקי שלא יכרע בשם. ותדע דעל כרחך לאו כל השחיות בחדא מחיתא מחיתינהו בהך כללא, דהא בהודאה תחלה אין כריעה בברוך, הא אין לך לומר אלא שמלת ההודאה גורמת השחייה ולכן גם בחתימת ברכת ההודאה, כורע מטעם זה בולך נאה להודות. וצ"ע שהפוסקים סתמו דבריהם. **אמנם** בפ"ק דברכות (דף י"ב. בסופו) נראה מפירש"י בההיא דכורע בברוך, דאחתימת ההודאה נמי קאי. וצ"ל דהך פירש"י דבפרק אין עומדין לאו דוקא, דלעולם בברוך בעי למיכרע, ואפ"ה לאו לישנא יתירא הוא, מאי דנקיט ולך נאה להודות, אלא אגב אורחיה קמ"ל טעמא דמילתא, והבליעו בנעימת לשונו, לומר שמה שכורע גם בסוף ברכת ההודאה, אע"ג דאכתי לא סיים תפלתו, היינו משום דבחתימה נמי איכא הודאה כבתחלה - מור וקציעה› | כג ‹ע"פ הבאר הגולה› | כד ברכות ל"ד

כהן גדול בסוף כל ברכה וברכה והמלך תחלת כל ברכה וברכה וסוף כל ברכה וברכה אמר רבי יצחק בר נחמני לדידי מפרשא לי מיניה דריב"ל הדיוט כמו שאמרנו כהן גדול תחלת [א] כל ברכה וברכה המלך כיון שכרע שוב אינו זוקף שנאמר °ויהי ככלות שלמה להתפלל וגו' קם מלפני מזבח ה' מכרוע על ברכיו: ת"ר *קידה על אפים שנאמר °ותקד בת שבע אפים ארץ כריעה על ברכים שנאמר מכרוע על ברכיו השתחואה זו פשוט ידים ורגלים שנאמר °הבא נבא אני ואמך ואחיך להשתחות לך ארצה *אמר רב חייא בריה דרב הונא חזינא להו לאביי ורבא דמצלו אצלויי תני חדא הכורע בהודאה הרי זה משובח ותניא אידך הרי זה מגונה לא קשיא הא בתחלה הא לבסוף רבא כרע בהודאה תחלה וסוף אמרי ליה רבנן אמאי קא עביד מר הכי אמר להו חזינא לרב נחמן דכרע וחזינא ליה לרב ששת דקא עבד הכי והתניא הכורע בהודאה הרי זה מגונה ההיא בהודאה שבהלל והתניא הכורע בהודאה ובהודאה של הלל הרי זה מגונה כי תניא ההיא בהודאה דברכת המזון: **מתני'** המתפלל וטעה סימן רע לו ואם שליח צבור הוא סימן רע לשולחיו מפני *ששלוחו של אדם כמותו אמרו עליו על ר' חנינא בן דוסא שהיה מתפלל על החולים ואומר זה חי וזה מת אמרו לו מנין אתה יודע אמר להם אם שגורה תפלתי בפי יודע אני שהוא מקובל ואם לאו יודע אני שהוא מטורף: **גמ'** אהייא א"ר חייא אמר רב ספרא משום חד דבי רבי באבות איכא דמתני לה אברייתא המתפלל צריך שיכוין את לבו בכולן ואם אינו יכול לכוין בכולן יכוין את לבו באחת א"ר חייא אמר רב ספרא משום חד דבי רבי באבות: אמרו עליו על רבי חנינא וכו': מנא הני מילי א"ר יהושע בן לוי דאמר קרא °בורא ניב שפתים שלום שלום לרחוק ולקרוב אמר ה' ורפאתיו א"ר חייא בר אבא *א"ר יוחנן כל הנביאים כולן לא נתנבאו אלא למשיא בתו לתלמיד חכם ולעושה פרקמטיא לת"ח ולמהנה ת"ח מנכסיו אבל תלמידי חכמים עצמן °עין לא ראתה אלהים זולתך יעשה למחכה לו ואמר רבי חייא בר אבא אמר רבי יוחנן כל הנביאים כולן לא נתנבאו אלא לימות המשיח אבל לעולם הבא עין לא ראתה אלהים זולתך ופליגא דשמואל *דאמר שמואל אין בין העוה"ז לימות המשיח אלא שעבוד מלכיות בלבד שנאמר °כי לא יחדל אביון מקרב הארץ וא"ר חייא בר אבא א"ר יוחנן כל הנביאים כולן לא נתנבאו אלא לבעלי תשובה אבל צדיקים גמורים עין לא ראתה אלהים זולתך ופליגא דר' אבהו דא"ר אבהו מקום שבעלי תשובה עומדין צדיקים גמורים אינם עומדין שנאמר °שלום שלום לרחוק ולקרוב לרחוק ברישא והדר לקרוב ורבי יוחנן אמר לך מאי רחוק שהיה רחוק מדבר עבירה מעיקרא ומאי קרוב שהיה קרוב לדבר עבירה (א) ונתרחק ממנו השתא *מאי עין לא ראתה אמר רבי יהושע בן לוי זה יין המשומר בענביו מששת ימי בראשית רבי *שמואל בר נחמני אמר זה עדן שלא שלטה בו עין כל בריה שמא תאמר אדם הראשון היכן היה בגן ושמא תאמר הוא גן הוא עדן תלמוד לומר °ונהר יוצא מעדן להשקות את הגן גן לחוד ועדן לחוד: ת"ר מעשה שחלה בנו של ר"ג שגר שני ת"ח אצל רבי חנינא בן דוסא לבקש עליו רחמים כיון שראה אותם עלה לעלייה ובקש עליו רחמים בירידתו אמר להם לכו שחלצתו חמה אמרו לו וכי נביא אתה אמר להן לא נביא אנכי ולא בן נביא אנכי אלא כך מקובלני אם שגורה תפלתי בפי יודע אני שהוא מקובל ואם לאו יודע אני שהוא מטורף ישבו וכתבו וכוונו אותה שעה וכשבאו אצל ר"ג אמר להן העבודה לא חסרתם ולא הותרתם אלא כך היה מעשה באותה שעה חלצתו חמה ושאל לנו מים לשתות ושוב מעשה ברבי חנינא בן דוסא שהלך ללמוד תורה אצל ר' יוחנן בן זכאי וחלה בנו של ריב"ז אמר לו חנינא בני בקש עליו רחמים ויחיה הניח ראשו בין ברכיו ובקש עליו רחמים וחיה אמר רבי יוחנן בן זכאי אלמלי הטיח בן זכאי את ראשו בין ברכיו כל היום כולו לא היו משגיחים עליו אמרה לו אשתו וכי חנינא גדול ממך אמר לה לאו אלא הוא דומה כעבד לפני המלך ואני דומה כשר לפני המלך: *ואמר רבי חייא בר אבא אמר רבי יוחנן אל יתפלל אדם אלא בבית שיש שם חלונות שנאמר °וכוין פתיחן ליה בעליתיה (לקבל) [נגד] ירושלם אמר רב כהנא חציף עלי מאן דמצלי בבקתא ואמר רב כהנא *חציף עלי מאן דמפרש חטאיה שנאמר °אשרי נשוי פשע כסוי חטאה:

הדרן עלך אין עומדין

רש"י

כהן גדול בסוף כל ברכה. כל מה שהוא גדול ביותר צריך להכניע ולהשפיל עצמו: **אינו זוקף.** עד שיגמור: **קם מלפני מזבח ה' מכרוע.** רישיה דקרא ויהי ככלות שלמה להתפלל והדר קם מכרוע: **ארצה.** לשון משטח משמע: **דמצלו אצלויי.** כשנופלין על פניהם אין פושטין ידיהם ורגליהם אלא מטין על לדיהן: **בתחלה.** כורע: **חזינא לרב נחמן דכרע.** תחלה וסוף: **בהודאה דהלל.** הודו לה' כי טוב: **מתני' אם שגורה.** אם סדורה תפלתי בפי במרוצה ואיני נכשל ותחנתי נובעת מלבי אל פי כל מה שאני חפץ להאריך בתחנונים: **שהוא מטורף.** החולה לשון אחר [*לשון] טורפין לו תפלתו בפניו* כלומר התפלה שהתפללו עליו מטורפת וטרודה ממנו ואינה מקובלת: **גמ' אהייא.** בהיכא ובאיזו מן הברכות הוי טעות בסימן רע: **באבות.** שהוא תחלת התפלה רמז הוא שאין חפץ בה: **בורא ניב שפתים.** כשהניב בריא באדם אז מובטח על השלום: **לא נתנבאו.** הטובות והנחמות: **עין לא ראתה.** לא נראית ולא נגלית לשום נביא: **רחוק.** שהיה רחוק כל ימיו מן העבירה דהיינו לדיק מעיקרו: **חלצתו חמה.** שלפתו ניטלה מגופו החמה הוא החולי הקודחו חלצתו לשון *חלץ מהם: **לא חסרתם.** שעה: **כעבד.** בן בית נכנס ויוצא שלא ברשות: **כשר לפני המלך.** שאינו רגיל לבא לפניו: **חלונות.** שגורמין לו שיכוין לבו שהוא מסתכל כלפי שמים ולבו נכנע: **דמצלי בבקתא.** בבקעה שכשהוא במקום לניעות חלה עליו אימת מלך ולבו נשבר:

הדרן עלך אין עומדין

תורה אור

תוספות

קידה על אפים. ומייתי קרא אע"ג דאשכחן נמי בענין אחר יש לומר דקים ליה מקבלה דקידה על אפים ומייתי קרא דמסייעו: **חזינא** לאביי ורבא דמצלו אצלויי. פירוש שהיו מטין על לדיהן: **יכוין** לבו באחת מהן. והא דאמרי' בסוף פרק ת"ה (דף ל:) לעולם ימוד אדם דעתו אם יכול לכוין יתפלל ואם לאו אל יתפלל יש לפרש התם כמו באחת מהן: **חציף** עלי מאן דמצלי בבקתא. וא"ת הכתיב ויצא יצחק *לשוח בשדה (בראשית כד) י"ל דהתם מיירי בהר המוריה כדאמרי' בפסחים פרק האשה (ד' פח.) לא כיצחק שקראו שדה וכו' א"נ בקתא דהכא מיירי בבקעה במקום שרגילין שם בני אדם לעבור והולכי דרכים: **כסוי** חטאה. וטעמא לפי שאז מתבייש על חטאו אבל אם מפרש חטאיו דומה שאינו מתבייש עליו ואמרינן לעיל פרק קמא (ד' יב:) כל העושה דבר ומתבייש מוחלים לו מיד:

הדרן עלך אין עומדין

עין משפט נר מצוה

ס א מיי' פ"ה מהלכות תפלה הלכה י:
סא ב מיי' שם הל' יג סמג עשין יט:
סב ג מיי' שם הל' יד ופ"ט שם הלכה ה טוש"ע או"ח סי' קלא סעיף א:
סג ד מיי' פ"י מהלכות תפלה סמג שם טור ש"ע או"ח סימן קא סעיף א:

[כוונת התו' מהא דאמרי' לעיל כו: ואין שיחה אלא תפלה]

סד ה מיי' פ"ו מהלכות דעות הלכה ג:
סה ו מיי' פ"ח מהל' תשובה הלכה ז:
סו ז מיי' פ"ט מהלכות תשובה הל' ב ופי"ב מהל' מלכים הל' ב:
סז ח מיי' פ"ז מהל' תשובה הלכה ד:
סח ט מיי' פ"ה מהל' תפלה הלכה ו סמג עשין יט טוש"ע או"ח סי' צ סעיף ד:
סט י טוש"ע שם סעי' ב:
ע כ מיי' פ"ב מהל' תשובה הל' ה טוש"ע או"ח סי' תרז סעיף ב:

רב נסים גאון

אמר ר' חייא בריה דרב הונא חזינא לאביי ורבא דכי נפלי על אנפיהו מצלו אצלויי. איתא במס' מגילה בפ' הקורא את המגילה עומד יושב (דף כב) רב איקלע (לבית) [לבבל] בתענית צבור נפל כולי עלמא על אפייהו רב לא נפל מאי טעמא רצפה של אבנים היתה ומשום אבן משכית איכא דאמר דמשום האי טעמא הוו אביי ורבא מצלו אצלויי. במס' ע"ז בגמ' דבני מערבא בפ' ר' ישמעאל (הלכה א) אמרו עליה אי אתה משתחוה אבל אתה משתחוה על אבני בית המקדש רב מפקד לדבי רב אחא ר' אמי מפקד לאנשי ביתיה כד תהון נפקין לתעניתא לא תהון רבעין כאורחכון ר' יונה רבע על סיטריה ר' אחא רבע על סיטריה: **אמר** רב (ששת) [כהנא] חציף עלאי מאן דמפרש חטאיה שנא' (תהלים לב) אשרי נשוי פשע כסוי חטאה. אית בפרק יום הכפורים (דף פו) רב רמי כתיב אשרי נשוי פשע כסוי חטאה וכתיב (משלי כח) מכסה פשעיו לא יצליח לא קשיא כאן בחטא מפורסם כאן בחטא שאינו מפורסם רב זוטרא בר טוביה אמר לא קשיא כאן בעבירות שבין אדם לחבירו כאן בעבירות שבין אדם למקום:

הגהות הב"ח

(א) גמ' לדבר עבירה מעיקרא ונתרחק:

הגהות הגר"א

[א] גמ' כהן גדול תחלת. נ"ב וסוף:

מסורת הש"ס

כג"ל תוי"ט (לעיל ה:) מגילה כב: שבועות טז:

[מגילה כב: ע"ש]

[הושע ה]

[חגיגה י: קדושין מט: מג. נדרים עב: מיר יב: ב"מ ט. מנחות לג:]

ישעיה נז

סנהדרין לט.

ישעיה סד

שבת סג. קנא: פסחים סח. סנהדרין שם [ודף לא:] דברים טו

ישעיה נז

סנהדרין שם

[שם איתא ר"ל]

בראשית ב

[לעיל לא. ע"ש]

דניאל ו

סוטה ז: ע"ש

תהלים לב

§ מסכת ברכות דף לד: §

אות א'

הדיוט כמו שאמרנו, כהן גדול תחלת כל ברכה וברכה, המלך כיון שכרע שוב אינו זוקף

רמב"ם פ"ה מהל' תפילה ה"י - בד"א בהדיוט, אבל כהן גדול כורע [א]בתחילת כל ברכה ובסוף כל ברכה; והמלך כיון ששחה בראשונה, אינו מגביה ראשו עד שגומר כל תפלתו.

אות ב'

קידה על אפים... כריעה על ברכים... השתחואה זו פשוט ידים ורגלים

רמב"ם פ"ה מהל' תפילה הי"ג - כריעה האמורה בכל מקום, על ברכים; קידה על אפים; השתחויה זה פישוט ידים ורגלים, עד שנמצא מוטל על פניו ארצה.

אות ג'

דמצלו אצלויי

סימן קלא ס"א - הנה נפילת אפים שנהגו בה בימים הראשונים היה בדרך קידה, דהיינו ליפול על פניו ארצה, ושלא בפישוט ידים ורגלים, **ועכשיו** לא נהגו ליפול על פניהם ממש, אלא בהטיית הראש וכיסוי הפנים בלבד, **ונוהגים** לכסות הפנים בבגד, ולא די כיסוי היד שנופל פניו עליה, לפי שהיד והפנים גוף אחד הם, ואין הגוף יכול לכסות את עצמו.

(**ענין ההטיה הוא**, משום דבימיהם היו נוהגים ליפול על פניהם ארצה על הרצפה, משום הכי היו צריכים מדינא להטות על אחד מהצדדין, שלא יהא נראה שמשתחוה לאבן משכית, שהוא אסור מן התורה, וכמו שכתוב כל זה לקמן בסעיף ח' בהג"ה, ומשום הכי גם אנו נוהגים להטות בנפילת אפים, **והמ"א** מצדד דמדינא צריך הטיה בנפילת אפים, **אבל** מלשון הריב"ש לא משמע כן להמעיין, וכן העתיקו בשו"ע הגר"ז, ומה שציין המ"א עיין בטור, ור"ל במה שהביא שם בשם ר"נ דצריך שיגביה פניו למעלה מן הקרקע, ואח"כ הביא דאביי ורבא דמצלי אצלויי, אלמא דאי לא"ה היה אסור, **אפשר** דהגבהת פניו לכל אדם חשיב כמו אצלויי לאדם חשוב, דבאדם חשוב צריך אצלויי דוקא, עיין בב"י, **וכבר** כתב ג"כ בספר מגן גבורים על המ"א דאין מדברי הטור ראיה, עי"ש, **ואפשר** עוד דגם כונת המ"א שמחמיר, הוא רק דוקא בנפילת אפים ממש על הארץ נגד הרצפה, אף שאין פניו דבוקות בקרקע, אבל לא בנפילת אפים שלנו, שהוא רק כיסוי הפנים לבד, ובזה ניחא שלא יסתור לדברי הריב"ש המפורש להיתר).

[ב]אין לדבר בין תפלה לנפילת אפים - דעי"ז אין תחנתו שמתחנן בנפילת אפים מתקבלת כ"כ, **ודוקא** כשמפסיק ועוסק בדברים אחרים לגמרי, אבל שיחה בעלמא לית לן בה, **ודוקא** שלא בעת שש"ץ חוזר התפלה, דאז צריך לשתוק ולהאזין היטב כל ברכה וברכה, **וכ"ש** דלדבר קדושה, כגון מה שמפסיקין בתחנות כגון "והוא רחום", בודאי מותר להפסיק, **ואפילו** בתוך נפילת אפים ג"כ מותר לענות איש"ר וכל דבר קדושה.

מיהו עם עבר ודבר, פשיטא דצריך ליפול על פניו.

מותר להתפלל במקום אחד וליפול במקום אחר, ואך שלא יפסיק באמצע.

כשנופל על פניו, [ג]נהגו להטות על צד שמאל - לפי שמצינו כשאדם מתפלל שכינה מימינו, שנאמר: ה' צלך על יד ימינך, ונמצא כשהוא מוטה על שמאלו פניו כלפי שכינה, ואם היה מוטה על יד ימינו היה להיפך, ולא יתכן לעבד להיות אחורי פניו כלפי אדוניו.

הגה: וי"א דיש להטות על צד ימין - כי השכינה נגד האדם, ונמצא שמאל השכינה כנגד ימינו, וכשהוא מטה על ימינו והשכינה כנגדו, יכוין "שמאלו תחת לראשי וימינו תחבקני".

והעיקר להטות (ריב"ש וב"י בשם הרוקח) בשחרית כשיש לו תפילין בשמאלו, על צד ימין משום כבוד תפילין - וכן דעת הט"ז ומ"א שאין לשנות ממנהג זה, וכן נהגו העולם, **ואפילו** להגר"א דסובר דהעיקר כהמחבר, דתמיד על שמאל, מ"מ אם מתפלל בביהמ"ד והעולם נוהגין כהרמ"א, מ"מ אסור לשנות משום לא תתגודדו.

וש"ץ העומד מימין הארון, י"א דמיירי במנחה או בשחרית ואין לו תפילין, שאז מטה על שמאלו, ונמצא הופך פניו מן ארון הקודש, טוב שיטה ראשו מעט כלפי הארון.

ובערבית - ר"ל לצד ערבית, דהיינו במנחה שאין אנו נוהגין להניח תפילין, **או כשאין לו תפילין בשמאלו, יטה על צד שמאל (מנהגים)** - ומי שמניח תפילין גם במנחה, יפול על ימינו, **ועיין** בח"א שמצדד, דאז יוכל לסמוך על דעת הגר"א וליפול על שמאלו.

ולאחר שנפל על פניו, יגביה ראשו ויתחנן מעט מיושב, וכל מקום ומקום לפי מנהגו - ובמדינות אלו נוהגין לומר (בנפילת אפים) "רחום וחנון" וכו'.

ומנהג פשוט לומר: ואנחנו לא נדע כו' - לפי שהתפללנו בכל ענין שיוכל אדם להתפלל, בישיבה ובעמידה ובנפילת אפים, כמו

באר הגולה

[א] (ונראה שהיה בגירסת רבינו בכ"ג: תחלת כל ברכה וברכה וסוף כל ברכה וברכה, {עיין בהג' הגר"א}, או בתחילת כל ברכה וברכה דאמר ר"י בר נחמני, אסוף כל ברכה וברכה דקאמר ר"ש בן פזי סמיך, דלאוסופי עליה אתא, ובעינן דליכרע בתחלת כל ברכה וברכה ובסוף כל ברכה וברכה - כסף משנה) [ב] **תלמידי הרשב"א בשמו ושאר פוסקים** [ג] (דמצלי אצלוי - גר"א)

שעשה משה רבינו ע"ה, שנאמר: ואשב בהר וגו', ואנכי עמדתי בהר וגו', ואתנפל לפני ה' וגו', ומאחר שאין בנו כח להתפלל בענין אחר, אנו אומרים: ואנחנו לא נדע מה נעשה וכו', **וראוי** לומר "ואנחנו לא נדע" בישיבה, "מה נעשה" בעמידה.

ונהגו קודם "אשרי" "למנצח" (טור); ואפי' בימים שאין אומרים תחנון, אומרים "למנצח"; מלבד בר"ח וחנוכה ופורים וע"פ ועיו"כ וט' באב (מנהגים וע"ל סי' תקנ"ט).

[ד]סימן קלא ס"ח - [ה]"אין אדם חשוב רשאי ליפול על פניו כשמתפלל על הצבור - פי' ובפני הצבור, דכסיפא ליה מילתא, שמהרהרין שאין הגון ואין ראוי ליענות, **אא"כ הוא בטוח שיענה כיהושע בן נון** - שאמר לו הקב"ה: קום לך למה אתה נופל על פניך.

אבל בביתו אפילו מתפלל על הציבור מותר, **ואפילו** בפני הציבור, דוקא כשהוא לבדו נופל על פניו, ואין הקהל נופלין עמו, דאם כל הקהל נופלין, אזי אם אין ח"ו נענים, אין גנאי כ"כ להאדם חשוב, דלא עדיף הוא מכלל הציבור.

והיינו כשהוא דרך קידה, ואפילו בלא פישוט ידים ורגלים, ואפילו לא היה שם רצפת אבנים, דבשאר כל אדם שרי, באדם חשוב אסור, **ואם** הוא מטה קצת על צדו, אפי' על רצפת אבנים שרי, דאין זה נפילה על פניו, **וכ"ש** נפילת אפים שלנו, שהוא רק הטיית הראש וכיסוי פנים בעלמא, בודאי שרי.

‹**הקדמה להרמ"א**› - אקדים הקדמה קצרה כדי שיתברר היטב, והוא, דהנה כתיב בתורה: ואבן משכית לא תתנו בארצכם להשתחות עליה, דהיינו אפי' כשמשתחוה לשמים על אבן משכית, או על רצפת אבנים דחדא מילתא היא, **וכתבו** הפוסקים, דאין אסור מן התורה כי אם כשיש תרתי לגריעותא, דהיינו כשמשתחוה בפישוט ידים ורגלים, וגם על רצפת אבנים דוקא, **אבל** דרך קידה, דהיינו שנופל על אפיו על הרצפה בלא פישוט ידים ורגלים, או אם הוא בפישוט ידים ורגלים שלא על רצפת אבנים, אסור רק מדברי סופרים, דגזרו קידה אטו השתחויה, ושלא על הרצפה אטו רצפה, **אבל** אם היה תרתי למעליותא, דהיינו דרך קידה בלא רצפת אבנים, לא גזרו רבנן, **וכן** אם היה נופל דרך קידה על רצפת אבנים, אך שלא היה קידה גמורה, דהיינו שנטה קצת על צדו, **או** אם היה בפישוט ידים ורגלים ושלא על הרצפה, ונטה קצת על צדו, דלא הוי פישוט ממש, ג"כ מותר.

הגה: [ו]וכן אסור לכל אדם ליפול על פניו בפשוט ידים ורגלים, אפי' אין שם אבן משכית (הגהות אשירי סוף פ' תפלת השחר וריב"ש) - ר"ל כמו באדם חשוב הנ"ל אסור אפי' בלא אבן משכית או רצפת אבנים, כן הכא, **אלא** דשם אסור אפי' דרך קידה, והכא אין אסור רק דוקא דרך פישוט ידים ורגלים.

ואם יש שם רצפת אבנים, אפי' דרך קידה אסור, **ודוקא** כשפניו דבוקים בקרקע, אבל אם שוחה בתפלה, אפי' יש שם רצפה שרי, **ודוקא** נגד רצפת אבנים, אבל רצפת לבנים אין אסורה, ד"אבן" כתיב, ולבנה לאו אבן הוא, כדכתיב: ותהי להם הלבנה לאבן.

אבל אם נוטה קצת על צדו, מותר אם אין שם אבן משכית - אבל כשיש אבן משכית, לא מהני הטיה על צדו, כיון שהוא בפישוט ידים ורגלים.

וכן יעשו ביו"כ, כשנופלין על פניהם - ר"ל כשהם נופלים דרך פישוט ידים ורגלים שלא על הרצפה, צריכים להטות על צדיהם, [**דבלא** פישוט דהוי תרתי למעליותא, אין צריך הטיה], **וכן** כשיש רצפה, אפי' נופלים דרך קידה בעלמא, צריכין להטות על צדיהם.

אם יליעו - צ"ל: "**או יציעו**" **שם עשבים, כדי להפסיק בין הקרקע, וכן נוהגין (מרדכי)** - ור"ל דאז אפי' בלא הטיה על צדיהם שרי בשני האופנים אלו שציירנו. ‹**וההפסק** צריך להיות בעיקרה בין הפנים לבין הקרקע, כמבואר ברמב"ם – פסקי תשובות›.

[**לכן** יש לזהר בר"ה וביוה"כ להפסיק עכ"פ בטלית או בדבר אחר, או יזהר שלא יפול בפישוט ידים ורגלים, אלא דרך קידה בעלמא, או יטה על צדו קצת].

[**ואם** היה בפישוט ידים ורגלים על הרצפה, צ"ע אי מהני עשבים בלי הטיה על הצד].

‹**ונוהגים** לשטוח עשבים בכל בתי כנסיות ובתי מדרשות, אף שאין שם רצפת אבנים, רק של לבנים או נסרים, ואף שכורעים בלא פישוט ידים ורגלים, מ"מ מחמירים גם בשאר רצפות אטו רצפת אבנים – מטה אפרים›.

אות ג*'

רבא כרע בהודאה תחלה וסוף

סימן קכז ס"א- [ז]"כשיגיע שליח צבור ל"מודים", שוחין עמו הציבור... [ח]ויש מי שאומר [ט]שצריך לשחות גם בסוף,

---

באר הגולה

[ד] ‹ע"פ הגר"א› [ה] **מגילה כ"ב** [ו] ‹שהרא"ש פי' טעמא דאביי ורבא דמצלי אצלויי, משום איסור אבן משכית, דלא כהרי"ף שכתב שהוא משום דר"א {אין אדם חשוב רשאי ליפול על פניו כו'}, והביא ראיה דגמ' מייתי לה בספ"ה דברכות לענין השתחואה בפישוט ידים ורגלים, **וכתב** ריב"ש בשם רב שרירא, דחיישי לאבן משכית, אף שלא היתה שם, שמא היתה שם וחרב המקום ונבנה עליה כשהוא שם, **אבל** דעת הרמב"ם להתיר בדבר מפסיק בין פניו לאבן משכית, ע"ש - גר"א› [ז] ‹ע"פ הב"י וגר"א› [ח] **טור בשם הירושלמי פ"ק דברכות הביאו הרי"ף ורא"ש** [ט] **רשב"א** ‹וכתב הרשב"א, שהראב"ד פי' דהא דרבא כרע בהודאה תחלה וסוף, לא בכריעות דשליח ציבור ויחיד המתפללים הוא, דפשיטא ודאי דכרעי תחלה וסוף, אלא בכריעות דמודים דרבנן הוא, **כדגרסינן** בירושלמי, תנא ר' חלפתא בן שאול הכל שוחין עם ש"ץ בהודאה, רב זירא אמר ובלבד במודים, זעירא הוה סמוך לקרובה כדי שיהא שוחח עמו תחלה וסוף, **אבל** סברא ראשונה ס"ל דזעירא היה מחמיר על עצמו, אבל הלכה כרב זירא דקאי ובלבד במודים, **אבל** נראה שאין הפירוש כן, אלא שה"פ, שר"ז היה אומר הכל בשחייה אחת כמ"ש בהג"ה, והיה מאריך קרוב להארכת הש"ץ, עד שבשעה שהש"ץ היה אומר הסוף, היה הוא עדיין בשחייה של מודים, **ולענין** הלכה נראה שאפי' כל המודים א"צ לומר

וטוב לחוש לדבריו. ויש אומרים שאומר הכל בשחייה אחת, וכן המנהג - והב"ח כתב בשם רש"ל, שיזקוף מעט כשאומר השם עד סופו, ואז יכרע, עכ"ל. ‹שהוא הכריע לעשות כהרמ"א שיהיה כולו בשחיה, ולהראות זקיפה כשמזכיר ה' משום ה' זוקף כפופים, לכן זקף מעט, ולבסוף בשחיה, וכמש"כ הרב ב"י בשו"ע - מחה"ש›. ‹וכן משמע מח"א›. **והעולם** נוהגין כמש"כ רמ"א - מ"א. ‹ואצלינו לא הכל נוהגין כן - ערוה"ש›.

‹**ובביאור הגר"א כתב, שא"צ לשחות רק עד "שאתה הוא ד' אלהינו", ואח"כ יזקוף**›.

‹**החזו"א** והגרי"ק זצ"ל נהגו לכרוע בתחילה ובסוף, כהשו"ע. **אמנם** המנהג הנפוץ לכרוע רק בתחילת מודים ותו לא, כדעת הגר"א, ודעת המקובלים נמי כן הוא - פסקי תשובות›.

אות ג'**

הכורע בהודאה הרי זה מגונה

סימן קיג ס"ג - [יא]"הכורע ב"וכל קומה לפניך תשתחוה", או ב"ולך לבדך אנחנו מודים", או בהודאה דהלל - היינו ב"הודו לד' כי טוב", **וברכת המזון** - ב"נודה לך", או ב"ועל הכל אנו מודים", **ה"ז מגונה, (פי' שאין לכרוע אלא במקום שתקנו חכמים)** - [ואף דהוא באמצע הברכה, מ"מ הוא מגונה], ומה"ט אין לשחות ב"ולירושלים", או ב"בונה ירושלים", דלא כמהרי"ל, **וכתב** המ"א: ואפשר שישחה מעט.

וכ"ז בי"ח, אבל שלא בי"ח יכול לכרוע ולהשתחות כרצונו, ומשו"ה מצינו בר"ע, שאדם מניחו בקרן זוית זו ומוצאו בזוית אחרת, מרוב כריעות והשתחויות, וכתבו הפוסקים, דהיה זה לאחר שסיים הי"ח ברכות, **ומה** שאסר השו"ע בכל זה, משום דכל הודאות האלו הוא דרך שבח והלול, ואין שייך בהן כריעה והשתחויה, "**וכל** קומה לפניך תשתחוה", כיון דאינו אומר על עצמו, אלא שעל כל העולם אומר שישתחוו לפניו ית', ג"כ דרך שבח והלול הוא, **אבל** ב"ואנחנו כורעים ומשתחוים", שעל עצמו אומר, יכול הוא לכרוע - ט"ז.

‹**כתב הל"ח, שאין לו לכרוע בשום ברכה משאר ברכות בתחלה או בסוף, ואפילו שאינו מהי"ח, ולכך אני אומר שטועים כל השוחים בברכת התורה בתחלה וסוף, ועיין במה שכתבתי במ"ב בשם הט"ז, דלכאורה סותר לזה, ואולי דְבברכה גם להט"ז אסור, דנראה כמוסיף בחיוב הכריעות, שלא תקנו רק בברכת אבות ומודים**›.

‹**עיין במגן גבורים, שדוחק למצוא טעם למנהג שנהגו העולם לכרוע ב"ברכו", אולם באמת יש למנהג זה סמך מן המקרא, בדברי הימים א' קפיטל כ"ט פסוק כ', עי"ש, ומנהג ישראל תורה**›.

אות ד'

המתפלל צריך שיכוין את לבו בכולן, ואם אינו יכול לכוין בכולן, יכוין את לבו באחת... באבות

סימן קא ס"א - [יב]"המתפלל צריך שיכוין בכל הברכות - היינו פירוש המילות, ‹וזה איתא אפילו למ"ד דמצות אין צריכות כונה, דשם היינו לצאת ידי המצוה, משא"כ בזה דענינו הוא שלא יכוין בדברים אחרים בעת התפלה›, **ע"כ** מה נכון מאוד להמונים שילמדו פירוש המילות של כל התפלה, **ועכ"פ** של ברכת "אבות" ו"מודים", בודאי יש חיוב עליו לידע ביאורו.

וירגיל אדם עצמו לכוין עכ"פ בחתימה של כל ברכה.

ואם אינו יכול לכוין בכולם, לפחות יכוין ב"אבות" - כי "אבות" הוא סידור שבחו של מקום, על כן אינו בדין שיהא אז פונה לבבו לדברים אחרים.

‹**ומשמע** מלשון הרשב"א, דיש ליזהר ב"אבות" שלא יהא לבו פונה באמצע הברכה לדברים אחרים, ואפי' אם בעת שיאמר אח"כ התיבות של הברכה יחזור ויכוין, **ויש לעיין לענין דיעבד, ועכ"פ לכתחלה יש ליזהר בזה מאוד**›.

[יג]**ויש** פוסקים דגם "מודים" חשוב כ"אבות" לכתחלה.

‹**משמע מלשון זה, דאפי' לכתחילה מותר לעמוד ולהתפלל, כיון שהוא אנוס שאינו יכול ליישב דעתו, ועכ"פ נראה פשוט, דאם יכול להמתין ולריישב דעתו מטרדותיו, ולא יעבור זמן ק"ש ותפלה עי"ז, דצריך ליישב דעתו**›.

ואם הוא משער שאפי' ב"אבות" לא יכוין, לא יתפלל כלל עד שתתיישב דעתו, שיהיה יוכל עכ"פ לכוין ב"אבות".

אם לא כיון ב"אבות", [יד]אע"פ שכיון בכל השאר, יחזור ויתפלל.

הגה: והאידנא אין חוזרין בשביל חסרון כוונה, שאף בחזרה קרוב הוא שלא יכוין, אם כן למה יחזור (טור) - כתב הח"א, נ"ל כיון דמצד הדין צריך לחזור ולהתפלל, עכ"פ אם נזכר קודם שאמר "בא"י" בסוף ברכה, יחזור לומר מ"אלקי אברהם" וכו'. ‹**אם** החסיר מלכוין רק בחלק מהברכה, די שחוזר לשם. **ואם** כיון בעיקר הברכה, {אלקינו ואלקי האבות וקונה הכל - פסקי תשובות}, א"צ לחזור אם הוא כבר בסוף הברכה - הליכות שלמה›.

באר הגולה

בשחייה, דאמרינן שם עליה חנן בר בא פליג, דחנן בר בא אמר חזינא לרב דהוי שוח בברוך וזוקף בשם, פי' וע"כ כשהיה מגיע לאתה הוא ה' היה צריך לזקוף, ואנן קי"ל כרב - גר"א› [י] ‹ע"פ מהדורת נהרדעא› [יא] **שם בגמרא ורבינו יונה** [יב] **ברכות ל"ד** [יג] [סמ"ק ואגודה, אך בסמ"ק כתב דלענין דיעבד מודים קיל מאבות, ובאגודה סתם בזה]. ‹**והקשה** הב"י מנין לו דעדיף מודים משאר ברכות, ועיין בשעה"צ שהביא שבאגודה סתם שצריך לכוון באבות ובמודים, ובסמ"ק כתב שלענין דיעבד אם אינו יכול לכוין בשתיהם יכוון רק באבות, **ובא"ר** כתב ליישב קושית הב"י מנין המקור לזה, שהלשון באגודה: יכוין לבו באחת מהן, חד אמר באבות, וחד אומר בהודאה, אלמא דגירסא היה לו כך בגמרא, **ונראה** שהסמ"ק לכתחילה חושש לתרווייהו, ובדיעבד סבירא ליה עיקר כמאן דאמר באבות - מ"ב המבואר› [יד] **שם ברא"ש**

(לכאורה כונת הרמ"א, אם סיים השמ"ע ולא כיון ב"אבות", אבל אם עומד אצל "אתה גבור", ונזכר שלא כיון ב"אבות", כיון דמצד הדין לא יצא בזה, האיך נאמר לו שיברך עוד ברכות שלא יצא בהם, אחרי דחסר לו ברכת "אבות", וכי מפני שקרוב שלא יכוין, נאמר לו שיברך עוד ברכות שבודאי לא יצא בהם, כן היה נראה לי, ‹וי"א דגם בלא כוונה איכא ענין תפלה באמירה בעלמא, ואין זה כברכה לבטלה, דקעביד נמי מצוה אלא דחסר כונה – קהלות יעקב›, **אבל מדברי הח"א משמע, דאינו חוזר אפילו עומד אצל "אתה גבור", ויותר נ"ל עצה אחרת באופן זה, שלא יאמר עוד עתה כלל, וימתין על הש"ץ שיאמר ברכת "אבות", ויכוין לצאת, וכשיגיע הש"ץ לברכת "אתה גבור", יתחיל בעצמו, דהלא בתפלה קי"ל דאינו מוציא אלא דוקא מי שאינו בקי, משא"כ ב"אבות", כיון שאינו יכול לברך אותה בעצמו).** ‹**אמנם** למעשה לא נהגו לעשות כעצה זו, {דיש לפקפק על עצה זו, דהא שהה כדי לגמור את כולה חוזר לראש, ולמבואר במשנ"ב סי' ק"ד סקט"ז, אף שאינו מחמת אונס גמור, ובשע"ת סי' תר"כ סק"א, דבג' ראשונות אפילו שהה שלא מחמת אונס חוזר לראש, ועוד יש להוסיף, דעפ"י מסקנת דברי הבה"ל (ד"ה יכוין), אם הש"ץ לא יכוין בברכת אבות, גם השומע ממנו לא יצא ידי חובתו, ובעוה"ר כמה ש"ץ ישנם שאינם מכוונים – פסקי תשובות}, **ומ"מ** כיון שמדינא חוזר, ראוי לנהוג כמו שאומרים בשם החזו"א, להרהר בלבו מברכת אבות ואילך בכוונה עד מקום שעומד, **דכל** תפלת שמו"ע דינה לכמה דברים כברכה אחת, ולכן י"ל דמהני, ולא חשיב כתפלה בלבו, דמחשבתו עתה מצטרפת לדבוריו הקודמים, **וגם** ישתדל לכוין היטב במודים, כי כל מה שאפשר לתקן ראוי לעשות, {דהרוקח גורס בגמ': יכוין את לבו באחת מהן, באבות או בהודיות} – הליכות שלמה›.

אות ה'

<u>כל הנביאים כולן לא נתנבאו אלא למשיא בתו לת"ח, ולעושה פרקמטיא לת"ח, ולמהנה ת"ח מנכסיו</u>

רמב"ם פ"ו מהל' דעות ה"ב - מצות עשה להדבק בחכמים ותלמידיהם כדי ללמוד ממעשיהם, כענין שנאמר: ובו תדבק, וכי אפשר לאדם להדבק בשכינה, אלא כך אמרו חכמים בפירוש מצוה זו, הדבק בחכמים ותלמידיהם; [טו]לפיכך צריך אדם להשתדל שישא בת תלמיד חכם, וישיא בתו לתלמיד חכם, ולאכול ולשתות עם תלמידי חכמים, ולעשות פרקמטיא לתלמיד חכם, ולהתחבר להן בכל מיני חבור, שנאמר: ולדבקה בו; וכן צוו חכמים ואמרו: והוי מתאבק בעפר רגליהם, ושותה בצמא את דבריהם.

אות ו'

<u>כל הנביאים כולן לא נתנבאו אלא לימות המשיח, אבל לעולם הבא עין לא ראתה אלהים זולתך</u>

רמב"ם פ"ח מהל' תשובה ה"ז - וכמה כָּמַה דוד והתאוה לחיי העולם הבא, שנאמר: לולא האמנתי לראות בטוב ה' בארץ חיים; כבר הודיעונו החכמים הראשונים שטובת העולם הבא אין כח באדם להשיגה על בוריה, ואין יודע גדלה ויפיה ועצמה, אלא הקב"ה לבדו; ושכל הטובות שמתנבאים בהם הנביאים לישראל, אינן אלא לדברים שבגוף שנהנין בהן ישראל לימות המשיח בזמן שתשוב הממשלה לישראל, אבל טובת חיי העולם הבא אין לה ערך ודמיון, ולא דמוה הנביאים כדי שלא יפחתו אותה בדמיון, הוא שישעיהו אמר: עין לא ראתה אלהים זולתך יעשה למחכה לו, כלומר הטובה שלא ראתה אותה עין נביא, ולא ראה אותה אלא אלהים, עשה אותה האלהים לאדם שמחכה לו; [טז]אמרו חכמים: כל הנביאים כולן לא ניבאו אלא לימות המשיח, אבל העוה"ב עין לא ראתה אלהים זולתך.

אות ז'

<u>אין בין העוה"ז לימות המשיח אלא שעבוד מלכיות בלבד</u>

רמב"ם פ"ט מהל' תשובה ה"ב - אבל ימות המשיח הוא העולם הזה, ועולם כמנהגו הולך, אלא שהמלכות תחזור לישראל, וכבר אמרו חכמים הראשונים: אין בין העולם הזה לימות המשיח אלא שיעבוד מלכיות בלבד.

רמב"ם פי"ב מהל' מלכים ה"ב - אמרו חכמים: אין בין העוה"ז לימות המשיח אלא שיעבוד מלכיות בלבד.

אות ח'

<u>מקום שבעלי תשובה עומדין צדיקים גמורים אינם עומדין</u>

רמב"ם פ"ז מהל' תשובה ה"ד - ואל ידמה אדם בעל תשובה, שהוא מרוחק ממעלת הצדיקים מפני העונות והחטאות שעשה, אין הדבר כן, אלא אהוב ונחמד הוא לפני הבורא כאילו לא חטא מעולם, ולא עוד אלא ששכרו הרבה, שהרי טעם טעם החטא ופירש ממנו וכבש יצרו; אמרו חכמים: מקום שבעלי תשובה עומדין, אין צדיקים גמורין יכולין לעמוד בו, כלומר מעלתן גדולה ממעלת אלו שלא חטאו מעולם, מפני שהן כובשים יצרם יותר מהם.

באר הגולה

טו ‹וכ"כ בספר החינוך מצוה תל"ד, שהביא הציווי שדרשו על פסוק ולדבקה בו, הדבק בחכמים ותלמידיהם, ומזה למדו רז"ל מלמד שכל הנושא כו' והמהנה ת"ח מנכסיו כאלו נדבק בשכינה, עיין שם – שערי דעה›

טז ‹ודע, דמשמע התם דהא דרבי חייא בר אבא פליגא אדשמואל, דאמר אין בין העוה"ז לימות המשיח אלא שיעבוד מלכיות בלבד, ורבינו כתב כאן הא דרבי חייא בר אבא, ובפרק שאחר זה, וגם בפרק י"ב מהלכות מלכים, כתב לדשמואל {עיין באות הסמוך}, וצ"ע – כסף המשנה›

אות ט׳

אל יתפלל אדם אלא בבית שיש שם חלונות

סימן צ ס״ד - [יז]צריך לפתוח פתחים או חלונות כנגד [יח]ירושלים, כדי להתפלל כנגדן - ואפילו בבית הכנסת כשמתפלל עם הצבור נכון ליזהר בזה, **וכ״ש** כשמתפלל בבית ביחידי דצריך ליזהר בזה לכתחילה, **וכדאיתא** בגמרא, דלא יתפלל אדם אלא בבית שיש בו חלונות.

ואע״ג דצריך שיתן עיניו למטה, ומה נפקא מינה בהחלונות, מ״מ כשנתבטלה כוונתו ישא עיניו לשמים לעורר הכוונה.

וטוב [יט]שיהיו בבהכ״נ שנים עשר חלונות - לאיזה צד שירצה, ובתנאי שיהיה גם בצד שמתפלל לקבל ירושלים.

אות י׳

חציף עלי מאן דמצלי בבקתא

סימן צ ס״ה - [כ]לא יתפלל במקום פרוץ, כמו בשדה, מפני שכשהוא במקום צניעות חלה עליו אימת מלך ולבו נשבר - ובגמרא איתא, דחצוף הוא מי שעובר על זה, **וכתב** הפמ״ג, דע״כ אם נזדמן לו בית שאין בו חלונות ובקעה, טוב יותר להתפלל בבית שאין בו חלונות.

ובמקום שהוא מוקף מחיצות, אע״פ שאינו מקורה, שפיר דמי.

והנה לחד תירוצא דתוס׳, ‹דהקשה והכתיב ויצא יצחק לשוח בשדה... א״נ הטעם שלא יפסיקוהו עוברי דרכים, ויצחק התפלל בבקעה במקום דלא שכיחי עוברי דרכים›, אם הוא עומד בצד הדרך במקום שאין מתיירא שיפסיקוהו עוברי דרכים, שרי, **אך** בב״י ממאן בדבריהם, ‹משום דאמרינן בגמ׳, חציף עלי מאן דמצלי בבקתא, ולתוס׳ אין הטעם משום חציפות›, **והנה** אף שהמ״א ושארי אחרונים מיישבים לדברי התוס׳, ‹דה״ק כשהוא מתפלל בבקעה הוא חצוף, שמראה בעצמו שאפי׳ יעברו עליו כל עוברי דרך לא יתבטל מכוונתו - מ״א›, **מ״מ** כתבו, שבזוהר משמע שיש להתפלל דוקא בבית.

ועוברי דרכים לכו״ע מותרים להתפלל בשדה, **ומ״מ** כשיש שם אילנות, טוב יותר שיעמוד שם ביניהם ויתפלל, אם אין קשה עליו איחור דרכו, דמקום צנוע הוא קצת עי״ז, **וכשהוא** בביתו אין לסמוך ע״ז.

אות כ׳

חציף עלי מאן דמפרש חטאיה

סימן תרז ס״ב - [כא]אין צריך לפרט החטא - אלא כשיאמר סתם "חטאתי", יצא ידי מצות וידוי, **ואם רצה לפרט, הרשות בידו** - הנה מדכתב אח״כ: ואם מתודה בלחש, משמע דרישא איירי במתודה בקול רם, **ואף** דהרמ״א כתב בהג״ה, דבקול רם אין לפרט החטא, משמע דאיסורא נמי איכא, **התם** מיירי בחטא שאינו מפורסם לרבים, ומפני שאין זה כבוד המקום, שמגלה לרבים שחטא כנגדו, **אבל** בחטא המפורסם לרבים, רשות בידו לפרטו ברבים אפילו בקול רם, [מ״א, והעתיקו בדרך החיים ומטה אפרים והגר״ז. **והנה** מדסתמו כולן משמע דאפילו בעבירות שבין אדם למקום שרי, וכן מוכח מן הרמב״ם בפ״ב מהל׳ תשובה ה״ה, ואף דהרמב״ם פסק כרב נחמן, דעבירות שבין אדם למקום ע״ז כתיב: אשרי נשוי פשע כסוי חטאה, היינו, בעבירות שאינם מפרסמים, אבל בעבירות המפרסמים שרי, כמ״ש הכסף משנה שם. **ועיין** שם בהגהת הראב״ד, שדעתו לצדד להקל ביותר מזה], ‹והיינו דצריך להתוודות עליהם, ולא רק דשרי›.

[**ועיין** בביאור הגר״א דמצדד לומר, דכל דברי השו״ע אמתודה בלחש קאי, וסיפא דדברי המחבר שכתב "ואם מתודה בלחש", קאי אקודם, ופי׳ הוא על ריש דבריו דאיירי בלחש, **ומדדחיק** הגר״א כ״כ ולא פי׳ כהמ״א, משמע דס״ל להלכה, דאפי׳ בחטא המפורסם אסור לאומרו בקול רם, וסבר להלכה כרב נחמן, וס״ל דר״נ מחמיר בבין אדם למקום, שאין לאומרו בקול רם אפי׳ בחטא המפורסם, **ועון** שבין אדם לחבירו, אם הוא מפורסם לרבים, לכו״ע מותר לאומרו בקול רם, **ודעת** הרמב״ם בזה, דאפי׳ באינו מפורסם ג״כ שרי, ונכון ג״כ לעשות כן, ע״ש].

[כב]ואם מתודה בלחש, נכון לפרט החטא - כדי שיתבייש יותר כשמזכיר חטאיו, ואכתי מקרי "כסוי חטאה", כיון שאינו נשמע לבני אדם.

ובזה אין חילוק בין מפורסם לשאינו מפורסם, דהכל גלוי לפני המקום.

הגה: אבל כשמתפלל בקול רם, או ש״ץ כשחוזר התפלה, אין לפרט החטא - מדסתם משמע, דאפילו בעון שבין אדם לחבירו ג״כ אסור, [**דפסק** כרב, דאינו מחלק בין עון דבין אדם למקום, ובין עון דבין אדם לחבירו, רק בין מפורסם לאינו מפורסם, **ודעת** הרמב״ם כר״נ דשרי בזה], **ומה שאומרים "על חטא" בסדר א׳ ב׳, לא מקרי פורט, הואיל והכל אומרים בשוה, אינו אלא כנוסח התפלה (ד״ע).**

באר הגולה

יז שם ל״ד | יח רמב״ם | יט זוהר פ׳ פקודי | כ ברכות ל״ד | כא ברייתא שם ‹יומא פ״ז› וכרבי עקיבא הרי״ף והרא״ש | כב ב״י

§ מסכת ברכות דף לה. §

אות א'

על פירות האילן הוא אומר: בורא פרי העץ, חוץ מן היין, שעל היין הוא אומר: בורא פרי הגפן

סימן רב ס"א - [א]על כל פירות האילן - בין משבעת המינים ובין שאינם משבעת המינים, **מברך בתחלה "בורא פרי העץ"** - (ולא "הבורא").

(**ואע"ג** דגידולם מן הארץ, לא רצו לפוטרם בברכת פרי הארץ כשארי פירות הארץ, מתוך שהם חשובים ביותר, וקבעו ברכה מיוחדת להזכיר שבחו של מקום שברא פירות חשובים כאלה).

חוץ מהיין שמברך עליו: בפה"ג - מפני שהוא סועד הלב [ב]ומשמחו, קבעו לו ברכה בפני עצמה, [גמרא ברכות ל"ה:].

ואפילו זב מעצמו מהענבים בלי דריכה. **ואם** טעה ובירך על היין בפה"ע, עיין לקמן בסי' ר"ח סט"ו במ"ב.

בין חי בין [ג]מבושל - דע"י הבישול אין משתנה היין לגריעותא, **ואין** חילוק בין אם בישל יין גופא, או שבישל הענבים והצמוקים כדי לעשות מהן יין.

בין שהוא עשוי קונדיטון, דהיינו שנותנין בו דבש ופלפלין - ואפילו שליש דבש ושליש פלפלין ויותר מזה, אפ"ה היין עיקר, שהם לא באו רק להשביחו ולהטעימו, **ואע"פ** שנשתנה טעמיה וריחיה ע"ז ממה שהיה מקודם, אפ"ה לא נשתנה היין לגריעותא, והיין עיקר לגבי אידך, לפיכך מברכין עליו בפה"ג, [**והיינו** שטעם יין גם עתה יש בו, אלא שאיננו כבראשונה, דאי אבד טעם יין ע"י תערובות, אין מקדשין עליו ואין מברכין עליו בפה"ג].

(**כתב** החיי"א, דה"ה מה שקורין ווערמיט וויין, שהוא מר, ג"כ יש לברך עליו בפה"ג, **אכן** בפמ"ג מסתפק בזה, וכתב משום שאין החיך נהנה ממנו כי אם לרפואה, אפשר שאף "שהכל נהיה בדברו" אין ראוי לברך עליו).

הגה: ואם נתערב יין בשכר, אזלינן אחר הרוב, אם הרוב יין, מברך: בפה"ג - כדקיי"ל כל שהוא עיקר ועמו טפילה, מברך על העיקר ופוטר את הטפילה, וכל מין שהוא הרוב הוא העיקר, והמיעוט טפל הוא לו, **והוא** שלא נתבטל טעם היין ע"י התערובות. **ושכר** של כל המינים שוים בזה, [דטבעם לחזק כח היין ולא להפסיד טעמו], **לבד** ממיני משקין שפוגמים ומפסידין טעם היין, מיד שנתערב בהם כ"כ עד שנפסד טעם היין, מברך "שהכל".

(**לכאורה** אי מיירי ביין מזוג, וכיין צמוקים שלנו דסתמא מזוגין הן בהרבה מים, אפי' אם השכר היה המיעוט, נתבטל כח היין ע"י התערובות, **ואולי** מיירי שבהצטרף המיעוט שכר ג"כ לא יעלה לששה חלקים נגד היין, ובאופן זה עדיין שם יין עליו, **או** דמיירי ביין חי, וכן משמע בביאור הגר"א).

ואם הרוב שכר, מברך "שהכל" (ב"י בשם התשב"ץ) - ולא דמי להא דקי"ל לקמן בסימן ר"ד ס"ה בהג"ה, דדי שיש ביין מעט יותר מאחד בששה נגד המים, ע"ש, **דהתם** דרך מזיגת יין הוא במים, וע"כ לא שייך לומר דיתבטל היין נגד המים שנמזגו בם, דנעשה הכל כמין אחד, **משא"כ** בשכר דאין דרך למזוג בם, וכשני מינים בעלמא דמי, דכל מין שהוא הרוב הוא העיקר.

(**אמנם** לענ"ד נראה שיש חילוק בזה, דלא כל המשקין שוין לענין ברכה, דאם דרך העולם לערב אותן משקין ביין להשביח טעמו, אז אפי' הם רובא נגד היין, כל זמן שאינם ששה נגדו, נמי אינם מבטלין היין, ואפילו נשתנה טעם היין ע"ז מכמות שהיה מקודם, **וכמו** ההיא דקונדיטון, שמבואר בירושלמי שהוא שליש דבש ושליש פלפלין, הרי דהיין הוא מיעוט לגבי הבשמים והדבש, ואפ"ה מברכין בפה"ג, **והטעם** כמש"כ הרשב"א, שהרי עלויו בו, ולא שייך בזה לומר דהיין הוא טפל, דאדרבה הם טפלים לגבי היין להשביח טעמו, **ודברי** הרמ"א מיירי בשכר וכיו"ב, שאין דרך העולם לערב אותן ביין כדי להשביח טעמו, דהגם דמשמע דשכר מחזק כח היין, מ"מ אין דרך העולם לערב בזה כדי להשביחו, ולכן לא הוי טפל לגבי היין, וע"כ תלוי הדבר ברובא).

ועיין בביאור הגר"א שדעתו לדינא, דגם בענייננו שוה למזיגת יין במים, (**אכן** כמה אחרונים העתיקו דברי הרמ"א לפסק הלכה, וע"כ לענין ברכה ראשונה, בודאי מהנכון לכתחלה לברך "שהכל", ואם בירך בפה"ג יצא, **ולענין** ברכה אחרונה, יראה ליקח רביעית יין אחר, ויפטור בברכה אחרונה גם את זה).

(**אכן** לפי המבואר בסי' ר"ד באחרונים שם לענין מזיגת יין במים, דעכ"פ תלוי בחוזק היין, ואף אם המים פחות משיעור המבואר שם לבטל היין, מ"מ אין מברך בפה"ג אלא ביש בו טעם יין, ודרך העולם לשתות יין זה במזיגה כזו, **נראה** דה"נ בעירב בשכר, אם הוא יין חלוש ואין דרך העולם למזוג אף ברוב מים, גם בעירב עם שכר מברך "שהכל" ואחריו "בורא נפשות", אף לדעת הגר"א, דמהגר"א משמע דשכר ומים דין אחד להם, **וכ"ש** אם אבד טעם יין, דמברך "שהכל" לכו"ע וכמ"ש במ"ב).

באר הגולה

א **ברכות ל"ה ע"א** ב (והוא תמוה, שהרי הגמ' הביאה שיין משמח להקשות, ולא כהוכחה לברכת פרי הגפן, וסגי בהא דסעיד, ואמאי להוסיף גם שמשמח, ועיין בנחלת צבי שכתב ג"כ לשון זה, וגם בב"י סימן תע"א [עיין בעמוד ב' אות ד', כתב לשון זה], וצ"ל לאחר שתירץ חמרא אית ביה תרתי סעיד ומשמח, למסקנא ניתן להסביר שיין שאני שמשמח וסעיד, וכפי שכתב רבינו יונה - אהלי שם) ג **תוס' בב"ב צ"ז ע"א מירושלמי דשקלים ופסחים והרא"ש**

מסורת הש"ס | כיצד מברכין פרק ששי ברכות לה | עין משפט נר מצוה

ביצד מברכין על הפירות °על פירות האילן הוא אומר בורא פרי העץ חוץ מן היין שעל היין הוא אומר בורא פרי הגפן ועל °פירות הארץ הוא אומר בורא פרי האדמה חוץ מן הפת שעל °הפת הוא אומר המוציא לחם מן הארץ *°ועל הירקות הוא אומר בורא פרי האדמה רבי יהודה אומר בורא מיני דשאים: **גמ'** מנא ה"מ *דתנו רבנן °קדש הלולים לה' מלמד שטעונים ברכה לפניהם ולאחריהם מכאן אמר ר"ע אסור לאדם שיטעום כלום קודם שיברך והאי קדש הלולים להכי הוא דאתא האי מיבעי ליה חד דאמר רחמנא °אחליה והדר אכליה ואידך דבר הטעון שירה טעון חלול ושאינו טעון שירה אין טעון חלול וכדר' שמואל בר נחמני א"ר יונתן *דאמר ר' שמואל בר נחמני א"ר יונתן מנין [ד] שאין אומרים שירה אלא על היין שנאמר °ותאמר להם הגפן החדלתי את תירושי המשמח אלהים ואנשים אם אנשים משמח אלהים במה משמח מכאן שאין אומרים שירה אלא על היין הניחא למאן דתני [ה] נטע רבעי אלא למאן דתני כרם רבעי מאי איכא למימר דאתמר ר' חייא ור' שמעון ברבי °חד תני כרם רבעי וחד תני נטע רבעי ולמאן דתני כרם רבעי הניחא אי יליף ג"ש דתניא ר' אומר נאמר כאן °להוסיף לכם תבואתו ונאמר להלן °ותבואת הכרם מה להלן כרם אף כאן כרם אייתר ליה חד הלול לברכה ואי לא יליף גזרה שוה ברכה מנא ליה ואי נמי יליף גזרה שוה אשכחן לאחריו לפניו מנין הא לא קשיא °דאתיא בקל וחומר *כשהוא שבע מברך כשהוא רעב לא כל שכן אשכחן כרם שאר מינין מנין דיליף מכרם מה כרם דבר שנהנה וטעון ברכה אף כל דבר שנהנה טעון ברכה איכא למפרך מה לכרם שכן חייב בעוללות קמה תוכיח מה לקמה שכן חייבת בחלה כרם יוכיח *וחזר הדין לא ראי זה כראי זה ולא ראי זה כראי זה הצד השוה שבהן דבר שנהנה וטעון ברכה אף כל דבר שנהנה טעון ברכה מה להצד השוה שבהן שכן יש בו צד מזבח ואתי נמי זית דאית ביה צד מזבח וזית מצד מזבח אתי והא בהדיא כתיב ביה כרם דכתיב °ויבער מגדיש ועד קמה ועד כרם זית אמר *רב פפא °כרם זית אקרי כרם סתמא לא אקרי מ"מ קשיא מה להצד השוה שבהן שכן יש בהן צד מזבח אלא דיליף לה משבעת המינין מה שבעת המינין דבר שנהנה וטעון ברכה אף כל דבר שנהנה טעון ברכה מה לשבעת המינין שכן חייבין בבכורים ועוד התינח לאחריו לפניו מנין הא לא קשיא דאתי בקל וחומר כשהוא שבע מברך כשהוא רעב לכ"ש ולמאן דתני נטע רבעי הא תינח כל דבר נטיעה דלאו בר נטיעה כגון בשר ביצים ודגים מנא ליה אלא סברא הוא אסור לו לאדם שיהנה מן העולם הזה בלא ברכה: ת"ר °אסור לו לאדם שיהנה מן העוה"ז בלא ברכה *וכל הנהנה מן העוה"ז בלא ברכה מעל מאי תקנתיה ילך אצל חכם ילך אצל חכם מאי עביד ליה הא עביד ליה איסורא אלא אמר רבא ילך אצל חכם מעיקרא וילמדנו ברכות כדי שלא יבא לידי מעילה אמר רב יהודה אמר שמואל כל הנהנה מן העוה"ז בלא ברכה כאילו נהנה מקדשי שמים שנא' °לה' הארץ ומלואה ר' לוי רמי כתיב לה' הארץ ומלואה וכתיב °השמים שמים לה' והארץ נתן לבני אדם לא קשיא כאן קודם ברכה כאן

רש"י

ביצד מברכין וכו' חוץ מן היין. שמתוך חשיבותו קבעו לו ברכה לעצמו וכן הפת: **בורא מיני דשאים**. לפי שיש בכלל פרי האדמה דשאים וזרעים כגון קטניות ורבי יהודה בעי היכר ברכה לכל מין ומין: **גמ' קדש הלולים**. בנטע רבעי כתיב ומשמע שני הלולים טעון באכילתו כשאוכלו בשנה הרביעית שהוא מותר באכילה: **האי מיבעי ליה**. הלולים לשון חלולים חד מינייהו אתא לאורויי אחליה והדר אכליה הוליאהו לחולין ע"י פדיון אם באת לאוכלו חוץ לירושלים וחד ללמדך שלא נאמרה תורת רבעי אלא בכרם שנא' קדש הלולים דבר שמהללין בו טעון חלול וזהו יין: **שאין אומרים**. הלוים שיר של קרבן במקדש אלא על היין כשמנסכין נסכי מזבח: **הניחא למ"ד כו'**. כולה סוגיא דפרכא הוא וה"ק הניחא הא דילפת ברכה מהכא למאן דתני נטע רבעי דאית ליה כל פירות האילן בתורת רבעי ולא דריש מהכא דבר דטעון הלול טעון חלול אייתר ליה חד הלול לברכה: **מאי איכא למימר**. הא מיבעי ליה למדרש שאין חלול אלא במקום הלול: **חד תני כרם רבעי**. בכל מקום שיש במשנה נטע רבעי תני איהו כרם: **הניחא אי יליף בג"ש**. דריש למלתיה בג"ש ואייתר ליה חד הלול לברכה: **אשכחן לאחריו**. כדאשכחן בברכת המזון דכתיב ואכלת ושבעת וברכת (דברים ח): **חייב בעוללות**. וכרמך לא תעולל (ויקרא יט) איזהו עוללות כל שאין להן פסיגין לא כתף ולא נטף אלא שורה יחידית של ענבים: **קמה תוכיח**. דאשכחן דאלרכה רחמנא ברכה דכתיב תאכל בה לחם וגו' (דברים ח) וסמיך ליה ואכלת ושבעת וברכת: **צד מזבח**. יין לנסכים וסלת למנחות: **ז' מינין**. האמורים בארץ חטה ושעורה וגו' (שם ח) ובתרייהו כתיב ואכלת ושבעת וברכת: **שכן טעונים בכורים**. דהכי אמרינן במנחות (פ"ע ד' פד:) נאמר כאן ארץ *כי באתי אל הארץ (דברים כו) ונאמר להלן ארץ חטה ושעורה מה להלן שבח הארץ אף כאן שבח הארץ: **אלא סברא הוא**. דלתרווייהו אית להו פירכא למאן דתני כרם ויליף ברכה מז' המינים איכא פירכא שכן טעונים בכורים ולמאן דתני נטע רבעי איכא למפרך התינח מידי דבר נטיעה דלאו בר נטיעה מנלן אלא סברא הוא דכיון דנהנה צריך להודות למי שבראם: **מעל**. כנהנה מן ההקדש דכתיב לה' הארץ ומלואה כדאמרינן לקמן: **לאחר ברכה**. הרי היא לבני אדם: גוזל

תוספות

ביצד מברכין. לא שייך להקשות תנא היכא קאי דקתני כילד כדפריך בריש מכילתין (ד' ב.) משום דהכא סברא הוא לברך כדמסיק בגמרא דאסור ליהנות מן העולם הזה בלא ברכה אי נמי י"ל דקאי אמתני' דמי שמתו (ד' כ:) דקתני בעל קרי מברך לאחריו ואינו מברך לפניו והכי נמי שייך הכא לברך על כל דבר ודבר ע"כ קאמר הכא כילד מברכין:

אחליה והדר אכליה. תימה למה לי קרא הא בפ"ב דקדושין (ד' נד:) גמרינן קדש קדש ממעשר שני א"כ נילף ממעשר שני וי"ל אי לאו קרא דהלולים הוה אמינא דאדרבה נילף לחומרא קדש קדש משביעית ואין לו פדיון. עוד פי' רבינו חיים כהן אי מהתם הוה אמינא כי מעשר שני ממש ודוקא בזמן שמעשר שני נוהג כמו בשנה ראשונה ושניה ורביעית וחמישית לשמטה נוהג חלול אבל שלישית וששית שמעשר עני דוקא אימא לא קמ"ל חלולים*:

שאין אומרים שירה אלא על היין. פירוש אין אומרים שירה על שום אכילת מזבח כגון זריקת דמים ונסוך המים כי אם על היין אבל ודאי מלינו שירה בלא יין כגון הלל שבשחיטת פסחים (תמיד נשתנ ד' סד:) [ע"ש בהוספות]:

ולמאן דתני כרם רבעי וכו'. ועתה קיימא לן דרבעי נוהג אף בח"ל מיהו בכרם נוהג ולא בשאר אילנות דכל המיקל בארץ הלכה כמותו בח"ל *וכרם רבעי בזמן הזה מחללין על °שוה פרוט' ושוחקו ומטילו לנהר וכן מפורש בשאלות דרב אחאי [פרשת קדושים סימן ק]:

ואתי נמי זית במה הלד. וא"ת איכא למפרך מה להלד השוה שכן חייבים בלקט דפרט בכרם היינו לקט משא"כ בזית דאין בו לקט וי"ל דניחא ליה למפרך פירכא אפי' יהא הלד השוה חשוב למיתי זית מיניה מ"מ קאמר דשאר מינים לא ידע מיניה:

תינח לאחריו. דעיקר ברכה לאחריו כדכתיב ואכלת ושבעת וברכת:

לפניו לכ"ש. לאו ק"ו הוא דאם כן תהא ברכה דלפניו מדאורייתא ולעיל פרק מי שמתו (דף כא.) משמע גבי בעל קרי דלאו דאורייתא הוא ואפי' רבי יהודה לא פליג אלא משום דעשאן כהלכות דרך ארץ (שם ד' כב.*):

דבר שאין גדולו מן הקרקע. כגון בשר וחלב. וא"ת מאי איריא בשר אפילו ירקות נמי לא אתיא ליה וי"ל דאיכא למימר קמה תוכיח ולפי' רש"י ניחא דגרים דלאו בר נטיעה מנין וליכא למימר דאתא משאר אילנות דאיכא למפרך מה להנך שכן חייבים בפיאה:

אלא סברא הוא אסור לאדם שיהנה כו'. וקרא דנסיב לעיל אסמכתא בעלמא והגמרא היה סבור מתחלה דלמוד גמור הוא:

א א מיי' פ"א מהל' ברכות סמג עשין כז טוש"ע או"ח סימן רב סעיף א:
ב ב מיי' וסמג שם טור ש"ע א"ח סימן רג סעיף א:
ג ג מיי' פ"ג שם הל' ב סמג שם טוש"ע א"ח סי' קסז סעיף ב.
ד ד מיי' פ"א שם סמג שם טוש"ע א"ח סימן רה סעיף א:
[ד] מיי' פ"ג מהל' כלי המקדש הלכה ב:
[ה] מיי' פ"ט מהלכות מעשר שני טוש"ע י"ד סימן רלד סעיף ז ובהג"ה שם:
ה ה ו מיי' פ"א שם הל' ב סמג שם טור א"ח סימן רי סעיף א:

[ועי' תוס' ב"ק סט: ד"ה קדש וכו' ביאור ביאור ותוס' קדושין נד: ד"ה גמר]

[ועי' היטב תוס' קדושין נ: ד"ה אפרוג]

[לקמן מח: ע"ש פירש"י ד"ה כשהוא שבע וכו' וד"ה כשהוא רעב וכו']

[ועי' תוס' יומא עט. ותוס' סוכה מ: ותוס' חולין קו. ד"ה ולא]

גליון הש"ס

גמ' אחליה והדר אכליה. בירושלמי פ"ז דפאה אמר אכן דרשה דהכא לא מתמנעי רבנן בין ה' לת'. וכן הוא בירושלמי פ"ו דבכת על דרכה דאלה הדברים אלו ל"ט מלאכות: שם חד תני כרם רבעי. עי' סוטה מג ע"ב רש"י ד"ה קלא ולע"ג: שם כרם זית איקרי. וכעין זה חולין קלט ע"ב וש"נ: תוס' ד"ה ולמאן כו' שוה פרוטה. וכן הוא ברבינו יונה ובש"ע ותמוה לי כיון דילפינן חלול חלול ממעשר ליבעי חלול על דבר שעליו צורה וצ"ע:

[לקמן לו.]

ת"כ פ' קדושים פ"ג פ"ו

ערכין יא. יב.

אשר תביא מארצך

[קדושין ה: כה. וש"נ]

ב"מ פ"ו:

תוספתא פ"ד

תהלים כד

שם קטו

ויקרא יט | ויקרא יט | שופטים ט | דברים כב | שופטים טו

אות ב׳

ועל פירות הארץ הוא אומר: בורא פרי האדמה

סימן רב ס״א - [ד]על פירות הארץ מברך: ״בורא פרי האדמה״.

אות ג׳

שעל הפת הוא אומר: המוציא לחם מן הארץ

סימן קסז ס״ב - [ה]יברך: המוציא לחם מן הארץ - בה״א קודם המ״ם, ואם בירך ״מוציא״, יצא.

(ואם רבים מסובים - ורוצים לצאת בברכתו, **יכוונו לבם לשמוע ברכה)** - משום דכיון דרוצה לצאת בברכת חבירו, צריך ליתן דעתו לשמוע, ואז הו״ל כל תיבה ששומע מפי המברך כאלו אמר בעצמו.

(ויענו אמן) - דע״י העניה שמאמת הדבר, אז נחשב כאלו הוא מברך בעצמו, **ומ״מ** בדיעבד אינו מעכב.

(ואע״ג דבכל הברכות כששומע מישראל, צריך לענות אמן, נקטיה הכא, משום דבכאן שרוצים לצאת בהברכה, צריך לכוין לבם לשמוע הברכה ולענות אמן לבסוף, משא״כ בעלמא, שאין מחויב לשמוע כדי שיענו אמן אח״כ).

(והמברך יכוין לאמן שאומרים) (א״ז) - דענית אמן ג״כ מכלל הברכה היא, ואע״ג דהוא בירך כבר בעצמו, מ״מ ע״י שעונים אמן עליה, הברכה חשובה יותר, ולכך נכון לכתחלה לכוין לצאת בענית אמן שעונה העונה, (**והוא** מד״מ, וכן מבואר באו״ז להדיא, והנה אף דהביאו זה מירושלמי, בשום פוסק לא נמצא דבר זה, ובאמת כל המברך בעצמו איזה ברכה, א״צ להאמן כלל וכלל, ואדרבה העונה אחריה אמן הרי זה בור, ואע״ג דהכא אינו מפסיק כלל, עכ״פ למה לו להאמן, ואף שישבתי זה קצת במ״ב, מ״מ הוא דוחק, **ובאמת** הל״ח וכן בשכנה״ג, כפי הנראה שהוקשה להם דין זה, והשיאו דין זה לטעם אחר, והוא כדי שידע אימתי לבצוע, משום שאסור לבצוע עד שיכלה האמן מפי העונים, אבל מד״מ מוכח כטעמא שכתבתי במ״ב, ולולא דמסתפינא הו״א דט״ס הוא בירושלמי, ולפי״ז לא נזכר כלל דינא דאו״ז בירושלמי, וצ״ע).

[ו]יתן ריוח בין ״לחם״ ובין ״מן״ - היינו שיפסיק מעט, כדי שלא יבלע תחת לשונו אחת מהממין, וכן בין שאר שתי אותיות ששוות בהברכות.

אות ד׳

ועל הירקות הוא אומר: בורא פרי האדמה

סימן רה ס״א- [ז]על הירקות מברך ״בורא פרי האדמה״.

אות [ד׳]

שאין אומרים שירה אלא על היין

רמב״ם פ״ג מהל׳ כלי המקדש ה״ב - עבודה שלהן היא שיהיו שומרין את המקדש, ויהיו מהן שוערין לפתוח שערי המקדש ולהגיף דלתותיו, ויהיו מהן משוררין לשורר על הקרבן בכל יום, שנאמר: ושרת בשם י״י אלהיו ככל אחיו הלוים, אי זהו שירות שהוא בשם י״י הוי אומר זו שירה; ומתי אומר שירה, על כל עולות הציבור החובה ועל שלמי עצרת בעת ניסוך היין; אבל עולות נדבה שמקריבין הציבור לקיץ למזבח, וכן הנסכין הבאין בפני עצמן, אין אומרין עליהן שירה.

אות [ה׳]

נטע רבעי

יו״ד סימן רצד ס״ז - [ח]דין נטע רבעי נוהג אף בחוצה לארץ.

ויש מי שאומר שאינו נוהג אלא בארץ, אבל בחוצה לארץ פירות הבאים אחר שעברו שני ערלה מותרים בלא פדיון. (וי״א שאינו נוהג בחוצה לארץ רק בכרם, ולא בשאר אילנות) (טור בשם הגאונים ורמב״ן ורא״ש וע״פ).

באר הגולה

[ד] ברכות ל״ה ע״א [ה] ברכות ל״ח [ו] טור מהירושלמי שם [ז] ברכות ל״ה ע״א וכת״ק [ח] ‹בעיקר דין רבעי איתא בברכות [ל״ה א] דפליגי ר׳ חייא ור״ש ברבי, חד תני נטע רבעי, וחד תני כרם רבעי, כלומר דכל מין נטיעה של אילנות חייב ברבעי, וחד תני כרם רבעי, דרק כרמים של ענבים חייבים ברבעי ולא שארי מינים, ויליף זה מקרא, ע״ש. **ולא** הוכרע כמאן הלכתא, והשאלתות פ׳ קדושים כתב דגם בכרם אינו חייב בגפן יחידית ברבעי, רק בכרם שלם, דהיינו לכל הפחות שתים כנגד שתים ואחד יוצא זנב, ע״ש, וכתבו רבותינו בעלי התוס׳ [ד״ה ולמאן] וז״ל: ועתה קיי״ל דרבעי נוהג אף בחו״ל, מיהו בכרם נוהג ולא בשארי אילנות, דכל המיקל בארץ הלכה כמותו בחו״ל וכו׳, עכ״ל, וכן פסקו כמה מהראשונים. **אבל** הרמב״ם כתב וז״ל: יראה לי שאין דין נטע רבעי נוהג בחו״ל, אלא אוכל פירות שנה רביעית בלא פדיון וכו׳, והורו מקצת גאונים שכרם רבעי לבדו פודין אותו בחו״ל וכו׳, ואין לדבר זה עיקר, עכ״ל. **ולדבריו** אין דין רבעי כלל בחו״ל, וטעמו ביאר הרשב״א בתשו׳, דכיון דילפינן רבעי ממעשר שני, מה מעשר שני אינו בחו״ל, אף רבעי כן. **ולענין** דינא הכריע רבינו הרמ״א בסעיף ז׳, דכרם רבעי נוהג בחו״ל ולא נטע רבעי, ולכן יפדנו בלא ברכה, כיון דלדעת הרמב״ם אין רבעי נוהג כלל בחו״ל – ערוה״ש›

אות ה' - ו'

לפניו מנין... דאתיא בקל וחומר: כשהוא שבע מברך, כשהוא רעב לא כל שכן

אסור לו לאדם שיהנה מן העולם הזה בלא ברכה

רמב"ם פ"א מהל' ברכות ה"ב - [ט]**ומדברי סופרים לברך על כל מאכל תחלה ואח"כ יהנה ממנו, ואפילו נתכוון לאכול או לשתות כל שהוא, מברך ואח"כ יהנה; וכן אם הריח ריח טוב, מברך ואח"כ יהנה ממנו; וכל הנהנה בלא ברכה מעל; וכן מדברי סופרים לברך אחר כל מה שיאכל וכל מה שישתה, והוא שישתה רביעית והוא שיאכל כזית; ומטעמת אינה צריכה ברכה לא לפניה ולא לאחריה עד רביעית.**

טור או"ח סימן רי - **ברכה ראשונה אין לה שיעור, שעל כל הדברים מברכים לפניהם בכל שהו, שאסור ליהנות מן העולם הזה בלא ברכה.**

[י]**סימן קסז ס"ט** - [יא]**אם הוא מסופק אם בירך "המוציא" אם לאו, אינו חוזר ומברך** - כשיאכל עוד, דברכת "המוציא" אינו אלא מדרבנן, וספיקא לקולא, **ומטעם** זה, אפי' אם ירצה להחמיר ולברך, ג"כ אינו רשאי, משום ברכה שאינה צריכה, [**ואף** דרשאי להחמיר על עצמו שלא לאכול, בזה אינו נכנס לחשש איסור], **מיהו** אם נזדמן לפניו במסיבתו אחד שרוצה לאכול פת, נכון שיוציאנו בברכת "המוציא".

[יב]**סימן רט ס"ג** - [יג]**"כל הברכות אם נסתפק אם בירך אם לאו, אינו מברך לא בתחלה ולא בסוף** - משום שהן מדברי סופרים, וספיקא דרבנן לקולא, **חוץ מבהמ"ז מפני שהיא של תורה** - והוא שאכל כדי שביעה, דאז הוא מחוייב מן התורה.

והנה מהמחבר משמע שסתם כהרמב"ם וסמ"ג, שסוברין דברכה מעין שלש שמברכין על שבעת המינים הוא מדרבנן, **אבל** באמת יש הרבה ראשונים שסוברין שהוא מדאורייתא, **וע"כ** כתבו האחרונים, דמי שאכל כדי שביעה מפירות, או תבשיל של שבעת המינים, ונסתפק לו אם בירך אחריו, **יאכל** עוד מאותו המין שיעור כזית ויברך אחריו, ויוציא על ידי זה גם הספק שלו, **ועיין** בפמ"ג שמצדד, דאם אין לו מאותו המין, יקח ממין אחר שהוא משבעת המינין, כגון שאכל פרי עץ, יקח מיני מזונות ויכלול בהברכה, ‹**דאף** למ"ד שאין לכלול שום תוספת כבסי' ר"ח סי"ח, דאיך יאמר שקר, שמא אין זה מין ז' וכדו', **משא"כ** כאן שאכל פרי העץ מין ז', ומחויב מעין שלש, רק אינו יודע אם בירך, דשקר אין אומר, והוי ספק תורה - פמ"ג›. [**ובפת** הבאה בכיסנין לא יצוייר זה, דאם אכל מהם כדי שביעה, הוא כמו לחם גמור וחייב לברך עליו ברכת המזון, **ולכאורה** משמע דהוא מן התורה אם אכל כדי שביעה, כמו בשאר לחם].

אות ה'* [יד]

שכן חייבין בבכורים

רמב"ם פ"ב מהל' ביכורים ה"ב - **אין מביאין בכורים אלא משבעת המינין האמורים בשבח הארץ, והם: החטים והשעורים והענבים והתאנים והרמונים והזיתים והתמרים; ואם הביא חוץ משבעת המינין, לא נתקדשו.**

באר הגולה

[ט] ‹ר"פ כיצד מברכין (שם דף ל"ה) אמרו דילפינן לה מק"ו, ומה כשהוא שבע מברך כשהוא רעב לא כ"ש, וכתבו התוספות דלאו ק"ו הוא, אלא ברכה דלפניו הויא דרבנן - כסף משנה› ‹**ויש** לדקדק, דלפי מסקנא דש"ס שם מוכח דלאו מק"ו נפקא, אלא מסברא, בין לברכה דשאר מינים לאחריו, בין לפניו, וכ"כ הרשב"א בחידושיו יעו"ש כדמוכח מפשטא דש"ס, וא"כ אמאי הביא מרן ז"ל סלקא דעתיה דש"ס - יצחק ירנן. **וכן** לכאורה יש לעורר על ציון העין משפט› [י] ‹ע"פ הב"י והגר"א וז"ל הגר"א: עיין תוס' ל"ה א' ד"ה לפניו כו'› [יא] **טור וסמ"ג רמב"ם בפ"ד מהל' ברכות ולפי נסחאות שלנו** [יב] ‹ע"פ הגר"א וז"ל: שהברכות כולן דרבנן חוץ מבהמ"ז, כמ"ש כ"א. ועוד תנן כו', ושם ספק כו', **ועיין** תוס' ל"ה. ד"ה אלא כו', וד"ה לפניו כו', **אלא** דשם משמע דמעין ג' הוי דאורייתא, וכן שם מ"ד. וכן דעת הרשב"א, **אבל** דעת הרמב"ם דכ"ז הוא אסמכתא, מדהוצרך מתחלה לדחוקי ללמד מקמה וכרם, וכן הברייתא דיליף מקדש הילולים, ש"מ דל"ל בז' מינין דאורייתא› [יג] **הרמב"ם** [יד] ‹ע"פ מהדורת נהרדעא›

כאן לאחר ברכה א"ר חנינא בר פפא כל הנהנה מן העוה"ז בלא ברכה כאילו גוזל להקב"ה וכנסת ישראל שנא' °גוזל אביו ואמו ואומר אין פשע חבר הוא לאיש משחית ואין אביו אלא הקב"ה שנא' °הלא הוא אביך קנך ואין אמו אלא כנסת ישראל שנא' °שמע בני מוסר אביך ואל תטוש תורת אמך מאי חבר הוא לאיש משחית א"ר חנינא בר פפא חבר הוא לירבעם בן נבט שהשחית את ישראל לאביהם שבשמים: ר' חנינא בר פפא רמי כתיב °ולקחתי דגני בעתו וגו' וכתיב °ואספת דגנך וגו' ל"ק כאן בזמן שישראל עושין רצונו של מקום כאן בזמן שאין ישראל עושין רצונו של מקום ת"ר °ואספת דגנך מה ת"ל לפי שנא' °לא ימוש ספר התורה הזה מפיך יכול דברים ככתבן ת"ל ואספת דגנך הנהג בהן מנהג דרך ארץ דברי ר' ישמעאל ר"ש בן יוחי אומר אפשר אדם חורש בשעת חרישה וזורע בשעת זריעה וקוצר בשעת קצירה ודש בשעת דישה וזורה בשעת הרוח תורה מה תהא עליה אלא בזמן שישראל עושין רצונו של מקום מלאכתן נעשית ע"י אחרים שנא' °ועמדו זרים ורעו צאנכם וגו' ובזמן שאין ישראל עושין רצונו של מקום מלאכתן נעשית ע"י עצמן שנא' °ואספת דגנך ולא עוד אלא שמלאכת אחרים נעשית על ידן שנא' °ועבדת את אויביך וגו' אמר אביי הרבה עשו כרבי ישמעאל ועלתה בידן כר' שמעון בן יוחי ולא עלתה בידן א"ל רבא לרבנן במטותא מינייכו ביומי ניסן וביומי תשרי לא תתחזו קמאי כי היכי דלא תטרדו במזונייכו כולא שתא: אמר רבה בר בר חנה א"ר יוחנן משום רבי יהודה בר' אלעאי בא וראה שלא כדורות הראשונים דורות האחרונים דורות הראשונים עשו תורתן קבע ומלאכתן עראי זו וזו נתקיימה בידן דורות האחרונים שעשו מלאכתן קבע ותורתן עראי זו וזו לא נתקיימה בידן ואמר רבה בר בר חנה אר"י משום ר"י בר' אלעאי *בא וראה שלא כדורות הראשונים דורות האחרונים דורות הראשונים היו מכניסין פירותיהן דרך *טרקסמון כדי לחייבן במעשר דורות האחרונים מכניסין פירותיהן דרך גגות דרך חצרות דרך קרפיפות כדי לפטרן [ג]מן המעשר *דא"ר ינאי אין הטבל מתחייב במעשר עד שיראה פני הבית שנא' °בערתי הקדש מן הבית ור' יוחנן אמר אפי' חצר קובעת שנא' °ואכלו בשעריך ושבעו: חוץ מן היין וכו': מאי שנא יין אילימא משום דאשתני לעלויא אשתני לברכה והרי שמן דאשתני לעלויא ולא אשתני לברכה *דאמר רב יהודה אמר שמואל וכן א"ר יצחק א"ר יוחנן שמן זית מברכין עליו בפה"ע אמרי התם משום דלא אפשר היכי נבריך נבריך בורא פרי הזית פירא גופיה זית אקרי ונבריך עליה בורא פרי עץ זית אלא אמר מר זוטרא חמרא זיין משחא לא זיין ומשחא לא זיין והתנן *הנודר [ז]מן המזון מותר במים ובמלח והוינן בה מים ומלח הוא דלא אקרי מזון הא כל מילי אקרי מזון נימא תיהוי תיובתא דרב ושמואל דאמרי אין מברכין בורא מיני מזונות אלא בה' המינין בלבד וא"ר הונא באומר כל הזן עלי אלמא משחא זיין אלא חמרא סעיד ומשחא לא סעיד וחמרא מי סעיד *והא רבא [ח]הוה שתי חמרי כל מעלי יומא דפסחא כי היכי דנגרריה ללביה וניכול מצה טפי טובא גריר פורתא סעיד ומי סעיד כלל והכתיב °ויין ישמח לבב אנוש ולחם לבב אנוש יסעד וגו' נהמא הוא דסעיד חמרא לא סעיד אלא חמרא אית ביה תרתי סעיד ומשמח נהמא מסעד סעיד שמוחי לא משמח אי הכי נבריך עליה שלש ברכות לא קבעי אינשי סעודתייהו עלויה א"ל רב נחמן בר יצחק לרבא אי קבע עלויה סעודתיה מאי א"ל לכשיבא אליהו ויאמר אי הויא קביעותא השתא מיהא *בטלה דעתו אצל כל אדם: גופא אמר רב יהודה אמר שמואל וכן א"ר יצחק א"ר יוחנן [י]שמן זית מברכין עליו בורא פרי העץ היכי דמי אילימא [יא]דקא שתי ליה (משתה) אוזוקי מזיק ליה *דתניא [יב]השותה שמן של תרומה משלם את הקרן ואינו משלם את החומש [יג]הסך שמן של תרומה משלם את הקרן ומשלם את החומש אלא דקא אכיל ליה על ידי פת אי הכי הויא ליה פת עיקר והוא טפל ותנן *זה הכלל [יג]כל שהוא עיקר ועמו טפלה מברך על העיקר ופוטר את הטפלה אלא דקא שתי ליה ע"י אניגרון דאמר רבה בר שמואל *אניגרון מיא דסלקא *אנסיגרון מיא דכולהו

תוספות

כאן לאחר ברכה. וכן בפ' כל כתבי (שבת ד' קיט.) אמרי' כשהיו מכניסים השולחן היו אומרים לה' הארץ ומלואה וכשהיו מסלקין השולחן היו אומרים השמים שמים לה' והארץ נתן לבני אדם: **כאן** בזמן שישראל עושין רצונו של מקום שנאמר ואספת דגנך. וא"ת והא לקמן בזמן שאין ישראל עושין רצונו של מקום מוקמי' ליה. וי"ל דמיירי ודאי שעושין רצונו אבל אין עושין רצונו כ"כ דאינם צדיקים גמורים *ועוד י"ל דפליג ליה אהא דלקמן שבא לפרש מה בין עושים ואין עושין *והכא בעושים ואין עושים כי הדדי (א) ניהו: **דרך** טרקסמון. פירש"י היינו דאורייתא אבל מדרבנן גם חצר קובעת כדמשמע בפ' יוצא דופן (נדה ד' מז:) איזהו חצר שחייב במעשר וכו' וכן מוכח בפ' המביא (ביצה ד' לה.): **טובא** גריר. מכאן משמע שאסור לשתות יין בערב פסח מן המנח' ולמעלה ואם רוצה לשתו' צריך לשתות הרבה דטובא מגריר גריר: לא

רש"י

גזול להקב"ה. את ברכתו: **וכנסת ישראל.** שכשחטאו הפירות לוקין: **אין פשע.** ולפי שהוא מיקל רואים האחרים ולמדין ממנו לעשות כן ליהנות מן העולם בלא ברכה ולכך נקרא זה המיקל חבר לאיש משחית: **לירבעם בן נבט.** שחטא והחטיא את ישראל כך הוא חוטא ומחטיא: **בזמן שעושין רצונו.** הדגן שלהם וכשאין עושים רצונו נוטלו ומראה להם שהוא שלו: **דברים ככתבן.** שלא יעסוק בדרך ארץ: **הנהג בהם.** עם דברי תורה: **מנהג דרך ארץ.** שאם תבא לידי צורך הבריות סופך ליבטל מדברי תורה: **אפשר.** בתמיה אפשר כדבריך: **ביומי ניסן.** ימי הקציר: **ביומי תשרי.** דריכת הגתות והבדים: **דרך טרקסמון.** דרך שערי החצר והבית: **פני הבית.** פתח כניסה ויציאה: **אין הטבל מתחייב במעשר.** מן התורה אבל אכילת קבע אסור לאכול מדרבנן: **זית אקרי.** והוה ליה בורא פרי הפרי שהפרי קרוי זית ואין זו בריאה שמים כי בידי אדם היא בריאה זו אבל גבי גפן הגפן היא העץ והענבים הם פרי הגפן: **חמרא זיין.** להכי חשיב לקבוע לו ברכה לעצמו: **ואמר רב הונא.** הא דקתני מותר במים ובמלח ואסור בשאר אוכלין ומשקין לאו באומר קונם מזון עלי דאין מזון אלא מה' מיני דגן חטין ושעורין וכוסמין ושבולת שועל ושיפון אלא באומר כל הזן עלי קונם וכל מילי נהי דלא אקרו מזון מיהו מיזן זייני בר ממים ומלח אלמא משחא זיין: **סעיד.** חשיב טפי ממזון: **והכתיב ויין ישמח לבב אנוש.** וסיפא דקרא ולחם לבב אנוש יסעד משמע אבל יין איתו אלא משמח ומשני לאו כדקאמרת אלא לחם יסעד ולא ישמח אבל יין סועד ומשמח: **אי הכי.** דזיין וסעיד מזון הוא ולבריך עליה שלש ברכות לאחריו ואנן אמרינן לקמן בפרקין (דף לז.) כל שהוא משבעת המינין ולא מין דגן חכמים אומרים ברכה אחת: **אוזוקי מזיק.** לגופיה ואין זו אכילה שטעונה ברכה דגבי ברכה ואכלת כתיב: **דתני'.** דלאו בר אכילה היא: **השותה שמן של תרומה.** בשוגג: **משלם את הקרן.** כשאר מזיק את חבירו בממונו: **ואין משלם חומש.** דגבי חומש אכילה כתיב ואיש כי יאכל קדש בשגגה (ויקרא כב) פרט למזיק: **ע"י פת.** משום לפתן: **ע"י אניגרון.** מין מאכל הוא ונותנים לתוכו שמן ושנוי במשנה בכמה מקומות: **דאמר רבה בר שמואל.** לא אתא הכא אלא לפרושי לן מאי ניהו: **מיא דסלקא.** מים שסלקו בהן תרדין: דכולהו

עין משפט נר מצוה

ו א מיי' פ"ג מהל' תלמוד תורה הלכה ז טוש"ע י"ד סי' רמו סעיף כא[בהגה] וטוש"ע או"ח סי' קנו:

ז ב מיי' פ"ג מהל' מעשר הלכה ו ופרק ד שם סמג עשין קלה טוש"ע י"ד סי' שלא סעיף פג:

ח ג טוש"ע י"ד סי' ריז סעיף יט:

ט ד טוש"ע או"ח סימן תע"א סעיף א:

והכא כשעושין ואין עושין כי הדדי כצ"ל ופי' דלקמן מפרש מה בין עושין ואין עושין כל כך כסברת התוס' בתירוץ א' ואין עושין כלל ואיכא ג' בבות דע"כ צ"ל דס"ל הכי כיון דמיישב הני ב' פסוקים דהאי קרא דועמדו זרים איירי בעושין ומפיק מיניה דאפי' אסיפת דגן אינם צריכים לעשות כמ"ש מלאכת דגן באותו קרא ועמדו זרים ורעו צאנכם ובני נכר אכריכם וקרא דואספת דגנך איירי באין עושין ע"כ פי' דאין עושין כ"כ דאל"כ קשה במאי מוקמת לקרא דולקחתי דגני אבל הכא לר"ת ב"ס אי ס"ד דאית ליה האי סברא למיפק מהאי קרא דועמדו זרים אפי' מלאכת אסיפת דגן למה ליה להקשות הני תרי קראי אהדדי ולקחתי דגני מואספת דגנך עדיפא מיניה ה"ל להקשות קרא דולקחתי דגני אקרא דועמדו זרים דמשמע אפי' זרים יעשו בשבילן אלא ודאי דלא מפיק מידי מהאי קרא כמו ר' ישמעאל וא"כ צ"ל דאיה אלא ב' מעלות אלו לאין עושין כלל ולעושין אבל לעושין ואין עושין כ"כ אין לו שום ראיה לחלק ביניהם וכי הדדי ניהו ואם כן ע"כ פליגי אהדדי:

י ה ו מיי' פ"ח מהלכות ברכות הלכה ב סמג עשין כז טוש"ע א"ח סי' רב סעיף ד:

יא ו מיי' פ"י מהלכות תרומה הלכה יא:

יב ח שם הלכה א:

יג ט מיי' פ"ג מהלכות ברכות הל' ה סמג עשין כז טוש"ע א"ח סי' רב סעיף ד ובסימן רד סעי' יב ובסי' ריב ס"א:

הגהות הב"ח

(א) תוס' ד"ה כאן בזמן וכו' כי הדדי. נ"ב כשניהם בעצמן הם אוספים את הדגן אלא שאם אין עושין לוקח הדגן מבשותם:

גליון הש"ס

תוס' ד"ה כאן בזמן. ועוד י"ל כו'. עי' תשובת רשד"ם (חא"ח סי' ל"ט):

תוספתא פ"ו דתרומות

שבועות כג. [יומא עו.]

מסורת הש"ס

גיטין דף סא.

[פסיק"י ותו' שם]

שם וב"מ פח:

[לקמן לו.]

עירובין כו: ודף ל.

פסחים קז:

[פסחים מד. סוכה ד.]

לקמן מא. מד.

[נ"ע אכסיגרון כך איתא ביומא עו. ובשבועות וכן פי' בערוך]

§ מסכת ברכות דף לה: §

אות א'

ואספת דגנך

יו"ד סימן רמו סכ"א - ומעלה גדולה למי שמתפרנס ממעשה ידיו, שנאמר: יגיע כפיך כי תאכל וגו'. וכל המשים על לבו לעסוק בתורה ולא לעשות מלאכה להתפרנס מן הצדקה, הרי זה מחלל השם ומבזה התורה, שאסור ליהנות מדברי תורה. וכל תורה שאין עמה מלאכה, גוררת עון וסופו ללסטם הבריות (לשון הטור). (רמב"ם).

וכל זה בבריא ויכול לעסוק במלאכתו או בדרך ארץ קצת ולהחיות עצמו, (רבינו ירוחם ורבינו יונה הרמ"ה), אבל זקן או חולה, מותר ליהנות מתורתו ושיספקו לו (לכ"ע).

ויש אומרים דאפילו בבריא מותר (בית יוסף בשם תשובת רשב"ץ), ולכן נהגו בכל מקומות ישראל שהרב של עיר יש לו הכנסה וספוק מאנשי העיר, כדי שלא יצטרך לעסוק במלאכה בפני הבריות ויתבזה התורה בפני ההמון (אברבנאל בפירוש מסכת אבות) - עיין בכסף משנה, האריך לדות דברי הרמב"ם, והאריך להביא ראיות להמתירין, **והב"ח** כתב, גם הבית יוסף סתם דבריו ולא פירש הדחיות לראיות הרמב"ם, גם לא הראה מקום הראיה כו', **ובאמת** אע"פ שלא ביארו בבית יוסף, כתבו בביאור בכ"מ, וסיום דבריו שם, הכלל העולה, שכל שאין לו ממה להתפרנס, מותר ליטול שכרו ללמד, בין מהתלמידים עצמם, בין מהצבור, **אחרי** הודיע ה' אותנו את כל זאת, אפשר לומר שכוונת רבינו כאן הוא, שאין לאדם לפרוק עול מלאכה מעליו כדי להתפרנס מן הבריות כדי ללמוד, אבל ילמוד מלאכה המפרנסת אותו, אם תספיקנו מוטב, ואם לא תספיקנו, יטול הספקתו מהצבור ואין בכך כלום, **ואפילו** נאמר שאין כן דעת הרמב"ם, אלא כנראה מדבריו בפירוש המשנה, הא קי"ל כל מקום שהלכה רופפת בידך הלך אחר המנהג, וראינו כל חכמי ישראל קודם זמן רבינו ואחריו נוהגין ליטול שכרם מהציבור, **וגם** כי נודע שהלכה כדברי רבינו בפי' המשנה, אפשר שהסכימו כן כל חכמי הדורות משום עת לעשות לה' הפרו תורתך, שאלו לא היה פרנסת הלומדים והמלמדים מצויה, לא היו יכולין לטרוח בתורה כראוי, והיתה התורה משתכחת חס ושלום, ובהיותה מצויה יוכלו לעסוק ויגדיל תורה ויאדיר, ע"כ, **וגם** מהרש"ל כתב להחזיק המנהג, ומסיק, ואמת שאם לא כן כבר היתה בטלה תורה מישראל, כי אי אפשר לכל אדם לעסוק בתורה ולהחכים בה, וגם להתפרנס ממעשה ידיו, **ועוד** אני אומר, מי שהוא בעל ישיבה ומרביץ תורה ברבים, וצריך עתים קבועים מחולקים חציה לו וחציה לאחרים, ואי אפשר לו שילך מביתו כי אם לדבר מצוה, עון הוא בידו אם לא יקבל מאחרים, אפילו יודע מלאכה וחכמה שיוכל ליגע בה ולהרויח כדי לפרנס את ביתו, בוז יבוזו לו באהבת התורה ולומדיה, כי אי אפשר שיבטל מלמודו, **אכן** אם יש לו ממון כבר המספיק לו להחיות את עצמו, ולהלות ברבית והדומה לו, שאין ביטול תורה כלל, אז עון הוא בידו ליהנות משל צבור, אלא יגיע כפו יאכל, ומה שמקבל מהצבור יוציא להוצאת תלמוד תורה, **גם** מחויבים הקהל ליקח מן החכם את מעותיו ולהרויח בהם, ע"כ, וכן הב"ח האריך בהתרות אלו - ש"ך.

ודוקא חכם הצריך לזה, אבל עשיר, אסור.

סימן קנו ס"א - [א]אח"כ ילך לעסקיו, דכל תורה שאין עמה מלאכה, סופה בטלה וגוררת עון, כי העוני יעבירנו על דעת קונו - (כתבו הספרים, שזהו נאמר לכלל העולם, שאין כולם יכולים לזכות לעלות למדרגה רמה זו, להיות עסקם רק בתורה לבדה, אבל אנשים יחידים יוכל להמצא בכל עת באופן זה, והקב"ה בודאי ימציא להם פרנסתם, וזהו שאמרו בברכות: הרבה עשו כרשב"י ולא עלתה בידן, ר"ל דוקא הרבה, וכעין זה כתב הרמב"ם: ולא שבט לוי בלבד וכו', עי"ש, ובפרט אם כבר נמצאו אנשים שרוצים להספיק לו צרכיו כדי שיעסוק בתורה, בודאי לא שייך זה, וישכר וזבלון יוכיח).

ומ"מ לא יעשה [ב]מלאכתו עיקר, אלא עראי, ותורתו קבע, וזה וזה יתקיים בידו - כי אין מעצור לה' להושיע ברב או במעט, וישלח לו ברכה במעשה ידיו, אלא יעשה רק כדי פרנסתו, [כל אחד לפי ערכו], **אך** בזה גופא צריך להזהר מפיתוי היצר, שמפתהו שכל היום צריך השתדלות על הרוחה זו, **והעיקר** שיתבונן בעצמו מה הוא הכרח האמיתי שאי אפשר בלעדו, ואז יכול להתקיים בידו שיהא מלאכתו עראי ותורתו עיקר, [**וכדי** שלא ירמה אותו היצר, יתבונן אילו הוא היה מתחייב לזון את חבירו ולהלבישו לפי ערכו, מה היה אומר אז, איזה דבר הוא הכרח].

והנהגת האדם צריך להיות הכל בדרך המיצוע, לא יקמץ יותר מדאי, ולא יפזר יותר מדאי, וכן בכל המדות, **רק** הגאוה והכעס יתרחק מהם עד קצה האחרון, וכמו שאמר התנא: מאד הוי שפל רוח, וכן בכעס הזהירו חז"ל הרבה עליה.

[ג]וישא ויתן באמונה - היינו שלא ימצא בעסקו שום גזל ותרמית, וגם ע"ז שואלין לו לאדם בשעת הדין, כמו שאחז"ל.

לפטרן מן המעשר

יו"ד סימן שלא ספ"ג - פירות שדעתו להוליכן לבית, אע"פ שנגמרה מלאכתן, אוכל מהם אכילת עראי עד שיכנסו לבית שלו; נכנסו לבית שלו, נקבעו למעשרות ואסור לאכול מהם עד שיעשר. וכשם שהבית קובע למעשר, כך החצר

באר הגולה

[א] טור ממשנה ב' פ"ב דאבות [ב] ברכות ל"ה [ג] שבת ל"א

קובע למעשר, שאם נכנסו הפירות לחצר דרך השער, נקבעו אע"פ שלא נכנסו לתוך הבית.

אות ג'

הנודר מן המזון מותר במים ובמלח... באומר כל הזן עלי

יו"ד סימן ריז סי"ט - הנודר מפת סתם, אינו אסור אלא בפת חטים ושעורים; ובמקום שנוהגים לעשות פת מכל דבר, ונדר מהפת או מהמזון, אסור בחמשת המינין. ואם אמר: כל הזן עלי, אסור בכל חוץ ממים וממלח.

אות ד'

הוה שתי חמרא כל מעלי יומא דפסחא

סימן תעא ס"א - [ד]ויין מעט לא ישתה, משום דמיסעד סעיד - ומסתברא דבפחות מכוס, או עכ"פ מרוב כוס, לא סעיד ושרי.

[ה](בטור כתב, דבין מעט בין הרבה מותר, אלא שהב"י הקשה עליו מסוגיא דברכות דף ל"ה, ולהכי סתם שלא כדבריו, אלא כדעת התוס' והמרדכי, ומסתברא שתלוי הכל לפי טבע אותו האדם, לפי מה שהוא מרגיש בנפשו, דבר שגורר לבו לתאות המאכל או להיפך).

אבל אם רצה לשתות יין הרבה, שותה, מפני שכשהוא שותה הרבה גורר תאות המאכל - ושתי כוסות של רביעית או רובן, יש לחשוב להרבה, ושרי, [אף דזה אינו ברור, עיין במ"א ונהר שלום ‹דנחלקו אליבא דבמרדכי, אם ב' כוסות חשוב פורטא או טובא›, מ"מ אין להחמיר מאחר שדעת הטור להקל אף במעט].

ומ"מ לא ישתה כ"כ עד שיהא שבע, כי ודאי יקלקל תאות המאכל, **וגם** יוכל להשתכר ויתבטל מצות הלילה, [**ומכ"ש** ביי"ש שלנו, בודאי צריך ליזהר שלא לשתות הרבה, שבודאי ישתכר, **וגם** אין ברור עיקר הדבר, אי שייך ביי"ש "טובא מגרר גריר" כמו ביין].

אות ד'*[ו]

אי הכי נבריך עליה שלש ברכות

סימן רח סי"ז - אבל ביין, ברכת ג' פוטרתו, שאם בירך על היין ברכת המזון במקום "על הגפן", יצא - ר"ל אפילו כששתה שלא בתוך הסעודה, גם כן בדיעבד פוטרו כשבירך עליו ברכת המזון, **והטעם**, משום דיין זיין וסועד הלב כמו לחם.

(**ולכאורה** זה קאי רק על פורתא דסעיד, ולא על טובא דגריר ולא סעיד, והיינו לערך ג' כוסות של רביעית, ‹שיטת הנהר שלום אליבא דהמרדכי›, וכן נפסק בשו"ע לקמן בסימן תע"א ס"א, דטובא גריר, **וא"כ** הו"ל לכאורה להשו"ע לחלק, דבטובא אין יוצא אפילו בדיעבד כשבירך בהמ"ז, **ואפשר** לומר דכיון שנתחייב משעה ששתה פורתא, ושייך אז אצלו בהמ"ז, דאז נסעד הלב כמו ע"י לחם, תו לא פקע אף ששתה טובא, וצ"ע).

(**דע**, דביין יש כמה דעות בין הראשונים, ויש בענין זה כמה חלוקים, ונעתיק כולם לדינא: **א**. אם שתה יין שלא בתוך הסעודה ובירך עליו בהמ"ז, נפטר בדיעבד, דכן הוא דעת רבינו יונה והרא"ש, וכן משמע דעת הרשב"ם והמאור, **אף** שדעת הרמב"ן והר"ן, [ז]דיין אין נפטר בבהמ"ז, לא קי"ל כוותייהו, וכמו שפסק השו"ע בסעיף זה, **ב**. אם שתה בתוך הסעודה, אף דברכה ראשנה צריך לברך משום דחשוב וגורם ברכה לעצמו, אבל ברכה אחרונה לכו"ע נפטר ע"י ברכת המזון, וכמו שפסק השו"ע בסימן קע"ד ס"ו).

(**ג**. אם שתה אחר גמר סעודה, דעת רבינו יונה והרשב"ם והמאור, דנפטר ממילא ע"י בהמ"ז שבירך על הלחם, אף שלא כוון בפירוש על היין, **אבל** דעת הרא"ש והרמב"ן והר"ן, דטעון ברכה לפניו ולאחריו, ואין לסמוך על בהמ"ז, **אך** אם כוון בהדיא לפטור גם היין, להרא"ש וסייעתו הנזכר באות א', בודאי מהני, והרמב"ן והר"ן אף בדיעבד לא מהני, **אך** לדידן אין נ"מ בזה, דלדידן נחשב הכל כתוך הסעודה, כדלעיל בסימן קע"ז, אם לא כשאמר: הב לן ונברך, דאז יהיה תלוי באלו הדעות, **וע"כ** טוב שיכון בהדיא לפטור בברכת המזון את היין, ואז יוצא לרוב פוסקים).

(**ד**. אם שתה קודם הסעודה לבד, לדעת המאור והרמב"ן והר"ן אין נפטר בבהמ"ז, **אבל** לדעת הרא"ש נפטר לכתחילה, משום דיין גורר תאות המאכל ושייך לסעודה, והשו"ע פסק כוותיה בסימן קע"ד ס"ו, **ואף** דבודאי אין לזוז מפסק השו"ע, מ"מ לכתחלה בודאי נכון שיכוין בבהמ"ז לפטור היין ששתה).

באר הגולה

[ד] **מהא דרבא ברכות ל"ה וכ"כ התוס' שם** [ה] ‹והתמיה עליו ב"י מהא דפרק כיצד מברכין, עי"ש. **ולענ"ד** נראה ליישב, הואיל דהרי"ף והרא"ש כתבו הא דרבא סתמא, ולא פירשו לחלק בין טובא למעט, א"כ משמע להו דמסוגיא דערבי פסחים משמע שאין לחלק, דאל"כ דיש סברא לחלק בין טובא למעט, א"כ מנא ליה לרבא {שם דף ק"ז, רבא הוה שתי חמרא כולי מעלי יומא דפיסחא, כי היכי דניגרריה לליביה, דניכול מצה טפי לאורתא. אמר רבא: מנא אמינא לה דחמרא מיגרר גריר, דתנן בין הכוסות הללו, אם רצה לשתות, ישתה, בין שלישי לרביעי לא ישתה. ואי אמרת מסעד סעיד, אמאי ישתה, הא קא אכיל למצה אכילה גסה, אלא שמע מינה מגרר גריר} להוכיח ממתני' זו דיין טובא מיגרר גריר, דילמא איפכא מסתברא דבמועט הוא דגריר ומתניתין איירי דוקא במועט, אלא ודאי דאיכא למידחי כיון דמתניתין סתמא תני הרוצה לשתות ישתה משמע מכל מקום, א"כ להיפך נמי, אם נאמר דוקא טובא גריר, הא מתניתין סתמא תני, ודוק. **אלא** ודאי דסוגיא דערבי פסחים משמע מכל מקום, א"כ ודאי סוגיא דפרק כיצד מברכין נידחית מפני סוגיא דערבי פסחים, לכן לא הזכירו הרי"ף והרא"ש בפרק כיצד מברכין וגם הכא האי חילוק – נחלת צבי› [ו] ‹ע"פ הב"י וז"ל: וכן נראה מדאמרינן התם דחמרא סעיד ומשמח, והוינן בה אי הכי נבריך עליה שלש ברכות, ומהדרינן לא קבעי אינשי עליה, דמשמע דמן הדין היה לברך עליו לכתחלה כמו על הפת, אלא משום דלא קבעי עליו› [ז] ‹אפשר דס"ל, דהא דלא קבעי אינשי וכו', הוי סברא דמחמתו מופקע היין מלהשתייך לבהמ"ז בעצם›

אות ה' – ו'

שמן זית מברכין עליו בורא פרי העץ

דקא שתי ליה (משתה) אוזוקי מזיק ליה

סימן רב ס"ד - [ח]שמן זית, אם שתאו כמות שהוא - בלא תערובות דבר אחר להחליש כח השמן, **אינו מברך עליו כלל, משום דאזוקי מזיק ליה** - ואפילו חושש בגרונו נמי אינו מברך, דשמן כמות שהוא אין נהנה ממנו.

ואם אכלו עם פת, אינו מברך עליה, דפת עיקר, ומברך על העיקר ופוטר את הטפילה - פי' אע"ג דעם פת אינו מזיק ליה השמן, ואדרבה נהנה מזה, אבל עכ"פ אינו מברך עליו, משום דהו"ל פת עיקר ומיפטר בברכת הפת, **ואפילו** היה שמן הרבה, נמי אינו אלא טפל לפת.

וכ"ז באוכל השמן ללפת בו הפת, אבל אם אוכל השמן מפני שחושש בגרונו, רק אוכל לזה מעט פת כדי שיוכל לאכול השמן עמו ולא יזיקנו, [ט]**בזה** מקרי השמן עיקר ופוטר הפת הטפלה לו, וא"צ ליטול ידיו ולברך המוציא, [י]**ויש** חולקים וס"ל, דאף בכה"ג הפת עיקר, [**ומיהו** במתכוין באכילת הפת גם להשביע רעבונו, מסתבר דבזה לכו"ע הפת עיקר ופוטר השמן]. ‹**לשאר** הסעיף עיין לקמן דף ל"ו.›

אות ז'

השותה שמן של תרומה, משלם את הקרן ואינו משלם את החומש

רמב"ם פ"י מהל' תרומות הי"א - והשותה שמן והסך את היין, כל אלו משלמים את הקרן ולא את החומש.

אות ח'

הסך שמן של תרומה, משלם את הקרן ומשלם את החומש

רמב"ם פ"י מהל' תרומות [יא]ה"ב - אחד האוכל דבר שדרכו לאכול, ואחד השותה דבר שדרכו לשתות, ואחד הסך דבר שדרכו לסוך, שנאמר: ולא יחללו את קדשי בני ישראל, לרבות את הסך.

אות ט'

כל שהוא עיקר ועמו טפלה, מברך על העיקר ופוטר את הטפלה

סימן רב ס"ד - עיין לעיל אות ה'- ו'.

סימן רד סי"ב - [יב]כל שהוא עיקר ועמו טפילה, מברך על העיקר ופוטר את הטפילה - עיין לקמן סימן רי"ב, שם מבואר כל פרטי דין עיקר וטפל.

וכל דבר שמערבין אותו לדבק, או כדי ליתן ריח, או כדי לצבוע התבשיל, ה"ז טפילה; אבל אם עירב כדי ליתן טעם בתערובות, הרי הוא עיקר - המ"א ושארי האחרונים הסכימו, דהוא דוקא בחמשת מיני דגן, אמרינן דהיכא דבא ליתן טעם, אף שהוא מיעוט הוא העיקר, וכדלקמן בסימן ר"ח ס"ב, **אבל** בשארי מינים אזלינן בתר רובא.

לפיכך מיני דבש שמבשלים אותם, ונותנים בהם חלב חטה כדי לדבק, ועושים מהם מיני מתיקה, אינו מברך "בורא מיני מזונות", מפני שהדבש הוא העיקר.

הגה: ונראה דהא דאם עירב כדי לתת טעם בתערובות שהוא עיקר, היינו דוקא שיש שם ממשות מן הדבר הנותן טעם, ודבר חשוב; אבל בשמים שנותנין לתוך המרקחת, אע"פ שהם לנתינת טעם, אין מברכין עליהם, דבטלין במיעוטן אע"פ שנותנין טעם; לכן נוהגין שלא לברך רק על המרקחת ולא על הבשמים שבהן - ולפי הסכמת אחרונים כנ"ל, אף ביש ממשות לא אזלינן בתרייהו, רק בתר רובא.

סימן ריב ס"א - [יג]כל שהוא עיקר ועמו טפילה, (פי' דבר בלתי נחשב), מברך על העיקר ופוטר את הטפילה, בין מברכה שלפניה בין מברכה שלאחריה.

באר הגולה

[ח] **ברכות ל"ה ע"ב** [ט] ‹והא דלא מוקי ליה בגמרא דאכיל ליה ע"י פת לרפואה, היינו משום דאין דרך רפואה בכך, {והראיה} מדנקט דוקא אניגרון ולא נקט שאר משקין, {ר"ל דאפילו לדעת הב"ח דהפת לא נעשה טפל לשמן משום חשיבות הפת, אבל שאר משקין ודאי נעשין טפל לשמן כששותה לרפואת גרונו. וא"כ אמאי נקט הש"ס דוקא אניגרון, הוי ליה למימר סתמא ששותה על ידי משקין ומיירי בחושש בגרונו, אלא על כרחך צ"ל דאורחא דמלתא נקט - מחה"ש}, ואה"נ אם שותהו עם שאר משקין לרפואה, כגון עם שכר או יי"ש, דמברך בפה"ע - מ"א› [י] ‹משום חשיבות הפת אינו בטל לגבי שמן, אפילו צריך לו לרפואה - מחה"ש› [יא] ‹תוקן ע"פ מהדורת נהרדעא› [יב] **לשון רמב"ם** [יג] **ברכות מ"ד ע"א**

§ מסכת ברכות דף לו. §

אות א' - ב'

הוה ליה אניגרון עיקר ושמן טפל **בחושש בגרונו**

סימן רב ס"ד - [א]ואם שתאו מעורב עם מי סלק"א (הנקרא אניגרון), שאז אינו מזיק, אדרבא הוא מועיל לגרון אם הוא חושש בגרונו, הוה ליה שמן עיקר ומברך עליו: בפה"ע - ולאחריו מעין ג' אם שתה כשיעור, דהשמן עיקר דמרכך ומרפא את הגרון, **ואע"ג** דהאניגרון מרובה על השמן, דלא אזלינן כאן בתר רוב המשקה, אלא כל דבר שעיקר כוונתו עליו, הוא עיקר לענין הברכה, והשני נפטר בברכתו. **וה"ה** אם עירבו עם איזה שאר משקה, בענין שנהנה מהשמן עי"ז ואינו מזיקו.

[**בב"ח** מוכח, [ב]דאפי' נותן מעט שמן כפי הרגילות שנותנים תמיד באניגרון, ג"כ הוא העיקר, **ובא"ר** כתב, [ג]דדוקא אם נותן שמן הרבה, {אין כוונתו הרבה יותר מאניגרון, אלא ר"ל שיעור מרובה}, **ולענ"ד** דתלוי הדבר אם נותן שיעור כפי מה שמועיל לרפואה, אז הוא נחשב לעיקר].

(**עיין בפמ"ג שמסתפק אם בעינן שיתכוין לרפואה, או דלמא אפילו בסתמא הוי כמכוין**). ‹**ולכאורה** יש לעיין, דבשלמא לדעת הב"ח שהביא השעה"צ הנ"ל, בזה שפיר יש להסתפק אי גם בסתמא הוי לרפואה או לא, אבל לדעת הא"ר הנ"ל, דדוקא אם נותן שמן הרבה יותר מהרגילות, א"כ הרי מוכחא דלרפואה שותהו, דהא אין רגילות לשתות כך, וצ"ע - דברי סופרים›.

[ד]ואם אינו מתכוין לרפואה אלא לאכילה, הוי ליה אניגרון עיקר, ואינו מברך אלא על האניגרון ("שהכל") - ומשמע מדברי הט"ז, דמיירי שמי הסילקא הם הרוב לגבי שמן, ולפיכך השמן נטפל לו, **אבל** המ"א כתב, דאפי' באניגרון מועט נמי, אניגרון עיקר, כל שאינו לרפואה אלא לאכול, ומברך על האניגרון ופוטר השמן, [**וצ"ע**].

{ואם הוא תאב לשתות מי אניגרון, אע"פ שנותן לתוכו השמן לרפואה, מברך על מי אניגרון לבד אם הם הרוב - הובא מסעיף י"ז}

"**שהכל**" - כ"כ הרמב"ם וכן מוכח בתר"י, והמג"א תמה, דהא מבואר לקמן בסי' ר"ה, דברכת מי השלקות הוא בפה"א, **והגר"א** מיישבו, דהכא שמתקנו לשתיה, הרי הוא כמשקה וברכתו "שהכל", [**אכן** בכמה ראשונים מבואר להדיא, דגם בכאן ברכתו בפה"א, וכסברת הרב מ"א, **והא"ר** הכריע, דהיכא דרובא סלקא, מברך בפה"א, והיכא דהשמן מרובה, אינו מברך אלא "שהכל", וכפסק השו"ע].

אות ג'

החושש בגרונו, לא יערענו בשמן תחלה בשבת, אבל וכו'

סימן שכח סל"ב - [ה]החושש בשיניו, לא יגמע בהם חומץ ויפלוט - דמוכח מלתא שהוא לרפואה, **ואפילו** לשהות ואח"כ יבלע, אסור. **אבל מגמע ובולע, או מטבל בו כדרכו.**

וה"ה יין שרף ג"כ דינו כמו חומץ, **אך** במקום צער גדול אפשר לסמוך ביי"ש, דמותר לשהותו בפיו ולבלוע אחר כך.

וה"ה דאסור ליתן על השן נעגעלי"ך, או שפיריטו"ס, וסובין חמין, דכ"ז מוכח שהוא לרפואה, **אם** לא דכאיב ליה טובא שמצטער כל גופו, וכדלעיל בסי"ז, ח"א, **וע"ש** לעיל דע"י ישראל מותר דוקא ע"י שינוי, **אך** הח"א מסיק שם, דאם א"א בשינוי, מותר שלא בשינוי. ‹והא אפי' דאורייתא אפשר לעשות, כדמבואר בס"ג›.

ואסור לומר לא"י לעשות לו איזה דבר לרפואה, ואפילו דבר שהוא רק משום שבות, כיון שהוא רק מיחוש בעלמא, **אך** אם יש לו צער גדול מחמת הכאב, ובעבור זה נחלש כל גופו, מותר לעשות על ידו אפילו מלאכה דאורייתא. ‹צ"ע, דלעיל ס"ג כתב דמחללין אפי' ע"י ישראל›.

[ו]**החושש בגרונו, לא יערענו בשמן** - [ז]פי' שישהה השמן בפיו, ואפילו אם יבלע לבסוף, דמוכחא מילתא דלרפואה עביד, וכ"ש אם יפלטנו, **ויש** מתירין כשבולעו לבסוף. **ואפילו** אם נותן השמן לתוך אניגרון {הוא מי סלקא} אסור.

[ח]אבל בולע הוא שמן ואם נתרפא נתרפא - ויש אוסרין בזה, **ומסיק** המ"א דתלוי הכל לפי המקום והזמן, דאם אין דרך הבריאים לבלוע שם שמן באותו מקום, אסור.

באר הגולה

[א] **הרמב"ם** [ב] ‹דמאי דפריך בגמ' פשיטא, הא ודאי כיון דבאינו חושש בגרונו ושותהו ע"י אניגרון אינו מברך אלא שהכל, א"כ איצטריך ליה לאשמועינן דבחושש בגרונו מברך בפה"ע, דהשמן עיקר ולא אניגרון. בע"כ דהכי פריך, כיון דאפי' באינו חושש בגרונו מברך בפה"ע אם נותן בו שמן הרבה, דהשמן עיקר, א"כ כ"ש בחושש בגרונו דמכוין שתהא לו שתיית השמן רפואה לגרונו, פשיטא דהשמן עיקר אפי' לא נתן בו שמן הרבה, אלא כמו שרגילות ליתן שמן באניגרון, מ"מ כיון שאינו שותהו אלא בשביל השמן, פשיטא דהשמן עיקר ומברך עליו בפה"ע, ומשני הא ודאי דכשחייב לברך עליו צריך לברך בפה"ע דשמן הוא העיקר, אלא דסד"א כיון דלא היה שותהו לאניגרון זה עכשיו אלא לרפואת גרונו שותהו, לא ליבריך עליה כלל, קמ"ל דצריך לברך עליו כיון שנהנה ממנו, וכיון שצריך לברך, פשיטא הוא דצריך לברך בפה"ע - ב"ח›

[ג] ‹פירש"י וצריך לתת בו שמן הרבה דהוי ליה שמן עיקר ואניגרו"ן טפל, ע"כ, משמע שהרפואה הוא דוקא ע"י שמן הרבה ולכן הוי ליה שמן עיקר - א"ר›

[ד] **שם** [ה] **שם קי"א משנה וכדמפרש לה אביי** [ו] **ברכות ל"ו ברייתא וכפירוש הרמב"ם** [ז] ‹התוס' הבינו בדברי רש"י [ד"ה לא יערענו], דאסור להשהות בגרונו אפילו אם בולעו לבסוף, כיון שקודם הבליעה הוא משהה ליה בתוך גרונו, מוכחא מילתא דלרפואה ואסור, ולכך הקשו עליו, דלפליג וליתני בדידיה, מאי איריא ע"י אניגרון, אפילו בעיניה שרי לבלעו לאלתר. **ובאמת** הוא קושיא חזקה לפי הבנתם, דהא ע"כ ע"י אניגרון נמי לא שרי רק לבולעו לאלתר ולא לשהותו, דאל"כ למאי נקט כלל ובולע, אע"כ דהכונה הוא שיבלע לאלתר, וכיון שכן גם בלא אניגרון נמי שרי אם בולע לאלתר, דהא לא אסר רק להשהותו, וא"כ למאי נקיט כלל אניגרון. **ולענ"ד** נראה דכוונת רש"י הוא, מאי דכתב ואינו בולעו, היינו שאין בולעו כלל, רק משהי ליה בתוך גרונו ופולטו אח"כ, דבזה הוא דמוכחא מילתא דלרפואה קעביד כיון שאינו בולע כלל, אבל היכי דבולעו אח"כ, אף דמשהי ליה בתוך גרונו קודם שבולע, לית לן בה. **וכן** כתב רש"י להדיא בד"ה תחלה, וז"ל: כלומר לכתחלה לא יתן השמן בפיו לשם ערעור כי אם לשם בליעה, ואם בא להשהותו ישהנו, **והשתא** הכי פי' דהברייתא לפירש"י, לא יערענו בשמן תחלה, ר"ל שלא ישתה שמן בעין, דאז ודאי לא יבלע אותו כיון שהוא מזיק לגופו, רק שישהנו בתוך גרונו ויפלטנו, דזה ודאי אסור, אבל נותן שמן הרבה לתוך אניגרון ובולע, ר"ל דאז מותר אף להשהותו, כיון שבולעו אח"כ, והא דנקיט ע"י אניגרון, היינו משום דאורחא דמילתא הכי הוא, דא"א לבלוע כי אם ע"י אניגרון, דבעיניה קמזיק לגופו. ועיקר כוונת הברייתא להשמיענו, דע"י בליעה שרי אפי' להשהותו, ובלא בליעה אסור, ולכך בבבא דע"י בליעה נקיט ע"י אניגרון, דבלא"ה א"א לבלוע, כנ"ל פשוט בכוונת רש"י, ולק"מ מה שהקשו עליו התוס' - דברי דוד›

[ח] ‹דס"ל להרמב"ם דהאי דנקטה ברייתא לתוך אניגרן, הוא לאו דוקא, אלא אורחא דמלתא נקט, ואפי' בלא אניגרן מותר כיון שבולע, וממילא לדידיה אם משהה, אפילו ע"י אניגרן אסור, דאניגרן לא מעלה ולא מוריד, ופסק בשו"ע כוותיה. **והב"ח** אוסר בזה, ר"ל בלא אניגרן, משום דפסק כהתוס' [שם ד"ה לא יערענו] דמפרשים דבעי תרתי, ע"י אניגרן וגם בולע ולא משהה - מחה"ש›

דכולהו שלקי א"כ *הוה ליה אניגרון עיקר ושמן טפל ותנן זה הכלל כל שהוא עיקר ועמו טפלה מברך על העיקר ופוטר את הטפלה הכא במאי עסקינן [ב]בחושש בגרונו דתניא *החושש [ג]בגרונו לא יערענו בשמן תחלה בשבת אבל נותן שמן הרבה לתוך אניגרון ובולע פשיטא *מהו דתימא כיון דלרפואה קא מכוין לא לבריך עליה כלל קמ"ל [ד]כיון דאית ליה הנאה מיניה בעי ברוכי: קמחא דחיטי רב יהודה אמר בורא פרי האדמה ורב נחמן אמר [ה]שהכל נהיה בדברו א"ל רבא לרב נחמן לא תפלוג עליה דרב יהודה דר' יוחנן ושמואל קיימי כוותיה דאמר *רב יהודה אמר שמואל וכן א"ר יצחק א"ר יוחנן שמן זית מברכין עליו בורא פרי העץ אלמא אע"ג דאשתני במלתיה קאי ה"נ אע"ג דאשתני במלתיה קאי מי דמי התם לית ליה עלויא אחרינא הכא אית ליה עלויא אחרינא בפת וכי אית ליה עלויא אחרינא לא מברכינן עליה בורא פרי האדמה אלא שהכל והא"ר זירא אמר רב מתנא אמר שמואל [ו]אקרא חייא וקמחא דשערי מברכינן עלייהו שהכל נהיה בדברו מאי לאו דחיטי בורא פרי האדמה לא דחיטי נמי שהכל נהיה בדברו ולשמעינן דחיטי וכ"ש דשערי אי אשמעינן דחיטי הוה אמינא ה"מ דחיטי אבל דשערי לא לבריך עליה כלל קמ"ל ומי גרע ממלח וזמית *דתנן *על [ז]המלח ועל *הזמית אומר שהכל נהיה בדברו אצטריך סד"א מלח וזמית עביד איניש דשדי לפומיה אבל קמחא דשערי הואיל [ח]וקשה לקוקיאני לא לבריך עליה כלל קמ"ל כיון דאית ליה הנאה מיניה בעי ברוכי: *קורא רב יהודה אמר בורא פרי האדמה ושמואל אמר [ט]שהכל נהיה בדברו רב יהודה אמר בורא פרי האדמה פירא הוא ושמואל אמר שהכל נהיה בדברו הואיל וסופו להקשות אמר ליה שמואל לרב יהודה *שיננא כוותך מסתברא דהא צנון סופו להקשות [י]ומברכינן עליה בורא פרי האדמה ולא היא צנון נטעי אינשי אדעתא דפוגלא דקלא לא נטעי אינשי אדעתא דקורא וכל היכא דלא נטעי אינשי אדעתא דהכי לא מברכינן עליה והרי צלף דנטעי אינשי אדעתא דפרחא ותנן [כ]על מיני נצפה על העלין ועל התמרות אומר בורא פרי האדמה ועל האביונות ועל הקפריסין אומר בורא פרי העץ אמר רב נחמן בר יצחק צלף נטעי אינשי אדעתא דשותא דקלא לא נטעי אינשי אדעתא דקורא ואע"ג דקלסיה שמואל לרב יהודה הלכתא כותיה דשמואל: אמר רב יהודה אמר רב [ל]צלף של ערלה בחוצה לארץ זורק את האביונות ואוכל את הקפריסין למימרא דאביונות פירי וקפריסין לאו פירי ורמינהו על מיני נצפה על העלים ועל התמרות אומר בורא פרי האדמה ועל האביונות ועל הקפריסין אומר בורא פרי העץ הוא דאמר כר"ע דתנן *רבי אליעזר אומר צלף מתעשר תמרות ואביונות וקפריסין ר"ע אומר [מ]אין מתעשר אלא אביונות בלבד מפני שהוא פרי ונימא הלכה כרבי עקיבא אי אמר הלכה כרבי עקיבא הוה אמינא אפי' בארץ קמ"ל *כל המיקל בארץ הלכה כמותו בחוצה לארץ אבל בארץ לא ונימא הלכה כרבי עקיבא בחוצה לארץ דכל המיקל בארץ הלכה כמותו בח"ל אי אמר הכי הוה אמינא הנ"מ גבי מעשר אילן דבארץ גופא מדרבנן אבל גבי ערלה דבארץ מדאורייתא אימא בח"ל נמי נגזור קמ"ל רבינא אשכחיה למר בר רב אשי דקא זריק אביונות וקאכיל קפריסין א"ל מאי דעתך כר' עקיבא דמיקל ולעביד מר כב"ש דמקילי טפי דתנן *צלף ב"ש אומרים כלאים בכרם וב"ה אומרים [נ]אין כלאים בכרם אלו ואלו מודים שחייב בערלה הא גופא קשיא אמרת צלף ב"ש אומרים כלאים בכרם אלמא מין ירק הוא והדר תני אלו ואלו מודים שחייב בערלה אלמא מין אילן הוא הא לא קשיא ב"ש ספוקי מספקא להו ועבדי הכא לחומרא והכא לחומרא מ"מ לב"ש הוה ליה ספק ערלה ותנן * [ס]ספק ערלה בא"י אסור ובסוריא מותר ובח"ל יורד ולוקח

רש"י

דכולהו שלקי. כל מיני ירק שלוק: **החושש בגרונו.** וצריך לתת בו שמן הרבה דהוה ליה שמן עיקר ואניגרון טפל: **לא יערענו בשמן.** בשבת דמשהי ליה בתוך גרונו ואינו בולעו וכיון דלא בלע ליה מוכחא מילתא דלרפואה הוא וחכמים גזרו על כל רפואות הנכרות משום שחיקת סמנים שהיא מלאכה: **תחלה.** כלומר לכתחלה לא יתן השמן בפיו לשם ערעור כי אם לשם בליעה ואם בא להשהותו ישהנו: **דאית ליה הנאה מיניה.** לבד הרפואה יש לו הנאה אכילה: והלכתא וכו' עד פטור להו לא גרסינן ומה"ג הוא: **קמחא דחטי.** אוכל קמח חטים כמות שהיא: **בורא פרי האדמה.** כשאר כוסס חטין דתניא לקמן בפרקין (ד' לז.) שמברך בורא פרי האדמה: **דאשתני.** וגרע הואיל ולא אשתני לעלויא מעלייתא: **במלתיה קאי.** והוה ליה ככוסס חטין: **הכא אית ליה עלויא אחרינא.** הלכך יצא מכלל פרי ולכלל דרך אכילתו לא בא אבל השמן מיד בא בשנויו לכלל דרך אכילתו ועיקר הפרי לכך נטעוהו הלכך פרי הוא: **מאי לאו.** מדאמר שערי מכלל דס"ל בחטי בפה"א דחשיב: **ומי גרע ממלח וזמית.** והיכי תיסק אדעתין דלא תבעי ברכה: **זמית.** שלמיר"א (א): **קוקיאני.** תולעים שבמעיים: **דאית ליה הנאה.** באכילה: **קורא.** רך של דקל כשענפיו גדלים בכל שנה ושנה כדרך כל האילנות הנוסף בשנה זו רך ובשנה שניה מתקשה ונעשה עץ: **לגנון סופו להקשות.** שאם אינו תולשו בעתו הוא מתקשה כעץ: **אדעתא דפוגלא.** לאכלו כשהוא רך ושמו פוגלא: **צלף.** מין עץ: **אדעתא דפרחא.** שם פריו: **מיני נצפה.** הוא צלף לפי שגדלים בו כמה מיני אכילה קרי ליה מיני: **תמרות.** בתוך העלים גדלים כמין תמרות ובולטין בעלה כמו בעלין של ערבה: **אביונות.** הוא הפרי: **קפריסין.** הוא קליפה גדולה שסביבות הפרי כעין קליפה הגדילה סביב אגוזים דקים: **צלף נטעי אינשי אדעתא דשותא.** לאכול את העלים ואת התמרות שאינן ממעטין את האילן בכך: **דקלא לא נטעי אינשי אדעתא.** לאכול את הקורא שהאוכלו ממעט ענפי האילן: **ערלה בחוצה לארץ.** מדברי סופרים היא: **דכל המיקל בארץ.** בערלה הלכה כמותו בחוצה לארץ. דכיון דאינה מן התורה הלך אחר המיקל: **גבי מעשר.** דהא דר"ע לגבי מעשר איתמר דמעשר פירות האילן דבארץ גופה דרבנן שהתורה לא חייבה לעשר אלא דגן תירוש ויצהר: **כלאים בכרם.** קסבר מין ירק הוא: **מ"מ לב"ש הוה ליה ספק ערלה וכו'** (ב). האי מ"מ מסקנא דפירכא דרבינא הוא ולמימר באף הפרי עצמו מותר בחוצה לארץ דהא בארץ ספק הוא ותנן ספק ערלה כו': **ובסוריא.** ארם צובה שכבש דוד והוסיפה על גבול ארץ ישראל: **ובחוצה לארץ.** הלוקח מן החשוד על הערלה ויודע הוא שיש בפרדסו זקנות ונטיעות: **יורד ולוקח.** הימנו אף על פי שספק הוא אם יביא מן הנטיעות ובלבד

תוספות

לא יערענו. פירש"י להשהותו וא"ת א"כ לפלוג וליתני בדידה מאי איריא ע"י אניגרון אפילו בעיניה שרי לבלעו לאלתר דהא אינו אסור אלא לערער דהיינו להשהותו ע"כ פי' הר"י לא יערענו אפי' בבליעה בלא שהייה שכל שתייה שאינה אלא לרפואה קרי ליה ערעור ואפי' כשבולעו והיינו טעמא דמתסר משום דקא מוכחא מילתא דלרפואה קא מכוין א"נ יש ליישב פירוש רש"י לא יערענו להשהותו אבל נותן הוא לתוך אניגרון ואפילו להשהותו או בולעו (ג) בעיניה בלא שהייה: **כיון** דאית ליה הנאה מיניה בעי ברוכי. ונראין הדברים (ד) דאם אדם שותה *משקין אם המשקין רעים לשתות דלית ליה הנאה מיניה לא בעי ברוכי ואי אית ליה הנאה מיניה בלא הרפואה בעי ברוכי: **והלכתא** שכתוב בספרים לא גרסי' דלשון ה"ג הוא עד קמחא וכו': **קמחא** דחיטי. נראה דלא מיירי בקמחא ממש דאם כן לא שייכא ביה ברכה דבורא פרי האדמה אלא מיירי בקמחא שקורין אישקלא"טיר או בקמח שעושין משבולת שועל שמייבשין בתנור: **לא** נטעי אינשי אדעתא דקורא. וסבר גמ' כוותיה דשמואל וא"כ אותן לולבי גפנים דלא נטעי אינשי אדעתא דהכי מברכינן עלייהו שהכל נהיה בדברו ואותן שקדי' כשהם רכים אוכלים קליפתם החיצונה ולא נטעי להו אדעתא דהכי למיכל להו כשהן רכים כי אם לאכול הגרעינין שלהן כשיתבשלו מברך עלייהו נמי שהכל: קליפי

עין משפט נר מצוה

יד א ב מיי' פ"ח מהל' ברכות הל' ב סמג עשין כז טוש"ע או"ח סי' רב סעיף ד:

טו ג מיי' פכ"א מהלכות שבת הל' כד טוש"ע או"ח סי' שכח סעיף לג [רב אלפס שבת פ"ש י"ד דף מד]:

טז ד טוש"ע או"ח סי' רד סעיף ח:

יז ה מיי' פ"ג מהלכות ברכות הלכה ב סמג עשין כז טוש"ע או"ח סי' רח סעיף ה:

יח ו ז ח מיי' פ"ח שם הלכה ג ד ח סמג שם טוש"ע או"ח סי' רד סעיף א:

יט ט טוש"ע או"ח סי' רג סעיף ח:

כ י מיי' פ"ח מהלכות ברכות הלכה ו סמג שם טוש"ע או"ח סי' רב סעיף ו:

כא כ מיי' פ"י מהל' מ"ש ונטע רבעי הלכה ג סמג עשין קלו טוש"ע יו"ד סימן רצד סעיף ג:

כב ל מיי' פ"ב מהל' תרומה הלכה ד:

כג מ מיי' פ"ה מהל' כלאים הל' כ טוש"ע י"ד סי' רצו סעיף טו:

כד נ מיי' פ"י מהלכות מאכלות אסורות הל' יא סמג לאוין קמד טוש"ע יו"ד סימן רצד סעיף ט י:

לקמן מ: נדרים נה:

[פי' בערוך מרק והטור בא"ח סי' ר"ד פי' מי מלח ורבינו האי פירש זומית שהוא הקלף]

רב נסים גאון

אי אמר הכי הוה אמינא הני מילי מעשר (ירק) [אילן] דבארץ גופיה מדרבנן. שנינו במסכת ראש השנה בפ' א' באחד בתשרי ראש השנה לשנים ולשמטים וליובלו' לנטיעה ולירקות ובברייתא (שם דף יב) לירקות ולמעשרות ואמרינן לירקות מאי ניהו מעשר ירק הייט מעשרות תנא דרבנן וקתני דאורייתא וליתני דאורייתא ברישא איידי דחביבה ליה אקדמה ותנא דיין תנא דרבנן וכל שכן דאורייתא ובמסכת יומא בפרק יום הכפורים (דף פג) איתא נמי גוזין כרישין ואוכל ואינו צריך לעשר והני מילי ירק דרבנן ובתחיל' מסכת מעשרות דבני מערבא אמרי ירקות מנין איסי בן עקביא אומר המעשרות לירק מדבריהן לפי שהכתוב לא זכר אלא זרע הארץ ופרי העץ כדכתיב וכל מעשר הארץ מזרע הארץ מפרי העץ אבל ירק מדרבנן הוא כדפרשי':

מסורת הש"ס

תוספתא פ"ט דתרומות[ופ"ו דשביעית] [תוספתא שבת פי"ג]

[לעיל לה:]

גליון הש"ס

גמ' הואיל וקשה לקוקיאני. כדאיתא שבת דף קט:

[נ"ל דתניא]

עירובין ד' כח:

[שבת [ז.] נה. קנג. עירובין נד. חגיגה טו: ר"ה כ"ד: כתובות יב:יד. נג. קדושין לב. [לג:] ב"ק יד. טו: לו: גיטין עח: ב"ב קלג: ע"ג מג: סנהדרין פ: כריתות יט: נדה יג. יז. כה:]

מעשרות פ"ד משנה ו

שבת דף קלט.

[תוספתא' ספ"ג דכלאים]

ערלה פ"ג משנה ט קדושין לט:

הגהות הב"ח

(א) רש"י ד"ה זמית שלמירי"א. נ"ב פי' מי מלח: (ב) ד"ה מ"מ לב"ש וכו' ערלה וכו' וסלי סלי מ"מ: (ג) תוס' ד"ה לא יערענו וכו' או בולעו. נ"ב וסלי ובולע כלומר או בולעו: (ד) ד"ה כיון וכו' ונראין הדברים. נ"ב עיין לקמן דף ל"ח ע"א גבי שתיתא רבה:

אות ד'

כיון דאית ליה הנאה מיניה בעי ברוכי

סימן רד ס"ח - [ט]כל האוכלין והמשקין שאדם אוכל ושותה לרפואה, אם טעמם טוב והחיך נהנה מהם, מברך עליהם תחלה וסוף - ר"ל אע"פ שאינו תאב להם כלל, ואינו אוכלם אלא מחמת אונס חליו, כיון שעכ"פ החיך נהנה מהם, [**ואף** אם טעמם אינו טוב כ"כ, כיון שעכ"פ אינם רעים והחיך נהנה מהם, משמע ממ"א דאעפ"כ מברך, ומה דנקט המחבר אם טעמם טוב, הוא לאו דוקא, אלא לאפוקי אם הם רעים, וזה רמז המ"א, דבתוס' לא נזכר כלל טעמם טוב]. **ולאפוקי** אם הם רעים שאין לו הנאה מזה, אע"פ שמתרפא מהם, אינו מברך כלל.

הגה: אם אנסוהו לאכול או לשתות, אע"ג דהחיך נהנה ממנו, אינו מברך עליו, הואיל ונאנס על כך (ב"י בשם אהל מועד והרא"ה) - ולא דמי למש"כ לקמיה בס"ט, באוכל איסור מפני הסכנה דמברך עליו, כיון דעכ"פ נהנה, אף דגם שם אכילתו ע"י אונס, **שאני** התם דהאונס אינו על האכילה גופא, משא"כ הכא שהאכילה גופא הוא ע"י אונס, שאונסים אותו לאוכלו, לא שייך בזה לחייבו לברך על הנאתו, כיון שהוא בע"כ, כן היא סברת הרמ"א, והסכימו עמו הרבה אחרונים, **ויש** חולקים ע"ז, וס"ל דכיון שסוף סוף נהנה גרונו מזה, חשיבא אכילה וצריך לברך ע"ז, וכההיא דס"ט, **ועיין** בח"א שהכריע, דבפת אם אכל כדי שביעה, דבהמ"ז שלו הוא מה"ת, יברך.

סימן רד ס"ט - [יא]אכל מאכל או משקה של איסור מפני הסכנה - כגון חולה שצריך לאכול מאכלות אסורות לרפואתו, [ואפי' באיסור שהוא מן התורה], **וכ"ש** אם אוכל מאכל של היתר בזמן האיסור, כגון חולה ביוה"כ, **מברך עליו תחלה וסוף** - דכיון דסכנתא הוא, התירא קאכיל, ואדרבה מצוה קעביד להציל נפשו, ואין זה בכלל שאר דבר איסור, דקי"ל לעיל בסימן קצ"ו שאין מברכין עליו, **ואע"ג** שברצונו לא היה אוכל דבר זה כי אם מחמת אונס חליו, מ"מ כיון שכבר הוא חולה, וחפץ להתרפאות במאכל ומשקה זה, חשיבא אכילה שיש בה הנאה, **ואם** הוא דבר שנפשו קצה בזה, א"כ אין החיך נהנה ממנו, ואין צריך לברך ע"ז.

אות ה'

קמחא דחיטי... שהכל נהיה בדברו

סימן רח ס"ה - [יב]קמח, אפילו של חטים - דחשיבי, וכ"ש קמח של שעורים, **מברך עליו "שהכל", ואחריו "בורא נפשות"** - דאף דאכל את החטה כשהוא בעין ברכתו בפה"א, כנ"ל בס"ד, **הכא** כיון שנשתנה החטה שנטחן, עומד להתעלות ולעשות ממנו פת, וקודם לזה יצא מכלל פרי, ולדרך אכילתו לא בא.

[יג]לא שנא נטחן דק דק - ר"ל דבזה אינו טוב הקמח לאכילה כלל כשהוא חי, ובודאי אינו מברך רק "שהכל", משום קצת הנאה דאית ליה בזה, **לא שנא נטחן קצת, ועדיין יש בו טעם של חטים, לא שנא קמח של קליות** - אפ"ה ברכתו רק "שהכל".

אות ו' - ז' - ח'

אקרא חייא וקמחא דשערי מברכינן עלייהו שהכל כו'

על המלח ועל הזמית אומר שהכל נהיה בדבר

קורא... שהכל נהיה בדברו

סימן רד ס"א - ועל המלח - הואיל ויש לו מזה עכ"פ הנאה קצת כשנותן לתוך פיו, **[יד]ועל מי מלח. ועל המרק** - של בשר, דאלו של פירות וירקות תליא בפלוגתא, עיין בסימן ר"ב סעיף י' וי"א.

ועל כמהין - אותן שמצויים תחת הקרקע, ונבראין משומן הארץ, **ופטריות** - גדילים על העצים.

ועל קורא, הגה: שהוא הרך - של דקל, [רש"י], **הנתוסף [טו]באילן בכל שנה** - כשענפיו גדלים בכל שנה ושנה, **שקורין פלמיטו** - והנוסף בשנה זו רך וחזי לאכילה, ובשנה שניה מתקשה ונעשה כעץ, ‹מברך "שהכל"›, דאע"ג דגידולו מן הארץ, אפ"ה לא מברכינן עליה אפי' בפה"א אלא "שהכל", דלא נטעי אינשי האילן אדעתא למיכל את הקורא כשהוא רך, דממעט ענפי האילן, אלא שיתקשה ויעשה עץ ויגדל פרי.

כתב הט"ז דקטניות רטובין בשל גנות, שנזרעין על דעת לאכול חיין, מברך בפה"א אפילו על השרביטין לבד, דעל מנת כן נזרעו, **אבל** של שדות שדרכן להניחן עד שיתייבשו ולאוכלן מבושלין, מברך על הקטניות כשהן חיין אפילו כשהן רטובין "שהכל", ואם בשלן בפה"א, **ובפמ"ג** מפקפק מאד על דבריו, וכן דעת הרבה אחרונים דאין לחלק בין קטניות לקטניות, ולעולם מברך עליהן כשהן רטובים בפה"א, וכן מנהג העולם, [דלא שייך הסברא דלא נטעי אדעתא דהכי על עיקר הפרי], **אמנם** לענין השרביטין יש דעות בין האחרונים, כשאוכלן לבדן בלא הקטניות, אם יברך עליהן בפה"א או "שהכל", **וע"כ** טוב לכתחלה ליזהר שיאכלן עם הקטניות, ויברך על הקטניות לבד בפה"א, ולא יברך עוד על השרביטין, [דמיפטרי מטעם טפל], **ואם** אירע שאוכל השרביטין לבד, יברך "שהכל".

ועל לולבי גפנים - גם בזה הטעם כמו בקורא. **ועל שקדים מתוקים שאוכלים אותם כשהם רכים בקליפיהם** - ואף דקי"ל לעיל בסימן ר"ב ס"ב, בשארי כל האילנות דמשיוציאו שום פרי חשיב תיכף פרי, **שאני** התם דהוא נהנה מגוף הפרי שנוטעין אותו מחמתו, **אבל** הכא בשקדים מתוקים בקטנותם אינו נהנה מן הפרי, רק מהקליפה החיצונה, ולא נטעי להו אינשי אדעתא דקליפה, אלא אדעתא דגרעיניהן כשיתבשלו, ודמי לקורא הנ"ל. **ושקדים** מרים עיין לעיל בסימן ר"ב ס"ה.

באר הגולה

[ט] שם בתוס' מההיא דשמן זית באניגרון ל"ה ע"ב וכן כתבו שאר הפוסקים [י] ‹מילואים› [יא] **הרא"ש והגהת מיימוני וב"י אפי' לדעת הרמב"ם** [יב] **ברכות ל"ו ע"א וכר' נחמן** [יג] **הרא"ש שם לדעת הרי"ף** [יד] ‹זהו זמית לפי' הטור, ובשם רה"ג פי' שהוא הקצף ע"פ הקדירה, ורש"י פי' שם ל"ו א' שלמיירא, וכן פי' בערוך לחד פי', וכ"כ רש"י ורא"ש ור"ן בנדרים נ"ה ב', וכתב בהגהת סמ"ק שהוא מי מלח - גר"א, וכן הוא בהג' הב"ח כאן› [טו] **הטור כתב בענפי הדקל, וכן הוא בפי' רש"י שם ל"ו ע"א**

ועל חזיז, והוא שחת - תבואה שלא הביאה שליש וחזי לאכילה, ומשום דלא גמר פירא נחית חד דרגא, מפה"א ל"שהכל", **וה"ה** לכל פרי האדמה דלא גמר פירא וחזי לאכילה, "שהכל".

ועל קרא חיה - שהוא טוב מבושל יותר מחי, וע"כ כשאוכלה חי נשתנית ברכתו ל"שהכל", וכדלקמן בסימן ר"ה ס"א.

ועל קימחא דשערי - אפילו הנעשה משבלים שמיבשין, דטובים לאכילה קצת, **ולאו** דוקא דשערי, דה"ה קמח של כל ה' מיני דגן, כמבואר לקמן בסי' ר"ח ס"ה, **והאי** דנקט דשערי, דסד"א הואיל וקשה לתולעים שבמעים, לא יברך עליה כלל, קמ"ל כיון דאית ליה הנאה מיניה בעי ברוכי, גמ'. **ועל שכר תמרים ושכר שעורים** - הואיל והוא צלול ועומד לשתיה, אינו נחשב בכלל תבשיל של ה' מיני דגן, שיברך "בורא מיני מזונות", שאין מברכין במ"מ אלא על מאכל, **ומשמע** בתוס' דף ל"ח ד"ה האי, דאפי' יש בהן כזית בכדי אכילת פרס, ג"כ לא מברכינן עליה אלא "שהכל נ"ב".

אות ט'

צנון סופו להקשות ומברכינן עליה בורא פרי האדמה

סימן רג ס"ח - [טז]צנון, מברך עליו "בורא פרי האדמה" - דאע"ג שסופו להקשות כעץ אם אין תולשו בעתו, אפ"ה מברכין עליו בפה"א, דנטעי אינשי אדעתא לאוכלו כשהוא רך, גמ', **ועיין** בח"א ובנ"א שמצדד, דבצנון שלנו שהוא מר, ואין דרך לאכול בלא פת, לא חשיבא כ"כ ומברך עליו "שהכל", **אמנם** הגר"ז מוכיח מהח"י, דמ"מ מברך עליו בפה"א. ‹עיין לקמן סי' רה ס"א›.

אות י'

על מיני נצפה על העלין ועל התמרות כו'

סימן רב ס"ו - [יז]צלף (פי' צלף מין אילן שעלין שלו ראויים לאכילה, ויש בעליו כמין תמרים. אביונות הוא הפרי מהצלף, וקפריסין הן קליפה שסביב הפרי, כקליפות האגוזים), על העלין ועל התמרות ועל הקפריסין: בפה"א.

על העלין ועל התמרות - משום שאינן חשובין להקרא פרי העץ, [**ומ"מ** יש לברך עליהן בפה"א, משום דנטעי להו אינשי גם אדעתא דעלין ותמרות - גמ', **ועיין** בברכי יוסף שכתב, דכהיום לא נטעי להו אינשי כלל אדעתא דעלין ותמרות, ויש לברך עליהן "שהכל"].

ועל הקפריסין - משום דאינו עיקר הפרי, **ומ"מ** בדיעבד אם בירך על הקפריסין בפה"ע, יצא, [**ועל** העלין ותמרות יש לעיין בדבר].

ועל האביונות שהם עיקר הפרי, בפה"ע.

ולענין קליפת פאמערנצי"ן שטוגנין בדבש, יש דעות בין האחרונים אם לברך עליהן "שהכל" או "פה"ע" ו"פרי האדמה", **וע"כ** יש לברך עליהן "שהכל", **ובדיעבד** אם בירך "פה"ע" או "פה"א" יצא.

אות כ'

צלף של ערלה בחוצה לארץ, זורק את האביונות כו'

יו"ד סימן רצד ס"ג - [יח]האביונות והתמרות (והקפריסין) של צלף חייבים בערלה; בד"א בארץ ישראל, [יט]אבל בחוצה לארץ, האביונות חייבים ותמרות וקפריסין פטורים.

אות ל'

צלף... אין מתעשר אלא אביונות בלבד, מפני שהוא פרי

רמב"ם פ"ב מהל' תרומות ה"ד - תמרות של תלתן ושל חרדל ושל פול הלבן ושל צלף, והקפריסין של צלף, פטורים מפני שאינן פרי; בד"א בשזרען לזרע, אבל זרען לירק, הרי אלו חייבים; וכן האביונות של צלף, חייבים מפני שהן פרי.

אות מ'

צלף... אין כלאים בכרם

יו"ד סימן רצו סט"ו - הקנים והורד והאטדין (פי' ערוך מין הדס), מיני אילן הם ואינם כלאים בכרם. זה הכלל: כל המוציא עלין מעיקרו, הרי זה ירק; וכל שאינו מוציא עלין מעיקרו, הרי זה אילן. והצלף, אילן לכל דבר.

אות נ'

ספק ערלה בארץ ישראל אסור, ובסוריא מותר כו'

יו"ד סימן רצד ס"ט - ספק ערלה בא"י, אסור; ובחוצה לארץ, מותר. כיצד, כרם שיש בו נטיעות של ערלה, וענבים נמכרים חוצה לו, בארץ ישראל, אסור; ובסוריא, מותר, והוא שלא ידע שהובאו מאותו הכרם; ובחו"ל, מותר, אפילו יודע שהובאו מאותו הכרם, רק שלא יראה שנבצרו מנטיעות של ערלה. [כ](וכל שכן שכרם שהוא ספק ערלה שהוא מותר) (כן נראה מהטור והרא"ש ומרדכי פרק קמא דקדושין).

יו"ד סימן רצד ס"י - כרם שהוא ספק ערלה, בארץ ישראל, אסור; ובסוריא, מותר, ואצ"ל בחוצה לארץ.

באר הגולה

טז ברכות ל"ו ע"א. אע"ג דסופו אם אינו תולשו בעתו הוא מתקשה כעץ יז ברכות ל"ו. וכר"ע יח כר"א במשנה ספ"ד דמעשרות, וכאשר הגהתי (והקפריסין) **כצ"ל, כי כן הוא שם במשנה, וכן מוכח מהטור והב"י, ופי'** אביונות **הוא הפרי, ותמרות הם גדלים בעלים ובולטים כמין תמרות, כמו בעלים של ערבה, וקפריסין הוא קליפה גדולה שסביב הפרי, כעין קליפה הגדילה סביב אגוזים** ‹טור, וכמ"ש בברכות ל"ו א' אר"י צלף כו', **אבל** הרמב"ם {עיין לקמן בסמוך} פסק דגם בא"י אינו נוהג אלא באביונות, ודבריו נראין, דהא קי"ל כר"ע אף בדאורייתא נגד ר"א, **אלא** מדאר"י צלף בחו"ל כו' מכלל דבא"י קי"ל בהא כר"א, וכמ"ש שם בגמ', וזה דעת הטור, **אבל** הרמב"ם ס"ל כמר בר רב אשי שם, ואמרינן ר"ע במקום ר"א עבדינן כוותיה לא משום דמיקל, אלא משום דהלכה כמותו, ובזה מתורץ קושית תוס' שם ד"ה והלכתא - גר"א› יט **מימרא דרב יהודה וכו' ברכות דף ל"ו. וכדמפרש דכל המיקל בארץ הלכה כמותו בחו"ל** כ ‹כתב הש"ך, צ"ע למאי כתב הרמ"א דין זה, הרי מבואר בדברי המחבר סעיף י', {לקמן בסמוך}, ונראה משום דהמחבר העתיק לשון הרמב"ם, ומשמע מלשונו דבכרם שהוא ספק ערלה, מותר ליקח ממנו בידים, שהרי הוא ככרם של היתר, והרב לא ס"ל הכי, אלא כדעת הטור וסייעתו, דאסור ליקח ממנו בידים, רק דזה מותר אפילו אם רואה שהעובד כוכבים בוצר ממנו, לכן הוצרך לכתוב וכ"ש וכו' - באה"ט›

ולוקח ובלבד שלא יראנו לוקט רבי עקיבא במקום ר"א עבדינן כותיה *וב"ש במקום ב"ה אינה משנה ותיפוק ליה דנעשה שומר לפרי ורחמנא אמר °וערלתם ערלתו את פריו ^אאת הטפל לפריו ומאי ניהו שומר לפרי אמר רבא היכא אמרינן דנעשה שומר לפרי היכא דאיתיה בין בתלוש בין במחובר הכא במחובר איתיה בתלוש ליתיה איתיביה אביי *^בפיטמא של רמון מצטרפת והנץ שלו אין מצטרף מדקאמר הנץ שלו אין מצטרף אלמא דלאו אוכל הוא ותנ' גבי ערלה *^גקליפי רמון והנץ שלו קליפי אגוזים ^והגרעינין חייבין בערלה אלא אמר רבא היכא אמרינן דנעשה להו שומר לפירי היכא דאיתיה בשעת גמר פירא האי קפרס ליתיה בשעת גמר פירא איני והאמר רב נחמן אמר רבה בר אבוה *הני מתחלי דערלה אסירי הואיל ונעשו שומר לפירי ושומר לפירי אימת הוי בכופרא וקא קרי ליה שומר לפירי רב נחמן סבר לה כרבי יוסי דתנן *רבי יוסי אומר סמדר אסור מפני שהוא פרי ופליגי ^הרבנן עליה מתקיף לה רב שימי מנהרדעא ובשאר אילני מי פליגי רבנן עליה והתנן *מאימתי אין קוצצין את האילנות בשביעית ב"ש אומרים כל האילנות משיוציאו וב"ה אומרים ^והחרובין משישרשרו והגפנים משיגרעו והזיתים משיניצו ושאר כל האילנות משיוציאו ואמר רב אסי הוא בוסר הוא גרוע הוא פול הלבן ס"ד אלא אימא ^ז שיעורו כפול הלבן מאן שמעת ליה דאמר בוסר אין סמדר לא רבנן וקתני שאר כל האילנות משיוציאו אלא אמר רבא היכא אמרינן דהוי שומר לפרי היכא דכי שקלת ליה לשומר מיית פירא הכא כי שקלת ליה לא מיית פירא הוה עובדא ושקלוה לנץ דרמונא ויבש רמונא ושקלוה לפרחא דביטיתא ואיקיים ביטיתא *(והלכתא כמר בר רב אשי דזריק את האביונות ואכיל את הקפריסין ומדלגבי ערלה לאו פירא נינהו ^חלגבי ברכות נמי לאו פירא נינהו ולא מברכינן עליה בורא פרי העץ אלא בורא פרי האדמה) פלפלי רב ששת אמר שהכל רבא אמר °לא כלום ואזדא רבא לטעמיה דאמר *רבא ^טכס פלפלי ביומי דכפורי פטור כס זנגבילא ביומא דכפורי פטור מיתיבי *היה ר"מ אומר ממשמע שנאמר וערלתם ערלתו את פריו איני יודע שעץ מאכל הוא אלא מה ת"ל עץ מאכל להביא עץ שטעם עצו ופריו שוה ואיזהו זה הפלפלין ללמדך שהפלפלין חייבין בערלה וללמדך שאין ארץ ישראל חסרה כלום שנאמר °ארץ אשר לא במסכנות תאכל בה לחם לא תחסר כל בה לא קשיא ^יהא ברטיבתא הא ביבשתא *אמרי ליה רבנן למרימר ^כ כס זנגבילא ביומא דכפורי פטור והא אמר *רבא ^להאי המלתא דאתיא מבי הנדואי שריא ומברכין עליה בפה"א לא קשיא הא ברטיבתא הא ביבשתא חביץ קדרה וכן דייסא רב יהודה אמר שהכל נהיה בדברו רב כהנא אמר ^מבמ"מ בדייסא גרידא כ"ע לא פליגי דבמ"מ כי פליגי בדייסא כעין חביץ קדרה רב יהודה אמר שהכל סבר דובשא עיקר רב כהנא אמר בורא מיני מזונות סבר סמידא עיקר א"ר יוסף כותיה דרב כהנא מסתברא דרב ושמואל דאמרי תרוייהו °כל שיש בו מחמשת המינין מברכין עליו בורא מיני מזונות: גופא רב ושמואל דאמרי תרוייהו °כל שיש בו מחמשת המינין מברכין עליו בורא מיני מזונות ואיתמר נמי רב ושמואל דאמרי תרווייהו כל שהוא מחמשת המינין מברכין עליו בורא מיני מזונות וצריכא דאי אשמעינן כל שהוא הוה אמינא משום דאיתיה בעיניה אבל על ידי תערובות לא קמ"ל

רש"י

ובלבד שלא יראנו. התבר כשהוא לוקט מן הנטיעות: **אינה משנה.** ואין זה ספק אלא ודאי: **ותיפוק ליה.** דאי כמי ר' עקיבא דאמר לענין מעשר דלאו פירא נינהו לענין ערלה אסירי קפריסין דהוה ליה שומר: **כשלוש ליתיה.** סופו שנופל הימנו כשמגיע להתבשל: **פיטמא של רמון.** הפרח שבראשו כעין שיש לתפוחים ולספרגלין: **מצטרפת.** לכביצה לטומאת אוכלין: **והנץ שלו.** כן ברמון כקפרס באביונות: **אין מצטרף.** אע"ג דקי"ל בהעור והרוטב (ד' קיז:) שומרים מצטרפין לטומאה קלה דהיינו טומאת אוכלין הני מילי קליפת האגוז והרמון אבל הנץ שומר על גבי שומר הוא ואין מצטרף והכי אמרינן בהעור והרוטב (ד' קיט:): **חייבים בערלה.** דרחמנא רבינהו מאת פריו הטפל לפריו והא כן ליתיה שומר בתלוש שכשמתיבש נופל מעל הקליפה: **קפרס ליתיה בגמר פירא.** כשמגיע סמוך לבשולו הוא נופל ממנו: **מתחלי.** בתמרי כקפרס בגלף: **בכופרא.** כשהתמרים קטנים קודם בשולם: **סבר לה כר' יוסי.** דכופרא הוי פרי ואע"פ שלא נגמר לפיכך שומר שלו חשוב שומר: **סמדר אסור.** ענבים כיון שנפל הפרח וכל גרגיר נראה לעצמו קרוי סמדר וקאמר ר' יוסי כיון שבא לכלל סמדר קרוי פרי ואסור משום ערלה: **ופליגי רבנן עליה.** והלכה כרבים הלכך אביונות בעוד שהקפריסין בהן לאו פירי נינהו ולא מיקרו קפריסין שומר לפרי: **בשאר אילנות.** חוץ מן הענבים: **אין קוצצין בשביעית.** דרחמנא אמר לאכלה ולא להפסד: **משיוציאו.** את °הפרי: **משישרשרו.** משיראו בהן כמין שרשרות של חרובין: **משיגרעו.** שהענבים גסים כגרוע ולקמן מפרש לה: **משיניצו.** משיגדל הנץ סביב: **הוא בוסר הוא גרוע.** כל מקום שהזכירו בוסר הוא גרוע: **פול הלבן ס"ד.** הא בענבים קיימינן: **מאן שמעת ליה דאמר.** גבי ענבים בוסר הוא דהוי פרי אבל סמדר לא: **רבנן.** הוא דפליגי עליה דר' יוסי במסכת ערלה וקאמרי בשאר אילנות דמשיוציאו הוי פרי הראוי: **ביטיתא.** אביונות: **כס פלפלי.** כל דבר שאדם אוכל שלא כדרכו מקרי כסיסה: **פטור.** מכרת: **המלתא.** ליטואר"יו בלעז: **שריא.** אין בה לא משום בשול נכרים ולא משום געול נכרים: **סנדואי.** כושיים: **חביץ קדרה.** מין מאכל קפוי כמו חלב שמבלוהו בקיבה כך עושין מאכל קפוי בקדרה ולקמן מפרש לה קמחא ודובשא ומשחא וקרו ליה אברוסד"י: **דייסא.** של חטים כתושות במכתשת: **דייסא כעין חביץ קדרה.** לקמן מפרש לה חטי דמחברי באשיתא ויהבו בהו דובשא ועביד להו בקדירה: **סמידא.** סלת:

תוספות

קליפי אגוזים והגרעינין חייבין בערלה. דפירי נינהו מכאן שיש לברך על הגרעינין של גודגדניות וגרעיני אפרסקין ושל תפוחים וכל מיני גרעינים של פירות בורא פרי העץ:

אין קוצצין אילנות בשביעית. וא"ת בלא שביעית נמי תיפוק ליה דאסור משום לא תשחית את עצה (דברים כ) וי"ל דלא טעין קבא דלא שייך ביה לא תשחית כדאיתא פ' לא יחפור (ב"ב כו.) אי נמי איירי דמעולה בדמים לעשות ממנה קורות דאז *לא שייך לא תשחית ומיהו משום איסורא דשביעית איכא לאכלה ולא לסחורה ולא להפסד:

שיעורו כפול הלבן. ופחות מכאן לא הוי פירא מכאן יש ללמוד דעל בוסר פחות מפול לא מברכינן עליה בורא פרי העץ אלא בורא פרי האדמה: לשון ה"ג **והלכתא** כמר בר רב אשי מדלגבי ערלה לאו פירא הוא וכו'. והיה אומר הר"מ דלגבי ערלה לאו פירא הוא היינו משום דכל המיקל בארץ הלכה כמותו בח"ל אבל בארץ ודאי הוי פירא ומברכין עליו בורא פרי העץ ובברכות ליכא חלוק בין בארץ לח"ל: **ברטיבא.** כגון ליטואריי"ו בלעז מברכינן עליה בורא פרי האדמה אבל יבישתא לא מברכינן עליה וכן הלכה בזנגבילא שקורין זינזי"ברו בלעז וכן (א) קל"ו של גרופל"י שאין רגילים לאכול [אלא] ברטיבא כגון בליטואריי"ו אין מברכין עליהם כלל ביבשתא אבל עץ של קנמון שקורין קני"לא מברכינן עליו בורא פרי האדמה מפני שרגילין לאכלו ביובש וגם הוא גדל על הארץ כמו קנים ועל צוקר"ו מברכינן בורא פרי העץ כי יערי עם דבשי (שיר ה) זה צוקר"ו ואגוז שקורין מוסקד"א מברכינן בורא פרי העץ שגם נוהגין לאכול אותו ביובש: **כל** שיש בו מחמשת המינין מברכין עליו בורא מיני מזונות. וכן קלייריט"ש בלע"ז שעושים מקמח ומים או מחלב מברכין עליהם בורא מיני מזונות וכן כשנותנים קמח לתוך פולין או לתוך עדשים או כרישים וכן לתוך שקדים שעושין לחולה אם עושין אותו כדי שיסעוד הלב או צריך לברך בורא מ"מ° ואם לדבק (ב) בעלמא °אינו צריך לברך בורא מ"מ וטוב להחמיר ולגמעו °בתוך הסעודה לאחר ברכת המוציא ופטור ממה נפשך:

עין משפט נר מצוה

כה א טוש"ע י"ד סי' רצד סעיף א:

כו ב מיי' פ"ה מהל' טומאת אוכלין הלכה כא:

כז ג מיי' פ"ט מהל' מ"ש ונטע רבעי הל' יא טוש"ע י"ד סי' רצד סעיף א:

כח ד מיי' שם וטור ש"ע יו"ד סימן רצד סעיף א:

[כדאיתא בב"ק נא:]

כט ה מיי' שם:

ל ו ז מיי' פ"ה מהל' שמטה ויובל הלכה יח טוש"ע או"ח סימן רב סעיף ב:

לא ח מיי' פ"ח מהל' ברכות הלכה ו סמג עשין כז טוש"ע או"ח סי' רב סעיף ו:

לב ט י כ ל מיי' שם הל' ו וסמג שם ומיי' פ"ב מהל' שביתת עשור הלכה ו סמג לאוין סט טוש"ע או"ח סי' רב סעיף טז יח ובסי' תריב סעיף ח:

לג מ טוש"ע או"ח סי' רב סעיף ו:

לד נ ס מיי' פ"ג מהל' ברכות הל' ד סמג עשין כז טוש"ע או"ח סי' רח סעיף ב וסעיף ט:

רב נסים גאון

מאימתי אין קוצצין את האילנות בשביעית. ומפני מה אין קוצצין מפני שאמר הכתוב והיתה שבת הארץ לכם לאכלה ודרשי' לה לאכלה ולא להפסד ובמסכת דפסחים בפרק מקום שנהגו (דף נג) כדאמרינן ר' אילא קץ כפנייתא דשביעי' אקשי' עליה והיכי עבד הכי לאכלה אמר רחמנא ולא להפסד וכו' ופרקינן בסופ"ה אלא ר' אילא ברנסתני קץ כלומר שאין באין לידי גמר פרי ולכך התיר ר' אילא לקצץ והכין אמר בעל הלכות בפירוש' דנסתני כפניות דנסתני דקרו להו נטפרי מברכין עלייהו בורא פרי העץ דהיכן דלא עברי פירא אחריני היינו פירייהו ואית בבבא קמא בפ' החובל בחברו (דף נא) אמר רב דיקלא דטעין קבא אסור למיקצייה והא אנן תנן הכמה יהא בזיתים ולא יקצצו רובע שאני זיתים דחשיבי ווז המשנה אע"פ שהיא בשביעית לא הקשו ממנה עליה דרב אלא משיעורא דאית ביה דהוא רובע ורב אמר קב אלא מיהו דברי רב בכל השנים קאמר ואינן מיוחדין בשביעית בלבד מפני שכל דבר שיש בו הפסד הוא אסור מן הכתוב דכתיב (דברים כ) לא תשחית את עצה הלא תראה כי כל שרשי עציו יקרים ויש הנאה מעציו יותר מפריו מותר לקוצו הואיל והוא משתכר בקציצתו אינו עובר עליו משום לא תשחית כדאמרי' אמר רבינא ואם היה מעולה בדמים מותר ואיתא בברייתא נמי סיועא להא רק עץ אשר תדע זה אילן מאכל כי לא עץ מאכל הוא זה אילן סרק וכי מאחר שסופנו לרבות כל דבר מה ת"ל כי לא עץ מאכל הוא להקדים סרק למאכל יכול אפי' מעולה בדמים ת"ל רק ואיתא בבבא בתרא בפרק לא יחפור (דף כו) מאי דמסייע לה ובסוף פ' הישן תחת המטה (סוכה דף כט) הזכירו ענש של דבר ואמרו בשביל ד' דברים מאורות לוקין ואחד מהן קוצצי אילנות טובים וזה הדבר נוהג בשאר השנים אבל בשביעית אין מותר לקוץ מהפירות אלא לאחר שנגמרין כגון כפניאתא דנסתני דהוא גמר פירי דידהו דרחמנא אמר תהיה כל תבואתה לאכול ואמרי' בגמ' מלמד שאינה נאכלת אלא תבואה מה שנקצץ ממנה קודם גמר פירי הרי הפסידו ורחמנא אמר לאכלה הדרשי ליה רבנן לאכלה ולא להפסד דתנן (שביעית פרק ד משנה י) כל האילן כיון שבא לעונת המעשרות מותר לקוצו:

מסורת הש"ס

[ביצה יג: יבמות ס.]

עוקצין פ"ג מ"ג [חולין קיח:]

ערלה פ"א משנה ח

פסחים דף נג:

ערלה פ"א משנה ז

שביעית פ"ד משנה יוד פסחים דף נג:

מהרש"ל כי הוא מכלל ס"ג ולאו מן הגמ' וכן הוא בספרי ברא"ש

יומא פא:

שם סוכה לה. [ע"ש בפירש"י ומלוה לרש"ב]

[ביומא איתא א"ל רבינא] יומא שם

תורה אור

^א ויקרא יט

^ח דברים ח

הגהות הב"ח

(א) תוס' ד"ה ברטיבא וכו' וכן מסמר של גרופל"י שאין: (ב) ד"ה כל שיש וכו' ואם לדבק. נ"ב ע"ל דף ל"ט ע"א:

גליון הש"ס

גמ' כל שיש בו כו'. ע' לקמן מ"א ע"ב תוס' ד"ה אלא כו': רש"י ד"ה משיוציאו את הפרי כו'. עי' פסחים נ"ב ע"ב כרש"י ד"ה משיוציאו ונ"ע: תוס' ד"ה כל כו'. ואם לדבק. לקמן ל"ט ע"א: בא"ד א"צ לברך כו'. ליישנא קיימא כוות מה דקמו א"צ לברך הא אף אינו רשאי לברך במ"מ דהוי כמברך על שקדים במ"מ דהוי ברכה לבטלה: בא"ד בתוך הסעודה. ק"ל הא שקדים תוך הסעודה טעון ברכה וצ"ע:

§ מסכת ברכות דף לו: §

אות א'

<u>את הטפל לפריו</u>

יו"ד סימן רצד ס"א - הנוטע עץ מאכל, מונה לו ג' שנים מעת נטיעתו, וכל הפירות שיהיו בו בתוך ג' שנים אסורין בהנאה לעולם; בין עיקר הפרי בין הגרעינים בין הקליפות, כגון קליפי אגוזים ורמונים והנץ שלהם, והזגין והגרעינין של ענבים, והתמד העשוי מהם, והפגים והתמרים שאינם מתבשלים, והענבים שלקו ואין נגמרים בבישולן, כולם חייבים בערלה ופטורים מרבעי. ויש מי שאוסר תמרים שאינם מתבשלים אף ברבעי.

אות ב'

<u>פיטמא של רמון מצטרפת, והנץ שלו אין מצטרף</u>

רמב"ם פ"ה מהל' טומאת אוכלין הכ"א - הפטמה של רימון מצטרפת, והנץ שלו אינו מצטרף.

אות ג' - ד'

<u>קליפי רמון והנץ שלו, קליפי אגוזים</u>

<u>והגרעינין חייבין בערלה</u>

יו"ד סימן רצד ס"א - עיין לעיל אות א'.

אות ד'* [א]

<u>תוס' ד"ה קליפי: מכאן שיש לברך על הגרעינין... בורא פרי העץ</u>

סימן רב ס"ג - [ב]**גרעיני הפירות, אם הם מתוקים** - לאו דוקא, אלא כל שהחיך נהנה ממנו במקצת, **מברך עליהם "בורא פרי העץ"** - והטעם שמברך בפה"ע, משום דהם נמי חלק מחלקי הפרי. [ג]**והרבה** אחרונים חולקים ע"ז, וס"ל דאינו מברך בפה"ע, דלא הוי כפרי גופא, ואינו מברך עליהם אלא בפה"א, וכן הסכמת הגר"א, **ואם** בירך בפה"ע יצא בדיעבד, **ואם** אוכל הגרעין אחר שאוכל הפרי, מסתברא דלכו"ע נפטר בברכת בפה"ע שבירך על הפרי, משום דהוי טפל לפרי.

(ויש לעיין בהני פרי שקורין סאפטאלין, שבתוכן נמצא גרעינין כמין שקדים ממש, דהיינו קליפה קשה מלמעלה ובתוכה פרי קטנה מתוקה כמין שקדים ממש, אי דינו נמי כמין גרעין בעלמא, **או** דבזה כו"ע מודים דמברך בפה"ע, דאין זה בכלל גרעין, אלא פרי בתוך פרי, וגם בודאי כו"ע נטעי להו אדעתא דהכי, ועיין בדה"ח וצ"ע).

ואם הם מרים - היינו שאינם ראויים לאכול אפילו ע"י הדחק, וכנ"ל בס"ב, **אינו מברך עליהם כלל.**

[ד]**ואם מתקן ע"י האור, מברך עליהם "שהכל"** - הרבה אחרונים הקשו ע"ז, ודעתייהו דלדעת המחבר דגרעינין הוי כפרי גופא, א"כ גם במרים ומתקן ע"י איזה דבר נמי מברך עליהם בפה"ע, וכמו גבי שקדים המרים המבואר בס"ה, **ויש** מתרצים דאפילו לדעה זו לא עדיפא גרעינין כשקדים גופא, שהם עיקר הפרי, משא"כ בגרעינין, ולהכי אם הם מרים לא מקרי פרי כלל, ולא מהני במה שממתקן אח"כ.

מיהו לדינא אין לזוז מפסק השו"ע, דבלא"ה כתבנו מקודם דעת הרבה אחרונים והגר"א מכללם, לחלוק על עיקר דינא דמחבר, **ולדידהו** גם גרעינין מתוקין אינו מברך עליהם לכל היותר רק בפה"א, דלאו פרי נינהו, וממילא במרים ומתקן ע"י האור אינו מברך עליהם אלא "שהכל", [**ובדיעבד** אם בירך בפה"ע או בפה"א, יצא].

אות ה'

<u>רבי יוסי אומר: סמדר אסור... ופליגי רבנן עליה</u>

רמב"ם פ"ט מהל' מעשר שני ונטע רבעי הי"ג - העלין והלולבין ומי גפנים והסמדר מותר בערלה וברבעי; והענבים שרפם הקדים והפסידן, והחרצנים והזגין והתמד שלהן, וקליפי רמון והנץ שלו וקליפי אגוזים והגרעינים, אסורין בערלה ומותרין ברבעי; והנובלות כולן אסורות.

אות ו' - ז'

<u>החרובין משישרשרו, והגפנים משיגרעו והזיתים משיניצו,</u>

<u>ושאר כל האילנות משיוציאו</u>

<u>שיעורו כפול הלבן</u>

סימן רב ס"ב - [ה]**הבוסר, כל זמן שלא הגיע לכפול הלבן** - בגדלו, **מברך עליו: בפה"א** - דכל דבר שגדל על האילן ואינו עיקר הפרי, בפה"א.

ומשהוא כפול הלבן ואילך מברך עליו "בורא פרי העץ"; ומתוך שלא נודע לנו שיעור פול הלבן - שיש כמה מינים גדולים וקטנים, [ו]**לעולם מברך: בפה"א, עד שיהיה גדול ביותר** - משום דבדיעבד אם בירך בפה"א על פה"ע יצא, כדלקמן בסימן ר"ו, **ומ"מ** בכגון זה אין לאכול מהם כשיעור שחייב ברכה אחרונה, אלא בתוך הסעודה, כיון שהוא ספק אם יברך אחריהם מעין ג' או "בנ"ר".

ואם לפי מראית עין כבר נגמר בישולו, אין נ"מ כלל בגדלו, ובכל אופן מברך עליו בפה"ע, **וכן** אם החרצנים שלהם נראה מבחוץ, בודאי הוא קרוב להתבשל, ומברך עליהם בפה"ע לכו"ע, [**ואפי'** להגר"א דבעינן עד שיגיעו לעונת המעשרות, הלא בשיעור זה הגיע לעונת המעשרות].

באר הגולה

א ‹ע"פ הבאר הגולה› ב שם בתוס' והרא"ש ג ‹אבל הרשב"א חולק על תוס', וכתב אדרבה לא חשיבי פירי מדהוצרך לרבות מאת הטפל כמו קליפין - גר"א› ד הרשב"א ה ברכות ל"ו ע"ב בתוס' והרא"ש והרשב"א ו הרא"ש שם

[ז]**ושאר כל האילן, משיוציאו פרי מברכין עליו: בפה"ע** - אע"ג שהם עדיין קטנים ביותר. [ח]**ובלבד שלא יהא מר או עפוץ** - חמוץ **ביותר, עד שאינו ראוי לאכילה אפילו ע"י הדחק, דאז אין מברכין עליו כלל** - דכעץ בעלמא חשיב.

ואפי' מתקן ע"י אור, -ג"כ אין מברך עליו רק "שהכל", וכדין גרעינין שמתקן לקמן בס"ג, [מ"א בשם אחרונים]. **כתב** בח"א, דלפי"ז מיני פירות שמרקחין ומטגנין בדבש וכיו"ב בעודם קטנים מאד, אם לא היו ראוין לאכול קודם ריקוחן כלל, אין מברכין עליהם כי אם "שהכל" לאחר ריקוחן. [**ובספר** עוללות אפרים חולק על המ"א, ודעתו דכל שאוכל גוף הפרי, לא איכפת לן במה שהיו מתחילה מרים, אלא כל שהן ראוין לאכילה עכשיו ע"י שיתקן באיזה דבר, מברך עליו בפה"ע, ולא דמי לגרעינין].

מבואר מזה, דאם עכ"פ נאכלים ע"י הדחק, אע"ג שחמוצים ומרים הם כדרך פירות בקטנותם, אפ"ה מברך עליהם ברכתם הראויה, **ובח"א** וכן בספר עוללות אפרים פקפקו בדין זה, ודעתם דבכגון זה אינו מברך אלא "שהכל", אם לא שבישלן או שמתקן באור, דאז מברך עליו בפה"ע, כיון שהוא פרי בעצם אלא שצריך תקון, [**ולדעת** הגר"א דלא הוי פירא לענין ברכה עד שיגיע לעונת המעשרות, מסתברא דאפי' מיתקן אינו מועיל].

הגה: [ט]וי"א דעל חרובין אינו מברך "בורא פרי העץ", עד שיראה בהן כמין שרשראות של חרובין - דאז חשיב פרי, אבל כל זה ג"כ דוקא אם לא היו מרים ביותר וכנ"ל.

וכן בזיתים עד שיגדל הגן סביבם, וקודם לכן מברך "בורא פרי האדמה", וכן עיקר (טור) - היינו אפי' הם מתוקים, דעדיין אינם עיקר פרי, וכן הסכים המ"א והגר"א.

(עיין בביאור הגר"א שחולק על פסק השו"ע, והוכיח דכל אלו הסימנים לא נזכרו בש"ס רק לענין איסור קציצת אילנות בשביעית, **אבל** לענין ברכה מסתברא דבעינן דוקא משיגיעו לעונת המעשרות, וקודם לכן לא חשיב פרי הראויה לאכילה, וכן הוא ג"כ דעת הפמ"א, **ולפי** דבריהם ישתנו כל הדינים שבסעיף זה, דהיינו בענבים בעינן דוקא שיראו החרצנים מתוכן, ובזיתים משיביאו שליש, ובחרובין משיראו בהן נקודות שחורות, והוא אות שמתחיל להשחיר, וכן בכל מין ומין יש שיעור מיוחד לזה, כמבואר הכל ברמב"ם פ"ב מהלכות מעשר, וקודם שהגיעו לשיעור זה אינו מברך רק בפה"א, **והנה** לפי דברי הגר"א והפמ"א, מסתברא דאפילו מיתוק באור לא מהני, כיון שאינו חשוב פרי קודם שהגיע לעונת המעשרות, ולעולם מברך בפה"א, **ויש** לנהוג כן למעשה לכאורה, דבזה יוצא ממ"נ, ומ"מ הנוהג כפסק האחרונים שנמשכו אחר השו"ע אין למחות בידו, דיש לו על מי לסמוך, **אמנם אם** לא היו ראויין לאכול רק ע"י הדחק, אין לברך בפה"ע רק כשבשלן או מתקן באור, וכמו שכתבתי במ"ב בשם הח"א והעוללות אפרים).

(ודע דלענין תפוחים, שיעורן לעונת המעשרות, אפילו כשהן קטנים, ורק משנעשו עגולים, כמבואר ברמב"ם שם, **וא"כ** בזה גם הגר"א והפמ"א מודים לדעת השו"ע, דמברכין אז עליהם בפה"ע, **ואם** היו ראוין אלו הקטנים לאכול רק ע"י הדחק, ומתקן ע"י בישול, ג"כ מברך עליהם בפה"ע לכו"ע).

אות ח'

לגבי ברכות נמי לאו פירא נינהו, ולא מברכינן עליה בורא פרי העץ, אלא בורא פרי האדמה

סימן רב ס"ו - [י]צלף (פי' צלף מין אילן שעלין שלו ראויים לאכילה, ויש בעליו כמין תמרים. אביונות הוא הפרי מהצלף, וקפריסין הן קליפה שסביב הפרי, כקליפות האגוזים), על העלין ועל התמרות ועל הקפריסין: בפה"א.

על העלין ועל התמרות - משום שאינן חשובין להקרא פרי העץ, [**ומ"מ** יש לברך עליהן בפה"א, משום דנטעי להו אינשי גם אדעתא דעלין ותמרות - גמ', **ועיין** בברכי יוסף שכתב, דכהיום לא נטעי להו אינשי כלל אדעתא דעלין ותמרות, ויש לברך עליהן "שהכל"].

ועל הקפריסין - משום דאינו עיקר הפרי, **ומ"מ** בדיעבד אם בירך על הקפריסין בפה"ע, יצא, [חי' רעק"א, משום דלהרבה פוסקים (עיין תוס') ברכתו בורא פרי העץ, ע"ש. **ועל** העלין ותמרות יש לעיין בדבר].

ועל האביונות שהם עיקר הפרי, בפה"ע.

ולענין קליפת פאמערנצי"ן שטוגנין בדבש, יש דעות בין האחרונים אם לברך עליהן "שהכל" או "פה"ע" ו"פרי האדמה", **וע"כ** יש לברך עליהן "שהכל", **ובדיעבד** אם בירך "פה"ע" או "פה"א" יצא.

אות ט' - י' - כ' - ל'

פלפלי... לא כלום

כס פלפלי ביומי דכפורי פטור

הא ברטיבתא, הא ביבשתא

כס זנגבילא ביומא דכפורי פטור

סימן רב סט"ז - [יא]על פלפל, וזנגביל - הוא מה שקורין אינגבער, **יבשים, [יב]ועל הקלאוו של גירופלי (ר"ל נעגלי"ך), וכל כיוצא בזה** - כגון גלגי"ן וציטוו"א, **שאין דרך לאכלם אלא על ידי תערובות** - פי' והוא אכלן לבדן, **אין מברך עליהם כלום** - שאין הנאה באכילתן כשהם יבשים, **ואם** אכלן עם צוקער וכדומה, מברך "בורא פה"א".

באר הגולה

[ז] שם בגמרא ממשנה בספ"ד דשביעית [ח] רמב"ם [ט] (ולי נראה דאין ללמוד מדין שביעית לזיתים וחרובים לענין ברכה, דהא חרובים אפילו אחר ששרשרו מרים הם ואינם ראויין לאכילה – בדק הבית. וזה שכתב בשו"ע ובלבד כו', [ואם אינו מר אז יש לברך אפי' פחות משישרשרו]. **ודבריו** דחוין, דא"כ כ"ש משיוציאו אינו אוכל עדיין, שהוא קודם שיעורא דמשישרשרו – גר"א) [י] ברכות ל"ו ע"א וכר"ע [יא] ברכות ל"ו ע"ב [יב] שם בתוס'

סימן רב סי"ח - [יג]**"על פלפל וזנגביל כשהם רטובים, בפה"א**" - דזנגביל לאו פירא הוא, אלא שרשים מן העץ תחת הקרקע, **ופלפלין** אע"ג דגדילין על אילן, כיון דאין נוטעין אלא על דעת שיתייבשו ויאכלו רובן שחוקין בתערובת כתבלין, ואין נאכלין לבדן אלא לפעמים, קרוב הדבר שיברכו ע"ז "שהכל", כמו קורא בריש סימן ר"ד, **אלא** לפי שמעט מהן נאכלין ברטיבותן, אדעתא דהכי נמי נטעי קצת, לכן מברכין עליהן בפה"א.

[**דע**, דפסק השו"ע הוא כדעת הרי"ף והרמב"ם ורב האי גאון, **והגר"א** פסק דפלפלין רטיבתא בפה"ע, כדעת הראב"ד והרשב"א והרא"ש].

הגה: כל הפירות שיודע בהם שהם עיקר הפרי, מברך עליהם "בורא פרי העץ"; ושאינן עיקר הפרי, "בורא פרי האדמה" - כנ"ל בס"ו, ועיין לקמן בריש סימן ר"ו במ"ב.

ואם הוא מסופק בו אם הוא עיקר הפרי או לא, בפה"א - שאף אם הוא פה"ע יצא בדיעבד בברכת פה"א, כדלקמן בסי' ר"ו.

ואם אינו יודע מה הוא - היינו שמא הוא מין שברכתו "שהכל", **מברך "שהכל" (טור)** - (ע"ל סי' רד סי"ג). **והיינו** אחר שלמד ואינו יכול לברר, **אבל** מי שלא למד, לא יאכל עד שילך אצל חכם ללמדו ברכות.

סימן תריב ס"ח - **"כס (פירוש שכסס ופלט אותס בשיניו) פלפלי או זנגבילא, אם הם יבשים, פטור, דלא חזו לאכילה** - ומיירי שבלעם, דאל"ה אפילו רטובים פטור, **וקראם** בשם כסיסה, משום דפלפל יבש, או זנגביל שקורין אינגבער, הוא דבר שאין דרכן לאכול, ולכן פטור, **וכל** פטור דאתמר הכא, פטור אבל אסור. **ואם הם רטובים, חייב.**

אות ל'* [טו]

תוס' ד"ה ברטיבא: אבל עץ של קנמון שקורין קניל"א, מברכינן עליו בפה"א

בא"ד: ועל צוקר"ו מברכינן בורא פרי העץ

בא"ד: ואגוז שקורין מושקד"א מברכינן בורא פרי העץ, שגם נוהגין לאכול אותו ביובש

סימן רב סט"ו - [טז]**"על הסוקא"ר** - פי' שבארצותם גדלים קנים מתוקין, וסוחטין אותם ומבשלין מימיהם עד שיקפה וידמה למלח, **מברך "שהכל"** - דלא עדיפי מדבש תמרים, דחשבינן ליה רק כזיעה בעלמא וברכתו "שהכל", וכ"ש בזה שנשתנו ע"י הבישול.

וכן המוצץ קנים מתוקות - פי' שמוצץ קני הסוקר בעצמם, **"שהכל"** - ג"כ מטעם הנ"ל, דהא הקנה בעצמו הוא עץ בעלמא וא"א לאוכלו, אלא שיש בו מתיקות, וא"כ לא עדיף המוצץ את המתיקות מהעץ, מאלו סחט את הזיעה הזאת ושתאו.

וכתב בח"א, דה"ה הלועס שורש שקורין לאקעריץ, ג"כ אין מברך אלא "שהכל", דגם הוא עץ בעלמא, אלא שיש בו טעם מתוק.

ודע, דאף שהשו"ע סתם לדינא, דעל הסוקר ועל הקנים ברכתו "שהכל", (הוא לשון הרמב"ם), באמת יש בזה דעות בין הראשונים כמו שמובא בטור וב"י, (דהטור השיג עליו, דלא דמי לדבש תמרים, דאין התמרים עומדים בעיקרם לכך, משא"כ בזה שהקנים עומדים בעיקרם לסחיטת הסוקר, א"כ הוי להו כזיתים וענבים שהפרי היוצא מהם הוא כמותם, **והב"י** כתב עליו דדברים של טעם הם, אלא דלחומרא טוב לחוש לדעת הרמב"ם, שמברך על הכל "שהכל", דבזה יוצא לכו"ע, **אכן** בכ"מ חזר בו וכתב, דהטור לא ראה מעולם אותם קני הצוקער, ובאמת בארץ מצרים ששם גדלים אותם הקנים, נמכרים לאלפים למצוץ אותם בפה, וא"כ אין עיקרם דוקא לסוחטם ולעשות מזה צוקער, ולהכי אף שסחטם, לא עדיפי משאר מי פירות שאינם אלא זיעה. **אבל** לפי"ז הי"ל להרמב"ם להחליט לברך בפה"ע או בפה"א על הקנים בעצמם כשמוצצים אותם, ופשטות לשון הרמב"ם משמע דהקנים לא עדיפי מהצוקער בעצמם, **ותו** דבעיקר הדבר בודאי צדקו דברי הטור, דעיקר פרי קנים האלו הוא הצוקער שעושים ממנו, שהוא דבר חשוב, ולא משגחינן במה שכמה אלפים מוצצים בפה את העץ בעצמו, דאינו אלא הנאה כל שהוא ודבר טפל, ובודאי עיקר נטיעתו הוא על דעת הצוקר, **אלא** דטעם הרמב"ם הוא באמת פשוט מאד לענ"ד, דס"ל דלאו פרי הוא כלל, דא"א לאוכלו אלא למצוץ את הטעם המתוק, ובכה"ג לא מצינו בש"ס דליבריך ע"ז ברכת הפרי, וזהו כונת הרמב"ם שכתב שאין זה נקרא פרי, ולפיכך אין לברך על הסוקאר וכ"ש על העץ בעצמו אלא "שהכל", **אלא** דלפי"ז בצוקער שלנו שנעשה מן ירקות שקורין בוריקע"ס, ליבריך על הצוקער בפה"א, כמו על הבוריקעס בעצמם, ואין לנו טעם בזה לברך "שהכל", **אלא** לפי סברא השני' שזכר הרמב"ם, והוא מפני שמשתנים ע"י האור, וס"ל להרמב"ם דלא תקנו ע"ז ברכת הפרי שממנה יצא, כיון שאין ניכר כלל לעין אדם שמפרי או מירק פלוני יצא דבר זה, שהרי הוא עכשיו כחתיכת מלח, ואין לברך בכגון זה אלא "שהכל").

(והנה לענין דינא, אף שהרבה מהראשונים {תוס' ועוד} דעתם דיש לברך בפה"ע על הצוקער הנעשה מהקנים, וכן ג"כ דעת כמה אחרונים, מ"מ למעשה בודאי יש לנהוג לכתחלה כדעת השו"ע, שפסק כהרמב"ם דמברך "שהכל"), ומספיקא פסק לברך "שהכל", דבזה יוצא בדיעבד לכו"ע, **ואולם** בדיעבד אם בירך בפה"ע או בפה"א, יצא, **וכן** בצוקער שלנו שנעשה מבוריקע"ס, ג"כ יש לברך לכתחלה "שהכל", ובדיעבד אם בירך בפה"א יצא. (**ולענין** מוצץ קני צוקער, יש ג"כ דעות בפוסקים אם "שהכל" או פה"ע או פה"א, **וע"כ** לכתחלה יש לברך "שהכל" כדעת השו"ע, ובדיעבד אם בירך פה"ע או פה"א יצא).

סימן רב סי"ז - [יז]**"על אגוז מושקא"ט, בפה"ע** - דפרי הוא, ורגילין ג"כ לאכלו ביובש.

באר הגולה

יג שם בגמ' | יד מימרא דרבא שם | טו (ע"פ הגר"א) | טז רמב"ם | יז שם

ומי שיש לו שלשול, ונותן לתוך השכר מושקא"ט כדי שיעצור, אם אינו צמא ואינו שותה אלא לרפואה, המושקא"ט עיקר והשכר טפל, ומברך בפה"ע, כמו גבי שמן לעיל בס"ד, **ואם** הוא תאב לשתות השכר גם בלא רפואה, אע"פ שנותן לתוכו המושקא"ט לרפואה, השכר עיקר ומברך "שהכל" ופוטר את המושקא"ט, **וה"ה** גבי שמן לעיל, כשהוא תאב לשתות מי אניגרון והשכר, אע"פ שנותן לתוכו השמן לרפואה, מברך על השכר לבד אם הם הרוב.

על קניל"ה (ר"ל צימרינ"ד), "בורא פרי האדמה" - כי הוא גדל על הארץ כמו קנים, ורגילין ג"כ לאוכלו ביובש.

אות מ'

<u>האי המלתא דאתיא מבי הנדואי שריא, ומברכין עליה בורא פרי האדמה</u>

סימן רג ס"ו - [יח]על זנגביל שמרקחים אותו כשהוא רטוב, "בורא פרי האדמה" - אשמעינן דע"י ריקוח שמרקחין אותו בדבש לא נשתנה ברכתו מאילו אכלו חי, דברכתו בפה"א, וכדלעיל בסי' ר"ב בסי"ח.

[יט]ונראה דה"ה אם מרקחים אותו יבש, כיון שעל ידי כך הוא ראוי לאכילה, הזנגביל עיקר ומברך עליו בפה"א - ר"ל אף דזנגביל יבש אין מברכין עליו כלל, וכבסימן ר"ב סט"ז, הכא דע"י ריקוח נעשה ראוי לאכילה, חוזר לברכתו הראויה, **ואין** להקשות מאגוז רך, דאיתא שם בסי"ד דאף שנתקן ע"י בישול בדבש מ"מ ברכתו "שהכל", **דהתם** הפרי לא הגיע עדיין זמן בישולו, משא"כ הכא דהפרי כבר נתבשל, אלא שמחמת יבשותו לא היה ראוי לאכילה, ולכן מהני כשמרקחו ועושהו ראוי, **וה"ה** כשמרקחין פלפלין יבשין, ג"כ ברכתו בפה"א.

וכן כשצולין זנגביל ואוכלין אותו לרפואה, כיון דחזי לאכילה ע"י כך, **אבל** ציטוו"ר מברך "שהכל", כיון דעביד לטעמא ולא לאכילה.

ואפי' זנגביל שרקחו ער"ג, אין בו משום בשול ער"ג, שהרי נאכלין חיין ע"י תערובות צוקע"ר, **אבל** שאר כל מיני פירות או ירקות וכן עלי ורדים, כל שאינו ראוי לאכול אותו חי, אם בשלן או רקחן נכרי, אסורים משום בשול ער"ג.

(**עיין בשע"ת בשם עמק ברכה, דדוקא כשמרקחין חתיכות ממנו, אבל אם** הוא מעוך וכתות עד שאינו ניכר מה הוא, אע"פ שיודע שהוא זנגביל, מברך "שהכל", **ולא הבנתי**, דהלא מבואר לקמיה בס"ז, דבשמים שחוקים וכו', והיינו אף כששחוקים לגמרי, ואפי' למאן דמחמיר בתמרים שעשאן כעין עיסה, שאבד ברכתו הקודמת, אפ"ה לענין בשמים מודו, דאף כשנימוח לגמרי אפ"ה מברך ברכתו הקודמת, הואיל דאורחייהו בהכי לכתוש לגמרי, **וכמבואר** בתה"ד שהביא מקור לזה מדברי רש"י ‹ביומא›, שפי' על הימלתא, בשמים כתושין המפטמין בדבש, ע"ש, והלא הימלתא קאי גם על זנגביל כדמוכח בגמ', א"כ מוכח דאף כשהוא שחוק וכתוש אפ"ה מברך ברכתו הראויה משום דאורחיה בהכי, **ואולי** י"ל, דלענין כתישה אפשר דיש לחלק בין זנגביל לשאר בשמים, דזנגביל כשמרקחו בדבש אין דרך לכתשו כ"כ, וע"כ אבד ברכתו הקודמת, **אבל** מדברי עטרת זקנים וכן מהט"ז משמע לכאורה כמש"כ, וצ"ע).

מרקחת של חזרת שקורין קריין, ברכתו "שהכל", ‹שאין נזרעין אלא גדילים מאליו, והוי כעשבי דדברא בסי' ר"ד - פמ"ג›, [**ומשמע** בפמ"ג, דאפי' כשאוכלו חי אפשר דברכתו "שהכל"], **אבל** מרקחת של רעטיך, ברכתו בפה"א, **ואפי'** אם עושה מקליפתן, ג"כ לא נשתנית הברכה.

[כ]סימן רג ס"ז - [כא]בשמים שחוקים ומעורבים עם סוקר, הבשמים עיקר ומברך עליהם כדין ברכת אותם בשמים - היינו אף כשהם שחוקין ונימוחים לגמרי, עד שאין ניכר בהם תארן הראשון כלל, אפ"ה לא נשתנית ברכתן ע"ז לכו"ע, דדרך הבשמים לכתוש באופן זה, [**ואינו** דומה להמבואר בסי' ר"ד סי"א, דצריך שיהא ניכר מהותו ותארו, דהכא שדרכן בכך מודו כו"ע].

והיינו אפילו כשהיה צוקע"ר הרוב ומעט בשמים, וכעין שנוהגין בינינו לעשיית מאגע"ן פולווע"ר, שמערבין צוקע"ר הרבה עם אינגבע"ר כתוש, אפ"ה האינגבע"ר עיקר והצוקע"ר טפל להן, דאינו בא רק למתקו, ואין לברך עליהן.

[כב]סימן רד סי"א - חבושים או גינדא"ש, או ורדים - היינו רוזי"ן בל"א, **ושאר מיני פירות ועשבים שמרקחים בדבש, [כג]הפירות והעשבים הם עיקר והדבש טפל** - דהדבש אינו אלא הכשר לדבר המרוקח, שמכשירו ומתקנו לאכילה, **וכן** שקדים המחופין בצוקע"ר, אף שהם מחופין לגמרי, מברך בפה"ע, דאף שצוקע"ר הרבה מהפרי, הפרי עיקר.

אפילו הם כתושים ביותר - דוקא שניכר מהותו ותארו, אבל אם נימוח לגמרי עד שנפסד צורתו העצמי, מברך לכתחלה "שהכל", כמבואר לעיל סי' ר"ב ס"ז בהג"ה, ועיין לעיל סי' ר"ג ס"ז ובמ"ב שם.

הילכך מברך על חבושים וגינדא"ש בפה"ע; ועל עשבים בפה"א; ועל של [כד]ורדים בפה"א - ואע"ג דפרי עץ הם שגדילים על האילן, מ"מ כיון שאינן עיקר הפרי, דזרע שלהם הם עיקר הפרי, והעלים שמרקחין אותם הם הפרחים, ע"כ מברך בפה"א, **וכן** על

באר הגולה

יח ברכות ל"ו: ויומא פ"א: ושם ‹ביומא› בפרש"י יט ‹ומש"כ לא קשיא כו', דוקא בעין, {הוא דבעינן רטיבתא}, אבל הימלתא {הואיל ונעשה כמרקחת וראוי לאכילה} לעולם לרטיבתא דמיא {ומברכין בפה"א, וכמו כן ביבשתא כשנעשה מרקחת מברכין בפה"א} - גר"א ע"פ הדמשק אליעזר› כ ‹ע"פ הגר"א ח"ל: כנ"ל ס"ו› כא טור בשם ר"מ מרוטנבורג כב ‹מילואים ע"פ הטור, דמתחלה קודם שביטל דעתו, רצה לחלק בין הכא ל"המלתא", ע"ש› כג **טור בשם חביריו וביטל דעתו מפני דעתם** כד **שהזרע שלו הוא העיקר והעלים הם הפרחים, כל בו. ולענ"ד הטעם משום דהוי פירות האטד, וכמ"ש לעיל ריש סי' ר"ג וע"ש** ‹ולענ"ד אי הוי פרי האטד היה לו לומר שהכל, וכמ"ש מרן בשו"ע סי' ר"ג ס"ד וסי' ר"ד ס"א, ואע"ג שכן כתב הבאר הגולה סי' ר"ד ס"ק פ', דבריו צל"ע - פרי האדמה› ‹**שגה** מאד, דסבר דטעם השו"ע בתותים הגדלים בסנה דמברכין בפה"א {שם ריש סי' ר"ג}, משום דהוי פירות האטד, וזה אינו, דטעמו כשיטת הגאונים, משום דכלה גזעו בחורף - נשמת אדם›

הלוינדר"א בל"א מברך בפה"א, דאע"פ שהלוינדר"א גדילים באילן, דעיקר הפרי הם גודגדניות השחורות שגדלים באותו אילן, ודומה ממש לדין ורדים.

וא"ת כיון דורדים לא חזיא לאכילה לא חיין ולא מבושלין, אלא א"כ הם מבושלים עם דבש, א"כ הו"ל דבש עיקר, **וי"ל** דאדרבה כיון שעיקר תיקון הורדים לאכילה אינו אלא עם דבש, הו"ל דבש טפל, שהרי אינו בא אלא להכשיר הורד לאכילה, **והו"ל** כפירות שאין נאכלין חיין, שמברך עליהם אחר בישולם ברכה ראויה להם, ואין אנו אומרין שיברך עליהם "שהכל", מפני שהמים המובלעים בהם הכשירום לאכילה.

(ומ"מ אם בא לתקן דבש, ונותן בו בשמים כתושים, ועיקר אכילתו הוא הדבש, אינו מברך כי אם על הדבש, והבשמים טפלים לו, ושאני ורדים וחבושים שהם העיקר, **אך** אם עיקר האכילה היא הבשמים, כגון שיש מהם הרבה ומרקחם בדבש, פשיטא שמברך כברכת הבשמים, והיינו ההיא דסימן ר"ג סעיף ז').

אות נ' - ס'

חביץ קדרה וכן דייסא... בורא מיני מזונות

כל שיש בו מחמשת המינין, מברכין עליו בורא מיני מזונות

סימן רח ס"ב - [כה]**חמשת מיני דגן** - הם חטה ושעורה וכוסמין ושבולת שועל ושיפון, **אבל** מה שאנו קורין טאטארק"י, או מה שאנו קורין טערקשי וויי"ץ, לאו בכלל דגן הוא, דהם פרי האדמה, **ששלקן** - צ"ל "שחלקן", והיינו א' לשנים או ליותר, והוא מה שקורין גרויפי"ן, **דאילו** אם הם שלמים, אף שבישלן, מבואר בס"ד דמברך בפה"א, **אכן** אם נתמעכו ע"י הבישול, אף שמתחלה נתנן בקדרה שלמים לגמרי, דהיינו כשהם בקליפתן, מ"מ מברך במ"מ כיון שנתמעכו יפה.

או כתשן - ר"ל אפילו לא חילקן, רק שהסיר קליפתן ע"י הכתישה, **ועשה מהם תבשיל** - והאחרונים מצדדים דבעינן (כשרק הסיר קליפתן) דוקא שיתדבק ע"י הבישול, אז נחשב זה למעשה קדרה, דאל"ה נחשב כשלמין בס"ד, [כן הוכיחו מתר"י], ועיין מש"כ שם, [**והפמ"ג** מסתפק אם לברך במ"מ או בפה"א, אבל אם נדבק קצת יש לברך במ"מ].

כגון מעשה קדירה: הריפות - הוא פי' על כתשן, **וגרש כרמל** - הוא פי' על חלקן, **ודייסא** - מקרי כשנתמעך ונתדבק יפה, וכל אלו בכלל מעשה קדרה הן.

ומש"כ האחרונים שלא לאכול הני שעורים או חטים, גנצ"י גערשטי"ן או גרי"ץ שלמים, אלא בתוך הסעודה, כמ"ש ס"ד, **היינו** כשלא נדבקו ע"י הבישול, אבל אם נדבקו ע"י הבישול, מברך במ"מ.

[כו]**אפילו עירב עמהם דבש הרבה יותר מהם, או מינים אחרים הרבה יותר מהם, מברך עליו: "בורא מיני מזונות", ולבסוף: "על המחיה"** - הטעם, כיון דהוא בא להטעים ולהכשיר את התבשיל, והוא מחמשת המינין דחשיבי, הוא העיקר, **וע"ל** בס"ט ובמ"ב שם לענין השיעור שיתחייב לברך "על המחיה".

[כז]**אבל אם לא נתן הדגן בתבשיל אלא לדבקו ולהקפותו, בטל בתבשיל** - שלא בא להטעים התבשיל ולא לסעוד הלב, רק שיהא התבשיל מדובק, לא חשיב, ובטיל לגבי התבשיל, אפילו נתן לתוכו קמח הרבה.

[**ומה** שכתב הט"ז, דאפי' אם החמשת מינין הוא הרוב, כיון שבא לדבק הוא בטל, השמטתיו, דאינו ברור, דיש אחרונים מפקפקים בזה, גם אינו מצוי שיתן בו כ"ב קמח, ולא יהיה רק לדבק ולא למאכל].

סימן רח ס"ט - [כח]**עירב קמח דוחן ושאר מיני קטניות עם קמח של חמשת מיני דגן, ובשלו בקדירה, מברך "בורא מ"מ" ו"על המחיה"** - כנ"ל בס"ב עי"ש.

ואם עשה ממנו פת, מברך "המוציא" וברכת המזון - דפת גמור הוא, (**עיין בפמ"ג שמסתפק לענין חיובא דאורייתא דבעינן כדי שביעה, אם מצטרף יתר המינים להדגן לענין זה**).

(**ומסתברא** כל שיש לפניו פת מה' מיני דגן אפי' אינו נקיה, ופת מעורב ויש בו כזית כדי אכילת פרס מחטה, אפ"ה עדיף טפי לברך על שאינה נקיה).

[כט]**ודוקא שיש באותו קמח מחמשת מינים כדי שיאכל ממנו כזית דגן בכדי אכילת פרס** - פרס הוא חצי ככר של עירוב, י"א ג' ביצים וי"א ד', וכזית הוא חצי ביצה, ומשערינן בו כל האיסורים, שאם אוכל כזית איסור, ושהא באכילתו יותר משיעור אכילת פרס, אינו מצטרף למלקות ולחיוב חטאת, **וה"נ** לענין בהמ"ז דבעינן דוקא שיאכל כזית דגן, אין מצטרף השיעור כזית שלו אלא בכדי שיוכל לאכלו בתוך שיעור אכילת פרס, **וא"כ** אינו מברך בהמ"ז אא"כ היה מעורב בו קמח דגן אחד משמינית עכ"פ, דאז אם יאכל מהפת ד' ביצים, יהיה מזה כזית דגן ויתחייב בבהמ"ז.

אבל אם אין בו זה השיעור מחמשת המינים, אינו מברך לבסוף ברכת המזון - (**עיין בשע"ת שכתב, דאם אכל כדי שביעה צריך לברך בהמ"ז, ולא ביאר טעמו, ואולי משום דחשש לשיטת הפוסקים דטעם כעיקר דאורייתא, וסובר דגם לענין בהמ"ז שייך זה, וע"כ החמיר בכדי שביעה דחיובו בעלמא מדאורייתא, אמנם מדברי הגר"א לכאורה לא משמע כן, וכן מדברי המחבר שסתם בזה, משמע דבכל גווני אינו מברך ברכת המזון**).

אלא בתחלה מברך "המוציא", כיון שיש בו טעם דגן - הלא"ה לא חשיבי ובטיל, ומברך "שהכל" ובנ"ר, [**ובשע"ת** משמע, דאפי' יש בהפת בכדי אכילת פרס, ג"כ בעינן שיהיה בו טעם דגן, הלא"ה בטל לגבי השאר], **אע"פ שאין בו כזית בכדי אכילת פרס** - כדקי"ל לקמן בסימן ר"י, דברכה ראשונה א"צ שיעור, דאפילו על משהו יש לברך ברכה הראויה לאותו המין, ומיני דגן חשיבי ולא נתבטלו בתערובתן בשום גווני, כיון שנרגש טעמן.

באר הגולה

כה שם ל"ו | כו הרא"ש שם | כז הרשב"א ושם ל"ט ע"א | כח ארחות חיים והרב דוד אבודרהם | כט רבי יונה

ולבסוף "על המחיה" - אפי' לא אכל רק כזית מהפת, [אף דבכזית זה אין בו רק מעט דגן]. **ורבים** מהאחרונים נתקשו בזה, דלא מצינו כיוצא בזה בברכות, דמתחלה "המוציא" ולבסוף "על המחיה", **ועוד** דמאי שנא מהא דכתב לענין בישול בקדרה, דאין מברך לבסוף רק בנ"ר, מחמת דאין בו כדי אכילת פרס, וה"נ לענין פת, **ומחמת** זה באמת הגיה הגר"א, דצ"ל גם כאן "ולבסוף בנ"ר", **והרבה** אחרונים טרחו ליישב דברי השו"ע, ומחמת זה ראוי לירא"ש שלא יאכל פת כזה אלא בתוך הסעודה, **ומ"מ** הנוהג כדברי השו"ע אין למחות בידו, דכן סתמו הרבה אחרונים לדינא.

ודע עוד, דה"ה אם בהפת היה מעורב קמח דגן כזית בכדי אכילת פרס, אלא שהוא לא אכל רק מקצת מהפת, שלא היה שיעור כזית דגן מכל הזיתים שאכל, ג"כ אינו מברך בהמ"ז, אלא "על המחיה" לדעת השו"ע, או "בנ"ר" לדעת הגר"א.

(**ולענין** קמח אורז כשמעורב עם קמח חטים יש לעיין, **ונראה** שתלוי זה בשיטת הפוסקים המבוארים בסימן תנ"ג ס"ב, **ועיין** בפמ"ג ובדה"ח שמצדדים, דלדינא יש לתפוס דאורז שוה לדוחן לענינינו, **אמנם** במגן גבורים חולק ע"ז).

ואם בשלו בקדירה - ר"ל ולא היה בהקמח של מיני דגן כזית בכדי אכילת פרס, או שהיה בהקמח כשיעור, והוא לא אכל עד שיעור כזית, וכנ"ל באות הקודם, **מברך תחלה "בורא מיני מזונות"** - וכנ"ל בס"ב, **וגם** בזה בעינן דוקא שיהיה מנכר קצת טעם דגן, דאם היה רק משהו בעלמא מקמח דגן ולא מנכר טעמו כלל, בטל לגבי יתר המינים ומברך "שהכל", **ואחריו "בורא נפשות"** - דאף דבתחלה מברך במ"מ, אבל "על המחיה" אינו יכול לברך אלא על שעור כזית דגן, וע"כ מברך רק ברכת בנ"ר בשביל יתר המינים המעורבים בתבשיל זה.

ועיין בביאור הלכה שביארנו, דלאו דוקא תערובות קמח בקמח, דאינו מנכר כ"כ המיני דגן, דה"ה אם עירב ה' מיני דגן עם דבש ותבלין או שאר מינים, וכההיא דס"ב הנ"ל, ג"כ בעינן שיהא מהחמשה מיני דגן כזית בכדי אכילת פרס, ואי לא"ה אינו מברך ברכה אחרונה אלא בנ"ר, **וע"כ** מיני גרויפין מה' מיני דגן שמבשל עם בולבע"ס וקטניות וכיו"ב, אין לברך לבסוף "על המחיה", אלא דוקא כשאכל מהמיני דגן כזית בכדי אכילת פרס.

ומ"מ לענין פת כיסנין שמעורב בתבלין הרבה, כגון צוקע"ר לעק"ך, נוהגין העולם לברך עליו לבסוף "על המחיה" כשיש בו כזית, אף שבמין דגן לבדו שנמצא בו אין בו שיעור כזית, **ואולי** שטעמם, מפני שהתבלין בא להכשיר את האוכל מצטרף עם האוכל גופא לשיעור, **ולכתחלה** טוב ליזהר לשער שיהיה בהקמח שיעור כזית.

אות ס*[ל]

תוס' ד"ה כל: וכן לתוך שקדים שעושין לחולה, אם עושין אותו כדי שיסעוד הלב וכו'

סימן רח ס"ג - [לא]כשנותנים קמח לתוך שקדים שעושים לחולה, אם עושים כן כדי שיסעוד הלב, מברך "בורא מיני מזונות" - ואפילו אם הם המועט, כיון שהקמח הוא מחמשת המינין, השקדים בטלי לגבייהו.

ואם לדבק בעלמא, אינו מברך "בורא מיני מזונות" - דהקמח בטל לגבי הפרי וכנ"ל בס"ב.

וטוב להחמיר ולגמעו בתוך הסעודה לאחר ברכת "המוציא", ופטור ממנה - צ"ל "ממ"נ", **משום** דבמעשה השקדים הדרך לעשותו נמי לסעוד, ולכן קשה לשער אם היה כונתו רק לדבק, וע"כ טוב להחמיר.

[**ועדיף** טפי לעשות כן לצאת אפי' לכתחילה, ולא לסמוך על "שהכל", **דנהי** דקימ"ל דאם אמר "שהכל" יצא על כל דבר, מכל מקום יותר טוב לומר ברכתו הראויה, **וכשפוטר** אותו תוך הסעודה אין כאן ספק כלל, והוי כמברך ברכה הראויה].

ולגמעו - פי' לאכלו, שהיה עב וראוי לאכילה, דאילו אם היה רך וראוי רק לשתיה, אפילו שלא בתוך הסעודה ועשאו כדי לסעוד הלב, ג"כ מברך רק "שהכל", וכדלקמן בס"ו.

והקשו האחרונים, דאם הוא רק לדבק, א"כ בטל לגבי השקדים והרי צריך לברך על פרי בתוך הסעודה, **ונראה** ליישב, דכיון שהוא חולה וצריך להשקדים, עיקר קביעת סעודתו לכתחלה הוא עליהם, והו"ל כקובע סעודתו על הפירות, דאינו מברך עליהם.

---

§ מסכת ברכות דף לז. §

אות א'

אבל אורז ודוחן לא, משום דעל ידי תערובת, אבל איתיה בעיניה וכו'

סימן רח ס"ז - [א]הכוסס (פי' האוכל) - פי' שאכלו כשהוא חי, **את האורז, מברך עליו בפה"א ואחריו "בורא נפשות".**

ואם בשלו, הגה: עד שנתמעך (ב"י בשם הרא"ש והר"י) - היינו אפילו נתמעך קצת ע"י הבישול, (מברך עליו "בורא מיני מזונות"), **אף** דלגבי דגן לעיל בס"ד בשעה"צ, נתמעך במקצת הוי ספק, אפשר משום דמצרף סברת הי"א הובא בבה"ל, ע"ש, דבאורז מבושל, אף כשהם שלמים מברך במ"מ, ודלא כדגן), **אבל** כשהם עדיין שלמים מברך בפה"א, **ואפשר** דאפילו אם רק הוסר קליפת האורז כמו בשלנו, ג"כ לא מקרי שלמים, ומברך עליהם במ"מ - פמ"ג, **ומ"מ** אם בירך בפה"א משמע שם דיוצא בזה, (**ונראה** דהמברך עליהם במ"מ לא הפסיד, ובפרט דבדיעבד יוצא בברכת במ"מ על כל מילי דזיין).

באר הגולה

[ל] (ע"פ הבאר הגולה) [לא] תוספות [א] שם ל"ז ע"א וכחכמים

קמ"ל כל שיש בו ואי אשמעינן כל שיש בו הוה אמינא כל שיש בו חמשת המינים אין *אבל אורז ודוחן לא משום דע"י תערובת אבל איתיה בעיניה נימא אפילו אורז ודוחן נמי מברכין עליו בורא מיני מזונות קמ"ל כל שהוא מחמשת המינים הוא דמברכין עליו בורא מיני מזונות לאפוקי אורז ודוחן דאפילו איתיה בעיניה לא מברכינן בורא מיני מזונות ואורז [ודוחן] לא מברכינן בורא מיני מזונות והתניא הביאו לפניו פת אורז ופת דוחן מברך עליו תחלה וסוף כמעשה קדרה וגבי מעשה קדרה תניא [ב]בתחלה מברך עליו בורא מ"מ ולבסוף מברך עליו ברכה אחת מעין שלש כמעשה קדרה ולא כמעשה קדרה כמעשה קדרה דמברכין עליו תחלה וסוף ולא כמעשה קדרה דאילו במעשה קדרה בתחלה בורא מיני מזונות ולבסוף ברכה אחת מעין ג' ואילו הכא בתחלה מברך עליו שהכל נהיה בדברו ולבסוף בורא נפשות רבות וחסרונן על כל מה שברא ואורז לאו מעשה קדרה הוא והתניא אלו הן מעשה קדרה חילקא טרגים (א) סולת *זריז וערסן ואורז הא מני רבי יוחנן בן נורי היא דתניא *רבי יוחנן בן נורי אומר אורז מין דגן הוא וחייבין על חמוצו כרת ואדם יוצא בו ידי חובתו בפסח אבל [ג]רבנן לא ורבנן לא והתניא * [ד]הכוסס את החטה מברך עליה בורא פרי האדמה [ה]טחנה אפאה ובשלה בזמן שהפרוסות קיימות בתחלה מברך עליה המוציא לחם מן הארץ ולבסוף מברך עליה ג' ברכות אם אין הפרוסות קיימות בתחלה מברך עליה בורא מיני מזונות ולבסוף מברך עליה ברכה אחת מעין ג' [ו]הכוסס את האורז מברך עליו ב"פ האדמה טחנו אפאו ובשלו אף על פי שהפרוסות קיימות בתחלה מברך עליו בורא מיני מזונות ולבסוף מברך עליו ברכה אחת מעין שלש מני אילימא ר' יוחנן בן נורי היא דאמר אורז מין דגן הוא המוציא לחם מן הארץ ושלש ברכות בעי ברוכי אלא לאו רבנן היא ותיובתא דרב ושמואל תיובתא: אמר מר הכוסס את החטה מברך עליה בורא פרי האדמה והתניא בורא מיני זרעים לא קשיא הא ר' יהודה והא רבנן דתנן *ועל ירקות (ג) אומר בורא פרי האדמה ר' יהודה אומר בורא מיני דשאים: אמר מר הכוסס את האורז מברך עליו בורא פרי האדמה טחנו אפאו ובשלו אע"פ שהפרוסות קיימות בתחלה מברך עליו בורא מיני מזונות ולבסוף ברכה אחת מעין שלש והתניא [ז]לבסוף ולא כלום אמר רב ששת לא קשיא הא ר"ג והא רבנן דתניא *זה הכלל כל שהוא משבעת המינים רבן גמליאל אומר שלש ברכות וחכמים אומרים ברכה אחת מעין שלש ומעשה ברבן גמליאל והזקנים שהיו מסובין בעלייה בירידו והביאו לפניהם כותבות ואכלו ונתן רבן גמליאל רשות לר' עקיבא לברך קפץ ובירך רבי עקיבא ברכה אחת מעין שלש אמר ליה רבן גמליאל עקיבא עד מתי אתה מכניס ראשך בין המחלוקת א"ל רבינו אע"פ שאתה אומר כן וחבריך אומרים כן למדתנו רבינו *יחיד ורבים הלכה כרבים רבי יהודה אומר משמו כל שהוא משבעת המינים ולא

רש"י

קמ"ל כל שהוא · דאע"ג דכולהו מחד מינא בעינן דליהוי מחמשת המינין ואי לא לא מברכינן עליה בורא מיני מזונות: אורז · מי"ל: דוחן · פנ"ץ: כמעשה קדרה · ברכה שמברכין על מעשה קדרה של חמשת מינין: ברכה אחת מעין ג' · בשלהי פרקין (דף מד.) מפ' לה על המחיה כו': ואורז לאו מעשה קדרה · דקא מפקת ליה מכלל מעשה קדרה לברכה אחרת: אלו הן מעשה קדרה · לענין ברכה: חילקא טרגים זריז וערסן · מפרש להו במועד קטן(ג) (פ"ב יג:): חילקא · חטי דמתברי בחסיתא חדא לתרתי: טרגים · חדא לתלת: זריז · חדא לארבע: ערסן · חדא לחמש: הא מני · הך מתניתא דקתני אורז כמעשה קדרה רבי יוחנן בן נורי: ה"ג אבל רבנן לא ורבנן לא והתניא כו' · ול"ג והלכתא ומהלכות גדולות הוא: הכוסס · כמות שהיא: אפאה ובשלה · לאחר שאפאה בתנור ועשאה לחם חזר ובשלה במים: שהפרוסות קיימות · שלא נמוחו בבשולן: ברכה אחת מעין ג' · על המחיה ועל הכלכלה ובשלהי פרקין (דף מד.) מפרש לה: אלא לאו רבנן היא · וקתני במ"מ ותיובתא דרב ושמואל: הא רבי יהודה כו' · הא דקתני בורא מיני זרעים ר' יהודה היא דקתני לכל מין ומין מעין ברכתו כדמפרש לקמן בפירקין (דף מ.) אליביה הלכך לירקות בורא מיני דשאים לתבואה דזרעים נינהו בורא מיני זרעים ולרבנן בין זרעים בין ירקות בפה"א ולא בעינן לכל מין ומין מעין ברכתו: ולא כלום · כלומר אין טעון מברכות פירות ארץ ישראל ולא כלום אלא בורא נפשות רבות ככל מידי דליתיה משבעת המינין: כותבות · הם תמרים (ד) והם דבש האמור בשבעת המינין שהדבש זב מן התמרים: קפץ ובירך · לאחריהן: משמו · של ר"ג: ולא

תוספות

בורא נפשות רבות וחסרונם · כמו לחם ומים שאי אפשר בלא הם* ועל כל מה שברא להחיות בהם נפש כל חי כלומר על כל מה שבעולם שגם אם לא בראם יכולין העולם לחיות בלא הם שלא בראם כי אם להתענג בעלמא כמו תפוחים וכיוצא בהן ומסיים ברוך חי העולמים ובירושלמי ברוך אתה ה' חי העולמים:

אם הפרוסות קיימות · יש מפרשים דהיינו כשהלחם אינו שרוי במים כ"כ שאם יקח הפרוסה שלא ישבר: רש"י פי' אורז מי"ל. ויש מפרשים ר"יזו ולהאי פירוש יש לפרש דדוחן היינו מי"ל:

תיובתא דרב ושמואל · באורז אבל אדוחן לא הוי תיובתא ואפשר דהוי הלכתא כוותייהו ולא מברכינן עליה בורא מיני מזונות:

הכוסס חטה צריך לברך עליה בורא פרי האדמה. שהרי אפילו בקמחא דחיטי אמרינן לעיל (ה) מברכין עליה בפה"א ולרב נחמן לא ס"ל הכי משום דאשתנו ומיהו בלאחריו יש לספק מאי מברכין אם מברכין על המחיה ועל הכלכלה ומסיים על האדמה ועל פרי האדמה דלא אשכחן ברכת על המחיה ועל הכלכלה אלא היכא דבריך עלייהו ברישא קודם אכילה בורא מיני מזונות ור"ת הגיה במחזור שלו על האדמה ועל פרי האדמה כו' וחזר בו דלא אשכחן בשום מקום הך ברכה דלקמן (דף מד.) מפרש ברכה אחת מעין ג' וקאמר בחמשת המינים על הארץ ועל המחיה ועל ז' המינים על הארץ ועל הפירות ועל האדמה ועל פרי האדמה לא הזכיר ועוד מדקאמר הכא על הכוסס את החטה מברך בורא פרי האדמה וקאמר בהדיא טחנו ואפאו פת עד אם אין הפרוסות קיימות בתחלה מברך בורא מ"מ ולבסוף ברכה אחת מעין שלש ומדלא קתני הכא גבי כוסס החטה מברך לאחריו ברכה אחת מעין שלש ש"מ דבכוסס ליכא ברכה לאחריו מעין ג' והא דקאמר כל שהוא מין דגן ולא עשאו פת וכו' וחכמים אומרים ברכה אחת מעין ג' מיירי דעבדינהו כעין דייסא דתשיבא אז אכילתו אבל הכוסס את החטה חי דלא חשיבא אכילתו כ"כ אע"ג דהיא מן חמשת המינים אינו מברך לאחריו ברכה מעין שלש אלא בורא נפשות רבות וכו' ומיהו אומר הר"י שיש לספק° שמא חכמים כיילי ליה בההוא מין דגן ולא עשאו פת וכו' וחכמים אומרים ברכה אחת מעין שלש ונכון להחמיר שאין לאכול קליות או חטים שלוקות אלא בתוך הסעודה שאז ברכת המזון פוטרתן אם לא נתמעכו יפה דהוו כמו דייסא ובירושלמי יש שגם האמוראים היו מסופקים דקאמר הדין דאכיל סלת פירוש קליות מאי מברך בסופה רבי ירמיה אמר לא אכלית סלת מן יומא וכו':

נתן ר"ג רשות לר' עקיבא לברך · סבור (ו) היה שיברך ג' ברכות כמו שהיה סובר וא"ת לר"ג הא קי"ל *דאין מזמנין על הפירות וי"ל דר"ג היה סבור שהיה מברך על כל ז' מינין ג' ברכות שלמות וכי בירך ר"ע מעין ג' לעצמו דוקא דקי"ל אין מזמנין על הפירות ואחרים המסובין ברכו כל אחד לעצמו וא"ת לר"ג דאמר ג' ברכות שלמות וס"ל דמזמנים על ז' המינים אי ס"ל דברכה טעונה כוס א"כ (ז) יזמנו וא"כ יזמנו לעולם וי"ל דיכול להיות שלא ישתה כלל מן כוס של ברכה וא"ת מ"מ לאותו המברך שהוא טועם צריך לברך פעם אחרת וא"כ אין לדבר סוף וי"ל היכא °דאינו שותה בקביעות רק מלא לוגמיו מודה ר"ג דאל"כ וכי לית ליה לר"ג ברכה אחת מעין שלש בשום מקום: [וע"ע תוס' פסחים ק"ה: ד"ה ש"מ]

אכילה

מסורת הש"ס

כ"א זריז

פסחים לה. קיד:

תוספתא פ"ד

לעיל לט.

תוספתא פ"ד

[לעיל ס.וש"נ]

[חולין קו. וע"ש בתוד"ה וש"מ]

עין משפט נר מצוה

[עי' ב"ח סימן רח ובמג"א שם]

לה א מיי' פ"ג מהל' ברכות הל' יוד סמג עשין כז טוש"ע או"ח סי' רח סעיף ז:

לו ב מיי' שם הלכה ד סמג שם טוש"ע שם סעיף ב:

לז ג מיי' פ"ה ופ"ו מהל' חמץ ומצה סמג לאוין עט טוש"ע או"ח סימן תנג סעיף א:

לח ד מיי' פ"ג מהל' ברכות הל' ב טוש"ע או"ח סי' ר"ח סעיף ד:

לט ה מיי' שם הל' ח סמג עשין כז טוש"ע או"ח סי' קסח סעי' י:

מ ו ז (מיי' שם הלכה י) סמג שם טוש"ע או"ח סי' רח סעיף ז:

תגהות הב"ח

(א) גמ' טרגים זריז כצ"ל ותיבת סולת נמחק: (ב) שמוע הירקות הוא אומר: (ג) רש"י ד"ה חילקא וכו' במועד קטן. נ"ב ס"ס מי שהפך דף י"ג חילקא טרגים וטיסני חילקא חדא לתרתי טרגים חדא לתלת טיסני חדא לארבע: (ד) שם ד"ה כותבות וכו' תמרים והוא דבש: (ה) תוס' ד"ה הכוסס וכו' אמרינן לעיל. נ"ב ריש לו: (ו) ד"ה נתן וכו' סבור שיהא מברך: (ז) בא"ד טעונה כוס א"כ יזמנו לעולם כצ"ל ותיבות יזמנו וא"כ נמחק:

גליון הש"ס

גמ' הכוסס כו'. עי' רש"י [לעיל לו ע"ב ד"ה כס] מגילה ז ע"ב ד"ה דאיכסייה [וביומא פ"א. ד"ה שכוסס]: תוס' ד"ה הכוסס כו' שמא חכמים כיילי ליה בההוא ועי' לקמן מ"ד ע"א: תוס' ד"ה נתן כו' דאינו שותה בקביעות רק מלא לוגמיו. עי' לקמן ל"ט ע"א תוס' ד"ה בצר:

או שטחנו ועשה ממנו פת - וה"ה תבשיל, **מברך עליו "בורא מיני מזונות"** - דפת שלו או תבשילו משביע וסועד הלב כמו מה' מיני דגן, ועדיף משאר מיני קטניות, **ומ"מ** לא חשיב פת שלו כלחם גמור של ה' מיני דגן לברך "המוציא".

ואחריו "בורא נפשות" - דבהמ"ז או ברכה מעין שלש אינם אלא בחמשה מינין מפני חשיבותן.

אורז: רייז, ‹תוס'›, דוחן: היר"ז בל"א, **ויש** מפרשים איפכא, ‹רש"י›, **וע"כ** יש מחמירין דלא יאכלם כשנתמעכו אלא תוך הסעודה, או שיברך עליהם "שהכל" מחמת ספק, [דבלא נתמעכו אף אם הוא דוחן או אורז ברכתו בפה"א], **ובלחם** חמודות כתב, דסוגיין דעלמא אורז: רייז, דוחן: היר"ז, וכן מוכח בברכי יוסף ומטה יהודה, וכן מצאתי במעשה רב מהנהגות הגר"א, דאורז הוא רייז, ומברך עליהם במ"מ, [**ולפי** מה דהבאתי לקמן בסי' זה, דעל הכל חוץ ממים ומלח, אם בירך במ"מ יצא, בודאי יש לסמוך ולברך במ"מ על רייז, **ובפרט** לפי המבואר בבה"ל בס"ח בשם כמה פוסקים, שסוברין דכל דבר שאנו רואין דזיין מברך במ"מ, בודאי רייז בכלל זה].

[ב]**והוא שלא יהא מעורב עם דבר אחר, אלא אורז לבדו** - ה"ה אם הוא הרוב, ונקט לבדו לאשמועינן רבותא, דאפ"ה אין מברכין ברכה אחרונה כי אם בנ"ר.

ואם עירב ממנו בתבשיל אחר, והתבשיל האחר [ג]**הוא הרוב, מברך עליו כברכת אותו תבשיל** - היינו דאף שבחמשה מיני דגן קי"ל לעיל בס"ב, דאם עירבן בשארי מינין, אפילו הם המיעוט אזלינן בתרייהו, אורז אינו חשוב כ"כ.

וכן פסקו הרבה אחרונים.

אות ב'

בתחלה מברך עליו בורא מיני מזונות, ולבסוף מברך עליו ברכה אחת מעין שלש

סימן רח ס"ב - [ד]**חמשת מיני דגן** - הם חטה ושעורה וכוסמין ושבולת שועל ושיפון, **אבל** מה שאנו קורין טאטארק"י, או מה שאנו קורין טערקשי וויי"ץ, לאו בכלל דגן הוא, דהם פרי האדמה, **ששלקן** - צ"ל "שחלקן", והיינו א' לשנים או ליותר, והוא מה שקורין גרויפי"ן, **דאילו** אם הם שלמים, אף שבישלן, מבואר בס"ד דמברך בפה"א, **אכן** אם נתמעכו ע"י הבישול, אף שמתחלה נתנן בקדרה שלמים לגמרי, דהיינו כשהם בקליפתן, מ"מ מברך במ"מ כיון שנתמעכו יפה.

או כתשן - ר"ל אפילו לא חילקן, רק שהסיר קליפתן ע"י הכתישה, **ועשה מהם תבשיל** - והאחרונים מצדדים דבעינן ‹כשרק הסיר קליפתן› דוקא שיתדבק ע"י הבישול, אז נחשב זה למעשה קדרה, דאל"ה נחשב כשלמין בס"ד, [כן הוכיחו מתלמידי רבנו יונה], ועיין מש"כ שם, [**והפמ"ג** מסתפק אם לברך במ"מ או בפה"א, אבל אם נדבק קצת יש לברך במ"מ]. **כגון מעשה קדירה: הריפות** - הוא פי' על כתשן, **וגרש כרמל** - הוא פי' על חלקן, **ודייסא** - מקרי כשנתמעך ונתדבק יפה, וכל אלו בכלל מעשה קדרה הן.

ומש"כ האחרונים שלא לאכול הני שעורים או חטים, גנצ"י גערשטי"ן או גרי"ץ שלמים, אלא בתוך הסעודה, כמ"ש ס"ד, **היינו** כשלא נדבקו ע"י הבישול, אבל אם נדבקו ע"י הבישול, מברך במ"מ.

אות ג'

אבל רבנן לא

סימן תנג ס"א - אלו דברים שיוצאים בהם ידי חובת מצה - בליל ראשון של פסח, **בחטים ובשעורים ובכוסמין ובשבולת שועל ובשיפון, (והמנהג ליקח לכתחלה חטים)** - משום דהוא חביב לאדם ביותר, ואיכא משום הידור מצוה, **ואם** אין לו חטים, יקח למצות מאחד מהד' מינים החשוב לו ביותר, כדי שיאכל לתיאבון.

אבל לא באורז - וה"ה דוחן, ויליף לה בש"ס מקרא, דאין יוצאין י"ח מצה בלילה הראשונה שהוא חובה, אלא בדבר הבא לידי חימוץ, ואלו אינן מחמיצין.

ושאר מיני קטניות - וטטרקי שקורין אצלנו גריקע, וקאקערוזי שקורין אצלנו טירקישע וויץ, ג"כ מיני קטניות הן.

וגם אינם באים לידי חימוץ, ומותר לעשות מהם תבשיל - ואפילו לש אדם קמח אורז וכיוצא בו ברותחין, וכסהו בבגדים עד שנפחה כמו בצק שהחמיץ, אין זה חימוץ אלא סרחון, ומותר באכילה.

‹ועיין במקור לדברי הרמ"א›.

אות ד'

הכוסס את החטה מברך עליה בורא פרי האדמה

סימן רח ס"ד - [ה]**אכל דגן חי** - כל ה' מינים בכלל, והרמ"א חולק בשעורים, **או עשוי** [ו]**קליות או שלוק, והגרעינין שלמים** - ר"ל שלא חילקן מתחלה, וגם לא נתמעכו כלל ע"י הבישול, **אינו מברך**

באר הגולה

[ב] **הרי"ף וכרב ושמואל שם** ‹כתב הרי"ף: הילכך לגבי אורז כד מבשיל ליה בתחלה מברך בורא מיני מזונות, והני מילי כדאיתיה לאורז בעיניה, אבל על ידי תערובת לא, דקיימא לן בהא כרב ושמואל דאמרי תרווייהו, כל שיש בו מחמשת המינים מברך עליו בורא מיני מזונות, כלומר לאפוקי תבשיל שיש בו אורז שאינו מברך עליו בורא מיני מזונות כיון דלאו מחמשת המינים הוא, דלא איתותב רב ושמואל בהא - ב"י› [ג] **הרא"ש שם** ‹וכתב הרא"ש, שזה שכתב הרי"ף דאורז על ידי תערובת אינו מברך עליו בורא מיני מזונות, היינו כשהרוב ממין אחר, דבכהאי גוונא בחמשת המינים אפילו רובו ממין אחר מברך עליו בורא מיני מזונות, ע"כ. כלומר ובאורז דלא חשיב כמו חמשת המינים, אם רובו ממין אחר אינו מברך עליו בורא מיני מזונות, אבל אם רובו אורז, אע"פ שהוא מעורב עם מין אחר, מברך בורא מיני מזונות - ב"י› [ד] **שם ל"ו** [ה] **ברכות ל"ז ע"א** [ו] **מדברי תוספות** ‹ד"ה הכוסס "שאין לאכול קליות או חיטים שלוקות אלא בתוך הסעודה"› **והרא"ש והרמב"ם**

אלא "בורא פרי האדמה", ולאחריו "בורא נפשות" - דאינן חשובין למזון, אלא כשאר פרי אדמה נינהו, [**דאם** נתמעכו במקצת ולא נשארו הגרעינין שלמים, יש ספק בדבר ואפשר דמברך עליו במ"מ, **ולכאורה** אפי' בלא הסיר קליפתן מתחילה].

ואם הוסר הקליפה ע"י כתישה, יש אומרים דברכתן במ"מ כשנתבשלו, דחשיב מעשה קדרה, [המ"א], **ויש** אומרים דברכתן פה"א, כיון שגרעינין עצמן שלמים, [לפי דברי תלמידי רבנו יונה], **והנכון** שלא יאכלם כי אם בתוך הסעודה, {לבד סברת התוס' דלקמיה}, [דהפמ"ג נשאר בדין זה בספק, וכנ"ל], **ועיין** לעיל בסוף ס"ב, דכשנתדבקו ע"י הבישול יש לסמוך לכתחלה לברך במ"מ ואחריו מעין שלש.

אכן שעורים שהוסר קליפתן וגם מקצת מהן גופא ע"י טחינת הריחיים, שנעשים קטנים ממה שהיו מקודם, ומצוי זה במין שקורין פערל גרויפי"ן, הנוהגין לברך עליהן במ"מ ולאחריו מעין שלש לכתחלה, אף אם לא נתמעכו ע"י הבישול, אין למחות בידן, [**די"ל** דהוא בכלל שעורים שחלקן המבואר בס"ב].

הגה: והא דמברך לפניו בפה"א, היינו באוכל חטין וכיוצא בכן, דראויין לאכול כך; אבל האוכל שעורים שלמים אפילו קלוין באש, אינן ראוין לאכול רק ע"י הדחק, ואין מברך לפניהם רק "שהכל" (כל בו, וכן משמע מדברי רשב"א, שמה שהשוה חטין לשעורין לברכה אחרונה, משמע ולא לראשונה) - ואם היו מבושלים, גם בשעורים מברך עליהן בפה"א.

[י]**והתוספות נסתפקו אם יברך לאחריו ברכה מעין שלש** - ס"ל דמ"מ כיון שמין דגן הוא, אפשר דלענין ברכה אחרונה צריך לברך מעין שלש, [**ועיין** במ"א שכתב, דקאי אפי' אשעורין חיין, **ואפי'** לדעת רמ"א דברכתן "שהכל", אפ"ה יש ספק לענין ברכה אחרונה], **ואף** ד"על המחיה" אין יכול לומר, דאינו מין מזון, יאמר: "על האדמה ועל פה"א", כמו שאומרים: "על העץ ועל פרי העץ", **אלא** דלא מצינו שתקנו נוסח זה, ולכך נשאר הדבר אצלם בספק.

ולכך כתבו שנכון שלא לאכלו אלא בתוך הסעודה, ויפטרנו ברכת המזון - ואם אירע שאכלו שלא בתוך הסעודה, יברך אחריהם בנ"ר, כי כן הוא מעיקר הדין.

אות ה'

טחנה אפאה ובשלה: בזמן שהפרוסות קיימות, בתחלה מברך עליה המוציא לחם מן הארץ, ולבסוף מברך עליה שלש ברכות; אם אין הפרוסות קיימות, בתחלה מברך עליה בורא מיני מזונות, ולבסוף מברך עליה ברכה אחת מעין שלש

סימן קסח ס"י - אקדים לזה הסעיף הקדמה קצרה, והוא, דיש בזה שלשה אופנים, **א)** פת שפירר לפירורין ובשלו, תלוי בזה: אם הפירורין גדולים שיש בהם כזית, לא נתבטל מהם שם פת, אפילו אם ע"י הבישול אזל מהם תואר לחם, **ואם** אין בהם כזית, אפילו אם נראה שיש עליהם תואר לחם, מברך במ"מ, דשם תבשיל עליהם, **ב)** אם לא בשלו רק שפירר בקערה, ונתחברו הפירורין יחד ע"י דבש או מרק, אם יש עדיין עליהם תואר לחם, מברך עליהם "המוציא", אפילו אם אין בהפירורין כזית, **ואם** אין בהם תואר לחם, מברך עליהם במ"מ, אא"כ היה בהפירורין כזית, וכנ"ל לענין בישול, **ג)** כשלא בישל, וגם לא נתחברו הפירורין יחד ע"י משקה, אפילו אם הפירורין דקין כסולת, מברך עליהם "המוציא", דשם פת עליהם.

[ח]**חביצ"א, דהיינו פירורי לחם שנדבקים יחד על ידי מרק** - בנתבשל אין נ"מ בין נדבקין או לא, ונקט זה משום אופן השני, דמיירי בלי בישול, **וה"ה** אם היו רק שרוים בתוכו הרבה, עד שנתלבן המים עי"ז, דינו כמו נדבקין יחד, וכדלקמיה בסי"א - [מאמר מרדכי] {ר"ל דכשנדבקין יחד, אמרינן דמאחר שנראה שאין עליו תואר לחם, ודאי דכך הוא האמת שאין צורתו עליו, **משא"כ** כשאינן נדבקין, והוי רק פירורין, אין לנו שום גילוי והוכחה לומר דאזיל ליה צורתו, **אבל** כל שנתלבנו המים, הרי יש הוכחה לדבר דאזיל צורתיה, והוי כאילו נדבק - מאמר מרדכי}.

[ט]**אם נתבשל** - היינו שנתן הלחם בכלי ראשון כשעמד על האש, או עכ"פ שהיה היד סולדת בו.

אם יש בהם כזית - ר"ל בהפרוסה עצמה שמברך עליה היה בה כזית מקודם, ולא נפחתה משיעור זה ע"י הבישול, **ולא** מצרפינן לה מה שנתדבקה עם חברותיה, או שנתפחה ע"י המשקה.

אע"פ שאין בו תואר לחם, מברך "המוציא" ובהמ"ז - דכיון שיש בהם כזית, לא נתבטל ממנה שם לחם.

ולאו דוקא שיש כזית בכולם, אלא אפי' אם יש כזית בחדא פרוסה, ג"כ מברך עליה "המוציא" ובהמ"ז, וממילא יכול לאכול השאר הקטנות ג"כ, (**וכשאוכל** הפירורין הדקין שאין בהם כזית לבדם, מברך עליהם במ"מ).

ואם אין בהם כזית, אע"פ שנראה שיש בו תואר לחם, אינו מברך אלא "בורא מיני מזונות" וברכה אחת מעין שלש - דכיון שנתבשל אינו חשוב תואר לחם.

(**ועיין** בפמ"ג שמסתפק, אם אחר בישול היה כזית, ואח"כ פיררו לפירורין קטנים, אם נימא כיון שהיה בעת בישול כזית, תו לא נפקע מיניה שם לחם ע"י מה שהמעיטו לפחות מכזית).

ודע, דבכל הני שנזכר בסעיף זה ובסעיפים שאחריו, אפילו קבע סעודתו עליהם ואכל כדי שביעה, מברך במ"מ ואחריו מעין שלש, משום דלא הוי בכלל לחם כלל, רק כמיני קדירה בעלמא.

באר הגולה

ז) שם בשם הירושלמי ושאר פוסקים ח) ברכות ל"ז (עמוד ב') ט) טור בשם רבי יונה

אבל בכלי שני לא חשיב בישול, ודינו כמו באופן השני, דאם יש בו תואר לחם מברך "המוציא" אף בפחות מכזית, **ודוקא** אם לא נתלבן המים ע"י הלחם, אבל אם נתלבן המים כדרך שמצוי כשנשרה פת במים חמין, מבואר בסי"א דעי"ז נחשב הפת כאין בו תואר לחם.

ואם הניח הפירורין בקערה ועירה עליהם רותחין מכלי ראשון, כתבו האחרונים דספק הוא אם יש לו דין בישול או לא, **וע"כ** אם אין בפירורין כזית, ויש בו תואר לחם, יברך על פת אחר תחלה.

ואם לא בשלם בקדרה, אלא טיגנם במשקה במחבת, משמע ממ"א דלא הוי כבישול, ומהני ביה תואר לחם, כמו לקמיה באופן השני, **ולפי** דעת שארי האחרונים, אין הכרח לדבריו, [י][וגם מתלמידי רבנו יונה מוכח קצת ג"כ דטיגון ובישול חדא היא, [יא]ולמסקנא שמפרש כהערוך, מיירי הגמ' רק בחבור בעלמא ע"י דבש ומרק ובלי שום בישול וטיגון כלל, ובזה הוא דמהני תאר לחם. [יב]**אכן** מסוגית הש"ס שם בדעת אביי משמע דס"ל דטיגון לא הוי כבישול [יג]{עיין בתוספי הרא"ש שם}, [יד]ולכאורה משמע שם בגמ' דרב ששת ורבא בשיטתא דאביי קיימי, דבמנחות מברכין עליה המוציא אף בפחות מכזית, משום דאיכא עליה תוריתא דנהמא, ע"ש, וצ"ע למעשה], **והנכון** שבטיגון לא יאכל בשיש בו תואר לחם, כי אם בתוך הסעודה, **וכ"ז** בשאין בהם כזית, אבל אם טיגן פרוסות שיש בהם כזית, אפילו אזל ליה התואר לחם, פשוט דמברך "המוציא" וכנ"ל בבישול, וכ"ש בזה.

אות ו' – ז'

הכוסס את האורז מברך עליו בורא פרי האדמה; טחנו אפאו ובשלו, אע"פ שהפרוסות קיימות, בתחלה מברך עליו בורא מיני מזונות

לבסוף ולא כלום

סימן רח ס"ז - עיין לעיל אות א'.

[טו]**סימן רח ס"ח - [טז]על פת דוחן ופליז"ו, או של שאר מיני קטניות, מברך "שהכל", ואחריו "בורא נפשות"** - וה"ה על תבשיל הנעשה מקמח שלהן וכדלקמיה.

ופליז"ו - בתר"י כתוב פניצ"ו, והכל אחד, והוא מין שהוא זיין יותר משאר מיני קטניות, וקמ"ל דאפ"ה מברכין על פתו "שהכל" כשאר קטניות.

דאף דהם פרי אדמה, וע"י שנעשה פת אישתני למעליותא, מ"מ כיון דעי"ז יצא מתורת פרי, אין יכול לומר "פרי האדמה", ו"המוציא" אין מברכין אלא בה' מינים, ולכן מברכין "שהכל", **ואפשר** לומר עוד טעם, מפני שאין דרך אכילתו בכך, שאין דרך לעשות פת מזה, ע"כ יברך "שהכל", **והנה** לפי טעם זה, במדינות שדרכן לעשות פת מטערקע"שי וויי"ץ, לכאורה ברכתן בפה"א כיון שדרכן בכך - פמ"ג, **אבל** בתשובת חת"ס מסיק, דבכל מקום אין מברכין בפה"א, מטעם דלא נטעי אדעתא דהכי, אלא לעופות ופטום אווזות, ועל דרך הדוחק בני אדם עושין מהן פת, ואין זה עיקר פריין, ואין לברך עליהן בפה"א, **אך** מסתפק שם, דאולי הוא בכלל אורז, שברכתו על הפת ועל התבשיל הוא במ"מ, וע"כ הנכון לכתחלה שלא יאכלם אלא תוך הסעודה, [**ואם** א"א לו לעשות כן, יברך "שהכל"].

(הנה באמת בדוחן יש הרבה ראשונים שסוברין דברכתו במ"מ כמו אורז, וסתימת המחבר הוא רק דעת הרי"ף והרמב"ם ורבינו יהודה, **וצ"ע** על המחבר שסתם כן לדינא נגד [יז]הרא"ש וכל הני ראשונים העומדים בשיטתו, ואולי שלא היו לנגד עיניו מאחר שלא הביאם בב"י, **ולפי"ז** אף דלא נפיק מזה חורבא, דבברכת "שהכל" יוצא על כל דבר בדיעבד, עכ"פ מי שרוצה לברך במ"מ אין מוחין בידו, כנלענ"ד).

(ודע עוד, דיש כמה ראשונים שסוברין, דלאו דוקא אורז ודוחן, דה"ה שאר מינים שאנו יודעין דזיין וסועד הלב, דינם כמו אורז ודוחן, ומברך במ"מ, ובכלל זה הוא פליז"ו המבואר בשו"ע, **והשו"ע** שסתם בפליז"ו "שהכל", משום דלא עדיף מדוחן לשיטתו, ומ"מ מי שמברך "שהכל" על דוחן וכל אלו, בודאי יש לו על מה לסמוך).

באר הגולה

י ‹דהנה רש"י פי' {עמוד ב'} שחביצא, הכוונה לפירורי לחם שבישלם, והתוס' השיגו עליו, דא"כ כל שאין בו כזית ברכתו מזונות, וכדין כל לחם שנתבשל, ומדוע הגמרא אומרת שרק באין בו תואר לחם מברך מזונות, ולפיכך פירשו שחביצא הכוונה לפירורי לחם שרק נשרו במרק, **אולם** רבינו יונה הביא בשם רש"י, שהכוונה לפירורים שטיגנום, ועל זה הביא את הקושיא ממה שמבואר שלחם שהתבשל ברכתו מזונות כשאין בו כזית, ומוכח שסובר שטיגון ובישול שווים› **יא** ‹היינו כפי' התוס', שמדובר שרק נשרה במרק ונדבק זה לזה, וכלומר דלמסקנת רבינו יונה שחולק על רש"י, וסובר שהטעם שכשיש תואר לחם בחביצא ברכתו המוציא אף כשאין בו כזית, הוא משום שמדובר שרק נשרה במרק או דבש, ולא נתטגן בו, משמע שסובר שבאופן שנטגן, ברכתו מזונות בכל אופן שאין בו כזית, ואין מבחינים אם יש בו תואר לחם או לאו› **יב** ‹שהרי אביי מדמה מנחה שטיגנה בשמן לחביצא, ומוכח שטיגון אינו כבישול, אלא כחביצא שנשרית במרק› **יג** ‹שעמד על זה, דלשיטת רש"י שמפרש שחביצא הכוונה לפירורין שנתבשלו, צ"ל שטיגון כבישול, שהרי הגמ' מדמה מנחות שנטגנו בשמן לחביצא, ומבואר מדבריו דלמאי דמפרשינן שחביצא הכוונה לפירורים שנשרו, טיגון אינו כבישול אלא כשריה, ונפק"מ שאם יש בו תואר לחם, ברכתו המוציא אף כשאין בו כזית› **יד** ‹כלומר שרב ששת ורבא שנוקטים, שאם יש תואר לחם מברכים המוציא אף בפחות מכזית, סוברים כאביי שדימה מנחות שפיררום עד פחות מכזית לחביצא, דמזה הוכיח שיש לברך המוציא אף בפחות מכזית כשיש תואר לחם, ומוכח שכך הדין לשיטתם גם בטיגון דומיא דמנחות - מ"ב המבואר› **טו** ‹ע"פ הבאר הגולה והב"י› **טז** **הרי"ף שם ממשמעות הגמרא שם והרמב"ם** ‹וכתב ה"ר יונה שסמך הרי"ף על מאי דאמרינן בגמרא (לז.) רבי יוחנן בן נורי אומר אורז מין דגן הוא, ואע"פ שאין הלכה כמותו, אפ"ה כיון שאנו רואים שיש מי שסובר דאורז מין דגן הוא, ואינו סובר כן בדוחן, למדנו שאין דינם שוה, ועל האורז מברך תחלה בורא מיני מזונות, ועל הדוחן אינו מברך אלא שהכל, ע"כ. **והרא"ש** כתב, דמשמע ליה להרי"ף שאין דין האורז והדוחן שוה, מדנקט במילתיה דרבנן, הכוסס את האורז, ולא נקט דוחן – ב"י. ‹**עיין** תוס' ד"ה תיובתא› **יז** ‹ונראה לי דלאו ראיה היא, דלא נקט אורז אלא לאפוקי מרבי יוחנן בן נורי, להשמיענו דאין לו דין חטים, וכן משמע ההיא דלעיל הביאו לפניו פת אורז ופת דוחן מברך עליו תחלה וסוף כמעשה קדרה, והכי מסתבר דדוחן מיזן זיין וסעיד ליבא כמו אורז, הילכך מברכין עליו בורא מיני מזונות – רא"ש›

הגה: העושה תבשיל משאר מיני קטניות - וה"ה מדוחן, לפי מה שפסק המחבר מקודם דדוחן שוה לקטניות, **אם נשארו שלמים, וטובים מבושלים כמו חיין, מברך "בורא פרי האדמה"** - לאו דוקא שלמים, אלא כל שלא נתמעכו לגמרי, שעדיין ניכר קצת תוארן וצורתן, ברכתן בפה"א, **וע"כ** מה שאנו קורין רעצינ"ע קאש"ע, מברכין בפה"א.

ואם נתמעכו לגמרי, או שאינן טובים מבושלין כחיין, מברך "שהכל".

נתמעכו לגמרי - היינו דוקא שעשה תבשיל מקמח של קטניות, שאין דרך אכילתן בכך, או שמיעד אותן דרך כלי מנוקב שהן דקין מאד כקמח, או מה שנעשה מן רעצקע שאנו קורין מל"ד גרופי"ן, **אבל** כשבישל הקטניות שלמין, ומיעד אותן בכף, עיקר דרך אכילתן בכך, **ועוד** שממשן קיים, ומברך בפה"א, [דכשממשן קיים, היינו שניכר תוארן וצורתן במקצת, אפי' אם אין רוב דרך אכילה באופן זה, ג"כ לא נשתנית ברכתן].

ובדיעבד שבירך בפה"א, כתב בח"א דיצא, [**ושע"ת** כתב בשם פנים מאירות, בין טובים מבושלים יותר מחיין, ובירך בפה"א על החיין, או להיפך, יצא].

[**והנה** על מל"ך גרופי"ן, וכן על רעצישניקע"ס שעושין מקמח רעצק"י, או על לביבות שעושין מקמח רעצק"י, מסתברא דיצא בדיעבד, דהרי לפעמים דרך לעשות זה מרעצק"י, ולכן אף דאינו ניכר כלל תוארן וצורתן הראשונה, בדיעבד יצא, **אבל** בקמח קטניות שאין דרך בני אדם כלל לעשות מזה תבשיל כזה, יש לעיין אי מהני בדיעבד].

(א) ולא מין דגן הוא או מין דגן ולא עשאו פת ר"ג אומר שלש ברכות וחכ"א ברכה אחת כל שאינו לא משבעת המינין ולא מין דגן כגון פת אורז ודוחן ר"ג אומר ברכה אחת מעין שלש וחכ"א ולא כלום במאי אוקימתא כר"ג אימא סיפא דרישא אם אין הפרוסות קיימות בתחלה מברך עליה בורא מיני מזונות ולבסוף מברך עליה ברכה אחת מעין שלש מני אי ר"ג השתא אכותבות ואדייסא אמר ר"ג ג' ברכות אם אין הפרוסות קיימות מיבעיא אלא פשיטא רבנן אי הכי קשיא דרבנן אדרבנן אלא לעולם רבנן ותני גבי אורז ולבסוף אינו מברך עליו ולא כלום: אמר רבא האי רידהטא דחקלאי דמפשי ביה קמחא מברך במ"מ מ"ט דסמידא עיקר דמחוזא דלא מפשי ביה קמחא מברך עליו שהכל נהיה בדברו מ"ט דובשא עיקר *והדר אמר רבא אידי ואידי במ"מ דרב ושמואל דאמרי תרוייהו כל שיש בו מחמשת המינים מברכין עליו בורא מיני מזונות א"ר יוסף *האי חביצא דאית ביה פרורין כזית בתחלה מברך עליו המוציא לחם מן הארץ ולבסוף מברך עליו שלש ברכות דלית ביה פרורין כזית בתחלה מברך עליו בורא מיני מזונות ולבסוף ברכה אחת מעין שלש אמר רב יוסף מנא אמינא לה *דתניא היה עומד ומקריב מנחות בירושלים אומר ברוך שהחיינו וקימנו והגיענו לזמן הזה נטלן לאכלן מברך המוציא לחם מן הארץ ותני עלה וכולן פותתן כזית א"ל אביי אלא מעתה לתנא דבי ר"י דאמר פורכן עד שמחזירן לסלתן ה"נ דלא בעי ברוכי המוציא לחם מן הארץ וכי תימא ה"נ והתניא לקט מכולן כזית ואכלן אם חמץ הוא ענוש כרת ואם מצה הוא אדם יוצא בו ידי חובתו בפסח הכא במאי עסקינן בשערסן אי הכי אימא סיפא והוא שאכלן בכדי אכילת פרס ואי בשערסן האי שאכלו מיבעי ליה הכא במאי עסקינן בבא מלחם גדול מאי הוה עלה אמר רב ששת האי חביצא אף על גב דלית ביה פרורין כזית מברך עליו המוציא לחם מן הארץ אמר רבא והוא דאיכא עליה תוריתא דנהמא טרוקנין חייבין בחלה [א] וכי אתא רבין א"ר יוחנן טרוקנין [ב] פטורין מן החלה מאי טרוקנין אמר אביי כובא דארעא ואמר אביי טריתא פטורה מן החלה מאי טריתא איכא דאמרי גביל מרתח ואיכא דאמרי נהמא דהנדקא ואיכא דאמרי לחם העשוי לכותח תני רבי חייא לחם העשוי לכותח פטור מן החלה והא תניא חייב בחלה התם כדקתני טעמא ר' יהודה אומר מעשיה מוכיחין עליה עשאן כעבין

ולא (ב) מין דגן. שבמין דגן יש חילוק שאם עשאו פת הכל מודים שלריך לאחריו ג' ברכות: או. אף אם מין דגן הוא אלא שלא עשאו פת בשתים אלו נחלקו ר"ג וחכמים: במאי אוקימתא. להאי דלעיל דקתני ולבסוף ברכה אחת מעין שלש: כר"ג אימא סיפא דרישא. דההיא מתני' דמתני' גבי הכוסס את החטה דההיא רישא דידה וקתני סיפא אין הפרוסות קיימות כו': השתא. אפילו אדייסא אמר ר"ג במתני' בתרייתא או מין דגן ולא עשאו פת מברך אחריו ג' ברכות: אין הפרוסות קיימות. שבתחלתו פת ממש היה: מיבעיא. ובשנמוח מי גרע מדייסא: אלא לאו רבנן היא. דאמרי גבי דייסא ברכה אחת והאי נמי משנמוח לאו פת הוא והוי כדייסא: והלכתא לא גרסינן: רידטא. הוא חבין קדרה: דחקלאי. בני כפר: דמפשי ביה קמחא. שמרבים בו קמח: דמחוזא. בני כרך: חביצא. כעין שלנייקוק שמפררין בתוך האלפס לחם: מנא אמינא לה. דאפרורין כזית מברכין המוציא: היה. ישראל עומד: ומקריב מנחות. ונתנה לכהן להקריבה: אומר ברוך שהחיינו. אם לא הביא מנחות זה ימים רבים: נטלן לאכלן. הכהן: ותני עלה. כלומר ותנן על המנחות מנחת מחבת ומנחת מרחשת הקריבות כשהן אפויות: וכולן פותתן. כלומר בולען קודם קמילה ועושה אותן פתיתין כזיתים כדכתיב פתות אותה פתים (ויקרא ב) אלמא פתיתין כזיתים מברך עליהן המוציא: פורכן. למנחות האפויות על המחבת ועל המרחשת קודם קמילה עד שמחזירן לסלתן: הכי נמי. דפליג אהא דקתני מברך המוציא: והתניא לקט מכולן. פתיתי המנחות: כזית כו'. ומדקאמר יוצא בו ידי חובתו בפסח משום אכילת מצה דמצות עשה היא דכתיב בערב תאכלו מצות והתם לחם בעינן דכתיב בה לחם עוני אלמא לחם הוי ומברך המוציא והא מתניתין על כרחך רבי ישמעאל היא דהא קתני לקט מכולן כזית אלמא בפתיתין פחותין מכזית קאי: בשערסן. כשחזר וגבלן יחד וחזר ואפאן. ערסן לשון עריסותיכם: וסוף שאכלן בכדי אכילת פרס. שלא ישהה משהתחיל לאכול שיעור כזית עד שגמר אכילת השיעור יותר מכדי אכילת חצי ככר של שמנה בילים דהוי חציו ארבעה בילים שזהו צירוף שיעור אכילה ואם שהה יותר אין האכילה מצטרפת והוה ליה כאוכל חצי זית היום וחצי זית למחר ואין בו חיוב כרת אם חמץ הוא: ואי בשערסן וסוף שאכלו. לשון יחיד מיבעי ליה: הכ"ע. ובשלא ערסן היא וכדקאמרת והא דקתני דחשיב למיהוי לחם בבא מלחם גדול ונשאר מן הלחם שלא נפרס כולו אבל אם נפרס כולו לא חשיבי פתיתין הפחותי' מכזית ולא מברכינן המוציא ואין יוצא בהן ידי חובת מצה בפסח: תוריתא דנהמא. תואר מראית הלחם: כובא דארעא. עושה מקום חלל בכירה ונותן בתוכו מים וקמח כמו שעושין באלפס: גביל מרתח. נותנים קמח ומים בכלי ובוחשין בכף ושופכי' על הכירה כשהיא נסקת: נהמא דהנדקא. בלק שאופין בשפוד ומושחים אותו תמיד בשמן או במי בילים ושמן: לחם העשוי לכותח. אין אופין אותו בתנור אלא בחמה: כעבין

חביצא דאית ביה פרורין. פרש"י כמו שלנייקו"ק (ג) וא"ת והתניא לעיל בזמן שהפרוסות וכו' אין הפרוסות קיימות לא יברך עליהן המוציא אע"ג דאית ביה כזית וי"ל דרב יוסף מפרש ליה הפרוסות קיימות היינו בכזית ואין הפרוסות קיימות בשאין בהן כזית וכן מפרש נמי בירושלמי וא"ת ואיך מדמה רב יוסף פרורי מנחות לפרורי חבילא וי"ל כיון שנטגנין בשמן כנתבשלו דמי ומיהו קשה דלקט מכולן כזית דקאי אחמשת המינין ולא אמנחות כמו שאפרש והתם(ד) נמי לא מיירי בשנתבשלו ומאי מדמה לחבילא שהוא מבושל לכך נ"ל חבילא היינו פרורין הנדבקים יחד על ידי מרק או על ידי חלב כמו חבילא דתמרי *שהן נדבקין:

היה עומד ומקריב מנחות. פרש"י בעל הבית המתנדב מנחה ודוחק גדול הוא דהיה עומד ומקריב משמע בכהן המקריב וכן לישנא נטלן לאכלן משמע דאכהן קאי ונראה בכהן העומד להקריב ראשון במשמרתו וכ"ד משמרות היו וכל שבת מתחדשת משמרה אחרת אם כן כל משמרה אינה משמרת אלא ב' פעמים בשנה וכיון שיש להם זמן קבוע מברכינן שהחיינו ולא כפירש"י דמנחות דמיירי בכהן שלא הקריב מעולם:

לקט מכולן. פירש"י דקאי אמנחות ולא נהירא דא"כ היכי קאמר דאם חמץ הוא וכו' והא אמרינן (מנחות ד' נג:) כל המנחות באות מצה ונראה דקאי אחמשת מינין וה"ק לקט מכל מיני לחמים כזית כו':

אמר רבא והוא דאיכא עליה תוריתא דנהמא. וכן קיימא לן דרבא בתרא הוא ולא בעינן שיהו בפרורין כזית כיון דאיכא תוריתא דנהמא לענין המוציא ואפילו נתבשלו לפירוש רש"י והא דמשמע בירושלמי דפרוסות קיימות הן בכזית היינו לפי שכן דרך להיות תוריתא דנהמא בכזית אבל פעמים דאפילו בפחות מכזית איכא תוריתא דנהמא:

תוריתא דנהמא. נראה דהיינו כשנותני' הפרורין(ה) במים ואם המים מתלבנים מחמת הפרורין אזלא ליה תוריתא דנהמא וכן היה רגיל רבינו דוד ממי"ן ללבן פרורין במים בלילה כדי לאכלן בשחר בלא ברכת המוציא ובלא ברכת המזון שלא לאחר כדי שיתחזק ראשו ויוכל להגיד ההלכה:

לחם העשוי לכותח פטור מן החלה. והיינו כשעשאו כלמודים ופירש"י עיסה שמייבשים בחמה וקשה דהא אמרינן במסכת חלה (פ"א משנה ה) כל שתחלתו עיסה וסופו סופגנין חייבין בחלה וכל שתחלתו סופגנין וסופו עיסה חייבין נמי בחלה ושתחלתו סופגנין וסופו נמי סופגנין פטור מן החלה ופסק ר"ת אם כן בניבלי"ש וריסולא"ש דתחלתן עיסה מברכין עליהן המוציא וחייבין בחלה אף על פי דסופן סופגנין ומתחלה היה ר"ל ר"ת דדוקא חייבין בחלה דמצות חלה בעודן עיסה דכתיב עריסותיכם והואיל שהיו מתחלה עיסה חייבין בחלה אבל מן המוציא פטורים דעכשיו הם סופגנין ול"נ דהא לעיל קתני נטלן לאכלן מברך עליהן המוציא גבי מנחה אף על פי דעכשיו הם סופגנין שהמנחות מטוגנות בשמן. ורימשיי"ש אף על גב דחייבין בחלה שהיו עיסה מתחלה פטורין מהמוציא ואין מברכין עליהם אלא בורא מיני מזונות דלית להו תוריתא דנהמא ואחר כך ברכה מעין שלש על המחיה ועל הכלכלה ור' יחיאל ז"ל היה מסופק

עין משפט נר מצוה

מא א מיי' פ"ג מהל' ברכות הלכה ד סמג עשין כז טוש"ע או"ח סי' רח סעיף ב:

מב ב מיי' פ"ז מהל' תמידין ומוספין הלכה יח:

מג ג מיי' פי"ג מהל' מעשה הקרבנות הלכה י:

מד ד ה מיי' פ"ג מהל' ברכות הל' ח סמג עשין כז טוש"ע או"ח סי' קסח סעיף י:

מה ו ז מיי' פ"ו מהל' בכורים הל' יב סמג עשין קמא טוש"ע י"ד סי' שכט סעיף ה וטוש"ע או"ח סי' קסח סעיף טו:

מו ח ט טוש"ע או"ח שם סעיף טו:

מז י מיי' פ"ו מהל' בכורים הל' יד סמג עשין קמא טוש"ע י"ד סי' שכט סעיף ז:

הגהות הב"ח

(א) גמ' ולאו מין דגן וכו' וחכמים אומרים ברכה אחת מעין שלש שאינו: (ב) רש"י ד"ה ולאו מין: (ג) תוס' ד"ה חביצ' וכו' כמו שלנייקו"ק. נ"ב כלומר שנתבשלו וא"כ קשה מדתניא לעיל וכו': (ד) בא"ד והתם לא מיירי בשנתבשלו מ"מ מאי מדמה: (ה) ד"ה תוריתא דנהמא וכו' במים דאם המים וכו' רב דוד ממין לשרות פרורים במים כל הלילה:

הגהות הגר"א

[א] גמ' (טרוקנין חייבין בחלה) תא"מ: [ב] שם כי אתא רבין א"ר טרוקנין חייבין בחלה. כצ"ל:

מסורת הש"ס

[מעין זה שבת סג: ושם נסמן]

מנחות עה:

שם

§ מסכת ברכות דף לז: §

אות א'

אידי ואידי בורא מיני מזונות

סימן רח ס"ב - [א]אפילו עירב עמהם דבש הרבה יותר מהם, או מינים אחרים הרבה יותר מהם, מברך עליו: "בורא מיני מזונות", ולבסוף: "על המחיה" - הטעם, כיון דהוא בא להטעים ולהכשיר את התבשיל, והוא מחמשת המינין דחשיבי, הוא העיקר, **וע"ל** בס"ט ובמ"ב שם לענין השיעור שיתחייב לברך "על המחיה".

[ב]אבל אם לא נתן הדגן בתבשיל אלא לדבקו ולהקפותו, בטל בתבשיל - שלא בא להטעים התבשיל ולא לסעוד הלב, רק שיהא התבשיל מדובק, לא חשיב, ובטיל לגבי התבשיל, אפילו נתן לתוכו קמח הרבה.

[**ומה** שכתב הט"ז, דאפי' אם החמשת מינין הוא הרוב, כיון שבא לדבק הוא בטל, השמטתיו, דאינו ברור, דיש אחרונים מפקפקים בזה, גם אינו מצוי שיתן בו כ"כ קמח, ולא יהיה רק לדבק ולא למאכל].

אות ב'

היה עומד ומקריב מנחות בירושלים, אומר: ברוך שהחיינו וקימנו והגיענו לזמן הזה

רמב"ם פ"ז מהל' תמידין ומוספין הי"ח - וכל המקריב מנחה [ג]מן החדש תחילה, מברך שהחיינו.

אות ג'

וכולן פותתן כזית

רמב"ם פי"ג מהל' מעשה הקרבנות ה"י - כל ארבע מנחות אלו האפויות, כשאופין אותן, אופין כל עשרון עשר חלות, ואם רבה בחלות או חסר, כשירה; וכיצד פותתין אותן, כופל החלה לשנים, והשנים לארבעה, ומבדיל; ואם היתה המנחה של זכרי כהונה, אינו מבדיל, ופותת; וכולן פתיתין כזיתים, ואם הגדיל הפתיתין או הקטין אותן, כשרים.

אות ד' – ה'

האי חביצא, אף על גב דלית ביה פרורין כזית, מברך עליו המוציא לחם מן הארץ

והוא דאיכא עליה תוריתא דנהמא

סימן קסח ס"י - ואם אינו מבושל, אלא שהוא מחובר ע"י דבש או מרק, אם יש בפרוסות כזית - היינו אפי' כזית בא' מהן וכנ"ל, **מברך עליו "המוציא", אפילו אין לו תואר לחם.**

ואם אין בהם כזית, אם יש בהם תואר לחם, דהיינו שהוא ניכר וידוע שהוא לחם, מברך עליו "המוציא" וברכת המזון - הטעם דעדיף בזה מאופן הא', דכיון שלא נתבשל, תואר לחם שלו חשיבא, שהוא ניכר וידוע יותר. **ומש"כ** וברכת המזון, היינו כשאכל כמה פירורין עד שיעור כזית.

ואם אין בהם תואר לחם, מברך "בורא מיני מזונות" וברכה אחת מעין שלש.

ואם אינו לא מבושל ולא מחובר, אלא מפורר דק דק, אע"פ שאין בו כזית ולא תואר לחם - היינו שע"י שהוא מפורר דק דק כסולת, לא מינכר עליו תואר לחם, **מברך עליו "המוציא" ובהמ"ז** - והטעם, דכיון שהוא פת בפני עצמו, ואינו מחובר, אינו יוצא לעולם מתורת לחם.

ועיין באחרונים שהסכימו, דאפילו שרה הפירורין במים, כיון שלא נתחברו יחד, אינו יוצא מתורת פת, **ודוקא** אם שרה זמן מועט, אבל אם שהו הפירורין בתוכם עד שנתלבנו המים ע"ז, מבואר בסעיף שאחריו, דמברך עליו במ"מ וברכה מעין שלש.

אם פירר הלחם עד שהחזירן לסולת, ואח"כ חזר וגבלן בשומן וכיו"ב, שאנו קורין בלשוננו קניידלי"ך, או חרענזלי"ך, עיין במ"א מש"כ בזה, **והסכמת** הרבה אחרונים, דאם בישלן בקדירה, או טגנם במחבת במשקה, דחשיב כבישול, אף שיש בכל אחת כזית ויותר, מברך עליהם במ"מ, ואפי' אם אכל הרבה, וכן הוא מנהג העולם, **ואם** אפאן, נכון שלא יאכלם כי אם בתוך הסעודה, ‹**אף** שקמח שגיבלו במעט שומן לא נחשב פת כיסנין וכנ"ל, אפשר דהכא שאני, דבפירורי לחם כאשר מגבלם בשומן, אף אם הוא רק מעט, אין זה נעשה כדרך עיסה, ואף אם אפאו אח"כ, אין על זה תואר לחם›, **אא"כ** נילוש ברוב שומן או דבש, דאז מברך עליהם במ"מ, וכדלעיל בס"ז בהג"ה, **ואם** גיבלן במים לבד ואפאן, יש עליהם דין פת גמור.

(וע"ל סי' קפ"ד כמה שיעור אכילה לברך עליה ברכת המזון).

אות ה'* [ד]

תוס' ד"ה אמר: ואם המים מתלבנים מחמת הפרורין, אזלא ליה תוריתא דנהמא

סימן קסח סי"א - [ה]יש מי שאומר דפירורין שנותנין במים, והמים מתלבנים מחמת הפירורין, אזיל ליה תוריתא דנהמא, (פי' כאילו אמר תואריתא, כלומר תואר הלחם), ואין מברך עליה אלא "בורא מיני מזונות" וברכה אחת מעין שלש - היינו כשאין בהם כזית, דאלו יש בהם כזית, א"צ תואר לחם, כמש"כ בסעיף הקודם.

באר הגולה

[א] הרא"ש שם [ב] הרשב"א ושם ל"ט ע"א [ג] ‹עיין רש"י ותוס', והרמב"ם מפרש לה אהקרבה ראשונה דחדש – ערוה"ש› [ד] ‹ע"פ הבאר הגולה› [ה] תוס' והמרדכי שם

ואף דמבואר בסוף סעיף הקודם, דפירורין שאינם מבושל ולא מחובר, אפילו אם אין בהם תואר לחם, מברך "המוציא", ואפילו היו שרוים במים כמש"כ שם, **דוקא** התם שלא נשתנה צורת הפת בעצם כלל, שנשרה במים רק זמן מועט, ומה שלא מינכר בו תואר לחם, הוא רק מפני קטנותו, **משא"כ** הכא שנשרה הרבה במים עד שנתלבנו המים עי"ז, הוא סימן שנפסדה צורתה ע"י השריה, ואבד ממנה שם לחם.

והנותנים חתיכת פת שמיבשין על הגחלים בשכר, שקורין פעניץ, ואין בהם כזית, והשכר מתלבן ע"י השריה, נמי דינא הכי, דמברכין עליהם במ"מ, **ואם** נתן רק מעט לחם דק דק לתוך השכר חם, כדי שיתן בו טעם, ולא בשביל אכילה, אינו מברך רק "שהכל" על השכר, דהוא העיקר, והלחם אין בו ממשות ודבר חשוב.

[ו]סימן קסח סי"ב - [ז]יש מי שאומר שפת השרוי ביין (אדום), אינו מברך אלא "בורא מיני מזונות" וברכה אחת מעין שלש - ר"ל לאפוקי שלא יברך עליה "המוציא", **ודוקא** אדום, ומשום דכיון שנתאדם הפת ע"י היין, אבד ממנה תואר לחם, **אבל** אם שרה פתו ביין לבן, בעינן דוקא שישתנה היין מצורתו ע"י הפת השרוי בתוכו, וכדלעיל בסי"א.

(והנה זה הלשון "אדום" הוסיף הרמ"א מדעתיה, ע"פ לשון המרדכי שהובא בב"י, שכתוב בו: הואיל וסימוק, **ובאמת** סברא זו קלושה מאד, דכיון שהפת עדיין בעין, וכי בשביל צבע בעלמא שקלט הפת ע"י היין יאבד ממנה שם לחם עי"ז, **והנה בהגהת** של"ה **הביא**, שברוב ספרי המרדכי כתוב: הואיל ונימוק, וע"פ גירסא זו הדבר כפשטיה, דמיירי שנשתהה הרבה, ונימוק הפת עד שאבדה עי"ז צורתה, וכנ"ל בסי"א, ואין נ"מ כלל בין יין לבן לאדום, **ואף** דבעל הגה"ה שם {הוא בנו של השל"ה ז"ל} מצדד להלכה כגירסת הרמ"א, מ"מ קשה מאד להקל בזה למעשה, וצ"ע לדינא).

ונראה שאין דבריו אמורים אלא בפירורין, או בפרוסות שאין בכל אחת כזית - דאם היה בו כזית, הלא מבואר לעיל בס"י, דמברך "המוציא" אפילו בשאבד תואר לחם.

(ומ"מ אותם לחמים שעושים ליו"ט, וצובעין עם מי זאפרי"ן, אפילו אין בפרוסות כזית מברך "המוציא", ושאני כאן דהיה שרוי קצת).

ולענין ברכת היין, אם כונתו העיקר בשביל אכילת הפת, והיין בא רק למתק האכילה, נעשה היין טפל, ואינו מברך כי אם במ"מ על הפת, וכן השורה פת כיסנין ביין או ביין שרף, ג"כ דינא הכי, **וכ"ש** השורה פרוסות שיש בהם כזית, או השורה פת ביין לבן, דמברך "המוציא" אפילו על פרוסות שאין בהם כזית, וכנ"ל, בודאי נעשה היין טפל להפת.

אבל אם כונתו גם בשביל שתיית היין, שרוצה לאכול ולשתות ביחד, נכון שיברך מתחלה על קצת יין בפני עצמו בפה"ג, ואח"כ יברך ברכה על הפת השרוי, **ואם** כונתו רק בשביל היין שבו, והפת בא רק למתק השתיה, נעשה הפת טפל ליין, ואינו מברך רק בפה"ג.

והנה לפי"ז לענין שתיית קאו"י הנהוג בינינו, שטובלין בו פת כיסנין, ושם הלא כונתו ג"כ בשביל שניהם, נראה ג"כ דנכון הוא שקודם שבירך על הפת כיסנין, יברך על הקאו"י "שהכל" וישתה מעט, **ויותר** טוב שיברך מתחלה על הפת כיסנין לבד בלא שרייה, ואח"כ יברך מתחלה על מעט צוקער ברכת "שהכל" להוציא הקאו"י, [**דהלא** בודאי ברכת במ"מ קודמת ל"שהכל"].

אות ו' – ז'

טרוקנין חייבין בחלה

טריתא פטורה מן החלה

יו"ד סימן שכט ס"ה - [ח]טריתא, דהיינו עיסה שבלילתה רכה ושופכין אותה על הכירה ומתפשט עליה ונאפית, פטורה; אבל אם יש בכירה גומא ושופכין אותה לתוכה, חשוב לחם וחייב. הגה: בלק שאופין אותו בשפוד ומושחים אותו בביצים או בשמן או במי פירות, פטור (טור).

סימן קסח סט"ו - [ט]טרוקנין, דהיינו שעושין גומא בכירה, ונותנים בה קמח ומים מעורבין בה ונאפה שם, מברך עליו "בורא מיני מזונות" וברכה אחת מעין שלש - עיין במ"א שכתב, שעושין בלילתה רכה מאד, ולהכי מברך עליה במ"מ בדלא קבע, **דאי** לא היה בלילתה רכה כ"כ, הלא מבואר בסי"ד, דאפילו בלילתה רכה, כל שלבסוף היתה אפויה בתנור, מברך "המוציא", ועיין בה"ל.

(ודע דלפי המבואר טעם דין זה ברמב"ם, לכאורה אין אנו מוכרחין לחילוקו של המ"א, ואפילו אינה רכה ביותר, אעפ"כ כל שלא קבע אין מברך עליה "המוציא", דז"ל הרמב"ם: עיסה שנאפה בקרקע, כמו שהערביים שוכני המדבריות עושין, הואיל ואין עליה צורת פת, מברך עליה במ"מ, ואם קבע וכו', הרי דעיקר הטעם משום דאין עליה צורת פת, והנה בלבוש כתב הטעם, משום שאין זה דרך לישה ולא דרך אפיית לחם, פי' משום שאין דרך ללוש ולאפות בכובא דארעא, ולפי"ז ג"כ אין אנו צריכין לחילוקו של המ"א, **וצ"ע** לדינא).

ואם קבע סעודתו עליו, מברך "המוציא" ובהמ"ז - דאע"ג שבתחלתה היתה רכה, מ"מ כיון שאופין אותו בגומא, ומתקבץ העיסה יחדו, נעשה כמו פת.

אבל טריתא, דהיינו שלוקחין קמח ומים ומערבים אותה, ושופכים על הכירה והוא מתפשט ונאפה, אין עליו תורת לחם כלל, ואין מברכים עליו אלא "בורא מיני מזונות" וברכה אחת מעין שלש, [י]ואפי' קבע סעודתו עליו - [יא]המ"א מצדד, דבקבע מברך עליו "המוציא", וכן הוא דעת הב"ח לדעת הטור, **וכתב** בא"ר, דמחמת זה אין לאכלו אלא תוך הסעודה, **ובמגן** גבורים מכריע לדינא כהשו"ע.

באר הגולה

ו ‹ע"פ הגר"א› ז **במרדכי שם** ח **ברכות דף ל"ז ע"ב** ‹המחבר הביא האיכא דאמרי ראשונה שם, והרמ"א מביא השניה, ולקמן בס"ז, עיין לקמן באות י', הביא השו"ע השלישית› ט **ברכות ל"ז** י ‹דחלה, ויוצא י"ח בפסח, והמוציא, דין א' להם, וכמ"ש בירושלמי, ואמר שם טריתא פטורה מן החלה כו', ש"מ דאפי' בקבע מברך במ"מ – גר"א› יא ‹דלא הקילו בטריתא אלא לענין חלה, דלא מקרי לחם כיון ששופכין אותו, אבל לאחר אפייה לחם גמור הוא אי קבע עליו, דדמי לעיסה שנילושה במי פירות, דפטורה מחלה להרא"ש, ואפ"ה אי קבע עליו מברך המוציא – מ"א›

אות ח' – ט'

נהמא דהנדקא

לחם העשוי לכותח

סימן קסח סט"ז - [יב]**נהמא דהנדקא, והוא לחם שאופין בשפוד** - כלומר בצק שאופין בשפוד, דלחם שאפאו בשפוד לחם גמור הוא, [ואפי' בדלא קבע עלייהו], **ומושחין אותו בשמן או במי ביצים; וכן לחם העשוי לכותח, שאין אופין אותו בתנור אלא בחמה, מברך עליו "בורא מיני מזונות"** - היינו אפילו בדקבע עלייהו, [דהא זהו ביאור על טריתא הנאמר בגמ', ושם ‹בסט"ו› דעת המחבר דפטור אפילו בדקבע עלידהו]. **ועיין** בטור, דאם עשאה ‹הלחם העשוי לכותח› ערוכה ונאה כעין גלוסקא, מברך עליה "המוציא", **והשו"ע** השמיט, [יג]ועיין במ"א וא"ר וביאור הגר"א מש"כ בזה, **ועכ"פ** לאכול מזה כדי שביעה, בודאי יש ליזהר שלא לאכול כי אם בתוך הסעודה.

אות ט'*[יד]

תוס' ד"ה לחם: ופסק ר"ת... דתחלתן עיסה מברכין עליהן המוציא וחייבין בחלה אף על פי דסופן סופגנין

בא"ד: ורימש"ייש... ואין מברכין עליהם אלא בורא מ"מ, דלית להו תוריתא דנהמא

סימן קסח סי"ג - [טו]**אפילו דבר שבלילתו (פירוש לישת הקמח במים) עבה** - היינו לאחר שיצק המים לתוך הקמח, לש אותה עב כמו פת, **אם בשלה** - במים, **או טגנה** - בשמן, **אין מברך עליה "המוציא"** - אפילו על פרוסות שיש בהם כזית, ולא דמי למש"כ בסעיף י', דהבישול אין מבטל אותם מתורת לחם, **דהתם** הוי לחם גמור מעיקרא, שהיה אפוי, משא"כ הכא דלא נאפה מעולם, להכי הבישול והטיגון מבטל מתורת לחם, **וע"ל** בסי"ד בהג"ה, דאם נותן במחבת מעט שמן שלא ישרף העיסה, לא מקרי טיגון במשקה, והוי אפיה גמורה.

אפילו שיש עליה תוריתא דנהמא - ואפילו אכל הרבה וקבע סעודתיה עליהן, הוי כמו דייסא, ומברך במ"מ לפניה, ומעין שלש לאחריה.

ואפי' נתחייבה בחלה - ר"ל אפילו הוא בענין שקרוי לחם לענין חלה, כגון שבשעת לישה לא היה בדעתו לבשלו או לטגנו, ואח"כ נמלך, שהוא חייב בחלה לד"ה, כמבואר ביו"ד סימן שכ"ט, אפ"ה אינו מברך "המוציא".

דברכת "המוציא" אינו הולך אלא אחר שעת אפייה - דלא מקרי לחם אלא אפוי, וכיון שלא נאפה בתנור או במחבת בלא משקה, אין שם לחם עליה, **משא"כ** לענין חלה, הכל הולך אחר גלגול הקמח במים, שאז חל חיוב הפרשת חלה שנעשית עיסה, ושוב לא נפקע ממנה ע"י בישול וטיגון.

[טז]**ויש חולקין ואומרים דכל שתחילת העיסה עבה, אפילו ריככה אח"כ במים ועשאה סופגין, (פירוש עיסה שלשה ועשאה כמין ספוג), ובשלה במים או טגנה בשמן, מברך עליה "המוציא"** - דס"ל דכיון דמעיקרא היה בלילתו עבה, ועתה אית ביה תואר לחם, מברך "המוציא", ואפילו באוכל אכילת עראי, שלא קבע סעודה ע"ז, דלחם גמור הוא לדידהו, וכדלקמן בהג"ה.

‹כפל הלשונות אינו מדוקדק כ"כ, ובפוסקים לא נזכר רק שבשלה במים אחר שעשה מתחלה העיסה עבה, אבל שתי הלשונות ביחד לכאורה מיותר, **ואולי** הדרך לעשות כן, לרכך מתחלה במים, ואח"כ לבשל ולטגן, **והיותר** נכון, שמה שכתב "ובשלה", הוא כמו "שבשלה", והוא פירוש למה שכתב בתחלה "אפי' ריככה ועשה סופגנין", דהיינו שעשה אותה בלילה רכה וסופגנין ע"י שבשלה במים›.

(ונהגו להקל) - פי' כסברא הראשונה, דא"צ לברך "המוציא" וג' ברכות.

כתב המ"א, דזה דוקא בלא אכל כדי שביעה, דחיוב בהמ"ז שלו הוא רק מדרבנן, לכך נקטינן כדעה הראשונה להקל, **אבל** באכל כדי שביעה, דחיוב בהמ"ז הוא מדאורייתא, צריך לברך בהמ"ז מספק, וכן משמע מהגר"א, [**ואף** דמדאורייתא מסתברא דיוצאים במעין שלש במקום בהמ"ז, וא"כ שוב אינו אלא מדרבנן, **י"ל** כיון דעכ"פ מחויב לברך מן התורה היכא דיש ספק, ממילא מחויב לברך כל הברכות כתיקונם, ואע"פ שאינם מדאורייתא ממש, כמו אם היה מחויב בודאי, דאין לו לפטור עצמו במעין שלש במקום שלש].

אך כ"ז ‹דבאכל כדי שביעה מברך בהמ"ז מספק›, בשעה שלש ועשה בלילתו עבה היה דעתו לאפות פת, אלא שאח"כ נמלך ועשה אותה סופגנין, **אבל** כשהיה דעתו מתחלה לבשל ולטגן אותה, אפילו אכל כדי שביעה, אין מברך עליה בהמ"ז, רק ברכה א' מעין ג'. ‹**דהלא מעיקר הדין אין בזה ספיקא, וכדעת רוב הפוסקים דקיימי בשיטת ר"ש**, ‹דכיון שבישלה אין לה דין לחם לגבי ברכת המוציא›, **אולם בר"ש ורמב"ן ורא"ש לא נזכר כלל חילוקא דהמוציא מחלה, אלא דהם חלקו על עיקר דינו של ר"ת לענין חלה**, דגם בשהיה מתחלה בלילתו עבה, לא סגי לחייביה בחלה היכי דחשב מתחלה לבשלו ולטגנו, וכיון דלא נקרא לחם לענין חלה, ה"ה לענין המוציא לא נקרא לחם, **אבל** סברא זו, דאף היכא דחייב בחלה גם לדידהו, כגון בנמלך, אפ"ה לענין המוציא לא נקרא לחם, לא נזכר בם כלל, **אלא** שהמחבר סמך בזה על דעת רבינו ירוחם ורבינו יונה שחילקו כן, ועכ"פ אין זה ברור לדחות דעת ר"ת ור"י הזקן, שכתבו בהדיא שאין לחלק בין חלה להמוציא, ומידי ספיקא לא נפקא, וע"כ חלקנו בדבר, והעתקנו דברי המ"א לענין דינא רק בנמלך›.

וירא שמים יצא ידי שניהם, ולא יאכל - היינו אפילו אכילה מועטת בלא קביעת סעודה, **אלא ע"י שיברך על לחם אחר תחלה** - והיינו אפילו בשהיה דעתו בשעת בלילה לבשל ולטגן, [לחוש לשיטת ר"ת], ‹דחייב אפי' היה דעתו מיד בשעת גלגול לטגנה או לבשלה›.

באר הגולה

יב שם בגמ' יג ‹צ"ע למה לא חילק בין כעבין ללימודין, כמו שמחלק בטור ורי"ו, וכמ"ש בגמ' לענין חלה, ומשם למדים לענין המוציא, ונראה דהשו"ע סובר דוקא לחלה שייך לחלק, משום דמיחלפא בשאר לחם, או גזירה שמא תמלך, {עיין אות י' וכפי' הר"ש, ולא כפרש"י הכא} משא"כ לענין המוציא – גר"א› יד ‹ע"פ הבאר הגולה והגר"א› טו ר' יונה ור' ירוחם בשם רבי שמשון והרמב"ן טז ר"ת בפסחים ל"ז בתוס' בברכות ל"ז

(עיין במ"א שהביא בשם השל"ה, שכתב דכיון שבלילתה עבה, ואין ממלאין בשום דבר, וגם לא נילושין עמו, להכי פת פוטרתן, **פי'** דהוקשה לו, האיך יצא ידי דעה ראשונה, הא לדידהו לכאורה אין נפטר בברכת "המוציא", ודומיא דמה שפסק השו"ע בס"ח לענין פת כיסנין, דצריך לברך תוך הסעודה במ"מ, **והמ"א** מיאן בזה, והקשה עליו מכעבין יבשים, דג"כ בלילתה עבה, ואפ"ה מברך בתוך הסעודה, **והא"ר** מיישב קושיתו, דהתם הדרך לאכלו רק לקינוח ולא למזון, משא"כ בזה, וסברת המ"א, דהכא ג"כ לקינוח הוא ולא למזון, ותירץ המ"א, דהכא מיירי שממולא בשר, שהוא ג"כ בא לתבשיל ולמזון ולא לקינוח, **והיכא** שאין ממולא, נראה שיש לעשות עצה אחרת שכתבו האחרונים, שיכוין לאכלו למזון ולא לקינוח, **ובספר** הלכה ברורה תירץ, דהיכא שמכוין בהדיא לפטור בברכת "המוציא" המינים אלו, בכל גווני יכול לפטור אותן).

הגה: וכל זה לא מיירי אלא בדאית ביה לאחר אפיה תואר לחם (לשון הטור והפוסקים) - הלשון אינו מדוקדק כ"כ, ופירושו: אחר הבישול בקדירה והטיגון במחבת. **והסכימו** הרבה אחרונים, דדוקא אם יש בהפרוסות כזית, דאל"ה ע"י הבישול או טיגון נתבטל שם לחם לגמרי לענין "המוציא", וכההיא דלעיל ס"י, **ולא** דמי לס"י דלא בעינן תואר לחם ביש כזית, דהתם היה תחלה פת גמור.

אבל אי לית ביה תואר לחם, כגון לאקשי"ן שקורין ורומזלי"ך, לכו"ע אין מברכין עליהם "המוציא" ולא ג' ברכות, דלא מיקרי לחם; אבל פשטיד"א וקרעפלי"ך מקרי תואר לחם (מרדכי), ואין לאכלם אלא אם כן בירך על שאר הפת תחלה - ר"ל בירא שמים הרוצה לצאת דעת היש חולקים הנ"ל, והיינו בנתבשל במים או נטגן בשמן.

פשטיד"א וקרעפלי"ך - פי' שממולאין בבשר, וכמ"ש סוף סימן זה בהג"ה, **דאלו** ממולאים במיני פירות, הוי פת הבאה בכיסנין, וכמ"ש בסעיף ז', ומברכין לכתחלה "בורא מיני מזונות", בדלא קבע סעודה עלייהו, ואפילו בדנאפה בתנור.

וכ"ז הוא לדעת הרמ"א, אכן הט"ז חולק וס"ל, דגם פת הממולא בבשר ודגים וכה"ג, הוי ג"כ בכלל פת הבאה בכיסנין, ואה"נ בדלא קבע לכו"ע מברך עלייהו במ"מ, ולאחריו מעין ג', ובסוף הסי' יתבאר להלכה בזה.

וכל זה לא מיירי אלא בעיסה שאין בה שמן ודבש וכיוצא בו, אלא שמטוגן בהן, אבל אם נילוש בהן, כבר נתבאר דינו אצל פת הבאה בכיסנין - פי' היש חולקים הנ"ל, דס"ל דהוי לחם גמור, ומברך עליה "המוציא", ואפי' בדלא קבע סעודה, מיירי דוקא בעיסה שלא נילושה מתחלתה בשמן ודבש, ולכך ס"ל דכיון דהוי מתחלתה עיסה גמורה כשאר לחם, לא נפקע שמה לענין חיוב "המוציא", אף דנטגנה אח"כ בשמן, ונעשה כפת כיסנין, **אבל** כשנלושה מתחלה בדבש וכה"ג קודם הטיגון, א"כ לא היה עליה שם עיסה גמורה מעולם, ולכן אף להיש חולקים אינו כלחם גמור לברך עליה "המוציא" בדלא קבע סעודה עלייהו, דהרי היא פת כיסנין, **ואם** קבע סעודה עלייהו, לדעה קמייתא אינו מברך אלא במ"מ, דהטיגון הפקיע מתורת לחם לגמרי, וליש חולקים מברך "המוציא" וברכת המזון, כדין פת כיסנין.

(**והנה** זהו רק לדעת היש חולקין גופייהו, אבל לדינא הסכימו כמה אחרונים להט"ז, דע"י טיגון שמטגנה לבסוף בשמן, נעשה פת הבאה בכיסנין כמו אם היה נילוש בשמן, **ובעניננו** בדלא קבע עלייהו מברך לכו"ע במ"מ ו"על המחיה", ובדקבע תליא בשתי אלו הדעות, דלדעה ראשונה במ"מ ו"על המחיה", דהטיגון ביטלו מתורת פת כיסנין, ולדעת היש חולקים "המוציא" ובהמ"ז, ונ"מ מדברי הט"ז זה גם בעלמא, ואף לדעה ראשונה, כגון שלש בלילה עבה ואח"כ טגנו בשמן, ואפאו אח"כ בתנור, דיש עליה שם פת הבאה בכיסנין, ואינו מברך "המוציא" ובהמ"ז, רק בדקבע עלייהו, **ולענ"ד** נראה ברור, דלדעה ראשונה אף הרמ"א סובר דהטיגון שמטגנה בדבש חשיב כמו נילוש בדבש, ונ"מ למה שכתבנו, היכא דאפאה לבסוף, דשם פת כיסנין עלה, **אלא** דלדעת היש חולקים דס"ל דאזלינן בתר מעיקרא, לא נוכל לחשוב לפת כיסנין לברך עליה במ"מ בדלא קבע, אחרי דמתחלה היה בלילה עבה ונילוש בלי שמן, לא נפקע ממנה שם לחם ע"י הטיגון שלבסוף).

אות י'

מעשיה מוכיחין עליה, עשאן כעבין חייבין, כלמודין פטורים

יו"ד סימן שכט ס"ז - "לחם העשוי לכותח, מעשיה מוכיחים עליה; עשאה כעבין, דהיינו שערכו ועשאו כצורת לחם, חייב – [כבר נתבאר בסמוך הטעם, דכל שהוא כעבין, [יח] יש בו חשש שמא ימלך לאפות ממנו כשיעור חלה, **והאי** חיוב פשוט הוא דחייב לברך עליה, ככל סתם חיוב בגמרא, וכמ"ש בסמוך – ט"ז], **ואם לאו, פטור.**

---

§ מסכת ברכות דף לח. §

אות א' – ב'

גובלא בעלמא הוא ומברכין עלויה בורא מיני מזונות קבע סעודתיה עלויה, וברך עלויה, המוציא לחם כו'

סימן קסח סט"ז - [א] טרוקנין, דהיינו שעושין גומא בכירה, ונותנים בה קמח ומים מעורבין בה ונאפה שם, מברך עליו "בורא מיני מזונות" וברכה אחת מעין שלש - עיין במ"א שכתב, שעושין בלילתה רכה מאד, ולהכי מברך עליה במ"מ בדלא קבע, **דאי** לא היה בלילתה רכה כ"כ, הלא מבואר בסי"ד, דאפילו בלילתה רכה, כל שלבסוף היתה אפויה בתנור, מברך "המוציא", ועיין בה"ל.

באר הגולה

[יז] ברכות דף ל"ח ע"א [יח] (עיין רש"י, שגילה דעתו בזה שללחם עשאו, והט"ז פי' ע"פ דברי הר"ש בפ"א דחלה מ"ה) [א] ברכות ל"ז

כיצד מברכין פרק ששי ברכות לח

כעבין חייבין כלמודין פטורים א"ל אביי לרב יוסף האי כובא דארעא מאי מברכין עליה א"ל מי סברת נהמא הוא ^א^גובלא בעלמא הוא ומברכין עליה בורא מיני מזונות מר זוטרא ^ב^קבע סעודתיה עליה ובריך עליה המוציא לחם מן הארץ ושלש ברכות אמר מר בר רב אשי ^ג^ואדם יוצא בהן ידי חובתו בפסח מ"ט °לחם עוני קרינן ביה ואמר מר בר רב אשי ^ד^האי דובשא דתמרי מברכין עליה שהכל נהיה בדברו מ"ט זיעה בעלמא הוא כמאן כי האי תנא דתנן *דבש תמרים ויין תפוחים וחומץ ספוניות ושאר מי פירות של תרומה רבי אליעזר מחייב קרן וחומש ורבי יהושע ^ה^פוטר א"ל ההוא מרבנן לרבא טרימא מהו לא הוה אדעתיה דרבא מאי קאמר ליה יתיב רבינא קמיה דרבא א"ל דשומשמי קא אמרת או דקורטמי קא אמרת או דפורצני קא אמרת אדהכי והכי אסקיה רבא לדעתיה אמר ליה חשילתא ודאי קא אמרת ואדכרתן מלתא הא דאמר רב אסי ^ו^האי תמרי של תרומה מותר לעשות מהן טרימא ואסור לעשות מהן שכר והלכתא ^ז^תמרי ועבדינהו טרימא מברכין עלויהו בורא פרי העץ מאי טעמא במלתייהו קיימי כדמעיקרא. שתיתא רב אמר שהכל נהיה בדברו ושמואל אמר בורא מיני מזונות אמר רב חסדא ולא פליגי ^ח^הא בעבה הא ברכה עבה לאכילה עבדי לה רכה לרפואה קא עבדי לה מתיב רב יוסף *ושוין [^ה^] שבוחשין את השתות בשבת [^ט^] ושותין זיתום המצרי ואי ס"ד לרפואה קא מכוין רפואה בשבת מי שרי א"ל אביי ואת לא תסברא והא *תנן ^ט^כל האוכלין אוכל אדם לרפואה בשבת וכל המשקין שותה אלא מה אית לך למימר גברא לאכילה קא מכוין ה"נ גברא לאכילה קא מכוין לישנא אחרינא אלא מה אית לך למימר גברא לאכילה קא מכוין ורפואה ממילא קא הויא ה"נ לאכילה קא מכוין ורפואה ממילא קא הויא וצריכא דרב (ושמואל) דאי מהאי ה"א לאכילה קא מכוין ורפואה ממילא קא הויא אבל הכא *כיון דלכתחלה לרפואה קא מכוין לא לבריך עלויה כלל קמ"ל כיון דאית ליה הנאה מיניה בעי ברוכי: שעל הפת הוא אומר המוציא וכו': ת"ר מה הוא אומר המוציא לחם מן הארץ רבי נחמיה אומר מוציא לחם מן הארץ אמר רבא במוציא כולי עלמא לא פליגי דאפיק משמע דכתיב °אל מוציאם ממצרים כי פליגי בהמוציא רבנן סברי המוציא דאפיק משמע דכתיב °המוציא לך מים מצור החלמיש °ורבי נחמיה סבר המוציא דמפיק משמע שנאמר °המוציא אתכם מתחת סבלות מצרים ורבנן ההוא הכי קאמר להו קודשא בריך הוא לישראל כד מפיקנא לכו עבידנא לכו מלתא כי היכי דידעיתו דאנא הוא דאפיקית יתכון ממצרים דכתיב °וידעתם כי אני ה' אלהיכם המוציא משתבחין ליה רבנן לרבי זירא [את] בר רב זביד אחוה דר"ש בר רב זביד דאדם גדול הוא ובקי בברכות הוא אמר להם לכשיבא לידכם הביאוהו לידי זמנא חדא איקלע לגביה אפיקו ליה ריפתא פתח ואמר מוציא אמר זה הוא שאומרים עליו דאדם גדול הוא ובקי בברכות הוא בשלמא אי אמר המוציא אשמעינן

תורה אור: דברים טז | במדבר כג | דברים ח | שמות ו | שם

כעבין. ערוכה ומקופפת כגלוסקאות גלי דעתיה דללחם עשאה: **כלמודין**. °כנסרים בעלמא שלא הקפיד על עריסתם ודוגמתו שנינו במועד קטן (ס"ב דף יג.) עושה לו למודין לוחין לבור של יין לכסותו: **זיעה בעלמא הוא**. ואינו פרי לברך עליו בורא פרי העץ: **וחומץ ספוניות**. סופי ענבים שאין מתבשלים עולמית ועושים מהן חומץ: **מחייב קרן וחומש**. לשותה ממנו בשוגג: **ור' יהושע פוטר**. דזיעה בעלמא הוא ואין שם תרומה חל עליו ואין לך פרי הניתן למשקה אלא זיתים וענבים בלבד והיינו כמר בר רב אשי: **טרימא מהו**. מה מברכין עליו ושם טרימא כל דבר הכתוש קצת ואינו מרוסק: **לא הוה אדעתא דרבא**. לא היה מבין מהו שואל: **א"ל**. רבינא לההוא מרבנן איזו טרימא אתה שואל: **דקורטמי**. כרכום שכותשים אותו ונותנין בו יין ושותין: **או דשומשמי**. להוציא שמנן: **או דפורצני**. כתישת ענבים לתת לתוך התרצנים מים לעשות תמד: **א"ל רבא חשילתא קא אמרת**. מתוך דברי רבינא הבין רבא את השאלה א"ל דבר מעוך שאלתני כמו ביעי חשילתא דשחיטת חולין (דף נג.): **מותר לעשות מהן טרימא**. שאינו מפסידה אלמא דבמילת' קאי וכיון דהכי הוא מברכין עליה ב"פ העץ: **שתיתא**. °מאכל העשוי מקמח קליות שנתייבשו בתנור בעוד שהשבלים לחים*: **עבה לאכילה עבידא**. ובמילת' קיימא: **שבוחשין**. מגיסין בכף לערבו יפה במימיו: **זיתום המצרי**. מפורש במסכת פסחים (דף מב:*): **וכל המשקים שותה**. אלמא לאכילה מכוין ורפואה ממילא הויא הכא נמי לאכילה מכוין כו' (א): **ה"ג וצריכא דרב ושמואל**. ואע"ג דתניא לענין שבת דאוכל הוא ומותר לאכלו בשבת אצטריך למימר דטעון ברכה: ה"ג דסד"א כיון דלרפואה קא מכוין לא לבעי ברכה קמ"ל כיון דמתהני מיניה. שהרי מאכל הוא בעי ברוכי: **והלכתא**. ל"ג ומהלכות גדולות הוא: **דאפיק משמע**. שהוציא כבר והא ודאי ברכה הגונה דלשעבר בעינן שהרי כבר הוציא הלחם הזה מן הארץ שהוא בא ליהנות הימנו: **דכתיב אל מוציאם ממצרים**. וכשנאמרה פרשת בלעם כבר יצאו: **המוציא לך מים**. וכבר הוציא: **ורבי נחמיה סבר דמפיק משמע**. שעתיד להוציא דכתיב המוציא אתכם וכשנאמר פסוק זה למשה עדיין לא יצאו והמוציא לך מים עדיין היה מוציא כל ימי היותם במדבר: **דאפיקית יתכון**. שאני הוא שהוצאתי אתכם: אשמעינן

מסופק אם וירמשיי"ש חייבין בחלה משום (ג) עושה עיסתו בצק כדי לחלקה פטורין מן החלה דלית בהו שיעורא הכא גבי וירמשיי"ש כמי פעמים מחלקן שאין משימין שיעור חלה בקדרה אחת אך היה מצריך ליקח חלה בלא ברכה בשביל הספק וכל דבר שתחלתו סופגנין וסופו עיסה חייבין בחלה ובהמוציא דקיי"ל כרבי יוחנן פרק כל שעה (פסחים לז.) דפליגי ר' יוחנן ור"ל במעשה אילפס ופליגי בבלילתו רכה דהיינו תחלתו סופגנין וסופו עיסה אם נאפה בתנור או בכירה או באילפס בלא מים ושמן דר"ל ס"ל דלא הוה חייב אלא כשנאפה בתנור והא קאי מתניתין תחלתו סופגנין וסופו עיסה דחייב בחלה אבל באילפס פטור ורבי יוחנן מחייב דמעשה אילפס סופו עיסה קרינן ביה רק שלא יהיו משקין באילפס דהכי איתא בירושלמי כל שהאור תחתיו חייב בחלה ומברכין עליו המוציא אבל אניליי"ש אין מברכין עליו המוציא דלא הוי אלא גובלא בעלמא ומיהו אם קבע סעודתיה עלייהו כמו בפורים מברך המוציא וכל דבר שתחלתו סופגנין וגם סופו כגון הני סופגנין שמטגנין אותן בשמן שקורין בוניי"ש *פטורין מן החלה: **מר** זוטרא קבע סעודתיה עלויה. וכן נל"ש אי קבע סעודתיה עליה מברכין עליה המוציא וכן נוה הר"מ בפורים שקובעין סעודתן עליהן לברך המוציא בפת תחלה כדי לפוטרן מברכה שהיה מסופק אי הוה קביעותייהו קביעות או לא: **האי** דובשא דתמרי מברכין עלויה שהכל. וכן משקין מכל מיני פירות בר מתירוש ויצהר כדאמרינן גבי ערלה *ולאפוקי מה"ג שפירש דמיירי שנתן לתוכן מים ושכר דידן אע"ג דשמא יש בהן כזית בכדי אכילת פרס לא מברכין עליו בורא מיני מזונות אלא שהכל ואפי' לרב ושמואל דאמרי כל שיש בו מחמשת המינין מברכין עליו בורא מיני מזונות הכא לא הוי בהו ממש שעורים(ג) ואין שכר אלא טעמא בעלמא ועוד משום שיש בו עלויה אחרינא בפת ועוד בשתיה אומר שהכל: **ושוין** שבוחשין. רבי(ד) ור' יוסי פליגי גבי נותן מים לתוך המורסן ובקלישה מיירי מדקתני ובוחשין ולא קתני לשון גבול והכי דייקינן התם: **ואי** ס"ד לרפואה עבדי ליה רפואה בשבת מי שרי. דסובר דכיון (ה) דכל שעקרו לרפואה ואין רגילות לעשותו לצורך אכילה אסור בשבת וכו': **והא** תנן כל האוכלין וכו'. דמשמע מדנקט כל האוכלין דאפי' (ו) כל שעקרו לרפואה כיון שראוי לאכילה שפיר דמי מדנקט כל ומסיק הגמרא וצריכא דרב ושמואל דפשיטא (ז) דמתניתין שריא אף על פי שעומד לרפואה אבל דרב ושמואל אשמעינן דלא נימא כיון דעקרו לרפואה לא לבריך עליה כלל קא משמע לן כיון דמתהני מיניה בעי ברוכי ומכל מקום לא יברך אלא שהכל כיון שאינו עשוי לסעוד כי אם לשתות ואם כן כל דבר שיש בו מחמשת המינין ואינו עשוי לסעוד כי אם לשתות כגון שכר וכיוצא בו מברך שהכל וכהאי גוונא פסק בה"ג והלכתא שתיתא עבה מברך בורא מיני מזונות קלישתא מברך שהכל ואף על פי שלרפואה נעשית היכא דאית ליה הנאה מיניה מברך: והלכתא

עין משפט נר מצוה

מח א ב מיי' פ"ג מהל' ברכות הלכה ט טוש"ע או"ח סימן קסח סעיף טו:
מט ג מיי' פ"ו מהל' חמץ ומצה הל' ו טוש"ע או"ח סי' תסא סעיף ב:
נ ד מיי' פ"ח מהלכות ברכות הלכה ד סמג עשין כז טוש"ע או"ח סי' רב סעיף ח:
נא ה ו מיי' פי"א מהל' תרומות הלכה ב:
נב ז מיי' פ"ח מהל' ברכות הל' ד סמג עשין כז טוש"ע או"ח סי' רב סעיף ז:
נג ח [מיי' פ"ג שם הל' ג] טוש"ע או"ח סי' רח סעי"ו [ח מיי' פכ"א מהל' שבת הל' לג טוש"ע או"ח סי' שכ"א סעיף י"ד]: [ט מיי' שם הלכה כב]:
נד ט מיי' פכ"א מהל' שבת הל' כב סמג לאוין סה טוש"ע או"ח סי' שכח סעיף לז:

[וע' תוס' פסחים לז: ד"ה דכ"ע]

[תרומות פי"א מ"ג]

מסורת הש"ס

תרומות פי"א מ"ב חולין קכ:

ושתנין לתוס דבש כך פירש"י עירובין כט:

שבת קי.

שבת קנו.

שבת קט: יומא מט.

רש"ל מ"ז לעיל ו.

במדבר כג

דברים ח

שמות ו

שם

הגהות הב"ח

(א) רש"י ד"ה וכל המשקים וכו' מכוין כס"ד ואחר כך מ"ה ס"ג. וצריכה וכו' ברכה כס"ד ואחר כך מ"ה דסד"א: (ב) תוס' ד"ה לחם וכו' וירמשיי"ש חייבים בחלה משום דתנן העושה עיסתו בצק כדי לחלקה פטורה מן החלה דלית בהו שיעורא א"כ הכא: (ג) ד"ה האי דובשא וכו' דאין שכר אלא וכו' ועוד בשתיה נ"ב עיין בסוף עמוד זה: (ד) ד"ה ושוין שבוחשין רבי יוסי בר יהודה פליג גבי נותן מים. נ"ב פי' מי שהמשיך סוף דף קנה: (ה) ד"ה ואי וכו' דכיון שעקרו כצ"ל ותיבת דכל נמחק: (ו) ד"ה והתניא וכו' דאפילו שעקרו כצ"ל ותיבת כל נמחק: (ז) בא"ד דפשיטא למתני' דשרי בשבת כיון שעומד לאכילה אע"ג דעיקרו לרפואה אבל דרב:

גליון הש"ס

גמ' ור"נ סבר המוציא דמפיק משמע. ע' עירובין י"ט ע"א וצ"ע: רש"י ד"ה כלמודין כנסרים. ע' לעיל מ"ם דגלים: רש"י ד"ה שתיתא מאכל העשוי כו' וכ"כ רש"י מלכים א יב:

(ודע דלפי המבואר טעם דין זה ברמב"ם, לכאורה אין אנו מוכרחין לחילוקו של המ"א, ואפילו אינה רכה ביותר, אעפ"כ כל שלא קבע אין מברך עליה "המוציא", דז"ל הרמב"ם: עיסה שנאפה בקרקע, כמו שהערביים שוכני המדבריות עושין, הואיל ואין עליה צורת פת, מברך עליה במ"מ, ואם קבע וכו', הרי דעיקר הטעם משום דאין עליה צורת פת, והנה בלבוש כתב הטעם, משום שאין זה דרך לישה ולא דרך אפיית לחם, פי' משום שאין דרך ללוש ולאפות בכובא דארעא, ולפי"ז ג"כ אין אנו צריכין לחילוקו של המ"א, וצ"ע לדינא).

ואם קבע סעודתו עליו, מברך "המוציא" ובהמ"ז - דאע"ג שבתחלתה היתה רכה, מ"מ כיון שאופין אותו בגומא, ומתקבץ העיסה יחדו, נעשה כמו פת.

אות ג'

ואדם יוצא בהן ידי חובתו בפסח

סימן תסא ס"ב - טפקא (פי' אחד מן הרעפין שמכסין בהם הגג, קופי בלע"ז), של חרס חדשה, לא שנא הסיקה מבפנים או מבחוץ, מותר, כיון שהאור שולט תחתיה, אעפ"י שאין שלהבת עולה על גבה, מרתח רתח והפת נאפית מיד ואינה בא לידי חימוץ.

אבל צריך להסיק תחלה - דאל"ה יש לחוש שיתחמץ קודם שיתחיל לאפות, **בין תנור בין כוביא** - היינו טפקא הנ"ל, **בין באלפס** - קערות רחבות ואופין בה לפעמים, (ויוצא בזה גם כן ידי חובת מצה), **בלא מים** - ואם יהיה שם מים, אפילו אם ישים העיסה שם אחר שיהיו המים רותחין, ג"כ אסור, דזהו חליטה ואסור, כמש"כ לעיל בסימן תנ"ד ס"ג.

בין בקרקע - והוא טרוקנין המבואר לעיל בסימן קס"ח סעיף ט"ו, **וע"ש** דאין רשאי לברך עליו "המוציא", אא"כ קבע סעודתו עליו, **ואיתא** בגמרא, דאדם יוצא בזה י"ח מצה בפסח, דהוא חשוב לחם עוני.

אבל להדביקו תחלה ואח"כ להסיק, יש אוסרים - היינו לכתחלה, ודוקא אם לא נשתהה שיעור מיל עד התחלת האפיה, דאל"ה לכו"ע אסור אף בדיעבד, **וטוב ליזהר** - ואפילו בדיעבד נכון להחמיר שלא לאכלה אם אפשר לו.

אם שמו מצה על הנייר בתוך התנור, לאפותה עם הנייר, אין לאסור בדיעבד, שבודאי שלט חום האור דרך הנייר, ונאפית במהרה קודם שתתחיל להתחמץ, **אבל** לכתחלה אין לעשות כן.

ויש מי שאומר שראוי למחות שלא יעשו חררות ברמץ, (פירוש אפר חם, ציניראני בלע"ז) - היינו שלא לאפותם בתוך הרמץ, שיש לחוש שמא יחמיצו קודם שיתחילו לאפות, **ואם** עבר ואפה אין לאסור, [**וגם** יוצא בה י"ח בפסח].

אות ד'

האי דובשא דתמרי מברכין עלויה שהכל נהיה בדברו

סימן רב ס"ח - [ב]דבש הזב מהתמרים, מברך עליו "שהכל" - וה"ה היוצא ע"י כתישה וסחיטה, דמה דכתיב בתורה: זית שמן ודבש, היינו תמרים היוצא מהן דבש, אבל דבש גופא זיעה בעלמא הוא, ואינו בכלל פרי.

וכן [ג]על משקין היוצאין מכל מיני פירות, חוץ מזיתים וענבים, מברך "שהכל" - כגון יין תפוחים וכה"ג, בין אי איתרמי שיצא מאליהן, ובין שיצא ע"י כתישה וסחיטה, ברכתן "שהכל", דזיעה בעלמא הוא, דאין נקרא משקה, אלא היוצא מן הזיתים והענבים בלבד.

[**ואותן** פירות שרוב אכילתן הוא ע"י סחיטה, דעת הרשב"א דמברכין על מימי סחיטתן כמותן, **אבל** לדעת הרא"ש בכל גווני מברך "שהכל", וכן סתם המחבר לקמן סי' ר"ה ס"ג, **ואפשר** דרק מטעם ספיקא, דבברכת "שהכל" בודאי יוצא, ונ"מ לענין דיעבד, וצ"ע].

[ד]סימן רד ס"י - [ה]דבש דבורים הרי הוא כשאר דבש, ואינו מברך אלא "שהכל" - דהוא בכלל דבר שאין גידולו מן הארץ.

כשאר דבש - דנתבאר בסי' ר"ב ס"ח דמברך עליו "שהכל", **ולסימנא** בעלמא נקטיה, ובאמת אפילו החולקין בדבש תמרים, מודו בדבש דבורים, **דאע"ג** דהדבורים מכניסין מי פירות לתוך גופן ומוציאין מהן ועי"ז נעשה הדבש, מ"מ אין טעם הפירות נרגש כלל בהדבש.

באר הגולה

[ב] שם בגמ' [ג] תוס' שם ושאר פוסקים (וכן מבואר מרש"י) [ד] (השייכות לסימן ר"ב ס"ח ע"פ הגר"א והמ"ב) [ה] טור

אות ה' – ו'

דבש תמרים, ויין תפוחים, וחומץ ספוניות, ושאר מי פירות של תרומה... פוטר

האי תמרי של תרומה, מותר לעשות מהן טרימא, ואסור לעשות מהן שכר

רמב"ם פי"א מהל' תרומות ה"ב - תמרים של תרומה מותר לחבצן ולקבצן כעיגול הדבילה, ואסור לעשות מהם שכר, וכן אין עושין תמרים דבש, ולא תפוחים יין, ולא פירות הסתיו חומץ, וכן שאר כל הפירות אין משנין אותן מברייתן בתרומה, חוץ מזיתים וענבים בלבד; עבר ועשה האוכל משקה, הרי זה שותהו; וזר שאכל דבש תמרים ויין תפוחים וכיוצא בהן בשגגה, אינו חייב לשלם; ואם אכל במזיד מכין אותו מכת מרדות. השגת הראב"ד: וזר שאכל דבש תמרים וכו'. א"א ואם באו ליד כהן, משלם לו את הקרן, לא יהא אלא גזל.

אות ז'

תמרי ועבדינהו טרימא, מברכין עלוייהו בורא פרי העץ

סימן רב ס"ז - [ו]תמרים שמיעכן ביד [ז]ועשה מהם עיסה והוציא מהם גרעיניהם, אפי' הכי לא נשתנית ברכתן, ומברך עליהם "בורא פרי העץ", ולבסוף ברכה מעין שלש - פי' אף שנתרסק עי"ז לגמרי, אפ"ה מברכין פה"ע, משום דכיון דעדיין ממשן קיים, שייך לברך עליהם "פרי העץ", **וה"ה** לענין פה"א, כגון ער"ד עפי"ל שמיעכן ועשאן כעיסה.

הגה: ולפי זה ה"ה בלטווערן הנקרא פאווידל"א - שעושין מגודגדניות ושאר מינים, שמוציאין גרעיניהן ומבשלין אותם עד שהם נימוחו לגמרי, **מברכין עליהם: בפה"ע.**

ויש אומרים לברך עליהם "שהכל" (ת"ה וב"י בשם הטור) - בזה נחלקו האחרונים, יש מהם שסוברים דהי"א לא פליג כי אם אפאווידלא, משום שנימוחו לגמרי ולא ניכר צורתן כלל, **אבל** בדין המחבר דמיירי בתמרים שנתרסקו, שניכר תוארן וצורתן אף כשמתרסקין לגמרי, מודו דמברך פה"ע, **ויש** מהם שסוברין דהי"א פליג גם אדין המחבר, (שבתה"ד דקדק מרש"י דטרימא הוא דוקא כשהם כתושים קצת), וס"ל דכיון דנתרסקו לגמרי מברך "שהכל".

ולדינא אין נ"מ בזה, דאף אם נימא דהי"א פליג גם אתמרים שנתרסקו, מ"מ להלכה קי"ל כדעת המחבר, דהיכא שממשן קיים לא נשתנית ברכתן, **ורק** בפאווידלא שאבד כל צורתו ולא ניכר כלל מה הוא, אז לכתחלה מברך "שהכל", וכהכרעת הרמ"א, דבברכה זו יוצא על הכל בדיעבד. (**דאף** שבתה"ד דקדק מרש"י, דטרימא הוא דוקא כשהם כתושים קצת, [ח]כבר השיב עליו בב"י בס"ס ר"ד ע"ש).

וטוב לחוש לכתחלה לברך "שהכל", אבל אם בירך בפה"ע יצא, כי כן נראה עיקר - וע"כ מיני אגרע"ס וייגדע"ס ומאלינע"ס וכיו"ב, שסוחטין אותן ומרקחין אותם בדבש וצוקע"ר, מברכין עליהם "שהכל", כיון שהם מרוסקים ונימוחים לגמרי ואבד מהם צורתן, **ובדיעבד** אם בירך עליהם ברכתו הראויה יצא.

אכן לענין ברכה אחרונה אין עצה אי אתרמי לענין דברים שהוא משבעה מינים, וכדאיתא בסימן ר"ח סי"ג, דברכת "בנ"ר" אינה פוטרת מעין ג', ולא מעין ג' פוטרת "בנ"ר", **אם** לא שיאכל גם פרי משבעת המינים, וגם דבר שברכתו "בנ"ר", לפטור גם את זה ממ"נ, **ואם** אין לו, נראה לי שיוכל לברך מעין שלש, כי כן משמע מלשון הרמ"א, דתופס לעיקר הדין שברכתו פה"ע.

ואם רוב דרך אכילת אותן פירות הוא ע"י ריסוק, אף לכתחלה מברך ברכתו הראויה, בין לענין פה"ע או פרי האדמה, **כגון** מאכל שמבשלין מדלועין שקורין קירבעס, וכן אינגבע"ר ושארי בשמים שחוקים שאוכלין עם צוקער, מברכין בפה"א, **ועיין** לקמן סי' ר"ח ס"ח בהג"ה מדינים אלו.

אות ח'

הא בעבה הא ברכה

סימן רח ס"ו - [ט]קמח של אחד מחמשת מיני דגן ששלקו (פי' בשלו הרבה), ועירבו במים או בשאר משקין, אם היה עבה כדי שיהיה ראוי לאכילה וללועסו, (פי' לטחון אותו בפה), מברך "בורא מיני מזונות", ואחריו "על המחיה" - לאו דוקא, דאפילו אם אינו עב כ"כ, כיון שאינו רך שיהיה ראוי רק לשתיה, מברך עליו במ"מ.

ואם היה רך כדי שיהא ראוי לשתיה, מברך עליו "שהכל", ואחריו "בורא נפשות" - דכיון שהמים רבים עליו כל כך, עד

באר הגולה

[ו] **שם ל"ח ע"א** [ז] **לשון הרמב"ם** [ח] ‹והדקדוק של ת"ה מפרש"י שזכרנו תמוה לי, אדרבה נידוק מן הגמ' איפכא, דאמרינן א"ר אסי האי תמרי של תרומה מותר לעשות מהן טרימא, ואסור לעשות מהן שכר, ואי ס"ד דמרוסק הרבה אין דינו כטרימא, לא הו"ל לרב אסי לאסור בעשיית שכר, שהוא כבר כלה כל ממשות התמרים ואין שם אלא טעם בעלמא, והיה לומר רבותא, דאפי' יש עדיין ממשות אלא שהוא מרוסק הרבה דאסור, וזה ודאי הוכחה גדולה דכל שיש עדיין הממשות שם הוא עיקר הפרי עדיין, ומדברי רש"י אין נראה לדקדק לאסור, חדא דהא גם הטור כ"כ תמרים שכתשן קצת כו', ואח"כ מסיק כרמב"ם דעשה מהן עיסה דמברכין בפה"ע, והא דנקט רש"י כתשן קצת, נראה דבא לפרש פי' התיבה של טרימא, למה קורין אותו כך, ופי' בזה שכותשין אותו קצת ולא לגמרי, כן הוא ביאור של תיבת טרימא, וכן מבואר כונת רש"י שכתב, ושם טרימא כל דבר הכתוש קצת ואינו מרוסק לגמרי, עכ"ל, משמע שדרך כלל פי' לשון טרימא בכל מקום, ותלמודא דנקט כאן טרימא, היינו משום דהיו רגילין לעשות מאכל באופן זה מן התמרים, ואורחא דמלתא נקט, ואה"נ דבמרוסק היטב הוה דינא הכי – ט"ז› [ט] **שם ל"ח ע"א וכאוקימתא דרב חסדא**

שאינו ראוי לאכילה [י]ורק לשתיה, אינו בכלל מאכל כלל, ומברכין "שהכל" כברכת המים.

וכ"ז הוא דוקא בקמח שממשו אינו בעין, ומתבטל בריבוי המים, **אבל** העושה תבשיל ממיני גרויפי"ן שנעשה מה' מיני דגן, כגון הנעשים במדינתנו משעורים ושבולת שועל שנחלק כל גרעין לשנים, ונתן בהם מים הרבה עד שאינו ראוי רק לשרפו שקורין זופ"א, **אין** הגרויפ"ן בטילין לגבי המים כיון שהם בעין, ומיני דגן לא בטלי, וצריך לברך על הגרויפי"ן במ"מ, [**ואם** הגרויפי"ן היה משעורים שלמים שהוסרו קליפתן בלבד, תלוי בהדעות אם מברכין עליהם במ"מ או בפה"א, דאם ברכתן בפה"א אז בטלים לגבי המים].

ומ"מ אפשר שגם המים לא בטלי לגבייהו, כיון שעיקרן נעשה רק לשתיה ולא לאכילה, וצריך לברך גם על המים "שהכל", **וע"כ** יברך תחלה על המים ואח"כ על הגרויפי"ן, מ"א, **ובח"א** כתב, שיותר טוב בזה לברך "שהכל" על דבר אחר, ויוציא את הרוטב.

וכ"ז דוקא בה' מיני דגן דלא בטלי, אבל בשאר מינים כגון רעצק"ע גרויפי"ן, שנעשים בריבוי מים שאינם ראוין לאכילה ורק לזופ"א, **מברך** ברכה אחת "שהכל", דהגרויפי"ן נתבטלו לגבי המים.

[יא]**סימן רד ס"א - ועל מי שעורים שמבשלים לחולה** - ג"כ מטעם הנ"ל שלא נעשה כי אם לשתיה.

אות [ח']

שבוחשין את השתות בשבת

סימן שכא סי"ד - אבל תבואה שלא הביאה שליש, שקלו אותה ואח"כ טחנו אותה טחינה גסה, שהרי היא כחול, והיא הנקראת שתיתא, מותר לגבל ממנה בחומץ וכיוצא בו הרבה בבת אחת; והוא שיהיה רך - דלא שייך למיגזר דלא ליתי למיחלף בלישת קמח שאינו קלי, דאינו בכלל קמח, לפיכך התירו בזה ברכה, אפילו הרבה. **אבל קשה אסור, מפני שנראה כלש** - ר"ל הרבה, אבל מעט מעט מותר אפי' בקשה, וכמו לעיל בקמח קלי.

(ואפי' בכך) צריך לשנות, כיצד, נותן את השתיתא ואח"כ נותן את החומץ - ‹בגמ' משמע דברכה סגי בשינוי שנותן קמח תחילה, וא"צ שינוי בגיבול, אבל בתה"ד כ' די"ל שצריך שינוי גם בגיבול - חזו"א. וכן מבואר ברמ"א לקמן סעיף ט"ז›.

וכ"ז אם עושה הרבה, אבל אם עושה מעט מעט, מותר אפי' בעבה ובלי שינוי, לדעה זו, [בין אם הטחינה גסה או דקה, דלא חמירא מקמח קלי דמותר אפי' בעבה אם עושה מעט], **דלהי"א** בסט"ז, אסור בעבה בכל גווני, [גם בקמח קלי].

אות [ט']

ושותין זיתום המצרי

רמב"ם פכ"א מהל' שבת הכ"ב - אוכל אדם אוכלין ומשקין שדרך הבריאים לאכלן ולשתותן, כגון הכסבר והכשות והאזוב, אף על פי שהן מרפאין ואכלן כדי להתרפאות בהם, מותר הואיל והם מאכל בריאים; שתה חלתית מקודם השבת, והרי הוא שותה והולך, מותר לשתותו בשבת אפילו במקומות שלא נהגו הבריאים לשתות החלתית; ושותין זיתום המצרי בכל מקום.

אות ט'

כל האוכלין אוכל אדם לרפואה בשבת, וכל המשקין שותה

סימן שכח סל"ז - כל אוכלים ומשקים שהם מאכל בריאים, מותר לאכלן ולשתותן, אע"פ שהם קשים לקצת בריאים - צ"ל "לקצת דברים", וכלומר אע"פ שהדבר הזה מזיק קצת לשאר אברים שבגוף, **ומוכחא מלתא דלרפואה עביד, אפילו הכי שרי** - כגון הטחול, שיפה לשיניים וקשה לבני מעיים, וכה"ג, וא"כ מוכחא מילתא שעושה כן לרפואה לשיניים, דאל"ה לא היה אוכל כיון שהוא מזיק למעיים, אפ"ה שרי, דמ"מ אוכל הוא.

וכל שאינו מאכל ומשקה בריאים, אסור לאכלו ולשתותו לרפואה - ומפני זה אסור לשתות משקה המשלשלין, כגון לענה וכיוצא בו, **אם** לא שמצטער וחלה כל גופו עי"ז, או שנפל למשכב, אפילו הוא חולי שאין בו סכנה, שרי, וכדלקמיה בהג"ה.

ודוקא מי שיש לו מיחוש בעלמא, והוא מתחזק והולך כבריא - והיכא דיש לו שום מיחוש, אפילו הוא אוכל ושותה לרעבון ולצמאון, אסור - א"ר, **והטעם**, דכיון דהוא חולה וזה הוא רפואתו, יאמרו שלרפואה עושה זה, (**לענ"ד** דין זה תלוי בפלוגתת ראשונים, **וצ"ע למעשה**).

אבל אם אין לו שום מיחוש, מותר - דהיינו שאוכל ושותה לרעבונו ולצמאונו, **אבל** אם הוא עושה לרפואה, דהיינו כדי לחזק מזגו, כתב המ"א דאפילו בבריא גמור אסור.

באר הגולה

י ‹לא קאמר מפני שאינו אוכל אותה להנאה אלא לרפואה, שיברך שהכל, דודאי מפני שאוכל הדבר לרפואה אינו גורע ברכתו, אלא הכי קאמר, אם היתה רכה כמו שדרך לעשותה לרפואה, אע"פ ששותה אותה להנאה, אינו מברך עליה אלא שהכל - בדק הבית› **יא** ‹ע"פ הגר"א וז"ל: ועיין תוס' ברכות ל"ח. ד"ה האי, ושכר כו', וד"ה והא כו', ומ"מ כו'›

הגה: וכן אם נפל למשכב, שרי - פי' לאכול ולשתות דברים שאין מדרך הבריאים לאכול, **ומסתימות** דברי הרמ"א משמע, שא"צ אפילו שיהיה א"י מושיט לו, אלא מותר לו ליקח בעצמו, **ואע"ג** דפסקינן לעיל סעיף י"ז, כדעה ג', דשבות שיש בו מעשה אסור ע"י ישראל, ואינו מותר כי אם ע"י שינוי, **צ"ל** דשאני התם שמיירי במלאכות דרבנן, או בדברים שמחזי כעין מלאכה, **אבל** הכא דאין בזה משום סרך מלאכה, דהא לבריא מותר, [כל זמן שאינו מתכוין בפירוש לרפואה], ורק למי שיש לו מיחוש גזרו משום שחיקת סממנים, בחולה גמור לא גזרו, (דעה זה אינו מוסכם לכמה ראשונים, דאוסרים אא"כ היה בו סכנה, ומ"מ לא נוכל למחות ביד המקילין, אחרי שבשו"ע סתם כוותייהו, ומלתא דרבנן הוא).

אות ט'*[יב]

כיון דאית ליה הנאה מיניה, בעי ברוכי

סימן רד ס"ח - "כל האוכלין והמשקין שאדם אוכל ושותה לרפואה, אם טעמם טוב והחיך נהנה מהם, מברך עליהם תחלה וסוף" - ר"ל אע"פ שאינו תאב להם כלל, ואינו אוכלם אלא מחמת אונס חליו, כיון שעכ"פ החיך נהנה מהם, [**ואף** אם טעמם אינו טוב כ"כ, כיון שעכ"פ אינם רעים והחיך נהנה מהם, משמע ממ"א דאעפ"כ מברך, ומה דנקט המחבר אם טעמם טוב, הוא לאו דוקא, אלא לאפוקי אם הם רעים, וזה רמז המ"א, דבתוס' לא נזכר כלל טעמם טוב], **ולאפוקי** אם הם רעים שאין לו הנאה מזה, אע"פ שמתרפא מהם, אינו מברך כלל.

[יג]סימן רד סי"א - [טו]"הגה: וכל מרקחת שאין בריאים רגילין בו אלא לרפואה, מברכין עליו "שהכל" (ב"י בשם הרא"ש)" - הטעם, דאף דנהנה, אין זה עיקר הנאתו, כיון שאין הבריאים רגילין לאכול אותו בכך, שעומד רק לרפואה, [**ואפי'** בדבר שהוא מה' מיני דגן].

[טז]**ועיין** בבדק הבית שכתב, שרוב הפוסקים חולקים ע"ז, וכן הסכימו האחרונים, דצריך לברך עליו ברכה הראויה לו כיון שעכ"פ נהנה.

באר הגולה

יב ‹ע"פ מהדורת נהרדעא› יג **שם בתוס' מההיא דשמן זית באניגרון ל"ה ע"ב וכן כתבו שאר הפוסקים** יד ‹פשוט› טו ‹כשתיתא (ברכות לח) דהיא מחמשת המינין, ואפילו הכי מברך שהכל - ב"י› טז ‹ובסימן ר"ח אכתוב בשם המפרשים, שאין טעם ברכת שהכל בשתיתא משום דלרפואה עבידא, {לא קאמר מפני שאינו אוכל אותה להנאה אלא לרפואה, שיברך שהכל, דודאי מפני שאוכל הדבר לרפואה אינו גורע ברכתו, אלא הכי קאמר, אם היתה רכה כמו שדרך לעשותה לרפואה, אע"פ ששותה אותה להנאה, אינו מברך עליה אלא שהכל - שם} - בדק הבית›

אשמעינן טעמא ואשמעינן דהלכתא כרבנן אלא דאמר מוציא מאי קמ"ל ואיהו דעבד לאפוקי נפשיה מפלוגתא °והלכתא "המוציא לחם מן הארץ דקי"ל כרבנן דאמרי דאפיק משמע: ועל הירקות אומר וכו': קתני ירקות דומיא דפת מה פת שנשתנה ע"י האור אף ירקות נמי שנשתנו ע"י האור אמר רבנאי משמיה דאביי ^ב^זאת אומרת שלקות מברכין עליהן בורא פרי האדמה (*ממאי מדקתני ירקות דומיא דפת) דרש רב חסדא משום רבינו ומנו רב שלקות מברכין עליהם בורא פרי האדמה ורבותינו היורדין מארץ ישראל ומנו עולא משמיה דר' יוחנן אמר שלקות מברכין עליהן שהכל נהיה בדברו ואני אומר ^ג^כל שתחלתו בורא פרי האדמה שלקו שהכל נהיה בדברו וכל שתחלתו שהכל נהיה בדברו שלקו בורא פרי האדמה בשלמא כל שתחלתו שהכל נהיה בדברו שלקו בפה"א משכחת לה בכרבא וסלקא וקרא אלא כל שתחלתו בפה"א שלקו שהכל היכי משכחת לה א"ר נחמן בר יצחק משכחת לה ^ד^בתומי וכרתי דרש רב נחמן משום רבינו ומנו שמואל שלקות מברכין עליהם בפה"א וחברינו היורדים מארץ ישראל ומנו עולא משמיה דר' יוחנן אמר שלקות מברכין עליהן שהכל נהיה בדברו ואני אומר במחלוקת שנויה דתניא *יוצאין ברקיק השרוי ובמבושל שלא נמוח דברי ר"מ ור' יוסי אומר ^ה^יוצאים ברקיק השרוי אבל לא במבושל אע"פ שלא נמוח ולא היא דכ"ע שלקות מברכין עליהן בפה"א ועד כאן לא קאמר ר' יוסי התם אלא משום דבעינן טעם מצה וליכא אבל הכא אפי' רבי יוסי מודה אמר ר' חייא בר אבא א"ר יוחנן שלקות מברכין עליהם בפה"א ור' בנימין בר יפת א"ר יוחנן שלקות מברכין עליהם שהכל נהיה בדברו א"ר נחמן בר יצחק קבע עולא *לשבשתיה כר' בנימין בר יפת *תהי בה ר' זירא וכי מה ענין ר' בנימין בר יפת אצל ר' חייא בר אבא ר' חייא בר אבא *דייק וגמיר שמעתא מרבי יוחנן רביה ורבי בנימין בר יפת לא דייק ועוד רבי חייא בר אבא *כל תלתין יומין מהדר תלמודיה קמיה דר' יוחנן רביה ור' בנימין בר יפת לא מהדר ועוד בר מן דין ובר מן דין דההוא תורמסא *דשלקי ליה שבע זמנין בקדרה ואכלי ליה בקנוח סעודה אתו ושאלו לר' יוחנן ואמר להו מברכין עליה בורא פרי האדמה ועוד אמר ר' חייא בר אבא אני ראיתי את ר' יוחנן שאכל זית מליח ובריך עליו תחלה וסוף אי אמרת בשלמא שלקות במילתיהו קיימי בתחלה מברך עליו בורא פרי העץ ולבסוף מברך עליו ברכה אחת מעין שלש אלא אי אמרת שלקות לאו במלתייהו קיימי בשלמא בתחלה מברך עליו שהכל נהיה בדברו אלא לבסוף מאי מברך דילמא בורא נפשות רבות וחסרונן על כל מה שברא מתיב רב יצחק בר שמואל * ירקות שאדם יוצא בהן ידי חובתו בפסח יוצא בהן ובקלח שלהן אבל לא כבושין ולא שלוקין ולא מבושלין ואי ס"ד במלתייהו קאי שלוקין אמאי לא שאני התם דבעינן טעם מרור וליכא אמר ליה רבי ירמיה לרבי זירא רבי יוחנן היכי מברך על זית מליח ' כיון דשקילא לגרעיניה

בצר

אשמעינן טעמא · פירושא דקרא כמו שפירשנוהו ולמדנו פירושו : **ואשמעינן הלכה כרבנן**. דהמוציא דאפיק הוא : **מאי קמשמע לן**. **אף ירקות שנשתנו כו'**. ואפילו הכי במילתייהו קיימי ומברכין עלייהו בורא פרי האדמה : **שלקות**. כל ירק שלוק : **דרש רב חסדא**. כך : **משום רבינו**. רב : **שלקות אומר בורא פרי האדמה ורבותינו כו' ומאן ניננו עולא אמר רבי יוחנן שהכל**. הרי הדבר במחלוקת : **ואני אומר** · ליישב דבריהם שאינן חלוקין יש מהן פרי האדמה ויש מהן שהכל : **כל**. ירק הנאכל חי שתחלתו ב"פ האדמה שלקו אפקיה ממלתיה לגריעותא ומברך שהכל ולקמן מוקי לה בתומי וכרתי : **וכל**. ירק שאין דרכו ליאכל חי שמתחלתו אם אכלו חי שהכל הוא מברך : **שלקו**. והביאו לדרך אכילתו הוא עיקר פריו ומברך בורא פרי האדמה : **דרש רב נחמן**. כך : **משום רבינו**. שמואל : **שלקות מברך בורא פרי האדמה וחברינו כו'**. רב נחמן חשוב ולא קרי לעולא רבותינו : **אמר שלקות שהכל ואני אומר** · שהם חלוקין בפלוגתא דרבי מאיר ורבי יוסי ודברי שמואל ודברי ר' יוחנן בכל מיני ירקות הן וחלוקין זה על זה שמואל כר"מ דאמר מבושל קאי במלתיה ור' יוחנן קאי כר' יוסי : **יוצאין ברקיק השרוי** · במים ידי אכילת מצה של מצוה וקרינן ביה לחם עוני : **אבל לא במבושל** · דתו לאו לחם איקרי : **אפילו ר' יוסי מודה**. דלענין ברכה במילתיה קאי : **אמר רב נחמן קבע עולא לשבשתיה כר' בנימין**. (א) עולא שאמר משום ר' יוחנן לעיל שהכל למד וקבע שבושו כרבי בנימין עד שנתקעה בלבו ועכשיו אומר בבית המדרש בשם רבי יוחנן : **תהי בה ר' זירא**. במחלוקת זו שהוזכרה בבית המדרש וכי מה ענין להזכיר דברי ר' בנימין (ב) אצל דברי רבי חייא בר אבא במחלוקת בית המדרש הרי אינו כדאי לחלוק עליו : **בר מן דין ובר מן דין** · לבר משתי ראיות הללו שאמרתי שאין רבי בנימין (ג) כלום אצל רבי חייא יש לנו עוד ראיה שלא אמר רבי יוחנן מימיו שלקות שהכל : **וא"ל בורא פרי האדמה** · אלמא אע"ג דשלקיה קאי במלתיה : **שאכל זית מליח** · שהיה מלוח זה כמה ימים וקי"ל (פסחים עו·) מליח כרותח : **אבל לא כבושין** · בירקות של מרור היא שנויה בפרק כל שעה (דף לט.) לומר שאין יוצאין בהן שלוקין משום מרור אלמא לאו במלתייהו קיימי. שלוק הוי נימוח טפי ממבושל: **דבעינן טעם מרור וליכא**. אבל לענין ברכה שם פרי עליו :

בלר

והלכתא המוציא וכו'. ואע"פ דבמוציא כ"ע לא פליגי דאפיק משמע *ובירושלמי מפרש טעמא כדי שלא לערב האותיות כגון העולם מוציא ואע"ג דבלחם מן נמי איכא עירוב הכל מודים בזו : שאני התם דקרא כתיב (תהלים קד) מצמיח חציר לבהמה ועשב לעבודת האדם להוציא לחם מן הארץ ועל כן יש לבצוע בשתי ידיו בעשר אצבעות נגד י' תיבות שבמקרא זה : **מדקתני** ירקות דומיא דפת. לא האי ירקות דומיא דפת שהרי פת אישתני לעלויא ויש ירקות שאין משתנות לעלויא אלא כלומר מה הפת אין בשול מגרע את הברכה אף הירקות נמי במלתייהו קיימי ולא מגרע להו הבשול : **משכחת** לה בתומי וכרתי. וא"ת והרי נראה לעינים דהבשול משביחן וי"ל דהיינו בשביל הבשר והמלח שבתוכן ונראין הדברים שכל דבר שהוא כל כך טוב מבושל כמו חי וחי כמו מבושל כמו מיני קטניות וכן תפוחים יש להן ברכה הראשונה שכל כך שוין מבושלין כמו חיין ומטעם זה מברכינן נמי על היין מבושל בורא פרי הגפן °שכל כך הוא טוב אחר הבשול כמו קודם לכן וקרא וסלקא וכרוב וכיוצא בהן שטובין יותר מבושלין מחיין כשהן חיין מברכין עליהם שהכל ומבושלין ב"פ האדמה וכן אותן ערמוניות וחבושים שאינן ראוין לאכלן חיין כמו מבושלין בתחלה מברכין עליהן שהכל ומבושלין בורא פרי העץ אך אותן ערמוניות שקורין לומיברד"ש מברך עליהן בורא פרי העץ אפילו בתחלה וכל דבר המתקלקל בבשולו כגון תומי וכרתי וכיוצא בהן כשהן חיין מברך עליהן בורא פרי האדמה ומבושלים שהכל כך נראה לרבינו יהודה ומיהו הרב אלפס פסק בשלקות (ד) דאשתני לגריעותא ע"י בשולן אומר בורא פרי האדמה כרב נחמן דאמר שלקות מברכין עליהן בורא פרי האדמה דר' חייא בר אבא קאי נמי כוותיה ובכל שלקות איירי ר' חייא בר אבא אף באותן דמשתנים לגריעותא מדפליג להו גמרא אהדדי ר' חייא בר אבא ור' בנימין בר יפת ואגוז מטוגן בדבש מברך עליו בורא פרי העץ דאגוז עיקר : **כל** תלתין יומין מהדר תלמודיה · לאו דוקא כל תלמודו אלא כל מה שהיה לומד בשלשים יום היה חוזר הכל לפניו ביום שלשים ואחד : **זית** מליח · ומליח כרותח :

בלר

עין משפט
נר מצוה

נה א מיי' פ"ג מהל' ברכות הל' ב סמג עשין כז טוש"ע או"ח סי' קסז סעיף ב :

נו ב ג ד מיי' פ"ח מהל' ברכות סמג שם טוש"ע או"ח סי' רה סעיף א (ובסימן רב סעיף יב) :

נז ה מיי' פ"ו מהל' חמץ ומצה הלכה ו סמג עשין מ טוש"ע או"ח סי' תסא סעיף ד :

נח ו מיי' פ"ז מהלכות חמץ ומצה הלכה יג סמג עשין מא טוש"ע או"ח סי' תעג סעיף ה :

נט ז מיי' פ"א מהל' ברכות הל' ג ופ"ג הל' יב סמג עשין כז טוש"ע או"ח סימן רי סעיף א :

הגהות הב"ח

(א) רש"י ד"ה אמר רב נחמן וכו' כרבי בנימין בר יפת עולא וכו' כר' בנימין בר יפת עד שנתקע : (ב) ד"ה תהי וכו' רבי בנימין בר יפת אצל : (ג) ד"ה בר מן וכו' רבי בנימין בר יפת כלום : (ד) תוס' ד"ה משכחת וכו' ס"ל אלפס פסק בשלקות אע"ג דאשתנו לגריעותא על ידי בשולן נ"כ אומר בורא :

פי' שכשון לעודו

גליון הש"ס

גמ' והלכתא המוציא. עי' תורת חיים סנהד' פ' ע"א ד"ה רי"א : תוס' ד"ה משכחת לה וכו' שכל כך הוא טוב אחר הבישול כמו קודם לכן. עי' משנה' ספ"ב דתרומות וברש"ש שם :

מסורת
הש"ס

[ברי"ף ורא"ש ליתא לכל זה]

פסחים מא.

[עי' פירש"י בעירובין סו. ד"ה תהי]

[לעיל לג: וש"נ]

[חולין פו: כריתות כו. ע"ש]

[ביצה כה:]

פסחים לט.

§ מסכת ברכות דף לח: §

אות א'

המוציא לחם מן הארץ

סימן קסז ס"ב - [א]יברך: המוציא לחם מן הארץ - בה"א קודם המ"ם, ואם בירך "מוציא", יצא.

אות ב' - ג' - ד'

זאת אומרת: שלקות מברכין עליהן בורא פרי האדמה

כל שתחלתו בורא פרי האדמה, שלקו שהכל נהיה בדברו; וכל שתחלתו שהכל נהיה בדברו, שלקו בורא פרי האדמה

בתומי וכרתי

סימן רה ס"א - [ב]על הירקות מברך "בורא פרי האדמה", ואפילו [ג]בִּשְׁלָם - ומיירי שטובים לאכול בין חיים בין מבושלים, וכדמסיים אח"כ גבי פירות וקטניות.

וכן כל פירות וקטניות שטובים חיים ומבושלים, מברך עליהם לאחר בישולם כברכתם הראויה להם קודם שבישל - (כתב הח"א, והא דמברכין ברכה הראויה קודם בישולו, דוקא אם דרך בני אותו מקום לאכלן כך חיין, אבל אם אין דרך בני אותו מקום לאכול כך חיין, אע"פ שהן טובים לאכול אף שלא ע"י הדחק, יברך "שהכל", דאינו חשוב לקרותו פרי).

וקטניות - ודוקא שאוכלן בעודם לחים, אבל קטניות ופולין יבשים אין דרכן של בני אדם לאכלן חיין, אלא מבושלים, לפיכך האוכלם חיין מברך "שהכל".

(**כתב** בעמק ברכה, קטניות ופולין שאכלן כשהם לחים, דהיינו מה שקורין ארבע"ס שוטי"ן, בין חי בין מעושן {ר"ל שרופין קצת בעשן} וקורין אותו גיברענטי ארבע"ס, **או** אותן קטניות שמבשלין במים, בין שאוכלין אותן תוך המרק שקורין אותן ארבע"ס זופ"א, ואפילו הם נימוחים קצת, **או** שאוכלן לאחר בישולן בלא מרק, ודרך לשפוך מהם כל המים הרותחין, ואח"כ מנהג ליתן לתוכן מלח ופלפלין, ואוכל אותן כמות שהן שלימות לקינוח, **או** אותן שאינם מבושלים במים כלל, רק כשהן יבשין שורין אותן במים קרים עד שנשרו הזגין שלהם, ואח"כ לוקחין אותן מהמים, ובעוד שהלחלוחית של מים עליהם נותנין אותן על המחתות שעל הגחלים, והמחתה נקובה נקבים דקים ומטגנין אותן בהם כמות שהן בלי שום משקה, **על כולן מברך בפה"א, דנשתנו לעילויא, עכ"ל**).

אבל קרא וסילקא וכרוב וכיוצא בהם, שטובים מבושלים יותר מחיים, כשהם חיים מברך "שהכל" - מלשון זה משמע, דאף כשהם טובים חיין ג"כ, כיון שהם יותר טובים כשהם מבושלים, מברך "שהכל", (**ומוכח ממ"א, דוקא כשהם טובים יותר בעצמותם כשהם מבושלים, דהיינו אפילו כשמבשלן בלא בשר, לאפוקי אם הם טובים יותר רק כשמבשלם עם בשר, זה לא נחשב שהם טובים יותר, וע"כ מברך בפה"א כשהם חיין**), **ומ"מ** אם דרך רוב בני אדם לאכלם ג"כ כשהם חיין, מברך בפה"א, [באותו מקום].

ולאחר בישולם "בורא פרי האדמה" - וה"ה אם הם כבושים או מלוחים, ודרך בני אדם לאכלם ע"ז כשהם חיין, מברך בפה"א, **ולפי"ז** מה שקורין קרוי"ט, כשכבשן ונעשו חמוצים, מברך עליהן בפה"א אף כשהם חיין, **אבל** אם לא כבשן ואכלן חיין, "שהכל", [**ולענ"ד** צ"ע בזה, דהא לפי הנראה אין ראוים לאכול חיין אפי' ע"י הדחק, ואין מברך עליה כלום], **מבושלין** בפה"א.

(**ולכאורה אם אוכל הקלח של קרוי"ט, מברך בפה"א אפילו באינם מחומצים**, שהרי טוב למאכל ואוכלין כן בחיותן, **ומ"מ** אפשר שאעפ"כ אינו מברך אלא "שהכל", **דלא חשיב כעיקר קרוי"ט**, וע"פ רוב **חותכים את הקלחים וזורקים, או מתקנים אותן לבהמה**).

שלאטי"ן מעורב עם שמן וחומץ, בפה"א אף בחיין, **וכ"ז** כשלא אכלם תוך הסעודה, **ואם** אוכל השלאטין עם בשר, נעשה טפל להבשר.

ותומי (פי' שומים), וכרתי (פי' פורט בלע"ז), כשהם חיים "בורא פרי האדמה".

כתבו האחרונים דדוקא בשומים רכים, דאז דרך בני אדם לאוכלן חיים, **אבל** שומים שהזקינו שהם חריפים מאד, ואינו ראוי לאוכלן חי בלא פת, אם אכלו מברך "שהכל", **וכן** בבצלים דינא הכי, דאם אוכלן רכים בפה"א, הזקינו "שהכל".

ועיין בשע"ת שמצדד לומר, דאפילו רכים אינו מברך בפה"א, רק במדינות שדרך לאוכלן רכים בלא פת, **אבל** במדינותינו שלעולם אין דרך בני אדם לאכול שומים ובצלים חיים אף כשהם רכים בלא פת, אין מברך עליהם אלא "שהכל", וכן מצדד בנשמת אדם לברך "שהכל", [**ובאמת** אין סברא זו ברורה, דמחק יעקב לענין מרור משמע, דאף דאינו ראוי לאכול כי אם ע"י טיבול בחומץ, מקרי ראוי לאכול חי, וא"כ ה"נ בכה"ג, וכן משמע ג"כ בהגר"ז, **ומ"מ** טוב יותר לברך "שהכל", דהא מהמ"א משמע דלא ס"ל כוותיה, ובברכת "שהכל" בודאי יוצא בדיעבד]. (ע"ל סי' רג ס"ח).

לאחר שבישלם, "שהכל". הגה: דמחשבי נשתנו לגריעותא - ומשמע מהאחרונים דה"ה בבצלים מבושלים, וכן בירק שקורין זערזי"ד, או מה שקורין טראה"ן, [וה"ה כל כה"ג מינים שאנו יודעים שטובין יותר חיין ממבושלין].

וע"ש עוד בשע"ת שכתב, דבמבושלים, בין שומים ובצלים רכים, ובין כשהזקינו, (אע"פ שהבישול מחליש את חריפותם, מ"מ טעמם נגרע ע"ז) - מ"ב המבואר, לעולם אינו מברך אלא "שהכל", ואפילו בישלן עם בשר.

באר הגולה

[א] ברכות ל"ח | [ב] ברכות ל"ה ע"א וכת"ק | [ג] שם ל"ח ע"ב

ונראה דדוקא כשבישל הבצלים בתבשיל עם מים כנהוג, אבל מה שדרך לעשות מאכל מבצלים לבד, שמבשלין אותן בישול רב עד שמצטמקין, וטובין ויפין לאכילה, יוכל לברך עליהן בפה"א, דהרי הם משתנים לעלויא ע"י בישול הרב.

ואפילו בשלם עם בשר ונשתבחו, אין השבח מגד עצמן אלא מחמת הבשר שבהם [ד](כר"י פ' כילד מברכין) - עיין באחרונים שכתבו, דאם היה מבשל ירקות עם בשר, או שטגנן בשומן, שכוונתו ודאי לאכול גם הירקות עצמן, בודאי צריך לברך עליהן בפה"א, אפילו אם טבע אותן הירקות להשתנות לגריעותא כשמבשלן בלא בשר, **ושאני** הכא דלא ניתנו שומים בתוך הקדרה בשביל עצמן, רק כדי ליתן טעם בהבשר, אלא דממילא מקבלין הם ג"כ הטעם מהבשר ונשבחו, ע"כ מברך עליהן רק כברכת הבשר, [אף אם אוכל השומין לבד]. **ולפי"ז** אם טיגן בצלים בשמן או בחמאה כדי להשביחן, מברך עליהן בפה"א, דהרי הבצלים נשתנו לעילויא ע"י הטיגון, והם העיקר אצלו, וה"ה כל כה"ג, [ואין חילוק בזה בין בצל זקן לרך].

[**וה"ה** אם טיגן בצלים בשומן אווז מעט כה"ג, **אבל** מה שחותכין בצלים לחתיכות דקות, ונותנין אותן לתוך שומן אווז כשמטגנין אותן, נראה לכאורה דמברך עליה "שהכל", דאותן הבצלים אינם באין כי אם להשביח השומן, אלא דממילא קולטין הם השמנונית מהשומן, ודומין למה שמבואר ברמ"א].

סימן רב סי"ב - [ה]**כל הפירות שטובים חיים ומבושלים** - ואפילו הם טובים יותר כשהם מבושלים, כיון שכשהם חיים טובים ג"כ, [ו]והרבה בני אדם אוכלים אותם כן, **כגון תפוחים ואגסים** - שקורין בערנע"ס, שאותן פירות טובים ג"כ לאכול כשהם חיין, **בין חיים בין מבושלים מברך בפה"ע.**

ואם אין דרך לאוכלם חיים אלא מבושלים - ר"ל שרוב בני אדם אוכלים אותו כשהם מבושלים, **אכלם כשהם חיים, מברך "שהכל"** - הטעם, כיון שדרך אכילת אותן פירות לרוב בני אדם הוא ע"י בישול דוקא, לא מקרי עיקר פרי כל זמן שלא בא לכלל זה, [מרש"י ברכות ל"ח: ד"ה שלקן]. **ועיין** בא"ר ובח"א שדעתם, דאפילו טובים ג"כ לאכול חיין, כיון שדרך רוב בני אדם לאכול אותן ע"י בישול דוקא, מברך "שהכל".

ויש מיני תפוחים שהם חמוצים, ואין ראוין לאכול לרוב בני אדם כשהם חיין רק ע"י בישול, מברך "שהכל" כשהם חיין, **ועיין** לקמן בסי' ר"ג במ"ב לענין תפוחי יער.

(ומיירי שהוא ראוי לאכול עכ"פ ע"י הדחק, דאל"ה אפילו "שהכל" אין לברך עליו, וכדלעיל בסוף ס"ב).

(**ולא** דמי לדלעיל בס"ב, דמוכח שם מהשו"ע, דאם ראוין לאכול אפילו רק ע"י הדחק, דמברך ברכה הראויה לאותו המין, נ"ל משום דהתם הלא מיירי בפרי שבגדלותה יהיה ראוי לאכול חי לכל אדם, לכך אמרינן דאף עתה בקטנותה, משצמחה עד שהיא ראויה לאכול אפילו רק ע"י הדחק, שם פרי עלה, **משא"כ** בזה שאף בגדלותה אינה ראויה לאכול לרוב בני אדם כשהיא חי, אין עלה שם עיקר פרי כלל).

(**וצ"ע** מלקמן סי' ר"ח ס"ד, אכל דגן חי וכו', **ואולי** יש לתרץ, דמיני דגן כיון שהוא מוכן למזון חשיב יותר).

כשהם מבושלים, בפה"ע - וה"ה אם היה להיפך, שדרך אכילת בני אדם אותן הפירות הוא רק כשהם חיין, כגון אגוזים וכה"ג, **אינו** מברך ברכת פה"ע כי אם כשהם חיים, וכשהם מבושלים "שהכל", וברכה אחרונה בנ"ר, אפילו אי אתרמי בשבעת המינים בכה"ג, [גמרא ל"ח: בעובדא דזית, ורמב"ם שם].

אות ד*[ז]

תוס' ד"ה משכחת: ואגוז מטוגן בדבש, מברך עליו בורא פרי העץ, דאגוז עיקר

סימן רב סי"ג - [ח]**אגוז גמור המטוגן בדבש, ונקרא נואינד"ו (ר"ל נויאי"ט)** - פי' שכבר נגמר גידולו, ופוצעים אותו וזורקים ממנו הקליפה שהיא כעץ, ולוקחין הגרעין ומטגנין בדבש, ונקרא בל"א נויא"ט, **מברך עליו בפה"ע** - ואע"ג דאגוזים דרכן לאכול חיים, ואם היה מבשלם במים משתנים לגריעותא, **אפ"ה** כשמתקנין אותו ע"י טיגון בדבש, הרי הם משתנים למעליותא ע"י הדבש, והו"ל כדבר שטובים חיין ומבושלין.

וגם קמ"ל דלא אמרינן בזה דהדבש עיקר, וליברך עליה ברכת "שהכל" כברכת הדבש, **דבזה** דאין הדבש בא בשביל עצמו, כי אם בשביל ליתן טעם בהאגוז, הו"ל האגוז עיקר והדבש טפל, ומברכין בפה"ע, **וה"ה** כל מיני פירות כה"ג, פה"ע או פה"א שדרכן להאכל רק חיים, ואם היה מבשלו במים היה משתנה ברכתו ל"שהכל", אם טיגנן בשמן או בדבש, מברך ברכתו הראויה להן.

כתבו האחרונים, דאפילו אין האגוז שלם אלא כתות ושבור, כמו שדרך לעשות כשמטגנין אותן, אפ"ה לא נשתנית ברכתו, **ומיהו** עכ"פ בעינן שלא יהיה כתות ושחוק ביותר, שיהא ניכר עכ"פ קצת, דבמעוך שאין ניכר צורתו לגמרי, אין מברכין עליו אלא "שהכל".

באר הגולה

[ד] ‹וכתב ה"ר יונה דלדעת התוס' (ד"ה משכחת), אפי' בישל אותם עם בשר או עם דברים אחרים שמשבחים אותם, אינו מברך עליהם אלא שהכל, כיון שאין השבח בא להם אלא מחמת דבר אחר – ב"י› [ה] **ברכות ל"ח: ושם בתוס'** (ד"ה משכחת) **ורוב הפוסקים** [ו] ‹הנה כאן כתב המ"ב "והרבה בני אדם אוכלים אותם כן", ולשון זה משמע קצת, דאף אם אינם רוב אנשי המקום, רק שהם רבים, אפ"ה מברך בפה"ע, אבל בסימן ר"ה במ"ב ס"ק ג' {עיין לעיל בסמוך}, כתב דבעינן שיהיה "דרך רוב בני אדם לאוכלם ג"כ כשהן חיין" – דברי סופרים› [ז] ‹ע"פ הבאר הגולה והב"י› [ח] **שם בתוס' ור' יונה והרא"ש לפי' הב"י**

סימן רב סי"ד - [ט]אגוז רך שמבשלים בדבש - שלא נגמר גידולו, וקליפתו עדיין אינו קשה, ולוקחין אותו למרקחת ביחד עם הקליפה העליונה, ומטגנים אותם כן בדבש, **וקוראין לו נוס מושקאד"ה** - אין זה אגוז מושקא"ט שבסי"ז, דשם פרי גמור הוא.

מברך עליו "שהכל" - ואע"ג דע"י הדבש נתקן הפרי וטוב לאוכלו, **מ"מ** כיון שהוא רך עדיין ונאכל ביחד עם קליפתו, אינו מברך עליו אלא "שהכל", דלא נטעי להו אדעתא למיכל כשהם רכים בקליפתן, אלא לאכול הפרי עצמה כשיתבשלו, **וכמו** דקי"ל לקמן בסימן ר"ד ס"א, לענין שקדים הרכין דברכתן נמי "שהכל" מטעם זה, **וכ"ש** הכא שבלא טיגון אינו ראוי כלל בעודו רך לאכילה, שמר הוא, וכל תיקונו הוא ע"י דבש - [ב"י].

והנה כ"ז הוא דוקא משום שלא נגמר הפרי, ולא נטעי אדעתא דהכי וכמ"ש, **מה** שאין כן בפרי גמורה כשאינו ראוי לאכול חי כי אם ע"י טיגון, בודאי מברך עליו ברכתו הראויה לו.

הגה: וכן אותם אגוזים שמבשלים בדבש בעודם ירוקים, מברכים שהכל (רבינו ירוחם וב"י) - צ"ל "והן אותם" וכו', דהא זהו ג"כ כוונת המחבר.

אות ה'

יוצאים ברקיק השרוי, אבל לא במבושל

סימן תסא ס"ד - יוצא אדם במצה שרויה - במים, והיינו דיעבד, ולזקן ולחולה שקשה לו לאכול מצה יבשה, מותר אפילו לכתחלה לשרות המצה במים, **אך** צריך ליזהר שלא יהיה שרוי מעל"ע, דכבוש כמבושל, [**ובפמ"ג** מפקפק בזה, דכבוש מפליט ומבליע, לא מבשל].

ומה דמקילינן בשרויה במים, דוקא כששורה כזית שלם ביחד, **אבל** אם ישרה פרוסות פחותות מכזית, אינו יוצא בהן י"ח, אם נישרו כ"כ עד שנתלבנו המים מחמתן, שכבר נתבטלו מתורת לחם עי"ז, **ואם** שורה אותן זמן מועט, ולא נתלבן המים עי"ז, אפילו הם פחותות מכזית לא אבד מהן שם לחם.

והוא שלא נימוחה – (הנה מפי' רש"י ‹בפסחים דף מ"א. ד"ה יוצאין› משמע, **דאפילו** נתמסמסה, כל זמן שלא נימוחה לגמרי יוצא בה, ועיין בב"ח דמשמע שמצדד כן להלכה, וכן משמע בביאור הגר"א, **אכן** מדברי הב"י משמע, **דאפי'** לא נמחה לגמרי ג"כ **אינו יוצא ידי מצה, וצ"ע**).

ואם מותר לשרותה בשאר משקין ומי פירות, או במרק, יש דעות בין הפוסקים, **י"א** דאסור, לפי שהן מפיגין את טעם המצה, שנותנין בה טעם שלהן, [**ואינו** דומה לעיסה שנילושה בדבש, דהיה יוצא בהם, ורק משום דלא הוי לחם עוני, דהתם נילושה קודם שנעשה פת, ונאפה הכל ביחד, ונקרא פת מתובלת, **משא"כ** הכא, שאחר שנגמר הפת באפייתה עירב בה טעם אחר], **וי"א** דוקא ע"י בישול מפיג טעם מצה, ולא ע"י שריה.

וע"כ זקן או חולה שא"א לו לאכול מצה השרויה במים, מותר לו לשרותה ביין או בשאר משקין, **אבל** שאר כל אדם שאכל מצה השרויה בשאר משקין חוץ ממים, לא יצא י"ח, וצריך לחזור ולאכול מצה אחרת, בין הכזית של ברכת "מצה", בין הכזית של אפיקומן.

וכ"ז דוקא כששורה את המצה בהן, אבל להטביל אותה בהן, כתב רבינו מנוח בפשיטות דשרי, דבזה לא נתבטל טעם מצה.

(**ויש עוד עצה למי שקשה לו לאכול מצה יבשה, שיאכל מצה מפוררת אף שהוא כקמח, ומברכין ע"ז "המוציא" ו"אכילת מצה", ובלבד שיאכל כזית**).

אבל אם בשלה, אינו יוצא בה - אפילו אם יש בכל פתיתה כזית, וגם יש עדיין תואר לחם עליה, לפי שאחר הבישול נתבטל ממנה טעם מצה.

וכתבו האחרונים, דלאו דוקא בישלה, דה"ה בשרוי לתוך רותחין, **ואפי'** בכלי שני יש להחמיר דלא לשרותה אם לא לצורך, **וכ"ז** בשהיד סולדת בו, **ודוקא** במים, אבל במרק יש להחמיר בכל גווני, [**ואפי'** בצונן גמור מסתפק הא"ר במרק, דאולי אף בזה מתבטל טעם מצה], ‹וכנ"ל›.

אות ו'

ירקות שאדם יוצא בהן ידי חובתו בפסח, יוצא בהן ובקלח שלהן, אבל לא כבושין ולא שלוקין ולא מבושלין

סימן תעג ס"ה - ויוצאים בעלין שלהם ובקלחן, אבל לא בשורש - פי' שרשים קטנים המתפצלים לכאן ולכאן בתחתיתו או בצדדיו, **אבל** שורש הגדול שבו עומד הירק, הוא הקלח, **אלא שבעלין אין יוצאין אלא אם כן הם לחים, ובקלחים יוצאים בין לחים בין יבשים** - דעלין יבשים אין בהם טעם מרור, והרי הם כעפרא בעלמא, **משא"כ** בקלח, דמתוך שהוא עב, אפילו הוא יבש אינו מפסיד טעמו. **ועלין** כמושין, י"א שיוצאין בהן, ויש שמחמירין אפילו בכמושין.

ודע, דיוצאין בעלין אף לכתחלה, והנה ראיתי כמה אנשים חלושים שדוחקין עצמן לקיים מצות מרור בקלחין, ולא אדע למה לא יקחו העלין למצוה, **ואולי** מפני שמצוי בהן יבשין וכמושין, **אכן** אם הם לחים אין להחמיר בזה כלל וכלל, [**עיין** במ"א וט"ז, שלדעתם נכון יותר לצאת בעלין, ע"ש טעמייהו]. ‹**מדקאמר** ויוצאין בקלח שלהם, אלמא דעלין עדיפא - מ"א. **כי** יוכל לאכול בטוב כזית ממנו, כי אינו מצער כ"כ כמו הקלח שיש לו כח יותר - ט"ז›.

באר הגולה

ט **שם** ‹וז"ל הב"י: אגוז המטוגן בדבש בורא פרי העץ, כ"כ התוספות (לח: ד"ה משכחת) וה"ר יונה והרא"ש. **ונראה** דהיינו דוקא באגוז גמור שמטגנין אותו בדבש ונקרא נואיגאד"ו, אבל אגוז רך שמטגנים אותו בדבש ונקרא נואי"ז מושקאד"ה, פשיטא שאין מברכין עליו אלא שהכל, שהרי קודם שיטגנו אותו בדבש אינו ראוי לאכילה כלל, דמר הוא ואזוקי מזיק, ואם כן הוי ליה דבש עיקר, **ומיהו** יש לדחות דאדרבה כיון שתיקון אכילתו ע"י בישולו עם הדבש, הו"ל דבש טפל לאגוז, שהרי אינו בא שם אלא להכשיר האגוז לאכילה, **אבל** מ"מ כיון דלא נטעי להו אינשי אדעתא דהכי, אפילו אם היו ראויים לאכילה בלא דבש לא היו מברכים עליהם אלא שהכל, כדין שקדים הרכים שאין מברכין עליהם אלא שהכל מטעם זה, וכ"כ רבינו ירוחם›

אבל לא כבושים - היינו אם שרה אותן במים מעל"ע, **וי"א** דדוקא אם כבשן בחומץ, **וע"כ** לכתחלה יש ליזהר שלא לשרות החריי"ן במים מעל"ע, **ובדיעבד** יש לסמוך להקל כשאין לו אחרים, משום דבחריי"ן הרי חזינן שעדיין יש בו טעם מרור, **ונ"ל** דבעלין אין להקל, דאפשר דבהו יוצא טעם מרור ע"י כבישה מעל"ע במים.

ולא שלוקים - מבושל הרבה, [רש"י], **ולא מבושלים** - כדרך בישול, וכולהו מפני שאין בהם טעם מרור עי"ז.

אות ז'

כיון דשקילא לגרעיניה בצר ליה שיעורא

סימן רי ס"א - י'האוכל פחות מכזית בין מפת בין משאר אוכלים, והשותה פחות מרביעית בין מיין בין משאר משקים, מברך תחלה ברכה הראויה לאותו המין - ואפי' על כל שהוא, בין מדבר אוכל בין ממשקה, דאסור ליהנות מן העוה"ז בלא ברכה.

ולאחריו אינו מברך כלל - דבפת הלא כתיב: ואכלת ושבעת וגו', ואין אכילה בכל התורה פחותה מכזית, **ובשאר** דברים כשתקנו חז"ל ברכה אחרונה כעין זה תקנו, **ובמשקין** נמי, מדאשכחן בעלמא לענין שתיית משקין אסורין דחיובו ברביעית, ה"נ כשתקנו ברכה אחרונה במשקה, בשיעור זה תקנו.

כל האוכלין מצטרפין לכזית, לברך עליהן ברכה אחרונה הראויה להן, אם מזיי"ן המינין ברכה מעין ג', אם שלא מזיי"ן מינים לענין בנ"ר.

אכל חצי זית משבעת המינין, וחצי זית אחר, מברך אחריהן "בורא נ"ר", יא[**ספק** שמא קי"ל כר"י ‹בר"ש›, דאפי' בפחות מכזית בז' מינים לבד נמי מברך בנ"ר, **ואפי'** להחולקים עליו, מ"מ כאן שאכל כזית בין הכל, שפיר מברך בנ"ר - כנסת הגדולה], **וה"ה** כשאכל חצי זית פת, וחצי זית מדבר שמברכין בנ"ר, מברך בנ"ר.

וכל המשקין מצטרפין לרביעית, [**היינו** חוץ מיין, אבל חצי רביעית יין וחצי רביעית שכר יש לעיין אם מצטרפי לבנ"ר, דהא יש ספק שמא צריך ביין לברך על כזית ברכה הראויה לה].

האוכל והשותה, דהיינו שאכל פחות מכזית ושתה פחות מרביעית, אין מצטרף אפי' לענין בנ"ר, [**ועיין** בא"א ובח"מ שמפקפקין בזה, דדלמא דוקא לענין יוה"כ, משום דקים להו לרבנן דלא מיתבא דעתיה, משא"כ בעלמא].

ציר שע"ג ירק מצטרף לכזית, דכל אכשורי אוכלא ‹משקה הבא למתק אוכל› אוכלא הוא, וה"ה בפת השרוי במשקה או ביין או ברוטב, **אבל** אם אכל הפת עם הרוטב בלא טבול, אין מצטרף, **אך** אם היה הרוטב של המאכל מדברים שמברכין עליהן כמו על המאכל, אפשר דמצטרף הרוטב להמאכל, וצ"ע. ‹**והאג"מ** תמה על ספק זה›.

אכל הכזית מעט מעט, ונשתהה הרבה באכילתו, אם יש מתחלת האכילה עד סוף האכילה יותר מכדי אכילת פרס, אינו מצטרף, **ושיעור** פרס ע"ל סי' תרי"ב שיש דעות, אי ג' ביצים או ד' ביצים, **והכא** מסתברא דאין מצטרף אפי' רק בכדי ג' ביצים, דשיעור כזית אפילו בפת לענין בהמ"ז הוא רק דרבנן, וכן משמע מח"א.

וכתב הפמ"ג, דכ"ז הוא רק לענין שיעור כזית, אבל לענין פת כדי שביעה דחיובו הוא מן התורה, חייב אף שאכל מעט מעט, דהא עכ"פ "ושבעת" קרינן ביה, [**וזה** לא ברירא כולי האי, דאפשר דאף שיש כדי שביעה, "ואכלת" גם כן בעינן, וזה לא מקרי אכילה **אך** אם אכל כזית אחד בבת אחת, בודאי חייב מן התורה ממ"נ].

היה פת סופגנין שנתפח עד שאין האוירים שבו נרגשים, האוכל כזית ממנו כמות שהוא, אינו מברך, דלפי האמת לא אכל כזית, ‹ועיין בסי' תפ"ו וצ"ע - שונה הלכות›. **וכן** אם היה כזית ונצטמק ונתמעט בשיעורו, אין מברכין אחריו, אלא א"כ דחזר ונתפח.

ולענין שתיית רביעית אם שתה והפסיק מעט, [**היינו** ששהה מעט יותר משאר בני אדם ששוהין באמצע השתיה, דסתם שתיית רביעית משערין כדרך שתיית בני אדם, שאינו שותהו בבת אחת כי אם בשתי פעמים, שהוא מדת דרך ארץ], **וחזר** ושתה עד שהשלים לרביעית, יש אומרים דאינו מצטרף, **וי"א** דמצטרף אם לא ששהה מתחלת השתיה עד סוף השתיה יותר מכדי אכילת פרס, **והגר"א** הסכים בביאורו, דהלכה כדעה זו השניה.

והנה לענין שתיית טה"ע וקאפ"ע, שהדרך לשתותו כשהוא חם, וקשה לשתותו בלא הפסק כדרך שאר משקין, כי אם מעט מעט, יש מחלוקת רבה בין הפוסקים אם צריך לברך ברכה אחרונה לדעה ראשונה הנ"ל, **ובמחה"ש** ובח"א מצדדים שלא לברך, וכ"כ בדה"ח, וכן הוא מנהג העולם, **ואנשי** מעשה נוהגין, שלבסוף שתייתן מניחין כדי שיעור רביעית שיצטנן מעט, כדי שיוכל לשתות רביעית בלא הפסק, ולברך ברכה אחרונה, **וטוב** לעשות כן כדי לצאת אליבא דכו"ע, ובפרט לדעת הגר"א הנ"ל דפסק כדעה שניה, דהשיעור הוא כדי אכילת פרס לענין צירוף גם בשתיה, בודאי נכון לעשות כן.

אם אכל פחות מכשיעור והלך לחוץ וחזר מיד, דבודאי צריך לברך שנית בתחלה אפילו בפת, **יש** לעיין אם חזר ואכל פחות מכשיעור בכדי אכילת פרס אם מצטרף, **דאולי** כיון שהלך לחוץ הוי כמו היסח הדעת, **ועיין** במ"א דמצדד דמצטרף.

יב'ויש מסתפקים לומר שעל דבר שהוא כברייתו, כגון גרגיר של ענב או של רימון - וה"ה יגד"ע אחת או קטנית אחת, [וה"ה דג קטן הוי בריה], **שמברכין לאחריו אע"פ שאין בו כזית** -

---

באר הגולה

י תוס' בברכות ריש ל"ט. והרמב"ם והרא"ש והרשב"א שם **יא** ‹ובכנסת הגדולה כתב עוד ספק בדבר, דאפילו אם אין הלכה כהר"י, דעל ז' המינים אם אכל פחות מכזית מברך בורא נפשות, שמא הלכה כסברא אחרת שכתב הר"י, [ברכות דף ל"ט. בתוס' ד"ה בצר], דבורא נפשות כיון דלאו ברכה חשובה היא מברכין אותה על פחות מכזית, והרא"ש מסופק בדבר ולא דחה דבריו לגמרי, והשעה"צ לא הזכיר סברא זו, משום דס"ל שאין לעשות מזה ספק - דברי סופרים›

יב תוס' שם והרא"ש והרשב"א ור' יונה להשוות הירושלמי עם תלמוד שלנו

מפני חשיבותיה, **לכך נכון ליזהר שלא לאכול בריה פחות מכזית** - ואם נתרסקה קודם אכילה, לא מקרי בריה, [וה"ה אם חלקו מקודם לשתים ואכלו].

הגה: ולא מקרי בריה אלא אם אכלו כמות שהוא - דהיינו עם הגרעין, **ואפילו** אם הגרעין אינו ראוי לאכול כלל, כיון שעכ"פ בלע כולו. **אבל אם לקח הגרעין ממנו, לא מקרי בריה (הרי"ף פ' כילד מברכין [יג]וב"י בשם רשב"א)** - ולא מבעיא אם הגרעינין ראוי ג"כ לאכלן, בודאי ע"י חסרונן נתבטל שם בריה מהפרי, **ואפילו** אם היו מהמינין שאין ראוי לאכול אותן כלל, ג"כ נתבטל הפרי מתורת בריה ע"ז, **ואם** נמצא בתוך הגרעין גופא דבר שראוי לאכול, ואכל מה שבתוך הגרעין וזרק קליפתו הקשה, כעין פלומי"ן שלנו, דעת המ"א וא"ר, דזה ג"כ הוי בכלל בריה, אחרי שעכ"פ אכל מה שראוי לאכול ממנו.

וכ"ש אם נחתך מעט מהפרי גופא, **ואם** נפל ממנו קצת ע"י בישול, כמו שרגילות הוא להתפרפר, ג"כ נראה שע"ז נתבטל ממנו שם בריה.

[יד]**ויש מסתפקים עוד בברכה אחרונה של יין** - וה"ה שאר משקין, **אם מברכין אותה על כזית** - דהוא שליש רביעית, דאפשר דלענין משקה ג"כ משערינן כמו באכילה בכזית.

[טו]**לכן טוב ליזהר שלא לשתות (אלא) פחות מכזית, או רביעית** - ובדיעבד אם שתה כזית ואין לו רביעית, טוב ליזהר שלא ישתה עד רוב רביעית, **וכ"ש** שלא ישתה כשיעור ביצה שהוא שני חלקי רביעית, די"א דעל שעורים אלו יש לברך ברכה אחרונה.

אות ז* [טז]

תוס' ד"ה בצר: היכא דבריך אתורמוסא למיכליה ונפל וכו'

סימן רו ס"ו - [יז]"נטל בידו פרי לאוכלו ובירך עליו, ונפל מידו ונאבד או נמאס, צריך לחזור ולברך, אע"פ שהיה מאותו מין לפניו יותר כשברך על הראשון - ר"ל אפ"ה לא אמרינן דיהיה חל ברכתו על הכל, (**דדעתו** [יח]כשיטת התוס' והרא"ש וגם רבינו יונה, דאפילו בדעתו בהדיא על הכל לאכלו, ג"כ צריך לחזור ולברך, **דעיקר** ברכתו היה ע"ז שאוחז בידו, והשאר נגרר אחר זה ממילא, וע"כ כיון שנפל ונאבד צריך לחזור ולברך).

וה"ה במצאו שנרקב ואינו ראוי לאכילה כלל ונוטל אחר, **דאם** עדיין קצת ראוי לאכילה, צריך לאכול ממנו כדי שלא יהא ברכתו לבטלה.

הגה: רק שלא היה דעתו עליו לאוכלו (הגהות מיימוני וכל בו ואגודה ותשובת מהרי"ל) - ר"ל שלא היה דעתו בפירוש בשעת ברכה על כולם, רק בסתמא, **דאם** היה בדעתו בשעת ברכה לאכול גם השאר, א"צ לחזור ולברך, **ואפי'** כשלא היה מונח לפניו אז על השלחן.

(**ואף שמלשון הרמ"א משמע לכאורה דהוא מפרש את דברי המחבר**, אבל באמת אינו כן, דדעת המחבר כנ"ל, **ורמ"א** הסכים לדינא לנהוג כיתר הפוסקים שחולקין, וס"ל דבדעתו לאכול כולם א"צ לחזור ולברך, **ומסתברא דבזה אף שלא היו לפניו בעת הברכה, וזהו שסיים הרמ"א: רק שלא היה דעתו עליו, והיינו דלמעשה אין לנהוג לחזור ולברך, אלא היכא דבשעת ברכה לא היה דעתו בהדיא על כולם אלא בסתם, אף דבעלמא מותר לאכול הכל בברכה זו אף שבירך בסתמא, הוא רק בשלא נפל הראשון, דאז נמשך הכל אליו בברכתו, אבל כשנפל הראשון ונמצא קאי הברכה רק על אלו, לא מהני אלא היכא שהיה דעתו בהדיא עליהם, דאז שוין הם בברכה זו, אבל לא בסתמא, אף שהיו לפניו כשבירך על הראשון, אבל היכא דהיה דעתו בהדיא לאכול גם השאר, אף כשנפל הראשון א"צ לחזור ולברך**).

ועיין בבה"ל דיש כמה ראשונים שסוברין, דאפי' בסתמא ג"כ א"צ לחזור ולברך, דכיון שהיה מונח לפניו על השלחן, הוי כדעתו בהדיא על הכל, **וספק** ברכות להקל.

בירך על פירות, ובעודו מברך הביאו לו פירות יותר יפים, יאכל מהראשונים תחלה כיון שבירך עליהם, אף שהיה דעתו לפטור היפים, **ואם** לא היה דעתו לפטור היפים, צריך לחזור ולברך עליהם - מ"א, (וכמש"כ רמ"א בסי' רי"א ס"ה, שאם בירך על מין שאינו חשוב, אינו פוטר את החשוב, אלא בכיוון בפירוש, וס"ל המ"א דאפי' בשניהם מין א', **והא"ר** מצדד דא"צ לחזור ולברך כיון שהוא מין אחד.

בירך על המים ושמע שיש מת בעיר, ישתה מעט מן המים וישפוך השאר, **ואם** אמרו לו שהתקופה נופלת, ויש אז חשש סכנה לשתות המים, ימתין מעט עד שתעבור התקופה ואח"כ ישתה, **ואפילו** למ"ד שיש חשש סכנה אף בכה"ג, כיון שהיו אז המים תלושים מן הקרקע, אפ"ה שפיר דמי, כי "שומר מצוה לא ידע דבר רע".

וצריך לומר: ברוך שם כבוד מלכותו לעולם ועד, על שהוציא ש"ש לבטלה. [יט]ואם אמר כשנפל: "ברוך אתה ה'", ולא אמר "אלהינו", יסיים ויאמר "למדני חוקיך", שיהא נראה כקורא פסוק, ואין כאן מוציא ש"ש לבטלה.

[כ]**אבל העומד על אמת המים, מברך ושותה, אע"פ שהמים ששותה לא היו לפניו כשבירך, מפני שלכך נתכוון תחילה. הגה: וע"ל סי' ר"ט ס"א, אם בירך בטעות מה דינו.**

באר הגולה

יג ‹וכתבו התוספות (ד"ה בצר) דהכא מיירי שהוסרו הגרעינים ונמלח, א"כ לא היה כברייתו, אבל אם אכלו שלם, אפילו אם היה אפילו פרידא אחת של רימון, מברך עליו תחלה וסוף... והרשב"א כתב, דבירושלמי סברי דרבי יוחנן זית שלם אכל ולא הסיר גרעינתו, ומש"ה חשיב ליה בריה, אבל בגמרין סברי דלא אכל גרעינתיה, אלא הסירו וזרקו, הילכך לא חשיב בריה, ומש"ה איצטריך למימר דזית גדול הוה, דלאחר שנחתך או שנימוח לא חשיב בריה בשום מקום בכל איסורין שבתורה, עכ"ל - ב"י› יד תוס' בסוכה כ"ו: וביומא ע"ט. טו הרא"ש ‹עיין תוס' ד"ה בצר וז"ל: אבל בברכה שלאחריו בעינן שיעור מלא לוגמיו› טז ‹ע"פ הביאור הלכה, והתוס' נמצא בדף ל"ט.› יז טור והרא"ש מהא דירושלמי י' ע"א ושאר פוסקים יח ‹הגם דהרא"ש כתב לשון דיש בו משמעות דהיה בדעתו בהדיא על הכל לאכלו, אבל לכאורה איך יש משמעות זה מהתוס'› יט שם כ שם בירושלמי

§ מסכת ברכות דף לט. §

אות א'

זית שאמרו לא קטן ולא גדול אלא בינוני

רמב"ם פי"ד מהל' מאכלות אסורות ה"א - כל איסורי מאכלות שבתורה שיעורן בכזית בינוני, בין למלקות בין לכרת בין למיתה בידי שמים.

אות ב'

הלכך פירא עדיף

סימן ריא ס"ג - [א]**הביאו לפניו דבר שברכתו בפה"ע ודבר שברכתו "שהכל", בפה"ע קודמת** - ואפי' מין השני חביב עליו, [**וכתב** הפמ"ג דאפי' אם הדבר שברכתו "שהכל" הוא גם ממין ז', כגון דובשא דתמרי]. **שהיא חשובה שאינה פוטרת אלא דבר אחד** - פי' דברכת בפה"ע [ב]מבוררת טפי על איזה מברך, וחשובה היא מברכת "שהכל", שאינה רק ברכה כוללת לכל המינים. **וכן בפה"א ו"שהכל", בפה"א קודמת** - בפה"א חשובה נמי מ"שהכל", דמברר בהברכה רק מיני פה"א, משא"כ "שהכל" דכוללת הכל, [ואפי' חביב עליו].

וע"כ כשמביאים לפניו יי"ש עם מרקחת (שברכתן בפה"א או בפה"ע), יברך על המרקחת תחלה, אף שהיי"ש חביב עליו יותר, (**וכתב** הא"ר בשם השל"ה, דאין יפה מה שעושין ההמונים, שהם מברכין על היי"ש תחלה "שהכל", **והוא** כתב להצדיק מנהגם, דטעמם, משום דמתחלה אינם מתאוים לאכול כלל המיני מרקחת, והוי כמי שאינו רוצה לאכול עכשיו דס"ה, דרק אחר שתיית היי"ש חפצים לאכלן, **ומ"מ** נכון לנהוג לברך מקודם על המרקחת לעולם, דאח"כ לפעמים אין לחשוב רק לטפל, כשבא להפיג רק חריפות השתיה, ואינו רוצה בעצם באכילתו).

ואם הביאו לפניו פה"ע ופה"א, [ג]**איזה מהם שירצה יקדים** - ואין תלוי כלל בחביב לדעה הראשונה שבס"א, דהא אין ברכותיהן שוות, **ולי"א** שם מיירי הכא ששניהם חביבים עליו בשוה.

[ד]**וי"א ש"בורא פרי העץ" קודם** - והסכימו האחרונים, דנכון לנהוג כי"א הזה אם שניהם שוים בחביבות, **אכן** אם פה"א חביב עליו יותר, מברך על החביב כנ"ל בס"א, **וכן** אם פה"א הוא מין שבעה, כגון קליות של חטים ותפוח או אחד משבעת המינים, יש לו לברך תחלה על החטה, שהוא מין שבעה, וקודמת בפסוק, [מ"א, **והיינו** אם שניהם חביבים עליו בשוה, ‹**ועיין** מש"כ במ"ב ס"ה בשם הגר"א›. **ודע,** דכ"ז הוא לפי מה שהסכימו דהלכה כהי"א, הא לדעה ראשונה אין שום מעלה בחביב ומין ז' נגד חבירו בשאין ברכותיהן שוות, וא"כ יוכל לברך תחילה על התפוח אף שאינו מין שבעה].

אות ג'

פרמינהו פרימא רבא... פרימא זוטא... אידי ואידי בפה"א

סימן רח ס"ד - [ה]**חתכן לחתיכות קטנות, לא נשתנית ברכתן מפני כך** - בין דבר שברכתו בפה"א או בפה"ע, כיון שניכר עדיין תארן וצורתן במקצת.

ושומשמין שטחנן, נשתנית ברכתן מפה"א ל"שהכל", מפני שאין צורתן עליהן כלל - מ"א, **ודעת** האבן העוזר, דאפי' טחנן מברך בפה"א, **אם** לא שעשה מהן משקין, דאז ברכתן "שהכל", והובא בשע"ת.

אות ד'

תבשילא דסלקא דלא מפשו בה קמחא... דלפתא דמפשו בה קמחא טפי... אידי ואידי בורא פרי האדמה

סימן רח ס"ב - [ו]**אפילו עירב עמהם דבש הרבה יותר מהם, או מינים אחרים הרבה יותר מהם, מברך עליו: "בורא מיני מזונות", ולבסוף: "על המחיה"** - הטעם, כיון דהוא בא להטעים ולהכשיר את התבשיל, והוא מחמשת המינין דחשיבי, הוא העיקר, **וע"ל** בס"ט ובמ"ב שם לענין השיעור שיתחייב לברך "על המחיה".

[ז]**אבל אם לא נתן הדגן בתבשיל אלא לדבקו ולהקפותו, בטל בתבשיל** - שלא בא להטעים התבשיל ולא לסעוד הלב, רק שיהא התבשיל מדובק, לא חשיב, ובטיל לגבי התבשיל, אפילו נתן לתוכו קמח הרבה.

[**ומה** שכתב הט"ז, דאפי' אם החמשת מינין הוא הרוב, כיון שבא לדבק הוא בטל, השמטתיו, דאינו ברור, דיש אחרונים מפקפקים בזה, גם אינו מצוי שיתן בו כ"כ קמח, ולא יהיה רק לדבק ולא למאכל].

אות ה'

מיא דסלקא כסלקא, ומיא דלפתא כלפתא, ומיא דכולהו שלקי ככולהו שלקי

סימן רה ס"ב - [ח]**על המים שבישלו בהם ירקות** - ר"ל שרוצה לגמוע המים לבד, **דאילו** אם אוכלן עם הירק, אין שייך שום ברכה על המים, דנעשין טפלה לירק, **מברך הברכה עצמה שמברך על הירקות עצמן, אע"פ שאין בהם אלא טעם הירק** - ודוקא כשמשלקן כדי לאכול גם את הירקות, **דאילו** בישל הירקות או שראן לצורך מימיהן לבד לשתות אותן, אין מברך עליהן אלא "שהכל", ‹דאין שם מרק עליהם, אלא שם משקה - הגר"ז›, **ולכן** המשקה שעושין בפסח מתפוחים וכל כה"ג, אין מברך עליהן אלא "שהכל".

באר הגולה

[א] **ברכות ל"ט ע"א בעובדא דבר קפרא פירוש רש"י ותוס' שם** [ב] ‹רש"י שכתב "שהיא ברכה חשובה לעצמה לדברים חשובים", ואינו מזכיר שבורא פרי האדמה יותר מבוררת משהכל, י"ל שס"ל דא"צ להקדים בפה"ע לבפה"א, {וכשיטתו, עיין בהערה הסמוך}. **אמנם** עיין בתוס' (ד"ה חביב עדיף) שכתבו להדיא דבפה"א קודמת לשהכל משום דמבוררת טפי, ולפי"ז י"ל דה"ה דבפה"ע קודמת לבפה"א מפני שהיא מבוררת יותר - רי"ד סולובייצ'יק› [ג] **רש"י** ‹מ"א. ד"ה אבל וז"ל: אבל צנון וזית, ובירך על הצנון, לא נפטר זית, ע"כ. **וכתב** הרא"ש: מתוך פירושו משמע דעל איזה מהם שירצה יברך תחלה, דאי צריך לברך על הזית תחלה, למה הוצרך לפרש שאין הצנון פוטר את הזית, והלא לעולם יברך על הצנון לבסוף› **והרי"ף** [ד] **הרא"ש בשם בה"ג** [ה] **שם בגמרא** [ו] **הרא"ש שם** [ז] **הרשב"א ושם ל"ט ע"א** [ח] **שם ל"ט ע"א**

בצר ליה שיעורא אמר ליה מי סברת כזית גדול בעינן כזית בינוני בעינן (והא איכא) והדוא דאייתו לקמיה דרבי יוחנן זית גדול הוה דאע"ג דשקלוה לגרעינותיה פש ליה שיעורא *דתנן *זית שאמרו לא קטן ולא גדול אלא בינוני וזהו אגורי ואמר רבי אבהו לא אגורי שמו אלא אברוטי שמו ואמרי לה סמרוסי שמו ולמה נקרא שמו אגורי ששמנו אגור בתוכו נימא כתנאי דהנהו תרי תלמידי דהוו יתבי קמיה דבר קפרא הביאו לפניו כרוב ודורמסקין ופרגיות נתן בר קפרא רשות לאחד מהן לברך קפץ וברך על הפרגיות לגלג עליו חבירו כעס בר קפרא אמר לא על המברך אני כועס אלא על המלגלג אני כועס אם חבירך דומה כמי שלא טעם טעם בשר מעולם אתה על מה לגלגת עליו חזר ואמר לא על המלגלג אני כועס אלא על המברך אני כועס ואמר אם חכמה אין כאן זקנה אין כאן תנא ושניהם לא הוציאו שנתן מאי לאו בהא קא מיפלגי דמברך סבר שלקות ופרגיות שהכל נהיה בדברו הלכך חביב עדיף ומלגלג סבר שלקות ב"פ האדמה פרגיות שהכל נהיה בדברו [י]הלכך פירא עדיף לא דכ"ע שלקות ופרגיות שהכל נהיה בדברו והכא בהאי סברא קא מיפלגי מר סבר חביב עדיף ומר סבר כרוב עדיף דזיין אמר ר' זירא כי הוינן בי רב הונא אמר לן הני גרגלידי דלפתא פרמינהו פרימא רבא בפה"א פרימא זוטא שהכל נהיה בדברו וכי אתאן לבי רב יהודה אמר לן [ג]אידי ואידי בפה"א והאי דפרמינהו טפי כי היכי דנמתיק טעמיה אמר רב אשי כי הוינן בי רב כהנא אמר לן תבשילא דסלקא דלא מפשו בה קמחא בורא פרי האדמה דלפתא דמפשו בה קמחא טפי בורא מיני מזונות והדר אמר [ד]אידי ואידי בורא פרי האדמה והאי דשדי בה קמחא טפי לדבוקי בעלמא עבדי לה אמר רב חסדא *תבשיל של תרדין יפה ללב וטוב לעינים וכ"ש לבני מעים אמר אביי והוא דיתיב אבי תפי ועביד *תוך תוך אמר רב פפא פשיטא לי [ה]מיא דסלקא כסלקא ומיא דלפתא כלפתא ומיא דכולהו שלקי ככולהו שלקי בעי רב פפא מיא דשיבתא מאי למתוקי טעמא עבדי או לעבורי זוהמא עבדי לה ת"ש *[ו]השבת משנתנה טעם בקדירה אין בה משום תרומה ואינה מטמאה טומאת אוכלים שמע מינה למתוקי טעמא עבדי לה שמע מינה אמר רב חייא בר אשי פת צנומה בקערה מברכין עליה המוציא ופליגא דר' חייא דאמר ר' חייא צריך שתכלה ברכה עם הפת מתקיף לה רבא מאי שנא צנומה דלא משום דכי כליא ברכה אפרוסה קא כליא על הפת נמי כי קא גמרה אפרוסה גמרה אלא

רש"י

בצר ליה שיעורא · וגבי ברכת פירות הארץ אכילה כתיבה והאכילה בכזית : **כזית שלפניו** · לענין שיעור כל אכילות : **אגור בתוכו** · מזומן לצאת ממנו שאינו נבלע בפרי כמשקה תפוחים ותותים אלא אגור כמשקה ענבים : **דורמסקין** · אף הן שלקות מעשב שקורין אקדלשי"ש בלע"ז כך ראיתי בפירוש בבא קמא של רבינו יצחק ברבי יהודה אבל כאן פירש פרונ"ש וכן שמעתי אני כאן ובבבא קמא (פ"י דף קטז:) פרונ"ש ואי אפשר להעמידה דא"כ *הרי ברכתו ב"פ העץ והיאך קדם וברך על הפרגיות שברכתן שהכל ואינם כדברי' חשובים כדמפרש ואזיל : **שלא טעם טעם בשר** · וגעשה הבשר חביב עליו : **פרגיות** · בשר עוף שקורין פרדרי"א : **וזקנה אין כאן** · הלא זקן אני והיה לו לשאלני על איזה מהן יברך לפטור את שאר המינין ודברים הללו אינן באין ללפת את הפת אלא שלא מחמת הסעודה הן באין ואמרינן לקמן (דף מא:) דטעונין ברכה לפניהם ואין הפת פוטרתן : **דמברך סבר שלקות** · דכרוב ודורמסקין שהכל ברכתן כפרגיות דעל דבר שאין גדולו מן הארץ כגון בשר בילים ודגים תנא במתניתין *שהכל וכיון דברכותיהם שוות חביב עדיף : **ומלגלג סבר שלקות בורא פרי האדמה** · שהיא ברכה חשובה לעצמה לדברים חשובים והיה לו להקדימו : **כרוב עדיף דזיין** · דתניא לקמן (דף מד:) כרוב למזון ותרדין לרפואה : **גרגלידי דלפתא** · ראשי לפתות : **פרמינהו** · מנושיי"ר בלע"ז לשון קיבת ירק : **פרימא זוטא** · גריעותא היא ובשאכלו חי קאי : **אבי תפי** · על מקום שפיתת הקדירה : **ועביד תוך תוך** · כלומר שסלוק ונמחה מאד וקול רתיחתו נשמעת *כקול תוך תוך : **מיא דסלקא** · תבשיל של תרדין : **כסלקא** · לענין ברכה : **דשיבתא** · ירק שנותנין מעט בקדרה למתק בעלמא ולא לאכלו אני"ט בלע"ז : **למתוקי טעמא עביד** · ומברכין על מימי תבשילו ב"פ האדמה : **השבת אין בה** · בגד שלה משנתנה בקדרה והוציאוה אין בה שוב משום איסור תרומה דהוה ליה כעץ בעלמא מדקתני משנתנה טעם ש"מ לטעמא עבידא : **פת צנומה** · יבשה שנתנה בקערה לשרות וכן לגומות דקות* : **צריך שתכלה** · ברכת המוציא עם פריסת הפרוסה מן הפת והאי פרוס ועומד הוא : **אפרוסה (כליא)** · כיון דאמרת עם פריסת הפרוסה תכלה מאי חשיבותא ומאי אהניתא : אלא

תוספות

בצר ליה שיעורא · הייט דוקא בברכה שלאחריו דבעינן שיעור אבל בברכה שלפניו אפילו פחות מכשיעור דאסור ליהנות בעולם הזה בלא ברכה בין לענין אכילה בין לענין שתיה אבל בברכה שלאחריו בעינן שיעור מלא לוגמיו על כן יש ליזהר לשתות מכוס של ברכה *מלא לוגמיו כדי שיברך לאחריו מעין ג' ברכות *והר"י היה אומר בבורא נפשות כיון דלאו ברכה חשובה היא אפי' בבציר משיעורא מברכינן בורא נפשות רבות ולא נראה דכיון דבורא נפשות תקנוה כנגד על הגפן כי היכי דעל הגפן בעי שיעורא בבורא נפשות רבות נמי בעי שיעורא ובירושלמי ר' יוחנן היכי בריך אזית הא לא הוי שיעורא וקאמר משום בריה דאפילו לא אכל אלא פרידה אחת של ענב או פרידה אחת של רמון בעי ברוכי משום דבבריה מברכין אפילו פחות מכזית וחולק על גמרא דידן כדמשמע הכא א"כ אין הלכה כמותו של ירושלמי (א)והה"ר יוסי היה מפרש שהירושלמי אינו חולק על הגמרא שלנו דהכא מיירי שהוסרו הגרעינים ונמלח אם כן לא היה כברייתו אבל אם אכלו שלם אפי' אם היה פרידה אחת של רמון מברך עליו תחלה וסוף וגמרא ירושל' היה סבור שהזית היה שלם ולכך הוצרך לתרץ באותו ענין דאכל פרידה *דבריה ואינן חולקים יחד ועוד יש בירושלמי היכא דבריך אתורמוסא למיכליה ונפל מידיה ושקל אחרינא בעי ברוכי זמנא אחריתי ופריך מאי שנא מאמת המים פירוש דמברך לשתות והני אזלי והני אחריני ניניהו וא"צ לברך פעם אחרת ומשני הכא הוה דעתו מתחלה לזה שהיה יודע שילכו להן אבל בתורמוסא לא ידע שיפלו מידו ויאמר ברוך שם כבוד מלכותו לעולם ועד משום דהוה ברכה לבטלה וכן נכון לומר על כל ברכה לבטלה בשכמל"ו: **דורמסקין** · פירש"י פרונ"ש · ולא נראה דבסמוך משמע דמברכין עליהן בורא פרי האדמה וא"כ בורא פרי העץ בעי ברוכי ונראה שהוא מין כרוב : **נתן** בר קפרא רשות לאחד מהן לברך · ונראה דמיירי בברכה שלפניו דאי בשל אחריו הא אמרינן (חולין קו·) דאין מזמנין על הפירות *ומיירי בהסבו ואנו אין לנו שום הסבה אלא על הפת ולכך צריך לברך כל אחד על כל דבר הן בפירות הן ביין : **חביב** עדיף · וכן הלכה אם יש לו שני מיני פירות לפניו חביב עדיף ובורא פרי האדמה עדיפא משהכל נהיה בדברו דמבוררת טפי וחשובה לעצמה מקרית ויברך על אותו המין שייך בו פרי האדמה אף על פי שאותו המין שיש לברך עליו שהכל חביב עליו ואם לפניו פירות שהברכות שוות ואחד מהן הוא מז' המינין יברך תחלה על אותו של ז' המינין דעדיפי : **מיא** דסלקא כסלקא · מברכין עליה בורא פרי האדמה אף על פי שאין בה אלא מים וטעם הירקות מברך עליהן כאשר יברך על הירקות אע"ג דאמרינן לעיל דמי פירות זיעה בעלמא הוא יש לחלק : **פת** צנומה בקערה מברכין עליה המוציא לחם מן הארץ ופליגא דר' חייא · וא"ת היכי מיירי אם יש שלמה לפניו הא אמרינן בסמוך דכ"ע שלמה עדיף ואי ליכא אלא צנומה היכי פליג עלה ר' חייא הא מסקינן לעיל (דף לז:) פרורין אף על פי שאין בהן כזית מברכין עליהן המוציא הואיל ואית בהו תואריה דנהמא וי"ל כגון דאיכא שלמה לפניו ובלע מן הצנומה רב חייא בר אשי סבר דהוי כמו שלמה מאחר שהיא חביבה [מברך עליה] ור' חייא ס"ל צריך שתכלה ברכה עם הפת ואם כן בעינן שתכלה הברכה עם בליעת הפת וכיון שבלועה קודם לכן שלמה עדיף אבל אי ליכא שלמה מודה שיברך על הפרורים *המוציא לחם מן הארץ : והלכתא

מסורת הש"ס

ליש פ"י מסנם ח

[לקמן מ:]

עירובין כח.

[פסחים עד.]

[ברכות מח]

גמרה שקלים פ"ג מ"ב כח:

[ועי' תוס' מנחות עה: ד"ה אפילו]

עין משפט נר מצוה

נ א מיי' פ"יד מהלכות מאכלות אסורות הל' א (טוש"ע או"ח סי' קפ) ·

נא ב טוש"ע או"ח סי' ריא סעיף ג :

נב ג טוש"ע או"ח סי' רה סעיף ד :

נג ד מיי' פ"ג מהל' ברכות הל' ו טוש"ע או"ח סי' רח סעיף ג :

נד ה מיי' פ"ח מהל' ברכות הלכה ד סמג שם טוש"ע או"ח סימן רה סעיף ג :

נה ו מיי' פט"ו מהל' תרומות הלכה י"ג ופ"א מהל' טומאת אוכלין הלכה ז :

[דבריה סיה ואינן ס כו"ל]

הגהות הב"ח

(א) תוס' ד"ה בצר וכו' והה"ר יוסף היה מפרש:

גליון הש"ס

רש"י ד"ה דורמסקין כו' הרי ברכתו בפה"ע. ק"ל הא גם בפה"א עדיף משהכל אלא דהמברך סבר דשלקות מברך שהכל. וא"כ ג"כ בפה"ע אין ברכתו בפה"ע אלא שהכל כמבואר בסוגיא גבי זית מליח וצ"ע: רש"י ד"ה ועביד תוך וכו' כקול תוך תוך. ע' פסחים עד ע"א ברש"י ד"ה ר' ישמעאל: תוס' ד"ה בצר וכו' מלא לוגמיו כדי שיברך. עי' לעיל ל"ז ע"א תוס' ד"ה נתן ר"ג : בא"ד והר"י היה אומר. עי' לקמן מ"ס ע"ב תוס' ד"ה ור"מ: תוס' ד"ה מתן וכו' ומיירי בהסבו. עי' חולין קו ע"א תוס' ד"ה

ודוקא כשבישל הירק במים בעלמא שאין בהם טעם בעצמו, ונרגש בו רק טעם הירק, **אבל** אם בישל הירק בחומץ, או במשקה העשויה ממי סובין וקמח שקורין קוואס, שיש בהן טעם בפני עצמן, אין נגרר המשקה אחר הירק, ומברך עליו "שהכל" כששותה אותם בפני עצמו, [ט"ז, ‹כברכת המשקה שהוא העיקר דאזלינן בתר רוב›, **ואף** דא"ר מסתפק בדינו, ‹די"ל שהירקות עיקר נגד החומץ›, מ"מ יותר טוב לברך "שהכל", דבזה בודאי יוצא בדיעבד].

וה"ה במשקה בארש"ט, שהוא מי שריית בוריקעס חמוצין, שבישל בהם ירקות עם בשר, ורוצה לשתות אותם לבדו, **אין** מברך על הבארש"ט "שהכל" משום טעם בשר שנקלט בו וכדלקמיה, אלא בפה"א, כיון שיש להמשקה טעם עצמו מבלתי הבשר, [**ואפשר** עוד לומר, דגם הא"ר יודה לזה מטעם אחר, דבזה דהיה על הרוטב שם מי שלקות מקודם, אין סברא דבשביל שנשתבח הרוטב ע"י שקלט גם טעם הבשר, יגרע ברכתו, **ומ"מ** למעשה נראה שיותר טוב שיברך בפה"א על מעט ירק תחילה], **ומ"מ** כשאוכל גם הבשר, נראה שיותר טוב שיברך על הבשר "שהכל", ויכוין לפטור גם את הרוטב, דמסתברא דכשאוכל ביחד, הרוטב טפל לגבי הבשר.

ואם שרה ירקות במים, כתב הב"י דדינו כמבושל, וכדקי"ל בעלמא דכבוש כמבושל, **ומ"מ** ברוטב של אוגערקעס, שהכבישה הוא רק בשביל האוגערקעס לבד שיחמיצו, ואין כונתו בשביל מי הכבישה כלל, מברך על הרוטב "שהכל", [ט"ז], **ובמקום** שמנהג רוב אנשי העיר לטבול בו פת במי האוגערקעס, יצטרך לברך פה"א אף כששותה המשקין לבד.

עוד כתב שם א"ר, דה"ה ברוטב של קומפוש"ט, ובמדינותינו קורין אותן קרוי"ט, שמברך "שהכל", {**ואין** זה נראה לפי מנהג מדינותינו, שאוכלין הרוטב כמו הקומפוש"ט עצמו}, **וכ"ז** בשאוכל רוטב של קרוי"ט חיין, אבל כשבשלן עם הקרוי"ט ורוצה לשתות הרוטב לבד, מודה הט"ז דמברך פה"א כעל שאר מי שלקות, ‹דדרך להשתמש במימיו›, [**ופשוט** דאפי' אם בישל רק במים שלא נכבשו עמהן, ג"כ ברכתו בפה"א].

ורוטב של בוריקע"ס חמוצין שקורין ראסי"ל, אף אם בשלן לבדן, ‹בלא הבוריקע"ס›, משמע מהט"ז שמברך בפה"א, כיון דנכבשו בהן הבוריקעס, וכונת הכבישה הוא גם בשבילן, ודרך ללפת בו הפת, וכן מצדד הח"א, [**ובמ"ז** משמע דדבר זה רפיא בידיה, ‹כיון שאם לא יבשלו את המים לבד, אינם ראויים לטבל בהם את הפת, לא חשיבא אוכל ע"י הכבישה›, וע"כ טוב לכתחילה למנוע מלשתותן שלא בתוך הסעודה], **ומ"מ** בשותה אותן חיין, מסתברא דמברך עליהן "שהכל", משום דרוב אכילתן הוא ע"י בישול.

ומשקה בארש"ט העשויה ממי סובין וקמח, מברך עליהן "שהכל", בין כששותה אותן חיין או מבושלין.

וה"מ כשבשלם בלא בשר, [ט]אבל בישלם עם בשר, מברך עליו "שהכל" - דהירקות נותנין טעם בהמרק, והבשר נותן טעם בהמרק, וטעם הבשר הוא חשוב יותר, הלכך הוא עיקר, וע"כ אפילו הוא אוכל המרק לבד, מברך "שהכל", **ומ"מ** אם אוכל הירק עם המרק ביחד, אין צריך לברך כי אם על הירק, דהמרק נעשה טפל גם להירק, **ודע** עוד, דהירק גופא בודאי לא נעשה טפל להבשר, כיון שבא למזון ולשובע.

וכ"ז במיני ירקות, אבל לביבות שבשלן במים {פארפיל לאקשין קניידליך} ואינו רוצה לאכול הלביבות רק לשתות המים לבד, הוא ספק אם יברך עליהן במ"מ כהלביבות, ‹כיון דעיקר הבישול בשביל הלביבות, **וקשה** דבסי' ר"ח ס"ו כתב, דאם היה רך שראויה לשתיה, מברך שהכל, **וי"ל** דשאני הכא כיון שבישל הלביבות בתוכן, הרוטב בטל ע"ג הלביבות, ומברך גם עליו במ"מ, מידי דהוי אמי קטניות›, **או** "שהכל", ‹שאין דרך העולם לשתות מי הלביבות כמי השלקות - מ"א›, **וע"כ** יקח מעט מהלביבות ויברך "במ"מ", וגם יברך על ד"א שברכתו "שהכל", ויאכל משני המינים כשיעור, כדי שיוכל לברך "על המחיה" וגם "בנ"ר", [**ואם** אין לו דבר אחר, יברך על הרוטב עצמו "שהכל"], **ואם** בישל רק מעט לביבות בהרבה מים, ועיקר כונת תבשילו הוא רק בשביל המים, שהרוטב כמעט צלול, בזה בודאי אין המים בטלים ללביבות, ומברך על המים "שהכל", ועל הלביבות "במ"מ", **ובח"א** כתב, שגם בזה יותר טוב שיברך "שהכל" על ד"א וכנ"ל.

וזה דוקא בענין זה שעיקר רצונו הוא רק לאכול את הרוטב של הלביבות, אבל אם רוצה לאכול גם הלביבות עצמן כדרך העולם, מברך על הלביבות "במ"מ", ופוטר בזה את הרוטב ג"כ לכו"ע מטעם טפל.

[י]סימן רב ס"י - [יא]פירות ששראן - מעל"ע, דבזה רגילין ליתן טעם במים, [**ומ"מ** נ"ל דתלוי לפי טבע דבר הנכבש, דאנו רואים כמה דברים נכבשין שאינם נותנים טעם גמור במים במעל"ע, ובהם בודאי צריך יותר ממעל"ע], **או בשלן במים, אף ע"פ שנכנס טעם הפרי במים, אינו מברך על אותם המים אלא "שהכל"** - דלא הוי אלא זיעה בעלמא כדלעיל ס"ח, **ולא** דמי למיא דסילקא ודכולהו שלקי דמברכין עלייהו בפה"א, וכדלקמן בסימן ר"ה ס"ב, **משום** דהתם רוב אכילת אותן ירקות הוא ע"י שליקה, משא"כ הכא בפירות דלאו דרכייהו למישלק או לכבשן אלא לאוכלם בעין, לכן לא אמרינן שיהיו שליקתן וכבישתן כמותן, [רשב"א].

(**משמע דעל הפירות גופא מברך עליהן ברכה הראויה להן, וע"כ דמיירי שטובים לאכול בין חיין בין מבושלין, דאל"ה** מברכין גם עליהן רק "שהכל", וכמבואר לקמן בסי"ב, **ואפ"ה** לענין הרוטב לא אמרינן שיהא מימיהן כמותן).

מיהו בפירות שרוב אכילתן הוא ע"י בישול או כבישה, מי שליקתן וכבישתן כמותן, ומברך עלייהו בפה"ע לכו"ע, **וכ"ז** בפירות שמתחלת נטיעתם נטעי להו אדעתא לאוכלם מבושלים או כבושים, **אבל** בפירות שדרכן לאוכלן חיים, רק שיש שמיבשין אותן ואח"כ מבשלין אותן, אין מברך על רוטבן לעולם רק "שהכל", **אע"ג** דדרך כולן לבשלן כשהן יבשין, מ"מ תחלת נטיעתן לא נטעי להו אדעת ליבשן אלא לאוכלן חיין.

באר הגולה

[ט] טור בשם אביו הרא"ש [י] ‹ע"פ הב"י› [יא] הרשב"א שם

ולענין פלומי"ן יבשים או קרשי"ן, כתב הח"א דבמדינות שגדילים שם הרבה, מסתמא נטעי להו ברובא אדעתא ליבשן, וא"כ ברכתן של רוטבן בפה"ע.

[יב] **והרא"ש כתב, דאפשר שאם נכנס טעם הפרי במים מברך בפה"ע** - ר"ל בשטועמין ומרגישין שיש טעם הפרי במים המבושלין או השרויין, מברכין בפה"ע, **ולא** אמרינן שאינו אלא טעם קלוש וזיעה בעלמא, כדאמרינן בס"ח לענין סחיטת פירות, **דיותר** נכנס טעם הפרי במים ע"י בישול, מאלו סחט הפרי בעצמו כשהוא חי.

(**ודע** עוד דגם להרא"ש, היינו דא"צ שיהיה רוב אכילתן ע"י בישול, אבל עכ"פ בעינן שיהיו טובים לאכול בין חיין ובין מבושלין, דאי טובים לאכול רק חיין, גם על הפירות גופא אין מברכין רק "שהכל" כשאוכלן כשהן מבושלין, וכדלקמיה בסי"ב במ"ב, **ולפי"ז** פשוט דעל מי שריית תפוחים שקורין עפי"ל קווא"ס, אין לברך עלייהו לכו"ע רק "שהכל", דהתפוחים גופא אין דרך אכילתן כשהן שרויין, דמתקלקלים עי"ז, ומברכין עליהן "שהכל", ומימיהן לא עדיף מהן).

ולענין הלכה פסקו האחרונים, דלכתחלה יברך "שהכל", ובדיעבד אם בירך בפה"ע יצא, ועיין בסימן ר"ה ס"ב מה ששייך לעניננו.

[יג] **סימן רב סי"א - [יד] מי שריית צמוקים ותאנים, או מי בישולם, מברך עליהם "שהכל", ויוצא גם להרא"ש** - קאי על סעיף הקודם דהביא פלוגתא בזה, **וקאמר** דלמעשה פשוט דנקטינן כדעה ראשונה לברך "שהכל", דיוצא בזה גם לדעת הרא"ש, דהא בלא"ה על כל הדברים אם אמר "שהכל" יצא.

מיירי ששותה המים בפני עצמן, **אבל** אם אוכל הפירות עצמן ושותה המים ג"כ, מסתברא דלכו"ע אין צריך לברך עליהם לא ברכה ראשונה ולא אחרונה, דנעשה טפל להפרי, **ואם** עיקר כונתו בשביל המים, ואכל איזה מהפירות מתחלה ובירך בפה"ע, צ"ע אם יברך שנית על המרק "שהכל", דלהרא"ש כבר יצא בברכת פה"ע, **וע"כ** יברך על דבר אחר תחלה "שהכל".

אבל בברכה שלאחריהם יש להסתפק אם מברך "בורא נפשות", או אם מברך ברכה אחת מעין שלש כהרא"ש - דבכל הפירות אין נ"מ בברכה אחרונה, דהא ברכה אחרונה שלהן אינה אלא "בורא נ"ר", **אבל** בפירות של ז' מינים, כגון צמוקים ותאנים שמברכין עליהם באחרונה מעין ג', בזה יש להסתפק היכי נעביד, **דאם** יש להמים דין הפרי, יש לברך עליו מעין ג' באחרונה, ואם אין להם דין הפרי בעצמם, אין לברך עליו אלא בנ"ר, **ובאלו** אין האחת פוטרת חברתה אפי' דיעבד, **ולכן ירא שמים לא ישתה אלא בתוך הסעודה** - דבהמ"ז פוטרת ברכה שלאחריהם, בין שתהיה מעין ג' בין שתהיה בנ"ר.

(**אבל** ברכה ראשונה שהיא "שהכל", יצטרך לכו"ע ואפילו להרשב"א, דאל"ה מאי תקנתיה, הלא עי"ז יהיה ספק בברכה ראשונה, **ואע"ג** דבסימן קע"ד דעת הרבה פוסקים דא"צ לברך על המים ועל המשקין בתוך הסעודה, וא"כ להרשב"א לכאורה לא יצטרך לברך עליו ברכה ראשונה, **אבל** באמת נראה דאף להרשב"א אין עליהם שם משקה, אלא כרוטב הפירות, והוו כפירות בתוך הסעודה לענין ברכה, ורק משום דדרכן לאכול רק חיין, ס"ל דכשמבשלן מברך על רוטבן "שהכל").

או יאכל פרי מז' מינים - (ונראה דה"ה אם יטעום קצת מהצמוקים ומהתאנים גופא, והמחבר מיירי מעיקרא ששותה מי הצמוקים לחודא),

וגם ישתה מים, כדי שיצטרך לברך ברכה אחת מעין שלש ו"בורא נפשות" - (ומיירי שהוא צמא קצת למים, דאי אינו רוצה לשתות כלל, אין לברך על המים, כמו שכתבתי לקמן בסימן ר"ד ס"ז).

(**בפמ"ג** מצדד, דיברך ה"מעין שלש" קודם, דהיא חשובה).

(**ואם** אין לו אלו דברים לפטור את המי פירות, דעת הכנה"ג שמברך בנ"ר ודיו, **והמג"א** מפקפק בדינו דכנה"ג, ומשמע דעתו שלא לברך כלל בזה, וכן משמע קצת בב"י וב"ח, דאין לו תקנה כלל, **אכן** אם יש לו יין, טוב שישתה ויברך "על הגפן" ויכלול גם "על העץ", **ואע"ג** דהב"י ולבוש כתבו כאן, דאין זה תקנה, דאין לו להוסיף בנוסח הברכה על הספק, כ"ז ביש לו תקנה אחרת דפרי ומים הנזכר בשו"ע, **אבל** באין לו תקנה זו, יכול לסמוך על הט"ז שכתב, דבשעת הדחק יכול להוסיף בברכה, וכן הסכים שם במאמר מרדכי, וכ"כ הח"א).

[טו] **ואם משך המים והבדילם מהצמוקים, הוה ליה יין** - פי' הא דהשוינו צמוקים לתאנים, אינו אלא בשהיו מעורבים הצמוקים עם הרוטב, דעדיין שם רוטב ומרק עליהם, אבל בשמשך המים מן הצמוקים, הו"ל המים יין גמור, **ומברך עליו בפה"ג וברכה אחת מעין שלש** - היינו "על הגפן ועל פה"ג", **ועיין** באחרונים, דאפילו לא רמיא ג' ואתא ד', והטעם, דכיון שהצמוקים יפים, כח הפרי העומד בתוכן נותן טעם חזק.

ודעת המג"א, דלאו דוקא במשיכה נעשה יין, אלא אפילו כשמעורבים, כל שלא שראן אדעתא לאכול הצמוקים, רק למשוך ולשתות המים, אפי' שתה מהכלי כשמעורבים ביחד, דין יין יש לו, **והמגן** גבורים מפרש כפשוטיה, דדוקא בשמשך, אלא דמיירי בשלא נשרה עדיין ג' ימים, ולכך אין לו דין יין לענין ברכת בפה"ג אא"כ משכן והפרידן מהצמוקים, [**ובנהר** שלום כתב לחלק באופן אחר, דבכתשן וסחטן באמת לא בעינן שיפרישן, אבל הכא ששראן בעלמא, לא הוי יין עד שיפרישן].

והוא שיהיו צמוקים שיהיה בהם לחלוחית, שאם ידרוך אותם יצא מהן דבשן - ר"ל בלא שריה יצא מהן לחלוחית, אז אם שראן הו"ל יין גמור, **אבל אם כשיעצרו אותם לא יצא מהם שום לחלוחית דבש, לא** - ר"ל ומברכין עליהם "שהכל" לכו"ע, ואע"פ שנמתקו קצת המים, אינו אלא זיעה בעלמא.

<המשך ההלכות מול עמוד ב'>

באר הגולה

יב שם | יג (ע"פ הב"י) | יד ב"י לדעת הרא"ש שם | טו שם בב"י

אלא אמר רבא מברך ואח"כ בוצע נהרדעי עבדי כר' חייא ורבנן עבדי כרבא אמר רבינא אמרה לי אם אבוך עביד כר' חייא דאמר ר' חייא צריך שתכלה ברכה עם הפת ורבנן עבדי כרבא והלכתא [א]כרבא דאמר מברך ואח"כ בוצע: איתמר הביאו לפניהם פתיתין ושלמין אמר רב הונא מברך על הפתיתין ופוטר את השלמין ור' יוחנן אמר [ב]שלמה מצוה מן המובחר אבל פרוסה של חטין ושלמה מן השעורין דברי הכל מברך על הפרוסה של חטין ופוטר את השלמה של שעורין א"ר ירמיה בר אבא כתנאי *[ג]תורמין בצל קטן שלם אבל לא חצי בצל גדול ר' יהודה אומר לא כי אלא חצי בצל גדול מאי לאו בהא קמיפלגי דמר סבר חשוב עדיף ומר סבר שלם עדיף היכא דאיכא כהן כולי עלמא לא פליגי דחשוב עדיף כי פליגי דליכא כהן *דתנן [ד]כל מקום שיש כהן תורם מן היפה וכל מקום שאין כהן תורם מן המתקיים ר' יהודה אומר אין תורם אלא מן היפה אמר רב נחמן בר יצחק *וירא שמים יוצא ידי שניהן ומנו מר בריה דרבינא דמר בריה דרבינא [ה]מניח פרוסה בתוך השלמה ובוצע תני תנא קמיה דרב נחמן בר יצחק מניח הפרוסה בתוך השלמה ובוצע ומברך אמר ליה מה שמך א"ל °שלמן א"ל שלום אתה ושלמה משנתך ששמת שלום בין התלמידים אמר רב פפא הכל מודים [ו]בפסח שמניח פרוסה בתוך שלמה ובוצע מאי טעמא °לחם עוני כתיב א"ר *אבא [ז]ובשבת חייב אדם לבצוע על שתי ככרות מ"ט °לחם משנה כתיב א"ר אשי חזינא ליה לרב כהנא [ח]דנקיט תרתי ובצע חדא ר' זירא [ט]הוה בצע אכולא שירותא א"ל רבינא לרב אשי *והא קא מתחזי כרעבתנותא אמר [ליה] כיון דכל יומא לא קעביד הכי והאידנא קא עביד לא מתחזי כרעבתנותא *רב אמי ורב אסי [י] כי הוה מתרמי להו ריפתא דערובא מברכין עליה המוציא לחם מן הארץ אמרי הואיל ואתעביד ביה מצוה חדא נעביד ביה מצוה אחריתי אמר

רש"י

אלא אמר רבא מברך ואח"כ בוצע. (א)וגומר כל הברכה ואח"כ מפריש הפרוסה דכליא ברכה אפת שלם: **פתיתין ושלמין אמר רב הונא.** אם רצה מברך על הפתיתין ואם הפתיתין גדולים מן השלמין צריך לברך עליהן: **כתנאי.** הא דאמרת פרוסה של חטין ושלמה של שעורין כו' תנאי היא: **אבל לא חצי בצל גדול.** ואע"פ שיש בו יותר מקטן שלם: **במקום שיש כהן.** ונותנו לו מיד: **במקום שאין כהן.** צריך לישראל שיצניענו עד שימצא כהן ליתנו לו וחצי בצל אין מתקיים: **יוצא ידי שניהן.** ידי מחלוקת של רב הונא ורבי יוחנן: **מניח פרוסה תחת השלמה.** ונמצאו שתיהן בידו ובוצע או משתיהן או מן השלמה: **לחם עוני כתיב.** ודרכו של עני בפרוסה לפיכך צריך שיראה כבוצע מן הפרוסה: **אכולה שירותא.** פרוסה גדולה שהיה די לו לכל הסעודה בשבת: **ריפתא דערובא.** שערבו בו אתמול ערובי חצירות:

תורה אור

תוספות

והלכתא כרבא דמברך ואח"כ בוצע. פי' שלא יפריש הפרוסה מן הפת עד אחר הברכה ויש שנוהגין לברך ברכת המוציא קודם שיחתוך כדי שתהא הפת שלמה בשעת ברכה ואין המנהג נכון לעשות (ב) דהוי היסח הדעת בין הברכה לאכילה ומיהו בשבת נכון להחמיר ולברך קודם שיחתוך שלא תשמט ידו לבצוע קודם שתכלה הברכה שאז לא יהיה לו לחם משנה ובפרק שלשה שאכלו (לקמן מז.) מסקינן דבעינן עד שתכלה אמן מפי העונין שלא יבלע קודם ויש שמביאים ראיה שצריך לסיים הברכה קודם שיבצע מדתני רבי חייא בירושלמי אין מברכין על הפת אלא בשעה שהוא פורס והיינו משום שאם יפרוס קודם הברכה שמא תפול הפרוסה מידו ולא יוכל לאכול פרוסה אחרת שיבצע בלא ברכה אלא יצטרך לחזור (ג)ולברך ויש כאן ברכה לבטלה אבל אם (*לא) היה צריך לברך על כל הפת ולא יוכל לפרוס קודם הברכה אז אם תפול הפרוסה אינו מברך על פרוסה אחרת ויפטר בברכה ראשונ':

מברך על הפתיתין ופוטר את השלמין. פירש"י אם הפתיתין והשלמין שוין יברך על איזה שירצה ואם הפתיתין גדולים צריך לברך על הפתיתין לפטור את השלמין ור' יוחנן אומר על השלמין מצוה מן המובחר אפי' אם הפתיתין גדולי' טפי ותימה א"כ סברא הפוכה דלרב הונא פתיתין שהם גדולים עדיפי ולר' יוחנן שלמין עדיפי ואין סברא לומר דפליגי בהפוך סברות ועוד תימה אמאי שינה בסמוך לשונו דנקט לשון פרוסה של חטין ע"כ פירש רבינו תם דמיירי בפתיתין גדולים ושלמים קטנים וה"פ אמר רב הונא מברך על הפתיתין כלומר אם ירצה והוא הדין על השלמין אם ירצה ורבי יוחנן אמר שלמין עיקר וכן הלכה כרבי יוחנן דהא רב ורבי יוחנן הלכה כר' יוחנן וכל שכן לגבי רב הונא שהלכה כמותו שהיה תלמידו של רב דדוקא באמוראי בתראי אמרינן הלכה כבתראי:

אבל פרוסה של חטין ושלמה מן השעורים ד"ה מברך על הפרוסה של חטין. דחיטי עדיפי משום דאקדמיה קרא אבל פתיתין ושלמין ממין אחד אפילו יהיו הפתיתין מפת נקיה והשלמין מפת קיבר מברך על השלמין כדאיתא בתוספתא (פרק ד) שלמין דגלוסקאות ושלמין דבעל הבית מברך על השלמין דגלוסקאות פרוסה דגלוסקאות ושלמין דבעל הבית מברך על השלמין דבעל הבית פת כשר ופת של נכרי מברך על הכשר (תחלה) וכן אמרינן בירושלמי פת טהור ופת טמא מברך על הטהור אבל אם פת של נכרי חביב ונקי ופת של ישראל אינו חביב מברך לאיזה שירצה כדאיתא בירושלמי פת נקי טמא ופת קיבר טהור מברך לאיזה שירצה אבל רבינו שמשון צוה לסלק הפת לבן של נכרי מעל השלחן עד לאחר ברכת המוציא. שני שלמין ממין אחד אם אחד יותר נקי מברך על הנקי דחביב ליה טפי:

כתנאי כו'. פירש רש"י חצי בצל גדול קרי חשוב לפי שיש בו יותר מבצל קטן שלם ולא נראה דהא לכאורה משמע דלהכי נקט חצי בצל גדול (ד) משום דיש בחצי בצל גדול כמו בקטן שלם ולא יותר ועוד דאם כן לא הוי דומיא דחשוב דגבי פרוסה של חטין דקאי עלה דהתם שוין ויש לפרש דכהדדי שוין הם אבל דגדול טוב יותר לאכילה מן הקטן ועוד פירש רש"י דמייתי תנאי אסיפא דמברך על הפרוסה של חטין ופוטר את השלמה של שעורים ומר סבר חשוב עדיף ומר סבר חטין דמקדמי בקרא עדיפי אבל א"א לפרש דחטין עדיפי משום שפת של חטין חשוב מפת של שעורים דהא פי' דבמין אחד פת נקיה ופת קיבר השלם עדיף:

ומר סבר שלם עדיף. וא"ת מנא ליה הא (ה) אימא דחטין חשיבי טפי משום דאקדמיה קרא ויש לומר דהכי מדמה דהתם אע"ג דמסברא חשוב לכהן עדיף דכתיב (במדבר יח) בהרימכם את חלבו ממנו ואפי' הכי קאמר דשלם עדיף ה"ג נימא שלם עדיף מפתיתין של חטין אע"ג דאקדמיה קרא והדין עם רש"י שלא רצה לפרש כתנאי אפלוגתייהו דרבי יוחנן ורב הונא שהרי למאי דמפרש (ו) לרב הונא כשהן שוין מברך על איזו שירצה א"כ לא קפיד אחשיבות ולא אשלמות וא"כ מאי כתנאי איכא ולפר"ת כמו דפי' דמברך על הפתיתין גדולים אם ירצה ואי בעי בריך על השלמים קטנים אלמא לא חשיב ליה עדיף אלא כי הדדי נינהו לרב הונא וא"כ לא מצי קאי כתנאי אפלוגתא דפתיתין:

כל היכא דאיכא כהן כ"ע לא פליגי דחשיב עדיף. והני דלעיל קאמר פתיתין גדולים ושלמים קטנים דמברך על השלמים היינו דוקא לברכה דלא איכפת ליה שיברך בגדול דלמה יברך בגדול הואיל ואינו נקי מזה אבל גבי נתינה לכהן איכא נפקותא דיתן לו הגדול החשוב טפי דניחא ליה:

מניח פרוסה בתוך השלמה ובוצע. פירש רש"י ובוצע לשתיהן או בוצע לשלמה בלבד והיינו ע"י שניהן דכיון שהניח הפרוסה תחת השלמה נראה כמו שבוצע נמי אפרוסה ודוקא בוצע לשלמה אבל לא רצה לפרש ובוצע לאיזה מהן שירצה או לפרוסה או לשלמה דמדקאמר לתוך השלמה משמע דהשלמה עיקר ולפי' רש"י ה"פ ירא שמים יוצא ידי שניהם כדרב הונא וכדר' יוחנן בפתיתין ושלמה ולפי' ר"ת לא מצינו לפרש הכי דקאי אפתיתין שהרי אינו צריך לעשות כן אלא יברך על השלמה ודי בכך לכ"ע דאפילו רב הונא לא קאמר אלא על הפרוסה אם ירצה אבל פשיטא אם בירך על השלמה יצא ונראה *לפירוש ר"ת שניהם קאי אשני לחמים אפרוסה של חטים ושלמה של שעורים:

הכל מודים בפסח שמניח הפרוסה בתוך השלמה ובוצע מאי טעמא לחם עוני כתיב. משום דכתיב לחם עוני מניח הפרוסה תחת השלמה ונראה כבוצע על הפרוסה ומ"מ אין לבצוע כי אם על השלמה ועל הפרוסה יברך על אכילת מצה וכורכים ואוכלים משתיהן יחד כדי שיהא נראה כבוצע על הפרוסה וכן המנהג אבל אין לעשות המוציא וגם על אכילת מצה מן הפרוסה דהוי כעושה מצות חבילות חבילות ונראה לי דהא הוי ברכה של נהנין ואינם נקראים חבילות חבילות דהא אקידוש מברכים קידוש וברכת היין ורבינו מנחם מוויר"א היה רגיל לעשות הכל על הפרוסה ואין השלמה באה כי אם בשביל לחם משנה והר"י היה רגיל לברך תחלה ברכת המוציא על שתיהן קודם שיבצע ואחר כך מברך על אכילת מצה ובוצע משתיהן אחר כך ואין זה חבילות מאחר שהיה עושה על שתיהן ופעמים מפיק הר"י נפשיה מפלוגתא ולא היה רוצה לשנות המנהג והיה מברך על השלמה תחלה המוציא והיה בוצע קצת ולא היה מפרידה עד שיברך על הפרוסה על אכילת מצה ובוצע משתיהן יחד:

עין משפט נר מצוה

סו א מיי' פ"ז מהלכות ברכות הל' ב סמג עשין כז טוש"ע או"ח סי' קסז סעיף א:

סז ב מיי' שם הל' ד סמג שם טוש"ע או"ח סי' קסח סעיף א:

סח ג מיי' פ"ה מהל' תרומות הלכה ב:

סט ד שם הלכה א:

ע ה מיי' פ"ז מהלכות ברכות הלכה ד סמג עשין כז טוש"ע או"ח סי' קסח סעיף א:

עא ו מיי' פ"ח מהל' חמץ ומצה הלכה ו טוש"ע או"ח סי' תעה סעיף א [רב אלפס כאן ובפ' ע"פ דף קנט:]:

עב ז ח מיי' פ"ז מהל' ברכות הל' ד ופ"ל מהל' שבת הל' ט סמג עשין כט טוש"ע או"ח סי' רעד סעיף א: [רב אלפס כאן ובשבת פט"ז דף מ"ז. ובע"פ דף קנט]:

עג ט מיי' פ"ז מהלכות ברכות הל' ג טוש"ע שם סעיף ג: [י טו"ע או"ח סי' שצד סעי' ב בהגהה]:

מסורת הש"ס

תרומות פ"ב מ"ה

שם מ"ד [מנחות כה.]

[שבת סא.]

דברים טז

שבת קיז:

שמות טז

כתובות נו:

שבת שם

[ונראה דגר' לר"ת שתיהן וקאי לשני כנ"ל]

הגהות הב"ח

(א) רש"י ד"ה אלא וכו' בוצע גומר כל: (ב) תוס' ד"ה והלכתא וכו' לעשות כן דהוי סימן: (ג) בא"ד אלא יצטרך לחזור. נ"ב דתני בירושלמי היכא דצריך אתורמוסא למיכליה ונפל מידיה וכו' וע' בתוס' לעיל בדף זה בד"ה בצר ליה: (ד) ד"ה כתנאי וכו' נקט חצי בצל גדול. נ"ב פי' דהו"ל לומר אבל לא גדול שאינו שלם לאיצו צורך נקט חצי: (ה) ד"ה ומר וכו' הא איכא למימר דחטין: (ו) בא"ד למאי דמפרש רש"י לרב הונא דכשהן שוין:

גליון הש"ס

גמ' א"ל שלמן. מלינו שם זה בסוף מגילת רות ושם הוא מלא וי"ו:

[טז]**סימן רה ס"ג** - [יז]**"אם סחטן, אינו מברך על אותם משקין אלא "שהכל"** - דיותר יוצא טעם הירק ע"י בישול מע"י סחיטה, ואפילו אם כתשן נמי דינא הכי, **ולכן** אפי' בפירות שדרכו למיסחטינהו גם כן ברכתן "שהכל", [**זהו** להרא"ש שהביאו המחבר בר"ב ס"י, ומפני זה כתבתי דאפי' בשדרכו למיסחטה נמי דינא הכי, וכשיטת הרא"ש שם, **ואף** דהמחבר תלה הדבר בר"ב ס"י בפלוגתא, וכאן סתם כהרא"ש, משום דב"שהכל" יוצא בדיעבד לכו"ע, **ולפי"ז** לכאורה בדיעבד אם בירך בפה"א, יצא].

[יח]**סימן רה ס"ה** - [יט]**"הלפת** - הוא מה שאנו קורין מייארי"ן וריבי"ן, **כשהוא חי מברך עליו "שהכל"; אבל אם הוא מבושל או כבוש בחומץ או בחרדל, בפה"א** - שהלפת טוב יותר מבושל מחי, (ואפי' כשבישל הלפת בלא בשר ובלא חמאה ושומן). **ועיין** במ"א שמפקפק בדין זה, ועיין בטור שמביא ג"כ שיש גאונים שסוברין לברך על חי בפה"א, **ועיין** בח"א שכתב, דתלוי אם דרך בני אדם באותו מקום לאוכלן חיין.

אות ו'

השבת משנתנה טעם בקדירה, אין בה משום תרומה, ואינה מטמאה טומאת אוכלים

רמב"ם פ"א מהל' טומאת אוכלין ה"ז - [כ]**השבת סתמו לאכילת גופו כשאר ירקות שדה, ואם חשב עליו לקדירה, אינו מתטמא טומאת אוכלין; והשבת משנתנה טעם לקדירה, ה"ז כזבל ואינה מתטמאה טומאת אוכלין. השגת הראב"ד: ואם חשב עליו לקדירה. א"א לא כן, שאינן יוצאין מידי טומאה במחשבה, עד שתתן טעם בקדירה.**

אות ו'* [כא]

למתוקי טעמא עבדי לה

סימן רד ס"א - [כב]**ועל שבת שקורין אניט"ו (ר"ל אני"ס), ועל כמון** - קימ"ל, **וכסבור** - אליינדר"י בלעז, **(דלטעמא עבידי ולא לאכילה)** ‹מברך "שהכל"› - ומיירי בין ברטובין ובין ביבשין, [**ולא** דמי לפלפלין וזנגביל דביבשין אין מברך כלל, דהתם אינם ראויים לאכילה כלל, **אבל** הני ראוים קצת דמתוקין לחיך, אלא שאין דרך אכילתם בכך ולא נטעי אדעתא דהכי, ולכן נחתינן דרגא ומברך "שהכל"], **וכן** אם רקחן בדבש, נמי "שהכל".

אכן אם שלק את האני"ס, מברך על מימיו בפה"א, דלהכי קיימא להטעים דבר המתבשל בו, [**ומסתברא** דה"ה בכמון וכסבור. **והגר"א** הקשה על עצם הדין, דאף בגופן נמי יברך "בורא פרי האדמה"].

---

§ מסכת ברכות דף לט: §

אות א'

כרבא, דאמר: מברך ואחר כך בוצע

סימן קסז ס"א - [א]**בוצע בפת במקום שנאפה היטב** - היינו לאחר שנטל ידיו לאכילה, ורוצה לברך על הלחם ולאכול, הוא בוצע לכבוד הברכה במקום שנאפה היטב, דהיינו במקום הקשה, ולא במקום הרך באמצעיתו.

(ובפת דידן יש לבצוע בצד הפת, ויחתוך מעט מצד העליון והתחתון) (הגהות מיימוני) - דבגמרא איתא לחד גירסא, שבוצע ממקום שמתחיל הפת לקרום ולהתבשל, ויש מפוסקים שס"ל דהוא צד העליון מהפת, שהוא נגד אויר התנור, **וי"א** שצד התחתון מתבשל תחלה, שמונח על קרקעית התנור, **לכן** צריך לחתוך מן הצד מהעליון והתחתון ויצא ידי שניהם, **ועיין** בביאור הגר"א שמפקפק על לשון "דידן", דה"ה בתנורים שלהן שמדבקין הפת בצדי התנור, ג"כ דינא הכי.

י"א שטוב שיחתוך בצד שהוא כנגד צד המתבקע, כי בזה הצד התחיל לאפות, ונדחקה העיסה עד שנתבקע הצד שכנגדו.

(**ודע עוד**, דהרמ"א אף שזכר דבריו בסתם, מ"מ הוא כמו שהיה כתוב "ויש מי שאומר", דלדעת המחבר שפוסק "במקום שנאפה היטב", קפדינן העיקר רק שיבצע ממקום הקשה, מעליונו של הככר או מתחתונו, ולא מאמצעיתו, דהוא פוסק כלשון אחרון שברש"י, שגורס בגמרא: מהיכא דקרים בשוליה, **ודעת** הרמ"א, שסובר כהפוסקים דגרסי בגמרא: מהיכא דקדים בשוליה, והאחרונים העתיקו להלכה דברי הרמ"א, דבזה אנו יוצאין ידי כו"ע).

בפרוסה יכול לבצוע במקום שנפרס, וא"צ לבצוע במקום השלם, רק שצריך לחתוך מצד העליון והתחתון.

היכא שנשרף הככר במקום אחד, או שנדבק בעפר, אין לחתוך במקום ההוא לברכת "המוציא".

באר הגולה

[טז] ‹ע"פ המ"ב דמדמה אותו לסי' ר"ב ס"י› [יז] **שם לדעתו** ‹של הטור› [יח] ‹ע"פ הגר"א וז"ל: ממש"כ שם ומיא דלפתא כלפתא, וע"כ במבושל או כבוש איירי, {ש"מ דלפת מבושל מברכין עליה בפה"א, דאל"כ המים לא עדיף מהלפת עצמו}, ודלא כרש"י שם ד"ה פרימא כו', ובשאכלו חי קאי, {וס"ל לרש"י דעל לפת אין לברך בפה"א רק בחי ולא במבושל, והא ליתא כנ"ל - דמשק אליעזר} [יט] **טור בשם רב האי** [כ] ‹טעמא, משום דסתם שבת לכמך עשויה, לאכול כמו שהוא חי אחר המזון, ולא שיבושל בקדירה, הא אי הוה סתמא לקדירה, לא הוה עליה תורת אוכל, דתבלין אין מטמאין טומאת אוכלים - כסף משנה› [כא] ‹ע"פ מהדורת נהרדעא› [כב] ‹מש"כ שכמון וכסבור לטעמא עבידא ומברכין שהכל, הא אמרינן גבי שבת דלטעמא עבידא ומברכין בפה"א, {הרי דבדבר דלטעמא עבידי מברכין בפה"א}, **וגם** על שבת עצמו צ"ע, דא"כ מאי מיבעיא להו שם ל"ט א' מיא דשיבתא כו', ועיין רש"י שם ד"ה למתוקי כו', שאפי' על מימיהן מברכין בפה"א, {וא"כ כ"ש השבת עצמה, **ועל** שבת גופא אפשר ליישב}, דאפשר דוקא במימיהן {דנטעי אדעתא דהכי לתת לתבשיל ליתן טעם, אבל אין דרך לאכול השבת עצמה, לכן אין לברך על שבת רק שהכל, אבל על מי שבת ודאי יש לברך בפה"א כפשטות הגמ' - דמשק אליעזר} - גר"א› [א] **סנהדרין ק"ב**

[ב]ויחתוך פרוסת הבציעה; וצריך לחתוך מעט - האי "וצריך" הוא פירוש למה שכתב בתחלה "ויחתוך", וביאור הענין הוא, דמדינא מברך ואח"כ פורס הככר, כדי שתהיה כל הברכה אפת שלמה, שהוא דרך כבוד לברכה, **אך** כדי שלא יהיה שיהוי רב בין הברכה לאכילה ויראה כהפסקה, כתבו הפוסקים, דטוב לכתחלה שיחתוך מעט בככר קודם שמתחיל הברכה, ושיעור החיתוך יהיה מעט, ויברך, ואח"כ גומר להפריד הפרוסה מן הפת.

(ולפי"ז פשוט, דהיכא שלא יהיה שְׁהִיָּה בשבירתה אחר הברכה, כגון בככר קטן ודק, א"צ לחתוך כלל קודם אכילה, וכ"כ הגר"ז).

[ג]שאם יאחוז בפרוסה יעלה שאר הככר עמו, שאל"כ חשוב כפרוסה - ר"ל שאם יחתוך כ"כ בהככר, עד כדי שיעור שאם יאחז בפרוסה לא יעלה הככר עמו וישבר לחצאין, נחשב כפרוס ומובדל מהככר, **ואע"ג** שאם יאחז בהככר יעלה ממילא הפרוסה עמו, לא מקרי שלם עי"ז.

ואפילו בפרוסה לא יחתוך לגמרי קודם הברכה, כדי שיהיה נראה יותר גדולה.

‹עכשיו› הוא חוזר למה שכתב מתחלה, "ויחתוך פרוסת הבציעה",

ויניחנה מחוברת לפת, ויתחיל לברך, [ד]ואחר שסיים הברכה יפרידנה, כדי שתכלה הברכה בעוד שהפת שלם.

[ה]ולא יבצע פרוסה קטנה - היינו קטנה מכזית, **מפני שנראה כצר עין.**

[ו]ולא פרוסה יותר מכביצה, מפני שנראה כרעבתן - היינו אם פורסה כדי לאכול תיכף ממנה גופא, **אבל** אין בכלל זה מה שפורסין חתיכה גדולה מהככר, ואח"כ חותך מן אותה פרוסה גופא חתיכה להמוציא, דבזה לא מיחזי כרעבתנותא.

הגה: ובשבת - וה"ה ביו"ט, **לא יחתוך בככר עד אחר הברכה, כדי שיהיו הככרות שלימות (תוס'** ‹ד"ה הלכתא› **ומרדכי פ' כילד מברכין)** - מפני שצריך לברך על לחם משנה, חיישינן שמא תשבר כולה קודם הברכה, או עכ"פ שמא יחתוך כ"כ בעומק, שכשיאחז בפרוסה לא יעלה הככר עמו, והוי כפרוס לגמרי, ואנן לחם משנה בעינן, וע"כ טוב יותר שלא יחתוך כלל, **ואף** דעי"ז יצטרך ע"י החתיכה לשהות קצת בין הברכה לאכילה, לא חשיבא הפסק, כיון דהוא צורך אכילה, אלא דבחול מחמרינן לעשות על צד היותר טוב.

ומ"מ אם שכח וחתך כמו בחול, אינו מזיק (מרדכי) - ר"ל שלא הפסיד עי"ז הלחם משנה, שכל שאוחז בפרוסה ושאר הככר עולה עמו, הוי כשלם.

ונראה כי דלא יבצע יותר מכביצה, היינו דוקא בחול ואוכל לבדו, [ז]אבל בשבת - דמשום חבוב סעודת שבת הוא עושה, להרבות בסעודה, לא מחזי כרעבתנותא, [גמ'], **או שאוכל עם הרבה בני אדם** - ר"ל אפילו בחול, **וצריך ליתן מן הפרוסה לכל אחד כזית, מותר לבצוע כפי מה שצריך לו. וע"ל סימן רע"ד.**

מן הפרוסה - פי' שעיקר המצוה לכתחלה כשמוציא אחרים ידי חובתן, לתת לחם מהפרוסה שחתך לכל אחד ואחד מהם, ולא מן הלחם הנשאר, **וצריך** ליזהר בזה בסעודה גדולה, אם אחד מוציא את כולם בברכתו, שיחתוך בציעת המוציא כ"כ גדולה, שיספיק לחלק ממנה המוציא לכל המסובין.

לכל אחד כזית - כדי שלא יהיה נראה כצר עין, וכנ"ל, **ובד"מ** איתא: כזית או פחות מעט, [ח]**וי"א** עוד, דבלאו האי טעמא ג"כ, טוב הוא לכתחלה שיאכל אדם כזית בעת ברכת "המוציא", [אף דעצם חיוב ברכת "המוציא" הוא אפי' על פחות מכזית].

אות ב'

שלמה מצוה מן המובחר

סימן קסח ס"א - [ט]היו לפניו חתיכות של פת, ופת שלם, הכל ממין אחד, מברך על [י]השלם - משום הידור מצוה, [יא]**ואם** לא היה לפניו רק פרוסה, ונטל אותה כדי לברך עליה, ובתוך כך הביאו לפניו שלמה, מניח הפרוסה בתוך השלמה ומברך, **ואם** כבר בירך על הפרוסה, יבצע אותה. **אפילו הוא פת קיבר (פי' לחם שאינו נקי) וקטן, והחתיכות פת נקיה וגדולה** - דמעלת שלם עדיף טפי אפילו באופן זה.

[יב]**סימן קסח ס"ב - [יג]אם ב' שלמות ממין אחד, אחת גדולה ואחת קטנה, מברך על הגדולה** - ודוקא כשהיו שניהם שוים ביופי, אבל אם הקטנה נקיה, והגדולה קיבר, מברך על הקטנה.

באר הגולה

[ב] **ברכות ל"ט** ‹מה שיניחנה מחוברת עד הברכה› [ג] **הרא"ש ממשנה א' פ"ג דטבול יום** [ד] **תוס'** ‹ד"ה והלכתא. פי' שלא יפריש הפרוסה מן הפת עד אחר הברכה› **והרא"ש והמרדכי שם** [ה] **הרמב"ם** [ו] **טור ממשמעות גמ' דשבת קי"ז** ‹נראה שלמדו מדאמרינן בפרק כיצד מברכין (לט:) ובפרק כל כתבי (שבת קיז:) א"ל רבינא לרב אשי והא מתחזי כרעבתנותא. ושנינו במסכת דרך ארץ: לא יאחז אדם פרוסה כביצה בידו בפעם אחת, והעושה כן הרי זה רעבתן - ב"י› [ז] ‹וצ"ל דעיקר חידושו הוא כשאוכל עם אחרים, דהא דשבת היא גמ' מפורשת› [ח] ‹שאם דעתו לאכול יותר, ועיקר ברכת המוציא קאי על מה שאוכל תיכף לברכה, ומה שאוכל אחר כך נפטר ונגרר אחר אכילה זו, אף שכבר מפסיק בשיחה ושאר דברים, בזה איכא למימר שאם אכל בשעת המוציא פחות מכזית, אין אכילה זו חשובה שיגרר אחריו מה שיאכל אח"כ לפטרו מן הברכה - דגו"מ לפרש המ"א› [ט] **ברכות ל"ט** ‹כרבי יוחנן - גר"א› [י] **תוספות** ‹ד"ה אבל› **והרא"ש והמרדכי** [יא] ‹הנה לכאורה היה נראה הטעם, משום בזיון הפת, דכיון שכבר נטלו בידו, הוי בזיון כשיניחנו, וכעין הא דאין מעבירין על המצות, וא"כ כ"ש בנטל פרוסה ורוצה ליטול פרוסה אחרת, דאין לעשות כן אא"כ יברך על שניהם, ואם באמת כן הוא, הרי נראה דממילא כן הדין בכל מיני מאכל, ולכאורה מסתימת הפוסקים וממנהג העולם לא משמע כן, **ובכה"ח** כתב דמיירי שהתחיל כבר לברך על הפרוסה, ולא נראה לכאורה כן מסתימת הדבר, וצ"ע - משנה הלכה› [יב] ‹ע"פ הב"י וז"ל: אהא דהביאו לפניו פתיתין ושלימין, והלכה כרבי יוחנן דשלימים עיקר, וכתב הר"ם דה"ה אם שתי שלימות ממין אחד, אחת גדולה ואחת קטנה, דמברך על הגדולה. ‹**דלא** פליג רבי יוחנן אלא משום דהיא שלימה - גר"א› [יג] **מרדכי והג"מ**

[יד]**אם יש לאדם שני חצאי לחם ואין לו לחם שלם, יחברם יחד בעץ או בשום דבר שלא יהא נראה, ודינו כדין שלם** - אבל אם נראה להדיא שנתחבר יחד, לא מקרי שלם, [**ודוקא** אם נראה להדיא, דמקרוב כשמסתכלין בו, הלא לעולם נראה שהוא נתחבר משני חצאין].

ואפי' בשבת יכול לחברם - [טו]ומ"מ ם יש לו אחר שלם, לא יבצע ע"ז.

יחברם יחד כו' - והמ"א מפקפק בזה, ודעתו דבחול א"צ להדר אחר זה, ורק דבשבת דבעינן לחם משנה שלם, יעשה זה, **ורק** שיזהר שלא יקח עץ שהוא מוקצה לזה, **ובא"ר** נוטה לדעת השו"ע.

[טז]**סימן קסח ס"ג - [יז]שני גלוסקאות הדבוקים יחד שנאפו, ונחתך מן האחת והשְׁניה נשארה שלמה, טוב להפריד החתיכה מהשלמה כדי שתהא נראית שלימה, ממה שיניחנה דבוק בה אע"פ שנראית יותר גדולה** - דמעלת שלם עדיף ממעלת גדול, וכנ"ל בס"א.

הגה: ולא יבצע ממנה במקום שהיתה דבוקה בחברתה, שאם נראית כפרוסה, אלא יבצע ממקום השלם שבה (מהרי"ל)

- ודוקא בזה דבאמת שלמה היא, ורק במקום שהיתה דבוקה נראית כפרוסה, לכן יבצע מצד השלם, **אבל** בפרוסה ממש, אין קפידא שיבצע מצד השלם, ודי שיחתוך מן הצד.

אות ב'* [יח]

תוס' ד"ה אבל: פתיתין ושלמין ממין אחד, אפילו יהיו הפתיתין מפת נקיה והשלמין מפת קיבר, מברך על השלמין

פת כשר ופת של נכרי, מברך על הכשר (תחלה)

אבל אם פת של נכרי חביב ונקי, ופת של ישראל אינו חביב, מברך לאיזה שירצה

אבל רבינו שמשון נוהג לסלק הפת לבן של נכרי מעל השלחן עד לאחר ברכת המוציא

שני שלמין ממין אחד, אם אחד יותר נקי, מברך על הנקי דחביב ליה טפי

סימן קסח ס"ד - [יט]פת שעורין ופת כוסמין, מברך על של שעורים כיון שהוא ממין ז' - אף דכוסמין חשבינן נמי בכלל שבעת המינים, דמין חטים הוא, **מ"מ** אינו מפורש בהדיא בקרא דז' המינין, ולכן שעורים חשיב טפי ממנה.

אע"פ שהכוסמין יפים - וחביב עליו, דמעלת מין ז' עדיף, כדלקמן בסימן רי"א, **ושם** מבואר די"א דחביב קודם - מ"א, ולפי"ז לא משכחת דין זה, כי אם בששניהם שוים בעיניו.

ולענין כוסמין ושיפון, דשניהם אינם מפורשים בקרא, כוסמין עדיף, דהוא מין חטים, **ושיפון** ושבולת שועל, דשניהם מין שעורים, שיפון עדיף, שהוא חביב טפי.

פת נקיה ופת קיבר - ושניהם מין אחד, ‹מברך על הנקיה›, **דאם** הפת קיבר חשיב במינו מן הנקיה, כגון חטים לגבי שעורים, או שעורים לגבי כוסמין, הוא קודם.

מברך על הנקיה - ואף דהקיבר גדול ממנה, דמעלת הנקיות עדיף, **ומיירי** שהיו שניהם שוים שלמים או פרוסים, דאם הקיבר לבד שלם, הוא קודם להנקיה הפרוסה, וכנ"ל בס"א.

וזה הכלל מסעיפים אלו: מעלת שבעת המינים קודם לכל, [ובז' מינים גופא, אותם דאקדמיה קרא הוא קודם], ואחריו מעלת השלם, ואחריו מעלת הנקי, ואחריו מעלת הגדול, **ולענין** מעלת חביב, עיין סימן רי"א.

[כ]**ואם שתיהן נקיות וזו לבנה יותר מזו, מברך על הלבנה יותר** - ואף אם השניה גדולה ממנה, אם לא שהוא חביב עליו יותר, [**ונ"ל** דאפי' שניהם שוים בגדלות, הוא קודם משום דחביב].

סימן קסח ס"ה - [כא]פת עובד כוכבים נקיה ופת קיבר של ישראל, אם אינו נזהר מפת עובד כוכבים, מברך על איזה מהם שירצה - דכל אחד יש לו מעלה, זה שהוא פת ישראל, דפת עכו"ם לא התירו אלא מדוחק, וזה שהוא נקי, **אבל** בשוין, פשיטא דפת ישראל קודם לברך עליו.

[כב]**ואם הוא נזהר מפת עובד כוכבים, מסלק פת נקי של עובד כוכבים מעל השלחן עד לאחר ברכת "המוציא"** - דין זה נובע מדברי השר מקוצי, שחשש שאם יהיה מונח על השלחן, יהיה בעת הברכה חביבה עליו, מפני שהיא נקיה, ואפשר שיצטרך לברך עליו מפני זה, **והרבה** מאחרונים מפקפקין מאד בזה, [כג]דכיון שהוא נזהר ומחזיק זה לאיסור, מאי אהני ליה חביבותיה, **ומ"מ** לכתחלה טוב לחוש לדבריו ולסלק.

באר הגולה

[יד] רוקח [טו] ‹משמע דרק בשבת לא חשיב לגמרי כשלם, משום לחם משנה, ומלשון השו"ע משמע דגם בחול, הא דמהני חיבור היינו רק אם אין לו לחם שלם - אור החמה› [טז] ‹ע"פ המ"ב והגר"א וז"ל: כנ"ל ס"א› [יז] **כתבי מהר"ר ישראל** [יח] ‹ע"פ הב"י והבאר הגולה› [יט] **ירושלמי פ"ו דברכות וכתבו שם התוס'** ‹תוס' ר' יהודה החסיד› **והרא"ש והרשב"א** [כ] **ב"י מדברי התוס'** ‹ד"ה אבל. שני שלימים ממין אחד, אם האחד יותר נקי, מברך על הנקיה דחביב ליה טפי. ומשמע לי דאפילו שתיהם נקיות, אלא שזה לבן מזה, מברך על היותר לבן, דהא ודאי חשיב חביב טפי - ב"י› [כא] **תוספות** ‹ד"ה אבל› **והרא"ש והמרדכי מהירושלמי שם** [כב] **תוס'** ‹ד"ה אבל› **בשם ר"ש** [כג] ‹צ"ע בזה, שהרי נתן הברירה על איזה מהם שירצה לברך, וש"מ דאם לא ירצה לברך על של נכרי הנקי, רשות בידו, אבל א"צ לסלק של נכרי מעל השלחן בשביל מה דלא יברך עליו - חמד משה›

ואם בעה"ב אינו נזהר מפת עכו"ם, [כד]**ואין דעתו לאכול כל הסעודה רק פת עכו"ם כי היא נקיה, אבל בני ביתו אוכלים מפת שאינו נקי של ישראל, ושתי הלחם מונחים על השלחן, צריך לבצוע על פת נקיה של עכו"ם, הואיל והוא הבוצע ואין דעתו לאכול אלא מאותו פת** - פי' דאף דבריש הסעיף כתב, דמברך על איזו שירצה, היינו היכא שבדעתו לאכול הסעודה משתיהם, אבל זה שאין דעתו לאכול כלל רק פת עו"ג זה, א"צ לברך על פת אחר, אף שהוא חשיב טפי, וכנ"ל בס"א בהג"ה, **ואף** דמוציא את בני ביתו בברכת "המוציא", והם אינם אוכלים מזה אלא מפת כשר, מ"מ כיון דהוא אינו חפץ לאכול אלא זה, והוא הבעה"ב, הוא העיקר ואזלינן בתריה, ויברך על פת שהוא אוכל, (והם יצאו בברכתו ויאכלו מהפת הכשר - מ"ב המבואר).

[כה]**ואם בעה"ב נזהר מפת עכו"ם, וישראל שאינו נזהר בכך מיסב עמו על השלחן, כיון דמצוה מוטלת על בעה"ב** - פי' לבצוע ולהוציא את אחרים בברכתו, כמו שאמרו: בעה"ב בוצע כדי שיבצע בעין יפה, **יבצע מן היפה של עכו"ם** - כיון שהאורח יאכל מפת עו"ג, שהוא יפה ונקי, התירו לו גם כן לבעה"ב לבצוע על הפת של עו"ג, מפני כבוד האורח, **וכיון שהותר לבצוע הותר לכל הסעודה** - אבל בלא אורח אינו מותר כלל למי שנזהר מפת עו"ג לברך על הפת זה, אלא יסלקם מעל השלחן וכדלעיל, (והרבה אחרונים מפקפקין על היתר זה, דהוי כנדר וצריך התרה).

ודע, דכהיום שהמנהג שכל אחד מברך לעצמו ברכת "המוציא", לכאורה לא שייך כלל דין זה, אלא כל אחד יברך על פתו שאוכל.

הגה: ודוקא שחביב עליו אותו פת, אבל אם אינו חביב עליו בלא איסור פת של עובד כוכבים, אינו צריך להקדימו (תה"ד) - ר"ל דכ"ז אם הפת זה בעצם חביבה עליו, ורק שהוא מונע עצמו מפני שהוא פת עו"ג, התירו לו בכאן מפני האורחים, **אבל** אם אינו חביב עליו בעצם פת זה, ואינו חפץ בו, יברך על פתו הכשרה.

אות ג'

תורמין בצל קטן שלם, אבל לא חצי בצל גדול

רמב"ם פ"ה מהל' תרומות ה"ב - תורמין בצל שלם, אע"פ שהוא קטן, אבל לא חצי בצל אע"פ שהוא גדול, [כו]**בכל מקום; אין תורמין ממין על שאינו מינו, שנאמר: כדגן מן הגורן וכמלאה מן היקב, ואם תרם אין תרומתו תרומה.**

אות ד'

כל מקום שיש כהן, תורם מן היפה; וכל מקום שאין כהן, תורם מן המתקיים

רמב"ם פ"ה מהל' תרומות ה"א - אין תורמין אלא מן היפה, שנאמר: בהרימכם את חלבו ממנו; ואם אין שם כהן, תורם מן המתקיים, אע"פ שיש שם יפה שאינו מתקיים; כיצד תורם תאנים על הגרוגרות, ובמקום שאין שם כהן תורם גרוגרות על התאנים; ואם רגיל לעשות תאנים גרוגרות, תורם מן התאנים על הגרוגרות אפילו במקום שאין שם כהן; אבל במקום שיש בו כהן, אין תורמין מן הגרוגרות על התאנים, אפילו למקום שדרכן לעשות תאנים גרוגרות.

אות ה'

מניח פרוסה בתוך השלמה ובוצע

סימן קסח ס"א - [כז]**אבל אם השלם משעורים והחתיכות מחטים, אפי' היא** - (חתיכה של חטים - ב"י) **קטנה, מניח הפרוסה תחת השלימה,** [כח]**ובוצע משתיהן יחד** - כדי לקיים מעלת השלמה דשעורין, ומעלת החיטין דחשיבא טפי משעורין, משום דאקדמיה בפסוק, כדכתיב: ארץ חטה ושעורה וגו'.

ומבואר בש"ס, דמעיקר הדין פרוסה של חטין עדיפא, אלא לצאת ידי שמים כל המעלות, צריך להניח הפרוסה תחת השלמה וכו', **ואפילו** הפרוסה גדולה מהשלמה, נמי טוב שיניח שתיהם ביחד.

וכתב המ"א, דמ"מ אם היה השלמה מפת של שיפון, הוא שאנו קורין דגן, ורוב הלחמים שלנו ממנו הוא, והפרוסה של חיטין, וכן אם היה של שעורין, **אין** להחמיר לבצוע על השלמה עם הפרוסה, אלא יבצע על הפרוסה לבד, דשיפון קיל אף משעורים, משום דאין נזכרת בקרא בהדיא, [**וכ"ש** אם הפרוסה של חטים הוא של ישראל, והשלמה משיפון הוא משל עכו"ם, והיינו אף למי שאינו נזהר מפת של עכו"ם].

[**טעם** זה באמת אין פשוט כ"כ לחלק בזה, דלענין מעלת השלם שפיר יש לומר דאין חילוק בין זה לשעורים ממש, דעכ"פ שלמה מצוה מן המובחר. **אך** המ"א סמך לזה עוד, משום דבלא"ה לרש"י וסיעתו לעולם א"צ לברך אלא על פרוסת חטים לחוד].

באר הגולה

[כד] ת"ה [כה] מרדכי בפ"ב בשם ראבי"ה מהירושלמי [כו] (כלומר בין שיש שם כהן בין שאין שם כהן - כסף משנה). (**מבואר** מדבריו, דחכמים ס"ל דאפילו במקום שיש כהן תורם הקטן השלם ולא החצי הגדול, והוא נגד הש"ס, וזהו כמו הסברא הקודמת בברכות שם, דר"י סבר חשוב עדיף משלם, וחכמים סברי שלם עדיף מחשוב, ונראה דלהרמב"ם פסיקא ליה כן, ותירוץ הש"ס דיחויא בעלמא הוא כדרך הש"ס בכ"מ, דאל"כ הרי זהו פלוגתא הקודמת ומאי קמ"ל, ועוד שהרי גם לענין המוציא קיי"ל דבמין אחד שלם עדיף מיפה, כמ"ש באו"ח ריש סי' קס"ח, וא"כ גם בתרומה ודאי כן הוא - ערוה"ש) [כז] (גמ' שם, ולדינא ודאי הפרוסה עדיפה, אלא לצאת י"ש, כמש"כ שם י"ש יוצא כו', ולפי' תוס' קאי אסיפא {על פרוסה של חיטין ושלימה של שעורין}, דממין א' לד"ה שלם עדיף, כיון שהיא פרוסה קטנה - גר"א), {דפרוסה היא חתיכה קטנה, ופתיתין הם גדולים מהשלימה - דמשק אליעזר} [כח] **רש"י ללשון שני** (לכאורה צ"ל ראשון) **והרמב"ם** (כלשון ראשון ברש"י, {או משתיהן}, דללשון שני קשה מאי קאמר הכל מודים בפסח כו', בפסח ע"כ בוצע מהפרוסה כמש"כ שם הרא"ש. וגם א"א לומר מהפרוסה לבד, כמ"ש תוס' שם ד"ה מניח כו', אבל לא כו' - גר"א)

(עיין במ"א שהביא בשם רש"ל, דאם אחר מיסב אצלו, יברך אחד על השלמה, ואחד על הפרוסה, ונתקשה המ"א על פשרה זו מאד, ויש מאחרונים שיישבו בדוחק קושית המ"א, **ובבגדי ישע** ראיתי, שאף רש"ל לא קאמר דיברך כל אחד לעצמו, אלא הבעה"ב יברך על הפרוסת חיטין, ויוציא להמיסב אצלו בברכתו, ובאופן זה טוב יותר שהאורח יאחז השלמה בעת הברכה, דמינכר טפי עי"ז שיש לה ג"כ מעלה, משיניחו שתיהן ביחד, דלא מינכר חשיבותא דכל חד כ"כ, עי"ש ונכון).

הגה: וכל זה כשרוצה לאכול משניהם, אבל אם אינו רוצה לאכול אלא מאחד, יבצע עליו ואין לחוש לשני, אע"פ שחשוב או חביב עליו (תה"ד) - אע"פ שהוא לפניו והוא מוקדם בפסוק, או חביב או חשוב, אינו חייב לאכול ממנו בשביל הקדמה זו, **ומסתברא** דדוקא אם אינו רוצה לאכול אלא מאחד, אבל אם ברצונו שוה הוא לאכול מזה או מזה, ושניהם מונחים לפניו, אף שאינו רוצה לאכול משניהם יחד, מצוה מן המובחר לבצוע על המוקדם בפסוק ושארי המעלות.

אות ו'

בפסח שמניח פרוסה בתוך שלמה ובוצע

סימן תעה ס"א - ויקח המצות כסדר שהניחם, הפרוסה בין שתי השלימות, [כט] **ויאחזם בידו** - כל שלשתן, העליונה והתחתונה בשביל לחם משנה, והפרוסה ע"ש לחם עוני.

אות ז' – ח'

ובשבת חייב אדם לבצוע על שתי ככרות

דנקיט תרתי ובצע חדא

סימן רעד ס"א - בוצע על שתי ככרות (שלימות) - זכר למן, דכתיב: לקטו לחם משנה, **וגם** ביו"ט צריך לבצוע על שתי ככרות, **וגם** הנשים מחויבות בלחם משנה, שהיו ג"כ בנס המן, **ואם** יוצא בלחם משנה בפת הבאה בכיסנין, ע"ל בסימן קס"ח ס"ז שם במ"ב ובה"ל, ‹לא מצאתי – שונה הלכות›.

ועוגה שנשרפה קצת, ועדיין לא נחתך ממנה, יש אומרים דיוצאין בו לענין לחם משנה, עיין בשע"ת.

אם אין לו פת שלמה, אינו מעכב, ויכול לקדש אפילו על כזית פת.

ונכון לנהוג שזה שבוצע יכוין לפטור בברכת "המוציא" כל המסובין, וגם יאמר להמסובין שיכוונו לצאת בברכתו, כדי שכולם יצאו בלחם משנה, **וכשמוציא** אחרים יאמר "ברשות רבותי", אע"פ שהוא הבעה"ב או הגדול, והוא מדרך ענוה.

שאוחז שתיהן בידו - בשעת "המוציא", **ובוצע התחתונה** - הב"ח תמה, דאין מעבירין על המצות, **והט"ז** תיקן זה, ונהג להניח התחתון קרוב אליו יותר מן העליון, ונמצא שפוגע תחלה בתחתונה, **או** לוקחין העליונה בשעת ברכת "המוציא" ומניחין אותה למטה, ובוצעין עליה.

ובוצע התחתונה - שהרי לא נאמר לחם משנה אלא בלקיטה, **ורש"ל** ושל"ה נהגו לחתוך שניהם, [ל] כפירוש הרשב"א, וכן הסכים הגר"א, **ואם** מקפיד על ההוצאה, עושה ג' חלות גדולות וג' קטנות, ובכל סעודה בוצע אחת גדולה ואחת קטנה, **והעולם** נוהגין כהשו"ע.

הגה: ודוקא בלילי שבת (ד"ע), אבל ביום השבת או בלילי יו"ט, בוצע על העליונה (כל בו והגהות מיימוני), והטעם הוא על דרך הקבלה.

ועיין לעיל בסי' קס"ז בהג"ה, שלא יחתוך בככר עד אחר הברכה, כדי שיהיו הככרות שלמות, **והמדקדקים** רגילים לרשום בסכין קודם ברכה.

כתב הפמ"ג, אם אין לו בשבת פת ישראל כי אם פת א"י, מותר לאכול ממנו, ועי"ש עוד.

אות ט'

הוה בצע אכולא שירותא

סימן רעד ס"ב - [לא] **מצוה לבצוע בשבת פרוסה גדולה שתספיק לו לכל הסעודה** - ולא מחזי כרעבתן, כיון שאינו עושה כן בחול, ודאי כונתו שחביב עליו המצוה ורוצה לאכול הרבה. **(וע"ל סי' קס"ז).**

[אות י']

כי הוה מתרמי להו ריפתא דערובא, מברכין עליה המוציא לחם מן הארץ

סימן רצד ס"ב - ויש לבצוע עליו בשחרית בשבת - הטעם, הואיל ואיתעביד ביה חדא מצוה, נעשה בו מצוה אחרת, **ואף** דיוכל לאכלו גם בערבית כנ"ל, מ"מ טוב יותר לבצוע עליו בשחרית, משום דפעמים מקדים לאכול בערבית קודם חשיכה.

באר הגולה

[כט] **ברכות ל"ט** [ל] ‹והרשב"א כתב בפ' כיצד מברכין שאינו מחוור בעיניו פירוש זה {של רש"י: "אמר רב אשי חזינא ליה לרב כהנא דנקט תרתי ובצע חדא, אמר לקטו כתיב". דמשמע אחיזה, אבל בציעה לא כתיב משנה. "רבי זירא הוה בצע אכולה שירותיה". פרוסה גדולה, ודי לו בה לאותה סעודה, ולכבוד שבת, ונראה כמחבב סעודת שבת להתחזק ולאכול הרבה}, **אלא** הכי פירושו, בצע על כל הככרות המונחים לפניו לאכול, וכן פי' רבינו האי וז"ל: אי מברך אינש בשבת אתרתי ובצע חדא כרב כהנא, שפיר דמי, ואי בצע לתרווייהו אפי' לכולא שירותיה {פי' בצע על כל הככרות המונחים לפניו לאכול} כרבי זירא, שפיר דמי – ב"י›

[לא] **שם** ‹שבת קי"ז› **וכרבי זירא לפי פירוש רש"י, ובברכות ל"ט**

§ מסכת ברכות דף מ. §

אות א' - ב'

<u>טול ברוך טול ברוך, אינו צריך לברך... אפילו הביאו מלח הביאו לפתן, נמי אינו צריך לברך</u>

<u>אפילו גביל לתורי, נמי אינו צריך לברך</u>

סימן קסז ס"ו - [א]יאכל מיד - דלכתחלה אסור להפסיק בשתיקה יותר מכדי דיבור.

ולא ישיח בין ברכה לאכילה - עד שיכלה ללעוס קצת מהפרוסה ויבלענו, כיון דפסק השו"ע לקמן בסוף סימן ר"י, דבטועם לבד אם לא בלע א"צ ברכה, א"כ עיקר הברכה על הבליעה, **וכן** אם רבים המסובין, וכל א' יש לו ככר ומברך לעצמו, לא יענה אמן על ברכתו של חבירו קודם שיטעום הוא על ברכתו, (**ויש ליזהר בזה הרבה, דדעת המ"א וא"ר, דמה שלועס לא מקרי עדיין אכילה, וא"כ כששח הוי הפסק** בין הברכה לאכילה).

ומ"מ אם עבר ושח בעודו לועס קודם שבלע הפרוסה, בדברים שאינו מצרכי סעודה, צ"ע אם צריך לחזור ולברך, (**דהרבה אחרונים כתבו**, דאף שלכתחלה בודאי צריך ליזהר בזה, מ"מ בדיעבד כשעבר ושח בשעה שהוא לועס בפיו, א"צ לחזור ולברך, דהלעיסה ג"כ אתחלתא דאכילה היא), **ובח"א** מצדד, דאפילו לא בלע רק הטעם שמצץ בפיו מן הלעיסה, א"צ לחזור ולברך, (**וכפי הנראה לדינא**, לכאורה יש לנהוג למעשה כהכרעת הח"א, **ואפשר עוד**, דאפילו המ"א מודה היכא דבלע הטעם שיש בפיו מן הלעיסה, שא"צ לחזור ולברך, דעי"ז חלה הברכה).

אמנם א"צ שיאכל דוקא שיעור כזית קודם שידבר, דאפילו אם אכל רק פחות מכזית אחר הברכה, חשיבא אכילה לענין זה, דמותר לדבר אח"כ אם הוא צריך לכך, **ושלא** במקום הדחק, טוב שיאכל מתחלה שיעור כזית.

[**וגם** צריך ליזהר שלא ילך ממקום למקום עד שיבלע הפרוסה, כי ההליכה חשיבא הפסק, **אא"כ** הוא לצורך אכילה שא"א בענין אחר, כגון שאין יכול לברך במקום אכילתו מחמת נקיות, דאז הוי כדיעבד].

ואם שח, צריך לחזור ולברך - אפי' שח תיבה אחת, **אא"כ היתה השיחה בדברים מענין דברים שמברכין עליו, כגון שבירך על הפת, וקודם שאכל אמר: הביאו מלח או ליפתן** - ואפי' פת שלנו דנקיה ומתובל בתבלין, דפסק השו"ע לעיל דא"צ להמתין עד שיביאו מלח ולפתן, מ"מ כיון שהוא חפץ לאכול הפת ע"י טיבול במלח ולפתן, הרי זה מעניני סעודה, [**וכתב** ב"י, דאפי' כשבירך לא היה דעתו ללפתן ומלח, ואחר שברך אמר להביאם, צרכי סעודה מקרי].

[ב]תנו לפלוני לאכול - בין עני ובין עשיר, ואפי' לא אמר שיתנו לו מפרוסת המוציא, אלא אמר לבני ביתו שיתנו לו ככר שיברך בעצמו, מ"מ מעניני סעודה הוא.

תנו מאכל לבהמה - ג"כ מעניני סעודה הוא, דאסור לטעום קודם שיתן לבהמתו, **כתב** המ"א בשם ס"ח, דלשתות, אדם קודם לבהמה, כדכתיב ברבקה שאמרה להעבד: שתה וגם גמליך אשקה, **וכיוצא באלו, א"צ לברך** - ואפי' הפסיק בדברים שאינו לצורך פרוסת המוציא, רק מעניני צרכי סעודה, ואפי' דיבר להביא הכלים שהן לצורך הסעודה, לא הוי הפסק.

הגה: [ג]ומ"מ לכתחלה לא יפסיק כלל (כל בו) - בכל אלו הדברים, **ואפילו** אם היה פת שאינו נקי דצריך להמלח, ג"כ אסור להפסיק קודם שיבלע מעט.

(**והיינו אפילו ב"תנו לבהמה", כן משמע מסתימת הכל בו, וכן הביא** בשיורי ברכה משם ספר האורה, וכן מוכח בה"ג ובספר האשכול, **והנה** המ"א הביא בשם תשובת מהר"מ, דלאכול קודם הבהמה הוא איסור דאורייתא, ומשמע דס"ל דהוא דרשה גמורה ולא אסמכתא, **ולפי"ז** פשוט דאפילו בירך "המוציא", צריך להפסיק, **אבל** מהפוסקים הנ"ל מוכח דלא ס"ל הכי).

והא דאם שח דברים בטלים צריך לחזור ולברך, היינו דוקא ששח קודם שאכל הבוצע - "ששח הבוצע קודם שאכל" - כצ"ל.

אבל אח"כ לא הוי שיחה הפסק, אעפ"י שעדיין לא אכלו אחרים המסובים, כבר יצאו כולם באכילת הבוצע, כי אין צריכים כולם לאכול מן פרוסת הבוצע, רק שעושין כן לחבוב מצוה (רוקח ואור זרוע) - פי' אפילו השיחו אח"כ השומעים ויוצאים בברכתו, קודם שטעמו, ג"כ אין קפידא בדיעבד, הואיל וכבר חלה ברכת המברך, **מיהו** לכתחלה בודאי אסור לכל אחד מהשומעים להפסיק קודם שיטעום.

והנה זהו רק דעת הרמ"א, אבל כמעט כל האחרונים חולקים עליו, וסבירא להו דלא עדיף השומע מהמברך עצמו, כששח קודם טעימתו שחוזר ומברך, וה"נ השומעים, אם הפסיקו בדברים קודם טעימתן, שחוזרין ומברכין.

ואם המברך שח קודם שטעם, אף שהשומעים לא שחו כלל, משמע מהפוסקים לכאורה, דשוב אינם יוצאים בהברכה, **וצ"ע** לדינא.

באר הגולה

[א] **ברכות שם** [ב] ‹נראה מדברי רש"י, שאע"פ ששח מצרכי סעודה, אם אינו דבר דשייך לפרוסת המוציא, הוי הפסק, וגביל לתורי חשיב שייך לפרוסת המוציא, כיון שאסור לטעום עד שיאכיל לבהמתו, אבל מדברי הרמב"ם "תנו לפלוני לאכול" נראה, שכל שהשיחה מענין אכילה, לא הויא הפסק, ואין צריך שתהא שיחה מענין פרוסת המוציא בדוקא, דהא תנו לפלוני לאכול, לא משמע מלישניה שאומר להאכילו מפרוסת המוציא, וכיון דספק ברכות הוא, נקטינן לקולא - ב"י›
[ג] ‹כן משמע בגמ' שאמרו א"צ לברך כו' - גר"א›

כיצד מברכין פרק ששי ברכות מ

אמר רב *טול ברוך טול ברוך אינו צריך לברך הבא מלח הבא לפתן צריך לברך ור' יוחנן אמר אפי' הביאו מלח הביאו לפתן נמי א"צ לברך גביל לתורי גביל לתורי צריך לברך ורב ששת אמר גאפילו גביל לתורי נמי אינו צריך לברך דאמר *רב יהודה אמר *רב [ג] אסור לאדם *שיאכל קודם שיתן מאכל לבהמתו שנא' °ונתתי עשב בשדך לבהמתך והדר ואכלת ושבעת: אמר רבא בר שמואל משום רבי חייא דאין הבוצע רשאי לבצוע עד שיביאו מלח או לפתן לפני כל אחד ואחד רבא בר שמואל אקלע לבי ריש גלותא אפיקו ליה ריפתא ובצע להדיא אמרו ליה הדר מר משמעתיה אמר להו דלית דין צריך בשש: ואמר רבא בר שמואל משום רבי חייא * האין מי רגלים כלים אלא בישיבה אמר רב כהנא ובעפר תיחוח אפילו בעמידה ואי ליכא עפר תיחוח יעמוד במקום גבוה וישתין למקום מדרון: ואמר רבא בר שמואל משמיה דר' חייא ואחר כל אכילתך אכול מלח ואחר כל שתייתך שתה מים ואי אתה נזוק תניא נמי הכי אחר כל אכילתך אכול מלח ואחר כל שתייתך שתה מים ואי אתה נזוק תניא אידך זאכל כל מאכל ולא אכל מלח שתה כל משקין ולא שתה מים ביום ידאג מן ריח הפה ובלילה ידאג מפני אסכרה: ת"ר המקפה אכילתו במים אינו בא לידי חולי מעים חוכמה אמר רב חסדא קיתון לפת אמר רב מרי א"ר יוחנן הרגיל בעדשים אחת לשלשים יום מונע אסכרה מתוך ביתו טאבל כל יומא לא מ"ט משום דקשה לריח הפה ואמר רב מרי אמר רבי יוחנן הרגיל בחרדל אחת לשלשים יום מונע חלאים מתוך ביתו יאבל כל יומא לא מ"ט משום דקשה לחולשא דלבא אמר רב חייא בר אשי אמר רב הרגיל בדגים קטנים אינו בא לידי חולי מעים ולא עוד * אלא שדגים קטנים מפרין ומרבין ומברין כל גופו של אדם א"ר חמא ברבי חנינא *הרגיל בקצח אינו בא לידי כאב לב מיתיבי רשב"ג אומר קצח אחד משששים סמני המות הוא והישן למזרח גרנו דמו בראשו לא קשיא הא בריחו הא בטעמו אימיה דרבי ירמיה אפיא ליה ריפתא ומדבקא ליה ומקלפא ליה: ר' יהודה אומר בורא מיני דשאים: א"ר זירא ואיתימא *ר' חיננא בר פפא כאין הלכה כרבי יהודה *וא"ר זירא ואיתימא ר' חיננא בר פפא מ"ט דרבי יהודה אמר קרא °ברוך ה' יום יום וכי ביום מברכין אותו ובלילה אין מברכין אותו אלא לומר לך כל יום ויום תן לו מעין ברכותיו הכא נמי כל מין ומין תן לו מעין ברכותיו. *וא"ר זירא ואיתימא ר' חיננא בר פפא בא וראה שלא כמדת הקב"ה מדת בשר ודם כלי ריקן מחזיק מלא אינו מחזיק אבל הקב"ה אינו כן מלא מחזיק ריקן אינו מחזיק שנאמר °ויאמר אם שמוע תשמע אם שמוע תשמע ואם לאו לא תשמע ד"א אם שמוע בישן תשמע בחדש ואם יפנה לבבך שוב לא תשמע: **מתני'** לבירך על פירות האילן בורא פרי האדמה יצא ועל פירות הארץ בורא פרי העץ לא יצא ועל כולם *אם אמר שהכל נהיה בדברו יצא:

גמ' מאן תנא דעיקר אילן ארעא היא אמר רב נחמן בר יצחק ר' יהודה היא דתנן * מיבש המעין ונקצץ האילן מביא ואינו קורא ר' יהודה אומר מביא וקורא: על פירות הארץ וכו': פשיטא א"ר נחמן בר יצחק לא נצרכה אלא לר' יהודה דאמר חטה מין אילן היא דתניא *אילן שאכל ממנו אדם הראשון רבי מאיר אומר גפן היה שאין לך דבר שמביא יללה על האדם אלא יין שנאמר °וישת מן היין וישכר רבי נחמיה אומר תאנה היתה שבדבר *שנתקלקלו בו נתקנו שנאמר °ויתפרו עלה תאנה ר"י אומר חטה היתה שאין התינוק יודע לקרות אבא ואמא עד שיטעום טעם דגן ס"ד אמינא הואיל ואמר רבי יהודה חטה מין אילן היא ליברך עליה בורא פרי העץ קמשמע לן יהיכא מברכינן בורא פרי העץ היכא דכי שקלת ליה לפירי איתיה לגווזא והדר מפיק אבל

רש"י

טול ברוך. הבוצע קודם שטעם מן הפרוסה שאכלו וא"ל טול מפרוסת הברכה אף על פי ששח בינתים אין צריך לחזור לברך ואף על גב דשיחה הויא הפסקה כדאמרינן במנחות (פרק ג' דף לו.) שח בין תפילין לתפילין צריך לברך וכן בכסוי הדם *הך שיחה לורך ברכה ולא מפסקא: **הביאו מלח**. נמי אין צריך לברך שאף זו לורך ברכה שתהא פרוסה של ברכה נאכלת בטעם: **גביל לתורי**. גביל את המורסן במים לצורך השוורים: **ובצע לה להדיא**. כלומר מיד ולא המתין למלח ולפתן: **בשש**. עכוב כמו בושש רכבו (שופטים ה) כלומר פת נקיה היא זו ואין צריכה לפתן: **אין מי רגלים כלים**. מן הגוף אלא בישיבה לפי שכשהקלוח קרוב לפיסוק הוא דואג שלא יפלו נצוצות על רגליו ומפסיק: **בעפר תיחוח**. ליכא נצוצות: **אסכרה**. בו"ן מלא"ט: **המקפה אכילתו במים**. שותה מים הרבה אחר אכילתו עד שאכילתו לפה במים ויצף הברזל מתרגמינן וקפא פרזלא (מלכים ב ו): **מונע אסכרה**. שהחולי בא מחמת עכור בני מעים והעדשים משלשלים: **קצח**. רבותינו מפרשים ניילא"ה בלע"ז אבל אני שמעתי מין זרעים שזורעין אותו בארץ ישמעאל: **למזרח גורנו**. של קצח שרוח מערבית רוח לחה ומתוכתה היא ומכנסת הריח בתוך הגוף: **הא בריחו הא בטעמו**. הריח קשה והטעם טוב: **מדבקא ליה**. בריפתא עד שקלט הטעם: **ומקלפא ליה**. בשביל הריח: **כל יום ויום**. בשבת מעין שבת ביום טוב מעין יו"ט: **כלי מלא**. אדם חכם: **אם שמוע**. פעם אחת סופך שתטה אזן פעם אחרת: **אם תשמע בישן**. שנית ושלשת מה ששמעת אשתקד: **דעיקר אילן ארעא היא**. דעיקר כל הפירות היא הארץ והכל גדל הימנה: **יבש המעין ונקצץ האילן**. היה לו בית השלחין ובו מעין שהוא משקהו ממנו וקצר בכורים ממנו ואחר כך יבש המעין וכן שדה האילן וקצץ בכורים ממנו ואח"כ נקצץ האילן: **מביא ואינו קורא**. שאינו יכול לומר מן האדמה אשר נתתה לי דכיון דיבש המעין ונקצץ האילן ממנה בטלה לה ארעא: **מביא וקורא**. שהארץ היא עיקר: **שסוא סביא יללס**. וזה הביא מיתה: **שאין התינוק יודע לקרות אבא ואמא**. וזה נקרא עץ הדעת: **גווזא**. הענף של עץ: **מפיק**. פירי אחריני:

תוספות

הבא מלח כו' צריך לברך. דהוי היסח הדעת והכי אמרי' בפ"ג דמנחות (דף לו.) שח בין תפילין לתפילין צריך לברך וכן הלכה אם שח בין ברכת המוציא לאכילה ובין ברכת קידוש לשתיה צריך לחזור ולברך אי לאו מילתא דשייכא לסעודה כמו טול ברוך וכן בשחיטה צריך לחזור ולברך אי לאו ממילתא דשחיטה כמו העוד יותר בהמות ותרנגולים לשחוט או שיאמר אחוז היטב שלא ישמט לך שלא תפסל השחיטה אין זו הפסקה ואנו אין אנו רגילים להביא על השלחן לא מלח ולא לפתן משום דפת שלנו חשוב והרי הוא כי הא דאמר בסמוך לית דין צריך בשש ונויהו רבי מנחם היה מדקדק מאד להביא מלח על השלחן כדאיתא במדרש כשישראל יושבין על השלחן וממתינין זה את זה עד שיטלו ידיהם והן בלא מצות השטן מקטרג עליהם וברית מלח מגין עליהם:

רבי יהודה היא דתנן יבש המעין וכו'. ונראה דהלכה כרבי יהודה דסתם לן תנא כוותיה ואם ברך על פירות האילן בורא פרי האדמה יצא:

יבש המעין כו'. יש מפרשים לכך מביא ואינו קורא מפני שאינו נראה כמשבח להקב"ה אלא כקובל על מה שנתן לו אדמה שאינה ראויה לפירות:

איתיה לגווזא והדר אתי. מהכא נראה דתותים ופריזיי"ש ובוטונ"ש וכיוצא בהן צריכין לברך עליהם בורא פרי העץ שהרי דרך העץ להתקיים ימים רבים וכי שקיל הפרי בשנה זו הדר אתי פרי באותו העץ עצמו *מיהו הרב רבי מנחם הביא ראיה מירושלמי דמסכת כלאים *דמברכין על כל מיני דאטד בורא פרי האדמה דקאמר התם ההגין ואטדין מין אילן הם ואינן כלאים בכרם ופריך והתניא אלו הן מיני דשאים הקונדס והאטד ומשני תמן לברכה והכא לכלאים אלמא לענין ברכה מיני דשאין(א) ומיהו לדברי הכל פריזיי"ש צריך לברך עליהם בפה"ע דאינו גדל על אטדין ועלו מתקיים משנה לשנה:

ורבי

עין משפט נר מצוה

עד א ב מיי' פ"א מהל' ברכות הל' ח סמג עשין כז טוש"ע או"ח סי' קסז סעיף ו וסימן רו סעיף ג:

[ב] מיי' פ"ט מהלכות עבדים הל' ח סמג עשין פו וז"ל ומקדימין מזון הבהמות ועבדים לסעודת עצמו הרי הוא אומר כעיני עבדים אל יד אדוניהם כעיני שפחה אל יד גברתה וגו'ק]:

עה ג ד מיי' פ"ז מהל' ברכות הלכה ג סמג עשין כז טוש"ע או"ח סי' קסז סעיף ה:

[בגיטין איתא שימשום בלום עד שיתן וכו' וכן איתא ברי"ף וברא"ש]

עו ה מיי' פ"ד מהל' תפילין הל' יז טוש"ע או"ח סי' ג סעיף יג:

עז ו ז טוש"ע או"ח סי' קע סעיף כב בהגה וטוש"ע סי' קעט סעי' ו:

עח ח מיי' פ"ד מהל' דעות הלכה ב:

עט ט י שם הלכה ט:

פ כ מיי' פ"ח מהלכות ברכות הלכה א סמג עשין כז טוש"ע או"ח סימן רח סעיף א:

פא ל מיי' שם הלכה י וסמג שם טוש"ע או"ח סי' רו סעיף ה:

פב מ מיי' פ"ד מהל' בכורים הלכה יב:

פג נ טוש"ע או"ח סי' רג סעיף ב:

הגהות הב"ח

(א) תוס' ד"ה איתיה וכו' מיני דשאין הן ומיהו:

גליון הש"ס

גמ' סר"ל הואיל ואמר רבי יהודה חטה מין אילן. ע' שבת דף פ"ב ע"א תוס' ד"ה כוורת:

[ד]סימן קסז ס"ז - [ה]"ראובן שהיה נוטל ידיו לאכילה, ויעקב היה מברך "המוציא", ונתכוין להוציא השומעים - וגם השומעים כוונו לצאת בברכתו, **ואח"כ ניגב ראובן ידיו ובירך ענט"י, לא הוי הפסק ויוצא בברכת יעקב, וא"צ לחזור ולברך ברכת "המוציא"** - דהוי צורך סעודה וכנ"ל, **ואע"ג** דקי"ל שומע כעונה, וכבר פסק המ"א לעיל בסימן קנ"ח סי"א, דאם קודם שבירך ענט"י בירך "המוציא", לא יוכל לברך עוד ענט"י, **שאני** הכא דלא ניגב ידיו קודם ברכת "המוציא", ולא נגמר המצוה עדיין, **אבל** אם כבר נגב ג"כ, לא יכול לברך עוד ענט"י, כיון דכבר יצא בברכת "המוציא".

[**ואם** הנגיבה שלו היה אחר ברכת "המוציא" קודם שבירך ענט"י, יש לעיין בדבר, דאפשר שהכא עדיף טפי, כיון דבעת "המוציא" עדיין לא היה נגוב, לא יוכל הברכה לגרע אותו מברכת ענט"י, וצ"ע].

וה"ה כשכל הנטילה וברכת ענט"י היה אח"כ, ג"כ יוצא בדיעבד, דכל זה לא הוי הפסק, דהוי צורך סעודה וכנ"ל, **ולא** נקט לשון זה אלא להורות לנו, דאם ברכת ענט"י היה בשעה שיעקב בירך "המוציא", דלא יצא, דהרי צריך להבין ולשמוע מה שאומר המברך, ולא להפסיק בדברים אחרים, ואז שומע כעונה, **ובעו"ה** הרבה נכשלין בזה, בליל ש"ק כשהבעה"ב מוציא בני ביתו בקידוש.

[**ומסתברא** דאפי' יאמר: שכוונתי אז בלבי לברכת המברך, ג"כ לא יצא, כיון דמה שיוצא בשמיעה הוא רק מפני דשומע כעונה, וזה שייך דוקא כששותק, אבל אם אז דיבר, לא עדיף מהמברך בעצמו ברכת "המוציא", כשהפסיק באמצע בדברים אחרים, דלא יצא].

סימן רו ס"ג - [ו]כל אלו הברכות צריך שלא יפסיק בין ברכה לאכילה - וה"ה ברכת המצות, בין ברכה להמצוה, **הגה: יותר מכדי דבור** - היינו כדי שאילת תלמיד לרב, שהוא "שלום עליך רבי", ויותר מהכי חשיב הפסק, [**רוב** אחרונים, דלא כט"ז שכתב: שלום עליך רבי ומורי], **ומיירי** בשתיקה, אבל דיבור, אפילו מלה אחת הוי הפסק, כל שהוא שלא לצורך הברכה, **עוד** יש חילוק בין שתיקה לדיבור, דבדיבור הוא לעיכובא וצריך לחזור ולברך, **אבל** בשתיקה הוא רק לכתחלה, אבל בדיעבד אפילו שהה הרבה יותר מכדי דיבור א"צ לחזור ולברך, כל שלא הסיח דעתו בינתים, [**מפני** שיש בזה דעות בין הראשונים, וספק ברכות להקל].

כתבו האחרונים, דאפי' מפני הכבוד והיראה אסור להפסיק אחר הברכה, ואם הפסיק חוזר ומברך, **ואפי'** לעניית אמן או לקדיש וקדושה וברכו, ג"כ לא יפסיק.

לא יברך על מאכל או משקה שהוא חם או קר ביותר, משום חשש הפסק.

ומי שבירך על מאכל ולאחר שבירך נמאס בעיניו, יש לו לאכול קצת שלא יהיה הברכה לבטלה.

הרוצה לשתות מים ששופך קצת ממנו, ישפוך תחלה ואח"כ יברך, **דתרווייהו** איתנהו, משום הפסק ומשום ביזוי ברכה, כ"כ בשערי תשובה בשם אחרונים.

כשאוכל אגוז, ישברנה ואח"כ יברך, דאין כדאי להפסיק הרבה בין הברכה לאכילה, **ועוד** שמא לא ימצאנה יפה ואינה ראויה לברכה.

אות [ב']

אסור לאדם שיאכל קודם שיתן מאכל לבהמתו

רמב"ם פ"ט מהל' עבדים ה"ח - מותר לעבוד בעבד כנעני בפרך, ואע"פ שהדין כך, מדת חסידות ודרכי חכמה שיהיה אדם רחמן ורודף צדק, ולא יכביד עולו על עבדו ולא יצר לו, ויאכילהו וישקהו מכל מאכל ומכל משתה; חכמים הראשונים היו נותנין לעבד מכל תבשיל ותבשיל שהיו אוכלין, ומקדימין מזון הבהמות והעבדים לסעודת עצמן, הרי הוא אומר: כעיני עבדים אל יד אדוניהם כעיני שפחה אל יד גבירתה.

אות ג' – ד'

אין הבוצע רשאי לבצוע עד שיביאו מלח או לפתן לפני כל אחד ואחד

לית דין צריך בשש

סימן קסז ס"ה - [ז]לא יבצע עד שיביאו לפניו מלח או ליפתן (פי' רש"י [ח](מ"א: ד"ה אין טעונין)** כל דבר הנאכל עם הפת), ללפת בו פרוסת הבציעה** - כדי שתהא נאכלת בטעם, משום כבוד הברכה, **ועוד** כדי שלא יצטרך אח"כ להפסיק בין ברכה לאכילה, לבקש מלח ותבלין, דאסור לכתחלה.

וממילא צריך ליזהר מלהתחיל לברך הברכה עד שיביאו, [גמ', **ועיין** פי' בה"ג והערוך והרא"ה [ט]דמפרשי דהגמ' קאי על ברכה]. **ואם** רבים המסובים, צריך להמתין מלברך עד שיביאו לפני כל אחד וא', לפי שהוא מוציא אותם בברכתו, וצריכין לטעום מיד אחר הברכה, **ואפילו** אם יתאחר קצת עד שיביאו, ג"כ נכון להמתין מלברך, [כן משמע בגמ'], **ואם** בירך, צריך להמתין קצת מלאכול עד שיביאו המלח.

ואם היא נקיה - כגון פת חטים וכה"ג, [**ואפי'** אם הוא אינו יכול לאכלו בלא לפתן, בטלה דעתו], **או שהיא מתובלת בתבלין או במלח כעין שלנו, [י]או שנתכוין לאכול פת חריבה, אינו צריך להמתין** - דאין בזה משום כבוד ברכה, הואיל דאין דעתו

באר הגולה

[ד] ‹ע"פ הגר"א› [ה] **ספר אורחות חיים** [ו] **מהא דטול ברוך שם** [ז] **ברכות מ' ע"א** [ח] ‹כן הוא במ"ב עוז והדר, אבל אינו מפורש זה הלשון שם ברש"י, ובערוך יש לשון זה ממש: לפתן בלשון משנה פי' כל דבר הנאכל עם הפת› [ט] ‹ולא כפשטות לשון הגמרא, שאחר הברכה לא יבצע עד שיביאו מלח או לפתן - מ"ב המבואר› [י] **רמב"ם**

לאכול כלל בסעודה זו מלח ותבלין, **וגם** לטעם השני משום הפסק, ג"כ לא שייך בזה, דהא אין דעתו כלל לבקש אח"כ מלח ותבלין.

ומ"מ אם רוצה להמתין קודם הברכה עד שיביאו לפניו מלח ותבלין, הרשות בידו, ואין לחוש להפסק בין נטילה ל"המוציא", כיון שהוא צורך סעודה.

הגה: ומ"מ מלוה להביא על כל שלחן מלח קודם שיבלע, כי השלחן דומה למזבח - כמו שאחז"ל: בזמן שבהמ"ק קיים, המזבח מכפר על האדם, עכשיו שלחנו של אדם מכפר עליו, שנותן מלחמו לדל, [**וגם** ע"י אמירת דברי תורה עליו, ולפחות יאמר איזה מזמור אחר ברכת "המוציא", דכתיב: וידבר אלי זה השלחן אשר לפני ה', [**ולכן** אסור להרוג כינה על השלחן] **והאכילה כקרבן** - שאדם אוכל לחזק כחותיו, ועי"ז יהיה בריא וחזק לעבודת ה', **ונאמר: על כל קרבנך תקריב מלח (ב"י בשם שבלי הלקט).**

והוא מגין מן הפורעניות (תוס' והג' אשירי פרק כילד מברכין) - דאיתא במדרש: כשישראל יושבין וממתינין זה את זה עד שיטלו ידיהם, והם בלא מצות, השטן מקטרג עליהם, וברית מלח מגין עליהם.

(וע"ל סוף סי' ק"ע) - פי' אע"ג דמבואר שם, דלדידן דפת שלנו הוא במלח, אין אנו נוהגין באכילת מלח אחר הסעודה, **מ"מ** מצוה להניחו על השלחן, **וכתבו** המקובלים, לטבול פרוסת המוציא במלח ג' פעמים.

אות ה'

אין מי רגלים כלים אלא בישיבה

סימן ג סי"ג - [יא]**לא ישתין מעומד, מפני ניצוצות הניתזין על רגליו** - ויאמרו שהוא כרות שפכה, שאין מימי רגליו מקלחין אלא שותתין, וכרות שפכה אינו מוליד, ויאמרו על בניו שאינם שלו.

אם לא שיעמוד במקום גבוה, או שישתין לתוך עפר תחוח, (פי' קרקע שאינה בתולה אלא כגון של ארץ חרושה).

ואם אין לו עצות אלו, וגם שם א"א בישיבה, יוכל לעשות עצה אחרת שלא יבוא לידי נצוצות, שיסייע בביצים להגביה הגיד קצת, או ע"י מטלית עבה.

ואם איתרמי שנפלו ניצוצות על רגליו, מצוה לשפשפם.

אות ו' – ז'

אחר כל אכילתך אכול מלח, ואחר כל שתייתך שתה מים, ואי אתה נזוק

אכל כל מאכל ולא אכל מלח, שתה כל משקין ולא שתה מים, ביום ידאג מן ריח הפה, ובלילה ידאג מפני אסכרה

סימן קע סכ"ב - הגה: אחר כל אכילתך אכול מלח, ולאחר כל שתייתך שתה מים, וכמו שיתבאר לקמן סי' קע"ט. ונ"ל דוקא שלא היה מלח בפת או במאכלים שאכל, וכן שלא שתה משקה שיש בו מים, אבל בלאו הכי ליכא למיחש. וכן נוהגין שלא ליזהר באכילת מלח ושתיית מים אחר הסעודה, מטעם שנתבאר.

סימן קעט ס"ו - [יב]**אכל כל מאכל ולא אכל מלח, שתה כל משקה ולא שתה מים, ביום ידאג מפני ריח הפה, ובלילה מפני ריח הפה ומפני אסכרה (פי' חולי חונק).**

[יג]**והאוכל מלח אחר אכילתו, לא יאכל בגודל, (גודל הוא אלבע הגס; אלבע הוא קרוב לגס; אמה הארוך; קמילה הוא הסמוך לקטן; זרת הוא הקטן), דקשה לקבור בנים; ולא בזרת, דקשה לעניות; ולא באצבע, דקשה לש"ד** - היינו לשפיכת דמים – כף החיים. **ויש** גורסים: לש"ר, והיינו לשחין רע – שו"ע הרב וערוך השלחן ואליה רבה, **או** לשם רע – שבלי הלקט והלבוש, **אלא באמה ובקמיצה.**

(וע"ל סי' ק"ע למה אין אנו נוהגין באכילת מלח ושתיית מים) - היינו משום דכל האכילות שלנו מעורב מתחלה במלח, וכן כל המשקה שלנו כשכר ומי דבש וכדומה, מעורב במים, ע"כ אין להקפיד ע"ז, **מיהו** בלא"ה אין להקפיד בזמנינו, דהאידנא נשתנו הטבעים.

אות ח'

וכמה, אמר רב חסדא: קיתון לפת

רמב"ם פ"ד מהל' דעות ה"ב - לא יאכל אדם עד שתתמלא כריסו, אלא יפחות כמו רביע משבעתו. ולא ישתה מים בתוך המזון, אלא מעט ומזוג ביין; וכשיתחיל המזון להתעכל במעיו שותה מה שהוא צריך לשתות, [יד]**ולא ירבה לשתות מים ואפילו כשיתעכל המזון.**

באר הגולה

[יא] **נדה י"ג** ‹לכאורה מהכא אין מקור רק דבמעומד יש ניצוצות, אבל לא דזה אסור› [יב] **ברכות מ'** [יג] **שבולי הלקט** [יד] ‹כתב הר"ב פר"ח ז"ל, דבפ' כיצד מברכין איתא איפכא, דהמקפה אכילתו במים אינו בא לידי חולי מעים, וכמה אמר רב חסדא קיתון לפת, אלו דבריו. **ולענ"ד** נראה ליישב, דרבינו שיודע ובקי ברפואות מפרש הגמרא הכי, המקפה אכילתו במים אחר אכילתו, שהתחיל המזון להתעכל, אינו בא לידי חולי מעים, וכמה, כי אי אפשר להיות המקפה ממש הרבה מים, דמזיק לו, אלא קיתון לפת, והיינו דשותה מה שהוא צריך לשתות, ואידי ואידי חד שיעורא הוא, ולא ירבה לשתות מים משיעור זה, דהרבה יותר מזיק לו. וכן מוכרח, דאל"כ מאי בעי וכמה, הא אמר דיקפה אכילתו, והיינו שותה מים הרבה כל מה שרוצה, אלא ודאי כאמור וק"ל – בן ידיד›

אות ט' – י'

אבל כל יומא לא, מאי טעמא משום דקשה לריח הפה

אבל כל יומא לא, מאי טעמא משום דקשה לחולשא דלבא

רמב"ם פ"ד מהל' דעות ה"ט - יש מאכלות שהם רעים ביותר עד מאד, וראוי לאדם שלא לאוכלן לעולם, כגון: הדגים הגדולים המלוחים הישנים, והגבינה המלוחה הישנה, והכמהין ופטריות, והבשר המליח הישן, ויין מגתו, ותבשיל ששהא עד שנדף ריחו, וכן כל מאכל שריחו רע או מר ביותר, הרי אלו לגוף כמו סם המות; ויש מאכלות שהן רעים אבל אינן כמו הראשונים לרוע, לפיכך ראוי לאדם שלא לאכול מהן אלא מעט ואחר ימים הרבה, ולא ירגיל עצמו להיות מזונו מהם או לאוכלן עם מזונו תמיד, כגון: דגים גדולים, וגבינה, וחלב ששהא אחר שנחלב כ"ד שעות, ובשר שורים גדולים ותישים גדולים, והפול והעדשים והספיר, ולחם שעורים ולחם מצות, והכרוב והחציר והבצלים והשומים והחרדל והצנון, כל אלו מאכלים רעים הם; אין ראוי לאדם לאכול מאלו אלא מעט עד מאד ובימות הגשמים, אבל בימות החמה לא יאכל מהן כלל; והפול [טו]והעדשים בלבד אין ראוי לאוכלן [טז]לא בימות החמה ולא בימות הגשמים; והדלועין אוכלין מהן בימות החמה.

אות כ'

אין הלכה כרבי יהודה

סימן רה ס"א - [יז]על הירקות מברך "בורא פרי האדמה".

אות ל'

בירך על פירות האילן בורא פרי האדמה, יצא; ועל פירות הארץ בורא פרי העץ, לא יצא

סימן רו ס"א - [יח]בירך על פירות האילן "בורא פרי האדמה", יצא - הואיל ועיקר האילן הוא מן הארץ, ולא שיקר בברכתו, ואפילו הזיד בזה.

אבל אם בירך על פרי האדמה "בורא פרי העץ", לא יצא - ואפילו כשהפירות גדילין על העץ, אך שאין העץ מתקיים בחורף, לא יצא, דהוי בכלל פרי האדמה, וכדלעיל בסי' ר"ג בהג"ה.

כתב מ"א, ואותן פירות הגדלים על האילן, ומברך "בורא פרי האדמה" משום דלא נגמר הפרי או שאינן עיקר הפרי, וכדלעיל בסימן ר"ב ס"ב וס"ו, אם בירך בפה"ע יצא, כיון דעכ"פ מין פרי עץ הוא, **וכן** על פירות האדמה שטובין מבושלין יותר מחיין, שדינן לברך "שהכל" כשאוכלן כשהם חיין, אם בירך בפה"א יצא.

[יט]הילכך אם הוא מסופק בפרי אם הוא פרי עץ או פרי האדמה, מברך: "בורא פרי האדמה" - וכן כשהוא ספק לו מצד הדין, **אבל** אם הוא ספק לו מחמת שלא למד, לא יאכל עד שילמוד.

ועל הכל, אם אמר "שהכל" יצא, ואפילו על פת ויין - ר"ל אף שהם דברים חשובים, **וכ"ז** דיעבד, אבל לכתחלה צריך לברך ע"כ דבר ברכתו המיוחדת לו.

אות מ'

יבש המעין ונקצץ האילן, מביא ואינו קורא

רמב"ם פ"ד מהל' ביכורים הי"ב - הפריש בכוריו ויבש המעיין או שנקצץ האילן, [כ]מביא ואינו קורא, לפי שזה כמי שאין לו קרקע, שהרי אבדה.

אות נ'

היכא מברכינן בורא פרי העץ, היכא דכי שקלת ליה לפירי איתיה לגווזא והדר מפיק; אבל היכא דכי שקלת ליה לפירי ליתיה לגווזא דהדר מפיק, לא מברכינן עליה בורא פרי העץ, אלא בורא פרי האדמה

סימן רג ס"ב - [כא]על התותים הגדלים בסנה - שקורין מו"ל בע"ר ומאלינע"ס, **בפה"א. הגה: [כב]דלא מקרי עץ אלא שמוציא עליו מעלו** - ואז יש על פריו שם פרי עץ, אף אם העץ הוא גבעול דק.

אבל מה שמוציא עליו משרשיו, לא מקרי עץ; והני כיון דכלה עליו לגמרי בחורף והדר פרח משרשיו, מברכין עליו בפה"א (טור ומרדכי בשם תשובת הגאונים).

באר הגולה

טו אם אין ראוי לאוכלם לא בימות החמה ולא בימות הגשמים, מתי יאכל מהם מעט, דכתב לעיל› **טז** ‹הוא היפך הש"ס בפרק כיצד מברכין, דקאמר התם אחת לל' יום מונע אסכרה, וע"פ דברי מרן הכ"מ ז"ל ניחא וק"ל - בן ידיד. וז"ל הכסף משנה: ואין מדברים אלו קושיא על דברי רבינו, שרפואת והנהגת מלכות בבל שבה היו חכמי הגמרא משונה משאר ארצות› **יז** **ברכות ל"ה ע"א וכת"ק** **יח** **ברכות מ' ע"א וכרבי יהודה** **יט** **טור** **כ** ‹ופסק רבינו כרבנן ודלא כרבי יהודה, דהוי יחיד במקום רבים, ויש מי שפסק {וכן פסק השו"ע} כר' יהודה, משום דהתם מוקמינן סתם משנה כרבי יהודה, ורבינו סובר דאדרבה להכי אמרו דמתניתין דהתם כרבי יהודה, לאפוקה מהלכתא, דיחידאה היא ורבים פליגי עליה, ולפי זה גרסינן בספרי רבינו בהלכות ברכות, בירך על פירות האילן בורא פרי האדמה לא יצא, ודלא כספרים שלנו דגרסי יצא, דהוי כרבי יהודה, ורבינו כרבנן ס"ל, וא"כ לא יצא - ר"י קורקוס. **וכ"כ** הב"י בסימן ר"ו› **כא** **שם מ' ובתוס' על פי הירושלמי דמס' כלאים, אף על פי שהעץ מתקיים משנה לשנה** ‹דכל שמוציא מעיקרו, עשב הוא ומברך עליו בורא פרי האדמה, וכל שמוציא עליו מענפיו, אילן הוא ומברכין עליו בורא פרי העץ - ב"י› **כב** **ונלע"ד שההגה רמ"א שייך אחר סעיף ג', וכן הוא בתשו' הגאונים שהביא הב"י**

ויש מיני מוי"ל בע"ר שגדילים באילן, ומברכין עליו בפה"ע, **וכן** מאלינע"ס שלנו ג"כ ידוע שגדילין באילן שמתקיים משנה לשנה, ומברכין עליו בפה"ע.

ושטעני"ל נוס"ל שגדילין על עצי יער, צ"ע, כי אין טוב כ"כ למאכל כי אם אחר הבישול, ודמי לבני אסא המבואר בס"ה, **ולא** דמי לתותים הגדילים באילן שכתבנו דמברך בפה"ע, דטובים הם למאכל כשנשתהו על האילן.

ופרי שקורין ברומבערי"ן וערפער"ט, דעת המ"א וא"ר, דיברך עליהם בפה"ע, שכן הענף מתקיים ימים הרבה, וכי שקל פירא הדר אתי מאותו ענף עצמו.

ופירות אדומים שקורין פאזימקע"ס הגדילים בתוך היערות, מברך עליהם בפה"א, **ואפילו** אותן הגדילים בגנות, מסיק הח"א דנכון לכתחלה שיברך עליהן פה"א, **ובדיעבד** כשבירך בפה"ע, יאכל רק מעט כדי שלא תתבטל הברכה ולא יותר.

ופירות שגדילין על אילנות קטנות, אף שגבהן פחות מג' טפחים, כמו יאגד"ש שחורים, דעת המ"א ועוד כמה אחרונים לברך עליהן בפה"ע, **אך** העולם נוהגין לברך בפה"א, ואפשר דטעמם דלא חשיבי כ"כ פרי. **ומיני** יאגדע"ש וזורעוויני"ס שמוצצין מהן המשקה וזורקין הקליפה, יש דעות בין האחרונים אי מברכין עליהן בפה"א או "שהכל".

אבל על קאלינע"ס, אף שגדילין באילן, בודאי יש לברך עליהן "שהכל", שאין האוכל ראוי כלל, **ואפילו** אם בולע עם הקליפה והגרעין, מ"מ הלא באמת הקליפה והגרעין אין ראוין לאכילה כלל.

[כג]**סימן רג ס"ג** - [כד]**על המאוזי"ש, "בורא פרי האדמה"** - ג"כ הטעם כמו בתותים.

באר הגולה

כג ‹ע"פ הגר"א והמ"ב› כד בתשו' הגאונים

עין משפט נר מצות

פד א מיי' פ"ח מהל' ברכות הלכה י סמג עשין כז טוש"ע או"ח סי' קסז ס"י ובסי' רז ס"א:
פה ב מיי' פ"א מהל' ברכות הלכה ס סמג שם:
פו ג ד טוש"ע או"ח סי' קפז סעיף י וסימן קפז סעיף א:
פז ה מיי' פ"א מהלכות ברכות הלכה ו:
פח ו מיי' שם הלכה ס סמג שם טוש"ע או"ח סימן ריד:
פט ז מיי' שם פ"ח הל' ה טוש"ע או"ח סי' רד סעיף א (ב):
צ ח ט מיי' שם [והל' א] סמג שם טוש"ע או"ח שם סעיף א:
צא י מיי' פ"ע מהל' נדרים הל' יא סמג לאוין רמב טוש"ע י"ד סי' רטו סעיף כג:
[עמ"ש תוס' לקמן מט. ד"ה ברוך]
צב כ מיי' פ"ח מהל' ברכות הלכה ח סמג שם טוש"ע או"ח סי' רב ס"ע וסי' רד ס"א:
צג ל מיי' פי"ג מהל' מעשר הלכה א:
צד מ מיי' פ"ב מהל' תרומות הלכה ט:

תוספות

ורבי יוחנן אמר אפי' פת ויין. וכן הלכה דרב ור' יוחנן הלכה כר' יוחנן וכ"ש לגבי רב הונא שהיה תלמידו של רב: **נימא** רב הונא כר' יוסי. וא"ת היכי מצי סובר רב הונא כר' יוסי הא רב הונא מודה בשאר דברים חוץ מפת ויין שאם אמר שהכל דילא ואילו ר' יוסי סבר דלא יצא דכל המשנה ממטבע כו' וי"ת דמצי למימר דאפי' ר' יוסי לא קאמר לא יצא אלא בברוך המקום שאינה ברכה כלל אבל בשהכל מודה: **אמר** אביי כוותיה דרב מסתברא כו'. י"מ דמסתברא ברייתא כוותיה ומיהו רב אלפס פסק כר' יוחנן וכן פסק ר"י דכל ברכה שאין בה מלכות שמים אינה ברכה ולכך היה אומר ר"י שאם היה מדלג מלכות של ברכת המוציא שצריך לחזור ולברך ואפי' דלג תיבת העולם בלבד דמלך לבד אינו מלכות וברכות *של שמונה עשרה אין בהן מלכות דאינן באין בפתיחה ובחתימה אין שייך מלכות אבל אלהי אברהם הוי כמו מלכות דאברהם אבינו המליך הקב"ה על כל העולם שהודיע מלכותו ומעין שבע דמצלי בשבת הואיל ויש בה האל הקדוש שאין כמוהו הייתו כמו מלכות כמו שמע ישראל ה' אלהינו ה' אחד דהוי במקום מלכות *ולפי מה דפרישית דכל היכא דכתיב אלהי אברהם הוי כמו מלכות ניחא ולר' יוחנן לא קשיא דלא (ה) תני מלכותך דאמו כרוכלא כל הני לימני וליזיל:
אבל

גמרא

אבל היכא דכי שקלת ליה לפירי ליתיה לגוווזא דהדר מפיק לא מברכינן עליה בורא פרי העץ אלא בפה"א: ועל כולן אם אמר שהכל וכו': אתמר רב הונא אמר חוץ מן הפת ומן היין ורבי יוחנן אמר *אפי' פת ויין נימא כתנאי *ראה פת ואמר כמה נאה פת זו ברוך המקום שבראה יצא ראה תאנה ואמר כמה נאה תאנה זו ברוך המקום שבראה יצא דברי ר' מאיר ר' יוסי אומר [ב]כל המשנה ממטבע שטבעו חכמים בברכות לא יצא ידי חובתו נימא רב הונא דאמר כר' יוסי ור' יוחנן דאמר כר' מאיר אמר לך רב הונא אנא דאמרי אפי' לר' מאיר עד כאן לא קאמר ר' מאיר התם אלא היכא דקא מדכר שמיה דפת אבל היכא דלא קא מדכר שמיה דפת אפילו ר' מאיר מודה ור' יוחנן אמר לך אנא דאמרי אפילו לרבי יוסי עד כאן לא קאמר ר' יוסי התם אלא משום דקאמר ברכה דלא תקינו רבנן אבל אמר שהכל נהיה בדברו דתקינו רבנן אפילו ר' יוסי מודה בנימין רעיא כרך ריפתא [ג]ואמר בריך מריה דהאי פיתא אמר רב יצא והאמר רב כל ברכה שאין בה הזכרת השם אינה ברכה דאמר בריך רחמנא מריה דהאי פיתא והא בעינן שלש ברכות מאי [ד]יצא דקאמר רב נמי יצא ידי ברכה ראשונה מאי קמשמע לן אע"ג דאמרה בלשון חול תנינא *ואלו נאמרים בכל לשון פרשת סוטה ווידוי מעשר וקריאת שמע ותפלה וברכת המזון אצטריך סד"א הני מילי דאמרה בלשון חול כי היכי דתקינו רבנן בלשון קדש אבל לא אמרה בלשון חול כי היכי דתקינו רבנן בלשון קדש אימא לא [ה]קמ"ל: גופא *אמר רב °כל ברכה שאין בה הזכרת השם אינה ברכה *ורבי יוחנן אמר [ו]כל ברכה שאין בה מלכות אינה ברכה אמר אביי כוותיה דרב מסתברא *דתניא °לא עברתי ממצותיך ולא שכחתי לא עברתי מלברכך ולא שכחתי מלהזכיר שמך עליו ואילו מלכות לא קתני *ור' יוחנן תני ולא שכחתי מלהזכיר שמך ומלכותך עליו:

מתני' *ועל דבר שאין גדולו מן הארץ אומר שהכל נהיה בדברו [ז]על החומץ [ח]ועל הנובלות ועל הגובאי אומר שהכל נהיה בדברו *ר' יהודה אומר כל שהוא מין קללה אין מברכין עליו היו לפניו מינין הרבה ר' יהודה אומר אם יש ביניהן מין שבעה עליו הוא מברך וחכ"א מברך על איזה מהן שירצה:

גמ' תנו רבנן [ט]על דבר שאין גדולו מן הארץ כגון בשר בהמות חיות ועופות ודגים אומר שהכל נהיה בדברו על החלב ועל הביצים ועל הגבינה אומר שהכל *על הפת שעפשה ועל היין שהקרים ועל התבשיל שעבר צורתו אומר שהכל *על המלח ועל הזמית ועל כמהין ופטריות אומר שהכל למימרא דכמהין ופטריות לאו גדולי קרקע נינהו [י]והתניא *הנודר מפירות הארץ אסור בפירות הארץ ומותר בכמהין ופטריות ואם אמר כל גדולי קרקע עלי אסור אף בכמהין ופטריות אמר אביי מירבא רבו מארעא מינקי לא ינקי מארעא והא על דבר שאין גדולו מן הארץ קתני תני על דבר שאין יונק מן הארץ: ועל הנובלות: מאי נובלות ר' זירא ור' אילעא חד אמר [כ]בושלי כמרא וחד אמר תמרי דזיקא תנן ר' יהודה אומר כל שהוא מין קללה אין מברכין עליו בשלמא למ"ד בושלי כמרא היינו דקרי ליה מין קללה אלא למאן דאמר תמרי דזיקא מאי מין קללה אשארא איכא דאמרי בשלמא למאן דאמר בושלי כמרא היינו דמברכינן עלייהו שהכל אלא למ"ד תמרי דזיקא שהכל בורא פרי העץ מבעי ליה לברוכי אלא בנובלות סתמא כ"ע לא פליגי דבושלי כמרא נינהו כי פליגי בנובלות תמרה *דתנן [ל]הקלין שבדמאי השיתין והרימין והעוזרדין (א) בנות שוח ובנות שקמה וגופנין ונצפה ונובלות תמרה שיתין אמר רבה בר בר חנה א"ר יוחנן מין תאנים [א](ב) רימין כנדי העוזרדין טולשי *בנות שוח אמר רבה בר בר חנה א"ר יוחנן תאיני [ב] חיוורתא (ג) בנות שקמה אמר רבה בר בר חנה א"ר יוחנן דובלי [ג] (ד) גופנין שילהי גופני נצפה פרחה נובלות תמרה ר' אילעא ור' זירא חד אמר בושלי כמרא וחד אמר תמרי דזיקא בשלמא למ"ד בושלי כמרא היינו דקתני הקלין שבדמאי ספיקן הוא דפטור הא ודאן חייב אלא למאן דאמר תמרי דזיקא ודאן חייב הפקרא נינהו הכא במאי עסקינן שעשאן גורן *דא"ר יצחק א"ר יוחנן משום ר' אליעזר בן יעקב [מ]הלקט והשכחה והפאה שעשאן גורן הוקבעו למעשר איכא דאמרי בשלמא

רש"י

חוץ מן הפת ומן היין. כדאמרינן לקמן (דף מג.) שגורם ברכות הרבה לעצמו בקדוש ובהבדלה ובברכת חתנים: **ידי ברכה ראשונה**. ברכת הזן: **פרשת סוטה**. כשהכהן משביעה: **וידוי מעשר**. בערתי הקדש מן הבית (דברים כו): **מלברכך**. ברוך אשר קדשנו במצותיו וצונו להפריש תרומה ומעשר: **מתני' החומץ**. מפרש בגמ': **גובאי**. חגבים טהורים: **מין קללה**. חומץ ונובלות וגובאי על ידי קללה הן באין: **גמ' שהקרים**. בוטי"ר בלע"ז: **מירבא רבו מארעא**. מלחלוחית הארץ הם גדלים על העצים ועל הכלים: **בושלי כמרא**. כמו שרופי חמה שבשלם ושרפם החום ויבשו ותמרים הם. כמרא חום כמו מכמר בשרא (פסחים דף נח.): **תמרי דזיקא**. שהרוח משירן: **אשארא**. אחומץ וגובאי פליג ר' יהודה: **פרי סמוך כמי ברוכי**. שהרי לא נשתנו לקלקול: **הקלים שבדמאי**. פירות שהקלו חכמים בדמאי שלהן שהלוקחן מעם הארץ אין צריך לעשרן. אלו הן: **השיתין כו'**. שאינן חשובים ואין ע"ה חש עליהם מלעשרן: **טולשי** קולמסי: **שילהי גופני**. ענבים שהוויות: **הא ודאן**. אם ידוע שלא הופרש מהן מעשר: **שעשאן גורן** העני או מי שלקטן העמיד מהן ערימת כרי: **הלקט והשכחה והפאה**. אע"פ שפטורים מן המעשר לקטן עני [ס]ועשאן גורן הוקבעו למעשר מדרבנן דמאן דחזי סבר שתבואת קרקעו היא:
בשלמא

מסורת הש"ס

תוספתא פ"ד
סוטה לב. שבועות לט.
לעיל יב.
[לקמן מט.]
דברים כו
נדרים נה:
ב"ב דף לה:
[לעיל לו. נדרים נה:]
נדרים שם
דמאי פ"א מ"א
ע"ז יד. [וע' בתוס' שם]
סוטה מג:
ספרי פ' כי תבא
[כ"ה הגי' גם ברא"ש ובהגהת הרש"ל אמנם ממו' ד"ה אמר אביי משמע דלא גרסינן]
נ"א על החלב ועל הגבינה ועל הביצים אומר שהכל

הגהות הגר"א

[א] גמ' מין תאנים. נ"ל תאיני חורתא: [ב] שם תאיני. נ"ל מין תאיני: [ג] שם דובלי. נ"ל תאני דולבא:

רב נסים גאון

על החומץ ועל הגובאי ועל הנובלות הוא אומ' שהכל נהיה בדברו. גרסי בני מערבא החמיץ יינו אומר ברוך דיין האמת בא לאכלו אומר שהכל נהיה בדברו ראה גובאי אומר ברוך דיין האמת בא לאכלו אומר שהכל נהיה בדברו נובלות שנשרו אומר ברוך דיין האמת בא לאכלן אומר שהכל: **השיתין** אמר רבה בר בר חנה אמר ר' יוחנן מיני תאיני פירש בתלמוד ארץ ישראל דדמאי (פרק א הלכה א) אלו הן השיתין ר' שמעון בריה דר' אבא אמר שהן יוצאות מתחת העלין ואמרי תו במסכת שביעית בפרק בנות שוח (הלכה א) תני רבן שמעון בן גמליאל אומר מהרצאות העלין עד הפגים ג' יום מן הפגים ועד חשיתין הנובלות ג' יום ומן השיתין ועד התאנים ג' יום:

הגהות הב"ח

(א) גמ' והעוזרדין. נ"ב באלפס פ' תבית פרש"י שפירליג"ג בלשון אשכנז: (ב) שם שיתין אמר רבה ב"ב חנה א"ר יוחנן מין תאנים נ"ב פי' תאנים מדבריות: (ג) שם תאיני חוורתא. נ"ב פירות שגדלים מג' שנים לג' שנים ומתגדלים ביערים: (ד) שם דובלי. נ"ב פירות תאנה המורכבת בערמון ופירות פרחה עיין לעיל דף ל"ט ע"א: (ה) תוס' ד"ה אמר וכו' דלא כתיב ומלכותך עליו דאמו:

גליון הש"ס

גמ' כל ברכה שאין בה הזכרת השם. עי' לקמן דף נ"ד ע"ב תוס' ד"ה פטריטון: רש"י ד"ה סלקט וכו' ועשאן גורן. ע' בב"ק דף צ"ד ע"א בפירש"י ד"ה מרחו:

§ מסכת ברכות דף מ: §

אות א'

אפילו פת ויין

סימן קסז ס"י - [א]אם במקום ברכת "המוציא" בירך: שהכל נהיה בדברו - היינו שאמר: ברוך אתה ה' אלקינו מלך העולם שהכל נהיה בדברו, "יצא", היינו אף דפת הוא דבר חשוב, אפ"ה מהני בדיעבד אם בירך "שהכל", וכ"ש על כל דבר, כדאיתא לקמן בסי' ר"ו ס"א.

(**ואם** בירך "בורא מיני מזונות", דעת הרבה אחרונים דיצא בדיעבד, **וא"ר** בשם הדרישה כתב, דברכת "בורא מיני מזונות" היא ברכה כוללת כמו "שהכל", ויוצא על כל דבר, דכל מילי מיזן זיין חוץ ממים ומלח, וכ"כ הח"א).

או שאמר: [ב]בריך רחמנא מלכא מריה דהאי פיתא, יצא - בדיעבד, אבל לכתחלה אסור בשתיהן, דאף דברכות נאמרין בכל לשון, היינו היכא דלא שינה כלל מנוסח הברכה, אבל הכא הא שינה מנוסח שקבעו חז"ל בלשה"ק, **ואפ"ה** יצא בדיעבד, כיון שעכ"פ הזכיר שם ומלכות וענין הברכה, דמלת "רחמנא" קאי במקום השם, שכן היו קורין אותו בבבל, [**אבל** אם אמר "הרחמן", מסתברא דלא יצא, שזה אינו שמו של הקב"ה], ומלת "מלכא" הוא מלכות, **ולפי** מה שפסק המחבר לקמן בסימן רי"ד, מיירי כאן דאמר: מלכא דעלמא מריה וכו'.

(**בט"ז** הביא בשם תר"י, דצריך לומר ג"כ "אלהנא", ושארי פוסקים לא הביאו דבר זה להלכה, ומשמע דס"ל דכיון "דרחמנא" הוא במקום שם, די בשם אחד, **דהא פשיטא בין לרב ובין לרב יוחנן, אם יאמר: ברוך ה' מלך העולם וכו', בודאי יצא, דהא הזכיר שם ומלכות).**

ומשמע בש"ס, דה"ה אם אמר: ברוך המקום מלך העולם שברא פת זה, דיצא, [דאף דשם הוא דעת ר' מאיר, הא כתב שם הרא"ש ושארי הראשונים, דהלכה כר' מאיר. **ומ"מ** מסתפקנא, דאפשר דוקא בזמנם היו קורין להשם יתברך בלשון הזה]. [**ואף** דלא נזכר "מלך העולם" בדברי ר' מאיר, הוא לא נחית לזה, רק להשמיענו דכיון שהזכיר מענין הברכה יצא, אבל גם הוא מודה דבעינן שם ומלכות, דהא כתבו כל הראשונים דלפי המסקנא ר' יוחנן ס"ל כר' מאיר, ור' יוחנן ס"ל דבעינן שם ומלכות].

ואם אמר: מלכא מריה דהאי, ולא הזכיר שם הפת כלל, אפשר דיצא, כיון שהפת מונחת לפניו.

סימן רו ס"א - ועל הכל, אם אמר "שהכל" יצא, ואפילו על פת ויין - ר"ל אף שהם דברים חשובים, **וכ"ז** דיעבד, אבל לכתחלה צריך לברך ע"כ דבר ברכתו המיוחדת לו.

אות ב'

כל המשנה ממטבע שטבעו חכמים בברכות, לא יצא ידי חובתו

רמב"ם פ"א מהל' ברכות ה"ה - ונוסח כל הברכות עזרא ובית דינו תקנום, ואין ראוי לשנותם ולא להוסיף על אחת מהם ולא לגרוע ממנה, וכל המשנה ממטבע שטבעו חכמים בברכות אינו אלא טועה; וכל ברכה שאין בה הזכרת השם ומלכות אינה ברכה, אלא אם כן היתה סמוכה לחבירתה.

[ג]רמב"ם פ"א מהל' ברכות ה"ו - וכל הברכות כולן נאמרין בכל לשון, והוא שיאמר כעין שתקנו חכמים; [ד]ואם שינה את המטבע, הואיל והזכיר אזכרה ומלכות וענין הברכה, אפילו בלשון חול יצא.

אות ג' – ד'

ואמר: בריך מריה דהאי פיתא, אמר רב: יצא

מאי יצא דקאמר רב נמי, יצא ידי ברכה ראשונה

סימן קסז ס"י - עיין לעיל אות א'.

סימן קפז ס"א - יש אומרים: ברוך משביע לרעבים - היינו שהיו נוהגין לומר קודם התחלת בהמ"ז, **[ה]ואין לאומרו, והמוסיף גורע** - דאין להוסיף על מטבע שטבעו חכמים.

לא יאמר "כי לעולם חסדו עמנו", כי חסדיו הם עם כל חי. "**שָׁאתה** זן", קמ"ץ תחת השי"ן. "**אנחנו** מודים", ולא "אנו", ד"אנו" הוא לשון אנינות. "**בפי** כל חי", ולא "בפה". "**רְענו**" בשו"א תחת הרי"ש, ולא בחול"ם, כי הוא לשון בקשה, **ומטעם** זה צ"ל "זוננו" במלאפו"ם. "**לא** חסר לנו ואל יחסר לנו".

ואם [ו]אמר במקום ברכת הזן: בריך רחמנא מלכא - ולפי מש"כ המחבר לקמן בסי' רי"ד, מיירי דאמר "מלכא דעלמא", **מאריה דהאי פיתא, יצא** - ידי ברכה ראשונה שהיא ברכת "הזן", [גמ', **אבל** שאר ברכות צריך לומר, ואי לא אמר שאר ברכות, אי מעכב לזה שאינו יוצא כלל עי"ז, עיין לקמן בסי' קצ"ד].

ואף שקיצר מאד הברכה, ולא אמרה כנוסח שתיקנו חכמים בלה"ק, אפ"ה יצא בדיעבד, הואיל והזכיר שם {דהש"י היו קורין אותו בלשון "רחמנא"} ומלכות, וענין הברכה, **ומשמע** עוד דלדעה ראשונה, אף שלא חיתם, ג"כ מהני, דאף דקי"ל, דמקום שאמרו לחתום אינו רשאי שלא לחתום, מ"מ בדיעבד יצא.

באר הגולה

[א] **ברכות מ'** [ב] ‹וכתב הרא"ש דבירושלמי פסיק הלכה כר"מ - ב"י› [ג] ‹ע"פ הערוה"ש, עיין בסמוך› [ד] ‹ביאור דבריו, דכל המשנה ממטבע שטבעו חכמים אינו אלא טועה, כלומר ומ"מ יצא, כמו שסיים דהואיל שהזכיר אזכרה ומלכות וענין הברכה יצא, והדין הראשון הוא כשמברך בלשון הקודש, והדין השני כשמברך בלשון חול, ופסק כר"מ מ': ולא כרבי יוסי שם, וכדעת כל הפוסקים, וכ"כ המגיה בהגמי"י, **והכ"מ** והגהמי"י תפסו דפסק כרבי יוסי, {וכן נראה דעת העין משפט}, ומש"כ אינו אלא טועה, כוונתו שלא יצא, והקשו עליו דבירושלמי פוסק להדיא כר"מ, והכ"מ נדחק בדבריו ע"ש, וא"צ לזה, וכוונתו כמ"ש וכדעת כל הפוסקים ודו"ק – ערוה"ש› [ה] **טור** [ו] **ברכות מ'**

[ו]וי״א שצריך שיחתום: **בריך רחמנא דזן כולא** - ס״ל דהוא לעיכובא אף בדיעבד, **ועיין** בב״ח שכתב, דנ״ל לעיקר הדעה הזו, והביאו בא״ר.

והנה כ״ז הוא דוקא בדיעבד, אבל לכתחלה לכו״ע אין לשנות כלל מנוסח הברכה שתקנו לנו חכמים ז״ל, וכמו שמבואר ברמב״ם.

ומשמע באחרונים, דילדים קטנים, [והיינו פחותים מח׳ שנה], נוכל לחנכם לכתחלה בנוסח זה מברכת "הזן", וכן מעט מכל ברכה, עד שידעו לברך כל ברכה כתיקונה, [**דבודאי** דצריך לחנכם גם ביתר הברכות, ובפרט דכל ג׳ ראשונות הם דאורייתא].

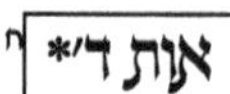

פרשת סוטה

רמב״ם פ״ג מהל׳ סוטה ה״ז - ואח״כ משביעה הכהן בלשון שהיא מכרת, ומודיעה בלשונה, שלא גרם לה אלא קינוי וסתירה שקנא לה בעלה ונסתרה, ואומר לה בלשון שהיא מכרת: אם לא שכב איש אותך ואם לא שטית טומאה תחת אישך הנקי ממי המרים המאררים האלה, ואת כי שטית תחת אישך וכי נטמאת ויתן איש בך את שכבתו מבלעדי אישך, יתן י״י אותך לאלה ולשבועה בתוך עמך בתת י״י את ירכך נופלת ואת בטנך צבה, ובאו המים המאררים האלה במעיך לצבות בטן ולנפיל ירך; והיא אומרת: אמן אמן, בלשון שהיא מכרת; ומודיעה שהבטן היא תלקה תחלה והירך בסוף, כדי שלא להוציא לעז על המים.

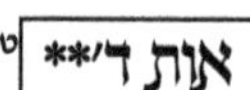

וידוי מעשר

רמב״ם פי״א מהל׳ מעשר שני ה״ה - וידוי זה נאמר בכל לשון, שנאמר: ואמרת לפני י״י אלהיך, בכל לשון שאתה אומר; וכל אחד ואחד אומרו בפני עצמו, ואם רצו רבים להתודות כאחד מתודין.

קריאת שמע

סימן סב ס״ב - יכול לקרותה בכל לשון, ויזהר מדברי שיבוש שבאותו לשון, וידקדק בו כמו בלשון הקודש - ודוקא שמבין באותו הלשון, וה״ה בתפלה ובהמ״ז ובקידוש וברכת המצות והפירות והלל.

אות ד׳*** [יא]**

ותפלה

סימן קא ס״ד - [יב]יכול להתפלל בכל לשון שירצה - והוא שיבין אותו הלשון על בוריו, **אבל** בלשון הקודש יוצא אפילו אינו מבין הלשון.

ומצוה מן המובחר הוא דוקא בלשון הקודש, ועיין בסימן ס״ב ס״ב ובמשנה ברורה שם מה שכתבנו בשם האחרונים בזה, **ועיין** בתשובת חת״ס שהאריך בכמה ראיות, דמה שהתירו להתפלל בכל לשון, היינו דוקא באקראי, אבל לקבוע בקביעה תמידית ולהעמיד ש״ץ, ולהשכיח לה״ק לגמרי, זה א״א בשום אופן, עי״ש, **ועוד** מחמת כמה וכמה טעמים נכוחים, האריכו כל גאוני הזמן בספר דברי הברית, והסכימו שאיסור גמור הוא לעשות כן, **ולאפוקי** מכתות חדשות שנתפרצו מחוץ למדינה בזה, והעתיקו את כל נוסח התפלה ללשון העמים, ועבירה גוררת עבירה, שדלגו הברכה של קבוץ גליות, וברכת "ולירושלים עירך", וכשם שרוצים להשכיח זכרון ירושלים, כן רוצים להשכיח לשה״ק מישראל, פן יגאלו בזכות שלא שינו את לשונם, הקב״ה ישמרנו מדיעות אפיקורסות כאלו.

(**וכתב** במ״א בשם הס״ח, דמוטב להתפלל בלשון שמבין, אם אינו מבין בלשה״ק, **ומוכח** בס״ח, דהיינו דוקא אם הוא ירא שמים, ורצונו בזה הוא רק כדי שיתפלל בכונה, אבל אם אינו בכי האי גוונא, יתפלל בלה״ק, **והטעם** כי לה״ק יש לו סגולות רבות מכל לשונות, והוא הלשון שהקב״ה מדבר בו עם נביאיו, וחז״ל אמרו: בלה״ק נברא העולם, כדכתיב: לזאת יקרא אשה כי מאיש לוקחה זאת, **וגם** כשתקנו כנה״ג את נוסח התפלה, היו ק״ך זקנים, ומהם כמה נביאים, והמה נימנו על כל ברכה בתיבותיה ובצירופי אותיותיה בכמה סודות נעלמות ונשגבות, **וכשאנו** אומרין דברים אלו כלשונם של כנה״ג, אף שאין אנו יודעין לכוין, מ״מ עלתה לנו תפלתינו כהוגן, כי התיבות בעצמן פועלין קדושתן למעלה, משא״כ כשמתפללין בלע״ז).

[יג]וה״מ בצבור, אבל ביחיד לא יתפלל אלא בלשון הקודש - לפי שאין מלאכי השרת נזקקין ללשון ארמית, וה״ה שאר לשונות חוץ מלשון הקודש, אבל צבור אינם צריכים מליץ, שהקב״ה בעצמו מקבל תפלתם.

[יד]וי״א דהני מילי כששואל צרכיו, כגון שהתפלל על חולה - ר״ל שלא בפניו, אבל בפניו של חולה מותר בכל לשון, דהקב״ה מצוי שם, **או על שום צער שיש לו בביתו; אבל תפלה הקבועה לצבור, אפילו יחיד יכול לאומרה בכל לשון** - דכיון שהתפילה קבועה לצבור, הקב״ה בעצמו פונה אליה, אפילו שלא בזמן שהצבור מתפללין.

באר הגולה

ז הרשב״א שם | ח (ע״פ מהדורת מהרדעא) | ט (ע״פ מהדורת מהרדעא) | י (ע״פ מהדורת מהרדעא) | יא (ע״פ מהדורת מהרדעא)

יב סוטה ל״ב ע״א | יג אלפסי | יד רבני צרפת

[טו]וי"א דאף יחיד כששואל צרכיו, יכול לשאול בכל לשון שירצה, חוץ מלשון ארמי - דס"ל דהמלאכים מכירין בכל לשון, רק שאין נזקקין לארמית, שמגונה בעיניהם, ומשו"ה מותרות הנשים להתפלל בשאר לשונות.

ובצבור מותר אף לשון ארמי, ובזה אתי שפיר מה דאומרים "יקום פורקן" ו"בריך שמיה" בצבור וכדומה, **ולפי"ז** אם מתפלל בביתו, אין יכול לאמר שום "יקום פורקן".

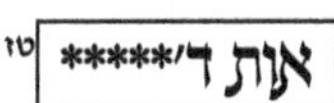
אות ד'***** [טז]

ובברכת המזון

סימן קפה ס"א - [יז]"ברכת המזון נאמרה בכל לשון - דכתיב: וברכת, בכל לשון שאתה מברך, **ודוקא** שמבין באותו הלשון, **וכתב** הב"ח דכ"ז מצד הדין, ולמצוה מן המובחר בעינן דוקא לשה"ק.

כתב בספר החינוך, כל הזהיר בבהמ"ז, מזונותיו מצויות לו כל ימיו בכבוד. **והמדקדק** יזהר לברך לכתחלה תוך הספר, ולא בע"פ. **כתב** בספר חסידים, מעשה באחד שמת ונתגלה בחלום לאחר מקרוביו, ואמר לו: בכל יום דנין אותי על שלא הייתי מדקדק לברך כל הברכות בכונת הלב וכו'.

[יח]סימן רו ס"ג - כל אלו הברכות... ונאמרים בכל לשון - עיין לעיל קפ"ה ס"א במ"ב.

אות ה'

אבל לא אמרה בלשון חול כי היכי דתקינו רבנן בלשון קדש אימא לא, קמשמע לן

רמב"ם פ"א מהל' ברכות ה"ו - וכל הברכות כולן נאמרין בכל לשון, והוא שיאמר כעין שתקנו חכמים; ואם שינה את המטבע, הואיל והזכיר אזכרה ומלכות וענין הברכה, [יט]אפילו בלשון חול יצא.

אות ו'

כל ברכה שאין בה מלכות אינה ברכה

סימן ריד ס"א - [כ]כל ברכה שאין בה הזכרת שם ומלכות, אינה ברכה - היינו בין ברכת הנהנין ובין ברכת המצות, בין ברכה ארוכה שיש בה פתיחה וחתימה, בין שאין בה אלא פתיחה בלבד, **חוץ** מברכה הסמוכה לחברתה, דנמשכת לברכה הקודמת לה, שיש בתחלתה שם ומלכות.

(ואף דלענין ברכה אינו יוצא בשתיהם, בלא שם או מלכות, מ"מ יש חילוק ביניהם לענין "לא תשא", דברכה בשם בלא מלכות נמי יש בה משום "לא תשא", **אבל** במלכות בלבד בלא שם אינו עובר, ד"לא תשא את שם ה'" וגו' כתיב, משא"כ מלכות).

והא דבתפלת י"ח לא תקנו מלכות, **תירץ** ב"י בשם הרא"ש, דברכה ראשונה כיון דאית בה "האל הגדול", חשוב כמו מלכות, וכולהו בתרה דראשונה גרירא, **ועי"ש** עוד תירוצים.

ואם דילג שם או מלכות, יחזור ויברך - היינו שלא אמר כלל אזכרה, אבל אם אמר אזכרה אחת, כגון "אדני" או "אלהינו", יצא, [**נראה** פשוט דה"ה אם הזכיר איזה שם מז' שמות שאינם נמחקין, דיצא בדיעבד, דלא גרע כל זה מתיבת "רחמנא"], **ואם** דילג תיבת "אתה", אינו מעכב בדיעבד.

המחבר מיירי לענין פתיחת הברכה דאית בה שם ומלכות, והוא הדין לענין ברכה שיש בה חתימה, אם דילג השם בחתימה, הוי כלא חתם כלל, [**וצריך** לחזור ולברך].

[כא]ואפי' לא דילג אלא תיבת "העולם" לבד, צריך לחזור ולברך, ד"מלך" לבד אינה מלכות - ובספר אבן העוזר חולק ע"ז, (דהעלה דדבר זה ספק הוא, וע"כ מספק לא יחזור ויברך, **והנה** מה שהעלה דמהרא"ש משמע ג"כ הכי בברכות דף מ' דאינו לעיכובא בדיעבד, מדלא הזכיר רק "רחמנא מלכא", הנה בפרק הרואה גבי ברכת הודאה הזכיר "מלכא דעלמא" ע"ש, וכן ברי"ו ובתר"י הזכירו שם ג"כ "מלכא דעלמא", וע"כ אפשר דקצור לשון הוא בפרק כיצד מברכין, **וגם** שאר ראיותיו אינן מוכרחות כמו שכתב בספר מגן גבורים, **אכן** מירושלמי משמע לכאורה כוותיה, דאיתא התם: כל ברכה שאין בה מלכות אינה ברכה, והטעם, משום דכתיב: ארוממך אלהי המלך, הרי דב"מלך" לבד יצא, **אך** יש לדחות דיש לחלק בין "מלך" לחוד ובין תיבת "המלך", ואח"כ מצאתי בשו"ע הגר"ז שכתב ג"כ הכי, דיש חילוק בין "מלך" ל"המלך", **ולפי"ז** אף שאין דברי האבן העוזר בזה מוכרחין לדחות דברי השו"ע וכמה אחרונים שנמשכו אחריו, מ"מ אם אמר "המלך" בה"א הידיעה, מסתברא דאינו חוזר).

אות ז'

על החומץ

סימן רד ס"א - ועל [כב]החומץ שעירבו במים עד שראוי לשתות, מברך "שהכל" - דאף דמתחלתו היה יין, כיון שנשתנה ונעשה חומץ, אבד מעלתו.

באר הגולה

טו הרא"ש **טז** ‹ע"פ מהדורת מהרדעא› **יז** סוטה ל"ב **יח** ‹ע"פ הגר"א ומ"ב› **יט** ‹עיין לעיל אות ב', ולכאורה אם תאמר דה'קמ"ל' הוי דלא כרבי יוסי, נמצא דהוי סתירה בהעין משפט, דלעיל באות ב' פסק כרבי יוסי {לכאורה כמו המהלך של הכסף משנה הובא שם}, והכא פסק כהקמ"ל, דהוי כרבי מאיר {וכמהלך של הערוה"ש הובא שם}, **ועיין** בספר שלמי תודה וז"ל: גמ' "מאי קמ"ל וכו'", וליכא למימר דאתא לאפוקי מרבי יוסי דאמר כל המשנה וכו' לא י"ח, דשאני התם שהיא ברכה כוללת, ולא פרט בה פת, {הגם דפרטו בהקדמת דבריו, כמה יפה פת זו}, משא"כ הכא דפרט בה פת, דאמר מאריה דהאי פיתא, ואף לפי מאי דס"ד כתנאי, היינו משום דס"ל דברכת שהכל דומה לברוך המקום שבראה, שהיא נמי כוללת, ע"כ. **ולפי"ז** ניחא העין משפט והסתירה בהרמב"ם {כפי מהלך הכסף משנה}, דהרמב"ם פסק כרבי יוסי דלא יצא, אבל רק בברכה כוללת, אבל בזה דפרט בה הפת, והיינו מש"כ כאן "וענין הברכה", פסק כהקמ"ל› **כ** **ברכות מ' ע"ב וכרבי יוחנן הרי"ף ורמב"ם שם** **כא** **תוספות שם והרא"ש** **כב** **שם במשנה לפירוש הרא"ש**

אות ח׳ – ט׳

ועל הנובלות ועל הגובאי אומר: שהכל נהיה בדברו

על דבר שאין גדולו מן הארץ, כגון: בשר בהמות חיות ועופות ודגים, אומר שהכל נהיה בדברו; על החלב ועל הביצים ועל הגבינה אומר שהכל; על הפת שעפשה, ועל היין שהקרים, ועל התבשיל שעבר צורתו אומר שהכל; על המלח ועל הזמית ועל כמהין ופטריות אומר שהכל

סימן רד ס"א - [כג]**על דבר שאין גדולו מן הארץ, כגון: בשר בהמה חיה ועוף, דגים, ביצים, חלב, גבינה,** ‹מברך "שהכל"›.

ופת שעפשה, ‹מברך "שהכל"› - [ופשוט דהיינו כשאוכל במקום שנתעפש, דאילו כשמוצא בהככר מקום שלא נתעפש עדיין, בודאי מברך "המוציא" ובהמ"ז].

ופת שעפשה - ונתקלקל קצת ע"ז, דאילו נתקלקל לגמרי ולא חזי לאכילת אדם, אין מברכין עליו כלל, וכדלקמיה לענין תבשיל.

(ודע דמבואר ברמב"ם, דכל אלו שברכתן "שהכל", ברכה אחרונה שלהם בנ"ר, ומוכח שם דגם על הפת שעיפשה קאי, **ולכאורה** כיון דעדיין חזי לאכילה קצת, איך יפטר מברכת המזון, דבשלמא לענין ברכת "המוציא" שהיא דרבנן, כיון דלא חשיבי אמרו שיברך רק "שהכל", אבל לענין בהמ"ז שהיא דאורייתא, איך נפקע חיובו, והלא עכ"פ ע"י הדחק חזי למיכליה, **ואולי** י"ל דדוקא כשלא אכל כדי שביעה, דחיוב בהמ"ז שלו הוא מדרבנן בעלמא, אבל כשאכל כדי שביעה, דבהמ"ז שלו הוא מדאורייתא, חייב לברך בהמ"ז, כיון דע"י הדחק חזי לאכילה, **ואף** דמתחלה בירך "שהכל", לית לן בה, וכעין מה שפסק השו"ע לענין פת כיסנין, בסי' קס"ח ס"ו, **וצ"ע** למעשה).

ותבשיל שנשתנה צורתו [כד]**ונתקלקל** - מיירי ג"כ שנתקלקל קצת ולא לגמרי, דאל"ה אפילו "שהכל" לא שייך לברוכי, ב"י.

ונובלות, שהם תמרים שבשלם ושרפם החום ויבשו - היינו ע"י שריפת החום נתבשלו ונתייבשו ונשתנו לגריעותא, **ועיין** מה שכתבנו לעיל בסי' ר"ב ס"ט במ"ב ובה"ל.

ועל הגובאי - הוא מין חגב טהור, ולאפוקי מר' יהודה דאמר שם במשנה: כל שהוא מין קללה {שעל הקללה הם באין} אין מברכין עליו. **ועל המלח** - הואיל ויש לו מזה עכ"פ הנאה קצת כשנותן לתוך פיו, [כה]**ועל מי מלח; ועל המרק** - של בשר, דאילו של פירות וירקות תליא בפלוגתא, עיין בסימן ר"ב סעיף י' וי"א.

ועל כמהין - אותן שמצויים תחת הקרקע, ונבראין משומן הארץ, **ופטריות** - גדילים על העצים.

אות י׳

והתניא: הנודר מפירות הארץ, אסור בפירות הארץ, ומותר בכמהין ופטריות; ואם אמר כל גדולי קרקע עלי, אסור אף בכמהין ופטריות

יו"ד סימן ריז סכ"ג - הנודר מפירות הארץ, אסור בכל פירות הארץ ובפרי העץ, ומותר בכמיהין ופטריות; ואם אמר: גידולי קרקע עלי, אסור בכולם.

אות כ׳

בושלי כמרא

סימן רב ס"ט - [כו]**סופי ענבים שאין מתבשלין לעולם** - היינו ענבים הנמצאים בגפנים בימות החורף, שאין מתבשלין לעולם, ועושין מהם חומץ, **וכן על** [כז]**הנובלות, שהם תמרים שבישלם ושרפם החום ויבשו** - היינו שע"י שריפת החום נתבשלו ונתייבשו ונשתנו לקלקולא - רש"י (ד"ה פרי), **מברך "שהכל"** - ואחריהם "בורא נפשות רבות".

ושארי מפרשים פירשו, דנובלות היינו מין תמרים שאין מתבשלין על האילן, ואין נכשרין לאכילה, אלא תולשין אותן ומחממין אותן בעפר ומתבשלין, או נותנין אותן במחצלאות או בתבן להתחמם עד שיתבשלו, [הערוך ותוספות רבנו יהודה ותוספי הרא"ש ואור זרוע בשם רבנו חננאל [כח]ור"ש. **ובא"ר** כתב דשני הפירושים אמת].

ולא דמי לס"ב גבי בוסר, דאפילו לא הגיע לכפול הלבן דמברכין עליו בפה"א, ומ"ש סופי ענבים דמברכין עליהם "שהכל", **י"ל** דשאני התם דענבים מעליא נינהו, אלא שלא נגמרו עדיין, **משא"כ** הכא דמקולקלים הם, דאין עומדין אלא לחומץ, ולא עדיפי ממשקין היוצאין מהן דברכתן רק "שהכל", **וזהו** ג"כ טעם היש מפרשים בנובלות תמרים, דמברכין עליהן "שהכל", דגריעי משאר תמרים, שאין מתבשלין על האילן לעולם.

(ודע, דמדברי הלחם חמודות מבואר, דמיירי בזה שלא טמן בעפר, דאם טמן בעפר ונתבשל, הו"ל כשאר פירות האילן ומברך בפה"ע, **אכן** יש להביא ראיה מפירוש ר"ח, דמה שאמר הגמ' דמברכין "שהכל", היינו אחר שתקנם ע"י חימום בעפר וכה"ג, **ולמעשה צ"ע**).

(**והרמב"ם** בפי' המשנה פירש על נובלות, הפירות שנפלו מן האילן פגים קודם שיתבשלו, וכ"כ תר"י, **והטור** משמע, דדוקא מין תמרים רעים שאין יכולין להתבשל על האילן, אבל סתם תמרים שהשירן או נפלו קודם בישולם, לא נשתנית ברכתן משום זה, **ואזיל** לטעמיה בסימן ר"ב ס"ב, דשאר כל האילנות חשיב פרי שלהן משיוציאו אף שלא נגמר עדיין בישולן כלל, **ואמנם** לפי מה שהערנו שם, דדין זה אינו ברור, ממילא אם נפלו מעצמן קודם בישולן, ג"כ אפשר דמברך "שהכל",

---

באר הגולה

כג ברכות מ' ע"ב משנה ובריייתא | כד ולא לגמרי, בית יוסף | כה ‹עיין לעיל ל"ו. ברש"י ובהג' הב"ח, ובהגה בצד הגמ'› | כו שם בגמ' (ל"ח)

כז שם [מ'] וכת"ק | כח ‹ויש מפרשין שאין מתבשלין באילן, אלא תולשן ועושה אותן כומר בארץ ומתבשלין - ר"ש›

ולכתחלה יותר טוב לברך "שהכל" אם ראוין לאכילה קצת, ובדיעבד אם בירך בפה"ע יצא).

(דע דמבואר בש"ס למסקנא, דתמרים שנופלין מן האילן מחמת רוח אחר שנתבשלו, פירי מעליא נינהו ומברך עלייהו בפה"ע).

סימן רד ס"א - ונובלות, שהם תמרים שבשלם ושרפם החום ויבשו - היינו ע"י שריפת החום נתבשלו ונתייבשו ונשתנו לגריעותא, **ועיין** מה שכתבנו לעיל בסי' ר"ב ס"ט במ"ב ובה"ל.

אות ל'

הקלין שבדמאי: השיתין, והרימין, והעוזרדין, בנות שוח, ובנות שקמה, וגופנין, ונצפה, ונובלות תמרה

רמב"ם פי"ג מהל' מעשר ה"א - פירות שחזקתן מן ההפקר, כגון השיתין והרימין והעוזרדין ובנות שוח ובנות שקמה והגופנין, ונובלות תמרה, [כט]והן שעדיין לא הטילו שאור, הנצפה והכסבר וכיוצא בהן, פטורין מן הדמאי, והלוקחן מעם הארץ אינו צריך להפריש מהן תרומת מעשר ולא מעשר שני, [ל]מפני שחזקתן מן ההפקר; אפילו אמר לו עם הארץ אינם מעושרין, הרי אלו פטורין מן המעשרות עד שיודע לו שהן מן השמור.

אות מ'

הלקט והשכחה והפאה שעשאן גורן, הוקבעו למעשר

רמב"ם פ"ב מהל' תרומות ה"ט - ואלו פטורין מן התרומה ומן המעשרות: הלקט והשכחה והפאה והפרט והעוללות, [לא]אפילו העמיד מהן כרי; ואם עשה מהן גורן בשדה, הוקבעו למעשרות, ומפריש מהן תרומה ומעשרות; אבל אם עשה הגורן בעיר, פטורין, שהרי קול יש להן, שהכל יודעין שהן לקט או שכחה או פאה.

באר הגולה

[כט] (שנפלו או שלקטן קודם זמנם - דרך אמונה, ועיין לעיל בבה"ל מה שהביא מפי' המשניות) [ל] (ורש"י והר"ש פי' שאינן חשובים, ואין עם הארץ חש עליהם מלעשרן) [לא] (עיין בכ"מ דדעתו דרבינו מחלק בין כרי לגורן, ובחזו"א כתב דלא איתפרש כמה שיעור כרי וכמה שיעור גורן, ועוד דהול"ל אפי' העמיד מהן כרי בשדה, ולכן מצדד דהיינו כרי היינו גורן, ורבינו פרושי קמפרש דאפי' גמר מלאכתו פטור, ומסיק מיהו בשדה חייבוהו מדרבנן - דרך אמונה)

§ מסכת ברכות דף מא. §

אות א' - ב'

מין שבעה עדיף

בשאין ברכותיהן שוות, ד"ה מברך על זה וחוזר ומברך על זה

סימן ריא ס"א - הנה מפני שהסימן הזה רבו פרטיו, ע"כ אכתוב לו הקדמה קצרה, והוא: **תנן** היו לפניו הרבה מינין, ר' יהודה אומר: אם יש ביניהן מין שבעה, עליו הוא מברך, וחכמים אומרים: מברך על איזה מהן שירצה, **ואיתא** בגמרא: אמר עולא מחלוקת כשברכותיהן שוות, כגון זית ותפוח, דר' יהודה סבר מין שבעה עדיף, וחכמים אומרים חביב עדיף, **אבל** כשאין ברכותיהן שוות, כגון צנון וזית, ד"ה מברך ע"ז וחוזר ומברך ע"ז.

והנה יש דעות בפוסקים, דרוב מהן פסקו כר"י דמין ז' עדיף, וזהו מה שכתוב בס"א, **ויש** שפסקו כחכמים, וזהו דעת הרמב"ם המובא בס"ב.

וגם באין ברכותיהן שוות יש דעות בפוסקים, י"א דכונת עולא מה שאמר: ד"ה מברך ע"ז וחוזר ומברך ע"ז, היינו דכיון שאין ברכותיהן שוות ואין אחד פוטר חבירו, לא שייכי זה לזה כלל, ויוכל לברך תחלה על צנון בפה"א, אף שהזית הוא מין שבעה וגם חביב עליו, **וי"א** דכונת עולא, דלד"ה יכול לברך על איזה שירצה תחלה, ומסתמא יברך ממילא על החביב אצלו, ואלו שתי הדעות נזכרים ג"כ בס"א.

גם מבואר שם בס"א וב' מה נקרא חביב, אם הרגיל להיות תמיד חביב אצלו, או מה שהוא אצלו עתה חביב ומתאוה לו.

כל הקודם בפסוק: ארץ חטה ושעורה וגו', המדבר שם משבחה של ארץ ישראל, הוא מוקדם לברכה, אפילו השני חביב עליו יותר, **ומ"מ** זית הוא קודם לגפן, משום דחזינן שחלק הכתוב וכתב "ארץ" פעם שני: "ארץ זית שמן ודבש", ונמצא דזית הוא ראשון סמוך ל"ארץ" בתרא, וגפן הוא רק שלישי ל"ארץ" קמא.

בפה"ע ובפה"א קודמין ל"שהכל", ויתר הפרטים יבואר הכל בפנים.

[א]היו לפניו מיני פירות הרבה - ודוקא שגם דעתו היה לאכול מכולם, **הא** אם אין כולם לפניו, **או** שאין דעתו לאכול מכולם, אין שייך בזה דין קדימה.

אם ברכותיהם שוות - כגון ענבים ותפוחים, **ויש ביניהם ממין שבעה** - ר"ל שנשתבחה ארץ ישראל בהן, דכתיב: ארץ חטה ושעורה וגפן ותאנה ורמון ארץ זית שמן ודבש. "**זית** שמן" הוא דבר אחד, זית שעושה שמן, ו"**דבש**" היינו תמרים שעושין מהן דבש.

מקדים מין ז', אעפ"י שאינו חביב כמו המין האחר - דמעלת מין שבעה עדיף, ואפילו הוא חצי פרי, והשאר הם שלמים, [**וכן** ה"ה אם שניהם ממין ז' ואינם ממין אחד, כגון חצי תאנה ורמון שלם, תאנה עדיף משום דמוקדם בקרא], **ואם** שניהם ממין אחד מז' המינים, או ששניהם אינם מין ז', מקדים השלם, **ואפילו** אם החצי חביב יותר, שלם עדיף.

ואם אין ביניהם ממין שבעה, מקדים [ב]החביב - היינו שרגיל להיות תמיד חביב עליו וכדלקמיה.

[ג]ואם אין ברכותיהם שוות, אפילו יש בהן ממין שבעה, כגון צנון וזית, איזה מהם שירצה יקדים, [ד]ואפי' אינו חביב - דכיון דאין אחד פוטר חבירו בברכתו, אין שייך כאן שום מעלה בהקדמתו, ואיזה שירצה יברך עליו ואוכל קודם.

ודוקא בזה דברכת הצנון בפה"א, **אבל** אם היה דבר שברכתו "שהכל", בודאי מברך על הזית תחלה, וכדלקמיה בס"ג.

(**וזהו דלא כדעת הי"א שבס"ג, דהוא דעת הבה"ג** (הובא כאן בתוס' ד"ה אבל), **דפה"ע קודם לפה"א, ואף שהשני חביב, הוא קודם, והא"ר הביא דהרבה ראשונים ס"ל כהבה"ג, דפה"ע קודם, וכן דעתו להלכה, אבל המ"א וט"ז הסכימו, דאזלינן בתר חביב, ועיין מש"כ לקמיה**).

[ה]ויש אומרים שגם בזה צריך להקדים החביב - ס"ל דגם בזה שייך מעלת הקדימה לברך על מין אחד תחלה, אלא דס"ל דלא מקדמינן בזה מין שבעה, אלא החביב לו יותר יקדימנו לברך עליו ולאכול תחלה, **אכן** אם שני המינים חביבים אצלו בשוה, אז מברך על מין ז' תחלה, [מ"א], **ועיין** מש"כ במ"ב ס"ה בשם הגר"א, (דהיכא שאין ברכותיהן שוות, לא אזלינן כלל בתר מין ז').

ועיין בה"ל מש"כ בשם האחרונים, דעיקר כי"א הזה שהוא דעת רוב הפוסקים, וגם דאפילו לדעה הראשונה שס"ל דמברך על איזה שירצה, מ"מ הלא הברירה היא בידו, (**ומה שכתב המחבר דעה זו בשם י"א, אינו מדוקדק, דאדרבה דעה ראשונה היא דעת איזה יחידאי,** {**ואפשר [ו]שגם דעת רש"י כן, ועיין בזה בתוס' ד"ה אבל ובדברי ראבי"ה שחלוקים בדעת רש"י בזה**}, **ודעה שניה היא דעת הרבה ראשונים, דלפירוש דעת עולא הוא דבאין ברכותיהן שוות לכו"ע חביב עדיף, וכן הוא ג"כ דעת התוס', ועיין בב"ח, שגם הוא כתב דהעיקר למעשה כדעה זו, שהיא דעת רוב הפוסקים, וכן משמע מהגר"א**).

באר הגולה

[א] ברכות מ' ע"ב מ"א ע"א וכר' יהודה, **בה"ג ורי"ו והרשב"א בשם התוס'** (ל"ט. ד"ה חביב) **והראב"ד ושאר הפוסקים** [ב] **תוספות** (שם) **והרא"ש שם** [ג] **שם בגמ'** [ד] **הרי"ף והרמב"ם שם והרא"ש שם** [ה] **תוס' ור"י והרשב"א בשם ר' האי וסמ"ק** [ו] (בפרש"י ד"ה אבל כשאין ברכותיהן שוות דברי הכל כו', ושוב אין כאן מחלוקת. וכתב הרא"ש והטור, דמשמע מתוך פירושו שאין קפידא בדבר כלל, ועל איזה מהן שירצה יברך תחילה. **ולענ"ד** משמעות זה אינו מוכרח מפרש"י, דכיון שכבר פירש בדברי הסמוך {ד"ה חביב עדיף}, על איזה מהן שירצה דמתני' דהיינו חביב, ולאו שאין קפידא בדבר, א"כ אי ס"ד שרוצה לפרש כאן שאין קפידא בדבר כלל, לא הו"ל לסתום אלא לפרש - פני יהושע)

תורה אור

בשלמא למ"ד תמרי דזיקא היינו דהכא קרי לה נובלות סתמא והתם קרי לה תמרה אלא למ"ד בושלי כמרא ניתני אידי ואידי נובלות תמרה או אידי ואידי נובלות סתמא קשיא: היו לפניו מינין הרבה כו': אמר עולא מחלוקת בשברכותיהן שוות דרבי יהודה סבר מין שבעה עדיף ורבנן סברי מין חביב עדיף אבל בשאין ברכותיהן שוות ד"ה מברך על זה וחוזר ומברך על זה מיתיבי היו לפניו צנון וזית מברך על הצנון ופוטר את הזית הב"ע כשהצנון עיקר אי הכי אימא סיפא ר' יהודה אומר מברך על הזית שהזית ממין שבעה (א) לית ליה לר' יהודה הא דתנן *כל שהוא עיקר ועמו טפלה מברך על העיקר ופוטר את הטפלה וכי תימא ה"נ דלית ליה והתניא רבי יהודה אומר אם מחמת צנון בא הזית מברך על הצנון ופוטר את הזית לעולם בצנון עיקר עסקינן וכי פליגי רבי יהודה ורבנן במילתא אחריתי פליגי וחסורי מחסרא והכי קתני היו לפניו צנון וזית מברך על הצנון ופוטר את הזית בד"א כשהצנון עיקר אבל אין הצנון עיקר ד"ה מברך על זה וחוזר ומברך על זה ושני מינין בעלמא שברכותיהן שוות מברך על איזה מהן שירצה רבי יהודה אומר מברך על הזית שהזית ממין שבעה פליגי בה רבי אמי ורבי יצחק נפחא חד אמר מחלוקת בשברכותיהן שוות דרבי יהודה סבר מין שבעה עדיף ורבנן סברי מין חביב עדיף אבל בשאין ברכותיהן שוות דברי הכל מברך על זה וחוזר ומברך על זה וחד אמר אף בשאין ברכותיהן שוות נמי מחלוקת בשלמא למאן דאמר בשברכותיהן שוות מחלוקת שפיר אלא למאן דאמר בשאין ברכותיהן שוות פליגי במאי פליגי א"ר ירמיה להקדים דאמר רב יוסף ואיתימא רבי יצחק *כל °המוקדם בפסוק זה מוקדם לברכה שנאמר °ארץ חטה ושעורה וגפן ותאנה ורמון ארץ זית שמן ודבש ופליגא דרבי חנן דא"ר חנן *כל הפסוק כולו לשיעורין נאמר חטה דתנן *הנכנס לבית המנוגע וכליו על כתפיו וסנדליו וטבעותיו בידיו הוא והן טמאין מיד היה לבוש כליו וסנדליו ברגליו וטבעותיו באצבעותיו הוא טמא מיד והן טהורין *עד שישהא בכדי אכילת פרס (ב) פת חטין ולא פת שעורין מיסב ואוכלן בלפתן שעורה דתנן *עצם כשעורה מטמא במגע ובמשא ואינו מטמא באהל גפן כדי רביעית יין לנזיר תאנה כגרוגרת להוצאת שבת רמון כדתנן *כל כלי בעלי בתים שיעורן

(דברים ח)

רש"י

בשלמא למ"ד. נובלות דמתני' תמרי דזיקא ונובלות דמתני' אוקימנא בבושלי כמרא היינו דהכא קרי להו נובלות תמרה ובמתני' תנן (ד' מ) נובלות סתמא: **בשברכותיהן שוות** · כגון זיתים ותפוחים דתרווייהו ב"פ העץ ובא לפטור את שתיהן בברכה אחת: **חביב עדיף**. איזה שירצה דמתניתין את החביב עליו משמע: **אבל בשאין ברכותיהן שוות ד"ה**. אין ברכה אחת פוטרתן ושוב אין כאן מחלוקת ואע"ג דתנן (לעיל דף מ.) בירך על פירות האילן ב"פ האדמה יצא ה"מ בחד מינא וטעה ובירך עליה ב"פ האדמה אבל לנון וזית ובירך על הלנון לא נפטר זית: פשיטא לא גרסינן עד מיתיבי חדא שאין זו שיטת הגמ' מעיקרא קשיא ליה פשיטא דלא איצטריך למימרא והדר קשיא היכי מצי למימרא ועוד דלא פשיטא היא אי לאו דאשמעינן עולא ה"א לנון פוטר את הזית דהתנן בירך על פירות האילן ב"פ האדמה יצא: **שהיה לנון עיקר**. שבשבילו התחיל האכילה ולא אכל זית אלא להפיג חורפו של לנון דהוה ליה זית טפל ותנן (דף מד.) כל שהוא עיקר ועמו טפלה מברך על העיקר ופוטר את הטפלה: **מברך על זה כו'**. וכאן לא נחלקו: **ושני מינים בעלמא**. כגון זית ותפוח שברכותיהן שוות והאחד ממין שבעה בזה נחלקו: **חד אמר מחלוקת בשברכותיהן שוות**. וכדאמרן: ה"ג וחד אמר אף בשאין ברכותיהן שוות נמי מחלוקת. ומפרש לה ואזיל: **במאי פליגי**. הא ודאי לא מפטרי בחדא ברכה: **אמר ר' ירמיה בלהקדים פליגי**. ולא גרסי' אבל בשברכותיהן שוות מברך על אחד מהן שירצה דהשתא בשאינן שוות מקפיד ר' יהודה על הקדמתן ואמר מין שבעה עדיף כשבא לפטור זו בזו לא כ"ש: **דאמר ר' יצחק כו'**. אלמא קפדינן אהקדמה ור' יהודה אית ליה דר' יצחק הלכך כל שכן היכא דחד מינייהו ממין שבעה דמין שבעה עדיף ורבנן לית להו דר' יצחק במקום חביב דחביב עדיף: **ופליגא דרבי חנן**. הא דר' יצחק דאמר המוקדם קודם לברכה אלמא קרא לשבח א"י בא שיש בה פירות החשובים הללו ומנאן כסדר חשיבותם ופליג אדר' חנן דאמר לא בא הכתוב להודיע שבח חשיבות הפירות בטעם שלהם אלא שבחה של א"י שיש בה פירות שהשיעורי תורה נתלין בהן וכיון דהכי הוא לא הקפיד הכתוב על סדרן שהרי בזו כולן שוין: **בבית המנוגע**. כתיב והבא אל הבית יטמא עד הערב (ויקרא יד) ולא כתיב כבוס בגדים והאוכל בבית יכבס את בגדיו (שם) בשוהא שיעור אכילה ואפילו לא יאכל מדכתיב בסיפיה והשוכב בבית יכבס את בגדיו הלכך הנכנס בו ונושא את בגדיו עמו שלא כדרך מלבושו אין אלו בגדיו וטמאים מיד שאף בהן אני קורא והבא אל הבית וכשהוא לבוש בהן בעי שהייה: **אכילת פרס**. חצי ככר שיעורו בו חכמים את העירוב *שהוא כולו מזון שתי סעודות וחציו מזון סעודה אחת: **פת חטין**. נאכלת מהר: **מיסב**. דרך הסבה שהיא נאכלת מהר שאינו פונה אנה ואנה: **ואינו מטמא באהל**. הלכה למשה מסיני הוא: **כדי רביעית יין לנזיר**. אבל חרצנים וזגים ולולבין כשיעור רביעית יין חייב ואין שיעור רביעית יין ורביעית מים שוין לפי שהיין עב והמים קלושין ויש ברביעית יין יותר ממה שיש ברביעית מים כדאמרינן (במנחות קז.)[בשבת (דף כז.)] גבי רביעית דם שיכול לקרוש ולעמוד על כזית משום דסמיך אבל מידי דקליש לא הוה רביעית דידיה כזית: **להוצאת שבת**. דתנן המוציא אוכלין כגרוגרת (שבת עו:) והיא תאנה יבשה:

תוספות

אבל בשאין ברכותיהן שוות · פירש"י כגון לנון וזית ושוב אין כאן מחלוקת כיון שאין האחד פוטר את חבירו אפי' (ג) ר' יהודה מודה דאין עדיפות בשבעת המינים אלא מברך על איזה שירצה תחלה החביב לו ואחר כך יברך על השני וכן יש לפרש דרבי יהודה מודה לחכמים הואיל ולא פי' הגמ' מוטב שנאמר שיחיד מודה לרבים ולא רבים מודים ליחיד והקשה רש"י ולבריך על הלנון ולפטר את הזית דהא תנן לעיל בירך על פירות האילן ב"פ האדמה יצא ותירץ דשאני התם שאין שם אלא חד מינא וטעה ובירך ב"פ האדמה אבל הכא כשבירך ב"פ האדמה על הלנון לא פטר את חברו שהוא ב"פ העץ אפי' בדיעבד וא"ת הא אמרי' לעיל (דף לט.) גבי עובדא דבר קפרא דברכת בורא פרי האדמה חשיבא טפי משהכל לפי שמבוררת טפי א"כ גם ב"פ העץ חשיבא טפי מברכת ב"פ האדמה וי"ל דלא חשיב ב"פ העץ כל כך מב"פ האדמה כמו שחשוב ב"פ האדמה משהכל ומ"ש בהלכות גדולות דב"פ העץ תקדים לב"פ האדמה דמבוררת טפי היינו לפי המסקנא דלקמן דפליגי בשאין ברכותיהן שוות וקי"ל כר' יהודה אבל להאי לישנא דאמרי' דלא פליגי בשאין ברכותיהן שוות לא מתוקם פסק דהלכות גדולות כדפירשנו לעיל: **מיתיבי** היו לפניו לנון וזית מברך על הלנון וכו'. ופריך אלמא דמברך ב"פ האדמה אפילו לפטור ב"פ העץ אפילו לגבי זית שהוא משבעת המינים וכ"ש קליות שהן כמו כן משבעת המינין דמברך עליהן ב"פ האדמה לפטור את *התפוחים לכן צריך להנהיג הכי כדפרישית *לעיל באין ברכותיהן שוות כמו תפוחים וקליות: **א"ר** ירמיה להקדים דא"ר יוסף וכו'. פירש"י והר"י לפי גרסא זו אתיא הא דאמר רב יוסף כל המוקדם כר' יהודה דוקא אבל ר' שמעיה גרים אמר רב יוסף וכו' ואתיא אליבא דרבנן ומיירי שאין חביבין זה מזה דהא אזלינן בתר מוקדם דאי בחביבין פשיטא דחביב קודם דהא אפי' בשאר מינין לגבי שבעת המינין אמרי רבנן דמברך על איזה שירצה ומילתא דרב יוסף מילתא באפי נפשה ולא נהירא דבסמוך משמע דגרס דאמר רב יוסף ואתיא כר' יהודה דוקא דקאמר רב חסדא ורב המנונא הוו יתבי בסעודתא וכו' א"ל לא סבר לה מר להא דרב יוסף דאמר כל המוקדם וכו': **במאי** פליגי. כלומר מאי טעמא דר' יהודה דאמר שבעת המינין עדיף מאי עדיפות שייכא בהו אחר שאינן יכולין לפטור שאר מינין ומשני דהעדיפות הוי מן ההקדמה: **גפן** כדי רביעית יין וכו'. פי' אם אכל עלין או לולבין כדי רביעית יין חייב אבל אם אכל מהן כדי רביעית מים לא מחייב דקליש והולכין בקל חוץ מן הכלי אבל כי משערין ביין צריך שיעורא טפי שהיין הוא עב ומחזיק גודש קצת קודם שיפול מן הכוס רביעית יין ואם היה מים היה (ד) יוצא יותר מרביעית*: **כלי** בעלי בתים. גבי כלי עץ מתניא: איתו

עין משפט נר מצוה

צה א ב מיי' פ"ח מהל' ברכות הל' יג סמג עשין כז טוש"ע או"ח סי' רי"א סעיף א:
צו ג מיי' וסמג שם טוש"ע או"ח שם סעיף ד:
צז ד מיי' פי"ז מהלכות טומאת צרעת הל' ו:
צח ה שם הלכה ו:
צט ו מיי' פ"ג מהל' טומאות מת הל' ב:
ק ז מיי' פ"ה מהלכות נזירות הלכה ב סמג לאוין רכ:
קא ח מיי' פי"ח מהל' שבת הלכה א:
קב ט מיי' פ"ז מהל' כלים הלכה ב:

הגהות הב"ח

(א) גמ' ממין שבעה וכי לית ליה: (ב) שם אכילת פרס תנא פת חטין וכו' ואוכלה בלפתן: (ג) תוס' ד"ה אבל וכו' דאפילו רבי יהודה: (ד) ד"ה גפן וכו' היה יוצא יותר:

עיין מהרש"א ומהרש"ל

[נראה דהך כדפרישית הוא סיום דבור התוס' ומתחיל דבור חדש מן באין ברכותיהן שציין על הגמ' דלעיל ופי' כמו תפוחים וכו' והיכא לעיל הוא כמו שציינו הרבה פעמים כשנתהפכו דבורי תוס' לצורות מקום שזה שייך לעיל והמעתיקים שגו והדפיסו הכל לדבור אחד (וכן הגיה הגאון מהר"א מווילנא)]

גליון הש"ס

גמ' כל המוקדם בפסוק. עי' טורי אבן חגיגה דף י"ב ע"ב ד"ה ואת הארץ:

מסורת הש"ס

לעיל לה: ולקמן מד.

עירובין ד. סוכה ה: חולין עח: נגעים פי"ג

ת"כ פ' מצורע פ"ד פ"ס

אהלות פ"ב

כלים פי"ז שבת קיב: עירובין ד [כד]

[עירובין פב:]

[וע"ש תוס' עירובין ד. ותוס' סוכה ו.]

[**בדבר** שאין ברכותיהן שוין צ"ע, דלכאורה אפשר לומר כיון דמעיקר הדין קי"ל כדעה ב' שבס"א, דחביב עדיף אפי' ממין ז', ממילא כ"ש דשלם עדיף מיניה, דהא שלם עדיף אפי' מחביב, **או** אולי י"ל בהיפך, דהא דקי"ל ששלם עדיף מחביב, היינו בשברכותיהן שוין ובא לפוטרו בברכתו, **אבל** בשאין ברכותיהן שוין, כיון דקי"ל בזה דאפי' ממין ז' חביב עדיף, א"כ כ"ש דעדיף משלם דגרוע ממעלת מין ז', וצ"ע, **וראיתי** בדה"ח שפסק, דשלם עדיף אפי' מחביב ומין ז', בשאין ברכותיהן שוין, ולא אדע ראייתו לזה, ועדיין צ"ע].

[י]ונקרא חביב המין שרגיל להיות חביב עליו, אפי' אם עתה חפץ במין השני - ומשמע מדברי הפוסקים דיתנהג כך, יברך על המין שרגיל להיות תמיד חביב עליו, ויטעום קצת ממנו, ואח"כ יאכל המין שחפץ עכשיו לאכלו, ואחר גמר אכילתו יחזור לאכול המין הראשון.

ומ"מ המברך על מה שחביב עתה בעיניו, ג"כ יש לו על מי לסמוך, דיש פוסקים שסוברים, דחביב נקרא מה שהוא חביב עליו עכשיו, [וכפשטיות לשון המשנה, דעל מה שירצה היינו, שרוצה בו עכשיו].

(**ודע** דבא"ר הביא שיטה אחרת, [ח]דגם באין ברכותן שוות מין שבעה קודם, ומצדד כן למעשה, משום דהרבה פוסקים קיימי בשיטה זו, וגם משום דפה"ע חשיב מפה"א כדעת בה"ג, **ולענ"ד** למעשה טוב יותר לנהוג כדעת האחרונים בזה, דחביב עדיף, דאף שהא"ר הביא הרבה ראשונים דס"ל כר"י, דמין ז' עדיף אף באין ברכותיהן שוות, לעומת זה יש עוד הרבה ראשונים דס"ל, דאף בברכותיהן שוות ג"כ הלכה כרבנן דאזלינן בתר חביב).

(**אכן** אם הזית ג"כ היה חביב עליו תמיד, בודאי יותר טוב לברך עליו, אף שעתה חביב עליו יותר הצנון, כפסק השו"ע דזהו נקרא חביב, **ואפילו** אם תמיד היה חביב עליו הצנון, אך עתה חביב עליו הזית, נראה דיותר טוב לברך על הזית, **אחד**, מצד הרבה פוסקים שהובא בא"ר, דס"ל דתמיד מין ז' עדיף ממעלת החביב, **ועוד** הא דעת הרמב"ם דחביב נקרא מה שהוא עתה חביב עליו, וכן משמע דעת האו"ז, **ואף** דבשו"ע פסק כדעת תר"י ורא"ש, מ"מ נוכל לצרף דעתן לזה, **וגם** נוכל לצרף דעת הרא"ש וראבי"ה שהבאתי למעלה, דס"ל דבאין ברכותיהן שוות יוכל לברך על איזה שירצה, ולא אזלינן כלל בתר חביב, והיא דעה הא' שבשו"ע, **מכל** הלין טעמי נראה דיותר טוב שיברך על הזית אם עתה חביב עליו, **ואפשר** עוד לומר, דאפילו בסתם פ"ע ופ"א ג"כ, אם הפ"א חביב עליו עתה יברך עליו, אף שתמיד חביב עליו הפ"א, מטעם דנצטרף דעת בה"ג שהובא בס"ג, וגם הרמב"ם דס"ל שזהו ג"כ חביב, וגם הרא"ש הנ"ל, וכ"כ הח"א, **אכן** אם הפ"א תמיד חביב עליו יותר, וגם עתה, נראה שטוב יותר לנהוג למעשה כדעת האחרונים, שיברך עליו תחלה, כדעה הראשונה שבס"ג, ולא כבה"ג שהוא דעת הי"א שם, ודלא כא"ר הנ"ל שסותר פסק השו"ע).

[ט]סימן ריא ס"ב - [י]ולהרמב"ם אם היה מין אחד חביב לו יותר, בין שברכותיהם שוות בין שאינם שוות, בין שיש בהם ממין ז' בין שאין בהם ממין ז', מקדים החביב לו אז באותה שעה - פליג על דעה ראשונה, וס"ל דחביב עדיף לעולם, ואף דברכותן שוות, ויש בהם מין ז', חביב קודם לברך עליו, **וגם** פליג על דעה ראשונה וס"ל, דאינו נקרא חביב מה שחביב עליו תמיד, אלא מה שחביב עליו באותה שעה.

ומשמע מסתימות המחבר, דהעיקר כדעה הראשונה שהיא דעת רוב הפוסקים.

ואם אינו רוצה בזה יותר מבזה, אם יש ביניהם משבעת המינים, עליו מברך תחלה – (דין זה בברכותיהן שוות, הוא אליבא דכו"ע, **ובאין** ברכותיהן שוות, כגון צנון וזית, תלוי בשתי הדעות שהובאו בס"א, **ולפי** מש"כ שם במ"ב, דהלכה כהי"א שם, דגם באין ברכותיהן שוות שייך ג"כ דין קדימה, ממילא אם אין מעלת החביב, בודאי אזלינן בתר מין שבעה). ‹**ואפי'** לשיטת הגר"א, וז"ל: דבהא לא פליגי חכמים, {דפליגי אף בשאין ברכותיהן שוות, להרמב"ם דפסק כוותייהו}, מדקאמרי חביב עדיף - גר"א, **משא"כ** להמחבר דסבר דדוקא בשברכותיהן שוות פליגי, כשאין ברכותיהן שוות לא אזלינן כלל בתר מין ז', לשיטת הגר"א, עיין בדמשק אליעזר›.

אות ב'* [יא]

<u>רש"י ד"ה אבל: אבל צנון וזית ובירך על הצנון, לא נפטר זית</u>

סימן רו ס"ב - [יב]היו לפניו פרי האדמה ופרי העץ, ובירך על פרי האדמה ונתכוון לפטור את פרי העץ, יצא - דוקא דיעבד, אבל לכתחלה לכו"ע אין לכוין להוציא את פה"ע, דטוב יותר לברך ברכה המיוחדת לו, **ובלא"ה** יש דעות בסימן רי"א ס"ג, די"א דטוב יותר להקדים פרי העץ.

באר הגולה

[ז] ‹תר"י ורא"ש, וכגירסא שלנו "מין חביב עדיף" - גר"א. **דמשמע** דמעולם במין הלז חביב עליו יותר, אף דעתה רוצה לאכול מין השני קודם, **משא"כ** להגירסא "חביב עדיף", דסתם חביב משמע דעתה חביב עליו יותר, ורוצה לאכול יותר מחבירו - דמשק אליעזר› [ח] ‹דהאי "אבל כשאין ברכותיהם שוות ד"ה מברך על זה וחוזר ומברך על זה", הכי פירושו, ד"ה אפילו רבנן מודו לרבי יהודא דמין שבעה קודם, דכיון שאין פרי זה נפטר בברכת חבירו, מין שבעה עדיף, אע"פ שהשני חביב - ב"ח›. ‹**דע"כ** הלכה כעולא, וכמ"ש הגר"א: וכיון דעולא ס"ל דוקא בשוות, הו"ל אידך חד לגבי תרי, וכן פסקו הפוסקים› [ט] ‹פשוט› [י] **שם בפ"ח מהלכות ברכות וכחכמים** ‹מפרש הב"י בדברי הרמב"ם, דסובר שפליגי בתרווייהו בין בברכותיהן שוות ובין שלא בברכותיהן שוות, והלכה כרבנן - גר"א›. ‹**ונראה** שהוא מפרש דלא איפליגו רבי יהודה וחכמים אלא כשאחד מהמינים חביב לו יותר מחבירו, דרבנן סברי חביב עדיף, ורבי יהודה סבר מין ז' עדיף, אבל אם אין אחד מהמינים חביב לו יותר מחבירו, לד"ה מקדים מין שבעה, {דהיינו אליביה לעולם יש קדימה דמין ז' כששוין בחביבותן, ודלא כשיטת המחבר אליבא דהגר"א בשאין ברכותיהן שוין}, **והוא** סובר דהא דאמר עולא אבל אין ברכותיהן שוות, ד"ה מברך על זה וחוזר ומברך על זה, לא בא להשמיענו דין הקדמה כלל, אלא שאין האחד פוטר את חבירו, {והיינו דפסק הרמב"ם הוי גם אליבא דעולא} - ב"י› [יא] ‹ע"פ הבאר הגולה ושע"ת› [יב] **ר' יונה אהא דאין ברכותיה שוות** ‹ומיהו ה"ר יונה כתב שם: דהיינו דוקא כשבשעה שבירך בורא פרי האדמה לא נתכוין לפטור פרי העץ, אבל אם נתכוין לפטור את פרי העץ, אין צריך לחזור ולברך - ב"י›

וכן אם היה לפניו דבר שברכתו "שהכל", ודבר שברכתו "פרי האדמה", ונתכוון ב"שהכל" לפטור גם המין השני, יצא בדיעבד.

ונקט "לפניו" לרבותא, דאפילו היה לפניו פה"ע, כשבירך לא נפטר ממילא, אא"כ נתכוון בהדיא לפטור, **אבל** באמת היכי דנתכוון בהדיא לפטרו, מהני אפילו לא היו לפניו פרי העץ כשבירך.

ועיין בשע"ת [יג]דיש חולקין ע"ז, וס"ל שאפילו נתכוון לפטור את פה"ע המונח לפניו, לא יצא, וצריך לחזור ולברך "בורא פרי העץ", וברכת "בורא פה"א" לא היתה לבטלה, דנתקיימה על פרי האדמה לבד, [וה"ה לענין ברכת "שהכל" ו"פה"א" הנ"ל], **ומ"מ** מסיק, דבדיעבד אין לחזור ולברך וכדעת השו"ע, דספק ברכות להקל, **ויותר** טוב להיות נמלך שלא לאכול מיד הפרי העץ אלא לאחר זמן, ויחזור ויברך עליהן, [**ומ"מ** הסומך עצמו על השו"ע אין למחות בידו, כי הרבה אחרונים העתיקו דברי השו"ע לדינא]. **וע"ל** סימן קע"ו ס"א לקושיית החזו"א.

אות ג'

כל המוקדם בפסוק זה מוקדם לברכה

סימן ריא ס"ד - [יד]"כל הקודם בפסוק: "ארץ חטה ושעורה", קודם לברכה - דמקרא זה חושב המינים שנשתבחה בהן א"י, וכל המוקדם בפסוק הוא יותר חשוב מהמאוחר, לפיכך הוא קודם לברכה, **וחטה** ושעורה דקרא דקודמין לשארי המינים, הוא דוקא שעשה מהן תבשיל להרבה פוסקים, וכדלקמן בס"ה.

אף כשהמין השני הוא חביב יותר, [אחרונים, וכן מבואר כדבריהם בהפוסקים דפסקו כר' יהודה דלא אזלינן בתר חביב, דקדימת הכתוב עדיף. **ודע**, דלדעת הרמב"ם הנזכר בס"ב, יהיה דוקא בשניהם חביבים בשוה, הא אם אחד חביב יותר, חביב עדיף].

וכתבו האחרונים, דחשיבות מין שבעה להקדים ראשון לשני, הוא רק כשנגמר הפרי, **אבל** אם לא נגמר, כגון זית קודם שגדל הנץ, אף שהוא ראשון ל"ארץ" בתרא, חשוב יותר המאוחר ממנו, **דמה** שנשתבחה בהן א"י הוא רק בגמר פרי, וכן כל כה"ג.

(**האחרונים** נתקשו, דהא לעיל בס"א כתב המחבר דעה ראשונה שכתב אותה בסתמא, דכשאין ברכותיהן שוות על איזה שירצה יברך, **ואין** כאן מצות קדימה אפילו היה האחד משבעת המינין, **וכאן** סתם דכל הקודם בפסוק קודם לברכה, הרי דחטים קודמין לשארי המינים של פה"ע, אף דאין ברכותן שוות, **והגר"א** הביא דברי תר"י, דמוקים הא דחטים קודמין, דוקא בעשה מהן תבשיל דחשוב ביותר, ולכן שייך להקדימן נגד כל המינים, וכן משמע מא"ר, וכ"כ בספר בית מאיר).

[טו]סימן ריא ס"ה - [טז]הא דחטה ושעורה קודמים, דוקא כשעשה מהם תבשיל או פת - והם קודמים לשארי מינים אף אם הם חביבים אצלו יותר.

אבל כוסס חטה שברכתו בפה"א, אינה קודמת לברכת בפה"ע - אלא בפה"ע תקדים, **ומשמע** במ"א דדוקא אם הפה"ע חביב יותר אצלו, אז הוא קודם אף שהוא מאוחר בקרא, **אבל** אם שניהם חביבים בשוה, חטה קודמת, [שהוא מוקדם בפסוק, **אכן** לפי מש"כ הרשב"א, דע"כ לא מיירי הקרא בכוסס, לא שייך כלל סברתו]. **אכן** בביאור הגר"א משמע, דלפי מה שמבואר לעיל בס"א, דהיכא שאין ברכותיהן שוות לא אזלינן כלל בתר מין ז', ה"ה הכא לא אזלינן כלל בתר מוקדם, ועל איזה שירצה יברך תחלה, **ומ"מ** אם החטה חביבה יותר אצלו, מסתברא דיברך עליה תחלה, דגם שם הלכה כהי"א דחביב קודם כמש"כ שם.

הגה: ברכת "המוציא" קודמת לברכת "בורא מיני מזונות" - פי' כגון שיש שלחן ערוך לפניו לאכול פת, וגם רוצה לאכול לחמניות דברכתן במ"מ, ואפילו כשאוכלן בתוך הסעודה, כגון שבלילתן רכה ואוכלן לתענוג ולא לשובע, וכדלעיל בסימן קס"ח ס"ח, **מצוה** שיטול ידיו ויברך "המוציא" תחלה על הפת, דברכת "המוציא" חשובה, ואח"כ יברך במ"מ על הלחמניות, **דאי** מיירי בשאר תבשילין, בלאו טעמא דברכת "המוציא" חשובה, צריך לברך תחלה על הפת ולפטור ממילא את התבשיל, **דאי** יברך תחלה על התבשיל, נמצא גורם ברכה שא"צ ואסור.

וכ"ש לשאר ברכות (אגור), ואע"פ שהדבר השני חשוב - כגון שהלחם משעורים והמזונות מחטים, והוא הדין כל כה"ג שהדבר השני הוא חשוב בעצם יותר מהדבר הראשון, **או חביב עליו (וכן יש לדקדק מדברי הגה"מ פ"ט ומסמ"ק שהביא הטור וכל בו ב"י בשם רמב"ס)** - ר"ל שבאמת אינו חשוב יותר מהראשון, אך בעיניו הוא חביב יותר, **ופשוט** דה"ה אם הוא חביב וחשוב ביחד.

וכל מה דאמרינן דאחד קודם לחבירו, היינו שרוצה לאכול משניהם, לכן יש להקדים החביב או החשוב; אבל אם אינו רוצה לאכול משניהם, אינו מברך רק על זה שרוצה לאכול, אעפ"י שגם השני מונח לפניו (תרומת הדשן) - ואפילו רוצה לאכול משניהם, אך שלא הביאו עדיין החביב לפניו, א"צ להמתין, [וה"ה לענין קדימת מין ז'].

וכל זה דצריך להקדים, היינו דוקא לכתחלה, אבל אם עבר ובירך על השני, אם הברכות שוות, יוצא, ואין צריך לחזור ולברך על זה שהיה לו להקדים, ובלבד שיהא דעתו ג"כ עליו בברכתו (ב"י סי' ר"ו ובזה הסימן בשם רשב"א) - ואפילו היו שניהם לפניו בשעת ברכה, בעינן שיתכוין לו בפירוש לפוטרו, [וזה מהני אפי' לא היה לפניו המין השני החשוב בשעת ברכה], **דאינו** בדין שיפטור

באר הגולה

יג ‹אך גם באם היה לפניו, נראה מרש"י ותוס' דאין ברכת צנון פוטר את הזית, {שפי' דהא דתנן בירך כו', ה"מ בחד מינא וטעה כו', משמע דוקא בחד מינא הוא דמהני, אבל בתרי מיני אפי' במתכוין אין ברכת הצנון פוטר את הזית - שם בשאגת אריה}, ומפיק להלכה כדברי רש"י, דלא מהני לפטור בכה"ג, וצריך לברך על של עץ בפה"ע, ע"ש בשאגת אריה - שע"ת› **יד** **ברכות מ"א ע"א** **טו** ‹מילואים› **טז** **טור בשם בה"ג ושאר הפוסקים**

מי שאינו חשוב את החשוב דרך גררא, אלא בכונה, (והיינו בין שאינו מין ז׳ את המין ז׳, או שאינו חביב את החביב), **אבל** אם בירך על החשוב, פוטר את שאינו חשוב אפילו לא נתכוין בפירוש לפוטרו, כיון שהיה מונח לפניו על השלחן בשעת ברכה, **ואם** הביאו לו אחר שכבר כלה המין הראשון, צריך לחזור ולברך, **ואם** הביאו לו אחר שבירך אבל עדיין לא כלה אכילתו, יש דעות בפוסקים, וספק ברכות להקל, כל זה מבואר בסי׳ ר״ו ע״ש באחרונים ובמ״ב, **ולכתחלה** מבואר שם ברמ״א, דיש ליזהר לכוין לפטור את אשר יביאו לו אח״כ.

ואם היה מונח לפניו אתרוג וזית, אף דאתרוג היה חביב עליו יותר, קיי״ל לעיל בס״א, דמברך על הזית שהוא ממין שבעה, ונפטר ממילא אף בסתמא האתרוג, **ואם** הוא בירך על האתרוג בסתמא, לא נפטר הזית, **ומ״מ** לפי מה שהבאנו שם בבה״ל, הרבה ראשונים דס״ל ג״כ כדעת הרמב״ם המובא שם בס״ב, דחביב עדיף אף לגבי מין שבעה, **נהי** דלכתחלה בודאי טוב לנהוג כדעה הראשונה שהיא סתמית, ולברך על הזית, **מ״מ** בדיעבד שבירך על החביב כדעת הרמב״ם וסייעתו, לכאורה בודאי לא יחזור ויברך על הזית, דלשיטתם היא ברכה לבטלה, וכבר כתב שם הט״ז, דמאן דעביד כרמב״ם ג״כ שפיר עביד, **ויותר** נ״ל, דאפילו אם הוא מברך על הזית, טוב שיכוין בהדיא לפטור גם האתרוג, אחרי דהאתרוג חביב לו יותר, ולדעת הרמב״ם וסייעתו אינו יוצא בזה ממילא על האתרוג, **וכן** כל כה״ג היכא שיש דעות בפוסקים על איזה דבר יברך בתחלה, יהיה זהיר בשעת ברכה לכוין לפטור שניהם, דבלא״ה יש חשש דאוכל המין השני בלא ברכה.

(**ואם** אוכל אצל בעה״ב, כיון דאתכא דבעה״ב סמיך, הוי כאלו דעתו בפירוש לפטור כל מה שירצה בעה״ב ויביאו לו).

[יז]סימן ריא ס״ו - [יח]היה לפניו תבשיל מקמח כוסמין ושבולת שועל ושיפון, וגפן ותאנה ורימון, כיון דמברך על התבשיל במ״מ, ברכתו קודמת; אע״ג דהנך ממין ז׳ ואיהו לאו ממין שבעה - אע״ג דכוסמין מין חטין, ושבולת שועל ושיפון מין שעורים, מ״מ כיון דאין נזכרין בהדיא בקרא, אין בהם חשיבות מין שבעה כ״כ כמו המפורשים בהדיא בקרא, **מ״מ כיון דחשיבי דעבדי מינייהו פת ומברך עלייהו "המוציא" וברכת המזון, קודמת אע״ג דלא עבדינהו פת** - וגם הם בכלל חטה ושעורה דקרא עכ״פ, דחטה ושעורה קודמין לגפן ותאנה ורמון, **וכתב** המ״א דדוקא הני דחשיב כאן, אבל זיתים עם תבשיל של שבולת שועל, זיתים קודמין משום דמוקדמין בקרא, **אבל** כמה אחרונים חלקו ע״ז, וכנ״ל במ״ב בס״ד.

(**לפמש״כ** המחבר לעיל בס״א בדעה הראשונה דהיא סתמית, דהיכא דאין ברכותיהן שוות לא אזלינן בתר מין ז׳, אין מקום לומר "ואיהו לאו ממין ז׳", **אכן** האמת דדבר זה הלא הוא מהג׳ מיימוני בשם הר״מ, וידוע דשיטתו הוא דאף באין ברכותיהן שוות מין ז׳ עדיף).

ועתה נבוא לבאר סדר המעלות בקצרה, וכל המאוחר מחבירו הוא גרוע מחבירו: **המוציא**, אפילו מפת של שבולת שועל ושיפון, **במ״מ** על מעשה קדרה דחטים, **במ״מ** על מעשה קדירה דשעורים, **במ״מ** על מעשה קדרה דשיבולת שועל ושיפון, שהוא ג״כ מין שעורים, {**ובמ״מ** דשעורים, כיון דשעורה מפורש בקרא קודם להן, ואפי׳ לכוסמין שהוא מין חטים הוא ג״כ קודם}. **בפה״ג**, זיתים, תמרים, וענבים, תאנה, ורמון, בפה״ע ופה״א, שהכל, **ובכל** אלו אין משגיחין על החביב כלל, דמי שהוא מאוחר מחבירו אפילו הוא חביב יותר, כגון שהיה חביב לו ה"שהכל", אפ״ה הפה״א קודם לו, וכן בכל הנ״ל.

בפה״ע ובפה״א אזלינן בתר החביב, אפילו השני מין זיי״ן, **היו** שניהם חביבין, אזלינן בתר מין זיי״ן, **ואם** אחד מהן מוקדם בפסוק, כגון שכוסס קליות חטה דברכתו בפה״א, ואוכל זית, יקדים חטה דהוא קודם בקרא, כ״כ המ״א, **והגר״א** פליג ע״ז, וכמו שכתבנו לעיל בס״ה, **שניהם** אינן מין זיי״ן, יש להקדים פה״ע אם שוים בחביבות, **הא** לא״ה חביב קודם, **וכן** שניהם פה״א או שניהם "שהכל", אזלינן בתר חביב.

והנה מה נקרא חביב, אנן בני אשכנז נמשכין אחר הרא״ש וסייעתו, שהוא המין הרגיל להיות חביב אצלו, כמ״ש בס״א, **ואם** שניהם חביבים אצלו, אזלינן אחר איזה שחפץ עתה, כמ״ש בס״ב לרמב״ם. **ברכת** אכילה ושתיה, אפי׳ ברכת "שהכל", קודמת לברכת הריח.

אות ד׳

הנכנס לבית המנוגע וכליו על כתפיו וסנדליו וטבעותיו בידיו, הוא והן טמאין מיד

רמב״ם פט״ז מהל׳ טומאת צרעת ה״ז - מי שנכנס לבית מנוגע וכליו על כתפיו וסנדלו וטבעתו בכפיו, הוא והן טמאין מיד, שאינו מציל מלטמא מיד אלא כלים שהוא לבוש בהן; וכן העכו״ם והבהמה שהיו לבושין בכלים ונכנסו לבית המנוגע, נטמאו הכלים מיד, אבל העכו״ם אינו מקבל טומאה כבהמה.

אות ה׳

היה לבוש כליו, וסנדליו ברגליו, וטבעותיו באצבעותיו, הוא טמא מיד, והן טהורין עד שישהא בכדי אכילת פרס, פת חטין ולא פת שעורין, מיסב ואוכלן בלפתן

רמב״ם פט״ז מהל׳ טומאת צרעת ה״ו - אבל אדם מישראל שנכנס לבית מנוגע והוא לבוש בבגדיו וסנדליו ברגליו וטבעותיו בידיו, הרי האדם טמא מיד, ובגדיו טהורים עד שישהה שם כדי שיסב אדם ויאכל כשלש ביצים פת חטים בלפתן, שנאמר: והשוכב בבית יכבס את

באר הגולה

יז ‹מילואים› יח שם

בגדיו והאוכל בבית יכבס את בגדיו, וכי תעלה על דעתך שאין בגדיו מתטמאין עד שיאכל שם, אלא ליתן שיעור לשוכב כאוכל; ואחד השוכב או היושב או העומד, אם שהה כדי לאכול שיעור אכילה האמורה, נטמאו בגדיו.

אות ו'

עצם כשעורה מטמא במגע ובמשא, ואינו מטמא באהל

רמב"ם פ"ג מהל' טומאת מת ה"ב - ואלו מטמאין במגע ובמשא ואין מטמאין באהל... ועצם אפילו כשעורה.

אות ז'

גפן כדי רביעית יין לנזיר

רמב"ם פ"ה מהל' נזירות ה"ב - היוצא מן הגפן כיצד... [יט]וכן אם שתה רביעית יין... או שתה רביעית חומץ שהוא פסולת הפרי, הרי זה לוקה.

אות ח'

כגרוגרת להוצאת שבת

רמב"ם פי"ח מהל' שבת ה"א - המוציא דבר מרשות היחיד לרשות הרבים, או מרה"ר לרה"י, אינו חייב עד שיוציא ממנו שיעור שמועיל כלום; ואלו הן שיעורי ההוצאה: המוציא אוכלי אדם, כגרוגרת, ומצטרפין זה עם זה, והוא שיהיה כגרוגרת מן האוכל עצמו, חוץ מן הקליפים והגרעינין והעוקצין והסובין והמורסן.

אות ט'

כל כלי בעלי בתים שיעורן כרמונים

רמב"ם פ"ו מהל' כלים ה"ב - כמה שיעור השבר שישבר בכלי עץ או כלי עצם ויהיה טהור, כל כלי בעלי בתים שיעורן כרמונים; כיצד, משינקב הכלי במוציא רמון, טהור, והרמון שאמרו בינוני, לא גדול ולא קטן לפי דעת הרואה.

באר הגולה

יט ‹מפרש העין משפט הגמ' כפשוטן של הדברים, ודלא רש"י ותוס'›. ‹**ובענין** פירושו של רש"י, כתב הרש"ש: ולעד"נ לפרש דר"ל דבעינן שיאכל מחרצנים וזגים בכדי שיעור רביעית יין כשיקרש – רש"ש. **והדברי** נחמיה פי' רש"י כמו שפי' תוס' כאן, ולא כתב רש"י ענין של קרישה אלא לדוגמא›

שיעורן כרמונים ארץ זית שמן אמר ר' יוסי ברבי חנינא ארץ שכל שיעוריה כזיתים כל שיעוריה סלקא דעתך והא איכא הנך דאמרן אלא ארץ שרוב שיעוריה כזיתים דבש "ככותבת הגסה ביום הכפורים *ואידך הני שיעורין בהדיא מי כתיבי*אלא מדרבנן וקרא אסמכתא בעלמא רב חסדא ורב המנונא הוו יתבי בסעודתא אייתו לקמיידו תמרי ורמוני שקל רב המנונא בריך אתמרי ברישא אמר ליה רב חסדא לא סבירא ליה מר להא דאמר רב יוסף ואיתימא ר' יצחק כל המוקדם בפסוק זה קודם לברכה אמר ליה "זה שני לארץ וזה חמישי לארץ אמר ליה מאן יהיב לן נגרי דפרזלא ונשמעינך : איתמר הביאו לפניהם תאנים וענבים בתוך הסעודה אמר רב הונא טעונים ברכה לפניהם ואין טעונים ברכה לאחריהם וכן אמר רב נחמן טעונים ברכה לפניהם ואין טעונים ברכה לאחריהם ורב ששת אמר טעונין ברכה בין לפניהם בין לאחריהם שאין לך דבר שטעון ברכה לפניו ואין טעון ברכה לאחריו אלא פת הבאה בכסנין בלבד ופליגא דר' חייא *דא"ר חייא פת פוטרת כל מיני מאכל "יין פוטר כל מיני משקים אמר רב פפא "הלכתא דברים הבאים מחמת הסעודה בתוך הסעודה אין טעונים ברכה לא לפניהם ולא לאחריהם ושלא מחמת הסעודה בתוך הסעודה טעונים ברכה לפניהם ואין טעונים ברכה לאחריהם לאחר הסעודה טעונים ברכה בין לפניהם בין לאחריהם שאלו את בן זומא מפני מה אמרו דברים הבאים מחמת הסעודה בתוך הסעודה אינם טעונים ברכה לא לפניהם ולא לאחריהם אמר להם הואיל ופת פוטרתן אי הכי יין נמי נפטריה פת "שאני יין דגורם

שיעורן כרמונים . ניקב כמוליא רמון טהור בעלי בתים חסים על כליהם הלכך ניקב כמוליא קטניות מלגיעו לזיתים ניקב כמוליא זית משתמש לאגוזים ניקב כמוליא אגוז משתמש בו רמונים אבל של אומן העומד למכור לא הוי שיעוריה בהכי : שרוב שיעורים . אכילת חלב דם נותר ופיגול: דבש. האמור בתורה הוא דבש תמרים וכותבת היא תמרה : זה שני לארץ . ארץ זית שמן ודבש דכתיב בסיפיה דקרא הפסיק ארץ את הסדר וחזר לעשות זיתים ותמרים חשובים(א) מתאנים ורמונים שהרמון חמישי לארץ הכתובה בראש המקרא ודבש שני לארץ הכתובה בסופו : מאן יהיב לן נגרי דפרזלא . רגלים של ברזל: ונשמעינך . נשמשך ונלך אחריך תמיד : הביאו לפניהם תאנים וענבים בתוך הסעודה . ולא ללפת את הפת דא"כ הוו להו טפלה ואין חולק בדבר שאין טעון ברכה לא לפניו ולא לאחריו אלא לפעמים שבא למתק את פיו בתוך הסעודה בפירות: מברך לפניהם. דלאו טפלה נינהו : ולא לאחריהם . דבהמ"ז פוטרתן: בין לפניהם בין לאחריהם. דלא פטר אלא מידי דזיין והני לא זייני : פת הבאה בכסנין . לאחר אכילה ובהמ"ז היו רגילים להביא כיסנין והן קליות לפי שיפין ללב כדאמרי' בעלמא (עירובין כט:) הני כיסני דמעלו לליבא ומביאין עמהן פת שנלושה עם תבלין כעין אובליא"ש שלנו ויש שעושין אותן כמין לפורים ואילנות ואוכלין מהן דבר מועט ומתוך שנותנים בה תבלין הרבה ואגוזים ושקדים ומאכלה מועט לא הטעינוה ברכה מעין ג' מידי דהוה אפת אורז ודוחן דאמרינן בפרקין (דף לז:) בתחלה בורא מיני מזונות ולבסוף ולא כלום : פת פוטרת . בין לפניהם בין לאחריהם : דברים הבאים מחמת הסעודה . ללפת בהן את הפת: אין טעונין ברכה . דהוו להו טפלה הלכך כל מידי בין מזון בין פירות שהביאו ללפתן אין בו ברכה לא לפניו ולא לאחריו : שלא מחמת הסעודה בתוך הסעודה . כגון דייסא וכן כרוב ותרדין שאינן לפתן ובאין למזון ולשובע : טעונין ברכה לפניהן . דלאו טפלה נינהו ואינן בכלל לחם דנפטר בברכת המוציא: ולא לאחריהן. דמיני מזון נינהו וברכת המזון פוטרתן: דברים הרגילין לבא לאחר סעודה . כגון פירות אפי' הביאן בתוך הסעודה שלא מחמת לפתן : טעונין ברכה בין לפניהן . דלאו טפלה נינהו : בין לאחריהם . דאין ברכת המזון פוטרתן דלאו מזוני נינהו : דגורם

אייתו לקמייהו תמרי ורמוני . ולא ללפת בהן את הפת דאם כן הוו להו פת עיקר והן טפלה ותנן (דף מד.) מברך על העיקר ופוטר את הטפלה : זה שני לארץ . מ"מ היכא דאיכא חטה וזית או שעורים ותמרים אע"ג דשוין לארץ מכל מקום המוקדם בפסוק דהייט לארץ ראשון יקדים לברכה: הביאו לפניהם תאנים וענבים בתוך הסעודה . וכגון שאין באין ללפת את הפת אלא לקנוח סעודה: אלא פת הבאה בכסנין . דטעון ברכה לפניו ואין טעון ברכה לאחריו רק בורא נפשות רבות מידי דהוה אאורז ודוחן דאמרי' לעיל (דף לז:) בתחלה מברך במ"מ ולבסוף ולא כלום הואיל ונתנו בהן שקדים הרבה . ופי' רש"י אפי' אם אכל מהן אחר בהמ"ז קאמר ולא נהירא חדא דאמרי' לעיל כל שיש בו מחמשת המינין צריך ברכה מעין שלש ועוד אמאי קאמר כיסנין לימא נמי אורז ודוחן ע"כ צריך לפרש דמיירי בתוך הסעודה קודם בהמ"ז דמיירי בה וה"ק חוץ מן הפת הבאה בכיסנין בתוך הסעודה קודם ברהמ"ז דאין טעון ברכה לאחריו דפטר ליה בהמ"ז אפי' לרב ששת משום דהוי דבר מועט אבל בלא סעודה אף לאחריו צריך לברך מעין ג' ברכות ולהכי לא נקט פת אורז ודוחן שהרי אפילו בלא סעודה נמי אין צריכין ברכה מעין ג' לאחריו: לא קי"ל כרב ששת אלא כרב הונא ורב נחמן דאין הלכה כיחיד במקום רבים . ה"ג : ויין פוטר כל מיני משקין . ולכאורה מיירי ביין בלא סעודה דאי בהדי פת תיפוק ליה דפטר ליה פת דאפי' יין נמי דלא לומר הספר בסמוך דפטור אי לאו טעמא דקובע ברכה לעצמו אלא מיירי בלא סעודה ואפ"ה יין פוטר ולית הלכתא כוותיה שהרי מפת פוטרת אין הלכה כמותו אלא כפסק רב פפא א"כ גם מהא דקאמר יין פוטר וכו' לית הלכתא כוותיה : הלכתא דברים הבאים בתוך הסעודה מחמת הסעודה . פי' הקונטרס ללפת בהן את הפת אין טעונין ברכה דהוו להו טפלה ולא נהירא דא"כ מתני' היא (דף מד.) דמברך על העיקר ופוטר את הטפלה ומאי קמ"ל ועוד קשה דפריך בסמוך יין נמי נפטריה פת ומאי קשה והלא כששותים היין אינו טפלה לפת ואנן במידי דטפל לפת מיירינן ואין לפרש לפירוש הקונטרס יין נפטריה פת כששורה פתו ביינו קאמר דהוה ליה יין טפל דהא לא אשכחן שיברך עליו בענין זה אלא ודאי מיירי בשתיה ועוד קשה מה שפי' רש"י דברים הבאים שלא מחמת הסעודה בתוך הסעודה כגון דייסא ותרדין וכרוב שאינן של לפתן ובאין לזון ולשבוע טעונים ברכה לפניהם דלאו טפלה נינהו ומיהו פטורין מברכת המזון דמיני מזון נינהו ולא נהירא דאמרי' במתני' ברך על הפת פטר את הפרפרת ובגמ' מפרש דהוא הדין כל מעשה קדרה ודברים הרגילים לבא לאחר הסעודה פירש"י כמו פירות ואפי' הביא אותן בתוך הסעודה שלא מחמת לפתן טעונים ברכה בין לפניהם דלאו טפלה נינהו ובין לאחריהם דאין ברכת המזון פוטרתן דלאו מזון נינהו דהיינו כרב ששת דאמר לעיל הביאו לפניו תאנים ורמונים בתוך הסעודה דטעונים ברכה בין לפניהם בין לאחריהם והוי דלא כהלכתא דקיי"ל כרב נחמן וכרב הונא כדפרישית לעיל. על כן פי' ר"י דברים הבאים מחמת הסעודה בתוך הסעודה כלומר הרגילים לבא מחמת הסעודה בפת שרגילים לאכלן עם הפת כגון בשר ודגים וכל מיני קדרה והביאן בתוך הסעודה אין טעונין ברכה לפניהם ולאחריהם אפי' אכלן בתוך הסעודה בפני עצמן בלא פת דכיון דמשום פת הם באין הפת פוטרתן אבל דברים שאין דרכן לבא בתוך הסעודה כגון תמרים ורמונים ושאר כל פירות שאין רגילים ללפת בהן את הפת טעונין ברכה לפניהן דכיון דלאו משום לפתן אתו אין הפת פוטרתן והיינו כר"נ וכרב הונא דלעיל דאמרי דטעונין ברכה לפניהן ולא לאחריהן : לאחר הסעודה גרסי' ותו לא ולא גרסי' דברים הבאים בהן סיפא והכי פירושו אם הביאו דברים שהזכרנו אחר הסעודה פי' לאחר שמשכו את ידיהם מן הפת שוב אין הפת פוטרתן כלל והוי כמו שאכלן בלא שום סעודה ובין דברים הרגילים לבא מחמת הסעודה ובין דברים שאין רגילים לבא מחמת הסעודה טעונים ברכה לפניהם ולאחריהם דאכל דברים דלעיל קאי ועכשיו אין לנו דין זה דאין מנהג שלנו למשוך ידינו מן הפת כלל עד לאחר בהמ"ז אלא כל שעה שאנו אוכלין פירות או שום דבר קודם בהמ"ז דעתנו לאכול פת כל שעה וקיי"ל כפסק דרב פפא : אי הכי יין נמי נפטריה פת . דודאי יין מחמת סעודה אתי שהוא שותה כמה פעמים דאי לאו הסעודה לא ישתה ולפטריה פת ומשני שאני יין דגורם ברכה לעצמו פירש"י דבהרבה מקומות הוא בא ומברכין עליו אע"פ שאין צריכין לשתות כגון בקידוש ובברכת אירוסין ורשב"א פי' משום דצריך לברך על היין בורא פרי הגפן ובתחלה כשהוא בענבים בורא פרי העץ ועל שאר משקין שהכל נהיה בדברו ומיהו אומר ר"ת דבשאר משקין כמו מים ושכר הבאים מחמת הסעודה פת פוטרתן דאפי' יין הוה פוטר אי לאו דקובע ברכה לעצמו ולא כמחזור ויטרי שכתב שמברכין למים ברכה בכל פעם ופעם ואפי' בתוך הסעודה דהוי כנמלך והא דלא פריך הכא (ב) מהן משום דיין זיין אבל מים לא זייני כדאמר (לעיל לה.) הנודר מן המזון וכו' ופשיטא דלא פטר להו פת דאינה בכלל ברכת הפת : מיהו

עין משפט נר מצוה

קג א מיי' פ"ב מהלכות שביתת עשור הל' א סמג לאוין סט טוש"ע או"ח סי' תרי"ב סעיף א : קד ב מיי' פ"ח מהל' ברכות הל' יג סמג עשין כז טוש"ע או"ח סי' רי"א סעיף ד : קה ג טוש"ע או"ח סי' קעד סעיף ב : קו ד מיי' פ"ד מהלכות ברכות הל' יא סמג שם טוש"ע או"ח סימן קעז סעיף א ב : [ע' תוס' סוכה ו. ד"ה אלא] קז ה טוש"ע או"ח סי' קעד סעיף א ז :

הגהות הב"ח

(א) רש"י ד"ה זה שני וכו' חשובים מרמונים שהרמון כנ"ל ותיבת מתאנים נמחק : (ב) תוס' ד"ה אי הכי וכו' כנמלך והא דלא פריך הכא מיין אלא משום דיין :

מסורת הש"ס

כעירובין ובסוכה מסיק הש"ס אלא הלכתא ניגרש

חולין קיא:

§ מסכת ברכות דף מא: §

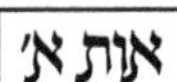

ככותבת הגסה ביום הכפורים

סימן תריב ס"א - האוכל ביום הכיפורים ככותבת הגסה, חייב - אע"ג דבכל איסורי התורה משערינן בכזית, **כל** זה היכי דכתיבי "אכילה", משא"כ ביו"כ דלא כתיב "אכילה", אלא מנע הכתוב את האכילה בלשון "עינוי", כדכתיב: הנפש אשר לא תעונה, **וקים** להו לחכמים דבפחות מככותבת לא מייתבא דעתיה כלל, והרי הוא רעב ומעונה כבתחלה.

(מתבאר בש"ס דככותבת היינו עם גרעינתה, ולכאורה דאם אכל הכותבת עצמה פטור, שהרי חסר מקום הגרעין, והגרעין בעצמו אין לצרפו, שהרי קשה הוא ואין ראוי כלל לאכילת אדם, **ולפי"ז אפילו בלעו ביחד עם הפרי לכאורה אינו מועיל, שהרי בעינן לאתוביה דעתיה, ובציר משיעור לא מייתבי דעתיה, אלא דאינו מיושב לפי"ז קצת, דנקט תנא שיעורא דאכילה ביוה"כ בככותבת, וכותבת עצמה אינה בכלל, אמנם אח"כ מצאתי ברי"ף, דיש תמרים רכים שנאכלים עם הגרעינים, והיינו אפילו לאדם).**

והוא פחות מכביצה מעט - ר"ל ביצה בינונית, **ועיין** בדגול מרבבה שכתב, דכביצה האמור כאן הוא בלי קליפה, **ובתשובת** בנין ציון החדשות חולק עליו.

ושיעור זה שוה לכל אדם, בין לננס בין לעוג מלך הבשן - דקים להו לחכמים, דבשיעור זה מייתבא דעתיה דכל אדם מעט או הרבה, ובבציר מזה לא מייתבא דעתיה דשום אינש.

והנה מה שהורה לנו המחבר השיעור לענין חיוב, אף דאיסורו הוא אפילו בכל שהוא, **משום** דנ"מ מזה אודות חולה, דמאכילין אותו פחות מכשיעור, וע"כ צריכין אנו לידע השיעור של חיובא.

אות ב'

זה שני לארץ, וזה חמישי לארץ

סימן ריא ס"ד - ו"ארץ" בתרא הפסיק הענין, וכל הסמוך לו חשוב מהמאוחר ממנו ל"ארץ" קמא - דכן הוא סדר המקרא: ארץ חטה ושעורה וגפן ותאנה ורמון, ארץ זית שמן ודבש, ומ"ארץ" שבאמצע הוי התחלת סדר.

הילכך תמרים קודמים לענבים, שזה שני ל"ארץ" בתרא, וזה שלישי ל"ארץ" קמא - דדבש שבקרא הוא תמרים שיוצא מהן דבש.

הגה: ודוקא שאוכל ענבים כמות שהן, אבל אם עשה מהם יין שקובע ברכה לעצמו, בפה"ג חשובה והיא קודמת לברך עליו תחלה - היינו אפילו לזיתים שהיא ראשונה ל"ארץ" בתרא.

אבל מעשה קדירה מחמשת מיני דגן, היא חשובה יותר מברכת היין - שגם ברכת "בורא מיני מזונות" היא ברכה מבוררת כמו ברכת היין, והרי היא קודמת ליין בקרא, **ונקט** הרמ"א מחמשת מיני דגן להשמיענו, דאף כוסמין ושבולת שועל ושיפון, מזון הנעשה מהן ג"כ קודמין ליין, דהם ג"כ בכלל חטים ושעורים.

כל הנאמר סמוך ל"ארץ" קמא, קודם למה שנאמר סמוך ל"ארץ" בתרא, לאחר שוה לו בסמיכה ל"ארץ" (טור) - מלשון זה משמע, דחטים ושעורים דקודמין הוא רק מהשוה להן בסמיכה ל"ארץ", כמו חטים לזיתים, ושעורים לדבש {שהוא תמרים}, **אבל** שעורים, היינו מזון הנעשה מהן כמו שמפרש בסעיף ה', לזיתים, לא, [מ"א], **ושיש** ג' מעלות זו למעלה מזו, א', ברכת במ"מ. שניה, קדימה בפסוק, והיא חשובה יותר מברכת במ"מ. ג', ברכת היין דהיינו פה"ג, שהיא חשובה יותר ממעלת קדימה בפסוק, כ"ש למעלת במ"מ, **ואעפ"כ** במ"מ קודמת לפה"ג, דבמ"מ יש לו שתי מעלות קטנות, דהיינו חשיבותה מצד עצמה שברכתו במ"מ, מעלה שניה שמוקדמת בפסוק לגפן, ובצירוף שני מעלות קטנות יחד הם חשובים יותר מבפה"ג, אף דפה"ג חשובה יותר מכל א' מב' המעלות קטנות, **ולכן** זית שמוקדם בקרא, קודם לשעורים, אע"ג שברכתו במ"מ - מחה"ש, **אבל** הלבוש כתב, דברכת בורא מיני מזונות היא קודמת לכל, וכן הסכימו הרבה אחרונים.

[**ובודאי** זיתים קודמין לקליות של שעורים, לפי מה שפסק הרמ"א לעיל סי' ר"ח ס"ד, דברכתו היא "שהכל"].

אות ג'

ויין פוטר כל מיני משקים

סימן קעד ס"ב - [א] יין פוטר כל מיני משקין. הגה: אפילו מברכה ראשונה (הר"י פרק כיצד מברכין וב"י בשם הפוסקים) - שהוא ראש וראשון לכל המשקים, וכולם נטפלים לו, **ועיין** לקמן סימן ר"ח סט"ז ובמ"ב שם, לענין ברכה אחרונה.

ובלבד שיהיו לפניו על השלחן בשעה שבירך על היין, דאילו לא היו לפניו בשעת ברכה, אף שהביאו המשקין לפניו בשעה שעמד עדיין היין לפניו, לא מהני, וצריך לברך עליהם, **ויש** מקילין אפילו לא היו לפניו, ורק שהיה דעתו עליהם, **וכ"ז** בשלא קבע עצמו לשתות יין, ורק כוס זה בלבד, **אבל** אם קבע לשתות יין, הסכימו כמה אחרונים, דפוטר אפילו המשקין שלא היו לפניו בשעת ברכה, כיון שבאו לפניו עכ"פ בעוד שהיין לפניו, **ואם** באו לפניו אחר גמר שתיית היין, צריך לברך על המשקין, כ"כ מהר"מ בנעט בביאורו, **אם** לא שהיה דעתו על המשקין קודם גמר

באר הגולה

א שם

השתיה, **ולכתחלה** טוב יותר לעולם שיהיו שאר המשקין לפניו בעת ברכתו על היין, [לחוש לדעת הפוסקים דבזמן הזה אין קביעות ליין].

(**ולפי"ז השותה קאוו"ע אחר שתיית יין, א"צ לברך עליו, ואף על הצוקע"ר שנוטל בפיו למתק השתיה, ג"כ א"צ לברך, דהוא נטפל להקאוו"ע, והקאוו"ע להיין, ועיין בח"א שכתב, דאינו פוטר אא"כ שתה תחלה ואח"כ לקח הצוקע"ר בפיו, דאם יהנה תחלה מן הצוקע"ר, לא יהיה טפל להמשקין, ודעתו שם דיותר טוב שיקח תחלה מעט צוקע"ר ויברך עליו, ויכוין לפטור המשקין, ע"ש טעמו)**, ‹דצריך דוקא שיקבע על היין, והבה"ל משמע דדברי הח"א הוא בכל אופן, אפי' כשיקבע, וצ"ע - דברי סופרים›.

(**ודע דהא דיין פוטר כל מיני משקין, היינו אפילו לא כוון בעת ברכתו לפטור אותם, אלא בסתמא, אפ"ה אמרינן דממילא נטפלים לו).**

ודע שאם קידש על היין, והוציא אחרים בברכתו, אם לא טעמו מכוס של קידוש, ורוצים לשתות שארי משקין, אף שהיו לפניהם בשעה שבירך על היין, צריכים לברך על המשקין, **כי** הטעם שיין פוטר, הוא משום שכל המשקים טפלים לו, וכשאינו שותה, לא שייך טעם זה, [דדה"ח].

(**ועיין בח"א שכתב, דדוקא בשותה יין בקביעות, אבל לא בשותה כוס אחד או ב', ואין בדעתו למשוך עצמו ביין, וכ"ש כשמקדש ושותה רק כמלא לוגמיו, דלא מהני לפטור המשקין, אפילו היו המשקין לפניו בשעת ברכה, והנה אף שבמ"ב סתמנו שלא כדבריו, מפני שהרבה אחרונים חולקין ע"ז, וסוברין דאפי' בלא קבע לשתות יין, ג"כ מהני לפטור שאר משקין כשעומדין לפניו בשעת ברכה, מ"מ נראה דאין להקל רק כששתה עכ"פ כמלא לוגמיו, שהוא שיעור חשוב דמייתבא דעתיה, דגם לענין קידוש כמה גדולי ראשונים סוברין, דאינו יוצא בפחות ממלא לוגמיו, ואף שאנו מקילין בדיעבד, וסוברין דשתיית כולם מצטרף למלא לוגמיו, היינו רק לענין לצאת ידי מצות קידוש, אבל לא דלהוי זה הטעימת משהו שיעור חשוב, שיהיו כל המשקין ששותה אחריו טפלין לו, והנה מדברי הדה"ח שהעתקתי דבריו במ"ב, לענין המסובין שלא טעמו מן הכוס, שצריכין לברך על המשקה ששותין, מוכח דעתו דס"ל, דאפילו בטעימת כל שהוא מן היין סגי לפטור עי"ז שאר המשקין, ומ"מ לדינא צ"ע וכנ"ל, ונכון לכתחלה שמי שירצה לפטור שאר המשקין, ישתה עכ"פ מלא לוגמיו, ובלא"ה יש ליזהר בזה, כמ"ש בסי' רע"א סי"ד, ואם לא שתה מלא לוגמיו, יבקש לאחד שלא טעם כלל מן הכוס, שיפטרנו בברכה על המשקין, או שיברך על מעט צוקע"ר לפטור המשקין).**

[ב]**סימן רח סט"ז** - [ג]**שתה יין ומים** - וה"ה כל מיני משקין אף החשובים ביותר, **אין לו לברך על המים "בורא נפשות", שברכת היין פוטרתן, כשם שבברכה ראשונה יין פוטר כל מיני משקים** - ומיירי כשקבע על היין, ואז פוטר אפילו לא היו המשקין לפניו בשעת ברכה, **ואפילו** אם אירע שהביאו המשקין אחר שנמלך והסיח דעתו משתיית היין, דאז בודאי צריך לברך ברכה ראשונה על המשקין, דלא עדיף מיין גופא, **אפ"ה** א"צ לברך בנ"ר, כיון שקבע מתחלה על היין, נטפל הכל ליין ונפטר בברכתו.

או דמיירי שהיו המשקין לפניו בשעת ברכה, ‹אפי' לא קבע›, ואז פוטר אפילו לא שתה רק כוס אחד, [**ואף** דלענין ברכה ראשונה, אפשר דסגי לפטור המשקין אף אם לא שתה מהיין רק כמלא לוגמיו, **אבל** לענין ברכה אחרונה לפטור המשקין מברכתם, לא יצוייר רק אם שתה רביעית יין, שמחוייב לכו"ע בברכה, **ואם** שתה פחות מכשיעור זה, יש לעיין בדבר איך יעשה לענין ברכה אחרונה דמשקין, דהלא יש דעות שסוברין דאפי' על רוב רביעית, ואפשר דאפי' על כזית, צריך לברך מעין שלש, **וממילא** לא יוכל לברך בנ"ר על המשקין, דכי משום שאין אנו יודעין לברר ההלכה יחוייב עי"ז לברך בנ"ר, וצ"ע].

אבל אם לא קבע, וגם לא היו המשקין לפניו בשעת ברכה, אז צריך לברך על המשקין לאחריהם, כשם שצריך לברך עליהם לפניהם, וכמבואר לעיל בסי' קע"ד במ"ב, [**אך** אם היה דעתו עליהם בשעת ברכה, יש מקילין שא"צ ברכה לפניו, כמבואר לעיל בסי' קע"ד במ"ב, וממילא ה"ה לענין ברכה אחרונה].

אות ד'

הלכתא: דברים הבאים מחמת הסעודה בתוך הסעודה, אין טעונים ברכה לא לפניהם ולא לאחריהם; ושלא מחמת הסעודה בתוך הסעודה, טעונים ברכה לפניהם ואין טעונים ברכה לאחריהם; לאחר סעודה, טעונים ברכה בין לפניהם בין לאחריהם

סימן קעז ס"א - [ד]**דברים הבאים בתוך הסעודה, אם הם דברים הבאים מחמת הסעודה, דהיינו דברים שדרך לקבוע סעודה עליהם ללפת בהם את הפת, כגון: בשר, ודגים, וביצים, וירקות, וגבינה, ודייסא, ומיני מלוחים, אפי' אוכלם בלא פת, אין טעונין ברכה לפניהם, דברכת "המוציא" פוטרתן** - דכיון שתמיד באים ללפת את הפת, מעיקר הסעודה הם, ונטפלים להפת, **ולא לאחריהם, דברכת המזון פוטרתן.**

(**וה"ה דברים שאין דרך ללפת בהן הפת, רק שבאין למזון ולשובע, ג"כ בכלל דברים הבאים מחמת סעודה, והמחבר קיצר בזה), ודייסא** אף שהיא עבה ואינו מלפת בהם הפת, ונאכל בפני עצמו, מ"מ כיון שבאת להשביע, עיקר סעודה היא, ונטפלת להפת, [תלמידי רבנו יונה ואור זרוע בשם רבנו חננאל ושאר פוסקים {ולאפוקי משיטת רש"י}, ולשון המחבר דכלל הכל בהטעם דמלפת בהם הפת, דחוק הוא], **וה"ה** כל מיני תבשילין הרגילין לבוא לתוך סעודת הפת.

ואם אינו חפץ לאכול פת, אלא אוכל מעט פת כדי לפוטרם, כתבו האחרונים דיש להסתפק אם יכול לפוטרם, דלא שייך לומר שהם נטפלים להפת, כיון שלא היה חפץ באכילתו, וכ"ש כשאכל רק פחות מכזית, **או** אולי כיון דדרך העולם לקבוע סעודה על הפת, ברכת הפת פוטרתן בכל גווני, **וע"כ** כתבו, דבאופן זה טוב יותר שיברך על השארי

באר הגולה

[ב] ‹ע"פ הגר"א› [ג] **שם** ‹בטור› [ד] **ברכות מ"א לפי' התוס' והרא"ש וכן בה"ג** ‹ודלא כפרש"י›

דברים הברכה הראויה לכל אחת, ולא יאכל פת כלל, **אם** לא בשבת ויו"ט, דאז מצוה לאכול כזית פת, חשוב הוא, ונעשו הכל טפלים לו.

ואם הם דברים הבאים שלא מחמת הסעודה, דהיינו שאין דרך לקבוע סעודה עליהם ללפת בהם את הפת, כגון: תאנים וענבים וכל מיני פירות - וכן כל דבר שבא רק לקינוח ולא להשביע, **אם אוכל אותם בלא פת, טעונין ברכה לפניהם, דברכת "המוציא" אינה פוטרתן, דלאו מעיקר סעודה הם** - וה"ה חזרת וקשואין ומלפפונות חיין, או צנון ובצל, ג"כ צריך לברך עליהן, **אכן** אם אוכל חזרת או צנון ובצל וכדומה עם בשר, הן נעשין טפל לבשר, והבשר ללחם.

ואפילו היו הפירות לפניו בשעה שבירך "המוציא", ואפי' הם מבושלים, ג"כ אין הפת פוטרתן, כיון שאין שייכים לפת, (**והטעם, דהואיל שאין רגילין לבוא לעיקר הסעודה, מקרי ג"כ שלא מחמת הסעודה, והנה לפי"ז במדינות שיש שם ריבוי פירות מאד, ומבשלין שם תמיד פירות למזון, כמו במדינותינו בשאר תבשילין, מסתברא לכאורה דיש לו דין שאר תבשיל**).

[**ואף** במקומות שנהגו לאכול פירות מבושלים בכל סעודה לבסוף, ג"כ מסתברא לכאורה דלא חשיבי כדברים הבאים מחמת הסעודה, כיון שעכ"פ שרק לקינוח הם באים ולא ללפת הפת, וגם לא למזון ולשובע, **דאף** דברים הבאים בתוך הסעודה, אבל רק לקינוח ולא ללפת הפת, צריך ברכה בתחילה, **ואינו** דומה למאכל הנעשה מירקות שקורין מערי"ן וכדומה, המובא בש"ק בסוף הסעודה, דגם שם אין הדרך ללפת בהם, ואפ"ה מנהג העולם שלא לברך עליהן, **דהתם** הוא מעיקר סעודה, שבא למזון ולא לקינוח בעלמא, ודומה לדייסא, שהסכימו הפוסקים שלא לברך עליו, אף שאינו בא ללפת, משום דבא למזון ולשובע ולא לקינוח].

ואפילו אם בישלו הפירות עם בשר, משמע מכמה אחרונים דצריך לברך עליהם, דאין הפירות נעשין טפילין להבשר, **והוא** דלא כדעת הח"א, שכתב דהפירות טפלין לגבי הבשר, **אכן** בספר יד הקטנה מצאתי, שמצדד ג"כ לומר דלא יברך, אלא דכתב טעם אחר בזה, דהיכא דמבשל הפירות עם בשר או עם שומן ודבש, ועושה מהן תבשיל שקורין עפי"ל צימע"ס, או מהאגסים שקורין בארי"ן, נראה שכל עיקרן הן באין למזון ולסעודה, ולא לקינוח בעלמא, אלא בתורת תבשיל, כשאר תבשילין שנעשין מלפת וירק שא"צ לברך עליהם מטעם זה, **ומסיים**, דלצאת ידי ספק, כשרוצה לאכול צימע"ס מפירות מבושלים, יקח תחלה איזה פרי חי ויברך עליה להוציא את זה, ואם אין לו פרי חי, יאכל תחלה וסוף עם פת, עי"ש, (**ונראה דאם בישל הפירות ביחד עם תפוחי אדמה, מסתברא דזה ודאי בכלל שאר תבשילין שהן באין למזון ולהשביע, ואין צריך להחמיר בזה לברך על פרי חי**), **ואין** בכלל זה מה שמביאין מעט פירות מבושלין לקינוח סעודה, שקורין קאמפאט, דזה אין בא למזון כלל, רק לקינוח סעודה, וצריך ברכה.

(ועי"ל סימן קס"ח סעיף ח') - דשם נתבאר לענין פת כיסנין כשאוכלין באמצע סעודתו.

ואינם טעונים ברכה לאחריהם, דכיון שבאו בתוך הסעודה, בהמ"ז פוטרתם - דלענין בהמ"ז נטפלים הם להסעודה, דכיון שעתיד לברך על כל מה שאכל, גם זה נכלל עמו.

[ה] **ואם בתחלת אכילתו אכל הפירות (עם פת), ובסוף אכל עמהם פת, אפילו אם בינתיים אכל מהם בלא פת, אינם טעונים ברכה אף לפניהם** - ר"ל שתחלת אכילת אותן פירות היה עם פת, וגם כונתו הוא לאכול עמהם פת גם אח"כ, אף שאכל עמהם באמצע בלא פת, א"צ לברך עליהם, **דכיון** שאכל אותם תחלה וסוף עם פת, נחשבין כדברים הבאים מחמת הסעודה בתוך הסעודה, דא"צ ברכה כנ"ל, **ואם** אין בדעתו לאכול עוד עם פת, צריך לברך על הפירות לפניהם, (**והוא מהלבוש וש"א, והנה באמת זהו רק לדעת הרבינו יונה וסמ"ג והגהת מיימוני, אבל להרא"ש והטור א"צ לברך על הפירות, כיון שמתחלה הובאו לאכול אותם עם הפת, והתחיל לאכלן עם פת, ומדברי המחבר אין ראיה להיפך, דאפשר דכונתו דבאופן זה הוא יצא ידי רוב הפוסקים, אבל אי לא"ה יש ספק בדבר, וכ"כ בנהר שלום, ובודאי לכתחלה יש ליזהר בזה, שהיכא שרוצה לאכול בינתים מעט פירות בלא פת, יהא בדעתו לגמור אכילתו עם הפת דוקא, דבזה יצא לכל הפוסקים הנ"ל**).

והאחרונים כתבו, דראוי ליזהר לכתחלה כשהובאו לפניו פירות בתוך הסעודה ללפת בהם את הפת, שיברך מתחלה עליהם קודם שיאכלם עם הפת, ויאכלם קצת בפני עצמם, ואח"כ יוכל לאכול בין עם פת בין בלא פת, **כי** יש מהראשונים דסברי, דאפילו אם אוכל תחלה וסוף עם פת, אם אוכל באמצע בלא פת, צריך לברך, **ובדיעבד** אם לא בירך מתחלה, מותר לאכול, אך שיראה לאכול גם לבסוף עם פת.

אך כ"ז דוקא כשהובאו ללפת בהם את הפת ולא לקינוח, דאם הובאו רק לקינוח, אף שאכל עמהם מקצת פת תחלה וסוף, לא מהני, ומה שאוכל בלא פת צריך ברכה, [דמה שאוכל עם הפת לעולם א"צ ברכה, דנטפלים הם להפת], **וגם** לא מיירי כשעיקר קביעות סעודתו היתה על אלו הפירות, דאז א"צ שיאכל גם לבסוף עם פת דוקא, ורק כיון שהתחיל לאכול עם פת, שוב אין מברך עליהם לכו"ע, אף כשאכלן אח"כ לבדן, כמבואר בס"ג.

אם אכל פשטיד"א שממולא עם פירות, א"צ לברך על הפירות, דנטפלים הם להקמח.

סימן קעז ס"ב - [ו] ודברים הבאים לאחר סעודה קודם ברכת המזון, שהיה מנהג בימי חכמי הגמרא שבסוף הסעודה היו מושכים ידיהם מן הפת ומסירים אותו, וקובעים עצמם לאכול פירות ולשתות כל מה שמביאים אז

באר הגולה

[ה] הרא"ש לדעת הירושלמי שם [ו] שם בגמרא לפי' התוס' והרא"ש ודלא כפרש"י

לפניהם, בין דברים הבאים מחמת הסעודה - כגון בשר ודגים וכיו"ב וכנ"ל, **בין דברים הבאים שלא מחמת הסעודה** - כמו פירות ומיני מתיקה הבאים רק לקינוח וכנ"ל, **טעונים ברכה בין לפניהם בין לאחריהם** - ואף אם אכל דברים שברכתן מעין שלש, לא נפטרו בבהמ"ז, דבהמ"ז אינו פוטר מעין שלש, כמ"ש לקמן בסימן ר"ח סי"ז ע"ש, **ד"המוציא" ובהמ"ז אין פוטרין אלא מה שנאכל תוך עיקר הסעודה** - דאחר שמשכו ידיהם מן הפת שוב אין נטפלים אליו, ולכן צריכין ברכה בפני עצמם בין לפניהם בין לאחריהם.

(**ואף** שהמחבר הזכיר בקצרה וסתם לדינא, דדברים הבאים לאחר סעודה טעון ברכה, אף בדברים הבאים מחמת הסעודה, ומשמע דאכל מילי דס"א קאי, ואפילו אדייסא, **לענ"ד** יש לעיין בזה, דמצינו הרבה פוסקים שחולקים בזה, **די"א** דבין דייסא ובין בשר ודגים, אם באו אף לאחר הסעודה, א"צ ברכה לא לפניהם ולא לאחריהם, משום דהם עצמם עיקר סעודה הם, שבאים להשביע, **וי"א** דעכ"פ ברכה לבסוף א"צ על דברים הבאים מחמת הסעודה, אף אם הביאן לאחר הסעודה, דברכה בתחלה צריך משום דאין מלפת בהם את הפת, אבל ברכה לבסוף א"צ רק בפירות, **וי"א** דלענין בשר ודגים צריך ברכה, דפטורן הוא רק משום דבאין ללפת בהן את הפת, משא"כ לאחר שמשכו ידיהם מן הפת, **אבל** בדייסא שהוא תבשיל, הוא בכלל דברים הבאים מחמת הסעודה, וא"כ אף לאחר הסעודה נמי א"צ ברכה, **היוצא מדברינו**, [ז]דבדייסא הוא פלוגתא דרבוותא, וספק ברכות להקל, **והנה** לפי מה שמבואר לקמן בסימן ר"ח סי"ז באחרונים, דעל דייסא אם בירך בהמ"ז יצא, נראה דבענינינו אם אכל דייסא אחר שמשכו ידיו מן הפת, טוב שיכוין לפטרו בבהמ"ז).

ודין זה האחרון אינו מצוי בינינו, לפי שאין אנו רגילין למשוך ידינו מן הפת עד בהמ"ז.

(**ובסעודות** גדולות שרגילין למשוך ידיהם מן הפת, ולערוך השלחן במיני פירות, וגם לשתות, יש אומרים דאף בזמננו שייך דין זה, וצריך לברך עליהם, **וי"א** דוקא בימיהם שהיו מסלקין השלחנות קודם בהמ"ז, וע"כ נראה כסעודה אחרת, אבל אנו שאין אנו מסלקין השלחן, אע"פ שסיימו מלאכול ואין דעתן לאכול פת, כל זמן שלא ברכו כבתוך הסעודה דמיא, וכן המנהג, כ"כ הח"א). ‹י"א דבזמננו בסעודות נישואין וכדו', דבגמר האכילה לפני בהמ"ז מסלקין השלחנות, ה"ז כעקירת השלחן שבימיהם, **ויש** שחוככים גם בזה אם זה בגדר סילוק השלחן דחכמי הגמ', ובפרט כשנשאר שלחן מרכזי א' ועליו מונח מאכלים ופת – פסקי תשובות›.

(**ואם** נטל הכוס לברך, דהוא היסח הדעת גמור, לכאורה אף בזמנינו אין לך סילוק סעודה יותר מזה, ואם אכל אח"כ איזה דבר, יש לו לברך תחלה וסוף, ולא נפטר בבהמ"ז, ומתחלה בודאי יש לו לברך, אף על דברים שנפטרים בתוך הסעודה מן הברכה לגמרי, דגם לפת עצמו צריך ברכה לרוב הפוסקים אחר שנטל הכוס לברך, אלא דגם לבסוף יהיה צריך ברכה אז, וכ"כ הגר"ז בפשיטות, וכ"מ מהמ"א, [ח]**אכן** המאמר מרדכי חולק ע"ז, **ובדברים** הבאים מחמת הסעודה, נראה ודאי דיש לסמוך על דעתו שלא לברך, דבלא"ה יש ראשונים דסברי, דהגמרא לא קאי על דברים הבאים מחמת סעודה וכנ"ל).

[ט]סימן קעז ס"ג - [י]ואם קובע ליפתן סעודתו על הפירות - ר"ל שקביעת סעודתו ללפת הפת היה רק אלו הפירות, **הוו ליה הפירות כדברים הבאים מחמת הסעודה** - הנזכרים לעיל בס"א, **ואפילו אם אוכל מהפירות** - (ר"ל מעט, טור), **בתחלת סעודתו בלא פת, אינו מברך לא לפניהם ולא לאחריהם.**

[יא]**ויש חולקין** - ס"ל, דמ"מ אם אכל מהם בתחלה בלא פת, אינם נעשים טפל להסעודה, וצריך לברך עליהם בתחלה, **ולכן טוב שיאכל בתחלה מהפירות עם פת, ואז אפי' אם אח"כ יאכל מהם בלא פת, אינם טעונים ברכה כלל** – (אין ר"ל שיטעום מעט עם פת, דהלא עיקר הטעם שיוכל לאכול הפירות בלי ברכה, אף כשלא אכל עוד עם פת, כמ"ש הרמ"א, הוא משום דקבע סעודתו עליהן, ובטעימה בעלמא לא מקרי קביעת סעודה, **ואפשר** לומר עוד, דהמחבר שכתב: דטוב שיאכל בתחלה מהפירות, דמשמע לכאורה אפילו מעט, היינו דיאכל מתחלה מעט עכ"פ, אבל יאכל גם אח"כ, דהא עיקר סעודתו היה אלו הפירות, **אבל** למה שסיים הרמ"א כלשון רבינו יונה, דאף אם לא יאכל לבסוף שפיר דמי, היינו בע"כ לא בטעימה קצת).

הגה: ואע"פ שאינו חוזר לבסוף לאכול עמהם פת, מאחר שעיקר קביעות היה עלייהו (ב"י בשם הר"י) - ר"ל דאף דבס"א אמרינן, שיאכל פת דוקא גם לבסוף, **בזה** שעיקר קביעת סעודתו מתחלה היה רק על אלו הפירות, יוכל לאכול אח"כ לכו"ע בלא ברכה, אף שאין דעתו לאכול עמהם עוד פת.

[יב]סימן קעז ס"ד - [יג]אע"פ שלא היו הפירות לפניו בשעה שבירך על הפת - ואפילו לא היה ג"כ דעתו עליהם בפירוש, **כיון דללפת את הפת הם באים, אינם טעונים ברכה כלל** - דכיון שקובע עצמו לאכילה, הרי מן הסתם דעתו על כל מה שיביאו לו. **ודוקא** למה שאוכל עם הפת, ומה שאוכל בלא פת, נתבאר בסעיפים הקודמים.

[יד]סימן קעז ס"ה - [טו]אם אחר שבירך על הפת, שלחו לו מבית אחרים שאינו סמוך עליהם, ולא היה דעתו על הדורון, אפי' מדברים שדרכן לבא ללפת את הפת - וגם אוכלן עם הפת, **צריך לברך עליהן כדין נמלך** - כיון שהוא מבית אחרים שבודאי לא היה דעתו עליהם כלל, אין נפטרין בברכת הפת.

(הגה: ולא ראיתי נזהרים בזה, ואפשר דטעמא, דסתם דעת האדם על כל מה שמביאין לו בסעודה, וע"ל סי' ר"ו) - והיינו כשהביאו לו דברים הבאים מחמת הסעודה, וכנ"ל בס"א, **דאילו**

באר הגולה

[ז] ‹ומש"כ לחלק בין בשר ודגים לדייסא צ"ע, דהלא מבואר בלשון הפוסקים דבשר ודגים הם דברים הבאים מחמת הסעודה – חזו"א› [ח] ‹דהב לן ונברך אינו מצריך אלא ברכה ראשונה דוקא, משא"כ כשסלקו ידיהן מן הפת, דכסעודה אחרת חשיבא – שם› [ט] ‹מילואים› [י] טור בשם הרא"ש [יא] רבינו יונה בב"י [יב] ‹מילואים› [יג] הרשב"א בשם הר"ר זרחיהו [יד] ‹מילואים› [טו] ב"י וכן מצא בספר הפרדס

אם הביאו לו מיני פירות, לא מהני, אפי' היה דעתו לזה בשעת ברכת "המוציא" שיוכל לאכלן אח"כ בלי ברכה, ואפילו בפירות שלו, אא"כ מלפת בהם הפת.

קיצור דיני פירות הבאים בתוך הסעודה: אם אוכל עם הפת, פשיטא שא"צ כלל ברכה, דנעשה טפל לפת, ואפי' לא היה דעתו לזה בפירוש בשעת ברכת "המוציא".

ואם אוכל בלא פת, פשיטא שצריך ברכה לפניהם, ואפילו הם מבושלים, דהוי שלא מחמת הסעודה, רק לקינוח בעלמא, **אבל** אם רוצה לאכול פירות קצת עם הפת, וקצת בלא פת, בזה יש דעות חלוקות, **ע"כ** יש לנהוג שיאכל תחלה מעט בלא פת, ויברך עליהן, ואח"כ יוכל לאכול שאר הפירות בין בפת ובין בלא פת, **וזהו** בקובע סעודתו ללפת הפת בשאר דברים, אבל בקובע סעודתו ללפת הפת בפירות, כיון שאכל מתחלה פירות עם פת, יוכל לאכול בסוף פירות בלא פת בלא ברכה.

[טז]**סימן רח סי"ז** - "**ברכת שלשה אינה פוטרת מעין שלש, שאם אכל דייסא** - וה"ה שאר מיני תבשילין שהם מה' מיני דגן, **אין ברכת המזון פוטרתו** - ואף דכל זה הוא זיין יותר מתמרים, אפ"ה כיון דאית להו עילויא אחרינא בפת, שפת נעשית עיקר ממיני דגן, לא שייך ברכת שלשה כי אם בפת.

ור"ל שאכל הדייסא שלא בתוך הסעודה, **דאילו** בתוך הסעודה אפי' קודם בהמ"ז, ודאי ג' ברכות פוטרן, [לדידן דנחשב הכל כתוך הסעודה, **אבל** לפי עצם הדין, אחר גמר הסעודה טעון ברכה לפניו ולאחריו].

ודע, דלדינא הסכימו כמה אחרונים שלא כדעת המחבר, אלא דדייסא וכן כל שהוא ממיני דגן, בדיעבד בהמ"ז פוטרתן, [אפי' אכלן שלא בתוך הסעודה כלל], דכיון דהוא זיין לא גריעא מתמרים, **וכ"ש** בפת כיסנין דודאי בהמ"ז פוטרתן, [דזה הלא לפעמים שם לחם עליה, אי קבע סעודתיה עליה].

אות ה'

שאני יין דגורם ברכה לעצמו

סימן קעד ס"א - [יז]"**יין שבתוך הסעודה מברך עליו "בורא פרי הגפן", ואין הפת פוטרו** - היינו אע"פ ששותה לשרות האכילה שבמעיו, [גמ'] [יח], והרי זה כדברים הבאים מחמת הסעודה תוך הסעודה, שנפטרים בברכת הפת, כמו שיתבאר לקמן, **מ"מ** הואיל והיין הוא חשוב, אינו נחשב טפל לפת להפטר בברכתו, [מפני שגורם ברכה לעצמו, גמ', **והיינו** שבכמה מקומות מברכין עליו אע"פ שא"צ לשתיה, כגון בקדוש והבדלה - רש"י, **ותוס'** פי', דהיינו מה שמברך על היין ברכה מיוחדת, "בורא פה"ג", ותלמידי רבנו יונה בשם ר"ח פירשו עוד פירוש אחר, ע"ש], **ואפילו** כוון בפירוש בברכת הפת לפטור כל מה שישתה בתוך הסעודה, לא מהני ליין.

סימן קעד ס"ז - [יט]"**אם אין לו יין, ושותה מים או שאר משקה, אין לברך עליהם, דחשיבי כבאים מחמת הסעודה** - בתוך הסעודה, דמבואר בסימן קע"ז דאין מברכין עליהם, דנפטרין בברכת "המוציא", **ואסעיף** א' קאי, דאיין שבתוך הסעודה מברך ברכה ראשונה אף בתוך הסעודה משום חשיבותו, אבל אשאר משקין לא, דנטפלים להסעודה.

לפי שאין דרך לאכול בלא שתיה; ואף יין לא היה צריך ברכה לפניו, אלא מפני שהוא חשוב, קובע ברכה לעצמו; אבל מים או שאר משקים לא חשיבי, ואינם טעונים ברכה - לא לפניהם ולא לאחריהם, **ואפילו** אם הם באים אחר גמר סעודה, לדידן דאין אנו מושכין ידינו מן הפת, וחשוב הכל כבתוך הסעודה.

[כ]**ואפי' אם היה צמא קודם סעודה, כיון שלא רצה לשתות אז, כדי שלא יזיקו לו המים** - אליבא ריקנא, וה"ה בשארי משקין, **נמצא כי שתיית המים בסבת הפת היא, ופת פוטרתם.**

(**דע** דבזה יש חילוק, דאם הוא קובע סעודה עכ"פ על הפת, מברך עליו "המוציא", והמשקה הוא טפל להפת, **ואם** הוא אוכל רק מעט פת כדי שלא יזיק לו המשקין אליבא ריקנא בלבד, **אזי אדרבא המשקין עיקר והפת טפל, והיה ראוי להפטר לגמרי בברכת המשקין, אלא משום שאוכל לפת תחלה קודם להעיקר, וע"כ מברך על הפת הטפל "שהכל", וקאי הברכה על הפת ועל המשקין**).

[כא]**וי"א לברך על המים שבסעודה** - וה"ה לשאר כל המשקין, והיינו ברכה ראשונה, דס"ל דדינו כמו פירות שאוכל בתוך הסעודה, דצריך ברכה לפניהם, **אבל** מברכה אחרונה לכו"ע נפטרין בבהמ"ז.

ואע"ג דיין חשבינן ליה בא מחמת הסעודה, דרק משום חשיבותו צריך ברכה וכנ"ל, **יין** שאני דסעיד ליבא טפי, וגם דבא להמשיך תאות האכילה, מה שאין כן שארי משקין.

ויש מחמירין עוד לברך עליהם בכל פעם, דסתמא נמלך הוא בכל פעם - ואף לדעה זו, דוקא במים אמרינן דמסתמא

באר הגולה

[טז] ‹ע"פ הב"י› [יז] **ב"י בשם ר' יונה** ‹וז"ל: כתב ה"ר יונה גבי דברים הבאים לאחר הסעודה טעונים ברכה בין לפניהם בין לאחריהם, שדקדקו משם רבני צרפת, דברכת שלש אינה פוטרת מעין שלש, ואם אכל דייסא או כיוצא בו אחר המזון, אע"פ שהברכה שלו היא מעין ברכת המזון, אין ברכת המזון פוטרת אותו, **והוא** ז"ל כתב, מיהו נראה דדוקא בשאר דברים, אבל ביין פוטרת בהמ"ז מעין שלש וכו' - ב"י›. **לענ"ד הוא רחוק, דודאי הדייסא מיזן זיין יותר מן התמרים, שהרי קבעו עליה חכמים ברכת בורא מיני מזונות, ואי לא מסתפינא אמינא מה שכתב ר' יונה אבל ביין וכו', ה"ה בדייסא, ולא בא להוציא אלא שאר דברים** [יח] **ברכות מ"א** [יט] **ברכות מ"א לדעת רש"י ור"ת וגדולי הצרפתים** ‹וכתב הרשב"א: אי הכי יין נמי, כלומר דיין נמי מחמת הסעודה הוא בא דלשרות המאכל הוא בא, שאני יין דגורם ברכה לעצמו, פי' רש"י, בכמה מקומות הוא בא ומברכין עליו אע"פ שלא היו צריכים לשתותו, ולפי פירוש זה, מים שאדם שותה בתוך הסעודה אינם טעונים ברכה, דאף הן מחמת הסעודה הן באין לשרות המאכל, וכן אמרו שהיה נוהג רש"י ורבינו תם וגדולי הצרפתים ז"ל - ב"י› [כ] **רבינו יונה** [כא] **הרשב"א בשם הראב"ד לדעת יש מפרשים** ‹ויש מפרשים יין גורם ברכה לעצמו, כלומר השתייה היא גורמת ברכה לעצמה, לפי שהאכילה והשתיה שני ענינים ואי אפשר לשתיהן להיות כאחת, וכתב הראב"ד, דלפי זה הפירוש אפילו שתית מים נמי בעי ברכה - ב"י›

נמלך הוא, שאין אדם שותה מים אלא לצמאו, **אבל** בשכר ומי דבש וכיו"ב, לא חשיב בסתמא נמלך, ובברכה אחת סגי לכו"ע, **אך** לאקרי"ץ ודומיהן, שאין שותין כי אם לצמאו, דינם כמו מים לדעה זו.

[כב]**והרוצה להסתלק מן הספק, ישב קודם נטילה** - דלאחר נטילה אין לו להפסיק בשתיית משקין של רשות, **והבדלה** דס"ד שאני, משום דאסור לאכול קודם הבדלה, **במקום סעודתו** - ולא ישנה מקומו, דבשינוי מקום צריך לברך שנית כששותה אח"כ, וכמבואר בסימן קע"ח, וא"כ לא תיקן כלום, **ויברך על דעת לשתות בתוך סעודתו.**

(**ודוקא אם הוא מתהנה עכ"פ מהמים ששותה, אבל אם אינו מתהנה כלל, אין כדאי לברך עליהן, עיין בסי' ר"ד ס"ז ובמ"ש שם**).

וכתבו האחרונים, דיזהר לשתות פחות מרביעית, דאם ישתה רביעית לא יועיל כלום בתיקונו, דיכנס בספק ברכה אחרונה על המשקין האלו, דאפשר דאין בהמ"ז פוטרתן, דאין שייכים לסעודה מכיון ששתה קודם נטילה, [**עיין** במ"א, דתליא בשתי הדעות האלו, דלדעה ראשונה דא"צ לברך על המשקין שבתוך הסעודה, א"כ ברכה ראשונה שמברך על המשקין ששותה לפני הסעודה, אינו בא לפטור המשקין שבתוך הסעודה, דבלא"ה פטור מלברך עליהן, א"כ ממילא אין שייכים כלל להסעודה, וצריך ברכה אחרונה עליהן], **אכן** אם יש לו כוס שכר לברך עליו בהמ"ז, א"צ ליזהר בזה, דברכת בנ"ר שיברך על הכוס, יפטור גם את המשקין ששתה קודם נטילת ידים.

‹**עוד** עצות להסתלק מן הספק›: [**או** שיטול מעט צוק"ר ויפטור בברכתו], **או** שיבקש לאחר שאינו אוכל, שיברך על המשקה ויתכוון לפוטרו.

הגה: והמנהג כסברא הראשונה - והטעם כדלעיל, לפי שאין אכילה בלא שתיה, והוי כדברים הבאים מחמת הסעודה.

(**ואם יש לו יין, טוב שיפטור אותם ע"י שיברך על היין בתוך הסעודה, שפוטר כל המשקין**).

ולענין יי"ש, יש אחרונים שכתבו דצריך ברכה בתוך הסעודה, משום שאין שותין אותו מחמת צמאון האכילה כשאר משקין, [רש"ל ולבוש וסיעתיהו], **אבל** המ"א כתב, דבתוך הסעודה א"צ ברכה, משום דאז בא לעורר תאות המאכל, וחשיב גם זה מחמת הסעודה, וכן העתיקו איזה אחרונים כדעתו, {**וה"ה** בפירות הבאים להמשיך תאות האכילה, כגון לימני"ש מלוחים, או זית מליח, או אוגערקע"ס מלוחים וכיו"ב, **ולא** דמי לשאר פירות שבתוך הסעודה שצריך ברכה}, **ובאמת** היה ראוי לנהוג בזה כעצת המחבר לענין שאר משקין, דיברך על מעט מהיי"ש קודם נטילה, על דעת לפטור מה שישתה בתוך הסעודה, מפני שיש דעות בזה, [**דאלו** האחרונים הנ"ל, רש"ל ולבוש וסיעתיהו, כולהו לא ס"ל האי סברא דמפני שהוא בא לעורר תאות האכילה לא יצטרך ברכה, **דבאמת** הראיה שמביא המ"א מהטור, כבר דחו האחרונים, דהוא רק לענין לפטור מה ששתה קודם המזון מברכה אחרונה, דנחשב כבא בתוך הסעודה, אבל אין ראיה דחשיב זה כבא מחמת הסעודה, דאולי הוי כמו פירות, **וגם** הראיה מרש"י [כג]‹מ"ב. ד"ה ברך›, אין ראיה כ"כ {ואין כאן מקומו להאריך}, ולא נשאר לו אלא המרדכי ותוס' ‹פסחים קט"ו›, ולעומת זה נמצא הרא"ה שהביאו המ"א, וכן מצאתי בחידושי הרשב"א, ונמצא דהוא ספיקא דדינא, ואף שספק ברכות להקל, ומסתמא זהו טעם המנהג, **מ"מ** הרוצה להסתלק מן הספק יעשה כעצת המחבר לענין משקין, או שיטול מעט צוקע"ר ויפטור בברכתו], **אלא** שהעולם נהגו להקל, ויש להם על מה לסמוך. [**ואם** שותה יי"ש בתחילת הסעודה, ואין כוונתו לעורר תאות המאכל רק לחזק הלב, צריך לברך עליו].

וכ"ז בתוך הסעודה, אבל אם שותה את היי"ש אחר סעודתו, דאז בודאי דעתו רק לעכל המזון, לכו"ע צריך ברכה, **מ"מ** נ"ל דאם אכל מאכל שמן, ולקח מעט יי"ש להפיג השמנונית שבפיו, אם רגיל בענין זה, הוא בכלל טפל להאוכל, וע"כ אף אם הוא אחר גמר סעודתו, א"צ לברך, [**ואפשר** דמה שרגילין ליקח מעט יי"ש אחר שאוכלין דגים, או דג מלוח, הוא ג"כ בכלל טפל אם הוא רגיל בכך, ופטור לכו"ע].

כתב הח"א, דאם שותה אחר גמר סעודתו קאפ"ע, הוא רק כדי לעכל המזון, ולא דמי לשאר משקין, וע"כ צריך לברך ברכה ראשונה, **ואינו** מוכרח, ונכון שיברך מתחלה על מעט צוקע"ר לפטור את הקאוו"ע, **וכ"ז** שייך רק לענין חול, אבל בשבת ויו"ט בשחרית אין שייך כ"ז, דהרי בודאי כבר קידש על הכוס, [אבל בלילה הלא יכול לקדש על הפת], וממ"נ אם קידש על היין הלא פוטר כל המשקין, ובאופן המבואר לעיל בס"ב, **ואם** קידש על השכר וכיו"ב, הלא מברך "שהכל", וממילא נפטר גם זה.

---

§ מסכת ברכות דף מב. §

אות א' - ב'

כל שאחרים קובעים עליו סעודה צריך לברך

אין הלכה כרבי מונא

סימן קסח ס"ו - [א]פת הבאה בכיסנין - בסעיף שאחר זה מתבאר מה הוא, **מברך עליו: בורא מיני מזונות, ולאחריו: ברכה אחת [ב]מעין שלש** - ואף דבסתם פת מברכין עליו "המוציא" בכל שהוא, ועל כזית מברכין בהמ"ז, **שאני** אלו דאין דרך בני אדם לקבוע סעודתן עליהם, ורק אוכלין אותן מעט דרך עראי, לפיכך ברכתן רק במ"מ, ולאחריו ברכה מעין שלש, **אא"כ** אכל כשיעור קביעת סעודה, דאז מברך "המוציא" ובהמ"ז, דעכ"פ פת הוא.

ואם אכל ממנו שיעור שאחרים רגילים לקבוע עליו, אף על פי שהוא לא שבע ממנו, מברך עליו "המוציא" ובהמ"ז - וגם נט"י וכמו בפת גמור, **כתבו** האחרונים, דאם אכלו לבדו, צריך שיאכל שיעור שאחרים רגילים לשבוע ממנו לבדו, [**האי** לשבוע לאו דוקא שביעה גמורה לכו"ע, אלא ר"ל דרך קביעת סעודה], **ואם** אכלו עם

באר הגולה

[כב] **הרא"ש שם ובתשובה והגה"מ** [כג] ‹שבימי חכמי התלמוד היה הדרך להביא קודם הסעודה פרגיות ודגים להמשיך ליבם לאכילה, ואולם לא נתבאר בדברי רש"י דמהאי טעמא א"צ לברך עליהם, ולכן כתב שאין ראיה› [א] **ברכות מ"ב** [ב] **הרא"ש והרשב"א** ‹ועיין תוס' מ"א: ד"ה אלא כו' - גר"א›

גמרא

דגורם ברכה לעצמו רב הונא אכל *תליסר ריפתי בני תלתא תלתא בקבא ולא בריך א"ל רב נחמן עדי כפנא אלא "כל שאחרים קובעים עליו סעודה צריך לברך רב יהודה הוה עסיק ליה לבריה בי רב יהודה בר חביבא אייתו לקמייהו פת הבאה בכסנין כי אתא שמעינהו דקא מברכי המוציא אמר להו מאי ציצי דקא שמענא דילמא המוציא לחם מן הארץ קא מברכיתו אמרי ליה אין דתניא רבי מונא אמר משום רבי יהודה פת הבאה בכסנין מברכין עליה המוציא ואמר שמואל הלכה כרבי מונא אמר להו [ב]אין הלכה כרבי מונא אתמר אמרי ליה והא מר הוא דאמר משמיה דשמואל [ג]לחמניות מערבין בהן ומברכין עליהן המוציא שאני התם [ד]דקבע סעודתיה עלייהו אבל היכא דלא קבע סעודתיה עלייהו לא רב פפא איקלע לבי רב הונא בריה דרב נתן בתר דגמר סעודתייהו אייתו לקמייהו מידי למיכל שקל רב פפא וקא אכיל אמרי ליה לא סבר לה מר גמר אסור מלאכול אמר להו סלק אתמר *רבא ורבי זירא איקלעו לבי ריש גלותא לבתר דסליקו תכא מקמייהו שדרו להו *ריסתנא מבי ריש גלותא רבא אכיל ורבי זירא לא אכיל א"ל לא סבר לה מר סלק אסור מלאכול א"ל [ה]אנן אתכא דריש גלותא סמכינן: אמר רב הרגיל בשמן שמן מעכבו אמר רב אשי כי הוינן בי רב כהנא אמר לן כגון אנן דרגילינן במשחא משחא מעכבא לן ולית הלכתא ככל הני שמעתתא °אלא כי הא דאמר רבי חייא בר אשי אמר רב °שלש תכיפות הן *[ו]תכף לסמיכה שחיטה [ז]תכף לגאולה תפלה [ח]תכף לנטילת ידים ברכה אמר אביי אף אנו נאמר תכף לתלמידי חכמים ברכה שנאמר °ויברכני ה' בגללך איבעית אימא מהכא שנאמר °ויברך ה' את בית המצרי בגלל יוסף: **מתני'** [ט]ברך על היין שלפני המזון פטר את היין שלאחר המזון [י]ברך על הפרפרת שלפני המזון פטר את הפרפרת שלאחר המזון ברך על הפת פטר את הפרפרת על הפרפרת לא פטר את הפת בש"א אף לא מעשה קדרה [כ]היו *יושבין כל אחד מברך לעצמו הסבו אחד מברך לכולן בא

[בראשית ל / שם לט]

רש"י

דגורם ברכה לעצמו. בכמה מקומות הוא בא ומברכין עליו ואע"פ שלא היו צריכים לשתייתו: **רב הונא אכל תליסר ריפתי.** מפת הבאה בכסנין ולא בירך אחריו: אמר רב נחמן עדי כפנא גרסי': **עדי.** אלו. כלומר אלו לרעבון נאכלו ואכילה מרובה כזו לא נפטרת מברכה אלא כל שאחרים קובעין אכילתן בכך תורה אור טעון בהמ"ז כך פירש רב האי ורבותינו פירשו תליסר ריפתי מפת שלנו ולא בירך אחריו משום דלא שבע וקרא כתיב (דברים ח) ואכלת ושבעת וברכת וכך פי' רב יהודאי בה"ג ואינו כ"ל דלית ליה לרב הונא והם החמירו על עצמן עד כזית ועד כביצה (לעיל דף כ:) ודלא כר"מ ודלא כר' יהודה (לקמן דף מט:): **לחמניות.** אובליא"ש בלע"ז: **אסור מלאכול.** עד שיברך בהמ"ז ויחזור ויברך על הבא לפניו דכיון דגמר אסח דעתי' מברכה ראשונה ומסעודתיה: **סלק אתמר.** אם סלק הלחם וכל האוכל מעל השלחן ועדיין לא ברכו אסור לאכול: **ריסתנא.** אמניסטרסיו"ן: **אתכא דריש גלותא סמכינן.** ואין סילוקתו סלוק שדעתנו אם ישא משאות מאת פניו אלינו נאכל: **הרגיל בשמן.** למשוח ידיו אחר אכילה: **שמן מעכבו.** לענין ברכה שאפילו גמר וסלק ולא משח ידיו עדיין סעודה קיימת ואוכל בלא ברכה: **ולית הלכתא ככל הני שמעתתא.** אין סיום סעודה תלוי לא בגמר ולא בסלוק ולא בשמן אלא במים אחרונים כ"ז שלא נטל מים אחרונים הוא מותר לאכול ומשנטל אסור לאכול: **לנטילת ידים.** °דמים אחרונים בהמ"ז ולא יאכל כלום עד שיברך על מזונו: **תכף לת"ח.** המקריבו אליו ומארחו בביתו: **ברכה.** בביתו: **מתני' ברך על היין כו'.** נוהגין היו להביא קודם אכילה כוס יין לשתות כדתניא לקמן (דף מג.) כיצד סדר הסבה כו' ומביאין לפניהם פרפראות להמשיך אכילה כגון פרגיות ודגים ואח"כ מביאין השלחן ולאחר גמר סעודה יושבים ושותים ואוכלים ומה הן אוכלים פרפראות כגון כיסני דמעלו ללבא ולחמניות והוא יין ופרפרת שלאחר המזון ושניהם קודם בהמ"ז: **מעשה קדרה.** חלקא טרגים (א) וטיסני: **היו יושבים.** בלא הסבת מטות שמוטים על צדיהן שמאלית על המטה ואוכלין ושותין בהסבה: **כל אחד ואחד מברך לעצמו.** דאין קבע סעודה בלא הסבה: בא

תוספות

מיהו ר"י ור"ת היו אומרים שלא לברך כלל אשאר משקין הבאין בתוך הסעודה וטעמא דפת פוטרת כל הדברים הבאים בשבילה והשתא יין פוטר כל מיני משקין לפי שעיקר משקה הוא והוא ראש לכל מיני משקין ולכך הוא העיקר והן טפלין לו לענין ברכה והלכך משקין הבאין מחמת הסעודה שבאין בשביל הפת לשרות המאכל וגם א"א לאכילה בלא שתיה והלכך פת פוטרתן חוץ מן היין כדקאמר גמרא טעמא ולהאי טעמא ניחא מה שאנו מברכים בפסח על החזרת על אכילת מרור לבד שהעולם מקשים אמאי אין מברכין נמי ב"פ האדמה וב"פ האדמה דשאר ירקות אינו פוטר כדקאמרינן התם כיון דאיכא הגדה והלל אסח דעתיה אלא ודאי טעמא הוי כיון דרחמנא קבעיה חובה דכתיב על מצות ומרורים יאכלוהו הוי כמו דברים הרגילין לבא מחמת הסעודה דפת פוטרתן: **לחמניות.** פרש"י אובליא"ש ולא נהירא דא"כ אפילו לא קבע נמי (ב) לבריך המוציא שהרי הוא לחם גמור שהרי סופו עיסה ונראה לפרש דהיינו נילי"ש מיהו כי קבע סעודתיה עליה מברך עליו המוציא כמו בפורים מיהו רבינו שמשון פירש דאין לברך עליו המוציא דהוי כמו דייסא: **סלק** אתמר. משמע שדרכן היה (ג) לסלק השלחן קודם בהמ"ז ולכאורה קשה למנהג שלנו שאנו מקפידים שלא לסלק הלחם קודם (ד) ושמא בימיהם נמי לא היו מסלקין השלחן מקמי המברך כי אם מלפני שאר המסובין לפי שהיו להן שלחנות קטנים וכל אחד לפני עצמו אוכל על שלחנו אבל אנו שרגילים לאכול כולנו על שלחן אחד אין נאה לסלק השלחן עד לאחר ברכת המזון: **רבי** זירא לא אכל. תימה (ה) לפי מה שמפרשים העולם הב לן ונבריך אסור למשתי בלא ברכה שלפניו אמאי לא אכל לבריך עליה וליכול ושמא היה תבשיל שהיה בו פת והיה צריך ברכת המוציא ונט"י וטורח היה לעשות כל כך: **אתבא** דריש גלותא סמכינן. מי ששכח לאכול אפיקומן ואמר הב לן ונבריך אינו היסח הדעת דאנן אתכא דרחמנא סמכינן ואם שכח וברך ולא אכל אפיקומן א"צ לחזור (ו) דכל מצות לשם מצוה עשויות והא דאמרינן* כי אמר הב לן ונבריך אסור למשתי וכן אסורים כולן היינו דוקא כי אמר בעל הבית אבל לא אורח (וכי אסורים כולן היינו כי אמר בעה"ב אבל בשביל אורח אינן נאסרין) ואף איהו גופא יכול לחזור ולאכול עם בעה"ב: **אתבא** דריש גלותא סמכינן. וכשרגיל לאכול מיני פירות ומביאין להם בזה אחר זה יש אומר שצריך לברך אכל חד וחד לפי שאינן יודעים אם יתן להם בעה"ב יותר ונראה שאין צריך לברך לפי שסומכין על שלחן בעה"ב והיינו דבי ריש גלותא: **תכף** לנטילת ידים ברכה. והלכך כיון שנטל ידיו באחרונה לאחר סעודה אסור לאכול עד שיברך והוא הדין אם אמר הב לן ונבריך אפי' בלא נטילה*: **ברך** על הפת פטר את הפרפרת. נראה דמיירי בפרפרת שבתוך הסעודה דאי בפרפרת שלאחר הסעודה הא פסק רב פפא *דברים הבאים לאחר סעודה טעונין ברכה לפניהם ולאחריהם ורש"י פירש פרפרת מיני דגים ופרגיות וקשה א"כ מאי קמ"ל דברך על הפרפרת דלא פטר את הפת ונראה כפירוש ר"ח דפירש דפרפרת פת נלוש בקערה דלית בה תוריתא דנהמא דמברכין עליה בורא מיני מזונות והשתא ניחא דאצטריך לאשמעינן ברך על הפרפרת לא פטר את הפת אע"ג דהוא מין פת וכן משמע בגמרא דחשיב פרפרת *מעשה קדרה ומעשה קדרה היינו חלקא טרגים וטיסני כדאמרינן לעיל (לז.): **הסבו** אחד מברך לכלן. ואנו אין לנו הסבה אלא בפת בלבד ופת מהני אפי' בלא הסבה דדוקא לדידהו שהיו אוכלים בהסבה היו צריכים הסבה אלא ישיבה שלנו הוי קביעות לנו כהסבה דידהו שהם היו רגילים כל אחד להסב על מטתו ועל שלחנו אבל עכשיו כולנו אוכלים על שלחן אחד וכשאנו אוכלין יחד היינו קביעותינו והכא דקאמר היו יושבין וכו' בגמרא משמע דמיירי בין בברכת המוציא בין בברכת המזון בבהמ"ז כעובדא דתלמידי דרב בברכת המוציא מהאיך דפליגי ביין אי בעי הסבה ומיהו בני אדם האוכלים בדרך והולכים ולא ישבו כל אחד מברך לעצמו וא"ת מאי שנא דבמוגמר אפילו לא הסבו אחד מברך לכולם בירושלמי פריך ומשני משום דבמוגמר כולם נהנים ביחד אבל אכילה ושתיה איכא בהא אלא לזה אחר זה:

אע"פ

מסורת הש"ס

[עי' תוי' כ"כ קלג: ד"ה פיליאה ועי' רש"י ותוס' שבת קיט. ד"ה תליסר]

[רבה]

[פי' חלק ולקמן דף מג: אי' דיסתנא]

מנחות צג.

[ביצה כ.]

[יושבין לאכול כ"ה בגי' במשנה שבמשניות אכן בירושלמי וכרי"ף ורא"ש וכן בהלכות ליתא וכ"מ בתוס' לקמן ד"ה הסבו אין]

לעיל מא:

[צ"ל מעין מעשה קדרה וכ"ה ברא"ש]

עין משפט נר מצוה

קח א ב מיי' פ"ג מהל' ברכות הל' ט סמג עשין כז טוש"ע או"ח סי' קסח סעיף ו ז:

קט ג ד שם סעיף ו וסעיף ח:

קי ה מיי' פ"ד מהלכות ברכות הלכה ז סמג שם טוש"ע או"ח סימן קעט סעיף ב:

קיא ו מיי' פ"ג מהל' מעשה קרבנות הלכה יב:

קיב ז מיי' פ"ז מהל' תפלה הל' יז טוש"ע או"ח סי' קי"א סעיף א:

קיג ח מיי' פ"ו מהל' ברכות הל' כ סמג עשין כז טוש"ע או"ח סי' קעט סעיף א ובסי' קסו:

קיד ט מיי' פ"ד מהל' ברכות הלכה יב סמג שם טור א"ח סימן קעד:

קטו י טור או"ח סימן קעו:

קטז כ מיי' פ"א מהל' ברכות הלכה יב סמג שם טוש"ע או"ח סי' קסז סעיף יא וסימן ריג סעיף א:

רב נסים גאון

שלש תכיפות הן תכף לסמיכה שחיטה. בתלמוד ארץ ישראל בפ' מאימתי קורין אמר תכף לסמיכה שחיטה דכתיב (ויקרא א) וסמך ושחט. תכף לנטילת ידים ברכה [שנאמר] (תהלים קלד) שאו ידכם קדש וברכו את ה'. תכף לגאולה תפלה שנאמר (שם יט) יהיו לרצון אמרי פי מה כתיב בתריה יענך ה' ביום צרה ובגמ' דפ"ב דשחיטת קדשים (דף לג) אמרי תכף לסמיכה שחיטה דאורייתא:

הגהות הב"ח

(א) רש"י ד"ה מעשה קדרה חלקא טרגים. נ"ב ע"ל דף לז ע"א: (ב) תוס' ד"ה לחמניות וכו' לא קבע נמי צריך לברך וכו' שהרי תחלתו וסופו עיסה: (ג) ד"ה סילק וכו' משמע שדרכן. נ"ב פירוש מדקאמר לבתר דסליקו תכא וכו': (ד) בא"ד הלחם קודם. נ"ב כלומר ולמה לא מסלקין גם השלחן: (ה) ד"ה רבי זירא וכו' תימה. נ"ב וכ"כ התוספות פרק כסוי הדם סוף דף פו וכ"כ הרא"ש נשם: (ו) ד"ה אתכא דריש גלותא וכו' א"צ לחזור ולאכול דכל:

[ועי' תוס' סוטה לט. ד"ה כל כהן]

גליון הש"ס

גמ' אלא כי הא דאר"ח ברא"ש. עי' ברמב"ן במלחמות פ"ב דשבת בד"ה ועוד כתב ברי"ף הא דרב גידל: גמ' שלש תכיפות הן. עי' לקמן דף נ"ב ע"ב תוס' ד"ה תכף: רש"י ד"ה לנטילת ידים דמים אחרונים. כך מבואר בסוגיין. אבל במ"ר דברים ובירושלמי פ' ח"ע מבואר דקאי על נטילה ראשונה. ועיין תוס' סוטה דף ל"ט ע"א ד"ה כל וצ"ע:

בשר או דברים אחרים שמלפתים בו הפת, [ג]סגי כשאוכל שיעור שאחרים רגילין לשבוע ממנו כשאוכלין ג"כ עם דברים אחרים.

והנה לענין עירובי תחומין איתא, דשיעור סעודה הוא ג' או ד' ביצים, וכתבו כמה אחרונים, דה"ה כאן חשיב בזה שיעור קביעת סעודה, **אבל** כמה אחרונים והגר"א מכללם חולקים, וס"ל דאין לברך "המוציא" ובהמ"ז אלא כשיעור סעודה קבוע שהוא של ערב ובקר, וכמש"כ בב"י בשם שיבולי לקט, וכן מצאתי באשכול דמוכח שהוא סובר כן, וכן נוטה יותר לשון השו"ע, [**וע"ש** בגמרא, אמר רב נחמן עדי כפנא וכו', כל שאחרים קובעים וכו', משמע דחלק ארב הונא רק במה דסבר דתלוי השביעה בדידיה, אלא דתלוי באחריני, אבל גם הוא מודה דצריך שביעה], ‹אבל לכאורה לא שביעה גמורה, וכנ"ל›, **ומ"מ** לכתחלה טוב לחוש לדעת המחמירים, שלא לאכול ד' ביצים, **וכ"ש** אם הוא דבר שיש להסתפק בו מדינא אם הוא פת הבאה בכיסנין, אף דמבואר בס"ז דהולכין בזה להקל, עכ"פ בודאי יש לחוש לדעת המחמירים הנ"ל.

[ד]**ואם מתחלה היה בדעתו לאכול ממנו מעט, וברך "בורא מיני מזונות", ואח"כ אכל שיעור שאחרים קובעים עליו, יברך עליו בהמ"ז, אע"פ שלא ברך "המוציא" תחלה** - כיון שהשלים לשיעור קביעת סעודה, אבל "המוציא" אין צריך לברך על מה שנמלך לאכול, כיון דאין במה שמונח לפניו אחר שנמלך שיעור קביעת סעודה, אלא ביחד עם מה שאכל כבר.

[**אבל** לענין ברכת במ"מ על מה שנמלך לאכול, תלוי בזה, אם היה נמלך גמור, דהיינו שהיה בדעתו מתחילה שלא לאכול יותר, ואח"כ נמלך לאכול עוד, צריך לברך במ"מ - מחה"ש וש"א, **ולכאורה** בעניננו, הלא בודאי אף דלא חישב בהדיא מתחילה שלא לאכול יותר, כחישב דמי, דהלא ידוע דאם אוכל כשיעור קביעת סעודה, מברך "המוציא" וגם נוטל ידיו, והוא כיון שבירך רק במ"מ, ע"כ דדעתו היה שלא לאכול כשיעור זה].

ואם באמת יש שיעור קביעת סעודה במה שלא אכל עדיין, צריך ליטול ידיו ולברך: המוציא וענט"י ובהמ"ז.

[ה]**ואם אכל שיעור שאחרים אין קובעים עליו, אע"פ שהוא קובע עליו, אינו מברך אלא "בורא מיני מזונות" וברכה אחת מעין שלש, דבטלה דעתו אצל כל אדם** - אך אם אכלו לבדו ושבע ממנו, אף שאחרים לא היו שבעין ממנו לבדו, אבל כיון שאם אכלו אותו עם דברים אחרים היו שבעין ממנו, ג"כ [ו]לא אמרינן בטלה דעתו, וצריך לברך עליו "המוציא" וברכת המזון.

(ומ"מ נראה ברור, דאם הוא זקן או נער שאכילתן מועט בטבע, חייבין ב"המוציא" ובהמ"ז, אם אכלו שיעור שדרכן תמיד לקבוע ע"ז, כיון דכל בני מינם מסתפקין בשיעור אכילה כזו).

סימן קסח ס"ז - פת הבאה בכיסנין, [ז]יש מפרשים: פת שעשוי כמין כיסים שממלאים אותם דבש או סוקר ואגוזים ושקדים ותבלין - "או או" קאמר, **והם הנקראים רישקולא"ש ריאלחש"ו.**

ור"ל אף אם נילושה מתחלה במים כשאר פת, כיון שכל העיסה ממולא ממינים אלו, **ומסתברא** דמיירי ג"כ שטעם המילוי ניכר בעיסה, וכמו שמסיים לבסוף.

ואף דהמילוי עיקר אצלו, מ"מ מין דגן חשוב ואינו בטל, ולכך מברך במ"מ ופוטר הכל, **ואך** אם אינו אוכל העיסה ורק הפירות שבפנים לבד, מברך הברכה השייכה להפירות.

וכתב הט"ז, דאם נלקח הפירות ואוכל רק העיסה, אפ"ה מברך במ"מ ולא "המוציא", דיש עליה דין כיסנין, כיון שנאפה עם מילוי הפירות, שאין דרך לקבוע סעודה על פת כזו.

[ח]**וי"א שהיא עיסה שעירב בה דבש או שמן או חלב או מיני תבלין** - בעת הלישה, **ואפאה** - והיינו אפילו היה הרוב ממים, כיון שעירב בה ג"כ ממינים אלו, ועי"ז נשתנה הטעם, מקרי פת כיסנין.

[ט]**והוא שיהיה טעם תערובת המי פירות או התבלין ניכר בעיסה** - דאל"ה הוי לחם גמור, **ולחם** שנותנין בו זאפר"ן להטעימו ולנאותו, או שנותנין בו מעט צימוקין, לכו"ע לחם גמור הוא.

(וי"א שזה נקרא פת גמור) - ומברך "המוציא" לכל שהוא, וכן בהמ"ז לכזית כדין פת, **והיינו** היכא דעירב בה בהלישה רק מעט דבש וחלב, אינו בטל שם פת מחמת שנרגש הטעם.

(אלא אם כן יש בהם הרבה תבלין או דבש, כמיני מתיקה שקורין לעקי"ך, שכמעט הדבש והתבלין הם עיקר) (רש"י ‹מ"א: ד"ה פת, שכתב: תבלין הרבה כו'›, **וערוך, וכן יש לפרש דעת רמב"ם)** - ר"ל שכ"כ תבלין מעורב בהן, עד שעל ידי זה יהיה מנכר התבלין בטעם יותר מהקמח, **וכן** בדבש ושמן וחלב, בעינן שיהיה הרוב מהן, ומיעוט מים, שעי"ז נרגש מהן הטעם הרבה מאד, עד שעי"ז הם העיקר וטעם העיסה טפל, (**וכה"ג בנילוש בביצים, צריך שיהא הרוב מביצים ומיעוט מים, כדי שיהא טעם הביצים נרגש הרבה**).

באר הגולה

[ג] ‹כן משמע הלשון בגמ' כל שאחרים קובעין עליו, {**דהא** פי' קובעים עליו, הוא שהוא שיעור שביעה, ולכך קובעים עליו, א"כ למה נקט לשון קובעים, הו"ל למימר כל שאחרים רגילים לשבוע ממנו, אלא ע"כ דאי הוי אמר הכי, הוי משמע דצריך להיות שבעים מן הפת בכסנין לבד, ובאמת אפי' אינן שבעים ממנו לבד כי אם ע"י הדבר שמלפתים עמו מיקרי קבע, **ולכן** נקט לשון שקובעים עליו, דיש לפרש ששבעים ע"י צירוף מה שמלפתים, אלא שהקביעות העיקרי הוא הפת כסנין - מחה"ש}, **וכן** משמע קצת בתוס' ד"ה לחמניות, שכתבו גבי לחמניות אם קבע עלייהו כמו בפורים, עכ"ל, ומסתמא בפורים אין קובעין לבדם - מ"א› [ד] **הרא"ש לדעת הרמב"ם** [ה] **שם ורבינו יונה** [ו] ‹דטעמא מאי בעינן שיהיו אחרים שבעין ממנו, משום דאל"כ בטלה דעתו, אבל בכה"ג כיון שאחרים שהיו אוכלים אותו עם דברים אחרים היו שבעין ממנו, והוא שבע מפת לבד, לא אמרינן בטלה דעתו - דברי סופרים› [ז] **פי' ר"ח והערוך והטור ורשב"א** [ח] **רמב"ם** [ט] **וכן דקדק ב"י מדבריו**

וכן בציור הראשון שכתב השו"ע, שממלאין מהם, בעינן ג"כ שיהיה המילוי הרבה כ"כ, עד שעי"ז יהיה נרגש הטעם הרבה מאד.

(**ולפי"ז** העיסה שעושין בפורים וממלאין אותה בשומשמין, לא נבטל ממנה שם פת עד שיהיו השומשמין הרבה, עד שיהיה מנכר טעם השומשמין יותר מטעם העיסה, וע"פ רוב העיסה של פורים שעושין בזמננו אין בה שומשמין כ"כ, **ובפרט** שלחם ההוא אין עשוי בזמננו לקינוח ולתענוג, כמו שזכרו הראשונים בפת הבאה בכיסנין, רק לשבוע, ולחם גמור הוא, וכ"כ הגר"ז).

(וכן נוהגים) - שאופין ללחם משנה, פת עם מעט שמן ותבלין, **וכן** הסכימו האחרונים להלכה כפסק הרמ"א.

(**ויש** הרבה שאין נזהרין בזה, שקונים מיני עוגות קטנות שנילוש במעט דבש או ביצים, והרוב ממים, ומברכין עליהם במ"מ, ואוכלין בלי נט"י, **וביותר** מזה, שכמה פעמים אוכלין מהם כדי קביעות סעודה, שאף בכיסנין גמור צריך נטילה ו"המוציא" ובהמ"ז).

[י]וי"מ שהוא פת, בין מתובלת בין שאינה מתובלת, שעושים אותם כעבים יבשים, וכוססין אותם, והם הנקראים בישקוני"ש - כך שמה בערבי, ובלשון ספרד נקרא בושקיגו"ש, ונעשית מה' מיני דגן ובמים לבד, אך באפייתן נעשים יבשים כ"כ עד שנפרכים, ואין זה נקרא אוכל אלא כוסס, ואין דרכם לאכול מזה הרבה, לכן אין לו דין פת.

והלכה כדברי כולם, שלכל אלו הדברים נותנים להם דינים שאמרנו בפת הבאה בכסנין – (עיין בחידושי רע"א שהקשה, אמאי לא כתב המחבר די"ש יצא ידי כולם, כמ"ש בסי"ג, **ובמאמר** מרדכי מיישבו, דכיון דלא נזכר בהדיא שחולקים הפוסקים בזה, **ואפשר** דמודו להדדי).

(**ויש** עוד מיני עוגות דקות שלשין אותם בלא דבש וביצים כלל, רק שמבשלין מקודם מים עם מעט שיבולת שועל, ולשין אותם במים אלו, **ואיני** יודע היתר לזה, ואטו משום דנילוש במים אלו אבד טעם העיסה ממנו, וגם אף אם היה נרגש טעם השיבולת שועל הרבה, ג"כ מסתבר דלאו כלום הוא להוציאו מתורת לחם, דאטו אם מתערב לכתחלה כמה מיני דגן ביחד לאו לחם הוא, ושמן ודבש שאני דמינים אחרים הם, וגם דבשמן ודבש וביצים נחשב מיני מתיקה, שאוכלין רק לקינוח, שטעמם חשיב, משא"כ בזה, **אך** אם עושין העוגות דקין ויבשין מאד עד שנפרכין, יש להתיר, משום דזה הוי בכלל כעבין יבשין הנזכר בשו"ע, דגם אלו מן הסתם אין דרך לאוכלן להשביע, רק לקינוח כמו כעבין הנ"ל).

אות ג' - ד'

לחמניות מערבין בהן ומברכין עליהן המוציא

דקבע סעודתיה עלייהו

סימן קסח ס"ו - עיין לעיל אות א'-ב'.

סימן קסח ס"ח - [יא]לחמניות: אותן שבלילתן עבה שקורין [יב]אובליא"ש, לחם גמור הוא ומברך עליו "המוציא" ובהמ"ז - דנעשים רק מקמח ומים כשאר פת, [**דאם** היה ממולא בתבלין או שנילוש בדבש וכה"ג, היינו פת כיסנין הנזכר בס"ז, דאינו מברך עליו אלא במ"מ בדלא קבע. **ועיין** ברש"י ברכות מ"א: ד"ה פת, (דמבואר שם דאובליא"ש היינו נילוש בתבלין), ובתוס' מ"ב. ד"ה לחמניות, (דמבואר מיניה דאובליא"ש אינו נילוש בתבלין), וצ"ע]. **ואף** שהם דקים, מ"מ לא הוי כמו כעבים יבשים דס"ז, דהם יבשים מאד, ואינם עשוים לאכילה, ורק כוססין אותם לקינוח, **אבל** אלו עשוים לאכילה.

[יג]ואותן שבלילתן רכה ודקין מאוד שקורין ניבלא"ש, מברך עליהם "בורא מיני מזונות" וברכה אחת מעין שלש - וכתבו האחרונים, דהיינו מה שקורין בלשון רוסיא נאלסילק"ע, שמערבין קמח עם הרבה מים בקדירה כמו דייסא, ושופכין על עלי ירקות, ונאפים בתנור עם העלים, וה"ה כשנאפים על מחבת בלי שמן, **ודוקא** באלו שהם דקים ורכים ביותר, אבל אם אינם רכים ודקים כ"כ, מבואר בסי"ד דדין לחם עליו ומברך עליו "המוציא".

[יד]ואם קבע סעודתו עליהם, מברך "המוציא" וברכת המזון - ומה נקרא קבע, מבואר לעיל בס"ו לענין פת כיסנין, וה"ה הכא.

וכתבו הפוסקים, דאותן שקורין בפראג וואלאפלאטקע"ס, שנעשין ג"כ בלילתן רכה, אך מפני שמתפשטין באפייתן נעשים דקין וקלושים הרבה יותר מאותן נאלסילקע"ס שנזכר לעיל, אין לברך עליהם "המוציא" אפילו בדקבע, דאין ע"ז תורת לחם כלל, ודמיא לטריתא בסט"ו, [**ואופן** עשייתן: שלוקחין סולת ובלילתה ג"כ רכה מאד, ונוטל בכף מאותה כלי שהעיסה בתוכו, ושופך אותה בדפוס של ברזל שקורין פורבי"ן, ויש למעלה עוד ברזל אחר כמוהו, והעיסה נשפך בין שני הברזלין, וכשמהדק ברזל בברזל יחד כעין צבת, ואותו הרקיק הוא בתוך, אז נאפה מיד על הברזל שהוא חם מאד, **ואלו** אין להם תורת לחם כלל, הואיל ונתפשטו כ"כ דק דק].

ואי אכיל להו בתוך הסעודה - פי' להני רכין ודקין, **שלא מחמת הסעודה** - פי' שלא אכלם להשביע רעבונו, רק לקינוח ומתיקה, **דאילו** אכלם למלא רעבונו, אפילו לא אכלם רק מעט, הם בכלל סעודה וא"צ ברכה, **טעונים ברכה לפניהם ולא לאחריהם** - דכיון דאינו אוכל זה לשם סעודה, לא נפטר בברכת "המוציא".

וה"ה לכל פת הבא בכיסנין המבוארים בסעיף ז' - מ"א, (והנה באמת כדבריו מבואר בכמה ראשונים, **והנה** כ"ז לעיקר הדין, **אבל** לדידן דמספקינן בפת הבא בכיסנין מאי הוא, **אף** דהמחבר פסק להקל בכולם, היינו משום דספק דרבנן להקל, ואין מצריכין לו לברך "המוציא"

באר הגולה

[י] ערוך בשם רב האי [יא] ברכות מ"ב לפי' התוס' והרא"ש (ודלא כרש"י) [יב] (והיינו מה שפי' רש"י לחמניות, ותוס' חולק עליו, ופסק כוותיה) [יג] שם תוס' והרא"ש [יד] שם בגמרא

ובהמ"ז כשאר פת, **משא"כ** בענינינו, להצריכו ברכה תוך הסעודה, משום דנחזיקו לפת כיסנין, אין סברא, דאדרבה ספק דרבנן להקל, ושמא מין זה פת גמור הוא, ונפטר בברכת "המוציא", **ע"כ** אין לברך על פת כיסנין בתוך הסעודה, אא"כ הוא פת כיסנין לכו"ע, דהיינו שממולא, וגם נילוש בדבש וכה"ג, והוא דק ויבש, כ"כ דגמ"ר והגר"ז, וכעין זה כתב ג"כ בחידושי רע"א וח"א, **ולפי** מה שכתבנו לעיל בשם המאמר מרדכי, דאפשר דמודו זה לזה, אין קושיא כ"כ, **ולדינא** נראה, דבאוכל דבר הנילוש בדבש ומי ביצים וכה"ג בתוך הסעודה, כגון לעק"ך וקיכלי"ך, או שאוכל כעבי"ן יבשים, לא יברך בתוך הסעודה, אפילו אם אוכלן לקינוח, **ואם** אוכל מדברים הממולאים בפירות, וכמה שצייר המחבר באופן הראשון, המברך עלייהו בתוך הסעודה לא הפסיד, דמשמע דרוב הפוסקים סוברין כן, דזהו פת כיסנין, **ובח"א** משמע, דאף על לעק"ך וקיכלי"ך, לכתחלה ראוי שיכוין בשעת ברכת "המוציא" לפטור אותן).

ואם אוכל הרבה כשיעור קביעת סעודה המבואר בס"ו, אפי' אכלם למתיקה בעלמא, נפטר בברכת "המוציא", דכיון דאי אכלם שלא בתוך הסעודה צריך לברך "המוציא", ממילא בתוך הסעודה נפטר בברכת "המוציא".

[**ואם** אכל אובליא"ש שהוא לחם גמור, וכן פת הנילוש במעט דבש ורובו מים, לפי דעת הרמ"א לעיל בס"ז, אפי' בדלא קבע ג"כ, בודאי א"צ ברכה, דנפטר בברכת "המוציא" כשאר פת].

וכ"ז בעניני פת, אבל בעניני מעשה קדרה שבאין למזון ולתבשיל, תמיד מחמת הסעודה הם באים, כמבואר בסימן קע"ז, **ואפילו** הם ממולאים בפירות, כאותן שקורין עפי"ל פלאדי"ן וכדומה, הפירי נעשה תבשיל תוך המוליתא, וקימחא עיקר והפירי בטל לגבייהו, **ואין** להחמיר וליקח קצת תפוחים מתוכם ולברך בפה"ע, דהוי ברכה לבטלה.

[טו] **אבל אותם רקיקים דקים שנותנים מרקחת עליהם, הם טפילים לגבי המרקחת, וברכת המרקחת פוטרתן** - קאי על עיקר דין פת הבאה בכיסנין, וקמ"ל דזה לא הוי בכללו, דאין מברכין בזה על העיסה כלל, משום דהוי טפילה למרקחת, **דאין** מתכונין לאכול הרקיקין, ורק שעושין אותם כדי שלא יטנפו הידים מהמרקחת, ולכן הוי העיסה בכלל טפל, כדלקמן בסימן רי"ב.

ואם אכל המרקחת מלמעלה, והשאיר הרקיקין, ואכלן בפני עצמן, צריך לברך במ"מ עליהם, **אך** אם אכלן ביחד, ונשאר עוד קצת רקיק בלא מרקחת, אין צריך לברך עליו, כיון דעיקר אכילתו היה ביחד, ונחשב לטפל להמרקחת, אין חוששין על גמר האכילה.

וכתבו האחרונים שם, דבמדינותינו שנותנין מרקחת על הדובשנין, שקורין לעק"ד פלאדי"ן, שטובים הדובשנין למאכל בעצמן, אם כן כונתם גם בשביל אכילת הדובשנין, וממילא הם העיקר, ומברך עליהם במ"מ ופוטר המרקחת.

ופשוט דדוקא שבעת אפייה נאפין ביחד, אבל אם אפה הדובשנין לבד, ואח"כ מניח עליהם מלמעלה המרקחת, אין נעשין המרקחת טפילה להם, שכונתו לאכול שניהם, ואין המרקחת באין ללפת הדובשנין, וצריך לברך גם על המרקחת.

אות ד'* [טז]

תוס' ד"ה סלק אתמר: שאנו מקפידים שלא לסלק הלחם קודם

סימן קפ ס"א - [יז] **"אין להסיר המפה והלחם עד אחר ברכת המזון** - כדי שיהא ניכר לכל שמברכין להשי"ת על חסדו וטובו הגדול שהכין מזון לכל בריותיו, **וגם** דהברכה אינה שורה על דבר ריק, אלא כשיש שם דבר, כענין פך שמן של אלישע.

[יח] **"סימן קפ ס"ב** - צריך לשייר פת על שלחנו, כדי שיהא מזומן לעני שיבוא, וכעין שאמרו חז"ל: המאריך בשלחנו מאריכין לו ימיו, דלמא אתא עניא ויהיב לו, [**ולפי"ז** טוב לכתחילה שהפתיתין לא יהיו קטנים מאד, כדי שיהא בהם כדי נתינה], **וגם** כדי שיודה להשי"ת על חסדו, שהשפיע לנו מטובו ששבענו והותרנו, כדכתיב: אכול והותר, [יט] **"כל מי שאינו משייר פת על שלחנו, אינו רואה סימן ברכה לעולם** - כדכתיב: אין שריד לאכלו, על כן לא יחיל טובו.

וכתב של"ה, דראוי ונכון שיתן להעני הטוב שבשלחן, ובפרט אם הוא עני חשוב, שמזה יראה לו שמקבלו בסבר פנים יפות, **ומשבח** אני את הקהלות שמחזיקין לומדים בחורים על שלחנם כל השנה כאחד מבניהם, ובזה יוצא הבעה"ב בשני דברים, מצות חלק עניים, וגם מצות דברי תורה על השלחן, דסתם בחור כזה עני הוא, וגם ידבר בדברי תורה על השלחן, ובודאי מה שנאכל על השלחן שחרית וערבית נחשב כשני תמידין וכו', עכ"ל והובא בא"ר.

אבל לא יביא פת שלימה ויתננה על השלחן, ואם עשה כן מחזי דלשם עבודת כוכבים עביד, שנאמר: העורכים לגד שולחן - ר"ל אם יש פתיתין על השלחן, **אבל** אם אין פתיתין על השלחן, מותר להביא אפילו שלמה, **ובשם** הזוהר כתבו, שטוב לעשות כן לכתחלה.

עיין במ"א שכתב, דה"ה אם יש שלמה על השלחן, לא יביא פתיתין, **ופמ"ג** כתב, דה"ה לא ישייר פתיתין על שלחנו כשיש שלמה, **ויש** מקילין בדבר, שא"צ להסירן מעל השלחן, **ובפרט** בשבת, בודאי לא יסירן עד לאחר בהמ"ז, בין הפתיתין ובין השלמה, שהכל יודעין שבשביל כבוד שבת הוא מונח.

באר הגולה

טו ב"י (והרוקח) (והכלבו) | טז ‹ע"פ הב"י והגר"א› | יז הרא"ש ומרדכי שם | יח ‹מילואים› | יט סנהדרין צ"ב

אות ה'

אנן אתכא דריש גלותא סמכינן

סימן קעט ס"ב - [כ]מי שסומך על שלחן אחרים, אפילו אמר: הב לן ונברך, לא הוי היסח הדעת - דודאי דעתו אם ירצה בעה"ב לאכול ולשתות עמו, יאכל וישתה עמו, [**ונ"ל** דאפי' אין בעה"ב אוכל עם האורח, רק שבעה"ב קראו להאורח שיאכל אצלו, אפ"ה אמרינן, דאף שאמר "הב לן ונברך", מ"מ מסתמא דעתו, אם יבקשנו בעה"ב שיאכל עוד, שלא יסרב על דבריו].

‹**ולכאורה** משמע מזה, דכשאין בעה"ב אוכל ושותה עוד, והאורח נמלך ממחשבתו הראשונה ורוצה לאכול ולשתות, דאסור, דהרי אמר "הב לן ונברך" והסיח דעתו, **אבל** באמת יש לומר, דכל זמן שלא אמר בעה"ב "הב ונברך", לא חשיב היסח הדעת של האורח כלל, דבודאי לא הסיח דעתו עדיין בבירור כל זמן שלא אמר בעה"ב "הב לן ונברך", וכן מורה לשון השו"ע והלבוש›.

ואם בשעת אמירתו הסיח דעתו בבירור, שאף שיאכל וישתה בעה"ב לא יאכל וישתה עמו, ונמלך אח"כ, צריך לברך, היינו לדעת הרר"י בשתיה לבד, ולהרא"ש אף באכילה, **וכ"ש** כשנטל ידיו דמהני, [מ"א, ‹**ומשמע** מפמ"ג דאם נטל ידיו, ‹אפי' בלא היסח הדעת›, **אמרינן דמסתמא** בודאי הסיח דעתו בכל גווני, ‹דמפרש מש"כ המ"א "וכ"ש", דהוא ענין בפני עצמו›, וכ"כ בחי' רע"א בשם תשו' פרח שושן. **ובספר** מטה יהודה חולק ע"ז, ‹דמפרש המ"א, שכ"ש אם מלבד מה שהסיח דעתו בבירור, גם נטל ידיו, כן פי' הכף החיים - דברי סופרים›.

עד שיאמר בעל הבית - ‹וה"ה גדול השלחן, א"ר בשם צדה לדרך, **ולשון** המחבר שכתב: על שלחן אחרים, לכאורה משמע דוקא מפני דעת בעה"ב אדם מבטל דעתו, אבל לא באופן אחר, וכן משמע קצת בפמ"ג, ע"ש, **וצ"ע** למעשה›.

ואז כל המסובין אסורין, [מגן אברהם בשם התוס'], **ודוקא** כששתקו והסכימו לדבריו, **אבל** אם האורח דעתו לאכול ולשתות עוד, רשאי, אף שאמר בעל הבית "הב ונברך", **וטוב** שיגלה לפני המסובין שלא היה לו היסח הדעת, שלא יחשבוהו כנמלך.

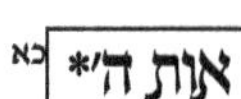

[כא]

תוס' ד"ה אתכא דריש גלותא: ומביאין להם בזה אחר זה ... שא"צ לברך לפי שסומכין על שלחן בעה"ב

סימן קעט ס"ה - [כב]הקרואים בבית בעל הבית לאכול מיני פירות, ומביאין להם בזה אחר זה, אינם צריכים לברך אלא על הראשון - דכיון שהם קרואים, אף כשמברכין תחלה בסתמא, ג"כ דעתם על כל מה שיביאו לפניהם, שיודעים דדרך בעה"ב להביא הרבה מינים זה אחר זה, **ואף** אם הסיחו דעתם אח"כ, שסברו שלא יביא להם עוד, ג"כ אין זה היסח הדעת גמור, כיון דתלוים בדעת בעה"ב, וכנ"ל בס"ב, ולכן אם הביא להם בעה"ב אח"כ, א"צ לחזור ולברך.

ולא דמי לס"ד הנ"ל, וכן לשמש בסימן קס"ט, ששם אינם יודעים שיתנו לו עוד, ובודאי מסתמא לא ברכו אלא על מה שלפניהם לבד.

אות ו'

תכף לסמיכה שחיטה

רמב"ם פ"ג מהל' מעשה הקרבנות הי"ב - ובמקום שסומכין שוחטין, ותכף לסמיכה שחיטה; ואם שחט במקום אחר או ששהה, שחיטתו כשירה; והסמיכה שיירי מצוה היא, לפיכך אם לא סמך, כפר ואינה מעכבת, ואף על פי כן מעלין עליו כאילו לא כפר.

אות ז'

תכף לגאולה תפלה

סימן קיא ס"א - [כג]צריך לסמוך גאולה לתפלה, ולא יפסיק ביניהם - ואפילו בשהייה בעלמא יותר מכדי דיבור יש לזהר לכתחלה, **וכדי** דבור הוא כדי שאילת תלמיד לרב.

אות ח'

תכף לנטילת ידים ברכה

סימן קעט ס"א - [כד]גמר סעודתו ונטל ידיו מים אחרונים, אינו יכול לאכול ולא לשתות עד שיברך בהמ"ז - וה"ה שיש ליזהר לכתחלה שלא יפסיק בדבור אפילו מעט, דתיכף לנטילה ברכה, **ומהאי** טעמא יש ליזהר שלא לשהות שהיה מרובה אחר הנטילה, [היינו כדי הילוך כ"ב אמה, דזה לא מקרי תיכף]. וכ"ש שלא לעסוק באיזה עסק, **אך** אם צריך להפסיק בדבר נחוץ, או בדיעבד אם הפסיק, יטול ידיו שנית, כדי להיות תיכף לנטילת מים אחרונים ברכה.

ולא דמי ל"הב לן ונברך", דמותר לאכול ורק שיברך "המוציא" מתחלה, וכדלקמיה, [כה]דכיון שנטל ידיו אסור להפסיק, **והנה** יש כמה פוסקים דס"ל, [כו]דאין איסור לאכול אף בנטל ידיו, [כז]ורק שיברך "המוציא" מתחלה, וכ"כ האחרונים להקל, ורק דאחר אכילתו יטול ידיו שנית, שתהא סמוכה נטילה לברכה, **אלא** דלכתחלה דעת הב"ח והמ"א, דצריך

באר הגולה

כ **תוס' שם בברכות** ‹דכמו בסלק לסברתם, דתלוי בבעה"ב, כמו כן לדידן דקימ"ל דהב לן ונברך הוי הפסק, ה"נ דוקא בבעה"ב אבל לא האורח - דמשק אליעזר› כא ‹ע"פ הב"י והגר"א› כב **ב"י בשם הר"ף** כג **ברכות ט'** כד **ברכות מ"ב** כה ‹והטעם מבואר בב"י, דכיון דקיימ"ל תיכף לנטילת ידים ברכה, כיון שנטל ידיו כדי להיות מזומן לברכה, הוי כאילו התחיל כבר בברכה, ואסור להפסיק באכילה ושתיה כלל, משא"כ בהב לן ונברך שאין כאן אלא טעם של היסח הדעת, ומשו"ה כשיברך תחלה על מה שרוצה לאכול סגי - דברי סופרים› כו ‹חולקים על סברא הנ"ל, דכיון שהטעם הוא משום דתיכף לנטילת ידים ברכת המזון, שפיר יכול לאכול ולחזור וליטול ידים שנית ויברך תיכף - דברי סופרים› כז ‹גמר סעודתו ונטל ידיו מים אחרונים אסור לאכול, פירש"י {ד"ה אסור לאכול} עד שיברך ברהמ"ז, ולא נראה כן, דהיסח הדעת אינו מזקיק ברכה אחרונה על מה שאכל, אלא פי' אסור לשתות ולאכול עד שיברך עליו תחלה, דכיון שנטל ידיו כדי לברך הסיח דעתו מלאכול ולשתות, ואין הברכה שבירך תחלה פוטרת מה שרוצה לאכול ולשתות עוד, ולכך צריך לברך - טור›

ליזהר בזה, (והנה כאשר נתבונן בודאי אין להקל בזה לכתחלה, דמצינו לכמה גדולי הראשונים שמחמירין בזה).

וכ"ז לענין אכילה, אבל להפסיק בדבור כשאינו רוצה לאכול ולשתות, או להתעסק באיזה עסק, אסור לכו"ע, [**נראה** הטעם, משום דלא שייך בזה שיטול ידיו שנית, כיון שלא אכל עוד, וידיו נקיות מזוהמת אכילה, א"כ הנטילה אינו מעלה ולא מוריד].

[כח]**ואם אמר: הב לן ונברך** - פי' תן לנו כוס לברך, **הוי היסח הדעת, ואסור לו לשתות אלא א"כ יברך עליו תחלה** - וכשמברכין בלא כוס, אם אומרים: בואו ונברך, ג"כ דינא הכי, דהוי היסח הדעת, **וכן** אם הסיח דעתו בהדיא בלבו מלשתות עוד, ואח"כ רוצה לשתות, ג"כ צריך לברך מתחלה על המשקה.

ואם מסובין רק לשתיה, ואמרו: בואו ונברך ברכה אחרונה, ג"כ דינא הכי דהוי היסח הדעת, ואסור לשתות עוד בלא ברכה.

ואכילה דינה כשתיה להרא"ש - דבגמרא לא נזכר בהדיא רק לענין שתיה, וס"ל דה"ה לאכילה.

(והנה בשו"ע לא מבואר בהדיא לדעת הרא"ש רק ב"הב לן ונברך", אבל בסתם אם הסיח דעתו מלאכול ולשתות עוד, ולא אמר "הב לן ונברך", לא הוזכר בשו"ע כלל לדעת הרא"ש, אם זה מצריכו לחזור ולברך או לא, {**והנה הרמב"ם** פסק בהדיא, **דאם** גמר בלבו שלא לאכול ולשתות עוד, ואח"כ נמלך לאכול ולשתות, חוזר ומברך, **אף** שלא שינה את מקומו, והובאו דבריו בב"י, [כט]היפך מדעת הר"ן ור"י, **ומה שאמר** שם בגמרא מתחלה, גמר אסור מלאכול, ולבסוף מסיק על זה ולית הלכתא, הכי מפרש הרמב"ם, דגמר, היינו דגמר סעודתיה, ומתחלה רצה הגמרא לומר דזה ג"כ חשיב היסח הדעת, דמסתמא כיון שגמר ממילא הסיח דעתו, ועל זה מסיק לית הלכתא ככל הני שמעתתא, **אבל** אם גמר בלבו בהדיא שלא לאכול ולשתות עוד, זה עדיף מגמר וסילוק השלחן}, **דאפשר** דהוא מפרש בגמרא, גמר, היינו שגמר סעודתו, וע"ז מסיק ולית הלכתא וכו', דאף דסילק השלחן, אמרינן דעדיין היה דעתו כשיזדמן לו לאכול שיאכל, **אבל** אם הסיח דעתו בהדיא מלאכול ולשתות עוד, **אפשר** דלדידיה זהו עדיף גם מסילוק השלחן, וכמו לדעת הרמב"ם, ודומה להב להב לן ונברך, **ומצאתי** בספר בית מאיר דמצדד, דהיסח הדעת מהני אף באכילה, להצריכו לחזור ולברך, וכ"כ הגר"ז).

אבל להר"ר יונה והר"ן אכילה שאני, שאע"פ שסילק ידו מלאכול - ר"ל אפילו גמר בדעתו שלא לאכול, **ואפילו סלקו השלחן** – [ל](היינו שסילק הלחם ושארי מזון מעל השלחן, כדפירש"י שם בגמרא), **אם רצה לחזור לאכילתו, א"צ לברך פעם אחרת, שכל שלא נטל ידיו לא נסתלק לגמרי מאכילה** - משום דדרך להגרר מאכילה קטנה לגדולה, לא חשיב היסח הדעת גמור אלא כשנטל ידיו, **מה** שאין כן בשתיה, בהיסח הדעת כל דהו כבר נסתלק משתייתו, וצריך לברך שנית כשנמלך.

ואפילו סלקו השלחן - זהו מלשון רבינו יונה, והיינו אף דס"ל דזה חשיב היסח הדעת טפי מ"הב ונברך", (לשיטתו דהסוגיא דברכות מיירי רק לענין אכילה), אפ"ה לא מהני לענין אכילה, (**אבל** להרא"ש אדרבה, "הב ונברך" חשיב היסח הדעת טפי, ובסילוק השלחן ס"ל דלא חשיב היסח הדעת, כדמוכח בגמ' שם, דקאמר במסקנא ולית הלכתא ככל הני שמעתתא, דקאי גם אסילוק, וכדפירש"י שם).

(**עיין** בפמ"ג שכתב, דלאו דוקא בפת, הוא הדין בשאר מידי דמזון, ג"כ לא נסתלק להרר"י ור"ן באומר "נברך ברכה אחרונה", ואם רוצה לאכול עוד רשאי בלא ברכה ראשונה).

כתב הט"ז, דאם מחמת אכילה זו שחזר לאכול נגרר לבו גם לשתיה, א"צ ברכה לדעה זו גם על השתיה, דבתר אכילה גרירא, אף שאמר מתחלה "הב לן ונברך", **ולא** מיירי השו"ע בתחלה לענין שתיה דמצריך לברך לכו"ע, רק כשלא חזר גם לאכילה.

ועיין בבה"ל שהבאנו הרבה פוסקים שסוברים כדעת הרא"ש, דב"הב לן ונברך" חשיב גמר סעודה, ואף באכילה אסור בלא ברכה, וכן סתם המחבר לקמן בסימן קצ"ז ס"א עי"ש, (**וכן הוא** ג"כ דעת התוס' בברכות מ"ב ד"ה תיכף ע"ש, **אמנם** בביאור הגר"א כתב, דנ"ל לעיקר לדינא כהרר"י והר"ן, וע"כ לא נוכל להכריע לדינא בזה), **וע"כ** לכתחלה בודאי יש ליזהר שלא לאכול אחר שאמר "הב לן ונברך", וכן פסק בדה"ח.

(וכן אם הסיח דעתו בהדיא שלא לאכול, אף שלא אמר "הב לן ונברך", ג"כ נכון מאד ליזהר לכתחלה שלא לאכול, דגם בזה יש הרבה ראשונים שסוברין להחמיר בזה וכנ"ל).

ודע, דמי שצריך ברכה באמצע סעודה, צריך נטילה ג"כ, דכיון דהסיח דעתו, לא שמר ידיו, **ורק** ברכת נט"י אין לו לברך.

סימן קסו ס"א - [לא]יש אומרים שא"צ ליזהר מלהפסיק בין נטילה ל"המוציא" - דמה דאמרינן בש"ס: תיכף לנט"י סעודה, ס"ל דהיינו שלא יתעסק בינתים באיזה עסק או מעשה עד שיסיח דעתו, [כגון למזוג איזה כוס בחמין, דצריך דקדוק שלא יחסר ושלא יותיר, וכל כיוצא בזה], או בשיחה הרבה דמביא לידי היסח הדעת, אפילו אם היה בד"ת, **אבל** אם יושב בטל ואינו עושה בינתים שום מעשה, אף

באר הגולה

כח **פסחים ק"ג** ‹הקשו הראשונים, היאך מבואר בגמרא דהיסח הדעת מלאכול אינו אוסר עליו להמשיך לאכול, ורק כשנטל מים אחרונים, הלא בגמרא פסחים ק"ג שנינו, דמשאמרו הב לן ונברך אסור להם לשתות, והיינו משום שהסיחו דעתם מסעודתם, **וב'** דרכים נאמרו בישוב הקושיא, דעת התוס' {ד"ה תכף} והרא"ש, שאמירת הב לן ונברך עדיפה מסתם היסח הדעת, ונחשבת כמו נטילת מים אחרונים, מכיון שכבר נתישב בדעתו לברך ברכת המזון, **ודעת** רבינו יונה והר"ן, שיש חילוק בין אכילה לשתיה, והיינו שלאכילה אין היסח דעת עד שיטול ידיו למים אחרונים, {ובזה איירי סוגיא דברכות דסילוק לא מהני}, אבל לשתיה נחשב היסח הדעת משגמר בדעתו להפסיק לשתות – מ"ב המבואר› **כט** ‹דהרי כתבו להדיא, דבגמר בדעתו שלא לאכול, אפ"ה לענין אכילה לא הוי היסח הדעת – דברי סופרים› **ל** ‹לכאורה כונתו בזה, דלא יתכן לפרש סילוק השלחן ממש, כמו דפי' תוס', דהרי בסי' קע"ז ס"ב מבואר, דסילוק השלחן לכו"ע חשיב כהיסח הדעת – משנה הלכה› **לא** **טור בשם הרי"ף ורמב"ם** ‹דההוא תכף לנט"י ברכה, מפרשים במים אחרונים סמוך לבהמ"ז, וכן פי' רש"י ותוס' שם – גר"א. **ומש"כ** בדף נ"ב: תיכף לנט"י סעודה, ולהכי ס"ל לב"ה שמוזגין הכוס ואח"כ נוטלין לידים, שאני מזיגה בחמין דצריך דקדוק שלא יחסיר ושלא יותיר, והוי היסח הדעת, אבל שלא יפסיק א"צ ליזהר במים ראשונים – דמשק אליעזר›

ששוהה הרבה, או אפילו משיח מעט, אין לחוש, כיון שהשלחן ערוך לפניו ודעתו לאכול מיד, לא מסיח דעתו.

[לב]**ויש אומרים שצריך ליזהר** - אפילו בשהיה לחוד כדלקמיה, וכ"ש שלא לדבר בינתים אפילו שיחה מועטת, ואפי' בד"ת חשיב הפסק לדידהו וצריך ליזהר, **לבד** מהדברים שהם לצורך סעודה, דמותר להפסיק לכו"ע, **וטוב ליזהר.**

כתבו הספרים בשם הזוה"ק, שמצוה לאדם שיתפלל בכל יום על מזונו קודם האכילה, **ואם** שכח להתפלל עד אחר שנטל ידיו לאכילה, יש מצדדים שיכול לומר תפלה זו אחר הנטילה, דלא חשיב הפסק, דהוי קצת כצורך סעודה, **ויש** שנהגו לכתחלה לומר "מזמור ה' רועי" בין נטילה ל"המוציא", **ויותר** נכון שיאמרנו אחר אכילת ברכת "המוציא", וכ"כ א"ר בשם של"ה.

ואם שהה כדי הלוך כ"ב אמה - היינו משעה שנגב ידיו עד ברכת "המוציא", **מקרי הפסק (תוס' פ' אלו נאמרים)** - ולא מקרי "תיכף", שבשיעור זה נקרא הפסק אפילו ביושב במקומו, וא"כ לפי מה שפסק המחבר, דטוב ליזהר לתכוף נטילה לסעודה, יש ליזהר גם מלשהות בינתים שיעור כזה.

ואם הולך מביתו לבית אחר, יש שמחמירין אפי' בהליכה מועטת. **ומשמע** מאחרונים, דבשלא לצורך אין לשהות כלל בינתים, אלא יברך "המוציא" מיד אחר הניגוב.

ודע, דעיקר דין תכיפה המוזכר בסימן זה, הוא רק מצוה לכתחלה, אבל בדיעבד אפילו שהה הרבה או הפסיק בינתים, אין צריך לחזור וליטול ידיו, כל שלא הסיח דעתו בינתים משמירת ידיו.

אות ט'

<u>**ברך על היין שלפני המזון, פטר את היין שלאחר המזון**</u>

טור סימן קעד - יין שלפני המזון פוטר ג"כ היין שלאחר המזון, פי' מי שרגיל לקבוע לשתות יין אחר גמר סעודתו לפני ברכת המזון, יין שלפני המזון פוטרו.

אות י'

<u>**ברך על הפרפרת שלפני המזון, פטר את הפרפרת שלאחר המזון; ברך על הפת, פטר את הפרפרת; על הפרפרת, לא פטר את הפת**</u>

טור סימן קעו - בירך על הפרפרת שלפני המזון, פוטר את הפרפרת שלאחר המזון, פירוש אחר גמר סעודה קודם ברהמ"ז, ופרפרת [לג]הוא פת צנומה בקערה ואין בו תואר לחם, ומברכין עליו בורא מיני מזונות, והיה דרכם לאכלו לפני הסעודה, ולאחריה לאחר שמשכו ידיהם מן הפת קודם ברהמ"ז; בירך על הפת פטר הפרפרת, [לד]ודוקא פרפרת שאוכלים בתוך הסעודה, אבל פרפרת שלאחר הסעודה ברכת המזון אינו פוטר, דהוה כדברים הבאים לאחר הסעודה כדלקמן; בירך על הפרפרת, לא פטר את הפת.

אות כ'

<u>**היו יושבין, כל אחד מברך לעצמו; הסבו, אחד מברך לכולן**</u>

סימן קסז סי"א - [לה]אם היו שנים או רבים, אחד מברך לכולם - נקט לשון זה, משום דבבהמ"ז דינא הוא, דדוקא בשלשה מזמנין יחד, ומוציאין כל אחד את חבירו, ובשנים אין מוציאין אחד את חבירו לכתחלה, **אבל** בברכת "המוציא", אפילו לכתחלה יכול להוציא בשנים אחד את חבירו, והטעם מבואר לקמן ריש סימן קצ"ג במ"ב.

(**ואפילו** אם המסובין יודעין בעצמן לברך, מ"מ הידור מצוה הוא שאחד יברך ויוציא כולם, דברוב עם הדרת מלך, וכ"ז לענין פת, ולענין יין ושאר פירות נתבאר בסימן רי"ג).

ודוקא הסיבו, שהוא דרך קבע - כן היה דרכן באכילתן דרך קבע, להיות מטין על צדיהן השמאלית על המטה, רש"י.

(או בעל הבית עם בני ביתו, דהוי כהסיבו) (טור) - משום דנגררין אחריו שהוא מיסב, לכך מצטרפים עמו אפי' בישיבה גרידא.

אבל אם היו יושבים בלא הסיבה, כיון שאינם נקבעים יחד, כל אחד מברך לעצמו – (עיין מ"א שהעתיק בשם ש"ג, דאם מקצתן מסובין, אחד מברך לכולם אף שאינן מסובין, **ועיין** בפמ"ג שכתב, דלדידן דישיבה הוי כהסיבה, ה"ה בישבו מקצתן מהני, **ולענ"ד** צע"ג על עיקר דברי המ"א בשם הש"ג).

ואם אמרו: נאכל כאן או במקום פלוני, כיון שהכינו מקום לאכילתן, הוי קבע ואפילו בלא הסיבה - וע"כ אפי' כל א' אוכל מככרו, מצטרפין, גמרא.

[לו]**והאידנא שאין אנו רגילים בהסיבה, ישיבה דידן בשלחן אחד, או בלא שלחן במפה אחת, הוי קביעות; ואפילו לבני חבורה כהסיבה דידהו דמי** - ר"ל שאינו בעה"ב עם בני ביתו, דלדידהו אפילו בזמן הגמרא הוי כהסיבה וכנ"ל.

(אבל עמידה לא מהני, {תוס' בברכות מ"ג ד"ה הואיל בסה"ד}, ושאני ההיא דסי"ב דסגי בעמידה, דשם הם יושבים על החמור).

ולדידן - צ"ל "ואפילו לדידן", **אפילו קבעו מקום לאכילתן, או [לז]בעל הבית עם בני ביתו, לא מהני אא"כ ישבו** - ור"ל דלא תימא כיון שהישיבה דידן הוי כהסיבה דידהו, א"כ במקום דלא בעי הסיבה לדידהו, כגון שקבעו מקום לאכילתן, דהיינו שאמרו: נאכל כאן או במקום פלוני, וכן בעה"ב עם בני ביתו, דלדידהו לא צריך הסיבה, הו"א דלדידן לא צריך אפילו ישיבה, קמ"ל דבלא ישיבה לא מקרי קבע.

באר הגולה

[לב] טור מהירושלמי פ"א דברכות ‹דההיא דתיכף לנטילה ברכה, משמע דאמים ראשונים קאי - ב"י› (ולענ"ד הוא ג"כ בבבלי דף נ"ב:) [לג] ‹כ"כ בתוס', ודלא כרש"י› [לד] ‹כ"כ בתוס', ודלא כרש"י› [לה] שם מ"ב [לו] תוס' שם ‹ד"ה הסבו› ורא"ש ור"י והרא"ה [לז] ב"י ולדעת הטור בסי' קע"ד

בשלחן א' או במפה אחת – (עיין במ"א שהסביר טעם הדבר דצריך שלחן א', דבבית דאיכא שלחן ואין כולם אוכלים על שלחן אחד, מוכח דאין דעתם לקבוע יחד, ובטל מה שקבעו מקום מתחלה, והגר"א בביאורו כתב, דאגב שיטפיה מקודם העתיק המחבר "בשלחן אחד" וכו', ובאמת לא בעינן כלל שלחן אחד או מפה אחת, היכא שקבעו מתחלה לאכול יחד, או בעה"ב עם בני ביתו, **אלא** כל שיושבין ואוכלין ביחד, דהיינו שאינם מפוזרים אחד הנה ואחד הנה, מצטרפים וכמו בסי"ב, ודלא כמ"א).

סימן ריג ס"א - [לח]על כל פירות ושאר דברים - היינו שארי מיני אוכלין ומשקין, **חוץ מפת ויין, אם היו האוכלים שנים או יותר, אחד פוטר את חבירו אפילו בלא הסיבה** - ר"ל אפילו יודע כל אחד בעצמו לברך, אפ"ה אחד מברך ומוציא חבירו לכתחלה, **והוא** שחבירו ישמע הברכה מתחלה ועד סוף ויכוין לצאת, כדלקמן ס"ג, **והכי** עדיף טפי, דברוב עם הדרת מלך.

מיהו ישיבה מיהא בעי - דאין אחד יכול להוציא חבירו בהברכה, אא"כ ישבו לאכול ולשתות ביחד, ולא במעומד, דקביעות קצת עכ"פ מיהו בעי, [**ועכ"פ** בשלחן אחד לא בעי, אבל בעינן שישבו יחדו, **והכי** מוכח מגמרא דף מ"ג, דהא בזמנם היה לפני כל אחד ואחד שולחן בפני עצמו, כמ"ש הפוסקים, ואפ"ה אי לא היה הסברא דדעתיהו למיעקר, היה מהני אפילו בישיבה כזו, וכן מוכח שם ברש"י ד"ה שאני, דבשעת הסעודה שאין דרכן אז למיעקר, מועיל ישיבה בעלמא כזו. **והא** דכתב בשו"ע ולפי"ז אין חילוק וכו', מגמגם קצת, וכוונתו דליכא נ"מ רבה בינידהו, דאפי' לדברינו נמי בעינן שישבו יחדו, ולא מפוזרים אחד הנה ואחד הנה], **וכ"ז** רק לענין לכתחלה, אבל בדיעבד כל שכוון המברך להוציא והשומע לצאת, יצא.

[לט]דדוקא פת ויין בעי הסיבה - דדוקא בפת ויין דחשיבי, היה דרכם לאכול בהסיבה על המטות, וזה היה דרך קביעותם והתחברותם יחד, **לפיכך** אין אחד מברך לכולם להוציאם עד שיסובו, דאז מינכר דדעתם להתחבר ולהצטרף ביחד, משא"כ בפירות.

[מ]ולדידן הוי ישיבה כמו הסיבה לדידהו - ר"ל לפי שאין דרכנו בהסיבה, לפיכך מה שאנו מתועדין לישב יחד בשלחן אחד ולאכול, נחשב לקביעות כמו הסיבה לדידהו, **[מא]ולפי זה לדידן דלית לן הסיבה, אין חילוק בין פת ויין לשאר דברים, דבישיבה אפילו פת ויין אחד מברך לכולם; ושלא בישיבה, בשאר דברים נמי כל אחד מברך לעצמו** - [וכונתו דליכא נ"מ רבה בינייהו, דאפי' בשאר דברים בעינן שישבו יחדו ולא מפוזרים אחד הנה ואחד הנה, **אבל** איכא הא, דבשאר דברים א"צ ישיבה בשלחן אחד, משא"כ בפת ויין].

והא דאמרינן דאחד מברך לכולם בשאר דברים חוץ מן הפת, ה"מ בברכה ראשונה; [מב]אבל בברכה אחרונה צריכין ליחלק וכל אחד מברך לעצמו - והטעם, משום דברכה ראשונה כל אחד מרויח באותה ברכה, שעי"כ מותרין לאכול וליהנות, לפיכך מצטרפין לה, **אבל** בברכה שלאחר אכילה, שכבר אכלו ודעתם להפרד, אין מצטרפין, ואפילו ביין.

ואפילו קבעו יחד לא מהני לזה, **ובדיעבד** אם כוון לצאת, והמברך ג"כ כוון להוציאו, יצא, ואפילו בלא קביעות כלל, כמו שפסק המחבר לעיל בסימן קס"ז סי"ג עי"ש במ"ב, **ואם** אחד אינו יודע לברך בעצמו, יוצא אפי' לכתחלה בברכת חבירו, [**אך** ישיבה ביחד מיהו בעי לכתחילה].

הא דהזכיר המחבר פת הכא, "חוץ מן הפת", משום דבפת קי"ל, דאם הם שלשה, מזמנין ומוציא אחד את חבירו בברהמ"ז, **משא"כ** בשארי דברים בברכה אחרונה, אפי' בשלשה אינו מוציא.

דאין זימון לפירות - היינו דכיון דאין מצות זימון בפירות, להזדמן יחד ולומר: נברך שאכלנו, ממילא צריך כל אחד לברך לעצמו, ולא לצאת בברכת חבירו.

וכתבו הט"ז וש"א, דהאידנא שמזלזלים ההמון מאד בברכה אחרונה, יש לסמוך לעשות כן לכתחלה, שמברך אחד בקול רם הברכה אחרונה, ויהיו אחרים יוצאים על ידו אפילו כשיודעים בעצמם לברך, **ובפרט** ברכה אחרונה מעין שלש שאין הכל בקיאים בה בע"פ, בודאי טוב לעשות כן לכתחלה, **ומ"מ** טוב יותר שיאמרו עם המברך מלה במלה.

הגה: [מג]וי"א דבכל הדברים חוץ מפת ויין, לא מהני הסיבה, והוא הדין ישיבה לדידן (ב"י סי' קע"ד בשם הרא"ש) - קאי אריש הסעיף אברכה ראשונה, **וטעמם**, דדוקא פת ויין דחשיבי מהני הסיבה או ישיבה לדידן, משא"כ בשארי דברים דלא חשיבי, צריך כל אחד לברך לעצמו, **ואם** באו פירות תוך הסעודה, אחד מברך לכולם, דמיגו דמהני הסיבה לפת מהני נמי לשארי דברים.

ולכן נהגו עכשיו בפירות, שכל אחד מברך לעצמו - וה"ה בשארי דברים, **ודוקא** לכתחלה, אבל בדיעבד אם בירך וכוון להוציא חבירו, והשומע נתכוין לצאת, אף בלא הסיבה וישיבה כלל נמי יצא.

באר הגולה

[לח] ברכות מ"ג ע"א כלישנא קמא וכרבי יוחנן כן דעת רוב הפוסקים [לט] שם מ"ב ע"א במשנה [מ] תוס' שם ושאר פוסקים [מא] ר' ירוחם [מב] חולין ק"ו ע"א [מג] ‹שפסק כלישנא בתרא – גר"א›

ולענין שכר ומי דבש שקורין מע"ד, עיין בע"ת וט"ז ומ"א, והאידנא נוהגין שגם בזה כל א' מברך לעצמו, **ולענין** יין משמע מרמ"א, וכן מבואר מד"מ, דגם לדידן מהני הסיבה או ישיבה, **אבל** כמה אחרונים העלו דאף ביין טוב שיברך כל אחד לעצמו, משום דהאידנא אין העולם רגילין לקבוע עצמן על היין, **ובאמת** לדינא תלוי זה במנהג המקומות, דבמקום שמצוי הרבה יין ורגילין לקבוע עליו, בודאי מהני הסיבה או ישיבה להוציא אחד את חבירו.

וכמדומה שכעת המנהג פשוט ברוב המקומות, שאין מוציאין אחד את חבירו כמעט בשום דבר מאכל, אף שהוא נגד הדין, [**דמן** הדין יש הידור מצוה בזה]. **ואפשר** משום שאין הכל בקיאין להתכוין לצאת ולהוציא, וכעין זה מבואר בח"א.

(**עיין** במג"א שמצדד לומר, דבברכת מוגמר, אף דהוא ברכת הנהנין, לא בעי אף ישיבה להוציא אחד את חבירו, והביא ראיה לזה מברכת המאור, דאחד מברך לכולם, והתם אף ישיבה לא הוי, ע"ש בדבריו, **ועיין** בפמ"ג שמפקפק בדבריו, דשאני מאור דברכת שבח הוא, והויא כעין ברכת המצות, משא"כ הכא, ובאמת כעין זה כתב ג"כ הרשב"א שם בסוגיא דמאור ע"ש, **אמנם** באמת גם במאור גופא לא ברירא, ובשיטה מקובצת שם איתא בהדיא, דעכ"פ ישיבה מיהא בעי ביחד, [**ומה שמקשה** המ"א, דישיבה הוא שישבו יחד בקביעות אדעת זה, והתם בביהמ"ד היו עוסקים בתחלה בלימוד, לענ"ד ל"ק מידי, דאפילו ישבו מאליהן ואח"כ רצו להוציא אחד את חבירו, נמי מהני בשארי דברים דלא בעי הסיבה, דעכ"פ קצת קביעות הוי, ובאופן זה הוא כוונת המחבר במ"ש ומיהו ישיבה מיהו בעי. **ועיין** רש"י ברכות מ"ב: ד"ה בדוך פלן וכו', אבל ישבו מאליהן וכו', הרי דלפרש"י מה דקאמרינן במתני' היו יושבין, היינו מאליהן, וע"ז אמרינן בש"ס דשאר דברים חוץ מפת ויין לא בעי הסיבה, וכתבו הפוסקים דישיבה מיהא בעי, והיינו ישיבה מאליהן], **ומה שנוהגין** כהיום להוציא בבהמ"ד בברכת המאור, **אף על גב** שכל העם עומדין, היינו משום דמברכין גם ברכת הבדלה עם המאור, **ומיגו** דמהני קביעותא להבדלה, **מהני נמי לזה**, [וכעין זה כתבו התוס' מ"ג. ד"ה הואיל], משא"כ כשמברכין על המאור לחודיה, **אפשר** דשפיר בעינן ישיבה, **ובפרט** לענין מוגמר דברכת הנהנין גמורה היא, **בודאי** יש לומר דגם הרשב"א מודה לשיטה מקובצת, דעכ"פ ישיבה מיהא בעי, וצ"ע לדינא).

[מד]סימן קסז סי"ג - [מה]היכא דלא קבעו מקום, דאמרינן שכל אחד מברך לעצמו, אם כוון המברך להוציאם והם נתכוונו לצאת, יצאו

- פי' בדיעבד יצאו, שלא הצריכו לברך כל אחד אלא לכתחלה, **ועיין** במ"א שהניח דין השו"ע בצ"ע, כי יש מהראשונים דסברי, דבלא קבעי אין אחד יכול להוציא חבירו אף בדיעבד, [**ופשוט** דאפי' לדידהו אין דבר זה כי אם מדרבנן]. **אמנם** בביאור הגר"א הכריע לדינא, דדברי השו"ע עיקר.

ודע, דדין זה שייך גם בבהמ"ז, היכא דלא קבעו יחד בין בשנים ובין בשלשה, אם כוון אחד להוציא את חבירו בבהמ"ז, יצא בדיעבד.

אם כוון כו' - (הקשה הט"ז, דמאי אשמעינן דוקא הכא, הא אפי' בדקבעו נמי צריך המברך להוציא והשומעים לצאת, **ועיין** בא"ר שתירץ, דאפשר דבקבעו אף שצריכין כונה לצאת, מ"מ א"צ לכוין להדיא להוציאם, דמסתמא כונתו כך כיון שקבעו, דומיא דש"ץ התוקע בשופר).

באר הגולה

מד ‹מילואים› מה רוקח

עין משפט
נר מצוה

קיז א מיי' פ"ו מהל' ברכות הל' יג סמג עשין כז טור או"ח סי' קצד :

[ע' תוס' עירובין לג. ד"ה ר"ם]

קיח ב מיי' פ"ד מהל' ברכות הל' יב סמג וטור שם :

קיט ג טוש"ע שם ס"ד:

קכ ד מיי' פ"ד מהל' ברכות הל' יב סמג וטור שם :

קכא ה ו מיי' פ"ד מהל' ברכות הל' ו סמג שם טוש"ע או"ח סימן קעו :

קכב ז ח מיי' פ"א מהל' ברכות הל' יב סמג שם טוש"ע או"ת סי' קפו סעיף יא :

רב נסים גאון

והוא אומר על המוגמר. גרסי' בגמ' דבני מערבא (הלכה ו) מה בין מוגמר ובין יין מוגמר כולן מריחין יין אחד הוא שהוא טועם פשיטא של זו הבעיא דמוגמר אע"ג דמילתא ידועה היא שאין מביאין אותו אלא לאחר הסעוד' אחד מברך לכולן לפיכך שאל השואל מפני מה היין הבא בתוך המזון כל אחד ואחד מברך לעצמו והמוגמר אחד מברך לכולן יין אחד טועם ומברך כל אחד לעצמו :

הגהות הב"ח

(א) רש"י ד"ה נהר וכו' שמו כס"ד ואח"כ מ"ה א"ד כיון דאמרו ניזיל וניכול בדוכתא פלן רישא דוקא :

גליון הש"ס

תוס' ד"ה הסבו אין וכו'. תימה אמאי מקשה . עי' רשב"א בחידושיו שבת דף כ"ט ע"ב ד"ה הא יש עליה תוס :

בא להם יין בתוך המזון כל אחד ואחד מברך לעצמו אחר המזון אחד מברך לכולם והוא אומר על המוגמר ואע"פ שאין מביאין את המוגמר אלא לאחר סעודה : **גמ'** אמר רבה בר בר חנה א"ר יוחנן לא שנו אלא בשבתות וימים טובים הואיל ואדם קובע סעודתו על היין אבל בשאר ימות השנה מברך על כל כוס וכוס אתמר נמי אמר רבה בר מרי א"ר יהושע בן לוי לא שנו אלא בשבתות וימים טובים ובשעה שאדם יוצא מבית המרחץ ובשעת הקזת דם הואיל ואדם קובע סעודתו על היין אבל בשאר ימות השנה מברך על כל כוס וכוס רבה בר מרי איקלע לבי רבא בחול חזייה דבריך לפני המזון והדר בריך לאחר המזון א"ל יישר וכן אמר ריב"ל רב יצחק בר יוסף איקלע לבי אביי בי"ט חזייה דבריך אכל כסא וכסא א"ל לא סבר לה מר להא דריב"ל א"ל נמלך אנא איבעיא להו בא להם יין בתוך המזון מהו שיפטור את היין שלאחר המזון אם תימצי לומר ברך על היין שלפני המזון פוטר את היין שלאחר המזון משום דזה לשתות וזה לשתות אבל הכא דזה לשתות וזה לשרות לא או דילמא לא שנא רב אמר פוטר ורב כהנא אמר אינו פוטר רב נחמן אמר פוטר ורב ששת אמר אינו פוטר רב הונא ורב יהודה וכל תלמידי דרב אמרי אינו פוטר איתיביה רבא לרב נחמן בא להם יין בתוך המזון כל אחד ואחד מברך לעצמו לאחר המזון אחד מברך לכולם א"ל הכי קאמר אם לא בא להם יין בתוך המזון אלא לאחר המזון אחד מברך לכולם : ברך על הפת פטר את הפרפרת על הפרפרת לא פטר את הפת ב"ש אומרים אף לא מעשה קדרה : איבעיא להו ב"ש ארישא פליגי או דילמא אסיפא פליגי דקאמר תנא קמא ברך על הפת פטר את הפרפרת וכ"ש מעשה קדרה ואתי ב"ש למימר לא מיבעיא פרפרת דלא פטרה להו פת אלא אפילו מעשה קדרה נמי לא פטרה או דילמא אסיפא פליגי דקתני ברך על הפרפרת לא פטר את הפת פת הוא דלא פטר אבל מעשה קדרה פטר ואתו ב"ש למימר ואפי' מעשה קדרה נמי לא פטר תיקו : היו יושבין כל אחד ואחד כו': הסבו אין לא הסבו לא ורמינהו *עשרה שהיו הולכים בדרך אע"פ שכולם אוכלים מככר אחד כל אחד ואחד מברך לעצמו ישבו לאכול אע"פ שכל אחד ואחד אוכל מככרו אחד מברך לכולם קתני ישבו אע"פ שלא הסבו אמר רב נחמן בר יצחק כגון דאמרי ניזיל וניכול לחמא בדוך פלן כי נח נפשיה דרב אזלו תלמידיו בתריה כי הדרי אמרי ניזיל וניכול לחמא אנהר דנק בתר דכרכי יתבי וקא מיבעיא להו הסבו דוקא תנן אבל ישבו לא או דילמא כיון דאמרי ניזיל וניכול ריפתא בדוכתא פלניתא כי הסבו דמי לא הוה בידייהו קם רב אדא בר אהבה אהדר

בא להם יין בתוך המזון כו' · בגמ' מפרש טעמא (ד' מג·) : **וסוף אומר על המוגמר** · אותו שבירך על היין הוא מברך על המוגמר שהיו רגילים להביא לפניהם אחר אכילה אבקת רוכלין על האש במחתות להריח טוב ומברכים עליו בורא עצי בשמים : **לאחר סעודה** · לאחר בהמ"ז שאינו מצרכי סעודה אפי' הכי מי שברך על היין שהתחיל בברכות אחרונות גומרן : **גמ' לא שנו** · דיין שלפני המזון פוטר את שלאחר המזון: **אלא בשבתות כו'** · דדעתו לישב אחר המזון ולשתות וכי בריך ברישא אדעתא דהכי בריך : **על כל כוס וכוס** · דהוה כנמלך ומתחיל בשתיה בכל חד וחד : **יישר** · יפה עשית : **וכן אמר ריב"ל** · לעשות : **לא סבר לה מר כו'** · דבי"ט לאו נמלך הוא : **נמלך אנא** · איני רגיל לקבוע סעודה על היין : **בא להם יין בתוך המזון** · וקודם המזון לא בא להם: **אם תימצי לומר** · להביא ראיה ממשנתנו דקתני דיין שלפני המזון פוטר את שלאחר המזון אינה ראיה דהתם זה לשתות וזה לשתות אבל שבתוך המזון לשרות אכילה שבמעיו הוא בא ולא היו רגילין לשתות בתוך הסעודה אלא מעט לשרות : **לאחר המזון אחד מברך לכולן** · קס"ד דה"ק דכשיביאו יין שני אחר המזון אחד מברך לכולן והא תנא ליה דכל אחד ואחד יברך על שבתוך המזון לעצמו וקא מצריך נו ברכה על שלאחר המזון : **פטר את הפרפרת** · אע"פ שאין צורך סעודה למלוי הכרס אלא למגמר אכילה : **וכל שכן מעשה קדרה** · שהוא לאכול לזון ממש : **בדוך פלן** · במקום פלוני דקבעו להם מתחלה מקום בדבור ועלה והזמנה הוי קביעות אבל ישבו מאליהן במקום אחד יחד אינה קביעות : **אזלו תלמידיו בתריה** · דקברוהו בעיר אחרת : **נהר דנק** · כך שמו (א) : **רישא דוקא** · דקתני היו יושבים בלא הזמנת מקום הוא דלא הוי קביעות אבל אנו שהזמניהו לכך הוי קביעות ואחד מברך לכולן : להדר

ואע"פ שאין מביאין את המוגמר אלא לאחר סעודה · וכבר ברכו ברכת המזון ויש הפסק בין יין למוגמר :

ורב ששת אמר אינו פוטר ורב נחמן אמר פוטר וכל תלמידי דרב וכו' · ונראה דהלכה כתלמידי דרב דרב ששת קאי כותייהו והלכתא כותיה דר"נ בדיני *וכרב ששת באיסורי ואע"ג דקי"ל *דרב ושמואל הלכה כרב באיסורי שאני הכא דכל תלמידי דרב פליגי עליה מסתמא כך שמעו מרב מיהו אין אנו צריכין לאותו פסק דאין אנו מושכין ידינו מן הפת כלל ונראה דיין שלפני סעודה פוטר את היין שבתוך הסעודה אע"ג דפסקינן הכא דיין שבתוך הסעודה אינו פוטר יין דלאחר הסעודה שאני הכא דזה לשרות וזה לשתות אבל זה לשתות וזה לשרות פוטר שפיר כגון יין שלפני הסעודה פוטר שבתוך הסעודה ומה דנקט שבתות וי"ט לאו דוקא דה"ה אם קבעו סעודה על היין בשאר ימות החול ואם הביא אדם יין לפני הסעודה לשתות בתוך הסעודה פשיטא דיין דלפני סעודה פוטרתו כיון דדעתיה למשתי וכן יין של קידוש פוטר יין שבתוך הסעודה וכן הבדלה אם הביא על שלחנו להבדיל דפוטר יין שלאחרי כן שבתוך הסעודה ושבתות וי"ט לאו דוקא ולא אתא למעוטי אלא נמלך ואפילו את"ל דדוקא נקט שבתות וי"ט מ"מ יש לומר ה"מ לענין שבא לפטור יין שלאחר המזון שהוא אחר שמשכו ידיהם מן הפת שאין רגילות לקבוע לשתות יין לאחר המזון בקביעות אלא בשבתות וימים טובים ולא בשאר ימים אבל לענין לפטור יין שבתוך המזון שרגילות לשתות ודאי אפילו בשאר ימים פטור ליה יין שלפני המזון אע"פ דזה לשתות וזה לשרות דעד כאן לא איבעיא לן אלא אי לשרות דלא חשיב מפיק לשתות אבל לשתות דחשיב טפי דהיינו יין שלפני המזון פשיטא דפוטר יין דלשרות וכן משמע כמי בערבי פסחים (דף קא.) גבי שקדשו בב"ה דר' יוחנן אמר אף ידי יין כמי יצאו ואין צריך לחזור ולברך על היין שבתוך הסעודה אע"ג דקדשו שלא במקום סעודה ס"ל לרבי יוחנן מדיצאו ידי קידוש מידי יין כמי יצאו ואף על גב דאיתותב רבי יוחנן היינו דוקא בשינוי מקום א"כ נראה משם דס"ה להבדלה דאין לחלק בין הבדלה לקידוש ולאפוקי מהכי דחולקין ואמרי דוקא קידוש פוטר משום דאין קידוש אלא במקום סעודה אבל יין של הבדלה לא פטר אפילו הבדיל לאחר נטילה דהכי איירי הא דפסקינן דיין שלפני המזון פוטר היין שבתוך המזון דכבר נטל ידיו והכי משמע בסמוך מתוך הברייתא' כילד סדר הסבה וכו' מיהו נראה כיון דנטל ידיו ודעתו לאכול ולשתות שם פוטר אפילו דהבדלה כדפריש מההיא דערבי פסחים ועוד דלא גרע יין דהבדלה מיין שלפני הסעודה דפטר ומיהו יש שמחמירין להבדיל קודם נטילת ידים לאפוקי נפשייהו מפלוגתא דלאו ודאי צריך לברך אחריו ברכה מעין שלש ולא פטר יין שבתוך המזון: **יין** שבתוך המזון מהו שיפטור יין שלאחר המזון . ומיירי דלא הוה להו יין לפני המזון : **הסבו** אין לא הסבו לא · תימה אמאי מקשה מדיוקא *ותקשי ליה מרישא בהדיא דקתני היו יושבים מברך כל אחד לעצמו וי"ל דאי מרישא הוה אמינא שישבו בשביל עסק אחר שלא היה דעתם מתחלה לאכול אבל אם ישבו אדעתא לאכול אפילו בלא הסבה נמי מהניא :

עשרה בני אדם שהיו מהלכין כו' ניזיל וניכול לחמא כו' כישבו והסבו דמיא · והשתא ניחא הא דפריש במתני' דמיירי בין בברכת המוציא בין בברכת המזון כדמשמע הכא מתוך הברייתא דעשרה בני אדם וכו' וא"ת אמאי המתינו למיבעי עד ברכת המזון והיאך ברכו על הפת מתחלה וי"ל שמא מיירי דישבו לאכול זה אחר זה וברך כל אחד לעצמו המוציא :

כל

מסורת הש"ס

[שבת נג. סג: עירובין לב: פסחים נג: ב"מ נא. סנהד' ק. שבועות מ. מה: חולין יז: עט: עט:]

[גי' אחרת ה"ל לרש"י בנוסחת הגמ']

[תוספתא פ"ה]

[ועי' תוס' שבת לט: ד"ה אלא]

§ מסכת ברכות דף מב: §

אות א'

והוא אומר על המוגמר

טור סימן קעד - ואותו שמברך על היין שלאחר המזון הוא מברך על המוגמר, פי' מיני עשבים שהיו רגילין להביא אחר הסעודה ולעשנן על גחלים.

אות ב'

לא שנו אלא בשבתות ויו"ט, ובשעה שאדם וכו'

טור סימן קעד - יין שלפני המזון פוטר ג"כ היין שלאחר המזון, פי' מי שרגיל לקבוע לשתות יין אחר גמר סעודתו לפני ברכת המזון, יין שלפני המזון פוטרו; אמר רב לא שנו דיין שלפני המזון פוטרו, אלא בשבתות ויו"ט שאדם קובע עצמו על היין, הילכך כשבירך לפני המזון היה דעתו גם על שלאחר המזון; אבל כל ימות השנה בירך על היין שלפני המזון, לא פטר שלאחר המזון. וכתב הראב"ד דווקא במקום שאין היין מצוי, אבל במקומות הללו שהיין מצוי, אין חילוק בין שבת ויו"ט לחול, לעולם פוטר.

אות ג'

דזה לשתות וזה לשרות, לא

סימן קעד ס"ד - [א]אם קבע לשתות לפני המזון – (ר"ל סמוך להמזון, דבמופלג אין שייך לפוטרו לכו"ע), **א"צ לברך על יין שבתוך המזון, דיין שלפני המזון פוטרו** - כתבו האחרונים, דלאו דוקא קבע, דה"ה אפילו אם שתה רק כוס אחד של יין קודם הסעודה, דפוטר היין שבתוך הסעודה, **וכל** זה אם דעתו לשתות גם בתוך הסעודה, [**בשו"ע** הגר"ז פוסק, דבמקום שרגילין לשתות יין בתוך הסעודה, אפי' מסתמא אמרינן כאילו היה דעתו לזה].

וה"ה דפוטר נמי יין שלאחר המזון קודם בהמ"ז, במקום שרגילין לשתות יין אחר גמר אכילתן, או שהיה דעתו לזה בפירוש, [ב]**אבל** אם לא היה לו יין לפני המזון, ובירך על היין שבתוך המזון, צריך לברך שנית על יין שלאחר הסעודה, כי יין שבתוך המזון אינו בא רק לשרות המאכל שבמעיו, ואינו חשוב לפטור היין שלאחר המזון, שבא לשתיה ולתענוג, [גמ'], **ועיין** בב"י שכתב, דאם הוא צמא מחמת אכילתו, אפילו נשתהא זמן הרבה אחר הסעודה, אעפ"כ כל זמן שלא בירך בהמ"ז, כיין שבתוך המזון דמי, דבא לשרות המאכל, **וגם** משמע קצת מדברי הרשב"א, דאם הוא שותה מיד אחר האכילה, ג"כ מסתמא כדי לשרות המאכל הוא בא, **אך** באמת אין דין זה מצוי בינינו, שאין אנו מושכין ידינו מן הפת עד בהמ"ז, וחשיב הכל תוך הסעודה, ולפיכך ממילא יין שבתוך המזון פוטר גם יין שלאחר המזון, דזה וזה לשרות.

[ג]וכן יין של קידוש פוטר יין שבתוך המזון - וה"ה שלאחר המזון, וקמ"ל דלא תימא דוקא יין קודם המזון דחשיב, דבא לפתוח המעיים ולשתות, פוטר בתוך הסעודה, אבל יין קידוש דבא עיקרו למצוה, אימא לא, קמ"ל דפוטר.

ונ"ל פשוט, דבמדינתנו שאין אנו רגילין לשתות יין בתוך הסעודה אפילו בשבת, אינו פוטר אלא א"כ היה דעתו לזה מתחלה, [ממעשה דאביי שם בגמרא דמיירי ביו"ט, וכפי' רש"י שם].

וכן המבדיל על השלחן, פוטר היין שבתוך המזון - ר"ל אע"ג דהבדלה אינה שייכא כלל לסעודה כמו קידוש, אפ"ה כיון דהבדיל על השלחן, ר"ל שהכין עצמו לסעודה, שייכא לסעודה, **ומיירי** כנ"ל שהיה בדעתו לשתות גם בתוך הסעודה, [תוס' פרק כיצד מברכין ‹ד"ה ורב ששת› בראש דבריהם, ‹"כיון דדעתיה למשתי"›, **אכן** מסוף דבריהם משמע קצת דבתוך הסעודה אדם רגיל לשתות, והוי כאלו היה דעתו לזה אפילו מסתמא], ‹"אבל לענין יין שבתוך המזון, שרגילות לשתות, ודאי אפילו בשאר ימים פטר ליה יין שקודם המזון"›.

[ד]וי"א שאין ברכת יין הבדלה פוטר, אלא א"כ נטל ידיו קודם הבדלה - הטעם כנ"ל, דאינה שייכא לסעודה כמו קידוש שאינה אלא במקום סעודה, וע"כ ס"ל להי"א, דבעינן עכ"פ שיטול ידיו לסעודה מתחלה, דבזה בודאי אתחלתא דסעודה היא.

וא"ת היכי שרי להפסיק בהבדלה בין נט"י ל"המוציא", י"ל דלא הוי היסח הדעת, כיון שדעתו לאכול ואינו רשאי לאכול בלי הבדלה, **אבל** להפסיק בשתיית רשות בין נטילה ל"המוציא", אסור.

ולאו דוקא נטל ידיו, דה"ה אם קבע עצמו לסעודה על השלחן - מ"א, **ובא"ר** חולק עליו, וכן משמע מביאור הגר"א, [דראיית המ"א הוא מסתירת דברי התוס', וכמו שפי' במחה"ש, ע"ש, ‹**דהכא** בתוס' ד"ה ורב, כתב דאיירי אחר נט"י, **ובדף** מ"ג. ד"ה בא כתב וז"ל, אע"ג דיין שלפני המזון פוטר יין שאחר מזון, כ"ש זה שלפניו הוא, שאני הכא כיון שעלו להסב, הוי שינוי מקום וצריך לברך, עכ"ל התוספות. **הרי** דלולי דהוי שינוי מקום, היה יין הראשון פוטר, אע"ג דהוי קודם נטילה, דהא לא נטלו רק יד אחת, וצריכים עכשיו ליטול שתי ידים, אלא ע"כ דנטול ידיו לאו דוקא, דה"ה אם קבע, והתם הא קבעו - מחה"ש›, **והגר"א** כתב דבאמת דעת התוס' בדף מ"ג כדעת הרא"ש, ‹דבאמת הוי סתירה בתוס'›, **וא"כ** אין שום מקור לחידושו].

כתב מ"א, דדוקא יין הבדלה שאינו בא לצורך סעודה, אבל ביין שלפני המזון דעלמא, שבא לצורך סעודה לפתוח המעיים, פוטר אפילו קודם נטילה יין שבתוך הסעודה, **ולהכי** סתם המחבר בריש הסעיף, ולא התנה דדוקא אחר נטילה.

[ה]הילכך המבדיל קודם נטילה, יכוין שלא להוציא יין (וע"ל סי' רל"ט סעיף ז') שבתוך הסעודה - ואז יברך ברכה אחרונה על כוס זה קודם הסעודה. **ובדיעבד שלא כוון כך, פוטר יין שבתוך הסעודה, דספק ברכות דרבנן להקל.**

באר הגולה

א **שם מ"ב** ‹וכתב הרא"ש (וכ"כ תוס' ד"ה ורב) נראה דיין שלפני המזון פוטר יין שבתוך המזון, דעד כאן לא קא מיבעיא ליה אלא מזה שבא לשרות אם פוטר יין שבא לשתות, אבל יין שלפני המזון שבא לשתות, פשיטא שפוטר יין שבתוך המזון - ב"י› ב ‹וכן הוא בטור, לקמן אות ד', ולמה אינו מובא בשו"ע, ודלמא משום מש"כ בסי' קע"ז ס"ב, דאינו מצוי בינינו למשוך ידינו מן הפת קודם ברהמ"ז› ג **הרא"ש שם** ‹וכ"כ בתוס' הנ"ל› ד **תוס' שם** ה **ב"י**

אות ד'

אינו פוטר

טור סימן קעד - ואם לא היה לו יין לפני המזון ובירך על היין שבתוך המזון, 'אינו פוטר אפי' יין שלפני בהמ"ז אחר גמר סעודה.

אות ה' – ו'

ברך על הפת, פטר את הפרפרת; על הפרפרת, לא פטר את הפת

פת הוא דלא פטר, אבל מעשה קדרה פטר

סימן קעו ס"א - 'ברך על הפת, פוטר את הפרפרת, דהיינו [ח]פירורי פת דק דק שדיבקם עם מרק או דבש - שאין בהם כזית, וגם אבד מהם תואר לחם, שברכתן במ"מ כמבואר בסימן קס"ח ס"י, **ומ"מ** פטר להו פת, מפני שהם טפלים לגביה, והרי הם נחשבין כמעשה קדרה דפת פוטרתן.

ברך על הפרפרת, לא פטר את הפת - דדרך הוא להביא פרפרת קודם הסעודה לתענוג, או להמשיך הלב לאכילה, ולא פטר את הפת, כיון דברכתן במ"מ, **וכתב** בשיטה מקובצת, שאף אם כוון בפירוש לפטור לא מהני, [**וכתב**, דאף שבעלמא פוטר בדיעבד ברכת במ"מ לפת, היינו היכא שבירך רק על אותו פת, דאין לברכה על מה לחול, **אבל** כאן שבירך על הפרפרת, אלא דבמחשבתו חשב לפטור הפת, אינו פוטר, עכ"ד]. ‹**ובסי'** ר"ו ס"ב סתם השו"ע, דאם נתכוין לפטור יצא, וכתב שם השעה"צ, דאין למחות ביד הסומך על השו"ע, וכאן סתם דלא יצא, וצ"ע – חזו"א›.

ולענין ברכה אחרונה, אם אכלן רק לתענוג או להשביע קצת, צריך לברך עליהם ברכה אחרונה קודם הסעודה, [**ואף** דמיני מזון נינהו, דהכריעו האחרונים דבהמ"ז פוטר אותם, היינו בדיעבד כשבירך עליהם, אבל לכתחילה בודאי אין לו לשנות הברכה שתקנו חז"ל]. **ואם** לא בירך עד שבירך בהמ"ז, בדיעבד בהמ"ז פוטר כל מיני מזונות.

וי"א דאם דעתו לאכול מיני מזונות גם בתוך הסעודה, נחשבת לאכילה אחת, ויכול אף לכתחלה לסמוך על בהמ"ז שיברך לבסוף, [ח"א, וצ"ע לדינא], ‹**ואע"פ** דפסק המ"ב לקמן בפשיטות, דדבר שנפטר בלא"ה בברכת המוציא תוך הסעודה, מה דאוכל מהם קודם הסעודה אין שייך כלל להסעודה, וצריך לברך עליהם ברכה אחרונה, מזונות שאני, דכיון דזייני, נקשר גם האכילה ראשונה להסעודה – דברי סופרים›, **ומ"מ** נראה, דאף לדעה זו יראה לכוין להדיא בבהמ"ז לפטור מה שאכל מקודם.

‹והנה כ"ז שייך גם לענין פת כיסנין, דברכתן במ"מ, צריך לברך עליהם ברכה אחרונה קודם הסעודה, ולהי"א אם היה לו מיני מזונות בתוך הסעודה, יוכל לסמוך לכתחלה על סמך בהמ"ז שיברך אחר הסעודה, וגם בזה בשעת בהמ"ז יכוין להדיא לפטור אותם וכנ"ל, ואם בדעתו לאכול המיני כיסנין גם בתוך הסעודה, דמן הדין היה צריך לברך על פת כיסנין במ"מ אף בתוך הסעודה, אלא שבמה שמברך מקודם הסעודה פוטר מברכה ראשונה גם מה שאוכל מהם בתוך הסעודה, אז בודאי ממילא גם בהמ"ז פוטר את כולם, אף לדעה קמייתא›.

ועיין בבה"ל שבארנו, לענין מה שאנו אוכלין אחר קידוש בשחרית לעק"ד וקיכלי"ך וכדומה, נכון יותר שאף לדעה ראשונה לא יברך עליהם ברכה אחרונה קודם הסעודה, אלא יפטרנו בבהמ"ז, **‹דאף דלכאורה כל זה הם פת כיסנין, אבל באמת הלא רק מספק נותנין עליהם דין פת כיסנין, והיינו משום דספק ברכות להקל, ולכן אין מברכין עליהם רק מעין שלש, משא"כ בענינו אם הם לחם גמור, בודאי נפטרין בבהמ"ז לבד, וא"צ לברך עליהם מעין ג', א"כ בודאי הלא נכון יותר, שאף אם אין לו מזה בתוך הסעודה, ואפי' לדעה קמייתא, לא יברך עליהם מעין שלש, דבדיעבד יוצא לכו"ע אפילו על פת כיסנין גמורה, ואף דבתחלה בירך עליהם במ"מ, אין חשש בדבר, וטוב שיכוין בעת בהמ"ז לפטור אותם›,** [דבזה בודאי יוצא בדיעבד], **וכ"ש** אם אוכל המין כיסנין גם בתוך הסעודה, ובברכת במ"מ שמברך קודם הסעודה פוטר גם אותם, לכו"ע נפטרין הכל בבהמ"ז, מפני דכל זה שייך לסעודה.

ואגב אעתיק מפוסקים אחרונים עוד איזה דינים מה ששייך לענין זה.

עד הנה כתבנו באוכל מיני מזונות קודם הסעודה, ועכשיו נבאר באוכל שאר דברים: **א)** הרוצה לאכול קודם נט"י לסעודה, מדברים שצריך לברך עליהם בתוך הסעודה, כגון פירות, ובדעתו לאכול פירות גם בתוך הסעודה, ומכוין עכשיו בברכה זו לפטור גם מה שיאכל בתוך הסעודה, א"כ הוי הכל לצורך סעודה, וא"צ לברך אחריהם, דבהמ"ז יפטור הכל, כמו מה שפוטרת מה שאוכל בתוך הסעודה, **ואם** לא יאכל פירות בתוך הסעודה, צריך לברך ברכה אחרונה עליהם, דכיון שאכלן קודם הסעודה אין שייכין לסעודה כלל, ואפילו אם לא בירך ברכה אחרונה קודם נט"י, צריך לברך בתוך הסעודה.

ב) כ"ז בשאוכל פירות וכנ"ל, אבל אם אכל קודם הסעודה דברים שא"צ ברכה עליהם כשאוכלן בתוך הסעודה, כגון מיני לפתן ופרי אדמה שקורין ערד עפי"ל, או בולבע"ס וכדומה, א"כ אפילו אם דעתו לאכול מהם גם בתוך הסעודה, אינו מועיל להם כלל הברכה ראשונה, דבלא"ה הם נפטרין ע"י ברכת "המוציא", **וע"כ** מה שאוכל קודם הסעודה אין שייך כלל להסעודה, וצריך לברך עליהם ברכה אחרונה "בורא נ"ר". **ולענין** יין ושאר משקין מבואר בסימן קע"ד סעיף ו' ז'.

ג) אכן אם אכל קודם הנטילה פרפראות, להמשיך הלב לאכילה ולפתוח הבני מעיים, כגון מיני מתיקה שקורין איי"ן גימאכ"ץ, או דבר מלוח וכדומה, אין לברך עליהם ברכה אחרונה, דהם שייכים לסעודה ונפטרין בבהמ"ז, [**ולכתחילה** טוב ליזהר לאכול פחות מכזית].

ד) ודע, דהא דמותר לאכול קודם "המוציא" דברים שא"צ ברכה תוך הסעודה, כגון המבוארים באות ב', דוקא שאין בדעתו לאכול תיכף, אבל אם השלחן ערוך והלחם לפניו, אסור לגרום ברכה שא"צ, אלא יברך "המוציא" על הלחם ויפטר שארי דברים - ח"א, **וי"א** דאם אוהב יותר לאוכלן קודם הסעודה מלאכלן בתוך הסעודה, אין בזה משום גרם ברכה שאינה צריכה, **ואם** הם דברים המושכין הלב לתאות המאכל, בודאי יש לסמוך להקל לאכלן קודם הסעודה, [עיין במשנה מ"ב ברש"י, שהיו רגילין להביא פרפראות קודם הסעודה, וכן מסתבר, אחרי דהם הגורמין שיאכל אח"כ].

באר הגולה

[ו] ‹וכן פסק התוס'› [ז] **ברכות מ"ב** [ח] **רבינו יונה** ‹ודלא כתוס' (או רש"י) עמוד א', הובא שם בטור אות י'›

הגה: [ט]**בירך על הפרפרת, פוטר מעשה קדרה, שהוא דייסא וכיוצא בו** - שברכתו נמי "בורא מיני מזונות", **וכן אם בירך על מעשה קדרה, פוטר את הפרפרת (גמרא פרק כילד מברכין ורמב"ם בפירוש המשנה).**

אות ז' – ח'

היו יושבין כל אחד ואחד כו'

כגון דאמרי: ניזיל וניכול לחמא בדוך פלן

סימן קסז סי"א - [י]**אם היו שנים או רבים, אחד מברך לכולם** - נקט לשון זה, משום דבבהמ"ז דינא הוא, דדוקא בשלשה מזמנין יחד, ומוציאין כל אחד את חבירו, ובשנים אין מוציאין אחד את חבירו לכתחלה, **אבל** בברכת "המוציא", אפילו לכתחלה יכול להוציא בשנים אחד את חבירו, והטעם מבואר לקמן ריש סי' קצ"ג במ"ב.

(**ואפילו אם המסובין יודעין בעצמן לברך, מ"מ הידור מצוה הוא שאחד יברך ויוציא כולם, דברוב עם הדרת מלך, וכ"ז לענין פת, ולענין יין ושאר פירות נתבאר בסימן רי"ג).**

ודוקא הסיבו, שהוא דרך קבע - כן היה דרכן באכילתן דרך קבע, להיות מטין על צדיהן השמאלית על המטה, רש"י.

(או בעל הבית עם בני ביתו, דהוי כהסיבו) (טור) - משום דנגררין אחריו שהוא מיסב, לכך מצטרפים עמו אפי' בישיבה גרידא.

אבל אם היו יושבים בלא הסיבה, כיון שאינם נקבעים יחד, כל אחד מברך לעצמו – (עיין מ"א שהעתיק בשם ש"ג, דאם מקצתן מסובין, אחד מברך לכולם אף שאינן מסובין, **ועיין** בפמ"ג שכתב, דלדידן דישיבה הוי כהסיבה, ה"ה בישבו מקצתן מהני, **ולענ"ד** צע"ג על עיקר דברי המ"א בשם הש"ג).

ואם אמרו: נאכל כאן או במקום פלוני, כיון שהכינו מקום לאכילתן, הוי קבע ואפילו בלא הסיבה - וע"כ אפי' כל א' אוכל מככרו, מצטרפין, גמרא.

[יא]**והאידנא שאין אנו רגילים בהסיבה, ישיבה דידן בשלחן אחד, או בלא שלחן במפה אחת, הוי קביעות; ואפילו לבני חבורה כהסיבה דידהו דמי** - ר"ל שאינו בעה"ב עם בני ביתו, דלדידהו אפילו בזמן הגמרא הוי כהסיבה וכנ"ל.

(**אבל עמידה לא מהני,** {תוס' בברכות מ"ג ד"ה הואיל בסה"ד}, **ושאני ההיא דסי"ב דסגי בעמידה, דשם הם יושבים על החמור).**

ולדידן - צ"ל "ואפי' לדידן", **אפי' קבעו מקום לאכילתן, או** [יב]**בעל הבית עם בני ביתו, לא מהני אא"כ ישבו** - ור"ל דלא תימא כיון שהישיבה דידן הוי כהסיבה דידהו, א"כ במקום דלא בעי הסיבה לדידהו, כגון שקבעו מקום לאכילתן, דהיינו שאמרו: נאכל כאן או במקום פלוני, וכן בעה"ב עם בני ביתו, דלדידהו לא צריך הסיבה, הו"א דלדידן לא צריך אפילו ישיבה, קמ"ל דבלא ישיבה לא מקרי קבע.

בשלחן א' או במפה אחת – (עיין במ"א שהסביר טעם הדבר דצריך שלחן א', דבבית דאיכא שלחן ואין כולם אוכלים על שלחן אחד, מוכח דאין דעתם לקבוע יחד, ובטל מה שקבעו מקום מתחלה, **והגר"א** בביאורו כתב, דאגב שיטפיה מקודם העתיק המחבר "בשלחן אחד" וכו', ובאמת לא בעינן כלל שלחן אחד או מפה אחת, היכא שקבעו מתחלה לאכול יחד, או בעה"ב עם בני ביתו, **אלא** כל שיושבין ואוכלין ביחד, דהיינו שאינם מפוזרים אחד הנה ואחד הנה, מצטרפים וכמו בסי"ב, ודלא כמ"א).

[יג]**סימן קסז סי"ב** - [יד]**אם היו רוכבים ואמרו: נאכל, אע"פ שכל אחד אוכל מככרו, שלא ירדו מהבהמות** – (צ"ל: ולא ירדו מהבהמות), **מצטרפין, כיון שעמדו במקום אחד** - ר"ל דזה נחשב כמו ישיבה ומהני, כיון שאמרו: נאכל, והכינו בזה מקום לאכילתן, וכנ"ל בסי"א, [**אבל** בלא אמרו: נאכל, לא מהני, אפי' לדידן דישיבה אצלנו הוי כהסיבה, דהא בעינן דוקא על שלחן אחד].

אבל אם היו אוכלים והולכים, לא - פירוש לא מהני אמירה שאמרו מתחלה: נאכל, דהליכה מבטל הקביעות.

ואם יושבים בעגלה אחת, ואמרו: נאכל כאן, ואוכלין יחד, מסתפק המ"א דאפשר דמצטרפי, דאע"ג דבעלמא נוסע בעגלה כמהלך דמי, מ"מ כיון שעכ"פ כולם יושבים באגודה אחת, י"ל דמצטרפין, וכן נוטה דעת הא"ר להקל, **ובספינה** פשוט אף להמ"א להקל דמצטרפי, דקביעות גמור הוא.

כתבו האחרונים, דשמש המשמש בסעודה, יוצא בברכת "המוציא", אם שומע ומתכוין לצאת, **אע"פ** שהולך ובא תדיר ואינו קבוע אצל השלחן, מפני שדרך אכילתו בכך.

ואם היו אוכלים בשדה מפוזרים ומפורדים - צ"ל: וכן אם וכו', ואדלעיל קאי, שאמרו: נאכל כאן וישבו לאכול, אפ"ה לא מהני, כיון שהיו מפוזרים, דבעינן שיהיו במקום אחד.

אע"פ שאוכלים כולם בשעה אחת ומככר אחד, כיון שלא קבעו מקום ואוכלים מפוזרים, אינם מצטרפין - כיון שלא קבעו וכו' ואוכלים מפוזרים, חד ענינא הוא, ור"ל שלא קבעו מקום בשעת אכילתן, אלא שאכלו מפוזרים זה לכאן וזה לכאן, לכך לא מהני, אף שאמרו מתחלה: נאכל כאן.

[טו]**סימן קצג ס"ב** - [טז]**אפי' לא הוקבעו מתחלה כולם לאכול יחד, אלא שהשנים קבעו ואח"כ בא השלישי וקבע עמהם** - קביעות נקרא כשיושבים ואוכלים על שלחן א' או במפה א', אפילו כל אחד אוכל מככרו, וכמבואר לעיל בסימן קס"ז סי"א, [אף דשם

באר הגולה

ט שם בגמרא | י שם מ"ב | יא תוס' שם ‹עמוד א'› ורא"ש ור"י והרא"ה | יב ב"י ולדעת הטור בסי' קע"ד | יג ‹ע"פ הגר"א› | יד ר"י שם ‹דה"ה כשרוכב ע"ג בהמה ועומד עם הבהמה, חשוב כיושב – דמשק אליעזר› | טו ‹ע"פ הב"י והמ"ב› | טז הרא"ש שם ורבי ירוחם

איירי לענין ברכת המוציא, ה"ה לענין בהמ"ז, וכמו שהסכימו הפוסקים, דכל הדין דקביעות המוזכר שם, שייך גם לענין זימון]. **ועיין** לעיל שם בסי"א בביאור הגר"א דדעתו, דבעה"ב עם בני ביתו שישבו לאכול, הוי קביעות ומצטרפי אפי' בלא שלחן א'.

או שאחד קבע תחלה ואח"כ קבעו השנים עמו, אינם רשאים ליחלק, כיון שהם קבועים יחד בגמר האכילה - חל עלייהו חובת זימון ע"ז שאכלו לבסוף ביחד, **ומשמע** מזה, הא אם לא גמרו גם סוף אכילה ביחד, כגון שבא אחד לאכול אצל שנים אחר שכבר התחילו לאכול, וגם גמרו סעודתן שלא בזמן אחד, אותן שגמרו מקודם רשאין לברך בפני עצמן, דעכ"פ התחלה או גמר בעינן ביחד, [**ומ"מ** לכתחילה מצוה להמתין ולהצטרף ביחד לזמון]. **ומ"מ** אם המתינו לאחר אכילתם ולא ברכו עד שגמר גם השלישי לאכול, חייבין לזמן ואין רשאין ליחלק, ואע"ג שלא גמרו ביחד, כל היכי דאי מייתי להו מידי מצי למיכל מינייהו, כמו גמרו ביחד דיינינן להו, וכעין ההיא דריש סי' קצ"ז ע"ש.

ומ"מ - הוא כמו "אבל", **אם יאכל עמהם בלא קבע** - היינו שלא אכלו בדרך קבע בישיבה ועל שלחן אחד, **רשאים ליחלק** - ואפי' התחילו לאכול בשלשה מתחילת הסעודה ועד סופה, **אא"כ הוא שמש** - שדרך אכילתו בלא ישיבת קבע, לכך הוא מצטרף בכל גווני.

הגה: ומ"מ אפי' כל מקום שרשאין ליחלק, עדיף טפי לזמן, משום ברוב עם הדרת מלך (ב"י) - היינו שאכלו השלשה בלא קביעות, [ואפי' כל אחד אכל בזוית אחר], **וכן** בעשרים או בששה, אף שע"פ דין רשאים ליחלק, מ"מ עדיף טפי שלא ליחלק, [ד"מ וכנ"ל בס"א].

עיין במ"א שהקשה, דמהרבה פוסקים משמע, לענין שלשה שאכלו בלא קבע, דאין אחד יכול להוציא חבירו בבהמ"ז, וממילא גם לענין זימון אין רשאין, וע"ש שהאריך בזה, **ואף** דיש איזה אחרונים שדחו ראייתו לענין זימון, מ"מ יותר מסתבר כדבריו, [דאיך יאמרו "נברך", והכונה שנברכנו יחדיו, אחרי שלבסוף מוכרחין הם להתחלק, שאין אחד יכול להוציא את חבירו], **וכן** בפמ"ג כתב ג"כ, דבמקום שאין אחד יכול להוציא חבירו בבהמ"ז, אם יכולים להצטרף לענין זימון צ"ע למעשה, **ומסיים**, דבעשרה שיש הזכרת השם, אפשר דאסור לכו"ע לזמן באין חייבין, וכן משמע בחיי אדם.

[**ולא** אמרינן שיאכלו עוד מעט כדי לקבוע יחד, ואינו דומה למה שאמרו בשנים שמצוה לחזור אחר שלישי, **דהתם** מיירי שלא גמרו עדיין לאכול, אבל הכא מיירי בגמרו כולם את אכילתם, וע"כ אף דלא הסיחו דעתם, מ"מ לא מצינו שיאכלו עוד מחדש משום זימון].

[יז]**סימן קצג ס"ג** - [יח]**אם היו רוכבים, ואמרו: נאכל, אע"פ שכל אחד אוכל מכרו ולא ירדו מהבהמות, מצטרפין, כיון שעמדו במקום א'** - סעיף זה כלשונו ממש מובא לעיל בסימן קס"ז סעיף י"ב, אלא דשם מיירי לענין להוציא בברכת "המוציא", והכא מיירי לענין צירוף זימון, ודין אחד לשניהן, וכבר ביארתי שם במ"ב באר היטב.

אבל אם היו הולכים ואוכלים, לא - וביושבין בעגלה ואוכלין ביחד כשהם נוסעין, עיין בסי' קס"ז מה שכתבתי בשם המ"א שמסתפק בזה, **ובח"א** הכריע, דבזה וכן בכל מקום שיש ספק, בשלשה יזמנו, אבל בעשרה יש לחוש להזכרת השם לבטלה, **ומ"מ** נ"ל דיזמן בלא שם, דהא בדיעבד יצא בעשרה אף אם לא הזכיר השם, וכדלעיל בסוף סימן קצ"ב.

ואם היו אוכלים בשדה מפוזרים ומפורדים, אע"פ שאוכלים כולם בשעה אחת ומככר א', כיון שלא קבעו מקום לאכול, אינם מצטרפין.

הגה: המנהג שלא לזמן בבית עובד כוכבים; ונראה לי הטעם, משום דלא יוכלו לקבוע עצמן בבית עובד כוכבים משום יראת העובד כוכבים, והוי כאילו אכלו בלא קבע; ועוד דיש לחוש לסכנה אם ישנו בנוסח הברכה ולא יאמרו: הרחמן יברך בעה"ב הזה, ולכן מתחלה לא קבעו עצמן רק לברך כל א' לבדו; ולכן אין לשנות המנהג, אף אם לא היו טעמים אלו מספיקים, מ"מ מאחר דכבר נהגו כך הוי כאילו לא קבעו עצמן ביחד.

האחרונים חולקים ע"ז, וכהיום המנהג שמזמנין, וב"הרחמן" אומרים: הרחמן הוא ישלח לנו ברכה מרובה בהליכתנו ובישיבתנו עד עולם, **ונוכל** לומר: הרחמן הוא יברך את בעה"ב הזה, וקאי על בעל הסעודה, **ומכ"ש** אם כל אחד אוכל משלו, שאז אפילו בבית ישראל אומרים: הרחמן הוא יברך אותנו וכו'.

ואם אוכלין במלון ביום דרך עראי בבית עו"ג, אפשר דאין זה קביעות ואין מזמנין, **וטוב** שלא יקבעו אז שלשתן יחד ויצאו מידי ספק.

---

§ מסכת ברכות דף מג. §

אות א'

<u>אפילו יין נמי בעי הסבה</u>

טור סימן קעד - ועל היין שלאחר המזון, אם הסיבו, אחד מברך לכולם, [א]ולדידן אפי' בלא הסיבה. ובספר המצות כתוב שאין אנו רגילים לקבוע אלא בפת, [ב]אבל ביין או כל שאר דברים, אין אחד פוטר חבירו. [ג]ולי נראה דמאי שנא האידנא מבימיהם, אלא ודאי אין חילוק בין פת ליין, דאין אחד פוטר את חבירו אלא בהסיבה, ולדידן אפי' בישיבה; [ד]ושאר כל הדברים אפילו לדידהו אחד פוטר חבירו בישיבה לחוד.

באר הגולה

[יז] ‹ע"פ הב"י והמ"ב› [יח] **רבינו יונה** [א] ‹דהאידנא דאין אנו רגילים לאכול בהסיבה, ישיבה דידן הוי קביעות, וכמש"כ רבינו גם כן מיד אחר זה – פרישה› [ב] ‹כלישנא בתרא, דשאר דברים לא מהני להו הסיבה – ב"ח› [ג] ‹לפי שראה בדורו שהיו רגילין לקבוע גם על היין, וכמו שהוא בדורנו זה, והתוס' (דף ל"ט. בד"ה נתן בר קפרא) והסמ"ג כתבו לפי דורם, שלא היו רגילין לקבוע על היין – ב"ח› [ד] ‹גם נמשך רבינו אחר פסק הרא"ש כלישנא קמא, להקל בברכות דרבנן, דבשאר כל הדברים אפילו לדידהו אחד פוטר את חבירו בישיבה לחוד – ב"ח›

גמרא

אהדר קריעה לאחוריה וקרע קריעה אחרינא אמר נח נפשיה דרב וברכת מזונא לא גמרינן עד דאתא ההוא סבא רמא להו מתניתין אברייתא ושני להו כיון דאמרי ניזיל וניכול לחמא בדוך פלן כהסבו דמי: הסבו אחד מברך: אמר רב לא שנו אלא פת דבעי הסבה אבל יין לא בעי הסבה ור' יוחנן אמר "אפילו יין נמי בעי הסבה איכא דאמרי אמר רב לא שנו אלא פת דמהניא ליה הסבה אבל יין לא מהניא ליה הסבה ורבי יוחנן אמר אפילו יין נמי מהניא ליה הסבה מיתיבי *כיצד סדר הסבה אורחין נכנסין ויושבין על גבי ספסלין ועל גבי קתדראות עד שיכנסו כולם הביאו להם מים כל אחד ואחד נוטל ידו אחת בא להם יין כל אחד ואחד מברך לעצמו עלו והסבו ובא להם מים אף על פי שכל אחד ואחד נטל ידו אחת חוזר ונוטל שתי ידיו בא להם יין אף על פי שכל אחד ואחד ברך לעצמו אחד מברך לכולם להאיך לישנא דאמר רב לא שנו אלא פת דבעי הסבה אבל יין לא בעי הסבה קשיא רישא שאני אורחין דדעתייהו למיעקר ולהאיך לישנא דאמר רב לא שנו אלא פת דמהניא ליה הסבה אבל יין לא מהניא ליה הסבה קשיא סיפא °שאני התם דמגו דקא מהניא ליה הסבה לפת מהניא ליה הסבה ליין: בא להם יין בתוך המזון: *שאלו את בן זומא מפני מה אמרו 'בא להם יין בתוך המזון כל אחד ואחד מברך לעצמו לאחר המזון אחד מברך לכולם אמר להם הואיל ואין בית הבליעה פנוי: והוא אומר על המוגמר כו': מדקתני והוא אומר על המוגמר מכלל דאיכא עדיף מיניה *ואמאי הואיל והוא נטל ידיו [א] תחלה באחרונה מסייע ליה לרב דאמר רב חייא בר אשי *אמר רב 'הנוטל ידיו תחלה באחרונה הוא מזומן לברכה *רב ורבי חייא הוו יתבי קמיה דרבי בסעודתא א"ל רבי לרב קום משי ידך חזייה דהוה מרתת אמר ליה רבי חייא *בר פחתי עיין בברכת מזונא קאמר לך: אמר רבי זירא אמר רבא בר ירמיה 'מאימתי מברכין על הריח משתעלה תמרתו א"ל רבי זירא לרבא בר ירמיה והא לא קא ארח אמר ליה ולטעמיך המוציא לחם מן הארץ דמברך והא לא אכל אלא דעתיה למיכל הכא נמי דעתיה לארוחי אמר רבי חייא בריה דאבא בר נחמני אמר רב חסדא אמר רב ואמרי לה אמר רב חסדא אמר זעירי 'כל המוגמרות מברכין עליהן בורא עצי בשמים חוץ 'ממושק שמן חיה הוא שמברכין עליו בורא מיני בשמים מיתיבי אין מברכין בורא עצי בשמים אלא על אפרסמון של בית רבי ועל אפרסמון של בית קיסר ועל ההדס שבכל מקום תיובתא אמר ליה רב חסדא לרב יצחק האי משחא דאפרסמון מאי מברכין עלויה א"ל הכי אמר רב יהודה בורא שמן ארצנו א"ל בר מיניה דר' יהודה דחביבא ליה ארץ ישראל לכולי עלמא מאי א"ל הכי אמר רבי יוחנן 'בורא שמן ערב אמר ר' אדא בר אהבה האי כשרתא מברכין עלויה בורא עצי בשמים אבל משחא כבישא לא ורב כהנא אמר אפילו משחא כבישא אבל משחא טחינא לא נהרדעי אמרי 'אפי' משחא טחינא

אמר

רש"י

אהדר קרעיה לאחוריה. קרע שקרע בהספד רבו החזיר החלוק לאחוריו ומה שלאחור לפנים כדי לקרוע קרע אחר להראות אבל עכשיו כיוס המיתה על שהיו צריכים להורלאה ואין יודעים להורות: רמי להו כו'. כדרמינן לעיל וע"כ מבעי ליה לאוקומי ברייתא בהכי וקתני אחד מברך לכולם דקביעות הוא: הביאו להם מים. כך היו רגילים: נוטל ידו אחת. לקבל בה כוס ששותה לפני המזון: עלו. על המטות והסבו: חוזר ונוטל ב' ידיו. שצריך לאכול בשתיהן: אע"פ שכל אחד ואחד ברך לעצמו. צריכין עוד ברכה שאין ברכה ראשונה פוטרתו שאין הראשון קרוי שלפני המזון שאינו במקום סעודה והאי בתרא הוא יין שלפני המזון: אחד מברך לכולן. דכיון דהסבו הוקבעו: קשיא רישא. דקתני כל אחד ואחד מברך לעצמו: שאני אורחין דדעתייהו למיעקר. סופן למיעקר ולעלות ולהסב במקום אחר שאין זה מקום המסיבה אלא כאן ישבו עד שיתכנסו כל הקרואים ודרך בעלי בתים עשירים היה לזמן לסעודתם אורחים עניים להכי קרי להו אורחים והא דאמר רב יין לא בעי הסבה אלא ישיבה בעלמא שלא בשעת סעודה קאמר או בשעת סעודה ובמקום סעודה: הואיל ואין בית הבליעה פנוי. ואין לב המסובין אל המברך אלא לבלוע: מכלל דאיכא עדיף מיניה. ואפ"ה כיון דאתחיל בחדא עביד לאידך: שנוטל ידיו תחלה. במים אחרונים הוא מזומן לבהמ"ז: חזייה. רבי חייא לרב: דהוה מרתת. שמא ראה ידי מלוכלכות או שמא הארכתי באכילה יותר מדאי: עיין בברכת מזונא קאמר לך. כאן נתן לך רשות לברך בהמ"ז שהנוטל ידיו תחלה הוא מברך: על הריח. של מוגמר: תמרתו. קיטור העשן שמתמר ועולה: הא לא ארח. לא הריח בו עדיין ולא נהנה: מברכין עליהן בורא עצי בשמים. ואע"פ שנשרף ואינו בעין אלא שהתימור עולה: חוץ ממושק. מושג"א בלע"ז: שהוא מן חיה. מן הרעי של חיה: מיתיבי אין מברכין בורא עצי בשמים אלא על אפרסמון. שהעץ עצמו בא לפנינו: של בית רבי ושל בית קיסר. נקט הני משום שאינו מצוי אלא בבית מלכים ובעלי גדולה: ועל ההדס שבכל מקום. וה"ה לכל הדומה להם שהעץ עצמו מריח בלא שרפה אלא דהדס שכיח ודברו חכמים בהווה בכל מקום ומוגמר לא מברכינן אלא בורא מיני בשמים: משחא דאפרסמא מאי מברכין. על ריחו: שמן ארצנו. שהיה גדל ביריחו ועל שם הריח היתה נקראת יריחו והוא פנג האמור בספר יחזקאל (כ"ז) יהודה וא"י המה רוכליך בחיטי מנית ופנג כך ראיתי בספר יוסף בן גוריון: בר מיניה דרב יהודה. אל תביא לי ראיה מדבריו בזו: כשרתא. קושט: משחא כבישה. שמן שבו טמון הקושט והשמן מריח מן הבושם שבתוכו: לא. הואיל ואין נראה לעינינו אלא השמן: משחא טחינא. שטחנו בו כשרתא: סמלק

תוספות

כל אחד נוטל ידו אחת. מפני *כבוד הברכה ולא דמי לנוטל ידיו לפירות דהוי מגסי הרוח כיון שאינו נוטל שתי ידיו: בא להם יין וכו'. אע"ג דיין שלפני המזון פוטר יין שלאחר המזון כ"ש זה שלפניו הוא שאני הכא כיון שעלו להסב הוי שנוי מקום וצריך לברך: הואיל ואין בית הבליעה פנוי. וי"מ כשאומר סברי מורי והם מניחין לאכול כדי לשמוע הברכה ולענות אמן שיהיו פטורים וכן משמע בירושלמי גבי הך ברייתא ה"מ באורחין אבל בבעל הבית פטור מפני שהכל פונים אל בעל הבית תני רבי חייא אף בעל הבית בתוך ביתו ואין נראה לרבינו אלחנן דכיון שתקנו חכמים שיברך כל אחד לעצמו אינו יוצא כלל בברכת חבירו וגם שלא תחלוק בין פנוי לשאינו פנוי דאתי למטעי והטוב והמטיב יש מפרש שפוטר לאחרים לכולי עלמא דהכי משמע הטוב לעצמו והמטיב לאחריני שהם שותים ממנו ורבינו יחיאל היה אומר דלא היא דשייך נמי אין בית הבליעה פנוי ולא פליג בין הטוב ובין ברכת היין דמשום האי טעמא הטוב לדידיה ומטיב לאחריני אינו פוטר אחרים דהא המטיב שייך אפי' שלא בפני המטיבין לו כדאמרי' לקמן בפרק הרואה (דף נט:) אמרו לו ילדה אשתך זכר אומר ברוך הטוב והמטיב הטוב לדידיה והמטיב לאשתו אע"ג דאין אשתו אצלו אבל צריך עיון קצת מהבדלה שאנו מבדילין ועומדים היאך אנו פוטרין זה את זה מיין ומהבדלה אחרי שאין אנו לא יושבים ולא מסובין ושמא י"ל מתוך שקובעין עצמן כדי לצאת ידי הבדלה קבעי נמי אכולה מילתא ולכך נאה וטוב למבדיל וגם לשומעים שישבו בשעת הבדלה שאז יהיה נראה כקבע ופוטר אותם: כל המוגמרות מברכין עליהן בורא עצי בשמים. אע"פ שנשרפו ואין עצי בשמים בעין: ועל ההדס שבכל מקום. בעל הלכות גדולות לא גרים תיובתא ומשני תנא הדס וכל דדמי ליה כלומר שעיקרו לריח לאפוקי תפוחים וחבושים שאין עיקרן לריח אלא לאכול ומי שהולך בבית שיש שם בשמים ויש שם מיני בשמים שמריח בהן ומספקא ליה אי ממין עץ אי ממין אדמה הוא יש מפרשים שמברך שהכל נהיה בדברו דעל כולן אם ברך שהכל יצא והרב רבינו משה מקולי היה אומר שיברך בורא מיני בשמים: משחא כבישא. פי' ר"ח שמענו מרבותינו שכובשין שומשמין וורד ועצי בשמים זמן מרובה וקולטין השומשמין ריח של בשמים וסוחטים וטוחנים אותם ויש בו ריח של בשמים ומשחא טחינא קרוב לטחינתו נותנים עליהם עצי בשמים ואינו קולט כל כך הריח: שמן

עין משפט נר מצוה

[ועי' מ"ש תוס' פסחים קטו. ד"ה כל שטיבולו כו' ותוס' חגיגה יח: ד"ה הנוטל]

קכג א מיי' פ"א מהל' ברכות סס סמג עשין כז טור או"ח סי' קעד טוש"ע או"ח סימן ריג סעיף א:

קכד ב מיי' פ"ד מהל' ברכות הלכה יב סמג סס טוש"ע או"ח סי' קעד סעיף ח:

קכה ג מיי' פ"ז מהל' ברכות הלכה יב סמג סס טוש"ע א"ח סי' קפא סעיף ו:

קכו ד מיי' פ"ט מהל' ברכות הל' ב סמג סס טוש"ע או"ח סימן רטז סעיף יב:

קכז ה מיי' סס טוש"ע סס סעיף יג:

קכח ו מיי' סס והל' א טוש"ע סס סעיף ג:

קכט ז מיי' סס הלכה ג טוש"ע סס סעיף ד:

קל ח מיי' סס טוש"ע סס סעיף ס:

הגהות הגר"א

[א] גמ' (ואמאי הואיל והוא נטל ידיו באחרונה) נמחק:

גליון הש"ס

גמ' שאני התם דמגו דקא מהניא ליה הסבה. עי' לעיל דף ל"ט ע"א ברש"י ד"ה זקנה ובתוס' ד"ס נתן:

מסורת הש"ס

תוספתא פ"ד

תוספתא פ"ד

רשב"א מיין עד באחרונה

לקמן מו:

[סס]

ס"ב גדולים [סבת נ. וסס פרש"י בן גדולים ועי' מ"ש לעיל יג:]

סימן ריג ס"א - [ה]על כל פירות ושאר דברים - היינו שארי מיני אוכלין ומשקין, **חוץ מפת ויין, אם היו האוכלים שנים או יותר, אחד פוטר את חבירו אפילו בלא הסיבה** - ר"ל אפילו יודע כל אחד בעצמו לברך, אפ"ה אחד מברך ומוציא חבירו לכתחלה, **והוא** שחבירו ישמע הברכה מתחלה ועד סוף ויכוין לצאת, כדלקמן ס"ג, **והכי** עדיף טפי, דברוב עם הדרת מלך.

מיהו ישיבה מיהא בעי - דאין אחד יכול להוציא חבירו בהברכה, אא"כ ישבו לאכול ולשתות ביחד, ולא במעומד, דקביעות קצת עכ"פ מיהו בעי, [**ועכ"פ** בשלחן אחד לא בעי, אבל בעינן שישבו יחדו, **והכי** מוכח מגמרא דף מ"ג, דהא בזמנם היה לפני כל אחד ואחד שולחן בפני עצמו, כמ"ש הפוסקים, ואפ"ה אי לא היה הסברא דדעתיהו למיעקר, היה מהני אפילו בישיבה כזו, וכן מוכח שם ברש"י ד"ה שאני, דבשעת הסעודה שאין דרכן אז למיעקר, מועיל ישיבה בעלמא כזו. **והא** דכתב בשו"ע ולפי"ז אין חילוק וכו', מגמגם קצת, וכוונתו דליכא נ"מ רבה בינייהו, דאפי' לדברינו נמי בעינן שישבו יחדו, ולא מפוזרים אחד הנה ואחד הנה], **וכ"ז** רק לענין לכתחלה, אבל בדיעבד כל שכוון המברך להוציא והשומע לצאת, יצא.

[ו]דדוקא פת ויין בעי הסיבה - דדוקא בפת ויין דחשיבי, היה דרכם לאכול בהסיבה על המטות, וזה היה דרך קביעותם והתחברותם יחד, **לפיכך** אין אחד מברך לכולם להוציאם עד שיסובו, דאז מינכר דדעתם להתחבר ולהצטרף ביחד, משא"כ בפירות.

[ז]ולדידן הוי ישיבה כמו הסיבה לדידהו - ר"ל לפי שאין דרכנו בהסיבה, לפיכך מה שאנו מתועדין לישב יחד בשלחן אחד ולאכול, נחשב לקביעות כמו הסיבה לדידהו, **[ח]ולפי זה לדידן דלית לן הסיבה, אין חילוק בין פת ויין לשאר דברים, דבישיבה אפילו פת ויין אחד מברך לכולם; ושלא בישיבה, בשאר דברים נמי כל אחד מברך לעצמו** - [וכוונתו דליכא נ"מ רבה בינייהו, דאפי' בשאר דברים בעינן שישבו יחדו ולא מפוזרים אחד הנה ואחד הנה, **אבל** איכא הא, דבשאר דברים א"צ ישיבה בשלחן אחד, משא"כ בפת ויין].

והא דאמרינן דאחד מברך לכולם בשאר דברים חוץ מן הפת, ה"מ בברכה ראשונה; [ט]אבל בברכה אחרונה צריכין ליחלק וכל אחד מברך לעצמו - והטעם, משום דברכה ראשונה כל אחד מרויח באותה ברכה, שעי"כ מותרין לאכול וליהנות, לפיכך מצטרפין לה, **אבל** בברכה שלאחר אכילה, שכבר אכלו ודעתם להפרד, אין מצטרפין, ואפילו ביין.

ואפילו קבעו יחד לא מהני לזה, **ובדיעבד** אם כוון לצאת, והמברך ג"כ כוון להוציאו, יצא, ואפילו בלא קביעות כלל, כמו שפסק המחבר לעיל בסימן קס"ז סי"ג עי"ש במ"ב, **ואם** אחד אינו יודע לברך בעצמו, יוצא אפי' לכתחלה בברכת חבירו, [**אך** ישיבה ביחד מיהו בעי לכתחילה].

הא דהזכיר המחבר פת הכא, "חוץ מן הפת", משום דבפת קי"ל, דאם הם שלשה, מזמנין ומוציא אחד את חבירו בברהמ"ז, **משא"כ** בשארי דברים בברכה אחרונה, אפי' בשלשה אינו מוציא.

דאין זימון לפירות - היינו דכיון דאין מצות זימון בפירות, להזדמן יחד ולומר: נברך שאכלנו, ממילא צריך כל אחד לברך לעצמו, ולא לצאת בברכת חבירו.

וכתבו הט"ז וש"א, דהאידנא שמזלזלים ההמון מאד בברכה אחרונה, יש לסמוך לעשות כן לכתחלה, שמברך אחד בקול רם הברכה אחרונה, ויהיו אחרים יוצאים על ידו אפילו כשיודעים בעצמם לברך, **ובפרט** ברכה אחרונה מעין שלש שאין הכל בקיאים בה בעל פה, בודאי טוב לעשות כן לכתחלה, **ומ"מ** טוב יותר שיאמרו עם המברך מלה במלה.

הגה: [י]וי"א דבכל הדברים חוץ מפת ויין, לא מהני הסיבה, וה"ה ישיבה לדידן (ב"י סי' קע"ד בשם הרא"ש) - קאי אריש הסעיף אברכה ראשונה, **וטעמם**, דדוקא פת ויין דחשיבי מהני הסיבה או ישיבה לדידן, משא"כ בשארי דברים דלא חשיבי, צריך כל אחד לברך לעצמו, **ואם** באו פירות תוך הסעודה, אחד מברך לכולם, דמיגו דמהני הסיבה לפת מהני נמי לשארי דברים, [וכן משמע בגמ' מ"ג. - פמ"ג].

ולכן נהגו עכשיו בפירות, שכל אחד מברך לעצמו - וה"ה בשארי דברים, **ודוקא** לכתחלה, אבל בדיעבד אם בירך וכוון להוציא חבירו, והשומע נתכוין לצאת, אף בלא הסיבה וישיבה כלל נמי יצא.

ולענין שכר ומי דבש שקורין מע"ד, עיין בע"ת וט"ז ומ"א, והאידנא נוהגין שגם בזה כל א' מברך לעצמו, **ולענין** יין משמע מרמ"א, וכן מבואר מד"מ, דגם לדידן מהני הסיבה או ישיבה, **אבל** כמה אחרונים העלו דאף ביין טוב שיברך כל אחד לעצמו, משום דהאידנא אין העולם רגילין לקבוע עצמן על היין, **ובאמת** לדינא תלוי זה במנהג המקומות, דבמקום שמצוי הרבה יין ורגילין לקבוע עליו, בודאי מהני הסיבה או ישיבה להוציא אחד את חבירו.

וכמדומה שכעת המנהג פשוט ברוב המקומות, שאין מוציאין אחד את חבירו כמעט בשום דבר מאכל, אף שהוא נגד הדין, [**דמן** הדין יש הידור מצוה בזה], **ואפשר** משום שאין הכל בקיאין להתכוין לצאת ולהוציא, וכעין זה מבואר בח"א.

(**עיין במג"א שמצדד לומר, דבברכת מוגמר, אף דהוא ברכת הנהנין, לא בעי אף ישיבה להוציא אחד את חבירו, והביא ראיה לזה מברכת המאור, דאחד מברך לכולם, והתם אף ישיבה לא הוי, ע"ש בדבריו, ועיין בפמ"ג שמספקק בדבריו, דשאני מאור דברכת שבח הוא, והויא כעין**

באר הגולה

ה ברכות מ"ג ע"א כלישנא קמא וכרבי יוחנן כן דעת רוב הפוסקים ‹פי' הרא"ש שם, דבין בלישנא קמא בין בלישנא בתרא, ר"י לא פליג ארב אלא ביין, אבל בשאר דברים מודה לרב - גר"א› ו שם מ"ב ע"א במשנה ז תוספות שם ‹מ"ב. ד"ה הסבו› ושאר פוסקים ח ר' ירוחם ט חולין ק"ו ע"א י ‹שפסק כלישנא בתרא - גר"א›

ברכת המצות, משא"כ הכא, ובאמת כעין זה כתב ג"כ הרשב"א שם בסוגיא דמאור ע"ש, **אמנם באמת** גם במאור גופא לא ברירא, ובשיטה מקובצת שם איתא בהדיא, דעכ"פ ישיבה מיהא בעי ביחד, {ומה שמקשה המ"א, דישיבה הוא שישבו יחד בקביעות אדעת זה, והתם בביהמ"ד היו עוסקים בתחלה בלימוד, לענ"ד ל"ק מידי, דאפילו ישבו מאליהן ואח"כ רצו להוציא אחד את חבירו, נמי מהני בשארי דברים דלא בעי הסיבה, דעכ"פ קצת קביעות הוי, ובאופן זה הוא כוונת המחבר במ"ש ומיהו ישיבה מיהו בעי. **ועיין רש"י** ברכות מ"ב: ד"ה בדוך פלן וכו', אבל ישבו מאליהן וכו', הרי דלפרש"י מה דקאמרינן במתני' היו יושבין, היינו מאליהן, וע"ז אמרינן בש"ס דשאר דברים חוץ מפת ויין לא בעי הסיבה, וכתבו הפוסקים דישיבה מיהא בעי, והיינו ישיבה מאליהן}, **ומה** שנוהגין כהיום להוציא בבהמ"ד בברכת המאור, אף על גב שכל העם עומדין, היינו משום דמברכין גם ברכת הבדלה עם המאור, ומיגו דמהני קביעותא להבדלה, מהני נמי לזה, (עיין סוף תוס' ד"ה הואיל), **משא"כ** כשמברכין על המאור לחודיה, אפשר דשפיר בעינן ישיבה, **ובפרט** לענין מוגמר דברכת הנהנין גמורה היא, בודאי יש לומר דגם הרשב"א מודה לשיטה מקובצת, דעכ"פ ישיבה מיהא בעי, וצ"ע לדינא).

אות א'*

הביאו להם מים, כל אחד ואחד נוטל ידו אחת

אע"פ שכל אחד ואחד נטל ידו אחת, חוזר ונוטל שתי ידיו

[יא]**סימן קנח ס"ו** - [יב]**השותה א"צ ליטול אפי' ידו אחת** - דלא עביד דנגע בידו במשקין שבתוך הכלי, לכן לא תקנו נטילה לזה, **ולכן** אף אם אירע שנטל המשקין בידו, כגון ששאב בידיו מן הנהר ושתה, ג"כ א"צ נטילה, דלא תקנו נטילה לשתיה, מ"א. **(וע"ל סי' ק"ע)**. [**מהגר"ז** משמע, דהאוכל דבש שהוא עב קצת באצבעו, יש להחמיר להצריך נטילה, **אבל** מהפמ"ג משמע, דלהמ"א יש להקל בזה].

[יג]**סימן קנח ס"ז** - [יד]**נטל ידיו לדבר שטיבולו במשקה, ואח"כ רוצה לאכול לחם, יש מי שנראה מדבריו שאין אותה נטילה עולה לו** - היינו לדעת מקצת הפוסקים שזכרתי לעיל, שס"ל דאין חיוב נטילה לטיבולו במשקה בזמן הזה, ולכן אינו יוצא בנטילה זו לאכילת פת, דלא נטל לשם נטילה המחויבת.

וא"צ לומר אם נטל ידיו שלא לאכול, ואח"כ נמלך ואכל - כגון שהיו ידיו מלוכלכות ונטלן, ולא היה בדעתו לאכול אז, ונמלך לאכול, ולא הסיח דעתו בינתיים, בזה כ"ש דאין נטילה ראשונה עולה לו, דלא היתה לשם קדושה כלל.

הגה: ואם לא הסיח דעתו, יטול בלא ברכה (ד"ע) - קאי על כל הסעיף, דכמה פוסקים ס"ל, דבנט"י לחולין, [טו]אף אם לא כוון לשם נטילה יצא, אם לא הסיח דעתו מעת שנטל ידיו, וא"כ יטול [טז]בלא ברכה, שמא יצא בנטילה הראשונה, **ועל** נטילה ראשונה לא שייך לברך, אף דנמלך לאכול סמוך ממש להנטילה, [היינו אף דקימ"ל דיכול לברך אף אחר הניגוב, כדלקמן סי"א], כיון שלא היתה לשם נטילה.

(וכשאין לו מים, יש לסמוך על נטילה הראשונה).

ואם הסיח דעתו משמירתן, לכו"ע צריך ליטול שנית ובברכה, דאז אין נטילה ראשונה עולה לו כלל, (**ואם** שהה כמה שעות עד שאכל פת, מוכח לקמן בסימן קס"ד, דצריך מדינא ליטול ידיו שנית, וממילא צריך לברך ג"כ, אף שיודע שלא הסיח דעתו מעת הנטילה, כיון שלא התנה בעת הנטילה שיהיה הנטילה זו עולה לו **אף לאחר מכן**).

אם נגע באכילתו - היינו אף בדבר שטיבולו במשקה, **במקומות המטונפות בגופו, יחזור ויטול ידיו. תשובת רשב"א סימן קנ"ב וקנ"ג, ועיין לקמן סימן קס"ד. (כפול לקמן, ושם נתבאר דצריך ג"כ לחזור ולברך)** - ‹ע"ש במ"ב שהכריע דא"צ לברך›. [**אך** בדבר שטיבולו במשקה בודאי א"צ לברך, דאפי' בפעם הראשון פסק המחבר דא"צ לברך].

אות ב'

בא להם יין בתוך המזון כל אחד ואחד מברך לעצמו...

הואיל ואין בית הבליעה פנוי

סימן קעד ס"ח - **"על יין שבתוך המזון כל אחד ואחד מברך לעצמו, אפילו הסיבו יחד"** - ר"ל ולא כמו דאמרינן בעלמא, דאם הסיבו יחד אחד מוציא כולם, ועדיף טפי משום ברוב עם הדרת מלך, **אבל** בברכה שבתוך הסעודה לא יעשו כן.

הגה: [יז]**דלא יכולין לענות אמן** - ואף דקי"ל בכל מקום דשומע כעונה, ועניית אמן אינו מעכב כלל לענין לצאת בהברכה, חיישינן שמא יענו אמן ויסתכן, **משום דחיישינן שמא יקדים קנה לושט** - היינו משום דעוסקין אז באכילה, ואין בית הבליעה פנוי.

באר הגולה

יא ‹ע"פ הב"י וז"ל: כתב שם הרשב"א, נוטל ידו אחת, ואע"ג דהנוטל ידיו לפירות הרי זה מגסי הרוח, הכא שאני דמשום שמא יגע בידו ליין, וכל שבמשקין צריך נט"י, והיינו דלא צריך אלא ידו א', ע"כ. **וכן** נראה ממה שפי' רש"י נוטל ידו א', לקבל בה כוס ששותה לפני המזון, **אבל** התוס' (ד"ה כל אחד) כתבו נוטל ידו א' מפני כבוד הברכה, ולא דמי לנוטל ידיו לפירות דהוי מגסי הרוח, כיון שאינו נוטל ב' ידיו, ע"כ. {**וכן** הביא המ"ב סי' קנ"ח ס"ה ס"ק כ"ג: עיין באחרונים שהסכימו, דאפילו אם אינו יודע להם שום לכלוך וטומאה, רק שרוצה להחמיר על עצמו ליטול ידים משום כבוד הברכה, ג"כ מותר}. **ולפי** דבריהם אין משם ראיה ליטול ידו א' לשתות, ונראה שכך פי' הפוסקים אותה ברייתא, ומפני כך לא הזכירו שצריך ליטול ידו אחת לשתות - ב"י› **יב** **סמ"ק בסי' קנ"א** **יג** ‹ע"פ הגר"א וז"ל: תוס' הנ"ל (פסחים דף קט"ו) ד"ה כל כו', מהא דברכות כנ"ל, (וז"ל התוס': דקאמר הסיבו מביאין להם מים, אע"פ שכל אחד כבר נטל ידו אחת, חוזר ונוטל ב' ידיו, אע"ג דאמרינן: נטל ידו אחת משטיפה אחת, טהורה, צריך ליטול שתיהן, ולפי שנטילה ראשונה לא היתה לשם קדושה)› **יד** **תוספות בפסחים קט"ו** **טו** ‹והא דצריך נט"י ב' ידים בהסבו, ולא די בנטילת ידו א', משום דחיישינן דלמא נגע ידו הנטולה בידו שאינה נטולה בהיסח הדעת - דמשק אליעזר› **טז** [ומצדד הט"ז דגם דעת המחבר כן הוא, והוכיח דגם בלא כוון כלל לנטילה, פסק בסימן קנ"ט סעיף י"ג דרק לכתחלה צריך לחוש לדעת המחמירים], ‹והערוה"ש דוחה, דכשיכוון לדבר אחר, גרע טפי מסתמא› **יז** **ברכות מ"ב** **יח** ‹הרא"ש שם - גר"א›

ומבואר בפוסקים, דלדעה זו אף אם יניחו מלאכול, ויכינו עצמם לשמוע הברכה ולענות אמן, ג"כ לא מהני, דמ"מ חיישינן שמא לא יזהרו להפסיק מלאכול, ויבואו לידי סכנה, [**ולענין** דיעבד, מסתימת השו"ע משמע דאינו מעכב, **אכן** בתוס' ד"ה הואיל, משמע דלעיכובא הוא].

הגה: [יט] **ויש אומרים דאם אמר להם: סברי רבותי, וישמעו ויכוונו לברכה ולא יאכלו אז ויענו אמן, אחד מברך לכולם, וכן נוהגין (הגהת מיי' ומרדכי וטור בשם רש"י)** ‹ד"ה הואיל› - דהם ס"ל הטעם דאין אחד יכול להוציא חבירו בברכת היין שבתוך הסעודה, משום דטרודים הם לאכול, ולא יתנו לב לכוון לשמוע ולצאת, **ולכן** אם אמר מקודם שיברך: סברי מורי, ומניחים כולן לאכול ויכונו לבם להברכה, שפיר דמי, **וגם** משום סכנה ס"ל דאין כאן, כיון שפסקו מלאכול.

וצריכין שיטעמו כולם תיכף מהכוס, ולא יפסיקו בין ברכה להשתיה.

(**ומשמע מפמ"ג** דהידור מצוה לית בזה, היינו אף דבעלמא היכא שאחד מוציא את חבירו יש בזה משום הדרת מלך, **משום** דלדעה א' אסור לעשות כן, והוא דעת רוב הפוסקים, אלא שנהגו כן, **וע"כ** אף דיש מקום להמנהג ואין למחות בם, מ"מ הידור לא שייך בזה).

ויאמר: סברי רבותי, ר"ל סוברים אתם לצאת בברכה זו, ולא יאמר: ברשות רבותי - ר"ל בברכה שבתוך הסעודה, כשאחד מברך ומוציא כולם, לא יאמר "ברשות רבותי", דלשון זה אינו אלא נטילת רשות לברך, אלא "סברי רבותי", דהיינו שיפסקו מלאכול ויתנו לב לשמוע הברכה ולצאת כנ"ל.

וכן כל מקום שמברכין על היין, משום ברכת היין שבתוך הסעודה, אין אומרים "ברשות", אלא "סברי", מטעם שנתבאר (ב"י סי' קפ"ז בשם שבולי הלקט) - ר"ל כשאחד מוציא חבירו, כמו קידוש והבדלה וכה"ג, אף דהיה ראוי לומר יותר "ברשות", שהוא נטילת רשות מהמסובין שחפצים בו שיוציא אותם בברכתו, **אלא** משום ברכת היין שבתוך הסעודה, דמוכרח לומר "סברי" כדי שיפסיקו מלאכול, נהגו לומר לשון זה בכל מקום שמברכין להוציא אחרים.

ובחופה וברית מילה שאין נוהגין לומר "סברי" כלל, הוא משום דרק במקום שצריך נטילת רשות, אומרים על היין "סברי" במקום רשות, **אבל** בחופה ומילה שאין נוטלין רשות, אין לומר "סברי" כלל, [היינו משום דהתם הבעל ברית ובעל החתונה מכבדין אותו, **ואפשר** דמה"ט אין אומרים "סברי" על כוס בהמ"ז, דרשות א"צ ליטול, כיון שנטל רשות מקודם שהתחיל לברך, ולכן אין לומר עתה גם "סברי", **ומ"מ** טוב שהמברך על הכוס ימתין מלברך עד שיגמרו הכל "יראו את ד' וגו'" שנוהגין לומר].

אות ב'* [כ]

תוס' ד"ה הואיל: דשייך נמי אין בית הבליעה פנוי, ולא פליג בין הטוב ובין ברכת היין

סימן קעה ס"ה - [כא] אם רבים מסובים בסעודה, [כב] כל אחד מברך לעצמו "הטוב והמטיב"; ולא יברך אחד לכולם, דחיישינן שמא יקדימו קנה לושט כשיענו אמן.

הגה: אבל אם היו מסובים לשתות בלא אכילה, אחד מברך לכולם. (וע"ל סוף סימן קע"ד).

אות ג'

הנוטל ידיו תחלה באחרונה, הוא מזומן לברכה

סימן קפא ס"ו - [כג] אם המסובין רבים, עד חמשה, מתחילין מן המברך - כדי שיעיין בארבע ברכות של בהמ"ז בתוך הזמן שיטלו אלו הד' אנשים הנשארים, **ואע"ג** דהיום המנהג שכל אחד מהמסובין מברך לעצמו, ואין יוצאין בברכתו, **מ"מ** לא נשתנה הדין, דגם היום מהנכון שיאמרו המסובין כל ברכה וברכה בלחש עם המברך שמברך בקול רם, כדאיתא לקמן בסימן קפ"ג ס"ז, **וגם** ברכת הזימון צריך המברך לומר לפניהם, משו"ה צריך לעיין קצת מתחלה.

ואף דקי"ל דתיכף לנטילה ברכה, בשיעור זה לא חשיב הפסק, **ומיהו** אפשר דבכְּדי אין להפסיק כלל.

ואם הם יותר, מתחילין מן הקטן - היושב בסוף המסבה, והטעם הוא, כדי שלא יהא צריך המברך להמתין הרבה אחר נטילתו עד שיטלו כולם, וגנאי הוא לו וגם דהוי הפסק.

(וכהיום שכולן מברכין בעצמן, א"כ אף אם יתחילו מן הקטן, יהיה הפסק גדול מן הנטילה לברכה להנוטלין ידיהם בראשונה, [**ואולי** דאנו צריכין לחוש יותר להמברך, דהוא העיקר יותר, וכל מה דאפשר לתקן מתקנין], **ומהנכון** שיושיטו מים על השלחן לנטילה באיזה מקומות, ולא כוס אחד לכל המסובין, שעי"ז ימשך הרבה, כנלענ"ד).

ונוטלין דרך ישיבתן, ואין מכבדין זה את זה ליטול - דאין זה כיבוד, במה שירמוז לו שהוא ירחץ תחלה ידיו המזוהמות, **עד שמגיעין לחמשה האחרונים, וכיון שלא נשארו אלא חמשה שלא נטלו, מתחילין מן המברך** - וכיון שנטל הוא ידיו, אותן הד' שאצלו אין מכבדין זה את זה, אלא דרך ישיבתן נוטלין.

אות ד'

מאימתי מברכין על הריח, משתעלה תמרתו

סימן רטז ס"ב - [כד] מברכין על המוגמר, (פי' בשמים שמשימים על הגחלים להריח בהם) - לאפוקי אם מעשן

באר הגולה

יט ‹לפירש"י שם, ועיין תוס' שם ד"ה הואיל, שהביאו ראיה לזה מירושלמי, אבל תר"י ורא"ש פי' לענין הסיבה - גר"א› כ ‹ע"פ הב"י והגר"א›
כא ברכות מ"ב כב טור ורא"ש והמרדכי שם כג ברכות מ"ו כד שם בגמ'

בשביל לבטל הסרחון, אין מברכין עליו כלל, ואף שנהנה מהבשמים מאד, וכדלקמן בסימן רי"ז, **משיעלה קיטור עשנו קודם שיגיע לו הריח** - דבעינן לכתחלה עובר לעשייתו, [כה]**ואף שאין תופס המוגמר בידו, לא מקרי קודם דקודם, וכמו לעיל בסימן קס"ז ס"ג לענין לחם, דהתם מחסר הלקיחה בידו והאכילה, משא"כ הכא לא מחסר רק שיריח, ומקרי שפיר קודם לעשייתן**, **ובדיעבד** יכול לברך אף בעת שמריח.

(דע דמוכח מרש"י ‹ד"ה מברכין› ותוס' ‹ד"ה כל›, דאפילו נשרפו הבשמים לגמרי, ג"כ צריך לברך עליו, אע"ג דהשתא אינם כלל, ולא קפדינן שיהיה קצת מהבשמים קיים בשעת ברכה, ולא מקרי ריח שאין לו עיקר, דאדרבה הריח בא מן גופן, וכן דרך הבשמים שכשנשרפים מריחים).

אבל לא יברך קודם שיעלה קיטור העשן - דסמוך לעשייתן עכ"פ בעינן, ולא שתהיה מרוחקת הברכה מההנאה, **ובדיעבד** יצא כל שלא הפסיק בינתים, וכדלעיל בסימן ר"ו ס"ה.

אות ה'

כל המוגמרות מברכין עליהן בורא עצי בשמים

סימן רטז סי"ג - [כו]**המוגמר, אם הוא של עץ מברך: בורא עצי בשמים** - ולא נשתנה ברכתו אע"פ שנשרף ע"י הגימור, אין שריפתו נקרא מכלה אותו, אדרבה הוא גורם שתעלה תמרתו וריחו נודף.

ואם של עשב "בורא עשבי בשמים"; ואם של שאר מינים "בורא מיני בשמים".

עִשְׂבֵי בשמים - העי"ן בחירק, והשי"ן בשו"א, והבי"ת רפויה - פמ"ג, **וע"ש** שמביא עוד דעת אחרת בזה.

אות ו'

ממושק שמן חיה הוא, שמברכין עליו בורא מיני בשמים

סימן רטז ס"ב - רצה לבאר כיצד מברכין עליו, וע"ז קאמר: [כז]**אם זה שיוצא ממנו הריח עץ או מין עץ, מברך: בורא עצי בשמים.**

מין עץ - ר"ל אע"ג דלאו עץ גמור הוא, דרכיך, [כחלפי או נרגיס שמובא בס"ט שהם רכיכי], מ"מ כיון דמוציא עלין מעצו, מברך: בורא עצי בשמים.

[**וממ"א** משמע דהיה גורס "מן עץ" בלא יו"ד, וע"כ ביאר דרצה השו"ע לרבות בזה וורד ומי וורד, שאין שם פרי עליהן, שאין עומד לאכילה אלא להריח, ומקרי רק דבר הבא מן העץ, דעכ"פ אינו מין עשב].

ואם הוא עשב, מברך: בורא עשבי בשמים; ואם אינו לא מין עץ ולא מין עשב, כמו [כח]**המוס"ק** - ובלשון לעז פיז"ם, ובשמים זה בא מן החיה, **מברך: בורא מיני בשמים.**

ודע, שמוס"ק זה [כט]יש אומרים שבא מזיעת חיה, ויש אומרים שבא מדם של חיה אחת, שמתקבץ בצוארה ואח"כ מתייבש ונעשה בושם, **ולפי** סברא זו האחרונה, יש שרצו לאסרו עכ"פ לתת בקדירה להטעים בריחו את התבשיל, דדם אסור באכילה, **והרבה** פוסקים מתירים אפילו לתת בקדירה, דאזלינן בתר השתא, והשתא לאו דם הוא אלא עפרא בעלמא שנותן ריח טוב, ועיין בא"ר שמצדד להורות כדבריהם, **ובפמ"ג** מצדד ג"כ דיש לסמוך על דבריהם להקל אף לכתחלה, ביש ששים כנגדו בתבשיל.

(ומוכח מזה דדבר האסור באכילה מותר להריח בו, דעד כאן לא פליגי אלא לאכילה, אבל להריח הלא מבואר בש"ס דמברכין ג"כ עליה, ושמעת מינה דמותר להריח אף אם נימא דהוא דם חיה, איברא דמסתברא דלא כל דבר שוה בזה, דדבר כמו מוס"ק וכדומה שעיקרו עומד להריח ולא לאכילה, ואפילו אם נותנין אותו בקדירה ג"כ עיקרו להריח, בודאי לא חיישינן כשמריח שמא יבוא לאוכלו, משא"כ בדבר שעיקרו עומד לאכילה, ומחמת טוב טעמו מֵרִיחַ, בזה מסתברא דלכתחלה אין להריח, כיון דגם ריחו הוא רק טעם התבשיל שמריח מחמת טובו ושמנו וכדומה, בודאי יש לחוש שמא יבוא לאוכלו, ודוגמא לזה איתא בש"ס: אמרינן לנזירא סחור סחור לכרמא לא תקרב, משום שמא יבוא לאוכלו, וכ"ש להריח בו להדיא לעורר בו תאוה לאותו דבר, ומכש"כ אם הוא מלתא דאית ביה קיוהא וכדומה, בודאי אסור להריח בו לכתחלה, שמא יחלש מחמת ריחו, ואז יהיה מוכרח גם לאכול, כההיא עובדא בש"ס סוגיא דכתובות ס"א ע"א, והסביר לנו שם באסיפת זקנים בשם הרא"ה, משום דדיינינן ליה כעוברה שהריחה).

[ל]סימן רטז ס"ג - [לא]**על הורד** - הוא מה שאנו קורין רוזא"ש, ‹מברכין עליו "בורא עצי בשמים"›, וקמ"ל בזה אע"פ שראוי לאכילה ע"י מרקחת, ומברכין עליה כמבואר בסימן ר"ד סי"א, **אפ"ה** לא נוכל לברך על ריחה "אשר נתן ריח טוב בפירות", כיון שאין עקרה עומד לאכילה אלא להריח, אלא מברכין "בורא עצי בשמים".

והיינו על הורדים הגדלים באילנות, אבל אלו הגדלים בקרקע, מברכין "בורא עשבי בשמים" - ב"י, **ובביאור** הגר"א משמע שמצדד, דאם מוציא עליו מעצו, והוא מתקיים משנה לשנה, דהיינו שאין העץ מתייבש וכלה בחורף, יברך "בורא עצי בשמים", **ואפשר** שגם הב"י מודה לזה, **וצ"ע**.

באר הגולה

כה ‹ואפשר לומר דזה היה ההו"א של רבי זירא, וכ"כ הצל"ח: ולכן נלע"ד דכל הברכות הוא מברך ברכת הנהנין בשעה שנוטל הדבר בידו, אבל המוגמר מונח על השלחן והמברך אינו אוחזו בידו וגם עדיין לא הריח בו, היה ר' זירא סבר שלא שייך לברך עליו קודם שיבוא הריח אל המברך, ור' ירמיה אמר לו שאפילו במוגמר מברך תיכף משתעלה תמרותו, והקשה לו ר' זירא והא לא קא ארח, ועל זה השיבו ר' ירמיה כיון דסבירא לך שקודם שארח לא שייך ברכה שעדיין לא נהנה, א"כ המוציא ג"כ, וכי על האחיזה מברך, והרי על האכילה מברך, והא לא אכל› **כו** **שם** ‹עיין תוס' שם ד"ה כל (אע"פ שנשרפו ואין עצי בשמים בעין), וד"ה ועל כו' (בה"ג לא גריס תיובתא, ומשני תנא הדס וכל דדמי ליה, כלומר שעיקרו לריח, לאפוקי תפוחים וחבושים שאין עיקרן לריח אלא לאכול) - גר"א› **ופי' הטור** ‹וז"ל: מברכין על המוגמר כדרך שמברכין על המתגמר אם היה בעין, אם הוא עץ, מברך בורא עצי בשמים, ואם הוא עשב, בורא עשבי בשמים, ואם הוא מור, בורא מיני בשמים› **כז** **ברכות מ"ג ע"א** **כח** **שקורין בפאלאניא פיזם** **כט** ‹עיין רש"י› **ל** ‹מילואים› **לא** **רמב"ם**

«כל עץ המתקיים משנה לשנה ומוציא עליו מעצו, אפי' הוא רך, מברך "עצי בשמים", **ואם** אין מתקיים והוא רך, מברך "עשבי בשמים", **ואם** אין מתקיים והקלח שלו קשה קצת, יש ספק אם דינו כעץ או כעשב, לכן יברך עליו "בורא מיני בשמים", וכדלקמן בבה"ל – שונה הלכות».

ועל הקנמון שהוא עור הנדי - ט"ס, וצ"ל "עוד הנדי", וביאורו: עץ בושם הבא מארץ הודו, כי "עוד" הוא עץ בלשון ערבי, ו"הנדי" היינו מארץ הודו ששם גידולם.

ועל מי הורד - היינו בין מי הלחלוחית שיצא מן הורד ע"י סחיטתו, ובין מה שיצא ע"י שנשרה ונתבשל במים, [והטעם, דהוא כמו משחא כבישא], **ואפילו** למאן דס"ל בסימן ר"ב ס"י, דמי שריית פירות אינו כפירות עצמן, היינו לענין ברכת אכילה לבד, ולא לענין ברכת הריח, [**והטעם**, דטבע הריח להיות נקלט, וכשנותנו במים נקלט כל הריח, משא"כ במאכל, אינו נקלט כל הטעם במים, אלא נותן טעם קלוש].

ועל הלבונה - הוא קטף יוצא משרשי עץ, [כן מבואר בטור ובב"י, **אבל** בריא"ז משמע, דקאי על המריח בשרשים עצמן, **ולדידן** דא ודא אחת היא, שהרי גם על מי ורד מברך "בורא עצי בשמים"].

והמצטיכי - הוא מין עץ ששרף שלו נותן ריח טוב, **וכיוצא בהם, "בורא עצי בשמים".**

(יש פלוגתת הראשונים, דהרא"ה כתב, וז"ל, סמלק וחילפי דימא הם עשבים בעלי ריח בגופן, ואינם רכים כמו עשבים, אלא קשים כעץ וגדלין ע"ג קרקע, ואי הוה להו פירי בודאי בפה"א הוה מברכינן עלייהו ולא בפה"ע, משום דעץ הנזכר בברכת בפה"ע הכונה אילן, והני לאו אילן נינהו, **אבל** מ"מ כל דבר שהוא קשה, נקרא בלשון העולם עץ, וכיון דכן ואית להו ריח טוב בגופן, מברכינן עליהו "בורא עצי בשמים", אע"ג דאי הוה להו פירי בודאי בפה"א הוה מברכינן עלייהו ולא בפה"ע, ומייתי ראיה דאפילו מידי דלאו אילן, רק משום דקשה מקרי עץ, מדכתיב ותטמנם בפשתי העץ, ובודאי פשתים אינו אילן וקרי ליה עץ, [וכן משמע קצת ברש"י מ"ג: ד"ה סמלק, שכתב שהוא מין עשב שיש לו ג' שורות וכו', והובא לקמן בס"ז, **אמנם** יש לדחות, דהכונה שהוא רך ביותר כעשב, אבל אה"נ דעצו מתקיים משנה לשנה, **ותדע** דהא זה פי' על יסמין, ודעת הערוך ג"כ דסמלק הוא יסמין, והערוך בעצמו סובר דבעינן שיהיה בו סימני אילן וכדלקמיה], **אכן** לפי המבואר בערוך בשם הגאונים, תלוי דינא דברכת בשמים בעיקר דינו של אילן אם עץ הוא או ירק, וא"כ לא מברכינן "עצי בשמים", אא"כ נתקיים בו כללי דהג"ה לעיל בסימן ר"ג, [ולפ"ז מה שהביא הגמרא ראיה מפשתן לחילפי דימא, והלא חילפי דימא לשיטה זו ע"כ מתקיים משנה לשנה, ובתחלת בריתו מוציא עץ, מה שאין זה כלל בגבעולי פשתן, אלא דהראיה הוא רק דאע"ג דרכיכי נקרא עץ, וכמו בגבעולי פשתן דנקרא עץ, אע"ג דג"כ לאו קשים הם, כ"כ הערוך והביאו הגר"א בס"ז, ומה דמשמע מהרא"ה הנ"ל דגבעולי פשתן קשים הם, אין סותר לזה, דלגבי שאר תבואות ועשבים קשים הן, ולגבי עץ רכין הן], **ולדינא** קשה להכריע, אף דפשטיה דש"ס מסתבר כהרא"ה, מ"מ רבים הם החולקים, וע"כ יברך "בורא מיני בשמים" כל שאין בו סימני אילן, וכן משמע מפמ"ג ומאמר מרדכי שמצדדים כן לדינא).

אות ו' [לב]

תוס' ד"ה ועל הכדם: דעל כולן אם ברך שהכל יצא

סימן רד סי"ג - [לג]כל דבר שהוא מסופק בברכתו, יברך "שהכל" - דבדיעבד יוצא ב"שהכל" על כל דבר, וכאן כיון שמסופק כדיעבד דמי, [**ואם** הוא מסופק אם הוא פה"ע או אדמה, יברך בפה"א, וכדלעיל בסוף סי' ר"ב], **ומ"מ** אם הוא דבר שיכול לפטרו תוך הסעודה, עדיף טפי.

עיין לעיל סוף סי' ר"ב במ"ב, דהיינו אחר שלמד ואינו יכול לברר, **אבל** מי שלא למד, לא יאכל עד שילך אצל חכם ללמדו ברכות.

אות ז'

בורא שמן ערב

סימן רטז ס"ד - [לד]על שמן אפרסמון - הוא צרי בלשון המקרא, וחותכין העץ ומקלפין אותו, ונוטף שמן ממנו, ומוזכר בש"ס: הצרי אינו אלא שרף הנוטף מעצי הקטף, **מברך: בורא שמן ערב** - מפני שנמצא בא"י והוא חשוב, קבעו לו ברכה בפני עצמה, להורות על חשיבותו, **ואם** בירך "בורא עצי בשמים", אם יצא בדיעבד, עיין בב"ח ופמ"ג.

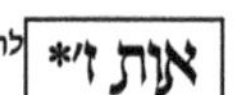
אות ז' [לה]

האי כשרתא מברכין עליה בורא עצי בשמים

סימן רטז ס"ו - [לו]שמן שבשמו - ר"ל שנתן בו בשמים כדי שיריח השמן, **וה"ה** מים ושאר משקין שנתן בהם הבשמים, **כמו שמן המשחה** - אין הכונה שעשאו בשיעור ובמדה כמו שמן המשחה, דזה אסור, **אלא** הוא מראה לנו שדרך לבשם שמן בבשמים, וכמו שמצינו בשמן המשחה שהיו מבשמים אותו, **אם בעצי בשמים, מברך: בורא עצי בשמים; ואם בעשבי בשמים, מברך: בורא עשבי בשמים.**

ואם היו בו עצים, ובשמים - ר"ל בין עשבי בשמים ובין מיני בשמים, **מברך: בורא מיני בשמים.**

ואם סיננו והוציא ממנו הבשמים - פי' דכ"ז מיירי בשנשאר עכ"פ מעט מן עיקר הבושם לתוכו, לפיכך מברכין ברכת אותו מין, אבל אם סיננו וכו', **[לז]י"א שמברך: בורא שמן ערב** - [לח]וכמו באפרסמון,

באר הגולה

[לב] «ע"פ הבאר הגולה והגר"א» [לג] הגהת מיימוני בשם התוספות [לד] ברכות מ"ג ע"א וכר' יוחנן [לה] «ע"פ הגר"א» [לו] לדעת הרמב"ם שם והרא"ש שם «הוא כשרתא לפי' הרמב"ם – גר"א». «**נראה** שהוא מפרש משחא כבישא ומשחא טחינא, שהשמן זית לבדו בלא שום בושם כובשים או טוחנים אותו עד שריחו נודף – ב"י. עיין לקמן אות ח'» [לז] **טור בשם י"א** [לח] טור. ולא ס"ל לדעה זו הטעם דכתבינן לעיל גבי אפרסמון, אלא דלהכי מברך שם

[לט]**וי"א שאינו מברך עליו כלל, דהוי ריח שאין לו עיקר** - ואינו אלא ריח קלוש בעלמא, ואין מברכין עליו, **וכעין** דמבואר לקמן בסימן רי"ז, לענין מריח בכלים שהם מוגמרים.

וכיון שספק הוא, נכון ליזהר מלהריח בו - כדי שלא יכניס עצמו בספק ברכה, והיינו כשאין לו אלא בושם זה, **אבל** כשיש לו בשמים אחרים, מברך עליהם "עצי" או "מיני" ויוצא גם ע"ז, ‹ויוצא ב"עצי", היינו דוקא אם בְּשָׂמו בעצי בשמים›. [**והטעם**, דיש לצרף לזה דעת האחרונים דסברי, דאף על שמן אפרסמון אם בירך בורא מיני ‹וי"ג "עצי"› בשמים יצא]. **ועיין** באחרונים דמסקי, דמי שאין רוצה להחמיר על עצמו, מותר לו לכתחלה להריח ולברך "בורא מיני בשמים". [מ][**כדעת** הראב"ד וסיעתו, ואף אלו הסוברים דצריך לברך בורא עצי בשמים, כהתוס' ‹ד"ה משחא› והרשב"א בשם הגאונים, גם הם מודים דיוצא בדיעבד בבורא מיני בשמים שהיא ברכה הכוללת, וכנ"ל בסוף ס"ב, והם הרובא נגד דעת הרא"ה הנ"ל].

וצריך להזהיר שביוה"כ לוקחים מיני שפיריטו"ס המריחים להריח בו, ואינם מברכין כלל, **ויותר** מזה ששופכין על בגד פשתן שיריח בו, וזה אסור, דמולידין ריח בבגד, **ואותן** שפיריטו"ס שקורין שלאקוואסער, אין לברך ע"ז כלל, שאינו מריח כלל.

אות ח'

אפילו משחא טחינא

סימן רטז ס"ה - [מא]**שמן זית שכתשו או טחנו, עד שחזר ריחו נודף** - פי' שלא נתן בתוכו שום בשמים, אלא שמחמת כתישת או טחינת הזית התחיל השמן להיות ריחו נודף.

מברך עליו: בורא עצי בשמים - שהזית גדל על העץ, **וה"ה** משאר פירות שגדלין על העץ אם עשה כה"ג, **ואם** היה זה מפירות שאין גדלין על העץ, שטחנם וכתשם ומריח שמנם, אינו מברך עליהם רק "בורא מיני בשמים".

והא דאין מברכין על כל אלו "הנותן ריח טוב בפירות", כמו באתרוג וכיוצא בו, **דהתם** שאני שגדל עם הריח, **אבל** הכא אין הריח גדל עמם, אלא בא ע"י כתישה וטחינה שנעשית בידי אדם, אין שייך לברך "הנותן" וכו', שלא ניתן בו הריח מתחלתו, **ושייך** טפי לברך עליו "בורא עצי בשמים", על שהוטבע בו כח הבושם בפנימיותו.

באר הגולה

בורא שמן ערב, לפי שאין בו בשמים בעין, וא"כ ה"ה הכא, הגר"א. **ולפי"ז** לכאורה יחלוק זו הדעה גם על ס"ה, ובאמת המחבר שם סתם לדינא. **שוב** עיינתי בחידושי הרא"ה, ומצאתי שם השתי דעות שהובא בטור, ומצאתי שכתב שם, דלהכי בשמן אפרסמון מברך בורא שמן ערב, משום דאפילו בפירות אין משקה היוצא מהן כמותן, וכ"ש בעץ, ולהכי לא נוכל לברך עליו בורא עצי בשמים, ע"ש, **ולפי"ז** בזית, דמשקה היוצא מהן כמותו וגם מברכין עליו בורא פרי העץ, שפיר מברכינן על ריחו בורא עצי בשמים. ומ"מ עדיין צ"ע על המחבר דסתם לענין מי ורד דמברך בורא עצי בשמים, דלפי דברי הרא"ה לא נוכל לברך עליו בורא עצי בשמים אא"כ מונח שם קצת מן הורדין בעצמו, וצ"ע] **לט** **שם** **מ** ‹וכתב הראב"ד, דוקא שהעצים בתוכו, אבל אם הוציאם משם, אין מברכין עליהם אלא מיני בשמים - טור› **מא** **שם וכנהרדעי** ‹והרמב"ם ז"ל כתב שמן זית שכבשו או שטחנו אותו וכו', בפרק ט' (ה"ג). נראה שהוא מפרש משחא כבישא ומשחא טחינא, שהשמן זית לבדו בלא שום בושם כובשים או טוחנים אותו עד שריחו נודף - ב"י. ואעפ"כ כתב השו"ע "שכתשו", דלכאורה הם ב' דברים, אבל דלמא הבין המחבר דהכא הפי' של כבישה היינו כתישה›

עין משפט נר מצוה

קלא א ב מיי׳ פ״ט מהל׳ ברכות הל׳ ו סמג עשין כז טוש״ע או״ח סי׳ רטז סעיף ז:
קלב ג מיי׳ שם טוש״ע שם סעיף ט:
קלג ד טוש״ע שם סעיף ח:
[עיין לעיל קודם ד״ה שמן]
קלד ה מיי׳ שם הל׳ א טוש״ע שם סע״ב:
קלה ו מיי׳ פ״י מהל׳ ברכות הל׳ יג סמג שם טוש״ע או״ח סי׳ רכו:
קלו ז מיי׳ פ״ט מהל׳ ברכות סמג שם טוש״ע או״ח סימן רטז סעיף א:
קלז ח מיי׳ פ״ז מהל׳ דעות הלכה ח:
קלח ט מיי׳ פ״ט מהל׳ ברכות הל׳ ג סמג עשין כז טוש״ע א״ח סי׳ רטז סעיף יא:
קלט י מיי׳ פ״ז מהל׳ ברכות הלכה יד ופ״ט הלכה ד סמג שם טור או״ח סי׳ רי״ב וטור וש״ע או״ח סימן רו סעיף ד:
קמ כ ל מ נ מיי׳ פ״ה מהל׳ דעות הל׳ ט:
קמא ס שם הלכה ז:
קמב ע שם הלכה ג:
קמג פ צ שם הלכה ח:

שמן והדס. הלי שמן להריח הוא דאי להעביר הזוהמא הא אמרינן בפרק אלו דברים (לקמן נג.) דאין מברכין עליו:

הכי אמר רבא הלכתא כבית הלל ולא היא לאשתמוטי נפשיה הוא דקא עביד. כך כתוב בספרים שלנו ובפירוש רש״י אבל רב אלפס פסק כרבא משמע שלא היה גורס בספרו ולא היא וכו׳:

האי מאן דמורח באתרוגא וחבוש׳ מברך וכו׳. ודוקא כשמריח בהם אבל אם בא לאכול מהם אין לברך ברכת ריח כי אם ברכת אכילה:
כאוכלי

אמר רב גידל אמר רב האי סמלק מברכין עלויה בורא עצי בשמים אמר רב חננאל אמר רב הני חלפי דימא מברכין עלייהו בורא עצי בשמים אמר מר זוטרא מאי קראה °והיא העלתם הגגה ותטמנם בפשתי העץ *(רב משרשיא אמר) האי נרקום דגנוניתא מברכין עלויה בורא עצי בשמים דדברא בורא עשבי בשמים אמר רב ששת הני סיגלי מברכין עלייהו בורא עשבי בשמים אמר מר זוטרא האי מאן דמורח באתרוגא או בחבושא אומר ברוך שנתן ריח טוב בפירות אמר רב יהודה *האי מאן דנפיק ביומי ניסן וחזי אילני דקא מלבלבי אומר ברוך שלא חיסר בעולמו כלום וברא בו בריות טובות ואילנות טובות להתנאות בהן בני אדם אמר רב זוטרא בר טוביה אמר רב מנין שמברכין על הריח שנאמר °כל הנשמה תהלל יה איזהו דבר שהנשמה נהנית ממנו ואין הגוף נהנה ממנו הוי אומר זה הריח ואמר רב זוטרא בר טוביה אמר רב עתידים *בחורי ישראל שיתנו ריח טוב כלבנון שנאמר °ילכו יונקותיו ויהי כזית הודו וריח לו כלבנון: ואמר רב זוטרא בר טוביה אמר רב מאי דכתיב °את הכל עשה יפה בעתו מלמד שכל אחד ואחד יפה לו הקב״ה אומנתו בפניו אמר רב פפא היינו דאמרי אינשי תלה ליה קורא לדבר אחר *ואיהו דידיה עביד ואמר רב זוטרא בר טוביה אמר רב אבוקה כשנים וירח כשלשה איבעיא להו אבוקה כשנים בהדי דידיה או דילמא אבוקה כשנים לבר מדידיה ת״ש וירח כשלשה אי אמרת בשלמא בהדי דידיה שפיר אלא אי אמרת לבר מדידיה ארבעה למה לי והאמר מר לאחד נראה ומזיק לשנים נראה ואינו מזיק לשלשה אינו נראה כל עיקר אלא לאו שמע מינה אבוקה כשנים בהדי דידיה שמע מינה: *ואמר רב זוטרא בר טוביה אמר רב ואמרי לה אמר רב חנא בר ביזנא אמר רבי שמעון חסידא ואמרי לה אמר רבי יוחנן משום רבי שמעון בן יוחי נוח לו לאדם שיפיל עצמו לתוך כבשן האש ואל ילבין פני חברו ברבים מנלן מתמר שנאמר °היא מוצאת וגו׳: ת״ר הביאו לפניו שמן והדס ב״ש אומרים מברך על השמן ואח״כ מברך על ההדס וב״ה אומרים מברך על ההדס ואח״כ מברך על השמן אמר ר״ג אני אכריע שמן זכינו לריחו וזכינו לסיכתו הדס לריחו זכינו לסיכתו לא זכינו *א״ר יוחנן הלכה כדברי המכריע רב פפא איקלע לבי רב הונא בריה דרב איקא אייתו לקמייהו שמן והדס שקל רב פפא בריך אהדס ברישא והדר בריך אשמן אמר ליה לא סבר לה מר הלכה כדברי המכריע אמר ליה הכי אמר רבא (א) הלכה כב״ה °ולא היא [א] *לאשתמוטי נפשיה הוא דעבד ת״ר *הביאו לפניהם שמן ויין ב״ש אומרים אוחז השמן בימינו ואת היין בשמאלו מברך על השמן וחוזר ומברך על היין ב״ה אומרים אוחז את היין בימינו ואת השמן בשמאלו מברך על היין וחוזר ומברך על השמן וטחו בראש השמש ואם שמש ת״ח הוא טחו בכותל מפני שגנאי לתלמיד חכם לצאת לשוק כשהוא מבושם ת״ר ששה דברים גנאי לו לתלמיד חכם אל יצא כשהוא מבושם *לשוק *ואל יצא יחידי בלילה ואל יצא במנעלים המטולאים ואל יספר עם אשה בשוק ואל יסב בחבורה של עמי הארץ ואל יכנס באחרונה לבית המדרש ויש אומרים אף לא יפסיע פסיעה גסה ואל יהלך בקומה זקופה אל יצא כשהוא מבושם לשוק א״ר אבא בריה דר׳ חייא בר אבא אמר רבי יוחנן במקום שחשודים על משכב זכור אמר רב ששת לא אמרן אלא בבגדו אבל בגופו זיעה מעברא ליה אמר רב פפא *ושערו כבגדו דמי ואמרי לה כגופו דמי °ואל יצא יחידי בלילה משום חשדא ולא אמרן אלא דלא קביע ליה עידנא אבל קביע ליה עידנא מידע ידיע דלעידניה קא אזיל ואל יצא במנעלים המטולאים מסייע ליה לרבי חייא בר אבא *דאמר ר׳ חייא בר אבא גנאי הוא לתלמיד חכם שיצא במנעלים המטולאים איני והא ר׳ חייא בר אבא נפיק אמר מר זוטרא בריה דרב נחמן בטלאי על גבי טלאי ולא אמרן אלא בפנתא אבל בגילדא לית לן בה ובפנתא [ב] לא אמרן אלא באורחא אבל בביתא לית לן *בה ולא אמרן אלא בימות החמה אבל בימות הגשמים לית לן בה °ואל יספר עם אשה בשוק אמר רב חסדא ואפילו היא אשתו תניא נמי הכא אפילו היא אשתו ואפילו היא בתו ואפילו היא אחותו לפי שאין הכל בקיאין בקרובותיו °ואל יסב בחבורה של עמי הארץ מאי טעמא דילמא אתי לאמשוכי בתרייהו ואל יכנס אחרונה לבית המדרש משום דקרו ליה *פושע וי״א °אף לא יפסיע פסיעה גסה דאמר מר *פסיעה גסה נוטלת אחד מת״ק ממאור עיניו של אדם מאי תקנתיה להדריה בקדושא דבי שמשי °ואל יהלך בקומה זקופה דאמר מר [ג] המהלך בקומה זקופה אפילו ארבע אמות כאילו דוחק רגלי שכינה דכתיב °מלא כל הארץ כבודו:

מתניתין

סמלק. יסמי״ן קורין לו בלשון ישמעאל והוא מין עשב שיש בו שלש שורות של עלין זו למעלה מזו ושלשה עלין לכל שורה: **חלפי דימא.** בושם שקורין אספי״ג והוא שבולת נרד ועשוי כעין גבעולי פשתן (ב) דאשכחן גבעולין דאיקרי עץ: **נרקום.** חבלת השרון בה״ג: **דגנוניתא.** הגדל בגינה: **סיגלי.** וויול״ש בלעז: **חבושין.** קודוניי״ש בלעז: **לפסגאות.** ליהנות: **כלבנון.** שמריחין עליו ופרחיו: **יפה לו אומנתו.** ואפי׳ בורסי נאה לו אומנתו בעיניו ועשה הקדוש ב״ה כן שלא יחסר העולם אומנות: **קורא.** רך הגדל בדקל תלה אותו לחזיר והוא יתגלגלו באשפה שזו היא אומנתו: **אבוקה כשני בני אדם.** לענין היוצא בלילה דאמר מר אל יצא אדם יחידי בלילה: **וירח כשלשה.** ויש חלוק בין שנים לשלשה כדלקמן: **לאחד נראה.** השד ומזיקו: **היא מוצאת והיא שלחה וגו׳.** ואילו בהדיא לא אמרה אלו הסימנים של יהודה הם ולו אני הרה אלא לאיש אשר אלה לו אנכי הרה אם יודה יודה ואם לאו אשרף ולא אלבין פניו: **שמן והדס.** בסוף הסעודה שמן לסוך ידיו להעביר זוהמת האוכלים והדס להריח כמו שאמרנו: **אני אכריע.** לצד בית שמאי: **זכינו לריחו ולסיכתו.** כגון משחא כבישא הלכך שמן עדיף: **ולא היא.** לא אמר רבא הלכתא כב״ה אלא רב פפא אכסיף לפי שטעה והשמיט עצמו בכך: **שמן ויין.** זהו יין שלאחר המזון ואין זה כוס של ברכה: **חוזר ומברך על היין.** כגון בחול שאין היין קבע ואין היין שלפני המזון פוטרו: **שמן בימינו.** לפי שעליו מברך תחלה: **מברך על השמן.** °בורא שמן ערב: **וטחו בראש השמש.** כדי שלא יצא בידיו מבושמות בשוק שגנאי הוא לתלמיד חכם: **שחשודים על משכב זכור.** מבשמין עצמם כדי שיתאוו להם: **ושערו כבגדו דמי.** דלא שכיח ביה זיעה: **ואמרי לה כגופו.** דשכיח ביה זיעה: **משום חשדא.** של זנות: **דלא קביע ליה עידנא.** שלא קבעו לו רבו קביעות ללמדו בלילה: **בפנתא.** אנפוכי״א בלעז שעל גבי הרגל: **גילדא.** עקב שקורין שול״א: **בימות הגשמים.** הטיט מכסהו: **אפי׳ היא אשתו.** שאין הכל מכירין בה וחושדין אותו: **דקרו ליה פושע.** מתעצל: **בקדושא דבי שמשי.** בשותה כוס של קידוש בשבת בלילה:

מתני׳

מסורת הש״ס

[נ״ל אמר רב משרשיא]
[ר״ה יא.]
[נ״ל בחורי ישראל שלא טעמו טעם חטא שיתנו וכו׳ ע״ז]
[גי׳ הערוך והוא לדידיה אזיל ע״ש ערך קר]
כ״מ נט. כתובות סז: סוטה י:
[ע׳ תוספות פסחים כה. ד״ה אין והו׳ ב״ק קטז. ד״ה הכרעה]
[תוס׳ פ״ה]
[ע׳ תולין לה. פסחים קיב:]
זבחים יט.
[שבת קיד. ע״ש]
גי׳ הש״ע עצל שם קיג:
[תענית י:]
[ע׳ תוס׳ תענית י: ד״ה פסיעה]

רב נסים גאון

ששה דברים גנאי לתלמיד חכם אל יצא יחידי בלילה. ובמסכת שחיטת חולין בפ׳ גיד הנשה (דף צא) אמרינן ויאבק איש עמו אמר ר׳ יצחק מכאן לתלמיד חכם שלא יצא יחידי בלילה. ויש אומרים אף אל יהלך בקומה זקופה ובפרק האשה נקנית (קדושין דף לא) אמרינן אמר ר׳ יהושע בן לוי אסור לאדם שיהלך ד׳ אמות בקומה זקופה שנאמר (ישעיה ו) מלא כל הארץ כבודו:

[וע׳ רמ״ע מפאנו סי׳ כ׳ רב פפא מסברא דנפשיה סליג על ר׳ יוחנן ולא מהמת כשופא הוא דבעי לאשתמוטי אלא במדת חסידות ונלה הגדולה כרכו ולו לאו דקים ליה דהכי הלכתא לא עביד שבדא בנפשיה והכי קי״ל בכל דוכתא מעשה רב]
מס׳ ד״א זוטא פ״ז

הגהות הב״ח

(א) גמ׳ הלכה כב״ה (ולא היא וכו׳ דעבד) תא״מ. ונ״ב האלפסי לא גרס ליה: (ב) רש״י ד״ה חלפי וכו׳ גבעולי פשתן מאי קרא דאשכחן:

[הרמב״ם לא הזכיר אלא החלוק בין ימות החמה דאסור וימות הגשמים מותר אבל השמיט בין פנתא לגילדא וכן בין לאורחא לו בביתו השמיט אמנם הרי״ף בברכות ויותר ביאור בשבת פ׳ אלו קשרים הביא כל דרכים אלו ועי׳ כלחם משנה הל׳ דעות פ״ה דין ט]

ישעיה ו

גליון הש״ס

גמ׳ ולא היא לאשתמוטי נפשיה. עי׳ בקרבן עדה בירושלמי מיר פ״ו דף כ״ה ד״ה איתמיה ולא מלק. ועי׳ כתובות דף נ״ע ע״א ד״ה ונר מן דין: רש״י ד״ה סמלק וכו׳ והוא מין עשב. כדאמרינן אח״כ הכי מבואר דסיגלי לא הוי יסמין. וכמו שפי׳ רש״י סיגלי (וויול״ש בלע״ז). ועי׳ רש״י על התורה (בראשית ג יד) ובהא״מ שם: רש״י ד״ה מברך על השמן בורא שמן ערב. עי׳ לקמן נ״ג ע״א ברש״י ד״ה אין מברכין עליו.

הגהות הגר״א

[א] גמ׳ ולא היא לאשתמוטי נפשיה הוא דעבד נמחק ונ״ב הרי״ף ל״ג: [ב] שם (ובפנתא ל״א אלא בביתא ל״ע בה) תא״מ ונ״ב הרי״ף והרא״ש ל״ג לה: [ג] שם (דאמר מר המהלך בקומה זקופה אפי׳ ד״א כאלו דוחק רגלי שכינה):

§ מסכת ברכות דף מג: §

אות א' - ב'

סמלק מברכין עלויה בורא עצי בשמים

חלפי דימא מברכין עלייהו בורא עצי בשמים

סימן רטז ס"ז - [א]סימלק וחילפי דימא, מברך: בורא עצי בשמים - אע"ג דקלח שלהם אינו קשה כשל עץ, אפ"ה כיון דמוציא עליו מעצו כשאר אילנות, בכלל עץ הוא, ומברך "בורא עצי בשמים".

סימלק; [ב]יש מפרשים רוסמארי"ן - ובביאור הגר"א חולק, והוכיח דלדעת היש מפרשים, והוא תר"י, חלפי דימא הוא רוסמארי"ן, [**איני** יודע, לתלמידי רבנו יונה דמפרש בלישנא קמא, חלפי דימא הוא רוסמארין, ועל כרחו דמין זה יש לו סימני אילן, כדמוכח בערוך בערך חלפי, אם יודה לרש"י לענין שבולת נרד], **[ג]ויש מפרשים יאסמי"ן; [ד]ויש מפרשים שהוא עשב שיש לו שלש שורות של עלין זו למעלה מזו, ולכל שורה שלש עלין.**

וחילפי דימא, הוא שבולת נרד שקורין אישפי"ק - והוא מה שקורין בימינו ספיגינאר, ומעלה ריח טוב, **ובעלי** בתים נוהגים באיזה מקומות, ליתן זה למים שהכהנים נוטלים ידיהם לדוכן, כדי שיהיה עי"ז ריח טוב, **ואין** נכון לעשות כן, דהא מוליד ריחא במים ביו"ט, דאסור. ‹**עיין** סימן קכ"ח סוף ס"ו›.

אות ג'

נרקום דגינוניתא מברכין עלויה בורא עצי בשמים; דדברא בורא עשבי בשמים

סימן רטז ס"ט - [ה]נרגיס, והוא [ו]חבצלת, [ז]ויש אומרים שהוא ליריי"ו, [ח]אם גדל בגנה, מברך: בורא עצי בשמים; ואם הוא גדל בשדה, מברך: בורא עשבי בשמים - הטעם דמחלקינן בין גינה לשדה, הוא משום דהגדל בגינה נעבד ומשקים אותם, ואע"פ שעצו מתייבש, מתקיים הוא לשנה הבאה, **אבל** דדברא מתייבש כעשב והולך לו.

אות ד'

סיגלי מברכין עלייהו בורא עשבי בשמים

סימן רטז ס"ח - [ט]סיגלי, והם ויאול"ש - הם מין דודאים הנזכר במקרא, "**בורא עשבי בשמים**".

אות ה'

האי מאן דמורח באתרוגא או בחבושא אומר ברוך שנתן ריח טוב בפירות

סימן רטז ס"ב - [י]ואם היה פרי ראוי לאכילה - כאתרוג ותפוח או פרי אדמה שמריח ריח טוב, ואפילו אינו ראוי לאכול בפני עצמו אלא ע"י תערובות, וכמו שיתבאר בסוף הסעיף, **מברך: הנותן ריח טוב בפירות** - עיין בא"ר שכתב, דמש"ס ופוסקים משמע, שצריך לומר "אשר נתן" בלשון עבר.

והני מילי כשנטלו להריח בו – ‹דבזה נעשה כאלו הפרי עומד להריח, **אבל** אם היה מונח לפניו על השלחן, והוא נהנה מהריח ומתכוין להריח, אינו צריך לברך, דהרי הפרי עיקרה אינו עומד לריח אלא לאכילה, כדאיתא בתוס' ‹מ"ג. ד"ה ועל› **ושארי ראשונים, ודבר** דלאו לריח עבידא, אפילו מתכוין להריח אינו מברך כל זמן שלא נטלו בידו, כדלקמן ברי"ז›.

או לאכלו ולהריח בו - ואיזה מהם יברך תחלה, עיין בא"ר שמסיק, דבכגון זה שהריח והאכילה הוא בחד פירא, מוטב לברך על הריח תחלה, דמקרבא הנייתא, שתיכף כשאוחזו בידו מריח, ואח"כ יברך על האכילה, וכ"כ ג"כ המאמר מרדכי, [**ובמקום** שלקחו ע"מ להריח בו מתחילה ואח"כ לאוכלו, בודאי יש לעשות כן]. **ובפמ"ג** נתן עצה אחרת בזה, והוא שיטעום קצת מן הפירי, ויברך עליה ברכת האכילה, ולא יכוין אז ליהנות מן הריח, [דבזה לכו"ע א"צ לברך על הריח]. ‹והיינו אפי' להני דחולקים על הט"ז תחילת סי' רי"ז, ולכאורה משום דפירות לאו לריחא עבידא›, ואח"כ יברך ברכת "אשר נתן" וכו' ויריח.

‹**עיין בביאור הגר"א ד"ה והה"מ כו' שכתב וז"ל: עיין תוס' מ"ג. ד"ה ועל כו' לאפוקי וכו', ר"ל דאין מברכין כלל,** {היינו לא מבעיא דאין מברכין בורא עצי בשמים, ‹אלא› אפילו ברכת בורא מ"ב שיוצא בזה בדיעבד על הכל, וכן ברכת אשר נתן, ג"כ אין מברך כשאוכלן, אע"ג דנהנה מריחן}, **דאל"כ הל"ל לאפוקי מוסק"י** ‹כמו שאמר רבי זירא› **וכל כיוצא, ועיין תוס' שם ע"ב ד"ה האי, ממה שאמרו נ"ג ע"א למימרא דכל היכא דלאו וכו',** {ר"ל דמשם מוכח דכל היכא דלאו לריחא עבידא, לא מברכין עלויה, והכא נמי כשלוקח לאוכלן לא מברכינן עלויה}, **ועיין ברא"ש שכתב, דמש"כ האי מאן דמרח באתרוגא, מיירי כגון שלקחו להריח בו, או לאוכלו ולהריח וכו', אבל וכו', דלא כרש"י ותוספות, אבל העיקר כדעת רש"י ותוס', עכ"ל הגר"א, ועיין בדמשק אליעזר שכתב, דכוונת הגר"א, שהתוס' וכן רש"י שם בנ"ג ע"א חולקין על הרא"ש, במה שמצריך לברך כשלקחו לאוכלו ולהריח בו, ומפרש דמה שכתבו התוס' לאפוקי תפוחים וחבושים שאין עקרן לריח אלא לאכול, היינו דע"כ אפילו לוקחן להריח ולאכול, ג"כ אין מברך,** {**וכן ברש"י נ"ג. ד"ה**

באר הגולה

[א] שם בגמ' [ב] ר' יונה [ג] ר' ירוחם ‹רש"י פי' יאסמין והוא עשב שיש ג' שורות, ומדברי ב"י והר"ב שו"ע משמע שלא היה לפניו ברש"י כן, לכן כתב לשני פירושים – נחלת צבי› [ד] רש"י שם [ה] שם ‹ובנסחאות שלנו... נרקום, ויש גורסים נרגיס – מאירי› [ו] רש"י בשם בה"ג [ז] ר' יונה [ח] שם בגמ' [ט] שם בגמ' [י] שם

אין מברכין וכו', לא בבא בתוך הסעודה, היינו אפילו הובא בשביל שניהם], **ואיני יודע האיך נוכל לומר כן בדעת התוס'**, הלא הטור וכן רבינו ירוחם וכן רבינו מאיר, כולם כתבו בהדיא בשם התוס', דכשנוטלו לאוכלו ולהריח בו חייב לברך, **וכן** מרש"י נ"ג הנ"ל ג"כ אין ראיה דכוונת רש"י הוא אפילו כשהובא בשביל שניהם, **לכן** נ"ל דכוונת הגר"א הוא רק להשיג על לשון הרא"ש, במה שמסיים אבל וכו', כיון שלא נתכוין להריח, משמע דאם מתכוין אח"כ להריח, מברך, ובזה סובר הגר"א דכוונת התוס' ע"ב ד"ה האי, דלא כוותיה, אלא כיון דבא לכתחלה בשביל אכילה, אפילו לבסוף נתכוין להריח אינו מברך, **אבל** אם בשעת לקיחתו מכוין בשביל שניהם, גם הגר"א מודה לכל הפוסקים הנ"ל דמברך).

[יא]אבל אם נטלו לאכלו ולא נתכוון להריח בו, אע"פ שהוא מעלה ריח טוב, אינו מברך - דהויא לזה כדבר שלא נעשה להריח, שאין מברכין עליו אע"ג שנותן ריח ונהנה, וכמו שמבואר לקמן סי' רי"ז ס"א.

(וה"ה כשהביאו לפניו בתוך הסעודה שמן לאכילה, והשמן מבושם במיני בשמים שמריחין ומעלה ריח טוב, כיון שעיקר כונתו בהבאתו לאכילה, א"צ לברך, כן מוכח ברש"י נ"ג. בסופו ע"ש).

ולא נתכוון להריח – (לשון זה הוא מהרא"ש, והגר"א מפקפק בזה על דבריו, **ובאמת** הדין אתו, דהלא קי"ל לקמן ברי"ז, דכל היכא דלאו לריחא עבידא, אפי' מתכוין להריח ג"כ אין מברך, אא"כ נטלו בידו בשביל להריח, וכנ"ל, **וא"כ** בעניננו כיון דבעת נטילתו היה בשביל אכילה, אפילו אם לבסוף כוון גם להריח, ג"כ אין יכול לברך, ונ"ל שלזה כוון גם המ"א, **ולולא** דמסתפינא הו"א דגם הרא"ש מודה בזה, וכונתו במש"כ: שלא נתכוין להריח, היינו שבעת הנטילה לא נתכוין בשביל להריח, וע"כ אפילו לבסוף נתכוין גם להריח, לא מהני, **אך** לשון השו"ע דמסיים: אע"פ שהוא מעלה ריח טוב, אינו מדוקדק כ"כ לפי"ז, דהו"ל לסיים יותר רבותא: אע"פ שנתכוין אח"כ להריח).

(ודע עוד, דאף לדעת הגר"א, דוקא כשלקחה מתחלה לאוכלה ואח"כ רוצה להריח בה, ס"ל דנפטר אז מברכה, **אבל** בשרוצה מתחלה להריח ואח"כ לאכול, נ"ל דבודאי צריך לברך לכו"ע, דהא נטילתו היה עתה בשביל להריח, ומאי איכפת לן שרוצה לאוכלה אח"כ, וק"ו ממה דפסק השו"ע בלקחו לאכלו ולהריח בו דצריך לברך).

ועל כולם, אם אמר: בורא מיני בשמים, יצא - בין שהריח בעץ או בעשב, או בפרי שמריח, שלשון ברכה זו כוללת הכל, כמו ברכת "שהכל" שכוללת כל מיני אכילה ושתיה.

[יב]הילכך על כל דבר שהוא מסופק בו, מברך: בורא מיני בשמים.

ודעת איזה אחרונים, שבדיעבד אם בירך אריח "שהכל" יצא, דלא עדיף ריח שהנאה מועטת היא, מאכילה ושתיה שהנאתם מרובה, ואעפ"כ יוצאים ב"שהכל", **ודעת** מגן גבורים, שאפילו בדיעבד לא יצא, דאין זו מטבע שטבעו חכמים בברכות, ולא נתקן ברכת "שהכל" כי אם אאכילה ושתיה, (רמב"ם והר"מ מקוצי, דלא כי"מ שהביאו התוס' (עמוד א' ד"ה ועל) והמרדכי - מג"ג.

[יג]על אגוז מוסקאט"ה ועל קניל"ה - שקורין צימערינג, **וקלא"וו** - שקורין נעגעל"ך, **וכל בשמים שהם לאכילה, מברך: הנותן ריח טוב בפירות** - פי' אם רוצה להריח בו, ואע"ג דכל הני הם מיני בשמים, מ"מ עיקרייהו לאכילה קיימי.

ועיין באחרונים שמפקפקין לענין קלאו"ו, והרבה מהן מסכימין שטוב יותר לברך "בורא מ"ב" על ריחה, [**מטעם**, דהלא בסוף סי' ר"ב קי"ל, דאין מברכין עליהן כלל, א"כ לאו שם פרי עלה, **אבל** בקניל"ה בודאי ראוי לאוכלו ע"י תערובות ומברכין עלה, ושם פרי עלה].

[**ומשמע** מח"א, דעל ענגילש"ע פלפלין יוכל לברך במ"ב, **ולענ"ד** נראה דיכול לברך עלה ברכת "אשר נתן" וכו', דמאי גריעותא מקניל"ה, **ומ"מ** כיון דבדיעבד יצא בברכת במ"ב על הכל, אפשר דטוב יותר לכתחילה לברך במ"ב כדעת הח"א].

כתבו האחרונים, המריח בקאו"י כתושה, והיא חמה שריחה נודף ואדם נהנה מאותו ריח, צריך לברך ברכת "אשר נתן" וכו'.

אות ו'

האי מאן דנפיק ביומי ניסן וחזי אילני דקא מלבלבי, אומר: ברוך שלא חיסר בעולמו כלום וברא בו בריות טובות ואילנות טובות להתנאות בהן בני אדם

סימן רכו ס"א - [יד]היוצא בימי ניסן וראה אילנות שמוציאין פרח - אורחא דמלתא נקט, שאז דרך ארצות החמים ללבלב האילנות, וה"ה בחודש אחר, כל שרואה הלבלוב פעם ראשון, **אומר: בא"י אמ"ה שלא חיסר בעולמו כלום, וברא בו בריות טובות ואילנות טובות ליהנות בהם בני אדם** - ודוקא פרח, הא עלים לחודיה לא, **ואף** בפרח דוקא באילני מאכל, שמזה הפרח עתיד להתגדל פרי, אבל אילני סרק לא.

[טו]ואינו מברך אלא פעם אחת בכל שנה ושנה - מדסתם משמע, דאפי' על אילנות אחרים לא יברך, וכנ"ל בסי' רכ"ה ס"ו, [**ומסתברא** דאפי' החולקים שם מודים בזה, דברכה זו נתקנה על פריחת הפירות, ודי בפעם אחת].

ואם איחר לברך עד אחר שגדלו הפירות, לא יברך עוד - אבל קודם שגדלו הפירות יוכל לברך, ואפילו לא בירך בשעת ראיה ראשונה.

באר הגולה

יא רמב"ם בפ"ט מה"ב והרא"ש והטור | יב תוס' שם בע"א והרמב"ם שם | יג מרדכי בשם ר"מ מרוטנבורג והרא"ש | יד ברכות מ"ג ע"ב | טו מרדכי שם הגהות מיימוני

עד אחר שגדלו - היינו אפילו לא ראה כלל מקודם, אפ"ה אבד הברכה כיון שגדלו הפירות, כן משמע בב"י, **אבל** בא"ר הכריע לדינא, דאם לא ראה מקודם, לא אבד הברכה, וכן משמע ג"כ בביאור הגר"א, דאפילו כבר גדל הפרי לא אבד הברכה, [**דבלא"ה** הרבה ראשונים חולקין על דברי הטור שהעתיקו המחבר לדינא, ונוכל לסמוך עליהן עכ"פ בלא ראה מקודם שלא יאבד הברכה], **ומ"מ** אם כבר גדל הפרי ונגמר כל צרכו, שראוי לברך עליה "שהחיינו", משמע מפמ"ג וח"א ששוב אין כדאי לברך ברכה זו.

אות ז'

מנין שמברכין על הריח, שנאמר: כל הנשמה תהלל יה

סימן רטז ס"א - [טז]אסור ליהנות מריח טוב עד שיברך - וכמו שאסור ליהנות באכילה ושתיה עד שיברך, **ואסמכוהו** בש"ס אקרא, דכתיב: כל הנשמה תהלל יה, דמשמע שאף הנשמה תהלל על הנאתה, ואיזהו דבר שהוא הנאת הנשמה בלבד, הוי אומר זה הריח.

(**ואין חילוק בין מבשמים תלושין, ובין כשהוא עדיין מחובר בארץ, כגון שהולך בשדה שגדלין בו אותן הפירות והבשמים המריחין**).

[יז]**קודם שיריח** - דבעינן עובר לעשייתן, וכמו באכילה ושאר מצות, **כתבו** האחרונים, דאם שכח והריח בלא ברכה, ונזכר לאחר שגמר מלהריח, הפסיד ברכתו, וכמו באכילה, לאחר שגמר מלאכול שהפסיד ברכתו הראשונה, וכמו שנתבאר בסימן קס"ז ס"ח.

[יח]**אבל לאחריו א"צ לברך כלום** - דלא תקנו ברכה אחרונה רק באכילה ושתיה, ולא בריח שהנאה מועטת היא, [רש"י ‹נדה נ"ב›. **ויש** עוד טעם, שכבר נפסק ההנאה לגמרי, ודמי למאן דמתעכל המזון במעיו, דאבד ברכתו].

כתבו הפוסקים, היו לפניו שתי ברכות, אחת של טעם ואחת של ריח, נוטל תחלה המין של טעם בימינו ומברך עליו, לפי שהיא חשובה שנכנסת בגוף, ואח"כ נוטל של ריח ומברך עליו, [לשון הטור ‹הובא לקמן אות י'› והכלבו, והוא מש"ס ברכות מ"ג: נוטל את היין וכו', ולאו דוקא יין דחשיבא הוא דקודם לריח, אלא ה"ה כל דבר של אכילה ושתיה].

עוד נתבאר בפוסקים, דדוקא אריח תקנו חכמים ברכה, ולא אקול, ר"ל בשומע קול נעים, שאין בו ממש, **וכן** לא תקנו ברכה ארחיצה וכדומה, משום דאין נכנסין לגוף.

אות ח'

ואל ילבין פני חברו ברבים

רמב"ם פ"ו מהל' דעות ה"ח - המוכיח את חבירו תחלה, לא ידבר לו קשות עד שיכלימנו, שנאמר: ולא תשא עליו חטא; כך אמרו חכמים: יכול אתה מוכיחו ופניו משתנות, ת"ל ולא תשא עליו חטא, מכאן שאסור לאדם להכלים את ישראל, וכ"ש ברבים; אע"פ שהמכלים את חבירו אינו לוקה עליו, עון גדול הוא, כך אמרו חכמים: המלבין פני חבירו ברבים אין לו חלק לעולם הבא, לפיכך צריך אדם להזהר שלא לבייש חבירו ברבים בין קטן בין גדול, ולא יקרא לו בשם שהוא בוש ממנו, ולא יספר לפניו דבר שהוא בוש ממנו; בד"א שבין אדם לחבירו, אבל בדברי שמים אם לא חזר בו בסתר מכלימין אותו ברבים, ומפרסמים חטאו ומחרפים אותו בפניו, ומבזין ומקללין אותו עד שיחזור למוטב, כמו שעשו כל הנביאים בישראל.

אות ט'

מברך על ההדס ואחר כך מברך על השמן

סימן רטז סי"א - [יט]הביאו לפניו הדס ושמן להריח בהם - [כ]דאילו שמן שהביא לסוף ידיו להעביר מהם זוהמת האוכלים, אין מברך, וכמ"ש בסימן רי"ז ס"ב.

[כא]**אם ברכותיהן שוות** - כגון שהשמן היה מבושם בעצי בשמים, שמברכין על השמן "בורא עצי בשמים", כמבואר בס"ו, [**וה"ה** אם היה שמן זית שכתשו, וזה נמי מקרי אין הבושם בעין, כמו הדס שגוף העץ קיים].

מברך על ההדס ופוטר את השמן - הטעם, דהדס הוא גוף העץ הנקרא בשמים, והשמן אין הריח מעצמו, אלא קולטו מאחר, הלכך הדס חשיבא טפי, ולהכי מברך עליו ופוטר השמן בברכתו, **וכשמברך** עליו נוטל ההדס בימין והשמן בשמאל, דעל דבר שמברך נוטלו בימינו.

[כב]**ואם אינם שוות** - כגון שהיה שמן שמבושם בעשבי בשמים, שברכתו "בורא עשבי בשמים", או שהיה שמן אפרסמון, דמבואר בס"ד דברכתו הוא "בורא שמן ערב", וא"כ אין יכול לברך על ההדס "עצי" ולפטור את השמן, [**ואפי'** לפי מש"כ לעיל, דבדיעבד יוצא בשמן אפרסמון בברכת "עצי בשמים", עכ"פ לכתחילה צריך לברך כל

באר הגולה

טז **ברכות מ"ג ע"ב** **יז** ‹לכאורה ראוי לציין הגמ' עמוד א': והא לא קא ארח... הכא נמי דעתיה לארוחי› **יח** **שם מ"ד ע"ב ונדה נ"א ע"ב** **יט** **שם בגמ' לגירסת הרי"ף** ‹דלא גריס "ולא היא", וכב"ה – גר"א› **כ** ‹רש"י כתב וז"ל: שמן לסוך ידיו להעביר זוהמת האוכלים והדס להריח כו', עכ"ל. והוי קשיא לרש"י הא להעביר זוהמא אין מברכים עליו כלל, **לזה** הוכיח רש"י (נ"ג. ד"ה שמן) דשמן אפרסמון למעלתו אע"פ שבא להעביר הזוהמא, מ"מ מברכים עליו, וא"כ י"ל דהאי שמן והדס מיירי בשמן אפרסמון, וכן משמע במה שכתב רש"י שם על ברייתא שניה, הביאו לפניו שמן ויין כו' וחוזר ומברך על השמן, פי' רש"י בורא שמן ערב, עכ"ל. **ומה** שפי' רש"י שם על דברי ר"ג שאמר אני אכריע לברך על השמן תחלה, לפי ששמן זכינו לריחו ולסיכתו, אבל הדס לריחו זכינו אבל לא לסיכתו. פי' רש"י ד"ה זכינו לריחו וסיכתו, כגון משחא כבישא הלכך שמן עדיף, עכ"ל. הרי דנקט משחא כבישא ושביק אפרסמון דביה קיימינן. **וצ"ל** דנקט משחא כבישא היותר שכיח שסכין בו, מבשמן אפרסמון מצד יוקרו וחשיבותו – מחה"ש סי' רי"ז ס"ב› **כא** ‹כגי' הרי"ף: "מברך על ההדס ופוטר את השמן", ולפי גירסא זו מיירי בשברכותיהן שוות – ב"י› **כב** **שם לגי' הרא"ש** ‹"מברך על ההדס ואח"כ על השמן", כך היא גירסת הרא"ש, ולפי גירסא זו מיירי בשאין ברכותיהן שוות, שהוא צריך לברך על שתיהן. **וזהו** שכתב רבינו וכל הפירושים אמת וכו', כלומר שאין מחלוקת בין הרי"ף והרא"ש אלא בגירסת הברייתא ופירושה, אבל לענין הדין ליכא פלוגתא בינייהו כלל – ב"י›

אחד ברכתו הראויה, כדלעיל בס"ז], **מברך על ההדס תחילה** - ואע"ג דשמן אפרסמון ריחו מחמת עצמו, ולא קלט מאחרים, וגם ברכתו חשובה, שמזכיר ומיחד שמן בברכתו, **אפ"ה** הדס שהוא כברייתו וקיים בגופו, חשיב טפי - [הרא"ה].

(**לפי** מאי דאסיקנא לעיל בסימן רי"א בבה"ל, דרוב פוסקים סוברין, דבאין ברכותיהן שוות ג"כ אזלינן בתר חביב, לפי"ז ע"כ לכאורה יהיה קאי דברי השו"ע לדינא רק בששניהם חביבין ליה בשוה, **ואפשר** לומר, דכיון דמעלת ההדס דהוא קיים בגופו, דוחה אפילו מעלת ברכת "שמן ערב" דהוא ברכה המבוררת, כ"ש שדוחה מעלת חביב שהוא למטה מזה, כדלעיל ברי"א, וצ"ע).

[**ואם** הביאו לפניו שמן אפרסמון ושמן שמבושם בעצי בשמים, נראה דגם להרא"ה טוב יותר שיברך תחלה "בורא שמן ערב" על האפרסמון, משום דהוי ברכה מבוררת טפי].

אות י'

אוחז את היין בימינו ואת השמן בשמאלו, מברך על היין וחוזר ומברך על השמן

טור סימן ריב - הביאו לפניו יין ושמן טוב להריח בו, אוחז היין בימינו ומברך תחלה עליו, ואחר כך נוטל השמן בימינו ומברך.

סימן רו ס"ד - [כג]כל דבר שמברך עליו לאכלו או להריח בו, צריך לאוחזו בימינו כשהוא מברך - טעם האחיזה, כדי שיכוון לבו על מה שמברך, **והוא** רק לכתחלה, דבדיעבד אם בירך עליו כשהיה מונח בפניו, אף אם לא אחזו כלל, יצא וכדלקמיה.

הטעם דימינו, משום חשיבות, **ובאיטר** יד אזלינן בתר ימין ושמאל דידיה ולא בתר דעלמא. **וכן** בכל ברכה שמברך על איזה מצוה, יש לו לאחוז הדבר ביד ימינו בשעת ברכה. **ועל** דרך הקבלה אין לתחוב הפרי שמברך עליו בסכין, אף שיאחוז הסכין בימינו. **כשאומר** לחבירו להושיט לו ספר, יקבלנו ביד ימינו.

אות כ' - ל' - מ' - נ'

אל יצא כשהוא מבושם לשוק ושערו כבגדו דמי

ואל יצא יחידי בלילה משום חשדא, ולא אמרן אלא דלא קביע ליה עידנא, אבל קביע ליה עידנא מידע ידיע דלעידניה קא אזיל

ואל יצא במנעלים המטולאים

רמב"ם פ"ה מהל' דעות ה"ט - ולא ינעל מנעלים מטולאים טלאי על גבי טלאי בימות החמה, [כד]אבל בימות הגשמים מותר [כה]אם היה עני; [כו]לא יצא מבושם לשוק, ולא בבגדים מבושמים, ולא ישים בושם בשערו; אבל אם משח בשרו בבושם כדי להעביר את הזוהמא מותר; וכן לא יצא יחידי בלילה, אא"כ היה לו זמן קבוע לצאת בו לתלמודו, [כז]כל אלו מפני החשד.

אות ס'

ואל יספר עם אשה בשוק

רמב"ם פ"ה מהל' דעות ה"ז - [כח]ולא יספר עם אשה בשוק, ואפילו היא אשתו או אחותו או בתו.

אות ע'

ואל יסב בחבורה של עמי הארץ

רמב"ם פ"ה מהל' דעות ה"ב - כשהחכם אוכל מעט זה הראוי לו, לא יאכלנו אלא בביתו על שולחנו, ולא יאכל בחנות ולא בשוק אלא מפני צורך גדול, כדי שלא יתגנה בפני הבריות; ולא יאכל אצל עמי הארץ, [כט]ולא על אותן השלחנות המלאים קיא צואה.

אות ע*[ל]

ואל יכנס אחרונה לבית המדרש

יו"ד סימן רמד סט"ז - ואין שבח לתלמיד חכם שיכנס באחרונה – [ואע"ג דפי' רש"י באלה הדברים, בפסוק ראשים עליכם, שהראש יכנס באחרונה, היינו שהרשות בידו לעשות כן, והקהל מחויבים לסבול דבר זה ממנו, אבל הוא עצמו ימנע מלעשות כן, דוגמא דקימה, אע"ג דמצוה היא, אפ"ה אמרינן שלא יטריח הצבור – ט"ז].

באר הגולה

[כג] ברכות מ"ג ע"ב [כד] ‹עיין לח"מ שהקשה, דלמה לא הביא רבנו יתר החילוקים שאמרו בגמ' שם, לא אמרן אלא בפנתא וכו'› [כה] ‹קצת קשה, דאם הוא עני אפי' בימות החמה נמי, דמה בידו לעשות, וצ"ל דמפרש דלא כפרש"י דפי' דהטיט מכסהו, אלא מטעם דאם אינו עושה טלאי ע"ג טלאי, אפשר שיכנס הטיט והמים לתוך המנעל ויתלכלכו רגליו, וכיון דמטעם שמירת הרגלים הוא עושה טלאי ע"ג טלאי, אין בזה גנאי, דעני הוא ואין לו להחליף, משא"כ בימות החמה דהארץ יבישה, ובטלאי אחד סגי – לחם יהודה› [כו] ‹אפשר דתנא והדר מפרש, כיצד, לא יצא מבושם בבגדיו, או שכוונתו שלא יצא בבושם ממש אפילו בגופו, דבושם ממש לא מעבר ליה זיעה, ולא אמרו דמעברא אלא שמן הטוב וכיוצא בו – כסף משנה› [כז] ‹ר"ל אלו הענינים האחרונים, לא יצא מבושם כו', וכן לא יצא יחידי כו', הוא מפני חשדא, וכמבואר בגמ' דברכות שם – שערי דעה› [כח] ‹האיסור לספר עמה היינו לת"ח, ואפילו באקראי, ומיהו אפשר שבזמנם האיסור חמור, לפי שאשה לא יצאה לשוק אלא פעם או פעמיים בחודש, וכמבואר ברמב"ם פרק י"ג דאישות הלכה י"א, שאין יופי לאשה אלא בזוית ביתה ע"ש, ואם מתעכבת לדבר עם איש, נראה שיש להם קשרים או ידידות זה לזה, ולכן החמירו טפי בת"ח אפילו באשתו או אחותו, והדבר צ"ב – ר' משה שטרנבוך› [כט] ‹אצל עמי הארץ, פי' אנשים נבערים מדעת וממדות ומדרך ארץ. ואמר (אבות פ"ג מ"ג) כי כל שלחנות מלאו קיא צואה בלי מקום, דהיינו שאין מדברים עליהם שום דבר תורה או חכמה או תועלת, רק דברי תאוות מפסידות וליצנות ונבול פה – מוסר השכל לשון הזהב. ‹**וקשה** מאי השמיענו רבינו, וי"ל דכוונת רבינו שמדברים מדברי תורה, אך בליצנות – שערי דעה› [ל] ‹ע"פ מהדורת נהרדעא›

אות פ' - צ'

אף לא יפסיע פסיעה גסה ואל יהלך בקומה זקופה

רמב"ם פ"ה מהל' דעות ה"ח - לא ילך תלמיד חכם בקומה זקופה וגרון נטוי, כענין שנאמר: ותלכנה נטויות גרון ומשקרות עינים; ולא יהלך עקב בצד גודל בנחת כמו הנשים וגסי הרוח, כענין שנאמר: הלוך וטפוף תלכנה וברגליהם תעכסנה; [לא]ולא ירוץ ברשות הרבים כמנהג משוגעים, ולא יכפוף קומתו כבעלי חטוטרת; אלא מסתכל למטה כמו שהוא עומד בתפלה, ומהלך בשוק כאדם שהוא טרוד בעסקיו; גם ממהלכו של אדם ניכר אם חכם ובעל דעה הוא או שוטה וסכל, וכן אמר שלמה בחכמתו: וגם בדרך כשהסכל הולך לבו חסר ואמר לכל סכל הוא, הוא מודיע לכל על עצמו שהוא סכל.

[לב]**סימן ב ס"ו - [לג]אסור לילך בקומה זקופה** - שדוחק רגלי השכינה כביכול, ע"כ כתבו האחרונים, דאסור אפילו פחות מד"א, **ופשוט** דאפילו עומד במקומו ואינו הולך כלל.

ולא ילך [לד]ד' אמות בגילוי הראש (מפני כבוד השכינה) - אפילו בבית שיש בו תקרה, וכ"ש תחת אויר השמים דיש ליזהר לכו"ע, **ומידת** חסידות אפילו פחות מד"א, ואפילו בעת השינה בלילה.

ויש שמצדדין לומר, דאפילו ד"א אינו אסור מדינא, רק להצנועין במעשיהן, **אבל** כבר כתב הט"ז, דבזמנינו איסור גמור מדינא להיות בגילוי הראש, ואפילו יושב בביתו, ע"ש הטעם. ‹**כיון** שחוק הוא עכשיו בין העכו"ם שעושין כן תמיד, תיכף שיושבין פורקין מעליהם הכובע, וא"כ זה נכלל בכלל ובחוקותיהם לא תלכו, כ"ש בחוק זה שיש טעם, דכיסוי הראש מורה על יראת שמים - ט"ז›

וכתב המ"א, דאפילו קטנים נכון להרגילם בכיסוי הראש, כי היכי דליהוי להו אימתא דשמיא.

ולענין גילוי הראש, די בכיסוי היד על הראש, **ולילך** ד"א תחת אויר השמים, לא מהני בזה כיסוי הראש ביד.

וכ"ש דאסור לברך וה"ה ללמוד בגילוי הראש, ולא מהני בזה כיסוי היד, דיד וראש חד גופא אינון, ואין הגוף יכול לכסות את עצמו.

ויש מקילין בזה בשעת הדחק, כגון בלילה שרוצה לשתות ואין לו כובע בראשו, דדי במה שמכסה ראשו בידו, **אבל** יותר טוב לנהוג כמו שהעולם נוהגין, שממשיך הבית יד של הבגד על היד ומכסה בו ראשו, דאז הוי שפיר כיסוי לכו"ע.

ויש ליזהר בשעת הנחת תפילין של ראש, שלא יברך הברכה בראש מגולה.

ופרו"ק משערות, אף אותן שתפורין בבגד מתחתיו, יש לאסור מפני מראית העין, שיאמרו ששערות הן, **ויש** מקילין.

אם מפלה ראשו, שרי בגילוי הראש.

באר הגולה

לא ‹בפ' כיצד מברכין (דף מ"ג) אמרו ויש אומרים אל יפסיע פסיעה גסה וכו'. ואולי זהו שכתב ולא ירוץ ברשות הרבים, אלא שבגמרא לא נתנו טעמו של רבינו, אלא מפני שנוטל מאור עיניו של אדם וכו' - לחם משנה› לב ‹ע"פ מהדורת נהרדעא› לג **קידושין ל"א** ‹מדקדוק לשון השו"ע, מדנקט בקומה זקופה סתם דאסור, ולא חילק בין הילוך ד' אמות דוקא או אף בפחות מד' אמות אסור, ובגילוי ראש כתב בפירוש: ולא ילך ד' אמות בגילוי ראש, משמע דבקומה זקופה אסור אף בפחות מד' אמות, וכן דייק הב"ח מלשון הטור, **ובאמת** הוא תמוה, דהרי בש"ס קדושין דף ל"א איתא, אמר ריב"ל אסור לאדם שיהלוך ד' אמות בקומה זקופה, שנא' מלא כל הארץ כבודו, הרי מבואר דדוקא ד' אמות אסור, **והב"ח** תירץ, דהטור כתב כן לחומרא, **וכבר** תמה הט"ז כאן, דלא שייך להחמיר על דברי הש"ס, ומש"כ הט"ז, דאולי לא היה בגירסא לפני הטור ד' אמות, זה דוחק גדול, דהרי"ף והרא"ש העתיקו ד' אמות. **וראינו** להרמב"ם ז"ל בפ"ה מה"ל דעות ה"ח כתב: לא ילך ת"ח בקומה זקופה וגרון נטוי וכו', הרי לא נקט אותו רק גבי ת"ח, וגם לא הזכיר ד"א, אמנם בש"ס ברכות דף מ"ג ע"ב נאמר ששה דברים גנאי לת"ח, אל יצא וכו', ואל יהלוך בקומה זקופה, ומפרש בש"ס שם, אל יהלוך בקומה זקופה, דאמר מר המהלך בקומה זקופה אפילו ד"א כאלו דוחק רגלי השכינה, דכתיב מלא כל הארץ כבודו, **ובאמת** יפלא הדבר מאוד, דלמה להו לחשוב לגנאי לת"ח מה שאסור לכל אדם, הא ודאי דבר האסור גנאי הוא. **ואחר** העיון נראה, דהא דחשיב שם הש"ס לגנאי לת"ח, הוא אף בפחות מד"א, דזה אינו אסור בכל אדם, מיהו בת"ח איכא גנאי בדבר, ולזה מפרש בש"ס שם, דאמר מר המהלך בקומה זקופה אפילו ד"א וכו', ממילא הוא גנאי לת"ח אף בפחות מד"א, ובזה דברי רבינו ז"ל הנ"ל מדוקדקים, דלכך כתב ת"ח, משום דבת"ח הוא אסור אף בפחות מד"א. **ובזה** עמדנו על כוונת הרי"ף והרא"ש, דבברכות כתבו פ' כיצד מברכין שם, ואל ילך בקומה זקופה דכתיב מלא כל הארץ כבודו, ואילו בקדושין כתבו דברי ריב"ל דאסור לילך ד"א בקומה זקופה, וכן בפסקי הרא"ש העתיק בברכות בלא ד"א, ובקדושין העתיק ד"א, **אמנם** הוא הדבר אשר דברנו, דשם בברכות לענין ת"ח, אסור אף בפחות מד"א, דגנאי הוא בדבר, משא"כ בשאר כל אדם בעינן ד"א דווקא, וזה ברור, ומעתה י"ל שפיר הטעם של הטור ושו"ע כאן, הוא מצד חומרא ולא מדינא, וכמ"ש הב"ח, משום דכיון דאשכחן עכ"פ בת"ח דאיכא גנאי, א"כ מהראוי שיחזיק כל אדם עצמו בזה לת"ח, וז"ב ודו"ק - מגן גיבורים› לד שם

§ מסכת ברכות דף מד. §

אות א'

<u>**הביאו לפניו מליח תחלה ופת עמו, מברך על המליח ופוטר את הפת, שהפת טפלה לו. זה הכלל: כל שהוא עיקר ועמו טפלה, מברך על העיקר ופוטר את הטפלה**</u>

סימן ריב ס"א - [א]כל שהוא עיקר ועמו טפילה, (פי' דבר בלתי נחשב), מברך על העיקר ופוטר את הטפילה, בין מברכה שלפניה בין מברכה שלאחריה; לא מיבעיא אם העיקר מעורב עם הטפל - כגון כל תערובות שני מינים, שהאחד הוא העיקר והשני אינו בא אלא לתקנו ולהכשירו, **או** אפילו שניהם עיקרים, אלא שהאחד מרובה מחבירו, הרוב הוא העיקר, כמ"ש סימן ר"ח ס"ז, **ואפילו** כל מין ומין עומד בפני עצמו וניכר, נמי בתר רוב אזלינן, **וע"כ** בפורים שמרקחין שומשמין בדבש, ומערבין בהם פתיתי אגוז, כל שרוב שומשמין, בתר העיקר אזלינן ומברך "פרי האדמה", **ומיהו** כ"ז דוקא בששניהם הוא דבר חשוב, הא אם אחד מהן אינו דבר חשוב, אף שהוא הרוב, בטל הוא לגבי מיעוט החשוב דהוא העיקר.

ודע, דבה' מיני דגן קי"ל לעיל בסי' ר"ח, דאם מעורבין עם שאר מינים, אפילו הם המיעוט, כל שניתן בהתבשיל לטעם, [לאפוקי אם רק לדבק בעלמא, דבטילי לשאר מינים], אזלינן בתרייהו ומברך עליהם במ"מ לבד, ונפטר תערובות הרוב, מפני שמיני דגן נחשבין לעיקר תמיד, [**ודוקא** כשמרגיש טעם דגן בפיו], **אך** בלבד אם יש בהם ממש, אבל אם עירב קמח במים הרבה, כ"כ עד שהוא רך כדי שיהא ראוי לשתיה, מברך "שהכל".

(**אכן בח"א מצדד, דהיכא דמינכר ומובדל כל מין בפני עצמו, מברך על כל מין ומין, ולא אזלינן בתר רובא, ולא בתר ה' מיני דגן, ולמעשה נראה דספק ברכות להקל, ולא יברך אלא כברכת הרוב, וכן בתבשיל שמעורב בו מה' מיני דגן, יברך רק במ"מ, וגם "על המחיה" בסוף, אם יש בו כזית דגן בכדי אכילת פרס, וכן משמע בפמ"ג, וכן שמעתי מורים בשם גאון אחד**, ‹**למעשה** הורתי בענייי כמה פעמים כדעת הח"א לברך ב' ברכות - שבה"ל›, **והרוצה לחוש לדעת הח"א, ימעך הפרי אדמה, ויהיה מעורב עם פתיתי העיסה או הגריפין של ה' מיני דגן, ויאכלם ביחד ויברך "בורא מיני מזונות" על שני המינים ביחד, וכן לענין שארי מינים שאינם מחמשה מיני דגן, אם הרוב ממין אחד, והמין השני שהוא המועט מובדל בפני עצמו, כגון שבישל ביחד תפוחים עם מעט תפוחי אדמה וכה"ג, ימעך המיעוט ויברך כברכת הרוב).** ‹**י"א** דבציור שא"א למעך את הב' מינים ביחד, יש עצה, להוציא מהתערובת חתיכה א' מהמין המיעוט ולברך עליו תחילה, ואח"כ יברך על המין הרוב, **ואין** זה בגדר שמברך על הטפל תחילה, וכבסוף הסעיף, דטפלות של תערובת ב' מינים, לא נגרע מחשיבותו, ורק לענין הברכה, וכיון שאוכלו תחילה לכו"ע יברך עליו ברכתו הראויה, **וי"א** עוד עצה, שיכוין בברכתו על העיקר שלא לפטור את המועט, אלא דאינו מוסכם לכו"ע - דברי סופרים›.

[ב]**אלא אפי' כל אחד לבדו** - בין שאוכל העיקר והטפל בבת אחת, בין שאוכל העיקר תחלה והטפל אח"כ, וכדלקמיה.

[ג]**ואפילו פת שהוא חשוב מכל, אם הוא טפל, כגון שאכל דג מליח, ואוכל פת עמו כדי שלא יזיקנו בגרונו** - כגון שאכל דבר מתוק מקודם, ואוכל דג מליח להפיג המתיקות, ‹עיין תוס'› ומפני שלא יזיקנו המליח בגרונו אוכל פת עמו, אבל אינו תאב כלל לאכול פת, לכן הוי הפת טפל, **מברך על הדג ופוטר הפת, כיון שהוא טפל** - [וציירתי באופן זה, ולא ציירתי בפשיטות כגון שחפץ לאכול דג מליח, וכפשטיות לישנא דהמחבר, **משום** דהרבה אחרונים מצדדים, {הב"ח ‹מוכיח כן מהגמ' ע"ש› ורש"ל ודברי חמודות, [ד]וכן מרש"י} ‹ד"ה פירות›, דדוקא באופן זה שהיה מוכרח לאכול המליח מפני חולשת לבו מהמתיקות, לכן חשיב המליח לעיקר אף נגד הפת, **הא** בעלמא לא אמרינן דהמליח יהיה עיקר נגד הפת].

משא"כ אם הוא תאב לאכול פת ג"כ, אע"פ שאוכלו עם המליח, כהנהוג לאכול דג מלוח שקורין הערינ"ג עם פת, אינה טפלה אליו, אפי' אם תאב להמליח יותר, וצריך לברך עליה "המוציא" ופוטר את המליח.

[**ועיין** בחי' הרא"ה שהסביר לנו טעם, למה לענין תערובות שהוא ג"כ מטעם עיקר וטפל, קי"ל דבה' מינים אפי' מיעוט הם העיקר לעולם, ובשאינן מעורבין, אפי' פת טפל לפעמים, **וכתב** דכשהם בתערובות, איירינן לענין חשיבות בהתבשיל, ואמרינן דכשֶשָם בתוכו מיני דגן, שָם אותם לעיקר בהתבשיל, כי הם חשובין יותר, **משא"כ** כשהם מפורדים, כענין דפת ומליח שהוא בעין ובא עם המליח, אינו עיקר כלל, ולא בא אלא להכשיר את פיו].

ואפילו כשלא היה הטפל לפניו בשעת אכילת העיקר, אם היה דעתו בשעת ברכה לאכול גם הטפל, או שדרכו בכך לאכול הטפל אחריו, פוטר הטפל, **גם** בעינן דוקא שיאכל הטפל באותו מקום, לאפוקי כששינה מקומו בינתים, **אבל** אם אינו רגיל בכך, וגם לא היה דעתו בפירוש בשעת הברכה לאכול הטפל, צריך לברך גם על הטפל, **אך** אז מברך על הטפל רק "שהכל", דעכ"פ טפל הוא ומפסיד ברכתו העיקרית, **ודומיא** דפסק הרמ"א לקמן בהג"ה, דאם אוכל הטפל קודם העיקר, אף דצריך לברך עליו בפני עצמו, ואינו נפטר בברכת העיקר שיברך אח"כ, מ"מ כיון שהוא טפל מפסיד ברכתו העיקרית.

האנוס"י שאוכלין אחר הסעודה למתק שתית היין ששתה מקודם, א"צ לברך עליהן, דהן טפלין להיין, וברכת היין פוטרתן, [**ודוקא** כשהיה דעתו בשעת ברכת היין לאכול אח"כ האנוס"י או שרגיל בכך], **וה"ה** כששתה שאר משקין תוך הסעודה, ואוכל אח"כ אנוס"י למתק השתיה, א"צ ברכה, משום דברכת הלחם פוטרתן, דהמשקה טפל ללחם, והאנוס"י למשקה.

הגה: וי"א אם הטפל חביב עליו, מברך עליו ואח"כ מברך על העיקר (אגור בשם א"ז) - עיין במ"א ובביאור הגר"א שהקשו כמה קושיות ע"ז, **ומסיק** המ"א לדינא, דאין חילוק בזה, וגם בא"ר הביא

באר הגולה

[א] ברכות מ"ד ע"א [ב] הרא"ש שם [ג] שם במשנה [ד] ‹אינו מביא מרש"י רק לגבי עיקר הענין, אבל לא מה דמשמע מיניה, דדוקא פירות גנוסר שהם חשובים ולכן הם עיקר, אבל שאר פירות לא יהיה עיקר כנגד הפת›

מתני' *הביאו לפניו מליח (א) תחלה ופת עמו מברך על המליח ופוטר את הפת שהפת טפלה לו *זה הכלל כל שהוא עיקר ועמו טפלה מברך על העיקר ופוטר את הטפלה: גמ' ומי איכא מידי דהוי מליח עיקר ופת טפלה אמר רב אחא בריה דרב עוירא אמר רב אשי באוכלי פירות גנוסר שנו *אמר רבה בר בר חנה כי הוה אזלינן בתריה דרבי יוחנן למיכל פירות גנוסר כי הוינן בי מאה מנקטינן ליה לכל חד וחד עשרה וכי הוינן בי עשרה מנקטינן ליה כל חד וחד מאה וכל מאה מינייהו *הוה מחזיק להו צנא בר תלתא סאוי *ואכיל להו ומשתבע דלא טעים זיונא ס"ד אלא אימא מזונא רבי אבהו אכיל עד דהוה שריק ליה דודבא מאפותיה ורב אמי ורב אסי הוו אכלי עד דנתור מזייהו רשב"ל הוה אכיל עד דמריד ואמר להו רבי יוחנן לדבי נשיאה והוה משדר ליה רבי יהודה נשיאה באלושי אבתריה ומייתי ליה לביתיה כי אתא רב דימי אמר עיר אחת היתה לו לינאי המלך בהר המלך שהיו מוציאים ממנה ששים רבוא ספלי טרית לקוצצי תאנים מע"ש לע"ש כי אתא רבין אמר אילן אחד היה לו לינאי המלך בהר המלך שהיו מורידים ממנו ארבעים סאה גוזלות משלש בריכות בחדש כי אתא ר' יצחק אמר עיר אחת היתה בארץ ישראל וגופנית שמה שהיו בה שמנים זוגות אחים כהנים נשואים לשמנים זוגות אחיות כהנות ובדקו רבנן מסורא ועד נהרדעא ולא אשכחו בר מבנתיה דרב חסדא דהוו נסיבן לרמי בר חמא ולמר עוקבא בר חמא ואע"ג דאינהי הוו כהנתא אינהו לא הוו כהני אמר רב כל סעודה שאין בה מלח אינה סעודה אמר רבי חייא בר אבא א"ר יוחנן כל סעודה שאין בה *שריף אינה סעודה: מתני' אכל ענבים ותאנים ורמונים מברך אחריהם שלש ברכות דברי רבן גמליאל וחכ"א ברכה אחת (מעין שלש) ר"ע אומר אפי' אכל שלק והוא מזונו מברך עליו ג' ברכות *השותה מים לצמאו מברך שהכל נהיה בדברו ר' טרפון אומר *בורא נפשות רבות וחסרונן: גמ' מ"ט דר"ג דכתיב °ארץ חטה ושעורה וגו' וכתיב ארץ אשר לא במסכנות תאכל בה לחם וגו' וכתיב °ואכלת ושבעת וברכת את ה' אלהיך ורבנן ארץ הפסיק הענין ור"ג נמי ארץ הפסיק הענין ההוא מבעי ליה *למעוטי הכוסס את החטה א"ר יעקב בר אידי א"ר חנינא [ב]כל שהוא מחמשת המינין בתחלה מברך עליו במ"מ ולבסוף ברכה אחת מעין שלש אמר רבה בר מרי אריב"ל כל שהוא משבעת המינין בתחלה מברך בורא פרי העץ ולבסוף ברכה אחת מעין שלש א"ל אביי לרב דימי מאי ניהו [א] ברכה אחת מעין שלש א"ל [י]אפירי דעץ על העץ ועל פרי העץ ועל תנובת השדה ועל ארץ חמדה טובה ורחבה שהנחלת לאבותינו לאכול מפריה ולשבוע מטובה רחם ה' אלהינו על ישראל עמך ועל ירושלים עירך ועל מקדשך ועל מזבחך ותבנה ירושלים עיר קדשך במהרה בימינו והעלנו לתוכה *ושמחנו בה כי אתה טוב ומטיב לכל דחמשת המינין על המחיה ועל הכלכלה ועל תנובת השדה כו' וחותם על הארץ ועל המחיה מיחתם במאי חתים כי אתא [ב] רב דימי אמר רב חתים בר"ח ברוך מקדש ישראל וראשי חדשים הכא מאי רב חסדא אמר על הארץ ועל פירותיה ור' יוחנן אמר על הארץ ועל הפירות א"ר עמרם *ולא פליגי הא לן והא להו מתקיף לה ר"נ בר יצחק אינהו אכלי ואנן מברכין [י]אלא איפוך רב חסדא אמר על הארץ ועל הפירות ר' יוחנן אמר על הארץ ועל פירותיה

אמר

רש"י

מתני' מליח · כל דבר מלוח : גמ' פירות גנוסר · פירות ארץ ים כנרת חשובים מן הפת : זיונא . משמע מידי דבר אכילה : מזונא. דבר הסועד: דשריק דודבא מאפותי'. שהזבוב מחליק ממלחו מתוך להלא פניו בשרו מחליק : עד דמריד. דעתו מטרפת : באלושי. אוכלוסי בני אדם : ספלי טרית . ספלים מלאים חתיכות דג חתוך שקורים טוניג"א : לקוצצי תאנים . למאכל פועלים שקוצצים תאנים והיו מרובים עד שכל אלו צריכין להם למאכל : בריכות · קובייא"ש בלע"ז : משלש בריכות בחדש . ג' פעמים בחדש מורידים ממנו כך: שמנים זוגות אחים · שנים שנים אחים היו כולם וכן נשותיהם : שריף . תבשיל לח שיש בו מרק כמו שורפה היה : מתני' מברך אחריהם ג' ברכות · ר"ג לטעמיה דאמר לעיל בפירקין (דף לז.) כל שהוא מז' המינים מברך אחריו ג' ברכות : אפילו אכל שלק . של ירק : והוא מזונו . שסמך עליו למזון : וחסרונן. צרכי ספוקן: גמ' וברכת. אכולהו קאי ובההוא קרא ג' ברכות רמיזי כדאמרינן בפרק שלשה שאכלו (דף מח:) : ארץ הפסיק הענין . ולא קאי וברכת אלא אלחם דסמיך ליה : ור"ג נמי . הפסקה לפרושי חטה דכתיב בקרא קמא אתא ולמעוטי שאם כססה כמות שהיא אין זו בכלל ברכה אא"כ עשאה לחם: חמשת המינים . כולם מין דגן חטין ושעורין וכוסמין ושבולת שועל ושיפון כוסמין מין חטה שבולת שועל ושיפון מין שעורה: מברך עליו ב"מ מזונות. אם עשאו תבשיל : כל שהוא מז' המינים · משאר ז' המינים האמורים בפסוק ואינו מין דגן: אפרי דעץ על העץ ועל פרי העץ ועל ארץ חמדה טובה ורחבה . אתרוייהו קאי כולה עד סופה : רב חתים בר"ח כו' . אע"ג דדמיא לתרתי : הכא מאי . מי מחתמינן בתרתי כהאי גוונא כגון על הארץ ועל הפירות ולא הויא חתימה בשתים ממש כדמפרש לה בפרק שלשה שאכלו (דף מט.) : הא לן והא להו · רב חסדא מבבל ובבבל חתמי על הארץ ועל פירותיה ור' יוחנן מארץ ישראל והתם חתמי על הפירות: ואנן מברכינן. על פירותיה הארץ ישראל לחודה קאי ואנן לא אכלינן מינייהו ומברכים עלייהו :

קופרא

תוספות

באוכלי פירות גנוסר שנו . שהמליח עיקר שהוא בא להשיב הלב שנחלש מפני מתיקות הפירות והפת שלאחריו טפל ואינו בא אלא בשביל המליח וא"ת פירות האי עיקר ומליח טפל ולבריך על הפירות ולפטר כולהו וי"ל דמיירי שלא אכל הפירות באותו מעמד א"נ בשעה שאכל פירות גנוסר לא היה שם עדיין מליח ופת דלא היה יודע שיחלש לבו מחמת המתיקות :

מברך על המליח . ואף על גב דאשמעינן דפת פוטר את הפרפרת איצטריך לאשמעינן דפעמים דפת טפל :

רבי עקיבא אומר אפי' אכל שלק והוא מזונו כו'. ולא דמי להיא דלעיל (דף לז.) דר"ג נתן רשות לר"ע לברך וכו' דשאני הכא דאיקבע מזוניה עליה:

על העץ ועל פרי העץ . אבל על היין מברכים על הגפן ועל פרי הגפן דכיון דיין קובע ברכה לעצמו משום חביבותיה הוא הדין לאחריו ובחתימה יש שחותמין על הארץ ועל הפירות ויש שחותמין על הגפן ועל פרי הגפן מיהו לכאורה משמע דא"צ לשנות החתימה שהרי אין אנו משנין רק לומר פרי הגפן במקום פרי העץ אבל בעלמא היכא דלא מברכינן על העץ אלא בסתמא על הארץ ועל הפירות ביין נמי אין לשנות ובס' המיימוני מצריך להזכיר בה מעין המאורע בשבת וביו"ט וכן משמע בירו' ומיהו לא נהגו העולם כן ויכול להיות מה שמזכירים מעין המאורע הייט דוקא בימיהם שהיו רגילין לקבוע איין ואמיני פירות אבל האידנא לא קבעי ופר"ח היכא דאכיל מיני מזונות כגון דייסא ותאנים ושתי חמרא מברך ברוך אתה ה' אמ"ה על המחיה ועל הכלכלה על הגפן ועל פרי הגפן ועל העץ ועל פרי העץ ועל תנובת השדה וכו' וחותם בא"י אמ"ה על הארץ ועל המחיה ועל הפירות ולא הוי חתימה בשתים דהארץ היא המוציאה המחיה והפירות :

אינהו מיכל אכלי ואנן מברכין . משמע שאין נראה למקשן שידברו האמוראים דבבל בשביל בני ארץ ישראל כי כך פר"ת גבי (קדושין כט:) לעולם ישא אשה ואחר כך ילמוד תורה ותנא אחריתי ילמוד תורה ואחר כך ישא אשה ומסיק הא לן והא להו ופירש ר"ת דר' יוחנן היה מדבר בשביל תלמידיו שהיו מבבל דשמא הכא קים ליה למקשן דבאותה שעה שאמר רב חסדא הא מילתא לא היה לפניו שום תלמיד מא"י וכן לא שום תלמיד מבבל לפני רבי יוחנן וא"כ לא היה מזכיר רב חסדא שהיה מבבל כי אם לבני בבל ולהכי פריך היאך יברכו בני בבל על הארץ ועל פירותיה משמע דקאי דוקא על פירות של ארץ ישראל והם אינם אוכלים אותן :

עבידנא

עין משפט נר מצוה

קמד א מיי' פ"ג מהל' ברכות הלכה ה והלכה ז סמג עשין כח טוש"ע או"ח סימן ריב סעיף א :

קמה ב מיי' פ"ג שם הל' ג והלכה יא סמג שם טוש"ע או"ח סי' רח סעיף א :

קמו ג מיי' פ"ג מהל' ברכות הלכה יג ופ"ח הל' יד סמג שם טוש"ע או"ח סי' רח :

קמז ד מיי' וסמג שם טוש"ע או"ח סימן רח סעיף י :

ואכיל להו לטלתו כצ"ל רש"ל

הגהות הב"ח

(א) במשנה מליח בתחלה :

הגהות הגר"א

[א] מאי ניהו ברכה אחת מעין ג'. נ"ב א"ל דחמשת מינים על המחיה ועל הכלכלה כו' עד טוב ומטיב לכל וחותם על הארץ ועל המחיה אפירי דעץ על העץ ועל פרי העץ . דחמרא על הגפן ועל פרי הגפן . מיחתם במאי חתים רב חסדא אמר כו' . כן הוא גי' רי"ף ורא"ש ולגי' שלנו צ"ע למה לא פשט מה' מינים : [ב] שם (כי אתא רב דימי א"ר חתים בר"ח ברוך מקדש ישראל ור"ח הכא מאי) תא"מ :

גליון הש"ס

גמ' למעוטי הכוסס את החטה. ע' לעיל ל"ז ע"א תוס' ד"ה הכוסס :

[ע' תוס' לעיל לז.ד"ה בורא ותוס' לקמן מה. ד"ה ר"ע]

מסורת הש"ס

לעיל לה: מח.

עירובין ל.

נ"ל לא הוה רש"ל

[נ"ל שרף פי' שמפיג את המאכל שבמעי' פרוץ]

עירובין יד:

דברים ח

שם

[ושמחנו בבנינה כי אתה ה' טוב וכו']

שבת ס: יומא כה: ב"ב ס. סנהד' קדושין כט: סוכה מח.

[לעיל כ: ב"ב יד: סוכה לו. ב"מ קו. כ"ב קנז.]

בשם בה"ג וכלבו, שכתבו בהדיא שאפילו אם הטפל חביב עליו, מברך על העיקר לבד, **והטעם**, דאף שהטפל חביב עליו בעצם יותר, מ"מ עתה אינו אוכלו רק בשביל העיקר, שבשבילו הותחל האכילה, ובלתו לא היה אוכל הטפל כלל, **וע"ש** עוד, דכל זה אפילו בשאין ברכותיהן שוות, וגם אין אוכלן ביחד, **ובפרט** כשברכותיהן שוות או שאוכלן ביחד, בודאי מברך על העיקר לבד.

מי ששתה יין שרף, ואוכל איזה דבר או מעט פת אחריו להפיג חריפות השתיה, נעשה הפת טפל וא"צ לברך עליו, **אכן** דוקא כשהיה דעתו עליו בשעת ברכה, או שרגיל בכך ברוב הפעמים וכנ"ל, **ולענין** נטילת ידים עיין לעיל בסי' קנ"ח במ"ב, **וכ"ז** כשאין כוונתו לאכול הטפל שאינו רעב כלל, ואינו אוכל אותו רק להפיג המרירות, **אבל** אם כוונתו בשביל הטפל ג"כ, כגון ששותה יי"ש ואוכל ג"כ לעקא"ך או מרקחת, אע"ג שנראה שאחד עיקר והשני טפל, כיון שכוונתו לאכילת שניהם, א"כ אין זה טפל לזה, וצריך לברך על הלעק"ך או על המרקחת תחלה שהם חשובין, ואח"כ מברך על היי"ש, אף שהיי"ש חביב עליו, **וה"ה** כשרוצה לאכול שאר דברים, אינו מותר רק כשרוצה לאכול רק מעט כדי להפיג המרירות, אז הוי טפל, **אבל** כשרוצה לאכול יותר מזה, אין שייך שם טפל כלל, כיון שאוכל אותם מחמת עצמותם כדי לסעוד הלב, [**ונ"ל** דאפי' אותו המעט שמועיל להפיג המרירות, ג"כ אינו רשאי לטעום בלי ברכה, אחרי שכוונתו בזה גם לסעוד הלב]. **וכתבו** האחרונים בשם השל"ה, דטוב למנוע מלאכול פת למיתוק שתיית הי"ש, כי מי יוכל להבחין היטב אם הוא רק להפיג מרירותו, או גם לסעוד הלב, דאז צריך לברך "המוציא" ונט"י.

ומי ששורה אחר גמר אכילתו מעט פת ביי"ש לעכל המאכל, יש לברך על היי"ש, דעיקר כוונתו אז על היי"ש כדי לעכל, ואין שייך להסעודה, ורק מפני שחזק לו לשתותו שורה בו פת להפיג קצת מרירותו, והו"ל היי"ש עיקר, מ"א, **ומא"ר** משמע, דטוב באופן זה שישתה תחלה מעט יי"ש קודם ששורה בו הפת, ויברך עליו.

וע"ל בסי' קע"ד במ"ב, דאם אחר שאכל מאכל שמן, לקח מעט יי"ש להפיג השמנונית שבפיו, אם רגיל בכך א"צ ברכה, דהוא טפל לפת.

הא דמברכין על העיקר ופוטר את הטפילה, היינו שאוכלן ביחד - ואם אוכל פת כיסנין עם גבינה או שאר דבר ללפת בו, אף שהם ג"כ חביבים עליו והוא תאב לאכול אותם, מ"מ מברך רק על הכיסנין לבד, דמסתברא שהוא העיקר אצלו, [ה] **וה"ה** בכל דבר כשאוכל עם מין אחר ללפת בו, דמה שאוכל ללפת נחשב רק כטפל, [**ואינו** דומה ללעק"ך דלעיל, דצריך לברך עליו אם כונתו גם בשבילו, **דהתם** אין אוכלן ביחד ללפת, אבל הכא כשאוכל ביחד, מסתברא דמה שאוכל ללפת בודאי הוא טפל אצלו אף דהוא תאב לו].

או שאוכל העיקר תחלה - ואח"כ הטפל כדי למתק את העיקר, כגון אכל תחלה צנון ואח"כ זית להפיג חרפו של צנון, וכה"ג שאר טפל, וכנ"ל בס"א.

אבל אם אוכל הטפל תחלה, כגון שרוצה לשתות, ורוצה לאכול תחלה כדי שלא ישתה אליבא ריקנא; או שאוכל גרעיני גודגדניות למתק השתיה - ר"ל ג"כ שאוכלן קודם שמתחיל לשתות, כדי למתק השתיה ששותה אח"כ, **מברך על האוכל תחלה אע"פ שהוא טפל לשתיה** - דבשלמא כשמברך על העיקר תחלה, ממילא הטפל בכלל, משא"כ כשאוכל הטפל מקודם, לא יתכן שיפטרנו אח"כ העיקר מברכתו למפרע, וכבר היה נהנה בלא ברכה.

ואינו מברך עליו רק 'שהכל', הואיל והוא טפל לדבר אחר (ת"ה) - ר"ל דכיון דעכ"פ אכילתו הוא לטפל לדבר אחר, הפסיד ברכתו הראויה לו, ומברך "שהכל" כדי שלא יהנה בלי ברכה, **ואם** הטפל חביב עליו, מברך עליו ברכה הראויה לו.

והנה הרמ"א סתם בזה ולא הזכיר שום חילוק, דמיירי בכל גווני, **אבל** המ"א חילק בזה, ודעתו דדוקא אם שותה משקין שברכתו "שהכל", והיה ראוי לברך על המשקה "שהכל" ולפטור זה, אך מפני שאוכל הטפל תחלה צריך לברך עליו, לכן מברך עליו כברכת העיקר, וממילא נפטר גם העיקר בברכתו, **אבל** כשברכת העיקר הוא דבר אחר, כגון ששתה יין, אין מברך על המאכל שמקודם "שהכל", רק ברכתו הראויה לו, [**וה"ה** כל כה"ג, כגון שרוצה לאכול צנון ותמכא שברכתו בפה"א, ואך להפיג חריפותו אוכל מעט פת, ואם היה אוכל אותו אח"כ או ביחד, לא היה צריך לברך כלל על הפת, דנפטר בברכת הצנון, **אך** עתה שאכל הפת מקודם כדי למתק חריפות של הצנון שלא יזיקנו כ"כ, להרמ"א מברך עליו "שהכל", **ולהמ"א** מברך עליו "המוציא", ברכתו הראויה לו].

ולכתחלה טוב למנוע לגמרי מלאכול הטפל קודם לעיקר, [כי יש מן האחרונים שמפקפקים על כל עיקר דין הרמ"א, ומסכימים עם הב"י, דאם אוכל הטפל קודם לעיקר, אין עליו שם טפל כלל, ואין לשנות מברכתו הראויה לו].

'סימן ריב ס"ב - 'מרקחת שמניחין על רקיקין דקים, אותם רקיקין הוו טפילה למרקחת - וצריך לברך על המרקחת לבד, **שהדבר ידוע שאין מתכוונים לאכול לחם** - רק שבאים לדבק המרקחת עליהם שלא יטנפו הידים בדבש.

ועיין באחרונים שכתבו, דבמדינותינו שעושין הדובשנין שטובים למאכל, ומניחין המרקחת עליהם, א"כ כונתו ג"כ לאכילת הדובשנין, ומברך עליהם, **וע"ל** סי' קס"ח ‹סעיף ח'› במ"ב, שמבואר שם כל פרטי דין זה.

אות ב'

כל שהוא מחמשת המינין, בתחלה מברך עליו בורא מיני מזונות, ולבסוף ברכה אחת מעין שלש

באר הגולה

[ה] ‹**האוכל** מציות וכדו' עם ממרחים שונים, כגבינות לסוגיהן, אבוקדו, טחינה, ממרח שוקולד, ריבה וכדו', אין מברך אלא בורא מ"מ. **אבל** האוכל מציות ושאר מיני מזונות ושאר מיני מאכלים, יחד עם בשר, פרוסות בשר, נקניק, דגים ודגים מלוחים לסוגיהן, סלטי דגים למיניהם, ירקות, פרוסות ירקות וסלט ירקות, ביצים וכל כיוצא בהן, בכל אלו הדרך להחשיב גם התוספות לעיקר לאכילה ולשביעה, יברך עליהם ויטעם מכל מין בנפרד – פסקי תשובות. [ו] ‹מילואים› [ז] **כל בו**

סימן רח ס"א - [ח]על חמשת המינים שהם: גפן ותאנה ורימון וזית ותמרה, מברך לאחריהם ברכה אחת מעין שלש - שמתוך חשיבותן שנשתבחה בהן א"י, כדכתיב בקרא: ארץ חטה ושעורה וגפן ותאנה ורמון ארץ זית שמן ודבש, [והוא תמרים שזב מהן דבש], קבעו להן ברכה חשובה בפני עצמן לאחריה, [**ואפי'** למ"ד דברכה אחת מעין שלש הוא דבר תורה, אפשר דמן התורה די בברכה אחת לשבעת המינים חוץ מפת, ומתוך חשיבותן קבעו להם מעין שלש].

אות ג'

אפירי דעץ, על העץ ועל פרי העץ ועל תנובת השדה וכו'

סימן רח ס"י - נוסח הברכה: בא"י אמ"ה על המחיה ועל הכלכלה ועל תנובת השדה, ועל ארץ חמדה טובה ורחבה שרצית והנחלת לאבותינו לאכול מפריה ולשבוע מטובה, רחם ה' אלהינו על ישראל עמך ועל ירושלים עירך ועל ציון משכן כבודך ועל מזבחך ועל היכלך, ובנה ירושלים עיר הקודש במהרה בימינו, והעלנו לתוכה ושמחנו בבנינה ונאכל מפריה ונשבע מטובה - **ויש** שאין אומרים: ונאכל מפריה ונשבע מטובה, [וכ"כ ג"כ במעשה רב בהנהגת הגר"א, **ומ"מ** הרוצה לאומרו אין מוחין בידו] - **ונברכך** עליה בקדושה ובטהרה, כי אתה ה' טוב ומטיב לכל ונודה לך על הארץ ועל המחיה, בא"י על הארץ ועל המחיה, [**ולא** יאמר: ועל הכלכלה].

ועל פירות אומר: על העץ ועל פרי העץ ועל תנובת השדה ועל ארץ וכו'.

ועל יין אומר: על הגפן ועל פרי הגפן ועל תנובת השדה ועל ארץ וכו', **ולענין** חתימה דיין, מבואר בסעיף הסמוך.

ונקראת ברכה זו מעין שלש, לפי שיש בה מעין ג' ברכות שבברכת המזון, דהיינו נגד ברכת "הזן", אומרים כאן "על המחיה" או "על הגפן" או "על העץ", **ונגד** ברכה שניה שעל הארץ ועל המזון, אומרים כאן: ועל ארץ חמדה טובה וכו', **ונגד** ברכה ג' שהיא "בונה ירושלים", אומרים כאן: ובנה ירושלים, **ונגד** "הטוב והמטיב" שהיא ברכה ד' בברכת המזון, אומרים ג"כ: כי אתה ה' טוב ומטיב, **ואף** ע"פ שיש בברכה זו מעין ד' ברכות, נקראת מעין ג', לפי שעיקר בהמ"ז מן התורה הם רק ג' ברכות, ו"הטוב והמטיב" הוא מדרבנן.

סימן רח סי"א - בברכה מעין ג' דיין [ט]אינו חותם "על הגפן ועל פרה"ג" - דכמו בה' מיני דגן אומר בחתימתו "על הארץ ועל המחיה", וכן בפרי העץ אומר בחתימתו "על הארץ ועל הפירות", כן בפרי הגפן צריך ג"כ להזכיר "ארץ" בחתימה, **ומ"מ** בדיעבד אם לא הזכיר "ארץ", כתב המ"א דיצא.

אלא "על הארץ ועל פרה"ג", או: "על הארץ ועל הפירות" - טעם המחבר, משום דיש דעות בין הפוסקים, יש מראשונים דס"ל דכמו בפתיחת הברכה מתחילין ביין "על הגפן ועל פה"ג", משום שבחו ועילויו, כן צריך להזכיר שבחו גם בחתימת הברכה, **ויש** מראשונים דס"ל, דבחתימת הברכה די אם יזכיר סתם "ועל הפירות", ואין לשנות נוסחתו משאר ברכות, **ולכך** סתם המחבר להורות דיכול לעשות כמו שירצה, **ועיין** באחרונים דמשמע מהם, דהמנהג לחתום "על הארץ ועל פרי הגפן", **ומ"מ** בדיעבד אם סיים "על הארץ ועל הפירות", בודאי יצא, [**ובפרט** דדעת הגר"א דהעיקר כסברא אחרונה].

סימן רח סי"ב - [י]מזכירין בה מעין המאורע בשבת ויו"ט ור"ח - בין על מיני מזונות, ובין על היין, ועל פירות הארץ, [כן משמע בתוס'], **והיינו** קודם שאומר "כי אתה ה' טוב ומטיב", יאמר בשבת: "ורצה והחליצנו ביום השבת הזה", **וביום** טוב אומר: "וזכרנו לטובה ביום חג פלוני הזה", **וכן** בר"ח יאמר: "וזכרנו לטובה ביום ר"ח הזה".

ובדיעבד אפילו לא הזכיר מעין המאורע יצא, [**וכמה** טעמים בזה, אחד, דהא אינו מחוייב, וסגי דלא אבל זה, וכדלעיל בסי' קפ"ח טעם זה על ר"ח שאין מחזירין אותו בכל גווני, **ועוד**, דהא כמה פוסקים חולקין וס"ל דא"צ להזכיר כלל, **וגם** דבירושלמי גופא משמע דהוא רק לכתחילה].

אבל לא בחנוכה ופורים - דהא אפילו בבהמ"ז אינו מחוייב להזכיר מצד הדין רק מצד מנהגא, וכאן ליכא מנהג כלל ע"ז.

[יא]אם אכל פירות מז' מינים, ואכל מיני מזונות ושתה יין, יכלול הכל בברכה אחת, ויקדים המחיה - לפי שברכתו במ"מ שהיא חשובה ומבוררת, וגם קודמין בפסוק, **ואח"כ הגפן** - שג"כ חשוב ויש לו ברכה בפרטיות, **ואח"כ העץ, ויאמר: על המחיה ועל הכלכלה ועל הגפן ועל פרי הגפן ועל העץ ועל פרי העץ.**

וחותם: על הארץ ועל המחיה ועל פרי הגפן ועל הפירות - במ"א מצדד שלא לומר רק "על המחיה ועל הפירות", וכן משמע בביאור הגר"א, **ומנהג** העולם כהשו"ע, וברכה שא"צ לא שייך כאן, דאין מוסיף שם, א"כ אין קפידא שיאמר "פה"ג" ו"פירות", **ועכ"פ** בדיעבד אם לא אמר "פה"ג" בודאי אין חוזר.

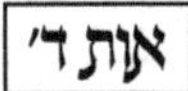

אלא איפוך

סימן רח ס"י - [יב]בברכה אחת מעין שלש של פירות דחוצה לארץ - ר"ל כשהן משבעת המינים, **חותם "על הארץ ועל הפירות"** - שאין יכול לומר "פירותיה", כיון שאינם מפירות של א"י, ואפילו הובאו לא"י ואכלן שם, כיון שגדלו בחו"ל.

ובארץ ישראל חותם "על הארץ ועל פירותיה" - שמשבח להשי"ת על נתינתו לנו את הארץ שמוציאה אותן פירות, [גמרא בדף מ"ט.] ‹"ארץ דמפקא פירות"›.

[יג]ואם בחו"ל אוכל מפירות הארץ, חותם ג"כ "על פירותיה" - ר"ל כשיודע שהם מפירות הארץ, **אבל** בספק, כגון בחו"ל הסמוכה לא"י, יאמר "על הפירות", **וה"ה** כשאוכל בא"י ואינו יודע אם הם מפירות הארץ או שהובאו מחו"ל, יברך ג"כ "על הארץ ועל הפירות".

באר הגולה

[ח] **ברכות מ"ד.** ‹לכאורה לא זהו החמשת המינים שעליו ציין העין משפט, והציון צ"ל להלן על "כל שהוא משבעת המינים"› [ט] **רבי יונה והרא"ש והראב"ד** ‹עיין בתוס' ד"ה על העץ› [י] **תוס' בברכות מ"ד בשם ספר המיימוני והירושלמי וכן כ' הר"ר יונה והרא"ש ושאר פוסקים** [יא] **רמב"ם פ"ח ורבי יונה ורא"ש והרשב"א שם בשם ר"ח** ‹ועיין תוס' ד"ה על› [יב] **ברכות מ"ד ע"א** [יג] **הרשב"א שם**

עין משפט נר מצוה

קמח א ב ג מיי׳ פ״ח מהל׳ ברכות הל׳ א סמג עשין כז טוש״ע או״ח סי׳ רד סעיף א ז ובסימן רז:
קמט ד מיי׳ פ״ח מהל׳ ברכות הלכה ח:
קנ ה טוש״ע או״ח סי׳ רטז סעיף א:
קנא ו ז מיי׳ פ״ח מהל׳ ברכות הל׳ א סמג שם טוש״ע או״ח סימן רד סעיף ז:

מסורת הש״ס

מנחות לו:
נ״ע מוקמינן
נדה נא:
רש״ל מ״ז
[בתוס׳ סוכה לט. ד״ה אבל לפניו וכו׳ ובתוס׳ נדה נא: ד״ה ולבני מערבא ישוב על זה ודע דבתוס׳ נדה שם מבוארים הדברים יפה וע״ע תוס׳ מנחות לו: ד״ה ושמרת]
[שבת קי.]
[לקמן מ: ע״ז כט.]
[נ״ע יבש וכן הוא לקמן מ: וכן איתא בע״ג כט. ע״ש פרש״י]
[בערוך פי׳ סודני ירא שמים כדכתיב סוד ה׳ ליראיו וע׳ ברש״י מנחות עח. ונדה יב:]

עבידנא כבולהו · וכן אנו נוהגין כרב אשי דמברכינן בתר מיא ובתר ירקא בורא נפשות רבות: **ולבני** מערבא דמברכין הכי בתר וכו׳ · ואנן לא עבדינן כבני מערבא דדוקא לדידהו שהיה דרכם לסלקם בלילה שייכא ברכה דלשמור חקיו כדכתיב ושמרת את החקה הזאת למועדה מימים וגו׳ אבל אנו שמסלקין אותן בחלי היום או אפי׳ כסלקן בלילה לא שייך חקה ודוקא לדידהו דקסברי לילה לאו זמן תפילין הוא ומימים ימימה אתא למעוטי לילות שייכא ברכה דחקה אבל אנן דקי״ל* דלילה זמן תפילין הוא ואנן *משימין הפסוק ושמרת החקה וגו׳ בפסח ומה שאין אנו מניחים אותן בלילה מפני שמא יפיח בהן אפי׳ כמתין לסלקן עד הלילה לא מברכינן אע״ג דאנן קיימא לן דשבת וי״ט לאו זמן תפילין אפ״ה לא מברכינן דדוקא לדידהו דסבירא להו חקה קאי אתפילין מברכי׳ ותדע שהרי איכהו כמי לא היו מברכין אלא אתפילין לחודייהו משום דכתיב בהו חקה אבל אשאר מלות כגון ליצית ולולב וסוכה לא היו מברכין (וה״ה הכא) וקשה דהוי מלי לשנויי הכי לאפוקי שאר מלות אפי׳ לבני מערבא*:
דחנקתיה

אמר רב יצחק בר אבדימי משום רבינו *על הביעא ועל מיני קופרא בתחלה מברך שהכל ולבסוף בורא נפשות רבות וכו׳ אבל ירקא לא ור׳ יצחק אמר אפילו ירקא אבל מיא לא ורב פפא אמר אפילו מיא מר זוטרא עביד כרב יצחק בר אבדימי ורב שימי בר אשי עביד כר׳ יצחק וסימנך חד כתרי ותרי כחד א״ר אשי אנא זמנא דכי מדכרנ׳ עבידנא כבולהו *תנן כל שטעון ברכה לאחריו טעון ברכה לפניו ויש שטעון ברכה לפניו ואין טעון ברכה לאחריו בשלמא לרב יצחק בר אבדימי לאפוקי ירקא לר׳ יצחק לאפוקי מיא אלא לרב פפא לאפוקי מאי לאפוקי מצות ולבני מערבא דבתר דמסלקי תפילייהו מברכי אקב״ו לשמור חקיו לאפוקי מאי לאפוקי ריחני א״ר ינאי א״ר כל שהוא כביצה ביצה טובה ממנו כי אתא רבין אמר טבא ביעתא מגולגלתא משיתא קייסי סולתא כי אתא רב דימי אמר טבא ביעתא מגולגלתא משיתא מטויתא מארבע מבושלתא כל שהוא כביצה ביצה טובה הימנו לבר מבשרא: רע״א אפילו אכל שלק כו׳: ומי איכא מידי דהוה שלק מזוני א״ר אשי בקלח של כרוב שנו ת״ר *טחול יפה לשינים וקשה לבני מעים כרישין קשין לשינים ויפין לבני מעים כל ירק חי מוריק וכל קטן מקטין וכל נפש משיב את הנפש וכל קרוב לנפש משיב את הנפש כרוב למזון ותרדין לרפואה אוי לו לבית שהלפת עוברת בתוכו: אמר מר טחול יפה לשינים וקשה לבני מעים מאי תקנתיה נלעסיה ונשדייה כרישין קשין לשינים ויפין לבני מעים מאי תקנתיה לשלקינהו ונבלעינהו כל ירק חי מוריק א״ר יצחק בסעודה ראשונה של אחר הקזה וא״ר יצחק כל האוכל ירק קודם ארבע שעות אסור לספר הימנו מאי טעמא משום ריחא וא״ר יצחק אסור לאדם שיאכל ירק חי קודם ארבע שעות אמימר ומר זוטרא ורב אשי הוו יתבי אייתו קמייהו ירק חי קודם ארבע שעות אמימר ורב אשי אכול ומר זוטרא לא אכל אמרו ליה מאי דעתיך דא״ר יצחק כל האוכל ירק קודם ארבע שעות אסור לספר הימנו משום ריחא והא אנן דקא אכלינן וקא משתעית בהדן אמר להו אנא כאידך דר׳ יצחק ס״ל דא״ר יצחק אסור לאדם שיאכל ירק חי קודם ארבע שעות כל קטן מקטין אמר רב חסדא אפילו גדיא בר זוזא ולא אמרן אלא דלית ביה רבעא אבל אית ביה רבעא לית לן בה כל נפש משיב נפש אמר רב פפא אפילו גילדני דבי גילי כל הקרוב לנפש משיב את הנפש אמר רב אחא בר יעקב עונקא א״ל רבא לשמעיה כי מייתית לי אומצא דבישרא טרח ואייתי לי מהיכא דמקרב לבי ברוך כרוב למזון ותרדין לרפואה כרוב למזון אין ולרפואה לא והא תניא *ששה דברים מרפאין את החולה מחליו ורפואתן רפואה ואלו הן כרוב ותרדין ומי סיסין *דבש [א] וקיבה והרת ויותרת הכבד אלא אימא כרוב אף למזון אוי לו לבית שהלפת עוברת בתוכו איני והא אמר ליה רבא לשמעיה כי חזית לפתא בשוקא לא תימא לי במאי כרכת ריפתא אמר אביי מבלי בשר ורבא אמר מבלי יין איתמר רב אמר מבלי בשר ושמואל אמר מבלי עצים ורבי יוחנן אמר מבלי יין א״ל רבא לרב פפא *סודני אנן תברינן לה בבשרא וחמרא אתון דלא נפיש לכו חמרא במאי תבריתו לה א״ל בציבי כי הא דביתהו דרב פפא בתר דמבשלא לה תברא לה בתמנן אופי פרסייתא תנו רבנן דג קטן מליח פעמים שהוא ממית בשבעה בשבעה עשר ובעשרים ושבעה ואמרי לה בעשרים ושלשה ולא אמרן אלא במטוי ולא מטוי אבל מטוי שפיר לית לן בה ודלא מטוי שפיר לא אמרן אלא דלא שתה בתריה שכרא אבל שתה בתריה שכרא לית לן בה: והשותה מים לצמאו וכו׳ לאפוקי מאי א״ר אידי בר אבין לאפוקי למאן
דחנקתיה

קופרא · כל מיני בשר: **אבל ירקא לא** · לריך לברוכי אחריה: **חד כתרי** · מר זוטרא שהוזכר כאן יחיד בלא שם אביו עביד כרב יצחק בר אבדימי שהוזכר בשמו ובשם אביו: **ותרי כחד** · מר בר רב אשי שהוזכר בשמו ובשם אביו עביד כר׳ יצחק שהוזכר יחיד: **כבולהו** · אף כרב פפא: **כל שטעון ברכה**. משנה היא במסכת נדה: **למעוטי ירקא** · וכ״ש מיא: **למעוטי מצות** · אין מברכין כשמסלקין תפילין ולילית ואחר תקיעת שופר ולולב: **כל שהוא כביצה** · אין לך מין מאכל שיעור כביצה שלא תהא ביצה טובה לגוף ממנו: **מגולגלתא** · ללויה לחה ורכה שסורפין אותה: **קייסי** · מדות מחזיקות לוג: **מגולגלתא משיתא** · טובה משיתא קייסי: **מטויתא** · ללויה קשה טובה מארבע קייסי: **מבושלתא** · במים עלה א״ר ינאי כל שהוא כביצה ביצה טובה ממנו: **בקלח של כרוב שנו** · שהוא מזון דתניא לקמן כרוב למזון: **כרישין** · כרתי: **כל ירק חי מוריק** · נוטל מואר הפנים: **כל קטן** · שלא גדל כל לרכו ולקמן מפרש כמה כל לרכו: **כל נפש** · דבר חי האוכל שלם כגון דגים קטנים שגדלו כל לרכן: **הקרוב לנפש** · האוכל מן הבהמה במקום חיות שלה ולקמן מפרש לה: **אוי לבית** · לכרס האוכל לפת: **נלעסיה** · כוססו ומשליכו: **נשלקינהו** · בקדרה הרבה שלא יצטרך לכוססו בשיניו: **קודם ארבע שעות** · שאינו זמן סעודה והריח קשה לבני אדם המספרים עמו קודם אכילה שהגוף ריקן: **כאידך דר׳ יצחק סבירא לי** · אבל אסור לספר לא סבירא לי: **בר זוזא**. כלומר שמן וטוב ששוה זוז: **דלית ביה רבעא** · שלא גדל עד רביעית שלו כגון טלה רביעית של איל גדי כדי רביעית של שעיר גדול וכן כל דבר: **גילדני דבי גילי** · דגים קטנים מאד ומלויין בין הקנים באגם ואין דרכן לגדל יותר אבל דג קטן ממין דג גדול ולא גדל רובע זה הוא קטן מקטין: **עונקא** · לואר מקום בית השחיטה וסמוך ללב ולמעים: **לבי ברוך** · למקום שברכו שם על השחיטה: **ומי סיסין** · תבשיל של פוליאו״ל: **והרת** · ולדיר״א שהולד נולר בו: **יותרת הכבד** · טרפשא דכבדא שקורין אייבר״ש: **מבלי בשר** · היא קשה אבל כשמבשלה עם בשר שמן מתיש כחה: **מבלי יין** · כשאין שותה אחריה יין: **מבלי עלים** · שאינו שולקה הרבה: **סודני** · בעל שכר תמרים ור׳ פפא מוכר שכר היה כדאמר באיזהו נשך (ד׳ סה׳) טרשא דרב פפא שכראי לא פסיד ואמר רב פפא אי לאו דרמאי שכרא לא איעתרי (פסחים קיג׳) והוא נקרא סודני כדאמרינן תמרי בחלוזך לבי סודנא רהוט (שם): **דלא נפיש לכו חמרא** · שותי שכר אתם: **במאי תבריתו לה** · לכחו של לפת: **אופי פרסייתא** · בקעיות של עלים גדולות היתה שורפת תחת קדרה הלפת: **פעמים שהוא ממית** · ואלו הן ביום שבעה ימים למליחתו או ביום שבעה עשר או ביום שבעה ועשרים:
מאי

הגהות הגר״א
[א] גמ׳ (דבש) תז״מ:

§ מסכת ברכות דף מד: §

אות א' - ב' - ג'

על הביצא ועל מיני קופרא בתחלה מברך שהכל, ולבסוף בורא נפשות רבות וכו'

אפילו ירקא

אפילו מיא

סימן רד ס"א - [א]על דבר שאין גדולו מן הארץ, כגון: בשר בהמה חיה ועוף, דגים, ביצים, חלב, גבינה... מברך: שהכל.

סימן רד ס"ז - [ב]השותה מים לצמאו, מברך "שהכל" ולאחריו "בנ"ר" - נראה דלאו דוקא לצמאו ממש, אלא בסתמא כל שהחיך נהנה מהמים, מסתמא הוא צמא קצת וצריך לברכה, דאם אינו צמא כלל לא היה החיך נהנה ממנו.

(**ומשמע** מדברי הפוסקים, דאם שותה מים לשרות האכילה שבמעיו, מקרי זה שותה לצמאו, **ואף** דאנן פסקינן בסי' קע"ד, דבתוך הסעודה אין לברך על מים ששותה, **נ"מ** מזה להיכא דשותה אחר בהמ"ז כדי לשרות).

[ג]אבל אם חנקתיה אומצא - שעמד לו דבר אכילה בגרונו, **ושתה מים להעביר האומצא, אינו מברך לא לפניו ולא לאחריו** – (ונראה דה"ה אם שותה מים כדי להוריד המזון למקומו, דפעמים אירע שהמאכל עומד באמצע, ונראה לו כמי שדוחק לו כנגד לבו, הוא ג"כ בכלל זה, כיון שאינו שותה להנאה).

(**אמרינן** בגמרא לאפוקי מאי, לאפוקי היכא דחנקתיה אומצא, **ופי'** בחידושי הרא"ה על מה שאמר בגמרא לאפוקי מאי, פי' דמיא לא שתי אינשי אלא לצמאו, ור"ל דמסתמא לא שתי אינשי מיא אלא לצמאו, משום דמים אין לו הנאה מהם בלא זה, וכמו שמפרש בעצמו שם, **אבל** אם יודע בעצמו שלא שתה לצמאו, שאין לו שום הנאה מהשתיה, ושותה מפני איזה סיבה. כמו שנצייר לקמן, גם הוא מודה דאין מברך, דדמי למאן דשתי משום דחנקתיה אומצא, וכן מורה לשון הרמב"ם: השותה מים שלא לרוות צמאו, אינו טעון ברכה לא לפניו ולא לאחריו. **והשמיט** מה שאמר הגמרא "דחנקתיה אומצא", משום דסבר דלאו דוקא הוא, אלא אורחא דמלתא נקיט, דאל"ה למאי שותה, וה"ה כל כיוצא בזה, **ולפי"ז** אם שתה מים רק כדי להצטרף לבהמ"ז, או שיש לו ספק בברכה אם מחוייב ברכה אחרונה, ורוצה לשתות רביעית מים כדי להתחייב בברכה אחרונה, **אם** יודע בעצמו שאין לו אז שום הנאה מהמים, אין חייב עליהם לברך, וממילא גם לענין צירוף לא נחשב צירוף כלל).

ודוקא מים שאין החיך נהנה מהם כי אם כששותה לצמאו, אבל כששותה שאר משקים, או אוכל חתיכת פת, שהחיך נהנה מהם, אף שאין שותהו ואוכלו עכשיו כי אם להעביר האומצא, חייב לברך עליו בתחלה וסוף כדלקמיה בס"ח. **כששותה** מים בבוקר לרפואה, לא יברך, **ואם** גם לצמאו, יברך.

סימן רז ס"א - [ד]פירות האילן חוץ מחמשת המינים, וכל פירות אדמה וירקות, וכל דבר שאין גידולו מן הארץ - כלל בזה אפילו מים, [כמ"ש התוס' מ"ד:]. **ברכה אחרונה שלהם "בורא נפשות רבות"** - נוסח הברכה: בא"י אמ"ה בורא נפשות רבות וחסרונם [**ולא** "וחסרונן"], על כל מה שברא להחיות בהם [ולא "בהן"] נפש כל חי ברוך חֵי העולמים. **והחי"ת** נקוד בצירי, שהוא דבוק. **וי"א**: "שבראת", ונהרא נהרא ופשטיה.

ובדיעבד אם בירך על פירות האילן: "על העץ ועל פרי העץ", יצא.

ואם אכל מכל מינים אלו, מברך לאחר כולם ברכה אחת - ר"ל דא"צ לברך "בורא נפשות" על כל אחת ואחת, דהיא שייכא על כולם, ואפילו אכל ושתה, יצא בברכה אחת, **ואם** מצטרפין שניהם יחד לכשיעור, עיין לקמן בסימן ר"י במ"ב. **אם** מסתפק אם אכל כזית בכדי אכילת פרס, א"צ לברך בנ"ר, [דספק ברכות להקל].

[ה]וברכה זו חותם בה בלא שם, שיחתום כך: "ברוך חי העולמים" - שי"א שהיא מטבע ארוכה, וי"א שתקנו בה מטבע קצר בלא חתימה, **ולכך** טוב שיחתום, אבל בלא שם, **ודעת** הגר"א לחתום בה בשם, כמו שמוזכר בירושלמי, ומ"מ העולם לא נהגו כן.

ופי' בנ"ר מבואר בטור, דנותן לו ית' שבח על שברא דברים הכרחיים, כגון לחם, ודברים מועילים אף שאינם הכרח, כגון פירות, על ההכרחים אומר "וחסרונם", ועל כל השאר יאמר: "על כל מה שברא להחיות" וכו'.

אות ד'

כל שטעון ברכה לאחריו טעון ברכה לפניו

רמב"ם פ"ח מהל' ברכות ה"ח - הפת שעיפשה, והיין שהקרים, ותבשיל שעברה צורתו, והנובלות שהן פגין, והשכר, והחומץ, והגובאי, והמלח, והכמהין והפטריות, על כולן מברך תחלה שהכל; וכל המברכין לפניו שהכל, לאחרונה מברך בורא נפשות; וכל הטעון ברכה לאחריו, טעון ברכה לפניו.

אות ה'

ריחני

סימן רטז ס"א - [ו]אסור ליהנות מריח טוב עד שיברך - וכמו שאסור ליהנות באכילה ושתיה עד שיברך, **ואסמכוהו** בש"ס (מ"ג:) אקרא, דכתיב: כל הנשמה תהלל יה, דמשמע שאף הנשמה תהלל על הנאתה, ואיזהו דבר שהוא הנאת הנשמה בלבד, הוי אומר זה הריח.

באר הגולה

[א] ברכות מ' ע"ב משנה ובריית‍א [ב] ברכות מ"ד ע"א וכת"ק [ג] שם בגמ' ובתוס' (מה דמדויק דדוקא מים) [ד] ברכות מ"ד ע"ב [ה] רבי ירוחם בשם תשו' הרשב"א ותלמידי ר' יונה בשם רבם [ו] ברכות מ"ג ע"ב

(ואין חילוק בין מבשמים תלושין, ובין כשהוא עדיין מחובר בארץ, כגון שהולך בשדה שגדלין בו אותן הפירות והבשמים המריחין).

קודם שיריח - דבעינן עובר לעשייתן, וכמו באכילה ושאר מצות, **כתבו** האחרונים, דאם שכח והריח בלא ברכה, ונזכר לאחר שגמר מלהריח, הפסיד ברכתו, וכמו באכילה, לאחר שגמר מלאכול שהפסיד ברכתו הראשונה, וכמו שנתבאר בסימן קס"ז ס"ח.

[ו]אבל לאחריו א"צ לברך כלום - דלא תקנו ברכה אחרונה רק באכילה ושתיה, ולא בריח שהנאה מועטת היא, [רש"י (נדה נ"ב. ד"ה ריחני). **ויש** עוד טעם, שכבר נפסק ההנאה לגמרי, ודמי למאן דמתעכל המזון במעיו, דאבד ברכתו].

כתבו הפוסקים, היו לפניו שתי ברכות, אחת של טעם ואחת של ריח, נוטל תחלה המין של טעם בימינו ומברך עליו, לפי שהיא חשובה שנכנסת בגוף, ואח"כ נוטל של ריח ומברך עליו, [לשון הטור והכלבו, והוא מש"ס ברכות מ"ג: נוטל את היין וכו', ולאו דוקא יין דחשיבא הוא דקודם לריח, אלא ה"ה כל דבר של אבילה ושתידה].

עוד נתבאר בפוסקים, דדוקא אריח תקנו חכמים ברכה, ולא אקול, ר"ל בשומע קול נעים, שאין בו ממש, **וכן** לא תקנו ברכה ארחיצה וכדומה, משום דאין נכנסין לגוף.

אות ו' – ז'

והשותה מים לצמאו וכו

לאפוקי למאן דחנקתיה אומצא

סימן רד ס"ז - עיין לעיל אות א' - ב' - ג'.

---

§ מסכת ברכות דף מה. §

אות א'

פוק חזי מאי עמא דבר

סימן רד ס"ז - [א]השותה מים לצמאו, מברך "שהכל" ולאחריו "בנ"ר".

אות ב'

שלשה שאכלו כאחת חייבין לזמן

סימן קצב ס"א - [ב]היו המסובין ג', חייבים בזימון - דהיינו שחייבין להזדמן ולצרף ברכתם בלשון רבים.

אות ג'

אכל דמאי, ומעשר ראשון שנטלה תרומתו, מעשר שני והקדש שנפדו

רמב"ם פ"א מהל' ברכות ה"כ - אבל אם אכל דמאי, אע"פ שאינו ראוי אלא לעניים; או מעשר ראשון שנטלה תרומתו, אע"פ שלא ניטל ממנו חשבון תרומה גדולה, והוא שהקדימו בשבלין; או מעשר שני והקדש שנפדו, אע"פ שלא נתן את החומש, ה"ז מברך תחלה וסוף, וכן כל כיוצא בהן.

אות ד'

והשמש שאכל כזית

סימן קצט ס"א - [ג]השמש שאכל כזית, מזמנין עליו - שאף שלא קבע עצמו בשלחן עמהם, שאוכל מעומד, וגם הולך ובא באמצע אכילתו, ואין לו קביעות כלל עמהם, אפ"ה מצטרף, שכיון שדרך אכילתו בכך, זו היא קביעתו, משא"כ באיש אחר, וכמ"ש בסי' קצ"ג ס"ב במ"ב.

אות ה'

והכותי מזמנין עליו

סימן קצט ס"ב - [ד]כותי בזמן הזה, הרי הוא כעובד עבודת אלילים, ואין מזמנין עליו.

אות ו'

אכל טבל וכו'

סימן קצו ס"א - [ה]אכל דבר איסור, [ו]אע"פ שאינו אסור אלא מדרבנן - ואפילו אין איסורו בעצם, אלא משום שהוא אסר על עצמו דבר זה, **אין מזמנין עליו ואין מברכין עליו** - וה"ה שאין עונין אמן על ברכתו, **לא בתחלה [ז]ולא בסוף** - ואפילו אם אכל כדי שביעה, הואיל ודבר איסור הוא, ויש עבירה באכילתו, מנאץ את ה' בברכתו ע"ז, וכענין שנאמר: בוצע ברך נאץ ה', [רש"י מ"ז. ד"ה הא לא חזי].

ואם אכל בשוגג, [אפי' דבר שהוא אסור מן התורה], ונזכר אחר אכילתו, דעת הט"ז ועוד כמה אחרונים, דבזה יוכל לברך בסוף, והיינו אפילו לא אכל כדי שביעה, דבזה לא שייך נאוץ, **אלא** דלענין זימון, אפילו בשוגג אין לזמן ע"ז, דאכילת איסור לא חשיבא קביעות, [בין שאבל לבדו, או שכולם אכלו בשוגג דבר זה כאחת].

אם גנב או גזל חטים וטחנן ואפאן, י"א שאע"פ שקנאן בשינוי והרי הם שלו, אלא שחייב לשלם לו דמים עבורם, מ"מ אסור לברך ע"ז בין ברכה ראשונה ובין בהמ"ז, [וכן משמע ברש"י מ"ז. ד"ה הא לא חזי, דאפי' ע"י שינוי אין לברך], דלענין ברכה דאית בה הזכרת השם, חמיר טפי ותמיד הוא בכלל נאוץ, **וי"א** דהואיל וקנה יכול לברך, **ודעת** המ"א, דלענין בהמ"ז אם אכל כדי שביעה, יש להורות בזה שיברך בהמ"ז, דהוא דאורייתא, ויש להחמיר ולברך, [וצ"ע].

באר הגולה

[ז] שם מ"ד ע"ב ונדה נ"א ע"ב [א] ברכות מ"ד ע"א וכת"ק (ואסיקנא פוק חזי מאי עמא דבר, ופירש רש"י וכו' - ב"י) [ב] ברכות מ"ה [ג] ברכות מ"ה [ד] הרי"ף והרא"ש שם מפ"ק דחולין [ה] ברכות מ"ה [ו] שם מ"ז [ז] הרמב"ם והרשב"א

דחנקתיה אומצא: רבי טרפון אומר בורא נפשות רבות וחסרונן: *אמר ליה רבא בר רב חנן לאביי ואמרי לה לרב יוסף הלכתא מאי אמר ליה *פוק חזי מאי עמא דבר:

הדרן עלך כיצד מברכין

שלשה שאכלו כאחת חייבין לזמן אכל דמאי ומעשר ראשון שנטלה תרומתו מעשר שני והקדש שנפדו והשמש שאכל כזית והכותי מזמנין עליו אכל טבל ומעשר ראשון שלא נטלה תרומתו ומעשר שני והקדש שלא נפדו והשמש שאכל פחות מכזית והנכרי אין מזמנין עליו נשים ועבדים וקטנים אין מזמנין עליהן *עד כמה מזמנין עד כזית ר' יהודה אומר עד כביצה:

גמ' מה"מ אמר רב אסי דאמר קרא גדלו לה' אתי ונרוממה שמו יחדו רבי אבהו אמר מהכא כי שם ה' אקרא הבו גודל לאלהינו אמר רב חנן בר *אבא מנין לעונה אמן שלא יגביה קולו יותר מן המברך שנאמר גדלו לה' אתי ונרוממה שמו יחדו אמר ר' שמעון בן פזי מנין שאין המתרגם רשאי להגביה קולו יותר מן הקורא שנאמר משה ידבר והאלהים יעננו בקול שאין תלמוד לומר בקול ומה תלמוד לומר בקול בקולו של משה תניא נמי הכי אין המתרגם רשאי להגביה קולו יותר מן הקורא ואם אי אפשר למתרגם להגביה קולו כנגד הקורא ימעך הקורא קולו ויקרא: אתמר שנים שאכלו כאחת פליגי רב ורבי יוחנן חד אמר אם רצו לזמן מזמנין וחד אמר אם רצו לזמן אין מזמנין תנן שלשה שאכלו כאחת חייבין לזמן שלשה אין שנים לא התם חובה הכא רשות תא שמע *שלשה שאכלו כאחת חייבין לזמן ואין רשאין ליחלק שלשה אין שנים לא שאני התם דקבעו להו בחובה מעיקרא תא שמע השמש שהיה משמש על השנים הרי זה אוכל עמהם אע"פ שלא נתנו לו רשות היה משמש על השלשה הרי זה אינו אוכל עמהם אלא אם כן נתנו לו רשות שאני התם

דניחא

רש"י

מאי עמא דבר. היאך נוהגים וכבר נהגו לברך בתחלה שהכל ולבסוף בורא נפשות רבות וחסרונן על כל מה שברא:

הדרן עלך כיצד מברכין

שלשה שאכלו וכו' לזמן. להזדמן יחד לצרוף ברכה בלשון רבים כגון נברך: **שנטלה תרומתו.** קס"ד (א) תרומת מעשר שלו שעל הלוי להפריש: **מעשר שני שנפדה.** להתירו באכילה חוץ לירושלים ואת פדיונו יעלה לירושלים ויאכל: **והשמש.** שמשמש בסעודה ואכל עמהם כזית כדי להצטרף עמהם לזמון ובכל הני אצטריך לאשמועינן אע"ג דדמו לאיסור אין כאן ברכה בעבירה כדמפרש ואזיל בגמרא: **עד כמה מזמנין.** כמה יאכל עמהם ויתחייב עמהם בזימון ונפקא מינה להוציאם ידי חובתן אם יתנו לו הכוס לברך: **גמ' מה"מ.** דשלשה ראוים לברכת צירוף: **גדלו לה' אתי.** הרי שלשה וכן אקרא הבו גודל היחיד אומר לשנים: **אינן רשאין ליחלק.** ולברך כל אחד לעצמו דמפקעי לה לתורת זמון: **שלשה אין שנים לא.** ה"פ דמדקתני אין רשאין ליחלק שמע מינה דשלשה מזמנין שנים אין מזמנין ואפילו רצו דאי אמרת שנים נמי אם רצו מזמנין אמאי אין האחד רשאי ליחלק ליזיל הוא ולא מפקעת ברכת זמון בהכי ויזמנו השנים: **שאני התם דקבעו בחובה מעיקרא.** ואי אזיל הוא מפקעת להו חובה וקמו להו ברשות וגדול המצווה ועושה ממי שאינו מצווה ועושה: **אוכל עמהם.** אין כאן גנאי דניחא להו דמייתי להו לידי זמון ואי שנים מזמנין אמאי כי אתא להו בלאו דידיה נמי אי בעו מזמני:

דניחא

תוספות

דחנקתיה אומצא. ודוקא מים שאין לו הנאה כי אם לשתות מים לצמאו והנאה דחנקתיה אומצא אין זה נחשב הנאה אבל שאר משקים שלעולם הגוף נהנה מהן בכל ענין מברך ואפילו חנקתיה אומצא כדאמרינן לעיל (דף לו.) ואע"ג דלרפואה אתי בעי ברוכי ורב עמרם פירש דדוקא לפניו לא בעי ברוכי אבל לאחריו חייב ורבינו משה פירש דלא היא דאזיל ואינו נהגה אפילו לאחריו לא בעי ברכה:

רבי טרפון אומר בורא נפשות רבות וכו'. פירוש לפניו ופוק חזי מאי עמא דבר והנה נהגו העולם לברך לאחריו אבל לא מצינו לפרש דפליגי בלאחריו דתנא קמא סבר דמברך לפניו ולא לאחריו ורבי טרפון סבר אף לאחריו יברך בורא נפשות רבות דאם כן כי פריך לעיל מרב פפא דמברך (ליקני) [לסייעיה] ממלתיה דרבי טרפון שהוא תנא*:

הדרן עלך כיצד מברכין

שלשה שאכלו כאחת. בירושלמי פריך הכא את אמרת אין רשאין ליחלק והכא את אמרת חייבים לזמן ועתה לכאורה אין זה קשה וכן לקמן (דף נ.) פריך תנינא חדא זימנא שאין רשאין ליחלק היינו משום דחייבים לזמן ול"נ דהכי פריך הכא את אמרת דאין רשאין ליחלק דמשמע אם נגמרו אכילתן יחד אינן רשאין ליחלק אבל האחד רשאי לגמור סעודתו ולברך קודם חברו וחייבין לזמן משמע דחובת זימון עליהם ואינן רשאין לגמור סעודתן זה בלא זה ומשני שמואל כאן בתחלה כאן בסוף איזהו בתחלה ואיזהו בסוף פליגי בה תרי אמוראי חד אמר נתנו דעתם לאכול זהו בתחלה אכלו כזית זהו בסוף וחד אמר אכלו כזית זהו בתחלה נתנו דעתם לאכול זהו בסוף ורב אלפס תופס דרך *ראשון עיקר וה"פ נתנו דעתם לאכול כלומר שהתחילו מתחלה לאכול ביחד זהו בתחלה אז ודאי חובת זימון עליהם אכלו כזית זהו בסוף כלומר אם האחד התחיל קודם חברו בכזית אז ודאי אם נגמרו סעודתם יחד חייבים לזמן אבל רשאין לגמור זה בלא זה ולברך:

אבל טבל אין מזמנין עליו. תימה דאמר בערכין (דף ד.) הכל מצטרפין לזמון כהנים לוים וישראלים ופריך פשיטא ומשני לא צריכא אף על גב דכהן אוכל תרומה וישראל חולין אלמא אף על גב דתרומה אסורה לישראל אחרי שהכהן יכול לצרף עם ישראל לאכול בחולין מצטרפין לזמון והכא נמי כהי דחד מנייהו אכל טבל דאין ראוי לאחרים אמאי אינן מזמנין ויש לומר דאכילת טבל לאו שמה אכילה דלא חזיא אף לכהן אבל תרומה לכל הפחות ראויה לכהן האוכלה *והוא הדין אם אכלו שלשתן טבל דאין חייבים לזמן כדאמרינן (בב"ק פ"ט דצ"ד) הרי שגזל סאה חטין וטחנה °ואפאה ואכלה ומברך עליהן אינו מברך אלא מנאץ מכאן היה אומר רבינו יהודה דשלשה שאכלו והאחד היה מודר הנאה מן השנים והוא אוכל משלו יכול להצטרף עמהם לזימון דהכי דאינו ראוי לאכול עמהם הם ראוים לאכול עמו וכן לענין הנזהר מפת של נכרי אבל אם שלשתן מודרין הנאה זה מזה אין מצטרפין אע"פ שיכולים לשאול על נדרם דהשתא מיהא לא אתשילו:

בקולו של משה. וא"ת היכי מייתי ראיה ממשה והא צריך לאתויי דמשה היה מתרגם ולא היה מרים קולו יותר מהקב"ה שהיה קורא והוא מביא שהקב"ה היה קורא ומשה היה מתרגם ופירש רב אלפס בקולו של משה מסתמא משה בכל כחו היה עונה כדי להשמיע קולו לכל העם אבל הקב"ה לא היה צריך להרים קולו שהרי לא היה מדבר אלא למשה לבד ואפילו הכי היה מגביה קולו כדי שלא יהא קולו של משה המתרגם רם יותר מקולו של הקב"ה שהיה קורא:

אם רצו לזמן אין מזמנין. פירש"י וכן לענין המוציא ושאר ברכות אין האחד מברך להוציא חברו לגבי הא דאמר אביי נקטינן שנים שאכלו כאחת מצוה ליחלק ולברך כל אחד לעצמו בין ברכת המוציא בין ברכת המזון לשון רש"י לקמן ולא נהירא דלעיל פרק כילד מברכין (דף לט.) בעובדא דבר קפרא נתן בר קפרא רשות לאחד לברך ושנים הוו התם ועוד אי הוו שלשה התם לא היו שם אלא פירות וכן נמי אמרינן לקמן (דף נג.) דעל המאור אחד מברך לכולן ע"כ נ"ל דבברכה ראשונה מוציאין זה את זה שנים לכ"ע והטעם הואיל ויושבין לאכול יחד דעתן לצרף ואחד מברך להוציא חברו אבל בברכה של סוף סעודה שמסתלקין זה מזה צריך לברך כל אחד לעצמו ויש מפרשים דיש חלוק בין ברכת המוציא דלא הויא כי אם דרבנן ע"כ מוציאין זה את זה אבל בבהמ"ז שהיא מדאורייתא לכם החמירו*:

שלשה שאכלו כאחד אין רשאין ליחלק. מפרש"י אמאי אין רשאין ליחלק האחד מפני השנים כיון דב' נמי מזמנין ליזיל הוא והא לא מיפקע ברכת זמון תימה דילמא טעמא דאין רשאין ליחלק משום דיפטרו לשלישי מברכת הזמון וגם הוא אין לו להפקיע ממנו ברכת הזמון וי"ל דעיקר פרכתו °סמיך אסיפא דקתני ד' אין רשאין ליחלק אע"ג דאיכא שנים מכאן וב' מכאן ואי כמו וכו' וכה"ג תמצא בהרבה מקומות ותימה א"כ אמאי לא מקשי מן הסיפא בהדיא ע"כ פירש רבינו יהודה דודאי פריך מרישא וה"ק דליכא למימר דמשום היחיד קאמר דא"כ ה"ל למימר אין היחיד רשאי ליחלק א"כ אין אחד מהם רשאי ליחלק משמע מכלהו פקע זמון אם נסתלק אחד מהם:

והא

קנב א [מיי' שם] טוש"ע א"ח סימן רד סעיף ז:

א ב מיי' פ"ה מהלכות ברכות הלכה ב סמג עשין כז טוש"ע א"ח סימן קצב סעיף א:

ב ג מיי' פ"א מהלכות ברכות הל' כ סמג שם:

ג ד טוש"ע א"ח סימן קצט סעיף א:

ד ה שם סעיף ב:

ה ו מיי' שם הלכה יט סמג שם טוש"ע א"ח סי' קצו סעיף א:

ו ומיי' פ"ה מהל' ברכות הלכה ז סמג שם טוש"ע א"ח סימן קצט סעיף ד:

ז ח מיי' שם טוש"ע שם סעיף ו:

ח ט מיי' שם הלכה ח סמג שם טוש"ע א"ח סי' קפד סעיף ו וסימן קצו סעיף ד:

[ועיין רש"י עירובין יד: ד"ה ר"מ]

ט י מיי' פ"א מהלכות ברכות הל' יד סמג שם טוש"ע א"ח סימן קכד סעיף יב:

י כ מיי' פ"ד מהלכות ת"ת הלכה ג ופי"ב מהל' תפלה הל' יא טוש"ע א"ח סי' קמה ס"א וטור י"ד סי' רמו:

יא ל מיי' פ"ה מהלכות ברכות הלכה י סמג עשין כז טוש"ע א"ח סי' קצג סעיף א:

יב מ טוש"ע שם וכסי' קצ סעיף כא:

הגהות הב"ח

(א) רש"י ד"ה שנטלה תרומתו קס"ד. נ"ב נ"ל דמשום סיפא קאמר רש"י קס"ד ועי"ל דף מ"ז ע"ב ול"נ שהוא ט"ס וה"ק אסיפא אבל שלא נטלה תרומתו וקל שוב ראיתי בשבת דף קכז פרש"י לשם וכ"ש תרומה גדולה שעל ישראל להפריש והפרישו קודם וכו' ע"ש וזה חסר כאן:

גליון הש"ס

תוס' ד"ה אבל טבל ס' ואפאה ואכלה ומברך. שם ליתא כן. אלא ואפאה והפריש חלה ובירך וצ"ע: תוס' ד"ה שלשה שאכלו כאחד אין רשאין ליחלק כו' סמיך אסיפא. כעין זה בתוס' גיטין דף פ' ע"ב תוס' ד"ה זו דברי ר"מ וצ"ע:

[ועמ"ש תוס' בארוכה בביאור הדברים בחולין ש. ד"ה וש"מ]

עירובין יד: | [עירובין שם פסחים כד. מנחות נה:] | [לקמן נ.] | פסחים מט: יומא עט: [ועי' תוס' לקמן מט: ד"ה עד כמה] | [נ"ל רבא כ"א בשאלתות פרשת יתרו] | [לקמן נ.] | תהלים לד | דברים לב | שמות יט | תורה אור | עי' וס"ס ס' עד אלא מנאץ רש"ל מ"ז וכ"כ אין כאן מקשו

[ח]**סימן קצו ס"ב** - [ט]**אם אכל דבר איסור** - ואפי' איסור דאורייתא, **במקום סכנה** - כגון מפני חולי, **מברכים עליו** - והטעם, דכיון דסכנה הוא, התירא קאכיל, ואדרבה מצוה קעביד להציל נפשו, וכדכתיב: וחי בהם, ואחז"ל: וחי בהם ולא שימות בהם.

(ועיין לקמן סי' ר"ד) - דשם נשנה דין זה, ונתבאר שם בס"ח בהג"ה, דאם אנסוהו לאכול, [בין דבר היתר ובין דבר איסור], אינו מברך, אע"ג דהיה מוכרח לאכול מפני הסכנה, וע"ש במ"ב.

אות ו'*

תוס' ד"ה אכל טבל: דשלשה שאכלו והאחד היה מודר הנאה מן השנים... וכן לענין הנזהר מפת של נכרי

סימן קצו ס"ג - [יא]**שלשה שאכלו כאחד, אחד נזהר מפת עובד כוכבים ואחד אינו נזהר, או אחד מהן כהן ואוכל חלות; אע"פ שאותו שנזהר אינו יכול לאכול עם אותו שאינו נזהר, ולא ישראל עם הכהן; כיון שאותו שאינו נזהר יכול לאכול עם הנזהר, וכהן עם הישראל, מצטרפין** - אע"פ שכל אחד אוכל מככרו.

אבל אם היו כהנים וזר אוכלים כאחד, והכהנים אוכלים חלה ונזהרים מפת של עובד כוכבים, והזר אוכל פת של עובד כוכבים, אינם מצטרפין - שכל צירוף לזימון אינו אלא כשהם יכולים להתחבר יחד באכילתן לאכול לחם אחד, וכאן כל אחד נזהר מלחם חבירו.

וה"ה [יב]**לג' שמודרים זה מזה, שאינם מצטרפין לזימון** - בין שכל אחד מהם מודר מחבירו, בין שאחד מודר מהשנים, והשנים ממנו, דעכ"פ אותו האחד אינו יכול לאכול משלהם, והם משלו, לכך אינם מצטרפין, **אבל** כששנים מודרים מאחד, והוא אינו מודר מהם, ודאי מצטרפין, כיון שהאחד יכול לאכול עמהם.

הגה: ודוקא כשכל אחד אוכל מככרו, אבל אם אוכלים מככר בעל הבית, מצטרפין, דהא אוכלים מככר אחד.

כתבו הפוסקים, דה"ה כשאחד אוכל חלב או גבינה, והשנים בשר, מצטרפין, שהאוכל גבינה הרי יכול לאכול מלחמם, אע"פ שהוא מלוכלך בבשר, אם יקנח פיו וידיחנו, **והמנהג** שהאוכל גבינה הוא המברך, ולא להיפוך, שהוא הגורם להזימון, [**ועכ"פ** היכא שהאוכל בשר הוא כהן, דיש עליו מצוה ד"וקדשתו", לכבדו שהוא יהיה המברך, מסתברא בודאי דא"א לדחות משום מנהג זה], **אבל** אם אוכל גבינה קשה, אינן מצטרפין, שהמנהג עכשיו שלא לאכול בשר אחר גבינה קשה ע"י קינוח והדחה.

וכן מר"ח עד ט"ב שאין אוכלים בשר רק בסעודת מצוה, ויש שנזהרין גם בזה, ואוכלין רק מאכלי חלב, כמו שכתב בסימן תקנ"א, אותן שנזהרין מבשר ואוכלין חלב, אין מצטרפין עם אוכלי בשר, דהרי אין יכולין לאכול זה עם זה, **אלא** אם כן אכלו כזית פת קודם שאוכלי בשר התחילו לאכול בשר בלחמם, שאז עדיין היו יכולין לאכול ביחד, **או** שאחד מבני הסעודה אכל כזית לחם אחר שאינו מלוכלך לא בבשר ולא בחלב, שזה מצרף את כולם, שהרי כולם יכולים לאכול מלחמו.

אות ז'

והנכרי אין מזמנין עליו

סימן קצט ס"ד - **עובד כוכבים אין מזמנין עליו** - היינו אפילו נתכוין לברך לאלהי ישראל.

אות ח'

נשים ועבדים וקטנים אין מזמנין עליהן

סימן קצט ס"ו - [יג]**נשים ועבדים וקטנים אין מזמנין עליהם** - ר"ל אם לא היו רק שני אנשים, אין אלו מצטרפין לשלשה שיתחייבו על ידם בזימון, משום דאלו אינן בני חיובא בזימון, וכדלקמיה בס"ז, **ואפילו** אם רצו לזמן עמהם, ג"כ אין רשאין, וגרע מנשים בעצמן או עבדים, שיש להם עכ"פ רשות לזמן וכדלקמיה, **משום** שאין חברתן נאה שיהיה הצירוף של שלשה ע"י הנשים, וכן ע"י העבדים שהם פרוצים בזמה, **ואפילו** אשה עם בעלה ובניה, ג"כ אין נכון להצטרף מטעם זה.

אות ט'

עד כמה מזמנין, עד כזית

סימן קפד ס"ו - [יד]**שיעור אכילה לברך עליה ברכת המזון, בכזית** - היינו מדרבנן, אבל מדאורייתא אינו חייב לברך בהמ"ז כי אם כשאכל דוקא שיעור שביעה, שנאמר: ואכלת ושבעת וברכת, (**ובאמת** כן דעת רוב הפוסקים עיין ברש"י ברכות כ: שכ"כ, וכ"כ עוד בדף מ"ח ע"ש, וכן דעת בה"ג מובא שם ברש"י, וכן דעת ר"ת כמו שכתב בספר יראים, וכן דעת ר"י בעל התוס', וכן כתבו בעלי התוס' שם בברכות ובכמה דוכתי, וכן דעת רמב"ם וסמ"ג וכן דעת הרא"ש, **ואעפ"כ** שיטת השו"ע לא ברירא כולי האי, דיש מן הראשונים שסוברים דמן התורה סגי בכזית).

ואע"ג דברכה ראשונה צריך לברך אפילו על כל שהוא, התם משום דאסור ליהנות מעוה"ז בלי ברכה.

ושיעור שביעה משמע מספר החינוך, דאינו שוה בכל אדם, אלא כל אחד יודע שביעתו, **ואם** דרכו תמיד לאכול כדי מחייתו לבד, גם זה נחשב שביעה, [**לכאורה** משמע מלשונו, דאם הוא איש רעבתן ואינו שבע כי אם באכילה מרובה מאד, אינו מתחייב כי אם לפי שביעתו, **ומרבותיו** של רש"י [ברכות מ"ב. ד"ה עדין] משמע, דתלוי לפי אנשים אחרים, כל שדרכו לקבוע סעודה בשיעור הזה מקרי שביעה], (**ומ"מ** בחולה או זקן, או שכבר אכל מקודם, והוא שבע ע"י כזית או בכביצה, לכו"ע מחויב מן התורה לברך, כיון דמ"מ הוא שבע – רדב"ז).

באר הגולה

ח ‹מילואים› | ט רבינו ירוחם בשם הרמ"ה | י ‹ע"פ הב"י והגר"א› | יא טור בשם רשב"ם ושאר פוסקים מההיא דערכין ד' | יב טור בשם ר"י מהא דרשב"ם | יג ברכות מ"ה | יד ברכות מ"ה וכת"ק

(והנה ראיתי בפמ"ג שכתב, דמסתברא לו דבעינן שביעה מפת לבד, ואז הוא חייב מן התורה, ונ"ל פשוט דאין כונתו במי שאוכל איזה דבר ללפת את הפת, דזה פשיטא דמצטרף, שכן הוא דרך אכילה, אלא בשאכל שארי דברים בפני עצמן, והנה מלשון רדב"ז משמע לכאורה, דאם כבר אכל איזה דבר, וסיים שביעתו ע"י אכילת כזית פת, מהני לחיוב מן התורה, דאי מיירי שאכל מקודם ג"כ פת, פשיטא דחייב, **אך** יש לדחות, דמיירי שאכל פת מקודם לזה, ובירך בהמ"ז, ומ"מ הוא חייב עתה מן התורה לברך, כיון שעכ"פ הוא שבע ממידי דזיין, ודומיא דזקן או חולה, וגם בלא"ה אפשר לומר, דלא נוכל לפוטרו מן התורה ע"י ברכת המזון שבירך מתחלה, דאז הלא פטור היה מן התורה).

סימן קצו ס"ד - [טו]אין מזמנין על מי שאכל פחות מכזית.

אות י'

מנין לעונה אמן שלא יגביה קולו יותר מן המברך

סימן קכד סי"ב - [טז]העונה אמן, לא יגביה קולו יותר מהמברך - משום דכתיב: גדלו לד' אתי ונרוממה שמו יחדיו, **ונראה** דה"ה לענין ברכו או ברכת הזימון, ג"כ לא יגביה העונה יותר מהמברך, [מברכות מ"ה. [יז]ע"ש בגמ'].

עוד נראה, דאם כונתו בהרימו קולו, כדי לזרז להעם שיענו גם הם, מותר.

ואחר קטנים בני חינוך צריך לענות אמן אחר ברכתן.

ואחר שוטה אין לענות אמן, דלאו בר מצוה כלל, **ואחר** חרש המדבר ואינו שומע, צריך לענות אמן, דבודאי חייב הוא במצות, **ואחר** נשים שבירכו על מ"ע שהזמן גרמא, יוכל לענות אמן.

אות כ'

אין המתרגם רשאי להגביה קולו יותר מן הקורא

סימן קמה ס"א - [יח]בימי חכמי הגמרא היו נוהגים לתרגם - בלשון תרגום, כי לשונם היה ארמית, **כדי שיבינו העם.**

אין הקורא רשאי לקרות לתורגמן יותר מפסוק אחד; ואין המתרגם רשאי לתרגם עד שיכלה הפסוק מפי הקורא; ואין הקורא רשאי לקרות פסוק אחר, עד שיכלה התרגום מפי המתרגם - והכל כדי שלא יתבלבלו הצבור, ויוכלו לשמוע כל הפרשה ככתבה מפי הקורא, ואח"כ יבינו כל פירושה מפי המתרגם.

ואין הקורא רשאי להגביה קולו יותר מהמתרגם, ולא המתרגם יותר מהקורא - דכתיב: משה ידבר והאלהים יעננו בקול, והאי "בקול" היינו בקולו של משה, גמ', **ואין הקורא רשאי לסייע למתרגם, שלא יאמרו: תרגום כתוב בתורה.**

טור יו"ד סימן רמו - ואם היה הרב מלמד מפיו לתלמידים, מלמד; ואם מלמד ע"י מתורגמן, המתרגם עומד בינו ובין התלמידים, הרב אומר למתרגם, והמתרגם הוא משמיע לתלמידיהם, וכשהן שואלין, שואלין למתרגם, והמתרגם הוא שואל לרב, והרב משיב למתרגם, והמתרגם משיב לשואל; ולא יגביה הרב קולו יותר מקול המתרגם, ולא יגביה המתרגם קולו [יט]בעת ששואל את הרב יותר מקול הרב.

אות ל'

שלשה שאכלו כאחת, חייבין לזמן ואין רשאין ליחלק

סימן קצג ס"א - [כ]אבל ג' שאכלו אינם רשאים ליחלק - דכבר נתחייבו בזימון משאכלו ביחד.

ודע, דחיוב זימון הוא דוקא כשאכלו פת שחייבין עליו בהמ"ז, אבל אם אכלו פירות ואפילו הן משבעה מינים, לא, כדקי"ל בסימן רי"ג דאין זימון לפירות, **ויש** מחמירין בז' מינים להצריכו זימון, ולכן טוב שלא יקבעו ג' ביחד על ז' מינים, כדי לאפוקי נפשין מפלוגתא - ב"ח, **וברכי** יוסף כתב, שהמנהג פשוט לקבוע כמה אנשים על פירות מז' מינים, וכן לאכול פת הבאה בכיסנין.

ושנים שאכלו, [כא]מצוה שיחזרו אחר שלישי שיצטרף עמהם לזימון - היינו אם הוא עמהם בביתם, מצוה ליתן לו דבר מה לאכול כדי שיצטרף עמהם, **ומשמע** בגמ', דאף אם הוא שמש המשמש בסעודה, שאין דרכן לאכול אתו ביחד, מצוה שיקראו לו לאכול אתם, כדי שיוכלו לזמן, **ופשוט** דאם הוא אחד, א"צ לחזור אחר שנים.

אות מ'

השמש שהיה משמש על השנים, הרי זה אוכל עמהם וכו'

סימן קע סכ"א - [כב]השמש שהיה משמש על שנים, הרי זה אוכל עמהם אע"פ שלא נתנו לו רשות - דמסתמא נתרצו לזה שיאכל עמהם מעט משלהם, כדי שיהיה להם זימון עי"ז, **וממילא** אם אוכלין מידי דאין מזמנין עליו, אין לו לאכול בלא רשות, **וכתב** הא"ר, דאפשר דה"ה אם היו האוכלין ט' דבר שמזמנין ע"ז, יכול העשירי ג"כ לאכול בלא רשות, דמסתמא ניחא להו כדי שיהא להם זימון בשם. **היה משמש על שלשה, אינו אוכל עמהם אא"כ נתנו לו רשות.**

באר הגולה

טו ברכות מ"ה וכת"ק **טז** ברכות מ"ה ‹עיין מש"כ רש"י במשנה, וביאר הפני יהושע שהוקשה לו הרי כבר שנינו את השיעור בדין "השמש שאכל כזית", וביאר שכאן הנידון מתי יתחייב בפני עצמו בברכה ויוכל להוציא אחרים, ולזה מצריך רבי יהודה שיאכל כביצה, אך ברישא מדובר על צירוף לחיוב של שנים שאכלו כראוי ומצרפים אותו לזימון, ובזה לכו"ע השיעור בכזית, כי רבי יהודה מודה בצירוף, כמו שמצינו להלן [מח א] שהאוכל ירק מצטרף לזימון› **יז** ‹דזימון ושלא יגביה קולו, שניהם נלמדו מגדלו לד'› **יח** **מגילה כ"ג** **יט** ‹ולמד הרמב"ם מכאן {מקורא ומתורגמן} לדין הרב והמתורגמן. **ומש"כ** בשעה ששואל את הרב, דמשמע דבעת שהוא מדבר לעם הרשות בידו להגביה קולו. **נראה** שדקדק כן מדמייתי לה מדכתיב והאלהים יעננו בקול, ויעננו משמע שהוא שואל לשי"ת, והשי"ת היה משיבו, ואז דוקא קאמר שלא יגביה קולו יותר מהקורא, אבל כשהוא אומר הדברים לעם, יגביה קולו כל מה שירצה כדי להשמיעם - ב"י› **כ** **שם** בגמרא [ר"פ ג' שאכלו] **כא** **הרא"ש שם ממשמעות הגמרא** ‹השמש שהיה משמש על השנים, הרי זה אוכל עמהם אע"פ שלא נתנו לו רשות› **ומהיא** דחולין ק"ו **כב** ברכות מ"ה

דניחא להו דמקבע להו בחובה (מעיקרא) ת"ש *[א]נשים מזמנות לעצמן ועבדים מזמנים לעצמן נשים ועבדים וקטנים אם רצו לזמן אין מזמנין (*והא נשים אפילו מאה) והא מאה [א] נשי כתרי גברי דמיין וקתני נשים מזמנות לעצמן ועבדים מזמנין לעצמן שאני התם דאיכא דעות א"ה אימא סיפא נשים ועבדים אם רצו לזמן אין מזמנין אמאי לא והא איכא דעות שאני התם משום פריצותא תסתיים דרב דאמר אם רצו לזמן אין מזמנין דאמר רב דימי בר יוסף אמר רב שלשה שאכלו כאחת ויצא אחד מהם לשוק קוראין לו ומזמנין עליו טעמא דקוראין לו הא לא קוראין לו לא שאני התם דאקבעו להו בחובה מעיקרא אלא תסתיים דר' יוחנן הוא דאמר אם רצו לזמן אין מזמנין דאמר רבה בר בר חנה א"ר יוחנן שנים שאכלו כאחת אחד מהן יוצא בברכת חבירו והוינן בה מאי קא משמע לן תנינא *[ב]שמע ולא ענה יצא ואמר רבי זירא לומר שאין ברכת הזימון בינידם תסתיים א"ל רבא בר רב הונא לרב הונא והא רבנן דאתו ממערבא אמרי אם רצו לזמן מזמנין מאי לאו דשמיע להו מר' יוחנן לא דשמיע להו מרב מקמי דנחית לבבל: גופא אמר רב דימי בר יוסף אמר רב [ג]שלשה שאכלו כאחת ויצא אחד מהם לשוק קוראין לו ומזמנין עליו אמר אביי והוא דקרו ליה ועני אמר מר זוטרא ולא אמרן אלא בשלשה אבל בעשרה עד דנייתי מתקיף לה רב אשי אדרבה איפכא מסתברא תשעה (א) נראין כעשרה שנים אין נראין כשלשה [ד]והלכתא כמר זוטרא מ"ט *כיון דבעי לאדכורי שם שמים בציר מעשרה לאו אורח ארעא אמר אביי נקיטינן שנים שאכלו כאחת מצוה ליחלק *תניא נמי הכי [ה]שנים שאכלו כאחת מצוה ליחלק במה דברים אמורים כששניהם סופרים אבל אחד סופר ואחד בור סופר מברך ובור יוצא: אמר רבא *הא מילתא אמריתא אנא ואיתמרה משמיה דרבי זירא כוותי [ו]שלשה שאכלו כאחת אחד מפסיק לשנים ואין שנים מפסיקין לאחד ולא והא רב פפא אפסיק ליה לאבא מר בריה איהו וחד שאני רב פפא *דלפנים משורת הדין הוא דעבד יהודה בר מרימר ומר בר רב אשי ורב אחא מדפתי כרכי ריפתא בהדי הדדי לא הוה בהו חד דהוה מופלג מחבריה לברוכי להו (*יתבי וקא מיבעיא להו) הא דתנן שלשה שאכלו כאחת חייבין לזמן הני מילי היכא דאיכא אדם גדול אבל היכא דכי הדדי נינהו חלוק ברכות עדיף בריך איניש (ב) לנפשיה אתו לקמיה דמרימר אמר להו ידי ברכה יצאתם [ז]ידי זימון לא יצאתם וכי תימרו ניהדר ונזמן *אין זימון למפרע בא ומצאן כשהן מברכים מהו אומר אחריהם רב זביד אמר ברוך ומבורך רב פפא אמר עונה אמן ולא פליגי [ח]הא דאשכחינהו דקא אמרי נברך והא דאשכחינהו דקא אמרי ברוך אשכחינהו דקא אמרי נברך אומר ברוך ומבורך אשכחינהו דקא אמרי ברוך עונה אמן תני חדא העונה אמן אחר (ג) ברכותיו הרי זה משובח ותניא אידך הרי זה מגונה לא קשיא [ט]הא בבונה ירושלים הא בשאר ברכות אביי עני ליה בקלא כי היכי דלשמעו פועלים וליקומו דהטוב והמטיב לאו דאורייתא רב אשי [י]עני ליה בלחישא כי היכי דלא נזלזלו בהטוב (ד) והמטיב

רבי

דניחא להו דמקבע להו בחובה. דגדול המצוה ועושה: **אם רצו אין מזמנים**. כדמפרש טעמא לקמן שאין קביעותן נאה משום פריצותא בין דנשים בין דמשכב זכור דעבדים בקטנים: **דאפילו מאה כתרי דמיין**. לענין חובה דאין חייבות לזמן ואם רצו מזמנין והוא הדין לשנים: **דאיכא דעות**. דאע"ג דלענין חובה אינן חייבות לענין רשות דעות שלשה חשיבי להודות טפי משני אנשים דאיכא משום גדלו לה' אתי: **קוראין לו**. להודיעו שהם רוצים לזמן ויפנה אליהם במקום מעמדו ודי להם בכך: **ומזמנין עליו**. ואע"פ שאינו בא אצלם: **ואמר רבי זירא לומר שאין ברכת הזימון ביניהן**. לא בא ללמדנו אלא שאין צריכין זימון דכיון דאחד יוצא בברכת חברו אשמעינן דאין זימון דאי יש זימון ברכת שניהם היא שהרי אומר נברך והוא עונה ברוך הוא: **לאו דשמיע להו מרבי יוחנן**. דבר מערבא הוא דאילו רב בבבל הוה ובני מערבא היכא שמיע להו: **והוא דקרו ליה ועני**. שסמוך הוא אצלם ועונה ברוך הוא: **לא אמרן**. דלא צריך למיתי גבייהו אלא שלשה אבל עשרה שילטרפו משום הזכרת השם עד דאתי גבייהו: **נראין כעשרה**. דאין אדם ממהר להבחין בין עשרה לתשעה: **מצוה ליחלק**. ולברך כל אחד בפני עצמו בין ברכת המוציא בין ברכת המזון: **אחד מפסיק לשנים**. אם גמרו השנים סעודתן ורוצין לזמן דרך ארץ הוא שיהא האחד מפסיק את סעודתו עד שיזמנו עליו עד ברכת הזן דהיינו ברכת זימון וחוזר וגומר סעודתו אבל שנים אין עליהם להפסיק בשביל היחיד וימתין עד שיגמרו: **לפנים משורת הדין**. לאחשוביה: **לא הוה בהו** (ה). מופלג בחכמה ובזקנה מן השנים: **דאיכא אדם גדול**. שהגדול מברך כדפסקינן לקמן הלכתא (דף מז.): **בא ומצאן**. אחד מן השוק בא ומצא שלשה שהיו מזמנין: **ברוך ומבורך**. דלא מצי למימר שאכלנו משלו: **הא דקאמר ברוך ומבורך**. כדאשכחינהו דקאמר המזמן נברך אבל אשכחינהו דענו ברוך הוא עונה בתרייהו אמן: **הא בבונה ירושלים**. שהיא סוף הברכות הרי זה משובח וכן בסוף ברכות דקריאת שמע שחרית וערבית ואחר כל ברכותיו דקתני בברייתא הרי זה משובח אחר גמר כל ברכותיו קאמר ואחר כל ברכותיו דקתני הרי זה מגונה בסוף כל ברכה וברכה קאמר: **כי היכי דלשמעו פועלים**. וידעו שנגמרה כל הברכה שהרי אין המברך עונה אמן אלא לבסוף: **וליקומו**. לעבידתייהו ואי משום דקמפסקע להו מהטוב והמטיב לא איכפת ליה דקסבר דלאו דאורייתא היא אלא ביבנה תקנוה על הרוגי ביתר שנתנו לקבורה: **רב אשי עני**. להאוא אמן בלחישה כי היכי דלא לשמעו וידעו שעם גמר הברכות ויזלזלו בהטוב והמטיב ומיהו משום דסוף כל ברכותיו היא ותניא בברייתא ה"ז משובח לא סגי דלא עני ליה:

קטינא

והא מאה נשי כתרי גברי דמיין. לענין קבוץ תפלה ולענין כל דבר שבקדושה ואפילו הכי חשבינן להו כשלשה וה"ה לשנים אבל לא מצי למימר כחד דמיין דאינן יכולות לזמן דהא קתני נשים מזמנות לעצמן ורש"י פירש כתרי לענין חובה דאין חייבות לזמן ואם רצו מזמנות והוא הדין לשנים:

שאני התם דאיכא דעות. מכאן משמע דנשים יכולות לזמן לעצמן וכן עשו בנות רבינו אברהם חמיו של רבינו יהודה ע"פ אביהן ומיהו לא נהגו העולם כן וקשה אמאי לא נהגו מדקתני מזמנות משמע דקאמר חייבות לזמן וי"ל דנשים מזמנות לעצמן היינו אם רצו לזמן מזמנות וכן משמע קצת הלשון מדקתני בסמוך נשים ועבדים אם רצו לזמן אין מזמנין ועוד דמדמה ליה הגמרא לשנים משמע דחובה ליכא והא דקאמר בריש ערכין (דף ג. ושם) הכל מחוייבין בזימון לאתויי נשים לענין רשות קאמר ולא לענין חובה ונשים צריך עיון אם יוצאות בברכת הזימון של אנשים מאחר שאין מבינות ויש מביאין ראיה שיוצאות מדאמר לקמן סופר מברך ובור יוצא מכאן משמע שאף הנשים יוצאות בבהמ"ז שלנו מיהו יש לדחות אותה ראיה דשאני בור שמבין בלשון הקדש ויודע קצת מאי קאמר אבל אינו יודע לברך אבל נשים שאינן מבינות כלל מצי למימר דלא נפקי והא דאמרי' במגילה (פ"ב ד' יז.) לועז ששמע אשורית יצא פרסומי ניסא בעלמא שאני כדאמרינן התם (דף יח.) האחשתרנים בני הרמכים מי ידעינן מאי ניהו:

אי הכי אימא סיפא. לא גרס אי הכי דהא אפי' מעיקר' נמי הוה מצי למפרך מסיפא דאין מזמנין:

רב זביד אמר ברוך הוא ומבורך. ובה"ג פסק ברוך הוא ומבורך שמו תמיד לעולם ועד ואי הוה עשרה עני בתרייהו ברוך הוא אלהינו ומבורך שמו תמיד לעולם ועד:

הא בבונה ירושלים הא בשאר ברכות. פר"ח וה"ג די"מ בכל ברכה וברכה כגון אחר ישתבח וכיוצא בו ומיהו פוק חזי מאי עמא דבר שלא נהגו לענות אמן אלא אחר בונה ירושלים דבהמ"ז:

רב אשי עני ליה בלחישה. וכן פסק בה"ג ועוד לדידן דליכא פועלים אפילו אביי מודה:

לא

עין משפט נר מצוה

יג א מיי' פ"ה מהלכות ברכות הלכה ז סמג עשין כז טוש"ע או"ח סי' קצט סעיף ו:

יד ב מיי' פ"א שם הל' יא סמג שם טוש"ע או"ח סי' ריג סעיף ב:

טו ג ד מיי' פ"ה שם הלכה יג וסמג שם טוש"ע או"ח סימן קצד סעיף ב:

טז ה מיי' שם הל' טו סמג שם טוש"ע או"ח סי' קנג סעיף א:

יז ו מיי' פ"ו שם הל' ו סמג שם טוש"ע או"ח סי' ר סעיף א:

יח ז טוש"ע או"ח סימן קצד סעיף א:

יט ח מיי' פ"ה שם הל' יז סמג שם טוש"ע או"ח סי' קצח סעיף א:

כ ט מיי' פ"א שם הל' טו סמג שם טוש"ע או"ח סי' קפח סעיף א ובסי' רטו סעיף א:

כא י טוש"ע או"ח סי' קפח סעיף ב:

הגהות הב"ח

(א) גמ' נראין כעשרה. כ"כ ע"ל סוף דף מ"ז: (ב) שם בריך איניש איניש לנפשיה: (ג) שם אחר כל ברכותיו: (ד) שם דלא לזלזלו רבנן בהטוב: (ה) רש"י ד"ה לא הוה בהו חד מופלג:

הגהות הגר"א

[א] גמ' והא נשים אפי' מאה (והא מאה) תא"מ:

[נ"ל אמרי וכ"ה בר"ף ורא"ש]

מסורת הש"ס

[ערכין ג.]

[ד' תימות הללו צריכין עיון ומדברי רש"י נראה דגרים והא אפי' מאה נשי כתרי גברי דמיין]

סוכה לח:[ע"ש היטב]

מגילה כג:

חולין קו.

[מנחות מג:]

[לעיל ז. וש"נ]

[לקמן ג.]

§ מסכת ברכות דף מה: §

אות א'

נשים מזמנות לעצמן, ועבדים מזמנים לעצמן; נשים ועבדים וקטנים אם רצו לזמן, אין מזמנין

סימן קצט ס"ו - [א]נשים ועבדים וקטנים אין מזמנין עליהם - ר"ל אם לא היו רק שני אנשים, אין אלו מצטרפין לשלשה שיתחייבו על ידם בזימון, משום דאלו אינן בני חיובא בזימון, וכדלקמיה בס"ז, **ואפילו** אם רצו לזמן עמהם, ג"כ אין ראשין, וגרע מנשים בעצמן או עבדים, שיש להם עכ"פ רשות לזמן וכדלקמיה, **משום** שאין חברתן נאה שיהיה הצירוף של שלשה ע"י הנשים, וכן ע"י העבדים שהם פרוצים בזמה, **ואפילו** אשה עם בעלה ובניה, ג"כ אין נכון להצטרף מטעם זה.

אבל מזמנין לעצמן - רשות, וקאי אנשים ועבדים ולא אקטנים, דקטנים לאו בני מצוה נינהו לומר שיזמנו לעצמן.

ולא תהא חבורה של נשים ועבדים וקטנים מזמנין יחד, משום פריצותא דעבדים - שחשודים על הזנות ועל משכב זכור, **ולכן** אפילו יש ג' עבדים אין מזמנין עם הנשים בחבורה אחת, דאכתי איכא פריצותא.

אלא נשים לעצמם ועבדים לעצמם; [ב]ובלבד שלא יזמנו בשם - דהזכרת השם הוא דבר שבקדושה, וכל דבר שבקדושה איננו בפחות מי' זכרים ובני חורין, וכדלעיל בסי' נ"ה. ‹**ותימה** דהא כתב בס"י, דקטן היודע למי מברכין מצטרף למנין י', וצ"ע - אבן האזל›.

[ג]אות א'*

תוס' ד"ה שאני: דנשים מזמנות לעצמן, היינו אם רצו לזמן מזמנות

ונשים צריך עיון אם יוצאות בברכת הזימון של אנשים, מאחר שאין מבינות

סימן קצט ס"ז - [ד]נשים מזמנות לעצמן רשות - י"ל הטעם, דלא רצו חכמים להטיל עליהם חיוב ברכת הזימון כשהם בפני עצמן, משום שאינו מצוי כ"כ שיהיו בקיאות בברכת הזימון, **ואפשר** עוד, משום דלכתחילה מצוה מן המובחר בשלשה לברך על הכוס, ובאשה גנאי הדבר, ולפי"ז ניחא מה שחייבים בזימון כשהם עם האנשים, **ובלבוש** כתב הטעם דלהכי חייבת עם האנשים, משום מגו דחל החיוב על האנשים חל ג"כ עלייהו.

(ודעת הגר"א בביאורו, שהעיקר כהרא"ש ותר"י, שנשים מזמנות לעצמן [ה]חובה, אך העולם לא נהגו כן).

אבל כשאוכלות עם האנשים חייבות, ויוצאות בזמון שלנו - שכמו שהאנשים מוציאים לאנשים, כן הם מוציאים לנשים, (**ופשוט** דהיינו אפילו אשה אחת).

ואע"ג דנתבאר לעיל, דאין מזמנין אנשים ונשים ביחד ואפילו רצו, משום שאין חבורתן נאה, **היינו** דוקא התם שהאנשים הם רק שנים, וחיוב זימון בא ע"י צירוף נשים, להכי מנכר צירופן והתחברותן יחד וגנאי הדבר, **משא"כ** הכא מיירי כשיש שלשה אנשים זולתן, ואין צריך כלל לצירופן לענין חיוב זימון, ולכן אף שהנשים ועבדים מצטרפין לצאת ידי חובתן בשמיעה מהמברך ולענות אחריו ברכת הזימון, אין בזה משום גנאי.

(**ומשמע** מדברי היד הקטנה, דהיא אסורה לברך ברכת הזימון ולהוציא את האנשים, אלא שצריכה לשמוע ולצאת מהזימון שמברכין האנשים).

ועיין בשו"ע הגר"ז, שדעתו שאם רצו הנשים להתחלק מחבורת האנשים ולזמן בפני עצמן, הרשות בידן, [**דכיון** דאיחייבו להו בזימון מחמת שאכלו בחבורה של ג' אנשים, וחל ממילא עלייהו ג"כ חיובא, אפי' לאחר שנתפרדו מהם לא פקע חיובייהו, ועדיין הן מחוייבת בזימון ולא רשות, **ואף** דאין מוכרח, מ"מ מסתברא כוותיה, דאין לנו לכופן שישבו דוקא בחבורה אחת עם גברים, **ובפרט** להגר"א שפסק לעיקר, דנשים מזמנות לעצמן חוב, בודאי לא יפסידו כלום ע"י פרידתן].

הגה: אע"פ שאין מבינות (הרא"ש ומרדכי ריש פ' ג' שאכלו בשם רש"י) - ועיין בסימן קצ"ג במ"ב מש"כ שם בשם האחרונים, דיוצאות גם ידי בהמ"ז בשמיעה מפי המברך אע"פ שאינן מבינות לשה"ק, **וכתבנו** שם דמ"מ יותר נכון שיאמרו אחר המברך מלה במלה בלחש אם אפשר להם.

[ז]סימן קצט ס"ח - [ח]אנדרוגינוס מזמן למינו - דכל אנדרוגינוס אחד הם, משא"כ בטומטום לקמיה, (**ואם הוא רשות או חוב, עיין** בע"ת ולבוש וא"ר). **ואינו מזמן לא לאנשים** - דשמא נקבה היא, ונתבאר בס"ו שאין מזמנין עליהן, **ולא לנשים** - דשמא זכר הוא, ואין חברתן נאה וכנ"ל.

[**ואם** היה שם חבורה של ג' אנשים, לפי"ז יכול להתחבר עמהם, דלא גרע מאשה, **ומ"מ** אם הם אכלו כדי שביעה, בודאי אין כדאי שיוציאם בבהמ"ז, ‹שהרי אשה אינה מוציאה האיש בבהמ"ז›, **ומ"מ** בדיעבד אפשר דיצאו, ‹שיש ס"ס לקולא, שמא הוא זכר, ושמא האשה חייבת בבהמ"ז מה"ת›.

[**ועוד** טעם בבית יוסף, דבריה בפני עצמו הוא, ואינו מצטרף עמהם].

באר הגולה

א **ברכות מ"ה** ב **רמב"ם** ג ‹ע"פ הגר"א› ד **סמ"ג בשם ר"י מההיא דערכין ג'** ‹וסמ"ג כתב, גרסינן בפרק קמא דערכין, הכל חייבין בזימון, לאתויי נשים, דתניא נשים מזמנות לעצמן, ותימה דבריש פרק שלשה שאכלו מסיק, דנשים מזמנות לעצמן רשות, {עיין מש"כ בתוס'}, ואומר ר"י, דלעצמן דוקא רשות, אבל כשאוכלות עם האנשים חייבות ויוצאות בזימון שלנו ואינן מברכות לעצמן - ב"י› ה ‹והא דמדמי נשים לתרי, היינו למאי דס"ד, דלא הוי ידע סברא דדעות, אבל לפי המסקנא דדעות שאני, יצאו מכלל שני אנשים, וחזרו לחובה כשלשה אנשים - דמשק אליעזר› ו ‹וז"ל: אבל רש"י הביא ראיה מדתנן במגלה (יז א) והלועז ששמע אשורית יצא, מיהו י"ל דפרסומי ניסא שאני, דהתם (יח א) אמרינן אחשתרנים בני הרמכים מי ידעינן מאי ניהו, אלא פרסומי ניסא שאני, ע"כ. ולא מצאתי זה ברש"י, אבל נמצא דברים אלו כאן בתוס'› ז ‹מילואים› ח **מההיא ר"ה כ"ט לענין שופר**

[ט]**סימן קצט ס"ט** - [י]**טומטום אינו מזמן כלל** - היינו אפי' עם שני טומטומים אחרים, דשמא זה כשיקרע ימצא זכר, וזה נקבה, ואין נשים מצטרפות עם האנשים, וכ"ש דאינו מצטרף עם אנשים ונשים, **ומ"מ** פשוט דעם ג' אנשים יכול להצטרף, דלא גריעא מאשה, וכנ"ל בס"ז.

[יא]**סימן קצט סי"א** - [יב]**מי שנדוהו על עבירה, [בזמן שהותר מצד השררה], אין מזמנין עליו** - בין לג' בין לעשרה, שזהו לשון נידוי, שמרחיקין ומבדילין אותו מאגודתם.

אות ב'

שמע ולא ענה, יצא

סימן ריג ס"ב - [יג]**אין המברך מוציא אחרים אלא אם כן יאכל וישתה עמהם** - דדוקא בברכת המצות שכל ישראל ערבין זה בזה, וכשחבירו אינו יוצא ידי המצוה, כאילו הוא לא יצא, לכן יכול לברך אפילו מי שאינו חייב בברכה זו, **משא"כ** בברכת הנהנין, שאינו חוב המוטל עליו כשאר מצות, דלא ליתהני ולא לבריך, **ואפילו** אם אינם יודעים בעצמן לברך, **וזה** הסעיף שייך בין לברכה ראשונה ובין לברכה אחרונה.

ואז יוצאים בשמיעתן שמכוונין אליו - והוא ג"כ יכוין להוציאם, וכדלקמיה בס"ג, [יד]**אפילו לא יענו אמן** - דקי"ל דשומע כעונה, והרי הוא כמברך בעצמו, **וכ"ז** לענין דיעבד, אבל לכתחלה, לבד מה שמצוה לענות אמן על כל ברכה ששומע מישראל, **עוד** יותר יש חיוב לכתחלה לענות אמן בברכה שמתכוין לצאת בה, כדי להורות בפועל שמסכים לברכת המברך.

ואם אינו אוכל ושותה עמהם, אף בדיעבד לא יצאו, דהא ברכתו הוי לבטלה כיון שאינו אוכל בעצמו, ואיך יצאו על ידו, ואפילו ענו אמן על הברכה, **אם** לא שמה שלא אכל ושתה המברך היה בשוגג או באונס, כגון שנשפך הכוס אחר הברכה וכה"ג, דבעת הברכה לא היה לבטלה, אז יוצאין אחרים על ידו.

כתבו הפוסקים, אם כמה אנשים עושים מצוה אחת, מצוה לכתחלה שאחד יברך לכולם, דברוב עם הדרת מלך.

אות ג' – ד'

שלשה שאכלו כאחת ויצא אחד מהם לשוק, קוראין לו ומזמנין עליו

והלכתא כמר זוטרא, מאי טעמא, כיון דבעי לאדכורי שם שמים, בציר מעשרה לאו אורח ארעא

סימן קצד ס"ב - [טו]**שלשה שאכלו ויצא אחד מהם לשוק, קוראים אותו ומודיעים לו שרוצים לזמן, כדי שיכוין** - לשמוע ברכת הזימון, **ויצטרף עמהם ויענה עמהם ברכת זימון.**

אבל אם אינו עונה, אין מזמנין עליו, משום דאינו עומד עמהם, **אבל** אם היה עומד עמהם, אף אם אינו עונה עמהם, מזמנין עליו בע"כ, כמבואר לקמן סי' רי"ש.

ויוצאים ידי חובתן - וגם הוא יוצא ידי חובת זימון בזה, **אף ע"פ שאינו בא ויושב עמהם** - אלא שעומד נגד הפתח בסמוך להם, [רב האי גאון ורש"י], **ועיין** סי' נ"ה ס"כ דמבואר שם, דאם יש טינוף בינתים מפסיק.

וכשיגמור ענינו יבוא הביתה שאכל שם ויברך בהמ"ז, **מיהו** אם נשתהה שם עד גמר בהמ"ז, וכוון לבו לצאת, יצא ידי בהמ"ז וא"צ לברך.

וה"מ בג', אבל בעשרה כיון שצריכים להזכיר את השם, אינם מצטרפין עד שיבא וישב עמהם. (וע"ל סימן ר' - ס"ב, עד היכן ברכת הזימון) - ולפי מה דפסק שם רמ"א, צריך העונה להמתין עד שיגמרו ברכת "הזן".

אות ה'

שנים שאכלו כאחת, מצוה ליחלק; בד"א כששניהם סופרים, אבל אחד סופר ואחד בור, סופר מברך, ובור יוצא

סימן קצג ס"א - [טז]**שנים שאכלו, אע"פ שבברכת "המוציא" פוטר אחד את חבירו** - ר"ל דב"המוציא" אף לכתחלה יכול כל א' לצאת בברכת חבירו, **מצוה ליחלק שיברך כל אחד בהמ"ז לעצמו** - כלומר דאע"ג דבדיעבד אף בבהמ"ז בודאי יוצא ע"י חבירו המוציאו, [ברכות מ"ה: מימרא דר' יוחנן שם, ועיין בחידושי רשב"א שם], **מ"מ** לכתחלה מצוה ליחלק, **והטעם** שחלקו בין בהמ"ז ל"המוציא", דבתחלת הסעודה שקובעים לאכול יחדו, דעתן להצטרף, משא"כ בסוף הסעודה דעתן להפרד זה מזה, הלכך צריך לברך כל אחד לעצמו, **ויש** עוד טעם, משום דבהמ"ז דאורייתא החמירו בה, **ועיין** בפמ"ג שכתב, דנכון לחוש לטעם הראשון, וע"כ אף אם לא אכל כדי שביעה, דחיובו הוא רק מדרבנן, ג"כ מצוה ליחלק ולברך כל אחד לעצמו.

[יז]**בד"א כשהיו שניהם יודעין לברך בהמ"ז, אבל אם אחד יודע והשני אינו יודע, מברך היודע ויוצא השני,** [יח]**אם מבין לשון הקודש אלא שאינו יודע לברך;** [יט]**וצריך לכוין מלה במלה לכל מה שיאמר** - (והוא לעיכובא, אם לא שיודע ששמע עכ"פ עקרי הברכות ופתיחתן וחתימתן, אז יצא בדיעבד, ודע עוד, דאם שמע הבהמ"ז והוא מתנמנם, לא יצא).

הגה: וצריך המברך שיכוין להוציאו (מרדכי ר"פ ג' שאכלו וב"י בשם סמ"ג) - וגם השומע צריך שיכוין לצאת.

באר הגולה

ט (מילואים) | י שם | יא (מילואים) | יב הריב"ש בתשו' ושאר פוסקים עיין בסי' נ"ה | יג ר"ה כ"ט. | יד רמב"ם ושאר פוסקים מההיא דסוכה ל"ח: וברכות מ"ה: דשומע כעונה | טו שם בגמ' | טז ברכות מ"ה לפי' התוס' ‹עמוד א' ד"ה אם› ורא"ש ורשב"ם והמרדכי ורבי יונה | יז שם בגמ' | יח תוס' ‹ד"ה שאני› והרא"ש ורבי יונה והמרדכי | יט מרדכי בשם ר"מ

[כ]**אבל אם אינו מבין, אינו יוצא בשמיעה** - ולפי זה הנשים יברכו לעצמן, וה"ה ע"ה כשאינו מבין ברכת המוציא.

ויש פוסקים שסוברין, שבלה"ק יוצא אדם ידי חובתו בשמיעה אע"פ שאינו מבין הלשון, [רש"י ‹הובא דבריו ברא"ש› ור"י מקורביל וכל בו ורבנו ירוחם], משא"כ בשאר לשונות, דלכו"ע אינו יוצא אם אינו מבין הלשון, **וכן** המנהג שנשים יוצאות י"ח בשמיעה מהמברך, אע"פ שאינן מבינות כלל, **ואפילו** בקידוש שהוא דאורייתא לכו"ע להנשים, אפ"ה יוצאות בשמיעה, וכן ע"ה אע"פ שאינן מבינים דברי המקדש, **ומ"מ** יותר טוב שיאמרו אחרי המברך והמקדש מלה במלה בלחש אם אפשר להם, דבזה יצאו לכל הפוסקים, **ובלא"ה** נכון לעשות כן לכו"ע, דא"א לכוין ולשמוע היטב. **‹צ"ע** דלקמן בסי' רע"א בביה"ל הביא שו"ת רעק"א, שלא יאמרו, דא"כ צריך להם כוס לבדם – מגדנות אליהו›.

(הנה דינא דהמחבר איירי בשנים וכנ"ל, ולענין שלשה אם אחד יוכל להוציא לשנים, יש דעות בין הפוסקים, דדעת ברכת אברהם, דאפילו לדעת המחבר היינו דוקא ביחיד המוציא ליחיד, אבל בזימון שלשה שאחד מוציא לשנים, או בעשרה שאחד מוציא לתשעה, אפילו אינם מבינים, יחיד מוציא את הרבים, והעתיקוהו הרבה אחרונים, ומב"ח ולבוש משמע שלא כדבריו).

[כא]**סימן קפה ס"ג** - [כב]**יש מי שאומר דבעל הבית עם בניו ואשתו, צריך לברך בקול רם, כדי שיצאו בברכתו** - היינו כשאינם בקיאים בעצמם לברך, והם יוצאים בשמיעתם ממנו, **ויש** שכתבו דטוב לעולם לברך בקול רם, כי הקול מעורר הכונה, **ובפרט** אם הוא שבת או ר"ח, לא ישכח עי"ז להזכיר מעין המאורע.

(עיין במ"א שהקשה, הרי מלתא דפשיטא היא, ולמה כתב זה בשם יש מי שאומר, והנכון כמו שתירץ בברכי יוסף ונהר שלום, דהאי יש מי שאומר ס"ל כשיטת רש"י, דיכול להוציאם אפילו אם אינם מבינים כלל הלשון, ולהכי כתב המחבר בשם יש מי שאומר, משום דלעיקר הדין ס"ל להמחבר כשיטת שארי פוסקים המחמירין בזה, ואעפ"כ העתיקו, משום דעכ"פ זה עדיף ממה שלא יברכו לגמרי, דיוצא עכ"פ לדעה זו).

אות ו'

<u>ג' שאכלו כאחת, אחד מפסיק לשנים, ואין שנים כו'</u>

סימן ר ס"א - [כג]**שלשה שאכלו כאחד** - ר"ל שהתחילו לאכול כא', וגמרו שנים מהם תחלה, ורוצים לברך בהמ"ז, **אחד מפסיק על כרחו לשנים, ועונה עמהם ברכת זימון** - שאין הדבר תלוי ברצונו, אם רוצה להפסיק מסעודתו ולענות, אלא מן הדין מחויב לזה, כיון שהם רבים נגדו אין צריכים להמתין עליו.

(היכא דהשנים אינם נחוצים לצאת, צ"ע אם יכולים להכריח להאחד שיפסיק מסעודתו לענות, אך ממדת דרך ארץ אפשר דלכו"ע צריך להפסיק בכל גווני, וכמ"ש באור זרוע, דלרש"י שסובר דהאי אחד מפסיק הוא ממדת ד"א, מפסיק בכל גווני, ואפשר דשארי פוסקים נמי לא פליגי עליה בזה).

ואפילו לא רצה להפסיק, מזמנין עליו בין עונה בין אינו עונה, כל שהוא עומד שם - ר"ל שאע"פ שאינו עונה, הם יוצאים ידי זימון, כיון שהוא עומד שם ושומע ויכול לענות, **ולאפוקי** כשיצא לחוץ, וכדלעיל בסימן קצ"ד ס"ב, **ומיהו** הוא בודאי אינו יוצא, אא"כ הפסיק וענה עמהם.

אבל שנים אין חייבים להפסיק לאחד – ‹את סעודתן, אבל משגמרו את סעודתן שוב אין להם רשות לשהות יותר לעכב את השלישי הרוצה לזמן ולברך, והכי דייק לישנא דגמ', דקאמר אין שנים מפסיקין לאחד, והיינו להפסיק מהסעודה דוקא›, **והלכך אין חיוב זימון חל עד שיתרצו להפסיק לאחד ולברך** - הלשון מגומגם קצת, [דהא חיוב זימון חל מעת התחלת הסעודה], והכוונה דאין חייבים עתה לזמן עם האחד.

ואם לא רצו להפסיק וזימן הוא עליהם, לא עשה כלום.

ואם לא רצו להפסיק, אף הוא אינו רשאי לברך ולצאת לשוק, עד שיגמרו השנים ויזמן עליהם, שהרי כבר נתחייב הוא בזימון והיאך יברך בלא זימון.

הב"ח חולק ע"ז, ודעתו דאין חיוב זימון חל עד שיגמרו כל השלשה את סעודתם, ועל כן קודם שגמרו השנים, רשאי האחד לברך בפני עצמו ולצאת, [כד]והעתיקו המ"א להלכה, **אבל** כל האחרונים חולקין עליו, ודעתם כהשו"ע, דמכיון שהתחילו לאכול ביחד, חל מיד חובת זימון עליהם, ואין שום אחד מהם שגמר סעודתו קודם רשאי לברך בפני עצמו ולצאת, [ט"ז ומאמר מרדכי וא"ר ומגן גבורים, [כה]ובבית מאיר הוכיח מהרש"י שהביא המ"א ג"כ להיפך, ע"ש].

מיהו אם היה דבר נחוץ מאד, שנוגע להפסד ממון וכדומה, אפשר שיש להקל להאחד לברך בפני עצמו קודם שגמרו השנים סעודתם ולצאת, **אך** באופן זה טוב יותר שהשנים יתנהגו בזה לפנים משורת הדין, ויפסיקו מסעודתם ויזמן עליהם, [כו][**דהא** בבה"ג משמע, דלפנים

באר הגולה

כ טור | כא ‹ע"פ הב"י וז"ל: כתב הכל בו, שבעה"ב עם בניו ואשתו, הוו כסופר מברך ובור יצא (שם מה:), ולפיכך צריך לברך בעל הבית בקול רם כדי שישמעו בניו ואשתו ויצאו בברכתו, ומי שבירך בלחש טועה אם יש שם אשה ובנים› | כב כל בו | כג ברכות מ"ה לפי' הרשב"א שם ‹וז"ל: נראה דהכי פירושו, אחד מפסיק על כרחו לשנים ועונה עמהן, ואפילו לא רצה להפסיק, והן מזמנין עליו בין עונה בין אינו עונה כל שהוא עומד שם, אבל שנים אין מפסיקין לאחד, אין חייבין, והילכך אין חיוב זימון חל עד שיתרצו להפסיק לברך, ואם לא רצו להפסיק וזימן הוא עליהם, לא עשה ולא כלום, והילכך אם לא רצו להפסיק, אף הוא אינו רשאי לברך ולצאת לשוק עד שעה שיגמרו השנים ויזמן עליהם, שהרי כבר נתחייב הוא בזימון, והיאך יברך בלא זימון - ב"י. **ודלא** כרש"י דהוי רק דרך ארץ› | כד ‹וכן משמע בפירש"י (נ:) גבי פרח זימון, שכתב והפורשים היו צריכים לצאת לשוק קודם שגמרו החבורות סעודתן, עכ"ל - מ"א. ולמה הוצרך רש"י להודיענו טעם יציאתם, וגם שיציאתם היתה קודם גמר סעודתן. אלא ע"כ דרצה לפרש שתהא יציאתן בהיתר, לכן כתב שיצאו קודם גמר סעודתן - מחה"ש› | כה ‹ואיני יודע א"כ דאין חיוב זימון חל עליו עד שיגמרו סעודתן, למה חייבין אלו השלשה שפרשו ונתחברו לזמן ואפילו לא אכלו יחד, הא מעולם לא חל עלייהו תורת זימון, אלא ודאי מוכח מרש"י דלא כהב"ח - בית מאיר› | כו ‹וצריך הסבר, אמאי אין דין לעשות לפנים משורת הדין בכל ענין ולכו"ע, כמו שהביא השעה"צ מהבה"ג,

משורת הדין צריך תמיד להפסיק אף שנים לאחד, **וגם** בלא"ה הלא יצטרכו לחפש אח"כ אחר עוד אחד מן השוק שיצטרף עמהם לזימון].

אות ז'

ידי זימון לא יצאתם

סימן קצד ס"א - [כז]שלשה שאכלו כאחד, ושכחו וברך כל אחד לעצמו, בטל מהם הזימון ואין יכולים לחזור ולזמן למפרע - לומר: נברך וכו', דלמאי יזמנו זה את זה, והרי כבר ברכו בהמ"ז, ואין לשון זימון אלא שאחד יזמן השנים שיהיו מוכנין ומזומנין להצטרף יחד לברכת המזון. (**ואפילו** לא גמרו רק ברכת "הזן", ג"כ איבדו הזימון, **אבל** אם התחילו רק "בא"י אמ"ה הזן את העולם כולו", יש להסתפק).

[כח]וכן אם ברכו שנים מהם – (ר"ל דאין יכולין לחזור ולהצטרף עם השלישי, לפטרו על ידם מהזימון, דאין שנים נגררין אחר אחד, **ועם** חבורה אחרת של ג' יש לעיין, ומסתברא דיוכל להצטרף, דהרי נפרש מחבורה של חיוב, שגם הם חייבים עדיין, אלא שאין להם תקנה מפני שאין זימון למפרע, ומ"מ צ"ע, **אך** אם יאכל עמהם מעט, בודאי מצטרף, ואפילו עם שנים).

אות ח'

הא דאשכחינהו דקא אמרי: נברך, והא דאשכחינהו כו'

סימן קצח ס"א - [כט]שלשה שאכלו והם מברכין, ונכנס אחד שלא אכל, אם נכנס כשאומר המברך: נברך שאכלנו משלו, עונה אחריו: ברוך ומבורך [ל]שמו תמיד לעולם ועד - דאין מן הראוי שיהיה אדם אצל חבורה שמזמינין עצמן ליתן שבח והודיה לו ית', והוא ימנע מזה.

ואם נכנס כשאחרים עונים: ברוך שאכלנו משלו - דאז לא יוכל לענות: ברוך וכו', כיון שלא שמע מפי המזמן שבקשו לברך, [**ואף** שפסקנו לעיל בסי' נ"ז במ"ב, דאף מי שלא שמע "ברכו" מפי הש"ץ, מ"מ עונה עם הציבור בשוה, **דהתם** עניתו הוא ממש כשל ציבור, משא"כ הכא, הם אומרים: ברוך שאכלנו, והוא עונה: ברוך ומבורך]. **עונה אחריהם אמן** - ככל הברכות שאדם שומע מפי ישראל, שצריך לענות אמן אחריו, **ואם** שמע אח"כ מפי המזמן כשחזר ואמר: ברוך שאכלנו משלו וכו', צריך לענות עוד הפעם אמן, ככל הברכות שאדם שומע מפי אחד, וחזר ושמע אותה הברכה מפי השני.

כתב הט"ז, אם נכנס אחר שכבר התחיל המברך לומר: ברוך שאכלנו, אין צריך לענות אמן, ‹דיסוד החיוב לענות או ברוך הוא או אמן, משום דאין מן הראוי שיהיה אצל חבורה שנותנין שבח והודיה לו ית' והוא שותק, אבל בזה, כיון שאחרים שאכלו הם שותקים, אין עליו שום חיוב כלל – שם›,

אבל כמה אחרונים חולקין ע"ז, ‹דיסוד החיוב אינו משום זה, רק חיוב לענות אמן על כל ברכה ששומע – מ"ב המבואר›.

הגה: וכן בכל הברכות שאדם שומע, חייב לענות אמן - בין ברכת המצות בין ברכת הנהנין.

ואם הם י', אומר: ברוך אלהינו ומבורך שמו תמיד לעולם ועד - היינו כששמע להמברך שאמר: נברך אלהינו, **ואם** שמע רק להעונים, אומר רק אמן בלבד, כנ"ל. **וברכת** נשואין עונה: ברוך אלהינו ומבורך שמו תמיד לעולם ועד שהשמחה במעונו, ‹צ"ל: ברוך אלהינו שהשמחה במעונו ומבורך שמו תמיד לעולם ועד – מאמ"ר›.

[לא]וה"ה אם היה שם כשגמרו מלאכול ולא אכל עמהם, כך הוא עונה אחר המברך ואחר העונים - ר"ל אף שאמר מתחלה עם המסובין: ברוך ומבורך וכו', צריך לענות לבסוף אמן ג"כ אחר העונים.

ואם שתה, אפילו לא נצטרף עמהם כלל, יכול לומר: ברוך שאכלנו וכו', דשתיה בכלל אכילה, **ומיהו** בעשרה לענין הזכרת השם, ‹בשתיה, אפי' נצטרף עמהם›, שיאמר: ברוך אלהינו שאכלנו משלו וכו', נשאר הפמ"ג בספק, ‹**ומיהו** ממש"כ המחבר: ואם הם י', אומר: ברוך אלהינו ומבורך כו', אין ראיה, די"ל שמשבח לה', אבל שיאמר: ברוך אלהינו שאכלנו, דמשמע דרך חיוב, אפשר דלא יאמר כן, וצ"ע – המשך לשון הפמ"ג›.

אות ט'

הא בבונה ירושלים, הא בשאר ברכות

סימן קפח ס"א - [לב]אחר שחתם "בונה ירושלים", יענה "אמן" אחר ברכת עצמו, מפני שהיא סיום הברכות דאורייתא, ד"הטוב והמטיב" אינה דאורייתא.

סימן רטו ס"א - [לג]אין עונה אמן אחר ברכותיו - ר"ל אחר כל ברכה מיוחדת שהוא מברך, או אפילו אחר שתי ברכות, כל שאינם סיום ברכות, אין עונה בעצמו אחריהם אמן, **דאיתא** בגמרא: כל העונה אמן אחר ברכותיו הרי זה מגונה.

והנה מלשון הגמרא משמע דלא עשה בזה איסור, רק דהוא מגונה, **והני** מילי דלא עשה בזה הפסק, אבל אם בירך על איזה דבר מצוה שרוצה לעשות, או ברכת הנהנין, דהפסיק בזה בין הברכה לאותו דבר, עשה איסור בזה, וחוזר ומברך, [**ואם** ענה אז אמן אחר ברכה שעושה איש אחר, תלוי בפלוגתא אם צריך לחזור ולברך, **לט"ז** בדיעבד א"צ לחזור ולברך, ולמ"א צריך].

אלא אחר שתי ברכות או יותר שהם סוף ברכות - היינו אחר ברכת "שומר עמו ישראל לעד", או אחר "הפורס סוכת" וכו' שאומרים בשבת, שהוא גמר ברכות ק"ש, **או** אחר ברכת "בונה

באר הגולה

וראיתי באחרונים, דלפי רש"י דהדין הוא דין של דרך ארץ, א"כ י"ל דהוי כנגד הדרך ארץ שיפסיק שנים לאחד, וזהו הטעם דרש"י מסביר, דרב פפא עשה להחשיב בנו, ולא סתם משום לפנים משורת הדין, ואפשר עוד לומר, דאפי' לשאר פוסקים, דהוי התחייבות להפסיק, אבל עכ"פ החיוב מיוסד על ענין של דרך ארץ›

כז ברכות מ"ה **כח** הרא"ש והרשב"א **כט** ברכות מ"ה **ל** תוספות ורבינו יונה והרא"ש בשם בה"ג **לא** שם ובסמ"ג

לב ברכות מ"ה **לג** ברכות מ"ה ע"ב לפירוש הרי"ף והרמב"ם והר' יונה והרא"ש והרשב"א ‹שיש מפרשים דאחר בונה ירושלים, דוקא קאמר, ושיש מפרשים דה"ה לכל סיום ברכה כעין בונה ירושלים, וזה דעת הרי"ף והרמב"ם וה"ר יונה והרא"ש והרשב"א – ב"י›

ירושלים", שהוא גמר ג' ברכות ראשונות שהם מן התורה, **ולא** אחר ברכות ראשונות דערבית ודשחרית, שאף שהם שתי ברכות, הלא אינם בסוף הענין, ו"אמן" לא שייך אלא בגמר וסילוק הענין.

ונהגו לענות אמן אחר "יהללוך" ואחר "ישתבח" - ואע"ג דאין עונין אמן אחר עצמו אלא דוקא אחר שתי ברכות סמוכות, **מ"מ** הני מקרי סמוכות, ד"יהללוך" סמוכה להברכה שלפני הלל, ו"ישתבח" סמוכה ל"ברוך שאמר", דהא אסור להפסיק ולהשיח בין "ברוך שאמר" ל"ישתבח", ובין ברכה שלפני הלל ל"יהללוך", ופסוקי דזמרה שאומרים ביניהם לא מקרי הפסק, **משא"כ** בברכה אחרונה שאחר ברכת הנהנין, אע"ג דאיכא ג"כ שתי ברכות א' לפניה וא' לאחריה, כיון שאין לה אחיזה עם ברכה ראשונה, שהרי רשאי להפסיק ולדבר בין הטעימה שאחר ברכה ראשונה לבין ברכה אחרונה, הויא ברכה אחרונה כברכה מיוחדת.

[**וברכת** התורה נמי לא הוי סמוכות, דתקנת קדמונים היה, שהראשון העולה מברך ברכה ראשונה, והאחרון ברכה אחרונה, א"כ לא מקרי סמוכות].

הגה: וי"א שאין עונין אמן רק אחר ברכת "בונה ירושלים" בברכת המזון, כן המנהג פשוט במדינות אלו ואין לשנות (תוספות ‹ד"ה הא› ומרדכי ר"פ שלשה שאכלו ומהרי"ק) - מפני שהוא סוף ברכות שהם מדאורייתא, דברכת "הטוב והמטיב" הויא מדרבנן, וכדי להראות שחילוק יש ביניהם, לכך עונים אחריה אמן.

ובמקומות שנהגו לענות אמן אחר "יהללוך" ו"ישתבח", יענה ג"כ אחר ברכת "שומר עמו ישראל לעד" (ב"י סי' נ"א) - אבל אין עונין אחר "יראו עינינו" שמברך בעצמו, כי היא אינה שייך לברכת ק"ש, והויא כברכה מיוחדת.

[לד]**סימן נא ס"ג** - [לה]**אחר "ישתבח" יכול לענות אמן אחר ברכות עצמו, (וע"ל סי' רט"ו)** - דשם נתבאר בהג"ה, דמנהגנו שלא לענות אמן.

[לו]**סימן סו ס"ז** - [לז]**אינו אומר אמן אחר "גאל ישראל", משום דהוי הפסק** - בין אחר עצמו ובין אחר הש"ץ. **הגה: וי"א דעונין אמן** - ס"ל, דאפילו על ברכת עצמו עונה, כיון שהוא סיום של סדר ברכות של ק"ש, ולא חשבי ליה להפסק בין גאולה לתפלה.

וכן נוהגין לענות אחר הש"ץ, אבל אם התפלל לבד אין עונין אמן, כדלקמן סימן רט"ו (טור) - מצד אחד מנהגנו הוא גם כן כהיש אומרים הזה, דלא חשבינן ליה להפסק בין גאולה לתפלה, וע"כ נוהגין לענות אחר הש"ץ אמן, **אבל** אם מתפלל לבדו, אין מנהגנו לענות אמן.

ודוקא אם אירע שהוא גמר קודם הש"ץ ולא התחיל עדיין השמ"ע, ובנתיים גמר הש"ץ, אבל אין צריך להמתין ע"ז לכו"ע, **ודוקא** אם לא התחיל עדיין הפסוק של "אדני שפתי תפתח", דמשם ואילך הוי כתפלה.

יש מדקדקים שרוצים לצאת לכו"ע, וממתינים ב"צור ישראל" או ב"שירה חדשה" כדי לענות אמן אחר הש"ץ, **וכתבו** כל האחרונים שלא יפה הם עושים, שהרי הוא באמצע הפרק של "אמת ויציב", ואין לענות שום אמן, לבד משתי אמנים הנ"ל בס"ג בהג"ה, **גם** לכתחלה ראוי להתחיל תפלת י"ח עם הש"ץ והקהל בשוה, **אלא** עצה אחרת יש, ונכון לעשותה כדי לצאת לכו"ע, שיכוין לסיים עם הש"ץ בשוה, ואז אינו מחוייב לענות אמן, **או** שיתחיל שמ"ע מעט קודם הש"ץ, דהיינו הפסוק "ד' שפתי" וגו', דבזה המעט ודאי ליכא קפידא, דאין ניכר כלל הקדמתו.

"גאל ישראל" לשון עבר, משום דהוא קאי על גאולת מצרים, **אבל** בתפלת י"ח אומר "גואל ישראל", משום דרחמי נינהו, ומתפלל על העתיד, **ובמערבית** שנוהגין לומר: "בא"י מלך צור ישראל וגואלו", נדחק הט"ז מאד לתרצו, **ובדגול** מרבבה יישב קושיתו, **ומ"מ** מפני קושיא זו, נהגו אנשי מעשה לומר גם במערבית "גאל ישראל".

אות י'

עני ליה בלחישא, כי היכי דלא נזלזלו בהטוב והמטיב

סימן קפח ס"ב - [לח]"אמן" זה יאמרנו בלחש, כדי שלא ירגישו שברכת "הטוב והמטיב" אינה דאורייתא ויזלזלו בה.

הגה: ונראה דדוקא כשמברך לבדו ואין עונין אמן אחר שאר ברכות; אבל כשמזמנין, עונין עליו כשאר אמן שעונין על ברכות הראשונות, ואע"ג דהמברך עונה ג"כ, מ"מ אינו ניכר כל כך הואיל ואחרים עונין ג"כ עמו; וכן המנהג במדינות אלו לאומרו בקול רם אפי' המברך עצמו, כשמזמנים, ואולי הוא מהאי טעמא.

ויש מיישבין המנהג מטעם אחר, שלא חששו לזלזול ברכה רביעית אלא בימיהם, שהיו הפועלים הולכים למלאכתם כששומעים "אמן" שאחר "בונה ירושלים", שלא חייבום חכמים בברכה רביעית מפני בטול מלאכתו של בעה"ב, **לכך** היה צריך לענות אמן בלחש, כדי שלא ישמעו הפועלים ויכירו שברכה רביעית אינה מן התורה, ויבואו לזלזל בה אף שלא במקום בטול מלאכת בעה"ב, **אבל** עכשיו שגם הפועלים מברכים ד' ברכות, כמ"ש בסימן קצ"א, אין לחוש לזה, **ולפי** טעם זה, בין כשמברך בזימון ובין כשמברך ביחידי, יכול לענות אמן בקול רם, **וכמדומה** שכן המנהג.

לא יאמר "בונה ירושלים אמן" בנשימה אחת, רק ימתין קצת אחר תיבת "ירושלים", ואח"כ יאמר "אמן", כדי שלא יהא משמע שגם ה"אמן" מסיום הברכה הוא.

באר הגולה

לד ‹ע"פ הבאר הגולה› לה תוס' דברכות מ"ה בשם ר"ח ובה"ג והרא"ש לו ‹מילואים וע"פ הגר"א› לז לדעת רמב"ם וע"פ הזוהר לח שם בגמרא כרב אשי

§ מסכת ברכות דף מו. §

אות א'

בעל הבית בוצע

סימן קסז סי"ד - [א]אם המסובים רבים - וה"ה שנים, ומיירי כשאין עמהם הבעל סעודה, או שכולם בעלי סעודה ואוכלין יחד, **גדול שבכולם** - בחכמה, **בוצע** - מפני כבודו, ומוציא האחרים בברכתו, **ואפילו** במקום דהמנהג דכל אחד מברך לעצמו על ככרו, מ"מ המנהג דגדול בוצע תחלה.

[ב]**והחתן** ביום חתונתו בוצע, אע"פ שיש בהמסובין גדול ממנו.

הגה: ואם הם שוים ואחד מהן כהן, מצוה להקדימו - דכתיב: וקדשתו, ואחז"ל: לכל דבר שבקדושה, לפתוח ראשון ולברך ראשון.

ואם הכהן עם הארץ, ת"ח קודם לו - ואסור להת"ח להקדימו לפניו, ומבזה בזה את התורה, **ואיתא** לקמן בסימן ר"א, דדוקא אם מקדימו לפניו דרך חוק ומשפט כהונה, דהיינו מפני שהוא כהן, **אבל** אם נותן לו רשות לברך שלא מחמת כהונה, רשאי.

ואם הכהן ג"כ ת"ח, אלא שהוא פחות מן השני, טוב להקדימו; אבל אין חיוב בדבר. וע"ל סי' ר"א (ומרדכי ב"י סי' קל"ה בשם רשב"א) - ואיתא בגמרא, שמי שנזהר בזה מאריך ימים בכך.

ואם יש עמהם [ג]בעה"ב - ר"ל בעל הסעודה שאוכל עמהם, [דאם אינו בעל הסעודה, אף שעושין בביתו, וגם הוא אוכל עמהן, אינו נחשב לענין זה בעה"ב], **הוא בוצע** - והוא קודם אפילו לכהן ות"ח, כדי שיבצע בעין יפה. **ואפילו אם האורח גדול** - [ד]הנה הלחם חמודות כתב, שכהיום נהגו לחלוק כבוד לגדול, והמ"א הסכים עמו, **אך** כמה אחרונים מפקפקין בזה, **אך** בסעודה שכל המסובין אוכל כל אחד ואחד מככרו, ומברכין לעצמן, בודאי הנכון שבעה"ב יכבד להגדול שיבצע תחלה, כיון שאין כאן טעם משום עין יפה.

(והמברך יאמר תחלה: ברשות מורי ורבותי) (א"ז וב"י בשם [ה]שבולי לקט) - היינו אפי' הגדול הוא הבוצע או בעה"ב, [עיין בגמ' ‹נ"ה. "אין מעמידין פרנס על הצבור אא"כ נמלכים בצבור"›, משום מדת ענוה צריך ליטול רשות, כאלו הם גדולים ממנו ולהם נאה לברך.

כשיש שם כהן שמצוה להקדימו וכנ"ל, אם רוצה אחר לבצוע, והוא הדין לבהמ"ז, צריך ליטול ממנו רשות, [לבד כשבעה"ב או הגדול בוצע, א"צ ליטול רשות מכהן], **ולא** מהני מה שיאמר: ברשות הכהן, אם לא נתן לו הכהן רשות.

[**ולענין** בהמ"ז, כשגדול מברך, ג"כ א"צ ליטול רשות מכהן, דגדול עדיף מכהן וכנ"ל, **אך** כשבעה"ב רוצה בעצמו לברך, יש לעיין אם צריך לרשות מהכהן אם לא, **ועיין** בסי' ר"א בבה"ל, אם בעה"ב עדיף מאורח, כשאורח הוא גדול, ולכאורה תלוי זה בזה].

[ו]סימן רא ס"ב - [ז]לא יקדים חכם ישראל לכהן ע"ה לברך לפניו [ח]דרך חק ומשפט כהונה - ר"ל שמקדימו מפני משפט הכהונה, **ואמרינן** בגמ' דהוא בכלל "משנאי אהבו מות", שמשניא את התורה בפני ההמון, שיאמרו שאינה חשובה כ"כ בראותם שהחכם שפל לפני ע"ה, דאף שהוא כהן, מעלת התורה גדולה ממעלת הכהונה.

אבל לתת לו החכם רשות שיברך, אין בכך כלום - ר"ל אין בזה פחיתות ערך לת"ח, מדאינו מברך בלתי רשותו, **ואפילו** אם הוא אינו כהן, יכול ליתן לו רשות לברך.

[ט]אבל כהן ת"ח מצוה להקדימו - ‹היינו כשהוא שוה לת"ח ישראל - עטרת זקנים›, וה"ה כששניהם אינם חכמים, ‹שנאמר: "וקדשתו"›. **ואפי'** אם הת"ח הוא גדול ממנו, דאין עליו חיוב לכבדו מחמת מצות "וקדשתו", מ"מ טוב שיקדים הכהן לפניו, כיון שהוא ג"כ חכם, והעושה כן הוא מאריך ימים.

שנאמר: וקדשתו, לפתוח ראשון - בקה"ת, **ולברך ראשון** - בסעודה בברכת "המוציא" ובבהמ"ז, וכן להוציא בקידוש, ד"וקדשתו" הוא לכל דבר שבקדושה, **וכתבו** הפוסקים, דבכלל "לפתוח ראשון" הוא להיות ראש המדברים בכל קבוץ עם ולדרוש תחלה, וה"ה בישיבה ידבר בראש, **ועיין** במ"א שמצדד, דהלימוד מ"וקדשתו" הוא דאורייתא, ולא אסמכתא בעלמא, **ומ"מ** אם הכהן רוצה לחלוק כבוד לאחר בכל זה, רשאי, ורק בקריאת התורה אינו יכול למחול. **(וע"ל סי' קס"ז סי"ד).**

אמרינן בגמרא, דהכהן יטול מנה יפה ראשון, ור"ל שישראל צריך ליתן לכהן מנה יפה ראשון לכל המסובין, **והיינו** דוקא בחברים המסובין בסעודה או בצדקה, **אבל** כשהכהן חולק איזה שותפות עם חבירו ישראל, לא, דאדרבה אמרינן בגמרא: כל הנותן עינו בחלק יפה, אינו רואה סימן ברכה לעולם.

וצ"ע למה אין נזהרין עכשיו להקדים לכהן לכל הנך מילי - מ"א, וע"ש שמצדד למצוא קצת טעם למנהג, **ומ"מ** לכתחלה בודאי יש ליזהר בזה.

טוב להקדים הלוי ג"כ לישראל, אם הם שוין בחכמה, בבהמ"ז וב"המוציא", וכן בנתינת הצדקה, דהא מקדימין אותו בקריאה ג"כ לפני ישראל.

באר הגולה

[א] רמב"ם ותוס' שם בברכות מ"ו **[ב]** ‹משמע בגמ' {ל"ז} - מ"א. ע"ש, וכתב רש"י: לפי שהחתן רגיל לבצוע. ומסתמא רבה בר בר חנה היה גדול יותר מבנו, דהא היה צריך ללמדו דיני בציעה, וגם היה אביו, ואפ"ה היה בנו החתן בוצע - מחה"ש› **[ג] שם בגמ'** **[ד]** ‹דלא שייך עין יפה כיון שאינו נותן לו פרוסה גדולה שתספיק לכל הסעודה, (לחם חמודות), וכן משמע בגמ' - מ"א. **דמשני** הגמ' דס"ל כר' יוחנן דאמר בעה"ב בוצע אורח מברך. **והקשה** מהרש"א, כיון דר' אבהו ידע מימרא דר' יוחנן הנ"ל, א"כ למה תחלה צוה לר' זירא לברך המוציא. **ותירץ**, דר' אבהו לענוותנותו החזיק לר' זירא ליותר גדול ממנו, ולכן אמר לו שהוא יבצע, ע"ש. **הרי** מוכח דאע"ג דר' אבהו היה בעה"ב אפ"ה נתן רשות לר' זירא לברך המוציא לאשר החזיקו לגדול ממנו, ע"כ כה"ג מותר, וכן ראוי לעשות - מחה"ש. ‹**מש"כ** הרב מג"א וכן משמע בגמרא וכו', כונתו דמשם משמע דחולקים כבוד אף בימי הגמרא, ולא כאשר כתב הל"ח דעתה נוהגים כבוד דלא שייך עין יפה, והרי גם בימי הש"ס שאמרו בעה"ב בוצע שיבצע בעין יפה, שם נאמר דר' אבהו חלק כבוד לרבי זירא - מחזיק ברכה› **[ה]** ‹ולמד דין זה מגמ' שם, דבצלאל היה ראוי לזה מפי הקב"ה, ואעפ"כ נטל רשות מהציבור› **[ו]** ‹מילואים› **[ז] מגילה כ"ח** **[ח] מרדכי שם** **[ט] גיטין נ"ט**

ר' זירא חלש על לגביה ר' אבהו *קביל עליה אי *מתפח קטינא חריך שקי עבידנא יומא טבא לרבנן אתפח עבד סעודתא לכולהו רבנן כי מטא למשרי אמר ליה לר' זירא לישרי לן מר א"ל לא סבר לה מר להא דר' יוחנן דאמר *בעל הבית בוצע שרא להו כי מטא לברוכי אמר ליה נבריך לן מר אמר ליה לא סבר לה מר להא דרב הונא דמן בבל דאמר בוצע מברך ואיהו כמאן סבירא ליה כי הא דאמר ר' יוחנן משום ר' שמעון בן יוחי בעל הבית בוצע [ב]ואורח מברך בעל הבית בוצע כדי שיבצע בעין יפה ואורח מברך כדי שיברך (א) בעל הבית מאי מברך [ג] יהי רצון שלא יבוש בעל הבית בעולם הזה ולא יכלם לעולם הבא ורבי מוסיף בה דברים ויצלח מאד בכל נכסיו ויהיו נכסיו ונכסינו מוצלחים וקרובים לעיר ואל ישלוט שטן לא במעשי ידיו ולא במעשי ידינו ואל *יזדקר לא לפניו ולא לפנינו שום דבר הרהור חטא ועבירה ועון מעתה ועד עולם: [ג]עד היכן ברכת הזמון רב נחמן אמר עד נברך ורב ששת אמר עד הזן נימא כתנאי דתני חדא [ה]ברכת המזון שנים (ב) ושלשה ותניא אידך שלשה וארבעה סברוה דכולי עלמא הטוב והמטיב לאו דאורייתא היא מאי לאו בהא קמיפלגי מאן דאמר שתים ושלש קסבר עד הזן ומאן דאמר שלש וארבע קסבר עד נברך לא רב נחמן מתרץ לטעמיה ורב ששת מתרץ לטעמיה רב נחמן מתרץ לטעמיה דכ"ע עד נברך מאן דאמר שלש וארבע שפיר ומ"ד שתים ושלש אמר לך הכא בברכת פועלים עסקינן דאמר מר (ג) *פותח בהזן וכולל בונה ירושלים בברכת הארץ רב ששת מתרץ לטעמיה דכ"ע עד הזן מ"ד שתים ושלש שפיר ומ"ד שלש וארבע קסבר *הטוב והמטיב דאורייתא היא אמר רב יוסף תדע דהטוב והמטיב לאו דאורייתא *שהרי פועלים עוקרים אותה אמר רב יצחק בר שמואל בר מרתא משמיה דרב תדע דהטוב והמטיב לאו דאורייתא שהרי פותח בה בברוך ואין חותם בה בברוך כדתניא *[ו]כל הברכות כולן פותח בהן בברוך וחותם בהן בברוך חוץ מברכת הפירות וברכת המצות וברכה הסמוכה לחברתה וברכה אחרונה שבקריית שמע יש מהן שפותח בהן בברוך ואין חותם בברוך

ויש

רש"י

קטינא חריך שקי. כך היו קורין לר' זירא וטעמא מפרש בבבא מציעא בהשוכר את הפועלים (דף פה.): **כי מטא למשרי**. ליטלא דשירותא כלומר לפרוס ברכת המוציא ולאכול: **רב הונא דמבבל**. סייט רב הונא סתמא ולפי שבכשיו היה ר' זירא בארץ ישראל במקום ר' אבהו והיה עולה מבבל קאמר הכי: **קרובים לעיר**. שיכל לראותן בעל הבית תמיד ולדעת מה הן צריכין: **נכסיו**. קרקעות: **עד היכן ברכת זמון**. שצריכין להיות שלשה וכשהן שנים לא יאמרוה: **ברכת המזון שנים ושלש**. פעמים שהם שתי ברכות פעמים שהם שלש כיצד כשהם שלשה הן שלש ברכות וכשהם שנים הן שתי ברכות כדמפרש ואזיל: **דקסבר**. ברכת זמון עד הזן וכשהם שנים אין אומרים אלא ברכת הארץ ובונה ירושלים: **ומאן דאמר שלש וארבע**. כשהן שנים הרי שלש הזן וברכת הארץ ובונה ירושלים וכשהם שלשה הם מוסיפים נברך עד ובטובו חיינו: **פועלים**. לא גרסינן והכי גרסי' והא דתניא שתים ושלש בברכת פועלים דאמרי ברכת הארץ ובונה ירושלים בחדא ברכה אין כאן אלא ברכת הזן וברכת הארץ וכשהם שלשה מוסיפין נברך הרי שלש: **דאמר מר**. לעיל בפרק שני (דף טז.): **שהרי פותח בה בברוך**. ואי דאורייתא היא הויא סמוכה לחברתה ואין פותחין בה בברוך: **כדתניא כו' יש מהן כו'**. כגון ברכת פירות ומצות פותח ואינו חותם וטעמא מפרש בערבי פסחים (דף קה.) משום דכולה חדא הודאה ואין הפסק דבר תחנה או דבר אחר בתוכה כמו שיש בקדוש כי הוא יום מחלה למקראי קודש והנחילנו:

תוספות

לא סבר לה מר להא דאמר ר"ה דמן בבל כו'. מיהו יש ליישב הני תרי לישני דר' יוחנן כשבעל הבית מסב עמהם ודאי הוא בוצע ואורח מברך וכו' אבל כשאין בעל הבית מסב עמהן הגדול שבהן יעשה המוציא וגם הוא יברך ברכת המזון:

עד היכן ברכת הזמון וכו'. פירש רש"י ממתין עד הזן והזן בכלל שנים אינם מברכין הזן ולא נהירא דברכת הזן דאורייתא ואיך יחיד פטור מינה ועוד הא קיימא לן כרב ששת באיסורי ולדידיה יחיד אומר שנים ובכל דוכתא נקט שלש ברכות ודוחק לומר דלא מיירי אלא בים זמון לרב ששת ועוד דמעשים בכל יום דיחיד מברך שלש ברכות ועוד דמדתניא לקמן בפרקין (דף מח:) *וברכת זו ברכת הזמון את ה' אלהיך זו ברכת הזן וקשה לרב ששת יאמר הזן זו ברכת הזמון לכן יש לפרש דקאי אדלעיל דקאמר אחד מפסיק לשנים ובעי נמי [עד] היכ' צריך להמתין עד שיברכו השנים עד נברך ורב ששת אמר עד שיגמרו הזן ומשם ואילך יכול היחיד לאכול ולא משום דחשיב ברכת הזן מזומן[א]דודאי יחיד נמי מתחייב מהזן אלא משום דכיון דנברך אינה ברכה אינו אומרה לבדה אלא יגמור עמה גם ברכת הזן שהיא ברכה והשתא ניחא דקיימא לן שפיר כרב ששת וכפירוש זה איתמר בירושלמי: **ולמאן** דאמר שנים ושלשה קסבר עד הזן. ופירש"י שנים ליחיד ושלשה לזמון ולפי שיטתו פירש כן ודוחק גדול הוא כדפרישית וכי יחיד פטור מברכת הזן שהיא דאורייתא ועוד הוא"ל וקאי אברכתא אמאי נקט לשון זכר שנים ושלשה הוה ליה למנקט לשון נקבה שתים ושלש לכך נראה פירוש של רב אלפס דקאי אבני אדם והכי קאמר ברכת זמון בשנים ושלשה בני אדם היכא שכל אחד אינו יודע כי אם ברכה אחת למאן דאמר שנים ושלשה קא סבר עד הזן כלומר ברכת הזמון עד הזן שמברך עד סוף הזן דכולה כברכה אחת של זמון היא והכי קאמר שנים או שלשה כלומר לפעמים נשלמה בשנים והוא הדין באחד אבל נקט שנים לרבותא ופעמים בשלשה בני אדם שאחד יברך מנברך עד הזן והשני נודה לך והשלישי עד בונה ירושלים אבל לאלאין אין לברך אם האחד אינו יודע כי אם האחי' ברכה אבל רביעי לא דנברך לבד לא חשיב ברכה ולכך אי אפשר לחלק לשנים נברך והזן ומאן דאמר בד' קסבר עד נברך דנברך חשיב ברכה אחת בפני עצמה והזן ברכה אחרת והייט בד' שארבעה בני אדם מברכין אותן שאחד יאמר נברך והשני הזן והשלישי נודה לך והרביעי עד בונה ירושלים:

כל הברכות כולן פותחות בברוך וחותמות בברוך חוץ מברכת הפירות וברכת המצות וברכה הסמוכה לחברתה וברכה אחרונה שבקריית שמע. והא לך הסדר ברכת אשר יצר אינה סמוכה לנטילת ידים דנטילה שייכא בלא אשר יצר והרבה פעמים אומרה לבדה אלהי נשמה אמאי אינה פותחת בברוך דאינה סמוכה לאשר יצר וכו' כגון אם לא בא מן הנקבים דידיו טהורות אין צריך לברכת אשר יצר וצריך לומר הואיל ואין בה אלא הודאה בעלמא אינה פותחת בברוך ומכל מקום חותמת בברוך הואיל וארוכה קצת וכן נמי צריך לומר גבי אתה הוא עד שלא נברא העולם וכו' וכל הני ברכות קטנות כל אחת ברכה לעצמה כדאמרן בעלמא *כל הוה מהלך הוה מברך מלעדי גבר וכן כולן ועוד דהוו קצרות והויין כברכת הפירות יהי רצון למי היא סמוכה ואומר רבינו תם שהיא מן הברכה ברוך אתה ה' המעביר שינה מעיני וכו' וצריך לומר ויהי רצון ואם תאמר והא כל הברכות כולן צריך לומר בחתימתן מעין פתיחתן והא ליכא וי"ל דשפיר הוי מעין פתיחה סמוך לחתימה מהמעביר דסמוך לחתימה איכא ותגמלנו חסדים טובים והיינו גמילות חסדים שהקב"ה מעביר שינה מן האדם ומחדש כחו כדאמרינן במדרש חדשים לבקרים וגו' שהוא מחזיר הנשמה שלמה ושקטה בגוף כאשר היתה בתחלה אע"פ שהיתה עייפה והיינו כעין פתיחתה ולעסוק בדברי תורה והערב נא הכל ברכה אחת היא וצריך לומר והערב נא וישתבח סמוכה לברוך שאמר ולכך יש ליזהר שלא לספר ביניהם אע"פ שיש הפסק. טובא פסוקי דזמרה מכל מקום לא מפסקי ובזה ניחא ברכה אחרונה שבק"ש אמת כו' אמת היא סמוכה אל אהבה וכו' ופסוקי ק"ש לא מפסקי ואם תאמר ברכה אחרונה למי שהוא קורא בתורה אמאי צריכה לפתוח בברוך הא סמוכה לחברתה לברכה ראשונה ויש לומר לפי שהיו רגילים *שלא היו מברכים רק הראשון ברכה ראשונה והאחרון ברכה אחרונה ואיכא הפסק גדול בין ראשון לאחרון *שוב שתקנו שיהו לכל א' וא' משום הנכנסין ומשום היוצאים לא זזה ממקומה:

והטוב

[נ"א ונראה שלפי שהיו ברוגלים שבם היו מזמנין ולכך לא זזה ממקומה]

עין משפט נר מצוה

כב א מיי' פ"ז מהלכות ברכות הל' ב סמג עשין כז טוש"ע או"ח סי' קסז סעיף יד:

כג ב מיי' וסמג שם טוש"ע או"ח סימן רא סעיף א:

[ב מיי' פ"ב שם הל' ז טוש"ע שם]:

כד ג מיי' פ"ה שם הל' ג סמג שם טוש"ע או"ח סי' ר סעיף ב:

כה ד טוש"ע א"ח סי' קלד סעיף ג:

כו ה מיי' פ"א מהלכות ברכות הל' ה ופ"א הלכה א סמג שם:

[שם איתא וברכת זו ברכת הזן את ה' אלהיך זו ברכת הזימון אמנם לכאורה נראה עיקר כגירסת תוס' מפני שיהיה כסדר]

רב נסים גאון

ר' זירא חלש קביל עליה ר' אבהו אי מיתפח קטין חריך שאקי. הדבר שבשבילו נקרא ר' זירא בזה השם מפורש בבבא מציעא בפרק השוכר את הפועלים (דף פה) ר' זירא כי סליק לארץ ישראל יתיב ש'תעניתא ק' קמייתא כי היכא דלישתכח תלמודא דבבל מיניה כי היכי דלא ניטרח בגירסיה ק' מציעייתא דלא נישכוב ר' אילעא (בגמ' איתא ר' אלעזר) בשניה ותפלך עליה מילי דצבורא ק' בתרייתא כי היכי דלא נישלוט בו נורא דגיהנם כל לי' יומין הוה בדיק נפשיה שגר תנורא סליק יתיב בגויה לא הוה קא שלטא ביה נורא יומא חד יהבו ביה רבנן עינייהו וחרך שאקי וקרו ליה קטין חריך שאקיה ובנס' סנהדרין בפרק אחד דיני ממונות (דף לז) הנהו בריוני דהוו בשיבבותיה דר' זירא כו' כי נח נפשיה דר' זירא אמרי עד האידנא הוה קטין חריך שאקי דהוה בעא עלן רחמי כו':

הגהות הב"ח

(א) גמ' שיברך לבעל הבית: (ב) שם ברכת המזון שתים ושלש ותניא אידך שלש וארבע סברוה: (ג) שם דאמר מר ברכה ראשונה כתקונה שניה פותח בברכת הארץ ומכליל בונה ירושלים:

הגהות הגר"א

[א] תוס' ד"ה עד היכן. ולא משום דחשיב ברכת הזן מזומן כו'. וכזה נסתר ראיית הרי"ף [ועי' בדברי רבינו בא"ח סי' ר']:

גליון הש"ס

גמ' שהרי פועלי' עוקרין. עי' לעיל דף ט"ז ע"א תוס' ד"ה וחותם וצ"ע:

מסורת הש"ס

[לעיל טז.] [לקמן מח.] פסחים קד: [לקמן ס:] [מגילה כא.]

אות ב'

ואורח מברך

סימן רא ס"א - [י]גדול מברך - היינו הגדול בחכמה שבכל המסובין, הוא יהיה המברך בהמ"ז לכולם, **ואף** דהשתא המנהג שכל א' מברך לעצמו בלחש, מ"מ מנהג דרך ארץ לכבדו שיהיה הוא המזמן, **ומיירי** שכל המסובין הם בעלי בתים שאכלו משלהן, דאם היה א' בעה"ב, הדבר תלוי בו ליתן לאורח לברך וכדלקמיה, או למי שירצה מבני ביתו, ויברך ג"כ לבעה"ב, ‹דפשיטא דגם בני ביתו הם אורחים לענין זה שמברכין לבעה"ב - מ"א›.

אפילו בא בסוף - הסעודה, כל היכא דאי מייתי להו מידי מצו למיכל.

(**בגמ'** ‹מ"ז.› **איתא, דאיכא מ"ד דאם בא גדול לבסוף אינו מברך, דעיקר שבסעודה מברך,** {אחד מאותן שהיו בתחלת הסעודה, רש"י}, **והגמרא מסיק דהלכתא: גדול מברך אפילו בא לבסוף, ולכאורה משמע דהיינו עכ"פ רק בגדול משום חשיבותו, אבל בסתם אנשים כו"ע מודים דעיקר שבסעודה מברך, ולא מי שבא בסוף הסעודה, וצ"ע**).

ומסתברא דאם משהה בסעודתיה, אין מחוייבין להמתין עליו עד שיגמור סעודתו, כדי שיהיה הוא המברך, אלא מברך אחר והוא יענה.

אם הגדול מוציא ליחה שקורין הוש"ט, יברך אחר, כי אין זה נכון שיפסיק הרבה פעמים ויהיה רוקק, והאחרים ימתינו.

יש מקומות שנוהגין, שנותנין לאבל {שעל אביו ואמו כל י"ב חודש} לברך, **ודוקא** כשכולם שוים, דהיינו שכולם אוכלים משלהם, אבל כשאוכל מפתו של בעה"ב, תלוי ברצון בעל הבית, למי שירצה יתן, וכל שכן אם רוצה בעצמו לברך.

[יא]ואם רצה ליתן רשות לקטן לברך, רשאי; [יב]והני מילי כשאין שם אורח, אבל אם יש שם אורח - היינו כשהוא אוכל מפתו של בעה"ב, **הוא מברך, אפילו [יג]אם בעל הבית גדול ממנו, כדי שיברך לבעל הבית** - ואם יש שם כמה אורחים, תלוי לפי דעתו של בעה"ב, ואפילו ליתן לקטן שבהם, [**וכן** משמע מהא דרבי ור' חייא ורב דהוו יתבי בסעודתא ונתן רבי רשות לרב לברך {מ"ו ע"ב} אף דר' חייא היה גדול ממנו].

ומה ברכה מברכו: יה"ר שלא יבוש ולא יכלם בעל הבית הזה לא בעולם הזה ולא בעולם הבא, ויצליח בכל נכסיו, ויהיו נכסיו מוצלחים וקרובים לעיר, ולא ישלוט שטן במעשי ידיו, ואל יזדקק לפניו שום דבר חטא והרהור עון מעתה ועד עולם - בספר לחם חמודות תמה, למה אנו משנים נוסח הברכה דבעה"ב ממה שנאמר בש"ס, ‹ר"ל למה אנו משנין מנוסח הגמ' והשו"ע - שונה הלכות›, ‹דמנהגינו לומר: הרחמן הוא יברך את בעה"ב וכו', כמ"ש בשעה"צ ס"ג›.

ואם בעה"ב רוצה לוותר (פירוש שאינו רוצה להקפיד) על ברכתו, ולברך ברכת המזון בעצמו, רשאי - שלא תקנו ליתן לאורח אלא לטובתו כדי שיברכנו, **וכ"ש** אם האורח אינו הגון בעיניו, דיש לו לעשות כן.

הגה: וה"ה שיכול ליתן לברך למי שירצה (ב"י בשם אוהל מועד) - היינו דאפי' אם א' סמוך על שלחנו ומשלם לו דמי מזונו, שאותו א"צ לברך לבעה"ב, ג"כ רשאי ליתן לו לברך. [מ"א, **ומשמע** דס"ל דאעפ"כ אינו נחשב כבעה"ב גמור, דאל"ה למה תלוי הענין בידו של בעה"ב יותר ממנו].

(**ויש לעיין, אם יש שם גדול, אם רשאי הבעה"ב להעביר ממנו הזימון וליתן לאחר, או אפי' לעצמו, דהא בעלמא קי"ל דגדול מברך, ורק אם יש אורח שמיסב אצל בעה"ב, אמרו דיברך הוא כדי שיברך את בעה"ב, אבל אם האורח אינו מברך, שפיר נראה דקיימא זכות הברכה להגדול, ולמה יהיה זאת ברשות בעה"ב להעביר מהגדול,** ‹והיכא דהגדול והקטן שניהם אורחים, שאני, וכדלעיל במ"ב, וצ"ע›, **וכ"ש אם האורח הוא הגדול שבכולם, ג"כ בודאי לכאורה אין לו רשות להעביר ממנו, והשו"ע שהרשה לבעה"ב ליתן למי שירצה, אפשר דמיירי כשאין שם גדול, שכולם היו שוין, ובפרט דיש מן הפוסקים דס"ל, דלעולם הזכות הוא להגדול, ואורח דמברך הוא רק בשוין, והנה לענין בעה"ב בעצמו, יש לצדד ולומר, דאפילו יש גדול, הרשות בידו לברך בעצמו, דהא משמע בשו"ע דמעלת האורח חשובה יותר ממעלת גדול, כדי שיברך את בעה"ב, ולפי המבואר לקמן דצריך לחזור אחר כוס של ברכה, יכול הבעה"ב לומר, כלום תקנו אלא משום תקנתא דידי, אנא בזה ניחא לי טפי, ורק לענין ליתן לאחר לכאורה מסתבר כדברינו, דבמקום שיש שם גדול, אין לו רשות לזה**).

אות [ב']

יהי רצון שלא יבוש בעל הבית בעולם הזה כו'

סימן רא ס"א - עיין אות א'.

אות ג'

עד היכן ברכת הזמון

סימן ר ס"ב - [יד]אינו צריך להפסיק אלא עד שיאמר: ברוך שאכלנו משלו וכו' - דבזה לבד יוצאים ידי ברכת הזימון, **וחוזר וגומר סעודתו בלא ברכה בתחלה** - דהיינו שאין צריך עוד הפעם נט"י ו"המוציא", שהרי כשפסק בשביל ברכת הזימון לא הסיח דעתו מלאכול עוד, **ואם** לא היה דעתו לחזור ולאכול, וחוזר ואוכל, צריך ברכת "המוציא" בתחלה, [**ולא** דמי ל"הב לן ונברך" דסי' קע"ט, דלהר'

באר הגולה

[י] ברכות מ"ז [יא] תוספות ‹מ"ז. ד"ה והלכתא› מעובדא דרב ור' חייא שם [יב] שם מ"ו [יג] הרא"ש [יד] שם מ"ו וכרב נחמן הרי"ף והרמב"ם ‹עיין תוס' מ"ו ד"ה עד כו' - גר"א. ודלא כפירש"י›

רבינו יונה א"צ לברך על אכילה, דהכא גרע כיון שגם בירך ברכת הזימון, **וגם** נט"י ממילא, [ולענין הברכה יש לעיין בסי' קס"ד].

הגה: [טו] **וי"א שצריך להפסיק עד שיאמר: הזן את הכל, וכן נוהגין (הרא"ש ותוס'** ‹ד"ה עד› **והר"י בשם בה"ג והטור)**

- ס"ל דאף דברכת "הזן" לאו לגמרי מברכת זימון היא, דהרי היחיד אומר אותה ג"כ, **אפ"ה** שייכא לברכת זימון, ד"נברך" לבד אינה ברכה, שאין בה שם ומלכות, וקאי על מה שמברך המזמן אח"כ ברכת "הזן".

וחוזר וגומר סעודתו, כמו שכתב המחבר, ואח"כ מברך מתחילת בהמ"ז, כמו שסיים הרמ"א לבסוף, **והטעם**, דאף דשמע ברכת "הזן" מפי המזמן, מ"מ הרי צריך לברך כל הבהמ"ז בשביל מה שאכל אח"כ.

ואם היה דעתו לחזור ולאכול פת, אע"פ שלא אכל אח"כ, כשרוצה לברך, מברך מתחלה ברכת "הזן" - דכיון דדעתו היה לאכול עוד, מסתמא לא כוון לצאת בברכת "הזן" מפי המזמן, **וכ"ש אם חזר ואכל (הר"י פרק ג' שאכלו) (טור).**

אך אם לא היה בדעתו לאכול עוד, ולא אכל, כשמברך בהמ"ז מתחיל מן "נודה לך", כמו בכל מקום כששומע ברכת הזימון, ועיין לעיל סימן קפ"ג ס"ז ובמ"ב שם.

(**אבל אם לא היה בדעתו לאכול רק פרפרת או בשר ודגים וכיו"ב, יצא** ידי חובת ברכת "הזן", וא"צ להתחיל מתחילת ברכת המזון, רק מברכת "נודה לך" ואילך, ויזהר לכתחלה שלא ישיח בינתים, ואחר בהמ"ז יברך מעין ג', שהיא ברכה אחרונה על הפרפרת שהיא מחמשת המינין, כי לא נפטרה בבהמ"ז, הואיל ולא בירך בה ברכת "הזן" - מ"א וא"ר, **ועיין** בפמ"ג שמסתפק בדברים שברכתן בנ"ר, **אם צריך שוב לברך, או אפשר** שיצא בברכת "נודה לך", וגם ברכה ראשונה צ"ע אם יש לברך. **העתקתי** דברי האחרונים בזה, **אך לבי מגמגם, דממ"א משמע קצת, דגם לכתחלה** מותר לאכול דבר שאינו פת, אחר שהצטרף לזימון ויצא בברכת "הזן", **ולענ"ד לא נהירא, וצ"ע).**

כתבו הפוסקים, דאחד המפסיק לשנים, יכול להפסיק כמה פעמים, כגון שמתחלה אכלו ג' והפסיק להם א', ואח"כ באו שנים אחרים ואכלו עם האחד, יכול זה עוד הפעם להפסיק לשנים אלו, **דלא** שייך לומר פרח זימון מיניה, כיון שנצטרפו עמו שנים שלא זימנו, יכולין לזמן עליו, וכן פעם ג' ויותר, [דכיון דיש שנים שלא זימנו מעולם, בשביל האחד שזימן לית לן בה, דלא גרע מאבל עלה של ירק]. **אבל** אם היו חמשה בחבורה אחת, והפסיק א' לשנים, שוב אינו יכול לזמן עם שנים מהנשארים, דפרח זימון מינייהו, מ"א, ומשמע אפילו אכלו אח"כ ביחד, **ובספר** אבן העוזר חולק ע"ז, אך כמה אחרונים מיישבין את דבריו, **אבל** אם היו ז' או ח', והפסיק לשנים מהם, יכול אח"כ להפסיק עוד הפעם להשאר, דלא שייך בזה פרח זימון מינייהו, כיון שהיה בהן כדי זימון.

עוד כתבו הפוסקים, כשם שאחד מפסיק לשנים להצטרף לזימון, ה"ה שלשה או ארבעה צריכין להפסיק מסעודתם להשלים לעשרה ולברך בשם, **אך** דבזה לכו"ע אין צריכין להפסיק רק עד "ברוך אלהינו שאכלנו" וכו' ולא יותר.

ואם אכלו ביחד אחר כך לאחר שהפסיקו, יכולין לברך בזימון ולא פרח זימון מינייהו, כי לא נצטרפו מעיקרא רק להזכרת השם, **וכן** יכולין אח"כ להצטרף לששה אחרים שאכלו אצלם לזמן בשם, דלא שייך לומר פרח זימון דאמירת "אלהינו", דְּאָכַל בי עשרה שכינתא שריא, **וכן** אם יש אפי' חמשה שהפסיקו לחמשה אחרים, מצטרפין אח"כ לחמשה אחרים לברכת "אלהינו", כשאוכלים עכ"פ כזית פת ביחד.

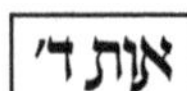

אות ד'

ברכת המזון שנים ושלשה

סימן קצ"ד ס"ג- [טז] **ג' שאכלו כאחד, ואין אחד מהם יודע כל בהמ"ז** - דאי אחד מהם יודע כל ברכת המזון, בודאי נכון שהוא יברך כל הברכות, ויוציאם ידי חובתם, ולא לחלק בהמ"ז לפרקים פרקים.

אלא אחד יודע ברכה ראשונה - היינו לבד מברכת "נברך" שצריך המזמן לומר בתחלת ברכת הזימון, **וא' השניה וא' השלישית, חייבים בזימון, וכל א' יברך הברכה שיודע** - ר"ל ויכוין להוציא את חבירו. **ואע"פ שאין בהם מי שיודע ברכה רביעית, אין בכך כלום** - דברכת "הטוב והמטיב" לאו דאורייתא היא, ולפיכך אינה מעכבת להשלש ברכות, **ומשמע** מזה, דבאחת משלש ברכות הקודמים אם אין אחד מהם שיודע אותה, מעכב שלא יברכו כלל, דברכות מעכבות זו את זו, **ויש** פוסקים שסוברים, דאף דמן התורה חייב לברך אותם, מ"מ אין מעכבות זו את זו, **ולפיכך** מי שאינו יודע לברך כל הברכות, וא"א לו לקרא לבקי שיוציאו בבהמ"ז, צריך לברך עכ"פ הברכה שיודע אותה, **ולענין** דינא, אם אכל כדי שביעה, דחיוב בהמ"ז שלו הוא מן התורה, יש להחמיר כשיטה זו ולברך אותה.

"אבל לחצאין אין לברך, אם האחד אינו יודע כי אם חצי הברכה, שאין ברכה א' מתחלקת לשתים - (ולפי המבואר לקמן בסימן רי"ש בהג"ה, דברכת הזימון הוא עד "הזן" דוקא, **א"כ אם אין אדם אחד יודע לברך עד גמר "הזן", כי אם "נברך" לבד, והשני יודע ברכת "הזן", אין מחלקין אותה לשתים, אלא יברכו בלי** זימון כלל, ויתחילו רק מתחלת בהמ"ז, **דנהי דברכת "הזן" מעכב לברכת** הזימון, שבלתה אינו יוצא בזימון, מ"מ זימון אינו מעכב לברכת "הזן" שהוא התחלת בהמ"ז, כנ"ל).

באר הגולה

[טו] ‹דהלכה כרב ששת באיסורי - גר"א› [טז] **שם מ"ו לפי' הרי"ף וכן הסכימו הרא"ש ורבי יונה והתוספות** ‹כתב הרי"ף דהכי פירושו, שנים ושלשה שאכלו ואין אחד מהם יודע לברך ברכת המזון כולה, אלא אחד יודע ברכה ראשונה, והשני יודע השניה והשלישית, ואינו יודע הברכה ראשונה, או שאחד יודע לברך ברכה ראשונה, ואחד יודע לברך ברכה שנייה, ואחד יודע לברך ברכה שלישית, חייבים בברכת המזון, לפי שאפשר לברך כל אחד ואחד מהם ברכה אחת שהוא יודע, ונמצאת ברכת המזון משנים מהם או משלשתם, והוכיח כן מהירושלמי, ואע"פ שרש"י פי' בענין אחר, כבר הסכימו התוספות (ד"ה ולמאן) וה"ר יונה והרשב"א שפירושו של הרי"ף הוא הנכון - ב"י› [יז] **שם בתוספות**

אות ה'

כל הברכות כולן פותח בהן בברוך וחותם בהן בברוך, חוץ מברכת הפירות, וברכת המצוות, וברכה הסמוכה לחברתה, וברכה אחרונה שבקריאת שמע

רמב"ם פי"א מהל' ברכות ה"א - כל הברכות כולן פותח בהם בברוך וחותם בהם בברוך; חוץ מברכה אחרונה של קריאת שמע, [יח]וברכה הסמוכה לחבירתה, וברכת הפירות והדומה לה, וברכת עשיית המצות; ומאלו הברכות שאמרנו שהן דרך שבח והודיה, יש מהן פותח בברוך ואינו חותם בברוך, ויש מהן שהוא חותם בברוך ואינו פותח בברוך; [יט]אלא מעט מברכת המצות כגון ברכת ספר תורה[כ], [כא]ורואה קברי ישראל, מאלו שהן דרך שבח והודייה; אבל שאר ברכות המצות כולן פותח בהן בברוך ואינו חותם. השגת הראב"ד כל הברכות כו' עד כגון ברכת ס"ת. כתב הראב"ד ז"ל: א"א ומה חסרה לו זו המדה ולא מלא ממנה אלא מעט, [כב]והנה קידוש והבדלה שהן שבח והודאה, ופותח וחותם בברוך; אלא שאין הדבר תלוי אלא במטבע ארוך, לפי מה שיש בה להאריך האריכוה וחתמוה, עכ"ל.

אות ה'* [כג]

תוס' ד"ה כל הברכות. אלהי נשמה אמאי אינה פותחת בברוך... הואיל ואין בה אלא הודאה בעלמא

בא"ד: ולעסוק בדברי תורה והערב נא הכל ברכה אחת היא, וצריך לומר והערב נא

בא"ד: וישתבח סמוכה לברוך שאמר, ולכך יש ליזהר שלא לספר ביניהם

סימן ו ס"ג - [כד]ברכת "אלהי נשמה" אינה פותחת בברוך, מפני שהיא ברכת ההודאה, וברכת ההודאות אין פותחות בברוך, כמו שמצינו בברכת הגשמים - ואינה ברכה הסמוכה לחברתה, ולכן רשאי לומר בבוקר בקומו עד "אלהי נשמה", ובבהכ"נ יתחיל "אלהי נשמה" - טור, **ומ"מ** יש לעשות על צד היותר טוב, להסמיך "אלהי נשמה" לברכת "אשר יצר", [כה]ודעת הגר"א בסימן מ"ו ס"ט ג"כ שהיא סמוכה לברכת "אשר יצר", **ע"כ** נכון ליזהר בזה לכתחלה.

אם לא בירך ברכת "אלהי נשמה" עד אחר שהתפלל י"ח, אינו מברך עוד לאחר התפלה, שכיון שכבר אמר "מחיה המתים", הוא דומה ל"מחזיר נשמות", **ובשע"ת** מפקפק מאוד בדין זה, ומסיק דעכ"פ אם בעת שאמר ברכת "מחיה מתים", היה בדעתו לברך "אלהי נשמה" אחר התפלה, רשאי אח"כ לברך, עי"ש הטעם.

בנוסח הברכה לא יאמר "אתה יצרתה בי", רק "אתה יצרת, אתה נפחתה בי".

סימן מז ס"ו - [כו]אומר: והערב עם וי"ו - דברכה אחת היא, דאילו היתה ברכה בפני עצמה היתה פותחת ב"ברוך", **ואע"ג** דסמוכה לחבירתה היא, מ"מ כיון דברכות קצרות הן הו"ל לפתוח ב"ברוך", מידי דהוי אברכות הבדלה, שפותחות ב"ברוך" אע"פ שהן סמוכות, כיון שהן קצרות.

הגה: וי"א בלא וי"ו, וכן נהגו (רמב"ם פ"ז מהלכות תפלה ורשב"א בשם המאור והאבודרהם) - ס"ל, דשאני ברכות הבדלה שאינן סמוכות, שאם רצה אומר על כל אחד בפני עצמו, על הנר ועל הבשמים.

אבל יותר טוב לומר בוי"ו - כי בזה יצאנו ידי כל הדיעות, **אבל** אם תאמר בלא וי"ו, הוי "הערב נא" ברכה בפני עצמה, והוי הפסק לאותה דעה שס"ל ברכה אחת היא, **וכן** נוהגים כהיום לומר "והערב" בוי"ו.

ולענין עניית אמן אחר "לעסוק בד"ת", יש דיעות בין האחרונים, ורוב האחרונים מצדדים שלא לענות אמן, **ונכון** שיברך ברכה זו בלחש.

סימן נא ס"ד - [כז]צריך ליזהר מלהפסיק בדבור משיתחיל "ברוך שאמר" עד סוף י"ח - ד"ברוך שאמר" הוי ברכה שלפני פסוקי דזמרה, ו"ישתבח" הוי ברכה שלאחריה, ובין "ישתבח" ל"יוצר" הלא אסור להפסיק, ומ"יוצר" והלאה הוי ברכות ק"ש, **וכשיש** נפילת אפים, לא ידבר עד אחר נפילת אפים.

ואפילו "ברוך הוא וב"ש" אסור לומר, כיון שלא הוזכרה בגמ', **אבל** אמן מותר לענות על כל ברכה ששומע, אפי' באמצע פסוק של פסוקי דזמרה, אם הוא במקום דסליק עניינא, (**ואף** דדין זה, דמותר דוקא

באר הגולה

יח ‹ואע"פ ששתי מינין אלו ענין אחד להם, מנאם כשתים, משום דברכה הסמוכה לחבירתה היינו סמוכה לה ממש, {ולכאורה לא גרע הרמב"ם מלשון הברייתא דג"כ מנאם כשתים}. **וה"ה** לברכה אחרונה של הלל, אלא שרבינו חדא מינייהו נקט - כסף משנה› **יט** ‹והכלל הזה צודק בכל אלו הברכות, אלא במעט מברכת המצות... - כסף משנה› **כ** ‹שפותח וחותם - כסף משנה› **כא** ‹ומהברכות שהם דרך שבח והודאה, רואה קברי ישראל {דג"כ פותח וחותם} - כסף משנה› **כב** ‹כבר ישבתי דחדא מינייהו נקט. ומש"כ אלא שאין הדבר תלוי אלא במטבע ארוך, אינה טענה על רבינו, שלא בא רבינו ליתן טעם לדבר, אלא להודיענו כללי הדברים - כסף משנה› **כג** ‹ע"פ הבאר הגולה והגר"א› **כד** **טור ותוס' בברכות י"ד מ"ו ובפסחים ק"ד** ‹דלא כהרא"ש שכתב מפני שסמוכה לאשר יצר, וסתר בטור דבריו, דהא בגמרא אמרינן כד מיתער אומר כו' - גר"א› **כה** ‹אבל ראיתי בכל הספרים קדמונים ואחרונים, שהנוסחא מימי אבותינו אשר סדרו לנו הברכות, לברך אחר כל הברכות קודם פ' התמיד, וסידור אלהי נשמה אחר ברכת אשר יצר מיד, וכ"כ הר"י בסה"י, דאשר יצר סמוכה לברכת אלהי נשמה, וכ"כ כל הפוסקים, ועיין תוס' ברכות מ"ו ד"ה כל כו' - גר"א. ‹וז"ל: כגון אם לא בא מן הנקבים, וצ"ל הואיל ואין בה אלא הודאה בעלמא כו', הרי דאף דס"ל דאלקי נשמה מש"ה אינה פותחת בברוך משום דהוי ברכת הודאה, אפ"ה ס"ל דסדר ברכת אלקי נשמה הוא אחר אשר יצר, מדכתבו דאינה סמוכה לאלקי נשמה כגון אם לא בא מן הנקבים - דמשק אליעזר› **כו** **תוס' בפ"ז דברכות ובפ"י דפסחים ובפ"ק דכתובות בשם ר"ת, ורא"ש בספ"ק דברכות** **כז** **הרי"ף והרא"ש בפ"ה דברכות** ‹הרי"ף והרא"ש, וטעמם, דבין ב"ש לישתבח לא יפסיק דהן סמוכות, שלכן אינה מתחלת בברוך, כמ"ש תוס' בברכות מ"ו א', ופסחים ק"ד ב' - גר"א›

במקום דסליק ענינא, לא ברירא אף לענין ברכת ק"ש, מ"מ נכון לפסוק כן, דגם דין זה דמותר לענות אמן באמצע פסוקי דזמרה לא ברירא כולי האי, **דבאמת** אף דלא נזכרה ברכת ב"ש בתלמוד, מ"מ תקנה קדומה היא מימי כנה"ג, ומוזכרת בזוהר הקדוש, וברכת ישתבח מוזכרת בירושלמי, כמו שאמרו השח בין ישתבח ליוצר, וכמו שכתבו כל זה האחרונים).

וכן כל ברכת הודאה מותר לברך, כמו "אשר יצר" לאחר עשיית צרכיו, וכיוצא בזה, (ולא יברך אחר התפלה, פן יצטרך אז עוד הפעם לצאת לנקביו, ויתבטל הברכה, וטוב שיניחה מלברך עד בין הפרקים), **וכן** לענות מודים דרבנן, **וכן** לענות ק"ש עם הצבור, שצריך שיקרא עמהם פסוק ראשון, קורא, **ומכ"ש** דמותר להפסיק לקדיש ולקדושה ולברכו, (ונראה לי פשוט, דלענין קדיש וקדושה וברכו ומודים, ואמן דהאל הקדוש, ואמן דשומע תפלה, דבפסוקי דזמרה יפסיק לכל זה אף במקום דלא סליק ענינא).

בכל מקום שאסור להפסיק, אפילו בלה"ק אסור לדבר.

וכשצריך להפסיק מפני איזה אונס, או בכי האי גוונא דסעיף ה', צריך לומר קודם שידבר אלו הפסוקים: ברוך ד' לעולם אמן ואמן וכו' עד ויברך דויד, **וכשחוזר** להתחיל ממקום שפסק, יאמר ג"כ אלו הפסוקים, דהוי כמו ברכה לפניהם ולאחריהם.

כתב בתשובת מקור ברוך, שראוי לבטל המנהג שקצת נוהגין להפסיק כדי להביא החתן לבהכ"נ, בין ב"ש ליוצר, ואין כח מנהג זה יפה לילך אחריו.

ואפי' לצורך מצוה אין לדבר בין "ברוך שאמר" ל"ישתבח", (ב"י בשם כל בו) (וע"ל סי' נ"ג נ"ד) - אבל בין ישתבח ליוצר לדבר מצוה, יבואר ס"ס נ"ד, דיש מתירין.

פשוט דאם מתיירא שיעבור זמן ק"ש קודם שיגיע לקרותה בסדר התפלה, ושכח לאמרה קודם "ברוך שאמר", מותר לו להפסיק ולקרותה, **וכן** אם שכח לברך ברכת התורה קודם התפלה, מותר לו לברך באמצע פסוקי דזמרה, ולומר אח"כ פסוקים הנוהגין, די"א דאסור לומר אפילו פסוקי דזמרה קודם בה"ת.

אין לקרות לס"ת לכתחלה מי שעומד באמצע פסוקי דזמרה, רק לכהן אם אין שם כהן אחר, וכן ללוי אם אין שם אלא הוא, ורשאי לקרות בלחש עם הקורא, **אך** לא יפסיק לומר לחזן לעשות "מי שברך", ואם החזן התחיל מעצמו ושכח שמו ושואלו, מותר להשיבו מפני הכבוד, **ואם** הוא עומד סמוך לפרק, שיכול לגמור עד הפרק בלי שהות קודם שיעלה, יעשה כן, אבל אם צריך לזה שהות, לא ישהא מפני טורח הצבור.

אסור לומר פסוק: מי ימלל גבורות ד' וגו', אחר ב"ש קודם "הודו", **ואחר** כלות המזמורים יש נוהגין לאומרו. **יש** נוהגין לומר קדיש קודם ב"ש, ויש נוהגין לאומרו קודם "הודו".

סימן נ"ד ס"א - [כח] "ישתבח" אינה פותחת ב"ברוך", לפי שהיא סמוכה ל"ברוך שאמר", ששתיהן נתקנו על פסוקי דזמרה, זו לפניהם וזו לאחריהם - ואע"ג דפסוקים מפסיקים ביניהם, לא הוי הפסק, כמו ברכה אחרונה שבק"ש או שבהלל, שג"כ אינה מתחלת ב"ברוך" מהאי טעמא.

באר הגולה

כח **הרי"ף והרא"ש פ"ה דברכות ורמב"ם** (תוס' ברכות מ"ו א' פסחים ק"ד ב', ואע"ג דפסוקים מפסיקים ביניהם, לא הוי הפסק, כמו ברכה אחרונה שבק"ש, כמ"ש רש"י בברכות שם – גר"א)

ויש מהן שחותם בהן בברוך ואין פותח בברוך והטוב והמטיב פותח בברוך ואין חותם בברוך מכלל דברכה בפני עצמה היא ואמר רב נחמן בר יצחק תדע דהטוב והמטיב לאו דאורייתא שהרי עוקרין אותה בבית האבל כדתניא *מה הם אומרים בבית האבל ברוך הטוב והמטיב ר"ע אומר ברוך דיין האמת הטוב והמטיב אין דיין אמת לא אלא אימא אף הטוב והמטיב מר זוטרא איקלע לבי רב אשי איתרע ביה מלתא פתח ובריך [א]הטוב והמטיב אל אמת דיין אמת *שופט בצדק לוקח במשפט ושליט בעולמו לעשות בו כרצונו כי כל דרכיו משפט שהכל שלו ואנחנו עמו ועבדיו ובכל אנחנו חייבים להודות לו ולברכו גודר פרצות בישראל הוא יגדור את הפרצה הזאת בישראל לחיים [ב]להיכן הוא חוזר רב זביד משמיה דאביי אמר חוזר לראש ורבנן אמרי למקום שפסק והלכתא למקום שפסק: א"ל ריש גלותא לרב ששת אע"ג דרבנן קשישי אתון פרסאי בצרכי סעודה בקיאי מינייכו בזמן שהן שתי מטות גדול מסב בראש ושני לו למעלה הימנו ובזמן שהם שלש גדול מסב באמצע שני לו למעלה הימנו שלישי לו למטה הימנו אמר ליה וכי בעי אשתעויי בהדיה *מתריץ תרוצי ויתיב ומשתעי בהדיה א"ל שאני פרסאי דמחוי ליה במחוג מים ראשונים מהיכן מתחילין אמר ליה מן הגדול ישב גדול וישמור ידיו עד שנוטלין כולן א"ל לאלתר מייתו תכא קמיה מים אחרונים מהיכן מתחילין אמר ליה מן הקטן וגדול יתיב וידיו מזוהמות עד שנוטלין כולן א"ל לא מסלקי תכא מקמיה עד דמטי מיא לגביה אמר רב ששת אנא מתניתא ידענא דתניא *כיצד סדר הסבה [ג]בזמן שהן שתי מטות גדול מסב בראש ושני לו למטה הימנו בזמן שהן שלש מטות גדול מסב בראש שני לו למעלה הימנו שלישי לו למטה הימנו [ד]מים הראשונים מתחילין מן הגדול [ה]מים אחרונים בזמן שהם ה' מתחילין מן הגדול ובזמן שהם מאה מתחילין מן הקטן עד שמגיעים אצל ה' וחוזרין ומתחילין מן הגדול [ו]ולמקום שמים אחרונים חוזרין לשם ברכה חוזרת מסייע ליה לרב דא"ר חייא בר אשי אמר רב *כל הנוטל ידיו באחרונה תחלה הוא מזומן לברכה רב ורבי חייא הוו יתבי בסעודתא קמיה דרבי אמר ליה רבי לרב קום משי ידך חזייה דקא מרתת אמר ליה בר פחתי עיין בברכת מזונא קאמר לך ת"ר [ז]אין מכבדין לא בדרכים ולא בגשרים ולא

והטוב והמטיב · וא"ת ואמאי פותחת בברוך והלא סמוכה לחברתה היא ויש לומר דנתקנה בפני עצמה (היא) בשביל הרוגי ביתר* וא"ת אמאי אינה חותמת בברוך וי"ל משום דקצרה היא רק שתקנו לאחר כך שלש מלכיות ושלש גמולות ושלש הטבות וגאמן אתה של ברכת ההפטרה הוא מן הברכה העליונה* ולכך הוא נכתב גדול שבימים הראשונים היו רגילין לעמוד כל הקהל ולומר בקול רם נאמן אתה וכו' כשהיה התינוק מגיע שם:

להיכן הוא חוזר · פירש רש"י דקאי לאחד דפסיק לשנים וממתין לאחרים עד הזן והיכן חוזר לאחר סעודתו רבנן אמרי למקום שפסק והלכתא למקום שפסק ותימה דא"כ היכי הלכתא למקום שפסק אחרי שאכל אחר כך פשיטא דיחזור אפילו להזן דהא הזן דאורייתא ע"כ צריך לומר דקאי אהא דאמרינן לעיל דהמברך אומר נברך שאכלנו משלו והמסובין עונים ברוך שאכלנו משלו ובטובו חיינו להיכן הוא חוזר המברך לאחר שענו המסובין חוזר לרא"ש שהמברך חוזר ואומר נברך שאכלנו משלו ובטובו חיינו ורבנן אמרי למקום שפסק שאומר ברוך שאכלנו משלו וכן הלכתא והר"מ מאייבר"א פירש דקאי אשלשה שאכלו ויצא אחד מהם לשוק קוראים לו ומזמנים עליו ולעיל נמי הכי פירושו עד היכן מקום זימון שצריך להו לאותו אחד דקרו ליה ועני עד נברך ומכאן ואילך ילך לדרכו ואינם צריכים האחרים עוד לצירופו והכא בעי לאותו מן השוק להיכן הוא חוזר למקום שפסק דהיינו למר מהזן ואילך [ה]ולמר מנברך והשתא ניחא דלא קשה מהזן שהרי לא *ספר בינתיים:

מר זוטרא איקלע לבי רב אשי איתרע ביה מילתא · וכוותיה קיימא לן והכי מברכין בא"י אמ"ה האל הטוב והמטיב אל אמת דיין אמת שופט בצדק ולוקח במשפט ושליט במעשיו ואנחנו עבדיו ועמו ובכל אנחנו חייבין להודות לו ולברכו גודר פרצות בישראל הוא יגדור פרצה זאת מעלינו ומעל האבל שבתוכנו לחיים ולשלום הרחמן הוא ימלוך עלינו לעולם ועד וגו' ופירש בה"ג דאין לומר במשפט דקיימא לן בפ' במה בהמה יוצאה (דף נה:) דיש מיתה בלא חטא ויש יסורין בלא עון ומיהו בכך אין למחוק:

בזמן שהן שתי מטות גדול מסב ברא"ש שני לו למעלה הימנו · דהיינו כלפי ראשו שמסב על המטה דרך שמאל ולמטה מקרי דרך מרגלותיו דהיינו מימינו ובזה מדקדק רב ששת דאם כן בעי גדול לתרולי כפשוטיה כשמדבר עם השני כיון שהשני למעלה הימנו ולקמן במתניתא גרס גדול מסב ברא"ש השני למטה הימנו והוא כלפי מרגלותיו והוא מימינו ואז לא מתריץ ויתיב כי בעי לאשתעויי בהדי שני:

אין מכבדין וכו' · וא"ת הא אמרינן בשבת בפ' במה בהמה (ד' נא:) לוי ורב הונא בר חייא הוו קא אזלי באורחא קדמה חמריה דרב הונא לחמרא דלוי בעי רב הונא לאפוקי מדעתיה דלוי כו' אלמא מכבדים בדרכים וי"ל כשילכו לדרך כאחד מכבדין בדרכים אבל אם כל אחד ילך לדרכו ופגעו זה בזה ואירע להם דרך למקום אחד אין מכבדים:
אין

ויש מהן פותח ולא חותם. כגון ברכה הסמוכה לחברתה שהרי כבר פתח בברכה ראשונה וברכה אחרונה שבקריאת שמע אמת ויציב אמת ואמונה שאע"פ שק"ש מפסיק בינתים אברכות דלפניה סמוכה והויא לה סמוכה לחברתה: **הטוב והמטיב וכו'** · דלאו סמוכה לחברתה היא שאינה מברכת המזון אלא על קבורת הרוגי ביתר תקנוה: **שהרי עוקרים אותה בבית האבל** · אליבא דר"ע: **להיכן הוא חוזר** · מי שנצטרף לזימון ואמרן לעיל אליבא דרב ששת ברכת זימון עד הזן והולך זה להיות מפסיק אכילתו עד שיגמור המברך ברכת הזן וחוזר זה שהפסיק לשניס ונמר סעודתו להיכן הוא חוזר לברך לאחר שיגמור סעודתו: **חוזר לראש** · לתחלת הזן שהרי נתחייב בזימון שבתחלה הוקבע בג': **למקום שפסק** · לברכת הארץ כשאר יחיד: ה"ג אף על גב דרבנן אתון פרסאי בצרכי סעודה בקיאי מינייכו: **בזמן שהן שתי מטות** · רגילין היו לאכול בהסבה על צדו השמאלית מוטה ורגליו לארץ איש איש על מטה אחת: **בזמן שהן שנים גדול מסב ברא"ש** · כלומר מסב תחלה על מטתו: **ושני לו למעלה הימנו** · מטת השני לצד מראשותיו של גדול: **ובזמן שהן שלשה גדול מסב באמצע שני לו למעלה הימנו שלישי לו למטה הימנו** · לצד מרגלותיו: **א"ל** · רב ששת לריש גלותא: **וכי בעי לאשתעויי מתריץ תרוצי ויתיב** · ואם רצה הגדול לדבר עם שני לו צריך הוא לזקוף עצמו ממסיבתו לישב זקוף דכל זמן שהוא מוטה אינו יכול לדבר עמו לפי שהשני לו אחורי ראשו של גדול הוא ופני הגדול מסובין לצד אחר וטוב לו שישב שני לו למטה הימנו וישמע דבריו כשהוא מוטה: **במחוג** · מראים בידיהם ובאצבעותיה' ברמיזה: **מים ראשונים מהיכן מתחילין** · רב ששת קא"ל לריש גלותא מהיכן מתחילין פרסיים מים ראשונים: **לאלתר מייתו תכא קמיה** · שלחן שלו מביאין מיד לפניו ואוכל ולפני כל אחד ואחד היו מביאין שלחן קטן: **לא מסלקי תכא** · מקמי גדול עד דמשו כולהו ובעוד שהוא אוכל האחרים נטלין מים אחרונים: **שני לו למטה הימנו** · שאם הוצרך גדול לספר עמו לא יהא צריך לזקוף: **ובזמן שהם ג' שני לו למעלה הימנו** · ואם בא לספר מספר עם השלישי לו ואם בא לספר עם השני לו טוב הוא שיזקוף ואל ישפיל את השני לו לפני קטן ממנו שיהא הוא למטה וקטן ממנו למעלה הימנו: **מתחילין מן הגדול** · ולאלתר מייתי תכא קמיה: **ובזמן שהם מאה** · לאו דוקא דה"ה עשרה ולכל יותר מה' שנגאי הוא שיסלקו השלחן מלפני הגדול כשיטול ידיו וימתין שם יושב ובטל עד שיטלו כלם לפיכך כשהם יותר מחמשה מתחילין מן הקטן היושב בסוף ואין מסלקין שלחן מלפני הגדול עד שיגיעו המים לחמשה שאלנו: **וחוזרים ומתחילין מן הגדול** · ונוטלין שלחן מלפניו: **למקום שמים אחרונים חוזרים** · כשמגיעים לחמשה אם נטל הגדול הוא מברך ואם טוה לאחר ליטול קודם לו הוא מברך: **שנוטל ידיו באחרונה תחלה** · אותו שנוטל בתחלת החמשה אחרונים קורא תחלה באחרונה: **אין מכבדין** · לומר היה אתה קודם: **לא בדרכים** · הולכי דרכים לומר לגדול הימנו לך לפני:
ולא

[כדאיתא לקמן מח:]
[ויתר ביאור המגא בפו' פסחים קד: ד"ה חון]

כז א מיי' פ"ב מהלכות ברכות הלכה ח סמג עשין כז טוש"ע או"ח סי' קפט סעיף ב טוש"ע י"ד סימן שעט סעיף א:
כח ב מיי' שם פ"ז הל' ב טוש"ע או"ח סי' [קלג סעיף א ובסי'] ר סעיף ב:
כט ג מיי' פ"ה מהל' ברכות הל' א סמג שם:
ל ד מיי' וסמג שם טוש"ע או"ח סימן קסט סעיף ב:
לא הו מיי' שם הל' יב סמג שם טוש"ע או"ח סי' קפא סעיף ו:
לב ז מיי' שם [טוש"ע י"ד סי' רמב סעיף יח בהג"ה]:

[עי' רש"א ועי' מג"א סי' קסג ס"ק יא דל"ל סגד]

רב נסים גאון

שאני פרסאי דמחוו במחוג מרוח הוו מבירין זה את זה ברמיזותיו של זה ומבין כל אחד מהן מה שהגידו אומר ובפ"ק דמסכת חגיגה (דף ה) ר' יהושע בן חנניה הוה קאי בי קיסר אחוי ליה ההוא מינא עמא דאהדרינהו מאריה לאפיה מינייהו אחוי ליה איהו ידו נטויה עלינו אמרו ליה לר' יהושע בן חנניה מאי אחוי לך עמא דאהדרינהו מאריה לאפיה מיניה ומאי אחוית ליה ידו נטויה עלינו אמרו ליה להוהוא מינא מאי אחוית ליה עמא דאהדרינהו מאריה לאפיה מיניה ומאי אחוי לך לא ידענא אמרי גברא דלא ידע מאי מחוו ליה במחוג יתיב [בגמ' ליפלו ידיו] קמיה מלכא וקטלוה:

גליון הש"ס

תוס' ד"ה לסוף וכו'. ולמר מנברך צ"ל מן הזן לך [רש"א]:

[מס' שמחות סוף פי"ב]
שם
[תרגום של כשלום וכסיפי בשלמה וכרי' ועי' בערוך ערך פרן]
תוספתא פ"ה
לעיל מב. פ"ה

§ מסכת ברכות דף מו: §

אות א'

הטוב והמטיב, אל אמת דיין אמת וכו'

סימן קפט ס"ב - [א]בבית האבל אומר - בין כשהאחרים האוכלין עמו מברכין, ובין כשהוא עצמו מברך, **ברוך אתה ה' אלהינו מלך העולם האל אבינו מלכנו בוראנו גואלנו קדושנו קדוש יעקב, המלך החי הטוב והמטיב, אל אמת דיין אמת וכו'** - לפי"ז אין אומר בבית האבל ג' הטבות וג' גמולות, וכן הוא בב"י, **ועיין** בב"ח פה ובש"ך שם סימן שע"ט, שאין סוברים כן. **ואם** בעינן לזה עשרה או לא, עיין ביו"ד סי' שע"ט ובאחרונים שם. **(ועיין ביו"ד סימן שע"ט).**

יו"ד סימן שעט ס"א - [ב]כשמברכין בהמ"ז בבית האבל, אומר ברכה רביעית כנוסח זו: בא"י אלהינו מלך העולם האל אבינו מלכנו בוראנו גואלנו קדושנו קדוש יעקב - רוענו רועה ישראל המלך הטוב והמטיב לכל [ג]אל שבכל יום ויום הוא הטיב הוא מטיב הוא ייטיב לנו המלך החי הטוב והמטיב אל אמת דיין אמת כו', דודאי צריך לומר הברכה מתחלה כתיקון חכמים, **המלך החי הטוב והמטיב אל אמת דיין אמת שופט בצדק וכו'. הגה: [ד]לוקח נפשות במשפט שליט בעולמו לעשות בו כרצונו כי כל דרכיו במשפט ואנחנו עמו ועבדיו ובכל אנחנו חייבים להודות לו ולברכו גודר פרצות ישראל הוא יגדור הפרצה הזאת מעלינו ומעל אבל זה לחיים ולשלום (טור)** - הוא גמלנו כו' וכל טוב וכו' אל יחסרנו, הרחמן הוא כו' - ש"ך.

‹**עיין** בשאילת יעב"ץ שכתב, דמה שנהגו לתת כוס של בהמ"ז לאבל, [ה]לא נזכר בשום פוסק, והמנהג בא ממה שאמרו חז"ל שאבל מסב בראש, וכיון שנעשה שר לסרוחים יש לו דין גדול באותה סעודה שמסב בה, וקי"ל גדול מברך אפילו אתא לבסוף, **מיהו** זה דוקא בשבעת ימי אבלו, משא"כ בשאר הימים של יב"ח אין לו דין קדימה לענין זה, ע"ש עוד, ועמש"ל סי' שע"ה סק"ג - פת"ש›.

אות ב'

להיכן הוא חוזר וכו'

סימן קצב ס"א - [ו]היו המסובין ג', חייבים בזימון - דהיינו שחייבין להזדמן ולצרף ברכתם בלשון רבים.

בזוהר הזהירו לומר בפיו קודם בהמ"ז "תן לנו הכוס ונברך", או "באו ונברך", לפי שכל דבר שבקדושה צריך הזמנה בפה עובר לעשייתו, כדי להמשיך הקדושה, **ומזה** נוהגים לומר בלשון אשכנז: רבותי מיר וועלין בענטשין, והם עונים: יהי שם ה' מבורך מעתה ועד עולם.

שאומר אחד מהם: נברך שאכלנו משלו - ואסמכו רבנן ‹דף מ"ה› אקרא, דכתיב: גדלו לה' אתי ונרוממה שמו, דמשמע שאחד יאמר לשנים: גדלו, **א"נ** ממאי דכתיב: כי שם ה' אקרא הבו גודל לאלהינו. **וכ"ש** אם הם יותר עד עשרה, כמו שיתבאר לפנינו.

‹**משמע** מזה דלא יאמר "ובטובו חיינו", וכן כתב הב"ח ועוד כמה אחרונים, **ואף** שהמ"א מצדד קצת דהאומר אין מחזירין אותו, מ"מ לכתחלה לכו"ע אין כדאי לומר כן, דאין לו שום מקור מן הש"ס›.

והם עונים ואומרים: ברוך שאכלנו משלו ובטובו חיינו, [ז]והוא חוזר ואומר: ברוך שאכלנו משלו ובטובו חיינו - ואם המסובין צריכין לענות אמן אחריו, יש דעות בין האחרונים, **והמנהג** שלא לענות, [**והמזמן** לכו"ע לא יענה אמן אחר אמירת המסובים "ברוך שאכלנו" וכו', כיון שהוא בעצמו חוזר ואומר ג"כ "ברוך" וכו'].

בא"י אמ"ה הזן את העולם וכו' - משמע מזה דלא יאמר "ברוך הוא וברוך שמו", **ויש** פוסקים כתבו לומר "ב"ה וב"ש", וכן המנהג, ‹**אבל** יותר נכון שלא לאמרו, וכן הוא המנהג הפשוט במדינתינו, וכן נראה מרוב הפוסקים - ערוה"ש›, **ועיין** במ"א ובשארי אחרונים, דעכ"פ לא שייך זה ביחיד, **וגם** בשלשה אין לומר אותו רק המברך, ולא שנים המזמנים עמו.

סימן ר ס"ב - [ח]ואם היה דעתו לחזור ולאכול פת, אע"פ שלא אכל אח"כ, כשרוצה לברך, מברך מתחלה ברכת "הזן" - דכיון דדעתו היה לאכול עוד, מסתמא לא כוון לצאת בברכת "הזן" מפי המזמן, **וכ"ש אם חזר ואכל (הר"י פרק ג' שאכלו) (טור).**

באר הגולה

[א] **שם מ"ו** [ב] **מימרא דמר זוטרא ברכות דף מ"ו ע"ב** [ג] ‹עיין במ"ב סימן קפ"ט ס"א ס"ק ה' בשם המ"א: אין לומר אל שבכל יום וכו'› [ד] **טור בשם אביו הרא"ש וכ"כ התוס'** שם ‹ד"ה מר זוטרא›, **ושכן עמא דבר, דלא כמ"ש בשם בה"ג** [ה] ‹עיין במ"ב סימן ר"א ס"א {הובא לעיל מ"ו. אות ב'} דהביא דיש מקומות שנוהגין, שנותנין לאבל {שעל אביו ואמו כל י"ב חודש} לברך› [ו] **ברכות מ"ה** [ז] **שם לפי' הרי"ף** ‹להיכן הוא חוזר, כשהוא אומר נברך שאכלנו משלו, רב זביד משמיה דאביי אמר חוזר לראש, ואומר נברך שאכלנו פעם אחרת, ורבנן אמרי למקום שפסק, שאומר ברוך שאכלנו משלו ובטובו חיינו, וכן הלכתא›, ‹וכ"כ בתוס'› [ח] ‹דלא כפי' תוס' שם ב' ד"ה להיכן, והר"מ כו', אלא כפי' הראשון שם וכמ"ש בר"ס קצ"ב - גר"א›, ‹**דכתב** בתוס': ומהשתא ניחא דלא קשה מהזן, דאיך אפשר דהשלישי יברך בהמ"ז בלא הזן, שהרי לא ספר בינתיים, **וכבר** הגיה המהרש"א והמ"א דצ"ל: דהרי לא סעד בינתיים, **הרי** דס"ל להר"מ, דכל זמן שלא סעד, אף בהיה דעתו לאכול עוד ולא רצה לצאת בברכת הזן, אפ"ה חוזר למקום שפסק, **וזה** מוכרח לפי' הר"מ, דאם מיירי פלוגתייהו באין דעתו לאכול, א"כ איך יסבור רבי זירא דחוזר לראש, ואמאי לא יוצא בבהמ"ז והזן ששמע כבר, אלא ודאי פלוגתייהו בדעתו לאכול, והלכה כרבנן דלמקום שפסק, **אבל** השו"ע ס"ל כפי' הראשון של התוס' - דמשק אליעזר›

אך אם לא היה בדעתו לאכול עוד, ולא אכל, כשמברך בהמ"ז מתחיל מן "נודה לך", כמו בכל מקום כששומע ברכת הזימון, ועיין לעיל סימן קפ"ג ס"ז ובמ"ב שם.

(**אבל אם לא היה בדעתו לאכול רק פרפרת או בשר ודגים וכיו"ב, יצא** ידי חובת ברכת "הזן", וא"צ להתחיל מתחילת ברכת המזון, רק מברכת "נודה לך" ואילך, ויזהר לכתחלה שלא ישיח בינתים, ואחר בהמ"ז יברך מעין ג', שהיא ברכה אחרונה על הפרפרת שהיא מחמשת המינין, כי לא נפטרה בבהמ"ז, הואיל ולא בירך בה ברכת "הזן" - מ"א וא"ר, **ועיין** בפמ"ג שמסתפק בדברים שברכתן בנ"ר, אם צריך שוב לברך, או אפשר שיצא בברכת "נודה לך", וגם ברכה ראשונה צ"ע אם יש לברך. **העתקתי** דברי האחרונים בזה, אך לבי מגמגם, דממ"א משמע קצת, דגם לכתחלה מותר לאכול דבר שאינו פת, אחר שהצטרף לזימון ויצא בברכת "הזן", ולענ"ד לא נהירא, וצ"ע).

אות ג'

<u>בזמן שהן שתי מטות, גדול מסב בראש, ושני לו למטה הימנו; בזמן שהן שלש מטות, גדול מסב בראש, שני לו למעלה הימנו, שלישי לו למטה הימנו</u>

רמב"ם פ"ז מהל' ברכות ה"א - מנהגות רבות נהגו חכמי ישראל בסעודה, וכולן דרך ארץ, ואלו הן: כשנכנסין לסעודה, [ט]הגדול שבכולן נוטל את ידיו תחלה; ואח"כ נכנסין ויושבין מסובין, וגדול מיסב בראש, ושני לו למטה הימנו; היו שלשה מטות, גדול מיסב בראש, ושני לו למעלה הימנו, ושלישי לו למטה הימנו.

אות ד'

<u>מים הראשונים מתחילין מן הגדול</u>

סימן קסה ס"ב - [י]אם רבים מסובין בסעודה, הגדול נוטל ידיו תחילה - דכן הוא כבודו.

[יא]והרא"ש היה רגיל ליטול באחרונה, שלא להפסיק - היינו בשהיה מרובה, **ושלא לדבר** - היינו אפילו שיחה מועטת.

ס"ל דשאני בזמן התלמוד, שהיה לכל אחד מהמסובין שלחן בפני עצמו, והיה אוכל מיד שנטל ידיו, **אבל** עכשיו ששלחן אחד לכל, ומתחילין לאכול ביחד, דהיינו שלאחר שנטלו כולם ידיהם, הגדול מברך ומוציא כולם בברכתו, טוב יותר ליטול באחרונה, כדי שלא יבוא לידי הפסק ודיבור בינתים. [**ועיין** בגמרא דמשמע ג"כ דבזמן ששולחן אחד לכולם, הגדול נוטל ידיו באחרונה, ומטעם אחר, דהיינו, כדי שלא יצטרך לישב ולשמור ידיו עד שיטלו כולם, והיינו, משום דרך כבוד כדאיתא בתשובת רש"ל, **ואפשר** דדברי הש"ס הוא ג"כ משום היסח הדעת, כדי שלא יצטרך לשמור ידיו מטומאה, ודברי הרא"ש שכתב משום הפסק ודיבור, הוא ג"כ משום היסח הדעת]. (**וכהיום שעל פי רוב המנהג שכל אחד מברך על פתו לעצמו, לא שייך טעם הרא"ש, וחזר המנהג שהיה בזמן התלמוד, שהגדול נוטל תחלה ואוכל**).

והנה המחבר בסימן קס"ו הסכים, דטוב ליזהר מלהפסיק ומלדבר, וכן נהגו כל העולם להחמיר בזה, ואפילו בשהיה הרבה מחמירין, וכדברי הרמ"א שם, **וא"כ** בסעודות גדולות שיש הרבה מסובין, אם ימתינו כל המסובין עד שיטול הגדול, ישהו הרבה מאד, וגם יבואו לידי דיבור בינתים, **וע"כ** מן הנכון שהגדול יטול תחלה כבזמן הש"ס, ולא יוציאם בברכת "המוציא", אלא יברך לעצמו, וכן כל אחד ואחד מן המסובין יטלו ידיהם ויברך כל אחד ואחד לעצמו, ולא יצטרכו לשהות כלל.

אות ה' - ו'

<u>מים אחרונים, בזמן שהם חמשה, מתחילין מן הגדול; ובזמן שהם מאה, מתחילין מן הקטן עד שמגיעים אצל חמשה, וחוזרין ומתחילין מן הגדול</u>

<u>ולמקום שמים אחרונים חוזרין, לשם ברכה חוזרת</u>

סימן קפא ס"ו - [יב]אם המסובין רבים, עד חמשה, מתחילין מן [יג]המברך - כדי שיעיין בארבע ברכות של בהמ"ז בתוך הזמן שיטלו אלו הד' אנשים הנשארים, **ואע"ג** דהיום המנהג שכל אחד מהמסובין מברך לעצמו, ואין יוצאין בברכתו, **מ"מ** לא נשתנה הדין, דגם היום מהנכון שיאמרו המסובין כל ברכה וברכה בלחש עם המברך שמברך בקול רם, כדאיתא לקמן בסימן קפ"ג ס"ז, **וגם** ברכת הזימון צריך המברך לומר לפניהם, משו"ה צריך לעיין קצת מתחלה.

ואף דקי"ל דתיכף לנטילה ברכה, בשיעור זה לא חשיב הפסק, **ומיהו** אפשר דבכְּדֵי אין להפסיק כלל.

באר הגולה

[ט] ‹הנה רואה אני דבר חדש בדברי רבינו הגדול, שהקדים הנטילה להסיבה, ולא כן משמע לעיל דף מ"ג. ששנינו כיצד סדר הסיבה וכו', עלו והסיבו ובא להם מים וכו', שמתחלה הסיבו ואח"כ מביאין להם מים לנטילה ונוטלין שם במקומן, וכן משמע בברייתא כאן, שמתחלה תנו סדר הסיבה, ואח"כ תנו: מים הראשונים מתחילין מן הגדול. **וגם** עוד אני רואה מלשונו של רבינו שכתב ואח"כ נכנסין וכו', משמע שהנטילה לא היתה במקום ההסיבה רק מבחוץ, וזהו מוכיח שלדעת רבינו אפילו הפסק הליכה ממקום למקום בין נטילה להמוציא לא מפסיד מידי, ועיין בסי' קס"ו ובמג"א. **עוד** יש לתמוה בדברי רבינו כאן, שלא הזכיר שלאלתר מייתי תכא קמיה הגדול אחר שנטל ידיו, כמו שהשיב ריש גלותא לרב ששת. **והכסף** משנה הרגיש בזה, וכתב דמאחר דאמר ריש גלותא אנא מתניתא ידענא, ובמתניתא תני מים ראשונים מתחילין מן הגדול, היינו דלעולם מתחילין מן הגדול, אפי' לא מייתי תכא קמיה, ואע"ג דרב ששת גופיה אקשיה לריש גלותא, ישב גדול וישמור ידיו וכו', מבדק הוה בדיק לריש גלותא, אבל לפום קושטא לית לן בה - צל"ח› [י] **ברכות מ"ו** [יא] ‹כמ"ש בגמרא שם: ישב גדול וישמור ידיו כו', א"ל לאלתר כו', ועיין רש"י ד"ה לאלתר, משא"כ עכשיו - גר"א› [יב] **ברכות מ"ו** [יג] ‹משום דגדול מברך, כמש"כ שם מ"ז א', להכי קאמר הגמ' "מתחילין מן הגדול", ועיין רש"י ד"ה למקום כו' - גר"א›

ואם הם יותר, מתחילין מן הקטן - היושב בסוף המסבה, והטעם הוא, כדי שלא יהא צריך המברך להמתין הרבה אחר נטילתו עד שיטלו כולם, וגנאי הוא לו וגם דהוי הפסק, [יד]**[דסילוק** השולחן שכתב רש"י לאו דוקא, אלא ישיבתו בטל, ולהמתין על הכל גנאי הוא לגדול או לאיזה איש שכיבד אותו לברך].

(**וכהיום** שכולן מברכין בעצמן, א"כ אף אם יתחילו מן הקטן, יהיה הפסק גדול מן הנטילה לברכה להנוטלין ידיהם בראשונה, [**ואולי** דאנו צריכין לחוש יותר להמברך, דהוא העיקר יותר, וכל מה דאפשר לתקן מתקנין]. **ומהנכון** שיושיטו מים על השלחן לנטילה באיזה מקומות, ולא כוס אחד לכל המסובין, שעי"ז ימשך הרבה, כנלענ"ד).

[טו]**ונוטלין דרך ישיבתן, ואין מכבדין זה את זה ליטול** - דאין זה כיבוד, במה שירמוז לו שהוא ירחץ תחלה ידיו המזוהמות, **עד שמגיעין לחמשה האחרונים, וכיון שלא נשארו אלא חמשה שלא נטלו, מתחילין מן המברך** - וכיון שנטל הוא ידיו, אותן הד' שאצלו אין מכבדין זה את זה, אלא דרך ישיבתן נוטלין.

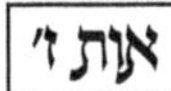

אות ד'

<u>אין מכבדין לא בדרכים, ולא בגשרים</u>

יו"ד סימן רמב סי"ז - הגה: והא דאין מכבדים בדרכים אלא בפתח הראויה למזוזה - [טז]ובכלל זה בהכ"נ ובהמ"ד - רעק"א, **היינו שכל א' הולך לדרכו ואינן בחבורה אחת, [יז]אבל אם הם בחבורה אחת, מכבדים בדרכים. (הגהות מיי' פ"ו דהל' ת"ת ותוספות פרק במה בהמה). ובמקום סכנה, א"ל לכבד כלל. (מרדכי בשם ראבי"ה פ' שלשה שאכלו).**

באר הגולה

יד ‹והיינו דלא תימא, כדמשמע רש"י בפשוטו, דהוי גנאי רק כשהשלחן מסולק, [דרישה בסימן ק"פ, וכ"כ הא"ר לתרץ קושית הט"ז], דהטור שם כתב שלא לסלק השלחן מלפני המברך› **טו** ‹כמ"ש שם מ"ז א' אין מכבדין כו', והא דבחמשה האחרונים מתחילין מן הגדול, לאו משום כבודו, אלא משום הברכה, וכמ"ש שם מסייע כו', וכדי שיעיין בבהמ"ז, כמ"ש שם בר פחתי כו' - גר"א› **טז** ‹וכדמבואר כאן בהגמ'› **יז** ‹דבר זה כתבו התוס' והמרדכי בברכות שם, ע"פ קושיתם שהקשו משבת רפ"ה, דמבואר שם דמכבדים בדרכים, וחילקו התוס', דבברכות מיירי שכל אחד הולך לדרכו, ובשבת מיירי כשהלכו בחבורה אחת, והמרדכי תירץ, דבברכות מיירי במקום סכנה, ע"ש. ויש לתמוה על רבינו הרמ"א שהרכיב שני התירוצים ביחד, והו"ל לחלקם לשני דיעות, ואולי ס"ל דמצד הסברא שניהם אמת, ודוחק - ערוה"ש›

§ מסכת ברכות דף מז. §

אות א'

ולא בידים מזוהמות

סימן קפא ס"ו - ונוטלין דרך ישיבתן, ואין מכבדין זה את זה ליטול - דאין זה כיבוד, במה שירמוז לו שהוא ירחץ תחלה ידיו המזוהמות, **עד שמגיעין לחמשה האחרונים, וכיון שלא נשארו אלא חמשה שלא נטלו, מתחילין מן המברך** - וכיון שנטל הוא ידיו, אותן הד' שאצלו אין מכבדין זה את זה, אלא דרך ישיבתן נוטלין.

אות א'*[א]

דלית בהו מזוזה

יו"ד סימן רפו ס"ג - בהכ"נ - ‹פטור ממזוזה, שאינה עשויה לדירה, וסתם ביתך, בית דירה משמע או בית שמשתמשים בו בדבר צריך לו, כמו כל אלו הנזכרים למעלה, אבל בהכ"נ אינה עשויה אלא להתפלל בה – לבוש›. **אם יש בו דירה לשום אדם, חייב במזוזה. הגה: ואם בית דירה בעזרה שלפני בית הכנסת, העזרה חייבת ובהכ"נ פטור.**

יו"ד סימן רפו ס"י - [ב]בית המדרש פטור מהמזוזה - (עיין בתוס' פ"ק דיומא שכתבו, דאם היה בהמ"ד של יחיד ולא של רבים, חייב במזוזה, וכ"כ בפסקי תוס' שם וכ"כ בס' תפל"מ ע"ש - פת"ש), **ואם יש בו פתח שרגיל לצאת בו לביתו** - ‹הסמוך לו ממש›, **חייב במזוזה באותו פתח** - ‹דאם רגיל באותו הפתח, הוה כפתח ביתו וחייב במזוזה, ואם לאו, דינה כפתח בהמ"ד ופטור ממזוזה. וה"ה בבהכ"נ – ערוה"ש›.

[ג]וי"א שבית המדרש חייב במזוזה - ולא דמי לבהכ"נ לעיל ס"ג, דאינו חייב במזוזה אא"כ יש בו בית דירה, דבהמ"ד כיון שהתלמידים יושבים בו מהבקר ועד ערב, דומה לדירה - ש"ך, [**בטור** כתוב, וכן עשה הר"מ מרוטנבורג מזוזה לבית המדרש, ואמר כשהיה ישן בו שינת הצהרים היה רוח רעה מבעתו קודם שתיקן בו מזוזה, עכ"ל – ט"ז].

ונכון לחוש לדבריהם, אבל לא יברך עליה - והב"ח כתב דנכון הוא כשיקבע מזוזה בפתח הבית ויברך עליה, שיהא דעתו ג"כ על קביעת המזוזה שבבית המדרש, ויקבע אותם זה אחר זה, תחלה בפתח הבית ואח"כ בפתח בית המדרש, וברכה זו חוזרת על שניהם - ש"ך.

אות ב'

אין המסובין רשאין לאכול כלום עד שיטעום הבוצע

סימן קסז סט"ו - [ד]אין המסובין רשאים [ה]לטעום - דהיינו שירצו לחתוך מן הככר של הבוצע ולטעום קודם לו, כשיצאו בברכת הבוצע, **עד שיטעום הבוצע** - ועיין בפמ"ג שמצדד, דאפילו אם לא נתכוין לצאת בברכתו, וכל אחד מברך לעצמו, כיון שכולם זקוקים לככרו של הבוצע, אין מדרך הכבוד לטעום קודם שיטעום הוא.

(אבל מותר לתת לכל אחד חלקו קודם שאוכל הוא - ואין בזה הפסקה, דכ"ז צורך סעודה הוא, **והם ימתינו** - מלאכול, **עד שיאכל הוא) (תוספת** [ו]‹ד"ה אין› **ומרדכי פרק ג' שאכלו)** - תחלה, ואפילו נתן להם בפירוש רשות לזה, י"א ג"כ דלא מהני, ‹שיהיה בזיון לפרוסה זו – פרישה›.

ודעת הט"ז בענין זה, דאין כדאי להבוצע שיחלק לכל אחד חלקו, אחרי שאינם רשאים לטעום מהם עד שיטעום הוא תחלה, א"כ נחשב לו הדבר להפסק בין הברכה לאכילה, וזה אסור לכתחלה, **אלא** יראה לטעום קודם, ואח"כ יחלק לכל אחד מהם, וכ"כ ש"א, [**דאם** היו רשאים לטעום מקודם, אחרי שהוא מוציאם בברכתו, זה לא נחשב להפסק, דהברכה חל על כולם, וע"י שיקבלו תיכף חלקם ויטעמו יהיה נסמך הברכה לאכילתם, **אבל** אחרי שהם אינם רשאים לטעום, מה לו להפסיק].

[ז]ואם כל אחד אוכל מככרו - ויש לכל אחד מהם ככר שלם בפני עצמו, **ואין כולם זקוקים לככר שביד הבוצע, רשאים לטעום קודם** - אע"פ שהם יוצאים כולם בברכת המברך, [**ואם** אין לכולם רק פרוסת לחם, הרי הם זקוקים לככרו, דהלא מצוה לכתחילה לברך על השלמה].

[ח]ואם הוא שבת - וה"ה יו"ט, **צריך שיהא לפני המסובים לחם משנה חוץ ממה שלפני הבוצע, ואז יהיו רשאים לטעום קודם הבוצע** - דאם אין לפני כל אחד מהמסובין לחם משנה, הרי הם צריכים לסמוך על הבוצע שיש לפניו לחם משנה, ולטעום מאותו לחם, ואינם רשאים לטעום קודם לו.

[ט]סימן קצ ס"א - [י]אחר שסיים בהמ"ז, מברך בפה"ג ויטעום המברך - ר"ל כשמברך בהמ"ז על כוס, יברך בפה"ג אחר שסיים בהמ"ז, **והיינו** אפילו אם כבר בירך על היין שבתוך הסעודה, שכל מה שאוכל ושותה אחר בהמ"ז סעודה אחרת היא, לפי שבהמ"ז היא סילוק והיסח הדעת למה שלפניה.

(ואם הפסיק בין הברכה לטעימה, ע"ל סי' רע"א סעיף ט"ו) - דחוזר ומברך, **ובמילתא** דשייך לסעודה אינו חוזר ומברך בדיעבד.

[יא]ואח"כ יטעמו האחרים - שכיון שהוא בירך על כוס זה, נכון הוא שישתה הוא תחלה.

באר הגולה

[א] ‹ע"פ מהדורת נהרדעא› [ב] **מפתחא דעייל בה רבי למדרשא וכו' שם ע"א, ומעובדא דאביי ורבין דהוו אזלי באורחא וכו' ברכות דף מ"ז ע"א** [ג] ‹כדברי הירושלמי שהביאו תוס' שם {ביומא י"א: ד"ה שאין כו'} ושם {ובמנחות ל"ג א' ד"ה והא כו'} – גר"א› [ד] **שם** [מ"ז] [ה] ‹וכמו רב ספרא› [ו] ‹ולכאורה הוי דלא כתוס', וכמ"ש הגר"א: עיין תוס' דברכות הנ"ל והשר מקוצי כו', ולא קי"ל כתירוצו› [ז] **ירושלמי וכ"כ התוס' שם דף מ"ז והר"ר יונה והרא"ש** [ח] **הרא"ש שם** [ט] ‹ע"פ הב"י וז"ל: מבואר שאם היה כוס לפני כל אחד ואחד, רשאין לטעום קודם... משמע דא"צ המברך להטיל מכוסו לכוס כל אחד ואחד, ובלבד שלא יהיו כוסות שלהם פגומים, אבל אם היו פגומים צריך לשפוך מכוס של ברכה לתוך כל כוס וכוס קודם שישתה המברך, וכן כתבו התוספות שם (מז. ד"ה אין)› [י] **פסחים ק"ג וכמר זוטרא** [יא] **כדין המוציא, ומוצא הדינים מצויינים שם לעיל בסי' קס"ז**

יולא בידים מזוהמות רבין ואביי הוו קא אזלי באורחא קדמיה חמריה דרבין לדאביי ולא אמר ליה ניזיל מר אמר מדסליק האי מרבנן ממערבא גס ליה דעתיה כי מטא לפתחא דבי כנישתא אמר ליה ניעל מר אמר ליה ועד השתא לאו מר אנא אמר ליה הכי אמר רבי יוחנן אין מכבדין אלא בפתח שיש בה מזוזה *דאית בה מזוזה אין דלית בה מזוזה לא אלא מעתה בית הכנסת ובית המדרש דלית בהו מזוזה הכי נמי דאין מכבדין אלא אימא בפתח הראוי למזוזה אמר רב יהודה בריה דרב שמואל בר שילת משמיה דרב אין המסובין רשאין לאכול כלום עד שיטעום הבוצע יתיב רב ספרא וקאמר לטעום איתמר למאי נפקא מינה *שחייב אדם לומר בלשון רבו ת"ר *שנים ממתינין זה לזה בקערה שלשה אין ממתינין הבוצע הוא פושט ידו תחלה ואם בא לחלוק כבוד לרבו או למי שגדול הימנו הרשות בידו רבה בר בר חנה הוה עסיק ליה לבריה בי רב שמואל בר רב קטינא קדים ויתיב וקמתני ליה לבריה אין הבוצע רשאי לבצוע עד שיכלה אמן מפי העונים רב חסדא אמר מפי רוב העונים א"ל רמי בר חמא מ"ש רובא דאכתי לא כליא ברכה מיעוטא נמי לא כליא ברכה א"ל שאני אומר כל העונה אמן יותר מדאי אינו אלא טועה: ת"ר *אין עונין לא אמן חטופה ולא אמן קטופה ולא אמן יתומה ולא יזרוק ברכה מפיו בן עזאי אומר כל העונה אמן יתומה יהיו בניו יתומים חטופה יתחטפו ימיו קטופה יתקטפו ימיו וכל המאריך באמן מאריכין לו ימיו ושנותיו רב ושמואל הוו יתבי בסעודתא אתא רב שימי בר חייא הוה קמסרהב ואכיל א"ל רב מה דעתך לאיצטרופי בהדן אנן אכילנא לן א"ל שמואל אלו מייתו לי *ארדיליא וגוזליא לאבא מי לא אכלינן תלמידי דרב הוו יתבי בסעודתא על רב אחא אמרי אתא גברא רבא דמברך לן אמר להו מי סבריתו דגדול מברך עיקר שבסעודה מברך והלכתא גדול מברך אע"ג דאתא לבסוף: אכל דמאי וכו': הא לא חזי ליה *כיון דאי בעי מפקר להו לנכסיה והוי עני וחזי ליה דתנן *מאכילין את העניים דמאי ואת האכסניא דמאי ואמר רב הונא תנא ב"ש אומרים אין מאכילין את העניים ואת האכסניא דמאי: מעשר ראשון שנטלה תרומתו: *פשיטא לא צריכא אלא שהקדימו בשבלים והפריש ממנו תרומת מעשר ולא הפריש ממנו תרומה גדולה וכדר' אבהו דאמר ר' אבהו אמר ריש לקיש *מעשר ראשון שהקדימו בשבלים פטור מתרומה גדולה שנאמר והרמותם ממנו תרומת ה' מעשר מן המעשר מעשר מן המעשר אמרתי לך ולא תרומה גדולה ותרומת מעשר מן המעשר אמר ליה *רב פפא לאביי אי הכי אפילו הקדימו בכרי נמי אמר ליה עליך אמר קרא מכל

רש"י

ולא בידים מזוהמות. בנטילת מים אחרונים: ממערבא. לפי שהיה רבין רגיל לעלות מבבל לא"י ולומר הוא דבריו משמו של ר' יוחנן: בפתח הראוי למזוזה. כלומר בכניסת כל פתחים למעוטי דרכים ופרצות: לטעום איתמר. אין חלוק בדבר אלא שחייב לומר בלשון רבו: קדים. רבה בר בר חנה לישב על השולחן ולשטוח לבנו הלכות סעודה לפי שהחתן רגיל לבצוע והיה מלמדו היאך יעשה: לבצוע. לפרוס הפרוסה מן הפת: עד שיכלה אמן מפי העונים. אמן אחר ברכת המוציא דאף עניית אמן מן הברכה היא ואמרי' בפרק כיצד מברכין (דף לט:) צריך שתכלה ברכה קודם בציעה: חטופה. שקורין את האלף בחטף ולא בפתח* ואומר אמן והוא צריך לומר אמן: קטופה. שמחסר קריאת הנו"ן שאינו מוציאה בפה שתהא נכרת: יתומה. שלא שמע הברכה אלא ששמע שעונין אמן והא דאמרי' בהלל (סוכה נא:) שבאלכסנדריא של מצרים היו מניפים בסודרים כשהגיע עת לענות אמן אלמא לא שמעי וקא ענו הנהו מידע ידעי שהם עונים אחר ברכה ועל איזו ברכה הם עונים אלא שלא היו שומעים את הקול: ולא יזרוק ברכה מפיו. במהירות שדומה עליו כמשא אלא שחוק קבוע הוא לו: וקא מסרהב ואכיל. ממהר לאכול כדי להצטרף לזימון חימצו עליו: אכילנא לן. גמרה לן סעודתנו קודם שבאת ואי אתה מחייבנו עוד בזימון: אילו מייתו לי ארדיליא וגוזליא לאבא. שמואל חביבין עליו ארדיליא בקטנות סעודה והן כמהין ופטריות ולרב היו חביבין גוזלות ושמואל היה קורא לרב אבא לכבודו: מי לא אכלינן. הלכך לא גמרה סעודתא ומצטרף: עיקר שבסעודה. אחד מאותן שהיו בתחלת ההסבה: הא לא חזי ליה. והויא לה ברכת זמון הבאה בעבירה וכתיב (תהלים י) בוצע ברך נאץ ה' ואמר מר (א) (בב"ק דף צד.) הרי שגזל סאה של חטים וטחנה ואפאה וברך עליה אין זה מברך אלא מנאץ: דמאי. חטין הלקוחים מע"ה ספק עשרן ספק לא עשרן: אכסניא. חיל של מלך שמטיל על בני העיר לזונם בשובם ממלחמתו והרי הם כעניים לפי שהם שלא במקומם: מאכילים את העניים דמאי. דרוב עמי הארץ מעשרים הם וחומרא דרבנן בעלמא הוא: שהקדימו בשבלים. לוי קדם את הכהן ונטל מעשר בשבלים קודם שנטל כהן תרומה גדולה והכהן היה לו ליטול תרומה גדולה תחלה א' מנ' דרחמנא קרייה ראשית וכתיב (שמות כב) מלאתך ודמעך לא תאחר נמצאת תרומה גדולה של כהן בתוך המעשר הזה אחד מחמשים שבו לבד מתרומת מעשר שעל הלוי להפריש תרומה ממעשרו: וכדרבי אבהו. אשמעינן מתני' דהכי הוא כדרבי אבהו דפטר ליה ללוי מתרומה גדולה שבו:

תוספות

אין המסובין רשאין לטעום עד שיטעום המברך. ותימה מהאי סבא דערבי פסחים (דף קו.) דנחית ושתי אלמא דשתי קודם המברך שמא יש חלוק בין אכילה לשתיה אי נמי יש לומר דלא שתה אלא להראות לו מעשה שלא היה צריך לומר יותר ובירושלמי יש כשיש לכל אחד כברו או כוסו בידו יכולים לשתות אפי' קודם המברך וגבי ההוא סבא היה לו כוסו בידו והכי איתא בירושלמי אמר רבי בון בשם רב אין המסובין רשאין לטעום עד שיטעום המברך ריב"ל אמר שותין אע"פ שלא שתה המברך ולא פליגי רבי בון בשם רב שזקוק לכוס אחד דריב"ל דהיה לכל אחד כוסו בידו וכן עשה רבינו שמשון בחופה אחת שבלע החתן המוציא והיה בולע רבינו שמשון הפת שהיה לפניו ואוכל והשר מקוצי היה אומר אם בלע המברך ונתן לכל אחד חלקו אין צריך להמתין כל אחד עד שיטעום המברך והא דאמרי' הכא אין המסובין רשאין לטעום כו' היינו להקדים ולבלוע מן הפת שבלע המברך אבל אחר שנתן לכל אחד חלקו אין קפידא וכן צריך לומר בסמוך הבולע הוא פושט ידיו תחלה לטבול פתו ואם בא לחלוק כבוד לרבו רשאי ואמאי והא אין המסובין רשאין לטעום וכו' ואין לומר דמן הטבול לתודיה קאמר אף המברך אוכל קודם דא"כ מה כבוד היה זה אבל לפי מה שפירשתי ניחא ויש מפרש פושט ידיו תחלה בקערה להתחיל באכילה ומכאן משמע שאין צריך למזוג מכוס ברכה לשאר כוסות היכא שיש בפני האורחים כוסות שאינן פגומות אבל אם אותן כוסות פגומות יש קפידא*:

אמן יתומה. שאין שומע הברכה מפי המברך ועונה אחר האחרים ששמעו אמן תימה דהא אמרינן בסוכה (פ"ה דף נא:) באלכסנדריא של מצרים שהיה שם קהל גדול ולא היו יכולים כולם לשמוע מפי המברך והיו מניפים בסודרים כדי שידעו חתימת הברכות ויענו אמן וי"ל שהיו יודעים באיזו ברכה החזן עומד אמנם לא היו שומעים אותו אבל הכא מיירי שאינם יודעים כלל היכן החזן עומד ומתפלל ובאיזו ברכה הוא עומד אלא עונה אחר האחרים בלא שמיעה ולא ידיעה*:

כל המאריך באמן מאריכין לו ימיו ושנותיו. ובלבד שלא יאריך יותר מדאי וטעמא לפי שאין קריאת התיבה כמשמעה כשהוא מאריך יותר מדאי ומסקנא דמלתא דאין הבולע רשאי לבצוע עד שיכלה אמן מפי רוב העונים:

אילו מייתו לי ארדיליא וכו'. משמע דכן הלכה דרב נמי לא פליג אבל אי אמר הב לן ונברך שהסיחו דעתם מלאכול אין שלישי מצטרף עמהם:

והלכתא גדול מברך. ומיהו אם הגדול נותן רשות לקטן לברך שפיר כדאשכחן (לעיל מג. מו:) דאמר ליה לרב משי ידך וכו':

ומאכילין את האכסניא דמאי. מיירי באכסניא ישראל ומוטלין עליהם לזונם והם כעניים ודוקא דמאי אבל טבל לא דקפדו להו איסור מיתה ואי נמי באכסניא של נכרים שהטיל עליהם המלך מכל מקום דוקא דמאי אבל טבל לא דאם כן פורע חובו מממונו של כהן*: **ואמר** רב הונא תנא בש"א אין מאכילין. וא"ת רב הונא טעמא דב"ש אתא לאשמעי' דהכי פריך בכמה דוכתין וי"ל דקא משמע לן דלאו משכחת תנא דאמר אין מאכילין בית שמאי היא ולא תיחוש לאותה משנה או ברייתא: אמר

עין משפט נר מצוה

לג א מיי' פ"ז מהלכות ברכות הל' יב סמג עשין כז טוש"ע או"ח סי' קסז סעיף ו:

לד ב מיי' שם הל' ה סמג שם טוש"ע או"ח סי' קסז סעיף טו:

לה ג מיי' שם הלכה ו סמג שם טוש"ע או"ח סי' קע סעיף כ:

לו ד מיי' שם הלכה ה סמג שם טוש"ע או"ח סי' קסז סעיף יז:

לז ה מיי' שם טוש"ע שם סעיף טו:

לח ו מיי' פ"א שם הל' יד סמג שם טוש"ע או"ח סי' קכד סעיף ח:

לט ז מיי' פ"ה שם הל' ט טוש"ע או"ח סי' קצז סעיף א:

מ ח מיי' שם ופ"ז הל' ג סמג שם טוש"ע או"ח סי' רא סעיף א:

מא ט מיי' פ"י מהל' מעשר הלכה יא:

מב י מיי' פ"א מהל' ברכות הלכה כ:

מג כ מיי' פ"ג מהלכות תרומות הלכה יג טור יו"ד סי' שלא:

רב נסים גאון

אין מכבדין לא בדרכים אלא בפתח הראוי למזוזה. אית לפירוש פתחים הראויים למזוזה ושאינן ראויין במסכת יומא בפ"ק (דף יא) ובמנחות בפרק הקומץ את המנחה (דף לג): אין עונין לא אמן חטופה ולא אמן קטופה ולא אמן יתומה כו'. איתא בגמרא דבני מערבא בפ"ח אלו דברים שבין בית שמאי וב"ה אי זו היא אמן יתומה והתן דחייב בברכה והוא עאני ולא ידע מה עאני: אכל דמאי. פירושו בתלמוד ארץ ישראל בפרק הדין אבל פירות ספק נתקנו ספק לא נתקנו מוטנין ובפ"ק דעירובין (דירושלמי הלכה י) נמי אמרינן דמאי דמיי תיקן לא תיקן כלומר שיש בו ספק אם הוציא ממנו מעשר אי לא ולפיכך חייב להוציא ממנו תרומת מעשר ונקראת תרומת מעשר של דמאי ובמשנה סוף מסכת מעשר שני יוחנן כהן גדול העביר הודאת המעשר ובימיו אין אדם צריך לשאול על הדמאי ובמסכת סוטה בפרק עגלה ערופה (דף מח) תניא אף הוא ביטל את הדמאי לפי ששלח בכל גבול ישראל וראה שאין מפרישין אלא תרומה גדולה בלבד עמד ותיקן להם הלוקח פירות מעם הארץ מפריש תרומת מעשר ונתונה לכהן הברייתא כתוס' סוטה [פי"ג]:

הגהות הב"ח

(א) רש"י ד"ה הא לא חזי וכו' ואמר מר. נ"ב פ"ק דסנהדרין:

אם כולם זקוקים לכוס אחד, ונותן המברך מכוסו לכוס ריקן שבידם, לא יטעמו עד שיטעום הוא - הלשון מגומגם קצת, וכונתו כאילו כתב: "וכן אם כולם זקוקים", **ור"ל** דלא מיבעיא אם יש רק כוס אחד וכולם שותים מכוס זה, בודאי נכון לכתחלה שהוא יטעום מקודם, **ואפילו** אם כל אחד כוס ריקן לפניו, והוא מערה לאחר ברכה קודם טעימתו מכוסו לכוסם, ג"כ אין ראוי שיטעמו הם קודם, מאחר שעכ"פ הם זקוקים כולם לכוסו.

אבל אם אינם זקוקים לכוסו, יכולים לטעום קודם שיטעום הוא - ר"ל אם יש לפני כל אחד כוס יין, והוא מוציאם בברכתו, והוי כאילו הם מברכין בעצמם, אינם צריכין להמתין עליו.

א"צ המברך לשפוך מכוסו לכוס המסובין - קאי אדלעיל, שלא היו זקוקין לכוסו של המברך, **והטעם** דא"צ לשפוך, משום דכיון דיצאו בברכתו, א"כ כוסות כל אחד מקרי כוס של ברכה.

אלא א"כ כוס המסובין פגום - שאז צריך לשפוך מכוסו לכוסם מעט קודם שטעם ממנו, כדי לתקן פגימתם, **ובזה** צריכין ליזהר שלא יטעמו קודם שיטעום הוא תחלה, כיון שהם זקוקים לכוסו. **(וע"ל סי' קפ"ב וסוף סימן רע"ה).**

אות ג'

<u>שנים ממתינין זה לזה בקערה, שלשה אין ממתינין</u>

סימן קע ס"ב - [יב]**"שנים ממתינים זה את זה בקערה, שכשאחד מסלק ידו מן הקערה לשתות** - וה"ה לדבר אחר, **חבירו מפסיק מלאכול עד שיגמור השתיה** - והוא שלא יהא שהייתן הרבה, ושלא יפסיק בדברי שיחה.

אבל אם הם שלשה, אין השנים פוסקין בשביל האחד.

אין דרך ארץ לת"ח לשתות מים בפני רבים, אלא יהפוך פניו לצד אחר, **וי"א** דדוקא שלא בשעת סעודה, אבל בשעת סעודה שרי, **ושאר** משקין מותר בכל גווני.

בש"ס כתובות ס"ה: אשה שאין בעלה עמה אין לה לשתות יין, **ואם** היא רגילה לשתות בפני בעלה, מותרת לשתות מעט שלא בפני בעלה **וכשהיא** בדרך באכסניא, אפילו בעלה עמה אסור, וה"ה בשאר משקין המשכרין.

אות ד'

<u>הבוצע הוא פושט ידו תחלה; ואם בא לחלוק כבוד לרבו כו'</u>

סימן קסז סי"ז - [יג]**"הבוצע** - שהוא הבעה"ב, או מי שנתנו לו רשות לבצוע תחלה, **פושט ידו תחלה לקערה לאכול** - דכיון שחלקו לו כבוד לברך תחלה ולבצוע להוציא המסובין, ראוי לכבודו שיפשוט ידו לקערה תחלה, **ואם בא לחלוק כבוד למי שגדול ממנו, רשאי.**

[יד]**"סימן קע סי"ב - שנים שיושבין על השלחן, הגדול פושט ידו תחלה; והשולח ידו בפני מי שגדול ממנו, ה"ז גרגרן** - אפילו בדאיכא קערות טובא, לא יפשוט ידו לקערה שלפניו, עד שהגדול יפשוט תחלה לקערה שלפניו, וה"ה במניחין פירות לפני כל אחד ואחד, שיפשוט הגדול ידיו תחלה, [**ומה** דאיתא בסי' קס"ז סט"ז, דאם לכל אחד ככרו לפניו א"צ להמתין על הבוצע, **התם** עושה כן משום שיש קצת הפסק בין הברכה להטעימה, משא"כ הכא].

אות ה'

<u>מפי רוב העונים</u>

סימן קסז סט"ז - [טו]**"אין הבוצע רשאי לבצוע עד שיכלה אמן מפי רוב העונים** - היינו אם הוא מוציאם ידי חובתם בברכה, שגם עניית אמן מכלל ברכה היא, [רש"י]. **אבל** המיעוט המאריכין יותר מדאי, א"צ להמתין עליהם, שכל המאריך באמן יותר מדאי אינו אלא טועה, [גמרא].

[טז]**"סימן קכד ס"ט - "אם יש קצת מהעונים שמאריכין יותר מדאי, א"צ המברך להמתין להם** - אבל על רוב הצבור מחויב להמתין בכל התפלה, שלא להתחיל בברכה שלאחריה עד שיענו אמן, וכן בקדיש, שלא להתחיל "יתברך" עד שיענו הרוב איש"ר, וכן כל כה"ג, **ובעו"ה** הרבה אנשים נכשלין בזה כשמתפללין לפני העמוד, שחוטפין להתחיל ברכה שלאחריה תיכף אחר סיום ברכה שלפניה, ואין ממתינין בינתיים כלל, **ועיין** בשע"ת שהביא, שזה מעכב אף דיעבד, שאסור שוב לענות אמן עליה, מכיון שהתחיל ברכה אחרת.

והוא שהברכה אין חובה על הכל לשמוע, אבל אם מוציא הרבים בזה ידי חובתן, בין שהוא ש"ץ או שאר מברך, צריך להמתין אף על הטועים ומאריכים באמן, כדי שישמעו ויצאו י"ח גם הם בהברכות.

(ולענין חזרת ש"ץ שלנו, יש דיעות בין האחרונים, דאף דכולנו בקיאים, מ"מ כבר תקנו חז"ל אף לנו, אפשר דהוא בכלל ברכה חיובית).

(ואם המיעוט שלא סיימו אינם מאריכין יותר מדאי, אלא שהרוב הוא שאמרוהו במרוצה, חייב להמתין על המיעוט, אך מסתמא א"צ לתלות בהכי).

[יז]**"סימן קכד סי"א - [יח]"אם בעוד האדם מתפלל סיים ש"צ ברכה, וקודם שכלתה עניית אמן מפי רוב הצבור סיים זה תפלתו** - ר"ל אחר 'יהיו לרצון', וכבר אמר תחנונים הרגיל בהן, **עונה עמהם: אמן** - ר"ל אף דנתבאר בס"ח בהג"ה, דצריך לענות אמן

באר הגולה

יב ברכות מ"ז | יג שם | יד ‹ע"פ הגר"א וז"ל: ברכות מ"ז. ע"כ. **הבוצע** פושט ידו תחילה, ואם בא לחלוק כבוד לרבו הרשות בידו, ואיתא בתוס' ד"ה אין, די"מ האי פושט, היינו בקערה להתחיל האכילה - דמשק אליעזר› ‹**קשה**, תיפוק ליה בלאו גרגרות, הא מצד הדין קימ"ל סימן קס"ז סי"ז, דהבוצע פושט ידו תחלה לקערה, וע"ז תירץ המ"א, דמיירי שכל א' קערה שלו לפניו, דמצד הדין א"צ להמתין על הבוצע או על הגדול, מ"מ שלא יהיה נראה כגרגרן יש לו להמתין - מחה"ש›

טו שם בבבלי [ברכות מ"ז] | טז ‹ע"פ הגר"א› | יז א"ח | יח ‹ע"פ הגר"א וז"ל: דאמן מן הברכה הוא, כמש"כ שם, ועיין רש"י שם ד"ה עד›

יט כתבי מהר"ר ישראל

מיד כשכלה הברכה, שאל"ה הוי כעונה אמן בלי ברכה כלל, **מ"מ** הכא אם לא כלתה עדיין אמן מפי רוב הצבור, שפיר דמי, משום דעניית אמן ג"כ מכלל הברכה הוא, וכשעונין אמן הוי כמו שהיו גומרין עתה עצם הברכה, **והט"ז** חולק ופסק, דאפי' כלו כל הצבור לענות, מותר ג"כ לענות אם היה תיכף אחריהם, **ובחי'** רע"א ובספר מג"ג הסכימו להשו"ע.

(**וסברת הט"ז** הוא, דהא בכל מברך צריך העונה להמתין עד שיסיים המברך, וכאן הוי עניית האמן של אותם ששמעו הברכה כברכה אריכתא, ושפיר הוא יכול לענות אמן תיכף אחר סיומם ג"כ אמן, **ובחידושי רע"א** כתב ע"ז וז"ל: ונלענ"ד דלק"מ, דגם המחבר ס"ל דאם שמע הברכה ולא ענה אמן עד שכלו כל הצבור לענות, דיכול לענות אמן, רק בדין המחבר דמיירי שהוא עוסק עוד בתפלתו כשסיים החזן ברכה, ומסברא אין יכול לענות אמן, דהא הפסיק בדבור בין סיום הברכה לעניית אמן, ומשו"ה אם סיים תפלתו קודם שכלתה עניית אמן מרוב צבור, כיון דעניית אמן דצבור מכלל סיום ברכה, הוי כאילו עכשיו סיים הש"ץ הברכה, ולא הפסיק בדיבור, ויכול לענות, משא"כ בשביל מיעוט המאריכין, לא מקרי סיום הברכה, וממילא הוי הפסק מה שהפסיק בתפלתו, עכ"ל, וקשה לי לדידיה, עכ"פ אם כלה תפלתו בשוה עם רוב הצבור, ג"כ יהיה שפיר דמי לענות אמן תיכף, דשוב לא היה שום הפסק בין עניית הצבור אמן, דהוא סיום הברכה, ובין האמן שלו, ואמאי בעינן שיסיים תפלתו קודם שיסיים רוב הצבור לענות אמן, **ואולי** משום דא"א לצמצם, ודוחק. **ובספר** מג"ג כתב תירוץ אחר, משום דהש"ץ מסתמא אין ממתין רק עד שרוב הצבור עונים אמן, ולא על המאריכין יותר מדאי וכנ"ל, ואח"כ מתחיל ברכה שאחר זה, וממילא שוב אינו יכול לענות אמן על ברכה הקודמת, דכבר עברה לה, ובהכי ניחא ג"כ קושיתי הנ"ל, (על מהלך של רעק"א), **והנה** לפי דברי הגרע"א והמגן גיבורים, גם קדיש וקדושה וברכו, אם נכנס לבהכ"נ ומצא להצבור שאומרים קדיש וקדושה וברכו, אף שרוב הצבור כבר אמרו, רק המיעוט גומרים לאמר, אפ"ה יוכל לאמר עמהם, **ולמעשה** צ"ע).

הגה: ואפי' אם לא שמע הברכה כלל, רק שומע לבור עונין אמן, ויודע על איזה ברכה קאי, יענה עמהם - הוא ג"כ לדברי המחבר, ולא חידש רק במה שכתב ויודע על איזה ברכה, דקאזיל בזה לשיטתיה לעיל בס"ח בהג"ה, דאם אינו יודע על איזה ברכה קאי, הוא בכלל אמן יתומה.

וה"ה אם שמע שיחיד עונה אמן, ויודע על איזה ברכה קאי, דעונה עמו, ונקט צבור משום דאיירי המחבר לענין צבור, **ואע"ג** דהמחבר אינו מתיר אלא קודם שכלתה אמן מפי רוב, אבל המיעוט לא מהני, היינו משום דמיעוט לגבי רוב הוי כמאן דליתא, או מפני טעמים אחרים, **אבל** אם אין שם צבור כלל אלא יחיד, עונה עמו.

וכן בקדיש וקדושה וברכו - היינו דכל שלא סיימו רוב הצבור לענות, עונה עמהם אע"פ שלא שמע כלום מפי הש"ץ.

אות ו'

אין עונין לא אמן חטופה, ולא אמן קטופה, ולא אמן יתומה

סימן קכד ס"ח - [כ]**לא יענה אמן חטופה, דהיינו כאילו האל"ף נקודה בחטף** - פי' בשו"א, **וה"ה** שלא יאמר אמן בשאר נקודות, בשור"ק או בחול"ם וכה"ג, כי בכל זה אין משמעות פירושו לשון האמנת דברים, אלא יקרא האל"ף בקמ"ץ גדול.

[כא]**וכן שלא יחטוף וימהר לענות אותו קודם שיסיים המברך** - ר"ל שימתין עד שיסיים הש"ץ כל התיבה אחרונה לגמרי, **ויש** אנשים שמתחילין לענות בעוד שהש"ץ עומד עדיין בחצי תיבה אחרונה, וזה אסור.

וכן לא יענה אמן קטופה, [כב]**דהיינו שמחסר קריאת הנו"ן ואינו מוציאה בפה שתהא ניכרת** - (נקט מילתא דשכיח, וה"ה אם מחסר קריאת האל"ף או המ"ם).

(גם לא יפסיק באמצע המלה) (ב"י בשם הערוך).

ולא יענה אמן יתומה, [כג]**דהיינו שהוא חייב בברכה אחת וש"צ מברך אותה, וזה אינו שומעה, אע"פ שיודע איזו ברכה מברך הש"צ** - וכגון שהוא מכיר לפי סדר הברכות, או שחיסר משמוע רק סוף הברכה, **מאחר שלא שמעה, לא יענה אחריו אמן, דהוי אמן יתומה** - דעת המחבר, דדוקא אם רוצה לצאת באיזה ברכה שהוא חייב, כגון שרוצה לצאת ידי תפלה וקידוש וכה"ג, (**ואפילו** שמעה מתחלתה, כל שלא שמע בסופה, **והנה** היכא שהוא רוצה לצאת באיזה ברכה, צריך לשמוע אותה מתחלתה ועד סופה, וא"כ לכאורה אם חיסר משמוע אפילו רק תחלת הברכה לבד, שוב אין רשאי לענות אמן עליה, וצ"ע).

אבל אם אינו חייב, כגון שכבר התפלל לעצמו, אף דמצוה לכל אדם לשמוע חזרת הש"ץ, מ"מ אין עליו חיוב בעצמיות הברכה, **וכ"ש** אם האמן הוא מסתם ברכות דעלמא, מותר לדעת המחבר לענות אף שהוא אינו יודע על איזה ברכה הוא עונה, רק ששמע לאחרים שעונים.

(**ואין** לומר דמאי גריעותא בברכה זו, מסתם ברכה דעלמא שאינו רוצה לצאת בה כלל, דצריך לענות אמן עליה, א"כ אפילו לא שמעה כלל נמי יהא מותר, דכיון שהוא רוצה לצאת בה, והוא עשאה באופן שאינו יוצא בה, אסרו רבנן לענות אמן עליה).

הגה: [כד]**ויש מחמירין דאפילו אינו מחויב באותה ברכה, לא יענה אמן אם אינו יודע באיזה ברכה קאי ש"ל, דזה נמי מקרי אמן יתומה (טור בשם הסב"ן)** - הרמ"א פליג, ואוסר אפילו בכל הברכות, אם אינו יודע על איזה ברכה הוא עונה.

באר הגולה

כ ברכות מ"ז ‹רש"י שם - גר"א› כא ‹כפי' הערוך - גר"א› כב ‹כפי' רש"י - גר"א› כג טור בשם ר"י כד ‹רש"י ותוס' בברכות שם - גר"א›

ואם יודע על איזה ברכה הוא עונה, מותר לענות בכל הברכות אפילו בחזרת הש"ץ, כיון שכבר התפלל ואינו מחויב בעצם הברכה, **ויש** מאחרונים שמחמירין בחזרת הש"ץ, וס"ל דמכיון דתיקון רבנן שיחזור ש"ץ התפלה אפילו כולם התפללו, כאילו מחוייבים באותה ברכה קרינן להו, ואין להם לענות אפילו יודע באיזה ברכה קאי הש"ץ, אם לא שמע סיום הברכה מהש"ץ גופא, **ויש** לחוש לזה לכתחילה, ליזהר לשמוע כל ברכות י"ח מפי הש"ץ גופא, וגם בלא"ה מצוה לכוין לשמוע ברכת הש"ץ, וכדלעיל בס"ד, **אבל** בדיעבד אפי' אם לא שמע, רק שידע איזה ברכה מי"ח מסיים הש"ץ, יענה אמן, כיון שכבר התפלל בעצמו.

[כה]**ולא ימתין עם עניית האמן, אלא מיד שכלה הברכה יענה אמן (אבודרהם)** - ותוך כדי דבור כדיבור דמי, **ושיעור** תוך כ"ד הוא מחלוקת הפוסקים, י"א שלשה תיבות, וי"א ארבעה תיבות, **וביותר** מזה לא יענה כלל, דהוי בכלל אמן יתומה, **ובצבור** קי"ל, דעד שכלו רוב הצבור לענות אמן, הוא עדיין בכלל הברכה, ומותר לכל אחד לענות עמהם.

(**ולכאורה** קשה, **דאפי'** אם הצבור יתחילו כולם תיכף לענות בתוך כדי דיבור של ברכת המברך, זה העונה הוא בודאי יותר מכדי דיבור אחר ברכת המברך, דהלא הם מותרים להתחיל בתוך כדי דיבור, דהוא עכ"פ שתי תיבות אחר המברך, ושיעור האמן הלא הוא כדי לומר "אל מלך נאמן", א"כ ממילא כשיתחיל הוא קודם שהם יכלו, הוא יותר מכ"ד, וי"ל דכיון שעונים הרבה אנשים אמן אחר הברכה, ובודאי יש מהן כמה אנשים שהתחילו לענות אמן תכ"ד אחר הברכה, לכן אפילו מי שהתחיל לענות אמן אח"כ, כל אחד ואחד הוא בתוך כדי דיבור של חבירו, **ולפי"ז** אם אחד המתין ולא ענה עד שסיימו רוב העונים לענות, ועונייתו היה אח"כ בתוך כדי דיבור של ענייתם, יצטרף עמהם ולא יהיה אמן יתומה, ויש לעיין לפי"ז לקמן בסעיף י"א בהמחבר שכתב, דאם קודם שכלתה עניית אמן מפי רוב הצבור וכו', ולפי דברינו אפי' לאחר שכלתה ובתוך כדי דבור נמי, אך לפי מה שכתב הטעם על דברי השו"ע בחי' רע"א ובספר מג"ג והעתקנום לקמן, ניחא הכל).

ואם הש"ץ מאריך בניגון של "ואמרו אמן", יאמרו הקהל "אמן" מיד, כי הניגון הוי הפסק, ודוקא אם מאריך הרבה בניגון, **ודוקא** לענין קדיש, שכבר כלה עצם הבקשה אחר תיבת "בזמן קריב", או אחר תיבת "דאמירן בעלמא", **אבל** אם הש"ץ מאריך בשאר ברכה בסופה באיזה ניגון, לא יענה אמן כל זמן שלא סיים את עצם התיבה של הברכה.

[כו]**ולא יענה אמן קצרה** - מפני שנראה שדומה עליו כמשא, **אלא ארוכה קצת, [כז]כדי שיוכל לומר: אל מלך נאמן** - כי זהו פירושו של אמן וכנ"ל בס"ו, והוא ר"ת שלה.

ולא יאריך בה יותר מדאי, לפי [כח]שאין קריאת התיבה נשמעת כשמאריך יותר מדאי.

אות ו'* [כט]

ולא יזרוק ברכה מפיו

סימן ה ס"א - [ל]יכוין בברכות פירוש המלות - כמו שאחז"ל [ברכות מ"ז], שלא יזרוק הברכה מפיו, אלא יכוין בעת האמירה, ויברך בנחת, **וז"ל** ספר חסידים: כשהוא נוטל ידיו או שמברך על הפירות או על המצות השגורות בפי כל אדם, יכוין לבו לשם בוראו אשר הפליא חסדו עמו, ונתן לו הפירות או הלחם להנות מהם, וציוהו על המצות, ולא יעשה כאדם העושה דבר במנהג, ומוציא דברים מפיו בלא הגיון הלב, **ועל** דבר זה חרה אף ה' בעמו, ושלח לנו ביד ישעיה ואמר: יען כי ניגש העם הזה בפיו ובשפתיו כבדוני ולבו רחק ממני, ועי"ש עוד מה שהאריך בגודל העונש עבור זה.

כשיזכיר השם, יכוין פירוש קריאתו באדנות שהוא אדון הכל - כי השם הנכבד והנורא אסור לקרותו ככתבו, כמשאחז"ל: ההוגה את השם באותיותיו אין לו חלק לעוה"ב, אלא צריך לקרותו כאלו היה כתוב שם "אדני", וגם בנקודת "אֲדֹנָי", דהיינו האלף בחטף פתח, אבל לא בפתח לבד או בשב"א לבד, (וחט"ף פת"ח עיקרו שו"א, אך יש להקפיד לבטא הפת"ח ולא כשו"א גרידא – פסקי תשובות), והד' בחולם, והנון בקמץ, וידגיש היו"ד שתהא ניכרת יפה, רק בכונה יכוין לשם הוייה. **וטעם** הנגינה הוא מלרע.

ויכוין בכתיבתו ביו"ד ה"א שהיה והוה ויהיה - ובביאור הגר"א כתב, דלפי עומק הדין א"צ לכוין אלא פי' קריאתו, דבכל מקום הולכין אחר הקריאה, אף שיש בהכתיבה סודות גדולות, **לבד** בקריאת שמע, שם צריך לכוין ג"כ שהיה וכו', עי"ש, **ובמקום** שנכתב בא"ד, לכו"ע אין צריך לכוין אלא שהוא אדון הכל. **ובהזכירו אלהים, יכוין: שהוא תקיף בעל היכולת ובעל הכחות כלם.**

אם אחד מספר חסדי ה' שעשה לו, ומתחלה מזכיר השם, ורוצה לגמור דבריו מה שעשה לו ה', אסור להפסיקו בדברים, שמא מתוך כך לא יגמור דבריו, ונמצא שהזכיר ש"ש בחנם, **אבל** אם רוצה לקלל שום אדם, והתחיל בשם, מצוה להפסיקו שלא יגמור דבריו ולא יחטא.

אות ז'

אלו מייתו לי ארדיליא, וגוזליא לאבא, מי לא אכלינן

סימן קצז ס"א - [לא]שנים שאכלו כאחד וגמרו, ובא שלישי - ורוצה לאכול ולהצטרף עמהם לזימון, **כל היכא דאי מייתי להו מידי מצו למיכל מיניה** - היינו שאינם שבעים כ"כ, ואם היו מביאים להם דברים הממשיכים את הלב לקינוח סעודה, כגון פירות וכמהין ופטריות וגוזלות וכה"ג, היו יכולין לאכול ואפילו מעט מהם, **מצטרף בהדייהו** - דחשבינן להו כאילו לא גמרו סעודתן עדיין, והוא שקבע עמהם, דהיינו שאכל אצלם בשלחן שיושבים, וכמ"ש בסי' קצ"ג ס"ב ע"ש במ"ב. (**והכונה**, דדוקא אם שניהם מצו למיכל מיניה, ולפי"ז פשוט דאם אחד נטל ידיו, או שהסיח דעתו בבירור שלא היה אוכל שום דבר, שוב ממילא אין השלישי יכול להצטרף, **ומצאתי** בא"ר שגם הוא מצדד כן לדינא, אלא שאח"כ מסתפק בזה קצת, ומגירסת החות יאיר

באר הגולה

[כה] וה"ר דוד אבודרהם כתב, שיש מפרשים אמן יתומה, שלאחר זמן מרובה שסיים הברכה, ענה אמן על דעת אותה ברכה - ב"י [כו] ברכות מ"ז וכל המאריך באמן וכו' [כז] ב"י בשם הגהת מיי' בשם הירושלמי [כח] תוספות שם [כט] ע"פ הגר"א והמ"ב [ל] טור [לא] ברכות מ"ז

ברי"ף משמע ג"כ כמו שכתבנו, אח"כ מצאתי במאמר מרדכי, שכתב לדבר ברור כדברינו, והרבה לתמוה על הא"ר שמסתפק בזה).

מצטרף בהדייהו - (והיינו שחייבין בזימון ולא שהוא רשות, דתלוי בגמר סעודה, וזה ג"כ גמר סעודה מקרי, וכן משמע שם ברש"י ד"ה אכילנא דחייבין בזימון, ודע עוד, דמשמע מהראשונים דזה השלישי יכול לזמן ולהוציאם ידי זימון ג"כ).

כתב במאמ"ר, דה"ה אם אחד גמר סעודתו מתחלה, ואח"כ באו שנים אצלו ואוכלין, ג"כ מצטרף בהדייהו לזימון, אם היו מביאים לו מידי ומצי למיכל מניה, **עוד** כתב, דה"ה בכל זה לענין צירוף עשרה לזמן בשם.

[לב]**וחייבים ליתן לו לאכול כדי שיצטרף עמהם** - לאו דוקא, אלא שר"ל שמצוה ליתן לו, וכמו שכתב לעיל בריש סימן קצ"ג.

[לג]**והוא שבא עד שלא אמרו: הב לן ונברך, אבל אם אמרו: הב לן ונברך, ואחר כך בא השלישי, אינו מצטרף עמהם** - דכיון שאמרו כן, הרי כבר הסיחו דעתם מאכילה ושתיה, ואסור להם שוב לאכול, כמבואר לעיל בסימן קע"ט ס"א בדעה הראשונה, ולהכי אינו יכול להצטרף עמהם, דכבר נסתלקו מאכילתם הראשונה.

(עיין במ"א, דלדעה השניה המבוארת לעיל בסימן קע"ט ס"א, ד"הב לן ונברך" ג"כ לא הוי היסח הדעת לגמרי לענין אכילה, ממילא בכאן מצטרפי, כל שלא נטלו ידיהם במים אחרונים, וכן משמע בכמה אחרונים, דתלוי זה בזה, **אמנם** בשו"ע הגר"ז נוטה לומר, דדינא דידן לכו"ע הוא, [לד]ע"ש טעמו, ועיין בפמ"ג שגם הוא רוצה לצדד כן, והניח בצ"ע).

הגה: ונטילת מים אחרונים כ"הב לן ונברך" דמי, (מרדכי פרק ג' שאכלו) וע"ל סי' קע"ט - דשם נתבארו פרטי דינים של "הב לן ונברך" ונט"י.

(עיין באו"ז שרוצה לחדש, דזהו דוקא כשהיו שנים ובא שלישי, אבל היכא שאכלו ג' שנתחייבו כבר בזימון, ושוב בא א' ואכל כזית, אפי' נטלו ידיהם או שאמרו "הב לן ונברך", ג"כ מצטרף עמהם, ומזמן להם ומוציאם ידי חובת זימון, **אכן** משארי ראשונים משמע דלא ס"ל הכי).

(עיין בפמ"ג שמצדד לומר, דבברכת זימון של שלשה, כל היכא שיש ספק לדינא, מצטרפין, היינו דרשות להם לזמן, **אבל** בברכת זימון של עשרה שיש הזכרת השם, מסתפק שם אי מותר בזה, משום חומר "לא תשא", וכן נוטה בח"א).

אות ח'

גדול מברך

סימן רא ס"א - [לה]**גדול מברך** - היינו הגדול בחכמה שבכל המסובין, הוא יהיה המברך בהמ"ז לכולם, **ואף** דהשתא המנהג שכל א' מברך לעצמו בלחש, מ"מ מנהג דרך ארץ לכבדו שיהיה הוא המזמן, **ומיירי** שכל המסובין הם בעלי בתים שאכלו משלהן, דאם היה א' בעה"ב, הדבר תלוי בו ליתן לאורח לברך וכדלקמיה, או למי שירצה מבני ביתו, ויברך ג"כ לבעה"ב, (דפשיטא דגם בני ביתו הם אורחים לענין זה שמברכין לבעה"ב – מ"א).

אפי' בא בסוף - הסעודה, כל היכא דאי מייתי להו מידי מצו למיכל.

(בגמ' איתא, דאיכא מ"ד דאם בא גדול לבסוף אינו מברך, דעיקר שבסעודה מברך, {אחד מאותן שהיו בתחלת הסעודה, רש"י}, והגמרא מסיק דהלכתא: גדול מברך אפילו בא לבסוף, **ולכאורה** משמע דהיינו עכ"פ רק בגדול משום חשיבותו, אבל בסתם אנשים כו"ע מודים דעיקר שבסעודה מברך, ולא מי שבא בסוף הסעודה, וצ"ע).

ומסתברא דאם משהה בסעודתיה, אין מחוייבין להמתין עליו עד שיגמור סעודתו, כדי שיהיה הוא המברך, אלא מברך אחר והוא יענה. **אם** הגדול מוציא ליחה שקורין הוש"ט, יברך אחר, כי אין זה נכון שיפסיק הרבה פעמים ויהיה רוקק, והאחרים ימתינו.

יש מקומות שנוהגין, שנותנין לאבל {שעל אביו ואמו כל י"ב חודש} לברך, **ודוקא** כשכולם שוים, דהיינו שכולם אוכלים משלהם, אבל כשאוכל מפתו של בעה"ב, תלוי ברצון בעל הבית, למי שירצה יתן, וכל שכן אם רוצה בעצמו לברך.

[לו]**ואם רצה ליתן רשות לקטן לברך, רשאי.**

אות ט'

מאכילין את העניים דמאי ואת האכסניא דמאי

רמב"ם פ"י מהל' מעשר הי"א - מותר להאכיל את העניים ואת האורחים דמאי, וצריך להודיען, והעני עצמו והאורח אם רצו לתקן מתקנין.

אות י'

שהקדימו בשבלים, והפריש ממנו תרומת מעשר ולא הפריש ממנו תרומה גדולה

רמב"ם פ"א מהל' ברכות ה"כ - אבל אם אכל דמאי, אע"פ שאינו ראוי אלא לעניים; או מעשר ראשון שנטלה תרומתו, אע"פ שלא ניטל ממנו חשבון תרומה גדולה, והוא שהקדימו בשבלין; או מעשר שני והקדש שנפדו, אע"פ שלא נתן את החומש, ה"ז מברך תחלה וסוף, וכן כל כיוצא בהן.

אות כ'

מעשר ראשון שהקדימו בשבלים, פטור מתרומה גדולה

טור סימן שלא - ואם הפריש הישראל מעשר בשבלים קודם שהפריש תרומה גדולה, אין הלוי צריך להפריש ממנו חלק תרומה גדולה שהיה על הישראל להפריש; אבל אם דש הישראל, והפריש המעשר מן הדגן קודם שהפריש ממנו תרומה גדולה, חייב הלוי להפריש תרומה גדולה שבו מלבד תרומת המעשר.

באר הגולה

[לב] תשובת רשב"א מההיא דחולין ק"ו [לג] שם בתוספות בברכות [לד] (דכל זמן שאינו נמלך וחוזר ואוכל, נגמרה אכילה הראשונה בהיסח דעתו, כיון שעומד בדעתו ואינו חוזר ממנה) [לה] ברכות מ"ז [לו] תוספות (ד"ה והלכתא) מעובדא דרב ור' חייא שם (מ"ו:)

°מכל *מעשרותיכם תרימו ומה ראית האי אידגן והאי לא אידגן: מעשר שני והקדש שנפדו: פשיטא הב"ע *כגון שנתן את הקרן ולא נתן את החומש *והא קמ"ל דאין חומש מעכב: השמש שאכל כזית: פשיטא מהו דתימא שמש לא קבע קמ"ל: והכותי מזמנין עליו: אמאי לא יהא אלא עם הארץ ותניא אין מזמנין על ע"ה אביי אמר בכותי חבר רבא אמר אפילו תימא בכותי ע"ה והכא בע"ה דרבנן דפליגי עליה דר' מאיר עסקינן דתניא *איזהו ע"ה כל שאינו אוכל חוליו בטהרה דברי ר"מ וחכמים אומרים כל שאינו מעשר פירותיו כראוי והני כותאי עשורי מעשרי כדחזי דבמאי דכתיב באורייתא מזהר זהירי *דאמר מר כל מצוה שהחזיקו בה כותים הרבה מדקדקין בה יותר מישראל ת"ר *איזהו ע"ה כל שאינו קורא ק"ש ערבית ושחרית דברי ר' אליעזר רבי יהושע אומר כל שאינו מניח תפילין בן עזאי אומר כל שאין לו ציצית בבגדו ר' נתן אומר כל שאין מזוזה על פתחו ר' נתן בר יוסף אומר כל שיש לו בנים ואינו מגדלם לת"ת *אחרים אומרים אפי' קרא ושנה ולא שמש ת"ח הרי זה ע"ה א"ר הונא הלכה כאחרים רמי בר חמא לא אזמין עליה דרב מנשיא בר תחליפא דתני ספרא וספרי והלכתא כי נח נפשיה דרמי בר חמא אמר רבא לא נח נפשיה דרמי בר חמא אלא דלא אזמין ארב מנשיא בר תחליפא והתניא אחרים אומרים אפילו קרא ושנה ולא שמש ת"ח הרי זה ע"ה שאני רב מנשיא בר תחליפא דמשמע להו לרבנן ורמי בר חמא הוא דלא דק אבתריה ל"א דשמע שמעתתא מפומייהו דרבנן וגריס להו כצורבא מרבנן דמי: אכל טבל ומעשר וכו': טבל פשיטא לא צריכא בטבל טבול מדרבנן ה"ד בעציץ שאינו נקוב: מעשר ראשון כו': פשיטא לא צריכא כגון שהקדימו בכרי מהו דתימא כדאמר ליה רב פפא לאביי קמ"ל כדשני ליה: מעשר שני וכו': פשיטא לא צריכא שנפדו ולא נפדו כהלכתן מעשר שני כגון שפדאו על גבי אסימון ורחמנא אמר °וצרת הכסף בידך *כסף שיש (לו) עליו צורה הקדש שחללו על גבי קרקע ולא פדאו בכסף ורחמנא אמר * °ונתן הכסף וקם לו: והשמש שאכל פחות מכזית: פשיטא איידי דתנא רישא כזית תנא סיפא פחות מכזית: והנכרי אין מזמנין עליו: פשיטא הכא במאי עסקינן בגר שמל ולא טבל *דאמר רבי זירא א"ר יוחנן לעולם אינו גר עד שימול ויטבול וכמה דלא טבל נכרי הוא: נשים ועבדים וקטנים אין מזמנין עליהן: אמר רבי *יוסי קטן המוטל בעריסה מזמנין עליו והא תנן נשים ועבדים וקטנים אין מזמנין עליהם הוא דאמר כרבי יהושע בן לוי דאמר ריב"ל אף על פי שאמרו קטן המוטל בעריסה אין מזמנין עליו אבל עושין אותו סניף לעשרה ואמר ריב"ל תשעה ועבד מצטרפין מיתיבי *מעשה ברבי אליעזר שנכנס לבית הכנסת ולא מצא עשרה ושחרר עבדו והשלימו לעשרה שחרר אין לא שחרר לא תרי אצטריכו שחרר חד ונפיק בחד והיכי עביד הכי והאמר רב יהודה *כל המשחרר עבדו עובר בעשה שנאמר °לעולם בהם תעבודו לדבר מצוה שאני *מצוה הבאה בעבירה היא מצוה דרבים שאני (א) ואמר ריב"ל לעולם ישכים אדם לבית הכנסת כדי שיזכה וימנה עם עשרה הראשונים שאפילו מאה באים אחריו קבל עליו שכר כולם *שכר כולם סלקא דעתך אלא אימא נותנין לו שכר כנגד כולם אמר רב הונא *תשעה וארון מצטרפין א"ל רב נחמן וארון גברא הוא אלא אמר רב הונא תשעה נראין כעשרה מצטרפין אמרי לה כי מכנפי ואמרי לה כי מבדרי אמר רבי אמי שנים ושבת מצטרפין אמר ליה רב נחמן ושבת גברא הוא אלא אמר רבי אמי שני תלמידי חכמים המחדדין זה את זה בהלכה מצטרפין מחוי רב חסדא כגון אנא ורב ששת מחוי רב ששת כגון אנא ורב חסדא א"ר יוחנן קטן פורח מזמנין עליו תנ"ה קטן שהביא שתי שערות מזמנין עליו ושלא הביא שתי שערות אין מזמנין עליו ואין מדקדקין בקטן הא גופא קשיא אמרת הביא שתי שערות אין לא הביא לא והדר תני אין מדקדקין בקטן לאתויי מאי לאו לאתויי

מכל מעשרותיכם. בפרשת לוים כתיב ואל הלוים תדבר וכתיב בהאי קרא את כל תרומת ה' כל צד תרומה שבו חייבים להפריש ממנו: הוי אידגן. מעשה שנתמרח בכרי נעשה דגן וכיון דאיקרי דגן חלה עליו רשות כהן תחלה דכתיב ראשית דגנך תתן לו אבל בשבלים לא אידגן ולא חלה עליו רשות כהן: מעשר שני והקדש. אם הבעלים פודין אותו מוסיפין חומש: לא קבע. אין לו קביעות לפי שהולך ובא: והכא בע"ה דרבנן. ברייתא דקתני אין מזמנין על ע"ה בע"ה דרבנן: דפליגי עליה דר"מ. וקאמרי כשאינו מעשר פירותיו הלכך כותי מזמנין עליו דעשורי מעשר: איזהו ע"ה. שדברו חכמים בכל מקום: שלא שמש ת"ח. הוא הגמרא התלויה בסברא שהיו נותנים לדברי משנה טעם והיו מתאספים יחד ועוסקים בכך והיא דוגמת הגמרא שסדרו האמוראים: לא אזמין עליה. רמי בר חמא לא רצה לצרפו לשלשה לזימון: דמשמע. משמש: ורמי בר חמא הוא דלא דק. לא בדק לשאול מדת רב מנשיא: שלא נטלה תרומתו. קס"ד תרומת מעשר קאמר: פשיטא. דאין מזמנין דהיינו טבל: שהקדימו בכרי. לאחר שנתמרח והוקבע לתרומה מן התורה קדם לוי את הכהן ונטל מעשר ראשון תחלה ואחד מחמשים שבו היה ראוי לתרומה גדולה לכהן ושלא ניטלה תרומתו דקתני לאו תרומת מעשר קאמר אלא תרומה גדולה: מהו דתימא כדאמר ליה רב פפא לאביי. לעיל אי הכי אפילו הקדימו בכרי נמי קמ"ל: אסימון. כסף שלא נקבע בו צורה וקורין לו פלו"ן בלעז: עד שימול ויטבול. ביבמות (ד' מו:) נפקא לן מויקח משה את הדם ויזרוק על העם ואין הזאה בלא טבילה: סניף. חבור לזימון עשרה וכי אמר רב אסי נמי לעשרה קאמר: מצוה דרבים. להוציא רבים ידי חובתם בקדושה: תשעה נראין כעשרה. מפרש ואזיל לה: אמרי לה כי מכנפי. הוו נראים כעשרה שאין אדם מבחין בהן כל כך מתוך שהן יחד: ואמרי לה כי מבדרי. נראין טפי מרובין: שני תלמידי חכמים שמחדדין זה את זה בהלכה מצטרפין. להיות שלשה: קטן פורח. שהביא סימנים ולא בא לכלל שניו: לאתויי

אמר רב הונא הלכה כאחרים. והאידנא אין אנו מדקדקים ורגילים אנו לזמן בע"ה כדאמרינן בחגיגה (פ"ג דף כב.) כמאן מקבלינן האידנא סהדותא מע"ה כמאן כרבי יוסי כדי שלא יהא כל אחד הולך ובונה במה לעצמו *: מצוה דרבים שאני. מכאן קשה לה"ג דפירש דמי שמת לו מת בי"ט האחרון דאבילות נוהג ולא אתי י"ט האחרון דרבנן ודחי אבילות דאורייתא דכתיב (עמוס ח) ואחריתה כיום מר דהכא חזינן דאתיא תפלה דרבנן ודחיא קרא דלעולם בהם תעבודו וכן משמע כמי בריש כתובות (דף ד.) גבי תתן נוהג ז' ימי המשתה ואח"כ נוהג ז' ימי אבילות ומדשבעת ימי המשתה מבטלין אבלות דאורייתא כל שכן יום טוב שני:

קטן פורח מזמנין עליו. פרש"י שהביא שתי שערות ועדיין לא הגיע לי"ג שנה ויום אחד ולא נהירא דא"כ אמאי אמר בסמוך לאתויי קטן פורח היינו שהביא שתי שערות דקתני בברייתא בהדיא ע"כ פר"ת קטן פורח בתוך י"ג שנה ועדיין לא הביא שתי שערות ידועות שאינן גדולות כדי לכוף ראשן לעיקרן שכן הוא שיעורם ולהכי קרי ליה פורח שפרחו ולמתו בו שערות אבל אינן גדולות כל השיעור והשתא ה"פ אמרת הביא דמשמע הביא דוקא והדר קתני אין מדקדקין בקטן דמשמע אפילו לא הביא אלא ש"מ לאתויי קטן פורח ואתי סיפא לגלויי רישא דמה שהוא אומר ברישא הביא שתי שערות הייט פורחות שאינן שערות ממש וכדפירש שנכנס בתוך י"ג שנה וא"ת והא אמרינן לעיל קטן המוטל בעריסה עושין אותו סניף וי"ל דהתם איירי בעשרה והכא מיירי בשלשה או שמא פליגי אהדדי:

וליה

מד א מיי' פ"ה מהל' ברכות הלכה כ:

[וע"ע תוס' חגיגה כב. ד"ה כמאן]

מה ב טוש"ע או"ח סי' קצט ס"ג [דהאידנא מזמנין]:

מו ג טוש"ע שם סעיף ד:

[עי' תוס' שבת קכו: ד"ה הא קמ"ל]

מז ד מיי' פי"ג מהל' אסורי ביאה הלכה ו סמג לאוין קטז טוש"ע י"ד סי' רסח סעיף ג:

מח ה ו מיי' פ"ט מהל' עבדים הל' ו סמג עשין פו טוש"ע יו"ד סי' רסז סעיף עט:

מט ז מיי' פ"ח מהל' תפלה הלכה ד סמג עשין יט טוש"ע או"ח סי' נ סעיף יד [רב אלפס לעיל דף ו. וברא"ש שם סימן ז]:

הגהות הב"ח

(א) גמ' מצוה דרבים שאני. נ"ב עמ"ש במס' גיטין דף מ"ג ע"ב ול"ע גם ל"ע ממשנה ערוכה דגיטין דף מ"א היכא דעבד הוא חציו עבד וחציו בן חורין דכופין את רבו לשחררו כדי לקיים מצות פריה ורביה אף שאינו מצוה דרבים וכמי ס"ל היכן השיב דשאני בעבד שהוא חציו בן חורין וכן בשפחה שחציה בת חורין לפי סכנת המקבל בגיטין דף מ"ג כי שם שהוא בעצמו דסייט רבו עשה עבירה שתחרכו חציו והניח חציו א"כ הוא נקרא פושע שגרם שעבד או שפחה לא יוכלו לישא עבד ושפחה ולקיים לא תהו בראה אלא לשבת ע"כ קנסינן ליה אלעבור עבירה לשחררם חציו השני כדי לזכות לעבד ושפחה כיון דהוא הגורם להם העבירה והוה כמין שכתבו תוס' לשם דהיכא דאם הוא פושע שוב אין מוכין אותו ה"ה כאן איפכא היכא שהתחיל בעבירה וגורם להעבירה כופין לו לעשות עבירה כדי לזכות לעבד אבל זה אינו דהא איכא התם דף מא פלוגתא בזה היכא דמשחרר חצי עבדו אם קונה ומקשינן למ"ד [בכסף פליגי ומוקי למתניתין] דאיירי בעבד של שני שותפים דאז קונה לד"ה [וכופין רבו שני לשחררו והוא לא פשע ולא גרם לו העבירה] שוב מצאתי בתוספות דמסכת שבת דף ד שכתבו דגם מצות פ"ו הוא כמו מצוה דרבים כי היא מצוה גדולה ומ"מ הוא דוחק וכן כתבו תוס' במסכת עירובין דף לב ע"ב ד"ה ולא לעבד עם הארץ כו':

גליון הש"ס

גמ' תשעה וארון. עי' שבת לב ע"א תוס' ד"ה על שקורין ובמהרש"א שם:

[מתנותיכם כצ"ל עי' תוס' עירובין לא: ד"ה (דמאי) [רשב"א] וכן איתא על נכון בשבת קכו: וכן בכת"י במדבר יח פכ"ט]

[גיטין סא. תוספתא ע"ז פ"ג]

[קדושין ש. גיטין י. חולין ד.]

סוטה כב. ע"ש

[עי' תוס' לעיל ט: ד"ה אחרים]

[כ"מ מז:]

[ועי' תוס' שבת קכח. ד"ה ומתן]

יבמות מו:

[נ"ל רב אמי וכ"מ מפרש"י ד"ה סניף]

גיטין לח:

גיטין שם ויקרא כה [סוכה ל. ב"ק צד.] [מגילה כג.]

תורה אור

במדבר יח · דברים יד · ויקרא כז

§ מסכת ברכות דף מז: §

אות א'

כגון שנתן את הקרן ולא נתן את החומש

רמב"ם פ"א מהל' ברכות ה"כ - או מעשר שני והקדש שנפדו, אע"פ שלא נתן את החומש, הרי זה מברך תחלה וסוף וכן כל כיוצא בהן.

אות ב'

אין מזמנין על עם הארץ

[א]**סימן קצט ס"ג - [ב]עם הארץ גמור מזמנין עליו בזה"ז** - דבגמרא אמרינן, דאפילו קרא ושנה ולא שימש ת"ח, דהיינו להבין טעמי המשניות להקשות ולפרק, אין מזמנין עליו, **ולכן** קאמר דאפילו ע"ה גמור שאין בו מקרא ומשנה, מזמנין עליו בזמן הזה, **שאם** היו פורשין מהם, היו גם הם פורשין מן הצבור לגמרי.

ואם אינו מקיים מצות התורה בדבר המפורסם בכל ישראל, כגון שאינו קורא ק"ש שחרית וערבית, י"א שאעפ"כ מזמנין עליו, **ודעת** המ"א שבזה אין מזמנין עליו, דבזה כיון דכלל ישראל קוראין ק"ש, לא חיישינן לקלקולא במה שנפרוש עצמנו מיחידים שאין קורין, וכן סתמו כמה אחרונים, **וכ"ש** מי שהוא רשע ועובר עבירות בפרהסיא, דאין מזמנין עליו.

(**ועיין** בפמ"ג שכתב, דאין סתירה לזה מסי"א, דמבואר שם דדוקא כשנידוהו על עבירה, הא לא"ה מזמנין עליו, דהתם בעבירה אחת, וכאן בעבר על כמה עבירות, **ולענ"ד** נראה דאין חילוק בדבר, אלא דלענין שארי דברים שבקדושה, כגון לענין קריאת התורה ונשיאת כפים ושארי דברים שבקדושה דצריך עשרה, בודאי אפילו עבר על כמה עבירות לתאבון, כל זמן שלא נידוהו נמנה למנין עשרה, דהכי משמע מסתימת המחבר לעיל סימן נ"ה סי"א, **והכא** לענין זימון, מסתברא שאפילו עבר עבירה אחת בפרהסיא במזיד, כגון שאכל חזיר או נבלה וטרפה, שהוא דבר המפורסם בישראל לאיסור, אין מזמנין עליו, **והטעם**, דענין זימון הוא שחיובו בא ע"י שמתחלה התחברו יחד לאכילה, ובשביל זה צריך ג"כ אח"כ להתחבר ולברך להש"י על אכילה שאכלו, וע"ז איתא במשנה דאם הוא ע"ה אין מזמנין עליו, והיינו עבור שפשע שלא למד, לכך אין להתחבר אתו כדי לזמן, **וע"כ** קאמר המ"א, דאם הוא רשע ועובר על התורה בפרהסיא, בודאי אין נכון להתחבר אתו לזמן, ובסי"א לא מיירי בכה"ג, (שעבר בפרהסיא), וממילא מסתברא דאפילו אם ראוהו פעם אחת בפרהסיא שפקר בעבירה, ג"כ אין לזמן אתו, **ותדע** דלענין זימון החמירו הרבה יותר, דהרי בודאי אפילו ע"ה גמור מצרפין אותו לעשרה לענין קדיש וברכו וכה"ג, ולענין זימון איתא במשנה דאין מזמנין עליו, אלא ודאי דלענין זימון חמיר הרבה יותר, וכמו שכתבנו הטעם, **ולפי כ"ז** מה דאיתא לעיל בסימן נ"ה, דאם לא נידוהו מצטרף למנין עשרה, היינו רק לשאר דברים שצריך עשרה, אבל לענין זימון בשם בודאי לא, דלא עדיף מע"ה בזמן התלמוד, **ואולם** היה אפשר עוד לומר, דמה דאיתא במשנה דע"ה אין מזמנין עליו, היינו דוקא לשלשה, אבל לענין סניף לעשרה עושין, **ולפי"ז** דינא דמ"א לענין רשע שעובר בפרהסיא, ג"כ דוקא לענין שלשה, ולא לענין עשרה, **ולפי"ז** מה דאיתא בשו"ע לעיל בסימן נ"ה, דנמנה לעשרה, היינו אפילו לענין זימון בשם, וצ"ע).

(וכל זה הוא לענין אם אנו מצרפין אותו לזמן עליו, והטעם דמשום שפשע שלא למד, לכך מדינא דגמרא אין מתחברין אתו לצרפו לזימון, וכ"ש אם אינו מקיים מצות התורה דשייך טעם זה, **אבל** הוא בעצמו בודאי חייב בזימון כשאר ישראל, ונ"מ לענין אם היו שלשה כה"ג, בודאי מחוייבים לזמן, או אם ישב בחבורה של אנשים כשרים שהיו שלשה בלתו, בודאי אין רשאי להפרד מהם ויזמן אתם, דכי מי שאכל שום וריחו נודף וכו', **וכמו** שכתב הרמב"ם בתשובה, דאפילו ירבעם בן נבט שבלא"ה עבד ע"ז, אעפ"כ יענש גם על קלות כגון עירובי תבשילין וכדומה).

אות ג'

בגר שמל ולא טבל

סימן קצט ס"ד - עובד כוכבים אין מזמנין עליו - היינו אפילו נתכוין לברך לאלהי ישראל, [הגר"ז. **ומ"מ** לשון המחבר עדיין מגומגם, דבגמ' קאמר פשיטא, ומשני הכא במאי עסקינן בגר שמל ולא טבל, והמחבר חלק הדין לשנים].

[ג]**ואפילו גר שמל ולא טבל אין מזמנין עליו** - דאינו גר עד שימול ויטבול, וכל זמן שלא טבל כדין בפני בית דין של שלשה, כמבואר ביו"ד סימן רס"ח ס"א, מקרי לא טבל.

אבל גר גמור מזמנין עליו, ויכול לברך בהמ"ז - והיינו אפילו להוציא אחרים ידי חובתן בברכת המזון, [ד]**ולומר: על שהנחלת לאבותינו** - לפי שלאברהם נתנה הארץ למורשה, ואברהם נקרא: אב המון גוים.

אות ד'

לעולם אינו גר עד שימול ויטבול

יו"ד סימן רסח ס"ב - אם קבל, מלין אותו מיד, וממתינים לו עד שיתרפא רפואה שלימה, ואח"כ מטבילין אותו טבילה הוגנת בלא חציצה. (וי"א שיגלח שערותיו ויטול צפרני ידיו ורגליו קודם טבילה).... וכיון שטבל הרי הוא כישראל.

באר הגולה

א (דהאידנא מזמנין – עין משפט) ב תוס' שם בברכות מ"ז והרא"ש ג שם בגמ' ד תוספות בשם ר"י בבבא בתרא, וכן הסכמת הפוסקים

אות ה' - ו'

כל המשחרר עבדו עובר בעשה לדבר מצוה שאני

יו"ד סימן רסז סע"ט - [ה]המשחרר את עבדו עובר בעשה דלעולם בהם תעבודו; [ו]ומותר לשחררו לדבר מצוה, אפילו היא מדבריהם, כגון שלא היו בבית הכנסת י', הרי זה משחרר עבדו ומשלים בו מנין י', וכן כל כיוצא בזה. [ז]וכן שפחה שנוהגין בה העם מנהג הפקר, כופין את רבה ומשחררה, כדי שתנשא ויסור המכשול.

אות ז'

לעולם ישכים אדם לבהכ"נ כדי שיזכה וימנה עם עשרה כו'

סימן צ סי"ד - [ח]ישכים אדם לבהכ"נ, כדי שימנה עם היו"ד הראשונים - ודוקא שיתפלל שם עמהם. **ובזוהר** איתא, שיתאספו י' ביחד ויבואו לבהכ"נ.

והאר"י לא היה מן הראשונים, כי הוצרך לפנות שהיה לו חולי, וגם כדי שילך מעוטף בטלית ותפילין לבהכ"נ, וזה אי אפשר קודם היום.

---

§ מסכת ברכות דף מח. §

אות א'

קטן היודע למי מברכין, מזמנין עליו

סימן קצט ס"י - [א]קטן שהגיע לעונת הפעוטות, ויודע למי מברכין - היינו כבן ט' או כבן י', **וי"א** דה"ה בפחות משיעור זה, אם הוא רק מבן שש ומעלה, אם הוא חריף ויודע למי מברכין, **ופחות** מזה אין דעתו חשיב לכלום, אפי' יודע למי מברכין.

מזמנין עליו ומצטרף בין לשלשה [ב]בין לעשרה - היינו אחד ולא שנים, בין לשלשה בין לעשרה.

והא דאיתא בס"ו, דאין מזמנין על הקטנים, מיירי בקטנים ביותר, או שאינו יודע למי מברכין.

הגה: [ג]וי"א דאין מצרפין אותו כלל עד שיהא בן שלש עשרה שנה – (ור"ל אפילו אם הביא שערות קודם י"ג לא מהני), **דאז מחזקינן ליה כגדול שהביא ב' שערות** - דאמרינן כיון שהגיע לכלל שנים, מסתמא כבר הביא שתי שערות, וא"צ בדיקה אחר זה, **אבל** אם בדקוהו ונמצא שאין בו שתי שערות, לא מצרפינן ליה לזימון, **כרא"ש והמרדכי פ' ג' שאכלו וטור) וכן נוהגין ואין לשנות.**

וכל אלו הדעות הוא רק לענין צירוף, שיהיה מצטרף לשלשה ולעשרה, **אבל** שיהיה הוא המזמן ויוציא אחרים בבהמ"ז, לכו"ע אינו מוציא עד שיהיה בן י"ג שנה ויום אחד וידוע שהביא שתי שערות, **שבהמ"ז** הוא מן התורה, [כשאכלו כדי שביעה], ובשל תורה אין סומכין על חזקה זו דמסתמא הביא, **מיהו** אם המזמן אינו אומר כי אם "נברך", וכל בהמ"ז מברך כל אחד ואחד לעצמו כמנהגנו, לית לן בה, דכיון שהוא בן י"ג שנה סמכינן בזה על חזקה, [דזימון לרוב פסוקים הוא מדרבנן].

וחרש ושוטה - לא מיירי בשוטה גמור, דזה אין מצטרף, אלא שאינו חכם כ"כ כשאר אינשי, והעם מחזיקין אותו לשוטה, **אם מכוונים ומבינים, מצטרפין לזמון, אע"פ שאין החרש שומע הברכה (מהרי"ל)** - ומיירי בחרש המדבר ואינו שומע, דאילו בחרש גמור, קי"ל דפטור מכל המצות כקטן, דלאו בר דעה הוא, ואינו מצטרף, **וחרש** השומע ואינו מדבר, עיין בפמ"ג.

(**לכאורה** פשוט דדוקא לענין צירוף הוא, אבל חרש אין נכון לכתחלה שיהיה הוא המזמן להוציא אחרים בבהמ"ז, דהא קי"ל דלכתחלה צריך להשמיע לאזנו, וא"כ אף דשומע כעונה, מ"מ הם לא עדיפא מדידיה בעצמו, ונשאר אצלם הברכות בדבור לבד בלא שמיעה לאזנים, **אח"כ** מצאתי בחידושי רע"א שכתב ג"כ כעין זה, לענין שאין כדאי שיהיה ש"ץ לכתחלה ג"כ מטעם זה, ע"ש, והנה בזמן שהיו המזמנין מוציאין בבהמ"ז, בודאי דהכי הוא, אך כהיום שאין מוציאין בבהמ"ז כלל, וכל אחד מברך לעצמו, והמזמן אומר רק "נברך" לבד, אפשר דיש להקל בזה שיהיה הוא אף מזמן לכתחלה, **ולא** דמי לתפלה, אף דבזמנינו נמי כל אחד מברך לעצמו, מ"מ הלא מה שחוזר ומתפלל הש"ץ אף שכבר התפלל בעצמו מקודם, הוא מפני שתקנת חז"ל לא זזה ממקומה, **משא"כ** הכא שהעונים שאומרים: ברוך שאכלנו וכו', הלא משמיעים לאזניהם, ומה איכפת לן אם מי שאומר "נברך" אינו יכול להשמיע לאזנו, וצ"ע).

אות א'*[ד]

תוס ד"ה וליה: אבל עושין אותו סניף לעשרה, פי' לברכת המזון וה"ה לתפלה

סימן נה ס"ד - [ה]יש מתירין לומר דבר שבקדושה בתשעה, וצירוף קטן [ו]שהוא יותר מבן שש ויודע למי מתפללין, [ז]ולא נראין דבריהם לגדולי הפוסקים – (ואע"ג דלקמן בסימן קצ"ט ס"י, לענין זימון, סתם המחבר כדעת המקילין בזה, דבר שבקדושה חמיר טפי).

באר הגולה

[ה] מימרא דרב יהודה וכר"ע בברייתא גיטין דף ל"ח ע"ב וברכות דף מ"ז ע"ב [ו] ברייתא וגמרא שם מצוה דרבים שאני [ז] מעובדא דאשה שחציה שפחה וחציה בת חורין וכדמשני רב נחמן בר יצחק גיטין דף מ"ג ע"ב [ח] ברכות מ"ז [א] ברכות מ"ח [ב] רמב"ם שם [ג] ‹עיין תוס' - גר"א. וז"ל: דקאי אקטן פורח, כלומר קטן פורח מזמנין עליו, היינו דוקא היודע למי מברכין, ותרווייהו בעינן› [ד] ‹ע"פ הבאר הגולה› [ה] **תוס' בשם ר"ת בברכות ריש דף מ"ח ובשם ר' האי והרז"ה** ‹עיין בבה"ל, דיש מתירין אלו, אינו ר"ת› [ו] **שם בתוספות** ‹אינו מובן, דאי כמ"ש הבאה"ג בסמוך, דהוי שיטת ר"ת, א"צ בן שש, ואי כהבה"ל, אינו שיטת ר"ת, ולא נמצא בתוס', **אבל** הב"י מביא שיטת הריב"ש, דאפי' לשיטת ר"ת בעינן בן שש› [ז] **ר"ש ור"י והמרדכי בשם ראבי"ה והגה' מיימוני וסמ"ג בשם ר"י ור' יונה ותשו' הרשב"א ובשם הראב"ד ובשם גאון והרמב"ם** ‹וכתב הרא"ש: שהר"י חולק על מה שהתיר ר"ת, וכתב דמסתברא ליה דריב"ל סבר כרב אשי דפליג על מר זוטרא לעיל בריש פירקין (מה:) גבי קורין ומזמנין עליו, דמיקל טפי בעשרה מבזימון שלשה, והתם פסקינן כמר זוטרא דמחמיר בעשרה הילכך אין הלכה כרבי יהושע בן לוי - ב"י›

מסורת הש"ס

עין משפט נר מצוה

נ א מיי' פ"ה מהלכות ברכות הלכה ז סמג עשין כז טוש"ע או"ח סי' קצט סעיף י:
נא ב ג ד ה מיי' שם הל' ח וסמג שם טוש"ע או"ח סי' קצז סעיף ב:
נב ו טוש"ע שם סעיף ד:

לאתויי קטן פורח. ולית הלכתא ככל הני שמעתתא אלא כי הא *דאמר רב נחמן *קטן היודע למי מברכין מזמנין עליו אביי °ורבא הוו יתבי קמיה דרבה אמר להו רבה למי מברכין אמרי ליה לרחמנא ורחמנא היכא יתיב רבא אחוי לשמי טללא אביי נפק לברא אחוי כלפי שמיא אמר להו רבה תרוייכו רבנן הויתו היינו דאמרי אינשי *בוצין בוצין מקטפיה ידיע: א"ר יהודה בריה דרב שמואל בר שילת משמיה דרב °תשעה אכלו דגן ואחד אכל ירק מצטרפין א"ר זירא בעאי מיניה מרב יהודה שמנה מהו שבעה מהו °א"ל לא שנא ששה (א) *ודאי לא מיבעיא לי א"ל רבי ירמיה שפיר עבדת דלא איבעיא לך התם טעמא מאי משום דאיכא רובא הכא נמי איכא רובא ואיהו סבר *°רובא דמינכר בעינן. ינאי מלכא ומלכתא כריכו ריפתא בהדי הדדי ומדקטל להו לרבנן לא הוה ליה איניש לברוכי להו אמר לה לדביתהו מאן יהיב לן גברא *דמברך לן אמרה ליה אשתבע לי דאי מייתינא לך גברא דלא מצערת ליה אשתבע לה אייתיתיה לשמעון בן שטח אחוה אותביה בין דידיה לדידה אמר ליה חזית כמה יקרא עבדינא לך אמר ליה לאו את קא מוקרת לי אלא אורייתא היא דמוקרא לי דכתיב °סלסלה ותרוממך *תכבדך כי תחבקנה אמר לה קא חזית דלא מקבל מרות יהבו ליה כסא לברוכי אמר היכי אבריך ברוך שאכל ינאי וחביריו משלו שתייה להוא כסא יהבו ליה כסא אחרינא ובריך א"ר אבא בריה דרב חייא בר אבא (*א"ר יוחנן) שמעון בן שטח *דעבד לגרמיה הוא דעבד דהכי אמר ר' חייא בר אבא אר"י לעולם אינו מוציא את הרבים ידי חובתן עד שיאכל כזית דגן (ב) מיתיבי רשב"ג אומר עלה והסיב עמהם °אפילו לא טבל עמהם אלא בציר ולא אכל עמהם אלא גרוגרת אחת מצטרף אצטרופי מצטרף אבל °להוציא את הרבים ידי חובתן עד שיאכל כזית דגן איתמר נמי אמר רב חנא בר יהודה משמיה דרבא אפי' לא טבל

[מסורת הש"ס: [ערכין ג.] · [גי' הערוך כלין מקיפי' ידיעי ע"ש ומצאתי בתוס' סוכה נו: ד"ה בוצינא דגרסי בוצינא מקטפי' ידיע] · [ש"א לו:] · [עיין תוס' פסחים קג: ד"ה כיון] · משלי ד · [גירסת הללו נראה דטעות הדפוס הוא]]

רש"י

לאתויי קטן פורח. שאין מדקדקין בו אם בא לכלל שנים או לאו ומה הן שנים י"ג שנים ויום אחד: עללא. גג(ג): מקיפה. מקף שלו מקטנותו: כולין. דלעת ואית דגרסי מקטפיה וקטף הוא שרף האילן כלומר משעה שהוא חונט ויוצא מתוך השרף ניכר אם יהיה טוב: ואיהו סבר. רבי זירא שהיה קובל (ד) ומתחרט על שלא שאל על הששה סבר דילמא רובא דמנכר שפיר בעינן דליכול דגן ואי בעי מיניה ששה לא היה מתיר: ינאי מלכא. ממלכי בית חשמונאי היה והרג חכמי ישראל שבאו לפסלו מן הכהונה במסכת קידושין (דף סו.): סלסלה ותרוממך. סיפיה דקרא תכבדך כי תחבקנה: היכי אבריך. ולא נהניתי אומר נברך שאכל ינאי וחביריו משלו בתמיה: שמעון בן שטח דעבד. שבירך להוציאם ידי חובתם בשביל כוס אחד ששתה: לגרמיה הוא דעבד. אין אדם מודה לו: עד שיאכל כזית דגן. ומכי אכל כזית דגן מיהא מפיק אף על גב דכזית דגן שיעורא דרבנן הוא כדאמר בפרק מי שמתו (דף כ:) מיהו כיון דמיחייב מדרבנן מחוייב בדבר קרינן ביה ומוציא רבים ידי חובתן וא"ת בקטן שהגיע לחינוך הא לא אמר הכי °ההוא אפי' מדרבנן לא מיחייב דעליה דאבוה (ה) הוא דרמי לחנוכיה. ובעל ה"ג פסק דוקא דאכלו איהו כזית או כבילה דכוותיה אבל אכלו ושבעו לא מפיק ואי אפשר להעמידה דהא ינאי וחבריו אכלו ושבעו ואפקינהו שמעון בן שטח ואע"ג דלגרמיה הוא דעבד טעמא משום דלא אכל כזית דגן הא אכל כזית דגן הכי נמי:

ובשבת

תוספות

וליח הלכתא ככל הני שמעתתא אלא כי הא קטן היודע. משמע דקאי נמי ארבי יוחנן ולא נהירא שהרי אין דרך הגמרא שסותר דברי אמוראים והברייתא שהביא ראיה לדברי ר' יוחנן בלא שום טעם וי"ל דקאי אקטן פורח כלומר קטן פורח (ו) מזמנין עליו היינו דוקא היודע למי מברכין ותרוייהו בעינן ולפירושינו נ"ל דלא מייתי עובדא דאביי ורבא לענין אזמוני עלייהו אלא לפרש מהו קטן היודע למי מברכין דמסתמא לא פורחים הוו דאם כן מהו רבותייהו אם יודעים למי מברכין ורבה נמי דעבד הייני להראות שיש בהם בינה והם קטנים ולא מזמנין עלייהו. ואומר ר"ת אף על פי דלית הלכתא ככל הני שמעתתא מיהו הלכה כריב"ל דאמר קטן ממש עושין אותו סניף לעשרה והכא דבעינן פורח ויודע הייני דוקא בשלשה ולית הלכתא ככל הני שמעתתא לא קאי אריב"ל ודיקא נמי שהרי מפסיק הגמרא בינתיים באותו מעשה [דר' אליעזר] דלעולם ישכים אדם ותניא כוותיה אלא קאי אהני שמעתתא דבתר תניא כוותיה דשכים כגון תשעה וארון ושבת ושנים ותשעה נראין כעשרה ושנים מחדדים וקטן פורח אע"ג דתניא ברייתא הכי לאתויי פורח יעמידנה רב נחמן באינו יודע למי מברכין והיינו נמי כריב"ל דאמר לעיל קטן אין מזמנין עליו פי' מוטל בעריסה עד שידע למי מברכין אבל עושין אותו סניף לעשרה פי' לברכת המזון וה"ה לתפלה דבהא לא פליג רב נחמן דכי בעי יודע ופורח כדפי' ה"מ לזמון שלשה אבל לסניף מודה לריב"ל דסניף לעשרה וה"ה לתפלה דקטן מצטרף ודיקא נמי דפריך עלה ממעשה דר' אליעזר שהיה לתפלה לריב"ל דמיירי בבהמ"ז ומיהו תימה דבב"ר (פ' נא) קאמר עלה דריב"ל הדא הוא דתימא לברכת המזון אבל לתפלה לא והיה אומר ר"ת דאין הלכה כן לפי שחולק על הגמרא שלנו דודאי ריב"ל לענין תפלה נמי קאמר מדפריך מעובדא דר' אליעזר דמיירי בתפלה. ויש מצרפין קטן לתפלה רק שיהא חומש בידו ואומר ר"ת דמנהג שטות הוא דכי היכי דאמר אטו ארון גברא הוא ה"נ אטו חומש גברא הוא ועוד הא דקאמר קטן מצטרף היינו אפי' בלא חומש ועוד דלא חזינן בשום דוכתא דמהני אלא בעובדא דעבור השנה כשעולין בעליה בפרקי דרבי אליעזר (פ"ח) דקאמר בשלשה מעברין את השנה ר' אליעזר אומר בעשרה ואם נתמעטו מביאין ספר תורה ועושין עגולה וכו' ואין מזכיר שם שיהא הקטן אוחז הס"ת והתם נמי לא קאמר אלא ספר תורה העשוי בגליון אבל חומשין שלנו לא ומיהו קאמר בירושלמי א"ר יוסי (ז) זמנין אכלית עם ר' חלפתא אבא ועם ר' חנינא בר סלסי חביבי ולא מזמנין עלוי עד שהבאתי שתי שערות ומשם משמע דלהצטרף לזמון לא עבדין עובדא עד שיביא שתי שערות הא לתפלה עבדי ומתוך ירושלמי זה פי' ר"י דאין עושין קטן סניף לעשרה לא לתפלה ולא לברכת המזון וגם היה אומר ר"י שגם רבינו תם עצמו לא היה נוהג לעשות כן לעשות קטן סניף לעשרה ולא עשה מעשה והלכך אפי' חומש בידו לא מהני כדפירשנו כיון דלא אתהני קטן לבדו גם חומש בידו לא אתהני ומיהו *קטן פורח ויודע למי מברכין משמע שמברכין עליו גם בשלשה כברייתא וליכא מאן דפליג וזה לשון רבינו שפוסק מסקנא דמלתא אין עושין קטן סניף לעשרה לזמון ולתפלה ולשלשה עד שיביא שתי שערות כעובדא דר' יוסי ברבי חלפתא בירושלמי והא דאמרינן בירושלמי קטן וס"ת עושין אותו סניף אומר ר"י דגרס התם קטן לס"ת כלומר סניף לקריאת התורה קאמר ודוקא התם כדאיתא במגילה (פ"ג דף כג.) דקטן עולה למנין שבעה דקאמר הכל עולין למנין שבעה ואפי' קטן אפי' אשה אי לא הוה משום כבוד צבור אבל לשאר דברים לא ואפי' אם אשכחן בשום דוכתא דקטן [וחומש מצטרף] אפי' לתפלה הייני דוקא העשוי בגליון אבל חומשין שלנו לא ולפי' ר"ת חומש איני מועיל כלל ביד קטן אבל תרי לא כדקאמר גבי עובדא דר' אליעזר ור"ת פי' דההיא דירושלמי דרבי יוסי בר' חלפתא דוקא בשלשה מיירי: אביי ורבה הוו יתבי וכו'. ואם תאמר היכי דמי אי הוו קטנים פורחים מאי רבותא הוה בהו שהביטו כלפי מעלה אלא צריך לומר דהאי לאו לאזמוני עלייהו קא מנסי להו כי היו קטנים טובא אלא לנסותינהו קא עביד שיהיה בהם בינה: תשעה שאכלו דגן ואחד ירק מצטרפין. והכי הלכתא שאחד שאכל ירק או שתה כוס יין מצטרף ואפילו נברך שאכלנו יכולין לומר שהרי שתיה בכלל אכילה ויש שרוצים לומר דהייני דוקא לזמון עשרה אבל לשלשה לא מצטרפי דהרי לעיל נמי מחמרינן טפי בצירוף שלשה מעשרה ומיהו בירושלמי תני שנים שאכלו פת ואחד ירק מזמנין וכן פסק ר"י בתוספתו והסר מקולי מפרש דאין הלכה כאותה ברייתא דירושלמי חדא שהרי מסיק עלה התם מתני' כרבן שמעון בן גמליאל כלומר ורבנן פליגי דלא מצטרפי ואין הלכה כיחיד ועוד דא"כ קשה דרבי יוחנן אדר' יוחנן דהכא א"ר יוחנן דלעולם אינו מוציא עד שיאכל כזית דגן הא מצטרף שפיר אפי' לא טעם אלא שתיה כעובדא דר"ש בן שטח ובירושלמי קא"ר יוחנן לעולם אין מזמנין עד שיאכל כזית ומשמע אפי' *מצטרף אלא ש"מ כאן לעשרה ובירושלמי איירי בזמון שלשה ולהכלים לעשרה אפי' איכא שנים ושלשה ששתו מצטרפין ושתיה בכלל אכילה ולא קפדינן אלא ארובא דמינכר: עד שיאכל כזית דגן. משמע שאם אכל כזית דגן שיכול להוציא אף אחרים שאכלו על השובע ותימה והרי כזית אינו חייב אלא מדרבנן והיכי אתי דרבנן ופטר דאורייתא דהא אמרינן בפרק מי שמתו (ד' כ:) תבא מארה למי שאשתו ובניו מברכים לו ולא מצי לאוקמי [הא] דשרו לקטן שיכול להוציא אביו אלא בדאכל אביו כזית דאתי קטן דרבנן שהגיע לחינוך ופטר אביו שאינו חייב אלא מדרבנן הא אם אכל אביו כדי שביעה אינו יכול לפטרו ופרש"י דמחויב דרבנן מחויב קרינן ביה אבל קטן

קטן

[תיבת ודאי הוא ר"ח וד' אכלו ירק (כ"מ). ויש גורסים וי דא וכ"ה בילקוט וכזה א"ש דברי רש"י ד"ה ואיהו וכו' [ועי' לעיל כ"ה ע"ב פסות מג' כו' שלשה ארבעה סי' תשעה מהו פי' שמנה ודאי לא מיבעי לי. סריעב"ץ]]

[לנמ"ש מהרש"א בח"א אין זה כטעם הגמ' אלא רש"י מפרש ע"פ סוגיא דקרא ע"ש ועי' תוס' עירובין סו. וכו' מ"ש בשם בירושלמי וע"ע פו' ב"ק לב: ד"ה משלם]

[קטן פורח כפירש"י ויודע כצ"ל]

גליון הש"ס

גמ' לאביי ורבא כו'. כמס"ג ... רש"י ד"ה עד שיאכל כו' ההוא אפי' מדרבנן כו'. וק"ל הא אמרי' בה"ס בברכת המזון אין להוציא לאחרים. וצ"ע: צ"ל נצטרף

רב נסים גאון

ינאי מלכא כריך ריפתא ולא הוה ליה איניש דמבריך ליה אמרה ליה דביתהו השתא דקטלת לכולהו רבנן מאן מברך לך. איתא מיפרשי ומיבררא במס' קדושין בפ' האומר לחברו (דף סו) שנתגלגלה (ותעה) [תרעה] ע"י אלעזר בן פועירה וע"י יהודה בן גדידיה ויהרגו כל חכמי ישראל והיה העולם משתומם עד שבא שמעון בן שטח והחזיר את התורה ליושנה ובמס' סוטה בפ' עגלה ערופה (ד' מז) אמרי' כד קטל ינאי מלכא לרבנן אטמינהו אחתי' לשמעון בן שטח ואיתא נמי בפ' כל ישראל יש להם חלק (דף קז) ובתלמוד א"י דהאי פירקא אמרי' ש' נזירים עלו בימי שמעון בן שטח ק"נ מהן מצאו להן פתח וק"נ לא מצאו להן פתח שלח שמעון בן שטח לגבי ינאי מלכא אמר ליה אית הכא שלש מאות נזירין ואינון בעיין תשע מאה קורבנין הב לי פלגא מן דידך ואנא יהיב פלגא מן דידי שלח ליה ת"נ אזל לישנא בישא ואמר ליה דלא יהב ליה מן דיליה כלום שמע ינאי מלכא וכעס דחיל שמעון בן שטח וערק בתר יומין סלקין בני נשי רברבין מן מלכותיה דפרס לגבי ינאי מלכא מדאכלין אמרין נהידין אנן דווה הכא [חד גבר סב וכו'] ועיקרה דמילתא בבראשית דר' הושעיא בפרשת וירא יעקב כי יש שבר במצרים דקשיא הא אראית בגמ' דידן כי אפשר שתכף זה המעשה וזה הכעס שנפל בלבו של ינאי על ר' שמעון בן שטח אירע זה המעשה הנזכר והוא שנאמר בו נוזקת בו מינות ויהרגו כל חכמי ישראל וכשראה שמעון בן שטח חשש שמא יתאנה עליו ויענישו על אותו המעשה שהיה והלך ונתחבא עד שקבלה אחותו עליו אמונת שלום מן המלך ואחר כן יצא מהמחבא ונכנס אצלו וזה ששלח לו מן הנזירין הב פלגא מדידך ואנא יהיב פלגא מדידי אמת היו דבריו כי כמו שעיין בנדריהם וחקרם יפה עד שנתברר לו שאינן קיימין והורה לחן שמתירין הם מלהביא קרבן עליהם כדמפרש באותו המעשה ק"נ מצאו להם פתח היה לו לומר פלגא מדידי כלומר מתורתו והוראתו וזהו צד התירוץ שלו וכבר שאלו המלך בשביל הדבר הזה והחזיר לו תשובה בזה הענין כדאמרינן (שם) אתא שאל יתיב בין מלכא למלכתא אמר ליה אפלית בי אמר ליה לא אפלית בך את כן ממונך ואנא מן אורייתי דכתיב (קהלת ז) כי בצל החכמה בצל הכסף:

הגהות הב"ח

(א) גמ' לא שנא ששה (ודאי) תז"מ ונ"ב רש"י גורס ווי: (ב) שם כזית דגן וכדתניא רשב"ג אומר עלה וכיסב: (ג) רש"י ד"ה עללא גג הס"ד ואח"כ מ"ה כולין דלעת מקפיה וכו' מקטנותו ואית דגרסי: (ד) ד"ה ואיהו וכו' שהיה קובל. נ"ב נראה שהיה גורס בגמרא ששה ווי לא קמיבעיא לי שהיה מיצר על שלא שאל אותו וכ"א להדיא בב"ר פ' נ"א: (ה) ד"ה עד שיאכל וכו' דעליה דאבוה: (ו) תוס' ד"ה וליח וכו' כלומר קטן פורח דמזמנין: (ז) בא"ד אמר ר' יוסי כמה זמנין אכלית:

[ח]**וה"ה דעבד ואשה אין מצטרפין** – (הלשון קצת תימה, דהם אינם מצטרפין אפילו לדעת היש מתירין הנ"ל, כן מוכח בלבוש וכן בביאור הגר"א ובפמ"ג, **כי** הך יש מתירין איננו דעת ר"ת דמחלק בין שלשה לעשרה וכריב"ל, דסבר דיש להקל לענין עשרה לענין קטן ועבד, דלדעת ר"ת אפילו קטן מוטל בעריסה מצטרף, כדאיתא בגמרא, **אלא** דעתם דג' ועשרה שוין, רק דבשלשה גופא ס"ל ג"כ להיש מתירין דמותר לענין זימון בקטן יודע למי מברכין, וכפסק השו"ע לקמן בסימן קצ"ט ס"י, וס"ל דאין לחלק בין זימון לשאר דבר שבקדושה).

[ט]**הגה: ואפילו על ידי חומש שבידו אין לצרפו** - דלא מחשבינן הקטן לאיש ע"י שאוחז חומש בידו.

מיהו יש נוהגין להקל בשעת הדחק (הרא"ש ומרדכי והגהות מיימוני) - ר"ל אפי' בלי חומש, וכדעת היש מתירין הנ"ל, ודוקא [י]אחד ולא שנים, **ובלבוש** כתב, שלא ראה נוהגין לצרפו אפילו בשעת הדחק, **ובזמנינו** נוהגים לצרף קטן ע"י חומש שבידו, ומיהו דוקא לשמוע "ברכו" וקדיש שהוא חיוב, אבל קדיש שאחר "עלינו" לא יאמרו - מ"א, **והרבה** אחרונים מחמירין, שלא לצרף שום קטן אפילו בשעת הדחק, עד שיושלם לו הי"ג שנים.

אונן אינו מצטרף למנין, והיינו כל אונן שחייב להתאבל עליו, אפילו אינו מוטל עליו לקברו, כגון שאינו יורש שלו, אם הוא בעיר שהמת שם אינו מצטרף, **ואפילו** אם יש לו מי שיתעסק עמו בקבורתו, אם לא שמסרו להכתפים, **אבל** אם המת בעיר אחרת, ונודע לו קודם הקבורה, ויש שם מי שישתדל עבורו, שדינו שאם רצה לקרות רשאי ואין מוחין בידו, הוא מצטרף למנין, **ומיהו** כ"ז לענין אונן, אבל באבל ודאי מצטרף לברהמ"ז ולתפלה.

אות ב' - ג' - ד' - ה'

תשעה אכלו דגן ואחד אכל ירק, מצטרפין

שבעה מהו, אמר ליה לא שנא

רובא דמינכר בעינן

אפילו לא טבל עמהם אלא בציר, ולא אכל עמהם אלא

גרוגרת אחת, מצטרף

סימן קצז ס"ב - [יא]תשעה שאכלו דגן וא' אכל כזית ירק, מצטרפין להזכיר השם - דאף דעל ירק אין מברכין בהמ"ז, מ"מ יכול להצטרף ולענות: ברוך שאכלנו משלו.

ודוקא כזית, וטעמו, דכיון שאומר "שאכלנו", ואין אכילה פחותה מכזית, **או** משום דבעינן שיתחייב עכ"פ בשום ברכה, ובפחות מכזית אין חיוב בשום ברכה אחר אכילתו, כמבואר לקמן סי' ר"י, (**ובביאור הגר"א** משמע שדעתו, דלא בעינן כזית לצירוף עשרה, ומ"מ צ"ע להקל נגד דעת השו"ע, דלאו דעת יחידאה היא).

ואם כבר בירך ברכה אחרונה, שוב אין יכולין לזמן עליו, דכבר נסתלק מהם.

ואפי' לא טיבל עמהם אלא בציר - היינו שטבל ירק בהציר, ובין כולם היה רק כזית, אפ"ה מצטרף, [**ועיין** בהרמב"ם, דאם אכל ציר לבד גם כן מצטרף לי'].

או לא שתה עמהם אלא כוס אחד שיש בו רביעית - דשתיה בכלל אכילה, ויכול לומר "שאכלנו", [תוס'] ‹ד"ה תשעה›, **מכל משקה חוץ מן המים, מצטרף עמהם** - דמים לא זייני ואינו חשוב להצטרף, אפי' הוא צמא ורוצה לשתות, **ומ"א** חולק ופסק דמצטרף, דכל שתיה בכלל אכילה היא, והעתיקוהו איזה אחרונים להלכה, **אכן** בספר בגדי ישע ובמגן גבורים הסכימו להמחבר, וכן מצדד בספר חמד משה.

(עיין בביאור הגר"א, ומשמע דדעתו דלא בעינן רביעית, וכמו דמיקל הגר"א לענין כזית ירק, **אך** כבר כתבתי דקשה להקל, דכמה ראשונים ס"ל כן. **ובא"ר** הביא בשם הספר צדה לדרך, דגם ברוב רביעית סגי, וכתב דלא מצא כן בפוסקים אחרים, **ולענ"ד** אין לדחות כ"כ דבריו, מאחר דהגר"א ודעמיה ס"ל דלא בעינן כזית, וממילא דבזה ג"כ סגי אפילו בשיעור קטן מאד, **ובפרט** רוב רביעית דהוא שיעור חשוב לענין קידוש, ויש הרבה פוסקים דמסתפקי לענין ברכה אחרונה, דאית להו דשיעור כזית סגי לענין שתיה, שהוא שליש רביעית, וכ"ש ברוב רביעית, ואף דלכתחלה מחמרינן שלא לברך ברכה אחרונה בפחות מרביעית, מ"מ לענין צירוף אפשר דיש להקל בפחות מזה, **ולכתחלה** בודאי יותר טוב להדר שישתה רביעית, אך בדיעבד אפשר שיש להקל).

והוא שיהיה המברך אחד מאוכלי הפת - דכיון שהוא מוציא את חבריו בברכת הזימון, חמיר טפי, [**הוצרכנו** לטעם זה אפי' לדעת המחבר, דפסק דסגי עד "נברך", **וכ"ש** לדעת הרמ"א דפסק, דהמזמן צריך לומר גם ברכת "הזן"].

[יב]**ואפי' שבעה אכלו דגן וג' ירק** - וה"ה איזה משקה וכנ"ל, **מצטרפין; אבל ששה לא, דרובא דמינכר בעינן.**

אות ה'* [יג]

תוס' ד"ה תשעה: ויש שרוצים לומר דהיינו דוקא לזמון עשרה,

אבל לשלשה לא מצטרפי וכו'

סימן קצז ס"ג - [יד]המצטרף צריך לברך ברכה אחרונה על מה שאכל - לאחר שגמר לשמוע ברכת הזימון, **ואינו נפטר בבהמ"ז של אלו** - ר"ל אפילו אם ירצה לכוין לצאת בבהמ"ז, ג"כ לא מהני, כדקי"ל דאין ברכת שלשה פוטרת מעין שלשה, ולא ברכת בנ"ר,

---

באר הגולה

ח מרדכי שם ‹דלא כריב"ל, דלא כר"ת {דפסק כוותיה}. **ואשה** דינה כעבד בכל מקום – גר"א› ט ‹עיין בתוס'› י ‹כדאמרינן גבי עבד, דטפי מאחד ליכא – ב"י› יא **שם מ"ח** יב **שם לפי' הפוסקים** ‹והפוסקים כולם פסקו דרובא דמינכר בעינן, ואם כדברי רש"י, כיון דרבי ירמיה פשיטא ליה ורבי זירא מספקא ליה, לא הוה להו למישבק פשיטותיה דרבי ירמיה משום ספיקיה דרבי זירא, לפיכך נראה לי שהם מפרשים, דכי אמרינן ואיהו סבר רובא דמינכר בעינן, לא בתורת ספק אמר כן כדפירש רש"י, אלא קושטא דמילתא דהכי ס"ל, {וגורס: ודאי לא מיבעיא לי, ולא: ווי לא מיבעיא לי, עיין בהגה על הגמ'}, ומש"ה לא איבעיא ליה – ב"י› יג ‹ע"פ הבאר הגולה› יד **ר' יחיאל בשם אביו הרא"ש**

אך אם אכל תמרים או שתה יין, בודאי מהני בדיעבד, דהא קי"ל בסימן ר"ח, דאם בדיעבד בירך עליהן בהמ"ז יצא, **ולפי** מה דפסקו שם כמה אחרונים, דאף על דייסא אם בירך בהמ"ז יצא, גם בדייסא דינא הכי, **וכתב** המ"א, דמ"מ לכתחלה יכוין בהם שלא לצאת בבהמ"ז, דצריך לברך על כל מין ברכתו הראויה לו.

בד"א דסגי בכל מאכל, להצטרף לעשרה - דבלאו דידיה יש חיוב זימון מן האוכלים פת, ולא בעינן ליה אלא להזכרת השם, **אבל** [טו]**לג', אינו מצטרף עד שיאכל כזית פת** - דמחוייב בבהמ"ז.

[טז]**וי"א דבכזית דגן מהני אפי' אינו פת** - היינו כגון דייסא וכיוצא בו, ממיני מזון שחייב לברך עליו ברכה אחת מעין שלש.

וי"א [יז]**דבירק ובכל מאכל מהני** - וה"ה שתיה וכנ"ל בס"ב לענין עשרה, **וטעם** דעה זו, דס"ל דלענין צירוף לזימון אקילו גם לענין שלשה, כיון ששנים מהן אכלו פת ומחויבין בבהמ"ז, **והוא** שהשלישי אכל כזית שמחויב עכ"פ לברך ברכה אחרונה, [**היינו** אפי' להני פוסקים שהזכרתי בבה"ל בס"ב לענין עשרה, דלא בעינן שיעורא, הכא לענין שלשה מודו כו"ע דדוקא כזית].

הלכך שנים שאכלו ובא שלישי, אם יכולים להזקיקו שיאכל כזית פת, מוטב; ואם אינו רוצה, [יח]**לא יתנו לו לשתות ולא מאכל אחר; ואם אירע שנתנו לו לשתות או מאכל אחר, יזמנו עמו אע"פ שאינו רוצה לאכול פת** - הוא מדברי המחבר להכריע בין השיטות, דלכתחלה יש לזרזו שיאכל פת דוקא, כדי לצאת ידי דעה ראשונה, **ואם** אינו רוצה, לא יתנו לו כלל, כדי שלא להכניס עצמן לספק חיוב, **אך** בדיעבד אם אירע שנתנו לו איזה דבר שאינו פת, צריך לחוש לדעה שניה ולזמן עמו.

ועכשיו נוהגים, שאם לא רצה לאכול פת, נותנים לו לכתחלה לשתות או לאכול איזה דבר, וכדעה האחרונה.

אות ו'

להוציא את הרבים ידי חובתן, עד שיאכל כזית דגן

סימן קצז ס"ד - [יט]**חברים שאכלו כאחד, קצתם אכלו כדי שביעה, וקצתם לא אכלו אלא כזית, אם כולם יודעים לברך, מצוה שיברך אותו שאכל כדי שביעה ויוציא את האחרים** - דכיון דהרבה מהם אכלו כדי שביעה, ומחוייבים בבהמ"ז מן התורה, מוטב שיוציאם ג"כ אותו שאכל כדי שביעה ומחוייב מן התורה כמותו, [**ומ"מ** משמע דהוא אינו לעיכובא רק מצוה לכתחילה, מדכתב המחבר לשון "מצוה"].

וכתבו האחרונים, דכ"ז אם מוציאם בבהמ"ז, אבל אם מברכים כל אחד בפני עצמו, אלא שאחד מזמן עליהם, לא קפדינן כולי האי, ולכתחלה יכול לזמן עליהם אף מי שלא אכל כי אם כזית, [דברכת הזימון לרוב הפוסקים הוא מדרבנן].

[כ]**ואם אין יודעים כולם לברך, מי שאכל כזית יכול להוציא אף אותם שאכלו כדי שביעה** - דמן התורה יכול להוציא חבירו בבהמ"ז אע"פ שלא אכל כלל, כיון שחבירו כבר אכל וחייב לברך, וכל ישראל ערבים זה בזה, **אלא** מפני שאומר שקר, במה שאומר "שאכלנו" והוא לא אכל, הצריכוהו חכמים שיאכל כזית מתחלה, [תוס' ורא"ש], **ועיין** במ"א שמסתפק, דלפי"ז אם הם רק שנים, דבלא"ה אינם מזומנים, אפשר דיכול להוציא חבירו שאינו יודע לברך, אפילו אם לא אכל כלל, ומצדד להחמיר, [כא]**וכ"כ** בא"ר, דמדרבנן בכל גווני אין אחד מוציא חבירו בבהמ"ז אא"כ הוא ג"כ מחוייב בדבר, וכן מוכח בהדיא בחידושי הרא"ה ובריטב"א ובשיטה מקובצת.

הגה: י"א שאינו חייב לברך מדאורייתא אם לא שתה, והוא תאב לשתות (מרדכי פ' ג' שאכלו וב"י בשם כל בו ושבלי לקט) - דס"ל דמה דדריש ר"מ בגמ' "ואכלת" זו אכילה, "ושבעת" זו שתיה, הכוונה דאם שתה לאחר אכילה, אז חייב לברך, ואם לאו, אינו חייב אלא מדרבנן, **ודוקא** שהוא תאב לשתות, דאם אינו תאב לשתות, לכו"ע חייב מדאורייתא אף בלי שתיה.

[**ורוב** הפוסקים ס"ל, דהאי דרשה אסמכתא בעלמא הוא, וכונת התורה "ושבעת" הוא שביעה ממש, **ואף** אם נאמר דכזית הוי דאורייתא, "ושבעת" זו שתיה, הכונה דאם יאכל או ישתה יין חייב לברך, והוא ברכה א' מעין שלש].

וטוב ליזהר לכתחלה אם מקצתן שתו ומקצתם לא שתו, שיברך מי ששתה (דברי עצמו) - ר"ל דלפי פסק המחבר מקודם, דאם יש מי שמחוייב בדבר מדאורייתא שיודע לברך, מצוה שיברך הוא להוציא אחרים, **טוב** לחוש גם לשיטה זו, שיברך מי ששתה אחר אכילתו להוציא אחרים, דהוא מחוייב בודאי מדאורייתא, **אם** לא שאותן ששתו אין יודעין לברך, דאז יוכל להוציא אותן אפילו מי שלא שתה, וכמו שכתב גם המחבר לענין כדי שביעה.

ואעפ"כ אם מקצתן אכלו לשובע ולא שתו, ומקצתן לא אכלו לשובע ושתו, **מוטב** שיברכו אותן שאכלו לשובע, דחייבין מדאורייתא לדעת הפוסקים אף שלא שתו, ודעת המרדכי בשם הרא"מ דעת יחידאה היא.

מי שהיה שבע קודם שאכל, ואכל אכילה גסה שלא היה צריך לאותה אכילה, אעפ"כ אם נהנה גרונו מאותה אכילה, מברך עליו לפניו ולאחריו, ומוציא אחרים, **ואם** נפשו קצה עליו ואינו נהנה גרונו, אינו ראוי לברך לא לפניה ולא לאחריה, לפי שזו אינה חשובה אכילה כלל לכל מצות שבתורה, כמו שנתבאר בסי' תע"ו ובסי' תרי"ב.

באר הגולה

[טו] רמב"ם [טז] הרי"ף והרשב"א ע"פ הירושלמי [יז] תוס' ורא"ש ורבי יונה [יח] בהגהות מיי' שם בשם רבי מאיר [יט] הרא"ש וכדעת ר"י [כ] ‹עיין תוס' מ"ח. ד"ה עד - גר"א› [כא] ‹דאל"כ, משום שאכלנו, אף כזית ירק נמי - פמ"ג. **ולענ"ד** לא כתבו תוס' כך, אלא משום שמעון בן שטח, דשתה והוציא אחרים, משום דס"ל, כיון דיכול לומר שאכלנו, מוציא, דשתיה בכלל אכילה, **אבל** לדידן דקי"ל [סעיף ב'] דלגרמיה הוא דעביד, דאינו מוציא עד שיאכל כזית דגן, עיקר הטעם, משום דחייב בברכת המזון דרבנן, לכן יכול להוציא, דאל"כ היה עביד בדין - א"ר›

תורה אור

טבל עמהם אלא בציר ולא אכל עמהם אלא גרוגרת אחת מצטרף ולהוציא את הרבים ידי חובתם אינו מוציא עד שיאכל כזית דגן אמר רב חנא בר יהודה משמיה דרבא הלכתא אכל עלה ירק ושתה כוס של יין מצטרף להוציא אינו מוציא עד שיאכל כזית דגן אמר רב נחמן [א]משה תקן לישראל ברכת הזן בשעה שירד להם מן °יהושע תקן להם ברכת הארץ(א) כיון שנכנסו לארץ דוד ושלמה תקנו בונה ירושלים דוד תקן על ישראל עמך ועל ירושלים עירך ושלמה תקן על הבית הגדול והקדוש הטוב והמטיב ביבנה תקנוה כנגד הרוגי ביתר דאמר רב מתנא *אותו היום שניתנו הרוגי ביתר לקבורה תקנו ביבנה הטוב והמטיב הטוב שלא הסריחו והמטיב שניתנו לקבורה: תנו רבנן [ב]סדר ברכת המזון כך היא ברכה ראשונה ברכת הזן שניה ברכת הארץ שלישית בונה ירושלים רביעית הטוב והמטיב [ג]ובשבת מתחיל בנחמה ומסיים בנחמה ואומר קדושת היום באמצע רבי אליעזר אומר רצה לאומרה בנחמה אומרה בברכת הארץ אומרה בברכה שתקנו חכמים ביבנה אומרה וחכמים אומרים אינו אומרה אלא בנחמה בלבד חכמים היינו תנא קמא איכא בינייהו דיעבד: *תנו רבנן מנין לברכת המזון מן התורה שנאמר °ואכלת ושבעת[א] וברכת *זו ברכת הזן את ה' אלהיך זו ברכת הזמון על הארץ זו ברכת הארץ הטובה זו בונה ירושלים וכן הוא אומר °ההר הטוב הזה והלבנון אשר נתן לך זו הטוב והמטיב אין לי אלא לאחריו לפניו מנין אמרת קל וחומר *כשהוא שבע מברך כשהוא רעב לא כל שכן [ב] רבי אומר [אינו צריך] ואכלת ושבעת וברכת [ג] זו ברכת הזן אבל ברכת הזמון °מגדלו לה' אתי נפקא על הארץ זו ברכת הארץ הטובה זו בונה ירושלים וכן הוא אומר ההר הטוב הזה והלבנון הטוב והמטיב ביבנה תקנוה אין לי אלא לאחריו לפניו מנין תלמוד לומר אשר נתן לך משנתן לך רבי יצחק אומר אינו צריך הרי הוא אומר °וברך את לחמך ואת מימיך אל תקרי וברך אלא וברך ואימתי קרוי לחם קודם שיאכלנו ר' נתן אומר אינו צריך הרי הוא אומר °כבאכם העיר כן תמצאון אותו בטרם יעלה הבמתה לאכול כי לא יאכל העם עד באו כי הוא יברך הזבח אחרי כן יאכלו הקרואים וכל כך למה לפי שהנשים דברניות הן ושמואל אמר כדי להסתכל ביפיו של שאול דכתיב °משכמו ומעלה גבוה מכל העם ורבי יוחנן אמר לפי שאין מלכות נוגעת בחברתה אפי' כמלא *נימא ואין לי אלא ברכת המזון ברכת התורה מנין אמר ר' ישמעאל ק"ו על חיי שעה מברך על חיי עוה"ב לא כ"ש רבי חייא בר נחמני תלמידו של רבי ישמעאל אומר משום רבי ישמעאל אינו צריך הרי הוא אומר °על הארץ הטובה אשר נתן לך ולהלן הוא אומר °ואתנה לך את לחות האבן והתורה והמצוה וגו' ר"מ אומר *מנין שכשם שמברך על הטובה כך מברך על הרעה ת"ל אשר נתן לך ה' אלהיך (ג) דיינך בכל דין שדנך בין מדה טובה ובין מדה פורענות רבי יהודה בן בתירה אומר אינו צריך הרי הוא אומר טובה הטובה *טובה זו תורה וכן הוא אומר °כי לקח טוב נתתי לכם הטובה זו בנין ירושלים וכן הוא אומר ההר הטוב הזה והלבנון: תניא רבי אליעזר אומר [ד]כל שלא אמר ארץ חמדה טובה ורחבה בברכת הארץ ומלכות בית דוד בבונה ירושלים לא יצא ידי חובתו נחום הזקן אומר צריך שיזכור בה ברית רבי יוסי אומר צריך שיזכור בה תורה פלימו אומר [ה]צריך שיקדים ברית לתורה שזו נתנה בשלש בריתות

וזו

רש"י

וברכת מתחיל בנחמה · כלומר אינו צריך לא לסיים ולא להתחיל בשל שבת אלא מתחיל ומסיים בנחמה בנין ירושלים קרי נחמה כל היכי דמתחיל בין רחם בין נחמנו: **בברכה שתקנו חכמים** . בהטוב והמטיב: **איכא בינייהו דיעבד** · לרבנן בתראי מהדרינן ליה: **בדתנא קמא** גרסינן אשר נתן לך זו הטוב והמטיב ולא גרסינן ביבנה תקנוה אלא בדרבי (ג): **כשהוא שבע.** מלוה לברך ולהודות על שבעו: **כשהוא רעב** · והוא בא להפיק את רעבו ע"יברייתו של הקב"ה לא כל שכן שזה צריך לברך להקב"ה יותר: **אינו צריך** · לק"ו זה (ד) ולא גרסי' בדרבי אשר נתן לך זה הטוב והמטיב: **אלא וברך את לחמך** · ברך על לחמך: **כי הוא יברך הזבח ואחרי כן יאכלו הקרואים** · למדך שטעון לברך לפני אכילה על הזבח הוא אומר ברוך אשר קדשנו במצותיו וצונו לאכול את הזבח והיכן צונו והבשר תאכל (דברים יב): **וכל כך למה** · היו מאריכות בדבריהן: **שאין מלכות נוגעת בחברתה** · לפי ששמואל היה מנהיג את ישראל ושאול היה נוטל את השררה מדבר שמואל אליו ואורך דברים עכב לפי שעה: **בין מדה טובה** · התורה מדה טובה היא: **ומלכות בית דוד בבונה ירושלים** · שעל ידו נתקדשה ירושלים: **צריך שיזכור בה ברית** · בברכת הארץ שע"י ברית נתנה לאברהם בפרשת מילה (בראשית יז) ונתתי לך ולזרעך אחריך את ארץ מגוריך: **צריך שיזכור בה תורה** · שאף בזכות התורה והמצות ירשו את הארץ שנאמ' למען תחיון ורביתם ובאתם וירשתם את הארץ (דברים ח): **צריך שיקדים ברית לתורה** · כגון על בריתך שחתמת בבשרנו ועל תורתך שלמדתנו ועל חיים שחוננתנו: **תורה נתנה (ה) בשלש בריתות** · בשלשה מקומות נתנה התורה לישראל בסיני באהל מועד ובהר גרזים ובערבות מואב ובכל אחד נכרתה ברית כדתניא במסכת סוטה (דף לז.) ארור בכלל וארור בפרט וכו' וכן באהל מועד (דברים כח) אלה דברי הברית אשר צוה ה' את משה לכרות את בני ישראל בארץ מואב מלבד הברית אשר כרת אתם בחורב וכתיב (שם כט) ושמרתם את דברי הברית וגו':

מילה

תוספות

קטן שהגיע לחינוך לא מיקרי מחויב דרבנן דאביו חייב לחנכו אבל עליו אין שום חיוב וקשה לפירושו מכל מקום כיון שאינו מן התורה אינו מוציא אחרים שמחויבים ועוד דוחק לומר בקטן שהגיע לחינוך קרי אינו מחויב מדרבנן דאם אינו מחויב אפילו מדרבנן אם כן אינו פוטר את אביו ובה"ג פירש דאחד שאכל כזית אינו יכול להוציא אחרים שאכלו כדי שביעה דלא אתי דרבנן ופוטר דאורייתא אבל כשלא אכלו גם האחרים רק כזית פוטר אותם ולא היא דהא סמכינן אעובדא דינאי וחבריו והם אכלו כדי שביעה ואפילו הכי קא חזינן דקא פטר להו שמעון בן שטח אלא נראה לחלק דקטן שאינו בר חיוב כלל דאורייתא אפילו אכל כדי שביעה הלכך אינו מחויב בדבר קרינן ביה ולכך לא מפיק ליה אי אכל שיעורא דאורייתא אבל גדול שהוא בר חיובא מן התורה כי אכיל כדי שביעה מחויב בדבר קרינן ביה אפילו לא אכל כלל כדאמרי' בראש השנה (פ"ג ד' כט.) כל הברכות אף על פי שיצא מוציא חוץ מברכת הלחם וברכת היין והיינו טעמא דכל ישראל ערבין זה בזה והוא הדין בברכת המזון אף ע"פ שיצא מוציא כדפרישית וכזית דגן אינו צריך אלא שיוכל לומר שאכלנו משלו:

מתחיל בנחמה · פי' הקונטרס לאו דוק' מתחיל בנחמה ומסיים אלא כלומר דאין צריך להזכיר של שבת לא בפתיחה ולא בנחמה אלא באמצע אבל מתחיל ומסיים בנחמת ירושלים כמו בחול שאומר רחם וחותם בבונה ירושלים ויש שמתחילין בנחמנו וחותמים בנחמת ציון עירך ובבנין ירושלים ונותנים טעם לדבריהם דרחם הוי לשון תחנה ואין אומרים תחנונים בשבת אבל נחם אינו לשון תחנונים אלא כמו והנחם על הרעה לעמך (שמות לב) ולא נהירא דהכל משמע לשון תחנונים ואין להקפיד אפילו אי הוי לשון בקשה כדאמר בירושלמי דשבת בפרק אלו קשרים מהו לומר רועינו זוננו פרנסנו בשבת א"ל טופס ברכות כך הוא ומנהג שטות הוא המשנה ברכה של חול: **ברית** ותורה · אין צריך להזכיר ברית ותורה וחיים ומזון דדי להזכיר על בריתך שחתמת בבשרנו ועל תורתך שלמדתנו וכו' דהיינו ברית ותורה והגמרא לסימנא בעלמא נקטיה:

מאן

עין משפט נר מצוה

נג א ב מיי' פ"ב מהל' ברכות הלכה א סמג עשין כז טור או"ח סי' קפז וקפח:

נד ג מיי' שם הלכה ה וסמג שם טוש"ע או"ח סי' קפח סעיף ד ה:

נה ד ה מיי' שם הל' ג סמג שם טור או"ח סי' קפז:

רב נסים גאון

דאמר רב מתנה אותו היום שניתנו הרוגי ביתר לקבורה תיקנו הטוב והמטיב. בסוף מסכת תענית (דף כו) שנינו אמר רבן שמעון בן גמליאל לא היו ימים טובים לישר' כחמשה עשר באב ואמרי' בגמ' רב מתנה אמר יום שניתנו הרוגי ביתר בו לקבורה הודיענו רב מתנה כי הדבר שגרם לעשות את יום ט"ו באב בשמחה היא קבורת אלו ההרוגים ואיתא למעשה דביתר ובמה נהרגו בה והיאך נתגלגל הדבר מפרש במסכת גיטין בפרק הניזקין (דף נז) ובגמ' דסוף תענית דבני מערבא:

שזו ניתנה בג' בריתות. הכין מפרש בספרי (פרשת ראה) כנגד ג' בריתות שכרת הקב"ה עם ישראל אחד בחורב ואחד בערבות מואב ואחד בהר גרזים ובהר עיבל ובמס' סוטה בפ' ואלו

[יתכן לסיות זו ברכת הזימון את ה' אלהיך זו ברכת הזן וכן סעתיקו תוס' לעיל מו. ד"ה עד סיכן]

הגהות הב"ח

(א) גמ' ברכת הארץ בשעה שנכנסו: (ב) שם ה' אלהיך אשר דייך: (ג) רש"י ד"ה בדתנא קמא כו' אלא בדרבי ולא גרסינן בדרבי אשר נתן לך זה הטוב והמטיב הס"ד: (ד) ד"ה אינו צריך לק"ו זה הס"ד ואח"כ מ"ה אלא: (ה) ד"ה תורה נתנה וכו' בסיני נ"ב תנאי פליגי כתם לחד תנא מוציא הר גרזים והר עיבל ומכניס אהל מועד ולאידך תנא הר סיני ואהל מועד חדא הוא דכללות נאמרו בסיני ופרטות באהל מועד וע"ש בפ' אלו נאמרים דף לז:

[שבת ל. מ"ק כח. יומא לח: תענית ה:]

דברים ח

הגהות הגר"א

[א] גמ' וברכת זו ברכת הזמון את ה' אלהיך זו ברכ' הזן. כצ"ל: [ב] שם כשהוא רעב לא כ"ש דברי ר' ישמעאל ר' עקיבא אומר. כצ"ל (וע' בירוש'): [ג] שם וברכת. נ"ב את ה' אלהיך:

מסורת הש"ס

תענית קכח:

מכילתא פ' בא [תוספתא פ"ו ע"ש לעיל כה.]

[לעיל לה.]

שמות כג

שמואל א ט

שם

שמות כד

לקמן נד.

[לעיל ס. וש"נ]

משלי ד

דברים ח · שם ג · תהלים לד

גליון הש"ס גמ' יושבע סקן. עיין תשב"ץ ח"ב (סימן קסא):

§ מסכת ברכות דף מח: §

אות א' - ב'

משה תקן לישראל ברכת הזן בשעה שירד להם מן וכו'

סדר ברכת המזון כך היא: ברכה ראשונה ברכת הזן, שניה ברכת הארץ, שלישית בונה ירושלים, רביעית וכו'

טור סימן קפז - תנו רבנן סדר בהמ"ז: ראשונה ברכת הזן, משה רבינו תקנה לישראל כשירד להם המן... שנייה ברכת הארץ, ויהושע תקנה כשנכנסו ישראל לארץ.

טור סימן קפח - שלישית בונה ירושלים, ודוד ושלמה תקנוה, דוד תקן על ישראל עמך ועל ירושלים עירך, ושלמה תיקן על הבית הגדול וכו'; ולא למימרא שלא ברכו אותם עד שבא דוד ושלמה, דהא דריש להו כולהו מקרא, אלא הם תקנו המטבע לפי מה שניתוסף טובה לישראל, דודאי קודם הכיבוש ובנין הארץ לא אמרו כמו אחר הכיבוש והבנין, כמו שאין אנו אומרים מטבע שטבעו דוד ושלמה, שאנו מבקשים להחזיר המלכות ולבנות הבית, והם היו מבקשים להמשיך שלות הארץ והמלכות והבית.

[א]**טור סימן קפט - ברכה רביעית הטוב והמטיב, ולאו דאורייתא היא, שחכמים תקנוה על הרוגי ביתר שנתנו לקבורה.**

אות ג'

ובשבת מתחיל בנחמה ומסיים בנחמה

סימן קפח ס"ד - [ב]**נוסח ברכה זו פותח בה "רחם ה' אלהינו", או "נחמנו ה' אלהינו"** - היינו "נחמנו ה' אלהינו בירושלים עירך, ובציון משכן כבודך, ובמלכות בית דוד משיחך, ובבית הגדול והקדוש" וכו'. **וחותם בה "בונה ירושלים", או "מנחם ציון בבנין ירושלים"** - מלשון זה משמע, שאף אם פתח ב"רחם", מותר לחתום ב"מנחם", **ואף** שאין החתימה מעין הפתיחה ממש, לית לן בה, דעכ"פ הענין אחד, [ג]**אבל** יש מאחרונים שמחמירין בזה, וסוברין דצריך להיות מעין הפתיחה ממש.

[ד]**ואין לשנות הנוסח משבת לחול, דבין בשבת בין בחול אומר נוסחא אחת** - ר"ל דאם אומר בחול "רחם", יאמר בשבת ג"כ "רחם", **ואע"ג** דאסור לתבוע צרכיו בשבת, הכא שאני, דטופס ברכה כך היא תמיד, **וגם** כל "הרחמן" יכול לומר בשבת, אע"פ שאינן מטופס הברכה שתקנו חכמים, שכיון שנהגו הכל לאומרם בכל פעם שמברכין בהמ"ז, נעשה להם כטופס ברכה, ואין בזה משום שאלת צרכיו בשבת.

והגר"א כתב, שעיקר כהרי"ף, שבחול יאמר "רחם נא" כמנהגנו, ובשבת יאמר "נחמנו" וכו', ומסיים "מנחם" וכו', וכן יש עוד כמה ראשונים שסוברים כן.

הגה: וי"א דאומרים: בונה ברחמיו ירושלים, וכן נוהגין (מרדכי סוף ברכות) - משום דכתיב: שבתי לירושלים ברחמים וגו', **וגם** מאחר שהתחיל בתחלת הברכה ב"רחם", מסיים נמי ברחמים, כדי שיהיה החתימה מעין הפתיחה ממש, **ומ"מ** לכו"ע אין מעכב כלל, ועיין במעשה רב, ‹שכתב שיש לחתום "בונה ירושלים"›.

סימן קפח ס"ה - [ה]**"בשבת אומר בה: רצה והחליצנו, ובר"ח ויו"ט וחולו של מועד אומר: יעלה ויבא** - לפי שהזכרת "רצה" וכן "יעלה ויבוא" הם בקשת רחמים, קבעום בברכת "בונה ירושלים", שהיא ג"כ בקשת רחמים, ולא בברכת הארץ שהיא הודאה, **ואם** הזכירם בברכת הארץ לא יצא, וצריך לחזור ולהזכיר ב"בונה ירושלים". **ואם חל אחד מהם בשבת, אומר: רצה והחליצנו, ואח"כ: יעלה ויבא** - מפני ששבת הוא תדיר, וקי"ל בכל מקום תדיר קודם, **ובדיעבד** אם החליף, בודאי יצא.

ואינו מזכיר של שבת ב"יעלה ויבא" - דהא כבר הזכיר שבת ב"רצה", ולמה יחזור ויזכירנו, **ולא של יו"ט וחוש"מ ור"ח ב"רצה והחליצנו"** - דהא תקנו ע"ז נוסח בפני עצמו "יעלה ויבוא", ולמה יכפילנה פעמים.

אות ד' – ה'

כל שלא אמר ארץ חמדה טובה ורחבה בברכת הארץ, ומלכות בית דוד בבונה ירושלים, לא יצא ידי חובתו

צריך שיקדים ברית לתורה

טור סימן קפז - תניא ר' אליעזר אומר: כל מי שלא אמר "ארץ חמדה טובה ורחבה" בברכת הארץ, לא יצא ידי חובתו. נחום הזקן אומר: צריך שיזכיר בה ברית, שעל ידי ברית נתנה הארץ לאברהם. רבי יוסי אומר צריך להזכיר בה תורה, שבזכות התורה ירשו הארץ; ולא בא לחלוק אלא להוסיף. פלימו אומר: צריך שיקדים ברית לתורה, כגון "על בריתך שחתמת בבשרנו ועל תורתך שלמדתנו"; ונהגו לומר "על שהנחלת את אבותינו ארץ חמדה טובה ורחבה ברית ותורה חיים ומזון" וכו'; וא"א הרא"ש ז"ל לא היה אומר אלא "על שהנחלת לאבותינו ארץ חמדה טובה ורחבה ועל שהוצאתנו מארץ מצרים", שהרי אומר אחר כך "על בריתך שחתמת בבשרנו ועל תורתך שלמדתנו", ודי בפ"א.

באר הגולה

א ‹ע"פ מהדורת נהרדעא› ב **שם בגמ' בפירש"י ותוס'** ג ‹הגם דפסקינן כרב נחמן בדף מ"ט. דישראל וירושלים נחשב לענין אחד, רחם ומנחם אינו ענין אחד› ד ‹ועיין תוס' ד"ה מתחיל, ועיין רש"י ד"ה ובשבת, אבל הרי"ף כתב שבשבת יאמר נחמנו ה' אלהינו כו', ובחול יאמר רחם כו', וכן עיקר, וכן הוא על דרך הקבלה – גר"א› ה **טור וסמ"ג**

§ מסכת ברכות דף מט. §

אות א'

צריך שיאמר בה הודאה תחלה וסוף

טור סימן קפז - רבי אבא אומר צריך שיזכיר בה הודאה תחילה וסוף, וזהו שאומרים בה "ועל הכל [א]אנו מודים לך", ואצ"ל קודם החתימה "ונודה לך סלה באמת על הארץ ועל המזונות", דא"כ הו"ל ג', וכשם שאין לפחות, כך אין להוסיף.

אות ב'

וכל שאינו אומר ברית ותורה בברכת הארץ, ומלכות בית דוד בבונה ירושלים, לא יצא ידי חובתו

סימן קפז ס"ג - [ב]אם לא הזכיר בברכת הארץ "ברית ותורה", אפי' אם לא חיסר אלא אחד מהם, מחזירין אותו - שע"י ברית נתנה הארץ לאברהם בפרשת מילה, שנאמר: ונתתי לך לזרעך אחריך את ארץ מגוריך וגו', **ובזכות** התורה והמצות ירשו את הארץ, שנאמר: למען תחיון ורביתם ובאתם וירשתם את הארץ וגו', [ג]ואומר: ויתן להם ארצות גוים וגו' בעבור ישמרו חקיו ותורותיו וגו'.

ומחזירין אותו, היינו לראש בהמ"ז, דכולהו ג' ברכות ראשונות חשובות כאחת, כ"כ מ"א לקמן בסי' קפ"ח, **ועיין** במה שכתבנו שם ‹ס"ו בבה"ל הובא עמוד ב' אות ב'-ג'› בזה בשם שאר אחרונים, [**ונ"ל** דהיינו דוקא כשנזכר אחר שהתחיל "רחם נא", דלא עדיף מהזכרת "יעלה ויבא" בברכת "רצה", כששכח דיכול לומר קודם שהתחיל תיבת "מודים", וה"נ יזכיר ברית ותורה קודם "רחם נא", **אכן** באמת זה הדין ד"יעלה ויבא" גופא ג"כ לא ברירא, כמ"ש לעיל בסי' קי"ד, וצ"ע].

והא דלא הזכיר המחבר, אם לא אמר: ארץ חמדה טובה ורחבה, דמחזירין אותו, כדאיתא בש"ס, **דהא** מלתא דפשיטא היא, דהיא עיקר ברכת הארץ, אלא אפילו לענין "ברית ותורה" נמי מחזירין אותו.

הגה: [ד]ונשים ועבדים לא יאמרו "ברית ותורה", דנשים לאו בני ברית נינהו, ועבדים לאו בני תורה נינהו (כל בו) - באמת נשים לאו בני תורה נינהו ג"כ, והא דחלקינהו לשתים, משום דעבדים איתנהו בברית. **ומ"מ** בימינו נהגו הנשים לומר ג"כ: על בריתך שחתמת בבשרנו ועל תורתך שלמדתנו וכו', **והכוונה** על ברית הזכרים שחתמת בבשרנו, וכן תורתך שלמדתנו על למוד הזכרים, **שבזכות** התורה והברית נחלו ישראל את הארץ, **ועוד** שגם הנשים צריכות ללמוד מצות שלהן, לידע היאך לעשותן, כמ"ש בסי' מ"ז.

(**עיין בח"א שכתב, דאם מסתפק לו אם אמר ברית ותורה, צריך לחזור, וטעמו, דזכירת ברית ותורה בבהמ"ז הוא דאורייתא, מתוס' ברכות כ:** ‹ד"ה נשים›, **ולא ברירא דבר זה, דיש עוד ראשונים שסוברים, דברית ותורה בברכת הארץ, ומלכות בית דוד בבונה ירושלים, הם דרבנן, גם מל' הב"י מוכח דהוא ס"ל דהזכרה הוא מדרבנן, וא"כ כשנסתפק לו א"צ לחזור. ודע עוד, דלדידן שנוסח בהמ"ז שגורה בפי הכל, אין שכיח דבר זה כלל, דאם ספק לו אם אמר, תלינן בודאי דאמר, דסרכיה נקיט ואתי**).

(איתא בש"ס: צריך שיאמר בה הודאה תחלה וסוף, והפוחת לא יפחות מאחת, וכל הפוחת מאחת {פירוש שלא אמר כלום} הרי זה מגונה וכו', וכל שאינו אומר ברית ותורה בברכת הארץ, ומלכות בית דוד בבונה ירושלים, לא יצא ידי חובתו, ומשמע מלשון זה בפשיטות, דברישא שלא אמר הודאה, נהי דעבד שלא כהוגן והויא מגונה, מ"מ יצא בדיעבד ידי חובתו).

[ה]סימן קפז ס"ב - בברכת הארץ, להרא"ש לא יאמר: שהנחלת לאבותינו ארץ חמדה וכו' ברית ותורה - כי בנוסחתם היה כתוב: שהנחלת לאבותינו ארץ חמדה טובה ורחבה, ברית ותורה, **שהרי אומר: על בריתך שחתמת בבשרנו ועל תורתך שלמדתנו, ודי בפעם אחד -** ומה דאמר בגמ': צריך שיזכיר בה ברית ותורה, היינו הענין של ברית ותורה, כמו שאנו אומרים: על בריתך וכו', לא תיבות ממש.

והרמב"ם חולק. (הגה: ודברי הרא"ש הם עיקר).

סימן קפז ס"ד - [ו]אם לא הזכיר ב"בונה ירושלים" מלכות בית דוד, מחזירין אותו - מפני שע"י דוד נתקדשה ירושלים, [ז]וגם שאין נחמה גמורה אלא בחזרת מלכות בית דוד למקומה.

הגה: ואומרים: "על הנסים" בחנוכה ובפורים קודם "ועל הכל" וכו'; ואם לא אמרו, אין מחזירין אותו (טור). וע"ל סימן תרפ"ב. ומ"מ יוכל לאומרו בתוך שאר "הרחמן", ויאמר: הרחמן הוא יעשה לנו נסים כמו שעשה בימים ההם וכו', והכי נהוג (כל בו).

סימן קפח ס"ג - [ח]צריך להזכיר בברכה שלישית מלכות בית דוד, ואין להזכיר בה שום מלכות אחר - היינו כגון הא דמסיים המחבר לקמיה, **[ט]והאומר -** צ"ל "לכן האומר", וכן הוא בטור, **"ומלכותך ומלכות בית דוד משיחך", טועה, שאין להשוות מלכותא דארעא עם מלכותא דשמיא.**

וכן אין לומר בה "אבינו מלכנו" - אלא יאמר: אבינו רענו, **ואע"ג** דאינו אומר ביחד ממש עם מלכות בית דוד, מ"מ כיון דבחד ברכה הוא, לאו אורח ארעא לאדכורי מלכותא דשמיא אצל מלכותא דבשר ודם.

באר הגולה

א ‹כן הוא ברש"י, והמ"ב בסי' קפ"ז ס"א הביא: "**אנחנו** מודים", ולא "אנו", ד"אנו" הוא לשון אנינות› ב **שם מ"ט** ג ‹כן הובא גם בהגר"ז, ורש"י לא הביאו› ד ‹שם מ"ט א' ברית לפי כו' - גר"א› ה ‹ע"פ הב"י וז"ל: לא היה אומר אלא על שהנחלת לאבותינו ברית ותורה וכו'. כ"כ שם התוס' (מח: ד"ה ברית) וכן משמע מפי' רש"י (ד"ה צריך שיקדים)› ו **שם בגמרא** ז ‹רמב"ם, ורש"י לא הביא טעם זה› ח **שם מ"ח** ט **מרדכי בשם התוס'** ‹"הילכך בבונה ירושלים אין לומר אבינו מלכנו רוענו", לשון זה לא נמצא בתוס' ד"ה לומר, {ואדרבה שם כתב "ויש שנוהגין לומר בבונה ירושלים מלכות"}, אבל נמצא בתוס' הרא"ש› **ורבי יונה והרשב"א**

שלשה שאכלו פרק שביעי ברכות מט

תורה אור

וזו נתנה בי"ג בריתות ר' *אבא אומר *צריך שיאמר בה הודאה תחלה וסוף והפוחת לא יפחות מא' וכל הפוחת מא' הרי זה מגונה וכל החותם מנחיל ארצות בברכת הארץ ומושיע את ישראל בבונה ירושלים הרי זה בור °וכל שאינו אומר ברית ותורה בברכת הארץ ומלכות בית דוד בבונה ירושלים לא יצא ידי חובתו מסייע ליה לר' אילעא דא"ר אילעא א"ר יעקב בר אחא משום רבינו כל שלא אמר ברית ותורה בברכת הארץ ומלכות בית דוד בבונה ירושלים לא יצא ידי חובתו פליגי בה אבא יוסי בן דוסתאי ורבנן חד אמר הטוב והמטיב צריכה מלכות וחד אמר אינה צריכה מלכות מאן דאמר צריכה מלכות קסבר דרבנן ומאן דאמר אינה צריכה מלכות *קסבר דאורייתא: ת"ר מהו חותם בבנין ירושלים רבי יוסי בר' יהודה אומר מושיע ישראל מושיע ישראל אין בנין ירושלים לא אלא אימא אף מושיע ישראל. רבה בר רב הונא איקלע לבי ריש גלותא פתח בחדא וסיים בתרתי אמר רב חסדא גבורתא למחתם בתרתי °והתניא רבי אומר אין חותמין בשתים גופא רבי אומר אין חותמין בשתים איתיביה לוי לרבי °על הארץ ועל המזון ארץ דמפקא מזון על הארץ ועל הפירות ארץ דמפקא פירות מקדש ישראל והזמנים ישראל דקדשינהו לזמנים מקדש ישראל וראשי חדשים ישראל דקדשינהו לראשי חדשים מקדש *השבת וישראל והזמנים חוץ מזו ומאי שנא הכא חדא היא התם תרתי כל חדא וחדא באפי נפשה וטעמא מאי אין חותמין בשתים לפי *שאין עושין מצות חבילות חבילות מאי הוי עלה א"ר ששת פתח ברחם על עמך ישראל חותם במושיע ישראל פתח ברחם על ירושלים חותם בבונה ירושלים ורב נחמן אמר °אפי' פתח ברחם על ישראל חותם בבונה ירושלים משום שנאמר °בונה ירושלים ה' נדחי ישראל יכנס (תהלים קמז) אימתי בונה ירושלים ה' בזמן שנדחי ישראל יכנס אמר ליה רבי זירא לרב חסדא ניתי מר ונתני אמר ליה ברכת מזונא לא גמרינא ותנויי מתניג' אמר ליה מאי האי אמר ליה דאקלעי לבי ריש גלותא ובריכי ברכת מזונא וזקפי רב ששת לקועיה עלי כחויא ואמאי דלא אמרי לא ברית ולא תורה ולא מלכות ואמאי לא אמרת כדרב חננאל אמר רב דאמר רב חננאל אמר רב לא אמר ברית ותורה ומלכות יצא ברית לפי שאינה בנשים תורה ומלכות לפי שאינן לא בנשים ולא בעבדים ואת שבקת כל הני תנאי ואמוראי ועבדת כרב: °אמר רבה בב"ח א"ר יוחנן הטוב והמטיב צריכה מלכות מאי קמ"ל *כל ברכה שאין בה מלכות לא שמה ברכה והא א"ר יוחנן חדא זימנא א"ר זירא לומר שצריכה שתי מלכיות חדא דידה וחדא דבונה ירושלים אי הכי נבעי תלת חדא דידה וחדא דבונה ירושלים וחדא דברכת הארץ אלא ברכת הארץ מאי טעמא לא משום דהויא לה ברכה הסמוכה לחברתה בונה ירושלים נמי לא תבעי דהויא לה ברכה הסמוכה לחברתה ה"ה דאפילו בונה ירושלים נמי לא בעיא אלא איידי דאמר מלכות בית דוד לאו אורח ארעא דלא אמר מלכות שמים רב פפא אמר הכי קאמר °צריכה שתי מלכיות לבר מדידה יתיב רבי זירא אחורי דרב גידל ויתיב רב גידל קמיה דרב הונא ויתיב וקאמר °טעה ולא הזכיר של שבת אומר ברוך שנתן שבתות למנוחה לעמו ישראל באהבה לאות ולברית ברוך מקדש השבת אמר ליה מאן אמרה רב הדר יתיב וקאמר °טעה ולא הזכיר של יום טוב אומר ברוך שנתן ימים טובים לעמו ישראל לששון ולשמחה ולזכרון ברוך מקדש ישראל והזמנים א"ל מאן אמרה רב הדר יתיב וקאמר °טעה ולא הזכיר של ראש חודש אומר ברוך שנתן ראשי חדשים לעמו ישראל לזכרון ולא ידענא אי אמר בה שמחה אי לא אמר בה שמחה אי חתים בה אי לא חתים בה אי דידיה אי דרביה גידל בר מניומי הוה קאי קמיה דרב נחמן טעה רב נחמן

והדר

רש"י

מילה נתנה בי"ג בריתות. *בפרשת מילה שנתנה לאברהם אבינו הם כתובים: **תחלה וסוף.** *נודה ה' אלהינו ועל כולם ה' אלהינו אנו מודים לך: **מ"ד צריכה מלכות קסבר דרבנן.** הלכך לאו ברכה הסמוכה לחברתה היא שאינה מברכת הארץ: **ומ"ד אינה צריכה מלכות קסבר דאורייתא היא.** ומברכת הארץ היא כדאמר לעיל (ד' מח:) אשר נתן לך זה הטוב והמטיב והויא לה ברכה הסמוכה לחברתה °ומיהו פותח בה בברוך לפי שפתיחתה היא חתימתה שכולה הודאה אחת היא ואינה (א) הפסקה ודומה לברכת הפירות והמצות: **בונה ירושלים לא.** בתמיה אם חתם בונה ירושלים לאו חתימה היא הלא עיקר ברכה דירושלים היא: **אלא אימא אף מושיע.** אם בא לחתום מושיע ישראל ולא חתם בונה ירושלים יצא שתשועת ישראל היא בנין ירושלים: **פתח בחדא.** כשהתחיל בברכה לא אמר רחם ה' על ישראל עמך ועל ירושלים עירך אלא אחת מהן וכשחתם חתם בשתים מושיע ישראל ובונה ירושלים: **אין חותמין בשתים.** שדומין לעושין מצות חבילות כי היכי דאמר (פסחים קב:) אין אומר ב' קדושות על כוס אחד: **מקדש השבת וישראל והזמנים.** והכא ליכא למימר ישראל מקדשי לשבת וזמנים דאילו זמנים תלויין בב"ד לקדש חדשים ע"פ הראייה אבל שבת קדישא וקיימא: **חוץ מזו ומ"ש הכא חדא היא.** אין כאן אלא ברכת מקדש שמברך להקב"ה שמקדש השבת והזמנים אבל מושיע ישראל ובונה ירושלים תרתי מילי נינהו ואין כוללים ב' דברים בברכה אחת ולא גרס הא בהא תליא ובה"ג גרס הכי חוץ מזו ומ"ש הני תרתי קדושי נינהו ומודה רבי דחתמינן בהו בשתים אבל נחמה חדא מילתא היא ובחדא בעי למחתם ואינו נ"ל דא"כ אית ליה לרבי חותמין בשתים והכא ה"ט דהא בהא תליא ולא היה לו לכלול ולומר אין חותמין בשתים ועוד רבי כי אמרה לאו אנחמה אמרה: **פתח ברחם על עמך ישראל כו'.** דבעינן חתימה מעין פתיחה: **ור"נ כו'.** בונה ירושלים תשועת ישראל היא דכתיב (תהלים קמז) בונה ירושלים ה' ואז נדחי ישראל יכנס: **לאו אורח ארעא דלא אמר מלכות שמים.** בבונה ירושלים הלכך מהדר לה בהטוב והמטיב (*ואומר מלך העולם הטוב והמטיב): **שתי מלכיות.** כגון אבינו מלכנו אדירנו בוראנו גואלנו קדושנו קדוש יעקב רוענו רועה ישראל המלך הטוב והמטיב לכל וכו': **לבר מדידה.** שפותחת ברוך אתה ה' אלהינו מלך העולם וכו': **ויתיב רב גידל וקאמר טעה כו' א"ל.** רב הונא לרב גידל מאן אמרה: **ולא ידענא.** רבי זירא קאמר לה לא ידענא אי אמר רב גידל לזכרון ולשמחה אי לא אמר לשמחה ואי אמרה משמיה דרב אי לא אמרה: **אי חתים בה.** מקדש ישראל וראשי חדשים אי לא חתים:

תוספות

מאן דאמר אינה צריכה מלכות קסבר דאורייתא. הקשה רש"י הואיל והיא דאורייתא אמאי פותחת בברוך הא סמוכה היא ותירץ דקצרה היא והויא הודאה בעלמא כברכת פירות וכברכת מצות ותימה אמאי שינו אותה יותר משאר ברכות הסמוכות שחותמות ולא פותחות הואיל ודאורייתא היא היה לנו להאריך בה ולחתום בברוך ולא לשנות משאר סמוכות וי"ל דאין ה"נ ולמאן דאית ליה שהיא דאורייתא היה חותם ולא פותח וכן איתא בתוספתא [פ"א] בהדיא ר' יוסי הגלילי היה מאריך בה וחותם ומיהו אנן קי"ל שהיא מדרבנן ולכך צריכה מלכות כדאמר צריכה שתי מלכיות בר מדידה: **לומר** שצריכה ב' מלכיות בר מדידה. חדא דבונה ירושלים דלאו אורח וכו' וגם בה אין יכולין לומר מלכות דהא סמוכה היא ע"כ אומרה בהטוב והמטיב והואיל ואמר בה מלכות דבונה ירושלים דלאו אורח ארעא וכו' אמר נמי דברכת הארץ אע"פ שהיא סמוכה לחברתה הואיל ולא נתקנו בזה אחר זה דיהושע תקן ברכת הארץ ומשה תקן ברכת הזן מש"ה נקט מלכות דלא הוי סמוכות ומיהו אנן הואיל ונתקנו על הסדר אין אנו פותחין בברוך ויש שנוהגין לומר בבונה ירושלים מלכות: **ברוך** שנתן שבתות למנוחה וכו'. וא"ת והא סמוכה היא וי"ל הואיל ולא נתקנה שם אלא לאומרה לפרקים כששכח רצה והחליצנו אין זה קרוי סמוכה וצריך פתיחה בברוך ובברכות של י"ח ברכות כולם סמוכות לברכות אל חי וקים אי נמי אלהי אברהם היינו מלכות *כדאמרינן (לעיל ד' ז:) משנברא העולם לא היה אדם שקראו להקב"ה אדון עד שבא אברהם וקראו אדון שנא' אדני אלהים מה תתן לי (בראשית טו) ואם הוא י"ט כולל ואומר ברוך שנתן שבתות למנוחה וי"ט לעמו ישראל לשמחה וכן כי מקלע שבת ור"ח:

אי

מסורת הש"ס

[עי' תוי"ט נדרים פ"ג מי"א ד"ה שנכרתו]

[כן הגה (זה) הוא רב ונקרא בשמו רבי אבא עי' ערוך ערך רב]

[לעיל מו.]

[ביצה יז.]

ס"א ליתא

[פסחים קב: סוטה ח. טעמא דבעינן שיהא לבו פנוי למצוה אחת ולא יפנה עצמו הימנה כ"כ תוס' מ"ק ח: ד"ה לפי וכו']

[ועי' תוס' לעיל מ: ד"ה אמר אביי]

לעיל יב. מ:]

עין משפט נר מצוה

נו א מיי' פ"ב מהלכות ברכות הלכה ג סמג עשין כז טור או"ח סי' קפז:

נז ב מיי' שם והלכה ד סמג שם טוש"ע שם סעיף ג ד וכסי' קפח סעיף ג:

נח ג מיי' שם הלכה ג סמג שם טור או"ח סימן קפז:

נט ד מיי' שם הל' ד סמג שם טוש"ע או"ח סי' קפח סעיף ד:

ס ה מיי' שם הלכה ו סמג שם טוש"ע או"ח סי' קפט סעיף א:

סא ו מיי' שם הל' יב סמג שם טוש"ע או"ח סי' קפח סעיף ו:

סב ז מיי' שם הל' יג טוש"ע שם סעיף ז [וכסי' תכד]:

רב נסים גאון

ואלו נאמרין בכל לשון שנינו הפכו פניהם כלפי הר גרזים כו' (דף לז) תנו רבנן ברוך בכלל ברוך בפרט וכן בסיני וכן בערבות מואב שנא' (דברים כח) אלה דברי הברית אשר צוה ה' את משה וגו' מלבד הברית אשר כרת אתם בחורב וכתיב (שם כט) ושמרתם את דברי הברית הזאת ואדונינו האי גאון ז"ל כתב בפירושו דברכות הבי ג' דתורה מפרשי רבנן האמורין בלוחות שניות (שמות לד) הנה אנכי כורת ברית (שם פסוק כז) כרתי אתך ברית (בחורב) (שם פסוק כח) ויכתוב על הלוחות כמכתב הראשון את דברי הברית:

הגהות הב"ח

(א) רש"י ד"ה ומ"ד אינה וכו' אחת היא ואין בה הפסקה. נ"ב ע"ל בפרש"י דף מו סוף ע"א:

גליון הש"ס

גמ' והתניא ר' אומר אין חותמין בשתים. עי' פסחים דף קד ע"ב תוס' ד"ה ולית הלכתא. שם אמר רבב"ח א"ר הטוב והמטיב צריכה מלכות מאי קמ"ל. ק"ל הא לעיל פליגי בזה בן דוסתאי ורבנן וצ"ע [עי' רשב"א]: רש"י ד"ה ומ"ד א"צ מלכות וכו' ומיהו פותח בה בברוך לפי שפתיחתה היא חתימתה עיין לעיל דף מו ע"א תד"ה הטוב והמטיב לאו דאורייתא ושם לא נזכר מלכות בברייתא וצ"ע:

הגה: וי"א דאף כשאומר "יעלה ויבא", לא יסיים "מלך חנון ורחום", אלא ידלג מלת "מלך" (אבודרהם), וסברא נכונה היא, אבל לא ראיתי נוהגין כן - והאחרונים כתבו טעם לזה, כיון דענין בפני עצמו לגמרי הוא, לא קפדינן בזה, ואומרים אותה כמו שהיא מסודרת בתפלת י"ח, **לכן** אין למחות ביד הנוהגין כן.

אות ג'

על הארץ ועל המזון

טור סימן קפז - וחותם בא"י על הארץ ועל המזון; והחותם ברוך מנחיל ארצות הרי זה בור; וכל מי שמשנה המטבע, או שלא הזכיר מה שחייבו חכמים להזכיר, לא יצא י"ח.

אות ד'

אפילו פתח ברחם על ישראל חותם בבונה ירושלים

סימן קפח ס"ד - [י]**נוסח ברכה זו פותח בה "רחם ה' אלהינו", או "נחמנו ה' אלהינו"** - היינו "נחמנו ה' אלהינו בירושלים עירך, ובציון משכן כבודך, ובמלכות בית דוד משיחך, ובבית הגדול והקדוש" וכו'. **וחותם בה "בונה ירושלים", או "מנחם ציון בבנין ירושלים"** - מלשון זה משמע, שאף אם פתח ב"רחם", מותר לחתום ב"מנחם", **ואף** שאין החתימה מעין הפתיחה ממש, לית לן בה, דעכ"פ הענין אחד, [יא]**אבל** יש מאחרונים שמחמירין בזה, וסוברין דצריך להיות מעין הפתיחה ממש.

[יב]**ואין לשנות הנוסח משבת לחול, דבין בשבת בין בחול אומר נוסחא אחת** - ר"ל דאם אומר בחול "רחם", יאמר בשבת ג"כ "רחם", **ואע"ג** דאסור לתבוע צרכיו בשבת, הכא שאני, דטופס ברכה כך היא תמיד, **וגם** כל "הרחמן" יכול לומר בשבת, אע"פ שאינן מטופס הברכה שתקנו חכמים, שכיון שנהגו הכל לאומרם בכל פעם שמברכין בהמ"ז, נעשה להם כטופס ברכה, ואין בזה משום שאלת צרכיו בשבת.

והגר"א כתב, שעיקר כהרי"ף, שבחול יאמר "רחם נא" כמנהגנו, ובשבת יאמר "נחמנו" וכו', ומסיים "מנחם" וכו', וכן יש עוד כמה ראשונים שסוברים כן.

הגה: וי"א דאומרים: בונה ברחמיו ירושלים, וכן נוהגין (מרדכי סוף ברכות) - משום דכתיב: שבתי לירושלים ברחמים וגו', **וגם** מאחר שהתחיל בתחלת הברכה ב"רחם", מסיים נמי ברחמים, כדי שיהיה החתימה מעין הפתיחה ממש, **ומ"מ** לכו"ע אין מעכב כלל, ועיין במעשה רב, ‹שכתב שיש לחתום "בונה ירושלים"›.

אות ה'

צריכה שתי מלכיות לבר מדידה צריכה שתי מלכיות לבר מדידה

סימן קפט ס"א - [יג]**"ברכה רביעית לא יאמר "תתברך"** - שכבר אמר: ברוך אתה ה', **ולא יאמר בה "החי"** - כי בקצת סדורים היה כתוב "המלך החי הטוב" וכו', **כי אם בבית האבל** - וכדלקמיה בס"ב.

[יד]**ואומר בה שלשה מלכויות: ברוך אתה ה' אלהינו מלך העולם, האל אבינו מלכנו כו', המלך הטוב. וג' הטבות: הוא הטיב לנו, הוא מטיב לנו, הוא ייטיב לנו. וג' גמולות: הוא גמלנו, הוא גומלנו, הוא יגמלנו.**

וטעם כ"ז הוא, דברכת "הטוב והמטיב" אינו מן התורה, אלא שחכמים תקנוה על הרוגי ביתר שניתנו לקבורה, ואמרו: "הטוב" שלא הסריחו, "והמטיב" שנתנו לקבורה, **וקבעוה** לבהמ"ז, מפני שכולה הודאה ושבח על הטובה שהטיב עמנו, וגם זו מן הטובות, **וסמכוה** לברכת "בונה ירושלים", מפני שכשנחרבה ביתר נגדעה קרן ישראל, ואינה עתידה לחזור עד שיבוא בן דוד.

ומפני שכבר סיימו ברכות שהם מן התורה וזו היא מדרבנן, לא מקרי זו ברכה שהיא סמוכה לחברתה, ולהכי פותחת ב"ברוך", **ומה** שאין אנו חותמים בה ב"ברוך", אע"פ שהיא ברכה ארוכה, מפני שמתחלה תקנוה במטבע קצר, שלא הוזכר בה אלא "הטוב והמטיב לכל", ואח"כ הוסיפו בה יתר הדברים.

ותקנו בה ג' מלכיות, מפני שכבר תקנו להזכיר מלכות בית דוד ב"בונה ירושלים", וכיון שמזכירין מלכות בית דוד, היה ראוי להזכיר גם מלכות שמים, אלא מפני שאין זה דרך כבוד להזכיר בסמוך ממש מלכותא דשמיא למלכות בשר ודם, רצו להשלימה ולהזכיר בברכת "הטוב והמטיב" מלכות כנגדה, **ואגב** שתקנו להזכיר מלכות כנגד ברכת "רחם", תקנו להזכיר עוד פעם מלכות כנגד ברכת הארץ, שלא הוזכר גם בה מלכות, ואע"פ שמעיקר הדין אין צריך בה מלכות, שהיא סמוכה לברכת "הזן" ובה נזכר מלכות.

וכיון שאומרים בה ג' מלכיות, אומרים בה ג"כ ג' הטבות, מפני שעיקר הברכה היא על שם ההטבה, דהיינו "הטוב והמטיב", **וכיון** שאומרים בה ג' הטבות והיא ברכת הודאה כמ"ש, אומרים ג"כ ג' תגמולות, עכ"ל הלבוש.

אין לומר "אל שבכל יום" וכו', דמשמע ח"ו שיש שתי רשויות, ואותו אל שבכל יום אנו מברכין, **אלא** יאמר "אל בכל יום" וכו', ויותר נכון שלא לומר כלל מלת "אל", שהרי כבר אמר "האל אבינו". **בבהמ"ז** בעה"ב מסיים "ונאמר אמן", שאין יכול לגזור אומר "ואמרו אמן", **משא"כ**

באר הגולה

[י] שם בגמ' בפירש"י ותוס' [יא] ‹הגם דפסקינן כרב נחמן. דישראל וירושלים נחשב לענין אחד, רחם ומנחם אינו ענין אחד› [יב] ‹ועיין תוס' ד"ה מתחיל, ועיין רש"י ד"ה ובשבת, אבל הרי"ף כתב שבשבת יאמר נחמנו ה' אלהינו כו', ובחול יאמר רחם כו', וכן עיקר, וכן הוא על דרך הקבלה - גר"א› [יג] טור והרד"א [יד] ברכות מ"ט

בברכת "עושה שלום במרומיו" שהוא שבח של הקב"ה, וכל ישראל מצווין, אומר "ואמרו אמן".

אחר "הרחמן" יש לענות אמן, וכן אחר כל תחנה ובקשה, אע"פ שאין בה שם. **יאמר** "ונשא ברכה מאת ה'", כלשון הפסוק: ישא ברכה מאת ה'. **נוהגים** לומר בשבת ויו"ט ור"ח "מגדול", ובחול "מגדיל", **ויתר** דקדוקים שבנוסח בהמ"ז עיין בא"ר שהאריך בזה.

אות ו' – ז'

טעה ולא הזכיר של שבת, אומר: ברוך שנתן שבתות למנוחה לעמו ישראל באהבה לאות ולברית וכו'

טעה ולא הזכיר של יו"ט, אומר: ברוך שנתן ימים טובים כו'

סימן קפח ס"ו - [טו]**טעה ולא הזכיר של שבת** - ואפי' אם ספק לו אם הזכיר או לא, תלינן דמסתמא בודאי לא הזכיר, **אומר: ברוך אתה ה' אלהינו מלך העולם שנתן שבתות למנוחה לעמו ישראל באהבה לאות ולברית, ברוך אתה ה' מקדש השבת** - (אע"פ שאם היה מזכירן במקומן לא היה בנוסח ברכה בשם ומלכות, היינו משום שכשהוא מזכירה בברכה הסמוכה, הרי היא נכללת בברכה שיש בה שם ומלכות בפתיחתה וחתימתה, דפתיחת וחתימת הראשונה כוללת כולן, **אבל** כיון שסיים "בונה ירושלים" ואומרה ברכה בפני עצמה, לא הוי סמוכה לחברתה, כיון שאינה אלא אקראי בעלמא).

ואם אינו יודע נוסח ברכה זו, חוזר לראש, (ט"ז, **ולענ"ד** יש לעיין בזה טובא, לפי מה שפסק השו"ע, דאם שכח לומר "משיב הרוח", ונזכר עד שלא התחיל "אתה קדוש", דאומר "משיב הרוח", וה"ה לענין "יעלה ויבוא", כשנזכר קודם שהתחיל "מודים", והטעם בכל זה, משום דכיון שלא התחיל עדיין ברכה אחרת, לא נקרא עדיין סיום ברכה, **א"כ** הכא נמי בענינינו, נהי דתקנו רבנן לכתחלה לומר נוסח ברכה "שנתן שבתות" וכו', דהכי עדיף טפי כדכתבינן מעיקרא, אבל היכא דאינו יודע הנוסח, למה לא יאמר כאן "רצה" כשהוא שבת, או "יעלה ויבוא" כשהוא יו"ט, כיון שלא התחיל עדיין ברכה שאחריה, וכעוסק עדיין בברכת "רחם" דמי, **איברא** דדין זה דשו"ע הנ"ל לאו מלתא ברירא היא, דכמה ראשונים פליגי ע"ז, ומ"מ לפי דעת השו"ע הנ"ל צ"ע למעשה), **ואם** יודע ההתחלה והסיום, אף שאינו יודע שאר הנוסח שבאמצע כראוי, אומרה, וא"צ לחזור לראש.

ואם טעה ולא הזכיר של יו"ט, אומר: ברוך אתה ה' אלהינו מלך העולם אשר נתן ימים טובים לישראל - צ"ל "לעמו ישראל", **לששון ולשמחה, את יום חג פלוני הזה, ברוך אתה ה' מקדש ישראל והזמנים.**

ובר"ה אין אומרים "לששון ולשמחה", גם אין אומרים "ודברך מלכנו" וכו', **וזה** נוסחו: בא"י אמ"ה שנתן ימים טובים לעמו ישראל את יום הזכרון הזה, ואינו חותם בה כמו בר"ח, **וזהו** דעת המ"א, שחולק על כנה"ג שמשוה ר"ה לשאר י"ט, **אבל** הרבה אחרונים הסכימו לדעת כנה"ג, וע"כ צריך לחתום: בא"י מקדש ישראל ויום הזכרון, **ואם** שכח והתחיל "הטוב והמטיב", ג"כ דעת המ"א דשוב אינו חוזר כמו בר"ח, [**דיש** מקצת פוסקים שסוברין דמותר להתענות בר"ה, וא"כ אי בעי לא אכל כלל, וזהו טעם דר"ח]. **וא"ר** חולק עליו, וס"ל דחוזר.

וביוה"כ לענין חולה שצריך לאכול בו, וצריך לומר בו "יעלה ויבוא", אם פתח ב"הטוב והמטיב" ונזכר שלא אמר "יעלה ויבוא", אינו צריך לחזור וכמו בר"ח, **ואם** נזכר קודם שהתחיל ברכת "הטוב והמטיב", י"א דצריך לומר: ברוך שנתן ימים קדושים לישראל את יוהכ"פ הזה, בלי חתימה, **וי"א** דבזה לא תקנו חכמים כלל נוסח ברכה להשלים הזכרת "יעלה ויבוא", וכל שלא אמר במקומו שוב אינו חוזר, וכן מסתברא.

ואם חל יו"ט בשבת, אומר: שנתן שבתות למנוחה לעמו ישראל באהבה לאות ולברית, וימים טובים לששון ולשמחה, את יום חג פלוני הזה, ברוך אתה ה' מקדש השבת וישראל והזמנים - ומיירי ששכח ולא אמר שניהם, לא "רצה" ולא "יעלה ויבוא", ולהכי צריך לכלול שניהם, **אבל** אם שכח של שבת לבד, אומר רק "אשר נתן שבתות למנוחה", **וכן** בשכח של יו"ט לבד, אומר "אשר נתן ימים טובים לעמו ישראל" וכו'.

וכל - פתיחת **ברכות הללו בשם ומלכות.**

אות ח'

טעה ולא הזכיר של ר"ח אומר: ברוך שנתן ראשי חדשים כו'

סימן קפח ס"ז - [טז]**אם טעה ולא הזכיר בה של ר"ח, בין ביום בין בלילה, אומר: ברוך שנתן ראשי חדשים לעמו ישראל לזכרון** - עיין בבה"ל שבירנו בשם רוב הפוסקים, דגם אותה צ"ל בשם ומלכות. [יז]**ואינו חותם בה.**

(**ואע"ג** דלגבי תפלה קי"ל, דאין מחזירין אותו אם שכח "יעלה ויבוא" בליל ר"ח, הני מילי להחזיר, אבל להוסיף ברכה אפי' בלילה נמי).

והוא שנזכר קודם שהתחיל "הטוב והמטיב"; [יח]אבל אם לא נזכר עד שהתחיל "הטוב והמטיב", אינו חוזר, מפני שאינו חייב לאכול פת כדי שיתחייב לברך בהמ"ז - דדוקא בשבת וביו"ט שמחויב לאכול דוקא פת, וא"כ חיוב ברהמ"ז קבוע הוא בימים האלה, לכן תקינו רבנן לעיכובא ג"כ להזכיר שם מעין המאורע, וכמו בתפלה, **אבל** בר"ח אע"ג שאסור להתענות בו, מ"מ אינו מחויב לאכול דוקא פת, וא"כ אין חיוב ברהמ"ז קבוע בו, ולהכי לא תקנו חכמים הזכרת מעין המאורע שלו לעיכובא בבהמ"ז, וע"כ אם שכח אין צריך לחזור.

‹המשך ההלכות מול עמוד ב'›

באר הגולה

טו **שם בגמרא מ"ט ע"א** טז **שם בגמ' מ"ט** יז **הרי"ף שם והרמב"ם** ‹בגמ' מספקא לה, וע"כ פסק הרי"ף והרמב"ם והרא"ש ושארי פוסקים דאין לחתום, אבל בה"ג כתב שיש לחתום בה, {כתלמוד ירושלמי - ב"י} - גר"א› יח **שם בגמ'** ‹עמוד ב'›

והדר לרישא אמר ליה מאי טעמא עביד מר הכי אמר ליה דאמר רבי שילא אמר רב טעה חוזר לראש והא אמר רב הונא אמר רב טעה אומר ברוך שנתן אמר ליה לאו איתמר עלה אמר רב מנשיא בר תחליפא אמר רב לא שנו אלא שלא פתח בהטוב והמטיב אבל פתח בהטוב והמטיב חוזר לראש אמר רב אידי בר אבין אמר רב עמרם אמר רב נחמן אמר שמואל טעה ולא הזכיר של ראש חדש בתפלה מחזירין אותו *בברכת המזון אין מחזירין אותו אמר ליה רב (א) אבין לרב עמרם מאי שנא תפלה ומאי שנא ברכת המזון אמר ליה אף לדידי קשיא לי ושאילתיה לרב נחמן ואמר לי מיניה דמר שמואל לא שמיע לי אלא נחזי אנן תפלה דחובה היא מחזירין אותו ברכת מזונא דאי בעי אכיל אי בעי לא אכיל אין מחזירין אותו אלא מעתה בשבתות וימים טובים דלא סגי דלא אכיל הכי נמי דאי טעי הדר אמר ליה אין דאמר רבי שילא אמר רב טעה חוזר לראש והא אמר רב הונא אמר רב טעה אומר ברוך שנתן לאו איתמר עלה לא שנו אלא שלא פתח בהטוב והמטיב אבל פתח בהטוב והמטיב חוזר לראש: עד כמה מזמנין וכו': למימרא דרבי מאיר חשיב ליה כזית ורבי יהודה כביצה והא איפכא שמעינן להו *דתנן וכן מי שיצא מירושלים ונזכר שהיה בידו בשר קדש אם עבר צופים שורפו במקומו ואם לאו חוזר ושורפו לפני הבירה מעצי המערכה עד כמה הם חוזרים רבי מאיר אומר זה וזה בכביצה ורבי יהודה אומר זה וזה בכזית אמר רבי יוחנן מוחלפת השיטה אביי אמר לעולם לא תיפוך הכא בקראי פליגי ר' מאיר סבר *ואכלת זו אכילה ושבעת זו שתיה ואכילה *בכזית ורבי יהודה סבר ואכלת ושבעת אכילה שיש בה שביעה ואיזו זו כביצה התם בסברא פליגי ר' מאיר סבר חזרתו *כטומאתו מה טומאתו בכביצה אף חזרתו בכביצה ור' יהודה סבר חזרתו כאיסורו מה איסורו בכזית אף חזרתו בכזית: **מתני'** כיצד מזמנין בשלשה אומר נברך בשלשה והוא אומר ברכו בעשרה אומר נברך אלהינו בעשרה והוא אומר ברכו אחד עשרה ואחד עשרה רבוא במאה הוא אומר נברך ה' אלהינו במאה והוא אומר ברכו באלף הוא אומר נברך לה' אלהינו אלהי ישראל באלף והוא אומר ברכו ברבוא אומר נברך לה' אלהינו אלהי ישראל אלהי צבאות יושב הכרובים על המזון שאכלנו ברבוא והוא אומר ברכו כענין שהוא מברך כך עונים אחריו ברוך ה' אלהינו אלהי ישראל אלהי צבאות יושב הכרובים על המזון שאכלנו ר' יוסי הגלילי אומר לפי רוב הקהל הם מברכים שנאמר °במקהלות ברכו אלהים ה' ממקור ישראל אמר ר' עקיבא מה מצינו בבית הכנסת אחד מרובים ואחד מועטים אומר ברכו את ה' רבי ישמעאל אומר ברכו את ה' המבורך: **גמ'** אמר שמואל לעולם אל יוציא אדם את עצמו מן הכלל תנן בשלשה והוא אומר ברכו אימא

אף

רש"י

וסדר לרישא. לתחלת ברכת המזון כדאמרינן (לעיל דף כט:) גבי תפלה עקר את רגליו חוזר לראש התם הוא דאיכא עקירת רגלים אבל הכא סיום הברכה הוא עקירת רגלים: **מי שילא מירושלים.** לעיל מיניה מיירי ההולך לשחוט את פסחו ונזכר שיש לו חמץ בתוך ביתו אם יכול לחזור ולבער ולחזור למצותו יחזור ויבער ואם לאו יבטל בלבו וכן מי שיצא מירושלים ונזכר שיש בידו בשר קודש ונפסל ביציאתו חוץ לחומה: **אם עבר לופים.** מקום שיכול לראות בהמ"ק: **לפני הבירה.** מקום בהר הבית שיש שם בית הדשן גדול ששורפין פסולי קדשים קלים כדאמרינן בזבחים בפרק טבול יום (דף קד:): **זה וזה.** חמץ ובשר קודש: **חזרתו כטומאתו גרסינן.** שיעור חזרתו כשיעור טומאתו מידי דחשיב לענין טומאה חשיב זה לענין חזרה: **מתני' בשלשה והוא אומר ברכו.** דהא בלאו דידיה איכא זימון וכן כולם: **אחד עשרה ואחד עשרה רבוא.** כלומר הכל שוה משראויים להזכיר את השם אין צריכין לשנות ובגמ' פריך הא קתני סיפא במאה והוא אומר כו': **לפי רוב הקהל הם מברכים.** כמו שאמר שיש חילוק בין מאה לעשרה ובין מאה לאלף ובין אלף לרבוא והא דקתני אחד עשרה ואחד עשרה רבוא ר"ע היא דאמר מה מצינו בבית הכנסת משהגיעו לעשרה אין חילוק בין רבים בין מועטים אף כאן אין חילוק הכי מוקי לה בגמרא: **גמ' אל יוציא את עצמו.** אע"פ שבארבעה הוא רשאי לומר לשלשה ברכו טוב לו שיאמר נברך ואל יוציא עצמו מכלל המברכים: **תנן בשלשה והוא אומר ברכו.** אלמא הכי עדיף כלומר רבים אתם ואפילו איני עמכם:

אף

תוספות

אי בעי אכיל ואי בעי לא אכיל. וא"ת והא הוי ר"ח מיומי דלא להתענות בהון במגילת תענית וי"ל דה"פ אי בעי אכיל ואי בעי לא אכיל פת שחייבו בברכת המזון אבל ביום טוב צריך לאכול פת ותימה דאמרינן בסוכה (פ"ב דף כז.) אי בעי אכיל ואי בעי לא אכיל חוץ מלילה הראשונה דיליף ט"ו ט"ו מחג המצות וי"ל דה"פ שאינו צריך לאכול בסוכה אם לא ירצה אבל בשביל יו"ט צריך לאכול וא"ת מנ"מ אם צריך לאכול בשביל יו"ט או בשביל סוכות *ומיהו אומר רבינו יהודה דנפקא מינה כגון שירדו גשמים ואכלו חוץ לסוכה דהשתא אם לכבוד יו"ט שפיר אבל אם בשביל סוכה ביו"ט ראשון צריך לחזור ולאכול בסוכה לאחר שיפסקו הגשמים דילפינן ט"ו ט"ו מחג המצות אבל בשאר ימים אינו צריך והא דאמרינן בפרק אלו דברים (פסחים ד' סח:) מר בריה דרבינא הוה יתיב בתעניתא כולה שתא משמע שהיה מתענה ביום טוב מפרש ר"י דבתענית חלום קאמר אבל בשאר תעניות אסור וסעודה שלישית של שבת היה מסופק ר"י דשמא אי בעי לא אכיל אלא מיני תרגימא כדפי' ר"ת כדאמרי' בסעודת סוכה ומיהו בכתובות פרק אע"פ (דף סד:) חשיב גבי משרה אשתו על ידי שליש שלש סעודות משל שבת א"כ משמע דכולן שוות ועוד כיון דילפינן *ממן אלמא דשוות הן ומיהו אם אכל סעודה רביעית ושכח של שבת לא הדר לרישא דודאי אי בעי לא אכיל הך סעודה רביעית כלל: *עד כמה מזמנין וכו'. ה"ה ברכת המזון בלא זימון אלא רבותא אשמעינן דאפילו על כזית מזמנין: **אם** עבר צופים. פירש"י בפסחים (פ"ג ד' מט.) מקום ששמו צופים ול"נ דא"כ ה"ל למימר וכמדתו לכל רוח כדקאמר התם [נג:] גבי מודיעים ולפנים אלא י"ל שאינו מקום וצופים הוי לשון ראיה וה"פ אם הרחיק מירושלים כ"כ שאינו יכול לראות ירושלים שורפו במקומו: **רבי** מאיר סבר ואכלת זו אכילה ואכילה בכזית. ואומר הר"י דהני קראי אסמכתא בעלמא נינהו דמדאורייתא בעינן שביעה גמורה כדאמר פרק מי שמתו (ד' כ:) וכי לא אשא פנים לישראל וכו' וכן אמרינן התם בן מברך לאביו ומוקים לה במאן דאכיל שיעורא דרבנן ופירש"י היינו כזית או כביצה ועוד אי כזית או כביצה הוי דאורייתא איזה שיעור דרבנן. וקי"ל בכזית דלפי מה שמחליף רבי יוחנן קאמר רבי יהודה בכזית ור' מאיר ורבי יהודה הלכה כרבי יהודה וגם לאביי דלא מחליף ור"מ אית ליה עד כזית נראה דהלכה כר"מ בכזית אף על גב דבעלמא *ר"מ ורבי יהודה הלכה כרבי יהודה בהא הלכה כר"מ דהא קים ליה ר' יוחנן בשיטתו לעיל *דאינו מוציא רבים ידי חובתן עד שיאכל כזית וכן לעיל *גבי שאכל כזית מליח וכן פסק בה"ג ור"ח ושאלתות *ולענין שתיה אומר ר"י דיש להחמיר ולברך עליו אפילו בפחות ממלא לוגמיו אף על גב דלענין יום הכפורים ליתא לא ילפינן מינה לענין ברכה תדע דלענין ברכת המזון בכזית ולענין יום הכפורים עד דהוי דוקא *ככותבת: **נברך** אלהינו גרסינן ולא גרסינן נברך לאלהינו בלמ"ד דדוקא גבי שיר והודאה כתיב למ"ד כמו שירו לה' הודו לה' גדלו לה' אבל גבי ברכה לא מצינו זה הלשון וכן מפורש בסדר רב עמרם: **אמר** ר"ע מה מצינו בבית הכנסת אחד עשרה וכו'. משמע דרבי יוסי הגלילי מודה בבית הכנסת מדקאמר מה מצינו וכו' כלומר שאתה מודה לי ומאי שנא דפליגי בברכת המזון ומודו בבית הכנסת ויש לומר דודאי לא חלקו בין עשרה למאה בתפלה דאלו נכנסים ואלו יוצאים ולאו אדעתיה דש"צ אבל בברכת המזון שהן קבועין ומעורבין שם יחד אין לטעות בזה שאין יוצאין עד לאחר ברכת המזון: **לעולם** אל יוציא אדם את עצמו מן הכלל. ופריך בירושלמי מן הקורא בתורה ומן החזן שאומר ברכו ומפרש כיון שאומר המבורך אין זה מוציא עצמו מן הכלל: **תנן** בשלשה והוא אומר ברכו. ס"ד השתא דברכו עדיף משום דברכו היינו צווי לברך את השם אבל נברך אינו אלא נטילת רשות:

אלא

עין משפט נר מצוה

סג א מיי' פ"ב מהלכות ברכות הל' יג סמג עשין כז טוש"ע או"ח סי' קפח סעיף ז ובסי' תכד:

סד ב ג מיי' שם הל' יב טוש"ע שם ס"ו:

סה ד ה מיי' פי"ט מהל' פסולי המוקדשין הלכה ח:

סו ו ז מיי' פ"ה מהל' ברכות הל' ב ד סמג עשין כז טוש"ע או"ח סי' קצב סעיף א:

[ועי' היטב תוס' סוכה כז. ד"ה אי בעי]

רב נסים גאון

מר סבר חורתו כטומאתו מה טומאתו בכביצה. עיקרה בתורת כהנים יכול יטמא כל שהוא ת"ל אשר יאכל הא אינו מטמא אלא בכביצה ובגמרא דיום הכפורים (דף פ) אמרינן תניא ר' אומר כל איסורין שבתורה בכזית חוץ מטומאת אוכלין בכביצה כו' מנלן א"ר אבהו אמר ר' אלעזר דאמר קרא מכל האוכל אשר יאכל אוכל שאתה יכול לאכלו בבת אחת שיערו חכמים שאין בית הבליעה יתר מביצת תרנגלת ולענין איסורין אמרי' (סוכה ו) ארץ זית שמן ארץ שרוב שיעוריה כזיתים ועיקרו בתורת כהנים אשר תאכל אין אכילה פחות מכזית ובגמ' דפרק גיד הנשה (חולין דף ט) אמרי' ור' יהודה אכילה כתיבה בה ואכילה בכזית והתם נמי אמרי' (שם דף קב) אבר מן החי צריך כזית ט"ט אכילה כתיב ביה ואכילה בכזית וכמה רבות בתלמוד ומינה ילפינן לנגע ולנרשא ששיערו חכמים כזית כדתניא בתורת כהנים [בפרשת אמור] והכי איתא בת"כ [שם בס' שמיני] נבלה וטרפה לא יאכל לטמאה בה את שאין לה טומאה אלא אכילה וכו' יכול נבלת בהמה מטמא בגדים בבית הבליעה מק"ו ת"ל בה בה אתה מטמא בבית הבליעה ואין אתה מטמא בנבלת בהמה בבית הבליעה א"כ למה נאמר האוכל ליתן שיעור מה האוכל בכזית אף הנגע והנרשא בכזית: בשלשה והוא אומר ברכו. אמר שמואל לעולם אל יוציא אדם את עצמו מן הכלל ואסיקנא דנברך עדיף למה נהגו העם בספר תורה לומר הקורא ברכו ואינו אומר נברך ופירוקה כי הקורא בס"ת כיון שהצריכוהו לומר המבורך לא יצא מן הכלל והרי בירך הוא תחלה קודם הצבור ובברכת המזון אם הוא אומר ברכו את שאכלנו משלו הרי הוציא את עצמו מן הכלל והכי אמרינן בתלמוד ארץ ישראל שמואל אמר אני איני מוציא את עצמי מן הכלל התיבון הרי הקורא בתורה אומר ברכו אמר ר' אבין מכיון דהוא אומר המבורך אף הוא אינו מוציא עצמו מן הכלל והוא פירוק יפה ותכיב:

מסורת הש"ס

[שבת קיז:]

עיין למשנה לעיל מה.

[יומא עט:]

[שם פא.]

[פסחים מט: פה. קכח.]

תהלים סח

פסחים מט. ודף פא:

[מח.] [לח:]

פ' יחרו קודש סימן נב

[וע"ע תוס' יומא עט. ד"ה ולא בעינן כאריכות]

הגהות הב"ח

(א) גמ' אמר ליה רב אידי בר אבין לרב עמרם מאי שנא:

גליון הש"ס

תוס' ד"ה אם עבר צופים כו' הוי לשון ראיה עי' לקמן סא ע"ב ברש"י ד"ה מן הצופים. תוס' ד"ה ר"מ סבר כו' ולענין שתיה אומר ר"י דיש להחמיר ולברך. קל' היאך שייך להחמיר לברך הא בברכה ספיקא להקל וצ"ע:

סימן תכד ס"א - [יט]מזכירין "יעלה ויבא" בברכת המזון, [כ]ואם לא אמר, אין מחזירין אותו - דאין חיוב לאכול פת בר"ח, וא"כ אי בעי לא הוי אכיל פת, ולא נתחייב כלל בברכת המזון.

ואם נזכר קודם שהתחיל "הטוב והמטיב", [כא]אומר: ברוך שנתן ר"ח לעמו ישראל לזכרון - עיין לעיל סימן קפ"ח בביאור הלכה, דצ"ל בשם ומלכות.

הגה: וע"ל סי' קפ"ח ס"ז - ועיי"ש עוד בס"י, לענין אם בירך לאחר שיצא ר"ח, דצריך להזכיר של ר"ח בבהמ"ז, דבתר התחלת הסעודה אזלינן שהיה בר"ח.

וכתב עוד המג"א, דאם התפלל ערבית שלאחר ר"ח, אפילו התפלל מבעוד יום, שוב אינו מזכיר אח"כ בבהמ"ז של ר"ח, שהרי עשאו חול בתפלתו, **אבל** אם הוא לא התפלל, אע"פ שהצבור כבר התפללו, אינו נמשך אחריהם, וצריך להזכיר ר"ח בבהמ"ז, **בד"א** שאינו נמשך אחרי הקהל, אלא במקום שכבר התחיל לאכול מקודם, אבל אם התחיל לאכול אחר שהתפללו הקהל מעריב, אפילו התפללו מבעוד יום, אינו מזכיר של ר"ח בבהמ"ז, **וכ"ז** בשהתפלל עכ"פ מנחה, אבל אם לא התפלל עדיין מנחה, אפי' מתחיל לאכול אחר תפלת מעריב של הקהל, נמי צריך להזכיר של ר"ח בבהמ"ז, דליכא למימר שימשך אחר הקהל, שהרי ע"כ ר"ח הוא אצלו, שהרי לא התפלל עדיין מנחה, וצריך ע"כ להזכיר ר"ח בתפלת המנחה.

וה"ה איפכא, אם הקהל התפללו בערב ר"ח מעריב מבעוד יום, והתחיל לאכול אחר ערבית, אע"פ שהוא לא התפלל ערבית, אעפ"כ מזכיר של ר"ח, דנמשך אחרי הקהל, **מיהו** אם הוא לא התפלל מנחה עדיין, אינו מזכיר של ר"ח, כיון שעתיד להתפלל מנחה של חול, **כ"ז** כתב המ"א והעתיקוהו האחרונים לדינא.

---

§ מסכת ברכות דף מט: §

אות א'

טעה ולא הזכיר של ר"ח... בברכת המזון אין מחזירין אותו

סימן קפח ס"ז - [א]אם טעה ולא הזכיר בה של ר"ח, בין ביום בין בלילה, אומר: ברוך שנתן ראשי חדשים לעמו ישראל לזכרון - עיין בבה"ל שבירנו בשם רוב הפוסקים, דגם אותה צ"ל בשם ומלכות. **[ב]ואינו חותם בה.**

(ואע"ג דלגבי תפלה קי"ל, דאין מחזירין אותו אם שכח "יעלה ויבוא" בליל ר"ח, הני מילי להחזיר, אבל להוסיף ברכה אפי' בלילה נמי).

[ג]והוא שנזכר קודם שהתחיל "הטוב והמטיב"; [ד]אבל אם לא נזכר עד שהתחיל "הטוב והמטיב", אינו חוזר, מפני שאינו חייב לאכול פת כדי שיתחייב לברך בהמ"ז - דדוקא בשבת וביו"ט שמחויב לאכול דוקא פת, וא"כ חיוב ברהמ"ז קבוע הוא בימים האלה, לכן תקינו רבנן לעיכובא ג"כ להזכיר שם מעין המאורע, וכמו בתפלה, **אבל** בר"ח אע"ג שאסור להתענות בו, מ"מ אינו מחויב לאכול דוקא פת, וא"כ אין חיוב ברהמ"ז קבוע בו, ולהכי לא תקנו חכמים הזכרת מעין המאורע שלו לעיכובא בבהמ"ז, וע"כ אם שכח אין צריך לחזור.

וכתב המ"א דה"ה ביו"ט, יותר מסעודה אחת ביום וסעודה אחת בלילה שמחויב לאכול, אם אכל ושכח להזכיר מעין המאורע בבהמ"ז, אינו צריך לחזור כמו בר"ח, **אם** לא כשלא אכל הסעודה בלילה, שמחויב לאכול ביום שתים, דאז אפילו בסעודה שניה חוזר. (ועיין לקמן סי' רצ"א ס"א, שמצדד שלא לחזור, וצ"ע).

[ה]וחוה"מ דינו כר"ח - לענין שאין צריך לחזור, **וה"ה** לענין שאם נזכר קודם שהתחיל "הטוב והמטיב", אומר: בא"י אמ"ה שנתן מועדים לעמו ישראל לששון ולשמחה, [**וכמו** שאומרים "מועדים" בתפלת מוסף, או שיאמר "ימים קדושים", אבל לא יאמר "ימים טובים"], **ואינו** חותם כמו בר"ח.

הגה: ואפשר דמ"מ יש לאמרו בתוך שאר "הרחמן", כמו שנתבאר לעיל סוף סי' קפ"ז גבי "על הנסים"; ואולי יש לחלק, כי ב"יעלה ויבא" יש בו הזכרת שמות ואין לאומרו לבטלה, כן נראה לי וכן נוהגין - (עיין במ"א שתמה ע"ז, דכי אסור לומר תחנונים שיש בהן הזכרת שמות, ודוקא ברכה לבטלה אסור, **וראיתי** בספר בגדי ישע שמיישבו, דבכאן גבי "יעלה ויבוא" שכונתו בזה לצאת ידי חיוב ברכה, גרע, ויש בזה חשש ברכה לבטלה).

[ו]אם חל ר"ח בשבת, והזכיר של שבת ולא הזכיר של ר"ח, ולא נזכר עד שהתחיל "הטוב והמטיב", אינו חוזר - כמו בכל ר"ח כששכח, ואע"ג דבההוא יומא לא סגי דלא אכיל פת, ההיא משום שבת היא ולאו משום ר"ח, דאכילת פת בר"ח ליכא חיובא, ושל שבת הרי הזכיר.

ואם שכח [גם] של שבת - כצ"ל, וכן הגירסא בשו"ע של עולת תמיד, **ונזכר קודם שהתחיל "הטוב והמטיב", כולל ר"ח עם שבת ואומר: שנתן שבתות למנוחה וראשי חדשים לזכרון. ואם פתח ב"הטוב והמטיב", חוזר לראש בהמ"ז ומזכיר של שבת ושל ר"ח.**

באר הגולה

[יט] שבת כ"ד וכרבי דתניא כוותיה [כ] מימרא בברכות מ"ט [כא] ציינתיו סי' קפ"ח סעיף ז' [א] שם בגמ' מ"ט [ב] הרי"ף שם והרמב"ם ‹בגמ' מספקא לה, וע"כ פסק הרי"ף והרמב"ם והרא"ש ושארי פוסקים דאין לחתום, אבל בה"ג כתב שיש לחתום בה, {כתלמוד ירושלמי - ב"י} - גר"א› [ג] ‹כל זמן שלא פתח בהטוב והמטיב, לאו חזרה הוא, ואומר ברוך שנתן וכו' - טור› [ד] שם בגמ' [ה] סמ"ג וכל בו ור' ירוחם [ו] טור בשם ר' יוסף והמרדכי והגה' מרדכי

ויש מי שאומר שאם שכח של שבת ור"ח, ונזכר קודם שהתחיל "הטוב והמטיב", אומר: שנתן שבתות למנוחה וראשי חדשים לזכרון, וחותם בשל שבת ואינו חותם בשל ראש חודש - כדלעיל, דליכא חתימה בר"ח, ואע"ג דהכא מזכיר השם בחתימה בלא"ה משום שבת, מ"מ אינו כדאי להזכיר, דהזכרת השם הוא על שניהם, **ומ"מ** לדינא מסקי האחרונים, דיזכיר בחתימה גם ר"ח, מטעם דבלא"ה הרבה פוסקים ס"ל, דגם בכל ר"ח צריך לחתום בברכה כמו ביו"ט, **ואע"פ** שאין אנו נוהגין כוותייהו, משום חשש ברכה שא"צ, הכא דבלא"ה חותם בברכה בשביל שבת, שפיר דמי לומר: מקדש השבת וישראל וראשי חדשים.

ובשכח של שבת לבד, ונזכר קודם "הטוב והמטיב", בודאי אין צריך לכלול גם של ר"ח בברכה זו, כיון שכבר הזכיר ר"ח ב"יעלה ויבוא", **ומ"מ** אם לא נזכר עד לאחר שפתח ב"הטוב והמטיב", וחוזר לראש בהמ"ז בשביל הזכרה של שבת, אז צריך לומר עוד הפעם גם "יעלה ויבוא", דבהמ"ז הראשון נתבטל לגמרי.

סימן תכד ס"א - [ז]מזכירין "יעלה ויבא" בברכת המזון, [ח]ואם לא אמר, אין מחזירין אותו - דאין חיוב לאכול פת בר"ח, וא"כ אי בעי לא הוי אכיל פת, ולא נתחייב כלל בברכת המזון.

ואם נזכר קודם שהתחיל "הטוב והמטיב", [ט]אומר: ברוך שנתן ר"ח לעמו ישראל לזכרון - עיין לעיל סימן קפ"ח בביאור הלכה, דצ"ל בשם ומלכות.

אות ב' - ג'

שבתות וימים טובים דלא סגי דלא אכיל, ה"נ דאי טעי הדר לא שנו אלא שלא פתח בהטוב והמטיב, אבל פתח בהטוב והמטיב חוזר לראש

סימן קפח ס"ו - [י]והא דסגי בהך ברכה, דוקא כשנזכר קודם שהתחיל "הטוב והמטיב" - היינו שעומד אחר ברכת "בונה ירושלים", **ואם** נזכר אחר שאמר תיבת "ברוך אתה", פשוט דחוזר לומר "רצה והחליצנו" או "יעלה ויבוא", ואומר אח"כ "ובנה ירושלים" וכו', **ואם** נזכר אחר שאמר כבר "ברוך אתה ה'", מהנכון שיסיים תיכף "למדני חקיך", כדי שלא יהיה השם לבטלה, והוי עדיין כלא סיים הברכה, וחוזר ל"רצה". [כדי שלא יהא צריך להוסיף ברכה].

אבל אם לא נזכר עד שהתחיל "הטוב והמטיב", צריך לחזור לראש בהמ"ז - כתב הח"א, ר"ל שאמר "ברוך אתה ה' אמ"ה האל", זה מקרי התחלה לברכה זו, **אבל** אם אמר רק "בא"י אמ"ה", יסיים "אשר נתן שבתות למנוחה" וכו', ואח"כ יחזור ויאמר ברכת "הטוב והמטיב". (והנה משארי אחרונים משמע, דמשהתחיל ברכה זו שוב אין תקנה וחוזר לראש, דלא כח"א, ונ"ל דס"ל, דהא דאמרינן בש"ס דכשפתח ב"הטוב והמטיב" חוזר לראש, הוא משום שעי"ז ניכר שכבר הסיח דעתו מברכה שלישית, **ולפי"ז** מאי מהני שיגמור "אשר נתן מנוחה", הרי עכ"פ כשאמר "ברוך אתה ה'" חשב אדעת ברכה רביעית, וממילא כבר הסיח דעתו מברכה שלישית, **וע"כ דינא דח"א צע"ג**).

וחוזר לראש בהמ"ז, דכיון דכבר סיים סדר ברכות דאורייתא, והסיח דעתו מהם ופתח ב"הטוב והמטיב", דמי לעקירת רגלים בתפלת י"ח, דחוזר לראש אם טעה באיזה דבר, (רש"י והרא"ה).

(**וטעם** שיטה זו העתיק המ"א סברת הרא"ש, דכולהו ג' ברכות חשיבי כברכה אחת, **ועי"ז** הוליד לנו דין חדש, דלאו דוקא בענין זה, דה"ה בכל מקום שטעה, כגון שלא הזכיר "ברית ותורה" בברכת הארץ, או מלכות בית דוד ב"בונה ירושלים", דחוזר לראש בהמ"ז, **ועיין** בפמ"ג שמפקפק מאד בזה, דנהי דלטעם הרא"ש מוכח דין זה, מ"מ לרש"י שכתב טעם אחר בענין זה, בודאי בטעה ב"ברית ותורה" וכה"ג, אינו חוזר רק לאותה ברכה שטעה בה, וכן בנהר שלום השיג על המ"א בזה, **היוצא** מדברינו, דלרש"י והרא"ה מוכח דלא ס"ל כסברת הרא"ש, **וגם** הלא בלא"ה הראב"ד והרשב"א והרבינו יונה והרוקח, פליגי אעיקר דינא דמחבר, וס"ל דגם בטעה ב"בונה ירושלים" ופתח ב"הטוב והמטיב", אינו חוזר לראש, כי אם לברכת "רחם", **ואף** שבזה קשה לסמוך עליהם, מאחר שרוב הראשונים פסקו דחוזר לראש בהמ"ז כדעת המחבר, מ"מ היינו דוקא בשכבר סיים ברכות של תורה ופתח ב"הטוב והמטיב", ומטעם דחשיב כעקירת רגלים בתפלה דחוזר לראש התפלה, וכמו שכתב רש"י והרא"ה, **אבל** לא בעומד באמצע בהמ"ז ונזכר שטעה, דיחזור לראש, ומטעם דג' ברכות חשובות כאחת, דזה לא נזכר כלל אף לבעלי שיטה זו, **וע"כ** דין זה דמ"א צע"ג למעשה).

ואם טעה בברכה רביעית, כגון שלא אמר בה שם ומלכות, אע"פ שכבר גמר אותה, אינו חוזר אלא ל"הטוב והמטיב", שהיא ברכה בפני עצמה.

(**אם** נרדם בבהמ"ז, ואינו יודע באיזה ברכה עומד, חוזר לראש בהמ"ז, אם לא שיודע בודאי שאמר איזה מהברכות, שאז אינו חוזר אלא למקום שמסתפק).

אות ג' *[יא]

תוס' ד"ה אי בעי: וסעודה שלישית של שבת היה מסופק ר"י

סימן קפח ס"ח - [יב]"סעודה שלישית בשבת, דינה כר"ח - שאינו חוזר אם התחיל ברכת "הטוב והמטיב", לפי שי"א שסעודה שלישית אין צריך פת, **ואף** שאין דבריהם עיקר כמש"כ המחבר בסימן רצ"א ס"ה, מ"מ יש לחוש לדבריהם שלא לכנוס לספק ברכה לבטלה, (**אבל** שתי סעודות הראשונות בודאי חייב בפת לכו"ע, דהא

באר הגולה

ז שבת כ"ד וכרבי דתניא כוותיה | ח מימרא בברכות מ"ט | ט ציינתיו סי' קפ"ח ס"ז | י גמ' שם - גר"א | יא ע"פ הב"י והגר"א | יב טור בשם אחיו הר"ר יחיאל

כתיב: וקראת לשבת ענג, ואין ענג בלא פת, וה"ה ביו"ט, דכתיב ביה שמחה, ואין זה בלא לחם).

ומ"מ אם נזכר קודם שהתחיל ברכת "הטוב והמטיב", אפילו בסעודה רביעית או חמישית בשבת ויו"ט, אומר "בא"י אמ"ה שנתן שבתות למנוחה" וכו', או "שנתן ימים טובים" וכו', כמו שאומר בר"ח אע"פ שא"צ אז פת כלל באותו יום.

(**ומשמע ממ"א** דלענין חתימה ג"כ שוה לר"ח דאינו חותם, **ואזיל** לטעמיה, דכל היכא דבדיעבד אין מחזירין אותו, ה"ה דאינו חותם אם נזכר קודם שפתח ב"הטוב והמטיב", **אכן** לפי מה שכתבנו שם בשם הנהר שלום, דאינו תלוי כלל זה בזה, דדוקא גבי ר"ח מספקא ליה לתלמודא אי חתים, משום דלא חשיבא יומא כולי האי לקבוע עליו ברכה בבהמ"ז בפתיחה וחתימה, **א"כ** ה"ה בענינינו, נהי דמחמרינן שלא להחזירו אם נזכר לאחר שפתח ב"הטוב והמטיב", מ"מ יום שבת בודאי חשיבא, וכשנזכר קודם שפתח ב"הטוב והמטיב", צ"ל "אשר נתן" וכו' בפתיחה וחתימה, **ובפרט** בסעודה ג', דמעיקר הדין כבר פסק המחבר דחיובה דוקא בפת).

ובסעודה ג' ביו"ט, לד"ה אינו חוזר, שהרי לד"ה אינו אלא רשות, וכמש"ל.

אות ד' – ה'

<u>וכן מי שיצא מירושלים ונזכר שהיה בידו בשר קדש, אם עבר צופים שורפו במקומו; ואם לאו, חוזר ושורפו לפני הבירה מעצי המערכה</u>

<u>זה וזה בכזית</u>

רמב"ם פי"ט מהל' פסולי המוקדשין ה"ח - מי שיצא מירושלים ונזכר שיש בידו בשר קדש, אם עבר הצופין שורפו במקומו; ואם לאו, אם יש בו כזית או יתר, חוזר ושורפו בירושלים; ואם הוא אורח שאין לו בית, שורפו לפני הבירה מעצי המערכה.

אות ה'* [יג]

<u>מה טומאתו בכביצה</u>

רמב"ם פ"ד מהל' טומאת אוכלין ה"א - כמה שיעור אוכלין לטומאה, לטומאת עצמן כל שהן, אפילו שמשום או חרדל מתטמא, שנאמר: כל האוכל אשר יאכל, כל שהוא; ואין אוכל טמא מטמא אוכל אחר או משקין או ידים עד שיהיה בו כביצה בלא קליפתה.

רמב"ם פ"ד מהל' טומאת אוכלין הי"ב - אוכלין טמאים שיעורם שוה, שכל אוכל טמא אינו מטמא אלא כביצה.

אות ו' – ז'

<u>בשלשה אומר: נברך, בשלשה והוא אומר: ברכו לעולם אל יוציא אדם את עצמו מן הכלל</u>

סימן קצב ס"א - [יד]"היו המסובין ג', חייבים בזימון - דהיינו שחייבין להזדמן ולצרף ברכתם בלשון רבים.

בזוהר הזהירו לומר בפיו קודם בהמ"ז "תן לנו הכוס ונברך", או "באו ונברך", לפי שכל דבר שבקדושה צריך הזמנה בפה עובר לעשייתו, כדי להמשיך הקדושה, **ומזה** נוהגים לומר בלשון אשכנז: רבותי מיר וועלין בענטשין, והם עונים: יהי שם ה' מבורך מעתה ועד עולם.

שאומר אחד מהם: נברך שאכלנו משלו - ואסמכו רבנן אקרא, דכתיב: גדלו לה' אתי ונרוממה שמו, דמשמע שאחד יאמר לשנים: גדלו, **א"נ** ממאי דכתיב: כי שם ה' אקרא הבו גודל לאלהינו. **וכ"ש** אם הם יותר עד עשרה, כמו שיתבאר לפנינו.

(**משמע** מזה דלא יאמר "ובטובו חיינו", וכן כתב הב"ח ועוד כמה אחרונים, **ואף** שהמ"א מצדד קצת דהאומר אין מחזירין אותו, מ"מ לכתחלה לכו"ע אין כדאי לומר כן, דאין לו שום מקור מן הש"ס).

והם עונים ואומרים: ברוך שאכלנו משלו ובטובו חיינו, [טו]והוא חוזר ואומר: ברוך שאכלנו משלו ובטובו חיינו - ואם המסובין צריכין לענות אמן אחריו, יש דעות בין האחרונים, **והמנהג** שלא לענות, [**והמזמן** לכו"ע לא יענה אמן אחר אמירת המסובים "ברוך שאכלנו" וכו', כיון שהוא בעצמו חוזר ואומר ג"כ "ברוך" וכו'].

בא"י אמ"ה הזן את העולם וכו' - משמע מזה דלא יאמר "ברוך הוא וברוך שמו", **ויש** פוסקים כתבו לומר "ב"ה וב"ש", וכן המנהג, ‹**אבל** יותר נכון שלא לאמרו, וכן הוא המנהג הפשוט במדינתינו, וכן נראה מרוב הפוסקים – ערוה"ש›, **ועיין** במ"א ובשארי אחרונים, דעכ"פ לא שייך זה ביחיד, **וגם** בשלשה אין לומר אותו רק המברך, ולא שנים המזמנים עמו.

[טז]ואם הם ד' יכול לומר: ברכו שאכלנו משלו - כיון שהם ג' וראוים לברך בלשון רבים בלעדו, **אבל** בשנים לא יכול לומר "ברכו", רק "נברך", [משנה], **ובדיעבד** אם אמר בשנים "ברכו", אפשר דיצא, **[יז]אבל יותר טוב לומר "נברך", שלא להוציא עצמו מן הכלל.**

[יח]ואם הם עשרה, צריך להזכיר את השם, שאומר: נברך אלהינו וכו', והם עונים ואומרים: ברוך אלהינו וכו'.

[יט]ואין לומר: נברך לאלהינו בלמ"ד - דגבי ברכה לא כתיב למ"ד, דכתיב: ברכו עמים אלהינו, [כ"כ בתוס'].

באר הגולה

[יג] ‹ע"פ מהדורת נהרדעא› [יד] **ברכות מ"ה** [טו] **שם לפי' הרי"ף** ‹להיכן הוא חוזר, כשהוא אומר "נברך שאכלנו משלו", רב זביד משמיה דאביי אמר חוזר לראש, ואומר "נברך שאכלנו" פעם אחרת, ורבנן אמרי למקום שפסק, שאומר "ברוך שאכלנו משלו ובטובו חיינו", וכן הלכתא› [טז] **שם מ"ט** [יז] **שם** [יח] **שם** [יט] **שם בתוספות**

[כ]ובין שיהיו עשרה או מאה או אלף או רבוא, כך הם מברכים.

[כא]**סימן קצב ס"ב** - [כב]**אם טעה המזמן בעשרה והעונים, ולא הזכירו "אלהינו", אינם יכולים לחזור** - דבדיעבד יצאו בזימון בלא שם, **ואם** יכול המזמן לחזור אח"כ ולומר: ברוך אלהינו וכו', או שצריך לומר ג"כ בלא שם, מאחר שהעונים אמרו מתחלה בלא שם, יש דעות בין האחרונים, עיין בשע"ת, **ולכו"ע** אם הם אמרו בשם, יכול גם הוא לחזור ולומר: ברוך אלהינו וכו', אף ד"נברך" אמר בלא שם.

אבל אם עדיין לא ענו אחריו, יחזור ויזמן בשם - דכיון שלא ענו עדיין, לא נתקיים מצות זימון, והוי כלכתחלה.

---

§ מסכת ברכות דף נ. §

אות א' - ב' - ג' - ד - (ה')

ומטובו הרי זה בור

חיים הרי זה בור

למי שאכלנו משלו הרי זה בור

על המזון שאכלנו הרי זה בור

(הלכה כרבי עקיבא)

סימן קצב ס"א - [א]**וכל המשנה מזה הנוסח, כגון שאומר: נברך על המזון שאכלנו** - דמשמע דמברך לבעה"ב המאכילו, דאי לרחמנא למה הוא מזכיר מזון, בלא מזון יש הרבה לברכו, תוס', **או שאומר: למי שאכלנו משלו** - דמשמע דרבים הם, זה זן את זה וזה זן את זה, ולפי דבריו הוא מברך לבעל הבית, רש"י.

או שאומר במקום "ובטובו", "מטובו" - משום דממעט בתגמוליו של מקום, דמשמע דבר מועט כדי חיים, ‹רש"י›, **או במקום "חיינו", אומר "חיים"** - דמשמע דהוא מוציא עצמו מן הכלל, ‹רש"י›. **הרי זה בור.**

וכשהם עשרה, כיון שמזכירים את השם יכול לומר: נברך אלהינו על המזון שאכלנו משלו - דתו ליכא למטעי דקאי על בעה"ב המאכילו.

אות ה'

הלכה כרבי עקיבא

רמב"ם פ"ה מהל' ברכות ה"ד - היו האוכלין מעשרה ולמעלה, מזמנין בשם; כיצד, המברך אומר: נברך לאלהינו שאכלנו משלו, והן עונין: ברוך אלהינו שאכלנו משלו ובטובו חיינו, והוא חוזר ואומר: ברוך אלהינו שאכלנו משלו ובטובו חיינו, ומתחיל ברכת המזון.

אות ו'

כי אכלינן רפתא בי ריש גלותא מברכינן שלשה שלשה

סימן קצג ס"א - [ב]**ומיהו אם היו רבים מסובים יחד, ואינם יכולים לשמוע ברכת הזימון מפי המברך, ואינם רשאים ליחלק לחבורות של עשרה עשרה, מפני שיצטרכו לברך בקול רם** - כדי להשמיע ברכת הזימון לכל העשרה, **וישמע בעל הבית ויקפיד עליהם** - במה שעושין חבורות לעצמן, **יכולים ליחלק לחבורות של ג' ג', ולברך בנחת כדי שלא ישמע בעל הבית.**

דאם היו יכולין ליחלק לעשרה עשרה, לא היו רשאין ליחלק לחבורה של ג', כדי שלא יפסידו מלהזכיר הזימון בשם.

[ג]**וה"ה** אם צריכין ללכת לדבר מצוה, ואין להם שהות להמתין שתתבטל המצוה, שרשאין לחלק לג' ג' - מ"א, [ד]**ובח"א** מגמגם בזה, ופוסק דעכ"פ כשלא נשארו י' בלעדם, בודאי אסור לצאת אפי' לדבר מצוה, **ומ"מ** אם הוא מצוה דאורייתא, אפשר דיש להקל בכל גווני.

[ה]**וזה טוב להם ממה שלא יצאו ידי חובת ברכת זימון, שהרי אינם יכולים לשמוע מפי המברך** - דאם היו יכולין לשמוע ברכת זימון מפי המזמן, אף דכל ברכת המזון אינם יכולין לשמוע מרחוק, לא היו רשאין ליחלק על ג', אלא ישמעו ברכת זימון לבד מפי המזמן, וברהמ"ז יברכו כל אחד בפני עצמו בלחש, וכמבואר לעיל סימן קפ"ג ס"ז.

והאחרונים חולקים ע"ז, משום דנהי דקי"ל, דהאידנא מברכין כל א' מהמסובין כל הבהמ"ז בלחש, **מ"מ** צריכין לשמוע היטב גם לדברי המברך, ולומר עמו בלחש כל מלה ומלה, ולענות אמן על כל ברכה וברכה, **ועכ"פ** עד "הזן את הכל" בודאי צריכין להאזין גם לדברי המברך, דעד שם הוא ברכת הזימון, כדלקמן בסימן רי"ש בהג"ה, **וא"כ** אף אם יכולין לשמוע ברכת זימון מפי המברך, כל שאין יכולין לשמוע מלה במלה מפי המברך עד "הזן את הכל", מוטב להם ליחלק ג' ג' ולברך בלא שם, ממה שלא יצאו כלל ידי חובת זימון מדינא.

כתבו האחרונים, היכא שיש מסיבה גדולה, יש ליתן לברך ברכת הזימון למי שקולו חזק, כדי שישמעו כל המסובין וכנ"ל.

באר הגולה

כ שם במשנה | כא ‹מילואים› | כב אורחות חיים | א שם נ' | ב ברכות שם | ג ‹ויקפיד עליהם - ונ"ל דכ"ש אם צריכים ללכת לדבר מצוה שרשאין ליחלק ג' ג' - מ"א› | ד ‹דמי התיר לעבור על מצוה זו ולעשות מצוה אחרת - ח"א› | ה הרא"ש שם

אף ברכו ומ"מ נברך עדיף דאמר רב אדא בר אהבה אמרי בי רב תנינא ו' נחלקין עד י' אי אמרת בשלמא נברך עדיף משו"ה נחלקין אלא א"א ברכו עדיף אמאי נחלקין אלא לאו ש"מ נברך עדיף ש"מ תניא נמי הכי *בין שאמר ברכו בין שאמר נברך אין תופסין אותו על כך *והנקדנין תופסין אותו על כך *ומברכותיו של אדם ניכר אם ת"ח הוא אם לאו כיצד רבי אומר ובטובו הרי זה ת"ח *ומטובו ה"ז בור א"ל אביי לרב דימי והכתיב °ומברכתך יברך (את) בית עבדך לעולם בשאלה שאני בשאלה נמי הכתיב °הרחב פיך ואמלאהו ההוא בד"ת כתיב תניא רבי אומר בטובו חיינו הרי זה ת"ח *חיים הרי זה בור *נהרבלאי מתני איפכא ולית הלכתא כנהרבלאי אמר רבי יוחנן נברך שאכלנו משלו הרי זה ת"ח *למי שאכלנו משלו הרי זה בור אמר ליה רב אחא בריה דרבא לרב אשי והא אמרינן *למי שעשה לאבותינו ולנו את כל הנסים האלו א"ל התם מוכחא מילתא מאן עביד ניסי קודשא ב"ה א"ר יוחנן (א) ברוך שאכלנו משלו הרי זה ת"ח *על המזון שאכלנו הרי זה בור* א"ר הונא בריה דרב יהושע לא אמרן אלא בג' דליכא שם שמים אבל בעשרה דאיכא שם שמים מוכחא מילתא כדתנן כענין שהוא מברך כך עונין אחריו ברוך ה' אלהי ישראל אלהי הצבאות יושב הכרובים על המזון שאכלנו: אחד עשרה ואחד עשרה רבוא: הא גופא קשיא אמרת אחד עשרה ואחד עשרה רבוא אלמא כי הדדי נינהו והדר קתני במאה אומר באלף אומר ברבוא אומר אמר רב יוסף לא קשיא הא ר' יוסי הגלילי הא ר"ע דתנן ר' יוסי הגלילי אומר לפי רוב הקהל הם מברכין שנאמר °במקהלות ברכו אלהים: אר"ע מה מצינו בבית הכנסת וכו': ור"ע האי קרא דרבי יוסי הגלילי מאי עביד ליה מיבעי ליה לכדתניא *היה ר' מאיר אומר מנין שאפי' עוברין שבמעי אמן אמרו שירה על הים שנאמר במקהלות ברכו אלהים ה' ממקור ישראל ואידך ממקור נפקא אמר רבא *הלכה כר"ע רבינא ורב חמא בר בוזי אקלעו לבי ריש גלותא קם רב חמא וקא מהדר אבי מאה א"ל רבינא לא צריכת הכי אמר רבא הלכה כר"ע אמר רבא *כי אכלינן רפתא בי ריש גלותא מברכינן ג' ג' וליברכו י' י' שמע ריש גלותא ואיקפד וניפקו בברכתא דריש גלותא אידי דאוושו כ"ע לא שמעי אמר רבה תוספאה *הני ג' דכרכי רפתא בהדי הדדי וקדים חד מינייהו ובריך לדעתיה אינון נפקין בזמון דידיה איהו לא נפיק בזמון דידהו *לפי שאין זמון למפרע: ר' ישמעאל אומר: רפרם בר פפא איקלע לבי כנישתא דאבי גיבר קם קרא בספרא ואמר ברכו את ה' ואשתיק ולא אמר המבורך אוושו כ"ע ברכו את ה' המבורך אמר רבא פתיא *אוכמא בהדי פלוגתא למה לך ועוד *הא נהוג עלמא כרבי ישמעאל:

מתני' *°ג' שאכלו כאחת אינן רשאין ליחלק וכן ד' וכן חמשה ו' נחלקין עד עשרה ועשרה אין נחלקין עד כ' *שתי חבורות שהיו אוכלות בבית אחד בזמן שמקצתן רואין אלו את אלו הרי אלו מצטרפין לזמון ואם לאו אלו מזמנין לעצמן ואלו מזמנין לעצמן אין מברכין על היין עד שיתן לתוכו מים דברי ר' אליעזר וחכ"א מברכין:

גמ' מאי קמ"ל תנינא חדא זימנא *ג' שאכלו כאחת חייבין לזמן הא קמ"ל כי הא דאמר רבי אבא אמר שמואל *ג' שישבו לאכול כאחת ועדיין לא אכלו אינן רשאין ליחלק (ב) ל"א אמר רבי אבא [א] אמר שמואל הכי קתני *ג' שישבו לאכול כאחת אע"פ שכל אחד ואחד אוכל מככרו אינן רשאין ליחלק אי נמי כי הא דרב הונא דאמר רב הונא °ג' שבאו מג' חבורות אינן רשאין ליחלק אמר רב חסדא והוא שבאו מג' חבורות של ג' בני אדם *אמר רבא ולא

רש"י

אף ברכו. שפיר דמי ומיהו טוב לו להיות בכלל המברכים: **פנינא.** סייעתא לשמואל: **ששה נחלקין.** אם רצו ליחלק לשתי חבורות ולזמן אלו לעצמן ואלו לעצמן רשאין הן שהרי יש זימון כאן וכאן: **עד עשרה.** כלומר וכן ז' וכן ח' לשתי חבורות וכן ט' לשתי חבורות או לשלשה עד עשרה אבל אם היו עשרה חלה עליהן הזכרת השם ואם יחלקו לא יהיה שם הזכרה אין נחלקין עד שיהיו שם עשרים: **ה"ג ואי אמרת ברכו עדיף אמאי ששה נחלקין.** אם ירצו הא מעיקרא יכולין לומר ברכו והשתא תו לא אמרי: **אלא לאו ש"מ.** אף ברכו קאמר מתני' וכיון דמתני' אף ברכו קאמר מסתברא היא שטוב לו לאדם להיות מן המברכים וסייעתא דשמואל וגירסא הכי איתא ששה (ג) עד עשרה ואי אמרת ברכו דוקא אמאי ששה נחלקין אלא לאו ש"מ אף ברכו ש"מ: **תנ"ה.** דמתני' אף ברכו קאמר: **והנקדנין.** דווקנין תופסין אותו על שהוציא עצמו מן הכלל: **ומטובו הרי זה בור.** שממעט בתגמוליו של מקום דמשמע דבר מועט כדי חיים: **בשאלה שאני.** שהשואל שואל כעני על פתח שאינו מרים ראש לשאול שאלה גדולה: **הרחב פיך.** לשאול כל תאותך: **חיים ה"ז בור.** דהוציא עצמו מן הכלל: **מתני איפכא.** חיים עדיף שכולל את כל באי עולם: **נברך שאכלנו משלו.** משמע שהוא יחידי שהכל אוכלים משלו: **למי שאכלנו משלו.** משמע מרובים הן זה זן את זה וזה זן את זה ולפי דבריו מברך את בעל הבית: **התם מוכחא מילתא.** דבמעשה נסים ליכא למימר מרובין: **כדתנן על המזון שאכלנו.** ולא קתני (ד) משלו: **ואידך.** עוברים ממקור נפקא ואנן ממקהלות דרשינן: **הלכה כר"ע.** בבהמ"ז דאחד עשרה ואחד עשרה רבוא: **מברכינן תלתא תלתא.** ריש גלותא מאריך בסעודתו ואנן כל ג' וג' שגמרו סעודתן מזמנין בקול נמוך ויושבין אחר הברכה עד שגמר ריש גלותא ויזמנו הוא והיושבין אצלו בקול רם ולקמן פריך וניפקו בברכה דריש גלותא: **שמע ריש גלותא.** אם היו מזמנין י' י' היה צריך המברך להגביה קולו וישמע ריש גלותא ויחרה לו שאנו עושין חבורה לעצמנו בפרהסיא אע"ג דמפקי נפשייהו מידי זמון של הזכרת השם וכי הדר מזמן ריש גלותא בהזכרת השם לאו איהו נפקי ביה כדאמר רבה תוספאה דאין זמון למפרע אפ"ה ניחא להו בהכי משום דאוושי כולי עלמא שהיו שם מסובין רבים ואין קול המברך נשמע: **ובריך לדעתיה.** לעצמו בלא זימון: **למפרע.** משבירך וידי זמון לא יצא: **פתיא.** כלי חרס כדאמר (ע"ז ד' לג:) הני פתיותא דבי מכסי: **בהדי פלוגתא למה לך.** טוב לך לאחוז דברי רבי ישמעאל שאף ר"ע מודה דכי אמר המבורך טפי עדיף אלא שאין צריך:

מתני' אינן רשאין ליחלק. דאיתחייבו להו בזמון: **וכן ד'.** אין הג' מזמנין והיחיד יחלק מהם דאיהו נמי איקבע בחובת זמון: **ששה נחלקים.** כדי זמון לכאן וכדי זמון לכאן: **עד עשרה.** אבל עשרה אין נחלקים דאיתחייבו להו בזמון הזכרת השם עד שיהא עשרים ואז יחלקו אם ירצו לשתי חבורות: **גמ' ג' שבאו משלש חבורות.** וכדמסיים רב חסדא שבאו מג' חבורות של ג' בני אדם בכל חבורה ונתחייבו אלו בזמון ועמד אחד מכל חבורה ונצטרפו שלשה לחבורה אחת חייבין לזמן ואינן רשאין ליחלק שכבר הוקבעו ואפי' לא אכלו אלו השלשה משנצטרפו יחד שכבר גמרו סעודתן עם הראשונים:

תוספות

אלא ש"מ נברך עדיף. לאו דוקא עדיף אלא כי הדדי נינהו ועדיף היינו חשוב *כמו הקישא עדיף וג"ש עדיף פ' איזהו מקומן (ד' מח.) ר"ל דהיקש חשוב ואין לבטלו מפני הג"ש וה"נ קאמר נברך חשוב כמו ברכו ולפיכך לא יוציא עצמו מן הכלל והקונטרס מוחק עדיף ומיהו אתי שפיר עדיף כדפי': **על** המזון הרי זה בור. דמשמע דמברך לבעל הבית המאכילו דאי לרחמנא למה הוא מזכיר מזון בלא מזון יש הרבה לברכו: **אמר** רבא הלכה כר"ע. פירש ר"ח דהכי קיי"ל והלכך בין בעשרה בין במאה בין ברבוא אומר נברך אלהינו על המזון שאכלנו אבל בג' לא יזכיר על המזון כדאמר לעיל וגם בעשרה אם אינו רוצה להזכיר על המזון הרשות בידו ואומר ובטובו חיינו: **שלשה** שישבו לאכול כאחד. אף על פי שהיו אוכלין בככר שכל אחד ואחד אוכל מככרו אינן רשאין ליחלק כלומר אף על פי שהן חלוקין בככרות וס"ד אין זה צרוף ולא חל עליהם חובת זימון אפ"ה אינן רשאין ליחלק: *°**אבל** אי אקדימו ואזמינו עלייהו בדוכתייהו. פי' שאכל כל אחד מהשלשה והפסיק לשתים שהיו מסובין עמו עד הזן כדאיתא לעיל (דף מה:) פרח חובת זמון מעליהם כלומר פטורין מן הזמון ורשאין עתה ליחלק ורש"י לא פירש כן: שחלקוה

תורה אור

°שמואל ב ז · °תהלים פא · °תהלים סח

עין משפט נר מצוה

[עי' חולין ט ריש ע"א]

סז א ב ג ד (א) טוש"ע או"ח סי' קצב ס"א: [א מיי' פ"ה מהל' ברכות הלכה ד]:

סח ו טוש"ע או"ח סי' קצג סעיף א:

סט ז מיי' פ"ה מהלכות ברכות הל' יד סמג עשין כז טוש"ע או"ח סי' קצד סעיף א:

[גי' הערוך והנקדנין פי' המדקדק שלא כדבר צורך ובלשון ערבי קורין אותו אלמנקר כגון תרנגולת המנקר באשפה ערוך ערך נקר]

ע ח מיי' פ"ט מהלכות תפלה הלכה א ופי"ב הלכה ה סמג עשין יט טוש"ע או"ח סי' נו סעיף א [וכסי' קלט סעיף ז]:

עא ט מיי' פ"ה מהל' ברכות הל' י סמג עשין כז טוש"ע או"ח סי' קצג סעיף א:

עב י מיי' שם הלכה יג סמג שם טוש"ע או"ח סי' קצה סעיף א:

עג כ ל מיי' שם הל' יא סמג שם טוש"ע או"ח סי' קצג סעיף ד:

עד מ נ מיי' שם טוש"ע או"ח שם סעיף ה:

הגהות הב"ח

(א) גמ' א"ר יוחנן ברוך שאכלנו. נ"ב ובאשר"י (מגיה) [הגירסא] נברך וקאי דר' יוחנן על נברך: (ב) שם אינן רשאין ליחלק (ל"א א"ר אבא וכו' מככרו לעצמו אינן רשאין ליחלק) תא"מ וכ"ב כך היא גי' האלפסי: (ג) רש"י ד"ה אלא לאו וכו' ששה נחלקין עד עשרה: (ד) ד"ה כדתנן וכו' משלו נ"ב באשר"י (מגיה) [הגירסא] נ"כ שלו וכן במשנה:

הגהות הגר"א

[א] גמ' ל"א אמר ר' אבא. נ"ב כאן נ"י מתחלפות הרא"ש ל"ג לה והרי"ף ל"ג לראשונה:

[פסחים פח. מגילה יד: עו"ג סו: ע"ש פירש"י לשבח]

מסורת הש"ס

[תוספתא פ"ה]

תוספתא ברכו' פ"א

[סנהדרין יז:]

[פסחים קטו:]

[דמתחוי כמאן דמברך ליה למזון רי"ף ורא"ש]

כתובות ז: [שפה לג:]

[לעיל מה:]

[שם]

[שם]

אות ז'

הני שלשה דכרכי רפתא בהדי הדדי, וקדים חד מינייהו ובריך לדעתיה, אינון נפקין בזמון דידיה, איהו לא נפיק בזמון דידהו, לפי שאין זמון למפרע

סימן קצד ס"א - [ו]אבל אם שכח אחד מהם וברך – (וה"ה הזיד, ונקט "שכח" איידי דרישא), **השנים יכולים לזמן עם השלישי, אע"פ שכבר ברך [ז]יכול לומר: ברוך שאכלנו משלו, והם יוצאים ידי חובת זימון, והוא אינו יוצא ידי זימון, שאין זימון למפרע** - דהא באמת מחוייב בזימון הוא, שאכל עמהם ביחד, אלא שאין לו תקנה משום שכבר בירך, ואין זימון למפרע, לכן מהני הצטרפותו עכ"פ שיהיו הם יוצאין ע"י.

(וה"ה בעשרה, ושכחו ג' מהם וברכו, יכולים להצטרף עם הנשארים ולזמן בשם).

(**עוד כתב** במאמר מרדכי, דה"ה אם היו מתחלה ד', וברכו מהם שנים, יכולים השנים הנשארים לצרף אחד מן אלו השנים שברכו ולזמן עליו, **ומצדד** עוד יותר, דאפילו רוב מהחבורה ברכו בפני עצמם, אם נשארו שנים שלא ברכו, עוד יכולים לצרף אחד מהם לזימון).

(**כתב א"ר**, יש להסתפק בשנים שאכלו פת, והג' שתה רביעית משקה, **ואח"כ** שכח אחד מן האוכלים פת ובירך, אם בכה"ג רשאי השלישי שאכל לזמן עם אותם שנים, **או** דילמא כיון דאין כאן רק אחד, אותו שחייב מדינא בזימון, לא, וכן מסתבר, עכ"ל).

הגה: ואם האחד זימן עם אחרים - היינו שבא לחבורה של שלשה, [היינו אפי' לא אכל עמהם, מפני שבא לכת המחויבת, והוא ג"כ נתחייב מכבר], **או** אפילו שבא לשנים בסוף סעודתם ואכל עמהם מעט, [דהכא אף דהוא מחויב מכבר, הלא הם פטורים כל זמן שלא אכל עמהם, **ואינו** דומה להא דס"ה הנ"ל, דהתם הלא כל אחד מאלו השלשה נתחייב מכבר], **אף שנים הנשארים אינן יכולים לזמן (ב"י בשם רשב"א)** - על האחד, מפני שכבר יצא ידי חובת זימון, **מיהו** אם נזדמן להם אחד מן השוק, יכולין לזמן עליו כשיטעום עמהם, דחיוב זימון שלהם לא נפקע בשביל אותו שזימן.

[**ואם** יזדמן להם אחד שפירש ג"כ מכת המחויבת בזימון, מצטרפי, אע"פ שלא יאכלו עתה ביחד משנתחברו, **ואף** דבגוון זה קימ"ל בקצ"ג ס"ו, דפרח זימון מינייהו, ואינם יכולים לזמן אם לא שיאכלו מחדש, **שאני** התם דרוב החבורה זימנו, משא"כ הכא דאחד זימן, לא פרח זימון של שנים בשביל האחד].

אות ח'

הא נהוג עלמא כרבי ישמעאל

סימן נז ס"א - [ח]אומר שליח צבור: ברכו את ה' המבורך - בקול רם, כדי שישמעו כל העם ויענו: ברוך ד' הל"ו, **ועונים אחריו: ברוך ה' המבורך לעולם ועד** - ואם לא שמע אחד מהש"ץ כשאמר "ברכו", רק שמע מהקהל שאמרו "ברוך ד' הל"ו", עונה עמהם ג"כ "ביהל"ו", **אבל** אם שמע מהש"ץ לבד כשעונה ביהל"ו, לא יענה עמו, רק יענה "אמן" על דבריו.

(**אך אם הש"ץ אמר בלחש, ולא שמעו ממנו ט' אנשים, רק איזה אנשים יחידים, וענו "ברכו", ועל ידיהם נשמע הקול לאחרים, וענו גם הם "ברכו", בודאי יחיד השומע להקהל שמברכים אסור לו לענות עמהם "ברכו", שגם הם ענו שלא כדין, כיון שלא שמעו עכ"פ ט' מהמברך עצמו, ובדבר זה נכשלין בעו"ה הרבה אנשים, שמברכין על התורה בלחש, שאין שומעין ממנו רק אנשים הסמוכין לו העומדים על הבימה, ועי"ז נשמע למרחוק לקהל, ועונין ביהל"ו, ומחטיאין בעצלותן את הרבים**).

[ט]וחוזר ש"צ ואומר: ברוך ה' המבורך לעולם ועד - כדי שיכלול את עצמו ג"כ בכלל המברכים, **ואם** אין שם עשרה בלא הוא, אם לא ענה עמהם לא יצא ידי חובתו - מ"א בשם אגודה. **קשה** לי, אפי' יש עשרה בלתו, ג"כ לא יצא ידי חובת עצמו, כיון שלא ענה עמהם, **ולענין** השאר, לכאורה דיוצאים בכל גווני, דלא גרע מאם היה אחד מתפלל או ישן, דקי"ל לעיל סי' נ"ה ס"ו דמצטרף.

כתב בספר שערי אפרים: קצת שלוחי צבור, כשהצבור אומרים: ביהל"ו, עונה אחריהם אמן, וחוזר ואומר: ברוך ד' וכו', וטעות הוא בידם, שכיון שאומרים מיד "ברוך ד'" וכו', א"צ לומר אמן, **אבל** הצבור יאמרו אמן אחר הש"ץ, אף שאמרו מתחלה "ברוך ד' המבורך" וכו', **אבל** הח"א כתב, שאין צריכין לומר אמן, וכ"כ הפמ"ג, דכיון דכבר אמרו "ביהל"ו", למה יאמרו פעם שניה אמן ומאמין, הרי כבר אמרו כן, **ומ"מ** הכריע לבסוף, דרשות הוא ביד הצבור, אם ירצו עונין ע"ז אמן, **ועכ"פ** מי שהוא עומד במקום שאסור להפסיק, לא יענה אמן זה.

ונהגו שהש"ץ מאריך ב"ברכו", והקהל אומרים: יתברך וישתבח וכו' בעוד שהוא מאריך ב"ברכו" (טור) - דוקא בשעת הניגון, אבל בשעה שאומר התיבות לא יאמר כלום, **ואם** אין החזן מאריך ב"ברכו", מוטב שישתוק ויכוין מה שאומר הש"ץ, כדי שיענה "ברוך ה' המבורך לעולם ועד".

הנוהגין לומר "את ד' אלהיך תירא" כשיגיע הש"ץ ל"את", כתב רש"ל שאינו מקבלה, ואינו מיסוד החכמה.

סימן קלט ס"ז - [י]אחר שענו העם: ברוך ה' המבורך לעולם ועד, חוזר המברך ואומר: ברוך ה' המבורך לעולם ועד, כדי לכלול המברך עצמו בכלל המברכים.

באר הגולה

[ו] שם בגמ' [ז] הרא"ש שם [ח] ברכות מ"ט [ט] ר' יונה והרא"ש בשם ר' יהודה ברצלוני בשם רב סעדיה [י] רבי' יונה ורא"ש בפ"ז דברכות בשם ר"י ברצלוני ורבי' סעדיה

[יא] **סימן נז ס"ב** - [יב] **מקום שנהגו לצעוק על חבריהם בין קדיש ו"ברכו" ל"יוצר אור", או לדבר בצרכי רבים, טועים הם** - דהרי הוא כאלו כבר התחיל ביוצר אור. **(ועי"ל סוף סי' נ"ד).**

אות ט'

שלשה שאכלו כאחת אינן רשאין ליחלק, וכן ארבעה וכן חמשה; ששה נחלקין, עד עשרה; ועשרה אין נחלקין, עד כ'

סימן קצג ס"א - [יג] **אבל ג' שאכלו אינם רשאים ליחלק** - דכבר נתחייבו בזימון משאכלו ביחד.

ודע, דחיוב זימון הוא דוקא כשאכלו פת שחייבין עליו בהמ"ז, אבל אם אכלו פירות ואפילו הן משבעה מינים, לא, כדקי"ל בסימן רי"ג דאין זימון לפירות, **ויש** מחמירין בז' מינים להצריכו זימון, ולכן טוב שלא יקבעו ג' ביחד על ז' מינים, כדי לאפוקי נפשין מפלוגתא - ב"ח, **וברכי** יוסף כתב, שהמנהג פשוט לקבוע כמה אנשים על פירות מז' מינים, וכן לאכול פת הבאה בכיסנין.

ושנים שאכלו, [יד] **מצוה שיחזרו אחר שלישי שיצטרף עמהם לזימון** - היינו אם הוא עמהם בביתם, מצוה ליתן לו דבר מה לאכול כדי שיצטרף עמהם, **ומשמע** בגמ', דאף אם הוא שמש המשמשם בסעודה, שאין דרכן לאכול אתו ביחד, מצוה שיקראו לו לאכול אתם, כדי שיוכלו לזמן, **ופשוט** דאם הוא אחד, א"צ לחזור אחר שנים.

[טו] **וכן ארבעה או חמשה אסור להם ליחלק, שכולם נתחייבו בזימון** - כלומר אע"פ שאם ילך אחד ישארו שלשה ויזמנו, מ"מ הוא לא יצא ידי חובתו, שגם הוא נתחייב בזימון.

ששה נחלקים, כיון שישאר זימון לכל חבורה, עד י', ואז אין נחלקים עד שיהיו עשרים, כיון שנתחייבו בהזכרת השם - ואז יכולים ליחלק עשרה לכאן ועשרה לכאן, ונמצא שכולם זמנו בשם.

(הגה: דאז יכולים ליחלק אם ירצו, וי"ל דה"ה בששה אינן מחויבים ליחלק, רק אם ירצו נחלקים) - היינו דלא אמרינן טוב יותר להתחלק כדי להרבות בברכות, **ועיין** בד"מ שדעתו, דאדרבה שמצוה מן המובחר שלא להתחלק, בין בעשרים ובין בששה, משום "ברוב עם הדרת מלך", [**וכן** משמע בתוס' רבנו יהודה על ברכות בדף נ' [טז] במעשה דריש גלותא, וכן בתוספי הרא"ש שם, **ואולם** כל זה לפירושם שם, אבל לפי' רש"י דמפרש דהקפדת ריש גלותא הוא משום דעושין חבורות לעצמן, שוב אין ראיה], רק דמדינא אין איסור בדבר אם יתחלקו, **ויש** שחולקים ע"ז וס"ל, כיון שיש בכל כת ג"כ מקצת רוב עם, וגם נתקיים מצות ברכת זימון בכל חד וחד, ולהכי שקולים הם, ויכול לעשות כמו שירצה אפילו לכתחלה.

[יז] **ומצוה לחזור אחר עשרה** - כדי שיהיו יכולים לברך בשם, **ועיין** באחרונים, דאפי' אם הם שבעה, מצוה לחזור אחר עוד שלשה.

אות י'

שתי חבורות שהיו אוכלות בבית אחד, בזמן שמקצתן רואין אלו את אלו, הרי אלו מצטרפין לזימון; ואם לאו, אלו מזמנין לעצמן ואלו מזמנין לעצמן

סימן קצה ס"א - [יח] **שתי חבורות שאוכלות בבית אחד** [יט] **או בשני בתים, אם מקצתן רואים אלו את אלו** - אפילו כשאוכלים כל אחת על שלחן בפני עצמו, **מצטרפות לזימון** - ר"ל אם ירצו יכולין להצטרף, ולהוציא אחד את כולם בבהמ"ז.

ואם לאו, אינם מצטרפות - אפי' כשהם בבית אחד, ואפילו אם נכנסו מתחלה על דעת להצטרף יחד.

[כ] **ואם יש שמש אחד לשתיהן** - היינו אפילו אינו אוכל כלל, **הוא מצרפן** - היינו אפילו הם בשני בתים, ואין רואין אלו את אלו.

[כא] **וכגון שנכנסו מתחלה על דעת להצטרף יחד** - מסתימות המחבר משמע, דאפילו בית אחד ורואין זה את זה, ג"כ לא מצטרפי שתי החבורות יחד, אא"כ כשנכנסו מתחלה על דעת זה, **אבל** הרבה אחרונים כתבו, דבבית אחד לא בעינן כלל שיכנסו מתחלה על דעת זה, ובכל שרואין זה את זה בלחוד, או אפילו באין רואין זה את זה ויש שמש בין שתי החבורות, סגי לענין צירוף, וכן דעת הגר"א בבאורו ובאדרת אליהו ע"ש.

(**ודע**, דמחידושי הרשב"א שכתב הטעם, דלהכי מהני ברואין אלו את אלו כשנכנסו מתחלה לכך, משום דהוי כהסבו יחד, **מוכח** מזה דס"ל, דלאו דוקא שתי חבורות שהיה בכל חבורה כדי זימון, מצטרפות להוציא אחת את חברתה במקצתן רואין זה את זה, ה"ה בחבורה אחת של ג', ששתים מהם הסבו על שלחן אחד, והשלישי הסב על שלחן אחר, כל שרואין אלו את אלו מצטרפין, **ואע"ג** דבבהמ"ז בעינן הסבו יחד, או לדידן עכ"פ ישיבה בשלחן אחד, **שאני** הכא דהא מיירי שמתחלת סעודתם נכנסו על דעת כן, שאע"פ שיתחלקו במקומות אפע"כ דעתם להיות מחוברים, ומהני זה).

(**אכן** הרשב"ש בתשובה כתב, דדוקא בשתי חבורות שבכל חבורה יש כדי לזמן, ולא בעינן כי אם לצרף שיוציא האחת את השניה, להכי מהני רואין אלו את אלו, **משא"כ** בשלא היה בכל חבורה כדי לזמן אלא ע"י צירוף, לזה לא מהני שום תקנה, וכן הוא ג"כ דעת הגר"א, **ובאמת** יותר מסתברא כדבריו. **ודע**, דהרשב"ש מפליג עוד יותר, דאפילו יש בכל חבורה כדי זימון, אלא שע"י צירופן יתחדש שיברכו בעשרה, כגון שיש

באר הגולה

[יא] ‹מילואים› [יב] ספר המנהיג [יג] שם בגמ' [ר"פ ג' שאכלו] [יד] הרא"ש שם ממשמעות הגמ' ‹בנוגע השמש› ומההיא דחולין ק"ו [טו] שם ברכות [נ'] [טז] ‹דאיקפד לפי שלא היו נמנין עמו, דברוב עם הדרת מלך› [יז] הגה"מ מההיא דברכות נ' ‹דקם רב חמא וקא מהדר אבי מאה, שמעינן מהתם דמצוה לחזור אחר י'› [יח] ברכות נ' [יט] תוס' ‹עמוד ב' ד"ה שמש› ור"ח ורא"ש והר"ר יונה והרשב"א וכן הוא בירושלמי שם [כ] ‹עמוד ב'› [כא] ‹ירושלמי שם ר' יונה ור' אבא בר זימנא בשם ר"ז לשני בתים נצרכה, א"ר יוחנן והוא שנכנסו משעה ראשונה ע"מ כן כו', והביאו הרא"ש שם – גר"א›

ה' בכל חבורה, נמי לא מהני בשרואין זה את זה ונכנסו מתחלה, כיון שעי"ז יצטרפו לברך בשם).

‹ודע עוד, דאפילו לרשב"א שמקיל, מ"מ היינו דוקא בנכנסו מתחלה לכך, אבל בלא זה לא מהני, ואפילו ברואין זה את זה ובבית אחד, **ואפילו** להני דמקילי בבית אחד, ולא בעו שיכנסו מתחלה, כמו שכתבנו במ"ב, היינו דוקא בשתי חבורות שיש בכל אחד כדי זימון, ולא בשאין בהם כדי זימון›.

[כג]**ויש מי שאומר שאם רשות הרבים מפסקת בין שני הבתים, אינם מצטרפין בשום ענין** - היינו אפילו כשהן רואין זה את זה, ויש שמש המשמש לשתיהן, **כתב** הט"ז, לאו דוקא ר"ה ממש שהוא רחב ט"ז אמות, דה"ה כשיש שביל היחיד מפסיק בינתים, **ואפשר** דדוקא כשהוא קבוע גם בימות הגשמים.

[כג]**סימן קצה ס"ב** - [כד]**אכלו מקצתן בבית ומקצתן חוץ לבית, אם המברך יושב על מפתן הבית, הוא מצרפן** - דהוא רואה אלו ואלו, והו"ל כמקצתן רואין זה את זה, (וה"ה כשהם שני בתים, והמברך באמצע על המפתן, הוא מצרפן).

[**ומ"מ** משמע, דאדם אחר מהחבורות כשישב לא מהני, ‹דעכ"פ החבורות אינן רואות זו את זו›, והטעם דהקילו במברך, אפשר משום דכיון דשתי חבורות צריכין לו שיוציאם, נחשב כשמש המשמש לשתיהם דהוא מצרפן].

אות כ' - ל'

ג' שישבו לאכול כאחת ועדיין לא אכלו, אינן רשאין ליחלק

ג' שישבו לאכול כאחת, אע"פ שכל אחד ואחד אוכל מככרו, אינן רשאין ליחלק

סימן קצג ס"ד - [כה]**שלשה שישבו לאכול וברכו ברכת "המוציא", אפילו כל אחד אוכל מככרו,** [כו]**ואפילו לא אכל עדיין כזית פת, אינם רשאים ליחלק** - היינו אפילו רוצה לגמור סעודתו קודם שיגמרו האחרים, כיון שהחיוב של זימון חל כבר עליו בהתחלת אכילה שלו.

‹**עיין** במ"א שהביא בשם הב"ח, דבדאיכא תרתי לריעותא רשאין ליחלק, והנה הב"ח קנסיב לה מלשון הטור, דכתב צריך לחוש לשתי הגרסאות, ומשמע ליה להב"ח, דאם נגרוס בגמרא כל אחד אוכל מככרו, תו אין להחמיר בפחות מכזית, וכן אם נגרוס בגמרא כגון שישבו לאכול, תו אין להחמיר בכל אחד אוכל מככרו, ועי"כ ס"ל דאין להחמיר בשתי חומרות, **ובאמת** זה אינו, דדינא דרי"ף לענין כל אחד אוכל מככרו, הוא אמת לכו"ע, עיין בתוס' רבינו יהודה על ברכות, דכתב דינא דרי"ף משם ר"ח וקנסיב לה מגמ' מפורשת דף מ"ב ע"ב ע"ש, ‹עשרה שהיו הולכים בדרך, אע"פ שכולם אוכלים מככר אחד, כל אחד ואחד מברך לעצמו›, וכ"כ הרשב"א והרא"ה בחידושיהם מהאי סוגיא, דסוגיא דדף מ"ב מיירי גם בברכה אחרונה, וכן מוכח לענ"ד ממתניתין ר"פ שלשה שאכלו אכל טבל וכו', ‹דמשמע דרק אחד מהשלשה אכל טבל - מ"ב המבואר›, הרי דמיירי באוכל מככרו, ואעפ"כ דוקא בהא דא"א כלל לאכול ביחד אין מצטרפין, הא לא"ה לא, ולענין פחות מכזית הוא דבר מפורש בירושלמי, ומנלן למדחייה מהלכה, ועי"כ אין לזוז מפסק השו"ע›.

אות מ' - נ'

ג' שבאו מג' חבורות, אינן רשאין ליחלק... והוא שבאו מג' חבורות של ג' בני אדם

אמר רבא ולא אמרן אלא דלא אקדימו הנך ואזמון עלייהו בדוכתייהו, אבל אזמון עלייהו בדוכתייהו פרח זימון מינייהו

סימן קצג ס"ה - [כז]**ג' שבאו מג' חבורות של שלשה שלשה בני אדם, ונתחברו אלו השלשה,** [כח]**אם זימנו עליהם במקומם, כגון שהפסיקו כל אחד לשנים עד שאמרו** [כט]**"הזן", שוב אינם יכולים לזמן,** [ל]**אפי' אכלו אח"כ יחד וגמרו סעודתן** - דכבר פרח זימון מינייהו ע"י שזימנו עליהם מקודם, **ומ"מ** בהמ"ז חייבים לברך מתחלת ברכת הזן, וכדלקמן בסי' ר' בהג"ה.

‹לכאורה נראה דה"ה אם אחד מהן הפסיק לשנים, ג"כ אמרינן דכבר פרח זימון מניה, ולא נשארו כאן אלא שנים, וכן מצאתי בפסקי ריא"ז ובחי' הרא"ה על הרי"ף, **אכן** לפי מה דמבואר לקמן בסי' ר' בטור, והובא שם במ"א, משמע דבאחד יכול להצטרף עוד הפעם עם שנים אחרים כשאכלו עתה ביחד, אחרי שהם לא זימנו עדיין, **וצ"ל** דלהראשונים הנ"ל מיירי שהם לא אכלו עתה, אבל כשאכלו ה"נ דמצטרפי, וצ"ע לדינא›.

ואם לא זימנו עליהם במקומם, חייבים לזמן ואינם רשאים ליחלק - כיון שנועדו עתה יחדו, וכל אחד בא מחבורה שכבר נתחייב שם בזימון, [**לאפוקי** אם כל אחד בא מחבורה של שני אנשים, לא מהני מה שנועדו עתה יחדיו, כיון שעתה לא אכלו ביחד, ומקודם ג"כ לא נתחייבו].

ואף דנתבאר בס"ו בהג"ה, דאסור ליפרד מחבורה של ג', שעי"ז מפסיד הזימון שלהם, וא"כ היה לכל אחד ואחד לחזור לחבורה שלו, **י"ל** דמיירי הכא שנתפרדה חבורתם הראשונה, **א"נ** לפי מה דמבואר לקמן בסי' רי"ש בא"ר וש"א, דבמקום שיש אונס או הפסד ממון, מותר לאחד

באר הגולה

[כב] רבי יונה שם [כג] ‹מילואים› [כד] **טור מהירושלמי דלעיל** [כה] **ברכות שם לפי' הרא"ש ועל פי' הירושלמי** [כו] ‹ג' שישבו לאכול כאחד ועדיין לא אכלו, אינם רשאים ליחלק. וכתב הרא"ש פי' שישבו לאכול וברכו ברכת המוציא ועדיין לא אכלו שיעור ברכה, אינם רשאים ליחלק - ב"י› [כז] **שם** [כח] **שם בתוספות** ‹כן הביא הב"י›. ‹**כפרש"י** שם, וכן פי' תוס' ד"ה אבל כו', אלא שהם פי' דפטורין אבל רשאין לזמן, אבל רש"י פי' דאין רשאין, וזהו שכתב תוס': ורש"י לא כו', ופסק הטוש"ע כרש"י - גר"א›. ‹**ואיכא** לתמוה אמה שהביא ב"י דברי התוס', וכתב עליהן: ורבינו כתב כפירוש זה, והא ליתא, שהרי רבינו כתב: שוב אינן יכולין לזמן, והתוס' ס"ל דיכולין, גם בשו"ע כתב כלשון רבינו - ב"ח› [כט] ‹צ"ע, דלקמן סימן ר' ס"ב כתב עד ברוך וכו' - מ"א. וכ"כ רש"י, ותוס' כתב עד בזן› [ל] ‹דאל"ה מילתא דפשיטא הוא שלא יזמנו עוד, אלא דרבותא קמ"ל, שאע"פ שאכלו אלו השלשה ביחד - ב"י›

לגמור סעודתו מקודם שגמרו השנים ולברך בפני עצמו, **מיירי** הכא ג"כ בכה"ג, שהיו אלו השלשה מוכרחין למהר ולגמור סעודתן מקודם, ולכן אם נזדמנו אלו השלשה ביחד, יזמנו בפני עצמן.

[לא]**ואפילו לא אכלו אלו הג' ביחד** [לב]**משנתחברו** - וקשה, הא קי"ל לעיל סימן קפ"ד, דבהמ"ז צריך לברך דוקא במקום שאכל, וא"כ כל אחד ואחד צריך לחזור למקום שאכל מתחלה, **יש** מתרצים, דהכא מיירי בעקרו בשוגג ממקומם, דבזה לא מטרחינן אותו לחזור למקומו לדעת הרמב"ם, וכנ"ל שם בס"א, וכן פסקו שם האחרונים במקום הדחק, **ובענייננו** נמי כיון דכאן יכול לזמן, וכשיחזור לשם יברך ביחידי, כשעת הדחק דמי, **ועוד** י"ל דה"ק, ואפילו לא אכלו יחד, כלומר אלא כל אחד אכל בפני עצמו, שלא קבעו, דאינם חייבים בזימון כמ"ש ס"ב, הכא חייבין כיון שכבר נתחייבו, [ט"ז ומ"א, ולתירוץ זה מדויק מאד לשון השו"ע שכתב ביחד, וכ"כ הגר"א לעיל בסי' קפ"ד ס"ב, ע"ש].

[לג]**סימן קצג ס"ו** - [לד]**שלש חבורות שהיו בכל אחת ארבעה, ופירש אחד מכל חבורה ונצטרפו לחבורה אחרת, וזימנו הג' הנשארים, פרח זימון מינייהו כיון שחבריהם זימנו** - ובזה דוקא אם לא אכלו אח"כ יחדו, אבל אם אכלו אח"כ יחד, מצטרפין, **ואינו** דומה להא דס"ה, דהא לא זימנו עליהם מקודם.

(**כתב רע"א, נ"ל דזהו דוקא אם זימנו הם קודם שנתחברו אלו הג' יחד, דאז אין להאחד שיצא מחבורתם מקום לצאת בפני עצמו ידי זימון, וע"כ חל הזימון שזימנו הג' הנשארים בביתם גם עליו, ופרח זימון ממנו, אבל אם נתחברו אלו ג' למקום אחד מתחלה, ואח"כ זימנו האחרים הנשארים בביתם, יכולין אלו ג' לזמן, ולא פרח זימון מינייהו, כיון דיש כאן מקום להם לזמן בפני עצמם יחד, נפרדו לגמרי מחבורתם, ולא קאי הזימון עלייהו, ואף דלשון השו"ע לא משמע כן כ"כ, דכתב ונצטרפו לחבורה אחרת וזימנו, משמע שמתחלה נצטרפו, וכן אח"כ כתב, ונתחברו אלו הג' ובא אחד וכו', משמע שמתחלה נתחברו ואעפ"כ פרח זימון, מ"מ האמת אתו, דכ"כ הרמב"ן**).

[לה]**וה"ה אם לא היו בכל חבורה אלא ג', והלך א' מכל חבורה קודם זימון, ונתחברו אלו הג', ובא א' לכל חבורה** - היינו א' מן השוק אכל מעט בסוף סעודתן, **ונצטרף עם ב' הראשונים וזימנו יחד, פרח זימון מאלו הג' כיון שכבר זימנו חבורתם, אע"פ שלא זימנו עמהם** - ולישנא "לכל חבורה" שכתב המחבר, לאו דוקא, דאפילו רק לחבורה אחת, א"כ פרח זימון מן אחד, ולא נשאר כאן אלא שנים.

[לו]**הגה: שלש חבורות שאכלו, ובכל חבורה ג' בני אדם, אסור לכל א' ליפרד מכל חבורה ולזמן ביחד, דהרי הב' הנשארים בכל חבורה אינן יכולים לזמן אח"כ; אבל אם היה בכל חבורה ד', מותר ליפרד אחד מכל חבורה ולזמן ביחד, והנשארים יזמנו כל חבורה במקומם (ב"י בשם הרשב"א)** - ומיירי שכל החבורות היו מתחלה ג"כ בבית זה, אלא שלא נצטרפו ביחד, דאל"ה הלא צריך לברך בהמ"ז במקומו.

[לז]**סימן קפד ס"ב** - [לח]**בד"א, כשאין לו פת עוד, אבל אם יש לו פת עוד, יאכל במקום השני מעט ויברך** - היינו אפילו פחות מכזית, דמ"מ מצטרף זה לאכילה שאכל במקום הראשון, **ודוקא** אם במקום השני אכל ג"כ פת, אבל פרפרת וכיסנין, מצדד בפמ"ג דאפילו כזית לא מהני.

ואפילו במזיד מהני האי תקנה שיאכל כאן פת דבר מועט, וא"צ לברך תחלה ברכת "המוציא", ולא ברהמ"ז על מה שכבר אכל, ואחר אכילת פת שבכאן יברך בהמ"ז, ויעלה להאכילה שאכל במקום אחר.

‹**וצ"ע**, מאחר שפסק המחבר בסי' קע"ח, דשינוי מקום בפת נמי חוזר ומברך ברהמ"ז, היאך כתב כאן בד"א וכו' - מג"א›.

רק שלא יהא רעב מאכילה ראשונה - דאם הוא רעב לא מהני מה שיאכל עתה, דכבר הפסיד הבהמ"ז של אכילה ראשונה, כמ"ש בס"ה, ועתה הוא חיוב חדש, **וצריך** לברך גם ברכת "המוציא". ‹ע"ל ס"ה, ושאני הכא דלא היה דעתו מתחילה על אכילה זו - מנחת יצחק›.

באר הגולה

לא שם ברש"י לב בב"י **כתב** ‹ויש לדקדק, א"כ היאך מצטרפין, שהרי ברכת זימון ליתא אלא על הפת, והוא טעון ברכה לאחריו במקומו, וצ"ל› **דאיירי שאכלו** ‹ג' חבורות› **בבית אחד** ‹שחבורה זו אכלה בזוית זו, וזו בזוית זו, דהשתא אע"פ שאח"כ מתקבצים בזוית אחת, לית לן בה› **דהוי כמו מפינה לפינה** ‹ולא הוי שינוי›, **א"נ ה"ק כיון שנתוועדו לזמן, אינם רשאים לחלק,** ‹דחל זימון עלייהו›, **וצריכים לאכול ביחד ולזמן** לג ‹ע"פ הב"י› לד **כן פי' ר"י והביאו הרא"ש שם ור' יונה** ‹ודע שרש"י פי' ולא אמרן אלא דלא אקדימו הנך חבורות שפירשו אלו מהם ואזמון עלייהו דהני, כגון אם היו ארבעה בכל חבורה, ונשאר בכל אחת כדי זימון, והפורשים הללו היו צריכים לצאת לשוק קודם שגמרו החבורות את סעודתם, אבל אזמון עלייהו דהני, כגון שנצטרפו אלו עמהם לזימון, כדאמרינן לעיל קורין לו ומזמנין עליו, וברכו החבורות, ואלו לא היו שם אלא כדי נברך וברוך הוא, ועכשיו הן באים לברך, לא מזמני, דפרח מינייהו חובת זימון ותו לא הדר עלייהו, וכן כתוב מדברי הרמב"ם. **וכתב** הרא"ש, והקשה ה"ר יהודה על זה, דהא מילתא דפשיטא הוא שלא יזמנו עוד, שהרי כל אחד ואחד יצא ידי זימון עם חבורתו, וגם לא שייך לומר על זה פרח זימון מינייהו, שהרי זימנו כבר, ולא פרח מהם אלא יצאו ידי זימון כמו אחרים, והיאך יצטרפו ויאמרו נברך פעם אחרת, **ופי'** הוא, דאלו החבורות היו בכל אחת ארבעה, ופירש אחד מכל חבורה ונצטרפו לחבורה אחרת, וזימנו השלשה הנשארים, והא דקאמר אזמון עלייהו בדוכתייהו, לא שהיו עמהם, אלא הכי קאמר, זימנו עליהם כאילו היו שם, כי נשאר להם כדי זימון, פרח זימון מינייהו, כיון שחבריהם זימנו. **ולשון** אזמון עלייהו אינו מורה כלל על הפירוש הזה, ומה שהקשה ה"ר יהודה דמילתא דפשיטא הוא שלא יזמנו עוד, לא קשיא מידי, דרבותא קמ"ל, שאע"פ שאכלו אלו השלשה ביחד, ואח"כ גמרו סעודתם שהתחילו עם חבורתם בלא נטילת ידים ובלא המוציא, אפילו הכי אינם יכולים לזמן, דפרח זימון מינייהו אפילו על מה שאכלו אחר מכן, כיון דזימנו כבר על תחלת סעודה, וכל אחד חוזר למקום שפסק, עכ"ל - ב"י› לה **רבי יונה שם** ‹וה"ר יונה כתב שלענין מעשה נראין דברי רבינו יהודה, וכתב דלפי"ז ה"ה אם היו שלשה בכל חבורה, והלך אחד קודם הזימון, ובא אחר ואכל כזית ונצטרף עם אלו השנים הראשונים, וזימנו שלשתן, כיון שכבר זימנו חבורתם, אע"פ שלא זימנו עמהם, פרח זימון מינייהו - ב"י› לו ‹והרשב"א כתב, שרבינו האי פי' שלשה שבאו משלשה חבורות, אינם רשאים ליחלק מחבורתם הראשונה, כי היכי דלא ליפקע תורת זימון מחבורתם, והיינו דאמר רב חסדא והוא שבאו משלשה חבורות שלשה של שלשה שלשה בני אדם, כלומר הא אילו באו מחבורה של ארבעה, רשאים ליחלק, משום דהא אכתי איכא תלתא בחבורה ראשונה דיכולים לזמן לעצמן, **ולפי** פי' זה מתניתין הכי קאמר, שלשה שישבו לאכול, אין אחד מהם רשאי ליחלק מהם, אע"פ שמצטרף הוא עם אחרים, מפני שהוא מפסיד זימון מחבורתו הראשונה - ב"י› לז ‹ע"פ הגר"א וז"ל: ומש"כ רש"י שם בד"ה ג', ואפי' לא כו', ר"ל ביחד, אבל לבדן אכלו, ע"כ. **וכמו** שהביא השעה"צ בשמו לעיל בסי' קצ"ג ס"ה› לח **טור בשם ר' פרץ**

ולא אמרן אלא דלא אקדימו הנך ואזמון עלייהו בדוכתייהו אבל אזמון עלייהו בדוכתייהו פרח זימון מינייהו אמר רבא מנא אמינא לה *דתנן *מטה שנגנבה חציה או שאבדה חציה או שחלקוה אחין או שותפין טהורה החזירוה מקבלת טומאה מכאן ולהבא מכאן ולהבא אין למפרע לא אלמא כיון דפלגוה פרח לה טומאה מינה ה"נ כיון דאזמון עלייהו פרח זימון מינייהו: ב' חבורות וכו': תנא [ג]אם יש שמש ביניהם שמש מצרפן: אין מברכין על היין: ת"ר יין *עד שלא נתן לתוכו מים אין מברכין עליו ב"פ הגפן אלא בורא פרי העץ ונוטלין ממנו לידים משנתן לתוכו מים מברכין עליו בורא פרי הגפן ואין נוטלין [א] ממנו לידים דברי ר"א וחכ"א בין כך ובין כך מברכין עליו ב"פ הגפן [ו]ואין נוטלין הימנו לידים כמאן אזלא הא *דאמר שמואל [ד]עושה אדם כל צרכיו בפת כמאן כר' אליעזר א"ר יוסי ברבי חנינא *מודים חכמים לר"א בכוס של ברכה שאין מברכין עליו עד שיתן לתוכו מים מ"ט אמר רב אושעיא בעינן מצוה מן המובחר ורבנן למאי חזי א"ר זירא *חזי לקורייטי ת"ר *[ד]ד' דברים נאמרו בפת אין מניחין בשר חי על הפת ואין מעבירין כוס מלא על הפת ואין זורקין את הפת ואין סומכין את הקערה בפת אמימר ומר זוטרא ורב אשי כרכו ריפתא בהדי הדדי אייתי לקמייהו תמרי ורמוני שקל מר זוטרא פתק לקמיה דרב אשי דסתנא א"ל לא סבר לה מר להא דתניא אין זורקין את האוכלין ההיא בפת תניא והתניא כשם שאין זורקין את הפת כך *אין זורקין את האוכלין א"ל והתניא אף על פי שאין זורקין את הפת אבל זורקין את האוכלין אלא לא קשיא [ה]הא במידי דממאיס הא במידי דלא ממאיס ת"ר *[י]ממשיכין יין בצנורות לפני חתן ולפני כלה וזורקין לפניהם קליות ואגוזים בימות החמה אבל לא בימות הגשמים אבל לא גלוסקאות לא בימות החמה ולא בימות הגשמים: א"ר יהודה שכח והכניס אוכלין לתוך פיו בלא ברכה מסלקן לצד א' ומברך תניא חדא בולען ותניא אידך פולטן ותניא אידך מסלקן ל"ק [ח]הא דתניא בולען במשקין [ט]והא דתניא פולטן במידי דלא ממאיס והא דתניא מסלקן במידי דממאיס

במידי

ולא אמרן אלא דלא אקדימו הנך · חבורות שפרשו אלו מהן ואזמון עלייהו דהכי כגון אם היו ארבעה בכל חבורה ונשאר בכל אחת כדי זימון והפורשים הללו היו צריכים לצאת לשוק קודם שגמרו החבורות את סעודתם: אבל אזמון עלייהו. דהכי כגון שנצטרפו אלו עמהם לזימון כדאמ' לעיל קורין לו ומזמנים עליו וברכו החבורות ואלו לא היו שם אלא (א) כדי נברך וברוך הוא ועכשיו הם באים לברך לא מזמני דפרח מינייהו חובת זימון ותו לא הדר עלייהו: מטה טמאה שנגנבה חציה אלמא כיון דפלגוה · פקע שם מטה מינה ושם טומאה אע"ג דהדר הדרוה והרי היא מטה לא הדרה טומאתה הכי נמי כיון דפקע שם שלשה מינייהו בהפרדם ושם זימון ע"י שזימנו הראשונים עליהם אע"ג דהדרי לכלל שם שלשה לא הדרי לכלל זימון אבל כי לא אזמון לא פקע חובת זימון מהן אף (ב) לפני פרידתם: אם יש שמש ביניהם · שמשמש לשתיהם: שמש מצרפן · אע"פ שאין אלו רואין את אלו כגון יריעה פרוסה ביניהם: אין מברכין עליו ב"פ הגפן · לפי שהיה ייגם חזק מאד ואין ראוי לשתיה בלא מים הלכך אכתי לא אשתני למעליותא ולא זז מברכתו הראשונה והרי הוא כענבים וברכתו ב"פ העץ: ונוטלין ממנו לידים · דשם מים עליו דמי פירות בעלמא מקרי: משנתן לתוכו מים · שם יין עליו ואין נוטלין אלא במים [ב]·לשון אחר הכי גרסי' יין עד שלא נתן לתוכו מים מברכין עליו ב"פ העץ ואין נוטלין הימנו לידים משנתן לתוכו מים מברכין עליו בורא פרי הגפן ונוטלין הימנו לידים דברי ר' אליעזר וחכ"א בין כך ובין כך מברכין עליו ב"פ הגפן ואין נוטלין ממנו לידים וטעמייהו דרבנן משום הפסד אוכלין כך מצאתי בהלכות גדולות אבל קידוש והבדלה [ג]ובדקתי בתוספתא ולא גרסינן בה הכי אלא כמו שהוא בספרים: כר"א · דאמר נוטלין הימנו לידים ולא חייש להפסד אוכלין: למאי חזי · לשתיה דמברכין עליו ברכת היין: לקורייטי · פיישו"ן בלע"ז ובלשון חכמים אנומלית ואלונתית: אין מעבירים כוס מלא על הפת · שלא ישפך על הפת ותהא הפת בזויה: פתק · זרק: דסתנא · אמינישטרישו"ן בלע"ז מנה של בשר מבושל: מידי דממאים · שמתמעך בזריקתו כגון תאנים שבשלו כל צרכם ותותים: דלא ממאים · רמון ואגוז וכל דבר קשה: ממשיכין יין בצנורות · משום סימן טוב ואין כאן משום בזיון והפסד לפי שמקבלים אותו בראש פי הצנור בכלי: בימות החמה · שאין טיט בדרכים: אבל לא גלוסקאות · שהרי אף בימות החמה הן נמאסין בזריקתן: בולען · בלא ברכה: פולטן. ומברך וחוזר ואוכלן: מסלקן. בולען שאי אפשר לסלקן לאחד מלוגמיו ולברך ולא לפולטם שמפסידן: פולטן במידי דלא ממאים · במה שנתנו בפיו ויכול לחזור ולאוכלו:

שחלקוה אחין או שותפין טהורה · תימה דאמר בסוכה (פ"ק דף טז:) מטה מטמאה אברים כגון ארוכה ושתי כרעים. ולי נראה דהתם מיירי שיכול להחזירה כאשר בתחלה ולתקנה שהכרעים בעין והדיוט יכול להחזירה. וא"ת אמאי לא פריך הכא מכל כלי שנשבר וטהור אלמא כיון דפלגוה פרח לה טומאה ול"נ דשאני התם שאינו ראוי עוד להצטרף הכלי יחד ולקבל טומאה אפילו מכאן ולהבא ולא הוי דומיא דשלשה בני אדם דהוו ראוים עוד להצטרף לזימון:

שמש מצרפן לזימון · וה"ה בשני בתים ובני אדם עומדים ומשמשין מזו לזו מצטרפין וכן איתא בירושלמי ובלבד שישמעו ברכת המזון מפי המברך והא דנקט במתני' בית [אחד] משום חדוש דסיפא דאפילו בבית אחד אם לאו אין מזמנין וכן בבית חתנים כשאוכלים בחופה בב' בתים ובני אדם משמשין מזו לזו מצטרפין ובלבד שישמעו ברכת המזון מפי המברך:

בורא פרי העץ ונוטלין ממנו לידים · פירש"י כי לא נתן לתוכו מים לא הוי אלא כמי פירות ומכאן משמע דמי פירות כשרין לנטילת ידים ויש לחלק בין הני דאמרינן בפרק כל הבשר (דף קז·) דאחזותא קפידתו ומיהו יש מפרשים לנטילת ידים בעינן מים דכתיב וידיו לא שטף במים:

כמאן אזלא הא דאמר שמואל וכו' כר' אליעזר. לכאורה משמע מתוך דאמר ר"א נוטלין וכו'· ותימה דאמרינן בפרק במה טומנין (ד' כ:) אימר דאמר שמואל במידי דלא ממאיס במידי דממאיס מי אמר וא"כ היכי מוקים לה הא דשמואל כר"א דהא יין מידי דממאיס בנטילת ידים ובמידי דממאיס מודה שמואל ועוד קשה דהכא משמע דאין הלכה כשמואל מדמוקי לה כר"א ובפרק שני דביצה (ד' כח:) קאמר סתמא דגמ' דסופלי לחיותא בי"ט דמטלטלינן להו אגב ריפתא כשמואל משמע דקי"ל כוותיה וי"ל דהכא לא קאמר אלא לדברי ר"א (ג) דסבר לה כשמואל ועדיפא מיניה קאמר שמתיר אפילו היכא דממאיס ולא נחת כאן אלא לפרש טעמא דר"א כדפירשנו ובה"ג אמר דהלכה כרבנן דהכא והלכה נמי כשמואל דכי קאמר שמואל הני מילי מידי דלא ממאיס אבל מידי דממאיס לא ודלא כפי' (ד)ר"ת שפסק דלא כשמואל מדמוקי ליה כר"א אלא ודאי קיימא לן כשמואל כדפירשנו וא"כ מותר לסמוך הקערה בפת היכא דלא ממאיס וי"א דצריך לאכלו אח"כ ויש נוהגים לאכול דייסא בפת הואיל ואוכלין הפת אח"כ אבל במס' סופרים אוסרו דאמרינן במס' סופרים (פ"ג) אין אוכלין אוכלין באוכלין אא"כ היה אוכלן בבת אחת ושמא ההיא דלא כשמואל:

מודים חכמים לר"א בכוס של ברכה שאין מברכין עליו עד שיתן לתוכו מים · תימה דאמרינן לקמן ד' דברים נאמרו בכוס של ברכה חי ומלא וי"ל דבעינן שיתנו חי לתוך הכוס ואח"כ ימזגנו אי נמי בעינן חי מן החבית אי נמי קאי אכוס עצמו ומאי חי שלם כדאיתא במכות (ד' טז:) ריסק ט' נמלים ואחד חי וכו' אלמא דאותו חי היינו שלם ה"נ בעינן שיהא הכוס שלם בלא *שבירה:

למאי חזי · פי' ולמאי אשתני לעילויא ומשני לקורייטי וכן הלכה כרבנן דיין חי מברכין עליו בורא פרי הגפן דאמרינן (פסחים קח:) שתאן חי יצא:

אין זורקין את האוכלים · בהני שלשה מודה שמואל אין מעבירין כוס מלא על הפת וגם אין סומכין עליו בשר חי ואין זורקין את הפת אפילו לא ממאיס וכן שאר אוכלין אסור לזרוק במידי דממאיס: ולא בימות הגשמים · אע"פ שבאגוזים אין האוכל נמאס בתוכו מ"מ כשהן נופלים בטיט נמאסים ומיהו עכשיו שדרכן לזרוק חטים בבית חתנים צריך ליזהר שלא יזרקום אלא במקום נקי:

מעיקרא

עין משפט נר מצוה

עה א מיי' פכ"ו מהל' כלים הל' יב:

עו ב מיי' פ"ח מהלכות ברכות הל' יב סמג עשין כז טוש"ע או"ח סי' קצ"ו סעיף א:

עז גד ה ו מיי' פ"ו שם הלכה ט סמג שם טוש"ע או"ח סי' קס סעיף יב וסימן קעא סעיף א:

עח ז מיי' וסמג שם טוש"ע א"ח סימן קעא סעיף ד:

עט ח מיי' פ"ח שם הל' יב סמג שם טוש"ע או"ח סי' קעב סעיף א:

פ ט מיי' שם טוש"ע שם סעיף ג:

הגהות הב"ח

(א) רש"י ד"ה אבל אזמון וכו' אלא עד כדי: (ב) ד"ה מטה וכו' אף לפני פרידתם: (ג) תוס' ד"ה כמאן וכו' וי"ל וכו' ר' אליעזר דסבר: (ד) בא"ד ודלא כפירוש רבינו חננאל שפסק דלא:

הגהות הגר"א

[א] גמ' ונוטלין ממנו כו' ואין נוטלין. נ"ל להיפך כל"א שברש"י (ובירושלמי ריש פ"ו יין בזמן שהוא כמות שהוא אומר עליו בפה"ע ואין נוטלין ממנו לידים בזמן שהוא מזוג אומר עליו בפה"ג ונוטלין ממנו לידים דברי ר"א וחכ"א בין חי בין מזוג אומרים עליו בפה"ג ואין נוטלין ממנו לידים אמר ר' אבא משום איבוד אוכלין כ"כ גירסת רבינו שם. וי"ש בגמ' כאן כמאן וכו' אלא כר"א דוקא דטעמייהו דרבנן משום איבוד אוכלין כמ"ש בירושלמי ושמע בשם ס' אליהו רבינו כ"כ אבל ... [ב] רש"י ד"ה (ונוטלין ממנו כו' עד אלא במים) פת"ח: [ג] שם (ובדקתי בתוספתא) וגירסא בה הכי אלא כמו שהוא בספרים (דגירסת רבינו בתוספתא ג"כ לנוסחן):

[ומ"ש תוס' שבת טו: ד"ה כדי ובעירובין כט: ופסחים קח: ד"ה שתאן וב"ב נז: ד"ה עד]

מסורת הש"ס

כלי' פי"ח מ"ט

[תוספתא פ"ד]

שבת נ: קמג. ביצה כח:

ב"ב נג:

[ע"ז ד: פ"ס]

מס' ד"א פ"ט [ושם קתני חמשה דברים ואין יושבין על האוכלין]

[מס' סופרים פ"ג]

[תוספתא פ"ה דשבת]

§ מסכת ברכות דף נ: §

אות א'

מטה שנגנבה חציה, או שאבדה חציה, או שחלקוה אחין או שותפין, טהורה; החזירוה, מקבלת טומאה מכאן ולהבא

רמב"ם פכ"ו מהל' כלים הי"ב - מטה שהיתה טמאה מדרס או בשאר טומאות, ונגנב חצייה או אבד חצייה, או שחלקוה אחין או שותפין, הרי זה טהורה, שהרי זה ככלי שנשבר; החזירוה, מקבלת טומאה מכאן ולהבא, הרי זה דומה למי שעשה כלי אחד משברי כלים שנטמא, שהוא טהור ומקבל טומאה להבא.

אות ב'

אם יש שמש ביניהם, שמש מצרפן

סימן קצה ס"א - ואם יש שמש אחד לשתיהן - היינו אפילו אינו אוכל כלל, [א][הגר"ז]. **הוא מצרפן** - היינו אפילו הם בשני בתים, ואין רואין אלו את אלו.

אות ב*[ב]

תוס' ד"ה שמש: ובלבד שישמעו ברכת המזון מפי המברך

סימן קצה ס"ג - [ג]כל היכא שמצטרפות שתי חבורות, צריך שישמעו שתיהן דברי המברך ברכת זימון - עיין לקמן בסימן רי"ש ס"ב, דדעת המחבר, דברכת זימון הוא "נברך" ו"ברוך שאכלנו", **ודעת** הרמ"א, דדוקא עד גמר ברכת "הזן", **בביאור** - ובדיעבד אם לא שמע דברי המזמן שאמר "נברך", רק שמע להעונים שעונים "ברוך שאכלנו משלו" וכו', מותר גם כן לענות עמהם ביחד.

הגה: ושאר ברכת המזון יברך כל אחד לעצמו - וכל זה הוא ג"כ רק במקום הצורך, אבל לכתחלה יותר נכון שישמעו כל הבהמ"ז מפי המברך, והוא יוצאים בכל הברכת המזון, ועיין לעיל סי' קפ"ג ס"ו במ"ב שם. **אבל אם ירצו שהמזמן יוציא כולם, צריכים שישמעו כל בהמ"ז** - ויכונו לצאת, **דבלא זה לא יצאו כלל (ד"ע).**

אות ג' - ד' - ה' - ו'

ואין נוטלין הימנו לידים

עושה אדם כל צרכיו בפת

ארבעה דברים נאמרו בפת: אין מניחין בשר חי על הפת, ואין מעבירין כוס מלא על הפת, ואין זורקין את הפת, ואין סומכין את הקערה בפת

הא במידי דממאיס, הא במידי דלא ממאיס

סימן קס סי"ב - [ד]יש מי שאומר שאין נטילת מים ראשונים, אלא במים בלבד - לא קאי אריש הסעיף, דהני הוי בכלל מים, **אלא** לאפוקי מי פירות בלבד קאתי, דאינם חשובים מים, וכ"ש יין דלא, **והטעם**, דנט"י סמכו על קרא: דוידיו לא שטף במים, ולכן צריך מים דוקא.

וי"א [ה]שהיין כשר לנטילת ידים, בין נתן לתוכו מים, בין לא נתן לתוכו מים - וכש"כ שאר מי פירות ושארי משקין, דס"ל דלא הצריכו דוקא מים לנטילה, **ומשום** ביזוי אוכלין אין בזה, כיון שצריך לזה, ואינו בדרך איבוד.

אלא שאסור לעשות כן לכתחלה, כדי שלא יהא כמזלזל בדבר חשוב שנשתנה לעילוי (פי' לשבח) עד שקובע ברכה לעצמו - "בורא פה"ג", היינו בין נתן לתוכו מים בין לא נתן, דבכולם מקרי יין חשוב, וקובע ברכה לעצמו, **אבל** בשארי משקין ומי פירות, דלא נתעלו בברכה בפני עצמן, נוטלין אף לכתחלה לדעה זו.

(ודע, דלשיטת הפוסקים המבוארים בסימן קע"א, אסור אף בשאר משקים משום הפסד אוכלין, וצ"ע).

(וי"א דוקא יין לבן, אבל אדום לא) - דנשתנו ממראה מים, **ויש** אומרים הראשון ס"ל, דאינו חשוב שינוי מראה, כיון דעומדים במראיתן שהיו מתחלה, **ואם** היה לבן ועשה אותן אדום ע"י צבע, כמו שעושין כמה פעמים ביינות שלנו, משמע דלכו"ע פסולין.

[ו]ויש מי שאומר שכל מי פירות ראוים לנט"י בשעת הדחק - היא דעה שלישית, דמחלקת בין יין למי פירות, דביין פסול מדינא אף בדיעבד, כדעה ראשונה, אבל במי פירות נוטלין בשעת הדחק, [דאל"ה לא מקרי צורך אדם כ"כ להפסיד אוכלין]. **דס"ל** דכל מי פירות קרוי מים חוץ מיין, **ולדינא** יש להורות כדעה זו, להחמיר ביין, ולהקל במי פירות בשעת הדחק, [דהיא מכרעת בין שתי השיטות הקודמין, **ומ"מ** לענין ברכה נראה דלא יברך על נטילה זו, ולכשיזדמן לו מים אח"כ, נכון ליטול שנית, וכמו בכל ספק נטילה].

(וכ"ש דמותר ליטול ידים בשעת הדחק בשכר או במי דבש המבושלין, דעיקרן מים) (הגהות אשרי) - ומשום שינוי מראה לא נפסלו, דס"ל דהיכא דאשתני לעילוי, לא חשיב שינוי, **ועיין** בביאור הגר"א, דמשמע דלא ס"ל סברא זו.

באר הגולה

א ‹וכן מדוייק ברש"י: שמשמש לשתיהם› ב ‹ע"פ הבאר הגולה› ג **תוספות שם ע"ב** ד **הראב"ד** ‹ת"ר יין כו', ופי' הראב"ד שלא לנט"י לאכילה, דאין נטילה אלא במים ולא בשום משקה, דעשאוהו כטהרת מקוה לתרומה, שסמכוה דכתיב וידיו כו', אלא לנקיות בעלמא קאמר - גר"א› ה **הרשב"א** ‹שכתב בת"ה: ולי נראה דא"כ לימא ואין רוחצין את הידים, דנטילה נקרא על שם נטלא, שצריך כלי, וכתב, ומסתברא שבין לר"א בין לחכמים אין האיסור {משום דאין עלייהו שם מים, כמו שפי' רש"י}, אלא משום זלזול, אחר שהוא עומד בעילויא וראוי לברך בפה"ג, אבל בדיעבד לעולם עלתה הנטילה. וזהו שכתב אלא שאסור כו' עד שקובע כו', לאפוקי שאר משקין, שאפי' לכתחילה מותר, ואין משום זלזול, כיון שאין קובע ברכה לעצמו - גר"א› ו **רש"י בברכות נ'** ‹ד"ה ממנו, הרי דדעת רש"י, דמי פירות מותר לנט"י, ויין אסור מן הדין, לאפוקי דעת הרשב"א, דגם יין מותר מן הדין, ורק משום עלוי ברכה אין לזלז לכתחילה ביין - דמשק אליעזר›

סימן קעא ס"א - [ז]**עושה אדם צרכיו** - ור"ל צורך תשמישיו, וכמו שיתבאר לקמיה, **בפת** - וכ"ש בשאר אוכלין, **והני מילי דלא ממאיס ביה, אבל מידי דממאיס ביה, לא** - ואפילו בשאר אוכלין ג"כ אסור, **ואסור** לפצוע זיתים ליטול ידיו במים היוצאים מהם, שחזקים הם ומעבירים את הזוהמא, מפני שהזיתים נמאסים על ידי זה, ואיכא הפסד אוכלין, גמ', [**העתקתי** פי' הרי"ף והרא"ש שם ובפרק ג' שאכלו, והשמטתי פי' רש"י ‹שבת נ:› שמביאו המ"א, שפי' כונת הש"ס דאסור לפצוע זיתים על הסלע כדי למתק מרירותו, משום דהרבה ראשונים חולקים עליו, וס"ל דאין בזוי אוכלין במה שנעשה להכשר האוכל עצמו, ומ"א בודאי לא ראם ולפיכך משוה לה בפלוגתא].

ואם עושה לרפואה, שרי אפילו מימאס ביה, **ואפילו** בלא רפואה, אם הוא דבר שהוא צורך האדם, ודרך העולם לעשות בהאוכל צורך זה, ג"כ שרי, **ומטעם** זה מזלפין הקרקע ביין, וסכין הגוף ביין ושמן, כמבואר בגמרא בכמה דוכתי.

הילכך אין מניחין עליו בשר חי, ואין מעבירין עליו כוס מלא - שקרוב הדבר שישפך עליו וימאס, **ואין סומכין בו הקערה, אם היא מלאה דבר שאם יפול על הפת ימאס** - וג"כ מטעם הנ"ל, (וה"ה על האוכלין דמימאסי עי"ז), **וכ"ש** אם הקערה בתחתיתו אינו נקי, וימאס הפת עי"ז.

אבל כשאינה מלאה, שרי לסמוך, אף דמשתמש בפת, דעושה אדם כל צרכיו בפת וכנ"ל, וה"ה דמותר לכסות בו כלי, (**וראיתי** בפמ"ג שכתב, דנ"ל דוקא לסמוך הקערה שרי, דצורך אכילה היא, ר"ל כשאינה מלאה, **אבל** לעשות בו מלאכה שאינה צורך אכילה, כגון לסמוך איזה דבר, אסור, דהוי כמו זריקה, ע"ש, **ולא** נהירא, דאיתא ברשב"א בהדיא, דלשמואל שרי לסמוך קערה ריקנית).

(**ועיין** ביו"ד סוף סימן ש"נ, דאסור לגרום לאוכלין שיאסרו בהנאה, כגון לתלות על המתים דבר שיש בהן אוכל נפש, דמפסידן עי"ז).

ואין נוטלין הידים ביין בין חי ובין מזוג, אפי' נטילה שאינה צורך אכילה - דאילו בנטילה לאכילה, בלא"ה אסור לכמה פוסקים, עיין בסימן ק"ס סי"ב, דאין נטילה אלא במים, **אלא** אף בזה שאינה צורך אכילה, אסור משום בזיון היין, **וה"ה** בשאר משקין אסור, ‹ע"ל שם ובבה"ל›, **ובשעת** הדחק ע"ל בסי' ק"ס סוף סי"ב ובבה"ל שם.

ואין זורקין הפת, משום בזיון אוכלים - ומבואר בב"י ושאר פוסקים, דפת חשיבא טפי משאר אוכלין, ובדידיה אסור אפילו אם לא נמאס ע"י זריקה, כגון שזורקו ע"ג מקום נקי, דזלזול הוא לפת.

וכשם שאין זורקין את הפת, כך אין זורקין אוכלין הנמאסים ע"י זריקה - כגון תאנים וכדומה שנתבשלו כל צרכן, [רש"י], שהם רכים ומתמעכים ע"י זריקה ונמאסים, [ור"ל אפי' זורקן במקום נקי אסור].

אבל מידי דלא ממאיס, כגון אגוזים ורימונים וחבושים, שרי - שהם קשים ואינם מתמעכים, **ומיירי** שזרקו במקום נקי, דאל"ה אסור אפילו באגוזים, וכדלקמיה בסעיף ד'.

כשרואין אוכלין מונחים על הארץ, אסור לילך ולהניחם, אלא צריך להגביהם, **אם** לא במקום דאיכא למיחש לכשפים, כגון ככר שלם.

איתא בגמרא, דרב הונא סובר מאכל אדם אין מאכילין אותו לבהמה, וה"ה לעופות, **אמנם** בא"ר מסתפק אם הלכה כר"ה בזה, **ועיין** במחה"ש שמצדד, דאם אין לו דבר אחר להאכיל כי אם מאכל אדם, לכו"ע מותר, **ואפשר** דמשום זה נוהגין העולם היתר להאכיל לעופות פת.

אות ד'*[ח]

בכוס של ברכה, שאין מברכין עליו עד שיתן לתוכו מים

סימן קפג ס"ב - [ט]**יתן היין לתוכו חי** - פי' כמו שהוא בלי מזיגה, אף שאין ראוי לשתותו כך כמות שהוא, [כיון שמוזגו אח"ב בברכת הארץ], **עד שמגיע לברכת הארץ** - פי' לתחלת ברכת הארץ, **ואז מוזגו, להודיע שבח הארץ** - שיינה חזק שצריך למוזגה במים, **ועיין** בב"י שכתב, דבמדינתנו נהגו העולם למזוג במעט מים אף כשאין היינות חזקים, ע"ש הטעם. ‹**שיש** בזה ענין ע"פ הקבלה, ע"ש דמים הוא חסד ובא להמתיק היין שהוא אדום – ערוה"ש›.

הגה: וי"א דאם היין אינו חזק, א"צ למוזגו, (טור) וכן נוהגין באלו הארצות - משום דראוי לשתותו כמות שהוא.

אות ה'*[י]

תוס' ד"ה כמאן: ויש נוהגים לאכול דייסא בפת וכו'

סימן קעא ס"ג - [יא]**מותר לאכול דייסא (פי' החטה הנקלפת ומבושלת) בפת במקום כף** - משום דעושה אדם צרכיו בפת היכא דלא מימאס וכנ"ל, והכא לא מימאס להאדם הזה בעצמו שאכל בו הדייסא, **והוא שיאכל הפת אח"כ** - דלאדם אחר מימאס, ואיכא הפסד אוכלין.

[יב]**והמדקדקים אוכלים בכל פעם שמכניסים לתוך פיהם מעט מן הפת עם הדייסא** - שחוששים

באר הגולה

[ז] **ברכות נ'** [ח] ‹ע"פ מהדורת נהרדעא› [ט] **שם בגמרא לפי' הרי"ף** ‹כלומר דהא דאמרינן ‹נ"א› דכוס של ברכה צריך שיהיה חי, קשה מדאמר רבי יוסי בר חנינא ‹נ:› מודים חכמים לרבי אליעזר בכוס של ברכה שאין מברכין על היין עד שיתן לתוכו מים, ולפיכך פי' הרי"ף, דהא דאמרינן שיהא חי, היינו דוקא עד ברכת הארץ, והא דמודים חכמים דאין מברכין על היין עד שיתן לתוכו מים, היינו מברכת הארץ ואילך, וכדאמרינן בגמרא חי, אמר רב ששת עד ברכת הארץ – ב"י› [י] ‹ע"פ הבאר הגולה› [יא] **תוספות בברכות נ' ורא"ש שם** [יב] **תוס' שם** ‹ובמס' סופרים אוסרו› **והטור בשם אביו הרא"ש** ‹ואני ראיתי גדולים שהיו אוכלים בכל פעם מעט מן הפת עם הדייסא›

להשתמש מעשה עץ באוכלין, דביזוי הוא, לכן אוכלין בכל פעם מעט מן הפת, דנראה כאילו בא ללפת את הפת, **הגה: והנשאר מן הפת אח"כ, אוכלים אותו (ב"י)** - דלאחרים הוא נמאס וכנ"ל.

אות ז'

ממשיכין יין בצנורות לפני חתן ולפני כלה; וזורקין לפניהם קליות ואגוזים בימות החמה, אבל לא בימות הגשמים; אבל לא גלוסקאות לא בימות החמה ולא בימות הגשמים

סימן קעא ס"ד - [יג]ממשיכין יין בצנורות לפני חתן וכלה - שעושין משום סימן טוב, [רש"י], שימשך שלותן וטובתן, ומיירי בצינור של עץ שאינו נמאס, **[יד]והוא שיקבלנו בכלי בפי הצנור** - דאל"ה איכא משום הפסד אוכלין.

וזורקין לפניהם קליות ואגוזים בימות החמה, שאינם נמאסים; אבל לא בימות הגשמים, מפני שנמאסים - ואע"פ שאגוזין יש להם קליפה, ואין האוכל שבתוכן נמאס, **מ"מ** בימות הגשמים שיש רפש וטיט ומתלכלכין שם, נמאסין להגביהן, ואיכא הפסד אוכלין, [ב"י בשם תוס'. **ויש** מקילין באגוזים בקליפתן, ואוסרים רק באגוזים קלופים].

יש מקומות שהנהיגו כהיום, לזרוק צמוקין לפני החתן בשבת שלפני חתונתו, בשעה שקורין אותו למפטיר, **ולא** יפה הם עושין, שרכין הם ונמאסין עי"ז, כנ"ל.

[טו]אבל לא גלוסקאות לעולם.

[טז]סימן קעא ס"ה - [יז]הזורקים חטים לפני חתנים, צריך ליזהר שלא יזרקו אלא במקום נקי - כדי שלא ילך לאיבוד, **וגם יכבדו אותם משם, כדי שלא ידרסו עליהם** - דאל"ה אין תועלת מה שזרק במקום נקי, [**עיין** בב"י שכתב שלא נהגו כן, **וי"א** דחיטים לא חשיבי אוכל לגבי הא מילתא, ואפשר שזהו טעם המנהג].

[יח]סימן קעא ס"ב - לא ישב אדם על קופה מלאה תאנים וגרוגרות - דוקא בקופה של נצרים שהיא נכפפת, והאוכלין מתמעכין ונמאסין, אבל של עץ שרי.

אבל יושב הוא על עיגול של דבילה - שהם קשים ואינם מתמעכים, **או על קופה מלאה קטניות** - שאף שהקופה היא מנצרים, הקטניות בעצמן קשים הם.

אות ח'

הא דתניא בולען, במשקין

סימן קעב ס"א - [יט]שכח והכניס משקין לתוך פיו בלא ברכה, בולען - שא"א לפולטן, דמימאסי ומיפסדי, **וגם** לסלקם לצד אחד מלוגמיו ולברך, כמו בס"ב באוכלין, אינו יכול לעשות זה במשקין, [רש"י], שא"א לדבר בעוד משקין בפיו, **הלכך** התירו לו לבולען, **וכתב** בלבוש, דאם הכניס מעט בפיו, ויכול לברך ע"י הדחק, יברך.

י"א דכ"ז דוקא כשאין לו יותר משקין לשתות, והוא דחוק למשקין הללו, **אבל** אם יש לו יותר, יפלוט ולא יהנה בלי ברכה, וכן ראוי לנהוג, (כדעת הראב"ד שהובא ברשב"א, **ושארי** הראשונים לא הזכירו דבריו, וע"כ המיקל בזה אין למחות בידו).

[כ]ואינו מברך עליהם ברכה ראשונה - הטעם, דמאחר שכבר בלע המשקין, כבר נדחה ממנו מצות ברכה ראשונה, (**והיינו** על המשקין שבלע, אבל אם יש לו עוד לשתות, בודאי חייב לברך, וכדלעיל סי' קס"ז ס"ח), **אבל** ברכה אחרונה צריך לברך אם היה כשיעור.

הגה: וי"א דמברך עליהם - היינו אחר שבלע מברך עליהם הברכה ראשונה, **ולא** דמי להא דקי"ל בסי' קס"ז ס"ח, דאם נזכר אחר שגמר סעודתו שלא בירך, אינו מברך, **דשאני** הכא, דמאחר שנזכר בעודו בפיו, היה עליו אז חיוב ברכה, ודומה זה קצת לעובר לעשייתן, אלא שלא היה יכול לברך, לכן לא נפטר מן הברכה.

וכן נראה עיקר (הרשב"א בשם הראב"ד והרא"ש פרק ג' שאכלו וכן דברי הרמב"ם פ"א מהל' ברכות) - ודעת רוב הפוסקים כדעה ראשונה, שאינו מברך רק ברכה אחרונה אם שתה כשיעור, וכן הסכים הא"ר, [כי הנה דעה ראשונה שסוברת דבולען בלי ברכה היא דעת ר"ח ולאו יחידאה הוא, כי כן הוא גם דעת רש"י ‹ד"ה בולען› והובא בהגר"א, וכן הרבה ראשונים].

אות ט'

והא דתניא פולטן, במידי דלא ממאיס

סימן קעב ס"ב - [כא]שכח והכניס אוכלין לתוך פיו בלא ברכה, אם הוא דבר שאינו נמאס אם יפלטנו - כגון פולין וכיו"ב שהם קשים, **יפלטנו ויברך עליו** - כדי שיהא פיו ריקן בשעת הברכה, דכתיב: ימלא פי תהלתך, גמ'.

וכתב האשכול, מהא שמעינן, מאן דמברך ברכה, צריך לברך מלא פומיה ולא לגמגם.

ואם הוא דבר שנמאס - כגון תותים וענבים, **מסלקו לצד אחד ומברך.**

באר הגולה

יג ברכות נ' | יד ‹רש"י שם - גר"א› | טו ‹נלפענ"ד דמש"ה פירש"י טעמא משום דממאס, אע"ג דפת בלא"ה אין זורקין, משום דנראה טעמא דפת דאין זורקין, משום דחשיב שמברכין עליו המוציא, וגם אם אין לו יין מקדשין על הפת. וא"כ הני גלוסקאות שנלושין במי פירות ובדבש, הוי משמע דהו"ל כשאר אכלין, ומש"ה פירש"י הכי לומר דבכל גונא אסור - פני שלמה› | טז ‹ע"פ הבאר הגולה› | יז **תוס' שם והגהת מיימוני** ‹וז"ל: ד"ה ולא. ומיהו עכשיו שדרכן לזרוק חטים בבית חתנים, צריך ליזהר שלא יזרקום אלא במקום נקי› | יח ‹מילואים› | יט **שם בגמ' נ'** | כ **רש"י ור"ח והרמב"ם פ"ח מה"ב לדעת הב"י** | כא **שם בגמרא**

§ מסכת ברכות דף נא. §

אות א'

טבל ועלה, אומר בעלייתו: ברוך אשר קדשנו במצותיו וצונו על הטבילה

יו"ד סימן רסח ס"ב - ויברך על הטבילה אחר שיעלה מן המים.

אות ב'

מעיקרא גברא לא חזי, הכא מעיקרא גברא חזי, והואיל ואידחי אידחי

סימן קסז ס"ח - [א]שכח ואכל ולא בירך "המוציא", אם נזכר בתוך הסעודה, מברך - על מה שיאכל אח"כ, דכי בשביל שאכל עד עתה בלי ברכה, יחזור ויאכל בלי ברכה, [**והל"ח** ועוד אחרונים כתבו, דבזה יתקן עוָתתו על העבר, דכל זמן שלא גמר סעודתו, מקרי עובר לעשייתן].

ואם לא נזכר עד שגמר סעודתו, אינו מברך - שברכת הנהנין הוא כשאר ברכת המצות, שאין מברכין עליהם אלא עובר לעשייתן ולא אח"כ, **אא"כ** היא מצוה שא"א לברך עליה עובר לעשייתן, כמ"ש בסימן קנ"ח סי"א, **ומיהו** אם אפשר לו לאכול עוד מעט, טוב שיברך "המוציא" ויאכל, [ואפי' אם הוא שבע רק שאינו קץ במזונו, **כדי** לצאת גם דעת הראב"ד, [ב]דס"ל דאפי' גמר סעודתו ואינו אוכל עוד כלל, ג"כ צריך לברך ברכת "המוציא" על העבר].

אות ב'*[ג]

תוס' ד"ה מעיקרא. וכן בנט"י שפעמים אדם בא מבה"כ כו'

סימן קנח סי"א - [ד]מברך קודם נטילה, שכל המצות מברך עליהם עובר לעשייתן - קודם וסמוך להעשייה.

[ה]ונהגו שלא לברך עד אחר נטילה, משום דפעמים שאין ידיו נקיות - כגון שיצא מבהכ"ס, או שנגע במקומות המכוסות בגופו, שאינו ראוי לברך קודם שנטל ידיו, ומפני זה נהגו בכל הנטילות, [כגון לתפלה], לברך אחר הנטילה. (**עיין** סי' ז' ס"א, דלתפלה א"צ לברך, וצ"ע).

(**ומסתברא דאין למחות ביד מי שירצה לברך קודם הנטילה, אם יודע שידיו נקיות, ואך שיזהר שיהא המקום נקי שראוי לברך שם).**

ומפני כך מברכין עליהם אחר [ו]ששפשף ידיו, שכבר ידיו נקיות, קודם שיטיל עליהם מים שניים - הב"י הביא זאת בשם רבינו ירוחם, שכתב שכן נהגו רבותיו, **ובשבלי** לקט הביא בשם רבינו מאיר ז"ל, שנהג לברך אחר הנטילה וקודם הניגוב, וכדלקמיה, וכן נהגו העולם.

הגה: גם יכול לברך עליהם קודם נגוב, שגם הנגוב מן המלוה, ומקרי עובר לעשייתן (הגהות אשירי) - הוא טעם אחר לאיחור הברכה, דגם אחר הנטילה חשיב עוד עובר לעשייתן, דגמר הנטילה הוא הניגוב, **ואף** בשופך רביעית בבת אחת, דלדעת המחבר א"צ ניגוב כלל כדלקמיה, מ"מ לא פלוג.

ואם שכח לברך עד אחר נגוב, מברך אח"כ - והיינו לפי טעם הראשון שכתב המחבר, דלא דמי לשאר ברכות שעל מצוה, דקי"ל שאם לא בירך מתחלה שוב אינו מברך אח"כ, דהואיל ואדחי אדחי, **דשאני** הכא שלא היה ראוי לברך מקודם, משום שפעמים שאין ידיו נקיות, ולכן אף אם כבר נגב ידיו יוכל לברך עוד.

והנה הט"ז מחמיר לאחר הניגוב, ששוב לא יברך, ואף דלמעשה אין לנהוג כן, דרבו האחרונים שמסכימים עם הרמ"א, מ"מ לכתחלה יש ליזהר בזה מאד, **ועי"כ** יש ליזהר במה שנוהגין איזה אנשים, שאומרים: שאו ידיכם, וממשיכין הדבר מלומר "על נט"י" עד לאחר הניגוב, שלא כדין עושין כן.

אבל אם כבר בירך "המוציא", כתבו הפוסקים דשוב אינו מברך "על נט"י", (**וכתבו הטעם, דעיקר הנטילה משום אכילה, וכיון דכבר התחיל לאכול, כבר אין שייך ברכת ענט"י, ובש"ע הגר"ז משמע שדעתו, דאפילו לא אכל עדיין, ונראה שאם שכח ובירך "המוציא" קודם הניגוב, שיוכל לברך גם אח"כ, כיון שלא נגמר הנטילה לגמרי, דהאוכל בלא ניגוב כאלו אוכל לחם טמא).**

אות ב'**[ז]

אל תטול חלוקך בשחרית מיד השמש ותלבש

סימן ד ס"א - איתא בברכות דף נ"א: אל תטול חלוקך שחרית מיד השמש ותלבש, משום סכנת מזיקין, אלא יטלהו בעצמו ממקום שהוא שם, ואפילו אותו השמש כבר נטל ידיו.

אות ג'

ואל תטול ידיך ממי שלא נטל ידיו

סימן ד סי"א - [ח]לא יטול ממי שלא נטל ידיו שחרית - ר"ל לשפוך לו על ידיו, אבל להביא לו מים מותר, **ובנטילה** לאכילה, רשאי ליטול ממי שלא נטל ידיו.

באר הגולה

א **ברכות נ"א** (וכן הוא ברש"י כפי' מה שהגיהו המהרש"א והגר"א) ב (דפסק כרבינא דס"ל הכי ברכות דף נ"א - מחה"ש) ג (ע"פ הבאר הגולה)
ד **ב"י בפי' דברי הטור** (ומ"מ אין במשמע דבריהם שם {תוס' והרא"ש} דבדוקא קא אמרי דצריך לברך אחר הנטילה, אלא דמטעמים אלו נוהגים לברך אחר הנטילה, וא"כ לא הו"ל לרבינו לכתוב לא יברך עד אחר הנטילה, אלא כך הו"ל לכתוב, ומברך קודם נטילה כדקיימא לן כל המצות מברך עליהם קודם לעשייתן, ומיהו נהגו העולם וכו' - ב"י) ה **תוס' בברכות נ"א ובפסחים ז' והרא"ש שם** ו **רבי ירוחם** ז (ע"פ הגליון הש"ס) ח **שם בפ' וישב**

שלשה שאכלו פרק שביעי ברכות נא

במידי דלא ממאיס נמי לסלקינהו לצד אחד וליברך תרגמא רב יצחק קסקסאה קמיה דרבי יוסי בר אבין משמיה דרבי יוחנן משום שנאמר °ימלא פי תהלתך בעו מיניה מרב חסדא מי שאכל ושתה ולא ברך מהו שיחזור ויברך אמר להו מי שאכל שום וריחו נודף יחזור ויאכל שום אחר כדי שיהא ריחו נודף אמר רבינא הלכך אפילו גמר סעודתו יחזור ויברך דתניא * ^א^טבל ועלה אומר בעלייתו ברוך אשר קדשנו במצותיו וצונו על הטבילה ולא היא התם מעיקרא גברא לא חזי הכא ^ב^מעיקרא גברא חזי והואיל ואידחי אידחי: תנו רבנן אספרגוס יפה ללב וטוב לעינים וכ"ש לבני מעים והרגיל בו יפה לכל גופו והמשתכר הימנו קשה לכל גופו מדקתני יפה ללב מכלל דבחמרא עסקינן וקתני וכל שכן לבני מעים והתניא ללע"ט יפה לרמ"ת קשה כי תניא ההיא במיושן *כדתנן קונם יין שאני טועם שהיין קשה לבני מעים אמרו לו והלא מיושן יפה הוא לבני מעים ושתק [ג] אסור בחדש ומותר במיושן שמע מינה: תנו רבנן ששה דברים נאמרו באספרגוס אין שותין אותו אלא כשהוא חי ומלא מקבלו בימין ושותהו בשמאל ואין משיחין אחריו ואין מפסיקין בו ואין מחזירין אותו אלא למי שנתנו לו ורק אחריו ואין סומכין אותו אלא במינו והתניא אין סומכין אותו אלא בפת לא קשיא הא בדחמרא הא בדשכרא תני חדא ללע"ט יפה לרמ"ת קשה ותניא אידך לרמ"ת יפה ללע"ט קשה לא קשיא הא בדחמרא הא בדשכרא תני חדא רק אחריו לוקה ותניא אידך לא רק אחריו לוקה לא קשיא הא בדחמרא הא בדשכרא א"ר אשי השתא דאמרת לא רק אחריו לוקה מימיו נזרקין אפילו בפני המלך: א"ר ישמעאל בן אלישע שלשה דברים סח לי סוריאל שר הפנים °אל תטול חלוקך בשחרית מיד השמש ותלבש ^ד^ואל תטול ידיך ממי שלא נטל ידיו ואל תחזיר כוס אספרגוס אלא למי שנתנו לך מפני שתכספית ואמרי לה אסתלגנית של מלאכי חבלה מצפין לו לאדם ואומרים אימתי יבא אדם לידי אחד מדברים הללו וילכד אמר ריב"ל שלשה דברים סח לי מלאך המות אל תטול חלוקך שחרית מיד השמש ותלבש ואל תטול ידיך ממי שלא נטל ידיו ^ה^ואל תעמוד לפני הנשים בשעה שחוזרות מן המת מפני שאני מרקד ובא לפניהן וחרבי בידי ויש לי רשות לחבל ואי פגע מאי תקנתיה לינשוף מדוכתיה ארבע אמות אי איכא נהרא ליעבריה ואי איכא דרכא אחרינא ליזיל בה ואי איכא גודא ליקו אחורא ואי לא ליהדר אפיה ולימא °ויאמר ה' אל השטן יגער ה' בך וגו' עד דחלפי מיניה: א"ר זירא א"ר אבהו ואמרי לה במתניתא תנא עשרה דברים נאמרו בכוס של ברכה טעון הדחה ושטיפה חי ומלא עיטור ועיטוף נוטלו בשתי ידיו ונותנו בימין ומגביהו מן הקרקע טפח ונותן עיניו בו ויש אומרים אף משגרו במתנה לאנשי ביתו אמר ר' יוחנן אנו אין לנו אלא ארבעה בלבד *^ו^הדחה שטיפה *חי ומלא תנא הדחה מבפנים ושטיפה מבחוץ א"ר יוחנן כל המברך על כוס מלא נותנין לו נחלה בלי מצרים שנאמר °ומלא ברכת ה' ים ודרום ירשה ר' יוסי בר חנינא אומר זוכה ונוחל שני עולמים העולם הזה והעולם הבא עיטור רב יהודה מעטרהו בתלמידים רב חסדא מעטר ליה בנטלי [ד] *אמר ר' חנן *ובחי *אמר רב ששת *ובברכת *הארץ עיטוף רב פפא מעטף ויתיב רב אסי פריס סודרא על רישיה ^ו^נוטלו בשתי ידיו א"ר חננא בר פפא מאי קראה °שאו ידיכם קדש וברכו את ה' ונותנו לימין א"ר חייא בר אבא אמר ר' יוחנן ראשונים שאלו שמאל מהו שתסייע לימין אמר רב אשי הואיל וראשונים איבעיא להו ולא איפשט להו אנן

רש"י

במידי דלא ממאיס נמי. למה לי פולטן לסלקינהו לצד אחד: יחזור ויאכל שום אחר. כדי שיסריח יותר כלומר יוסיף על סרחונו [א] *ויעשה ברכה לבטלה: *מי שאכל ושתה ולא ברך. (א) לפניהם קאי אברכת המוציא וברכת היין: מהו שיחזור וכו' [ב]. לאחר אכילה ושתיה: הלכך. כיון דאם נזכר באמצע יכול לברך אפי' גמר סעודתו נמי יכול לברך: על הטבילה. אלמא אע"ג דטבל הויא ברכה: התם מעיקרא לא חזי. דרוב טבילות משום קרי הם ובעלי קריין אסורים בברכות שהם דברי תורה כדאמרינן בפרק מי שמתו (ד' כ:) ודחוי מעיקרא לאו דחוי הוא ולכי מתקן הדר מברך אבל האי מעיקרא איחזי וכיון דגמ' אידחי והואיל ואידחי אידחי: אספרגוס. כוס שהיו שותים בכל בקר אליבא ריקנא לרפואה: דבחמרא עסקינן. דאמרינן לקמן בשמעתין אספרגוס ללע"ט יפה ואוקמינן בשל יין וסימן לע"ט לב עין טחול: וכ"ש לבני מעים. קושיא היא כלו' בדחמרא קתני וכ"ש לבני מעים: והתניא. לקמן לרמ"ת קשה אספרגוס של יין וסימן רמ"ת ראש מעים תחתוניות: כי תניא ההיא. דקתני וכ"ש לבני מעים: ביין מיושן. של ג' שנים כדתנן בבבא בתרא (ד' צח.) ישן משל אשתקד מיושן של שלש שנים: קונם יין שאני טועם. כהקדש יהא עלי יין שאני טועם: אלא חי. יין חי שאינו מזוג: אין מפסיקין בו. אלא שותהו בבת אחת: ואין סומכין אותו. לאכול אחריו מיד: בדחמרא. סמיכתו בפת: בדשכרא. סמיכתו במינו אם שכר תאנים סומכו בתאנים ואם של תמרים הוא סומכו בתמרים: לוקה. בחולי: בדחמרא. לא ירוק: בדשכרא. אם לא רק מים הבאים בפיו אחריו לוקה: אפילו בפני המלך. ירוק ואל יסתכן: סוריאל. מלאך חשוב לבא לפני הקב"ה: אל תטול חלוקך. שחרית מיד השמש אלא אתה בעצמך טלהו ממקום שהוא שם ותלבשנו: תכספית. שם חבורת שדים: איסתלגנית. שם חבורת מלאכי חבלה: אימתי יבא אדם לידי אחד מן הדברים הללו וילכד. רבי ישמעאל עלה לרקיע על ידי שם בברייתא דמעשה מרכבה: גודא. כותל: כוס של ברכה. ברכת המזון: הדחה ושטיפה וכו'. כולהו מפרש להו ואזיל: מן הקרקע. אם ע"ג קרקע הסב ואם על גבי שלחן מגביהו מן השלחן: במתנה. דרך דורון ותשובות: לאנשי ביתו. לאשתו: חי. שמוזגו במים לאחר שנתנו בכוס חי אבל לברך עליו חי הא אמרן במתני'* אין מברכין אי נמי חי בלע"ז פריש"ק להביאו מן החבית לשמו: מעטרהו בתלמידים. תלמידיו סובבין אותו כשהוא מברך: בנטלי. כוסות: ובברכת הארץ. כשמגיע לברכת הארץ מוסיף עליה: מעטף. בטליתו:

תוספות

מעיקרא גברא לא חזי. תימה והלא טמא אינו אסור לברך ובקונטרס פירש דבעלי קריין אסורים בדברי תורה וי"ל דמיירי בטבילת גרים ומפני אותה טבילה הצריכו לכל שאר טבילות לברך לאחר טבילה וכן בנט"י שפעמים אדם בא מבית הכסא ואין אדם ראוי לברך עד לאחר הנטילה נהגו העם לברך כל שאר ברכת ידים לאחר נטילה*:

אין לנו אלא ארבעה דברים. ומיהו לא משמע (כן) דפליג ר' יוחנן אההיא דטעטו לימין כדאמרי' לקמן א"ר יוחנן ראשונים שאלו מהו שתסייע שמאל לימין משמע שכן היו נוהגים. ומיהו מדהאמוראים היו עושים עיטור ועיטוף משמע שהיו מחמירים על עצמן והיו נזהרים בכולן ולפיכך יש להחמיר בכוס של ברכה:

שטיפה חי ומלא. ירושלמי דסוף פירקין א"ר אחא שלשה דברים נאמרו בכוס של ברכה מלא עיטור ומודח ושלשתן מקרא נפתלי שבע רצון ומלא ברכת ה' שבע עיטור רצון מודח ומלא כמשמעו: שטיפה מבחוץ והדחה מבפנים. ופי' ר"י דוקא שאין הכוס יפה שיש בו שיורי כוסות אבל אם הוא יפה בלאו הכי שפיר דמי דלא בעינן אלא שיהא כוס של ברכה יפה: זוכה לשני עולמות. פי' הרב רבי יוסף ממרשיליי"א מדהוה ליה למכתב ים ודרום רש וכתב ירשה הרי יו"ד ה"א יתירה וביו"ד ה"א נבראו שני עולמות כדאמרינן בהתכלת (מנחות ד' כט:) כי ביה ה' צור עולמים (אל תקרי צור אלא צר וכו'): שמאל מהו שתסייע לימין. בכוסות גדולות מיירי או בראש חדש טבת שחל להיות בשבת שהוא בחנוכה או בנישואין וצריך להאריך בברכת המזון:

עין משפט נר מצוה

פא א מיי' פי"א מהל' ברכות הל' ז סמג עשין כז טוש"ע י"ד סי' רסח סעיף ג:
פב ב מיי' פ"ד שם הל' ג טוש"ע או"ח סי' קפו סעיף א:
[וע"ע תוס' פסחים ז: ד"ה על]
פג ג ש"ע או"ח סי' ד סעיף יא:
פד ד ש"ע י"ד סימן שנט סעיף ב:
פה ה ו מיי' פ"ז שם הל' טו סמג שם טוש"ע או"ח סי' קפג סעי' א ב ג:
פו ז שם סעיף ד:

רב נסים גאון

ללע"ט יפה לרמ"ת רע. סימן הוא. ובהלכות גדולות מפרש ללב לעין לטחול יפה לראש למעים לתחתניות רע: עשרה דברים נאמרו בכוס של ברכה כו'. בפרקין בגמ' דבני מערבא אמרי אמר ר' אחא ג' דברים נאמרו בכוס של ברכה עטור ומודח ומלא ושלשתן בפסוק אחד (דברים לג) נפתלי שבע רצון ומלא שבע עטור רצון מודח ומלא כמשמעו אמר ר' חייא אם עשיתם כן מה כתוב תמן ים ודרום ירשה אתה זוכה לירש העולם הזה והעוה"ב:

[כל זה ליתא לפנינו שם]

הגהות הב"ח

(א) רש"י ד"ה מי שאכל ושתה ולא ברך אברכה דלפניהם קאי:

הגהות הגר"א

[א] רש"י ד"ה יחזור כו' (ויעשה ברכה לבטלה) תא"מ: [ב] שם ד"ה מהו שיחזור כו' באמצע אכילה ושתיה. כצ"ל (פרש"א): [ג] גמ' ושתק מותר במיושן. כצ"ל: [ד] שם מעטר ליה בנטלי חי אמר רב ששת עד ברכת הארץ. כצ"ל (וכ"כ רבינו בא"ח סי' קפ"ג):

גליון הש"ס

גמ' אל תטול חלוקך. מג"א סי' ד סק"א:

[עי' לעיל נ: תוס' ד"ה מודים. ועי' תוס' סנהדרין צ. ד"ה חי]

[בהרא"ש ליתא לכל זה גם בהרי"ף נדפס בספרים בין שני חצאי עיגולים וכן מוחק ד"מ שם על הגליון ועיקר הגי' שהביא לפני רב אלפס כך איתא חי אמר רב ששת עד ברכת הארץ וכ"כ ר' יונה ברכת הארץ עד פירש"י דסלא:]

מסורת הש"ס

[פי' רה"א] [דמר זה וד"ה מהו שיחזור סי' . לבתורה צ"ל קודם ד"ה יחזור ויאכל] פסחים ז: נדרים סו. ב"ב צח. [לעיל נ:] וסי' תמב"ס פסחים קיז. תהלים עא. זכריה ג. דברים לג.

וכ"כ הב"י סימן קפג ע"ש וע"ש תוס' שבת עו: ד"ה כדי ותוס' עירובין כט: ותוס' בבא בתרא לז: ד"ס עד וכו' מה שפירש ר"ס על מה דאמרינן בברכת הארץ עד פירש"י דסלא:

אות ד'

ואל תעמוד לפני הנשים בשעה שחוזרות מן המת

יו"ד סימן שנט ס"ב - [ט]יש למנוע מלצאת נשים לבית הקברות אחר המטה - כלומר אע"פ שכתב בס"א, שנהגו לצאת אחר המטה ואין לשנות, מ"מ לא ילכו לבית הקברות אחר המטה, שאם עושים כן גורמים רעה לעולם ח"ו - ש"ך. ‹כפי העתקת הבאה"ט›.

‹וה"ה לפני המטה אסורים לצאת לבה"ק, אלא שדבר בהווה, דנהגו לצאת אחר המטה, תפל"מ – רעק"א›.

‹בברכות נ"א מבואר, דאין לעמוד בפני הנשים בשעה שחוזרות מן המת, שהמלאך המות מרקד לפניהן ויש לו רשות לחבל, ואמרינן שם אי פגע בהן מאי תקנתיה, לינשוף מדוכתיה ד' אמות, אי איכא נהרא ליעבריה וכו', ואי לא ליהדר אפיה ולימא יגער ד' בך השטן עד דחלפי מיניה, ע"ש – ערוה"ש›.

אות ה' – ו'

הדחה, שטיפה, חי, ומלא

אמר רב ששת: ובברכת הארץ

סימן קפג ס"א - [י]כוס של ברכה טעון הדחה מבפנים ושטיפה מבחוץ - וה"ה אם קנחו במפה עד שהוא נקי, דשרי, [והוא שקנחו משני צדדין, דומיא דהדחה ושטיפה שבש"ס].

[יא]ואם הוא נקי ואין בו שיורי כוסות - שיורי יין ששרה בו פת, **אינו צריך** - וטוב להדיח אפילו כשאין בו שיורי פת, אם לא שהוא נקי וצח.

סימן קפג ס"ב - [יב]יתן היין לתוכו חי - פי' כמו שהוא בלי מזיגה, אף שאין ראוי לשתותו כך כמות שהוא, [כיון שמוזגו אח"כ בברכת הארץ]. **עד שמגיע לברכת הארץ** - פי' לתחלת ברכת הארץ, **ואז מוזגו, להודיע שבח הארץ** - שיינה חזק שצריך למוזגה במים, **ועיין** בב"י שכתב, דבמדינתנו נהגו העולם למזוג במעט מים אף כשאין היינות חזקים, ע"ש הטעם. ‹**שיש** בזה ענין ע"פ הקבלה, ע"ש דמים הוא חסד ובא להמתיק היין שהוא אדום – ערוה"ש›.

הגה: וי"א דאם היין אינו חזק, א"צ למוזגו (טור), וכן נוהגין באלו הארצות - משום דראוי לשתותו כמות שהוא.

ויוציאנו מן החבית לשם ברכה (טור בשם רש"י) - היינו שיוציאנו סמוך לברכה מן החבית לשם ברכה, ולא יוציאנו מקודם וישתהא בכלי, **וזהו** רק למצוה מן המובחר, [**כדי** לצאת כל הפירושים בלשון "חי", שיש שפירשו "חי" מה שאנו קורין בלשון לעז פרי"ש, דהיינו סמוך לברכה, טור ‹בשם רש"י›].

ונראה דלדידן שאין לנו הרבה יין, א"צ רק לשפכו מן הקנקן ששומרים בו היין לשם ברכה, והבית לאו דוקא, וכן נוהגין במדינות אלו.

וכוס של ברכה ימלאנו שיהא מלא על כל גדותיו - ואף שרגיל לישפך קצת עי"ז לארץ, **ויש** שאין ממלאין אותו כ"כ מטעם זה, ואפ"ה שם מלא עליו, **ודע**, דמלא הוא רק למצוה לכתחלה, ואינו מעכב, אם אך יש בהיין שיעור רביעית.

סימן קפג ס"ג - [יג]צריך לחזור אחר כוס שלם - מלשון זה משמע דהוא רק לכתחלה ואין עיכוב בדבר.

שלם - שלא יהיה גוף הכוס שבור, ולא פגום בשפתו, אפי' חסרון מועט, [בא"ר כתב אפי' רק חסרון כדי חגירת צפורן, ופמ"ג כתב ע"ז דחומרא היא. **ואם** אין לו אחר, יש להקל אם נשאר רביעית ממנו ולמטה. **ופשוט** דאם יש נקב בשולו ועי"ז אינו יכול להחזיק רביעית, אין ע"ז שם כוס כלל, והוא לעיכובא אפי' בשעת הדחק, דכוס של בהמ"ז וקידוש צריך להחזיק רביעית].

ובנסדק יש להקפיד לכתחלה אפי' בלא חסרון כלל, [היינו אפי' אם אין היין נוטף דרך הסדק]. **וכן** אם גוף הכוס שלם, רק בסיסו נשבר, ג"כ יש להקפיד, ואפילו יכול לעמוד על בסיסו, **אם** לא שאין לו אחר, יש להקל בכל זה, [א"ר וש"א, **ולא** ביארו כוונתם, אם אפי' כשאינו יכול לעמוד על בסיסו כלל, או אפשר דבאופן זה אינו חשיב כוס כלל, ועיין בע"ת דמשמע מיניה דמיקל בזה כשאי אפשר, **ואעפ"כ** למעשה צ"ע].

ובכיסוי כלים, אף שלא נעשו לקבלה, ג"כ אין להקפיד אם אין לו אחר, [אם מחזיק רביעית].

כתב המ"א בשם הב"ח, ירא שמים לא יברך במצנפת, רק ישים הכובע על ראשו, **ויש** שנוהגין ג"כ להתעטף בבגד העליון, דכל זה הוא בכלל "עיטוף" הנאמר בגמרא אצל כוס ברכה, **וכן** נהגו כהיום בישראל בעת בהמ"ז, שמשימין הכובע על ראשיהן, אפי' כשהוא מברך ביחיד בלי כוס.

באר הגולה

[ט] **בית יוסף בשם ספר הזוהר פרשת ויקהל, שאם יוצאות גורמות רעה לעולם** ‹ולכאורה אף דאין מקור השו"ע מגמ' זה, ציינו העין משפט, משום דהוי ענין דומה, וגם דיסוד של הסכנה משמע מהזוהר דהוי ענין אחד, ע"ש בספרים שמביאין אותו› [י] **ברכות נ"א** [יא] **תוס' והר"ר יונה** [יב] **שם בגמרא לפי' הרי"ף** ‹דהא דאמרינן דכוס של ברכה צריך שיהיה חי, קשה, מדאמר רבי יוסי בר חנינא (נ:) מודים חכמים לרבי אליעזר בכוס של ברכה שאין מברכין על היין עד שיתן לתוכו מים, ולפיכך פי' הרי"ף, דהא דאמרינן שיהא חי, היינו דוקא עד ברכת הארץ, והא דמודים חכמים דאין מברכין על היין עד שיתן לתוכו מים, היינו מברכת הארץ ואילך, וכדאמרינן בגמרא חי, אמר רב ששת עד ברכת הארץ – ב"י› [יג] **טור בשם י"מ** ‹ויש מפרשים {חי} על הכלי שיהא שלם כדאיתא בבבא קמא (נד א) על הכלים שבירתן זו היא מיתתן – טור›

אות ז'

נוטלו בשתי ידיו

סימן קפג ס"ד - [יד]**מקבלו בשתי ידיו** - כתב הט"ז דהטעם הוא, כדי להראות חביבות קבלת הכוס עליו, **ואח"כ** אוחזו ביד אחד, שלא יהא נראה עליו כמשוי. **וכשמתחיל לברך נוטלו בימינו** - שהוא העיקר והחשוב, **ולא יסייע בשמאל. הגה: והיינו דוקא שלא תגע השמאל בכוס** - היינו אפי' אם ירצה לאחוז הכוס ביד ימינו באמצע הכוס, וביד שמאלו יאחזנו מתחתיו, **אבל אם נותן השמאל תחת הימין לסייעה, מותר** [טו]**(כ"י בשם שבולי הלקט)** - פי' שהכוס מונח על כף ימין, ונותן השמאל מתחת לסמוך יד הימין, מותר, כיון שאין נוגע בהכוס, [טז]**והאחרונים** כ', דיש להחמיר בזה אם לא לצורך.

כתב השל"ה, ע"פ הקבלה נכון שיעמיד הכוס על כף ימינו, והאצבעות יהיו זקופים סביב. **לא** יטול הכוס בבתי ידים, רק יסירם מקודם.

באר הגולה

[יד] **שם בגמרא** [טו] (וכתוב בשבלי הלקט: כתב ה"ר בנימין, דוקא למינקט ליה כוליה בשמאל אסור, אבל לסיועי ליה בשמאליה תחות ידא ימינא מותר, דקיימא לן (ביצה כב) מסייע אין בו ממש, ותימה דהא אסיקנא בה דאנן נעביד לחומרא, ונראה לי שהוא מפרש דלא איבעיא לן אלא כשתופס הכוס גם ביד שמאל, אבל כשאין נוגע בכוס אלא יד ימין, אם הניח יד שמאל תחתיה לסייעה אין בכך כלום - ב"י) [טז] (בטור כתוב: שמאל מהו שתסייע לימין, פי' לסומכה בשמאלו, ע"כ, {**מדכתב** לסומכה, ולא כתב לסומכו לשון זכר, דהוי משמע דקאי על הכוס, וכתב לסמכה לשון נקבה, וע"כ קאי על יד ימין, וחולק על השבלי לקט - מחה"ש}, **נ"ל** דקשה ליה מאי קמבעי להו, הא כשתסייע שמאל לימין הו"ל אוחזו בב' ידיו, וכבר אמרנו שמקבלו בב' ידיו ואוחזו בימינו, ולכן פי' לסומכה בשמאלו, ר"ל לסמוך יד הימין בשמאל, וא"כ גם זה אסור ולכן יש להחמיר אם לא לצורך - מ"א)

עין משפט
נר מצוה

[א ב מיי' פכ"ט מהל' שבת הל' ז]:
פז א ב ג ד סמג עשין כז טוש"ע או"ח סי' קפג סעיף ד:
פח ה מיי' פ"ז מהלכות ברכות הלכה טו טוש"ע שם סעיף ו:
פט ו מיי' פ"ד שם הל' א סמג שם טוש"ע או"ח סי' קפג סעיף ט:
א ז מיי' פכ"ט מהל' שבת הלכה ו ז סמג עשין כט טוש"ע או"ח סי' רעא סעיף י:
[ו מיי' פכ"ט מהלכות שבת הל' כד טוש"ע או"ח סי' רצא סעיף א]:
ב ח מיי' פ"ט מהל' ברכות הל"ח ט ופכ"ט מהל' שבת הל' כה סמג עשין כו כט טוש"ע או"ח סי' ריז סעיף ב ה ו וסי' רצז סעיף ג וסי' רצח סעיף יב:
[ח מיי' פ"ב מהלכות ברכות הל' יד ופ"ד הל' א טוש"ע או"ח סי' קפד ס"ה]:
ג ט [מיי' פ"ז מהלכות ברכות הלכה יד] טוש"ע או"ח סי' קעד סעיף ג:
ד י מיי' פ"א מהלכות ברכות הלכה י"ג סמג עשין כז טוש"ע או"ח סי' רעו סעיף ג:

אין מסיחין על כוס של ברכה. פירש"י שלא יסיח (דעת) המברך משנתנו לו כוס של ברכה וה"ה המסובין שאין רשאין להסיח דבעינן שיתכוין שומע ומשמיע וגם אין להפסיק השומעים בשיחת חולין כמו שאין המברך רשאי להסיח ואע"פ שאמר התם (פרק בהרה דר"ה ד' לד:) שמע תשע תקיעות בתשע שעות ביום יצא משמע שהשומע סח בינתים ואפילו הכי יצא אך לכתחלה אין לעשות כן ומיהו נראה דהיינו דוקא בשעה שהמברך שותק מעט בין ברכה לברכה אבל בשעה שהוא מברך אם היה מדבר אפילו בדיעבד לא יצא:

והלכתא בכולהו יושב ומברך. לפי שברכת המזון דאורייתא החמירו בה להיות יושב ומברך שהרי עשרה דברים נאמרו בו מה שאין כן בשאר ברכות והוא נוטריקון ואכלת ושבעת שב עת וברכת לברכת המזון מפי רבי משה אלברט:

הדרן עלך שלשה שאכלו

אנן נעבד לחומרא [י]ומגביהו מן הקרקע טפח א"ר אחא בר' חנינא מאי קראה °כוס ישועות אשא ובשם ה' אקרא [י]ונותן עיניו בו כי היכי דלא ניסח דעתיה מיניה °ומשגרו לאנשי ביתו במתנה כי היכי דתתברך דביתהו עולא אקלע לבי רב נחמן כריך ריפתא בריך ברכת מזונא יהב ליה כסא דברכתא לרב נחמן א"ל רב נחמן לישדר מר כסא דברכתא לילתא א"ל הכי א"ר יוחנן אין פרי בטנה של אשה מתברך אלא מפרי בטנו של איש שנאמר °וברך פרי בטנך פרי בטנה לא נאמר אלא פרי בטנך תניא נמי הכי ר' נתן אומר מנין שאין פרי בטנה של אשה מתברך אלא מפרי בטנו של איש שנאמר וברך פרי בטנך פרי בטנה לא נאמר אלא פרי בטנך אדהכי שמעה ילתא קמה בזיהרא ועלתה לבי חמרא ותברא ד' מאה דני דחמרא א"ל רב נחמן נשדר לה מר כסא אחרינא שלח לה כל האי נבגא דברכתא היא שלחה ליה ממהדורי מילי ומסמרטוטי כלמי א"ר אסי [ה]אין מסיחין על כוס של ברכה ואמר רב אסי אין מברכין על כוס של פורענות מאי כוס של פורענות א"ר נחמן בר יצחק כוס שני תנ"ה השותה כפלים לא יברך משום שנאמר °הכון לקראת אלהיך ישראל והאי לא מתקן א"ר אבהו ואמרי לה במתניתא תנא האוכל ומהלך מברך מעומד וכשהוא אוכל מעומד מברך מיושב וכשהוא מיסב ואוכל יושב ומברך [י]והלכתא בכולהו יושב ומברך:

תהלים קטז | דברים ז | עמוס ד

הדרן עלך שלשה שאכלו

אלו *דברים שבין בית שמאי ובין בית הלל בסעודה ב"ש אומרים מברך על היום ואח"כ מברך על היין וב"ה אומרים [י]מברך על היין ואחר כך מברך על היום ב"ש אומרים נוטלין לידים ואח"כ מוזגין את הכוס וב"ה אומרים מוזגין את הכוס ואח"כ נוטלין לידים ב"ש אומרים מקנח ידיו במפה ומניחה על השלחן וב"ה אומרים על הכסת ב"ש אומרים מכבדין את הבית ואח"כ נוטלין לידים וב"ה אומרים נוטלין לידים ואח"כ מכבדין את הבית *ב"ש אומרים נר ומזון בשמים והבדלה וב"ה אומרים נר ובשמים מזון והבדלה ב"ש אומרים שברא מאור האש וב"ה אומרים [ז] בורא מאורי האש [ח]אין מברכין לא על הנר ולא על הבשמים של עכו"ם ולא על הנר ולא על הבשמים של מתים ולא על הנר ולא על הבשמים של ע"ז ואין מברכין על הנר עד שיאותו לאורו מי שאכל ושכח ולא בירך ב"ש אומרים יחזור למקומו ויברך וב"ה אומרים יברך במקום שנזכר ועד מתי מברך [ח] עד כדי שיתעכל המזון שבמעיו *בא להן יין אחר המזון אם אין שם אלא אותו כוס בית שמאי אומרים מברך על היין ואח"כ מברך על המזון ובית הלל אומרים [ט]מברך על המזון ואח"כ מברך על היין [י]ועונין אמן אחר ישראל המברך ואין עונין אמן אחר כותי המברך עד שישמע כל הברכה כולה: **גמ'** *תנו רבנן דברים שבין ב"ש וב"ה בסעודה ב"ש אומרים מברך על היום ואח"כ מברך על היין שהיום גורם ליין שיבא וכבר קדש היום ועדיין יין לא בא וב"ה אומרים מברך על היין ואח"כ מברך על היום שהיין גורם לקדושה שתאמר *דבר אחר ברכת היין תדירה וברכת היום אינה תדירה תדיר ושאינו תדיר תדיר קודם והלכה כדברי ב"ה מאי ד"א וכי תימא התם תרתי והכא חדא ה"נ תרתי נינהו ברכת היין תדירה וברכת היום אינה תדירה תדיר ושאינו תדיר תדיר קודם והלכה כדברי ב"ה פשיטא דהא נפקא בת קול איבעית אימא קודם בת קול ואיבעית אימא לאחר בת קול ורבי

מסורת הש"ס

אנן נעבד לחומרא. שלא תסייע שמאל לימין בשעת ברכה: **שמעה ילתא.** שלא ישגר לה כוס של ברכה: **קמה בזיהרא.** עמדה בכעס: **כל האי נבגא דברכתא היא.** כל יין שבחבית ככוס של ברכה הוא. **נבגא.** כוס כמו לשתי מר *אנבגא: **ממהדורי מילי.** תורה אור ממחזירי בעיירות ירבו תמיד דברים: **ומסמרטוטי כלמי.** וממשחקי בגדים בלויים וממורטים ירבו כנים. כנים מתרגמי' כלמתא: **אין מסיחין.** משאחזו עד שיברך: **כוס שני.** שהוא של זוגות והעומד (א) על שלחנו ושתי זוגות ניזוק על ידי שדים: **כפלים.** זוגות: **הכון לקראת** (ב). בדברים נאים ולא בדברי פורענות: **מסב.** במטה דרך הסבה: והלכתא בכולהו יושב ומברך:

הדרן עלך שלשה שאכלו

אלו דברים וכו' בסעודה. שנחלקו בהלכות סעודה: **מברך על היום.** בקידוש שבתות וימים טובים: **ואחר כך מוזגין את הכוס.** יין הבא לפני המזון כדאמרינן בפרק כיצד מברכין (דף מג.) הסבו אע"פ שנטל כו' הביאו להם יין וכו' וקאמרי ב"ש נוטלין לידים ואחר כך שותים את הכוס ואוכלים סעודתם בההיא נטילה וב"ה אומרים מוזגין את הכוס ושותין אותו ואחר כך נוטלין לידים וטעמא דתרוייהו מפרש בגמרא: **מקנח ידיו במפה.** מנגילת מים ראשונים: **ומניחה על השולחן.** ומקנח בה ידיו תמיד מזוהמת התבשיל: **וב"ה אומרים.** על הכר או על הכסת יניחנה אחרי כן ושם יקנח בה ידיו תמיד וטעמא מפרש בגמ': **מכבדין את הבית.** מקום שאכלו שם אם הסבו על גבי קרקע מכבדים את הקרקע או אם הסבו על השלחן מכבדין את השלחן משיורי אוכלין שנתפזרו עליו: **ואחר כך נוטלין לידים.** מים אחרונים: **נר ומזון.** מי שאין לו אלא כוס אחד במוצאי שבת מניחו עד לאחר המזון וסודר עליו נר ומזון ובשמים והבדלה כו': **אין מברכים על הנר ועל הבשמים של עכו"ם ושל מתים.** טעם דכולהו מפרש בגמרא: **שיאותו.** שיהו נהנים ממנו: **עד כדי שיתעכל המזון.** מפרש שיעורא בגמ': **מברך על היין.** בגמרא מפרש פלוגתייהו: **עונין אמן אחר ישראל המברך.** אפילו לא שמע אלא סוף ברכה אבל לא לאחר כותי שמא ברך להר גרזים: **גמ' שהיום גורם ליין שיבא.** כוס זה לא בא אלא בשביל שבת לקידוש: **וכבר קדש היום.** משקבלו עליו או מלאת הכוכבים: **ועדיין יין לא בא.** לשלחן וכשם שקודם לכניסה כך קודם לברכה: **שהיין גורם לקדושה שתאמר.** שאם אין יין לא מקדשין והמקדש על הפת גם הוא במקום יין וברכת הפת קודמת: **תדיר קודם.** נפקא לן במסכת זבחים מהאי קרא דכתיב במוספין מלבד עולת הבקר אשר לעולת התמיד תעשו את אלה מלבד משמע לאחר שהקרבתם התמיד תקריבו המוספין וקא דרשינן אשר לעולת התמיד קרא יתירה למילף דבשביל שהיא תמיד הקדימה הכתוב ומכאן אתה למד לכל התמידין:

ורבי

[קדושין ע.]
פסחים קיד. סוכה נו.
פסחים קג.
[לקמן נג.]
תוספתא פ"ה [פסחים קיד.] [סוכה נו.]
פסחים שם [קיד.] זבחים צא.

רב נסים גאון

תדיר ושאינו תדיר תדיר קודם. עיקרו במשנת זבחים בפ"י (דף פט) ובמשנת הוריות בפרק אחרון (דף יג) כל התדיר מחבירו הוא קודם את חבירו ואמרינן בגמרא מנא הני מילי אמר אביי דאמר קרא (במדבר כח) מלבד עולת הבוקר אשר לעולת התמיד מכדי כתיב עולת הבוקר עולת התמיד למה לי מאי קאמר רחמנא האי דתדיר קדים ברישא:

הגהות הב"ח

(א) רש"י ד"ה כוס שני וכו' והעומד מעל: (ב) ד"ה הכון לקראת אלהיך בדברים:

גליון הש"ס

גמ' ומשגרו לאנשי ביתו. עי' תוי"ט ריש סוטה ד"ה רי"א:

§ מסכת ברכות דף נא: §

אות א' - ב' - ג' - ד'

אנן נעבד לחומרא

ומגביהו מן הקרקע טפח

ונותן עיניו בו

ומשגרו לאנשי ביתו במתנה

סימן קפג ס"ד - [א]מקבלו בשתי ידיו - כתב הט"ז דהטעם הוא, כדי להראות חביבות קבלת הכוס עליו, **ואח"כ** אוחזו ביד אחד, שלא יהא נראה עליו כמשוי.

וכשמתחיל לברך נוטלו בימינו - שהוא העיקר והחשוב, **ולא יסייע בשמאל. הגה: והיינו דוקא שלא תגע השמאל בכוס** - היינו אפי' אם ירצה לאחוז הכוס ביד ימינו באמצע הכוס, וביד שמאלו יאחזנו מתחתיו, **אבל אם נותן השמאל תחת הימין לסייעה, מותר [ב](ב"י בשם שבולי הלקט)** - פי' שהכוס מונח על כף ימין, ונותן השמאל מתחת לסמוך יד הימין, מותר, כיון שאין נוגע בהכוס, **והאחרונים** כתבו, דיש להחמיר בזה אם לא לצורך.

כתב השל"ה, ע"פ הקבלה נכון שיעמיד הכוס על כף ימינו, והאצבעות יהיו זקופים סביב. **לא** יטול הכוס בבתי ידים, רק יסירם מקודם.

ומגביהו מהקרקע טפח, אם הוא יושב על גבי קרקע; [ג]ואם הוא מיסב בשלחן, מגביהו מעל השלחן טפח - כדי שיהא נראה הכוס לכל המסובין, ויסתכלו בו - טור, **ובגמרא** מסמיך לה אקרא, דכתיב: כוס ישועות אשא וגו'.

[ד]ונותן בו עיניו שלא יסיח דעתו - מן הברכה.

הגה: ועל כן אין לוקחין כוס שפיו צר, שקורין גלוק קלא"ז, לברך עליו - שלא יוכלו להסתכל במה שבתוכו, **והאחרונים** הקשו ע"ז, דכוונת הגמרא מה שאמרו: ונותן עיניו בו, היינו בהכוס, ולא במה שבתוכו, **וע"כ** אין להקפיד בזה אם אינו יכול להשיג בקל כלי אחר.

[ה]ומשגרו לאשתו שתשתה ממנו - שע"י כוס של ברכה מתברכת האשה, ואפילו לא אכלה האשה עמהם, **ואם** יש עוד אורחים אצלו, יתן גם להם לטעום מהכוס של ברכה, **ואם** אורח מיסב אצל בעה"ב, ובירך על הכוס, יתן גם לבעה"ב לשתות מכוס של ברכה, כדי שיתברך הבעה"ב, [ו][וממילא מתברכת האשה, וכמו שאמר שם עולא בהדיא בדף נ"א ע"ב. **אך** מסתפקנא, אולי עולא פליג על עיקר הדין דברייתא די"א משגרו לאשתו, דכיון שהוא שותה, ממילא מתברכת גם היא, וכיון דהפוסקים נקטו להאי דינא, ה"ה באורח אצל בעה"ב, **ואפשר** דזה היה ג"כ טעמו של רב נחמן שאמר, נשדר לה מר כסא לילתא, וצ"ע].

אות ה'

אין מסיחין על כוס של ברכה

סימן קפג ס"ו - [ז]משנתנו לו כוס לברך - ועד אחר שתייתו, שהוא לאחר גמר בהמ"ז, **לא ישיח המברך.**

[ח]והמסובין אין להם להשיח [ט]משהתחיל המברך - אבל מקודם רשאין להשיח, אף שכבר נטל המברך הכוס בידו, **ויש** מן הפוסקים דס"ל להחמיר בזה, ונכון לחוש לדבריהם.

לא מבעיא בשעת שהוא מברך, שצריכין לשמוע ולהבין מה שאומר המברך - דהמברך מוציא אותם בבהמ"ז, ואם לא ישמעו לא יצאו, **אלא אפילו בין ברכה לברכה אין להם להשיח** - דכיון דשומע כעונה, הרי הם כמברך עצמו.

ואם עברו ושחו בין ברכה לברכה בשעה שהמברך שותק מעט, יצאו. (הגה: אפילו אם שח המברך עצמו) - דהשיחה שבינתים אינה מפסדת הברכות בדיעבד, **ודע** דמ"א מצדד, דכ"ז הוא דוקא בשיחה בשוגג, אבל במזיד, אפילו בשיחה מועטת, ואפילו בין ברכה לברכה, חוזר לראש בהמ"ז, וכמו גבי תפלה לעיל בסימן קי"ד ס"ז, **אמנם** בא"ר נשאר בדין זה בצ"ע, וכן הכרענו לעיל בסימן ס"ה במ"ב, דבדיעבד אין לחזור אפילו כששח במזיד, [אפי' כששח באמצע ברכה], **אך** לכתחלה יש ליזהר בזה הרבה.

ואם היה בין ברכה לברכה שיהוי מרובה, שהיה יכול באותו הזמן לגמור כל בהמ"ז מראש ועד סוף, [**ולכאורה** אין לשער רק כדי לגמור הג' ברכות דאורייתא], אפי' אם לא שח כלל בינתים, י"א דצריך לחזור לראש בהמ"ז, **ודוקא** אם השיהוי היה מחמת אונס, שהיה צריך לנקביו, או שהיה המקום אינו נקי, וכמבואר לעיל בסימן ס"ה לענין ק"ש, וה"ה כאן.

ועיין בבה"ל שכתבנו, דאין דין זה ברור למעשה, דיחזור בשביל שְׁהִיָּה בין ברכה לברכה, (דמה דכולהו ג' ברכות דבהמ"ז חשיבי כאחת, **לאו מלתא דפסיקתא היא**), ‹ולעיל סי' ס"ה ס"א כתב דחשיבי כאחת כמלתא דפסיקתא›, **אך** אם שיהוי כזה היה באמצע ברכה, צריך לחזור, ורק לראש הברכה.

[י]אבל אם שחו בשעה שהוא מברך, לא יצאו - ותלוי בזה, דאם לא גמר המברך עדיין את הברכה, חוזרין המסובין ומברכין בעצמן ממקום שפסקו לשמוע לדברי המברך, [או שהמברך בעצמו יחזור בשבילן לומר ממקום שפסקו לשמוע], **ואם** גמר המברך את הברכה וכוונו לשמוע, צריכין המסובין לחזור לתחלת הברכה ולברך בעצמן, דכיון שדלגו באמצע, הוי כלא אמרוה כלל, [**משא"כ** כשלא גמר המברך עדיין הברכה, לא מקרי דלוג באמצע שיפסיד עי"ז ראש הברכה].

באר הגולה

[א] **שם בגמרא** [ב] ‹עיין בהערות לעיל נ"א› [ג] **טור וכן הוא בירושלמי** ‹וכ"כ רש"י עמוד א'› [ד] **שם בגמרא** [ה] **שם** [ו] ‹דדוקא היכא דבעה"ב מברך בעצמו על הכוס, משגרו לאשתו, אבל היכא דאורח מברך, ס"ל דנותן לבעה"ב ומתברך פרי בטנו, וע"י מתברך פרי בטנה - ישא ברכה› [ז] **שם** בגמ' [ח] **שם בתוס' ורבי יונה ורא"ש** [ט] ‹רא"ש וטור - גר"א. **ומשמע** מיניה דמתוס' אינו מוכח, דיתכן דס"ל דגם להם אסור משנתנו לו הכוס› [י] **שם**

וכ"ז דוקא אם ע"י השיחה שבאמצע, לא שמעו ודלגו דברים שהם מעיקר הברכה, כמו ברית ותורה וכיו"ב, שהם לעיכובא, כמ"ש בסימן קפ"ז, **אבל** אם דלגו רק דברים שהם שלא מעיקר הברכה, יצאו בדיעבד ואינם צריכים לחזור בשביל זה, **וכ"ש** אם לא דלגו כלל, כגון שהמברך עצמו שח אז באמצע, ושחו גם הם, אף דבודאי שלא כדין עשו, מכל מקום בדיעבד יצאו, ואינם צריכים לחזור.

[**ולפי** מה שכתוב בס"ז, דיש לנהוג לומר בעצמו עם המברך בלחש, וכמו שאנו נוהגין, **אף** אם לא שמעו דברים שהם מעיקרי הברכה מהמברך, אין להקפיד ע"ז, כיון שאמר בעצמו בלחש, ולא דילג מהברכות].

אות ו'

והלכתא: בכולהו יושב ומברך

סימן קפג ס"ט - [יא]צריך לישב בשעה שמברך - ומסתימות הפוסקים משמע, דגם ברכה רביעית אף שהיא מדרבנן צריך לישב, כי היכי דלא לזלזולי בה, [וצ"ע].

בין אם היה הולך בביתו כשאכל - דבמהלך בדרך עיין לקמן בסי"א, **או עומד או מיסב, כשמגיע לברך צריך לישב, כדי שיוכל לכוין יותר.**

וגם לא יהא מיסב, שהוא דרך גאוה; אלא ישב באימה.

הגה: נראה לי דלאו דוקא המברך, אלא ה"ה כל המסובין לא ישבו בקלות ראש אלא באימה - דכיון דכולן יוצאין בברכתו, צריכין לישב ובאימה כמברך עצמו.

מיהו אם לא עשה כן, אפילו בירך מהלך, בדיעבד יצא (רמב"ס) - היינו כשהוא מהלך בביתו במקום אכילתו, אבל כשהלך למקום אחר ובירך, יש דעות בזה, עיין לקמן בסימן קפ"ד ס"א בהג"ה.

[יב]סימן קפג ס"י - [יג]י"א שגם ברכת מעין שלש צריך לאמרה מיושב - עיין בביאור הגר"א, שתלה דין זה במה שמבואר לקמן בסימן קפ"ד ס"ג, והרמב"ם שהוא בעל דעה זו אזיל לשיטתו שם, **ולפי"ז** בחמשת מיני דגן עכ"פ, לכו"ע צריך להיות דוקא ברכה אחרונה שלהם בישיבה.

[יד]סימן קפג ס"יא - [טו]אם היה מהלך בדרך ואוכל, א"צ לישב ולברך, לפי שאין דעתו מיושבת עליו - אם ישב, מפני שיקשה בעיניו איחור דרכו, ולא יוכל לכוין יפה, אלא מהלך ומברך, **כתב** הח"א דכל זה דוקא כשאכילתו היה דרך הליכה, כמש"כ המחבר, שמהלך בדרך ואוכל, **אבל** אם אכילתו היה בישיבה, צריך לברך ג"כ בישיבה.

[טז]סימן קפג ס"יב - [יז]אסור לברך והוא עוסק במלאכתו - היינו כל הברכות, וע"ל בסי' קצ"א במ"ב, ששם מבואר היטב.

אות ז'

מברך על היין ואחר כך מברך על היום

סימן רעא ס"י - ואח"כ אומר בפה"ג ואח"כ קידוש.

אות ז'* [יח]

מוזגין את הכוס ואחר כך נוטלין לידים

סימן רעא סי"ב - [יט]אחר שקידש על כוס, נוטל ידיו ומברך ענט"י - ולא קודם, כדי שלא יפסיק בהקידוש בין נט"י ל"המוציא", **אבל** בני ביתו שאינם מקדשין בעצמן, אלא יוצאין בשמיעתן מבעה"ב, יוכלו ליטול ידיהם קודם.

הגה: [כ]וי"א דלכתחלה יש ליטול ידיו קודם הקידוש ולקדש על היין, וכן המנהג פשוט במדינות אלו ואין לשנות - דס"ל דאין הקידוש מקרי הפסק כיון שהוא צורך סעודה, ולכך יקדש על היין וישתה הכוס ואח"כ יברך "המוציא" ויבצע הפת, **וכיון** דאינו הפסק, ס"ל לרמ"א דטוב לנהוג כן לכתחלה, משום דכשאין לו יין ומקדש על הפת, בע"כ צריך ליטול ידיו קודם הקידוש, וע"כ טוב לנהוג כן תמיד באופן אחד.

רק בליל פסח, כמו שיתבאר סי' תע"ג - משום שאז מפסיקין הרבה באמירת הגדה עד הסעודה.

ולמזוג את הכוס בחמין אחר הנטילה קודם "המוציא", ודאי אין לעשות כן לכו"ע, כיון דצריך לדקדק יפה שימזוג כדרכו, שלא יחסר ושלא יותיר, הוי היסח הדעת.

וכמה אחרונים כתבו, דטפי עדיף לכתחלה לקדש על היין קודם נט"י, וכדעת המחבר, דבזה יוצא מדינא לכל הדעות, ובכמה מקומות נהגו כדבריהם, **מיהו** אם כבר נטל ידיו קודם קידוש, בזה יש לעשות כהרמ"א, דאעפ"כ יקדש על יין.

סימן רפט ס"א - ואחר כך יטול ידיו, (וע"ל סי' רע"א סעיף י"ב בהג"ה) - היינו דשם מבואר בהג"ה, דנוטלים לידים קודם קידוש, **ועיין** שם במ"ב, דכמה אחרונים כתבו שם, דטוב יותר לנהוג כדעת המחבר.

באר הגולה

[יא] **שם בגמ'** [יב] «ע"פ הב"י» [יג] **ב"י לדעת הרמב"ם והמרדכי** [יד] «ע"פ הרא"ש וז"ל: נ"ל דהאי אוכל כשהוא מהלך, מיירי במי שמהלך בביתו ואוכל, אבל המהלך בדרך לא הזקיקו לעמוד יותר מקורא בקריאת שמע ומתפלל, לפי שאין דעתו מיושבת עליו אם יאחר דרכו» [טו] **הרא"ש שם וכל בו** [טז] «מילואים» [יז] **ירושלמי שם** [יח] «ע"פ מהדורת נהרדעא» [יט] «כבית הלל דאמרי בפרק אלו דברים (ברכות נא:) מוזגין את הכוס ואחר כך נוטלין לידים, דתיכף לנטילת ידים סעודה (שם נב:) - ב"י» [כ] «והא דאמרי בית הלל מוזגין את הכוס ואחר כך נוטלין לידים, מפרש רבינו תם (תוס' שם פסחים ק"ו: ד"ה זימנין) דהתם איירי בחול, ויש לחוש שאם יטול קודם מזיגה שיעסוק בשאר דברים ולא יאכל לאלתר ולאו אדעתיה, אבל בשבת אין לחוש שיפליג לדבר אחר, שהשולחן ערוך ויאכל מיד, ור"י (תוס' שם) חילק משום דמזיגה שהיא בחמין צריך דקדוק גדול שלא יחסר ולא יותיר, ואיכא היסח הדעת טפי - ב"י»

אות [ז']

בורא מאורי האש

סימן רחצ ס"א - [כא]מברך על הנר: "בורא מאורי האש", אם יש לו - משום דתחלת ברייתו הוי במו"ש, כדאמרינן בפסחים: במו"ש נתן הקב"ה דעה באדם הראשון, וטחן ב' אבנים זו בזו ויצא מהן אור.

בורא מאורי האש - דכמה נהורא איכא בנורא, לבנה אדומה וירוקה, **ואם** אמר "מאור האש", דעת הב"ח דלא יצא אפילו בדיעבד, **ואם** אמר "ברא מאורי האש", לשון עבר, יצא.

אות ח'

אין מברכין לא על הנר ולא על הבשמים של נכרים; ולא על הנר ולא על הבשמים של מתים; ולא על הנר ולא על הבשמים של עבודה זרה. ואין מברכין על הנר עד שיאותו לאורו

סימן ריז ס"ב - אין מברכין על הריח, אלא אם כן נעשה להריח; [כב]הילכך אין מברכין על בשמים של מתים [כג]הנתונים למעלה מהמטה, שאינם אלא להעביר סרחונו של מת - [וכל שהבשמים במטה, בודאי נעשה להעביר הסרחון]. **אבל נתונים למַטָה** - היינו לפני מטתו, **מברכין, שאני אומר: לכבוד החיים הם עשויים** - כדי שיריחו ויהנו.

סימן ריז ס"ה - [כד]בשמים של עבודת כוכבים - היינו שהוקטרו לעו"ג, **אין מברכין עליהם, לפי שאסור להריח בהם** - ואאיסור אין מברכין.

סימן ריז ס"ו - [כה]מסיבה של עובדי כוכבים - כשמסובין לאכול ולשתות, **אין מברכין על בשמים שלהם, דסתם מסיבתן לעבודת כוכבים** - ודוקא במסיבה, אבל שלא במסיבה מותר לברך אבשמים של עובדי גלולים.

סימן רצז ס"ב - [כו]אין מברכין על בשמים של בית הכסא, ולא על של מתים - דכל זה לאו לריחא עבידי, אלא לעבורי ריח הסרחון. **(ודוקא) הנתונים למעלה ממטתו של מת** - אבל נתונים לפני מטתו, מברכין, שאני אומר לכבוד חיים הם עשויים.

ולא על בשמים שבמסיבות עובדי כוכבים - היינו שמסובין לאכילה לסעודה, **דסתם מסיבתן לעבודת כוכבים** - אבל אם לא היו מסובין כלל, מותר לברך על בשמים שלהן, וכן מסיק הט"ז להלכה, **ומ"מ** כתב לבסוף, דטוב לכתחלה לחוש לדעת רבינו יונה, דס"ל דסתם בשמים של עובדי כוכבים עומד לבסוף למכרן לע"ג, ואין לברך עליהן, **אם** לא במקום שנראה שאין עומד לע"ג, כגון שהוא תגר שדרכו למכור אותם לאנשים הרבה, או שדרכו לשום הבשמים לתבשיל שלו, אז אין איסור לברך עליהם אפי' לדעת ר"י.

הגה: ואם בירך על בשמים אלו לא יצא, וצריך לחזור ולברך על אחרים (ב"י בשם א"ח).

סימן רחצ סי"ב - [כז]אין מברכין על נר של מתים, שאינו עשוי להאיר - רק שמדליקין אותן לכבוד המת, **הילכך מת שהיו מוליכין לפניו נר אילו הוציאוהו ביום, והוציאוהו בלילה בנר, אין מברכין עליו** - כיון שגם ביום היו מוליכין לפניו, א"כ הוא לכבוד, אע"פ שצריכין לו עתה בלילה, **וכתב** המ"א, דה"ה על נר שמדליקין לכבוד החתן, אין מברכין.

אות [ח']

עד כדי שיתעכל המזון שבמעיו

סימן קפד ס"ה - [כח]עד אימתי יכול לברך - אמי ששכח ולא בירך דלעיל קאי, **עד שיתעכל המזון שבמעיו.**

אות ט'

מברך על המזון ואחר כך מברך על היין

סימן קעד ס"ג - [כט]אם אין לו אלא כוס אחד, מניחו עד לאחר המזון ומברך עליו - דאפילו למ"ד בהמ"ז אינה טעונה כוס, מ"מ מצוה מן המובחר יש בזה אם יוכל לעשות בכוס, כדלקמן סימן קפ"ב ס"א, **ומ"מ** אם הוא צמא לשתות, ואין לו שאר משקין, מוטב שישתה קודם, כדי לצאת גם דעת המרדכי, שסובר דכשתאב לשתות אינו חייב מה"ת לברך בהמ"ז עד שישתה, [**וכתב** הפמ"ג, דכשהוא בשלשה, אפשר דאפי' צמא, יותר טוב להניחו לאחר המזון].

אות י'

ועונין אמן אחר ישראל המברך, ואין עונין אמן אחר כותי המברך, עד שישמע כל הברכה כולה

סימן רטו ס"ב - [ל]השומע אחד מישראל מברך אחת מכל הברכות, אע"פ שלא שמע כולה מתחלתה ועד סופה - אלא שמע רק שמזכיר השם וסוף הברכה, חייב לענות אמן אחריו, (הוא דעת הרא"ש ותר"י), **ויש** שפוסקים דאפי' לא שמע רק חתימת הברכה, צריך לענות אמן, (הוא דעת רש"י ואור זרוע, **וסתימת** המחבר משמע כרא"ש ותר"י), **ועיין** בח"א שהכריח, דאפי' דעה הראשונה מודה, היכא שיודע על איזה ברכה הוא עונה, דצריך לענות, וכדלעיל בסימן קכ"ד ס"ח בהג"ה.

באר הגולה

[כא] ברכות נ"א [כב] שם במשנה נ"א ע"ב [כג] ירושלמי שם [כד] שם נ"א ע"ב במשנה [כה] שם ובדף נ"ב ע"ב [כו] שם נ"א ונ"ב [כז] שם נ"א ונ"ג [כח] שם נ"א [כט] שם נ"א ע"ב [ל] שם נ"א ע"ב

(**ולכאורה** הלא זה ע"כ איירי בסתם אמן על ברכה שאין מחויב עתה בעצמו, כדאיתא בגמרא, וא"כ אפילו לא שמע סוף הברכה ג"כ צריך לענות אמן, אם יודע איזה ברכה היא, **ואפשר** דכונת רש"י הוא ג"כ, דע"י ששומע סוף הברכה יודע הוא באיזה ברכה עומד המברך, **אבל** על הרא"ש ותר"י שכתבו, דצריך לשמוע ג"כ הזכרת השם מפי המברך, בודאי קשה, **ולולא** דמסתפינא הו"א, דגם להרא"ש ותר"י הכי הוא, דבעינן רק שידע על מה הוא עונה, ואפילו לא שמע קול המברך בעצמו, רק ע"י אחרים, או ששמע רק סוף הברכה, **והא** דנקטו הזכרת השם, משום דרצה לסיים: אבל גבי כותי אפילו שמע הזכרת השם לא מהני, דשמא כונתו לשם הפסל שהעמידו להם בהר גרזים, **עוד** י"ל, דלענין שיהא מותר לענות אמן, דהיינו שלא יהיה אמן יתומה, די אם יודע על מה הוא עונה, ובזה אתיא ההיא דאלכסנדריא של מצרים שהניפו בסודרין, **אבל** לענין שיהיה חייב לענות אמן, אינו חייב עד שישמע הזכרת השם מפי המברך, **דהא** חיובא דאמן נובע מדכתיב: כי שם ה' אקרא, וע"כ בעינן דוקא שישמע העונה הזכרת השם, ואז יש עליו חיובא, **וצ"ע** בדעת הרא"ש ותר"י).

[לא] **אע"פ שאינו חייב באותה ברכה, חייב לענות אחריו אמן** - דכתיב: כי שם ה' אקרא הבו וגו', ואחז"ל: אמר להן משה לישראל, כשאני מברך ומזכיר שם השי"ת, אתם הבו גודל לאלהינו בעניית אמן.

אע"פ שאינו חייב - ר"ל וכ"ש היכא שהוא עצמו חייב באותה ברכה, ורוצה לצאת בברכת המברך, בודאי חייב לענות אמן, להורות שגם הוא מחזק ומקיים דברי המברך, **אכן** אז בעינן דוקא שישמע כל הברכה מתחלה ועד סוף, כדלעיל בסי' רי"ג ס"ג.

איתא במדרש, כששומע שאחד מתפלל דבר, או מברך לישראל, אפי' בלא הזכרת השם, חייב לענות אמן, **ולכן** נתפשט המנהג שעונין אמן אחר "הרחמן" בבהמ"ז.

אבל אם היה המברך אפיקורוס או כותי או [לב] תינוק, או היה גדול ושינה ממטבע הברכות, אין עונין אחריו אמן - ודוקא כששינה באופן דלא יצא בהברכה מחמת זה, והרי הוא כמברך ברכה לבטלה, דאסור לענות אמן אחריו, [**דבאופן** דיצא, כגון שלא חיסר הדברים שהם מעיקר הברכה, בודאי צריך לענות אמן].

מדכייל אפיקורוס וכותי בהדי תינוק וגדול ששינה, משמע דחדא דינא אית להו, וכי היכי דבתינוק וגדול ששינה אפילו שמע כל הברכה מפיהם לא יענה אמן, דהברכה היא לבטלה, כן ה"ה באלו, **ואע"ג** דבגמרא אמרינן, שאף בכותי עונין אם שמע כל הברכה מפיו, היינו [לג] קודם שמצאו להן דמות יונה בהר גרזים שהיו עובדין לה, אבל אח"כ לא, דכונתן להר גרזים, ואפיקורוס נמי אין כונתו לשמים, אלא לע"ג, **והגר"א** בביאורו פסק, דבאלו השנים, אם שמע כל הברכה מפיו עונה אחריו אמן.

(**ופשוט** דפושעי ישראל שאינם מאמינים בדברי חז"ל, הם ככותים קודם שגזרו עליהם, דצריך לענות אחריהם אמן כששמעו כל הברכה מפיהם, וזהו דוקא לענין עניית אמן לבד, ולענין צירוף לשארי דבר שבקדושה, לא עדיף מכת הקראים, וע"ל בסי' נ"ה במ"ב).

הגה: ועונין אמן אחר עכו"ם, אם שמע כל הברכה מפיו (הר"י פרק אלו דברים) - שאין דרך העו"ג לכוין לע"ג כשמזכיר השם, **ונראה** דה"ה במי ששמע מאחד שהמיר דתו לע"ג, [כיון שאינו אדוק לעו"ג], **ומ"מ** דעת הט"ז, דאין עליו חיוב לענות בעכו"ם, רק רשות.

---

§ מסכת ברכות דף נב. §

אות א'* [א]

<u>ואם אין לו אלא כוס אחד, מניחו לאחר המזון ומשלשלן כולן לאחריו</u>

סימן רצו ס"ג- אם אין לו יין ולא שכר ושאר משקין - וה"ה אם יש לו שכר, אלא שאינו חמר מדינה, [ב] **י"א שמותר לו לאכול** - והא דאמרינן בגמרא, דאמימר איקלע לאתרא ולא היה לו על מה להבדיל, ולן בתענית עד למחר, **ס"ל** לדעה זו, דמחמיר על עצמו היה, [**וע"כ** כתב בד"מ, דממדת חסידות לכו"ע יש להתענות].

ומ"מ צריך שיתפלל תחלה, ויאמר "הבדלה" ב"חונן הדעת", ואעפ"כ כשישיג למחר כוס, חייב להבדיל כדין, וכדלקמן בסימן רצ"ט, **ויש** שרוצים לומר, שיאמר עתה ברכת "המבדיל" בלא כוס, ואין להורות כן.

[ג] **וי"א שאם מצפה שיהיה לו למחר, לא יאכל עד למחר שיבדיל** - היינו שיהיה לו בבקר, אבל בערב אינו מחויב להמתין כ"כ, **ואפשר** דאפילו יותר מחצות היום אינו מחויב להמתין.

ואפילו במוצאי שבת ליו"ט, ג"כ לא יאכל אם אין לו כוס - מ"א, **ומיירי** בשאין לו פת ג"כ, דאם יש לו פת, הלא הכריע רמ"א לעיל בס"ב, דיכול להבדיל על הפת.

ויש להחמיר כסברא אחרונה הזו, אם לא באדם חלש שקשה לו התענית, יכול לסמוך אדעה ראשונה.

[ד] **ואם אין לו אלא כוס אחד, ואינו מצפה שיהיה לו למחר, מוטב שיאכל קודם שיבדיל, ויברך עליו בהמ"ז ואח"כ יבדיל עליו, ממה שיברך ברכת המזון בלא כוס, לדברי**

באר הגולה

[לא] שם נ"ג ע"ב [לב] רמב"ם [לג] ‹ורש"י שכתב במשנה "שמא ברך להר גריזים", אינו מוכח דלא ס"ל כן, דקודם שמצאו הדמות, היה רק חשש שיברך להר גריזים, ולכן כל ששמע כל הברכה עונין אחריו אמן, אבל לאחר שמצאו הדמות, אפי' שמע כל הברכה אין עונין, דאמרינן דמסתמא כוונתן להר גריזים› [א] ‹ע"פ מהדורת נהרדעא› [ב] תוס' בברכות נ"ב לחד תירוצא הא דאמימר פסחים ק"ז, ורבינו יונה בפ"ה דברכות והאגור סי' תכ"ג בשם שבולי הלקט [ג] הרא"ש בשם ר"י והתוס' שם נ"ב ור' יונה לדעת הגאונים [ד] פסחים ק"ה לתי' ר"י הביאו הרא"ש שם

*ורבי יהושע היא דאמר אין משגיחין בבת קול וסברי בית שמאי דברכת היום עדיפא והתניא *הנכנס לביתו במוצאי שבת מברך על היין ועל המאור ועל הבשמים ואחר כך אומר הבדלה ואם אין לו אלא כוס אחד מניחו לאחר המזון ומשלשלן כולן לאחריו והא ממאי דב"ש היא דלמא ב"ה היא לא ס"ד דקתני מאור ואח"כ בשמים ומאן שמעת ליה דאית ליה האי סברא ב"ש *דתניא א"ר יהודה לא נחלקו בית שמאי וב"ה על המזון שבתחלה ועל הבדלה שהיא בסוף על מה נחלקו על המאור ועל הבשמים (א) ב"ש אומרים מאור ואחר כך בשמים וב"ה אומרים בשמים ואחר כך מאור וממאי דבית שמאי היא ואליבא דרבי יהודה דילמא בית הילל היא ואליבא דרבי מאיר לא ס"ד דקתני הכא במתניתין בית שמאי אומרים נר ומזון בשמים והבדלה ובית הלל אומרים נר ובשמים מזון והבדלה והתם בברייתא קתני אם אין לו אלא כוס אחד מניחו לאחר המזון ומשלשלן כולן לאחריו שמע מינה דבית שמאי היא ואליבא דרבי יהודה ומכל מקום קשיא קא סברי בית שמאי *שאני עיולי יומא מאפוקי יומא עיולי יומא כמה דמקדמינן ליה עדיף אפוקי יומא כמה דמאחרינן ליה עדיף כי היכי דלא להוי עלן כמשוי וסברי ב"ש (ב) ברכת המזון טעונה כוס והא תנן בא להם יין לאחר המזון אם אין שם אלא אותו כוס בית שמאי אומרים מברך על היין ואחר כך מברך על המזון מאי לאו דמברך עילויה ושתי ליה לא דמברך עילויה ומנח ליה והאמר מר *המברך צריך שיטעום דטעים ליה והאמר מר **טעמו פגמו דטעים ליה בידיה והאמר מר *כוס של ברכה צריך שיעור והא קא פחית ליה משיעוריה דנפיש ליה טפי משיעוריה והא אם אין שם אלא אותו כוס קתני תרי לא הוי ומחד נפיש והא תני רבי חייא ב"ש אומרים מברך על היין ושותהו ואחר כך מברך ברכת המזון אלא תרי תנאי ואליבא דב"ש: ב"ש אומרים וכו': *ת"ר ב"ש אומרים נוטלין לידים ואח"כ מוזגין את הכוס שאם אתה אומר מוזגין את הכוס תחלה גזרה *שמא יטמאו משקין שאחורי הכוס מחמת ידיו ויחזרו ויטמאו את הכוס וליטמו ידים לכוס ידים שניות הן *ואין שני עושה שלישי בחולין אלא על ידי משקין ובה"א מוזגין את הכוס ואחר כך נוטלין לידים שאם אתה אומר נוטלין לידים תחלה גזרה שמא יטמאו משקין שבידים מחמת הכוס ויחזרו ויטמאו את הידים וניטמי כוס לידים אין כלי מטמא אדם וניטמי למשקין שבתוכו הבא בכלי שנטמאו אחוריו במשקין עסקינן דתוכו טהור וגבו טמא *דתנן כלי שנטמאו אחוריו במשקין אחוריו טמאים תוכו

[עירובין ז.] [ב"מ נט:] [חולין מד.] [יבמות יד.] [פסחים קיד.]

ור' יהושע היא. בבבא מליעא בתנורו של עכנאי בפ' הזהב (ד' נט:): **ומשלשלן.** לשון שלשלת כלומר סודרן לאחר המזון: **וממאי דב"ש היא כו'.** אלמא לב"ש מאור ואח"כ בשמים וכן ברייתא נמי מאור ואחר כך בשמים קאמר אלמא ב"ש היא וקתני יין ברישא מקמי הבדלה: **ודילמא ב"ה היא ואליבא דר"מ.** דתנן במתניתין ב"ה אומרים נר ובשמים ואמר בגמרא ר"מ היא: **לא סלקא דעתך.** לאוקמי ברייתא כמתניתין דמתני' קתני מזון באמצע וברייתא קתני משלשלן כולן לאחריו כר' יהודה דאמר על המזון שבתחלה ומדקתני לרבי יהודה מאור ואח"כ בשמים בית שמאי היא: **ומ"מ קשיא.** דברכת היין קדמה להבדלה: קדוש עיולי הוא והבדלה אפוקי היא: **ברכה טעונה כוס.** ברכת המזון דקתני מניחו לאחר המזון: **והתנן.** מתני' בפרקין: **בא להן.** כל ימות השנה קאמר: **אחר המזון.** ובתוך המזון לא בא להם וכשנגמרו סעודתם בא להם לפני ברכת המזון: **מאי לאו דשתי ליה.** וה"ק ב"ש אם רלה מברך על היין ושותהו ואין לריך להניחו לברכת המזון: **טעמו פגמו.** לברכת המזון ולקדוש ולהבדלה בפרק ערבי פסחים (ד' קה:): **ס"ג אלא תרי תנאי אליבא דב"ש.** תנא דמתני' ותנא דר' חייא (*) תנא דרבי חייא אליבא דב"ש אמר אין ברכה טעונה כוס ותנא דמתניתין דלעיל דרבי יהודה אליבא דב"ש סבר ברכה טעונה כוס: **גזרה שמא יטמאו משקין.** שנפלו באחורי הכוס מחמת ידים דתנן (פרה פ"ח מ"ז) כל הפוסל את התרומה מטמא משקים להיות תחלה ויחזרו ויטמאו את הכוס וב"ש סברי אסור להשתמש בכוס שאחוריו טמאות כדלקמן: **וליטמו ידים לכוס.** למה ליה דקאמר משקין שאחורי הכוס בלא משקין נמי מטמו ידים לכוס: **אלא ע"י משקין.** שהמשקין נעשין ראשונים מדרבנן וא"ת כלי אינו מקבל טומאה אלא מאב הטומאה הני מילי מדאורייתא וחכמים גזרו שיהו משקים ראשונים מטמאים כלי גזרה משום משקים זב וזבה שהן אבות הטומאה כגון רוקו ומימי רגליו: **וב"ש אומרים כו'.** בתוספתא ה"ג לה וב"ה אומרים אחורי הכוס לעולם טמאים דבר אחר תכף לנט"י סעודה למאי דחיישינן שלא יטמאו הידים את אחורי הכוס לאו חששא היא שאפילו לכתחלה מותר להשתמש בכלי שאחוריו טמאים ותוכו טהור כגון זה שמטמא אחוריו מחמת משקין דאמרינן ביה במתניתין תוכו טהור הלכך מוזגין ושותין את הכוס תחלה קודם נטילה שאם אתה אומר נוטלין לידים תחלה שמא יהו אחורי הכוס טמאין גזרה שמא לא יהו הידים נגובות יפה ממי הנטילה ויטמאו המשקין שבידים מחמת כוס והן נעשים תחלה ויחזרו ויטמאו את הידים ונמלא אוכל בידים מסואבות: **וניטמי כוס לידים.** למה לי משקין בידים אפי' ידים נגובות נמי יטמא כוס לידים וכיון דהכי הוא נהי נמי דבכוס שלפני המזון עביד ב"ה תקנתא דשותהו קודם נטילה כוסות הבאין בתוך המזון מה תהא עליהן הלא מטמאין את הידים: **אין כלי מטמא אדם.** כלומר כלי כזה שנטמא בולד הטומאה אינו מטמא את הידים דקיי"ל כרבנן דפליגי עליה דרבי יהושע במסכת ידים (פ"ג מ"א) בכלים שנטמאו במשקין ואומר את שנטמא באב הטומאה מטמא את הידים ושנטמא בולד הטומאה אינו מטמא את הידים שאין שני עושה שני ואע"פ שהספר מטמא את הידים אין למדים הימנו הלכך כוסות שבתוך המזון שהידים נגובין אינן מטמאין את הידים ואם תאמר פעמים שיש משקין תבשיל טופח על הידים אין תורת משקין עליו אלא תורת אוכל: **כלי שנטמאו אחוריו במשקין.** בכלי שטף קאמר דאילו כלי חרס אין מטמאין מגבן אפילו בטומאה דאורייתא: **שנטמאו אחוריו במשקין.** אין לך משקה שאינו ראשון לטומאה שאף אם נגע בשני עשאוהו חכמים תחלה: **אחוריו טמאין.** אף על פי שאין אדם וכלים מקבלין טומאה מן התורה אלא מאב הטומאה גזרו חכמים*) שיהו משקין מטמאין כלים מפני שמליט משקה שהוא אב הטומאה לטמא אדם וכלים מה"ת כגון זובו של זב ורוקו ומימי רגליו גזרו על כל המשקין טמאין שיטמאו כלים:

*) [שבת יד:]

ורבי יהושע היא דאמר אין משגיחין בבת קול. ואם תאמר א"כ קשה הלכתא אהלכתא דהיית דרבי יהושע דתנור של עכנאי קי"ל כרבי יהושע וקי"ל כב"ה וי"ל דדוקא התם קאמר דאין משגיחין בבת קול דהבת קול היה כנגד הרוב וכבר אמרה תורה אחרי רבים להטות (שמות כג) אבל ב"ה היו רבים אע"פ שמייתי רבי יהושע הכא אע"ג דלא דמי דשאני התם דהבת קול היה כנגד הרוב האי תנא סבר טפי מרבי יהושע דאמר אין משגיחין בבת קול אע"פ שהרוב מסייע לבת קול הואיל וב"ש מחדדי טפי וא"ת מ"ש דבקדוש והבדלה מברכין קודם על היין ובברכת המזון אין מברכין עד לאחר שלש ברכות וי"ל דהיכי נעביד אם נברך קודם ברכת המזון א"כ יהא ברכת המזון היסח הדעת דבשלמא בשאר ברכות לא עקר נפשיה משתיה דבקדוש היה רולה לאכול ובהבדלה היה רולה לשתות אבל בברכת המזון עקר נפשיה משתיה: **מניחו** עד לאחר המזון. הכא משמע שמותר לטעום קודם הבדלה. תימה הא אמימר בת טוות (ע"פ דף קז.) פי' לן מעוכה לפי שלא היה לו יין להבדיל עליו. וי"ל דשאני אמימר שהיה סבור שיהיה לו כוס למחר או מחמיר על עצמו היה והכא שאני דקסבר ברכת המזון טעונה כוס ולכך מניחו לברכת המזון: **טעמו** פגמו. פרשב"ם דוקא לקדוש ולהבדלה לריך שלא יהא פגום אבל לשתות לריך לברך עליו אע"פ שהוא פגום דאסור ליהנות מן העוה"ז בלא ברכה וקדוש והבדלה נמי לא אמרן אלא במקום דאפשר אבל אי אפשר מברך אפי' אפגום ונותן לתוכו מים כדאיתא בירושלמי רבי יונה טעים אכסא ומתקן ליה פי' לאחר ששתה ממנו הוסיף עליו כל שהוא מים או יין והיה מברך עליו: **גזרה** שמא יטמאו משקין שבידים. אבל בתוך הסעודה ליכא למיחש שהרי אדם מנגב ידיו יפה קודם אכילה כדאמרי' *האוכל בלא ניגוב ידים וכו' אבל בשתיה אין אדם מדקדק לנגב ידיו כל כך: תכף

[סוטה ד:]

מסורת הש"ס

[עירובין ז.] ב"מ נט: חולין מד. יבמות יד. פסחים קיד.

תוספתא פ"ה [פסחים קג.]

עי' במהרש"א מה שהגיה בדברי רש"י אלו

[פסחים קה:]

[עירובין מ: פסחים קה:] [פסחים שם] [שם]

תוספתא פ"ה

[ע"ש' עירובין לט. ד"ה היה ובחולין פו: ד"ה כל ובבכורות' יג: ד"ה והנג]

חגיגה כב: בכורות לח. כלים פכ"ה מ"ו מ"ה ז:

עין משפט נר מצוה

ה א מיי' פכ"ט מהלכות שבת הל' כו שו"ע א"ח סי' קפב סעיף ג:
ו ב מיי' פי"א מהל' אבות הטומאות הלכה ב:
ז ג מיי' פ"ו שם הל' ס:
ח ד מיי' פ"ח שם הלכה א:
ט ה מיי' פ"ו שם הל' ג ופי"ג מהל' כלים הלכה ד:

רב נסים גאון

ור' יהושע היא דאמר אין משגיחין בבת קל. עיקר שלו הוא שאמר ר' יהושע בפרק הזהב (ב"מ דף נט) במעשה תנורו של עכנאי לא בשמים היא (דברים ל) כבר נתנה לנו על הר סיני וכו' כבר הזכרנוה לשעבר. ואלו האותאבות (נ"ל הקשיות) שנוכרו בכאן המברך צריך שיטעום ושעמו פגמו וכוס של ברכה צריך שיעור כולן ענפים יוצאין מן ההיא ברייתא דאקשי מינה כבר והתניא הנכנס לביתו במוצאי שבתות כו' ואיתא מיפרשא בפ' ערבי פסחים (דף קה) כי כשהזכירו ו הברייתא לשם אמרינן עלה שמע מינה תרתא מתניתא ה' שמע מינה המבדיל בתפלה צריך שיבדיל על הכוס וש"מ ברכה טעונה כוס וש"מ כוס של ברכה צריך שיעור וש"מ המברך צריך שיטעום וש"מ טעמו פגמו: וניטמו ידים לכוס ידים שניות הן. עיקרה דטומאת ידים גזירת דרבנן היא וכי גזרו בהו רבנן טומאה לתרומה אבל לחולין לא והיא אחת מי"ח דבר שגזרו בו ביום ואיתא מיפרשא בפ' יציאות השבת (דף יג) מאי ניהו י"ח דבר דתנן ואלו פוסלין את התרומה והספר והידים ואמרינן ידים מ"ט גזרו בהו רבנן טומאה מפני שהידים עסקניות הן וזו המשנה בסוף מס' זבים ומדקתני ואלו פוסלין את התרומה מכלל שהידים שניות הן כי השני הוא שפוסל את התרומה על העיקר שכבר והקדמנוהו בתחלת המסכת כי השני עושה שלישי בתרומה ולא בחולין ואיתא בפ"א דמסכת טהרות (נ"ל דתוספת' טהרות) הידים מטמאות אחד בקודש ופוסלות את התרומה ואין ידים לחולין ובגמ' דאין דורשין דבני מערבא (הלכה ס) גרסי' מתוך שאתה אומר לו ידיו שניות אף הוא בודל מן התרומה ולא מחמת משקה גוזר עליהם ויהיו תחלה ק"ו ומה אם טבול יום שהוא דבר תורה אינו אלא פוסל ידים שהן מדבריהם לא כ"ש ר"א כלום גוזר על הידים לא מפני כדי שיהא בודל מן התרומה מתוך שאתה אומר לו ידיו שניות אף הוא בודל מן התרומה ותנן בפרה פ' י"א (משנה ה) כל המשנן ביאת מים מדברי סופרי' מטמא את הקדש ופוסל את התרומה ומותר בחולין ובמעשר ידים בפ"ג דתמיד ואמרו לו לר"ע היכן מצינו שהידים תחלה ואמרינן תו והיד מטמאת את חברתה דברי ר' יהושע וחכ"א ידים שניות הן ואין שני עושה שני ולפי זה הטעם אין הידים מטמאין את הכוס אבל המשקין שאחוריו מטמאין מחמת ידים כדתנן במס' פרה (פ"ח משנה ז) כל הפוסל את התרומה מטמא את המשקין להיות תחלה חוץ מטבול יום ובפרק אור לי"ד (פסחים ד' יז) הן אומרין משקין הבאין מחמת ידים ובפרק יציאות השבת (דף יד) אמרי' האוכלין שנטמאו במשקין משקין דמאי אי נימא במשקין מחמת שרץ דאורייתא היא דכתיב (ויקרא יא) וכל משקה אשר ישתה אלא דנטמאו במשקין הבאין מחמת (שרץ)[ידים] וגזרו רבנן על משקין הבאין מחמת ידים משום משקין הבאין מחמת שרץ ובתוספתא טבול יום (פרק א) תניא חומר בידים מבטבול יום וכו' ומטמאין את המשקין לעשותן תחלה ולפי שעיקר טומאת ידים מדרבנן היא הוי ספיקה טהור כדתנן במס' טבול יום (פ"ב משנה ב) חומר בטבול יום מבידים שספק טבול יום פוסל והידים ספיקן טהור. גזרה שמא יטמאו משקין שבידים מחמת הכוס זה הכוס קאי בטומאת אחוריים כדתנן בפרק חומר בקודש (חגיגה כ:) אחוריים ותוך ובית הצביעה לתרומה כלומר שאחוריו נטמאו במשקין ואעפ"כ תוכו טהור וכל שהוא בענין הזה הרי הוא מטמא את המשקים והמשקין עוד מטמאים דברים אחרים כדתנן בטהרות בפרק ח' (משנה ז) משקין שנטמאו באחורי כלי מטמאין אחד ופוסלין אחד ובתוספתא כלים [פ"ג] משקין טהורין הנתונין על הארץ ונגע בהן כוס שאחוריו טמאין או בית צביעתו נטמאו משקין וטומאת אחוריים מדרבנן היא כדתניא בתורת כהנים [פ' שמיני] רבי אומר תדע שאין טומאת משקין לכלים מן התורה [אלא מד"ס שאין טומאה מן התורה] מטמאה את כלי שטף מאחוריו שאין תוכו טמא וכלים שנטמאו במשקין תוכו טהור ואין לך טומאת אחוריים אלא במשקין בלבד ובתרומה אבל בקודש הכל טמא דתנן אחוריים

הגהות הב"ח

(א) גמ' ועל הבשמים ב"ש אומרים: (ב) שם וסברי ב"ש (ברכת המזון) תא"מ וה"ב ס"א וכן הוא בפירש"י ברכה:

האומרים דבהמ"ז טעונה כוס - אבל אם מצפה שיהיה לו למחר עוד כוס, יבדיל עכשיו על כוס זה, ובאכילה ימתין עד למחר, כדי שיברך על הכוס, למ"ד דבהמ"ז טעונה כוס, **מיהו** המ"א בריש סי' קפ"ב חולק ע"ז, דבשביל כוס בהמ"ז שלא יהיה לו, אינו מחויב למנוע עצמו מלאכול.

ולדברי האומרים דאינה טעונה כוס, לא יאכל עד שיבדיל.

[ה]**ומיירי שכוס זה לא היה בו אלא רביעית בצמצום, וכבר היה מזוג כדינו, שאם היה משים בו מים יותר לא היה ראוי לשתייה, שאל"כ לד"ה מבדיל תחלה ושותה ממנו מעט** - היינו כמלא לוגמיו, **ומוסיף עליו להשלימו לרביעית** - היינו שימזגנו במים, **ומברך עליו בהמ"ז.**

סימן רצ"ט ס"ד - כשהיה אוכל וחשכה, שאמרנו שא"צ להפסיק - ואין לו כי אם כוס אחד, **גומר סעודתו ומברך בהמ"ז על הכוס** - היינו למ"ד בהמ"ז טעונה כוס, ועיין סימן קפ"ב ס"א, **ואינו** טועמו עד אחר הבדלה, כדי שלא יפגמנו, **ואח"כ מבדיל עליו** - (ומשמע מב"ח וא"ז, דיבדיל מיד קודם התפלה, והטעם, כדי שלא יתאחר שתיית הכוס הרבה מעת שבירך עליו בהמ"ז, **אבל** אין העולם נוהגין כן, אלא מתפללין ואח"כ מבדילין, וכן משמע קצת בדה"ח).

אות א'

טעמו פגמו

סימן קפ"ב ס"ג - [ו]**צריך שלא יהא פגום, שאם שתה ממנו פגמו** - ואינו ראוי עוד לברך עליו בהמ"ז, וה"ה לקידוש ולהבדלה, ואפילו טעם ממנו רק משהו בעלמא, [**אבל** שלא לכוס של ברכה, בודאי ראוי הוא, וצריך לברך עליו].

[ז]**אבל אם שפך ממנו לתוך ידו או כלי, אין בכך כלום** - וה"ה אם טעמו באצבעו, דדוקא אם שתה ממנו בפיו פגמו.

והוא שלא שפך אלא מעט, בענין שעדיין שם מלא עליו, **או** שאח"כ שפכו לתוך כוס קטן ממנו, והוא מלא, **או** שזרק לתוכו פירור פת להגביה היין שיהא הכוס מלא, שאצ"ל מלא כולו מיין, כי די ברביעית, רק שלא יהא הכוס חסר וכדלקמיה.

ואפי' שתה [ח]**מהכד או מחבית קטנה, הוי פגום** - ר"ל כל מה שיש בזו החבית, אף ששפכו אח"כ לכלים אחרים.

אבל אם [ט]**שתה מחבית של עץ גדולה, אין להקפיד** - ויש מחמירין אף בזה, **ויש** לחוש לדבריהם לכתחלה, שלא להניח לשתות אפילו מפי ברזא מחבית גדולה.

[י]**ויש מי שאומר שאפילו מים פגומים, פסולים למזוג בהם כוס של ברכה** - לכאורה אמאי לא אמרינן קמא קמא בטיל כמו בס"ה, **ואפשר** דמיירי שהיין חי דא"א לשתות בלי מזיגה, ולכך לא בטיל.

אות א'** [יא]

תוס ד"ה טעמו פגמו: לאחר ששתה ממנו הוסיף עליו כל שהוא מים או יין והיה מברך עליו

סימן קפ"ב ס"ו - [יב]**יכולין לתקן כוס פגום ע"י שיוסיפו מעט יין** - דענין פגום אינו פסול ממש, אלא פגם בעלמא משום ששתה ממנו מעט, ולכך כשחוזר ומוסיף עליו, נעשה מתוקן בכך.

ואפילו על ידי שיוסיפו עליו מים מיתקן - והוא שלא יהיו המים עצמם פגומים, שלא שתו מהם, דאל"ה א"א לתקן בהם, לי"א בס"ג דגם מים נפגמים בשתיה.

ודוקא שהיין חזק, שאינו מתקלקל על ידי המזיגה, [או שיתן משהו בעלמא]. **ולאו** דוקא במים, דה"ה בשאר משקין.

אות ב'

ואין שני עושה שלישי בחולין

רמב"ם פי"א מהל' שאר אבות הטומאה ה"ב - הראשון שבחולין טמא ומטמא, השני פסול ולא מטמא, ואין שני עושה שלישי בחולין; ומניין לאוכל שני שהוא פסול בחולין, שנאמר: וכלי חרש אשר יפול מהן אל תוכו כל אשר בתוכו יטמא, נמצא השרץ אב, וכלי חרס שנפל השרץ לאוירו ראשון, והאוכל שבכלי שני, והרי הוא אומר יטמא; וכן שרץ שנפל לאויר התנור, הפת שנייה שהתנור ראשון.

אות ג'

אלא על ידי משקין

רמב"ם פ"ז מהל' שאר אבות הטומאה ה"ה - בד"א באוכלין, אבל המשקין, אחד משקה שנגע באב הטומאה, או שנגע בראשון, או שנגע בשני, הרי אותו המשקה תחלה לטומאה, ומטמא את חבירו וחבירו את חבירו אפילו הן מאה, שאין מונין במשקין; כיצד, יין שנגע באב הטומאה או בראשון או בשני, הרי יין זה כראשון לטומאה, וכן אם נגע יין זה בשמן ושמן בחלב וחלב בדבש ודבש במים ומים ביין אחר, וכן עד לעולם, כולן ראשון לטומאה, וכאילו כל אחד מהן נטמא באב תחלה, וכולן מטמאין את הכלים.

באר הגולה

ה הרא"ש ריש פ"ח דברכות | ו פסחים ק"ו | ז ברכות נ"ב | ח שם פסחים | ט הרשב"ם שם | י א"ח בשם רב הילאי גאון | יא (ע"פ הב"י והגר"א) | יב הרא"ש שם בפסחים ע"פ הירושלמי

אות ד'

אין כלי מטמא אדם

רמב"ם פ"ח מהל' שאר אבות הטומאה ה"א - כל הנוגע בידיו בראשון לטומאה, בין שהיה אותו ראשון אדם או כלי או אוכל או משקין טמאין, נטמאו ידיו בלבד עד הפרק; וכן המכניס ידיו לאויר כלי חרס שנטמא באב הטומאה, או שהכניס ידיו לבית מנוגע, נטמאו ידיו, וטומאת הידים מד"ס. השגת הראב"ד [או כלי]. א"א כן הוא במשנת ידים, ואם תאמר הרי אמרו בברכות ונטמייה כוס לידים, ואמרו אין כלי מטמא אדם, התם על ידי משקין נטמא, תדע, שהרי תוכו טהור, ואם נטמא בארץ, כולו טמא ומטמא את הידים אף על פי שהוא תולדה.

אות ה'

כלי שנטמאו אחוריו במשקין, אחוריו טמאים, תוכו ואוגנו ואזנו וידיו טהורין; נטמא תוכו, נטמא כולו

רמב"ם פ"ז מהל' שאר אבות הטומאה ה"ג - כשגזרו על המשקין שיטמאו את הכלים, גזרו שיהיו מטמאין את הכלים מתוכן; כיצד אם נפלו לאויר כלי חרס, נטמא כולו והרי הוא שני, ואם נגעו בשאר כלים מתוכן, מטמא כולן ונעשו שניים; אבל אם נגעו משקין טמאים באחורי הכלי שיש לו תוך, "בין בכלי חרס בין בכלי שטף וכלי מתכות, נטמאו אחוריו בלבד, והרי אחוריו שני, ולא נטמא תוכו; בד"א לתרומה, אבל לקדש כלי שנטמאו אחוריו, נטמא כולו, והרי כולו שני לטומאה.

רמב"ם פי"ג מהל' כלים ה"ד - כלי חרס שנגעו משקין טמאין באחוריו בלבד, נטמאו אחוריו כשאר כל הכלים; בד"א בשהיה לו תוך, אבל אם אין לו תוך ונגעו בו משקין טמאין, הרי זה טהור, שכל שאין לו תוך בכלי חרס אין אחוריו מתטמאין במשקין; נגעו אוכלין או משקין באחורי כלי חרס הטמא, הרי אלו טמאין.

באר הגולה

יג ¹ודלא כרש"י ד"ה כלי¹

עין משפט נר מצוה

י א מוש"ע או"ח סי' קסו:
יא ב ג מיי' פ"ז מהל' ברכות הלכה יא סמג עשין כז טוש"ע או"ח סי' קפ סעיף ג:
ז"ל ב"ש לב"ה וכ"ה בדפ"י

יב ד מיי' פכ"ט מהל' שבת הלכה כד סמג עשין כט טוש"ע או"ח סי' רצח סעיף א ג:
יג ה ו מיי' וסמג שם טוש"ע או"ח סי' רלח סעיף א:
יד ז מיי' שם הלכה כה ופ"ט מהל' ברכות הל' ט סמג עשין כז כט טוש"ע או"ח סי' ריז סעיף ו וסי' רצו סעיף ב:

תוספות

תכף לנטילת ידים סעודה. והאי דלא חשיב ליה לעיל בפ' כ"מ (דף מג.) בהדי אידך תכיפות משום דשניה *במשנה לא תנן למתנייה: **דבר** אחר אין נטילת ידים לחולין מן התורה וכו'. יש ספרים שכתוב בהן הכי קאמרי להו *ב"ש לבית הלל אפילו לדידכו דאמריתו אסור להשתמש בשלחן שני משום אוכלי תרומה הא עדיפא דאין נטילת ידים לחולין מן התורה מוטב וכו' ואל יטמא וכו' ול"נ דהא קאמרי ב"ש דאסור להשתמש בשלחן שני ודוחק לומר כמו שפירש רש"י שמא במקרה בעלמא ישתמש אלא נראה כספרים שכתוב בהן מאי דבר אחר הכי קאמרי להו ב"ה לב"ש וכ"ת מ"ש גבי אוכלין דחיישינן ומ"ש גבי ידים דלא חיישינן וכו' והשתא לא הוי האי דבר אחר כי ההיא דלעיל שאינו צריך לטעם ראשון אבל הכא האי ד"א לא בא אלא לפרש טעמא דב"ה קאמר וליישב דבריהם:

פירורין דלית בהו כזית מותר לאבדן ביד. מיהו קשה לעניותא כדאמרינן בפרק כל הבשר (דף קה:): **בבוליה** פירקין הלכה כב"ה לבר מהא. וא"ת והא בההוא דיחזור למקומו ויברך משמע דהלכה כב"ש לקמן (דף נג:) במתניתין מדעבדי אמוראי בתרייהו. י"ל דלא חשיב לה משום דהתם אפי' ב"ה מודו לב"ש אלא שלא הטריחוהו *לכך: **נהגו** העם כב"ה אליבא דרבי יהודה. תימה דאכן אפילו לכתחלה נוהגין כן ובפרק *הדר (דף סב:) אומר נהגו אורויי לא מורינן ואי עבד הכי לא מהדרינן ליה וי"ל דהתם איכא אמוראי דפליגי חד אמר הלכה והוה פירוש הלכה לכתחלה ומורינן הכי א"כ נהגו דקאמר אידך הוי דיעבד אבל הכא יכול להיות דאין כאן אלא נהגו *גרידא: **בברא** כ"ע ל"פ. וא"ת הואיל ול"פ בלשון ברא אמאי אמר בורא וי"ל דלשון קרא עדיף:

רש"י

תוכו ואוגנו ואזנו וידיו טהורין. דכיון דטומאה זו דרבנן היא עבדו בה היכרא דלידעו דמדרבנן היא כי היכי דלא לשרוף עלה תרומה וקדשים והקילו בה וכן מפורש (בבכורות דף לח.) אוגנו שפתו הכפולה לצד חוץ הראוי לתשמיש אזנו כמו אזן התבית שקורין אנש"א בלע"ז וידיו כלי שיש לו יד כגון מחבת: **גורס משום ניצוצות.** שמא יתזו ניצוצות מתוכה על אחוריו ויטמאו משקין שמאחוריו מחמת אחורים ויטמאו את הידים הלכך נוטלים לידים תחלה שלא יטמאו את אחורי הכוס ולמאי דמיישי ב"ה מחמת אחוריו לאו חששא הוא דהא אסור לאשתמושי ביה: **וב"ה סברי מותר להשתמש בו.** הלכך לחששא דידן איכא למיחש אבל לחששא דידכו ליכא למיחש דלא איכפת לן אם יטמאו אחוריו: **הא עדיפא.** למזוג הכוס תחלה ואח"כ נט"י תכף לסעודה ולא אתיא חששא דניצוצות ומפקעה הלכתא וזו מהלכות סעודה היא: **משקין שבמפה.** שמא יהא משקה טופח עליה מחמת נגוב הידים ויחזרו ויטמאו את הידים כשיקנח בה תמיד בתוך הסעודה: **ונטמייה כסת למפה.** בלא משקים: **אין כלי.** שאינו אב הטומאה מטמא כלים ולא אדם והוא יזהר שלא יגעו ידיו בכסת אם ראשונה היא לטומאה: **מחמת שלחן.** כדמפרש לקמיה דסברי ב"ה מותר להשתמש בשלחן שני: **משום אוכלי תרומה.** שהשני פוסל את התרומה: **אפילו הכי הא עדיפא.** לחוש שמא אירע מקרה שישתמשו בשלחן שני ולא יניחנה על גבי השלחן שלא תטמא את האוכלין מחמת משקין שבה מלחוש שלא תטמא מחמת כסת ותחזור ותטמא את הידים: **מפסיד את האוכלין.** שמים אחרונים נתזין עליהם ומאוסים: ה"ג בתוספתא בה"א אם שמש ת"ח הוא נוטל פירורין שיש בהן כזית ומניח פירורין שאין בהם כזית: **מתני איפכא.** מפיך בהך סיפא דב"ש לב"ה ודב"ה לב"ש וקבע בהא נמי הלכה כב"ה: וא"ר יוחנן. גרסי': **דברא משמע.** לשעבר ויפה לאומרו שעל בריית האור שברא בששת ימי בראשית משבחין אותו לפי שבמו"ש נברא כדאמרינן בפסחים (פ"ד דף נד.): **בורא.** דבר שהוא בורא תמיד והא לא שייכא הכא שהרי כבר נברא: **סרגא מאורות.** שלהבת אדומה לבנה וירקרקת: **משום דלא שבת.** ממלאכת עבירה שהעובד כוכבים עושה מלאכה לאורו ותניא לקמן אור שלא שבת אין מברכין עליו הואיל ונעבדה בו עבירה: **במסבת עובדי כוכבים.** לאכילה לסעודה:

גמרא

תורה אור

תוכו ואוגנו ואזנו וידיו טהורין נטמא תוכו נטמא כולו במאי קא מיפלגי ב"ש סברי אסור להשתמש בכלי שנטמאו אחוריו במשקין גזרה משום ניצוצות וליכא למגזר שמא יטמאו המשקין שבידים בכוס וב"ה סברי מותר להשתמש בכלי שנטמאו אחוריו במשקין אמרי ניצוצות לא שכיחי ואיכא למיחש שמא יטמאו משקין שבידים מחמת הכוס *ד"א *תכף לנט"י סעודה מאי ד"א ה"ק להו ב"ה לב"ש לדידכו דאמריתו אסור להשתמש בכלי שאחוריו טמאין דגזרינן משום ניצוצות אפ"ה הא עדיפא דתכף לנט"י סעודה: ב"ש אומרים מקנח וכו': ת"ר *בית שמאי אומרים מקנח ידיו במפה ומניחה על השלחן שאם אתה אומר על הכסת גזרה שמא יטמאו משקין שבמפה מחמת הכסת ויחזרו ויטמאו את הידים ונטמייה כסת למפה אין *כלי מטמא כלי ונטמייה כסת לגברא גופיה אין כלי מטמא אדם ובה"א על הכסת שאם אתה אומר על השלחן גזרה שמא יטמאו משקים שבמפה מחמת השלחן ויחזרו ויטמאו את האוכלין ולטמא שלחן לאוכלין שבתוכו הכא בשלחן שני עסקינן ואין *שני עושה שלישי בחולין אלא ע"י משקין במאי קמיפלגי ב"ש סברי אסור להשתמש בשלחן שני גזרה משום אוכלי תרומה וב"ה סברי מותר להשתמש בשלחן שני אוכלי תרומה זריזין הם ד"א אין נט"י לחולין מן התורה מאי ד"א הכי קאמרי להו ב"ה לב"ש וכי תימרו מ"ש גבי אוכלין דחיישינן ומ"ש גבי ידים דלא חיישינן אפילו הכי הא עדיפא דאין נט"י לחולין מן התורה מוטב שיטמאו ידים דלית להו עיקר מדאורייתא ואל יטמאו אוכלים דאית להו עיקר מדאורייתא: בש"א מכבדין וכו': *ת"ר בש"א מכבדין את הבית ואחר כך נוטלין לידים שאם אתה אומר נוטלין לידים תחלה נמצא אתה מפסיד את האוכלין (א) אבל נט"י לב"ש תחלה לא סבירא להו מ"ט משום פירורין ובה"א אם שמש תלמיד חכם הוא נוטל פירורין שיש בהן כזית ומניח פירורין שאין בהן כזית מסייע ליה לר' יוחנן *דא"ר יוחנן פירורין שאין בהם כזית מותר לאבדן ביד במאי קמיפלגי ב"ה סברי אסור להשתמש בשמש ע"ה וב"ש סברי מותר להשתמש בשמש ע"ה א"ר יוסי בר חנינא א"ר הונא בכוליה פרקין הלכה כב"ה בר מהא דהלכה כב"ש ור' אושעיא מתני איפכא ובהא נמי הלכה כב"ה: בש"א נר ומזון וכו': *רב הונא בר יהודה איקלע לבי רבא חזייה לרבא דבריך אבשמים ברישא א"ל מכדי ב"ש וב"ה אמאור לא פליגי *דתניא בש"א נר ומזון בשמים והבדלה ובה"א נר ובשמים מזון והבדלה עני רבא בתריה זו דברי ר"מ אבל ר' יהודה אומר לא נחלקו ב"ש וב"ה על המזון שהוא בתחלה ועל הבדלה שהיא בסוף על מה נחלקו על המאור ועל הבשמים שבש"א על המאור ואח"כ בשמים ובה"א בשמים ואח"כ מאור וא"ר יוחנן נהגו העם כב"ה אליבא דרבי יהודה: בש"א שברא כו': אמר *רבא בברא כ"ע לא פליגי דברא משמע כי פליגי בבורא ב"ש סברי בורא דעתיד למברא וב"ה סברי בורא נמי דברא משמע מתיב רב יוסף °יוצר אור ובורא חשך °יוצר הרים ובורא רוח °בורא השמים ונוטיהם אלא א"ר יוסף בברא ובורא כ"ע לא פליגי דברא משמע כי פליגי במאור ומאורי דב"ש סברי חדא נהורא איכא בנורא וב"ה סברי טובא נהורי איכא בנורא תנ"ה אמרו להם ב"ה לב"ש הרבה מאורות יש באור: אין מברכין כו': בשלמא נר משום דלא שבת אלא בשמים מ"ט לא אמר רב יהודה אמר רב הכא במסבת עובדי כוכבים עסקינן מפני ששתם מסבת עובדי כוכבים לע"ז היא הא מדקתני סיפא אין מברכין לא על הנר ולא על הבשמים של ע"ז מכלל דרישא לאו בע"ז עסקינן א"ר חנינא מסורא מה טעם קאמר מה טעם אין מברכין לא על הנר ולא על הבשמים של עכו"ם מפני ששתם מסבת עובדי כוכבים לע"ז ת"ר אור ששבת מברכין עליו ושלא שבת אין מברכין עליו (*מאי שבת ומאי לא שבת אי

מאי לא שבת שלא שבת ממלאכת עבירה אבל אור של חיה ושל חולה מברכין עליו תניא נמי הכי עששית שהיתה וכו')

מסורת הש"ס

[תוספת' פ"ה] [שם] [פסחים יט: חגיגה כ.] [חולין לג.] [תוספתא שם] שבת קמג. [ע"ש בתוס' ובתוס' מנחות כח: ד"ה מנורה סטונית] פסחים קג. [דתנן] [אולי צ"ל רבנן] שמות ד ישעיה מה ישעיה מב (עי' ברי"ף ורא"ש נראה דכן גרסתם)

הגהות הב"ח

(א) גמ' מפסיד את האוכלין (אבל כ"י וכו') משום פירורין וכו' תא"מ ס"א לא גרסי' זה:

רב נסים גאון

אוריים ותוך ובית הצביעה לתרומות אבל לא לקודש ובפרקא קמא דמס' נדה (דף ז) אמרו דהלכה כר' אליעזר דאמר אחורי כלים שנטמאו במשקין מטמאין את המשקין ואפי' דחולין ואין פוסלין את האוכלין ואפילו דתרומה ולא ילפינן ק"ו מטבול יום כר' יהושע מפני הטעם המפורש לשם כדאמרינן ורבי אליעזר אחורי כלים דרבנן וטבול יום דאורייתא כו' ומאי שנא אחורי כלים דנקט משום דקילי דתנן [כלי] שנטמא במשקין אחוריו טמאין תוכו ואגנו ואזנו וידיו טהורין וזו המשנה בכלים בפכ"ה [משנה ו]. והא דאמרי נמי אין כלי מטמא אדם כי השרץ אם נגע בכלי וטמאו אותו הכלי אינו מטמא אלא אוכלין ומשקין בלבד אבל אדם לא לפי שאב הטומאה מטמא אדם וכלים ותולדה אוכלין ומשקין מטמאין אדם ובגדים אין מטמאין והכי אמרי' בפרק אור לי"ד (פסחים דף כ) שרץ מטמא את הכלי וכלי מטמא את האוכלין ואוכלין מטמאין את המשקין למדנו שלש טומאות בשרץ והתם בפ' חומר בקדש (חגיגה דף כג) כדאמר ר' זירא עשאוה כטמא שרץ ואקשינן עליה אלא מעתה לא תטמא אדם כלומר שהכלי שנטמא בשרץ אינו מטמא אדם בעיקר אשר הקדמנו ובגמ' דכיצד צולין את הפסח (דף עט) איתא אבל נטמאת הסכין בטומאת שרץ דלבשר הוא דמטמא ליה לגברא לא מטמא ליה: **ונטמי** כסת לגברא גופיה בספק מדרס דרבנן בתוספתא חגיגה (פ"ג) שנו ספק רשות עם הארץ ומדרסו (והציצו) והיסטו טהורין לחולין וטמאין לתרומה וטומאת מדרסות איתא מיפרשא בעיקה בפ' אין דורשין (ד' יח) דתנן בגדי עם הארץ מדרס לפרושים בגדי פרושים מדרס לאוכלי תרומה ובתוספתא טהרות (פ"ו) שנו מי שדרסה אשה על בגדיו בגדיו טמאין מדרס ובגמרא דבני מערבא [בחגיגה פ"ב הלכה ז] אמרי ר' יסא בשם ר' יוחנן במגעות שנו בעא ר' ועירא קמיה ר' יסא מאיכן נטמא הבגד הזה מדרס אמר ליה תיפתר שהיתה אשתו של עם הארץ יושבת עליו ערומה ובגדי עם הארץ הרי היא אחת משש ספיקות שגזרו בארשא כדתנן במס' טהרות בפ"ד (משנה ה) על ו' ספיקות שורפין את התרומה כו' ובפ' חדר עם (עם הארץ) [הע"כ"ם] בחצר יש כרצה רבות ובפ' יציאות השבת (דף טו) אמרי אמר עולא ספיקות בארשא גזור רבנן עליהן ומכאן נאמר דספק מדרסות דרבנן ובפ' אין דורשין (דף יט) פרישו רוצה מעלות דרבנן נינהו ובמסכת בכורות בפ' הלוקח בהמה (דף כג) אית ואיבעית אימא טומאת עם הארץ דרבנן וטומאת משקין דרבנן כו': **ונטמא** (שולחן) [כסת] לטפה אין כלי מטמא כלי הא שמעי' לה נמי כדאמרינן שרץ מטמא את הכלי וכלי מטמא את האוכלין דאלמא כלי אינו מטמא אלא או אוכלין או משקין ואין כלי מטמא כלי ומפרש בפ' אור לי"ד (פסחים דף יח) ולאו ק"ו הוא ומה כלי שמטמא משקה אין מטמא כלי כו' ואמרינן נמי (שם דף יט) האי סכין דנגעה במאי אי נימא דנגעה בבשר והא אין אוכל מטמא כלי אלא דנגעת במתם הא אין [כלי] מטמא כלי ובפ' אין דורשין בעריות (חגיגה דף כ) אמרינן אמאי הכל טהור תטמא טגריפה לסל אין כלי מטמא כלי ואית נמי בשחיטת קדשים (דף לט) בגמרא דטבול יום ובגמ' דבני מערבא גרסי מתניתא בשולחן של שיש או של פרקים שאינן מקבלין טומאה: **אין מברכין** לא על הנר ולא על הבשמים של עכו"ם הואיל ותנן מעיקרא אין מברכין לא על הנר ולא על הבשמים של גוים אמאי איצטריך תו למיתני של עכו"ם אלא מכלל דהאי עכו"ם דישראל הוא והכי אמרינן בתלמוד ארץ ישראל של עכו"ם ולא של גוים היא תיפתר בעכו"ם של ישראל:

§ מסכת ברכות דף נב: §

אות א'

תכף לנטילת ידים סעודה

סימן קסו ס"א - [א]יש אומרים שא"צ ליזהר מלהפסיק בין נטילה ל"המוציא" - דמה דאמרינן בש"ס: תיכף לנט"י סעודה, ס"ל דהיינו שלא יתעסק בינתים באיזה עסק או מעשה עד שיסיח דעתו, [כגון למזוג איזה כוס בחמין, דצריך דקדוק שלא יחסר ושלא יותיר, וכל כיוצא בזה], או בשיחה הרבה דמביא לידי היסח הדעת, אפילו אם היה בד"ת, **אבל** אם יושב בטל ואינו עושה בינתים שום מעשה, אף ששוהה הרבה, או אפילו משיח מעט, אין לחוש, כיון שהשלחן ערוך לפניו ודעתו לאכול מיד, לא מסיח דעתו.

[ב]ויש אומרים שצריך ליזהר - אפילו בשהיה לחוד כדלקמיה, וכ"ש שלא לדבר בינתים אפילו שיחה מועטת, ואפי' בד"ת חשיב הפסק לדידהו וצריך ליזהר, **לבד** מהדברים שהם לצורך סעודה, דמותר להפסיק לכו"ע, **וטוב ליזהר.**

כתבו הספרים בשם הזוה"ק, שמצוה לאדם שיתפלל בכל יום על מזונו קודם האכילה, **ואם** שכח להתפלל עד אחר שנטל ידיו לאכילה, יש מצדדים שיכול לומר תפלה זו אחר הנטילה, דלא חשיב הפסק, דהוי קצת כצורך סעודה, **ויש** שנהגו לכתחלה לומר "מזמור ה' רועי" בין נטילה ל"המוציא", **ויותר** נכון שיאמרנו אחר אכילת ברכת "המוציא", וכ"כ א"ר בשם של"ה.

ואם שהה כדי הלוך כ"ב אמה - היינו משעה שנגב ידיו עד ברכת "המוציא", **מקרי הפסק (תוס' פ' אלו נאמרים)** - ולא מקרי "תיכף", שבשיעור זה נקרא הפסק אפילו ביושב במקומו, וא"כ לפי מה שפסק המחבר, דטוב ליזהר לתכוף נטילה לסעודה, יש ליזהר גם מלשהות בינתים שיעור כזה.

ואם הולך מביתו לבית אחר, יש שמחמירין אפי' בהליכה מועטת. **ומשמע** מאחרונים, דבשלא לצורך אין לשהות כלל בינתים, אלא יברך "המוציא" מיד אחר הניגוב.

ודע, דעיקר דין תכיפה המוזכר בסימן זה, הוא רק מצוה לכתחלה, אבל בדיעבד אפילו שהה הרבה או הפסיק בינתים, אין צריך לחזור וליטול ידיו, כל שלא הסיח דעתו בינתים משמירת ידיו.

אות ב' - ג'

מכבדין את הבית ואחר כך נוטלין לידים

מותר להשתמש בשמש עם הארץ

סימן קפ ס"ג - [ג]קודם שיטול ידיו - למים אחרונים, **יכבד הבית** - מקום שאכלו שם, אם הסיבו ע"ג קרקע מכבדין את הקרקע, או אם הסיבו על השלחן מכבדין את השלחן, משיורי אוכלין שנתפזרו שם - רש"י (במשנה נ"א:), **שלא ישארו שם פירורין וימאסו במים של נטילה.**

ותלמידי רבינו יונה פירשו, דהכיבוד הוא במקום שדרך לסלק השלחן קודם נטילה לבהמ"ז, צריך לכבד הקרקע של מקום השלחן, דחיישינן שנתפזרו שם פירורי פת, **ובאופן** זה מיירי המחבר כאן, שכתב דעכשיו שאין מסלקין א"צ לכבד, והיינו הקרקע שתחת השלחן, **אבל** כשנוטלין הידים בכלי על השלחן כמנהגנו, לכו"ע צריך לנקות הפירורין סביב, וכדלקמיה.

אע"פ שמותר לאבד פרורין שאין בהם כזית, שמא יהא השמש ע"ה, שמותר להשתמש בשמש ע"ה, ויניח גם פרורין שיש בהם כזית שאסור לאבדן ביד, לכך יכבד תחלה.

[ד]ועכשיו אין אנו נוהגים כך, מפני שאין אנו מסלקין השלחן - משמע דמלפנים היו נוהגין לסלק, וצ"ל דהיינו מלפני כל המסובין, אבל מלפני המברך לא, וכמו שכתב בס"א שאין להסיר וכו', **ואנו נוטלין הידים חוץ לשלחן במקום שאין שם פרורים, וליכא למיחש למידי.**

ואם יושבין במקומן, ונוטלין הידים בכלי על השלחן, אף עכשיו הדין הוא שצריך לנקות השלחן עצמו מפירורי הפת, שלא ימאסו מנצוצי מי הנטילה, וכנ"ל מרש"י, **ונראה** דמ"מ ישאיר לחם על השלחן במקצוע אחד, שיהיה מונח עד אחר בהמ"ז, וכנ"ל בס"א, ויהיה קצת רחוק ממקום הזה. (**אבל** כגון אצלינו שאנו נוטלים הידים על השלחן בכלי, שומרים שלא יפלו המים על המפה של השלחן, וא"צ אצלינו כיבוד הבית תחלה - ערוה"ש).

אות ד'

נהגו העם כבית הלל אליבא דרבי יהודה

סימן רצו ס"א - [ה]ואם אין לו אלא כוס אחד, ואינו מצפה שיהיה לו למחר, מוטב שיאכל קודם שיבדיל, ויברך עליו בהמ"ז ואח"כ יבדיל עליו, ממה שיברך ברכת המזון בלא כוס, לדברי האומרים דבהמ"ז טעונה כוס - אבל אם מצפה שיהיה לו למחר עוד כוס, יבדיל עכשיו על כוס זה, ובאכילה ימתין עד למחר, כדי שיברך על הכוס, למ"ד דבהמ"ז טעונה כוס, **מיהו** המ"א בריש סי' קפ"ב חולק ע"ז, דבשביל כוס בהמ"ז שלא יהיה לו, אינו מחויב למנוע עצמו מלאכול.

באר הגולה

[א] **טור בשם הרי"ף ורמב"ם** (דההוא תכף לנט"י ברכה {דף מ"ב}, מפרשים במים אחרונים סמוך לבהמ"ז, וכן פי' רש"י ותוס' שם - גר"א. **ומש"כ** בדף נ"ב: תיכף לנט"י סעודה, ולהכי ס"ל לב"ה שמוזגין הכוס ואח"כ נוטלין לידים, שאני מזיגה בחמין דצריך דקדוק שלא יחסיר ושלא יותיר, והוי היסח הדעת, אבל שלא יפסיק א"צ ליזהר במים ראשונים - דמשק אליעזר) [ב] **טור מהירושלמי פרק א' דברכות** (ולענ"ד הוא ג"כ בבבלי דף נ"ב ע"ב) [ג] **ברכות נ"א ונ"ב** [ד] **הר"ר יונה שם** [ה] **פסחים ק"ה לתי' ר"י הביאו הרא"ש שם**

ולדברי האומרים דאינה טעונה כוס, לא יאכל עד שיבדיל.

[ו]**ומיירי שכוס זה לא היה בו אלא רביעית בצמצום, וכבר היה מזוג כדינו, שאם היה משים בו מים יותר לא היה ראוי לשתייה, שאל"כ לד"ה מבדיל תחלה ושותה ממנו מעט** - היינו כמלא לוגמיו, **ומוסיף עליו להשלימו לרביעית** - היינו שימזגנו במים, **ומברך עליו בהמ"ז.**

אות ה' - ו'

ובורא כולי עלמא לא פליגי דברא משמע

טובא נהורי איכא בנורא

סימן רחצ ס"א - [ז]מברך על הנר: "בורא מאורי האש", אם יש לו - משום דתחלת ברייתו הוי במו"ש, כדאמרינן בפסחים: במו"ש נתן הקב"ה דעה באדם הראשון, וטחן ב' אבנים זו בזו ויצא מהן אור.

בורא מאורי האש - דכמה נהורא איכא בנורא, לבנה אדומה וירוקה, **ואם** אמר "מאור האש", דעת הב"ח דלא יצא אפילו בדיעבד, **ואם** אמר [ח]"ברא מאורי האש", לשון עבר, יצא.

אות ז'

הכא במסבת עכו"ם עסקינן

סימן ריז ס"ו - [ט]מסיבה של עובדי כוכבים - כשמסובין לאכול ולשתות, **אין מברכין על בשמים שלהם, דסתם מסיבתן לעבודת כוכבים** - ודוקא במסיבה, אבל שלא במסיבה מותר לברך אבשמים של עובדי גלולים.

סימן רצז ס"ב - [י]אין מברכין על בשמים של בית הכסא, ולא על של מתים - דכל זה לאו לריחא עבידי, אלא לעבורי ריח הסרחון. **(ודוקא) הנתונים למעלה ממטתו של מת** - אבל נתונים לפני מטתו, מברכין, שאני אומר לכבוד חיים הם עשויים.

ולא על בשמים שבמסיבות עובדי כוכבים - היינו שמסובין לאכילה לסעודה, **דסתם מסיבתן לעבודת כוכבים** - אבל אם לא היו מסובין כלל, מותר לברך על בשמים שלהן, וכן מסיק הט"ז להלכה, **ומ"מ** כתב לבסוף, דטוב לכתחלה לחוש לדעת [יא]רבינו יונה, דס"ל דסתם בשמים של עובדי כוכבים עומד לבסוף למכרן לע"ג, ואין לברך עליהן, **אם** לא במקום שנראה שאין עומד לע"ג, כגון שהוא תגר שדרכו למכור אותם לאנשים הרבה, או שדרכו לשום הבשמים לתבשיל שלו, אז אין איסור לברך עליהם אפי' לדעת ר"י.

הגה: **ואם בירך על בשמים אלו לא יצא, וצריך לחזור ולברך על אחרים (ב"י בשם א"ח).**

---

§ מסכת ברכות דף נג. §

אות א' - ב'

אור של חיה ושל חולה מברכין עליו

ששבת מחמת מלאכת עבירה

סימן רחצ ס"ה - [א]אין מברכין על הנר שלא שבת ממלאכת עבירה - היינו שהודלק באיסור בשבת, ואפילו רק בבין השמשות, [כן מוכח מהגמ' נ"ג, היה מהלך חוץ לכרך וראה תינוק וכו'], **ואפילו** בדיעבד לא יצא, (וכתב בחדושי רע"א, דצריך לחזור ולברך בפה"ג, כיון דברכת "מאורי האש" שבירך לא יצא, ממילא הוי הפסק בין בפה"ג לטעימה).

לאפוקי אור שהודלק לחיה ולחולה, שכיון שלא הודלק לעבירה מברכין עליו - אם אין בהם סכנה, דוקא ע"י א"י, אבל ע"י ישראל כיון שאסור לו להדליק בשבילם, מקרי שלא שבת ממלאכת עבירה, **אבל** כשיש בהם סכנה, אפילו ע"י ישראל, וכ"ש ע"י א"י, **ואין** חילוק בין אם הדליק להחולה ממדורת ישראל או ממדורה של עצמו, כיון שהוא לצורך ישראל ובהיתר הודלק.

אבל אם הדליקו אינו יהודי - היינו אפילו לצורך עצמו, **בשבת** - ואפילו אם אין אנו יודעין, תלינן שמסתמא הדליקו בשבת, ב"ח וכן מוכח בגמ', [מדקאמר שם, מאי איריא תינוק אפי' גדול נמי, משמע דאי הוי קתני גדול הוי ניחא, והלא לפי הס"ד לא מיירי הגמ' בסמוך לחשכה, ואפ"ה אם בדקו ונמצא א"י, אסור, ולא אמרינן שמא הדליקו עכשיו], **כיון שאם היה מדליקו ישראל היה עובר, לא שבת ממלאכת עבירה מיקרי.**

[ב]**ואין מברכין על אור של עבודת גלולים** - ואפילו אם לא הודלק רק במו"ש, דהטעם, משום דהודלק לכבוד עבודת גלולים, ואסור ליהנות ממנו, **ודוקא** כשהשלהבת קשורה בנר או בגחלת של עבודת גלולים, דכיון שהגחלת יש בו ממש והשלהבת קשורה בו, חל האיסור גם על השלהבת, ולכן אין לברך עליה, **אבל** אם ישראל הדליק נר מנר של עבודת גלולים, שרי לברך עליה, דבזה אין כאן ממשו של איסור רק השלהבת לחוד, והשלהבת אין בו ממש - מ"א בשם רש"ל, **ועיין** בפמ"ג שמצדד, דמ"מ לכתחלה אסור לישראל להדליק נרו מנר של עבודת גלולים, אלא דאם הדליק רשאי לברך עליה.

באר הגולה

[ו] **הרא"ש ריש פ"ח דברכות** [ז] **ברכות נ"א** [ח] ‹דלכו"ע צריך לשון עבר, ובין לב"ש שאמרו "שברא", ובין לב"ה שאמרו "בורא", תיבת "ברא" משמעותה לשעבר, אלא שלכתחילה יש לומר תיבת "בורא" כלשון הכתוב - ע"פ מ"ב המבואר› [ט] **שם ובדף נ"ב ע"ב** [י] **שם נ"א ונ"ב** [יא] ‹וכתב הה"ר יונה, שאע"פ שעכשיו אינם עומדים הבשמים במסבה של ע"ז, אסור לברך, שהבשמים שלהם סתמן למכרן למסבת ע"ז. **והרב** המגיד כתב, שהרי"ף היה גורס גירסא אחרת, כלומר שלא היה גורס "הכא במאי עסקינן במסבת גוים", אלא בשמים מאי טעמא לא, מפני שסתם מסבת גוים לע"ז, דלפי"ז כל בשמים של גוים אע"פ שאינם במסבה, אסורים, וכדברי הה"ר יונה - ב"י› [א] **שם נ"ב ונ"ג** [ב] ‹משנה שם (נא:) ולא על הנר ולא על הבשמים של עבודה זרה - ב"י›

עין משפט נר מצוה

טו א ב מיי' פכ"ט מהל' שבת הל' כו טוש"ע או"ח סי' רצח סעיף ה:
טז ג מיי' שם הל' ט טוש"ע או"ח שם סעי' ו:
יז ד (מיי' פי"ח מהל' שבת הלכה ס סמג עשין כט):
יח ה (ו) מיי' פכ"ט מהל' שבת הלכה כו סמג עשין (כו) כט טוש"ע או"ח סי' (ריז סעיף ז וסי') רצח סעיף ז: [ו טוש"ע שם]:
גי' הערוך למ"ש מבבת ומדליקה עי' בערך עששית וכרב אלפס כך אי' תנ"ה עששית שהיתה דולקת והולכת כל היום כולו מביאין ממנה אור להבדלה ועי' ברא"ש
יט ז מיי' שם סמג עשין (כח) כט טוש"ע או"ח סי' רצח סעיף י:
כ ח ט (י) מיי' שם טוש"ע שם סעיף יא: [י טוש"ע שם]:
כא כ שם סעיף יד:
כב ל מיי' פ"ד מהל' ת"ת הל' ט טוש"ע יו"ד סי' רמו סעיף יז:
כג מ טור [וש"ע] או"ח סי' רצח [סעיף יב]:
כד נ מיי' פ"ט מהל' ברכות הלכה ח סמג עשין כז (וכט) טוש"ע או"ח סי' ריז סעיף ב וסי' רצז סעיף ג:
כה ס מיי' פ"ט מהלכות ברכות הלכה ס סמג עשין כז טוש"ע או"ח סי' ריז סעיף א:
כו ע מיי' שם הל' ח טוש"ע שם סעיף ג:

אי נימא לא שבת מחמת מלאכה ואפי' היא מלאכה של היתר. כגון של חולה ושל חיה קאמר דאין מברכין: **עששית**. לנטירנ"א: **שהיתה דולקת והולכת**. מע"ש ובבית ישראל: **למ"ש מברכין**. לפי שלא נעבדה בה עבירה שלא הודלקה בשבת: **נכרי שהדליק מישראל**. משחשכה מ"ש: **הך איסורא אזלא**. מתוך שלהבת דולקת והולכת קמא קמא פרח ליה: **המוציא שלהבת לר"ה**. בשבת חייב ומוקמינן לה במסכת ביצה כגון דשייפיה לחרס משחא ואתלי בה נורא דגחלת ליכא אלא שלהבת ומשום חרס לא מחייב דלית בה שיעורא: **מה שעקר לא הניח**. והוצאת שבת לא מחייבא עד דאיכא עקירה מרשות זו והנחה ברשות זו: **גזרה משום נכרי ראשון ועמוד ראשון**. אי שרית בנכרי שהדליק מנכרי משחשכה אתי לברוכי בנכרי שהדליק מבעוד יום ובאותו אור עצמו שלא נתוסף משחשכה כגון שמברך עליו סמוך לחשכה מיד: **גדול מוכחא מלתא דנכרי הוא**. ואין צריך לבדוק אחריו דאי איתא דישראל הוא לא היה ממהר סמוך לחשכה מיד לאחוז האור בידו: **כפי הכבשן**. ששורפים בו אבנים לסיד אם עבה כאור היוצא מפי הכבשן נהורא בריא היא ולהשתמש לאורה היא נעשית: **ואם לאו**. לאו לאורה נעשית אלא לבשל ואין מברכין אלא על שנעשה להאיר: **בתחלה**. בתחלת שרפת אבנים אין האור להאיר: **בסוף**. לאחר שנשרפו האבנים רובן מדליקין אור גדול מלמעלה למרק שרפת האבנים ומשתמשין נמי לאורה: **של תנור**. בסוף מברכין עליו לאחר שהוסק התנור והפת בתוכה מדליקין קסמין דקין בפיו להאיר ולקלוט חומו לתוכו וכיון דמשתמש לאורו מברכין עליו: **אור של בית הכנסת**. בדאיכא אדם חשוב לכבודו הדליקוה ולא שצריך לאור אלא לכבוד בעלמא ואין מברכין עליו: **ליכא אדם חשוב**. להאיר להם הדליקוה ומברכין: **הא והא דאיכא אדם חשוב**. ואי איכא חזנא שמש שאוכל בבית הכנסת אף לאורה עשויה שיאכל החזן לאורה ומברכין: **הא והא דאיכא חזנא**. ואיכא סהרא שהחזן יכול לאכול לאורה אין מברכין על הנר שלא להאיר הדליקוה אלא לכבוד אדם חשוב: **מפני בטול בית המדרש**. שבזמן שא' מברך לכולם הם צריכים לשתוק מגרסתם כדי שיתכוונו כולם וישמעו אליו ויענו אמן: **מרפא**. לאדם המתעטש שרגילים לומר אסותא: **נר לכבוד**. המת עבידא: **בשמים עבידי לעבורי ריחא**. דסרחונו של מת עבידי ולא להריח: **כל**. מת שהוא חשוב להוציא לפניו נר ביום אם הוציאו בלילה במוצאי שבת לקבורה אין מברכין על אותו נר דלכבוד עבידא ולא להאיר: **וכל**. מת שאינו חשוב להוציא נר לפניו ביום אלא בלילה מברכין עליו אם הוציאוהו במוצאי שבת לקבורה: **מברכין עליו**. דלהאיר עבידא: **בשמים**. שמוליך אדם אסטנים לבית הכסא להעביר ממנו ריח רע של בהכ"ס אין מברכין עליו: **ושמן העשוי להעביר את הזוהמא**. שמביאים בסוף הסעודה לסוך ידים מזוהמות והוא מבושם בבשמים: **אין מברכין עליו**. בורא עצי בשמים אלא בורא שמן ערב מברכין אם שמן של אפרסמון הוא והא דאמר בכילד מברכין (דף מג.) האי משחא כבישא וטחינה מברכין עליו בע"ב לא בבא בתוך הסעודה קאמר אלא בבא להריח: **לגמר את הכלים**. לבשם בעשנו את הבגדים: **בטבריא**. היו רגילים לגמר ערבי שבתות ובצפורי במו"ש:

תורה אור

וכי תימא הך איסורא אזל ליה. ה"מ לאקשויי אי הכי נכרי מנכרי נמי אלא עדיפא מיניה פריך דה"מ לשנויי כדמשני בסמוך: **גזירה** משום נכרי ראשון ונכרי ראשון משום עמוד ראשון וכו'. חדא גזרה היא דגזרו חכמים כל אם נכרי שביד הנכרי דאי לא הא לא קיימא הא אבל נכרי שהדליק מישראל וישראל מנכרי מברכין עליו והכי קיימא לן:

הא דאיכא אדם חשוב. אם כן משום כבודו של חשוב ולא לאורה כך פרש"י ור"ח פירש איפכא באדם חשוב לאורה ובדליכא אדם חשוב עשוי לכבוד בית הכנסת:

אין מברכין עליו. פירש"י מיהו מברכין עליו ברוך שברא שמן ערב והא דאמר לעיל בכילד מברכין (ד' מג.) האי משחא כבישא מברכין עליו בורא עצי בשמים היינו בבא להריח ולא מיירי בתוך הסעודה: באכילה

אי נימא לא שבת מחמת מלאכה אפילו ממלאכה דהתירא והתניא "אור של חיה ושל חולה מברכין עליו אר"נ בר יצחק מאי שבת "ששבת מחמת מלאכת עבירה תנ"ה עששית שהיתה דולקת והולכת כל היום כולו *למ"ש מברכין עליה: ת"ר "נכרי שהדליק מישראל וישראל שהדליק מנכרי מברכין עליו נכרי מנכרי אין מברכין עליו מ"ש נכרי מנכרי דלא משום דלא שבת א"ה ישראל מנכרי נמי הא לא שבת וכי תימא הך איסורא אזל ליה והא אחרינא הוא ובידא דישראל קא מתילדא אלא הא *דתניא "המוציא שלהבת לר"ה חייב אמאי חייב מה שעקר לא הניח ומה שהניח לא עקר אלא לעולם דאיסורא נמי איתיה וכי קא מברך אתוספתא דהתירא קא מברך אי הכי נכרי מנכרי נמי אין ה"נ גזרה משום נכרי ראשון ועמוד ראשון: ת"ר "היה מהלך חוץ לכרך וראה אור אם רוב נכרים אינו מברך אם רוב ישראל מברך הא גופא קשיא אמרת אם רוב נכרים אינו מברך הא מחצה על מחצה מברך והדר תני אם רוב ישראל מברך הא מחצה על מחצה אינו מברך בדין הוא 'דאפי' °מחצה על מחצה נמי מברך ואיידי (דתנ') רישא רוב נכרים תנא סיפא רוב ישראל: ת"ר היה מהלך חוץ לכרך וראה תינוק ואבוקה בידו בודק אחריו אם ישראל הוא מברך אם נכרי הוא אינו מברך מאי איריא תינוק אפי' גדול נמי אמר רב יהודה אמר רב הכא בסמוך לשקיעת החמה עסקי' גדול מוכחא מילתא דודאי נכרי הוא תינוק אימר ישראל הוא אקרי ונקיט: ת"ר היה מהלך חוץ לכרך וראה אור אם עבה כפי הכבשן מברך עליו ואם לאו אינו מברך עליו תני חדא אור של כבשן מברכין עליו ותניא אידך אין מברכין עליו לא קשיא 'הא בתחלה הא לבסוף תני חדא אור של תנור ושל כירים מברכין עליו ותניא אידך אין מברכין עליו לא קשיא הא בתחלה הא לבסוף תני חדא אור של בית הכנסת ושל בית המדרש מברכין עליו ותניא אידך אין מברכין עליו ל"ק "הא דאיכא אדם חשוב הא דליכא אדם חשוב ואי בעית אימא הא והא דאיכא [א] אדם חשוב ולא קשיא "הא דאיכא חזנא הא דליכא חזנא ואב"א הא והא דאיכא חזנא ולא קשיא 'הא דאיכא סהרא והא דליכא סהרא: ת"ר *היו יושבין בבית המדרש והביאו אור לפניהם בש"א כל אחד ואחד מברך לעצמו 'ובה"א אחד מברך לכולן משום שנאמר °ברוב עם הדרת מלך בשלמא ב"ה מפרשי טעמא אלא בית שמאי מאי טעמא קסברי מפני בטול בית המדרש *תניא נמי הכי של בית רבן גמליאל 'לא היו אומרים מרפא בבית המדרש מפני בטול בית המדרש: אין מברכין לא על הנר ולא על הבשמים של מתים: מ"ט נר לכבוד הוא דעבידא בשמים לעבורי ריחא הוא דעבידי אמר רב יהודה אמר רב °כל שמוציאין לפניו ביום ובלילה אין מברכין עליו וכל שאין מוציאין לפניו אלא בלילה מברכין עליו אמר רב הונא 'בשמים של בית הכסא ושמן העשוי להעביר את הזוהמא אין מברכין עליו למימרא דכל היכא דלאו לריחא עבידא לא מברכין עלויה מיתיבי *°הנכנס לחנותו של בשם והריח ריח אפילו ישב שם כל היום כלו אינו מברך אלא פעם אחד נכנס ויצא נכנס ויצא מברך על כל פעם ופעם והא הכא דלאו לריחא הוא דעבידא וקמברך אין לריחא נמי הוא דעבידא כי היכי דנירחו אינשי וניתו וניזבון מיניה תנו רבנן היה מהלך חוץ לכרך והריח ריח אם רוב עובדי כוכבים אינו מברך אם רוב ישראל מברך רבי יוסי אומר אפי' רוב ישראל נמי אינו מברך מפני שבנות ישראל מקטרות לכשפים אטו כולהו לכשפים מקטרן ה"ל מיעוטא לכשפים ומיעוטא נמי לגמר את הכלים אשתכח רובא דלאו לריחא עביד וכל רובא דלאו לריחא עביד לא מברך אמר ר' חייא בר אבא אמר רבי יוחנן המהלך בערבי שבתות בטבריא ובמוצאי שבתות בצפורי והריח ריח "אינו מברך מפני שחזקתו אינו עשוי אלא לגמר בו את הכלים תנו רבנן היה מהלך בשוק של עט"ם נתרצה להריח הרי זה חוטא: ואין

לא

משלי יד

ביצה לו. תוספתא דשבת פ"ב

[דתנא]

[תוספתא פ"ה פ"ו]

[תוספתא (סע"ה) פ"ה דשבת ופ"ו היטב וחרא פליאה]

תוספתא פ"ה

הגהות הגר"א

[א] גמ' הא דליכא אדם חשוב ואב"א הא והא דאיכא. נ"ב גירסת ר"ח דליכא:

גליון הש"ס

גמ' מחצה על מחצה נמי מברך. עי' פר"ח יו"ד סי' קי"ד סק"ו: רש"י ד"ה מרפא כו' שרגילים לומר כו'. והוא בפרקי דר"א פרק נ"ב כיום שנבראו שמים וארץ לא היה אדם חולה אלא אם היה בדרך או בשוק והיה עוטש ונשמתו יוצאה מנחיריו עד שבא יעקב אבינו ובקש רחמים ואמר רבונו של עולם אל תקח נפשי ממני עד שאצוה את בני וביתי ונעתר לו לפיכך חייב אדם לומר בעטישתו חיים שנהפך המות הזה לאור שנאמר עטישותיו תהל אור:

אות ג׳

נכרי שהדליק מישראל, וישראל שהדליק מנכרי, מברכין עליו; נכרי מנכרי, אין מברכין עליו

סימן רחצ ס״ו - [ג]עובד כוכבים שהדליק במו״ש מישראל, ‹מברכין עליו› - וקמ״ל בזה, אף דאין מברכין על אור שהדליק הא״י מא״י אחר, אף במו״ש דהודלק בהיתר וכדלקמיה, **התם** משום דגזרינן אטו א״י ראשון שהוא הדליקו בשבת, שלא יבוא לברך על אורו, [גמ׳], אבל הכא לא שייך זה, ולכך מותר, **ומיירי** שלא הדליק הא״י הנר במסיבת א״י אחרים, דאל״ה אמרינן סתם מסיבת עכו״ם לעבודת גלולים, ואסור לברך על הנר, וכדלעיל בסי׳ רצ״ז ס״ב לענין בשמים.

או ישראל מעובד כוכבים, מברכין עליו - היינו אפילו אם הא״י הדליק הנר שלו בשבת, אפ״ה שרי, **דהא** ע״י הדלקת הישראל ניתוסף אור של היתר על מקצת האור שיש בו מן האור הראשון, ועל התוספת של היתר הוא מברך, [גמ׳, **ואפי׳** אם הא״י הדליק הנר שלו במסיבה, **אבל** לכתחילה אסור וכדלעיל].

אבל עובד כוכבים שהדליק מעובד כוכבים, אין מברכין עליו - ולא אמרינן בזה דאתוספת אור של היתר שהדליק א״י זה במו״ש הוא מברך, דגזרו אטו א״י ראשון, **ואף** דגם על הנר של הא״י הראשון היה אפשר מן הדין לברך עליו, דהא ניתוסף במו״ש עליו אור של היתר, דמטבע האש להיות ניתוסף עליו תמיד אור חדש, **גזרו** חכמים אטו עמוד ראשון, דהיינו שיבוא לברך סמוך לחשיכה מיד בעוד שלא ניתוסף ההיתר.

וכתב המ״א, דבדיעבד יצא בזה וא״צ לחזור ולברך, כיון דאינו אלא משום גזירה, וכ״כ ש״א, [**הנה** בשו״ע הגר״ז מפרש, דלהמ״א אפי׳ בא״י ראשון, כיון שהוא אחר עמוד ראשון מותר בדיעבד, **והתו״ש** מפרש דקאי רק אא״י שהדליק מא״י, אבל הנר הראשון שהודלק בשבת, אין לחלק בין עמוד ראשון לעמוד שני אפי׳ לענין דיעבד, **וכן** נראה להכריע למעשה, מאחר שהפמ״ג מפקפק על עיקר דינו של המ״א].

אם הוציא הא״י אש מעצים ואבנים במו״ש, מותר לברך "בורא מאורי האש" על אותו האש, דלא שייך למיגזר כאן, **אבל** אם הדליק הא״י נר מזה האש, יש לצדד להחמיר, דאתי למיחלף ולהתיר גם בנר שהודלק בנר שלא שבת.

[ד]ובמוצאי יוה״כ אין מברכין על נר שהדליק ישראל מעובד כוכבים - מפני שאורו של א״י נעשה בו מלאכה, שהודלק ביוה״כ, **ואף** דבמו״ש מברכין על נר זה, התם הטעם, שהוא מברך על תוספת שלהבת של היתר שניתוסף ע״י הדלקת הישראל, והתוספת הזה כיון שהוא נולד עכשיו, הו״ל כאור היוצא מעצים ואבנים במו״ש דמותר לברך עליו, **משא״כ** במוצאי יוהכ״פ, מבואר לקמיה בס״ח דאין מברכין על אור היוצא מעצים ואבנים, **(וע״ל סי׳ תרכ״ד ס״כ).**

אות ד׳

המוציא שלהבת לרשות הרבים חייב

(רמב״ם פי״ח מהל׳ שבת ה״ה - [ה]והמוציא שלהבת פטור).

אות ה׳ – ו׳

היה מהלך חוץ לכרך וראה אור, אם רוב נכרים, אינו מברך; אם רוב ישראל, מברך

דאפילו מחצה על מחצה נמי מברך

סימן רחצ ס״ז - [ו]היה הולך חוץ לכרך וראה אור, אם רובן עכו״ם, אין מברכין עליו; ואם רובן ישראל - ותלינן שהאור הוא של ישראל, **או אפי׳ מחצה על מחצה, מברכין עליו** - ומיירי שהוא סמוך כ״כ שיכול להשתמש לאורו, כמ״ש ס״ד.

אות ז׳

הא בתחלה, הא לבסוף

סימן רחצ ס״י - [ז]אור של כבשן, בתחלת שריפת הלבנים אין מברכין עליו, שאז אינו עשוי להאיר; ואחר שנשרפו, אז עשוי להאיר ומברכין עליו.

אות ח׳ – ט – י׳

הא דאיכא אדם חשוב, הא דליכא אדם חשוב

הא דאיכא חזנא, הא דליכא חזנא

הא דאיכא סהרא, והא דליכא סהרא

סימן רחצ סי״א - נר בהכ״נ, [ח]אם יש שם אדם חשוב מברכין עליו - שעשוי להאיר לאכילתו, **ומיירי** שאוכל בבית הסמוך לבהכ״נ והחלונות פתוחים לו, דבבהכ״נ אסור לאכול, כמ״ש סימן קנ״א.

ואם לאו, אין מברכין עליו - שנעשה לכבוד השכינה, **[ט]וי״א בהיפך** - דכשיש אדם חשוב, נעשה לכבודו ולא להאיר, ובדליכא אדם חשוב שרי, דנעשה להאיר.

כתב בא״ר, דמדתלינן כאן באדם חשוב, ש״מ דכל כי האי גוונא, כגון שמדליק נר בביתו לכבוד אדם חשוב שבא אליו, אין מברכין עליו.

מיהו אם יכבנו ויחזור וידליקנו לצורך הבדלה, ודאי שרי לכו״ע בכל ענין.

איתאברא״ש והעתיקו האחרונים, דהאידנא אין מברכין כלל על נר של בהכ״נ, שאין מדליקין בו רק לכבוד, שהרי דולקין הנרות אף ביום,

---

באר הגולה

ג שם נ״ג ד המגיד בשם הרמב״ן ה ‹הקשו המפרשים, אמאי לא הזכיר דין הברייתא ביצה דף ל״ט. דקתני המוציא שלהבת כל שהוא חייב, ואוקים לה רב ששת כגון שהוציאה בקיסם ודלית ביה שיעורא, ואביי בחספא דלית ביה שיעורא ושפייה משחא ואתלי ביה נורא, וברייתא דקתני פטור אוקימו לה באדויי אדויי לרה״ר› ו שם בגמ׳ נ״ג ז שם ח שם לפי׳ התוס׳ בשם ר״ח ט לפירוש רש״י שם

והכונה על אותן שדולקין לפני העמוד שהם רק לכבוד, **אבל** אותן שלוקחין כל אחד בידו להאיר, מברכין, **וכמה** אנשים נכשלין בזה, שלוקחין מנורות של העמוד על הבדלה, ואין נכון לעשות כן, **ואולי** כשרוצה לצרף מהן לאבוקה אין להקפיד.

ונראה פשוט, דעל נר יארצייט אין לברך, שאינו עשוי להאיר רק לזכר נשמת המת. **איתא** בב"י: דבארצותינו נוהגין להדליק בבהכ"נ נר מיוחד כדי להבדיל עליו.

ונר של בהמ"ד שבימינו, מסתברא דתלוי לפי המקום, אם לומדים שם ומדליקין בשביל זה, הרי נעשה להאיר, [**אף** דבגמ' נזכר גם נר של בהמ"ד, לא מיירי באותן שמדליקין לצורך הלימוד, כי אם בהנרות שמדליקין בהמנורות, שהוא לפעמים רק לכבוד].

[י]**ואם יש שמש שאוכל שם, מברכין עליו, והוא שלא תהא לבנה זורחת שם** - שאם יש לבנה א"צ השמש לאור הנר, ולא נעשה אלא לכבוד השכינה.

(**ונר שהוא עשוי לכבוד ולהאיר, עיין בפמ"ג שכתב דאין לברך עליו, ומצאתי שכ"כ גם בתר"י, אכן ברש"י נ"ג ד"ה בסוף וד"ה כל מת וכו', משמע שאין סובר כן**).

(**נסתפקתי, נר שנדלק בתחלה לכבוד, ולבסוף משתמש בו להאיר לבד, אם יוכל לברך עליו, ויש לצדד דיכול לברך, כיון שהיא עתה** רק להאיר, דבנר של שבת שהמצוה היא הדלקה, כמו שאנו מברכין "וצונו להדליק", שם אזלינן בתר תחלת הדלקה, שאם הודלקה שלא לצורך שבת רק לענין אחר, צריך לכבותה ולחזור ולהדליקה, **משא"כ** הכא שלא בעינן כלל שידליקנה לצורך הבדלה, וכדאיתא בגמ': עששית שהיתה דולקת והולכת כל היום, למו"ש מבדיל עליה, וכן על נר של א"י שהדליק מישראל, **וכ"ז** מפני שהברכה נתקנה על בריאת האור שהיתה במוצ"ש, ורק דבעינן שיהא האור עשוי כדי להאיר, וכמו שהיה אצל אדם הראשון, שהיה החושך ממשש והולך, ונטל שני רעפים והקישן זה אצל זה, מאי הוי אם בתחלה לשם כבוד הודלקה, כיון שעתה עומד האור רק להאיר, **ומ"מ** למעשה צ"ע, וטוב שיכבנה ויחזור וידליקנה).

אות כ'

ובית הלל אומרים: אחד מברך לכולן

סימן רחצ סי"ד - [יא]**"היו יושבים בבהמ"ד והביאו להם אור, אחד מברך לכולם** - ואע"ג דצריכין כולם לשתוק ולשמוע ברכתו, והוי בטול בהמ"ד, וא"כ היה טוב יותר שיברך כל אחד לעצמו, **אפ"ה** הא עדיפא משום "ברב עם הדרת מלך", גמ'.

ומיירי שהבדילו מכבר, ולא היה להם אז אור בסמוך להם שיהיו נאותין לאורו, ועתה נזדמן להם, או שיודעין שלא יהיה להם כוס בלילה, **דאי** מצפין שיהיה להם כוס, מוטב שימתינו בברכת הנר ויסדרו על הכוס, וכמש"כ לעיל.

כתבו האחרונים, דאפילו מי שכבר בירך "בורא מאורי האש", יכול לחזור ולברך להוציא בני ביתו.

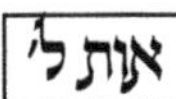

אות ל'

לא היו אומרים מרפא בבית המדרש

יו"ד סימן רמו סי"ז - [יב]**"אין משיחין בבית המדרש אלא בדברי תורה; אפילו מי שנתעטש, אין אומרים לו: רפואה, בבית המדרש** - מפני ביטול בהמ"ד, **וכתב** הפרישה, אפשר דזהו דוקא בימיהם, שלא ראו מספריהם לחוץ, כל שכן שלא היו משיחים, אבל עכשיו דבלא"ה אין נזהרים, אומרים רפואה, ע"כ - ש"ך. [**ולא היה לו לכתוב דבר זה לבדות קולא מלבו, דאף שמצינו באו"ח סי' ע' סברא כזו, לענין חתן שקורא ק"ש עכשיו, כיון שגם שאר בני אדם אינם מכונים, היינו משום שנמשך מזה דבר טוב, שיקרא ק"ש, משא"כ כאן שימשך מזה דבר מגונה, שהשומע סבר מדהותרה עכשיו לומר רפואה, הותרה הרצועה וישיח ג"כ שיחה בטלה, וכבר אנו מוזהרים בזה בעונש גחלי רתמים ח"ו, ע"כ אין להשגיח בזה להקל, ואדרבה יהיה הרב מזהיר ע"ז, וילמדו ק"ו לאיסור שיחה בטלה, והמרבה בכבוד התורה ה"ז מכובד ומשובח – ט"ז**].

מי שמתעטש וחבירו אומר לו: "אסותא", יאמר לו: "ברוך תהיה", ואח"כ יאמר: "לישועתך קויתי ה'", **דארז"ל** דמתחלה לא היה אדם חולה כלל, אלא היה הולך בשוק ומתעטש ומת, עד שבא יעקב אבינו וביקש רחמים על הדבר - מ"ב סימן רל ס"ד, ועיין בגליון הש"ס.

אות מ'

כל שמוציאין לפניו ביום ובלילה אין מברכין עליו; וכל שאין מוציאין לפניו אלא בלילה מברכין עליו

סימן רחצ סי"ב - [יג]**"אין מברכין על נר של מתים, שאינו עשוי להאיר** - רק שמדליקין אותן לכבוד המת, **הילכך מת שהיו מוליכין לפניו נר אילו הוציאוהו ביום, והוציאוהו בלילה בנר, אין מברכין עליו** - כיון שגם ביום היו מוליכין לפניו, א"כ הוא לכבוד, אע"פ שצריכין לו עתה בלילה, **וכתב** המ"א, דה"ה על נר שמדליקין לכבוד החתן, אין מברכין.

אות נ'

בשמים של בית הכסא, ושמן העשוי להעביר את הזוהמא, אין מברכין עליו

סימן ריז ס"ב - [יד]**"וכן אין מברכין על בשמים של בהכ"ס** - [טו]"שמוליך איסטניס לביה"כ להעביר הריח רע, אם הולך אדם ומריח מרחוק ריח בשמים אלו, א"צ לברך, כיון דבעלים לא עשאום

באר הגולה

י שם בגמ' | יא שם בגמרא נ"ג וכבית הלל | יב שם מברייתא ברכות דף נ"ג ע"א | יג שם נ"א ונ"ג | יד שם בבלי נ"ג ע"א | טו ‹כ"כ המ"א, והפמ"ג מציין לרש"י, וע"ש שרש"י מוסיף "להעביר ממנו ריחו", וצ"ע›

אלא להעביר הר"ר, [**והבעלים** גופייהו בודאי אינם יכולים לברך שם, דהמקום מטונף, **ואפי'** הבעלים בעת שמכינים הבשמים בבית כדי להוליכם לביה"כ, ג"כ א"צ לברך, דהא אינם עשויים לריח, [טו] וכן משמע מרש"י].

ואפילו במתכוין להריח נמי אין מברך, [**ואפי'** נוטל אדם אחד כדי להריח, נמי אינו מברך, **וגרע** מאתרוג דג"כ סתמא לא לריח קאי, ואפ"ה אם נוטלו כדי להריח מברך, **משום** דבזה נעשה לכתחילה בפירוש להעביר הסרחון ולא להריח, גרע טפי, **ומ"מ** לא ברירא דבר זה כ"כ, (**ונמתיק הסברא בענין זה, והוא, דבאתרוג כיון דנוטלו להריח הרי קאי שפיר לריח, אלא דכל זמן שאינו נוטלו לריח מסתמא רוב תשמישו לאכילה, משא"כ הכא דאע"פ שנוטלו להריח ומריח, אעפ"כ אינו עומד גם כעת לריח, אלא להעביר הסרחון**).

ולא על שמן העשוי להעביר את הזוהמא - כגון אדם שגופו מזיע הרבה, וצריך לסוך גופו בשמני בשמים להעביר זוהמת הזיעה שריחה רע, **וכן** כשאוכל וידיו מזוהמות מחמת שנגע בידיו באוכלין, וסך ידיו בשמן, נמי אינו מברך, דגם בזה עיקרו להעביר הזוהמא ולא להריח, [רש"י והמפרשים, **ואם** מתכוין בסיכתו להעביר הזוהמא וגם להריח, מסתפק הפמ"ג], **ואין** נ"מ בין שמן סתם לשמן אפרסמון דחשיבא, [מ"א לדעת התוס' בפרק כיצד מברכין ‹מ"ג: ד"ה שמן›, וכן משמע מסתימת כל הפוסקים, [יז] ודלא כרש"י], ובכל ענין אין מברך עליהם שום ברכה, כיון שלא באו אלא לסלק הזוהמא, [**היינו** אפי' מתכוין להריח].

סימן רצז ס"ב - [יח] אין מברכין על בשמים של בית הכסא, ולא על של מתים - דכל זה לאו לריחא עבידי, אלא לעבורי ריח הסרחון. **(ודוקא) הנתונים למעלה ממטתו של מת** - אבל נתונים לפני מטתו, מברכין, שאני אומר לכבוד חיים הם עשויים.

ולא על בשמים שבמסיבות עובדי כוכבים - היינו שמסובין לאכילה לסעודה, **דסתם מסיבתן לעבודת כוכבים** - אבל אם לא היו מסובין כלל, מותר לברך על בשמים שלהן, וכן מסיק הט"ז להלכה, **ומ"מ** כתב לבסוף, דטוב לכתחלה לחוש לדעת רבינו יונה, דס"ל דסתם בשמים של עובדי כוכבים עומד לבסוף למכרן לע"ג, ואין לברך עליהן, **אם** לא במקום שנראה שאין עומד לע"ג, כגון שהוא תגר שדרכו למכור אותם לאנשים הרבה, או שדרכו לשום הבשמים לתבשיל שלו, אז אין איסור לברך עליהם אפי' לדעת ר"י.

הגה: ואם בירך על בשמים אלו לא יצא, וצריך לחזור ולברך על אחרים (ב"י בשם א"ח).

אות ס'

הנכנס לחנותו של בשם והריח ריח, אפילו ישב שם כל היום כלו, אינו מברך אלא פעם אחד; נכנס ויצא, נכנס ויצא, מברך על כל פעם ופעם

סימן ריז ס"א - [יט] הנכנס לחנותו של בשם שיש בו מיני בשמים, מברך: בורא מיני בשמים - משום שבחנות של בשמים נמצאים בו עצי ועשבי בשמים, לפיכך מברך "מיני בשמים", **ולא** דמי להא דלעיל סימן רט"ז ס"י, דאם היו לפניו עצי ועשבי דמברך על כל אחד ברכה הראויה לו, **התם** מיירי שמביאין לפניו שנים או שלשה מינים, ונוטל בידו מכל מין בפני עצמו להריחו, לפיכך מברך אכל מין בפני עצמו, **משא"כ** הכא שאינו נוטל בידו שום בושם, אלא כשנכנס עולה לו ריח מן כמה מיני בשמים כאחת, לפיכך מברך ברכה כוללת.

י"א דדוקא במתכוין להריח, אבל באינו מתכוין, אלא שהריח בא מאליו ונהנה מזה, אינו מברך - [הט"ז], **אבל** רבים חולקים ע"ז, וס"ל דאפי' אינו מריח במתכוין, כיון שהבשמים נעשים כדי להריח בהם, והוא נהנה, מברך.

ואף דבס"ב מבואר, דבעינן שיהא נעשה הבושם להריח, וזה הלא כינס סחורתו בחנותו רק למכור, **באמת** גם בזה נקרא עשוי להריח, דניחא ליה שיריחו אנשים ריח הבושם ויבואו לקנות ממנו, גמ', **ולפי"ז** אם מונחים בשמים בחדרו של חנוני הבושם ולא בחנותו, דהיינו שאין מונחים בפומבי במקום שמצוי יוצאים ונכנסים, דהתם לא עבידא לריחא, אז אפילו אם נתכוין הנכנס שם להריח בהם, א"צ לברך.

אם לא שנטלו בידו להריח בו, אותה נטילה משוה לו עבידא לריחא, וצריך לברך, [**ופשוט** דה"ה בעל הבושם גופיה, כשהבשמים עדיין מונחים בחדרו, אם לוקחו בידו כדי להריח בהם, דצריך לברך, דהא ייחד אותם כעת לריח, **ולא** נפסלו במה שהביאם מתחילה לסחורה אלא לענין לברך עליהם כשהריח עולה מאליהם, ולא באופן זה].

[**ובבעה"ב** המחזיק בשמים בחדרו כדי להנות מריחם, אז בודאי אע"ג דאינו חנות, ולא שייך בזה דניחא ליה דנירחי אינשי, אפ"ה אם נכנס אדם אחד בביתו ומריח, בודאי צריך לברך עליו, כיון שבשמים אלו נעשו לריח עכ"פ, וכדמוכח בש"ס מהא דמהלך חוץ לכרך, ומהא דמהלך בערבי שבתות בטבריא, ע"ש, **ולא** בענין האי סברא "דלריחא עבידא כי היכי דנירחי אינשי", אלא לגבי חנוני, דההוא גברא לא קנה הבשמים כדי שיריחו אלא לסחורה, ואי לאו האי סברא הו"ל כדבר שאינו עשוי לריח שאין מברכין עליו].

(**עיין בא"ר שדעתו דה"ה אפטייק, ובקיצור שו"ע במסגרת כתב לתמוה, דבית של רפואות שאדם בריא אינו קונה, וחולה בלא"ה קונה סמי הרפואות, אפשר דלא שייך האי סברא דניחא ליה דנירחו אינשי וניתי וניזבון מניה, עי"ש, ובאמת אינו מוכרח סברתו, דג"כ ניחא להו דנירחו מבחוץ וידעו ששם יש אפטייק, אך מצד אחר יש להסתפק, עיין לקמן בבה"ל בס"ג, וגם יש לצרף לזה דעת הט"ז היכא שאין מכוין להריח**).

ישב שם כל היום, אינו מברך אלא אחת - ולא נ"מ בזה אם הסיח דעתו או לא, כיון שהריח עולה לו תדיר כל זמן שהוא יושב בחנות. **נכנס ויוצא נכנס ויוצא, מברך על כל פעם** - וכ"ש כשהלך לחנות של בושם אחר, בודאי צריך לברך שם פעם אחרת.

באר הגולה

טז ‹לכאורה ממש"כ "מוליד", משמע אפי' עדיין לא הגיע שם, ולא "שהוליד"›
יז ‹וע"ש בדף מ"ג: אות ט' ובמש"כ שם›
יח שם נ"א ונ"ב
יט ברכות נ"ג.

[כ]**ודוקא שלא היה דעתו לחזור, אבל היה דעתו לחזור** - ודוקא כשהיה דעתו לחזור מיד, **לא יברך** - ואפי' כשחוזר ומריח בבשמים אחרים, ג"כ א"צ לברך, [כתירוץ השני שבמ"א. ‹והשעה"צ מביא עכשיו תוכן דבריו›: **ולא** דמי להא דסי' קע"ח, דבדברים שאין טעונים ברכה אחרונה אם רק שינה מקומו צריך לברך, ואפי' היה בדעתו לחזור, ‹**דשאני** הכא, דלבסוף הוא מריח אותן בשמים שהריח מקודם, ולכן א"צ לברך, דדמי ליצא מסוכתו על דעת לחזור, כמ"ש בסי' תרל"ט, משא"כ באכילה דאוכל דבר אחר, ולכן צריך לברך, **עוד** יש לתרץ›, שאני התם דמחוסר מעשה, שצריך מחדש לעשות מעשה, דהיינו לאכול ולשתות, **משא"כ** הכא דאינו מחוסר מעשה, שתיכף כשנכנס הריח בא מעצמו, ולהכי אם דעתו לחזור סגי - מ"א, **ומ"מ** אפשר דאם נוטלן בידו ‹מין בושם אחר - שונה הלכות›, כדי להריח בהם, ומתחילה לא היה מינכר לו הריח, גם לתירוץ השני צריך לברך, דהנטילה נחשב כמעשה], ‹וי"ל שצריך לברך, כיון דלשני התירוצים צריך בזה לחזור ולברך - מ"ב המבואר›.

ובעל החנות גופיה נמי, פעם ראשון שבכל יום שנכנס לחנותו צריך לברך עליו לפי שנהנה מריח, [**לפי** האחרונים שחולקים על הט"ז, דלט"ז אין בעל החנות צריך לברך כלל, כיון שאין מתכוין להריח], **ותו** לא, ואפילו נכנס ויוצא, דהא דעתו לחזור שוב לחנותו וכדלקמיה, **ויש** אחרונים שסוברין, שאפילו בפעם ראשון כשנכנס לחנותו א"צ לברך, [**דנהי** דאמרינן גבי חנוני ניחא ליה דנירחו אינשי וליתי ולזבניה מינה, מ"מ לדידיה גופא בודאי לאו לריחא עבידא אלא לסחורה, **ולהכי** כל זמן שאינו מריח [כא]במתכוין א"צ לברך], **וע"כ** טוב שיכוין להריח, ואז לכו"ע יהיה צריך לברך בפעם ראשון.

אגודות בשמים שמונחים על השלחן להריח בהם, אם נוטלו פעם א' להריח בו, ומברך עליו, וחוזר ומניחו על השלחן, אם היה דעתו לחזור ולהריח בו, א"צ לברך עליהם כשחוזר ומריח בהם, [**ומשמע** דאם הסיח דעתו ואח"כ רוצה להריח, צריך לברך פעם אחרת, **ואינו** דומה למש"כ לעיל, דהתם כיון שהריח עולה תדיר הוי כלא הסיח דעתו], **ואפי'** יצא מביתו ודעתו לחזור מיד, א"צ לברך עליהם, ‹באותם בשמים עצמם שעליהם בירך, וכתירוץ קמא של המ"א הנ"ל›, כיון שהיה דעתו מתחלה להריח בהם בכל שעה, [אף דבפמ"ג מסתפק בזה, הדה"ח ס"ל להקל, ומשמע דס"ל דהיסח הדעת גרע מסתם יציאה לחוץ], **ואם** הלך לעסקיו או להתפלל בבה"כ, הוי הפסק וצריך לברך שנית.

אות ס'* [כב]

היה מהלך חוץ לכרך והריח ריח, אם רוב נכרים, אינו מברך; אם רוב ישראל, מברך

סימן ריז ס"ז - [כג]היה הולך חוץ לכרך והריח ריח טוב, אם רוב העיר עובדי כוכבים, אינו מברך - דתלינן הריח בתר רוב, ובודאי של עכו"ם הם שעשאום במסיבה, ולפיכך מריח מרחוק.

ואם רוב ישראל, מברך - וה"ה מחצה על מחצה ישראל, וכמו שמבואר לקמן בסימן רצ"ח לענין אור של הבדלה, (**ולענ"ד** קשה, כיון דהוא מחצה על מחצה הו"ל ספיקא דאורייתא, דריח של ע"ג הוא מ"לא ידבק בידך מאומה מן החרם", ולחומרא דיינינן ליה, וא"כ כיון שאסור להריח מספיקא, איך אפשר לברך עליו, **אם** לא דנימא דכל עיקרו של ריח אינו אלא מדרבנן, ועיין בפמ"ג וצ"ע).

כבר כתבנו בראש הסימן, די"א דוקא היכי שמתכוין להריח, ובלא"ה אין צריך לברך, **אבל** רוב הפוסקים חולקין ע"ז, וס"ל דמברך בכל ענין, כיון שעכ"פ נהנה מהריח שעולה.

[כד]סימן ריז ס"ח - [כה]נתערב ריח שמברכין עליו בריח שאין מברכין עליו, הולכים אחר הרוב - (הוא לשון הרמב"ם, וכתב בעל שמן רוקח, דלא קאי אלא על שמן ובשמים של מתים ושל ביה"כ וכדומה, שאינם לריח, וע"ז כתב אם נתערב ריח של אלו בריח טוב, אזלינן בתר רובא, **אבל** לא קאי אמאי דסליק, בדינא דרוב עו"ג ורוב ישראל, דבזה בודאי אפי' נתערב מיעוט ריח של ע"ג ג"כ אין לברך, דעו"ג לא בטיל ברובא, **ולא** תקשה עליו מהא דרוב ישראל מברכין, אע"ג דאיכא מיעוט עו"ג, דשאני התם דכיון דרוב ישראל, אזלינן בתר רובא, ותלינן שמהם בא הריח לגמרי, ומעו"ג כלל לא, שלא עשאו כלל מוגמר, **משא"כ** כשעשאו כולם ונתערבו, ס"ל דלא שייך בזה בתר רובא, דע"ג לא בטל, כן נראה דעתו, **ומדברי** הגר"א נראה דלא ס"ל כן, שהרי כתב דדין זה ילפינן מהא דס"ז, הרי דלא שני ליה להגר"א, ואיננו מחלק בין ס"ז לס"ח).

אות ע'

אינו מברך, מפני שחזקתו אינו עשוי אלא לגמר כו'

סימן ריז ס"ג - [כו]מוגמר שמגמרין בו את הכלים - ששורפין בשמים ומעבירין כלים או בגדים ע"ג עשן הבשמים, ונקלט הריח בכלים או בבגדים, **אין מברכין עליו** - בין המגמר בעצמו, בין אדם אחר שהולך ומריח, [כדמוכח בש"ס שם], **לפי שלא נעשה להריח בעצמו של מוגמר, אלא כדי ליתן ריח בכלים** - מיהו אם מתכוין לגמור כליו וגם להריח, צריך לברך עליו, דהא עומד גם לריח.

[כז]וכן המריח בכלים שהם מוגמרים אינו מברך, לפי שאין עיקר, אלא ריח בלא עיקר.

ובעלי בתים שאין להם בשמים להריח במוצאי ש"ק, ונוטלין מדוכה שדכו בה בשמים ונקלט בה ריח, ומריחין ומברכין, ברכתן לבטלה הוא, וכמש"כ כאן שהיא ריח שאין לו עיקר, [**ואם** אין בשמים אחרים, יקחם במו"ש להשיב הנפש, ולא יברך עליהן].

(**נ"ל** דלפי"ז גם בבית הבושם אין מברכין אא"כ הבשמים גלויין ומריחין, אבל אם הבשמים מונחים בצלוחיות והם סתומות, שאין הריח בוקעת מהן, אלא שמריח בבית מחמת שפותחין אותם בכל שעה והריח בוקע ועולה, ונמצא בהמשך היום הבית נתמלא ריח, בכגון זה אין לברך, דהא הוא ריח שאין לו עיקר, וכמו הכא גבי ריח שנקלט בכלים).

באר הגולה

כ טור והמרדכי בשם ר"מ מרוטנבורג | כא ‹דכיון שעומדים להריח בהם שאר בני אדם, ורק לחנווני אינם עומדים להריח, לכן סגי במחשבה שמתכוין ליהנות מריחו להחשיבו לברך עליו - מ"ב המבואר› | כב ‹ע"פ מהדורת נהרדעא› | כג שם נ"ג ע"א | כד ‹ע"פ הגר"א› | כה טור (בשם הרמ"ה) והרמב"ם | כו מהא דטבריא וצפורי שם | כז רמב"ם

באכילה מרובה. ד' מילין כך פירש"י ולי נראה דזה מועט יותר מאכילה מועטת אלא נראה לפרש איפכא אכילה מרובה כל זמן שהוא למא דאין שם קצבה אבל מועט ד' מילין:

והייתם קדושים אלו מים אחרונים. דוקא להם שהיו רגילין ליטול ידיהם אחר הסעודה מפני מלח סדומית אבל אנו שאין מלח סדומית מצוי בינינו ואין אנו רגילין ליטול אחר הסעודה אין הנטילה מעכבת עלינו לברך ומיהו אנשים מעונגים הרגילין ליטול ידיהן אחר הסעודה ודאי להם מעכבת הנטילה לברך ברכת המזון וצריכים ליטול את ידיהם קודם בהמ"ז*:

הדרן עלך אלו דברים

ואין מברכין על הנר עד שיאותו: אמר רב יהודה אמר רב לא יאותו יאותו ממש אלא כל שאילו עומד בקרוב ומשתמש לאורה ואפילו ברחוק מקום וכן אמר רב אשי ברחוק מקום שנינו מיתיבי *היתה לו נר טמונה בחיקו או בפנס או שראה שלהבת ולא נשתמש לאורה או נשתמש לאורה ולא ראה שלהבת אינו מברך עד שיראה שלהבת וישתמש לאורה בשלמא משתמש לאורה ולא ראה שלהבת משכחת לה דקיימא בקרן זוית אלא ראה שלהבת ולא נשתמש לאורה היכי משכחת לה לאו דמרחקא לא כגון דעמיא ואזלא: ת"ר נחלים לוחשות מברכין עליהן אוממות אין מברכין עליהן ה"ד לוחשות אמר רב חסדא כל שאילו מכנים לתוכן קיסם ודולקת מאיליה *איבעיא להו אוממות או עוממות ת"ש דאמר רב חסדא בר אבדימי °ארזים לא עממוהו בגן אלהים ורבא אמר יוהו ממש וכמה אמר עולא כדי שיכיר בין איסר לפונדיון חזקיה אמר כדי שיכיר בין *מלוזמא של טבריא למלוזמא של צפורי רב יהודה מברך אדבי אדא דיילא רבא מברך אדבי גוריא בר חמא אביי מברך אדבי בר אבוה אמר רב יהודה אמר רב אין מחזרין על האור כדרך שמחזרים על המצות א"ר זירא מריש הוה מהדרנא כיון דשמענא להא דרב יהודה אמר רב אנא נמי לא מהדרנא אלא אי מקלע לי ממילא מבריכנא: מי שאכל וכו': אמר רב זביד ואיתימא רב דימי בר אבא מחלוקת בשכח אבל במזיד ד"ה יחזור למקומו ויברך פשיטא ושכח תנן מהו דתימא ה"ה אפילו במזיד והאי דקתני ושכח להודיעך כחן דב"ש קמ"ל תניא אמרו להם ב"ה לב"ש לדבריכם מי שאכל בראש הבירה ושכח וירד ולא ברך יחזור לראש הבירה ויברך אמרו להן ב"ש לב"ה לדבריכם מי ששכח ארנקי בראש הבירה לא יעלה ויטלנה לכבוד עצמו הוא עולה לכבוד שמים לא כל שכן הנהו תרי תלמידי חד עביד בשוגג כב"ש ואשכח ארנקא דדהבא וחד עביד במזיד כב"ה ואכליה אריא רבה בב"ח הוה קאזל בשיירתא אכל ואשתלי ולא בריך אמר היכי אעביד אי אמינא להו אנשאי לברך אמרי לי בריך (א) כל היכא דמברכת לרחמנא מברכת מוטב דאמינא להו אנשאי יונה דדהבא אמר להו אנטרו לי דאנשאי יונה דדהבא אזיל ובריך ואשכח יונה דדהבא ומאי שנא *יונה דמתילי כנסת ישראל ליונה דכתיב °כנפי יונה נחפה בכסף ואברותיה בירקרק חרוץ מה יונה אינה ניצולת אלא בכנפיה אף ישראל אינן ניצולין אלא במצות: עד אימתי הוא וכו': כמה שיעור עכול א"ר יוחנן כל זמן שאינו רעב וריש לקיש אמר כל זמן שיצמא מחמת אכילתו א"ל רב יימר בר שלמיא למר זוטרא ואמרי לה רב יימר בר שיזבי למר זוטרא מי אמר ריש לקיש הכי והאמר רב אמי אמר ריש לקיש כמה שיעור עכול כדי להלך ארבע מילין ל"ק כאן באכילה מרובה כאן באכילה מועטת: בא להם יין וכו': למימרא דישראל אע"ג דלא שמע כולה ברכה עונה וכי לא שמע היכי נפיק אמר חייא בר רב בשלא אכל עמהן וכן אמר רב נחמן אמר רבה בר אבוה בשלא אכל עמהן *א"ל רב לחייא בריה ברי חטוף ובריך וכן אמר רב הונא לרבה בריה חטוף ובריך למימרא דמברך עדיף ממאן דעני אמן והתניא ר' יוסי אומר גדול העונה אמן יותר מן המברך א"ל ר' נהוראי השמים כן הוא תדע שהרי *גולירין יורדין ומתגרין [במלחמה] וגבורים יורדין ומנצחין תנאי היא דתניא אחד המברך ואחד העונה אמן במשמע אלא שממהרין למברך יותר מן העונה אמן בעי מיניה שמואל מרב מהו לענות אמן אחר תינוקות של בית רבן אמר ליה אחר הכל עונין אמן חוץ מתינוקות של בית רבן הואיל ולהתלמד עשויין וה"מ בדלא עידן מפטרייהו אבל בעידן מפטרייהו עונין ת"ר שמן מעכב את הברכה דברי רבי זילאי רבי זיואי אומר אינו מעכב רבי אחא אומר שמן טוב מעכב ר' זוהמאי אומר כשם שמזוהם פסול לעבודה כך ידים מזוהמות פסולות לברכה אמר רב נחמן בר יצחק אנא לא זילאי ולא זיואי ולא זוהמאי ידענא אלא מתניתא ידענא דאמר רב יהודה אמר רב ואמרי לה במתניתא תנא °והתקדשתם אלו מים ראשונים והייתם קדושים אלו מים אחרונים כי קדוש (ב) זה שמן אני יי' אלהיכם [א] זו ברכה:

הדרן עלך אלו דברים

לא יאותו ממש · שאפילו לא נהנה ממנו מברכין עליו ומאי עד שיאותו עד שיהא אורו ראוי ליהנות ממנו לעומדים סמוך לו ואז מברכים עליו אפי' הרחוקים ממנו ובלבד שיראוהו: **בפנס** בעששית: **יאותו ממש** · עומד בסמוך: **וכמה** · הוא צריך להיות בסמוך: **מלוזמא** · תורה אור משקל: **רב יהודה** · היה מברך על אור שבבית אדא דיילא ורחוק מביתו היה רב יהודה לטעמיה דלא בעי סמוך: **רבא מברך אדבי גוריא בר חמא** · סמוך לביתו היה רבא לטעמיה דאמר סמוך בעינן: **אין מחזרי' על האור** · אם אין לו אור א"צ לחזר אחריו: **חד עבד בשוגג כב"ש** · אע"פ ששגג ונעקר מן המקום ע"י שכחה החמיר על עצמו כב"ש וחזר למקום שאכל וברך: **חד עבד במזיד** · נעקר ממקום שאכל במזיד כדי לברך במקום אחר שהולרך לילך: **אנשאי יונה דדהבא** · שכחתי יונה של זהב: **יונה אינה נצולת אלא בכנפים** · או בורחת או נלחמת בראשי אגפיה: **אכילה מרובה** · ד' מילין: **בא להם יין אחר המזון** · הא פריש לה בגמרא בריש פרקין לב"ש אין ברכת המזון טעונה כוס ולב"ה טעונה כוס: **היכי נפיק** · קס"ד באחד מן המסובין עסקינן במתני': **חטוף ובריך** · כשמושיטין כוס של ברכה הוי מחזר שיתנהו לך ותברך: **במשמע** · העונה והמברך במשמע קומו ברכו את ה' אלהיכם בס' עזרא (נחמיה ט) ואומר ויברכו שם כבודך והיא עניית אמן שבמקדש במסכת תענית (פ"ב דף טז: ולקמן דף סג·) מפרש קומו ברכו בתחלת ברכה ויברכו שם כבודך (שם) במקום עניית אמן שבמקדש אומר בשכמל"ו: **שממהרין למברך** · ליתן שכר: **אחר תינוקות** · כשלומדים ברכות מפי רבן: **הואיל ולהתלמד עשויין** · שאין מתכוונים לברך אלא ללמד: **אבל בעידן מפטרייהו** · כשאומרים ההפטרה ומברכין בתורה ובנביא עונין אחריהן אמן: **שמן מעכב את הברכה** · שמן שהיו רגילין להביא בסוף הסעודה לסוך אחר הסעודה את הידים אחר מים אחרונים להעביר את זוהמתן: **מעכב את הברכה**. שאסור לזמן עד שיובא וכן לענין שמעכב ברכות כל דבר הבא בקנוח סעודה (ג) שמותר לאכלו בלא ברכה עד שיסכוהו: **שמן טוב** · שיש בו בשמים מעכב את הברכה לגני שרגיל (ד) בו:

הדרן עלך אלו דברים

עין משפט נר מצוה

כז א שו"ע או"ח סימן רלא סעיף טו:

כח ב מיי' פכ"ט מהל' שבת הלכה כו סמג עשין כט טוש"ע או"ח שם סעיף ט:

כט ג מיי' שם הל' כה טוש"ע שם סעיף ד·

ל ד מיי' שם הלכה כו טוש"ע שם סעיף א:

לא ה ו מיי' פ"ד מהל' ברכות הל' א סמג עשין כז טוש"ע או"ח סי' קפ"ד סעיף א:

[וע"ע תוס' חולין קה. ד"ה מים]

לב ז (מיי' פ"ב מהל' ברכות הלכה יד) [הרמב"ם לא הביא לכל זה ועי' בל"מ טעם רחוק] סמג שם טוש"ע או"ח שם סעיף ה:

לג ח מיי' פ"א מהל' ברכות הל' יא שו"ע או"ח סי' ריג סעיף ג:

לד ט מיי' שם הל' יג סמג עשין כז טוש"ע או"ח סי' רטו סעיף ב:

לה י טוש"ע או"ח סי' רא סעיף ד':

לו כ מיי' שם הלכה יג טו סמג שם טוש"ע או"ח סי' רטו סעיף ב ג:

לז ל מיי' פ"ז מהלכות ברכות הל' יא יב סמג שם טוש"ע או"ח סימן קפא סעיף א י:

רב נסים גאון

כדי שיכיר בין מלוזמא של טבריא למלוזמא של ציפורי. הא פירשה בתלמוד ארץ ישראל כדי שיהא יודע להבחין בין מטבע למטבע ובגמ' דאין עומדין [בירושלמי הלכה ב] אמרו העונין אמן צריכין ליתן עיניהם בנר ועיניהם בכוס:

הגהות הב"ח

(א) גמ' אמרי לי בריך הכא כל היכא וכו' יונה דדהבא סדר ואזיל ובריך וכו' מאי שנא יונה דנקט דמתלין וכו' אלא במצות ל"א מה יונה זו כנפיה מגינות עליה אף ישראל מצות מגינות עליהן עד אימתי (ב) שם כי קדוש אני זה שמן הטוב אני ה': (ג) רש"י ד"ה מעכב את הברכה וכו' בקנוח סעודה שאסור לאוכלו: (ד) ד"ה שמן וכו' שרגיל. נ"ב עיין בפ' כילד מברכין דף מב:

[בערך גליור כתב הרב המוסף הערוך פי' בלשון יוני מצרתים של אנשי המלחמה ע"ש]:

הגהות הגר"א

[א] גמ' בסוף הפרק (ה' אלהיכם) תא"מ (ודריש לה מקרא דס"פ שמיני וכ"ה באדרת אליהו שם):

מסורת הש"ס

[תוספתא פ"ה] · יחזקאל לא · פסחים עה: ע"ש שבת עו: ע"ש · [בערוך פי' מטבע] · תהלים סח · [שבת מט. קל. וע"ש גיטין מה. סנהד' נט.] · נזיר סו: · ויקרא כ

§ מסכת ברכות דף נג: §

אות א'

היתה לו נר טמונה בחיקו או בפנס; או שראה שלהבת ולא נשתמש לאורה; או נשתמש לאורה ולא ראה שלהבת, אינו מברך עד שיראה שלהבת וישתמש לאורה

סימן רחצ סט"ו - [א]נר בתוך חיקו - היינו שהיתה טמונה בתוך חיקו, **או בתוך פנס, (פי' כלי שנותן בו הנר שלא תכבה)** - שאינו רואה השלהבת, ולא נשתמש לאורה. (פי' הרשב"א הובא במ"א).

או בתוך אספקלריא, (אין מברכין עליה) - מוסיף, דאע"פ שהוא רואה את האור דרך האספקלריא, מ"מ לא מקרי זה ראיה ממש לענין ברכת "בורא מאורי האש", דבעינן שיהיה האור מגולה, **והמ"א** ושארי אחרונים כתבו (דברי הרשב"א), דדוקא בפנס שהיא של ברזל, אף שיש בה נקבים, אין רואה השלהבת להדיא, **אבל** באספקלריא של זכוכית, מקרי רואה השלהבת, ויכול לברך עליה כשהיא בסמוך לו שיוכל להשתמש לאורה, (שהקשה הרשב"א, דאין לפרש דפנס היינו עששית, וכפירש"י, שנראית השלהבת מתוכה, דזה מקרי ראיה ממש, וכמו גבי ערוה בדף כ"ה: דאמר שם דאסור לקרות ק"ש כנגד ערוה בעששית, משום דערוה בראיה תלי רחמנא והא מתחזיא, הרי דזה מקרי ראיה, וא"כ בענינינו ג"כ מקרי רואה השלהבת, **ועוד** מוכיח שם דמאי [ב]הקשה הגמרא היכי משכחת לה דנשתמש לאורה ואין רואה השלהבת, הא יכול לאוקמי ע"י פנס, **וע"כ** ס"ל דהבבלי פליג על הירושלמי, ובכוון השמיט הגמרא מלשון הברייתא אספקלריא המובא בירושלמי, ומה דהזכיר פנס אינו עששית, כי אם פנס של ברזל העשויה בנקבים קטנים, **אבל** לענ"ד יש לתרץ פירש"י, דאינו קושיא מערוה לכאן, דבענינינו לענין ברכת "בורא מאורי האש" שתקנו חז"ל לברך על בריית האור, לא תקנו אלא כשהאור הוא גלוי בלי כיסוי ולא טמון, וכעיקר ברייתו שהוא בגלוי, וזה רמוז בלשון הברייתא, שאמרה היתה לו נר טמונה בחיקו או בפנס, וגם מה שהקשה הרשב"א קושיא שניה נגד פירש"י אינו קושיא כלל, דהא הברייתא או או קתני, משמע דהסיפא איירי באופן אחר, **ופירוש** הברייתא הוא כך, דמתחלה הזכיר טמונה בתוך חיקו שאינה נראית כלל, וממילא בודאי לא נשתמש לאורה ג"כ, ואח"כ הזכיר בתוך פנס, וכפירש"י דהיינו עששית, {והירושלמי הוסיף אספקלריא, דלא נטעה בפנס דשל ברזל דוקא}, דאף דרואה השלהבת דרך הזכוכית וגם נשתמש לאורה, אפ"ה אסור, מפני שהאור אינו בגלוי, ואח"כ הוסיף רואה השלהבת ולא נשתמש לאורה, כגון דמרחקא, ואח"כ הוסיף נשתמש לאורה ולא ראה שלהבת, כגון דקיימא בקרן זוית, דאף שהאור במקומה הוא בגלוי, אפ"ה כיון שהוא אינו רואה אותה אינו מברך, ומה דהוזכר בגמרא ר"י מברך אדבי אדא דיילא, מיירי שהיו החלונות פתוחין שם, וכן באידך, **היוצא** מדברינו כיון דאין לנו שום ראיה נגד פירש"י שפנס הוא עששית, ע"כ נראה דאין להקל בזה), **ועיין** בביאור הלכה שהבאנו, דכמה פוסקים סוברים כדעת השו"ע, וע"כ אין כדאי לכתחלה להקל בזה, (**ואף** שאין בנו כח למחות ביד המקילין בזה, דיש להן על מי שיסמוכו, מ"מ לכתחלה בודאי נכון להחמיר בזה, שיקח בעת הברכה הזכוכית מלמעלה, דלדעת האוסרין יש בזה חשש ברכה לבטלה, ומה שהוזכר שם בגמרא נ"ג, עששית שהיתה דולקת והולכת למו"ש מברכין עליה, מיירי ג"כ באופן זה שיוציאה מן הזכוכית, דהברייתא משמיענו שם רק דזה מקרי שבת ממלאכה).

רואה את השלהבת ואינו משתמש לאורה - כגון שעומד מרחוק ולא יוכל להכיר בין מטבע למטבע, **משתמש לאורה ואינו רואה את השלהבת** - [ג]כגון שעומד מן הצד, **אין מברכין עליה, עד שיהא רואה את השלהבת ומשתמש לאורה.**

אות ב'

גחלים לוחשות מברכין עליהן, אוממות אין מברכין עליהן

סימן רחצ ס"ט - [ד]גחלים הבוערות כ"כ שאילו מכניס קיסם ביניהם הוא נדלק, מברכין עליהם, והוא שעשוים להאיר - אבל אם עשויין כדי להתחמם אין מברכין עליהן, שאפילו על הנר אין לברך אם אין עשוי להאיר, וכדלקמיה בסי"א.

אות ג'

כדי שיכיר בין מלוזמא של טבריא למלוזמא של צפורי

סימן רחצ ס"ד - [ה]אין מברכין על הנר עד שיאותו לאורו, [ו]דהיינו שיהיה סמוך לו [ז]בכדי שיוכל להכיר בין מטבע מדינה זו למטבע מדינה אחרת - ואפילו אם הוא עומד חוץ לבית, כל שהאור גדול שיוכל להכיר במקום שעומד, מקרי דבר זה נהנה לאורה, ויכול לברך, גמ'.

וע"כ אם הוא יוצא בברכת הבדלה מאחרים, ורוצה לצאת גם בברכת "בורא מאורי האש", יקרב עצמו אצל האש כשיעור זה, כדי שיהיה יוכל לצאת גם בברכת "בורא מאורי האש", **ועיין** מש"כ לעיל בסוף סימן רצ"ז.

אות ד'

אין מחזירין על האור כדרך שמחזרים על המצות

סימן רחצ ס"א - [ח]מברך על הנר: "בורא מאורי האש", אם יש לו - משום דתחלת ברייתו הוי במו"ש, כדאמרינן בפסחים:

באר הגולה

[א] **ירושלמי שם** [ב] ‹לכאורה לשון "הקשה" לאו דוקא, דז"ל: ועוד דהא לא משכח משתמש לאורה ולא ראה שלהבת אלא כדקיימא בקרן זוית› [ג] ‹לשון המ"א, ואיני מבין אמאי לא נקט לשון הגמ', דקיימא בקרן זוית, וכמו שבאמת כתב העטרת צבי, ודלמא היינו הך› [ד] **ברכות נ"ג** [ה] **ברכות נ"א** [ו] **שם נ"ג** [ז] ‹מלשון השו"ע עפ"י הראשונים 'שיוכל להכיר', מדייקינן שאין צריך שבפועל יראה ויכיר, אלא כל שעומד סמוך לאבוקה, שאם ברצונו היה מכיר ומזהה לאורו בין מטבע למטבע או בין הצפורן לבשר, די בכך. ולכן נהיגי עלמא לברך בורא מאורי האש, אפילו כשיש אור חזק בחדר ממאור החשמל - פסקי תשובות› [ח] **ברכות נ"א**

במו"ש נתן הקב"ה דעה באדם הראשון, וטחן ב' אבנים זו בזו ויצא מהן אור.

בורא מאורי האש - דכמה נהורא איכא בנורא, לבנה אדומה וירוקה, **ואם** אמר "מאור האש", דעת הב"ח דלא יצא אפילו בדיעבד, **ואם** אמר "ברא מאורי האש", לשון עבר, יצא.

[ט]**וא"צ לחזור אחריו** - שאין מברכין אלא לזכר שנברא האור במו"ש וכנ"ל, **וע"כ** יוכל לברך על הכוס אפילו בלא נר, ומתי שיזדמן לו אח"כ שיראה אש ויהנה לאור, יברך "בורא מאורי האש", **ואך** דוקא בליל מו"ש ולא יותר, דעבר זמנו, וכדלקמן בסי' רצ"ט ס"ו.

והני מילי במוצאי שבת, [י]אבל במוצאי יוה"כ י"א שמחזיר אחריו - דהא דמברכין במוצאי יוה"כ אף כשאינו חל במו"ש, מפני שהוא כעין הבדלה, שכל היום היה אסור להשתמש בזה האור אף לאוכל נפש, ולא כמו בשאר יו"ט, ועכשיו מותר, **ולכך** דעת הי"א דצריך לחזור אחריו כמו להבדלה, [**ואף** דבשבת ג"כ היה אסור להשתמש באור, ואפ"ה א"צ לחזור אחריו, **התם** הלא מותר לברך גם על האור שלא היה במציאות כלל בשבת, אלא הוציאו עתה מן האבנים, ולא שייך בו הבדלה, **משא"כ** במוצאי יוה"כ שאין מברכין על אור היוצא מאבנים, כי אם על אור ששבת מבע"י, ושייך בו הבדלה, שכל היום אסור ועכשיו מותר].

הגה: מי שאין לו כוס להבדיל, כשרואה האש מברך עליו, וכן הבשמים (טור) - ואם משער שיזדמן לו כוס בלילה, ורוצה ללמוד קודם שיבוא לידו הכוס, מצדד הגרע"א בחידושיו שלא יברך עתה על הנר, וטוב יותר שיסדרם על הכוס, [**וכן** המנהג, שהרי נוהגין לומר "ויתן לך" אצל הנר קודם שמבדילין].

אות ה' – ו'

מי שאכל וכו'

אבל במזיד דברי הכל יחזור למקומו ויברך

סימן קפד ס"א - [יא]"מי שאכל במקום אחד, צריך לברך קודם שיעקור ממקומו. (הגה: ועיין לעיל סי' קע"ח) - ומפינה לפינה אפילו הבית גדול מותר, ואפילו כשאין רואה מקומו הראשון, כגון אחורי הפארא"ון וכיו"ב, **ואם** היה לו מניעה שלא יוכל לברך בהחדר שאכל, מותר לברך בחדר שסמוך לו, אם יכול לראות מקומו שאכל, **ואם** דעתו היה בשעת ברכת "המוציא" לברך בחדר אחר בבית זה, אפשר דיש להקל בשעת הדחק, כגון שמקום שאכל אינו נקי לברך שם, אפילו אינו רואה מקומו הראשון.

וכל ד' אמות ממקום אכילתו חשיב מקום אחד, ויוכל להעתיק ממקומו ע"י מניעה קטנה, [**והיינו** במקום שאינו מוקף מחיצות, דאילו במקום המוקף מחיצות, אף ביותר מזה מותר וכנ"ל, ואפי' בלא שום מניעה היה מותר].

ואם יצא ממקומו ולא בירך, אם היה במזיד, יחזור למקומו ויברך - אפילו כבר הלך בדרך למרחוק כמה מילין, [אפי' יותר מד' מילין אם אבל אכילה מרובה], **אם** לא שהוא רחוק כ"כ, שעד שיחזור למקומו יתעכל המזון ויפסיד ברכתו לגמרי, יברך כאן.

ואם בירך במקום שנזכר, יצא - היינו אפי' היה מזיד בעקירתו, וגם הזיד עתה בברכה, דהיינו שידע הדין שצריך לחזור למקומו ונתעצל בזה, אפ"ה יצא בדיעבד.

הגה: ודוקא לדעת הרמב"ם - ר"ל דס"ל בסמוך, דבשוגג אף לכתחלה יוכל לברך במקום שנזכר, די לנו אם נחמיר במזיד בלכתחלה שצריך לחזור למקומו.

אבל לדעת הרא"ש דס"ל דאף בשוגג יחזור למקומו לכתחלה, במזיד אף בדיעבד לא יצא (טור) - דמסתברא דבמזיד מחמרינן טפי.

ולענין הלכה הסכימו האחרונים, דא"צ לחזור ולברך, אפילו היה מזיד בהליכה ובברכה כנ"ל.

ואם היה בשוגג, [יב]להרמב"ם יברך במקום שנזכר - ומ"מ גם לדעה זו, אם חזר הרי זה משובח, אלא דאינו מחויב בדבר, [כן משמע מהגמרא, וכ"כ הגר"ז]. [יג]**ולהר"ר יונה והרא"ש, גם הוא יחזור למקומו ויברך** - וכתבו האחרונים דכן נכון לנהוג למעשה, **אם** לא שהוא שעת הדחק, דאז יוכל לסמוך אסברא ראשונה.

אות ז'

אמר רבי יוחנן: כל זמן שאינו רעב

סימן קפד ס"ה - [יד]"עד אימתי יכול לברך - אמי ששכח ולא בירך דלעיל קאי, **עד שיתעכל המזון שבמעיו; [טו]וכמה שיעורו, כל זמן שאינו רעב מחמת אותה אכילה** - דלאח"כ כבר בטל אותה האכילה והפסיד בהמ"ז, **ואם** רוצה לאכול עתה מחדש, דעת המ"א שיחזור ויברך "המוציא", אפי' לא הסיח דעתו עדיין, דכיון שנתעכל המזון הפסיד גם ברכה הראשונה, **אבל** הרבה אחרונים פליגי עליה, וסברי דברכה הראשונה לא הפסיד, כל שלא הסיח דעתו בינתים.

מחמת אותה אכילה - נראה שבא לאפוקי, אם הוא משער שבאותה האכילה לבדה היה כבר שיעור להתעכל, והיה חוזר להיות רעב, ובעוד איזה משך אכל עוד משארי מיני מזונות, ומחמת אלו הדברים אינו רעב, ואח"כ נזכר שלא בירך בהמ"ז אחר אכילה הראשונה, לא יכול

באר הגולה

[ט] **שם נ"ג** [י] **הרשב"א בשם הראב"ד והמגיד** [יא] **ברכות נ"א** [יב] ‹כב"ה, וכמ"ש נ"ב ב' בכולה פרקין כו' - גר"א› [יג] ‹עיין תוס' דסוכה ג' א' ד"ה דאמר - גר"א. וז"ל: בסדר רב עמרם פסק בששה מקומות הלכה כב"ש... עוד התם בסוף פירקא גבי מי שאכל ושתה ולא בירך, דמייתי בגמרא עובדא דרבה בר בר חנה דאשכח יונה דדהבא, וחד תלמיד דעבד כב"ש ואשכח ארנקי, ואידך תלמיד דעבד כב"ה ואכליה אריה, **וקצת** קשה הא דקאמר התם בכוליה פירקין הלכה כב"ה בר מהך, ושמא משום דב"ה נמי מודו דלכתחילה מיהא עבדינן כב"ש› [יד] **שם נ"א** [טו] ‹כרבי יוחנן - גר"א›

לברך עוד בהמ"ז, שכבר בטל אותה האכילה, **בד"א** שאחר שגמר אכילתו הראשונה הסיח דעתו מלאכול עוד, אבל אם היה הכל במשך סעודה אחת, כגון מה שרגילין בסעודות גדולות, שיושבין כמה וכמה שעות, ולפעמים יש שיעור עיכול מאכילת פת שאכלו בתחלה, **אעפ"כ** יוכלו לברך לבסוף ברכת המזון, כיון דבתוך משך הזה אוכלין פרפראות וכיסנין ושותין, הכל סעודה אחת היא, וכלא נתעכל מזון הראשון דמי.

[טו]ומשעה שהתחיל להיות רעב, אע"פ שלא נתעכל עדיין לגמרי, כנתעכל לגמרי דיינינן ליה; [טז]וכן נמי לענין אכילת פירות ושתיית יין, אם אינו רעב ולא צמא ותאב לאותם פירות, יברך - לאו דוקא, אלא שאינו תאב לשום פירות, הוא סימן שלא נתעכל עדיין במעיו, **אם אינו יודע לשער אם נתעכלו.**

וכ"ז כשאכל כל צרכו מהלחם או מהפירות, אבל אם אכל מעט וחפץ לאכול עוד, אלא שלא היה לו יותר מזה, בזה קשה מאד לשער השיעור דכל זמן שאינו רעב, כיון שתיכף היה לו ג"כ תאוה, אלא שלא היה לו, **כתבו** הרבה אחרונים, דמשערינן בזה עד כדי הילוך ד' מילין, שהוא ע"ב מינוט, ועד כדי שיעור זה מחויב לברך, שבודאי לא נתעכל אפילו אכילה מועטת בשיעור מועט כזה, **ויש** מן האחרונים שמצדדים, דאם אכל אכילה מועטת ושהה קודם שבירך בהמ"ז, ואינו יודע לשער אם נתעכל המזון, אף שהוא בתוך שיעור ד' מילין, יאכל עכ"פ עוד כזית פת, ואח"כ יברך בהמ"ז, **ועל** אותו פת שאוכל א"צ לברך "המוציא" מחדש, אם לא הסיח דעתו מלאכול עוד, **ומ"מ** אם אין לו פת, יש לסמוך אסברא ראשונה, ולברך בהמ"ז עד שיעור ד' מילין וכנ"ל, [יח](משום דיש הרבה פוסקים המחזיקים בשיעור זה, **ולענ"ד** היה נראה עוד יותר, דאפילו לפוסקים ראשונים שהשמיטו שיעורא דד' מילין, והעתיקו שיעורא דר' יוחנן דכל זמן שהוא רעב, [יט]**ומשום דמשמע להו דר' יוחנן פליג אשיעורא דד' מילין**, אעפ"כ מודו בשיעורא דד' מילין, דעד שיעור זה בודאי לא נתעכל המזון, ושיעורא דכל זמן שהוא רעב הוא שיעור יותר מאוחר מד' מילין, **וכן** מסתבר לומר, שהרי לענין אכילה מרובה נתן ר' יוחנן שיעור יותר גדול משיעורא דר"ל דאינו רק עד שהוא צמא, וא"כ טפי ניחא לומר דגם באכילה מועטת שיעורא דר"י גדול משיעורא דר"ל, ושפיר איכא למימר דאע"ג דלא אכל אלא אכילה מועטת, מ"מ עד שיתחיל להתעכל במעיו מה שאכל ויחזור להיות רעב כבתחלה, השיעור יותר גדול מד' מילין, דאינו כי אם שעה וחומש, **וא"כ** לפי"ז באשר קשה לנו לשער שיעורא דר' יוחנן באכילה מועטת, יש לסמוך בריוח עכ"פ על שיעורא דר"ל שהוא פחות מזה, ולברך, **ואף** שבמג"א משמע דשיעורא דר"ל נפיש, לענ"ד נראה כמו שכתבתי, **ועכ"פ** יוכל לסמוך ע"ז אחרי שהרבה פוסקים אחרונים העתיקו שיעורא דד' מילין להלכה).

אות ח'

וכי לא שמע היכי נפיק

סימן ריג ס"ג - [כ]אין יוצא ידי חובתו בשמיעת הברכה, אפי' יענה אמן, אא"כ ששמעה מתחלתה ועד סופה - והיינו גם תיבת "ברוך" שבתחלתה, דלא עדיף ממברך בעצמו, כשמדלג איזה תיבה מעיקר הברכה דלא יצא ידי חובתו, דהוי משנה ממטבע שטבעו חכמים, [**לאפוקי** אם לא שמע איזה תיבה שאינה מעיקר הברכה ושרשה, מסתברא דיצא, כמברך בעצמו אם מדלג].

[**וע"ל** בסי' קפ"ז ס"א, דסתם המחבר בדעה הראשונה, דגם החתימה אינו מעכב בדיעבד, ומענינו משמע דגם סופה הוא לעיכובא, וצע"ק].

[כא]ונתכוין לצאת בה ידי חובתו, [כב]והמברך נתכוין ג"כ להוציאו ידי חובתו - מדסתם משמע דאכל ברכות קאי, ואפי' ברכות שהם דרבנן, בעינן דוקא שיכוין לצאת ידי המצוה, וכן משמע בסימן רי"ט ס"ה, **ועיין** לעיל סימן ס' במ"ב ובה"ל שם, ובסימן רע"ג בס"ו בבה"ל.

אות ט'

בשלא אכל עמהן

סימן רטו ס"ב - [כג]השומע אחד מישראל מברך אחת מכל הברכות, אע"פ שלא שמע כולה מתחלתה ועד סופה - אלא שמע רק שמזכיר השם וסוף הברכה, חייב לענות אמן אחריו, (הוא דעת הרא"ש ותר"י), **ויש** שפוסקים דאפי' לא שמע רק חתימת הברכה, צריך לענות אמן, (הוא דעת רש"י ואור זרוע, **וסתימת המחבר** משמע כרא"ש ותר"י), **ועיין** בח"א שהכריח, דאפי' דעה הראשונה מודה, היכא שיודע על איזה ברכה הוא עונה, דצריך לענות, וכדלעיל בסי' קכ"ד ס"ח בהג"ה.

(**ולכאורה** הלא זה ע"כ איירי בסתם אמן על ברכה שאין מחויב עתה בעצמו, כדאיתא בגמרא, וא"כ אפילו לא שמע סוף הברכה ג"כ צריך לענות אמן, אם יודע איזה ברכה היא, **ואפשר** דכונת רש"י הוא ג"כ, דע"י ששומע סוף הברכה יודע הוא באיזה ברכה עומד המברך, **אבל** על הרא"ש ותר"י שכתבו, דצריך לשמוע ג"כ הזכרת השם מפי המברך, בודאי קשה, **ולולא** דמסתפינא הו"א, דגם להרא"ש ותר"י הכי הוא, דבעינן רק שידע על מה הוא עונה, ואפילו לא שמע קול המברך בעצמו, רק ע"י אחרים, או ששמע רק סוף הברכה, **והא** דנקטו הזכרת השם, משום דרצה לסיים: אבל גבי כותי אפילו שמע הזכרת השם לא מהני, דשמא כונתו לשם הפסל שהעמידו להם בהר גרזים, **עוד** י"ל, דלענין שיהא מותר לענות אמן, דהיינו שלא יהיה אמן יתומה, די אם יודע על

באר הגולה

טז רבי יונה יז טור והרא"ש שם יח ‹דר' יוחנן שאמר עד שירעב, ג"כ מיירי באכילה מרובה, אבל באכילה מועטת י"ל דמודה ר' יוחנן לריש לקיש דהשיעור ד' מיל, {והיינו כתוס' ולא כרש"י}, כדי למעט המחלוקת בין ר' יוחנן לר"ל - מחה"ש› יט ‹דדוקא לר"ל דמצינו שחילק בהדיא בין אכילה מרובה למועטת, אבל לר' יוחנן דסתם דבריו עד שירעב, מסתמא אין חילוק בין אכילה מרובה למועטת, ובכל ענין השיעור עד שירעב - מחה"ש› כ שם ‹רמב"ם› מהה"א דסוף פרק ח' דברכות כא שם ‹רמב"ם› ובר"ה כ"ט ע"א וכמ"ד מצות צריכות כוונה כב ב"י לדעת רמב"ם כג שם נ"א ע"ב

מה הוא עונה, ובזה אתיא ההיא דאלכסנדריא של מצרים שהניפו בסודרין, **אבל** לענין שיהיה חייב לענות אמן, אינו חייב עד שישמע הזכרת השם מפי המברך, **דהא חיובא דאמן נובע מדכתיב**: כי שם ה' אקרא, וע"כ בעינן דוקא שישמע העונה הזכרת השם, ואז יש עליו חיובא, **וצ"ע** בדעת הרא"ש ותר"י).

[כד]**אע"פ שאינו חייב באותה ברכה, חייב לענות אחריו אמן** - דכתיב: כי שם ה' אקרא הבו וגו', ואחז"ל: אמר להן משה לישראל, כשאני מברך ומזכיר שם השי"ת, אתם הבו גודל לאלהינו בעניית אמן.

אע"פ שאינו חייב - ר"ל וכ"ש היכא שהוא עצמו חייב באותה ברכה, ורוצה לצאת בברכת המברך, בודאי חייב לענות אמן, להורות שגם הוא מחזק ומקיים דברי המברך, **אכן** אז בעינן דוקא שישמע כל הברכה מתחלה ועד סוף, כדלעיל בסי' רי"ג ס"ג.

איתא במדרש, כששומע שאחד מתפלל דבר, או מברך לישראל, אפי' בלא הזכרת השם, חייב לענות אמן, **ולכן** נתפשט המנהג שעונין אמן אחר "הרחמן" בבהמ"ז.

אות י'

חטוף ובריך

סימן רא ס"ד - [כה]צריך לחזור שיתנו לו כוס של ברכה לברך - שיהיה הוא המזמן ומוציא אחרים ידי חובתן, ולא לשמוע ולענות אמן, **שאף** שהשומע כעונה, ועונה אמן כמוציא ברכה מפיו, מ"מ ממהרין ליתן שכר תחלה להמברך, [**ובזמנינו** שכל אחד ואחד מברך לעצמו, איני יודע אם שייך דין זה, **ואולי** מה שעונים: ברוך שאכלנו וכו', לא נחשב זה רק בעניית אמן, והמזמן הוא חשוב עיקר המברך, וצ"ע].

אות כ'

אחר הכל עונין אמן, חוץ מתינוקות של בית רבן הואיל ולהתלמד עשויין; וה"מ בדלא עידן מפטרייהו, אבל בעידן מפטרייהו עונין

סימן רטו ס"ב - אבל אם היה המברך אפיקורוס או כותי או [כו]תינוק, או היה גדול ושינה ממטבע הברכות, אין עונין אחריו אמן - ודוקא כששינה באופן דלא יצא בהברכה מחמת זה, והרי הוא כמברך ברכה לבטלה, דאסור לענות אמן אחריו, [**דבאופן** דיצא, כגון שלא חיסר הדברים שהם מעיקר הברכה, בודאי צריך לענות אמן].

מדכייל אפיקורוס וכותי בהדי תינוק וגדול ששינה, משמע דחדא דינא אית להו, וכי היכי דבתינוק וגדול ששינה אפילו שמע כל הברכה מפיהם לא יענה אמן, דהברכה היא לבטלה, כן ה"ה באלו, **ואע"ג** דבגמרא אמרינן, שאף בכותי עונין אם שמע כל הברכה מפיו, היינו קודם שמצאו להן דמות יונה בהר גרזים שהיו עובדין לה, אבל אח"כ לא, דכונתן להר גרזים, ואפיקורוס נמי אין כונתו לשמים, אלא לע"ג, **והגר"א** בביאורו פסק, דבאלו השנים, אם שמע כל הברכה מפיו עונה אחריו אמן.

(**ופשוט** דפושעי ישראל שאינם מאמינים בדברי חז"ל, הם ככותים קודם שגזרו עליהם, דצריך לענות אחריהם אמן כששמעו כל הברכה מפיהם, וזהו דוקא לענין עניית אמן לבד, ולענין צירוף לשארי דבר שבקדושה, לא עדיף מכת הקראים, וע"ל בסי' נ"ה במ"ב).

הגה: ועונין אמן אחר עכו"ם, אם שמע כל הברכה מפיו (הר"י פרק אלו דברים) - שאין דרך הער"ג לכוין לע"ג כשמזכיר השם, **ונראה** דה"ה במי ששמע מאחד שהמיר דתו לע"ג, [כיון שאינו אדוק לער"ג], **ומ"מ** דעת הט"ז, דאין עליו חיוב לענות בעכו"ם, רק רשות.

סימן רטו ס"ג - [כז]והא דאין עונין אמן אחר תינוק, דוקא בשעה שלומד הברכות לפני רבו - ר"ל דאין שייך לומר "אמן" לאמת ולקיים את דברי המברך, אחרי דאין שם ברכה עלה.

[כח]**שמותר ללמד לתנוקות הברכות כתקנן, ואע"פ שהם מברכין לבטלה בשעת הלימוד** - ר"ל שלומד הרב עמהם הברכות שלא בזמנן, אפ"ה מותר להזכיר שם השם, ואפילו הרב יכול להזכיר השם כדי ללמד להתינוק הברכות, **שהרי** ע"כ אנו צריכים ללמוד עמהם כדי לחנכם בלימוד התורה ובקיום המצות, וכמו דכתיב: ולמדתם אותם את בניכם וגו', **ודוקא** עם התינוק מותר להזכיר את השם, אבל גדול בשעה שלומד הברכות בגמרא, אומר בלא הזכרת השם, **ורק** כשלומד הפסוקים הנזכרים בתלמוד, רשאי לאומרן כמו שהם כתובים עם הזכרת השם.

[כט]**אבל בשעה שהם מברכין לפטור את עצמן** - כגון שמברך הברכות בזמנן דרך חינוך, **כיון דבני חינוך הם, עונים אחריהם אמן** - משמע דעל ברכה שמברך על אכילה וכה"ג קודם שהגיע לחינוך, אין לענות אמן עליו. [ל]**וכן בשעה שאומרים ההפטרה בבית הכנסת** - ר"ל שאז קורין בתורה ובנביאים, ומברכין לפניהם ולאחריהם, וצריך לענות אמן עליהם.

אות ל'

אלו מים אחרונים

סימן קפא ס"א - [לא]מים אחרונים חובה - הטעם, משום שהידים מזוהמות הן מן האכילה, ופסולות לברכה, וסמכו חז"ל

באר הגולה

כד שם נ"ג ע"ב | כה שם נ"ג לפירוש רש"י | כו רמב"ם | כז שם בגמרא | כח רמב"ם שם | כט טור בשם פירוש הראב"ד ‹אבל בעידנא דמפטרי נפשייהו עונין.. והראב"ד פי' בשעה שאכלו ומברכין לפטור עצמם, אע"פ שאינן בני חיוב, מ"מ חינוך מצוה איכא – טור› | ל רש"י שם | לא חולין פרק ח' (ק"ה) והביאו הרי"ף ורא"ש בפ"ח דברכות

אקרא: דוהתקדשתם והייתם קדושים, "והתקדשתם" אלו מים ראשונים, שיקדשו ידיהם קודם האכילה לטהרם מטומאה, כמו שנתבאר לעיל בסימן קנ"ח, "והייתם קדושים" אלו מים אחרונים, [גמ'], **ואפילו** למי שאינו מברך בעצמו, אלא שומע לצאת מפי המברך, **ויותר** מזה, אפילו כשאין ידיו מזוהמות כלל מן האכילה, ג"כ חייבו חז"ל בנטילת מים אחרונים, **והוא** מפני חשש מלח סדומית, דבכל סעודה הלא נמצא מלח, ויש לחוש שמא מעורב בהן מעט ממלח סדומית, שמסמא העינים למי שנוגע בם ואח"כ יגע בעיניו, **ואף** עכשיו שאין מצוי מלח סדומית בינינו, יש לחוש למלח אחר שטבעה כמותה.

ואם יש לו מים מצומצמים, צריך למעט במים ראשונים כפי שיעור המבואר בסימן קס"ב ס"ב, בכדי שישאר לו מעט למים אחרונים, **ואם** אין לו רק כפי שיעור מים ראשונים, הם קודמים, אפילו למי שנזהר תמיד במים אחרונים, דהאידנא דאין מצוי מלח סדומית בינינו, אינם חובה כ"כ כמו מים ראשונים, **יש** אומרים דמתחלה אין לו לאכול אא"כ יודע שיהיה לו ג"כ מים אחרונים, **ומ"מ** אין החיוב עליו יותר ממים ראשונים, דהיינו בלפניו ד' מילין, ולאחריו מיל, ואם בתוך שיעור זה לא נמצא מים, אעפ"כ מותר לו לאכול, וגם לברך אח"כ בהמ"ז, **וכל** אימת שימצא מים אח"כ יטול ידיו, משום חשש מלח סדומית, [**ומ"מ** נראה, דטוב שיכרוך ידיו במפה קודם שיאכל, כדי שלא יהיו ידיו מזוהמות מן האכילה, וגם יהיו ממילא שמורות מנגיעה במלח סדומית].

סימן קפא ס"י - [לב]יש שאין נוהגים ליטול מים אחרונים -

מפני שאין מלח סדומית מצוי בינינו, **ומשום** ידים מזוהמות אין חוששין, הואיל ועכשיו אין מקפידין לרחצן מלכלוך המאכל, אין זה קרוי זוהמא לנו.

ודעת הגר"א בביאורו, דצריך ליטול גם האידנא, דטעם מלח סדומית וידים מזוהמות גם עתה שייך, וכמ"ש בס"א, **וכ"כ** המ"א בשם המקובלים, דכל אדם יזהר במים אחרונים, וכן החמיר המהרש"ל בים של שלמה, וכ"כ הברכי יוסף, ע"ש שהחמיר הרבה בזה.

ואפי' לנוהגים כן, אדם שהוא אסטניס ורגיל ליטול ידיו אחר הסעודה, לדידיה הוו ידים מזוהמות, וצריך ליטול ידיו קודם ברכת המזון - ר"ל דזה מדינא צריך ליטול ידיו במים אחרונים לכו"ע קודם בהמ"ז. **וצריך** ליזהר שלא להפסיק בין הנטילה לבהמ"ז אפילו בד"ת.

וכתבו האחרונים, שאפי' רוצה לברך על היין או פירות באמצע הסעודה, צריך לקנחם מקודם, כיון שידיו מלוכלכות והוא איסטניס, [**והוא** הדין כשרוצה לברך איזה ברכה שהיא, וידיו מלוכלכות מזוהמת המאכל, **ומה** דקיימא לן דסתם ידים כשרות לברכה, היינו כשאינן מלוכלכות].

באר הגולה

לב תוס' שם בברכות נ"ג

§ מסכת ברכות דף נד. §

אות א'

הרואה מקום שנעשו בו נסים לישראל, אומר: ברוך שעשה נסים לאבותינו במקום הזה

סימן ריח ס"א - [א]הרואה מקום שנעשו בו נסים לישראל, [ב]כגון: מעברות הים - מקום שעברו ישראל בים ביבשה, **ומעברות הירדן** - מקום שעברו ישראל בירדן בחרבה בימי יהושע.

ומעברות נחלי ארנון - מפורש בש"ס, שהיו שני הרים ועמק ביניהם, שהיו ישראל צריכין לעבור דרך אותו עמק, ונחבאו האמוריים במערות שעשו בהרים בצדי העמק, כדי שיפלו עליהם פתאום בעברם בעמק, ונעשה נס שנדבקו ההרים זה בזה בעבור ארון ברית ה' עליהם, ונהרגו כולם שם.

(**וכתב** בספר כפתור ופרח: מעברות וכו', נראה בפירושו, שאין המברך מברך עד שיראה בפרט מקום הנס, כמו שהרואה ים סוף, לא יברך אם לא ראה מקום שעברו בו, וכן הרואה הירדן עד שיראה מקום שעברו, והכתוב אומר: והעם עברו נגד יריחו, וכן נחל ארנון, ומיהו בכל מקום שיראה חלק מן הים או מן הירדן, ראוי לו להזכיר חסדי ה' והשגחתו עלינו, ויודה וישבח כפי כחו, עכ"ל, ר"ל שבח בעלמא בלי שם ומלכות, ועי"ש נוסח ההודאה שרגילים לומר בראותם הירדן).

ואבני אלגביש של בית חורון - שהושלכו מן השמים על האומות שנלחמו עם יהושע כדכתיב בקרא, **ואבן שבקש עוג לזרוק על ישראל** - כדמפורש באגדה, שעקר הר בת תלתא פרסא כדי להפילו על ישראל, ונעשה נס שלא היה יכול להפילו, ע"ש בברכות נ"ד ע"ב.

(עיין בחידושי אגדות מש"כ בזה, ולפי פשוטו אין תימה כ"כ על איש כזה, שהוא היה מבני ענקים, ואביו הוא מאותן שאמר עליהם הכתוב: ויבואו בני האלהים אל בנות האדם וילדו להם, וכדאמרינן בנדה ס"א: סיחון ועוג מבני אחיה בן שמחזאי, ועי"ש ברש"י, שהוא ועזאל הם המלאכים שירדו מן השמים בימי דור אנוש, וממילא כח גבורתן היה מעין גבורת מלאכים).

ואבן שישב עליה משה בעת מלחמת עמלק, וחומת יריחו - שנבלעה במקומה.

מברך: שעשה נסים לאבותינו במקום הזה – (ומבואר בפוסקים, שאין צריך לפרט ולהזכיר מה היה הנס, ודי שאומר: שעשה נס במקום הזה).

כתב המ"א, לכאורה משמע דדוקא הנך וכדומה, שניכר הנס מתוך המקום, פי' שבראותנו מעברות הים, נזכרים אנחנו שהמים אלו נחצו לגזרים, **וכן** בירדן היה נס במים גופא, כדכתיב בקרא, וכן אבני אלגביש, יודעים אנו שאלו הם האבנים שבהם נעשה הנס, **אבל** בלא"ה, כגון בבואנו סמוך לירושלים, שקרה שם נס בעת מלחמת סנחרב, שיצא מלאך ה' והמית כל המחנה, אין מברכין על כגון זה "שעשה נסים", שאין הנס ניכר מתוך המקום, **פי'** אע"ג שאפשר לכוין מקום שנעשה הנס, אעפ"כ אין הנס ניכר, שהרי לא בגוף האדמה נעשה הנס, **מיהו** על נס שלו, אפי' אין ניכר מתוך המקום, כל שמגיע למקום ששם קרה הנס, מברך, [**תוס'** ריש פרק הרואה (נדפס בעמוד ב') בשם רבנו יהודה. **ואע"ג** דבתוספות רבנו יהודה אשר לפנינו כתוב כסלקא דעתייהו דתוס', דמסתמא חזר בו ר' יהודה, וכן משמע קצת מתוס' שכתבו, ושוב היה נראה וכו', משמע דמתחלה היה דעתו להפוך, **אך** בתוספי הרא"ש שם העתיק דברי ר' יהודה כסלקא דעתייהו דתוס' ולא הביא כלל האי חזרה, **וגם** בש"ס משמע לכאורה דאין נ"מ בין יחיד לרבים, אלא דברבים כו"ע מברכים וביחיד איהו לבדו, אבל עכ"פ לא עדיף יחיד מרבים, ובמקום דיחיד מברך גם רבים צריכים לברך, וצ"ע למעשה].

[ג]ובין ברכה זו ובין שאר ברכות הראיה, הרי הם כשאר ברכות, וכולם בהזכרת שם ומלכות - וכן צריך לומר נמי "אתה" ו"אלהינו" כמו בשאר ברכות גמורות, [**והוא** רק לכתחילה, דבדיעבד אפי' לא אמר "אתה", רק הזכיר שם ומלכות, ואפי' בלשון חול, שאמר "בריך רחמנא מלכא דעלמא", יצא].

(**ונראה** דאין יכול לברך רק כל זמן שרואהו להמקום, אבל אם עבר כבר ואינו רואה אותו, הפסיד ברכתו, כמו בשמע רעמים לקמן בסימן רכ"ז ס"ג עי"ש, וכן יהיה הדין ברואה אדם שנעשה לו נס המבואר בס"ו בהג"ה, אם כבר עבר האיש ולא בירך, והרחיק ממנו עד שאינו רואהו, שוב אינו מברך, **ואפשר** עוד, דאפי' ראה את האדם או את המקום בעוד איזה ימים, כל שלא עבר שלשים יום מראיה ראשונה, אינו מברך, אף שלא בירך בפעם ראשון, **דהברכה** נתקנה על הראיה לחוד, שראה מקום הנס, וכיון שכבר ראה המקום ואין דבר זה חדש אצלו, א"צ לברך עד שיעבור למ"ד יום, ואז הוי כראיה חדשה).

(**וכתב** עוד בכפתור ופרח: וכן הענין בראותו מקום שהאל יתברך עשה פלא או נס לקצת נביאים, כמו בראותו בהר הכרמל מקום שעשה אליהו המזבח, וראותו בשונם מקום עלית אלישע וכיו"ב, ואין ספק כי ענין אליהו היה פלא ונס לו, שהרי המלך היה רודפו, אבל של אלישע היה פלא לבן השונמית לתפלת הנביא, עכ"ל, **ונראה** דכונתו הוא לשבח שבח בעלמא, ואדלעיל קאי שכתב גם ברואה שאר הירדן ג"כ צריך לשבח, וע"ז מסיים: וכן ברואה הר הכרמל, **דהברכה** לא נתקנה על פלאי הבורא, דא"כ היה לנו לברך בראתנו הר סיני, מקום שניתנה בו התורה, וע"כ דנתקן רק אהצלת אדם מן המיתה בדרך נס, **ואבן** שישב עליו משה היה אז ג"כ ההצלה בדרך נס ע"י תפלתו של משה, וכמו שכתוב: ה' נסי, **וא"כ** גבי אליהו אף שהיה נס ופלא, אעפ"כ מעשה הר הכרמל לא נעשה כדי שינצל אליהו מן המיתה, שהרי אליהו היה נחבא ואח"כ הלך אליו בשליחות הש"י, שאמר לו: לך הראה אל אחאב ואתנה מטר ע"פ האדמה,

---

באר הגולה

א ברכות נ"ד ע"א | ב שם בגמ' | ג שם תוס' בשם ר' שמעיה והרמב"ם ורבי יונה והרא"ש והרשב"א בשם הירושלמי

הרואה *מקום שנעשו בו נסים לישראל אומר ברוך שעשה נסים לאבותינו במקום הזה מקום שנעקרה ממנו עבו"ם אומר ברוך שעקר עבו"ם מארצנו על הזיקין ועל הזועות ועל הרעמים *ועל הרוחות ועל הברקים אומר ברוך שכחו וגבורתו מלא עולם על ג'ההרים ועל הגבעות ועל הימים ועל הנהרות ועל המדברות אומר ברוך עושה *בראשית רבי יהודה אומר ג'הרואה את הים הגדול אומר ברוך שעשה את הים הגדול ד'בזמן שרואהו לפרקים על הגשמים *ועל בשורות טובות אומר ברוך הטוב והמטיב ה'על *בשורות רעות אומר ברוך דיין האמת בנה בית חדש *וקנה כלים חדשים אומר ברוך שהחיינו וקיימנו והגיענו לזמן הזה מברך על הרעה מעין על הטובה ועל הטובה מעין על הרעה ו'והצועק לשעבר הרי זו תפלת שוא היתה אשתו מעוברת ואומר יהי רצון שתלד אשתי זכר הרי זו תפלת שוא היה בא בדרך ושמע קול צוחה בעיר ואומר יהי רצון שלא *תהא בתוך ביתי הרי זו תפלת שוא הנכנס לכרך מתפלל שתים אחת בכניסתו ואחת ביציאתו בן עזאי אומר ז'ארבע שתים בכניסתו ושתים ביציאתו נותן הודאה על שעבר וצועק על העתיד *חייב אדם לברך על הרעה כשם שמברך על הטובה שנאמר °ואהבת את ה' אלהיך בכל לבבך וגו' בכל לבבך בשני יצריך ביצר טוב וביצר הרע ובכל נפשך אפילו הוא נוטל את נפשך ובכל מאדך בכל ממונך ד"א בכל מאדך בכל מדה ומדה שהוא מודד לך הוי מודה לו לא יקל אדם את ראשו כנגד שער המזרח שהוא מכוון כנגד בית קדשי הקדשים *ח'ולא יכנס להר הבית במקלו ובמנעלו ובפונדתו ובאבק שעל רגליו ולא יעשנו קפנדריא ורקיקה מקל וחומר כל חותמי ברכות שבמקדש היו אומרים *עד העולם משקלקלו *הצדוקים ואמרו אין עולם אלא אחד התקינו שיהו אומרים מן העולם ועד העולם והתקינו שיהא אדם *שואל את שלום חברו בשם שנאמר °והנה בעז בא מבית לחם ויאמר לקוצרים ה' עמכם ויאמרו לו יברכך ה' ואומר °ה' עמך גבור החיל ואומר °אל תבוז כי זקנה אמך ואומר °עת לעשות לה' הפרו תורתך רבי נתן אומר הפרו תורתך משום עת לעשות לה': **גמ'** מנא הני מילי אמר רבי יוחנן דאמר קרא °ויאמר יתרו ברוך ה' אשר הציל וגו' אניסא דרבים מברכינן אניסא דיחיד לא מברכינן והא ההוא גברא דהוה קא אזיל בעבר ימינא נפל עליה אריא אתעביד ליה ניסא ואיתצל מיניה אתא לקמיה דרבא וא"ל כל אימת דמטית להתם בריך ברוך שעשה לי נס במקום הזה ומר בריה דרבינא הוה קאזיל בפקתא דערבות וצחא למיא איתעביד ליה ניסא איברי ליה עינא דמיא ואישתי ותו זמנא חדא הוה קאזיל ברסתקא דמחוזא ונפל עליה גמלא פריצא איתפרקא ליה אשיתא על לגוה כי °מטא לערבות בריך ברוך שעשה לי נס בערבות ובגמל כי מטא לרסתקא דמחוזא בריך ברוך שעשה לי נס בגמל ובערבות אמרי י'אניסא דרבים כולי עלמא מיחייבי לברוכי כ'אניסא דיחיד איהו [א]חייב לברוכי תנו רבנן ל'הרואה מעברות הים ומעברות הירדן מעברות נחלי ארנון אבני אלגביש במורד בית חורון ואבן שבקש לזרוק עוג מלך הבשן על ישראל ואבן שישב עליה משה בשעה שעשה יהושע מלחמה בעמלק ואשתו של לוט וחומת יריחו שנבלעה במקומה על כולן צריך שיתן הודאה ושבח לפני המקום בשלמא מעברות הים דכתיב °ויבאו בני ישראל בתוך הים ביבשה מעברות הירדן דכתיב °ויעמדו הכהנים נושאי הארון ברית ה' בחרבה בתוך הירדן הכן וכל ישראל עוברים בחרבה עד אשר תמו כל הגוי לעבור את הירדן אלא מעברות נחלי ארנון מנלן דכתיב °על כן יאמר בספר מלחמות ה' את והב בסופה וגו' תנא את והב בסופה שני מצורעים היו דהוו מהלכין בסוף מחנה ישראל כי הוו קא חלפי ישראל אתו אמוראי (א) עבדי

תוספות

הרואה וכו' אומר ברוך שעשה נסים לאבותינו וכו'. פירש רבי' שמעיה דכל הני ברכות צריכות להזכרת שם ומלכות ברוך אתה ה' אלהינו מלך העולם וכן כתב רבינו שמשון מקוצי כי הר"י היה רגיל לברך על הברקים ברוך אתה ה' אלהינו מלך העולם שכחו וגבורתו מלא עולם וכן פר"י ומייתי ירושלמי דפירקין רבי זעירא כו' כל ברכה שאין בה וכו' ונראה לרבינו דדוקא לרואה משלשים יום לשלשים יום דומיא דרואה ים הגדול לפרקים דאמר בירושלמי דפרקים היינו שלשים יום:

שעקר עכו"ם מארצנו. בירושלמי מתני כשנעקרה עכו"ם מכל ארץ ישראל:

על הנהרות. לאו על כל נהרות איירי אלא ארבע נהרות דכתיבי בקרא כמו חדקל ופרת אבני

רש"י

הרואה מקום שנעשו בו נסים לישראל. כגון הנך דקתני לקמן מעברות הים והירדן ונחלי ארנון כו': **זיקין וזועות ורעמים**. מפרש בגמרא: **מלא עולם**. לפי שהלא נראין או נשמעין למרחוק: **ברוך עושה בראשית**. ובגמרא (ד' נט.) פריך אטו הנך דלעיל לאו מעשה בראשית נינהו: **לפרקים**. מפרש בגמרא (שם ע"ב) ולפי שהוא חשוב וגדול מכלן קבע ליה רבי יהודה ברכה לעצמו: **מברך על הרעה מעין על הטובה**. דיין האמת: **ועל הטובה מעין על הרעה**. הטוב והמטיב ובגמרא מפרש היכי דמי: **הנכנס לכרך**. המהלך בדרך וצריך לעבור כרך ושם מצויים מושלים רעים ומחפשים עלילות: **אחת בכניסתו**. מתפלל שיכנס לשלום: **ביציאתו**. מתפלל שיצא לשלום: **ארבע**. כדמפרש נותן הודאה על שעבר וצועק על העתיד כמלאו ד' כדמפרש בגמרא: **חייב אדם לברך על הרעה כו'**. מפרש בגמרא: **ד"א בכל מאדך**. מדות מודדות לך בין מדה טובה בין מדת פורענות: **לא יקל ראשו**. לא ינהג קלות ראש: **כנגד שער מזרחי**. חוץ להר הבית אשר בחומה הנמוכה אשר לרגלי הבית במזרח לפי שכל השערים מכוונים זה כנגד זה שער מזרח שער עזרת נשים ושער עזרת ישראל ופתח האולם וההיכל ובית קדשי הקדשים בימי מקדש ראשון כשהיה אמה טרקסין: **בפונדתו**. חגור חלול ונותנין בו מעות: **מק"ו**. בגמרא מפרש ליה: **כל חותמי ברכות שבמקדש היו אומרים עד העולם**. במסכת תענית (פ"ב דף טז:) אמרינן אין עונין אמן במקדש המברך אומר בסוף כל ברכה ברוך אתה ה' אלהי ישראל מן העולם ועד העולם ברוך חונן הדעת וכן בכולם והעונין אומרים ברוך שם כבוד מלכותו לעולם ועד וילפינן לה מקרא דתפלת עזרא וסיעתו ואשמעינן הכא דבמקדש ראשון לא היו אומרים אלא ברוך ה' אלהי ישראל עד מן העולם: **משקלקלו הצדוקים**. ואמרו אין עולם אלא זה: **התקינו**. עזרא וסיעתו שיהו אומרים מן העולם ועד העולם לומר ששני עולמות יש להוציא מלב הצדוקים הכופרים בתחיית המתים: **שיהא אדם שואל לשלום חבירו בשם**. בשמו של הקב"ה ולא אמרינן מזלזל הוא בכבודו של מקום בשביל כבוד הבריות להוציא שם שמים עליו ולמדו מבעז שאמר ה' עמכם ומן המלאך שאמר לגדעון ה' עמך גבור החיל: **ואומר אל תבוז כי זקנה אמך**. למוד מדברי זקני אומתך לעשות מה שראית שעשו הם ובגמ' מפרש מאי ואומר: **ואומר עת לעשות לה' הפרו תורתך**. פעמים שמבטלים דברי תורה כדי לעשות לה' אף זה המתכוין לשאול לשלום חברו זהו רצונו של מקום שנא' בקש שלום ורדפהו מותר להפר תורה ולעשות דבר הנראה אסור: **גמ'** ה"ג מנלן דמברכינן אניסא א"ר יוחנן דאמר קרא ויאמר יתרו ברוך ה' אשר הציל אתכם וגו': **בעבר ימינא**. שם מדינה בדרומו של פרת: **בפקתא**. בקעה: **ערבות**. שם מקום: **וצחא למיא**. צמא למים: **ברסתקא**. בשוק: **גמלא פריצא**. גמל משוגע שעסקיו רעים: **אתפרקא ליה אשיתא**. נפלה חומת בית שהיה סמוך לו ונכנס לתוך הבית מפני הגמל: **מעברות הים**. מקום שעברו ישראל בים סוף: **ומעברות הירדן**. בימי יהושע: **מעברות נחלי ארנון**. לקמן מפרש מאי ניסא: **במורד בית חורון**. בימי יהושע היה בספר יהושע (י): **ואבן שזרק עוג**. לקמן מפרש:

עין משפט נר מצוה

א א מיי' פ"י מהלכות ברכות הל' ט סמג עשין כז טוש"ע או"ח סי' ריח סעיף א:
ב ב ג מיי' שם הל' טו סמג שם טוש"ע או"ח סי' רכח סעיף א:
ג ד מיי' שם טוש"ע או"ח סי' ריח ס"ג וסי' רכד סעיף יג:
ד ה מיי' שם הלכה ג סמג שם טוש"ע או"ח סי' רכב סעיף ב:

[עי' תוספות לקמן נט. ד"ה על]

ה ו ז מיי' שם הלכה כב כה כו סמג שם טוש"ע או"ח סי' רל סעיף א:
ו ח מיי' פ"ז מהל' בית הבחירה הלכה ב סמג עשין קסד:
ז ט טוש"ע או"ח סי' ריח סעיף ה:

[עי' תוס' סוכה מו. ד"ה העושה וכו' מ"ש בשם רב שרירא גאון]

ח י מיי' פ"י מהלכות ברכות הלכה ט סמג עשין כז טוש"ע שם סעיף ב:
ט כ מיי' שם טוש"ע שם סעיף ד:
י ל שם סעיף א:

בכ"י ובכ"י ובמשנה שבמשניות הגי' המיונן [מכות כג:]

משלי כג

הגהות הב"ח

(א) גמ' אתו אמוראי טבו להו בנחלי ארנון עבדי להו:

הגהות הגר"א

[א] גמ' אניסא דיחיד איהו. נ"ב ונכריס וכר בריה. גירסת הגאונים והרי"ף;

מסורת הש"ס

ס"א מעשה

[פסחים נ.]

נ"א שמועות

נ"א יהיו אלו בני ביתי

לעיל נג: ומח: מגילה כה.

יבמות ו:

[מן העולם נ"א כמשנה שבמשניות וכן פירש הרע"ב מברטנורה ע"ש]

תורה אור: דברים ו; רות ב; שופטים ו; משלי כג; תהלים קיט; שמות יח; שם יד; יהושע ג; במדבר כא

ועניין עשיית הפלא בהר הכרמל היה כדי לחזק אמונת ישראל בה', **אלא** ע"כ כונת כו"פ הוא רק לענין שבח בעלמא, וכמו מה שסיים: וראותו בשונם וכו', שהוא ודאי לשבח בעלמא, **ולפי"ז** מה שסיים: שהרי המלך היה רודפו, הוא רק לענין להגדיל השבח על הטובה שעשה הש"י עם הנביא, שלא המיתו אחאב).

(ואולי אפשר עוד לומר, דדעת כפתור ופרח הוא, דהנס שהיה בהר הכרמל היה ג"כ תועלת להציל אליהו מן המיתה, דאף שצוה הש"י ואמר לו: לך הראה אל אחאב, מ"מ אחאב היה בעל בחירה בענין חיי אליהו, ומכיון שהיה חמת המלך עליו על שעצר המטר בדברו, עד שאמר לו בשביל זה: האתה זה עוכר ישראל, והנביא השיבו: לא עכרתי את ישראל כי אם אתה ובית אביך בעזבכם את מצות ה' ותלכו אחרי הבעלים, בודאי היה חייו בסכנה גדולה, עד שיוכיח כי האמת אתו, **וע"ז** אמר לו: ועתה לך קבוץ אלי וגו', וע"י מעשה הר הכרמל נתגלה שהאמת אתו, שעצירת המטר היה בעבור הליכתם אחרי הבעלים, ותיכף כשעשו תשובה שאמרו: ה' הוא האלהים, היה מטר על הארץ, ועי"ז ראו הכל שאליהו הוא עבד נאמן לה', וכמו שאמר הכתוב: היום יודע כי אתה אלהים בישראל ואני עבדך ובדברך עשיתי את כל הדברים האלה, ונוכל לומר שרמז בזה שעצירת המטר בתחלה שהיה ע"פ אליהו היה ג"כ ע"פ רוח ה' שהיה עליו אז, ועי"ז נסתלק ממנו חרון אף המלך, ונתרצה אליו אף להמית את כל נביאי הבעל, **והנה** אף שתרצנו את דברי הכו"פ, מ"מ למעשה צ"ע אם יש לברך על ראיית הר הכרמל, וגם בענין בן השונמית ג"כ אין טעם לברך ע"ז, שהרי מטעם אלישע שהיה אדם מסויים אין לברך, שהרי בו לא קרה שום סכנה וניצל, אלא שעשה לאחרים, והאי אחר לא היה מסויים, גם מטעם שנתקדש ש"ש ע"י נס, זה ג"כ לא ברירא, חדא, דלא היה ברבים כנס דניאל, **ועוד** דלא ידענא אם תחית המתים בכלל הני שתקנו ברכה, דהברכה נתקנה רק על מי שהיה בסכנה וניצל, ולא על מי שכבר מת ונביא החיה אותו, ויותר טוב לברך בכגון זה ברכת "מחיה המתים").

אות ב' – ג'

על ההרים ועל הגבעות, ועל הימים, ועל הנהרות, ועל המדברות אומר: ברוך עושה בראשית

הרואה את הים הגדול אומר: ברוך שעשה את הים הגדול

סימן רכח ס"א - [ו]על ימים ונהרות, הרים וגבעות ומדברות, אומר: בא"י אמ"ה עושה מעשה בראשית - פי' כיון שיסדן מאז, **ושבחו** של מקום הוא כשאנו מכירין היום דבר שאנו יודעין שהמקום בראו משעת ימי בראשית ועדיין הוא קיים, **ואין** שייך לברך עליהם "שכחו וגבורתו מלא עולם" כמו על רוחות ורעמים, דהתם הם נראים ונשמעים למרחוק, אבל ימים ונהרות כל אחד במקומו.

[ה]ועל הים הגדול, והוא הים שעוברים בו לארץ ישראל ולמצרים - ונקרא ים הגדול מפני חשיבותו של א"י, **אבל** הרבה אחרונים פליגי על המחבר, וס"ל דדוקא על ים אוקינוס, שהוא הים הגדול שבכל הימים, שמקיף את כל העולם, עליו קבעו ברכה בפני עצמו מפני גדלו, **אבל** על ים שעוברין בו לא"י, לא נקרא לענין זה ים הגדול, ומברכין עליו כמו על שאר ימים.

אומרים: ברוך אתה ה' אמ"ה עושה הים הגדול - כן הוא לשון הטור, **אבל** כמה פוסקים העתיקו נוסח ברכה זו בלשון עבר: "שעשה את הים הגדול".

(והטעם, שמפני חשיבותו קבעו לו ברכה לעצמו – רש"י, נ"ל דאם בירך עליו "עושה מעשה בראשית", יצא בדיעבד, דהוא דומיא דברכת "שהכל", **ועוד** שאפילו ביין אם בירך עליו בפה"ע, ג"כ יש הרבה מראשונים ואחרונים דס"ל דיצא בדיעבד, דאף שלכתחלה מפני חשיבותו קבעו לו ברכה לעצמו, מ"מ לענין דיעבד אינו יוצא מכלל שאר פרי עץ, וכ"ש הכא דבכלל שאר מעשה בראשית הם).

ודע, דכל הברכות האלו אינן אלא כשרואה אותן מל' יום לל' יום.

'סימן רכח ס"ג - 'ולא על כל הרים וגבעות מברך, אלא דווקא על הרים וגבעות המשונים וניכרת גבורת הבורא בהם.

אות ד'

בזמן שרואהו לפרקים

סימן רכד סי"ג - [ח]כל ברכות הראייה, אם חזר וראה אותו דבר בתוך ל' יום, אינו חוזר ומברך - ודוקא כשראה אותו מלך, אבל אם ראה מלך אחר צריך לברך - מ"א בשם רדב"ז, **וה"ה** לענין ההיא דסי"ב ברואה קבר אחר וכל כיו"ב, **אמנם** בא"ר כתב, דהמ"א בעצמו משמע דלא ס"ל הכי, **ועיין** בפתחי תשובה מש"כ בשם ספר עמודי אור בזה, (דראוי שלא לברך מספק, אם לא נקבר שם מת מחודש).

אות ה'

על בשורות רעות, אומר: ברוך דיין האמת

סימן רכב ס"ב - [ט]על שמועות רעות מברך: "בא"י אמ"ה דיין האמת" – (בין שהן רעות לו לבדו או גם לאחרים).

(אמרו לו שנמצא הרבה והרבה עשבים בקמה שלו, או שאשתו הולידה נקבה, ותשוקתו היה רק לבן זכר, אין שייך לברך ע"ז "דיין האמת", אף שיש לו צער מזה, **כי** לא נתקן ברכה זו אלא על דבר שמתחלה ניתן לו ואח"כ נתקלקל או נאבד, משא"כ הכא החטים לא נהפכו לעשבים, והבן לא נהפך לנקבה, אלא שמתחלה לא ניתן לו בן, וכה"ג בחטים, לא ניתן לו מתחלה הכל חטים, ואין שייך לברך "דיין האמת" על מה שלא ניתן לו).

באר הגולה

[ד] ברכות נ"ד ע"א [ה] שם וכר' יהודה, הרמב"ם [ו] ‹מילואים› [ז] הרד"א בשם ר"ש [ח] ממשנה דריש פ' הרואה ובגמ' נ"ט [ט] שם

(אם נודע לו שהחמיץ יינו, מברך "דיין האמת", ופשוט דה"ה אם נשרפו לו נכסיו, או שמת לו בהמתו, וכל כה"ג דבר שדרך האדם להצטער בו).

אות ה'*[י]

בנה בית חדש, וקנה כלים חדשים, אומר: ברוך שהחיינו וקיימנו והגיענו לזמן הזה

סימן רכ"ג ס"ג - [יא]בנה בית חדש, או קנה כלים חדשים, אפילו היה לו כיוצא באלו תחלה, או קנה וחזר וקנה, מברך על כל פעם, שהחיינו.

אות ה'**[יב]

מברך על הרעה מעין על הטובה, ועל הטובה מעין על הרעה

סימן רכ"ב ס"ד - [יג]מברך על הטובה "הטוב והמטיב", אע"פ שירא שמא יבא לו רעה ממנו - כי אין לנו להסתכל בעתיד, שאפשר שלא יהיה כן, **כגון שמצא מציאה, וירא שמא ישמע למלך** - וירא שיעלילו עליו, **ויקח כל אשר לו.**

ומיירי שיש לו אנשי בית שיש בזה טובה גם להם, ושייך ברכת "הטוב והמטיב", דאל"ה יש לו לברך רק "שהחיינו". [**ונראה** דלפי דעת המ"א, מובא בבה"ל לקמן סי' רכ"ג ס"ב, שמא לא יתן להם מהמעות שמצא, וע"כ מיירי שמצא כלים חשובים שראוי להשתמש בהם].

וכן מברך על הרעה "ברוך דיין האמת", אע"פ שיבא לו טובה ממנו, כגון שבא לו שטף על שדהו, אע"פ שכשיעבור השטף היא טובה לו, שהשקה שדהו.

אות ו' – ז'

והצועק לשעבר הרי זו תפלת שוא

ארבע, שתים בכניסתו ושתים ביציאתו, נותן הודאה על שעבר וצועק על העתיד

סימן ר"ל ס"א - [יד]המתפלל על מה שעבר, כגון שנכנס לעיר ושמע קול צוחה בעיר, ואמר: יה"ר שלא יהא קול זה בתוך ביתי; או שהיתה אשתו מעוברת אחר מ' יום לעיבורה, ואמר: יה"ר שתלד אשתי זכר, הרי זה תפלת שוא - שכבר נצטייר צורת הולד, **אבל** תוך מ"ם יום מועיל תפלה, **ואפילו** אחר מ"ם יום יוכל להתפלל שיהיה הולד זרע קיימא, ויהיה עוסק במצות ומע"ט.

[טו]אלא יתפלל אדם על העתיד לבא, ויתן הודאה על שעבר; כגון הנכנס לכרך, אומר: יהי רצון מלפניך ה' אלהינו שתכניסני לכרך הזה לשלום - דוקא לכרך, דשם מצויים ממונים רעים ומחפשים עלילות, (מ"א ע"פ רש"י), **אבל** לעיר קטנה א"צ לומר כשנכנס לה, ולא אח"כ כשיצא ממנה, **אלא** אח"כ כשמחזיק בדרך אומר תפלת הדרך משום סכנת דרכים, וכמבואר לעיל בסימן ק"י.

נכנס בשלום, אומר: מודה אני לפניך ה' אלהינו שהכנסתני לכרך הזה לשלום; בקש לצאת, אומר: יר"מ ה' אלהינו שתוציאני מכרך זה לשלום; יצא בשלום, אומר: מודה אני לפניך ה' אלהי שהוצאתני מכרך זה לשלום, וכשם שהוצאתני לשלום כן תוליכני לשלום וכו', עד בא"י שומע תפלה; וזו היא תפלת הדרך שנכתבה היא וכל דיניה בסימן ק"י - [ואם הוא דר באותו כרך ורוצה לנסוע ממנה, כיון שיש לו מכירין שם, י"א דא"צ לומר ההודאה על יציאתו ממנה בשלום].

אות ז'*[טז]

חייב אדם לברך על הרעה כשם שמברך על הטובה

סימן רכ"ב ס"ג - [יז]חייב אדם לברך על הרעה בדעת שלמה ובנפש חפצה, כדרך שמברך בשמחה על הטובה; [יח]כי הרעה לעובדי השם היא שמחתם וטובתם, כיון שמקבל מאהבה מה שגזר עליו השם, נמצא שבקבלת רעה זו הוא עובד את השם, שהיא שמחה לו - כי באמת כל היסורין בין בגוף ובין בממון הוא הכל כפרה על העונות, כדי שלא יצטרך להתיסר לעתיד לבא, ששם העונש הוא הרבה יותר גדול, **וכדאיתא** במדרש: יצחק תבע יסורין, {היינו שהוא הכיר גודל מדת הדין שלעתיד, וכעין זה אמר ג"כ דוד המלך ע"ה: סמר מפחדך בשרי וממשפטיך יראתי, ותבע בעצמו יסורין, כדי שינקה מכל וכל ולא יצטרך לפחוד עוד}, אמר לו הקב"ה: חייך דבר טוב אתה מבקש, וממך אני מתחיל, שנאמר: ויהי כי זקן יצחק ותכהין עיניו מראות.

אות ז'**[יט]

לא יקל אדם את ראשו כנגד שער המזרח, שהוא מכוון כנגד בית קדשי הקדשים

רמב"ם פ"ז מהל' בית הבחירה ה"ה - לא יקל אדם את ראשו כנגד שער מזרחי של עזרה שהוא שער ניקנור, מפני שהוא מכוון כנגד בית קדש הקדשים; וכל הנכנס לעזרה יהלך בנחת במקום שמותר לו להכנס לשם, ויראה עצמו שהוא עומד לפני י"י, כמו שנאמר: והיו עיני ולבי שם כל הימים, ומהלך באימה וביראה ורעדה, שנאמר: בבית אלהים נהלך ברגש. השגת הראב"ד מהלך בנחת. פי' שלא ילך דרך הדיוטות.

באר הגולה

| י (ע"פ מהדורת נהרדעא) | יא שם (נ"ט) וכר' יוחנן וכלישנא בתרא | יב (ע"פ מהדורת נהרדעא) | יג שם נ"ד ע"א וס' ע"א | יד ברכות נ"ד ע"א וס' ע"א | טו שם | טז (ע"פ מהדורת נהרדעא) | יז שם נ"ד ע"א | יח טור | יט (ע"פ מהדורת נהרדעא) |

אות ח'

ולא יכנס להר הבית במקלו, ובמנעלו, ובפונדתו, ובאבק שעל רגליו, ולא יעשנו קפנדריא; ורקיקה מקל וחומר

רמב"ם פ"ז מהל' בית הבחירה ה"ב - ואי זו היא יראתו, לא יכנס אדם להר הבית במקלו, או במנעל שברגליו, או באפונדתו, או באבק שעל רגליו, [כ]או במעות הצרורין לו בסדינו; ואין צ"ל שאסור לרוק בכל הר הבית, אלא אם נזדמן לו רוק מבליעו בכסותו; ולא יעשה הר הבית דרך שיכנס מפתח זו ויצא מפתח שכנגדה כדי לקצר הדרך, אלא יקיפו מבחוץ; ולא יכנס לו אלא לדבר מצוה.

אות ט'

כי מטא לערבות, בריך: ברוך שעשה לי נס בערבות ובגמל

סימן ריח ס"ה - [כא]מי שנעשה לו נסים הרבה, בהגיעו לאחד מכל המקומות שנעשה לו נס, צריך להזכיר כל שאר המקומות ויכלול כולם בברכה אחת - וצריך להזכיר מתחלה מקום שעומד בו, ואח"כ יזכיר שארי מקומות. **ודע**, שאף שכלל שארי נסים, מ"מ אם פגע אח"כ המקום שנעשו לו שארי נסים, מברך עוד הפעם אפילו בו ביום. [**אבן** מספקא לי, אם בפעם השני צריך ג"כ לכלול נס הראשון שכבר בירך עליו היום בשם ומלכות, **ונראה** דאין קפידא, דהא עכ"פ אין מברך לבטלה, אלא כולל באחרונה].

זהו דוקא ביחיד, אבל בנסי רבים שמחויב כל אחד להזכיר לברך כשמגיע למקום הנס, א"צ להזכיר כל המקומות שנעשו בהם נסים לישראל, **וגם** ביחיד גופא כתב המ"א, דדוקא הוא בעצמו, אבל בנו אינו מחויב להזכיר כל הנסים שנעשו לאביו.

אות י'

אניסא דרבים כולי עלמא מיחייבי לברוכי

סימן ריח ס"ב - [כב]על נס שנעשה לקצת ישראל, כל זמן שלא נעשה לכל ישראל או רובן, ואפי' נעשה לקצת שבטים, אין מברכין עליו - אלא אותם שנעשה להם הנס בעצמם.

אות כ'

אניסא דיחיד איהו חייב לברוכי

סימן ריח ס"ד - [כג]הרואה מקום שנעשה נס ליחיד, אינו מברך - וכבר מבואר בס"ב, דכל זמן שלא נעשה נס לרוב ישראל כיחיד דיינינן ליה.

אבל הוא עצמו מברך: שעשה לי נס במקום הזה - היינו כשחוזר ומגיע שם אחר שקרא לו הנס, [**דבשעת** נס גופה אין צריך לברך ברכת "שעשה נסים", דלא נתקנה בזה אלא ברכת "הגומל"], **ומפעם** הראשונה ואילך אינו מברך כשמגיע שם, אא"כ עברו ל' יום מברכה ראשונה, וכבסעיף ג'.

[כד]וכל יוצאי ירכו גם כן מברכין: שעשה נס לאבי במקום הזה - זה קאי על בן, [**ואם** באו שני בניו וראו מקום הנס, יאמרו "שנעשה נס לאבינו"], **ומבן** הבן ואילך, יברך: "שעשה נס לאבותי", או "לאבי אבא", [**ובכלבו** איתא "לזקני", **ואם** הם שני בני בנים מזקן אחד, יאמרו "לאבותינו"].

עיין בא"ר שהכריע, דבנו ובן בנו צריכין לברך, בין שנולדו קודם שקרה הנס ובין שנולדו לאחר מכן, משום כבוד אביהם, **ומנכד** ואילך, אין מברכין אא"כ נולדו אבותיהם אחר שקרה הנס לאביהם הראשון, דבזה הם שותפים כולם באותו הנס, [**דיש** פוסקים שסוברים דוקא בנו ובן בנו ולא יותר, א"כ די לנו עכ"פ שיכריע שלא לברך עליהם רק כשהנס היה טובה גם להם].

(**ופשוט דאם נעשה נס לאמו או לאם אמו, ג"כ מברך "שעשה נס לאמי"** או "לאם אמי", **גם זה פשוט**, דזולת יוצאי ירכו, אין שום אחד רשאי לברך אנס דאידך, **ואפילו** בעל על אשתו או אשה אבעלה, וכן אין אב רשאי לברך אנס בנו).

[כה]סימן ריח ס"ו - [כו]על נס של רבו צריך לברך כשם שהוא מברך על נס של אביו - ונוסחתו: ברוך וכו' שעשה נס לרבי במקום הזה, **ומיירי** ברבו מובהק, **ופשוט** דדוקא הוא, אבל בניו אינם מחוייבים בכבוד רבו, ואין מברכים אניסו.

הגה: י"א דה"ה אם רואה האדם שנעשה לו הנס, מברך עליו כמו שמברך על המקום שנעשה בו הנס (אבודרהם) - וכגון אדם שמחוייב לברך אניסו, כאביו ורבו או אדם מסויים.

באר הגולה

[כ] ‹הכסף משנה הראה מקום לכל זה במשנה דר"פ הרואה, והנה שם במשנה איתא ולא יכנס להר הבית כו' ובפונדתו, ופירש"י חגור חלל שנותנין בו מעות, אמנם רבינו בפיה"מ שם פירש, דהוא בגד שלובש אדם על בשרו להזיע בו. וא"כ לא מיירי המשנה שם כלל באיסור לילך שם עם מעות, וגם הא כבר הביא רבינו האיסור דאפונדתו בהל' זו. **אבל** דברי רבינו נובעין מהתוספתא דברכות פ"ו דאיתא שם, לא יכנס אדם להר הבית במעות הצרורות לו בסדינו ובאבק שעל רגליו ובאפונדתו החגורה לו מבחוץ כו', ומכאן הוא מקור דברי רבינו - ציוני מהר"נ› [כא] **הרא"ש מעובדא דמר בריה דרבינא שם** [כב] **שם בגמ' לפי' ר' יונה** ‹וכתב ה"ר יונה, דניסא דרבים היינו שנעשה לכל ישראל או רובן, אבל שלא נעשה לרוב ישראל נקרא ניסא דיחיד - ב"י› [כג] **שם בגמ' לגי' הרי"ף ורב האי והרמב"ם שם** ‹אניסא דיחיד איהו לחודיה בעי ברוכי. ורב אלפס גורס: אניסא דיחיד איהו ובריה ובר בריה בעי ברוכי, וכן גורס רב האיי {וכן הביא הג' הגר"א}. ויש מפרשים לפי גירסתם לאו דוקא בן בנו, אלא ה"ה נמי כל יוצאי יריכו מברכין ברוך שעשה נס לאבותינו במקום הזה - טור› [כד] **טור בשם יש מפרשים והרשב"א** [כה] ‹מילואים› [כו] **ירושלמי לדעת הרא"ש והרמב"ן בספר תורת האדם**

ולפי"ז כל שלשים שלא ראה לאותו האיש, כשפוגע בו אח"כ חייב לברך, **ונוסח** הברכה: "ברוך אתה וכו' שעשה נס לאבי" או "לרבי", **ובאדם** מסויים יברך: "שעשה נס לאדם הזה", או "ברוך שעשה לך נס".

(עיין בשלחן שלמה שכתב, דאם רואה אדם שנעשה לו נס, בתוך ל' יום שכבר בירך אמקום שנעשה לפלוני הנס, א"צ לברך, דהא כבר בירך אמקום, ואז אח"כ כשרואה עוד את האדם בתוך ל' לראיית האדם, אינו מברך, אע"פ שלא בירך בפעם ראשון, ובראיית מקומו שבירך כבר עברו ל', אפ"ה אינו מברך, וה"ה איפכא).

[כז]סימן ריח ס"ט - [כח]יש אומרים שאינו מברך על נס אלא בנס שהוא יוצא ממנהג העולם

- כגון עובדא דנזכר בש"ס, באחד שהלך במדבר והיה בסכנת מיתה מחמת צמא, ואיתרחיש ליה ניסא ונפק ליה מעין מים, וכיוצא בזה.

אבל נס שהוא מנהג העולם ותולדתו, כגון שבאו גנבים בלילה ובא לידי סכנה וניצול

- ג"כ כדרך מנהג העולם, דהיינו שצעק לעזרה, או שנזדמנו בני אדם שם וברחו, **וכיוצא בזה, אינו חייב לברך** - כשיגיע שם בפעם אחר, ברכת "שעשה לי נסים", **ומ"מ** בשעה אירע לו ההצלה צריך לברך ברכת הגומל, דבברכת הגומל לא קפדינן כולי האי שיהיה נס גמור, וכדלקמן בסוף סי' רי"ט בדעה הראשונה, (דמברך הגומל על כל נס, ולאו דוקא בהני ד'), דהסכימו עליה הרבה אחרונים.

ויש חולק - דאפילו היה ההצלה שלא למעלה מדרך הטבע, אעפ"כ כיון שהיה בסכנה אם לא נזדמן לו ההצלה, נס מקרי, וחייב להודות ולשבח לבורא על שהכין והזמין לו ההצלה ברגע זו. **וטוב לברך בלא הזכרת שם ומלכות.**

(עיין מג"א שתמה אַיֵש חולק זה, דבודאי אמנהג העולם וטבעו אין לברך "שעשה לי נסים", וכן הגר"א תמה, דא"כ כל יולדת תהא צריכה לברך "שעשה לי נסים", וכמו כן בניה לעולם, **ולפי** מה שכתב בתשובת רדב"ז והובאה בנ"א, ניחא קושיתו, דבודאי כגון יולדת או חולה ליכא למ"ד, שאין זה נס כלל, שרוב חולים ויולדות לחיים, **ואנן לכו"ע נס בעינן, רק דלשיטה א' בעינן דוקא שהנס של הצלה יהיה דוקא למעלה מדרך הטבע כנסי אבותינו, ולשיטה ב' כל דבר שמזמין ה' ברגע זו בדרך התולדה ג"כ מקרי נס, כגון שבאו גנבים או גזלנים עליו וקרוב שיהרגוהו, ונזדמנו בני אדם או סיבה אחרת שנתפחדו וברחו מחמת זה, אע"פ שלא היה כאן שינוי בטבע, מ"מ נס הוא שהזמין הקב"ה לשעה זו).**

אם נפל עליו אבן וכיו"ב, או שעבר עליו עגלה טעונה, שבדרך הטבע היה שימות עי"ז, והוא ניצול ממיתה, כשיגיע לאותו מקום משלשים לשלשים, צריך לברך, [ואפילו לדעה ראשונה דנס גמור בעינן, גם זה הוא נס גמור, דומיא לנפל לגוב אריות]. **ואם** נפל אבן סמוך לראשו, או נתקע ברזל סמוך לעינו, ונעשה לו נס ולא נפל האבן על ראשו, ולא נתקע הברזל בעין ממש, לדעה ראשונה אין מברכין, **ולדעה** שניה אפשר שמברכים, כי כל אדם שקרוב לדבר שיש בו סכנה וניצול, מברך, [ואפשר דאפילו לדעה שניה אין מברכין, ולא דמיא לבאו עליו לסטים, כמובן]. **וע"כ** יברך בלא שם ומלכות.

כתבו האחרונים, מי שנעשה לו נס, יש לו להפריש לצדקה כפי השגת ידו, ויחלק ללומדי תורה, ויאמר: הריני נותן זה לצדקה, ויה"ר שיהא נחשב במקום תודה שהייתי חייב בזמן המקדש, וראוי לומר פרשת תודה, **וטוב** וראוי לו לתקן איזה צרכי רבים בעיר, **ובכל** שנה ביום הזה יתבודד להודות לה' יתברך ולשמוח ולספר חסדו.

אות ל'

<u>הרואה מעברות הים, ומעברות הירדן... על כולן צריך שיתן הודאה ושבח לפני המקום</u>

סימן ריח ס"א - עיין לעיל אות א'.

באר הגולה

[כז] (מילואים) [כח] הרד"א בשם הרא"ש מלוניל

עבדי להון נקירותא וטשו בהון אמרי כי חלפי ישראל הכא נקטלינון ולא הוו ידעי דארון הוה מסגי קמייהו דישראל והוה ממיך להו טורי מקמיידהו כיון דאתא ארון אדבקו טורי בהדי הדדי וקטלינון ונחת דמיהו לנחלי ארנון כי אתו את והב חזו דמא דקא נפיק מביני טורי אתו ואמרי להו לישראל ואמרו שירה היינו דכתיב °ואשד הנחלים אשר (במדבר כא) נטה לשבת ער ונשען לגבול מואב. אבני אלגביש מאי אבני אלגביש תנא אבנים שעמדו על גב איש וירדו על גב איש עמדו על גב איש זה משה דכתיב °והאיש משה עניו מאד (שם יב) וכתיב °ויחדלו הקולות והברד ומטר לא נתך ארצה (שמות ט) ירדו על גב איש זה יהושע דכתיב °קח לך את יהושע בן נון איש אשר רוח בו (במדבר כז) וכתיב °ויהי בנוסם מפני בני ישראל הם במורד בית חורון וה' השליך עליהם אבנים גדולות. (יהושע י) אבן שבקש עוג מלך הבשן לזרוק על ישראל גמרא גמירי לה אמר מחנה ישראל כמה הוי תלתא פרסי איזיל ואיעקר טורא בר תלתא פרסי ואישדי עלייהו ואיקטלינהו אזל עקר טורא בר תלתא פרסי ואייתי על רישיה ואייתי קודשא בריך הוא עליה קמצי ונקבוה ונחית בצואריה הוה בעי למשלפה משכי שיניה להאי גיסא ולהאי גיסא ולא מצי למשלפה והיינו דכתיב °שני רשעים שברת (תהלים ג) וכדר' שמעון בן לקיש *דא"ר שמעון בן לקיש מאי דכתיב שני רשעים שברת אל תקרי שברת אלא שרבבת *משה כמה הוה עשר אמות שקיל נרגא בר עשר אמין שוור עשר אמין ומחייה בקרסוליה וקטליה. ואבן שישב עליה משה דכתיב °וידי משה כבדים ויקחו אבן וישימו תחתיו וישב עליה. (שמות יז) ואשתו של לוט שנאמר °ותבט אשתו מאחריו ותהי נציב מלח (בראשית יט) וחומת יריחו שנבלעה דכתיב °ותפול החומה תחתיה (יהושע ו) בשלמא כולהו ניסא אלא אשתו של לוט פורענותא הוא דאמר ברוך דיין האמת והא הודאה ושבח קתני *תני על לוט ועל אשתו מברכים שתים על אשתו אומר ברוך דיין האמת ועל לוט אומר ברוך זוכר את הצדיקים *א"ר יוחנן אפילו בשעת כעסו של הקב"ה זוכר את הצדיקים שנאמר °ויהי בשחת (בראשית יט) אלהים את ערי הככר ויזכור אלהים את אברהם וישלח את לוט מתוך ההפכה וגו': וחומת יריחו שנבלעה: וחומת יריחו נבלעה והא נפלה שנאמר °ויהי כשמוע העם את קול השופר ויריעו העם תרועה גדולה (יהושע ו) ותפול החומה תחתיה כיון דפותיה ורומה כי הדדי נינהו משום הכי אבלעה בלועי אמר רב יהודה אמר רב * [ג]ארבעה צריכין להודות יורדי הים הולכי מדברות ומי שהיה חולה ונתרפא ומי שהיה חבוש בבית האסורים ויצא יורדי הים מנלן דכתיב °יורדי הים באניות וגו' המה ראו מעשי (תהלים קז) ה' ואומר ויעמד רוח סערה יעלו שמים ירדו תהומות ואומר יחוגו וינועו כשכור ואומר ויצעקו אל ה' בצר להם וממצוקותיהם יוציאם ואומר יקם סערה לדממה ואומר וישמחו כי ישתוקו ואומר יודו לה' חסדו ונפלאותיו לבני אדם הולכי מדברות מנלן דכתיב תעו במדבר בישימון דרך עיר מושב לא מצאו ויצעקו אל ה' וידריכם בדרך ישרה יודו לה' חסדו מי שחלה ונתרפא דכתיב אוילים מדרך פשעם ומעונותיהם יתענו כל אוכל תתעב נפשם וגו' ויזעקו אל ה' בצר להם וגו' ישלח דברו וירפאם וגו' יודו לה' חסדו מי שהיה חבוש בבית האסורין מנלן דכתיב יושבי חשך וצלמות וגו' כי המרו אמרי אל וגו' ואומר ויכנע בעמל לבם וגו' ואומר ויזעקו אל ה' בצר להם ואומר יוציאם מחשך וצלמות וגו' ואומר יודו לה' חסדו מאי מברך אמר רב יהודה [ד]ברוך גומל חסדים טובים [א] אביי אמר וצריך לאודויי קמי עשרה דכתיב °וירוממוהו °בקהל עם וגו' מר זוטרא אמר ותרין מינייהו רבנן שנאמר °ובמושב זקנים יהללוהו (שם.) מתקיף לה רב אשי ואימא כולהו רבנן מי כתיב בקהל זקנים בקהל עם כתיב ואימא [ה]בי עשרה שאר עמא ותרי רבנן קשיא רב יהודה חלש ואתפח על לגביה רב חנא בגדתאה ורבנן אמרי ליה בריך רחמנא דיהבך ניהלן ולא יהבך לעפרא אמר להו [ו]פטרתון יתי מלאודויי והא אמר אביי בעי אודויי באפי עשרה דהוו בי עשרה והא איהו לא קא מודה לא צריך דעני בתרייהו אמן: אמר רב יהודה °שלשה צריכין שימור ואלו הן חולה חתן וכלה במתניתא תנא חולה חיה חתן וכלה ויש אומרים אף אבל °ויש אומרים אף תלמידי חכמים בלילה: ואמר רב יהודה שלשה דברים °[המאריך בהן] מאריכין ימיו ושנותיו של אדם המאריך בתפלתו והמאריך על שלחנו והמאריך בבית הכסא והמאריך בתפלתו מעליותא היא והאמר רבי חייא בר אבא א"ר יוחנן כל

עבדי להון נקירותא. מערות מעברות כחלי ארנון עמק עמוק בין ב' הרים גבוהים והיו ישראל צריכים לעבור בתוכו עמק עשו אמוריים מערות בצדי ההרים ונחבאו שם: **וטשו**. נחבאו: **מסגי**. עובר: **ממיך טורי**. משפיל הרים ומתפשטין זה אצל זה עד שהעמק שוה: **חזו דמא**. כשחזרו ההרים למקומן: **ואשד**. ושפך: **אשר נטה לשבת ער**. ההר שבעבר העמק נטה ונתפשט אצל חברו ההר אשר אצל עבר מואב ושם ארץ מואב ער: **שעמדו**. באויר: **לא נתך ארצה**. לא הגיע לארץ אלא עמדו באויר (א): **מחנה ישראל כמה הוי תלתא פרסי**. עוג חשב כן בלבו מחנה ישראל תלתא פרסי דכתיב (במדבר לג) ויחנו מבית הישימות עד אבל השטים ואמר רבה בר בר חנה לדידי חזי לי ההוא דוכתא והוה תלתא פרסי אורכא ותלתא פרסי פותיא (עירובין פ"ה ד' נה:): **קמצי**. נמלים: **שרבבת**. לשון *אשתרבובי אשתרבוב ירדו וגדלו למטה: **משה כמה הוי עשר אמין** שהרי הוא הקים את המשכן (ב) ודרשי' הקים את עצמו לקומת המשכן וכתיב ביה עשר אמות אורך הקרש (שמות לו): **שוור**. קפץ למעלה: **בקרסוליה**. קביל"א בלעז: **וידי משה כבדים**. ואינו יכול לפושטן כל היום אלא אם כן תומכים בזרועותיו ויקחו אבן וישימו תחתיו: **תחתיה**. משמע במקומה ואי אפשר זו אלא על ידי בליעה: **דאמר ברוך דיין האמת**. פירוקא הוא: **זוכר את הצדיקים**. שזכר את אברהם: **כיון דפותיה ורומה כי הדדי הוו**. ואין נפילה ניכרת בה אם לא נבלעה משום הכי אבלעה והוא דרך נפילה לחומה כזו: **צריכין להודות**. כשיוצאין מן הסכנה: **וירוממוהו בקהל עם**. בסוף פרשת המזמור (ג): **ואתפח**. נתרפא: **בגדתאה**. שם עירו בגדד היא עיר החשובה שבבבל משחרבה *בבל: **שימור**. מן המזיקין: **חולה**. שהורע מזלו לפיכך השד מתגרה בו וכן חיה אשה שילדה וכן אבל: **חתן וכלה ותלמידי חכמים**. מקנאתו מתגרה בהם: **והמאריך על שלחנו**. שמתוך כך עניים באין ומתפרנסים: **והמאריך בבית הכסא**. רפואה היא לו:

ומעיין

***אבני** אלגביש במורד בית חורון. וה"ה מקום שנפל שם מחנה סנחריב דלא גרע חזקיה מאדם *המסויים אלא לא חש לפרש לפי שידוע המקום סביב ירושלים. ושוב היה נראה לרבינו יהודה כיון שאין הנס ידוע ע"פ המקום כי הכך אין מברכין עליו אלא אותם שנעשה להם הנס. וכן כל אדם מברך על ניסו אף על פי שאינו ניכר מתוך המקום:

ארבעה צריכין להודות יורדי הים וכו'. ובתהלים לא חשיב כזה הסדר אלא חשיב הולכי המדבר ראשון דקרא נקט סדר המסוכנין יותר תחלה וגמרא נקט °המצויין תחלה: **ואימא** כי עשרה ותרי רבנן. *ועבדי לחומרא ואפילו ליכא תרי רבנן ונהגו העולם לברך אחר שקורא בתורה ודוקא בחולה שנפל למטה אבל חש בראשו או במעיו ואינו מוטל למטה לא. ה"ר יוסף: **פטרתון** יתי מלאודויי. וא"ת והא אמריכן* ברכה שאין בה מלכות אינה ברכה וי"ל דרב יהודה היה מתלמידי דרב ורב סבר לעיל בפרק כיצד מברכין (דף מ:) דלא בעינן אלא הזכרת השם (או מלכות ורחמנא הייני מלכות): לך

עין משפט נר מצוה

שייך לפ"א

[המכר בירושלמי הביאו הרא"ש סי' א]

יא א טוש"ע או"ח סי' ריח סעיף ח:

יב ב מיי' פ"י מהלכות ברכות הל' ח סמג עשין כז טוש"ע או"ח סי' ריט ס"א:

יג ג מיי' שם טוש"ע שם סעיף ב:

יד ד מיי' שם טוש"ע שם סעיף ג:

טו ה שם סעיף ד:

[הטור בא"ח סי' ריט העתיק דברי תוס' הללו בזה"ל וכיון דלא אפשיטא עבדינן לחומרא ובעינן תרווייהו]

[לעיל מ:]

[כל זה מותק המעי"ס]

[בשאלתות פ' וישלח סי' כ"ו איתא דאמר ר"י]

[תשובת רב האי גאון על דלא קחשיב הנך ד' דצריכין להודות כסדר הנאמר בפסוק עי' בערוך ערך ארבע ותמצא כתת יכלל דבריו דקרא סדורין מה שהכית טפי ונגמרא מסדר לפום הקרובין לסכנה וע"ע בתוס' ד"ה ארבעה וכו' שכתבו להיפוך"ע בתוס' דשבת ב. ד"ה יציאות וכן מפרש רב האי כד' צריכין להודות ע"ש היטב]

מסורת הש"ס

[סוכה ה. קדושין מט:]

[מגילה טו: סוטה יב:] [בכורות מד.]

[ועי' פירוש רש"י יבמות סד: וכתובות ז:]

הגהות הב"ח

(א) רש"י ד"ה לא נתך וכו' באויר הס"ד ואח"כ מ"ה אמר עוג חשב כן בלבו הס"ד ואח"כ מ"ה מחנה וכו' תלתא פרסי מחנ' ישראל: (ב) ד"ה משה וכו' הקים את המשכן שנאמר ויקם משה את המשכן ודרשינן הקים: (ג) ד"ה וירוממוהו וכו' המזמור כצ"ל הס"ד:

הגהות הגר"א

[א] גמ' חסדים טובים (רשום קו על מלות הללו) וכ"כ לחייבים טובות שגמלני כל טוב. רי"ף ורא"ש:

גליון הש"ס

גמ' דכתיב וירוממוהו בקהל עם. וקהל מקרי עשרה כמו שפירש"י בכתובות ז ע"ב ד"ה במקהלות: שם אר"י שלשה צריכין שמור. מג"א סי' רל"ט ס"ק ז: שם וי"א אף ת"ח. עי' רבינו יונה פ"ק דמסכתין דף ד ע"ב ד"ה שנאמר: שם ג' דברים המאריך בהן מאריכין. עי' לעיל מו ע"א ולע"ק [ערש"א כת"א]: תד"ה ארבעה כו' המצויין תחלה. עי' ריש שבת בתוס' ד"ה יציאות:

§ מסכת ברכות דף נד: §

אות א'

תני: על לוט ועל אשתו מברכים שתים, על אשתו אומר: ברוך דיין האמת; ועל לוט אומר: ברוך זוכר את הצדיקים

סעמן ריח ס"ח - [א]הרואה אשתו של לוט - כשהיא נציב מלח, **מברך שתים: עליה אומר: בא"י אמ"ה דיין האמת** - [ולא ידענא, לפי מה שמבואר לקמן בסי' רכ"ה ס"ט, דברכת דיין האמת הוא דוקא כשמצטער על הענין ע"ש, דלפיכך לא מברכינן על עובד גלולים, והיא בודאי איננה ישראלית, ואולי דמצערינן על שלא הועיל זכות של אברהם להצילה, שזה מורה על תוקף הדין]. **ועל לוט אומר: בא"י אמ"ה זוכר הצדיקים** - שזכר הקב"ה את אברהם, כדכתיב: ויזכור אלהים את אברהם וישלח את לוט מתוך ההפכה וגו', **ואע"פ** שאין רואה קברו של לוט, דכשרואה אותה נזכר גם מנס בעלה, ומש"כ "ועל לוט", ר"ל בשביל לוט, **ומשמע** לכאורה דעל קברו של לוט אינו מברך כלל, דשם אינו מנכר זכירת הצדיקים, [דאל"ה תקשה על הברייתא, למה לא קאמרה הרואה קברו של לוט, דהוי אתי שפיר טפי בלא דחוקים], רק כשרואה אשתו שנעשה נציב מלח, ושם באותו מקום ובאותה שעה בודאי היה כח תוקף הדין, ואעפ"כ זכר הש"י את אברהם והציל בעבורו ללוט, ושייך לברך ע"ז.

אות ב'

ארבעה צריכין להודות: יורדי הים, הולכי מדברות, ומי שהיה חולה ונתרפא, ומי שהיה חבוש בבית האסורים ויצא

סימן ריט ס"א - [ב]ארבעה צריכים להודות: יורדי הים כשעלו ממנה - ודוקא כשעלו ממנה לגמרי, **ואין** בכלל זה מה שעומדים עם הספינה כשבאה לנמל, והאנשים שבה יורדים ליבשה ליום או ליומים, או עד שתגיע זמן הספינה לילך הלאה, **דבזה** אין מברכין, דאכתי לא ניצול מן הסכנה לגמרי, [ואפי' אם שוהה כמה ימים].

(**אי דוקא ים, או ה"ה נהר שמהלכין בו באניות או בדוברות עצים, כמו** שדרך בנהרות הגדולים, **נראה** לכאורה דתליא במנהג ספרד ואשכנז המבואר לקמן במחבר ס"ז, **דלמ"ד** התם אפילו בסתם דרכים נמי מברכין, כמו כן ה"ה הכא לא גרע נהר גדול מסתם דרכים, **אכן** לפי מנהג אשכנז דבדרך אין מברכין, אפשר ה"ה גם גבי נהר אין מברכין, דלא שכיחא סכנתא כמו גבי ים גמור, כנ"ל).

והולכי מדבריות כשיגיעו לישוב - והוא הדין הכא, אם בדרך הליכתם עוברים דרך איזה עיר, גם כן אין מברכין.

(ודע עוד דפשוט, דלכו"ע בין בים ובין במדבר מברכין אפילו לא קרה לו שום סכנה, כגון שעבר הים ולא היה שום רוח סערה וכה"ג, או הלך במדבר ולא תעה בדרך ולא חסר לו מים וכה"ג, אפ"ה תקינו רבנן לברך, **ואע"ג** דבקרא כתיב: תעו במדבר בישימון וכו', וכמו כן גבי יורדי הים: ויאמר ויעמד רוח סערה וגו', **לאו** דוקא שקרה לו, **אלא** כיון שעלול לו לקרות מקרים כאלה, צריך לאודויי שניצל מזה).

ומי שהיה חולה ונתרפא - והולך כבר על בוריו.

ומי שהיה חבוש בבית האסורים ויצא - דעת מ"א, דמיירי בחבוש על עסקי נפשות דוקא, (**ונראה** מדבריו בזה, דגם חבוש אינו מחויב להודות אלא מחמת שהוא בסכנה מחמת חיבושו, ולהכי בחבוש מחמת ממון שתובעים ממנו, שבודאי עכ"פ לא יבא הדבר לידי סכנת נפשות, שאפי' אם לא ישיג ידו לשלם ג"כ לא יהרגו אותו, לפיכך אין מברכין, **משא"כ** בחבוש מחמת שיש עליו עלילת נפשות, א"כ הרי הוא עומד בסכנה, שמא יגמר דינו ליהרג וכיוצא, ולהכי מברך).

(**ולפי** טעם זה, גם בחבוש מחמת נפשות דמברכין, לכאורה הוא דוקא בחבוש שנחבש עד שיגמר דינו, דאז עומד בסכנה, דהא אינו יודע אם יצא דינו לשבט או לחסד, ואז אם יצא חייב לברך, **משא"כ** בנגמר דינו שישב בבית האסורים, כמו במדינות אלה שישיבת בית האסורים בעצמה הוא עונש, **אפי' היה עלילה של נפשות, אפ"ה כשיצא מבית האסורים אינו** מברך, דהא לא הוי שום סכנה, מאחר שידוע שזה הוא כל עונשו, **אם** לא שהישיבה גופא הוא סכנה, כמו שידוע שיש בתי אסורים על פשעים גדולים שהישיבה בהם זמן מרובה הוא סכנת נפשות, ובודאי צריך לברך כשיצא משם, **ואולם** יש לדחות, דחייב להודות ולברך להש"י על שלא נגמר דינו מתחלה רק לישיבת בית האסורים בלבד, ולא לעונש נפשות).

והרבה חולקים עליו, (הא"ר וברכ"י, כיון דעכ"פ היה כלוא ולא היה מושל בנפשו, **ויש אחרונים** שכתבו, שגם מג"א לא כתב דבריו אלא לפי מנהג אשכנז המובא בס"ז ובס"ח, דדוקא בדרך שיש בה סכנה, או בחולי שבחלל הגוף, **משא"כ** למנהג ספרד, דאפילו בחולי כל דהו או בדרך סתם נמי מברכין, ה"ה הכא גבי חבוש אפי' על עסקי ממון, **אלא** דבאמת מסתימת מג"א נראה, דאפילו למנהג ספרד בעינן דוקא חבוש מחמת נפשות).

(**ונראה** דדעת מג"א הוא, דהני קדמונים שמביא הברכ"י, הולכים בשיטת הערוך, דאפי' במיחוש כל דהו נמי מברכין, ולפי"ז ה"ה בחבוש מחמת ממון, כיון שהוא עכ"פ כלוא ואינו יכול לצאת כחפצו, די להתחייב בברכה, **משא"כ** להמחבר בס"ח שלא אחז לגמרי בשיטת הערוך, אלא הצריך עכ"פ שעלה למטה, ומטעם כיון שעלה למטה, **אע"פ** שאינו מסוכן לעת עתה, מ"מ יקרה פעמים רבות מכיון שנפל למשכב מתגבר עליו החולי ובא לידי סכנה, ובזה חייב להודות, וכמו שכתב באמת המחבר סברא זו, במה שמסיים: ודמי להעלוהו לגרדום לידון, שאינו יודע איך יצא דינו, וא"כ לפי שיטה זו, בחבוש מחמת נפשות שעכ"פ יעלוהו לגרדום, חייב לברך, **משא"כ** בחבוש מחמת ממון,

באר הגולה

א שם בבלי נ"ד ע"א | ב ברכות נ"ד ע"ב

שלעולם לא יעלוהו לגרדום לדונו מחמת שאין לו מה לפרוע, אינו חייב לברך, ומ"מ אפי' יהיבנא לדבריהם לדחות דברי מג"א, אינו אלא למנהג ספרד, ולפי סתימת המחבר בס"ח, **משא"כ** לדעת רמ"א ולמנהג אשכנז ולמי שנוהג כן, בודאי צדקו דברי המ"א, דבמקום שאין סכנה אין מברכין, ומה איכפת לן במה שאינו שולט בנפשו, אם לא במקום דגם בחבוש על עסקי ממון אינו בטוח לגמרי מסכנה, ותמיה על א"ר שלא נחית לזה).

(ודע עוד, דאף לדברי החולקים אמג"א, ולשיטתם אם דנוהו לישב בבית האסורים בודאי חייב לברך כשיצא אח"כ, אף שלא היה לו סכנה כלל, מ"מ נראה דכ"ז כשיושב עכ"פ בבית האסורים גמור, ומשך איזה זמן, אבל לא בשדנוהו לישב יום או יומים בבית השוטרים, כמו שנהוג בזמנינו על חטאים קלים נגד חוקי הממשלה יר"ה, **דבזה** לכו"ע אין מברכין, דליכא הכא שום סכנה, וגם לא שייך כ"כ טעמא דר"י מיגאש שהביא הברכ"י, משום דאינו שולט בנפשו, **ואין** זה כלל מענינא דקרא, דכתיב ביה: יושבי חשך וצלמות וגו', ויכנע בעמל לבם וגו', וכשלו ואין עוזר וגו', וגדולה מזו מצאתי לאחד שכתב, שחבוש מברך דוקא בשהיה כבול בכבלי ברזל, ואף שלדינא לא נראה כן, דכפי הנראה נמשך אחר לשון המקרא דכתיב: אסירי עני וברזל, **וכבר** כתבנו לעיל בבה"ל דלא בעינן דומיא דקרא, ואפי' בלא תעו במדבר או לא עמד רוח סערה ג"כ מברך, וה"ה בזה, וכן משמע משאר פוסקים שלא הזכירו תנאי זה, **אבל** עכ"פ ביושב יום או יומים בודאי אינו כלל מענינא דקרא, ואין לברך).

וסימנך: וכל החיי"ם יודוך סלה, "חבוש" "יסורים" "ים" "מדבר".

כתבו האחרונים, דמי שנתחייב ארבעתן אינו מברך כי אם ברכה אחת לכולן. **עוד** כתבו, דקטן אינו מחוייב להודות, ואפילו מצד מצות חינוך, **וגם** נשים מנהג העולם שאין מברכין ברכה זו, **וכתבו** האחרונים הטעם, משום דסדר ברכה זו הוא בפני עשרה וכדלקמיה, ולא אורח ארעא לאשה, **ויש** שכתבו דמ"מ נכון הוא שתברך בפני עשרה, עכ"פ בפני נשים ואיש אחד.

סימן ריט ס"ט - [ג]הני ארבעה לאו דוקא, דה"ה למי שנעשה לו נס, כגון שנפל עליו כותל, או ניצול מדריסת שור ונגיחותיו, או שעמד עליו בעיר אריה לטורפו, או אם גנבים באו לו אם שודדי לילה - ר"ל והיה קרוב לסכנה על ידם, וכדלעיל בסוף סי' רי"ח, **וניצול מהם, וכל כיוצא בזה, כולם צריכים לברך "הגומל".**

ואעפ"כ כשיגיע למקום שנעשה בו הנס, יברך גם "שעשה לי נס במקום הזה", **ועיין** בסימן רי"ח ס"ט, שם יש פלוגתא אי יברך "שעשה לי נס" כשניצול בדרך הטבע.

[ד]וי"א שאין מברכין "הגומל" אלא הני ארבעה דוקא - משום שמצויים ביותר תקנו עליהם ברכת "הגומל", משא"כ אינך שאינם שכיחים כלל אין לברך עליהם "הגומל", **אלא** בהני דנעשה להם נס, יברך "שעשה לי נס" כשיגיע לאותו מקום, **ומי** שהלך בדרך אפילו שלא במקום סכנה, ובאו עליו לסטים להרגו וניצול, לכו"ע מברך ברכת "הגומל".

וטוב לברך בלא הזכרת שם ומלכות - והאחרונים כתבו, דהמנהג כסברא ראשונה, וכן מסתבר.

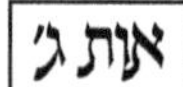
אות ג'

ברוך גומל חסדים טובים

סימן ריט ס"ב - [ה]ומה מברך: בא"י אמ"ה הגומל לחייבים טובות שגמלני כל טוב - פי' אפי' לאותם שהם חייבים, עם כל זה גומל להם טובות, וגם אני אע"פ שאיני הגון, עכ"ז גמלני בכל טוב, **ונוסח** זה אינו מעכב כל שאמר ענין הברכה, וכס"ד, [**ומה** שהביא המ"א בשם ר"מ מינץ, דאין לשנות ממטבע שטבעו חכמים, הוא רק לכתחלה, דע"כ ‹לדלג "לחייבים", ציור של המ"א›, לאו שינוי גמור הוא, וכמו שמוכח בס"ד, **ואפי'** לענין לכתחלה צריך עיון קצת, דהא משמע בגמ' דרב יהודה עשה כן לכתחלה]. **כתב** הרמב"ם, המברך צריך שיהיה עומד בשעת ברכה, **ובדיעבד** יצא אף בישיבה.

והשומעים אומרים: מי שגמלך כל טוב הוא יגמלך כל טוב סלה - ואם לא אמרו אינו מעכב.

אות ד'

בי עשרה שאר עמא, ותרי רבנן

סימן ריט ס"ג - [י]צריך לברך ברכה זו בפני יו"ד - עם בעל הנס, **ותרי מינייהו רבנן, דכתיב: וירוממוהו בקהל עם ובמושב זקנים יהללוהו** - ואין זקן אלא מי שקנה חכמה, **וכתב** מ"א, דבעינן הני דתנו הלכתא.

(**עיין** פמ"ג שמגמגם בדברי המחבר, שהשמיט דעת התוס' {כדמבואר להלן} דבעינן תרי רבנן לבד העשרה, מאחר שהרי"ף [ז]והרמב"ם מסכימים ג"כ לשיטה זו, **ובאמת** נמשך בשגגה אחר דברי הב"י, וכבר כתב הפרישה שט"ס הוא בב"י, ואדרבה הרי"ף קיים בשיטת הרמב"ם דס"ל להיפך מהתוס', וכן באשכול ובהלכות ראבי"ה העתיק ג"כ הכי, **ובעיקר** הדבר אין תמיה כלל עליהם, דידוע דכמה ראשונים סוברים דכל היכי דלא אסיק הגמרא בתיובתא, לא נדחה דינא דאמורא, {והתוס' אפשר דקיימי בשיטת הרשב"ם פ' חזקת הבתים נ"ב: בד"ה קשיא, דלא סבר לה כהראשונים הנ"ל, אח"כ מצאתי שהגר"א העיר כל זה}, וי"ל גם בענייננו דמר זוטרא סובר דאין סברא להצריך ב' לבד העשרה, דהיכן מצינו בכל התורה להצריך מספר י"ב אנשים, ובודאי הני ב' מתוך עשרה הם. **ודע** עוד, דלשון התוס' בזה כפי מה שהוא לפנינו הוא מקוצר ביותר, ועיין באחרונים שנדחקו בהבנתו, **ובתוס'** רבינו יהודה הלשון מבורר ביותר,

באר הגולה

ג תשו' הריב"ש | ד הרד"א בשם רבי גרשום, וא"ח בשם י"א ובשם ר' שם טוב פלכו בשם התוס' | ה שם לפי גירסת הרי"ף והרמב"ם והרא"ש {וכמו שהביא הגה' הגר"א} | ו שם | ז ‹ואפשר משום דברי הרמב"ם לפי הבנת הפמ"ג, ציין העין משפט על פיסקא זו, וצ"ע›

וז"ל: אימא בי עשרה ותרי רבנן קשיא, וכיון דלא איפשטא לן, עבדינא לחומרא, ואי ליכא יברך אפילו ליכא תרי רבנן, עכ"ל, ומפורש הוא ששני דברים הם, והגר"א בביאורו כוון ג"כ לזה מדעתו הרחבה, עי"ש).

[ח]**ואם לא שכיחי רבנן, לא יניח מלברך.**

(עיין בביאור הגר"א דמשמע מניה דלדעת המחבר דפסק מתחלה דאין צריך כי אם עשרה, [ט]ליכא מקור לדין זה, ומ"מ למעשה נראה כפסק המחבר, ואפשר דאף הגר"א מודה בזה דהוא לא לעיכובא, דהמעיין בבה"ג יראה שלא העתיק כלל מימרא דמר זוטרא דבעינן תרי רבנן, ואפשר דס"ל דמאחר דרב אשי מותיב עלה קושיא אחר קושיא, מסתמא לא חש לה כלל, וס"ל דמדאמוראי קמאי כרב יהודה ואביי לא הזכירו זה כלל, ס"ל דקרא אורחא דמלתא נקט, דמהדר אחרי זקנים כדי שיברכו אותו, וכדכתב הרמב"ם דהשומעים אומרים מי שגמלך וכו', אבל לא דדינא הכי, ולכן אף שפסקינן דבעינן תרי רבנן, אעפ"כ אי לא שכיחי רבנן מסתברא שאינו מעכב, מאחר שבה"ג והרי"ף לא העתיקו כלל מימרא זו).

[י]**ונהגו לברך אחר קריאת התורה, לפי שיש שם עשרה.**

ואם בירך בפחות מעשרה, [יא]יש אומרים שיצא - דכל עיקר עשרה אינו אלא למצוה, **ולפי"ז** אם יודע שלא יזדמנו לו עשרה, יברך בלא עשרה אפי' לכתחלה, **ועיין** בהל' הרא"ה שכתב, דימתין עד ל' יום, פן יזדמן לו עשרה שיוכל לקיים המצוה כהלכתה, **ויותר** לא ימתין.

(עיין בטור דהביא ראיה מדקאמר אביי בלשון צריך, משמע דהוא רק למצוה בעלמא, ובבה"ג משמע דחיובא יש בזה ע"ש, אמנם הרא"ה דעתו בהלכותיו כהטור, ע"ש).

[יב]**ויש אומרים שלא יצא; וטוב לחזור ולברך בפני עשרה בלא הזכרת שם ומלכות** - משום דספק ברכות להקל.

(**ודע** דמדברי המחה"ש משמע, דלדעה אחרונה אם מברך בלא עשרה הוי ברכה לבטלה, דלא נתקנה כלל בלא עשרה, **וא"כ** לדבריו, כיון שהמחבר לא הכריע בפלוגתא זו, א"כ ממילא אינו רשאי לברך בלא עשרה, **אבל** דעת רעק"א, דאפי' לדעה אחרונה אינו אסור לברך בלא עשרה דרך שבח והודאה, דלא גרע מאדם דעלמא שמברך על חבירו ברכה זו אע"ג דלא נתחייב כלל, וכמ"ש בהג"ה בס"ד, וכ"ש איהו גופיה, אלא דאם יזדמנו לו אח"כ עשרה צריך לברך עוד הפעם דרך חובה לדעה אחרונה, [יג]**ואמנם** לכתחלה יש ליזהר שלא לברך בלא עשרה אפילו דרך שבח והודאה, דאם יזדמן לו אח"כ עשרה לא יוכל לברך פעם שני דרך חובה, דשמא קי"ל כדעה ראשונה וכבר יצא, ע"ש, **אכן** אם כוון בהדיא שלא לצאת בהברכה, אפשר דלכו"ע יכול לחזור ולברך, דאפי' למ"ד מצות א"צ כוונה, היינו בסתמא, אבל לא בכוון בהדיא שלא לצאת, ועיין).

[יד]**סימן ריט ס"ו** - [טו]**אם איחר** - ר"ל שלא בירך בשעה שעלה מן הים, או בשעה שחזר לבוריו ממחלתו, **יש לו תשלומין לברך כל זמן שירצה;** [טז]**ונכון שלא לאחר שלשה ימים** - דעד זמן זה קרוי בא מן הדרך, **וכתבו** האחרונים, דאפילו יצטרך בשביל זה לברך שלא בס"ת כפי המנהג, אעפ"כ אל יאחר יותר משלשה ימים, כגון אם יצא ביום ב' לאחר שכבר קראו, יברך בעשרה בלא ס"ת, ואל ימתין עד יום ה', ועיין במש"כ לעיל בס"ג.

אות ד'*[יז]

תוס' ד"ה ואימא: ודוקא בחולה שנפל למטה, אבל חש בראשו או במעיו ואינו מוטל למטה, לא

סימן ריט ס"ז - [יח]**באשכנז וצרפת אין מברכין כשהולכין מעיר לעיר, שלא חייבו אלא בהולכי מדברות דשכיחי ביה חיות רעות ולסטים;** [יט]**ובספרד נוהגים לברך, מפני שכל הדרכים בחזקת סכנה** - דס"ל דברכה זו שוה לענין ברכת תפלת הדרך, לעיל בסימן ק"י עי"ש.

[כ]**ומיהו בפחות מפרסה אינו מברך** - דבמקום קרוב כזה בודאי לאו בחזקת סכנה הוא, **ואם הוא מקום מוחזק בסכנה ביותר, אפילו בפחות מפרסה.**

סימן ריט ס"ח - [כא]**כל חולי צריך לברך, אפילו אינו חולי של סכנה ולא מכה של חלל, אלא כל שעלה למטה וירד, מפני** [כב]**שדומה כמי שהעלוהו לגרדום (פי' מעלות שעושין דייניס לשבת כשדנין) לידון** - שאין אנו יודעים איך יצא דינו, כמו כן בחולה כיון שנפל למשכב אין אנו יודעים סופו, שכמה פעמים אע"פ שתחלתו לא היה סכנה, לבסוף מתגברת המחלה ובא לידי סכנה.

[כג]**אבל** אם לא עלה למטה כלל, רק שיש לו איזה מיחוש בעלמא בראשו או בגרונו וכה"ג, אינו מברך אפי' לדעה זו.

ואין הפרש בין שיש לו מיחוש קבוע ובא מזמן לזמן, ובין שאינו קבוע - אלא בכל גוונא, כל שעלה למטה מחמתו בזמן שחשש בו, חייב לברך אח"כ, **ור"ל** שלא תאמר דמיחוש שבא מזמן לזמן כבר ידוע הוא שאין בו סכנה, **אינו** כן, ואדרבה כל שהוא קבוע הוא יותר מתחזק, ואע"פ שנעשה לו נס פעמים רבות וניצול ממנו, מן השמים רחמוהו, ולאו כל שעתא מתרחיש ניסא, עכ"ל הרשב"א בתשובה.

באר הגולה

[ח] **תוס' שם והמרדכי** [ט] ‹ואזלי תוס' {במאי דקאמרי: ואפי' ליכא תרי רבנן}, לשיטתם שפסקו כרב אשי, וס"ל הא דפריך גמ' מאביי, {והאמר אביי בעי לאדויי באפי עשרה}, ולא פריך מהא דרב אשי {היה להם להקשות והאמר רב אשי דצריך שנים עשר - דמשק אליעזר}, משום דלא מעכבי - גר"א› [י] **שם בתוס' וא"ח** [יא] **טור מלישנא דגמ'** ‹דלישנא וצריך לאודויי באנפי י', משמע דוקא לכתחלה - טור› [יב] **ר' יונה** ‹ואין הדיוק נראה בעיני, דאדרבה לישנא דצריך משמע שיש עיכוב בדבר - ב"י› [יג] ‹היינו אף לשיטת רעק"א, דהא הבה"ל הכריע לקמן דלא כשיטת הרמ"א, ואין לברך על חבירו› [יד] ‹מילואים› [טו] **טור** [טז] **לדעת ספר א"ח בשם הרמב"ן מהא דעירובין ס"ה ע"א** [יז] ‹ע"פ הטור, עיין לקמן סוף סעיף ח'› [יח] **טור** [יט] **הרמב"ן והרד"א** [כ] **שם לדעת בה"ג** [כא] **טור בשם הירושלמי ולגירסא שמצא הב"י** ‹ומצאתי ספר שכתוב בו, דגרסינן בירושלמי: כל החלאים בחזקת סכנה הם, ויישר מאד בעיני - ב"י› [כב] **שבת ל"ב:** [כג] ‹עיין לקמן בהערה סוף סעיף ח'›

הגה: וי"א דאינו מברך רק על חולי שיש בו סכנה, כגון מכה של חלל - או שאר חולי שיש בו סכנה, כגון קדחת של כל הגוף שקורין שוידערין, כמבואר בסימן שכ"ח, ‹והנה עיקר דינא הובא בא"ר בשם מהרי"ל, דעל חולי של קדחת צריך לברך, אך סתם בזה איזה קדחת, ונ"ל דתלוי בזה, אם סובר כהמחבר, אפילו בקדחת החולפת שקורין פיבער, נמי מברך, **ואם** כדעת הרמ"א, אינו מברך אלא באישתא צמירתא שקורין שוידערין›.

[כד]**(טור בשם הראב"ד והר"ר יוסף, וכן נוהגין באשכנז)** - וכתב המ"א, דקצת נוהגין כסברת המחבר, וכן דעת הא"ר לדינא, וכן כתב במגן גבורים, שכל שחלה בכל גופו שכיוצא בזה מחללין עליו את השבת ע"י עו"ג, מברך "הגומל", וכעין זה כתב ג"כ הח"א, **אך** שכתב שמ"מ לא יברך אא"כ נפל למטה לא פחות מג' ימים, **ועיין** בה"ל, דאם מחלתו הוא דבר שיש בו סכנה, אפילו בפחות מג' ימים נמי צריך לברוכי. ‹**והמנהג** כדברי רבינו הרמ"א - ערוה"ש›.

אות ה'

פטרתון יתי מלאודויי

סימן ריט ס"ד - [כה]**אם בירך אחר ואמר: בא"י אמ"ה אשר גמלך כל טוב, וענה אמן, יצא** - ואי לא ענה אמן לא יצא, **ומיירי** ששמע הברכה מתחלתה ועד סופה, וכוון נמי לצאת בה ידי חובת ברכת "הגומל" שנתחייב, [**אבל** לא בעינן שהמברך יכוין להוציאו, דהא רב חנא לא כוון להוציא את רב יהודה, שהרי לא ידע כלל מתחילה שיכול לפוטרו, עד שחידש לו רב יהודה, **ועוד** דלא שייך כלל בזה להוציא, דלשון ברכה זו אינה ראויה רק למברך בעצמו, שהיא לנוכח אדם הניצול, ואין שייך להוציאו].

(**ואע"ג דבכל מקום קי"ל דשומע כעונה, ואפי' בלא ענה אמן, שאני הכא דהמברך ג"כ לא נתחייב בברכה זו, אלא שמברך דרך שבח ותהלה** על הצלת חבירו, משו"ה כל שלא ענה אמן לא יצא - טור בשם הרא"ש ‹וכמש"כ הרמ"א בס"ה›, **אבל** כ"ז הוא רק לשיטתו דמותר לברך דרך שבח ותהלה אהצלת חבירו, אף שלא נתחייב בזה, **ובשיטה** מקובצת כתב סברא אחרת, דכיון דהמברך אינו מכוין אותו להוציאו, להכי בעינן עכ"פ שיענה אמן תוך כדי דיבור של המברך, ע"ש, והנה לפי סברא זו לכאורה בכל מקום נמי אם ענה אמן לא בעינן שיכוין להוציאו, ובאמת זה אינו, עיין בסוף סימן רי"ג, **ואפשר** דהכא עדיף טפי, משום דלא אפשר לכוין להוציאו בנוסח זה, וכמש"כ בשעה"צ עי"ש, **ובחי'** רעק"א כתב טעם אחר, דהכא לא שייך שומע כעונה, דהא אפילו יאמר בהדיא בעצמו ברכה בלשון זה, לא יועיל, דהא הברכה נאמרה לנוכח הניצול, ואינה שייכה רק לאדם נכרי המודה על טובת חבירו, ולזה בעינן שיענה אמן על ברכת חבירו, אם כן עכ"פ מודה הוא ג"כ לה' על שגמלו טוב, אבל בלא זה לא מהני כלל, והוא נכון מאד).

וה"ה דלכתחלה יכול לפטור עצמו בכך, [דהא רב יהודה פטר עצמו בכך], **ודוקא** שיש שם עשרה, הא אי ליכא עשרה בודאי אין לו לכוין לפטור עצמו, **ובדיעבד** שכוון, אם צריך לחזור ולברך, תליא בפלוגתא דס"ג, ויברך בלא שם ומלכות.

מדסתם המחבר, משמע דאפילו אחר שאינו קרובו יכול לברך אטובת חבירו, כל שהוא משמח בזה, **ועיין** בבה"ל לקמן בסמוך.

וכן אם אמר: בריך רחמנא מלכא דעלמא דיהבך לן, וענה אמן, יצא - בש"ס הגירסא: דיהבך לן ולא יהבך לעפרא.

הגה: ואין זה ברכה לבטלה מן המברך - היינו אפילו לא היו שם עשרה אנשים, ולי"א הנ"ל בס"ג דס"ל דלא יצא בפחות מיו"ד, וא"כ החולה אינו יוצא בברכה זו, **אפ"ה** לא מקרי זה ברכה לבטלה לגבי המברך, שהוא רשאי לומר ברכה זו לכו"ע אפילו בפחות מעשרה.

אע"פ שלא נתחייב בברכה זו - דלא נזכר חיוב ברכה זו בש"ס בד' שצריכין להודות, כי אם בהן עצמן, ולא שיברך אחר עליהן.

באר הגולה

כד ‹נרשם כאן בשו"ע: טור בשם הראב"ד והר"ר יוסף, והנה דברי רבינו הטור ז"ל בזה הם קשי ההבנה, שכתב וז"ל: וכן לענין חולה, (פי' כמו שמחלקים בין דרך לדרך, כך מחלקים בין חולי לחולי) כתב הר' יוסף דוקא חולה שנפל למטה, אבל חש בראשו או בעיניו א"צ לברך, וכ"כ הראב"ד ז"ל דוקא במכה של חלל שיש בה סכנה, **אבל** הרמב"ן כתב, דבכל דרך וכל חולי צריך להודות, דגרסינן בירושלמי כל הדרכים בחזקת סכנה הם, וכל החולים בחזקת סכנה הם, וכ"כ בערוך דאפי' חש בעיניו או בראשו צריך לברך, וכן נוהגין בספרד, עכ"ל. **הנה** התחיל ואמר בשם הר"י, דדוקא בעלה למטה ולא במיחוש הראש והעין, וכתב עלה שכ"כ הראב"ד ז"ל דדוקא במכה של חלל וכו', והרי משמע דלהראב"ד ז"ל לא סגיא בעלה למטה, אלא צריך שיהא בו סכנה. **והיותר** תימה אצלי מש"כ על דברי הרר"י והראב"ד ז"ל, אבל הרמב"ן וכו', והיינו דלא בעינן שיהיה סכנה אלא כל שנפל למטה צריך לברך, ונמצאו דבריו מכוונים לדברי הרר"י ז"ל שהביא בתחלה, ואיך כתבו רבינו הטור ז"ל במחלוקת, והלא הרמב"ן ז"ל אינו חולק על הרר"י ז"ל, רק על הראב"ד. **ועוד** קשה דאיך כתב אחר דברי הרמב"ן ז"ל, וכ"כ בערוך דאפי' חש בעיניו או בראשו וכו', והרי הרמב"ן ז"ל הצריך שיפול למטה מחמת החולי, וכדברי הרר"י, ומבואר בדברי הרר"י דבעינן שיפול למטה דוקא, אבל במיחוש העין והראש אינו מברך. **ותמהתי** מאד על מרן ז"ל והרב ב"ח ז"ל שלא הרגישו בזה, וגם בדברי שאר האחרונים ז"ל לא מצאתי הערה. **וכדי** ליישב דעת רבינו הטור ז"ל, נראה דדעתו ז"ל דאין לנו רק ב' דיעות בזה, דהיינו אי בעינן חולי של סכנה או לא, והכל תלוי בזה, ולכן הבין דברי הר"י ז"ל שחילק בין חולי לחולי, ושאין לברך על מיחוש הראש והעין, דס"ל דבעינן שיהא חולי של סכנה, דמדנחית לפלוגי בין חולי לחולי, אלמא מצריך שיהא בו סכנה, ומש"כ דוקא חולה שנפל למטה, ר"ל שיש בו סכנה, ומש"ה כתב עליו: וכ"כ הראב"ד ז"ל וכו', **אבל** הרמב"ן ז"ל פירושי קא מפרש דבריו דלא בעינן מכה של חלל וחולי שיש בו סכנה, אלא כל שעלה למטה צריך לברך, ולפי היסוד המונח, ממילא משמע דה"ה בחש בראשו או בעיניו, ולכן כתב עליו: וכ"כ בערוך וכו', וכל זה עפ"י המונח שכתבנו, דלא עלה בדעתו ז"ל לעשות ג' חילוקים בזה, וזה משום דממ"נ, אי מחלקינן בין חולי לחולי, ממילא צריך שיהא בו סכנה, דאל"כ מאן פלג לן, ואי לא בעינן חולי שיש בו סכנה, ממילא בכל חולי צריך לברך, דכל אשר יכנס בשם חולה, בעי לאודויי, **והאי** מיחוש הראש והעין נראה ברור שאינו כמיחוש דעלמא, אלא שנראה וניכר לכל שהוא חולה, כנ"ל ודוק, שהוא נכון ליישב דברי רבינו הטור ז"ל, ועפ"ז אפשר לנו ליישב דברי מרן ז"ל בשו"ע, שכתב כלשון הרמב"ן ז"ל, וביאר דלא בעינן חולי שיש בו סכנה, **ומש"כ** אלא כל שעלה למטה וכו', לאו דוקא, אלא ה"ה כל דבר הנכנס תחת סוג חולי, וכמנהג ספרד שכתב רבינו הטור ז"ל - מאמ"ר. **ועיין** בבה"ל לעיל בס"א דס"ל דיש ג' דיעות, ועלה למטה הוי דוקא, שכתב: דשיטת הערוך, דאפי' במיחוש כל דהו נמי מברכין, משא"כ להמחבר בס"ח, שלא אחז לגמרי בשיטת הערוך, אלא הצריך עכ"פ שעלה למטה, ומטעם כיון שעלה למטה, אע"פ שאינו מסוכן לעת עתה, מ"מ יקרה פעמים רבות מכיון שנפל למשכב מתגבר עליו החולי ובא לידי סכנה, ובזה חייב להודות, וכמו שכתב באמת המחבר סברא זו, במה שמסיים: ודמי להעלוהו לגרדום לידון, שאינו יודע איך יצא דינו›

כה **שם בגמ'**

הואיל ואינו מברך רק דרך שבח והודאה על טובת חבירו שמחה בכך (טור) - ר"ל שלא בתורת חיוב, **ודוקא** בקרובו או אוהבו, שעכ"פ שמח הוא ברפואתו או בהצלתו של זה, **אבל** אם אינו שמח בלבו כ"כ, אלא שאומר כן מפני השלום, אין לו לברך בשם ומלכות, דבזה ברכתו לבטלה, אלא יאמר: ברוך הש"י דיהבך לן, [ט"ז, **עיין** בפמ"ג דמפקפק שלא לומר "בריך רחמנא", דהוא שם, וע"כ שניתי מלשון הט"ז, **ולענ"ד** הדין עם הט"ז, דאפי' מפני השלום בעלמא אף שאין לו שמחה עי"ז, ג"כ מותר להזכיר עליו לשון זה, דהא איתא במשנה [נ"ד] דהתקינו לשאול בשלום חבירו בשם].

וכ"ש על אשתו שהיא כגופו, דרשאי לברך, ומזה נוהגים קצת אנשים, שכשיולדות נשותיהם וחוזרות לבורין, עומדים ומברכים ברכת "הגומל", וכשהיא תענה אמן על ברכתו יוצאת בזה, **ונוסח** הברכה, יאמר: הגומל לחייבים טובות שגמלך כל טוב, ואם בירך שלא בפניה, יאמר: שגמל לאשתי כל טוב, **ואם** הוא מברך על אביו או רבו, יאמר: שגמל לאבי או לרבי כל טוב, ואם בפניו, יאמר: שגמלך כל טוב, [**ולא** יאמר: לחייבים טובות].

(**וכן** הסכים מ"א, וכתב שכן נראה גם דעת המחבר שסתם בזה, ודלא כמ"ש בב"י שיש לגעור במי שמברך ברכת "הגומל" על חבירו, **אבל** בא"ר כתב שהעיקר הוא כדברי הב"י, שזולת בן או תלמיד אינם רשאים לברך, וכן כתב בע"ת שכן דעת רוב הפוסקים עיי"ש, וכן נראה, דבאמת דברי הג"ה שהם דברי הטור בשם הרא"ש מוקשים, דהיכן מצינו ברכות שאינו מחויב כלל ואפ"ה רשאי לברך, **ואף** דאמרו על ברכת "שהחיינו" שהיא רשות, ג"כ אין הכוונה רשות גמור, אלא דלאו חיובא כ"כ, אבל מצוה לברך יש בזה, **ועוד** דמה בין ברכה זו לברכת הנס דבסימן רי"ח, ובכל הסימן שם חקרו על איזה דבר רשאי לברך ועל איזה דבר אינו רשאי לברך, עד שנפסק דגם בנס הנעשה לשבטים אינו רשאי לברך אא"כ רוב ישראל, ולא נחת שם שום פוסק לאמר דעכ"פ גם בלא חיוב רשאי לברך, דשמח בהצלת אלפים מישראל, **וע"כ** דלא ס"ל כסברת הטור, ולא ברכו רב חנן ורבנן ארב יהודה אלא מפני שהיה רבם, ומשום שברבו ג"כ מחוייב לברך ברכת הנס, **וע"כ** נראה דבלא אביו ורבו אינו נכון לברך, אפילו באב על בנו וכדומה).

(**ועיין** בא"ר, שדעתו לסמוך אדברי הג"ה בבעל על אשתו, משום דאשתו כגופו, עי"ש, **וגם** זה צ"ע, דכי היכי דבברכת "על הנסים" אינו מברך בעל על אשתו, וכמו שכתבנו בסי' רי"ח, כמו כן ה"ה הכא, **אבל** על אביו ורבו מסתברא דצריך לברך "הגומל", כמו דצריך לברך אניסו, וכמעשה דרב חנא בגדתאה המובא בגמ', שבירך ארב יהודה רבו).

וע"כ מהנכון ליזהר לכתחלה שלא לברך ברכת "הגומל" אפילו על קרובו ואוהבו, כי אם על אביו ורבו לבד.

[כו]**סימן ריט ס"ה** - [כז]**אם בירך אחד "הגומל" לעצמו, ונתכוין להוציא את חבירו, ושמע חבירו וכוון לצאת, יצא אפי' בלא עניית אמן, (כיון שהמברך ג"כ חייב, ולא האחר בלא עניית אמן) (טור).**

באר הגולה

כו (מילואים) כז טור

§ מסכת ברכות דף נה. §

אות א'

הא דמעיין בה, הא דלא מעיין בה

סימן צח ס"ה - [א]אל יחשוב: ראוי הוא שיעשה הקדוש ברוך הוא בקשתי כיון שכוונתי בתפלתי, כי [ב]אדרבה זה מזכיר עונותיו של אדם, (שעל ידי כך מפשפשין במעשיו לומר בטוח הוא בזכיותיו); אלא יחשוב שיעשה הקב"ה בחסדו, ויאמר בלבו: מי אני, דל ונבזה, בא לבקש מאת מלך מלכי המלכים הקדוש ברוך הוא, אם לא מרוב חסדיו שהוא מתנהג בהם עם בריותיו.

אות א'*

והמקנח בצרור שקנח בו חברו

סימן ג סי"א - [ד]לא יקנח בחרס, משום כשפים - ואפילו היא חלקה ואינה מקרע הבשר, דאם אינה חלקה ויש בה חדודים קטנים, יש בזה ג"כ מפני הסכנה, שלא ינתק שיני הכרכשתא.

ולא בעשבים יבשים, שהמקנח בדבר שהאור שולט בו, שיניו התחתונות נושרות; [ה]ולא בצרור שקנח בו חבירו, מפני שמביא את האדם לידי תחתוניות - אבל אם קנח הוא עצמו בו, או שיבש, או שקנח מצד אחר, לית לן בה.

הגה: ועכשיו שבתי כסאות שלנו אינן בשדה, נהגו לקנח (בחרס) - דלא שכיחי כשפים, ודוקא אם הוא חלק.

(וכן נהגו לקנח) בדבר שהאור שולט בו, ואינו מזיק, ופוק חזי מאי עמא דבר (חידושי אגודה פרק המולא).

אפשר דוקא לענין שאר דברים, אבל לענין עשבים יבשים, גם להגה"ה יש להחמיר, דהם מחתכים את הבשר.

כתב רע"א בשם הס"ח: כשיוצא מבהכ"ס, יראה המקום שישב עליו שלא יהיה טינופות, שמא יבוא חבירו פתאום או בלילה וישב עליו.

אות ב'

כוס של ברכה לברך ואינו מברך

סימן רא ס"ג - [ו]מי שנותנים לו לברך ואינו מברך, מקצרים ימיו - ר"ל אורח שנותנים לו לברך בהמ"ז ואינו מברך, מקצר ימיו, משום דבדין כשהאורח מברך, מברך לבעה"ב וכנ"ל, ובזה שנמנע לברך את בעה"ב שהוא מזרע אברהם, שנאמר בו: ואברכה מברכיך, ומכלל הן אתה שומע לאו, נמצא גורם קללה לעצמו, [**וכהיום** שבלא"ה המנהג אצל כל אורח לומר: הרחמן הוא יברך את בעל הבית וכו', איני יודע אם שייך כלל ענין זה, ועיין בא"ר שפקפק ג"כ].

וכתב המ"א, ודוקא כשמברכין על הכוס, דאז החיוב על האורח לברך את בעה"ב, **ונ"ל** שר"ל שבלא זה אין גורם קללה, אבל בודאי אין נכון לאדם לדחות מצוה הבאה לידו, [**איני** יודע מנין למ"א שבלא כוס כשמברכין אין החיוב לברך את הבעה"ב, **ואולי** המ"א דייק מלשון הגמ', דקאמר: מי שנותנים לו כוס וכו'].

[**ואף** דדין זה לחיובא הוא דוקא באורח, מ"מ לכתחילה מצוה לכל אדם לחזור אחר כוס של ברכה], וכדלקמן בס"ד.

באר הגולה

[א] טור וסמ"ק [ב] ר"ה ט"ז ע"ב [ג] ‹ע"פ הב"י והגר"א› [ד] שבת פ"ב חולין ק"ה [ה] ברכות ס"ב ‹צ"ל נ"ה, וכן הוא במהדורת עוז והדר› [ו] ברכות נ"ה

עין משפט נר מצוה

יז א טוש"ע או"ח סימן נח סעיף ה:
יח ב טוש"ע או"ח סי' רא סעיף ג:

מסורת הש"ס

מעיין בה · אומר בלבו שתיעשה בקשתו לפי שהתפלל בכונה: כאב לב · שאין בקשתו נעשית: תוחלת · לשון תפלה כמו ויחל משה (שמות לב): מזכירין עונותיו · שבעל ידיהן מפשפשים למעלה במעשיו לומר בוטח זה בזכיותיו נראה מה הם: קיר נטוי · מקום סכנה: מוסר דין · בוטח הוא בזכיותיו שחברו יהיה נענש על ידו: ה"ג הא דמעיין (א) הא דלא מעיין: לולבי גפנים · וידלי"ש בלע"ז: מוריגי בהמה · כל בשר שבבהמה שאינו חלק אלא דומה למורג חרוץ שאינו חלק כמו החיך והלשון והכרס הפנימי ובית הכוסות: מתולה · שאינו יושב אלא על ברכיו שמתוך כך נקביו נפתחין יותר מדאי: הכי גרסינן הא דמאריך ותלי הא דמאריך ולא תלי: למגדלי חזירים ומלוי ברבית · שכרן מרובה בלא טורח ושמחים בחלקם לכך פניהם צהובים: הימנותא · לשון שבועה כלומר באמונה שתיהן אסורות לי: ואברכה מברכיך · והמברך ברכת המזון מברך לבעל הבית: יוסף מת קודם לאחיו · דכתיב וימת יוסף וכל אחיו (שמות א): צריכים רחמים · צריכים לבקש רחמים שיבאו לפי שהם בידו של הקב"ה ואין להם רשות לבא אלא ברשותו: ראה קראתי בשם · ראה משמע(ב) היש בלבך תן עיניך בדבר: לך אמור לו לבצלאל עשה משכן ארון וכלים · שכן הם סדורים בפרשת כי תשא ראה קראתי בשם וגו' את אהל מועד ואת הארון לעדות וכל הפרשה ומשה אמר לו עשה ארון וכלים כגון שלחן ומנורה ואחר כך משכן דס"ל לר"י שכסדר שהם סדורים בויקחו לי תרומה אמר לו: אותיות שנבראו בהן שמים וארץ · על ידי צירופן ובספר יצירה תני להו: כל חלום ולא טוות · כל חלומות יראה אדם ולא יראה אחד מאותן שהוא שרוי בתענית שאינו טוב טוות לשון תענית כמו ובת טוות האמור בדריוש (דניאל ו): דלא מפשר · שלא בא פתרונו: כאגרתא דלא מקריא · לא טוב ולא רע הוא שכל החלומות הולכין אחר הפתרון: עדיף מחלמא טבא · שמביא את האדם לידי תשובה: עציבותיה מסתייה · דיו(ג) עצבונו מה שאדם מתעצב עליו מבטל את החלום: אפילו לדידי · שאני מאור עינים: בדיחותיה מפכחא ליה · (ד) מבטליה: מנגדא · ממלקות קשה לגוף האדם יותר ממלקות לפי שדואג ממנו: זה חלום רע · מיראתו ישוב ויכנע:

והיא

*כל המאריך בתפלתו ומעיין בה סוף בא לידי כאב לב שנאמר °תוחלת ממושכה מחלה לב *וא"ר יצחק שלשה דברים מזכירים עונותיו של אדם ואלו הן קיר נטוי ועיון תפלה ומוסר דין על חבירו לשמים הא לא קשיא *הא דמעיין בה הא דלא מעיין בה והיכי עביד דמפיש ברחמי

והמאריך על שלחנו דלמא אתי עניא ויהיב ליה דכתיב °המזבח עץ שלש אמות גבוה וכתיב °וידבר אלי זה השלחן אשר לפני ה' *פתח במזבח וסיים בשלחן ר' יוחנן ור' אלעזר דאמרי תרוייהו כל זמן שבהמ"ק קיים מזבח מכפר על ישראל ועכשיו שלחנו של אדם מכפר עליו והמאריך בבית הכסא מעליותא הוא *והתניא עשרה דברים מביאין את האדם לידי תחתוניות האוכל עלי קנים ועלי גפנים ולולבי גפנים ומוריגי בהמה ושדרו של דג ודג מליח שאינו מבושל כל צרכו והשותה שמרי יין והמקנח בסיד ובחרסית והמקנח בצרור שקנח בו חבירו וי"א אף התולה עצמו בבית הכסא יותר מדאי לא קשיא הא דמאריך ותלי הא דמאריך ולא תלי כי הא דאמרה ליה ההיא מטרוניתא לר' יהודה בר' אלעאי *פניך דומים למגדלי חזירים ולמלוי ברבית אמר לה הימנותא לדידי תרוייהו אסירן אלא עשרים וארבעה בית הכסא איכא מאושפיזאי לבי מדרשא דכי אזילנא בדיקנא נפשאי בכולהו · ואמר רב יהודה שלשה דברים מקצרים ימיו ושנותיו של אדם מי שנותנין לו ס"ת לקרות ואינו קורא °כוס של ברכה לברך ואינו מברך והמנהיג עצמו ברבנות ס"ת לקרות ואינו קורא דכתיב °כי הוא חייך ואורך ימיך כוס של ברכה לברך ואינו מברך דכתיב °ואברכה מברכיך והמנהיג עצמו ברבנות *דא"ר חמא בר חנינא מפני מה מת יוסף קודם לאחיו מפני שהנהיג עצמו ברבנות: ואמר רב יהודה אמר רב שלשה צריכים רחמים מלך טוב שנה טובה וחלום טוב מלך טוב דכתיב °פלגי מים לב מלך ביד ה' שנה טובה דכתיב °תמיד עיני ה' אלהיך בה *מראשית השנה ועד אחרית שנה חלום טוב דכתיב °ותחלימני *(ותחייני): אמר רבי יוחנן שלשה דברים מכריז עליהם הקב"ה בעצמו ואלו הן רעב ושובע ופרנס טוב רעב דכתיב °כי קרא ה' לרעב וגו' שובע דכתיב °וקראתי אל הדגן והרביתי אותו פרנס טוב דכתיב °(*ויאמר) ה' אל משה לאמר ראה קראתי בשם בצלאל וגו' אמר רבי יצחק אין מעמידין פרנס על הצבור אלא אם כן נמלכים בצבור שנא' °ראו קרא ה' בשם בצלאל אמר לו הקדוש ברוך הוא למשה משה הגון עליך בצלאל אמר לו רבונו של עולם אם לפניך הגון לפני לא כל שכן אמר לו אף על פי כן לך אמור להם הלך ואמר להם לישראל הגון עליכם בצלאל אמרו לו אם לפני הקדוש ברוך הוא ולפניך הוא הגון לפנינו לא כל שכן א"ר שמואל בר נחמני א"ר יונתן בצלאל על שם חכמתו נקרא בשעה שאמר לו הקדוש ברוך הוא למשה לך אמור לו לבצלאל עשה לי משכן ארון וכלים הלך משה והפך ואמר לו עשה ארון וכלים ומשכן אמר לו משה רבינו מנהגו של עולם אדם בונה בית ואחר כך מכניס לתוכו כלים ואתה אומר עשה לי ארון וכלים ומשכן כלים שאני עושה להיכן אכניסם שמא כך אמר לך הקב"ה עשה משכן ארון וכלים אמר לו שמא בצל אל היית וידעת אמר רב יהודה אמר רב יודע היה בצלאל לצרף אותיות שנבראו בהן שמים וארץ כתיב הכא °וימלא אותו רוח אלהים בחכמה *ובתבונה ובדעת וכתיב התם °ה' בחכמה יסד ארץ כונן שמים בתבונה וכתיב °בדעתו תהומות נבקעו אמר רבי יוחנן אין הקדוש ברוך הוא נותן חכמה אלא למי שיש בו חכמה שנא' °יהב חכמתא לחכימין ומנדעא לידעי בינה שמע רב תחליפא בר מערבא ואמרה קמיה דרבי אבהו אמר ליה אתון מהתם מתניתו לה אנן מהכא מתנינן לה דכתיב °ובלב כל חכם לב נתתי חכמה: אמר רב חסדא *כל חלום ולא טוות ואמר רב חסדא חלמא דלא מפשר כאגרתא דלא מקריא ואמר רב חסדא לא חלמא טבא מקיים כוליה ולא חלמא בישא מקיים כוליה ואמר רב חסדא חלמא בישא עדיף מחלמא טבא וא"ר חסדא חלמא בישא עציבותיה מסתייה חלמא טבא חדויה מסתייה אמר רב יוסף חלמא טבא אפילו לדידי בדיחותיה מפכחא ליה ואמר רב חסדא חלמא בישא קשה מנגדא שנאמר °והאלהים עשה שייראו מלפניו ואמר רבה בר בר חנה א"ר יוחנן זה חלום רע °הנביא אשר אתו חלום יספר חלום ואשר דברי אתו ידבר דברי אמת מה לתבן את הבר נאם ה' וכי מה ענין בר ותבן אצל חלום אלא אמר ר' יוחנן משום ר' שמעון בן יוחי *כשם שאי אפשר לבר בלא תבן כך אי אפשר לחלום בלא דברים בטלים אמר ר' ברכיה חלום אף על פי שמקצתו מתקיים כולו אינו מתקיים מנא לן מיוסף דכתיב °והנה השמש והירח וגו'

והיא

לך אמור לבצלאל עשה משכן ארון וכלים · ואם תאמר היכא אשכחן שצוה הקדוש ברוך הוא לעשות משכן תחלה הרי בפרשת תרומה כתיב ארון תחלה · ויש לומר דבפרשת כי תשא כתיב את אהל מועד ואת הארון לעדות:

שבע

משלי יג · יחזקאל מא · שם · דברים ל · בראשית יב · משלי כא · דברים יא · ישעיה לח · מ"ב ח · יחזקאל לו · שמות לא · שם לה · שם · משלי ג · שם · דניאל ב · שמות לא · קהלת ג · ירמיה כג · בראשית לז

לעיל נב: · [ר"ה טז:] · מגילה כז. תענית כז. ע"ש · [שבת פא. ע"ש] · נדרים מט: ע"ש · סוטה יג: ע"ש · [פי' כל חלום יש בו שום ממשות אבל מה שהוא רואה כשהוא לא אין בו ממשו' ערוך בערך טוות] · מדרש תהלים ·

פרשיות חסר א' כתיב · התחייני

הגהות הב"ח

(א) רש"י ד"ה ה"ג הא דמעיין בה הא דלא מעיין בה הס"ד: (ב) ד"ה ראה וכו' ראה משמע (היש בלבך) תא"מ ונ"ב ס"א הכן את לבבך: (ג) ד"ה עציבותיה מסתייה (דיו) תא"מ ונ"ב ס"א די לו: (ד) ד"ה בדיחותיה וכו' ליה טיבותיה מבטלתו. נ"ל ס"א דלא מתקיים עליו כלל:

[בס' ויקהל פסוק ל"א כתיב בתבונה בלא וי"ו אבל דע בס' כי תשא ל"א פסוק ג' כתיב ואמלא אותו רוח אלהים בחכמה ובתבונה ובדעת ובכן יתכן להיות כתוב הכא וימלא אותו וגו' והוא קרא מוקדם]

והָהִיא שעתא אמיה לא הות א"ר לוי לעולם יצפה אדם לחלום טוב עד כ"ב שנה מנלן מיוסף דכתיב °אלה תולדות יעקב יוסף בן שבע עשרה שנה וגו' וכתיב °ויוסף בן שלשים שנה בעמדו לפני פרעה וגו' מן שבסרי עד תלתין כמה הוי תלת סרי ושב דשבעא ותרתי דכפנא הא כ"ב אמר רב הונא לאדם *טוב אין מראין לו חלום טוב ולאדם רע אין מראין לו חלום רע תניא נמי הכי כל שנותיו של דוד לא ראה חלום טוב וכל שנותיו של אחיתופל לא ראה חלום רע (א) והכתיב °לא תאונה אליך רעה *ואמר רב חסדא אמר רב ירמיה בר אבא שלא יבהילוך לא חלומות רעים ולא הרהורים רעים ונגע לא יקרב באהלך שלא תמצא אשתך ספק נדה בשעה שאתה בא מן הדרך אלא איהו לא חזי ליה אחריני חזו ליה וכי לא חזא איהו מעליותא הוא והאמר ר' זעירא *כל הלן שבעה ימים בלא חלום נקרא רע שנאמר °ושבע ילין בל יפקד רע אל תקרי שבע אלא שבע אלא הכי קאמר דחזא ולא ידע מאי חזא אמר רב הונא בר אמי אמר ר' פדת א"ר יוחנן הרואה חלום ונפשו עגומה ילך ויפתרנו בפני שלשה יפתרנו והאמר רב חסדא חלמא דלא מפשר כאגרתא דלא מקריא אלא אימא *יטיבנו בפני שלשה ליתי תלתא ולימא להו חלמא טבא חזאי ולימרו ליה הנך טבא הוא וטבא ליהוי רחמנא לשוייה לטב שבע זימנין לגזרו עלך מן שמיא דלהוי טבא ויהוי טבא ולימרו ג' הפוכות וג' פדויות ושלש שלומות שלש הפוכות °הפכת מספדי למחול לי פתחת שקי ותאזרני שמחה °אז תשמח בתולה במחול ובחורים וזקנים יחדיו והפכתי אבלם לששון וגו' °ולא אבה ה' אלהיך לשמוע אל בלעם ויהפוך וגו' שלש פדויות דכתיב °פדה בשלום נפשי מקרב לי וגו' °ופדויי ה' ישובון וגו' °ויאמר העם אל שאול היונתן ימות אשר עשה הישועה וגו' שלש שלומות דכתיב °בורא ניב שפתים שלום שלום לרחוק ולקרוב אמר ה' ורפאתיו °ורוח לבשה את עמשי וגו' °ואמרתם כה לחי ואתה שלום וביתך שלום וגו' אמימר ומר זוטרא ורב אשי הוו יתבי בהדי הדדי אמרי כל חד וחד מינן לימא מלתא דלא שמיע ליה לחבריה פתח חד מינייהו ואמר [י]האי מאן דחזא חלמא ולא ידע מאי חזא ליקום קמי כהני בעידנא דפרסי ידייהו ולימא הכי רבש"ע אני שלך וחלומותי שלך חלום חלמתי ואיני יודע מה הוא בין שחלמתי אני לעצמי ובין שחלמו לי חבירי ובין שחלמתי על אחרים אם טובים הם חזקם ואמצם כחלומותיו של יוסף ואם צריכים רפואה רפאם כמי מרה על ידי משה רבינו וכמרים מצרעתה וכחזקיהו מחליו וכמי יריחו על ידי אלישע וכשם שהפכת קללת בלעם הרשע לברכה כן הפוך כל חלומותי עלי לטובה ומסיים בהדי כהני דעני צבורא אמן ואי [א] לא לימא הכי אדיר במרום שוכן בגבורה אתה שלום ושמך שלום יהי רצון מלפניך שתשים עלינו שלום פתח אידך ואמר האי מאן דעייל למתא ודחיל מעינא בישא לנקוט זקפא דידא דימיניה בידא דשמאליה וזקפא דידא דשמאליה בידא דימיניה ולימא הכי אנא פלוני בר פלוני *מזרעא דיוסף קאתינא דלא שלטא ביה עינא בישא שנאמר °בן פורת יוסף בן פורת עלי עין וגו' אל תקרי עלי עין אלא עולי עין ר' יוסי בר' חנינא אמר מהכא °וידגו לרוב בקרב הארץ מה דגים שבים מים מכסים עליהם ואין עין רעה שולטת בהם אף זרעו של יוסף אין עין רעה שולטת בהם ואי דחיל מעינא בישא דיליה ליחזי אטרפא דנחיריה דשמאליה פתח אידך ואמר האי מאן דחליש יומא קמא לא לגלי כי היכי דלא לתרע מזליה מכאן ואילך לגלי *כי הא דרבא כי הוה חליש יומא קמא לא מגלי מכאן ואילך א"ל לשמעיה פוק אכריז רבא חלש מאן דרחים לי לבעי עלי רחמי ומאן דסני לי לחדי לי וכתיב °בנפול אויבך אל תשמח ובכשלו אל יגל לבך פן יראה ה' ורע בעיניו והשיב מעליו אפו שמואל כי הוה חזי חלמא בישא אמר °וחלומות השוא ידברו כי הוה חזי חלמא טבא אמר וכי החלומות השוא ידברו והכתיב °בחלום אדבר בו רבא רמי כתיב בחלום אדבר בו וכתיב וחלומות השוא ידברו לא קשיא כאן ע"י מלאך כאן ע"י שד א"ר ביזנא בר זבדא א"ר עקיבא א"ר פנדא א"ר נחום א"ר בירים משום זקן אחד ומנו ר' בנאה עשרים וארבעה פותרי חלומות היו בירושלים פעם אחת חלמתי חלום והלכתי אצל כולם ומה שפתר לי זה לא פתר לי זה וכולם נתקיימו בי לקיים מה שנאמר *כל החלומות הולכים אחר הפה אטו כל החלומות הולכים אחר הפה קרא הוא אין וכדרבי אלעזר דא"ר אלעזר מנין *שכל החלומות הולכין אחר הפה שנאמר °ויהי כאשר פתר לנו כן היה אמר רבא והוא דמפשר ליה מעין חלמיה שנאמר °איש כחלומו פתר °וירא שר האופים מנא ידע א"ר אלעזר מלמד שכל אחד ואחד הראוהו חלומו ופתרון חלומו של חבירו *א"ר יוחנן השכים ונפל לו פסוק לתוך פיו הרי זו נבואה קטנה ואמר ר' יוחנן ג' חלומות מתקיימין חלום של שחרית וחלום שחלם לו חבירו וחלום שנפתר בתוך חלום ויש אומר אף חלום שנשנה שנאמר °ועל השנות החלום וגו' אמר ר' שמואל בר נחמני א"ר יונתן אין מראין לו לאדם אלא מהרהורי לבו שנאמר °אנת מלכא רעיונך על משכבך סליקו ואיבעית אימא מהכא °ורעיוני לבבך תנדע אמר רבא תדע דלא מחוו ליה לאינש לא דקלא דדהבא ולא *פילא דעייל בקופא דמחטא:

אמר

שבע זימנין לגזרו עלך. כך הוא הלחש שבע זימנין לגזרו עלך ויש מפרש דשבע זימנין צריך לומר חלמא טבא חזאי וכן לענות אחריו · אבל ר"י לא היה רגיל לאומרו אלא שלש פעמים : **פותרי** חלומות · פירש ר"י דמזל שעת הלידה גרים ואין הדבר תלוי בחכמה הכוהה

וספיה שעתא · דחלם אמיה לא הות : **ילפה** · שיתקיים : **מיוסף** · שלא נתקיימו השתחוואות הללו עד עשרים ושתים שנה כשירד יעקב למצרים שכבר היה הרעב שתי שנים דכתיב כי זה שנתים הרעב (בראשית מה) : **לאדם טוב מראין לו חלום רע** · כדי שידאג ולא יחטא ושיכפר לו עונותו : **לאדם רע מראין לו חלום טוב** · כדי לשמחו שיאכל עולמו : **ודוד לא ראה חלום טוב והא כתיב וכו'** · לא גרסינן הכי אלא גרסינן והא כתיב לא תאונה אליך רעה וגו'. קשיא לרב הונא דאמר לאדם טוב מראין לו חלום רע ומשני איהו לא חזי אחריני תורה אור חזו ליה חלום רע : **וכי לא חזי איהו מעליותא הוא** · כיון דלא חזי חלום רע כדקאמר שלא יבהילוהו וחלום טוב לא כל שכן דלא חזי דהא קתני כל ימיו של דוד לא ראה חלום טוב אם כן לא חזי חלום כלל : **אלא שבע** · ז' לילות ילין ולא יפקד בשום חלום הרי הוא רע ושונאים אותו ואין מראין לו כלום : **ומשני דחזי ולא ידע מאי חזי** · אדם טוב מראין לו חלום טוב ועד שלא יקיץ משכחת ממנו כדי שלא ישמח : **זקפא** · גודל : **עלי עין עולי עין** · שליטין על העין ולא העין עולה בהן : **אטרפא דנחיריה דשמאליה** · דופן השמאלי של חוטמו : **האי מאן דחליש** · מי שחלה (ב) : **דסני לי לחדי לי**. ומתוך כך ישוב חרון אף מעלי : **הרהורי לבו** · מה שהוא מהרהר ביום : **רעיונך** · מחשבותיך וכן כל לשון רעיון שבמקרא אינו לשון רצון אלא לשון מחשבה וזה יוכיח ורעיונוהי יבהלוניה (דניאל ד') וכי רצונו של אדם מבהלו אלא מחשבותיו מבהלין אותו : **דקלא דדהבא** · דבר שלא הורגל לראות ולא הרהר בו מעולם : **קופא דמחטא** · נקב המחט :

קיסר

עין משפט נר מצוה

יט א טוש"ע או"ח סי' רכ סעיף א :
כ ב טוש"ע או"ח סימן קל :

מסורת הש"ס

[עי' פירש"י דהכא וגירסתו וכן הגירסא בע"י לאדם טוב מראין לו חלום רע ולאדם רע מראין לו חלום טוב תניא נמי הכי וכו']

בראשית לז · שם מא · תהלים צא · משלי יט · תהלים ל · ירמיה לא · דברים כג · תהלים נה · ישעיה לה · שמואל א יד · ישעיה נז · דה"א יב · שמואל א כה · בראשית מט · שם מח · [נדרים מ.] · משלי כד · זכריה י · במדבר יב · [עי' תו' שבת קכח. ד"ה ונתן] · בראשית מא · שם מ · שם מא · דניאל ב · שם

סנהדרין קג. ע"ש היטב · לעיל יד. ע"ש

[עיל כ. ב"מ פד. ב"ב קיח: סוטה לו:]

[לקמן נו.] · [לקמן נז: וקנ"ע] · [ב"מ לח:]

רב נסים גאון

אמימר ומר זוטרא ורב אשי הוו יתבי בהדי הדדי אמרי כל חד וחד מינן נימא מילתא דלא שמיע ליה לחברי' פתח חד מינייהו ואמר האי מאן דחזא חלמא ולא ידע מאי חזאי ניקו קמי כהני בעידנא דפרסין כהני ידייהו. מפרש טעמא דמילתא במדרש ילמדנו רבינו בפרשת נשא הנה מטתו שלשלמה ששים גבורים אלו ס' אותיות שבברכת כהנים כולם אחוזי חרב שכל אחד ואחד שמו של הקב"ה נזכר בו יברכך ה' יאר ה' ישא ה' איש חרבו על ירכו מה ראתה ירך נזכרת כן אפילו רואה אדם בחלומו החרב שלופה ונתונה בצוארו וקשש את ירכו משכים לבוקר והולך לבית הכנסת מפחד שראה בלילות בחלומו ורואה את הכהנים נושאין את כפיהם והחלום הרע מתבטל ממנו לכך נאמר מפחד בלילות :

הגהות הב"ח

(א) גמ' חלום רע איני והכתיב לא:(ב) רש"י ד"ה האי מאן דחליש מי שחלה יומא קמא לא לגלי לא יגלה יום ראשון שמא יתרע מזליה הס"ד :

הגהות הגר"א

[א] גמ' דעני צבורא אמן ואי כו'. כ"ב וכ"ה בטוש"ע אבל גירסת רי"ף ורא"ש וכי מסדרי כהני אפייהו לימא הכי כו' :

§ מסכת ברכות דף נה: §

אות א'

יטיבנו בפני שלשה, ליתי תלתא ולימא להו: חלמא טבא חזאי, ולימרו ליה הנך וכו'

סימן רכ ס"א - [א]הרואה חלום ונפשו עגומה עליו - היינו אפילו אין בו משמעות לרע. [**איתא** בגמ': כל חלום ולא טוות, עיין רש"י שם, ובתוס' רבינו יהודה ובתוס' הרא"ש פי', וז"ל: כל חלום רע שאדם רואה יש לו לדאוג עליו, חוץ מחלום שראה אחר התענית, לפי שישב בתענית ונצטער מחמת הענוי, יראה חלום רע, **ומזה** יש ללמוד לכל היכא שיש לאדם צער גדול, ואח"כ רואה בחלומו חלום רע, שאין לדאוג עליו].

אפילו היכא שהוא מתענה, **ייטיבנו באפי תלתא דרחימו ליה (פי' שאוהבים אותו), ולימא באפייהו: חלמא טבא חזאי, ולימרו אינהו: טבא הוא וטבא ליהוי וכו'** - שבע זמנין לגזרו וכו', לשון זה צריך שיאמרוהו העונים ג' פעמים, [דמה דאיתא בגמ' שבע זמנין וכו', הוא לחש בעלמא ולא שיאמרו הם ז"פ], **וי"א** דיאמרוהו ז' פעמים, **ובסוף** ההטבה יאמרו לו: לך אכול לחמך בשמחה ושתה בלב טוב וגו', [**והיינו** כשמטיבין לו ערבית, או אף בשחרית וכשאינו מתענה].

וטוב שייטיב בשחרית, כי זריזין מקדימין למצוה, **אך** אז לא יאמרו לו: לך אכול בשמחה וגו', אם לא כשאין מתענה. **ויזכור** החלום במחשבתו בשעת הטבה.

מצוה להמצא עם הג' להיטיב, מפני שמשיב את נפשו בזה, **ואף** בשבת יכול להיטיב חלום.

מי שחלם לו חלום קשה על חבירו, יתענה - ס"ח, ע"ש טעמו, **ועוד** נראה, דלפעמים מורה הדבר על החולם גופא, אלא דבחלום אין מראין הדבר רק בדמיון מה.

[ב]סימן רכ ס"ב - [ג]יפה תענית לבטל חלום רע, כאש לנעורת. הגה: ודוקא בו ביום, ואפי' בשבת, וע"ל סי' רפ"ח.

אבל דוקא כשעושה תשובה עמו, כי התענית מועיל כמו קרבן לחטא, מה קרבן אינו מועיל בלי תשובה, שנאמר: זבח רשעים תועבה, אף תענית חלום וכו'. **ומ"מ** אין מחויב להתענות אלא רשות. **עוברות** ומניקות אין להורות להם להתענות, רק יפדו בממון.

אות ב'

האי מאן דחזא חלמא ולא ידע מאי חזא, ליקום קמי כהני בעידנא דפרסי ידייהו, ולימא הכי וכו'

סימן קל ס"א - [ד]מאן דחזא חלמא, ולא ידע מאי חזא - אי טבא הוא או בישא הוא, (לאפוקי מי שלא חלם לו בלילה שלפניו, לא יאמר), **ניקום קמי כהני בשעה שעולים לדוכן ונימא הכי: רבונו של עולם, אני שלך וחלומותי שלך וכו'** - וכבר נתבאר לעיל סוף סימן קכ"ח בהג"ה, דהנכון לאמר זה בשעה שמאריכין בניגון התיבות שבסוף הפסוקים.

ובמדינותינו נוהגין כל הקהל לאמר תפלה זו בשעת הדוכן, אפילו אותם שלא חלמו, **והטעם**, דכיון דאין אנו נושאין כפים כי אם ברגלים, א"א שלא חלם לו פעם אחת בין רגל לרגל.

(**ועיין** במחה"ש שכתב, דביו"ט שני אין לומר ה"רבון" מי שלא חלם לו בלילה שלפניו, ועל חלומות של כל השנה הרי כבר אמר מאתמול, **והעולם** אין נוהגין כן, ואפשר דחוששין שמא חלמו אחרים עליהם בלילה זו, **ואף** לפי"ז לא יתחיל מ"רבון", דהאיך יאמר: חלום חלמתי ואיני יודע מה הוא, והוא לא חלם כלל, אלא יתחיל מ"יהי רצון וכו', שיהיו כל חלומותי" וכו'). **ומאחר** שהוא מיעוטא דמיעוטא שלא יראה אדם שום חלום, נהגו לאומרו בכל יום שלא לחלק, שהוא מיעוטא דלא שכיח, **ואף** באותם הימים שלא חלם, איכא למימר שחשש שמא חלם ואינו זוכר ממנו, כי כמה פעמים כשאדם קם מהמטה אינו זוכר אם חלם אם לא, ואח"כ נזכר ממנו, וכן אירע לי כמה פעמים – מאמ"ר.

[ה]**המג"א** כתב, דצ"ל: בין חלומות שחלמתי על אחרים, ובין חלומות שחלמתי על עצמי, **אבל** בסידורים שלנו הנוסחא להיפך, דהיינו: בין שחלמתי על עצמי, ובין שחלמתי וכו', וכן הסכים בא"ר.

כתבו האחרונים, שיסיים בתפלה זו בפעם ראשון "ותשמרני", כנגד מה שהכהנים מסיימים "וישמרך"; ובפעם ב' "ותחנני", כנגד "ויחנך"; ובפעם ג' "ותרצני", כנגד "שלום", **ורש"ל** מוסיף, שטוב לאמר בפעם ג' "ותבא עלי ברכת כהניך ותרצני".

כשנושאין כפים ביו"ט שחל בשבת, אין לומר ה"רבון", דאין אומרים תחנה בשבת, **אם** לא כשחלם לו חלום רע באותו הלילה.

באר הגולה

[א] **ברכות נ"ה ע"ב** [ב] ‹מילואים› [ג] **שבת י"א ע"א** [ד] **ברכות נ"ה** [ה] ‹דצריך לבקש על חבירו תחלה [מהר"ם] – מ"א. **ובא"ר** כתב שהוא נגד הש"ס ופוסקים. **וי"ל** לענ"ד, דהא הטעם שצריך לבקש על חבירו תחלה, הוא משום דכל המתפלל על חבירו והוא צריך לאותו דבר הוא נענה תחלה, וכדאיתא במס' בב"ק [צב.] א"כ בזמן הש"ס דלא היו אומרים אותו כי אם כשחלם לו באותו לילה, א"כ לא שייך האי טעמא, דמן הסתם לא ראה בלילה כי אם חלום אחד, אלא דהוא לא ידע פתרונו אם הדברים מגיעים לו או לאחרים, וא"כ לא שייך הוא נענה תחלה, דממ"נ אי נוגע החלום לאחרים, לא הוא צריך לאותו דבר כלל שיתענה תחלה, ואי הדבר נוגע לעצמו, א"כ אין אחרים צריכים כלל לתפלתו. וכיון דלא שייך האי טעמא, ראוי שיתפלל על עצמו תחלה, וכיון שהתחיל להתפלל על עצמו במה שאמר בין שחלמתי אני לעצמי, מסיים גם ובין שחלמו לי חברי, דגם זה נוגע לעצמו. וגם בלא"ה תפלה זו על מה שחלמו לו אחרים איננה עיקרית, דהא לא ידע כלל אי אחרים חלמו עליו, ולולי שאומר הרבון משום החלום שראה הוא, משום שמא אחרים חלמו עליו לא היה אומר הרבון כלל, ולכן מסנפו למה שאומר בין שחלמתי אני לעצמי, ואחר זה אומר ובין חלומות שחלמתי על אחרים. **אבל** דברי מהר"ם אמורים לפי מנהגינו, שאומרים אותו ברגל דוקא, ואומר אותו על חלומות שחלם בימים שלפני רגל, א"כ אפשר בין רגל לרגל חלם פעמים רבות, ויש מהן שנוגעים אליו ויש מהן שנוגעים לאחרים, וא"כ בין הוא ובין אחרים צריכים לתפלה זו, שפיר י"ל כל המתפלל על חבירו וכו', לכן כתב דיש להקדים ולומר בין חלומות שחלמתי על אחרים – מחה"ש›

ויכוין דליסיים גם בהדי כהני - "דליסיים בהדי כהני" כצ"ל, ותיבת "גם" ט"ס, **דעני צבורא אמן.**

בהדי כהני - והיינו בסוף כל פסוק שמסיימין, והם שלש פעמים, **וכן** כתוב בשם הגר"א, שהיה נוהג לומר גם בסוף פסוק ג' "הרבש"ע" הנ"ל שהוזכר בגמרא, ולא ה"יהי רצון" הנדפס בסידורים.

ואי לא - פי' שלא סיימו עדיין הכהנים, יאמר גם "אדיר במרום" וכו',

לימא הכי: אדיר במרום שוכן בגבורה, אתה שלום ושמך שלום, יהי רצון שתשים עלינו שלום - כי היכי דליסיים בהדי כהני תיבת "שלום", ויענו הצבור אמן על שניהם.

ויש נוהגים שבכל פעם אומרים "אדיר במרום" בשעת אמירת ש"ץ "שים שלום", בשעה שאומר "וטוב בעיניך" וכו'.

הגה: ובמקום שאין עולין לדוכן - כמו במדינותינו, שאין נ"כ כל השנה רק ביו"ט, **יאמר כל זה** - פי' תפלת "רבון", **בשעה שהש"ץ אומר "שים שלום", ויסיים בהדי שליח צבור, שיענו הקהל אמן (הר"ן פ' הרואה).**

ואם גמר ה"רבון" קודם שסיים הש"ץ תפלת "שים שלום", יאמר ג"כ "אדיר במרום" וכנ"ל. **ואם** ראה שלא יוכל לסיים עם הש"ץ, יתחיל בשעה שש"ץ אומר "יברכך".

כתבו אחרונים, דאין לומר תפלת "רבון" בכל יום ויום, כי אם בשחלם לו בלילה שלפניו, דאיך יאמר "חלום חלמתי" בשלא חלם כלל.

"**דוכן**" פירושו, המקום שעולין שם הכהנים בשעת נ"כ.

מסורת הש"ס

תניא

אמר ליה קיסר לר' יהושע בר' *(חנינא) אמריתו דחכמיתו טובא אימא לי מאי חזינא בחלמאי אמר ליה חזית דמשחרי לך פרסאי וגרבי בך ורעיי בך שקצי בחוטרא דדהבא הרהר כוליה יומא ולאורתא חזא אמר ליה שבור מלכא לשמואל אמריתו דחכמיתו טובא אימא לי מאי חזינא בחלמאי אמר ליה חזית דאתו רומאי ושבו לך וטחני בך קשייתא ברחייא דדהבא הרהר כוליה יומא ולאורתא חזא בר הדיא מפשר חלמי הוה מאן דיהיב ליה אגרא מפשר ליה למעליותא ומאן דלא יהיב ליה אגרא מפשר ליה לגריעותא אביי ורבא חזו חלמא אביי יהיב ליה זוזא ורבא לא יהיב ליה אמרי ליה אקרינן בחלמין °שורך טבוח לעיניך וגו' לרבא אמר ליה פסיד עסקך ולא אהני לך למיכל מעוצבא דלבך לאביי א"ל מרווח עסקך ולא אהני לך למיכל מחדוא דלבך אמרי ליה אקרינן °בנים ובנות תוליד וגו' לרבא אמר ליה כבישותיה לאביי א"ל בנך ובנתך נפישי ומינסבן בנתך לעלמא ומדמיין באפך כדקא אזלן בשביה אקריין °בניך ובנותיך נתונים לעם אחר לאביי א"ל בנך ובנתך נפישין *את אמרת לקריבך והיא אמרה לקריבה ואכפה לך ויהבת להון לקריבה דהוי כעם אחר לרבא א"ל דביתהו שכיבא ואתו בניה ובנתיה לידי איתתא אחריתי *דאמר רבא אמר ר' ירמיה בר אבא אמר רב מאי דכתיב בניך ובנותיך נתונים לעם אחר זו אשת האב אקרינן בחלמין °לך אכול בשמחה לחמך לאביי אמר ליה מרווח עסקך ואכלת ושתית וקרית פסוקא מחדוא דלבך לרבא אמר ליה פסיד עסקך טבחת ולא אכלת ושתית וקרית (א) לפכוחי פחדך אקרינן °זרע רב תוציא השדה לאביי א"ל מרישיה לרבא א"ל מסיפיה אקרינן °זיתים יהיו לך בכל גבולך וגו' לאביי א"ל מרישיה לרבא א"ל מסיפיה אקרינן °וראו כל עמי הארץ וגו' לאביי א"ל נפק לך שמא דריש מתיבתא הוית אימתך נפלת בעלמא לרבא אמר ליה בדיינא דמלכא אתבר ומתפסת בגנבי ודייני כולי עלמא קל וחומר מינך למחר אתבר בדיינא דמלכא ואתו (ב) ותפשי ליה לרבא. אמרי ליה חזן חסא על פום דני לאביי א"ל עיף עסקך כחסא לרבא א"ל מריר עסקך כי חסא אמרי ליה חזן בשרא על פום דני לאביי אמר ליה בסים חמרך ואתו כולי עלמא למזבן בשרא וחמרא מינך לרבא אמר ליה תקיף חמרך ואתו כולי עלמא למזבן בשרא למיכל ביה אמרי ליה חזן חביתא דתלי בדיקלא לאביי אמר ליה מדלי עסקך כדיקלא לרבא אמר ליה חלי עסקך כתמרי אמרי ליה חזן רומנא דקדחי אפום דני לאביי אמר ליה עשיק עסקך כרומנא לרבא אמר ליה קאוי עסקך כרומנא אמרי ליה חזן חביתא דנפל לבירא לאביי א"ל מתבעי עסקך *כדאמר נפל פתא בבירא ולא אשתכח לרבא א"ל פסיד עסקך ושדי' ליה לבירא אמרי ליה חזינן בר חמרא דקאי אאיסדן ונוער לאביי אמר ליה מלכא הוית וקאי אמורא עלך לרבא א"ל פטר חמור (ג) גהיט מתפילך א"ל לדידי חזי לי ואיתיה אמר ליה וא"ו דפטר חמור ודאי גהיט מתפילך לסוף אזל רבא לחודיה לגביה אמר ליה חזאי דשא ברייתא דנפל אמר ליה °אשתך שכבא אמר ליה חזיא *ככי ושני דנתור א"ל בנך ובנתך שכבן אמר ליה חזאי תרתי יוני דפרחן א"ל תרי נשי מגרשת אמר ליה חזאי תרי גרגלידי דלפתא אמר ליה תרין קולפי בלעת אזל רבא ההוא יומא ויתיב בי מדרשא כוליה יומא אשכח הנהו תרי סגי נהורי דהוו קמנצו בהדי הדדי אזל רבא לפרוקינהו ומחוהו לרבא תרי דלו למחוייה אחריתי אמר מסתיי תרין חזאי לסוף אתא רבא ויהיב ליה אגרא א"ל חזאי *אשיתא דנפל א"ל נכסים בלא מצרים קנית א"ל חזאי אפדנא דאביי דנפל וכסיין אבקיה א"ל אביי שכיב ומתיבתיה אתיא לגבך א"ל חזאי אפדנא דידי דנפיל ואתו כולי עלמא שקיל לבינתא לבינתא א"ל שמעתתך מבדרן בעלמא א"ל חזאי דאבקע רישי ונתר מוקרי א"ל *אודרא מבי סדיא נפיק א"ל אקריון הללא מצראה בחלמא א"ל ניסא מתרחשי לך הוה קא אזיל בהדיה בארבא אמר בהדי גברא דמתרחיש ליה ניסא למה לי בהדי דקא סליק נפל סיפרא מיניה אשכחיה רבא וחזא דהוה כתיב ביה *כל החלומות הולכין אחר הפה אמר רשע בדידך קיימא וצערתן כולי האי כולהו מחילנא לך בר מברתיה דרב חסדא יהא רעוא דלמסר ההוא גברא לידי דמלכותא דלא מרחמו עליה אמר מאי אעביד גמירי *דקללת חכם אפילו בחנם היא באה וכ"ש רבא דבדינא קא לייט אמר איקום ואגלי *דאמר מר גלות מכפרת עון קם גלי לבי רומאי אזל יתיב אפתחא דריש *טורזינא דמלכא ריש טורזינא חזא חלמא א"ל חזאי חלמא דעייל מחטא באצבעתי א"ל הב לי זוזא ולא יהב ליה לא א"ל ולא מידי א"ל חזאי דנפל תכלא בתרתין אצבעתי א"ל הב לי זוזא ולא יהב ליה ולא א"ל א"ל חזאי דנפל תכלא בכולה ידא א"ל נפל תכלא בכולהו שיראי שמעי בי מלכא ואתיוה לריש טורזינא קא קטלי ליה א"ל אנא אמאי אייתוהו להאי דהוה ידע ולא אמר אמרי ליה לבר הדיא אמטו זוזא דידך חרבו שיראי

תורה אור: דברים כח; כח; שם; שם; קהלת ט; דברים כח; שם

מסורת הש"ס: נדרים כג. קדושין מה:; יבמות סג: [וגם איתא רב חנן בר רבא אמר רב]; [שבת סו:]; [עי' סוטה כתו"ג כח. בפרש"י והו' שם ד"ה ככי]; [לעיל נה:]; מכות יא.; סנהדרין לז:; [גי' הערוך סרזיא פי' שומר המעילים]

רש"י

קיסר. מלך רומי והיה לו תגר עם פרסיים: מאי חזינא. מאי אראה בלילה בחלום: משחרי לך פרסאי. עושים בך עבודת המלך כמו לא חמרא דחד מנהון שחרית (תרגום במדבר יו) ולשון חכמים (ספרי פ' דברים) הדבק לשחור וישתחוו לך: וגרבו לך. ישללוך בשבי: וטחנו בך קשייתא. יכופו אותך לטחון גרעיני תמרים: שבור(ד). מלך פרס: פסיד עסקך. תתקלקל פרקמטיא שלך: ולא אהני לך למיכל. מתוך צערך לא יטעם לך שום מאכל: מרווח עסקך. ומתוך שמחתך לא תתאוה לאכול שתהיה שבע בשמחתך: וסיא. אשתך: לפכוחי פחדך. להפיג דאגתך: מרישיה. זרע רב תוציא השדה: בדיינא דמלכא. אוצר שתכשיטי המלך שם ישבר על ידי גנבים ויעלילו עליך לומר שאתה גנבתם: קל וחומר מינך. אם רבא נחשד כל שכן שיחשדונו וזהו ויראו ממך: חסא. חזרת: עיף עסקך. כפול בריוח כחזרת שהיא רחבה וכפולה: מריר עסקך. שנאוי לכל ומר יהיה הסחורה שלך: חביתא. הם היו משתכרים ביין: חלי עסקך. מתוק כלומר שתתן סחורתך בזול: דקדחי. גדלה: עשיק עסקך. ביוקר תמכרנו כמו עשיק לגבך (ב"מ ד' נב.): לרבא א"ל קאוי עסקך. לשון קהוי הכל ישנאוהו: מתבעי עסקך. יתבקש עסקך ויחזרו אחריו לקנות: דקאי אאיסדן. מראשותיו כדמתרגמינן מראשותיו אסדוהי (בראשית כח): מלכא הוית. ראש ישיבה הדורש דרשות והמתורגמן עומד עליו באמורא להשמיע בקול רם לרבים כקול חמור הנוער: וי"ו דפטר חמור גהיט מתפילך. בפרשת והיה כי יביאך וכל פטר חמר תפדה בשה והוא חסר וי"ו ובתפילין של רבא כתבו הכותב מלא ואח"כ מחקו והיינו גהיט מחוק: דשא ברייתא. דלת חיצון שבבית: אשתך מתה. השומרת את הבית: ככי. שינים הפנימיות שקורין משילאר"ש: תרתי נשי מגרשת. שאשתו של אדם קרויה יונה דכתיב יונתי תמתי: תרין קולפי בלעת. מכת מקל עב בראשו כראשי לפתות: בלא מצרים. כחלה בלא מצרים כלומר קרקעות רחבים ורבים: וכסיין אבקיה. כסוי עפר הפורח ממפולת החומה: ונתר מוקרי. נשר מוחו: אודרא מבי סדיא המוכין יוצאין מן הכר שבמראשותיו: הללא מצראה. הלל שאנו קורין בפסח לפי שיש הלל אחר הקרוי הלל הגדול קורין לזה הלל המצרי: ניסי מתרחשי לך. שע"י נסים נקרא ניסן שעל כל נרים הבאה לישראל אומרים אותו על גאולתן: הוה קא אזיל. בר הדיא בהדיה דרבא: בארבא. בספינה: אמר בהדי גברא דמתרחיש ליה ניסא למה לי. שמא כאן יארע לו הנס שתטבע הספינה והוא ינצל: בדידך קיימא. בך הוא תלוי הפתרון אם לטובה אם לרעה והפכת לי לרעה: אשתו של רבא. בת רב חסדא היתה: טורזינא דמלכא. שומר אוצר המלך: נפל תכלא. תולע: שיראי

הגהות הב"ח

(א) גמ' וקרית פסוקא לפכוחי: (ב) שם ותפשי ליה לרבא דחיל כולי עלמא ואמרי רבא איתפיס אנן לא כל שכן אמרי ליה: (ג) שם גהיט מתפילך עיין רבא ואשכח וא"ו דפטר חמור גהיט בתפלה לסוף אזל: (ד) רש"י ד"ה שבור מלכא מלך פרס:

גליון הש"ס

גמ' א"ל אשתך שכבא. עי' לקמן דף ס"ב ע"א תוס' ד"ה רבא:

[יסוד לתוספת ניתו כך פירש"י ב"ק נ. ד"ה לאוסין וכו' ע"ש ובערוך פי' כותל]

[גי' הערוך אודרא פי' טנא]

מסורת הש"ס

שיראי דמלכא כפיתו תרין ארזי בחבלא אסור חד כרעיה לחד ארזא וחד כרעיה לחד ארזא ושרו לחבלא עד דאצטליק (א) רישיה *אזל כל חד וחד וקם אדוכתיה ואצטליק ונפל בתרין שאל בן דמא בן אחותו של ר׳ ישמעאל את ר׳ ישמעאל ראיתי שני לחיי שנשרו אמר שני גדודי רומי יעצו עליך רעה ומתו אמר ליה בר קפרא לרבי ראיתי חוטמי שנשר אמר ליה חרון אף נסתלק ממך אמר ליה ראיתי שני ידי שנחתכו אמר ליה לא תצטרך למעשה ידיך אמר ליה ראיתי ב׳ רגלי שנקטעו אמר ליה על סוס אתה רוכב חזאי דאמרי לי באדר מיתת וניסן לא חזית אמר ליה באדרותא מיתת ולא אתית לידי נסיון אמר ליה ההוא צדוקי לר׳ ישמעאל ראיתי שאני משקה שמן לזיתים אמר ליה בא על אמו אמר ליה חזאי דקטיף לי כוכבא אמר ליה בר ישראל גנבת אמר ליה חזאי דבלעתי לכוכבא אמר ליה בר ישראל זבנתיה ואכלת לדמיה אמר ליה חזאי עיני דנשקן אהדדי אמר ליה בא על אחותו אמר ליה חזאי דנשקי סיהרא אמר ליה בא על אשת ישראל אמר ליה חזאי דדריכנא בטונא דאסא אמר ליה בא על נערה המאורסה אמר ליה חזאי טונא מעילאי והוא מתתאי אמר ליה משכבך הפוך אמר ליה חזאי עורבי דהדרי לפורייה אמר ליה אשתך זנתה מאנשים הרבה אמר ליה חזאי יוני דהדרי לפורייה אמר ליה נשים הרבה טמאת אמר ליה חזאי דנקיט תרי יוני ופרחן אמר ליה תרתי נשי נסבת ופטרתינון בלא גט אמר ליה חזאי דקליפנא ביעי אמר ליה שכבי קא משלחת אמר ליה כולהו איתנהו בי בר מהא דליתיה אדהכי והכי אתיא האי איתתא ואמרה ליה האי גלימא דמכסא דגברא פלוני הוא דמית ואשלחתיה אמר ליה חזאי דאמרי לי שבק לך אבוך נכסי בקפודקיא אמר ליה אית לך נכסי בקפודקיא אמר ליה לאו אזל אבוך לקפודקיא אמר ליה לאו אם כן קפא כשורא דיקא עשרה זיל חזי קפא דריש עשרה שהיא מלאה זוזי אזל אשכח שהיא מלאה זוזי אמר רבי חנינא הרואה באר בחלום רואה שלום שנאמר °ויחפרו עבדי יצחק בנחל וימצאו שם באר מים חיים ר׳ נתן אומר מצא תורה שנאמר °כי מוצאי מצא חיים וכתיב הכא באר מים חיים רבא אמר חיים ממש אמר רבי חנן שלש שלומות הן נהר צפור וקדרה נהר דכתיב °הנני נוטה אליה כנהר שלום צפור דכתיב °כצפרים עפות כן יגן ה׳ צבאות וגו׳ קדרה דכתיב °ה׳ תשפות שלום לנו אמר ר׳ חנינא ובקדרה שאין בה בשר *שנינו °ופרשו כאשר בסיר וכבשר בתוך קלחת אמר ר׳ יהושע בן לוי הרואה נהר בחלום ישכים ויאמר הנני נוטה אליה כנהר שלום קודם שיקדמנו פסוק אחר °כי יבא כנהר צר הרואה צפור בחלום ישכים ויאמר כצפרים עפות כן יגן וגו׳ קודם שיקדמנו פסוק אחר °כצפור נודדת מן קנה וגו׳ הרואה קדרה בחלום ישכים ויאמר ה׳ תשפות שלום לנו קודם שיקדמנו פסוק אחר °שפות הסיר שפות הרואה ענבים בחלום ישכים ויאמר °כענבים במדבר קודם שיקדמנו פסוק אחר °ענבימו ענבי רוש הרואה הר בחלום ישכים ויאמר °מה נאוו על ההרים רגלי מבשר קודם שיקדמנו פסוק אחר °על ההרים אשא בכי ונהי הרואה שופר בחלום ישכים ויאמר °והיה ביום ההוא יתקע בשופר גדול קודם שיקדמנו פסוק אחר °תקעו שופר בגבעה הרואה כלב בחלום ישכים ויאמר °ולכל בני ישראל לא יחרץ כלב לשונו קודם שיקדמנו פסוק אחר °והכלבים עזי נפש הרואה ארי בחלום ישכים ויאמר °אריה שאג מי לא יירא קודם שיקדמנו פסוק אחר °עלה אריה מסבכו הרואה תגלחת בחלום ישכים ויאמר °ויגלח ויחלף שמלותיו קודם שיקדמנו פסוק אחר (°כי) אם גלחתי וסר ממני כחי הרואה באר בחלום ישכים ויאמר °באר מים חיים קודם שיקדמנו פסוק אחר °כהקיר ביר מימיה הרואה קנה בחלום ישכים ויאמר °קנה רצוץ לא ישבר קודם שיקדמנו פסוק אחר °הנה בטחת *לך על משענת הקנה הרצוץ תנו רבנן הרואה קנה בחלום יצפה לחכמה שנאמר °קנה חכמה קנים יצפה לבינה שנאמר °ובכל קנינך קנה בינה אמר רבי זירא קרא קורא קירא קניא כולהו מעלו לחלמא תניא אין מראין דלועין אלא למי שהוא ירא שמים בכל כחו הרואה שור בחלום ישכים ויאמר °בכור שורו הדר לו קודם שיקדמנו פסוק אחר °כי יגח שור את איש תנו רבנן חמשה דברים נאמרו בשור האוכל מבשרו מתעשר נגחו הויין ליה בנים שמנגחים בתורה נשכו יסורין באים עליו בעטו דרך רחוקה נזדמנה לו רכבו עולה לגדולה והתניא רכבו מת לא קשיא הא דרכיב הוא לתורא הא דרכיב תורא לדידיה הרואה חמור בחלום יצפה לישועה שנאמר °הנה מלכך יבא לך צדיק ונושע הוא עני ורוכב על חמור הרואה חתול בחלום באתרא דקרו ליה שונרא נעשית לו שירה נאה שינרא נעשה לו שינוי רע הרואה ענבים בחלום לבנות בין בזמנן בין שלא בזמנן יפות שחורות בזמנן יפות שלא בזמנן רעות הרואה סוס *לבן בחלום בין בנחת בין ברדוף יפה לו אדום בנחת יפה ברדוף קשה הרואה ישמעאל בחלום תפלתו נשמעת ודוקא ישמעאל בן אברהם אבל טייעא בעלמא לא הרואה גמל בחלום מיתה נקנסה לו מן השמים והצילוהו ממנה אמר רבי חמא ברבי חנינא מאי קראה °ואנכי ארד עמך מצרימה ואנכי אעלך גם עלה רב נחמן בר יצחק אמר מהכא °גם ה׳ העביר חטאתך לא תמות הרואה פינחס בחלום פלא נעשה לו *הרואה פיל בחלום פלאות נעשו לו פילים פלאי פלאות נעשו לו והתניא כל מיני חיות יפין לחלום חוץ מן הפיל ומן הקוף לא קשיא הא

שירא׳ דמלכא. מעילים של מלך: דאצטליק. נחלק לב׳ ודוגמתו בהעור והרוטב (דף קכד.) דללקי מללק: יעצו עליך רעה. והם הלחיים פה שיעץ עליך רעה: חרון אף. ניכר בחוטם שמתחמם ומוציא הבל על כן הוא קרוי חרון אף: לא תצטרך למעשה ידיך. שתתעשר: באדרופא מיתה. בכבוד ובהדר תמות: אמו כעל. דומיא דשמן שהוא בתוך הזית השקה את אמו: קטיף לי כוכבא. עקרתי כוכב בחלום: גנבת. שנמשלו לכוכבים: נערה המאורסה. היו רגילין לעשות לה חופה של הדס בכניסתה לחופה וקורין לה הינומא כדאמרינן בכתובות (דף טו:) שיצאתה בהינומא וראשה פרוע: טונא דאסא. טולא דאסא (ב): שכבי משלחת. מתים הפשטת: אם כן. דלית לך התם נכסי ואבוך לא שכיב התם: קפא. דאמרי לך היא כשורא שבלשון פרס ויון קורין לכשורא קפא: דיקא. הוא עשרה שבלשון יוני קורין לעשרה דיקא והכי אמרי לך יש לך ממון בקורה עשירית: דריש עשרה. קורה שבראש עשרה: שלש שלומות הם. שלש חלומות המבשרים שלום: ופרשו כאשר בסיר. אלמא פורענותא היא: ובכל קנינך. לשון מרובה הוא אף קנים הרבה קנה של בינה הוא: קרא קורא קירא קניא. קרא דלעת כדאמרינן לקמן הרואה דלועין בחלום ירא שמים הוא לשון דלו עיני למרום (ישעיה לח): קורא. רך הגדל בענפי הדקל בכל שנה כדרך שאר אילנות ולשנה שניה הוא מתקשה ונעשה עץ: קירא. שעוה: קניא. קנה: כאוכל מבשרו. בחלום: בין ברדוף. כשהוא רץ: גס עלה. קרוב לנוטריקון של גמל: פלא נעשה לו. כמו שנעשה לפינחס כדאמרינן בסנהדרין (דף פב.):

דמסרג

תורה אור

בראשית כו · משלי ח · ישעיה סו · שם לא · שם כו · מיכה ג · [שנאמר. כצ"ל וכ"א בילקוט ישעיה סוף רמז רצ] · ישעיה נט · משלי כז · יחזקאל כד · הושע ט · דברים לג · ישעיה נב · ירמיה ט · ישעיה כז · הושע ה · שמות יא · ישעיה נו · עמוס ג · ירמיה ד · בראשית מח · שופטים טז · שיר ד · ירמיה ו · ישעיה מב · מלכים ב יח · משלי ד שם · דברים לג · שמות כא · זכריה ט · [ע׳ סנהדרין נג.] · בראשית מו · שמואל ב יב: · [לקמן נז:]

בד"י תמר מלת לך והוא קרא בישעיה ל"ז

הגהות הב"ח

(א) גמ׳ עד דאיצטליק אמר רבא לא מחילנא ליה עד דאיצטליק רישיה אזל וכו׳ ואצטליק רישיה ונפל בתרין: (ב) רש"י ד"ה טולא וכו׳ דאסא הס"ד ואח"כ מ"ה משכבו הפך בתוקה נערה היא מלמעלה והוא מלמטה הס"ד ואח"כ מ"ה שכבי קא משלחת:

רב נסים גאון

דתני רב יוסף אין מראין דלועין אלא לירא שמים. כבר שאלני עליה תלמיד מבני ספרד ויש לה טעם ואני לא קבלתי בה כלום וגם לא נשאלתי עליה קודם לכן משלם תמתי לי כי ואת קבלה היא ביד החכמי׳ ולא נודע לי שהזכירו בה טעם אבל נראין הדברים בעיני שאפשר שיהו דומים יראי שמים לדלועין שכשם שהדלועין אין בכל פירות הארץ גדולים מהם ואעפ"כ אינן מתנשאין על הארץ אלא כל זמן שהן גדלין ופורין ומוסיפין נמיכות בארץ כך הן יראי שמים אין כל הבריות שמעלתו גבוהה ממעלתם ולא עדיף מהם כדדרשינן בהאי פסוקא (איוב כח) הן יראת ה׳ היא חכמה וסור מרע בינה שכן בלשון יוני קורין לאחת הינא לפי שמפורש בפ׳ ב"כ (שבת דף לא) ואעפ"כ כל זמן שמוסיף להן הקב"ה גדולה וכבוד ונשיאות הן מוסיפין ענוה ותמיכו׳ בענין שמפורש במדרש ילמדנו רבינו שהתורה *סולמה ענוה דכתיב (משלי כב) עקב ענוה יראת ה׳ ובתרה יראה דכתיב (תהלים קיא) ראשית חכמה יראת ה׳ ובפרק יציאות השבת בגמ׳ דבני מערבא (הלכה ג) אמר ר׳ יצחק בן אלעזר כל שעשת חכמה עטרה לראשה עשת ענוה עקב לסולייתה דכתיב ראשית חכמה יראת ה׳ וכתיב עקב ענוה יראת ה׳ ובגמ׳ דידן בסוף פירקא דכיסוי הדם (חולין דף פט) אמר הקב"ה לישראל חושק אני בכם שאפי׳ בשעה שאני משפיע לכם גדולה אתם ממעיטין עצמכם לפני נתתי גדולה לאברהם אמר (בראשית יח) ואנכי עפר ואפר נתתי גדולה למשה ואהרן אמרו (שמות טז) ונחנו מה נתתי גדולה לדוד אמר (תהלים כב) ואנכי תולעת ולא איש ולפיכך אפשר שתהא כוונתן של החכמים בדימוי יראי שמים לדלועים בשביל הדבר הזה ועוד נשמענה מטפה של טלה דלועין דלו עיני למרום וזו היא מדת יראי שמים כמו שאמר חזקיה (ישעיה לח) דלו עיני למרום כלומר שהן בוטחין בו ומצפין אליו וזכים לטובו והיה ישר בעיני השואל זה הפירוש גם בעיני כל התלמידים שהיו לשם ולפיכך כתבתיו בזה המקום:

*סוליתה כ"ה נכון בתנחומא בראשית

הא דמסרג הא דלא מסרג הרואה הונא בחלום נס נעשה לו חנינא חנניא יוחנן נסי נסים נעשו לו *הרואה הספד בחלום מן השמים חסו עליו ופדאוהו והני מילי בכתבא העונה יהא שמיה רבא מברך מובטח לו שהוא בן העולם הבא הקורא ק"ש *ראוי שתשרה עליו שכינה אלא שאין דורו זכאי לכך המניח תפילין בחלום יצפה לגדולה שנאמר °וראו כל עמי הארץ כי שם ה' נקרא עליך וגו' *ותניא רבי אליעזר הגדול אומר אלו תפילין שבראש המתפלל בחלום סימן יפה לו וה"מ דלא סיים הבא על אמו בחלום יצפה לבינה שנאמר °כי אם לבינה תקרא הבא על נערה מאורסה יצפה לתורה שנאמר °תורה צוה לנו משה מורשה קהלת יעקב *אל תקרי מורשה אלא *מאורשה הבא על אחותו בחלום יצפה לחכמה שנאמר °אמור לחכמה אחותי את הבא על אשת איש בחלום מובטח לו שהוא בן העולם הבא וה"מ דלא ידע לה ולא הרהר בה מאורתא א"ר חייא בר אבא הרואה חטים בחלום ראה שלום שנאמר °השם גבולך שלום חלב חטים ישביעך הרואה שעורים בחלום סרו עונותיו שנאמר °וסר עונך וחטאתך תכופר אמר רבי זירא אנא לא סלקי מבבל לא"י עד דחזאי שערי בחלמא הרואה גפן טעונה בחלום אין אשתו מפלת נפלים שנאמר °אשתך כגפן פוריה שורקה יצפה למשיח שנאמר °אוסרי לגפן עירה ולשורקה בני אתונו הרואה תאנה בחלום תורתו משתמרת בקרבו שנאמר °נוצר תאנה יאכל פריה הרואה רמונים בחלום זוטרי פרי עסקיה כרמונא רברבי רבי עסקיה כרמונא פלגי אם ת"ח הוא יצפה לתורה שנאמר °אשקך מיין הרקח מעסים רמני ואם ע"ה הוא יצפה למצות שנאמר °כפלח הרמון רקתך מאי רקתך *אפילו ריקנין שבך מלאים מצות כרמון הרואה זיתים בחלום זוטרי פרי ורבי וקאי עסקיה כזיתים וה"מ פרי אבל אילני הויין ליה בנים מרובין שנאמר °בניך כשתילי זיתים וגו' איכא דאמרי הרואה זית בחלום שם טוב יוצא לו שנאמר °זית רענן יפה פרי תואר קרא ה' שמך הרואה שמן זית בחלום יצפה למאור תורה שנאמר °ויקחו אליך שמן זית זך הרואה תמרים בחלום תמו עונותיו שנאמר °תם עונך בת ציון אמר רב יוסף הרואה עז בחלום שנה מתברכת לו עזים שנים מתברכות לו שנאמר °ודי חלב עזים ללחמך הרואה הדס בחלום נכסיו מצליחין לו ואם אין לו נכסים ירושה נופלת לו ממקום אחר אמר עולא ואמרי לה במתניתא תנא והוא דחזא בכניידהו הרואה אתרוג בחלום הדור הוא לפני קונו שנאמר °פרי עץ הדר כפות תמרים הרואה לולב בחלום אין לו אלא לב אחד לאביו שבשמים הרואה אווז בחלום יצפה לחכמה שנאמר °חכמות בחוץ תרונה והבא עליה הוי ראש ישיבה אמר רב אשי אני ראיתיה ובאתי עליה וסלקית לגדולה הרואה תרנגול בחלום יצפה לבן זכר תרנגולים יצפה לבנים זכרים תרנגולת יצפה לתרביצה נאה וגילה הרואה ביצים בחלום תלויה בקשתו נשתברו נעשית בקשתו וכן אגוזים וכן קשואים וכן כל כלי זכוכית וכן כל הנשברים כאלו הנכנס לכרך נעשו לו חפציו שנאמר °וינחם אל מחוז חפצם המגלח ראשו בחלום סימן יפה לו ראשו וזקנו לו ולכל משפחתו היושב בעריבה קטנה שם טוב יוצא לו בעריבה גדולה לו ולכל משפחתו וה"מ דמדליה דלויי הנפנה בחלום סימן יפה לו שנאמר °מהר צועה להפתח וה"מ דלא קנח העולה לגג בחלום עולה לגדולה ירד יורד מגדולתו אביי ורבא דאמרי תרווייהו כיון שעלה עלה הקורע בגדיו בחלום קורעים לו גזר דינו העומד ערום בחלום בבבל עומד בלא חטא בארץ ישראל ערום בלא מצות הנתפש לסרדיוט שמירה נעשית לו נתנוהו בקולר הוסיפו לו שמירה על שמירתו וה"מ בקולר אבל חבלא בעלמא לא הנכנס לאגם בחלום נעשה ראש ישיבה ליער נעשה ראש לבני כלה רב פפא ורב הונא בריה דרב יהושע חזו חלמא רב פפא דעייל לאגמא נעשה ראש ישיבה רב הונא בריה דרב יהושע דעייל ליער נעשה ראש לבני כלה איכא דאמרי תרווייהו לאגמא עיילי אלא רב פפא דתלי טבלא נעשה ראש ישיבה רב הונא בריה דרב יהושע דלא תלי טבלא נעשה ראש לבני כלה אמר רב אשי אנא עיילית לאגמא ותלאי טבלא ונבחי בה נבוחי תני תנא קמיה דר"נ בר יצחק המקיז דם בחלום עונותיו מחולין לו והתניא עונותיו סדורין לו *מאי סדורין סדורין למחול תני תנא קמיה דרב ששת הרואה נחש בחלום פרנסתו מזומנת לו נשכו נכפלה לו הרגו אבדה פרנסתו אמר ליה רב ששת כל שכן שנכפלה פרנסתו ולא היא רב ששת הוא דחזא חויא בחלמיה וקטליה תני תנא קמיה דרבי יוחנן כל מיני משקין יפין לחלום חוץ מן היין יש שותהו וטוב לו ויש שותהו ורע לו יש שותהו וטוב לו שנאמר °ויין ישמח לבב אנוש ויש שותהו ורע לו שנאמר °תנו שכר לאובד ויין למרי נפש אמר ליה רבי יוחנן לתנא תני תלמיד חכם לעולם טוב לו שנאמר °לכו לחמו בלחמי ושתו ביין מסכתי אמר

דמסרג · שיש לו אוקף על גביו *יפה : **נס נעשה לו** · ט"ן כנגד ט"ן וכגון שראה השם כתוב : **חנינא** · טני"ן הרבה נסים רבים : **והני מילי בכתבא** · אכולהו קאי שראה הונא או חנינא או תיבה זו של הספד כתובה דמשמע חסו עליו ופדאוהו : **דלא סיים** · שנעור משנתו קודם שנסתלק סימן הוא שסמוך אצל הקב"ה : **מובטח לו שהוא בן העולם הבא** . שנוטל חלקו וחלק חברו בגן עדן דדמי לאשת איש : **פלגי** . רמונים שנחלקו: **יצפה לתורה** . שנאמר אשקך מיין הרקח היינו תורה : **מעסים רמוני** . הנמלך מן הרמונים : **נכסיו מצליחין**. כהדס זה שעליו משולשים זה על זה כמין קליעה : **בכנייהו** · על כנם במקומם במחובר : **הוי ראש ישיבה** · שמכריז ומלוה לרבים : **אני ראיתיה וכו'** · ועל כן נעשיתי ראש ישיבה במתא מחסיא : **תרביצא** · גינה א"נ בהמ"ד תרביצא נאה וגילה נוטריקון של תרנגול : **תלוים בקשתו** · בספק כבילים הללו שהאוכל סתום בה : **נשתברו** · נתגלה האוכל : **וינחם אל מחוז** · היינו כרך : **חפצם** . סימן הוא להיות חפציו נעשים : **המגלח** · סימן גדולה ותפארת היא לו כמו ויגלח ויחלף וגו' (בראשית מא) : **בעריבה** . בספינה : **דמדלי** · שהולכת בגובה של ים : **הנפנה** . סימן הוא שפרחוע וגנותו נפרש ויוצא מעליו : **וסוף דלא קנח** . שלא המאיס ידיו : **בבבל עומד** **בלא חטא** · לפי שחו"ל אין לה זכיות אלא עון יש בישיבתה וזה עומד ערום בלא אותם עונות : **בא"י** · שהרבה מצות תלויות בה וזה העומד ערום סימן שהוא ערום ממצותיה : **הנתפש לסרדיוט** · שומרין אותו שלא יברח אלמא סימן שמירה הוא ששומרים אותו מידי היזק : **אגם** · שיש בו קנים גדולים וקטנים וסמוכים זה לזה סימן לראש ישיבה שהגדולים והקטנים מתקבלים יחד קבוץ גדול ובאים לשמוע דרשה מפיו : **יער** · אילנות גדולים ואינן סמוכים זה לזה אף זה סימן לראש לתלמידי הרב והוא ראש לבני כלה שמפרש לתלמידים שמועתם אחר שעמד הרב והם מחזרין על שמועתם ויש תלמידים שלא יבינו בדברי הרב ככל הצורך וזה מבינה להם : **תלי טבלא** · נראה לו שהיה זוג ועינבל תלוי בצוארו ומשמיע קול והוא סימן לראש ישיבה שמשמיע קול לרבים : **ונבחי בה נבוחי** · קשקשתי בה בקול : **עונותיו מחולין לו** . לפי שהעונות קרויין אדומים שנאמר אם יאדימו כתולע (ישעיה א) ואומר נכתם עונך (ירמיה ב) וסימן הוא שפורשין ממנו : **פרנסתו מזומנת** . כנחש שעפר לחמו ומצוי לו בכל מקום : **הרגו** · לנחש : **כל שכן שנכפלה לו** . שהרי נתגבר עליו : **ולא היא** . אלא רב ששת דורש להנאתו לפתור חלומו לטובה : **יש שותהו כו'** . לפיכך אין לעמוד על פתרונו :

[פירושין יע. חגיגה כו. מגילה ו. סנהדרין לז.]

רב נסים גאון

הרואה את הנחש בחלומו פרנסה מזומנת לו. זה הדבר בנוי על העיקר שהזכירוהו בפ' יוה"כ (דף עה) תניא ר' יוסי אומר בוא וראה שלא כמדת הקב"ה מדת בשר ודם כו' קלל את הנחש עלה לגג מזונותיו עמו ירד למטה מזונותיו עמו ולפי שפרנסתו מצויה לו בכל מקום לפיכך הרואהו בחלומו פרנסתו מזומנת לו :

עין משפט
נר מצוה

ב א מיי' פ"י מהלכות ברכות הלכה ט סמג עשין כז טוש"ע או"ח סי' רכד סעיף א:
כא ב ג מיי' שם טוש"ע שם סעיף ב:
כב ד שם סעיף ג:
כג ה מיי' שם טוש"ע שם ובסי' ריח סעיף ו:
כד ו טוש"ע סימן רכד סעיף ד:

[באדר"נ פ"מ ליתא וכוס אתי שפיר שלשה נביאים]

[ג"י קרויא כוס וינשוף תרגום קריא וקפופא]

[ע"ג יא. וכע.]

[בכל הספרים ותקונים כתיב גיים וקרי גוים ומגוה להסביר]

*אמר רבי יוחנן השכים ונפל פסוק לתוך פיו הרי זה נבואה קטנה תנו רבנן *שלשה מלכים הם הרואה דוד בחלום יצפה לחסידות שלמה יצפה לחכמה אחאב ידאג מן הפורענות ג' נביאים הם הרואה ספר מלכים יצפה לגדולה *יחזקאל יצפה לחכמה ישעיה [א] יצפה לנחמה ירמיה ידאג מן הפורענות שלשה כתובים גדולים הם הרואה ספר תהלים יצפה לחסידות משלי יצפה לחכמה איוב ידאג מן הפורענות שלשה כתובים קטנים הם הרואה שיר השירים בחלום יצפה לחסידות קהלת יצפה לחכמה קינות ידאג מן הפורענות הרואה מגלת אסתר נס נעשה לו שלשה חכמים הם הרואה רבי בחלום יצפה לחכמה ראב"ע יצפה לעשירות רבי ישמעאל בן אלישע ידאג מן הפורענות שלשה תלמידי חכמים הם הרואה בן עזאי בחלום יצפה לחסידות בן זומא יצפה לחכמה אחר ידאג מן הפורענות כל מיני חיות יפות לחלום חוץ מן הפיל והקוף והקפוד והאמר מר הרואה *פיל בחלום פלא נעשה לו לא קשיא הא דמסרג הא דלא מסרג כל מיני מתכת יפין לחלום חוץ ממר פסל וקרדום והני מילי דחזנהו בקתייהו כל מיני פירות יפין לחלום חוץ מפגי תמרה כל מיני ירקות יפין לחלום חוץ מראשי לפתות והאמר רב לא איעתרי עד דחזאי ראשי לפתות כי חזא בכנייהו חזא כל מיני צבעונין יפין לחלום חוץ מן התכלת °כל מיני עופות יפין לחלום חוץ מן *קריא וקפופא וקורפראי: [הגו"ף הגו"ף מעי"ן משיבי"ן ומרחיבי"ן סימן]: ג' נכנסין לגוף ואין הגוף נהנה מהן גודגדניות וכפניות ופגי תמרה שלשה אין נכנסין לגוף והגוף נהנה מהן אלו הן רחיצה וסיכה ותשמיש שלשה מעין העולם הבא אלו הן שבת שמש ותשמיש תשמיש דמאי אילימא תשמיש המטה הא מכחש כחיש אלא תשמיש נקבים שלשה משיבין דעתו של אדם אלו הן קול ומראה וריח שלשה מרחיבין דעתו של אדם אלו הן דירה נאה ואשה נאה וכלים נאים: [חמש"ה וששי"ה ועשר"ה סימן]: חמשה אחד מששים אלו הן אש דבש ושבת ושינה וחלום אש אחד מששים לגיהנם דבש אחד מששים למן שבת אחד מששים לעולם הבא שינה אחד מששים למיתה חלום אחד משישים לנבואה ששה דברים סימן יפה לחולה אלו הן עטוש זיעה שלשול קרי ושינה וחלום עטוש דכתיב

איוב מא °עטישותיו תהל אור זיעה דכתיב °בזעת אפיך תאכל לחם שלשול בראשית ג

ישעיה נג דכתיב °מהר צועה להפתח ולא ימות לשחת קרי דכתיב °יראה זרע ישעיה נג

איוב ג יאריך ימים שינה דכתיב °ישנתי אז ינוח לי חלום דכתיב °ותחלימני ישעיה לח

לעיל מד: פ"ג כע. והחייני *ששה דברים מרפאין את החולה מחליו ורפואתו רפואה אלו

[לעיל ח.] הן כרוב ותרדין וסיסין יבשין וקיבה והרת ויותרת הכבד וי"א אף דגים קטנים ולא *עוד אלא שדגים קטנים מפרין ומברין כל גופו של אדם עשרה דברים מחזירין את החולה לחליו וחליו קשה אלו הן האוכל בשר שור בשר שמן בשר צלי בשר צפרים וביצה צלויה ותגלחת ושחלים והחלב והגבינה והמרחץ וי"א אף אגוזים וי"א אף קשואים תנא דבי ר' ישמעאל *למה נקרא שמן קשואים מפני שהן קשים

בראשית כה לגוף כחרבות איני והכתיב °ויאמר ה' לה שני גוים בבטנך *אל תקרי גוים אלא גיים וא"ר יהודה

[עי' תוס' יא. ד"ה לצון] אמר רב אלו אנטונינוס *ורבי שלא פסק משלחנם לא צנון ולא חזרת ולא קשואין לא בימות החמה ולא בימות הגשמים לא קשיא הא ברברבי הא בזוטרי ת"ר מת בבית שלום בבית אכל ושתה בבית סימן יפה לבית נטל כלים מן הבית סימן רע לבית תרגמא רב פפא במסאנא וסנדלא כל דשקיל שכבא מעלי בר ממסאנא וסנדלא כל דיהיב שכבא מעלי בר מעפרא וחרדלא: מקום שנעקרה ממנו

[תוספתא פ"ו] עבודת גלולים: תנו רבנן **הרואה מרקולים אומר ברוך שנתן ארך אפים לעוברי רצונו ב'מקום שנעקרה ממנו עבודת כוכבים אומר ברוך שעקר עכו"ם מארצנו וכשם שנעקרה ממקום זה כן תעקר מכל מקומות ישראל והשב לב עובדיהם לעבדך ובח"ל אין צריך לומר והשב לב עובדיהם לעבדך מפני שרובה עובדי

צפניה ג כוכבים ר'שב"א אומר אף בחוץ לארץ צריך לומר כן מפני שעתידים להתגייר שנאמר °אז אהפוך אל עמים שפה ברורה דרש רב המנונא ה'הרואה בבל הרשעה צריך לברך חמש ברכות ראה בבל אומר ברוך שהחריב בבל הרשעה ראה ביתו של נבוכדנצר אומר ברוך שהחריב ביתו של נבוכדנצר הרשע ו'ראה גוב של אריות או כבשן האש אומר ברוך שעשה נסים [ג] לאבותינו במקום הזה ראה מרקולים אומר ברוך שנתן ארך אפים לעוברי רצונו ז'ראה מקום שנוטלין ממנו עפר אומר ברוך אומר ועושה גוזר ומקיים רבא כי הוה חזי חמרי דשקלי עפרא טריף להו ידא על גבייהו ואמר רהוטו צדיקי למעבד רעותא דמרייכו

ישעיה יד מר בריה דרבינא כי הוה מטי לבבל הוה שקיל עפרא בסודריה ושדי לברא לקיים מה שנא' °וטאטאתיה במטאטא השמד אמר רב אשי אנא הא דרב המנונא לא שמיע לי אלא מדעתאי בריכתינהו לכולהו

אמר

תוספות

הרואה מרקולים. בתוספתא תנן במקום מרקולים דהכא עבודת כוכבים וא"כ לאו דוקא מרקולים אלא לפי שבמקומו של תנא היו עובדים לה ועתה אין אנו רגילים לברך לפי שאנו רואים אותה בכל יום וכל הנך הרואים אמרו לעיל דהוי משלשים יום לשלשים יום: **הרואה** מרקולים. פירש ר"י לא ידענא אמאי נקט מרקולים יותר משאר עבודת כוכבים. ונראה לי דה"ל לברך רק במקום שבונים עכו"ם או שהועמדה שם מחדש ולכך נקט מרקולים שרוגמין בה אבנים בכל יום והוי כמגדל עכו"ם אבל לא על עכו"ם קבועה שם מקודם ובירושלמי יש נעקרה עכו"ם ממקום אחד ונתנה למקום אחר במקום שנתנה אומר ברוך שנתן ארך אפים לעוברי רצונו ובמקום שנעקרה אומר ברוך שעקר עכו"ם מן המקום הזה:

רש"י

ספיס · העומד ממטתו ונפל לו פסוק בפיו: **שיר השירים** · כולו יראת שמים וחבת המקום בלב כל ישראל: **רבי ישמעאל בן אלישע** · מהרוגי מלכות היה והפשיטו עור קרקפתו בחייו: **חוץ מן הפיל וסקוף וסקפוד** · שמשונין במראיהן · קפוד חיה שדומה לקוף ויש תורה אור לה זנב ארוך ושמה מרטיצ"א: **דמסרג** · אוכף על גביו וי"א כתון באפסר: **חוץ ממר**. פשו"ר בלע"ז: **פסל** · דולוי"ר: **דחזנהו בקתייהו** · שראויין למלאכתן לחבל ולהשחית: **פגי תמרה** · שלא בשלו כל צרכן: **בבנייהו** · במחובר אבל בתלוש סימן הוא למכות כדפשר ליה *בר הדיא לרבא קולפי בלעת: **תכלת** · ירוק הוא ומי שפניו ירוקים חולה הוא: **קריא** · יבנ"ן: **קפופא** · לואיט"א בלע"ז ויש לה לסתו' כלחיי אדם לפיכך הן מגונים: **קורפראי** · טלפ"א: **גודגדניות** · ליורתי"ש: **כפניות** · מין תמרים רעים: **שמש** · חמה זורחת: **קול** · של מיני זמר או קול ערב של אשה: **עטוש** · אשטרנוד"ר: **מהר צועה** · מי שצריך להריק מעיו הרקת כלי נקראת צעיה שנאמר (ירמיה מח) ושלחתי לו צועים וצעוהו וכליו יריקו במוצא כתיב: **ותחלימני ותחייני** · בחזקי' כתיב: **תרדין** · בלי"ט: **סיסין** · בשול פוליאו"ל: **והרת** · וידליי"א שהשליל בתוכה: **יותרת הכבד** · איבר"ש של בהמה: **ומברין** · לשון בריאות: **ותגלחת** · אם מגלח: **זוטרי** · יפין: **מסאנא וסנדלא** · סימן יוצאי חוץ הוא שמוליא אחרים מן הבית: **עפרא** · סימן הוא שרמז להם קבורה: **לב עובדיהם** · על פושעי ישראל מתפלל: **כבשן של אש** · חפירה שהוסק בה כבשנם של חנניה מישאל ועזריה: **מקום שנוטלין ממנו עפר** · מקום יש בבבל שאין בהמה יוצאה משם אם אין נותנים עליה עפר מעפר המקום והוא סימן השמד ומקללותיה של בבל היא וביסוד מהר"ר יצחק ראיתי שנוטלים משם עפר לטיט לבניני המקום וסוף סוף אותו מקום אין בו ישוב ולא זרע ולא נטיעה: **גוזר ומקיים** · שגזר להשמידה וקיים: נתקללה

מסורת הש"ס

[לעיל סה: וקל"ע] [אדר"נ פ"מ וע"ש]

[לעיל ס.]

[לעיל ס:]

הגהות הגר"א

[א] גמ' (ישעי' יצפה לנחמה) תא"מ: [ב] שם שעשה נסים לאבותינו. נ"ל לצדיקים:

גליון הש"ס

גמ' כל מיני שעות. עי' נדה דף כ"ג ע"א בתו' ד"ה קריא שבי' לכם גירסא אחרת כאן:

רב נסים גאון

הרואה ר' עקיבא בחלומו יצפה לחסידות. אית בפרק כל ישראל יש להן חלק (דף קי) שנא' אספו לי חסידי אלו ר' עקיבא וחבריו שמסרו נפשם לשחיטה על דברי תורה ואמרי' (שם) אמר רבה בר בר חנה שבקה ר' עקיבא לחסידותיה: **הרואה** ר' אלעזר בן עזריה יצפה לחכמה לפי שנתמנה בישיבה והוא בן י"ח שנה והיה הוא כבר חכם מאד כמו שאתה מוצא (חגיגה דף ג) אמר ר' יהושע עליו אין דור יתום שר' אלעזר בן עזריה שרוי בתוכו ואמרו בשבחו (גיטין דף סז) ר' אלעזר בן עזריה קופה של בשמים כלומר שהיה מאסף החכמות ומסדר אותם ושנינו (סוטה דף מט) משמת ראב"ע בטלה עטרת החכמים ואע"פ שר"ע הגיע למעלה יתירה וגדולה בחכמה שאמ' משה רבינו כשהראהו הקב"ה דורות העתידין כשראה את ר' עקיבא אמר לפני הקב"ה רבש"ע יש לך אדם כזה ואתה נותן תורה ע"י כמפורש בפ' הקומץ את המנחה (מנחות ד' כט) מיהו לא התחיל ללמוד ולגרוס עד שהיה בן מ' שנה כמו שאמרו (בהלכי ספרי) ר' עקיבא למד תורה בן מ' שנה ושימש את החכמים מ' שנה ופרנס את ישראל מ' שנה ואפשר שחסידותו היתה יתירה על חכמתו ולפיכך הוא משבח בחסידות: ר' ישמעאל בן אלישע ידאג מן הפורענות מפני שבימיו היו ישראל עומדין בצרות וגזירות ומלחמות בסוף זמן בית שני וכבר נשבה בנערותו ופדאהו ר' יהושע בן חנניה כמפורש בפ' הניזקין (גיטין דף נח) מעשה בר' יהושע בן חנניה שהלך לכרך גדול של רומי אמרו לו תינוק אחד יש בבית האסור כו' אמרו לא זז משם עד שפדאו בממון הרבה לא היו ימים מועטים עד שהורה הוראה בישראל ומנו ר' ישמעאל בן אלישע ואיתא בסוף גמ' דהוריות דבני מערבא ושימש בכהונה גדולה כדאמרי' בפ' מאימתי קורין (דף ז) תניא אמר ר' ישמעאל בן אלישע פעם אחת נכנסתי לבית קה"ק להקטיר קטורת לפני לפנים וקודם חורבן הבית נהרג עם רבן שמעון בן גמליאל דתניא במכילתא דר' ישמעאל כשנהרג ר' שמעון ור' ישמעאל אמר להן ר' עקיבא לתלמידיו התקינו עצמיכם לפורענות שאילו טובה עתידה לבא בדורנו בתחלה לא היו מקבלין אותה אלא רבן שמעון ור' ישמעאל ועכשיו גלוי לפני מי שאמר והיה העולם שפורענות גדולה עתידה לבא בדורנו תסתלקו אלו מבינותינו שנא' (ישעיה נז) הצדיק אבד וגו' ובפ' עגלה ערופה דמס' סוטה (דף מח) ובפ' דיני ממונות דמס' סנהדרי' (דף יא) אמרי' ת"ר משמתו נביאים

§ מסכת ברכות דף נז: §

אות א'

הרואה מרקוליס אומר: ברוך שנתן ארך אפים לעוברי רצונו

סימן רכד ס"א - [ו]**הרואה מרקוליס** - היא ע"ג שעובדין אותה ע"י שזורקין לה אבנים, **ושמה** העצמה "קילוס", ומפני שאסור להזכיר ע"ג בשמה, לכך כינו אותה בשם "קוליס", ו"**מר**" הוא חילוף בלשון ארמי, ופירושו הוא: חילוף קילוס, (ר"ל שהחליפו שמה לקוליס), [ז]**או שאר עכו"ם** - אפילו בית ע"ג - ב"ק, וב"ח פי' דוקא כשרואה אותה בגלוי, **אומר: בא"י אמ"ה שנתן ארך אפים לעוברי רצונו.**

[ח]**ואם רואה אותה בתוך ל' יום, אינו חוזר ומברך. הגה:** [ט]**והאידנא אין מברכים זאת הברכה, שהרי אנו מגודלים ביניהם ורואים אותו תמיד** - וכתבו האחרונים, דאפילו הולך לעיר אחרת וראה שם ע"ג, אינו מברך, כיון דראה את מין זה תוך למ"ד בעירו, **ואפשר** עוד דאפילו קטן שהגדיל א"צ לברך, כיון שראה אותה בקטנותו, **ובא"ר** כתב עוד מילתא חדתי, דאפילו הוא לא ראה אותה תוך למ"ד, כיון שיש רוב העולם שהוא שוכן ביניהם שרואין אותה.

כתב הב"ח בשם ספר האשכול: השמר לך לראות קנגיאות של כותים, וה"ה מחולתם או שום דבר שמחתם, **ואם** תשמע קול כותים שמחים, האנח ותצער על חורבן ירושלים, ותתפלל להקב"ה עליה, **ואיתא** בגמרא דאפילו ההולך לקניגיאות ולטיטראות של ישראל, הרי זה מושב לצים.

אות ב' - ג'

מקום שנעקרה ממנו עכו"ם אומר: ברוך שעקר עכו"ם וכו'

רבי שמעון בן אלעזר אומר: אף בחוץ לארץ צריך לומר כן

סימן רכד ס"ב - [י]**הרואה מקום שנעקרה עבודת כוכבים,** [יא]**אם הוא בא"י** - אפי' רק ממקום אחד, **אומר: בא"י אלהינו מלך העולם שעקר עכו"ם מארצנו; ואם הוא בחו"ל, אומר: שעקר עכו"ם מהמקום הזה,** [יב]**ואומר בשתיהן: כשם שעקרת אותה מהמקום הזה, כן תעקור אותה מכל המקומות, והשב לב עובדיהם לעבדך.**

הגה: ואם נעקרה עכו"ם ממקום אחד ונתנוה במקום אחר, מברך על מקום שנעקרה "שעקר עכו"ם", ועל מקום שנתנוה לשם "שנתן ארך אפים" (ב"י בשם תוס' וירושלמי) - היינו אם יש ל' יום שלא ראה אותה וכנ"ל.

אות ד'

הרואה בבל הרשעה צריך לברך חמש ברכות וכו'

סימן רכד ס"ג - [יג]**הרואה בבל הרשעה, אומר: בא"י אלהינו מלך העולם שהחריב בבל הרשעה. ראה ביתו של נבוכדנצר, אומר: ברוך שהחריב ביתו של נבוכדנצר הרשע. ראה גוב אריות או כבשן האש** - היינו החפירה שהוסק בה אז האש לחנניה מישאל ועזריה, **אומר: ברוך שעשה נסים** [יד]**לצדיקים במקום הזה. (ועיין לעיל סי' רי"ח סעיף ז').**

אות ה'

ראה גוב של אריות או כבשן האש אומר: ברוך שעשה כו'

סימן רכד ס"ג - עיין לעיל אות ד'.

סימן ריח ס"ז - [טו]**על נס של אדם מסוים, כיואב בן צרויה** - שהיה מפורסם בכל ישראל לראש ולשלטון, **וחביריו** - מברך: ברוך שעשה נס לפלוני במקום הזה, ופורט שמו.

וכן על נס של אדם שנתקדש בו שם שמים, כגון דניאל וחביריו, מברך - ר"ל שנתקדש בו ש"ש ע"י הנס, לפיכך חשוב נס זה יותר, וצריך כל אחד לברך עליו, וכדמסיים: [טז]**לפיכך הרואה גוב אריות של דניאל, וכבשן האש של חנניה מישאל ועזריה, מברך: שעשה נס לצדיקים במקום הזה.**

(**הוא** מלשון הטור, **ומשמע** דאם אירע לאדם שנתקדש ש"ש ע"י, אח"כ איזה סיבה וניצל בדרך נס, אין לאחר לברך עליו, אחרי שלא היה בזה קידוש ש"ש, **ולולי** דברי הטור היה נ"ל לכאורה לומר, דכונת הירושלמי, אחרי שמתחלה נתקדש ש"ש ע"י, כמעשה דדניאל שסיכן עצמו עבור מצות תפלה, והצילו הקב"ה בדרך נס, חשיב לכל אדם כרבו, וצריך לנהוג בו כבוד ולהודות להש"י על הנס שהזמין לו).

(**עיין** במ"א שגמגם בדין של אדם מסויים, וצדקו דבריו, דאפשר דבעינן דוקא דומיא דיואב, שיצא טבעו בכל העולם, **ובאמת** משמע ג"כ הכי, מדנקט: אדם מסויים כגון יואב, ואדם שנתקדש בו ש"ש כגון דניאל וחבריו, משמע דדניאל וחבריו גופייהו אין מברכין עליהם אלא מטעם שנתקדש ש"ש ע"י הנס שאירע להם, **אבל** אי לא היה נתקדש ש"ש על ידם, דהיינו שאירע להם איזה סכנה וניצלו בדרך נס, לא היו מברכין כל ישראל עליהם, **אלמא** דגם אנשים כמו אלה לא מיקרי מסויים, אע"ג דהיו מפורסמים לאנשים חשובים בישראל, וגם סריסים בהיכל מלך בבל, אע"כ דכל שלא יצא טבעו בכל ישראל כמו יואב, שנאמר בו: ויהי דוד עושה משפט וצדקה ויואב על הצבא, אין מברכין עליו, **וא"כ** צדקו דברי המ"א, שכתב אין לנו עתה כיוצא בזה, **ובאמת** הקשה הע"ת אעיקר דין זה דמסויים, מהא דעל שבט שאין מברכין, וגם כל שאין רוב ישראל אין מברכין, אע"ג דבהרבה שבטים נמצאים מסתמא הרבה גדולים ומכובדים, **וכתב** לתרץ דאפשר דשאני יואב, שהלך בשליחות של כל ישראל, והרי הוא כמו שאירע לכל ישראל, עכ"ל, הרי דגם דעתו כהמ"א

באר הגולה

[ו] ברכות נ"ז: [ז] רי"ו שם בשם י"מ **והטור** ‹תוס' שם בדיבור הראשון הרואה כו', בתוספתא כו', ודלא כמ"ש שם בדיבור השני - גר"א› [ח] **מהא דריש פרק הרואה** ‹נ"ד. "בזמן שרואהו לפרקים", וכדמפרש בגמ' נ"ט: "עד ל' יום", וכ"כ כאן בתוס'› [ט] ‹וכ"כ כאן בתוס'› [י] **שם נ"ד.** [יא] **ירושלמי שם** ‹והביאו תוס' והרא"ש שם, וט"ס שם בתוס' {נ"ד.} ד"ה שעקר כו', מכל א"י כו', וצ"ל מא"י - גר"א› [יב] **שם** [ברכות נ"ז:] **וכר' שמעון בן אלעזר** [יג] **שם** [יד] ‹כן הוא בהג' הגר"א› [טו] **שם** (ירושלמי) **ושם** (רא"ש) [טז] ‹גמ' נ"ז. - גר"א. **ואיני** מובן אמאי הבאר הגולה והטור והב"י, הביאו דין זה דוקא מהירושלמי›

ועוד עדיפא מניה, דדוקא אם הוא משולח מכל ישראל, ואז אם קרה לו נס, אע"ג דהנס לא נגע בצרכי כלל ישראל אלא בצרכי גופו, אעפ"כ הוא כאילו נגע לכלל ישראל, שהרי הוא המוציא והמביא, ואדם כזה אין מצוי בדורות אלו, שאנו מפוזרין בכל העולם, וע"כ הנכון בודאי למעשה כדעת המ"א, דהיום אין נוהג ברכה זו, ובפרט דדעת הרא"ה ג"כ, שכל הני בעיות בירושלמי, הן בעיא דלא איפשטא).

אות ו'

ראה מקום שנוטלין ממנו עפר אומר: ברוך אומר ועושה וכו'

סימן רכד ס"ד - [ו]ראה מקום שיש בבבל שכל בהמה שתעבור עליו אינה יכולה לזוז משם אם לא יתנו עליה מעפר המקום ההוא, והוא סימן קללה לה, דכתיב: וטאטאתיה במטאטא (פי' מכבדות הבית, סקוב"י בלע"ז) השמד, אומר: ברוך אומר ועושה, ברוך גוזר ומקיים - היינו בשם ומלכות, [כן מוכח בגמרא דקחשיב שם חמשה ברכות על בבל, ומשמע דכולהו בחדא מחתא, וכי היכא דמרקוליס הוא בשם ומלכות הכי נמי אידך]. **בגמרא** הגירסא: ברוך אומר ועושה גוזר ומקיים, [וכן נכון, וגם דאי לאו הכי, הוי לה שש ברכות].

---

§ מסכת ברכות דף נח. §

אות א'

הרואה אוכלוסי ישראל, אומר: ברוך חכם הרזים וכו'

סימן רכד ס"ה - [א]הרואה ששים רבוא מישראל ביחד, אומר: בא"י אלהינו מלך העולם חכם הרזים - שאין דעתן דומין זה לזה, ואין פרצופיהן דומין זה לזה, [גמ'], והוא יודע מה בלב כל אלו האוכלוסין, [רש"י].

ואם הם עובדי כוכבים ומזלות, אומר: בושה אמכם מאד חפרה יולדתכם הנה אחרית גוים מדבר ציה וערבה.

אות ב'

הרואה חכמי ישראל אומר ברוך שחלק מחכמתו ליראיו

סימן רכד ס"ו - [ב]הרואה חכמי ישראל, אומר: בא"י אלהינו מלך העולם שחלק מחכמתו ליראיו - שעם ד' הם חלק אלוה ודבקים בו, לכן אמר "שחלק", משא"כ לקמיה בס"ז.

אות ג'

חכמי אומות העולם אומר ברוך שנתן מחכמתו לבריותיו

סימן רכד ס"ז - [ג]הרואה חכמי אומות העולם עובדי כוכבים, [ד]שחכמים בחכמות העולם - היינו בהשבע חכמות, לאפוקי אם הם חכמים בדתם, ע"ז אינו מברך כלל, **אומר: בא"י אמ"ה שנתן מחכמתו [ה]לבשר ודם.**

אות ד'

הרואה מלכי ישראל אומר ברוך שחלק מכבודו ליראיו וכו'

סימן רכד ס"ח - [ו]על מלכי ישראל אומר: בא"י אלהינו מלך העולם שחלק מכבודו ליראיו; ועל מלכי אומות העולם עובדי כוכבים אומר: ברוך שנתן מכבודו לבשר ודם - ומשמע בגמרא, אפילו סומא כשיודע שהמלך עובר, מברך, **ועיין** בפמ"ג שמצדד, [ז]דאם הוא סומא שלא ראה מאורות מימיו, יברך בלא שם ומלכות.

השלטונים שאין עול מלך עליהם לשנות דבריהם, ודן והורג במשפט, מברך עליהם, **ועל** השרים שממנה המלך בכל עיר ועיר, טוב וישר לברך בלא שם ומלכות.

אות ה'

לעולם ישתדל אדם לרוץ לקראת מלכי ישראל וכו'

סימן רכד ס"ט - [ח]מצוה להשתדל לראות מלכים, אפילו מלכי אומות העולם - ומותר לטמא בטומאה של דבריהן מפני כבודן, בין למלכי ישראל ובין למלכי אומות העולם, **וכן** מפני כבוד הבריות, כגון לילך לנחם אבלים. **אם** רואה פעם אחת המלך, לא יבטל יותר מלימודו לראותו, אם לא שבא בחיל יותר ובכבוד גדול יותר.

אות ו'

נגדיה לההוא גברא דבעל נכרית

אבה"ע סימן טז ס"א - [ט]ישראל שבעל עובדת כוכבים, דרך אישות, או ישראלית שנבעלה לעובד כוכבים (דרך [י]אישות), הרי אלו לוקין מן התורה, שנאמר: לא תתחתן בם (ויש חולקין בזה). [יא]אבל הבא על העובדת כוכבים [יב]דרך זנות, במקרה, חייב עליה מדרבנן משום עובדת כוכבים ומשום זונה ומכין אותו מכת מרדות. [יג]ואם ייחדה לו בזנות, חייב עליה מדרבנן משום נדה, שפחה, עובדת כוכבים, זונה. [יד]ואם היה כהן, אפילו בא עליה דרך מקרה לוקה מן התורה משום זונה.

באר הגולה

[יז] שם וכפי' רש"י [א] שם נ"ח. [ב] שם [ג] שם [ד] סמ"ק [ה] ‹כן הוא בהג' הגר"א› [ו] שם נ"ח. [ז] ‹הנה ברכת הראייה אין סומא מברך, משא"כ על המלך, דניכר כבודו אף לסומא, כי אימתו מוטלת על הבריות ושותקין הכל כמבואר בגמרא, שם מברך, וי"ל בסומא שלא ראה מימיו, אין מברך, דלא ידע כלל הנאת העולם הזה בראייה – פמ"ג› [ח] שם [ט] לשון הרמב"ם ממסקנת הגמ' אלא דאורייתא דרך חתנות וכו' ע"א דף ל"ו: וכמ"ש ה"ה שם [י] כצ"ל וכן הוא ברמב"ם ובטור [יא] טור [יב] מעובדא דרב שילא ברכות דף נ"ח. והרב הגדול מוהר"ר שאול הלוי מורטירה זצ"ל ר"מ ואב"ד בק"ק אמשטרדם חיבר פסק ארוך בבא על הגויה דרך זנות, והגדיל והפליא להוכיח בו שהוא מדאורייתא בראיות ברורות ומוכרחות, ופי' אותה סוגיא דע"ז דף ל"ו ע"ב מסכמת לדעתו, השם יזכני שיצא לאור בדפוס עם שאר חיבוריו כי רבים המה [יג] מסקנת הגמ' שם בע"א אהא ב"ד של חשמונאי גזרו וכו' וכפי גירסת רבינו שם [יד] כמימרא דרב תמורה דכ"ט:

*אמר רבי ירמיה בן אלעזר נתקללה בבל נתקללו שכניה נתקללה שומרון נתברכו שכניה נתקללה בבל נתקללו שכניה דכתיב °ושמתיה למורש קפוד ואגמי מים נתקללה שומרון נתברכו שכניה דכתיב °ושמתי שומרון לעי השדה למטעי כרם וגו' ואמר רב המנונא *הרואה אוכלוסי ישראל אומר ברוך חכם הרזים אוכלוסי עובדי כוכבים אומר °בושה אמכם וגו' ת"ר *הרואה אוכלוסי ישראל אומר ברוך חכם הרזים שאין דעתם דומה זה לזה ואין פרצופיהן דומים זה לזה בן זומא ראה אוכלוסא על גב מעלה בהר הבית אמר ברוך חכם הרזים וברוך שברא כל אלו לשמשני הוא היה אומר כמה יגיעות יגע אדם הראשון עד שמצא פת לאכול חרש וזרע וקצר ועמר ודש וזרה וברר וטחן והרקיד ולש ואפה ואח"כ אכל ואני משכים ומוצא כל אלו מתוקנין לפני וכמה יגיעות יגע אדם הראשון עד שמצא בגד ללבוש גזז ולבן ונפץ וטוה וארג ואחר כך מצא בגד ללבוש ואני משכים ומוצא כל אלו מתוקנים לפני כל *אומות שוקדות ובאות לפתח ביתי ואני משכים ומוצא כל אלו לפני הוא היה אומר אורח טוב *מהו אומר כמה טרחות טרח בעל הבית בשבילי כמה בשר הביא לפני כמה יין הביא לפני כמה גלוסקאות הביא לפני וכל מה שטרח לא טרח אלא בשבילי אבל אורח רע מהו אומר מה טורח טרח בעל הבית זה פת אחת אכלתי חתיכה אחת אכלתי כוס אחד שתיתי כל טורח שטרח בעל הבית זה לא טרח אלא בשביל אשתו ובניו על אורח טוב מהו אומר °זכור כי תשגיא פעלו אשר שוררו אנשים על אורח רע כתיב °לכן יראוהו אנשים וגו' °והאיש בימי שאול זקן בא באנשים אמר *רבא ואיתימא רב זביד ואיתימא רב אושעיא זה ישי אבי דוד שיצא באוכלוסא ונכנס באוכלוסא ודרש באוכלוסא אמר עולא נקיטינן אין אוכלוסא בבבל תנא אין אוכלוסא פחותה מששים רבוא ת"ר °הרואה חכמי ישראל אומר ברוך שחלק מחכמתו ליראיו °חכמי עובדי כוכבים אומר ברוך שנתן מחכמתו [א] לבריותיו °הרואה מלכי ישראל אומר ברוך שחלק מכבודו ליראיו מלכי עובדי כוכבים אומר ברוך שנתן מכבודו [ב] לבריותיו א"ר יוחנן *°לעולם ישתדל אדם לרוץ לקראת מלכי ישראל ולא לקראת מלכי ישראל בלבד אלא אפי' לקראת מלכי עובדי כוכבים שאם יזכה יבחין בין מלכי ישראל למלכי עובדי כוכבים רב ששת סגי נהור הוה הוו קאזלי כולי עלמא לקבולי אפי מלכא וקם אזל בהדייהו רב ששת אשכחיה ההוא צדוקי אמר ליה חצבי לנהרא כגני לייא אמר ליה תא חזי דידענא טפי מינך חלף גונדא קמייתא כי קא אוושא אמר ליה ההוא צדוקי אתא מלכא אמר ליה רב ששת לא קאתי חלף גונדא תניינא כי קא אוושא אמר ליה ההוא צדוקי השתא קא אתי מלכא אמר ליה רב ששת לא קא אתי מלכא חליף תליתאי כי קא שתקא אמר ליה רב ששת ודאי השתא אתי מלכא אמר ליה ההוא צדוקי מנא לך הא אמר ליה דמלכותא דארעא כעין מלכותא דרקיעא דכתיב °צא ועמדת בהר לפני ה' והנה ה' עובר ורוח גדולה וחזק מפרק הרים ומשבר סלעים לפני ה' לא ברוח ה' ואחר הרוח רעש לא ברעש ה' ואחר הרעש אש לא באש ה' ואחר האש קול דממה דקה כי אתא מלכא פתח רב ששת וקא מברך ליה אמר ליה ההוא צדוקי למאן דלא חזית ליה קא מברכת ומאי הוי עליה דההוא צדוקי איכא דאמרי חברוהי כחלינהו לעיניה ואיכא דאמרי רב ששת*) *נתן עיניו בו ונעשה גל של עצמות ר' שילא *°נגדיה לההוא גברא דבעל מצרית אזל אכל ביה קורצי בי מלכא אמר איכא חד גברא ביהודאי דקא דיין דינא בלא הרמנא דמלכא שדר עליה פריסתקא כי אתא אמרי ליה מה טעמא נגדתיה להאי אמר להו דבא על חמרתא אמרי ליה אית לך סהדי אמר להו אין אתא אליהו אדמי ליה כאיניש ואסהיד אמרי ליה אי הכי בר קטלא הוא אמר להו אנן מיומא דגלינן מארעין לית לן רשותא למקטל אתון מאי דבעיתון עבידו ביה עד דמעייני ביה בדינא פתח ר' שילא ואמר °לך ה' הגדולה והגבורה וגו' אמרי ליה מאי קאמרת אמר להו הכי קאמינא בריך רחמנא דיהיב מלכותא בארעא כעין מלכותא דרקיעא ויהב לכו שולטנא ורחמי דינא אמרו חביבא עליה יקרא דמלכותא כולי האי יהבי ליה קולפא אמרו ליה דון דינא כי הוה נפיק אמר ליה ההוא גברא עביד רחמנא ניסא לשקרי הכי אמר ליה רשע לאו חמרי איקרו דכתיב °אשר בשר חמורים בשרם חזייה דקאזיל למימרא להו דקרינהו חמרי אמר האי רודף הוא *והתורה אמרה אם בא להרגך השכם להרגו מחייה בקולפא וקטליה אמר הואיל ואתעביד לי ניסא בהאי קרא דרשינא ליה לך ה' הגדולה זו מעשה בראשית וכן הוא אומר °עושה גדולות עד אין חקר והגבורה זו יציאת מצרים שנאמר °וירא ישראל את היד הגדולה וגו' והתפארת זו חמה ולבנה שעמדו לו ליהושע שנאמר °וידום השמש וירח עמד וגו' והנצח זו מפלתה של רומי וכן הוא אומר °ויז נצחם על בגדי וגו' וההוד זו מלחמת נחלי ארנון שנאמר °על כן יאמר בספר מלחמת ה' את והב בסופה וגו' כי כל בשמים ובארץ זו מלחמת סיסרא שנאמר °מן שמים נלחמו הכוכבים ממסלותם וגו' לך ה' הממלכה זו מלחמת עמלק וכן הוא אומר °כי יד על כס יה והמתנשא זו מלחמת גוג ומגוג וכן הוא אומר °הנני אליך גוג נשיא ראש משך ותובל לכל לראש אמר *רב חנן בר רבא אמר ר' יוחנן אפילו ריש גרגיתא מן שמיא מנו ליה במתניתא תנא משמיה דרבי עקיבא לך ה' הגדולה זו קריעת ים סוף והגבורה זו מכת בכורות והתפארת זו מתן תורה והנצח זו ירושלים וההוד זו בית המקדש :

תנו

*) [גי' סמ"ג תלתא אמר רב ששת ותפקי בתשמא רנורא וכבינתו לעיניה ערוך ערך כמס א']

רש"י

נתקללה בבל נתקללו שכניה. כלומר אוי לרשע אוי לשכנו : **קאת וקפוד.** חיות ועופות רעים ומזיקין את השכנים אבל עי השדה ומטעי כרם שנתקללו בה ערי ישראל הנאה היא לשכנים : **אוכלוסי.** חיל גדול של ששים רבוא : **חכם הרזים.** היודע מה שבלב כל אלו : **לשמשני.** שהם חורשים וזורעים ואני מוצא מוכן : **כל אומות שוקדות** **ובאות לפתחי.** עשיר היה והכל באין אצלו לסחורה : **שאם יזכה.** לעולם הבא ויראה בכבוד מלך המשיח : **יבחין.** כמה יתר כבוד נוטלי שכר מצות יותר ממה שהיה כבוד האומות בעוה"ז: **קאזלי לנהרא.** הכדין השלמים הולכים לנהר לשאוב מים : **כגני לייא.** השבורים להיכן כלומר למה הולכים ואף אתה שאתה סומא ולא תראהו להיכן תלך : **גונדא.** כת : **ורחמי דינא.** אוהבים משפט : **כחלינהו לעיניה.** נקרו לעיניו : **קולפא.** מקל לרדות : **התורה אמרה אם בא להרגך השכם להרגו.** אם במחתרת [ימצא] וגו' (שמות כב) לפי שבא על עסקי נפשות שיודע הוא שאם (ימצא) תמלאט חוזר לא תעמיד עצמך מלהציל ממונך והוא בא לדעת כן שיקום עליך ויהרגך אמרה תורה השכם אתה והרגהו : **הממלכה זו מלחמת עמלק.** דכתיב בה כסא מלכות כי יד על כס יה (שמות יז) כלומר על ידי מלחמה לי' בעמלק יתעלה כסאו: **המתנשא.** מדכתיב לשון נשיאות משמע על נשיא ראש משך ותובל: **לכל לראש.** לכל הקם להיות לראש הוא מתנשא כלומר שהוא גוזר ומעמידו: **ריש גרגיתא.** בור הממונה על החופרין חפירות למלאותן מים כדי להשקות בהן שדותיהן :

ברוך

מסורת הש"ס

עירובין יח. | ישעיה יד | מיכה א | ירמיה נ | [תוספתא פ"ז] | [נ"ל אומניות] | [עי' תו' ב"מ כג: ד"ה באושפיזא] | איוב לו | שם לו | ש"א יז | [יבמות עו:] | [ע"ש] | [לעיל ט: יט:] | מלכים א יט | שבת לד. [נ"ב פס. סנהד' ק.] | ד"ה א כט | יחזקאל כג | [לקמן סב: סנהדרין עב.] | איוב ט | שמות יד | יהושע י | ישעיה סג | במדבר כא | שופטים ה | שמות יז | יחזקאל לח לט | [נ"ב לה: ושם איתא א"ר חנן ב"ר אמר רב וכו' ושם פריך ליה] | בכדי שלא מימרות שאמר כשם רב ע"ש

הגהות הגר"א

[א] גמרא לבריותיו. נ"ב נ"א : [ב] שם לבריותיו. נ"ב נ"א :

עין משפט נר מצוה

[עיין לעיל קודם ד"ה ורחמי דינא]

כה א מיי' פ"י מהלכות ברכות הל' יא סמג עשין כז טוש"ע או"ח סי' רכד סעיף ה :

כו ב מיי' שם טוש"ע שם סעיף ו :

כז ג מיי' שם טוש"ע שם סעיף ז :

כח ד מיי' שם טוש"ע שם סעיף ח :

כט ה שם סעיף ט :

ל ו מיי' פי"ב מהלכות איסורי ביאה הלכה ב סמג לאוין קכו טוש"ע אה"ע סי' טז סעיף א :

רב נסים גאון

נביאים האחרונים חגי זכריה ומלאכי נסתלקה רוה"ק מישראל אף הוא אמר בשעת מיתתו שמעון וישמעאל לחרבא ושאר עמא לביזא ועקן סגיאן עתידין למיתי על עמא עיקרה דהא בריי' בתוס' סוטה ובפ' העור והרוטב במסכת שחיטת חולין (דף קכג) אמרו אל תתמה שהרי קרקפלו של ר' (יהושע) [ישמעאל] מונח בראשי מלכים : *) שלשה תלמידין הן בן עזאי ובן זומא ואחר. תני בן עזאי ובן זומא הן חשובין יושבין בראש התלמידין כדתנן במס' קדושין בפ' האיש מקדש (דף מט) על מנת שאני תלמיד אין אומרים כשמעון בן עזאי ושמעון בן זומא ובפירקא קמא דמס' הוריות (דף ב) אמרי' או תלמיד הראוי להוראה אלא (מי שחסידותו) [אולי צ"ל שבן עזאי היה חסידותו] יתירה על חכמתו ואחר הוא אלישע בן אבויה תם הוא היה גדול בחכמה ומזרז ובקי בתלמידים מיהו כיון שאירע לו אותו המאורע המפור' בחגיגה בפ' אין דורשין בעריות (דף יד) וקצץ בנטיעות נקרא אלישע אחר מפני שחזר לאחוריו ובפרק האשה נקנית (קדושין ד' לט) ובפרק שילוח הקן (חולין דף קמב) אמרי' אלמלא לא דרשיה אחר להאי קרא כרבי יעקב בר ברתיה לא חטא ואחר מאי הוא איכא דאמרי כי האי נותא הוא ואיכא דאמרי לישנית דנברא רבת הוא דהות [גריר] ליה דבר אחר אמר מה שהפיק מרגליות ילחך עפר נפק חטא ולפיכך מי שרואהו בחלומו יראנו מן הפורענות : *) גדגדניך *(הוכיתם) בפרק בכל מערבין (עירובין ד' כח) (ואינון) [משמע דאינון] הינרקי ובמית אלא תנדקוקה כי השמועה שאמרה משמו של רב מערבין בגורגדניות כדאקשינן עליה סבויי' מסקינן בת איבעי תימא כי קאמר רב בהינדקוקי ובפרקן בגמרא דבני מערבא גרסי בר שילת בשם רב מעפעין תנדנדיות והולגלוגות מערבי בהון בעין קטמי אילין אינון אמר לון קקלי והנרקקי ופרפחני : *) הרואה את המרקולי' היא ע"ז וכבר מפורש כי בתחלה מציבין ג' אבנים ב' מהן סדורין על גבי קרקע אחת בצד חברתה והשלישית על גביהן כדתניא (ע"ז דף נ) אלו הן אבני מרקוליס אחת מיכן ואחת מיכן ואחת על גביהן ואמר רבא כי תניא ההיא בעיקר מרקוליס כל שהוא מצב בזה המעשה נקרא מרקוליס והיו עוברין אותו והיה עבודתו שמשליך אבן כלפי אותן האבנים המוצבין (כדתניא) [כדתנן] בסנהדרין בפ' ד' מיתות (דף ס) הזורק אבן למרקוליס זו היא עבודתו כלומר ישראל שעשה כן בשוגג חייב חטאת בזדון בלא התראה ענוש כרת ואם התרו בו נסקל ואמרי' בגמ' (שם דף סד) ואע"ג דקא מיכוין לסירגמה ובמס' ע"ז בפ' ר' ישמעאל (דף נ) איתא להא ברייתא שהזכרנוה ובב"מ בפ' אלו מציאות שלו (דף כה) כאבני בית קוליס חייב להכריז ואלו הן אבני בית קוליס אחת מיכן ואחת מיכן ואחת באמצע : התורה אמרה הבא להרגך השכם להורגו היינו דאמר רחמנא (שמות כב) אם במחתרת ימצא הגנב והכה תנו' התם בסנהדרין בפרק בן סורר ומורה (דף עג) תנינן הבא במחתרת נידון משום סופו ואמרינן בגמ' אמר רבא מ"ט דמחתרת חזקה אין אדם מעמיד עצמו על ממונו והאי מימר אמר אי אזילנא וקאי לאפאי מריה דביתא ולא שביק לי קטילנא ליה ואמרה תורה בא להרגך השכם להרגו : *) [עיין לעמוד הקודם]

ברוך מציב גבול אלמנה · כגון בישוב בית שני : **אמאי**. קא מתנחת : **נפל ליה בתלא** · שנפל לו ונעשה תל : **דיו לעבד שיהא כרבו** · שהרי בית המקדש חרב שהוא ביתו של הקב"ה : **ככלי אובד** · וסתם כלי לאחר י"ב חדש משתכח מן הלב דיאוש בעלים לאחר י"ב חדש בפרק אלו מציאות (ד' כח.) מי שמצא כלי או שום מציאה חייב להכריז שלש רגלים ואם נמצא אחר הסוכות צריך להמתין ולהכריז בפסח ובעצרת ובחג דהיינו י"ב חדש ושוב אין צריך להכריז : **אשר חלק ושהחיינו** · דלאחר שלשים יום הוה : **מחכמתו ליראיו** · כרב חנינא דחכים טפי : **בהקנים** · ליגטיילו"ש כעדשים : **כושי** · שחור הרבה : **גיחור** · אדום הרבה רו"ש בלעז : **לווקן** · לבן יותר מדאי : **קפח** · בטן גדול מתוך עוביו נראית קומתו מקופחת לשון אחר קפח ארוך הרבה ופרצופו שמוט ובולט דמכוער הוי : **הדרניקוס**. רודא"ש לשון אחר פיו עקום : **פתויי ראש** · ששערו כנמטא כל שערו דבוק זה בזה פלטדי"ר בלעז : **אומר ברוך משנה את הבריות** · דממעי אמן הוו : **קטע** · שנקטעו ידיו הכא הוא דקטע משמע דידים הוא משום דקתני תרתי קטע וחגר אבל היכא דקתני קטע לחוד משמע דרגלים כדתנן (שבת פ"ו ד' סה:) הקטע יוצא בקב שלו : **היכא דאיתרע ליה בתר דאתיליד** · לאחר שנולד נולדו בו : **אומר ברוך דיין האמת** · דומיא דקטע וקטע בתר דאיתיליד הוא : **קפוף** · עוף שקורין וולטו"ר ויש לו לסתות ולחיים כאדם : **כוכבא דשביט**. כוכב היורד כחץ ברקיע ממקום למקום וארוך כשבט שהוא יורה ונראה כמו שפותח רקיע : **וגמירי דלא עבר כסלא** · שאינו מעביר מזל כסיל כשהוא שביט : **כסלא** · כסיל : **רב הונא אמר** · מאי זיקין וילון הוא דמקרע ומתחזי רקיע דרך הקריעה כרומח : **כתיב עושה עש כסיל וכימה** · דקדמיה ליה כסיל לכימה : **הא כיצד** · מלמד שצריכין שניהן : **שאלמלא חמה של כסיל וכו'** · כסיל שולט בימות החמה להכי אקדמיה קרא כימה שולט בימות הגשמים ולהכי אקדמיה קרא : **עקרב**. היינו כימה וממזל טלה הוא : **נהר דינור** · מתחת כחו של עקרב : **עוקצא דעקרבא** · זנב העקרב : **מעדנות כימה** · קשרים של כימה : **כמאה ככבי** · יש בין הכוכבים של כימה שהן כחה של כימה : **אמרי לה דמכנפי** · אותן שהן כחה של כימה ואמרי לה למבדרן : **יותא אמרי לה** · דקימא בזנב טלה ואמרי לה דקימא בריש עגלא : **רישא דעגלא**. ראשו של עגל והיינו מזל שור והוא נמשך אחר מזל טלה ראש השור סמוך לזנב טלה שכן הסדר טלה שור תאומים : **ומסתברא כמאן דאמר זנב** · היינו כוכבים העשויין כזנב מדכתיב ועיש על בניה תנחם : **אלמא חסרה** · והאי זנב מחזי כטרפא דטריף :

כטרפא

תורה אור

הרואה חבירו אחר שלשים יום אומר שהחיינו · אומר ר"י דוקא חבירו החביב עליו אבל בענין אחר לא : **זילון** הוא דמקרע ומחזי נהורא ברקיע · לפי הענין משמע דהא רב הונא לתרץ דלא עבר כסלא ולא קאי אמתניתין לפרושי מאי זיקין דהא רב אשי דבתריה קאי אשטיא דלא עבר כסלא ודלא כפירוש רש"י :

על

ת"ר **"הרואה** בתי ישראל בישובן אומר ברוך מציב גבול אלמנה בחורבנן אומר ברוך דיין האמת ·בתי עובדי כוכבים בישובן אומר °בית גאים יסח ה' בחורבנן אומר °אל נקמות ה' אל נקמות הופיע עולא ורב חסדא הוו קא אזלי באורחא כי מטו אפתחא דבי רב חנא בר חנילאי נגד רב חסדא ואתנח אמר ליה עולא אמאי קא מתנחת *והאמר רב אנחה שוברת חצי גופו של אדם שנאמר °ואתה בן אדם האנח בשברון מתנים וגו' ור' יוחנן אמר אף כל גופו של אדם שנאמר °והיה כי יאמרו אליך על מה אתה נאנח ואמרת אל שמועה [כי באה] ונמס כל לב וגו' א"ל היכי לא אתנח ביתא דהוו בה שיתין אפייתא בימכא ושיתין אפייתא בליליא ואפיין לכל מאן דצריך ולא שקל ידא מן כיסא דסבר דילמא אתי עני בר טובים ואדמטו ליה לכיסא קא מכסיף ותו הוו פתיחין ליה ארבע בבי לארבע רוחתא דעלמא וכל דהוה עייל כפין נפיק כי שבע והוו שדו ליה חטי ושערי בשני בצורת אבראי דכל מאן דכסיפא מילתא למשקל בימכא אתי ושקיל בליליא השתא נפל בתלא ולא אתנח אמר ליה הכי אמר ר' יוחנן מיום שחרב בית המקדש נגזרה גזירה על בתיהן של צדיקים שיחרבו שנאמר °באזני ה' צבאות אם לא בתים רבים לשמה יהיו גדולים וטובים מאין יושב ואמר ר' יוחנן עתיד הקדוש ברוך הוא להחזירן לישובן שנאמר °שיר המעלות לדוד הבוטחים ביי' כהר ציון מה הר ציון עתיד הקדוש ברוך הוא להחזירו לישובו אף בתיהן של צדיקים עתיד הקב"ה להחזירן לישובן חזייה דלא מיישב דעתיה א"ל דיו לעבד שיהא כרבו ת"ר **'הרואה** קברי ישראל אומר ברוך אשר יצר אתכם בדין וזן אתכם בדין וכלכל אתכם בדין ואסף אתכם בדין ועתיד להקימכם בדין מר בריה דרבינא מסיים בה משמיה דרב נחמן ויודע מספר כולכם והוא עתיד להחיותכם ולקיים אתכם ברוך מחיה המתים קברי עובדי כוכבים אומר °בושה אמכם וגו' אמר ריב"ל **"הרואה** את חבירו לאחר שלשים יום אומר ברוך שהחיינו וקיימנו והגיענו לזמן הזה לאחר י"ב חדש אומר ברוך מחיה המתים אמר רב *אין המת משתכח מן הלב אלא לאחר שנים עשר חדש שנאמר °נשכחתי כמת מלב הייתי ככלי אובד רב פפא ורב הונא בריה דרב יהושע הוו קאזלי באורחא פגעו ביה ברב חנינא בריה דרב איקא אמרי ליה בהדי דחזינך בריכינן עלך תרתי ברוך אשר חלק מחכמתו ליראיו ושהחיינו אמר להו אנא נמי כיון דחזיתינכו חשבתינכו עלואי כשיתין רבוון בית ישראל ובריכנא עלייכו תלתא הנך תרתי וברוך חכם הרזים אמרו ליה חכימת כולי האי *יהבי ביה עינייהו ושכיב אמר ריב"ל הרואה את הבהקנים אומר ברוך משנה הבריות מיתיבי "ראה *את הכושי ואת הגיחור ואת הלווקן ואת הקפח ואת הננס *ואת הדרניקוס אומר ברוך משנה את הבריות 'את הקטע ואת הסומא ואת *פתויי הראש ואת החגר ואת המוכה שחין ואת הבהקנים אומר ברוך דיין אמת ל"ק הא ממעי אמו הא בתר דאיתיליד דיקא נמי דקתני דומיא דקטע שמע מינה ת"ר 'הרואה פיל קוף וקפוף אומר ברוך משנה את הבריות "ראה *בריות טובות ואילנות טובות אומר ברוך שככה לו בעולמו : על הזיקין : °מאי זיקין אמר שמואל *כוכבא דשביט ואמר שמואל נהירין לי שבילי דשמיא כשבילי דנהרדעא לבר מכוכבא דשביט דלא ידענא מאי ניהו וגמירי דלא עבר כסלא ואי עבר כסלא חרב עלמא והא קא חזינן דעבר זויה הוא דעבר ומתחזי כדעבר איהו רב הונא ברי' דרב יהושע אמר וילון הוא דמקרע *דמגלגל ומחזי נהורא דרקיעא רב אשי אמר כוכבא הוא דעקר מהאי גיסא דכסלא וחזי ליה חבריה מהך גיסא ומיבעית ומחזי כמאן דעבר שמואל רמי כתיב °עושה עש כסיל וכימה וכתיב °עושה כימה וכסיל הא כיצד אלמלא חמה של כסיל לא נתקיים עולם מפני צינה של כימה ואלמלא צינה של כימה לא נתקיים עולם מפני חמה של כסיל וגמירי אי לאו עוקצא דעקרבא דמנח בנהר דינור כל מאן דהוה טריקא ליה עקרבא לא הוה חיי והיינו דקאמר ליה רחמנא לאיוב °התקשר מעדנות כימה או מושכות כסיל תפתח מאי כימה אמר שמואל כמאה ככבי אמרי לה דמכנפי ואמרי לה דמבדרן מאי עש אמר רב יהודה יותא מאי יותא אמרי לה זנב טלה ואמרי לה רישא דעגלא ומסתברא כמאן דאמר זנב טלה דכתיב °ועיש על בניה תנחם אלמא חסרה ומתחזיא

כטרפא

לא א מיי' פ"י מהל' ברכות הל' יוד סמג עשין כז טוש"ע או"ח סי' רכד סעיף י : לב ב מיי' שם הל' יט טוש"ע שם סעי"א : לג ג מיי' שם הל' יוד יט טוש"ע שם סעיף יב : לד ד מיי' פ"י מהל' ברכות הל' ג סמג עשין כז טוש"ע או"ח סי' רכה סעיף א : לה ה מיי' שם הל' יג טוש"ע שם סעיף ח : לו ו מיי' שם טוש"ע שם סעיף ט : לז ז מיי' שם טוש"ע שם סעיף ח :

[כתובות סב.]

לח ח מיי' שם הל' יג טוש"ע שם סעיף י : לט ט מיי' שם הל' יד וסמג שם טוש"ע או"ח סי' רכז סעיף א :

רב נסים גאון

הרואה את הכושי ואת הגיחור ואת הלווקן וכו'. שנינו במס' בכורות בפ' מומין אלו (דף מה) הכושי והגיחור והלווקן והכיפח והננס כו' פסולין באדם כשרין בבהמה ופרישנא בגמ' כושי אוכמא גיחור סומקא לווקן חיורא כיפח גיבח [שם הגי' גבוח] וכדאמר רב פפא אריכא שמוטא שניא ננס ידוע הוא בלשון חכמים שהוא הקצר בקומה

משלי טו | תהלים צד | יחזקאל כא | שם | ישעיה ה | תהלים קכה | ירמיה נ | תהלים לא | איוב ט | עמוס ה | איוב לח | שם

[עי' רש"י לעיל לא: ד"ה גיחור] | [ועי' בכורות מה:] | [מ"ק ח: פ"ש] | [תוספתא פ"ו] | [ש"ג כ. פ"ש] | [ב"ב יז.]

§ מסכת ברכות דף נח: §

אות א'

הרואה בתי ישראל, בישובן אומר: ברוך מציב גבול אלמנה; בחורבנן אומר: ברוך דיין האמת

סימן רכד ס"י - [א]הרואה בתי ישראל בישובן - פי' בתי עשירי ישראל שמיושבים בתוקף ובגבורה, [ב]**כגון בישוב בית שני** - רש"י, **אומר: בא"י אלהינו מלך העולם מציב גבול אלמנה** - ואפשר דוקא בא"י ובזמן בית שני קאמר, אבל בזה"ז אפי' בא"י לא***9 - ב"י, **ויש** שמפרשים כונת רש"י, דאפילו אם הם מיושבים עתה כמו בבית שני, ג"כ מברכין, [ומסתברא אפי' בחו"ל, **וכתב** בפמ"ג, דמפני שיש לחוש לדברי הב"י, טוב לברך בלא שם ומלכות].

והרי"ף פי' בתי ישראל בישובן, היינו בתי כנסיות שמתפללין בתוכן, **וכן** נהגו העולם שאין מברכין על שארי בתים, כי אם על בהכ"נ כשרואה אותה ביפיה ובתיקונה, **וכתב** בא"ר דאין חילוק בין א"י לחו"ל ואפילו בזה"ז, **ובפמ"ג** מצדד דבזה"ז טוב לברך "ברוך מציב גבול אלמנה" בלא שם ומלכות, [מפני שחשש לדעת רש"י].

הרואה בחורבנן, אומר: ברוך דיין האמת.

אות ב'

בתי אומות העולם, בישובן אומר: בית גאים יסח ה'; בחורבנן אומר: אל נקמות ה' אל נקמות הופיע

סימן רכד סי"א - [ג]הרואה בתי עובדי כוכבים בישובן, אומר: בית גאים יסח ה' - לפירש"י הנ"ל, היינו בתי כותים, [שהיו עובדים לדמות יונה בהר גריזים], שיושבים בשלוה והשקט ועושר, **ולהרי"ף** היינו בתי תפלה שלהם, **בחורבנן אומר: אל נקמות ה'.**

אות ג'

הרואה קברי ישראל אומר: ברוך אשר יצר אתכם בדין וזן אתכם בדין וכו'

סימן רכד סי"ב - [ד]הרואה קברי ישראל, אומר: בא"י אמ"ה אשר יצר אתכם בדין וכו' - ואם היה שם רק קבר אחד, י"א שאין לומר ברכה זו, כי נתקנה בלשון רבים.

על קברי עכו"ם אמר: בושה אמכם וגו'.

אות ד'

הרואה את חבירו לאחר ל' יום אומר: ברוך שהחיינו וכו'; לאחר שנים עשר חדש אומר: ברוך מחיה המתים

סימן רכה ס"א - [ה]הרואה את חבירו לאחר שלשים יום - מראיה ראשונה, **אומר: "שהחיינו"** - ואם קיבל ממנו כתב, [והיינו דהשלום אתו], או שאנשים הודיעוהו משלומו, יש דעות באחרונים, וספק ברכות להקל, [**דאי** שמע שהוא חולה, ואח"כ כשראהו מצאהו שהוא בריא, מסתברא דודאי דיש לו לברך "שהחיינו", דבזה שמחה עוד יותר משלא היה ממנו כתב כלל].

ואין חילוק בין איש לאשה, והיינו אם רואה אשתו ואמו בתו ואחותו, כיון שהוא שמח ונהנה בראייתם, [**דבאחרת** הלא אסור לאסתכולי, וגם אם במקרה נסתכל, לא שייך נהנה ושמח בראייתה].

כתבו הפוסקים, דאם ראה חכם מחכמי ישראל, מברך עליו "אשר חלק" וגם "שהחיינו", אם הוא ל' יום שלא ראה אותו - ‹וכדמבואר בגמ'›.

ואחר י"ב חדש מברך: "מחיה המתים" - ואז אין מברך "שהחיינו".

וטעם ברכה זו כתב בחי' אגדות, לפי שבכל שנה האדם נידון בר"ה ויוה"כ אם למות אם לחיים, ואם רואהו אחר ר"ה ויוה"כ זה, ואח"כ אין רואה אותו עד אחר ר"ה ויוה"כ הבא, הרי עבר עליו דין אם למות אם לאו, וע"כ אומר "ברוך מחיה המתים", שניצול מדין מיתה בר"ה ויוה"כ.

[ו]והוא שחביב עליו הרבה ושמח בראייתו.

וכל אלו הברכות הוא בשם ומלכות, ואפילו ברכת "מחיה המתים".

[ז]סימן רכה ס"ב - [ח]מי שלא ראה את חבירו מעולם, ושלח לו כתבים - ר"ל שהריצו כתבים מזה לזה, ועי"ז נעשו אוהבים, **אע"פ שהוא נהנה בראייתו, אינו מברך על ראייתו** - כיון שלא נתחבר עמו פנים אל פנים, אין מעולה האהבה כ"כ עד שיהיה נהנה ושמח בראייתו.

כתב הפמ"ג, דאם נתבשר לו שילדה אשתו, [והיינו אפי' נקבה], ‹דאינו מברך בשעת בשורה›, והוא היה במדינת הים, וראהו עתה, מברך "שהחיינו", או "מחיה המתים" אם הוא לאחר י"ב חודש, דודאי יש לו שמחה בולדו אף שלא ראהו מעולם, [**ולא** ביאר הפמ"ג, אם הראיה הוא דוקא לאחר ל' יום, או אפי' בתוך ל' להמכתב שקבל, דאפשר דהמכתב כמאן דליתא דמיא לשמחת ראיית ולדו].

[**דאי** ילדה זכר ובירך ע"ז ברכת "הטוב והמיטב" ‹בשעת בשורה›, ובא לביתו בתוך ל' יום, איני יודע אם חייב לברך "שהחיינו", דברכת "הטוב" היא כוללת יותר].

באר הגולה

א שם ב **רש"י שם** ‹כתב ב"י דמשמע מרש"י, דבתי ישראל בחורבנן דקתני, היינו בתי עשירי ישראל ובעלי צדקות, בארץ ישראל ובזמן הבית. **והקשה** הדברי חמודות, מהיכן מוכח מהגמרא שמברכים דוקא על בתי ישראל המיושבין בארץ ישראל› ג שם ד שם ה **ברכות נ"ח ע"ב** ו **תוס' שם** ‹ד"ה הרואה› **רבי יונה והרא"ש** ז ‹מילואים› ח **הרשב"א בתשובה**

אות ה'

ראה את הכושי ואת הגיחור ואת הלווקן ואת הקפח ואת הננס ואת הדרניקוס, אומר: ברוך משנה את הבריות

סימן רכה ס"ח - [ט]**"הרואה כושי; וגיחור, דהיינו שהוא אדום הרבה; והלווקן, דהיינו שהוא לבן הרבה; והקפח, דהיינו שבטנו גדול, ומתוך עוביו נראית קומתו מקופחת** - [י]ובבכורות משמע, דהוא אריך וקטין, ולפי שדק הוא אינו יכול לסבול קומתו, ונכפף, ודומה כמי שחוליותיו שמוטות.

והננס; והדרקונה, דהיינו מי שהוא מלא יבלת; ופתויי הראש, שכל שערותיו דבוקות זה בזה - ונולד כך ממעי אמו, דאי נעשה לו זה אח"כ, אומר "דיין האמת", [דכן הוא לפי גרסתנו בגמ', דקחשיב לה ‹לפתויי ראש› בברייתא בהדי אינך דברכתן דיין האמת, וכן הוא ג"כ בתוספתא, **והרי"ף** והרא"ש נמי מודים בזה לדינא, אלא דהיה להם גרסא אחרת, ‹דפתויי ראש הוי בברייתא בהדי הני שנולדו כך›, **והערוך** דפי' פתויי הראש, שאין ראשו סגלגל אלא רחבה, על כרחו דגריס כגרסת הרי"ף, דאל"ה לא סלקא סוגית הגמרא שם במאי דקאמר דיקא נמי, ע"ש].

ואת הפיל; ואת הקוף, מברך: בא"י אמ"ה משנה הבריות.

אות ו'

את הקטע ואת הסומא ואת פתויי הראש ואת החגר ואת המוכה שחין ואת הבהקנים, אומר: ברוך דיין אמת

סימן רכה ס"ט - [יא]**"הרואה את החיגר; ואת הקטע** - שנקטעו לו ידיו, **ואת הסומא** - משתי עיניו, [**דאל"ה** לא שייך לומר "משנה הבריות", דאין זה שנוי גדול כ"כ, **אבל** לענין "דיין האמת", אם נעשה בנו או קרובו שמצטער עליו סומא אפי' באחת מעיניו, מסתברא דיוכל לברך "דיין האמת"].

ומוכה שחין; והבהקנין, והוא מי שמנומר בנקודות דקות - היינו שיש לו נקודות כעדשים אדומים קצת, אלא שבין עדשה לעדשה יש לובן צח ומבהיק, ועל שם אותו הלובן נקרא בהקנין, **אכן** אם שכיח שם הרבה אנשים כזה, מסתברא דאין זה גנאי ולא שינוי שיברך ע"ז "דיין האמת" ו"משנה הבריות", **וכ"ש** אם נעשה זה ע"י חום השמש ועתידין להסתלק, נראה דלכו"ע אין לברך ע"ז.

אם הם ממעי אמם - קאי אכולהו לבד אקיטע, [כן הוא שם בגמרא].

מברך: משנה הבריות; ואם נשתנה אחר כך, מברך: דיין האמת - שבא לו זה ע"י עונש.

(ואם הרואה אותו אינו יודע אם נולד כן או לא, צ"ע אם יברך "דיין האמת").

[יב]**ויש מי שאומר דדוקא על מי שמצטער עליו, אבל על עכו"ם אינו מברך** - מילתא דפסיקא נקט, וה"ה לכל מי שאינו מצטער עליו, **וקאי** על ברכת "דיין האמת", דאינו שייך אלא למי שמצטער ומצדיק הדין, **אבל** ברכת "משנה הבריות" לא שייך במצטער דוקא, מידי דהוי אפיל וקוף.

ואינו מברך אלא פעם ראשונה, שהשינוי עליו גדול מאד - זה קאי גם אברכת "משנה הבריות" - ט"ז, **ור"ל** דאפילו ראה כושי אחר וכה"ג שארי דברים הנ"ל, אחר שלשים יום, ג"כ אינו מברך, **והטעם**, דעל שינוי אין שייך לברך רק פעם ראשון שרואה הדבר והשינוי גדול בעיניו, **ומשמע** מהט"ז דכ"ש דקאי המחבר אברכת "דיין האמת", **אמנם** בספר נהר שלום כתב, דלענין "דיין האמת" שהוא דוקא על קרובו ואוהבו שמצטער עליו, מסתברא דאם רואה זה עוד על קרובו אחר, בודאי נתגדל עליו עוד הצער יותר, ושייך לברך ע"ז "דיין האמת".

הגה: ויש אומרים משלשים יום לשלשים יום (טור) - פי' שלא ראה אחר כיוצא בו תוך ל' יום, [**דאילו** ע"ז שבירך מתחילה, פשיטא דלכו"ע לא יברך עליו לעולם].

ולמעשה יש להורות, דיברך אחר ל' בלא שם ומלכות.

אות ז'

הרואה פיל קוף וקפוף אומר: ברוך משנה את הבריות

סימן רכה ס"ח - [יג]**"ואת הפיל ואת הקוף, מברך: בא"י אמ"ה משנה הבריות.**

אות ח'

ראה בריות טובות ואילנות טובות אומר: ברוך שככה לו בעולמו

סימן רכה ס"י - [יד]**"הרואה אילנות טובות, ובריות נאות** - בין זכרים בין נקבות, [טו]**"אפילו עכו"ם או בהמה** - היינו ראיה בעלמא דמותר, אבל להסתכל בעכו"ם ביותר ולהתבונן בדמותו אסור, (ולענין אשה אפילו סתם הסתכלות אסור), **אומר: בא"י אמ"ה שככה לו בעולמו.**

[טז]**ואינו מברך עליהם אלא פעם ראשונה ולא יותר, לא עליהם ולא על אחרים** - אפילו לאחר שלשים יום, [**זהו** לדעת המחבר הנ"ל, אבל להי"א שם, גם בזה צריך לברך לאחר שלשים על אחרים], **אא"כ היו נאים מהם.**

באר הגולה

ט ברכות נ"ח ע"ב | י ‹רש"י פירש שני פירושים על קפח, פירוש ב' י"ל הוא כמו שכתוב בבכורות, אבל פירוש הראשון שפירש"י, הוא כמו שכתוב פה בשו"ע שבטנו גדול כו' – מחה"ש› | יא שם | יב טור בשם הראב"ד | יג ‹צ"ע למה לא הביא קפוף שהביא בברייתא, ועיין פירוש רש"י שם – מהר"ם בנעט› | יד ברכות (מ"ג) ונ"ח ע"ב | טו ירושלמי שם | טז טור בשם הראב"ד

ועכשיו לא נהגו כלל לברך ברכה זו - ח"א, ע"ש טעמו, [**ולי** נראה משום דכונת הגמ' דוקא כשהם נאות ביותר, ומי יוכל לדקדק בזה], **ומ"מ** נכון לברך בלא שם ומלכות.

ואסור לומר: כמה נאה כותי זה, משום "לא תחנם", גמ' ‹ע"ז דף כ.›

אות ט'

מאי זיקין

סימן רכז ס"א - [יז]"על הזיקים, והוא כמין כוכב היורה כחץ באורך השמים ממקום למקום ונמשך אורו כשבט, ‹אומר: ברוך אתה וכו'› - ולא יברך בלילה אחד רק פעם אחת, אפי' אם ראה כוכב אחר רץ באותו לילה, [היינו אפי' בצד אחר של הרקיע, שע"ת, **ומשמע** דאם בלילה אחרת ראהו, צריך לחזור ולברך].

[יח]**וי"א** שהוא כוכב שיש לו זנב ושבט של אורה, **ושניהם** העתיקו אחרונים לדינא, **ואם** אותו כוכב עצמו שיש לו שבט רואהו עוד הפעם בלילה אחרת, א"צ לחזור ולברך, כל שהוא עדיין בתוך ל' יום לראיה ראשונה, [**ולכאורה** מאי שנא מכוכב היורה כחץ, ואפשר משום דהתם אינו מצוי להכיר שהוא אותו כוכב שרץ מאתמול, ומסתמא כוכב אחר הוא].

אומר: בא"י אמ"ה עושה מעשה בראשית; [יט]ואם ירצה יאמר: בא"י אמ"ה שכחו וגבורתו מלא עולם - ר"ל ברוך הנותן כח להטבע להראות כח יוצר בראשית, כדי שייראו מלפניו, **אבל** לא יברך שתי ברכות כאחת, אלא או זו או זו.

באר הגולה

יז **ברכות נ"ד ע"א ונ"ח ע"ב** יח ‹רש"י פי' כוכב היורד כחץ, ועיין בזה הרמב"ם בפ"י הי"ד מהל' ברכות, שפי' באופן אחר, שהוא כוכב שיש לו זנב - הגרי"ש אלישיב› יט **שם נ"ט ע"א כאוקימתא דרבא כפי פירוש התוספות והרי"ף והרמב"ם והרא"ש**

§ מסכת ברכות דף נט. §

אות א' - ב' - ג' - ד'

מאי זועות

מאי רעמים

מאי רוחות

מאי ברקים

סימן רכז ס"א - ועל רעדת הארץ; ועל הברקים - בליצי"ן בל"א, **ואותן** שהן באים בלא רעם כלל, רק מחמת חום, מצדד החיי אדם שאין זה ברקים הנזכר בגמרא, ואין מברכין עליהם.

ועל הרעמים; [א]**ועל רוחות שנשבו בזעף, על כל אחד מאלו, אומר: בא"י אמ"ה עושה מעשה בראשית;** [ב]**ואם ירצה יאמר: בא"י אמ"ה שכחו וגבורתו מלא עולם** - ר"ל ברוך הנותן כח להטבע להראות כח יוצר בראשית, כדי שייראו מלפניו, **אבל** לא יברך שתי ברכות כאחת, אלא או זו או זו.

ועל רוחות שנשבו בזעף - ואם שלא בזעף, אם הוא רוח גדול, מברך "עושה מעשה בראשית", [מ"א בשם התוס'], ולא יוכל לברך "שכחו וגבורתו" וכו', אחרי שהוא שלא בזעף גדול, **וטוב** לברך תמיד על רוח סערה שאין מצויה רק ברכת "עושה מעשה בראשית", שבזה בודאי יוצא ממ"נ, כי אין אנו בקיאין כ"כ מהו בזעף, [**כי** המג"א העתיק שזעף הוא הנשמע בכל העולם, **ועיין** בתוס' יו"ט שהביא בשם רש"י (נ"ד. ד"ה מלא): שאלו נראין או נשמע למרחוק, ומשמע שבזה לבד די].

והעולם נוהגים לברך על הברקים "עושה מ"ב", ועל הרעמים "שכחו וגבורתו" וכו', וכן מסתבר, שע"י הרעם נראה גבורתו של הקב"ה יותר מבברק, **אמנם** באמת שייך כל אחת מהברכות על שניהם, וע"כ אם שמע ברק ורעם כאחד, מברך ברכה אחת, דהיינו "עושה מע"ב" על שניהם, [**היינו** לפי מנהג העולם שלא לברך על ברקים "שכחו וגבורתו" וכו', אבל באמת מדינא דגמ' אין לזה מקום כלל], **ואם** בירך "שכחו וגבורתו מ"ע", ג"כ יוצא.

ואם לא היו תכופים זה אחר זה, מברך תחלה על הברק, שהוא מתראה תחלה לעין האדם, "עושה מע"ב", ואח"כ על הרעם "שכחו וגבורתו מ"ע", **וה"ה** אם לא ראה את הברק ושמע קול הרעם, ובירך עליו "שכחו וגבורתו מ"ע", או שבירך "עושה מע"ב", ואח"כ ראה ברק, מברך עליו ג"כ "עושה מע"ב".

ועיין בשע"ת שכתב בשם הברכ"י, דאם בירך על הברק ונתכוין לפטור הרעם הבא אחריו, יצא בדיעבד, **ור"ל** דאחרי שטבע הבריאה שאחר הברק יוצא רעם, א"כ חל ברכתו על הרעם שיצא אח"כ.

אות ה'

ברוך זוכר הברית ונאמן בבריתו וקיים במאמרו

סימן רכט ס"א - [ג]**הרואה הקשת, אומר: בא"י אלהינו מ"ה זוכר הברית,** [ד]**נאמן בבריתו** - ור"ל שלא יעבירנו אע"פ שרבו הרשעים, **ברמב"ם** וטור הנוסח "ונאמן בבריתו", **וקיים במאמרו** - אפילו לא היה הברית, כיון שאמר בדבור בעלמא: ולא יהיה עוד מבול לשחת הארץ, ברור הוא שיקיים מאמרו.

ובכאן אם ראה אותו עוד הפעם אפילו בתוך למ"ד יום, חוזר ומברך, **ולא** דמי לכל הנך דקי"ל בהו דפעם אחת בחודש די לברוכי, **דכאן** הקשת שבירך עליו חלף והלך לו, ודמי לברכת רעמים.

[ה]**ואסור להסתכל בו ביותר** - והמסתכל בו ביותר עיניו כהות, אלא רואהו ומברך, **ואין** כדאי להגיד לחבירו שיש קשת, מטעם מוציא דבה.

(**לא** נתבאר אם בעינן דוקא שיראהו בתמונת קשת, דהוא כחצי גורן עגולה, או אפילו מקצת ממנו די).

אות ו'

התם מברך תרתי, ברוך שכחו מלא עולם ועושה מעשה בראשית; הכא עושה מעשה בראשית איכא, שכחו מלא עולם ליכא

סימן רכז ס"א - [ו]**עיין לעיל אות א'-ב'-ג'-ד'.**

[ז]**סימן רכז ס"ב** - [ח]**כל זמן שלא נתפזרו העבים, נפטר בברכה אחת; נתפזרו בין ברק לברק ובין רעם לרעם, צריך לחזור ולברך** - ודוקא היכא דהשמים נטהרו וזכו לגמרי בין ברק לברק, ואח"כ נתקדרו השמים בעבים ושמע עוד קול רעם וברק, צריך לברך מחדש עליהם, דהוי מלתא חדתא, **אבל** היכא שנתפזרו העבים ע"י הרוח אחד הנה ואחד הנה, ועדיין מעונן הרקיע, אז נפטר הכל ע"י ברכה הראשונה, ואין צריך לחזור ולברך מחדש, **ומשמע** בירושלמי, דדוקא באותו יום, אבל ביום אחר בכל גוונא צריך לחזור ולברך.

‹המשך ההלכות מול עמוד ב'›

באר הגולה

א **תוספות בשם הירושלמי** ‹מה שדוקא בזעף יש הברכה שכחו וגבורתו› ב **שם נ"ט. כאוקימתא דרבא כפי פי' התוס' והרי"ף והרמב"ם והרא"ש** ג **ברכות נ"ט.** ד **הרי"ף והרמב"ם** ‹ברמב"ם כתב "ונאמן", וכמ"ש במ"ב, וצ"ע› ה **חגיגה ט"ז א' לפי' הרא"ש והטור** ו ‹רבא אמר התם מברך תרתי ברוך שכחו מלא עולם ועושה מעשה בראשית, הכא עושה מעשה בראשית איכא שכחו מלא עולם ליכא. ופי' רש"י על ההרים לא מצי לברוכי מלא עולם, שאינן במקום אחד, אלא כל אחד ואחד במקומו. **ודעת** הראב"ד, דהא דאמר רבא מברך תרתי, שיברך על כל אחד מאותם הדברים שתי ברכות הללו, וכן נראה מדברי רש"י. **אבל** התוס' כתבו, פי' אומר או האי או האי, איזה שירצה, וכ"כ הרי"ף והרמב"ם והרא"ש - ב"י› ז ‹מילואים› ח **ירושלמי שם לפי' רבינו יונה בשם ר"ח והרא"ש**

כטרפא דטריף והאי דאזלא בתרה דאמרה לה הב לי בני שבשעה שהקב"ה בקש להביא מבול לעולם נטל שני כוכבים מכימה והביא מבול לעולם וכשבקש לסתמה נטל שני כוכבים מעיש וסתמה וליהדר לה* אין הבור מתמלא מחוליתו אי נמי *אין קטיגור נעשה סניגור וליברי לה תרי ככבי אחריני °אין כל חדש תחת השמש א"ר נחמן עתיד הקב"ה להחזירן לה שנאמר °ועיש על בניה תנחם: ועל הזועות: א מאי זועות א"ר קטינא גוהא רב קטינא הוה קאזיל באורחא כי מטא אפתחא דבי אובא טמיא גנח גוהא אמר מי ידע אובא טמיא האי גוהא מהו רמא ליה קלא קטינא קטינא אמאי לא ידענא בשעה שהקב"ה זוכר את בניו ששרויים בצער בין אומות העולם מוריד שתי דמעות לים הגדול וקולו נשמע מסוף העולם ועד סופו והיינו גוהא א"ר קטינא אובא טמיא כדיב הוא ומיליה כדיבין אי הכי גוהא גוהא מיבעי ליה ולא היא גוהא גוהא עביד והאי דלא אודי ליה כי היכי דלא ליטעי כולי עלמא אבתריה ורב קטינא דידיה אמר סופק כפיו שנאמר °וגם אני אכה כפי אל כפי והניחותי חמתי רבי נתן אומר אנחה מתאנח שנאמר °והניחותי חמתי בם והנחמתי ורבנן אמרי בועט ברקיע שנאמר °הידד כדורכים יענה אל כל יושבי הארץ רב אחא בר יעקב אמר דוחק את רגליו תחת כסא הכבוד שנאמר °כה אמר ה' השמים כסאי והארץ הדום רגלי: ועל הרעמים: ב מאי רעמים אמר שמואל ענני בגלגלא שנאמר °קול רעמך בגלגל האירו ברקים תבל רגזה ותרעש הארץ ורבנן אמרי ענני דשפכי מיא להדדי שנאמר °לקול תתו המון מים בשמים רב אחא בר יעקב אמר ברקא תקיפא דבריק בעננא ומתבר גזיזי דברזא רב אשי אמר ענני *חלחולי מחלחלי ואתי זיקא ומנשב אפומייהו ודמי כזיקא על פום דני ומסתברא כרב אחא בר יעקב דבריק ברקא ומנהמי ענני ואתי מטרא: ועל הרוחות: ג מאי רוחות אמר אביי זעפא ואמר אביי גמירי דזעפא בליליא לא הוי והא קא חזינן דהוי ההוא דאתחולי בימּמא ואמר אביי גמירי דזעפא תרתי שעי לא קאי לקיים מה שנאמר °לא תקום פעמים צרה והא קא חזינן דקאי דמפסיק ביני ביני: ועל הברקים אומר ברוך שכחו וגבורתו מלא עולם: ד מאי ברקים אמר רבא ברקא ואמר רבא ברקא יחידאה וברקא חיורא וברקא ירוקתא וענני דסלקן בקרן מערבית ואתיין מקרן דרומית ותרתי ענני דסלקן חדא לאפי חברתה כולהו קשיין למאי נפקא מינה למבעי רחמי והני מילי בליליא אבל בצפרא לית בהו מששא *אמר רבי שמואל בר יצחק הני ענני דצפרא לית בהו מששא דכתיב °וחסדכם כענן בקר וגו' א"ל רב פפא לאביי הא אמרי אינשי כד מפתח בבי מיטרא בר חמרא מוך שקיך וגני לא קשיא הא דקטר בעיבא הא דקטר בענני אמר ר' אלכסנדרי אמר ר' יהושע בן לוי לא נבראו רעמים אלא לפשוט עקמומית שבלב שנאמר °והאלהים עשה שייראו מלפניו וא"ר אלכסנדרי אמר ריב"ל הרואה את הקשת בענן צריך שיפול על פניו שנאמר °כמראה הקשת אשר יהיה בענן וגו' ואראה ואפול על פני *לייטי עלה במערבא משום דמחזי כמאן דסגיד לקשתא אבל ברוכי ודאי מברך מאי מברך ברוך זוכר הברית במתניתא תנא ר' ישמעאל בנו של ר' יוחנן בן ברוקא אומר נאמן בבריתו וקיים במאמרו *א"ר פפא הלכך נימרינהו לתרוייהו ה ברוך זוכר הברית *ונאמן בבריתו וקיים במאמרו: על ההרים ועל הגבעות: אטו כל הני דאמרן עד השתא לאו מעשה בראשית נינהו והכתיב °ברקים למטר עשה אמר אביי כרוך ותני רבא אמר ו התם מברך תרתי ברוך שכחו מלא עולם ועושה מעשה בראשית הכא עושה מעשה בראשית איכא שכחו מלא עולם ליכא אריב"ל הרואה רקיע בטהרתה אומר ברוך עושה *בראשית אימתי אמר אביי כי אתא מטרא כולי ליליא ובצפרא אתא אסתנא ומגליא להו לשמיא ופליגי דרפרם בר פפא א"ר חסדא דאמר רפרם בר פפא א"ר חסדא מיום שחרב בהמ"ק לא נראית רקיע בטהרתה שנאמר °אלביש שמים קדרות ושק אשים כסותם:

ת"ד

רש"י

כטרפא דטריף. דבר שהוא חסר וסתמוהו מנופו שעשאוהו כעס ומתחזי כמכה בקורנס טרפא דטריף מוכה בהכאות כמו בילה *טרופה. ל"א דמתחזיא כדטרפא מטרף נדבק יחד ועשאו סניפין כמין חיבור: **ומאי דאזלא.** עיש אחר כימה: **דאמרה לה הב לי בני.** שני כוכבים שלי: **וליהדר.** לכימה אותן כוכבים עלמן שנטל הימנה: **גוהא.** בלשונם קורין רעידת הארץ גוהא: **אובא טמיא.** בעל אוב של עלמות שעושה כשוף בעלמות המת. טמיא עלמות ודומה לו במסכת כלים בית מלא טמיא ופי' רב האי מלא טמיא בית שהוא מלא עלמות והביא ראיה על זה מבראשית רבה דקתני אדריינוס שחיק טמיא דהיינו שחיק עלמות ואין לפרש אוב טמא שאין זה הלשון: **גנח גוהא.** ותגעש ותרעש כלומר נזדעזעה הארץ מאד מאד. גנח גוהא חדא מילתא היא וכן הלשון: **גוהא גוהא מיבעי ליה.** שני פעמים היה לו להזדעזע כנגד שתי דמעות: **סופק כפיו.** ומאותו קול מזדעזעת הארץ שמלינו שכפיו סופק שנאמר גם אני אכה כפי אל כפי (יחזקאל כא): **אנחה מתאנח.** ומאותה אנחה מרעיד הקרקע ומלינו שמתאנח שנאמר והניחותי חמתי בם (יחזקאל ה) כביכול כאדם שיש לו חימה ומתאנח ומתנחם דעתו ועושה לו נחת רוח: **והנחמתי.** אנחם על הרעה שעשיתי להן: **הידד כדורכים יענה.** שדורך ובועט ברקיע: **והארץ הדום רגלי.** כגון שדחה תחת כסא הכבוד ומגיע בעוטו עד לארץ שהיא הדום רגליו: **ענני בגלגלא.** עננים מתחופפין ומתחככין ונשמע הקול לשון אחר העננים פוגעין בגלגל ומתגלגלות עם הגלגל בעל כרחם ואותו הקול הייגו רעמים: **ברקא.** ברקים של אש: **ומתבר גזיזי דברזא.** ואותו הקול היינו רעמים. גזיזי גלצייש חתיכות של ברד: **חלחולי מחלחלי.** עננים ומנשב זיקא עלייהו והייגו רעמים: **מנהמי ענני.** הומות העננים: **זעפא.** סופטורביי"ל: **ברקא.** אישלוזיר"א לשון מבריק נהר: **ברקא יחידאה.** שלא הבריק אלא פעם אחד: **וברקא חיורא וברקא ירוקתא כולהו קשיין.** שאינם של ברכה: **דסלקן חדא לאפי חברתה.** ששני עננים פוגעים זה את זה: **ענן בקר.** לא קבוע: **כד מפתח בבי מטרא בר חמרא מוך שקיך וגני.** אם כשתפתח דלתיך בבקר ירד לך מטר לך חמר אומר חמר ההולך ממקום למקום להביא תבואה מוך שקיך וגני כפול שקך תחתיך ותישן עליו ולא תלך אנה ואנה להביא תבואה לפי שיהיו החטים בזול בשביל הגשם: **ה"ג הא דקטר בעיבא.** נתקשרו השמים בעב עבה אז טוב כי ירד גשם רב: **הא דקטיר בעננא.** ענן קלוש הוא ענן בקר שאין בו ממש: **צריך שיפול על פניו.** לפי שהוא מראה כבוד ה': **כרוך ותני.** בכולהו ברוך עושה בראשית וברוך שכחו מלא עולם כרוך ותני לכולהו בחדא בבא ועל כולם שתי ברכות הללו: **על ההרים.** לא מצי לברוכי מלא עולם שאינן במקום אחד אלא כל אחד ואחד במקומו: **אומר ברוך עושה בראשית.** שכך היתה ברייתו ואחר כך כסוהו עננים: **אסתנא.** רוח לפונית:

בתקופתה

תוספות

***על** הרוחות אומר שכחו וגבורתו מלא עולם. ירושלמי מתני' כשבאים בזעם אבל כשבאין בנחת אומר ברוך עושה בראשית:

הלכך נימרינהו לתרוייהו. אומר ר"י דאין חותמין בברוך בברכה זו והיכי מברך ברוך אתה ה' אלהינו מלך העולם נאמן בבריתו וקיים בשבועתו וזוכר הברית:

רבא אמר התם מברך שכחו וגבורתו מלא עולם ועושה מעשה בראשית. פי' אומר או האי או האי איזה שירצה וכן פירש רב אלפס:

***הלכך** נימרינהו לתרוייהו. רוב ההודאות ואל ההודאות. לפיכך תקנו בישתבח אחר סיום הברכה ברוך אתה ה' אל מלך גדול בתשבחות אל ההודאות:

הטוב

מסורת הש"ס

[שבת פ:]

לעיל ג: סנהדרין פז.

[קדושין לג: וש"נ]

[לקמן עמוד ב ס:] תענית ז. מגילה כח:

פי' חלולין

עין משפט נר מצוה

[עייך לעיל במשנה נד]

ם א ב ג ד מיי' פ"י מהלכות ברכות הל' יד סמג עשין כז טוש"ע או"ח סי' רכז סעיף א:

מא ה מיי' שם הלכה טו סמג שם טוש"ע או"ח סי' רכט סעיף א:

מב ו מיי' שם הלכה יד טו וסמג שם טוש"ע או"ח סימן רכז סעיף א:

עייך מע"ל

[חגיגה יב: ר"ה ט. קדושין ס.]

[נ"ל נאמן בלא וא"ו. הגר"א בא"ח סי' רכט ס"ק א]

תנו רבנן הרואה חמה בתקופתה לבנה [א] בגבורתה וכוכבים במסילותם ומזלות כסדרן אומר ברוך עושה בראשית ואימת הוי אמר אביי כל כ"ח שנין והדר מחזור ונפלה תקופת ניסן בשבתאי באורתא דתלת נגהי ארבע: ר' יהודה אומר הרואה הים וכו': לפרקים עד כמה אמר רמי בר אבא א"ר יצחק עד שלשים יום ואמר רמי בר אבא א"ר יצחק הרואה פרת אגשרא דבבל אומר ברוך עושה בראשית והאידנא דשניוה פרסאי מבי שבור ולעיל רב יוסף אמר מאיהי דקירא ולעיל ואמר רמי בר אבא הרואה דגלת אגשרא דשביסתנא אומר ברוך עושה בראשית מאי חדקל א"ר אשי שמימיו חדין וקלין מאי פרת שמימיו פרין ורבין ואמר רבא האי דחריפי בני מחוזא משום דשתו מיא דדגלת האי דגיחורי משום דמשמשי ביממא והאי דנידי עינייהו משום דדירו בבית אפל: על הגשמים כו': ועל הגשמים הטוב והמטיב מברך והא"ר אבהו ואמרי לה במתניתא תנא מאימתי מברכין על הגשמים משיצא חתן לקראת כלה מאי מברכין אמר רב יהודה מודים אנחנו לך על כל טפה וטפה שהורדת לנו ורבי יוחנן מסיים בה הכי אילו פינו מלא שירה כים וכו' אין אנו מספיקין להודות לך ה' אלהינו עד תשתחוה [ב] בא"י רוב ההודאות רוב ההודאות ולא כל ההודאות אמר רבא אימא האל ההודאות א"ר פפא הלכך נימרינהו לתרוייהו רוב ההודאות והאל ההודאות ואלא קשיא ל"ק הא דשמע משמע הא דחזא מחזי דשמע משמע היינו בשורות טובות ותנן על בשורות טובות אומר ברוך הטוב והמטיב אלא אידי ואידי דחזי מחזי ולא קשיא הא דאתא פורתא הא דאתא טובא ואב"א הא והא דאתא טובא ולא קשיא הא דאית ליה ארעא הא דלית ליה ארעא אית ליה ארעא הטוב והמטיב מברך והא (תנן) בנה בית חדש וקנה כלים חדשים אומר ברוך שהחיינו והגיענו לזמן הזה [ג]שלו ושל אחרים אומר הטוב והמטיב לא קשיא הא דאית ליה שותפות הא דלית ליה שותפות והתניא קצרו של דבר על שלו הוא אומר ברוך שהחיינו וקיימנו על שלו ועל של חבירו אומר ברוך הטוב והמטיב וכל היכא דלית לאחרינא בהדיה לא מברך הטוב והמטיב והתניא אמרו ליה ילדה אשתו זכר אומר ברוך הטוב והמטיב התם נמי דאיכא אשתו בהדיה דניחא לה בזכר ת"ש מת אביו והוא יורשו בתחלה אומר ברוך דיין האמת ולבסוף הוא אומר ברוך הטוב והמטיב התם נמי דאיכא אחי דקא ירתי בהדיה ת"ש שינוי יין א"צ לברך שינוי מקום צריך לברך וא"ר יוסף בר אבא א"ר יוחנן אע"פ שאמרו שינוי יין א"צ לברך אבל אומר ברוך הטוב והמטיב התם נמי דאיכא בני חבורה דשתו בהדיה: בנה בית חדש וקנה כלים חדשים וכו': א"ר הונא לא שנו אלא שאין לו כיוצא בהן אבל יש לו כיוצא בהן א"צ לברך ור' יוחנן אמר [ע] אפילו יש לו כיוצא בהן צריך לברך מכלל

תוספות

הטוב והמטיב. אבל אשינוי לחם ואשינוי בשר אין מברכין הטוב והמטיב דדווקא איין דאית ביה תרתי דסעיד ומשמח מברכין הטוב והמטיב אבל בשר ולחם לא ופרשב"ם בערבי פסחים (דף קא: ושם) דדוקא כשהאחרון משובח מברכים הטוב והמטיב אבל בכיוצא בו לא *אך בירושלמי דכילד מברכין א"ר אבא בר רב הונא צריך לברך על יין חדש וישן שינוי יין א"צ לברך שינוי מקום צריך לברך היסח הדעת כשינוי מקום משמע דוקא כשהאחרון ישן דעדיף טפי ור"ת פי' דאפי' אין האחרון חשיב רק שלא ישתנה לגריעותא יותר מדאי (א) ומסיים בה רבי על כל חבית וחבית שהיה פותח היה מברך הטוב והמטיב ומשמע דלא קפיד אם האחרון משובח אם לאו אע"ג דישן אידכר בסוף מ"מ נימא דרבי פליג עליה ולפרשב"ם יעמידנה להך דרבי במסופק אם האחרון טוב ומספק היה מברך על כל אחד שמא משובח הוא אך ר"ת מפרש דעובדא דרבי בא לחלק כדפי' וי"מ דההוא דחדש וישן מיירי בברכת בורא פרי הגפן דומיא דשינוי מקום דבתר הכי אבל לא מלינו כן בגמרא שלנו*:

התם דאיכא בני חבורה דשתו בהדיה. וה"ה אם אשתו ובניו עמו אבל יחיד לא ואפילו שהחיינו אין מברך יחיד על שינוי יין דלא אשכחן יחיד שמברך שהחיינו רק אחדתא וכן כל פרי חדש כשאכלו מברך שהחיינו כדאמרינן בסוף בכל מערבין (עירובין מ:): **ורבי** יוחנן אמר אפי' קנה כיוצא בהם. והלכתא כר' יוחנן אליבא דלישנא בתרא אפילו קנה והדר קנה שהיו לו כלים חדשים כיוצא באלו צריך לברך דקי"ל כרבי יוחנן לגבי דרב מכ"ש דלגבי רב* הלכתא טותיה ואומר ר"י דוקא בבגדים חשובים דומיא דבית חדש נקט כלים חדשים אבל שאינם חשובין כ"כ כמו מנעלים ואנפליאות וחלוק וכיוצא בהן אין צריך לברך בירושלמי א"ר חייא בר אבא לא סוף דברים חדשים אלא אפי' שחקים כאילו חדשים הן ר' יעקב בשם רבי חייא בר אבא אמר קנה אומר שהחיינו ניתן לו אומר הטוב והמטיב לבש בגדים אומר מלביש ערומים ול"ע בגמרא שלנו דלא אשכחן הטוב והמטיב אלא בדאיכא אחרינא בהדיה:

אמר

רש"י

בתקופתה. מקום שהיא חוזרת שם לתחלת היקפה היא שעת תליית המאורות ומשם התחילה להקיף ולשמש: **אימת הוי.** אחמה בתקופתה קאי: **כל כ"ח שנים.** של תקופת ניסן *שבסוף כ"ח כשחוזר מחזור גדול של חמה להיות תקופה נופלת בשעת תליית המאורות בשבתאי היא שעה תחלת ליל ד': **באורתא דתלת נגהי ד'.** שהעריב שמשו של ג' בשבת ויתחיל ליל ד': **נגהי.** ליל כדאמר בפסחים בשמעתא קמייתא (דף ג.) דאיכא דוכתא דקרו ללילא נגהי: **שבתאי.** שם שעה ראשונה של ליל ד' שבאותה שעה נתלו מאורות ושבע שעות הן ומוזרות חלילה שנ"ס חנכ"ל תמלא בהקף סדרן של עולם סימני שעות תחלת הלילות כלנ"ש חל"ס מולאי שבת כוכב. תחלת ליל ב' לדק. תחלת ליל ג' נוגה. תחלת ליל רביעי שבתאי. תחלת ליל ה' חמה. תחלת ליל ששי לבנה. תחלת ליל שבת מאדים. וסדר תחלת הימים כעלות השחר חל"ס כלנ"ש ותקופה מושכת מחברתה ז' שעות ומחלה כלומר מתאחרת אחר היום והשעה שנפלה בה חברתה ז' שעות ומחלה הרי שלשים שעות לארבע תקופות הרי יום ורביע לשנה. לד' שנים חמשה ימים למדת שאין תקופה נופלת בתחלת הלילה אלא לסוף ד' שנים שהוא מחזור קטן וז' מחזורים קטנים למחזור גדול וסימניך דב"ז הגא"ו הרי שאינה באה לתחלת ליל ד' אלא מכ"ח שנים לכ"ח שנים בראש כל מחזור קטן באה לתחלת הלילה ובראש מחזור הגדול באה לתקופה הראשונה שהוא תחלת ליל ד': **אגשרא דבבל אומר ברוך עושה בראשית.** קים להו שלא נשתנה פרת מהלוכו ע"י אדם משם ולמעלה אבל משם ולמטה הסיבוהו בני אדם דרך אחרת: **והאידנא דשניוה פרסאי.** מלמעלה לגשר אין מברך עליו עושה בראשית אלא מאיהי דקירא ולעיל איהי דקירי שם מחוז שהוא על הפרת: **חדין.** חריפין מיא וקלין לשקול במאזנים וטובים לשתות שאין מכבידין את הגוף: ה"ג והאי דגיחורי משום דמשמשי ביממא לפיכך בניהן אדומין כאדמומית היום רו"ש בלעז: **דנידי עינייהו.** עיניהם נדים ונעים: **משיצא חתן לקראת כלה.** שהמים קבולין על הארץ וכשהטפה נופלת עליהן טפה התחתונה בולטת לקראתה: **שמע משמע.** שבשרוהו לאמר ירדו גשמים בלילה אומר הטוב והמטיב: **אתא פורתא.** מודים אנחנו לך: **אתא טובא.** הטוב והמטיב: **אית ליה ארעא.** הטוב והמטיב שהטיב לו: **בנה בית חדש** [ד]. שכולו שלו אומר שהחיינו: **שלו ושל אחרים.** הטוב והמטיב: ה"ג (והתנן) בנה בית חדש וכו' לא קשיא הא דאית ליה שותפות הא דלית ליה שותפות ול"ג אלא הא והא דאית ליה ארעא וה"פ תירוצא דשנינן קאי בדוכתיה מודים אנחנו לך בדלית ליה ארעא הטוב והמטיב בדאית ליה ודקא קשיא לך בנה בית חדש אומר שהחיינו לא קשיא ההוא דבנה בית חדש שאין לו שותפות בה ועליה מברך שהחיינו אבל גשמים בדאית ליה ארעא טובה שיש לו שותפות בה היא שהרי כל מי שיש לו קרקע שותף עמו בטובה זו: **ושמיא.** בניחותא: **קצרו של דבר.** [ה] כלומר כללו של דבר: **ולבסוף הוא אומר הטוב והמטיב.** על בשורות הירושה שנשארה לו ירושה מאביו שכן בשרוהו מת אביו ויורשו כלומר הניח נכסים: **שינוי יין.** שתה יין בסעודה והביאו לו יין אחר טוב מן הראשון אין צריך לברך בורא פרי הגפן: **שינוי מקום.** יצא מכאן והלך לבית אחר והביאו לו יין: **ר"י אמר אפילו יש לו כיוצא בהן.** מירושה הוזיל ולמנין קנה חדש היא אלא צריך לברך: דקנה

מג א מיי' פ"י מהלכות ברכות הל' יח סמג עשין כז טוש"ע או"ח סי' רכט סעיף ב:

[וכן משמע כצ"ל]

מד ב מיי' שם הל' טו סמג שם טוש"ע או"ח סי' ריח סעיף ג וסי' רכד סעיף יג:

מה ג טוש"ע או"ח סי' רכח סעיף ב:

מו ד מיי' שם הלכה ו סמג שם טוש"ע או"ח סי' רכא סעיף א:

מז ה ו ז ח מיי' שם הלכה ה טוש"ע שם סעיף ב:

מח ט מיי' שם הל' ז סמג שם טוש"ע או"ח סי' רכב סעיף א:

מט י טוש"ע או"ח סי' רכב סעיף א:

נ כ מיי' וסמג שם טוש"ע שם סעיף ב:

נא ל מיי' פ"ד מהלכות ברכות הל' ג סמג שם טוש"ע או"ח סימן קעה סעיף א:

נב מ מיי' שם הלכה ט סמג שם טוש"ע או"ח סי' קעה סעיף א:

[ועי' היטב תוס' פסחים קא. ד"ה שינוי יין]

נג נ מיי' שם טוש"ע שם סעיף ד:

נד ס מיי' פ"י מהלכות ברכות הל' א סמג שם טוש"ע או"ח סי' רכג סעיף ג:

[ע מיי' שם:]

[רב הונא]

רב נסים גאון

על הגשמי' ועל בשורו' טובות הוא אומר ברוך הטוב והמטיב. גרסי' בגמ' דבני מערבא מה ראו לסמוך בשורות טובות לירידת גשמים ר' ברכיה בשם ר' לוי על שם מים קרים על נפש עיפה ושמועה טובה וגו' ועיקרה בבראשית דר' ארשעיא הכין אמר התם מה שמועה ב' הטוב והמטיב:

הגהות הב"ח

(א) תוס' ד"ה הטוב וכו' יותר מדאי דהכי מסיים בה ר':

הגהות הגר"א

[א] גמ' לבנה בגבורתה וכוכבים במסילותם ומזלות כסדרן. נ"ב גי' הרי"ף והרא"ש בטהרתה במשמרותם בעתם: [ב] שם עד תשתחוה. נ"ב וירוממו את שמך מלכנו. גירסת רי"ף ורא"ש: [ג] שם (שלו ושל אחרים אומר הטוב והמטיב) תא"מ: [ד] רש"י ד"ה בנה בית חדש עד ד"ה ה"ג. נמחק: [ה] שם ד"ה קצרו של דבר. כלומר כללו של דבר שכולו שלו אומר שהחיינו שלו ושל אחרים הטוב והמטיב כצ"ל:

[כתובות סה:]

תענית ו:

[תוספתא]

פסחים קא:

גליון הש"ס

גמ' ולימא הוי אמר אביי.

[ט]**סימן רכז ס"ג** - [י]**היה יושב בבית הכסא** - וה"ה אם היה בבית שמקצבין בו בשר, דשם ריח מעופש מאד, [**והגם** דבית שיש בו מוריס יש לו ג"כ ריח רע, ואפ"ה מדינא מותר, **אפשר** דבית שמקצבין בו בשר יש ריח רע יותר גדול, ע"כ נחשב כמבואות המטונפות], או שהיה הולך במבואות המטונפות, **ושמע קול רעם או ראה ברק, אם יכול לצאת ולברך תוך כדי דבור, יצא** - פי' ימהר לצאת משם כדי שלא יפסיד הברכה, **והיינו** היכא שיכול ליטול ידיו במים או בשאר מידי דמנקי סמוך לשמיעתו, דאל"ה ודאי יתארך הזמן יותר מכדי דבור, **או** שלא עשה צרכיו, ולא נגע בידיו במקום הטינופת, **ואע"ג** דלעיל בסי' ד' מבואר, דהיוצא מביה"כ צריך ליטול ידיו אפילו לא עשה צרכיו, **מ"מ** הכא כדי שלא יפסיד הברכה אין צריך ליטול ידיו מקודם, אם לא שהיו ידיו מטונפות. **ודע** עוד, דסתם ידים, דהיינו שאינו יודע אם הם מלוכלכות, כשרות לברכה.

י"א דאפילו אם נתעורר לעשות צרכיו, מ"מ כל זמן שאין מתאוה כ"כ שיהא בו משום "בל תשקצו", יכול לצאת משם קודם שעשה צרכיו ולברך, **ויש** מחמירין בזה, **ובפרט** היכי דמשער שישמע עוד קול רעם, ויוכל לברך אח"כ, בודאי נכון להחמיר.

ואם לאו, לא יצא - דאם יתארך יותר מכדי דבור דבלא"ה כבר עבר הזמן, א"צ שוב למהר, **ומכל** זה נשמע, דשיעור הברכה שעל רעמים וברקים הוא דוקא בכדי דיבור, **ואם** עבר יותר מכדי דבור מעת שראה הברק או שמע הרעם, שוב לא יברך על רעם וברק זה, [חמ"מ ונה"ש וח"א, **דלא** כט"ז, וגם הפמ"ג מפקפק על הט"ז, ואף שהמג"ג מצדד כהט"ז, ספק ברכות להקל], **ומטעם** זה, היכא דעשה צרכיו ונטל ידיו, ושמע קול רעם או ראה ברק, יברך מתחלה על הרעם והברק, ואח"כ יאמר "אשר יצר".

---

§ מסכת ברכות דף נט: §

אות א'

הרואה חמה בתקופתה לבנה בגבורתה וכוכבים במסילותם ומזלות כסדרן, אומר: ברוך עושה בראשית

סימן רכט ס"ב - [א]**הרואה חמה בתקופתה** - מקום שהיא חוזרת שם לתחלת הקיפה, היא שעת תלית המאורות בעת הבריאה, ומאז התחילה להקיף ולשמש, **והוא מכ"ח לכ"ח שנה** - שנמשך כ"ח שנה עד שבא לאותו המקום בצמצום, **והתקופה** - היינו תקופת ניסן, **בתחלת ליל ד'** - כבעת הבריאה, **כשרואה אותה ביום ד' בבוקר, אומר: ברוך עושה מעשה בראשית** - היינו לכתחלה מצותה מיד להקדים מה דאפשר, **וטוב** לברך אותה ברוב עם, [**ועיין** בתשו' חת"ס, דכשהוא יום מעונן, כל הקודם לברך כשרואה החמה אפי' ביחידות, מוקדם לברכה], **ובדיעבד** עד ג' שעות על היום - לבוש ומ"א, **אבל** הרבה אחרונים הסכימו דיוכל לברך בשעת הדחק עד חצות, והיינו אפילו בשם ומלכות.

ואם נתכסה השמש בעבים ואין רואין אותה, [ב]עיין בשע"ת, **ובתשו'** חת"ס כתב, דאם היתה מכוסה בעבים אך נראית רושמה מבין העבים, מברכין, **אבל** כשלא נתראה כלל, לא נראה לברך.

וע"ש שכתב מנהגו בענין ברכה זו, קודם הברכה אמרו: "הללו את ה' מן השמים", **ואחר** ברכת "עושה מעשה בראשית" אמרו פיוט "אל אדון על כל המעשים" עד "וחיות הקודש", **ואח"כ** "מזמור השמים מספרים כבוד אל", **ואח"כ** "עלינו לשבח" וקדיש.

וכן מברך ג"כ כשרואה [ג]לבנה בטהרתה, וכוכבים במשמרותם, ומזלות בעתם - וכהיום אין נוהגין העולם בזה, [ד]**דהיינו כשתחזור הלבנה בתחלת מזל טלה בתחלת החדש, ולא תהיה נוטה לא לצפון ולא לדרום; וכן כשיחזרו כל כוכב מחמשה הנשארים** - הם: שבתי צדק מאדים נוגה כוכב, **לתחלת מזל טלה, ולא יהא נוטה לא לצפון ולא לדרום; וכן בכל עת שיראה מזל טלה עולה מקצות המזרח.**

אות ב'

עד שלשים יום

סימן ריח ס"ג - [ה]**כל אלו הדברים אינם אלא כשרואה אותם משלשים לשלשים יום** - חוץ מיום שראה וחוץ מיום שעומד בו עתה, [וכמו שמסתפק המ"א, וספק ברכות להקל].

ואז הם חובה כמו בפעם ראשונה - וקודם לכן אסור וברכתו לבטלה, [**ודלא** כהראב"ד דס"ל שיש לו רשות אפי' קודם ל' יום].

ואין להקשות מ"ש מברכת רעמים וזועות וברכת בשמים, שמברך בכל פעם ואפילו בו ביום, **דשאני** התם שמברך ארעמים וזיקים חדשים, וכמו כן ברכת הבושם, מברך אריח חדש שנודף תמיד, **משא"כ** הכא שלא נתחדש שום דבר מזמן שבירך, ע"כ לא חשיב לברוכי, אא"כ עבר זמן מרובה כל' יום.

סימן רכד סי"ג - [ו]**כל ברכות הראייה, אם חזר וראה אותו דבר בתוך ל' יום, אינו חוזר ומברך** - ודוקא כשראה אותו מלך, אבל אם ראה מלך אחר צריך לברך - מ"א בשם רדב"ז, **וה"ה** לענין ההיא דסי"ב ברואה קבר אחר וכל כיו"ב, **אמנם** בא"ר כתב, דהמ"א בעצמו משמע דלא ס"ל הכי, **ועיין** בפתחי תשובה מש"כ בשם ספר עמודי אור בזה, ‹דראוי שלא לברך מספק, אם לא נקבר שם מת מחדש›.

באר הגולה

ט ‹מילואים› | י **הירושלמי שם וכתבו הרא"ש והטור** | א **ברכות נ"ט:** | ב ‹הפמ"א צידד לומר, דאף שמכוסים עננים ואין רואים גוף השמש, יש לברך אף בשם ומלכות, כיון שעיקר הברכה שזכינו לראות שהיא בנקודה הראשונה שבשעה שנתלו המאורות, ושמשא אכ"ע ניחא, ואנו יודעים שהיא בנקודה הראשונה, ע"כ, **ונראה** שהרוצה לסמוך ולברך בשם ומלכות, ימתין עד חצות, ואין לו לברך בלא שם ומלכות כלל בבוקר, שיש לחוש דלהראב"ד יצא בזה ושוב הו"ל ברכה לבטלה – שע"ת› | ג ‹גירסת רי"ף ורא"ש הובא בהג' הגר"א› | ד **לשון הרמב"ם שם** | ה **הרא"ש שם** | ו **ממשנה דריש פ' הרואה ובגמ' נ"ט**

אות ג'

והאידנא דשניוה פרסאי וכו'

סימן רכח ס"ב - [ז]לא על כל הנהרות מברך, אלא על ארבע נהרות דכתיבי בקרא, כמו חדקל ופרת - לאו דוקא אלו, אלא ה"ה כל הנהרות שהן גדולות כמו אלו הד', ושיהיו ידועים שהם מימי בראשית כמו אלו ולא נתהוו אח"כ, מברך.

[ח]והוא שראה אותם במקום שלא נשתנה מהלכם על ידי אדם - פי' דבמקום שחפרו ושינו מהלכו של הנהר לדרך אחרת, אין מברכין מאותו המקום והלאה, דשם לאו מעשה בראשית הוא, [**אבל** בשאר משך הנהר שלמעלה מזה מברכין, ש"ס ע"ש].

וה"ה לענין ימים, אם המשיכו בני אדם מאחד לחבירו ועשוהו לאחד, [כמו שידוע מן הים זוען], אין מברכין על אותו מקום, **אלא** דבימים מן הסתם אין אנו צריכין לחוש לזה.

ועיין בא"ר שמצדד לומר, דאם ספק לו אם נשתנו, ג"כ לא יברך, [**ובפמ"ג** מצדד לומר דמסתמא לא נשתנה, וצ"ע למעשה].

אות ד'

מאימתי מברכין על הגשמים, משיצא חתן לקראת כלה

סימן רכא ס"א - [ט]אם היו בצער מחמת עצירת גשמים וירדו גשמים, מברכים עליהם - אפשר דבא"י שמצוי שם יובש גדול, וכשבא עת הגשמים והגשם יורד בזמנו כל אחד שמח בו, אפילו בסתמא צריך לברך בפעם ראשון כשיורד, **ונקט** לשון זה לאפוקי אם יורד עוד הפעם למחר וליומא אוחרא, **ומפמ"ג** משמע, דאפילו בפעם ראשון א"צ לברך כשהשנים מסודרות כתיקונן (אפי' בא"י, **ולענ"ד** דבר זה צע"ג לדינא, שלא נמצא זה בשום פוסק, אח"כ מצאתי בא"ר שהוא כתב דבא"י צ"ע לדינא, **וע"כ** נראה דיברך בלא שם ומלכות).

אע"פ שלא ירדו עדיין כדי רביעה, [י]משירדו כ"כ שרבו על הארץ, [יא]שיעלו (עליסס) אבעבועות מן המטר וילכו זה לקראת זה – (הוא השיעור דמשיצא חתן לקראת כלה האמור בגמ').

הגה: ומה שאין אנו נוהגים בזמן הזה בברכת הגשמים, משום דמדינות אלו תדירים בגשמים ואינן נעצרין כל כך (סמ"ג ואגור וכל בו) - ר"ל ואין להם שמחה בירידת הגשמים, **ואה"נ** אפילו באותן ארצות שרגילין במטר, אם נעצרו הגשמים והיה העולם בצער, ואח"כ ירדו גשמים, שצריך לברך.

אות ה' – ו' – ז' – ח'

מודים אנחנו לך על כל טפה וטפה שהורדת לנו וכו'

נימרינהו לתרוייהו רוב ההודאות והאל ההודאות

הא דאית ליה ארעא, הא דלית ליה ארעא

הא דאית ליה שותפות, הא דלית ליה שותפות

סימן רכא ס"ב - [יב]ומה מברך, אם אין לו שדה אומר: "מודים אנחנו לך ה' אלהינו על כל טפה וטפה שהורדת לנו, ואילו פינו מלא שירה כים" וכו', עד "הן הם יודו ויברכו את שמך מלכנו", וחותם "בא"י אל רוב ההודאות" - ר"ל בריבוי ההודאות.

ואם יש לו שדה בשותפות עם אחר, מברך: "הטוב והמטיב" - שהטיב לו וגם לאחרים עמו, דהיינו להשותף, **ומשמע** בהרבה אחרונים, דאפילו אם יש לו רק אשה ובנים, הם ג"כ בכלל שותפין, [**משום** דדעת הרבה ראשונים, הלא המה רש"י והרא"ש והרשב"א והריא"ז, דבשדה אפי' אין לו שותף בה כלל ג"כ מברך הטוב והמטיב, ולא נשאר לנו נגדם כי אם הרי"ף והרמב"ם והר"ן במסכת תענית ע"ש, **ונהי** דבאין לו שותף כלל אין לנו לחלק על השו"ע דפסק כוותיהו, עכ"פ ביש לו אשה ובנים בודאי יש לסמוך ולברך].

ואם אין לו שותף בשדה, מברך: "שהחיינו" - לבד, ולא "הטוב ומטיב", (**דאע"ג** דגשם זה הוא טובה ג"כ לכל העולם, שהרבה אנשים יש להם שדות, **מ"מ** לא שייך לברוכי "הטוב והמטיב", דבעינן שיהיו שותפין עמו גופא בטובה זו שהוא מברך עליה), **ואפילו** יש לו שותף כותי, לא מקרי שותף לזה.

הרואה נילוס כשהוא קטן, וחוזר ורואהו בזמן שהוא גדול, ושמח בראיתו, מברך "שהחיינו" אף דאין לו קרקע, **כיון** דהוא בא מזמן לזמן והוא נהנה ושמח בראיתו, לא גרע מאדם הרואה את חבירו ושמח בראיתו דמברך "שהחיינו", [**ואם** יש לו שדה בשותפות, והנילוס הלא ידוע שעולה ומשקה השדות, נראה לכאורה פשוט דצריך לברך "הטוב והמטיב"], **אבל** הרואה בכל יום, אף דביום זה ניתוסף על שלפניו, מ"מ לא יברך, דקמא קמא בטיל בהנהר, [**ואפילו** לא בירך בימים הקודמים, דכבר עבר זמנם].

ואם רואה מים שבכלי"ג, {הוא חלק מהנילוס שמתפשט בו ג"כ מגודל הנהר}, **אם** כבר ראה המים במקומו בנילוס, אין לו לברך על ראית הכלי"ג, **אבל** אם לא ראה אלא עתה בכלי"ג, מברך "שהחיינו", שרגילין העולם לשמוח גם בו.

הגה: [יג]י"א דהשומע שירדו גשמים מברך: "הטוב והמטיב" (רשב"א) - ר"ל אף שלא ראה בעצמו, רק שמע מאחרים שירדו גשמים בשדה שלו אחר העצירה וכנ"ל, ג"כ שייך ברכת "הטוב והמטיב", **והיינו** כשהשדה שלו הוא בשותפות, וכנ"ל ברואה בעצמו, **ואם** השדה שייך לו לבדו, מברך "שהחיינו" וכנ"ל.

באר הגולה

[ז] תוס' שם ‹נ"ד. ד"ה על הנהרות› והמרדכי [ח] ממשמעות הגמ' נ"ט ע"ב ‹לכאורה מבואר להדיא› [ט] ב"י מדברי הכל בו [י] ברכות נ"ט ע"ב ותענית ו' ע"ב [יא] לפי' רמב"ם והר"ן ‹ודלא כרש"י› [יב] שם בברכות ושם בתענית [יג] ‹גמ' שם לא קשיא כו', וכתב הרשב"א דאף לפי המסקנא כן הוא – גר"א›

ואם אין לו שדה אינו מברך כלל, ואפי' ברכת "מודים" הנ"ל, דברכה זו לא נתקנה אלא ברואה בעצמו ולא בשומע - מ"א וח"א, **ובשיטה** מקובצת מסיק, [יד]דאין חילוק כלל בין רואה לשומע, ויכול לברך ברכת "מודים" אפילו בשומע, **ומ"מ** נראה דספק ברכות להקל.

(**והנה** מדברי המחבר מוכח דכל מה שאמור בס"ב הוא אפילו אם לא ירד רק כשיעור משיצא חתן לקראת כלה, אכן בגמ' משמע דברכת הטוב והמטיב אין לברך רק כשאתא טובא, והוא יותר משיעור זה המבואר בשו"ע, כדמוכח שם ברש"י ד"ה דאתא פורתא, וצ"ע על הרי"ף והרא"ש שהשמיטו תירוץ זה, ונהי דברכת מודים יש לברך אפילו אתא פורתא, דהיינו משיצא חתן וכו', {ומה שתירץ הגמרא ואב"א אידי ואידי דאתא טובא, היינו אף דאתא טובא שייך ג"כ ברכת מודים}, עכ"פ ברכת הטוב ומטיב אין לברך רק בדאתא טובא, בין לתירוצא קמא ובין לתירוצא בתרא, **ובספר** ברכת ראש הקשה קושיא זו וחידש בזה מלתא חדתא, והאמת אתו, דהרי"ף והרא"ש מפרשים הסוגיא היפך מפירש"י, דרש"י מפרש בתירוצא קמא דאתא פורתא היינו מודים אנחנו לך, דמברך שיעור זה על משיצא חתן, וא"כ ע"כ דאתא טובא היינו יותר משיעור זה, **והם** יפרשו, דאתא טובא, היינו שיעור דמשיצא חתן, דמברך עליו ברוב ההודאות, והיינו בריבוי ההודאות על גשם רב כזה, ונותן הודאה על כל טיפה וטיפה שבו, ואתא פורתא היינו פחות משיעור זה, שמברך עליו ברכת הטוב והמטיב, וזהו לתירוצא קמא, **ולתירוצא** בתרא תרווייהו דוקא בדאתא טובא, ובפחות משיעור זה אין לברך כלל, והכי נקטינן, ולהכי יפה עשו שהשמיטו כ"ז, וכתב הרי"ף: כדכתבינן בתענית, ושם מבואר השיעור דמשיצא חתן וכו', והשוו הרי"ף והרא"ש כל הברכות בחדא גווני, וניחא השתא פסק השו"ע, זהו תמצית דבריו, **אח"כ** מצאתי בשיטה מקובצת על ברכות בסוגיא זו שמפרש כן להדיא בש"ס, וכתב ג"כ שכן מוכח מהרמב"ם כמו שכתבנו, עי"ש).

אות ט'

קצרו של דבר: על שלו הוא אומר: ברוך שהחיינו וקיימנו, על שלו ועל של חבירו אומר: ברוך הטוב והמטיב

סימן רכב ס"א - [טו]על שמועות שהם טובות לו לבדו, מברך: "שהחיינו"; ואם הן טובות לו ולאחרים, מברך "הטוב והמטיב"

- נקט "שמועות" בלשון רבים להורות, שאם שמע כמה שמועות בבת אחת, די לו בברכה אחת, [**נראה** דבבת אחת לאו דוקא, אלא כל שלא בירך על שמועה ראשונה, כבת אחת דמי].

והיינו כשיש לו שמחה מהשמועה, וכן להיפוך ב"דיין האמת", כשיש לו צער מהשמועה.

ודוקא כששמע מפי אדם נאמן, [ואפשר דבעינן דוקא שיהא מוחזק בכשרות, לא מסתם בני אדם], וזה האדם ראה בעצמו, **אבל** אם שמע שמועה, בין שמועה טובה שצריך לברך עליה "הטוב והמטיב" או "שהחיינו", בין שמועה רעה שצריך לברך עליה "דיין האמת", ואין המגיד נאמן, או שהמגיד לא ראה בעצמו, לא יברך, **וכן** אם שמע שנתפס הגזלן שגזל ממנו, לא יברך עד שישיב לו הגזלה.

מי שהוכרח מחמת עניותו לקחת אשה עשירה שלא בחפצו, מברך "הטוב והמטיב" ו"דיין האמת" - מ"א בשם ס"ח, **וכמדומה** שכהיום ממעטין בברכות אלו - פמ"ג, **גם** בספר מור וקציעה מפקפק בזה.

ילדה אשתו זכר, אומר ברוך הטוב והמטיב

סימן רכג ס"א - [טז]ילדה אשתו זכר, מברך: "הטוב והמטיב"

- ואפילו לא ראה בעצמו, רק שמע כשהיה בעיר אחרת, וכן במה שמבואר בס"ב.

"**הטוב**" לו, דניחא ליה בזכר, וגם טוב לה, שגם לה ניחא בבן זכר, **ואפילו** היה להם כבר כמה בנים, **ועיין** בפמ"ג, דאפילו אם לא בירך תיכף כששמע, ג"כ יברך לכו"ע, דעדיין הטובה נמשכת.

מדסתמו הפוסקים, משמע דאפילו היו לו כמה זכרים, ותאב שיולד לו בת כדי שיקיים מצות פו"ר, אפ"ה אם נולד בת אין מברך ע"ז, [**ואפשר** דהטעם, דהאשה שאינה מצווית על פו"ר לעולם ניחא לה בזכר], **ומ"מ** נ"ל פשוט, דבפעם ראשון כשרואה אותה, מברך ברכת "שהחיינו", דמי גרע ממי שרואה את חברו לאחר ל' יום ושמח בראייתו, דמברך "שהחיינו", כדלקמן בסימן רכ"ה ס"א.

(**ולדינא** יש לעיין, אם יש לו כמה בנים ואין לו בת, ותאב שתולד לו בת, ונולד לו בן, אם יש לו לברך ברכת "הטוב", אחרי דסוף הדבר הוא דלא ניחא ליה בזכר, וצ"ע).

(**עיין** בא"ר שהביא בשם ס"ח, דה"ה כשנולד לבנו ולבתו בן, או שנולד בן לאוהבו שהוא צדיק וחסיד, **אמנם** לפי מה שראיתי בתשובת הרשב"א, מוכח דפליג ע"ז, שמסיק שם דלאו בכל דבר שנהנה הוא ואחרים עמו שיברך "הטוב והמטיב", **אלא** דברכה זו הוא דוקא בדבר שיש לו תועלת והנאה בו, כירידת גשמים וירושת הקרובים, ולענין ריבוי יין שאחרים נהנים ושותים ממנו עמו, **וכן** בלידת אשתו זכר יש לאב ולאם הנאת תועלת, חדא, דהוה להו חוטרא לידא ומרה לקבורה, ועוד, שהוא כירך האב והאם, ומדת כל אדם תאבין לו ליורשן, עכ"ל, ובהני שזכר הספר חסידים לא שייך טעם זה, וגם ביתר הפוסקים לא נזכר דבר זה, וטוב למעט בברכות אלו בדבר שלא נזכר בהדיא).

[יז]וגם היא צריכה לברך כן. הגה: ואם מתה אשתו בלידתה, מברך: "שהחיינו", דהא ליכא הטבה לאחריני - אלא שמתחלה צריך להקדים לברך "דיין האמת" על מיתתה, דברכת "דיין האמת" היא חובה, כדלעיל בסימן רכ"ב ס"ג, וברכה זו ד"שהחיינו" י"א שאינה אלא רשות, וכדלקמיה.

יש אומרים דהמחבר פליג ע"ז, וס"ל דאפילו מתה אשתו בלדתה מברך "הטוב והמטיב", וכזה ס"ל ג"כ הט"ז לדינא, וטעמו של הט"ז, דמ"מ יש

באר הגולה

[יד] ‹לכאורה משום דלמסקנא חזר הגמ' מהחילוק בין שמיעה לראיה› [טו] ברכות נ"ד. ונ"ט: [טז] ברכות נ"ט: [יז] הגהת מיי' פ"ד בשם סמ"ק

לה טובה שהשאירה זכר בעולם ע"ש, **אבל** במור וקציעה פליג ע"ז, דברכת "הטוב והמטיב" נתקן רק על הנאה גשמיית, ולא על הנאה רוחניית לבד, וכן בלחם חמודות ולבוש וח"א כולם העתיקו לדינא כהרמ"א.

מלשון "בלדתה" משמע לכאורה, דאם מתה איזה שעות אחר לידתה, מברך "הטוב והמטיב", דמכל מקום ניחא היה לה מקודם שמתה, (ויש לדחות, דכיון שקודם שבירך מתה, ואין לה עתה הנאה גשמיית בבנה, שוב לא יכול לומר ברכה זו, ודומיא דמי שגמר אכילתו ונזכר שלא בירך ברכת "המוציא", ששוב לא יכול לברך על הנאה הקודמת, ומאי דנקט הרמ"א "בלדתה", משום דאל"ה היה מברך תיכף אחר לידתה, ולא רצה הרמ"א לצייר באם לא בירך מקודם, וצ"ע).

וכן אם מת האב קודם שילדתו, היא מברכת "שהחיינו" (כן נראה לי לייסב הרשב"א).

ויש שכתבו שנהגו להקל בברכה זו - פי' בברכת "שהחיינו", **שאינה חובה אלא רשות** - (ודמיא לקרא חדתא, דסבר הגמ' ‹עירובין מ:› דהוא רשות), ‹עיין לקמן סי' רכ"ה ס"ג›, שעיקר ברכת "שהחיינו" נתקן על דבר הבא מזמן לזמן כמועדים וכדומה.

(**אבל** הרבה פוסקים ס"ל דהוא חובה, וטעמם, דדבר שתקנו חז"ל לברך משום שמחת הלב לא שייכא בזמן, אלא כל אימת שנזדמן ע"י הקניה שמחה בלבו, מברך לד' על שזיכהו לבוא לשעה שיש בו שמחת הלב).

ומזה נתפשט שרבים מקילים באלו הברכות - בכל הברכות כיוצא באלו, **אבל** אינו נכון, דמאי דאיתמר בגמרא שהיא רשות איתמר.

אות כ'

מת אביו והוא יורשו, בתחלה אומר: ברוך דיין האמת ולבסוף הוא אומר: ברוך הטוב והמטיב

סימן רכג ס"ב - "מת אביו, מברך: "דיין האמת" - וה"ה שאר אדם כשר שאדם מצטער עליו, דהוא בכלל שמועות רעות, [ונקט השו"ע אביו, משום שאר הברכות שהזכירם אח"כ], **מיהו** העולם נוהגין לברך בלא שם ומלכות, ואינו נכון, **ועכ"פ** על ת"ח שמת שצריך בודאי להתאונן ולהתמרמר ע"ז, וכן על קרוביו שחייב להתאבל עליהם, ודאי יזכיר הברכה בשם ומלכות.

היה לו ממון שירשו, אם אין לו אחים, מברך גם כן: "שהחיינו" - היינו מתחלה "דיין האמת" כנ"ל בס"א, ואח"כ "שהחיינו" על הנכסים שנשארו לו מאתו, **ואף** דיותר היה מתרצה שלא ימות אביו ולא יירשנו, **מ"מ** יכול לברך "שהחיינו", דאין ברכה זו תלויה בשמחה ‹גרידא›, אלא ‹אף› בדבר שמגיע לו תועלת ממנו ‹הראוי להביא לשמחה›, ואע"פ שמתערב עמה ‹כעת› צער ואנחה. ‹מאמר מרדכי ועוד, עיין פסקי תשובות, שלא תקשה מההיא דס"ד›.

(**עיין** במו"ק שכתב, דמיירי שאין לו אשה ובנים, הא לא"ה מברך "הטוב והמטיב" כדלקמיה בס"ה, והנה לפי דעת המ"א, אפילו יש לו אשה ובנים נמי אינו מברך כי אם "שהחיינו" ולא "הטוב ומטיב", דהרי אין להם חלק בזה, ושמא לא יתן להם ממון זה, **אם** לא שנשארו כלים בירושה, ויש לכולם הנאה שמשתמשין בהם מיד).

אמרו לו שמתה אשתו והניחה ממון, מברך "דיין האמת" על מיתתה, ו"שהחיינו" על ירושתה.

ואם יש לו אחים, במקום "שהחיינו" מברך: "הטוב והמטיב" - ר"ל ששוב לא יברך "שהחיינו", כיון שיש בזה טובה גם לאחיו, ויוכל לברך ברכת "הטוב והמטיב".

(**והיינו** אפילו כבר חילק אביו נכסיו על פיו, ויש לכל אח שדה בפני עצמו, אפ"ה הלא ע"י הירושה הוטב לכולם, ושייך ברכת "הטוב ומטיב").

הגה: שאין מברכין "הטוב והמטיב" אא"כ יש לו שותפות באותה טובה (טור).

[**ועיין** בבה"ט בשם הלק"ט, דאם היה יודע מתחילה שהיו לו נכסים, אינו מברך "הטוב והמטיב", **והוא** מילתא חדתי וצ"ע למעשה, **גם** צל"ע איך דעתו לענין ברכת "שהחיינו"].

אות ל'

שינוי מקום צריך לברך

סימן קעח ס"א - הנה מפני שהסימן הזה יש בו פרטים רבים, ע"כ אקדים לזה הקדמה קצרה כדי להקל על המעיין. **הנה** בענין שינוי מקום, היינו שהתחיל לאכול והלך למקום אחר ורוצה לאכול שם, או שרוצה לחזור למקומו הראשון ולאכול שם, קי"ל דצריך לחזור ולברך, **ויש** בזה ג' דברים שצריך לבאר: א) מהו שינוי מקום, אם מבית לבית, או מחדר לחדר; ב) באיזה דברים שייך דין שינוי מקום; ג) אם שינה מקומו מה דינו בזה, ונחזור לבאר אחד אחד.

ענין שינוי מקום הוא, לא מיבעיא אם הלך באמצע אכילתו מבית זה לבית אחר, בודאי הוי שינוי מקום, ואפילו אם יצא רק חוץ לפתח ביתו בתוך אכילתו, ג"כ בכלל שינוי מקום הוא, ואינו מועיל אפילו היה דעתו לזה בשעת ברכה שישנה מקומו, **ואפילו** אם שינה רק מחדר לחדר, ג"כ סוברים הרבה פוסקים דהוא שינוי מקום, **אך** בזה יש חילוק, דאם היה דעתו בשעת ברכה לשנות המקום מחדר לחדר, מותר, כיון שהוא תחת גג אחד, **ומזוית** לזוית, אפילו טרקלין גדול לא הוי שינוי מקום כלל, כיון שהוא חדר אחד, ואין צריך כלל דעתו לזה.

ובאיזה דברים שייך שינוי מקום, איתא בזה פלוגתא בגמרא ‹פסחים ק"א›, דרב ששת סבר, בין אם אכל פת ובין שאכל פירות ושארי משקין, דינם שוה בזה, דצריך לחזור ולברך, **ורב** חסדא סבר, דוקא אם אכל דבר שאין טעון ברכה במקומו, ר"ל כגון פירות ומשקין שאין

באר הגולה

יח שם בגמ'

מחויב דוקא לברך ברכה אחרונה שלהן במקומו הראשון, וע"כ אמרינן דתיכף שעקר ממקומו נתבטל קביעתו, וצריך לחזור ולברך כשירצה לאכול עוד, **אבל** אם אכל פת, וי"א דה"ה כל דבר שהוא משבעת המינים, שהוא דבר שצריך לברך במקומו דוקא, וע"כ אמרינן בהו דאפילו אם עקר ממקומו, עדיין לא נתבטל קביעותו הראשונה, וכל היכא שאוכל, על דעת קביעות הראשונה הוא, וכאילו יושב במקומו דמי, וא"צ לברך עליו "המוציא", **ונחלקו** הפוסקים בזה, הרמב"ם וסייעתו פסקו כרב ששת, דבכל גווני צריך לברך, וזהו טעם שני סעיפים הראשונים, **והרא"ש** וסייעתו פסקו כרב חסדא, וזהו דעת הגהת הרמ"א שהובא בסוף ס"ב, **וכ"ז** הוא לענין לחזור ולברך, אבל לכתחלה אין לעקור ממקומו לכו"ע בכל גווני.

ומה דינו של שינוי מקום, נחלקו הפוסקים ג"כ בזה, הרמב"ם וסייעתו סוברים, דמשחזר למקומו בתחלה צריך לברך בהמ"ז {או הברכה אחרונה כשאכל דבר שחייבין עליו לברך ברכה אחרונה} על האוכל שאכל מקודם, ואח"כ יחזור לברך ברכה ראשונה על מה שהוא רוצה לאכול עתה, וזהו המוזכר בסעיף א', **ושארי** פוסקים סוברים, דאין צריך לברך רק הברכה ראשונה על מה שהוא רוצה לאכול, אבל הברכה אחרונה יוצא במה שמברך אחר אכילה השניה, ויהיה קאי על שניהן, וזהו המוזכר בריש הג"ה שבסוף ס"ב, **ולמעשה** נקטינן הכל כדעת הפוסקים המובא בהג"ה.

[יט] **היה אוכל בבית זה, ופסק סעודתו והלך לבית אחר** - וה"ה לחדר אחר, ג"כ בכלל שינוי מקום הוא, אם לא שהיה דעתו מתחלה לשנות לחדר אחר, וכדלקמיה בהג"ה ע"ש.

ואפי' לא נשתהא שם כלל, שתיכף חזר למקומו הראשון, אפ"ה שינוי מקום מקרי, וכדלקמיה, **וכ"ש** אם רוצה לגמור סעודתו במקום השני.

ומיירי באוכל יחידי, דאם אכל ביחד עם עוד אנשים, ונשארו בני חבורתו במקומן, א"צ לחזור ולברך לכו"ע ע"י יציאתו, וכדלקמן בס"ב, [**ומסתברא** דה"ה אם נשארו בני ביתו מסובין על השלחן, ג"כ דינא הכי].

או שהיה אוכל, [כ] וקראו חבירו לדבר עמו, ויצא לו לפתח ביתו וחזר - ר"ל שיצא חוץ לפתחו, דאם מדבר עמו על הפתח, אין זה שינוי מקום, (**ולהמג"א** דכשרואה מקומו מהני, א"כ אמאי הוא שינוי מקום, **דלמא** מיירי כשהפתח נעול, **ובפרט** אם נימא דמבית לבית לא מהני רואה מקומו, וכדלקמן במ"ב, בודאי לא קשה מידי, דלהרמב"ם ביצא חוץ לפתח ביתו הוי כמבית לבית). **ואשמועינן** בזה, אע"פ שלא פסק מסעודתו כלל, אלא שקראו חבירו לדבר עמו דיבור בעלמא, ויצא לקראתו מפתח ביתו וחזר, הוי כמו שינוי מבית לבית.

הואיל ושינה מקומו, צריך לברך למפרע על מה שאכל - ובמקומו הראשון, **וחוזר ומברך בתחלה "המוציא", ואח"כ יגמור סעודתו** - דע"י היציאה ממקומו חשיב כנפסקה סעודתו לגמרי, ומה שאוכל אח"כ כסעודה אחרת דמיא, ולכן מברך בהמ"ז למפרע, ו"המוציא" על להבא, [**וגרע** מהיסח הדעת, דאינו מצריך רק ברכה לכתחילה, דהתם מ"מ סעודה אחת היא, אבל ע"י שנוי מקום, כסעודה אחרת לגמרי].

והיינו כשעומד באמצע סעודת פת, וכ"ש אם לא אכל מתחלה רק פירות או משקין, בודאי שייך בהו שינוי מקום, וכדלקמיה בס"ב.

ולכתחלה כשרוצה לצאת ממקומו, צריך לברך בהמ"ז קודם שיעקור, כמ"ש ס"ב, **ורק** בדיעבד כשלא בירך מתחלה, צריך אח"כ לחזור ולברך ברכת המזון במקומו, שכך הוא מצותו, ואח"כ יברך "המוציא" ויאכל במקום שירצה.

(**ואם הפליג והסיח דעתו, נוטל ידיו ומברך גם נטילת ידים, ואם לא הסיח דעתו משמירת ידיו, יש לעיין בדבר לענין נטילה**).

[כא] **סימן קעח ס"ב - הגה: ויש חולקים בכל מה שכתוב בסי' זה** - בתרתי פליגי על דעה ראשונה, אחד, דהם לא מצרכי ברכה למפרע לעולם מחמת שינוי מקום, ורק ברכה לכתחלה קודם שיאכל שנית, דחשיב רק כהיסח הדעת, ולא כמה שסילק סעודה הראשונה לגמרי, וע"כ הברכה אחרונה עולה לשניהם, **וגם** ס"ל דגם זה שצריך ברכה ראשונה, הוא רק בעומד בסעודת פירות או משקין, דתיכף ביציאתו חוץ לפתח ביתו נפסקה סעודתו, אם לא הניח שם מקצת חברים, ואפילו הלך רק לעשות צרכיו לקטנים, **אבל** בפת ומיני דגן שצריכין לחזור ולברך במקומן, לא נפסקה הסעודה בהיציאה, וא"צ אף ברכה ראשונה, וכאילו לא שינה מקומו כלל, **אם** לא שהסיח דעתו מלאכול עוד וכדלקמיה.

רק סוברים ששנוי מקום אינו אלא כהיסח הדעת, ולכן אם שינה מקומו למקום אחר, א"צ לברך אלא לפני מה שרוצה לאכול, אבל לא על מה שכבר אכל (תוס' ורשב"ם והרא"ש ומרדכי פרק ע"פ וטור); ודוקא שלא הניח מקצת חברים בסעודה, ואכל מדברים שאינן צריכין ברכה במקומם; אבל אם הניח מקצת חברים - דכיון שנשארו מקצתן, ואפילו אחד במקומו, לא נפסקה הסעודה, וחוזרין לאכול או לשתות בלי שום ברכה, אף שהיתה מסיבתן לאכול פירות או משקין.

או אפילו לא הניח, ואכל דברים שצריכין ברכה במקומם, אפי' מה שרוצה לאכול אחר כך א"צ לברך (סמ"ק וא"ז) - (היינו שמתחלה אכל דברים הצריכים ברכה במקומן, אבל במקום שהלך עתה בתוך הסעודה, אפי' שתה יין {ומיירי שבירך מתחלה על היין בסעודת הפת} או מים, א"צ לברך, דהא ע"כ צריך לחזור לקביעותו הראשון, והוי כעומד באמצע הסעודה).

כתב במ"א, דוקא כשאכל כזית, דאם אכל רק פחות מכזית פת קודם שיצא, דינו כמו פירות, דהא א"צ לברך אחריו, וממילא מיד שיצא לחוץ צריך ברכה ראשונה אף שחזר למקומו, **וע"כ** צריך ליזהר לכתחלה

באר הגולה

יט פסחים ק"א | כ לשון הרמב"ם | כא ‹מילואים›

שלא לצאת ממקומו אף מחדר לחדר, היכי שאין רואה מקומו, קודם שיאכל כזית, [**והוי** רק "לכתחילה", דמחדר לחדר כמה פוסקים סוברין דלא הוי שנוי מקום].

ולכן מי שפסק סעודתו והלך לבית אחר, או שהיה אוכל וקראו חברו לדבר עמו אפי' לפתח ביתו או למקום אחר, כשחוזר לסעודה א"צ לברך כלל, דהא פת צריך ברכה במקומו לכו"ע - אף שלא אשמועינן בבבא זו שום רבותא, נקט לישנא דהמחבר בס"א, ופסק להיפך.

מיהו אם הסיח דעתו, כשחוזר ודאי צריך לברך על מה שרוצה לאכול אח"כ (ב"י ורשב"א) - ברכה ראשונה כדין היסח הדעת, (וצריך ג"כ ליטול ידיו ולא יברך), ואח"כ יברך בהמ"ז על הכל.

ואין חילוק בין חזר למקום שאכל כבר, ובין סיים סעודתו במקום אחר (רמב"ם פ"ד ור"ן) - אלעיל קאי, והיינו באוכל דברים הטעונין ברכה במקומו, ולא הניח מקצת חברים, **ואשמעינן** דאף כשמסיים סעודתו במקום אחר, ג"כ א"צ לברך, דעל סמך סעודה ראשונה אוכל, **ואם** אכל גם שם פת, מבואר בס"ד דמברך שם בהמ"ז, כיון דשם הוא סיום סעודתו.

אבל כשאוכל דברים שאין טעונין ברכה במקומן, כגון פירות וכיו"ב, או ששותה משקין, **אף** שהניח מקצת חברים, לא מהני אלא כשחוזרין לחבורתן לסעודתן הראשונה, **אבל** לאכול או לשתות במקום אחר, צריכין ברכה לכתחלה.

וכן נוהגין במדינות אלו; מ"מ לכתחלה לא יעקר ממקומו בלא ברכה, דחיישינן שמא ישכח מלחזור ולאכול (הר"ר מנוח ור"ן) - ר"ל אף שעומד באמצע סעודת פת, ורוצה לצאת ע"מ לחזור ולאכול ולברך, דלדעה זו אינו מצריך שום ברכה ביציאתו, **מ"מ** לכתחלה לא יצא, דחיישינן שמא ישכח לחזור ולאכול ולברך במקומו, או שישהא עד שירעב, ויפסיד בהמ"ז לגמרי.

בתוספות ורא"ש משמע, דאין להחמיר בזה רק כשיוצא ע"מ להפליג, דאז חיישינן להנ"ל, אבל כשיוצא ע"מ לחזור לאלתר, מותר.

ואפילו אם לא אכל פת אלא פירות ושארי דברים, משמע מכמה אחרונים, דנכון ליזהר לכתחלה שלא לצאת ממקומו עד שיברך ברכה אחרונה, [**אבן** ביוצא ע"מ לחזור לאלתר, בודאי אין להחמיר, **וכשכבר** יצא קילא מפת, דבפת קימ"ל דצריך לחזור למקומו ולברך, ובזה מותר לברך במקום שהוא].

ועיין בבה"ל שהכרענו לדינא, דאף דלכתחלה בודאי נכון לנהוג כהרמ"א, שלא לצאת לדבר הרשות, **מ"מ** כשיוצא אין לו לברך אם יציאתו הוא ע"מ לחזור ולגמור סעודתו, דחשיב כעומד באמצע סעודה, ויש בזה חששא דברכה שא"צ, (**ואפשר דגם כונת הרמ"א הוא כן, דיגמור סעודתו ויברך, וצ"ע**), **רק** אם הוא משער שאפשר שיפליג הרבה, נכון יותר שיברך בהמ"ז כשיוצא, (ובפרט אם לא הניח מקצת חברים, בודאי נכון לברך, **ואין לחוש לברכה שא"צ, כי נוכל לצרף לזה דעת המחבר, דסתם כהרמב"ם והגאונים, דפסקו דבכל גווני משיצא מפתח ביתו צריך לחזור ולברך**).

ואם מזמינים לו לאכול פת במקום אחר, דאז לא שייך האי חששא, כיון שהולך לאכול שם, ויברך שם אחר אכילתו כמ"ש בס"ד, **אפ"ה** לכתחלה לא יעקור ממקומו עד שיברך, דרק בדיעבד כשכבר יצא אמרינן דמותר לו לאכול ולברך במקום השני, דגם שם מקומו הוא, אבל לכתחלה מצותו לברך במקומו שאכל קודם שיצא, **אם** לא שהיה דעתו בשעת "המוציא" לאכול גם שם, דאז חשיבי שניהם מקומו, ומותר אף לכתחלה, **ואפילו** מבית לבית מהני מחשבתו לדעה זו, וכן נהגו כשהולכין לסעודת נשואין, שמכוון מתחלה לאכול שם.

מיהו לצורך מצוה עוברת, כגון שהגיע זמן תפלה, מותר (כל בו הל' פסח), ועיין סי' קפ"ד - (כ"כ בכלבו, אבל במאור לא משמע כן, דהוא לא כתב רק דלדבר הרשות אסור, והיכא דהוא לדבר מצוה, אפי' אינה עוברת, מותר).

אות מ'

אע"פ שאמרו שינוי יין אינו צריך לברך, אבל אומר ברוך הטוב והמטיב

סימן [כב] **קעה ס"א -** [כג] **הביאו להם יין אחר, אינו מברך בפה"ג** - ר"ל שמתחלה בירך על יין שבתוך המזון, ואח"כ הביאו לו עוד יין, אפילו הוא ממין אחר, אפ"ה נפטר בברכה ראשונה.

אבל מברך עליו: הטוב והמטיב - ומברך אותה בשם ומלכות, והוא הודאה על ריבוי היין שנזדמן לו, **ועוד** כתבו הספרים טעם לנוסח זה, כי ידוע שהאדם צריך למעט בתענוגי העולם, ויין הלא מביא לידי שמחה, ויכול לבוא לידי קלות ראש, **לכך** סידרו נוסח זה של "הטוב והמטיב", שידוע שברכת "הטוב והמטיב" שבבהמ"ז, תקנו על הרוגי ביתר שנתנו לקבורה, ועי"ז יזכור יום המיתה, ולא ימשך אחר היין הרבה.

ודוקא על יין שבתוך המזון, או שהיו מסובין לשתות בלא אכילה, ואח"כ הביאו להם יין אחר, **אבל** על כוס של בהמ"ז א"צ לברך עליו ברכת "הטוב והמטיב", אף שהוא מין יין אחר, דהא כבר אמר "הטוב והמטיב" בבהמ"ז, [**ובחידושי** רעק"א הביא, דלפי מש"כ בספר בית יהודה, דבנמלך **או** שהיה שנוי מקום דצריך לברך עליו בפה"ג, ממילא אין שייך ברכת "הטוב והמטיב", דהוא ענין חדש ואין שייך ליין ששתו מקודם, **א"כ** ה"ה בנידון זה בלא"ה א"צ לברך "הטוב והמטיב", דהא צריך לברך בפה"ג עליו, ואין שייך ליין שבתוך הסעודה].

בלילי פסח, טוב לכתחלה שלא לשתות עוד מין אחר של יין בתוך הסעודה, כדי שלא יצטרך לברך עליו "הטוב והמטיב", ויהיה נראה קצת כמוסיף על הכוסות, [**אבל** ליקח יין אחר טוב למנין הכוסות גופא, כגון שטעם כוס הראשון ולא ערב לו היין, לכו"ע יכול ליקח מין אחר

באר הגולה

כב «כצ"ל ע"פ מהדורת נהרדעא» | כג ברכות נ"ט

של יין לכוס שני, ויברך עליו בפה"ג וגם "הטוב המטיב"], ‹ודלא כרעק"א הנ"ל - הגרש"ז אויערבאך›, **אך** אם הוא צמא וחושק לשתות ממנו, יכול לברך עליו "הטוב והמטיב".

הגה: אע"ג שאין לו עוד מן הראשון (ב"י) - עיין במ"א בשם פוסקים שיש דעות בזה, וע"כ הכריעו לדינא, דאם יש להם מן הראשון, והביאו השני כדי שיטעמו יין אחר משונה מן הראשון, מברכין עליו "הטוב והמטיב", **אבל** אם אין להם כלל מראשון, א"כ לא מחמת שינוי הביאו, אלא מפני שכלה הראשון, אין מברכין עליו, שאין בזה ריבוי טובה כ"כ.

ולאו דוקא הביאו להם מחדש - ר"ל שהביאו להם עתה בבית, **אלא ה"ה אם היה להם מתחלה שתי יינות** - בבית, ודעתו לשתותם, אלא שהיין השני לא היה מוכן לפניו על השלחן בשעת ברכת בפה"ג וכדלקמיה ‹ברמ"א› - לבוש, ‹דא"צ להביאו ולברך עליו בפה"ג, אלא מברכין על הגרוע בפה"ג, ואח"כ› **מברכין על השני "הטוב והמטיב".**

ודעת הל"ח, דכשהם בביתו בשעת ברכת בפה"ג, ודעתו לשתותם, כמונח לפניו על השלחן דמי, ‹וצריך להביא המשובח ולברך עליו›, וא"צ ‹פי' ואין יכול› לברך ברכת "הטוב", **וספק** ברכות להקל, ‹**אפשר** דר"ל דהוי ברכה שאינה צריכה אם היה בבית ולא הביאו, שהיה יכול לפטור עצמו בברכה אחת, **דאין** שייך שלא יברך "הטוב" אם הביאו אח"כ, דהא אף אם היה לפניו על השלחן, ובירך בפה"ג על הגרוע, צריך אח"כ לברך "הטוב" על המשובח›, [**וכי** קאמר הטשו"ע, "אלא ה"ה אם היו להם שתי יינות", היינו אע"פ שהיו להם במרתפם, ודעתו היה בשעת ברכה להביאם ולשתותם, מ"מ כיון שהביאם אחר הברכה לבית, הוא בכלל שנוי יין]. ‹וא"צ להביאו ולברך עליו בפה"ג›.

הגה - ‹כתב זה לתרץ דברי שו"ע אהדדי, דכאן כתב דמברך תחילה בפה"ג על הגרוע, ואח"כ מברך על המשובח "הטוב", ובס"ג מפורש שצריך לברך בפה"ג על המשובח, ופוטר את הגרוע›, **ודוקא שלא היו לפניו יחד כשבירך בפה"ג** - ‹היינו שהמשובח לא היה שם על השלחן לדעת הלבוש, ולדעת הל"ח לא היה שם בהבית אלא בהמרתף, דא"צ להביאו, אלא מברך בפה"ג על הגרוע, ואח"כ כשמביאו מברך עליו "הטוב"›, **או** שעבר ובירך על הגרוע תחלה, צריך לברך ברכת "הטוב" על היין השני, [כן מוכח בס"ג], **אבל היו ביחד** - ‹על השלחן לדעת הלבוש, ולדעת הל"ח שהיה השני בהבית, דצריך להביאו›, **א"ל לברך אלא בפה"ג** - ר"ל על היין המשובח, וממילא נפטר היין הגרוע מכל וכל, וכן פסקו האחרונים, **כמו שיתבאר ס"ג (ד"ע להשוות הטור עם מרדכי פ' הרואה) (ב"י).**

אות מ'* [כד]

תוס' ד"ה הטוב: ור"ת פי' דאפי' אין האחרון חשוב וכו'

סימן קעה ס"ב - [כה]**"מברכין "הטוב והמטיב" על כל שינוי יין מן הסתם, אפילו אינו יודע שהשני משובח מהראשון, כל שאינו יודע שהוא גרוע ממנו** - אבל אם יודע שהוא גרוע אפי' מעט, לא יברך עליו, אף שהוא מין אחר.

כתב הט"ז, דוקא אם הוא מסתפק שמא הוא גרוע רק ממנו, אבל אם הוא מסתפק שמא הוא גרוע מאד, עד שאינו ראוי לשתות אלא מדוחק, לא יברך עליו ברכת "הטוב".

הגה: ואין חילוק בין שניהם חדשים, או א' חדש וא' ישן (ב"י בשם תוס' פרק הרואה וטור ותרומת הדשן) - היינו בין לענין ברכת בפה"ג, שאין צריך לברך אפילו מחדש לישן, ובין לענין ברכת "הטוב", שצריך לברך אפילו כששניהם חדשים, **והטעם**, דכיון שהובאו משני כלים, חשיבי כשני מינים.

ודוקא מחדש לישן, אבל מישן לחדש, בסתמא לא, אא"כ ידוע לו שהחדש ההוא טוב כמו הישן.

ואפי' שתה ממנו תוך שלשים יום - לאפוקי ממאן דס"ל, דאם שתה תוך ל' מיין זה, אין חביב עליו כ"כ, ולא יברך עליו ברכת "הטוב", קמ"ל.

י"א דאם שתה תחלה יין אדום, והביאו לו יין לבן, אע"פ שהוא יותר גרוע - ר"ל גרוע קצת, **מברך "הטוב והמטיב", לפי שהוא בריא לגוף יותר מן האדום (מרדכי פרק ערבי פסחים)** - אבל אם הוא גרוע הרבה, לא יברך.

ומ"מ אם שתה לבן תחלה, ואח"כ הביאו לו אדום, מברך עליו ברכת "הטוב", אם יודע שהאדום משובח יותר, **אבל** בסתמא לא, מפני שהלבן בריא יותר לגוף, ונחשב אדום לגביה כגרוע ממנו.

[כו]**סימן קעה ס"ג** - [כז]**"הביאו לו יין רע ויין טוב כאחד, יברך מיד בפה"ג על הטוב ופוטר את הרע; ולא יברך על הרע תחלה בפה"ג, כדי לברך אחריו "הטוב והמטיב", כי לעולם יש לברך על העיקר ועל החביב תחילה.**

ואם מסופק לו איזהו טוב ואיזהו רע, מותר לו לכתחלה לברך בפה"ג על האחת, וברכת "הטוב" על השני, אף שהובאו לפניו לכתחלה שניהן כאחת, **וזהו** מדינא, ומ"מ טוב להדר כשיש לו ספק איזהו טוב, שמתחלה יסלק אחת מן השלחן, ואח"כ יברך בפה"ג על האחת, ואח"כ יברך ברכת "הטוב" על השני, ויוצא בזה ידי כל החששות, [ט"ז], ‹**שחשש** לדעת הרמ"א, דס"ל דכשתיהם לפניו, אפי' הוא מסופק איזה טוב ואיזה רע, אינו מברך "הטוב", **מדלא** תירץ הסתירה בין ס"א לס"ג כמ"ש הט"ז, דבס"א מיירי כשהוא מסופק איזה מהן טוב ואיזה רע›, **כתב** בא"ר, דכן אם רוצה לברך על כמה יינות, יסירם עכ"פ מהשלחן בשעת ברכה ראשונה, ואח"כ כששותה אפילו כמה יינות, מברך על כל אחד ברכת "הטוב". ‹פירשנו הענין ע"פ פי' הדברי סופרים המיוסד על דברי השונה הלכות›.

באר הגולה

כד ‹ע"פ הבאר הגולה› כה שם בתוס' כו ‹מילואים› כז מרדכי שם בשם אבי העזרי

[כח]**סימן קעה ס"ו -** [כט]**יין של שתי חביות והכל ממין אחד, אם בתוך מ' יום לבצירתה שמוהו בשני כלים, חשיבי כשני מינים** - דכיון שכל אחד היה תוסס בחבית בפני עצמו, בשיעור זמן זה עדיין חדש הוא, ויכול להשתנות כל אחד בטעמו, **ומברכין עליו "הטוב והמטיב"; ואם לאחר ארבעים יום חלקוהו, אין מברכין עליו, הואיל והכל ממין אחד** - דלאחר ארבעים יום הוא בכלל יין ישן, ואין משתנה טעמו, ומין אחד הוא, ואין זה בכלל שינוי יין.

‹**לא** נהגו העולם בברכה זו, והטעם, משום שיש בו ריבוי דינים, וכדי לברך ברכה זו אליבא דכל הדיעות צריך הרבה תנאים, ואינו מצוי שיהיו כל התנאים קיימים, ולאו כו"ע בקיאי בכל פרטי הדינים, **וע"כ** נכון לימנע מלבוא לידי חיוב ברכה זו, ע"י שיביאו מיד בתחילת הסעודה כל היינות שרוצה לשתות על השלחן, ומברך בפה"ג על המשובח, ושוב אין חייב בהטוב והמיטיב – פסקי תשובות ע"פ המנח"י והכה"ח›.

אות נ'

דאיכא בני חבורה דשתו בהדיה

סימן קעה ס"ד - [ל]**אין לברך "הטוב והמטיב" אא"כ יש אחר עמו** - ושותה מאותו יין, אבל אם אינו שותה אלא הוא לבדו, או ששותה רק חבירו לבדו, אין מברכין ע"ז ברכת "הטוב", **דהכי משמע: הטוב לו, והמטיב לחבירו;** [לא]**וה"ה אם אשתו ובניו עמו, אבל אם הוא יחידי, לא.**

גם בעינן דוקא שיהיה לחבירו שותפות באותו היין, אבל אם הוא רק אורח בעלמא שבעה"ב נתן לו לשתות, לא יכול לומר ברכת "הטוב", **וכתב** המ"א דגם הבעה"ב לא יכול לומר ברכה זו באופן זה, [**ואפי'** אם נתן לו הכוס במתנה גמורה, מ"מ לא מקרי שותפין בהטובה, כיון שלכל אחד שייך לו כוסו, **אם** לא שנתן לו רק מחציתו במתנה, אז נעשו עי"ז שותפין גמורין, וגם שביין הראשון ששתו היה כעין שותפות], **אם** לא שהבעה"ב העמיד הקנקן על השלחן לשתות מי שירצה, הוי כשותפות, ויכול אף האורח לברך, **ואשתו** ובניו כיון שצריך לפרנסן, הוי כאילו יש להם חלק בו.

גם בעינן שישתו בחבורה ביחד, ולא זה בחדר זה וזה בחדר זה.

גם הסכימו כמה אחרונים, שאין לברך ברכת "הטוב" אלא כששתו שניהם משתי היינות, אבל אם שתו שניהם רק מיין הראשון, ומיין השני שתה רק אחד, או להיפך, אין לברך.

כתבו האחרונים, בברכת "הטוב" יכול לברך בדיעבד אף שכבר שתה, ונזכר כשהיין בפיו, שבולעו ומברך אח"כ, **אבל** אם נזכר אחר שכבר שתה, אין כדאי לברך, **ומיהו** כשיש עוד יין בקנקן, לכו"ע יכול לברך, דדמי למי ששכח לברך "המוציא", ונזכר קודם גמר סעודה.

אות ס'

בנה בית חדש וקנה כלים חדשים וכו'

סימן רכג ס"ג - [לב]**בנה בית חדש** - וה"ה אם קנה בית, וה"ה אם נשרף וחזר ובנאו, **אבל** אם סתרו וחזר ובנאו, יש דעות באחרונים בזה, [ואפשר דהטעם משום דאין הלב שמח], וספיקו להקל, **ואם** הוסיף בו איזה שורה בגובה, לכו"ע יש לברך, **או קנה כלים חדשים** - בין מלבושים, ובין כלי תשמיש ושתיה ואכילה וכיו"ב, אם הם דברים שלב האדם שמח בהם, עני בראוי לו, ועשיר בראוי לו, **אכן** אם הוא עשיר גדול שאפילו כלים יקרים וחשובים אין נחשבים לו ואין שמח בהן, לא יברך.

ובקניית ספרים יש דעות בין האחרונים אם יברך עליהם, משום דמצות לאו ליהנות ניתנו, **ובח"א** מצדד, דאם היה מהדר אחר זה הספר ושמח בקנייתו, דמברך, שהרי ברכה זו נתקנה על השמחה ולא על התשמיש, ‹היינו לכאורה דא"צ התשמיש למעשה, ע"ל במ"ב ס"ב, וכדלקמיה בס"ד, וכ"כ במו"ק›, **וע"כ** אין למחות ביד המברך.

אפילו היה לו כיוצא באלו תחלה - מירושת אבותיו, דמ"מ כלי זה חדש הוא לענין קניה, [לג][גמ'], **או קנה וחזר וקנה** - דבזה אף לענין קניה לאו חדש הוא, שהרי יש לו כלים כאלו קנויות מכבר, אפ"ה כלי זו חדשה היא אצלו, [לד][גמ'], **מברך על כל פעם "שהחיינו"** - ויזהר לברך תיכף קודם שיתרגל ויסתלק השמחה ממנו.

ודוקא כשבנה או קנה לעצמו, אבל אם יש לו שותפות בגוה, כל אחד מהשותפים מברך "הטוב והמטיב", גמ', **וע"כ** קהל שבנו או קנו בהכ"נ, יעמוד ש"ץ ויברך בקול רם "הטוב והמטיב" להוציא את כולם.

‹**עיין בל"ח וא"ר, דאם יש לו אשה ובנים הוי כמי שיש לו שותפין בה,** ומברך "הטוב ומטיב", וכדלקמיה בס"ד לענין כלים, **והנה בח"א** מחלק, דבקנה כלים חשובים שישתמשו בהם הוא ובני ביתו, אין זה מצד החיוב, ונקרא בזה טובה, משא"כ הכא הוא מחויב ליתן בית לאשתו ובניו, **ולא נהירא**, דעבור בניו הזכרים משהגיעו לכלל שש, מזונות שנותן להם הוא רק בכלל צדקה, ובודאי הבית שקנה עבורם הוא טובה גמורה, **ואפי'** עבור אשתו, הלא היה יכול לשכור דירה עבורה, ואינו מחוייב לקנות בית בשביל זה, וכשקונה בית בודאי יש להם שמחת הלב עי"ז, והוא הטבה גמורה, ושייך בזה ברכת "הטוב ומטיב"›.

[לה]**ולאו דוקא חדשים, דהוא הדין לישנים אם הם חדשים לו, שלא היו אלו שלו מעולם;** [לו]**ולא אמרו חדשים אלא לאפוקי אם מכרן וחזר וקנאן** - ואפי' אם הם חדשים שלא נשתמש בהם עדיין, מ"מ כיון שכבר דש בהן, לית בהן שמחה, [**ונ"ל** דאפי' אם לא בירך קודם שמכרן, שוב לא יברך, דהשמחה ראשונה כבר נסתלק משמכרן, ונתבטל חיוב הברכה, ועתה בקניה שנית שוב ליכא שמחה].

באר הגולה

כח ‹מילואים› | כט ר' פרץ בשם רבותיו | ל שם בגמ' | לא תוס' שם הרשב"א | לב שם וכר' יוחנן וכלישנא בתרא ‹וכמ"ש בתוס'›
לג ‹לכאורה סברא זו אינו נזכר שם בגמ', אבל נזכר ברש"י› | לד ‹לכאורה סברא זו אינו נזכר שם› | לה ‹ירושלמי שם והביאו תוס' שם ד"ה ור"י – גר"א›
לו הרשב"א בשם הראב"ד

אות [ע']

אפילו יש לו כיוצא בהן צריך לברך

רמב"ם פ"י מהל' ברכות ה"א - ברכות אחרות ודברים אחרים הרבה שאין בהן פתיחה ולא חתימה תיקנו חכמים דרך שבח והודיה להקב"ה, כמו ברכות התפלה שכבר כתבנום, ואלו הן, הבונה בית חדש והקונה כלים חדשים, [לז]בין יש לו כיוצא בהן בין אין לו, מברך: ברוך אתה יי' אלהינו מלך העולם שהחיינו וקיימנו והגיענו לזמן הזה.

אות ע'* [לח]

תוס' ד"ה ורבי יוחנן: אבל שאינם חשובין כ"כ כמו מנעלים ואנפליאות וחלוק וכיוצא בהן, אין צריך לברך קנה אומר שהחיינו, ניתן לו אומר הטוב והמטיב לבש בגדים אומר מלביש ערומים

סימן רכג ס"ד - [לט]בשעת הקנין יש לו לברך אע"פ שעדיין לא נשתמש בהם, שאין הברכה אלא ע"י שמחת הלב שהוא שמח בקנייתן - ודוקא אם קנה בגד שראוי ללובשו תיכף, **אבל** אם קנה שום דבר שאינו ראוי ללובשו או להשתמש בו כמו שהוא, רק שצריך ליתן לאומן לתקן, לא יברך "שהחיינו" עד שעה שילבש הבגד או ישתמש בהכלי.

[**ועיין** בחי' רעק"א שמסתפק לענין בית, שלא לברך עד שיקבע בו מזוזה, וכן לענין כלים שצריכין טבילה עד שיטבלם, שיהיו ראוין להשתמש בהם, **ואין** להשיג ע"ז ממה דמבואר לקמן בסי' רכ"ה, דבפרי אפי' ראהו ביד חבירו וכו', **דשאני** התם דהפרי בעצם כבר נגמר וראוי ליהנות ממנה, אלא שהיא על האילן או ביד חבירו, **משא"כ** הכא שבעצם אינו ראוי להשתמש ממנה].

וכשילבשם [מ]מברך: "מלביש ערומים" - היינו קודם "שהחיינו", **אכן** אם לובש הבגד שחרית, יכול לצאת בברכת "מלביש ערומים" שמברך בברכת השחר.

סימן רכג ס"ה - [מא]קנה כלים שמשתמשין בהם הוא ובני ביתו, מברך: "הטוב והמטיב" - אבל אם קנה כלים לו וכלים לבני ביתו, מברך על שלו "שהחיינו", ועל של בני ביתו מברך "הטוב והמטיב", **ד"טוב"** הוא לדידיה שזכה שיהיו בני ביתו מלובשים במלבושי כבוד, "והמטיב" לאחריני הם בני ביתו שנהנין בטובה זו, **ודוקא** אם קנה בשביל אשתו וזרעו, אבל אם קנה בשביל עבדו ושפחתו, לא מקרי "טוב" לדידיה, דהוי כאילו מכר להם בשכרן שמגיע להם, **אם** לא שגם הוא משתמש בהכלים האלו.

(**פשוט** דגם בזה דינא הוא, דאפי' יש לו מכבר כלים כיוצא באלו, אפ"ה מברך "הטוב והמטיב", וכמו לעיל בס"ג).

[מב]אם נתנו לו במתנה, מברך: "הטוב והמטיב" - (המקבל מתנה, [מג]אבל הנותן לכו"ע לא יברך) **שהיא טובה לו ולנותן** - שאם המקבל עני, הוא טובה לנותן שזיכהו הש"י לעשות צדקה, **ואם** המקבל עשיר, שמח הנותן שמקבל ממנו, והוי טובה גם לנותן - [מד]הרא"ש בביאור הירושלמי, **והיינו** דוקא כלים או בגדים שהמקבל משמח בזה, אבל לא מעות שעי"ז מתבייש יותר, ולא יוכל ע"ז לברך.

והנה יש מאחרונים שחולקים על פסק זה, [דזהו רק לדעת הירושלמי, ולא למסקנת גמרא דילן], וס"ל דלפי [מה]מסקנת גמ' דידן, לא נתקנה ברכה זו כי אם בדאית להו לאחריני ג"כ טובה גשמיית, **ולפי"ז** כשניתן לו כלים במתנה, צריך המקבל לברך ברכת "שהחיינו" ולא ברכת "הטוב", **ויש** דנקטי לדינא כפסק השו"ע, ויברך ברכת "הטוב" ולא "שהחיינו", (**ובאמת** מכמה ראשונים משמע דס"ל שבתלמודא דידן חולק על הירושלמי, היינו בתוספות וברשב"א, וכתב שם הרשב"א שכן הוא ג"כ דעת הראב"ד, ע"ש, **נמצא שיש לנו ג' ראשונים דפליגי על הרא"ש**, מלבד מה שלא הובא דברי הירושלמי אלו ברי"ף וברמב"ם, **משמע ג"כ** דס"ל הכי), **ולמעשה** נראה דטוב יותר לנהוג בזה לברך ברכת "שהחיינו" ולא ברכת "הטוב", (**מחמת אלו הפוסקים דס"ל דהירושלמי חולק בזה עם הבבלי, ובודאי אנן נקטינן כהבבלי, ועוד נ"ל יותר, דאפי' לדעת הפוסקים דיוכל לברך "הטוב והמטיב", אפ"ה אי בירך "שהחיינו" לא הוי לבטלה, דברכת "שהחיינו" הונחה על שמחה של עצמו שיש לו מאיזה דבר שמועה טובה שנוגע לו, ואפי' אקרא חדתא נמי הרשוהו לברך, וברכת "הטוב" דוקא אם השמחה הוא ביותר, שיש בזה גם טובה לאחרים, והנה בכלל מאתים מנה, ובלא"ה הלא יש איזה פוסקים דס"ל, דהיכא שצריך לברך ברכת "הטוב" צריך גם לברך "שהחיינו", ונהי דאנן לא ס"ל לכתחלה להורות כן, מ"מ לבטלה לא מיקרי, משא"כ אם יברך ברכת "הטוב", אם ננקוט כדעת הבבלי היא לבטלה**).

ומ"מ במקום שנוהגין שעושין הלבשה לנערים יתומים, כל א' מהיתומים יברך "מלביש ערומים" וברכת "הטוב והמטיב", דהא איכא בזה טובה עוד לכמה נערים, [**ודומיא** כשירש מאביו ויש לו אחים, דיש עוד אנשים מקבלי הטובה], **וברכת** "שהחיינו" לא יברכו, דבמקום שמברכין ברכת "הטוב" ס"ל לרוב הפוסקים דאין מברכין "שהחיינו".

באר הגולה

[לז] ‹ומדברי רבינו שכתב בין שיש לו כיוצא בהן בין אין לו כיוצא בהם, ולא כתב בין קנה כיוצא בהן בין לא קנה כיוצא בהם, נראה שהוא פוסק כלישנא קמא דר' יוחנן, וכבר תמה עליו הרמ"ך, **וטעמא** דמילתא נ"ל לדעת רבינו, שהוא משום דבגמרא אותביה לר' יוחנן ללישנא בתרא, ואע"פ דשני, שינויא דחיקא הוא דקא משני כחא דהיתרא עדיף ליה, כלומר שאין צריך לברך, לישנא דהיתרא לא שייך שפיר באין צריך לברך, ולישנא קמא דלא איתותב עדיף טפי, כנ"ל - כסף משנה› [לח] ‹ע"פ הבאר הגולה והב"י› [לט] **הרא"ש והרשב"א ממשמעות הירושלמי שם** ‹"דגרסינן התם: קנה אומר שהחיינו"› [מ] **ירושלמי שם וכתבוהו התוס' והרא"ש** [מא] **טור בשם סמ"ק** [מב] **שם בשם הירושלמי** [מג] ‹אף דהמקבל מברך הטוב והמטיב מצד הטובה שיש לו להנותן, סוף סוף אין לו להנותן הנאה גמורה מהדבר - מ"ב המבואר› [מד] ‹וכתבו התוס' (שם ד"ה ורבי) וצ"ע בתלמוד שלנו דלא אשכחן הטוב והמטיב אלא בדאיכא אחרינא בהדיה, **והרא"ש** כתב: ולי נראה, דהכי נמי איכא אחרינא בהדיה, המטיב לנותן, אם המקבל עני, שזיכהו השם וחננו ממון לעשות צדקה, ואם הוא עשיר, שמח הנותן במה שמקבל מתנתו, עכ"ל - ב"י› [מה] ‹משמע דיש הו"א בבבלי כזה, וצ"ע›

סימן רכג ס"ו - [מו]על דבר שאינו חשוב כ"כ, כגון חלוק, או מנעלים ואנפלאות, (פי' מנעלים קטנים שחופין רוב הרגל), אין לברך עליהם - וה"ה שאר כלים שאין חשובים ואין דרך לשמוח בהם.

[מז]ואם הוא עני ושמח בהם, יברך. הגה: וי"א דאפילו עני אינו מברך על חלוק ומנעלים וכדומה, וכן נוהגין (טור בשם [מח]תוס' ותרומת הדשן) - ס"ל דדוקא בגד צמר וכדו', דבר שיש בהם חשיבות קצת, דמי לדבר הבא מזמן לזמן, דסתם בני אדם מתחדשים להם לפרקים מועטים, ושייך ע"ז "שהחיינו", **משא"כ** אלו שרגילים תמיד להתחדש לסתם בני אדם, ואין שייך ע"ז לברך "שהחיינו לזמן הזה".

עיין במ"א וביאור הגר"א, שהרדב"ז מכריע לעני לברך, **ועיין** בפמ"ג ובדה"ח שפסקו, דלמעשה יש לנהוג דאפילו עני לא יברך על כלים שאינם חשובים כאלו.

המנהג לומר למי שלובש בגד חדש "תבלה ותתחדש". ויש מי שכתב שאין לומר כן על מנעלים או בגדים הנעשים מעורות של בהמה - ואפי' טמאה, ואפי' הוא ממין אחר, רק שתפור תחתיו מעורות בהמה, **דאם כן היו צריכים להמית בהמה אחרת תחלה שיחדש ממנה בגד אחר, וכתיב: ורחמיו על כל מעשיו (מהרי"ו בפסקיו); והנה הטעם חלוש מאד ואינו נראה, מכל מקום רבים מקפידים על זה שלא לאמרו.**

---

§ מסכת ברכות דף ס. §

אות א'

אפילו קנה וחזר וקנה צריך לברך

סימן רכג ס"ג - [א]בנה בית חדש - וה"ה אם קנה בית, וה"ה אם נשרף וחזר ובנאו, **אבל** אם סתרו וחזר ובנאו, יש דעות באחרונים בזה, [ואפשר דהטעם משום דאין הלב שמח], וספיקו להקל, **ואם** הוסיף בו איזה שורה בגובה, לכו"ע יש לברך, **או קנה כלים חדשים** - בין מלבושים, ובין כלי תשמיש ושתיה ואכילה וכיו"ב, אם הם דברים שלב האדם שמח בהם, עני בראוי לו, ועשיר בראוי לו, **אכן** אם הוא עשיר גדול שאפילו כלים יקרים וחשובים אין נחשבים לו ואין שמח בהן, לא יברך.

ובקניית ספרים יש דעות בין האחרונים אם יברך עליהם, משום דמצות לאו ליהנות ניתנו, **ובח"א** מצדד, דאם היה מהדר אחר זה הספר ושמח בקנייתו, דמברך, שהרי ברכה זו נתקנה על השמחה ולא על התשמיש, ‹היינו לכאורה דא"צ התשמיש למעשה, ע"ל במ"ב ס"ב›, וכדלקמיה בס"ד, וכ"כ במו"ק, **וע"כ** אין למחות ביד המברך.

אפילו היה לו כיוצא באלו תחלה - מירושת אבותיו, דמ"מ כלי זה חדש הוא לענין קניה, [ב][גמ'], **או קנה וחזר וקנה** - דבזה אף לענין קניה לאו חדש הוא, שהרי יש לו כלים כאלו קנויות מכבר, אפ"ה כלי זו חדשה היא אצלו, [לב][גמ'], **מברך על כל פעם "שהחיינו"** - ויזהר לברך תיכף קודם שיתרגל ויסתלק השמחה ממנו.

ודוקא כשבנה או קנה לעצמו, אבל אם יש לו שותפות בגוה, כל אחד מהשותפים מברך "הטוב והמטיב", גמ', **וע"כ** קהל שבנו או קנו בהכ"נ, יעמוד ש"ץ ויברך בקול רם "הטוב והמטיב" להוציא את כולם.

‹עיין בל"ח וא"ר, דאם יש לו אשה ובנים הוי כמי שיש לו שותפין בה, ומברך "הטוב ומטיב", וכדלקמיה בס"ד לענין כלים, **והנה בח"א** מחלק, דבקנה כלים חשובים שישתמשו בהם הוא ובני ביתו, אין זה מצד החיוב, ונקרא בזה טובה, משא"כ הכא הוא מחויב ליתן בית לאשתו ובניו, **ולא** נהירא, דעבור בניו הזכרים משהגיעו לכלל שש, מזונות שנותן להם הוא רק בכלל צדקה, ובודאי הבית שקנה עבורם הוא טובה גמורה, **ואפי'** עבור אשתו, הלא היה יכול לשכור דירה עבורה, ואינו מחוייב לקנות בית בשביל זה, וכשקונה בית בודאי יש להם שמחת הלב עי"ז, והוא הטבה גמורה, ושייך בזה ברכת "הטוב ומטיב"›.

[ג]ולאו דוקא חדשים, דהוא הדין לישנים אם הם חדשים לו, שלא היו אלו שלו מעולם; [ד]ולא אמרו חדשים אלא לאפוקי אם מכרן וחזר וקנאן - ואפי' אם הם חדשים שלא נשתמש בהם עדיין, מ"מ כיון שכבר דש בהן, לית בהן שמחה, [**ונ"ל** דאפי' אם לא בירך קודם שמכרן, שוב לא יברך, דהשמחה ראשונה כבר נסתלק משמכרן, ונתבטל חיוב הברכה, ועתה בקניה שנית שוב ליכא שמחה].

אות ב' - ג'

מברך על הרעה כו'

ועל הטובה כו'

סימן רכב ס"ד - [ה]מברך על הטובה "הטוב והמטיב", אע"פ שירא שמא יבא לו רעה ממנו - כי אין לנו להסתכל בעתיד, שאפשר שלא יהיה כן, {רמב"ם בפי' המשנה}, **כגון שמצא מציאה, וירא שמא ישמע למלך** - וירא שיעלילו עליו, **ויקח כל אשר לו.**

ומיירי שיש לו אנשי בית שיש בזה טובה גם להם, ושייך ברכת "הטוב והמטיב", דאל"ה יש לו לברך רק "שהחיינו", [**ונראה** דלפי דעת המ"א, מובא בבה"ל לקמן סי' רכ"ג ס"ב, שמא לא יתן להם מהמעות שמצא, וע"כ מיירי שמצא כלים חשובים שראוי להשתמש בהם].

וכן מברך על הרעה "ברוך דיין האמת", אע"פ שיבא לו טובה ממנו, כגון שבא לו שטף על שדהו, אע"פ שכשיעבור השטף היא טובה לו, שהשקה שדהו.

באר הגולה

[מו] **שם בשם התוס'** [מז] **בשם הרא"ש שם** ‹וא"א הרא"ש ז"ל כתב: יראה לי שהכל הוא לפי מה שהוא אדם, יש עני ששמח בחלוקו יותר מעשיר בכלים חשובים – טור› [מח] ‹ס"ל לתה"ד דתוס' פליגי על הרא"ש – גר"א› [א] **שם וכר' יוחנן וכלישנא בתרא** ‹וכמ"ש בתוס'› [ב] ‹לכאורה סברא זו אינו נזכר שם› [ג] ‹ירושלמי שם והביאו תוס' שם ד"ה ור"י – גר"א› [ד] **הרשב"א בשם הראב"ד** [ה] **שם נ"ד ע"א וס' ע"א**

הרואה פרק תשיעי ברכות ס

תורה אור

מכלל דכי קנה וחזר וקנה דברי הכל אין צריך לברך וא"ד אמר רב הונא לא שנו אלא שלא קנה וחזר וקנה אבל קנה וחזר וקנה אין צריך לברך ור' יוחנן אמר *אפילו קנה וחזר וקנה צריך לברך מכלל דכי יש לו וקנה דברי הכל צריך לברך מיתיבי בנה בית חדש ואין לו כיוצא בו קנה כלים חדשים ואין לו כיוצא בהם צריך לברך יש לו כיוצא בהם אין צריך לברך דברי ר"מ ר' יהודה אומר בין כך ובין כך צריך לברך בשלמא ללישנא קמא רב הונא כר"מ ורבי יוחנן כרבי יהודה אלא ללישנא בתרא בשלמא רב הונא כרבי יהודה אלא רבי יוחנן דאמר כמאן לא כר"מ ולא כרבי יהודה אמר לך רבי יוחנן הוא הדין דלרבי יהודה קנה וחזר וקנה נמי צריך לברך והא דקא מיפלגי ביש לו וקנה להודיעך כחו דר"מ דאפי' קנה ויש לו אין צריך לברך וכל שכן קנה וחזר וקנה דאין צריך לברך וליפלגו בקנה וחזר וקנה דאין צריך לברך להודיעך כחו דר' יהודה *°כח דהתירא עדיף ליה: [ב]מברך על הרעה כו': היכי דמי כגון דשקל בדקא בארעיה אף על גב דטבא היא לדידיה דמסקא ארעא שירטון ושבחא השתא מיהא רעה היא: [ג]ועל הטובה כו': היכי דמי כגון דאשכח מציאה אף על גב דרעה היא לדידיה דאי שמע בה מלכא שקיל לה מיניה השתא מיהא טובה היא: [ד]היתה אשתו מעוברת ואמר יהי רצון שתלד כו' הרי זו תפלת שוא: ולא מהני רחמי מתיב רב יוסף °ואחר ילדה בת ותקרא את שמה דינה מאי ואחר אמר רב לאחר שדנה לאה דין בעצמה ואמרה י"ב שבטים עתידין לצאת מיעקב ששה יצאו ממני וארבעה מן השפחות הרי עשרה אם זה זכר לא תהא אחותי רחל כאחת השפחות מיד נהפכה לבת שנא' ותקרא את שמה דינה *אין מזכירין מעשה נסים ואיבעית אימא מעשה דלאה בתוך ארבעים יום הוה כדתניא שלשה ימים הראשונים יבקש אדם רחמים שלא יסריח משלשה *ועד ארבעים יבקש רחמים שיהא זכר מארבעים יום ועד שלשה חדשים יבקש רחמים שלא יהא סנדל משלשה חדשים ועד ששה יבקש רחמים שלא יהא נפל מששה ועד תשעה יבקש רחמים שיצא בשלום ומי מהני רחמי והא"ר יצחק בריה דרב אמי *איש מזריע תחלה יולדת נקבה אשה מזרעת תחלה יולדת זכר שנאמר °אשה כי תזריע וילדה זכר הכא במאי עסקינן כגון שהזריעו שניהם בבת אחת: היה בא בדרך: ת"ר מעשה בהלל הזקן שהיה בא בדרך ושמע קול צוחה בעיר אמר מובטח אני שאין זה בתוך ביתי ועליו הכתוב אומר °משמועה רעה לא יירא נכון לבו בטוח בה' אמר רבא °כל היכי דדרשת להאי קרא *מרישיה לסיפיה מדריש מסיפיה לרישיה מדריש מרישיה לסיפיה מדריש משמועה רעה לא יירא מה טעם נכון לבו בטוח בה' מסיפיה לרישיה מדריש נכון לבו בטוח בה' משמועה רעה לא יירא ההוא תלמידא דהוה קא אזיל בתריה דרבי ישמעאל ברבי יוסי בשוקא דציון חזייה דקא מפחיד אמר ליה חטאה את דכתיב °פחדו בציון חטאים אמר ליה *והכתיב °אשרי אדם מפחד תמיד אמר ליה ההוא בדברי תורה כתיב יהודה בר נתן הוה שקיל ואזיל בתריה דרב המנונא אתנח אמר ליה יסורים בעי ההוא גברא לאתויי אנפשיה דכתיב °כי פחד פחדתי ויאתיני ואשר יגורתי יבא לי והא כתיב אשרי אדם מפחד תמיד ההוא בדברי תורה כתיב: הנכנס לכרך: תנו רבנן [ה]בכניסתו מהו אומר יהי רצון מלפניך ה' אלהי שתכניסני לכרך זה לשלום נכנס אומר מודה אני לפניך ה' אלהי שהכנסתני לכרך זה לשלום בקש לצאת אומר יהי רצון מלפניך ה' אלהי ואלהי אבותי שתוציאני מכרך זה לשלום יצא אומר מודה אני לפניך ה' אלהי שהוצאתני מכרך זה לשלום וכשם שהוצאתני לשלום כך תוליכני לשלום ותסמכני לשלום ותצעידני לשלום ותצילני מכף כל אויב ואורב בדרך אמר רב מתנא ל"ש אלא בכרך שאין דנין והורגין בו אבל בכרך שדנין והורגין בו לית לן בה א"ד אמר רב מתנא אפילו בכרך שדנין והורגין בו זימנין דלא מתרמי ליה אינש דיליף ליה זכותא ת"ר [ו]הנכנס לבית המרחץ אומר יהי רצון מלפניך יי' אלהי שתצילני מזה ומכיוצא בו ואל יארע בי דבר קלקלה ועון ואם יארע בי דבר קלקלה ועון תהא מיתתי כפרה לכל עונותי אמר אביי לא לימא אינש הכי דלא לפתח פומיה לשטן *דאמר ר"ל וכן תנא משמיה דר' יוסי לעולם אל יפתח אדם פיו לשטן אמר רב יוסף מאי קראה דכתיב °כמעט כסדום היינו לעמורה דמינו מאי אהדר להו נביא שמעו דבר יי' קציני סדום וגו' כי נפיק מאי אומר א"ר אחא מודה אני לפניך יי' אלהי שהצלתני מן האור ר' אבהו על לבי בני אפחות בי בני מתותיה אתרחיש ליה ניסא קם על עמודא שזיב מאה וחד גברי בחד אבריה אמר היינו דר' אחא דאמר רב אחא [א] [ז]הנכנס להקיז דם אומר יהי רצון מלפניך יי' אלהי שיהא עסק זה לי לרפואה ותרפאני [ב] כי אל רופא נאמן אתה ורפואתך אמת לפי שאין דרכן של בני אדם לרפאות אלא שנהגו אמר אביי לא לימא אינש הכי *דתני דבי רבי ישמעאל °ורפא ירפא [ח]מכאן שניתנה רשות לרופא לרפאות כי קאי מאי אומר אמר רב אחא ברוך רופא חנם [ג] הנכנס

רש"י

דקנה וחזר וקנה דברי הכל אין צריך לברך · דהא רבי יוחנן לא אמר צריך לברך אלא משום דלענין קנייה חדש הוא: **ואיכא דאמרי כו' מכלל דכי יש לו וקנה דברי הכל צריך לברך** · דהא רב הונא לא אמר אין צריך לברך אלא דקנה וחזר וקנה דליכא חדוש כלל אבל יש לו וקנה דאיכא חדוש מודה הוא דצריך: **בין כך ובין כך** · בין שיש לו בין שאין לו הואיל ולא קנה הראשונים ועכשיו קנה צריך לברך: **לא כר' מאיר ולא כרבי יהודה** · דאפילו רבי יהודה לא פליג אלא ביש לו וקנה אבל בקנה וחזר וקנה לא: **דמסקא ארעא שרטון** · לימו"ן מחמת המים והוה ליה לזבל: **השתא מיהא רעה היא** · שמחבלת תבואה של שנה זו ומברך ברוך דיין האמת: **ועל הטוב שהיא מעין הרעה** · יברך הטוב והמטיב: **מאי היא** · כגון דאשכח מציאה: **שלא יסריח** · הזרע אלא יקלוט ויהיה ולד ולאחר שלשה ימים אם לא קלט כבר הסריח ואין תפלה מועלת: **שלא יהא סנדל** · °שלא תתעבר אשתו ולד אחר ויהיה פוחת צורתו של ראשון ודומה לדג של ים ששמו סנדל הכי אמרינן במס' נדה (דף כה:) סנדל דומה לסנדל של ים ומתחלתו ולד היה אלא שנרצף משל לאדם שסטר את חבירו והחזיר צורתו לאחוריו: **ומי מהני** · תפלה לזכר אפילו בתוך ארבעים יום והלא הדבר תלוי בהזרעה תחלה: הכי גרסינן משכחת לה דמהגיא כגון שהזריעו שניהם בבת אחת: **כל היכי דדרשת ליה להאי קרא** · מדריש להדא משמעות: **מסיפיה לרישיה מדריש** · מי שנכון לבו בטוח בי"י משמועה רעה לא יירא: **בדברי תורה כתיב** · אשרי אדם מפחד תמיד שמא תשתכח ממנו שמתוך כך הוא מחזיר לשנותם תמיד: **תנו רבנן** · בן עזאי אמרה דאמר שתים בכניסתו ושתים ביציאתו: **לית לן בה** · יזהר בעצמו שלא יפשע או אם פשע כבר אל יכנס במקום סכנה: **בי בני** · בית המרחץ: **מתותיה** · חפירה שהמים נופלים לתוכה ובני אדם רוחצים על גבי תקרה שעל גבה: **בחד אבריה** · בזרועו החזיק אחד או שנים וזה בזה החזיקו עד מאה ואחד: **היינו דרבי אחא** · דבעי אודויי שהוצאתני לשלום: **שאין דרכן של בני אדם וכו'** · כלומר לא היה להם לעסוק ברפואות אלא לבקש רחמים:

התכבדו

עין משפט נר מצוה

נה א (מיי' פ"י מהל' ברכות סמג עשין כז) טוש"ע או"ח סימן רכג סעיף ג:
נו ב ג מיי' שם הלכה ד (סמג שם) טוש"ע או"ח סי' רכב סעיף ד:
נז ד ה מיי' שם הלכה [כב] כה סמג שם טוש"ע או"ח סימן רל סעיף א:
נח ו מיי' שם הלכה כ טוש"ע שם סעיף ג:
נט ז מיי' שם הל' כא טוש"ע שם סעיף ד:
ס ח טוש"ע י"ד סימן שלו סעיף א:

מסורת הש"ס

[עירובין עב: ביצה ב: קדושין ס: גיטין מח: עד: חולין כח. נדה נט:]
[יבמות קכח: חולין מג.]
נדה כה: כח. לא. ע"ש
גיטין כט:
ב"ק פה.

בראשית ל · ויקרא יב · תהלים קיב · ישעיה לג · משלי כח · איוב ג · לעיל יט. כתובות ח: ישעיה א · שמות כא

[פי' על זה כתב רש"י ביצה ב: ד"ה התירא ועי' בכ"מ פי' מס"ב ה"א]
[ועי' תוס' סנהדרין כב. ד"ה ארבעים]
[לקמן סג. סנהדרין ע']

הגהות הגר"א

[א] גמ' (דא"ר אחא) תא"מ: [ב] שם (ותרפאני כי א"ר נ"א ורפואתך אמת לפי)תא"מ ונ"ב כי רופא חנם אתה: [ג] שם חנם. נ"ב וכ"ה בראש"ם אבל גירסת בה"ג והרמב"ם תולים:

גליון הש"ס

גמ' כח דהתירא כו'. עי' רש"ל פסחים ק"ב ע"א ד"ה להודיעך כחו ועי' א"ר סי' כב: שם כל היכי דדרשת להאי קרא. כעין זה לקמן סג ע"א: רש"י ד"ה שלא יהא סנדל. שלא תתעבר. עי' נדה דף כה ע"ב תוס' ד"ה קמ"ל:

אות ד' – ה'

היתה אשתו מעוברת ואמר יהי רצון שתלד כו', הרי זו תפלת שוא

בכניסתו מהו אומר: יהי רצון מלפניך ה' אלהי שתכניסני לכרך וכו'

סימן רל ס"א - [ו]המתפלל על מה שעבר, כגון שנכנס לעיר ושמע קול צוחה בעיר, ואמר: יה"ר שלא יהא קול זה בתוך ביתי; או שהיתה אשתו מעוברת אחר מ' יום לעיבורה, ואמר: יה"ר שתלד אשתי זכר, הרי זה תפלת שוא - שכבר נצטייר צורת הולד, **אבל** תוך מ"ם יום מועיל תפלה, [ז]**ואפילו** אחר מ"ם יום יוכל להתפלל שיהיה הולד זרע קיימא, ויהיה עוסק במצות ומע"ט.

[ח]אלא יתפלל אדם על העתיד לבא, ויתן הודאה על שעבר; כגון הנכנס לכרך, אומר: יהי רצון מלפניך ה' אלהינו שתכניסני לכרך הזה לשלום - [ט]דוקא לכרך, דשם מצויים ממונים רעים ומחפשים עלילות, **אבל** לעיר קטנה א"צ לומר כשנכנס לה, ולא אח"כ כשיצא ממנה, **אלא** אח"כ כשמחזיק בדרך אומר תפלת הדרך משום סכנת דרכים, וכמבואר לעיל בסימן ק"י.

נכנס בשלום, אומר: מודה אני לפניך ה' אלהינו שהכנסתני לכרך הזה לשלום; בקש לצאת, אומר: יר"מ ה' אלהינו שתוציאני מכרך זה לשלום; יצא בשלום, אומר: מודה אני לפניך ה' אלהי שהוצאתני מכרך זה לשלום, וכשם שהוצאתני לשלום כן תוליכני לשלום וכו', עד בא"י שומע תפלה; וזו היא תפלת הדרך שנכתבה היא וכל דיניה בסימן ק"י - [ואם הוא דר באותו כרך ורוצה לנסוע ממנה, כיון שיש לו מכירין שם, [י]י"א דא"צ לומר ההודאה על יציאתו ממנה בשלום].

לכאורה הלא בסימן ק"י מבואר, דכשיוצא לדרך אומר תפלת הדרך לבד בלא הודאה על שעבר, **וגם** אינו אומר אותה רק כשהחזיק בדרך, **ומהו** זה שכולל הכא תה"ד בהודאה שנותן על העבר, **וגם** משמע שאומר אותה תיכף ביציאתו מן העיר, **י"ל** דהתם מיירי ביוצא מעיר קטנה שאין שם מורא כלל לצאת מן העיר, וצ"ל תה"ד רק משום מורא הדרך, ולכך אין לומר אותה רק כשהחזיק בדרך, וכמ"ש, **ואפילו** אם נזדמן אח"כ בדרך נסיעתו שנוסע דרך כרך, אין לומר כשיוצא ממנה רק ההודאה "מודים" וכו' עד לבסוף בלא חתימה, כיון שאמר תה"ד בתחלת נסיעתו, **והכא** מיירי בנכנס לכרך ולן שם, בענין שצ"ל תה"ד שנית בבוקר בשביל הדרך שרוצה לנסוע, **ומלבד** זה הלא צריך ליתן הודאה ג"כ על יציאת הכרך, בזה אמר שיעשה משניהם אחד, ויחתום בה, ומיגו דצ"ל ההודאה תיכף כשיוצא מן העיר, אומר אז ג"כ תה"ד שכולל בה, [**וגם** הלא מבואר לעיל בסי' ק"י במ"ב, דכשהוא לן בדרך, לכו"ע יכול לברך בבקר כשרוצה לצאת, אפי' כשהוא עדיין בעיר].

[יא]סימן רל ס"ב - [יב]הנכנס למוד את גרנו, אומר: יהי רצון מלפניך ה' אלהי שתשלח ברכה בכרי הזה; התחיל למוד, אומר: ברוך השולח ברכה בכרי הזה - וכתב הא"ר דיאמר בלא הזכרת השם, דדוקא במודד כדי לעשר מצינו שהבטיח הקב"ה ברכה עד בלי די, כמה דכתיב: הביאו את כל המעשר וגו', ובחנוני נא בזאת וגו', והריקותי לכם ברכה עד בלי די.

מדד ואח"כ בירך - ‹פי' מבקש רחמים - פרישה›, **הרי זה תפלת שוא, שאין הברכה מצויה אלא בדבר הסמוי (פי' דנעלם ואינו נראה) מן העין.**

אות ו'

הנכנס לבית המרחץ אומר: יהי רצון מלפניך וכו'

סימן רל ס"ג - [יג]הנכנס למרחץ, אומר: יהי ר"מ ה' אלהי שתכניסני לשלום ותוציאני לשלום, ותצילני מהאור הזה וכיוצא בו לעתיד לבא; יצא בשלום, אומר: מודה אני לפניך ה' אלהי שהצלתני מהאור הזה - ועכשיו לא נהגו בתפלה זו, והטעם, דלא ניתקן אלא בימיהם שהיו מסיקין האש מלמטה בחפירה, ורוחצים באמבטי מלמעלה ע"ג תקרה שע"ג, ויש חשש פן תפחת ויפלו לתוכה, אבל בזה"ז עומד התנור בזוית וליכא סכנה, [**ואף** דבירושלמי אמר, דבמרחץ שאינה נסוקת אומר בה: "מהיזק חמין", כתב הב"ח, דעכשיו א"צ לחוש להיזק חמין, כי העין רואה והלב מבין ליזהר מהיזק חמין שעומדין בגלוי, **ולענ"ד** בזמנינו, שמצוי כמה סיבות ע"י החמין, צ"ע].

אות ז'

הנכנס להקיז דם אומר: יהי רצון מלפניך ה' אלהי וכו'

סימן רל ס"ד - [יד]הנכנס להקיז דם, אומר: יהי רצון מלפניך ה' אלהי שיהא עסק זה לי לרפואה, [טו]כי רופא חנם אתה - וה"ה בכל מידי דרפואה יאמר זה, ולא יחשוב שתהיה איזה דבר לו רפואה אלא ע"י הבורא ית"ש, ולכן ע"י תפלה זו ישים בטחונו בו, ויבקש ממנו שתהיה לו לרפואה, [דבכל דבר שהאדם עושה צריך לבקש מאת ד' שיהיה לתועלת, **ועיין** בא"ר מש"כ בשם הרד"א, דדוקא הקזה שהיא סכנה, שמא יחתוך ורידי הדם וימות ח"ו, ע"כ, **ואם** נחוש לדבריו, הוא רק בברכה אחרונה שאומר בלשון "ברוך", אבל לא ב"ויהי רצון" שאומר בתחילה, שהוא רק בקשה בעלמא].

באר הגולה

[ו] **ברכות נ"ד ע"א וס' ע"א** [ז] ‹עיין בגמ' דיכול להתפלל שלא יהיה סנדל או נפל, ושיצא לשלום, וצ"ע› [ח] **שם** [ט] ‹כן מדוייק מרש"י, דבכרך שם מצויים מושלים רעים ומחפשים עלילות, משא"כ עיר קטנה› [י] ‹כן משמע בגמ', דדוקא כשיש חשש דלא מתרמי איניש דיליף ליה זכותא› [יא] ‹מילואים› [יב] **תענית ח' ע"ב ב"מ מ"ב ע"א** [יג] **ברכות ס' ע"א לגירסת הרי"ף והרמב"ם** ‹אע"פ שבגמ' לא אמרו אלא יהי רצון שתצילני מזה ומכיוצא בו, הרי"ף והרמב"ם והרא"ש כתבו כמו שכתב רבינו, ואפשר שכך היתה גירסתם בגמרא - ב"י› [יד] **שם, ברכה זו וכל שאר ברכות צריך להזכיר בה שם ומלכות, כנזכר לעיל ריש סי' רי"ח, ב"י** [טו] ‹עיין בהג' הגר"א›

ולאחר שהקיז, יאמר: ברוך [טז]**רופא חולים** - וצריך לומר בשם ומלכות - ב"י וט"ז, **אבל** לא ראיתי נוהגין כן ‹שיאמר בשם ומלכות› - פמ"ג, [**הנה** בהרמב"ם וסמ"ג נזכר "ברוך אתה ד' רופא חולים", וכתב הב"י דה"ה דיאמר מלכות, **ולענ"ד** אין זה כי אם בקשה בעלמא, והאי "ברוך" נמשך ל"יהי רצון" שבקש קודם הקזה, ודומיא דתפילת הדרך, שלא נמצא לאחד מן הפוסקים שיסברו שצריך שיתחום במלכות, אלא "ברוך אתה ד' שומע תפילה", **והתינח** לר"מ מרוטנבורג שהיה מסמיכה לאיזה ברכה, אבל לשארי פוסקים מאי איכא למימר, אלא ע"כ משום דהיא כתפילה בעלמא, והכא נמי דכוותיה].

מי שמתעטש וחבירו אומר לו: "אסותא", יאמר לו: "ברוך תהיה", ואח"כ יאמר: "לישועתך קויתי ה'", **דארז"ל** דמתחלה לא היה אדם חולה כלל, אלא היה הולך בשוק ומתעטש ומת, עד שבא יעקב אבינו וביקש רחמים על הדבר. ‹**והשתא** לא נהגו לומר לישועתך קויתי ה' בהזכרת שם שמים, כי חיישינן שמא יזכיר שם שמים והוא עסוק בעיטושו, **ועוד** שמא יתרגל לומר כן ויאמרנו גם בביהכ"ס ובמבואות המטונפות – פסקי תשובות›.

אות ח'

מכאן שניתנה רשות לרופא לרפאות

יו"ד סימן שלו ס"א - נתנה התורה רשות לרופא לרפאות; ומצוה היא, ובכלל פיקוח נפש הוא - שלא יאמר מה לי לצער הזה, שמא אטעה ונמצאתי הורג בשוגג - ש"ך.

[**קשה**, כיון דבאמת מצוה היא, למה קרי לה תחלה רשות, **ונראה** דהכי הוא כוונת הענין זה, דרפואה האמיתית היא ע"פ בקשת רחמים, דמשמיא יש לו רפואה, כמ"ש מחצתי ואני ארפא, אלא שאין האדם זוכה לכך, אלא צריך לעשות רפואה על פי טבע העולם, והוא יתברך הסכים על זה, ונתן הרפואה ע"י טבע הרפואות, וזהו נתינת רשות של הקדוש ב"ה, וכיון שכבר בא האדם לידי כך, יש חיוב על הרופא לעשות רפואתו, וזה מבואר בגמרא פרק הרואה, דאמר רב אחא, הנכנס להקיז דם אומר: יהי רצון מלפניך שיהא עסק זה לי לרפואה ותרפאני, כי אל רופא נאמן אתה ורפואתך אמת, לפי שאין דרכן של בני אדם לרפאות, **פירש"י**, כלומר לא היה להם לעסוק ברפואות אלא לבקש רחמים, **אמר** אביי לא לימא אינש הכי, דתנא דבי רבי ישמעאל, ורפא ירפא, מכאן שניתנה רשות לרופא לרפא, **נראה פי'** הגמרא בדרך הזה, דרב אחא הצריך לומר האי לישנא "שכן אין דרכן של בני אדם" בנוסח התפלה שאומר המקיז דם, דהיינו שהוא מתנצל למה מבקש רפואה על ידי ההקזה, שהוא לפי הטבע, אף שאינו מן הראוי לעשות כן, אלא לבקש רחמים להנצל ע"י רחמים של מעלה, מ"מ מאחר שכבר נהגו לעשות רפואה ע"י הטבע, גם אני עושה כן, ועל כל פנים אני מודה שהכל בא על ידך, כי אל רופא נאמן אתה, **ועל** זה חולק אביי, דלא לימא "שכן נהגו", דגם התורה הסכימה על זה שיהא רפואה ע"פ הטבע, כי ירדה תורה לסוף דעת האדם, שלא יהיה זכאי כל כך שתבא רפואתו ע"י נס מן השמים, **וע"כ** אין שייך לומר דהאי קרא דרפא ירפא קמ"ל מצוה, דאילו האדם זכאי אינו צריך לכך, ואדרבה היה צריך דוקא רפואה ע"י שמים, אלא דלפי דרכו של אדם רשות הוא לו, **וע"כ** הוה האידנא חיוב בדבר ומצוה היא, כיון דלפי מעשה האדם חיותו תלוי בכך, כן נ"ל נכון, **ועיין** ברמב"ן פ' בחקותי האריך בענין זה של רפואות, ומדבריו משמע בפירוש ורפא ירפא כמ"ש. **אך** יש לי מקום עיון במה שכתב שם, שאין מעשה רפואות בבית הצדיקים, וכן אמרו כל כ"ב שנה דמלך רבה, ר' יוסף אפילו אומנא לביתיה לא קרא, עכ"ל, **משמע** דמפרש שלא הוצרך לרפואה, **ובגמרא** משמע דהוא הלך לבית האומן, רק שלא נהג כבוד בעצמו לקרוא אותו לביתו, **שוב** ראיתי בסוף הוריות מביא גם כן אגדה זאת, ומביא בעל עין יעקב שם פירוש גאון, דהכי קאמר, הזכות של ענוה של רב יוסף גרמה שלא הוצרך כלל לאומן, ולזה כוון גם הרמב"ן – ט"ז].

ואם מונע עצמו, הרי זה שופך דמים, ואפי' יש לו מי שירפאנו, שלא מן הכל אדם זוכה להתרפאות; ומיהו לא יתעסק ברפואה אא"כ הוא בקי, ולא יהא שם גדול ממנו - ‹דהאיך יורה בספק נפשות במקום שיש גדול ממנו, שהרי זה אפילו בשאר דינים אסור - לבוש›, **שאם לא כן, הרי זה שופך דמים.**

ואם ריפא שלא ברשות ב"ד, חייב בתשלומין, אפילו אם הוא בקי; ואם ריפא ברשות ב"ד, וטעה והזיק, פטור מדיני אדם וחייב בדיני שמים - ‹אם היתה ע"י התרשלותו ולא עיין יפה, דאם עיין אין לו שום חטא, שהרי מצוה לרפאות, וכבר אמר החכם: שגגת הרופא כונת הבורא›. **אבל** אם הזיק במזיד, אפי' ריפא ברשות ב"ד חייב בדיני אדם, **ואם המית, ונודע לו ששגג, גולה על ידו** - ‹כשיש לו מקום לתלות שהוא גרם לו ע"י התרשלות או שלא עיין יפה, אבל בלא זה נ"ל דאינו חייב גלות, דמי גרע מאב המכה את בנו והרב את תלמידו, דפטור מגלות – ערוה"ש›. **ומ"מ** א"צ למנוע בשביל חשש טעות, ומצוה היא, כמו שנתבאר - ש"ך.

(**במהרי"ל** בלקוטים שבסוף הספר איתא וז"ל, אמר לנו מהרי"ל, כל הרפואות שבכל התלמוד אסור לנסות אותם, משום דאין אדם יכול לעמוד על עיקרן, וכי לא יעלו בידם ילעגו וילגלגו על דברי חכמים, **מלבד** הא דאיתא בשבת ס"פ במה אשה, מי שיש לו עצם בגרונו, מביא מאותו מין, ר"ל מאותו מין עצם, ויניחו לו על קדקדו, ויאמר הכי: חד חד נחית בלע בלע נחית חד חד, והלחש הזה בדוק ומנוסה, לכן אותו לבד מתירו ולא שום א' יותר, עכ"ל. **וראיתי** בספר שושני לקט שכתב, ומחמת שמצאתי שינוי נוסחאות, לכן אודיעך הנוסחא אחרת במפעלות וז"ל: מי שנכנס עצם בצווארו או דבר אחר, יקח כלי עם מים קרים מן באר, ותשים רגלך השמאלית בתוך המים, ואיש אחר ילחוש באזנך "חד חד נחית בלע בלע נחית בלע נחית חד חד", וצריך להניח מאותו מין על קדקדו, ויאמר לחש הנזכר ג"פ, ואחרי הלחש הנזכר יאמר "יזר יזר בלע בלע יזר יזר", עכ"ל. **אמר** המסדר, עיין בגמ' שם: לאדרא, פירש"י עצם של דג, נימא "נונעצתא כמחט" כו', ושם דף ס"ו ע"ב אמר אביי כו', ודלא מפרשי, ארבעין וחד זימני - פת"ש).

באר הגולה

טז ‹עיין בהג' הגר"א›

תורה אור

*הנכנס לבית הכסא אומר התכבדו מכובדים קדושים משרתי עליון תנו כבוד לאלהי ישראל הרפו ממני עד שאכנס ואעשה רצוני ואבא אליכם אמר אביי לא לימא אינש הכי דלמא שבקי ליה ואזלי אלא לימא [ג]שמרוני שמרוני עזרוני עזרוני סמכוני סמכוני המתינו לי עד שאכנס ואצא שכן דרכן של בני אדם [ד]כי נפיק אומר ברוך אשר יצר את האדם בחכמה וברא בו נקבים נקבים *חללים חללים גלוי וידוע לפני כסא כבודך שאם יפתח אחד מהם או אם יסתם אחד מהם אי אפשר לעמוד לפניך [א] מאי חתים אמר רב רופא חולים אמר שמואל קא שוינהו *אבא לכולי עלמא קצירי אלא רופא כל בשר רב ששת אמר מפליא לעשות *א"ר פפא הלכך [ו]נמרינהו לתרוייהו רופא כל בשר ומפליא לעשות [ה]הנכנס לישן על מטתו אומר משמע ישראל עד והיה אם שמוע ואומר ברוך המפיל חבלי שינה על עיני ותנומה על עפעפי ומאיר לאישון בת עין יהי רצון מלפניך ה' אלהי שתשכיבני לשלום ותן חלקי [ב] בתורתך ותרגילני לידי מצוה ואל תרגילני לידי עבירה ואל תביאני לידי חטא ולא לידי עון ולא לידי נסיון ולא לידי בזיון וישלוט בי יצר טוב ואל ישלוט בי יצר הרע ותצילני מפגע רע ומחלאים רעים ואל יבהלוני חלומות רעים והרהורים רעים ותהא מטתי שלמה לפניך והאר עיני פן אישן המות ברוך אתה ה' המאיר לעולם כולו בכבודו [ז]כי מתער אומר אלהי נשמה שנתת בי טהורה אתה יצרתה בי אתה נפחתה בי ואתה משמרה בקרבי ואתה עתיד ליטלה ממני ולהחזירה בי לעתיד לבא כל זמן שהנשמה בקרבי מודה אני לפניך ה' אלהי ואלהי אבותי רבון כל העולמים אדון כל הנשמות ברוך אתה ה' המחזיר נשמות לפגרים מתים [ח]כי שמע קול תרנגולא לימא ברוך אשר *נתן לשכוי בינה להבחין בין יום ובין לילה כי פתח עיניה לימא ברוך פוקח עורים כי *תריץ ויתיב לימא ברוך מתיר אסורים כי לביש לימא ברוך מלביש ערומים כי זקיף לימא ברוך זוקף כפופים כי נחית לארעא לימא ברוך רוקע הארץ על המים כי מסגי לימא ברוך המכין מצעדי גבר כי סיים מסאניה לימא ברוך שעשה לי כל צרכי כי אסר המייניה לימא ברוך אוזר ישראל בגבורה כי פריס סודרא על רישיה לימא ברוך עוטר ישראל בתפארה [ט]כי מעטף בציצית לימא ברוך אשר קדשנו במצותיו וצונו להתעטף בציצית [ס]כי מנח *תפילין אדרעיה לימא ברוך אשר קדשנו במצותיו וצונו להניח תפילין [ע]ארישיה לימא ברוך אשר קדשנו במצותיו וצונו על מצות תפילין [י]כי משי ידיה לימא ברוך אשר קדשנו במצותיו וצונו על נטילת ידים כי משי אפיה לימא ברוך המעביר חבלי שינה מעיני ותנומה מעפעפי ויהי רצון מלפניך ה' אלהי שתרגילני בתורתך ודבקני במצותיך ואל תביאני לא לידי חטא ולא לידי עון ולא לידי נסיון ולא לידי בזיון וכוף את יצרי להשתעבד לך ורחקני מאדם רע ומחבר רע ודבקני ביצר טוב ובחבר טוב בעולמך ותנני היום ובכל יום לחן ולחסד ולרחמים בעיניך ובעיני כל רואי ותגמלני חסדים טובים ברוך אתה ה' גומל חסדים טובים לעמו ישראל: חייב אדם לברך כו': מאי חייב לברך על הרעה כשם שמברך על הטובה אילימא כשם שמברך על הטובה הטוב והמטיב כך מברך על הרעה הטוב והמטיב והתנן על בשורות טובות אומר הטוב והמטיב על בשורות רעות אומר ברוך דיין האמת אמר רבא לא נצרכה [ל]אלא לקבולינהו בשמחה אמר ר' אחא משום ר' לוי מאי קרא °חסד ומשפט אשירה לך ה' אזמרה אם חסד אשירה ואם משפט אשירה רבי שמואל בר נחמני אמר מהכא °*בה' אהלל דבר באלהים אהלל דבר בה' אהלל דבר זו מדה טובה באלהים אהלל דבר זו מדת פורענות רבי תנחום אמר מהכא °כוס ישועות אשא ובשם ה' אקרא צרה ויגון אמצא ובשם ה' אקרא ורבנן אמרי מהכא °ה' נתן וה' לקח יהי שם ה' מבורך אמר רב הונא אמר רב משום רבי מאיר וכן תנא משמיה דר' עקיבא [מ]לעולם יהא אדם רגיל לומר כל דעביד רחמנא לטב עביד כי הא דרבי עקיבא דהוה קאזיל באורחא מטא להההיא מתא בעא אושפיזא לא יהבי ליה אמר כל דעביד רחמנא *לטב אזל ובת בדברא והוה בהדיה תרנגולא וחמרא ושרגא אתא זיקא כבייה לשרגא אתא שונרא אכליה לתרנגולא אתא אריה אכליה לחמרא אמר כל דעביד רחמנא לטב ביה בליליא אתא גייסא שבייה למתא אמר להו לאו אמרי לכו כל מה שעושה הקדוש ברוך הוא הכל

רש"י

שהכבדו וכו'. אל המלאכים המלוים אותו הוא אומר שנאמר כי מלאכיו יצוה לך (תהלים נא): **שאם יפתח.** אחד מהם מן החללים כגון הלב או הכרס או המעים: **או אם יסתם אחד מהם.** מן הנקבים הפתוחים כגון הפה או החוטם או פי הטבעת. יפתח קאי אחללים יסתם קאי אנקבים: **קצירי.** חולים: **רופא כל בשר.** כנגד היציאה שהיא רפואת כל הגוף: **ומפליא לעשות.** כנגד שהגוף חלול כמו נאד והנאד הזה אם יש בו נקב אין הרוח עומד בתוכו והקב"ה ברא את האדם בחכמה וברא בו נקבים נקבים הרבה ואעפ"כ הרוח בתוכו כל ימי חייו וזו היא פליאה וחכמה: **ותהא מטתי שלמה.** שלא יהא פסול ורשע בזרעי: **לשכוי.** תרנגול דאיכא דוכתא דקרו לתרנגול שכוי כדאמרינן בר"ה (דף כו.): **הכי גרסי'** אילימא כשם שמברך על הטובה הטוב והמטיב כך מברך על הרעה הטוב והמטיב והתנן על בשורות טובות הטוב והמטיב ועל שמועות רעות אומר ברוך דיין האמת: **לקבולינהו בשמחה.** לברך על מדת פורענות בלבב שלם: **אלהים.** לשון דיין כמו עד האלהים יבא דבר שניהם (שמות כב): **ובת בדברא.** ולן בשדה: **סוס בהדיה תרנגולא.** להקיצו משנתו: הכל

תוספות

אשר יצר את האדם בחכמה. בתנחומא ויברא אלהים את האדם א"ר בון בחכמה שהתקין מזונותיו ואח"כ בראו הייט דאמר בסנהדרין בס"פ אחד דיני ממונות (דף לח.) לכך נברא בערב שבת כדי שיכנס לסעודה מיד וע"כ יסדו אשר יצר את האדם בחכמה:

מפליא לעשות. משום דאמרינן בב"ר כי גדול אתה ועושה נפלאות אתה אלהים לבדך אדם עושה נאד אפילו יש בו נקב אחד מלא מחט סדקית הרוח יוצא ואינו יכול לשמור בו יין והקב"ה ברא נקבים נקבים באדם ושומר הרוח שאינו יוצא ממנו: **כי** שמע קול תרנגולא אומר ברוך שנתן לשכוי בינה להבחין. והוא הדין אפילו כי לא שמע דאין ברכה זו אלא להבחנה על הנאת האורה שתרנגול מבחין והוא נהנה מן האור: **כי** פריס סודרא על רישיה. וה"ה לכל כובע ולכל כסוי ודוקא כשנהנה אבל אם אינו נהנה כגון שהוא שוכב על מטתו לא יברך לא זו ולא מלביש ערומים ולא ברכות כיוצא בהן כיון שלא נהנה כדמשמע בפרק שלישי דמגילה (דף כד:) גבי מי שלא ראה מאורות מימיו דכולי עלמא בעי שיהנה מן האורה: **אשר** קדשנו במצותיו וצונו להניח תפילין. כיון דתחלת הנחתו בזרועו יש לברך להניח אבל בשל ראש מברך על מצות ולא להניח שכבר התחיל והניח אחד מהם ובפ' הקומץ (מנחות לו. ושם) אמר לא סח מברך אחת סח מברך שתים פ"ה דעל שתי התפילין קאמר דמברך ברכה אחת על שתיהן בלא סח בינתים ודוחק לומר דלא הוצרכו שתי ברכות דלהניח ועל מצות אלא כשסח ועבר עבירה. לכן פר"ת דעל של ראש שהיא גמר מצוה ועיקר דיש בה ד' בתים ושי"ן מברך על מצות אבל סח חוזר ומברך שתים על של ראש וכן בשימושא רבא דגאונים ולפר"ת גבי סח מברך שתים אם יניח של ראש לבד דאין מעכבין זה את זה מברך שתים על של ראש בלבד ומה שלא הזכיר הגמ' על של ראש בלבד מברך שתים לפי שאין רגילות כלל להניח זה בלא זה דתפילין בי בר חבו שכיחי (ב"מ ד' כט:) וכן פי' רבינו תם בתשובותיו וכן רבינו אלחנן בסדר תקון תפלה שלו כתב כן: וכל

עין משפט נר מצוה

נא א ב מיי' פ"ז מהל' תפלה הלכה ה סמג עשין יט טוש"ע או"ח סי' ג סעיף א:

נב ג ד מיי' וסמג שם טוש"ע או"ח סי' ו סעיף א:

נג ה מיי' שם הלכה א ב סמג שם טוש"ע או"ח סי' רלט סעיף א:

נד ו ז מיי' שם הל' ג ד ו סמג שם טוש"ע או"ח סי' מו סעיף א:

נה ח מיי' פ"ג מהל' ציצית הל' ח סמג שם טוש"ע או"ח סי' ח סעיף ט:

נו ט מיי' פ"ד מהלכות תפילין הל' ד סמג עשין כב טוש"ע או"ח סי' כה סעיף ה:

נז י מיי' שם טוש"ע שם סעיף ט [וכסעיף ה בהגה]:

נח כ מיי' פ"ז מהל' תפלה הלכה ד סמג עשין יט טוש"ע או"ח סי' ד סעיף א וסי' מו סעיף א:

נט ל מיי' פ"י מהל' ברכות הל' ג סמג עשין כז טוש"ע או"ח סי' רכב סעיף ג:

ע מ טוש"ע או"ח סימן רל סעיף ה:

מסורת הש"ס

[גירסת סרי"ף ורא"ש חלולים ועי' ב"י וד"מ]

[פירוש תמלא ברש"י לעיל מז. ד"ה אינו]

[לעיל נד. וש"נ]

[עי' ברא"ש סירושו]

[עמ"ש על הגליון נוכחים סב:]

[מנחות לו. מב:]

תהלים קא

שם ט

שם קטז

איוב א

[תענית כא.]

הגהות הגר"א

[א] גמ' לעמוד לפניך. נ"ב אפי' שעה א':

[ב] שם ותן חלקי כו'. נ"ב זו היא תוספת של ר"ע גאון:

[באלהים אהלל דבר בה' אהלל דבר כך איתא בקרא וכן גרס אלפס העתיק על נכון]

§ מסכת ברכות דף ס: §

אות א' - ב'

הנכנס לבית הכסא, אומר: התכבדו מכובדים וכו' שמרוני שמרוני, עזרוני עזרוני, סמכוני סמכוני וכו'

סימן ג ס"א - [א]כשיכנס לבית הכסא יאמר: [ב]התכבדו מכובדים וכו', [ג]ועכשיו לא נהגו לאומרו - כי אין אנו מוחזקין ליראי שמים שמלאכים מלוין אותנו, שנבקשם שימתינו עלינו עד שנצא.

אות ג' - ד'

כי נפיק אומר: ברוך אשר יצר את האדם בחכמה וכו' נמרינהו לתרוייהו, רופא כל בשר ומפליא לעשות

סימן ו ס"א - [ד]כשיצא מבה"כ יברך: "אשר יצר את האדם בחכמה", שבריאת האדם היא בחכמה נפלאה; [ה]וי"מ על שם שהגוף דומה לנוד מלא רוח, והוא מלא נקבים כדלקמן בסמוך; [ו]וי"מ "בחכמה", שהתקין מזונותיו של אדם הראשון ואח"כ בראו. "וברא בו נקבים נקבים, [ז]חלולים חלולים" - ולא יאמר "חללים", דבחלל לא שייך בריאה, **[ח]פירוש: נקבים רבים, כגון פה וחוטם ופי טבעת, וגם ברא בו אברים רבים חלולים, כמו לב וכרס ומעיים. "שאם יסתם אחד מהם", כלומר, שבנקבים יש נקב אחד [ט]שהוא הפה, שכשהוא במעי אמו הוא סתום, וכשיוצא לאויר העולם הוא נפתח, ואם כשיוצא לאויר העולם היה נשאר סתום, לא היה אפשר להתקיים אפילו שעה אחת** - משום דגירסתו היה [י]"א"א להתקיים אפילו שעה אחת", וקשה לו, דאדם סותם פיו הרבה שעות, ולזה קאמר כלומר וכו', **אבל** מנהגינו שלא לומר "אפילו שעה אחת".

שאם יסתם א' מהם וכו' - כן היא גירסת הרמב"ם, אבל גירסא שלנו ורש"י ורי"ף והרא"ש, "אם יפתח" קודם.

והאברים החלולים, אם היה נפתח אחד מהם, לא היה אפשר להתקיים אפי' שעה אחת. ועוד יש לפרש, [יא]שגבול יש לאדם שיכולין נקביו ליסתם ולא ימות, וכיון שעבר אותו הגבול "אי אפשר להתקיים אפילו שעה אחת" - "אִי" בצירי תחת האלף, כי המלה נגזרת מן "אין", **ובשע"ת** מיישב הגירסא בחירק, שג"כ כונתו כמו "אין", כמו דכתיב "אִי כבוד", שפירש"י שם שכונתו כמו "אין כבוד".

וכיון שבכלל הנקבים הם פי הטבעת ופי האמה, ובכלל האברים החלולים שאם יפתח אחד מהם אי אפשר להתקיים, הם כרס ומעיים, שפיר הוי שבח זה מענין עשיית צרכיו. ואפשר עוד, שמאחר שאם יוצא לנקביו ביותר, עד שאם עבר הגבול, ימות, בכלל "שאם יפתח אחד מהם" הוא, והוי "שאם יפתח אחד מהם" נמי מענין עשיית צרכיו ממש.

[יב]"רופא [חולי] כל בשר", על שם שהנקבים שברא בו להוציא פסולת מאכלו, כי אם יתעפש בבטן ימות, והוצאתו היא רפואה.

ב"ח ושל"ה ומטה משה כתבו, שאין לומר "חולי", רק "רופא כל בשר", **וט"ז** כתב דשני הגירסאות הן נכונות, וחלילה למחוק אחת מהן.

"ומפליא לעשות", [יג]"מפני שהאדם דומה לנוד מלא רוח, ואם יעשה אדם בנוד נקב כחודה של מחט, הרוח יוצא, והאדם מלא נקבים ורוחו משתמרת בתוכו, הרי זה פלא. [יד]ועוד יש לפרש, על שם שבורר טוב המאכל ודוחה הפסולת.

הגה: ועוד יש לפרש, שמפליא לעשות במה ששומר רוח האדם בקרבו, וקושר דבר רוחני בדבר גשמי, והכל הוא ע"י שהוא רופא כל בשר, כי אז האדם בקו הבריאות ונשמתו משתמרת בקרבו (ד"ע) - ובכוונות כתב, דהנשמה נהנית מרוחניות המאכל, והגוף נהנה מגשמיות המאכל, ומכח זה קשורים זה בזה ע"י המאכל.

אות ה'

הנכנס לישן על מטתו אומר: משמע ישראל עד והיה אם שמוע, ואומר: ברוך המפיל חבלי שינה וכו'

סימן רלט ס"א - [טו]קורא על מטתו פרשה ראשונה של שמע - [וכהיום גם נשים נהגו לאמרם].

ואם התפלל ערבית מבעוד יום, צריך לקרות כל הפרשיות, ויכוין לצאת בהן המ"ע של ק"ש, וגם המצוה של זכירת יציאת מצרים, **וטוב** לומר תמיד כל ק"ש, שהיא רמ"ח תיבות בצירוף "אל מלך נאמן", לשמור רמ"ח אבריו.

ומברך "המפיל חבלי שינה על עיני" וכו' - מלשון השו"ע משמע, דברכת "המפיל" אומר אחר ק"ש, כדי שתהא הברכה סמוכה לשינה, ומה שקורא אח"כ "יושב בסתר" ואינך, כיון דהוי משום שמירה לא הוי הפסק, **ויש** מדקדקין לברך "המפיל" בסוף אחר כל הפסוקים, **[טז]ויש** מאחרונים שהסכימו, שיברך ברכת "המפיל" קודם, ואח"כ ק"ש

באר הגולה

[א] שם ס' [ב] ‹התכבדו מכובדים קדושים משרתי עליון, שמרוני שמרוני עזרוני עזרוני, המתינו לי עד שאכנס ואצא, שכן דרכן של בני אדם - טור› [ג] ב"י [ד] ברכות שם [ה] בפי' רש"י שם ‹כ"כ על מפליא לעשות› [ו] תוס' [ז] ‹עיין בגירסא בצד הגמ'› [ח] ב"י לדעת הטור [ט] נדה ל' [י] ‹עיין בהג' הגר"א› [יא] ב"י [יב] הר"ר דוד אבודרהם ‹היינו הפי' שהנקבים שברא בו וכו'› [יג] שם בגמ' בפרש"י [יד] הרד"א שם [טו] ברכות ד' ע"א ודף ס' ע"ב [טז] ‹כתב בספר מטה משה, עם היות שלפי פשט הש"ס משמע שפרשת שמע קודמת לה, הנה רוב הפוסקים סדרו ברכה זו

ויתר פסוקי דרחמי, כמו שנדפס בסידורים, [ולא הוי הק"ש הפסק, דק"ש נמי משום שמירה הוא, וכ"ש יתר הפסוקים, וגם דיתר פסוקים בק"ש אריכתא דמיא]. **ונראה** דלמעשה יתנהג האדם כפי טבעו, דהיינו אם טבעו להרדם באמצע ק"ש, טוב יותר שיקדים ברכת "המפיל" מה דאפשר, **ואם** אין טבעו לזה, טוב יותר לאחר ברכת "המפיל" עד לבסוף.

הגה: ויקרא קריאת שמע סמוך למטתו - ולא יקרא ק"ש כשיכנס לישן, אלא כשרואה שהשינה באה עליו - סדה"י, **אבל** בכנה"ג כתב שיש לקרות מיד, שמא יחטפנו שינה אח"כ ולא יקרא, **ואין** לחוש משום הפסק אלא כשעושה דבר אחר בינתים, אבל מה שיושב ודומם לא מקרי הפסק, אף ששהה איזה זמן קודם שיישן.

(ועיין בח"א שמצדד לומר, דאפילו לא היה יכול אח"כ כלל לישן, ג"כ אין הברכה לבטלה, דעל מנהגו של עולם הוא מברך, וכן משמע בחד תירוצא באליה רבא, ולענ"ד צ"ע בזה, אחרי דברכה זו מברך על עצמו "המפיל חבלי שינה על עיני" וכו', ועכ"פ נ"ל דאם מסתפק שמא לא יוכל אח"כ לישן, בודאי אין כדאי לכתחלה לברך).

ואין אוכלים ושותים ולא מדברים אחר קריאת שמע שעל מטתו, אלא יישן מיד, שנאמר: אמרו בלבבכם על משכבכם ודומו סלה (כל בו ורוקח ורבינו ירוחם).

ואם תאב לשתות או לדבר איזה ענין נחוץ, נראה שמותר, אך יחזור ויקרא פרשת "שמע", **אכן** אם כבר אמר ברכת "המפיל", יזהר בזה, כי יפסיק בין הברכה להשינה.

ואם צריך לשמש מטתו, ירחץ עצמו מהש"ז שעליו, ויטול ידיו ואח"כ יקרא, **ולפחות** יאמר ברכת "המפיל" ו"שמע" אחר התשמיש.

ועיין לעיל סימן ס"ג, אי מותר לקרות כשהוא שוכב - ר"ל דשם מוכח בס"א בהג"ה, דלכתחלה אין כדאי לילך ולשכב ולקרותה בשכיבה, אפילו כשהוא שוכב על צדו ממש.

כתב המ"א, דוקא כשקורא זו הק"ש לשם חובה, כגון שהתפלל ערבית מבע"י, וצריך עתה לכוון לקיים המ"ע דק"ש, לכך צריך ליזהר בכל פרטיה, **אבל** אם כבר קרא בזמנה, וקורא עתה רק משום ק"ש שעל המטה, מותר לכתחלה לקרותה בשכיבה, **ויש** שמחמירין לכתחלה לקרותה בעמידה או בישיבה, [**היינו** מה שקורא בפעם ראשונה, אבל מה שקורא וחוזר וקורא עד שמשתקע בשינה, לכו"ע אין להחמיר בדבר, **ומ"מ** נ"ל דהמיקל בפעם ראשונה בודאי אין למחות בידו, דהא אפי' בק"ש של חובה דעת רוב הפוסקים להקל כשהוא רוצה לשכב על צדו ממש, **ומ"מ** המרגיל עצמו לקרות בישיבה או בעמידה טוב יותר, דהקורא בשכיבה מצוי שנרדם באמצע הקריאה, ומפסיד ברכת "המפיל"]. **אכן** אם כבר שכב, לכו"ע מותר להטות על צדו ולקרוא.

ויש לו לאדם להרגיל עצמו לשכב על צדו דוקא, ואיסור גדול לשכב פרקדן, דהיינו שמושלך על גבו ופניו למעלה, או שפניו טוחות למטה, [**היינו** אפי' שינה לבד בלא קריאה].

ואם קרא ק"ש ולא יוכל לישן מיד, אז חוזר וקורא כמה פעמים זה אחר זה - פרשה ראשונה, וראוי שלא לכפול פסוק ראשון, (ולכן יתחיל בפעם השני מן ואהבת - ע"ל סי' ס"א ס"י), **עד שישתקע בשינה, ושיהיה קריאתו סמוך לשינתו (הגהות מיימוני)** - או שיאמר שאר פסוקים דרחמי, וה"ה אם מהרהר בד"ת שפיר דמי.

ואין מברכין על ק"ש שעל מטתו (הגהות מיימוני וב"י בשם תוס' פ' כל הבשר) - פי' "אשר קדשנו במצותיו וצונו על ק"ש", אין לברך, **ולאפוקי** מדעת איזה פוסק שמצריך לברך, (**דאף** שאמרו מצוה לקרותה על מטתו, מ"מ אין זה בכלל מצוה דרבנן, שיהא שייך לברך עליה, **אבל** בק"ש בשחר וערב, אותן הברכות עולים כאילו נברך "אקב"ו לקרות שמע").

כתבו הפוסקים, הישן ביום א"צ לברך ברכת "המפיל", **וטוב** שיאמר "ויהי נועם" וגו', "יושב בסתר" וגו'. (עיין לעיל ריש סי' רל"א, דהביא מהלבוש שאין נוהגין כן).

(**נסתפקתי**, אם הוא עדיין קודם עמוד השחר בעת ברכת "המפיל", אך הוא משער שעד שיישן יעלה עה"ש, אי אזלינן בתר עת הברכה שהוא עדיין לילה, או בתר שינה שיהיה ביום, ועל שינת היום לא נתקנה הברכה כמו שכתבו הפוסקים, **אבל** אחר שעלה עה"ש לא מסתפק לי כלל, דאף דאיכא אינשי דגנו בההיא שעתא עד הנץ החמה, ועדיין זמן שכיבה הוא על פי הדחק, כדאיתא בברכות ט', מ"מ לענין ברכת "המפיל" נראה דעבר זמן, שהרי אינו יכול לומר "השכיבנו" אחר עה"ש, כדאיתא שם בגמרא, וממילא בעניננו ג"כ אינו יכול לומר "שתשכיבני לשלום", שאין עוד הזמן של תחלת שכיבה אלא סוף שכיבה, כפירש"י שם).

ואומר: [יז]"יושב בסתר עליון", ואומר: "ה' מה רבו צרי" עד "לה' הישועה", ואומר: [יח]"ברוך ה' ביום ברוך ה' בלילה ברוך ה' בשכבנו ברוך ה' בקומנו", "ויאמר ה' אל השטן יגער ה' בך השטן" וכו', "ה' שומרך" וכו' "מעתה ועד עולם", "בידך אפקיד רוחי" וכו', "יברכך ה'" וכו' עד "וישם לך שלום", ואומר: [יט]"השכיבנו" עד סמוך לחתימה - כל אלו הפסוקים שנהגו לאומרם, הוא להגן שלא יבוא עליו ח"ו דבר רע, **ואם** הוא חולה או אנוס, די במה שיאמר פרשה ראשונה של ק"ש וברכת "המפיל" לבד.

כתבו הספרים, שבלילה קודם השינה נכון לאדם שיפשפש במעשיו שעשה כל היום, ואם ימצא שעשה עבירה, יתודה עליה ויקבל על עצמו שלא לעשותה עוד, **ובפרט** בעונות המצויים, כגון חניפות שקרים ליצנות לשה"ר, וכן עון בטול תורה צריכים בדיקה ביותר, **גם** ראוי למחול לכל מי שחטא כנגדו וציערו, ובזכות זה האדם מאריך ימים.

אחז"ל: הישן בבית יחידי, והיינו בלילה, אוחזתו לילית, ובית היינו חדר, [**ולפי"ז** הישן בחדרו ביחידי, אף שבבית יש אנשים, צריך ליזהר שלא

באר הגולה

קודם הכל - א"ר. [יז] שבועות ט"ו ע"ב [יח] טור בשם רב עמרם [יט] שם בשם הרא"ש אביו

יהיה נעול רק פתוח לבית, **והעולם** נוהגין להקל בזה, **ונ"ל** דאף להמחמירין, אם בבית יש שם אשה לבד, ועי"ז שיהיה פתוח יהיה איסור ייחוד, לא יפתחנו ולא יגיע לו שום ריעותא, כי "שומר מצוה לא ידע דבר רע".

אלו צריכין שימור מהמזיקין: חולה, חיה, חתן, כלה, אבל, ות"ח בלילה, היינו כשהוא עומד יחידי באישון לילה ואפלה - [ברכות נ"ד:].

אות ו' – ז'

כי מתער, אומר: אלהי, נשמה שנתת בי וכו'

כי שמע קול תרנגולא, לימא: ברוך אשר נתן וכו'

סימן מו ס"א - קודם בואו לבהכ"נ, בעוד שהוא עדיין בהחצר בהכ"נ, יאמר: בבית אלהים נהלך ברגש, **וירגיש** וירתע עצמו בהכנסו לבהכ"נ מרוב פחדו, **וימתין** וישהא מעט, ויאמר: ואני ברוב חסדך אבא ביתך, אשתחוה אל היכל קדשך ביראתך, ואח"כ יכנס.

כל הברכות האלו, הוא משום דאסור לו לאדם ליהנות מן העוה"ז בלי ברכה, וכל הנהנה מן העוה"ז בלי ברכה כאילו מעל, **דרמו** קראי אהדדי ‹דף ל"ה›, כתיב: לה' הארץ ומלואה, וכתיב: והארץ נתן לבני אדם, **ותירצו**: לא קשיא, כאן קודם ברכה כאן לאחר ברכה, ר"ל קודם ברכה היא לד', ואסורים לך כהקדש שהוא לה', ואחר הברכה הותר הכל לבני אדם, **וא"כ** כיון שקודם הברכה היא לד', הרי הכל קודש לד' ויש בה מעילה אם נהנה ממנו, כמו בתרומה שהיא קודש, **לפיכך** תקנו חכמינו ז"ל ברכה על כל דבר ודבר מהנהגת העולם שהאדם נהנה ממנו.

[כ]**כשיעור משנתו** - ר"ל דוקא סוף שנתו, ולא כל זמן שיקיץ באיזה שעה שתהיה, **יאמר: אלהי נשמה** - צריך להפסיק מעט בין "אלהי" ל"נשמה", כדי שלא יהיה נשמע שהנשמה היא אלהיו ח"ו.

ודיני ברכת "אלהי נשמה" עיין לעיל בסי' ו' ס"ג במ"ב.

כשישמע קול התרנגול, יברך: הנותן לשכוי בינה - הלב נקרא "שכוי" בלשון המקרא, דכתיב: או מי נתן לשכוי בינה, והלב הוא המבין, וע"י הבינה אדם מבחין בין יום ובין לילה, **ומפני** שהתרנגול מבין ג"כ זה, וגם יש בשמיעתו לאדם הנאה, שיודע שהוא קרוב ליום, ובערבי קורין לתרנגול "שכוי", להכי תקנו ברכה זו בשמיעת קול התרנגול - [כא][רא"ש].

[כב]**כשלובש, יברך: מלביש ערומים** - לאו דוקא שישן ערום, אלא כיון שאדם לובש מלבוש העליון שעליו, מברך ברכה זו.

[כג]**כשיניח ידיו על עיניו** - פי' ע"י החלוק, דאסור להניח ידיו על עיניו קודם הנטילה, כמ"ש סימן ד', **יברך: פוקח עורים.**

כשישב, יברך: מתיר אסורים; כשזוקף, יברך: זוקף כפופים; כשיניח רגליו בארץ, יברך: רוקע הארץ על המים; כשנועל מנעליו, יברך: שעשה לי כל צרכי; כשהולך, יברך: המכין מצעדי גבר - ובאגודה כתוב: אשר הכין.

[כד]**כשחוגר חגורו, יברך: אוזר ישראל בגבורה, הגה: או לובש האבנט המפסיק בין לבו לערוה** - אבנט דהכא הוא מכנסים, דאע"ג דבלשון תורה פי' אבנט הוא החגורה, כדכתיב: ובאבנט בד יחגור, מ"מ בלשון חכמים לפעמים קוראין המכנסים אבנט, ולכך נקט לשון "לובש" ולא "חוגר".

כשמשים כובע או מצנפת בראשו, יברך: עוטר ישראל בתפארה - הזכיר "ישראל" בברכה זו, וכן ב"אוזר ישראל", משא"כ באחרות, הטעם, שהשאר הוא להנאת העולם, שהכל שוין בהן, **משא"כ** באלו שנים, הם בישראל לחוד משום צניעות, דחגורה הוא משום שלא יהא לבו רואה את הערוה, **וכובע** היא משום צניעות, כדאיתא בשבת ד' קנ"ד: כסי ראשך מפני אימתא דמרך.

כשיטול ידיו, יברך: ענט"י; כשירחץ פניו, יברך: "המעביר שינה מעיני" וכו' "ויה"ר" וכו' עד "בא"י גומל חסדים טובים לעמו ישראל". אין לענות אמן אחר "המעביר שינה מעיני", עד שיחתום "גומל חסדים טובים לעמו ישראל", שהכל ברכה אחת היא.

"**שתרגילנו** בתורתך", לשון רבים.

[כה]**סימן מו ס"ב** - [כו]**עכשיו מפני שאין הידים נקיות, וגם מפני עמי הארצות שאינם יודעים אותם, נהגו לסדרם בבהכ"נ** - ואם מותר גם להמתין בברכת נט"י לסדרה בבהכ"נ, ע"ל בסימן וא"ו. **ועונין אמן אחריהם, ויוצאים ידי חובתן** - ובדיעבד אפילו לא ענו אמן יוצאין ידי הברכה, כיון שכיוונו לצאת.

ואפילו לבקי מוציא אם מכוין בברכתו, **ועיין** במ"א שהביא בשם הלבוש, להחמיר בברכת השחר, שאינו מוציא בפחות מעשרה.

ובזמננו המנהג שכל אחד מברך בפני עצמו, ואין הש"ץ מוציא שום אדם.

אות ז'* [כז]

תוס' ד"ה כי שמע קול: וה"ה אפילו כי לא שמע

וד"ה כי פרים: ודוקא כשנהנה, אבל אם אינו נהנה... לא יברך

סימן מו ס"ח - [כח]כל הברכות האלו אם לא נתחייב באחת מהן, כגון שלא שמע קול תרנגול או שלא הלך או לא לבש או לא חגר, [כט]אומר אותה ברכה בלא הזכרת השם. הגה: וי"א דאפי' לא נתחייב בהן מברך אותן, דאין הברכה דוקא

באר הגולה

[כ] ברכות ס' [כא] ‹ודלא כפרש"י, עיין פר"ח› [כב] ‹כל זה סידור הרא"ש וטור, אבל רי"ף ורמב"ם סידור אחר, וגירסא שלנו בגמ' ג"כ סידור אחר - גר"א› [כג] ‹ובאמת בש"ס הגירסא כי פתח עיניו, אכן ברי"ף ורא"ש וכן נראה מהרמב"ם ז"ל דגרסי כי מעביר ידיו על עיניו - מג"ג› [כד] לפי' הרמב"ם ‹כתב ה"ר דוד אבודרהם בשם הראב"ד, דהיינו כשלובש המכנסים, אבל הרמב"ם כתב דהיינו כשחוגר חגורו - ב"י› [כה] ‹מילואים› [כו] טור וב"י בשם הרא"ש [כז] ‹ע"פ הב"י. דהטור כתב לחלק בין הברכות שהן על סדור העולם והנהגתו, כגון אלהי נשמה והנותן לשכוי ורוקע הארץ על המים והמכין מצעדי גבר, דאין לחסר מהם אפילו לא שמע קול תרנגול או לא הלך על הארץ, אבל אותם שהם על הנאותיו, לא יברך אם לא נהנה. **וכתב** הב"י דכ"כ התוס' חילוק כזה. **וכתב** דכיון דאיכא פלוגתא במילתא, אין לברך ברכה אא"כ נתחייב בה, **ומסיק**: ונראה לי שטוב לאמרה בלא הזכרת השם› [כח] רמב"ם [כט] ב"י לדעת רמב"ם

על עצמו, אלא מברכין שבקב"ה ברא צרכי העולם; וכן המנהג, ואין לשנות (טור ותוס' והרא"ש פרק הרואה [ל]ור"ן וכל בו) - ואפילו במדבר שאינו שומע קול תרנגול, מברך.

סומא מברך ברכת "פוקח עורים", **וכן** חרש אף שאינו יכול לשמוע קול תרנגול, יוכל לברך ברכת "הנותן לשכוי בינה", דה"ח, **ובחיי** אדם כתב, דחרש ימתין מלברך ברכה זו עד שיאור היום.

עיין בא"ר שכתב, דברכת "אלהי נשמה", וברכת "המעביר שינה", אין לברך אם היה ניעור כל הלילה, **ובפמ"ג** ובשערי תשובה השאירו דבריו בצ"ע, **ומסיק** בשע"ת, דיראה לשמוע אלו השתי הברכות מאחר, ויכוין לצאת, **ואם** ישן בלילה ששים נישמין, לכו"ע יש לו לברך אותם.

אות ח'

כי מעטף בציצית, לימא: ברוך אשר קדשנו במצותיו וצונו להתעטף בציצית

סימן ח ס"ה - [לא]מברך: להתעטף בציצית - בשו"א תחת הבי"ת.

‹**רבים** מהאחרונים סוברים לומר בפת"ח תחת הבי"ת, וכן כתבו ונהגו הרבה גדולי ישראל אשר הוראתם מקובלת ונהוגה בקרב תפוצות ישראל - פסקי תשובות›.

[לב]אם שנים או שלשה מתעטפים בטלית - וה"ה בתפילין וכל ברכת המצות, **כאחת (פי' בפעם אחת)** - פי' כל אחד מתעטף בטלית מיוחד, אלא שבפ"א נעשו כל העטיפות, **כולם מברכים; ואם רצו, אחד מברך והאחרים יענו אמן** - ‹ודוקא אם מתעטפים בתוך כדי דיבור לברכתו›, לאפוקי לאחר כדי דיבור לברכתו דהוי הפסק, **וצריך** כל אחד לברך לעצמו.

אחד מברך והאחרים וכו' - ואפילו הם בקיאים, ובלבד שיתכוין השומע לצאת והמשמיע להוציא, **ויותר** מזה, דאפילו אם המברך כבר יצא לעצמו, או שאינו מתעטף כלל, יכול להוציא אחרים בברכתו, דכל ישראל ערבים זה בזה, **אך** בזה י"א, דאינו מוציא אלא דוקא מי שאינו בקי, [**עיין** בארה"ח, דמדינא יכול להוציאו, אך לכתחילה המצוה שיברך לעצמו].

מלשון "ואם רצו" משמע, דיותר טוב שכולם יברכו, ובאמת אדרבה, לכתחילה יותר טוב שאחד יברך ויוציא את האחרים, משום "ברוב עם הדרת מלך", **אך** לא נהגו עכשיו כן, ואפשר משום שאין הכל בקיאין להתכוון לצאת ולהוציא.

והאחרים יענו אמן - ואף דבלא"ה צריך לענות אמן אחר כל ברכה, מ"מ בזו שרוצה לצאת בה, החיוב יותר, שמורה בזה בפועל שהוא מתכוין לצאת בה, **מיהו** בדיעבד אפילו לא ענה אמן יצא.

כתב הפמ"ג, אם כמה אנשים קנו טליתים חדשים ועשו בהם ציצית, ולא ברכו "שהחיינו", דמברכין בעיטוף ראשון, נהי דאחד יכול לברך "להתעטף" בשביל כולם, אבל ברכת "שהחיינו" כל אחד בעצמו יברך.

[לג]סימן ח ס"א - [לד]יתעטף בציצית ויברך מעומד - ר"ל העטיפה והברכה שתיהן בעמידה, העטיפה משום דכתיב "לכם", וילפינן ג"ש מעומר דכתיב ג"כ "לכם", ובעומר כתיב: מהחל חרמש בקמה, ודרשינן "בקומה", **והברכה**, משום דכל ברכת המצות צריך להיות בעמידה, **והוא** רק לכתחלה, דבדיעבד יצא בשתיהן בכל גווני.

והסכימו רוב האחרונים, דלכתחילה צריך להיות הברכה קודם העטיפה, דהיינו בשעה שהוא אוחזו בידו ורוצה להתעטף בו, דזהו עובר לעשייתן ממש, **ולא** יקדים בשעה שעדיין הטלית מקופלת, דזהו עובר דעובר. **ויתעטף** בציצית מיד אחר נט"י, כדי שלא ילך ד"א בלא ציצית.

סימן ח ס"ב - [לה]סדר עטיפתו, כדרך בני אדם שמתכסים בכסותם ועוסקים במלאכתם, פעמים בכיסוי הראש פעמים בגילוי הראש - דאע"ג דמברכינן "להתעטף", כיסוי הגוף לחודיה הוי עיטוף, והוא עיקר העיטוף.

ועוברי דרכים שמניחין הטלית כשהוא מקופל, ומשלשלים סביב צוארם על כתפיהן, אין יוצאין ידי חובת ציצית בזה, דבכה"ג לכו"ע לאו עיטוף הוא.

ונכון שיכסה ראשו בטלית - שכיסוי זה מכניע לב האדם, ומביאו לידי יראת שמים.

ועיין בט"ז שדעתו, דנכון שלא יסיר הכובע הקטן שעל ראשו בעת התפילה, אף שהוא מכסה ראשו בהטלית ג"כ.

וכתב הב"ח, דצריך שיהא הטלית על ראשו מתחלת התפלה עד סופה, ועכ"פ יעמוד כך מעוטף לפחות כדי הילוך ד"א.

כתוב בכוונות, האר"י ז"ל היה מכסה הטלית על התפילין של ראש, ועכ"פ לא יכסה לגמרי.

בשעת עטיפה מכסה ראשו בהטלית עד שיגיע עד פיו, ומשליך כל הארבע ציציות לצד שמאל כדי הילוך ד"א, ואח"כ יסיר העטיפה עד שהש"ר יהיה נראה קצת, ויעמיד כל אחד מהציצית על מקומה, וזהו העטיפה שיוצאין בה לכו"ע, **ולא** כמו שנוהגין איזה אנשים, שמושכין הטלית על עצמן עד שמגיע הראש לחצי אורך הטלית ומתעטפין בו, דזהו איננו נקרא עטיפה.

משמע בגמרא, שבחור לא היה מכסה ראשו בטלית, אפילו הוא ת"ח.

סימן ח ס"ג - [לו]טליתות קטנים שלנו שאנו נוהגים ללבוש, אע"פ שאין בהם עיטוף, יוצאין בהם ידי חובת ציצית - דהאידנא כל כסות שלנו דרך כיסוי הם, ועיטוף לא רמיזא באורייתא.

באר הגולה

[ל] ‹והכלבו כתב, שפשט המנהג באותם הארצות לאמרם על הסדר... והר"ן כתב, שסדר ברכות הללו שמברכין בשחרית בבית הכנסת, ברכות השבח הן על מנהגו של עולם, ואפילו לא שמע שכוי מברך עליו, וכן בכולן, ומנהגן של ישראל תורה היא - ב"י. **וכתב** הד"מ: ולי נראה דאל ישנה אדם מן המנהג, ע"כ. **אבל** איני מבין מה מביא הרמ"א מטור ותוס' והרא"ש, דלכאורה מחלקים בין הברכות כהנ"ל› [לא] **תוספתא בפ"ב דברכות** ‹ברכות ס' ב' - גר"א› [לב] **א"ח הביאו ב"י** [לג] ‹ס"א - ס"ד, ס"ו מילואים› [לד] **טור וסמ"ק והרד"א וא"ח** [לה] **טור בשם בעל העיטור** [לו] **תרומת הדשן מהרי"ק קמט האגור ומהרי"א**

והוא שיש בהם שיעור שהקטן בן ט' שנים יתכסה בו ראשו ורובו, וגדול בן י"ג שנים עכ"פ לא יתבייש לצאת בו באקראי ברחוב, וכדלקמן בסימן ט"ז, ע"ש במ"ב.

וטוב להניח אותו על ראשו רחבו לקומתו ולהתעטף בו, ויעמוד כך מעוטף לפחות כדי הילוך ד' אמות - כדי לצאת נמי דעת הסוברים דבעינן דוקא עיטוף, **ואח"כ ימשכנו מעל ראשו וילבישנו** - דעיקר הקפידא בעת לבישה.

ונראה דהנוהגין שלא לברך כלל על הט"ק, רק פוטרין אותו בברכת הט"ג, אין צריך כלל להתעטף בו.

סימן ח ס"ד - [לז]מחזיר שתי ציצות לפניו, ושתים לאחריו, כדי שיהא מסובב במצות.

נהגו לעשות עטרה מחתיכת משי, לסימן שאותן ציצית שלפניו יהיו לעולם לפניו, כמ"ש חז"ל: קרש שזכה בצפון היה לעולם בצפון, **ולא** היה האר"י ז"ל מקפיד ע"ז.

סימן ח ס"ו - [לח]על טלית קטן יכול לברך: להתעטף, אע"פ שאינו מתעטף אלא לובשו - כי נוסח הברכה כך הוא, כמו "לישב בסוכה".

הגה: וי"א שמברכין עליו: על מצות ציצית, וכן נוהגין ואין לשנות (כל בו וב"י) - היינו בט"ק שלנו שאין מתעטפין בו, **אבל** בט"ק שמתעטף בו כמבואר בס"ג, יכול לכתחלה לברך "להתעטף". **ובדיעבד** אם בירך בכל ט"ק "להתעטף", או שבירך על ט"ג "על מצות ציצית", יצא.

ודע, דאין לברך על ט"ק עד שיהיה עכ"פ ארכו ג' רבעי אמה לכל צד, ונקב בית הצואר אין עולה מן המנין, וגם שיהיה פתוח רובו, **ואנשי** מעשה נוהגין אמה מלפניהם ואמה מלאחריהם.

אות ט'

כי מנח תפילין אדרעיה, לימא: ברוך אשר קדשנו במצותיו וצונו להניח תפילין

סימן כה ס"ה - [לט]יכוין בהנחתם: שצונו הקב"ה להניח ארבע פרשיות אלו, שיש בהם יחוד שמו ויציאת מצרים, על הזרוע כנגד הלב, ועל הראש כנגד המוח, כדי שנזכור נסים ונפלאות שעשה עמנו, שהם מורים על יחודו, ואשר לו הכח והממשלה בעליונים ובתחתונים לעשות בהם כרצונו; וישעבד להקב"ה הנשמה שהיא במוח, וגם הלב שהוא עיקר התאוות והמחשבות, ובזה יזכור הבורא וימעיט הנאותיו - כתב הב"ח טעם לזה, מדכתיב: והיה לך לאות על ידך וגו' למען תהיה תורת ד' בפיך כי ביד חזקה הוציאך וגו', יורה כי עיקר המצוה וקיומה תלויה בכונה, שיכוין בשעת קיום המצוה, **וכתב** הפמ"ג דמ"מ בדיעבד אפילו אם לא כיון רק לשם מצוה בלבד יצא.

להניח ארבע פרשיות אלו - ויש נוהגים מחמת זה, לקרות הארבע פרשיות לאחר הנחת תפלין, היינו "קדש" "והיה כי יביאך", **ד"שמע"** "והיה אם שמוע" בלא"ה קורין כל ישראל בשעת ק"ש, **ובתפלין** דר"ת יאמר כל הד' פרשיות, **ומנהג** יפה הוא.

[מ]ויניח של יד תחלה - דכתיב: וקשרתם וגו', והדר: והיו לטוטפות וגו',

ויברך - קודם ההידוק, **"להניח תפילין"** - והלמ"ד של "תפילין" בדגש. **ואח"כ יניח של ראש, [מא]ולא יברך כי אם ברכה אחת לשתיהם.**

הגה: וי"א לברך על של ראש: "על מצות תפילין" - בפת"ח תחת הוא"ו, שהוא לשון יחיד, ולא יאמר בחול"ם שהוא לשון רבים, שהרי לא ניתקנה ברכה זו כי אם לתש"ר בלבד, **אפילו לא הפסיק בינתים [מב](הרא"ש הלכות תפילין), וכן פשט המנהג בבני אשכנז שמברכין שתי ברכות, וטוב לומר תמיד אחר הברכה השניה "ברוך שם כבוד מלכותו לעולם ועד" (מהר"י בן חביב, אגור)** - משום חשש ספק ברכה לבטלה, ולא שהוא ספק גמור, דא"כ איך יברך מספק ברכה לבטלה ויסמוך על שיאמר "בשכמל"ו", אלא דאנן בני אשכנז סבירא לן להלכה כדעת ר"ת, רק לרווחא דמילתא להוציא עצמינו מידי כל פקפוק, נוהגין לומר "בשכמל"ו".

ויזהר מאוד שלא לומר "ברוך שם" רק אחר שיהדק הש"ר על ראשו כראוי, דאל"כ יהיה הפסק בין הברכה להנחה, ויהיה ברכה זו לבטלה בודאי, וצריך לחזור ולברך, והעולם נכשלין בזה.

(ובחי' רע"א כתב עצה, שיכוין בעת ברכת "להניח", אם הלכה כשיטת רש"י, אני מכוין שלא לצאת בברכת "להניח" על השל ראש, והוי זה כסח, ויוכל לברך על של ראש, **ואין** זה בכלל גורם ברכה שאינה צריכה, דהא מוכרח לעשות כן מפני ספיקא דדינא, **אך** בפמ"ג ראיתי שמסיים ע"ז: ואין לנהוג כן, ואולי טעמו, כדי שלא ירגיל האדם את עצמו לפקפק אחר מנהגן של ישראל, שנתייסד על פי שיטות הרבה מהראשונים).

אות י'

ארישיה, לימא: ברוך אשר קדשנו במצותיו וצונו על מצות תפילין

סימן כה ס"ט - [מג]אסור להפסיק בדיבור בין תפלה של יד לתפלה של ראש - אפילו בלשון הקודש, ואפילו בדיבור של מצוה, כגון להשיב שלום לרבו, וכל כה"ג, כי גורם ברכה שאינה צריכה.

ולכתחילה אסור אפי' להפסיק בשתיקה, אם שוהא הרבה שלא לצורך, אפילו לא הסיח דעתו.

באר הגולה

[לז] שם בבעל העיטור וברוקח והרמב"ם ותשובת הרשב"א [לח] מהרי"א ואגור בשם מהר"י מולין ואו"ח [לט] ר' יונה שם [מ] מנחות ל"ו [מא] לפרש"י והרי"ף [מב] (וכן הוא בתוס' מנחות דף ל"ו. ד"ה סח, בשם ר"ת) [מג] מנחות ל"ו

ואפי' לרמז בעיניו ולקרוץ באצבעותיו בין התש"י ובין התש"ר, ג"כ יש ליזהר לכתחילה.

ואפי' לאותן המניחין תפילין בחוה"מ בלי ברכה, או המניחין תפלין דר"ת אחר שחלץ תפלין דרש"י, או שחלץ תפלין ע"מ להחזירן, דהרמ"א בסי"ב פסק, דא"צ לחזור ולברך כשמניחן אח"כ, אפ"ה עבירה היא להסיח ביניהן, דלכתחילה בעינן שיהיו סמוכין ותכופין זה לזה, דכתיב: והיה לך לאות על ידך ולזכרון בין עיניך, שיהא הוייה אחת לשתיהן.

אם הניח תפלין של יד בבית זה, ותש"ר בבית אחר, והיה דעתו לזה, עיין לעיל בסימן ח' סי"ג ומ"ב שם, לענין טלית, וה"ה לענינינו.

ואם הפסיק - אפילו בשוגג, **מברך על של ראש: "על מצות תפילין"** – (פשוט דבין אם ההפסק היה ע"י דבור, או ע"י היסח הדעת בלבד, **ושיעור** ההפסק דע"י דיבור, הוא אפילו ע"י תיבה אחת, ממה שכתב הרא"ש, דאם ענה אמן בינתיים על איזו ברכה ששמע, שצריך לחזור ולברך).

(**כתב** הבאר היטב, אם הניח תפילין של יד, וכשבא להניח של ראש, קודם שהגיע הקציצה בבשר, אחר שהגיע לאויר הראש, הפסיק בדיבור, אי אמרינן קלוטה כמי שהונחה דמיא לענין זה, עיין בהלק"ט, **ועיין** בארצה"ח שהשיג עליו בראיה ברורה, דכל שלא הידק לא נגמר המצוה).

(**עוד** כתב בבה"ט בשם הלק"ט, מי שהניח תפילין של יד, וכרך ג' כריכות העליונות ולא בירך, וסח בינתיים, מברך שתים, כיון דברכות אינן מעכבות, מיקרי שפיר סח בין תפלה לתפלה, ומברך שתים, והשיג ע"ז ג"כ הארה"ח, דהא אם לבש ט"ק ולא בירך, ואח"כ לבש הט"ג, יכול לברך ברכה אחת על שניהם, וה"ה בזה, חוזר ברכת "להניח" גם אש"י הקודמת, וא"צ לברך רק ברכה אחת להמחבר).

הגה: ולדידן דנוהגין לברך שתי ברכות אף אם לא הפסיק, צריך לחזור ולברך על של ראש "להניח" וגם "על מצות" (ד"ע)

- כי הטעם שאנו מברכין שתי ברכות על תפילין, ולא די בברכת "להניח" לבד, הוא שאנו סוברין דעיקר תיקון הברכות אלו כך היתה, בתחלת הנחתם תקנו לברך "להניח", וקאי נמי על ש"ר, וכשמניח הש"ר ומהדקו מברך נמי "על מצות", שזו היא גמר המצוה, הילכך ממילא אם סח והסיח דעתו, צריך לחזור ולברך גם "להניח" על הש"ר.

ונכון שימשמש אז בשל יד להזיזו ממקומו ויחזק הקשר, ובזה תחזור ברכת "להניח" גם על הש"י, ודומה כאילו הניח עתה הש"י והש"ר תכופים זה לזה, ואם בירך בלא משמוש, ימשמש אחר הברכה.

(**ודע** דהגרע"א מסיק בחידושיו, דבסח יברך תחלה על ש"ר "על מצות", ואח"כ ימשמש בש"י ויחזק הקשר, ויברך "להניח", ובזה יצא ידי שיטת רש"י ור"ת).

סימן כה ס"ה בהגה - עיין לעיל אות ט'.

אות כ'

כי משי ידיה, לימא: ברוך אשר קדשנו במצותיו וצונו על נטילת ידים

סימן ד ס"א - [מד]ירחץ ידיו - יש ע"ז שני טעמים: הרא"ש כתב, לפי שידים של אדם עסקניות הן, וא"א שלא יגע בבשר המטונף בלילה, לזה תקנו חז"ל ברכה על הנטילה לק"ש ולתפלה.

והרשב"א כתב, לפי שבשחר אחר השינה אנו נעשים כבריה חדשה, דכתיב: חדשים לבקרים רבה אמונתך, צריכין אנו להודות לו יתברך, שבראנו לכבודו לשרתו ולברך שמו, ועל דבר זה תקנו בשחר כל אותן הברכות שאנו מברכין בכל בוקר, לכן גם דבר זה תקנו בשחר, להתקדש בקדושתו וליטול ידינו מן הכלי, ככהן שמקדש ידיו מן הכיור קודם עבודתו.

ולהלכה אנו תופסים כשני הטעמים לחומרא לענין נטילה, וכדלקמן בזה הסימן. **ואם** לא בירך ענט"י קודם התפלה, שוב לא יברך אחר התפלה לכו"ע.

כתב בסדר היום, שלא יגע במלבושיו עד שיטול, ובגמרא לא משמע כן.

איתא בברכות דף נ"א. אל תטול חלוקך שחרית מיד השמש ותלבש, משום סכנת מזיקין, אלא יטלהו בעצמו ממקום שהוא שם, ואפילו אותו השמש כבר נטל ידיו.

אמרינן בגמרא (שבת נ:) רוחץ אדם פניו ידיו ורגליו בכל יום משום כבוד קונו, ובמדינותינו שאין אנו הולכים יחפים, א"צ לרחוץ רגליו שחרית.

ויברך: על נטילת ידים - ומיד אחר הנטילה יברך, וא"צ להמתין על הניגוב, וגם הניגוב אין מעכב, **ויש** מחמירין שלא יברך עד אחר שינגב ידיו, דס"ל דאין רוח רעה סר מהידים עד אחר הניגוב, וס"ל דאסור לברך בידים שר"ר שורה עליהם, **אבל** דעת הפוסקים אין כן.

(הגה: וי"א גם "אשר יצר", ואפילו לא עשה צרכיו, וכן נהגו) (אבודרהם) - הטעם, משום דבבוקר נעשה כבריה חדשה, וצריכין אנו להודות לו, וניתקן ברכת "אלקי נשמה" על ירידת הנשמה, ו"אשר יצר" על יצירת הגוף, ויש עוד טעמים אחרים. **וכתב** הפמ"ג, דלפי הטעם דבריה חדשה, אם היה ניעור כל הלילה, דאז לא נעשה בריה חדשה בבוקר, אין יכול לברך "אשר יצר" אם לא עשה צרכיו.

והרוצה להסתלק מן הספק, יזהר לעשות צרכיו תיכף אחר שעירה מים על ידיו ג"פ, וכשיצא מבהכ"ס יטול ידיו פעם שניה, ויברך "אשר יצר" ויצא ידי חובה לכו"ע, **וטוב** יותר שלא יברך אפילו ברכת נט"י עד לאחר נטילה שניה שנוטל אחר יציאתו מבהכ"ס, ובפרט אם היה צריך לנקביו בעת נטילה ראשונה, שאז בודאי אינו רשאי לברך.

והח"א כתב, דנכון להמתין מלברך ענט"י עד לאחר שמנקה עצמו ורוצה להתפלל, (דאז יצא לכו"ע, **אבל** כשבירך מקודם ואח"כ יפנה,

---

באר הגולה

מד ברכות ס'

להרא"ש צריך לחזור ולברך, ואף דלא קי"ל הכי, מ"מ נכון ליזהר בזה), **אח**"כ מצאתי בספר מעשה רב, שכן היה נוהג הגר"א ז"ל.

(**ומשמע** מן הח"א, דמי שהוא קם זמן הרבה קודם התפלה, אפילו אם הטיל מי רגלים, דזה כבר נקרא בשם עשיית צרכים, מ"מ כיון דמסתמא כשיגיע בבוקר זמן תפלה, ילך בבית הכסא לנקות עצמו, ימתין עתה מברכת ענט"י עד הבוקר כשינקה עצמו קודם התפלה, כדי לצאת דעת הרא"ש דס"ל דעיקרה ניתקן בשביל התפלה).

(**ולכאורה** קשה על עצתו, איך יצא עתה בברכתו אליבא דהרשב"א, הלא במה שנטל ידיו תיכף כשקם יצא ידי חובת נטילה, ואיך יאמר עתה על הנטילה השנייה "וצונו על נט"י", **ולומר** דהברכה זו קאי על נטילה ראשונה, הלא יש הפסק גדול, ולכתחילה יש ליזהר בזה מאוד, **אמנם** באמת אפשר ליישב, דהרי כתב הב"י, דלטעם הרשב"א דמשום בריה חדשה, נוכל לאחרה ולסדרה עם שאר הברכות, אף דהוא הפסק גדול, **אך** א"כ יהיה צריך לברך אחר זה תיכף גם שאר ברכות השחר).

(**וטוב** לעשות כהח"א, דזה אליבא דהרא"ש בוודאי יוצא, ואפשר גם להרשב"א לפי מה שכתב הב"י, משא"כ אם לא יעשה כוותיה, להרא"ש בוודאי אינו יוצא).

י"א דאם השתין בלילה, יוכל לסמוך לענין ברכת "אשר יצר" על "אשר יצר" דשחרית, וצ"ע לדינא, **גם** פעמים רבות יקרה שבבוקר משתוקק עוד הפעם להטלת מי רגלים, ולא יוכל לחול עוד הברכת "אשר יצר" דבבוקר ע"ז הטלה דלילה, **וירא** שמים יחמיר על עצמו, ויטול ידיו וילבוש מכנסים, או יחגור בשאר דבר להפסיק בין לבו לערוה, ויברך "אשר יצר", **אך** יראה בעת הברכה להרחיק מהעביט של המי רגלים ד' אמות, אם הוא עומד בחדרו, **ואם** לא היה העביט מיוחד לזה, די בהטלת רביעית מים לתוך המי רגלים בכל פעם ופעם שמשתין.

[מה]**מים הפסולים לנטילת ידים לסעודה, (לקמן סימן ק"ס), כשרים לנטילת ידים לתפלה** - דהיינו מים שנשתנו מראיהן, או נעשו בהם מלאכה, או מלוחים, או סרוחים שאין הכלב יכול לשתות מהם, **ומשו"ה** ראוים לתפלה, דכאן לא צריך רק משום נקיות בעלמא.

(**משמע** דכוונת הרמ"א לומר, דדוקא בזה אנו חוששין לדעת היש מי שאומר דבסמוך, דלא מברך עלייהו, **אבל** כלי וכח גברא, או אם אין לו רביעית מים, בוודאי יוכל לברוכי ענט"י, **ומביאור** הגר"א משמע, דלדעת הי"א לא יברך אם אין כלי וכח גברא, **ואין** נ"מ לדינא, דבלא"ה הכריעו האחרונים, דאפילו על מים הפסולים לגמרי יוכל לברך ענט"י).

[מו]**מיהו יש מי שאומר דלא מברך עלייהו** - ר"ל "על נטילת ידים", רק "על נקיות ידים", [לבוש והגר"א], **והאחרונים** הכריעו דיוכל לברך "על נטילת ידים".

(**עיין** בשע"ת שכתב, שמי שנוהג כהשו"ע ונטל בלי ברכה, (וכסתימות לשון המחבר, דמשמע דר"ל שלא יברך כלל – מאמ"ר), **ואח"כ נזדמנו לו** מים כשרים, יחזור ויטול בלי ברכה, **ומהפמ"ג** משמע, דכשנזדמנו לו אחר שעה ושתים מים כשרים, יוכל לברך ענט"י, **ולפי** מש"כ לעיל בשם הח"א, יוכל ליתן עצה שלא יפסיד הברכה, דהיינו שקודם התפלה יטיל מים וישפשף, או יעשה צרכיו, ואח"כ יטול ידיו במים הכשרים, ויוכל לברך).

סימן מו ס"א - כשיטול ידיו, יברך: ענט"י.

[מז]**סימן ד סכ"ג** - [מח]**לא תיקנו נטילת ידים אלא לק"ש ולתפלה, אבל ברכות דשחרית יכול לברך קודם נטילה** - דסתם ידים, דהיינו שאינו יודע אם הם מלוכלכים, אינן פסולות לברכה, וכ"ש לד"ת, דהרי מברכין על הפירות וא"צ נט"י.

[מט]**אא"כ הוא ישן על מטתו ערום** - שאז מסתמא ידיו מטונפות בנגיעת בית הסתרים. **ומלבושים** שלנו שבית הצואר פתוח, אפילו אם ישן במלבושים, מסתמא ידיו מטונפות, כי דרכו לחכך בגופו במקום זיעה, **שאז אסור להזכיר את השם עד שינקה אותם** - בצרורות ובכל מידי דמנקי, וה"ה לתורה אסור בלא נקיון.

ואפילו אם יש לו מים, מ"מ די לברכות ולתורה בניקיון בעלמא, ורק משום כדי להעביר רוח רעה בעינן מים, **ובשע"ת** בשם הזוהר כתב, דלא יברך בלי נט"י, וראוי להחמיר ביש לו מים.

ודוקא אם ישן שינת קבע, אבל בשינת עראי אין חזקתו שנגע, ודינן כסתם ידים דכשרים לת"ת ולברכה, רק לא לתפלה.

אות ל'

אלא לקבולינהו בשמחה

סימן רכב ס"ג - [נ]**חייב אדם לברך על הרעה בדעת שלמה ובנפש חפצה, כדרך שמברך בשמחה על הטובה;** [נא]**כי הרעה לעובדי השם היא שמחתם וטובתם, כיון שמקבל מאהבה מה שגזר עליו השם, נמצא שבקבלת רעה זו הוא עובד את השם, שהיא שמחה לו** - כי באמת כל היסורין בין בגוף ובין בממון הוא הכל כפרה על העונות, כדי שלא יצטרך להתיסר לעתיד לבא, ששם העונש הוא הרבה יותר גדול, **וכדאיתא** במדרש: יצחק תבע יסורין, {היינו שהוא הכיר גודל מדת הדין שלעתיד, וכעין זה אמר ג"כ דוד המלך ע"ה: סמר מפחדך בשרי וממשפטיך יראתי, ותבע בעצמו יסורין, כדי שינקה מכל וכל ולא יצטרך לפחוד עוד}, אמר לו הקב"ה: חייך דבר טוב אתה מבקש, וממך אני מתחיל, שנאמר: ויהי כי זקן יצחק ותכהין עיניו מראות.

אות מ'

לעולם יהא אדם רגיל לומר כל דעביד רחמנא לטב עביד

סימן רל ס"ה - [נב]**לעולם יהא אדם רגיל לומר: כל מה דעביד רחמנא, לטב עביד.**

באר הגולה

[מה] הרא"ה [מו] שם [מז] (ע"פ הגר"א וז"ל: דכולהו {כל ברכות השחר} נתקנו קודם הנטילה כמש"ש ס' ב') [מח] הרא"ש שם והרשב"א בתשובה [מט] שם (והיא דברכות ס' ב' דמסתמא ישן ערום, צ"ל שא"צ לברכות אלא נקיון, וז"ש עד כו' - גר"א) [נ] שם נ"ד ע"א [נא] טור [נב] שם בגמ'

§ מסכת ברכות דף סא. §

אות א'

לא יהלך אדם אחורי אשה בדרך, ואפילו אשתו; נזדמנה לו על הגשר, יסלקנה לצדדין

אבה"ע סימן כא ס"א - [א]פגע אשה בשוק, אסור להלך אחריה - ‹שיבא להרהר בה - לבוש›. ‹**דהיינו** בתוך ד' אמותיה, מהרא"י ובה"י, **וכנה"ג** בשם הרדב"ז כתב דלא סגי כשירחיק ד' אמות, אלא כל שאינו מרוחק שאינו מכיר ומבחין בה בהלוכה ובתנועותיה, אסור - בה"ט›, **אלא [ב]רץ ומסלקה לצדדין [ג]או לאחריו** - ‹איסור זה הוא בכל [ד]הנשים ובכל המקומות, אפי' במקום שהנשים הולכות מכוסות מכף רגל עד ראש, כנה"ג בשם הרדב"ז - בה"ט›, (**ושם** מסיים, אלא ימהר לעבור לפניה אפי' שיעבור תוך ד' אמותיה, או יסתלק לצדדין, או יאנוס עצמו ויתעכב עד שתלך מלפניו כו', **ואם** אי אפשר באחד מכל אלה, **והוא** ממהר לדבר מצוה ואם יתעכב יעבור זמן המצוה, יתקע עיניו בקרקע וילך ולא יגביהם מן הקרקע, ע"ש. **ומשמע** דתקנתא זו דיתקע עיניו בקרקע לא מהני אלא דוקא בממהר לדבר מצוה, **ועיין** בגמ' ברכות ס"א, ולמ"ד פרצוף הי מניידהו סגי ברישא, אמר רנב"י מסתברא כו' דתניא כו', [ה]ועיין במהרש"א - פתחי תשובה).

אות ב'

ולא אחורי בית הכנסת בשעה שהצבור מתפללין; ולא אמרן אלא דלא דרי מידי, ואי דרי מידי לית לן בה; ולא אמרן אלא דליכא פתחא אחרינא, ואי איכא פתחא אחרינא לית לן בה; ולא אמרן אלא דלא רכיב חמרא, אבל רכיב חמרא לית לן בה; ולא אמרן אלא דלא מנח תפילין, אבל מנח תפילין לית לן בה

סימן צ ס"ח - [ו]אסור לעבור חוץ לבהכ"נ בצד שהפתח פתוח בו, בשעה שהציבור מתפללים, מפני שנראה ככופר, כיון שאינו נכנס להתפלל - עיין בפמ"ג, שיש להחמיר אפילו בעת ק"ש ופסוקי דזמרה.

ואם נושא משאוי, או שלבוש תפילין - דנראה שעול מלכותו עליו, ולא יבואו לחשדו.

[ז]או שיש בהכ"נ אחר בעיר, או שיש לבהכ"נ זה פתח אחר - נ"ל דה"ה אם רגילין בבהכ"נ הזה לעשות כמה מנינים, ג"כ שרי, דלא יבואו לחשדו.

[ח](או שרוכב על הבהמה) - שניכר שמפני שהוא טרוד בשמירת הבהמה אינו נכנס, **מותר.**

באר הגולה

[א] **ברייתא ברכות דף ס"א. ועובדא דרב ור' יהודה קידושין דף פ"א.** ‹פרש"י וז"ל: נזדמנה לו על הגשר. אשת איש והיא לפניו, עכ"ל. אלמא מיירי באשת איש דוקא, דאם איתא דרש"י בא רק לאפוקי אשתו, דאין צורך לטרוח לסלקה לצדדיו כמש"ב מהרש"א בדעת רש"י {עיין להלן}, הו"ל למימר אשה דעלמא, ולאו למינקט אשת איש, אלמא מלבד דבא לאפוקי אשתו, אתא נמי לאשמועינן דמיירי באשת איש דוקא, ולא בפנויה, וכן מוכח מהא דאיתא בהמשך הגמ', דכל העובר אחורי אשה בנהר אין לו חלק לעוה"ב, ופרש"י דמיירי באשת איש שמגבהת בגדיה והוא מסתכל בבשרה, והתם טרח היעב"ץ לפרש אליבא דרש"י, דלאו דוקא אשת איש אלא ה"ה פנויה, ואילו בפרש"י הנ"ל שהוא קודם לו, דג"כ נקט רש"י אשת איש, לא הגיה היעב"ץ מאומה, אלמא מודה דהתם אשת איש בדוקא - גן נעול. **ובגאון** יעקב כתב, דה"ה דיש איסור בפנויה, ועיין בהערה לקמן› [ב] ‹קדושין שם - גר"א› [ג] ‹שם ברכות ותלכנה אחרי האיש כו' - גר"א› [ד] ‹ע"ש ברדב"ז, דבא לרבות בזה בעיקר אף במקום שנשים הולכות מכוסות וכנ"ל, אבל כתב שם, ואפי' אחרי אשתו אסור לילך, וא"כ פשוט דה"ה דיש איסור בפנויה› [ה] ‹ואפילו היא אשתו. פירש"י דגנאי הדבר, עכ"ל. נראה דר"ל דבאשתו משום איסורא ודאי ליכא, אלא משום גנאי, דאין דרך ארץ שילך הקטן בראש והגדול אחריו, **אבל** לפי' הרמב"ם בהך ששנינו לא ירבה אדם שיחה כו', ואפילו באשתו אמרו כו', דמשום איסורא נגעו בה, שלא ירגיל עצמו במשגל, ה"נ איכא למימר מה"ט שלא ילך אחריה להסתכל בה, **ואפשר** שדקדק {רש"י} לומר דהכא משום איסורא לא שייך, דמשמע ליה דב' הפרצופין היו כל א' מהם פניו הפך של פנים השני, דמש"ה פריך למ"ד פרצוף הי מינייהו מסגי ברישא, כיון דכל א' מהם היה פניו הפך השני, מי יכריע ביניהם שילך בראש, וא"כ זה הולך למזרח וזה למערב והו"ל חמר גמל שא"א להם לזוז ממקומם, וא"כ הוא, גם אם תלך הנקבה בראש לא יסתכל בה שהרי פניו לצד השני, אבל משום גנאי ניחא, דיש לזכר לילך בראש, **ובהכי** ניחא שפירש"י בסמוך, נזדמנה לו על הגשר, אשת איש והיא לפניו, עכ"ל, שהכריחו לפרש דקאי על א"א, ולא אפילו על אשתו דבסמוך לו, דבאשתו כיון דאינו אלא משום גנאי אין סברא להטריחו ולסלקה לצדדין ולעבור לפניה, אלא דאיירי בא"א דאיסורא נמי אית ביה - מהרש"א› [ו] **ברכות ח'** [ז] ‹הכי איתא בדף ח:› [ח] **ב"י בשם רבינו ירוחם** ‹וכתב רבינו ירוחם: וכמו כן דוקא שאינו הולך רכוב, וטעמו, משום דבקצת נוסחי איכא בפרק הרואה, (אבל בדף ח' לא נמצא) ולא אמרו אלא דלא רכיב חמרא, אבל רכיב חמרא לית לן בה - ב"י›

הרואה פרק תשיעי ברכות סא

סכל לטובה. אילו היה נר דלוק היה הגיים רואה אותי ואילו היה החמור טער או התרנגול קורא היה הגיים בא ושובה אותי: **והא קחזינן דמזקא**. במזקת: **אוי לי מיוצרי**. אם אלך אחר יצרי ואם לא אלך אחריו אוי לי מיוצרי המינעני בהרהורים: **דו פרצופין**. שני פרצופין בראו תחלה אחד מלפניו ואחד מאחריו ונלחו לשנים ועשה מן האחד חוה: **אחור וקדם צרתני**. לשון צורה דהיינו שני פרצופין: **זכר ונקבה בראם**. משמע מתחלת ברייתם תרי הוו: **היינו דכתיב ויבן**. שהיה צריך בנין: **מאי ויבן**. והלא כבר נבנה: **כדי לקבל את הפירות**. שאם יהיה קצר מלמטה ורחב מלמעלה תהא התבואה דוחפת את הכתלים מלמעלה לכאן ולכאן שהמשא מכביד עליהם: **שושבין**. משתדל בתופתו ובזיווגו: **ולמ״ד פרצוף**. ומתחלתו היה מצד אחד זכר ונקבה מצד אחר: **הי מינייהו סגי ברישא**. איזהו פרצוף היה מהלך לפנים: **אפי׳ היא אשתו**. גנאי הדבר: **נזדמנה לו על הגשר**. אשת איש והיא לפניו: **יסלקנה לצדדין**. עד שיעבור לפניה: **אחורי אשה בנהר**. אחורי אשת איש מגבהת בגדיה מפני המים וזה מסתכל בה: **יד ליד לא ינקה רע**. אפילו כמשה רבינו שקבל תורה מימינו של הקב״ה לא ינקה רע וקרא באשה משתעי: **עם הארץ**. לא שמש תלמידי חכמים שלא למד משנה זו שאינו לא יהלך אדם אחורי אשה ואפילו היא אשתו: **ולמאי דקאמר רב נחמן**. שהלך אחריה ממש אם כן אפילו בי רב עם תינוקות של בית רבן נמי לא קרא: **בשעה שהצבור מתפללים**. דכיון שאינו נכנס נראה כפורק עול ומבזה בית הכנסת: **ואי דרי מידי**. אין כאן גנאי דמוכחא מילתא דהאי דלא נכנס מפני המשוי: **ואי איכא פתחא אחרינא**. אין כאן בזוי דמאן דחזי סבר בפתחא אחרינא ליעול: **יביע**. לשון אבעבועות כל משקה מסריח מעלה רתיחה ואבעבועות: **חטאה**. לשון חטה דריש ליה: **כליות יועצות**. את הלב עשה כן: **והלב מבין**. מה יש לו לעשות אם ישמע לעצת הכליות אם לאו ומנין שהכליות יועצות שנאמר (תהלים טז) אברך את ה׳ אשר יעצני אף לילות יסרוני כליותי ומנין שהלב מבין שנאמר (ישעיה ו) ולבבו יבין: **לשון מחתך**. הדבור להוציא מפיו: **והפה**. הם השפתים גומר ומוציאו: שואבת

הכל לטובה: ואמר רב הונא אמר רב משום ר׳ מאיר לעולם יהיו דבריו של אדם מועטין לפני הקב״ה שנאמר °אל תבהל על פיך ולבך אל ימהר להוציא דבר לפני האלהים כי האלהים בשמים ואתה על הארץ על כן יהיו דבריך מעטים: דרש רב נחמן בר רב חסדא מאי דכתיב °וייצר ה׳ אלהים את האדם בשני יודי״ן שני יצרים ברא הקב״ה אחד יצר טוב ואחד יצר רע מתקיף לה רב נחמן בר יצחק אלא מעתה בהמה דלא כתיב בה וייצר לית לה יצרא והא קא חזינן דמזקא ונשכא ובעטא אלא כדר״ש בן פזי דאמר *ר׳ שמעון בן פזי אוי לי מיוצרי ואוי לי מיצרי אי נמי כדר׳ ירמיה בן אלעזר דאמר ר׳ ירמיה בן אלעזר דו פרצופין ברא הקב״ה באדם הראשון שנאמר °אחור וקדם צרתני: °ויבן ה׳ אלהים את הצלע *רב ושמואל חד אמר *פרצוף וחד אמר זנב בשלמא למאן דאמר פרצוף היינו דכתיב אחור וקדם צרתני אלא למאן דאמר זנב מאי אחור וקדם צרתני כדרבי אמי דאמר ר׳ אמי אחור למעשה בראשית וקדם לפורענות בשלמא אחור למעשה בראשית דלא אברי עד מעלי שבתא אלא וקדם לפורענות פורענות דמאי אילימא *פורענות דנחש והתניא *רבי אומר בגדולה מתחילין מן הגדול ובקללה מתחילין מן הקטן בגדולה מתחילין מן הגדול דכתיב °*וידבר משה אל אהרן ואל אלעזר ואל איתמר בניו הנותרים קחו וגו׳ בקללה מתחילין מן הקטן בתחלה נתקלל נחש ולבסוף נתקללה חוה ולבסוף נתקלל אדם אלא פורענות דמבול דכתיב °וימח את כל היקום אשר על פני האדמה מאדם ועד בהמה ברישא אדם והדר בהמה בשלמא למאן דאמר פרצוף היינו דכתיב וייצר בשני יודי״ן אלא למאן דאמר זנב מאי וייצר כדר״ש בן פזי דאמר ר׳ שמעון בן פזי אוי לי מיוצרי אוי לי מיצרי בשלמא למאן דאמר פרצוף היינו דכתיב °זכר ונקבה בראם אלא למאן דאמר זנב מאי זכר ונקבה בראם כדר׳ אבהו דרבי אבהו *רמי כתיב זכר ונקבה בראם וכתיב °כי בצלם אלהים עשה את האדם הא כיצד בתחלה עלה במחשבה לבראת ב׳ ולבסוף לא נברא אלא אחד בשלמא למאן דאמר פרצוף היינו דכתיב °ויסגור בשר תחתנה אלא למאן דאמר זנב מאי ויסגור בשר תחתנה א״ר ירמיה ואיתימא רב זביד ואיתימא רב נחמן בר יצחק לא נצרכה אלא למקום חתך בשלמא למ״ד זנב היינו דכתיב ויבן אלא למ״ד פרצוף מאי ויבן לכדר״ש בן מנסיא *דדרש ר״ש בן מנסיא מאי דכתיב ויבן ה׳ את הצלע מלמד שקלעה הקב״ה לחוה והביאה לאדם הראשון שכן בכרכי הים קורין לקליעתא בנייתא דבר אחר ויבן אמר רב חסדא ואמרי לה במתניתא תנא מלמד שבנאה הקב״ה לחוה כבנין אוצר מה אוצר זה קצר מלמעלה ורחב מלמטה כדי לקבל את הפירות אף אשה קצרה מלמעלה ורחבה מלמטה כדי לקבל את הולד ויביאה אל האדם א״ר ירמיה בן אלעזר מלמד שנעשה הקב״ה שושבין לאדם הראשון מכאן למדה תורה דרך ארץ שיחזור גדול עם קטן בשושבינות ואל ירע לו ולמאן דאמר פרצוף הי מינייהו סגי ברישא אמר רב נחמן בר יצחק מסתברא דגברא סגי ברישא דתניא *לא יהלך אדם אחורי אשה בדרך ואפי׳ אשתו נזדמנה לו על הגשר יסלקנה לצדדין וכל העובר אחורי אשה בנהר אין לו חלק לעולם הבא *תנו רבנן המרצה מעות לאשה מידו לידה כדי להסתכל בה אפילו יש בידו תורה ומעשים טובים כמשה רבינו לא ינקה מדינה של גיהנם שנאמר °יד *ליד לא ינקה רע לא ינקה מדינה של גיהנם א״ר נחמן מנוח עם הארץ היה דכתיב °וילך מנוח אחרי אשתו מתקיף לה רב נחמן בר יצחק אלא מעתה גבי אלקנה דכתיב וילך אלקנה אחרי אשתו וגבי אלישע דכתיב °ויקם וילך אחריה הכי נמי אחריה ממש אלא אחרי דבריה ואחרי עצתה הכא נמי אחרי דבריה ואחרי עצתה א״ר אשי ולמאי דקאמר רב נחמן מנוח עם הארץ היה אפי׳ בי רב נמי לא קרא שנאמר °ותקם רבקה ונערותיה ותרכבנה על הגמלים ותלכנה אחרי האיש ולא לפני האיש א״ר יוחנן אחורי ארי ולא אחורי אשה אחורי אשה ולא אחורי עכו״ם אחורי עכו״ם *ולא אחורי בהכ״נ בשעה שהצבור מתפללין ולא אמרן אלא דלא דרי מידי ואי דרי מידי לית לן בה ולא אמרן אלא דליכא פתחא אחרינא ואי איכא פתחא אחרינא לית לן בה ולא אמרן אלא דלא רכיב חמרא אבל רכיב חמרא לית לן בה ולא אמרן אלא דלא מנח תפילין אבל מנח תפילין לית לן בה: אמר רב יצר הרע דומה לזבוב ויושב בין שני מפתחי הלב שנא׳ °זבובי מות יבאיש יביע שמן רוקח ושמואל אמר כמין חטה הוא דומה שנאמר °לפתח חטאת רובץ ת״ר שתי כליות יש בו באדם אחת יועצתו לטובה ואחת יועצתו לרעה ומסתברא דטובה לימינו ורעה לשמאלו דכתיב °לב חכם לימינו ולב כסיל לשמאלו: תנו רבנן *כליות יועצות לב מבין לשון מחתך פה גומר ושט מכניס ומוציא כל מיני מאכל קנה מוציא קול ריאה

וכל העובר אחורי אשה בנהר אין לו חלק לעוה״ב. פי׳ אם רגיל בכך לפי שיבא לידי ניאוף וסופו יורד לגיהנם: **אלא** מעתה גבי אלקנה דכתיב וילך אלקנה אחרי אשתו וגו׳. שבוש הוא שאין פסוק זה בכל המקרא ול״צ ליה*: ר״ע

עין משפט נר מצוה
עא א מיי׳ פכ״א מהל׳ איסורי ביאה הל׳ כב סמג לאוין קכו טוש״ע אה״ע סי׳ כא סעיף א:
עב ב מיי׳ פ״ח מהל׳ תפלה הל׳ א סמג עשין יט טוש״ע או״ח סי׳ צ סעיף ח:

מסורת הש״ס
קהלת ה · בראשית ב · תהלים קלט · בראשית ב · [עירובין יח.] · [פי׳ הערוך זנב] · [תענית טו: ע״ש] · ויקרא י · בראשית ז · בראשית ה · שם א · שם ט · שם ב · [עירובין יח.] · משלי יא · שופטים יג · מלכים ב ד · בראשית כד · לעיל ח: · קהלת י · בראשית ד · קהלת י · [חולין יא. שבת לג:]

ריאה שואבת כל מיני משקין כבד כועס מרה זורקת בו טפה ומניחתו טחול שוחק קרקבן טוחן קיבה ישנה אף נעור נעור הישן ישן הנעור נמוק והולך לו תנא אם שניהם ישנים או שניהם נעורים מיד מת תניא רבי יוסי הגלילי אומר צדיקים יצר טוב שופטן שנאמר °ולבי חלל בקרבי רשעים יצר רע שופטן שנאמר °נאם פשע לרשע בקרב לבי אין פחד אלהים לנגד עיניו בינונים זה וזה שופטן שנאמר °יעמוד לימין אביון להושיע משופטי נפשו אמר *רבא כגון אנו בינונים אמר ליה אביי לא שביק מר חיי לכל בריה ואמר רבא לא איברי עלמא אלא לרשיעי גמורי או לצדיקי גמורי אמר רבא לידע אינש בנפשיה אם צדיק גמור הוא אם לאו אמר רב לא איברי עלמא אלא לאחאב בן עמרי ולר' חנינא בן דוסא לאחאב בן עמרי העולם הזה ולרבי חנינא בן דוסא העולם הבא: ואהבת את ה' אלהיך: *תניא ר' אליעזר אומר אם נאמר בכל נפשך למה נאמר בכל מאדך ואם נאמר בכל מאדך למה נאמר בכל נפשך אלא אם יש לך אדם שגופו חביב עליו מממונו לכך נאמר בכל נפשך ואם יש לך אדם שממונו חביב עליו מגופו לכך נאמר בכל מאדך *רבי עקיבא אומר בכל נפשך *אפילו נוטל את נפשך תנו רבנן פעם אחת גזרה מלכות הרשעה שלא יעסקו ישראל בתורה בא פפוס בן יהודה ומצאו לרבי עקיבא שהיה מקהיל קהלות ברבים ועוסק בתורה אמר ליה עקיבא אי אתה מתירא מפני מלכות אמר לו אמשול לך משל למה הדבר דומה לשועל שהיה מהלך על גב הנהר וראה דגים שהיו מתקבצים ממקום למקום אמר להם מפני מה אתם בורחים אמרו לו מפני רשתות שמביאין עלינו בני אדם אמר להם רצונכם שתעלו ליבשה ונדור אני ואתם כשם שדרו אבותי עם אבותיכם אמרו לו אתה הוא שאומרים עליך פקח שבחיות לא פקח אתה אלא טפש אתה ומה במקום חיותנו אנו מתיראין במקום מיתתנו על אחת כמה וכמה אף אנחנו עכשיו שאנו יושבים ועוסקים בתורה שכתוב בה °כי הוא חייך ואורך ימיך כך אם אנו הולכים ומבטלים ממנה עאכ"ו אמרו לא היו ימים מועטים עד שתפסוהו לר"ע וחבשוהו בבית האסורים ותפסו לפפוס בן יהודה וחבשוהו אצלו אמר לו פפוס מי הביאך לכאן אמר ליה אשריך רבי עקיבא שנתפסת על דברי תורה אוי לו לפפוס שנתפס על דברים בטלים בשעה שהוציאו את ר' עקיבא להריגה זמן ק"ש היה והיו סורקים את בשרו במסרקות של ברזל והיה מקבל עליו עול מלכות שמים אמרו לו תלמידיו רבינו עד כאן אמר להם כל ימי הייתי מצטער על פסוק זה בכל נפשך אפילו נוטל את נשמתך אמרתי מתי יבא לידי ואקיימנו ועכשיו שבא לידי לא אקיימנו היה מאריך באחד עד שיצתה נשמתו באחד יצתה ב"ק ואמרה אשריך ר"ע שיצאה נשמתך באחד אמרו מלאכי השרת לפני הקב"ה זו *תורה וזו שכרה °ממתים ידך ה' ממתים וגו' אמר להם חלקם בחיים יצתה בת קול ואמרה אשריך ר"ע *שאתה מזומן לחיי העוה"ב: [ב]לא יקל אדם את ראשו כנגד שער המזרח שהוא מכוון כנגד בית קדשי הקדשים וכו': אמר רב יהודה אמר רב לא אמרו אלא מן הצופים ולפנים וברואה איתמר נמי א"ר אבא בריה דרבי חייא בר אבא הכי אמר רבי יוחנן לא אמרו [ג]אלא מן הצופים ולפנים וברואה ובשאין גדר ובזמן שהשכינה שורה ת"ר הנפנה ביהודה לא יפנה מזרח ומערב אלא צפון ודרום ובגליל לא יפנה אלא מזרח ומערב ורבי יוסי מתיר שהיה ר' יוסי אומר לא אסרו אלא ברואה ובמקום שאין שם גדר ובזמן שהשכינה שורה וחכמים אוסרים חכמים היינו ת"ק איכא בינייהו צדדין תניא אידך הנפנה ביהודה לא יפנה מזרח ומערב אלא צפון ודרום ובגליל צפון ודרום אסור מזרח ומערב מותר ורבי יוסי מתיר שהיה רבי יוסי אומר לא אסרו אלא ברואה רבי יהודה אומר בזמן שבית המקדש קיים אסור בזמן שאין בית המקדש קיים מותר רבי עקיבא אוסר בכל מקום רבי עקיבא היינו ת"ק איכא בינייהו חוץ לארץ רבה הוו שדיין ליה לבני מזרח ומערב אזל אביי שדנהו צפון ודרום על רבה תרצנהו אמר מאן האי דקמצער לי [ד]אנא כר' עקיבא סבירא לי דאמר בכל מקום אסור:

תניא

שואבת כל מיני משקין · אע"פ שהן נכנסין בכרס דרך הושט הריאה מוללתן ושואבתן מבעד לדופני הכרס: **זורקת בו טפה** · מרה ומניחתו מן הכעס: **שוחק** · שחוק: **קרקבן** · בעוף הוא המסס בבהמה: **טוחן** · המאכל: **אף** · החוטם: **נעור** · מקיצו משנתו: **נעור הישן** **וישן הנעור** · שנתחלפה ובאה השינה מן האף והקיבה נעורת: **נמוק והולך לו** · מתמוגג והולך לו ונמשך למיתה· לשון אחר נעור הישן הקיבה ונמלאו קיבה ואף נעורים שאינו ישן כלל או ישן הנעור ונמלאו שניהם ישנים ואינו נעור כי אם בקושי: **ולבי חלל בקרבי** · יצר הרע הרי הוא כמת בקרבי שיש בידי לכופו: **נאם פשע לרשע וגו'** · אמר דוד בקרב לבי יש ואומר אני שהפשע נאם לרשע כלומר שיצר הרע אומר לרשע אל יהא פחד אלהים לנגד עיניך אלמא יצר הרע שופטו עד שמרחיקו שאינו מתפחד מיוצרו: **כי יעמוד** · הקב"ה: **לימין אבין להושיע משופטי נפשו** · ש"מ יש לך אדם שיש לנפשו שני שופטים: **לא שבק מר חיי לכל בריה** · אם אתה מן הבינונים אין לך צדיק גמור בעולם: **לרשיעי גמורי.** העולם הזה שאין להם בעולם הבא כלום וצריכין ליטול שכרן כאן כגון אחאב שהיה עשיר מאד דקאמר ליה בן הדד כספך וזהבך לי הוא (מלכים א כ): **לצדיקי גמורי העוה"ב** · שאין להם בעוה"ז כלום כגון רבי חנינא בן דוסא שדי לו בקב חרובין מערב שבת לערב שבת(*תענית כד:): **לכך נאמר בכל מאדך** · מן החביב עליך: **והיה מקבל עליו עול מלכות שמים** · קורא קריאת שמע: **ממתים ידך ה' ממתים** · מידך היה לו למות ולא מידי בשר ודם: **מן הצופים** · מקום שיכולין לראות משם הר הבית ומשם והלאה אין יכולין לראותו: **וברואה** · שיכול לראות משם פרט אם מקום נמוך הוא: **ובשאין גדר** · מפסיק בינו להר הבית: **ובזמן שהשכינה שורה** · שבית המקדש קיים: **הנפנה ביהודה לא יפנה מזרח**

ומערב · אחוריו למזרח ופניו למערב ולא אחוריו למערב ופניו למזרח מפני שירושלים בארץ יהודה היא בצפונה של ארץ יהודה בגבול שבין יהודה לבנימין ויש מארץ יהודה הימנה [למזרח] עד סוף ארץ ישראל והימנה למערב עד סוף ארץ ישראל שארץ יהודה על פני כל אורך ארץ ישראל היא מן המזרח למערב כרצועה ארוכה וקצרה ואם יפנה מזרח ומערב יהיה פרועו נגד ירושלים או פרועו שלפניו או פרועו שלאחריו אבל צפון ודרום יפנה ובלבד שלא יפנה כנגד ירושלים ממש בדרומה של ארץ יהודה: **ובגליל** · שהיא בצפונה של א"י לא יחזיר פניו לצפון ודרום אלא מזרח ומערב: ה"ג וחכמים אוסרין ולא גרסינן בכל מקום: **חכמים היינו ת"ק** · דאמר לא יפנה ולא מפליג בין רואה ללא רואה בין בזמן הבית בין בזמן הזה: **איכא בינייהו צדדים** · דיהודה וגליל שאינן כנגד ירושלים ממש לתנא קמא לדדין נמי אסירי דהא הנפנה ביהודה קאמר כל יהודה משמע ורבנן בתרא סברי כנגד ירושלים ממש אסור אבל לצדדין מותר דהא אדר' יוסי קיימי דאמר לא אסרו אלא ברואה אבל ברחוק לא ואפילו כנגד ירושלים ממש ואתו רבנן למימר וחכמים אוסרים אפילו שלא ברואה ואפילו בזמן הזה ומיהו נגד ירושלים לא: בדר' עקיבא גרסינן בכל מקום הלכך בחוצה לארץ נמי קאמר: **הוו שדיין ליה לבני** · לבנים שישב עליהן לפנות היו מתוקנים וזקופות על צדיהן ראשן א' למזרח והשני למערב לבנה אחת לצפון ולבנה אחת לדרום והוא יושב על האחת ונפנה בינתים נמצא הוא נפנה לצפון ודרום ולא היה רוצה לפנות בבבל מזרח ומערב לפי שבבל במזרחה של ארץ ישראל עומדת שלא יהא פרועו לא מלפניו ולא מלאחריו נגד ארץ ישראל: **אזל אביי שדנהו לצפון ודרום** · לראות אם יקפיד רבו על כך אי סבירא ליה כר"ע דאמר בחו"ל נמי קפדינן עלה דמילתא:

אחר

רבי עקיבא אוסר בכל מקום · מזרח אחוריו ופניו למערב ומסקינן אפילו בחוץ לארץ ומפרש בירושלמי ובלבד שאין שם כותל:

רבה

עין משפט נר מצוה

עג א מיי' פ"ה מהל' יסודי התורה הל' ז סמג עשין ג:

עד ב מיי' פ"ז מהלכות בית הבחירה הל' ה:

עה ג שם הלכה ח:

עו ד מיי' שם הלכה ט טוש"ע או"ח סימן ג סעיף ה:

מסורת הש"ס

[בע"י וילקוט אית' רבה וזהו נכון לפמ"ש תוס' עירובין ה. ד"ה וכא שלא אמר אביי מר לרבא חבירו]

ספחים כה. סנהדרין עד. יומא פב.

[ילקוט רמז תתל"ד איתא ר' עקיבא אומר אם נאמר בכל נפשך ק"ו בכל מאדך אלא בכל מדה ומדה שהוא מודד לך בין במדת הטוב בין במדת הפורענות]

תהלים קט · שם לו · שם קט · דברים ל · [מנחות כט:] · תהלים יז · [עי' תוס' כתובות קג: ד"ה מזומן וכו'] · [לעיל יז:]

§ מסכת ברכות דף סא: §

אות א'

<u>אפילו נוטל את נפשך</u>

רמב"ם פ"ה מהל' יסודי התורה ה"ז - ומנין שאפילו במקום סכנת נפשות אין עוברין על אחת משלש עבירות אלו, שנאמר: ואהבת את ה' אלהיך בכל לבבך ובכל נפשך ובכל מאודך, אפילו הוא נוטל את נפשך; והריגת נפש מישראל לרפאות נפש אחרת או להציל אדם מיד אנס, דבר שהדעת נוטה לו הוא, שאין מאבדין נפש מפני נפש; ועריות הוקשו לנפשות, שנאמר: כי כאשר יקום איש על רעהו ורצחו נפש כן הדבר הזה.

אות ב'

<u>לא יקל אדם את ראשו כנגד שער המזרח שהוא מכוון כנגד בית קדשי הקדשים וכו'</u>

רמב"ם פ"ז מהל' בית הבחירה ה"ה - לא יקל אדם את ראשו כנגד שער מזרחי של עזרה שהוא שער ניקנור, מפני שהוא מכוון כנגד בית קדש הקדשים; וכל הנכנס לעזרה יהלך בנחת במקום שמותר לו להכנס לשם, ויראה עצמו שהוא עומד לפני י"י, כמו שנאמר: והיו עיני ולבי שם כל הימים; ומהלך באימה וביראה ורעדה, שנאמר: בבית אלהים נהלך ברגש. הגהת הראב"ד: מהלך בנחת. פי' שלא ילך דרך הדיוטות.

אות ג'

<u>אלא מן הצופים ולפנים, וברואה, ובשאין גדר, ובזמן שהשכינה שורה</u>

רמב"ם פ"ז מהל' בית הבחירה ה"ח - בזמן שהמקדש בנוי, אסור לו לאדם להקל את ראשו מן הצופים, שהוא חוץ לירושלים, ולפנים; והוא שיהיה רואה את המקדש, ולא יהיה גדר מפסיק בינו ובין המקדש.

[א]סימן ג, ס"ז - [ב]המטיל מים מן הצופים ולפנים, (פי' מקום שיכולים לראות משם הר הבית, ומשם והלאה אין יכולים לראות, רש"י), לא ישב ופניו כלפי הקודש, (אלא לצפון או לדרום), או יסלק הקודש לצדדין - וה"ה אם אחוריו כלפי הקודש, שרי בהטלת מי רגלים.

ועיין בביאור הגר"א שהסכים, דאפי' מן הצופים ולחוץ, אם פניו כלפי הקודש, אסור בהטלת מי רגלים.

אסור לעמוד לפנות להדיא נגד בהכ"נ או בהמ"ד, דלא יהא מכלל מי שנאמר עליהם: ואחוריהם אל היכל ד', **וכן** לא יעשה בהכ"ס מכוון כנגד בהכ"נ או בהמ"ד, שלא יהא הפי הטבעת מגולה נגדם, **ואם** בונה כותל באמצע, להפסיק בין מחיצת בהכ"ס לבית הכנסת, לכאורה אין להחמיר.

באר הגולה

א ‹ע"פ הבאר הגולה› ב **שם בגמ' ס"א ולשון הרמב"ם שם** ‹תימה מהיכן יצא לו זה, והכ"מ לא הראה מקומו. **וראינו** להב"ח כאן שכתב דמקור מקומו הוא מהא דאמרינן בש"ס ברכות דף ס"א שם, לא יקל ראשו נגד שער המזרח, ואין לך קלות ראש יותר ממטיל מים, ולכך לא ישב ופניו כלפי הקודש, ע"ש. **אמנם** באמת שם לא אמרו רק בזמן שהשכינה שורה, וא"כ גם כאן אינו אסור רק בזמן שהשכינה שורה, ומסתימות לשון רבינו ז"ל משמע דגם בזה"ז אסור, שהרי כתבו לאחר שהעתיק שם דאסור לאדם לעולם שישן בין מזרח למערב, ושם ודאי אף בזה"ז אסור, ומש"כ הב"ח דסמך על מש"כ קודם זה בקלות ראש דאינו אסור אלא בזמן שהשכינה שורה, הוא דוחק גדול, דלמה הפסיק הרמב"ם ז"ל בנתים בדבר אחר. **אמנם** לדעתינו נראה דהנה הגאון בעל טורי אבן הקשה, על הא דאמר רבי יהודה דבזמן שאין בהמ"ק קיים מותר, הא רבי יהודה סובר שם ביהכ"נ שחרב אין מספידין וכו', שנאמר והשמותי את מקדשיכם, קדושתן אע"פ שהן שוממין, וא"כ מאי נ"מ בזמן שאין בהמ"ק קיים, הא קדושתן אע"פ שהן שוממין. **אך** באמת הדבר נכון מאוד, דכיון דלרבי יוסי אף בזמן שבהמ"ק קיים לא היה אסור רק ברואה המקדש, ובמקום שאין שם גדר, וא"כ עכשיו דחרבה עירנו ועכ"פ אינו רואה את המקדש, ניהו דקדושת המקום לא אזדא ליה, אבל עכ"פ הוה אין רואה, ולא עדיף מזמן שבהמ"ק קיים ולא ראה את המקדש דמותר, **ובזה** מדוקדק היטב לשון הברייתא ורבי יוסי מתיר, שהיה רבי יוסי אומר לא אסור אלא ברואה ובמקום שאין שם גדר וכו', ודקדקנו דמה נתינת טעם הוא זה, הא הוא עיקר הדין, ולפמ"ש אתי שפיר, דשפיר הוצרך רבי יוסי לטעם זה, דאל"כ מהראוי היה לאסור אף בזמן הזה, משום דקדושה שניה קידשה לעתיד לבא, ולכך קאמר לא אסור אלא ברואה, ולכך מותר בזה"ז כיון שאין רואה, וז"ב. **ומעתה** מיושבים דברי רבינו ז"ל, דלכך אוסר כאן הטלת מים אף בזה"ז, דהרי לכאורה קשה על רבינו ז"ל, דפסק שם בפ"ז הלכה ח' דבזמן שהמקדש בנוי אסור לו לאדם להקל את ראשו מן הצופים שהוא חוץ לירושלים ולפנים, והוא שיהא רואה את המקדש וכו', והרי הוא פסק כר"י שם בפ"ו מבית הבחירה דקדושה שניה קידשה לעתיד לבוא, וא"כ אף בזמן שאין בית המקדש בנוי נמי יהיה אסור, והאיך לא אסר רק בזמן שבית המקדש בנוי. **אמנם** לפמ"ש אתי שפיר והוא הדבר אשר דברנו, דכיון דפסק שם דבעינן והוא שיהיה רואה את המקדש, ולא יהיה גדר מפסיק, וא"כ כיון דאף בזמן שבית המקדש קיים לא היה אסור רק ברואה, ממילא בזה"ז כיון דאין רואה מותר אף דקידשה לעתיד לבא. **ולפי"ז** בהטלת מי רגלים כיון דודאי הם גרועים יותר משאר קלות ראש, דהרי בירושלמי מדמה לה למיסך רגליו, וכמו דקי"ל במפנה {כר"ע, ודלא כר"י} דאף באין רואה אסור, ולכך גם בזה"ז נמי אסור, כמ"ש הרמב"ם ז"ל שם דאסור לאדם לעולם שיפנה וכו', וגדר ג"כ לא מהני בה, א"כ ה"ה במי רגלים נמי היה אסור בזמן המקדש אע"פ שאין רואה, וממילא שפיר אמרינן כיון דקדושה שניה קידשה לעתיד לבוא, אסור אף בזמן שהם שוממין, ושפיר פסק דאף בזה"ז נמי אסור, וזה ברור לפענ"ד ודו"ק – מגן גיבורים. **אבל** רק מן הצופים ולפנים, כמ"ש השו"ע, וכדמבואר מדברי הרמ"א בס"ה [לקמן בסמוך], וכמ"ש העטרת צבי, לפי שאינו מאוס כ"כ›

אות ד'

אנא כרבי עקיבא סבירא לי, דאמר: בכל מקום אסור

סימן ג ס"ה - [ג]אם נפנה במקום מגולה שאין בו מחיצות, יכוין שיהיו פניו לדרום ואחוריו לצפון, או איפכא - וי"א דאיפכא לא, וטוב ליזהר בזה.

אבל בין מזרח למערב, אסור - משום דהשכינה שורה במערב, ואפילו אם מחזיר פניו למערב אסור, דמזרח שהוא נגד מערב יש לו ג"כ קדושה.

אבל בחצר בכל ענין שרי, כ"כ הב"י והמ"א, **אבל** הט"ז הסכים עם מהר"י אבוהב, דבחצר ג"כ אסור באמצע החצר בין מזרח למערב, דהלא מגולה הוא באותו מקום, **אם** לא שמקרב עצמו לצד אחד מהכתלים.

ואם יש בו מחיצות, ואפילו רק מחיצה אחת לצד מערב, ישב בצד המחיצה בסמוך לה, דהיינו עכ"פ בתוך ד' אמות, ואחוריו למערב כלפי המחיצה, ונפנה שם, **וכן** אם הכותל במזרח, יושב בסמוך לה ואחוריו למזרח, **ויש** מחמירין בזה, מפני שפירועו שלפניו הוא לצד מערב, והשכינה במערב, ובמקום שאפשר טוב להחמיר.

כתב הפמ"ג, דאין שיעור לגובה המחיצה, רק כל שאין פירועו מגולה ע"ז שרי.

[ד]**(ולהטיל מים בכל ענין שרי) (ב"י בשם הרמב"ם)** - (ודעת [ה]הגר"א, **דלצד מערב אסור גם בזה, מפני שהשכינה במערב, והוא פורע עצמו בעת הטלת מי רגלים, אלא יטה עצמו לצד מזרח או לשאר הצדדים, או במקום שיש מחיצה סמוך לה, והמנהג להקל כהשו"ע, ומסתברא** דבמקומותינו שהולכים במכנסים, ואין דרך לפרוע את עצמו, גם להגר"א יש להקל).

---

§ מסכת ברכות דף סב. §

אות א'

ולמדתי שאין נפרעין מעומד אלא מיושב

סימן ג ס"ב - [א]יהא צנוע בבית הכסא, ולא יגלה עצמו עד שישב - והוא הדין שלא יקום כשהוא מגולה.

הגה: ולא ילכו שני אנשים ביחד - [ב]ואם מפחד, יכול אחד להניח ידו על ראשו דרך החלון, ובלבד שלא יראה פירועו, **וליכנס** שם להדיא אסור אפילו עם אשתו, **אך** עם קטן שאין בו דעת מותר ליכנס.

[ג]**גם לא ידבר שם** - [ד]ואם הוא לצורך גדול, אפשר דמותר לדבר כל זמן שאין נפנה עדיין, **אבל** בעת שנפנה אף לצורך גדול אסור.

ויסגור הדלת בעדו משום צניעות (אור זרוע) - ואם א"א לסגור הדלת, ואיש אחר רוצה לכנוס, ינחרו זה לזה, ולא ידברו, [ברכות ס"ב].

רק הנשים כשהולכות לבית הכסא הקבוע לרבים, כמו בהכ"ס שבשדה בימיהם, או בחצר בהכנ"ס במדינות אלו, התקינו חכמים שיהיו מספרות זו עם זו, כדי שישמע קולן מבחוץ, ולא יכנוס איש לשם ויתיחד עמהן, [סנהדרין י"ט], **ומשמע** קצת שם, דנכנסות ג"כ בשתים בבהכ"ס.

(**עיין בברכות ס"ב ע"א וע"ב דמפליג הגמרא במידת הצניעות, ובסמ"ק מונה צניעות למצוה דאורייתא, וראיתי באיזה מקומות שמתעצלין בבניית בהכ"ס לרבים, ויש עי"ז כמה מכשולות, שמלבד שחסר עי"ז מדת הצניעות, עוד באין עי"ז לכמה קלקולים: א', כמה מאות ברכות ושמות הקדושים נזכרים בכל עת לבטלה עי"ז, דהלא ידוע מה שנפסק לקמן, דאם אינו יכול לעמוד על עצמו שיעור שעה וחומש, תפלתו תועבה, וכשיש בהכ"ס סמוך לו, והוא צריך לנקביו קודם תפלת י"ח, לא יתעצל**

באר הגולה

ג **שם ס"א לפי' ירושלמי והתוס' שם** ‹ומסקינן אפי' בחו"ל, ומפרש בירושלמי ובלבד שאין שם כותל› **ורא"ש והרשב"א שם** ‹כר"ע דרבה עביד כוותיה - גר"א, ‹**דר"ע** ס"ל דבכל מקום מזרח ומערב אסור, ובכל מקום צפון ודרום מותר, דהאיסור הוא מפני שהשכינה במערב - ב"י›. ‹**וע"פ** דברים אלו יתיישבו גם בקצת דברי התוס', שכתבו ר"ע אוסר בכל מקום: מזרח אחוריו ופניו למערב כו', עכ"ל, שנקטו מזרח ומערב בכל מקום, לא צפון ודרום, מה"ט דאין סברא למימר דר"ע דאוסר בכל מקום אפילו צפון ודרום של חוץ לארץ, אלא מזרח ומערב מה"ט דשכינה במערב - מהרש"א› ד ‹מדברי הרמב"ם ז"ל {והשו"ע בס"ז מובא לעיל} דכתב וכל המטיל מים מן הצופים ולפנים לא ישב ופניו כלפי הקודש, אלא או לצפון או לדרום או יסלק הקודש לצדדים, משמע דמן הצופים ולחוץ אין קפידא ובכל ענין שרי - עולת תמיד› ה ‹דאנן דקי"ל כר"ע דאסור בכל מקום ואפי' בחו"ל, א"כ גם במטיל מים יש לאסור בפניו כלפי מערב בכל מקום - דמשק אליעזר› א **שם בברכות ס"ב** ב ‹גמרא ברכות ס"ב. בת רב חסדא מנחא ידה דרך חלון על רבא, ומשמע דוקא דרך חלון, הא לכנוס שם אסור אפילו אשתו, דבת רב חסדא אשתו דרבא הוה - פמ"ג› ג ‹הנה מרן הגר"א ז"ל ציין לרש"י דברכות שם ס"ב: דפי' שם רש"י ז"ל בד"ה ובית הכסא, אלמא אין מספרין בביה"כ. ומרן הקשה ע"ז, דהרי מפורש בתמיד כ"ז: דהא דאמר ליה דהוא מילי דשעיר, הוא על מה שאמר ליעול מר, והרשה שיהיה יחד עמו שם, ונשאר בצ"ע, אבל יפלא, והרי ברמ"א איתא רק שלא ידבר, והו"ל למרן לציין רק מימרא דקבלה דביה"כ שתיקותא, וצ"ב - עבודת המלך› ד ‹הרמב"ם כתב, {עיין לקמן אות [ג']}, ולא ידבר כשהוא נפנה אפילו לצורך גדול. ונראה דיצא לו מהאי עובדא דרב ספרא ודר' אבא דפרק הרואה ופ"ק דתמיד, ומפרש דהקפידא היה משום שדיבר רב ספרא ואמר ליעול מר, וכי מקשינן התנן זהו כבודו וכו', ופריק ורב ספרא סבר דילמא מסוכן הוה, ורגילי רבוואתא למימר דכי אתמר כי האי לישנא, מורה דהוא סבר הכי ולית הלכתא כותיה, אלמא אפילו לצורך גדול דדילמא מסוכן, לסתמא דתלמודא לא אריך לדבר, ומכאן יצא לו להרמב"ם - מחזיק ברכה›. ‹**ובמחזיק** ברכה כתב שיצא לו מעובדא דרב ספרא דמייתי בברכות ובתמיד, ע"ש, ואפשר דהרמב"ם דוקא בשעה שהוא נפנה ממש קאמר, דאפי' לצורך גדול אסור, והרמ"א שכתב ולא ידבר שם, דהיינו בבהכ"ס, אפשר דבעת שאינו נפנה עדיין שרי לצורך - שע"ת›. ‹**ולפי"ז** לכאורה י"ל, דהא דרב ספרא השיב ודיבר לר' אבא, היה כהלכה, אלא דהיה בעת שלא היה נפנה עדיין, והיה מותר לדבר לצורך גדול›

אמר רבי יהושע וכו'. וביהודה הוה: **עד כאן.** כלומר כל זה העזות פניך בפני רבך שנסתכלת בכל אלו: **דשח ושחק.** עם אשתו שיחה בטלה של ריצוי תשמיש: **ועשה צרכיו.** ושימש מטתו: **כדלא שריף תבשילא.** כאדם רעב כמו שלא שמשה מטתו מעולם שאחה נוהג קלות ראש זה לתאותך: **שריף.** הומי"ר בלע"ז: **שקרובה לפה.** רגילין להושיטה לפה: **שקושר בה תפילין.** בזרוע שמאלו: **טעמי תורה.** נגינות טעמי מקרא של תורה נביאים וכתובים בין בניקוד שבספר בין בהגבהת קול ובגלגול נעימות הנגינה של פשטא ודרגא ושופר מהפך מוליך ידו לפי טעם הנגינה ראיתי בקוראים הבאים מארץ ישראל:

תורה אור

*תניא אמר רבי עקיבא פעם אחת נכנסתי אחר ר' יהושע לבית הכסא ולמדתי ממנו ג' דברים למדתי שאין נפנין מזרח ומערב אלא צפון ודרום *ולמדתי שאין נפרעין מעומד אלא מיושב *ולמדתי שאין מקנחין בימין אלא בשמאל אמר ליה בן עזאי עד כאן העזת פניך ברבך א"ל *תורה היא וללמוד אני צריך תניא בן עזאי אומר פעם אחת נכנסתי אחר רבי עקיבא לבית הכסא ולמדתי ממנו ג' דברים למדתי שאין נפנין מזרח ומערב אלא צפון ודרום ולמדתי שאין נפרעין מעומד אלא מיושב ולמדתי שאין מקנחין בימין אלא בשמאל אמר לו ר' יהודה עד כאן העזת פניך ברבך אמר לו תורה היא וללמוד אני צריך רב כהנא על גנא תותיה פורייה דרב שמעיה דשח ושחק ועשה צרכיו אמר ליה *דמי פומיה דאבא כדלא שריף תבשילא א"ל כהנא הכא את פוק דלאו אורח ארעא אמר לו תורה היא וללמוד אני צריך *מפני מה אין מקנחין בימין אלא בשמאל אמר רבא מפני שהתורה ניתנה בימין שנאמר °מימינו אש דת למו רבה בר בר חנה אמר מפני שהיא קרובה לפה ור' שמעון בן לקיש אמר מפני שקושר בה תפילין רב נחמן בר יצחק אמר מפני שמראה בה טעמי תורה כתנאי רבי אליעזר אומר מפני שאוכל בה ר' יהושע אומר מפני שכותב בה ר' עקיבא אומר מפני שמראה בה טעמי תורה א"ר תנחום בר חנילאי כל הצנוע בבית הכסא נצול משלשה דברים מן הנחשים ומן העקרבים ומן המזיקין ויש אומרים אף חלומותיו מיושבים עליו ההוא בית הכסא דהוה בטבריא כי הוו עיילי ביה בי תרי אפי' ביממא מתזקי רבי אמי ורבי אסי הוו עיילי ביה חד וחד לחודיה ולא מתזקי אמרי להו רבנן לא מסתפיתו אמרי להו אנן קבלה גמירינן קבלה דבית הכסא צניעותא ושתיקותא קבלה דיסורי שתיקותא ומבעי רחמי אביי מרביא ליה [אמיה] אמרא למיעל בהדיה לבית הכסא ולרביא ליה גדיא שעיר בשעיר מיחלף רבא מקמי דהוי רישא מקרקשא ליה בת רב חסדא אמגוזא בלקנא בתר דמלך עבדא ליה כוותא ומנחא ליה ידא ארישיה אמר עולא *אחורי הגדר נפנה מיד ובבקעה כל זמן שמתעטש ואין חברו שומע איסי בר נתן מתני הכי [*] אחורי הגדר כל זמן שמתעטש ואין חברו שומע *ובבקעה כל זמן שאין חברו רואהו מיתיבי **יוצאין מפתח בית הבד ונפנין לאחורי הגדר והן טהורין בטהרות הקלו ת"ש **כמה ירחקו ויהיו טהורין כדי שיהא רואהו שאני אוכלי טהרות דאקילו בהו רבנן רב אשי אמר *מאי כל זמן שאין חברו רואה דקאמר איסי בר נתן כל זמן שאין חברו רואה את פרועו אבל לדידיה חזי ליה ההוא ספדנא דנחית קמיה דרב נחמן אמר האי צנוע באורחותיו הוה א"ל רב נחמן את עיילת בהדיה לבית הכסא וידעת אי צנוע אי לא דתניא אין קורין צנוע אלא למי שצנוע בבית הכסא ורב נחמן מאי נפקא ליה מיניה משום דתניא **כשם שנפרעין מן המתים כך נפרעין מן הספדנין ומן העונין אחריהן *תנו רבנן איזהו צנוע זה הנפנה בלילה במקום שנפנה ביום איני *והאמר רב יהודה אמר רב °לעולם ינהיג אדם את עצמו שחרית וערבית כדי שלא יהא צריך להתרחק ותו רבא ביממא הוה אזיל עד מיל ובליליא א"ל לשמעיה פנו לי דוכתא ברחובה דמתא וכן אמר ליה רבי זירא לשמעיה חזי מאן דאיכא אחורי בית חבריא דבעינא למפני לא תימא במקום אלא אימא *כדרך שנפנה ביום רב אשי אמר אפילו תימא במקום לא נצרכה אלא לקרן זוית גופא אמר רב יהודה אמר רב לעולם ינהיג אדם את עצמו שחרית וערבית כדי שלא יהא צריך להתרחק תניא נמי הכי בן עזאי אומר השכם וצא הערב וצא כדי שלא תתרחק משמש ושב ואל תשב ותמשמש שכל היושב וממשמש אפי' עושין כשפים באספמיא באין עליו ואי אנשי ויתיב ואח"כ משמש מאי תקנתיה כי קאי לימא הכי לא לי לא לי לא תחים ולא תתחים לא הני ולא מהני לא חרשי דחרשא ולא חרשי דחרשתא

תניא

מן הנחשים ומן העקרבים ומן המזיקין. דמתוך צניעתו מתנהג בנחת ובשתיקה ואין הנחשים מרגישים להתקנאות בו ואף המזיקין חסין עליו: **חלומותיו מיושבין עליו.** שאין המזיקין מבהילין אותו: **קבלה.** מסורת ומנהג שקבלנו מרבותינו בבית הכסא: **קבלה דיסורי שתיקותא.** שלא יבעט ביסורין הבאים עליו: **מרביא ליה אימרא.** מגדלת לו שה ומלמדתו שהולך עמו תמיד: **שעיר.** שד של בית הכסא דומה לשעיר ועליהם נאמר (ישעיה יג) ושעירים ירקדו שם: **אמגוזא בלקנא.** נותנת אגוז בספל של נחשת ומקרקשת בו מבית והוא נפנה כנגדה מבחוץ: **בתר דמלך.** ונעשה ראש ישיבה צריך שימור טפי מפני המזיקים *שמתקנאים השדים בתלמידי חכמים יותר משאר בני אדם: **כוותא.** חלון כנגד מקום שהוא נפנה שם אחורי הבית: **אחורי הגדר נפנה מיד.** ואין צריך להתרחק כלום: **ובבקעה.** צריך להתרחק כדי שלא ישמע חברו עטושים של מטה אבל אין צריך להתרחק עד כדי שלא יראהו: רב אשי אמר וכו' לא גרסינן עד לקמן דמוקי לדאיסי בר נתן בהכי: **יוצאין מפתח בית הבד.** משמרי טהרות של שמן בית הבד אם הוצרכו לפנות יוצאים מפתח בית הבד ונפנין לאחורי הגדר שלפני הפתח ואין חוששין שמא בתוך כך יכנס עם הארץ ויגע אלמא נפנין לאחורי הגדר מיד: **בטהרות הקלו.** בשביל שמירת טהרות הקלו בבית הכסא: **כמה ירחקו.** שומרי טהרות: **כדי שיהא רואהו.** וכיון דאינו יכול להתרחק יותר על כרחך אם הוצרך לפנות יפנה תיובתא דאיסי דבעי שלא יראהו: **דאקילו בהו רבנן.** בשביל שמירתן הקלו בבית הכסא: **אבל לדידיה חזי ליה.** אבל הוא עצמו את חברו יכול לראות ולא ירחיק: **במקום שנפנה ביום.** מתרחק מבני אדם בלילה כביום: **ינהיג אדם עצמו.** לפנות: **שחרית.** קודם היום: **וערבית.** משתחשכה: **כדי שלא יהא צריך להתרחק.** אלמא אין מתרחקין בלילה: **פנו לי דוכתא.** מבני אדם: **כדרך שנפנה ביום.** לענין פרוע טפח וטפחיים כדאמרינן בפרקין קמאי (פ"ג ד' כג:) ומיושב כדאמרינן לעיל: **לקרן זוית.** אם יש קרן זוית סמוך צריך להסתלק שם בלילה כביום ולא יפנה בגלוי: **משמש.** בצרור או בקיסם לפתוח נקבים כדאמרינן במסכת שבת (ד' פב.) לשון אחר משמש המושב שלא יהא מטולך ולשון ראשון הגון דא"כ למה לי משום כשפים תיפוק לי כיון שישב כבר מטולכלים בגדיו ומה יועיל משמושו: **לא לי לא לי.** לא תוכלו לי: **לא תחים ולא תתחים.** הם שמות הכשפים העשויים ע"י התחוניות: **לא הני ולא מהני.** לא כולן ולא מקצתן: **לא חרשי דחרשא ולא חרשי דחרשתא.** ולא מכשפות מכשף זכר ולא מכשפות מכשפה נקבה לשון אחר לא הני ולא מהני לא ילנה ולא יועיל עוד מכשפות:

על

רבא מקמי דהוה רישא כו' בתר דמלך עבדה ליה כוותא ומנחא ליה ידא כו'. תימה דע"כ לא מלך רבא עד אחר פטירתו של אביי כדמשמע לעיל *בעובדא דבר הדיא [ט.] וכן בכתובות דקאמר חומה דביתהו דאביי אתיא לקמיה דרבא בסוף פרק אע"פ (ד' סה.) וזהו תימה דלעיל (ד' נו.) משמע דראה בחלום פטירתה קודם פטירתו דאביי וי"ל מכל מקום לא נפטרה עד אחר אביי:

סליקו תוספות דמסכת ברכות

עין משפט נר מצוה

עז א מיי' פ"ה מהלכות דעות הלכה ו טוש"ע או"ח סי' ג סעיף ב:
עח ב מיי' שם טוש"ע שם סעיף י:
ג ד טוש"ע שם סעיף ה:
עט [ג ד מיי' שם]:
פ ה ו מיי' פ"ג מהל' טומאת משכב ומושב הלכה ג:
פא ז מיי' פ"ה מהלכות דעות הל' ו טוש"ע או"ח סי' ג סעיף ה:
פב ח טוש"ע י"ד סימן שדמ סעיף א [ברא"ש פ"ג דמ"ק סי' קי]:
פג ט מיי' פ"ה מהלכות דעות הל' ו טוש"ע או"ח סי' ג סעי' ו בהגה:
פד י מיי' שם טוש"ע או"ח סי' ג סעיף יג:

[ט.] [אדר"נ פ"מ וכד"ה פ"ו] [סי' כשם שנפרעין מן המת אם הוא הוגא כך נפרעין מן הספדנין שאומרים עליו שהוא צדיק. ערוך]

מסורת הש"ס: מג' ד"ה פ"ו, [מגילה כח.], חגיגה כ:, [לעיל נד:], טהרות פ"י מ"ב, שם, [ע"ז מז:], כריתות יג:

דברים לג

לילך לפנות, משא"כ כשאין בהכ"ס, והוא צריך לחלוץ תפיליו לילך לביתו, בוודאי יתעצל בזה, ויעצור עצמו עד אחר התפלה, אם הוא איש המוני, **ואפי'** אם הוא בן תורה שלא יתעצל עצמו לילך ולחפש איזה מקום, או לילך לביתו עבור זה, עכ"פ יש עי"ז ביטול תפלה בצבור, **גם** ביטול תורה מצוי עי"ז מאוד, **גם** יש עי"ז הלבנת פנים, כי יפגעו אחד בחבירו, **גם** חשש סכנת נפשות, כי עמוד החוזר מביא לידי הדרוקן, ועוד כמה וכמה קלקולים, **ע"כ** מצוה רבה לסייע בזה, כדי להסיר המכשולות האלו מישראל, ויזכירו את שמו ית' בקדושה).

אות ב'

ולמדתי שאין מקנחין בימין אלא בשמאל

סימן ג ס"י - [ה]לא יקנח ביד ימין - מפני שקושר בה תפילין על זרוע השמאלי, ועוד טעמים אחרים, עיין בגמרא.

וטוב ליזהר מלקנח באצבע האמצעי, שכורך עליו הרצועה.

איטר יד שכל עניניו עושה בשמאל, מקנח בשמאל דידיה שהוא ימין כל אדם. [ו](**ואיטר** שכותב בשמאל, ושאר מעשיו עושה בימין, מצדדים הפמ"ג ולבושי שרד דיקנח בשמאל דעלמא, ולא אזלינן בתר כתיבה דידיה, אף דהוא קושר בה תפילין, וכדלקמן בסימן כ"ז, וכ"כ הארה"ח, **ואם** כותב בימין, ושאר מעשיו עושה בשמאל, יש לעיין לפי טעמיהם ע"ש, [ז]**ולארה"ח** הרי הוא ככל אדם, **ובספר** בכור שור משמע, דאם ידו השמאלי רגיל בכתיבת דברי קדושה, ואינו רגיל להראות טעמי תורה {עיין רש"י ברכות ס"ב ע"א וזה אינו נהוג אצלנו}, נחשבת אצלו ימין, ולא יקנח בה, אלא יקנח בשמאל שלו שהוא ימין כל אדם, **ואם** כותב בדברי קדושה בימין ורגיל בזה, ואינו רגיל להראות טעמי תורה, ושאר מעשיו עושה בשמאל, הרי הוא ככל אדם ומקנח בשמאל דעלמא).

אות ב*[ח]

דשח ושחק ועשה צרכיו

סימן רמ ס"ט - [ט]לא יספר עמה בדברים שאינם מענייני התשמיש, לא בשעת תשמיש ולא קודם לכן, שלא יתן דעתו באשה אחרת - ואם היה לו כעס עמה, מותר לספר עמה מתחלה כל דברי ריצוי, כדי לפייסה וכדלקמיה.

ולפעמים אפילו מעניני תשמיש ג"כ יש ליזהר שלא לספר מתחלה, כגון שהוא איש מחומם, ויכול לבוא עי"ז לידי חטא.

ואם סיפר עמה ושימש, אמרו עליו: "מגיד לאדם מה שיחו", אפי' שיחה קלה שבין אדם לאשתו מגידין לו בשעת הדין.

סימן רמ ס"י - [י]אם היה לו כעס עמה, אסור לשמש עד שיפייסנה; [יא]ויכול לספר עמה קודם תשמיש כדי לרצותה.

אות ג'

אחורי הגדר נפנה מיד

סימן ג ס"ח - [יב]כשנפנה בשדה, אם הוא אחורי הגדר, יפנה מיד - דהא אין חבירו רואה את פירועו, וכן בחצר אחורי כותל הבית, **ואע"פ** שחבירו שומע קול עיטושו שלמטה, אין בכך כלום, שבהשמעת קול עיטוש שלמטה אין בו איסור משום צניעות, אלא שהיא חרפה ובושה לבני אדם, ומי שאינו מקפיד אינו מקפיד.

אות [ג'][יג]

אחורי הגדר כל זמן שמתעטש ואין חברו שומע

רמב"ם פ"ה מהל' דעות ה"ו - צניעות גדולה נוהגים תלמידי חכמים בעצמן, לא יתבזו ולא יתגלו ראשן ולא גופן; ואפי' בשעה שיכנס לבית הכסא יהא צנוע ולא יגלה בגדיו עד שישב, ולא יקנח בימין; ויתרחק מכל אדם, ויכנס חדר לפנים מחדר מערה לפנים מן המערה ונפנה; [יד]ואם נפנה אחורי הגדר, יתרחק כדי שלא ישמע חבירו קולו אם נתעטש; ואם נפנה בבקעה ירחיק כדי שלא יראה חבירו פירועו; ולא ידבר כשהוא נפנה אפילו לצורך גדול; וכדרך שנוהג צניעות ביום בבית הכסא כך נוהג בלילה; ולעולם ילמד אדם עצמו להפנות שחרית וערבית בלבד כדי שלא יתרחק.

אות ד'

ובבקעה כל זמן שאין חברו רואהו

סימן ג ס"ח - ובבקעה, יתרחק עד מקום שלא יוכל חבירו לראות פירועו - ר"ל גילויו, מה שמגלה מבשרו מלפניו או מלאחריו, ואע"פ שרואה את גופו, ושומע קול עיטוש שלו, שרי.

באר הגולה

[ה] **ברכות ס"ב** [ו] ‹דכתב המ"א: אם כותב בשמאל, ושאר מעשיו עושה בימין, דיש לקנח בימין, דאיכא תרי טעמי, שכותב בשמאל, וקושר בה תפילין, **וכתבו** עליו הפמ"ג והלבושי שרד שדבריו צ"ע, שהטעם של כותב לא מצינו בגמרא כלל, ועוד שנגד הטעם שיש ביד שמאל שמניח בה תפילין, יש ביד ימין שני טעמים אחרים, שמראה טעמי תורה, ושנותנה בפה, וא"כ אפילו אם נאמר שהטעם של רבא שאמר שהתורה ניתנה בימין אינו נכון, עדיין יש כאן שני טעמים נגד אחד. **ובספר** חיי עולם תמה עליהם, שהרי הטעם של כותב הוא גמ' מפורשת, ומה שכתבו שגם ביד ימין יש שני טעמים אחרים, זהו נכון בזמן הגמ', שהיו מראים טעמי תורה, אבל בזמנינו אין נוהגים בזה, והמג"א פסק כמנהגינו, וגם הטעם של רבא אינו להלכה כפי שכתב המג"א עצמו, א"כ יש כאן שני טעמים נגד אחד. **ובספר** בכור שור כתב בדעת המג"א, דס"ל שהטעמים של קושר וכותב הם יותר חשובים מהשני טעמים אחרים, ולכן כתב שיקנח בימין דעלמא› [ז] ‹כי דעתו היא, שרק איטר גמור שעושה כל מעשיו בשמאל, הוא מקנח בימין כל אדם, אבל אם אפילו רק דבר אחד עושה ביד ימינו, הרי הוא ככל אדם ומקנח בשמאל כל אדם – מ"ב המבואר› [ח] ‹ע"פ הבאר הגולה והב"י› [ט] **חגיגה ה' ע"ב** [י] **נדרים כ' ע"ב** [יא] **מהא דברכות ס"ב. נדרים כ: וחגיגה ה: לפי' הר"ן והראב"ד** [יב] **שם בגמרא ס"ב** ‹עיין בהערה להלן› [יג] ‹רק אות ג' בסוגריים, וכמו שתוקן במהדורת נהרדעא› [יד] ‹ופסקו הרי"ף והרא"ש בבקעה כאיסי בר נתן וכדשני רב אשי, כל זמן שאין חבירו רואה את פירועו. ובאחורי הגדר פסקו כעולא, משום דמאריה דתלמודא הוא טפי מאיסי בר נתן. ואף על גב דרב אשי משני מילתיה, וא"כ משמע דסבר כוותיה, דמאי דגלי דעתיה פסקי כוותיה, אבל באחורי הגדר דלא גלי דעתיה רב אשי כמאן סבירא ליה, נקטינן כעולא לגבי איסי בר נתן {וכמו שפסק בהשו"ע}. **אבל** רבינו פסק גם באחורי הגדר כאיסי בר נתן, משמע דס"ל דמאחר דחזינן דסבר רב אשי כוותיה בחדא, מסתמא באידך נמי סבר כוותיה – כסף משנה›

אות ה' – ו'

יוצאין מפתח בית הבד ונפנין לאחורי הגדר והן טהורין

כמה ירחקו ויהיו טהורין, כדי שיהא רואהו

רמב"ם פי"ג מהל' מטמאי משכב ומושב ה"ב - הרוצה לעשות יינו בטהרה באומנין עמי הארץ, ה"ז מטביל את הבוצרים, וכן אם היה עושה שמן מטביל את הבדדין; וצריך לעמוד על האומנים עד שיטבלו בפניו, שהרי אינן יודעים הלכות טבילה וחציצה; יצאו חוץ לפתח בית הבד ונפנו אחורי הגדר וחזרו, הרי אלו בטהרתן; עד כמה ירחיקו והם טהורין, עד כדי שלא יסתרו מעיניו; אבל אם נסתרו מעיניו, חזרו לטומאתם עד שיטבילם פעם אחרת ויעריב שמשן.

אות ז'

מאי כל זמן שאין חברו רואה דקאמר איסי בר נתן, כל זמן שאין חברו רואה את פרועו, אבל לדידיה חזי ליה

סימן ג ס"ח - ובבקעה, יתרחק עד מקום שלא יוכל חבירו לראות פירועו - ר"ל גילויו, מה שמגלה מבשרו מלפניו או מלאחריו, ואע"פ שרואה את גופו, ושומע קול עיטוש שלו, שרי.

אות ח'

כשם שנפרעין מן המתים, כך נפרעין מן הספדנין ומן העונין אחריהן

יו"ד סימן שמד ס"א - [טו]מצוה גדולה להספיד על המת כראוי - ‹וכי אפשר שכל העיר יספדום, בתמיה, ולכן נראה דעל סתם בני אדם, חיוב ההספד על הקרובים, שהם בוכים ומספידים את המת ומספרים בשבחם מה שיש ביכולת בלתי הפלגות, או במעשה אבותיהם, אך על אדם המופלג בחכמה ויראה, זהו חיוב על כל העיר - ערוה"ש›.

[טז]ומצותו שירים קולו לומר עליו דברים המשברים את הלב, כדי להרבות בכיה ולהזכיר שבחו - וכל המוריד דמעות על אדם כשר, הקב"ה סופרן ומניחם בבית גנזיו, וכל המתעצל בהספדו של אדם כשר, אינו מאריך ימים, וראוי לקברו בחייו, ש"ס ‹שבת ק"ה:› - ש"ך.

[יז]ואסור להפליג בשבחו יותר מדאי - ‹מפני שהוא לו למזכרת עון למת, שיאמרו עליו: לא זו שזה לא היה בו, אלא אפי' עון כך וכך עשה, ומתוך כך יבואו לספר בגנותו להזכיר חטאיו - לבוש›, **אלא מזכירין מדות טובות שבו, ומוסיפין בהם קצת, רק שלא יפליג.**

[קשה, מה לי שקר מעט מה לי שקר הרבה, **ונראה** לתת טעם לזה, דדבר מסתבר הוא, שכל מי שעושה איזה מצוה כגון צדקה וכיוצא בה באיזה שיעור, בודאי אם היה בא לידו דבר הצורך קצת יותר, ודאי לא היה מניח מלעשות גם אותו השיעור, כי לא היה משחית בעבור דבר מועט יותר, וע"כ נחשב לו כאילו עשאו, ואין כאן עדות שקר עליו - ט"ז].

‹ביאור הדברים כן הוא, דממילא בהכרח להיות בהם קצת תוספת, דמי יוכל לכוין ממש השבח כמו שהוא, ובהכרח או להוסיף מעט או לגרוע מעט, ומוטב להוסיף מלגרוע, ואין זה הוספה, דכן הוא דרך המדברים, ודברי הט"ז דחוקים - ערוה"ש›.

ואם לא היו בו מדות טובות כלל, לא יזכיר עליו - ‹כלום›. **וחכם וחסיד, מזכירים להם חכמתם וחסידותם.**

[יח]וכל המזכיר על מי שלא היה בו כלל, או שמוסיף להפליג יותר מדאי על מה שהיה בו, גורם רעה לעצמו [יט]ולמת - ‹שיהיה מדת הדין מתוח כנגד שניהם, כי דובר שקרים לא יכון - לבוש›.

[יש בירושלמי, המת יודע ושומע קילוסו כמתוך החלום, וכל שאומרים בפניו יודע עד שיסתום הגולל - ט"ז].

אות ט'

לעולם ינהיג אדם את עצמו שחרית וערבית, כדי שלא יהא צריך להתרחק

סימן ב ס"ו - וירגיל עצמו לפנות בוקר וערב, שהוא זריזות ונקיות (הגהות מיימוני).

אות י'

כדרך שנפנה ביום

סימן ג סי"ב - [כ]יפנה בצניעות, בלילה כמו ביום - שלא יגלה עצמו יותר מביום, ולא יגלה עצמו עד שישב, [רש"י], וכה"ג, כי לפניו ית' חשיכה כאורה, אבל א"צ להתרחק, [כא]ואם אין שם אדם מפנה ברחוב, **ורק** שיזהר שלא יהיה במקום הילוך בני אדם, כדי שלא יטנפו בני אדם על ידו, **אבל** אם יש שם אדם אפילו נכרי, אסור לפנות בפניו.

וכ"ז לפנות, אבל להשתין מותר אפי' ביום בפני רבים, אם צריך לכך שאין לו מקום, ואפילו בפני אשה, משום דאיכא סכנתא אם יעמיד עצמו.

ואשה לא תעמוד להשתין אפילו נגד פניו של תינוק, משום דאיכא חציפותא, אבל לצדדין שאינה משתנת ממש נגד פניו, לית לן בה.

אות י"* [כב]

משמש שב, ואל תשב ותמשמש

סימן ג ס"ג - [כג]אם רוצה למשמש בפי הטבעת בצרור או בקיסם לפתוח נקביו, ימשמש קודם שישב, ולא ימשמש אחר שישב, מפני שקשה לכשפים - אם אינו יכול לפנות, ילך ד"א וישב ויעמוד וישב עד שיפנה, או יסיח דעתו מדברים אחרים. **ולא** יפנה בעמידה.

באר הגולה

[טו] ברייתא שבת דף ק"ה: [טז] מימרא דרב ששת ברכות דף ו: וכפי' רש"י שם [יז] ברייתא באבל רבתי [יח] ברייתא ברכות דף ס"ב.
[יט] כפי' הרא"ש בפ"ג דמו"ק כי הוא למת למזכרת עון [כ] שם [כא] ‹כן הוא במס' ברכות ס"ב. - מחה"ש› [כב] ‹ע"פ הבאר הגולה› [כג] שם

על כל מושב שב חוץ מן סקורס. שמא תפול: **כאסטמא לפרזלא**. אלויי"ר בלעז שמועיל לברזל כך מועיל לגוף יציאה להפטת: **אדכפנא אכול**. שאם תשהא תעבור ממך תאות המאכל ואין המאכל מועיל: **עד דרתחא קדרך שפוך**. קודם שתצטנן משל הוא זה כשאתה צריך לנקביך שפוך ואל תשהא אותם: **קרנא קריא ברומי**. אם תשמע קול קרן ברומי הוא סימן למבקשי תאנים לקנות ולהוליך למקום אחר: **בר מזבין תאני דאבוך זבין**. אם אין אביך בבית הזהר אתה בנו למכור תאניו בעוד שיש תובעים: **בשבילי**. שביל קטן שפונים בו לשדות: **נחר ליה אבבא**. לידע אם יש שם אדם נחר טוסי"ר בלעז: **אמר ליה**. ר' אבא לרב ספרא: **עד כאן לא עיילת לשעיר**. שאינך נטוען בבית הכסא: **וגמרת לך מילי דשעיר**. שאיך לנוע: **לאו הכי תנן**. במסכת תמיד: **מדורה היתה שם**. בעזרה היסק גדול של אור להתחמם שם הכהנים המסיכים רגליהם בבית הכסא שצריכין טבילה כדתנן במסכת יומא (ד' כח.) כל המיסך [ב] רגליו טעון טבילה: **ובית הכסא של כבוד**. אלמא אין מספרים בבית הכסא ואת אמרת ליעול מר: **והוא סבר**. רב ספרא שמהר לומר ליעול מר סבר מסוכן הוא בעמוד החוזר אם ישוב לאחוריו ויחזור העמוד: **הדרוקן**. כרסו נבה:

דרקונא. נחש: **שמטיה לכרכשיה**. חלחולת שהרעי יוצא בו: **ואמר להרגך ותחס עליך**. דוד אמר לשאול כן בצאתו מן המערה שנכנס בה לפנות וכרת דוד את כנף מעילו ואמר להרגך הקב"ה התיר לי להרגך: **התורה אמרה וכו'**. אם הורה אור במחתרת ימצא הגנב וגו' (שמות כב) וכבר פירשנוהו למעלה במעשה דר' שילא (ד' נח.): **לצניעות שראיתי בך**. שנכנס למערה בשביל הצנע ואף שם נהג צניעות כדמפרש ואזיל: **שסכך רגליו**. בבגדיו כסוכה: **שיש בו ליפרע כמה**. שיש במיתתו כדי לכפר על כמה עונות: **ובהשחית ראה ה' וינחם**. מקרא הוא באותה פרשה בדברי הימים: **כסף כפורים ראה**. שנתן במנין ראשון של ישראל למשכן והוא כפר על מכי? זה שהרי לזכרון נתן כדכתיב והיה לבני ישראל לזכרון לכפר ועכשיו הוצרכו כפרתו: **כשמה**. כמשמעה פירוש שמה: **אדמקיפנא אדרי איעול בהא**. בעוד שאני מקיף כל שורות הבתים הללו אכנס כאן לקצר דרכי: **אדרי**. שורות: **קפנדריא**. טרי"א בלעז: **מעיקרא**. קודם שנבנה עליו בית הכנסת: **נילף מקפנדריא**. לאיסורא דתנן במסכת מגילה (ד' כח.) אין עושין בית הכנסת קפנדריא: **סנא יליף**. רקיקה ממנעל: **פונדתו**. אזור חלול שנותנין בו מעות:

ואימא

תניא בן עזאי אומר על כל משכב שכב חוץ מן הקרקע על כל מושב שב חוץ מן הקורה אמר שמואל *שינה בעמוד השחר כאסטמא לפרזלא יציאה בעמוד השחר כאסטמא לפרזלא בר קפרא הוה מזבן מילי בדינרי עד *דכפנת אכול עד דצחית שתי עד דרתחא קדרך שפוך קרנא קריא ברומי בר מזבין תאני דאבוך זבין אמר להו אביי לרבנן כי עייליתו בשבילי דמחוזא למיפק ביה בחקלא לא תחזו לא להך גיסא ולא להך גיסא דלמא יתבי נשי ולאו אורח ארעא לאסתכולי בהו *רב ספרא על לבית הכסא אתא רבי אבא נחר ליה אבבא אמר ליה ליעול מר בתר דנפק אמר ליה עד השתא לא עיילת לשעיר וגמרת לך מילי דשעיר לאו הכי תנן *מדורה היתה שם ובית הכסא של כבוד וזה היה כבודו מצאו נעול בידוע שיש שם אדם מצאו פתוח בידוע שאין שם אדם אלמא לאו אורח ארעא הוא והוא סבר מסוכן הוא *דתניא רבן שמעון בן גמליאל אומר עמוד החוזר מביא את האדם לידי הדרוקן סילון החוזר מביא את האדם לידי ירקון רבי אלעזר על לבית הכסא אתא ההוא *פרסאה דחקיה קם ר' אלעזר ונפק אתא דרקונא שמטיה לכרכשיה קרי עליה רבי אלעזר °ואתן אדם תחתיך °אל תקרי אדם אלא אדום: °ואמר להרגך ותחס עליך ואמר ואמרתי מיבעי ליה ותחם וחסתי מיבעי ליה אמר רבי אלעזר אמר לו דוד לשאול מן התורה בן הריגה אתה שהרי רודף אתה *והתורה אמרה בא להרגך השכם להרגו אלא צניעות שהיתה בך היא חסה עליך ומאי היא דכתיב °ויבא אל גדרות הצאן על הדרך ושם מערה ויבא שאול להסך את רגליו תנא גדר לפנים מן גדר ומערה לפנים ממערה להסך אמר ר' אלעזר מלמד שסכך עצמו כסוכה: °ויקם דוד ויכרת את כנף המעיל אשר לשאול בלט אמר ר' יוסי בר' חנינא כל המבזה את הבגדים סוף אינו נהנה מהם שנאמר °והמלך דוד זקן בא בימים ויכסוהו בבגדים ולא יחם לו: °אם ה' הסיתך בי ירח מנחה אמר רבי אלעזר אמר ליה הקב"ה לדוד מסית קרית לי הרי אני מכשילך בדבר שאפי' תינוקות של בית רבן יודעים אותו דכתיב °כי תשא את ראש בני ישראל לפקודיהם ונתנו איש כפר נפשו וגו' מיד °ויעמוד שטן על ישראל וכתיב °ויסת את דוד בהם לאמר לך מנה את ישראל וכיון דמנינהו לא שקל מינייהו כופר דכתיב °ויתן ה' דבר בישראל מהבקר ועד עת מועד מאי עת מועד אמר שמואל סבא חתניה דרבי חנינא משמיה דרבי חנינא משעת שחיטת התמיד עד שעת זריקתו רבי יוחנן אמר עד חצות ממש: °ויאמר למלאך המשחית בעם רב אמר רבי אלעזר אמר ליה הקב"ה למלאך טול לי רב שבהם שיש בו ליפרע מהם כמה חובות באותה שעה מת אבישי בן צרויה ששקול כרובה של סנהדרין: °ובהשחית ראה ה' וינחם מאי ראה אמר רב ראה יעקב אבינו דכתיב °ויאמר יעקב כאשר ראם ושמואל אמר אפרו של יצחק ראה שנאמר °אלהים יראה לו השה רבי יצחק נפחא אמר כסף כפורים ראה שנאמר °ולקחת את כסף הכפורים מאת בני ישראל וגו' רבי יוחנן אמר בית המקדש ראה דכתיב °בהר ה' יראה פליגי בה ר' יעקב בר אידי ורבי שמואל בר נחמני חד אמר כסף הכפורים ראה וחד אמר בית המקדש ראה ומסתברא כמאן דאמר בית המקדש ראה שנאמר °אשר יאמר היום בהר ה' יראה: לא יכנס אדם להר הבית במקלו וכו': *מאי קפנדריא אמר רבא קפנדריא כשמה ורב חנא בר אדא משמיה דרב סמא בריה דרב מרי אמר כמאן דאמר אינש אדמקיפנא אדרי איעול בהא אמר רב נחמן אמר רבה בר אבוה *הנכנס לבית הכנסת על מנת שלא לעשותו קפנדריא מותר לעשותו קפנדריא רבי אבהו אמר [ג]אם היה שביל מעיקרו מותר אמר ר' חלבו אמר רב הונא [ד]הנכנס לבית הכנסת להתפלל מותר [א] לעשותו קפנדריא שנאמר °ובבא עם הארץ לפני ה' במועדים וגו': ורקיקה מקל וחומר: אמר רב ביבי אמר ר' יהושע בן לוי [ה]כל הרוקק בהר הבית בזמן הזה כאילו רוקק בבת עינו שנאמר °והיה עיני ולבי שם כל הימים אמר רבא רקיקה בבית הכנסת שריא מידי דהוה אמנעל מה מנעל בהר הבית אסור בבית הכנסת מותר אף רקיקה בהר הבית הוא דאסור בבית הכנסת שרי אמר ליה רב פפא לרבא ואמרי לה רבינא לרבא ואמרי לה רב אדא בר מתנא לרבא אדיליף ממנעל נילף מקפנדריא אמר ליה תנא יליף ממנעל ואת אמרת מקפנדריא מאי היא דתניא [ו]*לא יכנס אדם להר הבית לא במקלו שבידו ולא במנעלו שברגלו *ולא במעות הצרורים לו בסדינו ובפונדתו מופשלת לאחוריו ולא [ז]יעשנה קפנדריא ורקיקה מקל וחומר ממנעל ומה מנעל שאין בו דרך בזיון *אמרה תורה °של נעליך מעל רגליך רקיקה שהיא דרך בזיון לא כל שכן רבי יוסי בר יהודה אומר אינו צריך הרי הוא אומר °כי אין לבא אל שער המלך בלבוש שק והלא דברים קל וחומר ומה שק שאינו מאוס לפני בשר ודם כך רקיקה שהיא מאוסה לפני מלך מלכי המלכים לא כל שכן אמר ליה אנא הכי קאמינא נימא הכא לחומרא והכא לחומרא

ואימא

עין משפט נר מצוה

פה א ב [לית' ברמב"ם] ב מיי' פי"א מהל' תפלה הלכה י סמג עשין יט טוש"ע או"ח סי' קנא סעיף ה:

פו ד מיי' פ"ז מהלכות בית הבחירה הלכה ז סמג עשין קסד:

פז ה מיי' שם הלכה ב:

[פי' בערוך ערך אסטמא ועי' עוד במוסף הערוך ערך שן ו' שפירש השונה מלשון את שיניהם מלכים ב יח]

הגהות הגר"א

[א] שם הנכנס לבהכ"נ להתפלל מותר. נ"ב גירסת הרי"ף מצוה וכן הרא"ש במגילה: [ב] רש"י ד"ה כל המיסך כו' אלמא אין כו'. נ"ב וצ"ע למה לא פירש כמ"ש בתמיד למימרא דלא כו':

[פי' תוספות ב"ק לח. ד"ה אלא]

ישעיה מג

מלכים א א

דה"א כא

בראשית לג

שם

גליון הש"ס

גמ' אל תקרי אדם. עי' יבמות ס"א ע"א תוס' ד"ה ואין:

[פי' תוס' ב"מ כו. ד"ה בבר ותוס' פסחים ז. ד"ה בבר]

[פי' תוספות חגיגה ד: ד"ה כי תבואו]

מסורת הש"ס

[בערוך ערך כפן פירש הדברים אלו על דרך מוסר יפה ע"ש]

תמיד כו:

שם כו.

שם ולעיל כה. [בכורות מד:]

שמואל א כד

[לעיל נח. סנהדרין עב.]

שמואל א כד

שם

שמואל א ט

שמות ל

שמואל ב כד

שם

שם

דה"א כא

שם כב

שמות ל

בראשית כב

מגילה כט. ע"ש

יחזקאל מו

מלכים א ט

[תוספתא פ"ז]

שמות ג

אסתר ד

§ מסכת ברכות דף סב: §

אות א' - ב' - ג'

הנכנס לבית הכנסת על מנת שלא לעשותו קפנדריא, מותר לעשותו קפנדריא

אם היה שביל מעיקרו, מותר

הנכנס לבית הכנסת להתפלל, מותר לעשותו קפנדריא

סימן קנא ס"ה - [א]היו לבהכ"נ שני פתחים, לא יכנס בפתח זה לעשותו דרך לצאת בפתח השני לקצר דרכו – (אם לא שיקרא או שישהא שם מעט, שאסור ליכנס בהם אלא לדבר מצוה – רמב"ם, ואם הוא הולך לדבר מצוה אפשר דשרי – פמ"ג, ולא נהירא, שמדברי הרמב"ם אין ראיה להקל, דהרמב"ם מיירי דהכניסה לביהכ"נ היה בשביל דבר מצוה, דאז ממילא מותר אח"כ ג"כ לקצר דרכו, משא"כ בזה שנכנס בכוון דרך ביהכ"נ רק כדי לקצר דרכו, והמצוה שמקוה לעשותה הלא יוכל לעשותה אפילו אם לא יעשה הביהכ"נ קפנדריא, מסתברא דאסור).

ואם היה הדרך עובר קודם שנבנה בהכ"נ, מותר; וכן אם לא נכנס בו תחלה כדי לקצר דרכו, מותר לעשותו דרך.

וכשנכנס בו להתפלל, [ב]מותר למי שנכנס בפתח זה לצאת בפתח אחר - [ג]צ"ל "מצוה למי שנכנס", ובגמרא מייתי לזה מקרא, שנאמר: ובבוא עם הארץ לפני ד' במועדים, הבא דרך שער צפון להשתחות יצא דרך שער נגב וגו', **והטעם**, כדי שיהיה נראה כמחבב.

אות ד'

כל הרוקק בהר הבית בזמן הזה, כאילו רוקק בבת עינו

רמב"ם פ"ז מהל' בית הבחירה ה"ז - אע"פ שהמקדש היום חרב בעונותינו, חייב אדם במוראו כמו שהיה נוהג בו בבניינו; לא יכנס אלא למקום שמותר להכנס לשם, ולא ישב בעזרה, ולא יקל ראשו כנגד שער המזרח, שנאמר: את שבתותי תשמורו ומקדשי תיראו, מה שמירת שבת לעולם, אף מורא מקדש לעולם, שאע"פ שחרב בקדושתו עומד.

אות ה'

לא יכנס אדם להר הבית לא במקלו שבידו, ולא במנעלו שברגלו, ולא במעות הצרורים לו בסדינו, ובפונדתו מופשלת לאחוריו; ולא יעשנה קפנדריא, ורקיקה מק"ו

רמב"ם פ"ז מהל' בית הבחירה ה"ב - ואי זו היא יראתו: לא יכנס אדם להר הבית במקלו, או במנעל שברגליו, או באפונדתו, או באבק שעל רגליו, או במעות הצרורין לו בסדינו; ואין צ"ל שאסור לרוק בכל הר הבית, אלא אם נזדמן לו רוק מבליעו בכסותו; ולא יעשה הר הבית דרך שיכנס מפתח זו ויצא מפתח שכנגדה כדי לקצר הדרך, אלא יקיפו מבחוץ; ולא יכנס לו אלא לדבר מצוה.

[ד]סימן קנא ס"ו - [ה]מותר ליכנס בבהכ"נ במקלו ובתרמילו ובאפונדתו, (פי' מיני כיסים, תרגוס וזילקוט: ובתרמיליה), [ו]ויש אוסרים ליכנס בו בסכין ארוך - לפי שביהכ"נ שהוא מיוחד לתפלה מארכת ימיו של אדם, והסכין מקצר ימי אדם, **ועיין** בא"ר שדעתו, שאין להחמיר כי אם בסכין מגולה.

(ומסתברא שאין להחמיר בזה אלא באנשים דעלמא שאסורים לאכול בביהמ"ד, והסכין שנושא לשם הוא שלא לצורך תשמיש, **אבל** ת"ח שמותר לאכול ולשתות שם, והסכין שנושא שם הוא לצורך תשמישו, מסתברא דמותר כמו בכל אכילה, **שלא** הוצרך לכסותו רק בעת שגמר להשתמש בו ומתחיל לברך בהמ"ז).

או בראש מגולה – (אפילו במקום שנוהגין ללכת כן לפני השרים, שזהו דרך קלות ראש לפני המקום, כאילו אין עליו מורא שכינה, וכשיש לו כובע בראשו יש לו אימה וכובד ראש לפניו יתברך).

באר הגולה

[א] מגילה כ"ט וברכות ס"ב [ב] לאפוקי מגירסת הרא"ש והטור דגרס מצוה [ג] ‹עיין בהג' הגר"א› [ד] ‹ע"פ הבאר הגולה› [ה] כך משמע שם בברכות ‹כמ"ש בברכות שם ברקיקה ומנעל - גר"א. ‹דבהכ"נ מותר ליכנס במנעל וכן לרוק אף דאיכא בזיון, וכ"ש במקלו ותרמילו - דמשק אליעזר› [ו] א"ח בשם מהר"מ

§ מסכת ברכות דף סג, §

אות א'

קפנדריא הוא דאסור

סימן קנא ס"ה - [א]היו לבהכ"נ שני פתחים, לא יכנס בפתח זה לעשותו דרך לצאת בפתח השני לקצר דרכו.

אות ב'

רקיקה ומנעל שרי

סימן קנא ס"ז - [ב]יכול לרוק בו - ובלבד שלא בשעת תפלת שמונה עשרה, **ויהיה** זהיר שלא ירוק בפני חבירו שימאס בה.

האר"י היה נזהר מרקיקה, [**ומסתברא** דמדת חסידות הוא דעביד, אבל מדינא שרי כדאיתא בגמרא, ועי"ש דהטעם, כי ביתו, דלא קפיד איניש ע"ז, **ויש** לעיין לאותן האנשים העשירים דמקפידים בביתם על הרקיקה, א"כ בביהכ"נ ובביהמ"ד יהיה אסור להם לרוק].

ובלבד שישפשפנו ברגליו - ובשבת שאסור לשפשף, יעמיד המנעל עליו עד שיתמעך, **או שיהיה שם גמי** - או תבן וחול, **שאם ירוק לתוכו לא יהא נראה.**

סימן צ סי"ג - [ג]מותר לרוק בבהכ"נ - פי' שלא בשעת תפילת י"ח, אלא כגון ק"ש וברכותיה, **אבל** בתפלת י"ח אסור לרוק, כדלקמן סימן צ"ז ס"ב.

ודורסו ברגליו - שלא יהיה מגולה מפני הכבוד, **[ד]או מכסהו בגמי** - ר"ל שאם יש תבן או גמי בבהכ"נ, רוקק עליו וא"צ לשפשף, שהרקיקה מכוסה בגמי - [ב"י].

והרוצה שלא ירוק תדיר בבהכ"נ, ילעוס קודם כניסתו שורש מתוק שקורין לאקריץ, **ואף** בבוקר שרי, דלא שייך בזה גאוה, וגם אין מכניס לגופו, **אבל** בערב יוה"כ ובערב ט"ב אסור, שישאר המתיקות בפיו, וכשבולע הרוק בולע המתיקות.

אות ג'

לפי שאין עונין אמן במקדש

רמב"ם פ"ד מהל' תעניות הט"ז - כשהיו מתפללין על הסדר הזה בירושלם, היו מתכנסין בהר הבית כנגד שער המזרח ומתפללין כסדר הזה, וכשמגיע שליח צבור לומר: מי שענה את אברהם, אומר: ברוך אתה ה' אלהינו אלהי ישראל מן העולם ועד העולם ברוך אתה ה' גואל ישראל, והן עונין אחריו: ברוך שם כבוד מלכותו לעולם ועד, וחזן הכנסת אומר לתוקעים: תקעו בני אהרן תקעו, וחוזר המתפלל ואומר: מי שענה את אברהם בהר המוריה הוא יענה אתכם וישמע קול צעקתכם ביום הזה, ואחר כך תוקעין הכהנים ומריעין ותוקעין.

אות ג'* [ה]

איזוהי פרשה קטנה שכל גופי תורה תלוין בה, בכל דרכיך דעהו והוא יישר ארחתיך

סימן רלא ס"א - [ו]אם א"א לו ללמוד בלא שינת צהרים, יישן. הגה: וכשניעור משנתו א"ל לברך: "אלהי נשמה" - אפשר הטעם, דנתקנה ברכה זו על מנהגו של עולם, שהקב"ה מחזיר הנשמות לבני האדם בבוקר, **וי"א שיקרא קודם שיישן "ויהי נועם"** - משום סכנת מזיקין, **וכתב** הלבוש שאין נוהגין כן.

[ו]ובלבד שלא יאריך בה, שאסור לישן ביום יותר משינת הסוס, שהוא שתין נשמי - עיין לעיל בסימן ד' סט"ז, מש"כ במ"ב בשם המחה"ש.

[ח]ואף בזה המעט לא תהא כוונתו להנאת גופו, אלא להחזיק גופו לעבודת השי"ת; וכן בכל מה שיהנה בעולם הזה, לא יכוין להנאתו, אלא לעבודת הבורא יתברך, כדכתיב: בכל דרכיך דעהו, ואמרו חכמים: כל מעשיך יהיו לשם שמים, שאפילו דברים של רשות, כגון האכילה והשתיה וההליכה והישיבה והקימה והתשמיש והשיחה וכל צרכי גופך, יהיו כולם לעבודת בוראך, או לדבר הגורם עבודתו; שאפילו היה צמא ורעב, אם אכל ושתה להנאתו, אינו משובח, אלא יתכוין שיאכל וישתה כפי חיותו לעבוד את בוראו.

וראיתי לאנשי מעשה, שקודם אכילה היו אומרים: הנני רוצה לאכול ולשתות כדי שאהיה בריא וחזק לעבודת הש"י - ח"א.

וכן אפילו לישב בסוד ישרים, ולעמוד במקום צדיקים, ולילך בעצת תמימים, אם עשה להנאת עצמו להשלים חפצו ותאותו, אינו משובח - ומ"מ טוב הוא, דמתוך כך בא לשמה, **אלא א"כ עשה לשם שמים.**

וכן בשכיבה, א"צ לומר שבזמן שיכול לעסוק בתורה ובמצות לא יתגרה בשינה לענג עצמו, אלא אפילו בזמן שהוא יגע וצריך לישן כדי לנוח מיגיעתו, אם עשה להנאת גופו, אינו משובח; אלא יתכוין לתת שינה לעיניו ולגופו מנוחה לצורך הבריאות, שלא תטרף דעתו בתורה מחמת מניעת השינה.

באר הגולה

[א] מגילה כ"ט וברכות ס"ב [ב] שם בגמ' ושם בירושלמי [ג] שם ס"ב [ד] ירושלמי שם ספ"ג ורבי יונה [ה] ‹ע"פ הגר"א› [ו] לשון הטור [ז] סוכה כ"ו ע"ב [ח] טור בשם רבי יונה בפרקי אבות

ואימא הר הבית דאסור במנעל לילפא ממנעל אבל (ב"ה) דשרי במנעל אדיליף ממנעל ולהיתר נילף מקפנדריא ולאסור אלא אמר *רבא כי ביתו מה ביתו אקפנדריא קפיד אינש ארקיקה ומנעל לא קפיד אינש אף ב"ה *קפנדריא הוא דאסור רקיקה ומנעל שרי: כל חותמי ברכות שבמקדש וכו': כל כך למה לפי שאין עונין אמן במקדש *ומנין שאין עונין אמן במקדש שנאמר °קומו ברכו את ה' אלהיכם מן העולם עד העולם ואומר °ויברכו (את) שם כבודך ומרומם על כל ברכה ותהלה יכול כל הברכות כולן תהא להן תהלה אחת ת"ל ומרומם על כל ברכה ותהלה על כל ברכה וברכה תן לו תהלה: התקינו שיהא אדם שואל בשלום חברו וכו': *מאי ואומר וכי תימא בעז מדעתיה דנפשיה קאמר ת"ש °ה' עמך גבור החיל וכי תימא מלאך הוא דקאמר ליה לגדעון ת"ש °אל תבוז כי זקנה אמך ואומר °עת לעשות לה' הפרו תורתך אמר רבא האי קרא *מרישיה לסיפיה מדריש מסיפיה לרישיה מדריש מרישיה לסיפיה מדריש עת לעשות לה' מאי טעם משום הפרו תורתך מסיפיה לרישיה מדריש הפרו תורתך מ"ט משום עת לעשות לה' *תניא הלל הזקן אומר בשעת המכניסין פזר בשעת המפזרים כנס ואם ראית דור שהתורה חביבה עליו פזר שנאמר °יש מפזר ונוסף עוד ואם ראית דור שאין התורה חביבה עליו כנס שנא' עת לעשות לה' הפרו תורתך דרש בר קפרא זלת *קבוץ קנה מינה באתר דלית גבר תמן הוי גבר אמר אביי ש"מ *באתר דאית גבר תמן לא תהוי גבר פשיטא לא נצרכה אלא בששניהם שוין דרש בר קפרא איזוהי פרשה קטנה שכל גופי תורה תלוין בה °בכל דרכיך דעהו והוא יישר ארחותיך אמר רבא אפילו לדבר עבירה* *דרש בר קפרא לעולם ילמד אדם את בנו אומנות נקיה וקלה מה היא אמר רב חסדא מחטא דתלמיותא: תניא ר' אומר לעולם אל ירבה אדם רעים בתוך ביתו שנא' °איש רעים להתרועע תניא ר' אומר °אל ימנה אדם אפטרופוס בתוך ביתו שאלמלי לא מינה פוטיפר את יוסף אפטרופוס בתוך ביתו לא בא לאותו דבר תניא *ר' אומר למה נסמכה פרשת נזיר לפרשת סוטה לומר לך *שכל הרואה סוטה בקלקולה יזיר עצמו מן היין אמר חזקיה בריה דר' פרנך אמר רבי יוחנן למה נסמכה פרשת סוטה לפרשת תרומות ומעשרות לומר לך כל שיש לו תרומות ומעשרות ואינו נותנן לכהן סוף נצרך לכהן על ידי אשתו שנאמר °ואיש את קדשיו לו יהיו וסמיך ליה איש איש כי תשטה אשתו וכתיב והביא האיש את אשתו וגו' ולא עוד אלא סוף שנצרך להן שנאמר ואיש את קדשיו לו יהיו אמר רב נחמן בר יצחק ואם נתנן סוף מתעשר שנאמר °איש אשר יתן לכהן לו יהיה לו יהיה ממון הרבה א"ר הונא בר ברכיה משום רבי אלעזר הקפר כל המשתף שם שמים בצערו כופלין לו פרנסתו שנאמר °והיה שדי בצריך וכסף תועפות לך ר' שמואל בר נחמני אמר פרנסתו מעופפת לו כצפור שנאמר וכסף תועפות לך א"ר טבי א"ר יאשיה כל המרפה עצמו מדברי תורה אין בו כח לעמוד ביום צרה שנאמר °התרפית ביום צרה צר כחכה א"ר אמי בר מתנה אמר שמואל ואפילו מצוה אחת שנאמר התרפית מכל מקום אמר רב ספרא ר' אבהו הוה משתעי כשירד חנינא בן אחי רבי יהושע לגולה היה מעבר שנים וקובע חדשים בחוצה לארץ שגרו אחריו שני ת"ח רבי יוסי בן כיפר ובן בנו של זכריה בן קבוטל כיון שראה אותם אמר להם למה באתם אמרו ליה ללמוד תורה באנו הכריז [עליהם] אנשים הללו גדולי הדור הם ואבותיהם שמשו בבית המקדש כאותה ששנינו *זכריה בן קבוטל אומר הרבה פעמים קריתי לפניו בספר דניאל התחיל הוא מטמא והם מטהרים הוא אוסר והם מתירים הכריז עליהם אנשים הללו של שוא הם של תהו הם אמרו לו כבר בנית ואי אתה יכול לסתור כבר גדרת ואי אתה יכול לפרוץ אמר להם מפני מה אני מטמא ואתם מטהרים אני אוסר ואתם מתירים אמרו לו מפני שאתה מעבר שנים וקובע חדשים בחו"ל אמר להם והלא עקיבא בן יוסף היה מעבר שנים וקובע חדשים בחו"ל אמרו לו הנח רבי עקיבא שלא הניח כמותו בארץ ישראל א"ל אף אני לא הנחתי כמותי בא"י אמרו לו גדיים שהנחת נעשו תישים בעלי קרנים והם שגרונו אצלך וכן אמרו לנו לכו ואמרו לו בשמנו אם שומע מוטב ואם לאו יהא בנדוי ואמרו

ואימא הר הבית דאסור במנעל · ילפינן רקיקה מיניה לאיסורא בקל וחומר אבל בית הכנסת דשרי במנעל לא נילף רקיקה להתירא דרקיקה מאיסא אלא ילפינן מקפנדריא לאיסורא: **ויברכו שם כבודך** · בשכמל"ו עונים והמברך אומר ברוך ה' אלהי ישראל מן העולם ועד העולם מפרש בתוספתא שתקנו מן העולם ועד העולם להודיע שאין העוה"ז לפני העוה"ב כלום אלא כפרוזדור לפני הטרקלין כלומר הנהיגו ברכותיו בעוה"ז כדי להיות רגילים לעוה"ב שכולו ארוך: **תהלה אחת** · שיענו פעם אחת בשכמל"ו: **על כל הברכות** · בסוף ברכה אחרונה: **וכי תימא בועז מדעתיה עבד** · ולא גמרינן מיניה: **ת"ש** · דגמרינן ממלאך שאמר לגדעון: **וכי תימא מלאך הוא דקאמר ליה לגדעון** · כלומר לא שאל בשלומו ולא ברכו אלא בשליחות קאמר מאת המקום לבשרו שהשכינה עמו ולא גמרינן מיניה: **ת"ש אל תבוז כי זקנה אמך** · אל תבוז את בועז לאמר מדעתו עשה אלא למוד מזקני ישראל כי יש לו על מי שיסמוך שנאמר עת לעשות לה': **מסיפיה לרישיה כו'** · אם באת לדרשו למקרא זה יש לך לדרשו יפה בין בכתיבתו בין בהפוך: **מרישיה לסיפיה עת לעשות לה' משום הפרו** · עתים הם לה' לעשות משפט פורעניות בעוברי רצונו משום דהפרו תורתך: **מסיפיה לרישיה** · הפרו תורתו עושי רצונו כגון אליהו בהר הכרמל (מלכים א יח) שהקריב בבמה בשעת איסור הבמות משום דעת לעשות סייג וגדר בישראל לשמו של הקדוש ברוך הוא: **בשעת המכניסים** · שאין חכמי הדור מרבילים תורה לתלמידים: **פזר** · אתה לשנות לתלמידים: **בשעת המפזרים**. שהגדולים שבדור מרבילים תורה: **כנס**. אתה ולא תטול שררה עליהם דאף זו לכבוד שמים היא לאחוז במדת הענוה וכתיב עת לעשות לה' הפרו תורתך: **ואם ראית דור שאין התורה חביבה עליו כנס** · ואל תטיל דברי תורה לבזיון: **הפרו תורתך** · מלפזרה בשעה שהכנוס לשם שמים: **הכי גרסינן זלת קבוץ קנה מינה** · אם ראית פרקמטיא בזול קבוץ וקנה מינה ולסוף שסופה להתיקר: **פשיטא** · הא דאביי למה לי פשיטא שלא יורה אדם הלכה בפני רבו למה ליה לאביי למשמע מכללא: **בששניהן שוין** · אם באת במקום תלמיד חכם ואינך גדול ממנו אל תטול עטרה לדרוש במקומו: **בכל דרכיך**. אפילו לעבור עבירה: **דעהו** · תן לב אם לורך מצוה הוא כגון אליהו בהר הכרמל עבור עליה: **מחטא דתלמיותא** · ברוסי"ד שלגבויי"ש שהתפירו' עשויות שורות שורות כתלמי מענה: **להתרועע** · להתרולץ: **אפוטרופוס** · מכנים ומוליא נכסיו: **כל שיש לו תרומות ומעשרות ואינו נותנן לכהן סוף שנצרך לו על ידי אשתו** · שנעשית סוטה: ה"ג ואיש את קדשיו לו יהיו וסמיך ליה איש איש כי תשטה אשתו וכתיב והביא האיש את אשתו: **איש את קדשיו לו יהיו** · שמעכב קדשיו אללו ואינו נותנן לכהנים וללוים: **סוף שנצרך להן** · שנעשה עני ולריך לכך ליטול מעשר עני: **לו יהיו**. לעלמו ילטרכו: **המשתף שם שמים בצערו** · שמברך על הרעה דיין האמת אי נמי שמבקש רחמים מלפניו: **בצריך** · בלרתך: **תועפות** · לשון כפילה כדמתרגמינן וכפלת ותעיף (שמות כו): **התרפית** · מדברי תורה ביום לרה לר כחכה: **ואפילו מצוה אחת** · אם נתרפה ממנה כשבאה לידו ולא חש להתעסק בה לר כחו: **התרפית מכל מקום**. אף במלוה אחת משמע: **מעבר שנים וכו'** · ותנן אין מעברין את השנים אלא ביהודה דכתיב לשכנו תדרשו כל דרישות שאתה דורש לא יהו אלא בשכנו של מקום בפ"ק דסנהדרין (דף יא:): **שגרו אחריו** · למחות בידו: **כבר בנית** · שהגדלת שמנו לומר גדולי הדור הם: **והלא עקיבא בן יוסף עשה כן**. דתנן ביבמות א"ר עקיבא כשירדתי לנהרדעא לעבר שנים בפרק בתרא האשה שהלך בעלה ולרתה (דף קכב:): ואמרו

עין משפט נר מצוה

פח א מיי' פי"א מהל' תפלה הלכה ח סמג עשין יט טוש"ע או"ח סי' קנא סעיף ה:

פט ב מיי' שם הלכה י טוש"ע או"ח שם סעיף ז וסי' ל סעיף יג:

צ ג מיי' פ"ד מהלכות תענית הלכה טו:

צא ד מיי' פכ"ב מהל' איסורי ביאה הלכה טו סמג לאוין קכו טוש"ע אה"ע סי' כב סעיף טו:

רב נסים גאון

עת לעשות לה' הפרו תורתך. פירשו טעמו בגמרא דבני מערבא ר' יוסי אמר אם נתישנו דברי תורה בפיך אל תבוז להם מאי טעמא (משלי כג) ואל תבוז כי זקנה אמך אמר ר' זעירא אם נזדקנה אומתך עמוד וגדרה כשם שעשה אלקנה שהיה מדריך את ישראל לפעמי רגלים מה טעם (ש"א א) ועלה האיש ההוא מעירו:

עין משפט נר מצוה

צב א טוש"ע י"ד סי' רמג סעי' לא בהג"ה:
צג ב מיי' פ"ג מהלכות ת"ת הלכה יב סמג עשין יב טוש"ע י"ד סימן רמו סעיף כא:

מסורת הש"ס

ואמרו לאחינו שבגולה אם שומעין מוטב ואם לאו יעלו להר אחיה יבנה מזבח חנניה ינגן בכנור ויכפרו כולם ויאמרו אין להם חלק באלהי ישראל מיד געו כל העם בבכיה ואמרו חס ושלום יש לנו חלק באלהי ישראל וכל כך למה משום שנאמר °כי מציון תצא תורה ודבר ה' מירושלים (ישעיה ב) בשלמא הוא מטהר והם מטמאין לחומרא אלא הוא מטמא והם מטהרין היכי הוי והא *תניא "חכם שטמא אין חברו רשאי לטהר אסר אין חברו רשאי להתיר קסברי כי היכי דלא נגררו בתריה: תנו רבנן כשנכנסו רבותינו לכרם ביבנה היו שם רבי יהודה ורבי יוסי ור' נחמיה ור' אליעזר בנו של רבי יוסי הגלילי פתחו כולם בכבוד אכסניא ודרשו פתח רבי יהודה ראש *המדברים בכל מקום בכבוד תורה ודרש °ומשה יקח את האהל ונטה לו (שמות לג) מחוץ למחנה והלא דברים קל וחומר ומה ארון ה' שלא היה מרוחק אלא שנים עשר מיל אמרה תורה °והיה כל מבקש ה' (שם) יצא אל אהל מועד תלמידי חכמים שהולכים מעיר לעיר וממדינה למדינה ללמוד תורה על אחת כמה וכמה °ודבר ה' אל משה פנים אל פנים אמר ר' יצחק אמר לו הקדוש ברוך הוא (שם) למשה משה אני ואתה נסביר פנים בהלכה איכא דאמרי כך אמר לו הקדוש ברוך הוא למשה כשם שאני הסברתי לך פנים כך אתה הסבר פנים לישראל והחזר האהל למקומו °ושב אל המחנה וגו' (שם) אמר רבי אבהו אמר לו הקדוש ברוך הוא למשה *עכשיו יאמרו הרב בכעס והתלמיד בכעס ישראל מה תהא עליהם אם אתה מחזיר האהל למקומו מוטב ואם לאו יהושע בן נון תלמידך משרת תחתיך והיינו דכתיב ושב אל המחנה אמר רבא אף על פי כן לא יצא הדבר לבטלה שנאמר °ומשרתו (שם) יהושע בן נון נער לא ימיש מתוך האהל: ועוד פתח ר' יהודה בכבוד תורה ודרש °הסכת ושמע (דברים כז) ישראל היום הזה נהיית לעם וכי אותו היום נתנה תורה לישראל והלא אותו יום סוף ארבעים שנה היה אלא ללמדך שחביבה תורה על לומדיה בכל יום ויום כיום שנתנה מהר סיני אמר ר' תנחום בריה דר' חייא איש כפר עכו תדע שהרי אדם קורא קריאת שמע שחרית וערבית וערב אחד אינו קורא דומה כמי שלא קרא קריאת שמע מעולם הסכת עשו כתות כתות ועסקו בתורה לפי שאין התורה נקנית אלא בחבורה כדר' יוסי ברבי חנינא *דאמר ר' יוסי ברבי חנינא מאי דכתיב °חרב (על) הבדים ונואלו (ירמיה נ) חרב על שונאיהם של תלמידי חכמים שיושבים בד בבד ועוסקים בתורה ולא עוד אלא שמטפשים כתיב הכא ונואלו וכתיב התם °אשר נואלנו ולא עוד אלא שחוטאים שנאמר ואשר חטאנו איבעית (במדבר יב) אימא מהכא °נואלו שרי צוען דבר אחר הסכת ושמע ישראל כתתו עצמכם על דברי תורה כדאמר (ישעיה יט) ריש לקיש *דאמר ריש לקיש °מנין שאין דברי תורה מתקיימין אלא במי שממית עצמו עליה שנאמר °זאת התורה אדם כי ימות באהל דבר אחר הסכת ושמע ישראל הס ואחר כך כתת כדרבא *דאמר (במדבר יט) רבא לעולם ילמוד אדם תורה ואחר כך יהגה אמרי דבי ר' ינאי מאי דכתיב °כי מיץ חלב יוציא (משלי ל) חמאה ומיץ אף יוציא דם ומיץ אפים יוציא ריב במי אתה מוצא חמאה של תורה במי שמקיא חלב שינק משדי אמו עליה ומיץ אף יוציא דם כל תלמיד שכועס עליו רבו פעם ראשונה ושותק זוכה להבחין בין דם טמא לדם טהור ומיץ אפים יוציא ריב כל תלמיד שכועס עליו רבו פעם ראשונה ושניה ושותק זוכה להבחין בין דיני ממונות לדיני נפשות *דתנן ר' ישמעאל אומר הרוצה שיתחכם יעסוק בדיני ממונות שאין לך מקצוע בתורה יותר מהן שהן כמעין נובע אמר ר' שמואל בר נחמני מאי דכתיב °אם *נבלת בהתנשא ואם זמות יד לפה כל המנבל עצמו על דברי תורה סופו להתנשא (משלי ל) ואם זמם יד לפה: פתח ר' נחמיה בכבוד אכסניא ודרש מאי דכתיב °ויאמר שאול אל הקיני לכו (שמואל א טו) סורו רדו מתוך עמלקי פן אוסיפך עמו ואתה עשיתה חסד עם כל בני ישראל והלא דברים קל וחומר ומה יתרו שלא קרב את משה אלא לכבוד עצמו כך המארח תלמיד חכם בתוך ביתו ומאכילו ומשקהו ומהנהו מנכסיו על אחת כמה וכמה: פתח ר' יוסי בכבוד אכסניא ודרש °לא תתעב אדומי כי (דברים כג) אחיך הוא לא תתעב מצרי כי גר היית בארצו והלא דברים קל וחומר ומה מצריים שלא קרבו את ישראל אלא לצורך עצמן שנאמר °ואם ידעת ויש בם אנשי חיל ושמתם שרי מקנה על אשר לי כך המארח תלמיד (בראשית מז) חכם בתוך ביתו ומאכילו ומשקהו ומהנהו מנכסיו על אחת כמה וכמה: פתח ר' אליעזר בנו של ר' יוסי הגלילי בכבוד אכסניא ודרש °ויברך ה' את עובד אדום (הגתי) בעבור ארון האלהים והלא דברים ק"ו ומה ארון (שמואל ב ו) שלא אכל ושתה אלא כבד ורבץ לפניו כך המארח תלמיד חכם בתוך ביתו ומאכילו ומשקהו ומהנהו מנכסיו עאכ"ו מאי היא ברכה שברכו אמר רב יהודה בר זבידא זו חמות וח' כלותיה שילדו *ששה ששה בכרס אחד שנאמר

רש"י

ואמרו לאחינו שבגולה. שלא ישמעו לו: יעלו להר. לאחד ההרים להתנהג בחוקות העמים לבנות במות: אחיה יבנה מזבח. אדם גדול היה ורֹאש לבני הגולה: חנניה. הוא חנניה *אחי רבי יהושע: ינגן בכנור. לפני הבמה לפי שחנניה לוי היה כדתנן במסכת ערכין (ד' יא:) מעשה בר' יהושע בן חנניה שהלך לסייע את ר' יוחנן בן גודגדא בהגפת דלתות אמר לו חזור בך שאתה מן המשוררים ואני מן השוערים: לכרם. על שם שהיו יושבים שורות שורות ככרם זה הנטוע שורות שורות: בכבוד אכסניא. מכניסי אורחים בבתים: ראש המדברים. במסכת שבת מפרש לה בבמה מדליקין (ד' לג:): שנים עשר מיל. שלש פרסאות מחנה ישראל מבית הישימות עד אבל השטים *תלתא פרסי: אמרה תורה כו'. כלומר קראו הכתוב מבקש ה': כשם שאני הסברתי לך פנים כך אתה הסבר פנים. והיינו דכתיב פנים בפנים: הרב בכעס. עליהם משום מעשה העגל: והתלמיד בכעס. וגם אתה מראה להם כעס שהרחקת אהלך ממחנה: אם אתה מחזיר האהל למקומו גרסינן: והיינו דכתיב ושב אל המחנה. השב האהל למחנה ואם לאו משרתך יהושע בן נון נער לא ימיש מתוכה שישמש תחתיך ואף על פי שהשיבו לאחר שנתרצה הקב"ה לישראל והוקם המשכן לא יצא דבר לבטלה: לא גרסינן ומשרתו יהושע וגו': הסכת. עשו כתות כתות. דריש הס כמו עשו: כתתו עצמכם. ודרשי נמי הס כמו עשה עשו עצמכם כתותים להצטער על דברי תורה: זאת התורה. היכן מצויה באדם שימות באהלי תורה: הס ואחר כך כתת. שתוק כמו ויהס כלב (במדבר יג) שתוק והאזן לשמועתך עד שתהא שגורה בפיך ואף על פי שאינה מיושבת לך ואחר כך כתתה והקשה עליה מה שיש לך להקשות ותרץ תרוצין עד שתתיישב לך: יהגה. יעיין: מיץ חלב יוציא חמאה. המוציא את החלב שמצץ משדי אמו על דברי התורה חמאה היא לו: ומיץ אף. המוצץ כעס רבו וסובלו יוציא הלכות דם לעומקם: דמנן. שדיני ממונות עמוקים הם והרוצה שיתחכם יעסוק בדיני ממונות שאין מקצוע בתורה גדול מהם: המנבל עצמו. ששואל לרבו כל ספקותיו ואף על פי שיש בהם שחבריו מלעיגים עליו: ואם זמות. שסתמת פיך מלשאול לשון זמם טבעת של רצועה שתוחבים בחוטם בהמה שמעסקיה רעים ונותנים אותו בשפתיה לתופרם יחד ולסותמן סופך שתתן יד לפה כשישאלוך ולא תדע להשיב: עשית חסד. שהאכילם שנאמר ויבא אהרן וכל זקני ישראל לאכל לחם וגו' (שמות יח): חמות. אשתו של עובד אדום: וח' כלותיה. שהיו לה ח' בניה: שנאמר

[עירובין נה:]
ע"ז ז. חולין מד: נדה כ:
[שבת לג: מנחות כג.]
תענית ז. מכות י.
גיטין נז:

רב נסים גאון

תנו רבנן כשנכנסו רבותינו לכרם ביבנה. בגמרא דבני מערבא ובפסחים בפ' תמיד נשחט גרסינן תמן תנינן זה מדרש דרש ר' אלעזר בכרם ביבנה וכי כרם היה שם אלא אלו תלמידי חכמים שהן עשוין שורות שורות ככרם: פתח ר' יהודה ראש המדברים בכל מקום. מפורש במסכת שבת בפרק במה מדליקין (דף לג) אמרו יהודה שעילה יתעלה

(נ"ל התאבי בשורש פכתו ויש שכתבין עכתיו ביו"ד ואינו צריך)

גליון הש"ס גמ' ששה בכרס אחד. בנידה לדרך פרשה שמות כתב בשם המפרשים דו' תדרים יש באשה שלשה מימין ושלשה משמאל ואחד באמצע אם התעבר מימין יהיו זכרים ובשמאל נקבות ובאמצע טומטום או אנדרוגינוס ונתעברו מכל החדרים רק לא מאמצע דטומטום הוי סימן קללה:

וכן בתשמיש, אפילו בעונה האמורה בתורה, אם עשה להשלים תאותו או להנאת גופו, הרי זה מגונה, ואפי' אם נתכוין כדי שיהיו לו בנים שישמשו אותו וימלאו מקומו, אינו משובח; אלא יתכוין שיהיו לו בנים לעבודת בוראו, או שיתכוין לקיים מצות עונה כאדם הפורע חובו - ועיין עוד כונות אחרות בסימן ר"מ ס"א, ואחר כונת הלב הן הדברים, ורחמנא לבא בעי.

וכן בשיחה, אפי' לספר בדברי חכמה, צריך שתהיה כונתו לעבודת הבורא או לדבר המביא לעבודתו - וכ"ש אם סיפורו הוא בעניני משא ומתן, צריך שתהיה כונתו לשם מצוה, דהיינו שיהיה לו במה להתפרנס כדי שלא יבוא ליד גזל, **ואפילו** אם הוא עשיר גדול שדי לו בממונו לפרנס עצמו ובני ביתו כל ימי חייו, ג"כ יצוייר לפעמים במה שמשתדל להרבות עסקיו דבר מצוה, כגון שכונתו להרבות בצדקה וגמ"ח עי"ז, **או** שכונתו ליקח עסקים תחת רשותו כדי להמציא מלאכה לעניי ישראל שישתכרו להחיות נפשם, שכל זה הוא בכלל צדקה, ומעולה ממנה כמו שכתב הרמב"ם, ומובא ביו"ד סימן רמ"ט, וע"ש, שהמחזיק ביד ישראל שָׁמָּך, ונותן לו מלאכה כדי שישתכר ולא יצטרך לבריות לשאול, הוא מקיים בזה המ"ע ד"ומטה ידו עמך והחזקת בו".

כללו של דבר: חייב אדם לשום עיניו ולבו על דרכיו ולשקול כל מעשיו במאזני שכלו, וכשרואה דבר שיביא לידי עבודת הבורא יתברך, יעשהו, ואם לאו לא יעשהו; ומי שנוהג כן, עובד את בוראו תמיד.

(כתב בתשובת דבר שמואל, שאלה: איזו היא דרך ישרה שיבור לו האדם, אם לעסוק בתורה ולהרבות גבולו בתלמידים כל ימי השבוע וליהנות מאחרים, או ליהנות מיגיע כפיו ומלאכה נקיה כל ימי השבוע, ולעסוק בתורה לבד כל יום השבת, ואין כונתו שלא ילמוד כלל כל ימי השבוע, דהא פשיטא דמחוייב האדם עכ"פ לקבוע עתים לתורה בכל יום, אלא כונתו על יתר העת שביום איך יתנהג, **וגם** שאלתו הוא דוקא אם העסק שלו הוא נקי מתערובות גזל ורבית ואונאה, דאל"ה אין זה ספק כלל, **אחד**, דעסקים כאלו שוב אין נקרא נהנה מיגיע כפו אלא מיגיעת אחרים, **ועוד** דמוטב להתבייש בעוה"ז ולקבל מאה מתנות ולא לעבור פעם אחד על לאו דאורייתא של "לא תגזול", **ואעתיק** בקצרה עיקר תשובתו לשואלו: הלא ראתה עינו הבדולח מה שכתוב בטיו"ד סימן רמ"ו בב"י ובב"ח, ובט"ז ובש"ך בשם ספר ים של שלמה, ומכולם האריך למענתו מהר"י קאר"ו בספרו כ"מ הלכות ת"ת פ"ה וכו', **אך** הנראה לענ"ד, שאפילו הרמב"ם ז"ל יסכים בנידון דידן להתיר, דאין דנין אפשר משאי אפשר, וכיון שכפי צורך השעה והמקום א"א לזה האיש החפץ בחיים להתקיים תלמודו בידו לזכות בו את הרבים כי אם בסיפוק צרכיו ע"י אחרים, הרי הוא ככל המון הדיינים והחכמים שהיו מקבלים שכר מתרומת הלשכה, כדגרסינן בכתובות פרק שני דייני גזירות, והרמב"ם ז"ל פסק כן בהלכות שקלים פ"ד, וז"ל: מגיהי ספרים שבירושלים ודיינים שדנים את הגזלנים, נוטלין שכרן וכו', ואם לא הספיקו להם, אע"פ שלא רצו מוסיפין להם כדי צרכן להם ונשיהם ובניהם ובני ביתם, **ואיך** יעלה על הדעת שיורה בכגון זה הרב ז"ל, שיותר טוב לאדם לאחוז בסכלות וחסרון החכמה כל ימיו, אשר הוא גרמא לכמה נזקין ומכשלות, תלמוד המביא לידי מעשה, ולמנוע טוב מבעליו מפני היותו נהנה מאת אחיו, וע"ש עוד מה שהאריך בענין זה).

אות ד'

אל ימנה אדם אפטרופוס בתוך ביתו

אבה"ע סימן כב סט"ז - [ט]לא ימנה אדם אפוטרופוס על ביתו, שלא ינהיג אשתו לדבר עבירה - בגמ' אמרו פ' הרואה, שאלמלא לא מינה פוטיפר ליוסף בתוך ביתו, לא בא לאותו מעשה - ח"מ.

אות ד'*[י]

מעבר שנים וקובע חדשים בחו"ל

רמב"ם פ"א מהל' קידוש החודש ה"ח - אין מחשבין וקובעין חדשים ומעברין שנים אלא בארץ ישראל, שנאמר: כי מציון תצא תורה ודבר ה' מירושלם; ואם היה אדם גדול בחכמה ונסמך בארץ ישראל, ויצא לחוצה לארץ ולא הניח בארץ ישראל כמותו, הרי זה מחשב וקובע חדשים ומעבר שנים בחוצה לארץ; ואם נודע לו שנעשה בארץ ישראל אדם גדול כמותו, ואין צריך לומר גדול ממנו, הרי זה אסור לקבוע ולעבר בחוצה לארץ; [יא]ואם עבר וקבע ועיבר, לא עשה כלום.

---

§ מסכת ברכות דף סג: §

אות א'

חכם שטמא אין חברו רשאי לטהר, אסר אין חברו רשאי להתיר

יו"ד סימן רמב סל"א - חכם שאסר, אין חבירו רשאי להתיר משקול הדעת - (כלומר משקול הדעת דסברא בעלמא, דשויתה חתיכה דאיסורא - ערוה"ש). **ואפי'** התיר אינו מותר. **והיינו** כשכבר חלה הוראתו, אבל אם שניהם בבית המדרש, יכול להתיר - ש"ך.

באר הגולה

ט **ברייתא ברכות דף ס"ג ע"א**   י (ע"פ מהדורת נהרדעא)   יא (שכן מוכח בירושלמי סנהדרין שם בעובדא דחנניא בן אחי ר"י, שרכב על סוסיא להחזירם מן קביעות שלו, ע"ש - הוספת הרד"ל)

‹**שכיון** שלא יוכל להתיר אלא מתוך שיקול דעתו, למה יגע בכבודו של חבירו, דמנא ליה דשיקול דעתו מבוררת יותר משיקול דעת חבירו, דשמא שיקול דעת חבירו יותר מבוררת לעלמא – לבוש›.

ואפי' הוא גדול ממנו בחכמה ובמנין, **ומיהו** יש פוסקים דס"ל דאם הא' גדול מחבירו בחכמה, יכול להתיר מה שאסר חבירו, אפי' במידי דתליא בסברא - ש"ך. ‹**וכן** הדעת נוטה, דכיון דמחולקים בסברא בעלמא, ודאי דסברת הגדול יותר ישרה, **ולכן** גם בהיפך, בחכם שהתיר וגדול ממנו דעתו נוטה לאסור, יאסור אפילו חלה הוראתו של ראשון, **וכ"ש** שכל רב במקומו שאין הוראת אחר כלום הן לאיסור הן להיתר, וק"ו באותם שלא הגיעו להוראה ומתנשאים להורות, דאין שום ממש בהוראתן וכלא ממש נחשב – ערוה"ש›.

אבל אם יש לו קבלה שטעה (רבינו ירוחם בשם י"א) - כלומר שיש לו קבלה שאין הדין כן, וא"כ זה טעה, **או שטעה בדבר משנה** - עיין בחו"מ ר"ס כ"ה מהו טעה בדבר משנה - ש"ך, **יוכל להתיר (הר"ן בשם ראב"ד ורשב"א ורמב"ן ז"ל ותוס' ורא"ש ור' ירוחם)** - ‹וה"ה בשקול הדעת דסוגיא דעלמא, דחד טעמא הוא, דבזה לא שייך חתיכה דאיסורא, כמו שא"א לעשות משומן חלב – ערוה"ש›.

אבל אם יש לו קבלה - היינו על פי מש"כ בד"מ בשם ר' ירוחם בשם י"מ ובשם רש"י, **אבל** לא שם לבו לעיין בתוס' פ' אלו טריפות, ובהג"א ממהרי"ח שם, שחולקין ע"ז וס"ל, דאפילו יש לו קבלה אינו יכול להתיר, וכן פסק מהרש"ל, וכן נראה עיקר בש"ס - ש"ך, ‹ומביא עוד כמה ראיות מש"ס ופוסקים›.

(**ועיין** בתשובת משכנות יעקב שהרבה להשיב על ראיות הש"ך, ומסיק שדברי הרמ"א נכונים, **אך** כתב דנראה ברור מלשון הרמ"א, דהך דינא לא שייך רק אם חכם הראשון מוכרח להודות לקבלתו כשישמע, ולא יחלוק על רבותיו של זה, **אבל** אם גם אחר שיוודע לו יחלוק גם על רבותיו, דרב גובריה, ודאי שאין רשאי להתיר, **ושוב** מצא בש"ג שכתב בהדיא כדעת רמ"א ז"ל, והוסיף תיבה א', שכתב אם יש לו קבלה אמיתית כו', לשון אמיתית מכוון למש"כ, דבעינן שחבירו יודה לקבלתו - פת"ש).

(**כתב** בספר לבושי שרד וז"ל, חכם שאסר איזה דבר, ויש בדבר ההוא ב' טעמים להטריף, וטעם א' נסתר מדבר משנה, וטעם הב' נסתר משיקול הדעת דסוגיין דעלמא ‹וכדלקמן ברעק"א›, **נ"ל** דאם ידע החכם מהמשנה, ולא הטריף רק מהטעם הב', אין זה כי אם טעות בשיקול הדעת, ואין חבירו יכול להתיר, **אבל** היכא דהוי איפכא, שידע מסוגיין דעלמא, והטריף מחמת הטעם אשר הוא טעות בדבר משנה, הוי טועה בדבר משנה ויכול אחר להתירן, **והיכא** דטעה בשניהם, יש להסתפק מה דינו, ומצד הסברא נראה דאין דינו רק כטועה בשקול הדעת, עכ"ל - פת"ש).

(**ועיין** בתשובת שבו"י, באחד ששלח שלוחו אל המורה, והורה לו לאסור בהנאה, וזרק שלוחו את המאכל לאיבוד, ואח"כ נודע שטעה בדבר משנה, אם המורה או השליח חייבים לשלם, **ופסק** דשניהם פטורים, פת"ש).

ואפילו אם טעה בשקול הדעת, יכול לישא וליתן עם המורה עד שיחזור בו (סברת הר"ן) - נראה דוקא טעה בשקול הדעת, דהיינו דפליגי תרי תנאי או אמוראי או פוסקים, ופסק האוסר כחד מינייהו, וסוגיין דעלמא כאידך, כמו שנתבאר בחו"מ סי' כ"ה, **אבל** אם אינו יכול להתברר שטעה בשיקול הדעת, אע"פ שהוא נושא ונותן עם המורה עד שהוא חוזר, אינו יכול להתיר, **וכל** זה הוא דלא כנראה מהעט"ז, דאפי' בשיקול הדעת דליכא טעות יכול להחזירו, דליתא, אלא כדפירשתי - ש"ך, (**ועיין** בתשו' אא"ז פמ"א, שהשיג על כל דברי הש"ך). ‹**כלומר** דכיון שחוזר בו נסתלק החתיכה דאיסורא, כמו מי שדימה שזהו חלב והסבירו לו שהוא שומן והודה, אבל כשלא הודה הוה חתיכה דאיסורא, כיון שאין לברר עם מי הצדק לא ממשנה ולא מסוגיא דעלמא – ערוה"ש›.

‹**בש"ך** חו"מ העלה דאין מחזירין הדין, ‹בשום אופן של שקול הדעת›, זולת במומחה וקיבל עליו ע"י גדול ממנו – רעק"א›.

ולכן אין איסור לשואל [לשאול] לשני (שם במרדכי ואגודה ותוס' ורא"ש ור' ירוחם שם), ובלבד שיודיע אותו שכבר הורה הראשון לאסור (רבינו ירוחם ותוס' ורא"ש) - ‹כלומר דכיון דאין הטעם מפני כבודו של חכם אלא מפני חתיכה דאיסורא, לכן יכול השואל לשאול אצל אחר, ולהודיעו ששאל מראשון, ואולי יחזירנו מסברתו, או יראנו שטעה בדיני ממונות או בקבלה או בסוגיא דעלמא, ואז א"צ חזרתו – ערוה"ש›.

ואפילו אם התיר הראשון וכבר חלה הוראתו, [א]אין לשני לאסור מכח שקול הדעת (כן משמע באשיר"י) – [והיינו דוקא כשכבר חלה הוראת הראשון לקולא קודם שנחלק השני עליו, **אבל** אם לא חלה עדיין, יכול לחלוק להחמיר, **ולשון** רמ"א אינו מכוון, שהיה לו לכתוב "אם חלה", ולא "וכבר חלה" – ט"ז].

אין לשני לאסור - ד"מ מהרא"ש, שכתב שם כן בשם הירושלמי, **אבל** לא שת לבו, דהתוס' שם והסמ"ג והגמ"י חולקים, דדוקא להתיר מה שכבר אסר אינו יכול, אבל יכול לאסור מה שהתיר, אף שכבר חלה הוראתו, ופירשו כן הירושלמי, וכ"כ מהרש"ל בשם מהר"מ, **וכן** נראה מהראב"ד והרשב"א והר"ן דלעיל, שכתבו דלא משום כבודו של חכם נגעו בה, אלא משום דשויה חתיכה דאיסורא, משמע דיכול לאסור מה שהתיר חבירו, וכן בריב"ש - ש"ך.

‹ובט"ז מחלק בענין זה... - בה"ט, דהיינו לתרץ הרמ"א מקושיית הש"ך›, [**והך** חלה נ"ל שהיינו שנעשה איזה מעשה להקל, כגון שאכלו קצת ממנו, או נתערב בין דבר היתר, **אבל** משום קבלת ההוראה ממנו לחוד, לא מהני שלא יהא השני רשאי לחלוק להחמיר משקול הדעת – ט"ז]. **לא** דק, ‹דחלה הוראתו› היינו שחלה ונתפשטה, לאפוקי כששניהם בביהמ"ד, כמבואר בהרא"ש שממנו מקור דין זה להדיא - נקה"כ.

ואפי' אם התיר וכו' - ‹כלומר לא מיבעיא בחכם שאסר אין השני יכול להתיר משקול הדעת דסברא, אלא אפילו חכם שהתיר אין חבירו יכול לאסור

באר הגולה

א ‹לכאורה תלמוד ערוך הוא בידינו בברכות (סג ב), בשלמא הוא מטהר והם מטמאים לחומרא, מכאן תשובה למ"ש הרמ"א ביו"ד (סי' רמב סל"א) שאם הראשון התיר וחלה הוראתו אין לשני לאסור מכח שיקול הדעת. והש"ך העיר על זה, ובביאורי הגר"א שם העיר מהגמ' ברכות הנ"ל – יביע אומר ח"ז חו"מ ס"ג›

מכח שיקול הדעת דסברא, **רק** בחכם שהתיר צריך שיחול הוראתו, כלומר כשכבר בישל או עירבו בשאר היתר [וכהט"ז הנ"ל], לא יאסור כיון שאינו יכול לברר הטעות, ושמא סברת המתיר יותר טובה, **אך** כשלא חלה הוראתו שהשאלה מונחת כמקדם, יאסרנה, כיון דלסברתו אסורה, **ובזה** אינו דומה לחכם שאסר, דאז אפי' בלא חלה ההוראה אין השני יכול להתיר, דלא דמי איסור להיתר, **והש"ך** האריך לחלוק על הרמ"א, וכל דבריו צע"ג, והעיקר כהרמ"א – ערוה"ש).

(**ועיין** בתשו' רדב"ז שחולק ג"כ על הרמ"א, **אלא אם טעה בשיקול הדעת** והתיר, מחזירין הוראתו ואוסרים אפילו בעל כרחו, דאין חכמה ואין עצה נגד ה', וכן עשה מעשה בעצמו, **ואפילו** המתיר בעצמו אינו רשאי לנהוג קולא בדבר, כיון דלדעת הרוב טעה בשיקול הדעת - פת"ש).

(**עיין** תודת שלמים תשו' מו"ה ישעיה באסאן זצ"ל, שהעלה בכוונת הרמ"א, דבתחילה כתב, "חכם שאסר אין חבירו רשאי להתיר", היינו דאין בכחו להתיר, ואף דיעבד לא מהני, דכבר נעשה חתיכה דאיסורא, **אבל** כאן "ואפי' התיר אין לשני לאסור", ולא כתב אין רשאי, אלא דאין מהראוי לעשות כן מפני כבודו של ראשון – רעק"א.

וכל זה כשהוא הוראה עצמה, אבל במעשה אחר, פשיטא שיכול להורות מה שנראה אליו (מהרי"ק וחדושי רשב"א וע"פ) -

(ואינו צריך לחשוש לומר שמא דעת חבירו מבוררת וצלולה לכל יותר משלו, שהתורה ודיניה מסורים לכל יודעיה – לבוש).

ואם החכם הראשון אסר מחמת חומר או גדר וסייג, אינו יכול להתיר אפילו במעשה אחר, כ"כ מהרש"ל - ש"ך. **ותמיהני** איך ביכולתינו לעשות מעצמינו גדרות וסייגים להורות לאחרים, וצ"ע – ערוה"ש).

(**עיין** בשו"ת שיבת ציון, שכתב דזה דוקא אם נשאל החכם השני עליו, אז רשאי לפסוק מה שנראה אליו במעשה אחר, וכעין עובדא דמהרי"ק, **אבל** להיות קופץ מאליו להתיר מה שאסר חכם אחר, לא שמענו, פת"ש).

(**ודע**, שלא נמצא דין זה דחכם שאסר אין חבירו יכול להתיר, לא ברמב"ם ולא בטור, והרי גמ' מפורשת היא בכמה מקומות, ולא ראיתי מי שהעיר בזה, **והנלע"ד** דס"ל לרבותינו אלה, דעכשיו אחר שנתפשטו ספרי הש"ס והפוסקים, לא שייך כלל דין זה, שהרי כבר נתבאר דדין זה אינו אלא כשנחלקו בסברא בעלמא, ועכשיו אין לך דבר הוראה שאין לה ראיה מאיזה גמ' או איזה פוסק, ורחוק הוא בכלל להורות בסברא בעלמא, **ואי** משום שגם הפוסקים מחולקים, אך באמת בזה ביאר הרמב"ם בספ"א מממרים וז"ל, שני חכמים שנחלקו וכו' אחד אוסר ואחד מתיר וכו', בשל תורה הלך אחר המחמיר, בשל סופרים הלך אחר המיקל, עכ"ל, **ורבינו** הרמ"א בחו"מ סי' כ"ה הביא דברים אלו, והוסיף בזה דדוקא כשהחולקים שוין, ולא קטן נגד גדול ולא יחיד נגד רבים, ע"ש, **ובארנו** שם, דאם הוא גדול בתורה וביכולתו להכריע בראיות, וסוגיא דעלמא לא נתפשטה כחד מינייהו, אלא יש שמורים בכה ויש בכה, אם יכול להכריע יכריע, ואם לאו בדאורייתא לחומרא ובדרבנן לקולא, ובממון לא יוציא ממון מספק – ערוה"ש).

אות ב'

מנין שאין דברי תורה מתקיימין אלא במי שממית עצמו עליה וכו'

יו"ד סימן רמו סכ"א - [ב]אין דברי התורה מתקיימים במי שמתרפה עצמו עליהם, ולא בלומדים מתוך עידון ומתוך אכילה ושתייה; אלא במי שממית עצמו עליה ומצער גופו תמיד, ולא יתן שינה לעיניו ותנומה לעפעפיו - (אא"כ יודע שאם לא יישן כראוי לא יוכל ללמוד, וע"ז נאמר בכל דרכיך דעהו – ערוה"ש).

הגה: לא יחשוב האדם לעסוק בתורה ולקנות עושר וכבוד עם הלמוד, כי מי שמעלה מחשבה זו בלבו אינו זוכה לכתרה של תורה; אלא יעשה אותו קבע ומלאכתו עראי, וימעט בעסק ויעסוק בתורה, ויסיר תענוגי הזמן מלבו, ויעשה מלאכה כל יום כדי חייו, אם אין לו מה יאכל, ושאר היום והלילה יעסוק בתורה.

באר הגולה

ב מימרא דר"ל שבת דף פ"ג ע"ב וברכות דף ס"ג ע"ב

§ מסכת ברכות דף סד. §

אות א'

היוצא מבית הכנסת ונכנס לבית המדרש ועוסק בתורה וכו'

סימן קנה ס"א - [א]אחר שיצא מבהכ"נ, ילך לבהמ"ד - דאיתא בגמרא (ברכות ס"ד.): היוצא מבית הכנסת ונכנס לבית המדרש ועוסק בתורה, זוכה ומקבל פני השכינה, שנאמר: ילכו מחיל אל חיל יראה אל אלהים בציון.

והנה בזמנם היה הביהכ"נ מיוחד לתפלה, וביהמ"ד מיוחד לתורה לחוד, והיה דרכם להתפלל בביהכ"נ, **ואף** בזמנינו שמתפללים בבתי מדרשות, מ"מ שייך ג"כ דבר זה, דאחר התפלה ילך להתחבר עם האנשים העוסקים בתורה, במשניות וכדומה, ונאמר עליו הכתוב: ילכו מחיל אל חיל וגו'.

אות [א']

הנפטר מחברו אל יאמר לו: לך בשלום, אלא: לך לשלום

מג"א סי' ק"י סק"ט - ואל יאמר אדם לחבירו: לך בשלום, אלא: לך לשלום, גמ' - הנפטר מחבירו אל יאמר לו: לך בשלום, אלא: לך לשלום. **וכשנפטר** מן המת, יאמר: בשלום, ולא: לשלום. והטעם עיין סוף ברכות בעין יעקב [ב]בהכותב [ג]ובמהרש"א - מ"ב שם.

אות [ב']

הנפטר מן המת אל יאמר לו: לך לשלום אלא: לך בשלום

רמב"ם פ"ד מהל' אבל ה"ד - וחופרין בעפר מערות, ועושין כוך בצד המערה, וקוברין אותו בו ופניו למעלה, ומחזירין העפר והאבנים עליו, ויש להן לקבור בארון של עץ, והמלוין אותו אומרין לו: לך בשלום, שנאמר: ואתה תבוא אל אבותיך בשלום.

באר הגולה

[א] **טור ממשמעות גמ' דשבת ל"א** (ואחר שיצא מבהכ"נ, ילך לבית המדרש קודם שילך לעסקיו, ויקבע עת ללמוד, דאמר רבא בשעה שמכניסין האדם לדין, אומרים לו קבעת עתים לתורה - טור). (**סוף** ברכות - גר"א) [ב] (וכפי הפשט הוא טעם אמתי ונכון, בנוי על שורש אמתי הקדום אצלנו, והוא כי כל איש ישראל חייב להשתדל בהיותו בחיים לעשות רצון אבינו שבשמים, בעיון ובמעשה, ועולם הבא הוא עולם הגמול, כמו שאחז"ל היום לעשותם ומחר ליטול שכרם, **וא"כ** יתחייב לכל נפטר מן המת שלא יאמר לו: לך לשלום, שהכונה בו להשתדל איך ישיג השלום, אלא לך בשלום, שר"ל לך עם השלום אשר יגעת בו בהיותך בחיים, **ומטעם** זה הנפטר מן החי יאמר לו בהפך: לך לשלום, שר"ל להוסיף על שלמותך כל ימי חייך, ואל יאמר לו: לך בשלום, שזה יורה שילך בשלום שכבר דרש עד היום, ולא יוסיף עוד ח"ו - הכותב) [ג] (עיין בזה בדברי הכותב בע"י, אבל הכתובים שמביא אין מורים על זאת הכונה, ואין להאריך, ונראין הדברים כפשטן, כי כל ימי האדם על האדמה צריך לו אל השלום, דהיינו שיצלח במעשיו בכל מקום אשר מגמתו וחפצו לילך שם, אבל אחרי המות בקבר אין שם מעשה שיצלח בו, אלא לחבירו בחיים שהולך למקום חפצו, יאמר לו לך לשלום, שהרצון בו שתצלח חפציך כפי רצונך במקום אשר תלך, ויהיה פי' "לשלום", שתמצא באותו מקום שתלך לשם שלום, אבל לא יאמר לו: לך בשלום, שמשמעו שבהליכתו תהיה לך שלום עמך, ולא במקום אשר חפצך לילך שם, **אבל** הנפטר מן המת, לא יאמר: לך לשלום, שיצלח חפצו במקומו, כי אין שם בקבר חפץ ורצון, אלא יאמר: לך בשלום, דהיינו שבדרך הליכתך לקבר יהיה לך שלום באין מעכב עד שיבא אל אבותיו בקבר, ודברי הר"ן בזה מטין לדברינו, ע"ש - מהרש"א)

הרואה פרק תשיעי ברכות סד

מסורת הש"ס

עין משפט נר מצוה

צג א טוש"ע או"ח סי' קנה סעיף א:

שנאמר פעלתי השמיני. בני עובד אדום קא חשיב בדברי הימים וקא חשיב תמניא והיא תשיעית כל אחת ילדה ששה הם חמשים וארבע הוסיף עליהם שמונה בנים הראשונים הרי ששים ושנים לעובד אדום: **הדוחק את השעה.** כגון אבשלום שבקש למלוך בחזקה: **אצטריכא להו שעתא.** להיות אחד מהם ראש ישיבה. אצטריכא להו גרסי' הוצרכו להם חכמים: **סיני.** היו קורין לרב יוסף שהיה בקי בברייתות הרבה: **עוקר הרים.** לרבה בר נחמני שהיה מחודד יותר בפלפול: **למרי חטיא.** למי שקבץ תבואה למכור כלומר למי שקבץ שמועות: **דאמרי ליה כלדאי.** לרב יוסף: **מלכת** תורה אור **תרתין שנין.** אמר אם אמלוך תחלה אמות לסוף שנתים ונדחה מפני השעה ולא אבה למלוך והשעה עמדה לו שלא הפסיד שנותיו בכך: **אומנא לביתיה לא קרא.** לא נהג כל אותן השנים שום צד שררה וכשהיה צריך להקיז דם היה הולך לבית הרופא ולא היה שולח לבא אליו: **שיאתו כשוני סקורה.** אם בא לטלטלה ממקום למקום לתתה בבנין כלומר יעקב שכל הבנים שלו וטרח בגידולם יבקש עליהם רחמים: **הנפטר מן המת.** כשהיו מוליכים ארונו ממקום למקום לקבורה היו מלוים אותו מעיר לעיר וחוזרים אלו ואחרים מלוים אותו משם והלאה והחוזרים קרי נפטרים נוטלין רשות להפטר ממנו: **אין להם מנוחה.** מישיבה לישיבה וממדרש למדרש:

שנאמר °פעלתי השמיני (א) וכתיב °כי ברכו אלהים °כל אלה [מבני] (ל)עובד אדום המה ובניהם ואחיהם (אנשי) [איש] חיל בכח לעבודה ששים ושנים לעובד אדום אמר ר' אבין הלוי **°*כל הדוחק את השעה שעה דוחקתו וכל הנדחה מפני השעה שעה נדחת מפניו מדרבה ורב יוסף *דרב יוסף סיני ורבה עוקר הרים אצטריכא להו שעתא *שלחו להתם סיני ועוקר הרים איזה מהם קודם שלחו להו סיני קודם *שהכל צריכין למרי חטיא אף על פי כן לא קבל עליו ר' יוסף דאמרי ליה כלדאי מלכת תרתין שנין מלך רבה עשרין ותרתין שנין מלך רב יוסף תרתין שנין ופלגא כל הנך שני דמלך רבה אפילו אומנא לביתיה לא קרא: ואמר רבי אבין הלוי מאי דכתיב °יענך ה' ביום צרה ישגבך שם אלהי יעקב ולא אלהי אברהם ויצחק מכאן לבעל הקורה שיכנס בעביה של קורה: ואמר רבי אבין הלוי °כל הנהנה מסעודה שתלמיד חכם שרוי בתוכה כאילו נהנה מזיו שכינה שנאמר °ויבא אהרן וכל זקני ישראל לאכל לחם עם חותן משה לפני האלהים וכי לפני אלהים אכלו והלא לפני משה אכלו אלא לומר לך כל הנהנה מסעודה שתלמיד חכם שרוי בתוכה כאילו נהנה מזיו שכינה: *ואמר רבי אבין הלוי הנפטר מחברו [א] אל יאמר לו לך בשלום אלא לך לשלום שהרי יתרו שאמר לו למשה °לך לשלום עלה והצליח דוד שאמר לו לאבשלום °לך בשלום הלך ונתלה: ואמר רבי אבין הלוי [ב] הנפטר מן המת אל יאמר לו לך לשלום אלא לך בשלום שנאמר °ואתה תבא אל אבותיך בשלום: אמר רבי לוי בר חייא *היוצא מבית הכנסת ונכנס לבית המדרש ועוסק בתורה *זוכה ומקבל פני שכינה שנאמר °ילכו מחיל אל חיל יראה אל אלהים בציון. אמר רבי חייא בר אשי אמר רב *תלמידי חכמים אין להם מנוחה לא בעולם הזה ולא בעולם הבא שנאמר ילכו מחיל אל חיל יראה אל אלהים בציון: *אמר רבי אלעזר אמר רבי חנינא תלמידי חכמים מרבים שלום בעולם שנאמר °וכל בניך למודי ה' ורב שלום בניך אל תקרי בניך אלא בוניך °שלום רב לאוהבי תורתך ואין למו מכשול °יהי שלום בחילך שלוה בארמנותיך °למען אחי ורעי אדברה נא שלום בך °למען בית ה' אלהינו אבקשה טוב לך °ה' עוז לעמו יתן ה' יברך את עמו בשלום:

הדרן עלך הרואה וסליקא לה מסכת ברכות

מסורת הש"ס (בגליון): [פרוכין יג:] ערכין ל. [מ"ק יב.] הוריות יד. [ב"ב קמה:] [מ"ק כט. ע"ש] יבמות קכב: חי"ל סו: תמיד לב: כריתות כח:

מקורות הפסוקים: דה"א כו; שם; שם; תהלים כ; שמות יח; שם ד; שמואל ב טו; בראשית טו; תהלים פד; שם; ישעיה נד; תהלים קיט; שם קכב; שם; שם; שם כט

רב נסים גאון

תלמידי חכמים אין להם מנוחה. בגמרא דבני מערבא במסכת שביעית בפרק רביעי פירשו כי זו התיעה שהן יגעין היא (משבחין) [שמשבחין] ומקלסין וטורסין בתורה כדאמרי' ר' יתה בשם ר' חייא בר אשי עתידין חברין לתתיגע מבתי כנשיות לבתי מדרשות מאי טעמא דכתיב (תהלים פד) ילכו מחיל אל חיל:

סליקא לה להא מסכתא

[א] מג"א סי' ק"י סק"ט

[ב] [רמב"ם פ"ד מהל' אבל ה"ד]

הדרן עלך הרואה וסליקא לה מסכת ברכות

אחר השלמת המסכתא יאמר זה ויועיל לשכחה בעזרת השם יתברך

***הדרן** עלך מסכת ברכות והדרך עלן דעתן עלך מסכת ברכות ודעתך עלן לא נתנשי מינך מסכת ברכות ולא תתנשי מינן לא בעלמא הדין ולא בעלמא דאתי:

[פי' כגון על זה תמצא בס' בתיים שחיבר אחי כגאון מהר"ל מפראג בספר זכיות ח"א פ"ג]

יאמר כן שלשה פעמים ואחר כך יאמר

יהי רצון מלפניך יי אלהינו ואלהי אבותינו שתהא תורתך אומנותנו בעולם הזה ותהא עמנו לעולם הבא *חנינא בר פפא רמי בר פפא נחמן בר פפא אחאי בר פפא אבא מרי בר פפא רפרם בר פפא רכיש בר פפא סורחב בר פפא אדא בר פפא דרו בר פפא:

[כסיומא וסוף תשובת הרמ"א ז"ל וכן בס' יש"ש הב"ק כתוב רמזים על הזכרת שמות הללו]

הערב נא יי אלהינו את דברי תורתך בפינו ובפיפיות עמך בית ישראל ונהיה כולנו אנחנו וצאצאינו וצאצאי עמך בית ישראל כולנו יודעי שמך ולומדי תורתך: מאויבי תחכמני מצותיך כי לעולם היא לי: יהי לבי תמים בחקיך למען לא אבוש: לעולם לא אשכח פקודיך כי בם חייתני: ברוך אתה יי למדני חקיך: אמן אמן אמן סלה ועד:

מודים אנחנו לפניך ה' אלהינו ואלהי אבותינו ששמת חלקנו מיושבי בית המדרש ולא מיושבי קרנות שאנו משכימים והם משכימים אנו משכימים לדברי תורה והם משכימים לדברים בטלים אנו עמלים והם עמלים אנו עמלים ומקבלים שכר והם עמלים ואינן מקבלים שכר אנו רצים והם רצים אנו רצים לחיי העולם הבא והם רצים לבאר שחת שנאמר ואתה אלהים תורידם לבאר שחת אנשי דמים ומרמה לא יחצו ימיהם ואני אבטח בך:

יהי רצון לפניך יי אלהי כשם שעזרתני לסיים מסכת ברכות כן תעזרני להתחיל מסכתות וספרים אחרים ולסיימם ללמוד וללמד לשמור ולעשות ולקיים את כל דברי תלמוד תורתך באהבה וזכות כל התנאים ואמוראים ותלמידי חכמים יעמוד לי ולזרעי שלא ימוש התורה מפי ומפי זרעי וזרע זרעי עד עולם ותתקיים בי בהתהלכך תנחה אותך בשכבך תשמור עליך והקיצות היא תשיחך כי בי ירבו ימיך ויוסיפו לך שנות חיים: אורך ימים בימינה עושר וכבוד בשמאלה: יי עוז לעמו יתן יי יברך את עמו בשלום:

יתגדל ויתקדש שמיה רבא בעלמא דהוא עתיד לאתחדתא ולאחיא מתיא ולאסקא לחיי עלמא ולמבני קרתא דירושלם ולשכלל היכליה בגוה ולמעקר פולחנא נוכראה מארעא ולאתבא פולחנא דשמיא לאתריה וימליך קודשא בריך הוא במלכותיה ויקריה בחייכון וביומיכון ובחיי דכל בית ישראל בעגלא ובזמן קריב ואמרו אמן: יתברך וכו' על ישראל וכו' יהא שלמא וכו':

הגהות הב"ח

(א) גמ' שנאמר פעולתי השמיני כי ברכו אלהים וכתיב כל אלה מבני עובד אדום המה ובניהם:

גליון הש"ס

גמ' כל הדוחק את השעה. מג"א רסי' קט ע"א: שם כל הנהנה מסעודה. מג"א סוף סי' קנו ורסי' תקס"ח סק"ה:

שער

ציצית ותפילין

מסכת מנחות

(כח. – מד:)

הלכות ציצית ותפילין

ושאר ההלכות הנמצאות על הדף

שבשו"ע ובמשנה ברורה

בשילוב תמצית דברי הביאור הלכה והשער הציון

מסודרות על הדף ע"פ ציוני ה'עין משפט'

בתוספת מקורות של הבאר הגולה

לאסוקי שמעתתא אליבא דהלכתא

§ מסכת מנחות דף כח. §

אות א'

שבעה קני מנורה מעכבין זה את זה, שבעה נרותיה מעכבין זה את זה

רמב"ם פ"ג מהל' בית הבחירה ה"ז - שבעת קני המנורה מעכבין זה את זה, ושבעת נרותיה מעכבין זה את זה, בין שהיתה של זהב בין שהיתה של שאר מיני מתכות, וכל הנרות קבועים בקנים.

אות א'* [א]

שתי פרשיות שבמזוזה מעכבות זו את זו

יו"ד סימן רפה ס"א - [ב]מצות עשה לכתוב פ' שמע, והיה אם שמוע, ולקבעם על מזוזת הפתח - דכתיב בהו וכתבתם על מזוזות ביתך ובשעריך.

אות ב'

אפילו כתב אחד מעכבן

יו"ד סימן רפח ס"ג - [ג]כתבה שלא על הסדר, אפילו שכח מלכתוב אות אחת, פסולה ואין לה תקנה - לפי שאין תולין בה כמו שתולין בס"ת, משום דבעינן שתהא נכתבת כסדרן, כ"כ הפוסקים והאחרונים הטעם, **ולפי** זה יכול לגרוד ממטה למעלה עד מקום החסרון, ויכתוב שם החסרון, ואח"כ יכתוב מה שגרד על מקום הגרד, דכה"ג הוי כסדרן, ועיין באו"ח סי' ל"ב סכ"ג וכ"ד - ש"ך.

(**ועיין** בדבר שמואל שכתב, שאין לתלות תיבה אחת בין השיטין בכתיבת התפילין והמזוזות, אף במקום שהכתיבה כסידרה בין המוקדמת למאוחרת, חדא, דגם זה מקרי שלא כסדרן מחמת שינוי, **וגם** מפני שדרך כתיבתן להיות דוקא בלא ריוח הרבה בין שיטה לשיטה, לכך אין תולין, ע"ש, **עיין** בגינת וורדים, כתב ג"כ הכי, דאם נזדמן להסופר שהשיטה דחוקה מהכיל התיבות ששיער לה, אין להתיר שיתלה תיבה אחת למעלה בין השיטות, ואח"כ ירד לכתוב כסדר השיטה, **ושם** כתב, דלדעת רש"י תפילין ומזוזות חמירי טפי, ואפילו בתליית אות אחת ג"כ מיחזי כמנומר, ע"ש - פת"ש).

ואין צריך לומר אם הקדים פרשה לפרשה – [תימה לי דאפכא מסתברא, דיותר יש פסול בכותב שלא כסדר בההיא פרשה גופה, מבהקדים פרשה לפרשה, שהרי מצינו באו"ח סי' ס"ד, קראה למפרע לא יצא, בד"א בסדר הפסוקים, אבל הקדים פרשה לחברתה, אף על פי שאינו רשאי, יצא, לפי שאינה סמוכה לה בתורה, והכא נמי אינה סמוכה לה, וכן מוכח ברמב"ם, שהרי בפרק א' כתב, שאם הקדים אות אחת שלא כסדר לא יצא, ובפרק ה' הוצרך לכתוב הקדים פרשה, **ובסי'** ר"ץ הוכחתי, שלדעת התוס' כשר באמת בהקדים פרשה, וע"ש - ט"ז].

לק"מ, דלענין כתיבה בעינן כמו שהן כתובים בתורה, **ומה** שאמר וכן מוכח ברמב"ם כו', לא מוכח מידי, דהרמב"ם לא כתב בפרק א' כמו שהעתיק הוא, אלא כתב וזה לשונו: במזוזה ותפילין אין תולין בהן אפי' אות א', אלא אם שכח אות א' גונז כו', וע"כ הוצרך לכתוב בפ"ה הקדים פרשה כו', דהא בפ"א טעמא הוא משום דאין תולין, **ובלאו** הכי נמי לא מוכח מידי, דאע"ג דכ"ש הוא, כתבו הרמב"ם, דכה"ג אשכחן טובי בפוסקים. **ומ"ש** ובסימן ר"ץ הוכחתי כו', יתבאר בסי' ר"ץ דלא מוכח מידי, ע"ש - נקה"כ.

אות ג' – ד'

ד' פרשיות שבתפילין מעכבין זו את זו

אפילו כתב אחד מעכבן

רמב"ם פ"א מהל' תפילין ומזוזה ה"א - ארבע פרשיות אלו, שהן: "קדש לי", "והיה כי יביאך יי" שבספר ואלה שמות, ו"שמע", "והיה אם שמוע"; הן שנכתבות בפני עצמן ומחפין אותן בעור ונקראין תפילין ומניחין אותן על הראש וקושרין אותן על היד; ואפילו קוצו של אות אחת מארבע פרשיות אלו מעכב את כולן מן התורה, עד שיהיו נכתבות שלימות כתיקונן.

[סימן לב ס"ד - עיין דף כט. אות ג' וד'].

אות ה'

ד' ציציות מעכבות זו את זו, שארבעתן מצוה אחת

סימן יג ס"א - [ד]ארבע ציציות מעכבין זה את זה - שכולם הם מצוה א', ואם נחסר אפי' ציצית א', הוי כלא הטיל בה כלל, וביטל לגמרי העשה דציצית, **שכל זמן שאין בה כל הד' אינה מצויית כהלכתה.**

באר הגולה

[א] ‹ע"פ מהדורת נהרדעא› [ב] **משנה מנחות דף כ"ח ע"א** ‹תנן שתי פרשיות שבמזוזה מעכבות זו את זו ואפי' כתב אחד מעכבן. ופי' רש"י שתי פרשיות. שמע והיה אם שמוע - ב"י›, **ופשוט הוא, דהא בהו כתיב וכתבתם על מזוזות ביתך וכו'** [ג] **ממכילתא: כתבן שלא כסדרן יגנזו** [ד] **מנחות כ"ח**

מסורת הש"ס

עין משפט נר מצוה

צ א מיי' פ"ג מהלכות בית הבחירה הל' ז

צא ב מיי' פ"א מהלכות תפילין ומזוזה הל' ג טוש"ע י"ד סימן רפח סעיף ג:

דפשתא נ"ק

כדבסמוך והדר כתי' כולה נ"ק

צב ג ד מיי' שם הל' א [טוש"ע א"ח סימן לב סעיף ד]:

צג ה מיי' פ"א מהלכות ציצית הל' ה [טוש"ע א"ח סימן יג סעיף א].

צד ו ז ח מיי' פ"ג מהל' בית הבחירה הלכה ד ה:

צה ט מיי' פ"ג מהל' כלי המקדש הל' ה:

הא דקאי מזרח ומערב ואדי הא דקאי צפון ודרום ואדי אמר מר ושבפנים ושבמצורע שלא לשמן פסולות שלא מכוונות כשרות והתניא בין שלא לשמן בין שלא מכוונות כשרות אמר רב יוסף לא קשיא הא רבי אליעזר והא רבנן רבי אליעזר *דמקיש אשם לחטאת מקיש נמי לוג לאשם רבנן לא מקשי ולרבי אליעזר וכי *דבר הלמד בהיקש חוזר ומלמד בהיקש אלא אמר רבא הא והא רבנן *כאן להכשיר (הקרבן) כאן להרצות (שלא עלו לבעלים לשום חובה): **מתני'** *שבעה קני מנורה מעכבין זה את זה שבעה נרותיה מעכבין זה את זה שתי פרשיות שבמזוזה מעכבות זו את זו *אפילו כתב אחד מעכבן ד' פרשיות שבתפילין מעכבין זו את זו *אפילו כתב אחד מעכבן ד' ציציות מעכבות זו את זו שארבעתן מצוה אחת רבי ישמעאל אומר ארבעתן ארבע מצות: **גמ'** מ"ט הויה כתיב בהו *תנו רבנן מנורה היתה באה מן העשת ומן הזהב עשאה מן הגרוטאות פסולה משאר מיני מתכות כשרה מאי שנא מן הגרוטאות פסולה דכתיב (שמות כה) מקשה והויה שאר מיני מתכות נמי זהב והויה אמר קרא תיעשה לרבות שאר מיני מתכות ואימא לרבות גרוטאות לא ס"ד דאמקשה כתיבה הויה תיעשה נמי אמקשה כתיב מקשה מקשה לעכב זהב זהב נמי לעכב האי מאי אי אמרת בשלמא מן הגרוטאות פסולה משאר מיני מתכות כשרה היינו זהב זהב מקשה מקשה לדרשא אלא אי אמרת מן הגרוטאות כשרה משאר מיני מתכות פסולה זהב זהב מקשה מקשה מאי דרשת ביה מאי דרשא דתניא (שם) ככר זהב טהור יעשה אותה את כל הכלים האלה באה זהב באה ככר אינה באה זהב אינה באה ככר א] (שם) גביעיה כפתוריה ופרחיה באה זהב באה גביעים כפתורים ופרחים אינה באה זהב אינה באה גביעים כפתורים ופרחים ואימא נמי באה זהב באה קנים אינה באה זהב אינה באה קנים ההוא פמוט מיקרי (במדבר ח) וזה מעשה המנורה מקשה זהב באה זהב באה מקשה אינה באה זהב אינה באה מקשה מקשה דסיפא למאי אתא למעוטי חצוצרות דתניא *חצוצרות היו באים מן העשת מן הכסף עשאם מן הגרוטאות כשרים משאר מיני מתכות פסולים ומאי שנא משאר מיני מתכות פסולים דכתיב כסף והויה מן הגרוטאות נמי מקשה והויה מיעט רחמנא גבי מנורה מקשה היא היא ולא חצוצרות תנו רבנן כל הכלים שעשה

רש"י

הא דקאי כהן מזרח ומערב ואדי. ואם עמד כהן בפניו למערב ולאחוריו למזרח והזה שכך מלתו אפילו אינם מכוונות כנגד הפתח כשרות והא דתני פסולות דקאי לצפון ודרום שלא כמלותו ואדי ג]: וספגיא בין שלא לשמן כו' כשרות. אדמצורע קאי: ר' אליעזר דמקיש אשם לחטאת ג]. ואפילו אשם דמצורע פסול שלא לשמה: וכי. אשם הלמד בהיקש מחטאת דליהוי פסול שלא לשמו חוזר ומלמד בהיקש על הלוג דליהוי פסול שלא לשמו והא קיימא לן בפ' איזהו מקומן (זבחים דף מט:) דאין למידין למד מן הלמד בקדשים: היקש דחטאת ואשם דכתיב (בחטאת) (ויקרא ז) כחטאת כאשם תורה אחת להם וקא יליף ר' אליעזר מה חטאת שלא לשמה פסולה דאפילו רבנן מודו אף אשם נמי פסול: היקש דאשם מצורע ולוגו דכתיב (שם יד) כבש ד] אשם לתנופה וגו' סיפיה דקרא ולוג שמן: לרצות. ה] *להזות לעלות לשם חובה ולהתיר מצורע *בקהל פסול שלא ו] לשמן והא דתני כשרות להכשיר דהזאותיו כשרות להכשיר שירי הלוג באכילה ז] דשירי לוג מצורע נאכלין כדאמרינן בפ' אלו מנחות (לקמן דף עג.) וזה יהיה לך מקדש הקדשים מן האש לכל קרבנם (במדבר יח) לרבות לוג שמן של מצורע וכתיב בתריה בקדש הקדשים תאכלנו בפרשת ויקח קרח: **מתני'** שבעה קני מנורה. כדכתיב וששה קנים יוצאין מצידיה (שמות כה) והמנורה עצמה שבאמצע היא השביעית כזה*: שבעה נרותיה. בראש של קנה וקנה היה ח] נר אחד כעין בזך ושם נותנין השמן והפתילות: שתי פרשיות שבמזוזה. שמע והיה אם שמוע: כתב אחד. אות אחת ט] מעכבין *זו את זו דכתיב (דברים ו) וכתבתם כתיבה תמה ושלימה י] ובתפילין כתיב הויה (שם) והיו לטוטפות: ד' פרשיות שבתפילין. שמע (שם) והיה אם שמוע (שם יא) קדש לי כל בכור (שמות יג) והיה כי יביאך (שם) שבכולהו דבכולהו כתיב ולטוטפות או ולזכרון בין עיניך יא]: **גמ'** הויה כתיב בהו. כפתוריהם וקנותם ממנה יהיו (שם כה): מן העשת. יב] עשייתה חתיכה שלמה ומכה בקורנס עד שיוצאו ממנה כל כליה: מן הגרוטאות. זהב שבור: מקשה. משמע חתיכה אחת כדמתרגמינן נגיד משוך שנמשך הכל מחתיכה אחת מקשה משמע דבר יג] המוכה והכלס כדכתיב (דניאל ח) וארכבתיה דא לדא נקשן: משאר מתכות נמי תיפסל. דהא כתיב זהב טהור וכתיב הויה לעכב: אמר קרא תיעשה. המנורה משמע תיעשה מ"מ לרבות שאר מתכות: ואימא לרבות גרוטאות. דכתיב מקשה והדר תיעשה מ"מ: אמקשה כתיבה הויה. היא סמוכה למקשה יותר מלזהב יד]: ומשני מקשה מקשה כתיב. תרי זימני בויקחו לי תרומה לעכב: וקפריך זהב זהב נמי תרי זימני כתיב. ואימא לעכב: ומשני הכי מאי אי אמרת בשלמא דגרוטאות פסולות ושאר מתכות כשרות. דאמרינן מקשה מקשה דויקחו לי תרומה לעכב: היינו. דאיצטריך זהב זהב דויקחו לי תרומה ומקשה טו] מקשה דבהעלותך לדרשה אחריתי דשמעינן מינה נמי דמשאר מיני מתכות נמי כשירה כדדרשינן טז] לקמן: באה זהב באה ככר שאינה באה זהב. שהביאה משאר מיני מתכות אינה צריכה לבא ככר אלא או פחות או יותר אלמא משאר מיני מתכות שמעינן דכשרה יז] אלא לדידך זהב זהב מקשה מקשה למה לי: אינה באה גביעין. אינה צריכה לבא גביעים כפתורים ופרחים: פמוט. מנורה קטנה: וזה מעשה המנורה. דבהעלותך: מקשה. דסיפא עד ירכה ועד פרחה מקשה היא: כסף והויה. שתי חצוצרות כסף מקשה תעשה אותם והיו לך וגו' (במדבר י): אלא

תוספות

שבעה קני מנורה. תימה דלא חשיב גביעים פרחים וכפתורים דמעכבין זה את זה כדאמרינן בגמ' ושמא משום דליתנהו בשאר מיני מתכות. מ"ר: דתניא ככר זהב טהור. חמשה זהב כתיבי ד' בפרשת ויקחו ואחד בפרשת בהעלותך והכא לא דריש אלא שלשה ושמא איך תרי חד לגופיה דמלוה בזהב וחד לכלל ופרט דבסמוך ול"ע *והשתא קרא קמא ועשית מנורת זהב אתי לכלל ופרט *כדבסמוך יח] וכדכתב כולה מקשה אחת זהב טהור דדרשינן באה זהב באה כפתורים גביעים ופרחים דכולה משמע כל המנורה והכי פריך נמי ואימא באה זהב באה קנים וה"ה דהוה מצי למפרך באה זהב באה ירכה והוה מצי לשנויי דלא איקרי מנורה בלא ירך והדר כתיב מלקחיה ומחתותיה זהב טהור ושמא האי אתא לגופיה דמלוה בזהב והדר כתיב ככר זהב טהור דדרשינן באה זהב באה ככר ובפרשת בהעלותך כתיב וזה מעשה המנורה מקשה זהב דרשינן באה זהב באה מקשה וכסדר זה שפיר כתיבי אבל בברייתא אין דורש כסדר. מ"ר:

מקשה דסיפא למאי אתא כו'. והשתא צריכי כולהו חד למלוה וחד לעיכובא לפסול גרוטאות וחד באה זהב באה מקשה וחד למעוטי חצוצרות. מ"ר:

חצוצרות היו באים מן העשת מן הכסף יט]. תימה דבפ' כל הצלמים (ע"ז דף מז.) משמע דבאות שלא מן הכסף דבעי רמי בר חמא המשתחוה לבהמה קרניה מהו לחצוצרות ותנן נמי במסכת קינין (פ"ג מ"ו) זה הוא שאמרו כשהוא חי קולו אחד וכשהוא מת קולו שבעה קרניו לחצוצרות ומהך שמעתין אין קשה כל כך דהכא בשל משה שלא היו כשרות לדורות כדבסמוך אבל קשה דבמסכת תמיד (דף לג:) תנן ושתי חצוצרות של כסף בידם משמע דאף לדורות של כסף ותירץ ר"ת דשתי חצוצרות היו לכהנים בשל כסף והלוים של קרני בהמה לכלי שיר ועוד דחצוצרות דקינים ודע"ז הייט שופר כדאמרינן בסוף במה מדליקין (שבת דף לו.) ובלולב הגזול (סוכה דף לד.) דאישתני שמייהו חצוצרתא שיפורא שיפורא חצוצרתא ובסוף במה מדליקין איכא ברייתא כ] דקרא לחצוצרות שופר ומיהו קשה דבמסכת ע"ז (דף מז.) מיירי במכשירי קרבן כדקאמר התם ועל הקרבן לא היו תוקעים בשופר אלא בחצוצרות כדכתיב (במדבר י) ותקעתם בחצוצרות על עולותיכם וגו'. מ"ר:

שיטה מקובצת

א] ה"ג ברוב הספרים גביעיה כפתוריה ופרחיה באה זהב באה גביעיה כפתוריה ופרחיה וקשה לר"י דהתם לא כתיב זהב אלא הראשון דכתיב ועשית מנורת זהב טהור מקשה תעשה המנורה ירכה וקנה גביעיה כפתוריה ופרחיה ממנה יהיו וההוא איצטריך לכלל ופרט וכלל ונ"ל דה"ג כפתוריהם וקנותם ממנה יהיו כולה מקשה אחת זהב טהור באה זהב באה גביעיה וכפתוריה ופרחיה ואע"ג דלא כתיב בהאי קרא לא גביעיה ולא פרחיה אפ"ה כיון דכתיב כפתורי' מסתמא דרשינן באה זהב באה גביעיה כפתוריה ופרחיה והכי מידרשי כולהו קראי ועשית מנורת זהב טהור לכלל ופרט וכלל כדלקמן. שני. ככר זהב טהור יעשה אותה באה זהב באה ככר. שלישי. כפתוריהם וקנותם ממנה יהיו כולה מקשה אחת זהב טהור לומר באה זהב באה גביעיה כפתוריה ופרחיה ואע"ג דגביעיה ופרחיה לא כתיב בהאי קרא כדפי'. רביעי. מלקחיה ומחתותיה זהב טהור לאשמועינן דאף הכלים האלו שלא היו מן העשת של מנורה היו זהב טהור. חמישי. בפרשת בהעלותך וזה מעשה המנורה מקשה זהב לומר באה זהב באה מקשה וד' מקשה כתיבי ב' בפרשת תרומה וב' בפרשת בהעלותך והכי מדרשי חד למצוה כו': ב] ואדי והזה: ג] לחטאת. בפ"ק דזבחים (דף י ע"א וכ') דאמר אשם שלא לשמו פסול ה"נ הזאות דלוג שמן דמצורע שלא לשמן פסול דמקיש לוגו של מצורע לאשמו. והא דקתני כשרות לרבנן דלא מקשינן אשם לחטאת ואפילו אשם מצורע שלא לשמו כשר וכ"ש הזאות לוגו הס"ד ומה"ד ולר"א א"נ הרי אשמו פסול שלא לשמו הזאות אמאי פסיל שלא לשמו וכו' והד"א

לשמו וכו' והד"א: ד] כבש אחד אשם לתנופה וגו' וסיפא דקרא ולוג אחד שמן: ה] לרצות להזות [עולות]: ו] לשמן: ז] דשירי הלוג דמצורע: ח] היה עשוי נר: ט] מעכבות זו את זו: י] ושלימות ולהכי מעכבות ובתפילין כו' והיו לטוטפות ובאותן פרשיות כתיב וכתבתם על מזוזות לפיכך הם נכתבות במזוזות: יא] ענין לפיכך ארבעתם נכתבות בתפילין הס"ד ומה"ד גמ' מאי טעמא אמנורה קאי: יב] העשת חתיכה נטל ככר אחת ותיבות עשייתה חתיכה נמחק: יג] דבר המנכח תיבת מוכה ל"ש: יד] יותר מלזהב דכתיב זהב טהור תעשה המנורה ירכה כו' ממנה יהיו כו' הס"ד ומה"ד תעשה נמי א] משמע מ"מ אמקשה כתיב תעשה סמיך למקשה יותר מאל זהב הס"ד ומה"ד ומשני מקשה מקשה דויקחו: טו] ומקשה דבהעלותך ותיבת מקשה נמחק: טז] לקמן כ"א וארבעה מקשה כתיבי (וארבעה) [וחמשה] זהב כתיבי (שלשה) [שנים] בויקחו לי תרומה (ואחד) [ושנים] בפ' בהעלותך וכי אמרינן דמן הגרוטאות פסולות הוי תרי מקשה חד למצוה וחד לעכב ואידך תרי לדרשא דלקמן וכי אמרינן נמי דמשאר מתכות כשרה הוה חד זהב לגופא ואידך לדרשא דלקמן: יז] תיבות אלא לדידך [זהב זהב] מקשה מקשה למה לי נמחק: אינה באה זהב שהביאה משאר מיני מתכות [אינה צריכה] תיבות אינה באה גביעים ל"ש: יח] כדבסמוך וכדכתיב: יט] הכסף משמע דחצוצרות של כסף היה ואפילו עיכובא כתיב בהו כדאיתא לעיל ותימה: כ] ברייתא דקרי תיבת דקרא נמחק:

א) צ"ל דהל"ל תעשה דמשמע מ"מ נמי אמקשה כתיב. העשה סמיך וכו'.

שעשה משה כשרים לו וכשרים לדורות חצוצרות כשרות לו ופסולות לדורות חצוצרות מ"ט אילימא דאמר קרא °עשה לך לך ולא לדורות אלא מעתה °ועשית לך ארון עץ הכי נמי דלך ולא לדורות אלא אי *למאן דאמר לך משלך אי למ"ד כביכול בשלך אני רוצה יותר משלהם האי נמי מיבעי ליה להכי שאני התם דאמר קרא לך לך תרי זימני עשה לך והיו לך תני רב פפא בריה דרב חנין קמיה דרב יוסף א] "מנורה היתה באה מן העשת מן הזהב עשאה של כסף כשרה של בעץ ושל אבר ושל גיסטרון רבי ב'פוסל ור' יוסי ברבי יהודה מכשיר של עץ ושל עצם ושל זכוכית דברי הכל ג'פסולה א"ל מאי דעתך א"ל בין מר ובין מר כללי ופרטי דרשי מיהו מר סבר מה הפרט מפורש של מתכת אף כל של מתכת ומר סבר מה הפרט מפורש דבר חשוב אף כל דבר חשוב אמר ליה סמי דידך מקמי דידי *דתניא ד'כלי שרת שעשאן של עץ רבי פוסל ורבי יוסי ברבי יהודה מכשיר במאי קא מיפלגי רבי דריש כללי ופרטי *ורבי יוסי בר' יהודה דריש ריבויי ומיעוטי רבי דריש כללי ופרטי °ועשית מנורת כלל זהב טהור פרט מקשה תיעשה המנורה חזר וכלל כלל ופרט וכלל אי אתה דן אלא כעין הפרט מה הפרט מפורש של מתכת אף כל של מתכת ר' יוסי בר' יהודה דריש ריבויי ומיעוטי ועשית מנורת ריבה זהב טהור מיעט מקשה תיעשה המנורה חזר וריבה ריבה ומיעט וריבה ריבה הכל ומאי רבי רבי כל מילי ומאי מיעט מיעט של חרס אדרבה סמי דידך מקמי דידי לא ס"ד דתניא אין לו זהב מביא אף של כסף של נחשת של ברזל ושל בדיל ושל עופרת רבי יוסי ברבי יהודה מכשיר אף בשל עץ *ותניא אידך ה'לא יעשה אדם בית תבנית היכל ב] אכסדרה כנגד אולם חצר כנגד עזרה שלחן כנגד שלחן מנורה כנגד מנורה אבל עושה הוא של חמשה ושל ששה ושל שמנה ו'ושל שבעה לא יעשה ואפילו משאר מיני מתכות ר' יוסי בר רבי יהודה אומר אף של עץ לא יעשה כדרך שעשו מלכי בית חשמונאי אמרו לו *משם ראיה שפודים של ברזל היו וחיפום בבעץ ז'העשירו עשאום של כסף חזרו והעשירו עשאום של זהב אמר שמואל משמיה דסבא ח'גובהה של מנורה שמנה עשר טפחים הרגלים והפרח ג' טפחים וטפחיים חלק וטפח שבו גביע וכפתור ופרח וטפחיים חלק וטפח כפתור ושני קנים יוצאין ממנו אחד אילך ואחד אילך ונמשכין ועולין כנגד גובהה של מנורה וטפח חלק וטפח כפתור ושני קנים יוצאין ממנו אחד אילך ואחד אילך נמשכין ועולין כנגד גובהה של מנורה וטפח חלק וטפח כפתור ושני קנים יוצאין ממנו אחד אילך ואחד אילך ונמשכין ועולין כנגד גובהה של מנורה וטפחיים חלק נשתיירו שם ג' טפחים שבהן ג' גביעין וכפתור ופרח וגביעין °למה הן דומין כמין כוסות אלכסנדריים כפתורים למה הן דומין *כמין תפוחי הכרתיים פרחים למה הן דומין כמין פרחי העמודין ונמצאו גביעין עשרים ושנים כפתורים אחד עשר פרחים תשעה גביעים מעכבין זה את זה כפתורים מעכבין זה את זה פרחים מעכבין זה את זה גביעים כפתורים ופרחים מעכבין זה את זה בשלמא גביעים עשרים ושנים דכתיב °ובמנורה ארבעה גביעים וגו' וכתיב °שלשה גביעים משוקדים בקנה האחד כפתור ופרח וגו' ארבעה דידה ותמני

אכסדרה תבנית אולם. אף על גב דאולם היה בו ד' מחיצות כדתנן במסכת מדות(פ"ד מ"ז) וברים גמרא דעירובין (דף ב.) מייתי לה פתחו של אולם גובהו מ' אמה ורחבו עשרים אמה ותמש אמלתראות של *מילה היו על גביו ואכסדרה אין לה אלא ג' דפנות כדמוכח בסמוך מפני מה נקרא האולם בה' מפני שדומה לאכסדרה ועוד אמריק בפ' לא יחפור (ב"ב כה.) עולם לאכסדרה הוא דומה ורוח לפונית אינה מסובבת מ"מ מחמת שפתח אולם רחב וגבוה מאד ולא היו לו דלתות דומה לאכסדרה שנראה כפרון בלד אחד. מ"ר: **שפודים** של ברזל. קרי להו שפודים מפני שלא היו בה גביעים כפתורים ופרחים כדאמרי' לעיל באה זהב באה גביעים כפתורים ופרחים. מ"ר: **גובהה** של מנורה י"ח טפחים. יש אומרים בשם ר"ת דנפקא ליה לסבא מסניפין שאלל השולחן לנורך לחם הפנים שהיו גובהן י"ח טפחים והמנורה היתה להאיר על השולחן ונראה דלא אמר ר"ת דבר זה מעולם דהא סניפים כנגד לחם הפנים ולקמן בפ' שתי הלחם (דף נו.) אמרינן דלר' מאיר מקדש שולחן י"ב טפחים למעלה ולר' יהודה ט"ו לבד (מרגלי) השולחן אמה וחלי. מ"ר: **וטפח** שבו היה גביע כפתור ופרח. יש תימה למה היה משונה משאר גביעים כפתורים ופרחים שהיה לכל אחד טפח ולג' אלו לא היה כי אם טפח. מ"ר: אכן

אלא. ג] אתי האי לך אי למ"ד במשנה קמייתא דמס' יומא לך משלך אי למ"ד ד] כביכול אם היה אפשר להיפטר לבור בשל יחיד בשלך הייתי רולה יותר משלהם ה]: שאני התם. גבי חצוצרות דאמר קרא לך לך תרי זימני: גמן. בדיל דמתרגמינן אבנא: גסטרון. ו] לייטו"ן תורה אור ל"א מיט"ל: מאי דעתך. דקאמרת דרבי יוסי ברבי יהודה מכשיר בשל ז] בעץ ופסל בשל עץ: א"ל. רב פפא לרב יוסף בין ח] למר ובין למר רבי ורבי יוסי בר"י כללי ופרטי דרשי כדאמרינן לקמן ועשית מנורת כלל זהב טהור פרט מקשה תיעשה תכל מקום חזר וכלל: מה הפרט מפורש. זהב [שהוא חשוב] אף כל דבר חשוב כגון כסף אבל אבר ובעץ לא: א"ל. רב יוסף לרב פפא סמי דידך הסר משנתך שאתה שונה דר' יוסי *פוסל בשל עץ ורבי (א) ט] נמי מכשיר בשל אבר ובעץ: ועשית מנורת כלל. למשמע מכל דבר: של חרס. שהוא פחות מכל הכלים ואינו ראוי אפילו למלך בשר ודם: לא ס"ד. י] דהוי דידך מתרלא דאמר ר' יוסי פוסל בשל עץ: אין לו זהב. למנורה: תבנית היכל. למדת אורך ורוחב וקומה שתהא דומה לו בשלשתן: אכסדרה. אין לה מחילה רביעית וכן אולם: כנגד אולם. יא] שהיה רוחבו [עשרים וגובהו ארבעים] כדאמרינן במשנה קמייתא דעירובין (דף ב.): אבל עושה. יב] המנורה של חמשה או של ששה קנים או של שמנה יג] דאינו דומה למנורת מקדש שהיה שבעה קנים: ושל שבעה קנים לא יעשה ואפילו של שאר מיני מתכות. שאינו יד] זהב משום דדומה לשל מקדש שאף הוא כשר בשאר מיני מתכות: אף של עץ לא יעשה. שהרי הוא כדרך שעשו מלכי בית חשמונאי טו]: בבעץ. בדיל אשטיי"ן: משמיה דסבא. משום זקן אחד: הרגלים טז] והפרח. מתחת שלשה טפחים פרח ליורין שחוקקים הצורפים זהב בעומק במטרות ובכלים: וטפחיים חלק. בלא שום צורה הרי ה': וטפח שבו. מצד אחד של מנורה גביע ומצד שני כפתור פומ"ל ומצד יז] *שני פרח וזהו אחד מן הגביע וכפתורים ופרחים שבגוף אמצע של מנורה דכתיב ובמנורה ארבעה גביעים משוקדים כפתוריה ופרחיה ודרשינן לקמן כפתוריה תרי ופרחיה תרי לבד אותן (ד') שבכל קנה וקנה וטפחיים חלק הרי ח' וטפח כפתור הרי ט': ושני קנים יוצאים. מן הכפתור אחד אילך ס': שבהן יח] שלש גביעים *כפתור ופרח. שלא היו בגוף המנורה אלא תרי כפתורים ותרי פרחים כדכתיב כפתוריה ופרחיה יט] *וחד (חד) פרח אוקימנא בטפח הסמוך לטפחיים חלק הראשונים: אלכסנדרים. שנעשה באלכסנדריא של מצרים וארוכין וגרים הן וקרויים מדרכ"ש: תפוחי הכרתיים. מקום: פרחי העמודים. ליורין שמציירין בעמודים: ונמצאו גביעים כו'. מפרש לקמן: תמני

צו א ב ג ד מיי' פ"א מהלכות בית הבחירה הלכה יח:
נ"ל מילת
צו ה ו מיי' שם פ"ז הלכה י:
צח ז מיי' שם פ"א הלכה יח:
צט ח מיי' שם פ"ג הלכה י:
ק ט מיי' שם הל' ט:
קא י מיי' שם הל' ז:

יומא נג
נ"א מכשיר
סוכה נ: סוטה יח
[סוכה סט]
שמות כה
במדבר י
דברים י
ר"ה כד. ע"ז מג.
[שבת כב: וש"נ]
שלישי נ"ק

הגהות הב"ח
(א) רש"י ד"ה א"ל רב יוסף וכו' ורבי לפי משנתו נמי מכשיר:

וסיו בגוף המטרה ד' גביעים ותרי כפתורים ותרי פרחים ס' כצ"ל נ"ק
נ"ל וחד כפתור וחד פרח וחד גביע אוקימנא נ"ק

[פי' שרחבן יתר על עביין עגול ערך תפוח וגורס למה הן דומין לתפוחי סכרתיים ועי' לקמן סג. על הגליון מש"ש]

שיטה מקובצת
א] יוסף ואמרי לה רב פפא בריה דרב יוסף קמיה דרב יוסף: ב] אכסדרה כנגד אולם. מתוך פרש"י משמע דמחיצות היה באולם ואינו כן אלא י"א אמות היה לפני ההיכל גמורה שלא היה בוק שום דבר ולפנים היה חומה גבוה מאה אמה וארכה מאה אמה מצפון לדרום והיה עוברת אותה חומה ט"ו אמה לדרום וט"ו לצפון יותר על רוחב ההיכל והתאים והמסיבות ותן בית החליפות מקום לגנוז שם הסכינים ובאמצע היה פתח גובהו ארבעים אמה ורוחבו כ' אמות כדאיתא בשמעתא קמייתא דמסכת עירובין: ג] אלא דאתי להכי [האי לך] הס"ד ומה"ד אי למ"ד: ד] למ"ד כביכול משלך אני רוצה אם: ה] משלהם והאי פלוגתא בריש מס' יומא: ו] גיסטרון ליספרון ל"א מיש"ל ותיבת לייפן נמחק: ז] בשל אבר ופסל: ח] בין מר ובין מר: ט] ורבי פוסל בשל אבר מקמי דידי מפני משנתי שאני שונה דרבי יוסי מכשיר בשל עץ ורבי מכשיר נמי בשל: י] דתהוי דידך מתרצא דאמרת דרבי יוסי: יא] כנגד אולם שיהא דומה לו בשלשתן: יב] עושה הוא מנורה: יג] שמנה שהרי אינו נ יד] שאינו של זהב: טו] חשמונאי למקדש הס"ד: טז] הרגלים מתחת והפרח עליהן שלשה טפחים: יז] שלישי פרח: יח] שבהן גביעים באותן שלשה טפחים היו ג' גביעים סהנך ארבע דכתיב ובמנורה ארבע גביעים וכפתור ופרח אחד ולא הדה בגוף והשאר נמחק: יט] ופרחיה וחד כפתור וחד פרח אוקימנא:

אות ו' - ז' - ח'

עשאה מן הגרוטאות פסולה

באה זהב באה ככר, אינה באה זהב אינה באה ככר

באה זהב באה גביעים כפתורים ופרחים, אינה באה כו'

רמב"ם פ"ג מהל' בית הבחירה ה"ד - בד"א בשעשאוה זהב, אבל שאר מיני מתכות אין עושין בה גביעים כפתורים ופרחים; וכן מנורה הבאה זהב תהיה כולה ככר עם נרותיה, ותהיה כולה מקשה מן העשתות, ושל שאר מיני מתכות אין מקפידין על משקלה, [ה]ואם היתה חלולה כשירה.

רמב"ם פ"ג מהל' בית הבחירה ה"ה - ואין עושין אותה לעולם מן הגרוטאות, בין שהיתה של זהב [ו]בין שהיתה של שאר מיני מתכות.

אות ט'

חצוצרות היו באים מן העשת מן הכסף, עשאם מן הגרוטאות כשרים, משאר מיני מתכות פסולים

רמב"ם פ"ג מהל' כלי המקדש ה"ה - בימי המועדות כולם ובראשי חדשים היו הכהנים תוקעים בחצוצרות בשעת הקרבן, והלוים אומרין שירה, שנאמר: וביום שמחתכם ובמועדיכם ובראשי חדשיכם ותקעתם בחצוצרות; החצוצרה היתה נעשית מן עשת של כסף, עשה אותה מן הגרוטאות של כסף כשירה, משאר מיני מתכות פסולה.

---

§ מסכת מנחות דף כח: §

אות א' - ב' - ג' - ד'

מנורה היתה באה מן העשת מן הזהב, עשאה של כסף כשרה

[א]של בעץ ושל אבר ושל גיסטרון, רבי פוסל

של עץ ושל עצם ושל זכוכית... פסולה

כלי שרת שעשאן של עץ, רבי פוסל

רמב"ם פ"א מהל' בית הבחירה הי"ח - המנורה וכליה והשולחן וכליו ומזבח הקטורת וכל כלי שרת, אין עושין אותן אלא מן המתכת בלבד, ואם עשאום של עץ או עצם או אבן או של זכוכית, פסולין.

אות ה' - ו'

לא יעשה אדם בית תבנית היכל, אכסדרה כנגד אולם, חצר כנגד עזרה, שלחן כנגד שלחן, מנורה כנגד מנורה, אבל עושה הוא של חמשה ושל ששה ושל שמנה

ושל שבעה לא יעשה ואפילו משאר מיני מתכות

רמב"ם פ"ז מהל' בית הבחירה ה"י - ואסור לאדם שיעשה בית תבנית היכל, אכסדרא תבנית אולם, חצר כנגד העזרה, שולחן בצורת שולחן, ומנורה בצורת מנורה; אבל עושה הוא מנורה [ב]של חמשה קנים או של שמונה קנים, או מנורה שאינה של מתכת אע"פ שיש לה שבעה קנים.

אות ז'

העשירו עשאום של כסף, חזרו והעשירו עשאום של זהב

רמב"ם פ"א מהל' בית הבחירה הי"ט - היו הקהל עניים, עושין אותן אפילו של בדיל, ואם העשירו עושין אותן זהב; [ג]אפילו המזרקות והשפודין והמגרפות של מזבח העולה והמדות, אם יש כח בציבור עושין אותן של זהב, [ד]אפילו שערי העזרה מחפין אותן זהב אם מצאה ידם.

אות ח'

גובהה של מנורה שמנה עשר טפחים וכו'

רמב"ם פ"ג מהל' בית הבחירה ה"י - גובה המנורה היה שמונה עשר טפח: הרגלים והפרח שלשה טפחים, ושני טפחים חלק, וטפח שבו גביע כפתור ופרח, וטפחיים חלק, וטפח כפתור ושני קנים יוצאין ממנו אחד הילך ואחד הילך ונמשכים ועולין כנגד גובה המנורה, וטפח חלק, וטפח כפתור ושני קנים יוצאים ממנו אחד הילך ואחד הילך ונמשכין ועולין כנגד גובה המנורה, וטפח חלק, וטפח כפתור ושני קנים יוצאים ממנו אחד הילך ואחד הילך ונמשכין ועולין כנגד גובה המנורה, וטפחיים חלק, נשתיירו שלשה טפחים שבהן שלשה גביעים כפתור ופרח.

באר הגולה

[ה] ‹ומש"כ אם היתה חלולה, נראה לפרש דהיינו לומר שאינה מקשה - כסף משנה› [ו] ‹מש"כ ואין עושין אותה לעולם מן הגרוטאות, דהיינו לכתחילה, דאלת"ה תיקשי, דהא פסול דגרוטאות נפקא לן מדכתיב מקשה, ותניא מקשה זהב, באה זהב באה מקשה, אינה באה זהב אינה באה מקשה, א"כ פסול דגרוטאות מנא לן, אלא ודאי רבינו לא מיירי אלא לכתחילה, ומ"מ לא ידעתי מנא ליה דין זה, ואדרבא לישנא דגמרא דקאמר אינה באה זהב אינה באה מקשה, משמע אפילו לכתחילה, ומש"כ מרן על זה: בפרק הקומץ רבה ויליף לה מקראי, לא ידעתי היכן הוא - משנה למלך› [א] ‹אינו מובן אמאי ציין שיטה זו שהיא שלא כהלכה› [ב] ‹והא דלא כתב רבותא יותר דאפי' ששה מותר, י"ל דלא נימא דאנר אמצעי קפיד, משא"כ בששה דליכא נר אמצעי, להכי שרי, משא"כ בחמשה דהוי דומיא טפי למנורה, לכן כתב רבותא דאפי' חמשה שרי, ושוב קמ"ל דלא מיבעיא פחות דשרי, אלא אפי' יותר נמי שרי, ובש"ס איתא של חמשה ושל ששה וכו' - הר המוריה› [ג] ‹בפרק אמר להם הממונה (יומא דף ל"ז) מונבז המלך עשה כל ידות הכלים של יוה"כ של זהב - כסף משנה› [ד] ‹בפ"ב דמדות (משנה ג') כל השערים שהיו שם נשתנו להיות של זהב, חוץ משערי נקנור מפני שנעשה בהם נס - כסף משנה›

אות ט'

וגביעין למה הן דומין וכו'

רמב"ם פ"ג מהל' בית הבחירה ה"ט - הגביעים דומין לכוסות אלכסנדריאה, [ה]שפיהן רחב ושוליהן קצר; והכפתורים כמין תפוחים כרותיים, שהן ארוכין מעט כביצה ששני ראשיה כדין; והפרחים כמו פרחי העמודים, שהן [ו]כמין קערה ושפתה כפולה לחוץ.

אות י'

גביעין עשרים ושנים, כפתורים אחד עשר, פרחים תשעה; גביעים מעכבין זה את זה, כפתורים מעכבין זה את זה, פרחים מעכבין זה את זה, גביעים כפתורים ופרחים מעכבין זה את זה

רמב"ם פ"ג מהל' בית הבחירה ה"ז - נמצאת כל הגביעים שנים ועשרים, והפרחים תשעה, והכפתורים אחד עשר; וכולן מעכבין זה את זה, ואפילו חסר אחד מן השנים וארבעים, מעכב את כולן.

---

§ מסכת מנחות דף כט. §

אות א'

ובה שלש מעלות, שעליה הכהן עומד ומטיב את הנרות

רמב"ם פ"ג מהל' בית הבחירה הי"א - ואבן היתה לפני המנורה ובה שלש מעלות, שעליה כהן עומד ומטיב את הנרות, ומניח עליה כלי שמנה ומלקחיה ומחתותיה בשעת הטבה.

אות ב'

וכל כלי עץ העשוי לנחת אינו מקבל טומאה

רמב"ם פ"ג מהל' כלים ה"א - כל כלי עץ העשוי לנחת, אפילו אינו מקבל אלא דבר מועט, אינו מקבל טומאה לא מן התורה ולא מדברי סופרים; וכל כלי עץ העשוי להתטלטל מלא וריקן כשק, אפילו היה מחזיק מאה סאה, ואף על פי שיש לו שוליים, הואיל ואינו עשוי לנחת, הרי זה מקבל טומאה דין תורה כשאר כלי קיבול; וכל כלי עץ שהוא סתם, אם היו לו שוליים לישב עליהם על הקרקע כדי שלא יהא נוח להתגלגל, והיה מחזיק ארבעים סאה בלח שהן כוריים ביבש, אינו מקבל טומאה כלל לא מן התורה ולא מדברי סופרים, מפני שחזקתו שעשוי לנחת; ודברים אלו דברי קבלה הן, מפי השמועה למדו: מה שק שהוא מתטלטל מלא וריקן, אף כלי עץ לא יטמא אא"כ היה מיטלטל מלא וריקן, להוציא כלי עץ העשוי לנחת.

השגת הראב"ד: כל כלי עץ העשוי לנחת אפי' כו'. א"א דבר זה איני יודע מאין הוציאו, אלא משלחן של מקדש וממנורה, שהקשו עליהם כלי עץ העשוי לנחת הוא, ואף על פי שאינן מקבלין ארבעים סאה בלח; ואינו מחוור, [א]דהתם איסורא נמי איכא בטלטולו. (עיין במקור להמשך דברי הראב"ד.

אות ג'

לקוצה של יוד

יו"ד סימן רעד ס"ו - צריך ליזהר בתיקון האותיות ובזיונן, כמו שנתבאר באורך בהלכות תפילין סי' ל"ב וסי' ל"ו.

סימן לב ס"ד - הגה: ויכתוב כתיבה תמה - דהיינו שלא יכתוב ביתי"ן כפי"ן, כפי"ן ביתי"ן, זייני"ן נוני"ן, נוני"ן זייני"ן, וכל כיוצא בזה. שלא יחסר אפילו קוצו של יו"ד - [ב]היינו עוקץ שמאל של יוד, וכ"ש אם חסר רגל ימין דפסול - [א"ר ופמ"ג].

ויהא מתייג כהלכתו (טור או"ח) - באותיות שעטנ"ז ג"ץ, וזה הוא רק לכתחלה, דבדיעבד כשר לרוב הפוסקים אם לא תייג.

ולכתחלה יכתוב כתיבה גסה קצת, שלא יהיו נמחקים מהרה. וכן מלוה ליפותן מבחוץ ומבפנים (דברי מרדכי).

[ג]סימן לו ס"א - [ד]צריך לדקדק בכתיבת האותיות, שלא תשתנה צורת שום אחת מהן - אפי' אם שינוי הצורה היה רק במקצת האות, כגון שחסר הראש של האל"ף, או קוץ היו"ד [כ"ט]. או שנגעו יוד"י האל"ף בגג האל"ף וכדומה, ואפילו אם התינוק יקראהו לאות לא מהני, כיון שאנו יודעין שאין צורתה עליה כראוי. וה"ה אם נשתנה האות מצורתה אחר הכתיבה, ע"י נקב או קרע או טשטוש, דפסול.

באר הגולה

[ה] ‹ורש"י ז"ל פי' גביעים ארוכים וקצרים, יעו"ש – הר המוריה› [ו] ‹נמצא דלרש"י הפרח הוא רק ציורים, ולהרמב"ם הוא כמין קערה – ערוה"ש› [א] ‹איני יודע מה איסור יש בטלטולם, ועוד דאפילו אם היה איסור בטלטולם, מ"מ כי ממעטינן משק כלי העשוי לנחת, משום דאין דרכו ליטלטל מלא וריקן הוא, אף על פי שלא יהא איסור בדבר, דומיא דמחזיק ארבעים סאה בלח דממעטינן ליה, אע"ג דליכא איסור בטלטולו – כסף משנה› [ב] ‹פירשו תוס' [מנחות כ"ט. ד"ה קוצו] שהוא רגל שמאל שביו"ד מה שהוא כפוף, וכל שכן אם חסר רגל ימין – א"ר› [ג] ‹ע"פ הגר"א› [ד] רא"ש בהל' ס"ת ובספר א"ח בשם תשובות הרשב"א

הקומץ רבה פרק שלישי מנחות כט

תורה אור

ותמני סרי דקנים הא עשרין ותרתין כפתורין נמי אחד עשר א] כפתורין תרי דידה וששה דקנים וכפתר וכפתר וכפתר הא חד סר אלא פרחים תשעה מנלן פרחים תרי דידה וששה דקנים תמניא הוו אמר רב שלמן כתיב °עד ירכה עד פרחה מקשה היא אמר רב גובהה של מנורה תשעה טפחים איתיביה רב שימי בר חייא לרב *אבן היתה לפני ג] מנורה *ובה שלש מעלות שעליה הכהן עומד ומטיב את הנרות א"ל שימי *את כי קאמינא משפת קנים ולמעלה כתיב °והפרח והנרות והמלקחים זהב הוא *מיכלות זהב מאי מיכלות זהב אמר רב אמי שכילתו לכל זהב סגור של שלמה דא"ר יהודה אמר רב עשר מנורות עשה שלמה וכל אחת ואחת הביא לה אלף ככר זהב והכניסוהו אלף פעמים לכור והעמידוהו על ככר איני והכתיב ג] °וכל כלי משקה המלך שלמה זהב וכל כלי בית יער הלבנון זהב סגור אין כסף נחשב בימי שלמה למאומה זהב סגור קא אמרינן ומי *חסר כולי האי והתניא ר' יוסי בר' יהודה אומר מעשה והיתה [מנורת] בית המקדש יתירה על של משה בדינר זהב ד] קורדיקיני והכניסוה פ' פעמים לכור והעמידוה על ככר כיון דקאי קאי א"ר שמואל בר נחמני אמר ר' יונתן מאי דכתיב °על המנורה הטהורה שירדו מעשיה ממקום טהרה אלא מעתה °על השלחן הטהור שירדו מעשיו ממקום טהור אלא טהור מכלל שהוא טמא הכא נמי טהורה מכלל שהיא טמאה בשלמא התם כדריש לקיש דאמר ריש לקיש מאי דכתיב על *השולחן הטהור מכלל שהוא טמא כלי עץ העשוי לנחת הוא וכל כלי עץ ה] העשוי לנחת אינו מקבל טומאה אלא מלמד *שמגביהין אותו ה] לעולי רגלים ומראים להם לחם הפנים ואומר להם ראו חיבתכם לפני המקום מאי חיבתכם כדריב"ל *דא"ר יהושע בן לוי נס גדול נעשה בלחם הפנים סילוקו כסידורו שנאמר °לשום לחם חם ביום הלקחו אלא הכא טהורה מכלל שהיא טמאה פשיטא כלי מתכות נינהו וכלי מתכות ו] מקבלין טומאה אלא שירדו מעשיה ממקום טהרה תניא רבי יוסי ברבי יהודה אומר ארון של אש ושלחן של אש ומנורה של אש ירדו מן השמים וראה משה ועשה כמותם שנאמר °וראה ועשה כתבניתם אשר אתה מראה בהר אלא מעתה °והקמת את המשכן כמשפטו אשר הראית בהר הכי נמי הכא כתיב כמשפטו התם כתיב כתבניתם א"ר חייא בר אבא אמר ר' יוחנן גבריאל חגור כמין פסיקיא היה והראה לו למשה מעשה מנורה דכתיב וזה מעשה המנורה תנא דבי רבי ישמעאל שלשה דברים היו קשין לו למשה עד שהראה לו הקב"ה באצבעו ואלו הן מנורה וראש חדש ושרצים מנורה דכתיב °וזה מעשה המנורה ראש חודש דכתיב °החודש הזה לכם ראש חדשים שרצים דכתיב °וזה לכם הטמא ויש אומרים אף הלכות שחיטה שנאמר °וזה אשר תעשה על המזבח: שתי פרשיות שבמזוזה מעכבות זו את זו ואפילו כתב אחד מעכבן: פשיטא אמר רב *יהודה אמר רב לא נצרכה אלא לקוצה *של יוד והא נמי פשיטא אלא לכאידך דרב יהודה אמר רב דאמר רב יהודה אמר רב *כל אות שאין גויל מוקף לה מארבע רוחותיה פסולה אמר ז] אשיאן בר נדבך משמיה דרב יהודה ניקב תוכו של ה"י כשר ירכו פסול א"ר זירא לדידי מפרשה לי מיניה דרב הונא ורבי יעקב אמר לדידי מפרשה לי מיניה דרב יהודה ניקב *תוכו של ה"י כשר ירכו אם נשתייר בו כשיעור ח] אות קטנה כשר ואם לאו פסול אגרא חמוה דר' אבא איפסיקא

רש"י

תמני סרי דקנים. דכתיב שלשה גביעים משוקדים בקנה האחד: **כפתורים.** *דמנורה גופה תרי: **וששה דקנים.** דיש בכל קנה וקנה כפתור ט] כדכתיב שלשה גביעים משוקדים בקנה האחד כפתור ופרח הרי ח' וכפתור תחת שני קנים וכן לשנים האחרונים י] כדאמרן לעיל ושני קנים יוצאין ממנה הא חד סר: [**וששה דקנים**]. בכל קנה כפתור ופרח כדכתיב בקנה האחד כפתור ופרח: **עד פרחה.** ריבה לך הכתוב חד פרח: **אבן גדולה כו'.** ואם אינה גדולה אלא ט' טפחים למה לי אבן תחת הכהן: יב] **שימי את.** אתה הוא המקשה לי בתמיה: **משפת קנים ולמעלה.** היתה ט' ומן הארץ ועד לקנים ט' כדמפרש לעיל: **הוא מיכלות זהב.** יג] ופסוק הוא: **זהב סגור.** שבשעה שמוכרין אותו נסגרות כל החנויות שמוכרין יד] את הזהב (יומא מה.): **והכתי' אין כסף נחשב.** אלמא עשיר הוה ואת אמרת טו] כליתו: **ומי חסר כולי האי.** דקאמרת אלף טז] *הככר הכניסו אלף פעמים לכור עד שיעמוד על ככר אלמא בכל פעם חסר ככר: יז] **קורדיקני.** שם מטבע: **כיון דקאי.** שנצרף יפה בימי שלמה קאי לפיכך לא חסר עכשיו אלא דינר: **ממקום טהרה.** מן השמים *הראו למשה יח] לנגד המטרה: **מכלל שהוא טמא.** כלומר מקבל טומאה: **בשלמא התם.** גבי שולחן איצטריך לאשמועינן דמקבל טומאה משום פירכיה דריש לקיש: **לנחת.** שאינו מטלטל כלי עץ העשוי לנחת אינו מקבל טומאה דכתיב גבי שרצים מכל כלי עץ או עור או שק (ויקרא יא) מה שק מיטלטל מלא וריקם יט]: **שמגביהין אותו.** הלכך מיטלטל מלא וריקם הוא: **חום ביום הלקחו.** משמע כשמסלקים היה חום: **כתבניתם.** ארון ושולחן ומנורה כתיב וכתיב אשר אתה מראה בהר אלמא הראוהו: **הכי נמי.** דמשכן של אש ירד מן השמים בתמיה: **הכא כתיב כמשפטו.** משמע הלכותיו נאמרו לו: **התם כתיב כתבניתם.** משמע דהראוהו כ] כמותם: **חגור כמין פסיקיא.** אזור כא] כדרך אומנים שרוצים לעשות מלאכה נאה חוגרין עצמן שלא יהו עררין בבגדיהם: **ראש חדש.** בשעת מולד לבנה אינה נראית כי אם מעט ואינה ניכרת כדאמרינן בראש השנה (דף כ.) כזה ראיתם אם כזה ראיתם: **שרצים.** לא היה מכיר איזה טמא ואיזה טהור: **הלכות שחיטה.** לא היה מבין מהיכן היא מוגרמת: **וזה אשר תעשה על המזבח.** (א) ועשייה תחילת זביחה [היא] וכתיב וזה אלמא הראהו באצבע: **פשיטא.** דאות אחת מעכבתן דכתיב וכתבתם כתיבה תמה (שבת קג:): **קוצו של יוד.** רגל ימיני של יוד: **הא נמי פשיטא.** כב] הא לא נעשית האות: **שאין גויל מוקף לה.** שמודבקת באות אחרת והיינו דקתני כתב אחד מעכבן כלומר הלכות משפט אות אחת *מעכבו למזוזה ותפילין: **תוכו של ה'.** רגל שבפנים: **ירכו.** רגל הימנית ל"א תוכו הגויל והחלק שבתוכו ובתפילין קמיירי: **איפסיקא**

תוספות

אבן היתה לפני המטרה. משנה היא במסכת תמיד (פ"ג מ"ט). מ"ר: **סילוקו** כסידורו. ולמ"ד אין כג] תנור מקדש (לקמן דף צה:) לא היה חם בשעת סידורו אלא כלומר רך. מ"ר: **הבא** כתיב כמשפטו והתם כתיב כתבניתם. ואם תאמר גבי משכן נמי כתיב ככל אשר אני מראה אותך את תבנית המשכן ואת תבנית כל כליו וי"ל דהכא לא כתיב בהר והתם כתיב בהר דמשמע שמן השמים ירדו למשה על ההר. מ"ר: **שלשה** דברים היו קשין לו למשה כו'. ואם תאמר וליחשוב נמי ההיא דאנו טריפות (חולין דף מב.) דאמר וזאת החיה אשר תאכלו מלמד שתפס הקב"ה כל מין ומין והראה לו למשה ואמר לו זאת אכול וזאת לא תאכל *ויש לומר דלא חשיב אלא הך דכתיב זה ויש לתמוה דלא חשיב מחצית השקל דכתיב זה יתנו ואמרינן *(שקלים דף ג ומ"ר) כמין מטבע של אש הראהו למשה ויש לומר דלא שייך התם נתקשה אלא משום דלא הוה ידע כד] בשום ענין אם לא היה מראהו. מ"ר: **קוצו** של יו"ד. פירש בקונטרס רגל ימיני וקשה *דהא פשיטא דאין זה אות כה] ומפרש ר"ת דהוא ראשו כפוף כדאמרינן בסמוך מפני מה כפוף ראשו ואם תאמר דאמרינן בהגדת חלק (סנהדרין דף נה:) ונער יכתבם דהיינו יו"ד שאם השליך נער אבן בקיר ועושה רושם עושה יו"ד ויש לומר דכעין יו"ד קאמר ולא יו"ד ממש: אל

עין משפט נר מצוה

קב א מיי' פ"ג מהלכות בית הבחירה הל' יא:

[שהיא נאפית מע"ש וכ"כ תוס' בחגיגה כו:]

קג ב מיי' פ"ג מהלכות כלים הלכה א:

קד ג מיי' פ"א מהלכות תפילין וס"ת הל' כ סמג עשין כה טוש"ע י"ד סי' רעד סעיף ו וא"ח סי' לב סעיף ד בהג"ה:

קה ד מיי' פ"ב מהלכות תפילין וס"ת הלכה יט סמג עשין כה טוש"ע י"ד סי' רעד סעיף ד:

[ועי' תוספות חולין שם בד"ה זאת]

במדרש כמין נ"ק

קו ה מיי' שם הלכה כ סמג שם טוש"ע א"ח סימן לב סעיף טו:

[עי' בספרים מאירות שאלה טו]

שיטה מקובצת

א] עשר כפתורית: ב] לפני המטורה: ג] מתיבת וכל עד תיבת זהב סגור נמחק: ד] זהב קורדינקי: ה] שמגביהין אותו ומראין עליה לחם לחם הפנים: ו] וכלי מתכות קבולי מקבלי טומאה: ז] פסולה אמר רב אשיאן: ח] כשיעור. פי' למעלה אצל הגג אבל בירכות אינו כלום. תו"ח: ט] כפתור דכתיב: י] האחרים כדאמרינן: יא] תיבת גדולה נמחק: יב] שימי את ס"א לפי שהיה חביב בעיניו זה המקשה היה רגיל לומר כן וי"א לפי שרב עניו היה ולא היה מסתכל חוץ לד' אמות ולא היה רואהו היה רגיל לומר לו כן ולא נחירא דמאי לשימי יותר מכל שאר תלמידים: יג] הוא מכלות זהב. פסוק הוא בדברי הימים: יד] שמוכרין שם הזהב הס"ד: טו] אמרת כילתו: טז] ככר ואות ה' נמחק: יז] קורדינקי: יח] למשה מטורה ועשה כנגד זה: יט] וריקם אף כל מטלטל מלא וריקם אבל בכלי מתכות לא כתיב שק לפיכך אף פשוטיהן מקבלין טומאה הס"ד: כ] דהראהו דמותם הס"ד: כא] אזור כדרך אומנים: כב] פשיטא

מסורת הש"ס

*דמנורה גופה פרי ושיתא דקנים ויש בכל קנה וקנה כפתור ופרח כדכתיב כב"ל והר"א נ"ק

תמיד ל:

[לקמן קי. ע"ש פירש"י נדה כב. וע"ש פירש"י בכורות מג: ע"ש פירש"י]

מכלות נ"ק

ככר נ"ק

הראהו למשה מנורה ועשה כנגדה נ"ק

[גירסת הערוך חסרך וכן איתא ברש"י בתענית יא. ד"ה חסוכי בנים וכו']

[לקמן נז:]

גם זה שם חגיגה כו:

גם זה שם [יומא כא.]

לקמן לד

לקמן לד.

[בנמק"י ספיק סדנוקה נתברוה כד']

הגהות הב"ח

(א) רש"י ד"ה וזה אשר וכו' ותחלת עשייה זביחה וכתב:

דהא: כג] תנור מקדש. פי' למ"ד אין תנור מקדש לא היה דוחה שבת והיה נאפה מע"ש אבל למ"ד תנור מקדש היה דוחה שבת דאילו מע"ש הוה מפסל בלינה כיון דהתנור מקדש. תו"ח: כד] ידע ס"א איזה מטבע יביאו אם לא כו' א"נ התם לא נתקשה רק בהא דדבר מועט יכפר על עון העגל: כה] דאין זה אות עיין בהרא"ש בה' ס"ת. ומפרש ר"ת אותו שלצד שמאל דהוא אותו דאמרינן בסמוך מפני מה ראשו כפוף. תו"ח: אם

אות ד'

כל אות שאין גויל מוקף לה מארבע רוחותיה, פסולה

יו"ד סימן רעד ס"ד - [ה]צריך שכל אות תהא מוקפת גויל מארבע רוחותיה, שלא תדבק אות בחבירתה, [ו]אלא יהא ביניהם כחוט השערה.

[ז]סימן לב ס"ד - [ח]צריך שלא תדבק שום אות בחברתה, אלא כל אות תהיה מוקפת גויל - ואפילו האות האחרון מהשיטה, צריכה להיות מוקפת גויל מד' רוחותיה, ולעיכובא הוא אפילו בדיעבד, **ואפי'** אם יחסר הקפת גויל להקוץ של היוד, ג"כ פסול הוא.

(גויל דנקט לאו דוקא, דאין כותבין עליו תפילין, רק דנקט לישנא דשייך אצל ס"ת, ולאו דוקא – ע"ת).

ואם האות גדול, ונדבק בסופו, באופן שאם נגרר מה שדבק מ"מ ישאר צורת אות, יש מכשירין ויש פוסלין, **והסכימו** האחרונים להחמיר, ע"כ צריך לגרור מקום הדבק, **ואף** בתפילין ומזוזות מהני תיקון, כיון דלא נשתנה צורת האות מקודם.

(**ואם התג אחד דבוקה בחברתה, בזה יש נ"מ, דאם התגין של האות גופא** דבק אחד בחבירו, דעת הרמ"ע לפסול, **אך** אם גופי האותיות ניכרות כל אחד בפני עצמו, רק התג של אות אחד נוגע בתג שבאות שאצלה, או מתיבה לתיבה, המאירי מיקל בזה, **והמ"א** והפר"ח מחמירין ג"כ בזה, **אך** הא"ר כתב, דיש להחמיר בזה רק בדאפשר, ומ"מ לכתחלה בודאי יש להחמיר ולגרור, כדעת הרלב"ח שהביאו המ"א, דתיקון מהני אפילו לדידיה, **ואפילו** תגין שנוגעין אחד לחבירו באות גופא, נראה דמהני תיקון, ואפילו בתו"מ, ולא מיקרי שלא כסדרן, כיון דחזינן שלא נשתנה צורת אות מקודם עי"ז).

אות ה'

ניקב תוכו של ה"י, כשר; יריכו: אם נשתייר בו כשיעור אות קטנה כשר, ואם לאו פסול

סימן לב סט"ו - נקדים ב' הקדמות ואח"כ נבאר בעזה"י: **א'**. כל אות צריך שיהא עליו צורתו הראוי לאותו אות, ואם לאו פסול, ובזה אין חילוק אם לא נכתב כהלכתו, או אם אח"כ נתקלקל, **ב'**. כל אות שאין גויל מוקף לה מארבע רוחותיה פסולה, ובדין זה יש שני פרטים: **א'**. דוקא אם לא היה מוקף גויל קודם כתיבה, אבל אם לאחר כתיבה נעשה נקב או קרע סמוך לאות מבחוץ, ועי"ז אינו מוקף גויל, כשר, **ב'**. דעת רוב הפוסקים, דאין צריך להיות מוקף גויל רק מבחוץ להאותיות, ולא בתוכן, חוץ מהירושלמי שמחמיר בזה.

[ט]אם לאחר שנכתב ניקב בתוך הה"א או המ"ם - וה"ה שאר אותיות שיש להן ג' דפנות ויש חלל בתוכו, אבל ד' פשוטה, וכ"ש וי"ו וכדומה, לאו תוך מיקרי, **כשר** - הטעם, דבפנים אין צריך להקפת גויל, ולפי"ז אפי' אם הנקב קודם כתיבה כשר, **והאי** דנקט "אם לאחר", משום דלכתחלה אין לכתוב אפי' אם הנקב באמצע חללו ואין ממלא את תוכו, **אבל** באמת אם עבר וכתב, אפי' אם היה הנקב קודם שנכתב, כשר וא"צ שום תקון.

אפילו ניקב כל תוכו, שהנקב ממלא כל החלל - ואפילו נגע הנקיבה באות גופא, כל שנשאר שריטה דקה מבחוץ כשר, דאין שיעור לעובי האותיות.

אבל [י]בירושלמי משמע שגם בפנים צריך שיהא מוקף קלף - וא"כ דינו כמבחוץ, אם היה הנקב בתוכו קודם כתיבה, פסול, **ודע**, דלהירושלמי צריך הקפת גויל בכל הצדדים מבפנים כמו מבחוץ, ע"כ אם ניקב בתוכו קודם הכתיבה אצל האות, ועי"ז אינו מוקף גויל, יש לגרור מעט מבפנים מעובי הקו של האות, ויהיה מוקף גויל.

ועיין בט"ז ובפמ"ג בשם הלבוש, שיש להחמיר כהירושלמי, (**ומ"מ** לדינא במקום הדחק, שלא נזדמן לו סופר שיוכל לקלוף בטוב מעט סמוך להנקב כדי שיהיה מוקף גויל, נ"ל שיוכל לסמוך על הפוסקים שמכשירין אפילו ניקב כל תוכו).

ניקב רגל פנימי של ה"א, אפילו לא נשאר ממנו אלא כל שהוא, [יא]כשר להרא"ש - וה"ה אם נמחק קצת מהדיו ולא ניקב, **ודוקא** בה"א פליג הרא"ש, ומכשיר אם נשאר כל שהוא, בין למעלה מהנקב ובין למטה, דסבר דאין שיעור להנקודה התלויה בה, **ואפילו** אם כתב מתחלה רגל קצר כזה כשר להרא"ש, **אבל** בשאר אותיות כמו חי"ת וכדומה, גם הרא"ש מודה דהרגל השמאלי דינו כמו רגל ימיני.

ומיירי שאין בו חסרון משום הקפת גויל, כגון שניקב לאחר הכתיבה, דאל"ה פסול אפי' אם נשתייר יותר מכמלא אות קטנה, גם להרא"ש.

הגה: אבל שאר פוסקים מצריכין כמלא אות קטנה, והכי הלכתא (ב"י) - מדבריו אלו משמע, דלא להחמיר בלבד פסק

באר הגולה

[ה] מימרא דרב יהודה אמר רב, כל אות שאין גויל מקיפה מד' רוחותיה פסולה, מנחות דף כ"ט. וכ"כ הרמב"ם, והאריך הרשב"א בזה בתשובה [ו] ברייתא שם דף ל. [ז] (פשוט) [ח] מנחות ל"ד [ט] מנחות כ"ט לפירוש השני ברש"י ולרמב"ם (והנה עיין ברש"י בד"ה יריכו, שכתב: ל"א תוכו הגויל והחלק שבתוכו ובתפילין קמיירי, עכ"ל. ובס' ברכת הזבח כתב שם בפי' הראשון, דס"ל לרש"י דלא פסיל בשאינו מוקף גויל אלא בתפילין ומזוזה, אבל ס"ת לא בעי אלא לכתחילה, אבל לא מפסיל בכך, ושכן משמע מהרי"ף והרא"ש ומרדכי. **ואח"ז** כתב די"ל דנקיט תפילין, דבס"ת יכול לתקנו ולתלות הה"א בין השיטות, ולא שייך ביה לישנא דפסול, דמשמע דאין לו תיקון, אבל אי איירי בתפילין אתי שפיר, דלא מהני תיקון, דהוי כתיבתן למפרע דפסול בהו כדלקמן (ועיין בסי' ל"ב ס"ד במ"ב שכתב, דאף בתפילין ומזוזות מהני תיקון, כיון דלא נשתנה צורת האות מקודם). **ובספר** צאן קדשים השיג על פי' זה, לרש"י שכתב בריש מס' סוכה דשייך פסול על האסור רק לכתחילה, וא"כ מש"כ בראשונה עיקר, ע"ש - דברי ירמיהו) [י] בפ"ק דמגילה ה"ט [יא] הלכות ס"ת וכפי' הא' שברש"י במנחות

כדעת שאר פוסקים, אלא דפשיטא ליה דהלכה כוותיהו, וא"כ צריך להזהיר מאד להסופרים שנכשלין בזה.

ובתפילין ומזוזות דבעינן כסדרן, לכאורה לא מהני שום תיקון, אפילו התינוק קוראו לאות, כיון שאנו רואין שאין לו צורת אות, דבלא זה לא מיקרי ה', לפי דעת אלו הפוסקים, **ומ"מ** נראה דיש להקל ע"י תיקון, ודומיא שהקיל הפמ"ג בכף פשוטה שעשאו מרובע ע"י תיקון.

[יב] **ניקב רגל הימיני** - של ה"א, **וה"ה** אם נפסק האות בלא נקב, או נמחק קצה האות, **אם נשתייר ממנו מלא אות קטנה, כשר** - היינו יו"ד ובקוץ התחתון שלו, לפי מה דפסק לקמן, דלא מיקרי יו"ד בלא קוץ התחתון, והיינו מהנקב לצד מעלה, או מההפסק ולמעלה אם נפסק האות באמצע, **וה"ה** אם כתב לכתחלה רגל קטנה קצרה כזה, דכשר.

כתב הפמ"ג נראה לי, דה"ה לשאר אותיות כגון ד', ל', פ' פשוטה, צ' פשוטה, קו"ף, רי"ש, או תי"ו, או חי"ת, אם נשאר מהירך הימיני כיו"ד, די בכך, עכ"ל, **ולכאורה** בחי"ת, בין רגלה הימיני או השמאלי.

(**ואם** זה הכתב הוא מכתב בינוני, לכאורה דאין מועיל אם כמלא אות קטנה הוא מכתב קטן, דאל"כ אין שיעור לדבר, **אבל** אם זה הכתב הוא כתב גדול, נראה דבודאי מהני אם כמלא אות קטנה הוא מכתב בינוני).

ומיירי השו"ע בארכו, **וה"ה** אם נפסק קצת מעביו, בין ע"י נקיבה או ע"י מחיקה, אם נשאר שריטה דקה שחור כמו וי"ו או יו"ד דקה, כשר, דאין שיעור לעובי האותיות, (**עיין** במ"ב שכתבנו שם דינא דהמ"א שהביא בשם [יג] הר"מ, דאם נשאר בעובי האות כמו וי"ו או יו"ד דקה, כשר, **וכתבנו** ע"ז הטעם, דאין שיעור לעובי האותיות, כל זה כתבנו לפי מש"כ הפמ"ג ע"ז, דאם נשאר שריטה דקה שחור, די בכך, משמע לכאורה לפי"ז, דאפילו כל שהוא כשר. **ולא** יתכן לפי"ז לשון הגמרא, דהכי איתא שם ניקב ירכו, אם נשתייר הימנו כמלא אות קטן כשר, ואם לאו פסול, משמע להדיא דאם נשתייר כל שהוא פסול. **אך** באמת זה אינו מוכח כי אם לפי שיטתו דהמאירי, משא"כ לדידן לא מיירי הגמרא כלל בנפסק האות מעוביו, וא"צ שישאר בזה האות כמלא אות קטן, מ"מ צ"ע אחרי שהמ"א הביאו), **אלא** דבניקב, בין בעביו בין בארכו, בעינן שניקב לאחר הכתיבה.

ואין צריך להראותו לתינוק, (**והטעם** בזה נראה פשוט, דקים להו לחז"ל באות ה' וכדומה, דזה שיעורן בעצם, ולכן אין צריך להביא ראיה מהתינוק, דהתינוק אין מורגל בזה התמונה, דכל אחד כותב לכתחלה אות ארוך, ומ"מ בדיעבד אם הראוהו להתינוק דלא חכים ולא טיפש, ולא יכול לקרותו, יש להחמיר בזה, **כי** ראיתי להשיורי כנה"ג שמצדד לומר, דאפי' במקומות דלא משגחינן על תינוק להקל על ידו, משגחינן עליו להחמיר, **ואף** דבחי"ת של חטוטרות מבואר, דקריאתו של תינוק לא מגרע בזה, היינו משום דשם אין מורגל כלל בחי"ת של חטוטרות, דאפילו אם היה נכתב כתיקונו היה קוראו בב' זייני"ן, משא"כ בענינינו).

ואם לאו, פסול - ולא מצרפינן ליה מה שלמטה מהנקב, אפי' אם תינוק דלא חכים ולא טיפש קראה לאות, כיון דאנו רואין שלא נשאר צורת האות כתיקונו.

באר הגולה

יב **שם בגמרא דמנחות** יג (והוא ב"י בשם הרב המאירי (הר"מ הוא ר"ת הר"ר מנחם מאירי) – פמ"ג. וז"ל: כתב ה"ר מנחם המאירי, ניקב ירכו, והוא איזה רגל שבה"א הן ימיני הן שמאלי... בנקב שהפסיק שפת רוחב הרגל שהוא עבה, וניקב מקצתו מצד רחבו בשפת הרוחב, אבל ארכו נשאר קיים מצד רוחב הצד האחר, וקאמר דמאחר שנשתייר בארכו בלא נקב כמלא אות קטנה, ר"ל דקה כגון וא"ו או יו"ד, כשרה, שהרי אם עשה רגל מתחלתו דק כשר – ב"י)

תורה אור

איפסיקא ליה כרעא דה"י דהעם בניקבא אתא לקמיה דר' אבא א"ל אם א] "משתייר בו כשיעור אות קטנה כשר ואם לאו פסול : ראמי בר תמרי דהוא ב] חמוה דרמי בר דיקולי איפסיקא ליה כרעא דוי"ו דויהרג בניקבא אתא לקמיה דרבי זירא א"ל זיל אייתי ינוקא "דלא חכים ולא טפש אי קרי ליה ויהרג כשר אי לא *יהרג הוא ופסול אמר רב יהודה אמר רב בשעה *שעלה משה למרום מצאו להקב"ה שיושב וקושר כתרים לאותיות אמר לפניו רבש"ע מי מעכב על ידך אמר לו אדם אחד יש שעתיד להיות בסוף כמה דורות ועקיבא בן יוסף שמו שעתיד לדרוש על כל קוץ וקוץ תילין תילין של הלכות אמר לפניו רבש"ע הראהו לי אמר לו חזור לאחורך הלך וישב בסוף ג] שמונה שורות ולא היה יודע מה הן אומרים תשש כחו כיון שהגיע לדבר ד] אחד אמרו לו תלמידיו רבי מנין לך אמר להן הלכה למשה מסיני נתיישבה דעתו חזר ה] ובא לפני הקב"ה אמר לפניו רבונו של עולם יש לך אדם כזה ואתה נותן תורה ע"י אמר לו שתוק כך עלה במחשבה לפני אמר לפניו רבונו של עולם הראיתני תורתו הראני שכרו אמר לו חזור ו] [לאחורך] חזר לאחוריו ראה ששוקלין בשרו במקולין אמר לפניו רבש"ע *זו תורה וזו שכרה א"ל שתוק כך עלה במחשבה לפני אמר רבא "שבעה אותיות צריכות ז] שלשה זיונין ואלו הן שעטנ"ז ג"ץ אמר רב אשי חזינא להו לספרי דווקני ח] דבי רב "דחטרי להו לגגיה דחי"ת ותלו ליה לכרעיה דה"י חטרי להו לגגיה דחי"ת כלומר חי הוא ברומו של עולם ותלו ליה לכרעיה דה"י כדבעא מיניה רבי יהודה נשיאה מר' אמי מאי דכתיב °בטחו בי"י עדי עד כי ביה י"י צור עולמים אמר ליה כל התולה בטחונו בהקב"ה ט] הרי לו מחסה בעולם הזה ולעולם הבא אמר ליה אנא הכי קא קשיא לי מאי שנא דכתיב ביה ולא כתיב יה כדדרש ר' יהודה בר ר' אילעאי *אלו שני עולמות שברא הקב"ה אחד בה"י ואחד ביו"ד ואיני יודע אם העולם הבא ביו"ד והעולם הזה בה"י אם העולם הזה ביו"ד והעולם הבא בה"י כשהוא אומר °אלה תולדות השמים והארץ בהבראם אל תקרי בהבראם אלא בה"י בראם [הוי אומר העולם הזה בה"י והעולם הבא ביו"ד] ומפני מה נברא העולם הזה בה"י מפני שדומה לאכסדרה שכל הרוצה לצאת יצא ומ"ט תליא כרעיה דאי הדר בתשובה מעיילי ליה וליעייל בהך לא מסתייעא מילתא כדריש לקיש *דאמר ריש לקיש מאי דכתיב °אם ללצים הוא יליץ ולענוים יתן חן בא לטהר מסייעין אותו בא לטמא פותחין לו ומ"ט אית ליה תאגא אמר הקב"ה אם חוזר [בו] אני קושר לו י] *קשר מפני מה נברא העולם הבא ביו"ד מפני שצדיקים שבו מועטים ומפני מה כפוף ראשו מפני שצדיקים שבו כפוף ראשיהם מפני מעשיהן שאינן דומין זה לזה אמר רב יוסף הני תרתי מילי אמר רב בספרים ותניא תיובתיה חדא הא דאמר רב ס"ת שיש בו שתי טעיות בכל דף ודף יתקן שלש יגנז ותניא תיובתיה "שלש יתקן ארבע יגנז תנא אם יש בו דף אחת שלימה מצלת על כולו : א"ר יצחק בר שמואל בר מרתא משמיה דרב "והוא דכתיב רוביה דספרא *שפיר א"ל אביי לרב יוסף אי אית בההוא דף שלש טעיות מאי א"ל הואיל ואיתיהיב לאיתקוני מיתקן וה"מ חסירות אבל יתירות "לית לן בה חסירות מ"ט לא אמר רב כהנא משום דמיחזי כמנומר : אגרא חמוה דרבי אבא הוה ליה יתירות בסיפריה אתא לקמיה דרבי אבא א"ל לא אמרן אלא בחסירות אבל

איפסיקא ליה כרעא דה"י. בתפילין : **וי"ו דויהרג.** כל בכור יא] אירע במקום נקב ונראה כמין יו"ד : **דלא חכים.** דאי חכים מבין שמתרף הוא לומר יהרג כלפי מעלה ואומר ויהרג : **לא טפש.** שאם טפש אינו יודע לקרות אלא אות שלימה : **כתרים.** כעין התגין דס"ת : **מי מעכב על ידך.** מה שכתבת שאתה צריך להוסיף עוד עליהם כתרים : **שהגיע לדבר.** שצריך טעם : **נתיישבה דעתו.** של משה הואיל ומשמו אומר אע"פ שעדיין לא קיבלה : **במקולין.** יב] מקום הקצבין שוקלין בשרו כדאמר בברכות (דף סא:) שסרקו בשרו במסרקות יג] ברזל : **שלשה זיונין.** ג' תגין קטנים בכל אחת בשין יד] *רגל השמאלית וכן בעין בראש הרגל הפנימי וכן כולם ואותם ג' תגין אחד נוטה לימין ואחד נוטה לשמאל ואחד טו] למעלה : **שעטנז גץ.** והוא הדין לצדיק כפופה ולנון פשוטה : **דווקני.** שמדקדקים לעשות כתב מיושר : **חטרי לגגיה דחית.** לגגו של חית עושין למעלה כעין חוטר כזה ח כלומר הקב"ה חי שוכן ברומו של עולם חי"ת היינו חי : **ותלו כרעיה דה"י.** רגל הפנימי של ה"י תלוי באויר ואינו דבוק לגגו : **הוה לו מחסה.** דהיינו טז] הכי משמע על שבטחו בי"י עדי עד הוו להם ביה י"י מחסה צור מעוז לעולמים: **אחד בה"י ואחד ביו"ד.** חלק את שמו והטיף מכל אות ג' טיפין ומאותן טיפין נעשו מים ואש יז] ואויר וכל העולם כולו וכן כתוב בספר יצירה : **שדומה לאכסדרה.** שפתוח מתחתיו : **שכל הרוצה לצאת.** ממנו לתרבות רעה יוצא יח] : **מעלין ליה.** בפתח העליון בין רגל שבתוכו לגגו : **ולעיילו בהך.** פתח התחתון דנפיק ביה : **לא מסתייעא מילתא.** דהבא ליטהר בעי סיוע מפני יצר הרע הלכך עבדי ליה סיוע *פתח יתירה : **הוא יליץ.** יט] (אותו) כלומר פותח לו להיות לץ : **מסייעין אותו.** אלמא בעי סיוע : **אית ליה תגא.** לה"י כתר קטן בסוף גגו דה"י : **מעשיהם אין דומין כו'.** וכבודו של זה גדול משל זה משום הכי ראשיהם כפופים דמתביישים מחבירו : **תרתי מילי אמר רב בספרים.** בהלכות ספרי תורה ולקמן אמרינן אידך מילתא דרב : **מצלת על כולו.** שאפילו טעיות בכל דף ודף כ] או מגלת עליהם ואף דף שלימה כא] ומתקן : **אי בססוא דף שלימה שלשה טעיות מאי.** מגלת או אין מגלת מי אמרינן שלימה בלי טעות או דלמא שלימה מד' טעיות אבל שלש לא איכפת : **הואיל ואיתיהיב רשות לתקוני.** ס"ת שיש ג' טעיות בכל דף מתקן ליה דף דף בת ג' ומגלת על כולם אף על פי שיש כב] ד' בכל שאר הדפין : **וה"מ.** דאמרינן ד' יגנז כגון חסרות שחסרו ממנו אותיות : אבל

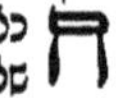

זיל אייתי ינוקא דלא חכים ולא טפש כו'. מעשה היה בגט שהיה דלי"ת של כדת משה קטנה כמעט כמו יו"ד והביא רבי אליא ינוקא דלא חכים ולא טיפש וקרא בו כדת והכשירו מכח דשמעתין. מ"ר : **ואי** לא יהרג הוא ופסול. יש לדקדק מכאן דכתיב ויהרג חסר בלא וי"ו. מ"ר: **שעטנז** גץ. יש מפרשים ג' זוינים השנים לצד שמאל אחד מלמעלה ואחד מלמטה והאחד לצד ימין כזה 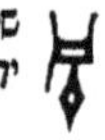 שעטנ"ז ג"ץ *ובפי' שבת כתיבת יד *רבי' ש"י לייר אחד מימין ואחד משמאל ואחד מלמעלה כזה  עוד פי' שיש שעושין שלשתן למעלה כזה 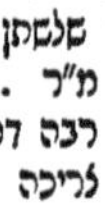 מ"ר . *כתיב בשימושא רבה דמשמע טט דלטוטפות צריכה ג' ג' זוינין ור"ת כתב בתיקון ס"ת שלו שהוא שיבוש. מ"ר : **דחטריה** לגגיה דחי"ת. פי' בקונטרס שהגביה רגל שמאלו של ח' עד למעלה כזה,  *ור"ת פירש באמצע גגו של חית גבוה מעט כמו חטרתא דגמלא דבאמצע כזה  ולפי' הקונטרס לא יתיישב כל כך הא דאמרינן בסוף הבונה (שבת דף קד:) כגון שכטלו לגגו של חית ועשאו שני זיינין : **ומאי** טעמא אית ליה תגא . פי' בקונטרס בסוף ה"י כזה 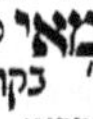 ורביט , תם מפרש בתחילה כזה  כמו תגא דד' בעירובין (דף יג.) ובסוטה (דף כ.) וכפירוש הקונטרס נראה שהכתר לצד פתח התשובה ותגא דקוף כיוצא בו דאמר בפ' הבונה (שבת דף קד.) מ"ט מהדר תגא דקוף לגבי רי"ש אמר הקב"ה רשע אם אתה חוזר בך אני אעשה לך כתר כמותי . מ"ר : **ותניא** תיובתא. בחדא לאו תיובתא גמורה היא אלא דבדוקא מיתרלא. מ"ר : **תנא** אם יש בו דף אחד כו'. ודוקא מעיקרא דאי יכול לתקן במה שיחזור ויכתוב דף שלם אמאי יגנז . מ"ר :
אבל

עין משפט נר מצוה

קו א מיי' פ"א מהלכות תפילין הל' כ טוש"ע א"ח סימן לב סעיף טז :

קח ב מיי' שם הל' יט טוש"ע שם סעיף טו:

בטוי"ד סימן רעד לא הביא רק השני פירושים

בשימושא רבה כתוב דט"ט דלטטפות צריכה ה' ה' זוינין כצ"ל צ"ק

[סייט שלא לתלות רגל שמאלית]

קט ג מיי' פ"ה מהל' תפילין וס"ת הל' ג סמג עשין כה טוש"ע יו"ד סימן רעד סעיף ו וא"ח סימן לו סעיף ג :

קי ד טוש"ע א"ח סימן לב סעיף כה :

קיא ה ו ז מיי' פ"ז מהל' תפילין הלכה יב יג טוש"ע י"ד סימן רעט סעיף ד :

שיטה מקובצת

א] אם נשתייר : ב] דהוא רמי בר דיקולי: ג] שמונה. ס"א עשר : ד] תיבת אחד נמחק : ה] תיבת ובא נמחק : ו] חזור לאחורך : ז] שלשה שלשה זיונין : ח] תיבות דבי רב נמחק: ט] בהקב"ה הוה לו ותיב' הרי נמחק : י] חוזר בו אני קושר לו כתר : יא] בכור. בתפילין בפרשת והיה כי יביאך האחרון שבקדש לי כל בכור הס"ד ומה"ד בניקבא . במשך רגלו של וי"ו אירע : יב] במקולין במקום : יג] במסרקות של ברזל : יד] בשין בראש רגל : טו] ואחד נוטה למעלה: טז] דהיינו דהכי : יז] ואויר . נ"א ועפר: יח] יוצא. בברייתא דשמואל מצאתי העולם דומה לאכסדרה שאין לה אלא שלשה זויות והעולם הזה אין לו אלא ג' זויות לפי שמרוח צפונית אין לו זוית הס"ד ומה"ד מעיילי ליה בפתח : יט] יליץ אותו הקב"ה יליץ אותו כלומר: כ] ודף יתקן והוא שכתוב רובא דספרא שפיר שרוב כל דף ודף כתוב בלא טעות שאין יותר משמונה או ששה טעות בכל דף ודף או : כא] דף שלמה הס"ד ומה"ד אי אית בההוא : כב] אע"פ שיש בכל שאר הדפין הרבה טעיות הס"ד דוקא

מסורת הש"ס

מהרש"א וכו' ומהרש"ק

[שבת פט.]

[ברכות סא:]

יליץ

[פי' תוספות ברכות נא. ד"ה וזוכה]

[פי' ב"י יוסף יו"ד סי' רעט]

§ מסכת מנחות דף כט: §

אות א'

אם משתייר בו כשיעור אות קטנה כשר, ואם לאו פסול

סימן לב [יד]סט"ו - עייל לעיל דף כט. אות ה'.

אות ב'

זיל אייתי ינוקא דלא חכים ולא טפש

סימן לב [טו]סט"ז - [טז]נפסק אחת מהאותיות - י"ל בשני אופנים, או מחמת נקב, וזה אין כשר כי אם בניקב אח"כ, **או** ע"י שנחסר הדיו באותו מקום, ובאופן זה היה קאי הדין דשו"ע אפילו אם בתחלת הכתיבה נעשה כך.

הגה: הפשוטות, כגון וי"ו זיי"ן, או שנפסק רגל הנו"ן - פשוטה, **וכיוצא בה (מרדכי)** - כגון כ"ף פשוטה שרגלה קצרה, ודומה קצת לדל"ת או לרי"ש, (וה"ה אם הספק הוא בד' שגגו קצר, ונסתפק לנו אם הוא כשיעורו).

(וה"ה אם מתחילה כתב הסופר איזה אות פשוט, ונסתפק לו אם הוא ארוך כשיעור שראוי להיות, וא"א לו להגיה דהוה שלא כסדרן).

ולפיכך אין מועיל בה אם נשתייר כמלא יו"ד, דאדרבה נראית כיו"ד ופסול. (**עיין** בפמ"ג וא"ר, דאם יש כמלא אות קטנה דידהו, כגון וי"ו או נו"ן פשוטה קטנה, וניכר יפה שהיא וי"ו או נו"ן, כשר וא"צ להראות להתינוק).

(**עיין בפמ"ג שמסתפק לומר, דבזיין שנפסק, די כמלא אות קטנה, דבמה שגגו עובר מב' הצדדים מוכח שאינו יו"ד, והובא בחידושי רע"א, ועיין בדה"ח ובשערי אפרים, שהשוו שם זיי"ן לוי"ו לדינא, ועכ"פ אם התינוק קראו ליו"ד, ודאי פסול**).

אם תינוק שאינו לא חכם ולא טפש יודע לקרותו, כשר - היינו שאינו חכם כ"כ שמבין הענין, ומתוך זה הוא אומר האות הנפסק ויהיה מתפרש שפיר, **אבל** אין נקרא חכם אם הוא חכם בהכרת האותיות היטיב, ואין מבין מה שכתוב לפניו, דזהו ודאי ג"כ כשר.

טיפש היינו שאינו יודע לקרות האותיות, וכל שיודע לקרות האותיות, אע"ג דאינו בקי כ"כ בצורת האותיות, כל שאומר דאין בו צורת אות, פסול הוא.

(**ואם התינוק יודע לקרותו, אז אפי' הוא נקב גדול או הפסק גדול, שפרידתו ניכר להדיא, כשר וא"צ שום תיקון, דלא יהא עדיף מאלו כתב לכתחילה אות קצר כזה דכשר**).

עיין בט"ז שכתב, דהך נפסק מיירי שנפסק קצת מאורך האות ולמטה לגמרי, ולא נשאר ממנו רק החלק שקודם ההפסק, אז תלוי בקריאת התינוק, אם ספק לנו אם נשאר כשיעור של האות ההוא, **אבל** אם נשתייר גם למטה מן ההפסק, דהיינו שנעשה ההפסק ברחבו של רגל האות, ואחר ההפסק נשאר עוד למטה חלק מן הרגל, בזה לא מועיל תינוק, דהתינוק יצרף מה שלמטה ממנו לחלק העליון, ובאמת אין לו צירוף, וזה דומה לנפסק רגל הא', (**ואפילו אם היה ההפסק קטן כ"כ, שלא היה פרידתו ניכר להדיא, והראה להתינוק גם החלק שלמטה מההפסק, וקראו לאות, אפ"ה פסול**), **אלא** צריך לכסות את חלק הנשאר אחר ההפסק, **ואין** זה דומה למש"כ השו"ע כאן, דאין צריך לכסות שאר האותיות, דבזה ודאי מודה דצריך לכסות, וכן הסכמת האחרונים, **דלא** כמש"כ בספר ישועות יעקב להקל.

(**וכ"ז לענין שישאר כך בלא תיקון, אבל לענין תיקון, אם התינוק יודע לקרות האות ע"י צירוף מה שלמטה, מהני אפי' בתפלין ומזוזות דבעינן כסדרן דוקא, דלא נתבטל ממנו לגמרי שם אות, כיון שהתינוק יודע לקרות ע"י צירוף, ואפילו נעשה זה ההפסק בעת הכתיבה, וכתב הפמ"ג דכל זה בשלא ניכר להדיא פרידתן, אבל אם ניכר להדיא פרידתן, אין מועיל לו שום תיקון, אפילו נעשה לאחר הכתיבה**). (ע"ל סוף סכ"ה.

ואם לאו, פסול - (**אפילו נעשה ההפסק לאח"כ, כגון שקפץ הדיו מהקלף, ונשאר רק רושם אדמומית מהחלודה של הדיו**).

ואין צריך לכסות לו שאר אותיות כמו שנוהגים - וכן כתב הלבוש, **אבל** המ"א בשם מהרי"ט כתב, דצריך לכסות מה שלפניו, שאם יתחיל מתחלת המקרא, סרכיה נקיט ואזיל, **ואפי'** תינוק שלא למד באותה פרשה, אפ"ה צריך לכסות לו מה שלפניו עד תיבה זו, **אבל** תיבה זו וגם מה שלאחריה, א"צ לכסותו כלל בכל גווני.

הגה: מיהו אם אנו רואים שלא נשאר צורת האות כתקונו, פסול אע"פ שהתינוק קורא אותו כהלכתו (מרדכי ומהרי"ק וריב"ש) - כגון אלפי"ן שאין היו"ד שלהן נוגעת אל עצמן, וכן נקודת הפ"א שאין נוגעת לגגה, וכן לכל אותיות שאינן פשוטות שיש הפסק באמצען, שהוא פסול, בין אם נעשה זה בעת הכתיבה או לאחר הכתיבה, **שלא** מהני קריאת התינוק אלא היכא שנפסק האות ובציר לה משיעורא, ומחמת זה דומה האות במקצת לאות אחר, כגון וי"ו קטיעה שאנו מסופקין אם הגיע לאורך וי"ו או כשיעור יו"ד, ולכך תועיל קריאת התינוק, דגילוי מילתא בעלמא הוא, דאורך וי"ו יש לה מדלא קראה יו"ד, **וה"ה** לאות נו"ן פשוטה וכ"ף פשוטה, שיש ספק אם יש להם שיעור ארכן, או כ' כפופה שדומה במקצת לבי"ת וכה"ג, שיש להסתפק אם תמונתה דומה לאות אחרת, **אבל** היכא שאנו רואין שאין האות נשאר בצורתה, מה מועיל בראיית התינוק, ועינינו רואין שאין האות בצורתה, **ולכן** אין להכשיר האל"ף שרגל שמאלו אין נוגע לקו האמצעי, בשביל שהתינוק יקראנה אל"ף, דמפני הפירוד לא יטעה לומר שהיא עיין הפוכה, **וה"ה** בפשוטות אם אנו רואים ודאי שאין בו צורת אות, לא מהני מה דתינוק קורא אותו כך, רק בספק לנו אם יש בו שיעור כראוי מהני.

באר הגולה

יד <לכאורה כצ"ל, וכן תוקן במהדורת פריעדמאן> טו <לכאורה כצ"ל, וכן תוקן במהדורת פריעדמאן> טז מרדכי בהקומץ

(וכל זה מיירי גם כן בלא תיקון, אבל לענין תיקון מהני עכ"פ קריאת התינוק, ואין חילוק בזה בין פשוטות לכפופות).

[יז]הא דמכשרינן כשנפסק אות, דוקא כשנכתב בכשרות ואח"כ נפסק - וה"ה מה דמכשיר לעיל בסט"ו, אם ניקב רגל הה"א, והטעם, דלא בעינן מוקף גויל רק בעת הכתיבה.

ולפי"ז אפי' אם מגיע הנקב מאות לאות שסמוך לו, ג"כ כשר, **אכן** הדה"ח מחמיר בזה, ‹והטעם להלן›, (**וצ"ע למעשה אחרי שהדה"ח והנו"ב מחמירין בדבר, ועכ"פ בהצטרף עוד איזה קולא, כגון שהאות גדול יותר משיעור, ונקב נעשה בסופו, באופן שאפילו אם ינכה מקום הנקב ושיעור דהקפת גויל, ג"כ ישאר שיעור הראוי לאותו אות, יש לצדד להקל ולצרף לזה דעת הרד"ך, כי אפי' לדעת הדה"ח והנו"ב הנ"ל, איננו רק ספיקא דדינא**), לחוש לתירוץ ראשון שבב"י, ‹דהקשה, למה אם הפסיק אות בנקב כשר, הא צריך שיהא מוקף גויל›, דאין מחלק בנגיעה בין אם לא הוקף בעת הכתיבה או אח"כ, ‹אלא דדוקא דיבוק אות לאות פסול, ולא נקב, דהא דקיי"ל דכל אות שאינו מוקף גויל פסול, וצריך שיהא גויל מקיף אות, הוא אפילו אינו סמוך לו, שהנקב אצל האות, דאינו מבטל הקפת גויל כיון שיש היקף גויל מעבר להנקב, ולאו דוקא נגיעה אות לאות, דה"ה נקב בין אות לאות אם לא נשאר גויל – לשון הדה"ח›, (**ויותר טוב, אם יכול לגרור מעט מעובי הקו של האות, ויהיה מוקף גויל, דזה מהני בכל גווני, ואפי' בתו"מ דבעינן כסדרן**).

אבל בניקב חללו דמכשיר המחבר, הוא אפילו ניקב קודם הכתיבה, ולא נקט שם "אם לאחר שנכתב" וכו', אלא משום סיפא דניקב רגל.

ובענין נגיעת האותיות, אפילו אם יודע בבירור שנעשה לאחר הכתיבה, ג"כ פסול, (**כדמשמע בסעיף י"ח**, ‹דדין מוקף גויל הוא משום שצורת האות ניכרת ע"י הדיו והגויל, ומ"מ אין לפסול בנקב שנעשה לאחר הכתיבה, כיון שעדיין ניכרת קצת צורת האות, **משא"כ** בנגיעת אות לאות שאין צורת האות ניכרת כלל, פסול אפי' לאחר הכתיבה - חזו"א›, **ומ"מ אין ראיה להחמיר יותר בזה ממה שסובר בעל דה"ח, דהוא ספיקא דדינא, ונ"מ לענין להוציא אחרת, ומסי"ח אין ראיה כלל, דשם מיירי בעת הכתיבה גופא, אחר שנגמר צורת האות נגע אות בחבירו, משא"כ בזה שכבר סילק ידו**).

אבל אם מתחלה כשנכתב היה שם נקב ונפסק בו, או אם [יח]רגל הכ"ף הפשוטה או כיוצא בה מגיע לסוף הקלף בלי הקף קלף מתחלתו, פסול - וכ"ש גגי האותיות ואמצען שאין להם היקף גויל בעת הכתיבה, **ונקט** רגל לרבותא, אף דבעת כתיבת סוף הרגל כבר נגמר צורת האות כראוי, אפ"ה כל זמן שלא סלק ידו מן האות, מיקרי דבר זה בעת הכתיבה, ובעינן לכל האות הקפת גויל.

ואפי' אם היא ארוכה כראוי, דהיינו שיש בה שיעור שאפי' אם נגררה קצת למטה ישאר צורת אות, מ"מ פסול.

ודוקא נקב או קרע, אף שאין ניכר כלל ההפסק, ומשום דלא היה מוקף גויל בעת הכתיבה, אבל הפסק בעלמא כשר וא"צ שום תיקון, כיון שיש שיעור אות עד מקום ההוא.

ואם נחתך הקלף אח"כ, ועי"ז אין מוקף גויל, כשר, **ובספק** מתי נעשה הנקב, תולין דאחר הכתיבה נעשה, דמסתמא אם היה בעת הכתיבה היה הסופר רואהו, **אם** לא שהנקב קטן מאד.

ואם רוצה לתקן, יגרר קצת כדי שיהיה מוקף גויל, אבל דיבוק מטלית לא מהני להקפת גויל, דבעינן הקפת האות מגוף הסת"מ.

אות ב'* [יט]

איפסיקא ליה כרעא דוי"ו דויהרג... אי לא יהרג הוא ופסול

סימן לו ס"א - ולא תדמה לאחרת - ראיתי בספר מעשה רקח שהביא לדינא בשם תשובת מהראנ"ח שכתב, דאפילו אם רק מקצת האות נדמה לאות אחר, פסול, **ומדברי** הגר"א לא משמע כן, וכן כתב הפר"ח.

הגה: ולכתחלה יכתוב בכתיבה תמה - ר"ל כתיבה תמה ושלימה בתמונת האותיות, **כמבואר בטור ובשאר פוסקים, והוא ידוע אצל הסופרים** - כפי מה שלמדוהו מהתלמוד וקבלת הראשונים, וע"פ הסוד, וכמבואר בב"י בסימן זה.

מיהו אם שינה בצורת הכתב, אינו פסול - היינו שלא כתב תמונת האותיות המוזכרים בספרים, אבל תמונת האות מיהו צריך, כמש"כ המחבר שלא תשתנה וכו', **וכ"ש** שלא ישנהו לאות אחר, כגון מדלי"ת לרי"ש או מבי"ת לכ"ף וכדומה, **והכוונה** כמש"כ הנוב"י, דדבר שאין לו שורש בגמרא, אין לפסול האות עבור זה.

וכדי שידע הקורא איך לכתוב לכתחילה, וגם איזה פרט יש לו שורש והוא מעיקר תמונת האותיות שיהיה זה לעיכובא אפילו בדיעבד, לכן התחזקתי בעזה"י ועשיתי ע"ז קונטרס מיוחד בסוף סימן זה, והעתקתיו מהב"י ופמ"ג ושארי אחרונים, תמונת כל האותיות למעשה, וקראתיו בשם "משנת סופרים", וכללתי בו גם קיצור כללי דיני הקפת גויל, וחק תוכות ושלא כסדרן, מבעל פמ"ג ושארי אחרונים.

[כ]סימן לו ס"ב - [כא]כל אות צריכה להיות גולם אחד, לכך צריך להיות בנקודה שעל האל"ף שהיא כמין יו"ד, ובנקודה שתחתיה, וביוד"י השי"ן והעי"ן ואחורי צד"י, שיהיו נוגעות באות, [כב]ובאחת שאינה נוגעת, פסולין - פי' אפילו ביו"ד אחד מן השי"ן, וה"ה אם יש הפסק באמצע האות, אפילו אם הפירוד הוא דק שאין פרידתו ניכר להדיא, **וכן בשאר אותיות** - כגון הנקודה שלמטה שבג', או הנקודה שבפ"א, או הרגל שבתוך התי"ו, אם לא נגעו בהאות, או שיש הפסק באמצע איזה אות.

באר הגולה

יז ב"י מדברי הרמב"ם | יח תשו' רבי לוי ן' חביב | יט ‹ע"פ הגר"א. **דאי** יאמר דהוא יו"ד פסול – דמשק אליעזר› | כ ‹ע"פ הגר"א.› | כא שם ‹רא"ש ובספר א"ח בשם תשו' הרשב"א. ‹**מדלא** חשיב בגמ' אלא ה"א וקו"ף, ופריך מ"ט כרעיה כו' - גר"א› | כב ‹כמש"ש כ"ט: איפסיקא ליה כרעיה כו' – גר"א. **דאי** לא נשתייר כשיעור אות קטנה, פסול, דמה שהוא להלאה מן ההפסק הוי כמאן דליתא, ולהכי בכל הני שצריך להיות דבוק, אם יש הפסק פסול – דמשק אליעזר›

ולא מהני כאן קריאת התינוק, כיון שידוע הוא האות ואין לטעות באחר, דדוקא אם גריעותו מחמת שיש ספק לדמותו לאות אחר, אז מועיל קריאת התינוק, **וכ"ז** בלא תיקון, אבל ע"י תיקון מהני דלא ליהוי שלא כסדרן, אם התינוק קראו לאות, **ובכ"ז** אין חילוק בין אם נעשה בעת הכתיבה או לאחר הכתיבה.

חוץ מה"א וקו"ף שאין ליגע הרגל בגג - וה"ה הקו"ף בירכו שבצידו, **ואם נגע פסול** - וכ"ז אפילו אם נעשה הנגיעה אחר הכתיבה, ואפילו אם הנגיעה דקה כחוט השערה, וכמו שנתבאר לעיל בסימן ל"ב סי"ח במ"ב שם, **ועי"ש** בענין תיקון האות אם לא כתב אחר זה, דאל"ה הוי שלא כסדרן.

ולכתחילה יהיה הפסק בכדי שאדם בינוני יכירנו היטיב, מעל ס"ת שע"ג בימה כשהוא קורא בו, **גם** לא ירחיקו יותר מעובי הגג.

אות ג'

שבעה אותיות צריכות שלשה זיונין, ואלו הן: שעטנ"ז ג"ץ

יו"ד סימן רעד ס"ו - צריך ליזהר בתיקון האותיות ובזיונן, כמו שנתבאר באורך בהלכות תפילין סי' ל"ב וסי' ל"ו.

סימן לו ס"ג - [כג]צריך לתייג שעטנ"ז ג"ץ - אפילו בס"ת וכ"ש בתו"מ, **והתגין** האלו הם שלשה תגין קטנים ודקים כחוט השערה, זקופות על אלו האותיות [כד]אחד מימין ‹בקצה הימיני נוטה לצד ימין›, ואחד משמאל ‹בקצה השמאלי נוטה לצד שמאל›, ואחד מלמעלה באמצע האות כלפי מעלה – מ"ב המבואר, [כה]**וי"א** דשלשתן מלמעלה ‹בלא נטייה›, וכן נוהגין, **וכעין** קו דק הוא כל תג ותג, כך נוהגין באלו הארצות, **וטוב** יותר לעשות כל אחד כעין תמונת זיין, אך שיהיו קטנים ודקים מאוד.

וה"ה צד"י כפופה ונו"ן פשוטה, [ב"י בשם רש"י], **ואם** הוסיף הסופר לעשות תגין חוץ מאותיות שעטנ"ז ג"ץ, וחוץ מאלו המוזכרים בטור ובלבוש שנהגו בהם הסופרים, לא עכבה, אך בתנאי שיהיו מחוברים להאות, **אבל** אם אינו מחובר יש למוחקו, ואפי' באותיות שבשם הקודש, **ולכתחילה** אין נכון להוסיף תגין מעצמו, כל שלא מוזכר בספרים.

ותיוג של שעטנ"ז ג"ץ, [כו]הוא בשין על ראש השלישי של האות, ובעי"ן וטי"ת וצד"י על ראש השמאלי, וידביקן באמצעיתו לא בסופו.

כתבו האחרונים בשם תשובת הרמ"ע, שיזהר שיהיו התגין נפרדין כל אחד מחבירו, כדי שלא יראו רק כתמונת זיונין ולא כעיי"ן ושי"ן, ולעיכובא הוא.

גם צריך שיהיו התגין נוגעין בגוף האות, ואל"ה פסולין, דאף דאין עיכוב בעשיית התגין כמו שפסק המחבר, מ"מ זה גרע, דהוי כיתרון אות קטנה בין השיטין, **ועיין** ביד אפרים שכתב, דלא מהני אף אם ימשיכם אח"כ אל האות, רק צריך לגוררם ולכותבם מחדש, **רק** אם ידעינן שכתבן מומחה, תלינן שנפרד אחר שנכתב, ומכשירין בהמשכה אל האות, **והלבושי** שרד כתב, דהרמ"ע ס"ל דלא גרע דבר זה מחסרון הקפת גויל, דאינו מעכב רק בתחלה, וע"כ אם נפרד אחר שנכתב, כשר בלא תיקון כלל, **וממילא** לדבריו אם לא היו נוגעין מתחלת הכתיבה, מהני עכ"פ תיקון, דומיא דמש"כ המ"א לענין הקפת גויל, וכן משמע לענ"ד מפשטא דלישניה דהרמ"ע, **ומ"מ** לכתחלה נכון להחמיר כיד אפרים.

והסופרים נהגו לתייג - בתפילין, **אותיות אחרות** - מלבד אלו, והם מוזכרים בטור בשם השמושא רבא ובשם הרמב"ם, **והתגין** האלו הם תגינים גדולים, אך שיהיו דקים שלא יתקלקל האות ע"ז, **ומאוד** צריך ליזהר ביותר בתגין שעל הוי"ו או שעל היו"ד, כי בקל ישתנה האות ע"ז.

[כז]**ואם לא תייג אפילו שעטנ"ז ג"ץ, לא פסל** - והב"ח פוסל בזה, וגם הגר"א מביא הרבה פוסקים דמחמירין בזה, **ע"כ** מהנכון מאוד לחוש לזה ולתקנם אח"כ, ותיקון מהני אפילו בתו"מ ולא הוי בזה שלא כסדרן, דבלא התגין נמי צורתה עליה.

והמחבר מיירי שעשה ראש האות למעלה כתיקונו, אך שחיסר התגין שעליו, **אבל** אם עשה למעלה ראשו עגול ג"כ, משמע מהב"י דאין להקל אפי' בדיעבד לפי פירוש הרא"ש, **וצ"ע** למעשה, כי לכאורה להרמב"ם יש להקל בכל גווני. {**עיין** בביאור הגר"א, דלהרמב"ם לא איירי הגמרא כלל בתפילין רק במזוזה, ולא לענין עיגול והמשכה, אך לענין תגין ממש, ורק לכתחלה}.

כתב בספר איגרת הטיול: שעטנ"ז הוא אותיות שט"ן ע"ז, והם ב' מקטרגים גדולים, וזהו ג"כ סוד של שעטנ"ז ג"ץ, כי ג"ץ ג"כ שם מקטרג אחד, והתגין שעליהם הם כמו חרב וחנית להנצל מהם.

אות ד'

דחטרי להו לגגיה דחי"ת, ותלו ליה לכרעיה דה"י

סימן לב סכ"ה - סעיף זה יבואר בו דין שלא כסדרן, ועניניו ארוכין ואכלול בקצרה, בדין זה יש בו ג' פרטים: **[א]** אם יש קלקול באיזה אות, בין שנעשה זה בעת הכתיבה, או שנעשה לאחר הכתיבה, אם נראה לעין כל שאין צורתו עליו, כגון יו"ד שחסר לו רגלו הימני, או שי"ן שחסר לו יו"ד אחד, וכל כי האי גונא, שחסר באות איזה דבר עד שעי"ז אין תמונתו עליו, אפילו אין נדמה משום זה לאות אחר, וכתב לפניו, לא מהני ליה שום תיקון, **ואפילו** אם אירע שהתינוק קראו לאות, אפ"ה פסול משום שלא כסדרן, **וכ"ש** אם ע"י קלקולו וחסרונו נדמה לאות אחר, כגון דלי"ת דומה לרי"ש, או ב' דומה לכ', או חי"ת שברגל שמאלו יש הפסק בין הרגל להגג, ונראה כה"א, או צדי"ק שיש בו הפסק במקום נגיעת היו"ד לעצמותו, ונראה לעין כל כיו"ד ונו"ן, וכל כה"ג, שאין משגיחין על התינוק, ולא מהני ליה תיקון.

באר הגולה

[כג] **מנחות כ"ט, בשמושא רבא** [כד] ‹רש"י› [כה] ‹תוס' בשם רש"י כתב יד› [כו] ‹וכ"כ ברש"י› [כז] **רא"ש וכן נראה מדברי הרמב"ם** ‹לפי מה שכתבתי בסמוך בשם רא"ם, {דזיונין של שעטנ"ז ג"ץ לא בתגין, אלא פירושו שלא יעשה ראשיהם עגול, אלא ימשוך, דלא איירי בהקומץ אלא בגוף האותיות}, לא מיפסלי בחסרון תגין כל שלא עשה ראש אותיות אלו עגול אלא משוך, וכן נראה מדברי הרמב"ם, והכי נקטינן היכא דאין נמצא מי שיודע לעשות תגין – ב"י›

[ב] אם ע"י קלקולו וחסרונו לא נפסד מצורתו לגמרי, כגון שיש הפסק דק באיזה אות באמצעו, ועדיין עיקר צורתו עליו, או כגון שלא היו היודי"ן שעל האלפי"ן והשיני"ן, ורגלי התוי"ן, נוגעים בגוף האות, **אם** תינוק דלא חכים ולא טיפש מכירם, אף דלא מתכשר האות על ידי זה, משום דאין צורתו עליו בשלימות, עכ"פ מהני זה דנשאר עליו עיקר צורתו, לענין שיהא מותר לתקנו, ולא יקרא שלא כסדרן.

[ג] ויש עוד אופן שלישי, שאע"פ שעיקר צורתו יש עליו, ותינוק קוראו לאות, אפ"ה לא מהני ליה שום תיקון, כגון אות שנפסל באיזה דבר, שתיקונו הוא לגרור מקצתו ולכותבו מחדש, כגון רגל הה"א והקו"ף שנגעו למעלה, אפילו נגיעה דקה כחוט השערה, שתיקונו הוא לגרור כל הרגל ולכותבו מחדש, דלא מהני ליה הפרדה בעלמא משום חק תוכות, וכן נגע רגל האל"ף בגג האל"ף, וכה"ג, ואירע שקודם תיקונו כתב לפניו, בזה לא יצוייר שום תיקון, דהא צריך לגרור כל מה שנכתב בפסול, וא"כ מה שמתקנה אח"כ הוי שלא כסדרן. **ועתה** נתחיל לבאר בעזה"י את הסעיף.

[כח]**כל אות שהיא כתובה שלא כתקנה** - וה"ה אם נתקלקה אח"כ, **ואין צורתה עליה** - פי' שנראה לעין כל שאין צורתה עליה כלל, **כגון נגע רגל האל"ף בגג האל"ף, או פני האל"ף בפנים בגג שתחתיה, או שהיה רגל הה"א או רגל הקו"ף נוגעים** - אפילו נגיעה דקה כחוט השערה, וה"ה כל הני דכתב רמ"א בהג"ה סוף סי"ת.

ואף דבנגעה רגל האל"ף בגג האל"ף, או פני האל"ף בגגו, או רגל ה"א וקו"ף הנוגעין למעלה, ניכר עליו עדיין עיקר צורת האות, ותינוק יקראהו לאות, **אפ"ה** כיון שפסול זה אין תיקונו כי אם ע"י גרירת כל מה שנעשה בפסול, ממילא נתבטל צורתו לגמרי, ואם יתקנם אח"כ הוי שלא כסדרן.

או שהיתה אות אחת חלוקה לשתי אותיות, כגון צד"י שכתב יו"ד נו"ן - פי' שחלק היו"ד מהנו"ן כ"כ עד שנראה כשני אותיות, וכן בכל אינך, **לכן** אפילו אם אירע דתינוק קראו כהלכתו, אין יכול לתקן אח"כ, שכיון שעינינו רואות שיש להן צורת אותיות אחרות, א"כ כשמתקנם אח"כ הרי זה כתיבה מחדש ושלא כסדרן, **וה"ה** אפילו אם אין להם צורת אותיות אחרות, רק שנראה לעין הכל שאין לה עיקר צורתה, כגון יו"ד שלא עשה לה רגל הימיני, או אל"ף שחסר לה היו"ד העליון, וכל כה"ג, אין יכול לתקנם אח"כ, **אבל** אם לא עשה להיו"ד רגל שמאלי, אף דאם ישאר כך פסול, דאיננו יו"ד כראוי לפי דעת רוב הפוסקים, מ"מ כיון דיש לה עיקר צורתה, דאפילו בלא עוקץ שם יו"ד עליה, לכן יכול לתקנה, ואין בזה משום שלא כסדרן.

או שי"ן שכתבה עי"ן יו"ד, או חי"ת שני זייני"ן - אפילו אם עשה חוטרא על גביהן, רק שאין נוגעים זה לזה למעלה, וניכר להדיא פרידתן, הרי זה הפסידה עיקר צורתה, שנראה כשני זייני"ן.

וה"ה מ"ם פתוחה שכתבו כ' ו', בלי משיכת התג שביניהם.

ואחר שכתב לפניו חזר ותקנם, הוי שלא כסדרן ופסולין.

(**ואם** ההפסק היה דק, שלא היתה ניכר פרידתו להדיא עד שמסתכל בה היטיב, והתינוק קוראם יפה, אפילו אם אירע כה"ג בצד"י בין היו"ד שאחוריו להנו"ן שלו, וכל כה"ג, מותר לתקן, דלא מיקרי זה אות שחלוק לב' אותיות, **ואפשר** דאין צריך ג"כ להראות להתינוק באופן זה, דבודאי יקרא יפה, ודומיא דחי"ת שכתב השו"ע דלא מעכב בו ראית התינוק, **אך** לכתחלה בודאי נכון להראות להתינוק, **ע"כ** נ"ל דבמקום הדחק יש לסמוך על כל זה להקל, שיהא מותר לתקן, ודלא כהפמ"ג).

(**ואם** ההפסק דק מאד, עד שאין נראה רק כנגד השמש, כשר אפי' להפמ"ג, וא"צ שום תיקון, דבודאי לא גרע מאם היה נקב כזה באותו מקום, ולענין נקב הלא קי"ל דנקב שהדיו עובר עליו אינו נקב, ואפי' נראה כנגד השמש, ובודאי אפי' אם איתרע זה בצד"י בין היו"ד לנו"ן, וכה"ג, ג"כ לא חשיב נקב, והרוצה להחמיר בהפסק דק כזה, די שיחמיר להצריכו תיקון, אבל חלילה לפסול התפילין משום זה).

אבל להפריד האותיות הדבוקות אחר שכתב לפניהם, שפיר דמי, דכיון שהאות צורתה עליה, כשמפרידה מחבירתה לא הוי ככותב.

וה"ה שאם לא היו מקצת יודי"ן שעל האלפי"ן והשיני"ן והעייני"ן ורגלי התוי"ן נוגעים בגוף האות - וה"ה אם היה הפסק באיזה אות באמצעו, **ותינוק דלא חכים ולא טיפש מכירם, שאע"פ שכתב לפניהם, יכול לחזור ולתקנם, דכיון דצורת האות היתה ניכרת, ליכא משום כתבן שלא כסדרן** - פי' לכן אפילו אם פרידתן ניכר להדיא, דהיינו תכף ומיד כשראה אותן, יכול לתקנם, דהרי לא הפסיד עדיין האות עיקר צורתה, מדקראה התינוק לאות, כן כתב הגרע"א, ודלא כפמ"ג שהחמיר בזה. (**ועכ"פ** נראה לסמוך ע"ז בשעת הדחק להקל, דמהני תינוק, וכמש"כ הגרע"א דהורה כן למעשה בשעת הדחק).

(**אך** מ"מ נ"ל בפשיטות, דאף הגרע"א מודה היכא שהפסקו גדול כ"כ, עד שניכר ונראה לעין כל מרחוק, דבזה הרי אנו רואין שאבד צורתו לגמרי, ולא עדיף מצד"י שכתבו יו"ד נו"ן, ולא מהני לזה תינוק, **וכעין** זה ראיתי באחרונים שהביאו בשם תשובת פמ"א, שכתב: אם ברחוק מכירים שהוא ריוח ואינו מגיע לגוף האות, לדעת הב"י ברחוק ד"א, ולדעת הב"ח ברחוק אמה, בזה ודאי אין לסמוך על תינוק, **אבל** אם נרחק לכל מר כדאית ליה, אנו רואין שהוא אל"ף ושי"ן, רק כשמקרבין עינינו רואין ריוח, ותינוק קורא אל"ף או שי"ן, שפיר נוכל לסמוך עליו, עכ"ל).

אבל אם אין פרידתן ניכר להדיא עד שמסתכל בה, אין צריך להראות להתינוק, **ומ"מ** אם אירע שהראה להתינוק ולא קרא לו אות, הולכין אחריו להחמיר ואין יכול לתקן.

באר הגולה

כח הגהת מיימוני ומהרי"ק ותרומת הדשן והר"י אכסנדרני

ויש מי שאומר דהוא הדין אם [כט]**חוטרא דחי"ת למעלה אין נוגעין זה לזה, אך אין ניכר להדיא פרידתן** - דאם היה ניכר להדיא, הרי זה הפסידה עיקר צורתה, **אע"פ שהתינוק קורא שני זייני"ן, מותר להדביקם** - דאין התינוק מורגל בחי"ת כזה, דאפילו המוכשר כתיקונו יקראהו ב' זייני"ן.

ואין כאן מחלוקת רק חידוש דין.

אות ה' – ו' – ז'

<u>שלש יתקן, ארבע יגנז. תנא: אם יש בו דף אחת שלימה מצלת על כולו</u>

<u>והוא דכתיב רוביה דספרא שפיר</u>

<u>וה"מ חסירות, אבל יתירות לית לן בה</u>

יו"ד סימן רעט ס"ד - [ל]**ספר תורה שיש בו ג' טעיות בכל דף ודף, יתקן; ואם היו ד', יגנז. ואם היה רוב הספר** [לא]**מוגה והשאר יש בו ד' טעיות בכל דף, ונשאר אפילו דף אחד מאותו השאר המשובש בלא ד' טעיות, הרי זה יתקן.**

[לב]**בד"א שכתב המלא חסר, לפי שהוא גנאי לתלות כל כך ביני שיטי; אבל אם כתב החסר מלא, אפי' יש בכל דף ודף כמה טעיות, יתקן, לפי שאין הגרידה גנאי כמו התלייה. הגה: וכשגורד, ירחיב האות שלפניו ושלאחריו קלת, שלא יהא מקום הגרד הפסק בתיבה (ב"י ומרדכי ה"ק).**

באר הגולה

כט ‹גמ' דמנחות: אמר רב אשי חזינא להו לספרי דווקני דבי רב, דחטרי לה לגגיה דחי"ת וכו', ופירש"י שעושין למעלה כעין חוטר, כלומר הקב"ה חי שוכן ברומו של עולם, חי"ת היינו חי, עכ"ל. ובתוספות שם כתבו: וז"ל פי' בקונטרס, שהגביה רגל שמאל של חי"ת עד למעלה, ור"ת פי' באמצע גגו של חי"ת גבוה מעט כמו חטרתה דגמלא דבאמצע וכו' עכ"ל. ואנן עבדינן כתרוייהו, חטוטרת באמצע, ותג כעין מקל משמאל – קסת הסופר› ל **לשון הרמב"ם מברייתא מנחות דף כ"ט ע"ב וכדמפרש שם** לא **פי' כתובים כתקנן** ‹היינו לומר שרוב אותיות הספר כתובים כתקנם, ואין לך דף שאין בו כמה טעיות – ב"י› לב **שם עובדא דאתא לקמיה דרב אבא**

§ מסכת מנחות דף ל. §

אות א' - ב'

מקצר והולך עד סוף הדף

והלכתא: באמצע שיטה דווקא

יו"ד סימן רעב ס"ד - [א]**כשיגמור את התורה, צריך שיגמור באמצע שיטה שבסוף הדף. ואם נשאר מן הדף שיטין הרבה, מקצר ועולה** – [פי' שמתיבה אחת עושה שיטה אחת על ידי המשכת האותיות, כ"כ נמק"י], [ב]**(ועושה אותיות ארוכות ממטה למעלה, כדי שתחזיק תיבה אחת ד' או ה' שיטין) (טור). ומתחיל מתחלת השיטה שבסוף הדף, ולא יגמור את השיטה, ומתכוין עד שיהיה לעיני כל ישראל באמצע שיטה** – [כי ע"י זה ידעו הכל סיום התורה, משא"כ אם גמר השיטה – ט"ז], ‹זהו שכתב שם באמצע השיטה דוקא (דלא כפירש"י, וכן משמע בגמ' שם) - גר"א›, **שבסוף הדף.**

אות ג'

שמנה פסוקים שבתורה, יחיד קורא אותן בבהכ"נ

סימן תכח ס"ז - [ג]**ח' פסוקים אחרונים שבתורה** - דהיינו מ"וימת שם משה", **אין מפסיקין בהם** - לחלקן לשני קרואים, **אלא יחיד קורא את כולם** - והטעם, דיש בהן שינוי משאר ס"ת, דיהושע כתבן, **ואפילו** למ"ד דמשה כתבן בדמע, הואיל שיש שינוי בהן שנכתבו בדמע, נשתנו שלא לחלקן כשאר ס"ת, [גמ'].

כתב בספר צרור המור, מ"ב מסעות שבפרשת "אלה מסעי", אין להפסיק בהם, שהם כנגד שם מ"ב.

אות ג'*[ד]

עד כאן הקדוש ברוך הוא אומר ומשה כותב ואומר

סימן לב סל"א - [ה]**אם אינו כותב מתוך הכתב, לא יכתוב על פה שמקרא אותו אחר** - וכ"ש אם הוא כותב ע"פ בלי מקריא, **אא"כ יחזור הוא ויקרא בפיו** - כל תיבה ותיבה קודם שיכתבנה, כדי שלא יטעה, ואפי' הוא שגור בפיו ג"כ, [והראיה ממשה רבינו ע"ה].

משמע דכשכותב מתוך הכתב, א"צ להוציא בפה, **ומיירי** דוקא כששגורות לו ג"כ, ואז לא חיישינן שמא יטעה - מ"א וא"ר, [ו]**אבל** הרבה מאחרונים חלקו ע"ז, ופסקו דבכל גווני צריך להוציא התיבה מפיו קודם שיכתבנה, **והטעם** כתב הב"ח, דכך היא מצות כתיבת סת"מ, כדי שתהא קדושת הבל קריאת כל תיבה ותיבה היוצא מפי הקורא, נמשכת על האותיות כשכותב אותן בקלף, **וכ"ז** לכתחלה, אבל בדיעבד אין נפסל בכל גווני אם לא טעה.

אות ד' – ה'

כתבו, מעלה עליו הכתוב כאילו קיבלו מהר סיני

אם הגיה אפי' אות אחת, מעלה עליו כאילו כתבו

יו"ד סימן ער ס"א - **שכר לו סופר לכתוב לו ספר תורה, או שקנאו והוא היה מוטעה והגיהו, הרי זה כאלו כתבו; אבל לקחו כך ולא הגיה בו דבר, הוי כחוטף מצוה מן השוק,** [ז]**ואינו יוצא בזה** – [איתא בגמ', הלוקח ס"ת מן השוק כחוטף מצוה מן השוק, כתבו או שהגיה בו אפילו אות אחת, כאלו קבלה מהר סיני, **ופי'** נמוקי יוסף, כחוטף מצוה, [ח]שאין לו שכר גדול כמו שטרח בכתיבתה, ויש מקום למדת הדין לחלוק ולומר, אלמלא שבא עליו בטורח לא היה עושה אותה, **כתבה** הוא בעצמו או שכר סופר לכתבה וטרח בתיקון הקלפים ולסבול עול סופר עד שנכתב, כאילו קבלה, יש למדת הרחמים לומר, כמו שטרח לזה כן היה טורח ללכת במדבר לקבלה מהר סיני, **אפילו** מוטעה אות אחת ותקנו, כאילו כתבו, שיש למדת הרחמים לומר, כמו שתיקן זה, כן אם היה מוצא טעויות רבות היה מתקן אותם, עכ"ל, **ואיתא** בתוספות בהקומץ רבה, אות אחת, פירש בס"ת שלקחו מן השוק, לא נחשב עוד כחוטף מצוה, שהיה אצל חבירו בעבירה שהיה משהא ספר שאינו מוגה, ומעליני על זה כאילו כתבו, עכ"ל, **ומצאתי** כתוב על זה, ולפי"ז הקונה ס"ת מיד עכו"ם שלקח מישראל, לאו כחוטף מצוה אלא כאילו כתבה, עכ"ל – ט"ז]. ‹**וכשיודע** שהיא כשרה דוקא, דאל"כ אין לוקחין ממנו - ערוה"ש›. (**ועיין** בספר משנת חכמים שכתב, [ט]דה"ה אם המוכר עשאה תחילה ע"מ למכור, וי"ל נמי דה"ה אם מכר אחד כדי ללמוד תורה או לישא אשה, דאם קנה חבירו ממנו יוצא י"ח לדעת רש"י {ר"ל דאפילו כחוטף לא הוי} - פת"ש).

[**וכתב** דמש"כ כחוטף מן השוק ואינו יוצא בזה, הוא נגד דברי רש"י, שכתב דאם לקחה מצוה עביד, ואם כתבה הוי מצוה טפי – ט"ז].

(**והגר"א** זצ"ל פסק כדעת רש"י, דיוצא בזה).

(**עיין** בספר משנת חכמים בקונטרס מעלות המדות, שכתב דיש להסתפק, אם אירע שכתב אחד עבור חבירו ס"ת בלי ידיעתו, מי נימא דכיון דזכות הוא וזכין לאדם כו', יוצא י"ח מצוה זו, דהוי כאילו כתבו בשליחותו, **או** נימא דלאו זכות גמור הוא לו, ואדרבה ניחא ליה לאינש למיעבד מצוה

באר הגולה

[א] **לשון הרמב"ם ממסקנת הגמרא שם** [ב] ‹ונחלקו הפוסקים ז"ל בפירוש מקצר והולך מהו, דהטור כתב שיעשה אותיות ארוכות ממטה למעלה, {עיין תוס' שם ד"ה פסוק א' כו', וכ"כ הרא"ש וש"פ - גר"א}, והנמוקי יוסף פי' שמתיבה אחת עושה שיטה אחת על ידי המשכת האותיות - מעשה רוקח› [ג] **מימרא דרבא מנחות ל'** [ד] ‹ע"פ הב"י וז"ל: דאיתא בפרק הקומץ (ל.) עד וימת משה, הקב"ה אומר ומשה אומר וכותב. ואע"פ שיש ספרים שאין כתוב בהם רק "ומשה כותב", מ"מ לספרים דגרסי "ומשה אומר", צריך ליזהר שלא יהא אחר מקרא אותו והוא כותב על פיו, עד שיחזור הוא אחריו בפיו, וכן לתפילין ומזוזות, והמחמיר תבא עליו ברכה, עכ"ל, וכ"כ התוס' ד"ה ומשה› [ה] **ספר התרומה קצ"ח והמרדכי בהלכות קטנות** [ו] ‹טעמו כתבו רש"י והתוס' כדי שלא יטעה, אבל במי שמעתיק מתוך הספר ליכא למיחש לשמא יטעה, כך הוא משמעות הפוסקים שכתבו לדין זה ע"פ התוס', אכן מדברי רבינו משמע שבא להורות דאפי' בכותב מפי הכתב צריך שיקרא כל תיבה ותיבה קודם שיכתבנה, נראה דס"ל דלאו משום שלא יטעה הוא, אלא דכך היא מצות כתיבת סת"ם... - ב"ח› [ז] ‹מנ"ל לומר שאינו יוצא בזה, וכל הראשונים כתבו כרש"י ותוס', ומאין לקח דין זה, אולי מדהרמב"ם לא הביא זה, שהשמיט הך דלוקח ס"ת, ש"מ דס"ל דבלא כתיבה לא יצא, כדעת הרמ"א - ערוה"ש› [ח] ‹כן הוא דעת רש"י ג"כ, ונקט פי' הנמוקי יוסף, לכאורה משום דהוא ביתר ביאור› [ט] ‹לכאורה משום דעכ"פ אינו מחסר מצות חבירו›

הקומץ רבה פרק שלישי מנחות ל

אבל יתרות לית לן בה אידך דאמר רב הכותב ס"ת ובא לגמור גומר ואפילו באמצע הדף מיתיבי *הכותב ס"ת בא לו לגמור לא יגמור באמצע הדף כדרך שגומר בחומשין אלא מקצר והולך עד סוף הדף כי קא אמר רב בחומשין והא ס"ת קאמר בחומשין של ס"ת איני והא"ר יהושע בר אבא אמר רב גידל אמר רב לעיני כל ישראל באמצע הדף ההיא באמצע שיטה איתמר רבנן אמרי אף באמצע שיטה רב אשי אמר באמצע שיטה דווקא והלכתא באמצע שיטה דווקא אמר רבי יהושע בר אבא אמר רב גידל אמר רב שמנה פסוקים שבתורה *יחיד קורא אותן בבהכ"נ כמאן דלא כר"ש דתניא וימת שם משה עבד ה' אפשר משה *חי וכתב וימת שם משה אלא עד כאן כתב משה מכאן ואילך כתב יהושע בן נון דברי רבי יהודה ואמרי לה רבי נחמיה אמר לו ר"ש אפשר ס"ת חסר אות אחת וכתיב לקוח את ספר התורה הזה ושמתם אותו וגו' אלא עד כאן הקב"ה אומר ומשה *כותב ואומר מכאן ואילך הקב"ה אומר ומשה כותב בדמע כמה שנאמר להלן ויאמר להם ברוך מפיו יקרא אלי את כל הדברים האלה ואני כותב על הספר בדיו לימא דלא כר"ש אפי' תימא ר"ש הואיל ואישתני אישתני וא"ר יהושע בר אבא אמר רב גידל אמר רב הלוקח ס"ת מן השוק כחוטף מצוה מן השוק כתבו מעלה עליו הכתוב כאילו קיבלו מהר סיני אמר רב ששת אם הגיה אפי' אות אחת מעלה עליו כאילו כתבו (סי' סגלם) *ת"ר עושה אדם יריעה מבת שלש דפין ועד בת שמנה דפין פחות מיכן ויתר על כן לא יעשה ולא ירבה בדפין מפני שנראה אגרת ולא ימעט בדפין מפני שעיניו משוטטות אלא כגון למשפחותיכם (למשפחותיכם למשפחותיכם) ג' פעמים נזדמנה לו יריעה בת תשע דפים לא יחלוק שלש לכאן ושש לכאן אלא ארבע לכאן וחמש לכאן בד"א בתחלת הספר אבל בסוף הספר אפי' פסוק אחד ואפי' דף אחד פסוק אחד ס"ד אלא אימא פסוק אחד בדף אחד שיעור גליון מלמטה טפח מלמעלה ג' אצבעות ובין *דף לדף כמלא ריוח רוחב שתי אצבעות ובחומשין מלמטה שלש אצבעות מלמעלה שתי אצבעות ובין דף לדף כמלא ריוח רוחב גודל ובין שיטה לשיטה כמלא שיטה ובין תיבה לתיבה כמלא אות קטנה ובין אות לאות כמלא חוט השערה אל ימעט אדם את הכתב לא מפני ריוח של מטה ולא מפני ריוח של מעלה ולא מפני ריוח שבין שיטה לשיטה ולא מפני ריוח שבין פרשה לפרשה נזדמנה לו תיבה בת חמש אותיות לא יכתוב שתים בתוך הדף ושלש חוץ לדף אלא

רש"י

(א) אבל יתרות לית לן בה · אלא גוררן : מחוי כמנומר · כשכותב ומגיה בו השיטין את מה שחיסר : הוה ליה יתירות בספרים · ד' בכל דף : מקצר · השיטין והולך עד שיגמור לעיני כל ישראל בסוף הדף כזה : כי קאמר רב · יגמור באמצע הדף : בחומשין · קא ס"ד בשאר חומשין שאין עשוין כקדושת ספר תורה אבל עשוין הן בגליון כס"ת : בחומשין של ס"ת · כגון (בראשית ג) ויושם בארון במצרים וכגון בכל מסעיהם (ג) (שמות מ) ובהר סיני (ויקרא כז) וירדן ירחו (במדבר לו) יכול לכתוב באמצע הדף כדרך שגומר בשאר חומשין שאינן של ס"ת אבל לעיני כל ישראל מודי דבסוף הדף : אף באמצע שיטה · ובאמצע הדף ט] : באמצע שיטה דוקא · ולא באמצע הדף : שמנה פסוקים · מוימת י] משה : יחיד קורא אותן · אדם אחד קוראן ואין מפסיק ביניהם כדי לעמוד אחר ולקרות : אפשר ס"ת חסר יא] · ומשה קורא לו ס"ת לקוח את ספר התורה הזה : הקב"ה אומר · ומשה אומר אחריו כדי שלא יטעה בכתב וכותב : מכאן ואילך משה כותב בדמע · יב] ולא היה אומר אחריו מרוב צערו : כמו שנאמר להלן מפיו יקרא וגו' · שלא היה אומר אחריו משום דקינות הוו : לימא דלא כר"ש · דכיון דאמר ר"ש משה יג] כתב הוו להו כשאר פסוקים ויפסיק ביניהם ויקרא אחר : דאישתני · דנכתב בדמע אישתני משאר יד] ס"ת: כחוטף מצוה · ומצוה עבד אבל אי כתב הוה מצוה יתירה טפי : פחות מכאן או יתר על כן לא יעשה · טו] שתפרים של חבורי היריעות יפין בה כשאין בהן יותר מדאי *הלכך לא יעשה יריעות קצרות שלא יהו טז] התפרים מקורבין יותר מדאי ולא ארוכות שלא להרחיקן יותר מדאי : ולא ירבה בדפים · לעשות שמנה בקלף אם קלף קטן הוא מפני שהדפין קצרים ונראין כאגרות : ולא ימעט בדפין לעשות *ג' יז] (ביריעה) אם יריעה גדולה היא : מפני שעיניו משוטטות · כשהדפין רחבים וטועה בראשי השיטות : נזדמנה לו יריעה שיש בה ט' דפין · למדת (ג) האחרים וצריך לקצרה מפני שאמרו לא יתר על שמנה : אלא ד' לכאן וה' לכאן · כדי שלא תהא זו יתירה על זו יותר מדאי : בד"א · דלא ימעט ולא ירבה בדפין : בתחלת הספר · אבל בסופו אפילו אין לו לכתוב אלא פסוק אחד יכתבנו בכל היריעה : ואפילו דף אחד · יעשה יח] בכל היריעה : אלא אימא פסוק אחד בדף אחד · אם רוצה יעשה דף קצר יט] מן תיבה אחת בשיטה אחת כדי שיגמור בסוף הדף : שיעור גליון · דס"ת : ובחומשין · שאינן עשוין לס"ת אבל עשוין הן כגליון דס"ת : לא ימעט · לעשות אותיות קטנות בשיטה עליונה ותחתונה מפני ריוח כ] הגליון : מפני ריוח שבין שיטה לשיטה · כגון אם שרטט באמצע הדף כא] שני שיטין שאין ריוח כדי שיעור ביניהם לא ימעט הכתב מפני אותו ריוח : לא

תוספות

אבל יתירות לית לן בה · יש טועים כשמסופקין בתיבה אם מליאה אם חסירה שעושין אותה מליאה משום דיתירות לית לן בה ולאו מילתא היא דהכא מיירי ביתירות שגררן דלא אמרינן דמיחזי כמנומר · מ"ר : שמנה פסוקים שבתורה יחיד קורא אותן · ה"ר משולם היה מפרש למעוטי שלא יקרא ש"ל עמו וקשה לר"ת דבימי החכמים לא היה רגילות שיסייע שליח ציבור לקורא בתורה כדמוכח בפ' שני דמגילה (דף כא: ושם) דאמרינן קראוה שנים ילאו מש"כ בתורה אלא כן עיקר כמו שפירש בקונטרס לאפוקי שלא יקראו זה אחר זה אותם ח' פסוקין כגון זה ד' וזה ד' או זה ה' וזה ג' ומה שנהגין עכשיו שמסייע ש"ל לקורא בתורה כדי שלא לבייש את מי שאינו יודע לקרות כענין שמצינו במס' ביכורים (פ"ג מ"ז) שהתקינו שמקרין את הכל וכי ההיא דפ' בתרא דנדה (דף עא·) שהתקינו שמטבילין כלים על גבי כל הגשים · כב] מ"ר : מכאן ואילך כתב יהושע · מה שנהגין עמר לידוק הדין בשבת במנחה פירש רב שר שלום גאון *על שנפטר משה רבינו באותה שעה לפיכך נמנעו מלעסוק בתורה משום דאמרי' חכם שמת כל בתי מדרשות שבעיר בטילין וקשה דהא כתיב בן מאה ועשרים שנה אנכי היום ודרשינן* היום מלאו ימי ושנותי ואם בשבת מת א"כ כתב היום מערב שבת ויש לתמוה דכתב על העתיד ולר"ש לא בעי למימר דהפסוק נאמר על העתיד מדקשיא ליה מהא דכתיב לקוח את ספר התורה הזה שמא על שם שעתיד יהושע כג] להשלימו ועוד · קשה דבסדר עולם משמע דבשבעה באדר שמת משה בו ערב שבת היה דקתני ואחר הפסח בעשרים ושנים סבבו את העיר כל אנשי המלחמה הקף פעם אחת ויהי ביום השביעי וישכימו בבוקר וגו' רבי יוסי אומר יום שבת היה והשתא משהתחילו לסבב לו בכ"ב בניסן א"כ יום שביעי שהיה שבת כ"ח בניסן היה ומדכ"ח בניסן שבת שבעה באדר ערב שבת · מ"ר* : ומשה כותב · יש ספרים דגרסי ומשה אומר וכותב וחומרא היא לכותבי ס"ת ומזוזה ותפילין אע"ג דמייתי ראיה מברוך שמא גם הוא היה עושה כן מ"ר ובקונטרס נמי גריס אומר וכותב ופירש טעם (בברוך) וזה לשון הקב"ה היה אומר ומשה אומר כד] (וכותב) אחריו כדי שלא יטעה בכתב וכותב מכאן ואילך משה כותב בדמע ולא היה אומר אחריו מרוב צערו כמה שנאמר להלן מפיו יקרא וגו' שלא היה אומר אחריו משום דקינות הוו · מ"ר : אם הגיה בו אפי' אות אחת · פירוש בס"ת שלקח מן השוק לא נחשב עוד כחוטף מצוה שהיה אלא חבירו בעבירה שהיה מחזה ספר שאינו מוגה ומעלין על זה כאילו כתבו · מ"ר : כגון למשפחותיכם ג"פ · ר"ת פי' בתיקון ס"ת שלו בשם רבינו תגמל שאמר בשם הגאון דהיינו כשהכתיבה דקה אבל כשהכתיבה גסה הכל לפי הטוי ויכול לעשות דפין בשיטין ארוכין דאין עיניו מבוטטות כיון שהכתיבה גסה · מ"ר : פסוק אחד בדף אחד · ואף על גב דליכא ס' שיטין או שיעורין אחריני דמסכת סופרים ליכא למיחש בדף אחרון *אף על פי שאי אפשר לו לסיים הדף בפסוק אחד *)כיון שיש בדפין אחרים ס' שיטין אלא אם כן יעשה בדף אחרון כה] שיטין ארוכות · מ"ר : שלשה

*)מהרש"א מגיה כמו

עין משפט נר מצוה

קיב א ב מיי' פ"ז מהל' תפילין הל' ז טוש"ע י"ד סימן רעג סעיף ד:
קיג ג מיי' פי"ג מהל' תפלה הלכה ו סמג עשין יט טוש"ע א"ח סי' קמא סעיף ב:
קיד ד ה מיי' פ"ז מהל' תפילין וס"ת הל' סמג עשין כד טוש"ע י"ד סימן ער סעי' א:
קטו ו מיי' פ"ח מהל' תפילין וס"ת הל' ג סמג עשין כה טוש"ע י"ד סימן ערב סעי' ב:
קטז ז מיי' שם פ"ט הל' ד טוש"ע י"ד סי' ערב סעי' ב:
קיז ח מיי' שם פ"ט הל' יב טוש"ע שם סעי' ג:
קיח ט מיי' שם הל' טוש"ע י"ד סימן רעג סעי' ג:
קיט י מיי' שם ה"ט טוש"ע שם סעי' ג:
קכ כ מיי' שם הל' ו טוש"ע שם סעיף ג:

מסורת הש"ס

רס"א הגיה אלא כשכותב ומגיה בין השיטין
פ"כ עיין לעיל
מס' סופרים פ"ב
ב"ב טו.
[בת קו איתא בנ"ב]
[אומר וכותב בנ"ל וכ"א בנ"ב]
ב"ח ומיהו
מס' סופרים פ"ב
נ"ל ג' דפין גדולות ולחות אם כו'
רס"ן מ"ח ונ"ק מקיים סגירות בשם הרמב"ם
[מ"ק כב. ע"ש טוטג]
ר"ה יא.
[ושי' בגרא"ש פ' ע"ה סימן יג]
נ"ק מ"ח
נ"ק מ"ח
מס' סופרים פ"ב

הגהות הב"ח

(א) רש"י ד"ה הוה ליה יתירות נ"ל קודם ד"ה אבל וכו' אלא גוררן דלא אמר מחוי כמנומר אלא כשכותב: (ב) ד"ה בחומשין וכו' מסעיהם כגון נכר: (ג) ד"ה נזדמנה וכו' למדת האחרות וצריך:

גליון הש"ס

תוס' ד"ה מכאן וכו' על שנפטר משה רבינו באותה שעה · עי' סוטה דף יג ע"ב רש"י ד"ה דיו וגו' :

שיטה מקובצת

א] דוקא · ולעולם בסוף ולפיכך אין להקפיד ביריעה אחרונה אם היא פחות מג' דפין ואע"ג דאמרינן לקמן עושה אדם יריעה של ג' דפין באחרונה אין להקפיד כדי לכוון לעיני כל ישראל באמצע השיטה ובסוף הדף : ג] הקב"ה אומר ומשה אומר וכותב · מכאן שצריך לקרות לאדם כשהוא כותב ס"ת תפילין או

ב"ח שלא יתמעט מפני שינוי כמו לא ימעט מפני רוח שבין פרשה וכו' (?)

בגופיה ובממונו, וכל היכא דלאו זכות גמור הוא לא אמרינן זכין כו', וממילא דאינו יוצא י"ח מצוה זו כלל, כיון דלא נעשה שלוחו, **ושוב** כתב דאין כאן מקום ספק כלל, דלא מיבעיא לדעת הרמ"א, דאם לקח ס"ת אינו יוצא כלל, והיינו שהקפידה התורה שיכתוב בעצמו או על ידי שלוחו, ועכ"פ יטריח בקניית גוילין וכדומה, ממילא דאם כותב אחר בשבילו בלא דעתו, דאינו יוצא כלל, **ואף** לדעת רש"י שכתב דהוי כחוטף מצוה, דמצוה קעביד, ואי כתב בעצמו הוי מצוה טפי, מ"מ נראה דכיון דעכ"פ מצוה מן המובחר איכא לכתוב בעצמו או על ידי שלוחו, א"כ לאו זכות גמור הוא כו', **ועוד** דדוקא קנה ס"ת מהני, כיון דקנין כספו הוא, ולהכי אם הניחו לו אבותיו שבא לו בלא טורח כלל, אינו יוצא, ומצוה לכתוב משלו, וה"ה אם אחר כתב בשבילו, דאינו יוצא מה"ט, ע"ש - פת"ש›.

‹**עיין** בספר תורת חיים שכתב, ונראה דיחיד הכותב ס"ת לעצמו ונתנה לבהכ"נ לקרות בה בצבור ומקדישה, לאו שפיר עביד, דכיון שמקדישה הרי היא של הקדש ולאו שלו היא, ואינו יוצא בה י"ח, **וליכא** למימר דבכתיבה לחוד תליא מלתא, זה אינו, דיחיד שכתב ס"ת לעצמו ואח"כ נאבדה, פשיטא שצריך לכתוב לו ס"ת אחרת, **ולכן** נראה שאין להקדיש ס"ת אא"כ כותב לעצמו אחרת, עכ"ל, ע"ש, **ועיין** בספר בני יונה מהגאון מוהר"ר יונה לנד סופר, שחולק עליו וסובר דאם נאבדה ממנו והיא מצויה באיזה מקום, שיוצאים ידי מצות ועתה כתבו לכם, **ואפילו** אם נקרעה או נשרפה, קרוב הדבר שיצא ידי מצותה של כתיבה, **ומכ"ש** אם הקדישה דיצא, דמסתמא לא הקדישה אלא שתהא מיוחדת לקריאת הצבור, אבל מצות הכתיבה אישתאר לעצמו, **ומ"מ** יותר טוב שלא יקדישה והרי תהיה כולה שלו, ע"ש. **ועיין** בספר פרדס דוד פרשת כי תצא שחולק גם כן על התורת חיים הנ"ל, והוכיח מדברי הרמב"ם דיחיד שכתב ס"ת משלו ואח"כ נאבדה, דיצא, ואין צריך לכתוב אחרת, ע"ש. **וכן** בספר תורת נתנאל {מהגאון בעל קרבן נתנאל שעל הרא"ש} פרשת יתרו, חולק על הת"ח וכתב עליו וז"ל, ראה זה דבר חדש ואין אחד מהפוסקים שהזכיר דין זה, גם כל העולם כולו אין נוהגין כשנאבד מהם ס"ת שיכתוב מחדש, ע"כ בדקתי אחריו ואעלה שלא כדבריו כו', והוכיח מהרמב"ם ג"כ כן - פת"ש›.

‹**ולי** נראה דזה תלוי, דלהרמב"ם יצא י"ח, אבל להרא"ש דעיקר המצוה היא מפני הלימוד, בודאי לא יצא, דהיאך ילמוד בה והיא איננה אצלו - ערוה"ש›.

‹**משמע** דמפשט פשיטא ליה להת"ח, דאם יש לו ס"ת בשותפות דאינו יוצא בזה, דהא כשמקדיש לצבור גם הוא שותף בו - רעק"א›.

‹**עיין** בתשובת בית אפרים, לענין כתיבת ספר תורה בשותפות, אם יוצאין ידי חובתם, ע"ש, ועיין בספר פרדס דוד מהרב דוד דישבעק ז"ל פרשת כי תצא, שגם הוא ז"ל נסתפק בזה, דדלמא בעינן כולו משלכם להוציא שותפות, כמו דאיתא גבי אתרוג, {**ואף** דבאו"ח סימן תרנ"ח ס"ז בהג"ה כתב, ודוקא שלא קנו לצורך מצוה כו', שאני התם דכל אחד אינו צריך לו רק בעת נטילתו לצאת בו, משא"כ הכא דכל אחד צריך שיהיה הס"ת שלו בכל עת ובכל שעה, ופשוט הוא}, **ותמה** מאד על מנהג העולם דפשוט הוא בעיני כל, בחברות שכותבין ס"ת בשותפות, דכל אחד יוצא בו, **ושוב** כתב להוכיח קצת כמנהג העולם דיוצאין בשותפות - פת"ש›.

‹**ומ"מ** העיקר נ"ל דלא יצא בשותפות, חדא, דכל מצות עשה שצותה התורה, היא על כל אחד מישראל לבדו, וכל מצוה שהתורה הרשה בשותפות, כמו לישב שנים בסוכה אחת, יש על זה דרשא, **ועוד** דבלולב כתיב לכם, וצריך כל אחד לבדו להיות לו לולב ואתרוג, וה"נ דכתיב כתבו לכם, וצריך לכל אחד לבדו, **וזה** שדרך העולם שחבורה אחת כותבים ס"ת, הוא מצוה וזכות בעלמא, אבל לא שבזה יצאו י"ח המצוה - ערוה"ש›.

אות ו'

פחות מיכן ויתר על כן לא יעשה

יו"ד סימן רעב ס"ג- 'אין עושין יריעה פחות מג' דפין, ולא יותר על ח' - [ומבואר בטור [יא] שעיקר הנוי הוא משל ד' או חמשה, אלא שאין איסור אלא בשנים או תשעה].

אות ז'

ולא ירבה בדפין מפני שנראה אגרת, ולא ימעט בדפין וכו'

יו"ד סימן רעב ס"ב - אורך כל שיטה שלשים אותיות, כדי לכתוב למשפחותיכם ג' פעמים; ולא תהיה קצרה מזה, כדי שלא יהא הדף נראה כאגרת; ולא ארוכה יותר על זה, כדי שלא יהיו עיניו משוטטות בכתב (ל' רמב"ם) - ‹פי' כשהשיטות ארוכות טועה בראשי השיטות. **וכתב** הג' מיימוני דשיעור ג"פ למשפחותיכם היינו דוקא בכתיבה דקה, אבל בכתיבה גסה הכל לפי הנוי, ואין עיניו משוטטות כיון שהכתיבה גסה, וכן נוהגין, ש"ך - באה"ט›.

אות ח'

נזדמנה לו יריעה בת תשע דפים, לא יחלוק שלש לכאן ושש לכאן, אלא ארבע לכאן וחמש לכאן; בד"א בתחלת הספר, אבל בסוף הספר אפי'... פסוק אחד בדף אחד

יו"ד סימן רעב ס"ג - נזדמנה לו יריעה בת ט' דפין, לא יחלקנה בענין שיהיו ג' דפין באחת וששה בשניה, אלא שיהיו ד' באחת וחמשה בשניה. [יב] בד"א בכל היריעות שבספר חוץ מבאחרונה, אבל בסוף הספר אפילו פסוק אחד עושין אותו דף לבדו, ותופרים אותו עם שאר יריעות.

אות ט'

שיעור גליון מלמטה טפח, מלמעלה ג' אצבעות, ובין דף לדף כמלא ריוח רוחב שתי אצבעות

יו"ד סימן רעג ס"א - [יג] שיעור הגליון למטה, ד' אצבעות [יד] בגודל; ולמעלה, ג'. ובין כל דף ודף, שנים; לפיכך צריך

באר הגולה

[י] שם בברייתא [יא] ‹דהא דקאמר שיחלק היריעה לבת ד' דפין ובת ה' דפין, הוא בדוקא - הגרמ"ד הלוי סאלאוויצי"ק› [יב] שם [יג] ל' הטור מברייתא מנחות דף ל. [יד] טור וכ"כ הרמב"ם, וכתב שם ורוחב הגודל בכל השיעורין שבתורה הוא אצבע הבינוני ‹כלומר מאדם הבינוני - ביאור חדש מספיק›, שהוא רחב ז' שעורות בינוניות זו בצד זו בדוחק, והן באורך שתי שעורות בריוח

להניח בתחלת כל יריעה וסופה כרוחב אצבע, [טו]וכדי תפירה, ונמצא כשתופר היריעות ביחד יהיה בין כל דף ודף בכל הספר רוחב שתי אצבעות. [טז]ובין שיטה לשיטה, כמלא רוחב שיטה. [יז]ובין כל חומש וחומש, ד' שיטין פנויות בלא כתב, ויתחיל החומש מתחלת שיטה חמישית. [יח]ויניח בתחלתו ובסופו כדי לגלול על העמוד, ועוד שתי אצבעות שישארו בין העמוד והדף.

אות ט* [יט]

ובחומשין מלמטה שלש אצבעות, מלמעלה שתי אצבעות

טור יו"ד סימן רפג - ומותר לכתוב כל התורה חומש חומש בפני עצמו, ואין בהם קדושת ס"ת השלם. ושיעור הגליון שלהם, למטה ג' אצבעות, ולמעלה ב', ובין דף לדף כמלא רוחב גודל.

אות ט** [כ]

ובין תיבה לתיבה כמלא אות קטנה, ובין אות לאות כמלא חוט השערה

סימן לב סל"ב - [כא]צריך להניח חלק למעלה - מהשיטות, **כדי גגה של למ"ד, הגה: שיהיו גם הם מוקפים גויל (תשובת מהרי"ל וב"ש)** - ונ"ל דהיינו מכתב בינוני, אפילו הוא כותב רק כתב קטן, דהלא אמרו במנחות ל"א, כמלא אטבא דספרי, ופירשו הראשונים שהוא כדי לכתוב גגה של וכו' הנ"ל, ואם איתא דיש חילוק בזה, איה שיעורם, **ואפשר** לדחות בדוחק, דהגמ' לא איירי רק בכותב כתב בינוני.

ולמטה כשיעור כ"ף ונו"ן פשוטה - ועוד משהו להקפת גוילם, וטעם לכל זה, כדי שכשיזדמן לו לכתבם, שיהיה לו מקום לזה.

וי"א דצריך להניח עוד למעלה מגגה של למ"ד, ולמטה מך' ונו"ן פשוטה, כדי חצי ציפורן, וזה רק לכתחלה.

ובתחלתן וסופן [כב]אין צריך להניח כלל - רק משהו להקפת גוילם. **הגה: מיהו נהגו הסופרים להניח קצת בתחלה וסוף (אגור רוקח)** - היינו קצת יותר מהקפת גויל, **ויש** מחמירין, דלכתחלה צריך בתחלה קלף כדי לגלול כל הפרשה, כמו מזוזה.

וצריך להניח בין כל תיבה ותיבה כמלא אות - קטנה שהוא יו"ד, **ובדיעבד** אין לפסול, אא"כ נראית כתיבה אחת לתינוק דלא חכים ולא טיפש. **וכן בין הפסוקים כמלא שיטה** - וי"א דאין צריך להניח אלא בס"ת, וכן נהגו הסופרים שאין מדקדקין בזה.

ובין כל אות כמלא חוט השערה, כמו בס"ת, וכמו שיתבאר בטור יו"ד - היינו רק לכתחלה, אבל בדיעבד אין לפסול אא"כ נראית התיבה חלוקה לשתים, וכמו שנתבאר כל זה ביו"ד לענין ס"ת.

גם צריך להניח מעט חלק בין פסוק לפסוק - אבל המ"א בשם כמה אחרונים והגר"א בביאורו הכריעו, דא"צ להניח חלק יותר מבין תיבה לתיבה באמצע פסוק, [ודלא כמ"ש הש"ך ביו"ד רע"ד סק"ו ע"ש].

יו"ד סימן רעד ס"ד - [כג]צריך שכל אות תהא מוקפת גויל מארבע רוחותיה, שלא תדבק אות בחבירתה, [כד]אלא יהא ביניהם כחוט השערה; ולא יהיו מופרדות הרבה זו מזו, כדי שלא תהא תיבה אחת נראית כשתים. ויהיה בין תיבה לתיבה כמלא אות קטנה, ולא יקרבם ביותר שלא יהיה שתי תיבות נראות כאחת. [כה]ואם שינה, שהרחיק בין האותיות עד שהתיבה נראית כשתים, או שקירב שתי תיבות עד שנראות כאחת, פסול.

אות י'

אל ימעט אדם את הכתב, לא מפני ריוח של מטה ולא מפני ריוח של מעלה, ולא מפני ריוח שבין שיטה לשיטה, ולא מפני ריוח שבין פרשה לפרשה

יו"ד סימן רעג ס"ב - לא ימעט הכתב מפני ריוח שלמטה ולמעלה - ‹פי' שלא יעשה אותיות קטנות בשיטה העליונה ותחתונה כדי שישאר שיעור גליון›, **ולא מפני ריוח שבין פרשה לפרשה** - ‹פי' כגון פרשה סתומה שצריכה להיות פתוחה באמצע וכתובה מב' צדדים, לא ימעט הכתב כדי להתחיל בסוף, עכ"ל הטור. **וכתב** הט"ז, ומשמע דבדיעבד מותר, וכמו שסיים בסוף הסימן, כל אלו הדברים למצוה מן המובחר - באה"ט›.

אות כ'

נזדמנה לו תיבה בת חמש אותיות, לא יכתוב שתים בתוך הדף ושלש חוץ לדף, אלא שלש בתוך הדף ושתים חוץ לדף

יו"ד סימן רעג ס"ג - [כו]נזדמנה לו תיבה בת ה' אותיות, לא יכתוב שתים בתוך הדף וג' חוץ לדף; אלא כותב ג' בתוך הדף ושתים חוץ לדף. [כז]ואם אין מקום כדי לכתוב ג' בתוך הדף, יניח המקום חלק ולא ימשוך האותיות לעשותן גדולות מחבירתן כדי למלאות עד סוף הדף (הגהמי"י בשם הרמ"ך). [כח]ותיבה בת ג' אותיות, יכול לכתוב ממנה שתים חוץ לדף, אע"פ שמיעוטה בפנים; [כט]אבל אם אין בה אלא שתי אותיות, לא יכתבנה חוץ לדף - ‹כתב הש"ך דוקא כולה חוץ לדף לא יכתוב, אבל אות אחד בפנים ואחד בחוץ מותר, ודלא כהלבוש›. **הגה: ואפי' אם ב' אותיות הם מתיבה גדולה ונראים כמו תיבה בפני עצמה** - ‹כלו' אפי' אם באמת אינם תיבה בפ"ע, כגון תיבת 'דברים', שהשנים האחרונות ישנם בתורה תיבה בפ"ע, והיינו 'ים', אסור, וכן כל כיוצא בזה - ערוה"ש›, **לא יכתבם על הגליון (ד"י בשם מרדכי שכ"כ בשם סמ"ק)** - ‹ומדברי הט"ו ושאר פוסקים נראה דאין קפידא בזה, רק דוקא תיבה שלימה אסור. ש"ך - באה"ט›.

‹המשך ההלכות מול עמוד ב'›

באר הגולה

טו שם ושם טז שם בברייתא יז ברייתא ב"ב דף י"ג: יח שם וכדמוקי רב אשי בס"ת שעושים לה עמוד מכאן ועמוד מכאן ונגללת לאמצעיתו, ותניא כוותיה שם דף י"ד. יט ‹ע"פ מהדורת נהרדעא› כ ‹ע"פ מהדורת נהרדעא› כא סמ"ק והרא"ש כב הרא"ש בסדר תיקון תפילין כג מימרא דרב יהודה אמר רב, כל אות שאין גויל מקיפה מד' רוחותיה פסולה, מנחות דף כ"ט ע"א, וכ"כ הרמב"ם, והאריך הרשב"א בזה בתשובה כד ברייתא שם דף ל' ע"א כה רמב"ם ספ"ח מהס"ת, וכתב שנראית כשתים לתינוק שאינו רגיל מעובדא דלקמן ‹וא"ל זיל אייתי ינוקא דלא חכים כו', שם דף כ"ט› כו שם כז רמב"ם, וכתב הכ"מ שהוא סברא כח טור מדברי אביו הרא"ש כט שם בברייתא דמנחות ע"ב

גמרא

אלא שלש בתוך הדף ושתים חוץ לדף *נזדמנה לו תיבה בת שתי אותיות לא יזרקנה לבין הדפין א] אלא חוזר וכותב בתחילת השיטה ב]*[ג]הטועה בשם גורר את מה שכתב ותולה את מה שגרר וכותב את השם על מקום הגרר דברי רבי יהודה רבי יוסי אומר [ג]אף תולין את השם רבי יצחק אומר אף מוחק וכותב ר"ש שזורי אומר [ד]כל השם כולו תולין מקצתו אין תולין ר"ש בן אלעזר אומר משום ר"מ אין כותבין את השם לא על מקום הגרר ולא על מקום המחק ואין תולין אותו כיצד עושה מסלק את היריעה כולה וגונזה איתמר רב חננאל אמר רב הלכה תולין את השם רבה בר בר חנה א"ר יצחק בר שמואל הלכה מוחק וכותב ולימא *מר הלכה כמר ומר הלכה כמר משום דאפכי להו אמר רבין בר חיננא *אמר עולא א"ר חנינא הלכה כר"ש שזורי ולא עוד אלא כל מקום ששנה ר"ש שזורי הלכה כמותו אהייא אילימא [ה]אהא ר"ש שזורי אומר כל השם כולו תולין מקצתו אין תולין והא איתמר עלה אמר רב חננאל אמר רב הלכה תולין את השם ורבה בר בר חנה אמר רב יצחק בר שמואל הלכה מוחק וכותב ואם איתא הוא נמי לימא אלא אהא *ר"ש שזורי אומר אפי' בן ג] חמש שנים וחורש בשדה שחיטת אמו מטהרתו הא איתמר עלה ד] זעירי א"ר חנינא [ו]הלכה כר"ש שזורי ואם איתא הוא נמי לימא אלא אהא בראשונה היו אומרים *[ז]היוצא בקולר ואמר כתבו גט לאשתי הרי אלו יכתבו ויתנו חזרו לומר [ח]אף המפרש והיוצא בשיירא ר"ש שזורי אומר [ט]אף המסוכן אי נמי אהא *תרומת מעשר של דמאי שחזרה למקומה ר"ש שזורי אומר אף [י]בחול שואלו ואוכלו על פיו והא איתמר עלה א"ר *יוחנן הלכה כר"ש שזורי במסוכן ובתרומת מעשר של דמאי ואם איתא הוא נמי לימא אלא אהא רבי יוסי בן כיפר אומר משום ר"ש שזורי *פול המצרי שזרעו לזרע ומקצתו השריש לפני ר"ה ומקצתו אחר ר"ה אין תורמין ה] מזה על זה [כ]לפי שאין תורמין ומעשרין לא מן החדש על הישן ולא מן הישן על החדש כיצד יעשה צובר גרנו לתוכו ונמצא תורם ומעשר מן החדש שבו על החדש שבו ומן הישן שבו על הישן שבו הא איתמר עלה אמר רבי שמואל בר נחמני *אמר רבי יוחנן הלכה *)כרבי שמעון שזורי ואם איתא הוא נמי לימא אלא אמר רב פפא אשידה רב נחמן בר יצחק אמר אין רב פפא אמר אשידה

*) [ר"ס יג: ע"ש]

רש"י

לא יזרקנה לבין הדפין ז] ולא יכתבנה חוץ לשרטוט הגליון של דף אע"פ שהתחיל לכתוב ב' אותיות חוץ לדף מתיבה בת חמש (א) תיבה שלימה לא התחיל: **תולה** · מגיה בין השיטין: **מוחק** · בעוד שהכתיבה לחה: **וכותב** · השם על המחק אע"פ שאינו הדור כ"כ כגורר: **כיצד הוא עושה** · אם טעה בשם (ב): **ולימא** · רב חננאל הלכה כר' יוסי: **ולימא** · רב יצחק הלכ' כר' יצחק: **משום דאיכא תנאי דאפכי** · דרבי יוסי כר' יצחק ור' יצחק כר' יוסי: **אהייא** · איתמר הא דר' חנינא: **ואם איתא** · דאהא א"ר חנינא ו] לימא הוא נמי למילתיה בהדי הנך אמוראי: **בן חמש שנים** · אבן פקועה קאי: **הוא נמי נימא** · ח] הך מילתא התם בשחיטת חולין בהדי זעירי: **בקולר** · ליהרג: **יכתבו ויתנו** · אע"ג דהוא לא אמר תנו דמסתמא גלי דעתיה מדאמר כתבו ט] לשם נתינה קאמר משום דיולא ליהרג דלא ניחא ליה דתיפול קמי יבם: **המפרש** · בים (ג): י] **(דמאי · היינו) תרומת מעשר** · אחד ממאה כדמפרש בפ' עגלה ערופה (סוטה דף מח·): **ה"ג תרומת מעשר של דמאי שחזרה למקומה ר"ש שזורי אומר אף בחול שואלו ואוכלו על פיו** · רישא דהך מתני' הכי איתא במס' דמאי הלוקח פירות ממי שאינו נאמן על המעשרות ושכח ולא עשרן דמאי שואלו בשבת ואוכל על פיו ולמוצאי שבת לא יאכל עד שיעשר תרומת מעשר של דמאי שחזרה כו' וה"פ בשבת שאין לו מה יאכל דאינו יכול לתרום בשבת והקילו חכמים אלא משום עונג שבת הואיל ודמאי דרבנן ורוב עמי הארץ מעשרין הן שואלו לע"ה אם עשרן ואוכלן על פיו תרומת מעשר של דמאי שחזרה למקומה דעכשיו אין לה תקנה דכיון דנקרא עליה שם תרומה מדמעת ואוסרת את החולין בזו אמר ר"ש שזורי דאף בחול סומך על המוכר משום הפסד תולין ושואלו אם הפריש מעשר קודם שמכרו לו ואוכל על פיו דנמצאת שלא חלה ע"ז שם יא] תרומת מעשר דכבר נפטר: **פול המצרי** · מין קטנית יב] ושמן פאזול"א: **שזרעו לזרע** · דאם זרעו לירק הוה אזיל מעשר דידיה בתר לקיטה כדמפרש בר"ה (דף יג:) אבל מיני קטנית בתר השרשה אזלי: **צובר גורנו לתוכו** · כלומר מערבן יפה ויתרום: **ונמצא** · חדש שבתוך התרומה מתקן את החדש הנשאר וישן שבתרומה מתקן את הישן הנשאר: **נמדדת**

תוספות

שלשה בתוך הדף וב' חוץ לדף · אומר ר"ת דשם צריך שיהא כולו בתוך הדף · מ"ר: **רבי** יוסי אומר אף תולין את השם ר' יצחק אומר אף מוחק וכותב · גורר היינו לאחר שנתייבשה הכתיבה ומוחק היינו בעוד לחה ואינו הדור כל כך ומדקתני ר' יוסי אומר אף תולין ר' יצחק אומר אף מוחק משמע לכאורה דגורר עדיף מכולהו ותולה גרע מיניה ומוחק גרע מתולה אבל א"א לומר כן אלא ר' יצחק אדר' יהודה קאי ולא אדר' יוסי דתולה גרע ממוחק כדאמרינן *בירושלמי פ"ק דמגילה דא"ר זעירא בר' חננאל בשם רב הלכה כמו שהוא אומר מוחק את החול וכותב את השם ותולה את החול ומיבעיא ליה התם בג' תיבות שיש בהם שם אי שרי לתלות דדלמא דוקא כשיש בהן תיבות של חול לא מיחזי כי טפל למה שבפנים ואיבעיא ליה אפי' בג' תיבות שכולם שם כגון אל אלקים י"י דכתיב בספר תהלים אי שרי לתלות או לא ור"ת פי' דתולין עדיף מכולהו לר' יוסי ולא גרים אף תולין ומאן דפסיק הלכה תולין קסבר דוקא תולין ולא מוחק וכותב וכן פוסק ר"ת אבל א"א לומר כן כדמוכח בירושלמי דתולין גרע ומיהו קשה אי גרסי' במילתיה דר' יוסי אף תולין דהא ר"י נמי מודה דתולין כדאי' במס' סופרים פ"ב דקתני טעה את כל השם יתלנו בין השיטין דברי ר"י ר"מ אומר מוחק מלפניו וכותב את השם על מה שמחק והיה נראה לומר דבהא פליגי דמר סבר תולין עדיף ומר סבר מוחק עדיף ומיהו אין לחוש אי פליגא ברייתא דמסכת סופרים אהא דשמעתין דעל כרחין אליבא דר"מ פליגי דקתני הכא ר"ש בן אלעזר אומר משום ר"מ אין כותבין את השם לא על מקום הגרר ולא על מקום המחק ואין תולין את השם כיצד עושה מסלק את היריעה כולה וגונזה · מ"ר:

ולימא מר הלכה כמר · בפרק כל הגט (גיטין דף כח·) ובסוף מגילה (דף לא:) בתרי דוכתי ובקידושין פ' האומר (דף נט:) פריך כי האי גוונא וצריך ליתן טעם בשאר דוכתי דלא פריך · יג] *מ"ר:

תרומת מעשר של דמאי שחזרה למקומה כו' · משנה היא במס' דמאי (פ"ד מ"א) וקתני רישא הלוקח פירות ממי שאינו נאמן על המעשרות ושכח ולא עישרן *(דמאי) שואלו בשבת ואוכלן על פיו ולמוצאי שבת לא יאכל עד שיעשר תרומת מעשר של דמאי שחזרה למקומה כו' ופי' בקונטרס בשבת הקילו משום כבוד שבת הואיל ודמאי דרבנן הוא דרוב ע"ה מעשרין הן וטעם זה הוא בירושלמי במס' דמאי ועוד מפרש שם טעם אחר אימת שבת על עם הארץ וזה לשון הירושלמי חברייא משמיה דר' חנינא מפני כבוד השבת התירו ואם מפני כבוד השבת למה לי שואלו ע"י עילה רב ביבי בשם ר' חנינא אימת שבת על ע"ה והוא אומר אמת פי' משום דשבת קובעת למעשר יד] אימת שבת עליו ופריך בדא תנינן חשכה מוצ"ש לא יאכל עד שיעשר מפני *אחר שאין שבת עליו באימה תני שאלו בחול לא יאכל בשבת מ"ד אימת שבת עליו ניחא מ"ד משום כבוד שבת אפי' שאלו בחול יאכל בשבת ומשני לא אמרו אלא בשוגג ולא במזיד וטעמא דר"ש שזורי מפרש התם משום דאימת דימוע עליו והוא אומר אמת פי' מאחר שהופרשה · מ"ר: **הא** איתמר עלה א"ר יוחנן הלכה כר"ש שזורי במסוכן ובתרומת מעשר של דמאי · ברוב ספרים גרס ר' יונתן ולא ר' יוחנן כאן ובפ' בהמה המקשה (חולין דף עה:) ובפ' אע"פ (כתובות דף נה·) וכן מוכח שם בפ' אע"פ דמייתי לה אפלוגתא דרב ור' יונתן דאומדנא וקשה דבסמוך גבי ההיא דפול המצרי קא פסיק רבי שמואל בר נחמני א"ר יונתן הלכה כר"ש שזורי ובפ' בהמה המקשה (שם:) מוכח דדוקא במסוכן ובתרומת מעשר של דמאי הוא דקאמר דהלכה כמותו ולא באחריני גבי ההיא בן פקועה דרב אדא בר חנן דא"ל רב אשי זיל שחטיה ופריך והא"ר חנינא הלכה כרבי שמעון שזורי ולא עוד אלא כל מקום ששנה ר"ש שזורי כו' ומשני הנא כי הא סבירא לי דאמר רבי יונתן הלכה כר"ש שזורי במסוכן ובתרומת מעשר של דמאי אבל באחריני לא ויש לדחות ובספר רבינו גרשום כתיב בההיא דפול המצרי ר' יצחק בר נחמני אמר שמואל וכן בספרים ישנים · טו] *מ"ר:

[ל]**סימן לב סל"ג** - [לא]**יעשה השורות שוות, שלא תהא אחת נכנסת ואחת יוצאת** - ואפי' אות א', משום "זה אלי ואנוהו".

ולפחות [לב]**יזהר שלא יכתוב ג' אותיות חוץ לשיטה** - מדלא חילק משמע, דאפילו אם אלו הג' אותיות הם מיעוט התיבה אסור, **וביו"ד** סימן רע"ג ‹ס"ד› פסק כהרמב"ם, דלא קפדינן אלא שלא יכתוב רוב התיבה חוץ לשיטה, ואם התיבה בת ח' אותיות, מותר לכתוב החציה חוץ לשיטה, **ועיין** בש"ך שם שכתב, שיש להחמיר כהך דהכא, **ועיין** בא"ר, שדעתו דעכ"פ בתפילין שהגליונות קצרים יש להחמיר.

ואם כתבם לא פסל - בין שהיה הבליטה בתחלת השיטה או בסופה, ואפילו אם כתב תיבה שלמה חוץ לשיטה, כל שניכר שהיא נקרית עם אותה השיטה, ולא עם העמוד האחר שבצדה.

---

§ מסכת מנחות דף ל: §

אות א'

נזדמנה לו תיבה בת שתי אותיות, לא יזרקנה לבין הדפין, אלא חוזר וכותב בתחילת השיטה

יו"ד סימן רעג [א]**ס"ג** - [ב]**אבל אם אין בה אלא שתי אותיות, לא יכתבנה חוץ לדף** - ‹כתב הש"ך דוקא כולה חוץ לדף לא יכתוב, אבל אות אחד בפנים ואחד בחוץ מותר, ודלא כהלבוש›. **הגה: ואפילו אם ב' אותיות הם מתיבה גדולה ונראים כמו תיבה בפני עצמה** - ‹כלומר אפי' אם באמת אינם תיבה בפ"ע, כגון תיבת 'דברים', שהשנים האחרונות ישנם בתורה תיבה בפ"ע, והיינו 'ים', אסור, וכן כל כיוצא בזה - ערוה"ש›, **לא יכתבם על הגליון (ב"י בשם מרדכי שכ"כ בשם סמ"ק)** - ‹ומדברי הט"ו ושאר פוסקים נראה דאין קפידא בזה, רק דוקא תיבה שלימה אסור. ש"ך - באה"ט›.

אות ב'

הטועה בשם, גורר את מה שכתב ותולה את מה שגרר וכותב את השם על מקום הגרר

יו"ד סימן רעו ס"ז - [ג]**מותר לכתוב השם על מקום המחק ועל מקום הגרד. (ואין חילוק בזה בין ס"ת לשאר ספרים) (כ"כ בס"כ)** - [ד]‹משמע קצת דעל המחק וגרד עדיף מלתלות, וכן דעת יש פוסקים, והלכך היכא דאפשר לתקן בתלייה או לכתוב על המחק וגרד, לא יתלה, וכמדומה לי שכן נהגו, עכ"ל הש"ך - באה"ט›.

[ה]**סימן לב סכ"ד** - [ו]**מותר לכתוב על מקום הגרר ועל מקום המחק, אפי' אזכרה** - "הגרר" מיקרי כשגררו משנתיבש, ו"המחק" מיקרי כשמחקו בעודו לח.

[ז]**ולא ימחוק בעודו לח, אלא ייבשנו יפה, כי אז יגרר בקל ולא ישאר לו שום רושם** - עצה טובה קמ"ל, **ועיין** בפמ"ג שכתב, דאם ישאר שום רושם דיו, אפי' בדיעבד יש חשש בזה, ואפילו תיבה בעלמא דלא אזכרה, אסור לכתוב על מקום זה.

אות ג' – ד'

אף תולין את השם

כל השם כולו תולין, מקצתו אין תולין

יו"ד סימן רעו ס"ו - [ח]**שכח לכתוב השם כולו, תולה אותו בין השיטות; אבל מקצת השם בשיטה ומקצתו תלוי, פסול** - ‹והב"ח כתב דדעת הטור וקצת פוסקים דאין לפסלה בדיעבד, אבל הט"ז כתב בשם הרמב"ם, דאפי' בדיעבד פסולה, וכן יש לכוין לשון הטור - באה"ט›.

אות ה'

הלכה כר"ש שזורי

יו"ד סימן יג ס"ב - [ט]**אם הפריס על גבי קרקע, טעון שחיטה.**

אות ו' – ז' – ח'

היוצא בקולר ואמר כתבו גט לאשתי, הרי אלו יכתבו ויתנו

אף המפרש והיוצא בשיירא

אף המסוכן

אבה"ע סימן קמא סט"ז - [י]**האומר: כתבו גט לאשתי, הרי אלו כותבין ונותנין לבעל בידו, ואין נותנין לאשתו עד שיאמר להם ליתן לה; ואם נתנו לה, אינו גט.** [יא]**בד"א, בבריא,** [יב]**אבל במסוכן, והוא אדם שקפץ החולי במהרה והכביד עליו חליו מיד;** [יג]**והיוצא בקולר,** [יד]**אפילו על עסקי ממון;** [טו]**והמפרש בים והיוצא בשיירא, ואמר: כתבו גט לאשתי, הרי אלו יכתבו ויתנו לה, שהדבר ידוע שלא נתכוין זה אלא לכתוב וליתן לה.**

באר הגולה

ל ‹ע"פ מהדורת נהרדעא› | לא הרא"ש וסמ"ג וסמ"ק וספר התרומה | לב סמ"ק והגהת מיימוני מההיא דמנחות | א ‹לכאורה כצ"ל, וכן תוקן במהדורת פריעדמאן› | ב שם בברייתא דמנחות ע"ב | ג רמב"ם וכרבה בר בר חנה שם, וכרבי יצחק בברייתא, וכגירסת הרי"ף וכ"כ רבינו ירוחם וב"י לדעת הרא"ש, והמחק הוא בעודה לחה, והגרידה הוא לאחר שנתייבשה | ד ‹עיין תוס' ד"ה רבי יוסי› | ה ‹ע"פ הב"י והגר"א› | ו הרמב"ם והא"ח (בשם ר' יונה) | ז הר"י אכסנדרני | ח ברייתא מנחות דף ל' ע"ב וכר"ש שזורי | ט ‹מסקנא דגמרא דרב אשי ס"ל דאין הלכה כר"ש שזורי דאמר וחורש בשדה אפילו בן ה' שנים שחיטת אמו מכשירתו, ושחיטה זו אינה אלא מדבריהם משום מראית העין - מגיד משנה›, ‹**ואינו** מובן אמאי ציינו העין משפט על מילים אלו› | י משנה ב"ב דף קס"ז ע"א | יא משנה בגיטין שם | יב כר"ש שנזכר שם וכפי' הרמב"ם בפ"ג מהירושלמי והביאו הרא"ש והר"ן | יג שם | יד ג"ז שם מהירושלמי והביאו הרא"ש והרשב"א ומפרש שם שכל קולר בחזקת סכנה | טו שם במשנה

אות ט'

<u>אף בחול שואלו ואוכלו על פיו</u>

רמב"ם פי"ב מהל' מעשר ה"ד - [טז]מי שאינו נאמן שראינוהו שהפריש תרומת מעשר מפירותיו שהן דמאי, וראינוהו שחזרה ונפלה בפנינו בין למקום אחר בין למקומה, וחזר ואמר הפרשתיה, נאמן אפילו בחול ואוכל על פיו, כשם שאימת שבת על עמי הארץ, [יז]כך אימת דימוע עליהם, ואינן חשודין להאכיל את המדומע. השגת הראב"ד: א"א דברים הללו זרים הם אצלי, ואינם אלא כשנפלה למאה שעלייתה מועלת, שאם נפלה לפחות ממאה, [יח]אין לנו להאמינו, וא"כ מאי אימת דימוע איכא הכא; אלא לעולם שנפלה [יט]לפחות ממאה, בשביל שלא יאסר הכל שואלין אותו אם היה מתוקן, ואוכלין על פיו, מפני שאימת דימוע עליהם להאכילו.

אות י'

<u>לפי שאין תורמין ומעשרין לא מן החדש על הישן וכו'</u>

רמב"ם פ"ה מהל' תרומות הי"א - אין תורמין מפירות שנה זו על פירות שנה שעברה, ולא מפירות שנה שעברה על פירות שנה זו; ואם תרם אינה תרומה, שנאמר: שנה שנה.

---

§ מסכת מנחות דף לא. §

אות א' - ב'

<u>מבחוץ</u>

<u>אם היו רגלים גבוהות טפח, אין ביניהן נמדד וכו'</u>

רמב"ם פ"ג מהל' כלים ה"ד - כל כלי שיש בשיבורו אמה על אמה ברום שלש, הרי הוא מחזיק ארבעים סאה בלח, וכשמודדין את הכלי מודדין אותו מבחוץ, אם היה בו אמה על אמה ברום שלש, אע"פ שאין תוכו אלא פחות מזה, הרי הוא טהור, שאין עובי הדפנות ממעט; [א]אבל עובי הרגלים, ועובי הזר אם היה לו זר, אין נמדדין עמו.

אות ג' - ד'

<u>שמן תחלה לעולם</u> <u>אף הדבש</u>

רמב"ם פ"א מהל' טומאת אוכלין הי"ט - השמן הקרוש אינו אוכל ולא משקה, חשב עליו כשהוא קרוש בין לאוכלין בין למשקין, בטלה דעתו. השגת הראב"ד: השמן הקרוש. א"א [ב]אין בתוספתא שקרש, ואפשר בשמן שילא מעצמו, ואע"פ שלא קרש; ותנן במסכת טהרות הרוטב והגריסין והחלב בזמן שהן משקה טופח הרי הן תחילה, קרשו הרי הם שניים וכו', ר' מאיר אומר השמן תחלה לעולם, וחכ"א אף הדבש, ר' שמעון שזורי אומר היין תחילה לעולם; מאי תחלה לעולם, [ג]לאו אע"ג דקרשו, דבהכי איירי לעיל, וחכמים מודין לו.

רמב"ם פ"ט מהל' טומאת אוכלין ה"א - [ד]השמן או הדבש שנטמאו ואחר כך קרשו ואח"כ נימוחו, הרי הן ראשון לטומאה לעולם, מפני שהן כמשקין, ואע"פ שקפאו אחר שנטמאו.

אות ה'

<u>אין קנין לעובד כוכבים בארץ ישראל להפקיע מיד מעשר</u>

יו"ד סימן שלא ס"ג - [ה]עובד כוכבים שקנה קרקע בארץ ישראל, וחזר ישראל ולקחה ממנו, מפריש תרומות ומעשרות; מה שאין כן בסוריא.

באר הגולה

[טז] ‹אבל שאר הראשונים מפרשים דמיירי שהחבר הפריש תרומ"ע ואח"כ נפלה לפחות ממאה - דרך אמונה› [יז] ‹ורש"י פי' דטעמא דר"ש שזורי דהואיל ודמאי מדרבנן, הימנוהו רבנן במקום פסידא - דרך אמונה› [יח] ‹ולא ידעתי למה לא נאמין אותו כשאמר שחזר ותקנו, כמו שאתה מאמין אותו כשיאמר שהיה מתוקן, כי היכי דשייך בהאי אימת דימוע, שייך נמי כשיאמר שחזר ותקנו - רדב"ז› [יט] ‹וא"ת א"כ למה הפריש ממנו, י"ל דלפי שהחברים לא היו מאמינים אותו, א"נ שהפרישה החבר. **ולדעת** רבינו י"ל שמש"כ והפרשתיה, היינו שעשה בענין שנתקן המדומע, דהיינו שנתערב עם פירות חולין שלא במתכוין עד שעלתה בק"א - כס"מ›

[א] ‹ודלא כר"ש שזורי {ואינו מובן א"כ אמאי ציינו}, ועיין הטעם בתיו"ט - עין משפט. **וז"ל**: פסקו הר"ב והרמב"ם דלא כוותיה (ר"ש שזורי). והייתי תמה, דבהדיא פסק כמותו רב פפא בגמ' דמנחות שם, ועוד אתמר התם דבכל מקום ששנה ר"ש שזורי הלכה כמותו. **אך** בסוגיא דחולין פ' בהמה המקשה דף עה: א"ר יונתן הלכה כר"ש שזורי במסוכן ובתרומת מעשר של דמאי, אהך סמכו, וכ"כ התוס' שם› [ב] ‹וי"ל לדעת רבינו, שאע"פ שאין בתוספתא שקרש, א"א לומר דבכל שמן מיירי, שהרי הוא משבעה משקים, ולפיכך פי' דבקרוש מיירי, ולא נראה לו להעמידה ביוצא מאליו - כסף משנה› [ג] ‹וליישב השגת הראב"ד, נראה דהמיימוני ס"ל, הא דאמר ר' מאיר השמן תחלה לעולם, היינו כשקיבל טומאה בעודו לח ואח"כ נקרש, ונשאר בטומאתו לעולם, דלא מהני קרישתו מה שנקרש אח"כ, וכן פי' רבנו להדיא וכו', אבל כשנגעה טומאה בו בשעת קרישתו, אינו לא אוכל ולא משקה וכתוספתא. אבל ביין ס"ל להמיימוני, דחשיב משקה אפי' בקרוש, והו"ל תחלה לעולם, וכו"ע מודים לר"ש שזורי בהא, ומשו"ה לא הזכיר רבנו (לקמן) ריש פ"ט מהל' ט"א, יין - מרכבת המשנה› [ד] ‹ועיין בהשגות ובכסף משנה ורש"ק {ברכת הזבח} - עין משפט. **וז"ל** הכס"מ: ואע"ג דבפרק הקומץ אמרינן דהלכה כר"ש שזורי, לא סמך רבינו ע"ז, משום דבפרק בהמה המקשה דף ע"ה: סבר רב אשי (כר' יונתן) שאין הלכה כמותו אלא במסוכן ובתרומת מעשר של דמאי. **וכתב** רבינו בפי' המשנה כוונת אומרו תחלה לעולם, שאם נטמא ואחר נקפה ואחר נמחה ואחר נקפה, אפילו היה זה אלף פעמים, הנה הוא תחלה, אפילו בעת הקפותו, לפי שהקפאתו אינה הקפאה לפי שלא יקפאו באמת, ומשקה יחשב ואפילו בעת ההקפאה, ואע"פ שמלשונו כאן היה נראה לומר שהם כמשקה בעת שנימוחו דוקא לא בעת הקפאתם, כבר אפשר לפרש דאפילו בשעת הקפאתם קאמר, כמו שכתב בפי' המשנה. ‹**כתבו** הפוסקים, כל המשקין שנקרשו בין ע"י בישול בין ע"י צינה, עד שאין בהם טופח ע"מ להטפיח, לא חשיבי משקה, {לענין דבר שטיבולו במשקין דבעי נטילה}, **ודעת** התוספות פסחים י"ד: שאפי' חזרו ונימוחו אח"כ, **זולת** יין או מים, וה"ה חלב שנקפא, כשחזרו ונימוחו חשיבי משקה, דבלא חזרו ונימוחו, גם ביין ומים לא חשיבי משקה, ודלא כהרמב"ם דס"ל דיין קרוש חשיב משקה - מ"ב סימן קנ"ח ס"ד› [ה] **שם ה"י, ואע"ג דבכמה משניות מסדר זרעים ומקומות אחרים משמע דיש קנין לעובד כוכבים בא"י, הכא שאני כיון שחזר ולקחה ממנו** ‹נמצא לפי"ז אין ההלכה שציין דמיון גמור לסוגייתינו›

מסורת הש"ס | **הקומץ רבה פרק שלישי מנחות לא** | עין משפט נר מצוה

אשידה *דתנן [השידה] ב"ש אומרים נמדדת א] מבפנים ובית הלל אומרים *מבחוץ ומודים אלו ואלו שאין עובי הרגלים ועובי הלבזבזין נמדד ב] ר' יוסי אומר מודים שעובי הרגלים ועובי הלבזבזין נמדד וביניהן אין נמדד ר"ש שזורי אומר אם היו רגלים גבוהות טפח אין ביניהן נמדד ואם לאו ביניהן נמדד רב נחמן בר יצחק אמר איין *דתנן רבי מאיר אומר שמן תחילה לעולם וחכ"א אף הדבש ר"ש שזורי אומר אף היין מכלל דת"ק סבר יין לא אימא רבי שמעון שזורי אומר יין *תניא אמר ג] ר"ש שזורי פעם אחת נתערב לי טבל בחולין ובאתי ושאלתי את רבי טרפון ואמר לי לך °קח לך מן השוק ועשר עליו קסבר ד] *דאורייתא ברובא בטל ורוב *עמי הארץ מעשרים הן והוה ליה כתורם מן הפטור על הפטור ולימא ליה לך קח מן העובד כוכבים קסבר *ה] אין קנין לעובד כוכבים בארץ ישראל להפקיע מיד מעשר והוה ליה מן החיוב על הפטור איכא דאמרי אמר ליה לך קח מן העובד כוכבים קסבר *יש קנין לעובד כוכבים בארץ ישראל להפקיע מיד מעשר והוה ליה מן הפטור על הפטור ולימא ליה קח מהשוק קסבר אין רוב עמי הארץ מעשרין שלח ליה רב יימר בר שלמיא לרב פפא הא דאמר רבין בר חיננא אמר עולא א"ר חנינא הלכה כר"ש שזורי ולא עוד אלא כל מקום ששנה רבי שמעון שזורי הלכה כמותו אף בנתערב ליה טבל בחולין אמר ליה אין אמר רב אשי אמר לי מר זוטרא קשי בה ר' חנינא מסורא פשיטא

מי

נמדדת מבפנים · (א) דאמרינן התם כוורת הקש וכוורת הקנים ובור ספינה אלכסנדרית ושידה תיבה ומגדל שמחזיקים מ' סאה בלח שהן כוריים ביבש יצאו מתורת כלי ו] ואין מקבלין טומאה : **השידה נמדדת מבפנים** · אם מחזיק חללה כוריים טהורה : **מבחוץ** · עובי הנסרים נמדד עמה דרואין ז] אילו היה חלל מבפנים היה משלים לכוריים: **עובי הרגלים** · הרגלים עבים יותר מן הנסרים : **לבזבז** · מסגרת סביב לפיהם : **וביניהם** · אותו אויר שבין הרגלים מתחת אין נמדד דלא אמרי' רואין כאילו שולים יורדין עד סוף הרגלים: **טפח** · מקום חשוב הוא : **שמן תחילה לעולם** · בין שנטמא באב הטומאה או בראשון או בשני הוי איהו ראשון דקי"ל (פסחים דף יד:) כל הפוסל את התרומה מטמא משקין להיות תחילה ושמן משקה (ב) : **יין לא** · בתמיה דיין מי איכא למ"ד ח] דלאו משקה הוא: **אלא אימא ר"ש שזורי אומר יין** · ולא שמן ודבש דלא הוו משקין ואהך קא"ר חנינא הלכה כר"ש: **נתערב לי טבל** · דמאי בחולין ולא יכול להפריש ממנו מפני חולין המעורבין בו ואע"ג דדמאי לא מיחייב מדאוריי' במעשר אפילו הכי הואיל ומיחייב מדרבנן הוה ליה מן חולין הפטור על טבל החייב : **קח מן השוק** · דמאי מעם הארץ דהוי כמי פטור מדאורייתא על הפטור דאורייתא ט] : **ולימא קח מן העובד כוכבים** · דפטור מדאורייתא וחייב מדרבנן : **אין רוב עמי הארץ מעשרין** · אלא מספקינן (ג) בהא י] מחצה על מחצה הילכך איכא למימר המעורב נתעשר וזה לא נתעשר אי נמי איפכא כך שמעתי וקשיא לי א"כ כשלוקחה מן העובד כוכבי' נמי שמא ע"ה זה שמכר פירות (ד) הללו לא עשרן והוה ליה מן פטור על החיוב ונראה בעיני שהטבל הזה טבל גמור היה וכיון שנתערב בחולין בטל דמדאורייית' חד בתרי בטיל והוה ליה פטור מדאורייתא ורבנן הוא דאחמור ביה ואמור טבל אסור במשהו והצריכו להפריש עליו תרומה ומיהו מיניה וביה לא דחולין מתוקנין נפטרו לגמרי ואפי' חובה דרבנן ליכא וא"ל לא וקח מן השוק ועשר עליו לפי חשבון טבל שבו קסבר רוב עמי הארץ מעשרין הן והוה ליה פטור מדאורייתא וחייב מדרבנן כי האי ונימא ליה קח מן העובד כוכבים דפטור נמי מדאורייתא דקס"ד יש קנין [לעובד כוכבים להפקיע] כו' וחייב (ה) מדרבנן קסבר אין קנין לעובד כוכבים א"ד כו' קסבר אין רוב עמי הארץ מעשרין ושמא זה שמכרו לא עישר והוה ליה חייב מדאורייתא וטבל המעורב בה פטור מדאורייתא יא]: **קשי** · פריך :

מי

שידה דתנן בית שמאי אומרים נמדדת בפנים כו' · בפ' כירה (שבת דף מד:) ושם פי' בקונטרס דשידה היא מרכבת נשים וקשה דא"כ למה לי מדידה דבמיוחדים למדרס לא בעינן מיטלטל מלא וריקן דאפי' פשוטי כלי עץ המיוחדים למדרס מיטמא מדרס כדמוכח בבכורות בפ' על אלו מומין (דף לח·) דאמרינן בהנך דחזו למדרסות דלא איתקום לשק ועוד קשה כיון דמיטמא מדרס מיטמא טמא מת כדתניא בפ' בא סימן (נדה דף מט·) כל המיטמא מדרס מיטמא טמא מת אלמה תנן במס' כלים (פי"ח מ"ב) דשידה מצלת באהל המת ובפ' כירה (שבת דף מד:) מייתי לה בגמרא (ואין ניאותין) וכן מוכח בנזיר בפרק כהן גדול (דף נה·) דאינה עשויה למרכבת אדם דאמרינן הנכנס לארץ העמים בשידה תיבה ומגדל כו' וקאמר התם כיון דלא שכיחא לא גזרו ביה רבנן משמע דלא שכיחא ליכנס בה ונראה לפרש דעשויה להניח בה כלים ומיהו קשה מספינה פרק ר"ע במסכת שבת (דף פג:) דתניא רבי חנינא אומר גלמדנה משק מה שק מיטלטל מלא וריקן כו' ואמאי הא עשויה למדרס שנכנסים בה בני אדם וי"ל דאיירי בספינות גדולות שעיקרן עשויות לתת לתוכן פרקמטיא ולא דמיא למדרס ועוד נראה דאפי' עיקרו *אתי להעביר בני אדם מעיר לעיר וכן שידה למרכבת נשים לא חשיב מדרס כיון דלא עבידא להיות נשען עליה אלא ללכת ממקום למקום מידי דהוה אלוקטמין טהורין בפ' במה אשה יוצאה יב] (שבת דף סו:) פירש אשקיג"ש בלעז שהולכים עליהן בימות הגשמים ולא דמי לעגלה של קטן [בסוף פרק שני] דביצה (דף כג:) דטמאה מדרס ומיהו ר"ת פירש אלוקטמים מקי"גש גדולות שהולכין עליהן הליצנים לחידוש ואין טמאין מדרס כיון דאין עשויות להגאת מדרס מידי דהוה אסולם דממעט בפרשת ויהי ביום השמיני סולם וקולב וניתותיה ומנורה מדכתי' (ויקרא יא) מכל כלי עץ ולא כתיב כל כלי עץ ומדאינה מטמא במת איכה מטמא מדרס דכל המטמא במדרס מטמא טמא מת כדתנן בפ' בא סימן (נדה מט·) והיינו טעמא משום דאינו עשוי להגאת מדרס אלא לירד בו ולעלות· מ"ר : **אימא** ר"ש שזורי אומר יין · פי' יין דווקא ולא שמן ודבש והקשה ר"ת דהכא פסקינן כר"ש שזורי ובכל דוכתא משמע סתמא דהש"ס דשמן חשיב משקה בפ"ק דשבת (דף יז·) גבי מפני מה בוצרין בטהרה ואין מוסקין בטהרה ובמסכת מכשירין (פ"ו מ"ד) (ר"ע) דחשיב בשבעה משקין יין ושמן ובפ' חבית (שבת דף קמד:) גבי מוהל השמן ובפ"ק דפסחים (דף יד: ושם) גבי הוסיף ר"ע מימיהן של כהנים לא נמנעו מלהדליק שמן שנפסל בטבול יום בנר שנטמא בטמא מת ומוקי לה בנר של מתכת דהויא אב הטומאה דחרב הרי הוא כחלל ודייק קסבר ר"ע טומאת משקין לטמא אחרים דאורייתא כו' מאי איריא בטמא מת אפי' בראשון ושני נמי תחילה הוי דתנן כל הפוסל את התרומה מטמא משקין להיות תחילה והשתא מאי קושיא לימא דר"ע סבר כר"ש שזורי דלא חשיב שמן משקה אלא אוכל ומיהו מר"ע אינה קושיא דשמעינן ליה דחשיב שמן משקה במסכת מכשירין ומייתי ליה במס' שבת בריש פרק חבית (דף קמג:) חלב האשה מטמא לרצון ושלא לרצון כו' וקאמר סלי זיתים וענבים יוכיחו כו' אבל מסתמא דהש"ס קשה כמו שפירשתי ותירץ ר"ת דהכא מיירי בקרוש כדקתני רישא יג] השמן והחלב של גריסין בזמן שהם לחים הרי הן ראשונים פי' דהוו משקין קרשו הרי הן שניים ויש ספרים שרישא זו כתובה בהן והדר קתני ר"מ אומר שמן תחילה לעולם אפי' קרוש והשתא ניחא הא דנקט לעולם וכן דבש דחכמים ויין דר"ש שזורי כולה בקרוש איירי *מ"ר : **קסבר** אין קנין *(מחייב) · וא"ת והא מיפטר מטעת מירוח העובד כוכבים ואין לומר דקסבר אינו פוטר דלא אשכחן תנא דאית ליה תרתי "מירוח העובד כוכבים אינו פוטר ואין קנין דא"כ דגנך במאי מוקים ליה דר"מ אשכחן דאית ליה מירוח העובד כוכבים דאינו פוטר יד] (*וסבר יש קנין לעובד כוכבים דאינו פוטר) לקמן בפרק רבי ישמעאל (דף סו:) אבל קסבר יש קנין בספ"ק דע"ז (דף כא·) ורבי יהודה אית ליה יש קנין בפ' השואל (ב"מ דף קא·) ואית ליה נמי מירוח העובד כוכבים [אינו] פוטר לקמן בפ' ר' ישמעאל וי"ל °דמ"מ דמי לחיוב כי היכי דלא א"ל קח מעציץ שאינו נקוב או מתבואת חוצה לארץ ועוד כל לקוח דרבנן הוא כדדרשינן תבואת זרעך ולא לקוח בפ' השוכר את הפועלים (ב"מ דף פח·) ומיהו הר"ר יצחק בהר"ר מאיר מפרש הני מילי בשלקחו עד שלא נתמרח ואפשר שלא היה מצוי ומיהו ר"ת מפרש דאדרבה בממורח הוא דמיפטר לקוח טו] וצריך עיון אי מירוח העובד כוכבים פוטר אפילו מדרבנן בתבואה דעובד כוכבים דאמרינן בפ"ק דבכורות (דף יא:) הלוקח טבלים ממורחים מן העובד כוכבים כו' דמרחינהו מאן אילימא דמרחינהו עובד כוכבים כו' והא דגזריק משום בעלי כיסין בעובד כוכבים שלקח מישראל* · מ"ר :

מי

עין משפט נר מצוה

קכט א ב מיי' פ"ג מהל' טומאת כלים הלכה ד [ודלא כר"ש שזורי ועי' ספטס בחי"ס]

קל ג ד מיי' פ"א מהל' טומאת אוכלים הל' יט ופ"ט הל"א ועי' בהשגות ובכ"מ ור"ש :

קלא ה מיי' פ"א מהל' תרומות הלכה י טוש"ע יו"ד סי' שלא סעי' ג:

מ"כ יש מוחקין תיבה זו ע"ס פרש"י ולדרכה זו הגי' נכונה דהשתא הוי שפיר מן הפטור מדאורי' על הפטור מדאורייתא וע"ס פירש רש"י סוגיא כך נסנים ע"כ

*נ"א עשוי

נ"ק מ"ו

ומחייב נ"ק

מסורת הש"ס

כלים פי"ח מ"א

טהרות פ"ב מ"ב

תוספתא דדמאי פרק ה

[שבת יג. וש"נ]

[גיטין מז. ב"מ קא. בכורות יא:]

[גיטין מז. ב"מ קא.]

הגהות הב"ח

(א) רש"י ד"ה נמדדת וכו' דאמרי' כר"פ ט"ו במס' כלים: (ב) ד"ה שמן וכו' משקה הוא הס"ד : (ג) ד"ה אין רוב וכו' מספקינן בה והוה מחצה וכו' : (ד) בא"ד פירות הללו לא וכו' : (ה) בא"ד מדרבנן הס"ד ואח"כ מ"ה ומשני קסבר :

גליון הש"ס

גמ' קח לך מן השוק · ע' בב"מ דף נג ע"א תוס' דלמא : תוס' ד"ה קסבר כו' דמ"מ דמי · ע' מגילה דף יט ע"ב בתוס' ד"ה כ"י :

עיין רש"ק [וע"ע תוס' עירובין עא: ד"ה שמן]

*וסבר יש קנין לנכרי ואינו פוטר לקמן בפ' ר"י ויש קנין בספ"ק ע"ז נ"א וסבר יש קנין בספ"ק כו'

[ועי' היטב תוספות ב"מ פח. ד"ה תבואת]

שיטה מקובצת

א] מבפנים את חללה שאם חללה מחזקת מ' סאה [טהורה] : מבחוץ משלשלין כל השידה בתוך כלי גדול מלא מים ואם היא מפלת מן המים מ' סאה טהורה ואם לאו [טמאה] : ב] נמוד עמה ר' יוסי אומר אלו ואלו מודין כו' · קשה למורי הר"ד שמואל היאך אפשר דמודה ב"ש דעובי רגלים נמדדין (בהא) [עמה] הא אמר נמדדת מבפנים ומצא בפירושים ישנים במסכת שבת [דלד' יוסי] לא נחלקו ב"ש וב"ה : ג] ר"ש שזורי עיין שו"ת מהר"ם סי' א' : ד] קסבר רוב עמי הארץ מעשרין הן והשאר נמחק : ה] קסבר אין קנין כו' וא"ת כיון דס"ל אין קנין אלמא ס"ל דמירוח העכו"ם פוטר דדריש דיגנך ולא דיגון עכו"ם וא"כ אמאי לא א"ל קח מפירות שמירחו עכו"ם [דפטור] מדאורייתא וחייב מדרבנן כי האי וי"ל דלא דמי להני כל כך כמו אלו ומייתי דה"נ הס"ל ולימא ליה קח מפירות שנזרעו בעציץ שאינו נקוב דאינו חייב [אלא] מדרבנן ולא פריך מיניה משום דלא דמי ה"נ אמרינן במירוח העכו"ם וא"ת אמאי לא א"ל יצביר גורנו לתוכו ולעשר מיניה וביה כדאמרי' לעיל וי"ל [דאה"נ] אלא שלא היה רוצה להפריש עליו אלא כשיעור הטבל שהיה מעורב ואם היה צובר גורנו לתוכו היה צריך להפריש מכל המעורב כאילו היה כולו [טבל גמור] ונמצא מפסיד לתרבות בתרומות ליתן לכהן : ו] כלי ואין מטלטלין מלא וריקם כשק ואין : ז] דרואין כאילו היה חלל משלים לכוריים : ח] למ"ד דלאו : ט] מדאורייתא דרוב ע"ה מעשרין והו"ל מן הפטור מדאורייתא הס"ד ואח"כ מה"ד ולימא לית קח : י] בהו כמחצה : יא] מדאורייתא דקא בטל : יב] יוצאה (דף סא) שהן ותיבת פירש נמחק: יג] רישא הרוטב והחלב והגריסין בזמן שהן משקה טופח והרי הן תחילה פי' דהוו משקה קרשו : יד] תיבות וסבר יש קנין לעכו"ם ואינו פוטר נמחק : טו] וצ"ע אי מירוח עיין ר"ש בסוף פ"ק דפיאה :

פרישיותיו

עין משפט נר מצוה

קלב א ב ג ד ה מיי' פ"ט מהל' תפילין וס"ת הלכה טו טוש"ע י"ד סימן רפ סעיף א:

קלג ו מיי' שם פ"ז הל' יא טוש"ע יו"ד סי' רסט סעיף ג:

[ועי' תוס' שבת מ. ד"ה דילמא]

[שם מז:]

קלד ז מיי' פ"ס מהל' תפילין וס"ת הל' א סמג עשין כג טוש"ע י"ד סי' רפח סעי' ט:

קלה ח ט מיי' שם הל"ט טוש"ע שם סעי' י:

קלו י מיי' שם הלכה ו טוש"ע שם סעי' יד:

קלז כ מיי' שם הל' ג טוש"ע שם סעי' יג:

לא וכס' שני נ"ק

ועוד דאמרינן במסכת כו' נ"ק

מי קאמר במשנתינו *כל מקום ששנה קאמר אמר רב *זעירא אמר רב חננאל אמר רב קרע הבא *בשני שיטין יתפור בשלש אל יתפור א"ל רבה זוטי לרב אשי הכי אמר רבי ירמיה מדיפתי משמיה דרבא הא דאמרינן בשלש אל יתפור לא אמרן אלא בעתיקתא אבל חדתתא לית לן בה ולא עתיקתא עתיקתא ממש ולא חדתתא חדתתא ממש אלא °הא דלא אפיצן הא דאפיצן וה"מ בגידין אבל בגרדין לא בעי רב יהודה בר אבא בין דף לדף בין שיטה לשיטה מאי תיקו אמר ר' זעירי אמר רב חננאל אמר רב מזוזה שכתבה שתים שתים כשרה איבעיא להו שתים ושלש ואחת מהו אמר רב נחמן בר יצחק כל שכן שעשאה כשירה מיתיבי *עשאה כשירה או שירה כמותה פסולה כי תניא ההיא בס"ת אתמר נמי אמר רבה בר בר חנה אמר רבי יוחנן ואמרי לה אמר רב אחא בר בר חנה אמר רבי יוחנן מזוזה שעשאה שתים ושלש ואחת כשרה ובלבד שלא יעשנה כקובה ובלבד שלא יעשנה כזנב אמר רב חסרא על הארץ בשיטה אחרונה א"ד בסוף שיטה ואיכא דאמרי בתחלת שיטה מ"ד בסוף שיטה °כגבוה שמים על הארץ ומ"ד בתחילת שיטה כי היכי דמרחקא שמים מארץ א"ר חלבו חזינא ליה לרב הונא דכריך לה מאחד כלפי שמע ועושה פרשיותיה (א) סתומות מיתיבי אמר רשב"א ר"מ היה כותבה על דוכסוסטוס כמין דף ועושה

מי קאמר במשנתינו · דמשמע משנה ולא ברייתא : **קרע הבא בשני שיטין** · אם נתקרע גליון של ספר תורה ונכנס הקרע בשני שיטין בתוך הכתב יתפור : **בשלש אל יתפור** · אלא יסלק את היריעה : **עתיקתא** · קלף ישן מיגניא קריעה : **אפיצן** · הוי שחור כעתיקא אפילו תורה אור מתוקן הקלף בעפצין שקורין גל"ש : **וה"מ** · דתופר : **בגידין** · ב] יתפור אבל לא בגרדים פינדי"ש בלע"ז : **בין דף לדף** · אם נקרע עד כנגד הכתב שאינו היה בכתב היה יותר מג' שיטין : **ובין שיטה לשיטה** · אם נקרע יתפור או לא יתפור : **שתים שתים** · שיטות קצרות שיטה שיטה בת שתי תיבות : שתים (א) כזו וג' כזו וא' כזו מאי : **כל שכן** · דכשרה שעשאה כשירה דאז ישיר משה שיטה אחת ארוכה ושיטה אחת קצרה שאין ממלא כל השיטה : **או שירה כמותה** · שכתב השירה כשאר ג] התיבות אריח על גבי אריח : **שתים שלש ואחת** · היינו כשירה ד] : **שלא יעשנה כקובה** · כזה ה] כאהל רחב מלמטה וקצר מלמעלה דהיינו אחת שתים שלש : **זנב** · שלש שתים ואחת כזה : ו] **על הארץ בשיטה אחרונה** · כלומר אין בשיטה אחרונה אלא שתי תיבות הללו : **בסוף שיטה** · היו נותנין לשיטה אחרונה כזה : ז] **בתחילת שיטה** · היו מתחילין לשיטה אחרונה כזה : ח] **מ"ד בסוף שיטה** · כדי שיהו שמים על הארץ דמשמע כדכתיב כי כגבוה שמים על הארץ כן יאריך ימיכם : **ומ"ד בתחילת שיטה** · כלומר בעי ארחוקי ארץ משמים דהכי משמע כי היכי דמרחקא שמים מארץ כן יאריכו ימיכם : **דכריך לה מאחד כלפי שמע** · לאחר שנכתבה כופלה מצד שמאל נגד ימין כשמניחה בדלת והיינו מאחד כלפי שמע שראש השורה שמע ישראל וסופה יי' אחד והתחיל לכופלה מאחד וקיפל ובא עד שמע ט] : **דוכסוסטוס** · קלף י] שלא נקלף : **כמין דף** · כמין עמוד שבספרים ארוכה וקצרה : אמרתי

מי קאמר במשנתינו כו' · כי האי גוונא דייק בפ' בתרא דכתובות (דף קט·) גבי כל מקום שאמר רבן גמליאל רואה אני את דברי אדמון ותימה דבפ' כירה (שבת דף לט:) גבי כל מקום שאתה מוצא שנים חולקים ואחד מכריע הלכה כדברי המכריע חוץ מקולי מטלניות וקא פריך אימא ה"מ במתניתין אבל בברייתא לא ויש לומר כיון דאמר חוץ מקולי מטלניות שהיא משנה הוי כאילו פירש במשנתינו *ומיהו קשה בהני כללות דבפ' מי שהוציאוהו (עירובין מו:) דקאמר רבי מאיר ורבי יהודה הלכה כר' יהודה ר' יהודה ור' יוסי הלכה כר' יוסי אמרי' *סד"א הני מילי במתני' אבל בברייתא לא אע"ג דלא קאמר במשנתינו ושמא שאני התם דלא קאמר כל מקום · מ"ר : **הא** דאפיצן הא דלא אפיצן · משמע דס"ת כשר בלא אפיצן והקשה ר"ת מהא דאמרי' פרק המוציא יין (שבת דף עט: ושם) גבי ס"ת על הגויל ועל הדוכסוסטוס כשירה משמע אבל דיפתרא דמליח וקמיח ולא עפיצא *(מיקרי ספר) ובפ' שנידסוטה (דף יז·) אמרי' אין כותבין פרשת סוטה לא על הלוח ולא על הנייר ולא על הדיפתרא אלא על המגילה שנא' בספר וכ"ש ס"ת דנקרא ספר עפי *כדאמרי' במס' סופרים אין כותבין לא על הנייר ולא על הדפתרא ומיהו מחוק לא גרס דהא בפרק המוציא יין (שבת דף עט:) קתני על הנייר ועל המטלית פסולה ולא קתני מחוק ועוד קשה היאך אנו כותבין ס"ת על הקלפים שלנו הא אינם מעופצין וכן גיטין שאנו כותבין בקלפין שלנו ובפ'[שני] דגטין (דף יט·) משמע דווקא בדאפיצן כותבין אבל לא אפיצן לא דיכול להזדייף ומפרש ר"ת דתיקון שלנו חשיב כאפיצן תדע דהא קמן דאין יכול להזדייף והא דמשמע בגיטין בדלא אפיצן יכול להזדייף היינו בקלפים שלהם שהיו עושים בהם תיקון של עיפוץ דקודם עיפוץ יכול להזדייף וקרא דיפתרא ופסול ותדע שגם בימיהם כותבין שטרות בקלף שאינו מעופץ כדאמרי' בפ'שני דגיטין (שם) כתבו במי טריא ועפצא כשר ומוקי לה בדלא אפיצן ומיהו איכא לאוקומי בנייר של עשבים דלא מיתקני ליה בעפצים כמו שפי' שם בקונטרס גבי חיישינן שמא במי מילין כתבו א"כ בעדי מסירה ורבי אלעזר · מ"ר : **עשאה** כשירה · מכאן משמע הא דתניא בפ' הבונה (שבת דף קג:) כתבה כשירה או שכתב השירה כיוצא בה או שכתב שלא בדיו או שכתב האזכרות בזהב הרי אלו יגנזו בס"ת איירי דהא מוקמינא לה הכא בס"ת ותימה דבפ' כל כתבי (שבת דף קטו:) בתחילתו תניא אין בין ספרים למגילה אלא שספרים נכתבין בכל לשון ומגילה עד שתהא כתובה אשורית על הספר ובדיו ותירץ הרב רבי יוסף דההיא דכל כתבי בשאר ספרים דלאו ס"ת ואכתי קשה דבפ"ק דמגילה (דף ח:) תניא מקרא שכתבו תרגום ותרגום שכתבו מקרא וכתב עברי אינו מטמא את הידים עד שיכתבנו בכתב אשורית על הספר ובדיו ומוקי לה רב אשי בשאר ספרים ור' יהודה היא אלמא שאר ספרים בעי דיו ולא אשכחן דפליגי עליה דרבי יהודה אלא לגבי הא דשרי בכל לשון אבל בדיו לא אשכחן דפליגי ונראה לפרש דההיא דכל כתבי לענין להציל מפני הדליקה דווקא מיירי ולא לענין לקרות בהם ולפי שיש בהן אזכרות מצילין אותן אע"פ שלא נכתבו כהלכתן אבל מגילה עד שתהא כתובה כהלכתה תדע דבעיא דריש גלותא התם לענין הצלה אבל הא לא מיבעיא ליה אם ניתנו ליקרות בהם או לא וא"ת תיקשי *הך ברייתא לרב הונא דאמר בריש גמרא דכל כתבי (שבת דף קטו·) היו כתובין תרגום ובכל לשון אין מצילין למ"ד אין ניתנין לקרות בהן ויש לומר דהאמר התם תנאי היא : **שלא** יעשנה כזנב · כעין שפירש בקונטרס כאן יש לפרש הא דאמר בבבא בתרא (דף יד·) גבי כרס שתים כנגד שתים ואחד יוצא זנב שאחד בשורות שתים ולא כנגד אויר שבין שתי השורות שתים שתים · מ"ר : **ועושה** פרשיותיה סתומות · קצת קשה דנקט לשון רבים ואין שם כי אם פרשה אחת ושמא משום על הארץ דבסוף שיטה אע"פ שאין כתוב כלום *אח"כ · מ"ר : **רבי** שמעון בן אלעזר אומר ר"מ היה כותבה על הדוכסוסטוס · משמע דתלמידו של ר"מ היה שאמר דברים הרבה משמו בשאר מקומות כדאשכחן נמי לעיל(ל:) דקאמר ר"ש בן אלעזר משום ר"מ אין כותבין את השם לא על *הנייר ולא על המחק וכן בפ"ק דקדושין (דף כד·) *גמרא ובלבד שיהא הכסף משל אחרים דקאמר ר"ש בן אלעזר משום ר"מ אשה פודה מעשר שני בלא חומש ותימה דבפ' המוציא יין (שבת דף עט:) כתוב בכל הספרים אמר רבי שמעון מאיר היה כותבה על הקלף *מפני שהיתה משתמרת משמע שהיה חבירו דקאמר מאיר ולא קאמר ר"מ ושמא טעות סופר יש בכל הספרים ואי הוה אמרי' דתרי רשב"א הוה ניחא ומיתרצא בהכי פירכא אחריתי דהכא קתני אדוכסוסטוס והתם תני אקלף והיה נראה לומר דתרי תנאי אליבא דר"מ אבל אי אפשר לומר כן דבפ' מרובה(ב"ק דף עח:) גבי מכרה חוץ מגיזותיה משני תרי תנאי אליבא דרשב"א ולא משני דתרי הוו ומיהו יש לדחוק משום דהנהו דאיפלגי עליה באחד איפלגי בברייתא ויש לתרץ דעל הדוכסוסטוס דקתני הכא היינו אף הדוכסוסטוס כדמפרשינן נמי אף פתוחות וכ"ש נמי אקלף דמשתמר ולפי מה שר"ל בסמוך דוכסוסטוס דווקא ולא קלף הוי תימה דלמר דוכסוסטוס עדיף למזוזה ולמר קלף עדיף · מ"ר : ועושה

מסורת הש"ס

[ברכות יט' וש"נ]

נסיי' ועיי'

[שבת קג:]

הגהות הב"ח

(א) רש"י ד"ה שתים ושלש כו' ר"ל ב' כזו וג' כזו :

גליון הש"ס

גמ' הא דלא אפיצן · בהרי"ף סג' הא דאפיצן הא דלא אפיצן :

מכן נ"ק

ס"א אומר כו' ועיין נ"ק שמקיים גירסת נ"ח

[הגר"ג] *י"א גבי ונכנד כו' נ"ק

גי' נ"ק מפני במשתמרה ומוחק סיבת שהיתה

שיטה מקובצת

א] פרשיותיו סתומה :
ב] תיבת יתפור נמחק :
ג] וכשאר כתיבות :
ד] כשירה כזה

והיו הדברים האלה אשר אנכי מצוך

ה] כזה

והיו הדברים האלה אשר אנכי מצוך

ו] כזה

והיו הדברים האלה אשר אנכי מצוך

ז] כזה

לתת להם כימי השמים על הארץ

ח] כזה

לתת להם כימי השמים על הארץ

ט] שמע הס"ד ומה"ד סתומה היינו שמניח ריוח באמצע ויש כתב משני צדדין אי נמי מניח חלק בראש השיטה:
י] קלף שהוא נקלף :

§ מסכת מנחות דף לא: §

אות א' - ב' - ג' - ד' - ה'

בשני שיטין יתפור, בשלש אל יתפור

אבל חדתתא לית לן בה

הא דאפיצן

וה"מ בגידין, אבל בגרדין לא

בין דף לדף, בין שיטה לשיטה מאי, תיקו

יו"ד סימן רפ ס"א - [ו]ספר תורה שנקרעה בו יריעה בתוך שני שיטות, יתפור; בתוך ג', לא יתפור. [ז]במה דברים אמורים, בישן שאין עיפוצו ניכר; ואם ניכר הגויל שהוא עפוץ, תופר אפי' קרע הבא בתוך ג'. (אבל לא יותר) (ריב"ש). [ח]וכן בין דף לדף [ט]ובין תיבה לתיבה, יתפור. [י]וכל הקריעות אין תופרין אותם אלא בגידים שתופרין בהם היריעות זו לזו. הגה: [יא]וי"א שנוהגין לתפרס במשי (ת"ה סי' נ"א והרא"ש כלל ג' וסה"ת). וכן נוהגין האידנא, אבל העיקר לתפרס בגידין, אם אפשר (ש"ס ופוסקים וריב"ש). וי"א דמותר לדבק עליו קלף מבחוץ, כל זמן שמותר לתפרס, ולדבק הקריעה ע"י כך (שם סי' ל"א). וכן אם נחסר דבר, כותבין על הקלף הדבוק (מהרי"ק שורש קכ"ב), וכן נהגו (ועיין לקמן סימן ר"ן). [יב]ובכל הקרעים יזהר שלא תחסר אות אחת או תשתנה צורתה או תחלק. הגה: ואם נחלק שום אות על ידי הקריעה, פסולה, ולא מהני מה שמדבקו מאחוריו (שם). וכן יזהר שלא יתחב המחט תוך הכתב, אלא חוץ לכתב.

אות ו'

בס"ת

יו"ד רעה ס"ג - [יג]כתב השירה כשאר הכתב, או שכתב שאר הכתב כשירה, פסול. [יד]ודוקא שכתב השירה כשאר הכתב בלא פיזור, אבל אם שינה בפיזור ממה שנהגו, לא פסל, ובלבד שיהא [טו]אריח על גבי לבינה.

אות ז'

מזוזה שעשאה שתים ושלש ואחת, כשרה; ובלבד שלא יעשנה כקובה, ובלבד שלא יעשנה כזנב

יו"ד סימן רפח ס"ט - [טז]כותב כל שיטותיה שוות, שלא תהא אחת ארוכה מחברתה. [יז]ואם האריך בשיטה אחת יותר מבאותה שלפניה, ובאותה שתחתיה קיצר יותר מבאותה שלפניה ולפני פניה, **כשרה** – [פי' אף על גב דאם השורה הזאת שהיא קצרה ביותר, אם היתה עומדת למעלה מהשטה שלפני הארוכה היה פסול, דהוה כקובה שזכר אח"כ, דהיינו כאוהל שהוא הולך ומתרחב, מ"מ כאן כשר – ט"ז].

‹**זהו** נוי, שזה דומה לכתיבת שירה דאז ישיר משה – לבוש. ‹**מדקאמר** כשרה, משמע דיעבד דוקא – גר"א.

ובלבד שלא יעשנה [יח]כקובה - כאהל שהוא צר למעלה ורחב למטה, **או כזנב** - הוא רחב למעלה וצר למטה, טור - ש"ך, **או כעיגול.**

אפי' מצד הא' כקובה או כזנב כו', פסולה - ש"ך.

אות ח' – ט'

על הארץ בשיטה אחרונה

בתחלת שיטה

יו"ד סימן רפח ס"י - [יט]"על הארץ" יכתוב בראש השיטה **אחרונה** – [הטעם, דשיטה שלפניה מסיימת "השמים", ורחוקה מהתחלת שיטה אחרונה דכתיב שם "על הארץ", והוא רמז, כי היכי דמרחקי שמים מארץ כן ירבו ימיכם וימי בניכם – ט"ז], **ולא יכתוב בה יותר.**

(**עיין** בספר חומות ירושלים, שכתב אם שינה במזוזה בסיום "על הארץ" ממאי דאיתא בש"ס, אין קפידא, **וכן** בהיפוך, בתפילין אם כתב "על הארץ" כבמזוזה, שפיר דמי - פת"ש).

באר הגולה

[ו] לשון הרמב"ם ממימרא דרב זעירי וכו' אמר רב מנחות דף ל"א: [ז] שם משמיה דרבא וכפי' הרמב"ם ‹ונראה שהוא ז"ל מפרש הא דעפיצן, כלומר שעדיין עיפוצן ניכר, הא דלא עפיצן, כלומר שהוא ישן כל כך עד שאין עיפוצן ניכר, והכריחו לפרש כן כדי לקיים מה שאמר בתחלה הא בעתיקתא אבל בחדתא יתפור, דאילו לפירוש רבינו (דהוא כרש"י, פרישה) קשה למה מתחלה תלה הדבר בחדתא ועתיקתא, כיון שאין הדבר תלוי אלא בעפיצן ולא עפיצן, לא הו"ל להזכיר חילוק אחר - ב"י› [ח] אבעיא שם ולא נפשטא, ומשמע ליה דלא מיתסר אלא מדרבנן, וספיקא לקולא, א"נ שהיה מפרש שהבעיא היה אם יכול לקרות בו בלא תפירה, ולא נפשטא, ופסק לחומרא דצריך שיתפור [ט] כן היא גירסת הרמב"ם והרא"ש [י] שם בגמ' [יא] ‹הוא תמוה מאד, וכבר תמה ב"י - גר"א› [יב] לשון הרמב"ם שם וכ"כ הרא"ש והטור ומהרי"ק [יג] ברייתא שבת דף ק"ג ע"ב וכדעת הרמב"ם דפסול ואין לו תקנה כמ"ש בריש הסי' [יד] טור [טו] פירוש אריח חצי לבינה [טז] טור והוא פשוט דלכתחלה הכי בעי, וכ"כ הגהת מיימוני בפ"ב בשם בה"ג [יז] בעיא ונפשטא, ומימרא דרבה בר בר חנה וכו' שם דף ל"א ע"ב [יח] פי' כאהל רחב מלמטה וקצר מלמעלה, דהיינו אחת שתים שלש, וכזנב שלש שתים אחת [יט] מימרא דרב חסדא שם וכלישנא בתרא, הרי"ף והרא"ש בשם תקנתא דסופרים, וכן כתב הרמב"ם

אות י'

דכריך לה מאחד כלפי שמע

יו"ד סימן רפח סי"ד - [כ]כורכה מסופה לראשה, מ"אחד" כלפי "שמע".

[כא]סימן לב סמ"ד - [כב]יגלגל כל פרשה מסופה לתחלתה - בעת שנותנה לביתה, כמו מזוזה שנגללת מ"אחד" כלפי "שמע", ולא להיפך, מטעם שנתבאר ביו"ד, ‹שאם יבא לקרות מתוכו לא יצטרך לפותחה כולה קודם שיתחיל לקרות, וזה נוי להם - עטרת צבי›, (**הוא למצוה ולא לעיכובא**).

אות כ'

ועושה פרשיותיה סתומות

יו"ד סימן רפח סי"ג - [כג]ריוח שבין פרשת "שמע" לפרשת "והיה אם שמוע", מצוה לעשות פרשה סתומה - ע"ל סי' ער"ה ס"ב איזה סתומה, **ומ"מ** הכא במזוזה אינו יכול לעשות סתומה שכשרה אליבא דכו"ע, וכמ"ש המחבר שם, דהיינו שיסיים פרשה שלפניה בתחלת שיטה, ויניח חלק כדי ט' אותיות, ויתחיל לכתוב בסוף אותה שיטה עצמה כו', שהרי צריך להתחיל שטה שביעית "והיה אם שמוע" כו', וכמ"ש בסמוך בשם הפוסקים, **אלא** יעשה סתומה שכשרה לדעת הרמב"ם, כמ"ש הרב שם, שאם לא יוכל לכוון בכך, לא יסור מדברי הרמב"ם - ש"ך.

ואם עשאה פתוחה, כשרה, לפי שאינה סמוכה לה בתורה.

[כד]סימן לב סל"ו - ‹הקדמה בענין פתוחה וסתומה. לשון הט"ז או"ח: יש מחלוקת בצורת פתוחה וסתומה, **דלהרא"ש** מבואר ביו"ד, דכל שיש חלק בשיטה, ומתחיל לכתוב באמצע השיטה, וכן בכותב ומניח בסוף השיטה חלק, ומתחיל הפ' שאחריה בראש שיטה השניה, זהו פתוחה, ושיעור החלק, כדי שיוכל לכתוב ט' אותיות, **וסתומה** הוי, כל שמניח חלק באמצע שיטה כשיעור הנ"ל, ויתחיל לכתוב בסוף השיטה ההיא עצמה, וה"ה אם סיים הפ' בסוף השיטה, יניח שיטה א' חלק, ויתחיל בשיטה השני'.

והרמב"ם כתב וז"ל: פרשה פתוחה יש לה ב' צורות: אם גמר באמצע השיטה, מניח שאר השיטה פנוי כשיעור הנ"ל, ומתחיל הפרשה שהיא פתוחה מתחלת השיטה השנייה, {זהו כמו הרא"ש}. **ואם** לא נשאר כשיעור פנוי, או גמר בסוף שיטה, מניח שיטה שאחריה פנוי, ומתחיל הפרשה הפתוחה מתחלת שיטה הג', {וזהו לרא"ש סתומה}. **פרשה** סתומה יש לה ג' צורות: אם גמר באמצע השיטה, מניח ריוח כשיעור, ומתחיל לכתוב בסוף השיטה תיבה אחת, {וזה כמו הרא"ש}. **ואם** לא נשאר כשיעור ט' אותיות ולכתוב תיבה א' בסוף, יניח הכל פנוי, ויניח מעט ריוח מראש שיטה שנייה, ויתחיל לכתוב הפרשה הסתומה מאמצע השיטה השנייה, {ואפשר שגם להרא"ש כן}. **ואם** גמר בסוף השיטה, מניח מתחלת שיטה שנייה כשיעור הריוח, ומתחיל לכתוב מאמצע השיטה פ' הסתומה, {וזהו להרא"ש פתוחה}. **נמצאת** אומר שפ' פתוחה תחלתה בתחלת השיטה לעולם, ופ' סתומה תחלתה מאמצע השיטה לעולם, עכ"ל›.

‹**לשון** הט"ז יו"ד סי' ער"ה: שני פלוגתות יש בין רמב"ם לרא"ש: חדא, דאם עושה מקום פנוי בתחילת השיטה כדי ט' אותיות, ומתחיל הפרשה באמצע השיטה, זהו הוראה שפרשה ההיא סתומה להרמב"ם, אבל להרא"ש הוה פתוחה, **שני'**, אם מסיים בסוף השיטה, או שיש מקום פנוי אלא שאין בה כשיעור ט' אותיות, ואח"כ מניח שורה אחת כולה פנויה, ומתחיל הפרשה בשורה שאחריה בתחילתה, זהו להרמב"ם פתוחה, אבל להרא"ש סתומה›.

[כה]יעשה כל פרשיותיה פתוחות, חוץ מפרשה אחרונה הכתובה בתורה, שהיא: והיה אם שמוע, שיעשנה סתומה - מפני שג' ראשונות, שהם "קדש" "והיה כי יביאך" "שמע", הם פתוחות בתורה, ופרשת "והיה אם שמוע" סתומה, לפיכך צריך לכתוב בתפילין ג"כ ככה, **דהיינו** שיניח מקום חלק כדי ט' אותיות בסוף שיטה אחרונה שבפ' "קדש", כדי שבפרשת "והיה כי יביאך" שיתחיל בראש השיטה הא' שבדף הב' תהיה הפרשה פתוחה, כמו שהיא בתורה, **וכן** אחר פרשת "והיה כי יביאך", כדי שפרשת "שמע" תהיה פתוחה, **אבל** פ' "והיה אם שמוע" יעשה סתומה, ואופן סתימתה יבואר לקמיה, **ופרשת** "קדש", אף דבתורה היא פתוחה, מחמת שהוא מפסיק בריוח ט' אותיות בשורה הקודמת לה, וכאן אין שייך זה דהיא פרשה ראשונה, **מ"מ** כיון שהוא מתחילה בראש שיטה, ואין כתוב לפניה כלום, היא נקראת פתוחה, דאין כתב אחר סותמה.

ור"ל מהתפילין של יד, הואיל והן נכתבות בקלף אחד ושייך בהן פתוחה וסתומה, דהיינו שכשמניח מקום חלק בסוף שיטה אחרונה של פרשה ראשונה כדי ט' אותיות, ומתחיל פרשה שלאחריה בראש השיטה בדף הב', הרי פרשה שלאחריה נקרא פתוחה, כמו שבס"ת נקראת פרשה המתחלת בראש השיטה פרשה פתוחה לכו"ע, כשיש ריוח כדי ט' אותיות לפניה בשיטה הקודמת לה, או בסוף שיטה אחרונה שבדף הקודם.

אבל בתש"ר שהפרשיות נכתבין על ד' קלפים, אין להקפיד בהן בפתוחות וסתומות, כ"כ האחרונים, (**וא"כ לפי דבריהם, אפילו אם התחיל ראש כל פרשה באמצע שיטה, כשר, אף דבעלמא היא סתומה להרמב"ם, אבל לפי דברי הפמ"ג אפשר דיש להחמיר בזה אפי' בדיעבד, דהלא עי"ז באותו קלף גופא ניכר שהיא סתומה, ומה לנו לקלף פרשה הקודמת לה, אך אם לא הניח חלק ט' אותיות בסוף כל פרשה בתש"ר, נראה לי פשוט דיש להקל בזה כסתימת שארי אחרונים, ומטעם דכיון דכל פרשה הוא בקלף בפני עצמה, נחשבת כפרשת קדש בתש"י, דנחשבת פתוחה מצד שאין כתוב לפניה כלום בתפילין, אף דגם בזה מפקפק הפמ"ג שם), אך** נהגו לכתחלה להקפיד בתש"ר, בפתוחות וסתומות.

[כו]ואם שינה, פסול - בין שעשאה מסתומה פתוחה או מפתוחה סתומה.

באר הגולה

[כ] **מימרא דר' חלבו חזינא ליה לרב הונא וכו' שם דף ל"א ע"ב** [כא] ‹ע"פ הב"י והגר"א והבאר הגולה› [כב] **רמב"ם רא"ש והמרדכי וספר התרומה מההיא דהקומץ בענין מזוזה** [כג] **כרב נחמן בר יצחק שם דף ל"ב ע"א** [כד] ‹ע"פ הגר"א› [כה] **רא"ש שם והמרדכי וא"ח והרמב"ם** ‹כמו שהם בתורה, {דרק והיה אם שמוע מתחיל סתומה}, וכמ"ש במזוזה ל"א ל"ב {דאף דבתורה הן מרוחקות, מ"מ מצוה לעשות סתומות כמו שהן בתורה} - גר"א›
[כו] ‹כמ"ש בשבת ק"ג: ובמס' סופרים: פתוחה שעשאה סתומה סתומה שעשאה פתיחה ה"ז יגנוז - גר"א›

[כז] **ויש מכשירים בכולם פתוחות** - ר"ל בדיעבד, וטעמם, שאף שבתורה פרשת "והיה אם שמוע" היא סתומה, מ"מ כיון שבתורה אינה סמוכה כלל לפרשת "שמע", אין זה נחשב שינוי מה שהריוח שבינה לפרשת "שמע" הוא פתוח ולא סתום, כמו שסתום הריוח שלפניה בתורה, כיון שגם בתורה יש בינה לפרשת "שמע" שבתורה ריוח הרבה פתוח, וכן הסכימו האחרונים.

ולהיפך, אם עשה איזו פרשה מהשלש פרשיות סתומה, לכו"ע פסול, כ"כ האחרונים.

עוד כתבו, דדוקא אם עשה לפרשת "והיה אם שמוע" פרשה פתוחה כשר לדעה זו, אבל אם אין לפניה ריוח כלל בינה לפרשת "שמע", לא בדף שלה ולא בדף של פרשת "שמע", דהיינו שהתחיל אותה בראש שיטה העליונה שבדף, ולא הניח ריוח כלל לפניה באותה שיטה, ולא בסוף שיטה של פרשת "שמע", או שהניח ריוח ואין בו כשיעור ריוח שבין פרשה לפרשה, דהיינו כדי לכתוב ט' אותיות, הרי זה נחשב שינוי גמור ממה שהיא כתובה בתורה, ופסול לכו"ע אפילו בפרשה זו.

ובסוף פרשת "והיה אם שמוע" אין צריך להניח שום ריוח, וכן נוהגין לסיים "על הארץ" בסוף שיטה התחתונה.

ובמדינות אלו נוהגים אף פרשת "והיה אם שמוע" בראש השיטה, כשאר הפרשיות - ואף דלכתחלה מצוה לעשות אותה סתומה גם להיש מכשירים, וא"כ המנהג הזה הוא שלא כהוגן, **מ"מ** העתיקו הרמ"א, דכיון שהעיקר הוא שבדיעבד כשר בכל ענין, וא"א לעשותה סתומה לד"ה, יש להחזיק בהמנהג הזה, כדי שלא להוציא לעז על הראשונים, וכ"כ המ"א בשם הל"ח, **אבל** מדברי הלבוש והגר"א משמע, שיותר טוב לעשות כמה שכתוב בשו"ע.

נוהגים אף וכו' - וכן בתפילין של ר"ת יעשה ג"כ כולם פתוחות, ואף שכותב "והיה אם שמוע" אחר "שמע", יניח כשיעור ט' אותיות אחר "על הארץ", וכשכותב פרשת "שמע" מתחיל בתחלת העמוד בראש השיטה.

[כח] **ולכן נהגו שפרשת "קדש לי" "והיה כי יביאך" ופרשה "שמע", מתחילין בראש שיטה** - דזה עושה אותה לפתוחה לכו"ע, כשהשאיר חלק כדי ט' אותיות בסוף שיטה התחתונה בעמוד הקודם.

ואם לא התחיל בראש השיטה, אלא הניח מעט ריוח, אפילו פחות מט' אותיות, הרי פרשה זו נקראת סתומה להרמב"ם, ופסולה אפילו דיעבד, **ובפמ"ג** כתב, דאפי' אם לא המשיך לפנים בראש "קדש" או "והיה כי יביאך" או "שמע", רק אות אחת או שתים, ג"כ י"ל דפסול, וצ"ע בזה, **ובספר** מאמר מרדכי משמע דאין להחמיר בזה בדיעבד, **ועכ"פ** לכתחלה יש ליזהר בזה מאוד, **ואם** השאיר כשיעור תיבת "אשר", נ"ל דיש להחמיר אפילו בדיעבד, דהרי בשיעור זה בוודאי יש כששה אותיות קטנות ויותר, והרי לדעת הט"ז מצטרף מדינא לכו"ע להקרא סתומה, אפילו לא היה הריוח שלמעלה ולמטה רק כשיעור ט' אותיות קטנות ע"י צירוף, הרי דמה שכתב הרמב"ם ויניח מעט ריוח וכו', הוא שיעור קטן מאוד, **ע"כ** אם רואה שהתחיל הפרשה אפילו אות אחת לפנים, שלא במקום ששירטט מתחילה, יראה לעשות גם שאר השורות באופן זה.

ובסוף "קדש לי" ובסוף "והיה כי יביאך", מניחים חלק כדי לכתוב ט' אותיות - כתבו האחרונים, דלכתחילה צריך להניח כדי ג' תיבות "אשר", ע"כ צריך להניח ג"כ ריוח מלא ב' אותיות קטנות מלבד הט' אותיות, דהא בין תיבה לתיבה צריך להניח מלא אות קטנה, **ובדיעבד** יש להקל כשמניח רק כמלא ט' אותיות קטנות, דהיינו יודי"ן, וכמשמעות השו"ע כאן, **וכתב** הפמ"ג, דמשערין הריוח של הט' אותיות כפי אותו הכתב, וכל השיעור הזה הוא בין לפתוחה או לסתומה.

(**ואם שכח להניח כמלא ט' אותיות בסוף פרשת "קדש", ופרשת "והיה כי יביאך"**, מבואר בלבוש דפסול, **וכתב** הא"ר דמיירי הכא בשעבר והתחיל שיטה ראשונה בראש הדף, לכן הוא פסול דתו אין כאן פתוחה, **אבל** לכתחלה עצתו כשנזדמן לו כן, שיתחיל לכתוב בתחלת שיטה שניה, שהיא נמי פתוחה לדעת הרמב"ם, **ואף** דלא ישתייר מנין השורות הנזכרים בסימן ל"ה, הא קי"ל שם דאם שינה לא פסל, **אכן** לפי מה שראיתי עתה בספר משנת אברהם שכתב, דהיכא דמשייר ריוח שני שיטין בין פרשה לפרשה, אף לדעת הרא"ש ז"ל היא פתוחה, נ"ל בזה שישייר ריוח בתחלת הפרשה שני שיטין, דאם ישייר רק שיטה א', הלא לדעת הרא"ש תפילין שלו הם פסולין, דהיא פרשה סתומה, והשלשה פרשיות בעינן שיהא פתוחות לעיכובא לד"ה, כמו שכתבו האחרונים, **ואף** דבדיעבד אם לא שייר רק ריוח שיטה א', אין לפסול התפילין, דבעיקר הדין קי"ל כהרמב"ם בזה, מ"מ לכתחלה בודאי ירא שמים יצא ידי הכל).

(**כתב הפמ"ג, יש לשאול: אם הניח חלק ט' אותיות, ואכלוה עכברים או תולעת מקום החלק, ואין שם קלף חלק כלל, אם כשר כה"ג או לאו**, ע"ש דמסתפק בזה גם בתש"ר, **ולפי** מה שכתבנו לעיל בתחלת הסעיף בשם האחרונים, בש"ר בודאי יש להקל).

ובסוף "שמע" אין מניחים חלק, ואם מניחים הוא פחות מכדי לכתוב ט' אותיות - (לאו לעיכובא קאמר, אלא דלכתחלה ס"ל דלא נכון לעשות כן, דזה מורה קצת על פרשה שלאחריה שתהיה פתוחה, אבל בדיעבד אפי' אם הניח בה חלק כדי ג' פעמים "אשר", אפ"ה לא נתבטל שם סתומה מפרשת "והיה אם שמוע", כיון שלא התחילה בראש שיטה, **דכלל** הדבר להרמב"ם דנקטינן כוותיה העיקר להלכה, דסתומה היא כל שמתחלת מאמצע שיטה, **ודע**, דבזה

באר הגולה

[כז] ‹כמ"ש במזוזה שם רנב"י אמר מצוה כו', והטעם כמש"ש הואיל ואינן סמוכות כו', וא"כ ה"נ, ור"ל בדיעבד כמ"ש שם ושם, **ודברי** הרמב"ם ושו"ע {דכתבו אם שינה פסול, דמשמע דקאי גם על שינוי ועשו פתוחה בין שמע לוהיה, והא ליתא וכנ"ל}, צ"ע, **וגם** דברי הרב שכתב ובמדינות כו', צ"ע, {דהלא מצוה בסתומה}, **ועיין** מ"א שתירץ משום דא"א לעשות בסתומה אליבא דכו"ע, **ודבריו** אין מובנים {חדא דמבואר ברמ"א ביו"ד, דבאין אפשר לצאת ידי כולם, יעשה כהרמב"ם, ועוד דהלא עתה בשעושה בראש השיטה, עושה פתוחה לכו"ע, דמשק אליעזר} - גר"א›

[כח] **בית יוסף**

דאיירינן השתא ששייר בסוף "שמע" כדי ט' אותיות, דעת רוב האחרונים וכמעט כולם, שאפי' אם לא הניח ריוח בתחלת "והיה אם שמוע" כדי ט' אותיות, אפ"ה מקרי סתומה לדעת הרמב"ם).

ופרשת "והיה אם שמוע" מתחילים באמצע שיטה עליונה, ומניח לפניה חלק כדי לכתוב ט' אותיות, ונמצא ששלשה פרשיות הם פתוחות בין להרמב"ם בין להרא"ש, ופרשה אחרונה היא סתומה לדעת הרמב"ם - ואף דלדעת הרא"ש היא פתוחה, מ"מ אנו עושין כך, כי א"א לעשות בתפילין צורת סתומה שיצא בה אליבא דכו"ע, כי סתומה שאנו נוהגין לעשות בס"ת, דהיינו שמסיים הפרשה שלפניה באמצע שיטה, ומפסיק כדי ט' אותיות, ואח"כ מתחיל הפרשה שאחריה ג"כ באותה השיטה, והיא נקראת סתומה אליבא דכו"ע, דסתומה מלפניה ומלאחריה, וא"א לעשותה פה בתפילין, דכל פרשה הוא בעמוד אחר, **וכן** אם ירצה להניח שיטה אחת חלק בתחלת פרשת "והיה אם שמוע", ולהתחילה בראש שיטה שנייה, זה ג"כ איננה סתומה לכו"ע, דהיא רק להרא"ש ולא להרמב"ם, דלדידיה היא פתוחה, **וכיון** שא"א לעשותה סתומה לד"ה, נהגו כהרמב"ם, לפי שכן עיקר אף בס"ת אם א"א לעשות לד"ה.

ובט"ז המציא עצה לעשותה סתומה שיצא אליבא דכו"ע, דהיינו שבפרשה ראשונה ושניה יעשה הכל כמו שכתוב בשו"ע, רק שבפרשת "שמע" בסופה, יניח ריוח פחות מכדי ט' אותיות קטנות, וכן יניח ריוח פחות מט' אותיות קטנות בתחלת פרשת "והיה אם שמוע", דעי"ז שאין לה ט' אותיות במקום אחד כי אם ע"י צירוף, היא נקראת סתומה לכו"ע, **וכ"כ** בתשו' הרמ"ע מפאנו ובביאור הגר"א, וכן משמע מפמ"ג שגם הוא נהג לעשות כן.

(**והגר"ז** כתב, דלכתחלה יש למנוע מלעשות כעצת הט"ז, וכתב הטעם, דמהרבה פוסקים מוכח, דלא ס"ל כלל הסברא דצירוף, וא"כ אין כאן פתוחה ולא סתומה ופסולה, ומוטב לעשות כעצת השו"ע, שיהיה עכ"פ כשר בדיעבד בודאי, ומ"מ בודאי אין למנוע הנוהג כהט"ז, כי יש ראיה לדינו מהרא"ש והטור כמו שכתב הגר"א).

ודע, דבדיעבד אפילו אם שייר ריוח כט' אותיות גדולות מכל צד, ג"כ כשר, דלהרמב"ם היא סתומה, ולהרא"ש היא פתוחה, וכתבנו לעיל בשם האחרונים, דהסכימו דהלכה כהיש מכשירין הנ"ל, **ויש** מהגדולים שנהגו לעשות כן לכתחילה, ונהרא נהרא ופשטיה.

(**והנה** כ"ז שכתב בהשו"ע הוא לענין תפילין דרש"י, ולענין תפילין של ר"ת בענין פתוחות וסתומות, דלדידיה פרשה ד' הוא קודם לפרשה ג', ג"כ יתנהג באחד מאלו הג' אופנים, דהיינו או שיעשה כולן פתוחות, וכמו שאנו נוהגין במדינתינו לענין תפילין דרש"י, וכמ"ש בהג"ה, והנוהג כהמחבר יעשה כך, פרשת "קדש" "והיה כי יביאך" מתחיל בראש שיטה, ובסוף "קדש לי" מניחים חלק ט' אותיות, ובסוף "והיה כי יביאך" אין מניחים חלק, ואם מניחים הוא פחות מט' אותיות, ואח"כ מתחיל פרשת "שמע" בקצה הקלף דהוא בעמוד הרביעי, דהא בעינן כסדרן, וכשכותבה הוא מתחילה בראש שיטה, ואח"כ חוזר לעמוד ג' לכתוב פרשת "והיה אם שמוע", ומתחילה באמצע שיטה עליונה, שמניח לפניה חלק ט' אותיות, ובסופה משייר חלק כדי ט' אותיות, כדי שפרשת "שמע" שאחריה תהיה פתוחה עי"ז, נמצא שפרשת "קדש לי" ופרשת "והיה כי יביאך" ופרשת "שמע" הם פתוחות בין להרמב"ם ובין להרא"ש, ופרשת "והיה אם שמוע" היא סתומה לדעת הרמב"ם, ולהרב ט"ז ג"כ הכל כנ"ל, רק דלדידיה ישייר בסוף "והיה כי יביאך" פחות מכדי ט' אותיות קטנות, וכן בריש פרשת "והיה אם שמוע" יניח ריוח פחות מכדי ט' אותיות קטנות, שעי"ז תקרא פרשת "והיה אם שמוע" סתומה לכו"ע).

---

§ מסכת מנחות דף לב. §

אות א'*[א]

<u>ועושה ריוח מלמעלה וריוח מלמטה</u>

יו"ד סימן רפח ס"א - כיצד כותבין את המזוזה, [ב]כותבין שתי פרשיות: שמע, והיה אם שמוע, על דף אחד בירִיעה אחת, [ג]ועושה לה ריוח מלמטה וריוח מלמעלה [ד]כמו חצי צפורן - (עיין בתשובת תפארת צבי, דבדיעבד אינו מעכב - פת"ש).

[ה]ובתחלתה ישייר כדי לגול אותה אחר שתכרך - (עיין בתשובת שבות יעקב, שנשאל על מה סמכו הסופרים שאין מניחין כדי לגול, **והשיב** דאף דבשו"ע סתם דין זה, מ"מ במחלוקת שנויה בין הפוסקים, ודעת רוב הפוסקים נראה שא"צ להניח, לכן הנח לישראל אם אינם נביאים כו', כי יש להם גדולי פוסקים לסמוך עליהם, **וא"ת** מה בכך נחמיר לכתחלה ויניח כדי לגול, זה אינו, דהא יש לחוש שיכסה שם של שדי, ואי ינקב הגויל יהיה גנאי כמו שכתבנו, לכן שב ואל תעשה עדיף, והיכא דנהוג, ע"ש - פת"ש).

(ובסופה אין צריך להניח כלל) - (דאף בספרים א"צ אלא כדי לגול עמוד, משא"כ כאן - גר"א).

פי' שום גליון א"צ להניח, אבל מ"מ צריך להניח מעט כדי שיהיו האותיות שבסוף השטות מוקפות גויל - ש"ך.

באר הגולה

א (ע"פ מהדורת נהרדעא)
ב לשון הרמב"ם ריש פ"ה מהל' תפילין ומזוזה ממשנה מנחות דף כ"ח ע"א וכפי' רש"י שם משמיה דרבי מאיר
ג ברייתא שם דף ל"ב.
ד כדמפרש רב מנשיא וכו' כמלא אטבא דספרי, וכפי' הגאונים הביאו הרא"ש (ודלא כפי' רש"י)
ה שם בתוספות וכ"כ הרא"ש וסמ"ג וש"פ

ועושה ריוח מלמעלה וריוח מלמטה ועושה פרשיותיה פתוחות אמרתי לו *רבי מה טעם אמר לי הואיל ואין סמוכות מן התורה ואמר רב חננאל אמר רב הלכה כר"ש בן אלעזר מאי לאו אפתוחות °לא אריוח וכמה ריוח אמר רב מנשיא בר יעקב ואמרי לה אמר רב שמואל בר יעקב כמלא אטבא א] דסיפרי אמר ליה אביי לרב יוסף ואת לא תסברא דכי אמר רב אריוח והא רב אית ליה מנהגא °והאידנא נהוג עלמא ב] בסתומות *דאמר רבה אמר רב כהנא אמר רב אם יבא אליהו ויאמר ג] חולצין במנעל שומעין לו אין חולצין בסנדל אין שומעין לו שכבר נהגו העם בסנדל ורב יוסף אמר רב כהנא אמר רב אם יבא אליהו ויאמר אין חולצין במנעל שומעין לו אין חולצין בסנדל אין שומעין לו שכבר נהגו העם בסנדל ואמרינן מאי בינייהו ד] מנעל לכתחילה איכא בינייהו אלא לאו שמע מינה אריוח ש"מ רב נחמן בר יצחק אמר *מצוה לעשותן סתומות ואי עבדינהו פתוחות שפיר דמי ומאי פתוחות דקאמר רשב"א אף פתוחות לימא מסייע ליה *כיוצא בו ספר תורה שבלה ותפילין שבלו אין עושין מהן מזוזה לפי שאין מורידין מקדושה חמורה לקדושה קלה הא מורידין עושין אמאי הבא סתומות והבא פתוחות דלמא ה] להשלים הא מורידין עושין והתניא *הלכה למשה מסיני תפילין על הקלף ומזוזה על דוכסוסטוס קלף במקום בשר דוכסוסטוס במקום שער למצוה והתניא שינה פסול בתפילין והתניא שינה בין בזה ובין בזה פסול ו] אידי ואידי בתפילין והא דכתבינהו אקלף במקום שער והא דכתבינהו

אמרתי לו רבי מה טעם. אתה עושה אותם פתוחות והלא בתורה סתומות הן אותו ריוח שלאחר ובשעריך ז] הוא סתום (שמאל של שיטה) והריוח באמצע השיטה: **אמר לי הואיל ובתורה אינן סמוכות.** הנך שתי פרשיות שזו כתובה באתחנן וזו כתובה בוהיה עקב לפיכך ח] אנו עושין פתוחות: **מאי לאו אפתוחות.** קאמר רב (א) ט] זה דהלכה כר"ש: **אטבא** י] **דסיפרי.** גלוטי"ן עץ סדוק הנושק דפי קונטרס שלא יכפלו: **אית ליה מנהגא.** כדמפרש אם יבא אליהו כו': **מנעל לכתחלה.** למ"ד אם יבא אליהו ויאמר חולצין במנעל שומעין לו קסבר מנעל השתא לכתחילה לא עד שיבא אליהו ויורה יא] כו'. למ"ד אם יבא אליהו ויאמר אין חולצין במנעל שומעין לו מכלל יב] עד שיבא אליהו ויאמר לא תחלצו במנעל חולצין כו' (ב): **תפילין** קדושתן חמורה ממזוזה שיש בהן ד' פרשיות: **הכא סתומות.** בס"ת והכא פתוחות במזוזה אלא ש"מ במזוזה נמי סתומות הן: **ודילמא להשלים.** דילמא הא דדייקינן הא מורידין *עושין יג] שאם חסרה מתפילין מזוזה: **קלף כותבין עליו במקום בשר כו'.** אלמא תפילין אי אפשר לעשות מזוזה דהא על הקלף נכתבו: **ומשני למצוה.** מצות תפילין על הקלף ומזוזה אדוכסוסטוס אבל אם שינה אין בכך כלום הילכך אם מורידין עושין: **והתניא** יד] **שינה פסול.** ומשני בתפילין קמיירי דהא

ועושה ריוח מלמעלה וריוח מלמטה. מן הגלדים לא פירש ושמא כיון דכורך מאחד כלפי שמע צריך טו] לכתחילה כדי לגול כהיקף כעין ס"ת. מ"ר: **והאידנא** נהוג עלמא בסתומות. פירש בקונטרס *דכשיש כתוב בתחילת שיטה ובסוף שיטה והריוח באמצע זו היא סתומה ואנו נוהגין להניח חלק מעט בתחילת שיטה ואחר כך מתחיל והיה אם שמוע ושמא גם זה קרוי סתומה ור"ת מפרש דכשמסיים מסיים פסוק באמצע שיטה ומניח עד סוף שיטה כשיעור למשפחותיכם זו היא פתוחה ואם לא נשתייר בסוף שיטה כשיעור חלק למשפחותיכם מניח שיטה שניה ומתחיל וכותב בשלישית וזו היא פתוחה וסתומה כל שכותב בתחילת שיטה וסוף שיטה ומניח חלק באמצע כדי לכתוב בו שם שתי אותיות או יותר וזו היא סתומה סדורה כל שכותב והולך השיטה עד חציה או עד שלישיתה ומניחה ומתחיל לכתוב בשיטה שתחתיה כנגד הנחה של שיטה העליונה וזו היא סדורה זה מלא ר"ת בסידור קדמונים ובמסכת סופרים מצא איזו היא פתוחה כל שלא התחיל בראש השיטה ואיזו היא סתומה כל שהגיח באמצע שיטה וכמה יניח בראש שיטה ויהא נקראת פתוחה כדי לכתוב שם של ג' אותיות גמר כל הפרשה בסוף הדף *ושייר שיטה אחת מלמעלה ואם שייר מלמטה כדי לכתוב שם של ג' אותיות מתחיל מלמעלה ועוד בירושלמי בפ"ק דמגילה קאמר בהדיא דפתוחה מראשה פתוחה *מתוך כל הני קשה אמנהג דידן דשבקינן חלק בראש שיטה ואח"כ מתחילין והיה אם שמוע והש"ס קאמר דהאידנא נהוג עלמא בסתומות ושמא סמכינן אההיא דירושלמי דפליג אש"ס דידן דמסקינן הכא כי אמר רב אריוח ולא אפתוחות והתם פסיק רב בהדיא כמ"ד פתוחות והכי איתא התם מזוזה אית תנא תני פתוחות ואית תנא תני סתומות שמואל בר שילא בשם רב הלכה כדברי מי שאומר פתוחה שאין זה מקומה פתוחה מראשה פתוחה פתוחה מסופה פתוחה מכאן ומכאן סתומה ודבר תימה הוא דלפי הירושל' משמע לכאורה דאם מסיים פרשה באמצע שיטה ואחר כך מתחיל לכתוב באמצע שיטה שתחתיה שזו היא נקראת סתומה ואיך יתכן זה מי גרע מפתוחה מראשה לחוד או פתוחה מסופה לחוד ונראה לפרש דקאי לפרושי מילתיה דרב דהא דאמר הלכה כדברי מי שאמר פתוחה כגון שיעשה פתוחה מראשה או פתוחה מסופה או פתוחה באמצע ומכאן ומכאן סתומה והאי מכאן ומכאן דקאמר אסתומה דבתר הכי קאי ולא אפתוחה דקמיה דההיא פתוחה באמצע איקרי ולע"ג דבעלמא מקרי סתומה כי ה"ג לא חיישינן גבי מזוזה דכיון דטעם משום דאין זה מקומה ומתיישב בכך דלא קשיא ההיא דירושלמי אש"ס שלנו אליבא דרב. מ"ר: **מנעל** לכתחילה איכא בינייהו. אע"ג דקי"ל (ב"ב דף קיד:) רבה ורב יוסף הלכה כרבה בר מסדה ענין ומחלה ולרבה אין חולצין במנעל לכתחילה *עכשיו נוהגין לחלוץ במנעל לפי שאין אנו בקיאין בסנדל אי נמי במילתא דקאמרי משמיה דאחריני אפשר דהלכה כרב יוסף*. מ"ר: **דילמא** להשלים. פירש בקונטרס שאם חסרה מזוזה שיטה אחת אי נמי לאו דאין מורידין היו נוטלין שיטה אחת מס"ת ותופרין במזוזה והא דאמרינן בירושלמי בפ"ק דמגילה דתפילין ומזוזות אין נכתבין אלא על עור אחד ההיא בשלא תפר העורות זה בזה טז] ויש עוד לפרש להשלים כגון יז] דפרשת שמע א) בסוף עמוד והוסיף פרשת והיה אם שמוע בגליון שלמטה או פרשת והיה אם שמוע ב) בתחלת עמוד והוסיף שמע בגליון שלמעלה יח] ג) מ"ר: **הא** מורידין עושין. אע"ג דנוהגין בתפילין של יד *ד' שיטין ובשל ראש ז' שיטין ובמזוזה כ"ה שיטין אם שינה לא פסול. מ"ר: ד) **תפילין** על הקלף מזוזה על דוכסוסטוס. ושניהן פסולין אגויל וס"ת כשירה אגויל כדמוכח בפרק המוציא יין (שבת דף עט:) ותימה דלא חשיב ליה בהדי אין בין ספרים לתפילין ומזוזות בפ"ק דמגילה (דף ח:) ויש לפרש דלא איירי בדבר שכתובין בו כדאשכחן (שם דף ז:) גבי אין בין שבת ליום הכיפורים דלא חשיב אכילה וגבי אין בין יום טוב לשבת דלא חשיב סקילה אי נמי משום דתפילין ומזוזות לאו מחד טעמא *מיפסלן אגויל ולא דמו לאשורית דהוי מחד טעמא משום דכתיב והיו. מ"ר: **אידי** ואידי בתפילין הא דכתבינהו אקלף במקום שער והא דכתבינהו אדוכסוסטוס במקום בשר. פירוש אף במקום בשר וה"ה במקום שער דלא הכשיר תפילין אלא על הקלף וקשה דלא משני אלא אידי ואידי במזוזה והוי השתא שינה בזה ובזה מענין אחד דמזוזה כשירה אשניהם ולא מיפסל כלל אלא מחמת שינוי מקום דלמאי דמוקי לה אתפילין מיפסלי אדוכסוסטוס מתרי טעמי חדא דדינא אקלף וחדא דדין דוכסוסטוס אשיער והוא שינה וכתב במקום בשר וכענין זה קשה בפרק המוציא יין (שבת דף עט:) דמשני התם איפכא אידי ואידי אמזוזה גבי הא דתאמר *רבא התם דוכסוסטוס הרי הוא כקלף וכותבין עליו תפילין והא תניא תפילין על הקלף ומזוזה על דוכסוסטוס למטה והא תניא שינה בזה ובזה פסול אידי ואידי אמזוזה הא דכתב אקלף במקום שיער והא דכתב אדוכסוסטוס במקום בשר והשתא קשיא דה"ל לשנויי אידי ואידי אתפילין דכשירין אשניהם והוי שינוייא מענין אחד כענין שפירש כאן ופירש שם הר"ר יוסף דמדלא תירץ כן נראה דתפילין אם שינה לכתוב בקלף במקום שיער לא פסל כמו שלא פסל אם שינה ממזותן וכתב אדוכסוסטוס ובענין זה נוכל לתרץ בשמעתין דלכך לא תירץ אידי ואידי אמזוזה דכיון דכשירה כששינה מצותה וכתבה אקלף ה"ה דכשירה כשכתבה אדוכסוסטוס במקום בשר ועוד יש לתרץ דלא הוי מצי לשנויי הכא אידי ואידי אמזוזה יט] דכל כמה דלא אשמעינן דמזוזה כשירה משניהם לא שייך למיתני שינה בזה ובזה פסול אבל כל דין תפילין כבר אשמעינן ובענין זה יש לתרץ בפרק המוציא יין (שם). מ"ר:

א) נ"א בתחילת ב) נ"א בסוף ג) [עי' ט"ז יו"ד סי' רל ס"ק א' ובנקה"כ] ד) עיין בספר תפארת שמואל דף לא ע"א

עין משפט נר מצוה

קלח א מיי' פ"ה מהל' תפילין הל"ב טוש"ע יו"ד סי' רפח סעי' יג:

דכשכותבים בתחילת נ"ק

קלט ב מיי' פ"א מהל' תפילין הל"א טוש"ע יו"ד סי' רל:

קם ג מיי' פ"א מהל' תפילין וס"ת הל' ח ט סמג עשין כה טוש"ע יו"ד סי' רעא סעי' ג:

קמא ד מיי' שם טוש"ע או"ח סי' לב סעי' ז:

הגהות הב"ח

(א) רש"י ד"ה מאי לאו וכו' רב דהלכה כצ"ל ותיבת זה נמחק: (ב) ד"ה למ"ד אם וכו' חולצין כו' הס"ד ואח"כ מ"ה מקדושה תמורה תפילין:

צריך לשייר שיטה נ"ק

שיטה מקובצת

א] אטבא דספרי ואות י' נמחק. פרש"י עץ סדוק כו' וזהו כדי אחיזת גודל ואצבע וזהו למעלה ולמטה אבל מן הצד לא מצינו שיעור הריוח ושמא כיון דכורך מאחר כלפי שמע צריך בראשו כדי לגול היקף ולפי מה שנהגו העולם עתה לכתוב שדי מבחוץ כנגד האויר שלפני והיה ונוקבין הספ לקרותו מבחוץ [נראה שאין צריך] דאי כדי לגול היקף א"כ יהיה מכוסה מאותו היקף ושמא יתתוך הקלף מאותו מקום. תוס' אחרות: ב] בסתומה. פרש"י כתב בתחילת [השיטה] ובסוף שיטה והחלק באמצע וכן מנהג קדמונים והיכא שנזדמן לו שנגמר השיטה בסוף הפרשה ולא נשאר מקום בשיטה להניח חלק ולהתחיל פרשה אחרת יגמור כל השיטה באותה פרשה ויניח חלק בתחילת שיטה שתחתיה בצד ימין ויתחיל פרשה אחרת באמצע השיטה ופתוחה זה שמניח חלק בסוף השיטה בצד שמאל ואינו מתחיל פרשה אחרת באותה שיטה אלא מתחיל בראש השיטה ממש ואם נזדמן לו ונגמר השיטה בסוף הפרשה יניח שיטה שלימה חלק ויתחיל בראש השיטה שלישית סדורה כו' עד מתחיל מלמעלה [הוא בתוס' ולכן לא העתיק] לפיכך הנהיג ר"ת בפת והה להניח ריוח בסוף שיטה ובראש שיטה שניה כדי לקיים שניהם ומיהו לפי זה קשה למנהג שלנו שאנו מניחין ריוח במזוזת בסוף שיטה אחר ובשעריך ואין אנו מתחילין והיה בראש שיטה שניה אלא מניחין ריוח קצת ולפי דברי ר"ת קרי פתוחה ואמר הכא דעושין פרשיותיו סתומה לכך נראה דטוב שלא יניח ריוח בסוף שיטה אחר ובשעריך כדי שיעור. ושיעור ריוח אויר פרשה י"א כשיעור לכתוב בו למשפחותיכם כו' וי"א כדי לכתוב ג' אותיות והר"ר מאורלייניש מצא במסכת סופרים ישן כמו בסדר הקדמונים איזה פתוחה כל שמניח באמצע השיטה. תוס' אחרות: ג] חולצין במנעל. מנעל הוא מעור דק ואיכא למגזר אטו מנעל המרופט שאינו חופה הרגל: ד] מנעל לכתחילה כו' אע"ג דללישנא בתרא מותר לכתחילה לחלוץ במנעל עד שיבא אליהו מ"מ טוב לחזור אחר סנדל מעור עבה. תוס' אחרות: ה] להשלים. כגון שכתב בסוף דף של ס"ת (מקצת) פרשת שמע והוא מסיימה בגליון ועושה פרשה סתומה וכותב והיה אם שמוע תו"ח: ו] אידי ואידי בתפילין והא דכתב אדוכסוסטוס במקום בשר. וה"ה במקום שיער אלא רבותא נקט דאע"ג דעיקר מצות כתיבת תפילין הוא אקלף במקום בשר אבל על דוכסוסטוס פסול אף במקום בשר וכ"ש במקום שיער דעיקר מצות כתיבת תפילין במקום בשר הוא וא"ת אמאי לא קאמר אמזוזה שינה בזה ובזה פסול אדוכסוסטוס במקום בשר ואקלף במקום שיער נמי פסול ומשכחת לה דאם מורידין עושין כגון שנכתבו אקלף ובמקום בשר ואומר הר"ר יוסף דאין זה סברא כיון דפסלינן מזוזה אדוכסוסטוס במקום בשר לחכשיר אקלף במקום בשר דאדרבה עיקר מצות כתיבת מזוזה במקום שיער ועוד אומר רבינו נתנאל דשינה בזה ובזה פסול משמע בב' מקומות שינה חד בזה ותרי בזה [הרי] תלת ובמזוזות לא משכחת להפסיל שלישי תוס' אחרות. ונ"ל תו"ח אידי ואידי אמזוזה. וא"ת לישני אידי ואידי אתפילין דכיון דשינוי אחד כשר במזוזה ופי' הר"ר יוסף דכיון דלכל השינוים כשרים בה ע"מ דכיון דמקום הסובחר במזוזות כשהיא נכתבת על דוכסוסטוס ואמת הוא שאף [על] (כל) הקלף כשר אין לנו לפסול מקום שיער בקלף במזוזה והר"ר נתנאל פי' דשינה בזה ובזה משמע שלשה פסולים וזה לא נמצא אלא בתפילין ולא הבנתי. ע"כ: ז] ובשעריך. סתום צד שמאל של שיטה תיבת הוא ל"ש: ח] לפיכך אני עושה אותן פתוחות: ט] תיבת זה נמחק: י] אטבא דספרי אות י' נמחק: יא] ויורה. כן שחולצין במנעל ותיבת וכו' נמחק: יב] מכלל. דעד שיבא אליהו וכו' חולצין בו הס"ד: יג] עושין. לא לעשות מזוזה כולה מס"ת דלעולם פתוחות בעינן אבל אם חסרה מזוזה שיטה אחת אי לאו דאין מורידין היו נוטלין שיטה אחת מס"ת ותופרה במזוזה ומשלימין וקא פריך הא מורידין עושין מתפילין מזוזה הס"ד: יד] והתניא. אם שינה: טו] צריך בתחילה: טז] העורות זה בזה: יז] כגון. אם גמר פרשת שמע בסוף עמוד: יח] בגליון שלמטה. אם לאו דאין מורידין עושין: יט] אידי ואידי אמזוזה. כל כמה אות ד' נמחק:

אות א'

מצוה לעשותן סתומות, ואי עבדינהו פתוחות שפיר דמי

יו"ד סימן רפח סי"ג - [ו]ריוח שבין פרשת "שמע" לפרשת "והיה אם שמוע", מצוה לעשות פרשה סתומה - ע"ל סי' ער"ה ס"ב איזה סתומה, **ומ"מ** הכא במזוזה אינו יכול לעשות סתומה שכשרה אליבא דכו"ע, וכמ"ש המחבר שם, דהיינו שיסיים פרשה שלפניה בתחלת שיטה, ויניח חלק כדי ט' אותיות, ויתחיל לכתוב בסוף אותה שיטה עצמה כו', שהרי צריך להתחיל שטה שביעית "והיה אם שמוע" כו', וכמ"ש בסמוך בשם הפוסקים, **אלא** יעשה סתומה שכשרה לדעת הרמב"ם, כמ"ש הרב שם, שאם לא יוכל לכוון בכך, לא יסור מדברי הרמב"ם - ש"ך.

ואם עשאה פתוחה, כשרה, לפי שאינה סמוכה לה בתורה.

אות ב'

ספר תורה שבלה ותפילין שבלו, אין עושין מהן מזוזה, לפי שאין מורידין מקדושה חמורה לקדושה קלה

יו"ד סימן רצ ס"א - [ז]ספר תורה או תפילין שבלו, אין עושין מהם מזוזה, ואין כותבין אותה על גליוני ספר תורה, לפי שאין מורידין מקדושה חמורה לקדושה קלה.

אות ג'

למצוה

יו"ד סימן רעא ס"ג - [ח]כותבין ספר תורה על הגויל, והוא העור שלא נחלק, וכותבין בו במקום שער; ואם כתב ס"ת על [ט]הקלף, כשר, והוא שיהיה כתוב בצד הפנימי שכלפי הבשר. הגה: וקלפים שלנו הם יותר מובחרים מגויל, וכותבין עליהם לכתחלה לצד בשר; ואין כותבין עכשיו על הגויל (ר"י מינץ סי' ט"ו). ואם שינה וכתב על קלפים שלנו במקום שער, פסול (א"ז הלכות תפילין). [י]מיהו יש מקילין בזה (טור וע"פ עב"י).

אות ד'

שינה פסול, בתפילין

סימן לב ס"ז - [יא]הלכה למשה מסיני, תפילין על הקלף, ולא על הדוכסוסטוס ולא על הגויל – (גויל הוא העור שלא נחלק, ולא הוסר ממנו רק השער ותקנו שם, ומצד הבשר לא הוסר כלום).

כותבין על הקלף במקום בשר, ואם שינה, פסול – (קאי אכולם, ואפילו אם כתב קוצו של יו"ד שלא על הקלף במקום בשר, כגון שבמקום אחד לא העביר מהדוכסוסטוס, פסול).

(ויזהר מאוד שלא יטעה לכתוב לצד השיער, דמעכב בדיעבד, וסימנו להכיר אחר העיבוד איזה צד הוא סמוך לבשר, רואים לאיזה צד שהקלף מתכויץ כשמלחלחין אותו, הוא מקום הסמוך לבשר, ומ"מ אין לפסול תפילין ישנים מחמת סימן זה, דאע"פ שאחר הבחינה נראה שנכתבו לצד השער, אנו מעמידים להסופר שכתבם על חזקתו חזקת בקי ומומחה, ובודאי כדין כתבם, גם סמכינן על המרדכי דמכשיר אם נכתבו לצד השער).

[יב]מהו קלף ומהו דוכסוסטוס: העור בשעת עיבודו חולקין אותו לשנים, וחלק החיצון שהוא לצד השער נקרא קלף, והפנימי הדבוק לבשר נקרא דוכסוסטוס; ולפי"ז כי אמרינן כותבין על הקלף במקום בשר, היינו במקום היותר קרוב לבשר, דהיינו במקום חבורו כשהוא דבוק לדוכסוסטוס.

[יג]וקלפים שלנו שאין חולקים אותם, יש להם דין קלף וכותבים עליהם לצד בשר, [יד]שמה שמגררים קליפתו העליונה שבמקום שער, אינו אלא כדי מה שצריך לתקנו ולהחליקו, ואפילו אם היו חולקים העור לשנים היה צריך לגרר ממנו כך – (ואם גרד יותר מזה, עיין בנשמת אדם, דעתו דלא מיקרי תו קלף, ובחתם סופר משמע שמקיל בזה).

באר הגולה

ו כרב נחמן בר יצחק שם דף ל"ב ע"א ז ברייתא מנחות דף ל"ב ע"א ח ברייתא שבת דף ע"ט ע"ב וכדעת הר"ן שמצוה מן המובחר בגויל, ואין מתירין לכתחלה אלא בגויל, ושכ"כ ר"ח ט שם בברייתא, פי' עור הנחלק לשנים חלק חיצון לצד השער נקרא קלף, והחלק הפנימי לצד הבשר נקרא דוכסוסטוס י ‹סה"ת - גר"א›. ‹הרב בעל ספר התרומה ז"ל פליג על רבינו ז"ל, וס"ל דאם שינה במזוזה וס"ת כשר, וכתב דמה דאמרינן בגמ' שינה בזה ובזה פסול, היינו דווקא בתפילין לחודיה, (ובמזוזה וס"ת הוי רק מצוה) - מרכבת המשנה› יא שבת ע"ט ומנחות ל"ב יב לפי' התוס' ‹שבת ע"ט› והמרדכי בשם רש"י, והר"ן בשם הערוך, ורא"ש בהל' ס"ת והרמב"ם יג תוס' ‹שם› וכל הני רבוותא יד ב"י

ומצד הבשר גוררים הרבה עד שאין נשאר אלא הקלף בלבד – (וסימנו לידע שנגרר כל הדוכסוסטוס, מקובל בפי הסופרים: כל מקום שהוא נמצא בקלף הוא ניכר לכל כי הוא חלק, ושאר קלף אינו חלק כ"כ, ואותו מקום החלק יכול לקלוף ולהפריש בסכין או במחט).

(**ובדיעבד** אם לא גרד כל כך, עיין במחה"ש שדעתו להחמיר, וכן בתשובת משכנות יעקב, **ובנשמת** אדם כתב, דאין לפסול התפילין מטעם זה בדיעבד, כיון דעכ"פ נגרר מן העור הקליפה הדקה הסמוך לבשר, דעליה בודאי חל שם דוכסוסטוס, **ואף** דאין למחות ביד המקיל בדיעבד, דיש לו על מי לסמוך, מה מאד ראוי להזהיר להסופרים, שיזהרו בזה עכ"פ לכתחלה, שלא ישאירו על הקלף קודם שיכתבו עליו שום קרום וקליפה דקה במקום הכתיבה, ואפילו קליפה דקה כחוט השערה, דזה הוי הכל חשש דוכסוסטוס).

עין משפט נר מצוה

קמב א מיי' פ"א מהל' תפילין וס"ת הל' יב סמג עשין כה טוש"ע א"ח סי' לב סעי' ו: קמג ב מיי' שם טוש"ע יו"ד סי' רפח סעי' ח: קמד ג מיי' פ"א שם הלכה יב: קמה ד מיי' פ"י שם הל"ו טוש"ע יו"ד סי' רפב סעי' ז: קמו ה מיי' פ"ה מהל' תפילין וס"ת הל"ח סמג עשין כג טוש"ע יו"ד סי' רפט סעי' ד: קמז ו מיי' פ"ו שם הל"יב סמג שם טוש"ע שם סעי' ב:

דכתבינהו אדוכסוסטוס במקום בשר ואיבעית אימא שינה בזה ובזה תנאי היא דתניא שינה בזה ובזה פסול ר' א] *[אחא מכשיר משום רבי] אחאי ברבי חנינא ואמרי לה משמיה דרבי ג] *עקיבא ברבי חנינא (א) הא מורידין עושין והא בעיא שרטוט דאמר רב מניומי בר חלקיה אמר רב חמא בר גוריא אמר רב כל מזוזה שאינה משורטטת פסולה ורב מנימין בר חלקיה דידיה אמר שרטוט של מזוזה הלכה למשה מסיני תנאי היא *דתניא ר' ירמיה אומר משום רבינו תפילין ומזוזות נכתבות שלא מן הכתב ואין צריכות שירטוט והילכתא א*תפילין לא בעי שרטוט ב*ומזוזה בעיא שירטוט ג*ואידי ואידי נכתבות שלא מן הכתב מ"ט מיגרס גריסין *אמר רב חלבו אנא חזיתיה לרב הונא ג] *דהוה יתיב אפוריא דס"ת עליה וכף לכדא אארעא ואנח עליה ס"ת והדר יתיב במיטה קסבר ד*אסור לישב על גבי מיטה שס"ת מונח עליה ופליגא דרבה בר בר חנה דאמר רבה בר בר חנה א"ר יוחנן מותר לישב על גבי מיטה שספר תורה מונח עליה ואם לחשך אדם לומר *מעשה בר' אלעזר שהיה יושב על המיטה ונזכר שס"ת מונח עליה ונשמט וישב ע"ג קרקע (ג) ודומה כמי שהכישו נחש התם ס"ת על גבי קרקע הוה אמר רב יהודה אמר שמואל כתבה אגרת פסולה מ"ט אתיא כתיבה כתיבה מספר ואמר רב יהודה אמר שמואל ה*תלאה במקל פסולה ד] מ"ט בשעריך בעינן תניא נמי הכי *תלאה במקל או שהניחה אחר הדלת סכנה ואין בה מצוה של בית מונבז המלך היו עושין בפונדקותיהן כן זכר למזוזה ואמר רב יהודה אמר שמואל ו*מצוה להניחה בתוך חללו של פתח פשיטא בשעריך אמר רחמנא ס"ד אמינא הואיל ואמר רבא *מצוה להניחה בטפח

רש"י

דאם כתבן אדוכסוסטוס פסול אבל מזוזה אקלף שפיר דמי: **והא בעיא שרטוט.** כדמפרש לקמן ובתפילין לא אשכחן דבעי שרטוט: **מגרס גריסין.** רהוטים הם בפי כל אדם ואין טועין בהם הילכך אין צריך להעתיקם מספר אחר: ה] **כף יכדא אארעא.** כפה כד על הארץ: **והניח ס"ת עליו.** לפי שהיה ס"ת מונח על ו] ראשה והיה רוצה לישב על המיטה: **ונדמה לו.** מרוב צער כמי שהכישו נחש: **על גבי קרקע.** היה ס"ת מושלך דאיכא בזיונא יתירא לכך נצטער: **כתבה איגרת.** בלא שרטוט ולא דקדק בחסרות ויתרות כאיגרת בעלמא: **כתיבה כתיבה.** וכתבתם על מזוזות וכתב לה ספר כריתות אי נמי כתוב זאת זכרון בספר מה ספר בעי דקדוק אף מזוזה בעיא דקדוק: **תלאה.** למזוזה על הפתח במקל: **שהניחה אחורי הדלת.** שקבעה בכותל אחורי הדלת: **סכנה.** מן המזיקים שאין הבית משתמר בה עד שיקבענה בזוית הפתח כהילכתה: **היו עושין בפונדקותיהן כן.** פונדק היינו בית שלנין בו עוברי דרכים בדרך ואין חייבין במזוזה דלאו דירת קבע הוא כדתניא לקמן בהתכלת* הדר בפונדקי בארץ ישראל כל שלשים יום פטור מן המזוזה ושל בית מונבז המלך כשהיו מהלכים בדרך נושאין מזוזות עמהם ותולין אותן בפונדק במקל עד הבקר זכר למזוזה לפי שלא היו דרין לעולם דירת קבע אלא הולך היה מעיר לעיר ז] במלכותו: **בתוך חלל הפתח.** ולא מבחוץ: **פשיטא בשעריך כתיב.** דהיינו מקום סגירת השער:

תוספות

הא מורידין עושין והא בעיא שרטוט. וא"ת דילמא במשרטטי וי"ל דלא היו רגילין לשרטט ספר תורה ותפילין כיון דלא בעו שרטוט כדאמרינן בירושלמי בפ"ק דשבת כל הפטור מן הדבר ועושהו נקרא הדיוט ובסדר רב עמרם מביאו והא דאמרינן בספ"ק דמגילה (דף טז:) דברי שלום ואמת מלמד שצריכה שרטוט כאמיתה של תורה לא כמו שפירש שם בקונטרס דמיירי בס"ת ממש אלא במזוזה קאמר שהיא אמיתה של תורה שיש בה *מלכות שמים וכדמוכח הכא דמזוזה בעיא שירטוט ותדע דאי בספר תורה כפירוש הקונטרס היה לו לדרוש מדנקראת ספר כדדרשינן התם* דרשא אחריתי מדנקראת ספר ומיהו י"ל דאי מדנקראת ספר הוה ליה לאשכוחי חד עניינא דלא ליבעי שרטוט כיון דנקראת כמו כן איגרת כדאמרינן נמי (מגילה דף יט.) לענין תפירה דלא צריך לתופרה כולה בגידין ובירושלמי משמע כפירוש הקונטרס דמספר תורה עצמה יליף דקאמר התם נאמר כאן דברי שלום ואמת ונאמר להלן אמת קנה ואל תמכור מה להלן צריך שרטוט אף כאן צריך שרטוט משמע דאיירי בכל התורה כולה דאכל התורה כולה כתיבא קרא ואמר רבינו תם דס"ת בעי שרטוט משום (שמות טו) זה אלי ואנוהו אבל תפילין דמכוסין בעור לא בעו שרטוט דלא שייך בהו נוי וקשה תימה דבסמוך ילפינן מזוזה מס"ת בג"ש כתיבה כתיבה לענין כתיבת אגרת ואמאי לא ילפינן מינה ס"ת ממזוזה לענין שירטוט וכ"ת לענין כתיבה לא ילפינן הא לקמן* בעי למילף לענין כתיבה על האבנים ומהא דאמרינן במסכת סופרים (פ"א) מסרגלין בקנים וכותבין בדיו עוד נמי אמרינן התם דכל יריעה שאינה מסורגלת פסולה משם אין ראיה ח] דדילמא בשרטוט עליון איירי *דאי אפשר לכתוב שלש תיבות או ארבע בלא שרטוט כדתניא בפ"ק דגיטין (דף ו:) אבל שרטוט *בין שיטה לשיטה אפשר דלא בעיא ט] ומהא אמר שנוהגין לכתוב באגרות שלומים ארבע וחמש תיבות מן הפסוק בלא שרטוט משום דלא אסרו אלא דוקא שכותב הפסוק לדרשא כי ההוא עובדא דרבי אביתר דגיטין אבל מה שאדם כותב באגרת מן הפסוק לדבר נחות* שרי בלא שרטוט ומיהו משמע בירושלמי דאסור בכל ענין שאפי' באגרת שלומים היו מהפכים הפסוק ולא היו כותבים אותו ככתבו דקאמרינן בפ"ג דמגילה מהו *מיכתב תרתין תלת מילין מן הפסוק מר עוקבא שלח* לריש גלותא דהוה דמיך וקאי בזומרי ישראל אל תשמח (ישראל אל) בעמים [אל] גיל וחולק על הש"ס שלנו דקאמר בגיטין (דף ז.*) דשירטט וכתב ליה רבי זעירא כתב ולא זכר יואש המלך ולא כתב כדכתיב המלך יואש רבי ירמיה שלח כתב לרבי יודן לשוא את אהובך ולאהוב את שונאיך שלח רבי אבהו *אבל תמר תמרורים בתמרוריה היא עומדת ובקשו למתקה ולשוא לרך לרוף (ירמיה ו) רבי מנא שלח כתב לרבי הושעיה בר שמאי *ראשיתך מצער היה ואחריתך מאד תשגיא (איוב ח) *מ"ר: **אסור** לישב על גבי מטה שספר תורה מונח עליה. בירושלמי בפרק מי שמתו אמרינן תיבה שהיא מליאה ספרים נותנה לראש המטה ואינו נותנה למרגלות המטה רבי אבין בשם רב הונא והוא שהאה מטה גבוהה עשרה טפחים ולא יהו *רגלי המטה נוגעין בתיבה עוד קאמר לא ישב אדם על גבי ספסל שס"ת מונח עליה ומעשה ברבי אליעזר כו' אם היה נתון על גבי דבר אחר מותר עד כמה רבי אבא בשם רב הונא טפח רבי ירמיה בשם רבי זירא כל שהוא: **דאמר** רבה בר בר חנה א"ר יוחנן מותר לישב על גבי מטה שס"ת מונח עליה. נראה דהלכה כר' יוחנן לגבי רב הונא דאפי' לגביה רב רביה הלכה כמותו כדאמר *(ביצה ד.) ותלמידי דרב הונא לא סברי כוותיה דבעי לאותובי ס"ת אפורייה בפ' בתרא דמועד קטן (דף כה.) מ"ר: **כתבה** אגרת פסולה מ"ט אתיא כתיבה כתיבה מספר. פירש בקונטרס איגרת בלא שרטוט וקשה דלעיל אמרינן שרטוט של מזוזה הלכה למשה מסיני י] והכא יליף כתיבה כתיבה ומפרש ר"ת אגרת מקרא ולא מסורת שלא דקדק בחסירות ויתירות אלא כאגרת בעלמא והא דיליף כתיבה כתיבה לא כמו שפירש בקונטרס מוכתב לה ספר כריתות דכמה חסירות ויתירות יש בגט דיתיאוויין דיתילביין חמשה חמשה יודין וגם חסירות כגון למהך *ושרטוט נמי אשכחן דבעי בגט ועוד מספר הכתוב בגט לאו למעוטי אגרת דלספירת דברים הוא דאתא כדאמרינן בגיטין (דף כא:) ומיהו בפרק שני דגיטין (דף כ:) דאמרינן דספר דגט אתא למעוטי שנים וג' ספרים וה"ה דנמעט נמי כתבו אגרת כמו בפרק שני דסוטה (דף יז:) דדרשינן תרוייהו מספר ועוד יש לפרש דיליף הכא מסוטה דממעטינן בפרק שני דסוטה כתבה איגרת מדכתיב בספר ובפירוש הקונטרס לשון אחר דיליף מכתוב זאת זכרון ול"ע אמאי לא ילפינן ליה גט כתיפה כתיבה דליפסול בהכי *(או) מדכתיב ביה ספר ואין לפרש אגרת ר"ל בעמודים קצרים רחבים שאינם כג' פעמים למשפחותיכם כדאמר לעיל (דף ל.) ולא ירבה בדפין שנראה כאגרת דהא אמרינן לעיל מזוזה שעשאה שתים שלש ואחת כשירה ואע"פ שפירשתי שצריך לדקדק בחסירות ויתירות אין להקשות מהא דתנן בפרק השואל (ב"מ דף קא:) דמשכיר חייב בכל דבר שהוא מעשה אומן ומשמע בגמרא דשוכר חייב במזוזה דחובת הדר היא דהתם לא מיירי אלא בבנייני הבית ומקום מזוזה נמי דהוי על השוכר כדאמר התם משום דלא מעשה אומן הוא דאיפשר בגובהא דקניא היינו מעשה *שהוא בגוף הבית עצמו. מ"ר: **סכנה** ואין בה מצוה. פי' בקונטרס כיון דעשאה שלא כהילכתה אין הבית משתמר מפני המזיקין וקשה לרבינו תם דא"כ הו"ל יא] למימר הכי *אבל העשויה שלא כהילכתה ונראה דתלאה במקל נוקף בה ראשו דלאו אדעתיה וכן אחורי הדלת רגילה להיות בולטת ומכה בה ראשו יב] והא דאמר בפ' השואל (ב"מ ד' קב.) אפשר בגובהא דקניא ופירש שם בקונטרס דתלי ליה בגובהא דקניא חלול לא תלי ממש קאמר. מ"ר:

כתבה

קבלת עול מלכות שמים נ"ק

[דף יט.]

דבעי למיתב אפוריא נ"ק

הגהות הב"ח

(א) גמ' ר' אחאי כו' חנינא ואמרי לה משמיה דר' עקיבא כו' חנינא אמר כשר הא מורידין: (ג) שם על גבי קרקע ונדמה כמי שהכישו:

[לד.]

דאסור לכתוב נ"ק

על כל שיטה ושיטה אפשר דלא בעי ומה שנוהגין כו' נ"ק

למיכתב נ"ק

וכ"ה בירושלמי

כך הוא הגי' שם ראשיתך מצער מאד תשגא אחריתך

גרסת רש"א תבגי

שיטה מקובצת

א] ר' אחאי. מכשיר משום רבי יהודה ברבי חנינא: ב] יעקב תיבת עקיבא נמחק: ג] לרב הונא דכף כדא אארעא ואנח עליה ס"ת קסבר אסור והשאר נמחק: ד] תיבות מ"ט בשעריך בעינן נמחק: ה] דכף כרא: ו] על המטה והיה: ז] לעיר בכל מלכותו: ח] דדילמא. בד' שירטוטין דהיינו עליון ותחתון ומן הצדדין תוס' אחרות: ט] ומה שנוהגין לכתוב באגרות: י] מסיני. וס"ת אמרינן לעיל דלא בעי שרטוט ועוד פי' שלא דקדק בחסירות ויתירות דכתיב וכתבתם כתיבה תמה ויתירות נמי אמרינן לעיל בס"ת אבל ביתירות לית לן בה לכך נראה דלא גרסי' מס"ת אלא ה"ג אתיא כתיבה מספר והיינו מספר דכתיב גבי סוטה וה"נ אמרינן בפ"ב דסוטה גבי מגילת סוטה כתבה אגרת פסולה שנאמר בספר ולענין חסירות ויתירות יליף לה מסוטה. תוס' אחרות: יא] הוה ליה למימר הכי כל העשויה שלא כהלכתה. ומאי שנא הכא דנקט האי לישנא דסכנה טפי מבכל שאר פסולין ותיבת אבל נמחק: יב] ראשו. לפי שאינה קבועה (בסוף) [בתוך] הסף:

מסורת הש"ס

כרא אארעא כפה כד כו' נ"ק

גי' רש"ק והרש"א לא מוסיף רק תיבת מכשיר קודם תיבת הא מורידין

מגילה יח:

מ"ק כ"ה. [ושם איתא רב תחליפא]

דף מד.

מס' סופרים פרק ג

תוספתא דמגילה פ"ג

[לקמן לג:]

נשוט שרי נ"ק

כתב לריש גלותא דהוה קאי ודמיך בזימרא נ"ק

אבל תמרורים בתמרוריה כו' נ"ק

[וע' תוס' גיטין ו: ד"ה ר' יצחק ותוס' סוטה יז: ד"ה כתבה]

בשרוכין ועוד דאף תלמידי כו' נ"ק

ושרטוט נמי לא אשכחן נ"ק

רש"א מ"ו וכן נ"ק ומהרש"ק תולק

נ"א שהוא

נ"ל כל העשויה כו' רש"א ונ"ק

§ מסכת מנחות דף לב: §

אות א'

תפילין לא בעי שרטוט

סימן לב ס"ו - [טו]אין (צריך) לשרטט [טז]כי אם שטה עליונה - משום דתפילין אין עליה הלמ"מ לשרטט כמו מזוזה, רק משום דאסור לכתוב ג' תיבות מפסוק בלי שרטוט, ע"כ כשמשרטט שיטה עליונה די, כי סתם בני אדם יודעים לאמן ידם לכתוב כל השיטות ישרות אחר שכתבו שיטה עליונה, **וקאמר** "אין צריך", משום דאם ירצה לשרטט כל השיטין כדי לכתוב יותר ביושר ליפות השיטות, הרשות בידו. [יז]**ואם אינו יודע ליישר השטה בלא שרטוט, ישרטט כל השורות -** פי' לכתחלה משום "זה אלי ואנוהו", אבל בדיעבד אפילו אם לא שירטט, וכתב השיטות עקומות, אין לפסול התפילין.

ולא ישרטט בעופרת, מפני שהמקום השרטוט נשאר צבוע - וכן בדיו ובסיקרא וכל כיוצא בזה, ואפילו בין השיטין אסור לשרטט בו, **וכל** זה לכתחלה, אבל בדיעבד אין להחמיר, כן כתב הל"ח והא"ר, **ובתשובת** דבר שמואל מפקפק בזה מאוד אם משורטט בשום צבע שחור, מחמת נגיעת אות באות ע"י השירטוט השחור, אם לא דכתב מתחת השירטוט.

הגה: [יח]וי"א שצריך לשרטט תמיד למעלה ולמטה ומן הצדדים, אעפ"י שיודע לכתוב בלא שרטוט, וכן נוהגין (ברוך שאמר ומרדכי וספר תרומה וסמ"ג) – [יט](וכהיום נהגו הכל לשרטט בכל השיטין).

(**יש לעיין** קצת, אם שירטט כל השורות, **אם** צריך ג"כ לשרטט מן הצדדים, או לא, **וספק** זה יש להסתפק בס"ת ומזוזה, **דשם** השירטוט כולו הוא לעיכובא, **ונראה** דבדיעבד אין להחמיר בזה אפילו במזוזה, כי לא נזכר בכל מקום רק שירטוט בין השיטין, **וכ"ש** לפי מה שנראה מרדב"ז, דטעם השירטוט אפילו במזוזה הוא כדי ליישר השיטין, בודאי אין להחמיר בזה).

(**ועיין** בספר ברוך שאמר שכתב, [כ]שנ"ל שטוב לשרטט להשיטין לצד השיער, ולמעלה ולמטה ולהצדדים ישרטט לצד הבשר).

(**ודע**, דשירטוט של תפילין, לכו"ע א"צ להיות לשמה).

(**ובדיעבד** אם לא שירטט אפילו שיטה עליונה, לדעת המחבר, או מכל צד לדעת הרמ"א, תלוי בין שיטת ר"ת ושארי פוסקים, **דלר"ת** שכתב דס"ת אין צריכה שירטוט, רק בשיטה עליונה לדעת המחבר, או מכל צד לדעת הרמ"א, ובדיעבד נפסל בזה, ומוכרח לומר כן ממסכת סופרים: דיריעה שאינה מסורגלת פסולה, א"כ ה"ה בתפילין, דחד דינא אית להו לשיטתו, **אבל** לפי מה דפסקינן ביו"ד, דס"ת צריכה להיות שירטוט בכולה כמו מזוזה, א"כ אין לנו ראיה לפסול התפילין בדיעבד אף אם לא שירטט כלל, **כן** איתא בביאור הגר"א בקצרה, ובדבריו ניחא שלא כתב המחבר לפסול בדיעבד, כמו שכתב להדיא ביו"ד, בס"ת ומזוזה).

אות ב'

ומזוזה בעיא שירטוט

יו"ד סי' רפח ס"ח - [כא]צריכה שרטוט; ואם כתב בלא שרטוט, פסולה - ‹עיין ב"ח או"ח סי' ל"ג, דצריך שרטוט לשמה – רעק"א›.

(**עיין** בתשובת רבינו עקיבא איגר זצ"ל, במזוזה שנמצא שהאותיות נכתבין בין שרטוט לשרטוט, אם יש תקנה לשרטט עתה בראשי השורות כדינו, **והשיב** דלא מהני, וראיה מסוגיא דמנחות, טעמא דאין מורידין כו' והא קיי"ל דתפילין א"צ שרטוט ומזוזה צריכה שרטוט, ואם איתא דמהני שרטוט אחר הכתיבה, מאי קושיא הא יכול לשרטט עכשיו, **וכן** משמע מלשון הרמב"ם ושו"ע, שכתבו ואם לא שרטט פסולה, משמע דאין לזה תקנה, {**ומבואר** שם דלאו משום דבעי במזוזה כסדרן, לכן לא מהני שרטוט אח"כ, דזה אינו, דהא אין חסרון בגוף האותיות, והוי רק תיקון אחר, כמו חקיקת נגיעה דמהני במזוזה, ‹וכן לעשות התגין אפילו אחר הכתיבה אין בזה משום שלא כסדרן – ערוה"ש›, **אלא** צ"ל דמאחר דהלל"מ דבעי שרטוט, אי כתב בלא שרטוט, לאו שמה כתיבה, **וצ"ע** בזה לענין ס"ת}, **וכתב** עוד דיש להסתפק אם שרטט בבדיל קודם הכתיבה, ולאחר הכתיבה בעוד שהשרטוט דבדיל היה קיים, היה משרטט בקנה כדין, **די"ל** כיון דלא היה פעם בלא שרטוט, והכתיבה היה כדינו, דמהני, **ואף** לאחר שנתפשטו השרטוטים דבדיל, י"ל דמהני לשרטט בקנה, כיון דהכתיבה היה בהכשר, וגם עתה נשרטט בקנה, ומה דבינתיים לא היה משורטט, י"ל דאינו גרע, דלא הוי דיחוי, כיון דבידו לשרטט, והוי כמו קבל הכשר ונתן לפסול בפ"ג דזבחים דף ל"ד, וצ"ע לדינא, עכ"ד, ע"ש - פת"ש).

באר הגולה

טו **מנחות ל"ב** ‹לשון שו"ע אין לשרטט, וכמ"ש תוס' במנחות שם ד"ה הא כו', וי"ל דלא היו רגילין לשרטט ס"ת ותפילין כיון דלא בעו שרטוט.. כל הפטור מן הדבר ועושהו נקרא הדיוט כו', ורמ"א הגיה תיבת צריך, כמ"ש בטור א"צ כו' ואם ירצה לשרטט הרשות בידו, וכמ"ש בסה"ת, דלא מקרי הדיוט אלא כשעושה משום חומרא, אבל כה"ג שכוונתו לכתוב יותר ביושר, שפיר דמי – גר"א› טז **תוספות** ‹ואמר ר"ת דס"ת בעי שרטוט משום זה אלי ואנוהו, אבל תפילין דמכוסין בעור לא בעו שרטוט, דלא שייך בהו נוי.. ומהא דאמרינן במסכת סופרים מסרגלין בקנים וכותבין בדיו, עוד נמי אמרינן התם, דכל יריעה שאינה מסורגלת פסולה, משם אין ראיה, דדילמא בשרטוט עליון איירי, דא"א לכתוב ג' תיבות או ד' בלא שרטוט› **והרא"ש וספר תרומה מההיא דגיטין ומס' סופרים** יז **הרא"ש בהל' ס"ת** יח ‹דהא דקאמר יריעה שאינה מסורגלת פסולה, היינו ד' שרטוטין מלמעלה ומלמטה ומצדדין, וה"ה לתפילין, דהא לדעתם ס"ת ותפילין שוין – גר"א› יט ‹וכנ"ל, דיותר נאה ויותר ישר הוא כשהוא משורטט› כ ‹שהוא אינו הצד של הכתיבה, ולא יחרוץ בצד הכתיבה, כיון שמדינא א"צ לשרטט שם, ויש לחוש לשיטת רבינו שמחה שס"ל שאם שירטט פסל, ולמעלה ולמטה ולהצדדים ששם בודאי צריך לשרטט, יש לסרטט לצד הבשר שהוא צד הכתיבה – מ"ב המבואר› כא **מימרא דרב חמא בר גוריא אמר רב, ומסקנת הגמרא מנחות דף ל"ב ע"ב**

אות ג'

ואידי ואידי נכתבות שלא מן הכתב

רמב"ם פ"א מהל' תפילין ומזוזה וס"ת הי"ב - הלכה למשה מסיני [כב]שאין כותבין ספר תורה ולא מזוזה אלא בשרטוט, אבל תפילין אינן צריכין שרטוט לפי שהן מחופין. ומותר לכתוב תפילין ומזוזה שלא מן הכתב, שהכל גורסין פרשיות אלו; אבל ספר תורה אסור לכתוב אפילו אות אחת שלא מן הכתב.

[כג]**סימן לב סכ"ט - [כד]אם אין הפרשיות שגורות בפיו** - והיינו בעת שהוא מתחיל לכתוב, דמסתמא עדיין אין בקי בקריאתן בע"פ כראוי, ובפרט במלא וחסר, **צריך שיכתוב מתוך הכתב** - או מפי מקריא, כדי שלא יטעה.

ואם מקצת הפרשה שגורה בפיו, מותר לכתוב אותו מקצת בע"פ. **ועיין** [כה]בב"ח שכתב, דמ"מ מצוה מן המובחר לכתוב בכל גווני מתוך הכתב.

[כו]**סימן לב ס"ל - [כז]אינו רשאי לכתוב אא"כ יודע לקרות** - דאל"ה בקל יכול לטעות ואינו מרגיש.

אות ד'

אסור לישב על גבי מיטה שס"ת מונח עליה

יו"ד סימן רפב ס"ז - [כח]אסור לישב על המטה שספר תורה עליה - וראוי להחמיר שיהא מקום הס"ת גבוה ממנו י' טפחים, ולא יפחות מג' טפחים, דכל דבציר מהכי לא חשיב גובה כלל, בית יוסף, **ונראה** דמדת חסידות קאמר, אבל מדינא סגי בגובה טפח לכו"ע, כדאיתא בירושלמי ופוסקים הובאו בב"י.

הגה: וכל שכן שאסור להניחה ע"ג קרקע - (עיין בספר תפארת למשה שכתב, דאם נפלו ספרים הרבה בפעם אחת ע"ג קרקע, אם יש שיהוי וטורח אם יגביה כל אחד בפ"ע, משאם יניחנו כולו כאחד זה ע"ג זה בארץ, יגביהם כאחד, כדאמרינן פ"ב דעירובין מצאן צבתים כו', וי"ל דהתם בשבת שאני, עכ"ד, ע"ש).

וה"ה שאר ספרים (צ"י בשם הר"ר מנוח ובשם א"ח וכל בו) - ‹אך בגובה טפח ודאי שרי - ערוה"ש, **וכתב** הר"ר מנוח, דוקא שלא בשעת זמן בית המדרש, **אבל** בזמן בית המדרש והמקום צר לתלמידים, מותר לישב בשוה עם הספרים והפירושים, **וכך** נהג הר"ר משולם בדרש"ג, אך כשלא היה במקום בהמ"ד, היה מדקדק שיהא הספר נתון ע"ג דבר אחר כל שהוא, עכ"ל, **וכתב** בעל ספר א"ח בסוף ספרו, ונראה שאין להקל בדבר, שלא יראה כמזלזל בכבוד הספרים, עכ"ל ב"י ומביאו ד"מ - ש"ך.

ואפילו על המדרגות שעושין לפני ארון הקודש, אסור להניח ספרים (סמ"ג) - ‹דהוא כארץ שהולכים עליה - גר"א›, **ולא יניח אדם ס"ת על ברכיו וב' אלילי ידיו עליו (מהרי"ל). וכ"ל דהוא הדין שאר ספרים** - ‹דהא משום בזיון הוא - גר"א›. ‹ונראה דזהו בקורא לעצמו, דבקריאה בציבור לא שייך זה כמובן, ורק שלא להניח אצילו עליו שייך גם בציבור, ויש ליזהר בזה - ערוה"ש›.

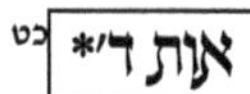

אות ד'* [כט]

כתבה אגרת פסולה

רמב"ם פ"ה מהל' תפילין ומזוזה וס"ת ה"ג - [ל]ואם כתבה שלא בשירטוט, [לא]או שלא דקדק במלא וחסר, או שהוסיף מבפנים אפילו אות אחת, הרי זו פסולה.

[לב]**סימן לב ס"כ - [לג]צריך לדקדק בחסרות ויתרות, שאם חסר או יתר אות אחת, פסולים** - אפילו אם התיבה לא נשתנה לקריאתה בזה, כגון במלא וחסר, ואפילו אם קוצו של יו"ד חסר, מעכב.

(**ואם** אות היתר לא היה מחובר לשום תיבה, רק שעמד בין תיבה לתיבה או בין השיטין, אם נפסל התפילין משום זה, [לד]עיין בנו"ב שמקיל בזה, **והשער** אפרים חולק עליו, ומסכים עם רש"ל שמחמיר בזה).

ונמצאו המניחים אותם מברכים בכל יום ברכה לבטלה, וגם שרוי בכל יום בלא מצות תפילין, ונמצא עונש הסופר מרובה - מלבד עון גזל החמור.

לכן צריך להיות מאוד ירא שמים וחרד לדבר השם, המתעסק בכתיבת תפילין ותיקונן.

באר הגולה

כב ‹כיון דסתמא אמרינן בירושלמי כותבין מסורגל, אכולהו הוה לן למימר דקאי, אלא דמיעטו בגמרא דידן תפילין בהדיא, אבל ס"ת דלא אימעוט, בעי שרטוט, ופירש רבינו למה אין התפילין צריכין שרטוט, לפי שהם מחופין, אבל המזוזה אינה מחופה כל כך, שבנקל יכול להסירה ממקומה - כסף משנה› **כג** ‹ע"פ הבאר הגולה› **כד** **מגילה י"ח מנחות ל"ב** **כה** ‹לפי שהסופרים נהגו לכתבם בעל פה, הניחו להם חכמים מנהגם, וזהו דלא תני בברייתא כותבין שלא מתוך הכתב, דהוה משמע לכתחלה, אלא נכתבות שלא מתוך הכתב, כלומר יכולין לכתבן ואין מוחין בהן - ב"ח› **כו** ‹מילואים› **כז** **פ"ק דמסכת סופרים** **כח** **שם ממימרא דרב תחליפא אנא חזיתיה לרב הונא וכו'** מ"ק דף כ"ה ע"א [מנחות ל"ב ב], **וכתב הב"י בשם ה"ר מנוח דבזמן בית המדרש והמקום צר לתלמידים מותר לישב בשוה עם הספרים והפירושים** **כט** ‹ע"פ מהדורת נהרדעא› **ל** ‹כל זה מפרש רבינו בכלל מה שאמר שמואל כתבה אגרת פסולה - בני בנימין› **לא** ‹ומש"כ או שלא דקדק במלא וחסר. שם אמר רב יהודה אמר שמואל כתבה אגרת פסולה, ופירש"י שלא דקדק בחסרות ויתירות אלא כאגרת בעלמא - כסף משנה› **לב** ‹ע"פ הגר"א וז"ל: עיין תוס' מנחות ל. ל"ב: ד"ה אבל כו', ל"ב: ד"ה כתבה כו'› **לג** **הרא"ש בסדר תיקון תפילין וכתיבתן** **לד** ‹אבל שיטת הנו"ב תמוה, דהא הוא נגד הרמב"ם (עיין לעיל)... ממש"כ "או שהוסיף מבפנים אפילו אות אחת" אחר שכתב שלא דקדק במלא וחסר, אלמא דהוא שהוסיף במקום שאינו מקלקל שום תיבה, ופסול - אג"מ›

ראיתי להעתיק פה לשון הלבוש הצריך מאד לענינינו, דז"ל: ולא כמו שעושין עכשיו כמה סופרים, שמניחין נערים המתלמדין לכתוב תפילין, כדי שירגילום בכתב, ואח"כ רואה הסופר אם נכתבו כהלכתן בחסירותן ויתירותן, וסגי ליה בהכי, ואח"כ מניחין אותן בבתים ומוכרין אותם, ומחשבין להם הסופרים אותן המעות בשכר הלימוד להנער, ומראים להם פני היתר לומר: הרי אנו בזה כגומלי חסדים עם הנערים העניים, ללמוד להם מלאכת הכתיבה בחנם, והיא מלאכת ה', **אבל** אני אומר יצא שכרם בהפסדם, ואדרבה לא טוב המה עושים בעמם, כי הנער נער ואין יודע בין ימינו לשמאלו, ואין לו שום כונה בעולם, רק הם כמתעסקים בכתיבה ליפות הכתב, ולא לשום קדושה ושום כונת מצוה בעולם, והרי עונש הסופר מרובה מאד, שמכשיל את הבריות שמניחין אותן התפילין הפסולין, **ולא** עוד כדי להשביח את מקחו יאמר הסופר לכל: אני כתבתים ובכוונה כתבתים וכו', וכל העושין כן בודאי עתידין ליתן את הדין ולקבל עונשין הרבה מאוד, ועליהם נאמר: ארור עושה מלאכת ה' רמיה, **ע"כ** יזהר כל סופר ויתרחק מזה וטוב לו, דלשמן האמור אצל תפילין אין הכונה לשם בעל התפילין, כמו גבי גט דצריך לשם האיש והאשה, רק לשם קדושת תפילין.

וסיים ע"ז: ומן הראוי למי שיש כח בידו, למנות כותבי תפילין מהוגנים אנשי אמת שונאי בצע בעלי תורה יראי אלקים וחרדים על דברו, בכל עיר, כמו שממנים שוחטים ובודקים, שלא יאמינו לכל הסופרים, שאין כוונתם אלא להרויח ממון ע"י כתיבה ותיקון יפה בעשיית התפילין, ואף כי גם כוונה זו טובה היתה לייפות המצוה בנוייה, זה דוקא אם היה להם כוונה קדושה ג"כ, אבל בזה אינם נזהרים, ודי בזה, עכ"ל הטהור.

וכתב בספר ב"ש: יכתוב אותיות טובים ותמימות ולא שבורות, ובמתון ובכוונה גדולה, ולא ימהר אדם בכתיבתה כדי להרויח ממון הרבה, כי אותו ריוח ילך לאיבוד ולדיראון, ויפסיד נשמתו, כי הוא מחטיא את הרבים, **וכל** מי שכותב תפילין טובים וכשרים כפי יכולתו, שכרו כפול ומכופל וניצול מדינה של גיהנם, **וכתב** בספר חסידים: "וצדקתו עומדת לעד", זה המזכה רבים, כגון המלמד ליראי השם תיקון תפילין לתקן לאחרים.

אות ה'

תלאה במקל פסולה

יו"ד סימן רפט ס"ד - [לה]**"כיצד קובעה, ימסמרנה במסמרים במזוזת הפתח** - ואם נתנו שם לפי שעה, א"צ לקבוע במסמרים, כ"כ הב"ח מהירושלמי - ש"ך, **או יחפור בה חפירה ויקבענה בה** - (עיין בתשו' דרכי נועם, דלמצוה צריך שתהא קבועה במסמרים).

וכתבו עוד, תלאה במקל במקומה ולא קבעה פסולה, ע"ש. **ומבואר** מדבריהם דזהו לעיכובא שהמזוזה תתחבר למזוזת הכותל ע"י מסמרים דוקא, **ותמיהני** על הב"ח ועל הש"ך שכתבו, דלפי שעה א"צ מסמרים ע"ש, דמשמע מלשונם שיוצאים בזה, ואינו כן כמ"ש, **ומסתברא** אם יכרוך המזוזה בנייר וידבקנה בדבק אל מזוזת הכותל, דשפיר דמי, דמה לי מסמר ומה לי דבק, כיון שנתחברה חיבור גמור, **מיהו** בלא דיבוק, כגון שיעשה בליטה ממזוזת הבית ויניח או יעמוד שם המזוזה, אינו כלום, כיון שלא נתחברה חיבור גמור למזוזת הכותל, **ודע** דמלשון ימסמרנה וכו' או יחפור בה חפירה וכו', משמע להדיא דבחופר חפירה א"צ מסמרים, והטעם, דכיון שמונחת בתוכה, הרי היא כאחת עם מזוזת הכותל, דדוקא כשהיא על מזוזת הכותל אינה חיבור בלא מסמרים, ולא כשהיא בתוכה – ערוה"ש).

אות ו'

מצוה להניחה בתוך חללו של פתח

יו"ד סימן רפט ס"ב - [לו]**"איזהו מקום קביעתה, בתוך חלל של פתח,** [לז]**"בטפח הסמוך לחוץ** - שיפגע במזוזה מיד, א"נ כדי שתשמור לכל הבית שבפנים מהמזיקים. [לח]**(ואם שינה, אינו מעכב, ובלבד שיניחה במזוזה עצמה) (טור)** - ואפי' הניחה אחורי הדלת כשרה בדיעבד, כן משמע בטור, וכן נראה דעת הרב, **אבל** דעת הנ"י והרמב"ם נראה, דפסולה, וכן פסק הב"י, וכ"כ העט"ז, הלכך יש לחזור ולתקנו כהוגן, **ובספר** מעדני מלך כתב, דהנהו בתים הפתוחים לרחוב העובדי כוכבים ומניחים מפני כן המזוזות אחורי הדלת, דיש להם על מה שיסמוכו, על דברי הטור והרב - ש"ך. [**ומה שמבואר בטור, דאף אם עשאה אחורי הדלת אינו מעכב בדיעבד, לא אשכחן מאן דפליג על זה, כיון שבימין הוא – ט"ז**]. **זה** אינו, אלא הרמב"ם והנמוקי יוסף פליגי, וכמבואר בב"י, וכן דעת הבית יוסף - נקה"כ.

באר הגולה

[לה] לשון הטור [לו] לשון הרמב"ם שם פ"ו הי"ב ממימרא דרב יהודא וכו' שם דף ל"ב ע"ב [לז] ציינתיו לעיל סימן רפ"ה סעיף ב' [לח] וכן בהניחה אחורי הדלת שאמרו אין בה מצוה, היינו לומר דלא קיים מצוה מן המובחר, אבל מכל מקום כשרה היא, דאל"כ הו"ל למיתני פסולה. **וכבר** כתבתי בסמוך... וכן בהניחה אחורי הדלת דאמרינן דאין בה מצוה, נראה דהיינו לומר דלא קיים מצות מזוזה כלל, וכההיא דתנן העושה תפילתו עגולה סכנה ואין בה מצוה, דהיינו לומר דלא קיים מצות תפילין כלל, דתפילין מרובעות הלכה למשה מסיני. וכ"כ נמוקי יוסף בהניחה אחורי הדלת דפסולה, וכן כתב הרמב"ם – ב"י.

§ מסכת מנחות דף לג. §

אות א׳

בסף אחד כשרה

יו"ד סימן רפח ס"ב - צריך לכותבה בדף אחד; [א]ואם כתבה בשנים או בג׳ דפין, כשרה.

אות ב׳

הלך אחר היכר ציר

יו"ד סימן רפט ס"ג - [ב]מי שחולק ביתו לשנים, ובכל חלק פתח פתוח לרשות הרבים, ובמחיצה החולקת יש פתח מזה לזה - ואינו ידוע איזה חשוב כניסה או יציאה, הלכך אזלינן בתר היכר ציר - ש"ך, **במקום שעושה החור שבסף שציר הדלת סובב בו ומעמיד שם הדלתות, הוא הבית, ובדרך ימין שנכנסים לו, קובעים אותה.**

‹וכלל הדברים, לפי מנהג בתים שלנו יפלו כמה ספיקות בהפתחים איזה הוא ימין הכניסה, והיכר ציר אינו סימן תמידי, יש להתבונן הרבה בזה, וא"א לבאר פרטי הדברים בזה, **רק** בכלל כן הוא, שממקום שההילוך הוא יותר רגיל, משם יחשבו הכניסה, ובמקום שההילוך שוה, ילכו אחר היכר ציר, ויותר מזה א"א לבאר כמובן - ערוה"ש.

אות ג׳

תלי דשי ברישא

יו"ד סימן רפט ס"ה - [ג]קבעה במזוזת הפתח בעודה תלושה, ואחר כך חברה לפתח, פסולה - [דהוה תעשה ולא מן העשוי בפסול, כמו גבי ציצית - ט"ז].

‹**עיין** בספר יד הקטנה שכ׳, דבמקום שא"א לקבוע המזוזה על המזוזה ממש, כגון שמזוזות הבית היא של אבני שיש וכיוצא בהן, וצריכין לעשות תחבולה לקבוע שם חתיכת נסר של עץ כמין טבלא מרובעת למען יהיה אפשר לקבוע על זאת הטבלא המזוזה, **נראה** דבענין זה אם קבע המזוזה מקודם בהטבלא, ואח"כ קבע הטבלא עם המזוזה על מזוזת האבן, דאין בזה משום תעשה ולא מן העשוי, ע"ש שהאריך בטעם הדבר - פת"ש).

‹עיין תשו׳ מהר"א ששון בסופו, דאף אם קבעו המזוזה כתקנה, והסירו הפתח כמו שהוא עם המזוזה, וחזרו לבנות הכותל, ונתנו הדלת עם המזוזה כמו שהיה קבוע, הוי ג"כ תולמ"ה, ע"ש, **ולדעת** המג"א או"ח, נראה דדוקא בקבע לבית אחר, דלזה הוי תחלת עשייה, אבל בחזר וקבעו למקומו הראשון, לא הוי תולמ"ה - רעק"א. ‹**עיין** לעיל סי׳ רפ"ו סי"ד בפת"ש.

אות ד׳

עשאה כמין נגר פסולה

יו"ד סימן רפט ס"ו - [ד]צריכה להיות זקופה, ארכה לאורך מזוזת הפתח - [בגמרא אמרינן, עשאה כמין נגר פסולה, [ה]ופירש"י שתחבה כבריח שנכנס בחור, אלא צריכה להיות זקופה - ט"ז], **ויכוין שיהא "שמע", דהיינו סוף הגלילה, לצד חוץ** - ‹דהיינו לצד אויר הפתח, וכן נוהגין שקובעין אותה באופן שרואין "שדי" מבחוץ, שהוא כתוב בראש השיטה נגד "והיה", או נגד אוירו לפי מנהג קצת, וממילא איזדמן כך שסוף גלילתה מבחוץ - לבוש›. **הגה: וכן נהגו (ב"י)** - כלומר כן נהגו בשאר מדינות ובמלכותו של המחבר כדאיתא בב"י, אבל י"א כו׳ וכן נוהגין במדינות אלו - ש"ך.

אבל י"א שפסולה בזקופה, אלא צריכה להיות שכובה, ארכה לרוחב מזוזת הפתח (טור והפוסקים בשם ר"ת) - [ר"ת ס"ל להיפך, דבזקיפה פסול, והיינו כנגר, ‹דזה הוא גנאי לה להעמידה כך, דגבי מת אמרינן דקבורה כזו נקרא קבורת חמור, ולפיכך אומרים שצריכה שתהא שכובה, כמו שהיו הס"ת והלוחות שבארון שכובות בארון ולא עומדין - לבוש›, וכתב המרדכי בשמו, שאומר וכשאבנה ארון, אם אזכה ארחיבהו לפי העמדת ס"ת מיושב, כס"ת שהיה מונח בארון, וזו היא סדר קריאתו, עכ"ל - ט"ז].

והמדקדקין יוצאין ידי שניהם, ומניחים אותה בשפוע ובאלכסון (טור והגהות מיימוני ומהרי"ל ות"ה), וכן ראוי לנהוג, וכן נוהגין במדינות אלו - (והגר"א זצ"ל בשו"ע שלו פסק כרש"י, שצריכה להיות זקופה, וכן עושין בס"ת, וכן הוא בהנהגות שלו - פת"ש). **ויכוין שיהא ראש המזוזה, דהיינו "שמע", לצד פנים, ושיטה אחרונה לצד חוץ** - ‹דבזה נמי הוי קבועה דרך ביאתך לבית - לבוש›.

‹**ואין** זה ענין למה שנתבאר שיהא "שמע" לצד חוץ, דזהו בעובי המזוזה, צריך להיות "שמע" דהיינו סוף גלילתה לצד אויר הפתח, ודברי רבינו הרמ"א הוא על אורך המזוזה כמובן - ערוה"ש.

באר הגולה

א ‹ודש"י פסל אפילו אם כתב בעור אחד בשני דפין וכו׳. והתוספות (ד"ה כתבה) והרא"ש הקשו על פירושו, וכתבו דנראה לפרש בשני דפין בשתי חתיכות - ב"י›
ב לשון הטור ממימרא דרב יהודא אמר שמואל, וכדמפרש רב אדא שם דף ל"ג. וכפירוש רש"י והרא"ש שם ג מימרא דרב אחא בריה דרבא שם וכפי׳ רש"י ד ממימרא דרב יהודה אמר רב שם ע"א וכפי׳ רש"י שם בלישנא קמא, וכמ"ש הטור בשמו, וכן כתב הרמב"ם ה ‹היינו לשון הטור בשם רש"י, אבל רש"י הכא לא כתב מלות אלו ממש›

הקומץ רבה פרק שלישי מנחות לג

בטפח הסמוך לרשות הרבים כמה דמרחק מעלי קמ"ל ואמר רב יהודה אמר שמואל כתבה על שני דפין פסולה מיתיבי כתבה על שני דפין והניחה בשני סיפין פסולה הא בסף אחד כשרה ראויה לשני סיפין קאמר ואמר רב יהודה אמר שמואל במזוזה הלך אחר היכר ציר *מאי היכר ציר *אמר רב אדא אבקתא היכי דמי כגון פיתחא דבין תרי בתי בין בי גברי לבי נשי ריש גלותא בנא ביתא אמר ליה לרב נחמן קבע לי מזוזתא א"ר נחמן תלי דשי ברישא אמר רב יהודה אמר רב עשאה כמין נגר פסולה איני והא כי אתא רב יצחק בר יוסף אמר כולהו מזוזתא דבי רבי כמין נגר הוו עבידן והיא פיתחא דעייל ביה רבי לבי מדרשא לא הוה לה מזוזה לא קשיא הא דעבידא כסיכתא הא דעבידא כאיסתוירא איני והא ההוא פיתחא דהוה עייל א) בה רב הונא לבי מדרשא והויא לה מזוזה ההוא רגיל הוה דאמר רב יהודה אמר רב במזוזה הלך אחר הרגיל א"ר זירא אמר רב מתנא אמר שמואל מצוה להניחה בתחלת שליש העליון ורב הונא אמר מגביה מן הקרקע טפח ומרחיק מן הקורה טפח וכל הפתח כולו כשר למזוזה מיתיבי מגביה מן הקרקע טפח ומרחיק מן הקורה טפח וכל הפתח כולו כשר למזוזה דברי רבי יהודה רבי יוסי אומר וקשרתם וכתבתם מה קשירה בגובה אף כתיבה בגובה בשלמא לרב הונא הוא דאמר כר' יהודה אלא לשמואל דאמר כמאן לא כר' יהודה ולא כר' יוסי אמר ר"ה בריה דרב נתן לעולם כרבי יוסי ומאי

בטפח הסמוך לרשות הרבים. ב] (כדאמר לקמן דקדים פגע במלוה) אם היה עובי החלל ד' טפחים או ה' כגון חומת אבנים יניחנה בחלל טפח הסמוך לרה"ר כדאמר *לקמן דקדים פגע במלוה כי אתי לביתיה: **כמה דמרחיק.** מן הבית טפי מעלי ויניחנה מבחוץ קמ"ל: **על שני דפין.** חציה בדף זה וחציה בדף זה: **בשני סיפין.** בשני מזוזות של פתח: **ראויה לשני סיפין.** שהניח גויל חלק בין דף לדף וראוין לחלק לשתים חציה כאן וחציה כאן: **אבקתא.** אוהו חור שבאיסקופה שציר הדלת סובב בו: **היכי דמי.** האי הלך אחר היכר ציר דרב יהודה: **כגון פתחא דתרי בתי** ג) **בי גברי ובי נשי.** אדם שחולק ביתו חציו להילוך אנשים המחזרין בביתו וחציו לאשתו לעשות מלאכתה בהצנע ויש פתח בין זו לזו ופתח לכל בית לרה"ר ואמרי' לקמן (דף לד.) מזוזה דרך ימין לביאה ולא ליציאה והכא בפתח שבין זו לזו לא ידעינן הי ליחשוב ביאה והי ליחשוב יציאה אי יציאה מהאי להאי ואי מהאי להאי אלא הלך אחר חור שבסף שציר הדלת סובב בו ההוא לד שהחור בו חשיב בית ודרך ימין ד] כשנכנסין בו נותנין מזוזה: **תלי דשי ברישא.** העמיד ה] הסיפא בבנין תחלה ואח"כ *קבעינהו המזוזות דגמרינן מציצית דכתיב בה תעשה ולא מן העשוי ואי קבענא תחילה המזוזה ו] בסיפא והדר הסיפא בבנין הוה ליה עשוי המזוזה קוד' שתבא לידי מצוה: **עשאה כמין נגר.** שקבעה ותחבה בסף כנגר שתוחבין הנגרין בכותל כזה*: **פסולה.** דמצות' לתתה באורך בסף כזה* נגר קביליה: **ההוא פתחא דעייל ביה רבי לבי מדרשא.** פתח קטן היה לו לרבי אצל מקומו ונכנס ויצא בו כדי שלא יטריח תלמידיו לעמוד בפניו אם יעבור לפניהם: **איסתוירא.** *היינו מקום חיבור השוק והרגל ומעומד הוא כזה כשירה: (א) **עבידא כסיכתא.** נגר כשל אומנים כזה פסול. ל"א איסתוירא כי היכי דמקום חיבור השוק והרגל הוי השוק זקוף מלמעלה והרגל שוכב כזה כך הניחה למזוזה כשירה הואיל וראשה אחד זקוף: **רגיל הוה.** רוב הנכנסין לבית המדרש (ב) ז] באותו פתח: **הלך אחר הרגיל.** אם יש ב' פתחים לחדר א' באותו פתח שרגיל לצאת ולבא יותר יניח המזוזה: **בתחילת שליש העליון.** ימדוד מלמטה ח] שני שלישי הפתח ולכשיכנס לתחילת שליש העליון יתן המזוזה: **מה קשירה** תפילין **בגובה הראש.** כדאמרי' בהאי פירקא (דף לז.) מקום שמוחו של תינוק רופס: **אף נתינת מזוזה בגובה הפתח.** ומשמע סמוך לתקרת הפתח יניחנה ולא כשמואל דאמר בתחילת שליש העליון מלמטה למעלה: °**לגרחיקה.** כלומר יותר משליש לא ירחיקנה מן התקרה ולעולם כרבי יוסי: **מלוה בטפח הסמוך כו'.** פירשתי למעלה:

כתבה על שני דפין פסולה. פי' בקונטרס שהניח גויל חלק בין דף לדף ולפירושו יש ליישב בדוחק *הניחו בשני סיפין אלא על ב' דפין בשתי חתיכות קאמר כי ההיא דפ"ב דסוטה (דף יח.) דאמר בשני דפין פסולה ספר אחד אמר רחמנא ולא שנים והיינו בשתי חתיכות דומיא דגט בפ"ב דגיטין (דף כ:) דבעי רבא בין שיטה לשיטה בין תיבה לתיבה מהו ופריך תיפוק לי דספר אחד אמר רחמנא ולא שנים וג' ספרים ומשני לא צריכא דמעורה ועל כרחיך לא מיפסיל לגמ בשני דפין בחתיכה אחת דהא אמרינן בפרק בתרא דגיטין (דף פז:) שייר מקצת הגט וכתבו בדף השני כשר ולא אמרינן דהוי כשני ספרים ופסול ויש לדחות משום דגבי גט כתוב ספר אבל בסוטה כתוב בספר דמשמע בספר המבורר ומיוחד למעוטי ב' דפין אפילו בחתיכה אחת ובירושלמי משמע דבשני עורות פסולה דפריך ולמה לא תנינן שהספרים נכתבין בשני עורות והתפילין ומזוזות אין נכתבין אלא בעור א'. מ"ר:

תלי דשא ברישא. פי' בקונטרס העמיד הסיפין תחילה שאם לא כן ה"ל תעשה ולא מן העשוי וקשה דהוה ליה למימר קבע סיפי ברישא ועוד לקמן הוה ליה לאיתנויי גבי לא שנו אלא שהעמיד ולבסוף חתך כו' ט] ונראה לפרש דהאי ביתא דבנה ריש גלותא היינו כגון פיתחא בין גברי לבין נשי דסליק מיניה ומשום היכר ציר קאמר ליה תלי דשא ברישא. מ"ר: **הא** דעבידא כסיכתא הא דעבידא כאיסתוירא. פי' בקונטרס דסיכתא פסולה שתחובה בסף כנגר שתוחבים בכותל איסתוירא מקום חיבור השוק והרגל ומעומד הוא כשירה והשתא בין מעומד בין מושכב תרווייהו מיקריין כמין נגר וקשיא *לר"ת דמעומד לאו דרך כבוד הוא וקבורת חמור קרי ליה בהמוכר פירות (ב"ב דף קא.) וספר תורה ולוחות שבארון מושכב ולא מעומד כדמשמע בפ"ק דבבא בתרא (דף יד.) אע"פ שהיו יכולין להניחו מעומד דארון י] רומו כרחבו ועוד אמרינן בסמוך העמיד לה מלבן של קנים חותך שפופרת ומניחה ואי מעומד יניחנה באחת מן הקנים של מלבן יא] וע"כ פר"ת כי סיכתא מעומד כיתידות המשכן הנעוצות בארץ פסולה כאיסתוירא הנתון בשוק לרחבה בלע"ז קביליי"א כשרה ומיהו בפרק מצות חליצה (יבמות דף קג.) דאמרינן האי איסתוירא עד ארעא נחית על כרחין היינו עצם היורד מן השוק עד הרגל ולא קביליא ומיהו הא דאמר *בפ"ב דמגילה ירושלמי צריך שיהא שמע שלה רואה את הפתח אין ראיה לפי' הקונטרס דלפירוש ר"ת יש ליישב כגון דשיטה אחרונה לצד רשות הרבים היא יב] וראשונה לצד פנים והופך שמע לצד אויר הפתח וכן פרשיות של תפילין נמי היה אור"ת שמניח מושכב ולא מעומד ומיהו הא דאמרינן לקמן (דף לה:) כתב על עור אחת והניח בארבע בתים יצא לא קשיא מידי דמעומד נמי יש ליישב וקשה לפי' ר"ת מהא דתניא בתוספתא דכלים שפופרת שחתכה ונתן בה את המזוזה ואח"כ נתנה בכותל אע"פ שלא כדרך קבלתה טמאה נתנה בכותל ואח"כ קבע בה המזוזה כדרך קבלתה טמאה שלא כדרך קבלתה טהורה משמע שהשפופרת סתומה מצד א' *ולפי' ר"ת דמפרש כמין נגר פסולה מעומד אבל מיושב כשירה מאי כדרך קבלתה ויש לייסב שהשפופרת פתוחה לאורכה *משני ראשיה כתוונה ושלא כדרך קבלתה היינו דכפאה על פיה ול"ע האי דקאמר כולהו מזוזתא דבי רבי כמין נגר עבידן משמע אבל שאר מזוזתא דעלמא לא עבידא כמין נגר הלכך נראה בין לפי' הקונטרס בין לפי' ר"ת דכאיסתוירא דכשירה היינו באלכסון לא שוכב ולא זקוף אי נמי כמין נון מחלה שוכב ומחלה זקוף וכן פי' בקונטרס בלשון אחר אבל שאר מזוזתא דעלמא לאו הכי עבידן אלא לפר"ת היינן מיושב ולפי' הקונטרס מעומד ואומר ר"ת לא ולמד דהא מעשה בכל יום כשספר תורה עומד על הבימה הכל עומדין וכשפליה ליבור מושיבו הכל יושבין. יג] מ"ר: **והא** ההוא פיתחא דהוה בי רב הונא והויא ליה מזוזה. מתוך הלשון משמע דווקא פתח הבית שהיה יולא ממנו לבית המדרש אבל פתח בית המדרש עלמו לא בעי מזוזה ובפ' קמא דיומא (דף יא:) איכא פלוגתא דתניא יכול יהו בתי כנסיות ובתי מדרשות מטמאין בנגעים ת"ל ובא אשר לו הבית מי שמיוחד לו בית ומסיק הא רבי מאיר הא רבנן דפליגי לענין מזוזה יד] לבית הכנסת שאין בה דירה לחזן הכנסת ובמסכת ברכות (דף מז.) נמי משמע דהלכה כמאן דפטר גבי אביי ורבין דהוו אזלי באורחא וכי מטו לבי כנישתא אמר ליה רבין לאביי ליעול מר אמר ליה עד השתא לאו מר אנא א"ל הכי אמר רבי יוחנן אין מכבדין אלא בפתח שיש בו מזוזה יש בו מזוזה ס"ד אלא בפתח הראוי למזוזה משמע דפתח בית הכנסת פטור ובירושלמי בפרק טו] שני דמגילה משמע דבי מדרשא דרבי חנינא היה בו מזוזה ומונחת כנגד כתיפותיו של אדם* מ"ר: ומאי

עין משפט נר מצוה

היאך הניחו נ"ק

קמח א מיי' פ"ה מהל' תפילין הל' א סמג עשין כג כה טוש"ע יו"ד סימן רפח סעי' כ:

קמט ב מיי' פ"ו שם הל' יא סמג שם טוש"ע יו"ד סי' רפט סעי' ג:

קנ ג מיי' שם הל' ה סמ: שם טוש"ע שם סעי' ה:

קנא ד מיי' פ"ה שם הל' ח טוש"ע שם סעיף ו:

[גירסת הערוך אמר רב אריא וכ"א בערוכין יא:]

קנב ה ו מיי' פ"ו שם הל' יא סמ: שם טוש"ע יו"ד סי' רפו סעי' י:

קנג ז מיי' שם הל' יב סמג שם טוש"ע יו"ד סי' רפט סעי' ב:

[ע' תוס' ב"מ קב. ד"ה כגוכתא]

בירושלמי בפ"ב דמגילה צריך נ"ק

מסורת הש"ס

הרבים דק ריש כו' נ"ק

לקמן שיפגע במזוזה כי אתי לביתיה הס"ד נ"ק

[ערוכין יא:]

בס"י קבע נהו

הגהות הב"ח

(א) רש"י ד"ה עבידא כי סיכתא נ"ל קודם ד"ה איסתוירא: (ב) ד"ה רגיל וכו' לבית המדרש סיו באין באותו פתח:

גליון הש"ס

רש"י ד"ה איסתוירא היינו מקום חיבור השוק כו'. ע' יבמות דף קג ע"א:

לע"ב

[וע"ע תוס' יומא יא: ד"ה שאין]

ועי' במרדכי ומשני נ"ק

שיטה מקובצת

א] עייל ביה: ב] תיבות כדאמר לקמן דקדים פגע במצוה נמחק: ג] בתי בין בי גברא לבי נשי: ד] ימין שנכנסין: ה] הסיפין תיבת הסיפא נמחק: ו] המזוזה. בסיפין והדר הסיפין בבנין: ז] המדרש. נכנסין באותו פתח אבל אותו של בית לא היה רגיל אלא פתח קטן היה שעשה אצל מקומו ונכנס ויוצא לפעמים כדי שלא יטריח את תלמידיו לעמוד בפניו אבל פתח אחר רגיל היה בו לנכנסים ויוצאין ואע"ג דאמרינן בתי כנסיות ובתי מדרשות אינן חייבין במזוזה צריך לומר שהיה נמי (לתמיש) [לתשמיש] ביתו. תוס' אחרות: ח] מלמטה למעלה: ט] חתך כו' דמייתי נמי דין תעשה ולא מן העשוי: י] רומו כרחבו. ועוד אנו רואין מנהג בכל יום שכל זמן שהס"ת זקוף על הבימה כל העם עומדים וכשהוא שוכב על הבימה הן יושבין אלמא חשבינן לה כל זמן שהוא זקוף שלא כדרך מקומו. תוס' אחרות: יא] מלבן. בשלמא לפר"ת דמצות מזוזה מושכב ילא וקשה לפיכך צריך לחתוך אחד מן הקנים לתחוב בתוכו המזוזה אבל לפרש"י למה לו לחתוך אינו צריך אלא להניחה דרך נקב העליון שהרי הקנה כולו חלול וי"ל דמ"מ צריך לחתוך לפי שהוא סתום בין קשר לקשר. תוס' אחרות: יב] היא. ואחד לצד פנים: יג] יושבין. והעולם נהגו כרש"י. ותרוצה לצאת ידי שניהם יקבענה משה כזה: יד] מזוזה בבית הכנסת: טו] בפרק שלישי דמגילה:

(עיין בספר יד הקטנה שכתב, דבמקום שמזוזות הפתח אינם רחבים כלל, יקבענה זקופה ארכה לאורך מזוזת הפתח, כי אף הרמ"א אינו חולק אלא בענין שיוכל לצאת ידי שניהם, **ובענין** זה יותר טוב מאם לעשות אותה על צד מזוזת הפתח שלא בתוך חלל הפתח, דהיינו אחורי הדלת, ורוב הפוסקים פוסלים אותה, כמ"ש הש"ך סק"ג, ע"ש - פת"ש).

(עיין בספר חומות ירושלים שכתב, דחדר שקורין אלקע"ר, שאין המחיצה רק מנסרים, וא"א לקבוע המזוזה ברוחב חלל הפתח, נראה לקבוע מזוזה סופה סמוך לפתח, וראשה באלכסון ירחיק מעט מפתח, **גם** לדעת הסוברים להניחה מושכב, מסתברא שיהא שוליה לצד תוך הפתח, ע"ש. **ונ"ל** דלא ס"ל כדעת ספר יד הקטנה שהובא בס"ק הקודם, אם לא שנדחוק לומר, דהוא מיירי שאפי' באורך א"א להניח בחלל הפתח - פת"ש).

[ו]סימן לב סמ"ה - [ז]יתן כל פרשה בבית שלה שתהא זקופה מעומד בביתה - כדרך קריאתה, וכדרך שמעמידין ס"ת בהיכל, **ובדיעבד** אם נתנה שם מושכבת אין לפסול התפילין בשביל זה, כ"כ הב"י בשם הר"י בן חביב וכ"כ הב"ח, **ונראה** דמ"מ על להבא צריך לתקן, דהיינו שיוציאם ויניחם כהלכה.

אות ה' – ו'

ההיא פיתחא דעייל ביה רבי לבי מדרשא לא הוה לה מזוזה

במזוזה הלך אחר הרגיל

יו"ד סימן רפו ס"י - [ח]בית המדרש פטור מהמזוזה - (עיין בתוס' פ"ק דיומא שכתבו, דאם היה בהמ"ד של יחיד ולא של רבים, חייב במזוזה, וכ"כ בפסקי תוס' שם וכ"כ בס' תפל"מ ע"ש - פת"ש). [ט]**ואם יש בו פתח שרגיל לצאת בו לביתו** - ‹הסמוך לו ממש›, **חייב במזוזה באותו פתח** - ‹דאם רגיל באותו הפתח, הוה כפתח ביתו וחייב במזוזה, ואם לאו, דינה כפתח בהמ"ד ופטור ממזוזה. וה"ה בבהכ"נ - ערוה"ש›.

[י]וי"א שבית המדרש חייב במזוזה - ולא דמי לבהכ"נ לעיל סעיף ג', דאינו חייב במזוזה אא"כ יש בו בית דירה, דבית המדרש כיון שהתלמידים יושבים בו מהבקר ועד ערב, דומה לדירה - ש"ך, [**בטור** כתוב, וכן עשה הר"מ מרוטנבורג מזוזה לבית המדרש, ואמר כשהיה ישן בו שינת הצהרים היה רוח רעה מבעתו קודם שתיקן בו מזוזה, ע"כ לשונו - ש"ך].

ונכון לחוש לדבריהם, אבל לא יברך עליה - והב"ח כתב דנכון הוא כשיקבע מזוזה בפתח הבית ויברך עליה, שיהא דעתו ג"כ על קביעת המזוזה שבבית המדרש, ויקבע אותם זה אחר זה, תחלה בפתח הבית ואח"כ בפתח בית המדרש, וברכה זו חוזרת על שניהם - ש"ך.

אות ז'

מצוה להניחה בתחלת שליש העליון

יו"ד סימן רפט ס"ב - [יא]איזהו מקום קביעתה, בתוך חלל של פתח, [יב]בטפח הסמוך לחוץ - שיפגע במזוזה מיד, א"נ כדי שתשמור לכל הבית שבפנים מהמזיקים. (**ואם שינה, אינו מעכב, ובלבד שיניחנה במזוזה עצמה**) (**טור**) - ואפי' הניחה אחורי הדלת כשרה בדיעבד, כן משמע בטור, וכן נראה דעת הרב, **אבל** דעת הנ"י והרמב"ם נראה, דפסולה, וכן פסק הב"י, וכ"כ העט"ז, הלכך יש לחזור ולתקנו כהוגן, **ובספר** מעדני מלך כתב, דהנהו בתים הפתוחים לרחוב העובדי כוכבים ומניחים מפני כן המזוזות אחורי הדלת, דיש להם על מה שיסמוכו, על דברי הטור והרב - ש"ך. [**ומה שמבואר בטור**, דאף אם עשאה אחורי הדלת אינו מעכב בדיעבד, לא אשכחן מאן דפליג על זה, כיון שבימין הוא - ט"ז]. **זה** אינו, אלא הרמב"ם והנמוקי יוסף פליג, וכמבואר בב"י, וכן דעת הבית יוסף - נקה"כ.

[יג]בתחלת שליש העליון גובה [יד]השער; ואם קבע למעלה מזה, כשרה, [טו]והוא שירחיקנה מהמשקוף טפח - ‹רמב"ם, וס"ל דר' יוסי לא פליג ארבי יהודה אלא במש"כ מגביה מן הקרקע טפח, אמר בגובה, ועוד ס"ל דמ"מ לכתחלה יניח בתחלת שליש, ודברי ר' יוסי בדיעבד דוקא, **אבל** הרא"ש ושארי פוסקים חולקין עליו בכל זה, וס"ל דלכתחלה משליש עד המשקוף - גר"א›.

באר הגולה

[ו] ‹ע"פ הב"י והגר"א› [ז] **הרא"ש בסדר תיקון תפילין והמרדכי לדעת רש"י והר"י אכסנדרני בספר א"ח** ‹עיין תוס' ל"ג. ד"ה הא כו', וכן פרשיות של תפילין נמי היה אומר ר"ת שמניח מושכב ולא מעומד, והמרדכי שם האריך ופסק כרש"י, וכן הוא הסכמת הפוסקים - גר"א› [ח] **מפתחא דעייל בה רבי למדרשא וכו' שם ע"א, ומעובדא דאביי ורבין דהוו אזלי באורחא וכו' ברכות דף מ"ז ע"א** ‹ומדברי רש"י בההיא דרבי ורב הונא משמע דבית המדרש חייב במזוזה... והתוס' ‹מנחות שם ד"ה והא› כתבו כדברי הרא"ש, והרמב"ם ג"כ מפרש כדברי התוס' והרא"ש - ב"י› [ט] **שם מההוא פתחא דהוה עייל בה רב הונא וכו' שם במנחות** ‹וכתב הרא"ש, לישנא דפתחא דהוה עייל ביה לבי מדרשא, משמע דהיינו פתח הבית שהיה יוצא ממנו ליכנס לבית המדרש, וכן הא דקאמר פתחא דהוה נפיק ביה רבי לבי מדרשא, שהיה יוצא מן הבית ללכת לבית המדרש, אבל פתח בית המדרש עצמו לא בעי מזוזה, ע"כ. ומדברי רש"י בההיא דרבי ורב הונא משמע דבית המדרש חייב במזוזה - ב"י› [י] **תוספות שם בשם הירושלמי וכ"כ הטור בשם הר"מ מרוטנבורק** [יא] **לשון הרמב"ם שם פ"ו הי"ב ממימרא דרב יהודה וכו' שם דף ל"ב ע"ב** [יב] **ציינתיו לעיל סימן רפ"ה סעיף ב'** [יג] **מימרא דרב זירא א"ר מתנא וכו' שם דף ל"ג ע"א וכדמפרש שם ריש ע"ב** ‹וכתב הרא"ש פי' שלא ירחיק מן המשקוף יותר משליש גובהו של פתח, אבל יכול לתתו בגבהו של פתח עד המשקוף, עכ"ל. **ונראה** שטעמו, מדאוקימנא לה בגמרא כרבי יוסי דאמר וקשרתם וכתבתם, מה קשירה בגובה אף כתיבה בגובה, ומאי תחלת שליש העליון דקאמר, להרחקה, שלא להרחיקה מן הקורה של מעלה יותר משליש. **ומדברי** הרמב"ם נראה, דלכתחלה מצוה להניחה בתחלת שליש העליון, ומימרא דרבי זירא הכי משמע, דמצוה להניחה לכתחלה בתחלת שליש העליון בדוקא, ורבי יוסי איירי היכא דבדיעבד קבעה למעלה מזה, כשרה כל שהיא בגובה, **ולפי"ז** כי אמרינן ומאי תחלת שליש העליון דקאמר, להרחקה, היינו לומר דמעיקרא היה סלקא דעתיה דרבי זירא בתחלת שליש העליון דוקא קאמר, ולא למעלה ולא למטה, ומשום הכי הוה קשיא ליה דלא אתי כרבי יוסי, ומשני דשפיר אתי כרבי יוסי, ולא אתא לאפוקי אלא למטה, אבל למעלה כשרה כרבי יוסי, ומיהו לכתחלה מצוה להניחה בתחלת שליש העליון, כנ"ל - ב"י› [יד] **ואם הפתח גבוה מאוד, לא יניחנו למעלה מכתיפיו, דאינו נראה שם, מרדכי** [טו] **כרב הונא שם ומשמע ליה דרבי יהודה ורבי יוסי שם בברייתא לא פליגי בזה**

[**דכתיב** וקשרתם וכתבתם, מה קשירה בגובה אף כתיבה בגובה, ומה קשירה אינו בגובה ממש למעלה, אף כתיבה צריכה להרחיק טפח ממשקוף, וזהו לכתחלה, אבל בדיעבד כשר בלא הרחקה מלמעלה, כ"כ ב"י – ט"ז]. ‹**לכאורה** נראה, דהוא מפרש המחבר כשיטת הרא"ש, וצ"ע›.

הוא דעת הרמב"ם, ועל פי זה נמשכו קצת אנשי מעשה ברורים, שמניחים בתחילת שליש העליון, **אבל** כל עולם נוהגים להניחה בגובה הפתח, כדעת הרא"ש, [טז] **ולענ"ד** שיפה הם עושים, לפי שכן נראה עיקר בש"ס במנחות, ואותן אנשי המעשה לא עיינו שפיר רק בשו"ע, ואילו הוי עיינו שפיר בגמרא, לא היו עושים כן, **וכן** משמע להדיא בסמ"ג, וכן משמע ברבינו ירוחם, וכן דעת רבינו אליעזר ממיץ בספר יראים, וכן בשלטי גבורים, א"כ יפה עושים כל העולם שנוהגין כרוב הפוסקים - נקה"כ.

‹**אבל** האר"י ז"ל גלה סודו, שתהיה [יז] בסוף שליש העליון דוקא, עש"ב - ברכי יוסף›.

אבל למטה משליש העליון פסול, כן פסק הב"י והב"ח, [**ולא** כהטור שכתב, דאם שינה גם בזה אין מעכב בדיעבד, ומש"ה כתב רמ"א, דקאי אסעיף ב', ‹היינו ארישא דס"ב›, דכשר בדיעבד, דמשמע דבזה אפי' דיעבד פסול].

וכתבו עוד מהפוסקים, דכשהפתח גבוה הרבה, יניחנה כנגד כתיפיו, אבל לא למעלה מכתיפיו בענין שלא יראה אותה, וע"ש, כן כתב העט"ז - ש"ך. [**וסמך** לדבר נ"ל, בפסוק: ולבנימין וגו' ובין כתיפיו שכן, להורות שארצו ישכון לבטח טפי משאר ארצות, דאילו בשאר אין השראת השכינה אלא במקום מזוזה, שהיא בין כתפיו של אדם, אבל בנימין חופף עליו כל היום מלבד ובין כתפיו שכן – ט"ז].

באר הגולה

טז ‹והקשו הפוסקים, דצ"ע דברי הנקוה"כ, דלמה לא עדיף להניח בתחילת שליש עליון לצאת גם שיטת הרמב"ם, בעוד שהוא כשר לכתחילה גם לדעת הרא"ש ודעימיה›   יז ‹ונראה דט"ס נפלה בברכ"י שם, וצ"ל בתחילת שליש העליון - מנהגי החיד"א›

עין משפט נר מצוה

קנד א מיי' פ"ו מהל' תפילין הל"ב טוש"ע יו"ד סי' רפה סעי' ב וסי' רפט סעי' ב :

קנה ב מיי' שם פ"ה הלכה ח טוש"ע יו"ד סי' רפט סעי' ד :

קנו ג מיי' שם טוש"ע שם סעי' ה :

קנז ד מיי' פ"ו שם הלכה ה סמג שם טוש"ע יו"ד סי' רפו סעי' יד :

קנח ה ו מיי' שם הל"ג טוש"ע שם סעי' ו :

קנט ו מיי' שם הל' ח טוש"ע שם סעי' ח :

תורה אור

ומאי תחלת שליש העליון דקאמר להרחיקה א] שלא להרחיקה מן הקורה של מעלה יותר משליש אמר רבא *מצוה להניחה בטפח הסמוך לרה"ר מאי טעמא רבנן אמרי כדי שיפגע ב] במזוזה מיד רב חנינא מסורא אומר כי היכי דתינטריה אמר רבי חנינא בוא וראה שלא *כמדת הקב"ה מדת בשר ודם מדת בשר ודם מלך יושב מבפנים *ועם משמרין אותו מבחוץ מדת הקב"ה אינו כן עבדיו יושבין מבפנים והוא משמרן מבחוץ שנאמר °ה' שומרך ה' צלך על יד ימינך דרש רב יוסף בריה דרבא משמיה דרבא 'העמיק לה טפח פסולה לימא מסייעא ליה הניחה בפצין או שטלה עליה מלבן אם יש שם טפח צריך מזוזה אחרת אם לאו אינו צריך מזוזה אחרת כי תניא ההיא ג] בפתח שאחורי הדלת הא בהדיא קתני לה פתח שאחורי הדלת אם יש שם טפח צריך מזוזה אחרת ואם לאו אינו צריך מזוזה אחרת כיצד קתני תנא העמיד לה מלבן של קנים חותך שפופרת ומניחה אמר רב אחא בריה דרבא לא שנו אלא שהעמיד ולבסוף חתך והניחה 'אבל חתך והניח ולבסוף העמיד פסולה *תעשה ולא מן העשוי ואמר רבא הני פיתחי שימאי פטורין מן המזוזה מאי *פיתחי שימאי פליגי בה רב ריחומי ואבא יוסי חד אמר 'דלית להו תקרה וחד אמר דלית להו שקופי אמר רבה בר שילא אמר רב חסדא 'אכסדרה פטורה מן המזוזה לפי שאין לה פצימין הא יש לה פצימין חייב לחיזוק תקרה הוא דעבידי הכי קאמר אע"פ שיש לה פצימין פטורה שאין עשויין אלא לחיזוק לתקרה אמר אביי חזינא להו לאיספלידי דבי מר דאית להו פצימי ולית להו מזוזתא קסבר לחיזוק תקרה הוא דעבידי מיתיבי בית שער אכסדרה ומרפסת חייבין במזוזה *באכסדרה דבי רב אכסדרה דבי רב כאינדרונא מעלייתא הוא באכסדרה רומיתא אמר רחבה אמר רב יהודה בי הרזיקי חייב בשתי מזוזות מאי בי הרזיקי אמר רב פפא סבא משמיה דרב בית שער 'הפתוח לחצר ובתים פתוחין לבית שער ת"ר בית שער הפתוח לגינה ולקיטונית רבי יוסי אומר נידון כקיטונית וחכ"א נידון ד] כבית שער רב ושמואל דאמרי תרוייהו ה] מגינה לבית כולי עלמא לא פליגי דחייב מאי טעמא ביאה דבית היא כי פליגי מבית לגינה מר סבר ו] קיטונית עיקר ומר סבר גינה עיקר רבה ורב יוסף דאמרי תרוייהו מבית לגינה דכולי עלמא לא פליגי דפטור מאי טעמא פיתחא דגינה הוא כי פליגי מגינה לבית מר סבר ביאה דבית הוא ומר סבר כולה ארעתא

ומאי תחילת שליש העליון דקאמר להרחיקה. שיותר לא ירחיקנה מן התקרה. ובירושלמי משמע בפ"ב דמגילה דכשהפתח גבוה הרבה מניחה כנגד כתפיו וחולק על הש"ס שלנו. מ"ר :

דלית להו תקרה. פירוש מקום שהפתח שוקף שם מלמעלה אינו שוה אלא האבנים מן הכיפה אבן נכנסת ואבן יוצאת וכעניין זה דלית ליה שיקופי שאין שם מזוזות אלא האבנים בולטות כגון שיני חומה וכעין זה [איתא] בפ"ק דעירובין (דף יא.) גבי סוכה ומה שפי' הקונט' לשון אחר דלית ליה תיקרה שאין הבית מקורה *) קשיא מי גרע משערי אלירות דחייבין במזוזה כדאמר פרק קמא דיומא (דף יא.). מ"ר :

איספלידי דבי מר. סוגיא דשמעתין מוכחא דהיינו אכסדרא ולא כמו שפי' בקונט' בפ"ק דבבא בתרא (דף ז.) דהיינו טרקלין נאה ובערוך פירש דהיינו מערה כדמתרגמינן (תהלים נז) בברחו מפני שאול במערה באיספלידא וסוגיא דבבא בתרא קשיא לפי' הערוך דמשמע התם שיש באיספלידא כשורי וליבני ובמערה ליכא כשורי וליבני ועוד דקאמרינן התם מעיקרא איספלידא והשתא אינדרונא פירוש לפי שבנה אשיתא אפומא דאיספלידא ואי איספלידא היינו מערה אין לך חדר אפל ממערה. *מ"ר :

אכסדרה ומרפסת חייבין במזוזה. וכן משמע בפ"ק דסוכה (דף ח:) דבית שער חייב במזוזה גבי שתי סוכות של יוצרים זו לפנים מזו דפריך ותיהוי חיצונה בית שער לפנימית ותתחייב במזוזה וקשה דבפ"ק דיומא (דף יא.) תניא יכול שאני מרבה אף בית שער אכסדרה ומרפסת תלמוד לומר כז] בית כו' וי"ל דהתם מדאורייתא והכא מדרבנן *והר"ר יצחק אלפס תירץ דהכא כשהוא פתוחה לבית. מ"ר :

*) ועי' בהרא"ש בס"ק שמתרץ קושיא זו

דתינטריה. לכל הבית מן המזיקין : על יד ימינך. דמזוזה ליד הימין היא בכניסתו : העמיק. האור טפח וקבע בו המזוזה פסולה : פלים. ז] דהיינו סף מזוזה של צורת הפתח : או שטלה עליה מלבן. לבנה שלאחר שקבע המזוזה בסף הוסיף מלבן בפתח כנגד ח] הפתח אם יש בעומק הפלים או באותו מלבן (שלה) שטלה על המזוזה טפח דהשתא היא מזוזה תחובה בעומק הכותל טפח צריך מזוזה אחרת כו' : טלה. לשון טלאי פלסטר"א : בפתח שאחורי הדלת. כגון שיש ט] במקצוע הבית פלים קבוע ושני פתחים מתוכין אחד לדרום ואחד למערב וקבע מזוזה (א) *בפנים בחלל פתח הדרומי וכשהדלת *סתום הוי פתוח למערב אחורי הדלת אם יש עובי בפלים המבדילן טפח בין פתח לפתח צריך מזוזה אחרת לפתח מערבי הואיל ואין המזוזה י] בחללו *ואם לאו אין צריך מזוזה אחרת שהרי כמונח באותו פתח עצמו וכן שטלה מלבן לפלים משני לצדדים והמלבן ריבה את עביו *והבדיל את הבדלתו פי' אחר שדרך עשירים לעשות פתח אצל שער הגדול שאין פותחים שער הגדול תמיד" יא] והכי קאמר או שטלה עליה מלבן ועשה אצל המלבן פתח אחר אם יש בין פתח לפתח טפח הוי שניהם חשובין וצריך מזוזה אחרת לקטן : הא בהדיא קתני לה. בסיפא דההיא : כיצד קתני. והכי קאמר הניחה בפלים או שטלה עליה מלבן אם יש שם טפח כו' כיצד כגון פתח שאחורי הדלת יב] : מלבן של קנים. שלא מצא מזוזות עץ ועשה צורת פתח של קנים מלבן *מזוזה סף : חותך. חתיכה מאחד הקנים שהן חלולים ויתן המזוזה באותו מקום יג] תחך : אבל חתך בשפופרת. והניח מזוזה בתוכה ואחר כך *העמיד המלבן יד] בנידה לא משום העשה ולא מן העשוי : פיתחי שימאי. מקולקלין ואשמים כמו זקן אשמאי דאמרינן בקדושין (דף לב:) : תקרה. אסקופה עליונה : שקפי. מזוזות ל"א תקרה שאין טו] הבית מקורה. שקפי אסקופה עליונה טז] : (ב) פלימין. עמודים : אכסדרה. שלשה דפנות סתומות בלא פתח והרביעית פתוחה לגמרי מתחת אבל למעלה יש דופן מעט המחזיק את הסכך : הואיל ואין לה יז] פלימין. אוישריא"ש ואותה פתיחה לא פתח הוא : הא יש לה פלימין חייבין. בתמיה ואמאי חיזוק לתקרה הוא דעבידי הפלימין ולא לשום פתח : אלא יח] לחזוק תקרה. שלא תפול : אספלידי דבי מר. אכסדראות דבי *רבה : בית שער. בית קטן שעושין בצד שערי אלירות ויושב שם שומר הפתח : מרפסת. אלוריי"א : יט] חייבת במזוז. מדרבנן קשיא לאביי (ג) : הכיא דקתני חייבת באכסדרא דבי רב. שיש לה ד' דפנות אלא שאין מגיעות לסכך : אינדרונא. קמבר"א : באכסדרא רומיתא. עשויה (ד) חלונות חלונות וקורין לויא"ו : בית שער הפתוח לחצר כו'. בעי ב' מזוזות כ] אחת בפתח שמן החצר לבית שער ואחת בפתח שמן החצר לבית שער : כא] נדון כקיטוניות. וצריך מזוזה : נדון כב] כבית שער. *כאויר ואין צריך מזוזה : מגינה לבית. באותו פתח שבין הגינה לבית שער דכ"ע חייב דביאת בית שער הוי אותו שער כג] שבו נכנסין *מן הקיטונית [לבית שער כשרוצים ליכנס לגינה ולהכי קרי ליה מבית לגינה ולי נראה איפכא מגינה לבית הייתו פתח הקיטונית] שהבאים מן הגינה דרך בית שער נכנסין בו לקטוניות כ"ע לא פליגי דחייב : כד] כי פליגי מבית לגינה. פתח החיצון שיוצא מבית [שער] לגינה שהיוצאין מן הבית דרך בית שער יוצאין בו לגינה : מר סבר עיקר בית שער כה] כו'. לשם כניסת קיטונית נעשה והוי כשאר בית שער דעלמא שחייבין כל פתחיו במזוזה : כו] ומר סבר עיקר בית שער לגינה נעשה. ליציאה מקיטונית לגינה הילכך נדון כאויר *ולא כבית שער :*) (מר סבר הפתח לשם קיטונית עבידא וחייב במזוזה ומר סבר עיקרו לשם גינה עביד ופטורה) ל"א ועיקר היא מגינה לבית אם כשהוא פותח פתח מגינה לבית *) דהיכר ליר הוי בבית דכ"ע לא פליגי (ה) דחייבת : קיטונית עיקר. וחייב ואף על גב דליר סובב בגינה דכי אמרינן לעיל הלך אחר היכר ליר הני מילי בפתח דבין תרי בתי דתרווייהו עיקר אבל הכא עיקר קיטונית ולשמה נעשה חייב ומר סבר עיקרו לשם גינה עביד ופטור :

*) היכר הליר הוי כבית דכ"ע לא פליגי דחייב כי פליגי מבית לגינה דהיכר ליר הוי בגינה מ"ס קיטונית עיקר וחייב ואע"ג כו' גינה עביד ולשומר ופטור הס"ד ל"ק

והילכתא

הגהות הב"ח

(א) רש"י ד"ה בפתח וכו' וקבע מזוז: בפלים בחלל: (ב) ד"ה פלימין נ"ל אחר ד"ה הא יש : (ג) ד"ה חייבת וכו' לאביי הס"ד ואח"כ מ"ה באכסדרה דבי רב ההיא דקתני וכו' ש"ש לה סביב דפנות אלא שמוקפת חלונות הס"ד : (ד) ד"ה באכסדרה רומיתא עשויה דפנות נמוכות שאין מגיעות לתקרה הס"ד וכ"כ כך פרש"י בב"ב דף יא ע"ב : (ה) ד"ה מר סבר הפתח וכו' דחייב הס"ד ואח"כ מ"ה כי פליגי מבית לגינה דהיכר ליר הוי בגינה מר סבר קיטונית עיקר וחייב ואע"ג:

[וע"ע תוס' ב"ב ז. ד"ה איספלידא]

ותוס' במסכת סוכה ח ע"ב דוחה פי' זה דא"כ ה"ל לשנויי הכא דהא דאמר ר"ת אכסדרה פטורה כשאינה פתוחה לבית אבל מלשון פטורה משמע אפילו מדרבנן עכ"ל וע' ל"ק

שיטה מקובצת

א] תיבות שלא להרחיקה מן כו' יותר משליש נמחק : ב] שיפגע במצוה מיד : ג] בפתח שאחורי הדלת. רש"י פי' ב' לשונות וללשון ראשון צ"ל שאותו פצים שבמקצוע [העמיד] לשני פתחים [לצד] ימין ביאה לזה ולזה וללשון שני קשה להבין דמה ענין הוא זה לפתח שאחורי הדלת : וי"ל תו"ח בפתח שאחורי הדלת. פ"ה כגון במקצועות הבית כו' ולפירושו קשה אי תרוייהו פתוחות לרה"ר היכא משכחת לה דרך ימין לזה ולזה וצ"ל שאחת פתוחה לרה"ר ואחת פתוחה לחדר ואז הוי דרך ימין לזה ולזה ע"כ : ד] וחכ"א נדון. כאויר. (ותיבות כבית שער נמחק). דנהי דאמרינן לעיל גבי בי הרזקי חייב בשתי מזוזות ואפי' בפתח של צד החצר היינו דוקא חצר אבל קיטונית אינו עשוי כל כך להשמיש ולא מחייב במזוזה : תו"ח : ה] מגינה לבית. פ"ה בלשון אחר אם כשהוא פותח כו' עד עיקר קיטונית וחייב ואע"ג דאמרי' לעיל הלך אחר היכר ציר ה"מ בפתח שבין גברי לנשי דתרווייהו חייבין וליכא אלא לידע איזה דרך ימין ולדין זה אולינן בתר היכר ציר אבל לפטור כשהיכר ציר במקום פטור ודאי לא אזלינן בתריה ומאן דפטר סבר דאף לפטור אזלינן בתר היכר ציר. תו"ח: ו"ל תוס' מהר"פ מגינה לבית היינו פתח קיטונית שהבאין מן הגינה דרך בית שער נכנסין בו לקיטונית כ"ע לא פליגי דחייב כי פליגי מבית לגינה פתח החיצון היוצא מבית שער לגינה שהיוצאין מן הבית דרך בית שער יוצאין בו' לגינה כך פרש"י בלשון ראשון וצ"ל דלא דמי בית שער הגינה דהכא לבית שער דחצר לעיל דבית שער החצר רגיל יותר מבית שער הגינה ועוד פי' לשון אחר ועיקר. ע"כ : ו] מ"ס עיקר קיטונית ומ"ס גינה עיקר : ז] פצים. והיינו סף המזוזה: ח] בנגד. המזוזה אם יש כו' או באותו טלבן שטלה על : ט] ש"ש במקצועות הבית פצים קבוע בו ושני פתחים מתוחכין בו אחד לדרום כו' מזוזה בפצים בחלל פתח הדרומי וכשהדלת פתוח הוי פתח מערב אחורי הדלת אם יש עובי בפצים. עובי הבדל טפח בין פתח לפתח : י] המזוזה. מונחת בחללו ואם לאו כו' שהרי הוא כמונח באותו פתח כו' משני צדדיו והמלבן ריבה את עביו והרחיב את הבדלתו פי' כו' לעשות פתח קטן אצל שער הגדול כו' : יא] תמיד. ואותו פתח קטן פתוח תדיר וה"ק כו' מלבן כגון טפח ועשה אצל המלבן פתח אחר אם יש : יב] שאחורי הדלת. העמיד לפתח : יג] מקום החתך : יד] העמיד המלבן בצורת הפתח : טו] שאין בו בית מקורה : טז] עליונה תס"ד ומה"ד אכסדרה : יז] הואיל ואין לה פצימין. עמודין פצימין בלעז אוישראש : יח] לחזוק התקרה: יט] חייבין : כ] אחר בפתח שבין בית שער לבתים. ואחר מפתח חיצון שבין החצר לבית שער. ולא אמרינן כיון דבתים פתוחים לו לבטיל בית שער לגבי בית ולא בעי מזוזה פתח חיצון וכי אמרי' בית שער חייב במזוזה היינו בית שער שאין בתים פתוחים לה: כא] נדון כקיטונית : כב] נדון. הבית שער כאויר בגינה : כג] אותו שער. הפתוח הימנו לבית שער אמרי' לעיל דחשיבי בית לענין מזוזה שבו נכנסין מן הקיטונית לבית שער כשרוצים ליכנס לגינה ולהכי קרי ליה מבית לגינה שהבאים : כד] כי פליגי מבית לגינה. כלומר באותו פתח שבין הקיטונית לבית שער פתח החיצון שיוצא מבית לגינה : כה] עיקר בית שער קיטונית לשם ותיבת כו' נמחק : כו] מ"ס עיקר. הוא פתח לשם קיטונית עביד וחייב ומ"ס עיקר לשם גינה עביד ופטור ול"נ איפכא מגינה לבית היינו פתח הקיטונית : כז] בית כו'. בשלמא אכסדרה לא קשיא דיש לחלק וכדמחלק בשמעתין אלא בית שער ומרפסת קשיא :

§ מסכת מנחות דף לג: §

אות א'

מצוה להניחה בטפח הסמוך לרה"ר

יו"ד סימן רפה ס"ב - [יח]**נתינתה בטפח החיצון** – [יט][כדי שיהא כל הבית שמור, כיון שהוא מבפנים למזוזה].

הגה: י"א כשאדם יוצא מן הבית יניח ידו על המזוזה (מהרי"ל ומוכח בע"ז דף י"א), ויאמר: ה' ישמר צאתי וכו' (במדרש) - וכשיוצא לדרך חוץ לעיר, יניח ידיו על המזוזות ויאמר: בשמך ט"ל אטל"ה, כי ט"ל בגימטרי"א כוז"ו, ‹הנכתב אחורי המזוזה, שהם אותיות שלאחר שם הוי'›, מהרי"ל שם ומביאו ד"מ - ש"ך. ‹**ויש** מי שכתב שיניח אצבעו השלישי על שם שדי, ויתפלל לד' שישמרנו בשם זה, וינשק אצבעו זה – ערוה"ש›. **וכן כשיכנס אדם לבית, יניח ידו על המזוזה.**

(**עיין** בשו"ת רעק"א שכתב, דאם אין המזוזה בתוך תיק, לא נכון להניח ידו עליה, כמ"ש התוס' בשבת דף י"ד, דכל כתבי הקודש אסור ליגע בידו ערום, ופשיטא דגם מזוזה בכלל, וגם באו"ח סי' קמ"ז בהג"ה כתב, דטוב להחמיר בכל כתבי קודש שלא לאחוז ערום, ‹ע"ש שכתב "אם לא נטל ידיו"›, **ומה** שאין נזהרים בתפילין לאחוז ערום, היינו דמצותן בכך וא"א בענין אחר, **ואם** רצונו להניח ידו, טוב להוריד מלבושו אשר על אצילי ידיו להניח על המזוזה - פת"ש).

יו"ד סימן רפט ס"ב - [כ]**איזהו מקום קביעתה, בתוך חלל של פתח,** [כא]**בטפח הסמוך לחוץ** - שיפגע במזוזה מיד, א"נ כדי שתשמור לכל הבית שבפנים מהמזיקים. **(ואם שינה, אינו מעכב, ובלבד שיניחנה במזוזה עצמה) (טור)** - ואפי' הניחה אחורי הדלת כשרה בדיעבד, כן משמע בטור, וכן נראה דעת הרב, **אבל** דעת הנ"י והרמב"ם נראה, דפסולה, וכן פסק הב"י, וכ"כ העט"ז, הלכך יש לחזור ולתקנו כהוגן, **ובספר** מעדני מלך כתב, דהנהו בתים הפתוחים לרחוב העובדי כוכבים ומניחים מפני כן המזוזות אחורי הדלת, דיש להם על מה שיסמוכו, על דברי הטור והרב - ש"ך. [**ומה שמבואר בטור, דאף אם עשאה אחורי הדלת אינו מעכב בדיעבד, לא אשכחן מאן דפליג על זה, כיון שבימין הוא** – ט"ז]. **זה** אינו, אלא הרמב"ם והנמוקי יוסף פליגי, וכמבואר בב"י, וכן דעת הבית יוסף - נקה"כ.

אות ב'

העמיק לה טפח פסולה

יו"ד סימן רפט ס"ד - [כב]**כיצד קובעה, ימסמרנה במסמרים במזוזת הפתח** - ואם נתנו שם לפי שעה, א"צ לקבוע במסמרים, כ"כ הב"ח מהירושלמי, **או יחפור בה חפירה ויקבענה בה** - (עיין בתשו' דרכי נועם, דלמצוה צריך שתהא קבועה במסמרים), [כג]**ולא יעמיק לחפור טפח בעומק, שאם עשה כן פסולה** - ‹שאין זה על המזוזה, אלא תוך המזוזה – לבוש›.

‹**וכתבו** עוד, תלאה במקל במקומה ולא קבעה פסולה, ע"ש. **ומבואר** מדבריהם דזהו לעיכובא שהמזוזה תתחבר למזוזת הכותל ע"י מסמרים דוקא, **ותמיהני** על הב"ח ועל הש"ך שכתבו, דלפי שעה א"צ מסמרים ע"ש, דמשמע מלשונם שיוצאים בזה, ואינו כן כמ"ש, **ומסתברא** אם יכרוך המזוזה בנייר וידבקנה בדבק אל מזוזת הכותל, דשפיר דמי, דמה לי מסמר ומה לי דבק, כיון שנתחברה חיבור גמור, **מיהו** בלא דיבוק, כגון שיעשה בליטה ממזוזת הבית ויניח או יעמוד שם המזוזה, אינו כלום, כיון שלא נתחברה חיבור גמור למזוזת הכותל, **ודע** דמלשון ימסמרנה וכו' או יחפור בה חפירה וכו', משמע להדיא דבחופר חפירה א"צ מסמרים, והטעם, דכיון שמונחת בתוכה, הרי היא כאחת עם מזוזת הכותל, דדוקא כשהיא על מזוזת הכותל אינה חיבור בלא מסמרים, ולא כשהיא בתוכה – ערוה"ש›.

(**עיין** בספר יד הקטנה שכתב, דהיינו בענין שתהא המזוזה נראית, והאריך בענין מש"כ בגמ' או שטלה עליה מלבן כו', והעלה דזה ברור לדינא, דכשאין המזוזה נראית וגם אין היכר וזכר לה כלל, דודאי אין יוצאין ידי חובת מזוזה כלל, **ולכן** מה שנוהגין ההמון לקדוח במזוזות הפתח ומניחין שם המזוזה, והיא אינה נראית וניכר כלל, אינם יוצאים בזה אף שהיא מונחת במקומה הראוי וכהלכתא, **ויש** לעשות איזה סימן או היכר בחלל הפתח על המקום הנקדח, ודי בכך - פת"ש). ‹ועיין בט"ז בסי' רפ"ו ס"ה›.

אות ב'* [כד]

פתח שאחורי הדלת, אם יש שם טפח, צריך מזוזה אחרת; ואם לאו, אינו צריך מזוזה אחרת

יו"ד סימן רפו ס"כ - [כה]**פתח שאחורי הדלת, אם יש לו פצים טפח, חייב במזוזה** – [בטור כתוב פרש"י בזה, כגון שיש במקצוע הבית פצים קבוע, ושני פתחין מחותכין בו, אחד לצפון וא' למערב, וקבע מזוזה בפנים בחלל פתח הצפוני, וכשהדלת פתוח הוה אחורי הדלת, **אם יש בעובי הפצים עובי הבדלה טפח בין פתח לפתח, צריך מזוזה אחרת לפתח מערבי, הואיל ואין המזוזה בחללה, ואם לאו**

באר הגולה

יח מימרא דרבא מנחות דף ל"ג ע"א וע"ב דקדים במצוה, **ואם היה עובי החלל כמה טפחים, יניחנה בחלל טפח הסמוך לר"ה** | יט ‹בסימן רפ"ט סק"ב על המחבר, בטפח הסמוך לפתח, כתב הט"ז הטעם שיפגע בה תחילה, ועוד שיהיה הכל תוך השמירה, ע"ש, ובסי' רפ"ה סק"ב כתב בטפח החיצון, כדי שיהא כל הבית שמור כיון שהוא מבפנים למזוזה, ע"ש, ותמוה דלמה שבק טעמא דיפגע בה תחילה. אך י"ל, דבסי' רפ"ה קאי אליבא דמחבר דפסל בדיעבד, וזה מכח הטעם דשמירה מן המזיקין, וכיון שחמירא סכנתא, לזה אף בדיעבד פסול. אבל בסי' רפ"ט שהמחבר סתם, והרמ"א הביא שבשינה כשר, הביא שני הטעמים, והיינו דלרמ"א רק מטעמא קמא, ולכן בדיעבד בשינה כשר, ולהמחבר הטעם מחמת המזיקין, ולזה לא הביא דבשינה כשר - דברי יציב› | כ לשון הרמב"ם שם פ"ו הי"ב ממימרא דרב יהודא וכו' שם דף ל"ב ע"ב | כא ציינתיו לעיל סימן רפ"ה סעיף ב' | כב לשון הטור | כג מהא דדריש רב יוסף בריה דרבא וכו' שם ע"ב | כד ‹ע"פ מהדורת נהרדעא› | כה ברייתא שם דף ל"ג ע"ב וע"ש בפי' רש"י

א"צ מזוזה אחרת, שהרי היא כמונחת בחלל עצמו, עכ"ל, **והקשה המרדכי** על רש"י, מנא ליה הא, ופי' הר"ץ כגון שיש אצל פתח חדר שצריך מזוזה, ויש פצים שם שהוא ימין לזה ולזה, וכיון שאין ביניהם טפח, יוצא במזוזה אחת, עכ"ל, **פי'** דהוקשה לו לפרש"י, הא כשיכנס בפתח המערב, הוה המזוזה לשמאלו, שהרי הפצים הוה לשמאל הנכנס שם, והיאך יוצא במזוזה ההיא, **וע"כ** לומר שכיון שקבעה בפתח הצפוני, ושם באותו פתח הוה המזוזה לימין הנכנס, מהני גם לפתח המערב, ועל זה הקשה מנא ליה הא, **ע"כ** פירש הר"ץ, שיש חדר שם שנכנסים לאותו חדר דרך פתח המערב, ולשם זה נעשה אותו פתח, ונמצא דהוה המזוזה בימין הנכנס מבית לאותו חדר דרך פתח המערבי, ובדרך זה חזק ואמץ מו"ח ז"ל והאריך בביאורו, ובדרישה ופרישה האריך ג"כ בפי' דבר זה של רש"י, וההיתר הוא מכח שכיון שנעשה בעיקר קביעתו לימין, סגי גם בפתח השני שהוא לשמאל, **ואני** אשתומם על הראשונים ואחרונים כשעה חדא שזכרתי, למה לא פירשו דברי רש"י כפשוטן והכל ניחא, דהחכמים הנ"ל הבינו שיש פתחים במערב וצפון כדרך שאר הפתחים של בית, שמשייר בבנין הכותל מקום הפתח ומגיע עד הפצים, והיאך הבינו ברש"י מה שכתב מחותכין בו, היאך תתפרש לשון חיתוך בזה, **והאמת** הברור לפענ"ד, דשני הפתחים הם בפצים עצמו מחותכים בו, דהיינו שבמקצוע מערבית צפונית עומד פץ אחד עב ורחב, ונחתך בו חתך גדול כדי שיעור פתח מצד צפון לתוך חלל הבית, ושם נכנסין ויוצאין מצפון לבית ומבית לצפון, ועוד נחתך שם שיעור פתח מצד מערב לחלל הבית, ושם הוי כניסה ויציאה מבית למערב וממערב לבית, ועשה המזוזה בחלל הפתח המערבי, דהיינו באותו צד שהוא ימין הנכנס ממערב לבית, שהרי באותו פצים עצמו יש חלק ימין ושמאל בפתח העשוי בו, **נמצא** הכל ניחא, דהכי קאמר שהמזוזה של פתח המערבי פשיטא שהיא כדין, אלא דבפתח הצפוני יש חילוק, אם יש באותו חלק פצים המבדיל בין מערב לצפון שיעור טפח, צריך מזוזה אחרת לצפוני, אבל אם אין שם הבדל טפח, חשבינן אותו הבדל כמאן דליתא, ומתכשר גם הצפוני כאילו גם הוא בחלל המערבי, וימין אחד לשניהם סגי, **ואף** על גב דלגבי צפוני הוה המזוזה רחוק מטפח סמוך לחוץ, מ"מ כשר הוא, כמ"ש סימן רפ"ט, וכ"ש הכא דעכ"פ לצד מערב הוה כראוי. **ומש"כ** רש"י וכשהדלת פתוחה הוה אחורי הדלת, אין זה שייך לשום טעם פטור או חיוב, אלא פי' למה נקרא חד פתח אחורי הדלת בגמרא, ועיקר הכוונה של בעל התלמוד להורות לנו סמיכות הפתחים באיזה דרך שנוכל להבינו, שב' המקומות הם מקום אחד, והיינו על דרך שכתבתי, **ובזה** ניחא הכל, שהמזוזה היה ממש בימין לשניהם ובמקומה הראוי, משא"כ למה שהבינו החכמים הנ"ל, דהמזוזה בפצים והפתחים הם בלאו הפצימים, היאך תצרף המזוזה באין עובי טפח, הא אין המזוזה לצד חלל הפתח של אחוריה, ובמה שכתבתי הכל ניחא בסייעתא דשמיא, ואולי מן השמים מקום הניחו לי בזה לפרש כן – ט"ז].

ויראה מכאן, אותן פתחים שהם חלוקים ועמוד באמצע, די להם במזוזה א', אפילו אם יש בעובי העמוד טפח, דלא מחייב בשתים כשיש בעובי העמוד טפח אלא כשא' בצפון וא' במערב, אבל כששני הפתחים ברוח א', אפי' אם יש בעובי הפצים טפח, חשוב הכל כפתח א', **אפילו** לפי' השני שפי' רש"י, כמו שדרך לעשות פתח אחד קטן אצל שער הגדול, שאין פותחין תמיד השער הגדול ופותחים הקטן, ואם יש פצים רוחב טפח ביניהם צריך מזוזה אחרת, אפילו לפי זה נראה שפתח החלוק אין צריך, **דשאני** התם דפתח הקטן נבדל משער הגדול לגמרי, שהרי נפתח ונסגר כל אחד בלא חבירו, אבל הכא שאין נבדלין זה מזה, דכשזה נפתח גם זה נפתח, גם נסגרים ביחד, ואין העמוד נעשה אלא לנוי, ודאי כחד חשיבי, ע"כ לשון טור, ועיין ב"ח ודרישה מה שכתבו בזה - ש"ך.

אות ג'

אבל חתך והניח ולבסוף העמיד פסולה

יו"ד סימן רפט ס"ה - [כו]**קבעה במזוזת הפתח בעודה תלושה, ואחר כך חברה לפתח, פסולה –** [דהוה תעשה ולא מן העשוי בפסול, כמו גבי ציצית – ט"ז].

‹**עיין** בספר יד הקטנה שכ', דבמקום שא"א לקבוע המזוזה על המזוזה ממש, כגון שמזוזות הבית היא של אבני שיש וכיוצא בהן, וצריכין לעשות תחבולה לקבוע שם חתיכת נסר של עץ כמין טבלא מרובעת למען יהיה אפשר לקבוע על זאת הטבלא המזוזה, **נראה** דבענין זה אם קבע המזוזה מקודם בהטבלא, ואח"כ קבע הטבלא עם המזוזה על מזוזת האבן, דאין בזה משום תעשה ולא מן העשוי, ע"ש שהאריך בטעם הדבר - פת"ש›.

‹**עיין** תשו' מהר"א ששון בסופו, דאף אם קבעו המזוזה כתקנה, והסירו הפתח כמו שהוא עם המזוזה, וחזרו לבנות הכותל, ונתנו הדלת עם המזוזה כמו שהיה קבוע, הוי ג"כ תולמ"ה, ע"ש, **ולדעת** המג"א או"ח, נראה דדוקא בקבע לבית אחר, דלזה הוי תחלת עשיה, אבל בחזר וקבעו למקומו הראשון, לא הוי תולמ"ה – רעק"א›. ‹**עיין** לעיל סי' רפ"ו סי"ד בפת"ש›.

אות ד'

דלית להו תקרה

יו"ד סימן רפו סי"ד - [כז]**בית שאין לו תקרה, פטור** - ‹אינו ראוי לדור בתוכו ופטור, **אע"ג** דשערי חצירות חייבין, וסתם חצירות אינם מקורין, **שאני** חצר שבתים מקורין פתוחים לתוכו, ומשתמשין משם לבתים ומבתים לתוכו, לפיכך חייבים, **משא"כ** כאן שאין משתמשים כן בתוכו, לפיכך פטור - לבוש›. ‹**לא** דמי, דחצר אין דרכו בתקרה, משא"כ בית - ערוה"ש›.

[כח]**היה מקצתו מקורה ומקצתו אינו מקורה, אם היה הקירוי כנגד הפתח, חייב במזוזה,** [כט]**והוא שיהיה במקורה ד' על ד'** - או כדי לרבע ד' על ד' להרמב"ם - ש"ך.

באר הגולה

כו מימרא דרב אחא בריה דרבא שם וכפי' רש"י | כז מימרא דרבא מנחות דף ל"ג ע"ב ותני רב שמואל בר יהודא וכו' יומא דף י"א ע"ב ‹רמב"ם וכלשון שני של רש"י – גר"א› | כח הרמב"ם שם ה"ה וכתב הכ"מ מלתא דסברא היא | כט הר"ר מנוח

(עיין בתשובת הר הכרמל שכתב, בחדר שקורין קי"ך, שנכנסין שם להסיק תנורי בית החורף ומחזיקין שם לולין של תרנגולים, חייב במזוזה, **אף** על פי שאינו מקורה כלל, מ"מ כיון שדרכו להיות אינו מקורה, דמי לשערי חצרות דחייב במזוזה מטעם זה, **אבל** אם הוא מקום טינופת, פטור, כיון שאינו בית דירה, כמ"ש הש"ך סק"ב, **אך** אם אין מקום טינופת רק לפעמים, חייב במזוזה, אלא דיש לכסותו, ואף שהדלת מפסיק - פת"ש).

(**ועיין** בשו"ת ארבעה טורי אבן, לענין מה שיש ברוב מקומות חדרים מקורים עם מזוזה, ובסוכות פותחין הקירוי ומסככין בענפים, והמזוזה קבועה בדלת, ואחר הסוכות משליכין הסכך ומקרין עם הקירוי כמקדם, והמזוזה כדקאי קאי, אם יפה הם עושים או לא. **ודעת** גדול אחד, דיש בזה משום תעשה ולא מן העשוי, ע"כ צריך אח"כ ליקח משם המזוזה ולקבוע אותה מחדש ולברך עליה, **וכן** העלה שיש להחמיר אם נשברה הדלת ונתנו אותה לאומן לתקנו, כשחוזר וקובע אותה בהשער שצריך להוציא המזוזה ולקבוע אותה מחדש משום תולמ"ה. **והרב** בעל המחבר חולק עליו, חדא דמעולם לא יצא הסוכה הנ"ל מידי חיוב מזוזה, דאי משום דסוכה דירת עראי, הרי חדר זה דירת קבע כל השנה, וע"כ לא פטרינן סוכת החג אלא כשעושה לשם חג, אף כשעושה אותה דירת קבע פטורה, דמקרי דירת עראי, אבל בחדר זה שהוא דירת קבע כל השנה, ודאי גם בימי סוכות לא נפטרה. **ואין** לפוטרה בשביל שאינו מקורה, הרי דרכו בכך והוי כמו חצר. **ועוד** דפסול תולמ"ה לא הוי אלא כשמתחלה נעשה בפסול, אבל אם מתחלה נעשה בהכשר בחדר שחייב במזוזה, אף שנפטר החדר אח"כ ממזוזה, כגון שמסירין הקירוי וכדו' לזה, מ"מ כשנתקן אח"כ כשירה, ואין בזה משום תולמ"ה, - פת"ש). (**עיין** לקמן סי' רפ"ט ס"ה ברעק"א.

אות ה' – ו'

אכסדרה פטורה מן המזוזה

באכסדרה דבי רב

יו"ד סימן רפו ס"ו - [ל]אכסדרה, והוא המקום שיש לו ג' כתלים ותקרה, אע"פ שיש לה שני פצימין ברוח רביעית, פטורה, מפני שהפצימין להעמיד התקרה הם עשויים ולא משום מזוזות; [לא]אבל אם יש לה מחיצה גם ברוח הרביעית, אע"פ שהיא נמוכה [לב]או שעשויה חלונות חלונות - ר"ל מכל הרוחות - ש"ך, **חייבת.**

אות ז'

בית שער הפתוח לחצר, ובתים פתוחין לבית שער

יו"ד סימן רפו ס"ח - [לג]בית שער שפתוח לבית ולחצר, חייב בשתי מזוזות, אחת במקום שפתוח לבית, ואחת במקום שפתוח לחצר – [כתוב בטור, מלבד הפתח שנכנסין לשם מן רה"ר, שפשיטא שצריך מזוזה]. (**נראה** דהכי קאמר, חייב בשתי מזוזות חוץ ממזוזה שלישית שהוא חייב בה אם יש לו פתח שלישי פתוח לרשות הרבים – ב"י.

באר הגולה

[ל] מימרא דרבה בר שילא א"ר חסדא מנחות דף ל"ג ע"ב וכדמפרש שם בגמ' [לא] שם באכסדרא דבי רב [לב] ברייתא שם דאכסדרא חייבת ומוקי לה באכסדרא רומיתא [לג] מימרא דרחבה וכו' וכדמפרש רב פפא סבא וכו' שם מנחות לג ב'

§ מסכת מנחות דף לד. §

אות א'

והילכתא כרב ושמואל לחומרא

יו"ד סימן רפו ס"ט - [א]בית שער העומד בין הגנה לבית, חייב בשתי מזוזות, אחת במקום שפתוח לבית, ואחת במקום שפתוח לגנה.

אות ב'

אם יש לו פתח אחד, חייב במזוזה אחת; אם יש לו ב' פתחין, חייב בשתי מזוזות

יו"ד סימן רפו סי"ט - [ב]ארובה שבין בית לעלייה, ועולים לה בסולם ועושים סביב הסולם היקף מחיצות, פעמים למטה ברגלי הסולם, ופעמים למעלה בראשו, ויש בו צורת פתח במקום שעושין אותו, חייב; ואם עשו למעלה וגם למטה, חייב בשתים.

‹אבל בפתח שעולין בסולם על הגג שקורין בוידי"ם, והדלת שוכבת על הארץ, פטור ממזוזה, וכן במרתפים בכה"ג, כמו שיתבאר בסי' רפ"ז, דדלת השוכבת וממלא את הפתח אין זה פתח שחייבת במזוזה - ערוה"ש›.

אות ג'

שמע מינה מדרב הונא, האי אינדרונא דאית ליה ארבעה באבי, חייב בארבע מזוזות

[ג]יו"ד סימן רפו סי"ז - [ד]אם יש בבית הרבה פתחים פתוחים לחצר או לרשות הרבים, ונעשו כולם לכניסת ויציאת בני הבית, כולם חייבים, אפילו נתמעטו הדיורים שאין רגילין עתה לצאת ולבא אלא באחד מהם.

יו"ד סי' רפו סי"ח - [ה]בית שיש לו פתחים הרבה, אע"פ שאינו רגיל לצאת ולבא אלא באחת מהם - ‹אפילו לא היו מתחילה הרבה דיורים, אלא שדר בו לבדו ועשה פתחים הרבה לכניסה ויציאה - לבוש›, **חייב לעשות מזוזה בכל פתח ופתח. הגה: הואיל ונעשו לכניסה ויציאה** - ‹והקשה האג"מ, דמסי"ז משמע, דאם מתחלה לא היו רגילין אלא בא' מהן, פטורין השאר, וא"כ סתרי ב' הסעיפים אהדדי, ע"ש ח"א סי' קע"ז›.

אות ד'

דרך ביאתך מן הימין

יו"ד סימן רפט ס"ב - [ו]וצריך לקבעה על ימין הנכנס - [דכתיב ביתך, היינו דרך ביאתך, וסתם אדם עקר כרעא ימינא ברישא], **(ואין חילוק בין אם הוא אטר יד או לא) (מרדכי ה"ק)** - ‹זהו מלתא דפשיטא, אבל במקור הדין במרדכי איתא, אפילו הוא אטר רגל, דדרך ביאתו בשמאל דעלמא, מ"מ מניחו בימין דעלמא - רעק"א›.

ולא דמי לתפילין, דאטר מניח בימין של כל אדם, וכמו שנתבאר באו"ח סי' כ"ז סעיף ו', **דשאני** מזוזה דהוי לשמור כל בני הבית, משא"כ בתפילין דהוה לדידיה לחודיה, כ"כ הב"י בשם המרדכי, **ונראה** דה"ה אם א' לבדו דר בבית, והוא אטר, או שכל בני הבית אטרים, **דלא** דמי לתפילין שהם מצות שבגופו, לכך אזלינן בתר ימין דידיה, משא"כ מזוזה דאינה אלא חובת הבית, לכך אזלינן בתר ימין של כל האדם, והיינו שלא חילקו בש"ס ופוסקים בין בני הבית אטרים או לא, וכן נראה דעת הרב, שלעולם מניח בימין, וכן נוהגין - ש"ך.

ואם קבעה משמאל, פסולה.

אות ה'

על הספר

יו"ד סימן רפח ס"ו - [ז]כתבה על הקלף או על הגויל, כשרה; [ח]לא אמרו דוכסוסטוס אלא למצוה. (וקלפים שלנו כשרים לכל) (מרדכי ה"ק) - ‹דאצלינו אין חולקין העורות - ערוה"ש›.

אות ו'

לקוצו של יו"ד

סימן לב ס"ד - הגה: ויכתוב כתיבה תמה - דהיינו שלא יכתוב ביתי"ן כפי"ן, כפי"ן ביתי"ן, זייני"ן נוני"ן, נוני"ן זייני"ן, וכל כיוצא בזה. **שלא יחסר אפילו קוצו של יו"ד** - היינו עוקץ שמאל של יוד, וכ"ש אם חסר רגל ימין דפסול.

ויהא מתוייג כהלכתו (טור או"ח) - באותיות שעטנ"ז ג"ץ, וזה הוא רק לכתחלה, דבדיעבד כשר לרוב הפוסקים אם לא תייג.

ולכתחלה יכתוב כתיבה גסה קצת, שלא יהיו נמחקים מהרה.

וכן מצוה ליפותן מבחוץ ומבפנים (דברי מרדכי).

‹המשך ההלכות מול עמוד ב'›

באר הגולה

[א] ברייתא שם וכרבי יוסי וכדמפרש רב ושמואל, כן פסק הרא"ש, וכן נראה מדברי הרמב"ם, שכתב אפילו י' בתים זה פתוח לזה וזה פתוח לזה, הואיל והפנימי חייב, כולם חייבים וכו' [ב] מימרא דרב הונא שם וכפי' רש"י שם [ג] ‹ע"פ הבאר הגולה› [ד] לשון הטור ממימרא דרב פפא וכו' שם דף ל"ד. וכפי' השני שברש"י בשם תשו' הגאונים [ה] לשון הרמב"ם ממימרא דרב פפא וכפי' הראשון שברש"י ‹וזה שלא חילק בסי"ח בין תרי באבי לתלתא, הוא משום שבזה פליג הרמב"ם ארש"י, וסובר דבכל אופן חייב אף האינו רגיל, ור' יהודה אמר רב איירי בפתח שבבית המדרש, {ע"ל דף ל"ג. אות ה'-ו'}, כדאיתא בהגר"א - אג"מ› [ו] ברייתא שם דף ל"ד ע"א ומייתי לה מקראי [ז] לשון הרמב"ם שם פ"א ה"ט וכ"כ הרי"ף, וכרשב"א משמיה דרבי מאיר בברייתא שבת דף ע"ט ע"ב, והיה כותבה דקתני, היינו לפעמים כשלא היה מזדמן לו דוכסוסטוס [ח] ברייתות שם שבת ומנחות

ארעתא דגינה הוא דעבידא אביי ורבא עבדי כרבה ורב יוסף ורב אשי עביד כרב ושמואל לחומרא א] והילכתא *כרב ושמואל לחומרא איתמר לול ב] פתוח מן הבית לעלייה אמר רב הונא *אם יש לו פתח אחד חייב במזוזה אחת אם יש לו ב' פתחין חייב בשתי מזוזות אמר רב פפא *שמע מינה מדרב הונא האי אינדרונא דאית ליה ארבעה באבי חייב בארבע מזוזות פשיטא לא צריכא אף על גב ג] דרגיל בחד אמר אמימר האי פיתחא דאקרנא חייב במזוזה אמר ליה רב אשי לאמימר והא לית ד] ליה פצימין א"ל עדי פצימי רב *פפא איקלע לבי מר שמואל חזא ההוא פיתחא דלא הוה ליה אלא פצים אחד משמאלא ועבידא ליה מזוזה א"ל כמאן כר"מ אימר דאמר ר"מ מימין משמאל מי אמר מאי היא דתניא ביתך ביאתך מן הימין אתה אומר מן הימין או אינו אלא משמאל ת"ל ביתך מאי תלמודא אמר רבה *דרך *ביאתך מן הימין דכי עקר איניש כרעיה דימינא עקר* ה] רב שמואל בר אחא קמיה דרב פפא משמיה דרבא בר עולא אמר מהכא °ויקח יהוידע הכהן ארון אחד ויקב חור בדלתו ויתן אותו אצל המזבח מימין בבוא איש בית ה' ונתנו שמה הכהנים שומרי הסף את כל הכסף המובא בית ה' מאי ר"מ דתניא בית שאין לו אלא פצים אחד ר"מ מחייב במזוזה וחכמים פוטרין ו] מאי טעמא דרבנן °מזוזות כתיב מ"ט דר' מאיר דתניא מזוזות שומע אני מיעוט מזוזות שתים כשהוא אומר °מזוזות בפרשה שניה שאין תלמוד לומר הוי ריבוי אחר ריבוי ואין ריבוי אחר ריבוי אלא למעט מעטו הכתוב למזוזה ז] אחת דברי ר' ישמעאל ר"ע אומר אינו צריך כשהוא אומר °על המשקוף ועל שתי המזוזות שאין ת"ל שתי מה ת"ל שתי זה בנה אב כל מקום שנאמר מזוזות אינו אלא אחת עד שיפרט לך הכתוב שתים ת"ר וכתבתם יכול יכתבנה על האבנים נאמר כאן כתיבה ונאמר להלן כתיבה מה להלן על הספר אף כאן *על הספר או כלך לדרך זו נאמר כאן כתיבה ונאמר להלן כתיבה מה להלן על האבנים אף כאן על האבנים נראה למי דומה דנין כתיבה הנוהגת לדורות מכתיבה הנוהגת לדורות ואין דנין כתיבה הנוהגת לדורות מכתיבה שאינה נוהגת לדורות וכמו שנאמר להלן °ויאמר להם ברוך מפיו יקרא אלי את הדברים האלה ואני כותב על הספר בדיו אמר ליה רב אחא בריה דרבא לרב אשי רחמנא אמר על מזוזות ואת אמרת ניליף כתיבה כתיבה אמר קרא °וכתבתם *כתיבה תמה והדר על המזוזות ומאחר דכתיב [וכתבתם] האי גזירה שוה למה לי אי לאו גזירה שוה ח] הוה אמינא ליכתבא אאבנא וליקבעה אסיפא קמ"ל: ארבע פרשיות שבתפילין מעכבות זו את זו ואפילו כתב אחד מעכבן: פשיטא אמר רב יהודה אמר רב לא *נצרכא אלא ט] לקוצו של יו"ד והא נמי פשיטא לא נצרכא אלא לאידך דרב יהודה דאמר רב יהודה אמר רב *כל אות שאין גויל מוקף לה מארבע רוחותיה פסולה: ת"ר

רש"י

י] והילכתא כרב ושמואל לחומרא. *ומצריך מזוזה לתרוייהו דס"ל כרבי יוסי: לול פתוח מן הבית לעלייה. זהו דרכן יא] ארובה באמצע העלייה ועולין לה מן הבית במעלות ועושין ד' מחיצות סביב המעלות למטה כדי שלא ירד אדם מן העלייה לבית כי אם ברשות בעליה ועושין פתח במחיצות וכן עושין בני תורה אור עליה ד' מחיצות סביב הארובה למעלה ובהן פתח: אם יש לו ב' פתחים. אחד בבית ואחד בעלייה כדפירשתי: אע"ג דרגיל בחד. מיניהו ספי דהא דאמרן לעיל הלך אחר הרגיל ה"מ כגון תרי בבי ורגיל בחד בטילה אידך לגביה אבל תלתא לגבי חד לא בטלי ל"א מתשובת הגאונים *הלך אחר הרגיל יב] שהיה רגיל שבני אדם רגילים לצאת ולבא בו ולמעוטי פתחא דרבי שאינו עשוי אלא לו לבדו ולאיתויי פתחא דרב הונא שהיה רגיל אף לאחרים אבל ב' פתחים או ג' לחדר אחד וכולן נעשו לביאת כל בני הבית שהיו מרובין ותשמיש (א) אחד *בחדר תדיר והוצרכו לו פתחים הרבה כולן חייבין במזוזה ואף על פי יג] שנתמעט *תשמיש ואינן צריכין עכשיו לכולן אלא לאחד מהן: דאקרנא. בקרן זוית של בית: והא אין לה פצימין. מזוזות אלא ראשי הכתלים: עדי. הרי כלומר אלו ראשי הכתלים הן הן פצימין: פצים אחד. שהיה הפתח אצל הזוית וציר הפתח הוא הזוית ואין אצלו *כלום ואין לו פצים אלא סף שסוגר בו: כר"מ. מפרש לקמן דמחייב מזוזה לבית שאין לו אלא פצים אחד: מאי היא. מנלן דמימין: ביאתך מן הימין. דרך ימין לביאה: דרך ביאתך יד]. לביאה ולא ליציאה: מימין בבוא איש בית ה'. כשהיה אדם נכנס לפתח עזרה מזרחי והולך למערב ה"ל אותו ארון מימין שהיה נתון אצל קיר לפוני של (ב) טו] מזבח מימין בבוא אצל המזבח אלמא דרך ימין הויא ביאה וכל דבר הנתון דרך ביאה צריך ליתנו מימין: מיעט הכתוב למזוזה (ג). שאם אין בו אלא פצים אחד חייב: שאין תלמוד לומר שתי. דמיעוט מזוזות שתים: טז] להלן כתיבה. וכתב לה ספר (ד) (דברים כד): ולהלן כתיב. *וכתבת על האבנים: ספר כריתות נוהג לדורות. כתיבת אבנים הוראת שעה היתה: יז] שנאמר להלן כו'. כלומר וצריך ליכתוב בדיו בין במזוזות בין בגט כמו שנאמר יח] מפיו יקרא אלי וגו' כלומר מהאי קרא נפקא דספר בדיו בעינן: רחמנא אמר על מזוזות. דמשמע יט] *כתבם על הסף ממש ולא באגרת: כתיבה תמה. ואין כ] כתיבה תמה על העצים והאבנים אלא על הספר: והדר. שימה במזוזות: ג"ש. כתיבה כתיבה: ליכתבא אאבנא. יחקקה בסכין על האבנים דהויא כתיבה תמה: והדר ליקבעה. לאבן אסיפא בזוית הפתח ולקיים כתיבה תמה והדר על המזוזות:

תוספות

מ"ר **כשהוא** אומר מזוזות בפרשה שניה שאין ת"ל. משמע קצת דכתיבי מזוזות מלא בב' ווי"ן ולא מזוזת חסר דהא רבי ישמעאל אית ליה יש אם למסורת כדאיתא בריש סנהדרין (דף ד:) גבי לטטפת ומיהו אין ראיה מזה דה"נ אשכחן ר"ע דאית ליה יש אם למקרא בההיא דלטוטפת ובפרק כל שעה (פסחים דף ט.) אית ליה יש אם למסורת*: **נאמר** כאן כתיבה ונאמר להלן כתיבה. ופירש בקונטרס גבי גט דכתיב וכתב לה ספר כריתות וקשיא דהא תנן (גיטין דף יט.) על עלה של זית ועל קרן של פרה כותבין כא] ודקאמר ספר לספירת דברים ונראה לפרש דדריש מכתיבה דפרשת סוטה כב] או מכתיבה דמשנה תורה שהמלך כותב דכתיב (דברים יז) וכתב לו את משנה התורה הזאת על ספר והייט נוהג לדורות ואם תאמר אדרבה נילף מגט וי"ל דמזוזה וס"ת חובת דורות ומצות כג]. מ"ר: **כמה** שנאמר להלן כו' פירש בקונטרס כלומר וצריכה ליכתב בדיו בין מזוזה בין גט כמה שנאמר להלן ותימה גדולה פירושו דהא מכשירין גט בסיקרא ובסם (גיטין דף יט.). מ"ר: **וכתבתם** אמר קרא כתיבה תמה והדר על מזוזות. צריך הוא לדרשה דכתיבה תמה דלא מצית למימר אמר קרא וכתבתם והדר על מזוזות דה"נ *כתיבה דהתם וכתבת על האבנים ולא אמרינן וכתבת והדר על האבנים אלא מכתיבה תמה דריש כדפירש הקונטר' דכתיבה תמה לא שייכא על האבנים לפי שאינה מתקיימת. מ"ר:

לטטפת

עין משפט נר מצוה

קס א מיי' פ"ז מהל' מזוזה הל"ח טוש"ע יו"ד סימן רפו סעי' ט:
קסא ב מיי' שם הל"י טוש"ע שם סעי' יח:
קסב ג מיי' שם טוש"ע שם סעי' יח:

[ועי' היטב תוס' סוכה ו: ד"ה ור"ש ותוס' סנהדרין ד. ד"ה כולהו ותוס' זבחים ח. ד"ה לא נצרכה]

קסג ד מיי' פ"ד מהל' תפילין הל"ב סמג עשין כב טוש"ע יו"ד סי' רפח סעי' ג:
קסד ה מיי' פ"א מהל' תפילין הל"ח סמג עשין כב כה טוש"ע יו"ד סי' רפח סעי' ו:
קסה ו מיי' פ"א מהל' תפילין הל"א סמג עשין כב טוש"ע או"ח סי' לב סעי' ד בהג"ה:
קסו ז מיי' פ"א שם הל"ט סמג שם טוש"ע שם סעי' ד:

מסורת הש"ס

[ע' מהרש"א כל' מזוזה סי' יג]

נ"א כי אמרינן הלך אחר הרגיל שהיו הרבה בני אדם רגילים כו' נ"ק

נ"א מארי

כאותו חדר נ"ק

תשמיש נ"ק

[יומא יא: ע"ש חולין קלה:]

[ברישא כצ"ל וכ"א ביומא יא:]

מגד שאמר כלום נ"ק

[דברים כו]

[שבת קג:]

[לעיל כט.]

לכתבם נ"ק

כתיב כתם וכתבת נ"ק

מלכים ב יב; דברים ו; שם יא; שמות יב; ירמיה לו; דברים ו

הגהות הב"ח

(א) רש"י ד"ה אע"ג דרגיל וכו' ותשמיש בחדר אחד תדיר. (ב) ד"ה מימין בבוא וכו' קיר צפוני של מזרח וכתיב אצל המזבח מימין בבא אלמא: (ג) ד"ה מיעט הכתוב למזוזה אחת שאם: (ד) ד"ה להלן וכו' ספר כריתות הס"ד ואח"כ מ"ה ולהלן וכו' האבנים הס"ד ואח"כ מ"ה נוהג לדורות אבל כתיבת כצ"ל:

שיטה מקובצת

א] תיבות והילכתא כרב ושמואל לחומרא נמחק: ב] לול הפתוח: ג] דרגיל בחד כו' פירש"י כו'. קשה והיכא שמעינן להא ממילתא דרב הונא הא רב הונא לא איירי אלא בפתח אחד למעלה ואחד למטה זה לפני זה ושניהן רגילים שהכל נכנסים ויוצאים בזה ופי' הר"ם דרב הונא איירי בשני פתחים זה אצל זה ואחד רגיל יותר מחבירו. תו"ח: ד] והא לית. לה פצימין א"ל עדי פצימין: ה] דימינא עקר ברישא: ו] וחכמים פוטרין מ"ט דר"מ דתניא שומע אני כו' והשאר נמחק: ז] למזוזה. דברי רבי ישמעאל רבי א) יצחק אומר א"צ: ח] הו"א ליכתבא אאבנא וקשה להר"ם אכתי תיקשי לן רחמנא אמר על מזוזות ואת אמרת גזירה שוה כיון דאמרינן דעל האבן נמי יש כתיבה תמה ע"י חקיקה ולמה ליה למימר הכי אלא לימא אי לאו גזירה שוה הו"א ליקבעה אסיפא דביתא ונראה לומר דודאי משמע ליה דאסיפא דביתא לא מצי לאמן ידיו ולכתוב כתיבה תמה במחובר לבית ואין עוד לקיים על מזוזות וע"כ והדר על מזוזות קאמר ומשום הכי קאמר הו"א ליכתבא אאבנא אחת תלושה דאיכא כתיבה תמה ואח"כ לקבעו אמזוזות לכך אצטריך גזירה שוה דספר. תו"ח. לשון תוס' מהר"ם ואמר מורי דמשמע ליה דאין לכתוב כתיבה תמה אלא א"כ נוטל האבן לפניו וחוקק בו [בסכין] דאז הוא הופכה לכל צד שירצה ומתקן האות לרצונו אבל על הסף אי אפשר לכתוב כתיבה תמה וכיון דהכי אי אפשר לקיים קרא כדכתיב וכתבתם על מזוזות ממש ואי לאו גזירה שוה הו"א: ט] לקוצו של יו"ד עיין רשב"א סי' תרי"א: י] כאן מה"ד ארעתא דגינה. לשומרת. והס"ד ומה"ד לחומרא. ומצריכי לתרוייהו מזוזה הס"ד: יא] זהו דרכן. בונין ארובה: יב] תיבות שהיה רגיל נמחק: יג] ואע"פ שנתמעטה: יד] דרך ביאתך. דרך הילוכך הס"ד ומה"ד דכי עקר איניש כו' אלמא ימין בעינא מדאפקיה רחמנא בלשון ביאה ש"מ דרך ימין לביאה: טו] צפוני של מזרח אלמא כל דבר הנתון דרך ביאה צריך ליתנו מימין כי הבא הס"ד והשאר נמחק: טז] מה"ד נאמר להלן: יז] מה"ד כמו שנאמר להלן: יח] כמו שנאמר. להלן ואני כותב על הספר בדיו (תיבות ובדיו נמחק): יט] דמשמע וכתבתם על הסף ממש ולא בסם ולא בסיקרא הס"ד והשאר נמחק: כ] ואין כתיבת דיו תמה: כא] כותבין. אלמא לא בעינן ספר וכדקאמר ספר כו': כב] סוטה. והתם ספר ממש בעינן ולא ע"ג האבנים א"נ מכתיבה דס"ת דכתיב כתוב זאת זכרון בספר. וגבי ס"ת בעינן אקלף ולא ע"ג אבנים וא"ת בגט נמי אמאי לא בעי ספר קלף ככל הני כיון דכתיב בספר וי"ל דהתם ודאי איצטריך ספר כריתות לכלל ופרט וכלל דרבינא כל דדמי לפרט אליבא דרבי יוסי הגלילי. ואליבא דרבנן האי ספר כריתות לספירה בעלמא הוא דאתא וא"ת אדרבה נילף מגט ופירש השר מקוצי דנין כתיבה המבוארת כגון מזוזה מכתיבה המבוארת כגון בסוטה וספר המלך ואל יוכיח גט שאינה כתיבה המבוארת ואינה אלא פירושה בעלמא. תו"ח: כג] ומצות. א"נ ס"ת ומזוזות מפורשת בתורה אבל בגט אין מפורש בתורה מה יכתוב בו:

א) וכ"ה הגי' בספרי כת' ואתחנן ר' יצחק אומר א"צ אכן הגר"א ז"ל שם נהגהותיו הגיה דצ"ל ר"ע וכמו הגי' דלכאן ע"ש.

עין משפט נר מצוה

קסו א ב מיי' פ"ב מהל' תפילין הל"א סמג עשין כה טוש"ע א"ח סי' לג סעי' ב:

סנהדרין ד: זבחים לז:

קסז ג ד ה מיי' שם פ"ג הל"ו סמג שם טוש"ע א"ח סימן לב סעי' א:

קסח ו מיי' שם הל' ה סמג שם טוש"ע א"ח סי' לד סעי' א:

דאי שקלת לוי"ו דויסף ושדית ליה לחמישיתו כוי ליה חמישיתו והשתא מוקמינן ליה באמצע תיבה ומוקמית ליה אגל יו"ד וקשה לפירושו דקאמר בתר הכי גבי הקדש נמי דכ' ויסף חמישית אע"ג דכי כו' נ"ק

[ועי' היטב תוס' זבחים לז:ותוס' סנהדרין ד: ד"ה לטטפת וכו' מ"ש בשם ר"ת]

בתיבה אחד בפסוק אחד אי נמי דלא אשכחן בתורה שהוזכרו תפילין כו' נ"ק

[ועי' תוס' סנהדרין שם ותוס' זבחים שם ד"ה טט]

שתים הראשונות מימין ושתים האחרונות כו' נ"ק

ת"ר *לטטפת לטטפת לטוטפת הרי כאן ד' דברי רבי ישמעאל ר"ע אומר אינו צריך טט בכתפי שתים א) פת באפריקי שתים ת"ר יכול יכתבם על ד' עורות ויניחם בד' בתים בד' עורות ת"ל °ולזכרון בין עיניך זכרון אחד (שמות יג) אמרתי לך ולא ב' וג' זכרונות הא *כיצד ב] כותבן על ד' עורות ומניחן בד' בתים בעור אחד ג] ואם כתבן בעור אחד והניחן בד' בתים יצא וצריך שיהא ריוח ביניהן דברי רבי וחכ"א אינו צריך ד] ושוין שנותן חוט או משיחה בין כל אחת ואחת ה] ואם אין חריצן ניכר פסולות תנו רבנן *כיצד כותבן תפלה של יד כותבה על עור אחד ואם כתבה בארבע עורות והניחה בבית אחד יצא וצריך לדבק שנאמר °והיה לך לאות על ידך (שם) כשם שאות אחת מבחוץ כך אות אחת מבפנים דברי ר' יהודה ר' יוסי אומר אינו צריך א"ר יוסי ומודה לי ר' יהודה ברבי שאם אין לו תפילין של יד ויש לו *שתי תפילין של ראש שטולה עור על אחת מהן ומניחה מודה היינו פלוגתיהו אמר רבא מדבריו של ר' יוסי חוזר בו ר' יהודה איני והא שלח רב חנניה משמיה דר' יוחנן *תפלה של יד עושין אותה של ראש ושל ראש אין עושין אותה של יד לפי שאין מורידין מקדושה חמורה לקדושה קלה ל"ק *הא בעתיקתא הא בחדתתא ולמ"ד הזמנה *מילתא היא דאתני עלייהו מעיקרא ת"ר ו] *כיצד סדרן קדש לי והיה כי יביאך מימין שמע והיה אם שמוע משמאל והתניא איפכא אמר אביי ל"ק כאן מימינו של קורא כאן מימינו של מניח והקורא קורא כסדרן: אמר רב חננאל אמר רב החליף פרשיותיה פסולות אמר אביי לא אמרן אלא

לטטפת לטטפת ז] **לטוטפת הרי כאן ד'.** מכאן ח] שכותב ד' פרשיות בד' בתים: **טט בכתפי שתים.** באותו מקום קורין לשתים טט: **על ד' עורות** ט]. ד' חתיכות קלף ויניחנה בד' בתים של ד' חתיכות קלף: **בד' בתים בעור אחד.** שמפשיטין עגל קטן *[ולוקחים חתיכת עור] ומניחין אותו בדפוס שיש בו כמין י] [*ד'] אצבעות ומניחין אותו לייבש על הדפוס וטולין את הדפוס ונעשים בתים מאליהן: **ואם כתבן בעור אחד.** שעשה עור אחד וכתבו בו ד' פרשיות והניחן בד' בתים של עור אחד כמה שפירשנו: **וצריך שיהא ריוח בין פרשיות.** כשיכתבם (א) יא] שלאחר שכתבן בעור אחד יחתוך מלמעלה העור כמין *ד' אצבעות ויניחן בד' בתים *ויהיה מדובק למטה עור אחד כדי שתהא פרשה אחת בבית אחד: **ביניהם.** בתוך הד' בתים של עור האחד: **שנותן חוט או משיחה.** בין כל בית ובית: **ואם אין חריצן.** החריץ שבין כל בית ובית יב] אם אינו ניכר מבחוץ פסולה כגון אם עשה מחיצות הבתים מבפנים ואין חריץ ניכר מבחוץ: **כותבה על עור אחד.** כל הארבע פרשיות: **בד' עורות.** בד' אגרות: **וצריך לדבק.** את הד' אגרות ביחד בתפירה או בדבק שקורין גלו"ד: **אות.** סימן: **והיה לך לאות.** אפי' לך לא יהא אלא אות אחת דכי הוו בפנים ד' אגרות שאינם דבוקות ונתונות בבית אחד לאחרים שאין רואין אלא *חיצון יג] חשוב אות אחת אבל לך המשמש בהן וניכר (ב) ממשן של ד' אגרות כל אחת לבדה הוו ב' אותות: **אינו צריך.** לדבק: **יהודה ברבי.** יהודה החכם: **ויש לו ב'.** (ג) (זוגות) תפילין של ראש העשויין בד' בתים: **שטולה עור על אחת מהן.** על הד' בתים מכסה עור אחד ונראין כבית אחד: **ומניחה.** בידו אע"פ שאין מדובקות בפנים: **מתוך דבריו של רבי יוסי נשמע שחזר בו רבי יהודה.** ואין צריך לדבק (ד): **תפילין של ראש חמורה קדושתה.** שרובו של שדי *נעשה (בקשר) בשל ראש שי"ן דל"ת אבל בשל זרוע אין יד] אלא יו"ד שיש שם רצועה קטנה כשיעור רחב אצבע *ובסוף ראשה מעט כמין יו"ד ועוד כתיב וראו כל עמי וגו' ותניא ר"א הגדול אומר אלו תפילין שבראש טו] (לקמן לה:): **עתיקתא.** שכבר נקשרו בראש אסור להורידן ולעשות של יד: **ולמאן דאמר.** בסנהדרין בפרק נגמר הדין (דף מז:): **הזמנה מילתא היא.** ומשזימנה לצורך הראש אין רשאי לשנותה לשל יד טז]: **כגון דאתני עליה.** מעיקרא *לשל יד אי צריך להם: **כיצד סדרן.** סדר הנחתן: **כאן מימין של קורא כאן מימינו של מניח.** כשהקורא עומד כנגד מניח הוי ימינו של זה לשמאל של זה: **והקורא קורא כסדרן.** כסדר שהן כתובין בתורה מוקדם מוקדם ומאוחר מאוחר הילכך הא דקתני לעיל קדש והיה כי יביאך מימין מימינו של קורא קאמר דהשתא כשהוא קורא כדרכו מימינו יז] לשמאלו נמצא קוראן כסדרן והא דתנא איפכא דמשמע קדש והיה כי יביאך משמאל אמניח קאמר דהוא ימין של קורא: **החליף.** יח] כדמפרש: גוייתא

לטטפת לטטפת לטוטפת. בשמע והיה אם שמוע כתיב לטטפת ובוהיה כי יביאך כתיב ולטוטפת בספרים מדויקים אבל בין פ"א לתי"ו לא כתיב וי"ו ותימה היכי משמע תרי ולאי הוה אמרינן גורעין ומוסיפין ודורשין ניחא אבל לא אשכחן אלא בתחילת תיבה ובסוף תיבה בפ' שני דזבחים (דף כה. וע"ש) גבי ולקח מדם הפר דדרשינן דם מהפר יקבלנו וכן ונתתם את נחלתו לשארו דדרשינן בפרק י"נ (ב"ב דף קיא:) ונתתם נחלת שארו לו ומפרש ר"ת דוי"ו קמא דולטוטפת מוקמינן בסוף כאילו כתיב לטוטפות כדאשכחן בפ' הזהב (ב"מ דף נה:) *שקליה לוי"ו דויסף ה"ל חמישיתו והשתא מוקמינן ליה באמצע תיבה והוה ליה חמישיתו ומוקמינן ליה במקום יו"ד באמצע תיבה וק' לפי' דפריך בתר הכי א"ה גבי הקדש נמי דכתב ויסף חמישית ט' ומשני דכי שקלת לוי"ו דויסף ה"ל חמישיתו והשתא לוקמיה באמצע תיבה דליהוי חמישיות הילכך נראה דבשום פעם לא מוקמינן ליה אלא בסוף תיבה ככל הני שהבאתי*. מ"ר:

לטוטפת. נראה *דלשון טוטפת הוא הראש אצל המצח כמו טוטפת וסרביטים דפרק במה אשה (שבת ד' נז.) דהייט כלילא שמקפת כל המצח א"נ נקראו טוטפות על שם שהם בראש בין העינים לשון הבטה כמו (מגילה דף יד:) שפיל ואזיל בר אווזא ועינוהי מטייפן וכן לין לשון הבטה על שם שהוא למעלה מבין שתי ריסי עיניו ותפילין נראה לשון ויכוח כמו (סנהדרין דף מד.) ויפלל שעשה פלילות עם קונו על שם שהם עדות והוכחה שהשם נקרא עליו ויראים ממנו יט] כגון דאמרינן לקמן (דף לה:) וראו כל עמי הארץ כי שם ה' נקרא עליך וגו' אלו תפילין שבראש. מ"ר:

טט בכתפי שתים. להאי תנא לא אמרינן דליבעי י"ב בתים כ] דמסתבר ליה שכתוב הכל *בפסוק אחד דלא אשכחן בתורה שלא הוזכרו תפילין אלא בד' פרשיות יש גורסין טוט ומפרשין כי האי דאמרינן במו"ק (דף ט ז.) טוט אסר טוט שרי גבי שמתא הייט שני ת"ת אוסרין וב' אחרים יכולין להתיר ואין נראה דתרי לאו ב"ד ניהו אלא בתקיעת שופר איירי כדאמר התם בארבעה מאה שיפורי שמתיה ברק למרוז אפיק שיפורא ושמתיה. *מ"ר:

ושוין שנותן חוט או משיחה בין כל אחת. הייט דוקא בכתובות בעור אחד אבל בד' עורות לא ויש נוהגין אפי' בד' עורות. מ"ר:

והקורא קורא כסדרן. פירש בקונטרס כסדר שהן כתובין בתורה *מוקדם מוקדם מאוחר מאוחר הילכך הא דקתני לעיל קדש והיה כי יביאך מימין מימינו של קורא קאמר והשתא כשהוא קורא כדרכו מימינו לשמאלו נמצא קורא קורא כסידרן וקשה לר"ת דאמאי פלגינהו שקורא *שתיהן הראשונות מימין וכל האחרונות משמאל היה לו לומר ראשונה מימין וכל אחרות משמאל או איפכא דג' ראשונות מימין ורביעית משמאל כמו גבי נר מערבי דפרק שתי הלחם (לקמן דף צח:) דיליף דנרות של מנורה מזרח ומערב מונחים מדכתיב בנר מערבי לפני ה' מכלל דכולהו לאו לפני ה' ולא אמרינן חצי הנרות לפני ה' וחצי האחר לאו לפני ה' כא] ומפרש ר"ת קדש והיה כי יביאך מימין של קורא ומשמאל של קורא הוי שמע מבחוץ ואחריה והיה אם שמוע מבפנים וניחא השתא מה שחלקן וכן פירש רבינו חננאל *בסנהדרין (דף פח.) כל בית החיצון שאינו רואה את האויר פסול *כגון קדש ושמע וכן רב האי גאון והיה מניח סימן הויות להדדי פי' והיה כי יביאך והיה אם שמוע פנימיות זו אצל זו וכן בתשובת הגאונים שכתב ה"ר יוסף טוב עלם והאי דקאמר הקורא קורא כסדרן לאו כמו שפירש בקונטרס כסדר שכתובות בתורה אלא מפרש ר"ת דהוא סיום הברייתא דכיצד סדרן וקאמר שקורא כסדר שמונחין בתפילין מימינו לשמאלו דהייט קדש והיה כי יביאך והיה אם שמוע שמע ואפילו לא יהא מן ברייתא אין קשה כלום ובמכילתא משמע כפירוש הקונטרס בפרשת והיה כי יביאך דקתני התם בד' מקומות מזכיר פרשת תפילין קדש והיה כי יביאך שמע והיה אם שמוע מכאן אמרו מצות תפילין ארבע פרשיות ט' והדר קתני כותבן כסדרן ואם כתבן שלא כסידרן יגנזו משמע כסדר שנאן בריש ויש לדחות דבכתיבת הסופר קאמר אבל אין קובעין בתפילין כסדר זה ואין נראה כלל (ה) ובשימושא רבא *תיקון התפילין משמע כפירוש הקונטרס וז"ל ומשוי פרשתא דקדש מימין בביתא קמא ופרשתא דבסמוך ליה *בביתא תניינא והיה כי יביאך ופרשתא דשמע בתליתאה ופרשה דוהיה אם שמוע ברביעית. מ"ר:

מסורת הש"ס

[וכ"ה בתוס' כת"י נה"ב] גי' רש"א

ד' פרשיות נ"ק

נ"ל ויהא מודבק למטה בעור אחד כדי שתהא כל פרשה בבית אחד בפני עלמה בתוך הד' בתים של עור האחד נ"ק. וכן הוא ברש"י כת"י

ברכות ס: מגילה כ: סנהדרין ח. מז:

נעשה בשל ראש נ"ק

וכסוף ראשה נ"ק

של של ראש לעשות לשל יד נ"ק

בסנהדרין כאלו הן הכתובין כל כו' נ"ק ופי' ר"ת כגון נ"ק

שהוא תיקון נ"ק

והיה כי יביאך בביתא תניינא ופרשתא נ"ק

הגהות הב"ח

(א) רש"י ד"ה וצריך וכו' כשיכתבם בעור אחד שלאחר שכתבן יחתוך מלמעלה הטור כמין ד' פרשיות ומניחן כו' כצ"ל: (ב) ד"ה וכיס לך וכו' וניכר ממשמש של ד' אגרות: (ג) ד"ה ויש לו ב' תפילין כצ"ל ותיבת זוגות נמחק: (ד) ד"ה ואין וכו' לדבק סס"ד ואח"כ מה"ד תפילין של ראש: (ה) תוס' ד"ה והקורא וכו' ואין נראה כלל ובשימושא רבא:

שיטה מקובצת

א] פת באפריקי שתים וב' פת (פי' דחד לטטפת לנפא ונשאר שנים לדרשה עיין תוס' סנהדרין דף ד) דהוו לדו באפריקי ד' וטס באפריקי לאו כלום הוא ועי"ל כל מקום שפירש לנו הכתוב במקום אחד מנין ונישנית פעמים או שלש אין לנו להרבות בהכי המנין ככל דבר שנאמרה ונישנית לא נישנית אלא מפני דבר שנתחדש בה : ב] כותבן על ד' עורות ומניחן בד' בתים בעור אחד וכן הלכה : ג] ואם כתבן בעור אחד והניחן בד' בתים . כגון שחלק לספח ומחוברים קצת למעלה והניח מה שנחלק מלמטה בד' בתים :.ד] ושוין כו' יש מפרשים על הקלף אחר שנכרך כל פרשה ופרשה לבדה כורך עליה חוט או משיחה ויש מפרשים אחר שנתפרו שמעביר חוט של התפירה בין כל בית ובית : ה] ואם אין חריצן כו' פרש"י כגון אם עשה מחיצת הבתים מבפנים כו' וקשה להבין איך אפשר שנעשו מבפנים המחיצות ואין התריץ ניכר מבחוץ אם לא העביר עור עליהם : ו] כיצד סדרן . סדר רש"י פסול לר"ת וסדר ר"ת פסול לרש"י ויש מניחין שני זוגות כדי לצאת ידי שניהם ויש אומרים לפיכך טוב לברך על של יד ולהניח של ראש בלא ברכה וטעם לדבר דמסתמא בשל יד לא פליגי ורבינו ברוך אמר דכי היכא דפליגי בשל ראש פליגי נמי בשל יד ואע"ג דבכתיבה לא פליגי אפ"ה נראה דלר"ת כותב בתחלה קדש ואח"כ והיה כי יביאך ומניח מקום חלק לכתוב והיה אם שמוע כדי לכתוב תחילה שמע כסדר הכתוב בתורה ואח"כ חוזר וכותב והיה אם שמוע במקום חלק שהניח ונהגו העולם כדברי רש"י : ז] לטוטפת . תלתא קראי כתיבי תרין בק"ש וחד בוהיה כי יביאך תרי חסרים וחד מלא לטטפת לטטפת ולטוטפות תרי הרי . גליון ואינו כן בכל הספרים אלא נורעין ויו של דולטוטפת א) : ח] מכאן שכותבין : ט] ד' עורות על : י] כמין ארבע : יא] כשיכתבם ויהיה של עור אחד כדי שתהא פרשה אחת בבית אחת כשיניחם בתוך [הד' בתים] והד"א והשאר נמחק : יב] בית ובית . ניכר ותיבות אם אינו נמחק : יג] חיצון . הוי אות ותיבת חשוב נמחק : יד] ורוע אין שם אלא יו"ד כו' אצבע . וכסוף ראשה מעט : טו] שבראש הס"ד ומה"ד הדתא שלא נקשרו עדיין בראש מותרים לעשות של יד הס"ד ומה"ד עתיקתא : טז] לשל יד . אשכחת לה כגון דאתני עלית מעיקרא . לשם של יד . דאי איצטריך להם הס"ד והד"א : יז] לשמאלו . נמצא : יח] כדפרישית הס"ד : יט] מטנו . כמו דאמרינן : כ] כיון דמסתבר ליה כו' דלא אשכחן בתורה שהוזכרו תפילין : כא] ומפרש ר"ת דרך סדר הנחה קדש יביאך שמוע שמע וה"ש כשבא להתחיל לקרות מימין מוצא קדש יביאך וכל הסדר מימין וכשהוא מתחיל משמאל מוצא שמע תחילה ואח"כ שמוע וכל הסדר יביאך קדש והקורא קורא כסדרן האמור בברייתא ראשונה ולפי שתירץ התלמוד כאן מימינו של מניח ולא פירש איזו נעמיד בקורא ואיזו נעמיד במניח לפיכך פי' הקורא קורא כסדר של ברייתא ראשונה . תר"ת :

אות ז'

כל אות שאין גויל מוקף לה מארבע רוחותיה, פסולה

סימן לב ס"ד - [ט]צריך שלא תדבק שום אות בחברתה, אלא כל אות תהיה מוקפת גויל - ואפילו האות האחרון מהשיטה, צריכה להיות מוקפת גויל מד' רוחותיה, ולעיכובא הוא אפילו בדיעבד, **ואפי'** אם יחסר הקפת גויל להקוץ של היוד, ג"כ פסול הוא.

(גויל דנקט לאו דוקא, דאין כותבין עליו תפילין, רק דנקט לישנא דשייך אצל ס"ת, ולאו דוקא – ע"ת).

ואם האות גדול, ונדבק בסופו, באופן שאם נגרר מה שדבק מ"מ ישאר צורת אות, יש מכשירין ויש פוסלין, **והסכימו** האחרונים להחמיר, ע"כ צריך לגרור מקום הדבק, **ואף** בתפילין ומזוזות מהני תיקון, כיון דלא נשתנה צורת האות מקודם.

(**ואם התג אחד דבוקה בחברתה, בזה יש נ"מ, דאם התגין של האות גופא דבק אחד בחבירו, דעת הרמ"ע לפסול, אך אם גופי האותיות ניכרות כל אחד בפני עצמו, רק התג של אות אחד נוגע בתג שבאות שאצלה, או מתיבה לתיבה, המאירי מיקל בזה, והמ"א והפר"ח מחמירין ג"כ בזה, אך הא"ר כתב, דיש להחמיר בזה רק בדאפשר, ומ"מ לכתחלה בודאי יש להחמיר ולגרור, כדעת הרלב"ח שהביאו המ"א, דתיקון מהני אפילו לדידיה, ואפילו תגין שנוגעין אחד לחבירו באות גופא, נראה דמהני תיקון, ואפילו בתו"מ, ולא מיקרי שלא כסדרן, כיון דחזינן שלא נשתנה צורת אות מקודם עי"ז**).

---

§ מסכת מנחות דף לד: §

אות א' – ב'

כיצד כותבן, על ד' עורות ומניחן בד' בתים בעור אחד; ואם כתבן בעור אחד והניחן בד' בתים, יצא.... ריוח ביניהן... אינו צריך; ושוין, שנותן חוט או משיחה בין כל אחת ואחת

כיצד כותבן, תפלה של יד כותבה על עור אחד, ואם כתבה בארבע עורות והניחה בבית אחד, יצא; וצריך לדבק

סימן לב ס"ב - [א]של ראש יכתוב כל אחת בקלף לבדה, ושל יד כותבן כולם בקלף אחד - מדכתיב: והיה לאות על ידך, דמשמע אות אחד, כלומר בית אחד, וכשם שהוא אות אחד מבחוץ, [ב]כך יש להיות לכתחלה אות א' מבפנים, שתהיה על קלף אחד, **אבל** בש"ר שיש בו ד' בתים, צריך שיהיו הפרשיות כתובות בד' קלפים, **וכ"ז** רק לכתחלה, וכמו שיתבאר הכל לקמן. **ודע**, דתש"י צריך להיות ג"כ כתוב דוקא בד' עמודים, כל פרשה בעמוד אחר.

[ג]סימן לב סל"ח - [ד]יעשה ד' בתים מעור אחד לשל ראש.

וחתיכות עור תפורים יחד, מצדד המ"א דחשובים כעור אחד, וכ"כ בתשובת חת"ס שיש להקל בתפורות, **ואם** היו רק דבוקות בדבק, מחמיר שם, **אבל** בח"א משמע, דה"ה אם הם דבוקות בדבק, וכן משמע באו"ז, **וכן** נתפשט עתה המנהג במדינותינו, **ומכל** מקום לכתחילה ראוי ונכון לעשותו מעור אחד ממש, כי יש מחמירין וסוברין, דלא מהני בחתיכות תפורות יחד, או מדובקות בדבק.

(**כתב במחה"ש, דה"ה הנעשים מעור אחד אלא שחותכים ממנו רצועות, ומ"מ באמצע נשארו מחוברים, ואח"כ שוב מחברים הרצועות יחד, ובזה נעשו הבתים, לדעת הב"ח פסולים, כיון דעכ"פ קרועים בכל צדדי הבית, ולדידיה התפירה וה"ה הדבק אינו עושה חיבור, עכ"ל, אמנם בפמ"ג כתב, וראוי לעשות הכל מעור אחד ממש, ודיעבד הסופרים חותכין למעלה, ולמטה מחובר, עכ"ל, ונ"ל דבזה לכו"ע מהני תפירה או דבק, ומצאתי בפתחי תשובה, שגם הוא מצדד כן, ולפי"ז פשוט, דאפילו אם נעשה נקב קטן בהעור במקום הריבוע כמו שרגיל, אפ"ה לא אבד ממנו שם עור אחד עי"ז, ואפילו אם נתקלקל הריבוע עי"ז, מהני תיקון אח"כ**).

ועיין בח"א, דעכ"פ צריכין שיהיו הד' בתים פרודות זה מזה, ולא יהיו מדובקין, ולא כמו שעושין הסופרים שמדבקין ע"י דבק, רק שלמעלה עושין סימנים כמו חריץ בעלמא, דצ"ע אם להכשיר אפילו בדיעבד, **דממ"נ** אם אנו חושבין ע"י דיבוק עור אחד, א"כ אין לנו אלא בית אחת ובתוכו ד' מחיצות, דפסול, ואם אין הדבק עושה עור אחד, ויש כאן ד' בתים עם ד' חריצים, דהדיבוק כנפרד דמי, א"כ התפילין גופייהו נעשו משתי עורות ופסולים, **ובאמת** טוב הוא שאפילו העושין מעור אחד ממש, יהיו תפיליהן פרודות, דשמא הדיבוק חבור, וכן התפילין של הגר"א היו פרודות, (ועיין מש"כ בסמוך בסעיף מ').

ובית אחד לשל יד – (ר"ל מעור אחד).

[ה]סימן לב סמ"ז - [ו]אם כתב כל הארבעה פרשיות בקלף אחד, כשרים, אפילו אין ריוח ביניהם - וכ"ש כשיש ריוח בין הפרשיות, שיוכל לחתכם וישתייר כדי היקף גויל לכל אחת, דשפיר דמי, (דזה כשר אף לרבי בגמ'), אף דבעת הכתיבה כתבן בקלף אחד.

וכתבו האחרונים, אע"ג דכשאין ריוח ביניהם יהיה מוכרח להניח כל פרשה בביתה שלא בזקיפה, אפ"ה כשר, כי הזקיפה אינה אלא למצוה.

ובלבד שיהא חוט או משיחה בין כל בית ובית - דכיון שכתב הפרשיות בעור אחד, צריך להפסיק בחוט או משיחה, או בגיד כמו שאנו נוהגין, בין בית לבית, כדי לתת היכר שהבתים מובדלים, **אבל**

באר הגולה

ט מנחות ל"ד | א שם (מנחות ל"ד) | ב (ורש"י לומדו מ"לך", ואפשר דזהו רק לשיטת ר' יהודה קודם שחזר, דצריך לדבק ומעכב אפי' בדיעבד) | ג (ע"פ מהדורת נהרדעא) | ד מנחות ל"ד | ה (ע"פ מהדורת נהרדעא) | ו מנחות ל"ד

בכתב הפרשיות על ד' עורות, א"צ לתת כלום בין בית לבית, **ויש** פוסקים, [ז]דבכל גווני צריך לתת הבדל בין הבתים, וכן יש לנהוג, כמו שכתב המחבר לקמן בסעיף נ"א ויעביר חוט וכו', **ומ"מ** לענין דיעבד כתב הט"ז דאינו מעכב, שהעיקר כסברא הראשונה.

[ח]**של יד, כותב הד' פרשיות בקלף אחד, וגולל אותן מסופן לתחלתן, וכורך קלף עליהם ושער עגל, ומכניסן בביתם כמו של ראש. [ט]אם כתבם על ארבעה קלפים והניחם בארבעה בתים, יצא** - וכ"ש אם הניחם בבית אחד דטפי עדיף.

והוא שיטלה (פי' יכסה) עור על ארבעה בתים שיהיו נראים כבית אחד – (עיין בפמ"ג, דיכסה בהעור גם על מקום השי"ן שלא יראה החוצה, דאל"ה יש בו חשש בל תוסיף בהש"י דאין צריך לשי"ן).

הגה: [י]והמנהג לדבקם בדבק שיהא הכל כקלף אחד - ר"ל אם הניחם בבית אחד, אף דבודאי יצא, מ"מ לכתחלה מצוה לדבקם.

כתבו האחרונים, דאף שלכתחלה מצוה לכתוב הד' פרשיות של יד בקלף אחד, מ"מ אם כבר כתב בד' קלפים, חשוב כדיעבד, ומותר להניחם לכתחלה אם מדביקם מקודם, **ואם** נמצא טעות בפרשה רביעית, מותר לכותבה בקלף לבד אפילו לכתחלה, ולהדביקה, דזה הוי כדיעבד.

ויזהרו ליטול דבק כשר (ברוך שאמר ואגור) - ר"ל מבהמה טהורה, **וכתב** בפמ"ג דזה רק למצוה אבל לא לעיכובא, כיון דהדיבוק אינו מעכב, ממילא אין קפידא במה מדבק.

[יא]**סימן לב סנ"א - [יב]יתפור שלשה תפירות בכל צד** - טעם לי"ב תפירות, נגד י"ב שבטי ישראל.

ולא בעינן תפירה תוך הבית רק סמוך להבית, **ואין** תופרין כתופר בגדים בשפת הבגד בלי שיור, אלא משייר מן התיתורא חוץ להתפירה, **וצריך** שעור הבתים מלמטה לפיו, יהיו יוצאים מכל ארבע רוחותיהם, עד שיהיו מגיעים תחת נקבי התפירה, כדי שיתפור עור הבתים מכל צד עם התיתורא, **ולא** כהסופרים המקצרין עור של הבתים, שאינו עובר הלאה תחת נקבי התפירה, ואינה נתפרת כלל עם התיתורא, רק שמהדקין הבית בתוך הארובה של התיתורא, **והברוך** שאמר כתב, שפסל כמה תפילין מחמת זה, אלא צריך לתפור יחד העור של הבתים עם התיתורא.

[יג]**וחוט התפירה יהיה סובב משתי רוחות** - ר"ל שכל התפירה יהא מסובבת משני צדדין, פנים ואחור, נמצא תופר בב' מחטין, אחת יוצאת לאחור ואחת נכנסת לצד פנים.

[יד]**ויעביר חוט התפירה בין כל בית ובית.**

הגה: מיהו אם לא עשה רק י' תפירות או פחות מזה, אינו נפסל (מרדכי) - וכן אם לא העביר חוט התפירה, אינו מעכב בדיעבד.

[טו]**ויש מי שאומר שי"ב תפירות אלו יהיו בחוט אחד** - ואם נפסק, י"א דיכול לקושרו, **וי"א** דיטלנו כולו משם ויחזור ויתפור מחדש בחוט אחר, שכיון שנפסק בשעת התפירה, ניכר שהחוט קלוש ועומד ליפסק ואינו כלום, **אבל** כשהחוט קצר מתחלתו ואינו נפסק, לכו"ע יכול לקשור לו חוט אחר לגמור התפירה, **וכתב** הפמ"ג, דאם אין לו גידין אחרים, יש לסמוך על סברא הראשונה ולקשור חוט שנפסק, **וכ"ז** אם נפסק באמצע התפירה, אבל אם נפסק אחר התפירה, עיין לקמן סימן ל"ג ס"ב.

(שמעתי בשם אחד הגדולים, שהזהיר שלא לדבק התיתורא בדבק קודם התפירה, דדבק חשיב חיבור כתפירה, וכמו שכתוב בסעיף מ"ז בהג"ה, וא"כ אפשר דתפירה שאח"כ לא חשיבא כלום, וההלכה למשה מסיני נאמר רק על התפירה ולא על דיבוק, וצ"ע בזה).

אות ג' – ד' – ה'

אם אין לו תפילין של יד ויש לו שתי תפילין של ראש, שטולה עור על אחת מהן ומניחה

תפלה של יד עושין אותה של ראש, ושל ראש אין עושין אותה של יד

הא בעתיקתא, הא בחדתתא

סימן מב ס"א - [טז]אסור לשנות תפילין ש"ר לעשותן של יד - אפי' אין לו ש"י ויש לו שנים ש"ר.

[יז]**אפי' ליקח רצועה מהם וליתן בש"י אסור** - ופשוט דה"ה נרתק המיוחד לשל ראש, דגם הוא בכלל תשמיש קדושה כמו רצועה.

(וכ"ש ליקח מהש"ר איזה פרשה ליתן בש"י דאסור, **ואם** נמצא איזה פסול בפרשה אחת, אם מותר ליקח מהפרשה שלפניה לתנם בש"י, תלוי בזה, **אם** הפסול הוא מחמת שלא היה כתוב מתחלה איזה אות כדין, או שאר פסול אחר שהוא פסול מעיקרא, א"כ הפרשיות האחרות והרצועות עדיין הם בכלל חדשים, **ואם** הפסול נעשה מחמת יושנן, או שאר קלקול שנתהוה אח"כ, כבר חלה עליהם קדושה החמורה, ואסור לשנותם).

[יח]**מפני שאין מורידין מקדושה חמורה לקדושה קלה, ושל ראש קדושתו חמורה, [יט]שרובו של שדי בשל ראש** - דשם הוא השין והדלית, משא"כ בש"י דאין בו רק הקשר של יוד.

(בפמ"ג מסתפק, אם דינא דאין מורידין הוא מדאורייתא או מדרבנן, ולבסוף צידד לומר דהוא דאורייתא).

באר הגולה

ז ‹עיין לקמן סנ"א בהערה› ח שם ט שם י ‹כמ"ש שם וצריך לדבק כו', ורבי יוסי לא פליג אלא בדיעבד - גר"א› יא ‹ע"פ הבאר הגולה› יב שימושא רבא יג הרמב"ם והרא"ש לפי' השימושא רבא ‹שהם מפרשים כן על מה שאמרו בשימושא רבא על מספר התפירות, בר מדעייל ונפיק, פי' כל תפירה תהא מסובבת משני צדדין פנים ואחור, ונמצא תופר בשני מחטין, אחת יוצאת לאחור ואחת נכנסת לצד פנים - ב"י› יד תוס' במנחות ל"ד הרא"ש והמרדכי ‹וכתבו התוספות (ד"ה ושין) והרא"ש והמרדכי, דאע"ג דמשמע דלא קאי אלא אכתבן בעור אחד, נוהגים לעשות כן אפילו כשהם כתובים על ארבעה עורות - ב"י› טו הר"י אכסנדרני טז מנחות ל"ד יז הרמב"ם בפ"ג מהלכות תפילין יח שם בגמרא יט שם ברש"י

כתב המ"א, דאם נפסקה רצועה של יד סמוך לקשר, אסור להפוך ראש האחר למעלה, במקום שהוא חזק, ולעשות בו הקשר ש"י, והחתיכה שהיה בו הקשר, יקשור עתה לזו למטה, ‹יחברנה עתה ע"י קשירה לרצועה זו למטה – שונה הלכות›, דמורידו מקדושתו, כיון שהיה בו הקשר והיוד, ועתה יעשה בו כריכות האצבעות, **אלא** אותה החתיכה צריכה גניזה, ואם אין הרצועה ארוכה כ"כ, אזי לא יעשה כריכות כ"כ סביב היד, **וכן** בשל ראש, אם נפסק מה שמקיף הראש, אסור להפוך מה שבתוך הקשר שיהיה חוץ לקשר ‹ויקשרנה שם – שונה הלכות›, מטעם הנ"ל.

אמנם אם נפסקה הרצועה של ראש מבחוץ להקשר, ורוצה למשכה ולהורידה למטה, כדי שיהיה הרצועה שלימה בהשיעור המבואר למעלה בסימן ל"ג, י"א דיכול להורידה, אע"פ שמוריד קצת מקדושתה, שהרי מקום הקשר יהיה תלוי למטה, אין זה הורדה, דעכ"פ באותה חתיכה יהיה הקשר, **וי"א** דגם זה אינו נכון, דעכ"פ איכא קצת הורדת קדושה, **ולפי** דבריהם ה"ה בש"י, אם נפסקה הרצועה של יד סמוך להקשר, אפי' אם לא ירצה לקשור למטה החתיכה שנפסקה, אעפ"כ לא יהפוך תחתית הרצועה למעלה לעשות בו הקשר, דבזה מוריד העליונית של הרצועה קצת מקדושתה, שהיתה מתחלה קרובה אל הקשר, **ע"כ** יש להחמיר שלא להפוך כי אם בשעת הדחק, שאין לו רצועה אחרת, ובמקום שנפסק הוא רך וחלוש, שאינו ראוי לעשות ממנו הקשירה בזרוע, שיהא קרוב ליפסק, אז יש להפוך, ‹וכן בש"ר יש להקל בכה"ג כדעה ראשונה – שונה הלכות›.

(**והח"א מיקל עוד יותר בעני, ומכ"ש במקום ביטול מצוה, דהותר לחבר בשל יד למטה החתיכה העליונה שנפסקה,** ‹והיינו שמקיל אפי' במה שהחמיר המ"א›, **ואין למחות במקום ביטול מצוה להמיקל, ולפי האמת טוב יותר שלא לעשות כריכות כ"כ, ולא יתבטל המצוה, אך נ"מ מדבריו לענין אם נפסק הרצועה ש"ר בתוך השיעור שמקיף הראש, שיהא מותר למשוך למטה את מקום שנפסק שיהיה עתה תחת הקשר,** ‹ויקשרנה שם, והיינו הורדה שאינה באותה חתיכה, דבזה החמיר המ"א›, **במקום שהוא עני או שאין לו רצועה אחרת, אך לענ"ד הנכון יותר, שיחתוך מן רצועה אחת במקום שנפסקת חתיכה קטנה, דהיינו מה שהיה מקיף ממנה את הראש ומקום הקשר, ויגנז, ושאר הרצועה יחברנה בגידין אח"כ, ויעשה הקשר במקום השלם, אך יצמצם שלא יצא חוץ לקשר ממה שהיה בתחלה בתוך הקשר, ויהיה יוצא בזה אף לדעת המ"א).**

אבל משל יד לש"ר, מותר לשנות - היינו שיעשה לה ד' בתים, ויכניס כל פרשה בבית שלה, **וה"ה** דמותר ליקח הפרשיות ורצועות מש"י לש"ר, (אף דש"י רגיל לכתוב בקלף א', מ"מ יצוייר דיכניסה בד' בתים).

[ל]ואם היו חדשים שעדיין לא הניחם - על ראשו, אע"פ שזימנם והכינם לצורך הראש, הזמנה לאו מלתא היא, **מותר לשנות אפילו משל ראש לשל יד, שטולה עליהם מכסה עור אחד ונראים כבית אחד** - ואף שהם כתובים על ד' קלפים, ונתונים בד' בתים מבפנים, אין בכך כלום בדיעבד, (**ופשוט דכ"ז דוקא מדוחק, באין לו ש"י ויש לו ב' של ראש, דאל"ה הלא לכתחלה צריך לכתוב ד' פרשיות של יד בקלף א').**

(מזה דייק הפמ"ג, דאם כתב על קלף לס"ת, ונפסל ע"י שם וכדומה, דמותר לכתוב על הנותר תו"מ, דכתיבה ג"כ לא הוי כי אם הזמנה מעלייתא, ולא הוי כצר ביה ואזמניה, **ודלא** כא"ר שמחמיר בזה, **אח"כ** מצאתי בנו"ב שנשא ונתן בזה, והעלה דהמורה להקל, לכתוב אח"כ עליה תפילין, לא נשתבש, אבל במזוזה אין להקל).

משל ראש לשל יד – (היינו הפרשיות והבתים, דלדבר חול אסור לשנותם, כגון לכתוב על הגליונות דברי חולין וכל כה"ג, **ואפי'** תנאה לא מהני בזה וכדבסמוך, **ואפי'** לדיעות החולקים על הג"ה, וסוברים דהזמנה אפילו לגוף הקדושה לאו מילתא היא, זה עדיף, וכמו שפסק המ"א, דאם התחיל לכתוב על קלף או נייר, אסור לכתוב עליו דברי חולין, והטעם, דעדיף מהזמנה אחרת, אף דזה לא הוי ג"כ כי אם הזמנה, דאל"ה היה אסור להוריד אפילו לקדושה קלה, עם כ"ז עדיפא, דהוא בגוף הקדושה עצמה, **אבל** הרצועות דהוא רק תשמישי קדושה, מותר לשנותם אפילו לדבר חול, כיון שהם חדשים, וכמו עור המעובד לרצועות, מותר לשנותו אפי' לדבר חול, אפי' בדלא התנה, משום דלא הוי הזמנה רק לתשמישי קדושה, ולאו מילתא היא, **ולפי** דברי הרז"ה, הזמנה ברצועות מילתא היא, שלא לשנותה עכ"פ לדבר חול, **ואף** דרוב פוסקים חולקים עליו, ואין מחלקין בין רצועות לשאר תשמישי קדושה, מ"מ שלא במקום הדחק יש להחמיר).

(**ורצועה** חדשה שנתנה בתוך תפילין ישנים, לכאורה לא הוי זה ג"כ כי אם הזמנה עדיין, ושרי לשנותה, דלא נקראה בשם תשמיש קדושה כי אם כשהניחה פעם אחת על הראש, **והנרתק** שאני, דהתם נקראת תשמיש קדושה משום דהיא משמשת להקדושה שנכנסת בה, ע"כ משהכניס בתוכה התפילין כבר שימש להקדושה, **משא"כ** ברצועות, דנקראת תשמיש קדושה פשוט משום דהם משמשין להקדושה, שע"י האדם מניח לתפילין על ראשו ועל ידו, כל זמן שלא הניחן עליו עדיין לא נקראו בשם תשמישי קדושה, ולא הוי כי אם הזמנה, ולמעשה צ"ע).

[כא]סימן לה ס"א - [כב]נהגו במנין השיטין, לכתוב בשל יד שבעה שיטין בכל פרשה, ובשל ראש ארבעה שיטין - ע"פ הקבלה ביד סופרים איש מפי איש, **[כג]ואם שינה, לא פסל** - בין בשל יד ובין בש"ר, **ואם** אין לו לש"י רק קלף קצר וארוך, שאין יכול לכתוב עליו שבע שיטין, אם לא שיכתוב כתיבה דקה מאד, נראה דטוב יותר לשנות מנין השיטין, עיין במרדכי, דבכלל "זה אלי ואנוהו" לכתוב כתיבה גסה במקצת, שלא יהיו נמחקין מהרה, **ובאמת** אנו רואין בחוש, דבכתיבות הדקות שרגילין איזה סופרים כהיום בעו"ה, מצוי כמה וכמה קלקולים גם בתחילת כתיבתן, שלא נכתבו כדינן מחמת דקותן, וברובם

באר הגולה

[כ] שם בגמרא [כא] ‹ע"פ הגר"א› [כב] הרא"ש בסדר תקון תפילין וספר תרומה [כג] ‹ממש"כ ל"ד: ומודה לי כו', תפלה של יד כו' ושל ראש כו', לא קשיא כו' – גר"א›, ‹**הרי** דאין השורות מעכבות בשניהם – דמשק אליעזר›

חסר כמה וכמה תגין דשעטנ"ז ג"ץ דהוא מדינא דגמ', ויש מהראשונים שמחמירין בזה אפי' בדיעבד, **ושומר** נפשו לא יקנה פרשיות כאלה בתוך תפילין, אם לא שיבדוק אותם מתחילה היטב היטב, וידע מי כתב הפרשיות, דפרשיות כאלו מצוי מאד, דכותביהן הם עדיין נערים שלא ידעו כלל דיני כתיבת סת"ם.

וכן יש קבלה בידם בענין התחלת ראשי השורות בשל יד ובש"ר, כמבואר בטור ובב"י, **וסופרים** כהיום אין מדקדקין בתחלת ראשי השורות, ומשנים כאשר יזדמן להם, **והרוצה** לדקדק, לא ימשוך אותיות או יקצר הרבה כדי לכוין ראשי השיטות, כי אין נוי לתפילין, אבל מעט רשאי.

אות ה'* [כד]

ולמ"ד הזמנה מילתא היא, דאתני עלייהו מעיקרא

סימן מב ס"ב - [כה]אם התנה עליהם מתחלה - בעת עשיית הש"ר, אפילו אם לא התנה רק אם יצטרך לעשות ממנו של יד שיעשה, מהני התנאי, ‹כ"כ ברש"י›, **וכ"ש** אם הוא אומר שאינו עושה ש"ר אלא לפי שעה, דמהני.

אפי' לבשן אדם, יכול לשנותם, אפי' משל ראש לשל יד – (הפרשיות וכ"ש הרצועות, אלא דיש חילוק ביניהם, דהפרשיות וה"ה הבתים, דהוא גוף הקדושה, לא מהני ביה תנאי כי אם להורידו לקדושה קלה, אבל לחול, כגון אם ירצה לכתוב על הגליונות דבר חול וכה"ג, לא מהני ביה תנאה, אפילו אם הם חדשים, **אבל הרצועות** דהוא רק תשמישי קדושה, מהני ביה תנאה אפילו להורידן לחול, ואפי' אם כבר נשתמש בהן, **וכ"ז** להשו"ע, אבל לכתחלה יש לחוש למש"כ הב"ח [כו]בשיטת רש"י ‹ל"ה: ד"ה שם ה'›, דמקום הקשר והיו"ד הוא קדושה עצמה, ודינן כפרשיות, אם כבר נשתמש בהן, דבעשיית הקשר בעלמא מסתברא דלא ירד עליהם הקדושה עדיין).

אות ו'

כיצד סדרן, קדש לי והיה כי יביאך מימין, שמע והיה אם שמוע משמאל

סימן לד ס"א - [כז]סדר הנחתן בבתים: לרש"י והרמב"ם, "קדש" משמאל המניח בבית החיצון; ואחריו "כי יביאך" בבית שני; ו"שמע" בבית השלישי; "והיה אם שמוע" בבית הרביעי, שהוא בית החיצון לימינו - ואפילו אם המניח הוא איטר, אזלינן בתר ימין ושמאל דעלמא.

(**ופשוט** דאפילו בשל יד, כגון היכא שאין לו תש"י ויש לו ב' תש"ר, דמבואר לעיל דטולה עור על אחד מהם, דוקא אם מונחין שם כסדר, דהאי דינא דאם החליף פרשיותיהם פסולין, קאי נמי אשל יד, **ולכאורה** ה"ה דאם כתבן על ד' קלפים ונתנן בבית אחד, דיוצא בזה אפילו אם לא דבקו, שצריך לזהר נמי שיהיו מונחין דוקא כסדר, "קדש" משמאל וכו', **או** אפשר דהכא לא מינכר כ"כ חילופן כמו בקלף אחד בש"י, שכותב "והיה" אחר "שמע", וצ"ע).

[כח]**ולר"ת בבית השלישי "והיה אם שמוע", ובבית הרביעי שהוא החיצון "שמע", ומנהג העולם כרש"י והרמב"ם** - וכתב בב"י ושאר אחרונים דכן עיקר, וכן הסכים הגר"א בביאורו.

כתבו הפוסקים, דגם ר"ת מודה דבעינן כתיבתן כסדר שהם כתובין בתורה, שהוא "קדש" "והיה כי יביאך" "שמע" "והיה אם שמוע", אלא דפליג ארש"י לענין הנחתן בבתים, **וע"כ** הרוצה לכתוב תפילין לדעת ר"ת, יכתוב בשל יד שהם בקלף אחד, "קדש" "והיה כי יביאך", ויניח חלק "והיה אם שמוע", ויכתוב "שמע", ואח"כ יכתוב "והיה אם שמוע", **ובש"ר** יכתבם בארבע קלפים כסדר ממש, ויסדרם בבתים, "קדש" "והיה כי" "והיה אם" "שמע", **ולענין** דיני פתוחות וסתומות בהתפילין, איך להתנהג לדעתו, כבר ביארנו בסימן ל"ב.

דע, דלכו"ע אם החליף איזה פרשה, שנתנה שלא בביתה המיוחד לה, פסולין, אף דיש ד' פרשיות בד' בתים, [מנחות ל"ה], וכ"ש אם נתן ב' פרשיות בבית א'.

[כט]**סימן לב ס"א - [ל]מצות תפילין שיכתוב ארבע פרשיות שהן: "קדש לי כל בכור" עד "למועדה מימים ימימה"; "והיה כי יבאך" עד "כי בחוזק יד הוציאנו ה' ממצרים"; ופרשת "שמע" עד "ובשעריך"; ופרשת "והיה אם שמוע" עד "על הארץ"** - וצריך לכתוב ד' ד"אחד" כל כך גדולה, כמו ד' דלתי"ן קטנים, **ואפשר** שאין משערין באותו כתב, רק כל שיש בו ד'

באר הגולה

[כד] ‹ע"פ הב"י והגר"א› [כה] **ר' ירוחם ומהרי"א בשם ספר א"ח** [כו] ‹תוס' מגילה דף כ"ו: תשמישי קדושה וכו' נרתק של תפילין ורצועותיהן – מכאן משמע שהדל"ת והיו"ד שבקשר הרצועה אינן אותיות גמורות, ולא הוי הלכה למשה מסיני כי אם השי"ן שבבתים, מדלא קרי הכא לרצועות אלא תשמישי קדושה, והכי נמי משמע בהקומץ רבה (מנחות דף לה: ושם) דלא קרי להו אלא תשמישי קדושה, והכי נמי משמע בפרק שני דשבת (דף כח:) דפריך והאמר אביי שי"ן של תפילין הלכה למשה מסיני, ולא פריך כך מן הדל"ת והיו"ד, ולא קשה מההיא דמנחות (דף לה:) גבי וראו כל עמי הארץ כי שם ה' נקרא עליך ויראו ממך, ואמרו אלו תפילין שבראש, שיש לפרש הטעם לפי שהן לעולם בגובה של ראש, ונראים לעולם שפיר אות, אבל אותן של יד אינן נראין ואין בהן אות, כדכתיב והיו לך לאות ודרשינן (מנחות דף לז:) ולא לאחרים לאות, אבל למה שפרש"י התם, דהטעם הוי משום שיש בהן השי"ן והדל"ת דהוי רוב אותיות של שדי, לפירוש זה קשה כדמשמע בכל הני שהבאתי דהיו"ד והדל"ת לא חשיבי אותיות, ע"כ› [כז] **מנחות ל"ד לפרש"י שם ורמב"ם בפ"ג ובשימושא רבא וסמ"ג ומרדכי בשם כתב מארץ ישראל, תפילין שנמצאו בנפילת בימה שע"ג קבר יחזקאל** ‹ונהוג עלמא כרש"י ורמב"ם, וגם שלחו כתב מארץ ישראל, שנפלה בימה שעל גבי קבר יחזקאל, ומצאו שם תפילין ישנים וכסדר רש"י ז"ל ורמב"ם› **ור' יונה ורמב"ן והרשב"א בתשובות הרמב"ן** [כח] **תוס' שם ופי' ר"ח ורבינו האי** ‹דאמאי פלגינהו לקרות שתים הראשונות מימין ושתים האחרונות משמאל, הו"ל למימר ראשונה מימין וכל האחרות משמאל, או איפכא שלשה ראשונות מימין ורביעית משמאל, לפיכך פי' ר"ת קדש והיה כי יביאך מימין של קורא, ומשמאל של קורא הוי שמע מבחוץ ואחריה והיה אם שמוע מבפנים, **והא** דקאמר הקורא קורא כסדרן, לא כמו שפי' רש"י כסדר שכתובות בתורה, אלא כפי' ר"ת, שהוא סיום הברייתא דכיצד סודרן, מפני שתירץ התלמוד כאן מימינו של קורא כאן מימינו של מניח, ולא פירש איזו נעמיד בקורא ואיזו נעמיד במניח, פירש שהקורא קורא כסדרן שהן כתובות בברייתא ראשונה – ב"י› [כט] ‹ע"פ הבאר הגולה› [ל] **מנחות ל"ד**

דלתי"ן קטנים מאד סגי, **ומשום** הכי נוהגין לכתוב רק גדולה משאר דלתי"ן שבאותו כתב.

הגה: וצריך לכתבם בסדר הזה, לכתוב תחלה הקודמת בתורה - כל הפרשיות בין מהש"י ובין מהש"ר, דכתיב: והיו הדברים וגו', בהוייתן יהו, **וכ"ש** שצריך ליזהר מטעם זה, שיהיה כל פרשה ופרשה גופא נכתבת כסדרה, שלא יחסר בה אפילו אות אחת, כי לא יהיה לו תקנה אח"כ להשלימה.

ואם שינה - (שכתב הפרשה המאוחרת בתחלה), **פסול** – (ואפילו אם כתיבתה היה במקומה, כגון שהניח חלק הדף אחד, וכתב בהדף השני פרשה "והיה כי יביאך", ואח"כ כתב הפרשה "קדש" בהדף ראשון, פסול).

היינו דפסול התפילין שנעשו מאותן הפרשיות, אבל הפרשיות עצמן לא נפסלו, כגון אם התחיל לכתוב מפרשת "והיה כי יביאך", יוכל לצרף לזה פרשת "קדש" מתפילין אחרים, אם יודע בודאי שנכתב קודם אלו, דאל"ה ספק תורה לחומרא.

וה"ה אם בעת הכתיבה היה כסדרן, רק אח"כ נפסל פרשה אחת המוקדמת, נתבטל ממילא כל הפרשיות שאחריה, ולענין צירוף מפרשיות אחרים, ג"כ הדין כנ"ל.

ולכתחלה יכתוב של יד קודם של ראש - משום דמוקדם בפסוק, **וי"א** להיפך, מפני שש"ר קדושתו חמורה משל יד, **ואנו** נוהגין כמ"ש הרב בהגה, ובדיעבד לכו"ע אין קפידא.

כתוב בספר הכוונות, שלכתחלה יזהר לכתוב כל הפרשיות ש"ר ושל יד רצופים, ולא יפסיק ביניהם בשום דיבור כלל.

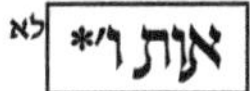
אות ו'* [לא]

והקורא קורא כסדרן

סימן לב סמ"ו - [לב] **יהיה הגליון עליון תחלה, שזהו שורה עליונה, וגליון תחתון לצד פה הבתים** - דאל"ה יעמדו האותיות הפוכות נגד הקורא, (ואם היפך, יש מאחרונים שפוסלין אף דיעבד).

הגה: וראש הפרשה יהיה מונח לצד ימין הקורא, שאם בא לפתחן ולקרותן יהיו מונחים לפניו כהלכתן (תרומת הדשן ובית יוסף בשם אורחות חיים) - שהרי מצינו שסדר הנחתן בבתים, ג"כ הם מסודרים לפני ימין הקורא, אשר הוא עומד נגד המניח, שיהיה קורא כסדר, מתחלה פרשת "קדש" של ימינו, ואח"כ פרשת "והיה כי יביאך" ושאר הפרשיות, כמש"כ בסי' ל"ד, ע"כ צריך להיות סוף הגלילה, שהוא ראש הפרשה, ג"כ מצד ימין נגדו.

באר הגולה

לא ‹ע"פ הגר"א וז"ל: ואמרינן נמי בתפילין שם ל"ד: לא קשיא כו', והקורא קורא כסדרן, וזהו שכתב בשו"ע יהיה הגליון כו', כדרך הקריאה› לב ‹א"ח› שם

§ מסכת מנחות דף לה. §

אות א' - ב'

תיתורא דתפילין הלכה למשה מסיני

מעברתא דתפילין הלכה למשה מסיני

סימן לב סמ"ד - [א]תיתורא דתפילין הלכה למשה מסיני, והיינו שישים עור למטה לכסות פי הבתים, ונראה כעין דף של גשר הנקרא תיתורא.

ואפילו לדעת הסוברים דהבתים צריכים להיות כולם מעור אחד ממש, מ"מ לא בעינן שיהא התיתורא והמעברתא עם הבתים מעור אחד, אלא אפילו אם הוא עור בפני עצמו כשר, וזהו שכתב המחבר: שישים וכו', **ומ"מ** אם באפשרי, טוב להדר גם בזה, לצאת דעת המחמירין בזה, (היינו דעת רש"י (ד"ה תיתורא), **ואף** דהגאונים פליגי ע"ז, וגם הר"י ורא"ש ומרדכי וטור סבירי כמותם, וגם מנהג העולם כוותייהו, מ"מ טוב להדר לצאת גם דעתם, **ואף** דברא"ש ומרדכי משמע, שיותר טוב שלא לעשות מעור אחד עם הבתים, עיין הטעם בדבריהם, (לפי שעור הבתים דק, ועור התיתורא צריך שיהיה עב וחזק, מפני שהרצועה שם תמיד), ותראה שזה הקלקול לא שייך בזמנינו, למי שיודע אומנות הבתים).

[ב]מעברתא דתפילין הלכה למשה מסיני, והיינו שעור התיתורא יהא ארוך מצד אחד ויעשה בו המעברתא - ואם נפסקה, מותר לתופרה.

כיצד, יחתכנו בשני צדדים שלא תהא רחבה כמו רוחב התיתורא, כדי שיהא ניכר ריבוע התיתורא, ובאותה מעברתא עוברת הרצועה, ועל שם כך נקראת מעברתא; גם בתפילין של יד יעשה תיתורא ומעברתא.

אות ג'

ואמר אביי: שי"ן של תפילין הלכה למשה מסיני

סימן לב סמ"ב - [ג]שי"ן של תפילין הלכה למשה מסיני - ואם נתקלקל השי"ן ואינו ניכר, צריך לתקנו מחדש, דומיא דאם נתקלקל ריבוע המבואר בסמוך, **שיעשה בעור הבתים של ראש כמין שי"ן בולטת מקמטי העור** - דהיינו שמקמט העור במלקט ע"י כפילה, שכופל מהעור עד שנעשו סעיפי השי"ן. **ולעשותן** ע"י דפוס, דהיינו שעל הדפוס חקוק שי"ן בולטת, ודוחק הדפוס בעור הבית ונעשה תואר שי"ן, עיין בט"ז ומ"א, דמשמע דלכתחילה טוב למנוע מזה, (אע"ג דהוי חק ירכות, מ"מ כל כמה דאפשר לעשות בלא שום חקיקה עדיף - מחה"ש, **ובכנה"ג** בשם תשובת הרמ"ע כתב, דזהו יותר הידור, **וכן** המנהג פשוט כהיום לעשותן בדפוס, מפני שעי"ז יש לה תואר שי"ן בחוליותיה וזיונה, יותר משי"ן המקומטת מהעור.

ומשמע באחרונים, דתמונת שיני"ן שלנו שאנו עושין בתפילין די, דלא בעינן דוקא כתב סת"מ ממש, אלא דוגמא, (הוא מהב"ח), **ומנהג** סופרים כהיום באיזה מקומות, להדר ולעשותן בכתב אשורית ממש.

ואם עשה השי"ן בקלף אחר, והדביק בדבק על הבית, פסול.

אחד מימינו ואחד משמאלו; [ד]של ימין המניח, של ג' ראשים, ושל שמאל המניח, של ארבע ראשים - ואין חילוק בזה בין איטר לאחר, דבתר ימין ושמאל דעלמא אזלינן.

הגה: מיהו אם היפך, אינו נפסל (מרדכי וסמ"ק ותוס' פרק הקומץ) - אבל אם עשה בשני הצדדים רק שי"ן של שלשה ראשים או ארבע, פסול, וכ"ש אם חיסר לגמרי שי"ן אחד.

אות ד'

וצריך שיגיע חריץ למקום התפר

סימן לב סמ"ג - [ה]חריץ של שי"ן, דהיינו חודה למטה, יגיע עד מקום התפר - דהיינו עד התיתורא ממש, והיינו בין שי"ן דימין ובין דשמאל, ובדיעבד כשר אפילו לא הגיע, כל שיש צורת השי"ן עליו.

הגה: וכן היו"ד שבשי"ן צריך ליגע למטה בשולי השי"ן (סמ"ג) - דבלא"ה אין שם שי"ן עליו, ולעיכובא הוא אפילו בדיעבד, (דצריך ליכתב כמו בס"ת, אחרי דהוא הלמ"מ), **ועוד** כתב הפמ"ג, דיראה שיהיה על השיני"ן צורת יודי"ן, לא קוין פשוטין בעלמא.

(ולפי"ז נראה, דהוא הדין אם אינו נוגע יו"ד בהקו שלו, ג"כ אפשר דעיכובא הוא, וכ"ש אם לא היה יו"ד כלל רק קו פשוט, **ואפילו** אם שאר הקווין נעשין כהלכה ביודי"ן על ראשיהן, רק קו א' לא היה כדין, וכ"ש כולם).

(ויש לעיין בזה, דלכאורה להב"ח המובא לעיל, אפשר דרק לכתחלה צריך ליזהר שיגיע למטה בשולו התחתון, ולא לעיכובא, וצ"ע).

יש מהגדולים שמחלקין בין שי"ן הימיני להשמאלי, שבשמאלי אדרבה ידקדק שלא יגעו היודי"ן בשולי השי"ן למטה, (דאותה של ד' ראשין היא כמו שי"ן של לוחות דהויא מן החקיקה - ב"ח, נמצא ד' קמטים הם דפנות שי"ן שהיו בלוחות, ושלש אוירים שבין ד' קמטים הם צורת שי"ן מאויר שהיה בלוחות - פמ"ג), **אבל** המ"א פסק דאין לחלק בין הימיני להשמאלי, ובהשמאלי בעינן ששני היודי"ן יהיו נוגעין למטה בשוליה, וכ"כ הפמ"ג דכן ראוי לעשות.

(ונ"ל דאף דאנו מכריעין דלכתחילה יותר טוב שיגעו גם היודי"ן שבשי"ן השמאלי לשולו התחתון, מ"מ בדיעבד אין להחמיר בהם לפסול, אחרי דלדעת הרבה גדולים גם לכתחילה לא יגעו), **אם** לא היכא דיו"ד אחד נוגע ואחד אינו נוגע, דאז ממ"נ פסול.

באר הגולה

[א] שם בגמ' [ב] שם [ג] מנחות ל"ה [ד] תוס' שם בשם שמושא רבא והרא"ש והמנהיג [ה] מנחות ל"ה לפי' הי"מ שהביא הרא"ש (ודלא כרש"י, ולקמן הבאנו סעיף מ', דשם הוא אליבא דפי' רש"י)

אלא גוייתא לברייתא וברייתא לגוייתא אבל גוייתא לגוייתא וברייתא לברייתא לית לן בה א"ל רבא מאי שנא גוייתא לברייתא וברייתא לגוייתא דלא דהך דבעי למיחזי אוירא לא קא חזייא והא דלא [א] קא בעי למיחזי אוירא קא חזייא ברייתא לברייתא וגוייתא לגוייתא נמי הך דבעיא למיחזי אוירא דימין קא חזיא אוירא דשמאל ודשמאל קא חזיא אוירא דימין אלא ל"ש ואמר רב חננאל אמר רב *תיתורא דתפילין הלכה למשה מסיני אמר אביי מעברתא דתפילין הלכה למשה מסיני *ואמר אביי שי"ן של תפילין הלכה למשה מסיני וצריך שיגיע חריץ למקום התפר רב דימי מנהרדעא אמר כיון דמנכר לא צריך ואמר אביי האי קלפא דתפילין צריך למיבדקיה דדילמא אית בה ריעותא ובעינא כתיבה תמה וליכא רב דימי מנהרדעא אמר לא צריך קולמוסא בדיק לה א"ר יצחק *רצועות שחורות הלכה למשה מסיני מיתיבי תפילין אין קושרין אותן אלא במינן בין ירוקות בין שחורות בין לבנות אדומות לא יעשה מפני גנאי ודבר אחר א"ר יהודה מעשה בתלמידו של ר"ע שהיה קושר תפיליו בלשונות של תכלת ולא אמר לו דבר איפשר אותו צדיק ראה תלמידו ולא מיחה בו אמר לו הן לא ראה אותו ואם ראה אותו לא היה מניחו מעשה בהורקנוס בנו של ר' אליעזר בן הורקנוס שהיה קושר תפיליו בלשונות של ארגמן ולא אמר לו דבר איפשר אותו צדיק ראה בנו ולא מיחה בו אמרו לו הן לא ראה אותו ואם ראה אותו לא היה מניחו קתני מיהא בין ירוקות בין שחורות ובין לבנות לא קשיא כאן מבפנים כאן מבחוץ אי מבפנים מאי גנאי ודבר אחר איכא זימנין דמתהפכין ליה *תנא [ג] תפילין מרובעות הלכה למשה מסיני אמר *רב פפא בתפרן ובאלכסונן לימא מסייע ליה העושה תפילתו עגולה סכנה ואין בה מצוה אמר רב פפא מתני' דעבידא כי אמגוזא אמר רב הונא תפילין כל זמן שפני טבלא קיימת כשירות רב חסדא אמר נפסקו שתים כשירות שלש פסולות אמר רבא הא דאמרת שתים כשירות לא אמרן אלא זה שלא כנגד זה אבל זה כנגד זה פסולות וזה כנגד זה נמי לא אמרן אלא בחדתתא אבל בעתיקתא לית לן בה אמר ליה אביי לרב יוסף היכי דמיין חדתתא והיכי דמיין עתיקתא אמר ליה כל היכא [ג] כי מיתלי ביה בשלחא והדר [ד] חלים עתיקתא ואידך חדתתא

וא"נ

רש"י

גוייתא לברייתא. (א) שכתב והיה כי יביאך קודש לקדש דנעשית פנימית חיצונה ס]: **אבל גוייתא לגוייתא.** כגון אם הקדים שמע לוהיה כי יביאך: **או ברייתא לברייתא.** כגון והיה אם שמוע ו] בשמאל קודם בימין של מניח: **תיתורא.** גשר לאחר שנתן האגרות בבתים *דרך הפה הרחב שהבתים עשויין כעין בתי ידים שקורין גונט"ן ומכניס האגרות דרך הפה ונתגס בבתי האצבעות וחותך מג' הדפנות מכל אחת מעט והד' נשארת ארוכה וכופלה לאותו אורך ומטילה על תודן של ג' הדפנות ותופר תודן של ג' *דפנות על רחבו של זה והוא בית מושבו של תפילין ונראה כעין דף של גשר: **מעברתא.** כשנותן הרצועה של תפילין סביב אותו תיתורא יכפיל הקלף סביב הרצועה כעין שעושים לפי המכנסים שלא תהא הרצועה קבועה אלא כשהוא רוצה מושכה אילך ואילך ומאריך ראש זה ומקצר ראש זה ולשון מעברתא שמעבירה ומושכה לכל צד שירצה: **שי"ן של תפילין.** לבית ז] חיצונה עושין כמין קמטים דקים בקלף ונראין בו כעין שי"ן: **וצריך שיגיע חריץ.** שבין בית לבית עד מקום התפר למטה כלומר עד בית מושבו דהיינו תיתורא ח]: **כיון דמינכר.** חריץ למעלה קצת אין צריך להגיע למקום התפר: **קילפא.** קלף: **ריעותא.** נקב: **אלא במינן.** של עור ולא של משי ופשתן: **אדומות לא יעשה.** מפני גנאי שמא יאמרו גרדן הוא ומדם חטטיו נצבעו והאדימו הרצועות: **ודבר אחר.** שמא יאמרו אשתו נדה בעל ונצבעו בדם: **של תכלת.** דלאו ט] מינן הוא: **מבפנים.** אפילו לבנות ודא"ר יצחק שחורות מבחוץ: **דמתהפכין ליה.** מה שבפנים (ב) בחוץ ונראה האודם: **תפילין מרובעות** י] **בתופרן.** בתפירתן ישמור את ריבוען שלא ימשוך חוט התפירה יותר מדאי שלא יכווצו ויקצר רחבו שקורין דגרזלי"ר: **ובאלכסונן.** שיהא ריבוען מכוון ארכו כרחבו כדי שיהא להם אותו אלכסון שאמרו חכמים (סוכה דף ח.) כל אמתא בריבועא אמתא ותרי חומשי באלכסונא ולא יהא ארכו יותר על רחבו שאפי' יש להו זויות פסולין: **תפילתו עגולה.** בית מושב תפילין עגול שאין להם בית מושב אלא יא] כמין דופן בילה: **סכנה.** יב] שכשיכנס בפתח ויכה ראשו באסקופה שלא יכנסו התפילין בראשו: **ואין בה מצוה.** דמרובעות הלכה למשה מסיני: **כאמגוזא.** שעור בית מושבם חדוד ביותר אבל עגול כעגיל וכטבעת אימא דכשירה שהרי יש להם [*בית] מושב: **טבלא.** זהו עור של בתים יג]: **שתים.** שני דפנות בשני בתים: **זה שלא כנגד זה.** כגון שנפסק בית ראשון ובית ג' ואחד שלם ביניהם זה כנגד זה יד] *[בתים הסמוכות] ל"א זה כנגד זה בתוך אויר חריץ אחד נפסק דופן בית זה ודופן בית שכנגדו זה שלא כנגד זה שנפסק זה באויר אחד וזה באויר אחר שאין קרע רואה את חבירו שהבית מפסיק ביניהן (ג): טו] **לא אמרן.** ב' בתים הסמוכים דפסולים: **בחדתתא.** ונפסקו ודאי עור מקולקל הוא טז]: **דמתלי** יז] **בשילחא.** כשאוחז בעור ומפשט: **והדר חלים.** כשמניחן חוזר וכווץ יח]: **שילחא.** עור כמו (ויקרא א) והפשיט *וישלח: יט] **(אף ע"ג דסדר) חלים.** לשון חיבור שמחבר הקמט למקומו:

ה"כ

תוספות

תיתורא דתפילין הלכה למשה מסיני. הוא העור הנכפל למטה שמכסה פי הבתים והוא בית מושבו של תפילין ונראה כעין דף של גשר ומשמע מתוך פירוש הקונטרס שהבתים והתיתורא הכל מעור אחד כ] ואין נוהגין כן. מ"ר:

מעברתא דתפילין. הוא העור הנעשה מכפילות העור שהוכפל למטה לכסות פי הבתים ומכניסים בו הרצועות ונקראת מעברתא על שם שצריך שלא יהו הרצועות קבועות אלא מעבירן ומושכן לכל צד שירצה מאריך ראש זה כא] ומקצר ראש זה ובערוך ערך מעבר פי' מעברתא כב] *הוא תיתורא וכן גרסינן נקראין מעברתא *ותיתורא הוא מקום שמכניסין בו הרצועה ונקראת מעברתא דתפילין ונראה דלא פירש הערוך כן בשביל שיהא מעברתא דתפילין ותיתורא דתפילין הכל א' כג] דבגמ' חשיב ליה בתרתי אלא משום דמחברי אהדדי חשיב להו כחדא וי"מ מעברתא רצועה קטנה שמעבירין למעלה על בית תפילין של יד ואין נראה לפסול משום שאינו רואה כל הבית את האויר חדא דלא שייך אינו רואה האויר בכי האי גוונא אלא כי חבר ביתא אחרינא תמן ועוד דשמא דבית החיצון שאינו רואה האויר פסול לא שייך אלא בתפילין של ראש ולא בשל יד כמו שיש בתשובות הגאונים ועוד כי הרצועה שנותנים על בית הזרוע אינו מכסה כל הבית אלא הבית עצמה מגולה ימין ושמאל א"כ הבית רואה שפיר את האויר לצד המעברתא כד] ולצד *שכנגדו. מ"ר:

דשי"ן של תפילין הלכה למשה מסיני. בשל ראש איירי והטעתנה *) אם אין דינו להיות פוסלת דנמלא דאין בית רואה את האויר דלא דמי לטולה תפלה של ראש ועושה אותה של יד. מ"ר:

שי"ן של תפילין הלכה למשה מסיני. כתב בשימושא רבה דתפילין צורה דשי"ן כה] דימינא ג' רישי ודשמאלא ד' רישי ואי אפיך לית לן בה עוד כתוב *בו שמניחין על קלף הפרשיות קלף חלק אחד וכורכו בו ושמא בשל יד קאמר אם כתבו בד' עורות כדאמרינן לעיל וצריך לדבק עוד כתוב שם אמר אביי כתבינהו אגויל שפיר דמי וכן הלכה וזה א"א דבהדיא אמרינן בפ' המוציא יין (שבת דף עט:) תפילין אגויל מי כתבינן עוד כתוב בתקון תפילין שעושה אותם רחבים ב' אצבעות ואי עבדינהו טפי שפיר דמי ואי פחות לא מיפסיל בהכי ובריש המוצא תפילין (עירובין דף נה:) פירשתי טעם דומיא דלין. מ"ר:

קולמוסא בדיק ליה. וכן הלכה וה"נ אמרינן בהעור והרוטב (חולין דף קיט:) כל נקב שהדיו עובר עליו אינו נקב. מ"ר:

רצועות שחורות. יש שעושין בתים של תפילין מקלף לבן דלא בעי' שחורות אלא רצועות. מ"ר:

תפילין מרובעות. יש שאין מרבעין אלא במקום מושבן ושמא צריך הבתים מרובעין של ראש כשארבעתן דבוקות וכן בית של יד וקלא היה נראה דלא בעי כו] מרובעות אלא בתופרן ובאלכסונן כמו שמפרש רב פפא. מ"ר:

*) על שי"ן דינו כו' דאין שי"ן רואה. נ"ק

פוק

עין משפט נר מצוה

קע א ב מיי' פ"ג מהלכות תפילין הל"א סמג עשין כב טוש"ע א"ח סי' לב סעי' מד:

קעא ג מיי' שם טוש"ע שם סעי' מג:

קעב ד מיי' שם הלכה יא טוש"ע שם סעי' מג:

קעג ה ו מיי' פ"ג מהל' תפילין הלכה יד סמג שם טוש"ע א"ח סי' לג סעי' ג:

קעד ז ח מיי' פ"ג מהל' תפילין הלכה א טוש"ע א"ח סי' לג סעי' לט:

קעה ט מיי' פ"ג שם הלכה ג:

קעו י כ ל מ מיי' פ"ג מהל' תפילין הלכה יח סמג עשין כב טוש"ע א"ח סי' לג סעי' א:

מסורת הש"ס / הגהות

כוסה סרחב שבתים נ"ק

הדפנות נ"ק

שבת כח: סב.

[שבת כח:]

מגילה כד:

שם איתא רבא

גי' רש"ק והש"א הגיה סוב

שני בתים הסמוכות נ"ק

וישלח סס"ד אח"כ מ"ס דהדר חלים נ"ק

נ"א וקראין תיתורא רש"א

שכנגדו דשי"ן סו' סד"א נ"ק. רש"ק הגיה שצ"ע הכל דיבור א' וכצ"ע שכנגדו ואין לטוכיח מדקאמ' מעברתא דתפילין סתם דמשמע נמי בשל ראש דהא סתמא קאמר שין של תפילין שלי"מ דבשל ראש איירי כו' ולפי דעת סרש"א סם שני דיבורים

שם שמניחים נ"ק

הגהות הב"ח

(א) רש"י ד"ה גוייתא לברייתא שכתב והיה כי: (ב) ד"ה דמתהפכין וכו' נחוץ ונראה האודם הכ"ד ואח"כ מ"ה בתפרן ותיבות מתחק: (ג) ד"ה זה שלא כנגד ומי שפסיק ביניהן הכ"ד ואח"כ מ"ה כחדתתא:

שיטה מקובצת

א] תיבת קא נמחק: ב] תפילין מרובעות. פ"ח הבתים מרובעים והולך לטעמו א) שפי' דהתיתורא מעור אחר של הבתים עצמן ועוד נראה לפרש שצריך שיהיה גם התפירה מרובעת ויהיה בה דין אלכסון כל אמתא בריבוע כו'. גליון: ג] היכא דמיתלי. ותיבת כי נמחק: ד] חלים עתיקתא. נ"א חלים חדתא ואינך עתיקא: ה] פנימית חיצונה. אי נמי הקדים והיה אם שמוע לשמע דנעשית פנימית חיצונה וחיצונה פנימית: ו] אם שמוע משמאל

קרש מימין: ז] לבית החיצונה עושין כו' ונראין בו כמין שין: ח] תיתורא. וי"מ הריץ של קמטין של שין שאין נראה דמסתמא אי אפשר בלאו הכי. תוס': ט] דלאו מינו הוא: י] תפילין מרובעות הס"ד ומה"ד בתופרן: יא] אלא כעין ביצה הס"ד: יב] שכשיכנס פתאום בפתח: יג] בתים: קיימת. שלא יהיה בה נקב: יד] כנגד זה. שני בתים: טו] תיבות לא אמרן כו' דתפילין נמחק: טז] מקולקל הוא. ל"א מגנות קריעה בחדש יותר מבישן: יז] דמיתלי בשלחא: יח] וכווץ במקומו: יט] תיבות אע"ג דהדר כו' למקומו נמחק: כ] ואין נוהגין כן. ור"י מפרש תיתורא זה עור אחר כפול ואינו מעור הבתים אלא עור אחר הוא וחציו העליון נקוב הוא להוציא הבתים דרך אותו הנקב וחציו השני הוא למטה ותופה פי הבתים מלמטה לפיכך נקרא תיתורא לפי שהוא כעין דף של גשר למטה מהבתים וכן נהגו העולם:כא] ומקצר ראש זה. וי"מ זהו רצועה התנונה על הבית של יד ומכסה ראש הבית מב"צ תם צד ימין וצד שמאל של בית מכוסה בו באותו עור קטן.תוס' אחרות:כב][מעברתא]ותפילין הוא תיתורא כו' מעברתא. ונקראין תיתורא ובתפילין מקום שמכניסין בו הרצועהנקראת מעברתא: כג] תיבות דבגמ' כו' חשיב להו כחדא ל"ש: כד] ולצד שכנגדו. ואין להוכיח מדקאמר תפילין סתם דמשמע נמי בשל ראש בשין דהא סתמא קאמר שין של תפילין הלכה למשה מסיני: כה] דימינא. של ימין וכן נהגו העולם שין דארבע רישי צד קריש ותלתא צד שמע מאי טעמא שני פעמים שדי מאי טעמא ארבע רישי דהוו שין ד' אויר כמו שין של לוחות. הר"ח: כו] מרובעות. והעולם רגילים לעשות הכל מרובעים ואפי' גוף התפילין למעלה מן הבתים. הר"ח:

א) אלי תסר כאן איזה תיבות וצ"ע

(ולפי דברי הגדולים שסוברים דשי"ן שמאלי לא יגעו היודי"ן שלו בשולו, ה"ה דגם היודי"ן שלו גופייהו לא יהיה להם תמונת יו"ד כמו בהשי"ן של ג' ראשים, אלא יהיו כמין קוין פשוטים, **אכן** לפי המ"א שאין לחלק בין הימין להשמאל, גם בזה אין לחלק, **ואם** היו הקוין פשוטין בלא ראשין, אין להחמיר בדיעבד, דיש לסמוך על הגדולים המקילין. **ואם** עשה בשי"ן השמאלי קוין פשוטין, והן מגיעין עד שוליהן, הוא תרתי דסתרי ופסול).

ולא ימשוך השי"ן הרבה, אלא שגם שולי השי"ן - ר"ל חודיהן של השיני"ן, **יהא נראה על התפר (ברוך שאמר)** - והטעם, דצריך שיהא כל השי"ן נראה, ולקיים מה דכתיב: וראו כל עמי הארץ כי שם ה' נקרא עליך, וא"ר אלעזר אלו תפילין שבראש, "שם ה' נקרא": ר"ת שי"ן, **ובדיעבד** אם נכנס מעט לתוך התיתורא, עד שאין לו עי"ז תמונת שי"ן כראוי, צ"ע, (**ובדיעבד** אין להחמיר אם לא אבד תמונתו עי"ז, ורק מקצת חודו נכנס לתוכו).

[ו]סימן לב ס"מ - [ז]חריץ שבין בית לבית צריך שיגיע עד התפר, [ח]ואם לא הגיע, כשרה, והוא שיהיה ניכר החריץ כדי שיהיו ד' ראשיה נראין לכל - אבל אם אינו ניכר מבחוץ, אף שמבפנים יש ד' בתים, וכל פרשה ופרשה מונחת בבית בפני עצמו, לא מהני, [רש"י במנחות ל"ד ע"ב ד"ה ואם].

אבל שריטה או רשימה בעלמא לא מהני כלל, כי עכ"פ צריך הבדל מעט בין הבתים שיהיו החריצין ניכרים ממש, **וכן** הח"א מיאן במעשה הסופרים, שמדבקין הבתים וטחין את כל הבית בטיח או בגלאנ"ץ, רק שעושין רושם בהגלאנ"ץ, ומה גם דלכתחלה בעינן שיהיה החריץ מגיע עד למטה, **וכ"ש** הסופרים שתולין עור על הד' בתים, ורושמין בו חריצין בסכין שתהיה נראה כארבעה בתים, דפסול, דעי"ז נעשה תפילה של יד, [גמ'].

(**עיין** בח"א דמשמע מיניה, דאפילו הנוהגין לעשות התפילין ע"י דיבוק הד' עורות, אפ"ה מהני בדיעבד אם מדבק לבסוף הד' בתים ביחד, ומשייר מלמעלה רק מעט שיהיו החריצין ניכרין, **אך** דמצריך הח"א ליזהר, שיהיו החריצין עכ"פ בעצם הבדלת הבתים, ולא בהגלאנץ לבד, **ובתשובת** חת"ס משמע, דהנוהגין לעשות תפיליהן ע"י דיבוק, לא מהני אפילו החריצין ניכרות, אלא יהיו מובדלות לגמרי, ואז יזהר שיהיה ריבוען קיים, כי מצוי שע"י ההבדל נאבד הריבוע, **ומנהג** העולם במדינתינו כהח"א, ומ"מ כל י"ש יזהר לכתחלה לעשות הבתים נפרדים, וכמו שכתב הח"א גופא, דלכתחילה פשיטא דנכון לעשות כן), (ועיין מש"כ לעיל בסעי' ל"ח).

(**והנה** אם לא יהיו מדובקים כלל, מצוי לפעמים שנתקלקל הריבוע בהמשך הזמן עי"ז, ע"כ אפשר שטוב יותר שידבק מעט בשיפולי הבית אצל תיתורא בין בית לבית, **והנה** יש עוד אופן, שידבק מעט העורות שבין בית לבית, ואם העורות לא יגיעו זה לזה, יתן לתוכם חתיכת קלף דק עם דבק שיחברם יחדיו, וצדי הבתים וכן בראשי הבתים לא יהיה מדובק כלל, ובזה יהיה עדיין כל החריצים מינכר היטב, וגם ריבוען יהיה קיים, **אך** באופן זה צריך ליזהר מאוד תמיד, שלא לנתק בחוזק בית אחד מחבירו, כדי שלא יקרע עי"ז העור שבין בית לבית).

אות ה' – ו'

רצועות שחורות הלכה למשה מסיני

כאן מבחוץ

סימן לג ס"ג - [ט]עור הרצועות צריך שיהיה מעור בהמה חיה ועוף הטהורים - דלא הוכשרה למלאכת שמים אלא טהורה בלבד, (**וכתב הפמ"ג**, איני יודע אם מה"ת או מדרבנן, ונ"מ להקל בספיקן אם אינו יודע אם טהורה או טמאה).

[י]וצריך שיהיה מעובד לשמו - כל האי "צריך", לעיכובא הוא אפילו בדיעבד, ואפי' הרמב"ם דמיקל בבתים, מודה הכא, (**ואם** יש ספק אם היה עיבוד לשמה, נראה להקל, דהוה דרבנן וספיקו לקולא).

וההשחרה צריך ג"כ שיהיה לשמה, **ואם** לא עיבדן לשמן, אינו מועיל אפילו אם ישחירן אח"כ לשמן.

[יא]רצועות בין מעור בין מקלף, כשרות – (וקלף המעובד לסת"ם, צריך עיון אי מותר לעשות רצועה מזה).

[יב]הלכה למשה מסיני שיהיו הרצועות שחורות – (ולעיכובא הוא אפי' בדיעבד, בין הש"ר או הש"י), **מבחוץ** - לצד השער שהוא מקום החלק, ואם השחירם מבפנים לא מהני, וצריך לחזור ולהשחירם מבחוץ, (**כן מוכח מרש"י** דף ל"ה: ד"ה ונוייהן, **דאלת"ה** אלא דצריך לצבוע סתם המקום שרוצה ללבשו לצד חוץ, וזהו כונת הגמרא במה שמשני "כאן מבחוץ", ממה פסיקא ליה לרש"י דצובע אותו מקום החלק שיהא קרי ליה בשביל זה ונוייהן, הי"ל לרש"י לפרש סתמא אותו מקום שהוא חלק ונוי ילבשנו למעלה, וממילא יוכרח האדם לצבוע שחור אותו מקום מחמת ההל"מ).

(**וראיתי בפמ"ג** שכתב, אם השחיר עכו"ם הרצועה, ואין לו רצועה אחרת, יוכל להשחיר מצד השני, דנהי דגמירי שחורות, אבל לא דוקא מצד השער, ד"מבחוץ" תלוי רק בהמקום שלובש לצד חוץ, **וכונתו** אם יהפך הרצועה וילבש השחור לצד חוץ, **ולפי"ז** מה שאמרו שם בגמרא "ונוייהן לבר", שחור וחלק, (היינו מה שפרש"י: נוייהן של רצועות שהן חלוקות מצד א' וצבועות שחורות), הוא למצוה מן המובחר בלבד, **והביא** ראיה לזה מרש"י זו ד"ה ונוייהן, ובאמת לכאורה משמע להיפך, ואף אם תדחה דברינו, עכ"פ אין ראיה מרש"י לדבריו, ומ"מ לכתחילה בודאי גם הוא מודה, כמו שכתב בעצמו, **ודע** דלדברי הפמ"ג, יצמח לפעמים חומרא גדולה, אם יהיה מונח הרצועה במקום היקף הקשר בצד השחור למטה, לא יצא בזה ידי המצוה והוי ברכה לבטלה).

עיין בברוך שאמר דמשמע מדבריו, דמצוה להשחירן עד שיהיו שחורות כעורב, (שכתב שישחירו פעם אחת, ואח"כ כשיתייבש קצת אז

באר הגולה

[ו] (ע"פ הבאר הגולה) [ז] שם בגמ' (כפירש"י - גר"א) [ח] הרמב"ם [ט] שבת כ"ח [י] הרמב"ם וס' התרומה [יא] מרדכי [יב] מנחות ל"ה

ישחירו פעם שנית, וכן פעם שלישית, עד שיהיה העור שחור לכל הצורך ממש כעורב, ונ"ל דזהו רק למצוה בעלמא, אבל מדינא כל שחל עליו שם שחור סגי ליה, ולפי"ז אפי' אם היה מראיתו דומה למראה הכחול, שקורין "בלא"ה", ג"כ כשר, ומ"מ לכתחילה בודאי מצוה להשחירו שיהיה שחור ממש).

ואם נתישנו ונתמעד מהן השחרות, צריך להשחירן מחדש, ובמקום הידוק הקשר מצוי מאד להתמעד השחרות, ויש ליזהר בזה מאד.

(**ומסתפקנא** אם מה"ת די בכל אחד עד כדי שיעורו, והשאר הוא למצוה ולנוי בעלמא, או דילמא כיון דהיא מחוברת כולה כחדא, צריכה להיות כולה שחור, **וקצת** ראיה לזה מקושית הגמרא מנחות ל"ה. קתני מיהת בין ירוקין וכו', דלא משני בהֶיתֵר על השיעור, ולא היה מקשה עוד אי מבפנים וכו', **ויש** לדחות דס"ל להגמרא דלא היה הברייתא מתיר עכ"פ מדרבנן לצבוע בשני גווני מצד אחד, משום דמחזי כמנומר, **וצ"ע**).

(**גם** איני יודע אם ההל"מ קאי ג"כ על חתיכת הרצועה שנכנסת בהמעברתא, ולכתחילה לא מסתפקנא דחייב להשחיר, דילמא מתהפך הבית מזה המקום, אך בדיעבד אולי דמי למה שבפנים).

אבל מצד פנים יעשה מאיזה צבע שירצה - ר"ל אם ירצה לצבוע אותן, אבל אין מחוייב לצבען בשום צבע, **דאף** [יג]דלהרמב"ם צריך להשחירן גם מבפנים כמו שהבתים הם שחורין, אין אנו נוהגין כהרמב"ם בזה, **חוץ מאדום, שמא יאמרו שמדם חטטיו נצבעו והאדימו.**

אות ו*[יד]

תוס' ד"ה רצועות: דלא בעינן שחורות אלא רצועות

סימן לב ס"מ - [טו]**עור הבתים מצוה לעשותו שחור** - משמע דבדיעבד אינו לעיכובא, **ויש** פוסקים דס"ל דהוא הלמ"מ כמו הרצועות, ולעיכובא הוא אפילו בדיעבד, ובביאור הגר"א משמע שהוא מצדד כן להלכה, **וכן** משמע בא"ר ובשכנה"ג דיש להחמיר, אם לא במקום דלא אפשר, יש לסמוך אדברי המקילין, כדי שלא להתבטל ממצות תפילין.

וכ"ש שידקדק שהשי"ן יהיה שחור, ולפעמים מחמת רוב יושנו נקלף ממנו השחרות.

והשחרות טוב יותר שיהיה בצבע שחור שאין בו ממש כלל, והתפילין יהיו שחורים רק בחזותא בעלמא, **ומ"מ** המשחירין במין גלאנ"ץ שא"א לקלפו, אע"פ שיכולין להסיר מן הקלף ע"י פירורין דקין, אין להחמיר בדיעבד, **אכן** מה שחדשו סופרי זמנינו, שמשחירין בטיחה שיכולין לקלוף בשלימות מכל צד מן התפילין, וצורתו כמו נייר שחור, זהו פסול.

(וע"ל סימן ל"ג) - בס"ד בהג"ה, ועי"ש במ"ב, דהרמ"א קאזיל לשיטת המחבר הכא, דהוא רק מצוה בעלמא, ולפי מה שכתבתי לעיל יש לעיין בזה.

אות ז' – ח'

תפילין מרובעות הלכה למשה מסיני

בתפרן ובאלכסונן

סימן לב סל"ט - [טז]**תפילין בין של ראש בין של יד, הלכה למשה מסיני שיהיו מרובעות בתפרן, ובאלכסונן, דהיינו שיהיו ריבוען מכוון ארכו כרחבו, כדי שיהיה להם אותו אלכסון שאחז"ל: כל אמתא בריבועא אמתא ותרי חומשי באלכסונא** - פי' בריבוע גמור שארכו כרחבו ממש, שיערו חכמים כל השיעור שיש לו, יש לו באלכסון ב' חומשים נוסף על אותו השיעור, וגם כאן צריך שיהיה מרובע ממש, אבל אם לא יהיה מרובע ממש, לא יהיה באלכסון שלו כשיעור ב' חומשים תוספות, אלא שיעור אחר, **וע"כ** ימדדנו בד' קוים וידע אם הוא מרובע, דהיינו תחלה ימדוד קו אחד באורך וקו אחד ברוחב שיהיה שוה, אך שמא באמצעו שוה ובצדדיו מתמעט, לכן ימדדנו עוד בשני קוים באלכסונו, שיהיו שוים ב' קוי האלכסון ג"כ.

וגם יש להשגיח בענין התפירה, כי מחמת שהסופרים עושין נקבים גדולים קצת, נמשך החוט לצדדין, ועי"ז אין התפירות שוות בריבוע, זה נכנס וזה יוצא.

ואם לא עשה מרובעות, מעכב בדיעבד, ומ"מ אם אין לו תפילין אחרים, יניחם לעת עתה בלא ברכה, וכשיזדמן לו תפילין אחרים יניחם.

(**וגם בהתפירות אם אינם מרובעות יניחם, ויצא בזה עכ"פ לדעת רש"י**).

ונ"ל פשוט, דצריך להיות התפירות מרובע בין למעלה ובין למטה, ואף דלא ברירא לי לענין דיעבד, מ"מ לכתחילה בודאי יש ליזהר בזה.

וצריך לרבע מקום מושבן - והוא התיתורא, דהיינו שיחתוך המעברתא מב' צדדיו, כדי שיהא ניכר ריבוע התיתורא, וצריך להשגיח מאד ע"ז, כי כל זה מעכב אפילו בדיעבד, **והתיתורא** צריכה להיות מרובע בין מלמעלה ובין מלמטה, [וצ"ע אם מעכב בדיעבד].

באר הגולה

יג ‹נ"ב למד זה מהא דתני [מנחות שם ל"ה] תפילין אין קושרין אותן אלא במינן בין ירוקין כו', ומפרש דבמינן קאי נמי על הצבע כעין הקציצה – בן אריה›

יד ‹ע"פ הבאר הגולה והב"י›

טו **הרא"ש וספר התרומה והמרדכי בשם ר"י מההיא דמנחות ל"ה** ‹כתבו התוס' יש עושים בתים של תפילין מעור לבן, דלא נאמר שחורות אלא ברצועות, וכן כתב האגור בשם הרשב"א, **וכ"כ** הרא"ש, וכתב עוד, מ"מ נוי תפילין הוא שיהיה הכל שחור, **ובספר** התרומה רצועות שחורות הלכה למשה מסיני, ושמא גם כן עור הבתים צריך להיות שחור, **והמרדכי** כתב, שדקדק ר"י מהגמרא [שבת כ"ח:] שהקציצה בעינן שחור כמו הרצועות – ב"י›

טז **שם ל"ה תוס' ורמב"ם בפ"ג ורא"ש ושאר פוסקים** ‹אף שבתוס' הנ"ל נסתפקו בזה, אבל הרא"ש ומרדכי פי' דמש"כ תפילין מרובעות, קאי אבתים, ורב פפא הוסיף דאף בתפרן, ור"ל שיהיו התפירות מרובע, וה"ה התיתורא עצמו, דאי בתפרן דוקא, א"כ מאי סייעתא מהעושה תפלתו עגולה כו', **ולפירש"י** קאי הכל על הבתים, שפי' בתפרן, שלא יקלקל בתפירתו את הריבוע, וכשיטתו שכתב שם ד"ה תיתורא, שהוא בעור א' עם הבתים, **אבל** ר"י פי' כמ"ש הגאונים, שלוקחין עור אחר להתיתורא עם המעברתא, וכמ"ש בסמ"ד, ולכן פי' בתפרן על התפירה עצמה, וכן דעת כל הגאונים דבעינן התפירה מרובעת וגם התיתורא – גר"א›

וגם זה הוא מהלמ"מ לדעת רוב הפוסקים, וגם זה הוא בריבוע גמור כמו בהתפירה, ואף דמרובע ממש במלאכת הבתים, דהיינו שיהיה בתכלית הצמצום, הוא כמעט מן הנמנע, מ"מ כל מה דאפשר לו לאדם לעשות בענין זה, בודאי חייב הוא לעשות.

ועכשיו בעו"ה הרבה שאין משגיחין על תפיליהן שיהיו מרובעין כדין, אפילו המדקדקין במצות יש שאין משגיחין כי אם על ראש הבתים שיהיו מרובעין, ואין משגיחין על התיתורא ועל התפירות שהוא ג"כ מעיקר הדין, והוא דבר הנקל לתקן.

וגם הבתים - דלא כמו שנוהגין קצת, לעשות של יד עגולה בראשו, רק שמרבע התיתורא מלמטה, אלא בין הש"י ובין הש"ר יהיו מרובעים, **והכוונה** בהש"ר, כשהארבעה בתים יחד יהיו מרובעים, ולא כל אחד בפני עצמו, [תוס' מנחות ל"ה. ע"ש], **וריבוע** הבתים צ"ל בכל משך גובהן, **וגם** הריבוע יהיה ע"י הבתים עצמן, ולא ע"י דבר אחר שמטיח עליהם.

(**דע**, דגדר קלקול ריבוע הבתים, פשיטא לי דלא בעינן שיתקלקלו ברוב משך גובהן, ואפילו במיעוטן סגי, ואפילו אם עשאם גדולים מאוד, ולא אמרינן דל מהכא היתרון, וישאר שיעור תפילין בלי זה, דומיא דיש מקילין בענין הקפת גויל, אם יש שיעור אות בלא זה, **ואמינא** לה מהא דקי"ל דריבוע המזבח מעכב, וקיי"ל ג"כ דאפילו פגימת המזבח פוסל, והוא מטעם ריבוע, ולא בעינן דוקא שיפגם רוב המזבח, אלא אפילו בכזית או בכטפח, לכל מר כדאית ליה).

(**גם** פשיטא לי, דלאו דוקא אם נתקלקל במקום חודו של הזוית למעלה, דה"ה אם נתקלקל ונפגם במקום אחר מדפני הבית מבחוץ, עד שאבד ריבועו עי"ז, וג"כ מהא דמזבח הנ"ל, דפשוט דפסול פגימת המזבח הוא בכל מקום מדפנותיו, ולאו דוקא במקום חודו, ולפי"ז אם מחמת רוב יושנן של התפילין, ניכר לכל שאחד מדפנותיו נכנס לפנים, ואינו עומד במקום הראוי לו, נראה דצריך לתקנם).

(**גם** פשיטא לי, דע"י פגימה קטנה שנתהוה בהבתים כשיעור חגירת ציפורן, ואפשר אפילו מעט יותר מזה, לא אזל מניה עי"ז שם ריבוע, **ואפי'** אם נאמר דבעת עשייה, יש להסופר ליזהר אפי' בחסרון משהו באיזה מקום, דעכ"פ אינו מרובע בשלימות, מ"מ בדיעבד שנתקלקל לא אזל שם ריבוע ע"י חסרון משהו, **ואפי'** אם הפגימה קטנה שנתהוה בהתפילין היה במקום חודו של הזוית למעלה, **כי** מיבעיא לי עצם שיעור קלקול הריבוע, עד כמה נקרא בענינינו, דזה ברור דלא נוכל לומר לענין תפילין דוקא אם חסרון הריבוע היה בטפח, כמו שפסק הרמב"ם שם לענין מזבח, דכל התפילין אינם מחזיקין כך, **ואולי** אם נתמעך הריבוע של התפילין מעט יותר מחגירת ציפורן, נקרא בענינינו ג"כ קלקול הריבוע, וצ"ע).

הגה: אבל גובה הבתים אין להקפיד אם הוא יותר מרחבן וארכן (ב"י בשם אגור וסמ"ק ומרדכי ורמב"ם) - (דריבוע לא נאמר אלא על אורך ורוחב).

[יז] **עשאם מרובעות ואחר זמן נתקלקל רבוען** - כגון שנתעקמו הבתים, זה פונה למזרח וזה למערב, או שנתקלקל חודי הבתים לגמרי עד שנעשה עגול, או שנתקלקל התיתורא או התפירה עד שאבדו ריבוען, **יש מי שאומר שצריך לרבען** - דכיון דריבוען הוא הלמ"מ, בכל שעתא בעינן שיהיו מרובעין, **ואין** חולק בזה, ודרך המחבר כן בהרבה מקומות.

ומ"מ אין צריך למודדן בכל יום אם ריבועם קיים, שמעמידים אותם על חזקתם, אם לא שרואה שנתקלקל, **ואם** נתעקם התיתורא, אף שבעצם הוא מרובע, רק מחמת התעקמות התיתורא נראית כמו שאינו מרובע, יחזור ויתקן, (**העתקתי מספר לשכת הסופר, והביא שם ראיה ע"ז** דרש"י פי' במנחות ל"ה. תפילין שיהא מרובעין בתפרן, היינו שלא ימשוך חוט התפירה הרבה שלא תכווץ ומתמעט הריבוע, ע"ש, ומה לי אם נתעקם מחמת התפירה או מחמת עצמו, ואף שיש קצת לחלק בזה, עכ"ל).

הגה: ויעשה כל הד' בתים בשוה, שלא יהא אחד גדול מחבירו (ב"ש) - ובדיעבד אפילו אחד רחב מחבירו כשר.

אות ט'

העושה תפילתו עגולה, סכנה ואין בה מצוה

רמב"ם פ"ד מהל' תפילין ה"ג- העושה תפלתו עגולה [יח] כאגוז, אין בה מצוה כלל.

אות י' – כ' – ל' – מ'

נפסקו שתים כשירות, שלש פסולות

לא אמרן אלא זה שלא כנגד זה, אבל זה כנגד זה פסולות

אבל בעתיקתא לית לן בה

מיתלי ביה בשלחא והדר חלים, עתיקתא, ואידך חדתתא כו'

סימן לג ס"א - [יט] אם נתקלקל עור של שני בתים מבתי הראש זה אצל זה - פי' שנפסק ונעשה קרע, ור"ל דהבתים הם סמוכים זה לזה, אפי' אם אין הקרעים סמוכים, כגון שקרע א' בהבית השני בדופנו הימיני, וקרע השני בהבית הג', ל"ש בדופנו הימיני או השמאלי, ואפי' אם קרע זה למעלה וזה למטה, וכ"ש אם שניהם באויר א' זה כנגד זה, [כ] **אם התפילין ישנים, פסולים** - דכבר נתקלקלו מחמת יושנן, **ואם הם חדשים, כשרים** - ואפי' הקרע בשני הבתים בשני דפנותיהם, [כא] **כל זמן שעור מושב הבתים קיים** - היינו התיתורא.

אבל בב"י פי' ‹וכן פירש"י – גר"א›, דבעי שיהיו שלימין מכל הצדדין, דמכשרינן רק מה שנקרע מבפנים בין בית לבית, וזהו ג"כ דעת רמ"א שהעתיקו להלכה.

הגה: גם הבתים צריכין להיות קיימים, אלא שנקרעו קצת (ב"י) - פי' שנקרעו בין בית לבית, אבל הצדדים צריכים להיות שלמים, ואפילו קרע בבית אחד אם נעשה מבחוץ לבד, ג"כ יש להחמיר.

באר הגולה

[יז] מצא בשם שמושא רבא בתשובה אשכנזית [יח] ‹ויש לדקדק טובא, הרי כבר פסק לעיל ריש פ"ג דתפילין מרובעות הלמ"מ, ופשיטא דכאמגוזא אינה מרובעת – אור הישר› [יט] מנחות ל"ה לפי' הראשון ברש"י ורא"ש והמרדכי ונ"י [כ] לגי' הרי"ף שם בגמ' ורמב"ם בפ"ג מהל' תפילין [כא] ‹טור, שכן פי' מש"כ שם: כל זמן שפני טבלא כו' – גר"א›

וי"א להיפך, בישנים כשרים ובחדשים פסולים (רש"י והרא"ש) - ס"ל להיפך, דבחדשים איגלאי מילתא דעור מקולקל הוא, כיון דבזמן מועט נקרעו. ‹כגירסא שלנו - גר"א›.

ונ"ל דיש להחמיר לפסול בשניהם - [כב]ואפי' היכא דלא שייכי אלו הטעמים, כגון שנעשה הקרע ע"י סכין וכיו"ב, יש להחמיר, **ע"כ** יש לפסול, מה שרגילין הסופרים כשעושין הד' בתים ונותנין אותו בדפוס, חותכין מן העור בין בית לבית כדי שלא יהא נכווץ ובולטת, ומחפין מקום החתך מבפנים כדי שיהיה נראה מבחוץ שלם, **ומ"מ** צידד בספר פת"ש, דדיבוק מהני אם אנו יודעין שאין העור מקולקל, אף לאלו דנוהגין לעשות תפילין מעור א'.

[כג]**ואלו הם חדשים, כל זמן שאם היו מושכים אותם ברצועות, הבית מתפשט ונפתח, נקרא חדש** - זהו לאותן שעושין המעברתא מהעור שעשו ממנו הבתים, אבל לדידן שהמעברתא עור בפני עצמו, אין שייך לומר כן, **אם אינו נפתח, נקרא ישן.**

ואם נתקלקלו שנים זה שלא כנגד זה, ראשון ושלישי, כשרים אפי' הם ישנים - ר"ל דבזה מיקרי זה שלא כנגד זה, ואפילו אם נעשה הקרע בהבית השלישי בשני דפנותיו כשר, כיון שיש בית שלם מפסיק ביניהן, (**ולא** קי"ל כלישנא בתרא דרש"י דמחמיר בזה, ‹דשלש שנפסקו, היינו ג' דפנות, ופסול בכל ענין, משא"כ ללישנא קמא, שלש, היינו ג' בתים - פמ"ג ע"ש›, גם מהגר"א בביאורו משמע דדעת השו"ע רק כל"ק דרש"י, וכתב שכן דעת כל הפוסקים, וכן בשארי אחרונים ראיתי כן, לכן סתמתי כן, ולא כהמ"ז שמצדד להחמיר בזה), **אבל** אם נעשה הקרע בבית ב' וג', אף דקרע אחד בבית אחד מימינו, וקרע השני בבית השני משמאלו, אעפ"כ מיקרי זה כנגד זה, כיון דשני הבתים הם סמוכים להדדי.

ואם נתקלקלו ג' בתים - אפי' בכל בית רק דופן א', [כד][מוכח בגמרא], **בכל ענין פסולים** - בא לרבות אפילו חדשים, דהכשרנו לעיל בב' אפילו בזה אצל זה, מ"מ בג' פסול. ‹**טור**, שמפרש מש"כ אבל בעתיקתא כו', כפי' רש"י, דלא קאי אלא אמילתיה דרבא, אבל מילתיה דרב חסדא אין חילוק, וכמש"כ שם וזה כנגד זה לא אמרן כו' - גר"א›.

וכל הסעיף מיירי בשל ראש, אבל אם נעשה קרע בהבית של יד, פסול לכו"ע בכל ענין, אף שהתיתורא קיימת, ולא דמי לשל ראש דנשתייר בו עוד על כל פנים איזה בתים שלימים.

[כה]**סימן לג ס"ב** - [כו]**אם נפסקו תפירות התפילין, להרמב"ם אם היו שתי התפירות זו בצד זו, או שנפסקו ג' תפירות אפילו זו שלא כנגד זו** - אפי' כל אחד בצד אחר, **הרי אלו פסולים.**

בד"א, בישנים; אבל בחדשים, כל זמן שעור מושב הבתים קיים - היינו התיתורא וכנ"ל, [כז]**כשרים** - וגם בזה דעת רמ"א כמו בהג"ה לעיל, דגם הבתים צריכים להיות קיימים, אלא שסמך אלמעלה.

ואלו הם חדשים, כל שאוחזין מקצת העור שנקרע תפרו, [כח]**ותולין בו התפילין והוא חזק ואינו נפסק; ואם אין ראוי לתלות בו אלא הוא נפסק, הרי אלו ישנות.**

הגה: וי"א דבחדשים פסולים, ובישנים כשרים [כט]**(רש"י והטור והרא"ש). וטוב לחוש לשתי הסברות כן נ"ל** - ר"ל להחמיר מחמת זה לכתחלה בשתיהם.

זהו דעת הרמב"ם ‹והי"א›, [ל]אבל שארי פוסקים פליגי עליה, ומקילים בכל גווני בשתי תפירות, **ובשלשה** תפירות שנפסקו מחמירים, דאפי' תיקון במקום ההפסק לא מהני, דגנאי הוא כשניכר התיקון בשלשה מקומות, בין בחדשים ובין בישנים, וצריך לחזור ולתפור מחדש, וכמו שנתבאר בטור וב"י לעיל בסוף סימן ל"ב ע"ש.

(**ובאמת** לפעמים הרמב"ם מיקל יותר מהם, כגון בנפסק ג' תפירות בחדשים, דהרמב"ם מיקל **אפילו** בלי תיקון כלל, ולדידהו צריך תפירה מחדש בזה בין בחדשים ובין בישנים, **ופשוט** דכל זה כלל הב"י שם במה שכתב, דיש לסמוך במקום דלא אפשר על המיקל).

אך במקום שא"א למצוא תפילין אחרים, ולא לחזור ולתפור תפילין אלו, יש לסמוך על המקילין בפסיקת התפירות, בין בחדשות ובין בישנות, בין בב' תפירות ‹וכשארי הפוסקים›, ובין בשלש ‹דהרמב"ם מקיל בחדשים, והי"א מקילין בישנים›, **אך** בשלש יזהר שלא יברך עליהם.

(**איירי הכא דוקא בשלא היו הג' תפירות בצד אחד, וס"ל דזה מיקרי עדיין מרובעות בתפרן, אבל אם נתקלקל ריבוע התפירות ע"י פסיקת הגידין, כגון שנפסק זוית התפירה, אימא לך דאפילו ע"י פחות משלשה מיפסל, דאם עשאן מרובעין ואחר זמן נתקלקל ריבוען, צריך לתקנן, ופסולין כל זמן שלא תקנן, וצ"ע בכל זה**).

באר הגולה

כב ‹מיוסד על הלבוש, דלעולם יש לחשוש שהקרעים עלולים להביא לידי קלקול העור - מ"ב המבואר› כג **שם בגמרא** ‹כלישנא בתרא שם וא"נ כו', וכלשון שני שברש"י - גר"א› כד ‹שאל"כ אלא דאינו נפסל רק אם בכל בית נקרעו ב' דפנותיו, א"כ לא יתכן שיהיו ג' זה שלא כנגד זה, שהרי לכל הפחות שתים יהיו סמוכים, וא"כ א"צ ג', שהרי אף ב' זה כנגד זה פסול, {**אלא** ע"כ אפילו נקרעו שלש דפנות סך הכל, כגון דופן א' של הבית הראשון, וב' דפנות של הבית השלישי, כשר, כיון שבית שלם מפסיק ביניהם}, **ועוד** שא"כ לא יתכן ששתים זה שלא כנגד זה הם או בית הראשון והשלישי, או בית השני והרביעי, שהרי ב' זה שלא כנגד זה כשרות, ואם בכל בית נקרעו ב' דפנותיו, הרי נמצא שנקרע גם דופן חיצוני, וקיי"ל שקרע בדופן חיצוני פוסל בכל אופן - מ"ב המבואר› כה ‹ע"פ מהדורת נהרדעא› כו **כן פי' הרמב"ם מההיא דמנחות** כז ‹הרמב"ם לא גורס "וזה כנגד זה נמי" כו', אלא "ולא אמרן", ומפרש דקאי גם אמילתיה דרב חסדא - גר"א› כח ‹כלשון ראשון בגמ', ולא גורס "והדר חלים", אלא "וחלים", דלא כפירש"י. **ונמצא** מחולק בכמה דברים עם רש"י והטור. **א'** שמפרש אתפירה. **ב'** שגורס להיפך אבל בחדתא כו'. **ג'** שמפרש דקאי גם ארב חסדא. **ד'** שנקט לישנא קמא היכי דמי חדתא. **ה'** שגירסתו ופירושו בדרך אחר דלא גרס "והדר". **ו'** חולק טוש"ע עם רש"י בפירוש "פני טבלא" - גר"א› כט ‹לאו דהם ס"ל כן, דהא לדידהו אין חילוק כלל בתפירה בין חדשות לישנות וכנ"ל, דלא איירי הגמרא לענין תפירה, רק דר"ל לפי סברתם דלעיל דגרסי בגמרא היפוך מדברי הרמב"ם לענין חדשות וישנות, יהיה א"כ לפי פירושו שמפרש המימרא דר"ה ור"ח לענין תפירות, היפוך הדין ממה שכתב הוא, ומצאתי זה באחרונים ופשוט - בה"ל› ל ‹שאר הראשונים מפרשים הסוגיא בנקרעו דפנות הבתים, ולא בפסיקת התפירות כלל, וממילא אין לנו מקור לחלק בזה בין חדשים וישנים, ואם העור קיים או לא, אלא שהביאו שאר ראשונים מקור אחר בענין פסיקת התפירות, והוא בירושלמי מגילה פ"א ה"ט, שרבי זעירא נפסק לו גיד הרצועה, והתירו רב הונא ורב קטינא, נפסק פעם שנית, ועדיין התירו בדוחק, אבל פעם שלישית לא התירו, כ"כ בספר התרומה והסמ"ג בשם שימושא רבא בפירוש הירושלמי, שהכוונה שנפסקו תפירות התיתורא, והובאו בב"י, ולפי"ז נמצא שאם נפסקו שתי תפירות, אפילו אם סמוכות זו לזו, ובין בחדשים ובין בישנים, כשר, ואם נפסקו שלש תפירות, אפילו אינן סמוכות, ובין בחדשים ובין בישנים, פסול - מ"ב המבואר›

וא"נ כל היכי דכי מיתלי ביה במתנא אתייה אבתריה חדתתא ואידך עתיקתא א] אביי הוה יתיב קמיה דרב יוסף איפסיק ליה רצועה דתפילי א"ל מהו למיקטריה א"ל וקשרתם כתיב שתהא קשירה תמה א"ל רב אחא בריה דרב יוסף לרב אשי מהו למיתפריה ועייליה לתפירה לגאו אמר ג] פוק חזי מה עמא דבר אמר רב פפא גרדומי רצועות בשירות ולאו מילתא היא מדאמרי בני רבי חייא *גרדומי תכלת וגרדומי *) אזוב כשירין התם הוא דתשמישי מצוה נינהו אבל הכא דתשמישי קדושה נינהו לא מכלל דאית להו שיעורא וכמה שיעורייהו אמר רמי בר חמא אמר ר"ל עד אצבע צרדה רב כהנא מחוי כפוף רב אשי מחוי פשוט רבה קטר להו ופשיט ושדי להו רב אחא בר יעקב קטר להו ומתלית להו *מר בריה דרבנא עביד כדידן *אמר רב יהודה בריה דרב שמואל בר שילת משמיה דרב קשר של תפילין הלכה למשה מסיני אמר ר"נ ונוייהן לבר רב אשי הוה יתיב קמיה דמר זוטרא איתהפכא ליה רצועה דתפילין א"ל לא סבר לה מר ונוייהן לבר א"ל *לאו אדעתאי °וראו כל עמי הארץ כי שם ה' נקרא עליך ויראו ממך *תניא ר"א הגדול אומר אלו תפילין שבראש °והסרותי את כפי וראית את אחורי אמר רב *חנא בר ביזנא אמר ר"ש חסידא מלמד שהראה לו הקב"ה למשה קשר של תפילין אמר רב יהודה קשר של תפילין צריך שיהא למעלה כדי שיהו ישראל למעלה ולא למטה וצריך שיהא כלפי פנים כדי שיהו ישראל לפנים ולא לאחור אמר רב שמואל בר בידרי אמר רב ואמרי לה אמר ר' אחא אריכא אמר רב הונא ואמרי לה אמר רב מנשיא אמר שמואל תפילין מאימתי מברך עליהן משעת הנחתן אינו והא *אמר רב יהודה אמר שמואל כל המצות כולן מברך עליהן עובר לעשייתן אביי ורבא דאמרי תרוייהו משעת הנחה ועד שעת קשירה אמר

רש"י

א"נ כל היכי דמתלי במתנא . כשאוחז אדם ברצועה התלויה בקשר ואתו תפילין אבתריה ואינן נתקין חדתא ואידך שנתקין עתיקא ל"א אתיא אבתריה שמתפשט העור הויא ג] חדתתא : **קשירה תמה** . שתהא הקשירה נאה ואם יש ד] קשר אחר ברצועה לבד מקשר שקושרין בראש תו לא הויא קשירה יפה לשון אחר קשירה תמה רצועה שלימה ולא קשורה : **ועייליה לתפירה לגאו** . שלא יראה ויהא כשלימה : **מה עמא דבר** . וכיון דאין נוהגין כן לא תעשה : **גרדומי רצועות** . מה שתולה מן הרצועות לאחר שנתקשרו בראש אם נפסק מאותן שירים ונשתיירו גרדומין כשירין גרדומין היינו *שירים : **שיעור תכלת** . מפרש בפרק התכלת (לקמן דף לח:) ושיעור אזוב מפרש בפ"ק *דסוכה (דף יג.) : **גרדומים** . *(שירי) שיריהן : **מכלל דאית להו שיעורא** . לתליית הרצועות *לבר הקשר מדמני ה] להו שירים לגרדומין : **מחוי כפוף** . ו] [אורך הרצועה תהא עודפת על הקשר] כמה שיכול לפשוט מאצבע עד אמה : **פשוט** . כמה שיכול לפשוט מגודל ועד אצבע דלגבי ז] *(פשיטת) אצבע וגודל הויא בפשיטה ולגבי אמה ואצבע בכפיפה לפי שמאצבע לגודל מתפשט יותר הרבה מבין אצבע לאמה . צרדה לשון צרתא דדא צרה של אגודל והיינו אצבע הסמוך לגודל : **רבה** . ח] כשמניח תפילין קטר ליה ברישיה ושירי הרצועות פשיט ושדי להו ותולין ט] על כתיפו מאחריו : **ומתלית להו** . לרצועות התלויות היה גודלן י] ומשלשן טרכי"ס בלע"ז : **כדידן** . כמנהג שלנו יא] [ותולין לפניו] : **קשר של תפילין** . שעשוי הרצועות על ראשו יב] *[כענין] שיהא דל"ת כדי שיהא שדי נראה עליהן דשי"ן נראה בקמט בית חיצונה שכפל הקלף כעין שי"ן ודל"ת נראה בקשר ויו"ד נראה באותו של יד כמין רצועה קטנה וראשה כפוף מעט כמין יו"ד : **ונוייהן לבר** . השם יהא נראה מבחוץ לשון אחר נוייהן של רצועות שהן חלוקות מצד א' וצבועות שחורות והוא נוייהן (א) וראיה לדבר מדאמרינן איתהפיכא ליה רצועה דתפילין *א"ל ולא סבר לה מר ונוייהן לבר והכי אמרינן לעיל מבפנים מאי נגאי ודבר אחר איכא זימנין דמתהפכין יג] אלמא כה"ג האי מתהפכין שנהפך לך הרצועה התחתון למעלה ונראה : **איתהפכא ליה** . שלא היתה הדל"ת ניכרת מבחוץ : **לאו אדעתאי** . שוגג הייתי : **שם ה' נקרא עליך אלו תפילין של ראש** . שכתוב יד] בו רוב השם שי"ן ודל"ת : **קשר של תפילין** . מאחורי העורף והקב"ה מניח תפילין טו] *כדאמר לעיל דמשום תפילין ש"ר יראו העובדי כוכבים כדכתיב ויראו ממך : **למעלה** . בגובה הראש ולא למטה בצואר : **כלפי פנים** . ממול עורף ולא בצידי הראש ל"א *כלפי פנים שיהא הקשר מבפנים והגוי של דל"ת מבחוץ כדאמרן טז] ונוייהן לבר : **בידרי** . שם : **מאימתי מברך עליהן משעת הנחתן** . משמע לאחר שהניחן : **אביי ורבא דאמרי תרוייהו** . מאי משעת הנחתן דקאמר משעת הנחה ועד שעת קשירה דכיון דעדיין לא קשרן עובר לעשייתן הוא : בין

תוספות

פוק חזי מה עמא דבר . פי' בקונטרס להחמיר ור"ת מפרש להקל כי ההיא דפ"ק דעירובין (דף יד:) גבי הילמי ולחיים וכן בפרק שלשה שאכלו (ברכות דף מה.) . מ"ר : **וכמה** שיעורייהו . *לכאורה בתפילין של ראש איירי דמר פשיט שדי להו על כתפיו לאחוריו ומר מתלית להו אבל הערוך פי' בערך צרדה דכתב בילמדנו בסוף בא אל פרעה ושיעור רצועה של יד עד אצבע צרדה ומאי צרדה אמצעי פי' היא אצבע ארוכה ועוד הביא בערוך דתניא בתוספתא *איזוהי אצבע צרדה זו אצבע גדולה של ימין ובקונט' פי' דהיא אצבע הסמוכה לגודל ור"א קליר יסד כפי' הערוך בסילוק של פרשת שקלים גיא וכל עפרה בצרדה הכילו פי' משום דכתיב (ישעיה מ) וכל בשלש עפר הארץ והיינו אצבע אמצעי שהוא שלישי ובפ"ק דיומא (דף יט:) דאמרינן גבי כ"ג שמכין לפניו באצבע צרדה הדבר ידוע שא"א להשמיע קול אלא כשמכה באמצעי ולפי' זה *דחזי פשוט היינו מגודל עד אמה וכפוף מאצבע עד אמה ובערוך פי' בערך כף דכפוף היינו מעיקר גודל עד ראש אצבע כשהן דבוקות זו בזו ופשוט מראש אצבע עד ראש גודל כשהן פשוטות וי"מ עד אצבע צרדה שצריך לעשות הרצועות ארוכות ממקום הנחתן עד אצבע צרדה וכפוף היינו שכופף את אצבעו ומשער הרצועה עד שם ופשוטה היינו שמשער הרצועה ממקום הנחה עד ראש אצבע פשוטה ובתפילין של ראש משערין הרצועות שתגיע ראש האחד עד טיבורו וראש השני עד הלב ושמא שום מדרש יש וגבי תפילין של יד הוא דאמרינן בפ' שני דברכות (דף יג:) ושמתם את דברי אלה על לבבכם שתהא שימה כנגד הלב ובשימושא רבה דתפילין יש דליפשו רצועי עד דלימטי לחדא כנגד מילה מימינא ולחדא כנגד הלב משמאלא עוד יש אומר דמצות שיעור רוחב הרצועות יותר מכחטה ופחות מכשעורה ואם יותר כשר . מ"ר : **עביד** כי דידן . דפשיט ושדי להו על כתיפיו מלפניו . מ"ר : **ונוייהן** לבר . הכא מוכח דארצועות קאי ולא כמו שפירש בקונטרס במסכת שבת (דף כח:) דקאי *אקציצה . מ"ר : **אלו** תפילין שבראש . פי' בקונטרס שכתוב עליהן רוב השם שי"ן ודלי"ת ונראה דדלי"ת ויו"ד שברצועות לאו אותיות גמורות הן ולא חשיבי מן השם של שדי מדחשיב להו לעיל ובריש פ' בתרא דמגילה (דף כו: ושם) תשמישי קדושה ולא הן עצמן קדושין ובשום דוכתא לא קרי להו כי אם קשר של תפילין עוד אמרינן בפ' במה מדליקין (שבת דף כח:) לא הוכשרו למלאכת שמים אלא עור בהמה טהורה בלבד למאי הילכתא אילימא כו' אלא לעורות והאמר אביי שי"ן של תפילין הלכה למשה מסיני פירוש ופשיטא דצריך בהמה טהורה ומסיק אלא לרצועות משמע דד' ויו"ד לא חשיבי אותיות וה"ר יעקב דאורלינ"ש מסופק *אם צריך לחלוץ תפילין של יד כשנכנס לבית הכסא דשמא כיון דמחופות עור לא צריך דלא אסרו אלא תפילין של ראש שכתוב שי"ן בעור ויש עוד לפרש דלכך קאמר אלו תפילין שבראש משום דנראין יותר משל יד דעל של יד אמרינן לקמן לך לאות ולא לאחרים לאות* . מ"ר : **משעת** הנחה ועד שעת קשירה . מכאן היה מדקדק רבינו אליהו שצריך אדם לקשר תפילין בכל יום ור"ת מפרש דאין צריך ומביא ראיה מהא דאמרינן בפ"ק דחולין (דף ט. ושם) דצריך אדם שילמוד ג' דברים כתב שחיטה ומילה ורב יהודה אמר אף קשר של תפילין וברכת חתנים וציצית ואידך הני שכיחן פי' יז] וצריך ללומדן לפי שתמיד צריך להן ואי בעי למקשר קשר של תפילין בכל יום איכא דשכיחא טפי ומיהו בקונטרס פי' שם איפכא הני שכיחן קשר של תפילין וברכת חתנים וציצית ואין צריכין ללמוד שמגמוריו בקי בהן וכמו שפירשתי נראה דאדרבה כתב ושחיטה שכיחי טפי מכולהו ועוד מדקדק ר"ת דהך קשירה לאו ממש היא מהא דתניא בריש פ' בתרא דעירובין (דף צז. ושם) קשר של

§ מסכת מנחות דף לה: §

אות א' - ב'

שתהא קשירה תמה **פוק חזי מה עמא דבר**

סימן לג ס"ה - [א]אם נפסקה הרצועה, יש [ב]מתירים לתפור מצד פנים - כדי שלא יהיה מינכר מבחוץ כלל, וכ"ש אם מקום התפירה כנוס לתוך המעברתא, דשרי לדעה זו.

ואפי' בתוך השיעור שמקיף הראש והקיבורת מותר לתפור, **ודוקא** תפירה, אבל קשירה בתוך שיעור הנ"ל, לכו"ע פסול מן התורה, דכתיב "וקשרתם", ודרשו חז"ל "קשר תם", דהיינו הרצועה שקושר בה התפילין תהא תמה ושלימה ולא קשורה, ‹לשון אחר ברש"י›, **גם** התפירה הוא דוקא בגידין ולא בחוטין.

‹ודע, דמה שאיזה אנשים מחברין הרצועה מניה וביה בלא תפירה, זה לא עדיף מקשר, ואפשר דגריעא ממנה›.

כתב בתשובת דבר שמואל, אם נפסקה המעברתא, מותר לתופרה.

[ג]וי"א מה שמקיף ממנה הראש, ובשל יד כדי שתקיף הזרוע לקשור התפלה עם הזרוע, וכדי שתמתח עד אצבע אמצעית - בלא כריכות, **ויכרוך ממנה על אותו אצבע ג' כריכות ויקשור, אין להם תקנה לא בקשירה ולא בתפירה** - דזהו שיעור אורך הרצועה של יד, ‹ולעיל בסי' כ"ז סי"א פסק, דאם יש כדי לפשוט עד אצבע צרידה, הכריכות אין מעכבין, ע"ש›, **והטעם** דהקיל בשל ראש, עיין בד"מ, ‹**דדוקא** בשל יד אסור לתפור בכל השיעור, משום דכולו צורך הקשירה הוא, משום דבלא"ה אינו עומד על הזרוע אם אינו כורך סביב האצבע או הזרוע, **אבל** בשל ראש שמהודקין היטב בלא רצועות התלויות, נראה דאין לפסול שם התפירה רק סביב הראש, עכ"ל›.

וכל יתרון האורך שהוא בשביל שכורך הרצועה כמה פעמים סביב הזרוע, ובשל ראש מה שתלוי ממנה, אין התפירה והקשירה פוסלים בה - ‹כתב המחה"ש, דצריך אחר התפירה מתחלה למתוח ביושר הרצועה השלימה עד האצבע, ואח"כ יחזור עם הרצועה הנקשר למטה ויכרוך הזרוע כמנהג, דעד האצבע צריך להיות בלא קשירה, **ובספר** שנות חיים להגאון מהר"ש קלוגר כתב, דאין העולם נוהגין כדבריו והדין עמהם, דעיקר קפידא על השיעור, שתשאר כ"כ כדי למתוח ולכרוך, ואף דלאחר הכריכה סביב הזרוע נשאר הקשירה למעלה מהאצבע, לא חיישינן, **אך** זאת נסתפק, דלא יהיה הקשירה על האצבע גופא, כיון שגם שם שייך קשירה, עי"ש באריכות, ומ"מ לענ"ד, לכתחילה טוב שיתפור אותו המקום בגידין, ומצד פנים שלא יהיה מינכר, כי אפילו אם נחוש לחומרת המחה"ש, דזה מיקרי תוך השיעור, מ"מ נראה פשוט שבודאי נוכל לסמוך בזה על ר"ת ושארי ראשונים דמקילין בתפירה›.

‹ומ"מ יש נ"מ בין השל יד לשל ראש, דבשל ראש אם ישאר כך ולא יחברנה לה הרצועה שנפסקה, לא בקשירה ולא בתפירה, בודאי אסור לו לברך על התפילין, ולא נוכל להכשיר במה שנשאר גרדומין, דהיינו הרצועה השנייה, דהרי מסקינן דברצועות פסול גרדומין, **ובשל** יד אפילו אם לא יחבר כלל, מותר לברך על התפילין, ולפי"ז בודאי מהני תפירה אפילו בחוטים ומצד חוץ או קשר, **אך** כ"ז אם לא היה עושה הז' כריכות, ולדידן דמנהגינו לעשות כריכות, כבר כתבנו שטוב שיתפרנו בגידין ומצד פנים, כדי לצאת בזה חשש של המחה"ש›.

‹ומ"מ מחויב להניח התפילין של ראש, אם נאבד הרצועה ואין לו שום עצה, דשמא הלכה כהשיטות שסוברים, דהאי "וכמה שיעורייהו" אשל יד קאי, עיין ב"י לעיל בסימן כ"ז, **אך** באמת בזה יש לו עצה אחרת, דיכול להתיר הקשר ולמשוך הרצועה לשני הצדדים, ויוכל בשעת הדחק לצאת בזה אם ישאר שני טפחים לכאן ולכאן, אא"כ אם נפסקו שני הרצועות משני הצדדים, ולא נשאר כי אם מה שמקיף הראש›.

[ד]ובשעת הדחק יש לסמוך על המתירים, כדי שלא יתבטל ממצות תפילין - היינו דמותר אפילו לתפור בגידים בתוך השיעור שמקיף הראש והקיבורת, וחוץ לשיעור הזה מותר אפילו לקשור, וכ"ש לתפור בחוטים, **אבל** בכל זה אין יכול לברך עליהם, כי מעיקר הדין צריך להחמיר כהי"א, דספק תורה לחומרא, אך כדי שלא יבטל לגמרי את המצוה, יניחם עד שימצא אחרים.

ועיין בט"ז שפוסק, דגם ברצועה של ראש אין יכול לברך עליה, עד שיהיה הרצועה של ימין עד הטבור, ושמאל עד החזה, שלימה בלי קשירה ותפירה, **אבל** בספר א"ר הכריע להלכה, דבין בש"ר ובין בש"י, לבד מה שיש בתוך השיעור שמקיף הראש והקיבורת, יכול לתופרו אף שלא בשעת הדחק ולברך עליהם, **אך** שיזהר לתפור מצד פנים, שלא יהיה מינכר התפירות מבחוץ, דאם הוא מינכר לא עדיף מקשר, וגם שיהיה בגידין, אבל בחוטין או קשירה אסור אפילו בש"ר, וכן פסק בספר ישועות יעקב ובדרך החיים. **ומ"מ** אם יכול להשיג רצועה שלמה, בודאי נכון להחמיר לכתחלה כהט"ז, כי כמה מאחרוני זמנינו העתיקו דבריו להלכה, **אך** במקום הדחק בודאי יכול לסמוך על כל הגאונים הנ"ל ולברך, **ובפרט** אם נשאר בהש"ר שני טפחים תלוים, לבד מה שמקיף הראש, בודאי יש לסמוך להקל דמהני תפירה.

אם נפסקה הרצועה ברחבה, ולא נשאר כשיעור שעורה, הניח הפמ"ג בצ"ע אי רשאי לתפור, ועיין לעיל בסימן כ"ז ס"ק מ"ב.

אות ג'

וגרדומי אזוב כשירין

רמב"ם פי"א מהל' פרה אדומה ה"ד - מצות אזוב שלשה קלחין, וכל קלח וקלח גבעול אחד, נמצאו ג'

באר הגולה

א מנחות ל"ה ב תוס' ורא"ש בשם ר"ת ג תרומת הדשן וספר התרומה ‹בפירש"י שם [דאוסר תפירה כקשירה]›, **וכתב** הרא"ש, דוקא במה שמקפת הראש והזרוע הוא דפסיל, דעלייהו קאי וקשרתם, שהוא ההידוק, כמש"ל סי' כ"ה, אבל בתלויות לא שייך למיפסל, אבל בסה"ת כתב דבכל שיעור האורך פסול, אלא שבב"י נסתפק אם ג"כ בשל ראש – גר"א› ד ב"י

גבעולין; ושיריו שנים, או אם לקח ב' בתחילה ואגדן, כשר; נתפרדו הגבעולין ונשרו העלין, אפילו לא נשאר מכל גבעול מהם אלא כל שהוא, כשר, ששירי האזוב בכל שהוא.

אות ד'

עד אצבע צרדה

סימן כז ס"ח - [ה]אורך רצועה של יד, כדי שתקיף את הזרוע ויקשור ממנה הקשר, ותמתח על אצבע אמצעית, ויכרוך ממנה על אצבעו שלשה כריכות ויקשור - שנים בפרק התחתון ואחד בפרק האמצעי, **וי"א** דתחלה א' בפרק אמצעי, ואח"כ ב' בפרק התחתון, **ואותן** הכריכות יעשה אחר הנחת הש"ר.

[ו]ונוהגין העולם לכרוך על הזרוע ששה או שבעה כריכות - ואנן נהגינן שבעה, **ועיין** בשע"ת שמסיק, דאין לעשות אלו הז' כריכות רק על הזרוע, **דלא** כקצת שנוהגים לעשות ג' כריכות על הקיבורת, וד' על הזרוע.

הגה: ואין לכרוך הרצועה על התיתורא כדי לחזקה על היד (מהרי"ל) - שכבר נתקיים "וקשרתם" ברצועה שעל המעברתא, וכמו בתפילין של ראש שתלוי ברצועה שבתוך המעברתא, **וכיון** שאין מצוה כלל בכריכה, לכן אין להניחה על התיתורא, שיש בה קדושה יותר מן הרצועה.

והנוהגים להניח הש"ר קודם שכורכים על הזרוע, י"א דיכול לכרוך הרצועה על הקציצה, שלא תמוש תש"י ממקומה עד שיניח הש"ר, ואח"כ יסירנה ויכרוך השבעה כריכות. **ומי** שבתי ידיו צרות, והתפלין נדים ממקומם עי"ז, יכול לכרוך סביב התיתורא כדי לחזקם.

אות ה' – ו'

קשר של תפילין הלכה למשה מסיני

ונוייהן לבר

סימן כז ס"י - [ז]וצריך שיהא המקום שבקשר שנראה כעין דל"ת לצד חוץ - כי שתי רצועות יוצאות מתוך הקשר למטה, אותה היוצאת מצד שמאל המניח, נמשכת לרחבו כמו גג הדל"ת, ואותה היוצאת לצד ימין, נמשכת באורך למטה כמו רגל הדל"ת, **ויראה** שלא יתהפך הקשר בעשייתו ובלבישתו.

הגה: וה"ה בקשר של יד לריך ליזהר שלא יתהפך (מרדכי).

[ח]סימן כז סי"א - [ט]צריך שיהיה השחור שברצועות לצד חוץ [י]ולא יתהפכו, בין של יד בין של ראש - ואם נתהפכו, מדת חסידות הוא להתענות או לפדות בצדקה, **ואין** להקפיד שלא יתהפכו אלא מה שמקיף את הראש ואת הקיבורת פעם אחת, אבל מה שכורך אח"כ, וכן מה שמשתלשל לפניו מהרצועה של תש"ר, אין צריך להקפיד כלל שלא יתהפך, לפי שאינו מעיקר המצוה, **ומ"מ** משום נוי המצוה ראוי להפוך, שיהיה השחור לצד חוץ אפילו בהמותר.

הנה בשל יד, שהוא רואה כשהוא מניח, יכול לראות שלא יתהפך לא הקשר ולא הרצועה, **ובשל** ראש, דאינו רואה כשהוא מניח סביב ראשו, ימשמש היטב בידו ממקום הקציצה בכל צד, וירגיש אם מונחין כראוי.

[יא]ישלשל הרצועות שיהיו תלוים לפניו, [יב]ויגיעו עד הטבור או למעלה ממנו מעט - ואם הוסיף ע"ז לית לן בה, **ועיין** בחי' רע"א וכן בארה"ח דמסקי, דשל ימין עד הטבור, ושל שמאל עד החזה, **ובטור** כ' עוד: וי"א דשל ימין עד המילה, ושל שמאל עד הטבור.

[יג]רוחב הרצועות של יד ושל ראש, כאורך שעורה לפחות - היינו בקליפתה, אבל בלא העוקץ שלה, דיש בה עוקצין ארוכים מאד, **וי"א** דדי ברוחב ‹יותר› מאורך חטה ופחות מכשעורה, ובמקום הדחק יש לסמוך ע"ז. ‹ע"פ השונה הלכות›.

אם פיחת משיעור אורך הרצועות ורחבן, [יד]אם אינו מוצא אחרות, מניחן כמות שהן עד שימצא אחרות כשיעור - מפני שיש מכשירין, ויש פוסלין אף בדיעבד, ע"כ הכריע כן.

והאחרונים מסקי, דאם פיחת משיעור האורך בשל יד הנזכר לעיל בסעיף ח', יניח בלי ברכה, ואם יש כדי לפשוט עד אצבע צרידה, הכריכות ‹שעל האצבע – שונה הלכות› אין מעכבין, **ובאורך** רצועות הש"ר כתב בארה"ח, דדוקא אם יש חוץ ממה שמקיף הראש, עכ"פ [טו]כשיעור שני טפחים, הא לא"ה יניחן בלא ברכה, **ולענין** רוחב הרצועות השל יד והשל ראש, החמיר ג"כ, דאם לא היה רק כדי אורך החטה, יניחן בלי ברכה.

[טז]תפילין של ראש טוב להיותם גלוים ונראים - דכתיב: וראו כל עמי הארץ וגו', [יז]**וטוב** שגם הקשר יהיה מגולה, אבל אין נוהגין כן, **ובדיעבד** אף אם היו מכוסים לגמרי יצא.

באר הגולה

[ה] מנחות ל"ה לדעת הרמב"ם בפ"ג מה"ת וסמ"ג בשם הרי"ף ‹וכתבו התוספות (ד"ה וכמה ע"ש) והרא"ש, מתוך פירוש רש"י משמע, דהני אמוראי מיירו ברצועה של ראש, **ובערוך** כתוב, דשיעור רצועה של יד אמר ריש לקיש עד אצבע צרדא, ומאי צרדא אמצעי. **וכתב** המרדכי שנראה לו שמפרשים {הרמב"ם וסמ"ג} הכי, רבה קטיר לה, כלומר קושר רצועה באצבע צרדא, רב אחא בר יעקב קטר ג"כ באצבע צרדא ומתלית, פי' גודל סביב אצבעו שלש פעמים, א"נ מתלית כמו משלש, והיא היא, ע"כ. והם תופסים עיקר כרב אחא. **ולא** נזכר בדברי הפוסקים כמה פעמים צריך לכרוך הרצועה על הזרוע, והעולם נוהגים לכרוך שש או שבע כריכות – ב"י› **[ו] ב"י** **[ז] שם בגמרא בפי' רש"י** ‹כפי' השני שם {במש"כ וצריך שיהא כלפי פנים}, וכפי' ראשון מש"כ ונוייהן לבר – גר"א› **[ח]** ‹ע"פ מהדורת נהרדעא› **[ט] שם ברש"י לפי' השני** **[י] מו"ק כ"ה** **[יא] רא"ש ומרדכי וסמ"ג והתרומה בשם הרי"ף** ‹עיין תוס' ל"ה: ד"ה עביד כו' – גר"א, וכן הוא ברש"י› **[יב]** ‹עיין תוס' ד"ה וכמה: ושמא שום מדרש יש› **[יג] רמב"ם פ"ג וסמ"ג סמ"ק** ‹עיין תוס' שם סד"ה וכמה, {וכן הביא המ"ב בשם י"א}, אבל הגאונים כתבו כדברי הרמב"ם ושו"ע – גר"א› **[יד] ב"י לדעת סמ"ק ורמב"ם** ‹דהרא"ש כתב, דאף שהוזכרו שיעורין אלו בגמ', מ"מ לא נאמרו אלא לכתחילה› **[טו]** ‹דבהגהת מיימוני כתב בשם היראים, דבין בשל יד ובין בשל ראש, צריך שיהיה שני טפחים חוץ לקשר› **[טז] ספר א"ח בשם רב האי** **[יז]** ‹ואפשר שמיירי באם מניח תפילין שלא בשעת התפילה. **מדכתיב** וראו וגו', וכתיב נמי וראית את אחורי, ודרשו חז"ל שם שהראהו קשר של תפילין – מרדכי, **ובארצות** החיים דייק כן ממה שאמרו ונוייהן לבר, ופירשו כמה מפרשים, דקאי על הקשר שצריך שלא יתהפך, וא"כ ה"ה שצריך שיראה – מ"ב המבואר›

אבל תלמיד בפני רבו אין דרך ארץ לגלות תפילין בפניו - שהתפילין הם דרך כבוד, כדכתיב: וראו כל עמי הארץ, ואין דרך ארץ להשוות עצמו לרבו, ע"כ יכסה אותם בטליתו או בכובע. **הגה: ובשל יד אין להקפיד אם הם גלוים** - פי' שאם נקרעו בגדיו לית לן, בה אבל אסור להניחן על הבגד, **או מכוסים (מרדכי שם)** - ומ"מ לכתחילה טוב יותר לכסותם.

ונראה לי דעכשיו שאין מניחים אלא בזמן ק"ש ותפלה, אפילו תלמיד לפני רבו יכול לגלות אף בשל ראש, וכן המנהג שלא ליזהר (ד"ע).

סימן לב סנ"ב - [יח]**יכניס הרצועה תוך המעברתא, ויעשה קשר כמין דלי"ת בשל ראש** - ויש שעושין קשר כמ"ם סתומה, שנראה כשני דלתי"ן משני צדדין, רגלו של זה בצד ראשו של זה, **ועיין** בספר תפארת אריה, דאלו העושים קשר של דלי"ת, מכוון יותר לדינא.

וקשר של תפילין הוא הלכה למשה מסיני, [גמרא], ונראה שצריך לעשותו לשמה, ולא יעשהו קטן.

גם לא יעשה קשר העשוי להשמט אנה ואנה, (**עיין בפת"ש שהביא בשם** בעל העיטור, דמצוה שיהיה קשר ולא עניבה, עי"ש, וחדשים מקרוב באו, שעושין קשר שיוכל להשמט אותו אנה ואנה, כדי למעט טרחה אם ירצו להקטינו או להגדילו, ולא שפיר עבדי, דקשר כזה לא עדיף מעניבה, כנ"ל פשוט).

וכמין יו"ד בשל יד, להשלים אותיות שד"י עם השי"ן שבשל ראש.

כתב א"ר, מעשה באחד שראה אחר חליצת התפילין, שהותר הקשר ש"י, והוריתי לחזור ולהניחן ולקרות ק"ש בלי ברכה, דהא מצות תפלין כל היום, עכ"ל, **וטעמו**, דלשיטת רש"י דס"ל דהיו"ד הוא הלמ"מ, לא יצא עדיין ידי המצוה.

הגה: ונוהגים להעביר עור על הבית של יד לרוחב הזרוע, ויהיה רחבו כרוחב הבית (טור) - הטעם, לפי שהתפילין של יד משימין אותם תחת הבגדים, ומתנדנדים ונפסדים ומתקלקלין, לכך נהגו להעביר רצועה זו עליהן לחזקן, **ועכשיו** באלו הארצות לא נהגו בזה.

ולא יעשה הקשרים אלא לאחר שעשה השי"ן מתפילין, ואח"כ יעשה הדלי"ת, ואח"כ היו"ד כסדר אותיות השם - ר"ל כן נכון לכתחלה, ואי איתרמי שהותר הקשר ש"ר, א"צ רק לתקנו, ולא להתיר הש"י.

[יט]**סימן לג ס"ג** - [כ]**הלכה למשה מסיני שיהיו הרצועות שחורות** - (ולעיכובא הוא אפי' בדיעבד, בין הש"ר או הש"י), **מבחוץ** - לצד השער שהוא מקום החלק, ואם השחירם מבפנים לא מהני, וצריך לחזור ולהשחירם מבחוץ, (כן מוכח מרש"י דף ל"ה: ד"ה ונוייהן, דאלת"ה אלא דצריך לצבוע סתם המקום שרוצה ללבשו לצד חוץ, וזהו כונת הגמרא במה שמשני "כאן מבחוץ", ממה פסיקא ליה לרש"י דצובע אותו מקום החלק שיהא קרי ליה בשביל זה ונוייהן, הי"ל לרש"י לפרש סתמא אותו מקום שהוא חלק ונוי ילבשנו למעלה, וממילא יוכרח האדם לצבוע שחור אותו מקום מחמת ההל"מ).

(**וראיתי בפמ"ג שכתב, אם השחיר עכו"ם הרצועה, ואין לו רצועה אחרת,** יוכל להשחיר מצד השני, דנהי דגמירי שחורות, אבל לא דוקא מצד השער, ד"מבחוץ" תלוי רק בהמקום שלובש לצד חוץ, **וכונתו** אם יהפך הרצועה וילבש השחור לצד חוץ, **ולפי"ז** מה שאמרו שם בגמרא "ונוייהן לבר", שחור וחלק, (היינו מה שפרש"י: נוייהן של רצועות שהן חלוקות מצד א' וצבועות שחורות), הוא למצוה מן המובחר בלבד, **והביא** ראיה לזה מרש"י זו ד"ה ונוייהן, ובאמת לכאורה משמע להיפך, ואף אם תדחה דברינו, עכ"פ אין ראיה מרש"י לדבריו, ומ"מ לכתחילה בודאי גם הוא מודה, כמו שכתב בעצמו, **ודע** דלדברי הפמ"ג, יצמח לפעמים חומרא גדולה, אם יהיה מונח הרצועה במקום היקף הקשר בצד השחור למטה, לא יצא בזה ידי המצוה והוי ברכה לבטלה).

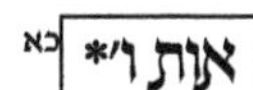

[כא]

<u>אלו תפילין שבראש</u>

טור סימן כה - וראיתי לא"א ז"ל שהיה מדקדק להניחם כשהיה מסדר הברכות, והיה מסדרם זה אחר זה עד עוטר ישראל בתפארה, ואז היה מניחם, ומברך עוטר ישראל בתפארה, לפי שהתפילין נקראין פאר, שנא': פארך חבוש עליך; ונקראים תפילין לשון פלילה, שהן אות ועדות לכל רואינו שהשכינה שורה עלינו, דכתיב: וראו כל עמי הארץ כי שם ה' נקרא עליך, ודרשינן אלו תפילין שבראש.

<u>קשר של תפילין צריך שיהא למעלה</u>

סימן כז ס"י - [כב]**צריך שיהיה הקשר מאחורי הראש למעלה בעורף** - שהוא סוף הגלגולת, והוא נגד הפנים, ולא כ"כ למטה כנגד הגרון, **וטוב** שיהיה מונח עיקר הקשר למעלה מן הגומא, (**וראיתי** במעשה רב שכתב, שהקשר צ"ל תחת שפוע הקדקוד), **ועכ"פ** יש ליזהר שלא יהיה אפילו מקצת הקשר, מונח במקום פנוי משער, דשם הוא מפרקת הצואר ולא עורף.

ולכן יש ליזהר שתהיה הרצועה המקפת הראש מצומצמת ומהודקת סביב ראשו, ולא יהיה הקף הרצועה גדול מהקף הראש, דאז איכא תרתי לריעותא: **חדא**, דצריכים הידוק ממש, דבעינן "וקשרתם לאות" וגו', וההידוק היא הקשירה, **שנית**, דאם הם רפוים סביב היקף ראשו,

באר הגולה

[יח] מנחות ל"ה בפירוש רש"י [יט] (ע"פ הבאר הגולה) [כ] מנחות ל"ה [כא] (ע"פ מהדורת נהרדעא) [כב] שם בגמ' ל"ה (כפרש"י שם - גר"א)

יפול הקציצה לפניו על מצחו, או יפול הקשר לאחריו למטה בצוארו, ולא יהיו במקומן הראוי להן.

[כג]**צריך לכוין הקציצה שתהא באמצע** - רוחב הראש, ולא יטה אותם לצד אחד, **כדי שתהא כנגד בין העינים** - כדי שיתקיים: והיו לטוטפות בין עיניך, **והרבה** מהאחרונים כתבו, דאם שינה בזה לא קיים מצות תפילין, וצריך ליזהר בזה.

[כד]**וגם הקשר יהיה באמצע העורף, ולא יטה לכאן או לכאן** - גם נכון ליזהר לכתחילה שלא יהיו התפילין גדולין ביותר, דאז אי אפשר כמעט שיהיו מהודקין על הראש, וגם שיהיו מונחין על מקומן, דאם הם מונחין בגובה הראש כדין, אינם מהודקין, וגם הקשר לא יבא על מקומו כדין.

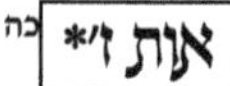

אות ז'* [כה]

וצריך שיהא כלפי פנים

סימן כז ס"ב - [כו]**המנהג הנכון שיהא היו"ד של קשר תפלה של יד לצד הלב, והתפלה עליו לצד חוץ** - אין ר"ל שתהיה התפלה מונחת על היו"ד, דודאי בעינן שתהא היו"ד אצל התפלה בשוה, ולא מתחתיה, **רק** ר"ל, דלפי שהוא מטה התפילין לצד הגוף, כמו שכתב ס"א, לכן נקרא יו"ד של צד הגוף למטה, והתפלה עליו לצד מעלה.

עיין בביאור הגר"א שכתב, דדינא דגמרא הוא לפירוש הגאונים.

(**עיין בב"י בשם מהר"י ב"ח דמשמע מדבריו, דרק עשיית הקשר והיו"ד אשר בו, צריך שיהיה דוקא למטה מהתפלה לצד הלב, אבל כניסת הרצועה תוך כפל הקשר תבא למעלה מהתפלה, והוא הנכון, אבל בד"מ משמע, שיותר טוב כהמנהג שנוהגין, שגם תחיבת הרצועה בתוך הקשר והכפל יהיה לימינו, שהוא לצד הלב, וכן משמע לשון הרא"ש), ונכון** ליזהר, שלא ירחיב הרבה את כפל קשר העניבה שהרצועה עוברת בה, כדי שתהיה גם מקום הידוק הרצועה סמוך להתפילין לצד הלב.

(**ואע"פ שהעדפנו את המנהג של הד"מ, מ"מ הנוהג כמהריב"ח אין למחות בידו, כי יש לו על מי לסמוך, גם ע"י מנהגו טוב, שלא יזיז היו"ד לעולם מהבית, משא"כ לפי מה שאנו נוהגין כהד"מ, צריך בכל עת שמירה לזה, אולם באמת יש לזה עצה אחרת, ועיין במש"כ במ"ב).**

יש ליזהר שלא תזוז יו"ד של הקשר מהתפלה - ויחתוך בתיתורא מלמעלה, ויהדק היו"ד עם הבית, [כו](**עיין בביאור הגר"א, דדין זה יש לו ג"כ מקור מהגמרא).**

ובזוהר פ' פנחס מחמיר מאוד בענין זה, **ויש** מחמירין דגם כשהן בתוך כיסן צריכין ליזהר בזה, שלא תזוז כלל היו"ד, **ומטעם** זה יש נוהגין לקשור היו"ד עם חוט של גיד עם התפלה, **וראוי** לבטל זה, דע"י הקשירה יהיה חוט של גיד סביב התיתורא חוצץ בין הזרוע להתפילין, **ובלבושי** שרד כתב, דראוי לבטל ג"כ המנהג, שכורכין הרצועה במקום הקיבורות תחת התיתורא, דהוי ג"כ חציצה.

אות ח'

משעת הנחה ועד שעת קשירה

סימן כה ס"ח - [כח]**כל המצות מברך עליהם עובר לעשייתן, (פי' קודם, "ויעבר את הכושי", פירושו: רץ והקדים לפניו),** [כט]**לפיכך צריך לברך על התפלה של יד אחר הנחה על הקיבורת, קודם קשירתם, שקשירתם זו היא עשייתן** - דקודם הנחה על הקיבורת, לכתחילה אין ראוי לברך, דהוי קודם דקודם, וצריך לקרב הברכה לעשיית המצוה בכל מה דאפשר.

ובדיעבד יברך אפילו אחר קשירתם, דמצוה שיש לה משך זמן הוא בכולי יומא.

הגה: וכן בשל ראש, קודם שמהדקו בראשו (טור) - כי ההידוק הוא מצות הקשירה, וצריך גם כן ליזהר שיהיה הברכה אחר שמונחים על הראש, לא כאותן שמברכין בעודם בידם, דא"כ הו"ל קודם דקודם, **גם** בשעת ברכה של תש"ר יראה שיהיה מכוסה ראשו בטלית, ולא יברך בגילוי הראש.

---

§ מסכת מנחות דף לו. §

אות א'

אומר: ברוך אשר קדשנו במצותיו וצונו להניח תפילין; על תפילין של ראש, אומר: ברוך אשר קדשנו במצותיו וצונו על מצות תפילין

סימן כה ס"ה - [א]**יכוין בהנחתם: שצונו הקב"ה להניח ארבע פרשיות אלו, שיש בהם יחוד שמו ויציאת מצרים, על הזרוע כנגד הלב, ועל הראש כנגד המוח, כדי שנזכור נסים ונפלאות שעשה עמנו, שהם מורים על יחודו, ואשר לו הכח והממשלה בעליונים ובתחתונים לעשות בהם כרצונו.**

באר הגולה

כג הרמב"ם ‹כמ"ש בין עיניך - גר"א› כד ‹שם וכפי' ראשון שברש"י - גר"א› כה ‹ע"פ הבאר הגולה והגר"א› כו שם ל"ה לפי' הנ"י והסכמת מהרי"ן חביב ‹פי' בנמוקי יוסף דבשל יד מיירי, שלא יהא הקשר מבחוץ לסוף הזרוע, אלא מבפנים שהוא כנגד הלב, {וכן פי' רב האי גאון ורא"ש בשם רב עמרם}, ושאר מפרשים פי' דבשל ראש מיירי - ב"י› כז ‹ופי' בנ"י דאקשר של יד קאי, שיהא מפנים לתפילין לצד הלב, וכן פי' רב האי גאון ורא"ש בשם רב עמרם, אלא שהם פי' גם מה שאמרו שם צריך שיהא למעלה כו', ג"כ אתש"י, ור"ל שלא ירחיק הקשר מן התפילין, שאז יבוא למטה, דהתפילין צריך להטות לצד הלב, כמ"ש הרא"ש בשם רב עמרם - גר"א› כח מנחות שם ובכמה דוכתי בש"ס כט רמב"ם א ר' יונה שם

הקומץ רבה פרק שלישי מנחות לו

אמר [א] רב חסדא סח בין תפילה לתפילה חוזר ומברך סח אין לא סח לא והא שלח *רב חייא בריה דרב הונא משמיה דר' יוחנן על תפילה של יד *אומר *ברוך אשר קדשנו במצותיו וצונו להניח תפילין על תפילין של ראש אומר ברוך אשר קדשנו במצותיו וצונו על מצות תפילין אביי ורבא [ב]דאמרי תרוייהו לא סח מברך אחת סח מברך שתים תנא *סח בין תפילה לתפילה [י]עבירה היא בידו (ג) וחוזר עליה מערכי המלחמה תנא [י]כשהוא מניח מניח של יד ואחר כך מניח של ראש [י]וכשהוא חולץ חולץ של ראש ואחר כך חולץ של יד בשלמא כשהוא מניח מניח של יד ואח"כ מניח של ראש דכתיב °וקשרתם לאות על ידך והדר והיו לטוטפת בין עיניך אלא כשהוא חולץ חולץ של ראש ואח"כ חולץ של יד מנלן אמר רבה רב [ג] הונא אסברא לי אמר קרא והיו לטוטפת בין עיניך כל *זמן שבין עיניך יהו שתים ת"ר תפילין מאימתי מברך עליהן משעת הנחתן כיצד היה [י]משכים לצאת לדרך ומתיירא שמא יאבדו מניחן וכשיגיע זמנן ממשמש בהן ומברך עליהן ועד מתי מניחן עד [י]שתשקע החמה רבי יעקב אומר עד שתכלה רגל מן השוק וחכמים אומרים עד זמן שינה ומודים חכמים [ג] *לר' יעקב שאם חלצן לצאת לבית הכסא או ליכנס לבית המרחץ ושקעה חמה שוב אינו חוזר [ד] ומניחן אמר רב נחמן הלכה כרבי יעקב [ה] רב חסדא ורבה בר רב הונא מצלו בהו באורתא איכא דאמרי [ו] *אין הלכה כר' יעקב והא

רש"י: **בין תפלה לתפלה** · בין של יד לשל ראש דסיפר קודם [ז] שיניח אותן על הראש: **לשנים** · דבשל יד מתחיל להניח: **מצות תפילין** · דעכשיו גומר את המצוה: **לא סח** · אין מברך אלא על של יד בלבד: **סח מברך שתים** · כדשלח רב חייא: **סח בין תפילה לתפילה** · ולא בירך על של ראש אלא סמך על ברכה ראשונה: **עבירה היא בידו וחוזר עליה מערכי המלחמה** · כדאמרינן בפרק משוח מלחמה (סוטה מד:) הירא ורך הלבב מעבירות שבידו: **והיו** · משמע שתים כל זמן שיהו בין עיניך יהו שתים כל זמן שאותן של ראש מונחים [ח] אותן של יד נמי מונחין אלמא דראש [ט] חליץ ברישא: **תפילין** · שהניחן קודם עמוד השחר מברך עליהן משעת הנחתן משעת זמן הנחתן דאמר בפרק קמא דברכות (דף ט:) בק"ש אחרים אומרים משיראה חבירו [י] מרחוק ד' אמות ואמרינן התם לתפילין כאחרים כלומר להנחת תפילין [יא] כאחרים: **שמא יאבדו** · אם ישאם בידו: **מניחם** · בראשו: **ממשמש בהו** · דהוי כאילו מניחן: **שתכלה רגל מן השוק** · לאחר שחשכה: **מודים חכמים [יב] לרבי יעקב שאם חלצן כו' אין חוזר ומניחן** · [יג] דלילה לאו זמן תפילין הוא כדאמרינן לקמן: **מצלו בהו באורתא** · תפלת ערבית כר' יעקב: **לא** [יד] **חולצין** · לסמוכתן ולהמניח אם חולצין: ה"ג

תוספות: של תפילין קשר של קיימא ואם היה צריך להתיר ולקשור בכל יום אם כן לא הוי של קיימא ומשעת הנחה עד קשירה דהכא מפרש ר"ת דהך קשירה היינו ההדוק שמהדקו ומלמלו בראשו כמו שליא קשורה בולד דנדה (דף כו:) לאו קשורה ממש היא וכמו *קשורה בו ככלב ולפירוש רביט אליהו הוה ליה למימר משעת קשירה ועד שעת הנחה ויש ספרים שכתוב כן ומסתברא כדברי ר"ת בתפילין של ראש וכדברי רבינו אליהו בתפילין של יד דכתיב בשל יד וקשרתם לאות על ידך דמשמע דכל שעה שמניח צריך לקשירה *תדע דלקמן (דף לז:) דריש ר' נתן הנחה בשמאל מדכתיב וקשרתם וכתבתם מה כתיבה בימין אף קשירה בימין וכיון דקשירה בימין הנחה בשמאל היא ואם היה קושר תחלה ואח"כ היה מכנים בזרוע אם כן היכי דייק מינה דהנחה בשמאל ועוד אמרינן בפרק אין מעמידין (ע"ז נט:) מעשה באשה אחת שהיתה נשואה לחבר והיתה קושרת לו תפילין *בזרועו משמע דתמיד היתה עושה כן ואפילו לספרים שכתוב בהם קומעת מכל מקום רוצה לומר שהיתה קושרת לו כעין קמיע ולפי שאין נוח לקשור ביד אחת היתה מסייעת לו תדע דלא קאמר שהיתה מסייעה לתפילין של ראש דתפילין של ראש ודאי אין צריך לקשור בכל יום דלא צוותה תורה לקשור כל שעה וקשר שלה הלכה למשה מסיני והכי גמירי דליהוי קשורין תמיד והשתא קשירה דשמעתין קשירה ממש *דבשל יד מתחיל לברך חוזרני לומר דתפילין של יד נמי לא בעו קשירה בכל יום דבפרק בתרא דמקוואות (מ"נ) קתני קשרים דאין צריכין שיבואו בהן המים תפילין של ראש בזמן שהיא עולה ושל זרוע בזמן שאינה עולה ויורדת פירוש תולה כמו אלא דטבעות ידיו דתוספתא דמקוואות דהקשר מיהדק שפיר בזמן שאינה עולה ויורדת דיד היינו לפי שיש קושרים ראש הרצועה באמצע זו בזו שאינה יכולה להרחיב ולעלות ולירד ויש *מסבבים [טו] הרצועה שמסובבת בקשר העשוי בראשה שהרצועה *נתחבר בקשר ועולה ויורדת ומדקאמר כשאינה עולה לא חיין וא"ל להתירו בשעת טבילה ש"מ קשר של קיימא הוא · מ"ר: **סח** בין תפילה לתפילה חוזר ומברך · מכאן מדקדקים כשאדם שוחט עופות או בהמות הרבה וסח בין עוף לעוף שחוזר ומברך ומ"מ עבירה היא בידו כדאמרינן הכא שחוזר עליהם מערכי המלחמה ושאני תפילין שמצוה אחת הן אבל התם שאם ירצה לא ישחוט ואם ירצה ישחוט ומיהו מסתברא דכיון דיכול לפטור בברכה אחת אין לו לדבר כדי שיהא זקוק לברכה שניה כדמוכח בפרק בא לו (יומא דף ע׳) ובאלו נאמרין (סוטה מ:) דתנן טעל ספר תורה וקורא באחרי מות ואך בעשור ובעשור שבחומש הפקודים קורא על פה ופריך בגמרא *וניתי ספר תורה וניקרי ביה ומשני ר' שמעון בן לקיש משום ברכה שאינה צריכה אלמא כיון דיכול לפטור עלמו מברכה שניה קרי לה ברכה שאינה צריכה ושמא סח בין עוף לעוף כסח באמצע סעודתו וזה דבר פשוט שאם שואל עוף לשחוט לא חשוב הפסק מידי דהוה *אטול ברוך ומידי דהוי נמי אברכת כסוי הדם דאמרינן בפרק כסוי הדם (חולין דף פו:) אמר רב יהודה שחט חיה יכסנה ואח"כ ישחוט עוף ומשמע התם דאין צריך לחזור ולברך וכן כשאדם מברך יקנה"ז אין הברכות האחרות הפסק בין ברכת היין לשתיה ומיהו אם היה זקוק לחזור ולברך כשסח בין עוף לעוף כמו כן היה זקוק לכסות דהא *זימנין *) אפילו במקום שזוקק לכסוי אמרינן בפרק כסוי הדם (גם זה שם) דנפטר בברכה אחת · מ"ר: **לא** סח מברך אחת סח מברך שתים · פירש בקונטרס לא סח מברך אחת בין של יד בין של ראש סח מברך שתים להניח תפילין [טז] בשל יד ועל מצות תפילין בשל ראש *ור"ת פירש לא סח מברך אחת *לשל ראש מברך על מצות תפילין שזו היא ברכתו סח מברך ב' [יז] לשל ראש להניח ועל מצות וכן [כתב] בשימושא רבא דתפילין *מ"ר: **עבירה** היא בידו וחוזר עליה מערכי המלחמה · מתוך פירוש הקונטרס משמע דאם סח ובירך שרי וליכא איסורא אלא אדרבה מצוה ושכר ברכה וזה לשונו סח בין תפילה לתפילה ולא בירך על של ראש [יח] על מצות אלא סמך על ברכה ראשונה עבירה היא בידו · מ"ר: **וקשרתם** לאות על ידך והדר והיו לטוטפת בין עיניך · מכאן קשה לפירוש הקונטרס דפרק אמר להם הממונה (יומא לג: ושם) גבי אין מעבירין על המצות דאמר שמע מינה עבורי דרעא אטוטפתא אסור כשפוגע בתפילין של יד תחילה אסור להעביר ולהניח של ראש דאין מעבירין על המצות והשתא מאי איריא משום דאין מעבירין על המצות תיפוק לי משום דכך מצותו דמניח של יד ואח"כ מניח של ראש ומפרש ר"ת משום ר' חננאל בשם רב האי גאון דאיירי בשעה שחולץ תפילין ומניחן בתיק שלא יעביר אותן של יד ויתננה בתיק התחלה ואח"כ של ראש למעלה דא"כ כשבא להניח תפילין היה פוגע בשל ראש תחלה והיה צריך להעביר על המצות משום דשל יד מניח תחילה ואח"כ של ראש לפיכך צריך להניח בתוך התיק של ראש תחלה ואח"כ של יד למעלה ורבינו אליהו מפרש דלענין משמוש איירי דאמרינן לקמן שאדם חייב למשמש בתפילין בכל שעה ושעה קל וחומר מציץ והשתא קאמר דבשל יד ממשמש תחילה משום דפגע בהו ברישא ואין מעבירין על המצות · מ"ר: **אמר** רבה רב הונא אסברא לי · רבה גרסינן ולא רבא דרבא לא ראה רב הונא מעולם דהא אמרינן בפרק בתרא דקדושין (דף עב:) דביום שמת רב יהודה נולד רבא ורב הונא שכיב קודם רב יהודה כדמוכח במועד קטן (דף יז.) דכי נח נפשיה דרב יהודה קאמר התם גברא רבה כרב יהודה ליכא הכא ורב הונא *היה גדול בחכמה ובמנין מכל תלמידים דרב כדמשמע בפרק בתרא דכתובות (דף קו׳) · מ"ר: **וכשיגיע** זמנן ממשמש בהן ומברך · מכאן נראה כשאדם משכים קודם היום ומתעטף בלילית כשיאור היום אין צריך להסיר טליתו כדי לחזור וללבוש ולהתעטף ולברך דכיון שממשמש בו יכול לברך אף על פי שיש לחלק בין תפילין ללילית שהמשמוש מצוה כדלקמן אין נראה לחלק דבפרק התכלת (לקמן דף מג׳) מדמי תפילין ללילית לענין מישמוש ולברך · מ"ר: **רבי** יעקב אומר עד שתכלה רגל מן השוק וחכמים אומרים עד זמן שינה · רבי יעקב וחכמים סבירא להו דלילה זמן תפילין אלא חיישינן לשמא ישן בהן ועביד רבי יעקב הרחקה טפי מדרבנן · מ"ר: והא

*) נ"א אפילו במקום שנפטר בברכה אחת זקוק לכסוי וכו'

אם: [טו] ויש מסבבים אל הרצועה כו' ומדקאמר כשאינה עולה דלא חייץ: [טז] בשל ראש · ואין נראה כן במסכת ברכות [דף ס' ע"ב] שהולך ומפרש סדר מאה ברכות שאדם חייב לברך בכל יום כי משי ידיה מברך על נטילת ידים כי מנח תפילין של יד מברך להניח תפילין ואשל ראש על מצות תפילין ולכן נראה לא סח מברך כו' ויש לדחות ההיא דברכות דמיירי דאין לו אלא אחת מהן של יד לבד או של ראש לבד (ובהכי) [ולהכי] קאמר של יד מברך להניח בשאין לו של ראש ועל של ראש מברך על מצות אם [אין] לו של יד אבל אם יש לו שתים אינו מברך אלא אחת בלא סח: [יז] סח מברך שתים על של ראש: [יח] תיבות על מצות נמחק:

עין משפט נר מצוה

קפג א מיי' פ"ד מהלכות תפילין הלכה ד טוש"ע או"ח סימן כה סעיף ה וע"ש: [סוטה ג:]

קפד ב ג מיי' שם הלכה ו טוש"ע שם סעי' ט וע"ש בכ"מ:

קפה (ג מיי' פ"ז מהל' מלכים הלכה ז וע"ש בכ"מ):

[עיין במ"ע סל"ק סי' ג]

קפו ד מיי' פ"ד מהל' תפילין הלכה ה סמג עשין כב טוש"ע א"ח סימן כה סעיף ה:

קפז ה מיי' שם טוש"ע א"ח סי' כח ס"ב:

קפח ו (מיי') וסמג שם טוש"ע א"ח סי' ל סעיף ג:

[נ"ל על ידו]

קפט ו מיי' שם הלכה י טוש"ע שם סעי' ב:

ובשל יד מתחיל לברך משעת קשירה עד שעת הנחה חוזרני כו' נ"ק

[אמר רב נחמן כצ"ל וכ"א בהלק"ט ולרמ"ע שם]

מכניסים הרצועה נ"ק

שיטה מקובצת

א] אמר רבה בר שילא אמר רב חסדא: ב] רב המנונא אסברא לי: ג] חכמים ורבי יעקב: ד] ומניחן עיין תוס' חולין דף פ"ח ע"א: ה] דהוא רב חסדא: ו] דאמרי אמר רב נחמן אין: ז] שיניח אותו של הראש: ח] מונחים יהו של יד ותיבת אותן נמחק: ט] דראש אותו חליץ: י] חבירו ברחוק: יא] תפילין הלכה כאחרים: יב] חכמים ורבי יעקב לת"ק שאם: יג] דלילה · כתוב בגליון פרש"י דלילה לאו זמן תפילין הוא כדאמרינן לקמן ולא נהירא דא"כ מאי קאמר למר עד שתכלה רגל מן השוק ולמר עד זמן שינה ואי לילה לאו זמן תפילין הוא לא היה לו להניחם כלל אחר שקיעת החמה לכך נראה דכולהו ס"ל דלילה זמן תפילין ואפ"ה אין מניחן למר כדאית ליה ולמר כדאית ליה ואם חלצן אינו חוזר ומניחן דחיישינן שמא ירדם · ע"כ: יד] לא חולץ

מסורת הש"ס

[לקמן מג:]

תוספתא דברכות [פ"ו ע"ש ברכות ס:]

סוטה מד:

[עי' תוס' ערכין ג' ד"ה ושל יד]

[ור' יעקב כן ראוי להיות וכן בהלק"ט להרא"ש נדפס על ידו ורבי יעקב וכן מצאתי בתשובה רמ"ע מפאנו סימן קח ע"ש שהאריך ליישב גם הגי' פ"א לרבי יעקב]

נ"ל נתחבת

[שם מא׳]

[ברכות מ׳]

זקוק לכסות אפילו אם נפטר בברכה אחת הס"ד נ"ק

על של ראש על מצות נ"ק

[עיין תוס' ברכות ס: ד"ה אשר וכו' מ"ש באריכות]

גליון הש"ס

תוס' ד"ה לא כו' ור"ת פי' וכו' · נראה לי הכס אחד שכן מפורש בסדיא במדרש תנחומא בפרשת נח:

[עי' תוס' כתובות יד ד"ה רב אשי]

וישעבד להקב"ה הנשמה שהיא במוח, וגם הלב שהוא עיקר התאוות והמחשבות, ובזה יזכור הבורא וימעיט הנאותיו - כתב הב"ח טעם לזה, מדכתיב: והיה לך לאות על ידך וגו' למען תהיה תורת ד' בפיך כי ביד חזקה הוציאך וגו', יורה כי עיקר המצוה וקיומה תלויה בכונה, שיכוין בשעת קיום המצוה, **וכתב** הפמ"ג דמ"מ בדיעבד אפילו אם לא כיון רק לשם מצוה בלבד יצא.

להניח ארבע פרשיות אלו - ויש נוהגים מחמת זה, לקרות הארבע פרשיות לאחר הנחת תפלין, היינו "קדש" "והיה כי יביאך", **ד"שמע"** "והיה אם שמוע" בלא"ה קורין כל ישראל בשעת ק"ש, **ובתפלין** דר"ת יאמר כל הד' פרשיות, **ומנהג** יפה הוא.

[ב]ויניח של יד תחלה - דכתיב: וקשרתם וגו', והדר: והיו לטוטפות וגו, **ויברך** - קודם ההידוק, [גמ'], **"להניח תפילין"** - והלמ"ד של "תפילין" בדגש. **ואח"כ יניח של ראש, [ג]ולא יברך כי אם ברכה אחת לשתיהם.**

הגה: וי"א לברך על של ראש: "על מצות תפילין" - בפת"ח תחת הוא"ו, שהוא לשון יחיד, ולא יאמר בחול"ם שהוא לשון רבים, שהרי לא ניתקנה ברכה זו כי אם לתש"ר בלבד, **אפילו לא הפסיק בינתים [ד](הרא"ש הלכות תפילין), וכן פשט המנהג בבני אשכנז שמברכין שתי ברכות, וטוב לומר תמיד אחר הברכה השניה "ברוך שם כבוד מלכותו לעולם ועד" (מהר"י בן חביב, אגור)** - משום חשש ספק ברכה לבטלה, ולא שהוא ספק גמור, דא"כ איך יברך מספק ברכה לבטלה ויסמוך על שיאמר "בשכמל"ו", אלא דאנן בני אשכנז סבירא לן להלכה כדעת ר"ת, רק לרווחא דמילתא להוציא עצמינו מידי כל פקפוק, נוהגין לומר "בשכמל"ו".

ויזהר מאוד שלא לומר "ברוך שם" רק אחר שיהדק הש"ר על ראשו כראוי, דאל"כ יהיה הפסק בין הברכה להנחה, ויהיה ברכה זו לבטלה בודאי, וצריך לחזור ולברך, והעולם נכשלין בזה.

(**ובחידושי רעק"א כתב עצה, שיכוין בעת ברכת "להניח", אם הלכה כשיטת רש"י, אני מכוין שלא לצאת בברכת "להניח" על השל ראש, והוי זה כסח, ויוכל לברך על של ראש, ואין זה בכלל גורם ברכה שאינה צריכה, דהא מוכרח לעשות כן מפני ספיקא דדינא, אך בפמ"ג ראיתי שמסיים ע"ז: ואין לנהוג כן, ואולי טעמו, כדי שלא ירגיל האדם את עצמו לפקפק אחר מנהגן של ישראל, שנתייסד על פי שיטות הרבה מהראשונים**).

אות ב' - ג'

דאמרי תרוייהו: לא סח מברך אחת, סח מברך שתים

סח בין תפילה לתפילה עבירה היא בידו וחוזר עליה מערכי המלחמה

סימן כה ס"ט - [ה]אסור להפסיק בדיבור בין תפלה של יד לתפלה של ראש - אפילו בלשון הקודש, ואפילו בדיבור של מצוה, כגון להשיב שלום לרבו, וכל כה"ג, כי גורם ברכה שאינה צריכה.

ולכתחילה אסור אפי' להפסיק בשתיקה, אם שוהא הרבה שלא לצורך, אפילו לא הסיח דעתו.

ואפי' לרמז בעיניו ולקרוץ באצבעותיו בין התש"י ובין התש"ר, ג"כ יש ליזהר לכתחילה, [ארצה"ח בשם הלכות קטנות]. ‹דבשעה שרומז הוא מסיח דעתו מהתפילין, כן משמע בהלכות קטנות – מ"ב המבואר›.

ואפילו לאותן המניחין תפילין בחוה"מ בלי ברכה, או המניחין תפלין דר"ת אחר שחלץ תפלין דרש"י, או שחלץ תפלין ע"מ להחזירן, דהרמ"א בסי"ב פסק, דא"צ לחזור ולברך כשמניחן אח"כ, אפ"ה עבירה היא להסיח ביניהן, דלכתחלה [ו]בעינן שיהיו סמוכין ותכופין זה לזה, דכתיב: והיה לך לאות על ידך ולזכרון בין עיניך, שיהא הוייה אחת לשתיהן.

אם הניח תפלין של יד בבית זה, ותש"ר בבית אחר, והיה דעתו לזה, עיין לעיל בסימן ח' סי"ג ומ"ב שם, לענין טלית, וה"ה לענינינו.

ואם הפסיק - אפילו בשוגג, **מברך על של ראש: "על מצות תפילין"** – (פשוט דבין אם ההפסק היה ע"י דבור, או ע"י היסח הדעת בלבד, ושיעור ההפסק דע"י דיבור, הוא אפילו ע"י תיבה אחת, ממה שכתב הרא"ש, דאם ענה אמן בינתיים על איזו ברכה ששמע, שצריך לחזור ולברך).

(**כתב הבאר היטב, אם הניח תפילין של יד, וכשבא להניח של ראש, קודם שהגיע הקציצה בבשר, אחר שהגיע לאויר הראש, הפסיק בדיבור, אי אמרינן קלוטה כמי שהונחה דמיא לענין זה, עיין בהלק"ט, ועיין בארצה"ח שהשיג עליו בראיה ברורה, דכל שלא הידק לא נגמר המצוה**).

(**עוד כתב בבה"ט בשם הלק"ט, מי שהניח תפילין של יד, וכרך ג' כריכות העליונות ולא בירך, וסח בינתיים, מברך שתים, כיון דברכות אינן מעכבות, מיקרי שפיר סח בין תפלה לתפלה, ומברך שתים, והשיג ע"ז ג"כ הארה"ח, דהא אם לבש ט"ק ולא בירך, ואח"כ לבש הט"ג, יכול לברך ברכה אחת על שניהם, וה"ה בזה, חוזר ברכת "להניח" גם אש"י הקודמת, וא"צ לברך רק ברכה אחת להמחבר**).

הגה: ולדידן דנוהגין לברך שתי ברכות אף אם לא הפסיק, צריך לחזור ולברך על של ראש "להניח" וגם "על מצות" (ד"ע)

- כי הטעם שאנו מברכין שתי ברכות על תפילין, ולא די בברכת "להניח" לבד, הוא שאנו סוברין דעיקר תיקון הברכות אלו כך היתה, בתחלת הנחתם תקנו לברך "להניח", וקאי נמי על ש"ר, וכשמניח הש"ר ומהדקו

באר הגולה

[ב] מנחות ל"ו [ג] לפרש"י והרי"ף והרמב"ם ותשובת הרשב"א [ד] ‹עיין תוס' ד"ה לא סח› [ה] מנחות ל"ו ‹כפי' תוס' שם ד"ה סח, וכ"כ כל הפוסקים, דלא כפירש"י ד"ה סח, וכמ"ש תוס' בשמו בד"ה עבירה – גר"א› [ו] ‹הבעל המאור כתב דהעבירה של סח בין תפילה לתפילה, היא מה שהפסיק ביניהם, והתורה אמרה והיו לטוטפות, שתהיה הויה אחת לשתיהן, כלומר שלא יפסיק ביניהם, וכתב בתרומת הדשן, דטעם זה עיקר›

מברך נמי "על מצות", שזו היא גמר המצוה, הילכך ממילא אם סח והסיח דעתו, צריך לחזור ולברך גם "להניח" על הש"ר.

[ז]**ונכון** שימשמש אז בשל יד להזיזו ממקומו ויחזק הקשר, ובזה תחזור ברכת "להניח" גם על הש"י, ודומה כאילו הניח עתה הש"י והש"ר תכופים זה לזה, [ח]ואם בירך בלא משמוש, ימשמש אחר הברכה.

(ודע דהגרע"א מסיק בחידושיו, דבסח יברך תחלה על ש"ר "על מצות", [ט]ואח"כ ימשמש בש"י ויחזק הקשר, ויברך "להניח", [י]ובזה יצא ידי שיטת רש"י ור"ת).

[יא]סימן כו ס"ב - [יב]אם אינו מניח אלא של ראש לבד, מברך עליה "על מצות תפילין" לבד. הגה: ולדידן דנוהגים לברך בכל יום שתי ברכות, מברך על של ראש לבד שתי ברכות, ואם מניח של יד לבד מברך "להניח" לבד (טור).

עיין בפמ"ג שהביא עוד פוסקים דס"ל, דאף על של יד לבד נמי מברך שתי ברכות, ‹דבזה שייך ג"כ הטעם הנ"ל, שיש בהנחתן תחילה וסוף›, **ולהלכה** הסכימו האחרונים, דאינו מברך על ש"י אלא "להניח" לבד, דבלא"ה הרבה ראשונים ס"ל, דאפי' על שתיהן נמי אינו מברך אלא א'.

אם הניח שתיהן ולא בירך, דהדין הוא דיברך כל זמן שהן עליו עדיין, אם הקדים ברכת ש"ר תחלה ואח"כ ש"י, אינו חוזר ומברך, **אבל** לכתחלה אפילו הניח ש"י ולא בירך, יברך עליו קודם הנחת של ראש.

[יג]סימן כה ס"י - [יד]אם סח לצורך תפילין, אינו חוזר ומברך - ואפילו אם סח בין ברכת "להניח" ובין הנחת התפילין של יד, ג"כ דינא הכי.

אבל לכתחילה אסור להסיח בין ברכת "להניח" עד אחר הנחה של ראש, אפילו בדברים שהן לצורך תפילין, אם לא היכי שאי אפשר בענין אחר, **אך** בחוה"מ שאין מברכין, אפשר דיש להקל לכתחילה בדברים שהם לצורך תפילין.

[טו]אם שמע קדיש או קדושה בין תפלה של יד לתפלה של ראש, לא יפסיק לענות עמהם, [טז]אלא שותק ושומע ומכוין למה שאומרים - דהשתיקה כעניה לענין לצאת י"ח, אבל לא שיחשב כהפסקה.

ואפילו לענות אמן על ברכה זו גופא, כגון לענות אמן על ברכת תפילין שמברך אחר, אסור, **אם** לא שחבירו מכוין להוציאו בברכה זו.

ואם פסק וענה איש"ר או קדושה או ברכו, או שענה אמן על איזה ברכה ששמע, חוזר ומברך.

(ועיין בח"א שכתב בפשיטות, דלדידן צריך לברך שתים על הש"ר, ולהמחבר לא יברך כי אם "על מצות", **ובארה"ח** הכריע, דבזה אפילו לדידן דנוהגין כר"ת, לא יברך כי אם ברכה אחת, והוא "על מצות", עי"ש [יז]מילתא בטעמא).

(כתב הבה"ט: נ"ל אם חבירו מכוין להוציאו בברכת תפילין, וגם הוא מכוין לצאת, דרשאי לענות קדיש או קדושה, **ואינו נראה**, דהלא יוצא בברכת חבירו אינו עדיף מאם מברך לעצמו, ובברכת עצמו אם פסק אפילו לאיש"ר חוזר ומברך, ואינו יוצא בברכה ראשונה, וא"כ הוא גורם ברכה שאינה צריכה, **ואפילו** בדיעבד יש להחמיר בזה ולחזור ולברך, **ואפילו** אם חבירו הניח כבר התפילין שלו בשעה שהוא מפסיק, **ועכ"פ** לכתחלה בודאי אסור להפסיק בזה, כיון שחבירו מוציאו בברכתו).

ובחוה"מ או המניח תפילין דר"ת וכיוצא, שמניח בלי ברכה, יש להקל ולהפסיק לעניית איש"ר וקדושה וברכו ואמן, **אך** אח"כ יזיז הש"י ממקומו קודם שיניח הש"ר, כדי שיהיה הויה אחת לשניהן.

אות (ג')

וחוזר עליה מערכי המלחמה

רמב"ם פ"ז מהל' מלכים [יח]הט"ו - [יט]מי האיש הירא ורך הלבב, כמשמעו, שאין בלבו כח לעמוד בקשרי המלחמה; ומאחר שיכנס בקשרי המלחמה ישען על מקוה ישראל ומושיעו בעת צרה, וידע שעל יחוד השם הוא עושה מלחמה, וישים נפשו בכפו ולא יירא ולא יפחד, ולא יחשוב לא באשתו ולא בבניו, אלא ימחה זכרונם מלבו ויפנה מכל

באר הגולה

[ז] ‹לכאורה הכוונה, דבמה שמזיזו ממקומו, מבטל ההנחה הקודמת, והיינו שמזיזו בענין שאין מונח עוד במקום שיוצא שם, ומש"כ ויחזק הקשר, היינו משום דבסתמא כיון שהזיזו ממקומו צריך לחזק הקשר, והיינו להדק, משום דמסתמא נתרפה בהזזתו ממקומו, {וי"ל דבאמת רק ממשמש תחלה, אבל החיזוק יהא אחר הברכה} - משנה הלכה› [ח] ‹נראה דהמשמוש של אחר הברכה, אינו משום שיחזור הברכה גם על של יד, דכיון שבשעה שבירך היה הש"י על מקומו, לא שייך שיחול עוד הברכה עליו, אלא דבזה הענין של המשמוש הוא, רק כדי שיתכוף שני המצות יחד, מהטעם שכתב במ"ב ס"ק כ"ח, דבעינן הויה אחת לשתיהן - משנה הלכה› [ט] ‹לכאורה אין הלשון מדוקדק, דהרי הברכה צריך שיהיה לכתחילה קודם שיחזק הקשר, וי"ל דבאמת כוונתו דרק ממשמש תחלה, אבל החיזוק יהא אח"כ - משנה הלכה› [י] ‹יוצא דעת רש"י, דבשעה שבירך על מצות, היה לו לברך אפילו לדעת רש"י, כיון שכבר הפסיק בין ברכת להניח שבירך תחילה, לבין הנחת תפילין של ראש, ועכשיו כשממשמש בשל יד, נתחייב לברך על המשמוש להניח, ויוצא בזה גם דעת רבינו תם, שהרי לדעתו יש לברך שתי ברכות על של ראש - מ"ב המבואר› [יא] ‹ע"פ הבאר הגולה› [יב] **רש"י והרי"ף והרמב"ם בפ"ד מהל' תפילין** ‹אבל לדעת רש"י (מנחות לו. ד"ה סח) והרי"ף והרמב"ם שמפרשים דסח מברך שתים קאי לשתיהם, כלומר דמשום דסח צריך לברך על של ראש "על מצות", אבל אינו צריך לחזור ולברך "להניח", היכא דאינו מניח אלא של ראש, נמי אינו מברך אלא על מצות לבד - ב"י› [יג] ‹מילואים› [יד] **מרדכי בשם ר"ת** [טו] **הרא"ש והטור** [טז] **רש"י ספ"ג דסוכה ור"ח ור"ן ותוספות בברכות** [יז] ‹דהוי ספק ספיקא, שמא הלכה כדעת השו"ע שאפילו סח אינו מברך אלא על מצות, ושמא הלכה כדעת הפוסקים שעניית קדיש וקדושה אינה הפסק, אבל ברכת על מצות יש לו לברך, אפי' להנוהגין כהשו"ע שאם לא סח אינו מברך על של ראש, דיש לנו בזה ס"ס לברך, שמא הלכה כדעת הרמ"א, שאפילו לא סח מברך על של ראש על מצות, ושמא עניית קדיש וקדושה הוי הפסק - מ"ב המבואר› [יח] ‹לכאורה כצ"ל› [יט] ‹וע"ש בכסף משנה - עין משפט. וז"ל: משנה שם ר"ע אומר הירא ורך הלבב כמשמעו, שאינו יכול לעמוד בקשרי המלחמה ולראות חרב שלופה, ר"י הגלילי אומר הירא ורך הלבב זה שמתירא מן העבירות שבידו וכו'... ופסק רבינו כר"ע, ואמרינן נמי בגמרא דמודה ליה ר"י הגלילי בההיא, משום דכתיב ולא ימס את לבב אחיו כלבבו, אלא דס"ל דאיש הירא, היינו ירא מעבירות שבידו›

דבר למלחמה; וכל המתחיל לחשוב ולהרהר במלחמה ומבהיל עצמו, עובר בלא תעשה, שנאמר: אל ירך לבבכם אל תיראו ואל תחפזו ואל תערצו מפניהם; ולא עוד אלא שכל דמי ישראל תלויין בצוארו, ואם לא נצח ולא עשה מלחמה בכל לבו ובכל נפשו, הרי זה כמי ששפך דמי הכל, שנאמר: ולא ימס את לבב אחיו כלבבו; והרי מפורש בקבלה ארור עושה מלאכת ה' רמיה וארור מונע חרבו מדם; וכל הנלחם בכל לבו בלא פחד ותהיה כוונתו לקדש את השם בלבד, מובטח לו שלא ימצא נזק ולא תגיעהו רעה, ויבנה לו בית נכון בישראל, ויזכה לו ולבניו עד עולם ויזכה לחיי העולם הבא, שנאמר: כי עשה יעשה ה' לאדוני בית נאמן כי מלחמות ה' אדוני נלחם ורעה לא תמצא בך וגו' והיתה נפש אדוני צרורה בצרור החיים את ה' אלהיך.

אות ד'

כשהוא מניח, מניח של יד ואחר כך מניח של ראש

סימן כה ס"ה - [כ]ויניח של יד תחלה - דכתיב: וקשרתם וגו', והדר: והיו לטוטפות וגו, **ויברך** - קודם ההידוק, [גמ'] **"להניח תפילין"** - והלמ"ד של "תפילין" בדגש. **ואח"כ יניח של ראש.**

אות ד'* [כא]

תוס' ד"ה וקשרתם: היה פוגע בשל ראש תחילה והיה צריך להעביר על המצות

סימן כה ס"ו - [כב]אם פגע בשל ראש תחלה, צריך להעביר על אותה המצוה, ויניח של יד תחלה ואח"כ של ראש - כיון דכתיב בקרא מפורש דיד קודם, דמתחלה "וקשרתם" והדר "ולטוטפות", לפיכך אין משגיחין על העברת המצוה, משא"כ לעיל בס"א גבי ציצית ותפלין.

דוקא פגע, אבל אם הניח ש"ר תחלה, או שמצא הש"י שנשמט ממקומו, אין להסיר הש"ר, דמאי דהוה הוה, וימהר להניח ש"י על מקומו, (כן פסק הט"ז), **ויש** חולקין, (האבודרהם, **ו**בארה"ח ראיתי שמצדד לפסוק כאבודרהם, משום דלכתחלה עשה עבירה, ועבר על מה שאמרו: דכל זמן שבין עיניך יהיו שתים, ע"כ צריך עתה לתקן ולהניח כדין, **ולא** נהירא, דהלא באמת קי"ל דהש"י אינו מעכב של ראש, הרי דבעצם קיים בזה הש"ר מצותו, רק דלא קיים המצוה כתיקונה, **ואין** לומר דיסלק הש"ר ויחזור ויניחו ויקיים עתה כתיקונו, זה אינו, דהלא בכל רגע ורגע שהוא נושא התפילין עליו הוא מקיים בזה מצות השי"ת, ובודאי אין לנו לומר שיסלק עתה המצוה ממנו, כדי שאח"כ יקיים יותר מן המובחר, **וגם** ידוע הוא דהגר"א בעצמו הנהיג למהר בקידוש הלבנה ולא להמתין, וכמו שכתב במעשה רב, ע"כ נראה פשוט דהדין עם רבינו הט"ז, וימהר להניח הש"י כדי שיקויים: כל זמן שבין עיניך יהיו שתים, ודי בזה).

אות ה'

וכשהוא חולץ, חולץ של ראש ואחר כך חולץ של יד

סימן כח ס"ב - [כג]תפילין של ראש חולץ תחלה, משום דכתיב: והיו לטוטפות בין עיניך, כל זמן שבין עיניך יהיו שתים - וחולץ הש"ר אחר שמסיר ג' כריכות מהאצבע.

[כד]צריך לחלוץ תפילין של ראש מעומד - ה"ה הסרת הכריכות של האצבע, **ולמנהגינו** שמניחין של יד ג"כ מעומד, צריך ג"כ לחולצן מעומד, דכהנחתן כך חליצתן.

ויש מהחכמים שהיו נוהגין לחלוץ התש"ר ביד שמאל שהיא ביד כהה, להראות שקשה עליו חליצתן, **ואם** הוא איטר יד שכל מלאכתו בשמאלו, חולצן בימינו כדי שלא לעשות החליצה במהירות.

[כה]ויניח בתיק של ראש, ועליו של יד, כדי שכשיבא להניחם יפגע בשל יד תחלה - ולא יצטרך להעביר על המצוה, **כתב** הב"ח וכן הט"ז, דהיינו שיעשה תיק ארוך וצר, שיהיו מונחים זה על גבי זה, **והמ"א** כתב, דיותר טוב ליתן התפילין זה בצד זה, וכן נוהגין, ומה שכתב המחבר: ועליו של יד, פירושו, שיתנו קצת לצד מעלה, כדי לפגוע בהם תחלה, **ובספר** שולחן שלמה כתב, דטוב שיהיו התש"י בצד ימין של התיק ג"כ מטעם זה, **ויש** נוהגין לעשות שני כיסין אחד לשל יד ואחד לש"ר, אך גם בשני כיסין, יותר טוב שיזהר ליתן הכיס של יד קצת לצד מעלה, כדי שיפגע בהם תחלה ולא יעביר על המצות, דדעת הט"ז דגם ע"י כיס שייך מעביר על המצוה.

אותן בני אדם הנוהגין לעשות תיקין להתפילין, יש להם לסמן איזה שייך לש"ר ואיזו לשל יד, כדי שיזהר בהם, ולא יוציא הש"ר תחלה מהתיק, **גם** דכיון דש"ר קדושתו חמורה, יזהר ע"ז שלא לשנות אח"כ התיק ליתן בו של יד, אלא א"כ התנה מתחלה.

ונכון ליזהר, שלא יחלוץ של יד עד שיניח של ראש בתוך התיק, כדי שלא ישכח ויניח של יד תחלה בתוך התיק.

[כו]סימן כח ס"ג - [כז]מנהג החכמים לנשק התפילין בשעת הנחתן ובשעת חליצתן.

כשמקפל התפילין, לא יכרוך הרצועות על הבתים, אלא בצדדי הבתים על התיתורא, **ויש** נוהגין לכורכן ככנפים על שם "כנפי יונה".

וכשכורכן על צדדי התפילין, צריך לאחוז התפילין בידו ולגלול הרצועה עליהן, ולא לאחוז הרצועה בידו ולגלול התפילין לתוכה, **גם** כשנוטל התפילין מכיסן לא ינערם, אלא נוטלן בידו מתוך הכיס.

תיק תפילין אסור בשל שעטנז, כמו מטפחת ספרים.

באר הגולה

כ מנחות ל"ו | כא (ע"פ הבאר הגולה) | כב תוס' (ד"ה וקשרתם) במנחות ל"ו וביומא ל"ג | כג מנחות שם | כד מערכת אלקות | כה תוס' (הנ"ל) מהא דיומא ר"ת בשם רב האי | כו (מילואים) | כז אבודרהם

אות ו׳

היה משכים לצאת לדרך ומתיירא שמא יאבדו, מניחן, וכשיגיע זמנן, ממשמש בהן ומברך עליהן

סימן ל׳ ס״ג - [כח]**היה רוצה לצאת לדרך בהשכמה** - אפילו קודם עמוד השחר, [רש״י מנחות ל״ו.] [כט]וקשה לו להניחן אח״כ מפני הקור וכל כה״ג, **מניחם** - קודם יציאתו, ויכול לכוין שלובשם לשם מצוה, כיון דקי״ל לילה זמן תפילין הוא, **ואפילו** היה לו מקום לשמרן ג״כ מותר ללובשן, דליכא למיחש כו׳.

וכשיגיע זמנן ימשמש בהם ויברך - דאף דהתירו חז״ל להקדים ההנחה בלילה, במקום דליכא למיחש לשינה, אפ״ה לענין ברכה לא רצו לתקן לומר ״וציונו״ קודם הזמן, **ומ״מ** אם קידם ובירך בלילה כשהניחם, א״צ לברך שנית בבקר.

(מחידושי רעק״א משמע, דבלא השכים ויצא לדרך, [ל]צריך לחזור ולברך, אם בירך על התפילין בלילה, **ומדברי הברכי יוסף משמע**, דבדיעבד בכל גווני אין צריך לחזור ולברך, ולא הביא בברכ״י טעם לזה, ואולי שבדיעבד נסמוך על שיטת רש״י ‹ד״ה ואם› ורבינו יונה, **שס״ל** דמאי דאמרינן הלכה ואין מורין כן, הוא אפילו לענין להניחם לכתחלה, **אך בשו״ע ס״ב לא פסק כוותייהו, וצ״ע למעשה, ומכל זה תבין, דמה** דנוהגין איזה אנשים בימות החורף, להניח תפילין ולברך עליהם תיכף משעלה עה״ש, לא שפיר עבדי).

דליכא למיחש שמא יישן בהם, כיון שהשכים ויצא לדרך - ודוקא הולך ברגליו או רוכב, אבל יושב בעגלה אסור להניח, שמא יישן בהם, (**ועיין** בעט״ז ובפמ״ג שמצדדים לומר, **דאף בעגלה נראה להתיר, ובארה״ח מסכים להמחמירין, ונ״ל דאם הוא מתיירא שמא יאבדם, ועושה כדי לשמרם, בודאי אין להחמיר אף בישב בעגלה, אחרי דבלא״ה דעת הע״ת והגר״א להקל במניחן בשביל השמירה**).

אות ו׳* [לא]

תוס׳ ד״ה וכשיגיע. בא״ד דכיון שממשמש בו יכול לברך

סימן ח ס״י - [לב]**אם לובש טלית קטן בעוד שאין ידיו נקיות, ילבשנו בלא ברכה, וכשיטול ידיו ימשמש בציצית ויברך עליו** - דבזה יחשב קצת כאילו לובשו אז, **ואע״ג** דקי״ל בכל המצות דצריך לברך עובר לעשייתן ממש, הכא שאני משום דאכתי גברא לא חזי.

או כשילבש טלית אחר, יברך עליו, ויכוין לפטור גם את זה, ואין צריך למשמש בציציות של ראשון - והכי נהוג בזמנינו, לברך על ט״ג ולכוון לפטור בזה הטלית קטן, **והכי** עדיף טפי ממה שנוהגין איזה אנשים, שמברכין על הט״ק ותיכף מברכין על הט״ג, שגורמין ברכה שאינה צריכה, **ועוד** אפילו אם יפסיק זמן מרובה בין הט״ק לגדול, כמה פעמים אין ראוי לברך עליו, דאין פתוח רובו, או דהוא קטן מהשיעור, או דהוא ישן בו בלילה.

אות ז׳

עד שתשקע החמה

סימן ל׳ ס״ב - [לג]**אסור להניח תפילין בלילה, שמא ישכחם ויישן בהם** - וחיישינן שמא יפיח בשינתו, אבל מדאורייתא מותר להניחם בלילה, דקי״ל לילה זמן תפילין.

ובין השמשות, מדברי המג״א משמע דמותר לכתחלה להניח, **אבל** בפמ״ג מסתפק בזה, אם לא שלא קיים עדיין מצות תפילין באותו יום, דאז יניחם בין השמשות.

באר הגולה

כח **שם בגמרא** **כט** ‹הנה גירסת רש״י, וכן הוא לפנינו בגמרא, היה יוצא לדרך ומתיירא שמא יאבדו, והיינו דווקא לשיטת רש״י, והיא דעה השניה בס״ב במ״ב ס״ק ט׳, שכדי לשומרן מותר להניחן לכתחילה בלילה, **אבל** הרי״ף לא גרס כן בגמרא, אלא סתם היה יוצא לדרך, ולשיטתו, והיא דעת השו״ע בסעיף ב׳, אסור להניחן כדי לשומרן, וא״כ אפילו מתיירא שמא יאבדו לא היו מתירין לו להניחן בלילה, ולכן צריך לומר שהטעם מפני הקור, **והנה** אף שהמשנ״ב בס״ק ט׳ הביא גם את דעת רש״י, סתם כאן להקל אם רוצה להקדים הנחתן מפני הקור, משמע שזה מותר אפילו לשיטת רש״י, אע״פ שלשיטתו אין לזה מקור בגמרא - מ״ב המבואר› **ל** ‹דדוקא כשהתירו לו להניחם, סובר רבינו פרץ שמברך עליהם בלילה, וסמכינן עליו שלא לחזור ולברך, אבל אם הניחן באיסור, לא חלה ברכתו כלל - מ״ב המבואר› **לא** ‹ע״פ הבאר הגולה› **לב** **תוס׳ בברכות י״ד ובמנחות ל״ו** **לג** **מנחות ל״ו** ‹אלמא חכמים ורבי יעקב דסברי לילה זמן תפילין, מדשרו להניחם בראשו עד זמן שינה, מודים לתנא קמא דאין מניחם לכתחלה משתשקע החמה - ב״י›

עין משפט נר מצוה

קצ א מיי' פ"ד מהל' תפילין הלכה י · טוש"ע א"ח סימן ל' סעיף א :

קצא ב מיי' שם הלכה יא :

[ועי' היטב תוס' ביצה יד ד"ה אין]

במה אשה ולא בתפילין וקאמר עלה בגמרא דאפי' כו' ל"ק

קצב ג ד מיי' שם טוש"ע א"ח סי' ל ס"ב :

הכל ככבול דלא אסרו ל"ק

קצג ה מיי' שם הלכה יד סמג שם טוש"ע א"ח סי' כח ס"א :

קצד ו מיי' שם הלכה כ סמג שם טוש"ע א"ח סי' כז ס"א :

[בעירובין צו· איתא והיה לך לאות על ידך מי שצריכין אות כו' והיינו קרא המוקדם שמות יג ס"ט]

[לפנינו שם איתא תנא דבי רבי ישמעאל]

[בהרי"ף והרא"ש ליתא לכן ולומר למס וכו' וכן בשאלתות פ' בא סי' מס ליתא]

גמרא

והא רב חסדא ורבה בר רב הונא מצלו בהו
באורחא ההוא פלינא ומי אמר רבה בר רב
הונא הכי והא אמר רבה בר רב הונא ספק
חשיכה ספק לא חשיכה לא חולץ ולא מניח הא
ודאי חשיכה חולץ התם בערב שבת איתמר
מאי קסבר אי קסבר *לילה זמן תפילין שבת
נמי זמן תפילין אי קסבר שבת לאו זמן תפילין
לילה נמי לאו זמן תפילין דמהיכא דממעטא
שבת מהתם ממעטי לילות *דתניא °ושמרת (שמות יג)
את החוקה הזאת למועדה מימים ימימה ימים
ולא לילות מימים ולא כל ימים פרט לשבתות
וימים טובים דברי רבי יוסי הגלילי ר"ע אומר
לא נאמר חוקה זו אלא לפסח בלבד נפקא
ליה מהיכא דנפקא ליה לר' עקיבא *דתניא
ר' עקיבא אומר [א]יכול יניח אדם תפילין בשבתות ובימים טובים ת"ל °והיה (שם)
*לאות על ידך ולטוטפת בין עיניך מי שצריכין אות יצאו שבתות וימים
טובים שהן גופן אות אמר ר' אלעזר כל *המניח תפילין אחר שקיעת החמה
עובר בעשה ור' יוחנן אמר [ב]עובר בלאו לימא בר' אבין אמר ר' אילעא קא
מיפלגי *דאמר ר' אבין אמר ר' אילעא כל מקום שנאמר השמר פן ואל אינו
אלא לא תעשה דמר אית ליה דר' אבין ומר לית ליה דר' אבין לא דכולי
עלמא אית להו דרבי אבין אמר ר' אילעא והכא בהא קא מיפלגי מר סבר
השמר דלאו לאו והשמר דעשה עשה ומר סבר השמר דעשה נמי לאו ואמר
רבי אלעזר א] [ג]ואם לשמרן מותר ואמר רבינא הוה יתיבנא קמיה דרב אשי
והחשך ב] והנ"ח תפילין ואמרי ליה לשמרן קא בעי להו מר ואמר לי אין
וחזיתיה לדעתיה דלאו לשמרן הוא ג] בעי קסבר [ד]הלכה ואין מורין כן *אמר
רבה בר רב הונא [ה]חייב אדם ד] למשמש בתפילין בכל שעה ה] קל וחומר
מציץ ומה ציץ שאין בו אלא אזכרה אחת אמרה תורה והיה על מצחו תמיד
שלא תסיח דעתו ממנו תפילין שיש בהן אזכרות הרבה על אחת כמה וכמה
ת"ר ידך זו [ו]שמאל אתה אומר שמאל או אינו אלא ימין תלמוד לומר °אף (ישעיה מח)
ידי יסדה ארץ וימיני טפחה שמים ואומר °ידה ליתד תשלחנה וימינה (שופטים ה)
להלמות עמלים ואומר *°למה תשיב ידך וימינך מקרב חיקך כלה (תהלים עד)
רבי

רש"י

ה"ג מימים ולא כל ימים כו': אלא לפסח בלבד · וה"ק עשה פסח משנה לשנה: נפקא ליה · כלומר לעולם קסבר לילה זמן תפילין הוא ושבת מימעיט ליה מהיכא דנפקא ליה לר' עקיבא: שהן עצמן אות · בין הקב"ה לישראל דכתיב (שמות לא) כי אות היא וגו': ו] עובר בלאו · דכתיב ושמרת וכל השמר לא תעשה הוא: השמר דלאו לאו · רבי אלעזר סבר השמר דכתיב במילתא דמזהר רחמנא לא תעשה הוי לאו גמור ללקות כגון (דברים כד) השמר בנגע לרעת דמשמע שלא יקוץ בהרתו וכן (שמות לד) השמר לך פן תכרות ברית וגו' אבל השמר דעשה כגון האי דמשמע ז] לעשות תפילין עשה הוא: ואם לשומרן · שלא יאבדו מותר להניחן אפילו לאחר שקיעת החמה: קסבר הלכה · דלילה זמן תפילין הוא: ואין מורין כן · שמא ישכבם ח] ויישן בהן מדקאמר ליה לשומרן קבעינא: ידי יסדה ארץ וימיני וגו' · מדכתיב ידי וימין ש"מ יד היינו שמאל:
רבי

תוספות

והא רב חסדא ורבה בר רב הונא מללו בהו באורחא · פשיטא ליה דהא דקאמר רב נחמן אין הלכה כרבי יעקב לאו משום שיהא הלכה כחכמים דאם כן לימא הלכה כחכמים אלא למימר דהלכה כתנא קמא והא דלא אמר הלכה כת"ק לפי שהדבר שטי סתם ולא נזכר בה לשון רבים ולא לשון יחיד* · מ"ר: אי קסבר לילה זמן תפילין · וא"ת מכל מקום חולץ כדאמרינן בפ' *במה אשה (שבת דף סא·) גמרא ולא בתפילין דאפי' למאן דאמר שבת זמן תפילין לא יצא דלמא מיפסקן ואתי לאיתויינהו ארבע אמות ברשות הרבים ומיהו לרבי ענני בר ששון דאמר בפרק במה אשה יוצאה (שם דף סד:) *בכבול לא אסרו אלא ברה"ר אבל בחצר שרי ניחא דהכא בחצר ור"ת פוסק כרבי ענני אבל לרב דאמר כל שאסרו חכמים לצאת לרה"ר אסרו לצאת לחצר קשה ואין לומר דמודה רב בבית דשרי דהא אמרינן ט] בריש כירה (שם מו·) השירים והנזמים והטבעות הרי הן ככל הכלים הניטלים בחצר ואמר עולא מה טעם הואיל ואיכא תורת כלי עליהם ואם היו ראויין להתקשט לא היה לומר טעם (דמשמע) דשרי לטלטל משום תורת כלי אע"ג דלא חזי בשבת דמדמי ליה התם לשרגא דנפטא וי"ל דמודה רב דתפילין דשרי בחצר דלא אסירי אלא ברה"ר דלא דמי לשאר תכשיטין דגזר רב בחצר דלמא מישתלי ואתי לאפוקי לרה"ר אבל תפילין כיון דעשויין למשמש בתפילין מידכר דכיר ליה כדאמר בפ"ק דשבת (דף יב·) גמרא לא יצא החייט במחטו דאמר *שמואל יוצא אדם בתפילין עם חשיכה מ"ט כיון דאמר רבה בר אבוה חייב אדם למשמש בתפילין כל שעה ושעה הלכך מידכר דכיר להו וא"ת אם כן כי אמר רב (שבת דף סד:) כל שאסרו חכמים לצאת לר"ה אסור לצאת לחצר חוץ מכבול ופאה נכרית הוה ליה למימר נמי חוץ מתפילין וי"ל דלא מיירי רב אלא בתכשיטין ועוד משום דלמאן דאמר שבת לאו זמן תפילין *הוא לא שייך למימר חוץ מתפילין ואם תאמר דהכא אמרינן ספק חשיכה לא חולץ ולא מניח ובפ"ק דשבת (דף יב·) קאמר יוצא אדם בתפילין ע"ש עם חשיכה משמע הא ספק חשיכה לא וי"ל התם ברשות הרבים והכא בחצר · מ"ר: **ושמרת** את החוקה הזאת למועדה כו' · בפרק בא סימן (נדה נא:) ובסוף כילד מברכין (ברכות דף מד:) דאמרינן דבני מערבא מברכי בתר דמסלקי תפילייהו לשמור חוקיו מפרש רבינו תם דלאחר שמסלק את טליתו ליכא מאן דמברך דלא שייכא ברכה דלשמור חוקיו אלא מתפילין דווקא דכתיב בהו חוקה ודווקא כשמסלקן סמוך לשקיעת החמה דדרשינן ימים ולא לילות ומחויב לסלקן כדאמרינן בסמוך הניח תפילין אחר שקיעת החמה עובר בעשה ובירושלמי דברכות פרק היה קורא אמרינן נמי על מילתא דבני מערבא דמברכי לשמור חוקיו כמאן דאמר בחוקת תפילין הכתוב מדבר אבל למאן דאמר דבחוקת הפסח הכתוב מדבר לא א"כ כל שכן דלאחר לילית לא מברך ובפרק בא סימן (נדה נא:) גבי יש טעון ברכה לפניו ואין טעון ברכה לאחריו דקאמר לאיתויי מלות ופריך לבני מערבא דמברכי לבתר דמסלקי תפילייהו לאיתויי מאי הוה מלי למימר *לילית והאידנא לא מברכי לשמור חוקיו אפי' לאחר תפילין דבסמוך פסקינן דלילה זמן תפילין דקאמר הלכה ואין מורין כן ומדרבנן הוא דאסור דחיישינן שלא יישן בהם וקרא דושמרת את החוקה בחוקת הפסח הכתוב מדבר* · מ"ר: **יצאו** שבתות וימים טובים שהן עצמן קרויין אות · לא משום דאסירי בעשיית מלאכה דאפי' חולו של מועד דשרי בעשיית מלאכה איכא אות בפסח דאסור באכילת חמץ ובסוכות י] דחייב בסוכה ובפרק בתרא דמועד קטן (דף יט· ושם) משמע דחולו של מועד חייב דאמר התם כותב תפילין לעצמו ולאחרים בטובה דברי ר"מ ר' יהודה אומר מערים ומוכר כדי פרנסתו את שלו וכותב לעצמו כו' אורי ליה רבה בר בר חנה לרב חננאל וכן אורי ליה רב הלכה כותב ומוכר כדי פרנסתו משמע דמניח במועד דאי משום לאחר המועד מה לי לעצמו מה לי לאחרים למה מותר לכתוב לעצמו שאין זה צורך פרנסתו מיהו לאו ראיה אפשר דרבי מאיר ור' יהודה לטעמייהו דאית להו שבת זמן תפילין בפרק בתרא דעירובין (דף צו:) עוד ראיה מירושלמי פרק בתרא דמועד קטן חד בר נש איבד תפילויי במועדא אתא לגבי רב חננאל יא] שלח לגבי רבה בר בר חנה אמר ליה יהיב יב] תפילויי ואזיל כתוב לך אמר ליה רב זיל כתוב ליה פירוש בלא הערמה מתני' פליגא על רב כותב הוא אדם תפילין ומזוזה לעצמו הא לאחר אסור רב פתר לה בכותב להניח*) ומסתמא רב **) (גרסינן כו') הוה סבירא ליה כהלכתא דשבתות וימים טובים לאו זמן תפילין אפילו הכי שרי לכתוב ולמכור תפילין בלא הערמה ולרבה בר בר חנה ע"י הערמה דכולהו אמוראי סבירא להו שבת לאו זמן תפילין רב חסדא ורבה בר רב הונא ואע"ג דסבירא להו לילה זמן תפילין ומיהו בזה חולק הש"ס שלנו דרבה בר בר חנה סבר כרב והתם פליגי · מ"ר: **ידך** זו שמאל · ואם תאמר לעיל בספ"ק (דף י·) דאיתר ליה יד דמצורע לאגמורי איד דקמיצה דוימלא כפו היינו נמי בימין אדרבה הוה לן לאגמורי איד דתפילין דהוי בימין ודמי ליה דילפינן יד מיד והתם ילפינן כפו מיד ויש לפרש דניחא ליה לאגמורי התם עבודה מעבודה מיהו קשה דלתרווייהו נילף ושמא משום דלא דמי להך דהתם יד ממש והכא קיבורת בזרוע · מ"ר:
רבי

*) נ"א ומסתמא רב ס"ל כהלכתא דשבתות וי"ט לאו זמן תפילין דכולהו אמוראי ס"ל שבת לאו זמן תפלין ר"ח ורבה בר רב הונא ואע"ג דס"ל לילה זמן תפילין ואפילו הכי שרי לכתוב ולמכור תפילין בלא הערמה ולרבה בר בר חנה ע"י הערמה ומיהו בזה חולק כו' ל"ק **) רש"א מ"ז ועיין רש"ק

מסורת הש"ס

[שבת סא. עירובין לו: צו: זבחים יט·]

עירובין צו·

גם זה שם

שם

[עי' תוס' לעיל כו: ד"ה נפסל]

שבועות ד. לו: מכות יג: סוטה ה: זבחים קו: לקמן מג: נט: ע"ש עירובין צו·

[שבת יב: יומא ז:]

גירסת רש"א לא הוה שייך כו'

לאתויי לילית ז"ק

[וע"ע תוס' ברכות מד: ד"ה ולבני מערבא ותוס' סוכה מו· ד"ה אבל לפנין]

ז"ל כב ליה תפילך ואת כתוב לך אתא לקמיה דרב א"ל כתוב כו' ל"ק

שיטה מקובצת

א] ואם לשמרן מותר וא"ת וכי בשביל לשמרן יעבור על לאו וי"ל דלקיים קאמר אם כבר הם מונחים בראשו אבל להניחן לכתחילה לא קאמר וכן משמע בסמוך דקאמר קסבר הלכה ואין מורין כן וא"ת נהי נמי דלילה זמן תפילין הא לעיל [אמר] דאם חלצן אינו חוזר ומניחן ולפי מאי דפרישית דהכא מיירי לקיימן ניחא וא"ת הא אמרינן לעיל אם היה משכים לדרך ומתירא שמא יאבדו מניחן לכתחילה והיאך יעבור על לאו וצ"ל דלעיל מיירי אחר עמוד השחר ומיהו לאו זמן תפילין הוא עדיין לברך כדאיתא בברכות [דף ט' ע"ב](לכתחילה)[לתפילין] כאחרי' דאמרי כדי שיראה חבירו ברחוק ד' אמות ויכירהו : ב] וחשך והוה מניח תפילי ולא סליק תפילי ואמרי : ג] הוא אלא קסבר ותיבת בעי נמחק : ד] למשמש · והא דאמרי' במס' סוכה רבנן דבי רב אשי אימתי דהיא משמשי בתפילייהו הוי מברכין וכי תעלה על דעתך דמברכי כל שעה ושעה דאמרינן הכא חייב למשמש כל שעה ושעה· משמוש דהתם לאו כמשמוש דהכא דהתם מיירי במשמש לתקנם ולהניחן במקומם אם נהפכו לצדדין : ה] ק"ו מציץ כו' גליון והקשה הר"ר שמחה כיון דתפילין בעו כוונה איך יכול להתפלל או לקרוא ק"ש בהם דהא אינהו נמי בעי כוונה ותירץ דהעוסק במצוה פטור מן המצוה כיון דאי אפשר לו לקיים שניהם ביחד ועוד הקשה ר"י הואיל ועוסק במצוה פטור מן המציצה טי (שמגיה) [שמוגה] טלית ותפילין עליו יהא פטור מללמוד וכן כל תרי"ג מצות דליכא למימר דמיירי דאינו יכול לעשות שניהם בבת אחת דא"כ פשיטא. דפטורים דאיך יעשה זאת ויניח זאת דאין אתה יודע מתן שכרן של מצות אלא ע"כ מיירי אפילו יכול לעשות שניהם בבת אחת אפ"ה פטור עיין תוס' ב"ק דף נ"ו ע"ב ד"ה בההיא : ו] עובר בעשה דכתיב ושמרת את החוקה וגו' מימים ימימה ולא לילות לאו הבא מכלל עשה עשה הס"ד ומה"ד עובר: ז] דמשמע שמור לעשות: ח] ישכבם בראשו ויישן בהן כו' לשומרן קא בעינא הס"ד : ט] אמרי' בסוף: י] דחייב בסוכה· ולפי זה לאו זמן תפילין הוא ולפי הירושלמי לא משמע כן דבעי התם מהו לכתוב תפילין לעצמו אמר ליה שרי ובעי נמי מהו לכתוב ולמכור לאדם שאין לו יציאה לצורך המועד ואמר ליה ובין דידך יכתוב לעצמך משמע דזמן תפילין הוא בחול המועד ויש לדחות דהני ס"ל דשבת ויו"ט זמן תפילין הוא אבל מ"מ דוחק הוא וזה לומר דס"ל כל הני אמוראי דהתם דלא כהלכתא·תו"א: יא] חנגאל שלחיה: יב] יהיב ליה תפילויי וז"ל:

§ מסכת מנחות דף לו: §

אות א*[א]

תוס' ד"ה ושמרת: והאידנא לא מברכי לשמור חוקיו

סימן כט ס"א - [ב]אין לברך שום ברכה כשחולץ תפילין - פי' לאפוקי ממאי דאמרינן, דבני מערבא היו מברכין: אשר קדשנו במצותיו וצונו לשמור חוקיו, בתר דמסלקי תפילין בלילה, **שהם** היו סוברים דלילה לאו זמן תפילין הוא, ונפקא להו זה מקרא ד"ושמרת את החוקה הזאת למועדה מימים ימימה", ימים ולא לילות, **אבל** לדידן דס"ל דהאי קרא אתי לענין אחר, כדאיתא בגמ', ולילה קי"ל דזמן תפילין הוא, אך אין להניחם לכתחילה, דגזרו שמא יישן בהם ויפיח, הילכך אין לברך, [תוס' וב"י], **אפי' כשחולצם ערב שבת בין השמשות** - פי' אף דקי"ל שבת ויו"ט לאו זמן תפילין, וכשירצה להניחן אז לשם מצוה עובר על בל תוסיף, **מ"מ** כיון שאם מניחן עליו בלי כונה לשם מצוה, אין בזה איסור מה"ת, אלא מדברי סופרים משום גזירה שמא יצא בהן לר"ה, **ויש** חולקין גם ע"ז, כמו שיבואר לקמן בסימן ל"א, **לפיכך** לא שייך ברכה ע"ז, כיון שבחליצת התפלה מצד עצמה אין בה מצוה, ‹רק שלא יהיה נראה כמזלזל בהאות›, ואינו חולצן אלא משום גזירה, ‹**משא"כ** בני מערבא שהיו מקיימין מצות "ושמרת" בסילוק זה - יד אפרים›.

אות א'

יכול יניח אדם תפילין בשבתות ובימים טובים

סימן לא ס"א - [ג]בשבת ויו"ט אסור להניח תפילין - ויו"ט שני נמי בכלל, לדידן בני חו"ל, **מפני שהם עצמם אות** - בין הקב"ה ובין ישראל, שנאמר: כי אות היא ביני וגו', ויו"ט ג"כ מיקרי אות, דבפסח מצרים כתיב "אות", והוקשו כל מועדי ה' בפרשת אמור, **ואם מניחים בהם אות אחר** - דהיינו תפילין דכתיב בהו: והיה לך לאות על ידך, **היה זלזול לאות שלהם.**

וגם עובר משום לאו דבל תוסיף, והוא שהניחן לשם מצוה, אבל במניחן שלא לשם מצוה, אין בו משום בל תוסיף, וגם משום זלזול אין בו, (ואין איסור בהנחתן אפילו מדרבנן - ב"ח וגר"א), **אם** לא שמניחן בפרהסיא, דאז אסור מדרבנן, **ויש** מחמירין בכל גווני, אם לא שמונחים בבזיון, כגון המוצא תפילין בשבת בשדה, מותר ללובשם ולהכניסם לעיר דרך מלבוש.

ואפילו בטלטול י"א ג"כ דאסור, אם לא לצורך גופם או מקומם, כשאר כלי שמלאכתו לאיסור, **וי"א** דכדי שלא יפלו או שלא יגנבום, נמי מותר לטלטלם ממקום למקום, (ותלוי אם אסור הנחת תפילין בשבת ויו"ט שלא לשם מצוה), **ובמקום** הדחק יש להקל.

אות א**[ד]

תוס' ד"ה ילאו שבתות ויו"ט: דאפי' חולו של מועד דשרי בעשיית מלאכה, איכא אות כו'

סימן לא ס"ב - [ה]בחוה"מ גם כן אסור להניח תפילין מהטעם הזה בעצמו, שימי חול המועד גם הם אות - בפסח אכילת מצה, ובסוכה ישיבת הסוכה.

הגה: וי"א שחוה"מ חייב בתפילין (ב"י בשם הרא"ש), וכן נוהגין בכל גלילות אלו להניחם במועד ולברך עליהם - ס"ל כיון שמותרין בעשיית מלאכה מן התורה, ליכא אות.

אלא שאין מברכים עליהם בקול רם בבהכ"נ כמו שאר ימות השנה - משום דיש מניחים ויש שאינם מניחים או אין מברכים, יש לברך בחשאי כדי שלא לבוא לידי מחלוקת, **וכן** לא ילך בהם ברה"ר לבהכ"נ.

והאחרונים הסכימו לדעת הט"ז, דיותר טוב להניחן בלי ברכה, כי הברכות אינן מעכבות, וספק ברכות להקל, **ובפרט** שהגר"א ז"ל כתב, שאין לדעת הי"א עיקר בש"ס, ועכ"פ לענין ברכה בודאי יש להחמיר, **גם** קודם ההנחה יחשוב בדעתו: אם אני מחוייב אני מניחן לשם מצוה, ואם לאו אין אני מניחן לשם מצוה, ובזה יצא ידי כו"ע, דאף להסוברים דחוה"מ אינו זמן תפילין, אינו עובר על בל תוסיף, כיון שאינו מכוין בהנחתם לשם מצוה ודאי, **וכ"ש** שאין לחוש בזה לאיסור זלזול של אות חוה"מ, דזה ג"כ אינו אלא במתכוין לשם מצוה כנ"ל. **ותפילין** דר"ת אין להניחם בחוה"מ.

עוד כתבו האחרונים, דאין נכון שבהכ"נ אחת קצתם יניחו תפילין וקצתם לא יניחו, משום "לא תתגודדו", **ומי** שאין מניח תפילין בחוה"מ, שמתפלל בבהמ"ד שמניחין תפילין, יש לו ג"כ להניחן ובלי ברכה, **וצבור** שנהגו להניח תפילין, אין להם לשנות מנהגם.

וחליצת התפילין צ"ל בחוה"מ קודם הלל, ועכשיו נהגו איזה אנשים לסלקן אחר קדושה של תפילת י"ח, **ומ"מ** צריכין ליזהר לכוין לשמוע חזרת התפלה.

אות ב'

עובר בלאו

רמב"ם פ"ד מהל' תפילין הי"א - מי שהניח תפילין קודם שתשקע החמה וחשכה עליו, אפילו הן עליו כל הלילה, מותר; ואין מורין דבר זה לרבים, אלא מלמדין את הכל שלא יניחו תפילין עליהן בלילה, אלא יחלצו אותן משתשקע החמה; [ו]וכל המניח תפילין לכתחלה אחר

באר הגולה

[א] ‹ע"פ הבאר הגולה› [ב] הרא"ש בהל' תפילין בשם ר"ת והתוס' במנחות ל"ו ובכמה דוכתי [ג] מנחות ל"ו ועירובין צ"ו [ד] ‹ע"פ הב"י והגר"א› [ה] תשובת הרשב"א בשם תוס' והראב"ד ותשובת מהרי"ק ורשב"י במדרש הנעלם בשיר השירים וספר העיתים בשם גאון [ו] ‹בסוף פרק הקומץ (מנחות ל"ו:) אמר רבינא הוה יתיבנא קמיה דרב אשי, וחשך ולא סליק תפילי, {ודלא כגירסא דילן "והניח תפילין", עיין בשיטה מקובצת}, אמרי ליה לשמרן

שתשקע החמה, עובר בלאו, שנאמר: ושמרת את החקה הזאת וגו' מימים ימימה.

אות ג' - ד'

ואם לשמרן מותר

הלכה ואין מורין כן

סימן ל' ס"ב - [ז]**אסור להניח תפילין בלילה, שמא ישכחם ויישן בהם** - וחיישינן שמא יפיח בשינתו, אבל מדאורייתא מותר להניחם בלילה, דקי"ל לילה זמן תפילין.

ובין השמשות, מדברי המג"א משמע דמותר לכתחלה להניח, **אבל** בפמ"ג מסתפק בזה, אם לא שלא קיים עדיין מצות תפילין באותו יום, דאז יניחם בין השמשות.

[ח]**אם הניחם קודם שתשקע החמה וחשכה עליו, אפילו הם עליו כל הלילה, מותר** - פי' כל זמן שאין חולצן, דאילו חולצן פעם אחת, שוב אסור להניחן, [מנחות ל"ו.] ‹ומודים חכמים לרבי יעקב, שאם חלצן ליכנס לבית המרחץ ולבית הכסא ושקעה החמה, שוב אין מניחם.›

ר"ל דלא אסרו רבנן רק להניחם לכתחלה בלילה, אבל מכיון שכבר מונחין עליו מבעוד יום, לא הצריכום לחלצן עד זמן שרוצה לישן, דאז בהכרח מסירן, שאסור לישן שינת קבע בהן, **ואפשר** דבלילה דזמן שינה הוא, אפילו שינת עראי אסור מדינא.

ואין מורין כן - הלכה למעשה לאחרים, שמא יבואו להניחן לכתחלה, וע"כ לא יעשה כן אלא בינו לבין עצמו, אבל לא ברבים, דהוא ג"כ כהוראה, **וע"כ** אין להתפלל בהם תפילת ערבית בתענית צבור ברבים.

[ט]**אם לא חלץ תפילין משקעה חמה** - (ר"ל גמר שקיעה דהוא צה"כ, דאז הוא זמן חליצת תפילין מדינא), **מפני שלא היה לו מקום לשמרן, ונמצאו עליו כדי לשמרן, מותר, ומורין כן** - (דאילו ביה"ש, אפילו אם היה לו מקום לשמרן אין צריך לחלצן, כן מוכח במנחות ל"ו ע"ב אפילו למאן דאית ליה לילה לאו זמן תפילין, וכ"ש לדידן דפסקינן לילה זמן תפילין).

(**עיין במ"א שכתב, דצריך שיאמר להם כן שעושה כדי לשמרן, וכן מוכח בגמ', ונלאו כל המפרשים, דבגמ' משמע להיפך, במעשה דרב אשי, ע"ש, ולענ"ד נראה פשוט, דהוא בא להוסיף על דברי המחבר, דאפילו אם** באמת אין כונתו בשביל השמירה, רק שהוא אומר להם כן שעושה בשביל השמירה, כדי שלא יבואו להתיר להניח לכתחילה בלילה, ג"כ די בכך, וכן מוכח בהדיא שם בגמרא במעשה דרב אשי).

ודוקא נמצאו עליו מקילינן, ומורין שבשביל השמירה אין צריך לחלוץ, אפי' כל הלילה כל זמן שלא ישן, **אבל** להניחם לכתחלה אסור בשביל השמירה, [י]**ויש** מקילין בזה, ע"ת והגר"א, (**ונ"ל פשוט, דלדידהו אף** דמותר לכוין אז במחשבתו שלובשן לשם מצוה, וכדמוכח במעשה דרב אשי הנ"ל, אעפ"כ לא יברך אז על התפילין, וראיה לדברינו, דעיקר ראיית הע"ת והגר"א הוא ממה דאיתא שם (ע"א) בברייתא ומתיירא שמא יאבדו וכו', והרי שם ג"כ פסק הברייתא דאין לברך עד שיגיע הזמן, וכמו שפסק הטור ושו"ע כהרא"ש, ודלא כרבינו פרץ וכמש"כ הגר"א).

אות ה'

חייב אדם למשמש בתפילין בכל שעה

סימן כח ס"א - [יא]**חייב אדם למשמש בתפילין בכל שעה, שלא יסיח דעתו מהם** - פי' בכל שעה שנזכר בהם חייב למשמש, דעל ידי כן נזכר עליהן תדיר, ולא יבא לידי היסח הדעת, [יב]**ועוד** כדי לתקנם שלא יזוזו ממקומן, **ובעת** התפלה א"צ למשמש בהם.

[יג]**וימשמש בשל יד תחלה** - דהשל יד סמוכה לו למשמשו, ואין מעבירין על המצות, ואחר כך בשל ראש.

ואם בעת משמוש הש"ר מצאהו שנשמט ממקומו, ונודע לו אז שהש"י ג"כ נשמט ממקומו, צריך להחזיר הש"י תחלה על מקומו, מקרא: וקשרתם לאות על ידך, והדר: ולטוטפות בין עיניך.

[יד]**וכשיאמר: וקשרתם לאות על ידך, ימשמש בשל יד, וכשיאמר: והיו לטוטפות בין עיניך, ימשמש בשל ראש.**

אות ו'

שמאל

סימן כז ס"א - [א]**מקום הנחתן של יד בזרוע שמאל** - מדכתיב "ידכה" בה"א, פירוש: יד כהה, דהיינו השמאל שהיא תשה וכהה, [גמ'] **ועוד** דרשו, מדכתיב: וקשרתם וכתבתם, מה כתיבה בימין שכן דרך בני אדם, אף קשירה בימין, וכיון דקשירה בימין ממילא הנחה בשמאל, **ואם** הניחו בימין, אף בדיעבד לא יצא.

באר הגולה

קא בעי מר, א"ל אין, וחזיתיה לדעתיה דלא לשמרן קא הוה בעי, אלא קסבר הלכה ואין מורים כן. **ומאחר** שרבינו פוסק כמ"ד לילה לאו זמן תפילין הוא, הוצרך לפרש דהיינו דוקא לענין שלא יניחם לכתחלה, אבל אם כבר הם בראשו אינו חייב לחלצן, {אבל אין מורין כן}, כי היכי דלא תקשה הלכתא אעובדא דרב אשי. **ומש"כ** אלא מלמדין את הכל שלא יניחו עליהן תפיליהן בלילה, אין הכוונה שלא יניחום בקום עשה, שזה מן הדין הוא שאסור, ולא מטעם אין מורים כן לבד, אלא הכוונה שלא יניחום עליהם בשב ואל תעשה – כסף משנה› **[ז] מנחות ל"ו** **[ח] הרמב"ם ורא"ש בפי' הגמרא** ‹אלמא חכמים ורבי יעקב דסברי לילה זמן תפילין, מדשרו להניחם בראשו עד זמן שינה, מודים לתנא קמא דאין מניחם לכתחלה משתשקע החמה, ומסקינן לילה זמן תפילין הוא, אלא שאין מורין כן – ב"י› **[ט] שם במנחות לגי' הרי"ף** ‹עיין בהערה בסמוך› **[י]** ‹ודע דבגמרא (שם) אמרינן אמר רבי אלעזר אם לשמרן מותר, ופירש רש"י, לשמרן שלא יאבדו מותר להניחם אפילו לאחר שקיעת החמה. ומשמע מדבריו דלהניחם לכתחלה שרי כדי לשמרם, וכ"כ הרא"ש אהאי עובדא דרב אשי, שגירסת הרי"ף: וחשך ולא סליק תפילי, אבל בגמרא גרסינן בכל הספרים: וחשך והוה מנח תפילי, וכן פי' רש"י, אם לשמרן שלא יאבדו מותר להניחן לאחר שקיעת החמה, עכ"ל – ב"י› **[יא] מנחות ל"ו** **[יב]** ‹כתב הב"ח משמוש זה לא שמענו פירושו, וכי בכל הזמן שתפלין עליו לא יסיר ידו מהם, אתמהה. ונראה דה"ק חייב אדם למשמש בכל שעה שנזכר מהם, דמיד לאחר שנזכר מהם חייב למשמש בהם כדי שלא יגיע לידי היסח הדעת, ע"כ. **ובפסקי** מהרא"י, צריך למשמש בהו שלא יזוזו ממקומו, ע"כ – א"ר. ‹**וצריך** להבין איך אומר טעם שלא כהגמ'› **[יג] יומא ל"ג לפי' התוס' בשם רבי אליהו** **[יד] טור בסי' ס"א** **[א] מנחות ל"ו ל"ז**

בבשר התפוח שבעצם - והוא המקום הנקרא קיבורת בלשון חז"ל, [ב]**שבין הקובד"ו** - הנקרא עלינבויגי"ן, **ובית השחי** - והוא לעיכובא כדילפינן לזה בגמ' מקרא.

(**וצריך** ליזהר שלא יהיה קצה התפילין למטה מבשר התפוח, כמו בשל ראש שצריך ליזהר שלא יהיה קצהו על המצח, דהא ילפינן במנחות גז"ש גובה שביד מגובה שבראש).

[ג]**ויטה התפלה מעט לצד הגוף, בענין שכשיכוף זרועו למטה יהיו כנגד לבו, ונמצא מקיים: והיו הדברים האלה על לבבך.**

הגה: וצריך להניח בראש העצם הסמוך לקודד"ו, אבל לא בחצי העצם שסמוך לשחי (סמ"ק) - אין ר"ל ראש העצם ממש, דהתם עדיין נמוך הבשר, ועד שיתחיל להיות גבוה אין מקום תפילין, דאין ע"ז שם קיבורת, אלא ר"ל בגובה הבשר שבעצם, **ולא** בא הרמ"א בזה לחדש שום דבר רק במה שסיים: אבל לא בחצי העצם שסמוך לשחי, ור"ל אף שיש גם שם עדיין מקצת בשר תפוח, **וגם** דעת המחבר הוא כן, דדוקא מחצי העצם ולמטה, כדמוכח בסעיף ז', ומה שכתב המחבר מתחלה: בבשר התפוח שבעצם, ע"כ ג"כ דכונתו מחצי העצם ולמטה, (**אף** שנראה קצת שיש גם מחצי ולמעלה בשר תפוח, אעפ"כ [ד]עיקר שם קיבורת אינו כי אם על מקום שמחצי עצם ולמטה).

והגר"א בביאורו הסכים לדינא, דכל מקום הקיבורת כשר להניח בו תפילין, (דדעתו דהקיבורת נמשך יותר מחצי העצם, **וכן משמע** ג"כ במנחות ל"ז. דכל הקיבורת כשר, דקאמר ידך זה קיבורת, בין עיניך זה קדקוד, היכא, אמרי דבי ר"י מקום שמוחו של תינוק רופס, ומדלא מבאר ג"כ את מקום המיוחד שבקיבורת, ש"מ דכל הקיבורת כשר, וכן הרי"ף והרמב"ם והרא"ש והטור ורי"ו לא הזכירו שום זכר שיחלק את בשר הקיבורת לחצאין), **ועכ"פ** למטה ממקום הקיבורת פסול לכו"ע.

ע"כ נכון למנוע מלהניח תפילין גדולים, כי ע"פ הרוב מצוי בתפילין גדולים, שסוף הקציצה מונחת למטה ממקום הקיבורת, אם לא שיקשרם לכתחלה בחצי העצם העליון, **וגם** זה לא נכון להקל לכתחילה בזה, אחרי דדעת המחבר ורמ"א להחמיר בזה.

אך אם אין לו כי אם תפילין גדולים, טוב יותר שיקשרם בחצי העצם העליון, במקום שנמצא עדיין בשר התפוח, ויצא בזה עכ"פ דעת הגר"א ושאר פוסקים, ממה שיהיו מונחים למטה ממקום הקיבורת, ולא יצא בזה אליבא דכו"ע, וגם הברכה יהיה לבטלה.

באר הגולה

ב סמ"ק | ג מנחות ל"ז | ד ‹צריך הסבר אמאי חצי העליונה אינו עיקר קיבורת, והא הוא כמו כן בגובה, וזהו העיקר מה שצריך›

§ מסכת מנחות דף לז. §

אות א*[א]

כתיבה בימין

סימן לב ס"ה - [ב]צריך שיכתוב בימינו - דאין דרך כתיבה בשמאל, וה"ה לעשות איזה תיקון בשמאל בענין הכתיבה דפסול, **אפילו אם הוא שולט בשתי ידיו** - אבל להפריד נגיעות שבאותיות, נראה דכשר אפילו בשמאל, דומיא דמכשרינן באנשים הפסולין לזה עכ"פ בדיעבד.

[ג]ואם כתב בשמאל, פסולים, [ד]אם אפשר למצוא אחרים כתובים בימין - היינו בשולט בימין לבד, אבל אם שולט בשתי ידיו, אפילו כתב בשמאלו כשר, **ואפילו** אם שולט בימינו לבד, אם אי אפשר למצוא אחרים יניחם, אך לא יברך עליהם.

ואיטר יד, שמאל דידיה הוי ימין - ע"כ אם כתב בימינו פסול, כמו בשמאל דעלמא, אם אפשר למצוא אחרים.

וסופר שכותב בימין וכל מלאכתו בשמאל, או להיפך, כתב הפמ"ג שנכון לכתחלה שלא לקבלו לסופר, **ובדיעבד** אין לאסור, עי"ש הטעם, ‹כמו שולט בשתי ידיו - שם›.

וכתב הרמ"ע: מעשה היה במצרים, שתפס אחד הקולמוס בשפתיו וכתב בו, ופסלו, דאין דרך כתיבה בפה לכו"ע, **וכתב** המ"א דפסול אפילו אם א"א למצוא אחרים, **ועיין** בספר משנת אברהם בשם הגט מקושר ועוד פוסקים, דמשוין זה, או הכותב ברגלו, להכותב ביד שמאל.

אות א**[ה]

אין לו זרוע פטור מן התפילין; אחרים אומר: ידכה לרבות את הגידם

סימן כז ס"א - [ו](גידם שאין לו יד רק זרוע) - ר"ל שניטל פיסת יד שמאלו עם כל הקנה עד הקובד"ו, שנקרא עלינבויגי"ן, **(יניח** - ‹ביד שמאלו›, **בלא ברכה), (תוספות פרק הקומץ כתבו דגידם חייב, ובא"ז כתב דפטור).**

‹ואפילו לא נשאר לו רק מחצי עצם שבין הקובד"ו ובית השחי ולמעלה, פשוט דיכול לסמוך בזה על שיטת הגר"א, דכל שיש עדיין מקצת מן הקיבורת כשר לתפילין, ולא יברך›.

‹ומהב"ח ונ"צ וא"ר והגר"א משמע, דצריך לברך ג"כ, אחרי דיש לו קיבורת, ודה"ח ג"כ מסכים בעיקר הדין לחיוב כמותם, אך מ"מ לענין ברכה מצדד להקל, ויותר טוב שיברך ב' על השל ראש, היינו לפי מנהגנו כהרמ"א, ולהב"י אחת, ויכוין להוציא בזה גם השל יד›.

אבל אם נשאר קצת מהקנה, גם הא"ז מודה להתוספות דחייב בתפילין, ויברך ג"כ.

ואם אין לו יד שמאל כלל, או אפילו קצה הזרוע שלמעלה ממקום הקיבורת נשאר, ומקום הקיבורת אין לו כלל, פטור מלהניח הש"י אף בימין, **[ז]ויש** מחמירין בזה, [ועכ"פ בלי ברכה].

וכ"ז שנעשה גידם בשמאל דהוא מקום הנחת התפילין, אבל אם נעשה גידם בימין, אפילו נקטע לו כל היד, חייב בתפילין, ויבקש לאחרים שיניחוהו עליו, ‹**וזהו** בנקטע כל ידו וגם הקיבורת, דאמרינן דמלבד שחסר לו יד, גם נשאר לו רק יד שמאל שהיא יד כהה, **אבל** אם נקטע רק מקצת ידו, אפי' נשאר לו רק הקיבורת, הואיל ויש לו עכ"פ שתי ידים, מניח באותו יד הרצוצה משום דנעשה איטר, וכדלקמן בס"ו במ"ב ובה"ל - מנחת שלמה›.

אות א' - ב'

אטר מניח תפילין בימינו שהוא שמאלו

בשולט בשתי ידיו

סימן כז ס"ו - [ח]ואטר יד ימינו אם עושה כל מלאכתו בשמאלו - ה"ה אפילו רק רוב מלאכתו, **מניח בשמאלו שהוא ימין של כל אדם** - ואם הניחו בימינו שהוא שמאל כל אדם, אף בדיעבד לא יצא.

ואפילו נעשה איטר על ידי שהרגיל עצמו אח"כ, ולא נולד כך, יניח בימין, **וכ"ש** אם מן השמים הרגילוהו, דהיינו שנולד לו חולי בימינו וניטל הכח ממנו, או שנקטע לו כף ידו הימנית, וצריך לעשות כל מלאכתו בשמאל, בודאי דינו כאיטר גמור, ויניח על היד הרצוצה, **ואם** חזר לבריאותו, ונעשה שולט בשתי ידיו בשוה, הרי הוא ככל אדם.

באר הגולה

א ‹ע"פ מהדורת נהרדעא› ב **שם ל"ז** ‹וקצת ראיה יש דפסול מהא דכתב רש"י במנחות דף ל"ז, מה כתיבה בימין, כשכותבין המזוזה בימין דרוב ב"א כותבין בימין, ולמה נקט רש"י מזוזה, הא בלא"ה שפיר אמרינן מה כתיבה בימין דרוב בני אדם כותבין בימין, וע"כ לאשמועינן דבמזוזה פסול מטעם דרוב בני אדם כותבים בימין ואין דרך כתיבה בשמאל, ומיהו יש לדחות ודוק - מג"ג› ג **סה"ת והגה' מיימונית בשם סמ"ק** ‹שבת ק"ג. - גר"א. **שם**: ואשמאל אמאי חייב, הא אין דרך כתיבה בכך, ומשני באיטר יד שנו, ותהוי ימין דידיה כשמאל כל אדם, ומשני בשולט בשתי ידיו, **הרי** דבכל אדם כשכותב בשמאל, וכן איטר יד בימין, פסול, רק בשולט בב' ידיו כשר בין בימין בין בשמאל - דמשק אליעזר› ד **דעת הב"י** ‹משום דבסה"ת נסתפק בדבר, {אף בכל אדם כשכותב דיעבד בשמאל}, דאפשר שבת שאני דמלאכת מחשבת בעינן - גר"א› ה ‹ע"פ המ"א› ו ‹ז"ל ד"מ: בא"ז כתב גידם פטור אע"פ שנשאר לו זרוע להניח שם, אבל בתוס' סוף פ' הקומץ דף ל"ז משמע דהלכה כמ"ד חייב אם יש לו זרוע, עכ"ל. **וכוונתו** להא דאיתא התם: אין לו זרוע פטור מן התפילין, אחרים אומרים ידכה לרבות את הגידם. וכתבו התוס': מר אמר חדא ומר אמר חדא ולא פליגי, עכ"ל. פי' הא דאחרים מחייבים מיירי ביש לו זרוע, **אך** צ"ע דהא"ז פסק כאן דלא כמאן, {**דאי** ס"ל כהתוס' הרי דלכו"ע ביש לו זרוע חייב, ואי ס"ל דפליגי כ"ש דקשה, דא"כ ת"ק פוטר באין לו זרוע, אבל יש לו זרוע מודה דחייב, ואחרים מחייבים אפי' אין לו זרוע, וא"כ האור זרוע דפוטר אפי' יש לו זרוע, דלא כמאן}, **וצ"ל** דגירסתו היתה: אין לו אלא זרוע פטור מן התפילין וכו', {משמע לפי גרסא זו דת"ק פוטר אפילו יש לו זרוע, ופסק האור זרוע כת"ק - מחה"ש}, **והב"ח** כתב, אף את"ל דפליגי, היינו בנחתכה גם הקיבורת, וגם בהא פליגי אחרים ומחייבים את הגידם, אבל אם נשארה הקיבורת, לכו"ע חייב ויברך - מ"א› ז ‹והטעם, בשבות יעקב כתב, משום שמי שיש לו יד אחת, הרי היא נחשבת כימינו וכשמאלו, ולכן יניח עליה, שהרי היא גם כשמאל, ובארצות החיים למד כן מדרשת הפסוקים - מ"ב המבואר› ח **מנחות ל"ז**

הקומץ רבה פרק שלישי מנחות לז

רבי יוסי א] החורם אומר מצינו ימין שנקרא יד (בראשית מח) שנאמר °וירא יוסף כי ישית אביו יד ימינו ואידך יד ימינו איקרי יד סתמא לא איקרי ר' (דברים ו) נתן אומר אינו צריך הרי הוא אומר °וקשרתם וכתבתם מה כתיבה בימין אף קשירה בימין וכיון דקשירה בימין הנחה בשמאל היא ור' יוסי ב] החורם הנחה דבשמאל מנא ליה נפקא ליה מהיכא דנפקא ליה לר' נתן רב אשי אמר מידכה ג] כתיב בה"י כהה א"ל ר' אבא לרב אשי ואימא ידך שבכח א"ל מי כתיב בחי"ת כתנאי ידכה בה"י זו שמאל אחרים אומרים *ידך לרבות את הגידם תניא אידך אין לו זרוע פטור מן התפילין אחרים אומר ידכה לרבות את הגידם ת"ר *איטר מניח תפילין בימינו שהוא שמאלו והתניא מניח בשמאלו שהוא שמאלו של כל אדם אמר אביי כי תניא ההיא *בשולט בשתי ידיו תנא *דבי מנשה על ידך *זו קיבורת בין עיניך זו קדקד היכא אמרי דבי רבי ינאי מקום *שמוחו של תינוק רופס °בעא מיניה פלימו מרבי מי שיש לו שני ראשים באיזה מהן מניח תפילין א"ל או קום גלי או קבל עלך שמתא אדהכי אתא ההוא גברא א"ל איתיליד לי ינוקא דאית ליה תרי רישי כמה בעינן למיתב לכהן אתא ההוא סבא תנא ליה חייב ליתן לו י' סלעים איני והתני *רמי בר (במדבר יח) חמא מתוך שנאמר °פדה תפדה את בכור האדם שומע אני אפילו נטרף בתוך ל' *ת"ל אך

רש"י

ר' יוסי ד] **החורם** · חוטמו משוקע כדאמרי' בבכורות (דף מג:) חרום זה שחוטמו משוקע: **מצינו ימין שנקרא יד** · ולא ה] ילפינן מהכא: **מה** ו] **(מזוזה) כתיבה בימין** · כשכותבין המזוזה בימין דרוב בני אדם כותבין בימין אף קשירה נמי עבד קשר בימין ומדקשר בימין מכלל הנחה בשמאל דאי הנחה ז] על ימין שוב אינו יכול לקושרה בימין: **מידכה כת'** · מדכתיב *בה"י ח] כהה משמע לשון נקיבה שמע מינה בשמאל קאמר דאין בה כח כנקיבה ל"א ידכה יד כהה עמיא בלא כח: **כתנאי** · דאיכא תנא דיליף שמאל מידכה כרב אשי ואיכא דלא יליף: **לרבות את הגידם** · שאין לו יד ט] דידכה דמשמע יד רצוצה ומקולקלת: **אין לו זרוע** · שמאל: (א) ימין של איטר הויא שמאל לדידיה הואיל ורוב כחו בשמאלו: **בשולט בשתי ידיו** · ששתיהן שוות לו בכח דכיון דאף בימין נמי שולט הלכך מניחה בשמאלו לפי שהיא שמאל לכל אדם ואע"ג דלדידיה הויא י] ימין: **קבורת** · בדרו"ן: **סיכא** · אקדקוד קאי: **רופס** · רך כשהוא קטן בן שנה: **או קום גלי** · או עמוד וגלה בגלות או קבל עליך שמתא דאחוכי חייכת בי: **עשר סלעים** · דחד בכור הוא ואית ליה תרי רישי וחשיב כתרין ואע"ג דיולדת תאומים לא יהיב אלא ה' סלעים כדאמרינן בפ' יש בכור לנחלה (בכורות מח·) אפ"ה התם הוא משום דאי אפשר לצמצם אבל הכא חד הוא ואפשר לצמצם שיצאו כאחד והוי שניהם פטר רחם: **שומע אני אפי' נטרף** · נהרג בתוך ל' יום נמי חייב דאף על גב דכתיב (במדבר יח) ופדויו מבן חדש תפדה אפ"ה הכא איכא למימר אם לא נהרג הוי חי ל' ובכור מעליא הוא יא]: אך

תוספות

רבי יוסי החורס · פי' בקונטרס חוטמו היה שקוע כענין חרום דבכורות (דף מג:) ותימה הוא לומר שכינהו בלשון גנאי אלא על שם מקומו נקרא כן · מ"ר: **יד** ימינו איקרי · ומדכתיב (בראשית מח) ויתמוך יד אביו לא קשיא מידי *כיון שכבר פירש יד ימינו ונראה דר' יוסי נמי אההוא קא סמיך ומשום הכי לא מייתי מידו הימנית דמצורע · מ"ר*: **מה** כתיבה בימין אף קשירה בימין · בסמוך אמרי' דאיטר מניח תפילין בימינו שהיא שמאלו והשתא אדם הכותב בימינו ושאר רוב מעשיו בשמאלו יש להסתפק באיזה מהן יב] מניח תפילין ושמא יש לדמותו כשולט בשתי ידיו יג]· מ"ר: **אין** לו זרוע פטור מן התפילין אחרים אומרים ידכה ס' · מר אמר חדא ומר אמר חדא ולא פליגי יד]·*מ"ר: **קיבורת** · פירש בקונטרס בדרו"ן וקיבורת הוא לשון קבוצת בשר כמו (ב"ב דף ס·) קיבורא דאהיני ואור"ת דהוא גובה הבשר טו] שבזרוע שבין בית השחי למרפק שקורין קודא טז] (ואור"ת) לא כדברי המפרשים גובה בשר שבאותו עצם שבין היד למרפק דהא משמע בכל דוכתי דמצות תפילין בזרוע כדאמרינן לקמן (דף מג:) חביבין ישראל שסיבבן הקב"ה במצות תפילין בראשיהן ובזרועותיהן ובפ' בתרא דעירובין (דף צה:) וקושר בזרועו במקום תפילין ואמרינן נמי אין לו זרוע פטור מן התפילין ואותו עצם שבין יד לקודא אינו קרוי זרוע אלא קנה כדתנן במס' אהלות (פ"א מ"ח) דקחשיב רמ"ח איברים ל' בפיסת יד [ו' בכל אצבע] שנים בקנה שנים במרפק אחד בזרוע וד' בכתף ומשמע בהדיא דההוא דסמוך לכתף הוא זרוע שבין הכתף למרפק ומרפק הוא קודא כדמשמע במסכת ערכין (דף יט:) בפ' האומר משקלי דקתני מכניס ביד עד האציל וברגל עד הארכובה *קרי לאציל מרפק במתני' וכתיב נמי *על כל אצילי ידי ומתרגם מרפיקי ידי ומשמע דמרפק ביד כנגד ארכובה ברגל וגם בכל דוכתי משמע דאציל הוא קודא ולא כפירוש הקונטרס דפירש *גבי אוב וידעוני איישיל ובמסכת סופרים (פ"ג) תניא לא ישים שני אציליו על הספר וזהו הקודא שדרך להשען עליו עוד אמרי' בפ"ב דזבחים (דף יט·) ולא יחגרו ביזע שאין חוגרין במקום שמזיעין ולא למטה ממתניהן ולא למעלה מאציליהן אלא כנגד אצילי ידיהן והיינו כנגד הקודא ששם דרך לחגור ולא כנגד איישיל דאדרבה שם מקום זיעה יותר ובפרק המפלת (נדה דף ל:) *דאמרינן גבי ולד במעי אמו ושני אציליו על ברכיו ומהא דכתיב בירמיה (לח) שים נא בלויי הסחבות תחת אצילי ידיך לא קשיא מידי *ולפי שהיה אוחז בחבלים בידיו ומשים תחת הקודא בלויי הסחבים שלא יזיקו לו והא דתנן גבי שבת* המוציא בפיו ובמרפיקו אפשר שיתן אדם גרוגרת כנגד אותו פרק של קודא מבפנים וכופף ידו על כתיפו שלא תפול הגרוגרת ויוציאנה והא דתנן בפ' ד' מיתות (סנהדרין דף סה·) בעל אוב זה פיתום המדבר בשחיו ובגמ' תניא בעל אוב זה המדבר בין הפרקים ובין אצילי ידיו משמע דאציל הוא בית השחי צריך לומר דמאי דשייר במתני' פירש בברייתא וכמו שהוסיפו בין הפרקים היינו פירקי אצבעות כך הוסיפו אצילי ידיו שהוא מרפק קודא בלע"ז כדפרישית ומדקדק ר"ת מההיא דערכין (דף יט:) דמשמע התם דמדאורייתא ידך זו קיבורת אבל בנדרים הלך אחר לשון בני אדם ועד מרפיקו הוא דמיקריא יד משום דקיבורת לא הוי בכלל ועוד מדאמרינן בשמעתין שתהא שימה כנגד הלב והיינו כנגד הדדים כדאמרינן במועד קטן (דף כז:) הספד על הלב כדכתיב על שדים סופדים ומההיא דערכין קשה לדברי המפרשים בפ' כל הבשר (חולין דף קו:) לחולין עד הפרק הוא פרק שלישי של האצבעות עד חיבורן לפיסת ידים ולתרומה כל היד ולקידוש ידים ורגלים עד הפרק דהיינו קודא והכי איתא בספר הזהיר ולא יתכן כדמוכח ההיא דערכין (דף יט:) דקודא היינו שיעורא דנדרים עוד ראיה מדתנן בפ' הזרוע (חולין דף קלד·) איזהו זרוע מן הפרק של ארכובה עד הכף של יד והוא של נזיר וכנגדו ברגל שוק האמור בשלמים יז] מן הארכובה *הפרק של הארכובה עד בוקא דאטמא *עד הירך דהיינו שני עצמות בעצם האמצעי ועצם של קולית ר' יהודה אומר מן הפרק של הארכובה עד סובך של רגל והוא עצם האמצעי המחובר לקולית ולאותו פרק קרי סובך של רגל כך פירש שם בקונטרס ומיהו אין ראיה מזרוע דבהמה לזרוע דאדם דהא שוק דאדם נמי לא הוי כשוק דבהמות דתנן באהלות ב' בשוק חמשה בארכובה וא' בירך אלמא קרי שוק עצם המחובר לרגל ויתכן לר' יהודה נמי היינו שוק דבהמה *ויש מפרשים דסובך של רגל דקאמר ר' יהודה היינו פרק הסמוך לרגל דהיינו איסתוירא קביליי"א בלע"ז וכן משמע בתוספתא דמסכת ידים דקתני שיעור שבקידוש ידים עד הפרק וברגלים עד הסובך והיינו עד הפרק דקאמר במסכת ערכין ובירושלמי דמצות חליצה נמי מוכיח כן דקאמר גבי חליצה כיני מתני' בקשור מן הארכובה ולמטה כשירה אבל מן הארכובה ולמעלה פסולה ופריך והכתיב (שמות ל) ורחצו בני אהרן את ידיהם ואת רגליהם ותנן עלה ביד עד הפרק וברגל עד הסובך והיכי אמר כך שנייה דכתיב (דברים כה) מעל רגלו מעתה אפילו מן הארכובה ולמעלה תהא כשירה שנייה (היא) דכתיב מעל רגלו ולא מעל דמעל רגלו משמע דקרי סובך לפרק הסמוך לרגל · מ"ר*:

מקום שמוחו של תינוק רופס · הוא הדין הסמוך למלא כדמוכח לקמן מקום הראוי לטמא בנגע א' ואמרינן בעירובין (דף נה:) מקום יש בראש שראוי להניח שם שני תפילין · מ"ר: **או** קום גלי כו' · בעולם הזה ליכא אבל יש במדרש אשמדאי הוציא מתחת קרקע אדם א' שיש לו שני ראשים לפני שלמה המלך ונשא אשה והוליד בנים כיוצא בו בשני ראשים וכיוצא באשתו בראש אחד וכשבאו לחלוק בנכסי אביהם מי שיש לו שני ראשים שאל שני חלקים ובאו לדין לפני שלמה יח]· מ"ר: **שומע** אני אפי' נטרף בתוך ל' יום · פירש בקונטרס נטרף נהרג יט] וקשה לר"ת דממתני' הוה ליה לאקשויי דתנן בבכורות (דף מט·) מת הבן בתוך ל' יום האב פטור מחמש סלעים ועוד קשה דבפ"ק דבבא קמא (דף יא:) דאמר עולא א"ר אלעזר בכור שנטרף בתוך ל' יום אין פודין אותו מאי קמ"ל מתני' היא ומיהו

עין משפט נר מצוה

קצה א ב מיי' פ"ד מהלכות תפילין הלכ' ג טוש"ע או"ח סי' כז סעיף ו:

קצו ג ד מיי' שם הלכה א ב טוש"ע שם סעיף א ט:

[וע"ע תוס' עירובין נ: ד"ה בין לרבנן]

קצז ה מיי' פי"א מהל' ביכורים הלכה יז סמג עשין קמד טוש"ע יו"ד סי' שה סעיף יב:

[עיין מג"א סי' כז סק"ג ובתשובת שבות יעקב ח"א סי' ג]

נ"ק מ"ש

נ"ק

[יחזקאל מ]

[נכי' ושם]

שיטה מקובצת

א] ר' יוסי החרום ובתוס' חיצונית גרים החרם על שם מקום כמו עיר ההרס [ישעיה י"ט] או חרס כמו תמנת חרס [שופטים ב]: ב] ור' יוסי החרום: ג] מידכה' בה"י יד כהה א"ל ר"א לרב אשי ואימא יד שבכח א"ל: ד] ר' יוסי החרום: ה] ולא מהכא נפקא א)כדי ליפגא ותיבת ילפינן ל"ש: ו] מה מזוזה: ז] הנחה הוי על קיבורת ימין: ח] תיבת כהה נמחק: ט] דידך כהה דמשמע יד רעועה ומקולקלת: י] הויא כימין: יא] מעליא הוא נ"א שנטרף שנולדו לו סימני טריפה כגון ניקב קרום של מוח: יב] מניח תפילין · אי אזלינן בתר כתיבה הואיל דכתיב וקשרתם וכתבתם אי לא. יג] ידיו ולא כתב כן בעל התרומות: יד] פליגי ובירושלמי משמע דפליגי דאמר לרבות את הגידם שמניח בימינו וכן אמרי' בהדיא ב) במכילתא דפליגי: טו] שבזרוע שהוא למעלה מן המרפק שקורין קודא אבל אי אפשר לומר שהוא במקום קבוצת בשר למטה מן המרפק דהא משמע כו' וזרוע הוא העצם שבין מרפק לשחי כדתנן בפ"ק דאהלות כו' תוס' אחרות: טז] תיבת ואור"ת נמחק: יז] בשלמים (ומיתוי בעצמות) מן הפרק של הארכובה עד בוקא דאטמא דהיינו כל הירך שני עצמות: יח] שלמה · נ"א שלמה בחכמתו הרתיח מים וכסה אחד מן הראשים ושפך הרותחים על ראש השני מחמת צער הרותחים צעק בשני ראשים אמר שלמה ש"מ דתולדה אחת לשתי הראשים ואין נידון אלא כאיש אחד: יט] וקשה לר"ת הדא דהל"ל נהרג בהדיא ולמה שינה את לשונו לומר נטרף ועוד דמה ענין זה למי שיש לו שני ראשים · תוס' אחרות:

מסורת הש"ס

בכ"י משמע כו' נ"ק

נ"ל ידכה

עירובין נה: ערכין יט:

הגהות הב"ח

(א) רש"י ד"ה אין לו זרוע שמאל הס"ד ואח"כ מ"ה בימינו ימין של איטר:

ב"ק יא:

וקרי נ"ק

[סנהדרין סה.]

אמרינן נמי גבי נ"ק

נ"ל נפי

גליון הש"ס

גמ' בעא מיניה פלימו · עיין בכהנת אור להגאון בעל פנים מאירות פ' במדבר: תוס' ד"ה יד כו' כיון שכבר פירש כו' · עי' עירובין דף ב ע"ב תוס' ד"ה בין לרבנן:

מן הפרק נ"ק

דהיינו כל הירך והוי שני עצמות עצם האמצעי נ"ק

ויש נ"ק

נ"ק מ"ז

[ועי' עוד שבת צב. ד"ה במרפקו וכו' ומה שציינתי שם על הגליון]

א) נ"ל נפקא כדילפת: ב) פי' בשו"ת שבות יעקב ח"א סימן ג' שכתב דאינו מוכרח כלל מהמכילתא דפליגי ע"ש:

(ודע, דלפי מה שכתבנו למעלה, בנקטע שמאלו ולא נשאר לו כי אם הקיבורת, דמעיקר הדין חייב להניח עליה תפילין, ה"ה בנקטע יד ימינו ולא נשאר לו כי אם הקיבורת, חייב להניח עתה עליה תפילין, דעתה אחר שהרגיל עצמו לעשות בשמאל, הימין נעשה שמאל).

ואם שולט בשתי ידיו - ר"ל שעושה כל המלאכות בשניהם שוה בשוה, **מניח בשמאל כל אדם** - אבל אם נקל לו לעשות בשמאל, אף שיכול לעשות אותם גם בימין, זה לא מיקרי שולט בשתי ידיו.

ואם כותב בימינו, ושאר כל מעשיו עושה בשמאלו, או כותב בשמאל ושאר כל מעשיו עושה בימין, [ט]י"א שיניח תפילין ביד שתש כח, דבעינן יד כהה - ר"ל דכתיבה אין לה שום מעלה משאר מלאכה יחידית, ואזלינן בתר רוב המעשים, והיא הנקראת שמאל.

[י]וי"א שהיד שכותב בה היא חשובה ימין לענין זה, ומניח תפילין ביד שכנגדה. (הגה: וככי נכוג) - דכתיב: וקשרתם וכתבתם, משמע דבאותו יד שכותב בה, צריך לקשור את התפילין על היד שכנגדו, **מיהו** כשלא נולד כן, רק אח"כ הרגיל עצמו לכתוב בשמאל, ושאר מעשיו עושה בימין, יניח בשמאל כל אדם, (דבזה יש לסמוך על הב"ח, [מובא לקמן בבה"ל] – מ"א).

ואדם שאין יכול לכתוב, לכו"ע אזלינן בתר שאר מלאכות, באיזה יד שעושה אותם נקרא ימין.

(מסתימת השו"ע והפוסקים משמע, דכל כתיבה מהני לזה, ולא בעינן שיהיה יכול לכתוב ספרים תפילין ומזוזה גופא, כדמשמע לכאורה פשטיה דקרא "וכתבתם", **אך** אם אינו יכול לכתוב כתב גמור, רק רשימות ותמונות בעלמא לזכרון, כמו שאנו קורין בל"א ציפער, איני יודע אם הוא בכלל כתב לענין זה, **ובאמת** בכגון זה בודאי יותר טוב לסמוך על שיטת הגר"א והרוב מהראשונים, דס"ל כדיעה הראשונה).

(עיין במ"א שכתב, דלדעה זו אפילו אם הוא שולט בשתי ידיו בכתיבה, מניח בשמאל כל אדם, אף ששאר כל מעשיו עושה בשמאלו. **ועיין** עוד שם שהביא [יא]דעת הב"ח שחולק וסובר, דדוקא אם כותב בימינו ושאר כל מעשיו עושה בשמאלו, שבזה נחשב כשולט בשתי ידיו, אבל אם כותב בשמאלו ושאר מלאכתו עושה בימינו, יניח בשמאל של כל אדם, **אך** המ"א מסיים עליו, שאנו אין לנו אלא פסק השו"ע, וכן סתמו כהמ"א הרבה מאחרונים שאחריו, **אך** הארה"ח החזיק בדעת הב"ח להלכה, **והגר"א** בביאורו החזיק לגמרי כדעה הראשונה, דלא אזלינן כלל בתר כתיבה, וא"כ אם כותב בימין ושאר מעשיו עושה בשמאל, יניח בימין, **אך** מ"מ נלענ"ד דנוכל להמליץ על העולם, [יב]דנוהגין כהלכה אליבא דכו"ע, ומנהגן של ישראל תורה היא, דנ"ל דאפילו לדעה הראשונה, ה"מ דביד שכותב בה אין יכול לעשות פעולות האחרות, אבל אם באותו יד יכול ג"כ לעשות פעולות האחרות, רק שנקל לו לעשות בהיד השני, מקרי שולט בשתי ידיו לכו"ע, כיון דבהיד השני אינו יכול לכתוב כלל, וכל יד יש לה מעלה בפני עצמה).

אות ג' – ד'

זו קיבורת

מקום שמוחו של תינוק רופס

סימן כז ס"א - [יג]"מקום הנחתן של יד בזרוע שמאל - מדכתיב "ידכה" בה"א, פירוש: יד כהה, דהיינו השמאל שהיא תשה וכהה, [גמ'], **ועוד** דרשו, מדכתיב: וקשרתם וכתבתם, מה כתיבה בימין שכן דרך בני אדם, אף קשירה בימין, וכיון דקשירה בימין ממילא הנחה בשמאל, **ואם** הניחו בימין, אף בדיעבד לא יצא.

בבשר התפוח שבעצם - והוא המקום הנקרא קיבורת בלשון חז"ל, **[יד]"שבין הקובד"ו** - הנקרא עלינבויגי"ן, **ובית השחי** - והוא לעיכובא כדילפינן לזה בגמ' מקרא.

(וצריך ליזהר שלא יהיה קצה התפילין למטה מבשר התפוח, כמו בשל ראש שצריך ליזהר שלא יהיה קצהו על המצח, דהא ילפינן במנחות גז"ש גובה שביד מגובה שבראש).

[טו]ויטה התפלה מעט לצד הגוף, בענין שכשיכוף זרועו למטה יהיו כנגד לבו, ונמצא מקיים: והיו הדברים האלה על לבבך.

הגה: ולריך להניח ברחש העלס הסמוך לקודד"ו, חבל לח בחלי העלס שסמוך לשחי (סמ"ק) - אין ר"ל ראש העצם ממש, דהתם עדיין נמוך הבשר, ועד שיתחיל להיות גבוה אין מקום תפילין, דאין ע"ז שם קיבורת, אלא ר"ל בגובה הבשר שבעצם, **ולא** בא הרמ"א בזה לחדש שום דבר רק במה שסיים: אבל לא בחצי העצם שסמוך לשחי, ור"ל אף שיש גם שם עדיין מקצת בשר תפוח, **וגם** דעת המחבר הוא כן, דדוקא מחצי העצם ולמטה, כדמוכח בסעיף ז', ומה שכתב המחבר מתחלה: בבשר התפוח שבעצם, ע"כ ג"כ דכונתו מחצי העצם ולמטה, (**אף** שנראה קצת שיש גם מחצי ולמעלה בשר תפוח, אעפ"כ [טז]עיקר שם קיבורת אינו כי אם על מקום שמחצי עצם ולמטה).

באר הגולה

ט **הרא"ש בשם בעל התרומה** ‹כרב אשי שם – גר"א›. ‹**ובספר** התרומה הוסיף, דאפילו לפי דרשא הב', י"ל דאף מי שכותב בשמאל יניח בשמאל כל אדם, דהכי קאמר מה כתיבה רוב בני אדם כותבין בימין, אף קשירה בימין, ואותו יחיד שכותב בשמאל לא ישתנה דינו, וכתב המרדכי, שכן משמע ברש"י ל"ז ד"ה מה – מ"ב המבואר› י **טור והגהת סמ"ג והגהות מיימוני בשם ר' יחיאל** יא ‹דתרווייהו בעינן, שהימין תהא כהה, והכתיבה תהא בשמאל כל אדם, אז מניח בימין כל אדם, אבל בחדא לריעותא, מניח בשמאל כל אדם, כשולט בב' ידיו› יב ‹דנוהגין כהרמ"א לילך לגמרי אחר יד הכותב, ואי כותב בימין, אף דכל שאר מלאכות עושה בשמאל, מניחין בשמאל, וזה דלא כדעה א'. **ולכאורה** אינו מיישב בציור ליהפך, דנוהגין להניח בימין, ולסברתו, הי"ל להניח בשמאל› יג **מנחות** ל"ו ל"ז יד סמ"ק טו **מנחות** ל"ז ‹מכוין ומנח ליה להדי ליביה, והבינו דגם יטה אותם לצד לבו› טז ‹צריך הסבר אמאי חצי העליונה אינו עיקר

והגר"א בביאורו הסכים לדינא, דכל מקום הקיבורת כשר להניח בו תפילין, (דדעתו דהקיבורת נמשך יותר מחצי העצם, **וכן משמע** ג"כ במנחות ל"ז. דכל הקיבורת כשר, דקאמר ידך זה קיבורת, בין עיניך זה קדקוד, היכא, אמרי דבי ר"י מקום שמוחו של תינוק רופס, ומדלא מבאר ג"כ את מקום המיוחד שבקיבורת, ש"מ דכל הקיבורת כשר, וכן הרי"ף והרמב"ם והרא"ש והטור ורי"ו לא הזכירו שום זכר שיחלק את בשר הקיבורת לחצאין), **ועכ"פ** למטה ממקום הקיבורת פסול לכו"ע.

ע"כ נכון למנוע מלהניח תפילין גדולים, כי ע"פ הרוב מצוי בתפילין גדולים, שסוף הקציצה מונחת למטה ממקום הקיבורת, אם לא שיקשרם לכתחלה בחצי העצם העליון, **וגם** זה לא נכון להקל לכתחילה בזה, אחרי דדעת המחבר ורמ"א להחמיר בזה.

אך אם אין לו כי אם תפילין גדולים, טוב יותר שיקשרם בחצי העצם העליון, במקום שנמצא עדיין בשר התפוח, ויצא בזה עכ"פ דעת הגר"א ושאר פוסקים, ממה שיהיו מונחים למטה ממקום הקיבורת, ולא יצא בזה אליבא דכו"ע, וגם הברכה יהיה לבטלה.

סימן כז ס"ט - "מקום הנחת תפלה של ראש, מהתחלת עיקרי השער ממצחו - ד"בין עיניך" לאו ממש הוא, דגמרינן גזירה שוה מ"לא תשימו קרחה בין עיניכם" האמור אצל מת, מה להלן מקום שעושה קרחה והוא בראש, אף כאן מתחיל מקום תפילין ממקום שיש שייכות קרחה, דהיינו ממקום התחלת צמיחת השערות שבראש.

ורבים נכשלים באיסור זה, וטועים לומר שהקצה העליון מתחיל ממקום השיער, ועיקר התפילין מונח על המצח, ועוברים על איסור דאורייתא, דכל התפילין צריכין להיות מונחין במקום שיש קרחה, דהיינו שיהיה אפילו קצה התחתון של התיתורא מונח על מקום התחלת עיקרי השער, **אבל** אין להשגיח למי שיש לו שערות ארוכות ששוכבים עד חצי המצח, להניח שם התפילין, כי התחלת מקום התפילין צריך להיות מהתחלת עיקרי השער שבפדחת ולמעלה.

ויותר טוב להניח קצת למעלה משיעור זה, דהא מקום יש בראש להניח שתי תפילין, כדי שלא ישמט למטה על המצח, **וכל** המניחן על המצח הוא מנהג קראים, ולא עשה המצוה, [גמרא ‹מגילה כ"ד› ורמב"ם], וכל בעל נפש יזהיר לחביריו וילמדם שלא יכשלו בזה, כדי שלא יהיו ח"ו בכלל פושעי ישראל בגופן, דזהו קרקפתא דלא מנח תפילין, וגם הברכה הוי לבטלה, דתפילין שמונחין שלא במקומן הוי כמונחין בכיסן, **ואם** נשמטו ממקומן צריך להחזירן תיכף, ולענין ברכה ע"ל בסימן כ"ה סי"ב.

עד סוף המקום שמוחו של תינוק רופס - ר"ל שקצה המעברתא של התפילין, לא יהיה מונח למעלה ממקום שמוחו של תינוק רך.

(**עיין** בטור ורבינו ירוחם, משמע מינייהו [יח] דכל גובה הראש הוא בכלל הזה, **וברמב"ם** משמע מפשטא דלישניה דלא ס"ל כן, וכן בסמ"ק ובכל בו כתבו בפירוש, דשיעור הנחת תפילין נמשך בסך הכל עד חצי שפוע הראש, **ולכן** מהנכון מאד ליזהר עכ"פ לכתחלה, שלא יהיו התפילין גדולים ביותר, כי עי"ז נמשך למעלה על כל גובה הראש, **ומ"מ** בדרך כלל טוב יותר שימשיך התפילין בגובה למעלה, משישפילם לצד המצח, כי בגובה יוצא עכ"פ לדעת כמה מהראשונים, מה שאין כן לצד המצח, **ודע עוד**, דאפילו לדעת סה"ת דמכשיר כל גובה הראש לתפילין, עכ"פ אין לעשותן יותר גדולים מארבע אצבעות, והיינו עם התיתורא והמעברתא, וזהו שיעור מקום שני תפילין שבזמן הגמרא, ולכתחלה בודאי נכון ליזהר בזה).

אות ה'

ת"ל: אך, חלק

יו"ד סימן שה סי"ב - מת הבן בתוך שלשים, ואפי' ביום שלשים, וכן אם נעשה טריפה קודם שעברו עליו שלשים יום, אינו חייב בפדיון - נראה דהיינו בודאי טריפות, ובכה"ג אפי' חי אח"כ זמן ארוך פטור מפדיון, ולא אמרינן טרפה אינה חיה בודאי טרפה, **אבל** בספק טרפה פטור מפדיון, דהמע"ה, ‹ואם כבר נתן לכהן א"צ להחזיר לו›, **מיהו** אם חי אחר כן יב"ח, חייב, דיצא מידי ספק טרפה כיון דחי יב"ח, וכדלעיל סי' נ"ה ס"ק מ"ח כנ"ל - ש"ך, (**ועיין** בתשובת טור האבן מה שפלפל בדין זה). **ואפילו הקדים ונתן לכהן הפדיון, יחזירנו לו** - ‹דנתינה בטעות היא, ואם לא החזיר הוי גזל ביד כהן - ערוה"ש›.

‹**אבל** גוסס ויוצא ליהרג חייב בפדיון, יש"ש בב"ק. **ובגוסס** בידי אדם צל"ע לדינא, ועיין ברמב"ם - רעק"א›.

באר הגולה

קיבורת, והא הוא כמו כן בגובה, וזהו העיקר מה שצריך› **יז** **מנחות ל"ז לפי' הרא"ש** ‹וז"ל: והא דאמר לעיל במקום שמוחו של תינוק רופס, לאו דוקא קאמר שיניח במקום המוח ולא יותר, אלא מקום הנחת תפילין מתחיל ממקום שמתחיל השער, דהיינו ממקום שעושה קרחה ומיטמא בנגע אחד, ועד מקום שמוחו של תינוק רופס נמשך מקום הנחתן. והיינו דקאמר מקום יש בראש להניח ב' תפילין, והא דאמר לעיל מקום שמוחו של תינוק רופס, ה"ק עד מקום שמוחו כו'› **יח** ‹וכי מוחו רופס בכל גובה הראש, וקשה לומר דיש מחלוקת במציאות. ועיין בארצה"ח דיש ב' לימודים, ומה דמניחו בחציו העליון, נלמד מהיקש מתפילין של יד, דמניחם על גובה שביד›

גמרא

אך חלק שאני הכא דבגולגולת תלא רחמנא אמר מר ידך זו קיבורת מנלן דת"ר על ידך זו גובה שביד אתה אומר זו גובה שביד או אינו אלא על ידך ממש אמרה תורה הנח תפילין ביד והנח תפילין בראש מה להלן בגובה שבראש אף כאן בגובה שביד רבי אליעזר אומר אינו צריך הרי הוא אומר והיה לך לאות א] לך לאות ולא לאחרים לאות ר' יצחק *אומר אינו צריך הרי הוא אומר ושמתם את דברי אלה על לבבכם וקשרתם שתהא שימה כנגד הלב ר' חייא ב] ורב אחא בריה דרב אויא מכוין ומנח ליה להדי ליביה רב אשי הוה יתיב קמיה דאמימר הוה ציריא בידיה וקא מתחזיין תפילין אמר ליה לא סבר לה מר לך לאות ולא לאחרים לאות אמר ליה במקום לך לאות איתמר גובה שבראש מנלן דת"ר בין עיניך זו גובה שבראש אתה אומר זו גובה שבראש או אינו אלא בין עיניך ממש נאמר כאן בין עיניך ונאמר להלן לא תשימו קרחה בין עיניכם למת מה *להלן בגובה שבראש מקום שעושה קרחה אף כאן בגובה של ראש מקום שעושה קרחה ר' יהודה אומר אינו צריך אמרה תורה הנח תפילין ביד הנח תפילין בראש מה להלן במקום הראוי ליטמא בנגע אחד אף כאן במקום הראוי ליטמא בנגע אחד לאפוקי בין עיניך דאיכא בשר ג] ושער דאיכא שער לבן ואיכא נמי שער צהוב: ארבע ציציות מעכבות זו את זו שארבעתן מצוה אחת: מאי בינייהו אמר רב יוסף סדין בציצית איכא בינייהו רבא בר אהינא אמר טלית בעלת חמש איכא ד] בינייהו רבינא אמר דרב הונא איכא בינייהו *דאמר רב הונא היוצא בטלית שאינה מצויצת כהלכתה בשבת חייב חטאת אמר רב ששא בריה דרב אידי האי מאן דצריה לגלימיה לא עביד ולא כלום שוייה טלית בעלת חמש אמר רב משרשיא האי מאן דציירה לגלימיה לא עבד ולא כלום מאי טעמא דכמאן דשרייה דמי *ותנן נמי כל החמות הצרורות טהורות חוץ משל ערביים אמר רב דימי מנהרדעא האי מאן דחיטיה לגלימיה לא עבד ולא כלום אם איתא דלא מיבעי ליה ליפסוק ולישדייה: רבי ישמעאל אומר ארבעתן ארבע מצות: אמר רב יהודה אמר שמואל הלכה כרבי ישמעאל ה] ולית הלכתא כותיה רבינא הוה קא אזיל אבתריה דמר בר רב אשי בשבתא דריגלא איפסיק קרנא דחוטיה ולא אמר ליה ולא מידי כד מטא לביתיה אמר ליה מהתם איפסיק א"ל אי אמרת לי מהתם שדיתיה והא אמר *מר גדול כבוד הבריות שדוחה את לא תעשה שבתורה תרגומה רב בר שבא קמיה דרב כהנא בלאו

הדרן עלך הקומץ את המנחה

רש"י

אך חלק · אך פדה תפדה (במדבר יח) והאי נמי כנטרף דמי שהרי לא יחיה: בגולגולת תלא רחמנא · לפדיון בכור דכתיב (שם ג) חמש שקלים לגולגולת והאי אית ליה תרי ואי משום אך חלק השתא מיהא לא מית: גובה · קיבורת דהוא אצל הכתף: ידך ממש · כף: מה להלן בגובה שבראש · כדילפינן לקמן מקראי: ולא לאחרים לאות · שלא יראו התולה ואי בכף מיתחזי (א) לכ"ע: קיבורת כנגד הלב היא: הוה ציריא בידיה · מכה היתה לו אצל הקיבורת ונקרע חלוקו שם כדי שלא תדחק המכה והיו נראין התפילין דרך הקריעה: במקום לך לאות איתמר · מקום שרוב בני אדם אין נראה לאחרים דהיינו קיבורת ולעולם אם נקרע שרי: בין עיניך ו] ממש · *בגובה עיניו: שעושה קרחה · ז] [שיש בו] שער ואם מורטו עושה קרחה: יד בנגע א' שער לבן וראש *בנגע א' שער צהוב דכתיב בפרשת נגעים גבי ח] ראש וזקן *בעי שיער צהוב לטמאו אלמא מקום שער מטמא (בשער צהוב): לאפוקי בין עיניך · דאיכא שער דגבות עינים ואיכא בשר ובעי תרתי שער לבן בבשר ושער צהוב במקום שער: מאי בינייהו · מ"מ בין למר ובין למר בעינן ד' ציצית כדכתיב (דברים כב) על ארבע כנפות כסותך: סדין · דפשתן בציצית *בתכלת דעמרא הוא איכא בינייהו לת"ק דאמר מצוה אחת הן הלכך אי חסר סדין ציצית אחד ליכא מצוה והוו להו איך כלאים ולרבי ט] ישמעאל לא הוו כלאים דהשלש שנשארו שלשה מצות הן: בעלת חמש · שחתך מקרן הא' באלכסון והוו בה שני קרנים ותניא לקמן בהתכלת (דף מג:) טלית בעלת חמש חייבת בציצית ויליף מריבויא דאשר תכסה בה לת"ק דאמר מצוה אחת הן סבר ארבעה דוקא למצוה אחת וכי רבי רחמנא בעלת חמש להטיל י] ארבע כנפותיה רבייה ולא להטיל לכנף חמישי ומצות ציצית בד' כנפות ולר' ישמעאל דאמר ארבעתן [ארבע] מצות כי רבי רחמנא בעלת חמש נמי להטיל (ב) לכולהו רבייה דהא כל חד מצוה באפי נפשה יא]: דרב הונא איכא בינייהו כו' · וכ"ע אית להו דרב הונא מיהו הטיל לשלש ולא לד' לת"ק הויא מצויית שלא כהלכתה וחייב חטאת דהוו להו ציצית משוי ולרבי ישמעאל יב] (כהי ד) הויא מצויית כהלכתה דג' מצות יג] (מיהא) איכא ואינו פסול ודרב הונא בעשויה בפסול (ג) (דהאיכא שלשה מצות): דצייריה לגלימא · שחתך יד] אחד מן הקרנות חתיכה כגון פגימה דנראין כשני קרנים: לא עבד כלום · לפוטרה מן הציצית: שוייה טלית בעלת ה' · וחייבת: האי מאן דצייריה לגלימיה · שהיתה טליתו ארוכה וכפלה ותלה הציצית בקרנות הכפל אף על גב שצררה ודיבקה שלא תחזור לאיתנה לא עבד כלום דסופו להתיר ולחזור לאיתנה ונמצאו ציצית באמצעיתה ואנן כנפות בעינן הלכך מהשתא כמאן דשרייה דמיא טו]: כל החמות · נודות הצרורות שאין שוליהן תפורין אלא צרורין טהורין דאין מקבלין טומאה דרואין כאילו ניתר הקשר וליכא בית קיבול והוי ככלי הנקוב במוציא רימון: חוץ משל ערביים · דדרכן בכך: האי מאן דחייטיה לגלימיה · שכפל לטליתו כדפרישית ותפרה שלא תשוב לאיתנה ואפ"ה לא עשה כלום דכמאן טז] *דשירייה דמיא: אם איתא דלא מיבעיא ליה · אם ארוכה היא לו ואינה צריכה לו ארוכה כל כך יז] לפסוק אותו כפל ולישדייה ואחר כך יתלה הציצית*: הלכה כרבי ישמעאל · וכי הנך שינויי דאמרן לעיל מאי בינייהו: שבתא דרגלא · שבת יח] שדורשין בהילכות הרגל כדקיי"ל (פסחים דף ו.) שואלין בהלכות הפסח קודם הפסח ל' יום: איפסיק קרנא דחוטי יט] · ציצית דמר בר רב אשי: מהתם · דאיפסיקא: שדיתיה · הייתי משליכה מעלי דלית הלכתא כרבי ישמעאל אלא כתנא קמא וכיון דחסרו אין בה מצוה והויא כמשוי:

תוספות

ומיהו ההיא איכא לשנויי דנהרג איצטריכא ליה דהוה אמינא דווקא מת מעצמו דמוכח מילתא דנפל הוא וכן פירש שם בקונטרס דמת מעצמו לא איצטריכא ליה דאין פודין דהא כתיב (במדבר יח) ופדויו מבן חדש תפדה אבל נהרג איצטריכא ליה לאשמועינן דלא אמרינן דאי לא קטליה הוי חי ולאו נפל הוא ולפרקיה וקשה לפירושו דופדויו מבן חודש גזירת הכתוב הוא ולא לאפוקיה מתורת נפל אלא אפילו קים ליה בגויה שכלו לו חדשיו אע"ג דמהכא נפקא דכל ששהה ל' יום באדם אינו נפל מידי דהוה אבן שמנה ימים דבהמה דילפינן מינה דאינו נפל אע"ג דגזירת הכתוב כי קים לן בגוויה שכלו לו חדשיו כדמוכח בפ"ק דראש השנה (דף ו:) דאין מונין לו אלא משעת הרצאה כ] ועוד אמרי' בפרק יש בכור (בכורות דף מט.) גבי פודה את בנו בתוך שלשים יום ונתאכלו המעות בתוך ל' יום אין בנו פדוי עוד אמרי' בירושלמי בפ"ק דקדושין גמרא בהמה גסה נקנית במסירה *רבי יהודה אמר שאל רבי אלעזר בטר שנטרף בתוך ל' יום א"ל דומה לו כמי שמת ופטור מחמש סלעים של בן ואי בנהרג מאי שייך למימר כמי שמת ומפרש ר"ת דנטרף כא] היינו דנעשה טריפה אע"פ שחיה יותר מל' יום וכיון שיש לו שני ראשים היינו טריפה דכל יתר כנטול דמי · מ"ר*:

מה להלן במקום הראוי ליטמא בנגע אחד כו' · וא"ת אי מה להלן במקום בשר אף כאן במקום בשר כגון פדחתו · מ"ר*:

האי מאן דחייטיה לגלימיה לא עבד כלום דכמאן דשריה [דמי] · פירש בקונטרס בלשון *אחר שכפל טליתו ותפרה שלא תשוב לאיתנה אפ"ה לא עבד כלום ולא כב] היה לו לפרש כן דלקמן בפ' התכלת (דף מא.) תניא טלית כפולה חייבת בציצית ורבי שמעון פוטר ושוין שאם כפלה ותפרה שחייבת אלמא שחייבת במקום הכפילות להטיל שם ציצית ולא אמרינן כמאן דשרייה דמי ויועילו ציצית שבקרנותיה:

עין משפט נר מצוה

קצח א ב מיי' פ"ד מהל' תפילין הלכה א ב טוש"ע א"ח סימן כז סעיף א ט.

קצט ג מיי' פ"ט מהל' שבת הלכה כ סמג עשין כו טוש"ע א"ח סי' יג סעיף א וסימן שא סעיף לח:

ר ד מיי' פ"ג מהלכות ציצית הלכה ג טוש"ע א"ח סי' י סעיף ב:

רא ה טוש"ע שם סעיף ג:

רב ו מיי' פכ"ד מהלכות כלים הלכה יא:

רג ז מיי' פ"א מהלכות ציצית הלכה יז טוש"ע א"ח סי' י סעיף ג:

גירסת רש"א ר"י שאל את ר"א וכ"ה ל"ק

[וע"ע תוס' ב"ק יא: ד"ה בכור]

מסורת הש"ס

[פסחים ס: וש"נ]

[מכות יג:] בין גבות עיניו ל"ק

מטמאה בנגע ל"ק

דבעי ל"ק

ל"ק מ"ז

דתכלת ל"ק

[קידושין לו:]

ל"ק שבת קלט' ע"ש

כליס פכ"ו מ"ד

רש"א מ"ז

רש"א מ"ז

ל"ק מ"ז

ברכות יט: [שבת פא: לו.] עירובין מא: מגילה ג:

נ"ל דשרייה

כמאן שייך ל"א ועיקר שבדף שאחר זה

הגהות הב"ח

(א) רש"י ד"ה ולא לאחרים וכו' לכ"ע הס"ד ואח"כ מ"ה נגד הלב קיבורת: (ב) ד"ה בעלת חמש וכו' להטיל לכנפיה רבייה דהא כל חד: (ג) ד"ה דרב הונא וכו' בפסול דליכא שלשה מצות:

שיטה מקובצת

א] לך לאות ולא לאחרים לאות ומפיק יד ממש שאינו מכוסה ועדיין אינו ידעינן מהכא אי הוא קיבורת למעלה מן המרפק או למטה מן המרפק שגם הוא מכוסה בבגדים אלא אדרבי יצחק סמיך דאמר שתהא שימה כנגד הלב: ב] רבי חייא בריה דרב אויא: ג] בשר ואיכא שיער: ד] בינייהו · פ"א למ"ד מצוה אחת אי איפסקא חדא הנך תלת להוו כלאים ולמ"ד ד' מצות לא (רב אדא) [רבא בר אהינא] אמר כו' למ"ד מצוה אחת כיון דרמא ליה ארבעתן לא צריך למ"ד ארבע מצות הן צריך רבינא אמר כו' מ"ד ארבע מצות לית ליה דרב הונא ומ"ד מצוה אחת אית ליה דרב הונא ורש"י לא פי' כן: ה] ולית הלכתא כר"י ונפקא מינה לכל הני נפקותא דאמרן לעיל ואם נפסק בשבת אחת מן הציצית אע"ג דבחול אסור ללובשו בשבת מותר ללובשו שהרי כבוד הבריות הוא להיות מעוטף בטליתו דבחול דוקא אמר רחמנא גדילים תעשה לך על ארבע כנפות כסותך בזמן שהוא בר עשייה אבל בשבת שאינו בר עשייה אינו מוזהר ואין לומר דמוזהר הוא שלא ללבוש ד' כנפות בלא ציצית דע"כ אינו מוזהר על הלבישה אלא מצוות על העשיה וראיה לדבר מפרק האשה רבה דפריך גבי סדין בציצית דפטור מדרבנן גזירה משום קלא אילן וכי יש כח ביד חכמים לעקור דבר מן התורה ומשני שב ואל תעשה משום גזירה דקלא אילן ואם היה סוחר שלא ללבוש טלית של ד' כנפות בלא ציצית הוי קום עשה: ו] עיניך ואשמועינן בגובה ותיבת ממש נמחק: ז] קרחה שיער ותיבות שיש בו ל"ש: ח] גבי נתקי ראש: ט] ישמעאל דאמר כל אחד ואחד מצוה בפני עצמה לא הוו כלאים דס"ם דהשלש שנשארו שלשה מצות הן ואינן כלאים: י] להטיל לד': יא] נפשה היא: יב] תיבות נהי ד' ל"ש: יג] מצות מיהא איכא ואינו משוי ורב הונא מיירי בעשויה בפסול הס"ד והשאר נמחק: יד] שחתך · באחד מן הקרנות חתיכה כמין פגימה נ"א באלכסון דנראין תיבת כגון נמחק: טו] דמיא ל"א ועיקר האי מאן דצייריה לגלימיה קרנות טליתו כפל וקשר ודומה כאלו קצצן ואין לה כנפות להפקיעה מתורת ציצית לא עביד כלום לפוטרה מן הציצית וכמאן דשיירא דמי ובת [ד'] כנפים היא שהרי סופה לחזור לתחלתה: טז] דכמאן דשרי דמיא: יז] לפסוק לאותו כפל ולישדייה ואח"כ יתלה הציצית ל"א ועיקר האי מאן דחייטיה לגלימא כפל הכנפות כאלו הם מקוצצות ותפר הכפלים של שניהן אפ"ה לא עביד ולא כלום להפקיעה מן הציצית דכל כמה דלא פסק להו חשובין הן מן הטלית ובעלת כנפים היא דאם איתא דלא מבעיא ליה לצורך לפסוק ולשדייה אבל השתא מדלא פסק להו שמא מבעיא ליה ועדיין מן הטלית הן וללישנא קמא קשה דתניא בפרק התכלת ושוין שאם כפלה ותפרה שחייבת: יח] שבת שהיו דורשין: יט] דחוטים · דמר בר רב אשי עם הציצית ולא ידע ולא אמר ליה רבינא ולא מידי הס"ד ומה"ד מהתם איפסוק בר"ה הס"ד ומה"ד אי אמרת לי מהתם דאיפסק הס"ד: כ] ועוד מאי רבותא אתא לאשמועינן דאם הוא נהרג תוך שלשים דאינו נפדה פשיטא דאפי' חי הרבה ופדאו תוך שלשים אינו פדוי דהא תוס' אחרות: כא] היינו דנולד בו סימנים והיינו דומה ברוכה ותיבת דנעשה נמחק: כב] היה לו לפרש ויש לחלק בין האי דחייטיה לגלימא להויא דלקמן דההיא דלקמן מיירי כגון טלית כפולה לשנים ואין עתיד להתירה כלל אבל הכא לא כפל כי אם הקרנות ועתיד להתירן דאם איתא דלא מבעיא ליה לשדייה תוס' אחרות:

§ מסכת מנחות דף לז: §

אות א׳ - ב׳

שימה כנגד הלב

גובה שבראש

סימן כז ס"א - [א]**מקום הנחתן של יד בזרוע שמאל** - מדכתיב "ידכה" בה"א, פירוש: יד כהה, דהיינו השמאל שהיא תשה וכהה, [גמ׳], **ועוד** דרשו, מדכתיב: וקשרתם וכתבתם, מה כתיבה בימין שכן דרך בני אדם, אף קשירה בימין, וכיון דקשירה בימין ממילא הנחה בשמאל, **ואם** הניחו בימין, אף בדיעבד לא יצא.

בבשר התפוח שבעצם - והוא המקום הנקרא קיבורת בלשון חז"ל, [ב]**שבין הקובד"ו** - הנקרא עלינבויגי"ן, **ובית השחי** - והוא לעיכובא כדילפינן לזה בגמ׳ מקרא.

(**וצריך** ליזהר שלא יהיה קצה התפילין למטה מבשר התפוח, כמו בשל ראש שצריך ליזהר שלא יהיה קצהו על המצח, דהא ילפינן במנחות גז"ש גובה שביד מגובה שבראש).

[ג]**ויטה התפלה מעט לצד הגוף, בענין שכשיכוף זרועו למטה יהיו כנגד לבו, ונמצא מקיים: והיו הדברים האלה על לבבך.**

הגה: וצריך להניח בראש העצם הסמוך לקודד"ו, אבל לא בחצי העצם שסמוך לשחי (סמ"ק) - אין ר"ל ראש העצם ממש, דהתם עדיין נמוך הבשר, ועד שיתחיל להיות גבוה אין מקום תפילין, דאין ע"ז שם קיבורת, אלא ר"ל בגובה הבשר שבעצם, **ולא** בא הרמ"א בזה לחדש שום דבר רק במה שסיים: אבל לא בחצי העצם שסמוך לשחי, ור"ל אף שיש גם שם עדיין מקצת בשר תפוח, **וגם** דעת המחבר הוא כן, דדוקא מחצי העצם ולמטה, כדמוכח בסעיף ז׳, ומה שכתב המחבר מתחלה: בבשר התפוח שבעצם, ע"כ ג"כ דכונתו מחצי העצם ולמטה, (**אף** שנראה קצת שיש גם מחצי ולמעלה בשר תפוח, **אעפ"כ** [ד]עיקר שם קיבורת אינו כי אם על מקום שמחצי עצם ולמטה).

והגר"א בביאורו הסכים לדינא, דכל מקום הקיבורת כשר להניח בו תפילין, (דדעתו דהקיבורת נמשך יותר מחצי העצם, **וכן** משמע ג"כ במנחות ל"ז. דכל הקיבורת כשר, דקאמר ידך זה קיבורת, בין עיניך זה קדקוד, היכא, אמרי דבי ר"י מקום שמוחו של תינוק רופס, ומדלא מבאר ג"כ את מקום המיוחד שבקיבורת, ש"מ דכל הקיבורת כשר, וכן הרי"ף והרמב"ם והרא"ש והטור ורי"ו לא הזכירו שום זכר שיחלק את בשר הקיבורת לחצאין), **ועכ"פ** למטה ממקום הקיבורת פסול לכו"ע.

ע"כ נכון למנוע מלהניח תפילין גדולים, כי ע"פ הרוב מצוי בתפילין גדולים, שסוף הקציצה מונחת למטה ממקום הקיבורת, אם לא שיקשרם לכתחלה בחצי העצם העליון, **וגם** זה לא נכון להקל לכתחילה בזה, אחרי דדעת המחבר ורמ"א להחמיר בזה.

אך אם אין לו כי אם תפילין גדולים, טוב יותר שיקשרם בחצי העצם העליון, במקום שנמצא עדיין בשר התפוח, ויצא בזה עכ"פ דעת הגר"א ושאר פוסקים, ממה שיהיו מונחים למטה ממקום הקיבורת, ולא יצא בזה אליבא דכו"ע, וגם הברכה יהיה לבטלה.

סימן כז ס"ט - [ה]**מקום הנחת תפלה של ראש, מהתחלת עיקרי השער ממצחו** - ד"בין עיניך" לאו ממש הוא, דגמרינן גזירה שוה מ"לא תשימו קרחה בין עיניכם" האמור אצל מת, מה להלן מקום שעושה קרחה והוא בראש, אף כאן מתחיל מקום תפילין ממקום שיש שייכות קרחה, דהיינו ממקום התחלת צמיחת השערות שבראש.

ורבים נכשלים באיסור זה, וטועים לומר שהקצה העליון מתחיל ממקום השיער, ועיקר התפילין מונח על המצח, ועוברים על איסור דאורייתא, דכל התפילין צריכין להיות מונחין במקום שיש קרחה, דהיינו שיהיה אפילו קצה התחתון של התיתורא מונח על מקום התחלת עיקרי השער, **אבל** אין להשגיח למי שיש לו שערות ארוכות ששוכבים עד חצי המצח, להניח שם התפילין, כי התחלת מקום התפילין צריך להיות מהתחלת עיקרי השער שבפדחת ולמעלה.

ויותר טוב להניח קצת למעלה משיעור זה, דהא מקום יש בראש להניח שתי תפילין, כדי שלא ישמט למטה על המצח, **וכל** המניחן על המצח הוא מנהג קראים, ולא עשה המצוה, [גמרא ‹מגילה כ"ד› ורמב"ם], וכל בעל נפש יזהיר לחביריו וילמדם שלא יכשלו בזה, כדי שלא יהיו ח"ו בכלל פושעי ישראל בגופן, דזהו קרקפתא דלא מנח תפילין, וגם הברכה הוי לבטלה, דתפילין שמונחין שלא במקומן הוי כמונחין בכיסן, **ואם** נשמטו ממקומן צריך להחזירן תיכף, ולענין ברכה ע"ל בסימן כ"ה סי"ב.

עד סוף המקום שמוחו של תינוק רופס - ר"ל שקצה המעברתא של התפילין, לא יהיה מונח למעלה ממקום שמוחו של תינוק רך.

(**עיין** בטור ורבינו ירוחם, משמע מינייהו [ו]דכל גובה הראש הוא בכלל הזה, **וברמב"ם** משמע מפשטא דלישניה דלא ס"ל כן, וכן בסמ"ק ובכל בו כתבו בפירוש, דשיעור הנחת תפילין נמשך בסך הכל עד חצי שפוע הראש, **ולכן** מהנכון מאד ליזהר עכ"פ לכתחלה, שלא יהיו התפילין גדולים ביותר, כי עי"ז נמשך למעלה על כל גובה הראש, ומ"מ בדרך

באר הגולה

[א] **מנחות ל"ו ל"ז** [ב] סמ"ק [ג] **מנחות ל"ז** ‹מכוין ומנח ליה להדי ליביה, והבינו דגם יטה אותם לצד לבו› [ד] ‹צריך הסבר אמאי חצי העליונה אינו עיקר קיבורת, והא הוא כמו כן בגובה, וזהו העיקר מה שצריך› [ה] **מנחות ל"ז לפי׳ הרא"ש** ‹וז"ל: והא דאמר לעיל במקום שמוחו של תינוק רופס, לאו דוקא קאמר שיניח במקום המוח ולא יותר, אלא מקום הנחת תפילין מתחיל ממקום שמתחיל השער, דהיינו ממקום שעושה קרחה ומיטמא בנגע אחד, ועד מקום שמוחו של תינוק רופס נמשך מקום הנחתן. והיינו דקאמר מקום יש בראש להניח ב׳ תפילין, והא דאמר לעיל מקום שמוחו של תינוק רופס, ה"ק עד מקום שמוחו כו׳› [ו] ‹וכי מוחו רופס בכל גובה הראש, וקשה לומר דיש מחלוקת במציאות. ועיין בארצה"ח דיש ב׳ לימודים, ומה דמניחו בחציו העליון, נלמד מהיקש מתפילין של יד, דמניחם על גובה שביד›

כלל טוב יותר שימשיך התפילין בגובה למעלה, משישפילם לצד המצח, כי בגובה יוצא עכ"פ לדעת כמה מהראשונים, מה שאין כן לצד המצח, **ודע עוד**, דאפילו לדעת סה"ת דמכשיר כל גובה הראש לתפילין, עכ"פ אין לעשותן יותר גדולים מארבע אצבעות, והיינו עם התיתורא והמעברתא, וזהו שיעור מקום שני תפילין שבזמן הגמרא, ולכתחלה בודאי נכון ליזהר בזה).

אות ג'

היוצא בטלית שאינה מצוייצת כהלכתה בשבת, חייב חטאת

סימן שא סל"ח - [ז]היוצא בשבת בטלית שאינה מצוייצת כהלכתה, חייב - לא בשביל הטלית, דאע"ג דאינו מקיים עשה דציצית, מ"מ אינו חייב בשביל זה מחמת שבת, דהא מלבושיה הוא, **אלא** בשביל הוצאת החוטין, **ועיין** לעיל בסימן י"ג ס"א במ"ב, שם מבואר כל פרטי הדין הזה.

[ח]מפני שאותם החוטים חשובים הם אצלו, ודעתו עליהם עד שישלים ויעשהו ציצית - ר"ל הלכך לא בטלי אגב הטלית, כמו דבטלי הרצועות לגבי כילה לקמן בסל"ט.

(זהו דעת הראשונים דמפרשי מה שאמר בגמרא "הני חשיבי", היינו משום דדעתו להשלים, **ועוד** יש הרבה ראשונים דמפרשי "הני חשיבי", משום דהן חוטין של מצוה, א"נ של תכלת כפירש"י, **ונ"מ** בזה לכמה ענינים, ואין כאן מקום להאריך). ‹ועיין מש"כ לקמן בסעיף ל"ט›.

[ט]ואם היא מצוייצת כהלכתה, אע"פ שאין בה תכלת, מותר לצאת בה בשבת - דקי"ל תכלת אין מעכב את הלבן, **(וע"ל סי' י"ג).**

[י]סימן יב ס"א - [יא]ארבע ציציות מעכבין זה את זה - שכולם הם מצוה א', ואם נחסר אפי' ציצית א', הוי כלא הטיל בה כלל, וביטל לגמרי העשה דציצית. **שכל זמן שאין בה כל הד', אינה מצוייצת כהלכתה, [יב]והיוצא בה לרה"ר בשבת חייב חטאת, (וע"ל סי' ש"א סל"ח)** - ולכרמלית אסור מדרבנן.

דהוי משוי מחמת הציצית הנותרים, ואינם בטלים לגבי בגד, דחוטי ציצית חשיבי הם ולא בטילי, **ואפילו** אם אותם הציצית ג"כ פסולים הם, מ"מ כל שנמצא בהם איזו חוטין כשרים, דעתו עליהם, וחשיבי ולא בטילי, **אם** לא שנפסקו כל חוטי הארבע ציצית, ולא נשאר בהם כדי עניבה, דאז בטלים הם להבגד, **ע"כ** אם נודע לו דבר זה בשבת כשהוא הולך בר"ה, א"צ לפשוט טליתו.

וה"ה לכל שאר פסולים, [פמ"ג בשם רש"י] [יג]ד"ה דרב הונא, כגון שהיה הבגד סתום רובו, או שהיו הציצית עשויין שלא במקומן, למעלה מג' אצבעות או למטה מקשר אגודל, וכל כה"ג, או שהיה ארבע כנפות קטן משעור הכתוב בסימן ט"ז, בכל אלו אסור לצאת בהן אפי' לכרמלית מדרבנן, **ובגד** שפתוח חציו בצימצום, עיין לעיל בסימן י' ס"ז.

[י]סימן יב ס"ב - [טו]אם היא מצוייצת כהלכתה, מותר לצאת בה לרשות הרבים, בין טלית קטן בין טלית גדול - אפילו בלילה דלאו זמן ציצית הוא, משום דנוי הוא לבגד, **ואפילו** בטליתות של שאר מינים, אפילו להפוסקים לעיל בסימן ט' ס"א, דחיובן רק מדרבנן, מ"מ נוי בגד הוא, כיון דעכ"פ מחוייב בהן בתורת ודאי, **ואינו** דומה לבגד שחציו פתוח וחציו סתום, דפסק בשו"ע לעיל בסימן יו"ד סעיף ז', דאין יוצאין בו בשבת, דהתם חיובו הוא רק מצד ספק.

אפילו בזמן הזה שאין לנו תכלת - דהא קי"ל התכלת והלבן אין מעכבין זה את זה, דכתיב: וראיתם אותו, אכל חדא וחדא משמע.

(רק שלא יהא מונח לו על כתיפיו) - דלא הוי תכשיט אלא משוי, דאין זה דרך לבישתו בחול, מיהו אם מתכסה רוב גופו סגי.

(ומוקמינן לטלית בחזקתיה שהוא מצויץ כהלכתו, ואין צריך לבדקו קודם שילא בו) (דברי תשובת הרא"ש ותשובת הרמב"ן וכלבו בשם הרמב"ס) - כיון שבדקו בבוקר בעת שהיה מברך על הלבישה, ונמצאו שלמים, תו אין רגיל ליפסק בזמן מועט כזה, אפילו הסירו בינתיים - מ"א.

ומוכח מזה, דבשבת ג"כ צריך לבדוק הציצית, והעולם אין נזהרין בזה, (ואולי טעם המנהג הוא, משום דלמה יועיל הבדיקה, דאפילו לא ימצאם כראוי, יהיה מותר ללבוש בשבת בבהכ"נ, כפסק הרמ"א בסעיף ג', **אך** זה לא יתורץ אלא למ"א, דטעם בדיקה הוא שלא ילך בבגד בלא ציצית, **אבל** לפי מש"כ הט"ז, דטעם הבדיקה הוא משום חומר "לא תשא" בברכה לבטלה, א"כ יבדוק, ואם ימצא שהם פסולים ילבש ולא יברך, **ואפילו** להמ"א, שייך הטעם דוקא בבהכ"נ, אבל אם לובש הטלית בביתו, כגון במקום שאין תיקון עירוב בעיר, והמנהג שלובש הטלית בביתו, ושם בודאי צריך בדיקה משני טעמים, **א'** שלא ילך בבגד בלי ציצית, **ועוד** שהוא רוצה לילך בו לכרמלית או לר"ה, **והנכון** שביום עש"ק יבדוק הטלית בעת הנחתו בהתיק שלו, ואז לא יצטרך לבדוק בשבת).

אות ד'

האי מאן דבצריה לגלימיה, לא עביד ולא כלום, שוייה טלית בעלת חמש

סימן י ס"ב - [טז]יש לה ארבע, וחתך א' באלכסון ועשאוהו שנים, הרי נעשית בעלת ה' וחייבת - ה"ה אם חתך ב'

באר הגולה

[ז] שבת קל"ט [ח] לפי' התוס' ורמב"ם [ט] ציינתיו לעיל בסימן י"ג אות ג' [י] ‹ע"פ הבאר הגולה› [יא] מנחות כ"ח [יב] שם ל"ז ע"ב
[יג] ‹שזה שדקדק שם רש"י ז"ל: עשוים בפסול, והחוטין כשרים - פמ"ג› [יד] ‹מילואים› [טו] תשובות הרא"ש והמרדכי [טז] מנחות ל"ז

כנפות באלכסון נעשית בעלת ו', [יז](וה"ה אם חתך באחד מן הקרנות חתיכה כעין ד', ונראה עי"ז כשני קרנים, כן משמע מרש"י מנחות ל"ז ע"ב ד"ה דבצריה עי"ש).

וכן אם היה לה תחלה ג', וחתך כנף אחת לשנים, נעשית בעלת ד' וחייבת בציצית, וצריך שתהיה החתיכה גדולה וניכרת, (**ולכאורה** נראה שצריך שיהיה עכ"פ הפסק בין שתי הקרנות ג' אצבעות).

ועיין בפמ"ג, דדוקא אם חתך מקצת מהבגד, עד שעי"ז נראה אותו המקום כשני קרנים, אבל אם לא חתך כלום, רק פגימה בסכין קרע בהקרן עד שנחלק אותו המקום לשנים, לא נעשית עי"ז בת ד', עד שיהא רוב פתוח.

אות ה'

האי מאן דצייריה לגלימיה, לא עבד ולא כלום, מאי טעמא, דכמאן דשרייה דמי

סימן י ס"ג - [יח]כפל קרנות טליתו [יט]וקשרם או תפרם, ודומה כאילו קיצען ואין לה כנפות, אעפ"כ לא נפטרה - דאי לא מיבעי ליה הכנפים, לפסוק ולישדייה, אלא ודאי דסופו להתיר את התפירה, הלכך נחשב כאילו כבר התיר התפירות, וחייבת בציצית.

ומטעם זה יוכל להטיל עתה הציצית בכפל אף למטה מקשר אגודל, אם כשיתפשט יהיה למעלה מקשר אגודל.

וכ"ז בשכפלו ותפרו בעיגול, אבל אם כפל ותפר בריבוע, כיון שגם עתה יש כנף, דעת הלבוש והמ"א, דרשאי להטיל שם הציצית בכפל, אע"פ שהוא יותר מג' אצבעות משפת הקרן, כיון דתפרה שרי, וכמו בס"ו בכפל הטלית דמהני התפירה, **ורבים** חולקין ע"ז, וס"ל דגם בזה לא מהני התפירה, **ושאני** ההיא דס"ו, דמיירי שכפלה כולה וכן דרך מלבוש, משא"כ בזה שלא כפל רק מקצת הבגד.

(עיין בארה"ח שמסתפק, באם היה הבגד עגול, וכפל מקצת משפתו עליו ותפרו עד שנעשה מרובע, אם אמרינן דלא מהניא התפירה גם להקל, ומסיק דתליא דבר זה בפלוגתא, ע"כ יטיל בו ציצית ולא יברך).

(**ואם** הכניס שפת הבגד לפנים ותפרו עד שאינו ניכר כלל הכפל למעלה, כדרך שהחייטים עושים, נראה דלכו"ע מהני תפירה זו, (ויכול לשים את הציצית בכנף השפה הכפולה, אף שרחוק יותר מג' אצבעות מקרן הפשוט), ולא שייך בזה הטעם דאי לא מיבעי וכו', כי כן דרך האומנים, **וא"כ** גם בההיא דארה"ח שכתבנו, אם עשה באופן זה, צריך להטיל בו ציצית ולברך, **ואפשר** עוד דאפילו להקל כההיא דהשו"ע, (היכא דעיגל הכנף, מהני תפירה כזו).

[כ]סימן כג ס"ב - [כא]יש נוהגים לקשור שני ציציות שבשני כנפים זה עם זה כשנכנסים לבית הקברות, ולא הועילו כלום בתקנתן - דאע"פ שקושרים זה עם זה, לא נתבטל מצות ציצית עי"ז, דהא לאו קשר של קיימא הוא, דדעתו להתיר את הקשר מיד בצאתו מבה"ק, וכעין שכתב בסימן י' ס"ג, **ועוד** לפי דעתם שסוברים שנתבטלו הציצית בקשירתן, א"כ לובשין בגד בלי ציצית.

אות ו'

כל חמתות הצרורות טהורות, חוץ משל ערביים

רמב"ם פכ"ד מהל' כלים הי"א - וכל החמתות [כב]שנפחתו וצררן, טהורות; חוץ משל ערביים, מפני שכך הוא דרכן תמיד לצררן.

אות ז'

האי מאן דחייטיה לגלימיה, לא עבד ולא כלום, אם איתא דלא מיבעי ליה, ליפסוק ולישדייה

סימן י ס"ג - עיין לעיל אות ה'.

באר הגולה

[יז] ‹הנה רש"י ד"ה בעלת חמש, כתב: חתך מקרן באלכסון, וד"ה דבצריה: "פגימה", יע"ש - פמ"ג. **וע"ש** בגירסת השיטה מקובצת, דגם ברש"י ד"ה דבצריה יש ב' הציורים, ועכ"פ הפמ"ג ר"ל, דב' האופנים, מש"כ השו"ע באלכסון, ומה שמביא הבה"ל בשמו, כעין ד', שניהם כתובים ברש"י, **וגם** מבאר הפמ"ג, דפגימה דאיירי בו רש"י, היינו דוקא כעין ד', אבל סתם פגימה, בעי רוב פתוח› [יח] **שם** [יט] ‹פירש רש"י (לח.) בלשון אחרון שתפס עיקר - ב"י› [כ] ‹ע"פ הבאר הגולה› [כא] **ב"י מההיא דמנחות ל"ז** [כב] ‹עיין רש"י שכתב: שאין שוליהן תפורין, ולכאורה היינו הך›

§ מסכת מנחות דף לח. §

אות א' א'

למישדייה

סימן יג ס"ג - [א]אם נודע לו בשבת כשהוא בכרמלית, שהטלית שעליו פסול - ר"ל בין שנפסק לו גם קרן הטלית ונעשית בת שלש, ובין שנפסק לו אחת מציציותיו לבד, **ואפילו** היה כבר פסול בשעה שיצא מביתו, כיון דבשעה שלבשו לא נודע לו, לא קנסינן ליה, **ואם** ידע מאתמול ושכח להטיל בו ציצית, נראה ג"כ דלא קנסינן ליה.

לא יסירנו מעליו עד שיגיע לביתו, דגדול כבוד הבריות - דכרמלית הוא מקום שאין האיסור טלטול רק מדרבנן, ולכך א"צ להסיר, דכבוד הבריות דוחה איסור דרבנן, **ואע"ג** דציצית מצות עשה דאורייתא, ודאורייתא לא דחינן מפני כבוד הבריות, **מ"מ** שרי, דלא אמרה תורה: לא תלבש בגד בלא ציצית, רק מ"ע להטיל בו ציצית, וכיון שאין יכול להטיל בו ציצית בשבת, אין עובר מ"ע, ואין עליו רק איסור דרבנן, ולכך הותר מפני כבוד הבריות, וא"צ לפשוט הטלית.

ואפילו בט"ג שלנו, שאין אנו נוהגין ללבוש אותו כל היום, אלא בעת התפלה לשם מצוה, וליכא ביזוי בהסרתו, ג"כ אין צריך להסירו, דלא פלוג רבנן בין טלית לטלית, **והגרע"א** בחידושיו מפקפק בזה.

הגה: ואפי' ט"ק שתחת בגדיו א"צ לפשוט - הגם דלא מנכרא מלתא אח"כ אם הוא הולך בלי טלית.

אבל בר"ה שהוא מן התורה, צריך לפשטו בין בט"ג ובין בטלית קטן, [**ולא** דמי למה שמתירין לקמן בט"ק דהוא גנאי גדול, דהכא הלא הוא איסור דאורייתא של קום ועשה, משום משא דציצית], **ואפילו** אם ישאר עומד ערום עי"ז, שאין כבוד הבריות דוחה איסור דאורייתא כזה בכל גווני, **ולקמן** בהלכות שבת יתבאר, דיש מחלוקת אם בזה"ז יש לנו דין ר"ה או לא, **ונראה** דאם הגדיל הוא שלם, והפסול הוא רק בענף, נוכל לצרף לזה דעת הר"י לעיל דמכשיר, וא"צ לפושטו תיכף, רק ימהר לילך לביתו.

וכ"כ אם נפסק א' מן הציציות ומתבייש לישב בלא טלית, דיוכל ללובשו בלא ברכה, מכח כבוד הבריות (ב"י בשם התשובה) - פי' בין שבא לבהכ"נ ורוצה ללבוש טליתו, וקודם לבישתו מצא הציצית פסולים, ומתבייש לישב ברבים בלי טלית, דמותר ללובשו בלי ברכה, **ובין** אם רואה באמצע לבישתו שנפסקו לו הציצית, ג"כ אין צריך להסירו, **ודוקא** שאין יכול להשיג בבהכ"נ טלית שאולה.

ודוקא אם נודע לו היום, אבל אם ידע מע"ש שהציצית פסולין, אסור ללובשו בשבת, דהו"ל לתקוני מאתמול, **אך** אם שכח יש להקל.

ועיין באחרונים שהסכימו, דהכל תלוי ברצון האיש הלובש, אם הוא מתבייש יוכל ללבוש בלי ברכה, אבל אם אין מתבייש, אין כאן ההיתר דכבוד הבריות.

ודוקא בשבת, דאסור לעשות ציצית, אבל בחול כהאי גוונא, אסור (מרדכי) - פי' לפי שבשבת ליתא רק איסור דרבנן, ‹כיון שסופו לבטל מצות עשה - גר"ז›, אבל בחול שהוא עובר על איסור תורה בכל שעה דקוים ועשה בו ציצית, ואיסור תורה אפילו רק איסור דשב ואל תעשה כזה, שהוא מונע את עצמו ממצוה, אין נדחה מפני כבוד הבריות, אם לא בגנאי גדול, **ולכן** אסור ללבוש הטלית גדול כשרואה שאין בו ציצית, דלישב בלי טלית, ס"ל לרמ"א דהוא רק בכלל גנאי קטן, **וכן** אם נודע לו בר"ה ‹בחול› כשהוא הולך בטלית גדול, שנפסק לו אחת מציציותיו, צריך ג"כ לפשטו תיכף, דבזמנינו פשיטת הט"ג בשוק, הוא ג"כ רק גנאי קטן.

אמנם אם בבהכ"נ נודע לו אחר שהוא כבר לבוש בהטלית, שאחת מציציותיו פסולים, הרבה מן האחרונים מקילין, דא"צ לפשטו תיכף, דס"ל דכיון שהוא ברבים בבהכ"נ, הפשיטה הוא גנאי ביותר, רק ימהר לילך לביתו או לבית שלפני בהכ"נ, ויפשיטנו שם, **והח"א** מחמיר בזה, וס"ל דהפשיטת ט"ג הוא רק גנאי קטן, דבלא"ה דרך בני אדם לפשוט תמיד הטלית ברבים בבהכ"נ, אח"כ מצאתי להפמ"ג שסובר ג"כ כהחיי אדם, **ע"כ** מהנכון לעשות את העצה שכתב בספר ארה"ח, שיפקירנו, דאז פטור מלעשות בו ציצית, וכשיגיע לביתו יחזור לזכות בו.

(**ונראה דאם הם הפסולים רק מטעם ספק, כגון שלא חסר לו מכל הח' חוטין רק שנים**, ‹והספק הוא אם שני הראשים הם מחוט אחד - שונה הלכות›, **וכה"ג, בודאי יש להקל, דא"צ לפושטו בביהכ"נ אפילו בחול, והפמ"ג נסתפק, אם נפסק לו רק שני חוטין, ושני חוטין נשארו שלמים, אם צריך לפשטו תיכף, דשמא מפני כבוד הבריות סמכינן אהשיטה שסובר, דלא בעינן רק החוטין שבשביל הלבן**).

עיין במ"א שמסיק, דמה שמחמיר הרמ"א בחול, לא קאי על מש"כ בתחלה, "ואפילו בטלית קטן", דבט"ק אם נודע לו שהציצית פסולין, דיש לו גנאי גדול לפושטו מתחת בגדיו, בין בבהכ"נ ובין ברבים, אין צריך לפושטו, דבגנאי גדול דוחה כבוד הבריות אפי' איסור דאורייתא בשב ואל תעשה, **אך** צריך למהר לילך לביתו או לבית שלפני בהכ"נ, ויפשיטנו שם, אף שהוא עוסק בבהכ"נ בדבר מצוה, מפני שהוא איסור תורה, **אבל** בשבת א"צ למהר לצאת מבהכ"נ כל עוד שהוא עוסק במצוה.

באר הגולה

[א] **מנחות ל"ז (לדעת הראב"ד) והריטב"א** ‹שאפילו אם נודע לו כשהוא עומד בכרמלית, שבשעה שיצא בו פסול היה, {דזה הציור אינו מבואר להדיא בגמ', דשם איירי שנפסק שם בכרמלית}, לא קנסינן ליה מפני שלא בדקו, דאפילו אם תמצא לומר שהיה לו לבדקו ולא בדקו, לא קנסינן ליה במקום דאיכא כבוד הבריות, וכ"ש דלא אשכחן שחייבוהו חכמים לבדוק - ב"י›

בלאו °דלא תסור ואיכא דאמרי מהתם א"ל וא"ל מאי דעתיך [אא] א) למישרייה והאמר מר גדול כבוד הבריות שדוחה את לא תעשה שבתורה והא תרגומה רב בר שבא קמיה דרב כהנא בלאו דלא תסור הבא נמי כרמלית דרבנן היא:

הדרן עלך הקומץ

התכלת *א אינה מעכבת את הלבן והלבן אינו מעכב את התכלת *ב תפלה *של יד אינה מעכבת את של ראש ושל ראש אינה מעכבת את של יד: **גמ'** לימא מתני' דלא כרבי דתניא °וראיתם אותו מלמד שמעכבין זה את זה דברי רבי וחכ"א אין מעכבין מ"ט דרבי דכתיב °הכנף *מין כנף וכתיב פתיל תכלת ואמר רחמנא וראיתם אותו עד דאיכא תרוייהו בחד ורבנן וראיתם אותו כל חד לחודיה משמע לימא דלא כרבי אמר רב יהודה אמר רב אפי' תימא רבי לא נצרכא אלא ב) לקדם דתניא ג) ג מצוה להקדים לבן לתכלת ואם הקדים תכלת ללבן יצא אלא שחיסר מצוה מאי חיסר מצוה אילימא

רש"י

בלאו דלא תסור · כגון סלמול ד] איסור מדרבנן ואבנים מקורזלות מותר להכניס לבית הכסא משום כבוד הבריות אבל לשאת משא דכתיב בהדיא לא דחי כבוד הבריות: **איכא דאמרי מפסק אמר ליה** · ה] רבינא איפסיק קרנא דתופא: **כרמלית** · מותר לטלטל בתוכה מן התורה: ו] ל"א ועיקר הוא תורה אור מאן דלרייה לגלימיה קרעת טליתו כפל *קשר ודומה כאילו קלטן ואין לה כנפות כדי להפקיעה מתורת ציצית: **לא עשה כלום** · לפוטרה מציצית: **מ"מ כמאן דשדי דמי** · ובת ד' כנפים שכופה לחזור לתחלתה: **אמר רב דימי האי מאן דחייטיה לגלימיה** · כפל כנפותיה כאילו הן מקולעות ותפר הכפלים שלא ישובו אפ"ה לא עשה ולא כלום להפקיעה מן הציצית דכל כמה דלא פסק ליה ש"מ מיבעי ליה ועדיין הן מן הטלית וללשון ראשון קשיא דתניא בפרק התכלת (לקמן מא.) שאם כפלה ותפרה שחייבת:

הדרן עלך הקומץ את המנחה

התכלת **אינה מעכבת את הלבן** · ואע"ג דמצוה לתת תכלת ב' חוטין ז] בציצית כדמפרש לקמן אפ"ה אין זה מעכב את זה ואי עביד ארבעתן תכלת או ארבעתן לבן יצא: **גמ' מין כנף** · היינו לבן דרוב טליתות של פשתים הן ולבנות: **תכלת** · צמר צבוע כדאמרינן (יבמות דף ד:) מדשש כיתנא תכלת עמרא: ח] **לא נצרכא** · מתניתין דקתני אין מעכבין זה את זה: **אלא לקדים** · שאם הקדים המאוחר דהיינו תכלת דלבן כתיב ברישא: **הכנף מין כנף** · ואם הקדים התכלת ט] את הלבן אינה מעכבת ואין צריך לפסוק התכלת אלא יתן הלבן אחריו: אילימא

תוספות

התכלת אינה מעכבת את הלבן · מצוה לתת ב' חוטין תכלת וב' חוטין לבן בציצית ומשמע לכאורה דאין זה מעכב את זה שאם הטיל שני חוטין מן האחד יצא כי *הנך דקתני תפלה של יד אינה מעכבת את של ראש כו' אבל בקונטרס פירש אי עבד ארבעתן תכלת או ארבעתן לבן יצא וכן אנו י] נוהגין ובגמרא *מוכיח כן והא דכל המטיל תכלת בסדינו בירושלים אינו אלא מן המתמיהין ומפרש דאסוריה גזירה משום קלא אילן ופריך לא יהא אלא לבן משמע דאי הוי לבן אין כאן איסורא אע"ג דבלא האי דקלא אילן איכא שני חוטי לבן ומיהו יש לדחות דאע"ג דבשני חוטי לבן איכא מצוה כי רמי טפי ליכא איסור כלאים דאין זה מוסיף על המצוה דגדיל שנים גדילים ארבעה דדרשינן מיניה שנים לבן ושנים תכלת לאו למעוטי טפי קאתי כדאשכחן גבי ערבי נחל דדרשינן (סוכה דף לד:) ערבי שתים ונוהגים להשים הרבה בלולב ולקמן גבי טלית שכולה תכלת ס' דאמרינן בטלית בת שמונה חוטין פירש בקונטרס שאין כאן איסור בל תוסיף כיון שכל השמונה בכרך אחד ולא דמי להטיל למוטלת והיינו טעמא דבהטיל למוטלת לבד שייך בל תוסיף משום דציצית אחד על כנף אחד אמר רחמנא ומהתם נמי יש ראיה דכי ליכא אלא לבן או תכלת בעינן לעולם ד' חוטין דמשמע דבטלית בת ד' חוטין לא חיישינן שמא יסיר ב' מהן ויניח בטלית *אחד דארבעתן מצוה מיהו בסוף אלו הן הנחנקין (סנהדרין דף פח:) משמע דאם הוסיף חוטין בכרך אחד פסול גבי זקן ממרא דא"ר אלעזר אינו חייב אלא על דבר שעיקרו מדברי תורה ופירושו מדברי סופרים ויש בו להוסיף ואם הוסיף גורע ואנו אין לנו אלא תפילין ופריך והאיכא ציצית ומשני אי קשר העליון לאו דאורייתא האי לחודיה קאי והאי לחודיה קאי ואי קשר העליון דאורייתא גרוע ועומד הוא והאי דלא מוקי לה התם בהטיל למוטלת משום דדילמא לא מיפסלא בכך אע"ג דעובר על בל תוסיף אם נתכוין להוסיף ואם לא נתכוין להוסיף שרי ומאן דמפליג לקמן (דף מא:) בין טלית בת ארבעה לטלית בת שמונה ה"פ בטלית בת ארבעה דהיינו שנים חוטין שהן ארבעה כשהן כפולין שלא היה לו תכלת ונותן אלו שלבועין קלא אילן במקום לבן וטלית בת ח' היינו בת ד' שהן כפולין שיסבור *כולם תכלת ויקח מהן לפטור טלית אחרת ומיהו קשה לפי' זה דבת ד' נמי יסבור שהוא תכלת ויוסיף עליהן לבן של פשתן ועוד דההיא ברייתא דמוקי בבת ד' קתני מביא תכלת ודבר אחר ותולה בה וקלא אילן לא יביא ואם הביא כשר אלמא משמע דמיירי בתולה קלא אילן עם התכלת ועל כרחיך ארבעה ושמונה דוקא קאמר בלא כפולות ושמא כל מה שמוסיף חוטין מד' עד ח' לאו מוסיף הוא ולא מיפסיל בכך כדאשכחן אמוראי לקמן (דף מב·) דרב אחא בר יעקב רמי ד' ורב אחא מדפתי רמי ח' והשתא לא פליגי כולי האי אלא דמר עביד הפחות ומר עביד היתר ובסנהדרין מיירי דמוסיף טפי מתמניא וצריך טעם מנלן דבשלמא *אי פליגי בהא דמאן דרמי ד' סבר כדדרשינן גדיל שנים גדילים ארבעה ומאן דרמי תמניא סבר דגדילים דקאמר רחמנא אכל מין ומין קאי גדילים מלבן וגדילים מתכלת דהיינו צמר ופשתים דעלייהו קאי אבל אי לא פליגי מה סברא היא זו דאי בעי עביד הכי ואי בעי עביד הכי וי"ל דכל זה יש במשמעות גדילים דאי עביד תכלת ולבן בין שניהם ד' חוטין גדילים קרינא ביה ואי עביד מכל חד וחד גדילים כגון ד' חוטין לבן וד' חוטין תכלת גדילים נמי קרינא ביה ולאו מוסיף הוא אבל אי רמי טפי מוסיף הוא וגרוע ועומד הוא ועוד צריך טעם מנלן דכי לית ליה אלא או לבן או תכלת דלא מיפטר בתרי חוטי לחודייהו עד דרמי ד' ושמא משום דדרשינן גדיל שנים גדילים ד' בין יש בו מין אחד בין יש בו שני מינין וקצת קשה הא דאמרי' בגמרא אם הקדים תכלת ללבן יצא אלא שחיסר מצוה מאי חיסר מצוה [אילימא חיסר מצוה] דלבן וקיים מצוה דתכלת לרבי עכובי מעכבי אהדדי דמשמע דאי לא מעכבי ניחא אלמא אע"ג דחיסר מצוה דלבן קיים מצוה דתכלת בב' חוטין ויש לומר דלהכשיר תכלת מיהא מהני לבן דקרינא ביה גדילים ד' וא"ת ומנלן דבעינן ב' חוטין לבן וב' חוטין דתכלת דילמא אגדילים קפיד קרא אפילו חד מהאי וג' מהאי ויש לומר כיון דתרי מיני בעי רחמנא סברא הוא שיהיו שוין ועוד פתיל תכלת כתיב ופתיל משמע תרי כדדרשינן פרק בא לו (יומא עב·) וקילך פתילים פתיל שנים פתילים ד' ולבן נמי לא פחות מתרי דקדיש טפי כדאמרינן בגמרא דמתחיל בלבן ומסיים בלבן דמעלין בקודש ולא מורידין ומיהו טעם זה דפתיל לא יתכן דבפרק בא לו משמע וקילך דמקלן אחד לשנים והכא על כרחין לא משמע תרי כדמוכח בספרי בפרשת [שלח] לך ובפרשת כי תצא ועשו להם ציצית שומע אני חוט אחד בפני עצמו ת"ל גדילים כמה גדילים נעשין אין [גדיל] פחות משלשה חוטין כדברי בית הילל משמע דמפתיל לא הוה שמעינן אלא חד ועוד דאי פתיל משמע תרי והכנף מין כנף לכל הפחות חד א"כ בלא גדילים נמי תיפוק ליה תלתא וצריך לומר שחולק על הש"ס שלנו דמשמע דחד מתכלת מהני ומה שאנו עושים הד' לא סמכינן אהא דאמרינן לקמן (דף מב·) רב אחא בר יעקב רמי ד' ועייף להו מיעף ומעייל להו בגלימא ואביק להו כו' עד מר בריה דרבנא עביד כי דידן ופירש בקונטרס דלא אביק להו ועוד תניא בספרי ב"ש אומרים ד' של צמר וד' של תכלת ואם תאמר היא גופה מנלן שצריך לכופלן ואי הוה מפרשינן עשה גדיל ופתיליאו מתוכו הייט שצריך לפותלו כעין פתילה שהיה כפולה ניחא אבל בקונט' לא פירש כן וגם אפרש:

כתיב הכנף מין הכנף · ואפילו לתנא דבי ר"י פ"ק דיבמות (דף ד:) דפליג ארבא דדריש הכי לא פליג אלא אהא דמרבה שאר מינים אבל הכנף מין כנף דריש שפיר: **ואם** הקדים תכלת ללבן יצא · תימה כיון דמקרא הוא דדרשינן דלבן ברישא נימא דמעכב דהא לא בעינן שנה הכתוב לעכב אלא בקדשים ויש לומר דלית לן למימר דאסדר לבד יקפיד הכתוב לעכב כמו גבי חלילה (יבמות דף קה·) הקדים רקיקה לחליצה מה שעשה עשוי ואע"ג דכתיב ככה עיכובא לא קאי אלא אחסרון מעשה:
אילימא

עין משפט נר מצוה

[אא] טוש"ע א"ח סימן יג ס"ג:

סא דקתני נ"ק

א א מיי' פ"א מהלכות ציצית הלכה ד סמג עשין כו:

[לקמן מ.]

ב ב מיי' פ"ד מהלכות תפילין הלכה ד סמג עשין כב טור וש"ע א"ח סימן כו ס"א:

ג ג מיי' פ"א מהלכות ציצית הלכה ו סמג עשין כו:

[ערכין ג:]

אחר נ"ק

וקשר נ"ק

[פי' תוספות ערכין ג: ד"ה של יד]

[לקמן לט.]

סכלס נ"ק

נ"ל אי פליגי איכא למימר דבהא פליגי דמאן כו' נ"ק

נ"ק

נ"ק

נ"ק

שיטה מקובצת

א] דעתיך אשרייה גדול כבוד הבריות: ב] אלא להקדים: ג] מצות להקדים לבן לתכלת·פ"ה לתחוב הלבן בכנף תחילה ולא נהירא דבהא מאי חביבותא דמצות איכא·ור"ת דמצוה להקדים תליות של לבן לתליא של תכלת כדאמרינן לקמן מתחיל בשל לבן ומסיים בשל לבן· תו"ה: ובתוס' אחרות כתבו מצוה להקדים פרש"י מתני' דקתני אין מעכבין זה לזה להקדים המאוחר מתוך פי' משמע דמיירי לענין תחיבת החוטין בכנף דמצוה להקדים לבן ואם הקדים תכלת ללבן לא מעכב ול"א נהירא דמאי שייך לומר הקדמה בדבר שאינו ניכר שהרי אחר שנתחבו שניהם אין ניכר מי הקדים לתחיבות לכך נראה לפרש דמיירי בכריכות החוטין דמצות להקדים חוליא של לבן תחלה כדאמר לקמן מתחיל בשל לבן ומסיים בשל לבן וקאמר שאם הקדים חוליא של תכלת לשל לבן אין מעכב וה"פ דמתני' הלבן שראוי להקדים תחילה אינו מעכב התכלת אם הקדימו תחלה ללבן ולקמן מפרש התינח

התכלת אינו מעכב את הלבן הלבן אינו מעכב את התכלת מאי היא ע"כ: ד] סלמול אבנים איסור: ה] אמר ליה היכא דאפסיק אמר ליה: ו] מן ל"א עד סוף הפרק נמחק: ז] חוטין ולבן שני חוטין בציצית: ח] עמרא
ומ"ד תרוייהו בחד לבן ותכלת ביחד ולא כמתני': ס] התכלת אין הלבן מעכב וא"צ: י] נוהגין [והא] דפריך לא יהא אלא לבן הייט מפרשים דהיכא דליכא תפלת בב' חוטי לבן סגי ולא רצה לפרש דבב' חוטין תכלת או
בב' חוטי לבן סגי והויא דומיא דתפלה של ראש ושל יד דא"כ הרי קשיא הא דאמר לקמן ולא יהא אלא לבן כו' מאי קא פריך מ"ס דהו להו חוטין יותר מדאי והוי להו אותן
דנוספין כלאים שלא במקום מצוה ולפרש"י ניחא' ויש לדחות דאפילו תימא דסגי לן בב' חוטי לבן אם אין לו תכלת לא קשיא לן הא דאמר לא יהא אלא לבן שהרי אין זו בל תוסיף בתוספת חוטין כראיתא לקמן רב
ירמיה מדפתי כו' ואע"ג דבסנהדרין קאמר גבי זקן ממרא דאינו חייב אלא שישנו בבל תוסיף ויש בו לגרוע ואין לנו אלא תפילין ופריך והאיכא מצות ציצית כו' משמע דשייך בל תוסיף בציצית וי"ל דמשכחת שפיר
בל תוסיף כגון שהוסיף מין אחר שאינו לא צמר ולא פשתן · תוס' אחרות:

[ב]**והרואה** בחבירו שנפסקו לו הציצית ‹במקום שיצטרך לפשטו מעליו›, לא יאמר לו עד שיבא לביתו, ‹דמשום כבוד הבריות לא יפרישנו מאיסור שוגג›, דהיינו שיקראנו לבוא לביתו, ושם יאמר לו שיפשיטנו, ‹וה"ה אם הוא במקום שאין צריך לפשטו מעליו, רק בענין שצריך למהר ולילך לביתו לפשטו מעליו, צריך הרואה לומר לו שילך לביתו במהרה ושם יפשיטנו מעליו - גר"ז›.

אם אין ציצית בעיר, דינו בחול כמו שבת, וה"ה טלית דמחוייב רק מדרבנן, כגון שאולה לאחר שלשים יום, דינו בחול כמו בשבת.

‹בחול בגוונא שיש לו ציצית בביתו, אם נפסק הענף מן הטלית בביהכ"נ ונשאר הגדיל, בודאי צריך עכ"פ למהר לילך לביתו, דהלא הוא ספיקא דאורייתא, דשמא הלכה כרש"י, **אבל** היכא דאין נמצאים לו ציצית כלל, דשם הוא רק איסור דרבנן, דהוי כמו בשבת, יש לסמוך על ר"י, שמכשיר בנשאר כדי עניבה אף מן הגדיל, ותיכף כשיבא לביתו יפשוט מעליו ויטיל בו ציצית›.

אות א'

התכלת אינה מעכבת את הלבן, והלבן אינו מעכב את התכלת

רמב"ם פ"א מהל' ציצית ה"ד - והתכלת אינו מעכב את הלבן, והלבן אינו מעכב את התכלת; כיצד, הרי שאין לו תכלת, עושה לבן לבדו, [ג]וכן אם עשה לבן ותכלת ונפסק הלבן ונתמעט עד הכנף, ונשאר התכלת לבדו, כשר.

אות ב'

תפלה של יד אינה מעכבת את של ראש, ושל ראש אינה מעכבת את של יד

סימן כן ס"א - [ד]אם אין לו אלא תפלה אחת, מניח אותה שיש לו ומברך עליה, שכל אחת מצוה בפני עצמה - ‹אפילו אם היא רק של ראש לבד, ולא יחוש למה שאמרו: כל זמן שבין עיניך יהיו שתים, וגם אפילו בעת ק"ש ותפלה מותר לו ללבוש אחת, ולא יחוש למה שאומר אח"כ בעצמו בק"ש "וקשרתם" וגו', והוא אינו מקיים, דכל זה דוקא אם יש לו שיכול להניחם, משא"כ בזה. **ואם** הוא מצפה שיביאו לו קודם שיעבור הזמן ק"ש, אם הוא איש שדרכו ללבוש תפילין רק בזמן הק"ש ותפלה, והוא רוצה עתה ללבשם ולהתפלל בהם, בודאי יש לו להמתין עד שיביאו לו השניה, ולא יקרא ק"ש ויתפלל בתפלה אחת, כיון שעדיין לא עבר הזמן ק"ש, **אבל** אם דרכו ללבוש תפילין אפילו שלא בזמן ק"ש, והוא רוצה עתה ללבוש כדי שלא לבטל מצות תפילין מעליו, פשוט דיכול ללבשם תיכף ולברך עליהם, **אך** לענין לקרות בהם ק"ש, נראה דיש לו להמתין עד שיביאו לו השניה›.

[ה]והוא הדין אם יש לו שתיהם, [ו]ויש לו שום אונס שאינו יכול להניח אלא אחת - כגון שיש לו מכה בראשו או בזרועו, או שהוא צריך לצאת לדרך, ואין השיירא ממתנת עליו עד שיניח שתיהם, **מניח אותה שיכול.**

והי מינייהו עדיפא לענין הנחה, י"א דיותר טוב שיניח ש"ר לבד, דקדושתו חמורה, וי"א שיניח לעת עתה הש"י, כדי שלא ישנה הסדר שבתורה, **בד"א** כשיהיה יכול אח"כ להניח בדרך התפלה השניה, אבל אם אח"כ לא יכול להניח התפלה השניה, יניח הש"י והש"ר קודם הליכתו מביתו, דמשום איחור דרכו לא התירו לו לבטל ממצות תפילין.

‹**המחבר** איירי לענין שיהא מותר להניח תפלה אחת לכתחילה, אבל בדיעבד אפי' אם הזיד ולא הניח רק אחת, יצא ידי אותה שהניח›.

באר הגולה

ב ‹לכאורה כן מבואר בהגמ' כאן, דלא הגיד לו אף שהיה ברה"ר, ולא ראיתי שהפוסקים יביאו המקור מכאן, ועיין במחה"ש דהביא המקור מהל' כלאים, וצ"ע›

ג ‹ומשמע לי שרבינו אינו מפרש כפירוש רש"י, אלא הכי מפרש לה, התינח לבן דאינו מעכב את התכלת, שאם עשה חוטי לבן, אע"פ שלא כרך עליהם תכלת, יצא, אלא תכלת דאינו מעכב את הלבן מאי היא, דמשמע שאם לא הטיל אלא חוט תכלת בלבד, {דשיטת הרמב"ם דלא הוי רק חוט א' של תכלת}, יצא, ואי אפשר לומר כן, דהא קרא כתיב ונתנו על ציצית הכנף פתיל תכלת, משמע דאין מקום לפתיל תכלת אלא א"כ יהיה ציצית, דהיינו לבן, ואסיקנא לא נצרכה אלא לגרדומין, דכיון דמעיקרא היו לבן ותכלת, כי איגרדום, כיון שמשיירי כשרות אתא, כשירה - כסף משנה› ‹**וזה** אינו, דודאי קושיית הש"ס, דאליבא דרבי דלא שייך לקדם בתכלת, אין הבנה לתכלת אינו מעכב את הלבן. ואולי ה"ק, דלדרך רבנו הקושיא "התינח" הוא בין אליבא דרבי בין אליבא דרבנן - מרכבת המשנה›

ד **מנחות ל"ח**

ה **שם מ"ד סברא בתרא דרב חסדא**

ו **הרא"ש**

אות ג'

מצוה להקדים לבן לתכלת, ואם הקדים תכלת ללבן, יצא, אלא שחיסר מצוה

רמב"ם פ"א מהל' ציצית ה"ז - 'ולוקח חוט אחד מן הלבן וכורך בו כריכה אחת על שאר החוטין בצד הבגד, ומניחו, ולוקח חוט התכלת וכורך בו שתי כריכות בצד כריכה של לבן, וקושר; ואלו השלש כריכות הם הנקראין חוליא; ומרחיק מעט ועושה חוליא שניה בחוט של תכלת לבדו, ומרחיק מעט ועושה חוליא שלישית; וכן עד חוליא אחרונה, שהוא כורך בה שתי כריכות של תכלת, וכריכה אחרונה של לבן, מפני שהתחיל בלבן מסיים בו, שמעלין בקודש ולא מורידין; ולמה יתחיל בלבן, כדי שיהא סמוך לכנף מינה; ועל דרך זה הוא עושה בארבע הכנפות.

באר הגולה

ז ‹הרי"ף ז"ל השמיט להאי דינא דמצוה להקדים לבן לתכלת, ועל הרי"ף ז"ל י"ל דמשו"ה לא כתבה, דאין לנו תכלת בזה"ז, ולא איצטריך אלא לאשמעינן דהלכה כרבנן דתכלת לא מעכבי, וצריך להטיל לבן, **אבל** הרמב"ם ז"ל ג"כ לא כתב להאי דינא, ואפשר דס"ל דהך ברייתא אליבא דרבי צריכה, דתכלת ולבן מעכבין זא"ז, וקמ"ל דמצוה להקדים ג"כ, אבל לרבנן דלא מעכבי זא"ז, מצות קדימה ג"כ לית להו, **אבל** לא כן מבואר בתוספתא במכילתין (פ"ו ה"ו) דתני התם תכלת אין מעכב הלבן כו', ואח"כ תני מצוה להקדים לבן לתכלת - קרן אורה. **ולפי"ז** קשה הציון של העין משפט. **ועיין** בשיטה מקובצת וז"ל: מצוה להקדים לבן לתכלת, פי' הקונטרוס לתחוב הלבן בכנף תחילה, **ולא** נהירא, דבהא מאי חביבותא דמצוה איכא, וי"ל דמצוה להקדים חוליות של לבן לחוליא של תכלת, כדאמרינן לקמן, מתחיל בשל לבן ומסיים בשל לבן, תוס' חיצוניות. **וכנראה** שלפי העין משפט, הרמב"ם למד כהתוס' חיצוניות, והציון נכון מאד›

אילימא חיסר מצוה דלבן וקיים מצוה דתכלת א] לרבי עכובי מעכב אהדדי אמר רב יהודה אמר רב שחיסר מצוה ועשה מצוה ומאי חיסר מצוה דלא עבד מצוה מן המובחר התינח לבן דאינו מעכב את התכלת תכלת דאינה מעכבת את הלבן מאי היא ג] אמר רמי בר חמא לא נצרכא אלא לטלית שכולה תכלת איתמר נמי אמר ליה לוי לשמואל אריוך *לא תיתיב *אכרעך עד דמפרשת לי להא מילתא התכלת אינה מעכבת את הלבן והלבן אינו מעכב את התכלת מאי היא אמר ליה לא נצרכא אלא ג] לסדין בציצית דמצוה לאקדומי לבן ברישא מ"ט הכנף מין כנף ואי אקדים תכלת ללבן לית לן בה תינח לבן דאינו מעכב את התכלת תכלת דאינה מעכבת את הלבן מאי היא אמר ד] ליה רמי בר חמא לא נצרכא אלא לטלית שכולה תכלת דמצוה לאקדומי תכלת ברישא דהכנף מין כנף ואי אקדים לבן ברישא לית לן בה אמר רבא ה] מידי ציבעא קא גרים אלא אמר רבא לא נצרכא אלא לגרדומין דאי אינגרדם תכלת וקאי לבן ואי אינגרדם לבן וקאי תכלת לית לן בה *דאמרי בני ר' חייא גרדומי תכלת כשרין *וגרדומי אזוב כשרין וכמה שיעור גרדומין אמר בר המדורי אמר שמואל *כדי לענבן איבעיא להו כדי לענבן לענבן כולהו בהדדי או דלמא כל חד וחד לחודיה *תיקו בעי רב אשי אלימי דלא מיענבי ואי הוו קטיני מיענבי מאי אמר ליה רב אחא בריה דרבא לרב אשי *כל שכן דמינכר מצותייהו ומאן תנא דפליג עליה דרבי האי תנא הוא דתניא רבי יצחק אומר משום ר' נתן שאמר משום רבי יוסי הגלילי שאמר משום רבי יוחנן בן נורי אין לו תכלת מטיל לבן אמר רבא שמע מינה ו] צריך לקשור על כל חוליא וחוליא דאי ס"ד לא צריך הא דאמרי בני רבי חייא גרדומי תכלת כשרין וגרדומי אזוב כשרין כיון דאישתרי ליה עילאי אישתרי ליה כולה דלמא

קשר

אילימא חיסר מצוה · דלבן והוי כאילו לא כתנו לגמרי אמאי ילא הא לרבי עיכובי מעכבא ומתני' כרבי אוקמא לה: **חיסר מצוה** · מצות הקדמה: **ועשה מצוה** · דהאיכא לבן ותכלת: **תכלת דאין מעכבת לבן מאי היא** · דמשמע אם הקדים לבן ז] ומאי טיסב איכא למימר: **איתמר נמי** · ח] *מתני' דקתני [תכלת וכו' איירי להקדים] *ואיבעיא ליה נמי תכלת דאין מעכב לבן מאי היא: **אריוך** · לשון מלך כמו (בראשית מט) גור אריה יהודה להכי קרי לשמואל אריוך דקיימא לן (בכורות מט:) הלכה כשמואל בדיני כי היכי דדינא דמלכותא דינא: (א) *להכי נקיט סדין משום דלבן הוא: **מידי לבעא גרים** · אפי' כולה תכלת נמי מצוה להקדים לבן ט] לתכלת הואיל ורוב טליתות לבנות הן לבן קא גרים ולהכי כתיב תכלת אחר הכנף דלעולם יהא המאוחר: **איגרדם** · נפסקו י] החוטין של ציצית: **גרדומין** · היינו שיריה שנשתיירו לאחר שנפסקו: **כדי יא] לענוב כל החוטין** **אהדדי** · דהיינו שיעור גדול: **אלימי** · עבים: **דאי הוו קטיני** · דקים הוו מיענבי דארוכין הן כ"כ אבל מפני עוביין הוו יב] קשים לענוב: **כל שכן** · דכשרין דהואיל ואילו הוו דקים יג] כל כך כשרים דהא ארוכין הן כדי עניבה כל שכן כשהם עבים דמינכרא יד] מצותיהן טפי: **ומאן תנא דפליג עליה דרבי** · הנך חכמים דאמרי לעיל אין מעכבין זה את זה: **מטיל לבן** · כל הד' חוטין: **ש"מ** · מדאמרי בני רבי חייא גרדומי תכלת טו] כשרים אמאי הא כיון דנפסק *קצת טז] הגדיל משתרי ההוא קשר שבסוף הגדיל וכיון דמשתרי ההוא קשר משתרי יז] הגדיל ואין שם גדיל כלל אלא ש"מ יש קשר בכל חוליא הלכך כי משתרי ההוא קשר מתקיים הגדיל בשאר קשרים: **עילאי** · היינו ההוא קשר תחתון דמלמטה למעלה קחשיב ועוד דבגרדומין קא מיירי בשמעתין ובגרדומין יח] *מוקפין הוו איהו עליון :
של מוקפין נ"ק · דילמא

אילימא חיסר מצוה דלבן וקיים מצוה דתכלת · תימה דאיפכא הוה ליה למימר דמצות לבן עבד אבל מצות תכלת הנעשית שלא כהלכה חיסר וי"ל דמשום מתניתין נקט הכי הלבן אינו מעכב התכלת פירוש אינו מעכב כלל התכלת שקידם :

לרבי עכובי מעכב · פירש בקונטרס וכדרבי בעינן לאוקמה ותימה דמשמע דלרבנן ניחא ואם כן למסקנא לא נצטרך לתירוץ רב יהודה ולא מיסתבר הכי מיהו למסקנא נמי מצינו למימר דבעי לאוקומי מתניתא כרבי אי נמי י"ל דכל שכן לרבנן דקשה טפי אמאי חיסר מצוה הא לא מעכבי אהדדי :

לא נצרכא אלא לסדין בציצית · תימה אמאי נקט הכי לינקוט טלית למר בציצית יט] ויש מפרשים דווקא תכלת לא הוי מין דסדין משום דהוו כלאים גביה אבל למר ותכלת הוי מינו ולבן נמי דתניא לעיל מפשתן הוי וקשה דאם כן מאי קשיא ליה תינח לבן אינו מעכב התכלת אלא תכלת אינה מעכבת את הלבן מאי ניהו ומאי פירכא הא נמי משכחת לה דהא תכלת ולמר חד מינא הוי ואינה מעכבת חוטי לבן אי נמי חוטי פשתן למאי דפשטינן לקמן (דף לט:) חוטי פשתן פוטרין בשל למר לכך נראה כפי' הקונטרס דלהכי נקט סדין דפשיטא דהוי לבן *ולבן של למר הוה *מצטרף לפשתן טפי :

מידי ליבעא קא גרים · משמע שרוצה בקונטרס לפרש משום דקרא ברוב טליתות איירי שהן לבנות ואינן לבושות תכלת וכיון דכתיב הכנף מין כנף הוי כאילו כתב בהדיא תן שני חוטי לבן תחילה ואח"כ פתיל תכלת וצריך לומר דהתם טליתות שלהם היו גם משאר מינים דרבא הוא דדריש לקמן מדכתיב הכנף מין כנף דשאר מינים במינם פוטרין ומיהו תימה אם היו רגילים בטלית של למר נהי דלא איירי קרא בתוחו שהוא לבוע תכלת מכל מקום איירי בלבוע בלבע אחר כי היכי דדרשינן כלך ושיראין וסיריקין וחוטי תכלת הוי טפי מינא דידיה מחוטי פשתן וא"כ לישני הכי דכי מקדים לבן של פשתן בטלית למר לית לן בה ויש לומר כיון דקרא על כרחין לא איירי בלבוע תכלת דהא כתיב מין כנף וכתיב פתיל תכלת אלמא תכלת לאו מין דכנף הוי ואע"ג דמ"מ הוי מינו טפי לא חשיב מידי דהא לא הוי בכלל מין כנף דקרא ועוד יש לפרש דלביעה דלאו מצוה לאו מידי היא ואו דתניא לקמן (דף מא:) טלית שכולה תכלת כל מיני לבעונין פוטרין בה חוץ מקלא אילן ופירש בקונטרס פוטרין בה לשם לבן דכיון דמין כנף [ליכא] לקיומי אין לך לחזור אחר לבן אלא שיהיו בה שני מינין משמע דטלית לבנה בעי לבן וכאידך ברייתא (שם) דתניא טלית אין פוטר בה אלא מינה פירש בקונטרס אם אדומה יטיל בה חוטין אדומין ושני חוטין תכלת אלמא ליבעא גרים ולפי תירוץ ראשון ניחא דליבעא הוי חד מינא בר מתכלת וי"ל דמדרבנן הוי אי נמי יש לומר שם בע"א :

אלא לגרדומין וכו' · משמע כ] דאי אגרדום כולהו מיפסלי ואור"ת דעכשיו שעושין ד' חוטין ב' משום לבן וב' משום תכלת וכופלן לשמונה צריך ליזהר דאם נפסקו שלשה מן החוטין כא] שמא הם משלשה חוטין ונמצא שלא נשארו ב' חוטין שלימין ויש לדקדק קצת דסוגיא זו כרבי אתיא דהשתא אי מצוה אחת והלכה כרבי מחבירו אבל לא מחביריו (עירובין דף מו:) וכ"ש מרבו ורבי יוסי הגלילי רבו היה והא סומכין שאין לנו תכלת [ומטילין לבן] ולרבנן אפי' בחד מיפסיל דהא תרי מצות נינהו ולא תועיל האחת לחבירתה דהוי כאילו אינגרדם תכלת ומקצת לבן ומיהו נראה למאי דבעינן בלבן נמי ד' חוטין א"כ חד מצוה נינהו ואי לא בעינן אלא ב' כ"ש דלא מעכבי וכמאן דליתנהו הוו ומיהו לא מיסתבר דסוגיין לא הוי כרבנן דהא דאמרי בני ר' חייא הוי דלא כהלכתא *ועוד י"ל דאי אינגרדם תכלת וקם אלבן היינו דנפסק החוט כב] מעיקרו ולא נשתייר אלא כל שהוא (מן הלבן) דקרינן כה"ג גרדומיו בכל שהוא ולא הוי כאילו נפסקו שניהם לגמרי (ל"ה וכל זה) [דהאיל מצוה אחת היא מועיל השלם לחבירו אבל לרבנן נפסק חוט א' מעיקרו פסול אלא אם נשאר כדי עניבה והא דאמרי בני ר' חייא גרדומי תכלת וכו' משמע דאיגרדום כל ארבעתן כי קאי לכל הציצית תכלת ונשאר כדי עניבה] :

כדי לענבם · מתוך פי' הקונטרס דבסמוך גבי הא דמוכח רבא דצריך לקשור על כל חוליא וכו' וכיון דמישתרי עילאי מישתרי כולהו ופי' לית ליה הא דאמרן לעיל כדי שיעור עניבה משמע דסבירא ליה דעניבה חוץ לקשר אחרון שבציצית ויתכן יותר לפרש דשיעור עניבה סמוך לכנף קאמר והשתא לא פליג אלעיל וכן משמע קצת בספרי בפרשת גדילים בד"א בתחילה אבל בשירים גרדומים כל שהוא משמע דאגדילים קאי וכן נראה להוכיח משם שהקשר הוא מן הד' אל הד' דאי מחוט הכריכה ואחד מן החוטין כמו שהיה נוהג ר"ת כשהיה נפסק אחד מן החוטין הנכרכין ולא מחוט הכורך היכי מישתרי הקשר בכך דבשלמא אי מן הד' לד' כשנפסק האחד מד' ואינו מקשר סותר הקשר וי"ל דהכי קאמר דמסתמא *(כשיעור דאי מד') אכתי קיימא (תלתא) אבל אחד תו לא קאי :

כיון דאישתרי חד אישתרו כולהו · ואין כאן גדיל ואפילו *) למ"ד או גדיל או פתיל מוכח שפיר דאפי' פתיל ליכא דהא סופו ליפול ולא מוכח מידי אלא דבעי קשרא אחריתא אבל מהא לא מוכח דצריך לקשור על כל חוליא ונראה **) שמביא כן דבמקום אחר לא אשכחן אתרא דמסתבר טפי אי לא בין חוליא לחוליא כדי להפסיק :

*) [לקמן לט:] **) נ"ל שמוכיח כן כו' נ"ק

עין משפט
נר מצוה

ד א מיי' פי"א מהלכות פרה אדומה הלכה ד:

ה ב ג מיי' פ"א מהלכות ציצית הלכה יח סמג עשין כו טוש"ע א"ח סי' יב ס"א

ו ד טוש"ע שם סעיף ב:

[עי' תוספות נזיר כד: ד"ה אמר שמואל כו' פירוש על זה]

ותכלת אע"ג דשל למר כוי מצוה להקדים לפשתן טפי הס"ד נ"ק

מסורת הש"ס

דהאי מתני' כו'
ואיבעיא נמי נ"ק
לסדין בציצית גרסי' כו' נ"ק
קדושין לה וש"נ
סוס' דפרס פ"א לעיל לח:
עד הגדיל נ"ק
[לקמן לט:]
נ"ל מקפתן וכ"א מופסקין מעיקרא הוו וגי' רש"א וכמשמעות גרדומים מקפתן הוס איהו עליון
כי אישתרי אחד מד' אכתי קיימי תלתא אבל מחד תו לא קאי נ"ק
וגירסת הס"ק כשיעור ד'

הגהות הב"ח
(א) רש"י ד"ה אריוך וכו' דינא הס"ד ואח"כ מ"ה לסדין בציצית להכי :

שיטה מקובצת
א] לרבי עכובי מעכבי אהדדי [כלומר] כיון דאמרת חיסר מצוה דלבן והוי לבן כמאן דליתא גם התכלת לרבי לאו כלום היא משמע הא לרבנן ניחא ולפרש"י דמתני' דכי לית ליה תכלת צריך לעשות ד' חוטין של לבן ואין לטעם מנין החוטין לרבנן נמי תיקשי דכיון דלבן כמאן דליתיה (ראיכא) [דמי] חוטין דתכלת לאו כלום נינהו : ב] תיבות אמר רמב"ח כו' שכולה תכלת נמחק : ג] לסדין בציצית לאו דוקא וה"ה בשאר טליתות לבנים והכי נמי מסתברא דבסמוך לא מצי לאוקמא רישא דמתני' דתכלת אינה מעכבת את הלבן אלא בטלית שכולה תכלת אלמא בשאר טליתות מצוה לאקדומי לבן ברישא כמו שמפרש הכנף מין כנף וסתם טליתות לבנים הי' : ד] תיבת ליה נמחק : ה] מידי ציבעא גרים · תימה מאי קאמר אה"נ דציבעא גרים דהא לקמן קאמר טלית אינו פוטר בה אלא מינה ופרש"י אינו פוטר לשם לבן אלא מינה אם אדומה היא יטיל בה שני חוטין אדומין ושני חוטין תכלת וכן שאר גוונים אלמא בציבעא תליא מילתא וי"ל דה"פ מידי ציבעא גרים אפי' כולה תכלת ומי מצוה להקדים לבן מדקתני בברייתא דלעיל מצוה להקדים לבן לתכלת הואיל ורוב טליתות לבנות הן וכו'

פרש"י ונפקא מינה במה שפרש"י לקמן אינו פוטר אלא מינה דהשתא שאין לנו תכלת מ"מ צריך לצבוע הציצית מצבע הטלית ור"י מפרש פי' אחר לקמן טלית אינו פוטר אלא מינה כדאמר רבא לקמן כתיב והכנף מין כנף וכתיב צמר ופשתים הא כיצד צמר ופשתן כו' : מידי ציבעא גרים וכו' פי' הצבע של תכלת שבטלית גרים להקדים תכלת ללבן כיון דאיירי ברוב טליתות שהן לבנות ומין כנף שהוא לבן קודם לתכלת לעולם יש לנו לומר שהתכלת מאוחר ואין לפרש מידי ציבעא גרים להיות נקרא מין כנף וירצה לומר דאפי' בטלית של תכלת נקרא לבן מין כנף לפי שהקדים הכתוב הא ליכא למימר דהא אמרינן לקמן טלית אין פוטר בה אלא מינה ופי' מין צבע ירוק לירוק ואדום לאדום' תו"ח : ו] צריך לקשור על כל חוליא לאו דוקא אלא מלבד קשר שאחר הגדיל שהוא נקרא קשר העליון לפי שאדם מגביה ידו עם ציציותיו וצריך קשר אחר סמוך לטלית ובתוס' אחרות לאו דוקא על כל חוליא דמהכא לא שמעינן ות אלא כלומר צריך לקשור קשר אחר מלבד הקשר שלאחר הגדיל דודך תנא לקשור אחר הגדיל ומדאמרי בני רבי חייא שמעינן דמלבד אותו קשר סמוך לגדיל צריך קשר אחר סמוך לכנף דאי ס"ד לא צריך כו' שהרי עתיד להתיר וליפול והוי הקשר כמאן דליתיה ובעינן קשר כדשוכח רבא בסמוך ש"מ קשר עליון דאורייתא : ז] הקדים לבן אין תכלת מעכבתו ואין צריך לפסוק אלא יתן תכלת אחריו הא פשיטא דהא דינא הכי להקדים לבן ומאי : ח] נמי דמתני' הקדים קתני : ט] לבן כדקתני ברישא דלעיל ומצוה להקדים לבן לתכלת כו' טליתות לבנות הן ומין כנף הס"ד והשאר נמחק : י] נפסקו הפתילין של ציצית : יא] כדי לענבן כל שמונה : יב] עוביין הוו קשים למיענבי הס"ד : יג] דקים הוי כשרים : יד] דמינכרא מצותייהו טפי : טו] תכלת כשר צריך לקשור על כל חוליא וחוליא מפרש לקמן כשיקרים הוס של גדיל שלש פעמים צריך לעשות קשרים דאי ס"ד אין צריך לעשות קשר אלא למטה לסוף הגדיל הא דאמרי בני רבי חייא גרדומי תכלת כשרין (בהדי) אמאי: טז] קצת מן התחיל הסמוכים לגדיל משתרי : יז] משתרי כל הגדיל ואין שם גדיל כלל ואמאי כשרים : יח] ובגרדומין דוקפי הוו איהו עליון ורבא לית ליה הא דפרשה לעיל דבעי גרדום שיעור עניבה : יט] בציצית גליון וי"ס ולכך נקט סדין ולא בטלית צמר לבנה דמצות לאקדומי בלבן כו' לפי דתכלת הוי שפיר מינה לטלית צמר דאטו ציבעא גרים לה כדפריך לקמן וקשה דעדיין לא ידע הך פרכא ועוד דלקמן ניחא דרוב טליתות לבנים וזה צבוע צריך שפיר אטו ציבעא גרים אבל הכא גבי תכלת יש לנו לומר דציבעא גרים לכך נראה דנקט סדין דמסתמא הוא לבן ואי נקט שאר טליתות היה לנו לפרש לבנה ' תו"ח : כ] משמע דמ"מ בעינן שישארו או התכלת או הלבן שלימים ואי : כא] שמא פי' דשמא תן שלשתן מצד אחד ובצרי להו ששה דלדידהו ודאי איכא היכרא שהוו משני צבעים וידוע כאחר מן הצבעים קיים אם כן אינם מצד אחר · תו"ח : כב] מעיקרו · עיין הרא"ש הלכות ציצית :

§ מסכת מנחות דף לח: §

אות א'

וגרדומי אזוב כשרין

רמב"ם פי"א מהל' פרה אדומה ה"ד - מצות אזוב שלשה קלחין, וכל קלח וקלח גבעול אחד, נמצאו ג' גבעולין; ושיריו שנים, או אם לקח ב' בתחילה ואגדן, כשר; נתפרדו הגבעולין ונשרו העלין, אפילו לא נשאר מכל גבעול מהם אלא כל שהוא, כשר, ששירי האזוב בכל שהוא.

אות ב' - ג'

כדי לענבן

איבעיא להו: כדי לענבן, לענבן כולהו בהדדי, או דלמא כל חד וחד לחודיה, תיקו

סימן יב ס"א - [א]אם נפסקו כל חוטי הכנף, ונשתייר בהם כדי עניבת כל החוטים הפסוקים ביחד, כשר - פי' בכל אחד מן החוט נשאר לעשות עניבה שקורין שלי"ף, לכל החוטין הפסוקים ביחד, **ואם** לא נפסקו כולן, די אם נשאר לעשות עניבה על הפסוקים בלבד, ולא על כל החוטין.

(עיין במ"ב במש"כ לעשות עניבה לכל החוטין, הוא מלשון הסמ"ג שהובא בב"י, [ב]**ולא** העתקתי דעת המ"א דפליג על המחבר, וסובר דצריך שיהיה בו כדי לענוב על כל אחד מהחוטין, משום דבאמת אף אם נניח דהפירוש בהמרדכי הוא כדבריו, **הלא** רש"י ‹ד"ה כדי לענוב› וסמ"ג פליגי עליה דהמרדכי, וגם ברא"ש מוכח דמפרש כרש"י, דכולהו בהדדי הוא שיעור יותר גדול, וגם במרדכי גופא משמע דלא פסיקא ליה פירושו, ע"כ לא נניח ספיקו משום פשיטותא דכל הני רבוותא, ע"כ פשוט שאין להחמיר יותר מפסק השו"ע. אח"כ ראיתי בסידור דה"ח שמעתיק ג"כ להלכה דעת השו"ע. **והח"א** הפריז על המדה, שכתב דכדי עניבה הוא לערך ד' גודלין, עי"ש טעמו, ובאמת לפי מה דסובר רש"י במנחות מ"א: ‹ד"ה משולשת›, דשיעור ענפי הציצית הוא ד' גודלין, ואמר שם אין ציצית אלא משהו, ואגרדומין קאי כדפירש רש"י שם ‹מ"ב. ד"ה ויש לה›, ואמר שם ג"כ בדף ל"ט. בד"א {דבעינן שיעור להציצית וקאי על הענף לרש"י} בתחלתו, אבל בסופו שירי גרדומיו כל שהוא, רק דבעינן שיהו בהן כדי לענבן, א"כ ע"כ דלא הוי עכ"פ יותר משני גודלין, דזהו לא יקרא בשם שיריים או כל שהוא, כיון דהוא רוב השיעור, **וא"כ** הרי ע"כ אפי' לדעת רש"י שמחמיר דבעינן כדי עניבה בענף, כדי עניבה הוא עכ"פ לא יותר מב' גודלין, **ובפרט** לדעת הרמב"ם דסובר, דשיעור הציצית הגדיל והענף הוא בס"ה ד' גודלין, וסתם המחבר כותייהו לעיל בסי' י"א ס"ד, בודאי כדי עניבה הוא פחות משני גודלין, **ע"כ** נראה דעכ"פ די בשני גודלין לרש"י, ולא מצינו לשאר פוסקים שיפלגו עליו בענין כדי עניבה, **ובפרט** לפי מש"כ הב"י והביאו הא"ר, דלהלכה נקטינן כרי"ף ורמב"ם, דדי בכדי לענוב על חוט אחד בפני עצמו, וזהו קטן משיעור המבואר בשו"ע, ובדלא אפשר סמכינן עלייהו, **א"כ** לכאורה בודאי אין להחמיר יותר משני גודלין בכל גווני).

ואם התיר את הציצית, אסור ליתנם בטלית אחר, דהוי כלכתחלה, ואפילו לא נפסק רק חוט אחד ואין בארכו י"ב גודלין.

ואם לא נשאר כדי עניבה, (פי' "וירכסו את החשן", תרגום: ויענבון), [ג]אפי' בחוט אחד שנפסק כולו, פסול - ר"ל שבשני ראשיו לא נשתייר כדי עניבה, פסול, אף ששאר החוטין היו שלמים, (וה"ה אם נפסק הציצית במקום הגדיל בין הקשרים, אם חוט אחד כשר, ואם ב' חוטין פסול).

ואם נשתייר בשני ראשיו כדי עניבה ע"י צירוף, יש להסתפק אם מהני, ומשמע מא"ר וכן מדה"ח דיש להחמיר בדבר, **ואפילו** אם יש ספק אם השני ראשין הם משני חוטין או מאחד, וא"כ יש כאן ס"ס, שמא הם משני חוטין, ושמא מצטרפין, אפ"ה יש להחמיר, משום דציצית מצויין הן, **והארה"ח** מיקל בכגון זה, **ונראה** דאם יש באחד מהראשין כדי לענוב חוט אחד, בודאי יש לסמוך עליו, (כי בלא"ה מעיקרא דדינא יש לסמוך ע"ז בלחוד, ובפרט אם ע"י צירוף יש שיעור גדול).

ולכו"ע אם נפסק חוט אחד מעיקרו, דהיינו במקום חיבורו בכנף, דפסול, **וכתב** הט"ז, ע"כ ראוי לכל י"ש, שיעיין בשעת בדיקה גם בתחלת מוצאם של הציצית, דהיינו במקום חיבורו בכנף, אם יש שם קרע.

[ד]הלכך, כיון שכל א' כפול לשנים, אם נפסקו שני ראשים - ולא נשתייר בשום אחד מהן כדי עניבה, **פסול, שמא נפסק חוט אחד** - ואף אם שני הנפסקים מצד אחד, מ"מ פן שניהם הם מחוט אחד, כיון שלא דקדק בעת עשייה.

[ה]ולפי מה שאנו נוהגים לדקדק בעת עשיית הציצית לתת סימן בד' ראשים, בענין שלעולם הד' ראשים הם מצד אחד של הקשר, והד' ראשים מצד האחר, אם נפסקו שני ראשים מצד אחד, כשר, דודאי שני חוטים הם, והרי נשתייר מכל אחד הראש השני שהוא יותר מכדי עניבה - "יותר מכדי עניבה" לאו דוקא הוא.

וה"ה אפילו כל הראשים נפסקו מצד אחד, ומהארבעה ראשים שמצד השני לא נשתייר בכל אחד רק כדי עניבה, ג"כ כשר, דלא נפסל לדעה זו רק אם חסר חוט אחד בשני ראשיו.

באר הגולה

[א] **מנחות ל"ח לפירוש הרא"ש** [ב] ‹רש"י פי' כדי לענבן החוטין אהדדי, דהיינו שיעור גדול, עכ"ל, ולכן פסקו לחומרא, אבל המרדכי פי' כל חד וחד לחודיה, פי' שצריך ליענב חוט א' הנפסק על כל אחד מהחוטין הפסוקים בפני עצמן, וזהו שיעור ארוך מלענב כל החוטין הפסוקים יחד, כנ"ל פירוש המרדכי, אע"פ שהרב ב"י לא פי' כן, נ"ל מש"כ הוא אמת, ולכן יש להחמיר כמ"ש, שצריך כדי עניבה על כל חוט בפני עצמו - מ"א› [ג] **שם ל"ט** [ד] **טור** [ה] **ב"י מדברי מהרי"א**

שאלה: חוטי הציצית שנפסקו וחזר וקשרן, אם מועיל מה שנעשו שלמים ע"י קשירה, **ומסקי** האחרונים דדינא הכי: אם מתחלה קודם שעשה הציצית מהחוטין, נפסקו החוטין וקשרן בקשר קיימא, ואח"כ עשה מהן ציצית, כשר, דקשירה הוי חיבור גמור, **וכן** לאחר שנעשה בהכשר, דהיינו אם נפסק ראש אחד לאחר הטלת הציצית בהבגד, אף אם לא נשתייר בו כדי עניבה, מהני לקשרו עתה, ואף אם יפסק אח"כ ראש השני מאותו החוט, יהיה כשר, כיון שבעת הקשירה היה הציצית כשר, **אבל** אם נתקצרו החוטין באופן שנפסלו הציצית ע"ז, כגון שנפסקו שני ראשין ולא נשתיירו כדי עניבה, או שנפסק החוט במקום הנקב, לא מהני מה שחוזר אח"כ וקשר, דזהו בכלל תעשה ולא מן העשוי בפסול, **וכ"ש** אם היה החוט קצר משיעורו בתחלתו בשעת עשייה, בודאי לא מהני מה שחוזר אח"כ וקשרו לאחר הכריכה והקשירה של חוליא ראשונה, דזהו ממש תעשה ולא מן העשוי, וכדלעיל בסי' י"א סי"ג, לענין חתך ראשי החוטין.

(**לכאורה נראה**, דאפילו אם נפסק זה הראש לאחר גמר חוליא ראשונה, דהיינו הכריכה והקשירה שע"ג, מהני קשירת החוט, כיון דקי"ל דאפי' כרך חוליא אחת כשר, ממילא מקרי כבר נעשה בהכשר, והוא בכלל גרדומין, **אמנם** לפי מש"כ לעיל בסי' י"א ס"ד בבה"ל, דכל זמן שהוא עוסק במצות עשיית הציצית, ודעתו לגמרה, אפשר שלא נוכל להקרא עליה בשעת עשייתה בשם גרדומין, א"כ אפשר דהכי נמי כה"ג, **וצ"ע למעשה**).

[ו]**ולרבינו תם לא מכשירים אלא בנשתיירו ב' חוטין שלימים, דהיינו ארבעה ראשים, שכל אחד מהראשים ארוך י"ב גודלים, אז מכשירים כשנפסקו השני חוטין אחרים אם נשתייר בהם כדי עניבה, אבל אם נפסקו ג' חוטין, אע"פ שנשתייר בהם כדי עניבה, פסולים** - טעמו, דשני חוטין שהן ד' אנו נותנין במקום תכלת, ושני חוטין שהן ד' אנו נותנין במקום לבן, צריך עכ"פ שיהיה מין א' שלם.

(הגם דלעיל סימן י"א ס"ד, סתם המחבר שם כדעה הראשונה, דדי בד' גודלים, אך משום דקאיירי הכא לר"ת, ואיהו הא סבר לעיל י"ב גודלין, וגם דלכתחלה בודאי גם המחבר שם מודה דטוב לחוש לסברתו, והכא מביאו ג"כ המחבר רק לענין לחוש לכתחלה, לכך מביא ג"כ דעת הר"ת לענין זה).

ומפני כך כשנחתכו שלשה ראשים, אם לא דקדק בעת עשיית הציצית שיהיו ניכרים הד' ראשים שמצד אחד של הקשר, חיישינן שמא כל ראש הוא מחוט אחר, ונמצא שאין כאן אלא חוט אחד שלם, הילכך מספיקא פסול - קשה, דהא כ"ש הוא אם דקדק, כמ"ש בהג"ה אח"כ, **וי"ל** דנקט "לא דקדק" משום סיפא, דמסיים: אבל אם לא נחתכו אלא ב' ראשים, דמכשרינן בכדי עניבה, דזהו דוקא בלא דקדק, **אבל** אם דקדק, אם נחתכו ב' ראשים מצד אחד, כשר אפי' לא נשתייר כדי עניבה, דהא נשתייר מכל אחד ראש השני, **אבל** אם נפסקו ב' משני צדדין ולא נשתייר בכדי עניבה, פסולין, דשמא חוט אחד הן.

הגה: וכ"ש אם דקדק שיהיו ניכרין הד' ראשים שבצד א', ונפסקו ג' ראשים בצד אחד, דפסול, דאז ודאי נפסקו ג' חוטין; ואם נפסקו בב' לדדין נמי פסול, שמא ג' חוטין הם (ב"י בשם בן חביב).

אבל אם לא נחתכו אלא שני ראשים, מכשרינן בכדי עניבה - ר"ל אפילו אם היה השיור כדי עניבה רק באחד מהן.

והלכה כסברא ראשונה - ופשוט דמותר לברך עליהן. **מיהו היכא דאפשר, טוב לחוש לסברת רבינו תם** - פי' היכא דאפשר למצא בקל ציצית אחרים, אבל א"צ לחזור אחריהם אם אין מזומנים לפניו, או שיתבטל עי"ז מתפלה בצבור - ‹מובא מסעיף ג'›.

הגה: ונוהגין כר"ת (אגודה) – ‹דע דלדעת ר"ת, הוא אפילו לא נפסקו השלשה חוטין, רק נתקצרו באופן שאין בארכן י"ב גודלין, ג"כ פסול בכל האופנים›.

אות ד'

כל שכן דמינכר מצותייהו

סימן יב ס"ב - [ז]**'היכא דצריך כדי עניבה, ומתוך שהחוטים עבים אינו יכול לענבם, ואילו היו דקים היה בהם כדי עניבה, כשר** - דהא ארוכין הן בכדי עניבה, רק מפני עובי אינו יכול לענוב. **הגה: ומשערין בחוטין בינונים (דברי עלמו).**

[ח]**סימן יב ס"ג -** [ט]**'כדי עניבה: לרש"י מן הענף; ולר"י אפילו נחתך כל הענף, ולא נשאר כדי עניבה אלא מן הגדיל, כשר. ומנהג העולם כרש"י** – ‹והפמ"ג כתב: ודע, אם נפסקו כל החוטין עד הגדיל דפסול, אם הוא בדרך ואין לו ציצית אחרים, יתיר הגדיל שהוא ד' גודלין ויותר, ויעשה קצת גדיל וקצת ענף, ולהמחבר יוצא לכתחלה ויברך, **ואף** לדידן דס"ל י"ב גודלין, מ"מ ילבש, ולברך יש ספק, דמה"ת די בכל שהוא, ואין עובר על מ"ע דציצית, ומיהו צריך להתיר כל הגדיל, דאל"כ הוי תולמ"ה, דנפסלו מן התורה, דבעינן גדיל וענף,

באר הגולה

[ו] **מנחות ל"ח שם רש"י ותוספות** ‹ד"ה אלא›. ‹**לא** מצינו שהב"י יביא את שיטת רש"י בענין המחלוקת ר"ת והרא"ש, ועיין בביאור הגר"א ס"י ה' - שו"ע מהדורת פריעדמאן. **וז"ל** הדמשק אליעזר שם: כפי' התוס' ל"ח: דאי אגרדם תכלת וקאי לבן או אגרדם לבן וקאי תכלת, כשר, דאמרי בני רבי חייא גרדומי תכלת כו', הרי דהאי אגרדם לבן כו', מיירי ג"כ כי הא דרבי חייא דנשאר כדי עניבה, ואפ"ה אמרי דוקא בקאי תכלת בשלימות, אז מהני בלבן כדי עניבה, וכן להיפך, אבל בנפסק כל החוטין, לא מהני כדי עניבה, **והתוס'** לשיטתם דתכלת הוי ב' חוטין, היינו כשכופלן הוו ד', וכן הלבן, ולהכי ס"ל דלא מהני כדי עניבה רק בב' חוטין, וכן הוא בתוס' ל"ח. ד"ה התכלת, וכן הוא בתוס' מ"א: ד"ה ב"ש, **וכן** הוא דעת רש"י מ"א: ד"ה מתיבי טלית אין כו'› [ז] **מנחות שם** [ח] ‹ע"פ הבאר הגולה› [ט] **שם דף ל"ח** ‹ע"ב בתוס' ד"ה כדי, שהביא שיטת רש"י הכתוב בד"ה ש"מ›

עכ"ל, **ועצתו** זאת הוא כדי לצאת אף לדעת רש"י, **ודלא** כבעל הלק"ט שהובא בבה"ט, שמיקל בזה, דא"צ להתיר כל הגדיל אף לדעת רש"י).

(**ולדעת רש"י**, אם נפסקו חוטי הציצית במקום הגדיל בין הקשרים, אם שני חוטין פסול, דלא עדיפי מאם נפסקו שני חוטין בתחלת ענף דפסול לרש"י, **ואם** נפסק חוט אחד, נראה דכשר, דהא לא פליג רש"י על ר"י, רק מטעם דבעינן גם פתיל, והכא הלא יש בזה גם פתיל בראש השני של אותו החוט גופא).

(**אך** נראה, דדוקא אם נפסק החוט למעלה מחוליא ראשונה, דאל"ה מיפסל מטעם דהא קי"ל קשר עליון דאורייתא, הוא הקשר השני מהחמשה קשרים שאנו עושין, ובזה דמינתק חוט אחד, חשיב כאילו מיפסק הקשר, כדמוכח במנחות ל"ח: בתוד"ה כדי לענבם, ע"ש. **ויותר** מזה נוכל להוכיח לכאורה מהסוגיא שם לדעת רש"י, דצריך ג"כ שישאר מהחוט מעט יותר למעלה מהחוליא ראשונה, דהיינו לערך כדי עניבה, עכ"פ על חוט אחד לדעת הרי"ף והרמב"ם, [י]דאל"ה אמרינן שבודאי לבסוף ינתק הקשר, [יא]ואפשר שיש לחלק קצת, וצ"ע).

והיכא דלא אפשר, יש לסמוך על ר"י - והיינו במקום שאין נמצאין ציצית כלל, יש לסמוך על ר"י, ומותר ללבוש הבגד, **ומ"מ** לא יברך עליו, וגם אסור לצאת בו בשבת לר"ה, **ובכזה** יש להכשיר בשעת הדחק, גם בנפסק קצת מהגדיל ממש.

ודע, דכ"ז אינו ענין לנפסק החוט במקום הנקב, דשם אפילו לר"י פסול מן התורה. **ופשוט** דכשנפסלים הציצית, צריך לפשטו, ולא מהני לעמוד על עמדו שלא ילך ד' אמות, דאין דין ד"א אלא להולך בלי ציצית, **גם** לא יתקן הציצית בעוד הטלית עליו, אלא פושטו ומתקנו.

באר הגולה

י ‹היינו שבגמרא שם מבואר לדעת רש"י, דאם נשאר בענף פחות מכדי עניבה, זה יגרום שיתפרק הקשר, וא"כ יש ללמוד שצריך שישאר בחוטים כדי עניבה מעל הקשר› יא ‹דיתכן שדווקא אם נקרע הענף, זה גורם שהקשר יתפרק, אבל אם נקרע החוט בין הקשרים שבגדיל, אין לחוש שהקשר יתפרק, לפי שהקשר שאחריו מחזיקו – מ"ב המבואר ע"פ החזו"א›

§ מסכת מנחות דף לט. §

אות א'*[א]

קשר עליון דאורייתא

רמב"ם פ"י מהל' כלאים ה"ד - ומנין שכל [ב]איסורין אלו של תורה, שהרי הוצרך הכתוב להתיר כלאים בציצית, כמו שלמדו מפי השמועה, שלא נסמכה פרשת כלאים לפרשת ציצית אלא להתיר כלאים בציצית, והציצית חוטין קשורין בלבד הן, מכלל שחבור כזה שלא במקום מצוה אסור מן התורה, שאינו ממעט בתורה דבר שהוא אסור מדברי סופרים.

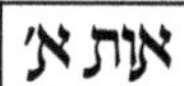

התוכף תכיפה אחת אינו חיבור

יו"ד סימן ש ס"ב - בגד צמר שחברו עם בגד פשתן בתכיפה אחת (פי' בתחיבה אחת שתחב המחט בבגד), אינו חיבור ואין זה כלאים. קבץ שני ראשי החוט כאחד - [פירוש וקשרם ביחד], **או שתכף שתי תכיפות, הרי זה כלאים** - [זו דעת הרמב"ם, אע"ג דבהל' שבת פרק י' כתב, התופר שתי תפירות חייב, והוא שיקשור ראשי החוטין מכאן ומכאן כדי שתעמוד התפירה ולא תשמט, **צריכין** לומר דשאני חבור דכלאים דחשיב חבור אפי' בכל דהו, מדכתיב יחדיו, שלא יהיה להם צד חבור אפי' לפי שעה, משא"כ בתכיפה אחת שאין שם חבור אפילו לפי שעה, **אף על גב** דבסוף כלאים אמרינן במשנה, דבתכיפה אחת אינה כלאים, והשומטו בשבת פטור, ובשתי תכיפות יש כלאים, ובשבת חייב, משמע דשבת וכלאים שוין, היינו לענין החילוק שיש בין תכיפה אחת לשנים, משא"כ לענין קשירה, דבשבת צריך שיהיה דבר קיים, דמלאכת מחשבת אסרה תורה – ט"ז].

(וי"א דלא הוי כלאים אלא בב' תכיפות וקשר ב' ראשי החוט) - כגון שמעביר המחט פעם א' ואינו מעביר כל החוט, ומעביר המחט פעם שנית, ונמצא שני ראשי החוטין ביחד, וקושר שני ראשי החוטין - ש"ך, [דבענין אחר אינן מתקיימים, **אבל** אם אינו קושר שני ראשי החוטין, או שאינו מעביר המחט אלא פעם אחת, **אף על פי** שקושר שני ראשי החוטין על שפת הבגד, אינו חיבור, עכ"ל הטור, **ונראה** הטעם, דכל שהחוט מתקשר בחוץ על שפת הבגד, יתקלקל מהר כשיגיע באיזה דבר, כי החוט הוא דבר דק ואין מגין עליו, **ובזה ניחא** לי מה שקשה, למה הוצרכה התורה להתיר כלאים בציצית, והלא חיבור שלהם בבגד על ידי קשירה מבחוץ, ולדידי ניחא, דדוקא בכלאים שמחבר שני דברים להדדי, ובמהרה ינתק החוט כל שהוא מבחוץ, מה שאין כן בציצית שאין שם רק דבוק החוטין להבגד, ולא במהרה ינתק, כנ"ל, **ומדלא הביא רמ"א הך חילוק היאך יהיו קישורי החוט, משמע שדעתו לפסוק להחמיר אפילו בקשירה מבחוץ,** ‹לכאורה ע"כ ר"ל בב' תכיפות, דזה צריך לרמ"א, וא"כ איך הוי הקשירה מבחוץ, וצ"ע›, **וכן נכון, מאחר** שהרמב"ם אוסר כאן אפילו בלא קשירה כלל, וכל שכן אם עושה קשר בראש החוט מכאן ומכאן, כמו שכתב הרמב"ם אפילו בדין שבת, כמו שזכרנו – ט"ז].

(**עיין** במג"א שכתב, דאף לדעה זו דתכיפה אחת לא מהני קשר, היינו קשר אחד, משא"כ שני קשרים, אפילו תוחב המחט פ"א לכו"ע הוי חיבור, דאל"כ כלאים בציצית היכא משכחת לה, ע"ש, וכן כתב בתשובת חות יאיר, **וכתב** עוד, דאף דס"ל לדעה זו דגם ב' תכיפות בעי קשר, מ"מ ג' תכיפות וכ"ש יותר לא בעי קשר, ע"ש עוד - פת"ש).

אות ב'

בד"א בתחילתו, אבל סופו, שיריו וגרדומיו כל שהוא

סימן יב ס"א - עייל לעיל דף ל"ח: אות ב' - ג'.

אות ג' – ד' – ה'

חוט של כרך עולה מן המנין

תכלת שכרך רובה, כשרה

ואפילו לא כרך בה אלא חוליא אחת, כשרה

סימן יא סי"ד - [ג]יקח ד' חוטים מצד זה וד' מצד זה, ויקשור שני פעמים זה על גב זה, ואח"כ יכרוך חוט הארוך סביב השבעה קצת כריכות, וקושר שני פעמים זה על גב זה, וחוזר וכורך; [ד]וכן יעשה עד שישלים [ה]לחמש קשרים כפולים, וארבעה אוירים ביניהם מלאים כריכות.

אין שיעור לכריכות, רק שיהיו כל הכרוך והקשרים רוחב ארבעה גודלים, והענף שמונה גודלים - ר"ל דאין שיעור למנין הכריכות, וגם מנין החוליות והקשרים אין מעכב מדינא, רק הוא למצוה מן המובחר, כי הה' קשרים רמז שעי"ז יזכור הה' חומשי תורה, וכפילת הקשרים החמשה שעולה י', רמז לעשרה ספירותיו של הקב"ה, וטעם החוליות עיין בב"י.

באר הגולה

[א] ‹ע"פ מהדורת נהרדעא› [ב] ‹בא להביא ראיה, דנוז לאו דוקא חיבור ע"י אריגה, אלא ה"ה כל חיבור שהוא כגון ע"י קשירה, נחשב נמי כלאים – דרך אמונה› [ג] **מנחות ל"ח ול"ט** [ד] **הרא"ש** [ה] ‹עיין רש"י שכתב: ועבדינן שני קשרים מלמעלה ושלשה מלמטה", וכתב הרא"ם שפירושו שני קשרים מלמעלה, חד סמוך לכנף, קודם שיעשה הגדיל, וחד מלמטה אחר הגדיל, דהיינו אחר כריכת הלבן תחילה ואח"כ התכלת, ואח"כ הלבן, שזהו מן התורה. והאידנא באו והוסיפו עוד שלשה קשרים אחרים למטה מהם ובין כל שני קשרים גדיל עשוי כסדר הגדיל שבין שני הקשרים הראשונים. **והיינו** לכאורה רש"י לשיטתו, דלא יפחות מז', היינו חוליות, וא"כ מה"ת יש רק ב' קשרים, וג' חוליות ביניהם, לבן תכלת ולבן, ועכשיו הוסיפו עוד ד' חוליות, **וז"ל** הבנימין זאב: וכיון דאין פוחת מז' חוליות, עושה ה' קשרים, סמוך לטלית קשר א', ואחריו שתי חוליות, דהיינו אחת של לבן וא' של תכלת, קשר א', עד שמסיים ששה חוליות שהן ד' קשרים, ואח"כ עושה חוליא ז' של לבן, כדי שיהיה מסיים בלבן, ואח"כ קושר קשר אחר, הרי בין הכל ה' קשרים›

דלמא דאיקטר ואמר*רבה א) שמע מינה קשר עליון דאורייתא דאי ס"ד דרבנן מאי איצטריך למישרי סדין בציצית פשיטא *התוכף *תכיפה אחת אינו חיבור אלא שמע מינה דאורייתא אמר רבה בר רב אדא אמר רב אדא אמר רב אם נפסק החוט מעיקרו פסולה יתיב רב נחמן וקא אמר להא שמעתא איתיביה רבא לרב נחמן *במה דברים אמורים בתחילתו אבל ג) סופו שיריו וגרדומיו כל שהוא מאי שיריו ומאי גרדומיו מאי לאו שיריו דאיפסיק מינייהו ואישתייר מינייהו גרדומיו דאיגרדום איגרדומי לא חדא קתני שיורי גרדומיו כל שהוא ולימא גרדומיו שיריו למה לי הא קמ"ל דבעינן שיורא לגרדומיו כדי לענבן יתיב רבה וקאמר משמיה דרב *חוט של כרך עולה מן המנין אמר ליה רב יוסף שמואל אמרה ולא רב איתמר נמי אמר רבה בר בר חנה סח לי רבי יאשיה דמן אושא *חוט של כרך עולה לה מן המנין יתיב *רבא וקא אמר משמיה דשמואל תכלת שכרך רובה כשרה אמר ליה רב יוסף רב אמרה ולא שמואל איתמר נמי אמר רב הונא בר יהודה אמר רב ששת אמר רב ירמיה בר אבא אמר רב תכלת שכרך רובה כשרה רב חייא בריה דרב נתן מתני הכי אמר רב הונא אמר רב ששת אמר רב ירמיה בר אבא אמר רב *תכלת שכרך רובה כשרה *ואפילו לא כרך בה אלא חוליא אחת כשרה *ונויי תכלת שליש גדיל ושני שלישי ענף וכמה שיעור חוליא תניא רבי אומר כדי *שיכרוך וישנה וישלש תאנא *הפוחת לא יפחות משבע והמוסיף לא יוסיף על שלש עשרה הפוחת לא יפחות משבע כנגד שבעה רקיעים והמוסיף לא יוסיף על שלש עשרה כנגד שבעה רקיען וששה אוירין שביניהם תנא *כשהוא מתחיל מתחיל בלבן *הכנף מין כנף וכשהוא מסיים מסיים בלבן (א *) מעלין בקודש ולא מורידין רב ורבה בר בר חנה הוו יתבי הוה קא חליף ואזיל ההוא גברא דמיכסי גלימא דכולה תכלתא ורמי ליה תכלתא וגדילא

*) [לקמן לט: וש"נ]

דלמא דאיקטר · כלומר ממאי דצריך להקשר בכל חוליא דלמא הא דאמרי *דבי רבי חייא ה"ק אם קשר על כל חוליא וחוליא הוו גרדומין כשרין אבל ברוב ציציות לא קא מכשרי גרדומין דרוב ציציות אין נקשרים על כל חוליא וחוליא: **קשר עליון** · היינו נמי ההוא קשר ג) *למטה *הלכה למשה מסיני כלומר"ל דאורייתא כלומר קשר אחד בציצית מיהא דאורייתא והכי נקט עליון משום ד) דאי לא עביד אלא חד קשר בסופו עביד ליה שמקיים את הגדיל כולו: **דאורייתא** · ואפי' יכול לכרוך יפה ולהתקיים בלא קשר יום או יומים פסולה: **דאי מדרבנן למה לי למישרי סדין בציצית** · דכתיב לא תלבש שעטנז וסמיך ליה גדילים תעשה לך (דברים כב) פשיטא דמותר: ה] **התוכף תכיפה** · תופר תחיבה אחת אינו חיבור משום דהיא תחיבה שתוחב האומן בטלית אינו חיבור ו]: **מעיקרו** · היינו ראש המחובר לטלית: **במה דברים אמורים** · דבעינן שיעור לציצית כדאמרינן לקמן (דף מא:) כמה תהא משולשלת כו': **בתחלתו** · בשעת עשייה אבל בסופו כגון אם נפסק לאחר זמן: **מאי לאו שיריו** · דאיפסיק מינייהו קצת מחוטיו ונשאר *קצת גרדומין: **דאיגרדם איגרדומי** · ולגמרי נפסק ז] עד העיקר וקשיא למאן דאמר נפסק החוט מעיקרו פסולה: **שירי גרדומין** · דנשאר קצת ונפסק קצת: **הא קמשמע לן** · מדתני שיריים בגרדומין משמע דלהוי בגרדומים שיורא קצת ח] שיהיו נקרא שיריים כדי לענבן כדפרישית לעיל והאי כל שהוא דקתני כדי עניבה: **חוט של כרך** · אותו שכורך סביב ושאר ממנו הגדיל עולה ממנין שמונה חוטין דשמונה חוטין בעינן כדמפרש לקמן (מב·): **תכלת** · זהו שם כל הציצית: **שכרך רובה** · שעשה שני שלישי גדיל ושליש ענף כשרה ואע"ג דמצותה שליש גדיל ושני שלישי ענף כדאמרינן לקמן: **אלא חוליא אחת** · הקפה ג' פעמים: **ונויי תכלת** · עיקר מצות ציצית שליש גדיל ושני שלישי ענף: **לא יפחות משבע** · חוליות: **ששה אוירים** · שבין שבעה רקיעים ועל שם שהתכלת דומה לים וים דומה לרקיע כדלקמן (דף מג:) מדמי סידורה לסידור הרקיעים כדי *לזכרם לטובה(ג) שאף לבעה ט] כמו כן נזקק לציצית: **כשהוא מתחיל לכרוך מתחיל בלבן** · שמניח שני חוטין ארוכין לעשות מהן הגדיל ומתחיל לכרוך בלבן ובאמצע כורך של תכלת וחוזר ומסיים בלבן: **מין כנף** · תחלה ואח"כ פתיל תכלת והאידנא דעבדינן חמשה קשרים היינו דאמרינן (שם) שקולה מצות ציצית ככל התורה כולה י] הלכך (ג) עבדינן שני קשרים מלמעלה ושלשה מלמטה משום מעלין בקדש ואין מורידין וכיון דאקדמה קרא למין כנף שמע מינה חשוב הוא הלכך אי מסיים בתכלת הוה ליה מוריד סוף הציצית מתחילתה: **דכוליה תכלתא** · כל הטלית: **ורמי ליה תכלתא** · ציצית: וגדילא

קשר העליון · בקונטרס פירש שני פירושים אחד אחר הגדיל ונקרא עליון כמו (נדה דף יג·) למעלה מן העטרה וזה אינו מוכח אלא דמיהא בעינן קשר *ול"א פירש סמוך לכנף אבל קשר שאחר הגדיל כיון שרחוק מן הטלית משום ההוא לא הוי כלאים ותימה להאי דמוכח היכי מסיק ביבמות (דף ד:) למאן דלא דריש סמוכים אלא היכא *דמוכח דלמר ופשתים למה לי דכלאים *מתנא דבי רבי ישמעאל שמעינן דבגדיהם למר ופשתים וכו' והשתא קשר העליון לא שמעינן *וא"כ לא הוי כלאים ואיצטריך שפיר לאתויי למר ופשתים לומר שיהא צריך לעשותם בענין שיהא בהם כלאים וי"ל דהכא לא מפיק מקרא דלמר ופשתים אלא מגדיל ומוכח *דכלאים דדרשה דגדיל דרשה נכונה היא דבעינן גדיל טוב א"נ סוגיא דהתם אתיא כמאן דאמר גדיל דווקא ושמא דהתם אתיא כמאן דאמר או גדיל או פתיל ופלוגתא דאמוראי הוא בסמוך והכי נמי תימה דבפרק המוצא תפילין (עירובין צו:) משמע דבעינן שזורין ור"ת נמי פירש דאינו חייב על כלאים עד שיהא משזר ואם כן איצטריך טובא קרא דכלאים בציצית ויש לומר דבעלמא יליף ליה *מתכלת דבגדי כהונה וכיון דתכלת שזור הוא הדין לבן:

דאיגרדום איגרדומי · פירש בקונטרס שנפסקו לגמרי וקשה דהא כל שהוא קתני וצריך לומר דלגרדין קתני ולא קאי אלא אשיריו ונראה לפרש מאי לאו שיריו דאיפסיק מינייהו כלומר שיש מן החוטים שנפסקו מעיקרם ואשתייר מן השלימין נמי וגרדומיו דאיגרדמו כולם והשתא לא קאי כל שהוא אלא אגרדומיו והא דאיפסיק מינייהו האי השתא כמו נפסק החוט מעיקרו דלעיל וכי האי גוונא קרי שיריו פרק קמא דסוכה (דף יג·) גבי אזוב תחילתו שלשה וסופו שנים ול"ע:

שירי גרדומיו כל שהוא · פרק מי שמת (ב"ב דף קנ·) הוה מצי לאיתויי הך גבי הך דפריך וכל היכא דתני כל שהוא לית ליה שיעורא:

לא יפחות משבע כנגד שבעה רקיעים · לפי *שתכלת דומה לים וים דומה לרקיע ואנן דלית לן תכלת לא קפדינן בהא והא נמי דאמרינן צריך לקשור על כל חוליא וחוליא היינו כדי שיהא ניכר התכלת ומה שאנו נוהגים חמשה קשרים פירש בקונטרס יא] א) גבי ב) ציצית שקולה כנגד כל המצות לפי שציצית עולה ת"ר וח' חוטין וחמשה קשרים עולה יב] תרי"ג ומיהו כל ציצית האמורים בפרשה חסרים יו"ד ויש לומר שיש פסוק והיה לכם לציצית וג' ציצית כתובים בפרשה ולמ"ד זו משלימתן וכן נהג רבינו תם לעשות אותן ה' קשרים ב' בסמוך לטלית וג' סמוך לפתיל משום מעלין בקדש ולא יג] מורידין כדאמרינן שמסיים בלבן ועל כל קשר שני קשרים כדי שיהא קשר של קיימא מיהו לא מצינו שום סמך בהש"ס מפורש מה' קשרים ויש לומר דהא דאמרינן צריך לקשור על כל חוליא וחוליא היינו אחת של לבן ואחת של תכלת שהן שתים והשתא כשאין פוחת משבע עושה ה' קשרים סמוך לטלית קשר אחד ואחר כך שתי חוליות אחת של תכלת ואחת של לבן *קשר אחד עד שמסיים שש חוליות הרי ארבעה קשרים ואחר כך עושה חוליא שביעית של לבן כדי שיהא מסיים בלבן ואחר כך קושר אחד הרי ה' קשרים ויש מפרסים לא יפחות משבע כריכות בין כל קשר וקשר:

א) [לקמן מג: ד"ה שקולה] ב) הא דאמרינן דציצית שקולה כו' צ"ק

מסורת הש"ס: צ"ל נמי · שלמטה הלכה צ"ק · נ"א רבא · כלאים פ"ע מ"י [שבת כד: יבמות ה:] · קצת סס"ד אח"כ ד"ה גרדומיו דאיגרדם כו' נפסק מעיקרו וקשיא צ"ק · [עי' תוס' לקמן מ: ד"ה דיקא נמי] · [לעיל לח:] · נזכור לטובה"ה שאף כו' צ"ק · וקשר צ"ק

הגהות הב"ח
(א) גמ' מסיים בלבן משום מעלין: (ב) רש"י ד"ה לא יפחותו' לטובה וזה בומזם שאף נכא תכלת מקק לציצית: (ג) ד"ה מין כנף וכו' הלכך ציצית שלה ת"ר וח' חוטין וה' קשרין הרי תרי"ג ועבדינן שני קשרים:

עין משפט נר מצוה
ו א מיי' פ"י מהל' כלאים הלכה כד טוש"ע י"ד סי' ש סעיף ב: לא נמצא בס"ס שלפנינו ועיין רש"ק
דמוכח דלמר צ"ק
בציצית מתנא צ"ק
אלא משום דא"כ צ"ק
ח ב מיי' פ"א מהלכות ציצית הלכה יח סמג עשין כו טוש"ע א"ח סי' יב סעיף א:
מכלאים צ"ק
ט ג ד ה מיי' שם הלכה ז ועיין בהשגות ובכ"מ טוש"ע שם סי' יא סעיף יד:
י ו מיי' שם הלכה ח טוש"ע שם בהג"ה:
יא ז מיי' שם טוש"ע שם:
יב ח מיי' שם הלכה ז:
תכלת בציצית מתכלת דבגדי כהונה דבעינן שזורים וכיון צ"ק

שיטה מקובצת
א] ש"מ קשר עליון דאורייתא לפום רהיטא משמע מדאצטריך סמוכין למשרי סדין בציצית וקשה מפ"ק דיבמות א) לא שרי סדין בציצית דקאמר תלמודא תא למה לי סמוכין מתנא דבי ר' ישמעאל נפקא דאמר ר' ישמעאל כל מקום שנאמר בגדים כו' ואמר רחמנא עביד תכלת ותכלת עמרא הוא ומאי קאמר לעולם אימא לך דאי לאו סמוכים הוי אמינא אין ציצית דוחה כלאים והא דאמר רחמנא עביד תכלת היינו בלא (דמיה) [קשירה] ע"י תכיפה אחת דאינו חיבור להכי איצטריך סמוכין למימר דבעינן קשר ואעפ"כ שריא רחמנא ותירץ הר"ר יוסף קלצין איש ירושלים דהכי פריך התם לתנא דבי רבי ישמעאל כדפי' שם בתום' מיהו קשה למורי הר"י שי' מאי פריך הכא למאי איצטריך סמוכין הא רבא עצמו אמר לקמן דאתא למישר צמר ופשתים פוטרים בין במינן בין שלא במינן ותירץ הר"ם המדקדק בפי' הקושיא ימצא הכל ב) שכוון דה"ק ש"מ קשר העליון הלכה למשה מסיני מדאצטריך למשרי סדין בציצית אינו ר"ל מדאיצטריך סמוכין אלא מדאיצטריך בכמה מקומות ברייתות לומר דציצית דוחה כלאים כתניא סדין בציצית ב"ה מחייבין ואי קשר העליון לאו דאורייתא פשיטא דסדין חייב דתכיפה אחת אינו חיבור וכשיטה זו אשכחנא ריש בבא מציעא ש"מ הילך חייב דאי ס"ד הילך פטור למה אצטריך למספר קרקעות משבועה כל קרקעות הילך הוא ואין רוצה לומר למה לי קרא דהא ליכא קרא למספר קרקעות משבועה אלא ר"ל למה לי מתני' דאמר אין נשבעין על הקרקעות ופטור דשבועות קרקעות גמרינן מכפל אבל בקרקעות גופיה ליכא קרא לפטור · תו"ח: ג] אבל בסופו: ג] דלמטה דאורייתא הלכה: ד] משום דמאן דלא עביד: ה] (מה"ד דהא) התוכף תכיפה אחת הוסף: ו] חיבור ל"א דאי קשר עליון היינו הך דסמיכי לטלית מדרבנן למה לי למישרי סדין בציצית דאי משום ההיא תחיבה דתחב חוטין בסדין לאו תכיפה היא דתוכף תכיפה אחת אינה חיבור ואי משום קשר התחתון לאו תכ יפה הוא דמרוחק מן הטלית: ז] נפסק עד העיקר: ח] קצת שיהיה: ט] צבעה כך לכך נזקק: י] כולה דמנין ציצית בגימטריא ת"ד ושמונה חוטין וחמשה קשרים דהיינו תרי"ג כנגד כל המצות: יא] בקונטרס דהא ציצית שקולה: יב] תרי"ג מכאן סמך לפי' הקונטרס במתני' דאין למעט מנין החוטין אם אין תכלת וצריך לעולם ח' חוטין תוס' אחרות: יג] מורידין ואמר ריב"א שראה ציצית של ר"ת עשוי כך רוב העולם נהגו לעשות הקשרים בין החוליות וראיה מהא דאמרינן לעיל צריך לקשור על כל חוליא וחוליא ומסתמא היינו אחר כריכות של לבן וכן של הכלת וקאמר הפוחת לא יפחות מג' היינו ג' חוליות של לבן וג' של תכלת ואחת שמסיים בלבן נמצא קשר כסוך לכנף ואח"כ כורך ג' של לבן וג' של תכלת ואח"כ קושר הרי שני קשרים וחוזר וכורך ג' של לבן וג' של תכלת וקושר הרי ג' וחוזר וכורך ג' של לבן וג' של תכלת וקושר הרי ד' ומסיים בלבן ג' כריכות של לבן בלא תכלת וקושר הרי ה' קשרים ואורך הציצית מפורש לקמן ולדידן שאין לנו תכלת אין להקפיד לעשות חוליות אלא לכרוך סביב בלא חוליא ומנהג ר"ת שהיה קושר חוט שכורך בו כנגד ז' חוטין ואין מנהג העולם כן ג) אלא חולקין החוטין ד' מכאן וד' מכאן תוס' אחרות:

א) בהלה ד"ל דאמר שם דסמוכין אתא למשרי סדין בציצית דקאמר תלמודא וכו' · ב) לולי נ"ל ימצא הכל מבואר דהא דקאמר ש"מ · ג) ועי' בכה"ש בלבוש ציצית בהלכ"ש סי' טו ·

ומה דאיתא בסי"ג, "שאם כרך אפי' חוליא אחד", אבאר את שורש הדבר, כי קבלו חז"ל דבעינן בציצית גדיל, והיינו שיהיה מוכרך, כמש"כ: גדילים תעשה לך, וגם יהיה בו חוטין נפרדים, [ו]כדכתיב: ציצית, כמו "בציצת ראשי", **אך** מן התורה אין שיעור לאורך הגדיל, אלא אפי' אם לא כרך רק ג' כריכות, ועשה ע"ג קשר למעלה, דגם זה הוא הלכה למשה מסיני, מתקיים בזה שם גדיל, ובזה כבר נגמר המצוה מדאורייתא, וזהו טעם דברי השו"ע שם, **וע"ז** יש לסמוך בע"ש עם חשיכה, כשאין לו פנאי לעשות כתיקונו, ומותר לצאת בו בשבת ולברך, ויותר טוב שיעשה אז גם הקשר הראשון שקודם החוליא, כמו שאנו נוהגין, כדי לצאת גם דעת מקצת הפוסקים שסוברים, דע"ז הקשר כיוונו חז"ל דהוא דאורייתא, (**דשני הקשרים שאנו עושין א' קודם החוליא הראשונה וא' לאחר החוליא, א' מהן לבד הוא מה"ת, אלא שאנו עושין שניהם מטעם ספק, שמא הלכה כפי' הב' שברש"י מנחות ל"ט.** הובא בתוס' שם ד"ה קשר, ‹עיין בצד הגמ' "לא נמצא בפ"ה שלפנינו"›, או כפי' הא' שברש"י, שהוא הקשר שאחר החוליא – בה"ל סימן יא ס"י), **וכל** זה מדאורייתא, אבל מדרבנן צריך לעשות שליש גדיל, וב' שלישים פתיל, וכיון שאורך החוטין הוא י"ב גודלין, יעשה ד' גודלין גדיל, שהם הכריכות, וישאיר ח' גודלין חוטין נפרדים, שכך הוא נוי הציצית, **וע"כ** אם עשה חוליא אחת בע"ש עם חשיכה, צריך להשלים תיכף אחר השבת, דאל"ה הוא עובר על דברי חכמים, ויש שנכשלין בזה, **וד'** גודלים היינו עם הקשרים, **וברעיא** מהימנא כתב, שיהיה בין קשר לקשר כמלא אגודל. **ובדיעבד** אפילו אם כרך רובו כשר, דעכ"פ יש כאן ג"כ פתיל, אבל אם כרך כולה, פסול.

[י]סימן יא ס"ד - [ח]א' מהחוטים יהיה יותר ארוך, כדי שיכרוך בו הגדיל - קראו גדיל על שם העתיד, שנעשה גדיל אחר שנכרך עליו, וזהו שכתב רמ"א אח"כ: **(הגדיל היינו החלק מהלילית שאינו ארוג)** - ר"ל שמתחלה הוא חלק בלא גדיל ואריגה, ועי"ז החוט נעשה גדיל.

ואם אחד אינו ארוך כ"כ לכרוך בו הכל, יכרוך בו קצת כריכות מחוט א', וקצת כריכות מחוט השני, כי בזמן התכלת היו עושין קצת כריכות מהתכלת וקצת מלבן.

אות ו'

ונויי תכלת, שליש גדיל ושני שלישי ענף

סימן יא סי"ד - הגה: ואם האריך הלילית, יראה שמלישיתו יהיה גדיל ושני חלקים ענף (רמב"ס) - ולכולי עלמא אינו מעכב בדיעבד.

אות ז'

הפוחת לא יפחות משבע, והמוסיף לא יוסיף על שלש עשרה

סימן יא סי"ד - [ט]ונוהגים לכרוך באויר ראשון [י]ז' כריכות, ובשני ט', ובשלישי י"א, וברביעי י"ג, שעולים כולם מ', כמנין: ה' אחד, שעולים ל"ט, ועם השם הם מ' - ובכוונות כתוב: בשני ח', וכן הסכימו האחרונים, דז' וח' הוא שם של י"ה, ואח"כ י"א, ובצירוף הוא שם של הוי"ה, ואח"כ י"ג, גימטריא "אחד", וזהו "ה' אחד", **ובציצית** של ר' שלמה מלכו, היה באויר ראשון יו"ד כריכות, ואח"כ ה' וכו', כשם הוי"ה.

כתב הרא"ש, שיהיו כל החוליות בשוה, שזהו נוי ציצית, ואם כן באויר הראשון יעשה הכריכות רחוקים זה מזה, ואח"כ בכל אויר יותר מקורב.

[יא]ונהגו לעשות בסוף כל חוט קשר, כדי שיעמוד בשזירתו - ע"ל בס"ג מה שכתבתי שם. **טוב** לעשות החוטין בינונים, לא עבים ולא דקים, משום "זה אלי ואנוהו".

אות ח'

כשהוא מתחיל, מתחיל בלבן, הכנף מין כנף; וכשהוא מסיים, מסיים בלבן, מעלין בקודש ולא מורידין

רמב"ם פ"א מהל' ציצית ה"ז - ולוקח חוט אחד מן הלבן וכורך בו כריכה אחת על שאר החוטין בצד הבגד, ומניחו, ולוקח חוט התכלת וכורך בו שתי כריכות בצד כריכה של לבן, וקושר; ואלו השלש כריכות הם הנקראין חוליא; ומרחיק מעט ועושה חוליא שניה בחוט של תכלת לבדו, ומרחיק מעט ועושה חוליא שלישית; וכן עד חוליא אחרונה, שהוא כורך בה שתי כריכות של תכלת, וכריכה אחרונה של לבן, מפני שהתחיל בלבן מסיים בו, שמעלין בקודש ולא מורידין; ולמה יתחיל בלבן, כדי שיהא סמוך לכנף מינה; ועל דרך זה הוא עושה בארבע הכנפות.

באר הגולה

[ו] ‹זהו לשון הח"א, והוא מדף מ"ב. והגמ' עמוד ב' למדו מ"פתיל", אבל ע"ש בתוס'› [ז] ‹ע"פ הגר"א וז"ל: חוט של כרך כו'› [ח] הרא"ש [ט] ב"י
[י] ‹עיין רש"י ד"ה לא, ותוס' ד"ה לא בסופו› [יא] נ"י ורוקח

השגת הראב"ד: ולוקח חוט אחד מן הלבן וכו' עד בארבע הכנפות. כתב הראב"ד ז"ל: א"א זה הסדר אין לו שרש ולא ענף, [יב]ולמה יותר בתכלת מבלבן שהוא מין כנף וממנו מתחיל ובו מסיים, ובכריכותיו הוא ממעט, אין זה כי אם שגיון גדול; והגאון רב נטרונאי ז"ל סידר אותו יפה סידור נאה מאד על דרך שאמרה הלכה, וכמה שיעור חוליא, כדי שיכרוך וישנה וישלש, [יג]אתכלת קאי; ותנא דתנא הפוחת לא יפחות משבעה, על הכריכות קאי, שהן שלש מן התכלת וארבע מן הלבן, מפני שמתחיל בלבן ומסיים בלבן; קושר תחלה סמוך לכנף קשר אחד [יד]בחוט לבן ובחוט של תכלת, והוא שנקרא קשר העליון, ואחר כך כורך שני חוטין אחד של לבן ואחד של תכלת עד שש כריכות, [טו]והשביעית לבן לבדו, וזהו שבע שאמרנו, והן חוליא אחת, ואלו הכריכות כולן על שש החוטין המשולשים והמשולשים בכנף; ובענין זה עושה ה' קשרים, ובין כל קשר וקשר חוליא של שבע כריכות כאשר אמרנו; ונהגו לעשות חוליא אחת בשני קשרים סמוך לכנף, ושתי חוליות בסוף הגדיל עם שלשה קשרים, [טז]ובאמצע כורך בלא דקדוק בין מכונס בין מפוזר בתכלת ולבן, עכ"ל.

באר הגולה

יב ‹וכבר תירץ רבנו קושיית הראב"ד בתשובתו לחכמי לוניל, דעיקר הפתיל הוא התכלת, ולדרך רבנו נוח הא דאמרן דף ל"ט. חוט של כרך עולה מן המנין, דמשמע דרק בחוט אחד כורכין, ולא חשיב כריכות הלבן המועטת. וכן ניחא לשון תכלת שכרך רובה, כמ"ש לקמן ה"ח, ודלא כפרש"י ששם כל הציצית קרוי תכלת – מרכבת המשנה› יג ‹דהיינו דג' מהז' כריכות הם של תכלת› יד ‹משמע שקושר רק חוט א' של לבן עם חוט א' של תכלת, ואולי יש טעות סופר בדבריו, וצ"ל בחוטי לבן – חי' הגרי"ד› טו ‹וזהו פי' כשהוא מתחיל, מתחיל בלבן, וכשהוא מסיים, מסיים בלבן› טז ‹דהיינו בין הסדר של ב' קשרים דיש ביניהם חוליא אחת, לסדר של ג' קשרים דיש ביניהם ב' חוליות, באמצע יש חוליא רביעי דכורך בלי דקדוק, ודלמא הוי הכוונה להבדיל בין הב' קשרים שהם מה"ת, להד קשרים שנתקן אח"כ, וכנ"ל ברש"י›

וגדילא מיגדל אמר רב יאי גלימא ולא יאי תכלתא רבה בר בר חנה אמר יאי גלימא ויאי תכלתא במאי קא מיפלגי רבה בר בר חנה סבר כתיב °גדיל וכתיב °פתיל או גדיל או פתיל ורב סבר לעולם פתיל בעינן וההוא גדילים למניינא הוא דאתא *גדיל שנים גדילים ארבעה *עשה גדיל א] ופותלידו מתוכו אמר שמואל משמיה דלוי חוטי צמר פוטרין בשל פשתן איבעיא להו של פשתן מהו שיפטרו בשל צמר צמר בשל פשתים הוא דפטר דכיון דתכלת פטרה לבן נמי פטר אבל פשתים בצמר לא או דלמא כיון דכתיב °לא תלבש שעטנז צמר ופשתים יחדו גדילים תעשה לך לא שנא צמר בפשתים ולא שנא פשתים בצמר ת"ש דאמר רחבה אמר רב יהודה *חוטי צמר פוטרין בשל פשתן ושל פשתן פוטרין בשל צמר חוטי צמר ופשתים פוטרין בכל מקום ואפילו בשיראין ופליגא דרב נחמן דאמר רב נחמן השיראין פטורין מן הציצית איתיביה רבא לרב נחמן *השיראין והכלך והסריקין כולן חייבין בציצית מדרבנן אי הכי אימא סיפא וכולן צמר ופשתים פוטרין בהן אי אמרת בשלמא דאורייתא היינו דמישתרו בהו כלאים אלא אי אמרת דרבנן היכי מישתרי בהו כלאים ב] אימא או צמר או פשתים הכי נמי מסתברא דקתני סיפא הן ג] במינן פוטרין שלא במינן אין פוטרין אי אמרת בשלמא דרבנן היינו דמיפטרו במינן אלא אי אמרת דאורייתא צמר ופשתים הוא דפטר אי משום הא לא איריא כדרבא *דרבא רמי כתיב הכנף מין כנף וכתיב צמר ופשתים הא כיצד צמר ופשתים פוטרין בין במינן בין שלא במינן שאר מינין במינן פוטרין שלא במינן אין פוטרין ורב נחמן ד] כדתנא דבי רבי ישמעאל *דתנא דבי רבי ישמעאל הואיל ונאמרו בגדים בתורה סתם ופרט לך הכתוב באחד מהן צמר ופשתים אף כל צמר ופשתים *אמר אביי והאי תנא דבי רבי ישמעאל ה] מפקא מאידך תנא דבי רבי ישמעאל דתנא דבי ר' ישמעאל ו] בגד אין לי אלא בגד צמר מנין לרבות צמר גמלים וצמר ארנבים ונוצה של עזים והכלך והסריקין והשיראין מנין ת"ל או בגד:

תנו

וגדילא מיגדל · כל הציצית היתה גדיל ולא שייר בה ענף כלל : **ולא יאי תכלתא** · משום דאין בה ענף : **גדיל שנים** · כלומר אי הוה כתיב גדיל תעשה לך ז] משמע ב' חוטין דאין גדיל פחות משנים השתא דכתיב גדילים משמע ארבעה : **עשה גדיל** · מד' חוטין שישים ד' חוטין בחור הטלית ולכשיכפלם ויעשה מהן *גדיל יהו שמונה ח]: **ופותליהו מתוכו** · אותו חוט שכורך בו יהא מן המנין ל"א ופותליהו מתוכו תנה פתיל ענף למטה : **חוטי צמר פוטרין בשל פשתן** · אותם שני חוטין של לבן אם של צמר הן פוטרין בסדין של פשתן עם התכלת ט] ואע"ג דליכא השתא מין כנף דהוי של צמר כיון דתכלת י] שנים חוטין הן *דתכלת עמרא נינהו ופוטר בשל פשתן דהא תכלת כתב רחמנא בהדיא לבן דצמר נמי פוטר בשל פשתן משום לבן : **חוטי צמר ופשתים** · לבן של פשתים ושל *צמר תכלת : **פוטרין בכל מקום** · בכל מיני בגד ואפי' בשיראים דמהו דתימא שיראין פטורין והוו כלאים שלא במקום מצוה קמ"ל דחייבין : **השיראין** · מעיל של משי : **והכלך** · מעיל שעושין מאותן יא] דגים [הוא בית התולעת] שמצויים *במיני שקורין פלוצי"ל : **סריקין** · מעיל עשוי מנעורת של משי : **צמר ופשתים פוטרין בהן** · קא ס"ד שני חוטין צמר ושני חוטין לבן של פשתים : **הן** · עצמן כלך וסריקין במינן פוטרין דאם עשה (א) ציצית יב] בטלית שהוא מינו יצא : **אלא אי אמרת מדאורייתא** · מחייבין שיראין בציצית היכי פטרה בהו ציצית *דכלך הא מדאורייתא ציצית דצמר ופשתים הוא (ב) דפוטרין כדאמרינן לעיל צמר ופשתים יחדו גדילים תעשה לך : **ורב נחמן** · דאמר לעיל שיראין מדרבנן הוא דחייבין דאי מדאורייתא לא פטר בהו מינו: **כדתנא דבי ר' ישמעאל** · יג] דאומר אין מחייבין בציצית אלא בגד צמר או בגד פשתים : **בגדים בתורה סתם** · על כנפי בגדיהם : **ופרט לך** · יד] בכלאים (דברים כב) וגבי נגעים (ויקרא יג) בבגד צמר או בבגד פשתים: **מפיק מאידך תנא כו'** · דהא אידך טו] מרבה כל הבגדים : **צמר ארנבים ונוצה** · צמר של עזים קרי נוצה לפי שאין רך כשאר צמר : **מנין** · שמטמאין בנגעים : **תלמוד לומר או בגד** · בגד צמר או טז] בגד פשתים (שם) :

סדין

אי גדיל או פתיל · למאי דפרישית לעיל דמפתיל שמעינן דבעי ב' חוטין תכלת קשיא דהכא דרשינן ליה לאו גדיל או פתיל וי"ל דהא נמי שמעת מינה כיון דבחד פרשה כתיב גדיל ובאידך כתיב פתיל ומיהו קשה דפתיל מציצית נפקא דדרשינן לקמן (דף מב:) אין ציצית אלא ענף ויש לומר דאיצטריך ציצית לאשמועינן דלאחר עשייתן צריך לפרוד כדאיתא לקמן ובספרי דריש ועשו להם ציצית שומע אני יעשה טולה גדילים ת"ל ציצית הא כיצד כדי שתהא גדיל יוצאת מן הכנף וציצית מן הגדיל והא ברייתא קשיא לרבה בר בר חנה וקשה נמי לרב דדריש ליה הכא מפתיל והתם דריש ליה מציצית :

יז] **וההוא** גדילים למניינא · תימה מאי דוחקיה דרב למימר גדילים למניינא נימא דקרא בא לומר תרווייהו בעי גדיל ופתיל ויש לדחוק ולפרש דטעם דרבה בר בר חנה משום דדריש גדילים כמו מיעוט אחר מיעוט משום דכתיב בלשון רבים ואע"ג דליכא *גדיל כלל וכי תימא אם כן פתיל דכתב רחמנא למה לי איצטריך דאי לא פתיל הוה פסלינן פתיל וגדיל בהדי הדדי קמשמע לן פתיל ורב סבר למניינא ולא למעט *גדילים ותימה רבה בר בר חנה מניינא מנא ליה :

ופותלידו מתוכו · פירש בקונט' שחוט של כרך מן המנין ובלשון אחר פי' שיהא הפתיל דהיינו הענף מגולגל למטה ויוצא מן הגדיל ותימה דהא נפקא לן מציצית לקמן (דף מב:) ובמתניתין פירשתי בע"א שכפלו כעין פתילה והיינו עייף להו מיעוף דלקמן (שם) :

לבן נמי פטר · פירש בקונטרס אע"ג דלא מינא דכנף הוא ולא יתכן לפי מה שפירשתי לעיל דכולהו בר מתכלת איקרו מין לבן אלא הכי פירושא אע"ג דכלאים נינהו :

ופליגא דרב נחמן · הוה מצי למימר דמדרבנן הוא אלא משום שהאמוראים יש להם לבאר דבריהם יותר אי נמי לא מסתבר ליה כמו שנבאר בסמוך: **ורב** נחמן דאמר כתנא דבי רבי ישמעאל · תימה הא שפיר שני מדרבנן ויש לומר דלא מסתבר ליה למימר הכי אלא מכח הכי נמי מסתברא וכי דחי ליה צריך למצוא תנא אי נמי לא מסתבר ליה לפלוגי אדרשא דמינה אי לא משכח ליה א) תנא ונראה דמכולהו תנאי מוכח דאית ליה הכנף מין כנף ולא מייתי דתנא דבי רבי ישמעאל אלא לומר דבגדיהם צמר ופשתים ב) דאי לאו האי טעמא לא מפיק ליה מהכנף מין הכנף יח] ור"ת ור"י פסקו כרבא משום דהוא בתראה : **אף** כל צמר ופשתים · תימה מנא ליה דפליג דלמא שאני הכא דאיכא ייתורא דהכנף מין כנף דהכי נמי דריש פרק במה מדליקין (שבת דף כז.) מאי בגד שאר בגדים לתנא דבי רבי ישמעאל ויש לומר דלא דמי דהתם לא מפקינן בגד דקרא ממשמעותיה דלעולם בגד דקרא צמר ופשתים הוא אלא דמרבינן אף שאר יט] מינין אבל הכא אי דרשת מיניה בשאר מינין א"כ בגד דכתיב ברישא הוי נמי שאר מינין וא"כ מפקת בגד ממשמעותא אי נמי י"ל דרבא לא דריש מייתורא מידי אלא משום דסבר בגדיהם כל בגדיהם משמע ועלה כתיב הכנף מין כנף שמדבר מן הציצית ולפירוש זה על כרחיך תנא דבי רבי ישמעאל לית ליה דרבא: **אמר** אביי האי תנא דבי רבי ישמעאל · פרק במה מדליקין (גם זה שם) איתא להא מילתא ודחי ליה רבא התם : **בגד** אין לי אלא בגד צמר · פי' בקונטרס בנגעים כתיב וקשה חדא דא"כ צריך לגרוס או בבגד דהכי כתיב כ] גבי נגעים ותו ג) דפ' במה מדליקין (גם זה שם) דרשינן ליה למילתא אחריתי ד) ותו היכי ילפינן מנגעים לרבא דמהדר לה התם דלא מפקא מאידך תנא דבי רבי ישמעאל הא גבי נגעים מרבה שאר בגדים ותו ה) דהתם משמע בפירוש הכי ו) ותו תנן בהדיא דשאר מינין לא מיטמו בנגעים נימא דלא כתנא דבי רבי ישמעאל לכך צריך לפרש דבשרצים הוא דכתיב (ויקרא יא) ותימה דא"כ אמאי איצטריך לאתויי טלה של עזים הא שק כתיב בהדיא וי"ל ז) דאיכא בגד מן הדק שבנוצה של עזים וכן מוכח פרק ראשית הגז (חולין קלז:) דממעט גיזה של שור מתתן לו ולא לשקו ופריך אלא מעתה נוצה של עזים ליחייב אלמא לאו מכלל שק הוי והשתא ניחא הא דמרבה לאביי מהכא ג' על ג' בשאר בגדים ודין שק הוי ד' על ד' :

סדין

א) הגה דמכולהו מתני' אוכחנא דאית כו' נ"ק · ב) אבל מהאי טעמא לא מפיק מהכנף נ"ק · ג) דבפרק במה אשה יוצאה דרשינן נ"ק · ד) וי"ל דהאי או בגד לא כתיב בנגעים עיין שם בתוס' ד"ה נפקא ליה מאו בגד . ה) דהתם לא משמע הכי דתנן בהדיא דשאר נ"ק . ו) עיין רש"ק . ז) דעושין בגדים מן הדק נ"ק

טו] אידך תנא מרבה : טז] או בבגד : יז] וההוא גדילים למניינא הוא דאתא · תימה מאי א) דהקו כו' גדיל או פתיל ליסא רב גדיל ופתיל בעינן וי"ל דאה"נ דטעמיה דרבה בר בר חנה הוא משום דכתיב [...]ל ולא כתיב פתיל ובפרשה אחרת כתיב פתיל ולא כתיב גדיל אלמא אין זה מעכב זה ואשמועינן רב דע"כ ילפינן זה מזה ומה שאמר בזה צריך בזה דהא קמן דדרשינן גדילים למניינא וגם בפתיל בעינן [...]א כתיב ביה אלא ש"מ דילפינן מהדדי להצריך לזה מה שאמר בזה ובתוס' אחרות כתבו וז"ל וי"ל דמסתברא דטעמא דרבה בר בר חנה דכיון דכתיבי בשתי פרשיות לא בעינן תרווייהו · וא"ל רב לדידך [...]בי בשתי פרשיות לא מעכבי להו אלא הא דאמר גדילים [למניינא] מנא לך בפתיל מניינא והרי אתה מודה לי שצריך מניינא אלמא אתה צריך למילף פתיל מגדיל וא"כ כמאן דכתיבי אחדדי דמי וכע נן [...] הר"ם ובגליון כתוב דמסתברא טעמא דרבה משום דכתיבי בשתי פרשיות הוי כמו ריבוי אחר ריבוי ואתא למעט ולומר דבחדא סגי ורב סבר דבעינן פתיל וההוא גדיל למניינא ולא לריבוי אחר ריבוי [...] רש"י ור"ת פסקו כרבא דדריש הכנף מין כנף ושיראין וכלך וסירקין כולן חייבים בציצית מן התורה ומינו פוטר בהן וצמר ופשתים פוטרין בין במינם בין שלא במינם מיהו אע"ג דאמר לעיל צמר בשל [...]ל צמר היינו דוקא כשהיה להם תכלת שניתנה לדחות משום תכלת אבל השתא שאין לנו תכלת לא ניתנה לדחות כלל ואסור לתלות ציצית צמר בבגד פשתים וציצית פשתים בבגד צמר כר"ל לקמן [...]דאיכא עשה כו' והכא אפשר לקיים שניהם דכך לי צמר כפשתים כיון דאין לנו תכלת ואע"ג דלדידהו נמי חוטי פשתן פוטרים בבגד צמר אע"ג דאפשר לקיים שניהם ולעשות כולן צמר מיהו כיון [...]ות צמר בפשתן משום תכלת ניתן לדחות נמי פשתן בצמר אבל לדידן לא ניתן לדחות כלל : יט] אף שאר כנף אבל : כ] גבי נגעים ועוד דהא מאו בגד מרבה כל בגדים ובמס' נגעים משמע בהדיא דאינו מטמא בנגעים אלא בגד צמר ופשתים בלבד · תוס' אחרות :

עין משפט נר מצוה

יג א מיי' פ"ג מהלכות ציצית הלכה ה סמג עשין כו טוש"ע א"ח סי' ט סעיף ג :

יד ב מיי' שם הלכה ב ופכ"מ טוש"ע שם סעיף א :

טו ג מיי' שם הלכה ס טוש"ע שם סעיף ג :

טז ד מיי' שם הלכה א טוש"ע שם סעיף א :

פתיל כלל נ"ק

פתילים נ"ק

שיטה מקובצת

א] ופותליהו מתוכו פירש"ה בלשון שני תנה פתיל ענף למטה · ואף על גב דממעינן לקמן בציצית [אין ציצית] אלא פתיל מיהו לא ידעינן מינה אם הפתיל למעלה או למטה [...] ופותליהו מתוכו [...] ופותליהו [...] כמין [...] כפולים ויהא ח' [...] : ג] אימא או צמר או פשתים וא"ת לעיל נמי אמאי קאמר ופליגא דרב נחמן לימא כי קאמר רב יהודה או צמר או פשתים וי"ל [...] דלא ליטעו [...] · תו"ח : ג] הן עצמן במינן ד] ורב נחמן דאמר כתנא דבי ר' ישמעאל [...] ה] ר' ישמעאל [...] ו] בגד' שבת דף כ"ו ויבמות דף ד': ז] לך הוה משמע: ח] יהו שמונה חוטין הס"ד · ט] התכלת [...] הס"ד [...] של פשתן אותם חוטים של לבן אם הם של פשתן מהו שיפטרו לבגד דצמר עם התכלת ואע"ג: י] כיון דתכלת' [...] נינהו: יא] מאותן תולעת [...] : יב] ציצית מהן עצמן בטלית: יג] ר' ישמעאל דאמר אין מחייבין בציצית: יד] ופרט לך

מסורת הש"ס

גדילים יהיו נ"ק

[יבמות ס: וע"ש ובנ"ש ובתוספות]

פתיל עשה נ"ק

ותכלת נ"ק

תכלת צמר נ"ק

ל"א כמין

שבת כו

דמינם הא נ"ק

הגהות הב"ח

(א) רש"י ד"ה הן כו' עשה אותן ציצית : (ב) ד"ה אלא כו' דפטר :

שבת כו: מיר נמי [יבמות ד:]

רבינו גרשום

תכילתא · ופסול : חוטי צמר פוטרין בטלית של פשתן · דכיון דתכלת מעמרא הוא דפטר של פשתים : כולן · השיראין והכלך והסריקין חוטי צמר ופשתים פוטרין בהן ביחד : הן בעצמן השיראן : במינן פוטרין · אם הציצית הוא של מינן פוטרין : אלא אי אמרת דאורייתא ציצית דצמר ופשתי' הוא דפטרי ולאו ציצית דשאר מינין: כדרבא דסבר דמדאוריי' נמי ציצית דשאר מינין פוטרין במינו דרבא רמי כתיב כו' : ורב נחמן דאמר שיראים פטורין מן הציצית מדאורייתא אמר כדתנא דבי ר' ישמעאל הואיל ונאמרו בגדים בתורה סתם כגון על כנפי בגדיהם וכגון גבי שרצים וכל כלי עץ או בגד ופרט לך הכתוב באחד מהן צמר ופשתים גבי נגעים דכתיב בבגד צמר או בבגד פשתים :

§ מסכת מנחות דף לט: §

אות א'*[א]

עשה גדיל ופותליהו מתוכו

סימן יא ס"ד וסי"ד - עיין לט. אות ג'-ד'-ה' ‹לל"ק דרש"י›.

סימן יא סי"ב - עיין מב. אות ז' ‹לפי תוס'›.

אות א'

חוטי צמר פוטרין בשל פשתן, ושל פשתן פוטרין כו'

סימן ט ס"ב - [ב]**ציצית של פשתים או של צמר רחלים, פוטרים בכל מיני בגדים** - [ג]והב"ח כתב, כיון דיש פוסקים המחמירין בזה, שלא לעשות אפילו ציצית של צמר לשאר מינין, כיון שאינו מינו, כמבואר בב"י, ע"כ לא יברך רק על טלית צמר וציצית צמר, **והעולם** נוהגין לעשות ציצית של צמר לשאר מינין, ובספר א"ר ג"כ כתב שיש להקל בזה, וכן משמע בספר מעשה רב.

[ד]**חוץ משל פשתים לצמר, או של צמר לפשתים, בזמן הזה דליכא תכלת, מפני שהם כלאים** - דבזמן שהיה תכלת, שהיה צריך להטיל ד' חוטין, שני חוטי לבן ושני חוטי תכלת, והיה מתקיים עי"ז המצות ציצית כראוי, התירה לנו התורה להטיל השנים של לבן, בין מצמר או מפשתים, בין בבגד צמר או בבגד פשתים, **ולהי"א** שזכר רמ"א בס"א, דכל מיני בגדים חייבין מדאורייתא, אפילו בהם היה אז מותר לנו מן התורה ציצית של צמר ופשתים יחדיו, **אבל** עכשיו דאין לנו תכלת, נמצא דאין אנו מקיימין המצוה בשלמותה, לא שרי לן כלאים.

הגה: וי"א שלא לעשות ציצית של פשתים כלל, אפילו בשאר מינים, והכי נהוג (סמ"ק) - הטעם, דיש צמר שנראה כעין משי, ויבואו להטיל בו ציצית של פשתן, שיסברו שהוא משי, ויהיה כלאים, ולפי"ז בשאר מינים שאינן משי יש להתיר, **ויש** עוד טעמים אחרים עיין בב"י וב"ח וט"ז, ולדבריהם יש להחמיר גם בשאר מינים, **ובשעת** הדחק יש לסמוך על המקילין, כן כתב בא"ר, **ועיין** בספר מעשה רב, שהגר"א היה ג"כ מן המקילין בזה.

אות ב'

השיראין והכלך והסריקין, כולן חייבין בציצית

סימן ט ס"א - [ה]**אבל בגדי שאר מינים אין חייבים בציצית אלא מדרבנן** - כגון צמר גמלים, ונוצה של עזים, והשירים, וצמר ארנבים, וכן קנבוס וכל כה"ג, אינן בכלל צמר ופשתים, **וממילא** ה"ה דבכל אלו אם עשה מהן ציצית, כל אחד מהן אינו פוטר אלא במינו.

אף דצריך לברך על מצוה שהיא מדרבנן ג"כ, מ"מ נ"מ לענין כמה דברים: **א'**, דיותר ראוי לעשות בגד שהוא יוצא בו מן התורה, **ב'**, אם נתערב לו ציצית טוויין לשמן בשלא לשמן ואין לו ציצית אחרים, או שיש לו ספק על הבגד אם הוא חייב בציצית, דאם הוא מדרבנן, ספיקא דרבנן לקולא, **ג'**, אם הוא יושב בצבור ונפסק אחד מציציותיו בחול, דאם הוא מדרבנן, י"ל כבוד הבריות דוחה דרבנן, ואינו מחוייב תיכף לפשוט טליתו, ועוד נ"מ הרבה עיין בפמ"ג.

צמר רחלים או פשתן שטרפן בשאר מינין, אזלינן בתר רובא, אם הרוב הוא מצמר ופשתים, חייב מן התורה (אף להמחבר), ואם לאו, מדרבנן, (**ואעפ"כ** נראה דטליתים הארוגים מצמר ומשאר מינים בערבוב חוטין, טוב יותר לעשות בו ציצית של צמר, **ואם** הוא מעורב מפשתן ומשאר מינים, נשאר שם בארה"ח ובא"ר בצ"ע, **איזה ציצית עושין בו**), **ודוקא** אם טרפן וטוון ועשה מהן בגד, אבל אם השתי מצמר או מפשתים והערב משאר מינין, או איפכא, אין חייב לדעה זו רק מדרבנן, אפי' אם רובו מצמר ופשתים, דשתי או ערב לחוד לא חשיב בגד.

(**ואם** לקח טלית צמר שאין בו שיעור חיוב, ותפר לו חתיכה משאר מינין להשלים שיעורו, פטור מן התורה להמחבר, דדבר הניכר לא שייך ביה ביטול ברוב, אבל אם יש בו כשיעור, חייב מן התורה, **ואם** יש בו שיעור חיוב מן התורה, ורוב הטלית משאר מינים, לכאורה אף להמחבר חייב מן התורה, דדבר הניכר לא שייך ביה ביטול ברוב, **אבל** מדברי המ"א משמע דבתר עיקר הבגד אזלינן).

(וי"א דכולהו חייבין מדאורייתא, והכי הלכתא) (תוס' דף ל"ט ‹ע"ב ד"ה ורב נחמן› **והרא"ש וסמ"ג ומרדכי)** - פוסקים כרבא, דרבא רמי: כתיב "על ציצית הכנף", משמע מין כנף, פי' אפילו אינו של צמר ופשתים מ"מ יהיו הציצית ממין הבגד, וכתיב: "לא תלבש שעטנז צמר ופשתים יחדיו, גדילים תעשה לך" מהם, **הא** כיצד, צמר ופשתים פוטרין בין במינן ובין שלא במינן, **שאר** מינין במינן פוטרין שלא במינן אין פוטרין, **ומכריע** רמ"א כדעה זו, שכן סבירא להו לרוב האחרונים כרבא לדרוש מין כנף, וש"מ דכל מיני בגד חייב מן התורה בציצית, ויהיה ממין הבגד. **וי"ש** יחמיר על עצמו לחוש לדעה הראשונה, ויעשה טלית של צמר, כדי שיתחייב בציצית מן התורה לכו"ע, **ונכון** שיעשה בין הט"ג ובין הט"ק של צמר.

אות ג'

צמר ופשתים פוטרין בין במינן בין שלא במינן; שאר כו'

סימן ט ס"ג - [ו]**ציצית של שאר מינים, אין פוטרים אלא במינם** - דין זה קאי בין למ"ד שאר מינין דאורייתא או דרבנן, [גמרא שם]. **כגון משי לבגד משי, וצמר גפן לצמר גפן** - ואפילו

באר הגולה

א ‹פשוט› | ב **שם בגמ'** | ג ‹ס"ל דלרבא בשאר מינים דחייבין דאורייתא, לא פטר אלא צמר ופשתים יחדיו, דהיינו בזמן שהיה תכלת, אבל עכשיו לא פטר צמר או פשתים בשאר מינים, אלא דוקא במינן פוטרין, כגון ציצית של משי במשי, וצמר גפן בצמר גפן, דדרשינן הכנף, מין כנף, דמין כנף דוקא - ב"ח› | ד **ב"י בפי' הטור וסמ"ק** ‹המ"ב מבאר ע"פ הט"ז {דקאי בשיטת התוס' מנחות מ. דשרי רק עם התכלת יחד ממש, ואתי לבאר גדר הדברים, וכן פי' הקרן אורה את תוס'}, אבל מדברי הרמב"ם ותוס' בכתובות {והגר"א} מבואר, שהטעם הוא, שכשאין תכלת, אין צורך להתיר איסור כלאים, שהרי יכול לעשות בבגד פשתן ד' חוטי לבן של פשתן, ולא הותר איסור כלאים במקום שאין צורך - מ"ב המבואר› | ה **מנחות ל"ט וכרב נחמן הרי"ף בהל"ק והרמב"ם שם** | ו **שם בגמרא**

אם תחתיו היה תפור בצמר או פשתים או מין אחר, אזלינן בתר עליון דהוא עיקר הבגד.

וכ"ז דוקא אם המשי היה טווי ושזור לשם ציצית, דבלא"ה לא.

אבל שלא במינם אין פוטרין - ואם היה השתי ממין זה והערב ממין אחר, פשוט דאין לטלית זו תקנה אלא בציצית של צמר, דהוא פוטר בכל הבגדים, או בציצית של פשתים במקום הדחק וכנ"ל.

וטלית שהשתי הוא ממינו והערב הוא מצמר, או להיפך, יטיל בו ציצית של צמר דוקא, ולא משאר מינים, אפילו אם רובו היה משאר מינים, דשתי או ערב לחוד לא חשיב בגד, **ואפילו** אם לא מינכר חוטי הצמר בפני עצמו, כגון שעירב מחוטי הצמר מעט בשתי ובערב, ולא ניכר מקומו איה, אפ"ה נראה דטוב יותר לעשות ציצית מחוטי צמר, כי י"א דחוטין חשיבי ולא בטלי.

וטלית שהוא מעורב בצמר גפן ופשתים, אין לטלית זו תקנה, אם לא בשעת הדחק, יעשה בו ציצית של פשתים, **וטוב** יותר שיעשה הטלית כולו של צמר, בלי תערובות כלל של שאר מינים, ובזה יתנאה למעלה.

[ז]סימן ט ס"ד - [ח]אם הטיל בטלית של שאר מינים קצת ציציות ממינו וקצת מצמר או פשתים, יש להסתפק בו - כי אין כאן "מין כנף", וגם "גדילים תעשה לך מהם" אינם לגמרי, **ועיין** בארצות החיים שכתב, דאם עושה שני חוטים ממינו, ושני חוטים מצמר, שפיר דמי, [ט]עי"ש מילתא בטעמא.

אות ד'

אף כל צמר ופשתים

סימן ט ס"א - [י]אין חייב בציצית מן התורה, אלא בגד פשתים או של צמר רחלים - או אילים זכרים, כדתני דבי ר' ישמעאל, דילפינן מנגעים דפרט ביה הכתוב צמר ופשתים, אף כל מקום דכתיב ביה "בגד", הכונה מצמר ופשתים.

וצמר רחל בת עז, כתב ב"י דצמרה ג"כ לא חשיב צמר, ולא הוי אלא כשאר מינים, וה"ה דאם עשה מהן ציצית, דאינו פוטר אלא במינו, (**אמנם המעיין** בדברי הרמב"ם, משמע מיניה דמה שאמר פסול לציצית, היינו לתכלת, ובאמת כך משמע לשון הגמרא (בכורות י"ז), דשם צמר עכ"פ לא אבד מיניה, **אך** באמת נוכל ליישב דברי הב"י, דלכך אינו פוטר צמר זה את שאר מינים, דגם ע"ז נוכל לאמר היקשא דגמרא: מה פשתן שלא נשתנה אף צמר שלא נשתנה, **אך** לפי"ז יהיה יכול לפטור את בגד של צמר רחל בת רחל, כיון דגם זה שם צמר עליו, וצ"ע).

(**ובפמ"ג** ראיתי בענינינו דבר פלא, שכתב בפשיטות, דאפילו צמר רחל בת רחל אך שאביה היה תיש, ג"כ מיקרי צמר הנשתנה ולא חשוב צמר, אפילו למאן דאית ליה אין חוששין לזרע האב, ולא אדע מנין לו זה, ולדבריו יהיה ג"כ קולא גדולה לענין כלאים, ולענ"ד נראה ברור בהפכו, ואולי איזה ט"ס יש בדבריו, ואין לסמוך ע"ז כלל לענין כלאים).

---

§ מסכת מנחות דף מ. §

אות א'

והלכה כדברי ב"ה

סימן ט ס"ו - [א]י"א שאין לעשות טלית של פשתן - דגזרו חז"ל, משום דאז יהיה מוכרח לעשות בו ציצית של פשתן, ויש לחוש שמא יעשה בו ג"כ תכלת, והוי איסור כלאים כשיתכסה בו בלילה, שאז אין זמן קיום המצוה, [במנחות דף מ' לפי' ר"ת, ע"ש בתוס'], **ואף** דבזמנינו אין לנו תכלת, ס"ל דמ"מ אין הגזירה בטילה, **והרבה** פוסקים התירו בזה, דס"ל דעיקר הגזירה לא היה רק שלא יטילו בו תכלת, כדי שלא לבוא לידי כלאים, אבל לא על חוטי הפשתים, [רש"י והרי"ף שם, ע"ש], **וגם** דבזמנינו דליכא תכלת לא שייך כלל הך גזירה, **ומש"ה** כתב רמ"א בהג"ה, דאם אי אפשר בענין אחר יש לסמוך עליהם.

[ב]אע"פ שאין הלכה כן, יר"ש יצא את כולם, ועושה טלית של צמר רחלים שהוא חייב בציצית מן התורה בלי פקפוק.

הגה: ומיהו אם א"א רק בטלית של פשתן, מוטב שיעשה טלית של פשתן וציצית של פשתן משיתבטל ממצות ציצית (תשובת הרא"ש) - וכ"ש דמותר לעשות טלית של שאר מינים וציצית של פשתן, כשאין לו ציצית אחרים, כדי שלא יתבטל המצוה. **ויוכל** לסמוך על המתירים גם לענין ברכה, ופשוט דאם יש לו טלית גדול של צמר, יברך עליו ויכוין לפטור את זה, **ובמ"א** כתב, ונ"ל דיעשה בו כנפות של עור, ויטיל בו ציצית צמר, **והאחרונים** מפקפקים בזה.

[**ובבאור** הגר"א כתב דהעיקר כר"ת, דאסור לעשות גם ציצית של פשתן, **וצ"ע** דהח"א כתב, דנתפשט טלית וציצית של פשתן ע"פ הגר"א].

אות א'* [ג]

כל מקום שאתה מוצא עשה ולא תעשה, אם אתה יכול לקיים את שניהם, מוטב; ואם לאו, יבוא עשה וידחה כו'

רמב"ם פ"ג מהל' ציצית ה"ו - ומה הוא לעשות חוטי צמר בכסות של פשתן, או חוטי פשתן בכסות של צמר, אע"פ שהוא לבן לבדו בלא תכלת, בדין הוא שיהא מותר, שהשעטנז מותר לענין ציצית, שהרי התכלת צמר הוא ומטילין אותה לפשתן; ומפני מה אין עושין כן, מפני שאפשר לעשות הלבן שלה ממינה, וכל מקום שאתה מוצא עשה ולא תעשה, אם יכול אתה לקיים את שתיהן, הרי מוטב, ואם לאו, יבא עשה וידחה את לא תעשה, וכאן אפשר לקיים את שתיהן.

באר הגולה

ז ‹מילואים› ח תרומת הדשן ט ‹שבזמן שהיה תכלת היו עושין שני חוטים מצמר בשביל תכלת, ושני חוטים ממינו, ולכך אף בזמן שאין תכלת, כשר באופן זה, שעושה שנים מצמר ושניים ממינו› י מנחות ל"ט וכרב נחמן הרי"ף בהל"ק והרמב"ם שם א מנחות מ' לפי' ר"ת שם בתוס' סמ"ג וסמ"ק והר"ן בשם הרז"ה ב ב"י והאגור בשם הר"ר ישעיה והר"י מולין ג ‹ע"פ מהדורת נהרדעא›

מסורת הש"ס

התכלת פרק רביעי מנחות מ

עין משפט נר מצוה

יז א מיי' פ"ג מהלכות ציצית הלכה ו סמג עשין כו טוש"ע א"ח סי' ט סעיף ו :

שבת כה: עדיות פ"ד מ"י

מיר מא: נח: שבת קלג: יבמות כ:

א) תנו רבנן *סדין בציצית ב"ש פוטרין וב"ה מחייבין *והלכה כדברי ב"ה א"ר אליעזר ב"ר צדוק והלא כל המטיל תכלת ג) בירושלים אינו אלא מן המתמיהין אמר רבי א"כ למה אסרוה לפי שאין בקיאין אמר ליה רבא בר רב חנא לרבא ג) ולרמו בי עשרה ונפקו לשוקא ומפרסמא למילתא כל שכן דמתמהו עילון ולידרשא בפירקא גזירה משום קלא אילן ולא יהא אלא לבן כיון דאפשר במינן לא כדריש לקיש *דאמר ריש לקיש כל מקום שאתה מוצא עשה ולא תעשה אם אתה יכול לקיים את שניהם מוטב ואם לאו יבוא עשה וידחה את לא תעשה ד) וליבדקוה אלא גזירה משום טעימה וליכתבה אדיסקי אדיסקי ליקום וליסמוך אמר רבא השתא חמץ

סדין · ה) פשתן : ב"ש פוטרין · מן הציצית דלא דרשינן סמוכין למישרי כלאים בציצית הא דנקט לשון פטור וחיוב ולא נקט לשון אוסרין ומתירין משום דציצית חובה הוא לבגד ואפילו אינו לובשה ואיסור והיתר נמי בהא תליא ו) וכיון דלב"ש פטור הוי להו כלאים שלא במקום מצוה ועובר עליהם משום כלאים ולב"ה דמחייבי ליה בציצית] דדרשינן (יבמות ד:) סמוכין ואין כאן משום כלאים ומותר ללובשן ובטלית של צמר נמי לב"ש אסור לעשות בה לבן של פשתן ותכלת של צמר אלא הלבן והתכלת של צמר ולב"ה מותר והאי דנקט פלוגתייהו בסדין משום דפסיקא ליה מילתיה דאין בו ציצית בלא כלאים שעיקר מצות ציצית תכלת כתיבא ביה ותכלת עמרא הוא : אינו אלא מן המתמיהין · מתמיה את כל הרואין שאומר כלאים הוא לבוש אדבית הלל פליג רבי אליעזר : אמר רבי אם כן · דהלכה כב"ה למה אסרוה בירושלים : לפי שאין בקיאין · לדרוש סמוכין דכלאים בציצית מותר ואתו למישרי כלאים בכל מקום ואי קשיא כיון דמדאורייתא חייב היכי מצו רבנן לעקור דבר מן התורה ולמיפטריה מציצית משום גזירה ח) (היא) הא אותיבנא ביבמות בפרק האשה רבה (דף צ:) ומשנינן דכל דבר שאמרו לך בית דין שב ולא תעשה מצות עשה זו שבתורה ולאו מעם לדבריהם אין זה עוקר דבר מן התורה דממילא מיעקר ולא איהו עקר לה בידים : ל"א רבי אליעזר אדב"ש פליג דאמרי סדין פטור אלמא דאי רמי ט) ציצית הוה כלאים והלא המטיל ס' תימה הוא דאיכא אבל איסורא ליכא אמר רבי א"כ דליכא איסורא מפני מה אסרוה ב"ש לפי שאין בני אדם בקיאין דכלאים בציצית מותר ואתי למישרי כלאים שלא במקום מצוה : ונפרסמא למילתא · דכלאים בציצית מותר : כל שכן דמתמהי עלוון · דאמרי אנשים הגונים כאלו לובשים כלאים : גזירה משום קלא אילן · לבע היא שדומה לתכלת ואי שרית של תכלת בסדין אתי למירמי נמי לבוע בקלא אילן והוי כלאים שלא במקום מצוה וקפריך מאי איכפת לן אי רמי קלא אילן לא יהא האי קלא אילן אלא לבן בעלמא כלומר למר לבן י) האמרן לעיל אין ט תכלת מטיל לבן ומשני כיון דאפשר במינו *כיון יא) דלשם לבן (אי) איפשר לאת חוטי פשתן לא רמינן לבן דלמר בסדין : כדריש לקיש · כלומר (א) יב) *הרי לבן גמור לא מצי יג) להטילן לשום ציצית משום דהוי כלאים בציצית הואיל ואפשר יד) להטילן במינו אבל תכלת דלמר דאי אפשר במינו דכל תכלת למר הוא (ב) רמינן אי לאו משום גזירה דקלא אילן : לקיים את שניהן · כגון לבן דפשתן בסדין מקיים (ג) עשה דציצית טו) *) וידחה לאו דכלאים : וליבדקיה · לכל היורות שלובעין בהן ציצית טז) או אותן מוכרי תכלת דלא יז) ליהוו קלא אילן : גזירה משום טעימה · אי מצרכינן לכל הקונים לבדוק היורות אתי לשפוך הגסיון יח) בכל היורות ואמרי' לקמן (דף מב:) בשמעתין יט) אם שם הגסיון ביורה פסלה לכל היורה : טעימה · נסיון : וליכתביה אדיסקי · יכתבו איגרת וישלחו לגולה הלכות טעימה כדמפרש לקמיה ליטול מלא קליפת ביצה ביורה וילבע הנסיון בתוך הקליפה : ואדיסקי ליקום וליסמוך · כלומר דלא חשיבא להו לאינשי הנך אגרות ועברי עלייהו : ל"א וליבדקיה ניתקן רבנן שלא יקח אדם תכלת אלא אם כן בדקה דהא אפשר דליבדקיה כדלקמן (שם) שמביא גילא ושבלילתא : ס"א אלא כ) משום טעימה · פעמים שימכרו כא) לתכלת של נסיון שנלבע לנסות בו את היורה ואמרי' לקמן (שם) טעמה פסולה והאי מילתא ליכא למיקם בבדיקה והוה ליה כלאים שלא במקום מצוה : וניכתביה כב] (הא) אדיסקא · [א] לשלוח באותן המקומות שלובעין בהן תכלת הוו יודעין שהטעימה פסולה ומאחר שיהו הלובעין יודעין בדבר נסמוך עליהן והכא ליכא למימר לידרשיה בפרקא לפי שלובעין תכלת הרבה בכרכין ובכפרים שאין שומעין דרשה שלנו וגם במקומות רחוקים :

*) ג"א כגון לבן דפשתים ולא ידחה לאו דכלאים וכ"א מקיים שניהם וכצ"ל והס"ד ואח"כ מה"ד עשה דציצית כגון לבן דפשתן וידחה לאו דכלאים וכצ"ל]

ג"ש דלשם רש"א

ר"א הא לבן דלמר

סדין בציצית בית שמאי פוטרין · פירש בקונטרס דלא דרשינן סמוכין ולא איסתרי כלל כלאים בציצית והא דנקט לשון פטור וחיוב ויתכן יותר לשון איסור והיתר משום דקסבר חובת טלית ואיסור והיתר נמי בהא תליא וה"ה נמי בטלית של צמר שלא יפטרו בו חוטי פשתן ומילתא דפסיקא נקט דכל סדין מפשתן ואי אפשר בו בלא כלאים שעיקר מצות ציצית תכלת ותכלת עמרא הוא משמע מתוך פירוש הקונטרס דציצית [נ] כלאים הוא דאסרינן וכן פירש בתשובה וכן [כתב] רבינו יצחק ברבי יהודה וקשה דהא אמרינן בריש יבמות (דף ד:) אפילו מאן דלא דריש סמוכין בעלמא במשנה תורה דריש וי"ל דאיכא חד תנא בנזיר (דף נח:) דמפיק מראשו דעשה דוחה לא תעשה ולמר ופשתים לכדרבא ובית שמאי סבירא להו כההוא תנא וסבירא להו כרבי יהודה דלא דריש סמוכין אלא היכא דמוכח או מופנה ואע"ג דעשה דוחה לא תעשה לא שרי ציצית כלאים דהא אפשר לקיים שניהם ועיקר מצות תכלת לא יהא אלא בצמר אי נמי לאשמועינן קשר [ג] דלעיל לא ידעינן אלא מדאיסתרי כלאים בציצית ומיהו לא יתכן למימר כג] לפי מה [ד] שפירש למעלה גבי קשר העליון מיהו גם אההיא תנא דנזיר פר"ת דסמיך אגדילים דמראשו לא מצי מפיק כדאיתא ביבמות ותו דבסדר רב עמרם פסיק כב"ש בהא ואנן *פשיטא דלפירוש הקונטרס קים לן כב"ה כדמוכח בכל דוכתי ולפי' הקונטרס נ"ל דאין הלכה אלא כתנאי דבסמוך וכדמפרש ומשום גזירה וציצית ממינו שרי לכולי עלמא וצריך לדחוק הא דשרא רבי זירא לסדיניה היינו ציצית תכלת ומלאכה נמי (לקמן דף מא·) דאמר לרב קטינא סדינא בקייטא ציצית מה תהא עליה מציצית מן המובחר קא מקפיד ותו קשה לפירוש הקונטרס דפלוגתא דאמוראי הוא" אי ציצית חובת גברא או חובת טלית כד] ועוד דקי"ל (שם *דף מב) חובת גברא מדמברכינן להתעטף ומדב"ש נשמע לב"ה דחובת טלית הוי לכך פי' ר"ת דמדאורייתא ב"ש נמי חובי מחייבי ולא פטרי אלא משום הכי טעמי דמפרש בשמעתין ואפילו ממינו נמי פטרי ליה דלמא אתי למיעבד תכלת והלכך שייך שפיר לשון פטור ועוד יש לומר לפי' הקונט' דב"ש אף במינן פטרי דסברי לה כרבי דאמר (לעיל דף לח·) התכלת מעכבת הלבן והשתא ניחא הא *דנקט סדין דווקא ומיהו תימה *) דהשתא כיון דלא איפשר נדחי עשה ללא תעשה :

אמר רבי אליעזר ברבי לדוק בקונטרס פי' שני לשונות [ה] ולשון שני שפי' דקאי אב"ש דפטרי והלא אין בו רק תמיה ורבי נמי קאי אב"ש אם כן למה אסרוה ב"ש וזהו כפי' ר"ת שלמעלה דטעמא דב"ש משום גזירה היא אבל לפי' הקונט' שלמעלה לא יתכן דניקו אב"ש והיה יכול לפרש א"כ למה אסרו העולם וטעמא דנפשיה קאמר ולא קים ליה כב"ש ועוד פי' דרבי אליעזר אב"ה מהדר דמחייבי ליה והלא בני ירושלים יתמהו עליו ואמר רבי א"כ למה אסרוה דפשיטא כב"ש לא קי"ל ולמה [ו] מתמיהין : **והלכה** כדברי ב"ה · י"ס גורסין אי איכא ציצית של צמר ביום מיכסי ביה ופטור וכי שקעה חמה אי מלבים ליה חייב ומחקו ר"ת כמו שאפרש לקמן : **לא** יהא אלא לבן · אע"ג דאליבא דרבי קיימי דס"ל (לעיל דף לח·) התכלת מעכבת את הלבן מיהו רבי לאו טעמא דנפשיה קאמר אלא מהדר אבני ירושלים כדפרישית : **כיון** דאפשר במינן · לעיל (דף לט:) כה] דמסיקנא דחוטי פשתן פוטרין בשל צמר היינו בהדי תכלת דמיגו דתכלת [ז] פטר בשל פשתן לבן נמי פטר ואע"ג דאפשר במינו והאי דפשיטא ליה טפי דחוטי צמר פוטרין בשל פשתן היינו משום דבלאו הכי איכא כלאים אי נמי מדאורייתא (דרחמנא) שרייה ורבנן הוא לגזור דכיון דאפשר לקיים שניהם אבל מדאורייתא שרי דכלאים ממש הותר אגל ציצית ולאו משום דחיה והא דמסקינן לעיל דפוטר היינו מדאורייתא אי נמי מסקנא לא קיימא הכי :

וליבדקיה · פי' בקונטרס שתי לשונות לשון אחד ליבדוק כל יורות הצובעים ומשני משום טעימה דהוי שלא לשמו והכי נמי הוה מצי למימר שמא שלא לשמו עבד כוליה ל"א ועיקר וליבדקיה כדאיתא לקמן דמייתי גילא ושבלילתא ובדקינן ליה לציצית אי תכלת הוא או קלא אילן ומשני משום טעימה שמא ציצית זה נעשה מן הצמר שטעם בו וזה אי אפשר בבדיקה : שמא

*) ר"ל בזמן הזה דאין לנו תכלת עי' רש"ק

[ועי' תוספות סוכה ג' ד"ה דאמר]

[לקמן מב:]

[דכל זה ליתא לקמן ולא בשום מקום בש"ס ועיין דתוס' בשבת כה: ד"ה סדין כתבו דכל זה בשם בעל ה"ג ותוספ' בגמרא הוא מדמברכינן להתעטף בציצית וכ"כ תוס' עוד ביבמו' ד: ד"ה סדין כולהו נמי]

ג"א דנקט סדין בציצית ולא תכלת בסדין

רבינו גרשום

סדין של פשתים בציצית בית שמאי פוטרין · לפי שתכלת צמר הוא והוי כלאים : וב"ה מחייבין · דרחמנא שריה ומשו"ה נקט לשון פטור וחיוב דכל בגד שיש לו ד' כנפים חייב בציצית : א"ר אלעזר ב"ר צדוק האיך בית שמאי פוטרין והלא כל המטיל תכלת לסדינו בירושלים אינו אלא מן המתמיהין (אבל) שתמיהין עליו בני אדם אותן שאין יודעין שמותר · תמיהא איכא איסורא ליכא : אמר ר' א"כ שאינה אסורה בציצית למה אסרוה חכמים לפי שאין בקיאין · מפני בני אדם שאינן בקיאין בהלכות ציצית ולא ידעי דשרי להכי אסרו בירושלים משום דהוה רוב עם ולא בקיאי לישנא אחרינא אמאי מחייבי ב"ה והלא כל המטיל אינו אלא מן המתמיהין שתמיהין עליו בני אדם מפני מה הטיל והלא אינו חייב בציצית · אמר ר' (יוסי) א"כ האיל וב"ה מחייבין למה אסרוה חכמים והלשון הראשון הוא עיקר : ולרמו בי עשרה תכלת לסדינייהו וליפקו לשוקא וניפרסמא למילתא לאותן שאינן בקיאין דמותר כ"ש דמתמהי כי חזו בי עשרה בסדיניהון ומשום הכי אסורה : ולדרוש בפרקא בדרשא בבית הכנסת דשרי לשויי תכלת בסדין ולא ליתמהו : גזירה דלמא אתו למירמא קלא אילן צמר שצבוע בקלא אילן שדומה לתכלת והוא לא הוי מצוה והייב משום כלאים הילכך אסרוה : ואמאי אסרוה מפני כך לא יהיה אותו קלא אילן אלא כלבן כלומר אם אינו חשיב כתכלת נדוננו כלבן וליטא דשרי: כיון דאפשר מינן כלומר א) כיון שמטיל הכנף והוא עיקר מצותן של ציצית הילכך לא נדוננו כלבן של צמר הקלא אילן להתירה דאפי' לבן של צמר אין עיקר מצותה:אם אתה יכול לקיים את שניהם עשה דציצית ולאו דלא תלבש שעטנז כגון הכא דמצי לקיים שניהם דיכול למירמי ביה חוטי פשתן והלכך אסרוה גזירה משום קלא אילן: ואמאי אסרוה משום קלא אילן וליבדקה' כלומר נידרש להו בפירקא היאך אדם יכול לבדוק אם הוא תכלת או קלא אילן וידעי למיבדקיה ואכתי לישתרי · אע"ג דידעי למיבדקיה להכי אסרוה גזירה משום טעימה דתכלת · נימיון שמנסין את הצבע של תכלת שלוקחין מעט צמר וטמבילין בצבע לידע אם יהיה לו מראה יפה של תכלת וזו היא טעימה ואותה טעימה פסולה שלא נצבעה לשום ציצית · ושמא יטלנו בסדין ואותו אי אפשר לברוק והוו כלאים הלכך אסורה : ואכתי מסני מה אסורה בשביל טעימה: ולכתבה אדיסקי כלומר יכתבו ספרים ולשדרן לגולה דטעימה פסולה לציצית ולא אתו למירמי בסדין ואנן אדיסקא ליקום וליסמוך למישריה שמא איכא מאן דלא חזי לדיסקא ואתו למירמי טעימה אמר רבא חשתא

א) אולי צ"ל כיון דצריך להטיל ממין הכנף והוא עיקר כו' ·

שיטה מקובצת

א] ת"ר · (שבת כט) וע"ש בתוס' : ב] תכלת בסדינו בירושלים : ג] לרבא ולירמו : ד] תעשה וליבדקה : ה] סדין של פשתן : ו] תליא דכיון דלב"ש : ז] בציצית דדרשי : ח] תיבת היא נמחק : ט] רמי בית ציצית : י] צמר לבן הא אסרינן : יא] כיון דלשל לבן אפשר : יב] כלומר אפי' הוי לבן : יג] להטילו : יד] להטיל במינו אבל תכלת דצמר דאי אפשר בסדין : טו] דציצית ולאו דכלאים הס"ד ומה"ד ואם לאו כגון תכלת דאי אפשר בשל פשתן יבא עשה דציצית וידחה: טז] תיבות או אותן נמחק: יז] דלא להוי : יח] הנסיון בתוך היורה : יט] בשמעתין טעימה אם : כ] אלא גזירת משום : כא] שימכרו לו תכלת : כב] תיבת הא נמחק : כג] למימר*) כמו תיבת לפי נמחק : כד] טלית ולפירוש משמע דהך ברייתא סבירא לה דכלי קופסא חייבת בציצית וא"כ תיקשי מינה למ"ד כלי קופסא פטורין ועוד דבסדר רב עמרם פסק כב"ש היאך אפשר לפסוק כמאן דלא דריש סמוכין הא איכא כמה גופי תורה דמסמוכין אתי ועוד פרש"י בתשובה דאע"ג דב"ש פוטרין סדין בציצית היינו דוקא תכלת דהוי כלאים אבל טינו מיתו צריך למשדי ביה ותימה אמאי דאמר לקמן דמלאכא כו' ואי כתשובת רש"י אמאי קאמר ציצית מה תהא עליה הא נוכל לקיים במינה וי"ל דעיקר ציצית של תכלת היא ואעיקר מצוה מן המובחר קפיד וכן תהיא דפ' במה מדליקין דף כ"ה ע"ב דאמר כך היה מנהגו של רבי יהודה בר אלעאי כו' עד היו מחבין ממנו כנפי כסותן ואם היה להם ציצית של מינם למה היו מחבאין אלא לפי שלא היה להם תכלת דעיקר מצות ציצית בכך ור"ת פירש סדין בציצית ב"ש פוטרין מדרבנן ומשום הני טעמא דמפרש לקמן גזירה משום קלא אילן כו' ותנא פוטרים ולא אוסרין לפי שאפי' הטיל בהן מינן פוטרים ור"א אב"ש פליגי דהלא כל המטיל כו' תמיהא הוא דאיכא הא איסורא ליכא וכל הך סוגיא אליבא דב"ש קאי · תו"ת : כה] דמסיקנא דחוטי צמר פוטרין בשל פשתן ושל פשתן :

*) אולי צ"ל למימר כן כמו שפירשתי למעלה וכו' ותיבות לפי מה נמחק .

הגהות צ"ק [א] ולשלוח : [ב] דכלאים הוא דאסירי : [ג] שלין דלא ידעינן : [ד] שפירשתי : [ה] וללשון שני פירש דקאי : [ו] מתמיהין דהלכה כב"ה וי"ס גורסין אי עשה ציצית כצ"ל והד"א : [ז] פטר לבן של פשתן נמי פטר :

הגהות הב"ח (א) רש"י ד"ה כדריש לקיש כלומר לבן וכו' : (ב) בא"ד למר הוא הוה שרי אי לאו משום : (ג) ד"ה לקיים וכו' מקיים הס"ד ואח"כ מ"ה עשה דציצית כגון למר לבן בפשתן וידחה לאו :

עין משפט נר מצוה

יח א מיי' פ"ד מהלכות קידוש החדש הלכ' יז:

יט ב מיי' פ"ג מהלכות ציצית הלכה ז:

כ ג מיי' שם הלכה ד טוש"ע א"ח סימן י סעיף ה:

כא ד מיי' שם פ"א הלכה טז טוש"ע שם סעיף ה:

כב ה מיי' שם הלכה טו טוש"ע שם סעיף ו:

כג ו מיי' שם פ"ג הלכה א טוש"ע א"ח סימן ט סעיף א:

מסורת הש"ס

חמץ בפסח ויוה"כ דכרת סמכינן *אדיסקי הבא דעשה בעלמא לא כל שכן אלא אמר רבא הא מילתא אמרי ואיתמר במערבא משום דרבי זירא כוותי שמא יקרע סדינו בתוך ג' ויתפרנו והתורה אמרה תעשה ולא מן העשוי שרא רבי זירא לסדיניה רב זירא אמר גזירה א] נמי משום כסות לילה ואמר רבא הא *מילתא אמרי ואיתמר במערבא [גרסינן מג:] משמיה דר' זירא כוותי היא של בגד וכנפיה של עור חייבת היא של עור וכנפיה של בגד פטורה מאי טעמא עיקר בגד בעינן ב] רב אחאי אזיל בתר כנף אמר רבא אמר רב סחורה אמר רב הונא הטיל לבעלת שליש והשלימה לארבע פסולה [משום] תעשה ולא מן העשוי ג] מיתיבי חסידים *הראשונים [לקמן מא.] כיון שארגו בה ג' היו מטילין לה תכלת אימא כיון ד] שפצעו בה ג' היו מטילין לה תכלת ומי אמרינן תעשה ולא מן העשוי (איני) ה] והאמר ר' זירא הטיל למוטלת כשרה אמר רבא ו] השתא בבל תוסיף קאי מעשה לא הוי מתקיף לה רב פפא ז] ממאי דגברא לאוסופי קא מיכוין דלמא לבטולי קא מיכוין ובל תוסיף ליכא מעשה איכא אמר ר' זירא אמר רב מתנא אמר שמואל תכלת אין בה משום כלאים ואפי' בטלית פטורה מאי טלית פטורה אילימא דלית בה שיעורא והתניא טלית שהקטן מתכסה בו ראשו ורובו והגדול

רש"י

חמץ בפסח כו'. כשהיו מעברים שנה היו שולחין אגרות לגולה לעשות ב' אדרים כדאמרינן בפ' קמא דסנהדרין (דף יא·) מודעין אנחנא לכון כו': **הא מילתא אמרי** · אנא הכא ח] ואמרי במערבא משום רבי זירא כוותי דמשום הכי אסרו ציצית בסדין: **גזירה** ט] **משום שמא יקרע סדין** · קודם לכן בתוך ג' אצבעות י] לשפת הכנף דהיינו מקום הציצית: **ויתפרנו** · בחוטי פשתן ויניח סוף החוטין התלויין שם ואחר כך יתן בה שני חוטי תכלת וילרף אותן שנים של לבן עמהם: **והתורה אמרה תעשה ולא מן העשוי** · ונמצאת ציצית פסולה והוו כלאים שלא במקום מצוה: **תעשה ולא מן העשוי** · דפסול היינו יא] שעושה מתחילה שלא לשם ציצית ולא נעשה כמצותו ואחר כך תקנו קרינן ביה יב] ולא מן העשוי ונמצא ציצית פסולה: **שרא ר' זירא לסדינים** · התיר ציציותיו מסדינו שהי' של פשתן ונטלן משום שמא יקרע והיינו דאמר רבא איתמר במערבא משמיה דרבי זירא כוותי: **ה"ג ר' זירא אמר גזירה משום כסות לילה** · שמא יתכסה בו בלילה דפטור מציצית שנאמר וראיתם אותו וזכרתם פרט לכסות לילה ונמצא נהנה מכלאים שלא בשעת מצוה: **וכנפים של עור** · שנחתכו קרניה ותלה בהן עור: **אזיל בתר כנף** · ועביד איפכא: **הטיל** · ג' ציצית לבעלת ג' כנפים ואחר כך תלה בהן קרן ד' ועשה בו ציצית פסולה דג' ראשונות עשויין מתחילה שלא כמצותה וכי הדר מתקנה איכא תעשה ולא מן העשוי: **חסידים** · זריזין במצות: **כיון שארגו** · בטלית ג' אצבעות יג] דמיקרי בגד כדאמרינן לגבי טומאה: **היו מטילין בה תכלת** · בשני קרניה ולכי גמרי לה היו מטילין לשנים אחרים ולא אמרינן תעשה ולא מן העשוי יד] ואע"ג דלא הוה מחייבין בציצית עד שתהא כדי שיתכסה בה קטן ראשו ורובו כדלקמן (א) [א] שכל ציצית שלא נעשית מתחילתה לשם ציצית אע"פ כשנעשית שלא לצורך איכא נמי מן העשוי דהא הכא שלא לצורך נעשית דלא היו לה אלא ב' קרנות דאלו קרנותיה האחרים אינן ראויין לציצית שהרי סופו להוסיף עליה הרבה והויא לה ציצית למעלה מג' ואנן תוך שלשה בעינן: **כיון** טו] **שפצעו בה ג'** · כיון שהגיעו לג' אצבעות האחרונים מטילין לה תכלת מיד ולא משהו לה מידי דהשתא ליכא למימר תעשה ולא מן העשוי דהא מכיון שהגיעו לתוך ג' האחרונים הוו להו אותן שתי קרנות נמי ראויין לציצית שכשתגמר נמצאת ציצית בתוך ג': **הטיל למוטלת** · שהיה בה ד' ציצית והטיל לה ד' אחרים טז] כשרה בהני בתראי ואע"ג דהדר פסקינהו לקמאי והא הכא דשלא לצורך עבדינהו בשעת עשייה ומכשרא בהו: **אמר רבא** · לעולם שלא לצורך מן העשוי קרינן ביה והכא להכי מכשרא בבתראי דקאי בבל תוסיף כי עבדינהו ולא הוו מעשה דכיון דעובר על דברי תורה לא מיקרי מעשה הלכך כי פסיק לקמאי היא הויא עשייתן דבתראי (עשיה) אבל שלא לצורך דבעלת ג' שאינו עובר עליהן הוי מעשה לאקרויי ציצית העשויה בפסול ואיכא כשגומרה תעשה ולא מן העשוי יז]: **מעשה איכא** · והדר קושיא לדוכתה: **תכלת אין [בה] משום כלאים** · קס"ד דהכי קאמר ציצית יח] אין בהם משום כלאים ואפילו כו':

תוספות

שמא יקרע סדינו בתוך ג' · פי' בקונטרס בתוך שלש לכנף וכשיתפרנו בחוטי פשתן יניח סוף החוטין תלויין שם לציצית והוה ליה תעשה ולא מן העשוי ואפי' לרבנן דאמרי (לעיל דף לח·) דתכלת אינה מעכבת את הלבן היינו כשיש ד' חוטין אבל הכא דליכא אלא ב' לא מיהו הוה ליה למינקט משום דבעינן טוויה או תלייה לשמה אבל תעשה ולא מן העשוי ליכא לפי מה שאפרש לקמן גבי עשאה מן הקוצים ומן הגרדין וכו' והא דתניא לקמן (דף מא.) טלית שנקרעה חוץ לשלש יתפור תוך ג' רבי מאיר אומר לא יתפור וחכ"א יתפור אפי' [ב] לרבנן גזרינן שמא יתפור ויהא בו איסור כלאים ומיהו קשה מההוא דרב הונא דאמר לקמן (דף מא:) רחוק מן הכנף ד' הוי מצות ציצית אבל מברייתא דחסידי ליכא לאקשויי דהא מפרשינן בסמוך כיון שפצעו שלש לכך צריך לפרש תוך שלש היינו שנקרע הכנף שהציצית תלוי בה ולא נשתייר ג' והוי כאילו נפסק לגמרי אבל אם נשתייר בו ג' לדברי הכל חיבור מעליא הוי והשתא שמעתין כר' מאיר אתיא והא דלא גזרינן שמא יקרע כולה דבהא לא טעו והא דמשמע פ' דם חטאת (זבחים דף צד:) גבי בגד שיצא חוץ לקלעים דאפילו נשתייר בו ג' אלא שאין בו כדי מעפורת לא חשיב חיבור ובפרק העור והרוטב (חולין דף קכג:) מוכח דכדי מעפורת הוי טפי מג' שאני התם דכל הבגד נקרע אבל הכא שאינו נקרע רק חתיכה לא הוי יט] בפסול:

כ] **ר'** זירא אמר · משמע דרב זירא לאו היינו רבי זירא ולא כפירוש הקונטרס בכתובות (דף מג:):

משום כסות לילה · ר"ת פי' דכן עיקר כדאיתא פ' במה מדליקין (שבת דף כה:) ואיכהו סבור משום כסות לילה מתוך כך יש להוכיח מכאן דהלכה כר' שמעון *דלילה לאו זמן ציצית היא ועוד אמרינן פ' במה מדליקין (דף כז·) אטו תכסה בה למה לי לאתויי כסות סומא והיינו כר"ש דלרבנן דרבי שמעון מוקמי ליה לרבות בעלת חמש אלמא סתם הש"ס כר"ש אתיא ועוד בפ' ב' דברכות (דף יד:) אמרינן שלא היו אומרים במערבא פרשת ציצית בלילה [ורב יוסף אמר עלה] כמה מעליא האי שמעתא וסתם ברייתא נמי פ"ק דזבחים (דף יח:) כר' שמעון מוקי ורב יהודה דרמי תכלתא לפרזומא דאינשי ביתיה לקמן (דף מג·) ובפ"ק דסוכה (דף יא·) ר"י לבד היה עושה כן ובפ"ק דברכות (דף יג·) אמר ר' יהושע בן קרחה למה נסמכה פרשה וכו' לומר שזו נוהגת בין ביום בין בלילה וזו אינה נוהגת אלא ביום ואור"ת אע"ג דכסות יום חייב אפי' בלילה וכסות לילה פטור אפי' ביום מכל מקום מיקרי שפיר זמן גרמא שהיום גורם לחייב המלבוש מיהו בירושלמי דקדושין ובתוספתא גרסינן איזו היא מצות עשה שלא הזמן גרמא כגון אבידה ושילוח הקן ומעקה וציצית ורבי שמעון פוטר את הנשים מן הציצית אמר להם רבי שמעון אי אתם מודים לי שהיא מצות עשה שהזמן גרמא שהרי כסות לילה פטור אמר ר' אילא טעמא דרבנן שאם היתה טלית המיוחדת ליום ולילה חייבת ובספרי נמי תניא על כנפי בגדיהם שומע אני אף בעלת ג' וכו' שומע אני אף כסות לילה במשמע ת"ל וראיתם אותו ביום ולא בלילה ואם היתה טלית מיוחדת ליום ולילה חייבת בציצית וצ"ע:

והאמר ר' זירא הטיל למוטלת כשירה · תימה היכי ס"ד דרבי זירא לית ליה תעשה ולא מן העשוי הא כא] ר' זירא גופיה אית ליה לעיל וי"ל דס"ד כיון דתחילת הנחתן לשם מצוה לא שייך ביה תעשה ולא מן העשוי אבל לעיל כי חתך נתבטלה הנחתו:

בבל תוסיף קאי מעשה לא הוי · דכיון דעביד איסורא לא חשיב עשייה ובשעת קצירת הראשונים זו היא עשייתן ולא דמי להההיא דפ' קמא דסוכה (דף יא·) דלא אמרינן קציצתן זו היא עשייתן וצ"ע:

ממאי דגברא לאוסופי קמיכוין · [ג] אפילו למאן דאמר בפ' בתרא דעירובין (דף ק·) דלעבור משום בל תוסיף לא בעי כוונה ומשמע נמי בההוא פירקא דלרבי יהושע לא בעי כוונה מ"מ הכא מודה דליכא בל תוסיף כיון דלבטולי קמיכוין:

תכלת אין בה משום כלאים ואפילו בטלית פטורה · מדקאמר ואפילו ולא קאמר אפי' בלא וי"ו משמע דבלא טלית פטורה אילטריך לאשמועינן דתכלת אין בה משום כלאים וכי האי גוונא דייק פ' טרף בקלפי (יומא מו·) אומר היה ר"מ אברי עולת חול שניתותרו עושה להן מערכה וסודרן ואפי' בשבת ומוכח [ד] סוגיא דהתם דתרתי מילי אשמעינן כב] ואור"ת דהכא נמי אשמעינן דאפילו בלילה אין בה משום כלאים אף על גב דלאו זמן ציצית היא דלגמרי התיר הכתוב כלאים של ציצית והא דגזרינן לעיל משום כסות לילה היינו כסות שאינו מיוחד רק [ה] ללילה (ור"ת סותר פירוש שלמעלה) דכסות יום חייב אפילו בלילה וכן פרק קמא דקדושין (דף לד·) ותדע דאמרינן

רבינו גרשום

אחמץ בפסח ויוה"כ דאיסור כרת סמכינן אריסקא ששולחין לגולה כשמעברין אדר או אלול: והבא דעשה בעלמא הוא דכתיב ועשו להם ציצית לשמן לא כ"ש דסמכינן: אלא מה טעם אסורה גזירה שמא יקרע סדינו בתוך ג' אצבעות סמוך לכנף מקום שראוי להטיל ציצית ויתפרנו להקרע בחוט של צמר או של פשתים ופעמים שמשתייר מן החוט של תפר ויעשנו ציצית עם חוטין אחרים והתורה אמרה תעשה ולא מן העשוי ולא הוי ציצית ועובר משום כלאים. מאי טעמא' האי דכתיב על כנפי בגדיהם בעינן עיקר טלית רובו שיהא של בגד: אמר רב סחורא הטיל ציצית לבעלת שלש כנפים והשלימה לד' שעשה לה כנף רביעי והניח בו ציצית רביעי פסולה מאי טעמא דכי הטיל לבעלת ג' לא הוי ציצית דלאו בת חיובא היא ההיא שעתא דעל ארבע כנפות כסותך אמר רחמנא ולא על ג' וכי משלים לה ד' לאו כלום הוי דהני תלת מיחזי כמו שלא נעשו לשום ציצית ולא מצי למיחשבינהו השתא דתעשה אמר רחמנא בעידן חיובא ולא מן העשוי כבר שלא בזמן חיובא: חסידים הראשונ' כיון שארגו בה בטלית ג' אצבעות היו מטילין לה תכלת לאותן שתי כנפים מפני שהיו זריזין במצות וכי משלמי לה לטלית כולה רמו לה ב' ציצית האחרים אלמא לא אמרי' תעשה ולא מן העשוי כבר: אימא כיון שבצעו בה שלשה כלומר כיון שנשרו ג' אצבעות דאחרונים לא הוו משהו לה אלא לאלתר רמו לה תכילתא וכל הכנפים ביחד: והאמר ר' זירא הטיל למוטלת · היינו שהטיל ציציות אחרים לסדין שכבר היתה מוטלת לה ציציות כשרה ואין בה חיוב כלאים דחשבינן להו כמי שהטילן כולן ביחד דמי ולא אמרינן כי רמי הני בתראי לאו בת חיובא הואי דכבר היו לה ציציות הכא נמי שהטיל לבעלת ג' כי חזר והטיל הרביעי ליחשוב כהטיל עכשיו כולן ביחד הוו ולא תפסל: אמר רבא מהא לא קשיא דהאי הטיל למוטלת משום הכי כשרה דבבל תוסיף (בעל) קאי אבל מעשה לא הוי הנך בתראי לצורך תיקון הטלית שכבר היא מתוקנת והוי כמאן דליתנהו משום הכי כשרה: אבל הכא בהטיל לבעלת ג' מעשה קא עביד דהשתא הוא דמיתקנא כד משי ביה האי ציצית רביעי · וכיון דהנך ג' קמאי לאו בכשרות עבדינהו קרינא ביה תעשה ולא מן העשוי הלכך פסולה: מתקיף לה רב פפא להאי תירוץ דרבא ממאי דהאי גברא דהטיל למוטלת לאוסופי קא מיכוין ולא לבטולי כך קאמרת [illegible]

שיטה מקובצת

א] גזירה משום כסות לילה האי טעמא הוא עיקר ומינה שמעינן דלילה לאו זמן ציצית הוא ולפיכך אין להטיל [illegible]

[illegible]

§ מסכת מנחות דף מ: §

אות א'

סמכינן אדיסקי

רמב"ם פ"ד מהל' קידוש החודש הי"ז - כשמעברין בית דין את השנה, כותבין אגרות לכל המקומות הרחוקים ומודיעים אותן שעיברוה ומפני מה עיברוה, ועל לשון הנשיא נכתבות, ואומר להן: יודע לכם שהסכמתי אני וחברי והוספנו על שנה זו כך וכך.

אות ב'

גזירה נמי משום כסות לילה

רמב"ם פ"ג מהל' ציצית ה"ז - כסות של פשתן אין מטילין בה תכלת, אלא עושין הלבן בלבד של חוטי פשתן, לא מפני שהציצית נדחית מפני השעטנז, אלא גזירה מדבריהם [א]שמא יתכסה בה בלילה שאינה זמן חיוב ציצית, ונמצא עובר על לא תעשה בעת שאין שם מצות עשה, שחובת הציצית ביום ולא בלילה, שנאמר: וראיתם אותו, בשעת ראייה; וסומא חייב בציצית, אף על פי שאינו רואה, אחרים רואין אותו.

אות ג'

היא של בגד וכנפיה של עור, חייבת; היא של עור וכנפיה של בגד, פטורה

סימן י ס"ד - [ב]טלית של בגד וכנפיה של עור, חייבת - דכתיב: אשר תכסה בה, ואין אדם מתכסה אלא בעיקר הבגד, הלכך אזלינן בתריה.

ואפילו אם מקום הבגד כולו עגול ואין שם כנף, רק שמחוברין אליו כנפות של עור, חייב, דבתר עיקר הבגד אזלינן.

וה"ה אם היה רוב הטלית בגד והשאר עור, חייבת.

היא של עור וכנפיה של בגד, פטורה - וה"ה אם רק רוב הטלית של עור, אע"ג שגם במיעוט הבגד יש בו שיעור טלית, פטור מציצית, דכיון שעיקר המלבוש אינו של בגד, לא קרינן ביה "על כנפי בגדיהם". **ועור** פטור אפילו מדרבנן, דאינו כלל בכלל בגד.

וכן הדין בטלית שתחתיו תפור בעור, חייבת, ואם העליון של עור, פטורה, כי התחתון הוא הטפל להעליון שהוא עיקר הבגד.

[ג]סימן י ס"ז - [ד]מלבושים שהם פתוחים מן הצדדין למטה, ויש להם ד' כנפות לצד מטה, ולמעלה הם סתומים, אם רובו סתום, פטור - אפי' אם יש בהמיעוט הפתוח שיעור טלית.

ואם עשה בו ציצית ואח"כ פתח רובו, פסולים משום תעשה ולא מן העשוי, וצריך להתירם ולחזור ולקשרם.

(**פשוט** דאפילו אם בעת עשיית הבגד היה רובו פתוח, ואח"כ נעשה מעצמו רובו סתום, דינא הכי, **וא"כ** אם היו לו קרסים בט"ק שלו למטה מחציו, אך שלא היו כפופין רק מעט, דדינו כפתוח, ואח"כ נכפפו מאוד עד שהיה צריך לזה מעשה להתירן, ממילא נפטר הבגד מציצית, וצריך אחר שיתיר הקרסים להתיר הציצית ולחזור ולקשרן).

ואם רובו פתוח, חייב - היינו דוקא רוב מכל הבגד, ולא כמו שעושין החייטין ט"ק, שתופרין אותו מן הצדדין, ומניחין בו נקב שמכניסין בו הידים, ותופרין למטה מהנקב, ומניחין רוב פתוח, ומודדין רק מתחת הידים, **וזה** טעות גמור, כי אז לא נקרא בת ד' כנפות, וקרוב הדבר שהמברך מברך לבטלה, ועכ"פ לא עדיף מן בגד שחציו פתוח, דחייב בציצית, ואסור לברך עליו, ואסור לצאת בו בשבת, **אלא** צריך למדוד אף מה שלמעלה מן הידים, **והנקב** חשוב ג"כ כאלו הוא סתום.

[ה]ואם חציו סתום וחציו פתוח, מטילין אותו לחומרא וחייב בציצית - אבל אין מברכין עליו, **ואין יוצאין בו בשבת** - דשמא פטור, והציצית הוי כמשוי.

ועיין במ"א שכתב, דאף לכרמלית אסור, דאין עושין ספק דרבנן לכתחלה, **ורבים** מן האחרונים מסכימים עם העולת תמיד דמיקל בזה.

(**אם היה** ב' שלישיות פתוח, ושליש ועוד מזה היה בגד, ועוד פחות שליש היה עור, דבלאו העור היה רובו סתום, לכאורה יש לדמות זה להא דקי"ל, דאפילו אם הבגד בעצמותו היה עגול בלי כנף כלל, וכנפותיו היה של עור, אפ"ה חייב בציצית).

אות ד'

הטיל לבעלת שלש והשלימה לארבע, פסולה, משום תעשה ולא מן העשוי

סימן י ס"ה - [ו]היו לה ג' כנפות ועשה בהם ג' ציצות, ושוב עשה לה כנף ד' ועשה גם בו ציצית, פסולה - לאו דוקא שעשה ג' ציצית, שנעשו הרוב בפסול, דהיינו קודם שנעשית בת ד', אלא אפילו לא קשר אלא קשר אחד עם חוליתו, ואח"כ השלים הד' כנפות, נמי פסול אותו הקשר, וצריך להתירו ולחזור ולקושרו.

באר הגולה

[א] (ולא הביא הגזירה שמא יקרע סדינו בתוך ג') [ב] **שם מ' כרבא** [ג] (ע"פ הב"י והגר"א) [ד] **הגהת מיי' בשם ר"ש ומהרי"ק** (כתוב בהגהות מיימון, נשאל לרבינו שמחה על קוט"א בת ארבע כנפות אמאי אינה חייבת בציצית, ואמר הר"מ משום דאמרינן (מנחות מ:) היא של עור וכנפיה של בגד פטורה, אלמא בתר הגוף אזלינן ולא בתר הכנפים, הכי נמי קוטות שלנו כיון דגופן סתום אזלינן בתר הגוף לפטור, ולא פטר הר"מ אלא כשרובו סתום, דומיא דהיא של עור וכנפיה של בגד דמייתי מינה ראיה, דודאי לא מיפטרא אלא דוקא בשרובה של עור - ב"י) [ה] **ב"י** [ו] **שם**

ואפילו אם מתחלה היו לה ד' כנפות עם ציצית, ואח"כ נחתך כנף אחד ונעשה עגול, אף שאותו הכנף תיקן אח"כ, מ"מ אלו הג' ציצית ממילא נתבטלו, וצריך להתירם ולחזור ולקשרם.

משום תעשה, ולא מן העשוי - דכתיב: גדילים תעשה לך על ארבע כנפות, משמע שיהיו הכנפות עשויות ארבע קודם שנעשו הציצית, לא שנעשו הציצית קודם הכנפות.

ע"כ צריך להתירם ולחזור ולקשרם, ודוקא הג' ציצית ראשונים שעשייתן היה בפסול, אבל הציצית שעשה בכנף הד' א"צ להתיר, כיון שנעשה בהכשר, ואין פסול הראשונים פוסלין אותה.

אות ה'

לבטולי קא מיכוין, ובל תוסיף ליכא, מעשה איכא

סימן י ס"ו - [ז]הטיל ציצית על ציצית, אם נתכוין לבטל הראשונה, חותך הראשונה וכשרה - אפשר דדוקא נקט, אבל אם חתך השניות פסול, כיון דכבר ביטל הראשונות.

ואם נתכוין להוסיף, אע"פ שחתך אחת משתיהן, פסולה. (הגה: [ח]ויש מכשירים בכל ענין, וכן עיקר) (טור בשם הרא"ש ורבינו ירוחם) - וכן פסקו האחרונים, ו"בכל ענין", היינו בין שנתכוין לבטל או נתכוין להוסיף, ובין שחתך הראשונות או השניות.

[ט]וקודם שחתך הראשונות פסול בכל ענין (ב"י) - נקט הראשונות, דקאי על מה שכתב השו"ע מתחלה, אבל באמת להרא"ש דפסקינן כוותיה, כ"ש דאם חתך השניות כשר.

אות ו'

טלית שהקטן מתכסה בו ראשו ורובו

סימן טז ס"א - [י]שיעור טלית שחייב בציצית, שיתכסה בה באורך וברוחב ראשו ורובו של קטן [יא]המתהלך לבדו בשוק, ואינו צריך אחר לשומרו - והיינו בן ט' שנים.

בתשובות ר"מ מינץ מפלפל, היאך יוצאין בד' כנפות הקטנים מזה השיעור, ותורף דבריו, דמוטב לילך בהם, מלילך כל היום בלי ציצית, **ובד"מ** כתב, ללמד העם שיברכו בבוקר על טלית גדול, ויפטרו את הקטן, וילכו בו כל היום, **ומ"מ** אם אפשר לאדם שיעשה גדול שהוא כשיעור, מה טוב ומה נעים, עכ"ל.

ויעשה הכתפים של הטלית קטן רחבים, כדי שיהיו ניכרים, ויהיה עליהם תורת בגד, ולא שם רצועות.

הגה: ואז חייב בציצית - גדול הלובשה, לאפוקי אם אין בו זה השיעור של ראשו ורובו, אז לכו"ע פטור אפי' אם הגדול יוצא בה באקראי לשוק, [גמ'], **אך** אם דרך אנשי המקום שהגדולים ילכו בו בקבע לשוק, ואינן מתביישין, משמע מדברי הב"ח דחייב בציצית, (**ואם הוא הולך בה בקבע, בטלה דעתו, וגם לשון הגמרא והגדול יוצא בה, [יב]דמינה דייק הב"ח את דינו, דוקא בארעי ולא בקבע, [יג]מוכח כן).**

(**ולענין ארבע כנפות של קטן שהגיע לחינוך, שחייב אביו להטיל בו ציצית, משערין בראשו ורובו של קטן כמות שהוא, ואם בר שית הוא, משערין בראשו ורובו שלו, וחייב אביו מדרבנן להטיל בו ציצית).**

---

§ מסכת מנחות דף מא. §

אות א'

והגדול יוצא בה דרך עראי, חייבת בציצית

סימן טז ס"א - ודוקא כשהגדול לובשו פעמים עראי ויוצא בו לשוק (ב"י בשם בן חביב ובשם מהרי"ח) - או לפתח ביתו ברחוב, אבל אם הגדול, דהיינו בן י"ג שנה, מתבייש לצאת בו אפילו באקראי לשוק, לא חשיב כסות, אפילו אם לובשו בביתו, [א]**ויש** חולקין בזה, וס"ל דלא בעינן רק אם יש בו כדי לכסות ראשו ורובו של קטן, **והסכימו** האחרונים להחמיר, שלא לברך על ט"ק אף שיש בו כדי ראשו ורובו של קטן, אם הגדול מתבייש לצאת בו באקראי לשוק, דאף שהוא יוצא, בטלה דעתו אצל כל אדם, (**ונראה דאפילו אם הוא הולך בה בקבע, בטלה דעתו, ואם יש בהבגד כדי לכסות ראשו ורובו, אלא שהוא לבוש בזוי, ואין יוצא בו לשוק עראי, וסתם בני אדם יוצאין בו, בודאי לא נתנה התורה שיעורין בכל אחד לפי דעתו).**

(**לכאורה צ"ע לפי"ז בזמנינו, איך אנו מברכין על ט"ק שלנו, אפי' אם יהיה בו שיעור ארוך, הלא אין דרך שום גדול לילך בו בשוק, אבל באמת זה אינו, דגדול נקרא בענינינו נער בן י"ג שנה, ולשוק שכתב בשו"ע לאו דוקא, דה"ה על פתח ביתו ברחוב, ובודאי לא יתבייש נער בן י"ג שנה, לילך בו בימות החמה לחוץ על פתח ביתו).**

(**עוד נ"ל פשוט בלא"ה, דעי"ז לא בטל ממנו שם בגד, ולא אמרו רק אם הוא מתבייש לילך בו מפני קיצורו, דאל"כ אפילו אם יהיה בהטלית קטן כדי ראשו ורובו של גדול, ואפילו אם יגיע עד קרסוליו, ה"נ דיפטר מציצית, וכ"ת ה"נ, א"כ במקומות שהגדול מתבייש לצאת בו בט"ג**

באר הגולה

[ז] **שם בגמרא לדעת רמב"ם שם** ‹וכפירושו מש"כ שם השתא בבל תוסיף כו', {דרבא} פריך על דברי ר' זירא בלשון בתמיה, דודאי איפסלו שתיהן משום בל תוסיף, {דמכח עבירת בל תוסיף הם נפסלים, רעק"א - מ"ב המבואר}, כ"ש דהוי מעשה לפסולה, ורב פפא משני ממאי כו', ולכך כשר באחרונות - גר"א› [ח] ‹כפירש"י שם וכרבא, דלא כרב פפא דקושיא בעלמא הוא - גר"א› [ט] ‹ממש"כ שם ומי אמרינן תעשה כו', אלמא דקודם לכן הוא בפסול, וכן בדברי רבא ור' זירא - גר"א› [י] **מנחות מ"א** [יא] **רמב"ם** [יב] ‹והכי משמע מלישנא דברייתא, מדתני סיפא: "אין הקטן מתכסה בה ראשו ורובו, אע"פ שהגדול יוצא בה עראי, פטורה", ולא תני בסתמא: "אע"פ שהגדול יוצא בה פטורה", אלמא דוקא ביוצא בה עראי פטורה, אבל יוצא בה בקבע, חייבת בציצית בשעה שלובש אותה הגדול - ב"ח› [יג] ‹דא"כ הגמ' היתה אומרת אע"פ שהוא יוצא בה לשוק, ומדנקטה אע"פ שהגדול יוצא בה, משמע שכך מנהג המקום - מ"ב המבואר›

[א] ‹ולשיטתם מה ששנינו בברייתא והגדול יוצא בו דרך ארעי לשוק, הכוונה היא שגם הגדול חייב בטלית שהקטן מתכסה בה כאשר יצא לשוק בטלית הזו, ולא רק הקטן, אבל אין הברייתא באה להוסיף כאן תנאי שצריך שהגדול לא יתבייש לצאת בזה - מ"ב המבואר›

וסגדול יוצא בה ערלי · שלוט כוס ננאת בה יג] לשוק : אילימא וכן לענין איסורא דכלאים · דלי אין קטן מתכסה בה אין בה משום כלאים אם נארג בה כלאים : וסתנן אין ערלי בכלאים · כלומר אין דין ערלי בכלאים שאע"פ שאין הגדול יוצא בה ערלי יש בה משום כלאים אם נארג בה כלאים : ואמר רב נחמן ·

דאמרינן לקמן (דף מד·) טלית שאולה כל ל' יום פטורה מן הציצית מכאן ואילך חייבת ואפי' של כלאים ואע"ג דפטור מדאורייתא דאין לתלק כיון דלגבי גברא דהוי דידיה ליכא כלאים וכן לנשים והא דאמרינן (לקמן מג·) גבי הכהנים נהי דבעידן עבודה אישתראי שלא בעידן עבודה לא לא דמי דהא כתיב (דברים כב) לא תלבש שעטנז גדילים תעשה לך...

תורה אור — מסורת הש"ס

והגדול יוצא בה דרך עראי חייבת בציצית אין הקטן מתכסה בו ראשו ורובו אע"פ שהגדול יוצא בה עראי פטורה וכן לענין כלאים והיינו בה מאי וכן לענין כלאים אילימא וכן לענין איסורא דכלאים והא אנן תנן אין עראי בכלאים ואמר רב נחמן בר יצחק וכן לענין סדין בציצית אלא מאי פטורה הטיל למוטלת א] והא אמרה רבי זירא חדא זימנא ג] חדא מכלל חבירתה איתמר ת"ר טלית כפולה חייבת בציצית ורבי שמעון פוטר ושוין שאם כפלה ותפרה שחייבת תפרה פשיטא לא צריכא דנקטה בסיבי רבה בר הונא איקלע לבי ג] רבא בר רב נחמן חזייה דהוה מיכסי ד] טלית כפולה ורמי ליה חוטי עילוי כפילא איפשיטא ואתא חוטא וקם להדי רישיה אמר ליה לאו היינו כנף דכתב רחמנא באורייתא אתא שדייה איכסי גלימא אחריתי אמר ליה מי סברת חובת גברא הוא *) חובת טלית הוא זיל רמי לה לימא מסייע ליה חסידים הראשונים כיון שארגו בה שלש היו מטילין בה תכלת שאני חסידים דמחמרי אנפשייהו ופלינא דמלאכא דמלאכא אשכחי' לרב קטינא דמיכסי סדינא אמר ליה קטינא קטינא סדינא בקייטא וסרבלא בסיתוא ציצית ס] **) של תכלת מה תהא עליה אמר ליה ו] ענשיתו אעשה אמר ליה בזמן דאיכא ריתחא ענשינן אי אמרת בשלמא חובת גברא הוא היינו דמחייב דלא קא רמי אלא אי אמרת חובת טלית הוא הא לא מיחייבא אלא מאי חובת גברא הוא נהי דחייביה רחמנא כי מיכסי טלית דבת חיובא ז] כי מיכסי טלית דלאו בת חיובא היא מי חייביה רחמנא אלא הכי קאמר ליה ח] טצדקי למיפטר נפשך מציצית אמר רב טובי בר ט] קיסנא אמר שמואל כלי קופסא חייבין בציצית ומודה שמואל בזקן שעשאה לכבודו שפטורה מ"ט אשר תכסה בה אמר רחמנא האי לאו לאיכסויי עבידא בההיא שעתא ודאי רמינן ליה משום לועג לרש חרף י] עושהו אמר רחבה אמר ר' יהודה טלית שנקרעה יא] חוץ לשלש יתפור תוך שלש לא יתפור תניא נמי הכי טלית שנקרעה חוץ לשלש יתפור תוך שלש רבי מאיר אומר לא יתפור וחכ"א יתפור ושוין שלא יביא אפילו אמה על אמה ממקום אחר ובה תכלת ותולה בה ב] ושוין שמביא תכלת ממקום אחר ותולה בה ובלבד

בשוק, ה"נ דט"ג יפטר מציצית, **אלא** ודאי דכונת הגמרא הוא, **דוקא** אם אנשי המדינה מתביישין לילך בו באקראי לשוק מפני קיצורו, **משא"כ** בענינינו, שהביוש הוא מפני שדרך אותו הבגד ללבשו תחת בגדיו ולא על בגדיו, לא בטל עי"ז מיניה שם בגד).

ובענין שיעור ראשו ורובו, כתב בספר פרי הארץ בשם ספר דרך חכמה, ששיעורו ג' ריבעי אמה באורך, וחצי אמה ברוחב, **וכתב** ע"ז המחצית השקל והארה"ח, שאין סמך לזה מן הש"ס, ובפרט במה שכתב חצי אמה ברוחב, **ומנהג** אנשי מעשה לדקדק, שיהיה בו אמה מלפניו ואמה מלאחריו, ונקב בית הצואר אין עולה למנין, ובט"ק כזה יצא מן הספיקות ויכול לברך עליו, **ועכ"פ** לא יפחות מג' ריבעי אמה באורך לכל צד, דאל"ה יש בו חשש ברכה לבטלה, כי כתבו האחרונים שמדדו, ונמצא ששיעור ראשו ורובו של קטן הוא אמה וחצי. ‹ולא הזכיר שיעור הרחב, אמנם אם הרחב הוא אמה, שפיר יש להקל באורך ג' רבעי אמה לכל צד – חזו"א›.

(**ונראה** לכאורה דשיעור זה מהני, דוקא אם הטלית נארג או נתפר כעין מרובע, ובאמצע יש בית הצואר, **אבל** אם נעשה צד אחד של הט"ק מלפניו ואחד מלאחריו, ובאמצע הוא מחובר בצד אחד במקצתו, ובצד השני מחברו לפי שעה בעת שלובשו ע"י קרסים, יש לעיין אם די בשיעור הזה, **ואולי** דמצרפינן צד אחד להשני גם לענין שיעור, כמו דמצרפינן לענין שיהיה נקרא שמו בת ד' כנפות, **אבל** א"כ נהיה מוכרחין לומר, דמצרפינן אורך ורוחב של הבגד להדדי לחיוב של הט"ק בציצית, **ובאמת** אין דין זה ברור, דיש אומרים דבעינן כדי ראשו ורובו בין באורך ובין ברוחב, ‹**נראה** כוונתו, דבעינן שיכסה גופו בין אם יתן אורך הבגד לאורך קומתו, ובין אם יתן רוחב הבגד לאורך קומתו, והלשון אינו מכוון, וגם אינו מובן מה ענין זה לשליבת הקרסים – חזו"א›, **ומ"מ** נראה לי, דאם הט"ק מחזיק בכל צד כשיעור אמה על אמה, בודאי נוכל לסמוך ולברך עליו, דאף את"ל דלא מצרפינן צד אחד להשני לענין זה, הלא כמה אחרונים סוברין דשיעור אמה על אמה לבד, הוא שיעור בגד החייב בציצית, ושיעור אמה הוא ששה טפחים, ולא בעינן אמה שלנו).

ומה שנוהגין האשכנזים, שלוקחין חתיכת בגד קטן אחד מלפניו, ואחד מלאחריו, ותופרין בהם רצועות, ועושין בהם ציצית, אין יוצאין בזה כלל חובת ציצית, ומלבד שמבטלין מצות ציצית, מברכין ברכה לבטלה בכל יום, ועוברים על "לא תשא", גם אסור לצאת בו בשבת, **ועכ"פ** העושין כן לא יברכו עליהן, אלא יברכו בבוקר על ט"ג, ובזה ילכו כל היום, כיון שמכונים עכ"פ בזה שלא לבטל מצות ציצית כל היום, **אבל** כל ירא שמים לא יסמוך ע"ז כלל, אלא יעשה בגד ממש, כל מדינה לפי מנהגו.

ובאיזה מקומות נוהגין, שהבגד הנקרא קאמיזע"ל או וועס"ט, הוא פתוח מלאחריו, ועושין בו ציצית בד' כנפותיו, ואשרי להם, **רק** שצריך ליזהר שיהיה רובו פתוח, וכן בט"ק שעושין במדינתינו יזהרו בזה.

אם לבש הטלית ונתקפל קצת, כדרך לובשי בגדים, ואחר שנתקפל אין בו כשיעור כדי לכסות ראשו ורובו, **כתב** בתשובת בית יעקב, דכיון שעומד להתפשט, כפשוט דמי, אף שלא נתפשט עדיין, והרי יש בו כשיעור.

ט"ק שיש בו כדי לכסות ראשו ורובו, וע"י התפירה אין בו כשיעור, פטור מציצית.

כתב האר"י, טלית קטן יותר טוב שלא יהיה בו בתי זרועות.

אות ב'

אין עראי בכלאים

יו"ד סימן שא ס"ד - [ב]אסור ללבוש כלאים אפי' דרך עראי, כגון טלית של קטן [ג]אע"פ שאין הגדול יוצא בה עראי - אם עכשיו לובשו דרך עראי, אסור - ש"ך. ‹דהא סתם לא תלבש כתיב, לבישה כל דהו משמע – לבוש›.

[**פי'** דכל שגדול אינו מתבייש ורגיל הרבה פעמים לצאת בבגד זה של קטן לשוק, פשיטא דאסור, דהוה בגד גמור אפילו לענין ציצית, **אלא** דאם אינו רגיל לילך בזה לשוק, מ"מ לענין כלאים אסור כל בגד שבעולם, **ופשוט** שכאן נתכוין אפילו בגד של קטן שאינו מתכסה ראשו ורובו, אסור לגדול לילך בו, אפילו לשוק במקום שהוא מתבייש, מכל מקום בכל גווני אסרה תורה כלאים – ט"ז].

אות ג' – ד'

טלית כפולה... ורבי שמעון פוטר

שאם כפלה ותפרה שחייבת

סימן י ס"ו - [ד]אין כופלין את הטלית ומטילים ציצית על כנפיה כמו שהיא כפולה - שאם תפשט, נמצאו הציצית באמצעיתה, ואנן ציצית על הכנף בעינן, [רש"י במנחות מ"א]. **(הגה: אבל צריך להטיל בד' כנפיה הפשוטים)**.

ואם כפלו מחמת שהבגד ארוך מאוד, פי שנים בקומתו, שאין יכול ללבשו אא"כ כפלו, **יש** פוסקין דפוטרין אותו לגמרי מן הציצית, דאין שם בגד עליו, **ומסיק** הט"ז והפמ"ג, דיטיל בו ציצית בכנפות הפשוטין, ולא יברך.

אא"כ תפרה כולה ואפילו מרוח אחת – ‹הוא לשון הרמב"ם, ובב"י משמע, דהוא מפרש מרוח אחת כפשטיה ‹שתפר מצד אחד›, והאגור כתב בשם הרמב"ם, דמצריך תפירה לכל ג' רוחותיו, דס"ל דבעינן שיתפור כולה דוקא, והא דקאמר: ואפילו מרוח אחת, היינו דלא בעינן שיהיה תפירה מעלייתא, שהיא מב' הצדדין, וכדמצינו לענין תפירת התפילין דשם פסק הרמב"ם והשו"ע לקמן בסימן ל"ב סנ"א שיהא חוט התפירה סובב משתי רוחות, אבל בזה לא בעינן רק תפורה

באר הגולה

ב משנה ב' פ"ט דכלאים | ג וכפי' הר"ש שם בפירוש המשנה, כן משמע במנחות דף מ"א ע"א | ד שם כר"ש, רמב"ם

כולה ואפילו מרוח אחת, **ונפקא** ליה להרמב"ם זה ממה דמשני שם בגמרא מ"א. לא צריכא דנקטא בסיכי, היינו שלא נגמר התפירה כתיקונה, ‹ורש"י יש לו עוד ב' פירושים בזה›, **ומש"כ** אא"כ תפרה כולה, היינו משום דהוא מפרש המימרא דרב דימי שם במנחות ל"ז ע"ב, דקאמר שם ‹רב דימי› האי מאן דחייטיה לגלימיה לא עבד ולא כלום וכו', כפי' רש"י בלשון ראשון, דהיינו שכפלה כולה, והוה קשה ליה קושית רש"י ותוספות שם ע"ז, מהההיא ברייתא דמחייבת לכו"ע בטלית כפולה התפורה, וע"כ מחלק הרמב"ם דשם איירי רב דימי שלא תפרה כולה, וע"כ אמרינן אם איתא דלא מיבעי ליה לפסוק ולישדייה, ובודאי סופו להתיר לבסוף, **משא"כ** אם תפרה אחר כפילתה מכל שלשה רוחותיה, הרי חזינן דדעתו שישאר כך, ולכך מהני תפירתו. **ובדברינו** יהיה ניחא מאוד מה דנקט הרמב"ם דין זה בלשון שלילה, אין כופלין, ולא קאמר בפשיטות דין טלית כפולה, היינו משום דהעתיק בזה המימרא דרב דימי דקאמר לא עבד ולא מידי, **גם** דאם נפרש דהרמב"ם יפרש להא דרב דימי כפי' שני שברש"י שם, ‹שכפל כנפותיה כאילו הן מקוצעות, ותפר הכפלים שלא ישובו›, וכמו שפירשו שארי הפוסקים, יקשה דאם כן אמאי השמיט הרמב"ם הדין מהלכותיו›.

(הגה: [ה] **וי"א דחייבין אפילו בלא תפירה)** - להטיל בכנפי הכפולות, דכל זמן שהיא מכופלת ולא נתפשטה, שם טלית עליה כמו שהיא כפולה.

(וטוב לעשות לה ציצית אבל לא לברך עליה) (הרי"ף והרא"ש והטור) - תמהו כל האחרונים, מה תיקן במה שלא יברך, הא עדיין שמא כהמחבר וצריך להטיל בפשוטים, ואיך ילבש בגד זה, הא יותר מד' ציצית אסור להוסיף לכו"ע, **ומסקי** לדינא, דיזהר לכתחלה שלא לעשות טלית כפולה כלל, אא"כ תפרה ואפילו בתפירות רחבות, דכיון שתפרה שוב אין עשויה להיפשט, [רש"י שם במנחות ‹ד"ה שאם תפרה› והביאו הב"י], ואז בין בטלית מרובעת, ובין בטלית שהיתה מתחלה ארוכה יותר מדאי, יטיל ציצית בכפולים ויברך.

[**וכ"ז** רק לכתחילה, אבל לעיקרא דדינא מסקי האחרונים, דהלכה כהמחבר, דצריך להטיל ד' ציצית בהפשוטים, ויוכל לברך ג"כ].

אות ד'*

נהי דחייביה רחמנא כי מיכסי טלית דבת חיובא

סימן ח סי"ז - [ו] **נתכסה בבגד שהוא חייב בציצית, ולא הטיל בו ציצית, ביטל מצות ציצית** - דציצית חובת גברא לענין זה, שאם נתכסה בטלית אז חל עליו החיוב.

אות ה'

טצדקי למיפטר נפשך מציצית

רמב"ם פ"ג מהל' ציצית הי"א - אע"פ שאין אדם מחוייב לקנות לו טלית ולהתעטף בה כדי שיעשה בה ציצית, אין ראוי לאדם חסיד שיפטור עצמו ממצוה זו, אלא לעולם ישתדל להיות עטוף בכסות המחוייבת בציצית, כדי שיקיים מצוה זו; ובשעת התפלה צריך להזהר ביותר; גנאי גדול הוא לתלמידי חכמים שיתפללו והם אינם עטופים.

[ח] **סימן כד ס"א-** [ט] **אם אין אדם לובש טלית בת ארבע כנפות, אינו חייב בציצית. וטוב** [י] **ונכון להיות כל אדם זהיר ללבוש טלית קטן כל היום,** [יא] **כדי שיזכור המצות בכל רגע** - דוגמא לדבר: כאדם המזהיר לחבירו על ענין א', שקושר קשר באיזורו כדי שיזכרנו.

וע"כ יש בו ה' קשרים, כנגד ה' חומשי תורה, וארבע כנפים, שבכל צד שיפנה יזכור. [יב] **ונכון ללובשו על המלבושים** - עיין לעיל בסי' ח' במ"ב מה שכתבנו שם.

לפחות יזהר שיהיה לבוש ציצית בשעת התפלה - וק"ש, ואיתא בזוהר פ' שלח לך, דהקורא ק"ש בלי ציצית, מעיד עדות שקר בעצמו, שקורא פרשת ציצית ואינו מקיים הקרא.

כתב הח"א, לא טוב עושים המון העם, שמתפללין בדרך בלא טלית גדול, וע"פ רוב הט"ק אינו עשוי כדין בכל פרטיו שיהיה ראוי לברך עליו, וגם הוא ישן בו בלילה.

אות ו'

בזקן שעשאה לכבודו, שפטורה

סימן יט ס"ב - [יג] **עשה טלית לצורך תכריכין,** [יד] **אף על פי שלובשו לפעמים בחייו, פטור** - האחרונים מסקי, דדוקא לדעת הרא"ש, דפוטר כסות המיוחד ללילה אפילו ביום, והא נמי לכסות לילה דמי, שהרי מת פטור ממצות, [טו] **אבל** לדעת הרמב"ם, דמחייב כסות לילה ביום, גם בזה חייב, **לפיכך** לדידן יעשה בו ציצית ולא יברך.

מוכרי הבגדים שלובשין ומכוונין להראות להקונים מדתן, פטורין, **ואם** לובש אותן להעביר בזה את המכס, אפשר דחייב בציצית, כמו גבי כלאים.

באר הגולה

[ה] ‹כת"ק - גר"א› [ו] ‹ע"פ הגר"א› [ז] **רמב"ם שם** [ח] ‹ע"פ מהדורת נהרדעא› [ט] **מנחות מ"א** [י] **טור** ‹וכתב המרדכי בשם תוס' שנ"ץ, פי' מי שיש לו טלית בת ארבע כנפות ומחזר אחר עלילות כדי להפטר מן המצוה נענש, ודוקא בימיהם שהיו רגילים בטליתות בת ארבע כנפים, אבל אנחנו אין דרכנו בבגדים של ארבע כנפים, אפילו בעידן ריתחא לא מיענשי, ומיהו מצוה מן המובחר היא, כדאמרינן (סוטה יד.) לא נתאוה משה ליכנס לארץ משום פירותיה אלא כדי לקיים מצות התלויות בה - ב"י› [יא] ‹לכאורה לפי הב"י הנ"ל, יש עוד טעם להיות זהיר בזה› [יב] **ב"י סימן ח' ובשם נ"י בשם הריטב"א** [יג] **מנחות מ"א** [יד] **נימוקי יוסף הלכות ציצית** [טו] ‹וכן משמע בגמ' מדקאמר ומודה שמואל כו' - גר"א. **דלכאורה** מה שייך זקן שעשאה לכבודו להא דשמואל, אלא ודאי דדוקא לשמואל דמחייב בכלי קופסא, בזה מודה בכלי קופסא שעשאה לתכריכין דפטור, אבל למ"ד חובת גברא, דאין חיוב רק כשלובש, בזה אף בתכריכין חייב כשלובש מחיים - דמשק אליעזר›

אות ז'

בההיא שעתא ודאי רמינן ליה

יו"ד שנא ס"ב - אין קוברין את המת אלא בטלית שיש בו ציצית - ‹ואע"ג דתכריכי המת מותר לעשותן מכלאים, דכתיב: במתים חפשי, כיון שמת אדם נעשה חפשי מן המצות, לא דמי לכלאים, דאע"ג דכשמת פטור מן המצות, מ"מ ציצית שאני לפי ששקולים נגד כל המצות, ועוד דכלאים לא אסרה תורה רק דרך חימום, ובמת לא שייך חימום, דרישה, **והגמ'** שאמרה הטעם משום במתים חפשי, לרווחא דמילתא, והאמת כן הוא, ומ"מ בשביל זה בלבד אפשר לא התרנו זה, רק משום דאיסור כלאים לא שייך כלל בכה"ג, משא"כ בציצית - ערוה"ש›.

(**עיין** בשאלת יעב"ץ שכתב, דאין קפידא אם מלבישים את המת בטלית חדש שלא נעשה לשם מצוה, **דלא** כאיזה לומדים שחשבו שאין להלביש המת כי אם בטלית שלבש אותו בחייו למצות ציצית - פת"ש).

(**עיין** בשאלת יעב"ץ שכתב, דמי שלא היה יכול לקיים מצות ציצית בחייו מפני אונס, שהיה מוכה בידיו וכה"ג, אפשר דאין לקברו בטלית, לפמ"ש התוס' בברכות ‹דף י"ח. ד"ה למחר› ובמנחות ‹אולי צ"ל נדה דף ס"א: ד"ה אבל›, דמי שלא נזהר בציצית בחייו אין קוברין אותו בהן, דהוי לועג לרש, **אך** אין סברת התוס' מוכרחת כל כך, לכן העושה לו טלית לא הפסיד, ולזה הדעת נוטה כשהניח ממון לעשות משלו, **אמנם** לגבות מעות לצרכו, או לעשות מקופת חברה של ג"ח, הנמנע אין לתפוס אותו על כך, ע"ש - פת"ש).

הגה: [טז]וי"א דאין צריך ציצית (טור בשם י"א) - [כשנפטר רבינו גרשון, אמר: ציצית חוץ, ונחלקו בפירוש דבריו, יש אומרים דרצונו לומר יסירו הציצית מהטלית, ויש אומרים דהכי קאמר שישימו אותן חוץ לארון - ט"ז].

ונהגו לקברו בציצית, אך שפוסלין תחלה הציצית, או כורכין אחד מן הכנפות - והב"ח כתב דאין לפסלן, אלא יש לקשרן זה עם זה, או לכסותם תוך הכנפות, ע"ש - ש"ך.

‹**ועכשיו** המנהג הפשוט בכל תפוצות ישראל, שנושאין המת בציצית, וקודם שמניחים אותו בקבר נותקין ציצית אחת מהד' ציציותיו, ויש שנהגו לנתוק אותה בבית קודם הוצאתו לקבורה, אבל טוב יותר לנתקה קודם הקבורה, **ושמעתי** בבירור על שני גדולי הדור, אחד צוה אחד מתלמידיו שיקברו אותו בכל ציציותיו, ואותו תלמיד כשהגיעו להלבשת תכריכיו חש במיעיו ויצא חוץ, ואותם שהלבישוהו לא ידעו מזה, ונתקו אחת מהציציות כנהוג, ותיכף נכנס אותו תלמיד והתחיל לצעוק, ואמרו הגדולים שהיו שם, שזהו אות מן השמים לבלי לשנות, **והשני** כשהניחוהו בקבר עם כל הציציות, נסתבכה אחת מהציציות ביתד שבתוך הקבר וניתקה מעצמה, וראו בחוש שמן השמים גזרו כן. **הראשון** היה הגר"א ז"ל, והשני היה החסיד מוהר"ז ז"ל מהוראדנא בעל יסוד ושורש העבודה, שצוה ג"כ להניחו בכל הציציות - ערוה"ש›.

(**ועיין** בתשו' נו"ב, דהלכה כהני אמוראי דפליגי אר"א, וס"ל דכל מתי חוץ לארץ יזכו לעמוד בתחיית המתים, ע"ש - פת"ש).

[יז]סימן כג ס"ג - במקום שנוהגים להסיר ציצית מטלית המת בבית, [יח]אם הכתפים לובשים ציצית, איכא למיחש בהו משום לועג לרש - היינו אם הציצית מגולין כדלעיל. **והאחרונים** הסכימו, דאפילו במקום שאין נוהגים להסיר, ג"כ איכא משום לועג לרש, הואיל שהמתים פטורים מן המצות.

אות ח'

טלית שנקרעה, חוץ לשלש יתפור, תוך שלש לא יתפור

סימן טו ס"ד - [יט]נקרע הטלית תוך שלשה אצבעות סמוך לשפת הכנף, אינו רשאי לתופרו. ופירש"י דחיישינן שישתייר מחוט התפירה ויניחנו, ויוסיף עליו שבעה חוטין לשם ציצית - אבל למעלה מג' אצבעות יכול לתפרו לכו"ע, [גמ' וב"י], דהלא שם אין מקום ציצית, כנ"ל סימן י"א, ואין לחוש שיקחנו לציצית.

ואפי' אם הכנף ההוא נקרע לגמרי מן הבגד עם ציציותיו ‹למעלה מג' אצבעות›, אפ"ה מותר לחבר הכנף והציצית כשר, [מוכח כן משו"ע גופא, ‹דאם נקרע הטלית חוץ לג', יתפור›, וכ"כ המ"א], **והט"ז** פליג, ופוסק דצריך להתיר הציצית מן הכנף הזה, ולהטילו מחדש אחר התפירה, **ויש** להחמיר.

[כ]ולטעם זה, אפילו נקרע כל שהוא, לא יתפור - (ודוקא אם נקרע למעלה ממלא קשר אגודל, וכמו שמבואר בסעיף ו').

ולפי זה, טלית של צמר שנקרע תוך שלשה, מותר לתפור האידנא, דאין דרך לתפור בחוטי צמר - אלא בשאר מינים, והכל יודעים ששאר מינים אין פוטרין בצמר, א"כ לא יבוא לצרף אותו החוט, **וה"ה** דיש להקל גם בשאר מינים, אם תופרו במין אחר.

(וטלית של פשתן, שעשה לו כנף מעור או קנבוס, דמטילין בו ציצית צמר, ונקרע הכנף בתוך ג', מותר לתקנו בקנבוס, דהכל יודעין דאין פוטר זה להטלית של פשתן).

[כא]ורב עמרם פי', דטעמא משום דנקרע תוך שלשה לית ביה תורת בגד, וכמאן דליתיה דמי, ואע"ג דתפרה, כמאן

באר הגולה

[טז] ‹עיין תוס' דנדה ס"א: ד"ה אבל כו', ובברכות י"ח. ד"ה למחר כו' - גר"א›, ‹שם בברכות: אומר ר"ת דוקא הם שהיו רגילים כולם בחייהם ללבוש טלית בד' כנפות וללבוש ציצית, וגם לכל העוסקים בהם יש להם ציצית, והוה לועג לרש אם לא היה להם ציצית... אבל אנו שגם בחיינו אין מנהגינו ללבוש תמיד ציצית, אי הוי רמינן להו, הוי כמו לועג לרש› [יז] ‹ע"פ המ"א, וז"ל: משמע במקום שאין נוהגין להסירם, אין קפידא אם הכתפים לובשים ציצית, וצ"ע דהרי ביו"ד סימן שנ"א כתב שמשימין ציצית בטלית של מתים, ואפ"ה פסק כאן {בס"א} דאסור ליכנס לבה"ק או לד"א של מת בציצית, והיינו כסברא הראשונה שכתב הרא"ש, {דהקשה, למה מיחה ר' יוחנן לר' יונתן שהיו ציציותיו נגררים על הקברים משום לועג לרש [ברכות יח א], הא גם למתים יש ציצית. ותירץ דמ"מ איכא לועג לרש, דעכ"פ המתים אין מצווים עליה}, ולמה כתב כאן בהיפוך, ויש לחלק, אבל אין עיקר בפוסקים, וצ"ע› [יח] הרא"ש בהל' ציצית [יט] מנחות מ"א וכר"מ [כ] הרא"ש [כא] שם

דפסוק חשוב, ואי עבד ביה ציצית, לא פטרה לטלית - ר"ל אפילו עשה ציצית חדשים בחתיכת הכנף ההוא אחר שתפרו להטלית, אפ"ה לא פטר להטלית, דתפירה לא חשיב חיבור בזה, וכמאן דפסיק עדיין חשיב, אם מתחילה נקרע הכנף לגמרי מן הבגד.

וה"ה אם לכתחילה בעת עשיית הבגד, תפר חתיכת בגד פחות משלש לשפת הבגד, הן באורך הן ברוחב, והטיל בה ציצית בחתיכה זו, פסולה לדידיה, דהוי כמאן דפסיק, אף שתפרו להבגד, **ואם** יטיל ציצית למעלה מאותה חתיכה התפורה, יהיו הציצית רחוקים מקצה הבגד יותר מג' אצבעות, ופסול, **ע"כ** יראה אז לתפור תחת הכנף, חתיכת בגד של שלש על שלש, דלמעלה מג' אצבעות יכול לתפרו לכו"ע, דלפירוש רב עמרם גאון אית ביה תורת בגד.

[כב]**ולפירוש זה אם נקרע ונשתייר כל שהוא, כשר** - ר"ל אפילו הציצית שהיו בו בעת שנקרע, **ויש** מחמירין בזה, וס"ל דמיפסלו הישנים, וצריך להטילם מחדש אחר התפירה, (**הוא** דעת הט"ז שמחמיר כשיטת התוס' ‹מ: ד"ה שמא›, ודע דלדידהו, **אם** נפסקה רצועה מן הבגד, כל שלא נשתייר ג' אצבעות בקצהו באורך הבגד, הוי כאילו נפסק לגמרי, ומיפסלו הציצית הישנים, וצריך להטילן מחדש אחר התפירה).

[כג]**וי"א דלרב עמרם לא נפסל אלא ציציות שהיו בו בעת שתפרו, אבל אם אחר שתפרו הטיל בו ציציות, כשר** - ס"ל דתפירה חשיב חבור, ולא מיפסל אלא ציצית שהיו בו בעת שתפרו, משום תעשה ולא מן העשוי.

ועיין בט"ז דחולק על השו"ע, וכתב דכו"ע מודים דאם לאחר שתפרו הטיל בו ציצית דכשר, וכ"כ הב"ח ושיורי כנה"ג והגר"א, וכן הסכים בארה"ח, **אבל** מ"מ לצאת ידי דעה הראשונה, יתפור תחת הכנף מטלית שיש בו ג' על ג'.

וירא שמים יצא את כולם, היכא דאפשר - ע"כ נוהגין לתפור בכל כנף מהטלית, חתיכה של בגד שלמה משלש על שלש, משום דבכמה בגדים מצוי שאפילו הם חדשים יש בהם תפירה תוך ג', ויש פסול לדעת רב עמרם לפי דעה הראשונה.

והיכא דלא אפשר, נקטינן דסברת רב עמרם עיקר, וגם דתפירה חשיב חבור.

[כד]**סימן טו ס"ה** - [כה]**אם נקרע מנקב שהציצית תלוי בו ולמטה, אם קדם הטלת ציצית לקרע, שאותו ציצית היה שם בשעת הקרע, כשר** - מיירי בשלא תפרו, וקמ"ל אע"ג דלא נשתייר מלא קשר אגודל, דלא בעינן שיעור זה אלא בשעת עשייה.

ואם ירצה לתפור הקרע, אז אם הבגד של צמר, יתפרנו בחוטי שאר מינים, וא"צ להתיר את הציצית מהכנף ולחזור לתלותה שנית אחר שתפר, כיון דלא נפסל הכנף, **ואם** הבגד הוא של שאר מינים, אסור לתפרו בחוטין של מין הבגד לדעת רש"י, דשמא ישייר בחוטין לשם ציצית, ואף דיש שם ציצית, לא פלוג בזה, אלא יקח חוטי מין אחר, **ויותר** טוב שלא יתפרנו בחוט לבן, רק בחוט צבוע, שאין נוהגין עתה לעשות הציצית רק לבנים, וע"כ אין לגזור שמא ישייר מחוט התפירה לשם ציצית.

ואם נקרע ונשתייר ממנו כל שהוא ותפרו, ואחר כך הטיל בו ציצית – (ר"ל אם הקרע היה קודם ההטלה, וא"כ מוכרח הוא לתופרו מקודם, כדי שיהיה שיעור קשר אגודל בשעת הטלת הציצית, ונצטרך לידע דיני התפירה, וע"ז מסיים: אם הוא של צמר וכו', משא"כ בשקדם הטלת ציצית לקרע, אינו מצייר דיני התפירה, דשם אינו מוכרח לתפור, **והאי** לשון "ותפרו" הוא לאו דוקא, דהא עסיק עתה בדיני התפירה איך לעשות, כדמסיים אח"כ: לא יתפור לדעת רש"י, **ואפשר** דה"ק, אם הוא של צמר לא עבר שום איסור אפילו לדעת רש"י, ואם הוא של שאר מינים, עבר איסור לדעת רש"י).

אם הוא של צמר, כשר לכו"ע - דלרש"י, כיון שהבגד הוא של צמר, אין לחוש שישייר בחוטי שאר מינים לשם ציצית, **ולר'** עמרם, כיון דנשתייר כל שהוא, לא נתבטל מתורת בגד, **וכ"ש** דלי"א שבסעיף הקודם כשר הכא, כיון דהטלת הציצית היה אחר התפירה.

ואם הוא של שאר מינים, שדרך לתפור בחוטין של אותו המין, לא יתפור לדעת רש"י - ר"ל באותו המין, אבל במין אחר יש להקל, ויותר טוב בחוט צבוע.

(**ולא** רצה לומר שהוא פסול, משום דלא פסיקא ליה בזה, כדמסיים אח"כ "איכא לספוקי", וכמש"כ הגר"א, **ולא** ר"ל בזה ג"כ איכא לספוקי, משום דבאמת סובר לעיקר הדין כשיטת ר"ע, לכך לא מסיים עיקר ספיקו רק על הדין שכתב אח"כ, דשם הספק הוא גם כן לשיטת רב עמרם).

ואם נקרע ותפרו ואח"כ הטיל בו ציצית, איכא לספוקי - ר"ל שנקרע כולה מנקב עד סוף השפה, לכן איכא לספוקי, דאף אם הבגד הוא של צמר, ויתפרנו בחוטי שאר מינים, דלרש"י בודאי מותר, **אפ"ה** אפשר דלרב עמרם פסול, דכיון דלא נשתייר כל שהוא, הלא מבואר בסעיף הקודם, דלדעה הראשונה כמאן דפסיק דמי, ולא יועיל תפירה, אף אם ירצה להטיל ציצית אח"כ, **ואפשר** דהכא עדיף, דהלא הכנף הוא שלם משני צדדיו, ורק באמצע נפסק, וזהו הספק של השו"ע.

(**ועיין** בהגר"א שכתב, דכונת המחבר, דאף לדעת רש"י נמי איכא לספוקי, אף אם תפרו בחוטין של אותו המין, דשמא לא אסור לרש"י אלא לכתחלה, ולא לפסול דיעבד).

באר הגולה

כב ר' ירוחם | כג נ"י וכן נוטין דברי ר"מ | כד ‹מילואים› | כה ב"י

ועיין בט"ז שחולק, ופוסק דאין כאן ספק, דלכו"ע אם הטיל בו ציצית לאחר התפירה דכשר, **ומ"מ** יותר טוב שיראה קודם התפירה, לתת תחת הכנף חתיכת בגד של שלש על שלש, ויצא ידי הכל, **ואם** א"א לו, יש להקל כהט"ז, דבלא"ה הלא כתבנו, דדעת האחרונים, דתפירה מחשיב חבור, ומועיל אף בנקרע הכנף לגמרי ממקומו.

[כו]סימן טו ס"ו - [כז]התופר חתיכת בגד בכנפי הטלית, וכן מה שנוהגים לתפור סביב הנקב שהציצית בו, אם הטלית של משי ותופרו בחוט משי לבן - וה"ה אם הטלית של שאר מינים, (והחוט מאותו המין), **יש לחוש בדבר לדעת רש"י, שלא תהא שום תפירה למטה מג' ולמעלה מקשר גודל** - דשם הוא מקום הציצית, אבל כשהתפירה למעלה מג', ולמטה מקשר אגודל, אין לחוש שיקחנו לציצית. **ודוקא** אם החוט הוא מאותו המין גופא, אבל אם החוט ממין אחר יש להקל, דבודאי לא יוכל ליקח אותו החוט לציצית, דהרי אינו פוטר אלא במינו.

ואם הטלית הוא של צמר, כבר נתבאר דאין לחוש כלל, ומותר להמצא תפירה אף תוך ג', **ואם** הוא צבוע, ג"כ אין לחוש כלל שמא יקחנו לציצית, דאין אנו נוהגין לעשות ציצית צבועים, כמש"כ סימן ט' ס"ה.

וסביב הנקב אסור לתפור בחוט לבן, ובטליתות שלנו שהם של צמר אין להקפיד כלל.

הגה: וה"ה בכל מקום שתופר בחוט שהוא מין הטלית, דחיישינן שמא יקח אותו חוט לחוט הציצית (ת"ה ובשם הגהות מיימוני) - ר"ל אם נקרע ונשתייר ממנו כל שהוא, וכה"ג המבואר לעיל בס"ה.

אות [ח']* [כח]

<u>ושוין, שלא יביא אפילו אמה על אמה ממקום אחר ובה תכלת ותולה בה</u>

רמב"ם פ"א מהל' ציצית הי"ג - כיצד, הביא כנף שיש בה ציצית ותפרה על הבגד, אפילו יש באותה הכנף אמה על אמה, פסול, שנאמר: ועשו להם ציצית, [כט]לא מן העשוי, שהרי זה [ל]דומה למי שנעשית מאיליה.

[לא]סימן טו ס"ב - [לב]אינו יכול ליקח הכנף כמו שהוא עם הציציות ולתופרו בבגד אחר, משום ד"על כנפי בגדיהם" בעינן, וכנף זה לא היה מבגד זה בשעת עשייה.

אבל בלא הציצית מותר לחברו, אם הוא מחזיק עכ"פ ג' אצבעות על ג', ואח"כ יטיל בו ציצית, ומכל שאר הבגד א"צ להתיר כלל, **ודוקא** אם קודם שנתחבר לה הכנף היה ג"כ בת חיובא, כגון שלא נקרע ממנה הכנף בעיגול, **אבל** אם נקרע ממנה בעיגול, ונעשית בת ג' ונפטרה מציצית, צריך להתיר כל הציצית ולהטילם מחדש אחר שנעשית בת ד', דאל"ה הוי "תעשה ולא מן העשוי".

עיין במ"א ומוכח מדבריו, דדוקא כנף שאין בו שיעור להתעטף, ואף דאסרו בגמרא אפילו אם הוא מחזיק אמה על אמה, גם זה עדיין אין בו שיעור עיטוף לדידיה, **אבל** אם היה בהחתיכה שיעור שיהיה בו כדי להתעטף, מותר לצרף אותו לבגד אחר, אפילו עם ציציותיו, (היינו שיש ציצית בב' החתיכות, אבל אם מחברו לבגד שאין בו ציצית, מותר לכו"ע, כמ"ש המ"ב בס"ג), **אבל** הט"ז פליג ע"ז ואוסר, וכן משמע בלבוש ודה"ח.

ואם ירצה לחבר הכנף להבגד שנקרע ממנו, אפילו אם נקרע לגמרי ולא נשתייר כל שהוא בחבור, א"צ להתיר ממנו הציצית, ולא מפסלא משום "תעשה ולא מן העשוי", כיון דתחלת עשייתו בבגד זה היה בכשרות, **וכ"ז** אם לא נעשית הבגד בת ג' בעת הקריעה, וגם דוקא אם הכנף מחזיק עכ"פ ג' על ג', וכבסמוך ס"ד, **כ"ז** הוא לדעת השו"ע (בס"ד, ע"ש בשעה"צ), והמ"א, **אבל** הט"ז פוסק שאין נ"מ, בין אם הצירוף לבגד אחר או זה גופא, הכל הוא בכלל "תעשה ולא מן העשוי", **ויש** להחמיר, וכן פסק בדה"ח.

[לג]סימן טו ס"ג - [לד]טלית מצוייצת כהלכתה שחלקוה לשתים, ובכל חלק יש בו שיעור להתעטף, ונשאר לכל אחת מהם ציצית אחת או שתים, אין בו משום תעשה ולא מן העשוי - דהציצית שנשארו אין שם פסול עליהם, כיון דיש בהן כדי שיעור עיטוף, ע"כ אם ירצה יכול לצרף לאותו החצי חתיכה מבגד אחר, ולעשות ציצית חדשים על הכנפות החדשים, **וכ"ש** שיכול לעשות מן החצי טלית שלם, דהיינו שיעשה ב' ציצית על הכנפות המחודשים.

ואם ירצה לחבר החלקים שנתחלקו אחד לחבירו, י"א דצריך מתחלה להתיר הציצית מן חלק אחד, ואח"כ יתפרנו, ואחר שיתפרנו יטיל בו ציצית, דאם לא יתיר הוי בכלל תעשה ולא מן העשוי, [ט"ז ודה"ח], **אבל** רוב האחרונים מקילין, וסוברים דזה לא הוי בכלל תולמ"ה, [מ"א], **ומ"מ** טוב להחמיר לכתחלה.

באר הגולה

כו ‹מילואים› **כז** **הגהת מיימוני לפי' הב"י** **כח** ‹ע"פ מהדורת נהרדעא› **כט** ‹פירש"י משום דעל כנפי בגדיהם בעינן, וכנף זה לא היה מבגד זה בשעת עשייה. ורבינו מפרש שהטעם מפני שדומה למי שנעשית מאליה – כסף משנה. ‹כ"כ רש"י במנחות שם, אבל הנמוק"י פי' הטעם משום תולמ"ה, והמהר"י אבוהב רצה לייחס גם להרא"ש פי' זה משום תולמ"ה, וכתב דלא נהירא, שהרי כבר נעשה לשם מצוה, וא"כ קשה לפירוש הנמוק"י, אמנם באמת הדבר נכון, דגם כוונת הנמוק"י הוא, דכיון דכנף זה אינו מן הבגד, ממילא פסול משום תולמ"ה, אף שהציצית נעשים בהכשר, מ"מ פסול לבגד זה לעולם, דלבגד זה לא נעשה, דהוי ליה מן העשוי, ודו"ק – מגן גיבורים› **ל** ‹צ"ע למה צריך לכך, ולא היה די במש"כ דהוי תעשה ולא מן העשוי, עיין במפתח שבתי פרענקל› **לא** ‹ע"פ הבאר הגולה› **לב** **מנחות מ"א.** ‹רש"י שם – גר"א› **לג** ‹ע"פ הגר"א וז"ל: מהנ"ל ושוין כו', אבל ציצית של שאר כנפים לא נפסלו, וכן מש"כ שם טלית שנקרע כו'› **לד** **תשובת הרשב"א**

אבל אם אין בכל חלק כדי להתעטף, כמו שהוא שכיח בט"ק שלנו, שכשנתחלק לשתים אין בהם שיעור עיטוף, נתבטל מהם תיכף המצות ציצית, **ואם** ירצה אח"כ לחזור ולחבר חלק אחד לחבירו, או לשאר חתיכה, צריך להתיר מתחלה כל הציציות.

ואם חלק אחד יש בו שיעור עיטוף, ואחד אין בו, אין צריך להתיר רק מהחלק שאין בו, ואח"כ יטיל בו מחדש, אחר שיתחברו החלקים יחדיו, [דה"ח, **וס"ל** כהט"ז המובא לעיל בס"ב, אבל להמג"א שם, א"צ להתיר כלל], ‹אם מחברו להבגד שנקרע ממנו›.

(**ואם** היתה מתחלה גדולה מאד, עד שא"א ללבוש כך, אפשר דמיפסל הציצית אף לאחר שחלק הבגד לשתים, משום תעשה ולא מן העשוי, לדעת הפוטרים אותה מתחלה קודם שנתחלקה, ע"ל בסימן יו"ד ס"ו).

אות [ט']

ושוין, שמביא תכלת ממקום אחר ותולה בה

רמב"ם פ"א מהל' ציצית [לה]**הי"ג - ומותר להתיר ציצית מבגד זה ולתלותם בבגד אחר, בין לבן בין תכלת.**

באר תגולה

לה ‹ע"פ מהדורת נהרדעא›

עין משפט נר מצוה

מסורת הש"ס

ובלבד שלא תהא מופסקת שמעת מינה *מתירין מבגד לבגד דילמא דאי בלאי ת"ר טלית שכולה תכלת *כל מיני צבעונין פוטרין בה חוץ מקלא אילן מיתיבי טלית אין פוטר בה אלא מינה טלית שכולה תכלת מביא תכלת וד"א ותולה בה וקלא אילן לא יביא ואם הביא כשר אמר רב נחמן בר יצחק לא קשיא כאן בטלית בת ארבעה חוטין כאן בטלית בת שמונה חוטין שמעת מינה מתירין מבגד לבגד דלמא דאי עבד *איתמר רב אמר אין מתירין מבגד לבגד ושמואל אמר מתירין מבגד לבגד רב אמר אין מדליקין מנר לנר ושמואל אמר מדליקין מנר לנר רב אמר אין הלכה כרבי שמעון בגרירה ושמואל אמר הלכה כר' שמעון בגרירה אמר *אביי כל מילי דמר עביד כרב לבר מהני תלת דעביד כשמואל מתירין מבגד לבגד ומדליקין מנר לנר והלכה כרבי שמעון בגרירה דתניא *רבי שמעון אומר גורר אדם מטה כסא וספסל ובלבד שלא יתכוין לעשות חריץ רב יהודה מסר ליה לקצרא רב חנינא עביד לה סיסא רבינא חייט להו מיחט *ת"ר כמה חוטין הוא נותן ב"ש אומרים ד' וב"ה אומרים ג' וכמה תהא משולשת ב"ש אומרים ד' וב"ה אומרים ג' וג' שבית הלל אומרים אחת מארבע בטפח של כל אדם אמר רב פפא טפח דאורייתא ד' בגודל שית בקטנה חמש בתילתא אמר רב הונא ד' בתוך ד' ומשולשת ד' ורב יהודה אמר ג' בתוך ג' משולשת ג' אמר רב פפא הלכתא ד' בתוך שלש משולשת ארבע למימרא דאית להו שיעורא ורמינהו ציצית אין ציצית אלא יוצא ואין ציצית אלא משהו וכבר עלו זקני ב"ש וזקני ב"ה לעליית יוחנן בן בתירא ואמרו ציצית אין לה שיעור כיוצא בו לולב אין בו שיעור מאי לאו אין לה שיעור כלל לא אין

רש"י

ובלבד שלא תהא מופסקת ז]· שיהא כל חוטיה שלימין: **שמע מינה** מתירים מבגד לבגד ח]: **דילמא אי בלאי** · הא דקתני שמביא תכלת ממקום אחר ותולה בה ולא חיישינן לבזיון דמבזה לה לטלית ראשונה ט] [א] דנתבלה דאין ראויה לציצית קאמר דמתיר ממנה הציצית: **כל מיני צבעים פוטרין בה** · לשום לבן דכיון דמין כנף ליכא לקיומי בה אין לך לחזר אחר לבן אלא שיהו בה שני מינין: **חוץ מקלא אילן**. דדמי לתכלת י] וזימנין דמזבן לה לאינש אחרינא וסבר דכל חוטיה תכלת וכי מצריך לטלית אחריתי שקיל תרי חוטים מהכא יא] וטעון שם עם לבן ותחת אלו יתן לבן ונמצאת אחת מהן נפטר בקלא אילן לשום תכלת ושדי קלא אילן עם לבן בציצית והוי כלאים בלא מצוה: **מיתיבי טלית אין פוטרין בה לשם לבן אלא מינה** · אם אדומה היא יטיל בה שני חוטין אדומים ושני חוטין תכלת וכן שאר גוונים: **מביא תכלת** · שני חוטין לשם תכלת ודבר אחר לשם לבן ואע"ג דהאי תכלת הוי מין כנף אפילו הכי שני מינים בעינן דאזלינן בתר רוב טליתות: **ואם הביא כשר** · אלמא קלא אילן נמי פוטר בה: **בטלית בת ד' חוטין** · שנים תכלת ושנים קלא אילן כשר יב]: **בטלית בת שמנה חוטין** · ארבע תכלת והטיל בה ארבע קלא אילן לקיים מצות שני מינים יג] פסולין דהואיל ולבר קלא אילן איכא חוטין כל צורכה חיישינן דלמא יד] מצריך לטלית אחריתי ושקיל הנך דתכלת מהכא ותלי לה התם וליכא הכא אלא קלא אילן אי נמי שקיל הנך דקלא אילן ותלי בה · נ"א ועיקר חוץ מקלא אילן דהא אשני מראות טו] שבה קפדינן ואלו מראיהן שוין: **מיתיבי כו'** טז] **אם הביא כשר** · טלית בת שמנה חוטין ד' של תכלת ומין אחר וביקש להטיל בה עוד ארבעה אחרים לא יטיל קלא אילן שמא ימכרנו לאיש אחר ויהא סבור שהם תכלת ויתירם מכאן ויתן בטלית אחרת במקום תכלת עם לבן ואם הביא כשר דהא נפטרה בארבע חוטין של תכלת ודבר אחר: **שמע מינה** · מדפסל יז] בה משום הך חששא דמתירין מבגד לבגד: **דלמא דאי עבד** · אם עבר והתירן או נפקא חורבה [ג] (דסבר) דמשתרא ציצית מקלא אילן לחודיה יח]: **מנר לנר** · אותן דחנוכה: **מסר** · טליתו עם הציצית: **לקצרא** · לכובס ולא חייש דילמא מינתקא תכלת ורמי בה קלא אילן: **עביד להו סיסא** · כשנותנה לכובס מקפל יט] הציצית כמין פקעת שקורים לוטוש"ל כדי שלא ינתק: **חייט להו מיחט** · עושה לטלית כמין שפה ומחביא החוטין בתוכה ותופר השפה: **ארבעה** · חוטין נתן בחור הטלית וכופלן לשמנה: **משולשת** · תלויה הענף [לבד] מן הגדיל: **ארבע** · אצבעות: **ושלש** כ] **שב"ש אומרים** · שתהא כל אצבע אחת מארבע בטפח של כל אדם דהיינו מדת גודל ושית בקטנה (א) כא]: כב] **בתילתא** · אצבע וכולן מדה אחת: **ארבע** · חוטין בתוך ארבע אצבעות שלא ירחיק מן השפה יותר מארבע אצבעות: **אין** [ג] **שם ציצית אלא יוצא** · תלוי ויוצא מן הכנף משהו:

תוספות

ובלבד שלא תהא מופסקת · נ"ע מאי פי' ומאי *אשמעינן:

אין פוטר בה אלא מינה · פי' בקונט' אם אדומה היא יטיל בה שני חוטים אדומים ותימה מידי ציבעא קגרים ושמא מדרבנן משום זה אלי[ד]ואנוא (סוכה דף יא:) הוי [ועוד נראה דאיירי בשאר מינים כגון שיראין וכלך וסיריקין דאין פוטר אלא במינם מדאורייתא] ומה דפי' בשיראים לאו דוקא דהא אמרי' דצמר ופשתים פוטרין בהם:

ואם הביא כשר · למאי דפירש בקונטרס דקלא אילן במקום לבן פסול משום שדומה לתכלת ואין כאן שני מינים קשה מאי פריך דלמא האי ברייתא כרבנן דריש פירקין דאמרי אין הלבן מעכבת את התכלת:

כאן בטלית בת שמנה חוטין · פירשתי ריש פירקין:

רב אמר אין מתירין יג] ואפי' למ"ד חובת גברא סבר רב דאין לבטל מצות הטלית כדאשכחן במזוזה בסוף השואל (ב"מ קב·) שנענש אותו שנטל המזוזה ואע"ג דחובת הדר היא ושמואל דאמר מתירין אע"ג דקסבר חובת טלית היא דהא שמואל מחייב לעיל כלי קופסא כיון דאין לו אלא כדי טלית אחת טוב שיתן באותה שהוא חפץ להתעטף בה ולא דמי למזוזה כד]*:

כל מילי דמר עביד כרב · והא דסוף כירה (שבת דף מו·) שרי רבה שרגא דנפטא ופלוגתא דרב ושמואל במוקצה מחמת מיאוס שילהי שבת (דף קנז) דלמא דמתכת איירי ותו דהתם איכא פלוגתא דרברבתא טובא וצ"ע:

בית שמאי אומרים ארבע · טעמא דבית שמאי ניחא כדדרשינן לעיל (דף לט:) גדיל שנים גדילים ד' אבל טעמא דבית הלל קשה דדוחק לומר דלית להו אלא גדילים שנים ופתיל תכלת הרי תלתא כה] [ה] ושמע מינה הא דדרשינן גדילים ד' היינו בכפילה ואלבן קאי והשתא סברי ב"ש דהוא הדין תכלת דפתיל לאו דוקא וסברא הוא להשוותם והיינו ד' חוטין בלא כפילה ובית הלל סברי דפתיל דווקא והא כו] דביומא (דף עב·) דריש מפתיל כז] [ו] התם *) (הוה ראשונים) דכתיב ברישא (תרי) מהדר דמיירי בכפול כח] ור"ת פי' דמגדיל נפקא להו לבית הלל דעבות מתורגם עובד גדילו ונראה לפי' זה דבית הלל דרשי גדילים הרי ששה וכשנכפלו י"ב ויתכן יותר [ז] דלא דריש גדילים וכן משמע בספרי ועשו להם שומע אני יעשה אותן אחד בפני עצמו תלמוד לומר גדילים מכמה [ח] גדיל אחד נעשית אין פחות משלשה דברי ב"ה ב"ש אומרים ד' של תכלת ד' של צמר (אכן) כי דייקת בה משמע דב"ה דרשי גדילים ואכל גדיל קיימי והשתא הויא דומיא דבית שמאי דאיירי בתכלת ובלבן ומיהו בספרי איכא דאמרי שנים של לבן ואחד של תכלת · [וע"ע תוס' בכורות לט: ד"ה כמה]:

בית שמאי אומרים ארבע · פירש בקונטרס הפתיל יהא ארבע נמלא הגדיל שנים ורבינו תם פירש דאגדיל קאי והענף שמנה הרי שנים עשר וכן אנו נוהגין וכן משמע בספרי בפרשת כי תצא גדילים למה נאמר לפי שנאמר ועשו להם ציצית שומע אני יעשה תוס ח' בפני עצמו ת"ל גדילים [ט] כמה גדיל נעשית אין פחות משלשה חוטין כדברי בית הלל ובית שמאי אומרים מארבע חוטין של תכלת וארבעה של לבן [י] על ארבע ארבע אצבעות משמע דהגדיל קאי והקונטרס נמי פירש כן בל"א פרק על אלו מומין (בכורות דף מ:) וכן יסד רבי שלמה ספרדי **) המשולש יהא נפסל כדי אצבעות ארבע ונפסל קורא הגדיל כמו ***) מפשילין חבלים לתוכן פרק אלו הן הגולין (מכות דף י·) וכמו אין מפשילין חבלים לתוכן דכפ' בני העיר (מגילה דף כח·):

ארבעה בגודל · במסכת זבחים בפ' קדשי קדשים (דף סב·) [קתני] דכבש של מזבח היה שלש אמות ומחצה ואצבע ושליש אצבע בזכרותו ואית דמפרשי התם דקשר האצבע קמא כמ [כ] הזכרות ואית דגרסי בזכרותו היינו ראשונות והכא דלא מפרש מידי צ"ע:

§ מסכת מנחות דף מא: §

אות א'

כל מיני צבעונין פוטרין בה, חוץ מקלא אילן

רמב"ם פ"ב מהל' ציצית ה"ח - טלית שהיא כולה אדומה או ירוקה או משאר צבעונין, [א]עושה חוטי לבן שלה כעין צבעה, אם ירוקה ירוקין, אם אדומה אדומין; [ב]היתה כולה תכלת, עושה לבן שלה משאר צבעונין חוץ מן השחור, מפני שהוא נראה כתכלת; וכורך על הכל חוט אחד תכלת כדרך שעושין בשאר ציציות שאינן צבועין.

השגת הראב"ד: טלית שהיא כולה אדומה כו' עד שאינן צבועין.

כתב הראב"ד ז"ל [ג]ראיתי מי שהקשה עליו, ועל זאת הברייתא שהקפידה על הצבע שיהא הציצית מצבע הטלית כדי שיהא ממין הכנף, והוקשה עליו מה שאמר רבא בריש התכלת, מידי ציבעא גרים להיותו מין כנף; ולאו קושיא היא, דהתם לענין אקדומי תכלת ללבן קא פריך, דאין ראוי שיקדים תכלת ללבן בשביל הצבע, אף על פי שהטלית כולו תכלת, אלא ודאי מצוה להקדים לבן לתכלת אף על פי שהיא מינה, והתורה אמרה על ציצית הכנף פתיל תכלת, לעולם התכלת יבא על ציצית הכנף, כלומר שיהא התכלת אחרון בו, ומ"מ צריך שיהא בו ממין צבע הטלית, כדי שיהיה בו ממין הכנף, עכ"ל.

סימן ט ס"ה - [ד]י"א שצריך לעשות הציצית מצבע הטלית, והמדקדקים נוהגים כן - משום "זה אלי ואנוהו", ויש מפרשים משום דבעינן בזה ממין הכנף.

הגה: [ה]והאשכנזים אין נוהגין לעשות הציצית רק לבנים, אף בבגדים צבועים, ואין לשנות - מ"מ ראוי למדקדק לעשות דוקא ד' כנפות או ט"ק לבן, כדי שיהיה יצא ידי הכל כשיעשה הציצית לבנים, גם משום דכתיב: ולבושיה כתלג חיור, **ומה** ששפת הבגד כעין תכלת בטליתות שלנו, בתר עיקר הבגד אזלינן.

אות ב'

מתירין מבגד לבגד

סימן טו ס"א - [ו]מותר להתיר ציציות מטלית זה וליתנם בטלית אחר - אפילו מטלית חדש לטלית חדש, וכ"ש מטלית ישן שמותר להתיר וליתנם בטלית חדש שרוצה ללבשו ולקיים בו המצוה.

גם אפי' מטלית גדול לטלית קטן, שטלית גדול וטלית קטן שוים, **אבל** אין להתיר ציצית מטלית של גדול וליתנם בטלית של קטן, דחיובו רק מדרבנן.

ובפמ"ג נסתפק, אם מותר להתיר ציצית מטלית של צמר, ליתנם בטלית של שאר מינים, להפוסקים דשאר מינים הוא רק מדרבנן, **והארצה"ח** מיקל בזה.

עיין בפמ"ג שכתב, דאם מצויים לו ציצית אחרים להשיג, נכון להחמיר שלא להתיר ציציותיו, {מאחר די"א חובת טלית, ואף דלא קיי"ל כן}, אם לא באופן המבואר בסמוך.

[ז]אבל שלא להניחם בבגד אחר, לא - כי יש איסור שמבזה טלית של מצוה בחנם, **אם** לא שנתבלה הטלית, אז מותר להתיר ציציותיו בכל גווני, **או** שרוצה למכרו לנכרי, או לעשות מהטלית בגד שלא יהיה ד' כנפות, מותר ליטלן.

אבל אם רוצה למכור הטלית לישראל, אסור ליקח ציציותיו, אף שישראל השני יוכל להטיל ציצית בעצמו, אפ"ה אסור.

ומותר להסיר הציצית ולתת תחתיהם יותר נאים, משום הידור מצוה, או כשהם ישנים ומסירם כדי לחדשם, או כשנפסק חוט א' ולא נשאר בו אלא כדי עניבה, אע"פ שעדיין הציצית כשר, אעפ"כ מותר להסיר ולתת תחתיה שלמה.

ובמקום שהציצית הם שלמים, וראויים להנתן לבגד אחר, {לאפוקי אם הם רק כדי עניבה}, יש מן האחרונים שכתבו, **דיזהר** להתיר הקשרים והכריכות שלהם, ולא להפסיקן ולקרוע אותן, כדי שלא יכלה אותן, וכבר אחז"ל: לא ישפוך אדם מי בורו ואחרים צריכין להם, **והחיי** אדם כתב, במקום שקשה בעיניו הטרחה להתיר, מותר לנתקם, ואין בזה משום בל תשחית, כיון שאין עושה דרך השחתה.

באר הגולה

[א] ‹וכן פי' רש"י אהא דתניא: טלית אין פוטר בה אלא מינה - ב"י› [ב] ‹ויש לתמוה על רבינו, שכתב היתה כולה תכלת, עושה לבן שלה משאר צבעונין חוץ מן השחור, ובגמ' לא אמרו אלא חוץ מקלא אילן, והוא צבע תכלת בשאר צבעים שלא בדם חלזון. **ועוד** יש לתמוה, למה לא חילק בין טלית בת ד' חוטין לבת ח' חוטין כמו שחילקו בגמרא. **ויש** לומר לראשונה, הוה אפשר לומר שרבינו מפרש דקלא אילן שם כולל בין לצבע תכלת שלא בדם חלזון בין לשחור, ונקט רבינו לאסור שחור וכ"ש צבע תכלת שלא בדם חלזון, ומפרש דטעמא דלא יטיל בה קלא אילן במקום לבן משום דבעינן שני מינין, והכא מיחזי כאילו אין שם אלא מין אחד, **והשתא** אע"פ שנאמר שרבינו מפרש ג"כ כדעת שאר המפרשים דבקלא אילן אינו נכלל שחור, י"ל דמשמע ליה מסברא דכיון דטעמא דלא יטיל בה קלא אילן ללבן, הוא משום דמיחזי כאילו אין שם אלא מין אחד, ההוא טעמא שייך בשחור, וממילא משמע, ורבינו נקט שחור וכ"ש לקלא אילן. **ולשנית** י"ל, דכיון דלכתחלה בכל גווני לא יטיל, לא חש רבינו לפרושי דין עבר והטיל לבת ח' פסולה, משום דלא שכיח - כסף משנה› [ג] ‹והתוספות הקשו קושיא זו שכתב הראב"ד, ותירצו דשמא משום זה אלי ואנוהו - כסף משנה› [ד] **רמב"ם בפ"ב מהל' ציצית** (ה"ח). ‹מ"א: וכפירש"י שם ד"ה מיתיבי, וכ"כ הרמב"ם - גר"א› [ה] ‹כמ"ש ל"ח: מידי ציבעא כו'. וראב"ד מתרץ בהשגות דלא פריך אלא לענין הקדמה, ועיין תוס' שם ד"ה מידי כו', ושם מ"א: ד"ה אין כו' - גר"א› [ו] **מנחות מ"א ושבת כ"ב כשמואל** [ז] ‹תוס' בשבת שם, וזהו שכתב בגמ' מבגד לבגד - גר"א›

הגה: ודוקא בטלית של בר חיובא - אפי' אינו חייב רק מדרבנן, **אבל מותר להתיר הציצית מטלית של מתים (מרדכי ותוס').**

אות ג'

<u>מדליקין מנר לנר</u>

סימן תרעד ס"א - מדליקין נר חנוכה מנר חנוכה - מיירי מליל ראשון ואילך, שיש יותר מנר אחד, ומדליק זה מזה, **א"נ** בליל ראשון, ויש שני אנשים בבית אחד, שכל אחד מדליק בפני עצמו, מותרין להדליק זה מזה, דשתיהן נרות של מצוה הן.

ואף דמבואר לקמן בסימן תרע"ה, שצריך להניחה תחלה על מקומה ואח"כ להדליקה, כבר כתב הט"ז לקמן, דעל זמן מועט אין להקפיד ע"ז, **ולדעת** שארי אחרונים דסוברין, דעל זמן מועט ג"כ יש להקפיד, הכא מיירי שהיו שניהן קבועין במקומן, אכן היה להן פתילות ארוכות, והפתילה מגיע לנר שלפניה, וא"צ להסירה ממקומה, [**ומסתברא** שאע"פ שמושך הנר שרוצה להדליק, ומדליקה מאחרת, דג"כ שפיר דמי, כל שאינה מסירה לגמרי מהנר, **ובא"ר** תירץ באופן אחר, דמיירי שמטלטל נר הדלוק, ומגיעה לנר המונח ומדליקה, **אכן** הפמ"ג מפקפק, דהא הביא בסי' תרע"ב בשם ליקוטי מהרי"ו, דאין לטלטל נר חנוכה ממקומה בתוך שיעורה, **ולענ"ד** נראה דסובר הא"ר, דהלא כל הטעם שלא יאמרו לצורכו הוא, והכא הלא רואין שמגיעה לצורך נ"ח אחרת].

ודוקא להדליק מזה לזה בלא אמצעי, אבל להדליק מזה לזה על ידי נר של חול, אסור - מפני שנראה כמבזה נר של מצוה, שמדליק ממנו נר של חול, אע"פ שהוא עושה לצורך מצוה, **אבל** בלא אמצעי אין בזה ביזוי מצוה, כיון דשתיהן של מצוה הן.

ואם כבה אחד מהנרות, אין להדליקה מן האחרים, אפי' בלא אמצעי, ואפילו כבתה בתוך שיעור הזמן, **דאין** בהדלקה זו מצוה מעיקר הדין, דקי"ל כבתה אין זקוק לה.

וכ"ש שאם נכבה השמש, שאין להדליקו מן נר חנוכה, שבכלל נר של חול לזה, **וכתב** רש"ל, שבבהכ"נ אין חילוק בין השמש לשאר נרות, שכל הנרות שבתוכה קרויים נר מצוה, **ומשו"ה** יש לגעור באותן שמדליקין נרותיהן ע"י השפחות מנר ביהכ"נ, אפילו מן השמש, **חוץ** ממוצ"ש, כדי לילך לביתו להאיר במבואות האפילות.

ויש מתירים גם בזה - ס"ל, דכיון דעושה כדי להדליק תיכף ממנו נר של מצוה, לאו בכלל ביזוי הוא, **אא"כ הוא בענין שיש לחוש שיכבה הנר של חול קודם שידליק נר אחר של חנוכה.**

הגה: ונהגו להחמיר בנרות חנוכה שלא להדליק אפילו מנר לנר, דעיקר מצותו אינו אלא נר אחד, והשאר אינו למצוה כ"כ, ולכן אין להדליק זה מזה (הג"מ ומרדכי) - היינו דמדינא הלא סגי בנר אחד לכל בני הבית, היכי דסמוכין כולן על שולחן אחד, **ולפי"ז** היכא דשני בעלי בתים דרין בבית אחד, דמדינא צריך הדלקת נר חנוכה לכל אחד, מדליקין זה מזה.

ודוקא בנרות חנוכה, ומטעם הנ"ל, **אבל** בנרות אחרים של מצוה, כגון של שבת ושל בית הכנסת וכדומה, מדליקין מנר לנר, ד"מ, וכן הסכים בספר חמד משה, דכן הוא עמא דבר, וכ"כ בחיי אדם, **וכן** משמע לעיל בסימן קנ"ד סי"ד, דדוקא נר של הדיוט אין מדליקין מנר של ביהכ"נ, אבל נר מנר שרי, ולא הגיה הרמ"א שם כלום להחמיר, משמע דפשיטא ליה דבזה לית כאן מנהג להחמיר, **ועיין** בפמ"ג, דע"י נר של חול אין כדאי, אפילו בשאר נרות של מצוה.

וכל זה אינו רק בעוד שדולקים למצותן, אבל אחר שעבר זמן המצוה מותרים בהנאה, כ"ש שמותר להדליק מהן (ניי כלי קטנות) - ולפי מה שכתבנו לעיל בסימן תרע"ב, דיש פוסקים שסוברין דכל זמן שדולקין אסור להשתמש לאורן, ה"ה דאין להדליק מהן, **ומ"מ** נראה דאין להחמיר בזה רק לענין להדליק ממנו נרות של חול, **אבל** נר של מצוה דמדינא מותר אפילו בתוך השיעור, עכ"פ אין לנו להחמיר אחר שעבר השיעור.

אות ד'

<u>גורר אדם מטה כסא וספסל, ובלבד שלא יתכוין לעשות חריץ</u>

סימן שלז ס"א - אקדים לסימן זה הקדמה קצרה, והיא: חורש הוא אחד מל"ט אבות מלאכות, וכיון שכונת החורש לרפויי ארעא, דאז טוב לזריעה, וגם כוונתו להשוות הגומות וליפותו, כדי שיהיה המקום שוה, **ולכן** החופר בשדה או שעשה חריץ, או שהיה שם תל קטן והשפילו, או שהיה שם מקום נמוך והשוה אותו, וכן כל המשוה גומות במקום הראוי לזריעה, חייב משום חורש, וכן כל מה שעושה ליפות הקרקע הוא תולדת חורש, וחייב בכל שהוא, **ואם** היה זה בבית, חייב משום בונה, שמתקן הבנין ע"ז.

דבר שאין מתכוין, מותר - זה לשון הרמב"ם: דברים המותרים לעשותן בשבת, ובשעת עשייתן אפשר שתיעשה בגללן מלאכה אחרת, ואפשר שלא תיעשה, אם לא נתכוון לאותה מלאכה מותר, וכן כוונת המחבר, **והוא שלא יהא פסיק רישיה** - פירוש, שבודאי תיעשה המלאכה האחרת.

הלכך גורר אדם מטה כסא וספסל - פי' כיון דדבר שאינו מתכוין מותר, הלכך גורר, דאע"ג דבגרירתו מצוי שיעשו חריצים בקרקע, ואיכא בזה משום חשש חופר, דהוא תולדה דחורש, אפ"ה לאו פסיק רישא הוא, אפילו בקרקע שאינה מרוצפת, דאפשר שפיר שלא תחרוץ בקרקע.

[**וחופר** גמור לית בזה, דאינו חופר כדרכו במרא וחצינא, אלא כלאחר יד, ובפרט כשגורר בבית ולא בשדה, דמקלקל הוא ע"י החריצים, ומדרבנן הוא דאסור, **ומ"מ** דע, דהא דקי"ל דבר שאינו מתכוין מותר, הוא אפי' במקום דבמתכוין איכא איסור דאורייתא].

בין גדולים - דמיטרח ליה לישאם על כתפו, **בין קטנים** - דיכול ליקחם על כתפו, אפ"ה מותר לו לגררם על הארץ, **ובלבד שלא יתכוין לעשות חריץ.**

כתב המג"א, דגדולים ביותר אסור לגרור על הארץ, דפסיק רישא הוא, דבודאי יעשה חריץ, **ואפילו** מרוצף בקרקע של שיש אסור לגרור, דגזרינן מרוצף אטו אינו מרוצף. [**ומסתברא** דאם כל העיר מרוצף באבנים או בקרשים, יש להקל בזה, **ואפי'** אם נחמיר לקמן בכיבוד, הכא קיל טפי, דאפי' באינו מרוצף לית בזה גרגא דאורייתא מכמה אנפי, אחד, דהחריץ שיעשה, הוא בזה רק חופר כלאחר יד, ועוד, דהוא מקלקל ע"י הגומות שנעשים בבית ולא מתקן, **ועל** כולם, הלא אינו מכוין לזה, והוא רק פסיק רישא דלא ניחא ליה, וגם בזה לכו"ע הוא רק איסור דרבנן, **ומבואר** לעיל בסי' שט"ז ס"ג בהג"ה, דדעת הרמ"א שם מוכח דס"ל בעלמא, דאם הוא תרי דרבנן, מותר בפסיק רישא דלא ניחא ליה].

אות ה'

מסר ליה לקצרא

סימן כא ס"ג - [ח]**מותר ליכנס בציצית לבית הכסא** - ודוקא בד' כנפות הקטן שלובשו כל היום, אבל אלו טליתות של מצוה שמיוחדין רק להתפלל בהן, אין נכון שיכנס בהן לבהכ"ס, **אך** להשתין בהן מותר, **גם** ההולכים ביוה"כ לפנות, ומלובשים בקיט"ל, צריך שיפשוט הקיט"ל, כיון שבגד זה מיוחד רק להתפלל.

הגה: וכ"ש לשכב בהן, דשרי. ויש שכתבו שנהגו שלא לשכב בטלית שיש בו ציצית - ובכתבי האר"י ז"ל כתוב על פי הסוד, שיש לשכב בלילה בט"ק.

[ט]**גם שלא ליתנו לכובס א"י לכבס** - הטלית עם הציצית, אלא מתיר הציצית ואח"כ כובסן, **והכל שלא יהיו מצות בזויות עליו.**

אך נוהגים להקל לשכב בהם (כל בו) - וכן ליתן לכובס א"י, **מיהו** יש מחמירין בזה שיעשה כנ"ל.

[י]**סימן כא ס"ד** - [יא]**יש ליזהר כשאדם לובש טלית, שלא יגרור ציציותיו** - יש מפרשים הטעם משום ביזוי מצוה, ועוד כי קרוב שיפסלו, **ולכן** יגבהם ויתחבם בחגורו.

אות ו'

ד' בגודל

סימן יא ס"ד - [יב]**אורך החוטים השמונה, אין פחות מד' גודלים** - ומדידת הגודל בכל מקום הוא של אדם בינוני, [ארצות החיים, והוא ממנחות מ"א ע"ב בטפח של כל וכו'], **ומודדין** אותו בפרק העליון במקום הרחב באמצעו, **ועיין** במ"א ובש"ך שהביאו בשם הרמב"ם, דשיעור גודל הוא כרוחב ז' שעורות זו בצד זו בדוחק, והן באורך ב' שעורות בריוח.

(**עיין בלבוש שכתב, דמן התורה אין שיעור לאורך הציצית, רק שיהיה בו גדיל וענף, רק שחז"ל נתנו לנו שיעור משום נוי ציצית, למר בארבע, ולמר בי"ב, ועיין בח"א שמצדד לומר, דעל כל פנים כדי עניבה הוא מן התורה**).

[יג]**וי"א י"ב גודלים,** [יד]**וכן נוהגין** - וכן פסק הלבוש, ואפ"כ לא יפה עושין המוכרין, שמצמצמין במדת אורכן, וקרוב הדבר להיות ברכה לבטלה, כי אף דמן התורה די בכל שהוא, מדרבנן בעינן שיהיה י"ב גודלין אחר הקשירה, מלבד מה שמונח על קרן הבגד, ויש להזהירם על כך - פמ"ג.

(**מוכח מזה שהפמ"ג סובר, דהשיעור י"ב גודלין לדעה זו הוא לעיכובא, ובביאור הגאון מהר"מ בנעט על המרדכי מסתפק בזה, ובחינוך משמע ג"כ קצת להקל בזה בדיעבד, וצ"ע לדינא**).

[טו]**(הגה: ושיעור הנזכר יהיה בציצית לאחר שנקשר, מלבד מה שמונח על קרן הבגד) (סברת ב"י)** - ואפילו זה החוט הארוך, אחר שיכרך ישאר י"ב גודלין.

ומשום הקשירה שעושין בגדיל מתקצר, ובעי אצבע יתירה דהיינו י"ג גודלין, מלבד מה שמונח על הבגד, ואפילו בדיעבד מעכב, והעולם מקילין בזה, וראוי למחות בידם - פמ"ג.

(**ובדיעבד** לכאורה אין להחמיר בזה, אם לאחר כריכת החוליא ראשונה וקשירתו היה בו כשיעור, דלא גרע זה משהיה נקטם אז לגמרי זה החוט, דכשר לכו"ע דהוא גרדומי הציצית, **ולפי"ז** מה שכתב הרמ"א: דשיעור זה צריך להיות אחר שנקשר, ור"ל כל הקשרים כדמשמע בב"י, הוא רק לכתחילה, **ומשמע** מסתימת דברי פמ"ג היפוך דברי, **ואפשר** דסברתו, דכל זמן שהוא עוסק עדיין במצוה לעשות שליש גדיל, אף דהוא רק לכתחילה, מיקרי עדיין שלא נגמרה המצוה, ולא נוכל להקרא עתה על הציצית שם גרדומין, וגרע זה משאם היה עושה רק חוליא אחת ואח"כ נקטע חוט אחד, **וצ"ע למעשה**).

(**ואם הוא בדרך, ואין לו ציצית אחרות כי אם קצרות מי"ב גודלין, יוכל לסמוך על דעת המחבר דמיקל בארבע גודלין, להטילם בבגד**

באר הגולה

ח **הרמב"ם בפ"ג וב"י בשם גאון מההיא דמנחות מ"ג** ‹"דלא הוה שדי לגלימיה מיניה כוליה יומא", ש"מ שמותר לעשות צרכיו בטלית מצוייצת, דאל"כ היה צריך לסלקו כשעושה צרכיו, ונמצא שהיה מברך עליו כמה פעמים ביום - ב"י› ט ‹מבואר מהרמ"א דהוא שלא יהא מצות בזויות עליו, עיין ברש"י שהביא סברא אחרת אמאי לא ליתן להכובס, ועכ"פ הגמ' כתב דאכן היה מוסר ליה לקצרא, וע"ז ציין העין משפט, ולא מצאתי מי שהעיר מהגמ' על דין זה› י ‹ע"פ הגר"א וז"ל: מטעם הנ"ל [ס"ג], שלא יהיו מצות בזויות עליו› יא **אגור בשם הגהות מרדכי** יב **מנחות מ"א. לפירוש הרא"ש והרמב"ם** ‹וכתב הרא"ש... משמע שכל הציצית גדיל וענף אינו אלא ארבע אצבעות, ורש"י פי' הענף לבד מן הגדיל ארבע אצבעות, אז הוי הציצית שש אצבעות, ור"ת פי' דמשולשלת אגדיל קאי, מלשון המשלשל דפנות שהוא לשון גידול וחיבור, וכן מוכח בספרי, דגדיל ארבע בעינן, והכי נהיגינן לעשות ציצית י"ב אצבעות, שליש גדיל ארבע אצבעות, ושני שלישי ענף שמנה אצבעות, עכ"ל - ב"י› יג **ר"ת וסמ"ג** יד **הרא"ש** טו ‹מה שחסר מן הסעיף נמצא בדף לט. ובדף מב.›

וללבשו, **ובפרט** לפי מש"כ הלבוש, דמן התורה אין שיעור לאורך הציצית, ממילא אין עובר על מצות עשה דציצית בכל גווני, **וכ"ש** להפוסקים דבמקום שאין נמצאים ציצית, אין עובר על עשה דציצית, **אך** לענין ברכה יש להחמיר, לפי מה דנוהגין כדעה שניה דצריך י"ב גודלין).

בתוך שלש

סימן יא ס"ט - [טז]יעשה נקב באורך הטלית, לא למעלה מג' אצבעות - ועיין בב"י שכתב, דג' אצבעות בצמצום מותר להרחיק, ולעשות אח"כ הנקב שם, **והרבה** פוסקים חולקים ע"ז, וס"ל דמכיון דהוי ג' אצבעות, תו "בגד" מיקרי, ולא "כנף", **וע"כ** יש לזהר לעשות שיתחיל הנקב תוך ג' אצבעות.

(כיינו גודלין) (כל בו ומיימוני והגהות סמ"ק) – (עיין בט"ז שכתב, במקום רוחב הגודל, ומ"מ כיון דיש ליזהר לעשות הנקב דוקא תוך אצבע הג', קודם השלמתו, ע"כ אם ירצה יכול למדוד הג' אצבעות באמה קמיצה וזרת הסמוכין זה לזה, כמ"ש בשם האר"י ז"ל, ולעשות אח"כ הנקב, ואידי ואידי חד שיעורא הוא, **וכעין** זה כתב ג"כ בשע"ת, אלא דהוא כתב דטעם האר"י ז"ל, אפשר משום דס"ל דמדידת הגודל הוא במקום הקצר, **ולצאת** ידי כל החששות, יותר טוב שיעשה הנקב תוך ג' אצבעות אלו, **וכן** מצאתי אח"כ בארה"ח) דמסיק, דלכתחלה יותר טוב למדוד הג' אצבעות, באמה קמיצה וזרת הסמוכין זה לזה, (**אמנם** אם שאל טלית מאחר לצאת בו ידי ציצית, ונקב הציצית הוא בתוך ג' גודלין, נראה דיכול לברך עליו, דלדינא קי"ל, דהמדידה הוא במקום הרחב).

מפני שאינו נקרא כנף - ומעכב אפילו דיעבד, דלא מיקרי "כנף הבגד", אלא "בגד", והתורה כתבה: על כנפי בגדיהם.

ואפילו אם לאחר שעשה בו ציצית, ואפילו רק חוליא אחת, חתך בנקב שיתלו הציצית למטה, אפ"ה פסול משום תעשה ולא מן העשוי.

טלית של צמר שהיתה מצוייצת כהלכתה, ונמצא בגדיל של משי שעושין בשפת הטלית חוטין של פשתן, והוצרכו לשלוף הגדיל מן הטלית, ראוי להחמיר להתיר הציצית ולחזור ולקשרם (דהוי תעשה ולא מן העשוי - בה"ט).

כתב המ"א, אם עשה הנקב למעלה מג', אע"פ שכשקשר הציצית עשה החוטין שעל הבגד קצרים, ונתקפלו הכנפות והוא למטה מג', פסול, דהרי עכ"פ יש בהכנף שיעור בגד.

כתב ב"י: אף די"א דיעשה ב' נקבים כמו ציר"י, ויטיל הציצית בתוכם ויוציא אותן לצד אחד, אין לחוש לזה, והבא להחמיר על עצמו בכיוצא בזה אינו מן המחמירין אלא מן המתמיהין, דמיחזי כיוהרא, **וב"ח** כתב, דבט"ק יעשה שתי נקבים, דבזה לא מיחזי כיוהרא, כיון שאין נראה לכל, **וכ"כ** בכוונות, שהאר"י ז"ל נהג כן, {**אמנם** בברכי יוסף כתב, שהעיד מהר"ש, שמהרח"ו אביו לא נהג כן}, **וכן** נתפשט המנהג במדינת פולין, אמנם במדינת הגר ובאשכנז אין נוהגין כן, ונהרא נהרא ופשטיה.

(וז"ל הפמ"ג: אין עושין רק נקב אחד, והעושה ב' נקבים, יעשה במישור לא באלכסון, ומודדין ג' אצבעות מנקב ראשון בבגד, לא מהשני של צד ימין וצד שמאל, **גם** ב' הנקבים יהיו באופן שהציצית יהיו תלויין לצדדי הבגד, א' לימין וא' לשמאל, לפניו ולאחריו, לא תלויין לצד הארץ).

---

§ מסכת מנחות דף מב. §

אות א'

אין לה שיעור למעלה, אבל יש לה שיעור למטה

סימן יא ס"ד - [א]ולמעלה אין להם שיעור, (הגה: ואם עשאו ארוך יותר מדאי, יכול לקצרו, ואין בזה משום תעשה ולא מן העשוי) (מרדכי בה"ק) – (אפילו אם הענף היה קודם הקציצה הרבה יותר משני שלישים מן הגדיל, אעפ"כ לא מיקרי זה "מן העשוי בפסול", כיון דאין זה לעיכובא בדיעבד). **ור"י** היה נוהג לעשותו ארוך יותר, כדי שאם יפסק קצת ג"כ ישאר בו כשיעור.

אות ב'

אלא אין לו שיעור למעלה, אבל יש לו שיעור למטה

סימן תרנ ס"ב - [ב]אין להם שיעור למעלה. [ג]ויש מי שאומר שאפילו הוסיף באורך ההדס והערבה כמה, צריך שיצא שדרו של לולב למעלה מהם טפח.

באר הגולה

טז מנחות מ"א | א שם בגמ' | ב הרי"ף ורמב"ם ורא"ש | ג הר"ן שם

התכלת פרק רביעי מנחות מב

עין משפט נר מצוה

לט א מיי' פ"א מהלכות ציצית הל' ו טוש"ע א"ח סי' יא סעיף ד:
מ ב ג מיי' פ"א מהל' ציצית הל' ט סמג עשין כו טוש"ע א"ח סימן יא סעיף ט:
מא ד מיי' פ"א מהלכות ציצית הלכה ח סמג עשין כו טוש"ע א"ח סי' יא סעיף ט:
מב ה מיי' שם הלכה ט טוש"ע א"ח סי' יא סעיף טו:
מג ו מיי' שם טוש"ע שם סעיף ט:
מד ז מיי' שם הל' יא טוש"ע שם סעיף יד:
מה ח מיי' שם הלכה יב טוש"ע שם סעיף יב:
מו ט מיי' שם פ"ג טוש"ע א"ח סימן יד סעיף א:
מז י מיי' פ"א מהלכות ציצית הל' יב סמג עשין כו טוש"ע א"ח סי' יד סעיף א:
מח כ מיי' פ"ב מהל' מילה הל' א סמג עשין כח טוש"ע יו"ד סימן רסד סעיף א:
מט ל מיי' פ"ג מהל' מילה הל' ז סמג שם טוש"ע יו"ד סימן רסה סעיף א:
נ מ מיי' פ"ה מהלכות סוכה הל' כה טוש"ע א"ח סימן תרלה:
נא נ מיי' פי"א מהל' ברכות הל' ט ופ"ו מהל' סוכה הל' יב טוש"ע א"ח סימן תרמא וסימן תרלט סעיף ח:

רבינו גרשום

אבל יש לה שיעור למטה. שפחות מד' אצבעות לא יעשה: וצריך לפרודה. הפתילין היוצאין מן הגדיל: כי צוציתא דארמאה. כקוצות שיער של בלורי' שדבוקה מלמעלה ופרודה מלמטה): הטיל על הקרן. לסוף הקרן שלא הרחיק שלשה אצבעות: או על הגדיל. על אותו חוט גם שבתחילת הבגד ואית דאמרי על הגדיל שהטיל הציצית בכנף לרוחב הבגד. שכשאורגין הבגד לרחבו אורגין אותו גדל משם: שתהא נוספת על הקרן. כלומר תהא מרוחקת מן הקרן ותהא יותר ארוך מן הקרן: מלא קשר גודל. היינו קשר השני של גודל דהיינו כאורך אצבע הגודל והיינו בתוך ג' אצבעות דקאמר רב פפא ואידי ואידי חד שיעורא: דלא לירחק טפי מן הקרן. וכמה דמקרב לגבי הקרן טפי מעלי: איצטריך. דר' יעקב דאמר צריך להרחיק מלא קשר גודל וכמה דרחיק טפי מעלי קמ"ל דרב פפא דבתוך שלש: דסתר. שהיה מסותר הכנף: ובצר ממלא הקשר גודל עד הציצית: בשעת עשייה איתמר. שצריך שירחיק כמלא [קשר] גודל. אבל אי הדר בצר ממלא קשר גודל לית לן בה: חד מיניהו. מבני א"י עדיף כתרי מינן דאוירא דא"י מחכים. משום ב) הוא רבינא: ועייף להו מיעף. דליתהו תמניא והדר מעייל להו בגלימא: ואביק להו מיבק. והיה עונבן סמוך לכנף: קסבר בעינן דליתהו תמניא [illegible] בגלימא עצמה כי היכי דבעינן תמניא במקום פתיל: ולא אביק להו. אלא היה כורך על גבי המיסר: כי דידן. ארבעה וכופלן: רופא קרי אומן שמל ומרפא: סוכה מסייעא ליה. לרב חסדא:

א) וכרש"י ז"ל כתוב לסיפך שדבוקות מלמטה ונראה דשניהם כוונו לדבר אחד דלמד הראש הוא דבוק וסוף השער הוא פרוד. ב) אולי צ"ל משום דרבינא מא"י הוה.

רש"י

אין לה שיעור למעלה. דכמה דבעי ליהוי ארוך: ויש לה שיעור למטה. דמשולשת ד' במינן אבל בציר מהכי לא יא] והדקתני משהו דבמשהו נמי מתכשרי יב] גרדומי: וצריך לפרודה כי צוציתא דארמאי. כבלורית של עובדי כוכבים דבוקות מלמטה ופרודות מלמעלה: על הקרן. על שפת חודה של קרן: גדיל. חוט עבה וחזק יג] בבגד תחילה כדי שלא יהא נוח ליקרע. לישנא אחרינא גדיל אלו הן חוטין יד] שבשפתי שני הצדדים וקורין אורל"ש: שתהא נוטפת על הקרן. שתהא תולה ומכה על הקרן כלומר טו] [א] כשיגביהנה למעלה מן השפה כדי שתהא תולה ונוגעת התלויה בקרן: שירחיק מלא קשר גודל. צריך שיגביהנה מן השפה מלא קשר גודל שיעור הציפורן עם טז] בשר עד פרק ראשון: ואיצטריך דרב פפא. דאמר לעיל ארבעה בתוך שלשה דמשמע שלא יגביהנה יותר מג' אצבעות: וכמה דקריב לשפה טפי מעלי. ואפילו בחודה של שפה ליתכשר: דסתר ובצר ממלא קשר גודל. דנסתר יז] [ב] ונרחב [הנקב] וירד [הגדיל] למטה עד יח] שעמד בציר ממלא קשר: אי נמי נסתר יט] הבגד מלמטה שקורין אנפיליי"ר עד שנפחת מן השפה עד הנקב ממלא קשר גודל: בשעת כ] עשייה [ג] [איתמר]. [הא] דרבי יעקב ואלא נמי בשעת כא] [ד] עשייה [הוה] מלא קשר גודל: איכסף. רב סמא: א"ל. כב] לרב סמא: חד מינייהו. מבני ארץ ישראל ורבינא מא"י הוה: ועייף כג] להו. כופל לה [ה] קודם שיתלם בציצית: ומעייל להו בגלימא. מכניס הכפל בנקב הטלית: ואביק להו מיבק. עונבן שחוזר ומכניס כד] [ו] שתים הראשים בתוך הכפל ותלויין בעניבה כה] בטלית דהכי דריש גדיל שנים כו] גדילים תרתי משמע שהן ד' חוטין כז] ואחר כך כופלן לשמנה: רמי ח'. חוטין כח] דכתיב גדילים לרבות עוד כט] שנים גדילים דהוו תמניא חוטין. כך ל] קבלה מרבינו יעקב הזקן לא] דמסכת יבמות: דאינהו שיתסר. לאחר שהכניסן בטלית כופלן והן שיתסר: כדידן. מכניס ד' חוטין ואחר כך כופלן לשמונה: רמי חוטין. היה מטיל ציצית לטליתו: ציצי. לב] ליגלג: אין צריכה ברכה. בשעת עשייה: מאי רומיא. מאי קושיא: כל מצוה שכשירה בעובד כוכבים בישראל אינו צריך ברכה. דאין יכול לומר אשר קדשנו דהא עובד כוכבים נמי כשר בה. מפי המורה: רופא. מוהל: ואל ימול כותי. לפי שמל לשם הר גריזים כדמפרש התם במסכת ע"ז (דף כז.): מידי הוא טעמא. דמקשי רב חסדא: אלא לרב רב מיפסל פסיל. מילה בעובד כוכבים הלכך איכא למימר דרב חסדא לא לג] קאמר אלא לרב: ואתה את בריתי תשמור. לד] לנימול כמותך אני מוסרו: המול ימול. קרי ביה המל ימול: סוכה מסייע ליה. לרב חסדא: סוכה מכל מקום. מפרש בפ"ק דמסכת סוכה:

ע"ז כו:
תוספתא ברכות פ"ו
סוכה ח:
פסחים ז: תוספתא ברכות פ"ו
גיטין מה: ע"ש

תורה אור / מסורת הש"ס

יחזקאל ח
במדבר טו
שם
בראשית יז
שם

גמרא

אין לה שיעור למעלה אבל יש לה שיעור למטה דאי לא תימא הכי כיוצא בו לולב אין לו שיעור הכי נמי דאין לו שיעור כלל והתנן *לולב שיש בו ג' טפחים כדי לנענע בו כשר אלא אין לו שיעור למעלה אבל יש לו שיעור למטה ה"נ אין לו שיעור למעלה אבל יש לו שיעור למטה ת"ר ציצית אין ציצית אלא ענף וכן הוא אומר א] °ויקחני בציצית ראשי ואמר אביי וצריך ב] לפרודה כי צוציתא דארמאי ת"ר הטיל על הקרן או ג] על הגדיל כשירה רבי אליעזר בן יעקב ד] (אומר) פוסל בשתיהן כמאן אזלא הא דאמר רב גידל אמר רב ציצית צריכה ה] שתהא נוטפת על הקרן שנאמר °על כנפי בגדיהם כמאן כרבי אליעזר בן יעקב אמר ר' יעקב אמר רבי יוחנן וצריך שירחיק מלא קשר גודל ואיצטריך דרב פפא ואיצטריך דר' יעקב דאי מדרב פפא הוה אמינא תוך ג' דלא לירחיק טפי וכמה דמקרב מעלי איצטריך דר' יעקב ואי מדרבי יעקב הוה אמינא מלא קשר גודל דלא ליקרב טפי וכמה דרחיק מעלי צריכא רבינא ורב סמא הוו יתבי קמיה דרב אשי חזייה רב סמא לקרניה דגלימיה דרבינא דסתר ובצר ממלא קשר גודל אמר ליה לא סבר לה מר להא דר' יעקב אמר ליה בשעת עשייה איתמר איכסיף אמר ליה רב אשי לא תתקיף לך *חד מינייהו כתרי מינן רב אחא בר יעקב רמי ארבע ועייף להו מיעף ומעייל להו בגלימא ואביק להו מיבק קסבר בעינן תמניא בגלימא כי היכי דליהוי גדיל גדילים במקום פתיל רב ירמיה מדפתי רמי תמניא דאינהו שיתסר ולא אביק להו *מר בריה דרבינא עביד כדידן רב נחמן אשכחיה לרב אדא בר אהבה רמי חוטי וקא מברך לעשות ציצית א"ל מאי ציצי ו] שמענא הכי אמר רב ציצית אין צריכה ברכה כי נח נפשיה דרב הונא על רב חסדא למירמא דרב אדרב ומי אמר רב ציצית אין צריך ברכה והא אמר רב יהודה אמר רב מנין לציצית בעובד כוכבים שהיא פסולה שנאמר °דבר אל בני ישראל ועשו להם ציצית בני ישראל יעשו ולא העובדי כוכבים יעשו והא מאי רומיא אמר רב יוסף קסבר רב חסדא כל מצוה שכשירה בעובד כוכבים בישראל אין צריך לברך כל מצוה שפסולה בעובד כוכבים בישראל צריך לברך וכללא הוא והרי מילה דכשירה בעובד כוכבים דתניא *עיר שאין בה רופא ישראל ויש בה רופא ארמאי ורופא כותי ימול ארמאי ז] ואל ימול כותי דברי רבי מאיר רבי יהודה אומר כותי ולא ארמאי ובישראל צריך לברך דאמר מר *המל אומר ברוך אשר קדשנו במצותיו וצונו על המילה מידי הוא טעמא אלא לרב רב ח] מיפסיל פסיל דאיתמר מנין למילה בעובד כוכבים שפסולה דרו בר פפא משמיה דרב אמר °ואתה את בריתי תשמור ר' יוחנן אמר ט] °המול ימול המל ימול סוכה מסייע ליה הוי תיובתיה הרי סוכה דכשירה בעובד כוכבים *דתניא סוכת עובדי כוכבים סוכת נשים סוכת בהמה סוכת כותיים סוכה מכל מקום כשירה ובלבד שתהא מסוככת כהילכתה ובישראל אין צריך לברך דתניא *העושה סוכה לעצמו אומר °ברוך אתה ה' אלהינו מלך העולם שהחיינו וקימנו והגיענו לזמן הזה י] בא לישב בה אומר ברוך אתה ה' אלהינו מלך העולם אשר קדשנו במצותיו וצונו לישב בסוכה ואילו לעשות סוכה לא מברך תפילין תיובתיה והרי תפילין דפסולות בעובד כוכבים דתני *רב חיננא בריה דרבא מפשרניא

תוספות

ואביק להו מיבק. נ"ל שלא היה מעביר דרך נקב האבק אלא שבעה חוטין לכל היותר והשמיני מניח וקושר בו דאל"כ היה יכול להעביר הציצית מן הטלית דרך האבק אחר עשייתן ולא משכחת כלאים בציצית: תמניא בגלימא. דריש גדילים ארבעה וכן מתכלת שבשעת נתינתן בטלית יהו שמונה ורבי ירמיה מדפתי סובר כן ואם כן הוו להו שיתסר דלית ליה אבק: מנין לציצית בעובד כוכבים שהיא פסולה. משמע הא אשה כשירה ולא אמר כל שאינו בלבישה אינו בעשייה דהא לא כתיב בגופה לבישה אלא בכלאים ומילתא אחריתי היא וגבי תפילין [ז] דרשי' כי האי גוונא: בישראל אינו צריך לברך. דמשמע טנו ולא לאחרים: ואל ימול כותי. לאחר שהמיר דתו דסתמייהו לשם הר גריזים אע"ג דגירי אמת הן ועובד כוכבים אע"ג דבפ' המביא תניין (גיטין דף כג.) [ח] קא אמר גבי גט עובד כוכבים אדעתא דנפשיה עביד שאני התם דסתם אשה לאו לגירושין קיימא אבל סתם מילה לשמה קיימא והכי משני גבי זבחים (דף ב:) ומתוך כך ניחא בסמוך דמכשר ציצית בעובד כוכבים מדכתיב ועשו להם דמשמע אחרים יעשו להם ובתר הכי מכשר רב סוייה שלא לשמה ומייתי תנאי מתפילין משמע דבציצית נמי בעי לשמה אע"ג דעובד כוכבים כשר ותימה כיון דסתמא לשמו קאי אמאי אילטריך לרבות עובד כוכבים וי"ל כי היכי דלא נימעטי מבני ישראל ותימה וגבי ספרים ותפילין ומזוזות למה לי למעוטי עובד כוכבים מוקשרתם וכתבתם תיפוק לי דסתמא לאו לשמו קאי דבפרק הניזקין (גיטין דף נד:) פסל אזכרות שלא כתב לשמן דאמרינן התם ס"ת שכתבתי אזכרות שבה לא כתבתי לשמן משמע אלא סתמן כתבן דאיבעי למימר שכתבתי שלא לשמן וי"ל [ס] דאילטריך משום עבד ואשה לדוקי ומסור ומומר אע"ג דתני עובד כוכבים הכי נמי תני כותי אע"ג דסתמיה לשם הר גריזים ולא אילטריך ליה קרא אי נמי לא דק ובעי למימר שלא לשמן דפ' כל הגט (שם דף כד.) תנן כל הגט שנכתב שלא לשם אשה פסול ואע"ג דסתמא נמי פסול אלמא לא דייק אי נמי נראה דאזכרות לבד בעינן כולי האי ואילטריך למעוטי אי כתב בלא אזכרה:

ואינו

שיטה מקובצת

א] אומר. וישלח תבנית יד ויקחני בציצית ראשי אמר אות ו' נמחק: ב] לפורדה: ג] על הגדיל. פי' רש"י ב' לשונות ונראה דצריך להקפיד על החוטין שבסוף הטלית מכאן ומכאן שאין בהם ערב כמו בשאר טלית [שלא יהא תוך] ג' אצבעות שצריך להרחיק מחודו של כנף וכן מסקנא דשמעתין שלא ירחיק יותר מג' אצבעות ולא יפחות להרחיק ממלא קשר גודל [לפיכך טוב] שלא ירחיק מן הכנף יותר מדאי: ד] תיבת אומר נמחק: ה] שתהא נוטפת על הקרן. שיהא תולה ומכה על הקרן ולפיכך לא יקשור הציצית למטה ממש שאם כן לא יהא [נוטפת על הקרן] אלא קושר בצד העליון ויהא נוטפת על הקרן וצריך להרחיק כשיעור המפורש משני צידי הכנף: ו] ציצי. דקא שמענא: ז] ואל ימול כותי דברי ר' מאיר. ואע"ג דסבר ר"מ דכותים גירי אמת הן צריך לומר דלאחר מכאן נתקלקלו: הלכה דאין צריך לברך לא לעשות סוכה ולא לעשות ציצית מיהו העושה סוכה מברך שהחיינו וטנה"ג העולם לסודרו על הכוס: ח] רב. מיפסל: ט] המול ימול. סוכה: י] הזה. נכנס לישב: יא] לא. והא דקתני: יב] מתכשרי. בגרדומי': יג] וחזק. שאורגין בבגד: יד] חוטין. שבשפתי: טו] [illegible] טז] עם. הבשר: יז] ונרחב. הנקב וירד למטה: יח] עד. שנקרעת:

מן הנקב עד השפה ממלא קשר גודל תיבות שעמד בציר נמחק*): יט] נסתר. ארוגת הבגד: כ] עשייה. ונרדחתי: כא] עשיית. איתמר דר': כב] א"ל. רב אשי לרב: כג] להו. היה כופל לשמנה קודם שיתלם בכנף ומעייל: כד] ומכניס. שני הראשין: כה] בטלית. אביק לשון נקב שמכניסים בנקב של כפל כדאמרינן בהקומץ רבה [דף כו ע"א] הכי ציר אבקתא: כו] שנים. עינוא תמניא בנקב הטלית דהכי דריש גדילים ב' גדילים שמנה. מרש"י של מהר"ש: כז] תיבות ואח"כ כופלן לשמנה נמחק: כח] ותכת גדילים [illegible] נמחק: כט] עוד. שני ואת"כ ד': ל] כך קבלתי: לא] במסכת [illegible]: לב] ציצי. לשון: לג] חסדא לא. מצי לאקשויי תיבות אלא נמחק: לד] להמול כמוהו:

*) נראה דהא"ז שכתב רש"י שייך אחר תיבת קשר גודל.

הגהות ציון [א] [illegible]

אות ג'

וצריך לפרודה כי צוציתא דארמאי

סימן ח ס"ז - [ד]צריך להפריד חוטי הציצית זה מזה - כל חוט בפני עצמו, שלא יהיו מסובכין אחד בחבירו, **כתב** האר"י, ציצת ר"ת: צדיק יפריד ציצותיו תמיד.

ואם נשתהא לבוא לבהכ"נ, ועי"ז יתבטל מלהתפלל בציבור, כתב המ"א דאין צריך לדקדק בזה, (**וטעם הוא**, דהיום אין זה רק זכר לזמן התכלת, שהיה צריך אז מדינא להפריד התכלת מן הלבן, **ועיין** ביאור הגר"א שמשיג ע"ז, ודעתו דגם היום צריך מן הדין להפריד כל חוט זה מזה, **וא"כ** לדבריו אפשר דאם חוטי הציצית מסובכין אחד בחבירו, אין לברך עליהן, או אפשר דלא גרע מגרדומי ציצית, וצ"ע, **עכ"פ** לכתחילה בודאי החיוב להפרידן אם הם מסובכין קודם שיברך עליהן).

אות ג'* [ה]

הטיל על הקרן או על הגדיל... רבי אליעזר בן יעקב (אומר) פוסל בשתיהן

סימן יא סי"א - [ו]אם הגדיל, שקורין אורילייזא - היינו מה שמניחין קצת חוטי שתי בלא ערב, ובסוף אורגים, ויש שכתבו שזהו מה שאנו קורין אותו בלשונינו קרייקע"ס, **הוא רחב** - שהוא יותר ממלא קשר גודל, דאל"כ בלא"ה פסול.

ואין חילוק בין אם הגדיל הוא באורך הבגד, או ברחבו.

לא יטיל בו הציצית, [ז]ואם הטיל בו, פסול, ד"על כנפי בגדיהם" כתיב, וזה אינו נחשב מהבגד; אבל עולה הוא לשיעור מלא קשר גודל ולהרחקת שלשה אצבעות, כיון שהנקב בתוך הבגד - והיינו שלא ירחיק הנקב משפת הגדיל והלאה יותר מג' אצבעות.

(**וטליתים שיש בשפת הבגד ארוג כעין תכלת, וחוטים כפולים, [ח]אין זה שפה אלא בגד ממש הוא**).

הגה: וטוב שימדוד שיעור קשר גודל בלא הגדיל, ויהיה תוך ג' אצבעות עם הגדיל [ט](ב"י בשם רש"י ורשב"א) - ואם הגדיל רוחב ב' אצבעות או ג', יחתוך מקצתו, **וה"ה** אם חוטי השתי בולטין בלא ערב, או ערב בלא שתי, יש ספק אם עולין למנין, וע"כ יחתוך אותם במקום הכנפות, **וע"כ** שפת הטלית שלנו שקורין שלא"ק, שאין בו חוטין ארוגין משתי וערב, יחתוך אותם קודם הטלת הציצית במקום הכנפות.

(**כתב** בארה"ח בשם הברכ"י ושארי אחרונים, דטליתים שלנו שיש להם גוון מאב"י בשפה, מודדין מן הכנף ג' אצבעות, ובכלל זה הגוון מאב"י).

אות ד'

ציצית צריכה שתהא נוטפת על הקרן

סימן יא סט"ו - [י]א שצריך לדקדק שיתלה הציציות לאורך הטלית - היינו בין בשעת התליה, או אח"כ, אם נשמטו לצד מטה יחזירם, (**עיין** במ"א שמפרש, דאורך הטלית נקרא מה שמתעטף בו האדם, ורוחב היינו קומתו מראשו לרגליו).

דבעינן שתהא נוטפת על הקרן, (פי' תלוי על הקרן), ואם היה ברחבו לא היה נוטף, שהרי כלפי קרקע היה תלוי.

(**והקשו האחרונים** ע"ז, הלא בציצית העליונים אם יעשה אותם לאורך הטלית, לא יהיו נוטפות על הקרן, שיהיו תלויים כלפי קרקע, ותירצו ע"ז, **ומ"מ** למעשה הסכימו, שיותר טוב שב' העליונים יעשו ברוחב הטלית ולא בארכו). (**וז"ל החזו"א**: ואינו כן אצלנו, שהטליתות ארוכות ומתקפלות באופן שנוטפות על הקרן כשתלוין באורך).

וכ"ז לכתחילה, אבל בדיעבד אין קפידא בזה, **אך** עכ"פ יזהר מאוד שלא יהיו הציצית תלויים באלכסון על קרן זויות, מפני שהוא מנהג הקראי"ם שעושין כן, **ואם** תלויים, מצוה להחזירם למקומן.

[יא]י"א שאין לתת שום בגד בנקבי הטלית שמכניסים בה הציציות – (מה שכתוב בשו"ע: בנקבי הטלית, אין הכונה דוקא בתוך הנקב, אלא טלאי המונחת תחת הכנף סביב ג"כ בכלל זה).

דבעינן שיהיו הציצית מונח על הכנף, ולא על דבר שהוא מונח על הכנף.

באר הגולה

[ד] **מנחות מ"ב** ‹כפרש"י וכ"כ כל הפוסקים, {דקאי על הלבן, להפריד החוטין זה מזה}, דלא כבעל העיטור {דמפרש דקאי על התכלת להפריד מן הלבן, ועכשיו יפריד לעשות זכר לתכלת}, ולפי"ז א"צ להפריד כל חוטי הציצית, {רק חוט אחד זכר לתכלת}. בטוש"ע אמר זה מזה, {משמע דקאי על כל החוטין כפרש"י}, וכן משמע בגמ', דקאמר אין ציצית אלא ענף כו', כי צוציתא דארמאי, {משמע דאביי קאי לפרש לשון ציצית, והלא ציצית קאי על הלבן, מדכתיב ונתנו על ציצית הכנף פתיל תכלת – דמשק אליעזר} - גר"א›

[ה] ‹ע"פ הב"י וז"ל: שאם הטיל הציצית על הגדיל שהוא השפה שבסוף רוחב הבגד לשני צדדיו, אוריליו"ש בלע"ז, פסולה, מפני שאינו מעיקר הבגד, וזהו לשון שני של פירוש רש"י›

[ו] **נ"י וכ"כ בעטור**

[ז] ‹כראב"י, דרב ס"ל כוותיה, וזהו שכתב דעל כנפי כו', ממימרא דרב, וכן ר' יוחנן - גר"א›

[ח] ‹לכאורה משמע דאינו חושש כלל לפי' ראשון של רש"י, ובמ"ב הביא דיש שכתבו דהיינו קרייקע"ס, וזהו לכאורה פי' ראשון של רש"י {כ"כ המפרשים}, וצ"ע›

[ט] ‹בגמרא (ב"ק קי"ט:) אמר רב יהודה הכל עולין למנין תכלת ויצחק ברי קפיד עלייהו, ופי' רש"י והרשב"א דהכובס נוטל שלשה חוטין, שדרך האורגים שאורגים בסוף הבגד שנים ושלשה חוטים רחוק מן האריגה, ועושים זה כדי להציל הבגד שלא תסתר אריגתו בראש הבגד על ידי הכביסה, ואותם החוטים אם נשמטים משם בשעת הכביסה, הכובס נוטלן, והכל עולין למנין תכלת, פי' שצריך להרחיק מן הכנף כמלא קשר גודל, ואותו אריג שבאותו הבגד עולה לשיעור קשר גודל, ולהרחקת שלש אצבעות, ויצחק בנו של רב יהודה היה מסופק בדבר, שהיה מקפיד בו, ומן הספק היה נוטלו מן הבגד, דשמא עולים ושמא אין עולים - ב"י›

[י] **כל בו אורחות חיים והרוקח** ‹לכאורה הם סוברים דגם זה נכלל ב"שתהא נוטפת על הקרן", אבל מוכרחים ללמוד גם כרש"י, דזהו מש"כ הגמ', כמאן כראב"ע›

[יא] **אגור ואורחות חיים הביאו לב' הדעות**

(עיין בא"ח שמפרש הטעם, משום דבעינן "מין כנף", וכן העתיק הגר"א הטעם, **נראה** שאין רוצה לאמר הטעם משום "על דמעל", כדי שלא נקשה, דהטלאי גופא כיון שתפור הוא גופיה הוי כנף, ע"כ אומר הלא בעינן שהציצית יהיו ממין הכנף, **א"כ** לפי"ז אם זה הוא ממין הכנף, או שהציצית הוא מצמר ופשתים דפוטרין בכל גווני, מותר).

ויש מתירין, וכן נהגו - כי אין עושין כן אלא לחזק הבגד שלא יקרע, ובטל הוא לגבי בגד, ואפילו של עור מותר, וכן הסכימו הפוסקים.

אות ה'

וצריך שירחיק מלא קשר גודל

סימן יא ס"ט - [יב]**"ולא למטה מכשיעור שיש מקשר גודל עד הציפורן** - (היינו סוף ציפורן - פמ"ג, מקום השוה לבשר, [פמ"ג], ופשוט דזה השיעור גם כן משערינן באדם בינוני, [נלמד ממנחות מ"ב ע"א אצטריך דרב פפא וכו', ורב פפא הלא מיירי בבינוני כנ"ל].

משום שנאמר: על הכנף, ואם היו למטה ממלא קשר גודל, היה תחת הכנף - ומעכב אף בדיעבד, **ונ"ל** שמקום הנקב יהיה ג"כ למעלה משיעור זה, (**אף** מלשון הרוקח משמע לכאורה, שהוא סובר דאם הציצית היו בהשלמת קשר אגודל בצימצום, אף שאינם למעלה ממנו, כשר, דנקב הציצית יכול להיות בתוך השיעור, אך שלא יהיה למטה מהשיעור, **אך** לכתחלה בודאי יש ליזהר בזה, שיהיו מונחין החוטין למעלה מהשיעור, דשיעור קשר אגודל הוא דאורייתא ולעיכובא, **אך** לענין דיעבד צ"ע בזה), דאולי זה ג"כ מעכב אף בדיעבד.

ואם עשה הנקב למעלה מקשר אגודל, וע"י הקשירה נתקפל הבגד עד שהוא פחות מקשר אגודל, כשר, כיון שיש עכ"פ השיעור בהכנף.

ואם כשתלאן היה תוך קשר אגודל, וחתך למעלה בבגד, והעלה הציצית למעלה מקשר אגודל, ותפר למטה, או תלה מטלית על הכנף, הוי תעשה ולא מן העשוי.

הגה: ומודדין זה ביושר, ולא באלכסון מן הקרן (ב"י) - שע"י האלכסון מתמעט המדידה לערך ב' חומשין, אלא משפת הבגד מודדים ביושר הג' אצבעות, וכן השיעור דקשר גודל, בין באורך ובין ברוחב.

אות ו'

בשעת עשייה איתמר

סימן יא ס"י - [יג]**"אם היו רחוק מהכנף מלא קשר גודל, ונתקו מחוטי הערב עד שלא נשאר בו כשיעור, כשר** - (עיין ברמב"ם שמבואר, דאפילו לא נשאר רק כל שהוא כשר).

וה"ה אם נקרע בהנקב, עד שעי"ז לא נשאר בו כשיעור, ואפילו נעשה זה תיכף אחר חוליא הראשונה עם הקשר, **וה"ה** אם נתמעט הבגד ברחבו.

כיון שהיה בו כשיעור בשעה שהטיל בו ציצית זה - וקרא כתיב: ועשו להם ציצית על כנפי בגדיהם, לא הקפידה תורה אלא שבשעת עשיה יהיו על הכנף, ולא אח"כ, **והיינו** דוקא אותן הציצית שנתלו בהכשר, אבל אם רוצה להטיל בו ציצית אחרות, דהוי עשייה חדשה, פסול עד שיתפור מתחלה.

הגה: ונוהגין לעשות אימרא סביב הנקב, שלא ינתק שם ויהיה פחות מכשיעור, וכן עושין אימרא בשפת הבגד למטה, מהאי טעמא (ב"י בשם סמ"ק וכל בו) - אף דבדיעבד כשר, מ"מ טוב לעשות כן, כדי שלא יבואו הרואים לומר שהוא פסול, דכו"ע לאו דינא גמירי.

[יד]**"יש אומרים שבתוך רוחב הבגד אין לו שיעור** - היינו למטה, דיכול לעשות אפילו פחות מקשר אגודל, אבל למעלה מג' אצבעות פסול, **וטעמם**, דס"ל דעיקר שם כנף שייך על שפה התחתון של אורך הבגד, לא על רוחב הבגד.

רוחב הבגד קרוי, מה שמלובש בו האדם קומתו מראשו לרגליו, ואורך הבגד קרוי, מה שמתעטף בו, דדרך העיטוף הוא בהאורך.

וי"א [טו]**"שדין רוחב הבגד כדין האורך, ונראין דבריהם.**

אות ז'

רמי ארבע ועייף להו מיעף כו'

סימן יא סי"ב - [טז]**"מנין חוטי הציציות בכל כנף, ארבעה כפולים שהם שמונה** - דאמרינן בגמרא: גדיל שנים, גדילים ד', פי' אי הוה כתיב "גדיל", הוה משמע שתים, דאין גדיל בפחות

באר הגולה

יב **שם מ"ב** **יג** **שם** **יד** **טור ממשמעות הגמ' שם** (ונראה לי שטעמו של רבינו, לפי שהוא סובר דהא דתניא בפרק התכלת (מב) הטיל על הקרן או על הגדיל רבי אליעזר בן יעקב פוסל, קרן קרי לסוף אורך הבגד, ותני דאם הטיל הציצית בסוף הבגד למטה ממלא קשר גודל, פסולה, דבעינן על הכנף וליכא, והדר תני שאם הטיל הציצית על הגדיל, שהוא השפה שבסוף רוחב הבגד לשני צדדיו אוריליו"ש בלע"ז, פסולה, מפני שאינו מעיקר הבגד, וזהו לשון שני של פי' רש"י, ומשמע לרבינו דלא מיפסל בקרוב לשפת הבגד ברחבו, אלא במטיל הציצית בגדיל עצמו, אבל במטיל בבגד עצמו, אע"פ שלא הרחיקו משפת רוחב הבגד כלל, כשר - ב"י) **טו** **מהרי"א בשם סמ"ג ונ"י ובעל העיטור ור' יונה** (נראה מדבריו שהוא מפרש כלישנא קמא דרש"י, דעל הגדיל דקתני, קאי נמי אאורך הבגד, כלומר שאם הגדיל שבסוף אורך הבגד היה רחב והטיל בו ציצית, אע"פ שהוא מרוחק יותר מכדי מלא קשר גודל, פסול, מפני שהוא נתון בגדיל שאינו נחשב מהבגד, ולפי"ז אין מכאן ראיה לומר דבתוך רוחב הבגד אין לו שיעור, דכיון דקתני הטיל על הגדיל בהדי הטיל על הקרן, אלמא כי הדדי נינהו, וכי היכי דהטיל על הגדיל מיפסיל גם ברוחב, דכיון דטעמא דפיסולא דגדיל מפני שאינו נחשב מן הבגד, מה לי אורך מה לי רוחב, הכי נמי הטיל על הקרן, בין באורך בין ברוחב פסול, דכל שאינו מרוחק מלא קשר גודל בין באורך בין ברוחב, קרן מיקרי ולא כנף - ב"י) **טז** **מנחות מ"ב כרב אחא בר יעקב, רמב"ם נ"י** (אינו מובן כ"כ אמאי הביא העין משפט והבאר הגולה מרב אחא בר יעקב אי אנן פסקינן כמר בריה דרבינא, **אבל** עיין לשון תוס' בריש פרק התכלת (ד"ה התכלת) הובא בב"י וז"ל: ומה שאנו כופלים הד' לח', סמכינן אהא דאמרינן לקמן (דף מב) רב אחא בר יעקב רמי ד' ועייף להו מיעף ומעייל להו בגלימא ואביק להו כו' עד מר בריה דרבנא עביד כי דידן, ע"כ. **אלמא** דמביא מה דמבואר מכולהו, דכופלין אותו)

משתים, השתא דכתיב "גדילים", ד' משמע, **ובזמן** שהיה תכלת, היו עושין ב' מתכלת וב' מלבן, והאידנא הוי לבן במקום תכלת, ועושין ד' ארוכים משל לבן, **ואחר** שיכניסם בבגד ויכפלם, הם שמנה, מדכתיב "פתיל", כעין פתילה שהוא כפול.

ואם הוסיף, פסול - משום דקעבר בבל תוסיף, **והגר"א** הסכים להלכה לשיטת העיטור, שסובר דאין בזה משום בל תוסיף, **וכי** פסלינן בגמ' (סנהדרין פ"ח:) בזה, דוקא בשהוסיף מין אחר להחוטים, כגון חוטי קנבוס או צמר גפן, אבל באותו המין מכשרינן אפילו לכתחלה להוסיף כמה שרוצה, **ועיין** בארה"ח שהביא עוד כמה גדולי הראשונים שסוברין כן, ולכן מסיק, דאם עשאם כבר וא"א לתקנם, יכול לילך בהם, אבל מיד שיוכל לתקנם צריך לתקנם, **ובגורע** מהחוטין, לכו"ע פסול, כדאיתא בב"י.

(עיין בפמ"ג שמסתפק, אם קצץ היתירות רק עד הגדיל, ובגדיל נשארו, מהו, דאם היה מוציא היתירות גם מן הגדיל, פשיטא דכשר).

יחתוך ראשי החוטין הארבעה ויתחבם בכנף ויכפלם, ואז יהיו ח' - ר"ל לכתחלה יחתוך קודם שיתחבם בכנף. **ויש** לחתכם בשיניו ולא בסכין.

אות ח'

ציצית אין צריכה ברכה

סימן יט ס"א - [יז]"ציצית חובת גברא הוא, ולא חובת מנא, שכל זמן שאינו לובש הטלית פטור מציצית - אע"ג דכתיב: ועשו להם ציצית על כנפי בגדיהם, מ"מ מדכתיב קרא אחרינא: גדילים תעשה לך על ארבע כנפות כסותך אשר תכסה בה, משמע דוקא כשמתכסה בה. **ולפיכך אינו מברך על עשיית הציצית** - ר"ל בעת הטלתן בהבגד, אלא אח"כ כשמתעטף בו מברך "להתעטף", **שאין מצוה אלא בלבישתו.**

וה"ה במזוזה, דקי"ל חובת הדר היא, אין לברך על המזוזה רק כשהוא נכנס לדור בהבית תיכף ומיד, דאז הוא ממש דומיא דעטיפה, או כשכבר דר בה.

ואם נפסקו אחר שלובשו, צריך לפשטו ולעשות בו ציצית, ולברך כשחוזר ולובשו, אף שלובשו תיכף.

אות ט'

לציצית בעובד כוכבים שהיא פסולה

סימן יד ס"א - [יח]"ציצית שעשאן א"י - פי' שהטילן בבגד, **פסול, דכתיב: דבר אל בני ישראל, לאפוקי א"י** - ופסול אפילו בישראל עומד על גבו ומלמדהו לעשות לשמה, **דאילו** אם טוואן א"י או שזרן, באופן זה כשר להרא"ש. **ודוקא** אם תחבו בכנף, או עשה החוליא או הקשר ראשון, אבל אם החוליא והקשר ראשון עשה ישראל, והא"י גמר שאר החוליות והקשרים, דאינן רק למצוה בעלמא, כשר.

[יט]**והאשה כשרה לעשותן. הגה: ויש מחמירים להצריך אנשים שיעשו אותן** - ואפילו עומד על גבן לא מהני, משום דהא דכתיב: בני ישראל ועשו, משמע גם למעט בנות ישראל, **ודוקא** התליה בהבגד, אבל הטויה והשזירה מותר ע"י נשים.

וטוב לעשות כן לכתחלה (מרדכי ה"ק והגהות מיימון מהלכות ציצית ותוס' דף מ"ב) - אבל בדיעבד מותר, ואפילו בלא עומד ע"ג נאמנת לומר שהטילה לשם ציצית.

וכן ראוי ונכון שלא לעשות לכתחלה הטלת הציצית בבגד של גדול, ע"י קטן פחות מי"ג שנים, (משום דר"ת, דכל שאינו בלבישה אינו בעשייה, ונ"מ גם ליתר המצות, לולב וסוכה), **אבל** אם הוא בן י"ג שנים ויום אחד, אף שלא הביא ב' שערות, אפילו לכתחלה אין להחמיר, **והארה"ח** מיקל אפילו לכתחלה ע"י קטן, **וכ"ז** דוקא בגדול עומד על גבו המלמדהו לעשות לשמה, אבל בלא"ה, אפילו אם כבר הטילם הקטן בבגד, צריך להתירם ולחזור וליתנם, (ותמיה לי על ארה"ח, הלא אפילו אם לא נחוש כלל להא דר"ת, הלא מחמת לשמה יש להחמיר לכתחלה אם אפשר, דהלא נפסק בס"ב, דהתלייה צריך להיות בכוונה לשמה, ולקמן בסימן ת"ס נפסק, דלישת המצה של מצוה הצריך לשמה, אין לשין לכתחלה ע"י חש"ו, אפילו בעומד ע"ג).

(ופשוט דהקטן לעצמו מותר להטיל ציצית לכו"ע, אם רק הגיע לחינוך שהוא מחוייב מדרבנן במצות ציצית, ומיקרי בר לבישה להוציא את עצמו בציציותיו, **ויותר** נ"ל, דאפי' אם כבר נעשה גדול בן י"ג שנה, א"צ להתיר ציציותיו, דהרי כדיעבד דמיא, ובדיעבד אין לחוש להא דר"ת, וכ"ז אם יודע בעצמו שהטילם אז לשמה).

אות י'

כותי ולא ארמאי

יו"ד סי' רסד ס"א - אבל גוי, אפי' הוא מהול, לא ימול כלל - (דכתיב: המל ימול, שפירשו ומשמעו, מי שהוא מהול בעצמו הוא ימול אחרים, לאפוקי גוי שאינו מהול, ואפי' אם הוא מהול שלא לשם גרות, כאילו לא מהול דמי, שאין מילתו מילה, כיון שלא לשם מצות מילה מל, אבל הנך שאמרנו כולם כמהולין חשיבה. **אשה** כמהולא דמיא, דישראלית היא ולא גרעה משום דאין לה מילה. **וערל** ישראל שמתו אחיו מחמת מילה, נמי כיון שהתורה פטרתו כמהול חשוב. ועבד הרי מהול הוא. **מכל** מקום ישראל הנימול הוא מצוה מן המובחר. **וקטן** עדיף מעבד ואשה, שהרי עתיד לבא לכלל מצות כולן - לבוש).

(**עיין** בשער המלך בהגדת טעם המלך, שכתב בפשיטות, דלדעת הרמב"ם דבני קטורה אף בזה"ז חייבין במילה, כשרים הם למול, דהא המול ימול כתיב, מאן דמל ימול, והא מל, וגם הוא בכלל את בריתי תשמור,

באר הגולה

[יז] מנחות מ"ב, וכתבו הרי"ף והרמב"ם שם והרא"ש [יח] מנחות מ"ב [יט] התוס' והרא"ש שם

ע"ש, **אכן** בתשובת שאגת אריה כתב להיפך, דאף לדעת הרמב"ם אינם בכלל המל ימול, ולא בכלל בריתי תשמור - פת"ש).

[כ] **ואם מל אין צריך לחזור ולמול פעם שנית** – [דלא מצינו בתורה מילה לשמה – ט"ז]. ‹**ותמוה** הוא, דזהו דעת מי שמכשיר בגמ' שם מילת עכו"ם, אבל אנן הא קיי"ל דפסול מדרשא דקראי – ערוה"ש›.

הגה: וי"א דחייבים לחזור ולהטיף ממנו דם ברית. וכן עיקר - ובבית יוסף כתב, שגם הסברא הראשונה מודה לזה, ע"ש, ‹ומש"כ שא"צ מילה פעם שנית, היינו שא"צ לחזור ולחתוך› - ש"ך. ‹**ומאד** תמוה, דמה שייך א"צ למול פעם שנית, מה ימול הלא כבר נחתכה ערלתו, ובע"כ כוונתו שא"צ הטפת דם ברית - ערוה"ש›.

(**עיין** בתשובת שאגת אריה, שהאריך להוכיח כדעת הפוסקים דאין צריך לחזור ולהטיף דם ברית, ע"ש - פת"ש).

אות כ'

ברוך אשר קדשנו במצותיו וצונו על המילה

יו"ד סימן רסה ס"א - המל, מברך: אשר קדשנו במצותיו וצונו על המילה - (כתב בספר חמודי דניאל כ"י, נראה שהמל כשמברך צריך לכוין להוציא את הפורע, והפורע צריך לכוין לצאת בברכתו, ע"כ - פת"ש).

‹**וראיתי** המוהלים שמברכים בעת החיתוך, והחכ"א התרעם על זה, ואני אומר שאין כאן תרעומות, ואדרבא שפיר עבדי, חדא, כיון שמסיימים הברכה בגמר החיתוך, הרי זהו עובר לעשייתן, כמו בברכת המוציא שגומרין אותה בגמר חיתוך הפת, כדאמרינן בברכות, צריך שתכלה ברכה עם הפת, **ואע"ג** דפסקינן בשם מברך ואח"כ בוצע, כבר כתבו התוס' שם דהיינו שלא יפריד הפרוסה מן הפת, אבל לא שיברך קודם החיתוך, והכי קי"ל באו"ח ריש סי' קס"ז ע"ש. **אך** לבד מזה, הא גמר המצוה הוא הפריעה, וא"כ אף אם יחתוך קודם הברכה עדיין הוא עובר לעשייתן, ונראה שהמנהג שנהגו המוהלים שלנו כיוונו לאמיתה של תורה, וכך ראוי לעשות - ערוה"ש›.

אות ל'

סוכת עובדי כוכבים, סוכת נשים, סוכת בהמה, סוכת כותיים, סוכה מכל מקום, כשירה; ובלבד שתהא מסוככת כהילכתא

סימן תרלה ס"א - [כא] **סוכה, אע"פ שלא נעשית לשם מצוה, כשרה; והוא שתהיה עשויה לצל** - דאע"ג דסוכה לשם חג לא בעינן, לשם סוכה בעינן, כדכתיב: חג הסוכות תעשה, כלומר תעשה לשם סוכה, להגין תחת צילה, דבשביל צל הוא דמקריא סוכה, שסוככת מן החורב, **ולאפוקי** אם עושה אותה לצניעות בעלמא, להשתמש שם לפעמים שלא יראו אותו, או לדור בה כל השנה, או לאוצר, דזה אינה בכלל סוכה, **ומנין** אנו יודעין בכל הני דקחשיב לקמן שעשיית הסכך לצל היתה, להגין משרב ושמש, ולא לצניעות בעלמא, **אם** אנו רואין שמסוככת יפה, שאין עושין כן בשביל צניעות, מוכחא מלתא שעשייתה הראשונה לצל היתה.

(**משמע מרש"י**, דאם דר בה רק בימות החמה דכשרה, דדוקא כשדר בה כל השנה, הוא דנקרא לשם דירה. **ודע עוד**, דבעשויה לדירה ולאוצר או לצניעותא, אין מועיל בה חידוש כל שהוא להכשיר ע"י כל הסוכה).

כגון סוכת גוים, נשים, בהמה, כותיים – (לאו אדסמיך ליה קאי, שתהא עשויה לצל כגון וכו', ולומר דזו ודאי נעשית לצל, דליתא, אלא אעיקרא דדינא קאי, שכתב דאע"פ שאין הסוכה עשויה לשם מצוה כשירה, בתנאי שתהא עשויה לצל, וקאמר ע"ז כגון סוכת גנב"ך ורקב"ש וכו', דאע"פ שלא נעשו לשם מצות סוכה, כשירות בתנאי הנזכר).

בגמרא ‹סוכה ח:› אמרינן, דבארבעה ראשונים איכא ריעותא מחמת שאינם בני חיוב.

(**ואם** מוטל שם אשפה המסריח, וכ"ש אם עשוי לפעמים לפנות שם לאדם, אין להכשיר אותו המקום לסוכה).

רועים - שעשו סוכה בשדה לישב בתוכה מפני השרב, ושומרים צאנם, **קייצים** - שומרי קציעות השטוח בשדה לייבש, **בורגנין** - שומרי העיר, **שומרי שדות** - וכולן רקב"ש ישראלים הם, אכן סוכתן לא לשם חג נעשית, **וריעותא** הוא משום דלא קביעי, [דפעמים רועים כאן ופעמים כאן כשאכלו המרעה, וכן קייצים כשייבשו הולכין להן וסותרים סוכתן], ואפ"ה סוכתן כשרה.

ואפילו אם היו שתי ריעותות, כגון שהיו רועים נכרים, ג"כ סוכתן כשרה.

אות מ'

ברוך אתה ה' אלהינו מלך העולם שהחיינו וקימנו והגיענו לזמן הזה; בא לישב בה, אומר: ברוך אתה ה' אלהינו מלך העולם אשר קדשנו במצותיו וצונו לישב בסוכה

סימן תרמא ס"א - [כב] **העושה סוכה, בין לעצמו בין לאחר, אינו מברך על עשייתה** - שאין עשייתה גמר מצוה, שהרי צריך לישב בה.

באר הגולה

[כ] טור בשם הרמב"ם, ממשמעות הגמ' דקאמר מידי הוא טעמא אלא לרב וכו' מנחות דף מ"ב ע"א, כסף משנה שם ‹מדסתמא דגמרא פריך ממילה בעכו"ם דכשרה, ומהדר מידי הוא טעמא אלא לרב, משמע דכל אינך רבנן פליגי עליה וסברי דמילה בעכו"ם כשרה›, ובב"י כתב בשם ה"ר מנוח, דטעמא משום דלא מצינו בתורה מילה לשמה, וכתב עוד שאפשר שגם הרמב"ם מודה שצריך להטיף ממנו דם ברית, אלא שאין צריך לחזור ולחתוך, ושכ"כ ה"ר מנוח

[כא] ברייתא שם ‹סוכה› ח' ע"ב [כב] מימרא דרב חסדא מנחות מ"ב

[כג]**אבל "שהחיינו" היה ראוי לברך כשעושה אותה לעצמו** - וה"ה אם היתה עשויה מכבר והוא מחדש בה דבר, דהיינו שהיה בה רק שני דפנות, והוא השלימה עכשיו, או שחידשה בהסכך.

(**ודוקא** כשעשה אותה תוך שלשים לחג, **אבל** קודם ל', אע"פ שכשרה בשעשאה אותה לשם חג, כמבואר סי' תרל"ו, מ"מ לא מקרי שעת עשייה לברך עליה זמן).

ודוקא דבר שעושין אותו משנה לשנה, אבל שופר ומגילה שעושין אותן לכמה שנים, אינו מברך "שהחיינו" על עשייתן, **ונר** חנוכה נמי אינו מינכר שעושין לשם מצוה.

(**משמע** דכשעושה אותה לאחרים אינו יכול לברך "שהחיינו", ורק הבעה"ב בעצמו יברך "שהחיינו", **ואה"נ** דאם הבעה"ב עומד פה ומבקשו שיכוין להוציאו, ה"נ דמותר, **אלא** שכבר העלו האחרונים, **דאם** יוכל לברך בעצמו אין כדאי שיוציאו בברכתו, **ודע עוד**, דמדברי התוס' משמע, דלהכי לא יוכל לברך "שהחיינו" כשעושה בשביל אחר, מדס"ל להאי תנא דאין מברך "לעשות", ר"ל וא"כ אין עשייה עיקר המצוה, וע"כ אין מברך "שהחיינו" בשביל אחרים, **ולפי"ז** במצוה שעשייה עיקר המצוה, לדעת התוס' יוכל לברך "שהחיינו" גם כשעושה המצוה בשביל אחרים, **ולשיטתם** בשמיעת השופר דהוא עיקר המצוה, יוכל לברך "שהחיינו" גם בשביל אחרים).

אלא שאנו [כד]**סומכים על זמן שאנו אומרים על הכוס של קידוש** - שהוא קאי על מצות סוכה ועל החג.

הגה: ואם לא אכל לילה ראשונה בסוכה, אע"פ שבירך זמן בביתו, כשאוכל בסוכה צריך לברך זמן משום הסוכה - דהברכה שבירך מאתמול בביתו היה רק בשביל החג, **ואם בירך זמן בשעת עשייה, סגי ליה (ר"ן פרק לולב וערבה).**

(**ואם** בירך "שהחיינו" בשעת עשייה, מסתפק בפמ"ג אם שוב יברך זמן בשעת קידוש על יו"ט, **וראיתי** בברכי יוסף שנסתפק ג"כ בזה, והעלה דלדעת התוספות והרא"ש והר"ן וכל בו וא"ח, לא יברך, דהזמן שבירך קודם החג על הסוכה מהני ממילא גם לרגל, **אבל** לדעת הרמב"ם והרמב"ן והריטב"א ודעימייהו, יברך, ומסיק כיון דספק פלוגתא הוא, לא יברך, דספק ברכות להקל).

סימן תרלט ס"ח - נהגו שאין מברכים על הסוכה אלא בשעת אכילה, (וכן נכון) - ר"ל אף דמדינא דגמרא לדעת פוסקים ראשונים, כשבירך בסוכה ויצא לעשות ענינו, ולא לחזור תיכף, בענין שהיה יציאה גמורה, וא"כ הרי הסיח דעתו מן המצוה, וכשיחזור אח"כ צריך לברך שנית, ואפילו מאה פעמים ביום, ואימת שנכנס אע"פ שאינו אוכל שם מברך, שהרי גם הישיבה והעמידה שם היא מצוה, דהוי "כעין תדורו", {**ודוקא** שיצא יציאה גמורה, אבל אם יצא לעשות צרכיו, או להביא דבר לסוכה, א"צ לברך, שהרי לא הסיח דעתו}, **מ"מ** מנהג כל העולם כדעת הפוסקים, שאינם מברכים אלא בשעת אכילה, ואפילו אם יושבים בסוכה קודם אכילה שעה, אינם מברכים, דס"ל דברכה שמברכים אח"כ על האכילה, היא פוטרת הכל, שהיא העיקר, והיא פוטרת השינה והטיול והלימוד, שכולם טפלים לה.

וכתבו האחרונים, דנכון הדבר לצאת גם דעת הפוסקים הראשונים, ולא לישב כך בלי ברכה, וע"כ תיכף בבואו מביהכ"נ, יברך על דבר שהוא מחמשה מינים, ויאכל ממנו מעט יותר מכביצה, ויברך "לישב בסוכה", ולא יברך אח"כ בשעת אכילה.

ואם בירך פ"א בשעת אכילה, ולא יצא מסוכתו לעשות עסקיו, ואף אם יצא מסוכתו רק שהיה דעתו לחזור מיד, א"צ לברך שנית לישב בסוכה, אפילו אם אוכל סעודה שניה, כיון שמצוה אחת היא, **ולכן** מי שיושב כל היום בסוכה, וישן בלילה בסוכה, ומתפלל שם, ואינו יוצא לשום עסק רק אדעתא לחזור מיד, א"צ לברך רק בשעת אכילה ראשונה, ואח"כ א"צ לברך, [אפי' אם היה כן כל שבעת הימים], **וי"א** דכיון שיצא בנתיים אפילו על דעת לחזור מיד, צריך לברך בשעת אכילה שניה, [**וספק** ברכות להקל, אם לא שיש עוד לצרף לזה צדדים אחרים].

ואם יצא לעשות עסקיו, או לביהכ"נ להתפלל, לכו"ע צריך לברך בשעת אכילה שניה, [מ"א, **ומשמע** דאפי' אם הלך באמצע שולחנו לביהכ"נ להתפלל מנחה או מעריב, ובאופן זה היה בודאי דעתו לחזור תיכף לסוכתו, מ"מ כשישוב לגמור סעודתו צריך לחזור ולברך לישב בסוכה - בכורי יעקב, **והנה** ידוע דטעם המ"א משום דהליכה הוי הפסק, אבל לפי מה שביארנו לקמיה דלדעת כמה אחרונים דהליכה לא הוי הפסק, יש לעיין אם יצטרך לחזור ולברך, דלכאורה חדא אכילה היא, **וכן** מוכח דעת הבית מאיר, דהיכי דנכנס באמצע סעודתו להתפלל מנחה או מעריב, כל שלא הסיח דעתו מלאכול, א"צ לברך שנית כשישוב].

והמתענה בסוכות, או שאין דעתו לאכול פת באותו יום, אז לכו"ע כל אימת שיצא יציאה גמורה חייב לברך, **דדוקא** כשאוכל פת, ס"ל להנהו פוסקים שמברך על עיקר חיוב הסוכה, ופוטר כל הדברים הטפלים, אבל כשאינו אוכל לא שייך זה, **וכתב** הח"א, דה"ה כשיצא יציאה גמורה לאחר אכילה, וחוזר ונכנס, ולא יאכל עד הערב, וקודם האכילה יצטרך עוד הפעם לצאת לביהכ"נ, דבזה ג"כ לכו"ע צריך לברך.

באר הגולה

כג ברייתא סוכה מ"ו | כד כרב כהנא שם

ומי שהולך באמצע סעודתו לסוכת חבירו, דעת המ"א, שאפילו אם היה בדעתו בשעת ברכה שילך באמצע הסעודה לשם, ולשוב אח"כ מיד, אפ"ה צריך לברך שם "לישב בסוכה", דהליכה הוי הפסק, וע"כ אם רוצה לאכול בסוכה זו דבר שאסור לאכול חוץ לסוכה, צריך לברך שם "לישב בסוכה", [**זהו** דעת הגר"ז דדוקא אם אוכל שם, **ודעת** הח"א, דבכל גווני חייב לברך שם, אפי' אם לא יאכל, ונראה דטעמו, דהמנהג שנהגו לברך רק על אכילה, הוא רק בביתו שדרך לקבוע שם סעודה, אבל בבית אחרים שאין דרך לקבוע שם סעודה, לכו"ע כל שנכנס שם חייב לברך, **ומ"מ** נראה דאפי' לדידיה, הוא כשנכנס לשם ורוצה לישב שם, אבל כשנכנס לשם לגבות חובו, וכדומה שאר עסק, ואין נ"מ אצלו אם הוא סוכה או בית או חוץ, בזה לכו"ע א"צ לברך, דלא עדיף ממתעסק בעלמא], **אמנם** הוא לשיטתו אזיל בסימן ח', אבל לפי מה שכתבנו שם דדעת כמה אחרונים דהליכה לא הוי הפסק, אם היה בדעתו א"צ לברך, וספק ברכות להקל, [**ועיין** בספר בית מאיר דכתב ג"כ, דמאי שנא סוכה זו או אחרת, כל שלא הסיח דעתו מלאכול א"צ לברך שנית, **ומשמע** דלדידיה אפי' לא היה דעתו בשעת ברכה לכתחילה לזה, ג"כ א"צ לברך, **מיהו** כיון דאיכא דעות ג"כ, אין כדאי לצאת באמצע סעודה].

ואם שכח לברך "לישב בסוכה" עד שהתחיל לאכול, יברך אח"כ על מה שרוצה לאכול, **ואפילו** אכל כבר ובירך בהמ"ז, יכול לברך, שגם הישיבה היא מן המצוה, דמאכילה ואילך כל זמן שיושב הוי הכל קביעות אחד, **ומ"מ** כל שעדיין לא בירך בהמ"ז, יברך ויאכל מעט.

ומי שקידש בליל סוכה והתחיל לאכול, ואח"כ ראה שהלאדי"ן לא היו נפתחין עדיין, נ"ל שיאכל שוב כזית ויברך "לישב בסוכה", **אבל** קידוש פשיטא שא"צ לברך שנית, ואפילו זמן לא יברך עוד הפעם, כיון דלדין התלמוד מהני הזמן שבשעת עשיית הסוכה למצות סוכה, כ"ש שמהני בזה מה שבירך כשהיו הלאדי"ן סתומים.

ואילו לעשות תפילין לא מברך. ויודע היה [שלא לברך לעשות תפילין] שאלו כל ענייני ברכות ופ' הרואה ירושלמי מצריך לברך אעשיית ציצית סוכה ותפילין ובערוך הביאו בערך לן ג' וחולק על הש"ס שלנו ובתוספתא דברכות (פ"ו) תני העושה ציצית לעצמו מברך שהחיינו יב] ובפ' הרואה (ברכות דף נד.) נמי אמר דאכלים חדשים מברך שהחיינו וכ"כ רב שרירא גאון*: **הקוצים** כו'. פירש בקונטרס משום תעשה ולא מן העשוי ולי נראה דמה דעביד אחר כך היינו העשייה דאמר רב גופיה אלא ואחר כך פסק ראשי חוטין שלהן כשר דזו היא עשייתן וכן פרק קמא דסוכה (דף יא.) גבי הדלה עליה את הגפן ואת הדלעת דקאמר זו היא עשייתן אלא טעמא משום דבעינן תלייה לשמה והא דתנן פרק קמא דסוכה (דף ט.) סוכה הישנה בית הלל מכשירין ופריך בגמ' ובית הלל לית להו דרב יהודה אמר רב עשאה מן הקוצים וכו' כי אמריתה קמיה דשמואל אמר אף מן הסיסין פסולה אלמא בעינן טוייה לשמה הכא נמי בעינן עשייה לשמה לפי אותה גירסא [ח] אדשמואל פריך ולא מרב ומרב נמי מצי למפרך: **כתנאי** ציפן זהב. תימה דילמא ציצית שאני דפ"ק דסוכה (דף ט.) דריש גדילים תעשה לך לשם חובך ואי משום דכתיב לך לאות הא דרשינן ליה לעיל (דף לז:) לך לאות ולא לאחרים והתם גבי סוכה פריך כי האי גוונא מחג הסוכות תעשה לך [ומשני] דאיצטריך למעוטי גזולה ולא דרשי תו מיניה לשם חובך ואי משום דתפילין איתקוש למזוזה ומזוזה וספר תורה יליף (לעיל דף לד.) כתיבה כתיבה מגט הא בגט גופיה לא בעינן עשייה לשמו: **עד** שיעבדן לשמן. אומר ר"ת דהילכתא כרשב"ג דאע"ג דהילכתא כרב באיסורי דסוגיין דהניזקין (גיטין דף נד:) דגוילין שלו לא עיבדתים לשמן כוותיה אזלא והא דפרק נגמר הדין (סנהדרין דף מח:) דאיפליגו אביי ורבא בהזמנה אי מילתא היא אי לא ומייתי הכי תנאי ופי' בקונטרס דרבא כרבנן דלא בעו עיבוד יג] דהזמנה לאו מילתא היא מיהו ר"ת ור"ח פירשו דרבא כרשב"ג דכיון דבעי עיבוד לשמו א"כ הזמנה לאו מילתא היא דאי מילתא היא אפשר באיתוך העור ובתיקונים קטנים סגי לשווי לשמה והא דבעא אביי מרב שמואל בר' יהודה בסמוך היכי צבעיתו ליה ואהדר כרשב"ג לא קיבלה מיניה וי"מ דההיא דהניזקין אפילו כרבנן דלא פליגי אלא בעור תפילין דתשמיש מצוה וליתא דהא איכא שי"ן של תפילין ועיקר קדושה יש בה כדמוכח פ' במה מדליקין (שבת דף כח:) ופ' במה אשה (שם דף סב.)*): **וסממנים**. דבר תימה הוא היאך מערב שום דבר בהדי תכלת ושמא עם הסממנין נקרא תכלת ובקונטרס פי' לשרות בהן כדרך הצובעין ששורין אותו בצריף: **מה** טעם טעימה פסולה. ואפילו לשם ציצית מ"מ לשם נסיון נמי עבידא והוי כמנחה שקמצה לשמה ושלא לשמה והשתא הנך תלת תרי נינהו: **משום** שנאמר כליל תכלת. פי' בקונטרס שלא יהא דבר אחר לבוע בה מתחילה ואפילו צמר והוא [ס] שקרוי מראה שני שבה משמע דאם צבע בה שני פעמים זה אחר זה פסול אפילו לשמו ולעיל משמע דלא פסלי' אלא [י] טעימה משום דהויא שלא לשמה ומשמע דלא מייתי תנאי אלא מטעמה פסלה אבל לכ"ע [כ] הטעימה כדלעיל א"כ לא אתיא כחד תנא מילתא דהקונטרס לכך נ"ל דאפילו מאה פעמים לשמו יד] משמע דכשר דהא כליל תכלת קרינן ביה אבל כשטעם הרי יש צבע שאינו ראוי לתכלת ולכך קרוי מראה שני ואע"ג דהאי קרא בבגדי כהונה כתיב ילפינן הכלת מבגדי כהונה ופ' בא לו (יומא דף עב.) דריש ליה לדרשא אחרינא: **ואין** ניקחים אלא מן המומחה. שיש ריעותא שמא הוא צבעם ואינו בקי אבל אם נמצאו בשוק רוב מצויין אצל תכלת מומחין הן ולכך מכשירין המוצא חוטי תכלת פ' המוצא תפילין (עירובין לו:) וכה"ג אמר בחולין גבי שחיטה טו] (דף יב.): **תפילין** יש להן בדיקה. פי' בקונט' בחסירות ויתרות ואפי' הכי אין נקחין אלא מן המומחה [נ] לעבדן לשמן אבל ספרים ומזוזות לא בעי עיבוד לשמן וכן פי' ה"ר משה בר מיימון דמזוזה לא בעיא לשמה ולא פירש מנא ליה ושמא מהכא וקשה דפ' הניזקין (גיטין דף נד:) משמע דספר תורה

*) [וע"ע תוס' סנהדרין מח: ד"ה אע"פ ותוס' גיטין מה: ד"ה עד]

תורה אור

מתני' מפשרניא *ספר תורה *תפילין ומזוזות שכתבן צ"ק א] *צדוקי כותי עובד כוכבים עבד אשה וקטן מומר פסולין שנאמר וקשרתם וכתבתם כל שישנו בקשירה ישנו בכתיבה כל שאינו בקשירה אינו בכתיבה ובישראל א"צ לברך דשלה *רב חייא בריה דרב הונא משמיה דר' יוחנן *על תפילין של יד אומר ברוך אשר קדשנו במצותיו וצונו להניח תפילין על תפילין של ב] ראש אומר ברוך אשר קדשנו במצותיו וצונו על מצות תפילין ואילו לעשות תפילין לא מברך אלא לאו היינו טעמא כל מצוה דעשייתה גמר מצוה כגון מילה אע"ג דכשירה בעובד כוכבים בישראל צריך לברך וכל מצוה דעשייתה לאו גמר מצוה כגון תפילין אע"ג דפסולות בעובד כוכבים בישראל אינו צריך לברך ובציצית בהא קמיפלגי מר *סבר חובת טלית הוא ומר סבר חובת גברא הוא א"ל רב מרדכי לרב אשי אתון הכי מתניתו לה אנן הכי מתנינן לה א"ר יהודה אמר רב מנין לציצית בעובד כוכבים שכשירה שנאמר °דבר אל בני ישראל ועשו להם ציצית יעשו (במדבר טו) להם אחרים *אמר רב יהודה אמר רב עשאן מן הקוצים ומן הנימין ומן הגרדין פסולה מן הסיסין כשירה כי אמריתה קמיה דשמואל אמר אף מן הסיסין פסולה בעינן טוייה לשמה כתנאי *ציפן זהב או שטלה עליהן עור בהמה טמאה פסולות עור בהמה טהורה כשירות ואע"פ שלא עיבדן לשמן רבן שמעון בן גמליאל אומר אף עור בהמה טהורה פסולות עד שיעבדן לשמן אמר ליה אביי לרב שמואל בר רב יהודה הא תכילתא היכי צבעיתו לה אמר ליה מייתינן דם ג] חלזון וסמנין ורמינן להו ביורה [ומרתחינן ליה] ושקלינא פורתא בביעתא וטעמינן להו באודרא ושדינן ליה להההוא ד] ביעתא וקלינן ליה לאודרא שמע מינה תלת שמע מינה טעימה פסולה ושמע מינה דבעינן צביעה לשמה ושמע מינה [א] טעימה פסלה היינו טעימה פסולה היינו צביעה לשמה אמר רב אשי מה טעם קאמר מה טעם טעימה פסולה משום דבעינן צביעה לשמה כתנאי טעימה פסולה משום שנאמר °כליל תכלת דברי ר' חנינא בן גמליאל רבי (שמות כח) יוחנן בן דהבאי אומר אפילו מראה שני שבה כשר משום שנאמר °ושני תולעת ת"ר תכלת (ויקרא יד) אין לה בדיקה ואין נקחית אלא מן המומחה °תפילין יש להם בדיקה ואין ניקחין אלא מן המומחה ספרים ומזוזות יש להן בדיקה °וניקחין מכל אדם ותכלת אין לה בדיקה והא רב יצחק בריה דרב יהודה בדיק ליה (סי' בגשם) מייתי מגביא גילא ה] ומיא דשבלילתא ומימי רגלים בן

מפשרניא. שם מקום: ו] צדוקי עובד כוכבים. להכי נקט דסתמיה בקי בכתיבה (א): תפילין עשייתן לאו זו היא גמר מצותם עד שיקשרם: בהא פליגי. רב נחמן ורב חסדא אליבא דרב רב חסדא סבר ציצית חובת טלית הילכך עשייתן היא גמר מצותן ורב נחמן סבר חובת גברא היא ועטיפתה זוהי מצותה: הכי מפניתו לה. להא דאמר רב יהודה אמר רב לעיל משום הכי קשיא להו לעיל דרב אדרב: עשאה ציציות מן הקוצים. הקוצים היינו חוטין ז] התלויין בכל יריעה שקורין פרונק"ש וקוצצין אותם מן הבגד. ל"א להכי קרי להו [ב] הוצין שיוצאין מן הבגד [ג] כהוצין: נימין. היינו אותן שיוצאין מן הבגד בתפירה: גרדין. פריג"ש: פסולה. כל זמן שמחוברין לבגד דבעינן עשייה לשמה ח]: ציפן זהב. לתפילין: פסולות ט]. בתים דתיק של עור בעינן דאפילו קשירתן אינן אלא י] ברצועות במינן כדאמרינן בהקומץ: או שטלה עליהן. שעשה בתים של עור בהמה טמאה פסולות כדאמרינן בפרק שמונה שרצים (שבת דף קח.) למען תהיה תורת ה' בפיך מן המותר בפיך: וסממנים. [ד] דרך הצובעים לשרות בגדים בצריף שקורין ביי"א: וטעמי' ליה באודרא. אודרא צמר וצובעין אותה בתוך אותה קליפה לידע אם תכלת יפה: שמע מינה. מדקלינן יא] לאודרא בעינן צביעה לשם ציצית: [ה] ושמע מינה. מדשדינן ביעתא לברא ולא שדינן ליה ביורה: [ו] טעימה פסולה. אם עירה לצבע נסיון ביורה פוסל את כל היורה: משום שנאמר כליל תכלת. כל תכלת בעינן [ז] (כליל) שיהא כל עיקר מראה החלזון בצמר שלא יהא דבר אחר צבוע בה מתחילתה: אפילו מראה שני שבה. שכבר נצבע בה צמר אחר וזה השני כשר: ושני תולעת. משמע שני דאפילו מראה שני של זהורית קרוי תולעת וה"ה לתכלת דכתיב נמי בההוא קרא: אין לה בדיקה. קס"ד אין אדם יכול לבודקו אם תכלת הוא אם קלא אילן הוא: ואינה נקחת אלא מן המומחה. דהואיל ואין לה בדיקה אין לוקחין אותה אלא מן המומחה שיודע שקלא אילן אסור: תפילין יש להן בדיקה. אדם יכול לבודקן אם דקדק בהן בחסרות ויתרות אם לאו ואעפ"כ אין נקחין אלא מן המומחה היודע שצריכין עיבוד לשמם: ונקחין מכל האדם. דליכא בהן עיבוד לשמן: מגביא גילא. בייסא ובלשון צרפת אלו"ס: מיא דשבלילתא. מים היוצאין מן התלתן שקורין פנגרי"א:

עין משפט נר מצוה

נב א מיי' פ"א מהל' תפילין הלכה יג טוש"ע א"ח סימן לט סעיף א וטוש"ע י"ד סי' רפא סעיף א:

נג ב מיי' שם פ"ד הל' ד טוש"ע א"ח סימן כט סעיף ס:

[ועי' היטב תוס' סוכה מו. סד"ה העושה וכו' כתב רב שרירא וכו' אמנם לפי הטעות שהיה לפני המהרש"א דהכא ע"ש אתי שפיר]

נד ג מיי' פי"א מהל' ברכות הלכה ח:

נה ד מיי' פ"א מהלכות ציצית הלכה יא סמג עשין כו טוש"ע א"ח סי' יא סעיף ס:

נו ה מיי' שם טוש"ע שם סעיף א:

נז ו מיי' פ"ג מהל' תפילין הלכה טו טוש"ע א"ח סימן לג סעיף מח:

נח ז מיי' שם טוש"ע שם סעיף לז:

נט ח ט מיי' פ"ב מהלכות ציצית הל' ג ג סמג עשין כו:

ס י מיי' וסמג שם:

סא כ מיי' שם הל' ד:

סב ל מיי' שם פ"ב הלכה י טוש"ע א"ח סימן לט סעיף ח:

סג מ מיי' פ"א מהל' תפילין הלכה יא והל' יג סמג עשין כס:

סד נ מיי' פ"ב מהלכות ציצית הלכה ס:

שיטה מקובצת

א] מין מסור עובד כוכבים: ב] ראש. היינו כשאין לו אלא אחת או [illegible]

ליקח אל יקח אלא מן המומחה אבל להפסיד מציאתו הוי כמו בדיעבד שלא יפסיד מציאתו. מהר"ם:

מסורת הש"ס

גיטין מה: ע"ש

[לעיל לז.]

[ברכות ס:]

[לעיל מא.]

סוכה ט.

סנהדרין מח: גיטין מה:

רבינו גרשום

בציצית בהא פליגי. רב אדא בר אהבה דקא מברך לעשות ציצית סבר חובת טלית היא ולאו חובת גברא ועשיית ציצית זו היא גמר מצוה. ורב חסדא סבר ציצית אינה צריכה ברכה דחובת גברא היא. ועשייתה לאו גמר מצוה עד דמעטף להו עשאה. לציצית מן הקוצין מאותן חוטין שיוצאין מן הבגד הארוג וקוצצין אותו להשוותו: מן הנימין. א) מן נימין חוטין שמצא: מן הגרדין. שקורין פרנש: פסולין. שכל אלו לא נחתכו לשמן: מן הסיסין כשירה. עדיין לא היה לשום צורך דבר ואיכא חתיכה לשמה: ציפן זהב. לתפילין: פורתא בביעתא. בקליפה של ביצה: אודרא. צמר רך: ש"מ טעימה פסול מדקלינן לאודרא ומדלא טעמינן ביורה ש"מ טעמה פסלה משום שנאמר כליל תכלת. כלומר כל הצמר שביורה בעינן שיהא לשם תכלת: אפילו מראה שניה שצובעין פעם שניה מן התכלת כשר משום תכלת שנ' תכלת וארגמן ותולעת שני. קרי ביה שני. וקא משמע האי שני [קאי] נמי אתכל' דמכשר אפילו מראה שניה: תכלת אין לה בדיקה קא משמע השתא דאינה צריכה בדיקה: ואין ניקחין אלא מן המומחה. שיודע שקלא אילן אסור: תפילין יש להן בדיקה בחסירות ויתירות או אם עשויין כהלכתן: ואין ניקחין אלא מן המומחה שעשאם לשמן: מגביא גילא. מין צבע וקשולפר בלע"ז: שבלילתא. תלתן. ומי רגלים של קטן שעבר עליהן ארבעים יום:

א) אולי צ"ל מן החוטין שיוצאין מהתפירה וכמו שפרש"י.

הגהות צ"ק [א] טעמה פסלה: [ב] צ"ל קולין: [ג] קוצין: [ד] נשרות בהן כדרך הצובעין נשרות בצריף: [ה] עיין צ"ק: [ו] טעמה פסלה אם צבע נסיון: [ז] צ"ק מ"ז: [ח] מדשמואל: [ט] קרוי: [י] משום טעמא דהוה: [כ] טעמה כדלעיל א"כ לא אתיא כחד תנא סוגיא דהכלת לפי' הקונטרס: [ל] שמא לא עיבדן:

הגהות הב"ח (א) רש"י ד"ה צדוקי וכו' בכתיבה הס"ד ואח"כ מ"ה לאו גמר מצוה תפילין:

גליון הש"ס גמ' תפילין יש להם בדיקה. גי' הרי"ף ספרים יש להם בדיקה ואין נקחין אלא מן המומחה תפילין ומזוזות יש להם בדיקה ונקחין מכל אדם. ועיין ברמב"ן במלחמות פ"ח דסוכה.

§ מסכת מנחות דף מב: §

אות א'

ספר תורה, תפילין ומזוזות שכתבן צדוקי, כותי, עובד כוכבים, עבד, אשה, וקטן מומר, פסולין

סימן לט ס"א - [א]תפילין שכתבן עבד או אשה - וה"ה טומטום ואנדרוגינוס דהם בכלל ספק אשה.

או קטן [ב]אפי' הגיע לחנוך - וכיון דילפינן מקרא, בעינן שיהא דוקא גדול ממש, דהיינו שהביא ב' שערות אחר שהוא בן י"ג שנה, **אבל** אם ספק לנו אם הביא ב' שערות, פסול לכתוב, אם לא שנתמלא זקנו, דהיינו שיש ריבוי שער בזקנו אף שהם קטנים מאד, או שעברו רוב שנותיו, או שנולדו בו סימני סריס.

(**הא פשיטא לי**, דע"י סיכי דיקני, שיש לו במקומות מיוחדות שער בזקנו, בודאי לא קרוי נתמלא זקנו, **כי** מיבעי לי לענין זקן מעט, דהיינו שיהיו נמצאים שערות גדולות משני צידי הפנים ומצד הסנטר, אפשר דזהו בכלל נתמלא זקנו בכל מקום, **אפילו** לענין דאורייתא, **ומ"מ** אפשר שיש להקל בזה, לפי שע"פ רוב רגיל לבוא סימן התחתון קודם שבא סימן זה העליון, לכן תלינן דמסתמא כבר בא התחתון, א"כ לפי"ז נתמלא זקנו הוא לאו דוקא, **ולפי"ז** אפשר לומר שגם סיכי דיקנא מהני להשוותו גדול לכל דבר, דמסתמא כבר הביא ב' שערות, וצ"ע, **היוצא** מדברינו, עכ"פ קודם שיש לו קצת זקן בודאי אין להניחו לכתוב תפילין כל זמן שלא ידעינן שהביא ב' שערות, אפי' אם הוא כבר בן י"ח שנה ויותר, ואף שהמ"א התיר, כבר השיגו עליו כל האחרונים, **אך** בדיעבד אם כתבן נער בר מצוה, ואין לפנינו לבדקו, צ"ע למעשה, **אך** בבן י"ח שכתבן, בדיעבד נראה דאין להחמיר, אחרי שיש מקילין אפי' לכתחילה).

אך לענין גדול, אם אח"כ בדקנוהו ומצאנו שיש לו ב' שערות, תלינן שהיה לו ג"כ בעת הכתיבה, משא"כ בקטן, דאינו מועיל אז שערות, **ויש** לגעור בסופרים שמניחין לנערים לכתוב תפילין, ואין מדקדקין אם הביאו סימני גדלות או לא.

(**ואם** כתבן חרש או שוטה, הניח הפמ"ג בפתיחה בצ"ע, דאפשר דעדיפי מקטן, ומהני אם אחרים עומדין ע"ג, ומרמזין לחרש ושוטה שיכתוב לשמן).

או כותי - כצ"ל, דעו"ג בלא"ה פסול שאין כותב לשמה.

או מומר לעבודת גלולים - דבזה הוא כמומר לכל התורה, (**ומיירי** שאינו אדוק בה, דאל"ה הו"ל אפיקורס וצריך שריפה), **וה"ה** אם הוא מומר לחלל שבת בפרהסיא, **וכתב** הפמ"ג, דאפילו הוא מומר לחלל שבת בפרהסיא באיסור דרבנן, כגון מוקצה והוצאה לכרמלית, יש להחמיר עכ"פ לכתחלה שלא להניחו לכתוב סת"ם, **ואפילו** בדיעבד צ"ע.

אבל אם הוא מומר לשאר עבירות, קי"ל דמומר לדבר אחד לא הוי מומר לכל התורה כולה, **לבד** אם הוא עושה להכעיס, דבזה אפילו לדבר אחד דינו ככותי, **ויש** מחמירין יותר, דצריך גניזה ‹אולי צ"ל שריפה - שונה הלכות›, (**ולהכעיס** מקרי היכא דהתירא ואיסורא קמיה, ושביק התירא ואכיל איסורא, דזה הוא בכלל להכעיס, **אבל אם** אינו מקפיד לברור ההיתר, והוא לוקח מן הבא בידו או היתר או איסור, עדיין אינו בכלל מומר להכעיס).

וכ"ז אם הוא מומר לשאר עבירות, אבל אם הוא מומר לתפילין, שאינו מניח תפילין, אפילו אם אינו עושה זה להכעיס, פסול, דתו איננו בר קשירה, **לבד** אם היה לזה רק מומר לתיאבון, כגון שהלך אחר עסקיו, עדיין הוא בכלל בר קשירה.

וכ"ז הוא לענין דיעבד, אבל לכתחלה יש להחמיר שלא להניח לאיש כזה לכתוב סת"ם, כי יש מחמירין אפילו במומר לתיאבון, ואפילו באחרים עומדין ע"ג ואומרין לו שיכתוב לשמה, (**ובפרט אם הוא מומר** לתפילין לתיאבון, נ"ל דבאיש כזה עכ"פ צריך שידעו בו שיודע הלכות כתיבות סת"מ, לענין חק תוכות וכדומה, דבאיש כזה לא אמרינן ביה רוב מצויין מומחין הן).

(**ודע עוד**, דנראה פשוט, דאם הוא מומר לתפלה אחת, ש"ר או ש"י, ג"כ תו לא הוי בכלל בר קשירה, דהרי כתיב בקרא אחד "וקשרתם" וגו' "והיו לטוטפות" וגו', ואיתקש ל"וכתבתם", **ואעפ"כ** אם הסופר רגיל לישא תמיד ש"ר על המצח, והתרו בו ואינו שומע לדבריהם, אף דעבירה גדולה עושה בזה, **אפשר** דאין למנעו מלכתוב סת"מ, דאולי רגע אחד היו על מקומן כדין, וא"כ תו הוי בכלל בר קשירה).

(**ודע**, דכל אלו פסולים דחשבינן, להכעיס או לעבודת גלולים או חילול שבת בפרהסיא, **אפילו** בפעם אחת פסול אם לא עשה תשובה).

או [ג]מוסר לאנסין - עיין בה"ט, דאפילו בלתיאבון לבד, (**כך** סתמו הרבה מהאחרונים, אך הפמ"ג מפקפק בזה), **ואפילו** פעם אחת, (ועיין בפת"ש דכתב בשם חומות ירושלים היפך זה, וצ"ע).

פסולים, משום [ד]דכתיב: וקשרתם וכתבתם, כל שאינו בקשירה או אינו מאמין בה, אינו בכתיבה - ועבד ואשה וכותי אין מוזהר על הקשירה, (**וכותים** אפילו אם נימא דגירי אמת הן, ומוזהרין על הקשירה, מ"מ כבר פרקו מעליהן העול, ואינן מאמינין במצות, ומיקרי שאינו בקשירה, והוא הטעם בשארי דברים דקחשיב), **וקטן** אף שהגיע לחינוך, מדרבנן בעלמא הוא, **ובכל** אלו לא מהני אפי' גדול עומד על גבו ורואהו שיהיו לשמן.

וה"ה דפסולים ‹כל הני› לס"ת ומזוזה.

יו"ד סימן רפא ס"א - [ה]ס"ת שכתבו אפיקורוס, ישרף. כתבו עובד כוכבים, יגנז.

באר הגולה

[א] גיטין מ"ה [ב] מרדכי שם [ג] נימוקי יוסף [ד] רש"י שם ורמב"ם [ה] מימרא דרב נחמן גיטין דף מ"ה ע"ב, ושם איתא מין, ופי' רש"י אדוק באלילים כגון כומר דודאי לשם אלילים כתבו

אות ב'

<u>על תפילין של יד, אומר: ברוך אשר קדשנו במצותיו וצונו להניח תפילין; על תפילין של ראש, אומר: ברוך אשר קדשנו במצותיו וצונו על מצות תפילין</u>

סימן כה ס"ה - [ו]יכוין בהנחתם: שצונו הקב"ה להניח ארבע פרשיות אלו, שיש בהם יחוד שמו ויציאת מצרים, על הזרוע כנגד הלב, ועל הראש כנגד המוח, כדי שנזכור נסים ונפלאות שעשה עמנו, שהם מורים על יחודו, ואשר לו הכח והממשלה בעליונים ובתחתונים לעשות בהם כרצונו; וישעבד להקב"ה הנשמה שהיא במוח, וגם הלב שהוא עיקר התאוות והמחשבות, ובזה יזכור הבורא וימעיט הנאותיו - כתב הב"ח טעם לזה, מדכתיב: והיה לך לאות על ידך וגו' למען תהיה תורת ד' בפיך כי ביד חזקה הוציאך וגו', יורה כי עיקר המצוה וקיומה תלויה בכונה, שיכוין בשעת קיום המצוה, **וכתב** הפמ"ג דמ"מ בדיעבד אפילו אם לא כיון רק לשם מצוה בלבד, יצא.

להניח ארבע פרשיות אלו - ויש נוהגים מחמת זה, לקרות הארבע פרשיות לאחר הנחת תפלין, היינו "קדש" "והיה כי יביאך", **ד"שמע"** "והיה אם שמוע" בלא"ה קורין כל ישראל בשעת ק"ש, **ובתפלין** דר"ת יאמר כל הד' פרשיות, **ומנהג** יפה הוא.

[ז]ויניח של יד תחלה - דכתיב: וקשרתם וגו', והדר: והיו לטוטפות וגו,

ויברך - קודם ההידוק, [גמ'] ‹ל"ו.›. **"להניח תפילין"** - והלמ"ד של "תפילין" בדגש.

ואח"כ יניח של ראש, [ח]ולא יברך כי אם ברכה אחת לשתיהם.

הגה: וי"א לברך על של ראש: "על מצות תפילין" - בפת"ח תחת הוא"ו, שהוא לשון יחיד, ולא יאמר בחול"ם שהוא לשון רבים, שהרי לא ניתקנה ברכה זו כי אם לתש"ר בלבד, **אפילו לא הפסיק בינתים (הרא"ש הלכות תפילין), וכן פשט המנהג בבני אשכנז שמברכין שתי ברכות, וטוב לומר תמיד אחר הברכה השניה "ברוך שם כבוד מלכותו לעולם ועד" (מהר"י בן חביב, אגור)** - משום חשש ספק ברכה לבטלה, ולא שהוא ספק גמור, דא"כ איך יברך מספק ברכה לבטלה ויסמוך על שיאמר "בשכמל"ו", אלא דאנן בני אשכנז סבירא לן להלכה כדעת ר"ת, רק לרווחא דמילתא להוציא עצמינו מידי כל פקפוק, נוהגין לומר "בשכמל"ו".

ויזהר מאוד שלא לומר "ברוך שם" רק אחר שיהדק הש"ר על ראשו כראוי, דאל"כ יהיה הפסק בין הברכה להנחה, ויהיה ברכה זו לבטלה בודאי, וצריך לחזור ולברך, והעולם נכשלין בזה.

(ובחידושי רע"א כתב עצה, שיכוין בעת ברכת "להניח", אם הלכה כשיטת רש"י, אני מכוין שלא לצאת בברכת "להניח" על השל ראש, והוי זה כסח, ויוכל לברך על של ראש, **ואין** זה בכלל גורם ברכה שאינה צריכה, דהא מוכרח לעשות כן מפני ספיקא דדינא, **אך** בפמ"ג ראיתי שמסיים ע"ז: ואין לנהוג כן, ואולי טעמו, כדי שלא ירגיל האדם את עצמו לפקפק אחר מנהגן של ישראל, שנתייסד על פי שיטות הרבה מהראשונים).

אות ב'* [ט]

<u>תוס' ד"ה ואילו: העושה ציצית לעצמו מברך שהחיינו</u>

סימן כב ס"א - [י]קנה טלית ועשה בו ציצית, מברך: שהחיינו, דלא גרע מכלים חדשים.

אבל אין מברך "שהחיינו" על המצוה, כיון דאינו בא מזמן לזמן, **לפי"ז** אם עשה ציצית בבגד שהיה לו מכבר, אף שלא היה בו ציצית מעולם, אין צריך לברך "שהחיינו", **וה"ה** אם עשה תפילין לעצמו, אינו מברך "שהחיינו".

אין להקשות, דהא על כלים חדשים צריך לברך בשעת קנין, ולמה כתב: ועשה בו ציצית, **די"ל** דוקא כשקונה בגד שהוא ראוי ללבוש כמות שהוא, אז מברך מיד, אבל אם קנה בגד לעשות ממנו מלבושים, אז לא יברך אפילו לאחר שנגמר, רק בשעת לבישה דוקא, דבעינן שעה מיוחדת, או קנין או לבישה, והכא הלא אינו ראוי ללבשו תיכף, דהלא צריך להטיל בו ציצית, ע"כ אינו יכול לברך עליו בשעת קנין, **וכדי** לצאת ג"כ דעת הסוברים דצריך לברך "שהחיינו" על עשיית המצוה בפעם ראשונה, ע"כ יברך בשעת עשיית הציצית, ולא ימתין עד הלבישה.

(**ודע**, דאף דלכתחלה בודאי יש לנהוג כן, אחרי דדעת השו"ע ועוד כמה וכמה מהאחרונים דפסקו כן כהעיטור, **מ"מ** לאו מילתא דפסיקתא הוא, דהע"ת והט"ז פסקו כהרמב"ם, והביאם הא"ר, והגר"א בביאוריו פוסק ג"כ כהרמב"ם, דצריך לברך "שהחיינו" גם על תפילין מחדש, **וכ"ז** אם עשה אותם בעצמו, אבל אם קנה התפילין מהסופר, וכן לענין הציצית אם הטילם אחר בבגדו, אף לדעת הרמב"ם אין צריך לברך "שהחיינו", אם לא שקנה עתה הטלית מחדש, דצריך לברך מחמת כלים חדשים, **ע"כ** מהנכון שיכניס עצמו להתחייב "שהחיינו" מצד אחר, ויכוין לפטור גם את זה, **בפרט** אם הוא לובש עתה התפילין פעם ראשונה בימי חייו, בודאי יראה לעשות עצה זו, דיש פוסקים שסוברים דעל כל מצוה שאדם עושה פעם ראשונה בימי חייו יברך "שהחיינו").

הגה: ואם לא בירך בשעת עשייה, מברך בשעת עטוף ראשון (מיימוני נ"י) - בתחלה ברכת "להתעטף" ואח"כ "שהחיינו".

(**ואם** לא בירך בשעת עטוף ראשונה, לכאורה יש לסמוך בדיעבד לברך אפילו אח"כ).

באר הגולה

[ו] ר' יונה שם [ז] מנחות ל"ו [ח] לפרש"י ‹ל"ו.› והרי"ף והרמב"ם ותשו' הרשב"א [ט] ‹ע"פ הב"י› [י] מהרי"א לפירוש הטור וכ"כ העיטור

אות ג'

כל מצוה דעשייתה גמר מצוה... צריך לברך; וכל מצוה דעשייתה לאו גמר מצוה... אינו צריך לברך

רמב"ם פי"א מהל' ברכות ה"ח - כל מצוה שעשייתה היא גמר חיובה, מברך בשעת עשייה; וכל מצוה שיש אחר עשייתה צווי אחר, אינו מברך אלא בשעה שעושה הצווי האחרון. כיצד, העושה סוכה או לולב או שופר או ציצית או תפילין או מזוזה, אינו מברך בשעת עשייה: אשר קדשנו במצותיו וצונו לעשות סוכה או לולב או לכתוב תפילין, מפני שיש אחר עשייתו צווי אחר; ואימתי מברך, בשעה שישב בסוכה, או כשינענע הלולב, או כשישמע קול השופר, או כשיתעטף בציצית, ובשעת לבישת תפילין, ובשעת קביעת מזוזה; אבל אם עשה מעקה, מברך בשעת עשייה: אשר קדשנו במצותיו וצונו לעשות מעקה, וכן כל כיוצא בזה.

[יא]**יו"ד סימן רפט ס"א - [יב]בא לקבעה, יניחנה בשפופרת של קנה או של כל דבר** - ‹כדי שלא תתפתח גלילתה ותתקלקל מהרה - לבוש›.

(**בהנהגת** החסיד הגר"א ז"ל כתב, לא יכרוך המזוזה בקלף וכדומה, שלא יהא חוצץ בין המזוזה למזוזות הבית, עכ"ד, וצ"ע - פת"ש). ‹**ותימה** רבתי, לבד שבכל הפוסקים אינו כן, עוד קשה דאיך יקבע מסמרים בהמזוזה עצמה, ומה שייך חציצה הא הכל בטל להכותל, ומי גריעא הנייר שהמזוזה כרוך בה או השפופרת של עץ או של מתכת, מהעצים או האבנים של עצם מזוזת הבית, וברור שהשומע שמע וטעה - ערוה"ש›.

ויקבענה במקומה, [יג]ויברך: אקב"ו לקבוע מזוזה.

(**עיין** במג"א שכתב, דאע"ג דקיי"ל מזוזה חובת הדר היא, שכל זמן שאינו דר בתוכה פטור ממזוזה, אפ"ה מברך כשקובעה, דסתמא דמלתא קובע מזוזה כשדר בתוכה, **ואפשר** דאם קבע קודם שדר בתוכו, כשנכנס לדור מברך: אקב"ו לדור בבית שיש בו מזוזה, עכ"ד, ע"ש, **וכמדומה** לי שראיתי בספר ברכ"י באו"ח, שחולק עליו - פת"ש).

ולא יברך בשעת כתיבתה - דכל מצוה שאין עשייתה גמר מצוה, אינו מברך אלא בשעת גמר מצוה, **וכתוב** בפרישה, הא דאין מברך שהחיינו, משום דאינו בא מזמן לזמן, **ושאני** טלית ובגד שלובשו שמברך עליו שהחיינו, כמו שנתבאר באו"ח סי' רכ"ג, שהוא משום שמחה, **ובמזוזה** אינו מברך על שזיכהו הש"י בבית, אלא על מצות קביעת המזוזה, עד כאן, ועיין לעיל סי' כ"ח סעיף קטן ה' - ש"ך.

אות ד'

עשאן מן הקוצים ומן הנימין ומן הגרדין, פסולה

סימן יא ס"ה - [יד]אין עושין הציציות מהצמר הנאחז בקוצים כשהצאן רובצים ביניהם, ולא מהנימין הנתלשים מהבהמה, ולא משיורי שתי שהאורג משייר בסוף הבגד, והטעם משום ביזוי מצוה - ואפילו בדיעבד פסול.

אין להקשות, דבלא"ה יש פסול, דלא נטוו החוטין לשם ציצית, **יש** לומר דמיירי אפילו היכי דמתחילה טוו החוטין לשם ציצית, ואח"כ ארג מהם בגד, ואפ"ה פסול משום ביזוי מצוה.

ובספר המאור כתב הטעם, משום דבעינן "הכנף" מין כנף, ואין מינים הללו ראוים לעשות מהם בגד, שהם פסולת הצמר, ואין בגד נעשה מכמותן, עכ"ל, **וא"כ** כל מיני צמר שהם גרועין, שאין בגד נעשה מהם, פסולים לציצית.

[טו]**סימן יד ס"ב - [טז]הטיל ישראל ציציות בבגד בלא כוונה** - ר"ל שעשה הקשר העליון שהוא מדאורייתא בלי כונה, **אבל** אם קשר קשר העליון וחוליא אחת בכונה, אע"פ שעשה שאר הקשרים והחוליות אח"כ שלא לשמה, גם בדאיכא ציצית אחרים יש להכשיר.

אם אין ציציות אחרים (מצויים) להכשירו, יש לסמוך על הרמב"ם שמכשיר - אפילו אם עשה התליה וגם כל הקשרים והחוליות שלא בכונה, **דס"ל** אע"ג דבעי טוייה לשמה, מ"מ התליה לא בעי לשמה, ויליף לה מדכתיב "בני ישראל" לאפוקי עו"ג, ש"מ דישראל בלי כונה כשר.

(מדברי הב"י מוכח, דאפילו אם הטיל בפירוש שלא לשמה, כשר להרמב"ם, וכן להיפוך לדעת רש"י והרא"ש, אפילו סתמא פסול, **דאל"ה אין שום ראיה דהרא"ש יחלוק על הרמב"ם, דמן הקוצין ומן הנימין הרי בודאי לא נתלו לשמן, אח"כ מצאתי בתשובת משכנות יעקב שדעתו, שגם הרמב"ם לא הקיל רק בסתמא, משום דלשמה קאי**).

ואין להקשות, יתירם מהבגד ויחזור ויתנם בכונה לשם מצוה, **י"ל** דמיירי שהוא סמוך לשבת, ואין שהות להתירם ולקשרם, **א"נ** שנפסק אחד מראשיו, ואם יתירם יהא אסור לחזור וליתנם בבגד.

אבל לא יברך עליו - אפילו אם לא עשה רק התחיבה בכנף שלא לשמה, וכ"ש אם עשה הקשר עליון שלא לשמה, **דרש"י** והרא"ש והתוס' ס"ל, דבעינן מדאורייתא ג"כ תליה לשמה, וקרא דמיעט עו"ג צריך אפילו ישראל עומד ע"ג ומלמדהו לשמה.

באר הגולה

[יא] ‹ע"פ מהדורת נהרדעא› [יב] **לשון הטור** [יג] **הרי"ף והרמב"ם בפ"ה מהל' תפילין ומזוזות ה"ז, וכתב שקודם שיקבענה מברך תחלה,** ‹ולשון השו"ע דמשמע דקובע קודם הברכה, נראה דר"ל דרך ארעי, כדי לצמצם המזוזה במקומה הראוי לה, ואח"כ יקבענה בקביעות - שבה"ל›, **ואינו מברך בשעת כתיבתה, שקביעתה היא המצוה, ממסקנת הגמ' מנחות דף מ"ב ע"ב** [יד] **מנחות מ"ב סוכה ט'** ‹ופירש רש"י... והרמב"ם מפרש בענין אחר, שכתב: ואין עושין אותם לא מן הצמר הנאחז בקוצים כשהצאן רובצין ביניהם, ולא מן הנימין הנתלשין מן הבהמה, ולא משיורי שתי שהאורג משייר בסוף הבגד, אלא מן הגיזה של צמר או מן הפשתן. **ונראה** שהטעם משום בזוי מצוה - ב"י› [טו] ‹ע"פ הב"י וז"ל: דאמר רב יהודה אמר רב עשאה מן הקוצין ומן הנימין ומן הגרדין פסולה, פי' רש"י דטעמא משום דלא נתלו בה לשם ציצית, וכ"כ הרא"ש בהלכות ציצית, אלמא תליה לשמה בעינן... ולהרמב"ם לא תקשי מהא, שהוא מפרש הא דעשאה מן הקוצין ומן הנימין ומן הגרדין, בצמר, ולא לענין תליה לשמה› [טז] **הרא"ש בהלכות ציצית פוסל, ורמב"ם בפ"א מהל' ציצית מכשיר**

ע"כ צריך ליזהר לכתחלה קודם התליה בבגד, שיוציא בשפתיו בפירוש: שתולה כל אלו הציצית לשם ציצית, וכמו שכתבנו לעיל בסי' י"א, לענין טויה ושזירה.

(**ואם** חשב במחשבתו לשמה, נ"ל דיוכל לברך עליו, אף דבטוייה נשארנו לעיל בסימן י"א בצ"ע אם מהני מחשבה, הכא מותר, אחד, דספק ספיקא הוא, דשמא הלכה דסגי במחשבה, ושמא הלכה כהרמב"ם, **ועוד** טעמא אחרינא, דטויית חוטין סתמא לאו לשם ציצית, משא"כ תליית החוטין סתמא לשמה קאי, (שיטת התוס' ד"ה ואל, דא"צ לתלות החוטים בבגד לשמה, משום דסתמא לשמה הוי), ובצירוף כל אלו הטעמים נ"ל דיוכל לברך עליו, **אך** לכתחלה יותר טוב שיוציא כן בפיו בפירוש).

(**הנה** לכאורה היה מקום לומר, דדוקא אם עשה קשר, לפי מה שהביא הפמ"ג בשם הלבוש טעם על הא דקי"ל בסימן י"א סי"ג דדוקא אם עשה קשר, דהקרא דגדילים תעשה לך משמע משנעשה גדיל, ע"ז דרשינן תעשה ולא מן העשוי, א"כ ממילא ה"ה נמי למאי דדרשינן תעשה לך לשם חובך, דאהטלת הציצית בבגד ג"כ קאי, לפירש"י והרא"ש דוקא אם עשה ג"כ קשר וחוליא, דמאי שנא, **אבל** מדברי הב"י מוכח בהדיא דהתחיבה בכנף לבד ג"כ בעינן שיהא לשמה, ואח"כ מצאתי מוכח כן יותר בהדיא בתוס' מנחות דף מ"ב ע"ב ד"ה הקוצים כו', ע"ש, **אך** מ"מ אפשר, דאם שכח לכוין לשמה בעת התחיבה, ובעת הקשר כוון לשמה, דיוכל לברך, דנאמר הוכיח סופו על תחלתו, **ואף** דזה גופא ספיקא הוא, כמו שכתב הגר"א לעיל בסימן י"א ס"א, **הא** יש עוד בזה ספיקא, דאולי הלכה כהרמב"ם דלא בעינן לשמה, **וגם** דאולי בזה סתמא לשמה קאי, וכ"ש דפסקו כן, **אך** יש לדחות קצת, דיש פוסקים דס"ל, דלא אמרינן כלל הוכיח סופו על תחלתו, וצ"ע).

(**ואפי'** אם הכוונה לשמה לא היה רק בתליית ציצית ראשונה, והשאר הטיל בסתמא, מ"מ יוכל לברך, דאמרינן כל העושה על דעת ראשונה הוא עושה, אף דלכאורה הם שתי פעולות נפרדות, **אך** אם יאמר בפירוש קודם התחלת התליה, דכל הציצית שיתלה אח"כ יהיה הכל לשם ציצית, תו לא צריך לכל זה).

(**ולולי** דמסתפינא הייתי אומר מלתא חדתא בענינינו, דעיקר פלוגתת הרא"ש על הרמב"ם הוא, באם ישראל הטיל הציצית בבגד ישראל אחר, שביקש אותו להטיל בתוכו אלו החוטין, דלהרמב"ם כשר אף בזה, דהא קא מדייק מדפוסל הגמ' דוקא בהטיל נכרי ציצית בבגד, דמיירי דהטיל בבגד ישראל, כדמשמע בגמרא מנחות מ"ב ע"ב מלישנא בתרא דרב ועשו להם אחרים, **ונוכל** לאמר בזה, דסברת הרא"ש הוא, דזה הישראל השני לא כיון בהטלתו לשם ציצית, רק סתם לקיים בקשתו של ראשון, שביקש ממנו להטיל אלו החוטין בתוכו, {**ואה"נ**, דאם היה מבקש ממנו בפירוש שיטיל אלו החוטין בתוכו לשם ציצית, דכשר לכו"ע, וכדלעיל סי' י"א: טוי לי ציצית לטלית, **ולכאורה** אפילו אם היה אומר לו סתם: הטיל לי ציצית אלו לטלית, דכשר, וכמו שם בטוי לי ציצית לטלית, ובדוחק יש לחלק ביניהם}, **אבל אם** הוא בעצמו הטיל בסתם חוטי הציצית בבגדו, אפשר דגם להרא"ש בזה סתמא לשמה קאי, דלמה הטיל אלו החוטין בבגדו אם לא לשם ציצית, **ובפרט** באלו הטליתים שלנו, שהם מיוחדין בעת קנייתן רק לקיים בהם מצות ציצית, בודאי אח"כ כשהטיל בהן חוטי הציצית, לשם ציצית הטיל בהן, **וכ"ז** כתבתי רק להצדיק המנהג, שלא נהגו ליזהר בזה, אבל כל יר"ש יחמיר על עצמו, להיות זהיר להוציא בשפתיו בפירוש, שהוא תולה אותן לשם ציצית).

אות ה'

בענין טוייה לשמה

סימן יא ס"א - "החוטין צריך שיהיו טווין לשמן - והוא דבר תורה, דכתיב: גדילים תעשה לך, לשם חובך.

(הגה: וי"א מחמירין אפי' לנפצן לשמן, והמנהג להקל בנפוץ) (מרדכי ואגודה) - דמה דכתיב: תעשה לך, היינו מטוייה ואילך, שאז היא עיקר עשיית הגדילים, **ומהר"ל** מפראג מסכים, דלכתחילה יש להחמיר לנפץ לשמה.

[יח]**שיאמר בתחלת הטווי שהוא עושה כן לשם ציצית** - בפירוש, לא במחשבה בעלמא, ואפי' בדיעבד צ"ע אי מהני מחשבה.

ודי בזה אפילו ליומא אוחרא, דסתמא תו לשמה קאי, דכל העושה על דעת ראשונה עושה, (**וכ"ש** אם יאמר, שכל הטוייה שיטוה יהיה לשם ציצית, בודאי דמהני, ולא צריכין תו להטעם דכל העושה וכו'), **אם** לא כשאמר אח"כ בפירוש, שהוא עושה שלא לשמה.

ואם טוה מעט ואח"כ אמר, לא מהני למה שנטווה כבר, דספוקי מספקא לן אי אמרינן הוכיח סופו על תחילתו, **ואם** בתחלה ג"כ חשב שיהיה לשמה, אך שלא אמר בפירוש, נ"ל דיש לצדד להקל בזה, דס"ס הוא.

או שיאמר לאשה: טווי לי ציצית לטלית - ר"ל בתחלת הטוייה לבד, (**וצריך** ג"כ שתהא מחשבה להאשה לשמה, דאל"כ מאי מהני אמירת האחרים, שעי"ז לא נקרא לשמה, אם באמת אין מחשבתה לשמה).

וה"ה אם האשה בעצמה אומרת שהיא טווה לשם ציצית דמהני, וגם נאמנת על כך שאמרה, **משא"כ** בער"ג וחש"ו, שאינם נאמנים.

מומר לתיאבון, שאין מטריח לעשות ציצית בבגדו, מותר לטוות, ומהימן כשאמר שטווה לשמה, **וכ"ש** אם הוא עובר רק על שאר עבירות לתיאבון, **אבל** מומר להכעיס, אפיקורס הוא לכל התורה כולה, ובודאי אדעתא דנפשיה עביד לכו"ע.

[יט]**ואם לא היו טווין לשמן, פסולים.**

לשון הרמב"ם: המוצא חוטי ציצית בשוק, אפי' פסוקים ושזורים, פסולים, דטרח איניש לעשות חוטין כעין ציצית, וא"כ שמא לא

באר הגולה

יז מנחות מ"ב סוכה ט. כשמואל, הרי"ף ורא"ש | יח מרדכי הל' ציצית | יט הרא"ש

נעשה לשם ציצית, **והמ"מ** חולק, וגם בכ"מ כתב דהרמב"ם בתשובה חזר בו אח"כ, **והגר"א** כתב, דהדין הוא עם הרמב"ם כמו שכתב בראשונה.

אות ו'

ציפן זהב, או שטלה עליהן עור בהמה טמאה, פסולות

סימן לב סמ"ח - [כ]אם צפה הבתים בזהב או בעור בהמה טמאה, פסולים - [כא]פי' שעשה עור מתחלה מבהמה טהורה, ואח"כ ציפה על אותו עור מבהמה טמאה, אפ"ה פסולים, ואפי' חתך במקום השיני"ן שהשי"ן נראה.

(**הא** עור כשר ע"ג עור כשר ושי"ן נראה, כשר, אע"פ שאין בית רואה אויר, כיון שהשי"ן נראה, **ולפי"ז** כ"ש אותן שעושין צבע עב שמצהיב תפילין, דאין לחוש, וגם השי"ן נראה היטב).

אות ז'

אף עור בהמה טהורה פסולות עד שיעבדן לשמן

סימן לב סל"ז - [כב]עור הבתים צריך להיות מעור בהמה חיה ועוף טהורים, [כג]אפילו מנבלה או טרפה שלהם - דכתיב: למען תהיה תורת ה' בפיך, מן המותר בפיך, וכיון דאות שי"ן שהוא מרמז על שם שדי נקמט בעור התפילין, הוא בכלל תורת ה', (**על** כן אם נתהוה לו איזה ספק בעור הבתים אם הוא טהור, יש להחמיר דספיקא דאורייתא הוא, ואפילו ברצועות יש להחמיר).

ואין חילוק בין הש"ר או הש"י, (ומה שכתב הפמ"ג, דעור הבית ש"י דאין בו שי"ן, שצריך להיות מעור טהורה, הוא מדרבנן בעלמא, גם זה אינו לענ"ד, **אלא** נראה פשוט דס"ל להגמרא, דכיון דהל"מ הוא אפילו על התפירות, שיהיו נתפרין הבתים דוקא בגידין טהורין, כ"ש על הבתים גופייהו שיהיו מעור טהור).

וה"ה עור התיתורא והמעברתא, כיון שמחובר ותפור בהבתים, (**ע"כ** הסופרים שמניחים בין הבית להתיתורא עורות ישנים אשר מאשפות ירימו, וממנעלים קרועים, ידעו כי עבירה היא בידם, אחרי שהוא מחובר להבית, צריך להיות דוקא מעור כשר כמוהו ממש, כ"כ בספר לשכת הסופר, **ולכתחלה** בודאי הדין עמו, אך לענין דיעבד יש לעיין, לפי מה דכתב הפמ"ג לקמן בסעיף מ"ז, דמה דהצריך רמ"א לדבק כשר, הוא למצוה ולא לעיכובא, כיון דהדיבוק אינו מעכב, ממילא אין קפידא במה מדבק, וא"כ לכאורה ה"נ בענינינו, לא דמי לעור התיתורא והמעברתא דחיובן הוא מצד הדין, ע"כ בעינן שיהיו טהורים, משא"כ בזה, וצ"ע).

[כד]ורשאי לעשות מקלף - ואע"פ שהוא דק, שפיר מיקרי עור, **או מעור שליל** - דגם עורו נקרא עור, ואע"ג דהוא נקרא בשר לענין טומאה, מ"מ לא גרע מעור עוף.

(**ועיין** בד"מ שכתב, דאין עושין מעור הדג, משום דאיבעיא דלא איפשטא, **ולכאורה** יש לעיין, דהלא הרמב"ם כתב הטעם שאין כותבין על עור הדג, מפני שאין הזוהמא פוסקת בעיבודה, משמע מזה דשאר עור פוסק הזוהמא על ידי העיבוד, וא"כ הרמב"ם שפוסק דעור הבית מותר על עור שאינו מעובד, יהיה מותר אפילו על עור הדג, ויש לדחות).

הגה: וכן הרצועות יכול לעשותן מקלף ועור שליל (מרדכי) - רק שישחירם, דרצועות שחורות הלמ"מ.

[כה]צריך שיהיה מעובד לשמו היכא דאפשר - כי הרמב"ם ס"ל דלא בעי כלל עיבוד עור הבתים, דאדרבה יותר חזק הוא כשלא נתעבד, משום הכי כשר אפילו עור שאינו מעובד כלל, וכ"ש דלא בעי עיבוד לשמה, **ורוב** הפוסקים חולקים עליו, ומצרכי עיבוד וגם לשמה, **ופסק** השו"ע דהיכא דאפשר בעי לשמה, אבל היכא דלא אפשר למצוא חיפוי הבתים מעור המעובד לשמה, מותר לסמוך על דברי הרמב"ם, מלהתבטל ממצות תפילין, וכשימצא אח"כ מעור המעובד לשמה, יגנוז הבתים אלו, ויעשה מעור המעובד לשמה.

ונחלקו האחרונים: אם לעת עתה יניחם בברכה או בלא ברכה, והברכי יוסף הסכים להמ"א דיוכל לברך, (**דכדאי הוא הרמב"ם לסמוך עליו, וגילה לנו הגר"א את מקורו דהרמב"ם, מהא דעירובין צ"ו, דעור הבתים הוא כעין עור קמיע שהוא עור שאינו מעובד כלל, וחזינן מזה דסוגיין כת"ק דרשב"ג, ולא כרשב"ג, מ"מ לענ"ד צ"ע אעיקרא דדינא, אם יש לסמוך על המ"א שמיקל לענין ברכה, אף שהברכי יוסף הסכים עמו, דהלא הגר"א כתב, דדברי הרמב"ם שמיקל בזה לענין לשמה, לכאורה צ"ע, א"כ למה נקיל הכא דיהא מותר לברך בעור שאינו מעובד לשמה, וצ"ע למעשה**).

(**ואם יזדמן איזה ספק בהעיבוד דעור הבתים, יש להקל, דהוי כעין ס"ס**).

(**ועיבוד זה לכולי עלמא לאו מהלכה למשה מסיני הוא, ומה דצריך עיבוד הוא משום לשמה, דכל דבר קדושה בעינן לשמה**).

ואם העיבוד היה רק לרצועות, לא מהני להבתים דקדושתן חמורה.

באר הגולה

[כ] סנהדרין מ"ח [כא] ופי' רש"י טלה עליהם. לשון טלאי, כלומר חיפן בעור בהמה טמאה. וכתב המרדכי, דבעור של גוף הבתים איירי, ומשמע מדבריו שאם עשה עור הבתים מבהמה טהורה, ואח"כ ציפן זהב או חיפן בעור בהמה טמאה, כשר הוא, ואח"כ חזר המרדכי עצמו וכתב, ומיהו קצת נראה הלשון שרוצה לומר עור אחר טולה, דבעי למימר עור על גבי עור הבתים - ב"י [כב] שבת כ"ח [כג] שם ק"ח [כד] טור בשם ספר תרומות [כה] שם וסמ"ג והרא"ש בהל' ס"ת מצריכין עיבוד לשמה, והרמב"ם לא מצריך

אות ח׳ – ט׳ – י׳

מייתינן דם חלזון וסמנין ורמינן להו ביורה [ומרתחינן ליה], ושקלינא פורתא בביעתא וטעמינן להו באודרא, ושדינן ליה להאוא ביעתא, וקלינן ליה לאודרא

טעימה פסולה

דבעינן צביעה לשמה

רמב"ם פ"ב מהל' ציצית ה"ב - כיצד צובעין תכלת של ציצית, [כ]לוקחין הצמר ושורין אותו בסיד, ואח"כ מכבסין אותו עד שיהיה נקי, ומרתיחים אותו באהלא וכיוצא בו כדרך שהצבעין עושין כדי שיקלוט את העין, ואח"כ מביאין דם חלזון, והוא דג שדומה עינו לעין התכלת ודמו שחור כדיו, ובים המלח הוא מצוי, ונותנין את הדם ליורה, ונותנין עמו סממנין כמו הקמוניא וכיוצא בהן כדרך שהצבעין עושין, ומרתיחין אותו, ונותנין בו הצמר עד שיעשה כעין רקיע, וזו היא התכלת של ציצית.

רמב"ם פ"ב מהל' ציצית ה"ג - התכלת של ציצית צריכה צביעה לשמה, ואם צבעה שלא לשמה, פסולה; והיורה שיש בה הצבע, אם צבע בה מעט צמר לבדקו אם הוא יפה אם לאו, נפסלה היורה כולה; אלא כיצד יעשה, לוקח הצבע מן היורה בכלי קטן, ומניח בו צמר שבודק בו, ושורף את שבדק, שהרי נצבע לבדיקה, ושופך הצבע שבכלי שבדק בו, שהרי טעמו ופסלו, וצובע התכלת בשאר הצבע שלא נפגם.

אות כ׳

תכלת... ואין נקחית אלא מן המומחה

רמב"ם פ"ב מהל' ציצית ה"ד - התכלת אינה נלקחת אלא מן המומחה, [כז]חוששין שמא נצבעה שלא לשמה; [כח]אע"פ שנלקחה מן המומחה, אם נבדקה ונודעה שנצבעה באחד משאר [כט]צבעונין המשחירים שאינן עומדין, פסולה.

אות ל׳

תפילין... ואין ניקחין אלא מן המומחה

סימן לט ס"ח - [ל]אין נקחין אלא מן המומחה, שבקי בחסירות ויתרות - ופשוט דמי שהוא סופר קבוע לרבים הוא בכלל מומחה, **אבל** לא ממי שאינו מומחה, אע"פ שהלוקח רוצה לבדקן, לפי שיש לחוש שמא יתעצל בבדיקתן, מפני שטורח הוא לו להסיר התפירה ולחזור ולתופרן, [תוס' והרא"ש].

ומזוזה וה"ה פרשיות של תפילין ניקחות אפילו שלא מן המומחה, ובתנאי שיבדקנה אח"כ, [ברייתא שם].

[לא]**סימן לט ס"ט - [לב]לקח ממי שאינו מומחה** - בדיעבד, או שאין שם מומחה בעיר, **צריך לבדקן** - בחסירות ויתירות, וה"ה בתמונת האותיות אם הם כהלכה, **ואין** לחוש שמא עיבדן שלא לשמן, דהכל בקיאין בזה.

לקח ממנו מאה קציצות, בודק מהם שלשה קציצות, שתים של ראש ואחת של יד, או שתים של יד ואחת של ראש, אם מצאן כשרים, הוחזק זה האיש והרי כולם כשרים, ואין השאר צריך בדיקה - והוא שאומר שכתבן בעצמו, או שאומר שלקחן מאדם אחד, ותלינן שאותו האדם כתבן הכל בעצמו, כיון שהם בצבת א'.

ואם לקחן צבתים צבתים, חזקתם מאנשים הרבה הם לקוחים; לפיכך בודק מכל צבת ב' של ראש ואחד של יד, או ב' של יד וא' ש"ר.

[לג]**המוכר תפילין ואמר שהיו של אדם גדול** - ונראה דה"ה אם אמר שלקחן ממומחה, **נאמן** - דעד א' נאמן באיסורין, **ואינם צריכים בדיקה** - שחזקה על חבר שאינו מוציא מתחת ידו דבר שאינו מתוקן.

וכתב המ"א דעכ"פ בעינן שמכירין אותו שהוא מוחזק בכשרות, **ואם** ראינוהו שלבשן בעצמו, נאמן בכל גווני, דלעבור בעצמו בודאי אינו חשוד.

אות מ׳

ספרים ומזוזות... וניקחין מכל אדם

רמב"ם פ"א מהל' תפילין הי"א - גויל של ספר תורה וקלף של תפילין או של ספר תורה, צריך לעבד אותן לשמן, ואם עבדן שלא לשמן פסולין; לפיכך אם עבדן הכותי פסולין, אע"פ שאמרנו לו לכותי לעבד עור זה לשם

באר הגולה

כ ‹נראה שזה כתב רבינו מדעתו, שזה דרך הצבעין – כסף משנה› כז ‹ורש"י שפי' לענין קלא אילן, לפום מאי דס"ד בגמ' דאין לה בדיקה אם היא תכלת או קלא אילן הוא שפירש כן, וכן כתב רש"י ד"ה אין לה בדיקה. קס"ד כו' – מעדני יו"ט› כח ‹נראה שלמד כן מדאמרינן שם בגמרא (דף מ"ג) מר ממשכי אייתי תכלתא ובדקוה וכו', הרי בהדיא אי לאו דא"ל רב אחאי שמועתא אהדדי איתמר, הוו פסלי לה. וא"ת למה בדקוה והא תניא דאינה נקחת אלא מן המומחה, משמע דמן המומחה נקחת וא"צ בדיקה. וי"ל דאין ה"נ שא"צ בדיקה, אלא שכך אירע מעשה שבדקוה, וכך הם דברי רבינו שכתב אם נבדקה – כסף משנה› כט ‹וקלא אילן הוא אחד מצבעונין המשחירין שאינם עומדים, והרמב"ם אף שלא הזכיר שהוא קלא אילן, הוא משום שאין צורך, דאפשר איכא עוד מינים, ואולי ידע דודאי איכא עוד מינים שעושין מהם ע"י סממנים צבע התכלת, אבל כולם אינם עומדים כדם החלזון – אג"מ› ל **מנחות מ"ב כפי' התוספות ורא"ש** ‹ודלא כרש"י› לא ‹מילואים› לב **עירובין צ"ז ורמב"ם** לג **תשובת רא"ש**

הספר או לשם התפילין, פסולין, [לד]שהכותי על דעת עצמו הוא עושה, לא על דעת השוכר אותו, לפיכך כל דבר שצריך מעשה לשמו, אם עשהו הכותי פסול; [לה]ומזוזה אינה צריכה העבדה לשמה.

רמב"ם פ"א מהל' תפילין הי"א - ספר תורה תפילין ומזוזות שכתבן אפיקורוס, ישרפו; כתבן כותי או ישראל מומר או מוסר ביד אנס או עבד או אשה או קטן, הרי אלו פסולין ויגנזו, שנאמר: וקשרתם וכתבתם, כל שמוזהר על הקשירה ומאמין בה הוא שכותב; נמצאו ביד אפיקורוס ואינו יודע מי כתבן, יגנזו; [לו]נמצאו ביד כותי כשרים; ואין לוקחין ספרים תפילין ומזוזות מן הכותים ביותר על דמיהם, שלא להרגיל אותן לגונבן ולגוזלן.

אות נ'

מגביא גילא ומיא דשבלילתא ומימי רגלים וכו'

רמב"ם פ"ב מהל' ציצית ה"ה - כיצד בודקין אותה עד שיודע אם נצבעה כהלכתה אם לאו, לוקחין תבן וריר של שבלול ומי רגלים שנתחמצו ארבעים יום, ושורין התכלת בכולן מעת לעת, אם עמדה בעינה ולא כהתה, כשרה; ואם כהתה, לוקחין בצק של שעורין שמעפשין אותו למורייס, ונותנין את זו התכלת שנשתנית בתוכו, ואופה הבצק בתנור, ומוציאים התכלת מן הפת, ורואין אותה אם כהתה ממה שהיתה, פסולה, ואם הוסיף עינה והושחרה יותר ממה שהיתה קודם האפייה, כשרה.

באר הגולה

[לד] ‹עיין שו"ע סימן י"א ס"ב: טוואן נכרי, וישראל עומד על גבו ואומר שיעשה לשמם, להרמב"ם, פסול; ולהרא"ש, כשר. **ובסימן** ל"ב ס"ט: אם עיבדו א"י, להרמב"ם פסול אפילו אמר לו ישראל לעבד לשמו, ולהרא"ש כשר אם ישראל עומד ע"ג› [לה] ‹לשון התוס': פי' בקונטרוס בחסירות ויתרות ואפ"ה אין נקחין אלא מן המומחה לעבדן לשמן, אבל ספרים ומזוזות לא בעי עיבוד לשמן, וכן פי' ה"ר משה בר מיימון דמזוזה לא בעיא לשמה, ולא פירש מנא ליה, ושמא מהכא וכו'. **וזהו** לכאורה כוונת העין משפט› [לו] ‹ודלמא זהו כוונת העין משפט, דאי לא דניקחין מכל אדם, לא היה שייך להיות כשר כשנמצא ביד כותי, וצ"ע›

§ מסכת מנחות דף מג, §

אות א'* [א]

תוס' ד"ה תפילין. בא"ד: מיהו בשימושא רבא איכא שמצריך לבדקן פעמיים בשבוע

סימן לט ס"י - [ב]תפילין שהוחזקו בכשרות, אינם צריכים בדיקה לעולם - שכל זמן שחיפויין שלם הרי הן בחזקתן מן הדין, ואין חוששין שמא נמחקה אות מתוכן או ניקבה, **ומ"מ** נכון לבדקן, מפני שמתקלקלין מפני הזיעה. ‹**בתפילין** שבזמנינו העשויים בהידור אין לחוש לזה, ואדרבה ע"פ הרוב מצויים תקלות רק לאחר שנפתחו ותיקונם מחדש – הליכות שלמה›.

[ג]ואם אינו מניחן אלא לפרקים, צריכים בדיקה פעמים בשבוע - דחיישינן שמא נתעפשו.

הגה: ואם אין לו מי שיוכל לבדוק ולחזור ולתופרן, יניחם כך בלא בדיקה (ב"י בשם א"ח) - ולענין ברכה, משמע מח"א דצריך לברך, **והטעם** נראה, משום דלא ראינו עליהן ריעותא ברורה, משא"כ בנשרו במים או שנתקלקל העור וכדלקמן, **ולמעשה** צ"ע.

ואם נקרע חיפוי הבתים, או שנשרו במים, צריכין בדיקה תיכף, שמא נמחק הכתב או נתקלקל, **וכתב** הח"א, דה"ה אם מונחים במקום לח, והכל לפי הענין.

וכל שצריך בדיקה מן הדין, ואין לו מי שיבדוק ויתפור אותם, מניחם בלא ברכה, דלא שייך אוקמיה אחזקה כה"ג.

המוצא תפילין מושלכין בגניזה בלא רצועות ופתוחים, יש לחוש שיש להם פסול נסתר, **אבל** אם מצאן דרך הינוח בכיסן, ליכא למיחש.

אות א' – ב'

חמירא ארכסא דשערי ואפיא לה בגווה, אישתנאי למעליותא כשרה, לגריעותא פסולה

שמועתא אהדדי איתמר

רמב"ם פ"ב מהל' ציצית ה"ה - כיצד בודקין אותה עד שיודע אם נצבעה כהלכתה אם לאו, לוקחין תבן וריר של שבלול ומי רגלים שנתחמצו ארבעים יום, ושורין התכלת בכולן מעת לעת, אם עמדה בעינה ולא כהתה, כשרה; ואם כהתה, לוקחין בצק של שעורין שמעפשין אותו למורייס, ונותנין את זו התכלת שנשתנית בתוכו, ואופה הבצק בתנור, ומוציאים התכלת מן הפת, ורואין אותה אם כהתה ממה שהיתה, פסולה, ואם הוסיף עינה והושחרה יותר ממה שהיתה קודם האפייה, כשרה.

אות ג'

הלוקח טלית מצוייצת מן השוק מישראל, הרי היא בחזקתה; מן העכו"ם, מן התגר כשרה, מן ההדיוט פסולה

סימן כ ס"א - [ד]הלוקח טלית מצוייצת מישראל, ‹כשר› - אפי' אין מכיר שהוא כשר ונאמן, אפ"ה תלינן דסתם ישראל בחזקת כשר הוא, ובודאי טוואן ושזרן ותלאן לשמן, אם לא שהוא חשוד.

או מתגר א"י, (ואומר שלקחן מישראל נאמן) (נ"י), כשר - עיין בלבוש דמוכח מיניה, שא"צ התגר לומר שקנה מנאמן, דאפילו מסתם ישראל, כשר, כמו בישראל שקנה מישראל, **ואפשר** דגם הרמ"א סובר כן, ותיבת "נאמן" קאי על התגר, שהוא נאמן בדיבורו, **והוסיף** הרמ"א זה להורות לנו הסברא, דדוקא על דיבורו סמכינן ומאמינין לו, דלא מרע נפשיה לומר שקר, משא"כ בסתמא, לא מרע נפשיה עי"ז.

דכיון דתגר הוא, חזקה שלקחה מישראל, דלא מרע נפשיה - אפי' אינו מוחזק לקנות טליתות, רק מוחזק לקנות שאר סחורות, אפ"ה נאמן, דאם ימצא בדאי בדבר אחד, שוב לא יאמינוהו בדבר אחר.

עיין במ"א שכתב, דוקא גבי טלית בציציותיה סמכינן על סברא זו ומאמינין לו, משום דאין דרך לנכרי לתלות ציצית בבגדו, **אבל** לקנות ציצית, אסור אף מתגר, שמא לא היה הטויה והשזירה לשמה, וכן פסק הט"ז ודה"ח, **ויש** מקילין בזה, **ועיין** בארה"ח ובישועות יעקב שהסכימו, דהיכא דעסק התגר הוא לקנות ציצית מישראל ולמכור, מותר מתגר.

אבל אם לקח מא"י שאינו תגר, פסולה - שמא הוא בעצמו עשה הציצית בהבגד, וכ"ש דאסור לקנות ממנו ציצית, דשמא לא נטוה לשמה, וא"כ פשוט דאפילו אם ירצה להתירם מהבגד ולקשרם מחדש, אסור - מ"א ושארי אחרונים, [ה]דלא כט"ז.

ואסור לשלוח ציצית אפילו פסוקין ושזורין, ע"י עו"ג, אם לא בשני חותמות. **מצא** טלית מצוייצת בשוק, כשר.

באר הגולה

א ‹ע"פ הב"י וז"ל: כתבו התוס'... מיהו בשימושא רבא... וכל זה כתב הרא"ש, וכתב שיש קצת סעד לדברי שימושא רבא, מדאמרינן ביומא (יא.) דמזוזה נבדקת פעמיים בשבוע, ומיהו כתב שיש לחלק בין מזוזה לתפילין, עכ"ל. **וז"ל** הרא"ש שם: אלא שאין דומה, דבדיקה דאיירינן בה, היינו שמא נתקלקל או בלה הקלף, וטפי יש לחוש במזוזה מזה, מפני לחלוחית מקומה והזרם והמטר›

ב **ירושלמי בפ' בתרא דעירובין ורמב"ם** ‹והרמב"ם כתב, דאפילו אחר כמה שנים אינו צריך לבדקן, שכל זמן שחיפויין שלם הרי הם בחזקתן, ואין חוששין להם שמא נמחקה אות מתוכה או שניקבה, הלל הזקן היה אומר אלו משל אבי אימא, עכ"ל, והוא בירושלמי פרק בתרא דעירובין [הובא בתוס'] - ב"י›

ג **טור וספר א"ח** ‹כמ"ש במזוזה ביומא י"א א' - גר"א. **מזוזה** נבדקת פעמיים בשבוע, והיינו משום דמזוזה מונח על מקום אחד בלי טלטול, חששו לעיפוש, וה"נ בתפילין אם אין מניחן ואינן מטולטלין, יש לחוש לעיפוש – דמשק אליעזר›

ד **מנחות מ"ג**

ה ‹וז"ל: דתלינן במלתא דשכיחא דמישראל באו, משא"כ בתגר שעוסק במכירת ציצית›

מסורת הש"ס

התכלת פרק רביעי מנחות מג

עין משפט נר מצוה

בן ארבעים יום ותרי לה בגווייהו מאורתא ועד א] לצפרא איפרד חזותיה פסולה לא איפרד חזותיה כשרה ורב ב] אדא קמיה דרבא משמיה דרב עוירא אמר מייתי חמירא ארכסא רשערי ואפיא לה בגווייה אישתנאי למעליותא כשרה לגריעותא פסולה וסימניך שינוי שקר שינוי אמת מאי אין לה בדיקה נמי דקאמר אטעימה מר ממשכי אייתי תכלתא בשני רב אחאי בדקוה בדרב יצחק בריה דרב יהודה ואיפרד חזותיה בדרב ג] אדא ואישתנאי למעליותא סבר למיפסלה אמר להו רב אחאי אלא הא לא תכילתא היא ולא קלא אילן היא אלא שמע מינה שמועתא אהדדי איתמר היכא דבדקנא בדרב יצחק בריה דרב יהודה לא איפרד חזותיה כשרה איפרד חזותיה בדקינן לה בדרב ד] אדא בחמירא ארכסא אישתני למעליותא כשרה לגריעותא פסולה שלחו מתם שמועתא אהדדי איתמר רבי מני דייק וזבין כחומרי מתניתא א"ל ההוא סבא הכי עבוד קמאי דקמך ואצלח עיסקייהו ת"ר הלוקח טלית מצוייצת מן השוק מישראל הרי היא בחזקתה מן העובד כוכבים מן התגר כשרה מן ההדיוט פסולה ואע"פ שאמרו אין אדם רשאי למכור טלית מצוייצת לעובד כוכבים עד שיתיר ציציותיה מאי טעמא הכא תרגימו משום זונה רב יהודה אמר שמא יתלוה עמו בדרך ויהרגנו רב יהודה *רמי תכילתא °לפרזומא דאינשי ביתיה ומברך כל צפרא להתעטף בציצית מדרמי קסבר מצות עשה שלא הזמן גרמא הוא אמאי מברך כל צפרא וצפרא כרבי *דתניא תפילין כל זמן שמניחן מברך עליהן דברי רבי אי הכי כל שעתא נמי רב יהודה אניש צניעא הוה ולא שרי ליה לגלימיה כוליה יומא ומאי שנא מצפרא כי משני מכסות לילה לכסות יום ת"ר *הכל חייבין בציצית כהנים לוים וישראלים גרים נשים ועבדים ר"ש פוטר בנשים מפני *שמצות עשה שהזמן גרמא הוא *וכל מצות עשה שהזמן גרמא נשים פטורות אמר מר הכל חייבין בציצית כהנים לוים וישראלים פשיטא דאי כהנים לוים וישראלים פטירי מאן ליחייב כהנים איצטריכא ליה ס"ד אמינא הואיל וכתיב °לא תלבש שעטנז צמר ופשתים יחדיו גדילים תעשה לך מאן דלא אישתרי כלאים לגביה בלבישה הוא דמיחייב בציצית הני כהנים הואיל ואישתרי כלאים לגבייהו לא ליחייבו קמ"ל *)נהי דאישתרי בעידן עבודה בלא עידן עבודה לא אישתרי ר"ש פוטר בנשים מאי טעמא דר"ש **) דתניא °וראיתם אותו פרט לכסות לילה אתה אומר פרט לכסות לילה או אינו אלא פרט לכסות סומא כשהוא אומר °אשר תכסה בה הרי כסות סומא אמור הא מה אני מקיים וראיתם אותו פרט לכסות לילה ומה ראית לרבות כסות סומא ולהוציא כסות לילה מרבה אני כסות סומא שישנה בראיה אצל אחרים ומוציא אני כסות לילה שאינה בראיה אצל אחרים ורבנן האי

*) [ע' תוס' לעיל מא. בתוך ד"ה תכלת] **) שבת כז: זבחים יח:

[דברים כב] [במדבר טו] [דברים כב]

בן ארבעים יום. מתינוק בן ארבעים ה] ל"א שעברו מ' יום משילא מגוף האדם [א] (נתקלקל) : ונפרד חזותא. נתקלקל המראה פסולה דקלא אילן הוא : חמירא ארכסא. שאור קשה : וסימניך. איזה שינוי כשר ואיזה שינוי פסול שינוי שקר המשנה דברו לרעה הכל יודעין שרע הוא ו] [ב] [שינוי אמת המשנה דברו להוסיף עליו ולקיימו הכל יודעין שטוב הוא] : מאי אין לה בדיקה דקאמר נמי אטעימה. אין אדם יכול לבדוק ולומר אם לשם תכלת נצבע אם לטעימה לשם ניסיון ואמרו לעיל דטעימה פסולה ל"א אטעימה וה"ק אין בודקין יורה של תכלת בטעימה שלא יפסל כל היורה אלא שקיל בביעתא כדמפרש לעיל : מר. שם חכם : ממשכי. שם מקום : לאו תכלת היא. דהא איפרד חזותא בדרב יצחק ולאו קלא אילן דהא אישתני למעליותא כדר"א ז] : שמועתא. דרב יצחק ודרב ח] אדא אהדדי איתמר כלומר בשתיהן יחד בדקינן ולא פליגי אלא היכא דבדקנא כו' ט] והא דרב אדא מוספת על דרב יצחק ומפרש אותה : דייק וזבין. מן המומחה : כחומרי מתנייתא. דלעיל דקתני טעימה פסולה הלכך בעי מומחה : מן העובד כוכבים. אם תגר הוא כשרה דלא מרע נפשיה וזבין לה מישראל וכשרה : פסולה. דשמא הוא צבעה ושלא לשמה נעשית : ואע"פ שאמרו כו'. אפ"ה אמרינן (גבי) תגר ישראל מכרה לו : מאי טעמא. אין מוכרין י] מצויצת לעובד כוכבים : משום זונה. דלמא הויא ליה זונה ישראלית וסבורה יא] ישראל הוא ותבעל ליה יב] ועברין משום לא תתחתן בם (דברים ז) ל"א משום זונה עובדת כוכבים דלמא יהיב לה ההוא עובד כוכבים יג] באתננה ואמרה כישראל יד] נתנה לי ואתי למחשדיה : שמא יתלוה. ישראל עם העובד כוכבים זה וסבור ישראל הוא דהא יש לו ציצית ויהרגנו : רב יהודה רמי ליה תכילתא לפרזומא דאינשי ביתיה. היה מטיל ציצית לבגד שמתכסה בו אשתו : ומברך כל צפרא. ועוד עושה דבר זה כשמתעטף בטליתו בכל בוקר ובוקר היה מברך : מדרמי. תכילתא לכסות אשתו קסבר נשים חייבות בה אלמא קסבר מצות עשה שלא הזמן גרמא היא דזמנה בין ביום ובין בלילה דאי זמן גרמא נשים פטורות : אם כן דלילה טו] זמנה אמאי מברך. [ג] (א) אלא פעם ראשון כשנתעטף טז] כשהיתה חדשה ה"ל לברך הא מכאן ואילך יז] [ד] יומא אריכא דמי דהא אין לילה מפסיקו : ולא הוה שרי לה יח] כל יומא. אלא בלילה והלכך לא מברך אלא בצפרא ולעולם כרבי : ומאי שנא מצפרא. יט] לברך כשהוא עומד ומתעטף בה באשמורת קודם היום כ] לגירסיה : ומשני כי משני מכסות לילה לכסות יום. כא] שני טליתות מצויירות היו אחת ליום ואחת ללילה(ב): שהזמן גרמא היא. דלילה לר"ש לאו זמן ציצית והוי יום זמנה : כהנים אישתראי כלאים לגבייהו. אבנט דכתיב ביה (שמות לט) שש ותכלת : כסות סומא.(ג) דחייב : ורבנן. דלית להו לילה זמן ציצית והויא מצות [עשה] שלא הזמן גרמא ונשים חייבות:
הלא

[סוכה יח.] [שם מו.] ערכין ג: [חולין ב:] [ע' תוס' ברכות יד: ד"ה ויאמר]

תורה [ה] בעי עיבוד סג] ושמא הכא בשאר ספרים איירי ונראה לפרש תפילין יש להם בדיקה בחסירות ויתירות ואפ"ה אין ניקחין סג] שנגלו לסותרן אבל לעיבוד לשמה לא חיישינן שהכל בקיאין בו והא דתניא בהמוצא תפילין (עירובין דף צז.) *הלוקח תפילין [ו] מן השוק בודקה אחת אחת בדיעבד איירי (ולפי' הקונטרס נראה לי לפרש דבדיעבד לא חיישינן) והכי תניא בתוספתא דמסכת ע"ז אין לוקחין תפילין אלא מן המומחה ואם לקח ממי שאינו מומחה ומלא בידו שנים או שלשה למדים בודק ממנו תפילין אחד של יד או של ראש בלמיד הראשון וכן שני וכן שלישי והא דתנן (שם דף צה.) המוצא תפילין מכניסן זוג זוג אע"פ שלא בדקן התם משום כבוד דתפילין לא חיישינן א"נ מוצא שאני דרוב מצויין אצל תפילין מומחין הן ובמכילתא איתא נאמר כאן ימימה ונאמר להלן (ויקרא כה) ימים תהיה גאולתו מה להלן י"ב חדש אף כאן מגיד שצריך לבדוק תפילין [ז] אחת לי"ב חדש דברי ב"ה ב"ש אומרים אין צריך בדיקה *שמאי אומר אלו תפילין של אבי אימא ופרק המוצא תפילין ירושלמי נמי תניא תפילין צריך [בדיקה] אחת לי"ב חדש דברי רבי רשב"ג אומר אין צריך וכל הני דמצרכי בדיקה סבירא להו בחזקת תפילין הכתוב מדבר ולא קי"ל הכי מיהו בשימושא רבה איכא שמצריך לבדקן פעמיים בשבוע והני בדיקות לא הוו משום חסירות ויתירות אלא שמא בלו ונתקלקלו ובמזוזה אשכחן [ח] בדיקה דאמרינן במס' יומא (דף יא.) שנבדקת פעמיים בשבוע ויש לחלק :

בן ארבעים. פירשתי פרק האשה בנדה (דף סג.) : מאי אין לה בדיקה נמי דקאמר אטעימה. ובדיקה דרב יצחק ורב כד] אדא אהני בלוקח מן המומחה שיודע דטעימה כה] פסולה [ט] אבל לא ידע מקלא אילן דאיהו גופיה לא ידע : ור"ש פוטר בנשים. אף על גב דאמרינן ברכות (דף כ:) גבי קידוש דנשים חייבות דכל שישנו בשמירה ישנו בזכירה וזכור ושמור בדבור אחד נאמרו ואמרינן נמי במכילתין ובירושלמי דגדילים ולא תלבש בדיבור אחד נאמרו לאו מילתא היא דהתם לא איתמר בדבור אחד אלא לאשמועינן הא אבל הכא איתמר כי היכי דלא [י] ניסתרו אהדדי והכי נמי אין להקשות דנידרוש כי היכי דמרבינן (פסחים מג:) גבי אכילת מצה *דהתם שאני דכתיבי בחד קרא*):

*) [וע' תוס' פסחים מג: סד"ה סד"א ובמה שציינתי שם על לידו]

סה א ב מיי' פ"ב מהל' ציצית הל' ח :
[ושם וע"ש דליתא הכי לפנינו]
רס"ק מ"ז
סו ג מיי' פ"ב מהל' ציצית הל' ז טוש"ע א"ח סימן כ סעיף א :
סז ד ה מיי' שם פ"ג הלכה ט [עי' ש"ע א"ח סימן כח סעיף ד בהג"ה] :
סח ו מיי' פ"ג מהלכות ציצית הלכה ח וע"ש סמג עשין כו טוש"ע א"ח סימן ח סעיף מז :
סט ז מיי' פ"ד מהלכות תפילין הל' ז סמג עשין כ טוש"ע א"ח סי' כח סעיף יב :
ע ח מיי' פ"ג מהל' ציצית הלכה ח וע' בהשגות ובכ"מ סמג עשין כו טוש"ע א"ח סי' יז סעיף ב :
עא ט מיי' פ"ח מהל' כלי מקדש הלכה יא ופ"י מהלכות כלאים הל' לב :
ע' הגירסא ברב אלפס וברא"ש הלכות קטנות
עב י מיי' פרק ג' מהל' ציצית הל' ז טוש"ע א"ח סי' יז סעיף א :
עג כ מיי' שם הל' ז טוש"ע שם :

שיטה מקובצת

א] צפרא אי איפרד : ב] ורב אריא : ג] בדרב אריא ואשתני : ד] בדרב אריא : ה] ארבעים יום ל"א שעברו עליהם מ' : ו] הוא שינוי אמת המשנה דבריו להוסיף עליו ולקיימו הכל יודעין שטוב הוא : ז] כדרב אריא:אלא ש"מ מדבהאי נסיך הוא תכלת ובהאי קלא אילן : שמועתא : ח] ודרב אריא : ט] כו' דהא דרב אריא : י] מוכרין טלית : יא] וסבורה דישראל : יב] ליה ועברה : יג] עובד כוכבים לזונה עובדת כוכבים הטלית : יד] ישראל פלוני : טו] דלילה נמי : טז] כשנתעטף בה : יז] ואילך כחד : יח] כוליה : יט] מצפרא ליברך : כ] היום הס"ד ואח"כ מה"ד כי משני מכסות : כא] יום דשני : כב] עיבוד לשמה ואפ"ה נקחים : כג] ניקחין . לפי שיש טורח לנתק [הפרשיות] ולחזור ולתפור ואתי למסמך ולא בדיק ושמא אינם מדוקדקות בחסירות ויתירות אבל ספרים ומזוזות אין בהן טורח לבודקן ולא סמיך עלייהו ובודקן. מהר"פ : כד] ורב אריא:כה]פסולה ס"א ובדיקה משום חששא דקלא אילן :

רבינו גרשום

איפרד חזותא. אם נפסל מראהו : ארכסא קשה שהחמיץ ביותר : שינוי שקר. היינו לגריעותא ופסיל: ושינוי אמת. היינו למעליותא וכשרה : אטעימה קאמר. כלומר כיון דצבעי נמי לשום טעימה משום הכי אין לה בדיקה דאין אדם יכול להבחין אם נצבעה לשום טעימה או לשם תכלת לציצית : ממשכי. שם מקום : הא לא תכלתא היא. דאיפרד חזותא ולא קלא אילן דאישתני למעליותא : דאיק וזבין כחומר' מתניתא. דלא זבין תכלת אלא מן המומחה שצבעו לשם תכלת ובדיק לה בתרייהו : מן העובד כוכבים מן התגר. אם לקחה מעובד כוכבים תגר כשרה דישראל יהביה ניהליה לזבוני : מן העובד כוכבים הדיוט פסול. דליכא למימר דישראל הוא דלהדיוט לא יהיב איניש מידי לזבוני אלא עשאה להטעות עצמו : הכא תרגימו משום זונה. שמא עובד כוכבים היה נותן לה אותו טלית באתננה ותוציא לעז על שום בר ישראל ותאמר פלוני נתן לה טליתו מצוייצת בשכר ומשום הכי אין רשאין למכור : שמא. יתעטף בו העובד כוכבים ויראוהו ישראל ויחשוב שיהודי הוא ויבא להתלוות עמו בדרך ויהרגנו העובד כוכבים. ואעפ"כ מן העובד כוכבים מן התגר כשרה : לפרזומא דאינשי ביתיה. לבגד שאשתו מתכסה בו והוא נמי היה מתעטף בה : מדרמי. לבגד אשתו קסבר ציצית לאו זמן גרמא דסבר דלילה נמי זמן ציצית ונשים חייבות וטליתה חייבת : ומאחר דלאו זמן גרמא אמאי מברך כל צפרא (והא לא) : רב יהודה איניש צניעא הוה. מאחר שהיה מתעטף טליתו לא היה פושטה ממנו כל היום ולא הוצרך לברך אלא פעם אחת : ומאי שנא דבצפרא מברך ליבריך עלה בלילה קודם היום משעה שהיה עומד לשנות ולא יהא צריך לברך בשחרית : כי משני מכסות לילה לכסות יום. היה כלומר טלית אחרת פחותה ממנה היה לו שהיה שונה בה קודם היום ובשחרית כשהיה יוצא בין אנשים היה לובש הפורומא ואז היה מברך עלה : ורבנן דפליגי עליה דר' דאמרי אינו
מברך

הגהות צ"ק [א] צ"ק מ"ז : [ב] וכן הוא ברש"י כת"י : [ג] כל שפה פעם : [ד] כיומא : [ה] בעי עבוד לשמה ושמא מפרש דהכא בשאר ספרים איירי ודוחק הוא ונראה : [ו] תפילין ממי שאינו מומחה כו' השם בדיעבד איירי ולפי' הקונטרס נמי יש לפרש דבדיעבד כו' כצ"ל : [ז] פעם אחת : [ח] נמי בדיקה : [ט] וידע מקלא אילן אבל מקלא אילן לא דאיהו כו' : [י] נסתרי :

הגהות הב"ח (א) רש"י ד"ה א"כ דלילה וכו' אמאי מברך הא א"צ לברך אלא פעם : (ב) ד"ה ומשני כי וכו' ואחת ללילה דלילה לר"ש כצ"ל וסד"א : (ג) ד"ה כסות סומא אמור דחייב :

גליון הש"ס גמ' לפרזומא דאינשי ביתיה. עיין תוס' יו"ט ריש סוטה ד"ה ר"א : תוד"ה ור"ש וכו' דהתם שאני דכתיבי בחד קרא. עי' יבמות דף ד ע"א תד"ה דכתיב :

אות ד' – ה'

אין אדם רשאי למכור טלית מצוייצת לעובד כוכבים עד שיתיר ציציותיה

שמא יתלוה עמו בדרך ויהרגנו

סימן כ ס"ב - [ו]**אין מוכרין טלית מצוייצת לעובד כוכבים, שמא יתלווה עם ישראל בדרך, ויהרגנו** - [ח]ואפי' אם הוא תגר, דגם הוא חשוד על שפיכת דמים וגלוי עריות, **והא** דאמרינן בס"א: חזקה שלקחה מישראל וכו', היינו שישראל עבר ומכרה לו.

אבל אם הסיר הציצית, אע"פ שנשארו הנקבים, מותר אפילו למכור הטלית לנכרי.

ועוד איכא טעם בגמרא: משום זונה, ופירש"י שיתננה לזונה באתננה, ותאמר שישראל נתן לה, **וא"כ** כ"ש דאסור למכור לנכרית מטעם זה.

ועיין בח"א שכתב, דלטעם שמא יתלווה ליכא למיחש השתא, דאינן חשודים על שפיכת דמים, אבל לטעם דזונה יש לחוש.

[ט]**אפילו למשכן ולהפקיד טלית מצוייצת לעובד כוכבים, אסור, אא"כ הוא לפי שעה, דליכא למיחש להא.**

(ועיין בביאור הגר"א שכתב, דלהכי אסור אפילו למשכן אצל הנכרי, משום דנקטינן לחומרא כהאי טעמא דשמא יתלווה וכו', דלאידך טעמא דזונה, היה מותר, ור"ל דאיך ימסור לזונה כיון שהטלית אינו שלו, {ולפי"ז לפי מה שכתב הח"א, דלדידן השתא לא חיישינן לטעם דשמא יתלווה, ממילא מותר למשכן, ונעלם זה מהח"א שמחמיר בזה}, ועיין בב"י דמשמע בהיפך, ואולי כונתו, דלנכרית אסור למסור להפקיד מטעם זה, אבל מדברי הב"י שהביאו משמע דאף לנכרי אסור).

אות ו'

ומברך כל צפרא להתעטף בציצית

סימן ח סט"ז - [י]**הלן בטליתו בלילה, צריך לברך עליו בבוקר, אף אם לא פשטו** - דקי"ל לילה לאו זמן ציצית הוא, והוי הפסק, [יא]**וטוב למשמש בו בשעת ברכה** - «כדי שיהא הוראה על איזה לבוש הוא מברך - ב"ח».

ויש חולקין בזה, כיון דכסות יום חייב אף בלילה לדעת מקצת הפוסקים, וספק ברכות להקל, **ומ"מ** נכון לכוון לפטור אותה בט"ג.

וכל זה כל זמן שלא פשטו, אבל אם פשטו על דעת שלא ללובשו תיכף, צריך לברך אח"כ כשלובשו לכו"ע, **ומ"מ** לכתחלה אין נכון לעשות עצה זו כדי שיתחייב בברכה לכו"ע, משום ברכה שאין צריכה לדעת הפוטרים.

הישן ביום שינת הצהרים ומסיר מעליו הט"ק, יש דעות בין הפוסקים אם זה בכלל היסח הדעת, **ע"כ** מהנכון שעכ"פ יכסה בו בשעת השינה, וכשלובשו אח"כ אין צריך ברכה לכו"ע.

וכן יעשה מי שלובש טליתו קודם שיאיר היום (הגהו' מיימוני בשם ספר התרומה; סמ"ג וסמ"ק ומרדכי) - עיין בט"ז שכתב, דהאי "וכן" אינו מדוקדק, דבזה «שלבשן היום ולא בירך בשעת לבישה», צריך מדינא למשמש בבקר כשהוא מברך על הטלית, «כי היכי דלא ליתחזו כמאן דמברך על שעת לבישה שהיתה כבר, וכבר הפסיק בנתיים, **משא"כ** לעיל שלא לבש היום, ע"כ עיקר הברכה על קיום המצוה מכאן והלאה, אלא דמ"מ טוב למשמש גם בזה – ט"ז».

אות ז'

תפילין כל זמן שמניחן מברך עליהן

סימן כה סי"ב - [יב]**אם מניח תפילין כמה פעמים ביום, צריך לברך עליהם בכל פעם** - אפילו אם כשסילקן היה דעתו להחזירם תיכף, ואפילו אם לא שינה מקומו כלל בינתים, והרמ"א בסמוך פליג ע"ז.

ואם בשעת ברכה היה דעתו, שאח"כ יסלקם ויחזור ויניחם, מוכח מדברי המג"א, דלכו"ע אין צריך לחזור ולברך.

[יג]**נשמטו ממקומם וממשמש בהם להחזירם למקומן, צריך לברך** - דוקא שנשמטו כולן או רובן, אבל מקצתן, אף דצריך להחזירן על מקומן, אין צריך לחזור ולברך.

באר הגולה

ו «כצ"ל ע"פ מהדורת נהרדעא» ז שם ח «כתב הב"ח, דמותר למכור לתגר, וצ"ע דבגמ' אמרינן הלוקח טלית מן התגר כשירה אע"פ שאמרו אין מוכרין טלית מצויצת לעכו"ם, ופירש"י אפ"ה אמרינן גבי תגר ישראל מכרה לו, ואי איתא הו"ל לרש"י לפרש אע"פ וכו', אפ"ה שרי למכור לתגר, אע"כ ס"ל לרש"י דגם לתגר אסור למכור, דגם הוא חשוד על ג"ע וש"ד, אלא דאם התגר מוכר טלית ואומר שלקחן מישראל, נאמן דלא מרע נפשיה – מ"א» ט **נמוקי יוסף** י **בתשו' הרא"ש מההיא דמנחות מ"ג** «דפריך מדרמי ש"מ מצות עשה שלא הזמן גרמא הוא, אמאי מברך, פי' כיון דלילה זמן ציצית הוא, אמאי היה מברך בכל בוקר, כיון שלא עבר עליו זמן פטור, ומשני כרבי וכו', פי' בלילה היה פושטן, ובבוקר כשהיה חוזר ולובשן היה מברך, **ומשמע** דמעיקרא היה סבור שלא היה פושטו בלילה, ולכך הקשה כיון דסבר לילה זמן ציצית אמאי היה מברך, דאם היה פושטו בלילה מאי קשה ליה אם מברך בבוקר כשחוזר ולובשו, **אלמא** לדידן דקיי"ל לילה לאו זמן ציצית הוא, יש לברך בבוקר אף אם לא יפשוט טליתו, ולכאורה טוב למשמש בהן בשעת ברכה, עכ"ל – ב"י». «**עיין** ט"ז שהקשה עליו, וכן ב"ח, {וז"ל הט"ז: ויש לתמוה, לפי פירושו דעיקר החילוק בין מקשן לתרצן, דהמקשן ס"ל דלא היה פושטו בלילה, והתרצן השיב לו דפושטו בלילה, מי הכניסו למקשן לדוחק זה ולהקשות מכח זה, דהא אין מדוחק זה שום רמז בגמ', **ותו** דא"כ ל"ל לתרצן לאתויי כרבי, לא הו"ל לומר רק: פושטו בלילה, **ותו** כיון דגם לדברי המקשן ס"ל להרא"ש דאם פושטו בלילה צריך לברך עליו בבוקר, אמאי קאמר אח"כ אי הכי כל שעתא נמי, לדידיה נמי תקשי ליה כן, **ע"כ** נראה, דודאי גם המקשן היה יודע דפושטו בלילה כסתם בני אדם, אלא דהיה סובר כיון שאין זמן פטור בנתיים, דהא לילה זמן ציצית, אין לו לברך אלא פעם אחת, וכפירש"י, ומשני דס"ל כרבי בתפילין, דכל פעם שמניחן מברך אפילו ביום, ואע"פ שאין זמן פטור בנתיים, ומש"ה פריך שפיר אח"כ אי הכי כל שעתא אפי' ביום כו', **וא"כ** אין ראיה משם למי שלא פשט טליתו בלילה}, **ולי** נראה דראייתו מהא דס"ד דס"ל כרבנן, ולרבנן לעולם אינו מברך אלא אחת, כמ"ש בסוכה כל שבעה אינו מברך אלא יום ראשון, ואעפ"כ בצפרא מברך אי לאו דס"ל דלילה זמן ציצית, וה"ה לרבי אף בלא פשט, דהא לרבנן הפשיטה אינה מעלה כלום – גר"א» יא **הג' מיי' מהל' ציצית** יב סוכה מ"ו וכרבי יג **הרא"ש בשם ר"י והטור**

הגה: ואם מחזיר אחת מהם, יברך כמו שמניח תפלה אחת, כדלקמן סי' כ"ו (דברי עצמו).

כתב של"ה, הא דלא נהיגי האידנא לברך כשנשמטו ממקומם, משום דבשעת תפלה מסתמא אינו מסיח דעתו מהם, והוי כחולצן ע"מ להחזירן, דפסק ההג"ה בסמוך, דאין לחזור ולברך, **וא"כ** אותן שהולכין לפעמים עד חצות בתפילין, אם נשמטו, ראוי לברך, **והח"א** כתב, דאף בשעת התפלה אם נשמטו, המברך לא הפסיד, **ומ"מ** נראה, דלמעט בברכות עדיף.

[יד] **הזיזם ממקומם אדעתא להחזירם מיד, צריך לברך** - דכיון שהזיזן ממקומן, הוי כמו שהסירן לגמרי.

הגה: [טו] וי"א שלא לברך, (טור סימן ח', והכי נהוג, וכבר נתבאר לעיל סימן ח' סעיף י"ד) - כיון דהזיזן על דעת לחזור, **וה"ה** אם הסירם לגמרי אדעתא להחזירם מיד, פליג נמי הי"א, ואפילו אם שינה מקומו בינתים, ופסקו האחרונים כן, **משא"כ** בנשמטו מעצמן, אמרינן דתיכף שנשמט אזדא ליה המצוה, ולהכי שתיק ליה הרב להמחבר שם.

ואם לא היה בדעתו להחזירו מיד רק לאחר זמן, אפילו אם אח"כ לבשן תיכף, **או** שהיה בדעתו להחזירן תיכף, ואח"כ נשתהא הדבר והסיח דעתו בינתים, לכו"ע צריך לחזור ולברך.

(כתב בארה"ח, דאם חלץ התפילין בסתם, אם חלץ השל יד והשל ראש, צריך לחזור ולברך, ואם נשאר עליו התש"י או הש"ר, אין צריך לברך, דעדיין לא אסח דעתיה מן המצוה, אבל אם היה בדעתו שלא להחזירו מיד רק לאחר זמן, אף שנשאר עליו תפלה אחת, צריך לחזור ולברך, ונראה פשוט דהחולצן בתוך התפלה, אפילו בסתמא דינו כחולצן ע"מ להחזירן, וא"כ אם חלצן לילך בחוץ להשתין מים, אין צריך אח"כ לחזור ולברך).

וכן אם חלצן לכנוס לבהכ"ס, אפילו היה דעתו ללבשן תיכף, צריך לברך לכו"ע, דהא אין רשאי לילך בהם לבית הכסא, ואדחי ליה, **(אף** דהמ"א ספוקי מספקא ליה לענין בהכ"ס שלנו שאינם רחוקין, **כבר** כתב הח"א, דלא שבקינן פשיטותא דכל הני גדולי, הב"ח והע"ת וט"ז וא"ר, משום ספיקא דמ"א, וגם עיקר סברתו דחו אותה, **ולכן** אף שהפמ"ג והדה"ח העתיקו את דברי המג"א, המברך בודאי לא הפסיד). **וכתב** הח"א, דה"ה כשחולץ שצריך להפיח, כיון דאסור להפיח בהן, צריך לחזור ולברך.

אות ח'

פוטר בנשים, מפני שמצות עשה שהזמן גרמא הוא

סימן יז ס"ב - [טז] נשים ועבדים פטורים, מפני שהיא מצות עשה שהזמן גרמא - דהא בלילה לאו זמן ציצית הוא, וכל מ"ע שהזמן גרמא נשים פטורות מהם, אפילו מדרבנן, [ברכות כ:], דהוקשה כל התורה לתפילין, דכתיב בהו: למען תהיה תורת ה' בפיך, וכמו דפטורות מתפילין, דאיתקיש לת"ת, דכתיב בה: ושננתם לבניך, ולא לבנותיך, כן פטורות מכל מ"ע שהזמן גרמא, **ועבדים** ילפינן בג"ש, "לה לה" מאשה, דכל מצוה שהאשה פטורה גם העבד פטור.

הגה: ומ"מ אם רוצים לעטפו ולברך עליו הרשות בידם, כמו בשאר מצות עשה שהזמן גרמא (תוס' והרא"ש והר"ן) - דאף מי שאינו מצווה ועושה יש לו שכר, ושייך לומר "וציונו", כיון שהאנשים נצטוו, גם הם יש להם שכר.

אך מחזי כיוהרא, ולכן אין להן ללבוש ציצית, הואיל ואינו חובת גברא (אגור), פי' אינו חייב לקנות לו טלית כדי שיתחייב בציצית, ולקמן בסימן י"ט אמר כשיש לו טלית מארבע כנפות ולובשו - בזה מתרץ למה מברכות הנשים על לולב, דהוא ג"כ מ"ע שהזמ"ג, **דשאני** הכא שאינו חובת גברא, שאפי' איש אין עליו חיוב דאורייתא לקנות טלית בת ד' כנפות, אלא אם מתעטף חייב לעשות בו ציצית, **משא"כ** לולב, דגבי איש הוא חובת גברא, שהוא חובת הגוף.

ודע דאנן פסקינן גבי ציצית, חובת גברא ולאו חובת גברא, ותרוייהו לקולא, **חובת** גברא לקולא, למעוטי חובת מנא, שכל זמן שאינו לובש הטלית, אע"פ שיש לו ד' כנפות, פטורה מציצית, **ולאו** חובת גברא, שאינו חייב לקנות לו טלית כדי שיתחייב בציצית, רק אם יש לו טלית מד' כנפות ולובשו, אז חייב בציצית.

[יז] טומטום ואנדרוגינוס חייבין מספק, (פי' טומטום, לא נודע אם הוא זכר או נקבה, ואנדרוגינוס יש לו זכרות ונקבות) - והוא ג"כ ספק זכר או נקבה, **ועיין** בארצות החיים שהביא ראיה מכמה מקומות דפסקינן כן להלכה, דהוא בגדר ספק, ולא כמ"ד דהוא בריה בפני עצמו.

חייבין מספק - דספק תורה לחומרא, כן כתב ב"י, **ומשמע** מזה, דדבר שחיובו רק מדרבנן, כגון טלית שאולה אחר ל' יום, או בגד שחיובו רק מטעם ספק, כגון בגד שחציו פתוח וחציו סתום, רשאין לילך בו בלא ציצית, ועיין בפמ"ג שכתב עוד כעין זה, **ואולי** דיש להחמיר בכל זה מפני מראית העין.

ויתעטפו בלא ברכה - כיון דעיקר החיוב הוא רק משום ספיקא, לענין ברכה שהוא מדרבנן אזלינן בה לקולא. **(הגה: ולפי מה שנהגו נשים לברך במצות עשה שהזמן גרמא, גם הם יברכו) (דברי עצמו).**

באר הגולה

[יד] ב"י [טו] «שמפרש ההיא דשם, באין דעתו – גר"א» [טז] שם «מנחות מ"ג» וכר"ש, הרי"ף ורא"ש בשם התוספות [יז] רמב"ם

[יח]**סימן יז ס"ג** - [יט]**קטן היודע להתעטף, אביו צריך ליקח לו ציצית לחנכו** - פי' ליקח לו בגד של ד' כנפות, ולהטיל בו ציצית כדי לחנכו במצות.

ושיעור טליתו, כתב בפמ"ג ובדרך החיים, שהוא כדי להתעטף בו ראשו ורובו שלו, ומשערינן בקטן עצמו שמתעטף בו, לפי גדלו ולפי קטנו, ואם יש בו זה השיעור, אז צריך אביו להטיל בו ציצית ולברך עמו, ואם אין בו זה השיעור, אין מברכין עליו.

כ"ז דוקא כשלא הגיע עדיין לי"ג, אבל מי"ג ואילך חייב בציצית כגדול, **ומש"כ** מהרי"ל, שנוהגין שגם נערים גדולים אין מתעטפים בציצית, עד שנושאין להם נשים, וסמכו להן אקרא, דכתיב: גדילים תעשה לך, וסמיך ליה: כי יקח איש אשה, **הוא** דבר תמוה, דעד שלא ישא אשה יהיה יושב ובטל ממצות ציצית.

הגה: [כ]**ודוקא כשיודע לעטוף שני ציציות לפניו ושנים לאחריו, ויודע לאחוז הציצית בידו בשעת ק"ש (מרדכי סוף פרק לולב הגזול).**

אות ט'

בלא עידן עבודה לא אישתרי

רמב"ם פ"ח מהל' כלי המקדש הי"א - בגדי כהונה מותר ליהנות בהן, לפיכך לובשם ביום עבודתו ואפילו שלא בשעת עבודה, חוץ מן האבנט מפני שהוא שעטנז.

רמב"ם פ"י מהל' כלאים הל"ב - כהנים שלבשו בגדי כהונה שלא בשעת עבודה אפילו במקדש, לוקין מפני האבנט שהוא כלאים, ולא הותרו בו אלא בשעת עבודה שהיא מצות עשה כציצית.

השגת הראב"ד: כהנים שלבשו בגדי כהונה וכו'. א"א טעה בזה, שהרי אמרו ביומא בפ' בא לו, כה"ג במקדש אפי' שלא בשעת עבודה [כא]מותר; ומאי דקאמר (נמי) מפני האבנט שהוא כלאים, אינו, [כב]דאטו חושן ואפוד מי לית בהו כלאים.

אות י' – כ'

מרבה אני כסות סומא שישנה בראיה אצל אחרים

ומוציא אני כסות לילה שאינה בראיה אצל אחרים

סימן יז ס"א - [כג]**אע"ג דכתיב: וראיתם אותו, סומא חייב בציצית, מפני שנתרבה מ"אשר תכסה בה"** - ופשוט דיכול לברך ג"כ עליהן, אך שיבדוק אותן מתחלה במשמוש ידיו, או יבקש לאחר לבדקם.

וקרא ד"וראיתם אותו" איצטריך למעט כסות לילה, (ע"ל סי' י"ח) - והסברא נותנת לרבות כסות סומא ולמעט כסות לילה, משום דכסות סומא ישנו עכ"פ בראיה אצל אחרים, אבל כסות לילה אינו בראיה אצל אחרים, [ט"ז] ‹בשם הגמרא›.

[כד]**סימן יח ס"א** - [כה]**לילה לאו זמן ציצית הוא, דאמעיט מ"וראיתם אותו". [כו]להרמב"ם כל מה שלובש בלילה פטור, אפילו הוא מיוחד ליום, ומה שלובש ביום חייב, אפילו מיוחד ללילה.**

ומ"מ מותר לצאת לר"ה בליל שבת בטלית עם הציצית, ולא הוי משוי, שהם נוי הבגד ותכשיטיה.

[כז]**ולהרא"ש כסות המיוחד ללילה, פטור אפילו לובשו ביום, וכסות המיוחד ליום או ליום ולילה, חייב אפילו לובשו בלילה. הגה: וספק ברכות להקל, ע"כ אין לברך עליו אלא כשלובשו ביום, והוא מיוחד ג"כ ליום (הגהות מיימוני)** - פי' גם ליום, ואפילו גם מיוחד ללילה, וכ"ש ליום לבד.

והיינו דוקא לענין ברכה, אבל אסור ללבוש כסות של לילה ביום בלא ציצית, וכן כסות של יום בלילה, משום ספק, **ומ"מ** נראה, דהש"ץ הלובש טלית בלילה, א"צ לבדוק הציצית, דבכגון זה בודאי נוכל לסמוך על חזקתן שמכבר.

ואחר תפלת ערבית, אע"פ שעדיין יום הוא, אין לברך עליו (פסקי מהרא"י) - ובתענית צבור כשלובשין טלית במנחה, יסיר את הטלית כשיגיע ל"ברכו", מאחר דעכשיו אין לובשין הטלית אלא למצות ציצית, אם יהיה עליו יראה כאילו סובר דלילה זמן ציצית הוא, [ב"ח]. **ומ"מ** הש"ץ לפני העמוד, אם אין הולך במלבוש העליון, שאין כבוד הצבור בכך, פשיטא דלא יסיר הטלית מעליו, [פמ"ג]. ‹דמש"כ הב"ח שיש להסיר הטלית, הוא ליחיד לא לש"ץ המתפלל אפילו מעריב בזמנו בלילה י"ל שיתעטף טלית מפני כבוד הציבור, וכמו קדיש יתום אפי' בלילה – שם›.

ובליל יום כפורים יתעטף בעוד יום ויברך עליו (תשב"ץ) - להדמות למלאכים שמעוטפים לבנים, ולכך לא יסירו בלילה, עד אחר תפילת ערבית של מוצאי יוה"כ.

באר הגולה

יח ‹מילואים› **יט** **סוכה מ"ב** **כ** ‹ירושלמי שם: לא סוף דבר להתעטף, אלא להשליך שתי כנפות לאחוריו ושתי כנפות לפניו כשורה בשעת ק"ש, הג"מ. וגירסת המרדכי בסוכה שם: לפניו ואוחז בציצית כשורה כו', וזהו שכתב: ויודע כו' - גר"א› **כא** ‹י"ל דהתם לאו משום כלאים קאמר, אלא משום משתמש בבגדי קדש, וכדמסיים בה מפני שבגדי כהונה ניתנו ליהנות בהם, אבל הבגד של כהונה שיש בו כלאים שלא בשעת עבודה במקדש, אע"ג דלית ביה משום משתמש בבגדי כהונה, משום כלאים מיהא אית ביה - כסף משנה› **כב** ‹איני יודע איך כתב בלשון הזה, דאטו משום דהוי חשן כלאים אבנט אינו כלאים, והכי הל"ל אטו ליכא כלאים אלא אבנט, הא חשן ואפוד נמי איכא בהו כלאים. וזהו תירוצו מבואר, דרבינו לא נקט מילתיה בבגדי כ"ג שאינו לובש אלא מימים ימימה, אלא בבגדי כהן הדיוט מיירי שהם נוהגים תמיד, דיקא נמי קתני כהנים שלבשו בגדי כהונה, {וכן כהן גדול מפני החושן והאפוד - דרך אמונה} - כסף משנה› **כג** **מנחות מ"ג** **כד** ‹ע"פ מהדורת נהרדעא› **כה** **מנחות מ"ג וכר"ש** **כו** **בפ"ג מהל' ציצית והג' מיימוני בשם רש"י** ‹וכן הוא ברש"י מנחות מ: ד"ה ה"ג. וכן הובא בשמו בתוס' חולין ק"י: ד"ה טלית - שו"ע מהדורת פריעדמאן› **כז** **בריש הל' ציצית**

ואם איחר להתעטף עד לילה, שוב לא יברך, דשמא הלכה כהרמב"ם, **ומשמע** מדברי המ"א, דאפילו בין השמשות מותר לברך עד צה"כ, וטעמו, דהלא בציצית לא כתיב "יום", רק "וראיתם אותו", משמע כל זמן שנוכל לראות, וכן פסק בעל דרך החיים, **ובספר** מטה אפרים ראיתי שמחמיר בזה.

אך אם זה גופא הוא מסתפק אם כבר הגיע בין השמשות, נראה דבודאי יוכל לברך, דבלא"ה דעת התוספות והרא"ש, דכסות יום חייב בלילה, והגר"א בביאוריו מצדד ג"כ לשיטה זו.

וכל העובר לפני התיבה צריך להתעטף, **ובל"ח** כתב, דאף האומר קדיש יתום לפני התיבה, יתעטף מפני כבוד הצבור, ואין מברך עליו.

[כח]**סימן יח ס"ב - [כט]סדינים, אע"פ שאדם ישן בהם בבוקר, אין מטילין בהם ציצית** - מפני שעיקר תשמישן בלילה, וכסות לילה מיקרי, **אך** לפי"ז לא היה פטור רק להרא"ש, אבל להרמב"ם דכסות לילה חייב ביום, חייב, **וי"א** עוד טעם לפטור, משום דלא חייבה התורה רק דרך מלבוש או דרך עיטוף, לא דרך העלאה בעלמא, **ויש** חולקין, וס"ל דאפי' אם יציע תחתיו בגד של ד' כנפות, חייב בציצית, וכ"ש דרך העלאה, [תוס'] ‹מ"א. ד"ה תכלת›, **ע"כ** הכריע המ"א, דיעשה קרן אחת עגולה, ויצא אליבא דכו"ע, **אכן** משמע מדבריו, דאין להחמיר בזה רק בסדין של צמר, אבל לא בשל פשתן או שאר מינים, ועיין הטעם בפמ"ג, ‹די"א דאין עושין לפשתן כלל ציצית, ושאר מינין כמה פוסקים סוברים דהם מדרבנן, איכא ס"ס›.

באר הגולה

כח ‹מילואים› כט הרא"ש שם בסופו

האי אשר תכסה בה מאי עבדי ליה מיבעי להו *לכדתניא °על ארבע כנפות כסותך ארבע ולא שלש אתה אומר ארבע ולא שלש או אינו אלא ארבע ולא חמש כשהוא אומר אשר תכסה בה הרי בעלת חמש אמור ומה אני מקיים על ארבע ארבע ולא שלש ומה ראית לרבות בעלת חמש ולהוציא בעלת שלש מרבה אני בעלת חמש שיש בכלל חמש ארבע ומוציא אני בעלת שלש שאין בכלל שלש ארבע ור"ש מאשר נפקא ורבנן *אשר לא משמע להו ורבנן האי °וראיתם אותו מאי עבדי ליה מיבעי להו לכדתניא וראיתם אותו וזכרתם ראה מצוה זו וזכור מצוה אחרת התלויה בו ואיזו זו זו קרית שמע *דתנן מאימתי קורין את שמע בשחרית משיכיר בין תכלת ללבן ותניא אידך וראיתם אותו וזכרתם ראה מצוה זו וזכור מצוה אחרת הסמוכה לה ואיזו זו זו מצות כלאים דכתיב °לא תלבש שעטנז צמר ופשתים יחדו גדילים תעשה לך תניא אידך וראיתם אותו וזכרתם את כל מצות ה' כיון שנתחייב אדם במצוה זו נתחייב בכל מצות כולן ור"ש היא דאמר מצות עשה שהזמן גרמא היא תניא אידך וראיתם אותו וזכרתם את כל מצות ה' *שקולה מצוה זו כנגד כל המצות כולן ותניא אידך וראיתם אותו וזכרתם ועשיתם ראיה מביאה לידי זכירה זכירה מביאה לידי עשיה ורשב"י אומר כל הזריז במצוה זו זוכה ומקבל פני שכינה כתיב הכא וראיתם אותו וכתיב התם °את ה' אלהיך תירא ואותו תעבוד ת"ר *חביבין ישראל שסיבבן הקב"ה במצות תפילין בראשיהן ותפילין בזרועותיהן וציצית בבגדיהן א) ומזוזה לפתחיהן ועליהן אמר דוד °שבע ביום הללתיך על משפטי צדקך ובשעה שנכנס דוד לבית המרחץ וראה עצמו עומד ערום אמר אוי לי שאעמוד ערום בלא מצוה וכיון שנזכר במילה שבבשרו נתיישבה דעתו לאחר שיצא אמר עליה שירה שנאמר °למנצח על השמינית מזמור לדוד על מילה שניתנה בשמיני רבי אליעזר בן יעקב אומר כל שיש לו תפילין בראשו ותפילין בזרועו וציצית בבגדו ומזוזה בפתחו הכל בחיזוק שלא יחטא שנאמר °והחוט המשולש לא במהרה ינתק ואומר °חונה מלאך ה' סביב ליראיו ויחלצם תניא היה ר' מאיר *אומר מה נשתנה תכלת מכל מיני צבעונין מפני שהתכלת דומה לים °וים דומה לרקיע ורקיע לכסא הכבוד שנאמר °ותחת רגליו כמעשה לבנת הספיר וכעצם השמים לטהר וכתיב °כמראה אבן ספיר דמות כסא תניא היה רבי מאיר אומר גדול עונשו של לבן יותר מעונשו של תכלת משל למה הדבר דומה למלך בשר ודם שאמר לשני עבדיו לאחד אמר הבא לי חותם של טיט ולאחד אמר הבא לי חותם של זהב ופשעו שניהם ולא הביאו איזה מהן עונשו מרובה הוי אומר זה שאמר לו הבא לי חותם של טיט ולא הביא תניא היה רבי מאיר אומר חייב אדם לברך מאה ברכות בכל יום שנאמר °)ועתה ישראל מה ה' אלהיך שואל מעמך רב חייא בריה דרב אויא בשבתא וביומי טבי טרח וממלי להו באיספרמקי ומגדי תניא היה *)ר"מ אומר חייב אדם לברך שלש ברכות בכל יום אלו הן **)שעשאני ישראל שלא עשאני אשה שלא עשאני בור רב אחא בר יעקב שמעיה לבריה דהוה קא מברך שלא עשאני בור אמר ליה כולי האי נמי ואלא מאי מברך שלא עשאני עבד היינו אשה עבד

°) דברים י *) [נ"ל רבי יהודה וכן איתא בתוספתא דברכות פ"ו וכ"א ברי"ף ורא"ש סוף פ"ט דברכות] **) [בתוספתא א' שלא עשני גוי וכן הגירסא ברי"ף ורא"ש]

תורה אור: דברים כב; במדבר טו; דברים כב; דברים ו; תהלים קיט; תהלים יב; קהלת ד; תהלים לד; שמות כד; יחזקאל א

רש"י

האי אשר תכסה בה מאי עבדי ליה. לרבות כסות סומא לא אילטריך דהשתא ומה כסות לילה מיחייבי כ"ש כסות סומא דישנה בראייה אצל אחרים: ולא ג'. דטלית בעלת ג' פטורה: מאשר. ג] ריבויא: זו קריאת שמע. דכשתכיר ג] *מנין של ציצית קרא את ק"ש: כיון דנתחייב במצוה זו. שהגיע היום נתחייב בכל המצות דרוב מצות נוהגות ביום ור"ש היא ל"א כיון שנתחייב אדם שהגיע לכלל מצוה דהיינו י"ג שנה נתחייב בכל המצות ד] ולהכי אתא עיקר מילתא: ור"ש היא. דפוטר בנשים דאי רבנן הא איכא נשים ה] חייבות בה ופטורות מכמה מצות: שקולה מצוה זו. מדכתיב את כל מצות ועוד *דציצית בגימטריא ת"ר וה' קשרים וח' חוטין הרי תרי"ג: ראיה. ציצית מביאה לידי זכירת מצות: כתיב הכא וראיתם אותו וכתיב התם ו] (דברים ו) ואותו תעבוד. מה להלן שכינה אף כאן שכינה: שבע ביום. תפילין בראש ובזרוע הרי שתים וארבע ציצית ומזוזה הרי שבע: הכל בחיזוק. הכל וכל עומד בחזקה שלא יחטא: המשולש. תפילין וציצית ומזוזה: סביב ליראיו. העושים מצות ויחלצם מחטא [את הצדיקים]: מה נשתנה תכלת. שיחדו הקב"ה למצוה זו: דומה לים. שנעשו בו נסים לישראל: ורקיע לכסא הכבוד. (א) ז] ומכח התכלת מזכיר היושב על כסא ועוד נאה לישראל שיהא ח] כסאו עליהם שנאמר ותחת רגליו וגו' דהיינו רקיע: וכתיב ספיר. ובכסא כתיב ספיר אלמא רקיע ט] כבמחזה כסא ותכלת לים וים לרקיע י] ואנן קחזינן: גדול עונשו של לבן יא]. למי שאינו מטיל ציצית יב] *ותכלת: חותם. היו עושים לבהמה ולעבד כשקונין אותן לשם סימן עבדות: זה שאמר לו המלך הבא חותם של טיט. שמצוי הוא ולא הביא עונשו מרובה: מה ה' אלהיך וגו'. קרי ביה מאה: בשבתות וימים טובים. דלא מצלו י"ח: טרח וממלא לסו. למאה ברכות: באספרמקי ומגדי. אספרמקי בשמים ומגדי מיני מגדים שטעונים ברכה: כולי האי נמי. דמשבחת נפשך דאינך עם הארץ ל"א טובי האי נמי בשלמא עובד כוכבים ואשה האיל ולא בני מצוה נינהו שפיר מברכת אלא בור בר מצות הוא: אלא מאי מברך. להשלים ג' ברכות דר"מ: היינו אשה. דאשה נמי שפחה לבעלה כעבד לרבו ל"א היינו אשה דלענין מצות אשה ועבד שוין דגמרינן לה לה יג] (חגיגה דף ד.):

בעלת ה': כיון שנתחייב אדם במצוה זו כשהוא בן י"ג שנה ויום אחד נתחייב בכל המצות לאפוקי נשים שאינן חייבות בכל המצות ור' שמעון היא: זו מצות כלאים שאם היה כלאים בבגדו חייב להסירו: את ה' אלהיך תירא האי תירא עביד לשון ראיה: שבע ביום. שתי תפילין וד' ציציות ומזוזה היינו שבע: חונה מלאך ה' סביב ליראיו המסובין במצות ויחלצם מחטא: שנאמר כמעשה לבנת הספיר וכעצם השמים וכתיב כמראה אבן ספיר דמות כסא להכי הוי צריכי קראי לאשמועינן מה שאנו יכולין לראות היינו רקיע דומא לכסא הכבוד: מה [ה' אלהיך] שואל מעמך. כלומר מאה שואל: בשבתא וביומי טבי. שאין מתפלל י"ח ברכות (חסורי ד'): אספרמקי. מיני בשמים: חייב אדם לברך ג' ברכות משום הכי אמר חייב שהשאר ברכות מברכן על צורך דבר מעשה ואלו אינן לצורך מעשה וגם הם מכלל המאה: כולי האי. נמי אתה מוסיף לברך:

א) נראה דר"ל דס"ל דלילה נמי זמן תפילין ומשו"ה צריך לברך עליהן בשחרית.

תוספות

ורבי שמעון מאשר [נפקא]. יד] ר"ת לא גרים ליה דא"כ כולהו מרבו בעלת חמש ופ"ב דזבחים (דף יח:) תניא ארבע ולא שלש ארבע ולא חמש ומוקי לה כר"ש ומיהו על כרחין כ"ל דתלת תנאי הוו ואליבא דר"ש פליגי התם דהא קיימא לן הלכה כר"ש טו] בכסות לילה כמו שהוכחתי למעלה (דף מ:) וקיימא לן נמי דבעלת חמש חייבת לעיל (דף לז:) גבי האי מאן *דחייטיה לגלימיה לא עבד כלום דשויה בעלת חמש ואנן כמאן אלא על כרחין גירסא נכונה היא והא דפ' בית שמאי (זבחים דף מ.) לא דריש ר"ש אשר היינו להההיא דרשא וכי האי גוונא הוי טובא:

ואיזו זו זו קרית שמע. אסמכתא בעלמא דקרית שמע דרבנן*:

בין תכלת ללבן. בברכות (דף ט:) אמרינן בין תכלת [שבה] ללבן שבה פירש בקונטרס בין למר שקלט לצבע תכלת ללמר שלא קלט וליתא דא"כ מאי ראיה זו ובערוך פי' בין חוליא של תכלת לחוליא של לבן ופ"ק דברכות ירושלמי *כיני מתניתין בין תכלת שבציצית ללבן שבה וראיתם אותו מן הסמוך ר"א דאמר כדי שיכיר בין תכלת לכרתי וראיתם אותו שיהא ניכר בין הלבועים:

ה"ג רקיע דומה לספיר. דהכי כתיב קרא וה"כ גרסי' פרק כסוי הדם (חולין דף פט.) ולא כספרים דגרסי רקיע דומה לכסא הכבוד:

חותם של טיט. מה שמדמה חותם של טיט לציצית שכן עושין לעבדים והציצית מעיד על ישראל שהם עבדי הקב"ה כדאיתא פרק במה אשה (שבת דף נז:) כבלא דעבדא תנן:

שואל מעמך. פי' ר"ת דהוי טז] מלא ויש מאה אותיות בפסוק וי"מ דמה עולה בא"ת ב"ש מאה ובקונטרס פירש אל תקרי מה אלא מאה *)כלומר שחייב ק' ברכות וי"מ כדי להשלים מאה באותיותיה וכי קרית מאה הרי כולן:

*) [וכ"כ בערוך ערך מאה א' ע"ש] זיל

עין משפט נר מצוה

עד א מיי' פ"ג מהל' ציצית הל' ג טוש"ע א"ח סימן י סעיף א:

עה ב מיי' שם הל' יג:

עו ג טוש"ע א"ח סי' כד סעיף ו:

צ"ל דבגדים

עז ד מיי' פ"ד מהלכות תפילין הלכה יג:

עח ה מיי' פ"ב מהל' ציצית הלכה א סמג עשין כו:

[ע' תוס' ברכות כא. ד"ה הכי גרסינן ותוס' סוטה לב: ד"ה ורבי]

עט ו מיי' שם הל' ט:

פ ז מיי' פ"ז מהלכות תפלה הלכה יד סמג עשין יט טוש"ע א"ח סי' מו סעיף ג:

כעי מתניתא בין כו' ללבן שבה ומ"ט דרבנן וראיתם אותו מן הסמוך לו ומ"ט דר"א כו' צ"ק

פא ח טוש"ע א"ח סי' רל סעיף א:

פב ט מיי' שם הלכה ו טוש"ע א"ח סימן מו סעיף ד:

שיטה מקובצת

א] ומזוזות בפתחיהן: ב] מאשר ריבויא ורבנן האי וראיתם מאי עבדי ליה דלדידהו הוי זמן [ציצי'] בלילה הואיל והא אמרי נשים חייבות: ג] דכשתכיר גוונין של: ד] המצות. ואגב ריהטא משמע דמי שחייב בההוא חייב בכל המצות: ה] נשים דחייבות: ו] התם. את ה' אלהיך תירא: ז] ומתוך כך יזכר היושב על הכסא: ח] שיהא דמות: ט] רקיע כמראה כסא דכתיב כמראה אבן ספיר דמות כסא: י] לרקיע. אנן: יא] לבן שהוא מצוי: יב] יותר משל תכלת שאינו מצוי הס"ד: יג] לה לה מאשה: יד] ר"ת לא גרים וכו' ואור"י דאין למחוק הספר ותדע דא"כ דר"ש פטר מבעלת חמש קשיא הלכתא אהלכתא דקי"ל כר"ש דלילה לאו זמן ציצית כדפי' לעיל גבי גזירה משום כסות לילה וקי"ל דבעלת חמש חייבת כדאיתא בסוף הקומץ (רבהי) דמאן דבצריה לגלימא לא עביד כלום שויא בעלת חמש לכך נראה דגרסי' שפיר ולר"ש מאשר [נפקא] והאי תנא דפ"ב דזבחים פליגי אהני. תוס' אחרות: טו] כר"ש ודוחק לומר תלתא תנאי הוו: טז] דהוי שואל:

מסורת הש"ס

ר"א נגע של. צ"ק

זבחים יח:

[עמ"ש תוספות לעיל לט. ד"ה לא יפחות]

[זבחים יח.]

ברכות ט:

[וכ"ה בכת"י ברי"ף]

[נדרים כה. שבועות כט.]

תתכלת צ"ק

תוספתא דברכות פ"ז

[סוטה יז. חולין פט.]

הגהות הב"ח

(א) רש"י ד"ה ורקיע לכסא הכבוד ומכיר פי' שהכלת היושב:

רבינו גרשום

מברך עליהן אלא שחרית סבירא א) להו דהזמן גרמא: ורבנן. דפליגי עליה דר' שמעון דאמרי לאו הזמן גרמא אשר הכסה בה מאי עבדי ליה לרבויי כסות סומא לא איצטריך דאיכא למימר השתא כסות לילה שאינה בראיה אצל אחרים מיחייבא כסות סומא שישנה בראיה אצל אחרים לא כ"ש: ור' שמעון מאשר מרבי

גליון הש"ס גמ' וים דומה לרקיע. בסוכה ד: לא ע"ב תוס' ד"ה ירוק הכיתו ירושלמי דאיתא מים דומה לעשבים ועשבים לרקיע:

§ מסכת מנחות דף מג: §

אות א'

ולא שלש

סימן י ס"א - [א]**טלית שאין לה ד' כנפות** - בין בתחילת עשייתו, ובין שחתך אח"כ כנף אחד ועשהו עגול, **פטורה.**

מבואר בקרא, דכתיב: על ארבע כנפות כסותך, ודרשינן בספרי: ארבע ולא שלש, **ויותר** מארבע מרבינן מ"אשר תכסה", **ואיפכא** לא נוכל לומר, שבכלל ה' ארבע, ואין בכלל ג' ארבע, **ולאו** דוקא בעלת ה', הוא הדין בעלת ו' וז'.

יש לה יותר מד', חייבת - [ב]ויש פוטרין, לכן אין לעשות בת ה' לכתחילה, **וכתב** הפמ"ג, דלדעת הפוטרין, אותן טליתות קטנים שלנו שיש בית הצואר, מ"מ רוב סתום, **ומיהו** אם אירע שרוב פתוח, יעשה בקאלנע"ר שעושים החייטים קצת עגול.

ועושה לה ארבע ציציות בארבע כנפיה [ג]**המרוחקות זו מזו יותר** - דמסתבר שיש לעשות באותם שהם ניכרים ביותר מן השאר, [ד]**וי"א** דהוא מדאורייתא, [א"ר בשם ר"מ מינץ ולחם חמודות], ויש להחמיר אם אפשר, **אבל** אם כבר נעשה בכנף הקרוב וא"א לתקן, כגון שהגיע זמן תפלה, יכול לסמוך על המקילין ולברך.

ואם עשה ה', עובר משום בל תוסיף, ואם חתך אחת מהם, כשרה, אך שישארו הד' כנפות המרוחקות בציצית.

אות א'* [ה]

ראה מצוה זו וזכור מצוה אחרת התלויה בו, ואיזו זו, זו ק"ש

כיון שנתחייב אדם במצוה זו נתחייב בכל מצות כולן

סימן יח ס"ג - [ו]**מאימתי מברך על הציצית בשחר, משיכיר בין תכלת שבה ללבן שבה** - והוא הזמן דמשיראה את חבירו הרגיל עמו קצת ברחוק ד' אמות ויכירנו, המוזכר לקמן בסימן נ"ח לגבי ק"ש.

ואם לבשו מעלות השחר ואילך, י"א דמברך עליו, וכן נוהגין (מרדכי פ"ב דמגילה) - עיין בביאור הגר"א שפסק כדעת השו"ע ‹ר"ל המחבר, שלא לברך עד "משיכיר"›, **ובפמ"ג** כתב, אם השעה דחוקה, המיקל להניח מעמוד השחר ואילך ‹ולברך - שונה הלכות›, אין גוערין בו, **ועכ"פ** לכתחלה בודאי נכון מאד להמתין מלברך עד שיכיר בין תכלת ללבן, וכן נראה דעת הא"ר, **ובדיעבד** נראה, דאפי' אם בירך קודם עמוד השחר, לא יחזור ויברך, דשמא הלכה כהרא"ש, דכסות יום בלילה חייב.

ואם לבשו קודם לכן, כגון בסליחות, לא יברך עליו, וכשיאיר היום ימשמש בו - ר"ל בציציותיו, **ויברך (תשב"ץ).**

אות ב'

שקולה מצוה זו כנגד כל המצות כולן

רמב"ם פ"ג מהל' ציצית הי"ב - לעולם יהא אדם זהיר במצות ציצית, שהרי הכתוב שקלה ותלה בה כל המצות כולן, שנא': וראיתם אותו וזכרתם את כל מצות יי'.

אות ב'* [ז]

וראיתם אותו וזכרתם

סימן ח סי"א - [ח]**עיקר מצות טלית קטן, ללובשו על בגדיו, כדי שתמיד יראהו ויזכור המצות** - כמה דכתיב: וראיתם אותו וזכרתם וגו'.

ובכתבים איתא: דט"ק תחת בגדיו, **וכתב** המ"א, דעכ"פ צריך שיהיו הציצית מבחוץ, ולא כאינך שתוחבין אותן בהכנפות, **אך** האנשים שהולכים בין העכו"ם יוצאין בזה, ומכל מקום בשעת הברכה יהיו מגולין כדי הילוך ד' אמות.

ואותן האנשים המשימין הציצית בהמכנסים שלהם, לא די שמעלימין עיניהם ממאי דכתיב: וראיתם אותו וזכרתם וגו', עוד מבזין הן את מצות השי"ת, ועתידין הן ליתן את הדין ע"ז, ומה שאומרין שהולכים בין הנכרים, לזה היה די שישימו הציצית בתוך הכנף, **ואילו** היה להם איזה דורון ממלך בשר ודם שחקוק עליו שם המלך, כמה היו מתקשטין בו לפני האנשים תמיד, וק"ו בציצית שמרמז על שם מלך מלכי המלכים הקב"ה, כמה מתכבד האדם הנושא שמו עליו.

ואמרו חז"ל: הזהיר במצות ציצית זוכה ורואה פני השכינה, **ומשמע** מן הכתובים, דהיהודים שישארו לעת קץ יהיו מצויינים במצוה זו, כמה דכתיב: ובאו עשרה אנשים מכל לשונות הגוים והחזיקו בכנף איש יהודי וגו', **ואמרו** חז"ל ‹שבת ל"ב› כל הזהיר במצות ציצית, זוכה ומשמשין לו שני אלפים ושמונה מאות עבדים וכו'.

באר הגולה

[א] **מנחות מ"ג** [ב] ‹וכתבו שם ההגהות, היינו כברייתא דהתכלת, ולא כההיא דפרק שני דזבחים ‹יח:› דממעט בעלת חמש ובעלת שלש, וכן פסקו התוס' וספר התרומה וכן משמע שלהי הקומץ רבה ‹מנחות לז:›. **ורא"ם** פסק דפטורה, וכן פסק רבינו שמחה, דהא בסיפרי נמי איכא ברייתא דפטרה בעלת חמש, כההיא דזבחים, וסמי ההיא דהתכלת מקמי תרתי. **וכתב** מהרי"ק, דסברא זו פשיטא דדברי יחיד הם, ואין לסמוך עליהם כלל - ב"י› [ג] **רמב"ם** [ד] ‹ובלחם חמודות למד זה מקרא גופיה, דכתיב על ארבע כנפות, והמרוחקות זו מזו נופל עליהם שם כנפות - א"ר› [ה] ‹ע"פ הגר"א, וז"ל הדמשק אליעזר: וראיתם אותו, ראה מצוה זו וזכור מצוה אחרת, ואיזו זה ק"ש, דתניא מאימתי קורין את שמע משיכיר בין תכלת ללבן, ומסתמא כשאמר ראה מצוה זו, היינו בשעה שהוא לובש ורואה הציצית, יזכור מצות ק"ש, שהיא משיכיר בין תכלת ללבן, ש"מ שאז הוא זמן חיוב הציצית, **ועיין** רש"י ד"ה כיון דנתחייב במצוה זו: שהאיר היום כו', משמע דס"ל דחיוב ציצית הוא מעוה"ש, וכדכתב המרדכי והגהה דכאן, דכתב דגם מעוה"ש מצי לברוך, והטעם, דכתב וראיתם אותו, בזמן ראיה, היינו שהאיר היום› [ו] **רמב"ם פ"ג מהלכות ציצית ממשנה ב' דברכות ט'** [ז] ‹ע"פ הגר"א› [ח] **ב"י מדברי הטור ונ"י בשם הריטב"א**

[ט]סימן כד ס"ב - [י]מצוה לאחוז הציצית ביד שמאלית כנגד לבו בשעת קריאת שמע, רמז לדבר: והיו הדברים האלה וגו' על לבבך - והלב הוא בשמאל. **ומצוה** זו מציל האדם מן החטא, דכתיב: ולא תתורו וגו', למען תזכרו וגו', והייתם קדושים, **ואף** דכל שאר המצות אין בהם זאת הסגולה להצילו מיצה"ר, ציצית עדיף, וכדאיתא בעובדא דמנחות מ"ד. מעשה באדם אחד וכו'.

כתוב בכתבי האר"י ז"ל, שיאחזם בין קמיצה לזרת, וכשיגיע לפרשת ציצית יקחם גם ביד ימין ויביט בהם, ויהיו בידו עד שמגיע ל"נאמנים ונחמדים לעד", ואז ינשק הציצית ויסירם מידו.

[יא]סימן כד ס"ג - [יב]טוב להסתכל בציצית בשעת עטיפה כשמברך - שנאמר: וראיתם אותו וזכרתם, ראיה מביאה לידי זכירה, וזכירה מביאה לידי מעשה, [מנחות דף מ"ג].

[יג]סימן כד ס"ד - [יד]יש נוהגין להסתכל בציצית כשמגיעים ל"וראיתם אותו", [טו]וליתן אותם על העינים, ומנהג יפה הוא וחבובי מצוה - נמצא בשם הקדמונים, שכל המעביר ציצית על עיניו כשקורא פרשת ציצית, יהא מובטח שלא יבא לידי סמוי עינים.

הסומא יש לו לאחוז הציצית בידו בשעת ק"ש, אעפ"י שנאמר: וראיתם אותו, כיון שישנו בראיה אצל אחרים, **אבל** להעביר הציצית על עיניו לא, דמחזי כחוכא ואיטלולא.

הגה: גם נוהגים קצת, לנשק הציצית בשעה שרואה בה, והכל הוא חיבוב מצוה.

[טז]סימן כד ס"ה - [יז]כשמסתכל בציצית, מסתכל בשני ציציות שלפניו, שיש בהם עשרה קשרים, רמז להויות - פי' לספירות שהם קשורים ואחודים זה בזה.

[יח]וגם יש בהם ט"ז חוטים ועשרה קשרים, עולה כ"ו כשם הוי"ה.

אות ג'

כל הזריז במצוה זו, זוכה ומקבל פני שכינה

סימן כד ס"ו - [יט]גדול עונש המבטל מצות ציצית, ועליו נאמר: לאחוז בכנפות הארץ וגו'. [כ]הזהיר במצות ציצית, זוכה ורואה פני שכינה.

מצוה לעשות טלית נאה וציצית נאה, וה"ה כל המצות צריך לעשותן בהידור בכל מה דאפשר, שנאמר: זה אלי ואנוהו, התנאה לפניו במצות, **אבל** אסור לרקום פסוקים של תורה בטלית, ומ"מ אם כבר נרקם, מותר לברך עליו, **ואף** על מפות אין מורין היתר לכתחלה לרקום דברי תורה עליו.

אות ד'

כל שיש לו תפילין בראשו ותפילין בזרועו וציצית בבגדו ומזוזה בפתחו, הכל בחיזוק שלא יחטא

רמב"ם פ"ו מהל' תפילין הי"ג - חייב אדם להזהר במזוזה, מפני שהיא חובת הכל תמיד, וכל זמן שיכנס ויצא יפגע ביחוד השם שמו של הקדוש ב"ה, ויזכור אהבתו ויעור משנתו ושגיותיו בהבלי הזמן, וידע שאין דבר העומד לעולם ולעולמי עולמים אלא ידיעת צור העולם, ומיד הוא חוזר לדעתו והולך בדרכי מישרים; אמרו חכמים הראשונים, כל מי שיש לו תפילין בראשו ובזרועו וציצית בבגדו ומזוזה בפתחו, מוחזק הוא שלא יחטא, שהרי יש לו מזכירין רבים, [כא]והן הם המלאכים שמצילין אותו מלחטוא, שנאמר: חונה מלאך יי' סביב ליראיו ויחלצם.

אות ה'

שהתכלת דומה לים, וים דומה לרקיע, ורקיע לכסא הכבוד

רמב"ם פ"ב מהל' ציצית ה"א - תכלת האמורה בתורה בכל מקום, היא הצמר הצבוע כפתוך שבכחול, וזו היא דמות הרקיע הנראית לעין השמש בטהרו של רקיע; והתכלת האמורה בציצית, צריך שתהיה צביעתה צביעה ידועה שעומדת ביופיה ולא תשתנה, וכל שלא נצבע באותה צביעה פסול לציצית אע"פ שהוא כעין הרקיע, כגון שצבעו באסטיס או בשחור או בשאר המשחירין, הרי זה פסול לציצית.

אות ו'

גדול עונשו של לבן יותר מעונשו של תכלת

רמב"ם פ"ב מהל' ציצית ה"ט - קשה עונש מי שאינו מניח לבן יותר מעונש שלא הניח תכלת, לפי שהלבן מצוי לכל, והתכלת אינו מצויה בכל מקום ולא בכל זמן, מפני הצבע שאמרנו.

באר הגולה

ט ‹מילואים› י הגהות מיי' בשם שוחר טוב והמרדכי בספ"ג דסוכה יא ‹מילואים ע"פ הגר"א› יב א"ח בשם רב משה גאון יג ‹מילואים ע"פ הגר"א› יד סמ"ק ור' יונה וריב"ש בשם רבו רבי פרץ הכהן טו טור בשם בעל העיטור טז ‹מילואים› יז מהר"מ ריקנטי ס"פ שלח לך יח כן שמע הב"י יט מנחות מ"ג ‹גדול עונשו של לבן כו', דעכ"פ מבואר דיש עונש גדול לזה› כ שם בגמ' כא ‹ועיין פי' רש"י›

אות ז'

חייב אדם לברך מאה ברכות בכל יום

סימן מו ס"ג - [כב]חייב אדם לברך בכל יום מאה ברכות לפחות - [כג]הטעם, לפי שהיו מתים בכל יום מאה נפשות מישראל, תיקן דוד ע"ז לברך מאה ברכות בכל יום.

והנה בכל יום אנו מברכין עוד יותר ממאה ברכות, כיצד: בלילה כשהולך לישן, מברך "המפיל", ובשחר מברך ענט"י, ו"אשר יצר", ועוד ט"ז ברכות בברכת השחר, וג' ברכות על התורה, **הרי כ"ב**, וברכת ציצית ותפילין, הרי עוד שלש, לפי מנהגינו שמברכין שתים על התפילין, **הרי כ"ה**, ו"ברוך שאמר" ו"ישתבח", הרי עוד שתים, וברכת ק"ש שחרית וערבית עם ברכת "יראו עינינו", שמנה, **הרי ל"ה**, ונ"ז ברכות דג' תפלות, **הרי צ"ב**, ובשתי סעודות שסועד אחת ערבית ואחת שחרית, יש ט"ז ברכות, כי בכל סעודה יש ח' ברכות, על נט"י ו"המוציא", וד' ברכות שבבהמ"ז, וכשהוא שותה כוס בבהמ"ז, מברך לפניו ולאחריו, **הרי בסך הכל ק"ח ברכות**, וא"כ אף ביום התענית שחסר לו סעודה אחת, ג"כ מקיים ק' ברכות.

וביום השבת חסר לו י"ג ברכות מהמאה, ע"כ יראה להשלימם במיני פירות ומגדים, ואם אין לו, יוצא ע"פ הדחק במה שיכוין לשמוע ברכת התורה והמפטיר ויענה אמן, **וכתב** המ"א, דלא יכניס עצמו בחשש ברכה שאינה צריכה משום מצות ק' ברכות, **וביוהכ"פ** ג"כ יוצא בשמיעת הברכות כמו בשבת, אך ביוה"כ אחר כל החשבונות חסר לו עוד שלש ברכות, וכתב המ"א, דישלים זה בברכת הריח על הבשמים, **אך** כל זמן שלא הסיח דעתו מלהריח, אסור לחזור ולברך משום ברכה שאינה צריכה, **וכן** יוכל להשלימם בברכת "אשר יצר", אם נזדמן לו, **ואפשר** דיוצא ע"פ הדחק במה שמכוין לשמוע חזרת הש"ץ.

אות ח'

בשבתא וביומי טבי טרח וממלי להו באיספרמקי ומגדי

סימן רצ ס"א - [כד]ירבה בפירות ומגדים ומיני ריח, כדי להשלים מנין מאה ברכות - וגם בליל שבת קודש טוב שישלים בם המאה ברכות.

כי בכל יום מברך אדם מאה ברכות, וכדאיתא לעיל בסימן מ"ו ס"ג עי"ש במ"ב, ועתה שנחסר לו כמה ברכות, שבתפלת שבת יש רק ז' ברכות, וע"כ ישתדל להשלימם.

אות ט'

חייב אדם לברך שלש ברכות בכל יום, אלו הן וכו'

סימן מו ס"ד - [כה]צריך לברך בכל יום: [כו]"שלא עשני עובד כוכבים"; "שלא עשני עבד"; "שלא עשני אשה" - ויזהר שלא יברך "שעשני ישראל", כמו שיש באיזה סדורים ע"י שיבוש הדפוס, כי י"א שבזה לא יוכל לברך שוב "שלא עשני עבד" ו"אשה".

ואם בירך מתחלה "שלא עשני אשה", י"א דשוב לא יוכל לברך "שלא עשני עכו"ם" ו"שלא עשני עבד", כי אשה עדיפה משתיהן, וממילא נכלל ההודאה, כי בכלל מאתים מנה, **וכן** אם בירך "שלא עשני עבד", לא יוכל לברך "שלא עשני גוי", כי עבד עדיף מגוי, דחייב בקצת מצות, **אבל** הרבה אחרונים חולקין בכל זה, וכן הסכים הא"ר ודה"ח דיוכל לברך.

ועבד שנולד עבד, י"א דלא יוכל לברך ג"כ ברכת "שלא עשני אשה", כי עבד זיל טפי מאשה, **ויש** חולקין, עיין בפמ"ג, ‹דעבד חשוב לענין קצת דברים, שאשה מסתכנא בלידה, גם עבד יש לו מצות מילה, וחייב במצות זקן – פמ"ג›.

הגה: ואפי' גר היה יכול לברך כך (ד"ע), אבל לא יאמר: שלא עשני עכו"ס, שהרי היה עכו"ס מתחלה (אבודרהס) - פי' שיאמר "שעשני גר", דמיקרי עשייה, כדכתיב: ואת הנפש אשר עשו בחרן, **ויש** חולקין בזה, וטעמם, דלא שייך לומר "שעשני", דהגיור לא היתה כי אם מצד בחירתו הטובה, שבחר בדת האמת, **ולכו"ע** יכול לברך "שלא עשני עבד", ו"שלא עשני אשה", ואע"ג דעכו"ם זיל טפי מעבד, אפ"ה אם היה נולד עבד, פן לא היה משחררו רבו, והיה נשאר עבד, משא"כ עתה שהיה הגיור תלוי ברצון עצמו.

ממזר יוכל לברך כל אלו הברכות, דישראל גמור הוא, **וכן** סומא, דקי"ל דהוא חייב בכל חמצות, **וטומטום** ואנדרוגינוס דחייבין מספק בכל המצות, לא יאמרו "שלא עשני אשה", דספק הם.

והנשים מברכות: שעשני כרצונו.

באר הגולה

[כב] מנחות מ"ג **[כג]** ‹לשון הטור: דתניא היה ר"מ אומר מאה ברכות חייב אדם לברך בכל יום, וסמכוה על דרש הפסוקים, והשיב רב נטרונאי ריש מתיבתא דמתא מחסיא, דוד המלך ע"ה תקן מאה ברכות, דכתיב: הוקם על, ע"ל בגימטריא ק' הוי, כי בכל יום היו מתים ק' נפשות מישראל, ולא היו יודעין על מה היו מתים, עד שחקר והבין ברוח הקודש, ותקן להם לישראל ק' ברכות› **[כד] מנחות מ"ג** **[כה] שם** **[כו]** ‹בש"ס הגירסא שעשני ישראל, וכן הוא ברא"ש, אבל ברי"ף ורמב"ם הגירסא שלא עשני גוי, וכן הוא בתוספתא וירושלמי {וכן הוא בהגה מצד הגמרא} – מגן גיבורים›

§ מסכת מנחות דף מד. §

אות א'

ובריתו דומה לדג

רמב"ם פ"ב מהל' ציצית ה"ב - כיצד צובעין תכלת של ציצית, לוקחין הצמר ושורין אותו בסיד, ואחר כך מכבסין אותו עד שיהיה נקי, ומרתיחים אותו באהלא וכיוצא בו כדרך שהצבעין עושין כדי שיקלוט את העין, ואחר כך מביאין דם חלזון, והוא דג שדומה [א]עינו לעין התכלת, ודמו שחור כדיו, [ב]ובים המלח הוא מצוי, ונותנין את הדם ליורה, ונותנין עמו סממנין כמו הקמוניא וכיוצא בהן כדרך שהצבעין עושין, ומרתיחין אותו ונותנין בו הצמר עד שיעשה כעין רקיע, וזו היא התכלת של ציצית.

אות ב'

טלית שאולה, כל שלשים יום פטורה מן הציצית, מיכן ואילך חייבת

סימן יד ס"ג - [ג]השואל מחבירו טלית שאינה מצוייצת, פטור מלהטיל בה ציצית כל ל' יום, דכתיב: כסותך, ולא של אחרים.

והמטיל בה ציצית ומברך לא הפסיד, כמו נשים שיכולות לברך על מ"ע שהזמן גרמא אף שפטורות, **וממילא** יכול לצאת בו בשבת לר"ה, דנוי הוא לבגד.

אבל אחר ל' יום, חייב מדרבנן, מפני שנראית כשלו - ויברך עליה, **ושוכר** דינו כשואל, **ובעיטור** מצאתי שכתב: ושכירות מספקא לן, ‹דדלמא עדיף משאולה וחייב מדאוריתא›.

הגה: ואם החזירו תוך ל' וחזר ולקחו, אינו מצטרף, רק בעינן ל' יום רצופים (נימוקי יוסף הלכות ציצית).

[ד]**שאלה כשהיא מצוייצת, מברך עליה מיד** - והטעם הוא, דהא אדעתא דהכי השאילה לו שיברך עליה, וכיון שא"א לו לברך אא"כ תהיה שלו, הוי כאילו נתנה לו במתנה ע"מ להחזיר, **ויש** מחמירין וסוברין שלא לברך, אא"כ נתן לו בפירוש במתנה ע"מ להחזיר, **אך** רוב האחרונים מסכימים לפסק השו"ע.

ולכתחלה בודאי יותר טוב לבקש מהמשאיל שיתן לו במתנה ע"מ להחזיר, ולא לעיכובא.

ואחר שיצא בו, צריך לחזור ולתנו לבעליו במתנה, כדי שיהיה של בעלים, שהרי נעשה שלו, **וצריך** להחזירו להנותן בזמנו, היינו אם היום יצא בו בעליו, ישיב לו עכ"פ למחר קודם התפלה, כדי שיהיה לו בעצמו ג"כ במה לצאת, **ואם** לא החזיר לו, והנותן אין לו טלית אחר, נראה דנעקר המתנה למפרע, ולא קרינא ביה "כסותך", ואף שיש לו ט"ק, מ"מ מסתברא דאדעתא דהכי לא נתן לו.

נ"ל פשוט, דאם נתקלקל הטלית או אחת מציציותיה אצל השואל, אף שהיה ע"י אונס, ולא החזיר לו כמו שלקחה, אינו יוצא בהמצוה.

ודוקא אם שאל ממנו טלית המיוחד למצוה, אבל אם הוא בגד העומד ללבישה, ורק כיון שפתוח רובו עושין בו ציצית, ולא נעשה בשביל מצות ציצית, **וכן** אם שאל טלית לעלות לתורה, או לעבור לפני התיבה או לדוכן, שאינו אלא משום הכבוד, **אין** מברכין עליו, דאולי היה רצונו להשאילו רק למלבוש לחוד, ולא להקנות לו, **ויש** חולקין בזה, וס"ל דבכל גווני מברכין, **ע"כ** כתב בדרך החיים, דיותר טוב שיכוין בכל אלו שלא לקנות, כדי שלא יצטרך לברך לכו"ע, לבד מהטלית ששאל בעת התפלה לצאת בו.

וכ"ז בטליתות של איש פרטי, אבל בטליתות של קהל, כעין שלנו המצויות בבתי כנסיות, צריך לברך עליו לכו"ע, אפילו כשלובשו רק לעבור לפני התיבה או לעלות לתורה, משום דטלית של קהל אדעתא דהכי קנוהו מתחלה, שכל מי שלובש אותו שיהיה שלו, כמו באתרוג, ‹**ותמיהני** למה צריך לזה, הלא הא"ר כתב, דהוי כטלית של שותפין דחייבת, **ואולי** הטעם, דפעמים העיר גדולה מאד, ולא ימטי שוה פרוטה לכל חד›.

‹**ובספר** שערי אפרים כתב, דיותר טוב ליקח טלית שאולה בעת עלייתו לתורה, מליקח טלית הקהל, שבטלית הקהל נכנס לכלל ספק שמא מחוייב לברך, **ואם** לקח טלית הקהל ורוצה לברך, יכוין אז שרוצה ללבשו לשם מלבוש של ציצית, ויעטוף בו ראשו כמו בשחרית, וא"צ אז לעמוד מעוטף שיעור הילוך ד' אמות וכו', **ואם** אינו רוצה לברך עליו, לא יעטוף ראשו כלל, רק עטיפת הגוף לבד, אף שיש דעת קצת פוסקים החולקים ע"ז, וס"ל דעיטוף הגוף סגי, מ"מ אין כונתו להתעטף כלל, רק לבישה לשעתו משום כבוד בעלמא, לא קרינן "אשר תכסה בה" בעיטוף ארעי כזה, **ואף** בטלית שלו, אם זמנו בהול שאינו יכול להתעטף בו ממש, ונותנו על הכתפיים לבד לשעה קלה בשעת הקריאה, ודעתו להסירו מיד, צ"ע בכה"ג, עכ"ל, **ודבריו** חלושים במקצת, דהלא הסכמת השו"ע לעיל בסי' ח', דהעיטוף אינו לעיכובא, **וגם** טעם השני שלו, מרש"ל ומ"א וא"ר ושארי אחרונים משמע, דבבגד שלו בודאי חייב לברך, ולא חילקו כלל בין אם מעטף ראשו או לא, משמע מדבריהם דבכל גווני חייב ע"י לבישה זו בציצית, מ"מ מש"כ דיכוין אז בלבישתו לשם מלבוש של ציצית ולא לכבוד בעלמא, דבריו נכונים מאד מדינא מטעם אחר, דהלא קי"ל דמצות צריכות כונה, ולעיכובא הוא, **אח"כ** מצאתי חבר להש"א, והוא מש"כ בבה"ט, דהמתעטף מפני כבוד הציבור אין מברך, ומסתמא טעמו כמש"כ הש"א, דאפשר דזה אינו נקרא לבישה המחייבת בציצית, וצ"ע›. ‹**ולמעשה** נהוג עלמא שאין מברכין כשמתעטף בה רק בשביל כבוד הציבור - פסקי תשובות›.

באר הגולה

[א] ‹ופירש"י גופו, מראה גופו - כסף משנה› [ב] ‹עיין רש"י› [ג] **חולין ק"י מנחות ל"ו** [ד] **תוספות שם** (חולין קי: ד"ה טלית) **ורא"ש שם בחולין**

התכלת פרק רביעי מנחות מד

זיל טפי ת"ר חלזון זהו גופו דומה לים ובריית׳ דומה לדג ועולה אחד לשבעים שנה ובדמו צובעין תכלת לפיכך דמיו יקרים תניא א"ר נתן אין לך כל מצוה קלה שכתובה בתורה שאין מתן שכרה בעה"ז* ולעה"ב א] איני יודע כמה צא ולמד ממצות ציצית מעשה באדם אחד שהיה זהיר במצות ציצית שמע שיש זונה בכרכי הים שנוטלת ד' מאות זהובים בשכרה שיגר לה ארבע מאות זהובים וקבע לה זמן כשהגיע זמנו בא וישב על הפתח נכנסה שפחתה ואמרה לה אותו אדם ששיגר ליך ד' מאות זהובים בא וישב על הפתח אמרה היא יכנס נכנס הציעה לו ז' מטות שש של כסף ואחת של זהב ובין כל אחת ואחת סולם של כסף ועליונה של זהב עלתה וישבה על גבי עליונה כשהיא ערומה ואף הוא עלה לישב ערום כנגדה באו ד' ציציותיו וטפחו לו על פניו נשמט וישב לו ע"ג קרקע ואף היא נשמטה וישבה ע"ג קרקע אמרה לו גפה של רומי שאיני מניחתך עד שתאמר לי מה מום ראית בי אמר לה העבודה שלא ראיתי אשה יפה כמותך אלא מצוה אחת ציונו ה' אלהינו וציצית שמה וכתיב בה °אני ה' אלהיכם שתי פעמים אני הוא שעתיד ליפרע ואני הוא שעתיד לשלם שכר עכשיו נדמו עלי כד' עדים אמרה לו איני מניחך עד שתאמר לי מה שמך ומה שם עירך ומה שם רבך ומה שם מדרשך שאתה למד בו תורה כתב ונתן בידה עמדה וחילקה כל נכסיה שליש למלכות ושליש לעניים ושליש נטלה בידה חוץ מאותן מצעות ובאת לבית מדרשו של ר' ב] חייא אמרה לו רבי °צוה עלי ויעשוני גיורת אמר לה בתי שמא עיניך נתת באחד מן התלמידים הוציאה כתב מידה ונתנה לו אמר לה לכי זכי במקחך אותן מצעות שהציעה לו באיסור הציעה לו בהיתר זה מתן שכרו בעה"ז ולעה"ב איני יודע כמה אמר רב יהודה *טלית שאולה ג] כל שלשים יום פטורה מן הציצית מיכן ואילך חייבת תניא נמי הכי ההדר בפונדקי בא"י והשוכר בית בח"ל כל שלשים יום פטור מן המזוזה מיכן ואילך חייב אבל השוכר בית בא"י עושה מזוזה לאלתר משום יישוב דא"י: תפלה של יד אינה מעכבת ד]: אמר רב חסדא לא שנו אלא שיש לו אבל אין לו מעכבת אמרו לו אמרת אמר להו לא אלא מאן דלית ליה תרי מצות חד מצוה נמי לא ליעביד ומעיקרא מאי סבר גזירה שמא יפשע אמר רב ששת כל שאינו מניח תפילין עובר בשמונה עשה וכל שאין לו ציצית בבגדו עובר בחמשה עשה *ה] וכל כהן שאינו עולה לדוכן עובר בג' עשה כל שאין לו מזוזה בפתחו עובר בשני עשה וכתבתם וכתבתם ואמר ר"ל כל המניח תפילין מאריך ימים שנאמר

(במדבר טו)

רש"י

זיל טפי · ו] אפ"ה מוזלזל העבד יותר מן האשה ל"א זיל ספי כלומר זיל והוסיף וברך שלא עשאני עבד כדי להשלים: גופו · מראה גופו ז] תבנית דיוקט: °ועולה· מן הארץ: לפיכך · שאינו עולה אלא אחת לע' שנה דמיו יקרין: ציצית · מצוה קלה עשה בעלמא: גפה של רומי· נשבעה בחיי המלך שהוא שרה של רומי ל"א ע"ז (א):בפסוק אחרון של פרשה(במדבר טו)כתי' ב' פעמים אני ה' אלהיכם אחד בראשו ואחד בסופו: שליש למלכות · שיניחנה להתגייר: ח] אותן מצעות · לא מכרה והביאתן ט] והוא היה מתן שכרו בעה"ז: הוציאה כתב מידה· וספרה לו כל המאורע שלשם שמים היא מתגיירת לפי שמתעה נס גדול של חומר מצות שטפחו לו ד' ציציות על פניו: פונדק · שלנים בו עוברים ושבים: והשוכר בית כו' · פטור שמא יחזור בו: משום יישוב א"י · דלאחר שקבעה שוב אינו עולה משם אפי' יוצא ממנה כדאמר בפ' השואל בב"מ (דף קב·) הלכך בקושי יצא ממנה מפני טורח מזוזה אחרת ואפי' יוצא ממנה ישכרנה אחר מהרה כשימצאנה מזומנת במזוזה ונמצאת א"י מיושבת: אלא שיש לו שתיהן · ואם אינו מניח אלא אחת הותה מצו' מיהא קיים: חדא מצוה נמי לא ליעביד · בתמיה: ומעיקרא · דאמר מעכבת: מאי סבר שמא יפשע · אי אמרי' דאינה מעכבת יפשע ולא יקנה האחרת: בשמונה עשה · ד' פרשיות יש בהן ואכל חדא קיימי תרי עשה וקשרתם לאות והיו לטוטפו' (דברים יא) ל"א (ב) בוהיה כי יביאך (שמות יג) כתיב י) והיה [א]כי יביאך לאות וגו' ושמרת את החוקה וגו' ובסוף הפרשה כתיב והיה לאות וגו' הרי ג' ובק"ש (דברים ו) וקשרתם לאות והיו לטוטפות וכן בוהיה אם שמוע (שם יא) תרי הרי ז' ושמתם את דברי אלה דדרשינן בפר' הקומץ [רבה] (לעיל דף לז:) דבתפילין קמישתעי שתהא שימה כנגד הלב הרי ח': יא] בציצית ה' · ועשו ונתנו והיה וראיתם גדילים תעשה לך יב]: ה'

תוספות

זיל ספי · אבל אבור לא מברכינן דאינו מלוי דהאי כל שאינו לא במקרא ולא במשנה ולא בדרך ארץ ונראה יותר שמברך אטבד ואשה שאינן [ג] יג] מלויין כמותו: **לבית** מדרשו של רבי [ג] יד] חייא · אינו רבי חייא שר' נתן שהיה חשוב מרבי כדאמרינן (ב"ב קלא·) ילדות היתה בי והעזתי פני בנתן הבבלי לא היה מביא ראיה מרבי חייא ובתוספתא גרסינן לבית מדרשו של רבי מאיר:

טלית שאולה טו] כל ל' יום · אין לדקדק מכאן דסתם שאלה ל' יום כמו הלואה בפ"ק דמכות (דף ג:) חדא דדילמא שאלה דטלית דוקא [ד]ועוד *הכא לא מיפטר אלא דעד ל' יום סברי איכשי דשאולה היא דאין דרך שאלה יותר דמדאורייתא פטורה. לעולם כדדרשינן (חולין דף קלו·) ראשית גז לאך ולא של אחרים הכי נמי כסותך ולא של אחרים אע"ג דבמזוזה חייב השוכר כדמסיק התם (שם:) דביתך לא אתא לאפוקי בית אחרים אלא לכדרבא דאמר לכך ביאתך (לעיל דף לג.) ופ"ק דיומא (דף יא:) נמי איכא הכי וה"ט דלא מסתבר קרא למעוטי בית אחרים דכיון דלשימור עביד ל"ש מיהא כל ל' יום פטור דלאו בית דידיה דידיה הוא [ס] כדאמרינן פ"ק דבבא בתרא (דף ח·) גבי נשתהה שם ל' יום הרי הוא כאנשי העיר והא דמייתי הכא טז] סיוע לרב יהודה להא דטלית שאולה דמסתבר ליה לדמות טלית מדרבנן למזוזה דאורייתא ול"ע אי מליכן למימר דלענין לפטור עד ל' יום הוא דמייתי ומיהו י"ל דמזוזה נמי מדרבנן דתרי ביתך כתיבי והא דבעי בסוף השואל (ב"מ קא:) מזוזה על מי ופריך הא אמר רב משרשיא חובת הדר היא נאו לחיובי שוכר מייתי לה אלא ה"ק פשיטא שהמשכיר אינו חייב כיון שאינו דר שם וכן פ"ק דמסכת ע"ז (דף כא· ושם) דפריך בית נמי מפקע ליה ממזוזה ומשני חובת הדר היא פי' שאם ירצה לא ידור בו אלא ישתמש בו לתבן וקש ולא מיחייב והא דאמרינן ריש ר"א דמילה (שבת קלא:) לא לכל אמר ר"א מכשירי מלוה דוחין את השבת דמודה ר"א שאם ליין טליתו ועשה מזוזה לפתחו חייב הואיל ובידו להפקירן ה"ה למימר הואיל ובידו [ו]שלא להניחה אלא הטעם השוה בכל לכ"ע ולמ"ד חובת טלית בלא לבישה חייב: **כל** כהן שאינו עולה לדוכן וכו'. דוקא כשאומר לו עלה כדאיתא [ז]בסוטה (דף לח.) לריך שיאמר להם חזן הכנסת שאו ידיכם קודש ובתרגום בבלי נמי מתרגמינן [אמור להם] כד תימרון להון ואע"ג דדרשי' מיניה עשה[ח] מפיק ליה פ' ואלו נאמרין (סוטה לח·) שנים נקראו כהנים ולא כהן אחד[ט] ותרתי שמעינן מינה ומ"מ אומר ר"ת שאפי' כהן אחד עולה לכל הפחות מדרבנן ודייק מלישנא דלא קאמר שני כהנים עולים ולא אחד משמע אפי' אחד *ועוד פי' שם"ל אין לו להקרות לפי שהוא מכסיק ואין להפסיק אפי' ליהא שמיה רבה ואפי' נחש כרוך על עקיבו וכן פר"ח דש"ל המפסיק עבירה היא בידו ותניא בספרי אמור להם מלמד

רבינו גרשום

שיטה מקובצת

אות ג'

הדר בפונדקי בא"י, והשוכר בית בחו"ל, כל שלשים יום פטור מן המזוזה, מיכן ואילך חייב; אבל השוכר בית בא"י, עושה מזוזה לאלתר, משום יישוב דא"י

יו"ד סימן רפו סכ"ב - [ה]**השוכר בית בחוצה לארץ, והדר בפונדק בארץ ישראל, פטור ממזוזה שלשים יום** -

[ו]שאינו נקרא עדיין דירה - ש"ך. ‹**דפחות** משלשים יום אינו אלא דירת עראי, כיון שאינו שלו אלא מושכר הוא בידו - לבוש›.

והדר בפונדק - ‹ונ"ל דזהו כשבעל הפונדק הוא עכו"ם, אבל ישראל חייב הוא לעשות מזוזות בהחדרים של האורחים, שהרי ביתו היא בשביל אורחים, וכמ"ש בס"א ע"ש, **ואין** חילוק בפונדק בין ארץ ישראל לחו"ל, כמו שיש חילוק בשכירות - ערוה"ש›.

‹**ואם** רוצה להחמיר אם יכול לברך, עיין בתשו' בית יהודה - רעק"א›. (**ועיין** באשל אברהם באו"ח סי' י"ד, דפשיט ליה דרשאי להחמיר ולברך, מהא דאיתא בשו"ע שם סעיף ג', דטלית שאולה פטור מציצית כל ל' יום, וכתב המג"א שם בשם תוס' והרא"ש, דהמברך לא הפסיד, ע"ש, וכן העלה בשו"ת רב משולם, ע"ש - פת"ש).

(**כתב** ברכ"י, אם עמד בבית כ"ט יום ויצא ואח"כ חזר, יש להסתפק אם בחזרתו ביום ראשון יצטרף היום ההוא לכ"ט יום שקדמו ויושלמו שלשים יום, ויש לצדד בזה, הרב בית דוד. **ולענ"ד** צ"ע, מאי שנא מטלית דכתב בנ"י הל' ציצית הובא באו"ח סימן י"ד ס"ג בהג"ה, דאם החזירו תוך למ"ד וחזר ולקחו אינו מצטרף, דבעינן למ"ד יום רצופים, ע"ש, וכעת אין התשובה הנ"ל לפני - פת"ש). ‹**ופשוט** הוא דהל' יום צריך רצופין - ערוה"ש›.

(**ועיין** בנ"צ שכתבתי, דהא דפטור ממזוזה ל' יום, היינו אף אם רוצה לדור בו כמה שנים, אינו חייב לקבוע עד אחר ל', ודלא כדמשמע מסדור הגאון מליסא ז"ל. ‹**ונראה** ברור דזה שנתבאר דל' יום פטור, זהו כששכר לפחות מל' יום, או שכר סתם, אבל שכרו לל' יום חייב מיד, דשכירות ליומא ממכר הוא לכמה דברים, אלא דפחות מל' מקרי עראי, אבל כששכרו לל' יום ויותר פשיטא דמיד חייב, וכ"נ מש"ך, וכן המנהג פשוט ואין לשנות - ערוה"ש›. **ע"ש** עוד בענין אם קנה אח"כ הבית אי מברך שנית - פת"ש).

והשוכר בית בארץ ישראל, חייב במזוזה מיד, משום ישוב ארץ ישראל - ‹פי' כיון דלאחר שקבעה שוב אינו נוטלה משם אפילו יוצא ממנו, כמו שיתבאר בעזה"י, הלכך בקושי יצא ממנו מפני טורח מזוזה אחרת, ואפילו יוצא ממנו, ישכרנה אחר מהרה כשימצאנה מזומנת במזוזה, ונמצאת ארץ ישראל מיושבת - לבוש›. **(והוא הדין לשואל בית דינו כשוכר) (ב"י בשם הר"ר מנוח וכ"מ בש"ס).**

אות ד'

אלא מאן דלית ליה תרי מצות, חד מצוה נמי לא ליעביד

סימן כו ס"א - [ז]**אם אין לו אלא תפלה אחת, מניח אותה שיש לו ומברך עליה, שכל אחת מצוה בפני עצמה** -

(אפילו אם היא רק של ראש לבד, ולא יחוש למה שאמרו: כל זמן שבין עיניך יהיו שתים, וגם אפילו בעת ק"ש ותפלה מותר לו ללבוש אחת, ולא יחוש למה שאומר אח"כ בעצמו בק"ש "וקשרתם" וגו', והוא אינו מקיים, דכל זה דוקא אם יש לו שיכול להניחם, משא"כ בזה. **ואם הוא** מצפה שיביאו לו קודם שיעבור הזמן ק"ש, אם הוא איש שדרכו ללבוש תפילין רק בזמן הק"ש ותפלה, והוא רוצה עתה ללבשם ולהתפלל בהם, בודאי יש לו להמתין עד שיביאו לו השניה, ולא יקרא ק"ש ויתפלל בתפלה אחת, כיון שעדיין לא עבר הזמן ק"ש, **אבל** אם דרכו ללבוש תפילין אפילו שלא בזמן ק"ש, והוא רוצה עתה ללבוש כדי שלא לבטל מצות תפילין מעליו, פשוט דיכול ללבשם תיכף ולברך עליהם, **אך** לענין לקרות בהם ק"ש, נראה דיש לו להמתין עד שיביאו לו השניה).

[ח]**והוא הדין אם יש לו שתיהם,** [ט]**ויש לו שום אונס שאינו יכול להניח אלא אחת** - כגון שיש לו מכה בראשו או בזרועו, או שהוא צריך לצאת לדרך, ואין השיירא ממתנת עליו עד שיניח שתיהם, **מניח אותה שיכול.**

והי מינייהו עדיפא לענין הנחה, י"א דיותר טוב שיניח ש"ר לבד, דקדושתו חמורה, וי"א שיניח לעת עתה הש"י, כדי שלא ישנה הסדר שבתורה, **בד"א** כשיהיה יכול אח"כ להניח בדרך התפלה השניה, אבל אם אח"כ לא יכול להניח התפלה השניה, יניח הש"י והש"ר קודם הליכתו מביתו, דמשום איחור דרכו לא התירו לו לבטל ממצות תפילין.

(**המחבר** איירי לענין שיהא מותר להניח תפלה אחת לכתחילה, אבל בדיעבד אפי' אם הזיד ולא הניח רק אחת, יצא ידי אותה שהניח).

אות ה'

כל שאינו מניח תפילין, עובר בשמונה עשה

רמב"ם פ"ד מהל' תפילין הכ"ו - **וכל שאינו מניח תפילין עובר בשמונה עשה,** [י]**שהרי בארבע פרשיות צוה על תפילין של ראש ועל תפילין של יד; וכל הרגיל בתפילין מאריך ימים שנאמר ה' עליהם יחיו.**

באר הגולה

[ה] **ברייתא שם דף מ"ד ע"א** [ו] ‹עיין ברש"י דכתב, פטור שמא יחזור בו› [ז] **מנחות ל"ח** [ח] **שם מ"ד סברא בתרא דרב חסדא** ‹ודבר פשוט הוא דנקטינן כסברא בתרא דרב חסדא, דבין יש לו שתיהן בין אין לו אלא אחת מהן, אינן מעכבות זו את זו - ב"י. **מקום** הציון צ"ע, והגר"א מציינו על תחילת הסעיף, והכא כתב: כ"ש הוא כמ"ש שם› [ט] **הרא"ש** ‹עיין להלן מש"כ בבה"ל, והוא בשם בב"י› [י] ‹לכאורה אינו כהב' פשטים ברש"י, דרש"י משמע ד"וקשרתם" "וקשרתם", דכתיבי ב"שמע", הולך על כל הד' פרשיות, {ואפשר דשאר כל הכתובים, ס"ל לרש"י בלשון ראשון, דשם אינו עיקר מקום הצווי, וכמו שמצינו ברש"י במלאכת המשכון, שאומר באיזה מקום, דאין זה עיקר הצווי, רק במקום אחר הוא עיקר הצווי}, **ומהרמב"ם** משמע, דבכל פרשה מהד' פרשיות יש צווי על של ראש

אות ה'[יא]

<u>וכל שאין לו ציצית בבגדו, עובר בחמשה עשה</u>

סימן ח סי"ז - [יב]**נתכסה בבגד שהוא חייב בציצית, ולא הטיל בו ציצית, ביטל מצות ציצית** - דציצית חובת גברא לענין זה, שאם נתכסה בטלית אז חל עליו החיוב.

אות ו'

<u>וכל כהן שאינו עולה לדוכן, עובר בג' עשה</u>

סימן קכח ס"ב - [יג]**כל כהן שאין בו אחד מהדברים המעכבים** - כי לקמן מבואר הרבה דברים המעכבים לכהן לעלות לדוכן, יש מהן שהן מדאורייתא לכמה פוסקים, ויש מהן שהן לכו"ע מדרבנן.

אם אינו עולה לדוכן, אע"פ שביטל מצות עשה [יד]**אחת, הרי זה כעובר בג' עשה** - והוא "כה תברכו", "אמור להם", "ושמו את שמי" וגו', **ומ"מ** עיקר עשה אינו אלא אחת, והוא "כה תברכו", שנאמרה בלשון צווי לברכה.

אות ז'

<u>כל המניח תפילין מאריך ימים</u>

סימן לז ס"א - [טו]**גדול שכר מצות תפילין** - שכל המניחן מאריך ימים בעוה"ז, שנאמר: ד' עליהם יחיו, כלומר אותם שנושאים שם ה' עליהם בתפילין יחיו, **ומובטח** שהוא בן עוה"ב, ואין אש של גיהנם שולט בו, וכל עונותיו נמחלין לו - טור בשם השמושא רבא.

וכל מי שאינו מניחם הוא בכלל פושעי ישראל [טז]**בגופן** - פי' אפילו מניעתו הוא רק לפרקים, וכ"ש אם מבטל תמיד ממצוה זו, **והפמ"ג** הביא בשם נ"צ, דאפילו מי שביטל מתפילין יום אחד, הוא ג"כ בכלל פושעי ישראל.

ודינו פסוק בש"ס ר"ה י"ז, דאפילו הוא איש בינוני, דדרכו של הקב"ה להטות הכף כלפי חסד, מכיון שנמצא בתוך עונותיו עון זה, כף חובה מכרעת, והוא מוכרח לירד לגיהנם, **ואם** ח"ו ג"כ עונותיו מרובין מזכיותיו, נידון בגיהנם י"ב חודש, ואח"כ גופן כלה ונשמתן נשרפת, ורוח מפזרת אפרן תחת כפות רגלי הצדיקים, **וע"ש** בתוס', דכ"ז בשלא עשה תשובה.

ודוקא שאינו מניחן בשביל שהמצוה בזויה בעיניו, אבל הירא להניחם משום דבעי גוף נקי, ושמא לא יזהר בקדושה כראוי, אע"ג דעבירה היא, דבקל יכול אדם ליזהר בשעת ק"ש ותפלה, מ"מ לא הוי בכלל פושעי ישראל, **וכ"ש** אם המצוה תמיד חביבה עליו, ונזהר שיהיה גוף נקי, אך עתה אית ליה אונס חולי שאין גופו נקי, לכו"ע אין עליו דין פושעי ישראל כלל, **ודע** דכתב הב"ח, דאפילו אם אין המצוה בזויה בעיניו, אך ממנע מלהניחם מפני ביטול מלאכה, או שאר הפסד ממון, או מחמת עצלות, ג"כ הוא בכלל פושעי ישראל בגופן, אך דיש חילוק ביניהם לענין עונש, עי"ש.

ודבר זה הוא תוכחת מגולה לאותן אנשים, שמפני עצלותן מצוי שיהיו תפליהן מונחין על מצחן ולא על הקרקפתא, וגם הש"י אין מונח על מקומו כדין, **דהלא** זה הוא כמי שלא הניח כלל, וכבר זירז ע"ז ג"כ אותנו הפמ"ג, שכתב דתפילין שמונחין שלא במקומן, הרי הם כמונחין בכיסן.

ויען כי גדול כח המצוה כ"כ, ולהיפך העונש ר"ל, לכן יזהר כל אדם לקנות תפילין מסופר מומחה וי"ש ובעל תורה, וכן רצועות יקנה מאיש נאמן, כדי שיהא בטוח שנעבדו לשמן מעורות טהורות, **כי** מי שהוא מניח תפילין פסולים, לא לבד שאינו מקיים המצוה, אלא שמברך כמה וכמה ברכות לבטלה, שהוא עון גדול, **ובעו"ה** רבה המכשלה במה שקונים תפילין ורצועות ממאן דהוא לפי שמוכרים בזול, ורובן אינם מרובעין, ועוד יתר קלקולים שמצוי בהם בעת כתיבתן, **וכל** ירא שמים יתן אל לבו, אם על מלבושיו וכליו הוא מהדר שיהיו כתיקונם, מכ"ש בחפצי שמים שלא יצמצם ויחוס על הכסף, אלא יהדר לקנות אותן שהם בודאי כשרים אף שמחירם רב.

וכתב הד"מ בשם המרדכי, יש לאדם להדר אחר תפילין נאים, שנאמר: זה אלי ואנוהו, דהיינו שכתבן לבלר אומן, בכתב נאה, ובדיו נאה, ובקולמוס נאה, וקלפים נאים.

באר הגולה

ועל של יד, והיינו "והיה לך לאות על ידך ולזכרון בין עיניך" ב"קדש", "והיה לאות על ידכה ולטוטפות בין עיניך" ב"והיה כי יביאך", **ורש"י** בלשון ב' כנראה ס"ל דכל אחד מהני פסוקים הוא רק צווי אחד› **יא** ‹ע"פ הגר"א וז"ל: אע"ג דאמרינן שם שעובר בה' עשה, מ"מ אינו אלא מצוה א', כמו שהאריך הרמב"ם בשורש תשיעי, ע"ש› **יב** רמב"ם שם **יג** סוטה ל"ח **יד** רמב"ם **טו** מנחות מ"ד **טז** ר"ה י"ז

ה' עליהם יחיו ולכל בהן חיי רוחי ותחלימני [ישעיה לח] והחייני: מתני' הסולת והשמן אין מעכבין את היין ולא היין מעכבן המתנות שעל המזבח החיצון אין מעכבות זו את זו: גמ' ת"ר ומנחתם ונסכיהם [במדבר כט] הבא מנחה ואחר כך הבא נסכים רבי אומר זבח ונסכים הבא זבח ואחר כך הבא נסכים ורבי נמי הכתיב ומנחתם ונסכיהם ההוא מיבעי למנחתם ונסכיהם בלילה ומנחתם ונסכיהם אפילו למחר ורבנן נמי הכתיב זבח ונסכים ההוא מיבעי ליה לכדזעירי דאמר זעירי [א] אין נסכים מתקדשין אלא בשחיטת הזבח ורבי נמי מיבעי ליה לכדזעירי ורבנן נמי מיבעי להו למנחתם ונסכיהם בלילה ומנחתם ונסכיהם אפי' למחר אלא היינו טעמייהו דרבנן דכתיב עולה [ויקרא כג] ומנחה ורבי נמי הכתיב עולה ומנחה אלא בבאים עם הזבח דכ"ע לא פליגי דמנחה ואחר כך נסכים דהכתיב עולה ומנחה כי פליגי [ג] בבאין בפני עצמן רבנן סברי מדבאין עם הזבח מנחה ואחר כך נסכים בפני עצמן נמי מנחה ואחר כך נסכים ורבי התם הוא דאיידי דאתחיל באכילה גמר לה לכולא מילתא דאכילה אבל בפני עצמן נסכים עדיפי הואיל [ג] ודמיתאמרא שירה עלייהו: המתנות שעל מזבח החיצון אין מעכבות זו את זו: *ת"ר מנין לכל הניתנין על מזבח החיצון שנתנן במתנה אחת שכיפר שנאמר ודם זבחיך [דברים יב] ישפך על מזבח ה' אלהיך: מתני' הפרים והאילים והכבשים (והשעירים) אינן מעכבין זה את זה [ד] ר' שמעון [אומר] אם היו להם פרים מרובים ולא היו להם נסכים יביא פר אחד [ה] ונסכים ולא יקריבו כולם בלא נסכים: גמ' הני פרים וכבשים דהיכא [ו] אילימא דחג כמשפטם [במדבר כט] כתיב בהו [ז] אלא דר"ח ועצרת דחומש הפקודים אילים

תוספות

מלמד שחזן הכנסת אומר להם אמרו ובירושלמי אמרינן ובלבד שיהא החזן ישראל וחזן לאו היינו ש"ץ שחזן הוא שמש הכנסת כדאיתא פ"ק דסנהדרין (דף יז:) וב' חזנים ופ"ז דבבא מציעא (דף צג:) חזני מתא אבל ש"צ הוא הקורא ואומר ר"ת שש"צ הוא פותח בברכתו ומסיים ואין הכהנים רשאין להתחיל עד שיכלה הדבור מפי הקורא ודווקא כשעומד בבית הכנסת ואומר לו [ג] עובר אבל אם עומד בחוץ אינו עובר דאמרינן בירושלמי רבי שמעון בן פזי כד הוה תשיש [הוה] קאי אחורי עמודי ר' אלעזר כפיק לברכא:

הסולת והשמן אין מעכבין את היין · משמע הא סולת ושמן מעכבין אהדדי ותימה דהא לא כתיב שום קרא במנחת נסכים ושמא ילפינן ממנחת נדבה דכתיב בה עיכובא לעיל (דף כז׳) וגלויי מילתא בעלמא הוי דגבי מיעוטו מעכב את רובו כתיב קרא גם במנחת נסכים והתם גלי לן קרא:

[ד] מנחתם ונסכיהם (אפי') בלילה מנחתם ונסכיהם אפילו למחר· בפ"ב דתמורה (דף יד.) מוכח דלמחר נפקא לן מז] [ה] דבר יום ביומו מלבד שבתות ה' ודרך הש"ס להביא על פסוק הרהוט בשני דרשות אע"ג דנפקי מקראי אחריני כי ההיא דשבח כעורים לאביה *)(קדושין דף ג׳) וכן מוהתעלמת (ב"מ דף ל.) וכן ספר טורתה ואין דבר אחר כורתה (גיטין דף כא:) וכן מותר הפסח ושלמים הבאין מחמת הפסח פ"ק דזבחים (דף ט.) ופ"ד דזבחים (דף לז׳) ופרק התודה (לקמן פג:) ופ' מי שהיה טמא (פסחים דף צו:) ופ"ב דבכורות (דף טו׳) דדריש אך ולא חלבו ומסיק רבא דאך לאותו ואת בנו הוא דאתא וחלבו מדמו נפקא וכן בשמעתין דתניא בברייתא זבח ונסכים ומסקינן דבסברא פליגי:

מנחתם ונסכיהם · פי' בקונט' פ"ק דזבחים (דף ח׳) ופרק המזבח מקדש (שם פד׳) ופ"ב דתמורה (דף יד׳) דמנחתם ונסכיהם דפרי החג קדריש וקשה לר"ת היכי משמע מיניה לילה ועוד היכי דרשינן מיניה מנחה ואח"כ נסכים הא קרא דבתריה כתיב לפרים ולאילים ואינם כתובים יז] על הסדר דפרים ואילים קדמי ותו דפריך ורבנן נמי הא בעי ליה ומנחתם וכו' ומאי [ו] צריך הא טובא כתיב אלא על כרחין כיון שכולם משונים זה מזה כולהו צריכי לכך נראה לר"ת דדריש מקרא דעצרת פרשת אמור אל הכהנים ואילים שנים יהיו עולה לה' ומנחתם ונסכיהם אשה ריח ניחוח לה' מדכתב נסכים בין עולה לאשה ש"מ דבאים בלילה כי אשה דהיינו הקטרה ולא מיתורא ונקט מנחה ברישא דדמי לעולה טפי בהקטרה והא דפ"ק דזבחים (דף ח׳) דריש [ז] מנחתו ונסכים אפי' בלילה ומשמע התם יח] דמיתורא דווקא קדריש [ח] והתם גבי נזיר דרש מדכתי' מנחתו ונסכו וכתיב נמי ומנחתם ונסכיהם למחר נמי שמעינן כיון דגלי גבי עצרת תו אין לחלק ותימה והא האי קראי בבאין עם הזבח כתיבי והנהו לא אתו אלא ביום כדאיתא בפ"ב דתמורה (דף יד׳) וי"ל דאם אינו ענין בבאין עם הזבח תנהו ענין בבאין לאחר הזבח והא דאמרינן בריש תענית (דף ב:) מה ניסוך המים בלילה דאמר מר ונסכיהם אפי' בלילה משמע דמקרא דפרי החג מייתי שאין ניסוך המים אלא בחג לאו מילתא היא דכיון דגלי לן קרא בעצרת להוי נסכי לצבור ה"ה לכל נסכי לצבור וקרא דאילטריך בנזיר דהוי נסכי יחיד: ביון דמתאמרא שירה עלייהו· יט] פי' [ט] להביאם עם הזבח אבל בפני עצמו בעיא היא פ' אין נערכין (ערכין יב׳) ומ"מ אף בלאו זבח עדיפי כיון שהיו ראויין לשירה ולבא עם הזבח:

ודם זבחיך ישפך · פ' בית שמאי (זבחים דף לו:) מעיקרא דריש מהאי קרא ולא קאי לנסוך: במשפט כמשפטם · וביום ראשון דלא כתיב כמשפט כתיב ביה יהיו: אלא דר"ח ועצרת דכתיב בחומש הפקודים · ואע"ג דכתיב יהיו לכם לאו עלייהו קאי והא דלא פריך מפסח כי היכי דפריך מהאי דהא כתיב ביה יהיו ורש"י פי' כ] ביחזקאל דהא דכתיב כא] גבי פסח ז' פרים וז' אילים ליום דלז' ימי פסח קאמר פר ואיל ליום דאם לא מצא שנים בכל יום מביא אחד והשתא ניחא שפיר דהא לא מעכבי אהדדי ותימה דהא כתיב ביה יהיו ואין לומר דקאי אכבשים ולא אפרים ואילים דגבי עצרת לא קאמרינן הכי והא דנקט בסמוך אילים דהכא והכא לא מעכבי הא איכא מעכבי ה"נ מצי למינקט כבשים ולא דמי לקודש יהיו דגבי לחם דפליגי ר"ע ובן ננס (לקמן דף מה:) כב] אהייא קאי אי אכבשים אי אלחם אבל אתרוייהו פשיטא לאו דלא קאי אע"ג דכתיב בחד קרא היינו כבשים ללחם אבל כבשים אהדדי ה"נ דמעכבי כדתנן בהקומץ רבה (לעיל כז׳) ב' כבשי עצרת מעכבין זה את זה וכן ב' חלות ולא מסתברא נמי למימר דהוייה דפסח לא קיימא אלא אתמימים דלהא לא אילטריך קרא דבעלי מומין פשיטא דפסולין וכ"ל לשום דרשא אתא דלא מסתבר לדורשו בעיכוב כיון דלא מיתחמיט הש"ס ובספרי דורש גבי פסח הרי שמלא פרים ולא מלא אילים אילים ולא מלא כבשים שומע אני שלא יקריב עד שימלא כולן ת"ל שבעת ימים תקריבו אשה אפילו אחד מהן יכול אפי' כולן מלויין ת"ל פרים בני בקר שנים ואיל אחד ומיהו הא דקאמר שומע אני שלא יקריב עד שימלא כולן על כרחין לאו משום דסמיך איהיו דגבי עצרת דריש נמי הכי התם וכן בחג אע"ג דכתיב ביה כמשפט וכו' ואכל חד מייתי קרא דשבעת ימים ואע"ג דלא כתיב לא בעצרת ולא בחג:

*) [ועמ"ש בגליון תוס' שבת קכת. ד"ס ונסן]

אלא

רש"י

פ' עליהם · אותם שאומרין עליהם שם ה' בתפילין יחיו: מתני' הסולת והשמן · של מנחת נסכים אין מעכבין את היין שאם הביא יין בלא סולת ושמן ח] מנסכן: המתנות כו' · כגון ד' מתנות של חטאת אין מעכבות זו את זו שאם לא נתן אלא אחת כיפר: גמ' הבא מנחה תורה אור כו' · דמנחת נסכים קריבים תחילה ט]: ואחר כך נסכים · אחר האברים מיד ואחר הנסכים המנחה: מנחתם ונסכיהם בלילה · דמנחת נסכים קריבין בלילה ואי קשיא הא אמרי' בהקומץ [רבה] (לעיל ס:) דברים שדרכן ליקרב ביום וקתני מנחת נסכים מפרש לה בפ' יש קרבנות במסכת תמורה (דף יד.) דהא דקתני ביום בנסכים הבאים עם הזבח והא דקתני בלילה בנסכים הבאין בפני עצמן כגון שהביא זבח בלא נסכים ולאחר זמן הביא הנסכים בפני עצמן יכול להביאן ובלילה: ואפילו למחר · אם הביא היום י] (א) יכול להקריב נסכיו לנוחר ובלבד שלא יקדשו בכלי מאתמול דאי קדשי נפסלין בלינה כדתניא במסכ' מעילה (דף ט׳) קדשו בכלי הוכשרו ליפסל בטבול יום ובמחוסר כפורים ובלינה (כ): אין הנסכים · הבאין עם הזבח [א] יא] דכל זמן שלא נשחט הזבח אע"פ שהפרישן לשם זבח זה יכול לשנותן לשם זבח אחר אבל לאחר שחיטה אינו יכול לשנותן לשם זבח אחר: עולה ומנחה · משמע אחר העולה מיד יקריב מנחה (ג) יב]: על הנסכים אומרים שירה · הלוים במס' ערכין בפרק אין נערכין (דף יא׳): ישפך · שפיכה אחת: כמשפטם · משמע עיכובא (ד) יג]: כל הקרבנות האמורים בחומש הפקודים יד]:*) דהני · דר"ח ועצרת שכתובים בחומש הפקודים: [ג] אלא דעצר' גריד' קתני (ה) טו] מה"כ דכתיב באמור אל הכהנים אילים

*) שייך לדף שאח"ז

עין משפט נר מצוה

צ א מיי' פ"ב מהל' משה"ק הלכה יב:

צא ב מיי' פ"ב מהל' פסה"מ הלכה א:

צב ג מיי' שם פי"ב הלכה ו:

צג ד מיי' פ"ו מהל' תמידין ומוספין הלכה ה:

צד ה מיי' שם הלכה ח וע"ש מוכח הלכה כחכמים:

צה ו מיי' פ"ב מהל' פסה"מ הלכה א:

צו ז מיי' פ"ח מהל' תמידין ומוספין הלכה יז:

שער

נשיאת כפים

מסכת סוטה

(לז: – מ.)

הלכות נשיאת כפים

ושאר ההלכות הנמצאות על הדף

שבשו"ע ובמשנה ברורה

בשילוב תמצית דברי הביאור הלכה והשער הציון

מסודרות על הדף ע"פ ציוני ה'עין משפט'

בתוספת מקורות של הבאר הגולה

לאסוקי שמעתתא אליבא דהלכתא

כג א מיי' פי"ד מהל' תפלה הל' ג סמג עשין כ טוש"ע א"ח סי' קכח סעיף יג :

ל ב מיי' שם הל' ט :

לא ג מיי' שם הלכה י :

תורה אור

ארבע ארבע וארבע הרי שמונה ושמונה הרי שש עשרה וכן בסיני וכן בערבות מואב שנא' °אלה דברי הברית אשר צוה ה' את משה וגו' (דברים כח) וכתיב °ושמרתם את דברי הברית הזאת וגו' (שם כט) נמצא מ"ח בריתות על כל מצוה ומצוה ר"ש מוציא הר גריזים והר עיבל ומכנים אהל מועד שבמדבר ובפלוגתא דהני תנאי דתניא רבי ישמעאל אומר *כללות נאמרו בסיני ופרטות באהל מועד ר' עקיבא אומר כללות ופרטות נאמרו בסיני ונשנו באהל מועד ונשתלשו בערבות מואב *ואין לך כל דבר מצוה ומצוה שכתובה בתורה שלא נכרתו עליה ארבעים ושמנה בריתות ר' שמעון בן יהודה איש כפר עכו אמר משום רבי שמעון אין לך מצוה ומצוה שכתובה בתורה שלא נכרתו עליה ארבעים ושמנה בריתות של שש מאות אלף ושלשת אלפים וחמש מאות וחמשים אמר רבי לדברי רבי שמעון בן יהודה איש כפר עכו שאמר משום רבי שמעון אין לך כל מצוה ומצוה שבתורה שלא נכרתו עליה ארבעים ושמנה בריתות של שש מאות אלף ושלשת אלפים וחמש מאות וחמשים נמצא לכל אחד ואחד מישראל שש מאות אלף ושלשת אלפים וחמש מאות וחמשים מאי בינייהו אמר רב משרשיא ערבא וערבא דערבא איכא בינייהו דרש רבי יהודה בן נחמני מתורגמניה דרבי שמעון בן לקיש כל הפרשה כולה לא נאמרה אלא בנואף ונואפת °ארור האיש (דברים כז) אשר יעשה פסל ומסכה וגו' בארור סגי ליה אלא זה הבא על הערוה והוליד בן והלך לבין עובדי כוכבים ועבד עבודת כוכבים ארורין אביו ואמו של זה שכך גרמו לו ת"ר °ונתת (שם יא) את הברכה על הר גריזים ואת הקללה וגו' כה תלמוד לומר אם ללמד שתהא ברכה על הר גריזים וקללה על הר עיבל הרי כבר נאמר °אלה יעמדו לברך את העם (שם כז) על הר גריזים וכתיב °ואלה יעמדו על (שם) הקללה בהר עיבל אלא להקדים ברכה לקללה יכול יהיו כל הברכות קודמות לקללות תלמוד לומר ברכה וקללה ברכה אחת קודמת לקללה ואין כל הברכות קודמות לקללות ולהקיש ברכה לקללה לומר לך מה קללה בלוים אף ברכה בלוים ומה קללה בקול רם אף ברכה בקול רם ומה קללה בלשון הקודש אף ברכה בלה"ק ומה קללה בכלל ופרט אף ברכה בכלל ופרט ומה קללה אלו ואלו עונין ואומרים אמן אף ברכה אלו ואלו עונין ואומרים אמן:

מתני' ברכת כהנים כיצד **במדינה אומר אותה שלש ברכות ובמקדש ברכה אחת במקדש אומר את השם ככתבו

ארבעים ושמנה בריתות · לכל אחד מישראל שש עשרה תלתא זימני מ"ח הוי: **מוציא הר גריזים** · לפי שלא אמר יהושע עליהן כל התורה אלא מצות שבפרשה: **ומכנים אהל מועד** · שלאחר שהוקם המשכן נדבר הקב"ה עם משה בישוב ולמדו כל התורה כדכתיב וידבר ה' אליו מאהל מועד לאמר (ויקרא א): **כללות נאמרו בסיני** · בסתם נאמרה תורה בסיני ולא נתפרשה לו כגון בסיני נאמר (שמות כ) וזבחת עליו את עולותיך ואת שלמיך ולא פירש מתן דמים כילד הקטרת אימורים והפשט ונתוח וכליל של עולה ובספר ויקרא באהל מועד פירשה: **ונשתלשו בערבות מואב.** מפי משה לישראל ת"ק סבירא ליה כר' ישמעאל הלכך הר סיני ואהל מועד חדא היא ור' שמעון ס"ל כר"ע הלכך תרי נינהו: **ר"ש ברבי יהודה אומר ארבעים ושמנה בריתות** · לכל אחד של שש מאות אלף ושלשת אלפים וחמש מאות וחמשים כמנין שהיו (בסיני) [במדבר] שכל אחד נעשה ערב על כל אחיו ה"ג בתוספתא (פ"ח ע"ש) א"ר לדברי ר"ש בן יהודה אין לנו כל מצוה ומצוה שלא נכרתו עליה מ"ח בריתות של שש מאות אלף ושלשת אלפים וחמש מאות וחמשים ויש בכל אחת שש מאות אלף ושלשת אלפים חמש מאות וחמשים: **מאי בינייהו** · מאי מוסיף רבי ובמאי פליגי: **אמר רב משרשיא ערבא וערבא דערבא** · אם נעשה כל אחד ערב על ערבותו של חבירו או לא רבי שמעון בן יהודה סבר לא נעשה כל אחד ערב על חבירו אלא שישמרו את המצות נמצא כל אחד ואחד ערב על מ"ח בריתות של כל אחד ואחד אבל לא נעשה כל אחד ואחד ערב על ערבות של חבירו אלא על חובתו של חבירו ואתא רבי למימר לדברי ר' שמעון שבא למנות את בריתות הערבות יש לו למנות ארבעים ושמנה בריתות של ששים ריבוא לכל אחד ובכל אחד האלה יש ששים ריבוא שכולם נתערבו זה בזה על חובותם ועל ערבותם נמצא כל אחד מקבל עליו ערבות של ששים ריבוא בשביל חובות של חבירו וכל אחד מששים ריבוא הללו קבל עליו בריתות ששים ריבוא בשביל ערבות שנתערבו אחיו על חביריהם וזה קבל עליו אף ערבות של ערבים: **כל הפרשה** · של הר גריזים לא נאמרה אלא בנואף ונואפת: **בארור סגי ליה** · בתמיה כופר בעיקר הוא וסגי ליה בארור: **אלא זה הבא על ערוה** · אשת איש והוליד ממזר ומתוך בושתו שאסור לבא בקהל ואינו מוצא אשה הוא הולך לבין העובדי כוכבים ועובד עבודת כוכבים ארורים אלה שעשאוהו לעבוד פסל ומסכה וכן דורש את כולן כל אחת לפי פשטה אותו של עריות כגון שוכב עם חותנתו ואשת אביו ועם אחותו כולם באשת איש ולמיקם בתרי ארורי שוכב עם כל בהמה אשת איש שעשתה מעשה בהמה שמנאפת מקלל אביו ואמו הבא על אשת איש מוזל באביו ובאמו שגידלו גידולין רעים בביתם משגה עור מפתה אשת איש שהיא כומא בדבר ואינה יודעת עונשו כמוהו משיג גבול רעהו בא על אשתו הרי הוא השיג גבול מכה רעהו בסתר גורם לו בלחש סתריו שתמות בבדיקת מים המרים לוקח שוחד להכות נפש לוקח שוחד להיות עוקב אחר המנאף ולפתות לו אשת איש וגורם לו מיתה מטה משפט גר יתום איני יודע לדורשו: **יכול כל שהברכות כולן קודמות לקללות** · שיגמרו כל הברכות תחלה עד ברוך אשר יקים וגו' ואח"כ יפתחו בקללה: **בלשון הקודש** · כדילפינן קול ממשה: **מתני'** הכי גרסינן במתני' ברכת כהנים כיצד כו' במדינה אומר אותה שלש ברכות · שמפסיקין הכהנים בין פסוק לפסוק ועונין הציבור אמן: **במקדש ברכה אחת** · לפי שאין עונין אמן במקדש ואין צריך כאן שום הפסק והכי מפרש בגמרא:

ככתבו

חגיגה ו. זבחים קטו:

[תוספתא פ"ח ע"ש]

רש"ל

תמיד פ"ז מ"ב

רבי שמעון מוציא הר גריזים · הכי מסיים לה בירושלמי וכן היה ר"ש אומר אין לך כל דבר ודבר מן התורה שאין כרות עליה תקע"ו בריתות שתים עשרה בברוך ולא ידענא אמאי י"ב ושמא ברית כנגד כל שבט ושבט וי"ב בארור י"ב בכלל וי"ב בפרט הרי מ"ח בריתות ללמוד וללמד לשמור ולעשות הרי קל"ב בריתות וכן בהר סיני וכן בערבות מואב הרי תקע"ו בריתות:

ונשתלשו בערבות מואב · וא"ת מאי איצטריך למימר שלישי דערבות מואב והא לא איירי ר' ישמעאל בערבות מואב כלל יש לומר משום סיפא נקט לה דבעי למימר אין לך כל דבר מצוה ומצוה:

רבי שמעון בן יהודה אומר · ירושלמי עד כדון דברים שנכללו ונפרטו דברים שנכללו ולא נפרטו [אמר ליה] כן אמר ר' יוחנן משום ר' ישמעאל דבר שהיה בכלל ויצא מן הכלל ללמד לא ללמד על עצמו יצא אלא ללמד על הכלל כולו יצא אמר לו לא בדבר אחד דילמא בשני דברים בתמיה והכא בשני דברים אנן קיימין אמר ר' תנחומא מכיון דכתיב בסוף אמן כמו שכולו דבר אחד כתיב אשר לא יקים את דברי התורה וכי יש תורה טפלת רבי שמעון בן אליקים אומר זה החזן שהוא עומד רבי שמעון בן חלפתא אמר זה *הבית שלמטה דאמר רב הונא בר יהודה בשם שמואל דעל הדבר הזה קרע יאשיהו ואמר עלי להקים ר' אחא בשם ר' תנחום בר' חייא למד ולימד שמר ועשה והיתה סיפקו בידו להחזיק ולא החזיק הרי זה בכלל ארור ר' ירמיה בשם רבי חייא בר' אבא לא למד ולא לימד לא שמר ולא עשה ולא היתה סיפקו בידו להחזיק והחזיק הרי זה בכלל ברוך דאמר רבי חנא א"ר ירמיה עתיד הקב"ה לעשות צל לבעלי מצות בצילן של בעלי תורה שנא' (קהלת ז) כי בצל החכמה בצל הכסף ואומר עץ חיים היא למחזיקים בה (משלי ג):

אמר רב משרשיא ערבא וערבא דערבא · כמדומה דהכי בעי למימר דלר"ש בן יהודה קבל עליו כל אחד מישראל לתרי"ג מצות *קל"ח ריבוא ריבואות וח' אלפים ריבואות ותי"ג ריבואות ושבע אלפים ומאתים בריתות לשש מאות אלף ושלשת אלפים וחמשים וחמש מאות בשביל ערבותן אם יעברו עליהן ולרבי אליבא דרבי שמעון ששים ריבוא פעמים ושלשה אלפים ותקנ"ה פעמים חשבון זה בריתות קיבלו עליהן:

ברכה אחת קודמת לקללה · ירושלמי יכול משהיו אומרים ברכות היו אומרים קללות תלמוד לומר הברכה והקללה קללה באחת וברכה באחת:

ונאמר

נ"א הב"ח שלמטה. רש"א

קס"ג ריבואות ריבואות וה' אלפים ות"ת ריבואות ועוד שלשים ריבואות וחמשים אלפים וה' אלפים ומאתים בריתות כו' רש"[illegible]

תוספות שאנ"ץ

אלא זה הבא על הערוה אשת איש והוליד ממזר ומתוך בושתו שאסור לבא בקהל ואינו מוצא אשה הולך לבין העמים ועובד עבודת כוכבים · וארורים אלו שעשאוהו לעבוד פסל ומסכה וכן דורש כלם כל אחת לפי פשטת אותן של עריות כגון שוכב עם חותנתו ואשת אביו ועם אחותו כלם באשת איש ולמיקם בתרי ארורי שוכב עם כל בהמה זו אשת איש שעשתה מעשה בהמה שמנאפת · מקלל אביו ואמו בא על אשת איש מזלזל באביו ואמו שגידלו למעשה רעים · משגה עור מפתה אשת רעהו שהוא סומא בדבר ואינה יודעת העונש כמוהו · משיג גבול רעהו בא על אשת רעהו הרי הוא מסיג גבול רעהו שנאסרת אשתו לו · מכה רעהו בסתר א) לוקח שוחד להרוג נפש להיות עוקבת אחר המנאף ולפתות לו אשת איש וגורם לו מיתה · מטה משפט גר יתום פ"ת איני יודע לדרשו · ורבינו שמשון מקרצי מפרש זה הבא על אשת איש והוליד ממנה בן ממזר ומתוך שבנו ממזר הולך לדור בעיר אחרת בארץ מרחק באשר ימצא · ונמצא שהוא גר ויתום שהוא כגר שאין לו אב שזה שהולידו אינו מודה שהוא בנו וגם אמו אלמנה שנאסרה על בעלה ויושבת עגונה באלמנות חיות:

א) צ"ל מכה רעהו בסתר גורם לו בלחש סתריו שתמות בבדיקת מים המרים לוקח שוחד להכות נפש לוקח שוחד להיות עוקב אחר המנאף וכו'.

מה

§ מסכת סוטה דף לז: §

אות א'

במדינה אומר אותה שלש ברכות

סימן קכח סי"ג - [א]**מתחילין הכהנים לומר: יברכך** - ס"ל דמה דקי"ל שצריך להקרות אותם מלה במלה, הוא לבד מתיבה ראשונה, דביה ליכא למיטעי.

הגה: וי"א שגם מלת "יברכך" יקרא אותם ש"ל תחלה, (טור ור"ן פרק הקורא והגהות מיימוני), וכן נוהגים בכל מדינות אלו - ובכהן אחד שאין קוראין לו, כו"ע מודים דמקרינן ליה "יברכך", ר"מ מינץ, ‹וז"ל: כיון דקרא לשנים כהנים, הווה כאילו אמר להם: כהנים אמרו יברכך, לכן א"צ להקרא להם "יברכך", רק מ"יברכך" ואילך, אבל גבי חד דלא קרא מתחילה "כהנים", למה הוא לא יקרא לו מלה ראשונה כמו שאר מלות›.

ואח"כ מקרא אותם ש"צ מלה במלה - מדכתיב "אמור להם", ודרשינן: מלמד שהחזן אומר להם: אמרו, [**וכתב** הט"ז, שאם לא בא הכתוב אלא לתרגומו, "כד תימרון להון", לא היה ראוי לכתוב "אמור להם" לפני הברכה, אלא לפני "כה תברכו", שהרי אינן מצוין לברך אלא א"כ קראו להם, **אלא** כונת הכתוב, שאף אם חל עליהם הצווי לברך, כגון שקראו להם, מצוה לומר להם כל הברכה מלה במלה], ‹**ובזה** אין שייך לדרוש "להם" דוקא לשנים, דהא קריאת התיבה אינו מעכב כלל, אלא למצוה בעלמא, שטוב לעשות כן כדי שלא יטעה הכהן בברכותיו, אבל החיוב של הכהן כבר חל עליו אחר קריאת "כהנים", וא"כ מה לי שנים בחיוב שלהם, דהיינו אחר הקריאה "כהנים", מה לי אחד, דודאי כמו שקורא התיבה לשנים קודם ברכה שלהם, ה"ה כשקורא א', ולמה ימעט אותו הכתוב, דמה ריעותא יש בדבר שקורא התיבה תחלה – שם›.

ומ"מ הוא רק למצוה לכתחלה ואינו מעכב, וראיה מבהכ"נ שכולה כהנים - פר"ח, (**ואף שבאמת אין ראיה משם, דהתם איירי שהש"ץ** הוא המקרא, והא דקאמר כולם עולים לדוכן, היינו לבד מהש"ץ, מ"מ בעיקר הדין אפשר שדינו דין אמת).

והש"ץ צריך להקרות מתוך הסידור, לא בעל פה.

והם עונים אחריו על כל מלה עד שיסיימו פסוק א', ואז עונים הצבור אמן; וכן אחר פסוק ב'; וכן אחר פסוק ג'.

אות ב'

ובמקדש ברכה אחת

רמב"ם פי"ד מהל' תפילה ה"ט - כיצד ברכת כהנים במקדש: הכהנים עולין לדוכן אחר שישלימו הכהנים עבודת תמיד של שחר, ומגביהין ידיהם למעלה על גבי ראשיהן, ואצבעותיהן פשוטות; חוץ מכהן גדול שאין מגביה ידיו למעלה מן הציץ; ואחד מקרא אותן מלה מלה, כדרך שעושין בגבולין, עד שישלימו שלשה הפסוקים; ואין העם עונין אחר כל פסוק, אלא עושין אותה במקדש ברכה אחת, וכשישלימו כל העם עונים: ברוך יי' אלהים אלהי ישראל מן העולם ועד העולם.

אות ג'

במקדש אומר את השם ככתבו, ובמדינה בכינויו

רמב"ם פי"ד מהל' תפילה ה"י - ואומר את השם ככתבו, [ב]והוא השם הנהגה מיו"ד ה"א וא"ו ה"א, וזה הוא השם המפורש האמור בכל מקום; ובמדינה אומרים אותו בכינויו, והוא באל"ף דל"ת, שאין מזכירין את השם ככתבו אלא במקדש בלבד; ומשמת שמעון הצדיק פסקו הכהנים מלברך בשם המפורש אפילו במקדש, כדי שלא ילמוד אותו אדם שאינו חשוב ושאינו הגון; ולא היו חכמים הראשונים מלמדין שם זה לתלמידיהם ובניהם ההגונים אלא פעם אחת לשבע שנים, כל זה גדולה לשמו הנכבד והנורא.

באר הגולה

א **ב"י בשם רמב"ם בפי' המשנה** ‹ברכות פ"ה מ"ד›

ב ‹משמע שהרמב"ם סובר שאין הבטוי ככתבו, ממש עם הארבע אותיות, אלא שהיסוד דקריאת השם המפורש הוא שהשם נהגה, והיינו שמפרשים ומבארים את השם. והנה יש כמה פרושים במדרשים ובחז"ל, שם בן י"ב, שם בן מ"ב, שם בן ע"ב, והיינו פרושים לשם המפורש, ומ"מ לעולם אין קריאה ממש ככתבה. **אמנם** הרא"ש ביומא (פ"ח סי"ט) סובר שיש קריאת הד' באותיותיו ככתבו ממש, וזהו שם המפורש, **אבל** נראה שאין זו שיטת הרמב"ם, אלא שאליביה הקיום של קריאה ככתבה במקדש, הוא לומר הפרושים של השם. וזה המובן במלים "מפורש יוצא מפי כ"ג", כלומר עם פירוש. וכך הביאור "דאף הוא היה מתכוין לגמור את השם", דהיינו לגמור כל הפירושים דשם בן ע"ב אותיות, והשתחוו כל זמן שהיה מפרש את פרושי השם האלו – הגרי"ד סולובייצ'יק›

§ מסכת סוטה דף לח. §

אות א׳

במדינה כהנים נושאים את ידיהן כנגד כתפיהן

סימן קכח סי״ב - [א]מגביהים ידיהם כנגד כתפותיהם, ומגביהים יד ימנית קצת למעלה מהשמאלית - דגמרינן ברכה זו ממה דכתיב: וישא אהרן את ידיו אל העם ויברכם, הרי דצריך נשיאת ידים, [גמ׳], **ובהאי** קרא הכתיב "ידו", רמז דצריך להגביה יותר ידו אחד, ומסתמא היא הימנית.

מ"מ צריך ליזהר שיניח גודל הימין על גודל השמאל שלא יתפרדו, כדי שלא ישבר החלון, דבעינן ה׳ כוים, ואם יתפרדו אין הריוח שבין הימין לשמאל נחשב כלל לאויר.

ויש שכתבו, שבין מלה למלה, וכ"ש בין ברכה לברכה, רשאי לקרב אז הגודלים עם האצבעות משום עייפות.

ופושטים ידיהם [ב]וחולקים אצבעותיהם ומכוונים לעשות ה׳ אוירים: בין ב׳ אצבעות לב׳ אצבעות אויר אחד; ובין אצבע לגודל; ובין גודל לגודל - דאיתא בתנחומא פרשת נשא: "משגיח מן החלונות", מבין אצבעותיהם של כהנים, "מציץ מן החרכים", בשעה שפושטים כפיהם ועושין ה׳ אוירים, **רמז** לזה ממה דכתיב "החרכים": ה׳ חרכים.

ופורשים כפיהם, כדי שיהא תוך כפיהם כנגד הארץ, ואחורי ידיהם כנגד השמים - ר"ל לא כמו שנושא אחד ידיו בתפלה, שהוא נושא ידיו כלפי שמים.

אות ב׳ – ג׳

ובמקדש על גבי ראשיהן

חוץ מכהן גדול, שאינו מגביה את ידיו למעלה מן הציץ

רמב"ם פי"ד מהל׳ תפילה ה"ט - כיצד ברכת כהנים במקדש: הכהנים עולין לדוכן אחר שישלימו הכהנים עבודת תמיד של שחר, ומגביהין ידיהם למעלה על גבי ראשיהן, ואצבעותיהן פשוטות; חוץ מכהן גדול שאין מגביה ידיו למעלה מן הציץ; ואחד מקרא אותן מלה מלה, כדרך שעושין בגבולין, עד שישלימו שלשה הפסוקים; ואין העם עונין אחר כל פסוק, אלא עושין אותה במקדש ברכה אחת, וכשישלימו כל העם עונים: ברוך יי׳ אלהים אלהי ישראל מן העולם ועד העולם.

אות ד׳ – ה׳

בלשון הקודש

בעמידה

סימן קכח סי"ד - [ג]אין מברכין אלא בלשון הקודש; ובעמידה; ובנשיאת כפים; ובקול רם - עוד ילפינן בגמרא, דצריך להיות פנים כנגד פנים, **וכ"ז** הוא מן התורה, דילפינן כל זה מקראי, **וכתבו** רוב הפוסקים וכמעט כולם, דהני כולהו לעיכובא הוא, ואפילו בדיעבד לא יצאו באופן אחר, **ובכל** אלו טוב שיצא לחוץ קודם "רצה" כשאין יכול לברך כדינו.

בלשה"ק - דכתיב: כה תברכו, בלשון הזה.

[ד]ובעמידה - דכתיב: לשרתו ולברך בשמו, מה שירות בעמידה, דכתיב: לעמוד לשרת, ה"נ ברכה, **והיינו** שיהא הכהנים בעמידה, אבל הצבור רשאין לישב, רק שיהיו פנים כנגד פנים - מ"א, **והמנהג** שהכל עומדין, וכן משמע באשכול, דכתב, שהכל צריכין לעמוד לפניהם באימה ובכובד ראש.

וכהן שהוא חלוש ואינו יכול לעמוד אלא ע"י סמיכה, לא ישא כפיו, דהוא כישיבה.

ובנשיאת כפים - דכתיב: וישא אהרן את ידיו אל העם ויברכם.

ומי שידיו מרתתין, ואינו יכול להגביה ידיו, אינו נושא כפיו, ואפי׳ בדיעבד מעכב, **ואפילו** אם יעשה סמוכין שיהיו קשורין בכובע שבראשו, ויכניס בהם ידיו שיהיו נשואות למעלה, לא מהני, דהוי ע"י סמיכה, ואנן בעינן שישאו ידיהם ממש, **אך** אם אפשר לו להגביהם לשעה מועטת, יגביה בשעת אמירתו "יברכך", ויניח בשעת הניגון בין תיבה לתיבה, ויחזור ויגביה בשעת אמירת התיבה.

ובקול רם - דכתיב: אמור להם, כאדם האומר לחבירו, היינו בקול בינוני, לאפוקי בלחש, **ומ"מ** לפעמים צריך בקול רם ממש, כגון שהמתפללים הם רבים, ובעינן שיהא כל הקהל שומע, כדאמרינן בספרי.

והנה מי שקולו צרוד, שאינו יכול לדבר בקול בינוני כי אם בלחש, לכאורה פשוט שאינו יכול לישא כפיו, **וטוב** שיצא קודם "רצה".

אות ו׳

משרת בעמידה

רמב"ם פ"ה מהל׳ ביאת המקדש הט"ז - כיצד מצות קידוש, מניח ידו הימנית על גבי רגלו הימנית, וידו השמאלית על גבי רגלו השמאלית, ושוחה ומקדש; וכל החוצץ בטבילה חוצץ בקידוש ידים; ואינו מקדש כשהוא יושב, מפני שהוא כעבודה, ואין עבודה אלא מעומד, שנאמר: לעמוד לשרת.

באר הגולה

[א] שם ל"ח הגה"מ [ב] רא"ש [במגילה פ"ג] ע"פ המדרש [ג] סוטה ל"ח [ד] ‹המ"ב הביא מקורות אלו בשם האחרונים, והיינו לכאורה הט"ז, ועיין בפמ"ג שהעיר, דבגמ׳ כולהו נפקו מ"כה תברכו", {עיין ברמב"ם אות ז׳-ח׳}, אבל הט"ז ז"ל בחר לו לימודים מפוזרים, ע"ש›

תורה אור

ככתבו ובמדינה בכינויו במדינה כהנים נושאים את ידיהן כנגד כתפיהן ובמקדש על גבי ראשיהן חוץ מכהן גדול שאינו מגביה את ידיו למעלה מן הציץ ר' יהודה אומר אף כהן גדול מגביה ידיו למעלה מן הציץ שנאמר וישא אהרן את ידיו אל העם ויברכם: **גמ'** תנו רבנן כה תברכו בלשון הקודש אתה אומר בלשון הקודש או אינו אלא בכל לשון נאמר כאן כה תברכו ונאמר להלן אלה יעמדו לברך את העם מה להלן בלשון הקודש אף כאן בלשון הקודש רבי יהודה אומר אינו צריך הרי הוא אומר כה עד שיאמרו בלשון הזה תניא אידך כה תברכו בעמידה אתה אומר בעמידה או אינו אלא אפי' בישיבה נאמר כאן כה תברכו ונאמר להלן אלה יעמדו לברך מה להלן בעמידה אף כאן בעמידה ר' נתן אומר אינו צריך הרי הוא אומר לשרתו ולברך בשמו מה משרת בעמידה אף מברך בעמידה ומשרת גופיה מנלן דכתיב לעמוד לשרת תניא אידך כה תברכו בנשיאות כפים אתה אומר בנשיאות כפים או אינו אלא שלא בנשיאות כפים נאמר כאן כה תברכו ונאמר להלן וישא אהרן את ידיו אל העם ויברכם מה להלן בנשיאות כפים אף כאן בנשיאות כפים קשיא ליה לר' יונתן אי מה להלן כהן גדול וראש חודש ועבודת צבור אף כאן כהן גדול וראש חודש ועבודת ציבור ר' נתן אומר אינו צריך הרי הוא אומר הוא ובניו כל הימים מקיש בניו לו מה הוא בנשיאות כפים אף בניו בנשיאות כפים וכתיב כל הימים ואיתקש ברכה לשירות ותניא אידך כה תברכו את בני ישראל בשם המפורש אתה אומר בשם המפורש או אינו אלא בכינוי ת"ל ושמו את שמי שמי המיוחד לי יכול אף בגבולין כן נאמר כאן ושמו את שמי ונאמר להלן לשום את שמו שם מה להלן בית הבחירה אף כאן בבית הבחירה רבי יאשיה אומר אינו צריך הרי הוא אומר בכל המקום אשר אזכיר את שמי אבוא אליך בכל מקום ס"ד אלא מקרא זה מסורס הוא בכל מקום אשר אבוא אליך וברכתיך שם אזכיר את שמי והיכן אבוא אליך וברכתיך בבית הבחירה שם אזכיר את שמי בבית הבחירה תניא אידך כה תברכו את בני ישראל אין לי אלא בני ישראל גרים נשים ועבדים משוחררים מנין ת"ל אמור להם לכולהו תניא אידך כה תברכו פנים כנגד פנים אתה אומר פנים כנגד פנים או אינו אלא פנים כנגד עורף ת"ל אמור להם כאדם האומר לחבירו תניא אידך כה תברכו בקול רם או אינו אלא בלחש ת"ל אמור להם כאדם שאומר לחבירו אמר אביי* נקטינן לשנים קורא כהנים ולא' אינו קורא כהן שנא' אמור להם לשנים ואמר רב חסדא נקטינן כהן קורא כהנים ואין ישראל קורא כהנים שנאמר אמור להם אמירה משלהם

[פירושו תמלא ברש"י עירובין ס. ד"ה והאמר]

רש"י

ככתבו · ביו"ד ה"י: **בכינויו** · באל"ף דל"ת: **כנגד כתפותיהם** · מפני שצריך נשיאות כפים כדאמרי' בברייתא בגמרא: **ובמקדש** · למעלה מראשיהם מפני שמברכין את העם בשם המפורש ושכינה למעלה מקשרי אצבעותיהם: **שאין מגביה למעלה מן הציץ את ידיו** · מפני שהשם כתוב עליו: **גמ' בנשיאות כפים** · שיגביהו את ידיהם: **קשיא ליה לרבי יונתן** · אהך גזירה שוה אי בגז"ש ילפת לה איכא למיפרך מה למלואים שכן קרבן ציבור כדכתיב (ויקרא ט) וירד מעשות החטאת והעולה והשלמים וכולן של ציבור כדכתיב קחו שעיר עזים וגו' וראש חדש הוה כדכתיב ביום החדש הראשון באחד לחדש תקימו וגו' (שמות מ) והוא היה יום שמיני למלואים כדתניא בסדר עולם אותו היום נטל עשר עטרות: **ר' נתן אומר אינו צריך** · משום דפרכא ליה גז"ש מייתי ליה בהקישא: **אף בניו בנשיאות כפים** · ולא תיקשי תו שכן כ"ג דאין משיבין על ההיקש: **וכתיב כל הימים** · ולא תיקשי לך תו ראש חדש ועבודת צבור: **ואיתקש ברכה לשירות** · כלומר ואע"ג דהאי קרא לאו ברכה כתיבא אלא שירות לעמוד לשרת בשם ה' הוא ובניו כל הימים איתקוש ברכה ושירות בקרא אחרינא כדאמרי' לעיל לשרתו ולברך בשמו: (א) **בשם המיוחד** ככתבו: **בכל המקום ס"ד** · וכי בכל מקום שם המיוחד נזכר הכתיב (שמות ג) זה שמי וזה זכרי לא כשאני נכתב אני נקרא (פסחים דף נ.) ועוד וכי בכל מקום שכינה באה ושורה דכתיב אבא אליך והוא לא יחד מקום להזכרת השם: **מסורס הוא** · מהופך בכל המקום אשר אבא אליך באהל מועד שבמדבר ובשילה ובבית עולמים: **או אינו אלא אפילו פנים כנגד עורף** · שאין הציבור צריכין להסב פניהם נגד הכהנים: **לשנים קורא כהנים** · כשיש שם שני כהנים לברך שליח צבור כשגמר ברכת הודאה קורא אותן כהנים והן הופכין פניהן שהיו הפוכין נגד התיבה להתפלל (ב) דהא אמרינן לקמן יהי רצון מלפניך שתהא ברכה זו וכו': **אמור להם** · מקרא דלהם נפקא לן שליח צבור מזהיר אותן לברך: **כהן קורא כהנים** · אם שליח צבור כהן הוא קורא ומזהיר את חביריו העומדים לפניו להחזיר פניהם ולברך את ישראל ואם ישראל הוא אינו קורא כהנים:

תוספות

ונאמר להלן אלה יעמדו לברך · תימה אדרבה אימא ונאמר להלן ואכלת ושבעת וברכת מה להלן בכל לשון כדאמר לעיל (דף לג.) וי"ל דמסתברא ליה טפי למילף ברכת כהנים מברכת הר גריזים דשתיקן מפורש בתורה דהברכות עצמן נמי מפורשות שהיה היפך הקללות המפורשות ארור האיש לברכה אבל לשון ברכת המזון אינה מפורשת בתורה: **ורבי** יהודה אומר הרי הוא אומר כה · אבל לרבנן לא משמע להו פירושא כה אלא ככה:

קשיא ליה לר' יונתן · אינו לשון הברייתא אלא לשון פי' הגמרא וה"נ לה בסיפרי ר' יונתן אומר אי מה להלן וכו': **וכתיב** כל הימים · תימה אכתי עבודת יחיד מהיכא לן דאיתרבי דאיכא נשיאות כפים והא בכל הימים איכא נמי עבודת צבור כגון תמיד ונראה דודאי לדברי הכל אימעיט עבודת יחיד מנשיאות כפים ור' יונתן נמי אגב שיטפיה נקט ליה ולא הוה נשיאות כפים בכל יום אלא בעבודת תמיד כדתנן בפ"ה דסדר תמיד (דף לב:) דלאחר שנתנו איברים על גבי כבש ומלחום ירדו ובאו להן ללשכת הגזית אמר להן הממונה ברכו ברכה אחת והם ברכו קראו עשרת הדברות שמע והיה אם שמוע ויאמר וברכו את העם ג' ברכות אמת ויציב ועבודה וברכת כהנים והוא הדין במוספין ובתמיד של בין הערבים:

ואיתקש ברכה לשירות · לעיל קאי דקאמר מקיש בניו לו אימא לענין שירות דוקא איתקוש להכי קאמר כיון דאיתקוש לשירות הוא הדין לברכה דהא איתקוש ברכה לשירות: **או** אינו אלא בכינוי · רבינו הלל פי' בספרי בכינוי כגון אל אלהים צבאות ולא מסתבר דהיכי תיסק אדעתא לשבושי קרא למימר יברכך אלהים במקום שם בן ארבע אותיות אלא בכינוי יש לומר כקריאתו באל"ף דל"ת: **הרי** הוא אומר בכל המקום אשר אבא אליך וברכתיך · הכי תני בספרי בכל מקום אשר אני נגלה שם תהא מזכיר את שמי והיינו דקמתמה הכא בכל מקום ס"ד וכי בכל מקום אשר אני מגוה שמי להזכיר דהיינו אפילו בגבולין תברכו דבכל מקום אשר אבא אליך משמע אני בעצמי שיהא שם גילוי שכינה אלא מקרא מסורס הוא בכל מקום אשר אבא אליך שאני נגלה שם שם אני מגוך להזכיר שמי המיוחד לי והיינו דוקא בבית הבחירה והיינו דקתני בספרי בכל מקום אשר אני נגלה שם תהא מזכיר את שמי ונראה דמזה הטעם נמנעו כהנים לברך בשם המיוחד משמת שמעון הצדיק כדאמרי' בפרק טרף בקלפי (יומא דף לט:) לפי שלא זכו שוב לגילוי שכינה ונראה לר"י כהן שבירך ברכת כהנים בישיבה לא עשה ולא כלום הואיל ואיתקוש ברכה לשירות וגבי שירות אמר בפ"ב דזבחים (דף כג:) דיושב מחלל עבודה הילכך אף כאן צריך לחזור ולברך מעומד: **או** אינו אלא בלחש · תימה לר"י אמאי לא נפקא לן מיניה מג"ש דברכה ברכה מהר גריזים מה להלן בקול רם אף כאן בקול רם ומליצו למימר דלא איצטריך אלא לר"י דלא יליף ליה מגזירה שוה אלא מכה: **לשנים** קורא כהנים · בירושלמי פרק אין עומדין אמר רב חסדא צריך שיהא החזן ישראל רב נחמן בר יצחק אומר אם היה כהן א' אומר כהן שנים אומר כהנים אמר רב חסדא אפי' כהן קורא כהנים שאין קורא כהנים אלא לאותו השבט:

כל

עין משפט נר מצוה

לב א מיי' פי"ד מהל' תפלה הלכה ג סמג עשין כ טוש"ע א"ח סי' קכח סעיף יב [וברב אלפס פרק הקורא את המגילה דף רעד. וברא"ש שם סימן י"ח]:

לג ב ג מיי' שם הל' ט:

לד ד ה מיי' שם הלכה יא וסמג שם טוש"ע שם סעיף יד [וברב אלפס שם וברא"ש שם]:

לה ו מיי' פ"ט מהל' ביאת מקדש הלכה טו יז:

לו ז ח מיי' פי"ד מהל' נשיאות כפים הלכה י יא:

לז ט מיי' שם הל' ג יב סמג עשין כ טוש"ע א"ח סי' קכח סעיף י:

לח י מיי' שם הלכה יא טור ש"ע שם סעיף יד:

לט כ מיי' שם הלכה ח טוש"ע שם סעיף י:

תוספות שאנ"ץ

מה משרת בעמידה אף מברך בעמידה י"מ דכהן בעל תשובה ראוי הוא לדוכן ולא מקשי' ליה לפסול עבודה דכהן שנשתמד דכתיב לא יקרב אלי לשרתני ותנן בפ' בתרא דמנחו' כהנים ששימשו בבית חוניו לא ישמשו בירושלם הא בנוב וגבעון מותרין וכ"ש בזמן הזה לדוכן ואסורי' נמי התם הרי אלו כבעלי מומין ולא מצינו בשום מקום שבעל מום שפסול לדוכן אלא א"כ היו מומין שבגלוי שהעולם מסתכלין בו · אף בניו בנשיאות כפים ולא תקשי תו שכן כהן גדול דאין משיבין על ההיקש וכתיב כל הימים ואל תקשי לך תו ראש חדש ועבודת צבור ל"ה: לשנים קורא כהנים פ"ה כשיש שם שני כהנים לברך שליח צבור כשגמר ברכת הודאה (עד תוך מבית הכנסת) ל"ה:

הגהות הב"ח

(א) רש"י ד"ה ואיתקש וכו' בשמו הס"ד ואח"כ מ"ה בשם המפורש בשם המיוחד: (ב) ד"ה לשנים וכו' להתפלל הא דאמרי' וכו' זו ס' · נ"ב ס"א ואינו נכלל גרסה הא דאמרינן כה תברכו פנים בפנים:

גליון הש"ס

גמ' דכתיב לעמוד לשרת. מה דקשה הא באותו קרא עצמו בפ' עקב כתיב לעמוד לפני ה' לשרתו ולברך בשמו · עי' בספר זית רענן פ' עקב ובתשובות שבות יעקב ח"ב סי' א'. ובסמ"ג מ"ע מצוה כ' כתב לסיפא ור' נתן נפקא ליה עמידה מדכתי' לעמוד לשרתו ולברך בשמו עכ"ל ול"ע ועי' תוספות מנחות דף סה ע"א ד"ה לא:

רמב"ם פ"ה מהל' ביאת המקדש הט"ז - וכל העובד והוא יושב, חילל ועבודתו פסולה, ואינו לוקה, מפני שאזהרה שלו מכלל עשה היא; וכן כל העוסק בעבודה מעבודת המקדש צריך שיהיה עומד על הרצפה, ואם היה דבר חוצץ בינו ובין הקרקע, כגון שעמד על גבי כלים או בהמה או על רגלי חבירו, פסל; וכן אם היה דבר חוצץ בין ידו ובין הכלי שעובד בו, פסל.

אות ז' – ח'

בנשיאות כפים

בשם המפורש

רמב"ם פי"ד מהל' תפילה ה"י - ואומר את השם ככתבו, והוא השם הנהגה מיו"ד ה"א וא"ו ה"א, וזה הוא השם המפורש האמור בכל מקום; ובמדינה אומרים אותו בכינויו, והוא באל"ף דל"ת, שאין מזכירין את השם ככתבו אלא במקדש בלבד; ומשמת שמעון הצדיק פסקו הכהנים מלברך בשם המפורש אפילו במקדש, כדי שלא ילמוד אותו אדם שאינו חשוב ושאינו הגון; ולא היו חכמים הראשונים מלמדין שם זה לתלמידיהם ובניהם ההגונים אלא פעם אחת לשבע שנים, כל זה גדולה לשמו הנכבד והנורא.

רמב"ם פי"ד מהל' תפילה הי"א - אין ברכת כהנים נאמרת בכל מקום אלא בלשון הקדש, [ה]שנא': כה תברכו את בני ישראל, כך למדו מפי השמועה ממשה רבינו ע"ה: כה תברכו בעמידה; כה תברכו בנשיאת כפים; כה תברכו בלשון הקדש; כה תברכו פנים כנגד פנים; כה תברכו בקול רם; כה תברכו בשם המפורש, והוא שיהיה במקדש כמו שאמרנו.

[ו]**סימן קכח סי"ד - עיין לעיל אות ד' - ה'.**

אות ט'

פנים כנגד פנים

סימן קכח ס"י - [ז]עומדים בדוכן פניהם כלפי ההיכל ואחוריהם כלפי העם, ואצבעותיהם כפופים לתוך כפיהם - ר"ל שא"צ לפרוס כפיהם.

עד ששליח צבור מסיים "מודים", [ח]ואז אם הם שנים קורא להם (הש"צ) "כהנים".... ומחזירים פניהם כלפי העם - דילפינן בגמ', שברכת כהנים צריך להיות פנים כנגד פנים, **וא"צ** להיות פני הכהנים כלפי הש"ץ דוקא, אלא אפי' אם ההיכל קבוע בצפון, והתיבה שהש"ץ לפניה היא במזרח, הכהנים עומדים לפני ההיכל בצפון, ופניהם לדרום כלפי העם, **וי"א** שטוב יותר שהכהנים יעמדו במזרח, אע"פ שההיכל הוא לצד אחר, והעם יעמדו נגדם פנים נגד פנים.

אות י'

בקול רם

סימן קכח סי"ד - עיין לעיל אות ד' - ה'.

אות כ'

נקטינן: לשנים קורא כהנים, ולא' אינו קורא כהן

סימן קכח ס"י - [ט]עומדים בדוכן פניהם כלפי ההיכל ואחוריהם כלפי העם, ואצבעותיהם כפופים לתוך כפיהם - ר"ל שא"צ לפרוס כפיהם.

עד ששליח צבור מסיים "מודים", [י]ואז אם הם שנים קורא להם (הש"צ) "כהנים" - דכתיב: אמור להם, דהיינו לומר לכהנים שיברכו את ישראל, ו"להם" משמע לשנים. **ולא** חשיב הפסק בתפלה, כמו דלא חשיב הפסק מה שהש"ץ מקרא להם מלה במלה, והטעם, דנ"כ צורך תפלה הוא, [**זהו** ליישב המנהג שנהגו כהרמב"ם בזה, [יא]אף דהרבה ראשונים חולקין עליו במקום שאין אומרים: או"א ברכנו כו'].

הגה: ולא יאמר: אלהינו ואלהי וכו' - הטעם, שלא נתקן אלא בזמן שאין הכהנים מברכין בעצמם, אבל כיון שהכהנים מברכין בעצמן, למה יאמר הש"ץ.

וי"א שאומרים אותו בלחש עד מלת "כהנים", ואז יאמרו בקול רם (טור בשם ר"י ור"מ מרוטנבורג), וחוזר ואומר: עם קדושך כאמור, בלחש - היינו הש"ץ, **וכן נוהגין במדינות אלו** - ומה שנוהגין באיזה מקומות שהכהנים אומרין: עם קדושך, טעות הוא.

ומחזירים פניהם כלפי העם - דילפינן בגמ', שברכת כהנים צריך להיות פנים כנגד פנים, **וא"צ** להיות פני הכהנים כלפי הש"ץ דוקא, אלא אפי' אם ההיכל קבוע בצפון, והתיבה שהש"ץ לפניה היא במזרח, הכהנים עומדים לפני ההיכל בצפון, ופניהם לדרום כלפי העם, **וי"א** שטוב יותר שהכהנים יעמדו במזרח, אע"פ שההיכל הוא לצד אחר, והעם יעמדו נגדם פנים נגד פנים.

שני כהנים השונאים זה את זה, ואפילו נדרו הנאה זה מזה, מותרין לעלות ביחד, [פי' אפי' אם נימא דעל אחד אין חיוב נ"כ, והיה אפשר לכאורה לומר דהוא מהנהו במה שהוא ג"כ עולה לנ"כ, דעי"ז גם הוא מקיים מצות עשה, קמ"ל דזה לא מקרי הנאה], **ואין** אחד יכול לומר

באר הגולה

ה ‹אע"ג דברייתא מפיק לכל הני דרשות מקראי אחריני, אסמכינהו רבינו ז"ל אקרא דכה תברכו, משום דכל הני הוו ציווי לכהנים איך יעשו בענין הברכה, ודייקי שפיר מקרא דכה תברכו, אבל ודאי שהם מקראי אחריני נפקי, ולהכי כתב רבינו ז"ל מפי השמועה וכו' – לחם משנה› ו ‹ע"פ מהדורת נהרדעא› ז רמב"ם פי"ד מה"ת והטור ח סוטה ל"ח ט רמב"ם פי"ד מה"ת והטור י סוטה ל"ח יא ‹דעת ר"ת [ברכות ל"ד. ד"ה לא, ומנחות דף מ"ד. ד"ה כל כהן] דחשיב קריאת "כהנים" הפסק, {וחזן שמש הכנסת אומרו, לא הש"ץ}, ומה שש"ץ מקרא אותם, לא חשיב להפסק – עולת תמיד›

לחבירו: עלה אתה בשחרית ואני אעלה במוסף, או להיפוך, כי יכול לומר: אני רוצה לברך בשתיהן.

אבל כהן שהצבור שונאים אותו, או הוא שונא את הצבור, סכנה הוא לכהן אם ישא כפיו, ולכן יצא מביהכ"נ קודם "רצה", אם אינו יכול לכוף את יצרו ולהסיר השנאה מלבו, **וע"ז** תקנו בברכה, "לברך את עמו ישראל באהבה".

ואם הוא א', אינו קורא לו, אלא הוא מעצמו מחזיר פניו - ונושא כפים, ומברך ג"כ מתחלה, אע"ג דאינו מחוייב לעלות, לפי מש"כ לעיל בס"ב, מ"א בשם רמ"מ, (לכאורה צ"ל ס"ג, שהביא שם בשמו, דכהן שכבר עלה פ"א, אע"פ שאינו מחוייב לעלות עוד פעם, אם עלה פעם שנית צריך לברך), **ומכ"ש** לדעת המהרל"ח וט"ז, דמחוייב לעלות מה"ת אם הוא אחד אע"פ שלא קראו, דמברך, [**וגם** לפי דעת התוס' במנחות דף מ"ד (עמוד א' ד"ה כל כהן), עכ"פ מדרבנן חייב ושפיר מברך].

ואפילו אם יש עמו עוד אחד קטן פחות מבן י"ג שנה, ג"כ אינו קורא "כהנים", **והפר"ח** מפקפק בזה, **ומיהו** לפי מנהגנו שהש"ץ אומר "אלהינו", ורק שיאמר "כהנים" בקול רם, לא איכפת לן כלל, דליכא הפסק והוא מעין התפלה, **ומהאי** טעמא כתב הא"ר, שאפילו ליכא כהן קטן, רק כהן אחד גדול, נמי אם אמר הש"ץ בקול רם "כהנים" אין לגעור בו, דאין שום הפסק בזה.

עין משפט נר מצוה

מ א מיי׳ פי״ד מהל׳ נשיאות כפים הל׳ ח סמג עשין כ טוש״ע א״ח סי׳ קכח סעיף י :

מא ב מיי׳ שם פט״ו הל׳ יב [וברב אלפס פרק הקורא את המגילה דף רעד. וברא״ש שם סימן כב] :

מב ג מיי׳ שם סמג שם טוש״ע א״ח סי׳ קכח סעיף ג :

מג ד ה מיי׳ שם הל׳ יא טוש״ע שם סעיף ח :

מד ו מיי׳ שם הל׳ י סמג שם טוש״ע שם סעיף כ :

מה ז מיי׳ שם פט״ו הל׳ ט סמג שם טוש״ע שם סעיף כה :

מו ח ט מיי׳ שם הל׳ ח טוש״ע שם סעי׳ כד:

מז י מיי׳ שם הלכה ט טוש״ע שם סעי׳ כה :

מח כ ל מיי׳ שם הל׳ ח טוש״ע שם סעיף כד וסימן נה סעיף כ :

מסורת הש״ס

תורה אור

משלהם תהא והילכתא כוותיה דאביי ״ולית הילכתא כוותיה דרב חסדא : (סימן מתאו״ה לברכ״ה דוכ״ן בעבוד״ה כו״ס מבי״ר נהנ״ה בעגל״ה) : אמר ר׳ יהושע בן לוי מנין שהקב״ה מתאוה לברכת כהנים שנאמר °ושמו את שמי על בני ישראל ואני אברכם ואמר רבי יהושע בן לוי ״כל כהן שמברך מתברך ושאינו מברך אין מתברך שנאמר °ואברכה מברכיך ואמר ר׳ יהושע בן לוי * ״כל כהן שאינו עולה לדוכן עובר בשלשה עשה כה תברכו אמור להם ושמו את שמי רב אמר חוששין שמא בן גרושה או בן חלוצה הוא ולא פליגי הא דסליק לפרקים הא דלא סליק לפרקים ואמר ר׳ יהושע בן לוי ״כל כהן שאינו עולה בעבודה שב אינו עולה שנאמר °וישא אהרן את ידיו אל העם ויברכם וירד מעשות החטאת והעולה והשלמים מה להלן בעבודה אף כאן בעבודה איני והא ר׳ אמי ורבי אסי סלקי רבי אמי ורבי אסי מעיקרא הוו עקרי כרעייהו ממטא לא הוה מטו התם וכדתני ר׳ אושעיא ״לא שנו אלא שלא עקר את רגליו אבל עקר את רגליו עולה *ותנן נמי ״אם הבטחתו שנושא את כפיו וחוזר לתפלתו רשאי והוינן בה הא לא עקר אלא דנד פורתא הכא נמי דעקר פורתא ואמר ריב״ל אין נותנין כוס של ברכה לברך אלא לטוב עין שנאמר °טוב עין הוא יבורך כי נתן מלחמו לדל אל תיקרי יבורך אלא יברך ואמר ר׳ יהושע בן לוי מנין שאפי׳ עופות מכירין בצרי העין שנאמר °כי חנם מזורה הרשת בעיני כל בעל כנף ואמר רבי יהושע בן לוי כל הנהנה מצרי העין עובר בלאו שנאמר °אל תלחם את לחם רע עין וגו׳ כי כמו שער בנפשו כן הוא אכול ושתה יאמר לך וגו׳ רב נחמן בר יצחק אמר עובר בשני לאוין אל תלחם ואל תתאו וא״ר יהושע בן לוי אין עגלה ערופה באה אלא בשביל צרי העין שנאמר °וענו ואמרו ידינו לא שפכו את הדם הזה וכי *על לבנו עלתה שזקני ב״ד שופכי דמים הם אלא לא בא לידינו ופטרנוהו ולא ראינוהו והנחנוהו לא בא לידינו ופטרנוהו בלא מזונות לא ראינוהו והנחנוהו בלא לויה אמר אדא א״ר שמלאי ״בית הכנסת שכולה כהנים כולן עולין לדוכן למי מברכין אמר ר׳ זירא לאחיהם שבשדות איני *והתני אבא בריה דרב מנימין בר חייא ״עם שאחורי כהנים אינן בכלל ברכה לא קשיא ״הא דאניסי הא דלא אניסי והתני רב שימי מבירתא דשיחורי בית הכנסת שכולה כהנים מקצתן עולין ומקצתן עונין אמן לא קשיא ״הא דאישתייר בי עשרה הא דלא אישתייר בי עשרה גופא תנא אבא בריה דרב מנימין בר חייא עם שאחורי כהנים אינן בכלל ברכה פשיטא אריכי באפי גוצי לא מפסקי תיבה לא מפסקא מחיצה מאי ת״ש *דאמר רבי יהושע בן לוי ״אפילו מחיצה של ברזל אינה מפסקת בין ישראל לאביהם שבשמים איבעיא להו צדדין מהו אמר אבא מר בר רב אשי ת״ש דתנן ״נתכוון *להזות לפניו והזה

רש״י

משלהם תהא · אזהרה זו הכהנים יזהירו : ושמו את שמי · תלה הכתוב הדבר בהן להיות ברכה זו שימת שמו על עמו ולא עשאה צורך ישראל אלא צורך מקום : ואברכה מברכיך · דאינו ואני אברכם אישראל קאי כר״ע דאמר באלו טריפות (חולין דף מט.) למדנו ברכה לישראל מפי כהנים מפי הגבורה לא למדנו כשהוא אומר ואני אברכם הוי אומר הכהנים מברכים את ישראל והקב״ה מסכים על ידם : לפרקים · בחגים ובמועדים : שאינו עולה בעבודה · קודם שיסיים שליח צבור רצה צריך לעלות על הדוכן : וירד מעשות · אלמא בעוד עבודה בידו בירך ואח״כ וירד מעשות אלמא השתא הוא דגמר : מעיקרא הוו עקרי כרעייהו · ממקומן בעבודה אבל רחוק היה מקומן מן הדוכן ולא מטו עד דגמרה ברכת העבודה : ותנן נמי · בברכות אם הבטחתו כו׳ רישא הכי איתא העובר לפני התיבה לא יענה אמן אחר הכהנים מפני הטירוף ואם אין שם כהן אלא הוא לא ישא את כפיו שלא תיטרף דעתו בשובו לתפלתו ולא ידע להתחיל מיד בשים שלום ואם הבטחתו שהוא מלומד בדבר ולא תטרף דעתו נושא את כפיו וחוזר לתפלתו : רשאי · לישא את כפיו : והא לא עלה בעבודה. אלא דעקר פורתא וש״מ סגי בהכי שעוקר מעט רגליו לילך לצד הדוכן בעבודה : לברך · בהמ״ז : לטוב עין · שונאי בצע וגומלי חסד בממונן : מכירין בצרי עין · ואין אוכלים משלהם: כי חנם מזורה הרשת · לעיל מיניה משתעי בצרי עין נארבה לדם וגו׳ כל הון יקר נמצא וגו׳ כי חנם מזורה הרשת לשון יזורה על נוהו גפרית כך דרכם של ציידים לזרות חטים ושעורים ברשתם כדי שיבואו העופות לאכול ואלו צרי העין חנם מאבדין מזונות אשורין ברשתם בעיני כל בעל כנף שאף הן מכירין בהן ואין נהנין ממזונותיהן : כי כמו שער בנפשו · שער זה על כרחנו לשון פעל הוא ונקודתו מוכחת עליו שאליו קמץ ואליו פתח וטעמו למטה כאילו זה האוכל מירר והשעיר בנפשו של צר עין וכך הוא לשון כתאנים השוערים (ירמיה כט) ומנחם בן סרוק פירשו לשון שיעור תמיד הוא משער כמה יאכל זה ועד מתי : ופטרנוהו בלא מזונות · כלומר למזונות הוצרך ולא היה לו ורואה אחד נושא מזונות ובא לחוטפם ממנו לאונס רעבון ועמד זה עליו והרגו : בלא לויה · חבורה שילך עמהם : שבשדות · דאניסי במלאכתן ואין יכולין לבא : דלא אניסי · העומדין בבהכ״נ אחורי הכהנים לא אניסי אלא שאין הברכה חשובה עליהם לעקור רגליהם ולבא לפני הכהנים להיות מתברכים פנים כנגד פנים כדת הלכך אינם בכלל ברכה כדאמרי׳ כה תברכו פנים כנגד פנים : מבירתא דשחורי · לשון בירה שחורי מקום: אישתייר בי עשרה. מקצתן עולין לדוכן והעשרה עונין אמן לא אישתייר בי עשרה לא חשיב לברכה לאודייהו הילכך כולן עולין ומברכין לאחיהם שבשדות : אריכי באפי גוצי לא מפסקי · בין כהנים מסות בכלל ברכה דאם כן אין לדבר סוף :

תוספות

כל כהן שאינו עולה לדוכן עובר בשלשה עשה · ירושלמי במסכת נזיר פרק כהן גדול מהו שיטמא אדם לנשיאת כפים אחוי דר׳ אבא בר כהן אמר קמיה ר׳ יוסי בשם ר׳ אחא מטמא כהן לנשיאת כפים שמע ר׳ אחא ואמר אנא לא אמרי ליה כלום חזר ואמר או דילמא לא שמע מיניה אלא כיון דאמר ר׳ יהודה בר פזי בשם ר״א כל כהן שעמד בבהכ״נ ואינו נושא את כפיו עובר בעשה וסבר למימר שמצות עשה דוחה למצות ל״ת אמר אנא לא אמרית ליה אייתוניה ואנא מלקי ליה [ר׳ אבהו הוי יתיב ומתני בבי כנישתא דקיסרין והוי תמן מיתנא ואתא עונתא דנשיאת כפים ולא שאלון ליה] אתא עונתא דמיכליא ושאלון ליה אמר להון על נשיאות כפים לא שאילתון לי ועל מיכלא אתון שאלון כד שמעון כן הוה כל חד וחד מנהון משמט גרמיה וערק:

הא דסליק לפרקים · ה״ה אי לא סליק אלא דמחזיק כפשיה ע״י מתנות כהונה כמו שאמר בפרק הזרוע (חולין דף קלג.) אמר אביי מריש הוה חטיפנא מתנתא וכו׳ עד משקל נמי לא שקילנא לבר ממעלי יומא דכיפורי לאחזוקי נפשי בכהני ולפרוס ידיה אנסי ליה עידניה : הא דאניסי הא דלא אניסי · בסוף מסכת ר״ה (דף לה:) אמרי׳ דדוקא הני שבשדות אניסי אבל הני דקיימי במתא לא אניסי :

מחיצה מאי · י״ל דדוקא בדלא אניסי קמבעיא ליה אבל בדאניסי פשיטא דמי גרע מאחיהם שבשדות וא״ת אי לא אניסי אמאי עדיפי מעם שאחורי הכהנים בלא הפסק מחיצה י״ל עם שאחורי הכהנים מראין בעצמן כאילו אין הברכה חשובה בעיניהם דכתיב אמור להם פנים כנגד פנים והן עומדים אחורי עורף אבל בהפסק מחיצה כיון דלא קיימי אחורי עורף לאו מילתא היא דלא חזינן דקפיד קרא בהכי. מהאי דסוף מס׳ ר״ה (דף לה:) משמע דה״ה לתפלה והכי משמע נמי בפרק כיצד צולין (פסחים דף פה:) דתנן אבר שיצא מקצתו לחוץ מן האגף ולפנים כלפנים מן האגף ולחוץ כלחוץ אמר רב וכן לתפלה ופליגא דר׳ יהושע בן לוי דאמר רבי יהושע בן לוי אפי׳ מחיצה וכו׳ מדקא פשיט סתמא דגמ׳ ממילת׳ דריב״ל ש״מ דקיימא

תוספות שאנץ

ת״ש דא״ר יהושע בן לוי אפי׳ מחיצה של ברזל אינה מפסקת בין ישראל לאביהם שבשמי׳ וקשה דלענין מה מיירי אי לענין צירוף קשה מדאמרי׳ פרק כל גגות ציבור בקטנה ויחיד בגדולה אין מצטרפין וא״כ פליג עליה דר׳ יהושע בן לוי ואי לענין לצאת בו ידי הובתו א״ר יהושע בן לוי דאפי׳ מחיצה ברזל וכו׳ אבל לעולם אינו מצטרף וא״כ הכי קאמר רב התם וכן בתפלה פרק אין צולין גבי פסח הנאכל בחבורות מן האגף ולפנים כלפנים מן האגף ולחוץ כלחוץ אגף היינו משקוף ואמר רב עלה וכן לתפלה והיכי קאמר רב שלא יצא ידי חובתו והתנן היה עובר אחורי בית הכנסת ושמע קול שופר אי קול מגילה אם כוון לבו יצא ופר״י דהתם עובר אחורי בית הכנסת ושמע קול א) מורה דיצא ידי חובתו אבל לענין דבר שבקדושה צריך כגון קדיש וברכו וקדושה לדין זה אמר רב דמפסקת :

א) נ״ל דלא בעי עשרה שב״ר יצא יד״ח אבל לענין דבר שבקדושה דצריך עשרה כגון וכו .

[מנחות מד.]

ברכות לה.

לקמן מה:

ר״ה לה.

פסחים פה:

פרה פרק יב מ״ב

במדבר ו · בראשית יב · ויקרא ט · משלי כב · שם · שם כג · דברים כא

§ מסכת סוטה דף לח: §

אות א'

ולית הילכתא כוותיה דרב חסדא

סימן קכח ס"י - [א]עומדים בדוכן פניהם כלפי ההיכל ואחוריהם כלפי העם, ואצבעותיהם כפופים לתוך כפיהם - ר"ל שא"צ לפרוס כפיהם.

עד ששליח צבור מסיים "מודים", [ב]ואז אם הם שנים קורא להם (הש"צ) "כהנים".... [ג]ואם הוא א', אינו קורא לו, אלא הוא מעצמו מחזיר פניו - ונושא כפים, ומברך ג"כ מתחלה, אע"ג דאינו מחוייב לעלות, לפי מש"כ לעיל בס"ב, מ"א בשם רמ"מ, ‹לכאורה צ"ל ס"ג, שהביא שם בשמו, דכהן שכבר עלה פ"א, אע"פ שאינו מחוייב לעלות עוד פעם, אם עלה פעם שנית צריך לברך›, **ומכ"ש** לדעת המהרל"ח וט"ז, דמחוייב לעלות מה"ת אם הוא אחד אע"פ שלא קראו, דמברך, [**וגם** לפי דעת התוס' במנחות דף מ"ד ‹עמוד א' ד"ה כל כהן›, עכ"פ מדרבנן חייב ושפיר מברך].

ואפילו אם יש עמו עוד אחד קטן פחות מבן י"ג שנה, ג"כ אינו קורא "כהנים", **והפר"ח** מפקפק בזה, **ומיהו** לפי מנהגנו שהש"ץ אומר "אלהינו", ורק שיאמר "כהנים" בקול רם, לא איכפת לן כלל, דליכא הפסק והוא מעין התפלה, **ומהאי** טעמא כתב הא"ר, שאפילו ליכא כהן קטן, רק כהן אחד גדול, נמי אם אמר הש"ץ בקול רם "כהנים" אין לגעור בו, דאין שום הפסק בזה.

[ד]סימן קכח סכ"ב - [ה]משתדלין שיהא המקרא ישראל - כ"כ הרמב"ם, ואסמכה אקרא, שנאמר: אמור להם, [ו]מכלל שאין המקרא מהם.

ולפי"ז לפי מנהגנו שהש"ץ הוא המקרא כמו שכתוב בסי"ג, ממילא צריך להשתדל לכתחלה שהש"ץ העובר לפני התיבה לא יהיה כהן, (והוא מדברי המ"א, **ומ"מ** אינו מוכח כן בדברי המחבר, **דאפשר** דכונתו רק על המקרא שמשתדלין שיהיה ישראל, **אבל** לא קפדינן אפילו לכתחלה להשתדל שיהיה הש"ץ דוקא ישראל, כדי שיהיה הוא בעצמו המקרא, ומה איכפת לנו אם יהיה אחר המקרא, **וכן** מוכח לענ"ד בביאור הגר"א שהוא מפרש הכי), [**אבל** לוי לכו"ע מותר לכתחילה].

וכשהחזן כהן, יעמוד ישראל אצלו ויקרא: כהנים, ויקרא אותם - היינו כל ברכת כהנים מלה במלה, (**עיין** בא"ר בשם כנה"ג, שיאמר ג"כ "או"א ברכנו" וכו', וכ"כ מג"א משמו, **ובספר** חמד משה כתב, דלא מצרכינן לעיל בסעיף י' לאמר "או"א" אלא בש"ץ, כדי שיוכל לאמר מלת "כהנים" ולא יהיה הפסק, וכיון שאינו ש"ץ, יוכל לקרות "כהנים" בסתם, וגם הש"ץ לא יאמר, כיון שלא יקרא הוא הפסוקים).

והחזן עומד ושותק - פי' עד גמר ברכת כהנים, אבל מ"שים שלום" ואילך יאמר החזן בעצמו.

והנה כל דין זה של המחבר, הסכימו האחרונים שאין זה רק לכתחלה, אבל כשאין שם מי שיודע להקרות, יקריא הכהן הש"ץ בעצמו.

אות ב'

כל כהן שמברך מתברך, ושאינו מברך אין מתברך

רמב"ם פט"ו מהל' תפילה הי"ב - כל כהן שאינו עולה לדוכן, אע"פ שבטל מצות עשה אחת, הרי זה כעובר על שלש עשה, שנאמר: כה תברכו את בני ישראל, אמור להם, ושמו את שמי; וכל כהן שאינו מברך, אינו מתברך, וכל כהן המברך, מתברך, שנאמר: ואברכה מברכיך.

אות ג'

כל כהן שאינו עולה לדוכן, עובר בשלשה עשה כו'

סימן קכח ס"ב - [ז]כל כהן שאין בו אחד מהדברים המעכבים - כי לקמן מבואר הרבה דברים המעכבים לכהן לעלות לדוכן, יש מהן שהן מדאורייתא לכמה פוסקים, ויש מהן שהן לכו"ע מדרבנן.

באר הגולה

[א] **רמב"ם פי"ד מה"ת והטור** [ב] **סוטה ל"ח** [ג] ‹ולכאורה הלכה זו שייך לדינא דאביי לעיל, ולא לענין מה דאין הלכה כרב חסדא, **ודלמא** מייתי ממה דהשו"ע כתב דקורא להם הש"ץ "כהנים", ולא פירט שיהא דוקא כהן, **אבל** אינו מובן, אמאי לא הביא לזה מש"כ כן בפירוש בסכ"ב, עיין בהערה לקמן בסמוך, **ועיין** במרומי שדה שכתב: דהא בהא תליא, דלרב חסדא אפילו לכהן אחד קורא כהנים, כמש"כ התוס' ד"ה לשנים ‹עמוד א'› בשם הירושלמי› [ד] ‹לכאורה פשוט דמכאן יש מקור לדין זה, **ופלא** על כל המציינין שלא הביאו, **וכן** הוא להדיא במרומי שדה, שכתב על גמ' זו: וכ"כ הרמב"ם ובשו"ע להדר אחר ישראל, **וכן** מבואר בכנה"ג בהגהת ב"י שכתב: דדברי רב חסדא סותרין זה את זה, דבירושלמי אמר (מובא בתוס' הנ"ל, והוא מקור להלכה זו לפי הכסף משנה והגר"א), וצריך שיהיה החזן ישראל, דהיינו המקרא, ובבלי בסוטה דף ל"ח: אמר רב חסדא נקטינן כהן קורא כהנים, ואין ישראל קורא כהנים, שנאמר: אמור להם, שתהיה אמירה משלהם, והמהרי"ט נדחק בזה, ובאמת קושיא גדולה הוא, **וצריכין** אנו למש"כ בבאר שבע בחידושיו לסוטה, דתרי רב חסדא הוה, ע"כ. **אלמא** דממה דלית הלכתא כוותיה דרב חסדא בבבלי, הוא מקור להלכה זו. **ועיין** במעשה רוקח דתירץ הסתירה ברב חסדא, וז"ל: ומה שנראה לענ"ד, דכוונת רב חסדא בבבלי, היינו לענין קריאת "כהנים", דמדכתיב אמור להם, משמע דהאזהרה תהא משלהם, וכמ"ש להדיא רש"י ז"ל ע"ש, **ומאי** דקאמר רב חסדא בירושלמי, היינו לענין המקרא את הכהנים מלה במלה, ולענין קריאת "כהנים" לא איירי, דכבר גילה דעתו בתלמוד דידן, ע"כ› [ה] **טור בשם הרמב"ם** ‹ירושלמי, והביאו תוס' ל"ח. ד"ה לשנים, ור"ל החזן, המקרא – גר"א› [ו] ‹רבינו נתן טעם לסברת רב חסדא שבירושלמי, מקרא ד"אמור להם", מכלל שאין המקרא מהם, ובש"ס דילן יליף רב חסדא מהך קרא, דבעינן כהן דוקא, **ואל** תתמה על זה דדריש תיבת "אמור להם" בתרי גווני, שהרי דוגמתו מצינו שם בדאביי, דיליף מהך קרא דבעינן תרי כהנים דוקא, ופי' רש"י דמקרא ד"להם" נפקא ליה, שש"ץ מזהיר אותם לברך, ע"כ, ולעיל איתא, תניא אידך וכו' תלמוד לומר "אמור להם", וכולהו הוו אזהרות לכהנים גופייהו, **ואפשר** דנפקא ליה חדא מ"אמור" וחדא מ"להם" – מעשה רקח› [ז] **סוטה ל"ח**

אם אינו עולה לדוכן, אע"פ שביטל מצות עשה [ח]אחת, הרי זה כעובר בג' עשה - והוא "כה תברכו", "אמור להם", "ושמו את שמי" וגו', **ומ"מ** עיקר עשה אינו אלא אחת, והוא "כה תברכו", שנאמרה בלשון צווי לברכה.

אם היה בבהכ"נ כשקורא: כהנים - דבלא"ה אינו עולה, דכתיב: אמור להם, ומתרגמינן: כד יימרון להון, והוא קריאת "כהנים" שאנו אומרין.

בבהכ"נ - (לאפוקי אם היה אז חוץ לבהכ"נ, כתב הר"ן דאינו עובר אפילו אם קראו לו לעלות).

[ט]או אם אמרו לו לעלות או ליטול ידיו - זה קאי ג"כ בשהיה בבהכ"נ, ולא כשאמרו לו בחוץ, **רק** דבא המחבר להורות לנו, דאין נ"מ בדין בין תיבת "כהנים" שקורא החזן בכלל לכל הכהנים, או שאמרו לו בפרט לעלות, או במה שאמר לו השופך מים ליטול ידיו, דהוא מרמז ג"כ על ברכת כהנים, (ובסידור יעב"ץ מפקפק בזה קצת, וצ"ע), כולם בכלל "אמור להם" הוא, ועובר בעשה אם אינו עולה.

וכתב המ"א, ודוקא שעקר רגליו בעבודה, אבל אם לא עקר רגליו, אינו רשאי לעלות, וכדלקמן בס"ח, ואף דהחזן קרא "כהנים", או שאמר לו בפירוש לעלות, אינו עובר בעשה, **והא"ר** הביא בשם תשובת מהר"ם מינץ שמסתפק בזה, דאולי באופן זה מחוייב לעלות, ע"כ יש ליזהר שלא להיות אז בבהכ"נ, כדי שלא יבוא לזה, **ובלא"ה** יש לעשות כן, משום שלא יאמרו עליו שהוא פגום, דמי ידע שלא עקר רגליו קצת בעבודה.

ועיין עוד בבה"ל שבירנו שם עוד, דברי המחבר כולל ג"כ, דאם שאמרו לו בביהכ"נ קודם שגמר ברכת "רצה", דהיה אז ביכלתו לעקור רגליו, ולא רצה, דעובר בעשה לכו"ע, (אף דמוכרח מצד הדין שלא לעלות ע"י שלא עקר רגליו).

(**אך** מסתפקנא, אם אמרו לעלות קודם שגמר ברכת "רצה", ולא רצה, ואח"כ קודם שהתחילו לקרוא "כהנים" ממש יצא לחוץ, ולא היה בבהכ"נ בעת נשיאת כפים, אם עובר או לא, מי נימא כיון דכבר קראו אותו בעת עבודה דהוא התחלת חיובו לנשיאת כפים, דהיינו שצריך אז מדינא לעקור רגליו לעלות לדוכן ולא רצה, ממילא עקר העשה בזה גופא, דהא קי"ל דשוב אינו רשאי לעלות, וקרא ד"אמור להם" כבר נתקיים, דהא כבר קראו אותו לעלות, וא"כ מה הועיל במה שיצא לחוץ בשעת נ"כ גופא, **או** דילמא כיון דזה גופא דשוב אינו רשאי לעלות, משמע דהוא אסמכתא בעלמא אקרא, ומדאורייתא היה אח"כ ג"כ רשאי לעלות לדוכן, אפשר דזמן חיובא הוא העיקר בשעה שהגיע לעצם נ"כ, וכיון שהתחכם ויצא לחוץ מתחלה, אף שקראו אותו בעת ברכת "רצה", מיקרי יציאתו זה מקמי דלימטי זמן חיובא, ואינו עובר רק משום "ויראת מאלהיך" דאיתא בקידושין, **ויותר** מסתברא לומר דזמן חיובא מקרי מעת ששאר הכהנים מכינים עצמם לנ"כ, דהוא מעת התחלת עבודה, וע"כ כיון שכבר קראו אותו, והוא הפך פניו ויצא לחוץ, עקר בזה העשה, וצ"ע).

[י]כתבו הפוסקים, דנשיאת כפים אין דוחה לאיסור טומאה, והטעם, כי יש בה עשה ולא תעשה, "לנפש לא יטמא", "קדושים יהיו", **ולכן** אפילו מת פתאום אחר שכבר אמר הש"ץ "כהנים", דחל עליהם המצות עשה דנשיאת כפים, אפ"ה צריכין לצאת תיכף החוצה, **ואם** הכהן אינו יודע מזה, צריך להגיד לו, **מיהו** אם הטומאה בבית הסמוך לביהכ"נ, ואפשר לסתום הפתחים והחלונות של ביהכ"נ, או של בית שהמת שם, (דאז אין בבתים הסמוכים אלא טומאה דרבנן, הואיל וסוף טומאה לצאת - חכ"א, אפי' נודע לו א"צ לצאת עד שיגמור הנ"כ, דנ"כ דבר תורה, וטומאה כזו אינה אלא מדרבנן, **אמנם** אם נודע לכהן קודם שנטל ידיו לעלות לדוכן, טוב יותר שיצא תיכף החוצה.

[יא]סימן קכח ס"ג - [יב]אם עלה פעם אחת ביום זה, שוב אינו עובר, אפי' אמרו לו: עלה - היינו אי אתרמי ליה צבורא אחרינא, והטעם, כיון שכבר קיים מצוה זו ביום זה, לא חייבתו התורה יותר, **ומ"מ** אם עלה פעם שנית צריך לברך מתחלה הברכה "אשר קדשנו", דעכ"פ עושה מצוה, ואפי' באותו ביהכ"נ שכבר נשא כפיו, [תשו' מהר"ם מינץ ומ"א].

אות ג'* [יג]

חוששין שמא בן גרושה או בן חלוצה הוא

סימן קכח ס"ד - [יד]כשהכהנים אינם רוצים לעלות לדוכן - כגון שהוא חלש וכדומה, (דאל"ה בודאי לא שפיר למעבד הכי, שיבטל מ"ע בחנם, והרי זה דומה לשאר מ"ע התלוי במעשה, כמו ציצית דלאו חובת גברא הוא אלא חובת מנא, ואפ"ה צריך לעשות בגד של ד' כנפות ולתלות בה ציצית, וענשי נמי עלה בעידן ריתחא, **ובאמת** גמרא מפורש הוא בקידושין ל"ג, דאפילו הוא פוטר עצמו ממ"ע קודם דלימטי זמן חיובא, אפ"ה נאמר ע"ז: ויראת מאלהיך).

אינם צריכים לשהות חוץ מבהכ"נ אלא בשעה שקורא החזן: כהנים - ר"ל וממילא אין חל עליהם שום חיוב אפילו כשיכנסו אח"כ, וכנ"ל בס"ב.

באר הגולה

ח רמב"ם | ט מרדכי | י (בתוס' סוטה ל"ח: ד"ה כל בשם ירושלמי, דאין נשיאות כפים דוחה לטומאה - פמ"ג) | יא (מילואים) | יב הג"מ | יג (ע"פ הגר"א) | יד כתבי הר"ר ישראל

[טו] **אבל כדי שלא יאמרו שהם פגומים** - ר"ל בני גרושה ובני חלוצה, **נהגו שלא ליכנס לבהכ"נ עד שיגמרו ברכת כהנים.**

ועיין במ"א שכתב בשם המרדכי, שהיוצא צריך לצאת קודם שמתחילין "רצה", **והטעם**, כדי שלא יאמרו שהם פגומים כשלא יעקרו ב"רצה", **וגם** שהלוים היוצקים מים לא יבואו ויאמרו להם לעלות.

וכתבו הפוסקים, דהפסולים לעלות לדוכן, אפילו פסולים דרבנן, א"צ לצאת לחוץ, דכשהחזן קורא "כהנים", אין כונתו על הפסולים, **והסכימו** עוד, דאפילו אם אמרו לו בפירוש: עלה, או כשאין בביהכ"נ רק פסולים, דבודאי כונת הש"ץ שקורא "כהנים" הוא עליהן, אפ"ה אין צריכין לעלות, ואינם עוברין בעשה, דהא אינם נמנעין מצד עצמן, אלא החכמים מנעו אותם, ויש כח בידם לעשות זה, [לעקור דבר מן התורה בשב ואל תעשה]. **ומ"מ** באין בביהכ"נ כהנים אחרים רק אלו הפסולים דרבנן, מצדד הא"ר שיצאו לחוץ קודם "רצה", וכן משמע מהג' רע"א, [**דלמה** יעמדו שם לכתחילה, ויהיו מוכרחים מצד תקנת חז"ל לעבור על העשה כשיקראו "כהנים"].

[טז] אות ג'**

תוס' ד"ה כל כהן. אמר להון על נשיאות כפים לא שאילתון לי, ועל מילתא אחרן שאלון

סימן קכח סכ"ט - [יז] **"כהן שלא התפלל עדיין ומצא צבור מתפללין, נושא כפיו ואין התפלה מעכבתו** - ואם רואה שכשיעלה לדוכן יעבור זמן התפלה, ילך לחצר ביהכ"נ ויתפלל שם, **אבל** אם אמרו לו קודם "רצה": עלה, צריך לעלות, דאם לא יעלה עובר בעשה דאורייתא, ודחי תפלה דרבנן, **ואם** לא קרא ק"ש, ורואה שכשיעלה לדוכן יעבור זמן ק"ש, ילך ג"כ לחצר ביהכ"נ ויקרא ק"ש, **ואם** אמרו לו קודם "רצה": עלה, יקרא פסוק ראשון, ויעלה וישא כפיו.

אות ד' - ה'

כל כהן שאינו עולה בעבודה, שוב אינו עולה

לא שנו אלא שלא עקר את רגליו, אבל עקר את רגליו, עולה

סימן קכח ס"ח - [יח] **"כשמתחיל ש"צ "רצה", כל כהן שבבהכ"נ נעקר ממקומו לעלות לדוכן** - שנאמר: וישא אהרן את ידיו אל העם ויברכם, ואח"כ: וירד מעשות החטאת וגו', משמע שבירך קודם שנסתלק מהעבודה, לכן תקנו גם בתפלה, שיעלו הכהנים לדוכן קודם סיום ברכת עבודה.

והיינו לכתחלה יזהר לעקור בהתחלת הש"ץ "רצה", אבל אם לא עקר עד שכבר התחיל הש"ץ "רצה", כל שלא סיים ברכת "רצה" שפיר דמי.

ואף אם לא יגיע שם עד שיסיים ש"צ "רצה", שפיר דמי - לאו דוקא, דאפי' אם לא יגיע שם עד שיסיים הש"ץ ברכת "מודים", ג"כ לית לן בה, כל שעקר רגליו ב"רצה", ואיידי דרישא נקט "רצה", אחרונים.

עוד כתבו, דעיקר העקירה מקרי אחר נטילה, שאז ראוי לעלות לדוכן, ולכן יעקרו רגליהם ליטול ידיהם קודם "רצה", וב"רצה" יעקרו רגליהם לילך למקום המוכן לדוכנם, **ובדיעבד** אם לא נטל ידיו קודם "רצה", ואם ילך ליטול ידיו יסיים הש"ץ ברכת "רצה", אעפ"כ יעקור ב"רצה" לילך למקום הדוכן, ואח"כ יטול ידיו שם, והיינו שיביאו לו שם מים סמוך למקום הדוכן, [**אבל** לא יעשה בהיפוך, דהיינו שילך בחוץ ליטול ידיו מתחילה, ואח"כ ילך לדוכן, דעקירה כדי ליטול ידים לא חשיב עקירה, כדלקמיה בשם העטרת זקנים].

אבל אם לא עקר רגליו ב"רצה", שוב לא יעלה - ואפילו היה מחמת אונס, (**במ"א הביא בשם הרדב"ז, דבאונס לא יעלה, ואם עלה לא ירד, ומסתפק בע"ת בשלא היה מחמת אונס ועלה אם ירד, ובמגן גבורים פסק, דכשלא היה מחמת אונס, אפי' אם עלה ירד**).

(**עיין בא"ר שהביא בשם תשובת מהר"מ מינץ, שמסתפק באם אמרו לו: עלה, אם צריך לעלות**).

באר הגולה

[טו] ‹כמ"ש בסוטה שם ב', רב אמר חוששין שמא בן גרושה או בן חלוצה הוא כו', **אלא** דקאמר שם ולא פליגי הא דסליק לפרקים כו', ע"ז אמר ריב"ל טעמא דעשה, והא דלא סליק לפרקים, בזה אמר רב חוששין שמא כו', **ולכך** כתב הרא"ש דדוקא בשעה שהש"ץ אומר כהנים, משום דריב"ל דעובר בעשה, והיינו משום דמיירי בעולה לפרקים, ואז ליכא רק טעמא דריב"ל דעובר שעשה, **ולפי"ז** לכאורה קשה על המחבר, דכתב אבל כדי שלא יאמרו שהם פגומים, נהגו שלא ליכנס לבהכ"נ עד שיגמרו, והיינו הא דרב, **והא** ליתא, דהלא רב לא אמר רק באינו עולה לפרקים, אבל בעולה לפרקים ליכא טעמא דרב, וא"כ אינו אסור רק בשעה ששומע אומר כהנים, ואיך סתם המחבר דמהאי טעמא נהגו כו', דמשמע אף בעולה לפרקים אסור, **וע"ז** בא רבינו לתרץ, דהא דאמר רב חוששין כו', לא דאמר זאת על הכהן דעושה איסור דחוששין כו', אלא דאומר דינא, דכהן שאינו עולה לדוכן חוששין שמא הוא בן גרושה, **דריב"ל** לא אמר רק דהכהן עובר בעשה, ורב חידש דבאינו עולה חוששין שהוא בן גרושה, וע"ז אמרו בגמ' דלא פליגי, דבסליק לפרקים אינה עושה רק איסור דעובר בעשה, אבל אין חוששין שהוא בן גרושה כיון דסליק לפרקים, **ורב** מחדש דבאין עולה לדוכן ולא סליק אף לפרקים, אז חוששין שהוא בן גרושה, אבל לא אמר טעמא על הכהן דעושה איסור שיחשדוהו, **אך** באמת לבד מה שהכהן עושה איסור שעובר בעשה, יש ג"כ איסור דרבנן דגורם לבני אדם שיראוהו דאינו עולה וסברי שהוא בן גרושה, **וזה** החשש איכא אף בסליק לפרקים, דדילמא איכא בני אדם דלא ידעי שסליק לפרקים, ויראוהו עתה שאינו עולה לדוכן, ואתו לידי חשד לבן גרושה, **וכמו** שמצינו שם מ' א' דלא יעלו כהנים בסנדליהם דילמא תפסק ליה רצועה מסנדליה והדר אזיל למקטריה, ואמר בן גרושה ובן חלוצה הוא, וזה אסור לעולם אף בעולה לפרקים, **ועתה** ניחא דברי המחבר, דתחילה מביא דאם אינו עולה לדוכן עובר בעשה, והיינו דריב"ל, וע"ז מביא דאינו אסור מטעם העשה רק בשעה שיאמרו כהנים, **וע"ז** מביא אבל כדי שלא יאמרו שהם פגומים, נהגו שלא ליכנס בבהכ"נ עד שיגמרו, והיינו אפי' בסליק לפרקים, מ"מ צריך הכהן להזהר שלא יבוא לידי חשד לבני אדם דלא ידעי שסליק לפרקים, ואם יראוהו עתה שאינו עולה יחשדוהו לבן גרושה, ובזה אסור מדרבנן אף לאחר שקראו כהנים, וכמו דמצינו בעליות בסנדליהן – דמשק אליעזר ע"פ הגר"א› [טז] ‹ע"פ הגר"א, וז"ל הדמשק אליעזר: לשון תוס' דמביאים ירושלמי: ר' אבוה הוי יתיב ומתני בבהכ"נ והוי תמן מתנא {פי' מת, דלא היו הכהנים יכולים לשם}, ואתי עונתה דנשיאת כפים ולא שאלין ליה, {אי מותרין ליכנס, משום דמצות עשה דנשיאת כפים דוחה ל"ת דלא תטמאו}, אתי עונתה דמצלי ושאלין ליה, א"ל על נשיאת כפים לא שאלתין לי, ועל מצלי אתון שאלין, {תימה, הרי נשיאת כפים חמור מתפלה, ויותר היה מסתבר ליכנס בשביל נשיאת כפים מליכנס להתפלל}, ע"כ. **עכ"פ** חזינן דנשיאת כפים חמיר מתפלה, וא"כ דוחה נשיאת כפים לתפלה, ויתפלל אחר נשיאת כפים› [יז] **הג"מ ורד"א** [יח] **סוטה ל"ח**

ואפילו אם עקר רגליו לילך לצד חוץ ליטול ידיו, מצדד בעטרת זקנים דזה לא חשיב עדיין עקירה, אף שהנטילה היא הכשר לנשיאת כפים, דבעינן עקירה למקום הדוכן, וזה היה עקירתו לצד חוץ, **וע"כ** המנהג כשהש"ץ מגיע ל"רצה" ולא באו עדיין הכהנים להיכל, הוא ממתין בתפלתו עד שיבואו, דחיישינן שמא עדיין לא עקרו רגליהן ממקום הרחיצה לילך לצד הדוכן.

כתבו הפוסקים, שאם עקר רגליו מביתו לבוא לביהכ"נ, ומצא ‹את הש"ץ› אחר "רצה", אע"פ שבודאי בעת שעקר רגליו מביתו היה קודם "רצה", לא חשיב עקירה ואינו עולה, כיון שלא עקר מביתו אדעתא דדוכן, [מיהו אם עלה לא ירד], **אבל** אם עקר רגליו מביתו לבוא לבהכ"נ לעלות לדוכן, עקירה זו מועלת ועולה, **ויש** שכתבו דאפי' באופן זה אינו עולה, כי אם כשהיה ביתו סמוך לביהכ"נ, ושמע שהש"ץ התחיל "רצה".

אות ו'

אם הבטחתו שנושא את כפיו וחוזר לתפלתו, רשאי

סימן קכח ס"כ - [יט]**"אם ש"צ כהן, אם יש שם כהנים אחרים, לא ישא את כפיו** - אלא הוא עומד, ואחר שאינו כהן מקרא, כמ"ש סכ"ב.

שמא לא יוכל לכוין לחזור ל"שים שלום", שדעתו מטורפת מאימת הצבור, **ואפילו** אם בטוח הוא בעצמו שלא תטרף דעתו, ג"כ לא רצו חכמים להקל בזה, לעקור ממקומו ולעלות לדוכן, היכי שיש כהנים אחרים בביהכ"נ, ולא תתבטל הנשיאת כפים.

(ולא יאמרו לו לעלות או ליטול ידיו, אבל אם אמרו לו, צריך לעלות, דהוא עובר בעשה אם אינו עולה) (מרדכי והגהות מיימוני ואגור) - ומפני זה צדדו האחרונים, דאפילו אם אינו מובטח לחזור לתפלתו, ג"כ יעלה לדוכן, **דמפני** חשש טירוף ובלבול התפלה, שכל עיקרה אינה אלא מד"ס, אין לו לעבור על עשה דאורייתא, **ובפרט** השתא שמתפללין מתוך הסידור, בודאי יעלה.

ומיירי כשאמרו לו בברכת "רצה" או קודם לכן, אבל אם אמרו לו אחר סיום ברכת "רצה", אינו רשאי לעלות כמ"ש ס"ח - מ"א וש"א, **ועיין** לעיל דעת א"ר בשם מהר"מ מינץ בזה.

‹**והא** כשש"ץ כהן, קי"ל דאחר קורא "כהנים", א"כ לעולם הש"ץ כהן יעבר בעשה, **וי"ל** דהקורא "כהנים" אינו מזהיר אלא לפנויים, וזה שטרוד בתפלתו לא הוי בכלל, **א"נ** דאם קורא "כהנים" סתם, אמרינן דאין בכלל מי שלא עקר רגליו, **ומשא"כ** כשאמר לו לעלות, אפשר דעובר - א"ר›.

[כ]**"ואפי' אין שם כהן אלא הוא, לא ישא את כפיו אא"כ מובטח לו שיחזור לתפלתו בלא טירוף דעת, שאם הוא מובטח בכך, כיון שאין שם כהן אלא הוא, ישא את כפיו כדי שלא תתבטל נשיאות כפים** - ולדידן שמתפללין מתוך הסידור, הוי כמובטח לו שיחזור לתפלתו, **ומ"מ** כשיש כהנים אחרים, לא יעקור רגליו, דהא אף במובטח לא שרינן אלא בדליכא כהן אחר, [כא][**ודעת** הפר"ח להקל בזה כשמובטח, אף ביש כהנים אחרים, ודלא כהשו"ע, **ובמקום** שנהגו כותיה אפשר דאין למחות בידם].

וכיצד [כב]**יעשה, יעקור רגליו מעט בעבודה** - לילך לצד הדוכן, והטעם, משום הא דאיתא לעיל בס"ח, **ויאמר עד "ולך נאה להודות"; ויעלה לדוכן** - היינו שיעקור רגליו לגמרי, ויעמוד על הדוכן פנים נגד פנים כדין, **ויברך ברכת כהנים; ויקרא לו אחר** - היינו שיברך ברכת "אשר קדשנו" וכו', ואח"כ מקריא לו אחר תיבה בתיבה, **אבל** אין לומר שמקריא לו תיבת "כהנים" בתחלה, דהא כיון שאין שם אלא הוא, הרי פסקינן לעיל בס"י, דלאחד אינו קורא "כהנים".

[כג]**ומסיים החזן "שים שלום";** [כד]**ואם המקרא כוון לתפלת ש"צ מתחלה ועד סוף, עדיף טפי שיסיים המקרא "שים שלום"** - קאי על מובטח הנזכר מתחלה, וקאמר דאע"ג דבמובטח החזן עצמו יורד אח"כ מן הדוכן ומסיים "שים שלום", **כ"ז** הוא אם המקרא לא כוון לשמוע תפלת הש"ץ מתחלה ועד סוף, וכ"ש כששח באמצע, ולכך לא יכול לסיים "שים שלום", דהא חסרו לו הברכות שלפניה, **אבל** אם המקרא כוון מתחלה ועד סוף, הרי שומע כעונה, ולכן עדיף טפי שהוא בעצמו יסיים גם "שים שלום", כדי שלא תהיה התפלה מופסקת בהליכת הש"ץ מהדוכן למקומו לפני התיבה, [**אבל** באינו מובטח לא מהני עצה זו], ‹דמ"מ בעינן שהש"ץ יהיה מובטח שיהיה יוכל להתכוין לברכת שים שלום שיאמר המקרא - מחה"ש, **וה"ה** דצריך שיכוין הש"ץ לשמוע מה שאומר המקרא "שים שלום", דאל"כ תהיה תפלת הש"ץ מתחלתה עד "שים שלום" בלבד.

ודעת הגר"א בביאורו, דטוב יותר שיסיים הש"ץ בעצמו תמיד, וכן בדה"ח וח"א וש"א, כולם הזכירו בסתמא שיסיים החזן בעצמו, ולא הזכירו עצה זו המבוארת בשו"ע.

באר הגולה

יט **שם ורמב"ם** | כ **שם בגמרא** | כא ‹ומאי דמייתו המהר"ם מרוטנבורק סייעתא, מדלא קתני ואם הבטחתו שהוא עונה אמן, אלמא דבכל גוונא לא יענה אמן, דבנשיאות כפים התירו כדי שלא תתבטל נשיאות כפים, **לאו** מילתא היא, שהרי בל"ח כתב, שמצא במדרש רבה, שאם הוא מובטח שחוזר לתפילתו שיכול לענות אמן, ומי יוכל לחלוק על המדרש בלי ראיה מהש"ס, והא ודאי הוייא תיובתייהו, **ועיקר** דקדוקם במשנה אינו, דלרבותא נקט נשיאות כפים וכ"ש אמן, **והכי** דייק קצת לישנא דמתניתן, {וז"ל: העובר לפני התיבה לא יענה אחר הכהנים אמן מפני הטירוף, ואם אין שם כהן אלא הוא לא ישא את כפיו, ואם הבטחתו שהוא נושא את כפיו וחוזר לתפלתו רשאי}, מדלא קתני לא ישא את כפיו אא"כ מובטח לו שיחזור לתפילתו, והשתא דנקט מתניתן בבא אחריתי, וקתני ואם הבטחתו וכו', משמע דקאי אפילו היכא דאיכא כהנים הרבה - פר"ח› | כב **הגה"מ** | כג **רש"י שם** ‹ברכות ל"ד. ד"ה לא. **ולכאורה** ר"ל, דבלא רש"י היה שייך ללמוד, מה שצריך שהש"ץ יהיה מובטח, היינו כמ"ש המחה"ש בשם הב"ח, שהש"ץ יהא מובטח שיהיה יוכל להתכוין לברכת שים שלום שיאמר המקרא› | כד **אגור לדעת רש"י ומהר"ם** ‹וכתב האגור, שמהר"י מולן השיב וז"ל: מהר"ם כתב שהמקרא מסיים שים שלום, אבל רש"י פרק אין עומדין כתב שהחזן מסיימו, וכן הביא המרדכי גופיה פרק הקורא דעת רש"י, וכן כתוב בספר הפרדס, וכדי להשוות דעתם אני אומר, אם המקרא כיון לתפילת שליח ציבור מתחלה ועד סוף, אז עדיף טפי שהמקרא מסיים, ונוכל לומר שרש"י מודה בזה, עכ"ל - ב"י›

אות ז'

בית הכנסת שכולה כהנים, כולן עולין לדוכן

סימן קכח סכ"ה - [כה]**בהכ"נ שכולה כהנים, אם אין שם אלא י', כולם עולים לדוכן** - היינו לבד מש"ץ, שאף שהוא כהן, הרי קיי"ל לעיל בס"כ, דש"ץ כהן ויש שם כהנים אחרים, לא ישא את כפיו, אף שהוא מובטח לחזור לתפלתו, **אלא** יהיה הוא המקרא, וכמ"ש לעיל, דאם אין ישראל להקרות, יכול כהן להקרות.

למי מברכין, לאחיהם שבשדות - ולא קאמר לנשים וטף, דלא חשיבי לברכם לחודייהו, אבל גם הם בכלל הברכה.

ומי עונה אחריהם אמן, הנשים והטף - ר"ל אם ישנם שם, ואם אינם שם, ג"כ נושאין כפיהם, דעניית אמן אין מעכב את הברכה.

[כו]**סימן קכח ס"א** – (כתב בספר חרדים, מ"ע לברך כהן את ישראל, שנאמר: כה תברכו את בני ישראל, וישראל העומדים פנים כנגד פני הכהנים בשתיקה, ומכוונים לבם לקבל ברכתם כדבר ה', הם נמי בכלל המצוה, עכ"ל, והביאוהו האחרונים).

[כז]**אין נשיאת כפים בפחות מי'** - ודינו בכל דבר כמו שמבואר לעיל בסי' נ"ה לענין קדיש, **ועיין** שם במ"ב מש"כ בשם הפמ"ג, דמסתפק לענין ישן אם מצטרף.

(**הטעם** משום דהוא דבר שבקדושה, **והר"ן** כתב דלא מיקרי דבר שבקדושה, כי אם קדיש וקדושה וברכו, ומה דצריך עשרה בנ"כ, הוא משום דילפינן גז"ש, דכתיב: כה תברכו את בני ישראל, ולהלן כתיב: ונקדשתי בתוך בני ישראל, **ואפי'** לדידיה רק אסמכתא הוי ומדרבנן).

(**ואפי'** אם בעת שהתחיל הש"ץ לחזור התפלה היו עשרה בביהכ"נ, ואח"כ יצאו, דקי"ל לעיל בסימן נ"ה ס"ב, דגומרין כל התפלה, אפ"ה אסור לישא כפים, שהוא ענין בפני עצמו, **אלא** שקבעוהו חכמים בתפלה, **ואם** התחילו הנשיאת כפים בעשרה ויצאו מקצתן, גומרין).

[כח]**י"א** דאין נ"כ אלא במקום שיש ס"ת, **אבל** רוב האחרונים וכמעט כולם חולקים ע"ז.

יש אומרים דמי שבא ואמר: כהן אני, נאמן לישא כפיו, וכן המנהג.

[כט]**והכהנים מהמנין** - לפי שהכהנים ג"כ בכלל ברכה, מדכתיב: [ל]ואני אברכם, כלומר לכהנים, **ואפי'** אם רובם כהנים, ג"כ שפיר דמי, כיון דיש עכ"פ ישראל אחד שיענה אמן אחר הברכת כהנים, **וביהכ"נ** שכולה כהנים, עיין לקמן בסכ"ה.

(ואין לזר לישא כפיו, אפי' עם כהנים אחרים) (בפ' ג' דכתובות, דזר עובר בעשה) - דכתיב: כה תברכו וגו', אתם ולא זרים, ולאו הבא מכלל עשה עשה, **ואפילו** אם נימא דעשה אינו עובר הזר כשמברך עם כהנים, דהמיעוט "אתם ולא זרים" הוא רק כשמברך לבדו, **אפ"ה** עכ"פ אסור משום הברכה שמברך בתחלה, "אשר קדשנו" וכו', דהוי לבטלה, דרק לכהנים צותה התורה לברך את ישראל.

ועיין בב"ח שכתב, דדוקא עם נשיאת כפים, ואפילו אם לא בירך מתחלה "אקב"ו" וכו', **אבל** אם יברך ברכת כהנים בלא נשיאת כפים, אינו עובר בעשה, **ומפמ"ג** משמע דאיסור יש בכל גווני.

כתב בספר מגן גבורים, דהא דאמרה תורה: אתם ולא זרים, אינו רק במתכוין לכוונת המצוה, **אבל** אי לא מכוין כלל לכוונת המצוה, רק שלא לעבור על דברי חבריו שחשבו שהוא כהן, ואמרו לו: עלה לדוכן, פשיטא דאין כאן איסור עשה כלל, עי"ש, **ונ"ל** דכ"ז דוקא למאי דקי"ל בסי' ס' ס"ד, דמצות צריכות כונה, **דאל"ה** אינו מותר רק דוקא אם מכוין בפירוש שלא לשם מצוה, או שאינו מכוין כלל לברכה.

(**ולכאורה** לפי"ז יש לתמוה על מנהג העולם, שנוהגין לברך אחד לחבירו בעת שמלוה אותו, בין שהוא כהן או זר, בלשון "יברכך" וגו', **ואף** דברכה כזו הוא שלא בשעת התפלה, וידוע הוא מה שאיתא בירושלמי: לא מצינו נשיאת כפים בלא תפלה, **הלא** זהו בודאי רק תקנתא דרבנן דקבעוהו בתפלה, ומדאורייתא אינו תלוי בזה כלל, תדע, דהלא תפלה גופא לרוב הפוסקים הוא דרבנן, **וא"כ** כיון דמדאורייתא יוצא בברכה בעלמא כשמברך אותם אפילו שלא בשעת תפלה, וע"ז אמרה התורה: אתם ולא זרים, האיך מותר לזר לברך אחד לחבירו בלשון זה, **וא"כ יש** ראיה ממנהג העולם, להא דקי"ל מצות צריכות כונה, **ואולי יש** לומר דטעם המנהג, משום דס"ל כהב"ח, דדוקא בפריסת ידים עובר הזר בעשה, **א"נ** דכיון דתקנו רבנן שלא לישא כפים בלא תפלה, שוב מי שאומר פסוקים אלו של ברכת כהנים בלא תפלה, בין כהן בין ישראל, הוי כמכוין בפירוש שלא לקיים בזה המצוה דברכת כהנים, ולכן שרי).

באר הגולה

[כה] שם [כו] ‹ע"פ הגר"א› [כז] מגילה כ"ג [כח] ‹וכן היה נראה לדקדק מדברי הרמב"ם ז"ל בפי' המשנה פרק אין עומדין, שכתב סדר ברכת כהנים, לעמוד בפני ההיכל בבתי כנסיות וכו' – שכנה"ג על הטור› [כט] ‹ממ"ש בסוטה ל"ח: בהכ"נ שכולה כו', ואוקמוה דלא אישתייר כו', מכלל דבישראל כה"ג מהמנין – גר"א. **דאם** נימא דהכהן צריך להיות לבד {עשרה} הישראלים, אבל בעשרה עם הכהן ליכא כלל ברכת כהנים, א"כ אמאי יהיה עדיף עשרה כהנים בסך הכל דעולין עכ"פ לברך עם שבשדות, ואילו בכהנים עם ישראלים עשרה אינם עולים כלל, **מזה** מוכח דהכהן עולה למספר העשרה, וא"כ בכהן וט' ישראלים, עולה הכהן לדוכן לברך הישראלים, משא"כ בעשרה כהנים, כולן עולין. **והנה** לכאורה משם מוכח להיפך, דאם עשרה בצירוף הכהן עולה הכהן, א"כ בעשרה כהנים יעלה אחד ויברך להט' הנשארים, ומדוע יעלו כולם, {ועיין במ"ב באות י' איך הסביר ענין זה}, **אך** כוונת רבינו לפי' רש"י שם, דכתב בעשרה כהנים דכולן עולין, הוא משום דכיון דלא אשתייר עשרה, אינם חשובים לברכם לחודייהו, הלכך עולין ומברכין לאחיהם שבשדות, וא"כ י"ל גם בכהן וט' ישראלים, הא דמברך הכהן, הוא לעם שבשדות, רק דאין נ"כ פחות מעשרה, להכי נצרך בסך הכל עשרה. **אכן** על ראיה זו יש להתעקש ולומר, דלא נתקן ברכת כהנים רק אם לברך עשרה עונים, או שיהיו המברכים עשרה, אבל לצרף המברכים עם העונים לעשרה לא. **אבל** לענ"ד באמת ראיית הרמב"ם והשו"ע הוא, מדקתני במתני' אין פורסין על שמע ואין עוברין לפני התיבה ואין נושאין את כפיהם ואין קורין בתורה כו' פחות מעשרה, וכיון דבחדא מחתא כללינהו, וכמו כל הנ"ל די בעשרה בסך הכל, כמו כן בנ"כ, ורק ברכת אבלים מוציא הגמ' מכללו, ואמרו הטעם משום דאיכא ברכה למנחמים בפני עצמן ולאבלים בפני עצמן, כמ"ש ברש"י שם, משמע הא כולהו די בסך הכל בעשרה – דמשק אליעזר› [ל] ‹עיין רש"י ד"ה ואברכה, ובאמת הוא מחלוקת תנאים שם בחולין דף מ"ט.›

(עיין בפמ"ג שהסכים לפר"ח, דחלל שעולה לדוכן עובר בעשה כמו זר, ואפילו אם עלה, ירד, ומי שהוא טומטום או אנדרוגינוס, לא יעלה לדוכן, ונ"ל דיצא מביהכ"נ קודם "רצה").

(ותוס' פ' כל כתבי, לא ידע ר"י מה איסור יש בזר העולה) - אם לא משום ברכה לבטלה, שלכהנים צותה התורה לברך את ישראל, **(ואפשר דעם כהנים אחרים שרי, וצ"ע)** - ר"ל בזה קאמר הר"י דאינו עובר בעשה, רק משום איסור ברכה לבטלה, **ולדינא** הסכימו האחרונים דאין לחלק בזה, ובכל גווני עובר בעשה.

אות ח' – ט'

עם שאחורי כהנים אינן בכלל ברכה

הא דאניסי, הא דלא אניסי

סימן קכח סכ"ד - [לא]עם שאחורי הכהנים אינם בכלל ברכה - דבעינן דוקא פנים כנגד פנים כמ"ש לעיל, **והיינו** אפילו אינו אחוריהם ממש, אלא משוכים לצדדים, כיון שעכ"פ הוא מאחוריהם, אינו בכלל ברכה, **ואפילו** אינו מפסיק מידי בינם לבין הכהנים.

ולפי"ז אותן העומדים בכותל מזרחי, והאה"ק בולט קצת לביהכ"נ, והכהנים עומדים לפניו, אינן בכלל ברכה, **והב"ח** הליץ בעדם, דעכשיו שכל אחד קונה מקום בביהכ"נ, חשובים כאנוסים, דאינו יכול לילך לדחות את חבירו ממקומו, **אבל** אין זה מספיק, דבקל יוכל למצוא מקום פנוי לעמוד בצדי הכהנים, או באמצע ביהכ"נ על הבימה, או ברוח מערבית של ביהכ"נ.

אבל מלפניהם ובצדיהם אפילו מחיצה של ברזל אינה מפסקת - פי' לא מיבעיא אלו שהם מלפני הכהנים משוכים לצדדים, פשיטא דבכלל ברכה הם, [לב]אלא אפילו כנגד צדדי הכהנים ממש, אפ"ה בכלל ברכה הם, (ומ"מ יש חילוק ביניהם, והוא, דבצדדין שלפניו צריך שיהיה פניו לצד מזרח דוקא, ובצדדין ממש, מסתברא דאינו מועיל לצד מזרח, דפנים נגד פנים ילפינן בגמרא "מאמור להם", כאדם שאומר לחבירו, וזה לא שכיח כלל, ששני אנשים ישבו בשוה ממש ומדברים, וזה יהיה פניו פונה לצד מזרח, וזה יהיה פניו פונה לצד מערב, **אלא יצדד** פניו לצד דרום, כדי שיהיו פניו נוטים נגד פני הכהנים, **ואפשר** דאפילו עומד בשוה עם פני הכהנים, דהיינו פניו לצד מערב, ג"כ בכלל ברכה הוא, דזה הוא ג"כ בכלל מאמרם, "כדרך שאומר אדם לחבירו", דמצוי כמה פעמים שבני אדם יושבים בשוה ומדברים).

(**עיין בא"ר** שכתב, דלפי מה דאיתא לעיל בסי' נ"ה ס"כ, לענין עניית קדיש וקדושה ואמן, דבעינן שלא יהא טינוף מפסיק, ה"ה בזה, **והנה** עתה שיצא לאור ספר האשכול, מצאתי שכתב בהדיא, אחר שהביא דעת רב אחאי גאון דטינוף מפסיק, כתב וז"ל: וחזי לן דוקא לענות אמן הוי הפסק, אבל לענין ברכת כהנים לעם שבשדות שאינם צריכין לענות, לא הוי הפסק, עכ"ל, **ואולי** כונת הא"ר, היכא שצריך לענות אמן, כגון שעומד בחצר ביהכ"נ, או מבחוץ אך שהיה בסמוך לביהכ"נ, ועיין).

ולאחריהם נמי, אם הם אנוסים, כגון עם שבשדות, שהם טרודים במלאכתן ואינם יכולים לבא, הם בכלל הברכה.

אבל בלא אנוסים, אפילו עומדים בביהכ"נ, אלא שהם אחורי הכהנים, אינם בכלל ברכה, דמראים בעצמם שאין הברכה חביבה להם, מדלא הלכו לקבל הברכה פנים אל פנים, (והוא מפירש"י, **ודע** דלפי"ז נראה, דהא דאמרינן בש"ס "עם שאחורי הכהנים", לאו דוקא, אלא דה"ה אם הוא בעיר ויושב בביתו ואינו הולך לביהמ"ד, ג"כ אינו בכלל ברכה, ואפילו ביתו היה עומד נגד פני הכהנים, מדאין הברכה חשובה לפניו לבוא ולשמוע, **וכן** משמע קצת בסוטה ל"ח: בתוד"ה הא דאניסי, שלא חילקו בזה, ומה דאיתא בטוש"ע דלפניהם ובצדיהם הם בכלל ברכה אפילו לא אניסי, היינו כשהוא עומד בסמוך לביהכ"נ מבחוץ, ששומע הברכה וחפץ להתברך, אף שלא היה אנוס בדבר, שהיה יכול לבוא מבפנים, אעפ"כ הוא בכלל ברכה כיון שהוא עומד עכ"פ נגד פני הכהנים או בצדיהם, משא"כ בענינו שאינו רוצה לילך לשמוע, הוא בכלל עם שאחורי הכהנים, **ולא** נקט הגמרא "אחורי הכהנים" אלא לרבותא, דאפילו הוא בביהכ"נ ועונה אמן, אינו בכלל הברכה, כיון שהוא אינו רוצה לבוא נגד פניהם כדת, וכדפירש"י, **ולענ"ד** דגם רש"י רמז לזה בד"ה דלא אניסי, ופי' העומדים בביהכ"נ וכו', (דמשמע שאם עומדים בעיר, גם אם אינם מאחורי הכהנים, אינם בכלל הברכה)).

אות י'

הא דאישתייר בי עשרה, הא דלא אישתייר בי עשרה

סימן קכח סכ"ה - [לג]בהכ"נ שכולה כהנים, אם אין שם אלא י', כולם עולים לדוכן - היינו לבד מש"צ, שאף שהוא כהן, הרי קיי"ל לעיל בס"כ, דש"צ כהן ויש שם כהנים אחרים, לא ישא את כפיו, אף שהוא מובטח לחזור לתפלתו, **אלא** יהיה הוא המקרא, וכמ"ש לעיל, דאם אין ישראל להקרות, יכול כהן להקרות.

למי מברכין, לאחיהם שבשדות - ולא קאמר לנשים וטף, דלא חשיבי לברכם לחודייהו, אבל גם הם בכלל הברכה.

ומי עונה אחריהם אמן, הנשים והטף - ר"ל אם ישנם שם, ואם אינם שם, ג"כ נושאין כפיהם, דעניית אמן אין מעכב את הברכה.

ואם יש שם יותר מעשרה, היתרים מעשרה יעלו ויברכו; והעשרה עונים אחריהם אמן - הטעם, דכיון שיש עשרה גדולים שיוכלו לענות אמן על הברכה, מוטב שיתקיימו שניהם, ויהיו מקצתן עולין, והעשרה יענו אמן.

דאע"ג דקי"ל לעיל בס"א, דנ"כ בעשרה והכהנים מן המנין, ונמצא שאין כאן עשרה עונים, ואפ"ה שפיר דמי, **שאני** התם, דכיון דעיקר ברכת כהנים על ישראל נאמרה, חשיבי אפילו בפחות מעשרה, ואפילו

באר הגולה

[לא] **סוטה שם** [לב] ‹ופירש רש"י {לט.} והכא נמי העומדים בצדדין של כהן הימנו ולהלן, בכלל הברכה הן, דכלפניו דמי, אבל שלאחר הימנו, אע"פ שאינו אחריהם ממש, כלאחריו דמי, ע"כ. **ורבינו** כתב סתם, דעם שבצדדין הרי הן בכלל ברכה, וכ"כ ג"כ הרמב"ם, ולא חילקו, דלא איבעיא אלא בעם שהם ממש כנגד צידי הכהנים, ופשט ליה מדקתני דינא דהזה על צדדין שבפניו, ולא קתני דינא דהזה על צדדין שאחוריו, אלמא הכי קאמר, כל צדדין כבפניו דמי - ב"י› [לג] **שם**

יש שם רק ישראל אחד, כולם עולים לדוכן ומברכין לישראל זה, **משא"כ** בנידון דידן שכולם כהנים, לא חשיבי לברכם לחודייהו, אא"כ יש עשרה שיקבלו הברכה ויענו אמן.

(מלשון זה משמע, אפילו יש רק אחד עשר, היינו עם הש"ץ, האחד מברך והעשרה יענו אמן, היינו דש"ץ מצטרף ג"כ עם התשעה העונין אמן, אם הוא בטוח שיחזור לתפלתו, דרשאי לענות אמן כמ"ש במ"ב בס"כ, ו**לכאורה** הלא באופן זה מוטב היה שיעלו כולם, ויענו אמן הנשים והטף, דיקיימו הכהנים מ"ע דאורייתא של נ"כ, משא"כ אם יעלה רק אחד, לדעת איזה פוסקים הוא רק מ"ע מדרבנן, **אבל** באמת זה אינו, דבנידון דידן לפי מה שכתב הפמ"ג, כל עיקרו של הנ"כ הוא רק מדרבנן בעלמא, דהרי אין כאן שום ישראל האומר לו לברכו, ומה דכתיב "אמור להם", ותרגום אונקלוס: כד יימרון להון, הוא רק כד יימרון ישראל, או אפילו המקרא כהן בשליחות ישראל שהיה שם, משא"כ כאן שכולם כהנים, והכהן הוא המקרא, ומ"מ אכתי צ"ע).

אות כ' – (ל')

אפילו מחיצה של ברזל אינה מפסקת בין ישראל לאביהם שבשמים

(נתכוון להזות לפניו)

סימן קכח סכ"ד - עיין לעיל אות ח' - ט'.

אות ל'* [לד]

נתכוון להזות לפניו כו'

רמב"ם פ"י מהל' פרה אדומה ה"ז - עיין לקמן ל"ט. אות א'.

באר הגולה

[לד] (ע"פ מהדורת נהרדעא)

§ מסכת סוטה דף לט. §

אות א'

נתכוון להזות לפניו והזה לאחריו, לאחריו והזה לפניו, הזאתו פסולה; לפניו והזה על צדדין שבפניו, הזאתו כשרה

רמב"ם פ"י מהל' פרה אדומה ה"ז - המתכוון להזות לפניו והזה לאחוריו, לאחוריו והזה לפניו, הזייתו פסולה; נתכוון להזות לפניו והזה לצדדין של פניו, הזייתו כשירה.

אות ב'

כיון שנפתח ספר תורה, אסור לספר אפילו בדבר הלכה

סימן קמו ס"ב - [א]כיון שהתחיל הקורא לקרות בס"ת, אסור לספר אפילו בד"ת - וכן לפרש דבר תורה, או להורות הוראה לאדם ששואל, אסור, [דהא יכול להורות אח"כ], **ולאפרושי** מאיסורא, מותר לומר בדרך קצרה, אם אי אפשר להפריש ע"י רמיזה.

[ב]**והמ"א** מצדד לומר, דמשעה שנפתח הס"ת, אפילו לא התחיל עדיין הקורא לקרות, ג"כ אסור, וכן משמע דעת הגר"א בביאורו, דמשעה שפתחו הס"ת כדי לברך אסור לספר.

אות ג'

כל כהן שלא נטל ידיו לא ישא את כפיו

סימן קכח ס"ו - [ג]אע"פ שנטלו הכהנים ידיהם שחרית, חוזרים ונוטלים ידיהם - עיקר הנטילה אסמכו רבנן אקראי, שנאמר: שאו ידיכם קדש וברכו את ה' [גמ'], כלומר כשתשאו ידיכם, קדשו אותם בתחלה, והיינו נטילה, ואח"כ ברכו את ברכת ה', והיא ברכת כהנים, **והנטילה** צריכה להיות במים דוקא, ולא מועיל כאן מידי דמנקי כמו בתפלה בסי' צ"ב, **ופסק** המחבר, דאע"פ שנטל ידיו שחרית, יחזור ויקדש אותם קודם הנשיאות כפים, דקרא תיכף לקדושה ברכה משמע.

(**כתב המ"א**, אסור לשהות כדי הילוך כ"ב אמה בין נטילה לברכה, ולכך צריך ליטול סמוך ל"רצה", והחזן לא יאריך ב"רצה", **ובא"ר** כתב, דסמכינן בזה על הפוסקים דא"צ כלל נט"י כשנטל ידיו שחרית, ומ"מ לכתחלה טוב ליזהר בזה במה דאפשר – פמ"ג, ולכן טוב ליזהר לכתחלה שלא לשוח בין נטילה להברכה).

ואם אין לו מים, כתבו האחרונים דנוכל לסמוך על שיטת הרמב"ם, דס"ל דיוצא בנט"י שנטל בשחרית, כל שלא הסיח דעתו, ויודע שלא נגע במקום מטונף, [**והוא** שבשחרית נטל ידיו עד הפרק, דאל"ה לא מהני].

עד [ד]הפרק, שהוא חבור היד והזרוע - ככהן המקדש ידיו לעבודה, וע"כ כתבו האחרונים, דאפשר דבעינן דוקא נטילה מכלי, וכח גברא, ושלא יהיו משתנים המים מברייתן, ויהיה עכ"פ רביעית מים.

[ה]והלוי יוצק מים על ידיהם - וכשאין לוי, יוצק בכור פטר רחם דהוא ג"כ קדוש קצת, **ואם** אין גם בכור, טוב שיטיל הכהן בעצמו משיציק ישראל על ידו.

ואף שהלוי ת"ח והכהן ע"ה, יש להחמיר, וכ"ש אם יש כהן אחד ת"ח דמציל את כולם, ומחוייב ליצוק אף על ע"ה, כ"כ א"ר, וכתב המגן גבורים דכן עיקר, עי"ש טעמו.

וקודם לכן יטול הלוי ידיו. ולא נהגו הלוים ליטול ידיהם תחלה, רק סמכו על נטילתן שחרית - ואם הסיחו הלוים דעתם, טוב שיטלו ידיהם מקודם, ומכ"ש היכא דנגעו בגופן.

יש מקומות שהמנהג ששופכין שמן של ריח במים, והמ"א והט"ז כתבו דאסור, דמוליד ריחא, **והא"ר** וכן הח"צ דעתם להקל, דלא שייך מוליד ריחא בזה, כיון שהשמן עצמו מעורב במים, **ובנתונים** מע"ש ועיו"ט, בודאי יש לסמוך עלייהו להקל, אף דמוליד ריחא בידי הכהנים.

[ו]סימן קכח ס"ז - [ו]אם נטל הכהן ידיו שחרית וברך ענט"י, לא יחזור לברך כשנוטל ידיו לנשיאת כפים - דלענין ברכה סמכינן על הרמב"ם, דס"ל דיצא בנטילה שנטל שחרית, **וכ"ז** דוקא אם לא נגע במקום מטונף, ולא הסיח דעתו בינתים, אבל אם הסיח דעתו בינתים, וכ"ש כשנגע במקום מטונף, צריך לכו"ע לברך עתה על הנטילה, כ"כ מ"א, **והא"ר** כתב, דבכל גווני א"צ לברך על נטילה זו, דשמא לא נתקן כלל ברכה על נטילה זו, וכן נהגו שלא לברך בשום גווני, **ולכן** כל כהן ירא וחרד, ישמור ידיו משעת נטילתו שחרית שלא ליגע במקום המלוכלך, שלא יפול בספק ברכה.

אות ד'

אשר קדשנו בקדושתו של אהרן וצונו כו'

סימן קכח סי"א - [ח]כשמחזירין פניהם כלפי העם, מברכין: אשר קדשנו בקדושתו של אהרן וצונו לברך את עמו ישראל באהבה - היינו שכולם מברכין, ולא שאחד יברך והאחרים יענו אמן.

באר הגולה

[א] סוטה ל"ט [ב] ‹זהו דעת הרמב"ם – מ"א. ז"ל הרמב"ם: כיון "שהתחיל" אסור לספר בדברי תורה, שנאמר: ואזני כל העם אל הספר כו'. **הביא** פסוק ד"אזני" כו', לא "וכפתחו עמדו כל העם", י"ל דסובר דפליגי בזה, מ"ד "פתחו" מיד שנפתח, ומ"ד "אזני" דוקא בשעה שקורא. ופסק הרמב"ם כמ"ד כן – פמ"ג. **ופשט** הגמ' והפוסקים משמע דמשנפתח ס"ת אסור – מ"א› [ג] **סוטה ל"ט לפי פי' רש"י** ‹כתב הרמב"ם: טומאת הידים כיצד כהן שלא נטל ידיו וכו'. וכתב הכסף משנה: מימרא דריב"ל, ופירש"י שלא נטל ידיו לפני עלותו לדוכן, כלומר ואע"פ שנטל שחרית, וכן הסכימו התוספות. **ואין** נראה כן מדברי רבינו, שכתב טומאת הידים, ואי כשנטל ידיו שחרית עסיק, טהרת הידים מיבעי ליה, שהרי אינם טמאות, אלא שצריך להוסיף טהרה על טהרתן, ועוד דאם איתא הו"ל לכתוב אע"פ שאין ידיו מלוכלכות ואינו יודע להם שום טומאה לא ישא עד שיטול, כמו שכתב בפ"י מהלכות ברכות גבי נטילת ידים לאכילה› [ד] **טור בשם הרמב"ם** [ה] **ב"י בשם הזוהר פ' נשא** [ו] ‹מילואים› [ז] **ב"י** [ח] **שם ל"ט**

והזה לאחריו והזה לפניו הזאתו פסולה לפניו והזה על צדדין שבפניו הזאתו כשרה אמר רבא בר רב הונא כיון שנפתח ספר תורה אסור לספר אפילו בדבר הלכה שנאמר ובפתחו עמדו כל העם ואין עמידה אלא שתיקה שנא' והוחלתי כי לא ידברו כי עמדו לא ענו עוד ר' זירא אמר רב חסדא מהכא ואזני כל העם אל ספר התורה ואמר ר' יהושע בן לוי כל כהן שלא נטל ידיו לא ישא את כפיו שנאמר שאו ידיכם קדש וברכו את ה' *שאלו תלמידיו את ר' אלעזר בן שמוע במה הארכת ימים אמר להן מימי לא עשיתי בית הכנסת קפנדריא ולא פסעתי על ראשי עם קודש ולא נשאתי כפי בלא ברכה מאי מברך אמר רבי זירא אמר רב חסדא אשר קדשנו בקדושתו של אהרן וצונו לברך את עמו ישראל באהבה כי עקר כרעיה מאי אמר יהי רצון מלפניך ה' אלהינו שתהא ברכה זו שצויתנו לברך את עמך ישראל לא יהא בה מכשול ועון וכי מהדר אפיה מציבורא מאי אמר אדבריה רב חסדא לרב עוקבא ודרש רבונו של עולם עשינו מה שגזרת עלינו עשה עמנו מה

(נחמיה ח) (איוב לב) (נחמיה ח) (תהלים קלד)

והזה לאחריו · ואף שם היו כלים הצריכין הזאה: **הזאתו פסולה** דבעינן כוונה לטהרה כדכתיב (במדבר יט) והזה הטהור על הטמא שיהא מתכוין לו: **על הצדדין שבפניו** · לצדדין שיש ממנו ולהלן ולא לצדדין שישנו ממנו ולאחור והכי נמי העומדין בצדדין של כהן הימנו ולהלן בכלל ברכה הן דכלפניו דמי אבל של אחר הימנו אע"פ שאינן אחריהן ממש כלאחריו דמי: **ובפתחו** · וכשהתחיל ובעזרא כתיב: **עמדו** · שתקו: **שלא נטל ידיו** · לפני עלותו לדוכן: **במה הארכת ימים** · איזה זכות בידך שהארכת ימים: **קפנדריא** · לקצר דרכו דרך בהכ"נ ליכנס בפתח זה ולצאת כנגדו ולשון קפנדריא מפרש בברכות (דף סב:) אדמקיפנא אדרי איעול בהא עד שאני מקיף כביב השורות הללו אכנס בזה ואקצר דרכי ודרי שורות בתים: **ולא פסעתי על ראשי עם קודש** · שהיו יושבים התלמידין בבית המדרש על גבי קרקע והמהלך ביניהם כשהן יושבין ונכנס ליסב במקומו מרחיב פסיעותיו בעל כרחו והוא לשון מפסע (א) ונראה כמפסע על ראשיהם לפיכך צריך להקדים או ישב לו מבחוץ: **ולא נשאתי כפי לברך** · שכהן היה: **בלא ברכה.** ברכה דמפרש ואזיל מאי מברך: **וכי עקר כרעיה.** בעבודה למיסק והוא מחזיר פניו כלפי תיבה מאי אמר: **וכי מהדר אפיה מציבורא** · כשגומר ברכותיו מחזיר פניו לצד התיבה עד שיגמור שליח צבור המברך את עמו ישראל בשלום:

דקיימא לן כוותיה וכמדומה דהכי פסק רבינו חננאל דבכל דוכתא קי"ל כר' יהושע בן לוי ומקשה מפ' כל גגות (עירובין דף צב.) דיתיב ר' זירא ורבה בר רב חנן ויתיב אביי גבייהו ויתבי וקאמרי שמע מינה ממתני' דיורי גדולה בקטנה ואין דיורי קטנה בגדולה וכו' עד צבור בגדולה ושליח צבור בקטנה יוצאין ידי חובתן צבור בקטנה וש"צ בגדולה אין יוצאין ידי חובתן תשעה בגדולה וא' בקטנה מצטרפין תשעה בקטנה וא' בגדולה אין מצטרפין וה"ה גדולה בגדולה דליכא למימר דיורי גדולה בגדולה אלמא לענין תפלה לא אמר אפילו מחילה של ברזל אין מפסקת ונראה דלא דמי דהיכא דאיכא עשרה בגדולה ושליח צבור עמהן ואחד בגדולה כיוצא בה מתוך שמוציא בני הגדולה יוצא גם זה שבאחרת כה"ג אמרינן דוקא אפילו מחילה וכו' שהרי מוציא אפילו אחיו שבשדות כדאיתא במסכת ראש השנה (דף לה.) אבל היכא דצריך לצרופינהו ודאי לא מצטרפי וההיא דפ' אין עומדין (ברכות דף לב:) דא"ר אלעזר מיום שחרב בית המקדש נפסקה חומת ברזל בין ישראל לאביהן שבשמים לא שייכא להכא דההיא אמר לגבי הא שאין תפלתן מקובלת כמו בזמן שבהמ"ק קיים מיהו לענין זה אין מפסקת אם יתברכו הצבור ע"י ברכת כהנים שעמהן בבית הכנסת או יוציא ש"צ ידי חובתן גם זה יתברך ויוצא ידי חובתו עמהן דכלפי אבינו שבשמים לא תלי בהפסק מחילה:

והזה על הצדדין שבפניו הזאתו כשרה · בירושלמי בפרק אין עומדין אמרי' הדא אמרה העומדין מן הצדדין בכלל ברכה: **כיון** שנפתח ספר תורה אסור לספר אפי' בדבר הלכה · מקשינן מפרק קמא דברכות (דף ח.) דאמר רב ששת הוה מהדר אפיה וגרים אמר אינהו בדידהו ואנן בדידן ומצינו למימר דמהדר אפיה שאני אי נמי רב ששת שאני משום דהוה מאור עינים והוה פטור מקריאה משום דהוה דברים שבכתב אי אתה רשאי לאומרן על פה וכיון דפטור מקריאה אפילו בשעת שמיעה היה יכול לעסוק בדבר הלכה והיינו דקאמר אנן בדידן כגון דברי הלכה (כגון) דברים דעל פה ואינהו בדידהו דברים שבכתב מיהו מסתברא כפירוש ר"ח דפי' התם דוקא רב ששת וכיוצא בו דתורתו אומנתו אבל האידנא כרבא סבירא לן דאמר רבא כיון שנפתח ס"ת וכו' והאי דהוה מהדר אפי' י"ל דלא הויא אורחא דמילתא לאיעסוקי בדבר הלכה באנפי ציבורא בעוד שהן עסוקין בשמיעת התורה:

כל כהן שלא נטל ידיו · פירש רש"י אמר לי רבי אם נטל ידיו שחרית ונטהר כהן אינו צריך ליטול ידיו כשעולה לדוכן וכמדומה שהועתק מהגהת תלמיד שהרי אין לשונו משמע כך דפירש שלא נטל ידיו לפני עלותו לדוכן משמע ממש סמוך ועוד דמייתי גמרא קרא שאו ידיכם קדש וברכו משמע תיכף לנטילת ידים ברכת כהנים דמשמע ליה השתא דבברכת כהנים משתעי קרא דהיא בנשיאות ידים ומשמע בירושלמי פ"ח דברכות דבברכה דמשתעי קרא בעינן נטילת ידים סמוך לה דמייתי לה התם אברכת המזון והכי איתא שלשה תכיפות הן תיכף לסמיכה שחיטה שנאמר וסמך ושחט תיכף לנטילת ידים ברכה שנא' שאו ידיכם וברכו תיכף לגאולה תפלה שנא' יהיו לרצון אמרי פי וגו' וכתיב בתריה יענך ה' ביום צרה ובפ' כילד מברכין (ברכות מב.) משמע דההיא ברכה איירי בברכת המזון מיהו שמעינן מינה דבעינן תיכף נטילת ידים בברכה דמשתעי ביה קרא והכא מייתי לה אברכת כהנים ועוד אי מיירי הכא בשלא נטל ידיו בשחרית אמאי נקט כהן לנשיאות כפים תיפוק ליה משום דברי תורה שצריך ליטול ידיו כדאמרי' בפ"ק דברכות (דף יא:) ובפ"ב (שם יד:) אמר רבי חייא בר רב אשי זימנין סגיאין הוה קאימנא קמיה דרב לתנויי לן פירקא בסיפרא דבי רב ומקדים וקאי ומשי ידיה ומברך ומנח תפילין והדר אמר לן ואמר נמי התם *דבעי לאהדורי בתר מיא לנט"י לק"ש מיל ומה לי ק"ש ומה לי ברכת כהנים אי משום דצריך ברכה לפניה הכא נמי צריך ברכה לפניה כדאמר לקמן להכי מסתבר דהכא בנטילת ידים תיכף לברכה מיירי ושיעור תכיפה איכא למישמע מתכיפת סמיכה לשחיטה דאמרי' בפ' כל הפסולין (זבחים לג.) כל הסמיכות שהיו שם קורא אני בהם תיכף לסמיכה שחיטה חוץ מזו שהיתה בשער נקנור שאין מצורע יכול ליכנס שם אלמא כדי מהלך משער נקנור עד בית המטבחים לא חשיבה תכיפה ובמסכת מדות (פ"ה מ"א) משמע דלא הוי טפי מעשרים ושתים אמה מקום דריסת רגלי ישראל ומקום דריסת רגלי הכהנים שכל אחד היו י"א אמה:

וכי מהדר אפיה מצבורא מאי אמר · סדר נשיאת כפים מפי' רבינו שלמה עוקר רגליו בעבודה ממקומו ובא לפני התיבה ומתפלל יהי רצון שתהא ברכה זו וכו' ומאריך בה עד שיאמרו אמן של הודאה מפי הצבור וקורא כהנים אם שנים הם ואם אחד אינו קורא ש"צ והוא מחזיר פניו מאליו כדאביי דאמר לעיל לאחד אינו קורא וכשכלה דבור מהקורא מברכין אשר קדשנו ט' ואחר כך מתחילין בברכה וכשכלה אמן אחרון מפי צבור הן מחזירין וכופפין קשרי אצבעותיהן אם רוצין ושליח צבור מתחיל שים שלום והכהנים יתפללו רבונו של עולם עשינו מה שגזרת וכו' ומאריכין בה עד שתכלה ברכה מפי שליח צבור עוקרין רגליהן והולכין להן: בשאלתות פרשת ויקח קרח כהן שעבד עבודת כוכבים לא ישא את כפיו דגרע מהורג את הנפש דאמרינן בפ' אין עומדין (ברכות לב:) כהן שהרג את הנפש לא ישא את כפיו ורבינו גרשום מאור הגולה השיב בתשובותיו דנשא כפיו וקורא ראשון בתורה דכיון דחזר בתשובה חוזר לקדושתו דתנן בסוף מסכת מנחות (דף קט.) אך לא יעלו כהני הבמות אל מזבח ה' בירושלים כי אם אכלו מצות בתוך אחיהם והרי הן כבעלי מומין שחולקין ואוכלין וכשם שבעלי מומין נושאין את כפיהם וקורא ראשון בתורה ואף זה שאם לא תאמר כן נמצאת מרפה ידיהן של בעלי תשובה שיאמרו אוי לאותה כלימה וימנעו מעשות תשובה ואמר ר' יוחנן* כל האומר מנשה אין לו חלק לעולם הבא מרפה ידיהן של בעלי תשובה ותנא דבי רבי ישמעאל* הואיל והלך זה ונעשה כהן לאלילים אדחה אבן אחר הנופל וכו': [וע"ע תוס' מנחות קט. ד"ה לא ישמשו ותוס' תענית כז. ד"ה אי מה]:

עד

מט א מיי' פ"י מהל' פרה אדומה הל' ז:

נ ב מיי' פי"ב מהל' תפלה הל' ט סמג עשין כט טוש"ע א"ח סימן קמו סעיף ב:

נא ג מיי' פט"ו מהל' כ"כ הל' ה סמג עשין כ טוש"ע א"ח סימן קכח סעיף ו:

נב ד מיי' שם פי"ד הלכה יב סמג שם טוש"ע שם סעיף יא:

נג ה מיי' שם טוש"ע שם סעיף ט:

נד ו מיי' שם טוש"ע שם סעיף טו:

[ועי' תוס' ברכות ח. ד"ה רב ששת]

תוספות שאנ"ץ

כיון דנפתח ספר תורה אסור לדבר אפי' בדברי תורה · פי' רשב"ם אבל אי מהדר אפיה לית לן בה דאמר פ"ק דברכות רב ששת מהדר אפיה וגרים · ואינו נראה לר"ת דא"כ הויה ליה לתלמודא לאיתויי הא דרב ששת ולומר שמותר בזה הענין · על כן נראה לי דרב ששת א) לא פליג דבדבר הלכה שרי:

א) נ"ל דרב ששת פליג וס"ל דבדבר הלכה שרי.

[דף טו.] [סנהדרין קג.] [קדושין כ]

מגילה כז:

הגהות הב"ח

(א) רש"י ד"ה ולא פסעתי וכו' לשון מפסע ואזיל ונראה. נ"ב עי' ס' מצות הצילה דף קה ע"ב:

[ט]**ויש** מהראשונים שס"ל, דברכה זו מברכין קודם שמחזירין פניהם,

והמדקדקין יוצאין ידי שניהם, דהיינו שמתחילין הברכה בעוד שפניהם כלפי ההיכל, ובתוך הברכה מחזירין פניהם כלפי העם וגומרין.

אות ה'

יהי רצון מלפניך ה' אלהינו, שתהא ברכה זו שצויתנו לברך את עמך ישראל לא יהא בה מכשול ועון

סימן קכח ס"ט - [י]**כשעוקרים כהנים רגליהם לעלות לדוכן, אומרים: יה"ר מלפניך ה' אלהינו שתהא ברכה זו שצויתנו לברך את עמך ישראל ברכה** [יא]**שלמה, ולא יהא בה מכשול ועון מעתה ועד עולם; ומאריכים בתפלה זו עד שיכלה אמן של הודאה מפי הצבור** - לאו דוקא, אלא עד שיסיים הש"ץ "ולך נאה להודות", כדי שיענו הקהל אמן על שתיהן, **ולפי"ז** פשוט, דגם הכהנים יענו אמן על ברכת הש"ץ, וכן מצאתי בשלחן שלמה.

(רש"י ‹לט. ד"ה וכי עקר, לט: ד"ה לעקור› **ותוס'** ‹לט. ד"ה וכי מהדר› **ור"ן כתבו, דלא יאמר אותו עד עמדו לפני התיבה, וכ"כ הב"י)** - וכן המנהג עכשיו, שאין אומרים אותו בדרך הליכתן, כי אם אחר שעומדים כבר לפני ההיכל ואמרו "מודים", אחר זה אומרים "יהי רצון" זה.

אות ו'

רבונו של עולם, עשינו מה שגזרת עלינו, עשה עמנו מה שהבטחתנו, השקיפה ממעון קדשך מן השמים וגו'

סימן קכח סט"ו - [יב]**ואח"כ מתחיל ש"צ: שים שלום, ואז כהנים מחזירים פניהם להיכל, ואומרים: רבון העולמים, עשינו מה שגזרת עלינו, עשה אתה מה שהבטחתנו** - שתסכים על ברכתנו, וכדכתיב: ואני אברכם, [רש"י בסוטה ל"ט]. **השקיפה ממעון קדשך מן השמים וברך את עמך את ישראל.**

הגה: ויאריכו בתפלה זו עד שיסיים ש"צ "שים שלום", ושיענו הציבור "אמן" על שניהם - ובר"ה ויו"כ שמאריכין בניגוני "היום תאמצנו" וכו', לא יתחילו לומר "רבון" עד לבסוף, כדי שיסיימו עם הקהל כאחד.

ומסתברא דגם הכהנים צריכין לענות אמן על ברכת הש"ץ, [**ואף** דאפשר דמחזי כעונה אחר ברכת עצמו, שבקשתו ג"כ על ענין זה, מ"מ בלא"ה אמירתו לאו ברכה גמורה היא, שאין בה שם ומלכות].

ואם אינם יכולים להאריך כ"כ, יאמרו: אדיר במרום וכו', כדלקמן סי' ק"ל (רש"י פ' אלו נאמרין ‹ל"ט: ד"ה לעקור› **והגהות מיימוני)** - ויכונו לסיים כאחד עם הש"ץ.

אות ו'* [יג]

תוס' ד"ה וכי מהדר. כהן שעבד ע"ז לא ישא את כפיו... ורבינו גרשום מאור הגולה השיב בתשובותיו דנושא כפיו וקורא ראשון בתורה, דכיון דחזר בתשובה חוזר לקדושתו

סימן קכח סל"ז - [יד]**מומר לעבודת אלילים** - בין בשוגג ובין במזיד, **לא ישא את כפיו** - ואפילו עשה תשובה, דילפינן מעבודה שהוא פסול לה, וכדכתיב: אך לא יעלו כהני הבמות אל מזבח ה' בירושלים.

כתבו האחרונים, דאפי' אם המיר לדת ישמעאלים, שאינן עובדים ע"ג, אפ"ה נקרא מומר ולא ישא כפיו.

אם הבטיח להמיר וחזר, לא נפסל לכו"ע.

וכן אם הוא מומר לחלל שבת בפרהסיא, הרי הוא כעו"ג ולא ישא כפיו.

[טו]**וי"א שאם עשה תשובה, נושא כפיו, (וכן עיקר)** - היינו אפילו עבד עבודת גלולים במזיד.

ואם נאנס, לדברי הכל נושא כפיו - ואף דברמב"ם שהוא בעל דעה ראשונה כתב בהדיא, דאף אם עבד באונס לא ישא כפיו, **הכא** מיירי בלא עבדה עדיין, רק שהמיר דתו, דהיינו שהודה לע"ג וקבלה באלוה, **ואף** דגם זה הוא כעובד ע"ג ממש לענין חיוב מיתה במזיד, מ"מ לענין אנוס מקילינן לנשיאת כפים, כיון דעכ"פ לא עשה מעשה.

(**ערל שמתו אחיו מחמת מילה, כתב המ"א דנושא את כפיו, ואפילו לדעה ראשונה שבסעיף זה, והוא בכלל מה שכתב רמ"א בהג"ה בסל"ט, דאין שאר עבירות וכו', והב"ח** מסתפק בזה, דכיון דמקשינן ברכה לעבודה לדעת הרמב"ם, אפשר דה"ה לענין ערל דהוא נמי פסול לנ"כ, **ומפר"ח וא"ר משמע עוד, דערל פסול אפילו לדעה השניה דלא מקשינן ברכה לעבודה, ומטעם דאפשר דדמי ליושב שפסול, או לנושא נשים בעבירה דפסול לכו"ע, עי"ש, ולענ"ד נראה, דבערל שלא נמול מחמת**

באר הגולה

ט ‹הרמב"ם כתב: וקודם שיחזיר פניו לברך את העם, מברך: ברוך אתה ה' אלקינו מלך העולם וכו', ואח"כ מחזיר פניו לציבור ומתחיל לברכם, ע"כ. **ובספר** שיירי כנסת הגדולה בהגהת הב"י נתקשה הרבה בסברת הרמב"ם, דמהא דאמרינן [סוטה מ, א] לעולם תהא אימת ציבור עליך, שהרי כהנים פניהם כלפי העם ואחוריהם כלפי שכינה, ע"כ צ"ל דמיירי בשעת ברכת אשר קדשנו, דאי בשעה שמברכין לעם אין להוכיח זה, דמוכרחים לעמוד פנים כנגד פנים, כדתניא [שם לח, א] כה תברכו פנים כנגד פנים, והאריך הרבה בזה. **והוא** למותר, דמה בכך, סוף סוף הרי אחוריהם כלפי שכינה ופניהם כלפי העם. **והעיקר** כדעת הרמב"ם ז"ל, ומיהו ראיתי נוהגין כדברי המחבר, דמשמע מיניה שצריך להתחיל בברכה ופניו כלפי ההיכל, וגמר הברכה פניו כלפי העם - פר"ח, **ולא** כן לומד המ"ב את המחבר, אלא פי' שהם מברכין כשפניהם כלפי הציבור› | י | **שם ל"ט** | יא | **נוסח רמב"ם והטור** | יב | **שם ל"ט** | יג | ‹ע"פ הגר"א› | יד | **מנחות ק"ט** ‹הכהנים ששמשו בבית חוניו לא ישמשו במקדש שבירושלים, ואין צריך לומר לדבר אחר, שנאמר: אך לא יעלו כהני הבמות אל מזבח יי' בירושלים. **ומקשינן** ברכה לעבודה להרמב"ם› | טו | **רש"י** ‹בתשו'› **ור' גרשום**

אונס, שמתו אחיו מחמת מילה, יש להקל עכ"פ לדידן, דקי"ל מומר לע"ג ששב כשר לנשיאת כפים, ומטעם דלא מקשינן ברכה לעבודה, עיין באור זרוע ובשב"ל מבואר דעה זו באריכות, והיוצא שם מדבריהם, דכיון דלא נפקע קדושתם, ואסורים בגרושה ובזונה וכה"ג, א"כ הרי קדושתייהו עלייהו לענין נשיאת כפים, וכמו כן נימא בנידון דידן, דהא לא יעלה על דעת לומר דערל כהן מותר בגרושה, הרי דקדושת כהן עליו, ונושא כפים לשיטה זו, ומה שהביא פר"ח ראיה מהנושא נשים בעבירה, אין הנידון דומה, דהתם פושע הוא, לפיכך קנסינן ליה, ואין אנו נותנין לו מעלות הכהונה כל זמן שהוא בעצמו מחלל, {ותדע, דהא מכיון שגירשה והדיר הנאה על דעת רבים, חוזר למעלתו}, ולא כן הכא שהוא אונס גמור, ולא גרע עכ"פ מהמיר ושב, דלדידן נושא כפיו, ומה שרצה בא"ר להחמיר עליו מצד שהוא אינו ראוי מחמת ערלתו לאכול בקדשים, ולפיכך גרע אפילו מבעל מום, וזה אינו, דטמא יוכיח וכמו שכתב הפמ"ג, גם ידוע דעת ר"ת דערל דפסול לעבודה, היינו שלא מל את עצמו במזיד, אבל מי שמתו אחיו מחמת מילה כשר אף לעבודה, ואף שרבים חולקים עליו, מ"מ יש לצרף דעתו עכ"פ לנשיאת כפים, כיון דלדעת רוב הפוסקים "הוקש ברכה לעבודה" רק דרבנן היא, **אמנם** בערל שלא מל את עצמו במזיד, נכון להחמיר כדברי הפר"ח, שלא ישא כפיו עד שימול, וכנושא נשים בעבירה).

[טז]**סימן קכח סל"ו - "מל תינוק ומת, נושא את כפיו** - חדא דאיכוין לשם מצוה, ועוד מי יימר דכלו ליה חדשיו, ועוד שמא הרוח בלבלתו אח"כ ומת.

ואם העם מרננים אחריו שהוא שופך דמים, [יח]כיון שלא נתברר הדבר, ישא את כפיו - לא קאי אמל תינוק, דבזה אפילו יש עדים נושא כפיו, **אלא** מרננים אחריו שהרג ממש, אפ"ה כיון שאין עדים, אין לפוסלו מנ"כ, **ומיהו** הוא בעצמו אם יודע שאמת הוא, לא ישא את כפיו, בין לעצמו בין עם כהנים אחרים.

באר הגולה

טז ‹מילואים› יז מרדכי פ' הקורא את המגילה ושאר פוסקים יח כן מוקי רמב"ם להההיא דירושלמי

עין משפט נר מצוה

נה א מיי' פי"ד מהל' נשיאות כפים הל' ו סמג עשין כ טוש"ע א"ח סימן קכח סעיף טו:

נו ב ג ד ה מיי' שם הלכה ה טוש"ע שם סעיף יח:

נז ו ז מיי' שם הלכה ו טוש"ע שם סעיף טז:

נח ח ט מיי' פי"ב מהל' תפלה הלכה ו סמג עשין כה טוש"ע א"ח סימן קמא סעיף ה:

נט י כ מיי' שם הלכה יא סמג שם טוש"ע א"ח סי' קמה סעיף א:

ס ל מיי' שם הל' יג סמג שם טוש"ע א"ח סימן רפב סעיף ה:

סא מ מיי' שם סמג שם טוש"ע א"ח סימן קמז סעיף ז וסי' רפד סעיף ו:

סב נ טוש"ע א"ח סימן קמח:

סג ס ע מיי' פי"ב מהל' תפלה הלכה כד סמג עשין כה טוש"ע א"ח סי' קמט:

תורה אור

מה שהבטחתנו (דברים כו) השקיפה ממעון קדשך מן השמים וגו' אמר רב חסדא אין הכהנים רשאים לכוף קישרי אצבעותיהן עד שיחזרו פניהם מן הצבור א"ר זירא א"ר חסדא אין הקורא רשאי לקרות כהנים עד שיכלה אמן מפי הצבור ואין הכהנים רשאין להתחיל בברכה עד שיכלה דיבור מפי הקורא ואין הצבור רשאין לענות אמן עד שתכלה ברכה מפי הכהנים ואין הכהנים רשאין להתחיל בברכה אחרת עד שיכלה אמן מפי הצבור ואמר רבי זירא אמר רב חסדא אין הכהנים רשאין להחזיר פניהם מן הצבור עד שיתחיל שליח צבור בשים שלום ואינן רשאין לעקור רגליהם ולילך עד שיגמור שליח צבור שים שלום וא"ר זירא אמר רב חסדא אין הצבור רשאין לענות אמן עד שתכלה ברכה מפי הקורא ואין הקורא רשאי לקרות בתורה עד שיכלה אמן מפי הצבור ואין המתרגם רשאי להתחיל בתרגום עד שיכלה פסוק מפי הקורא ואין הקורא רשאי להתחיל בפסוק אחר עד שיכלה תרגום מפי המתרגם אמר רבי תנחום א"ר יהושע בן לוי המפטיר בנביא צריך שיקרא בתורה תחילה ואמר רבי תנחום אמר רבי יהושע בן לוי אין המפטיר רשאי להפטיר בנביא עד שיגלל ס"ת ואמר רבי תנחום אמר רבי יהושע בן לוי אין שליח צבור רשאי להפשיט את התיבה בצבור מפני כבוד צבור ואמר רבי תנחום אמר רבי יהושע בן לוי אין הצבור רשאין לצאת עד שינטל ספר תורה ויניח במקומו ושמואל אמר עד שיצא ולא פליגי הא דאיכא פיתחא אחרינא הא דליכא פיתחא אחרינא אמר רבא בר אהינא אסברה לי (שם יג) אחרי ה' אלהיכם תלכו בזמן שהכהנים מברכים את העם מה הן אומרים אמר ר' זירא אמר רב חסדא (תהלים קג) ברכו ה' מלאכיו גבורי כח וגו' ברכו ה' כל צבאיו משרתיו עושי רצונו ברכו ה' כל מעשיו בכל מקומות ממשלתו ברכי נפשי את ה' במוספי דשבתא מה הן אומרים אמר רבי אסי (שם קלד) שיר המעלות הנה ברכו את ה' כל עבדי ה' וגו' שאו ידיכם קדש וברכו את ה' (שם קלה) ברוך ה' מציון שוכן ירושלים הללויה ולימא נמי (שם קלד) יברכך ה' מציון דכתיב בההוא ענינא אמר יהודה בריה דר"ש בן פזי מתוך שהתחיל בברכותיו של הקב"ה מסיים בברכותיו של הקב"ה במנחתא דתעניתא מאי אמרי אמר רב אחא בר יעקב (ירמיה יד) אם עונינו ענו בנו ה' עשה למען שמך (שם) מקוה ישראל מושיעו בעת צרה למה תהיה כגר בארץ וגו' למה תהיה כאיש נדהם כגבור לא יוכל להושיע וגו'

בנעילה

רש"י

מה שהבטחתנו. שהסכים על ידינו כדכתיב ואני אברכם (במדבר ו): **לכוף קשרי אצבעותיהם** · שפושטין אצבעותיהם כשמברכין ולאחר שגמרו סוגרין אגרוף שלהם כשאר בני אדם קשרי אצבע הם החליות שכופפין ופושטין בהם: **אין הקורא** · שליח צבור שקורא כהנים שיחזירו פניהם לברך: **אמן.** של ברכת הודאה: **דיבור** · כהנים: **לעקור רגליהם** · מן הדוכן אלא עומדין כפופין לפני התיבה · יש ללמוד מכאן סדר נשיאות כפים כך הוא עוקר רגליו בעבודה ממקומו ובא לפני התיבה ומתפלל יהי רצון שתהא ברכה כו' כדלעיל ומאריך בה עד שתכלה אמן של הודאה מפי צבור ושליח צבור קורא כהנים אם שנים הם ואם יחיד הוא אינו קורא והוא מחזיר פניו מאליו כדאביי דאמר לעיל (דף לח.) לא' אין קורא כהנים (א) וכשכלה דיבור מפי קורא מברך אשר קדשנו כו' ואח"כ מתחילין בברכה וכשכלה אמן אחרון מפי צבור הן מחזירין פניהם וכופפין קשריהם אם רוצים ושליח צבור מתחיל שים שלום והכהנים מתפללין רבש"ע עשינו מה שגזרת עלינו כו' ומאריכין בה עד שתכלה ברכה מפי שליח צבור ועוקרין רגליהם והולכין להם: **עד שיכלה אמן** · של ברכת התורה וכל הני משום דתרי קלי לא משתמעי: **עד שתגלל ס"ת** · במטפחותיו כדי שלא יהו הגוללים טרודים מלשמוע הפטרה מפי המפטיר: **להפשיט את התיבה בצבור.** כל זמן שהצבור בבהכ"נ שהיה דרכם להביא ס"ת מבית אחר שמשתמר בו לבית הכנסת ופורסין בגדים נאים סביב התיבה ומניחין אותה בתוכה וכשיוצאין משם ונוטלין ס"ת להוליכו לבית המשתמר בו לא יפשיטו הבגדים מן התיבה בפני הצבור שטורח לצבור לעכב שם עם ס"ת אלא מוליך ס"ת לביתו ומניחו והעם יוצאים אחריו ואח"כ הוא בא ומפשיט את התיבה: **איכא פיתחא אחרינא** · משנטל ס"ת לצאת דרך פתחו הרוצה לצאת בפתח אחר יוצא ואפי' לא יצא ס"ת ליכא פיתחא אחרינא כגון שילא ס"ת תחילה ולא יצא האדם בפתח לפני ס"ת: **בר אהינא אסברה לי** · חכם ששמו בר אהינא אסברה לי הבינני טעמו של דבר: **העם מה הם אומרים** · שיראו מסבירי פנים ומודים לפניו על ברכותיו להראות שהן נוחות להן: **ברכו ה' מלאכיו ברכו ה' כל צבאיו ברכו ה' כל מעשיו** · שלש מקראות הן כנגד ג' ברכות: **במוספי דשבתא** · שהוא נשיאת כפים חדש שאינו בחול צריך לחדש את דברי העם: **ברוך ה' מציון** · אינו באותו מזמור והיינו דקא פריך ולימא יברכך ה' מציון דכתיב בההוא ענינא: **במנחתא דתעניתא** · שנושאין בו כפים מה שאין כן בשאר מנחות משום שכרות כדאמרינן במסכת תענית בפ' בתרא (דף כו:):

בהזכרת

תוספות

עד שיכלה אמן מפי הצבור · פירש ר"י אע"ג דאמרינן בפרק שלשה שאכלו (ברכות דף מז.) אין הבוצע רשאי לבצוע עד שיכלה אמן מפי העונין ואמר רב חסדא מפי רוב העונין דכל העונה אמן יותר מדאי אינו אלא טועה מיהו לענין ברכת כהנים כיון דמשום לשמוע הוא לא משתמע כל זמן שעונין דהוו להו תרי קלי קולות העונין וקול כהנים המברכים ולא משתמעי ואי תקשי לדברי הרב א"כ לא ישאו שנים כפיהם דהא אמרינן בפ"ג דמגילה (דף כא:) בתורה אחד קורא ואחד מתרגם וקתני סיפא דאפי' שנים בנביא אין קורין וטעמא מפרש בירושלמי דפרק אין עומדין משום שאין שני קולות נכנסין באוזן אחד ולכן אומרים לעיל לשנים קורא כהנים אלא מאי אית לך למימר ברכות איידי דחביבי להו יהבו דעתייהו ומשתמעי תרי קלי כדאמר גבי מגילה קראוה שנים יצא גבי אמן נמי יהבי דעתייהו ולישתמע תרי קלי תרין דלא דמו תרי קלי וקורין דבר אחד לתרי קלי שקורין שני דברים כגון אמן והני ברכות כדתנן בפרק ראוהו ב"ד (ר"ה כו:) שופר של ר"ה של יעל פשוט ופיו מצופה זהב וב' חצוצרות מהצדדין שמצות היום בשופר ופריך בגמ' (שם כז.) ותרי קלי מי משתמעי והתניא זכור ושמור בדיבור אחד נאמרו מה שאין הפה יכול לדבר ומה שאין האוזן יכול לשמוע ע"כ היכא דהקולות משונות כגון קול אחד זכור והשני שמור אין האוזן יכולה לשמוע כלל וקול שופר וקול חצוצרות י"ל דאין משונין להכי מסיק התם דמשתמעי איידי דחביבי אי נמי בעי דלישמעי נמי הברכה הני דמאריכין באמן אע"פ שעונין וכל שעה שהן בעצמן עונין אין שומעין קול חבריהם ותפוס לשון אחרון דהא מסיק התם תרי קלי מחד גברא לא משתמעי כגון זכור ושמור מפי הגבורה מתרי גברי משתמעי משמע אפי' דומיא דזכור ושמור איידי דחביבי וקול שופר וקול חצוצרות תרי קלין משונין זה מזה דומיא דזכור ושמור ומשתמעי איידי דחביב:

במנחתא דתעניתא מאי אמרי. אע"ג דפסקינן בפ' בשלשה פרקים (תענית ד' כו:) כר' יוסי דאמר ליכא נשיאות כפים במנחתא דתעניתא משום דשכיח שכרות ואתי לאחלופי בשאר יומי י"ל הכא אליבא סתמא דמתני' דהתם בעי דקתני ד' פעמים ביום אי נמי אפי' לר' יוסי כדאמר התם מאחר דקי"ל כר' יוסי האידנא מ"ט פרסי כהני ידייהו במנחתא דתעניתא כיון דסמוך לשקיעת החמה קפרסי בתפלה כתפלת נעילה דמי:

אם עונינו ענו בנו · א"ת הני פסוקים דמנחתא מאי הסברת פנים איכא בהו י"ל משום דהיו מתענין על הצרה שלא תבא על הצבור ואמר בפ"ק דתענית (דף יב:) ובפ' בתרא דמגילה (דף לא.) דבריבעא בתרא דיומא בעי רחמי דהיינו ממנחה ואילך כדכתיב (עזרא ט) ואני יושב משומם עד מנחת הערב ובמנחת הערב קמתי מתעניתי ובקרעי בגדי ומעילי ואכרע על ברכי ואפרוש כפי אל ה' אלקים הלכך השירו למבעי רחמי בעידנא דפרסי ידייהו דעת רצון הוא וענו ציבורא אמן כדמשמע בפ' הרואה (ברכות נה:) האי מאן דחזי חלמא ולא ידע מאי חזי ליקו קמי כהני בעידנא דפרסי ידייהו ולימא רבון העולמים חלום חלמתי וכו':

בנעילה

הגהות הב"ח

(א) רש"י ד"ה לעקור וכו' וכשיכלה הדיבור מפי הקורא מברכים אשר:

גליון הש"ס

גמ' מפני כבוד צבור · מגילה דף כג ע"ב יומא ע ע"א גיטין דף ס ע"ב:

[ברי"ף וברא"ש בפרק הקורא את המגילה עומד וכן בטור א"ח סי' קמט ליתא להך שתי תיבות ויניח במקומו וכן נראה מפרש"י דהכא ד"ה איכא פיתחא וכו' שלא היה גרסתם הכי ועיין בב"י ותמצא פרש"י מבואר על דרך זה]

תוספות שאנץ

אין הכהנים רשאין לכוף קשרי אצבעותיהם. פ"ה שכופפין אותן וכו'. עד שיכלה אמן מפי הצבור: אין שליח צבור רשאי להפשיט את התיבה בצבור · פ"ה שהיה דרכם להביא ספר תורה מבית אחר שמשתמר לבית הכנסת ופורסין בגדים נאים סביב התיבה ומניחין אותה בתוכה וכשיוצאין משם ונוטלין ספר תורה להוליכו לבית המשתמר לא יפשיטו הבגדים בפני הצבור שטורח הצבור לעכב שם עם ספר תורה אלא מוליך ספר תורה והעם יוצאין אחריו ואחר כך בא ומפשיט התיבה:

§ מסכת סוטה דף לט: §

אות א'

אין הכהנים רשאים לכוף קישרי אצבעותיהן כו'

סימן קכח סט"ז - [א]אין הכהנים רשאים להחזיר פניהם עד שיתחיל ש"צ "שים שלום"; ואינם רשאים לכוף אצבעותיהם עד שיחזרו פניהם - פי' שידיהם יהיו פרושות עד שיחזירו פניהם.

אות ב' - ג' - ד' - ה

אין הקורא רשאי לקרות כהנים, עד שיכלה אמן מפי הצבור

ואין הכהנים רשאין להתחיל בברכה, עד שיכלה כו'

ואין הצבור רשאין לענות אמן, עד שתכלה ברכה מפי כו'

ואין הכהנים רשאין להתחיל בברכה אחרת, עד שיכלה כו'

סימן קכח סי"ח - [ב]אין המקרא שקורא "כהנים" רשאי לקרות "כהנים" עד שיכלה מפי הצבור "אמן" שעונים אחר ברכת "מודים" - היינו רוב הצבור, [ג]**זהו** לפי דעה המבוארת לעיל בסעיף יו"ד, דבמקומות שנושאין כפיהם אין אומרים "או"א ברכנו" וכו', אלא תיכף אחר סיום ברכת "מודים" קורא הש"ץ "כהנים", **אבל** לפי מנהגנו שתמיד הש"ץ אומר "או"א", כמש"כ הרמ"א שם, לא שייך כלל דין זה, דהא שוהה בלא"ה הרבה יותר ע"י אמירתו "או"א", [עולת תמיד].

ואין הכהנים רשאים להתחיל ברכת "אשר קדשנו בקדושתו של אהרן" עד שיכלה דיבור קריאת "כהנים" מפי הקורא.

[ד]ואחר שברכו הכהנים "אשר קדשנו בקדושתו של אהרן", אינם רשאים להתחיל "יברכך", עד שיכלה מפי כל הצבור "אמן" שעונים אחר ברכת "אשר קדשנו בקדושתו של אהרן" - לפי שהוא חיוב על העם לשמוע כל הברכה מפי הכהנים, **ולהכי** דקדק המחבר בכאן וכתב "כל הצבור", להורות דאף אם יש קצת אנשים שטועין ומאריכין ב"אמן" יותר מדאי, צריך להמתין גם עליהם, לפי שהחיוב הוא על כולם לשמוע.

וכ"ז הוא לשיטת המחבר לעיל בסי"ג, שפסק דאין החזן מקרא תיבת "יברכך", וע"כ צריך להזהיר הכהנים בהתחלתם "יברכך", **אבל** לדידן שהחזן מקרא גם תיבת "יברכך", יש אזהרה על החזן, שלא יתחיל להקרות התיבה של "יברכך" קודם שסיימו עכ"פ רוב הצבור "אמן", **ואחר** שסיים החזן את התיבה, אז מותרין הכהנים להתחיל "יברכך".

וה"ה שאינו רשאי הקורא להתחיל "יאר" "ישא", עד שיכלה ה"אמן" מפי הצבור.

[ה]וכן אינם רשאים להתחיל בתיבה, עד שתכלה התיבה מפי המקרא - כדי שישמעו הצבור התיבה יפה מפי הכהנים, ולא תתערב בה שמיעתם מהמקרא.

ונראה דה"ה שהמקרא לא יתחיל להקרות תיבה אחרת, עד שיסיימו הכהנים התיבה שלפניה.

ואין הצבור עונין אמן, עד שתכלה ברכה מפי הכהנים - היינו בכל ברכה וברכה.

[ו]הגה: ולא יתחילו הכהנים "רבון העולמים" כו', עד שיכלה "אמן" מפי הצבור (ב"י) - [ז]האחרונים פקפקו בהג"ה זו, דלא משכחת לה, דהרי אין מתחילין לומר "רבון העולמים" עד שיחזירו פניהם, ואין מחזירין פניהם עד אחר שמתחיל הש"ץ "שים שלום", כמבואר לעיל בסט"ו, וזהו אחר שכבר ענו הצבור "אמן".

אות ו' - ז'

אין הכהנים רשאין להחזיר פניהם מן הצבור כו'

ואינן רשאין לעקור רגליהם ולילך כו'

סימן קכח סט"ז - [ח]אין הכהנים רשאים להחזיר פניהם עד [ט]שיתחיל ש"צ "שים שלום"; ואינם רשאים לכוף

באר הגולה

[א] **שם** [ב] סוטה ל"ט [ג] ‹אין המקרא וכו', גם זה מבואר שם בש"ס. ויש כאן סתירה קצת למנהג שלנו שנוהגים לומר "אלקינו", תיפוק ליה דאפילו לאח"כ אין המקרא קורא "כהנים" אלא עד שאומר: אלקינו וכו'. **ויש** נוסחא אחרת: אין המקרא רשאי לקרות כהנים, ופירושה, אין המקרא שקורא להם התיבות מלה במלה וכו' - עולת תמיד›, ‹ודלמא ר"ל, דהמקרא, היינו כשאינו ש"ץ, דמבואר בסכ"ב בבה"ל, די"א דבכה"ג אינו אומר "אלקינו", ולכן אומר "כהנים" מיד› [ד] **שם לדעת הרמב"ם** ‹הא דאמרינן דאין הכהנים רשאין להתחיל בברכה אחרת עד שיכלה אמן מפי הציבור. קשה בעיני שמאחר שאין הכהנים אומרים התיבה עד ששליח ציבור מקרא אותם תחלה, א"כ מאי עד שיכלה אמן מפי הציבור דקאמר, הא אף לאחר שיכלה אמן מפי הציבור אינם מתחילים, אלא המקרא הוא מתחיל, {עיין בהערה דלקמן שהבאנו תירוץ הב"י ע"ז}, **ולדעת** הרמב"ם שאין שליח ציבור מקרא להם תיבת יברכך, אתי שפיר, וה"ק אחר שברכו הכהנים אשר קדשנו בקדושתו של אהרן, אינם רשאים להתחיל בברכה אחרת, דהיינו יברכך, עד שיכלה אמן שעונין אחר ברכת אשר קדשנו בקדושתו של אהרן, מפי רוב הציבור - ב"י› [ה] **שם לדעת הטור** ‹ומפרש רבינו דאין הכהנים רשאים להתחיל בברכה עד שיכלה דיבור מפי הקורא, היינו עד שתכלה התיבה מפי המקרא, ומשמע דאתיבות ברכת כהנים קאי, ומדברי רש"י (ד"ה לעקור רגליהם) נראה דקאי אדיבור שקורא "כהנים", שאינם רשאים להתחיל בברכת "אשר קדשנו בקדושתו של אהרן" וכו' עד שיכלה דיבור קריאת "כהנים" מפי הקורא, ושני הפירושים כתב הר"ן, ואפשר דתרווייהו איתנהו - ב"י› [ו] ‹אבל לדעת רבינו שסובר שגם "יברכך" אין אומרים אותו הכהנים, עד ששליח ציבור מקרא אותם, צריך לפרש ד"ברכה אחרת" דקאמר {אין הכהנים רשאין להתחיל בברכה אחרת עד שיכלה אמן מפי הציבור}, היינו מה שאומרים: רבון העולמים עשינו מה שגזרת עלינו וכו', וקאמר שאין הכהנים רשאים להתחיל אותה עד שיכלה אמן מפי הציבור - ב"י› [ז] ‹ולעד"נ לתרץ, דברוב פעמים החזן מתחיל שים שלום ועדיין מיעוט אנשים עונים אמן, שא"צ להמתין על קצת שמאריכין באמן, וע"כ הזהירו על הכהנים שלא יאמרו עשינו מה שגזרת עלינו כו' עד לאחר שסיימו כל הצבור אמן, דהא עניית אמן שייכא לברכה, וכאילו היא ברכה אריכתא, ע"כ אין שייך לומר עשינו מה שגזרת, דהעשייה לא נגמרה כל זמן שיש קצת עונים עוד, כנלע"ד - ט"ז› [ח] **שם** [ט] ‹עיין ברש"י וז"ל: וכשכלה אמן אחרון מפי הציבור, הן מחזירין פניהם וכופפין קשריהם אם רוצים, ושליח ציבור מתחיל שים שלום. וצ"ע›

אצבעותיהם עד שיחזרו פניהם - פי' שידיהם יהיו פרושות עד שיחזירו פניהם.

ועומדים שם ואינם רשאים לעקור משם עד שיסיים ש"צ "שים שלום" - ויזהרו שלא ידברו עד שירדו מדוכנן, אף שכבר הורידו כפיהם.

[י]ויש מי שאומר שצריכין להמתין עד שיסיימו הצבור - היינו רוב הצבור, **לענות אמן אחר ברכת "שים שלום", (וכן המנהג)** - דקודם "אמן" עדיין לא נסתיים הברכה.

ועכשיו שהמנהג לומר לכהנים בירידתם מן הדוכן "יישר", מהנכון שלא ירדו הכהנים מהדוכן עד לאחר שיסיים הש"ץ קדיש, כדי שלא יתבטלו הכהנים והעם מעניית איש"ר ושאר אמנים עי"ז כמו שמצוי.

אות ח' – ט'

אין הצבור רשאין לענות אמן, עד שתכלה ברכה מפי הקורא

ואין הקורא רשאי לקרות בתורה, עד שיכלה אמן מפי הצבור

סימן קמא ס"ה - [יא]"אין הצבור רשאים לענות אמן עד שתכלה ברכה מפי הקורא, ואין הקורא רשאי לקרות בתורה עד שיכלה אמן מפי הצבור - ואפילו יש אנשים שמאריכין באמן, צריך להמתין עליהם, דהא כולם צריכין לשמוע הקריאה, לכן צריך הקורא להמתין אפילו על המיעוט שיגמרו האמן ואח"כ יתחיל לקרוא.

וכתבו האחרונים, שהמנהג שהקורא עונה אמן עם הצבור בקול רם, וממשיך בו קצת יותר מן הצבור, בכדי שיבינו שמתחיל לקרות, ויטו אוזן לשמוע, ומתחיל לקרות מיד, **וטוב** שיפסיק קצת בין אמן להתחלת הקריאה, שלא יהא נראה מחמת נגינת אמן, שהוא דבוק אל מה שקורא.

אות י' – כ'

ואין המתרגם רשאי להתחיל בתרגום, עד שיכלה פסוק מפי הקורא

ואין הקורא רשאי להתחיל בפסוק אחר, עד שיכלה תרגום מפי המתרגם

סימן קמה ס"א - [יב]"בימי חכמי הגמרא היו נוהגים לתרגם - בלשון תרגום, כי לשונם היה ארמית, **כדי שיבינו העם.**

אין הקורא רשאי לקרות לתורגמן יותר מפסוק אחד; [יג]"ואין המתרגם רשאי לתרגם עד שיכלה הפסוק מפי הקורא; ואין הקורא רשאי לקרות פסוק אחר, עד שיכלה התרגום מפי המתרגם - והכל כדי שלא יתבלבלו הצבור, ויוכלו לשמוע כל הפרשה ככתבה מפי הקורא, ואח"כ יבינו כל פירושה מפי המתרגם.

ואין הקורא רשאי להגביה קולו יותר מהמתרגם, ולא המתרגם יותר מהקורא - דכתיב: משה ידבר והאלהים יעננו בקול, והאי "בקול" היינו בקולו של משה, גמ', **ואין הקורא רשאי לסייע למתרגם, שלא יאמרו: תרגום כתוב בתורה.**

אות ל'

המפטיר בנביא, צריך שיקרא בתורה תחילה

סימן רפב ס"ה - [יד]"אם לא נמצא מי שיודע להפטיר אלא אחד מאותם שעלו לקרות בתורה - וה"ה בשבת של חזון, אפילו נמצא מי שיודע להפטיר בנביא, רק שלא ידע לקונן כנהוג, ג"כ דינא הכי, **וכבר אמר ש"צ קדיש אחר קריאת הפרשה, זה שרוצה להפטיר צריך לחזור ולקרות, ויברך על קריאתו תחלה וסוף** - ואפילו השביעי רוצה להפטיר, צריך לחזור ולקרות, כיון שהפסיק בקדיש, הנכנסים לא ידעו שזה המפטיר קרא מתחלה בתורה, ואיכא בזיון לתורה, כדאמרינן בגמרא, דהמפטיר צריך שיקרא בתורה תחלה מפני כבוד התורה, **היינו** דאי המפטיר יפטיר בנביאים ויברך עליו, ולא יקראו בתורה, הרי אנו משוים דברי הנביאים לתורה בקריאה וברכה, לכן צריך לקרות המפטיר בתורה תחלה, ומזה יראו שהתורה עיקרית, **ומ"מ** נכון יותר בענינינו שהפסיק בקדיש, שיקרא המפטיר א' מן הקודמים ולא השביעי.

הגה: אבל אם לא אמר קדיש, יפטיר מי שעלה לשביעי אם יודע - היינו שיפטיר בנביא, וא"צ לחזור ולקרות בתורה, אלא מה שקרא בשביעי בסיום הפרשה, עולה גם למפטיר, דהא קי"ל דהמפטיר עולה למנין שבעה, **או** כשהוסיפו, מי שקרא באחרון עולה גם למפטיר, **והקדיש** יאמר אחר קריאת הפטרה וברכותיה.

כתב הפמ"ג, דה"ה בכל מפטיר כששכח לומר הקדיש מקודם, ונזכר אחר שכבר קרא המפטיר בתורה, לא יאמר הקדיש עד לאחר קריאת הפטרה וברכותיה.

ואם השביעי אינו יודע, ויצטרך לעלות למפטיר אחד מהקודמים, אז בכל גווני צריך לחזור ולקרות ולברך בתורה לשם מפטיר.

ואם יש אחרים שיודעים להפטיר, לא יפטיר מי שעלה כבר (א"ז) - ובשבת חזון, במקום שהמנהג שקוראים הרב למפטיר, לא יקראוהו מקודם לשלישי.

אם קראו לאדם לתורה בבית הכנסת אחרת, ונזדמן לו אותה הפרשה שקרא היום, צריך לחזור ולברך.

באר הגולה

[י] כתבי הר"ר ישראל [יא] סוטה ל"ט [יב] מגילה כ"ג [יג] (סוטה ל"ט: - גר"א) [יד] הריב"ש בתשובה

(וביום שמוציאין ב' ס"ת, וקראו ז' בראשונה, ושניה למפטיר, ואין נמצא שם מי שיודע להפטיר, אסור לקרוא לשביעי לס"ת שניה, משום פגמו של ס"ת ראשונה, **אבל** אותם הקודמים י"ל דשרי, ועיין סימן קמ"ד ס"ד, יע"ש וצ"ע).

אות מ'

אין המפטיר רשאי להפטיר בנביא, עד שיגלל ס"ת

סימן קמז ס"ז - [טו]אין המפטיר מתחיל - אפילו לומר ברכת הפטרה, **עד שיגמרו לגלול הס"ת, כדי שלא יהא הגולל טרוד, ויוכל לשמוע ההפטרה.**

עיין בפמ"ג שכתב, דהמנהג להמתין עד עצם גמר גלילת הספר לבד, אף שלא כרכו עדיין המפה עליה, **אך** מרש"י לא משמע כן.

אבל בב' וה' שאומרים "יה"ר" אחר הקריאה, א"צ להמתין על הגולל, דאינו אלא מנהג.

סימן רפד ס"ו - [טז]אין המפטיר מפטיר עד שיגמור הגולל לגלול הס"ת - היינו שאין רשאי להתחיל לומר ההפטרה עד שיגמור וכו', **והטעם**, כדי שגם הגולל יתן לבו למה שיאמר המפטיר, שחובה היא על כל אדם לשמוע פרשת ההפטרה כמו פרשה שבס"ת, **וברש"י** שם משמע, שצריך להמתין עד שיוגלל הס"ת במטפחותיה.

אין לסלק מעל השלחן ספר הנביאים או החומש שקורין בו המפטיר, עד אחר הברכה, כדי שיראה ויברך על מה שהפטיר.

אות נ'

אין שליח צבור רשאי להפשיט את התיבה בצבור, מפני כבוד צבור

סימן קמח ס"א - [יז]אין ש"צ רשאי להפשיט התיבה בצבור כל זמן שהם בבהכ"נ. (פי' רש"י שהיו רגילים להביא ס"ת מבית אחר שהיא משתמרת בו וכו', עד שטורח לצבור הוא להתעכב שם, ועיין בפנים בטור או"ח) - בכל מקום "תיבה" פירושו ארון הקודש, ו"תיבה" האמורה כאן, [יח]שלחן שס"ת מונח עליו כשקורין בו, ופורשין בגדים נאים סביב התיבה לכבוד הס"ת, **וכשיוצאין** משם ונוטלין ס"ת ליתנו בבית שמשתמר בו, לא יפשיט הש"ץ התיבה בפני הצבור, שטורח צבור הוא להתעכב שם עם הס"ת עד שיפשיט את התיבה, אלא מוליך הס"ת והם יוצאים אחריו, וחוזר לבית הכנסת ומפשיט התיבה, כל זה מפירש"י שם.

אות ס' - ע'

אין הצבור רשאין לצאת, עד שינטל ספר תורה ויניח במקומו... עד שיצא

הא דאיכא פיתחא אחרינא, הא דליכא פיתחא אחרינא

סימן קמט ס"א - [יט]אין הצבור רשאים לצאת מבהכ"נ, עד שיצניעו ס"ת - שאין זה דרך כבוד לתורה, שיניחוה וילכו להם, **ומיירי** במקום שמנהג להצניע הספר אחר "ובא לציון", דאל"כ בלא"ה הלא אסור לאדם לצאת מביהכ"נ קודם קדושה דסדרא, כמבואר בסימן קל"ב.

הגה: מיהו אם אינם יוצאים, רק יחיד, לית לן בה (ב"י בשם הר"י בחדושי מגילה) - ואפי' שנים או שלשה, **והטעם**, דיש כבוד לס"ת כיון שעדיין רוב הצבור שם, ועיין בפר"ח, **ועיין** בפמ"ג שמצדד לומר, דדוקא בביהכ"נ גופא הקיל הרמ"א, **אבל** כשמוציאין אותה לבית אחר (וכדלקמן), בכל גווני אפילו יחיד לא יצא קודם הס"ת, אלא ימתין עד שיוציאוה.

ואם מצניעים הס"ת בבית אחר, אם אין לבהכ"נ אלא פתח אחד, צריכין להתעכב עד שיצא הס"ת - דאין נכון שיצא אדם בפתח קודם הספר תורה, **וילכו אחריו למקום שמצניעים אותו שם** - לעשות לה הידור ללותה, ואסמכוה אקרא, דכתיב: אחרי ה' אלהיכם תלכו.

ואם יש לבהכ"נ שני פתחים, יכולים לצאת בפתח אחד קודם שיצא הס"ת בפתח האחר - דבזה לא מנכר שיוצא קודם הס"ת. **ובלבד שילכו אחר הס"ת וילווהו למקום שמצניעין אותו שם** - פי' אף שהתרנו לצאת בפתח אחר, מ"מ צריך להמתין בחוץ עד שיוציאו הספר תורה, וילוה אותה למקומה.

באר הגולה

[טו] סוטה ל"ט [טז] סוטה ל"ט [יז] סוטה ל"ט [יח] ‹לשון רש"י: ומניחין אותה בתוכה, אינו משמע כן› **[יט] סוטה ל"ט לפירוש הגאון הביאו הטור** ‹והנה לפי' רש"י, בין ריב"ל בין שמואל לא איירו אלא בשאינם מצניעין הס"ת בבהכ"נ שמתפללין בו, לפי שאינו במקום המשתמר, ולפיכך אחר שקראו בו מוציאין אותו משם ומוליכים אותו להצניעו בבית המשתמר, וקאמר ריב"ל שאסור לצאת מבהכ"נ עד שינטל ס"ת להצניעו, ומיהו משנטלו ש"ץ מהתיבה כדי להוציאו ולהצניעו, מותר לצאת דרך פתח שאין הס"ת עתיד לצאת בו, אבל דרך פתח שהס"ת עתיד לצאת בו אינם רשאים לצאת קודם שיצא הס"ת, משום אחרי יי' אלהיכם תלכו, והיינו דאמר שמואל עד שיצא, **אבל** במקום שנוהגים להצניעו בבהכ"נ שמתפללין בו, לא איירי ריב"ל ושמואל כלל, ומשמע שהם רשאין לצאת כשירצו, דכל שמצניעין אותו שם ליכא זילותא אם יצאו. **ולפירוש** הגאון, עד שינטל ס"ת להצניע, ר"ל עד שיביאו אותו להיכל, שזהו פי' עד שינטל, כלומר עד שיביאו אותו להצניעו, {**דהרי"ף** לא היה גורס: ויניח במקומו, וכן מבואר מרש"י, עיין בהגהה בצד הגמ', **אבל** לפי נוסחת ספרים שלנו: ויניח במקומו, מפורש זאת בגמ', וכמ"ש הגר"א}, **ושמואל** מוסיף הוא, שהנה ריב"ל לא איירי אלא שאין הציבור רשאין לצאת עד שיצניעו, פי' שבין כשיצניעו ס"ת בבהכ"נ, בין כשיוציאו אותו להצניעו, אינם רשאין לצאת ללכת לביתם עד שיצניעו ס"ת, אבל בקדימה ואיחור לא איירי, שנראה שאפילו שיצאו לפני ס"ת אין בזה קפידא, לפיכך בא שמואל והוסיף, שצריך גם כן להקדימו וללכת אחריו, וזהו שאמר אינם רשאין לצאת עד שיצאו וילכו אחריו, ויעשו לו הידור, שהרי בכאן כלל הדין הראשון והתוספת שלו, **והנה** לזה הדרך יש עוד חילוק בין פי' רש"י ובין פי' הגאון, שלדעת רש"י מאמר משינטל, אינו אלא הנטילה לבד, ולדעת הגאון כולל הנטילה וההצנע – ב"י›

הגה: ובמקומות שמגניעין אותו בהיכל, שהוא הארון בבהכ"נ, מצוה לכל מי שעוברת לפניו ללוותה עד לפני הארון שמכניסין אותה שם (ד"ע ומהרי"ל) - וכן כשמוציאין מההיכל, מצוה לכל מי שעוברת לפניו ללותה עד הבימה.

וכן הגולל ילך אחר הס"ת עד לפני הארון, ועומד שם עד שיחזירו הס"ת למקומה (הג' מיימוני); וכן נוהגין במגביה הס"ת, כי הוא עיקר הגולל, וכמו שנתבאר ‹סימן קמ"ז ס"ד› - משמע דמנהגנו הוא במגביה בלחוד, **אבל** בלבוש ושלחן עצי שטים וש"א מבואר, דבין המגביה ובין הגולל צריכין ללותה עד לפני ארון הקודש.

מנהג פשוט, שבדרך הלוכו מן התיבה, אומר הש"ץ והצבור "מזמור לדוד הבו לה'" וגו', **ונוהגין** שלא לומר "מזמור לדוד" כי אם בשבת, או ביו"ט שחל בשבת, **אבל** ביו"ט, ומכ"ש בחול, כשמסלקין הס"ת אין אומרים "מזמור לדוד", רק "לדוד מזמור לה' הארץ" וגו'.

ויש שכתבו שמביאים התינוקות לנשק התורה, כדי לחנכם ולזרזם במצות, וכן נוהגין (אור זרוע).

---

§ מסכת סוטה דף מ. §

אות א'

כלום יש לך עבד שמברכין אותו ואינו מאזין

סימן קכח סכ"ו - [א]בשעה שמברכין, אין לומר שום פסוק, אלא ישתקו ויכוונו לברכה - דכלום יש עבד שמברכין אותו ואינו מאזין.

הגה: ומכל מקום, עכשיו שהכהנים מאריכין הרבה בנגונים, נהגו גם כן לומר פסוקים, וכמו שנתבאר לעיל סי' נ"ז לענין ברכו, אך יותר טוב שלא לאמרם (ד"ע) - וכ"כ האחרונים דכן עיקר, **וכתבו** המ"א והט"ז, דהאומרן יאמר בשעה שש"ץ מקרא לפני הכהנים, **וא"ר** מגמגם גם בזה, וכן הנהיג הגר"א שלא לאמרן, **ומכ"ש** שיש ליזהר שלא לומר הפסוקים בקול כמו שעושין ההמון, **ובפרט** מה שחוזרין המלות מתיבת "יברכך" ולהלן, וזהו טעות, שלא נזכר בשום מקום מנהג זה.

אות ב'

הילכך נימרינהו לכולהו

סימן קכז ס"א - [ב]כשיגיע שליח צבור ל"מודים", שוחין עמו הציבור, ולא ישחו יותר מדאי - הצבור, **ולענין** ש"ץ גופא, בודאי לא עדיף משאר מתפלל, דפסק המחבר לעיל בסימן קי"ג ס"ה, דלא ישחה הרבה.

ולא ישחו יותר מדאי - פירוש שישחה כדין שאר שחיות, **והב"ח** מפרש, ד"במודים" שאומר עם הש"ץ לא ישחה, רק ינענע ראשו מעט, **והעולם** לא נהגו כן. ‹**ורבים** וטובים נוהגים כדברי הב"ח, ורק כופפים ראשם מעט, ויש להם יסודות איתנים על מי לסמוך, והנח להם לישראל וכו', וכן הוא גם על פי קבלת האר"י ז"ל – פסקי תשובות›.

[ג]ואומרים: מודים אנחנו לך שאתה הוא ה' אלהינו אלהי כל בשר כו', וחותם: ברוך אל ההודאות, [ד]בלא הזכרת השם - ודעת הגר"א לומר: בא"י אל ההודאות, **והעולם** לא נהגו כן.

ואין הש"ץ צריך להמתין עד שיסיימו הצבור "מודים דרבנן", אלא מתפלל כדרכו.

אות ג'

דאין הכהנים רשאין לעלות בסנדליהן לדוכן

סימן קכח ס"ה - [ה]לא יעלו הכהנים לדוכן במנעלים - שמא יפסק לו רצועה, וגנאי הוא לו ומתלוצצים עליו כשסנדלו מותרת, ויקשרנה בעוד שחבריו מברכים, ויאמרו שבן גרושה ובן חלוצה הוא, ולפיכך הלך וישב לו, [גמ'], **ואפילו** במנעלים שאין להם רצועות אסור, דלא פלוג רבנן.

ויש להצניע המנעלים שלא יעמדו בגלוי בביהכ"נ מפני הכבוד, **ויחלצם** קודם נטילה, **אך** כשאפשר לו לחלצם אחר נטילה ושלא יגע בהם, יכול לחלצם אחר נטילה.

אבל [ו]בבתי שוקים שרי - הוא מנעלים ארוכים המגיעים עד ארכובות הרגל, היינו סמוך לשוק, ושרי, דליכא הכא טעמא הנ"ל, **ואף** דגם הכא רגילין לפעמים לעשות רצועות סמוך לארכובה, מ"מ לא חיישינן שמא ישב לקשרם, דאפילו אם הם מותרים לית בה גנאי כולי האי.

ויש מחמירין אם הם של עור (אגודה פ' הקורא את המגילה) - טעמם, דבכלל סנדל ומנעל הם, ולא פלוג רבנן בין יש רצועות ובין אין רצועות, **ומ"מ** בבתי שוקים עם מכנסיים ביחד שמגיעים עד אציליהם, מותר לכו"ע, דזה לא הוי בכלל הגזירה כלל, **וכן** בתי שוקים של בגד, אף שמחופה עור, שרי אף לדעה זו.

(ונהגו להקל בקצת מקומות) - ומ"מ בבתי שוקיים שלנו, שקורין שטיוול"ל, שרגילין לילך בהם בשוק בטיט, אין להקל משום כבוד הציבור, **ולפי** טעם זה, גם במנעלים של גמי שלנו, שקורין קאלאסי"ן, ג"כ אינו נכון מטעם זה.

באר הגולה

[א] שם מ' [ב] טור בשם הירושלמי פ"ק דברכות הביאו הרי"ף ורא"ש [ג] סוטה מ' ע"א הביאו הרי"ף והרא"ש [ד] רמב"ם בפ"ט מה"ת ור' יונה [ה] סוטה דף מ' [ו] הגה"מ

מסורת הש"ס

אלו נאמרין פרק שביעי סוטה מ

עין משפט נר מצוה

בנעילה דיומא דכיפורי מאי אמר מר זוטרא ואמרי לה במתניתא (א) °הנה כי כן יברך גבר ירא ה' יברכך ה' מציון וראה בטוב ירושלים כל ימי חייך וראה בנים לבניך שלום על ישראל היכן אומרן רב יוסף אמר בין כל ברכה וברכה ורב ששת אמר בהזכרת השם פליגי בה רב מרי ורב זביד חד אמר פסוקא לקבל פסוקא וחד אמר אכל פסוקא אמר להו לכולהו א"ר חייא בר אבא כל האומרן בגבולין אינו אלא טועה אמר רבי חנינא בר פפא תדע דבמקדש נמי לא מיבעי למימרינהו "כלום יש לך עבד שמברכין אותו ואינו מאזין א"ר אחא בר חנינא תדע דבגבולין נמי מיבעי למימרינהו כלום יש עבד שמברכין אותו ואין מסביר פנים א"ר אבהו מריש הוה אמינא להו כיון דחזינא ליה לרבי אבא דמן עכו דלא אמר להו אנא נמי לא אמינא להו ואמר רבי אבהו מריש הוה אמינא עינותנא אנא כיון דחזינא ליה לרבי אבא דמן עכו דאמר איהו חד טעמא ואמר אמוריה חד טעמא ולא קפיד אמינא לאו עינותנא אנא ומאי עינוותנותיה דרבי אבהו דאמרה לה דביתהו דאמוריה דרבי אבהו לדביתיה דרבי אבהו הא דידן לא צריך ליה לדידך והאי דגחין וזקיף עליה יקרא בעלמא הוא דעביד ליה אזלא דביתהו ואמרה ליה לרבי אבהו אמר לה ומאי נפקא ליך מינה מיני ומיניה יתקלס עילאה ותו רבי אבהו אימנו רבנן עליה לממנייה ברישא כיון דחזיה לר' אבא דמן עכו (ג)דנפישי ליה בעלי חובות אמר להו *איכא רבה ר' אבהו ור' חייא בר אבא איקלעו להדוא אתרא רבי אבהו דרש באגדתא רבי חייא בר אבא דרש בשמעתא שבקוה כולי עלמא לרבי חייא בר אבא ואזול לגביה דר' אבהו חלש דעתיה אמר ליה אמשל לך משל למה הדבר דומה לשני בני אדם אחד מוכר אבנים טובות ואחד מוכר מיני סידקית על מי קופצין לא על זה שמוכר מיני סידקית כל יומא הוה מלוה רבי חייא בר אבא לרבי אבהו עד אושפיזיה משום יקרא דבי קיסר ההוא יומא אלויה רבי אבהו לרבי חייא בר אבא עד אושפיזיה ואפילו הכי לא איתותב דעתיה מיניה בזמן ששליח צבור אומר מודים העם מה הם אומרים אמר רב מודים אנחנו לך ה' אלהינו על שאנו מודים לך ושמואל אמר אלהי כל בשר על שאנו מודים לך רבי סימאי אומר יוצרנו יוצר בראשית על שאנו מודים לך נהרדעי אמרי משמיה דרבי סימאי ברכות והודאות לשמך הגדול על שהחייתנו וקיימתנו על שאנו מודים לך רב אחא בר יעקב מסיים בה הכי כן תחיינו ותחננו ותקבצנו ותאסוף גליותינו לחצרות קדשך לשמור חוקיך ולעשות רצונך בלבב שלם על שאנו מודים לך °אמר רב פפא °הילכך נימרינהו לכולהו אמר ר' יצחק לעולם תהא אימת צבור עליך שהרי כהנים פניהם כלפי העם ואחוריהם כלפי שכינה רב נחמן אמר מהכא °ויקם *המלך דוד על רגליו ויאמר שמעוני אחי ועמי אם אחי למה עמי ואם עמי למה אחי אמר רבי אלעזר אמר להם דוד לישראל אם אתם שומעין לי אחי אתם ואם לאו עמי אתם ואני רודה אתכם במקל רבנן אמרי מהכא * (ג) 'דאין הכהנים רשאין לעלות בסנדליהן לדוכן 'וזהו אחת מתשע תקנות שהתקין רבן יוחנן בן זכאי מאי טעמא לאו משום כבוד צבור אמר רב אשי לא התם שמא נפסקה לו רצועה בסנדלו והדר אזיל למיקטריה ואמרי בן גרושה או בן חלוצה הוא: ובמקדש ברכה אחת כו':

וכל

תורה אור: תהלים קכח | דה"א כח | ר"ה לא:

רש"י

בהזכרת השם · כשהכהנים מזכירין את השם: **פסוקא לקבל פסוקא** · שהכהנים אומרים פסוק ראשון והם אומרים אחד מאלו ובשני היו אומרים את השני ובשלישי את השלישי וכן במוסף וכן במנחה שהרי כולן שלשה שלשה הם: **אינו אלא טועה** · שלא נתקנו לומר אלא לכבוד שם המיוחד הנזכר במקדש: **ואינו מסביר פנים** · להראות שברכת רבו חשובה לו ועריבה עליו ותגמל לרבו עליו בכך: **אמוריה** · המתרגם לרבים מה שהוא לוחש לו בשעת הדרשה: **לא צריך לדידך** · חכם הוא כמו בעליך: **יקרא דמלכותא** · (ד) שהרי רבי אבהו נשוא פנים בבית המלך כדאמרי' בחגיגה (דף יד.) נשוא פנים כגון ר' אבהו בי קיסר ובסנהדרין (דף יד.) אמר דהוו נפקי אמהתא דבי קיסר לאפיה ומשרן קמיה רבה דעמיה מדברנא לאומתיה: **ותו רבנן אימנו עליה** · ועוד זו מענוותנותו: **דנפישי עליה חובות** · שהיה צריך ללוות: **אמר ר' אבהו אית לן רבה** · חכם גדול וראוי לישב בראש יותר ממני כדי שיושיבוהו בראש ונותנין לו מנות ומעשירין אותו כדי שיהא חשוב וישמעו דבריו כדתניא והכהן הגדול מאחיו גדלוהו משל אחיו (יומא דף יח.): ה"ג רבי אבהו דרש באגדתא: **שמעתא** · הלכות דינין ואיסור וטהרות: **סידקית** · כלי מלאכות נשים ועניים כגון פלכים מחטין וליגורות: **לא על מוכר סידקית** · בתמיה מתוך שדמיהם קלים יש להם קונים הרבה ולהפים דעתו הוא אומר: **על שאנו מודים לך** · על שנתת בלבנו להיות (מודים לך) דבוקים בך ומודים לך: **רבי סימאי** · מוסיף הוא וכן כולם מוסיפין הן על הראשונים: **שמעוני אחי ועמי** · מזהירם היה להתנדב לבדק הבית לבנין המקדש: **אם אתם שומעים לי** · להיות שלימים למקום אחיי וחבריי אתם אלמא המלך אימת צבור עליו אם כשרים הם: **עמי אתם** · כבושים תחתי: **לאו משום אימתא דציבורא** · מפני שמסתלקין בגדיו העשויין למדתו בהגבהת ידיו ונראין סנדליו לצבור והן אין ראוין לראות מפני טיט שעליהן: **דילמא מפסקא רצועה** · ונגאי הוא לעצמו ומתלוללים עליו כשסנדלו מותרת ויתיב למקטריה וחביריו מברכין ואתי למימר איטו ראוי לנשיאות כפים והלך וישב לו:

וכל

תוספות

בנעילה דיומא דכיפורי מאי אמר · לא ידענא אמאי לא אמר בנעילה דתענית כי היכא דאמר במנחתא דתעניתא דהא משמע בגמרא בפ' בשלשה פרקים (תענית כו:) דבתענית הוה נמי נעילה אבל מוסף לא הוה בהו: **כל** האומרם בגבולין אינו אלא טועה · פירש ר"י אע"ג דאמרי' בפרק הרואה (ברכות נה:) האי מאן דחזי חלמא וכו' דהתם משום סכנה התירו שמא חלום מסוכן הוא שצריך רפואה דהא אפילו בשבת התירו להתענות תענית חלום· פירש ר"ח הני כולהו רבי חייא בר אבא ודרבי חנינא בר פפא ודרבי אבהו הילכתא נינהו:

על שאנחנו מודים לך · בערוך בערך הודאה פירש רב משה ראש ישיבה בן מרנא יעקב דקא מודו לצבור על שליח לצבור אינון סומכין ומאי על שאנו מודים לך על ההודאה דקאמר שליח לצבור וקא מעו אינון אמן בירושלמי פ"ק דברכות איתא נמי רבי אבא ב"ר זבדא בשם רב מודים אנחנו לך שאנו חייבין להודות לך שמך תרננה שפתי כי אזמרה לך וגו' בא"י האל ההודאות ר' שמואל ב"ר אוניא בשם רבי אחא הודייה ושבח לשמך הגדול לך גבורה לך תפארת יהי רצון מלפניך ה' אלהינו ואלהי אבותינו שתסמכנו בתפלתנו ותזקפנו מכפיפתנו כי אתה הוא סומך נופלים וזוקף כפופים מלא רחמים ואין עוד מלבדך בא"י האל ההודאות בר קפרא אומר לך כריעה לך ברכה לך כפיפה לך השתחויה כי לך תכרע כל ברך וכל לשון לך תשבע לך ה' הגדולה והגבורה וגו' והעושר והכבוד מלפניך וגו' ועתה ה' אלהינו בכל לב ובכל נפש לך משתחוים כל עצמותי תאמרנה ה' מי כמוך בא"י האל ההודאות אמר רבי יודן נהגין אמרי רבנן כולהון ואית דאמר או *הדא או הדא או הדא:

שמא תפסק רצועה בסנדלו · פירש ר"ח שמע מינה דמותר ליכנס בבית הכנסת בסנדל ובמנעל דלא אסרו אלא שלא לעלות לדוכן בסנדל ורבי הביא כמו כן מפרק שלישי דמגילה (דף כח:) האומר איני עובר לפני התיבה בסנדל אף יחף לא יעבור אלמא דאפילו לפני התיבה מותר לעבור בסנדל והכי מסיק בהדיא בפרק הרואה (ברכות דף סג.) אמר רבא מה ביתו אקפנדריא קפיד איניש ארקיקה ואמנעל לא קפיד איניש אף בית הכנסת קפנדריא אסור ורקיקה ומנעל שרי:

וכל

סד א מיי' סי"ד מהל' נשיאות כפים הלכה ז סמג עשין כ טוש"ע א"ח סימן קכח סעיף כו:

סה ב מיי' פ"ט מהל' תפלה הלכה ד סמג עשין יט טוש"ע א"ח סי' קנז סעיף א [וברב אלפס ברכות פ"ג דף סו: וברא"ש שם סי' כ]:

סו ג מיי' סי"ד מהל' נשיאות כפים הל' ו סמג עשין כ טוש"ע א"ח סי' קכח סעיף ה:

סז ד מיי' שם הלכה ו וע"ש בכ"מ:

הגהות הב"ח

(א) גמ' במתניתא תנא הנה: (ב) שם דמן עכו (דנפישי) תא"מ ונ"ב ס"א דתפישי: (ג) שם מהכא דת"ל אין הכהנים: (ד) רש"י ד"ה יקרא דמלכות שהיה ר' אבהו:

[נ"ל הדא או הדא]

גליון הש"ס

גמ' אמר רב פפא הילכך נימרינהו לכולהו · כעין זה שבת דף כ ע"א חולין דף סה ע"א וכדף עו ע"ב:

פ"א ל"ג

ס"א אית לכו נ"א א"ל עד דמצלנא ליה לרבי אבא לא אתא עד דאציל ליה

בקרא כתיב דויד המלך

כתבו האחרונים, דאין נכון לעלות לדוכן יחף ממש, שהוא דרך גנאי, שאין רגילין בזמן הזה לילך יחף לפני גדולים, אלא יש לילך בפוזמקאות של בגד, וכן המנהג.

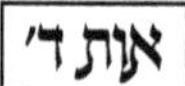

אות ד׳

וזהו אחת מתשע תקנות שהתקין רבן יוחנן בן זכאי

רמב"ם פי"ד מהל׳ תפילה ה"ז - אין הכהנים רשאין להחזיר פניהם מן הציבור עד שיתחיל שליח ציבור שים שלום; ואין הכהנים רשאין ליעקר ממקומן עד שיגמור ש"צ שים שלום; ואין רשאין לכוף קשרי אצבעותיהם עד שיחזירו פניהם מן הציבור; ומתקנות [ז][עזרא] שלא יעלו הכהנים לדוכן בסנדליהן, אלא עומדין יחפין.

באר הגולה

[ז] ומ"מ ט"ס יש בדברי רבינו, דהא אמרינן בהני דוכתי דתקנת ריב"ז היא, וגם במרובה (ב"ק דף פ"ב) בעשר תקנות שהתקין עזרא, ליתא להא, אלא כך צריך לגרוס: ומתקנות רבי יוחנן בן זכאי שלא יעלו הכהנים וכו׳ - כסף משנה)

שער

נטילת ידים

[חלק א']

מסכת ידים

(פרק א' – פרק ב')

הלכות נטילת ידים

שבשו"ע ובמשנה ברורה

בשילוב תמצית דברי הביאור הלכה והשער הציון

מסודרות ע"פ הציונים שבמשניות

בתוספת מקורות של הבאר הגולה

לאסוקי שמעתתא אליבא דהלכתא

§ מסכת ידים פרק א' §

משנה א' (1)

מי רביעית נותנין לידים לאחד אף לשנים, מחצית לוג לשלשה או לארבעה, מלוג לחמשה ולעשרה ולמאה. רבי יוסי אומר ובלבד שלא יפחות לאחרון שבהם מרביעית.

ר' עובדיה מברטנורא

נותנים לידים לאחד אף לשנים - לחד בעינן מתחילה רביעית. **אף לשנים**, אם היה בו מתחילה רביעית, ונטל הראשון ואח"כ השני, אע"ג דלא היו רביעית גבי שני, שפיר דמי, הואיל ומשיירי טהרה אתו. **ורמב"ם** פירוש, דדוקא מים שניים הוא דלא בעינן רביעית לכל חד וחד, הואיל וכבר נטהרו ידיו משטיפה ראשונה, **אבל** במים ראשונים, אין פחות מרביעית לכל אחד. **ורבותי** לא פירשו כן.

מחצית לוג לשלשה או לארבעה - לפום שיעורא דרביעית לשנים, היה די ברביעית ומחצה לשלשה, **אלא** כיון דנפישי גברא, חיישינן שמא לא ידקדקו יפה ליטול עד הפרק, שכל אחד מצמצם במים מפני חבירו. **ומיהו** אי איכא רביעית ומחצה, ונטל הראשון מהם חצי רביעית, הא ודאי דיועיל רביעית הנשאר לשנים האחרונים, דאפילו בתחילה סגי לשנים ברביעית, כ"ש השתא דאתו משירי טהרה, **וכי** לא מהני הכא, הני מילי היכא דלא נשאר לשנים האחרונים רביעית.

ובלבד שלא יפחות לאחרון שבהן מרביעית - שיהיה בכלי בשעה שהאחרון נוטל את ידיו, רביעית. **ואין** הלכה כר' יוסי.

סימן קס סי"ג - [א]צריך שיהא במים רביעית - שכן תקנו חכמים לנט"י, ושופכה בשני פעמים על ידיו, דבפעם ראשון מטהר הידים, ובשניה מטהר המים שעליהם כדלקמיה, **ואם** שפך הרביעית כולה בבת אחת על שתי ידיו, ג"כ נטהרו ידיו, אף שלא שפך אלא פעם אחת, וכמבואר בסי' קס"ב, [**אבל** לכתחילה טוב יותר לשפוך בשני פעמים, משום די"א דלעולם צריך מים שניים דוקא]. **וכ"ז** במקום שאין מים מצוים, אבל במקום שמים מצוים, טוב שיטול בשפע, וכדלעיל בסימן קנ"ח ס"י.

והני מילי לאחד - בין שנוטל על שתי ידיו בבת אחת, כגון ע"י אחר שיטול עליהן, ובין שנוטל ידיו אחת אחת, לעולם סגי ברביעית אחת בשתי ידיו, **מיהו** אפילו אינו רוצה ליטול רק יד אחת, כגון דהיה ידו אחת טהורה מכבר, ג"כ אין לפחות משיעור רביעית, **ונראה** משום שבכלי צריך רביעית לעולם, דבפחות אין שיעור טהרה, אבל על יד אחת אין צריך לשפוך אותה כולה, **ולקמן** בסי' קס"ב העתקתי דברי האחרונים, שכתבו דיש לנהוג שלא לפחות משיעור רביעית מים לכל יד ויד, דבזה לא יצטרך ליזהר בהרבה דברים הצריכים ליזהר.

אבל לב' שבאו ליטול כאחד, האחרון א"צ - ודוקא כשיגיעו המים על ידיו סביב כל שיעור הנטילה שבידיו.

כתבו האחרונים, דהיינו שמתחלה כוונו ליטול ביחד, ולכן אף אם פשט השני ידו אחר שכבר התחיל הראשון ליצוק על עצמו, עולה הנטילה גם לו, דהוי כנוטל שניהם יחד, דאין מתטמאין זה מזה, **אבל** אם לא כוונו מתחלה, ויצק הראשון רק לעצמו, ואח"כ פשט השני ידיו, אפילו קודם שנפסק הקילוח, הוי כמו נוטל במי רחיצת חבירו, ולא עלתה לו נטילה, וצריך לנגב ידיו, ולחזור וליטול.

ואפילו בזה אחר זה - ר"ל לא מבעיא כשפשטו ידיהם בבת אחת זה תחת זה דמהני הנטילה לשניהם, **אלא** אפילו אם פשט השני ידיו אח"כ כשכבר התחיל ליצוק על הראשון, עלתה לו נטילה, כיון שמתחלה כוונו לזה ליטול יחד וכנ"ל.

[ב]ובלבד שלא יפסיק הקילוח - דעי"ז חשבינן כאילו נטל גם השני מרביעית שלמה, ומפני שבאים המים משיורי טהרה, הקילו זה לחשוב כנוטל מרביעית ע"י חיבור הניצוק.

כיצד, היה רביעית מים בכלי, ופשט אחד ידיו ואחר יוצק על ידיו, ובא שני ופשט ידיו למטה ממנו סמוך ליד הראשון - דאז חשבינן כיד אחת, אבל במרוחקים הוי כמו נוטל במי רחיצת חבירו, **וקילוח יורד על ידו של ראשון ולידו של שני שלמטה ממנו, ידי שניהם טהורות, אף על פי שפיחת שיעור הרביעית כשהם מגיעים לידיו של שני, ידיו טהורות מפני שהם באים משיורי טהרה.**

[ג]ויש מתירים אפי' כשנוטלים זה אחר זה - ר"ל שנוטלין לגמרי בפני עצמן כל אחד ואחד, ולדעה זו ג"כ דוקא כשבאו ליטול בבת אחת, אלא דהשני המתין עד שיטול הראשון, **אבל** כשבא השני אחר זמן, לא מהני לפחות משיעור רביעית עי"ז.

באר הגולה

[א] ריש פ"ק דידים וחולין ק"ז [ב] רשב"א ורמב"ן [ג] כ"כ רשב"א ‹הוא באמת דעת הרבה פוסקים, רש"י ותוס' ור"ש וסמ"ג ורא"ש ורי"ו וטור – בה"ל. וכן פי' הרע"ב›

הואיל ובשעה שהתחיל האחד ליטול מהם היה בהם רביעית, גם לשני זה עולים, מפני שבאו משיורי טהרה - אך לדעה זו צריך הראשון לשפוך על ידיו שתי פעמים, ולצמצם בנטילתו, כדי שישאר גם לשני שיעור כדי שיוכל ליטול את ידיו, משא"כ לדעה ראשונה, צריך שישפוך הראשון כל הרביעית מים על ידיו.

ובשעת הדחק יש לסמוך להקל כדעה זו, דהוא דעת הרבה פוסקים.

(**ודע** דיש מחמירין לגמרי, [הוא דעת הראב"ד ורבינו יונה], וס"ל דלעולם צריך רביעית מים לכל אחד, ולא מהני המעלה דשיורי טהרה, אלא לענין שאין צריך שיהיה בכלי רביעית שלמה כשבא השני ליטול ידיו, **דאף** דבעלמא אינו מטהר במכונס פחות משיעור רביעית, אבל כאן שמתחלה היה רביעית בכלי, ובאו ליטול בבת אחת, חשיב כאילו נטלו שניהם משיעור רביעית, **אבל** צריך ליטול עוד מים שניים בשביל שניהם, להשלים עד שיעור רביעית לכל אחד, **ורש"ל** פסק כן להלכה, וכן משמע בא"ר דיש להחמיר בזה כמותם, וכן משמע בביאור הגר"א, **ומ"מ** בשעת הדחק בודאי יש לסמוך להקל כדעת היש מתירין).

[ד]**ועל דרך זה נוטלים מחצי לוג לג' ולד', ומלוג לכמה בני אדם** - ר"ל שמותר ליטול זה אחר זה אפילו בכמה אנשים, ומטעם הנ"ל, [**ונראה** שדברי השו"ע מתפרש גם לדעה קמייתא, ובאופן שלא נפסק הקילוח, **ומש"כ** "וה"ה שיכולים וכו' או זה על גב זה", ר"ל שמניחים לכתחילה כולם ידיהם בעת תחילת הנטילה, משא"כ מעיקרא מיירי, שבעת היציקה פשט השני ידיו למטה מן הראשון, וכן כולם].

וא"ת כיון דברביעית סגי לשנים, א"כ רביעית ומחצה סגי לשלשה, י"ל שחשו חכמים כיון דנפישי גברי, לא ידקדקו יפה ליטול עד הפרק, שכל אחד יצמצם המים שישאר לחבירו, לכן אסורים ברביעית ומחצה, [**והא** דלארבעה די חצי לוג, וכן לוג לכמה בני אדם, ולא חיישינן לזה, י"ל דבשיעור גדול תו לא חיישי הראשונים כלל בעד האחרונים], **ובדיעבד** אם נטל האחד מחצי רביעית, יוכלו ליטול שני האחרונים מרביעית הנשאר.

כל זמן שמספיקים המים לשפוך כל אחד על ידיו ג' פעמים - בטור כתב שני פעמים, דעיקר הנטילה משום טהרה הוא שני פעמים, **ורק** אם יש עליהם לכלוך החוצץ, צריך ליטול פעם אחת מקודם להעביר הלכלוך, כדלקמן בסימן קס"ב.

[ה]**(וס"ס) שיכולים להניח ד' וה' ידיהם זה בצד זה** - ואין מטמאין זה מזה בנגיעתן, דכולם כיד אחת חשיבי, ודי בזה ג"כ ברביעית לשנים, ובחצי לוג לג' וד', ובאופן השפיכה, דהולך השמש ויוצק מים על כולם, **ומסתברא** דדעה הראשונה מקלת ג"כ בזה.

או זה על גב זה, וליטול כאחד - ולא אמרינן דנטמאו המים מידו של ראשון, דכולם כיד אחת חשיבי וכנ"ל.

ובלבד שירפו ידיהם בענין שיגיעו המים לכל אחד - היינו שלא ידחקו זה על זה.

משנה א' (2)

מוסיפין על השניים, ואין מוסיפין על הראשונים.

ר' עובדיה מברטנורא

מוסיפין על השניים ואין מוסיפין על הראשונים - דין נטילת ידים, שצריך ליטול ידיו עד הפרק, ולאחר שנטל ידיו בשטיפה אחת, אע"ג דידיו טהורות אם קנח אותם במפה, מ"מ אם חוזר ונוגע במים שעל המפה, ידיו טמאות, ואם נגע בהן ככר של תרומה, נטמא, ולכך אורחיה דעביד שטיפה אחרת במים שניים, לטהר המים הראשונים שעל גבי ידיו. **והשתא** קאמר, דאם נתן המים שניים ולא הגיעו לפרק, יכול להוסיף עליהם ולשפוך מים במקום שלא שפך שם תחילה, ויטהרו המים הראשונים שעל גבי ידיו, **אבל** על הראשונים אם לא הגיעו לפרק, אינו יכול להוסיף, אלא צריך לנגב ידיו, ולחזור ולשפוך בבת אחת מים שיגיעו לפרק.

סימן קסב ס"ג- [ו]**נטל מקצת ידו** - שבפעם אחת לא הגיעו המים עד הפרק, שהוא שיעור הנטילה, ובא להשלים הנשאר מידו אח"כ, כשכבר ניגב קצת משפיכה הראשונה, ולא נשאר עליה מים טופח ע"מ להטפיח, **וחזר והוסיף ונטל הנשאר מידו** - אבל אם בהוספה הטיל מים על כל היד, שפיר דמי, **הרי ידו טמאה כמו שהיתה, דאין נטילה לחצאין** - ר"ל דאין דרך נטילה בכך, וצריך ליטול מחדש על כל היד כדין נטילה, [היינו או שישפך רביעית על כל יד, או שישפך מים ראשונים ושניים], [ז]**ואין** צריך לנגב מתחלה.

באר הגולה

ד **שם בריש פ"ק דידים לפי' הרא"ש והר"ש** ‹"ולמאה", גוזמא קאמר, כלומר כל זמן שמספיקים המים לשפוך על ידים פעמים - רא"ש› ה **שם פ"ב** ‹מ"ג›
ו **רפ"ק דידים לפי' הרא"ש והר"ש** ‹וכמו שפי' הרע"ב› ז ‹מה שהצריך הרע"ב שינגב ידיו מנטילה ראשונה, כ"כ הר"ש והרא"ש וב"י סי' קס"ב בשם הרשב"א, **אבל** הטור לא הזכיר שינגב ידו, אלא כתב שהשפיכה ראשונה כמאן דליתא, וצריך ליטול שפיכה אחת עד הפרק. **ונראה** טעם הפוסקים דמצרכי ניגוב, כיון שנטמאו המים הראשונים שהנטילה היתה שלא כדין, הרי המים חשיבי כצרור וקיסם ואין המים מטהרין מה שע"ג צרור וקיסם, כדלקמן פ"ב מ"ב. **והטור** ס"ל דהכא שאני, דכולה כחד נטילה חשיבי, וכי היכי דס"ל להרמב"ם, דאם יש בנטילה הראשונה טופח להטפיח יכול להוסיף, דכולא חדא נטילה היא, ואע"פ שכל הפוסקים לא הזכירו הך דטופח להטפיח מהני, בהא אפשר דמודו, נהי דלהוסיף למקום שלא הגיעו שם מים מתחלה לא מהני, אבל כשנוטל אח"כ כל היד, שפיר מהני - משנה אחרונה›

[ח]**ואם עדיין יש על מקצת היד שנטל בתחילה טופח על מנת להטפיח, הרי זו טהורה** - היינו שנשאר עליה מים כ"כ, שהנוגע בה ירטב ידו, עד שיוכל להטפיח למקום אחר, ע"כ אמרינן דלא כלתה עוד נטילה הראשונה, ומצטרפין יחד, דהוי כנטילה אחת.

יש מאחרונים שכתבו, דדוקא בדיעבד אין צריך לחזור וליטול, אבל לכתחלה צריך ליטול בבת אחת כל היד, **ולאו** דוקא בשפיכה אחת, אלא אפילו בשתי שפיכות, כל שלא שהה בינתים כלל, כשפיכה אחת דמי, [**ובאמת** כמעט א"א שבקילוח אחד יגיע המים לכל האצבעות והיד, במקום שצריך נטילה], **וע"כ** אם נוטל ממי האנדפאס, ע"י הצנור שקורין קרא"ן, או הענדי"ל שפיו צר, וצריך לפתחו ולסגרו בכל שפיכה ושפיכה, כדי שיבואו המים מכח גברא, מ"מ ע"י זמן קצר כזה לא מקרי הפסק, **ומ"מ** אם יש לו כלי אחר, טוב שלא יטול מכלי כזה.

בד"א במים ראשונים; אבל בשניים, נוטל מקצת ידיו וחוזר ומוסיף על מקצתן - ר"ל אף שנגב מקצת היד לגמרי, יוכל להוסיף על מקצת השני, דאלו המים אינם באים לעצם הנטילה של הידים, רק לטהר את המים הראשונים.

משנה ב' (1)

בכל הכלים נותנין לידים, אפילו בכלי גללים בכלי אבנים בכלי אדמה.

ר' עובדיה מברטנורא

בכלי גללים - כלים עשויין מגללי הבקר, דלא חשיבי כלים לענין טומאה.

סימן קנט ס"א - [ט]**וכל הכלים כשרים** - היינו בין של עץ או עצם או זכוכית, וכן כלי עור שמיוחדין לקבל משקה, וכדלקמן בס"ד ע"ש, **אפילו כלי גללים (פי' כלים עשויים מרפש בקר ועפר), וכלי אבנים, וכלי אדמה** - היינו טיט שאין נצרף בכבשן, רק בחמה וכדומה, **אבל** כשנצרף בכבשן, הוא כלי חרס המוזכר בתורה לענין קבלת טומאה.

והיינו אף דכל אלו אינם חשובים כלי כלל לענין קבלת טומאה, אפילו מדברי סופרים, עכ"פ כלים הם וכשרים לענין נט"י.

משנה ב' (2)

אין נותנין לידים לא בדפנות הכלים, ולא בשולי המחץ, ולא במגופת החבית.

ר' עובדיה מברטנורא

לא בדפנות הכלים ולא בשולי המחץ - משום דשברי כלים נינהו.

ולא במגופת החבית - דלאו להשתמש בתוכה עבידא, אלא כיסוי לחבית.

סימן קנט ס"ג - [י]**כלי שמחזיק רביעית כשסומכים אותו, ואם לא יסמכוהו, ישפכו המים ולא ישאר בו רביעית, אינו כלי** - לאו דוקא שמחזיק רביעית, דה"ה אם מחזיק הרבה יותר מרביעית ע"י סמיכה, אינו אסור אא"כ ישפכו המים ולא ישאר בו רביעית כשלא יסמכוהו, **אבל** אם ישאר בו רביעית אחר שפיכה, לא נתבטל משם כלי.

והיינו כשלא היתה תחלת תיקונו כך, דאם היתה תחלת תיקונו כך, הלא חשיב כלי, וכדלקמן בס"ה, **אלא** מיירי כשנפחת אח"כ קצת ממקום מושבו, שאינו יכול לישב עי"ז שלא ע"י סמיכה, **או** שהיה כלי כעין מגופה, דאף אם נעשה מתחלה כך אינו חשיב כלי וכדלקמיה. ‹אבל כשמחזיק רביעית כשרה›, [יא]בטור וב"י איתא, דה"ה בשבר כלי שהוא מחזיק רביעית שלא במסומך, כגון חבית שנחלקה לארכה, שהיא מקבלת על דופנה רביעית שלא במסומך, **אך** י"א דאפילו לדידהו אין להקל בזה אא"כ יחדה לתשמיש, [מ"א בשם התוס'. **ומה** שכתבתי בשם י"א, משום דהפמ"ג כתב דמר"ש ורמב"ם משמע דלא ס"ל כן], **ועיין** במ"א שהאריך בזה והעלה, דאין להקל בזה בכל גווני, דהואיל והיא שבר כלי, לא חשיבא כלל, וכן הוא דעת הגר"א בבאורו.

וכ"ז דוקא בדפנות הכלי וכנ"ל, אבל כלי שנפחתה מלמעלה ויכולה לעמוד על שוליה שלא במסומך ולקבל רביעית, נראה דיש להקל ליטול בה אם אין לו כלי אחר, **אך** שיזהר ליטול בה במקום שנפחת ששם הכלי נמוכה, דבשפה אחרת שהכלי גבוה, כמה אחרונים מחמירין,

באר הגולה

ח רמב"ם בפי"א ה' מקואות מסוגיא דגיטין ט"ו ט פ"ק מסכת ידים י **חולין ק"ז לפירוש התוס'** יא ‹בריש מסכת ידים תנן: אין נותנין לידים לא בדפנות הכלים ולא בשולי המחץ ולא במגופת החבית וכו'. ופירשו הר"ש והרא"ש ורבינו עובדיה, דטעמא דלא בדפנות הכלים ושולי המחץ, דשברי כלים נינהו. וכתב מרן בב"י, דדוקא כשאין מחזיקין רביעית שלא מסומכין, אבל אם שברי כלים מחזיקין רביעית שלא מסומכין, נוטלים מהם - ברכי יוסף›

וס"ל דלא חשיבא כלי, כיון שאין הכלי מחזיק המים במקום ההוא, שנשפכין דרך הצד שנפחת, **ואם** בכלי זה ניקב אח"כ נקב קטן, אפילו רק כמוציא משקה בלבד, יש להחמיר שלא ליטול בו שוב כלל.

הלכך מגופה של חבית שהיא חדה - היינו שהיא חדה למטה במקום שיושבת בפי החבית, ולמעלה על גבה יש בה חלל לקבל, **ואינה מקבלת רביעית שלא מסומכת, אין נוטלים ממנה** - וה"ה בכיסוי כלים שהם חדין, ואין מקבלין רביעית שלא ע"י סמיכה, אסור אא"כ תקנן, [תוס' ואור זרוע ומרדכי].

ואף דהיא נעשית מתחלה חדה, מ"מ לא נחשבה ככלי שתחלת תיקונו כך, המבואר בס"ה דמותר, משום שלא נעשית מתחלה בשביל לקבל בה משקין, רק עיקרה לכיסוי הוא.

ואם הרחיבה מלמטה עד שמקבלת רביעית כשהיא יושבת שלא מסומכת, נוטלים ממנה - ולא דמי לשק וקופה המבואר בס"ד, דמחמירין שם דלא מהני אף אם תקנן לשבת בלא סמיכה, משום דבזה עכ"פ משתמשין בה לפעמים לקבלת משקין.

ואם היו רחבים מתחלה ומקבלין רביעית, כשרים, משום דמשתמשין לפעמים בהן ג"כ לקבל, **ויש** מחמירין בזה, אא"כ יחדן בהדיא לקבלה.

משנה ב' (3)

ולא יתן לחבירו בחפניו.

ר' עובדיה מברטנורא

בחפניו - שלא ימלא חפניו מים וישפוך על ידי חבירו.

סימן קנט ס"ו - [יב]לא יתן מים לחבירו בחפניו - ואפי' היו ידיו טהורות, **שאין נוטלים אלא מן הכלי.**

[יג]והוא הדין אם נטל ידו אחת מהכלי, ושפך ממנה לידו אחרת, דאינו כלום - היינו אחר שכבר נגמר הנטילה מיד האחת, שפך מהמים הנשאר תוך פיסת ידו על היד השניה, **להכי** אינה כלום, דלא באה הנטילה מהכלי, [**ואפי'** אם נתכוין בעת נטילת הראשונה שישפוך המים גם על יד השניה], **ואם** החזיק הידים זו תחת זו, ושפך אחד על היד העליונה, וממנה ממילא נשפך גם על היד השניה שתחתיה, נטהרה עי"ז, וכדלקמן בסימן קס"ב ס"ה, דנטילה אחת הם.

ור"ת מתיר בזו, [יד]כיון שתחלת נטילה לידו אחת היה מן הכלי, והוא שהיתה ידו הראשונה טהורה - דמבואר לקמן בסי' קס"ב, דמים הראשונים ששופכן על ידו לשם נטילה, הם עצמן נטמאו בנגיעתן בידיו, ואח"כ אם ישפוך מיד אחת על ידו השניה, לא יטהרו אותה, כיון דהמים עצמן טמאים הם, **ולכן** כתב שהיתה ידו הראשונה טהורה, שאז לא נטמאו המים ששפך עליה.

כגון ששפך עליה רביעית בבת אחת - ובכגון זה אף שהיתה טמאה, נטהרה ידו בשפיכה אחת, וגם המים עצמן לא נטמאו, דרביעית בבת אחת עשוה כמקוה המטהרת, שגם המים טהורים הם, כדלקמן בסימן קס"ב, ולכן יכול לשפוך ממים אלו גופם שנתקבץ לתוך פיסת ידו, על יד השניה, **מיהו** זה דוקא אם שפך הרביעית על ידו כראוי, דהיינו כדין נטילה על כל היד מבפנים ומבחוץ, דאילו שפך כולה רק לתוך פיסת ידו, אין זה נטילה כראוי, וידו הראשונה עצמה טמאה, וגם המים נטמאו בה.

(עיין בביאור הגר"א שמשיג ע"ז, ודעתו, דלר"ת מותר בכל גווני, **אך** לדינא אין נ"מ כ"כ, דבלא"ה העיקר כדעת האוסרים).

(**"ור"ת מתיר בזו", ר"ל בדין השני ולא בדין הראשון, אכן מצאתי פלוגתא בענין זה, דדעת הלבוש וע"ת, דבדין הראשון אסור גם לר"ת, אף אם ידיו של חבירו היו טהורות מקודם, דהיינו שנטלן ע"י כלי, כיון דלגבי האיש הזה לא היה נטילה כלל מעולם בכלי,** ‹וז"ל המגן גיבורים: דר"ת לא התיר אלא כשהוא עצמו נוטל בידו אחת מן הכלי, ונותן על השניה, אבל לקבל מחפני חברו, אף בכה"ג אסור, שכבר נתבטל כח הכלי מיד שבא בחפני חברו›, **ודעת הגר"א, דלר"ת אם היו ידיו של חבירו [טו]טהורות מקודם, מהני דבר זה גם לדידיה, שיוכל ליתן על ידו בחפניו, וכן משמע בשב"ל,** ‹דאפי' בשני בני אדם, אם הראשון נטל ידיו מן הכלי, יוכל ליתן לחבירו בחפניו – דמשק אליעזר›.

כתבו האחרונים, דעכ"פ לא התיר ר"ת אלא רק לשפוך מיד זו לחברתה, אבל לא לשפשף וליגע, דאם ישפשף ויגע בה, אף שהיא טהורה, הלא תהיה נטמאת בנגיעתה בחברתה.

הגה: ונהגו להקל כדברי ר"ת, אבל הסברא הראשונה היא עיקר - וכן הוא דעת שאר פוסקים דלא כר"ת, **ולכן יש להחמיר לכתחלה** - ורש"ל החמיר אף בדיעבד, **וגם** לדעת רמ"א הוא דוקא בשעת הדחק, אבל בנזדמנו לו מים, יטול שנית ובלי ברכה.

באר הגולה

יב פ"ק דידים **יג** מרדכי **יד** ‹ואינו דומה לנוטל מחפניו של חבירו, שלא מכח כלי בא ליד זה כלל – ב"י› **טו** ‹וזהו דעת הגר"א רק בביאור דעת השו"ע אליבא דר"ת, אבל הגר"א גופיה פליג על השו"ע, וס"ל דלר"ת א"צ שיהיו ידי חבירו טהורות מקודם, כמובא בבה"ל לעיל – קונטרוס דין ודברים›

משנה ב' (4)

מפני שאין ממלאין ואין מקדשין ואין מזין מי חטאת, ואין נותנים לידים, אלא בכלי; ואין מצילין בצמיד פתיל אלא כלים; שאין מצילין מיד כלי חרש אלא כלים.

ר' עובדיה מברטנורא

שאין ממלאים - מילוי מים חיים לקדש בהן מי חטאת של אפר פרה, דכלי בעינן, דכתיב (במדבר י"ט) מים חיים אל כלי.

ואין מקדשים - נתינת האפר על גבי המים.

ואין מזין - שטובל האזוב בכלי כדי להזות.

צמיד פתיל - שברי כלי חרס שהקיפן צמיד פתיל, ומונחין באוהל מת, אין מצילין על מה שבתוכן.

שאין מצילין - כמו ואין מצילין, ודוגמתו בפרק קמא דביצה, שאפר כירה מוכן הוא, ופירשו בגמרא, הכי קאמר, ואפר כירה מוכן הוא.

מיד כלי חרס - אם נפל שרץ בתוך כלי חרס, נטמא כל מה שבאוירו, חוץ מכלים ואדם שאין מיטמאין מאויר כלי חרס, דכתיב (ויקרא י"א) כל אשר בתוכו יטמא מכל האוכל אשר יאכל, אוכלים ומשקין מיטמאין מאויר כלי חרס, ואין אדם וכלים מיטמאין מאויר כלי חרס, ור"ל דאף האוכלין שבתוכן טהורים, משום תוך תוכו - תוס' חדשים, **ואם** שברי כלים נתונים בתנור של חרס ושרץ בתנור, אין השברים מצילין על האוכלים שבתוכן.

סימן קנט ס"א - טז"אין נוטלים לידים אלא בכלי - דאסמכינהו רבנן על מי חטאת, [היינו קידוש מי חטאת באפר פרה, דבעינן כלי, דכתיב: מים חיים אל כלי], **או** על קידוש ידים ורגלים במקדש, דבעי כלי.

משנה ג' (1)

המים שנפסלו משתית הבהמה, בכלים פוסלים, ובקרקעות כשרים.

ר' עובדיה מברטנורא

שנפסלו משתיית בהמה - כגון מחמת סרחון, אבל שנפסלו מחמת טיט, אפילו בקרקע פסולים.

בכלים פסולים - דלא תקון רבנן נטילה אלא בראויין לשתיית בהמה.

בקרקע כשרים - להטביל הידים, דהא מקוה נינהו וכל גופו טובל בהן, ידיו לא כל שכן.

סימן קס ס"ט - יז"מים מלוחים או סרוחים או מרים שאין הכלב יכול לשתות מהם, פסולים לנטילת ידים - דכיון שהם סרוחים כ"כ, שאפילו הכלב אין יכול לשתות מהם, הוי כאילו נתבטל מתורת מים, ופסלוה רבנן לנט"י.

(הנה בגמרא (זבחים כ"ב) איתא, אם הפרה שוחה ושותה מהם, ומשמע לכאורה דאפילו הכלב יכול לשתות, כל זמן שאין הפרה יכול לשתות, פסולים לנט"י, וצ"ע).

אע"פ שכשרים למי מקוה לטבילה - וה"ה לטבילת ידים, דלא עדיף מטבילה, גמרא (חולין ק"ו).

(הנה הרבה פוסקים כתבו, דגם בזה הוי כמו בחמי טבריה, דאם אפסקינהו לגומא שאין מחזקת ארבעים סאה, גם לטבול בתוכן פסולין לכו"ע, דהא גם שם הטעם משום דאינם ראויים לשתיית כלב, וכנ"ל, מיהו אם מחוברין להמים שבמעין, או למקוה שיש בה מ' סאה, יש לסמוך להקל בזה כדעת רבינו יונה הנ"ל (ס"ז), דלרי"ף ורמב"ם משמע דמותר בזה בכל גווני, וכן היקל בא"ר, (דכיון שפסולן ניכר, לא גזרינן אטו כלי - שם).

מי הים, אם הרתיחו אותן, חזרו להיות ראויין לשתיית כלב, וכשרין לנטילה, ולטבול בתוכו לעולם מותר, וכמו בכל מים מלוחין.

יח"ואם הם עכורים מחמת טיט שנתערב בהם, אם הכלב יכול לשתות מהם - דהיינו שאין עב כ"כ, **כשרים בין לנטילת ידים בין למקוה** - ומחמת שינוי מראה אין לפסול, דדרך המים כן הוא, **ואם אינו יכול לשתות מהם, פסולים לשניהם.**

באר הגולה

טז חולין ק"ז | יז פ"ק דמס' ידים והרי"ף בפ"ח דברכות | יח זבחים כ"ב

משנה ג' (2)

נפל לתוכן דיו קומוס וקנקנתום ונשתנו מראיהן, פסולין.

ר' עובדיה מברטנורא

קומוס - גומ"א בלע"ז.

וקנקנתום - ודריאול"י, ומזהיר כעין זכוכית.

סימן קס ס"א - [יט]מים שנשתנו מראיהן, בין מחמת עצמן - כגון שעמד בכלי זמן רב, עד שנעשה ירוק ע"י האויר החם.

והנה המחבר העתיק זה מלשון הטור, אבל ברמב"ם לא נזכר לפסול אלא בנשתנה מחמת דבר אחר, וכן הוכיחו האחרונים, **והסכימו** לדינא דמותר בנשתנו מחמת עצמן.

בין מחמת דבר שנפל לתוכן - כגון דיו ושארי מיני סממנים וצבעים, ואף שלא נימוח גוף הצבע בתוכן, אלא שעל ידי שרייתן נשתנה המראה, **וה"ה** אם נשתנה ע"י עשן ושום דבר, דרק מחמת עצמן כשרים, **אכן** מה שנשתנה ע"י עפר וטיט שנתערב בתוכו, לא חשיב שינוי מראה, וכדלקמיה בסעיף ט', משום דדרך גידול המים הוא כן, להיות מעורב בעפר וטיט, **וגם** דלבסוף כשישהו אותן, דרכן לצול, ועיין לקמיה בס"ט.

[כ]בין מחמת מקומם - בין שנשתנו כשהיו עומדין בקרקע, ובין אח"כ כששאבן בכלי ונשתנו ע"י הכלי. [**ואם** עמד במקום מעופש, עד שעי"ז נתקלקלו המים ונשתנה מראיתן, אפשר דהוי בכלל נשתנו מחמת מקומן].

פסולים - וילפינן זה ממים של כיור שהיה לקידוש ידים במקדש, דפסולין בשינוי מראה, **ואם** חזרו לברייתן, כשרים.

ודע, דמה שנפסלין המים בשינוי מראה כל דהו, הוא דוקא כשנוטל בכלי על ידיו, אבל בטובל ידיו במ' סאה, אינו פוסל מחמת שינוי מראה כל דהו, **וכמו** בטבילת הגוף, דאינו נפסל המקוה מחמת שינוי מראה, **אלא** א"כ נפל בתוכו גוף הצבע ונימוח בתוכו, או משקה כגון יין אדום, וכיו"ב שאר מי פירות, וכמבואר ביו"ד, **ובמעין** אינו פוסל שינוי מראה כלל, כמבואר שם.

משנה ג' (3)

עשה בהם מלאכה או ששרה בהן פתו, פסולין. שמעון התימני אומר, אפי' נתכוין לשרות בזה ונפל לשני, כשרים.

ר' עובדיה מברטנורא

עשה בהן מלאכה או ששרה בהן פתו פסולין - משום דבטלן ונשתנו מתורת מים.

אפילו נתכוין לשרות בזה - בתמיה, וכי אפילו נתכוין לשרות פתו במקום אחד ונפל במקום אחר, יהיו פסולים, והלא לא נתכוין ולא בטלם, אלא ודאי כשרים. **ואין** הלכה כר' שמעון התמני.

סימן קס ס"ב - [כא]עשה במים מלאכה, ‹פסולים› - דכשאדם עושה במים דבר שיש לו צורך, נעשו כשופכין העומדים לשפיכה, ופסולים לנטילה.

או ששרה בהם פתו - דחשיב זה מלאכה, ונעשו המים שופכין, **ואפילו** אם שרה בהן אחר, שאינו בעל המים, וכן בשארי מלאכות, אין חילוק בין הוא עצמו לאחרים, **אכן** בחידושי רע"א מסתפק בכל זה.

[כב]אפילו נתכוין לשרות בכלי זה ונפל לשני, פסולים - כיון דעכ"פ נתכוין לשרות פתו במים, **אבל** אם לא נתכוין כלל לשרותו, ונפל מעצמו במים, כשרים, דלא שוינהו כשופכין, **וה"ה** אם נפל כלי במים והודח שלא במתכוין.

אם נפל בגד לתוך המים והוציאו משם, לא נפסלו המים, כיון שלא נתכוין, וכמו בפת, **אבל** המים שמיצה מהבגד פסולים, [**ואם** היה הבגד מלוכלך הרבה, ושהה בתוך המים, ועי"ז נמאס המים, אפשר דהוא בכלל שופכין, וכמו בשתה כלב לקמיה בס"ד במ"ב].

[כג]ואם צינן יין במים, פסולים - דחשיב מלאכה, שע"י המים נצטננו, **ואם** היה היין צונן, ונתן לתוך המים רק שלא יתחממו מחום היום, כשרין, **וה"ה** אם נתן בתוכן דגים חיים שלא ימותו, דכל זה לא

באר הגולה

| יט | בפ"ק דמס' ידים | כ | הרמב"ם | כא | שם בפ"ק דידים | כב | ‹דלא כשמעון התימני שם - גר"א› | כג | הרא"ש בפירוש מסכת ידים |

מקרי מלאכה, דאין המים פועלים בהם, רק ששומרים אותן, **ואפילו** אם מת הדג אח"כ, לא נפסלו המים.

וה"ה שאר מלאכות ‹נמי פסולים›, כגון שנתן בהם כלים שנתבקעו בימות החמה, כדי שיתכווצו, או שמדד בהן מדות, **וכן** אם היו עומדין המים בכלים שיש בהם שנתות בשביל משקל, דהיינו שיש בהן חריצין לסמן לליטרא ולשני ליטראות, דכשנותנין בתוכן הדבר שרוצין לשקל, עולה המים עד החריצין, ושקלו בתוכן איזה דבר, חשיב נמי מלאכה ופסולין.

ואם נתן בתוך המים דבר שמריח, כתב בשל"ה לאסור, **אבל** האחרונים הסכימו דאין בו איסור כלל, דאינו עושה מלאכה בהמים, אלא בא להשביחן.

משנה ד'

<u>הדיח בהם את הכלים או שמיחה בהם את המדות, פסולים; הדיח בהם כלים מודחים או חדשים, כשרים. ר' יוסי פוסל בחדשים.</u>

ר' עודיה מברטנורא

<u>או שמיחה בהן את המדות</u> - לחלוחית שנדבקה בהן, ואינה יוצאה אלא בדוחק. להכי תני לשון מיחוי, כמו מיחוי קרביו דתנן בפסחים פרק אלו דברים.

<u>פוסל בחדשים</u> - דאע"פ שהם נקיים, אין רגילות להשתמש בהם עד שידיחום תחילה. **ואין** הלכה כר' יוסי.

סימן קס ס"ב - [כד]**ואם הדיח בהם כלים** - מדבר הדבוק בהן, או כדי שיסתלק מהן הריח, **פסולים** - וה"ה אם הדיח בהן ירקות - רי"ו.

ואם היו כלים מודחים או חדשים, כשרים - ואם היה בהן עפרורית, א"כ יש צורך בהדחתן, פסולים.

ומשמע מרי"ו לכאורה, דאם הדיח ירקות שהיו מודחים ונקיים, כשרים המים, דלא מקרי מלאכה כלל, דומיא דכלים - מ"א, **ומ"מ** אם שרה בהן הירקות שלא יכמשו, דעת המ"א ועוד איזה אחרונים, דמיקרי מלאכה ופסולין, [**והטעם**, דהמים מוסיפין לחלוחית בהירקות, ומשום זה אינם נכמשים, ולכן פסול אף בדיעבד], **ויש** מקילין בדיעבד אם הם לחים ונקיים מעפרורית, ונתנם רק שיעמדו לחלוחית שבהן, **ואם** יזדמן לו אח"כ מים, נכון ליטול שנית ובלי ברכה.

אם ניסה במים הכלי אם ניקב, שיזובו המים או לא, יש לדון דלא מקרי נעשה בהם מלאכה, דאין המים עושין שום פעולה, וגילוי מילתא בעלמא היא, כ"כ בחידושי רע"א, **ומ"מ** מסיק שם דצ"ע לדינא, **ובברכ"י** בשם בית דוד מחמיר בזה.

[**ואם** נותן מים בכלים חדשים כדי שישבעו מבליעת המים, ולא יבלעו שוב משקה שיתנו בה אח"כ, צ"ע אם זה מקרי מלאכה לענין שיהא שוב אסור ליטול בהם כששופך המים מהכלי, דהא המים שנשארו לא נעשה מלאכה, **או** אולי היה על ידן צורך להכלי, דע"י מלוי המים שבע הכלי מהבליעה, **אח"כ** מצאתי בברכ"י בשם בית דוד שמחמיר בזה].

משנה ה' (1)

<u>המים שהנחתום מטביל בהם את הגלוסקין, פסולים. וכשהוא מדיח את ידיו בהן, כשרים.</u>

ר' עודיה מברטנורא

<u>גלוסקין</u> - ככרות לחם נקי וטהור.

<u>ואם הדיח בהן ידיו</u> - וטח את הגלוסקין בידו.

<u>כשרים</u> - המים שבכלי לנטילה, שלא נעשית מלאכה במים שבכלי, אלא במים שלקח בחפניו.

סימן קס ס"ב - [כה]**ואם הטביל בהם הנחתום הגלוסקין (פי' ככרות לחם)** - מיני עוגות, שלאחר עריכתן דרך לטוח פניהם במים, ופעמים טובלין אותן בהמים, ופעמים שטובל ידיו וטח על פניהם, ‹ואם הטביל אותן בהמים›, **פסולים.**

[כו]**אבל אם טבל ידיו במים וטח פני הגלוסקין, או שחפן מהם בחפניו** - זו ואין צריך לומר זו, **המים הנשארים** - בכלי, **לא נעשה בהם מלאכה** - אבל אלו שבחפניו אם טח בהן פני הגלוסקא, הרי נעשה בהן מלאכה.

באר הגולה

כד משנה ד' וה' שם בפ"ק | כה ‹משנה ד' וה' שם בפ"ק› | כו ר"ש שם בפי' המשנה ‹והרע"ב›

ולפיכך כשרים אם לא נשתנו מראיהן - דטבילת ידים לחוד לא הוי מלאכה, וגם אין נמאסין המים בטבילת ידים, [דבנמאסין יש לפסול], ולכן לא הוי כשופכין, **ואף** אם לא היו הידים נטולות, לא נטמאו המים בנגיעתן, כדלקמיה בסעיף י"א.

[כו]**(וכ"כ מים שהנחתום מדיח ידיו בהם מן הבצק הדבק בידיו) (ב"י בשם ר' ירוחם)** - דסתם ידים העוסקים בעיסה נקיים, ואין בהם לכלוך, והוי כהדחת כלים מודחים דלעיל, **ומחמת** הבצק צ"ל דלא חשיב להם מלאכה, ואפשר משום דיכול להסירם גם בלא הדחה.

וט"ז חולק על דין זה, והוכיח דהרמב"ם ס"ל דחשיב זאת מלאכה גמורה, דמדיח ידיו מן הבצק, וכן פסק רש"ל, וכן הסכימו שארי אחרונים.

משנה ה' (2)

הכל כשרים ליתן לידים, אפילו חרש שוטה וקטן.

סימן קנ"ט סי"א - [כח]**הכל כשרים ליתן מים לידים, אפי' חרש שוטה וקטן** - דאינם בני דעת, **עו"ג ונדה** - אף דבנוטל ידים לתרומה אסור על ידיהם, דמטמאין המים במשא, נדה מדאורייתא, ואידך חכמים גזרו עליהם טומאה, בנטילה לחולין לא גזרו, **וי"א** משום דבזמנינו תמיד כל המים טמאין, שכולנו טמאי מתים, לכן לא חשו לזה, **וכתבו** האחרונים, דמ"מ לכתחלה טוב ליזהר שלא ליטול ידים מהם. **(ואיכא מאן דאמר דקטן פחות מבן ו' דינו כקוף) (הגהות אשירי פ"ב דברכות)** - המבואר לקמיה דיש פוסלין בו, והוא משום דקטן כזה אין בו דעת כלל, **ובביאור** הגר"א משמע דאין להחמיר בזה, ולא דמי לקוף דאין נוטלין ממנו, דלאו אדם הוא ולית כאן כח גברא, משא"כ בזה, ואף דאין בו דעת לא גרע משוטה.

[כט]**סימן קנ"ט סי"ג** - [ל]**ולכתחלה יכוין הנוטל לנטילה המכשרת לאכילה, (וכוונת נותן נמי מועיל אפי' לכתחלה, אפי' שלא כוון הנוטל כלל)** - ואם היה הנותן פחות מבן שש, משמע מהפוסקים דאין מועיל כונתו, [**ולענין** חש"ו אם מועיל כוונתם לחוד, יש לעיין בב"י].

והמ"א כתב לפסול אף בדיעבד אם לא כוונו כלל, **אבל** הגר"א הסכים כהסוברין דבלא כונה כשר, וכן הוא דעת רוב הראשונים, **ובדיעבד** בודאי יש להקל כשאין לו מים ליטול שנית כדעת המחבר, אח"כ מצאתי שכן כתב במאמר מרדכי, (**ואם יש לו מים, משמע מרמ"א** לעיל בסימן קנ"ח ‹ס"ז›, **דצריך ליטול ידיו שנית, אלא דלא יברך, ונראה** דטוב שיטמא ידיו, כדי שיתחייב ודאי בנטילה שניה, ויוכל לברך).

משנה ה' (3)

מניח חבית בין ברכיו ונוטל, מטה חבית על צדה ונוטל, והקוף נוטל לידים. ר' יוסי פוסל בשני אלו.

ר' עובדיה מברטנורא

מניח חבית בין ברכיו - וברכיו מסייען לשפוך, והיינו כח גברא, ומשום הכי לא פליג ר' יוסי בהא.

ומטה חבית על צדה - ואפילו הלך וישב לו אח"כ, והחבית שופכת מים כל היום כולו, מחמת הטייתו הוא, וחשיב כח גברא.

והקוף - חיה ששמה מונא (אפפע) בלע"ז, ויש לה ידים כידי אדם.

נוטל לידים - דכח נותן בעינן, כח אדם לא בעינן.

ר' יוסי פוסל בשני אלו - בקוף, ובמטה חבית על צדה. **בקוף**, משום דבעינן כח אדם וליכא. **ומטה** חבית על צדה, לאו כח גברא חשיב ליה. **ואין** הלכה כר' יוסי.

סימן קנ"ט ס"ט - [לא]**חבית שיש בה מים** - ורוצה ליטול שני ידיו כאחד, ואין לו אחר שיטול עליהם. **מניחה על ברכיו ונוטל ממנה לידים** - ומנענע בברכיו כל פעם שיצאו המים, והיינו לכתחלה, דבאופן זה כשר לכו"ע, דמכחו ממש באים בכל שפיכה ושפיכה, **מיהו** אף אם לא הטה אלא פעם אחת בתחלה, בדיעבד כשר, לפי מה שכתב המחבר לקמיה בס"י.

באר הגולה

[כז] ‹דרישא קתני מטביל את הגלוסקין, וסיפא קתני מדיח ידיו, ולא קתני מטביל את ידיו, משמע דאפי' מדיח ידיו לנקותן משיורי הבצק כשרין, וכ"כ ב"י שגם בזה כשרין, וכן פסק רמ"א סי' ק"ס – משנה אחרונה› **[כח]** **שם** ‹פ"ק דידים› **[כט]** ‹מילואים› **[ל]** **חגיגה י"ח** ‹דהרשב"א כתב דבעי כוונה, דכן מבואר בתוספתא, דבעינן כוונת נותן או כוונת נוטל, {**והא** דמשמע הכא דמודה בחרש שוטה וקטן, הנהו בני כוונה נינהו – ב"י}, **אלא** שהרב ב"י כתב דע"כ התוספתא מיירי לענין תרומה, אבל לחולין מבואר במסכת חגיגה דלא בעי כוונה כלל, {ולא פסק כהרשב"א ז"ל אלא בלכתחלה, מאמ"ר} – מחה"ש› **[לא]** **ספ"ק דידים**

[לב]**ואם היתה מוטה בארץ והמים מקלחים ממנה** - היינו שלא ע"י אדם, אלא מעצמה נתגלגלה, דאילו בא הקילוח מתחלה ע"י הטיית אדם, מכשיר המחבר לקמיה בס"י, דחשיב כח גברא, **או שעומדת והמים יוצאים דרך הנקב שבה** - שנעשה בשביל ברזא, ונפל הברזא, והמים יוצאין מעצמן, [דכן צ"ל לדעת הסמ"ג, דאוסר בנקב כל שהוא משום שבר כלי, אפי' ליטול דרך נקב], **ונתן ידיו שם, לא עלתה לו נטילה** - דצריך שיבואו על ידיו מכח איזה נותן, ולא שיבואו מאליהן.

(**בחידושי רע"א הניח בצ"ע על המחבר, דסתם בזה לאיסור, ולי"א בס"ח דלא קפדינן אכח גברא, גם בזה כשר, והמחבר כתב לעיל דבשעת הדחק יש לסמוך עליהם להקל, וברשב"א דהוא בעל הי"א ההוא, כתב בהדיא להתיר גם כאן, ולהלכה נראה דעיקר כפסק המחבר כאן, דהמרדכי פי' דעת הבה"ג, דמכשיר לטבול בתוך הכלי, הוא משום דחשיב זאת כח גברא מה שמשכשך ידיו בכלי, וכדבריו כתב גם הריטב"א, וכן מצאתי באשכול וברוקח, ולפי דבריהם הבה"ג אינו חולק כלל על שאר הפוסקים דמצרכי כח גברא, וכפשטיה דמימרא דרבא בחולין ק"ז, וא"כ לדבריהם בזה דהמים מקלחין מאליהן, לכו"ע אסור, והרשב"א יחידאה הוא דמתיר בזה, וע"כ אין להקל בזה וכפסק המחבר, ובפרט דגם בטובל בכלי, רש"ל והגר"א מחמירין אף בשעת הדחק, וכ"ש בזה, וכן סתמו האחרונים**).

ואם היתה ברזא (פי' דבר סותם הנקב, ספיג"ט בלע"ז) בנקב, והסירה וקבל המים על ידיו, חשיב שפיר כח גברא - כיון דע"י הסרתו מקלחין המים.

וצריך להחזירה ולהסירה בכל שפיכה ושפיכה - פי' בכל קלוח וקלוח, דלא חשבינן בזה בא מכחו אלא קלוח ראשון, וע"כ צריך לחזור ולהסיר בכל שפיכה ושפיכה.

(**ומ"מ נראה, דבדיעבד אם לא עשה כן, והוא חוזר ונוטל ידיו, לא יברך ענט"י, כי בביאור הגר"א מצדד, דלדעת הרמב"ם די אם השפיכה ראשונה בא מכח גברא**).

וכתבו האחרונים, דהנוטל ע"י כלי שמתוקן ע"י ברזל, שקורין תרנגול, או מה שקורין קראן, [**בין** שמסיר הברזל בעת הנטילה, או שמסבבו ומכוין הנקב - פמ"ג, **והמחה"ש** כתב, דאינו מותר רק כשמסיר הברזל ונוטל דרך שם], ‹דא"כ באים מים מכלי, משא"כ כשמסבבו, אותו חתיכת ברזל אין לה בית קיבול, ואין המים היוצאים על ידו בא מכלי - שם›, **צריך** לסגור ולפתוח כמה פעמים לכל יד ויד, דהוא דק, ואינו מספיק בקילוח ראשון ליטול יד כראוי.

סימן קנט ס"י - [לג]**אם הטה חבית מלאה מים והלך וישב לו, והחבית שופכת מים כל היום מחמת הטייתו, ונטל ידיו ממנו, עלתה לו נטילה** - ואפילו היכא שהמטה החבית היה אדם אחר, ולא כוון כלל בזה לנטילה המכשרת לאכילה, אפ"ה שפיר דמי, כיון דאדם הנוטל ידיו אח"כ כוון לשם נטילה, וכמבואר לקמן בסי"ג, דבכונת נותן או נוטל סגי.

ולא דמי למה שמבואר בס"ט, דכח גברא נחשב רק הקילוח ראשון לבד, ומטעם זה צריך להחזירה בכל שפיכה ושפיכה, **דהתם** לא עשה מעשה בגוף המים, ורק שהסיר הברזא המונע המים לצאת, ולכן לא חשיב בא מכחו רק קילוח ראשון היוצא מיד כשפותחו, **אבל** הכא שעשה מעשה בגוף המים, שהניע אותם ומחמת הטיתו נשפכין, כל זמן ששופכין מהחביות בקילוח לעולם חשיב בא מכחו.

וטוב להחמיר לכתחלה, (**המחבר** סתם בזה בלי שום חולק, וכן הסכימו האחרונים, {מ"א ‹עיין למטה בהערה› וא"ר וש"א, ועיין מש"כ בטעם המחבר דס"ל דכו"ע מודים בזה}, אבל הגר"א הוכיח דבמחלוקת שנויה, דהאוסרין בסי"ב בקוף, ה"נ בזה, דלדידהו לא חשבינן זאת לכח גברא, {דשני אלו הדינין נשנו במסכת ידים במחלוקת רבנן ור"י כמבואר בב"י}, וא"כ המחמירין שם ה"נ בכאן, והנה ברוקח כתוב בהדיא כמו דמפרש הגר"א, וכן הוא ברש"ל, וכן נראה מפשטיות לשון המשנה, וכן מסמ"ג ושארי הראשונים האוסרין, וע"כ נראה דלכתחילה טוב להחמיר בזה).

סימן קנט סי"ב - אם הקוף, (פי' מין חיה, סימי"א בלע"ז) - ויש בה קצת דעת לתשמיש, [**ובכסף** משנה נסתפק, אם דוקא קוף משום דבר תשמיש הוא קצת, או אורחא דמלתא נקט, וה"ה שאר בעלי חיים], **נותן מים לידים**, [לד]**יש פוסלים** - דאין כאן כח גברא, [לה]**ויש מכשירים** - ס"ל דלא בעינן שיבוא על ידיו רק מכח נותן, **ונראים דבריהם. (ומ"מ יש להחמיר)** - ובדיעבד כשר - מ"א, **ובא"ר** כתב, דגם בדיעבד יחזור ויטול בלי ברכה, אלא דאם אין לו מים, יש לסמוך על נטילה זו.

באר הגולה

[לב] **הרא"ש והמרדכי** [לג] **פ"ק דידים** ‹לכאורה צ"ע, למה לא כתב הפלוגתא גבי חבית דפליגי ת"ק ור"י, {**דבפ"ק** דמסכת ידים פליגי ת"ק ור' יוסי בהני תרתי, בחבית מוטה על צדה וקוף, דלת"ק בתרווייהו עלתה לו הנטילה, ור' יוסי פליג אתרווייהו. ופסק הרמב"ם כת"ק, והטור כר' יוסי, והן היש פוסלים ויש מכשירים שכתב השו"ע בסי"ב. ולכאורה לדעת הטור דפסק כר' יוסי ופוסל קוף, ה"ה דפוסל בחבית שהטה, דהא חד טעמא לתרווייהו, וא"כ למה סתם המחבר בחבית שהטה להכשיר}, **וי"ל** כיון דלהרמב"ם דפסק כת"ק, ס"ל דההיא דמטה חבית מיירי שהטה אותו בידים, {**שהקשה** עליו מהאי דצנור דס"ז דפסול כדאיתא בחולין דף ק"ז. והרמב"ם גופיה פסקו, אלמא בעינן כח גברא}, **אבל** מוטה מאליה לא, דבעינן כח נותן, {**ר"ל** אע"ג דלא בעינן כח גברא, ומהאי טעמא מכשיר בקוף, מ"מ כח נותן בעינן, ואפילו ליכא כח גברא, והאי דהטה חבית את"ל דלא מקרי כח גברא, עכ"פ הוי כח נותן, ומוטה מאליה אפילו כח נותן ליכא}, **והטור** דפסק כר"י, מפרש המשנה במוטה מאליה, {דודאי גם להטור אפשר לפרש המשנה בהטה בידים כמ"ש הרמב"ם, אבל מבואר להדיא בטור דמפרש המשנה מסברא בלי הכרח, דמיירי במוטה מאליה}, וכן משמע ברא"ש, **אבל** כשהטה אפשר דמודה דחשיב כח גברא, {דאף דפסק כר' יוסי דבמוטה מאליה שיהיה פסול, אפשר דמודה בהטה בידים דכשר, אע"ג דלהטור לא מהני כח נותן ובעינן כח גברא, ומהאי טעמא פוסל בקוף, אפשר הטור חשיב הטה חבית בידים כח גברא, וכדי למעט במחלוקת בין רמב"ם והטור, ס"ל להרב ב"י, דגם להטור בהטה חבית בידים נוטלין לידים – מחה"ש}, א"כ ליכא מחלוקת בזה, וכ"כ הר"ש לפי' הראשון, ולכן פסק הרב"י כן בלי מחלוקת – מ"א› [לד] **תוספות** ‹חולין ק"ז. ד"ה דלא, וז"ל: והשתא שמעתא דנקט כח גברא אתי כרבי יוסי› **והרא"ש** ‹פוסקים כרבי יוסי דפסל – ב"י›

[לה] **הרמב"ם והרשב"א** ‹פסקו כתנא קמא דמכשר – ב"י›

§ מסכת ידים פרק ב' §

משנה א'

נטל לידו אחת משטיפה אחת, ידו טהורה; לשני ידיו משטיפה אחת, ר"מ מטמא עד שיטול מרביעית. נפל ככר של תרומה, טהור, רבי יוסי מטמא.

ר' עובדיה מברטנורא

נטל ידו אחת משטיפה אחת - קא קרי שטיפה אחת, כל זמן שלא נטל כי אם פעם אחת עד הפרק. **ובידו** אחת הוא דסגי בפעם אחת, אע"ג דאין בכלי רביעית, אלא דאתו משיירי טהרה, **אבל** לשתי ידיו, אע"ג דאתו משיירי טהרה, לא מהני עד שיטול שתי פעמים, ראשונים עד הפרק, ושניים עד הפרק. **ורמב"ם** מפרש, משטיפה אחת, משפיכה אחת. וכשנוטל שתי ידיו בשפיכה אחת, המים מיטמאין בידו אחת, ונמצא רוחץ השניה במים שנטמא, ולא טהרו ידיו עד שיטול מים שניים מרביעית, **אבל** כשנוטל ידו אחת בלבד, בשפיכה אחת נטהרה ידו, וכשנוטל מים שניים לטהר המים שעל ידו, סגי בפחות מרביעית. **ואין** הלכה כר' מאיר.

נפל ככר של תרומה - היכא דנטל את הראשונים מרביעית, ונפל עליהם ככר של תרומה, או נגע בככר של תרומה עם המים שבידו קודם שינגבם, או קודם שישפוך עליהן מים שניים.

טהור - דכי היכי דמהנו לטהר ידיו, מהנו נמי לטהר עצמן.

ר' יוסי מטמא - דסבר לטהר ידיו מהנו, [א]אבל אינהו גופייהו טמאים.

סימן קסב ס"ב - [ב]הנוטל ידיו, שופך עליהם קצת מהרביעית להסיר מהם הלכלוך וכל דבר שחוצץ - כמו טיט וכיו"ב דבר החוצץ בנטילה, דלכלוך שאינו חוצץ, אין צריך להסירו כלל קודם הנטילה, (וקמ"ל, דלא נימא דכשר אם יעביר החציצה במים ששופך לשם נטילה גופא, אלא צריך פעם שלישי להעביר החציצה מקודם דוקא).

דשיעור נט"י הוא לא פחות מרביעית מים לשתי ידיו, דשופך אותה על שתי ידיו כאחת, או בפני עצמו, מקצת על אחת ומקצת על השניה, וכמבואר לעיל בסימן ק"ס סעיף י"ג, **ואם** היו ידיו מלוכלכות קצת, ואין לו רק רביעית מצומצם, יש לו ליטול קצת ממנה מקודם להסיר הלכלוך החוצץ, **ומ"מ** לא חשבינן עי"ז לנפחת משיעור רביעית קודם נטילה, דגם זה לצורך טהרת ידים הוא בא.

(**אבל מ"מ אינו מיושב בזה עדיין, דלכאורה נראה בפשיטות, דהעברת החציצה אינו אלא הכנה לנטילה, ולדינא הוא מלתא חדתא שלא נזכר זה בשארי ראשונים, ומהראב"ד משמע להדיא דאין לפחות משיעור רביעית מים בשתי פעמים בשום אופן, וע"כ** מהנכון לכתחלה להחמיר **בזה, וכשצריך לנקות ידיו ואין לו רק רביעית מים, יוכל לנקותם במים פסולים או בשאר מידי דמנקי**).

(**מדסתמו הפוסקים משמע, דא"צ ניגוב בינתים, ולא מיבעיא לדעת השו"ע והלבוש, דזהו מכלל הנטילה גופא, בודאי אין מחוייב לנגב בינתים, ואפי' למה שכתבנו לעיל, דזהו רק הכנה לנטילה, ג"כ נראה דלא** נטמאו המים ע"י זו הנטילה, דיצטרך בשביל זה לנגבם, **דהוא** דומה למה שכתוב בסי' ק"ס סוף סי"א, דהנוגע במים קודם נטילה לא נפסלו המים).

ואח"כ שופך עליהם פעם שנית, וגם אלו המים הם טמאים - דכן איתא [ג]במס' ידים (פ"א מ"א), דהנוטל ידיו צריך לשפוך שתי פעמים על ידיו, היינו אף כשהם נקיים בלא לכלוך, דמים הראשונים מטהרים הידים, אבל הם עצמם טמאים הם, שנטמאו בנגיעתם בידיו, והשניים מטהרים אותן, ונגמר טהרת הידים.

ומיהו כתב הב"י בשם כמה פוסקים, דהוא דוקא אם לא שפך הרביעית בבת אחת על שתי ידיו, אלא שפך ממנה על ידיו אחת אחת, מקצת ע"ז ומקצת ע"ז, או שנחסר מהרביעית להעברת הלכלוך וכנ"ל, אז צריך לשפוך שני פעמים, **אבל** כששפך הרביעית **בבת אחת** על שתי ידיו, וכ"ש על כל אחת רביעית, אין צריך למים שניים לטהרם, דאין כאן מים טמאים וכדלקמיה.

ואח"כ שופך עליהם פעם שלישית לטהר המים שעל גבי הידים - והם נקראים שניים בעצם הנטילה, דפעם ראשון שחשב כאן אינם עצם הנטילה, אלא להעברת הלכלוך וכנ"ל, **ודע**, דהא דמתיר המחבר לכל הג' פעמים מרביעית אחת, הוא דוקא אם באו המים סביב כל היד בשיעור הנטילה עכ"פ בשתי הפעמים, [**הא"ר** כתב, דפעם ראשון שרי אף לחצאין, **והפמ"ג** הניח בצ"ע, ומשמע דחש ליתן לפעם הראשון דין נטילה, **מ"מ** מסתבר דאין להחמיר בזה, דבאמת אין זה בכלל נטילה, רק הכנה לנטילה].

באר הגולה

א (מידי דהוי אסיפא, נטל את הראשונים והשניים למקום אחד, ורבי מאיר סבר דלא דמי, דהתם מפסיק והיו הראשונים טמאים ולא טהרום השניים, והכא לא מפסיק - רא"ש) **ב** **טור ותוס' והרא"ש שם בחולין** (דף ק"ז. ד"ה דלא, וז"ל: וצריך לשפוך מים על ידיו ג' פעמים, פעם ראשונה כדי להעביר טיט ודבר החוצץ מעל ידיו, ופעם שניה לטהר ידיו, ופעם שלישית לטהר אותן מים, וכן מוכח בכמה דוכתין במסכת ידים, שצריך מים ראשונים ושניים, ע"כ) **ג** (פ"א מ"א, שם מזכיר ענין של שניים, וכתב הב"י דמים שניים דתנן במסכת ידים (פ"ב מ"ג) אפילו לחולין נמי מיתנו)

ואם אין בידים לכלוך ודבר החוצץ, שופך על שתי ידיו רביעית בבת אחת, [ד]**וא"צ מים שניים** - הטעם, דרביעית בבת אחת עשוהו כמקוה דמטהרת, וגם המים טהורים הם, ולכך א"צ למים שניים, **וכשהיה** על ידו לכלוך ודבר חוצץ, דאז צריך לשפוך קצת מהרביעית להסיר הלכלוך, ולא נשאר הרביעית שלמה, בע"כ צריך לשניים דוקא.

[ה]**ודע**, די"א דמן הדין צריך לעולם מים שניים, ואם אין לו רק רביעית, ישפוך ממנה בשתי פעמים, ואפי' אם נוטל רביעית בבת אחת, או על כל יד ויד רביעית בפני עצמו, צריך אח"כ ג"כ מים שניים, **וכתב** הח"א דיש לנהוג כן, ליטול רביעית על כל יד וגם שניים, **וכ"ז** הוא רק לכתחלה אם יש לו מים מזומנים, [**והנוהג** כן נראה דיש לו להתנות שיהיה בלא נדר].

אבל לטרוח אחר זה נראה דא"צ, דרוב הפוסקים הקילו בזה, וכסתימות המחבר, דברביעית בבת אחת א"צ לשניים, וכן נראה דעת האחרונים.

הגה: וה"ה אם היו לו מים רבים - היינו אפילו אם היו לו רק מעט יותר מרביעית, בכדי שיהיה לו להסיר הלכלוך, וישאר הרביעית שלמה, **רוחץ תחילה מעט כדי להסיר הלכלוך, ואח"כ שופך רביעית כאחד, וא"ל מים שלישים.**

הנוטל ידיו, לריך לשפשף זו בזו (מיימוני פ' י"א מהלכות מקואות וכל בו וסמ"ג הרא"ש פ' כל הבשר) - היינו אפילו נטל רביעית על כל יד ויד, וכן במטביל ידיו, **ונראה** שהוא כדי להעביר הלכלוך היטב, והוא רק לכתחלה ולא לעיכובא.

משנה ב' (1)

נטל את הראשונים למקום אחד, ואת השניים למקום אחר, ונפל ככר של תרומה על הראשונים, טמא, ועל השניים טהור. נטל את הראשונים ואת השניים למקום א', ונפל ככר של תרומה, טמא. נטל את הראשונים ונמצא על ידיו קיסם או צרור, ידיו טמאות, שאין המים האחרונים מטהרים אלא המים שעל גבי היד.

ר' עודיה מברטנורא

נטל את הראשונים למקום אחד - שנטל את הראשונים בפחות מרביעית, כגון דאתו משיירי טהרה, וצריך ליטול את השניים, ונטל את הראשונים בזוית זו, ושניים בזוית אחרת.

ונפל ככר של תרומה - למקום שנפלו ראשונים.

טמא - הככר. **וה"ה** אם נגע הככר במים ראשונים שעל ידיו, שהככר טמא.

על השניים טהור - דשניים טהורים הן. **אבל** נטל ראשונים ושניים למקום אחד, ונפל ככר של תרומה על המים, טמא, כדקתני סיפא, שאין השניים מטהרים אלא מים שעל גבי היד, כלומר הראשונים שעל גבי ידיו, השניים מטהרים, אבל הראשונים שנפלו לארץ, אין השניים מטהרים.

ונמצא על ידיו קיסם או צרור - אף על פי שהן רפויין ולא חייצי שהמים באים בהם.

ידיו טמאות - אע"פ שנתן בהן את השניים, משום דמים שעל הצרור נטמאו מחמת ידיו, ואין המים השניים מטהרים אלא מים שעל גבי היד, ולא מים שעל גבי צרור וקיסם. ‹הרא"ש – תוס' יו"ט›. **פי' אחר** ‹הרמב"ם – תוס' חדשים›, ונמצאת על ידיו קיסם או צרור, וכל דבר החוצץ בנטילת ידים, אע"פ שנתן על ידיו מים שניים, טמאות הידים, ולא טהרו מחמת המים שניים, שאין המים השניים מטהרים אלא המים שעל גבי היד, לא הידים עצמן.

סימן קסב ס"ט - [ו]**כששופך מים ראשונים על ידיו, צריך ליזהר שלא ישאר על ידו צרור או קיסם או שום ד"א** - ואף כשהם רפויים וראוי לביאת מים תחתיהם, דהפסול בזה לאו משום חציצה, אלא כדמפרש, [ר"ש ורא"ש. ורמב"ם פי' דוקא בדבוקים ומשום חציצה, אבל רבנו ירוחם וטור והשו"ע נקטו כר"ש ורא"ש]. **שאין מים מטהרין אלא מים שע"ג היד, ולא המים שעל הצרור** - ר"ל דטעם הפסול בזה הוא, משום שמים שעל הצרור נטמאו מחמת ידיו, וחוזרין ומטמאין הידים, **והמים** השניים ששופך לא מהני, דאינם מטהרין אלא המים שעל היד, ולא שעל הצרור.

ואם אינו נזהר, ונמצא אחר הנטילה של השניים צרור או קיסם, ידיו טמאות, [משנה בפרק ב דידים], וצריך לנגבן ולחזור וליטול ראשונים ושניים כדין, **אך** אם הסיר הצרור אחר מים הראשונים, ושפך

באר הגולה

[ד] ‹וז"ל תוס' דף ק"ז. ד"ה דלא: ומיהו אם בפעם אחת שופך מים הרבה כשיעור רביעית, ידיו טהורות, דתנן במס' ידים ידו א' בשטיפה אחת, ידו טהורה, שתי ידיו משטיפה אחת, ר"מ מטמא עד שיטול מי רביעית. **פי'** ואפי' באין משירי טהרה, דלא בעו רביעית כשנוטל בשתי שטיפות, והשתא דליכא אלא שטיפה א' צריך רביעית בשטיפה זו, אבל בנוטל ידו אחת לא צריך רביעית כי אתו משירי טהרה, אלא שתהא אותה שטיפה מרובה כשתים, ע"כ. ‹**וראיתי** מספר טהרת יד דמסביר מה דמהני ביד אחת בפחות מרביעית, אף דלא נטל אלא פעם א', שדנים שטיפה זו כנטילת ראשונים ושניים כאחת, ונטהרה ידו בחציה ראשונה והמים בחציה שניה. **ואף** דהמ"א מביא הלכה זה, אינו מובא בהמ"ב, ותמה החזו"א ס"ק י"ט, מדוע השו"ע לא הביא דינים אלו. ‹**והא** דכתב הרע"ב: ואין הלכה כר"מ, מפי' של הרמב"ם יצא לו כדרכו בפסקי ההלכות, אבל לפי פי' הראשון שהוא פי' של הר"ש, לא ס"ל דאין הלכה כמותו, גם בתוס' העתיקו דברי ר"מ לפסק הלכה – תוס' יו"ט› [ה] ‹הרשב"א והראב"ד. דלכאורה לפי' הרמב"ם במתני', לא מצינו מקור לקולא זו של נטילה ברביעית, וגם כשנוטל ברביעית צריך מים שניים› [ו] **שם מ"ב**

אח"כ השניים, או שבהדחת השניים הודחו הצרור והקיסם, יש לעיין בדבר, דאולי מהני, [**דכן** משמע קצת מלשון השו"ע, שכתב שלא ישאר וכו', ‹דאין המים שעל הצרור מטמאין להיד, רק הם ככל מים ראשונים, אלא דאינם נטהרים ע"י המים שניים›, **או** אולי דתיכף שנשארו אחר הנטילה הראשונה, מטמאין מים שעל הצרור להיד, ותו לא יועיל להם השניים לטהרן, ומש"כ השו"ע שלא ישאר וכו', ר"ל לאפוקי אם בעת השפיכה ראשונה גופא, שטפו המים את הצרור ונפל מידו, לית לן בה, **וכן** מוכח קצת לשון המשנה, דקתני: "נטל את הראשונים ונמצא על ידו צרור" וכו', משמע דלא מועיל אף אם יסיר אח"כ, **ומה** דקתני: "שאין המים השניים מטהרין" וכו', ר"ל דאם היו מטהרין גם שעל הצרור, ממילא יש לה דין שאר מים שאינם מטמאין את היד], **ומצאתי** בפמ"ג, ובביאורי הגאון מהר"מ בנעט על המרדכי, שמסתפקים בזה.

עיין במ"א וש"א, דאפילו דבר שבריותו מן המים, כגון יבחושין אדומים, או שלג וברד כשלא ריסקן, דינם כצרור וקיסם, ‹דלא כרשב"ג [בקטע של משנה להלן, וע"ש שהבאנו דבריו]› - מ"א, **אמנם** הפמ"ג מסתפק לענין שלג וברד, שלא לפסול אם נמצא על ידו אחר הנטילה, ‹שדינם כמים›, ‹**ע"פ** דעת הט"ז, דמתיר לטבול בהם לכתחלה אף בלא ריסקן, ‹לפי שדינם כמים›, **והנה הלא** קי"ל לעיל דכל ספק בנט"י טהור, ובפרט דבשעת הדחק נקטינן כן להלכה, **ומהגר"א** משמע דאף לכתחלה מותר לטבול בהם ידיו כהט"ז, **ובפרט** דלהרמב"ם דמפרש הטעם משום חציצה, לית ליה כלל האי דין, ‹שהמים שע"ג הצרור אינן נטהרין במים שניים›, **ועי"כ** נראה, דבזה שנמצא אח"כ על ידו, אין לפסול הנטילה לחשוב אותם לד"א, **ומ"מ** לכתחלה טוב יותר, אם יש לו מים שמעורב בברד, שיטול רביעית על כל יד ויד, ובזה שוב אין שום חשש כלל כמו שכתב המחבר›.

[י]**ואם שופך רביעית מים כאחת על ידו, א"צ ליזהר בכך** - ולדידן דרגילין ליטול ברביעית על כל יד ויד, לית לן נפקותא בכל הנ"ל.

משנה ב' (2)

רשב"ג אומר כל שהוא מבריית המים, טהור.

ר' עובדיה מברטנורא

כל שהוא מבריית המים טהור - כגון יבחושים ויתושים הגדלים במים, אם נפלו על הידים בשעת נטילה, אינן חוצצים, הואיל והן מבריית המים. **ואין** הלכה כרבן שמעון בן גמליאל.

סימן קס ס"י - [ח]**נוטלים לידים בכל דבר שתחלתו מן המים** - ר"ל שתחלת בריתו מן המים.

כגון יבחושים (פירוש תולעים) אדומים - שנתהוו מן המים,

ואין בזה משום שינוי מראה, שעיקר תחלת גידולו כך היה, [**ומטעם** זה אין אנו חוששין גם כן, במה שאינו ראוי זה לשתיית בהמה, דזהו דוקא אם נתקלקלו המים מטבען עד שאינו ראוי לבהמה, מה שאין כן בזה].

או שומן דג. ונראה דוקא אם ריסקן, דלא עדיף משלג וכו' -

[ט]והמ"א כתב, דבזה חמיר משלג, דאף לטבול הידים בתוכן יש להחמיר אם לא ריסקן, אף דבשלג מותר בטבילה בתוכן בשעת הדחק.

סימן קס סי"ב - [י]**השלג, והברד, והכפור** - גשמים שנקפו בירידתן, והוא כעין ברד, **והגליד (פי' המים הנקפים מרוב הקור), והמלח** - לאו בכל גווני מותר במלח, דלנטילה בכלי על ידיו, הלא פסל המחבר לעיל בסעיף ט' אף במים מלוחים; **ורק** בטבילה בתוכן מותר כשיש בהן כשיעור מקוה, ומשום דגם לטבילת הגוף כשרין, **ומפני** דכל אלו שנוים יחד לענין מקוה, כללן גם כאן, אף דאינם שוים בדינם לגמרי.

אם ריסקן עד שנעשו מים, נוטלין מהם וטובלין בהם, אם יש בהם כשיעור - אבל בלא רסקן אין נוטלין בהן בכלי, **אבל** לטבול הידים בתוכן, אם יש בהן כשיעור מקוה, מותר [יא]בשעת הדחק כשאין לו מים, אף בלא רסקן, **ואפילו** אם אין השלג מכונס הרבה בבת אחת, אלא מונח על פני הארץ ונמוח הרבה, כל שיש מ' סאה מחובר יחד, טובלין בו, **ומ"מ** נראה דצריך שיהיה עכ"פ כדי לכסות ידיו במקום שתוחבן. **(עיין ביו"ד סי' ר"א ס"ל).**

באר הגולה

[ז] ב"י [ח] **הג"א פ"ב דברכות** [ט] ‹ממש"כ בסי' קס"ב ס"ט הובא לעיל בסמוך›: או שום ד"א, משמע שבא לכלול אפי' דבר שהוא מבריאת המים, דלא כרשב"ג, אבל בסי' ק"ס ס"י משמע דהלכה כרשב"ג (ב"י), וביו"ד סי' ר"א סנ"ב פסק, דאע"ג שמטבילין בו, מ"מ ממעט בשפופרת הנוד, ע"כ. **והתיו"ט** חלק עליו, וכתב דלהרא"ש והטור אין מטבילין בו ואין נוטלין בו וממעט, וגם טמא אם נמצא על היד, ע"ש פ"ו דמקואות. **וליישב** דעת הרב"י צ"ל, דהא דמטבילין ביבחושין, דוקא אם ריסקן, דלא עדיף משלג, ואפי' למאן דפליג בשלג מודה בהא, דאם לא ריסקן לא מקרי טבילה כלל, ולכן אם לא ריסקן ממעטין, ואפשר דמטמאין היד ג"כ, וה"ה שלג וברד כשלא ריסקן ונמצאין על היד דטמא, וכן יש להורות - מ"א› [י] **כהרמב"ם שם ובסוף הל' מקואות** [יא] [ב"י ביו"ד סימן ר"א ועולת תמיד וכנה"ג **והמ"א והגר"א**, ‹שמתירין בשעת הדחק, **וז"ל** המ"א: בשו"ע שם ביו"ד כתב סתם דמטבילין בשלג, משמע אפילו אינו מפושר, והכא גבי נט"י פסק דוקא שרסקן, ואיפכא מבעי ליה, וי"ל דמש"כ אם רסקן כו', קאי רק אנוטלים מהם, כלומר כשנוטל בכלי ושופך על ידו, צריך ריסוק, דאין נט"י אלא במים, אבל לטבול ידיו במ' סאה שבקרקע, שרי אפילו לא ריסקן›, ומיירי המ"א דוקא כשאין לו מים, **ואף** שהמ"א הביא לבסוף דעת הש"ך בזה, ומשמע דס"ל דלהש"ך גם לענין טבילת ידים יש להחמיר. **חדא**, דהא"ר כתב דאפשר דגם להש"ך יש להקל לענין נטילה בזה ‹בדיעבד›, ועוד, דבודאי יש לסמוך על כל הני רבותא להקל לענין נטילה, **וביותר** דהט"ז לעיל בסימן קנ"ט מיקל בזה אפילו שלא בשעת הדחק, ע"ש]

משנה ג' (1)

הידים מיטמאות ומיטהרות עד הפרק, כיצד, נטל את הראשונים עד הפרק, ואת השניים חוץ לפרק, וחזרו ליד, טהורה; נטל את הראשונים ואת השניים חוץ לפרק, וחזרו ליד, טמאה.

ר' עובדיה מברטנורא

חזרו ליד טהורה - דכיון דראשונים לא יצאו חוץ לפרק, לא נטמאו השניים ביציאתן חוץ לפרק. **אבל** כשיצאו ראשונים ושניים חוץ לפרק וחזרו ליד, טמאה, לפי שנטמאו השניים בראשונים שחוץ לפרק, שאין השניים מטהרים ראשונים [היוצאים] חוץ לפרק, אלא עד הפרק בלבד הן מטהרין.

סימן קסב ס"א - אקדים הקדמה קצרה, כדי שיתבארו אלו הסעיפים, והוא, הנה נתבאר בסי' קנ"ח, דטעם נט"י הוא משום דידים עסקניות הם, ולכן גזרו עליהן טומאה, אם לא שיטהרם ברביעית מים, וצריך ליטול שני פעמים על ידיו, דבשפיכה ראשונה מטהר ידיו, אבל המים עצמם טמאים הם, שנטמאו מידיו, ושפיכה שניה מטהרת אותם, ונגמר טהרת הידים, **אכן** אם נשפך הרביעית בבת אחת על שתי ידיו, או ששפך רביעית שלמה על כל יד ויד, דעת רוב הפוסקים דא"צ למים שניים, וכן סתם המחבר לקמיה בס"ד.

ואמרו בגמרא, דהנוטל צריך שיגביה ידיו, שלא יצאו מים חוץ לפרק ויחזרו ויטמאו הידים, ופירשו המפרשים, דהיינו דחיישינן שמא יצאו מעט ממים הראשונים הטמאים חוץ לפרק, דהוא למעלה ממקום הנטילה שהתקינו חכמים, ושם אף שבאו עליהם מים שניים אינן מטהרים אותם, דמים שניים אינן מטהרין אלא במקום הנטילה, אבל לא בחוץ למקומה, דטומאת ידים וטהרתם הוא עד הפרק דוקא, ולכן אם אין מגביה ידיו, יחזרו המים הטמאים ההם לתוך הפרק, ויטמאו הידים, **כך** פירשו רוב המפרשים, [הר"ש ורא"ש ורע"ב וסמ"ג ורבינו ירוחם וטור ורש"ל], ולפירושם אף אם נטל כל היד עד מקום חיבורה עם קנה הזרוע, ג"כ צריך להגביה מחשש זה, שיצאו חוץ לשם ויחזרו אח"כ.

[יב]**ויש חולקין** [הרשב"א], וס"ל, דכשנוטל כל פיסת היד עד הקנה כמנהגנו, לא חיישינן שמא יצאו המים חוץ למקום הזה ויחזרו, [דמסתמא לא חיישינן שמא יזובו המים מעצמן, **ולשמא** ישפך מן הכלי חוץ לפיסת היד ג"כ לא חיישינן, דשם לא יטמאו המים מן הזרוע, דלא גזרו טומאה כי אם על הידים, ולא על הזרוע], **ועיקר** החשש הוא רק בשלא נטל כי אם עד קשרי אצבעותיו, דכן הוא השיעור להרבה פוסקים לעיל בסימן קס"א, דאז חיישינן שמא בעת הנטילה נשפך מעט מן הכלי לחוץ מקשרי אצבעותיו, דקשה לצמצם שם, וממילא נטמאו שם המים, ומים שניים לא הגיעו שם לטהרם, וכשלא יגביהם, ירדו המים הטמאים למטה על אצבעותיו ויטמאו אותם, [**דטומאת** הידים לטמא המים הוא כל היד עד הזרוע, דעד שם הוא השיעור לתרומה או לקידוש לכו"ע, אבל לדעה ראשונה, חוץ למקום קשרי האצבעות אין הידים יכולים לטמא להמים], **והמחבר** סמך עצמו על זה להקל כדלקמיה באותו הסעיף.

[יג]**"הנוטל צריך להגביה ידיו** - תיכף אחר מים שניים עד הניגוב, דשמא יצאו מים ראשונים, קודם שניתן עליהם מים שניים, חוץ לפרק, והם טמאים מכבר, שקבלו טומאה ע"י הידים, ואחר מים שניים ירדו למטה ויטמאו את הידים, [**אבל** בעת נתינת מים שניים גופא, נראה שאין מחויב להיות ידיו בהגבהה, דהלא אפי' אם ירדו מים ראשונים מתחילה חוץ לפרק, ועתה יחזרו אל תוך הפרק, הלא יטהרום השניים, **וכ"ש** דלית לן למיחש שמא ירדו מים שניים למעלה מהראשונים, וא"כ כשהוא אוחז אותן בהשפלה, ירדו על האצבעות, דהלא למעלה ממקום האצבעות לרוב המפרשים אין המקום הזה מטמא].

וטוב ליזהר אפי' בעת הנתינה גופא, להיות ידיו בהגבהה, [דאפי' אם מגביה תיכף אחר נתינה, דלמא בעת הנתינה גופא, ירדו מים שמחוץ לפרק על המים שניים שמטילין תוך הפרק, כיון שהוא אוחז ידו בהשפלה], **ולדעת** הרשב"א המובא בב"י, צריך מדינא ליזהר בזה, [דאל"ה שמא יפלו מים שניים מהכלי למעלה מקשרי אצבעותיו יותר מהמים ראשונים, ויטמאו ע"י הכף, וירדו על האצבעות ויטמאום, **אבל** בעת נתינת מים ראשונים מותר להיות ידים בהשפלה, דלמאי ניחוש, הלא אפי' אם יפלו המים חוץ לקשרי האצבעות, וירדו תיכף למטה, הלא יטהרום השניים].

והנה א"א לקיים מצות הגבהת ידיו, אלא בששופך אחר על ידיו, דכששופך בעצמו, בע"כ ישפיל ידיו כשבא ליטול הכלי על ידו השני, וכמש"כ לקמיה בס"ד עי"ש, **ואם** אין לו אחר, יטול מרביעית על כל יד, דבנטל מרביעית בבת אחת א"צ להגביה ידיו וכדלקמיה, **ובשעת** הדחק שאין לו מים כ"כ, יעשה העצה המבוארת בהג"ה, דהיינו שישפיל ידיו לגמרי מתחלת הנטילה עד סופה.

ובדיעבד אם לא הגביה, משמע דאין מחויב ליטול שנית, אם לא שנראה שיצאו מים חוץ לפרק וחזרו. [**במשנה** ידים לא אמר דטמאה אלא ביצאו ודאי ולא מספק, וכן מסתבר, דההגבהה הוא רק חשש לכתחלה].

באר הגולה

יב והרשב"א כתב בתשובה, שהוא לא כתב בתורת הבית בשער הקדושה, שהנוטל צריך שיגביה ידיו, מפני שהוא פסק דלחולין עד לפרק העליון, שהוא סוף כף המחובר לזרוע, וכל שנוטל עד שם וחוזר ונותן שניים עד אותו פרק עצמו, למה נחוש, שהרי למקום שנתן הראשונים יתן השניים, וליוצאים למעלה מן הפרק ההוא עד קנה הזרוע, אין לחוש, שאותם אין להם שום טומאה, שלא גזרו אלא על הידים, וההיא דפרק קמא דסוטה, בשלא נטל אלא עד פיצול האצבעות, ולפיכך צריך להגביה, שמא מים הראשונים יצאו חוץ לפרק, ואע"פ שנתן השניים עד הפיצול, יחזרו אותם ראשונים שיצאו חוץ לפרק ויטמאו את הידים. **וא"ת** א"כ נלמד משם שא"צ ליטול עד סוף הכף, לא היא, דההיא דסוטה דרב היא, ורב לקולא כדאיתא בפרק כל הבשר (קו:) אמר רב עד כאן לחולין וכו', עכ"ל - ב"י. **יג** **סוטה ד'**

(דהיינו ראשי אצבעותיו) למעלה - היינו לדעת הפוסקים לעיל בסימן קס"א, דסגי בנטילה עד קשרי האצבעות, **אבל** לדעת הפוסקים לעיל שם, דצריך נטילה כל היד, ממילא צריך להגביה ג"כ כל פיסת היד, **ויש** שפירשו גם כונת "ראשי אצבעותיו" כן הוא, שמגביה כולה, אלא דמפרש אופן ההגבהה, דהיינו שיהיו ראשי אצבעותיו למעלה, והכף והזרוע למטה.

שלא יצאו מים חוץ לפרק ויחזרו ויטמאו את הידים - ר"ל דשמא יצאו המים הראשונים הטמאים חוץ לפרק, וכשלא יגביהם, יחזרו המים למטה ויטמאו הידים וכנ"ל.

הגה: וה"ה אם משפילן מתחילת הנטילה עד סופה דשפיר דמי - דכיון דהשפילן מתחלת הנטילה של מים ראשונים, הלא מעיקרא לא יצאו המים כלל חוץ לפרק, **ועד** סופה, היינו עד אחר נתינת מים שניים, **אבל** אח"כ שפיר דמי, אף להגביה קודם הניגוב, [דאף אם יצאו אח"כ חוץ לפרק, ואח"כ יחזרו עוד על האצבעות, הרי כבר נטהרו ע"י המים שניים].

רק שיזהר שלא יגביה תחילה ראשי אצבעותיו ואח"כ ישפילם, דאז יצאו המים חוץ לפרק ויחזרו ויטמאו הידים (ב"י בשם מהר"י בן חביב) - ר"ל דמה דאיתא בגמרא דצריך להגביה ידיו, היינו אם היה מחזיקם בהגבהה בעת נתינת מים הראשונים, וה"ה אם היה מחזיקם בשוה, דחיישינן שיצאו חוץ לפרק, וע"כ מוכרח להחזיקם דוקא בגובה עד שעת הניגוב, כדי שלא יחזרו וירדו על האצבעות, **אבל** אם היה מחזיקם מתחלה בהשפלה, הרי לא יצאו כלל לחוץ.

וכמה אחרונים מפקפקין על עצה זו דהשפלה, מטעם דכשהם מושפלין למטה, אפשר שלא יגיעו המים כלל על ראשי האצבעות, וע"כ טוב להגביהם אפילו בעת נתינת מים ראשונים, **וכן** הביא המ"א שכן הוא ג"כ ע"פ קבלה, הגבהה דוקא, **וכן** בגמרא סמכו ע"ז מקרא: וינטלם וינשאם, משמע דכן ראוי לנהוג, (**ואפילו הרוצה** לסמוך על עצה זו דהשפלה, אין כדאי לסמוך רק בשנוטל כל היד עד הקנה, דאז לדעת **הרשב"א בלא"ה אין צריך** להגביה ידיו, אבל בלא"ה טוב לחוש לדעת **הרשב"א, דלדידה לא** מהני השפלה).

והנה כהיום נהגו העולם שאין מדקדקין בזה, והטעם, מפני שנוטלין רביעית על כל יד ויד, וגם שנוטלין עד סוף פיסת היד, [**דממ"נ** הלא לשיטת כמה ראשונים מהני רביעית לזה, ואפי' לדעת הרשב"א דלא מהני רביעית לזה, הלא לדידיה א"צ ליזהר כלל בשנוטל כל פיסת היד], **ומ"מ** נכון להשגיח שיבואו המים בראשי אצבעותיו ובכל הצדדין, ולא כהמון עם ששופכין רק על צדי ידיהם, ואינם משגיחין שיבואו המים גם על ראשי האצבעות וכל היד סביב.

[יז]**והיינו כשאינו נוטל כל היד עד מקום חבור היד עם הזרוע, אבל אם נוטל עד שם, א"צ להגביה ידיו, (ויש חולקים בזה)** - וס"ל דלעולם צריך להגביה ידיו, **ועיין** בא"ר שכתב, דהעיקר כהיש חולקים הזה, דהוא דעת רוב המפרשים, **ומ"מ** בשעת הדחק כשא"א לו להגביה, יש לסמוך על דעה הראשונה שסתם המחבר כוותיה לקולא, **ובפרט** שאנו נוטלין ברביעית מים וכנ"ל.

[טו]**וכן אם שפך על שתי ידיו רביעית בפעם אחת** - ואיך יצוייר זה עיין לקמיה בס"ד, וכ"ש אם שפך רביעית על כל יד. **כיון דאין שם מים טמאים כלל, א"צ להגביה ידיו** - דמה דאמרינן מים הראשונים טמאים, ומשו"ה צריך להגביה ידיו, היינו דוקא בפחות מרביעית בבת אחת, וכדלקמיה. [טו]**וכן המטביל ידיו, א"צ להגביה ידיו** - ג"כ מטעם הנ"ל, דאין כאן מים טמאים.

(וי"א דאם שופך על ידיו ג"פ, א"צ ליזהר בכל זה, וכן נהגו להקל) (אגור בשם א"ז והגהות אשרי) – (הטעם, דס"ל כדעת הדעה שניה שהבאתי במ"ב לעיל, דעיקר טעם ההגבהה הוא, משום שמא לא הגיעו השניים עד מקום הראשונים לטהרם, ויחזרו אח"כ המים טמאים על אצבעותיו, ובשופך ג"פ לא חיישינן כולי האי, דאם לא הגיעו השניים הגיעו השלישים, **וכתב הא"ר**, דלפי"ז יש להחמיר להגביה אף בנוטל ג' פעמים, כיון דאנן לא קי"ל כדעה זו, וכנ"ל).

ויותר נכון לנהוג אם יש לו מים, שיטיל רביעית על כל יד ויד או יותר, שיבואו המים עליהם בשופי, וכנ"ל בסימן קנ"ח, וממילא לא יצטרך לדקדק בהגבהתם מדינא וכנ"ל, **וכן** מוכח מח"א, דעל עצה זו דג' פעמים מפקפקים כמה אחרונים, (ומ"מ נראה דהמיקל לא הפסיד, דיש לו על מי לסמוך).

סימן קסב ס"ז - "אם שפשף ידיו זו בזו - היינו אף ששפך עליהם רביעית בבת אחת, או שכבר שפך מים שניים על שתי ידיו, דאין מטמאין זה מזה, **יזהר שלא יגע חוץ ממקום שנפלו בו מים, מפני שהן מטמאות זו את זו** - מיירי שנטל המים רק עד קשרי אצבעותיו, דיצא ידי נטילה להרבה פוסקים, כמבואר בסימן קס"א, **ולמעלה** משם אף דאינו חייב ליטול שם לנטילת חולין, מ"מ מקום טומאה הוא, דלתרומה צריך ליטול גם שם, ולכן מטמא ידו הלחה בנגיעתה שם, **אבל** אם נטל המים עד חיבור קנה היד עם הזרוע, אין לחוש בהנגיעה למעלה, דשם אין מקום טומאה לכל הפוסקים.

(**דע**, דלהרא"ש וסייעתו דס"ל, דלמעלה מקשרי אצבעות אין מקום טומאה כלל, ממילא לא שייך דין זה, **רק** דהמחבר חשש לדעת הרשב"א, דס"ל דאף למעלה מקשרי אצבעות שייך טומאה).

ודע, דכל מה שצריך ליזהר שלא ליגע למעלה ממקום שהגיעו המים, הוא רק בעוד ידיו לחות, דאח"כ כשכבר נגב ידו, א"צ ליזהר בזה כלל, **ואף** אם נתלחלחו אח"כ לית לן בה, כיון שכבר טיהר ידיו ונגבן.

באר הגולה

| יד | האגור בשם ר"א כהן | טו | ב"י | טז | תוספתא והמרדכי | יז | כל בו בשם הראב"ד |

משנה ג' (2)

נטל את הראשונים לידו אחת, ונמלך ונטל את השניים לב' ידיו, טמאות; נטל את הראשונים לב' ידיו, ונמלך ונטל את השניים לידו אחת, ידו טהורה.

ר' עובדיה מברטנורא

נטל את הראשונים לידו אחת - שנטל במים ראשונים כל יד ויד בפני עצמה, ואח"כ צירף שתי ידיו לשפוך עליהם מים שניים, ידיו טמאות, דכשצירף ידיו נטמאו ידיו בנגיעתן זו בזו, דמים שעל גבי זו מטמאים מים שעל גבי חברתה, כמו שהיו מטמאים ככר של תרומה, ונטמאו הידים מחמת משקין טמאים, **וכשנטל** את השניים לא טיהרו את הראשונים, כיון שנטמאו מחמת מים של חברתה, אלא אדרבא גם השניים נטמאו בהן. **ודוקא** כשנטל את הראשונים זו לעצמה וזו לעצמה, אבל אם נטל את הראשונים לשתי ידיו כאחת, נחשבות שתי ידים כיד אחת, ואין מיטמאות זו בזו, כך מצאתי פירוש משנה זו בפירושי רבותי. **ורמב"ם** פירש, נטל את הראשונים לידו אחת, שנתן מים ראשונים על גבי יד אחת בלבד, ואח"כ צירף שתיהן לשפוך עליהן מים שניים, ידיו טמאות, שהמים שניים מיטמאין באותה היד שלא נטהרה, וחוזרים ומטמאים היד הטהורה.

סימן קסב ס"ו - [יח]**נטל שתי ידיו זו לעצמה וזו לעצמה, ונמלך (פי' נתיעץ) כשנוטל המים השניים, והגיע ידיו זו לזו ושפך על שתיהן כאחת, ידיו טמאות; מפני שכשצירף ידיו זו לזו לקבל המים השניים, נטמאו ידיו בנגיעתם זו לזו, דמים שעל גבי יד זו מטמאים מים שעל גבי חבירתה וגם את היד** - דמים הראשונים כשהם פחותים מרביעית, טמאים הם ומטמאין זה את זה, וכנ"ל בס"ד, **וכשנטל את השניים לא טיהרו את הראשונים, כיון שנטמאת מחמת חברתה, אלא אדרבה גם השניים נטמאו בהן, וצריך לנגב ידיו וליטול שתיהן כאחת** - היינו אף ברביעית אחת סגי בזה, וכנ"ל בסעיף ד' וה'.

הגה: [יט]וכ"ש ליזהר שלא יגע בידו ששפך עליה פעם אחד, לידו השנית ששפך עליה שתי פעמים (מרדכי פרק אלו דברים) - ומשמע מלשון זה, דאף בזה הוי הדין דאם נגע צריך לנגב ולחזור וליטול, וכ"כ הלבוש, **ועיין** לעיל בס"ד שיש דעות בפוסקים בזה.

סימן קסב ס"ה - [כ]**מתוך מה שכתבנו יתבאר לך, דהא דיד נטמאה בשפשוף חבירתה, דוקא בנוטל ידו אחת ואח"כ שפשפה בחברתה; אבל אם רצה ליטול בתחלה שתי ידיו כאחת, נוטל, דשתיהן נחשבות כיד אחת, ואינן מטמאות זו את זו** - אבל בנטל רק אחת, ושפך ממנה על השניה, אף שלא נגע בה, ונתכוין מתחלה ליטול גם השניה, אפ"ה טמאה, וכנ"ל בסימן קנ"ט ס"ו. **ואפילו ד' או ה' שהניחו ידיהם זה בצד זה, או זה על גב זה, כיד אחת חשיבי, ואינן מטמאות זו את זו** - ולעיל בסימן ק"ס סי"ג מבואר, דבשעת הדחק א"צ בזה רביעית לכל אחד, אלא נוטל מרביעית לשנים, מחצי לוג לג' ולד', רק אם הספיק לבוא על ידיהם כל שיעור הנטילה כראוי.

באר הגולה

[יח] בפ"ב דידים לפי' התוספתא הביאה הרא"ש ‹בתוספתא מפרש, לא שלא נטל כי אם ידו א' {כפי' הרמב"ם}, אלא מיירי שנטל ב' ידיו זו לעצמה וזו לעצמה, ונמלך וכשנטל השניים הגיע ידיו זו לזו ושפך על שתיהן כאחת {כפי' הראשון של הרע"ב} - ב"י› [יט] ‹ולכאורה זהו ממש כפי' הרמב"ם שהביא הרע"ב›

[כ] הר"ש והרא"ש בפ"ב דמס' ידים והרמב"ם בפי"א מהל' מקואות

משנה ג' (3)

נטל לידו אחת ושפשפה בחברתה, טמאה; בראשו או בכותל, טהורה.

ר' עובדיה מברטנורא

ושפשפה בחברתה - שלא נטלה, נטמאו המים שעליה מחמת חברתה דלא נטלה, וחוזרים ומטמאין את היד שנטל.

בראשו או בכותל - אם שפשפה בראש או בכותל כדי לנגבה.

טהורה - ואם לאחר ששפשף חזר ונגע באותן המים שבאו מידו לראש או לכותל, טמאה, שאותן מים טמאין הן, וחוזרים ומטמאים היד שנגעה בהן, אע"ג דכל כמה דלא שפשף (לא מיטמאים) [מטהרין. כצ"ל], [כא]בשפשוף, כי שפשף וחזר ונגע, גרע טפי.

סימן קסב ס"ד - [כב]שפך מים על ידו אחת ושפשפה בחברתה - מיירי כששפך [כג]רק מים ראשונים, מקצת מהרביעית על יד אחת, ושפשפה בשניה שאינה נטולה, משום שחישב שיעלה נטילה גם להשניה בשפשוף זה, **וה"ה** אם השפשוף היה להסיר הזעה והלכלוך ממנה, או סתם נגיעה בעלמא, **לא עלתה לו נטילה** - ליד שניה, **[כד]אפי' שפך באחרונה על שתי ידיו, לפי שהמים ששפך על ידו אחת נטמאו** - דמים הראשונים חשובים טמאים, דנטמאו בעת הנטילה בנגיעתם בידו, כנ"ל בס"ב, **וכששפשפה נטמאת חברתה** - וממילא גם היא עצמה נטמאת, וצריך לנגבה ג"כ, כיון שקבלו מימיה טומאה ע"י נגיעתם ביד השניה הטמאה, **ואין מים שניים מטהרים אלא המים שנטמאו מחמת היד עצמה, ולא הבאים מחמת היד האחרת** - וגרע ע"י טומאה זו שקבלה עתה, יותר מאם לא היו ידיו נטולות כלל, דמים הטמאים שבאו על ידו, אף אם ישפוך עליהם כמה קבים לא יטהרו, עד שינגבם מקודם כדמפרש.

[**ובאמת** דין זה שייך גם בשנטל מים שניים, ג"כ נטמאה יד זה ע"י חברתה, ולענין אם צריך לנגבה, ע"ל במ"ב].

וממילא ה"ה כששפך מים ראשונים לשתי ידיו, כל אחד בפני עצמו, ושפשפם זה בזה, נטמאו זה מזה, ולא מהני מים שניים לטהרם, כדלקמיה בס"ו.

הלכך השופך מהכלי על ידו אחת ושפשף בחברתה, צריך לנגב ידיו ולחזור וליטלם כראוי - ר"ל הואיל דנטמאת חברתה, וממילא גם היא נטמאת וכנ"ל, ע"כ צריך לנגב את שתי ידיו מתחלה, ולחזור וליטלם כדין, ובלא ניגוב לא מהני, אף אם ישפוך עליהם כמה פעמים וכנ"ל.

לפיכך הנוטל ידיו, צריך שישפוך לו אחר עליהם - היינו על שתי ידיו כאחד, דאז חשובין שניהם כיד אחת, ואינם נטמאים ע"י מה שנוגעין זה בזה בעת הנטילה, וכדלקמיה בס"ה.

ור"ל הואיל שבארנו שצריך ליזהר שלא ליגע יד אחת בחברתה קודם גמר הנטילה, ומצוי להכשל בזה, **וע"כ** טוב יותר שיעשה אחד מהג' דברים, דהיינו או שישפוך אחר רביעית בבת אחת על ידיו, **או** שיעשה דבר זה ע"י עצמו כדלקמיה, **או** שישפוך על כל אחת רביעית בבת אחת, דאז נטהרו עי"ז ידיו לגמרי, ושוב אין נגיעתן זו בזו מקלקלין, ואדרבה מצוה לכתחלה לשפשפם זו בזו אח"כ.

ואם אין לו אחר, יאחוז הכלי בראשי אצבעותיו, וישפוך על שתי ידיו כאחד - ר"ל ועי"ז די ברביעית אחת, ושוב א"צ מים שניים לטהרם, **וכשיש** אחר, טוב יותר ממה שיטול בעצמו ע"י אחיזה בראשי אצבעותיו, דקשה ליזהר בזה שיבואו המים על ידיו ועל ראשי אצבעותיו גופא באופן זה.

או ישפוך על כל אחת רביעית - ר"ל שיאחוז הכלי כדרכו, וישפוך על כל יד ויד בפני עצמו רביעית בבת אחת, דאם ישפוך רביעית רק על יד אחת, תקבל טומאה ע"י נגיעתה בחברתה.

ואח"כ ישפשפם - על כל הנ"ל קאי, ור"ל דבאופנים אלו תו אין חשש קלקול ע"י השפשוף.

שהשופך רביעית כאחת, א"צ מים שניים לטהרם, שעשו רביעית בבת אחת כמו טבילה, שא"צ שטיפה ב' פעמים - ר"ל ועי"ז נגמרה כל טהרת הידים, ושוב אין חשש כלל ע"י נגיעתם אלו באלו.

אם נגע בהם אחר שלא נטל ידיו, בעודם לחות מן המים, צריך לנגבם ולחזור וליטול - ואף שכבר נטל ידיו גם במים שניים, או ברביעית בבת אחת, שכבר נטהרו ידיו לגמרי, כיון שנגע בהם אחר שלא נטל ידיו, צריך לנגב ולחזור וליטול כראוי, [פמ"ג, אף להמג"א דלקמיה, והמחה"ש סובר דלהמג"א אין צריך ניגוב], **שהרי זה טימאם ע"י המים שעליהם** - ר"ל שהמים נטמאו מנגיעתו, ומטמאין הידים.

באר הגולה

[כא] «היינו הקינוח, עיין במ"ב ס"ח» [כב] **בפ"ב דידים** [כג] [כן משמע מדברי השו"ע והטור. **ואף** דבמשנה עצמה משמע לפרש דנטל ידיו זו לגמרי, אלא דנטמאת בנגיעתה בחברתה, וכן משמע ברמב"ם, **אכן** דברי הטור ושו"ע הוא ע"פ לשון הרא"ש, והוא נגרר בתר פי' הר"ש דכתב על התוספתא המפרשת למשנה זו, דע"כ מיירי שנטל רק במים ראשונים, דאל"ה לא אתיא שפיר סיפא דהתוספתא, ע"ש, **אבל** באמת דין זה דרישא שייך גם בשנטל מים שניים, ג"כ נטמאה יד זו על ידי חברתה. **אכן** לענין אם צריך דוקא לנגבה מתחלה או די בשיטול עליה רק מים עוד הפעם, תליא בדעות, עיין במשנה ברורה אות מ"ח] [כד] **רא"ש שם בחולין**

לכך צריך ליזהר כששופך מים שלישית, שהם שניים לבד מהראשונים - שהראשונים באים רק להסיר הלכלוך, כנ"ל בס"ב, **שלא יגע יד בחברתה עד שישפוך גם זה על השניה** - שחברתה כשאין עליה רק מים ראשונים, הלא טמאים הם, ומטמאין את ידו הראשונה, **ובדיעבד** אם נגע, י"א שא"צ לנגבה, רק נותן אח"כ מים עליה פעם אחת, דכיון שכבר היו טהורים לגמרי, אע"פ שנטמאו מיד האחרת, מהני מים השניים לטהרם, [מג"א בשם היש"ש]. **וי"א** דגם בזה צריך לנגבה, כמו בנגע בהם אחר.

וכתב הח"א, דמ"מ אם כבר בירך ענט"י, ונזכר, יחזור ויטול ידיו ולא יברך, [דדין זה דרביעית לא מהני לאם נגע בהם אחר או ידו השניה, לא ברירא ליה].

או שישפוך מתחילה על שתיהן כאחד, ואם נטל כל יד מרביעית א"צ לכל זה - ר"ל כמו שכתב מקודם, דא"צ מים שניים, ומותר תיכף לשפשפם זה בזה, **אבל** מ"מ יש ליזהר שלא ליגע בהם אחר שלא נטל ידיו וכנ"ל.

כתבו האחרונים, אם נטל הכלי בידו הלחה, היינו ביד הימין ששפך עליה מתחילה פעם אחת בידו השמאלית, נטמא אזן הכלי מהמים שיש על ידו, דמים הראשונים טמאים הם, ואם חזר ואחזו בידו השמאלית ליטול פעם שניה על הימין, נטמא ידו עי"ז, וצריך לנגבה, **והעצה** לזה, שיטיל רביעית בבת אחת על כל יד ויד, או שישפוך מים ראשונים ושניים על כל יד ויד בפני עצמו.

[**וראיתי** בפת"ש שכתב, שלכתחילה יזהר שיהא אוזן הכלי נגוב לגמרי, שאם הוא לח, א"כ כשנוטל ידו אחת, נטמא המים שעל הכלי, וכשיחזור ויטול ויגע בה בהיד שכבר נטל, תטמא אותו היד, עכ"ל, **ומשמע** שבפעם ראשונה כשנטל הכלי בידו יזהר שיהא אוזן הכלי נגוב, **ובאמת** משמע מהאחרונים, דעי"ז לא נטמא המים, דהוי כמו שנגע במים שבכלי שלא בשעת נטילה, דלא נפסלו המים עי"ז, וה"נ הרי אותו היד לא נטל עדיין, **וזהו** שכתבנו בדיוק במ"ב, ששפך עליה מתחילה וכו', דזו כבר שעת נטילה היא, ויש עליה מים משפיכה ראשונה שהיתה פחות מרביעית].

סימן קסב ס"ח - אפרש כלל ענין של סעיף זה, הנה מבואר לעיל בסעיף ב', דהנוטל ידיו צריך לשפוך מים ראשונים ושניים, והראשונים מטהרים הידים, והם עצמן טמאים, והשניים מטהרים אותן, ורק בשפך רביעית בבת אחת על ידיו, אין צריך לשניים לרוב הפוסקים, **וכתב** כאן המחבר, דאם נטל רק מים ראשונים לבד, ובפחות מרביעית, [ובגון שהיה בכלי רביעית כשיעור נטילה, אבל לא שפכו כולה על יד אחת, דשיעור זה סגי לשתי ידיו], דהמים טמאים הם, **אם** קנח אותם, נטהרו ידיו אף בלא מים שניים, כיון שידו עצמו נטהרה במים ראשונים לבד, **ורק** אם חזר ונגע במי הקינוח, נטמאו ידיו מהם.

[כה]**נטל ידו אחת** - רק מים ראשונים, ופחות מרביעית, דאז המים טמאים הם וכנ"ל, **ושפשפה בראשו** - בשערות שבראשו, **(פי' כדי לנגבה, ולפיכך לא נטמא ידו, משא"כ בסי' קס"ד סעיף ב', שמחכך בראשו)** - בין השערות, מקום הזיעה, וכשנגע בזיעה צריך נטילה שנית, **משא"כ** הכא שאינו מחכך, אלא מקנח ידיו מלמעלה בשערות שבראשו.

או בכותל, ואח"כ חזר ונגע באותן מים שבאו מידו על הראש ועל הכותל, טמאה, שאותם מים טמאים חזרו וטמאו את היד שנגע בהם, אע"ג דכל כמה דלא שפשף מטהרים בשפשוף - ר"ל דאילו לא חזר ונגע באלה המים, היה נטהר ידו לגמרי בהקינוח לבד, בלא מים שניים, דהלא קינח המים טמאים שעליו, **השתא דחזר ונגע, גרע** - וצריך לנגב ולחזור וליטול כראוי, וכמבואר בסעיפים הקודמים.

וכבר נתבאר שהשופך רביעית כאחת אינו בכלל כל אלו, דאין שם מים טמאים כלל.

ועיין בבה"ל שבארנו, דמה דמהני ניגוב, היינו בדיעבד, אבל לכתחלה צריך לשניים דוקא, (**והטעם**, דשמא לא יזהר, ויגע ידיו במים הטמאים, דהיינו באותם שקינח בהם ידיו מתחלה, **ולפי"ז** פשוט הוא דאף דעיקר הנהגה של מים שניים הוא משום חשש זה, ואם כבר נגב ידו א"צ מים שניים מדינא, אבל כיון שהנהיגו חכמים מים שניים, אין יכול לפטור עצמו לכתחלה ע"י ניגוב, **דאל"ה** לא שייך כלל מים שניים, דהא ניגוב בלא"ה צריך אף אחר מים שניים, כדאיתא בגמרא, וכן משמע מהטור והשו"ע לעיל בסימן קנ"ח, וא"כ לעולם די בניגוב זה ולא יצטרך לשניים, {ולדעת הראב"ד אף אחר הניגוב צריך שניים}, **ולדינא** אם כבר נגב, יש לסמוך להקל כהשו"ע).

סימן קנח סי"ב - [כו]וינגבם היטב קודם שיבצע, שהאוכל בלי נגוב ידים כאילו אוכל לחם טמא - כתב הב"י, דהיינו משום דמים הראשונים ששופך על ידיו טמאים הם, שנטמאו מחמת ידיו, כדלקמן בסימן קס"ב, ואף דשופך מים שניים לטהר המים כדאיתא שם, מ"מ לכתחלה צריך להעביר את הראשונים לגמרי ע"י ניגוב, **ורש"ל** כתב, דעיקר הניגוב הוא משום נקיות, דכשידיו לחים ממי הנטילה יש בו משום מיאוס, וכן משמע ברש"י סוטה דף ד', (**ודע** דבפיר"ח פירש כפשוטו, דהוא משום טומאה ממש, משום דמכשירן לטומאה, וז"ל: שהמים מכשירים האוכלים והפירות לטומאה, ואם לא ינגב ידיו בטוב, תצא הלחלוחית שבידיו להפת ויוכשר לקבל טומאה).

כתב המ"א בשם התשב"ץ, לא ינגב ידיו בחלוקו, שקשה לשכחה, **ועיין** בפמ"ג שמסתפק, אם דוקא חלוקו, או כל בגדיו במשמע.

סימן קנח סי"ג - [כז]המטביל ידיו, יכול לאכול בלא נגוב - כן איתא בתוספתא, וכתב הב"י דהטעם הוא, משום דבמטביל אין כאן מים טמאים כלל, ולכן אין צריך ניגוב, ולמד מזה: [כח]**וה"ה לנוטל ידיו בבת אחת ושופך עליהם רביעית מים בבת אחת, או**

באר הגולה

כה פ"ב דידים ושם בפי' הר"ש | כו סוטה ד' | כז מרדכי פ"ח דברכות | כח ב"י

שנטל ידו א' ושפך עליה רביעית וכן שפך על חברתה - דקי"ל נמי דהמים טהורים הם, א"צ ניגוב.

ורש"ל חולק על זה, דס"ל דעיקר הניגוב שתקנו הוא משום מיאוס, וכנ"ל, וא"כ מה לי רביעית בבת אחת או לא, **ורק** במטביל אין צריכין ניגוב, דטבילת הידים הוא כעין טהרה דאורייתא של טבילת הגוף, ושם בודאי אין צריך ניגוב, ולכן גם בטבילת ידים לא תקנו בו ניגוב, וכדבריו כתב גם הב"ח, וכן הסכימו שאר אחרונים, **ואף** במטביל דא"צ ניגוב מן הדין, כתב המ"א, דמי שדעתו קצה עליו, יש בו משום מיאוס וצריך ניגוב.

סימן קנט סי"ט - [כט]**המטביל ידיו, א"צ שתי פעמים, ולא ניגוב, ולא להגביה ידיו** - דכל אלו הצריכו משום דנטמאו המים כשבאו על ידיו, כמבואר בסימן קנ"ח וקס"ב, אבל בטבילה לא שייך זה, **ובניגוב**, עיין לעיל בסוף סימן קנ"ח במ"ב.

משנה ג' (4)

נוטלין ד' וה' זה בצד זה, או זה ע"ג זה, ובלבד שירפו שיבואו בהם המים.

ר' עובדיה מברטנורא

נוטלים ארבעה וחמשה זה בצד זה - ואין חוששים משום ארבעה דברים, משום שמא נטמאו כשנפלו מיד זה ליד זה, ושמא יש להם דין מים שנעשה בהן מלאכה, ומשום שמא לא נטלו מן הכלי, ומשום שמא לא נטלו מן הרביעית.

ובלבד שירפו - ידיהם שלא תהיה שם חציצה.

סימן קס סי"ג - [ל]**(וכ"כ) שיכולים להניח ד' וה' ידיהם זה בצד זה** - ואין מטמאין זה מזה בנגיעתן, דכולם כיד אחת חשיבי, ודי בזה ג"כ ברביעית לשנים, ובחצי לוג לד' וה', ובאופן השפיכה, דהולך השמש ויוצק מים על כולם, **ומסתברא** דדעה הראשונה מקלת ג"כ בזה.

או זה על גב זה, וליטול כאחד - ולא אמרינן דנטמאו המים מידו של ראשון, דכולם כיד אחת חשיבי וכנ"ל.

ובלבד שירפו ידיהם בענין שיגיעו המים לכל אחד - היינו שלא ידחקו זה על זה.

משנה ד' (1)

ספק נעשה בהם מלאכה ספק לא נעשה בהם מלאכה, ספק יש בהם כשיעור ספק שאין בהם כשיעור, ספק טמאים ספק טהורין, ספיקן טהור, מפני שאמרו ספק הידים ליטמא ולטמא וליטהר, טהור. ר' יוסי אומר ליטהר טמא, כיצד, היו ידיו טהורות ולפניו שני ככרים טמאים, ספק נגע ספק לא נגע; היו ידיו טמאות ולפניו ב' ככרים טהורים, ספק נגע ספק לא נגע; היו ידיו אחת טמאה ואחת טהורה, ולפניו שני ככרים טהורים, נגע באחד מהם, ספק בטמאה נגע ספק בטהורה נגע; היו ידיו טהורות ולפניו שני ככרים, א' טמא ואחד טהור, נגע באחד מהן, ספק בטמא נגע ספק בטהור נגע; היו ידיו אחת טמאה ואחת טהורה, ולפניו ב' ככרים אחד טמא ואחד טהור, נגע בשתיהן, ספק טמאה בטמאה וטהורה בטהורה, או טהורה בטמאה וטמאה בטהורה, הידים כמו שהיו, והככרים כמות שהיו.

ר' עובדיה מברטנורא

ספק נעשה בהן מלאכה - דמלאכה פוסלת מים לנטילה, כדתנן בפרק קמא.

טמאים - פסולים לנטילה.

ספיקן טהור - אפילו יש במים שנטל כל כך הנך ספיקות. **והיינו** ספק ליטהר דפליגי בסיפא רבנן ור' יוסי. **ואין** הלכה כר' יוסי.

ספק ידים ליטמא ולטמא - לקמן באידך בבא מפרש לה.

שני ככרים טמאים - דאוכלים טמאים מטמאים את הידים, כדתנן לקמן בפרק ג' [משנה ב'], כל הפוסל את התרומה מטמא את הידים להיות שניות.

שני ככרים טהורים - בשל תרומה איירי, שהידים פוסלות את התרומה.

הידים כמו שהיו והככרים כמות שהיו - הטמא בטומאתו והטהור בטהרתו.

באר הגולה

[כט] תוספתא פ"ב דמסכת ידים ומרדכי ספ"ח דברכות [ל] שם פ"ב

סימן קס סי"א - [לא]**מים שיש לו ספק אם נעשה בהם מלאכה או לאו** - היינו בין שנסתפק אחר הנטילה, או אפילו קודם נטילה, מותר לו ליטול ידיו בהם, אם אין לו מים אחרים, (ומשמע בפמ"ג, דיוכל לברך עליהם ג"כ, אחרי שהרשוהו חז"ל ליטול באותם מים), [**דביש** מים אחרים, בודאי יש להחמיר לכתחילה, ולא גרע ממאי דקיימא לן בעלמא, דיש להחמיר בדבר שיש לו מתירין כשהוא ספק, אפילו במילתא דרבנן, משום שהוא יכול לעשות בהיתר, והכא נמי כן הוא].

או שיש לו ספק אם יש בהם כשיעור אם לאו - ובזה דוקא אם נסתפק לאחר שנטל ידיו, **אבל** מקודם לא, דמה שאינו יודע לברר אם יש בו כשיעור, אינו חשוב ספק. **וספק** במחלוקת הפוסקים הרי הוא כשאר ספק, דכיון שלא הכריעו בה, הרי הוא ספק במלתא דרבנן, ונקטינן להקל.

או אם הם טמאים או טהורים - [לב]פי' מים פסולים או כשרים, דלנטילה לחולין אין המים נפסלין מחמת טומאתן, כדלעיל בסימן קנ"ט סי"א, [**ובר"שא** הזכיר המחבר מלאכה, והכא משאר פסולים].

או ספק [לג]**אם נטל ידיו או לאו, טהור** - והטעם, דנטילה דרבנן הוא, ולא החמירו בספיקא, **ואפילו** היו כל הספיקות יחד, כשרין.

(וכל ספק טהרה בידים, טהור) (טור) - כגון אם היה הכלי שלם או לא, וכה"ג איזה ספק.

[לד]**ויש מי שאומר, שעם כל זאת, אם יש לו מים אחרים, יטול ידיו ויוציא עצמו מן הספק** - על כל הסעיף קאי, והטעם, כיון שאפשר לצאת בקל מידי ספיקא, (וא"צ לברך), **ובב"י** משמע, דנכון להדר אחר מים אחרים, דאם אינו מקיים נט"י כראוי, קשה לעניות, [**ובא"ר** חולק ע"ז].

ואם יודע שנטל כהלכה, ואח"כ נולד בהן ספק, כגון שנסתפק בהן אם הסיח דעתו אם לאו, או שיודע שלא הסיח דעתו, רק שהושיט ידיו סמוך למקום הטינופת, וספק אם נגע בהם ספק לא נגע, **א"צ** לחזור וליטלן אפילו לצאת ידי ספק, מפני שמעמידין אותן בחזקתן, [**וגם** לעניות אין קשה בזה].

הגה: מי שלא נטל ידיו, ונגע במים, לא נפסלו אותן מים לנטילה, ולא מיקרי מים טמאים - וכמו בס"ב בנחתום, ואע"ג דבנטל ידו אחת ושפשפה בחברתה נטמאו המים שעל ידו, כדלקמן בסימן קס"ב ס"ד, מים שבכלי לא נטמאו בנגיעתו בהם, **ולכן** היוצא מבהכ"ס ובא ליטול ידיו, יכול לשאוב בחפניו מן הדלי ולשפוך המים לחוץ, והמים הנותרים בדלי לא נטמאו בנגיעתו בהם, וכשרים לנט"י לסעודה, **ואם** שכשך ידיו בדלי גופא לטהרן עי"ז, הרי נעשה מלאכה בכל המים שבדלי, ופסולים לנטילה, **ואפילו** לא היו ידיו מלוכלכות ממש, מ"מ כיון שיש לו צורך לנקותן במים, משום שנגעו במקום הטינופת, נעשו המים כשופכין.

אבל אסור לרחוץ ידיו ממים שנטל בהם חבירו כבר (תרומת הדשן) - משום שכבר נטמאו המים, **ועוד** שנעשה בהם מלאכה, ולכן אפילו אם נטל מרביעית בבת אחת, ג"כ אסור.

באר הגולה

לא פ"ב דמסכת ידים לב וכתב ה"ר מנוח, דטמאים וטהורים אידים קאי, כלומר שהיה שומר את ידיו, ונסתפק לו אם הסיח דעתו מהם וטמאים, או לא הסיח וטהורים, **ויש** לפרש דאמים קאי, לפי שמים הפסולים לנטילת ידים כטמאים הם חשובים - ב"י. **ועיין** במש"כ הרע"ב, וכתב התפארת ישראל: אין לומר דמסופק אם נטמאו המים ממש בא' מהטומאות, ליתא, דפשוט דאפילו בנטמאו המים באהל המת, נוטלין בהן הידים לחולין, כיון דלאו משום טהרה שצריכה נוטלין לחולין, אלא רק משום גזרא דתרומה נוטלין גם לחולין [כחולין ק"ו א'], ומה"ט אפילו אוכל לחם טמא, או שהאדם עצמו טמא, פשוט שצריך נט"י לחולין, **אלא** נ"ל דטמא דקאמר הכא לאו דוקא, אלא ר"ל פסולין) לג רמב"ם והטור (אך מה שכתב ספק אם נטל ידיו, אינו בהדיא במשנה, אלא שהרמב"ם כתבו - ב"י) לד ראב"ד שם

שער

נטילת ידים

[חלק ב']

מסכת חולין

(קה. – קז:)

הלכות נטילת ידים

ושאר ההלכות הנמצאות על הדף

שבשו"ע ובמשנה ברורה

בשילוב תמצית דברי הביאור הלכה והשער הציון

מסודרות על הדף ע"פ ציוני ה'עין משפט'

בתוספת מקורות של הבאר הגולה

לאסוקי שמעתתא אליבא דהלכתא

§ מסכת חולין דף קה. §

אות ז'

מים ראשונים מצוה

סימן קנח ס"א - טעם תקנת נטילה הוא משני דברים: אחד, מפני סרך תרומה, והיינו כיון דידים עסקניות הן, ונוגעים בכל דבר, ובזמן שהיה נוהג טומאה וטהרה והכהנים אכלו תרומה, היו צריכין ליטול ידיהם מדברי סופרים קודם אכילת תרומה, כדי שלא יטמאוה בנגיעתן, וכדי שיהיו רגילין הכהנים בזה, גזרו ג"כ על כל איש ישראל האוכל פת, שאסור לאכול עד שיטול ידיו, **וגם** עכשיו שאין הכהנים אוכלין תרומה מפני הטומאה, לא בטלה תקנה זו, כדי שיהיו רגילים בני ישראל כשיבנה בהמ"ק במהרה בימינו לאכול בטהרה, **ועוד** טעם לתקנת נטילה, משום נקיות וקדושה, וסמכו בגמרא [ברכות נ"ג:] אקרא: דוהתקדשתם והייתם קדושים, [**ועוד** סמכו ענין נטילה אקרא אחר, עיין שם בחולין ק"ו בגמרא].

[**והנה** רש"י פי' בשבת י"ד דהוא משום נגיעת זיעא, ולדינא אם נגע בזיעא באמצע אכילה, ג"כ צריך נטילה שנית].

[א]כשיבא לאכול פת - ולאפוקי על פירות, וכדלקמן בס"ה, והטעם, לפי שאין רוב התרומה אלא ממיני פת, דכתיב: ראשית דגנך, ואין דרך לאכול מיני דגן אלא אחר שעושין ממנו פת, לא גזרו ג"כ נטילה אלא באופן זה, [**ולטעם** השני הנ"ל משום נקיות, צ"ל נמי דלא תקנו אלא בפת, משום דהוא דרך קביעות סעודה לבני אדם, ולא חששו לנקיות וקדושה באכילת ארעי]. **[ב]שמברכין עליו "המוציא"** - דלא תקנו אלא בדבר שקובעין סעודה עליו.

יטול ידיו - ויטול שני ידיו ובכלי, ואף אם אוכל רק באחת, חיישינן שיגע גם בשניה, **וכשיטול** ידיו, טוב שיטול ימין תחלה, כדי שהשמאל תשמש לימין. **אפילו אינו יודע להם שום טומאה** - וגם אינם מלוכלכות.

ויברך: על נטילת ידים - היינו: אשר קדשנו במצותיו וצונו ענט"י, **ושייך** לומר "וצונו" אף דהוא מדברי סופרים, דנצטוינו לשמוע מהם, כדכתיב: על פי התורה אשר יורוך לא תסור וגו'.

[ג]אבל לפת שאין מברכין עליו "המוציא", כגון לחמניות (פי' סטורט"י בלע"ז) דקות - יתבאר לקמן בסימן קס"ח ס"ו ע"ש, **או פת הבאה בכסנין, (פי' פת עשויה עם צוקארו וקדים ואגוזים), ואינו קובע סעודתו עליהם, אין צריך נטילת ידים** - וקמ"ל דאף דאלו מחמשת המינים הם, כיון שלא קבע סעודה עליהם, א"צ נטילה.

אבל אם קבע סעודה עליהם, צריך נטילה וברכה כמו על הפת, דגם "המוציא" ובהמ"ז צריך על אלו אם קבע סעודה עליהם, וכדלקמן בסימן קס"ח ס"ח, ושיעור קביעת סעודה ג"כ יתבאר שם בעזה"י, **ואם** כשהתחיל לאכול לא היה בדעתו לאכול רק מעט, ואח"כ נמלך לאכול עוד כשיעור קביעות, צריך נט"י וברכת "המוציא", וכמו שיבואר שם לקמן בס"ו ע"ש, [**היינו** דבזה שישלים לבד יש שיעור קביעות, אבל אם הוא רק בצירוף מה שאכל מקודם, דאז א"צ לברך, ממילא א"צ ג"כ נט"י].

וכ"ש על פת העשוי משאר דברים שאינם מחמשת המינים, שאינם צריכים נטילה לעולם, [**היינו** אף אם קבע סעודה עליהם, דאיננו בכלל פת כלל].

אות ח'

ואחרונים חובה

סימן קפא ס"א - [ד]מים אחרונים חובה - הטעם, משום שהידים מזוהמות הן מן האכילה, ופסולות לברכה, וסמכו חז"ל אקרא: דוהתקדשתם והייתם קדושים, "והתקדשתם" אלו מים ראשונים, שיקדשו ידיהם קודם האכילה לטהרם מטומאה, כמו שנתבאר לעיל בסימן קנ"ח, "והייתם קדושים" אלו מים אחרונים, [גמ' ברכות נ"ג:], **ואפילו** למי שאינו מברך בעצמו, אלא שומע לצאת מפי המברך, **ויותר** מזה, אפילו כשאין ידיו מזוהמות כלל מן האכילה, ג"כ חייבו חז"ל בנטילת מים אחרונים, **והוא** מפני חשש מלח סדומית, דבכל סעודה הלא נמצא מלח, ויש לחוש שמא מעורב בהן מעט ממלח סדומית, שמסמא העינים למי שנוגע בם ואח"כ יגע בעיניו, **ואף** עכשיו שאין מצוי מלח סדומית בינינו, יש לחוש למלח אחר שטבעה כמותה.

ואם יש לו מים מצומצמים, צריך למעט במים ראשונים כפי שיעור המבואר בסימן קס"ב ס"ב, בכדי שישאר לו מעט למים אחרונים, **ואם** אין לו רק כפי שיעור מים ראשונים, הם קודמים, אפילו למי שנזהר תמיד במים אחרונים, דהאידנא דאין מצוי מלח סדומית בינינו, אינם חובה כ"כ כמו מים ראשונים, **יש** אומרים דמתחלה אין לו לאכול אא"כ יודע שיהיה לו ג"כ מים אחרונים, **ומ"מ** אין החיוב עליו יותר ממים ראשונים, דהיינו בלפניו ד' מילין, ולאחריו מיל, ואם בתוך שיעור זה לא נמצא מים, אעפ"כ מותר לו לאכול, וגם לברך אח"כ בהמ"ז, **וכל** אימת שימצא מים אח"כ יטול ידיו, משום חשש מלח סדומית, [**ומ"מ** נראה, דטוב שיכרוך ידיו במפה קודם שיאכל, כדי שלא יהיו ידיו מזוהמות מן האכילה, וגם יהיו ממילא שמורות מנגיעה במלח סדומית].

באר הגולה

[א] חולין ק"ה [ב] רמב"ם [ג] ממשמעות רמב"ם ור"ש בפ"ק דחלה [ד] חולין פרק ח' והביאו הרי"ף ורא"ש בפ"ח דברכות

גמרא

תורה אור

אילימא בית שמאי אומרים מקנח ולא בעי מדיח ובית הלל אומרים מדיח ולא בעי מקנח אלא הא דאמר רבי זירא אין קינוח פה אלא בפת כמאן כב"ש אלא בית שמאי אומרים מקנח ולא בעי מדיח ובית הלל אומרים אף מדיח *הוי ליה מקולי בית שמאי ומחומרי בית הלל ולתנייה גבי קולי בית שמאי וחומרי בית הלל אלא בית שמאי אומרים מקנח והוא הדין למדיח וב"ה אומרים ^א^מדיח והוא הדין למקנח מר אמר חדא ומר אמר חדא ולא פליגי גופא אמר רבי זירא אין קינוח הפה אלא בפת והני מילי בדחיטי אבל בדשערי לא ודחיטי נמי לא אמרן אלא בקירירא אבל בחמימא משטר שטרי והני מילי ברכיכא אבל באקושא לא והלכתא ^ב^בכל מילי הוי קינוח לבר מקמחא תמרי וירקא בעא מיניה רב אסי מרבי יוחנן כמה ישהה בין בשר לגבינה א"ל ולא כלום איני והא אמר רב חסדא ^ג^אכל בשר אסור לאכול גבינה ^ד^גבינה מותר לאכול בשר אלא כמה ישהה בין גבינה לבשר א"ל ולא כלום גופא אמר רב חסדא אכל בשר אסור לאכול גבינה גבינה מותר לאכול בשר אמר ליה רב אחא בר יוסף לרב חסדא בשר שבין השינים מהו קרי עליה °הבשר עודנו בין שיניהם (במדבר יא) אמר מר עוקבא אנא להא מלתא חלא בר חמרא לגבי אבא דאילו אבא כי הוה אכיל בשרא האידנא לא הוה אכל גבינה עד למחר (א) עד השתא ואילו אנא בהא סעודתא הוא דלא אכילנא ^ה^לסעודתא אחריתא אכילנא אמר שמואל אנא להא מלתא חלא בר חמרא לגבי אבא דאילו אבא *הוה סייר נכסיה תרי זמני ביומא ואנא לא סיירנא אלא חדא זימנא ושמואל לטעמיה דאמר שמואל מאן דסייר נכסיה בליומא משכח אסתירא אביי הוה סייר נכסיה כל יומא ויומא יומא חד פגע באריסיה דדרי פתכא דאופי אמר ליה הני להיכא אמר ליה לבי מר אמר ליה *כבר קדמוך רבנן רב אסי הוה סייר נכסיה כל יומא אמר היכא נינהו כל הני אסתירי דמר שמואל יומא חד חזא צינורא דבדקא בארעיה שקליה לגלימיה כרכיה אותביה בגוה רמא קלא אתו אינשי סברוה (ג) א] אשכחתינהו לכולהו איסתרי דמר שמואל: אמר רב אידי בר אבין אמר רב יצחק בר אשיין ^ו^מים ראשונים מצוה ^ז^ואחרונים חובה מיתיבי מים ראשונים ואחרונים חובה ^ט^אמצעיים רשות מצוה לגבי רשות חובה קרי לה גופא מים ראשונים ואחרונים חובה אמצעיים רשות ^י^ראשונים נוטלין בין בכלי בין על גבי קרקע אחרונים אין נוטלין אלא בכלי ואמרי לה ^כ^אין נוטלין על גבי קרקע מאי בינייהו איכא בינייהו ^ל^קינסא ^מ^מים ראשונים נוטלין בין בחמין בין בצונן אחרונים ^נ^אין נוטלין אלא בצונן מפני שחמין מפעפעין את הידים ואין מעבירין את הזוהמא: מים ראשונים נוטלין בין בחמין בין בצונן: אמר רב יצחק בר יוסף אמר רבי ינאי לא שנו אלא שאין היד סולדת

רש"י

אילימא בית שמאי אומרים מקנח. פיו: ולא מדיח. כמים שהקינוח יפה מן ההדחה ולא הוזכרה כאן הדחה: ובית הלל אומרים מדיח ולא בעי קינוח. דלא סגי ליה בקינוח אלא מדיח במים והוא עיקר ואין צריך קינוח: אין קינוח פה. להכשיר לאכול בשר אחר גבינה: אלא. אם כן קנחו בפת דקינוח הפת שאוכל הפת בינתים היא יפה: כמאן בית שמאי היא. דאי בית הלל הדחה בעי ולא הוזכר קינוח: אף מדיח. תרוייהו בעינן וקאמר רבי זירא דקינוח בין למר ובין למר בפת הוא: ולתנייה. במסכת עדיות (פ"ד ופ"ה) שכל קולי ב"ש וחומרי ב"ה נשנו שם: [לעיל נב: וש"נ] והוא הדין. דתרוייהו בעינן: בדשערי לא. מפני שמתפרר בתוך הפה ואינו נקשר יחד כשלועסו לפיכך אינו מקנח: שטר. נעשה רך ונדבק בחיך ודוגמתו בהשוכר (ב"מ דף פה:) אשטר מישטר תחבושת על העין: אקושא. קשה יותר מדאי וגם הוא מתפרר בתוך הפה כשל שעורים: קמחא תמרי וירקא. רכין הן: בין בשר לגבינה. משמע שאכל בשר ורוצה לאכול גבינה: אסור לאכול גבינה. משום דבשר מוליא שומן והוא נדבק בפה ומאריך בטעמו: בשר שבין השיניים. מי חשיב בשר שלא לאכול גבינה עמו עד שיסלקנו: הבשר עודנו. אלמא מיקרי בשר: אנא לגבי מילתא חלא בר חמרא. לדבר זה אני גרוע מאבי כחומץ בן יין: למחר כי השתא. מעת לעת: סייר. הולך ורואה קרקעותיו מה הן צריכות: משכח איסתירא. מוצא סלע מפני שמתקנם בכל הצריך: פתכא דאופי. משוי עצים שהיה גונבו: קדמוך. שאמרו שיהא אדם רואה נכסיו בכל יום ויראה מה יעשה: צנורא דבדקא. המים יוצאין חוץ לגדותיהן ובאין לשטוף פירותיו דרך פתח שבשפת האמה: רמא קלא. הרים קול וצוח: חובה. עדיפא ממצוה ולקמיה מפרש מאי חובתייהו: מצוה. לשמוע דברי חכמים: אמצעיים. שנוטלין בין תבשיל לתבשיל בעלמא: מצוה לגבי רשות חובה קרי לה. משום דתני אמצעיים בהדייהו קרי לראשוני' חובה דאע"פ שאינו אלא מצוה חשיבות הן אצל הרשות לקרותם חובה: [עי' פרש"י תענית כ: ד"ה וסייר] בין בכלי. מתחתיהם לקבלם: קינסא. אם נותן שפאי עצים וקסמין תחתיהן למאן דאמר כלי הכא לאו כלי הוא ולמ"ד אין נוטלין על גבי קרקע שפיר דמי ולקמן מפרש משום דרוח רעה שורה עליהן כשהן על גבי קרקע: [שבת יט. ב"ב קה.] מפעפעין. השמנונית מרככין את הידים ומבליעין בהן את זוהם התבשיל:

תוספות

אי לימא ב"ש אומרים מקנח ולא בעי מדיח. פירש בקונטרס שהקינוח יפה מן ההדחה ולא הוזכר כאן הדחה וב"ה אומרים מדיח ולא בעי מקנח ולא סגי ליה בקינוח אלא מדיח במים והוא עיקר ואינו צריך קינוח וקשה לפירושו דלא הוה ליה למימר ולא בעי אלא מקנח ולא מדיח מדיח ולא מקנח ועוד אמאי דחיק לאוקמי דלא פליגי לימא דלבית שמאי עדיף קינוח ובית הלל סברי דאף בהדחה לחודיה סגי כמו בקינוח לחודיה לכן נראה דפשיטא ליה למסדר הש"ס דהדחה עדיף מקינוח והכי פירושא בית שמאי סברי מקנח ולא בעי מדיח כלומר דבקינוח סגי אע"ג דגרע ולא בעי מדיח דעדיף וב"ה סברי מדיח לחודיה בעינן והשתא הוה ליה למימר ולא סגי במקנח דגרע אלא איידי דנקט לב"ש ולא בעי נקט נמי לבית הלל והשתא הוה ליה למיפרך אם כן הוה ליה מקולי בית שמאי ומחומרי ב"ה אלא דהוית ליה פירכא אחריתי ולא מצי לשנויי דבית שמאי תרתי בעי ונקט מקנח והוא הדין דבעי מדיח בהדיה ובית הלל סברי דסגי בחד או מדיח או מקנח דאם כן הוו להו לבית הלל למינקט מקנח דהוי רבותא טפי דגרע ממדיח:

מקנח וה"ה למדיח. תרוייהו בעינן כדפי' בקונט' וכ"פ ר"ח:

לסעודתא אחריתא אכילנא. לאו בסעודתא שרגילין לעשות אחת שחרית ואחת ערבית אלא אפילו לאלתר אם סילק השולחן ובירך מותר דלא פלוג רבנן:

מים ראשונים מצוה ואחרונים חובה כו'. בברכות בסוף פרק אלו דברים (דף נג: ושם) דריש תרווייהו מקרא והתקדשתם אלו מים ראשונים והייתם קדושים אלו מים אחרונים ואסמכתא בעלמא הוא דהא טעמא דמים אחרונים הוי משום מלח סדומית כדאמר בסמוך ואנו לפי שאין מלח סדומית מצוי בינינו לא נהגו במים אחרונים והכי נמי כי דריש התם כי קדוש זה שמן שהיו סכין את ידיהן להעביר את הזוהמא הוי אסמכתא דלא מצינו בשום מקום שיהא שמן לא חובה ולא מצוה והא דאמר התם כשם שהמזוהם פסול לעבודה כך ידים מזוהמות פסולין לברכה היינו להם שהיה הדבר עליהם חובה ליטול אחר סעודה לפיכך נחשבות כמזוהמות וצריך להקדים וליטול קודם ברכה וא"ת למאי נפקא מינה הא דראשונים מצוה ואחרונים חובה מה לי מצוה מה לי חובה הא תרווייהו חובה כדקתני בברייתא ולא רשות ואומר רבינו תם דנפקא מינה לענין מלחמת הרשות דתנן בפ"ק דעירובין (דף יז.) דפטורין מרחיצת ידים וקאמר רב חייא בגמ' לא שנו אלא מים ראשונים אבל אחרונים לא דאמר רב יהודה בריה דרב חייא מפני מה אמרו מים אחרונים חובה מפני שמלח סדומית כו' ובהלכות גדולות פירש דראשונים שהם מצוה משום סרך תרומה טעונין ברכה אבל אחרונים שהם לצורך אדם משום מלח סדומית אין טעונין *)ברכה *ומכאן כתב רבינו יהודה בפרק במה מדליקין בתוספ' שאין לברך על קריאת שמע שלפני מטתו אשר קדשנו במצותיו וצונו לקרות שמע ואם תאמר אמצעיים כגון בין גבינה לבשר שהן לצורך מטה יהיו טעונין ברכה וי"ל דאין זה כי אם הכשר אכילה כמו ניקור חלב ומליחת בשר:

*) [וע"ע תוס' שבת כה: ד"ה חובה]

לא

עין משפט נר מצוה

י א ב מיי' פ"ט מהל' מאכלות אסורות הל' ט טוש"ע י"ד סימן פט סעיף ב:

יא ג מיי' שם הל' כח טור ש"ע י"ד סי' פט סעיף א:

יב ד מיי' שם הל' כו טוש"ע שם סעיף ב:

יג ה ו מיי' שם הל' כח טוש"ע שם סעיף א:

יד ז מיי' פ"ו מהלכות ברכות הל' ב סמג עשין כז טור ש"ע א"ח סי' קנח סעיף א [וברב אלפס עוד ברכות פ"ח דף מד.]:

טו ח מיי' שם וע"ש בהשגות ובכ"מ סמג שם טוש"ע א"ח סי' קפא סעיף א:

טז ט מיי' שם הל' ג סמג שם טוש"ע א"ח סי' קעג סעיף א:

יז י מיי' שם הל' טו:

יח כ ל מיי' שם סמג שם טוש"ע א"ח סי' קפא סעיף ב:

יט מ מיי' שם סמג שם טוש"ע א"ח סי' קס סעיף ו:

כ נ מיי' שם טוש"ע א"ח סי' קפא סעיף ה:

שיטה מקובצת

א] אתו אינשי סברוה אמר אשכחתינהו לכולהו:

הגהות הב"ח

(א) גמ' למחר כי השתא: (ג) שם סברוה אמר אשכחתינהו:

מכאן עד שמע אין זה מדברי התוס' כי אם איזה גליון וטעו הסופרים וכתבוהו בפנים. מהר"מ

רבינו גרשום

ב"ש אומרים מקנח. כלומר בפת: ואי בעי תימא מר אמר חדא ומר אמר חדא ולא פליגי. כלומר ב"ש אומרים מקנח זו היא הפה וב"ה אומרים מדיח אלו ידיו אבל בפת מודו ב"ה לב"ש דאין קנוח הפה אלא בפת: בשר של בין השינים מהו. כלומר אם יש לו בשר בין השינים מהו שיאכל גבינה: פתכא דאופתא. כלומר עץ גדול: פתכא דאופי. משאוי של עצים היה נושא לביתו בלא ידיעתו דאביי: אמר ליה כבר קדמוך רבנן. כלומר רבנן דאמרי דמאן דסייר נכסי מישתכח ביה איסתרא קדמוך דאנא חזיתיך דאי לא הוה חזיתיך הוית מגנבו ממני: הוא צינורא דבדקא. כלומר א) רבוע ארעא דשטפי מיא לארעיה: מצוה לגבי רשות חובה קרי לה: נוטלין בין בכלי בין על גבי קרקע. כלומר בין שמקבלין אותו בכלי בין שנוטלין ע"ג קרקע: אחרונים אין נוטלין. אא"כ מקבלין אותן המים ששופכין על הידים בכלי דבעינן למימר קמן דרוח רעה שורה עליהן ואמרי לה אין נוטלין ע"ג קרקע: איכא בינייהו קינסא כו'. כלומר דמקבלין אותן ע"ג חתיכה של עץ למ"ד אין נוטלין אלא בכלי ע"ג קינסא לאו כלי הוא למ"ד דאין נוטלין ע"ג קרקע ע"ג קינסא שפיר דמי: בין בחמין בין בצונן. כלומר בין מםים חמין בין מםים צונן: לא שנו אלא שאין היד סולדת

א) אולי צ"ל דנסחת סגדר ושטפי מיא לארעיה

אות ח*[ה]

תוס' ד"ה מים: ובהלכות גדולות פירש דראשונים שהם מלוכ משום סרך תרומה, טעונין ברכה; אבל אחרונים שהם לצורך אדם משום מלח סדומית, אין טעונין ברכה

סימן קפא ס"ז - [ו]אין מברכין שום ברכה על מים האחרונים - דלפי הטעם שבארנו לעיל, משום חשש מלח סדומית דהוא סכנה לעינים, בודאי אין שייך לברך על נטילה זו, כמו שאין מברכין על שמירה משאר סכנות, כגון המסנן מים בלילה מפני סכנת עלוקה וכיוצא בזה, **ואפילו** לפי הטעם הראשון שכתבנו לעיל, דהנטילה היא כדי להסיר הזוהמא מעל ידיו קודם בהמ"ז, שלפי טעם זה היה ראוי לברך על נטילה זו, **מ"מ** לא נהגו כן, לפי שעכשיו אין עושין המצוה כתקנת חכמים ומנהגם, שהיו נוהגים למשוח הידים גם בשמן ערב אחר הנטילה להעביר את הזוהמא מהידים, וכיון שאין אנו עושים המצוה כתיקונה, נהגו שלא לברך בכל גוונא.

אות ט'

אמצעיים רשות

סימן קעג ס"א - [ז]מים אמצעים, רשות - רצה נוטל רצה אינו נוטל. **והני מילי בין תבשיל לתבשיל, אבל בין תבשיל לגבינה, חובה, (עיין ביו"ד סי' פ"ט)** - ס"ג, ושם נתבאר בהג"ה, דלפי מנהגנו יש ליטול ידיו אפילו בין תבשיל של גבינה לתבשיל של בשר שאחריו, אם נוגע בהם בידיו, **ואין** לנו רשות אלא בששני התבשילין שוין.

אות י'

ראשונים נוטלין בין בכלי בין על גבי קרקע

רמב"ם פ"ו מהל' ברכות הט"ז - מים ראשונים ניטלים בין על גבי כלי בין על גבי קרקע; ואחרונים אינן ניטלין אלא על גבי כלי. מים ראשונים ניטלין בין בחמי האור בין בצונן; ואחרונים אינן ניטלין בחמין, והוא שיהיו חמים שהיד סולדת בהן, מפני שאין מעבירין את הזוהמא [ח]שאינו יכול לשפשף בהן; אבל היו פושרין נוטלין מהן באחרונה.

אות כ' – ל'

אחרונים... אין נוטלין על גבי קרקע

קינסא

סימן קפא ס"ב - [ט]מים אחרונים אין נוטלים על גבי קרקע אלא בכלי, מפני רוח רעה ששורה עליהם - ויש חשש סכנה לעובר עליהם, **ובמקום** שאין עוברים שם, יכולים ליטול ע"ג קרקע, ולכן מותר ליטלם תחת השלחן, ואע"ג שלפעמים מסלקין השלחן, מ"מ יתנגבו ביני וביני.

ולא יתחוב ידיו בתוך הכלי לרוחצם, ‹דבאים להעביר הזוהמא, ואח"כ שוב נדבקו המים עם הזוהמא בידיו›, אלא ישפוך המים על ידיו שירד לתוך הכלי, [**ועל** נטילת ידים שבין גבינה לבשר, מותר אפי' לשפשפם בתוך הכלי], ‹דאין באים כי אם להעביר מאכל הדבוק בידיו, ועכ"פ עובר המאכל מעל ידיו, ושוב אין המאכל נדבק בידיו – מחה"ש›.

‹**ואם צריך ליזהר שלא ישפכם אח"כ** ‹אחר שנטלם בכלי› למקום מדרס בני אדם, **לכאורה תלוי בפלוגתא, דלפי טעם הלבוש, דהיתר הכלי הוא משום שלא ידרסו ע"ז בני אדם, לפי"ז אסור לשפכם אח"כ במקום שעוברים בני אדם, וכדלעיל בסימן ד' ס"ט לענין מי הנטילה של שחרית, אבל לפי טעם שארי פוסקים, שאין רוח רעה שורה על המים כשרוחצם בכלי, מותר, ואין דומה להנ"ל בסימן ד', דהתם הרוח רעה שורה על הידים, וכשרוחץ ידיו אפי' בתוך כלי, שורה על המים הרוח רעה מן הידים, אבל באמת יש לדחות, דאפשר אפי' אח"כ כשמערה המים אחרונים מן הכלי על הקרקע, שורה עליהם רוח רעה, וכן משמע קצת** לשון רש"י {חולין ק"ה} ד"ה קינסא ע"ש, דכל שהמים אחרונים מוטלין ע"ג קרקע, רוח רעה שורה עליהן›.

[י]ואם אין לו כלי, נוטל ע"ג עצים דקים וכיוצא בהן - כמו אבנים דקים וקוצים, וכל כה"ג שנבלעים בהם המים, ואינם מתקבצים למקום אחד, **אבל** כשיש לו כלי, ישפכם דוקא בתוך הכלי.

ויש מקילין ליטול אף ע"ג רצפה אם אין לו כלי ליטול בתוכו, דס"ל דדוקא ע"ג קרקע ממש שורה עליהם רוח רעה, [מג"א וא"ר לדעת החנוך], **אבל** לפי מה שכתב הלבוש, יש להחמיר בזה, [**דהמעיין** שם בלבוש יראה בפשיטות דס"ל, דהרוח רעה שורה אף כשנוטלם בכלי, אלא שמשתמר בכלי שלא ידרסו עליו בני אדם, {אך לשון רש"י ‹ד"ה קינסא› דחוק לדידה, ע"ש}, ולפי"ז אין להקל לשפכם על גבי רצפה, **ולענ"ד** גם להחינוך גופא צ"ע, דאפשר דרצפה חשוב כקרקע].

אות מ'

מים ראשונים נוטלין בין בחמין בין בצונן

סימן קס ס"ו - [יא]חמי האור, נוטלים מהם לידים, אפילו הן חמין שהיד סולדת בהם - שנמשכת מאחוריה שלא תכוה, **(פי' כל שכריסו של תינוק נכוה הימנו).**

באר הגולה

[ה] ‹ע"פ הב"י› [ו] **טור בשם בה"ג ורב עמרם** [ז] **חולין ק"ה** [ח] ‹וצ"ב, למה שינה מטעם הגמ' שאמרו "מפני שהחמין מפעפעים את הידים" – ילקוט יוסף› [ט] **שם בגמ'** [י] ‹וכלישנא בתרא, וכן פסקו בתורת הבית והטור, **אבל** הרמב"ם פסק כלישנא קמא, וכתב בכסף משנה שטעמו, כיון דלישנא קמא סתמא דגמ' הוא, ועוד דמילתא דסכנתא אזלינן לחומרא, כמ"ש בפ"ק שם, **וכן** פסק בשו"ע, ובאין לו פסק שיש לסמוך ארשב"א וטור – גר"א› [יא] **חולין ק"ו** ‹וכלישנא בתרא ק"ה: – גר"א›

ויש מחמירין ביד סולדת בהם, [רש"ל כדעת סמ"ג וסמ"ק וספר התרומה ‹דכתבו כלישנא קמא - ב"י›, **וכתבו** האחרונים, דבאין לו מים אחרים אין להחמיר בזה, דהעיקר כדעת השו"ע, [**דבאמת** כמעט כל הראשונים שראיתי פסקו בהדיא להתיר, והם הר"ח והרי"ף והרמב"ם והרא"ש והאשכול והאור זרוע והשבלי לקט והרשב"א והריטב"א והחנוך והריא"ז, **וגם** רש"י ‹ק"ו. ד"ה אין› לדעת אור זרוע, ע"ש, **ודלא** כמג"ג שהחליט שרש"י סובר כדעת האוסרין].

ובפושרין אין איסור כלל לכו"ע, [גמ'], ואפי' אם היו חמין מתחלה ונצטננו ונעשו פושרין, ג"כ מותר, [כ"כ בישועות יעקב. **ואף** דבפמ"ג כתב, דלדעת רש"י ק"ה: ‹ד"ה סולדת› דתלה טעמא בנתבטלו מתורת מים, אסור לדעת האוסרים שם בגמ' אפי' בנצטננו אח"כ, **מ"מ** נראה דיש לסמוך בזה להקל, דבלא"ה דעת הרבה ראשונים וכמעט כולם להקל אפילו בחמין ממש שהיד סולדת בהן וכנ"ל]. **ולפי"ז** אפילו אין לו מים אחרים כי אם חמין שהיד סולדת בהן, יראה להמתין מעט עד שיצטננו במקצת, שלא יהיה היד סולדת בהן, ויהיה מותר לכו"ע.

אות נ'

אחרונים אין נוטלין אלא בצונן

סימן קפא [יב]**ס"ג** - [יג]**"אין נוטלין בחמין שהיד נכוית בהם** - לאו דוקא, דבודאי אין אדם נוטל ידיו במים כאלו שיכוה בהן, **אלא** ר"ל שהיד סולדת בהן, [שחוזרת לאחוריה מפני החום, רש"י] ‹שבת מ: ד"ה סולדת›, ושיעורו כל שכריסו של תינוק נכוית בו.

מפני שמפעפעין (פירוש מבעבעין מלשון שחין אבעבועות) את הידים - מרככין את הידים, ומבליעין בהן את זוהמת התבשיל, רש"י, **ואין מעבירין את הזוהמא** - ונ"ל דחמין שנצטננו, מותר ליטול בהן.

אבל פושרין, דהיינו שאין היד סולדת בהן, מותר, **ורש"ל** פסק, דוקא בצוננין, **ומיהו** אם אין לו כי אם אלו הפושרין, בודאי אין להחמיר, [דהלא כל הראשונים פסקו כלישנא בתרא לקולא, וכמו שציינתי לעיל בסימן ק"ס ס"ז, ע"ש בשעה"צ].

באר הגולה

[יב] ‹כצ"ל, וכן תוקן במהדורת נהרדעא› [יג] שם בגמרא

סולדת בהן אבל היד סולדת בהן אין נוטלין בהן ואיכא דמתני לה אסיפא "אחרונים אין נוטלין אלא בצונן אבל בחמין לא אמר רב יצחק בר יוסף אמר רבי ינאי לא שנו אלא שהיד סולדת בהן אבל אין היד סולדת בהן נוטלין "מכלל דראשונים אף על פי שהיד סולדת בהן מותר אמצעיים רשות אמר רב נחמן "לא שנו אלא בין תבשיל לתבשיל אבל בין תבשיל לגבינה חובה *אמר רב יהודה בריה *דרבי חייא מפני מה אמרו מים אחרונים חובה שמלח סדומית יש שמסמא את העינים אמר אביי ומשתכח כי קורטא בכורא אמר ליה רב אחא בריה דרבא לרב אשי כל מלחא מאי אמר ליה לא מבעיא אמר אביי מריש הוה אמינא האי דלא משו מיא בתראי על ארעא משום זוהמא אמר לי *מר "משום דשריא רוח רעה עלייהו ואמר אביי מריש הוה אמינא האי דלא שקיל מידי מפתורא כי נקיט איניש כסא למשתי שמא יארע דבר קלקלה בסעודה אמר לי מר משום דקשי לרוח צרדא ולא אמרן אלא דשקיל ולא מהדר אבל משקל ואהדורי לית לן בה ולא אמרן אלא חוץ לארבע אמות אבל תוך ארבע אמות לית לן בה ולא אמרן אלא מידי דצריך לסעודתא אבל מידי דלא צריך לסעודתא לית לן בה מר בר רב אשי קפיד אפילו אאסיתא ובוכנא דתבלי מידי דצריכי לסעודתא ואמר אביי מריש הוה אמינא האי דכנשי *נשווראה משום מנקירותא אמר לי מר "משום דקשי לעניותא ההוא גברא דהוה מהדר עליה שרא דעניותא ולא הוה יכיל ליה דקא זהיר אנשוורא טובא יומא חד כרך *ליפתא איבלי אמר השתא ודאי נפל בידאי בתר דאכיל אייתי מרא עקרינהו ליבלי שדינהו לנהרא שמעיה דקאמר ווי דאפקיה ההוא גברא מביתיה ואמר אביי מריש הוה אמינא האי דלא שתי אופיא משום מאיסותא אמר לי מר משום דקשי לכרסם מישתיה קשה לכרסם מינפח ביה קשיא לרישא מדחיה קשיא לעניותא מאי תקנתיה לשקעיה שקועי לכרסם דחמרא שיכרא דשיכרא מיא דמיא לית ליה תקנתא והיינו דאמרי אינשי *בתר עניא אזלא עניותא ואמר אביי מריש הוה אמינא האי דלא אכלי ירקא מכישא דאסר גינאה משום דמיחזי כרעבתנותא אמר לי מר משום דקשי לכשפים *רב חסדא ורבה בר רב הונא הוו קאזלי בארבא אמרה להו ההיא מטרוניתא אותבן בהדייכו לא אותבוה אמרה מלתא אסרתה לארבא אמרו אינהו מילתא שריוה אמרה להו מאי איעביד לכו דלא מקנח לכו בחספא ולא קטיל לכו כינה אמנייכו ולא אכיל לכו ירקא מכישא דאסר גינאה ואמר אביי מריש הוה אמינא האי דלא אכלי ירקא דנפל אתכא משום מאיסותא אמר לי מר משום דקשה לריח הפה ואמר אביי מריש הוה אמינא האי דלא יתבי תותי מרזיבא משום שופכים אמר לי מר משום דשכיחי מזיקן הנהו שקולאי דהוו דרו חביתא דחמרא בעו לאיתפוחי אותבוה תותי מרזיבא פקעה אתו לקמיה דמר בר רב אשי אפיק שיפורי שמתיה אתא לקמיה אמר ליה אמאי תעביד הכי אמר ליה היכי אעביד כי אותביה באונאי אמר ליה את בדוכתא דשכיחי רבים מאי בעית את הוא דשנית זיל שלים אמר ליה השתא נמי ליקבע לי מר זימנא ואפרע קבע ליה זימנא כי מטא זימנא איעכב כי אתא אמר ליה אמאי לא אתית בזמנך אמר ליה *כל מילי דצייר וחתים וכייל ומני לית לן רשותא למשקל מיניה עד דמשכחינן מידי דהפקרא ואמר אביי מריש הוה אמינא האי דשדי מיא מפומא דחצבא משום ציבתא אמר לי מר משום דאיכא מים הרעים ההוא בר שידא דהוה בי רב פפא אזל לאתויי מיא מנהרא איעכב כי אתא אמרו ליה אמאי איעכבת אמר להו עד דחלפי מים הרעים אדהכי
חזנהו

לא שנו אלא בין תבשיל לתבשיל. אומר רבינו שמואל דמיירי בשניהם של בשר או שניהם של גבינה אבל בין תבשיל של בשר לגבינה שלפניו חובה אבל לגבינה של אחריו לא קאמר דאפילו בנטילת ידים אסור לאכול עד סעודה אחרת כדאמר לעיל אכל בשר אסור לאכול גבינה ואין נראה לר"ת דבין תבשיל לגבינה משמע תבשיל תחלה כדאמר לעיל כמה ישהה בין בשר לגבינה ולא כלום ופריך והא אמר רב חסדא אכל בשר אסור לאכול גבינה אלא כמה ישהה בין גבינה לבשר כו' ועוד בין תבשיל לתבשיל בשניהם של בשר או של גבינה למה יש לו ליטול כלל ומפרש ר"ת דבין תבשיל לתבשיל היינו בין תבשיל דבשר לתבשיל של גבינה דכיון דאין הבשר והגבינה בעין וליכא אלא טעם לא החמירו שיהא חובה ליטול ידיו בינתיים ואינו אלא רשות אבל בין תבשיל דבשר לגבינה שהגבינה בעין חובה ויתכן פירוש זה אף לדברי האוסרין לאכול גבינה אחר בשר באותה סעודה אפי' בנטילה וקינוח :
חזנהו

סולדת. נכוית אם היד סולדת בהן בטלו ונשתנו מתורת מים : **איכא דמתני לה אסיפא**. לא שנו דאחרונים בחמין לא : **מכלל כו'**. דבהנך דאסר לאחרונים שרי לראשונים : **שמלח סדומית יש**. ואמרו חכמים "על כל אכילתך אכול מלח וכיון דנגע במלח כי הדר יהיב ידו אעינים מסמא להו ולפיכך צריך לנטלן : **ומשתכחא כי קורטא בכורא**. אינה מצויה אלא קורט בכור : **כל מילחא**. מדד מלח כמו (שמות טז) וימודו בעומר "וכלו בעומרא : **מאי**. צריך ליטול אחריו או לא : **משום זוהמא**. שריחן מסריח ונראות מאוסות : **למשתי**. כשאדם שותה אין לוקחין כלום מלפניו : **דבר קלקלה**. שמא יכעוס השותה שחפץ באותו דבר הניטל וכי יכעוס יסתכן ויחנק : **רוח צרדא**. אסטורדיסי"ן : **חוץ לארבע אמות**. שמוליאו חוץ לארבע אמות של שולחן : **דכנשי נשוורא**. שמכבדין פירורי אוכלין מן הבית : **מנקירותא**. לנקר הבית נקיון: **מהדר אבתריה שרא דעניותא**. שר הממונה על העניות היה רודף ללוכדו ולהביאו לידי עניות : **איבלי**. "על עשבים שבאפר : **נפל לידאי**. שלא יוכל ללקט הפירורין מבין העשבים ויהו למדרס רגלים ואלכדנו בכך : **שמעיה**. ההוא גברא לההוא שרא : **דקאמר ווי דאפקיה מביתיה**. הוליאני זה ממקום מטחתי : **אופיא**. אשקומ"א : **לכרסם**. רירין הבאין מן החוטם : **מדחיה**. בידו ללדדין : **לישקעיה שקועי**. בתוך המשקה עד שיכלה מאליו : **לכרסם דחמרא**. שבא לו מחמת אופיא דחמרא : **שכרא**. רפואתו לשתות שכר : **לכרסם דשכרא**. שבא מחמת אופיא דשכרא לישתי מיא : **בתר עניא**. זה שלא היה לו אלא מים לשתות : **מכישא דאסר גינאה**. שאין מוליאין שום או כרישין מאגודה שאוגדין מוכרי ירק לאוכלו : **כרעבתנותא**. שאין יכול להמתין עד שיתירנו : **לכשפים**. הרואה אותו יכול לעשות לו כשפים והנשמר ממנו אין כשפים עוזין לחול עליו : **מטרוניתא**. נכרית : **אותבן בהדייכו**. הושיבוני עמכם בספינה : **אמרה מילתא**. לחש של מכשפות : **אסרתה לארבא**. שלא זזה ממקומה : **אמרי אינהו מילתא**. אף הן היו בקיאין בדבר ועושין להציל עלמס מיד המכשול ואיכא דאמרי שאמרו שם ולא מוכחא מילתא : **מאי איעבד לכו**. שאין מכשפות שולטת בכם שאתם נשמרין מכל דבר הקשה להן : **דלא מקנח לכו בחספא**. אין אתם מקנחין עלמכם בחרס בבית הכסא ואין אתם הורגין כינה במלבושכם : **מרזיבא**. לינור המקלח מים מן הגג : **שופכין**. שמא ירדו עליו מים מאוסין המקלחים מתשמיש המשתמשין על הגג ושופכין מי תשמיש והן באין ללינור : **שקולאי**. נושאי משאות בשכר : **פקעה**. שנשברה המזיק : **שמתיה**. למזיק : **דאותביה באונאי**. הושיבוה באזני שהייתי ישן שם : **דצייר וחתים**. כלומר באחד מכל אלו אין לנו רשות : **דשדו מיא**. השותה בכד שופך תחלה מן המים לארץ : **משום ציבתא**. קסמין וקשין שעל פני המים : **מים רעים**. פעמים ששתה מהן שד וזו תקנתן : **דהוה בי רב פפא**. שהיה משמשו : **עד דחלפי מים הרעים**. ששתו המזיקין מהן :
האכילו

רבינו גרשום

סולדת בהן. כלומר אלא שאין היד נכוית בהן אבל היד נכוית בהן אסור : כי קורטא בכורא. כלומר כקרטין של מלח בשלשים סאין: שמא יארע דבר קלקלה בסעודה. כלומר שמא יקפיד בשעה דנקיט כסא בידיה או מאכל או משקה וישפכנו ויארע קלקלה בסעודה : דקשי לרוח צרדא. שנופל מאותו חולי : ולא אמרן אלא חוץ לד' אמות. כלומר הא דאמרן דלא לישקול איניש מידי מפתורא כי נקיט איניש כסא ויתיב אתכא: חוץ לד' אמות. כלומר שרוצה ליטול חוץ לד' אמות מן השלחן ואי עביד קשה לרוח צרדא למאן דנקיט כסא בידיה : האי דכנשי נישוורא. כלומר האי דמיכנשי פירורין מתחת השלחן : משום מנקרותא. כלומר שרוצה לנקר ביתו : א"ל מר. והו רבה : הוה קא אכיל נהמא (איכלא) [איבלי]. כלומר ביני עשבים : אפקוה להוא גברא מביתיה. כלומר לעניות : תופיא. אשקימא בלע"ז : לכרסם. קרן בלע"ז מי שאינו יכול להוציא ניעו והו קרן בלע"ז : מנפחביה קשי לרישא. כלומר לחולי של ראש : מדחיה קשי לעניותא. כלומר מדחהו בידו קשי לעניותא : שיכרא מעבר ליה. כלומר לישתי שיכרא אחריו וירפא : דשיכרא מים. כלומר מאן דשתי אופיא משיכרא לישתי מיא בתריה וירפא : דמים לית ליה תקנתא: [בתר עניא]. דעני אורחיה למישתי מיא: מכישא דאסר גינאה. כלומר מאותו קישור שקשר בעל הגינה למכור : אמרה מלתא אסרה לארבא. כלומר אמרה מלתא דכשפים : לא קטיל לכו כינה. על בגד שלך : תותי מרזבא. צינור : משום שופכין. כלומר ששופך הצינור מים עליו: הנהו שקולאי. בני אדם שנושאין משואות: בעי לאיתפוחי תותי מרזבא. [את הוא דשנית]. כלומר אתה עשית שינוי דבמקום רבים הזקתה: האי דשרי מיא מפומא דחצבא. כלומר כשאדם רוצה לשתות ושופך מעט מים תחלה קודם שישתה: משום ציבוראתא. כלומר כשראיתי ששופכין מים בתחלה אמרתי משום ציבי דאית ביה במיא עושין כן: משום דאיכא מים הרעים. כלומר דשרי עלייהו רוח רעה:
מים

עין משפט נר מצוה
כא א מיי' פ"ו מהל' ברכות הלכה טו טוש"ע א"ח סי' קפא סעיף ג וע"ש :
כב ב מיי' שם טוש"ע א"ח סי' קס סעיף ו :
כג ג מיי' פ"ט מהל' מאכלות אסורות הל' כו סמג לאוין קמא טוש"ע א"ח סי' קעג סעיף א וי"ד סי' פט סעיף ג :
כד ד מיי' פ"ו מהל' ברכות הל' טו וע"ש בכ"מ סמג עשין כז טוש"ע א"ח סי' קפא סעיף ב :
כה ה טוש"ע א"ח סי' קס סעיף ד :

גליון הש"ס
רש"י ד"ה איבלי על עשבים. וכן גיטין דף סח ע"ב מילפת דימא ויבלא :

מסורת הש"ס
[ברכות מ.]
[נ"ל חרנוסוכלו בעומרא]
עירובין יז: ע"ש
[נ"ל דרב חייא]
[סיטו רבה בר נחמני עיין רש"י שבת כב.]
[פסחים קיא:]
[נ"ל ריפתא כ"א בע"י]
[ב"ק לב. וש"נ]
שבת סז.
[פי' תוס' תענית ח: ד"ה הלא]

§ מסכת חולין דף קה: §

אות א'

אחרונים אין נוטלין אלא בצונן, אבל בחמין לא

סימן קפא ס"ג - [א] **אין נוטלין בחמין שהיד נכוית בהם** - לאו דוקא, דבודאי אין אדם נוטל ידיו במים כאלו שיכוה בהן, **אלא** ר"ל שהיד סולדת בהן, [שחוזרת לאחוריה מפני החום, רש"י ‹שבת מ: ד"ה סולדת›, ושיעורו כל שכריסו של תינוק נכוית בו.

מפני שמפעפעין (פירוש מבעבעין מלשון שחין אבעבועות) את הידים - מרככין את הידים, ומבליעין בהן את זוהמת התבשיל, רש"י, **ואין מעבירין את הזוהמא** - ונ"ל דחמין שנצטננו, מותר ליטול בהן.

אבל פושרין, דהיינו שאין היד סולדת בהן, מותר, **ורש"ל** פסק, דוקא בצוננין, **ומיהו** אם אין לו כי אם אלו הפושרין, בודאי אין להחמיר, [דהלא כל הראשונים פסקו כלישנא בתרא לקולא, וכמו שציינתי לעיל בסימן ק"ס ס"ו, ע"ש בשעה"צ].

אות ב'

מכלל דראשונים אף על פי שהיד סולדת בהן מותר

סימן קס ס"ו - [ב] **חמי האור, נוטלים מהם לידים, אפילו הן חמין שהיד סולדת בהם** - שנמשכת מאחוריה שלא תכוה, **(פי' כל שכריסו של תינוק נכוה הימנו).**

ויש מחמירין ביד סולדת בהם, [רש"ל כדעת סמ"ג וסמ"ק וספר התרומה ‹דכתבו כלישנא קמא - ב"י›, **וכתבו** האחרונים, דבאין לו מים אחרים אין להחמיר בזה, דהעיקר כדעת השו"ע, [**דבאמת** כמעט כל הראשונים שראיתי פסקו בהדיא להתיר, והם הר"ח והרי"ף והרמב"ם והרא"ש והאשכול והאור זרוע והשבלי לקט והרשב"א והריטב"א והחנוך והריא"ז, **וגם** רש"י ‹ק"ו. ד"ה אין› לדעת אור זרוע, ע"ש, **ודלא** כמג"א שהחליט שרש"י סובר כדעת האוסרין].

ובפושרין אין איסור כלל לכו"ע, [גמ'], ואפי' אם היו חמין מתחלה ונצטננו ונעשו פושרין, ג"כ מותר, [כ"כ בישועות יעקב. **ואף** דבפמ"ג כתב, דלדעת רש"י ק"ה: ‹ד"ה סולדת› דתלה טעמא בנתבטלו מתורת מים, אסור לדעת האוסרים שם בגמ' אפי' בנצטננו אח"כ, **מ"מ** נראה דיש לסמוך בזה להקל, דבלא"ה דעת הרבה ראשונים וכמעט כולם להקל אפילו בחמין ממש שהיד סולדת בהן וכנ"ל], **ולפי"ז** אפילו אין לו מים אחרים כי אם חמין שהיד סולדת בהן, יראה להמתין מעט עד שיצטננו במקצת, שלא יהיה היד סולדת בהן, ויהיה מותר לכו"ע.

אות ג'

לא שנו אלא בין תבשיל לתבשיל, אבל בין תבשיל לגבינה חובה

סימן קעג ס"א - [ג] **מים אמצעים, רשות** - רצה נוטל רצה אינו נוטל. **והני מילי בין תבשיל לתבשיל, אבל בין תבשיל לגבינה, חובה, (עיין ביו"ד סי' פ"ט)** - ס"ג, ושם נתבאר בהג"ה, דלפי מנהגנו יש ליטול ידיו אפילו בין תבשיל של גבינה לתבשיל של בשר שאחריו, אם נוגע בהם בידיו, **ואין** לנו רשות אלא בששני התבשילין שוין.

יו"ד סימן פט ס"ג - [ד] **אכל תבשיל של בשר** - ‹פי' שאיזה מאכל שני נתבשל עם הבשר, ויש בו מטעם הבשר, אבל בשר בעין אין בו - בדי השלחן›, **מותר לאכול אחריו תבשיל של גבינה; והנטילה ביניהם אינה אלא רשות.** [ה]**(ויש מצריכים נטילה) (שערים והגהות ש"ד)** - ‹משמע בלא קינוח והדחה, ומה דכתב הרמ"א שלא לאכול גבינה אחר תבשיל בשר, היינו גבינה בעין, אבל תבשיל של גבינה אחר תבשיל בשר, מותר בנטילה לחוד, **אבל** בת"ח כפי מה דביאר המנח"י, דעתו שם, בתבשיל של בשר ואח"כ תבשיל של גבינה, בעינן גם קינוח והדחה, ובהיפך, תחילה של גבינה ואח"כ של בשר, סגי בנטילה - רעק"א. ‹**ועוד** דיעה שלישית איכא בהך מילתא, דאף בתבשיל גבינה ואח"כ תבשיל בשר צריך קינוח והדחה, א"ר - בדי השלחן›.

אבל אם בא לאכול הגבינה עצמה אחר תבשיל של בשר, או הבשר עצמו אחר תבשיל של גבינה, חובה ליטול ידיו.

הגה: ושומן של בשר, דינו כבשר עצמו (רשב"א ומרדכי והגהת ש"ד) - ואפילו שומן של עוף דינו כשומן ממש, כ"כ בת"ח שם בשם המרדכי והגהת ש"ד, וכן פסק בסימני ת"ח שם - ש"ך.

[**ובב"י באו"ח סי' קע"ג, כתב בשם הגה' מיימון, דמרק של בשר** ‹ורוטב של בשר - פמ"ג›, **יש לו דין בשר, ורבינו יונה כתב, דיש לו דין תבשיל של בשר, הואיל והוא צלול,** ‹והמחמיר תבא עליו ברכה - פמ"ג›, **אבל אם הוא עב כירקות, יש לו דין בשר** - ט"ז].

ונהגו עכשיו להחמיר שלא לאכול גבינה אחר תבשיל בשר, כמו אחר בשר עצמו, ואין לשנות ולפרוץ גדר (ארוך וב"י) - ‹ובמנח"י כתב בשם רש"ל: ועתה נהגו איסור אפי' בתבשיל גבינה אחר תבשיל בשר, וקשה להקל ולהתיר בפניהם בסילק ובירך, ע"כ - רעק"א›.

באר הגולה

[א] שם בגמרא [ב] חולין ק"ו ‹וכלישנא בתרא ק"ה: - גר"א› [ג] חולין ק"ה [ד] מימרא דרב נחמן חולין דף ק"ה. וכפי' התוספות בשם ר"ת, דכיון דאין הבשר והגבינה בעין וליכא אלא טעם, לא החמירו שיהא חובה ליטול ידיו [ה] ‹לפי' ר' שמואל שם [בתוס'], דדוקא בשניהם של בשר או של גבינה הוא דהוי רשות - גר"א›

מיהו אם אין בשר בתבשיל, רק שנתבשל בקדירה של בשר, מותר לאכול אחריו גבינה (שם), ואין בו מנהג להחמיר - לקמן ריש סי' צ"ה יתבאר, דאפי' לאכלו עם גבינה מותר, **דהוי נ"ט בר נ"ט, **ונראה** דהא דאשמועינן הכא דמותר לאכול גבינה אחר כך, היינו אפילו נתבשל בקדרה שלא הודחה יפה, דהוי קצת ממשות של איסור, דבכה"ג אסור לאכלו עם גבינה, כמבואר שם, ושרי הכא - ש"ך.

‹**ונראה** דר"ל, אפילו אם אין ס' נגד הטוח בעין שעפ"י הקדרה, דאל"כ הדרא קושיא לדוכתיה, **ולפי"ז** פשיטא דתבשיל שהושם בו מעט שומן, מותר לאכול אחריו גבינה, אף אם לא היה ס' נגד השומן, **כעת** ראיתי בספר בית לחם יהודה שכתב על דברי הש"ך, וז"ל, ונראה לי דוקא שאינו נותן טעם ממשות בתבשיל, רק לחלוחית טוח על פניו, אבל אם נותן הממשות טעם בתבשיל, הוי כמו שומן, עכ"ל, **ולפי"ז** בתבשיל שיש בו שומן, ואין בתבשיל ס' נגדו, אין להקל - פת"ש›.

*‹**ולא** אבין, מש"כ דאפי' לאכלו עם גבינה מותר, דהוי נ"ט בר נ"ט, הלא לרמ"א שם אסור - בה"ט, **מ"מ** הא הב"י באו"ח סי' קע"ג כתב ג"כ, דנוהגין היתר בקדירה של בשר, ולדידיה מאי איריא זה אח"ז, אפי' בבת אחת שרי, אלא ע"כ בטוח בעין, א"כ הה"נ לדידן הדין אמת - פמ"ג›.

*‹**לענ"ד** י"ל, דנ"מ אפי' בשלו חומץ דחריף בקערה של בשר, דאין בו משום נ"ט בר נ"ט, אפ"ה מותר לאכול גבינה אחריו - רעק"א›.

וכן נוהגין לאכול בשר אחר תבשיל שיש בו גבינה או חלב, מיהו יש ליטול ידיו בינהם - אף ביום לכו"ע, דיותר נדבק בידים מגבינה עצמה, כן הסכימו הפוסקים כמ"ש בת"ח - ש"ך.

ואפי' לא יאכל בשר ממש, רק תבשיל של בשר אחר תבשיל של גבינה, אם נגע בהן בידיו (בשערים והג"ה שערי דורא).

שמש המשמש בסעודה ונוגע באוכלין, אינו צריך נטילה, דלא הצריכו נטילה רק לאוכלים (ב"י בשם רש"י) - כ"כ גם הב"י בשם רש"י פרק כל הבשר ‹ק"ז: ד"ה דטריד›, **ובאמת** לא דקדקו כלל, דרש"י לא איירי התם, אלא לענין נט"י הראשונים לאכילה, והוא פשוט בש"ס שם, ומוסכם מכל הפוסקים, כמו שנתבאר באו"ח סימן קס"ג, שאין המאכיל צריך נט"י אע"פ שנוגע, **אבל** מים אמצעים בין תבשיל לגבינה, או איפכא, דטעמא הוא דנדבק בידים, פשיטא דאין חילוק בין אוכל לנוגע, ולא לישתמיט חד מהפוסקים לפלוגי בהכי - ש"ך. ‹**ומיהו** מסתברא שאם מוליך ומביא המאכל מונח בקערה, שאין צריך נטילה - פר"ח›.

‹**ונראה** דהב"י ח"ו לא היה טועה בזה, רק ס"ל דלא מצינו בשום דוכתא דתקנו בנוגע בבשר בעלמא, שלא יגע בגבינה עד שיטול ידיו, ואי סלקא דעתך זה, א"כ מה זה שאמרו באכל בשר שצריך נטילה לגבינה, הלא אפילו נוגע בעלמא צריך נטילה. **אלא** ודאי דלא תקנו רק באוכל, דידיו מלוכלכות ביותר, וגם באכילה יותר חששו בהרחקה יתירה, וא"כ אין צריך לפנים דהשמש שהוא רק נוגע בעלמא דמותר, **רק** דלא תימא דגזרו דלמא יאכל, ועל זה מביא ראיה דהא חזינן בנטילת ידים דלא גזרו כן, ש"מ דלא גזרו, וא"כ אף בזה אין לגזור, והדרן לכללן דמהיכי תיתי לאסור בנגיעה מה דלא מצינו כלל, זה נ"ל כוונת רבינו ב"י - פלתי›.

אות ד'

משום דשריא רוח רעה עלייהו

סימן קפא ס"ב - ʼמים אחרונים אין נוטלים על גבי קרקע אלא בכלי, מפני רוח רעה ששורה עליהם - ויש חשש סכנה לעובר עליהם, **ובמקום** שאין עוברים שם, יכולים ליטול ע"ג קרקע, ולכן מותר ליטלם תחת השלחן, ואע"ג שלפעמים מסלקין השלחן, מ"מ יתנגבו ביני וביני.

ולא יתחוב ידיו בתוך הכלי לרוחצם, ‹דבאים להעביר הזוהמא, וא"כ שוב נדבקו המים עם הזוהמא בידיו›, אלא ישפוך המים על ידיו שירד לתוך הכלי, [**ועל** נטילת ידים שבין גבינה לבשר, מותר אפי' לשפשפם בתוך הכלי], ‹דאין באים כי אם להעביר מאכל הדבוק בידיו, ועכ"פ עובר המאכל מעל ידיו, ושוב אין המאכל נדבק בידיו - מחה"ש›.

‹**ואם צריך** ליזהר שלא ישפכם אח"כ ‹אחר שנטלם בכלי› למקום מדרס בני אדם, לכאורה תלוי בפלוגתא, דלפי טעם הלבוש, דהיתר הכלי הוא משום שלא ידרסו ע"ז בני אדם, לפי"ז אסור לשפכם אח"כ במקום שעוברים בני אדם, וכדלעיל בסימן ד' ס"ט לענין מי הנטילה של שחרית, **אבל** לפי טעם שארי פוסקים, שאין רוח רעה שורה על המים כשרוחצם בכלי, מותר, **ואין** דומה להנ"ל בסימן ד', דהתם הרוח רעה שורה על הידים, וכשרוחץ ידיו אפי' בתוך כלי, שורה על המים הרוח רעה מן הידים, **אבל** באמת יש לדחות, דאפשר אפי' אח"כ כשמערה המים אחרונים מן הכלי על הקרקע, שורה עליהם רוח רעה, **וכן** משמע קצת לשון רש"י {חולין ק"ה} ד"ה קינסא ע"ש, דכל שהמים אחרונים מוטלין ע"ג קרקע, רוח רעה שורה עליהן›.

ʼואם אין לו כלי, נוטל ע"ג עצים דקים וכיוצא בהן - כמו אבנים דקים וקוצים, וכל כה"ג שנבלעים בהם המים, ואינם מתקבצים למקום אחד, **אבל** כשיש לו כלי, ישפכם דוקא בתוך הכלי.

באר הגולה

ו **שם בגמ'** ז ‹וכלישנא בתרא {דף ק"ה}, וכן פסקו בתורת הבית והטור, **אבל** הרמב"ם פסק כלישנא קמא, וכתב בכסף משנה שטעמו, כיון דלישנא קמא סתמא דגמ' הוא, ועוד דמילתא דסכנתא אזלינן לחומרא, כמ"ש בפ"ק שם, **וכן** פסק בשו"ע, ובאין לו פסק שיש לסמוך ארשב"א וטור - גר"א›

ויש מקילין ליטול אף ע"ג רצפה אם אין לו כלי ליטול בתוכו, דס"ל דדוקא ע"ג קרקע ממש שורה עליהם רוח רעה, [מג"א וא"ר לדעת החנוך], **אבל** לפי מה שכתב הלבוש, יש להחמיר בזה, [**דהמעיין** שם בלבוש יראה בפשיטות דס"ל, דהרוח רעה שורה אף כשנוטלם בכלי, אלא שמשתמר בכלי שלא ידרסו עליו בני אדם (אך לשון רש"י (ד"ה קינסא) דחוק לדידה, ע"ש) ולפי"ז אין להקל לשפכם על גבי רצפה, **ולענ"ד** גם להחינוך גופא צ"ע, דאפשר דרצפה חשוב כקרקע].

אות ה'

משום דקשי לעניותא

סימן קפ ס"ד - [ח]אע"פ שמותר לאבד פרורין שאין בהם כזית, מ"מ קשה לעניות - ודוקא לדרוס עליהם, דהוא בזוי גדול, [ט]**אבל** כשמשליכן למים, אפילו כשנאבדין עי"ז, אין חשש, כיון שהוא פחות מכזית, **ויש** מחמירין כשיש הרבה פירורין ויצטרפו לכזית.

באר הגולה

ח **תוס' שם בברכות** (נב: ד"ה פירורין), **ובחולין ק"ה** (בגמרא) ט (כדאיתא בחולין בהדיא - מ"א)

§ מסכת חולין דף קו. §

אות א'

חמי האור... נוטלין מהם לידים

סימן קס ס"ו - [א]חמי האור, נוטלים מהם לידים, אפילו הן חמין שהיד סולדת בהם - שנמשכת מאחוריה שלא תכוה, **(פי' כל שכריסו של תינוק נכוה הימנו).**

ויש מחמירין ביד סולדת בהם, [רש"ל כדעת סמ"ג וסמ"ק וספר התרומה] ‹דכתבו כלישנא קמא {בדף ק"ה} - ב"י›, **וכתבו** האחרונים, דבאין לו מים אחרים אין להחמיר בזה, דהעיקר כדעת השו"ע, [**דבאמת** כמעט כל הראשונים שראיתי פסקו בהדיא להתיר, והם הר"ח והרי"ף והרמב"ם והרא"ש והאשכול והאור זרוע והשבלי לקט והרשב"א והריטב"א והחנוך והריא"ז, [ב]**וגם** רש"י ‹ק"ו. ד"ה אין› לדעת אור זרוע, ע"ש, **ודלא** כמג"ג שהחליט שרש"י סובר כדעת האוסרין], ‹וז"ל: וכן נראה מרש"י שם ד"ה אין›.

ובפושרין אין איסור כלל לכו"ע, [ג][גמ'], ואפי' אם היו חמין מתחלה ונצטננו ונעשו פושרין, ג"כ מותר, [כ"כ בישועות יעקב. **ואף** דבפמ"ג כתב, דלדעת רש"י ק"ה: ‹ד"ה סולדת› דתלה טעמא בנתבטלו מתורת מים, אסור לדעת האוסרים שם בגמ' אפי' בנצטננו אח"כ, **מ"מ** נראה דיש לסמוך בזה להקל, דבלא"ה דעת הרבה ראשונים וכמעט כולם להקל אפילו בחמין ממש שהיד סולדת בהן וכנ"ל], **ולפי"ז** אפילו אין לו מים אחרים כי אם חמין שהיד סולדת בהן, יראה להמתין מעט עד שיצטננו במקצת, שלא יהיה היד סולדת בהן, ויהיה מותר לכו"ע.

אות ב'

חמי טבריא... אין נוטלין מהם לידים

סימן קס ס"ז - [ד]חמי טבריא יכול להטביל בהם את הידים - ככל מעינות, דחמי טבריא מעין הוא, ואפי' אין בהם מ' סאה, וכנ"ל בסי' קנ"ט סי"ד, ‹ולשיטת רש"י עיין מה שהבאנו בהערות לאות ב'*›, [**ואפי'** ביד סולדת בו, ואפי' להמחמירין לעיל בחמין לענין נטילה].

אבל ליטול מהם בכלי, לא - ואפי' ממעין גדול שיש בו מ' סאה, ואפי' בנצטננו אסור, משום דאינם ראוין לשתיית כלב וכדלקמיה.

ואם המשיך אותן בארץ דרך חריץ - שבקרקע, וה"ה אם הלך דרך צינור, אם אין עליו שם כלי, [דהיינו שאין חקוק לקבל צרורות, דאל"ה נעשה שאובין ע"י זה], **חוץ למקומם, והפסיקן מהמעין הנובע** - דאז בטל ממנו תורת מעין, ואינו רק מקוה, **אם יש בהם שיעור מקוה, מטבילין בהם הידים** - דהשתא כל גופו טובל בהם, ידיו לא כ"ש.

ואם אין בהם שיעור מקוה, לא - ואף להמכשירין לעיל בסי' קנ"ט סי"ד, בפחות ממ' סאה אף במקוה, **הכא** בחמי טבריה מודו, דגזרינן אם נבוא להטביל ידים היכא דאפסקינהו מהמעין, יאמרו דהמים של חמי טבריה הם כשאר מים, ויבואו ליטול מהם אף בכלי, [אחרונים [ה]מגמרא].

ואם חריץ זה מימיו מחוברים למי המעין הנובע חם, לרש"י ‹ד"ה דאפסקינהו› **והרשב"א אין מטבילין בו הידים** - דגם בזה גזרו שמא יבוא ליטול גם בכלי, כיון דאפסקינהו ממקומן, ואין בהם עצמם מ' סאה.

[ו]ולהר"ר יונה מטבילין בו את הידים - כיון דמחוברת למי המעין, וכשר אף לטבילת גופו, שוב לא שייך למגזר שמא יבוא ליטול אף בכלי.

[**והנה** רוב הפוסקים ס"ל כרש"י, כמו שכתב הא"ר, **מ"מ** בשעת הדחק יש להקל כהכרעת הרמ"א לעיל סי' קנ"ט סי"ד, ‹דרק לכתחילה יש להחמיר›, [ז]דזה בזה תלוי].

[ח]סימן קס ס"ח - [ט]טעם פיסול חמי טבריא לנטילה, מפני שהן מרים ואינם ראויין לשתיית הכלב - וכדלקמיה בס"ט, דאילו מחמת חמימותן אין לפסול, וכמ"ש המחבר בס"ו.

אבל אם ימצאו מים חמין נובעין שהן ראויין לשתיית הכלב, נוטלים מהם לידים - אף שמשונים בטעמם משאר מים, שאינם ראוים כ"כ לשתיית אדם, כיון שעכ"פ ראוים לשתיית הכלב, כשרים לנטילה.

באר הגולה

א **חולין ק"ו** **ב** ‹דכתב רש"י ד"ה אין, שחזקיה שאמר שאין נוטלין בחמי האור, חולק על האמור בברייתא לעיל, שמים ראשונים נוטלין בין חמין ובין צונן, **והתוס'** ד"ה חמי כתבו, שאין הכרח לומר שנחלקו, שכאן מדובר בחמין שהיסל"ב, ובזה הרי ללשון הראשון בגמ' ק"ה אין נוטלים ממנו אף לדברי הברייתא שם, וא"כ יש לומר שחזקיה סבר כברייתא זו, **ובאור** זרוע כתב, שמזה שרש"י הוצרך לומר שחזקיה פליג אדלעיל, מוכח שסבר שהלכה כאיכא דמתני לה אסיפא, ומים שהיד סולדת בהם כשרים לנטילת ידים - מתיבתא. **ודלמא** סברת המג"ג, דהטעם דלא רצה רש"י ללמוד דחזקיה כלישנא קמא ור' יוחנן כלישנא בתרא וכנ"ל, היינו משום דכיון דהלכה כר' יוחנן, לא רצה דר' יוחנן יהיה מוכרח להיות כלישנא בתרא, משום דס"ל דהלכה כלישנא קמא› **ג** ‹היינו לב' הלשונות, כיון שאין היסל"ב› **ד** **שם** **ה** ‹דלפי רבינו יונה {השיטה המכשיר פחות ממ' סאה וכדהלן}, זהו הציור של אפסקינהו בבת בירתא, ולפי רש"י, מוכח דבזה אסור, דהא רק כשמחובר יש מחלוקת› **ו** ‹ועל מה שפי' רש"י דאפסקינהו בבת בירתא, דאיפליגו בה בשמימיה מחוברין למי המקוה היא, כתב ה"ר יונה שאין נראה לו כן, אלא בשאין שום עירוב מהמעין לבת בירתא, ואין בבת בירתא ארבעים סאה נחלקו, כלומר שאם היה שום עירוב מהמעין לבת בירתא, או אם היו ארבעים סאה בבת בירתא, אפילו לחזקיה מטבילין בו הידים, **ומיהו** היכא דאיכא ארבעים סאה בבת בירתא, מדברי רש"י משמע נמי דמטבילין בו הידים - ב"י› **ז** ‹שהרי יסוד שיטת רבינו יונה, שגזירת חריץ אטו כלי הוא באינו מחובר למעיין, הוא לשיטתו שא"צ שיעור ארבעים סאה לטבילת ידיו, משא"כ להסוברים שמים שאין בהם ארבעים סאה פסולים לטבילת ידיו אף בלא גזירת חריץ אטו כלי, א"כ ע"כ גזירת חריץ אטו כלי היא אפילו במחובר למעיין שכשר מעיקר הדין, ובשו"ע שם פסק בזה לקולא, ורמ"א כתב שם להחמיר לכתחילה, א"כ ה"ה כאן בדיעבד אפשר להקל כרבינו יונה - מ"ב המבואר› **ח** ‹מילואים› **ט** **רמב"ם ורשב"א ורבינו יונה**

כל הבשר פרק שמיני חולין קו

האכילו בשר חזיר · שהיה חנוני ישראל מוכר בשר בחנותו לישראל ומבשל ומאכילם וכשהעובד כוכבים בא בחנותו מאכילו נבלות ובא יהודי אחד לאכול ולא נטל ידיו וכסבור זה שעובד כוכבים הוא והאכילו בשר חזיר : **הוציאו אשה מבעלה והרגו את הנפש ·** בפרק בתרא דיומא בשובבא דכידור איכא למ"ד קטלה ואיכא למ"ד לא קטלה אלא אפקה : **וסימניך ·** שלא תטעה מי מהם אמר הוציאו ומי מהם אמר הרגו : **אתא רב דימי אמר אפקה אתא רבין אמר קטלה ·** הראשון הוציאה והשני הרגה אחוז הסימן כאילו שניהם נעשו בה גירושין והריגה ושוב לא תטעה דודאי אין להחליף ולומר הראשון הרגה והשני הוציאה והם היו יודעין דרב דימי אתא מארץ ישראל מקמי רבין : **חדא מהני כו' לחומרא ·** ראשונים בשר חזיר כרב דימי אחרונים הרגו כרבין · בשר חזיר חמור מנבלה דאית ביה תרי איסורי : **אין נוטלין מהם ·** מים הראשונים ופליג אדלעיל וחזקיה תנא הוא : **רבן גמליאל ברבי ·** בנו של רבי ואוכל טהרות היה : **חמי טבריא חזקיה אמר אין נוטלין מהם לידים אבל מטבילין בהן הידים ·** אי איכא מ' סאה : **כל גופו טובל בהן ·** אם נטמא ראויות הן לטבילת כל גופו : **אבל לא פניו ידיו ורגליו ·** אם טבל בהם פניו ידיו ורגליו אין טבילה עולה לידים ולאכילה : **השתא כל גופו כו' ·** הלא אף טבילה עולה לידים יותר מן הנטילה כדאמרינן בחגיגה (דף יח:) נוטלין לידים לחולין ולמעשר ולקדש מטבילין אלמא טבילת ידים עדיפא ולכל גופו חזו לטבילה לידיו לא כל שכן : **במקומן ·** בחיבורן אם בא להטביל ידיו בהן : **דכ"ע שפיר דמי ·** דשם טבילה עליהם ככל מעיינות ומקוואות : **משקל מינייהו במנא ·** לשפוך על ידיו כדין הנטילה : **דכ"ע אסור ·** דכי תקון רבנן נטילה לאו בחמין תקון והני גריעי מחמי האור שלא היתה להן שעת הכושר : **דאפסקינהו בבת בירתא ·** חריץ קצר והמים פונים שם ואין שם שיעור מקוה אבל מחוברין למקוה דגזירה בעלמא הוא אטו מנא : **שנפסלו משתיית בהמה ·** כגון סרוחין או חמי טבריא : **בקרקע כשרין ·** להטביל ידיו דהא מקוה ניהו אבל נטילה לא תקנו רבנן אלא בראוין לשתיית בהמה : **אבל לא פניו ידיו ורגליו ·** אפילו דרך טבילה פניו ורגליו משום דידיו נקט להו ואורחא בעלמא נקט : **נט"י לחולין מפני סרך תרומה ·** הואיל שהידים שניות ופוסלות את התרומה אבל חולין לא מהני בהו שני ומפני סרך תרומה שירגילו אוכלי תרומה ליטול ידיהם *הנוהגת בחולין: א) **מצוה לשמוע דברי חכמים ·** שתקנוה : **רבא אמר ·** דאורייתא היא מצוה כרבי אלעזר בן ערך : **מכאן סמכו ·** כדמפרש ואזיל : **הא שטף ·** במים את ידיו טהור מנגיעתו בזב בתמיה : **אלא ה"ק ·** הנוגע בזב ומי שאינו שוטף את ידיו שניהם טמאין ואסמכתא בעלמא היא : **ופליגא דרב נחמן דאמר גסות הוא ·** ואסור לנהוג עצמו בגסות הרוח ולאו רשות היא : **ולא יהבו לי מידי ·** שלא חשו לצרפני עמהם לזימון דקסברי אין מזמנין על הפירות לומר נברך : **וש"מ ·** מדבריכו כל חד וחד לחודיה לאחריהם ולא יצא האחד בברכת חבירו שמע מינה בשנים מצוה ליחלק הואיל ואין כאן שלשה :

חונהו דקא שדו מיא מפומא דחצבא אמר אי הוה ידענא דרגיליתו למיעבד הכי לא איעכבי א] *כי אתא רב דימי אמר מים הראשונים °האכילו בשר חזיר אחרונים הוציאו את האשה מבעלה כי אתא רבין אמר ראשונים האכילו בשר נבלה אחרונים הרגו את הנפש אמר רב נחמן בר יצחק וסימניך אתא רב דימי אפקה אתא רבין קטלה ר' אבא *מתני חדא מהני ותרא מהני לחומרא איתמר חמי האור חזקיה אמר אין נוטלים מהן לידים ורבי יוחנן אמר "נוטלין מהם לידים אמר רבי יוחנן שאלתי את רבן גמליאל בנו של רבי ואוכל טהרות ואמר לי כל גדולי גליל עושין כן חמי טבריא חזקיה אמר "אין נוטלין מהם לידים אבל מטבילין בהן הידים ורבי יוחנן אמר כל גופו טובל בהן אבל לא פניו ידיו ורגליו השתא כל גופו טובל בהם פניו ידיו ורגליו לא כ"ש אמר רב פפא במקומן דכולי עלמא לא פליגי דשרי משקל מינייהו במנא דכ"ע לא פליגי דאסיר כי פליגי דפסקינהו בבת בירתא מר סבר גזרינן בת בירתא אטו מנא ומר סבר לא גזרינן כתנאי *"מים שנפסלו משתיית בהמה בכלים פסולים בקרקע כשרין רבי שמעון בן אלעזר אומר אף בקרקע טובל בהן כל גופו אבל לא פניו ידיו ורגליו השתא כל גופו טובל בהן (א) ידיו ורגליו לא כ"ש אלא לאו דפסקינהו בבת בירתא ובהא פליגי דמר סבר גזרינן בת בירתא אטו מנא ומר סבר לא גזרינן אמר רב אידי בר אבין אמר רב יצחק בר אשיאן נטילת ידים לחולין מפני סרך תרומה ועוד משום מצוה מאי מצוה אמר אביי *מצוה לשמוע דברי חכמים רבא אמר מצוה לשמוע דברי ר"א בן ערך דכתיב °וכל אשר יגע בו הזב וידיו לא שטף במים אמר ר"א בן ערך מכאן סמכו חכמים לנטילת ידים מן התורה אמר ליה רבא לרב נחמן מאי משמע דכתיב וידיו לא שטף במים הא שטף טהור הא טבילה בעי אלא הכי קאמר ואחר שלא שטף טמא אמר ר' אלעזר אמר רבי אושעיא לא אמרו נטילת ידים לפירות אלא משום נקיות סבור מינה חובה הוא דליכא הא מצוה איכא אמר להו רבא לא חובה ולא מצוה אלא רשות ופליגא דרב נחמן *דאמר רב נחמן "הנוטל ידיו לפירות אינו אלא מגסי הרוח אמר רבה בר בר חנה הוה קאימנא קמיה דרבי אמי ורבי אסי אייתו לקמייהו כלכלה דפירי ואכלו ולא משו ידייהו ולא יהבו לי מידי ובריך חד חד לחודיה **שמע מינה** תלת **שמע מינה** אין נטילת ידים לפירות וש"מ "אין מזמנין על הפירות ושמע מינה 'שנים שאכלו מצוה ליחלק *תניא נמי הכי שנים שאכלו מצוה ליחלק 'במה דברים אמורים שהיו שניהם סופרים אבל אחד סופר ואחד בור סופר מברך ובור יוצא תנו רבנן "נטילת ידים לחולין עד הפרק °לתרומה עד

חונהו דהוו שדו מיא מפומא דהלבא · והא דאיעכב ולא עשה בעצמו כן או שלא הודיעם לפי שהיה ירא שיקפידו עליו שאר השדים אם היה מודיע אי נמי אין מועיל אא"כ שדי להו ההוא גברא גופיה דשתי : **חמי** האור חזקיה אמר אין נוטלין מהם לידים · והא דתניא לעיל (דף קה:) מים ראשונים נוטלין בין בחמין בין בצונן מוקי (ב) חזקיה כלישנא קמא דר' ינאי דלעיל כשאין היד סולדת וכאן איירי כשהיד סולדת בהן ורבי יוחנן דשרי הכא בלשון בתרא דמוקי לה אע"פ שהיד סולדת מותר ובחנם פירש בקונטרס דחזקיה תנא הוא ופליג אברייתא דלעיל : **דפסקינהו** בבת בירתא · והא דאמרינן בפרק ג' מינין (נזיר לח.) דרביעית דמקוה בטלה בטלוה היינו לענין מחטין וצינורות אבל שרי להטביל בהן ידיו א"נ לגמרי בטלוה אף לידים והכא במחוברין למקוה וכן פירש בקונטרס : **מים** שנפסלו משתיית בהמה בכלים פסולין בקרקע כשרין · בפ"ב דזבחים (דף כב.) אמרינן כל המשלים למי מקוה משלים למי (ג) באר ולרביעית אינו משלים למעוטי מאי אילימא למעוטי טיט הנרוק היכי דמי אי דפרה שוחה ושותה ממנו אפילו לרביעית נמי משלים פירש שם בקונטרס וכשרים הן לידים כדאמר בפרק כל הבשר מים שנפסלו משתיית בהמה בין בכלים בין בקרקע פסולין הא לא נפסלו כשרין ואגב ריהטא לא עיין *כן ואם תאמר דהתם קאמר ואי דאין פרה שוחה ושותה ממנו אפילו למקוה נמי לא והכא משמע דלכ"ע טובל בהן כל גופו ונראה לפרש דהתם מיירי שנפסלו משתיית בהמה מחמת שהטיט עב כל כך שאינה יכולה לשתות דאז אין שם מים עליו אבל הכא איירי בצלולין הרבה אלא דמאיס ומסרחי ומחמת כך אין הפרה יכולה לשתות* : **מצוה** לשמוע דברי חכמים · וא"ת והלא משום סרך תרומה תקנוה וא"כ מאי ועוד וי"ל דתקנו משום נקיות : **מצוה** לשמוע דברי רבי אלעזר בן ערך · פירוש דאסמיך ליה קרא דלאו דרשה גמורה (ד) דעיקר קרא אתא לכדדרשינן בנדה (דף מג.) מה ידיו מחוברין : **ושמע** מינה שנים שאכלו מצוה ליחלק · תימה לר"י מנא ליה דמצוה ליחלק דילמא רשות כמ"ד בריש פ' שלשה שאכלו (ברכות מה:) דאם רצו לזמן מזמנין דפלוגתא היא דרב ורבי יוחנן ועוד קשה דהתם לא פליגי אלא בפת שיש עליו תורת זמון בג' אבל פירות דאין מזמנין עליהן כלל כדאמר ש"מ דאין מזמנין על הפירות פשיטא דמצוה ליחלק

כלומר דנטל מהם בכלי: דפסקינהו בבת בירתא כלומר שהיו עושין בצידי הנהר כמו צינורות שהולכות לשדות ומשקין מהם שדותיו דלא היו הטים במקום רביתא דנהרא אלא בצינורות דהיא בת בירתא ובאותו מקום פליגי אם יכול אדם ליטול ידיו אם לאו : במים שנפסלו משתיית בהמה . כלומר שלא היו נקיים בכלים פסולים ליטול מהם ידיו בקרקע כשרים : טובל בהם כל גופו אבל לא ידיו ורגליו לענין קידוש ידיו ורגליו לעבוד עבודה : מר סבר גזרינן כלומר דר' שמעון בן אלעזר סבר אבל לא ידיו ורגליו דגזרינן אטו מנא ות"ק סבר בקרקע כשרים אפי' בבר בירתא דלא גזרינן אטו מנא (אלא) משום סרך תרומה כלומר שאם אכלו חולין בלא נטילת ידים היו מסרכין כן לתרומה והיו אוכלין אפי' תרומה בלא נטילת ידים : הא אחר שלא שטף ידיו טמא כלומר אפי' טהור שלא שטף ידיו טמא לאכול אפי' חולין · ופליגא דרב נחמן כלומר מה דאמרינן רשות הוא ליטול ידיו לפירות

גליון הש"ס
גמ' האכילו בשר חזיר : עיין ב"י י"ד סי' קיז .

א) נ"ל דהוא ישב על השולחן לאכול ולא נטל ידיו וכו' .

ודע, דלדעת היש מחמירין שכתבנו לעיל במ"ב לענין חמי האור, כ"ש דיש להחמיר כאן לענין חמין של מעינות, שלא היה להן מעולם שעת הכושר, [**ובפרט** דלדעת רש"י ורי"ף, דהטעם שאסרו בחמי טבריה הוא מפני החמימות, וגרע משאר חמי האור מפני שלא היה להם שעת הכושר, שייך טעם זה אפי' בשאר מעינות הנובעין כשהן חמין].

אות ב'*

רש"י חמי טבריה. אי איכא מ' סאה

סימן קנט סי"ד - [יא]הטביל ידיו במי מעין - היינו בכל מימות הנובעין, אף שהם נזחלין למרחוק, **אפי' אין בו מ' סאה, עלתה לו טבילה** - דבמ' סאה פשיטא דמהני, אפילו בשאר מימות שאינם נובעין, **כל שמתכסים ידיו בהם בבת אחת** - וכמו לענין טבילת כלים, דקי"ל דמעין מטהר בכל שהוא, כל שמתכסין בו, וכ"ש בנטילה דרבנן, **וגם** דבטבילת הגוף נמי לכמה פוסקים א"צ במעין מ' סאה דוקא, אלא כשיעור שיתכסה גופו של כל אדם לפי מה שהוא, **ואף** דלא קי"ל כן, עכ"פ בנט"י יש להקל.

ואף דכשר לטובלן אחת אחת, וכמו בסי"ח, שיעור המים צריך שיהיו ראויין לטובלן בבת אחת, [דשניהם מצוה אחד הן, **וכמו** בטבילת הגוף דצריך שיעור שיתכסה כל הגוף דוקא אפי' במעין לכו"ע].

ואם הטבילם במי מקוה - שאינם נובעין, אלא שנתכנסו במקום אחד ממי גשמים, או הפשרת שלגים, **[יב]י"א שדינו כמעין** - דמדאורייתא אף במים מכונסין סגי לטבילת כלים ברביעית, אם הם כלים קטנים שמתכסין בהמים, ורק חכמים הצריכו בהם מ' סאה כמו בטבילת הגוף, ולענין נטילה דרבנן לא החמירו. **[יג]וי"א שצריך מ' סאה** - דס"ל דכיון דבטלו רבנן טבילה בפחות מן מ' סאה במים מכונסין, שוב אין בו טבילה כלל לכל דבר, **תוספות** ‹ק"ו. ד"ה דפסקינהו›.

ונקטינן כדברי המיקל - דדברי סופרים הוא, **(ויש להחמיר לכתחלה)** - אבל בדיעבד או בשעת הדחק יש להקל, (**ונראה** דאף דהמיקל בשעת הדחק יש לו על מי לסמוך, **מ"מ** אם יזדמן לו שנית, יטול בלי ברכה, כיון דרוב הראשונים פוסלין בזה).

סימן קנט סט"ו - מי גשמים שהם זוחלים, (פי' נמשכים והולכים שאינם מכונסים) - דמי גשמים אינם מטהרין בזוחלין, אלא במכונסין, **ויש בהם מ' סאה** - ר"ל *אפילו ביש בהם מ' סאה, **[יד]יש להסתפק אם טובל בהם ידיו** - והיינו אפי' להמקילין לעיל לענין מקוה בשאין מ' סאה, אפשר דהכא גרע טפי, **דהתם** עכ"פ מן התורה לא בעינן לטבילת כלים ארבעים סאה, והכא מן התורה פסול אף לטבילת כלים במי גשמים זוחלין, **דאילו** להמחמירין לעיל, וסברי דבעינן דוקא מ' סאה כמו בטבילת כל הגוף, פשיטא דזוחלין לא מהני.

*[**כונתנו** דיש להסתפק להיפך ג"כ, אולי אף בפחות ממ' סאה מהני בזוחלין, **ולשון** השו"ע שכתב "ויש בהם מ' סאה", הוא לענין להחמיר].

וע"כ יחזור ויטול בלא ברכה, [ודוקא ביש לו מים], **והגר"א** פסק, דלכו"ע זוחלין לא מהני כלל.

אות ג'

מים שנפסלו משתיית בהמה, בכלים פסולים, בקרקע כשרין

סימן קס ס"ט - [טו]מים מלוחים או סרוחים או מרים שאין הכלב יכול לשתות מהם, פסולים לנטילת ידים - דכיון שהם סרוחים כ"כ, שאפילו הכלב אין יכול לשתות מהם, הוי כאילו נתבטל מתורת מים, ופסלוה רבנן לנט"י.

(**הנה בגמרא** ‹זבחים כ"ב› **איתא, אם הפרה שוחה ושותה מהם, ומשמע** לכאורה דאפילו הכלב יכול לשתות, כל זמן שאין הפרה יכול לשתות, פסולים לנט"י, **וצ"ע**).

אע"פ שכשרים למי מקוה לטבילה - וה"ה לטבילת ידים, דלא עדיף מטבילה, גמרא.

(**הנה הרבה פוסקים** {הר"ש והרשב"א והריטב"א} **כתבו, דגם בזה הוי כמו בחמי טבריה, דאם אפסקינהו לגומא שאין מחזקת ארבעים סאה, גם לטבול בתוכן פסולין לכו"ע, דהא גם שם הטעם משום דאינם ראויים לשתיית כלב, וכנ"ל, וכן הוכיחו האחרונים לדעת השו"ע דדין אחד הוא, מיהו אם מחוברין להמים שבמעין, או למקוה שיש בה מ' סאה, יש לסמוך להקל בזה כדעת רבינו יונה הנ"ל, דלרי"ף ורמב"ם משמע דמותר בזה בכל גווני, וכמ"ש הגר"א בגירסת הרי"ף, וכן היקל בא"ר**), ‹**בכסף** משנה פ"ו מהל' ברכות ה"ט, דקדק מרמב"ם דמותר בזה בהמשיך דרך חריץ, כיון שפסולן ניכר לא גזרינן אטו כלי, ושאני חמי טבריא דהן זכים, ואינו ניכר, עי"ש. אבל בר"ש פ"ק דידים מ"ג משמע דשרין הן לגמרי, עי"ש ודו"ק. **ומ"מ** יש להקל, דהא אפילו בחמי טבריא יש מקילין – א"ר›.

מי הים, אם הרתיחו אותן, חזרו להיות ראויין לשתיית כלב, וכשרין לנטילה, ולטבול בתוכו לעולם מותר, וכמו בכל מים מלוחין.

[טז]ואם הם עכורים מחמת טיט שנתערב בהם, אם הכלב יכול לשתות מהם - דהיינו שאין עב כ"כ, **כשרים בין לנטילת ידים בין למקוה** - ומחמת שינוי מראה אין לפסול, דדרך המים כן הוא, **ואם אינו יכול לשתות מהם, פסולים לשניהם.**

באר הגולה

[י] ‹ע"פ הבאר הגולה› [יא] **מפ"ט מהל' מקואות והראב"ד** [יב] **רבינו יונה והרשב"א** [יג] **רש"י ומרדכי פ"ח דברכות** ‹ד"ה חמי טבריה כו', אי איכא מ' סאה, עכ"ל. אבל בפחות לא, דבטלוה לרביעית דמקוה אף לידים, כמ"ש התוספות בד"ה דפסקינהו. **אלא** דקשיא לי, דחמי טבריה מעיין הוא, ומעיין מטהר בכל שהו, כמ"ש הר"מ בפ"ט דמקוואות ה"ח, ואף לשיטת הרא"ש שקאי בשיטת ר"י, דהיינו דוקא למחטין וצינורות ולשאר כלים, אבל לאדם לא, מ"מ ידים ליהוי כמו כלים, דסגי בעולה על הידים בבת אחת כמו בכלים, **וצ"ל** דס"ל לרש"י דוקא בכלים, אבל לא בידים – ראש יוסף› ‹**נמצא** דלשיטת רש"י, גם במעיין צריך מ' סאה, ורישא דהסעיף הוי דלא כוותיה, וכ"כ הב"י: אף במעין... לטבילת ידים נמי בעי ארבעים סאה כדברי רש"י› [יד] **לדעת רש"י והרשב"א ולהרמב"ם פשיטא דאין טובלין** [טו] **פ"ק דמס' ידים והרי"ף בפ"ח דברכות** [טז] **זבחים כ"ב**

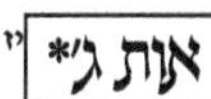

אות ג*[יז]

מצוה לשמוע דברי חכמים

רמב"ם פ"ו מהל' ברכות ה"ב - כל הנוטל ידיו בין לאכילה בין לק"ש בין [יח]לתפלה, מברך תחלה: אשר קדשנו במצותיו וצונו על נטילת ידים, שזו מצות חכמים שנצטוינו מן התורה לשמוע מהן, שנאמר: על פי התורה אשר יורוך.

אות ד'

הנוטל ידיו לפירות, אינו אלא מגסי הרוח

סימן קנח ס"ה - [יט]הנוטל ידיו לפירות, הרי זה מגסי הרוח - שמראה בעצמו שהוא מדקדק במצות במה שא"צ, דמדינא לא תקנו כלל נט"י לפירות.

הגה: ודוקא שנוטלן בתורת חיוב - ואפי' אם לא יברך על נטילה זו, כיון שנוטלן משום מצות נטילה, **אבל אם נוטלן משום נקיות, שלא היו ידיו נקיות, מותר (הגהת סמ"ק)** - עיין באחרונים שהסכימו, דאפילו אם אינו יודע להם שום לכלוך וטומאה, רק שרוצה להחמיר על עצמו ליטול ידים משום כבוד הברכה, ג"כ מותר, **והא** דנקט הרמ"א ולא היו ידיו נקיות, לאשמועינן דאפילו באופן זה, דבודאי צריך מדינא לרחוץ ידיו משום הברכה, מ"מ אין ליטלן דרך חיוב נטילה כדין, רק דרך רחיצה בעלמא.

אות ה'

אין מזמנין על הפירות

סימן ריג ס"א - והא דאמרינן דאחד מברך לכולם בשאר דברים חוץ מן הפת, ה"מ בברכה ראשונה; [כ]אבל בברכה אחרונה צריכין ליחלק וכל אחד מברך לעצמו - והטעם, משום דברכה ראשונה כל אחד מרויח באותה ברכה, שעי"כ מותרין לאכול וליהנות, לפיכך מצטרפין לה, **אבל** בברכה שלאחר אכילה, שכבר אכלו ודעתם להפרד, אין מצטרפין, ואפילו ביין.

ואפילו קבעו יחד לא מהני לזה, **ובדיעבד** אם כוון לצאת, והמברך ג"כ כוון להוציאו, יצא, ואפילו בלא קביעות כלל, כמו שפסק המחבר לעיל בסימן קס"ז סי"ג עי"ש במ"ב, **ואם** אחד אינו יודע לברך בעצמו, יוצא אפי' לכתחלה בברכת חבירו, [**אך** ישיבה ביחד מיהו בעי לכתחילה].

הא דהזכיר המחבר פת הכא, "חוץ מן הפת", משום דבפת קי"ל, דאם הם שלשה, מזמנין ומוציא אחד את חבירו בברהמ"ז, **משא"כ** בשארי דברים בברכה אחרונה, אפי' בשלשה אינו מוציא.

דאין זימון לפירות - היינו דכיון דאין מצות זימון בפירות, להזדמן יחד ולומר: נברך שאכלנו, ממילא צריך כל אחד לברך לעצמו, ולא לצאת בברכת חבירו.

וכתבו הט"ז וש"א, דהאידנא שמזלזלים ההמון מאד בברכה אחרונה, יש לסמוך לעשות כן לכתחלה, שמברך אחד בקול רם הברכה אחרונה, ויהיו אחרים יוצאים על ידו אפילו כשיודעים בעצמם לברך, **ובפרט** ברכה אחרונה מעין שלש שאין הכל בקיאים בה בע"פ, בודאי טוב לעשות כן לכתחלה, **ומ"מ** טוב יותר שיאמרו עם המברך מלה במלה.

מ"ב סי' קצג ס"א ס"ק ו' - ודע, דחיוב זימון הוא דוקא כשאכלו פת שחייבין עליו בהמ"ז, אבל אם אכלו פירות ואפילו הן משבעה מינים, לא, כדקי"ל בסימן רי"ג דאין זימון לפירות, [כא]**ויש** מחמירין בז' מינים להצריכו זימון, ולכן טוב שלא יקבעו ג' ביחד על ז' מינים, כדי לאפוקי נפשין מפלוגתא - ב"ח, **וברכי** יוסף כתב, שהמנהג פשוט לקבוע כמה אנשים על פירות מז' מינים, וכן לאכול פת הבאה בכיסנין.

אות ו' – ז'

שנים שאכלו מצוה ליחלק

במה דברים אמורים שהיו שניהם סופרים, אבל אחד סופר ואחד בור, סופר מברך ובור יוצא

סימן קצג ס"א - [כב]שנים שאכלו, אע"פ שבברכת "המוציא" פוטר אחד את חבירו - ר"ל דב"המוציא" אף לכתחלה יכול כל א' לצאת בברכת חבירו, **מצוה ליחלק שיברך כל אחד בהמ"ז לעצמו** - כלומר דאע"ג דבדיעבד אף בבהמ"ז בודאי יוצא ע"י חבירו המוציאו, מ"מ לכתחלה מצוה ליחלק, [ברכות מ"ה: מימרא דר' יוחנן שם, ועיין בחידושי רשב"א שם], **והטעם** שחלקו בין בחמ"ז ל"המוציא", דבתחלת הסעודה שקובעים לאכול יחדו, דעתן להצטרף, משא"כ בסוף הסעודה דעתן להפרד זה מזה, הלכך צריך לברך כל אחד לעצמו, **ויש** עוד טעם, [כג]משום דבהמ"ז דאורייתא החמירו בה, **ועיין** בפמ"ג שכתב, דנכון לחוש לטעם הראשון, וע"כ אף אם לא אכל כדי שביעה, דחיובו הוא רק מדרבנן, ג"כ מצוה ליחלק ולברך כל אחד לעצמו.

באר הגולה

יז ‹ע"פ מהדורת נהרדעא› **יח** ‹וכן דעת הרא"ש בתשובותיו, וכן פסק רבינו הגר"א זצ"ל להלכה, לברך אף לפני מנחה על נטילת ידים, ואם כי נהגו לא לברך, היינו משום דבספק ברכות חוששין לשיטת הר"ן ודעימיה, דס"ל דאין מברכין, ודסתם ידים כשירים לתפלה - תשובות והנהגות› **יט** **חולין ק"ו** **כ** **חולין ק"ו ע"א** **כא** ‹מרדכי בשם ראבי"ה. בקונטרס שלי במרדכי בפרק שלשה שאכלו נתתי טעם לדברי ראבי"ה, ושאין ראיה מהרמב"ם דס"ל ברכה מעין שלש היא דרבנן, אבל ראבי"ה וכמה גאונים דס"ל שהיא גם כן דאורייתא, כמו שדרשו (מח:) ממש"כ ואכלת ושבעת וברכת את יי' אלהיך, זה זימון שקאי על הפת, כן ס"ל דקאי נמי אברכת ז' מינים שכתובים לפניה, ארץ חטה וגו', לאפוקי מהרמב"ם דס"ל דארץ אשר לא במסכנות תאכל בה לחם, הפסיק הענין, ועליה דוקא קאי ואכלת ושבעת וברכת, **ושם** הארכתי ע"ש, דאף שאמרו אין זימון לפירות, ס"ל דדוקא לשאר פירות שאינן משבעת המינים - דרישה› **כב** **ברכות מ"ה לפי' התוס' ורא"ש ורשב"ם והמרדכי ורבי יונה** **כג** ‹אבל נראה לי דלא נהיגנן כהאי טעמא, דלטעם זה היה אחד יכול להוציא את חבירו בכל ברכת הפירות, הן בברכה ראשונה הן בברכה אחרונה, שכולן הן דרבנן, והרי אין נוהגין כן - לבוש. **ומלבושי** יום טוב ולחם חמודות כתב, אף דס"ל כטעמא בתרא, מ"מ שאני פירות שאין הסיבה להן, ואין זימון לפירות ג"כ, וכדמשמע סימן רי"ג ס"ב - א"ר›

[כד]**בד"א כשהיו שניהם יודעין לברך בהמ"ז, אבל אם אחד יודע והשני אינו יודע, מברך היודע ויוצא השני,** [כה]**אם מבין לשון הקודש אלא שאינו יודע לברך;** [כו]**וצריך לכוין מלה במלה לכל מה שיאמר** – (והוא לעיכובא, אם לא שיודע ששמע עכ"פ עקרי הברכות ופתיחתן וחתימתן, אז יצא בדיעבד, ודע עוד, דאם שמע הבהמ"ז והוא מתנמנם, לא יצא).

הגה: וצריך המברך שיכוין להוציאו (מרדכי ר"פ ג' שאכלו וב"י בשם סמ"ג) - וגם השומע צריך שיכוין לצאת.

[כז]**אבל אם אינו מבין, אינו יוצא בשמיעה** - ולפי זה הנשים יברכו לעצמן, וה"ה ע"ה כשאינו מבין ברכת המוציאו.

ויש פוסקים שסוברין, שבלה"ק יוצא אדם ידי חובתו בשמיעה אע"פ שאינו מבין הלשון, [רש"י ‹הובא דבריו ברא"ש› ור"י מקורביל וכל בו ורבנו ירוחם], משא"כ בשאר לשונות, דלכו"ע אינו יוצא אם אינו מבין הלשון, **וכן** המנהג שנשים יוצאות י"ח בשמיעה מהמברך, אע"פ שאינן מבינות כלל, **ואפילו** בקידוש שהוא דאורייתא לכו"ע להנשים, אפ"ה יוצאות בשמיעה, וכן ע"ה אע"פ שאינן מבינים דברי המקדש, **ומ"מ** יותר טוב שיאמרו אחרי המברך והמקדש מלה במלה בלחש אם אפשר להם, דבזה יצאו לכל הפוסקים, **ובלא"ה** נכון לעשות כן לכו"ע, דא"א לכוין ולשמוע היטב. ‹**צ"ע** דלקמן בסי' רע"א בביה"ל הביא שו"ת רעק"א, שלא יאמרו, דא"כ צריך לה כוס לבד – מגדנות אליהו›.

(**הנה** דינא דהמחבר איירי בשנים וכנ"ל, ולענין שלשה אם אחד יוכל להוציא לשנים, יש דעות בין הפוסקים, **דדעת** ברכת אברהם, דאפילו לדעת המחבר היינו דוקא ביחיד המוציא ליחיד, אבל בזימון שלשה שאחד מוציא לשנים, או בעשרה שאחד מוציא לתשעה, אפילו אינם מבינים, יחיד מוציא את הרבים, והעתיקוהו הרבה אחרונים, **ומב"ח** ולבוש משמע שלא כדבריו).

אות ח'

נטילת ידים לחולין עד הפרק

סימן קסא ס"ד - [כח]**שיעור נט"י, כל היד עד הקנה של זרוע** - ר"ל עד סוף פיסת היד, שהוא מקום חיבור היד והקנה, [כט]**וי"א עד מקום חיבור האצבעות לכף היד; וראוי לנהוג כדעת הראשון** - ר"ל אף דמדינא מי שירצה להקל כדעה שניה אין מוחין בידו, (דהוא דעת הרבה פוסקים, רש"י ‹ק"ו: ד"ה עד הפרק› ותוס' ‹שם ד"ה אמר› והרא"ש ועוד כמה ראשונים), דכל ספק בנט"י לקולא, וכדלעיל בסימן ק"ס סעיף י"א, **מ"מ** לכתחלה ראוי להחמיר כדעה הראשונה, (משום דלאו מלתא דטריחא הוא, ונפק נפשיה מפלוגתא), וכן נוהגין העולם, **ובספר** עצי אלמוגים הוכיח, שהרבה גדולי ראשונים סוברים כן, ויש ליזהר מלהקל בזה.

(**ולענ"ד** יש לעיין בזה בעיקר הדין, **דהנה** אף דבב"י כתב דבדעת הרמב"ם אין הכרע, **כבר** כתב בספר מאמר מרדכי, דבאמת מוכח מפשטיות דבריו דסובר כדעת הרי"ף, מדכתב בסתמא עד הפרק, **וע"כ** דגריס כגירסת הרי"ף, {הוא גורס קידוש ידים ורגלים עד לפרק, לחולין עד לפקק, לתרומה עד לפרק – ב"י}, דעד הפרק לעולם הוא מקום מיוחד, דהוא חיבור גב היד וקנה הזרוע, **דאילו** לדעת התוספות וסייעתם, היה לו לפרש עד איזה פרק, וכמו שדייקו כן בתר"י והרא"ש מלשון הרי"ף שסתם כן, וגם **הר"ח** ס"ל כן כמו שכתב ברבינו יונה, **וגם** הרשב"א ס"ל הכי לדינא כדעת הרי"ף, עי"ש שפי' בגמרא כדעת הרי"ף, אף לפי גירסא שלנו, **ובפירושו** מתיישב הסוגיא יותר, דלדעת רש"י ותוספות אתיא קצת בדוחק, [ל]עיין בביאור הגר"א, **וכתב** הסמ"ג דגם דעת הערוך כן הוא, **וכן** באור זרוע כתב דיש להחמיר בזה, **וכן** הביא רבינו יונה בשם גמרת א"י, דאיתא שם דשיעור נטילה הוא כל היד, **ומאחר** שהר"ח והרי"ף והרמב"ם לפי פשטיות דבריו, והערוך וסמ"ג ורשב"א כולם קיימי בחדא שיטתא להחמיר, וגם מירושלמי משמע כן, וגם באו"ז מחמיר, ולכן נ"ל דחייב כל אדם לנהוג כן מדינא, ולא מטעם חומרא).

באר הגולה

כד שם בגמ' **כה** תוס' והרא"ש ורבי יונה והמרדכי **כו** מרדכי בשם ר"מ **כז** טור **כח** הרי"ף בפ"ח דברכות על ההיא דחולין ק"ו **כט** לפירוש הרא"ש שם בחולין **ל** ‹עיין רש"י שם, ומסקנא דגמרא שם כשמואל, {דבין לחולין בין לתרומה עד פרק השלישי לגב היד}, וזהו וי"א שבכאן, וכן דעת התוס' שם ד"ה אמר, **אבל** בשם ר' אברהם פי', דפרק דחולין עד סוף קשרי אצבעותיו, {ופרק דתרומה היינו עד חיבור היד עם הזרוע}, וא"כ כי קימ"ל כשמואל, הוא עד הקנה {גם לחולין}, כסברא הראשונה, **אבל** תוס' שם דחו אותה, **אבל** הרי"ף {מפרש ג"כ כהר' אברהם, בנוגע דפרק דחולין הוא גב היד}, דגריס בחולין עד הפקק, והוא סוף קשרי אצבעותיו, ובקידוש ובתרומה עד הפרק, והוא עד הקנה, וכי קי"ל כשמואל, צריך בחולין ג"כ עד הקנה, **ונחלקו**, דרב גורס בחולין עד הפקק, ורב ששת גם בתרומה, ושמואל גריס בכולה עד הפרק, והוא סברא ראשונה {דהמחבר כאן, כהרי"ף והר' אברהם}, **אבל** הרשב"א פי' כמש"כ בירושלמי, לתרומה עד הקנה, ולחולין עד קשרי אצבעותיו, {היינו חיבור האצבעות לגב היד}, וכן בגמרא שלנו אמר רב ע"כ לתרומה עד כאן לחולין כו', ג"כ כמו הירושלמי, {והחמיר יותר מברייתא, דבברייתא איתא חולין עד הפרק, היינו קשר האצבעות באמצע, ותרומה עד גב היד, וקידוש ידים ורגלים עד הקנה}, ומחמיר בכל אחד פרק יותר, בחולין כמו לתרומה {דברייתא}, ובתרומה כמו לקידוש {דברייתא}, **ושמואל** מחמיר יותר בשניהם כמו לקידוש {דברייתא}, **וזהו** שכתב בין כו' לחומרא, דלפי' רש"י אין שום חומרא בתרומה, **ורב** ששת אמר שניהן לקולא, פי' עד סוף קשרי אצבעותיו, וקולא מדשמואל קאמר, וכולם החמירו יותר מהברייתא, **ובזה** מתורץ קושיית תוס', אבל לרב ששת קשה כו' {איך יוכל להקל יותר מברייתא}, וא"צ לדחוקי לרב ששת בפי' הברייתא כמ"ש תוס' שם וי"ל דר"ש כו', והוא דוחק כקושיית תלמידי רבינו יונה כנ"ל {שא"א לפרש עד פרק ראשון שבקשרי אצבעותיו, א' שהוא דבר מועט, ועוד שלא ישוה הגודל להם, בשלמא לפרש"י יטול מכל אחד ב' פרקים, ומגודל פרק אחד ע"ש}, וקי"ל כשמואל והוא כסברא ראשונה – גר"א ע"פ הדמשק אליעזר›

ומשמע דבשעת הדחק שיש לו מים בצמצום, יוכל לסמוך על דעת המקילין, (ואין מוחין בידו, דכמה ראשונים קיימי בשיטה זו).

וכתבו האחרונים, דאם פיסת ידו מלוכלך מזיעה וכה"ג, לכו"ע צריך ליטול עד סוף פיסת היד.

(**ודע** עוד, דכהיום שנוהגין העולם כדעה הראשונה ליטול כל היד, מה מאד טוב ליזהר שלא לצמצם בשיעור מים, אלא יטלנה בשפע, **דאם** יצמצם רק כשיעור רביעית, עלול מאד שישאר חלק מהיד בלי נטילה, וצריך להשגיח הרבה על זה).

אות ט׳

לתרומה עד הפרק

רמב"ם פי"א מהל׳ תרומות ה"ז - כל האוכל תרומה אפילו פירות, צריך נט"י אף על פי שהיו ידיו טהורות, כמו שיתבאר במקומו.

רמב"ם פי"א מהל׳ מקוואות הי"א - כבר ביארנו בפרק ששי מהלכות ברכות, כל מיני המים הפסולין לנטילת ידים והכשרן, וכל הכלים שנוטלין בהן לידים ושאין נוטלין, ואי זו נתינה היא מכח נותן וכשירה, ואי זו נתינה אינה מכח נותן ופסולה; וכל אותן הדברים שביארנו שם בנטילת ידים לפת חולין, כך הן לתרומה; וכשם שכל ספק ידים טהורות לחולין, כמו שביארנו שם, כך הן לתרומה כל ספק ידים טהור.

עין משפט נר מצוה

לד א מיי' פי"א מהל' מקואות הלכה ב טוש"ע א"ח סי' קסא סעיף א

לה ב מיי' פ"ט מהל' ביאת מקדש הלכה טו:

לו ג מיי' פ"ו מהלכות ברכות הלכה יז סמג עשין כז טוש"ע א"ח סי' קסד סעיף א:

ליחלק וי"ל דה"ק ש"מ אין מזמנין על הפירות פירוש אין חובה לזמן על הפירות אפילו כשהן שלשה מדלא נתנו לו ואין חילוק בפירות בין ג' לב' ואכתי לא ידעינן אם יכול לזמן בשנים בפת או בפירות אפילו בג' או אסור כמ"ד אם רצו לזמן אין מזמנין אלא מדבריך כל חד וחד לתודיה שמע מינה דמלוה ליחלק דאם איתא דמותר לזמן לא היה מברך כל אחד לעצמו אלא היה מברך אחד לחברו ואומר נברך שאכלנו משלו כדי להוסיף שבח למקום ואכתי לא ידעינן אלא שבשנים אסור לומר נברך שאכלנו משלו אבל בלא נברך שמא יכול אחד לברך ולפטור חברו אבל מדתניא שנים שישבו מלוה ליחלק בד"א כו' אלמא דבשניהם יודעים לברך חייבים שניהם לברך וא"ת ומ"ש ברכה דבסוף דכל אחד מברך לעצמו מברכה דבתחלה דאחד מברך לכולן כדמוכח בכילד מברכין (ברכות דף מט.) גבי תלמידי (דרב) דהוו יתבי קמיה דבר קפרא ואייתו קמייהו פרגיות כרוב ודורמסקין ונתן בר קפרא רשות לאחד מהן לברך ובסוף אלו דברים (שם דף נ.) תניא היו יושבים בבית המדרש הביאו אור לפניהם בית הלל אומרים אחד מברך לכולן ובפרק כילד מברכין (שם מב:) תנן גבי מוגמר דאחד מברך לכולן ויש לומר דשאני ברכה דלכתחלה שכל אחד מרויח באותה ברכה שע"י כן מותרין לאכול וליהנות לפיכך מצטרפין לה אבל בסוף שכבר אכלו לא מצטרפין והא דאמרינן בפרק כילד מברכין (שם דף לז.) רבן גמליאל וזקנים שהיו מסובים בעליה בירחו והביאו לפניהם כותבות ואכלום ונתן ר"ג רשות לר' עקיבא לברך וקפץ ובירך ברכה אחת מעין ג' היינו משום דר"ג לטעמיה דחשיב להו כפת דקאמר התם כל שהוא מז' המינים רבן גמליאל אומר ג' ברכות ואע"ג דר' עקיבא כרבנן סבירא ליה דאמרי ברכה אחת מעין ג' לא בשביל להוציא כולם ברך אלא ברך לעצמו בקול רם להודיע להם דהלכה כרבנן ומה שאין אנו נוהגין עכשיו לברך בתחלה אחד לכולן אלא בפת לחודיה לפי שאין אנו קובעים עצמנו להסב על היין ועל הפירות ואפילו גבי פת תנן בכילד מברכין (שם דף מב.) היו יושבין כל אחד מברך לעצמו הסבו אחד מברך לכולן וגבי יין פליגי התם בגמרא (דף מג.) רב ור' יוחנן דרב סבר לא מהניא ליה הסבה ואיכא דאמרי לא בעיא הסבה ור' יוחנן אמר מהניא ליה הסבה ומיהו צריך עיון דפשט המשנה משמע דמיירי בברכה דלכתחלה ובגמרא משמע דמיירי בברכה דבסוף גבי תלמידי דרב דאמרי ניכול לחמא אגאר דינק בתר דכריכו יתבי וקא מבעיא להו היסבו אין לא היסבו לא או דלמא כו' משמע דלכ"ע דברכה דלכתחלה הוה פשיטא להו דלא בעי הסבה דלא נסתפקו אלא לברכת המזון לבתר דכריכו ועוד דאי בברכה דלכתחלה פליגי רב ורבי יוחנן לרב מ"ש יין ממוגמר ואור דאחד מברך לכולן וי"ל משום דמוגמר ואור בא להם הנאה בבת אחת אבל קשה דבהדיא תנן התם בא להם יין לאחר המזון אחד מברך לכולם ואע"ג דאיכא למימר דשאני התם דמנו דמהניא הסבה לפת מהניא נמי ליין דהכי נמי משני התם כי פריך ליה לרב מברייתא דאורחין מ"מ הוה ליה לאקשויי טפי לרב ממתניתין ולשנויי הכי אלא להכי לא פריך ליה ממתניתין דעל כרחך איירי בברכה דמתחלה דומיא דיין שבתוך המזון אבל ברייתא ע"כ איירי בברכה דבסוף מדבעי הסבה ולפי זה בברכה דלכתחלה לא בעי לאקבועי דוכתא לא בפת ולא בשאר דברים ובברכה דבסוף בעי לאקבועי דוכתא בין בפת בין בשאר דברים והלכה כרבי יוחנן ומיהו יש ליישב כולה מלתא בברכה דבתחלה והא דפריך לרב מברייתא ולא ממתניתין משום דמברייתא פריך לתרי לישני דרב ומה שלא נסתפקו תלמידי דרב עד אחר המזון לפי שבתחלה לא באו בבת אחת לגאר דינק אלא היו מתקבלין שם ליטע משם בבת אחת וכל אחד שהיה מגיע שם היה יושב ואוכל והיה מברך לעצמו והא דמייתי שם ראיה ממתניתין דמיירי בברכה דלכתחלה אע"ג דברכת המזון בשנים מלוה ליחלק ודבתחלה אחד מברך לחבירו מ"מ מייתי ראיה דכי אמרי ניזול וניכול נהמא בדוכתא פלוני כהיסבה דמיא ואי קביעות ובכל מקום שאחד מברך לכולם בין ברכה ראשונה בין ברכה אחרונה אין מברך אחד לכולם עד דקביעי:

וכל דבר שחוצץ בטבילה חוצץ בנטילת ידים לחולין · הקשה הרב ר' אברהם בן הרב ר' משה דבתוספתא דמקוואות תניא בפרק ז' כל החוצץ בכלים חוצץ בנדה ובגר בשעת טבילה ובחולין אין חוצצין והכא קאמר דחוצצין וי"ל דהכא איירי לאכילה כדמוכח סוליה שמעתא והחמירו באכילה כמו בטבילה והתם בנגיעה ואיירי אף בחולין שנעשו על טהרת תרומה דלא החמירו וצריך ליזהר בשעת נטילה מטיט ובצק שתחת הצפורן דחוצצין בטבילה כדתנן במסכת מקוואות (פ"ט מ"ב) וכל דבר שחוצץ בטבילה צריך כמו כן ליזהר בנטילה לאכילה אבל במיעוט שאינו מקפיד אין לחוש דבטבילה נמי אינו חוצץ כדאמרינן בפ"ק דעירובין (דף ד:):

אמר רב עד כאן לחולין ועד כאן לתרומה כדקתני בברייתא לחולין עד הפרק לתרומה עד הפרק כו' והיה מראה רב בידיו ופירש בקונטרס דעד הפרק לחולין הוא פרק ב' שבאמצע אצבעות ולתרומה עד הפרק שבגב היד ובקדוש ידים עד הפרק העליון מקום חבור היד והזרוע ולא רצה לפרש בקונטרס דפרק דחולין הוא פרק ראשון שבראש האצבעות לפי שאינו שוה בכל האצבעות כמו באגודל אבל פרק האמצעי שוה בכולם ושמואל אמר דפרק דחולין ודתרומה שוין לחומרא ולא פליג אברייתא אלא משום דכהן הוא ורגיל בתרומה לכך החמיר על עצמו להרגיל אף בחולין אבל לרב ששת קשה דאמר עד כאן בין לחולין בין לתרומה לקולא וי"ל דרב ששת מפרש הברייתא בפרק הראשון שבראש אצבעות לחולין ושני לתרומה שהוא פרק אמצעי ולא נהקל על הברייתא קאמר אלא אדרב ושמואל דאמרי דפרק דתרומה הוא מקום חבור אצבעות ותפיסת היד ור"ת פירש ע"כ לחולין פרק ראשון כמו *שפירש רב ששת ולפירוש זה קשה ברייתא לרב ששת דלפירושו צריך לומר דלרב ששת דחולין ותרומה בפרק ראשון לקולא ומיהו יש לדחות דלשמואל לחומרא היינו פרק שבגב היד כמו קדוש ידים ובא רב ששת להקל משמואל אבל אין לפרש כמו שפירש הרב ר' אברהם דחולין עד פרק שליש' דאצבעות ולתרומה כל פיסת היד פירוש עד הקנה ולקדוש ידים עד העצילה שקורין קוד"א בלע"ז והביא ראיה מספר הזהיר שכתוב שם אמר שמואל לחולין כל היד ואי אפשר לומר כן מדתניא בפרק האומר משקלי עלי (ערכין יט:) משקל ידי ומשקל רגלי עלי ר' יהודה אומר ממלא אדם חבית ומכניס ידו עד העציל וברגל עד הארכובה ופריך וביד עד העציל ורמינהו קדוש ידים ורגלים במקדש עד הפרק ומשני דאורייתא עד הפרק בנדרים הלך אחר לשון בני אדם אלמא אין קדוש ידים עד העציל ומיהו יתכן פירושו לפי מה שמפרש שם דעציל היינו אישיל"א והוא בית השחי מקום חבור הזרוע והכתף וכן פירש בקונטרס בפרק הזרוע (לקמן קלג:) אבל קשה לר"ת דאמר בזבחים (דף יח:) ולא יחגרו ביזע אין חוגרין במקום שמזיעין לא למטה ממתניהם ולא למעלה מאציליהם אלא כנגד אצילי ידיהם והיינו כנגד קוד"א ששם דרך לחגור דאי במקום שחי אדרבה הוא מקום זיעה יותר ועוד דמה שייך לומר ולא למעלה דלמעלה הוי צואר ואיך יחגרו שם ועוד דבערכין (דף יט:) קאמר ביד עד העציל וברגל עד הארכובה משמע דעציל באמצע היד כמו הארכובה באמצע הרגל ועוד דבאהלות (פ"א מ"ח) בשמונה רמ"ח אברים קתני ל' בפיסת היד ששה בכל אצבע שנים בקנה ושנים במרפק אחד בזרוע וארבעה בכתף משמע דמרפק הוא קוד"א שכן הוא הסדר ומרפק ועציל הכל אחד דהא בערכין (דף יט.) קתני ר' יהודה במתניתין דהתם מכניס ידו עד מרפקו ותרגום כל אצילי ידים דיחזקאל (יג) כל מרפוקי ידיא ואין לפרש דקידוש ידים הוא עד בית השחי דהיינו עד הכתף דהא פריך בערכין ולאורייתא עד הפרק והא גבי תפילין כתיב ידך ותני דבי מנשה ידך זו קיבורת ומשני דאורייתא קיבורת כו' קידוש ידים ורגלים הלכתא גמירי לה משמע דפרק דקידוש ידים ורגלים אין מגיע עד קיבורת וקיבורת מפרש רבינו תם קבוצת בשר שבזרוע כמו (ב"ב דף ס:) קיבורת דאהיגא שהוא לשון קבוצת תמרים:

נוטל אדם ידיו שחרית ומתנה עליהן כל היום · תימה דאמרינן בערבי פסחים (דף קו:) הנוטל ידיו לא יקדש משום דקידוש מפסיק בין נטילת ידים לסעודה ואמר בפרק אלו דברים (ברכות נב:) ב"ה אומרים מוזגין כוס ואח"כ נוטלין משום דתיכף לנטילת ידים סעודה והשתא הא מועיל תנאי אפילו כל היום ואומר ר"ת דהני מילי כשמתנה שחרית ועוד י"ל דאע"ג דמועיל תנאי לרב אף שלא בשעת הדחק היינו אם אין מים בסמוך לו אי נמי יש לו וצריך לדברים אחרים:

[דף מג.]

[וע"ע תוס' שבת נג. ד"ה כמרפקו וכו']

עד הפרק *קידוש ידים ורגלים במקדש עד הפרק *וכל דבר שחוצץ בטבילה בגוף חוצץ בנטילת ידים לחולין *ובקידוש ידים ורגלים במקדש אמר רב עד כאן לחולין עד כאן לתרומה ושמואל אמר עד כאן בין לחולין בין לתרומה לחומרא ורב ששת אמר עד כאן בין לחולין בין לתרומה לקולא אמר בר הדיא הוה קאימנא קמיה דרבי אמי ואמר עד כאן בין לחולין בין לתרומה לחומרא ולא תימא רבי אמי משום דכהן הוא דהא רבי מיישא בר בריה דרבי יהושע בן לוי הוא ליואי ואמר עד כאן בין לחולין בין לתרומה לחומרא אמר רב *נוטל אדם את שתי ידיו שחרית ומתנה עליהן כל היום כולו אמר להו רבי אבינא לבני פקתא

*עד הפרק·הפרק שבאמצע אצבעות דכיון דמשום סרך תרומה בעלמא הוא דיו אם נטל במה שנוגע במאכל דהיינו ראשי אצבעות: לתרומה עד הפרק· פרק השלישי והוא כגב היד: קידוש ידים ורגלים· מן הכיור: עד הפרק· העליון מקום חבור היד והזרוע: עד כאן לחולין·מראה היה בידו כמו שפירשתי: ושמואל אמר ·פרק החולין והתרומה שוין ולחומרא בפרק השלישי והוא שבגב היד: משום דכהן הוא· ורגיל בתרומה לפיכך החמיר על עצמו להרגיל אף בחולין כן כדי שיהא רגיל בה: ומתנה· לאכילה ובלבד שיהא מלטנפם ומלטמאם: פקתא

מסורת הש"ס

עיין לעיל

[ערכין יט: תוספתא ידים פ"ב]

נ"ל שפירשו לרב ששת. מהרש"ם

רבינו גרשום

לפירות (זו היא) פליגא דרב נחמן דאמר רב נחמן כו' כלומר דאפי' רוצה ליטולידיו לא שבקינן ליה: לחולין עד לפרק' עד פרק העליון של אצבעות: לתרומה עד פרק שני · לקדוש ידים ורגלים במקדש עד לפרק שלישי: עד כאן לחולין כלומר עד פרק ראשון לחולין עד פרק שני לתרומה: א) ושמואל דאמר ע"כ בין לחולין ובין לתרומה לקולא · כלומר עד פרק ראשון: לחומרא · עד פרק שלישי: לבני

א) לכאורה נ"ל ורב ששת דאמר וכו' והמגיה אשר דרכינו היה גורם כדברי שמואל בין לתרומה לקולא.

הלי

§ מסכת חולין דף קו: §

אות א'

וכל דבר שחוצץ בטבילה בגוף, חוצץ בנטילת ידים לחולין

סימן קסא ס"א - אקדים לזה הקדמה קצרה, והוא, דלענין טבילת הגוף קי"ל, דצריך ליזהר שלא יהיה חציצה, והיינו שלא יהיה שום דבר מודבק על הגוף בעת הטבילה, דעי"ז לא יהיה אותו המקום ראוי לביאת מים, ואם היה חציצה, לא עלתה לה טבילה, **ואף** דמן התורה לא הוי חציצה אלא א"כ היה החציצה על רוב בשר הגוף, מדרבנן אסור אפילו אם היה החציצה על מיעוט הגוף, גזירה אטו רובו, **אך** לא אסרו חכמים אא"כ כשדרך בני אדם להקפיד עליו שישאר כך, אף שעתה בעת הטבילה אין מקפיד ע"ז, אבל דבר שאין דרך להקפיד אינו חוצץ, **אא"כ** היה מכוסה רוב הגוף, דאז אסור מדרבנן, אפילו כשמודבק עליו דבר שאין דרך להקפיד עליו.

ולענין נט"י ג"כ אף שהוא מדרבנן, כל דתקון רבנן כעין דאורייתא תקון, וע"כ אם יש חציצה על רוב היד, דהיינו על רוב מקום הנטילה, אסור, אפילו אם אין דרך בני אדם להקפיד עליו, [**ולפי"ז** לרוב הפוסקים שסוברין דדי עד מקום שכלה האצבעות, ברוב מן האצבעות סגי], **ואם** היה רק על מיעוט היד, אינו אסור אא"כ הדרך להקפיד ע"ז.

[א]צריך ליזהר מחציצה, שכל דבר שחוצץ בטבילה חוצץ בנטילה - היינו שיסיר מהידים קודם הנטילה כל דבר שדרך בני אדם להקפיד עליו להסירו, **ואם** נטל ידיו ואח"כ נמצא עליו דבר חוצץ, בין על מיעוט היד בין על רוב היד, תלינן להקל שנתהוה אח"כ, **אך** לכתחלה ראוי שיעיין קודם נטילה אם אין עליו דבר חוצץ.

כגון: [ב]צואה שתחת הצפורן שלא כנגד הבשר - כגון אם הצפורן גדול ועודף על בשר האצבע, והצואה שיש שם תחת עודף זה, דרך רוב בני אדם להקפיד לנקותם משום מאוס, משום הכי חוצץ, וצריך להסיר אותה הזוהמא קודם הנטילה, **וכתב** הא"ר בשם ס"ח, דנכון מטעם זה שלא יגדל אדם את צפרניו.

והיינו בזוהמת הצפרנים שדרך להקבץ שם, אבל צואה ממש, אפילו כנגד הבשר מסתברא שלא חשיב נטילה, אם מצאו שנשאר שם, [דבודאי דרך בני אדם להקפיד ע"ז יותר מבצק, **ועוד** דבל עיקר נטילה תקנו משום דידים עסקניות הן ונוגעות במקום הטנופת, ומאי מהני שנטל ידיו, הא נוגע בהם בכל שעה].

ובצק שתחת הצפורן אפילו כנגד הבשר - דדרך בני אדם להקפיד אפילו נגד הבשר.

ועיין ביו"ד, דקחשיב שם עוד כמה דברים שחוצצים, אלא דפה חשב דברים המצויים.

(וה"ה אם נמצא גילדי צואה, היינו מלמולי זיעה שנתיבש, בשאר מקומות שעל היד, וכן בצק, **אם** לא שנמצא מעט מן המעט, שאין דרך בני אדם להקפיד ע"ז, דאז גם תחת הצפורן אינו חוצץ, בין בצואה ובין בבצק).

ורטיה שעל בשרו - הוא מה שנותנין חלב או דונג או שאר דבר משיחה על סמרטוט להניח על הכאב.

ואף דמבואר לקמן בסי' קס"ב ס"י, דאין צריך ליטול כלל על מקום הרטיה, ומטעם דכיון שאינו יכול ליטול באותו מקום, הוי כמו שנקטעה אצבעו, דא"צ ליטול רק שאר מקום היד, **התם** הלא איירי ביש לו מכה, ולכך לא חיישינן שיסיר מקום הרטיה ויגע בבשרו להאוכלין, דכאיב ליה, **אבל** הכא איירי שאין לו מכה, רק מיחוש בעלמא במקום הנטילה, ואין לו צער בנטילתו, ויוכל להסיר הרטיה מתי שירצה, א"כ יש לחוש שיסיר הרטיה בתוך הסעודה ויגע בבשרו להאוכלין, ולכך צריך להסיר הרטיה וליטול ידיו, דאם יטול כשהרטיה על ידו, יהיה חציצה.

וטיט היון - פי' טיט הבורות, דהוי כמו טיט היוצרים, **וטיט היוצרים** - שהם נדבקים מאד, ומונעים המים מלבוא תחתיהם, אפילו כשהם לחים, **וה"ה** שאר מיני טיט כשהוא יבש ונדבק בבשר, חוצצין בכ"ז, בין ע"ג היד, בין תחת הצפורן אפילו כנגד הבשר, **אם** לא שהיה דבר מועט כ"כ שאין דרך בני אדם להקפיד ע"ז, דאז אין חוצצין בכל מקום שימצאו, וה"ה בצואה ובצק כה"ג.

אך היכא שמלאכתו בטיט, כגון העושה לבנים, או קדרן וכדומה, בודאי אינו חוצץ בכל מקום שימצאו, כיון שאומנתו בכך ואינו מקפיד בזה, וכדלקמיה בס"ב, **אם** לא שהיה רוב מקום הנטילה מכוסה בזה.

[ג]אבל במיעוטו שאינו מקפיד, אין לחוש - דין זה קאי על ריש הסעיף, בעצם דין חציצה, דאם נמצא שום דבר חוצץ על מיעוט היד ואין מקפיד, אין לחוש, **ודעת** הטור, דאף באלו שזכר המחבר מקודם, דהוא מדברים שדרכן של רוב בני אדם להקפיד, מ"מ אם הוא אינו מקפיד, אינו חוצץ, **אבל** דעת המ"א ושארי אחרונים, דבכל אלו שזכר המחבר, לא אזלינן בתריה, כי אם בתר רוב בני אדם.

ואם רוב היד מכוסה, דהיינו רוב מקום הנטילה, אע"פ שאין מקפיד חוצץ.

הגה: ומשו"ה לא נהגו לנקר הטיט שתחת הצפרנים לנטילה, משום דהוי כמיעוט שאין מקפיד, כי אין מקפידים על זה לנטילה (הגהות סמ"ק והגהות אשר"י פ' אלו דברים) - המ"א פירש, דקאי רק על שכנגד הבשר, ואפילו טיט היון והיוצרים, משום דבאלו מדינות אין מקפידין ע"ז, והוי כמיעוטו שאין מקפיד, **אבל** שלא כנגד הבשר, בודאי רוב בני אדם מקפידים, אפילו בצואה, וחוצץ אף שהוא אינו מקפיד, וכדבריו העתיקו הח"א והדה"ח, **ויש** שמקילין בצואה וסתם טיט.

באר הגולה

[א] חולין ק"ו [ב] פ"ט דמקואות ובתוספתא שם [ג] עירובין ד'

אבל אם היה מקפיד הוא, צריך לנקרן, וכן עיקר - משמע אע"פ שהרוב אינן מקפידין, כיון דהוא מקפיד, אזלינן בתריה וחוצץ, **ומ"מ** נראה, דהיינו דוקא בטיט היוצרים או בטיט יבש, אבל בטיט לח או בעפר שתחת הצפורן כנגד הבשר, שאינו נדבק כ"כ, אין להחמיר, **ובפרט** אם כל היום אין דרכו להקפיד, רק כשמגיע לנטילה.

(ובשבת ג"כ מותר לגרר הטיט שתחת הצפורן בצפרנו, רק שלא יגרור את הצפורן).

ואפשר שנהגו להקל בחלילה לענין נטילה, [ד]כי יש אומרים שאין שייך חלילה לנטילה; אבל העיקר כסברא הראשונה.

אות ב'

ובקידוש ידים ורגלים במקדש

רמב"ם פ"ה מהל' ביאת המקדש הט"ז - כיצד מצות קידוש, מניח ידו הימנית על גבי רגלו הימנית, וידו השמאלית על גבי רגלו השמאלית, ושוחה ומקדש; וכל החוצץ בטבילה חוצץ בקידוש ידים; ואינו מקדש כשהוא יושב מפני שהוא כעבודה, ואין עבודה אלא מעומד, שנאמר: לעמוד לשרת.

אות ג'

נוטל אדם את שתי ידיו שחרית ומתנה עליהן כל היום כולו

סימן קסד ס"א - [ה]נוטל אדם ידיו שחרית ומתנה עליהם כל היום - בפיו, או עכ"פ שיכוין בלבו, שיעלה לו נטילה זו לכל האכילות שיאכל בכל היום, **וצריך** ליזהר שתהיה הנטילה בהכשר כל הדברים הנצרכים לנט"י לאכילה, כגון בכלי שלם, ובכח גברא, ובמים שלא נשתנו מראיהן, ושלא נעשה בהן מלאכה, וכמבואר בסימנים הקודמים, **אף** דבנט"י שחרית אין קפידא כ"כ בכל אלו הדברים, כמבואר בסי' ד', זה כיון שהוא לאכילה שאני. (**ואף** דבעינן סמוך לנטילה סעודה, ועכ"פ שיהיה השלחן ערוך בשעה שנוטל, **היינו** דוקא שנוטל בשעת אכילה, דמאחר שנטל ידיו לאכילה עכשיו, הצריכו חכמים לאכול מיד, שלא יסיח דעתו בינתים, **משא"כ** בזה שנטל מקודם שלא בשעת אכילה, דאין שייך לחייבו לאכול מיד, וכשבא אח"כ לאכול אין עליו חיוב נטילה עוד, כיון ששמר ידיו ולא הסיח דעתו והתנה עליהם מקודם).

אפילו שלא בשעת הדחק - ויש מן הפוסקים [ו][רש"ל וא"ר] שכתבו, דאין להקל בזה כי אם בשעת הדחק, כגון שהולך בדרך ויירא שלא ימצא שם מים, [**ואף** שמשער שבתוך ד' מילין ימצא שם מים, ג"כ מהני תנאי], **וכן** כשיושב בעגלה עם ער"ג, ואין ממתינין עליו כשירד ויחפש אחר מים, חשיב שעת הדחק, אף שהוא יודע שיש מים בדרך ההיא, ומהני כשנוטל שחרית ומתנה.

[ז]**ובלבד שלא יסיח דעתו מהם** - משמירת ידיו, שלא יגעו במקום הטינופת, **(ולא יטנפם)** - הוא פירוש דברי המחבר, והאי "ולא" ר"ל "שלא".

ואפ"ה אף שידיו נקיות, הצריכו ג"כ להתנות מקודם, שיהיה עולה לו הנטילה לאכילה, משום דנט"י בעי כונה לאכילה, **ולהפוסקים** דלנטילה לא בעי כונה, י"ל דלהכי צריך תנאי, דכיון דלכל היום הוא, אין סומכין על שמירתו, שמא ישכח ולאו אדעתיה, אא"כ התנה, דאז נותן לב להזהר יותר.

טינוף הפוסל בנטילה, הוא רק מצואה או זיעה כל שהוא, ואפילו רק נגע במקומות המכוסים בגופו, **אבל** טינוף עפר וטיט בעלמא, אינו פוסל הנטילה.

כתבו הפוסקים, דאם הכניס ידיו בבתי ידים מיד אחר הנטילה, ולא הוציאן, מועיל דתו ליכא חשש היסח הדעת, דבודאי נשמרו ידיו.

כתבו השכנה"ג וא"ר, שהאידנא נהוג עלמא שלא להתנות, משום שאינן יכולין ליזהר שלא יסיחו דעתם משמירת הידים, לכך מנעו התנאי מכל וכל, **ומ"מ** נראה דהכל לפי ערך הדחק, דבדחק גדול יש לסמוך על התנאי אף עכשיו, ורק שצריך זהירות וזריזות יתירה לשמירת ידים, ולכן יניח ידיו בבתי ידים, **וגם** מ"מ אם יזדמן לו מים, יטלם פעם שנית וכדלקמיה, וכ"כ בח"א.

[ח]**ואם מים מצויים לו, טוב שיחזור ויטול ידיו, אבל לא יברך** - טעם הדבר, דיש דעות בפוסקים [ט"ז והגר"א] שסוברין, דאפילו אם נקל ליטול בשחרית שלא בשעת הדחק, **היינו** שלא היה שעת הדחק לגמרי, אבל מ"מ אין מים מצוים סמוך לו, שהוא צריך לטרוח אחריהם ולהשיגם, **אבל** אם מצוים בסמוך לו, בזה לא מקילינן כלל, והמחבר חש לכתחלה לדעה זו, ולכך כתב שטוב לחזור וליטול.

הגה: והא דמהני תנאי, דוקא בנטילה שאינה לצורך אכילה, דומיא דנטילת שחרית - דלאו דוקא בנט"י שחרית כשקם יכול להתנות, דה"ה בכל נטילה שאינה לצורך אכילה אף באמצע היום, כגון שנטל ידיו כשיצא מבהכ"ס, או שנטל לדבר שטיבולו במשקה, והתנה

באר הגולה

[ד] ‹ממ"ש בתוספתא דמקואות, והביאה הר"ש שם בפ"ט מתני' ד', ר' יונתן כו', וההיא דחולין {ק"ו:} הנ"ל, פי' בחולין שנעשו על טהרת קדשים ותרומה, בסה"ת בשם י"מ, אבל סה"ת הקשה עליהן, דהא כל פרקין בחולין גרידא משתעי, אלא ההיא דתוספתא בנגיעה, וכמ"ש בפ"ב דחגיגה, ובחולין שנעשו על טהרת תרומה או בידים תחלות, וכמ"ש בפ"ב דחולין, וכמ"ש בת"ה, וכ"כ הר"ש שם ותוס' דחולין שם בד"ה וכל דבר, וכן דעת כל הפוסקים – גר"א› [ה] **חולין ק"ו** [ו] ‹ורבינו חננאל פסק כלישנא ‹ק"ז› דמחמיר, ותמהו עליו ה"ר יונה והרשב"א, {ולדבריהם עיין דף ק"ז. בהערות לאות א'} וכתב ה"ר יונה, שנראה שסמך על מאי דאמרינן בגמרא (ק"ו.) דמים ראשונים האכילו החזיר, ומפני חששא זו שמא יבואו להאכילו מאכל אסור כשיראו שאינו נוטל ידיו, פסק להחמיר, שאין לו להתנות כן אלא בשעת הדחק, ולענין הלכה כיון דכל הני רבוותא פליגי על רבינו חננאל, נקטינן כוותייהו – ב"י› [ז] **טור בשם הרמב"ם** [ח] **סמ"ג** ‹דשמא קי"ל כתירוץ של ר"ת (ד"ה נוטל) בתירוץ השני, דאפילו ללישנא דמיקל, צריך דוקא לא שכיחי קצת מיא בסמוך, ואין להקל במים מצויים, ע"כ כתב שיש ליטול בלא ברכה – ט"ז›

עליהם שיעלה לו הנטילה לאכילה שיאכל אחר זמן, דכיון שנטל לדבר אחר ושלא בשעת אכילה, לא חשו בה מה שאין הסעודה סמוך להנטילה.

[**ואף** דישאר בלא ברכה, דבשעת נטילה לביה״כ וכה״ג אין מברך, וגם אח״כ בשעת אכילה אינו מברך, דאינו נוטל אז, **אין** בכך כלום, דאח״כ פטור מנטילה ומברכה, ולא ביטל מעולם חיוב הברכה].

אבל אם נוטל לצורך אכילה, לא מהני תנאי באותה נטילה (ב״י בשם [ט]הר״י) - ר״ל שאם נוטל ידיו לאכול, ומתנה שיעשה דבר אחר קודם שיאכל סעודה זו עצמו, זה לא מהני, דהא בעינן תיכף לנטילה סעודה, עכ״פ לכתחלה, **מיהו** אם נטל לצורך אכילה, והתנה שיעלה לו גם לאכילה שניה שיאכל באותו יום, ושמר ידיו, ג״כ מהני, דלא גרע מנטל לדבר אחר, כיון דאכילה שניה אין עכשיו זמנה, [**ולהאחרונים** דטעם התנאי הוא משום כוונה וכדלעיל, הכא לא בעינן תנאי, ורק לפי הצד דהוא משום שמירה, בעי תנאי].

(**והנה** מסתימת דברי הרמ״א משמע, דאפילו מתנה קודם הנטילה שתעלה לו נטילה זו אלאחר איזה שעה, ג״כ לא מהני, כיון דנטילתו הוא כדי לאכול, בעינן שיסמיך סעודתו לנטילתו, **ואינו** מובן כ״כ, דכיון שמתנה קודם נטילתו, הרי הוא כנוטל שלא לצורך אכילה, דהא אין דעתו לאכול עכשיו, **ומה** שתירץ המ״א, דהתם נוטל ידיו לצורך ד״א, והתנה שתעלה לו נטילה זו למה שיאכל אח״כ, זה עדיף ממה שמתנה קודם נטילה, שיהיה מהני הנטילה אמה שיאכל אחר כך, זהו דוחק, **ואפשר** עוד לומר, דאפי׳ לרמ״א בפירוש דברי ר״י דאינו מועיל תנאי בנטילה לצורך אכילה, זהו דוקא בנוטל לאכילה על דעת לאכול תיכף, אלא שרצונו לעשות באמצע איזה פעולה, כגון מזיגת הכוס וכדומה, בזה אמרו שאינו רשאי, ואינו מועיל תנאי, דכיון שרוצה לאכול הרי מחוייב בנטילת ידיו, וממילא צריך להסמיך הסעודה לנטילה, ולהכי מוטב שימזוג הכוס קודם ואח״כ יטול, ויסמיך סעודה לנטילה, **משא״כ** בשאינו רוצה כלל לאכול עכשיו, אלא שנוטל ידיו ומכין עצמו שיוכל לאכול אחר זמן, בזה אפשר מודה הרמ״א, דהא אינו מחויב ליטול ידיו עכשיו, כיון שאינו רוצה לאכול, ובשעה שרוצה לאכול נמצאו ידיו נקיות, ואין עליו חיוב נטילה, ושפיר מועיל תנאי באופן כזה).

באר הגולה

[ט] ‹וה״ר יונה תירץ מה שהקשו התוס׳ (ד״ה נוטל) מדתנן מוזגין את הכוס ואח״כ נוטלין, דהתם שלא התנה בנטילת שחרית, ונתחייב ליטול בשעת אכילה, בזה אמרו תיכף לנטילה סעודה, דמאחר שנוטל ידיו לאכול, יש לו לאכול מיד שלא יסיח דעתו בנתיים, אבל בזה שאינו מחוייב ליטול בשעת אכילה, שהרי שמר אותם מהבוקר והתנה עליהם, לא אמרו תיכף לנטילה סעודה, ע״כ. **ואפשר** שזו היתה כוונת ר״ת כשתירץ דה״מ במתנה שחרית. וכל שמתנה שלא בשעת אכילה, מתנה שחרית קרי ליה, שאל״כ מה טעם לחלק בין תנאי דשחרית לתנאי דשאר היום, לומר דבשחרית מהני ובשאר היום לא מהני – ב״י›

§ מסכת חולין דף קז. §

אות א'

אפילו שלא בשעת הדחק נמי

רמב"ם פ"ו מהל' ברכות הי"ז - [א]נוטל אדם ידיו שחרית ומתנה עליהן כל היום, ואינו צריך ליטול את ידיו לכל אכילה ואכילה, והוא שלא יסיח דעתו מהן; אבל אם הסיח דעתו מהן, צריך ליטול ידיו בכל עת שצריך נטילה.

[ב]סימן קסד ס"א - עיין לעיל קו: אות ג'.

אות ב'

האי אריתא דדלאי, אין נוטלין ממנו לידים, דלא אתו מכח גברא; ואי מיקרב לגבי דולא, דקאתו מכח גברא, נוטלין ממנו לידים; ואי בזיע דולא בכונס משקה, מילף לייפי, ומטביל בה את הידים

סימן קנט ס"ז - [ג]צריך שיבואו המים מכח נותן; לפיכך צנור, שדולה מים מן היאור - ר"ל שדולה אדם מים מן היאור בדלי, **ושופך בו, ונמשכים ממנו המים להשקות השדה, אינו יכול ליתן ידיו לתוכו** - רחוק ממקום ששופכין בו, [רש"י], **כדי שיקלחו המים עליהם** - וסובר שיחשב לו לנטילה, [דלכתחילה בעינן כוונת נוטל לנטילה, היכא דלא הוי כוונת נותן], **מפני שאינם באים מכח אדם, שכבר פסק כח השופך.**

ואם משים ידיו קרוב למקום השפיכה, אע"פ שאינו משים אותה תחת השפיכה ממש, עלתה לו נטילה, דכל זמן שהם קרובים למקום השפיכה, עדיין מכחו הם באים - ואף דנט"י מכלי הוא דוקא, כיון שהוא קרוב למקום השפיכה ששופך בדלי, חשוב מכח הכלי ג"כ, **ופשוט** דאם שפך לתוך הצנור בכלי פסולה, כגון במנוקב, אף בנתן קרוב למקום השפיכה, פסול, דאינם באים מכלי, אם לא באופן המבואר לקמיה.

ואם הטביל ידיו לתוך הצנור הזה - היינו שתחבן במים שנתכנסו בתוך הצנור, [דבזוחלין בלא"ה יש סברא לפסול], ובא להכשירן מכח טבילה, כמבואר לקמיה בסי"ד, דטבילה נמי מהני לידים כשטובלן במעין או במקוה, **אינם טהורות מכח טבילה, [ד]מפני שהם שאובים** - ואין מכשירין מכח טבילה אלא במים הכשרין לטבילת הגוף, **ועיין** לקמן בסט"ז, דהראב"ד מכשיר בשאובין ארבעים סאה בקרקע, **אך** דבאמת רבים פליגי עליה, כמ"ש שם בבה"ל.

[ה]וה"מ בדולה, ששופך ונותן לתוך הצנור עצמו, אבל אם נותן אותם חוץ לצנור וממשיך אותם לצנור, והטביל בו ידיו, טהורות, דשאובים שהמשיכוה כשרה - ואף דלענין טבילת הגוף מחמירין בזה אם היו כל המים שאובין, אף שהמשיכוה, בנטילה דרבנן סמכו להקל ע"ד המתירין.

ודוקא שיש בו מ' סאה, דאף למאן דמיקל לקמן בסי"ד בפחות מזה, הלא עיקר הדין דע"י המשכה ג"כ קולא היא, ולא מקילינן כולי האי, **וגם** צריך שיהיו המים מכונסין ולא זוחלין, והיינו שיסתום בסוף הצנור שיתכנסו המים.

ושיעור ההמשכה שיתבטל שם שאובין ע"ז, הוא ג' טפחים, **ומחמת** הצנור עצמו לא הוי שאובין, דמיירי שלא היה עליו שם כלי, כגון שלא נעשו בו ד' שפות לקבל בתוכו, **דאילו** היה הצנור עצמו כלי, לא מהני ההמשכה, דהא שאובין הן מחמת זה הצנור גופא, ואין שייך שם טבילה כלל.

ואפי' דולה ונותן לתוך החריץ עצמו - ר"ל לתוך החריץ של הצנור, **[ו]אם הדלי נקוב מאחוריו בכונס משקה, ובעוד ששופך דרך פיו לצנור מקלח מאחוריו ליאור, מטביל בו את הידים וטהורות, דחשיבי כאילו הטביל ביאור, דנצוק זה מחבר הכלי ליאור, וחשיבי מים שבצנור מחוברים למימי היאור.**

ומבואר לעיל בס"א, דכשמוציא טיף אחר טיף, כונס משקה הוא, **ויש** רוצים לומר, דבכאן צריך שיהיה גדול קצת, שיהא נראה הקילוח, דאז חשיב מחובר למימי היאור, [ז][**התוס'** בפרק בא סימן מסתפקין בזה, והובא בב"י, **ומלשון** רש"י כאן משמע ג"כ קצת הכי, **אמנם**

באר הגולה

א ‹ופסק רבינו כלישנא דקאמר דאפילו שלא בשעת הדחק, שהרי סתם דבריו ולא חילק בין בשעת הדחק לשלא בשעת הדחק, **וכן** פסק ה"ר יונה, וכתב לא מפני שהוא לשון אחרון, שאינו נקרא לשון אחרון אלא כשהלשון הראשון מביא הגמרא בסתם, והלשון אחרון בלשון איכא דאמרי, אבל היכא ששניהם מביא אותם בלשון איכא דאמרי, לא נקרא לשון אחרון, **אלא** הטעם הוא מפני שהנטילה מדרבנן, ובשל סופרים הלך אחר המיקל. **ול"נ** עוד טעם אחר, שכל מה שאנו יכולים למעט במחלוקת יש לנו למעט, ולהכי נקטינן כלישנא דקאמר אפילו שלא בשעת הדחק, והיינו דרב, **ולא** תיקשי להאי לישנא ממאי דאמר רבינא לבני פקתא דערבות אתון דלא נפישי לכו מיא וכו', דמשמע טעמא דלא נפישי להו מיא, אבל שלא בשעת הדחק לא, **דאיכא** למימר דה"ק, אתון דלא נפישי לכו מיא אתם צריכין להתנות, דאילו הוה שכיח לכו מיא לא הייתם צריכין ליכנס בטורח זה. **ומש"כ** רבינו והוא שלא יסיח וכו', פשוט הוא ממתניתין דפרק ששי דמסכת טהרות, וכ"כ רש"י ד"ה ומתנה: לאכילה ובלבד שיזהר מלטנפם ולטמאם – כסף משנה› ב ‹ע"פ מהדורת נהרדעא› ג **חולין ק"ז** ד ‹כן הוא גירסת הרי"ף שם: ואין מטבילין את הידים מפני שהם שאובים – גר"א›. ‹**רש"י** ד"ה אין נוטלין: ומטבילין לא, דלית ארבעים סאה בצינור, ע"כ. **הא** יש ארבעים סאה, אע"ג דדלי שאובין הם, י"ל כבסעיף ט"ז כראב"ד, ארבעים סאה שאובין בקרקע כשירים, או המשכה מהני. והכי נמי כאן, כי הצינור אין כלי, וא"כ הוה המשכה אם הלך דרך מה בצינור, ומים שאובים דפסולים הוא כשואב בכלי ושופך למקוה ושם טובל, אבל אם הלך דרך קרקע ואח"כ למקוה, כשר, וה"ה בצינור כה"ג, הואיל וצינור לאו כלי הוה – פמ"ג› ה **הרא"ה** ו **שם בגמ'** ז ‹וז"ל: והא דאמר בפרק כל הבשר, אי בזיע דוולא ככונס משקה מילף לייפי ומטבילין בו הידים דהוו מחוברין לנהר, לאו היינו ככונס משקה דהכא, דהתם איירי כשהנקב כל כך גדול עד שהמים מקלחין, והוי חבור ע"י נצוק לידים, דאע"ג דלענין טבילה לא הוי חבור, וכונס משקה דהכא {במס' נדה} שיורד טיף טיף כדאמר בסמוך, מיהו אפשר דההוא כונס משקה הוי כדהכא, דהתם נמי מייתי האי כונס משקה דהכא, דאמר רבא כלי שניקב בכונס משקה אין נוטלין הימנו לידים, משמע דשרין, ואף על גב דלא הוי נצוק, דבדבר מועט הוי חבור לענין טבילת ידים›

כל הבשר פרק שמיני חולין קז

[כדאיתא בתר"ק טו: זכוני מיא בפקתא דערבות ושם פרש"י פקתא דערבות בשוק של אותו מקום]

[בערך ערך ארת גרס רבא וכן גרסי הרי"ף ורא"ש]

[נ"ל דתנן]

מיר לחי גיטין טו: ידים פ"א מ"א

נ"ל כו'

[נ"ל דתנן]

[תוס' ידים פ"א ע"ש]

כר"ש פ"א דידים גרס אף על פי שפרותין וכו'

יומא עט: סוכה כו·

פקתא דערבות כגון אתון דלא שכיחי לכו מיא משו ידייכו מצפרא ואתנו עליידהו לכולא יומא איכא דאמרי בשעת הדחק אין שלא בשעת הדחק לא ופליגא דרב ואיכא דאמרי אפילו שלא בשעת הדחק נמי והיינו דרב אמר רב *פפא האי אריתא דדלאי אין נוטלין ממנו לידים דלא אתו מכח גברא ואי מיקרב לגבי דולא דקאתו מכח גברא נוטלין ממנו לידים ואי בזיע דולא בכונס משקה מילף לייפי ומטביל בה את הידים ואמר רבא כלי שניקב בכונס משקה אין נוטלין ממנו לידים ואמר רבא כלי שאין בו רביעית אין נוטלין ממנו לידים איני והאמר רבא כלי שאין מחזיק רביעית אין נוטלין ממנו לידים הא מחזיק אע"ג דלית ביה לא קשיא הא לחד הא לתרי *דתניא *מי רביעית נוטלין לידים לאחד ואפילו לשנים אמר ליה רב ששת לאמימר קפידיתו אמנא א"ל אין אחזותא א"ל אין אשיעורא אמר ליה אין איכא דאמרי הכי אמר ליה אמנא ואחזותא קפדינן אשיעורא לא קפדינן *דתניא מי רביעית נוטלין לידים לאחד ואפי' לשנים ולא היא שאני התם משום דקאתו משירי טהרה אתקין רב יעקב מנהר פקוד נטלא בת רביעתא אתקין רב אשי בהוצל כוזא בת רביעתא ואמר רבא מגופת חבית שתקנה נוטלין ממנה לידים תניא נמי הכי *מגופת חבית שתקנה נוטלין ממנה לידים חמת וכפישה *שתקנן נוטלין מהם לידים שק וקופה אע"פ שמקבלים אין נוטלין מהם לידים איבעיא להו מהו לאכול במפה מי חיישינן דלמא נגע או לא ת"ש *וכשנתנו לו לרבי צדוק אוכל פחות מכביצה נוטלו במפה ואוכלו חוץ לסוכה ואין מברך אחריו מאי לאו האכביצה בעי נטילת ידים דלמא הא כביצה בעי סוכה ובעי ברכה תא שמע דשמואל אשכחיה לרב דקאכיל במפה אמר ליה עבדין

רש"י

פקתא דערבות · בקעה של אותה מדינה ואין מים מצויין להם: **ופליגא דרב** · דשרי אפי' בלא דחק: **האי אריתא דדלאי** · ליטר ששופכין בו מים מן היאור בדלי והוא מוליך מים לשדות: **אין נוטלין ממנו לידים** · לתת ידיו לתוכו ויקלחו המים לתוכן דלאו מכח גברא אתו שכבר עבר כח השופך והן מקלחין מאליהם ואין כאן לא נטילה ולא טבילה נטילה דלאו מכח גברא קאתו טבילה נמי בליטר ליתא שאין כאן שעור מקוה: **ואי מקרב גבי דולא** · כשהדולה שופך וזה נותן ידיו סמוך למקום השפיכה והמים מקלחין מכח השפיכה לתוך ידיו שפיר דמי: **ואי בזיע דולא בכונס משקה** · כשהנקב מכניס משקה גדול הוא קלא וקיטה היוצא ממנו נראה והשופך שופך דרך פיו לליטר והנקב מקלח מאחוריו ליאור: **מילף לייף** · הליטר עם היאור ע"י דלי ומטבילין בליטר את הידים דלאו טבילה גמורה היא ודיה בחבור זה ולא בעינן כשפופרת הנוד כדין עירוב מקוואות דעלמא: **כלי שניקב כו'** · לאו כלי הוא דרבנן כלי תקון: **הא לחד והא לתרי** · לחד רביעית בעינן מתחלה אבל לתרי שהיה בו רביעית ונטל הראשון ואח"כ נטל השני אע"ג דלא אי רביעית בנטילת שני שפיר דמי הואיל ומשירי טהרה אתו כדמפרש לקמיה מי רביעית*: **קפדיתו אמנא** · שיהא כלי שלם: **אחזותא** · שיהא בהן מראה מים: **אשיעורא** · דרביעית: **דקאתו משירי טהרה** · אבל מעיקרא צריך שיהא בו רביעית: **נטלא בת רביעית** · של זכוכית קרי נטלא והיתה מולנעת לשער בה כלי של כל איש ואיש שמתקנו ליטול ידיו: **כוזא** · של חרס: **שתקנה** · חקקה לקבל רביעית אף על גב דמעיקרא לאו לאישתמושי בגווה עבידא ואין חללה עשוי לתוכו: **חמת וכפישה** · מיני נודות של עור הן: **שק וקופה** · אין מלאכתן למים דרובן אין מקבלין מים: **במפה** · מי שלא נטל ידיו מהו לפרוס מפה על ידיו ולא יגע באוכלין ויאכל: **וכשנתנו לו לר' צדוק** · במסכת סוכה כשהיו נותנין לו לרבי צדוק אוכל שהוא פחות מכביצה נטלו במפה ואכלו ולא היה נוטל ידיו ולא היה מצריכו סוכה ולא ברכת המזון: לא הא דנקט פחות מכביצה משום סוכה וברכה נקט ליה:

עבדין

תוספות

האי אריתא · פי' בקונטרס ליטר ששופכין בו מים מן היאור בדלי והוא מוליך מים בשדה אין ר"ל שיהא הליטר קרוי אריתא דהא יאורים מתרגמינן אריתי ובפ' הפרה (ב"ק נ:) אמר ההוא תורא דנפל לאריתא ומשמע שם שהוא עמוק עשרה טפחים:

דלא אתו מכח גברא · פירש בהלכות גדולות שמותר להטביל ידים בתוך הכלי דחשיבא נטילה והביא ראיה מפ"ב דזבחים (דף כא.) דאיבעיא להו מהו לקדש ידיו ורגליו בכיור מתוך אמר רחמנא ולא לתוכו משמע דבקידוש ידים מבעי ליה משום דכתיב ממנו אבל בנטילת ידים אפילו בתוכן מותר וקשה לפירושו דהכא אמר אינו נוטל ממנו דלא אתי מכח גברא משמע דבעינן כח גברא השופך ומיהו י"ל דבעינן נטילה מן הכלי בין טובל ידיו בתוך הכלי ובין שופך מן הכלי על ידיו יש כאן נטילה מן הכלי אבל הכא ידיו חוץ לכלי הן וכבר פסק כח הכלי כשהמים באים עליו הלכך אין כאן נטילה מן הכלי וגם טבילה אין כאן שהן שאובין והא דנקט דלא אתו מכח גברא לאו דוקא מכח גברא אלא משום דלא אתו מכח כלי דבעינן נטילה מן הכלי א"נ משום דתנן במס' ידים בפ"ק (מ"ה) הכל כשרין ליתן מים לידים אפילו חרש שוטה וקטן ומניח חבית בין ברכיו ונוטל ומניח חבית על לדו ונוטל הקוף נותן לידים רבי יוסי פוסל בשניהם פירוש בקוף ובחבית נוטה על לדו והמים נשפכים מאליהן דבעי רבי יוסי מכח גברא ות"ק לא בעי אלא שיהא כח כלי והשתא שמעתא דנקט כח גברא אתי כרבי יוסי אבל בהלכות גדולות אי אפשר להעמיד אלא כרבנן וצריך להחמיר כיון דסוגיא דשמעתין כרבי יוסי ואם אדם נוטל ידו אחת וחוזר ומשפשף בחברתה צריך לחזור וליטול כדאמרינן בפרק שני דידים (מ"ג) נטל ידו אחת ושפשף בחברתה טמאה ואם שרה פתו במים או הדיח בהן את הכלים פסולים לנטילה ואם הדיח בהן ידיו כשרין דהכי תנן במסכת ידים וצריך לשפוך מים על ידיו ג' פעמים פעם ראשונה כדי להעביר טיט ודבר החוצץ מעל ידיו ופעם שניה לטהר ידיו ופעם שלישית לטהר אותן מים וכן מוכח בכמה דוכתין במסכת ידים שצריך מים ראשונים ושניים ומיהו אם בפעם אחת שופך מים הרבה כשיעור רביעית ידיו טהורות דתנן במסכת ידים (פ"ב מ"א) ידו אחת בשטיפה אחת ידו טהורה שתי ידיו משטיפה אחת ר"מ מטמא עד שיטול מי רביעית פירוש ואפילו באין משירי טהרה דלא כעו רביעית כשנטל בשתי שטיפות והשתא דליכא אלא שטיפה אחת צריך רביעית בשטיפה זו אבל בנוטל ידו אחת לא צריך רביעית כי אתו משירי טהרה אלא שתהא אותה שטיפה מרובה כשתים: **ואי** בזיע דולא בכונס משקה מילף לייפי · ואע"ג דלענין טבילת כל גופו לא מהני מתרי טעמי דנקוב אינו חבור וגם בעינן כשפופרת הנוד לענין עירוב מקוואות גבי רביעית ידים °לא החמירו:

קפדיתו אחזותא · והא דתנן במסכת ידים (פ"א מ"ג) נפל בהן דיו או קנקנתום ונשתנו מראיהן פסולין דלמא הני מילי לתרומה: **ולא** היא שאני התם דקא אתו משירי טהרה · משמע דמעיקרא בעי למימר דאפילו הראשון לא בעי שיעור ותימה דהא בהדיא קתני מי רביעית לאחד וי"ל דמתניתין לתרומה והוה דייק מיניה דכי היכי דאפילו לתרומה לא בעינן שיעור לשני ה"ה בחולין אף לראשון ומסיק דשאני התם דאתו משירי טהרה: **מגופת** חבית שתקנה · פי' בקונטרס שחקקה א] נראה דבלא חקיקה היא רביעית אלא שמשופעת היא ואינה יושבת אלא מסומכת כעין כסוי טסות של כסף וכסוי קנקנים ותקנה היינו שהרחיבה מלמטה עד שיושבת בלא מסומכת וקודם שתקנה אין נוטלין ממנה דאין בית קבול בלה חשוב כיון שאם בא להושיב בלא סמיכה היו המים נשפכין ואין נשאר בהם רביעית ואמר לעיל כלי שאין מחזיק רביעית אין נוטלין ממנה וכן משמע במסכת ידים (שם מ"ג) דחשיב מגופת חבית בהדי דפטה הכלים דאין מחוסרין חקיקה אלא לפי שאין יושבין שלא מסומכין כדפרישית: **ולא** בירך אחריו · סבר כרבי יהודה דבעי כבילה דדרים ואכלת ושבעת אכילה שיש בה שביעה דהיינו כבילה בפרק ג' שאכלו (ברכות מט:) ודוקא לאחריו אבל לפניו משמע דמברך וכן לר"מ דפוטר בפחות מכזית היינו דוקא לבסוף אבל בתחלה מברך אף בפחות מכזית ובהדיא מדקדק בירושלמי הכי ואע"ג דבריש כילד מברכין (שם לה.) נפקא לן ברכה דלכתחלה מק"ו מברכה דלסוף כשהוא שבע מברך כשהוא רעב לא כ"ש מ"מ לא קייך לומר דיו ומברך בתחלה אמשהו ואע"ג דלא מברך בסוף דאותו ק"ו אינו אלא גילוי בעלמא דברכה דלפניו לאו דאורייתא כדתנן בפרק מי שמתו (שם דף כ:) בעל קרי על המזון מברך לאחריו ואינו מברך לפניו וכן בפרק היה קורא (שם טז.) תניא הפועלים שהיו עושים מלאכה אצל בעל הבית ואוכלין פתן אין מברכים לפניהם אבל מברכים לאחריהם שתי ברכות: **מאי** לאו הא כבילה בעי נטילת ידים · תימה היכי מצי למימר הכי הא ע"כ בתרומה אפי' כבילה לא בעי נטילת ידים דהא התירו מפה לאוכלי תרומה דרבי צדוק כהן הוה כדמוכח בפ' מי שמתו (שם כ:) גבי מדלגים היינו ע"ג ארונות כו' ובפ' כל פסולי המוקדשין (בכורות לו.) גבי ההוא בוכרא דהוה ליה לר' צדוק ובספ"ק דיבמות (דף טו:) והיה אוכל חולין על טהרת תרומה *וי"ל דהוה מצי למימר ולטעמיך . [ע' תוס' יומא עט: ד"ה הא ותוס' סוכה כז. ד"ה הא כבילה] :

בלם

עין משפט נר מצוה

לז א מיי' פ"ו מהל' ברכות הלכה יז:

לח ב מיי' שם הלכה יד ועי' בכ"מ סמג עשין כז טוש"ע א"ח סי' קנט סעיף ו [וברב אלפס ברכות פ"ח דף מב: וגרסתו אמר רבא וע"ש שוד דגרסא אחרת היה לו בסוגיא דהכא וכדאיתא ברא"ש הכא בסימן יד]:

לט ג ד מיי' שם הלכה יא יב ועיין בכ"מ טוש"ע שם סעיף א וסי' קס סעיף יג [וברב אלפס שם דף מז' וגרסתו א"ל רב אשי לאמימר]:

מ ה מיי' פ"א מהלכות מקוואות הלכה ח וע"ש סמג שם טוש"ע א"ח סי' קס סעיף יג:

מא ו מיי' פ"ו מהל' ברכות הל' ו טוש"ע שם סעיף א:

מב ו מיי' פ"ו מהלכות ברכות הלכה יא טוש"ע א"ח סי' קנט סעיף ג:

מג ח ט מיי' שם הלכה יא טוש"ע שם סעי' ד:

מד י מיי' פ"ו מהלכות ברכות הלכה יח ועי' בהשגות ובכ"מ סמג עשין כז טוש"ע א"ח סי' קסג סעיף א:

שיטה מקובצת

א] פי' בקונטרס שחקקה ונראה דבלא חקיקה היא מחזקת רביעית וכו' וצ"ב ואיצטריך לדיוקא:

גליון הש"ס

גמ' ואי בזיע · ויקרעו שמנותם (כלאים מב) מהרב מינן ובנושו לבישתך: תוס' ד"ה ולא כו' לא החמירו · עי' נדה דף מס ע"א תוס' ד"ה אם:

עי' מהר"ם שהאריך והסיק שטעות נפל בספרים ע"ש

רבינו גרשום

פקתא דערבות כו'. פקתא דערבות אין בו מים: ואתנו עלייהו כולי יומא. אתנו דאימת שתרצו ביום תאכלו לחם על אותה נטילה: בשעת הדחק אין. כלומר היכא דלא שכיחי מיא': האי אריתא דדלאי אין נוטלין כו' כיצד הם עושין דולין מן הבור ומטלאין צינורות סביביו להשקות השדות וה"ק כשמטלאין הצינורות אין נוטלין מצינורות ואין מטבילין בה ידים מי שהיו ידיו טמאות. ואי מקרב לגבי דוולא כו' כלומר כשהדולה שופךאי מקריב ידיו לגבי דוולא כו'. ואי בזיע דוולא בכונס משקה כו' כלומר אם נקוב דוולא כשממלא מן האריתא בכונס משקה: מילף לייפי חשובין כמחוברין לאריתא ואף מטבילין: כלי שניקב בכונס משקה אין נוטלין ממנו לידים כלומר דלאו חשוב כלי: ל"ק הא לחד הא לתרי כלומר לחד אע"ג דלית ביה לתרי אי אית ביה רביעית אין אי לא לא. קפדיתו אמנא כלומר דאי נקיב בכונס משקה (אין) [תו] לא נטליתו מיניה: קפדיתו אחזותא שיהא להן מראה יפה: קפדיתו אשיעורא שיהא בו רביעית: ולא היא התם דקא אתו משירי טהרה. כלומר אם יש בו רביעית מתחלה נוטלין ממנו אפי' לשנים אע"ג דלא מטו לכל חד וחד אלא חצי רביעית דקא אתו משירי טהרה מרביעית אבל אם אין בו מתחלה אלא חצי רביעית או משהו פחות מרביעית כיון דמתחלה לא היה בו כדי טהרה אין נוטלין: נטלא בת רביעית. כלומר כלי שמחזיק רביעית ליטול בה ידים · כוזא כלי חרש: מגופת חבית שתיקנת (בו) [הוא] דבר שסותמין בו כלי חרש ותיקן המגופה עצמה · חמת וכפישה · חמת כלי עור הוא · כפישה שמתקנין למים · חסל והקופה. כלומר מפני שמנוקבין: מהו לאכול במפה. כלומר [מי] שלא נטל ידיו מהו שיכרוך ידו במפה כדי שלא יגע בפת ויאכל מי חיישינן שמא יגע או לא: נטלו במפה ואכלו חוץ לסוכה כלו' בלא נ"י אכלו והיכן הלכה זו כמס'

מלשון רבנו יונה משמע כפי' הראשון שכתבתי בפנים, וכן מסתימות לשון הגמרא, **ועיין** בב"י לעיל בראש הסימן, במה שהביא בשם מהרי"ק, דלפי"ז הוי השיעור בנקב כעדשה.

אע"ג דנצוק כזה לא חשיב חבור לענין טבילה - דניצוק אינו חיבור שם כלל, וגם באופן דמהני שם עירוב לחבר המים, הוא בשיעור גדול, ולא על ידי ניצוק דק כזה.

וה"ה אם בא בספינה, ואינו מגיע להטביל ידיו במי הים, ואין לו כלי שלם, רק כלי מנוקב ככונס משקה, דולה בו מן הים ומטביל ידיו בו, שמימי הכלי מחוברים למי הים, ע"י שהמים נוטפים דרך הנקב.

[ח]**ויש חולקין בזה ואומרים דגם לנט"י לא חשיב חיבור** - ורש"ל הסכים כדעה זו, **מ"מ** בשעת הדחק יש לסמוך על דעת המקילין, דהוא דעת רוב הפוסקים, **ואם** טבל ידיו ע"י הכשר חיבור הניצוק, ואח"כ נזדמן לו ליטול כראוי, לא יברך על נטילה שניה, דהא לרוב הפוסקים יצא ידי נטילה.

וקנים החלולים המקלחים מים מן היאור, אם הניח ידיו תחת הקילוח, לא הוי נטילה, **דאף** להסוברין בס"ח דלא בעי כח גברא, פסול משום דאין כאן כלי, דהקנים אינם כלים, שאין בהם בית קבול, **וגם** אין יכול להטביל ידיו ברע"ר קאסטי"ן העומד סביבם, והוא שנפסק הקילוח מן הקנים, **אבל** בעת שהולך הקילוח מן הקנים, אם רוצה להטביל ידיו בהקאסטין, י"ל דשרי לכו"ע, אף להיש חולקין, דניצוק רחב כזה לכו"ע הוי חבור, והוי כאילו מטביל בהיאור.

כתבו האחרונים, שאין ליטול ידיו מן הפלומ"פ, לפי שאינו כלי, **וכ"ז** דוקא כשמניח ידיו סמוך למקום יציאת המים מן הצנור הבולט, אבל מותר להניח ידו אחת סמוך לארץ, ובידו השניה ימשוך הפלומ"פ להביא עליו המים, ואח"כ יחליף ידיו, או שחבירו ימשוך לו, **ומהני** כ"ז משום דניצוק חבור, והוי כאילו טובל במעין עצמו, [ומ"מ אם יש לו כלי ליטול ידיו, אין כדאי להקל נטילה ע"י נצוק], (כהחולקים הנ"ל), **אבל** אם יחזיק ידיו גבוהות מן הארץ, לא מהני הנטילה, משום דהוי כטובל בכיפין.

הגה: אין ליטול ידיו מאותן אבנים הקבועים לכותל, ועשה לכם בית קבול וברזא - דלנט"י כלי בעינן, וכיון שהם קבועים בכותל, הרי הן ככותל, ואין שם כלי עליהן, אע"פ שעשה להן בית קבול, **ועיין** בפמ"ג שמצדד לומר, דדוקא ליטול מן הברזא דרך נטילה, אבל לטבול בתוכן, אם יש בהן ארבעים סאה, יש להכשיר מטעם טבילה, דמותר במ' סאה כדלקמן בסי"ד, ולא הוי כטובל בכלי, דכמחובר חשבינן ליה, **ומ"מ** נראה פשוט, דאין להקל בזה אלא בשהמים לא נשאבו ע"י כלי.

אבל אם היו כלי תחלה וחברם לכותל, נוטלין ממנו (אגודה פ' המוכר בית) - ר"ל דרך ברזא, שמסירה בכל שפיכה ושפיכה, דחשיב ע"י כח גברא, וכמו שיתבאר בסוף ס"ט, **והטעם**, כיון שהיה עליהם שם כלי תחלה בתלוש, חשיב נטילה בכלי.

אות ב'*[ט]

תוס' ד"ה דלא. שמותר להטביל ידים בתוך הכלי דחשיבא נטילה

סימן קנט ס"ח - אקדים קצת כדי שיובן דברי הסעיף, והוא, דהנה רוב הפוסקים אוסרין לטבול ידיו בכלי במקום נטילה, משום דס"ל דבעינן בנטילה כח גברא, והיינו שיבואו המים על ידיו מכח אדם ששופך עליהם, וכנ"ל, **וסברת** המקילין בזה, משום דס"ל דלא בעי כח שופך על ידיו בנט"י, ורק שיטול מכלי, ולכן טבילה בתוכו חשיב להו כמו נטילה ממנה, [זהו לפי דעת כמה פוסקים בטעם הבה"ג, **ומ"מ** לעיל בצינור גם הם מודים דלא חשיבי נטילה, משום דבלא"ה לא בא שם מכח כלי ג"כ, כשנפסק כח השופך, וכנ"ל].

אם הכניס ידיו לתוך כלי של מים ושכשך ידיו בהם, [י]אם הכלי מחובר לקרקע, לא עלתה לו נטילה - היינו אף לאותן דסבירא להו דטבילה בכלי כנטילה הוא, היכא שחיבר הכלי להקרקע גרע, דנראה דבא להכשיר מטעם טבילה כמו במקוה, וטבילה בשאובין ליכא.

(**ועיין בע"ת שכתב, דמלבוש משמע, דדוקא כשהיה מחובר מעיקרא קודם שחקק, ומשום דאין עליה שם כלי כלל, לכן לא מועיל בה הטבילה במקום נטילה, ומשום טבילה עצמה דלא מהני, אפשר משום דבא מתחלה המים למקום זה ע"י כלי, והוי שאובין, א"נ משום דלית בה מ' סאה, לכך ס"ל להחמיר בזה, אבל בחקקו ולבסוף קבעו, כמו דמותר ליטול ממנה דרך הברזא כנ"ל בסעיף ז', דכלי הוא, כן מותר ג"כ לטבול בתוכה, ומצאתי בדברי הגר"א שכתב כן בהדיא, ובאמת אף דקצת לא משמע כן מלשון המחבר, יותר נראה כפירושם).**

ואם אינו מחובר לקרקע, [יא]י"א שעלתה לו נטילה - ולא בעינן מים אלא כשיעור רביעית, דכנטילה ממש חשיב לדידהו, וכח שופך ס"ל דלא בעינן בנט"י, [**וי"א** עוד, דטעמו, דחשוב כח גברא במה שמשכשך ידיו בכלי].

[יב]**וי"א שלא עלתה לו** - ואפילו יש בהם ארבעים סאה, והטעם, משום דבעינן כח שופך שיתן על הידים דוקא וכנ"ל, **וגם** דמדמינן לקידוש ידים דמקדש, דקי"ל דפסול לטבול הידים בתוך הכיור, כדאיתא בזבחים, [**ומטעם** זה אסור אף דחשיב ליה לכח גברא].

באר הגולה

[ח] **הרי"ף לגירסתו והרמב"ם** (והרי"ף כתב מימרא זו בפרק אלו דברים, והוא גורס: אי בזיע דוולא בכונס משקה, אין נוטלין ממנו לידים, דלאו כלי הוא, וכתב הרא"ש בפרק כל הבשר, ולגירסתו גם כן אין מטבילין בו, דלא חשיב ליה חיבור בכונס משקה, (דכיון דלא אתמר דמטבילין בו, אין אנו להקל בטבילה זו יותר מבשאר טבילות דלא הוי חיבור בכה"ג - מעדני יו"ט), וכן נראה שהיה גורס הרמב"ם - ב"י) [ט] (ע"פ הב"י והגר"א) [י] **הרשב"א בשם רמב"ן** [יא] ה"ג [יב] **טור והג"מ וסמ"ק**

[יג] **ובשעת הדחק** - כגון שאין לו כלי אחרת, וכלי זו אינו יכול לטלטלה, **יכול לסמוך על דברי המתירים** - וט"ז הביא בשם רש"ל דחולק ע"ז, ודעתו דגם בשעת הדחק אין לסמוך ע"ז, דכל הפוסקים חולקים על זה, וכן משמע מהגר"א, **ונראה** דאפילו מי שירצה לסמוך בשעת הדחק להקל כדברי השו"ע, מ"מ לא יברך על נטילה זו, ומצאתי שגם הגר"ז וח"א הסכימו כן, **עוד** כתבו, דיאכל אז ע"י שיכרוך ידיו במפה, [**דהיינו** דבשעת הדחק נצרף לזה גם דעת הרמב"ם, המיקל ע"י בריכת מפה, ואף דנדחה דעת הרמב"ם מהלכה, בצירוף טבילה זו מסתברא שיש לסמוך ע"ז].

ואם אח"כ נזדמן לו ליטול בדרך נטילה, נוטל בלא ברכה - דשמא הלכה כהמקילין, וכבר יצא ע"י מה ששכשך ידיו בהם לשם נטילה. (**והנה אף שהט"ז בשם רש"ל דחה לגמרי דעת המחבר, וצריך לחזור ולברך, מ"מ לדינא אין לזוז מדברי המחבר, דכל עיקר טעם החולקין עליו,** [יד] **משום דהוא נגד סוגיא דחולין, דמפשוטו משמע דפסול בלי כח גברא, וכמ"ש הרש"ל שם, ולפי הנ"ל דכמה ראשונים ישבו לדבריו, ואמרו דג"ז חשיב כח גברא ע"י השכשוך שמשכשך ידיו בהמים, ומדהעתיקו לדבריו משמע לכאורה דס"ל כוותיה בזה, ואף דהא"ר הביא כמה וכמה ראשונים דפליגי עליה, עכ"פ בדיעבד בודאי אין לחזור ולברך**).

אות ג' - ד'

כלי שניקב בכונס משקה, אין נוטלין ממנו לידים

כלי שאין בו רביעית, אין נוטלין ממנו לידים

סימן קנט ס"א - [טו] **אין נוטלים לידים אלא בכלי** - דאסמכינהו רבנן על מי חטאת, [היינו קידוש מי חטאת באפר פרה, דבעינן כלי, דכתיב: מים חיים אל כלי], **או** על קידוש ידים ורגלים במקדש, דבעי כלי.

[טז] **וצריך שיהא מחזיק רביעית** - היא רביעית הלוג ששיעורה ביצה ומחצה, דאל"ה אין שם כלי עליה לענין נטילה, (**וא"ת פשיטא, הלא צריך ליטול ידיו מרביעית, וי"ל כגון דאתו משירי טהרה, שאז אין צריך רביעית, אפ"ה צריך שיהא הכלי מחזיק רביעית, פרישה**), (בשם הגמ').

ואם ניקב בכונס משקה, דהיינו שאם ישימו אותו על משקים יכנסו בתוכו דרך הנקב - ואם נותן לתוכו מים ויוצא טיף אחר טיף, בידוע שהוא כונס משקה, **והוא** [יז] **גדול מנקב שהמשקים שבתוך הכלי יוצאים בו, אז בטל מתורת כלי ואין נוטלים ממנו לידים,** [יח] **ואפילו אם הוא מחזיק רביעית מן הנקב ולמטה.**

בין אם הכלי היה מיוחד למשקין או לאוכלין, (**והטעם, דבשיעור זה כיון שאינו מחזיק מימיו כלל, דיוצא טיף אחר טיף, לא חשיב כלי לענין זה, או כיון דעתה משתמשין בה במים לנטילה, דיינינן לזה לעולם כשיעור כלי חרס המיוחד למשקה, דלתשמיש מים אינה ראויה**).

ואם לא היה רק נקב קטן שהמשקין יוצאין בו, אבל לא נכנסין מבחוץ לתוכו, חשיב ככלי שלם ונוטלין דרך פיו (ולא דרך הנקב), **ואפילו** ניקב בשולי הכלי, שאין מחזקת רביעית תחת הנקב, כתב בב"י להתיר, דלא בטל מתורת כלי מחמת נקב זה, **ונראה** שיש להחמיר בזה, אם לא בשעת הדחק שאין לו כלי אחר, [מאחר שסמ"ג וסמ"ק ורשב"א מחמירין בזה, וגם רבנו ירוחם משמע דס"ל כהסמ"ג לגמרי, **לכן** יש להחמיר בזה, אם לא בשעת הדחק, דאז יש לסמוך על משמעות הרא"ש והטור, וכפשטות מימרא דרבא דלא זכר רק כונס משקה, **וסברת** הסמ"ק והסמ"ג נראה, דאף דרבא לא קאמר רק ככונס משקה, ס"ל דהיינו לפסול הכלי לגמרי, אף שהנקב למעלה מרביעית והוא שופך דרך הנקב, משום דבנקב זה נטהר מטומאה וכשיטתם, **אבל** אם אין מחזיק רביעית תחת הנקב, מסברא יש לפסול אפילו אם רק כמוציא משקה, דאינה מחזקת מימיו].

[יט] **סימן קנט ס"ב** - [כ] **וה"מ שנוטל דרך פיו למעלה, שמה שממנו מן הנקב ולמעלה אינו חשוב ככלי, ונמצא שאין המים באים ע"י מהכלי; אבל אם נוטל דרך הנקב, שרי, כיון שמחזיק רביעית ממנו ולמטה** - והטעם, דלמטה מן הנקב חשיב עדיין כלי, כיון שמחזיק רביעית, דמה שנוטל מן הנקב הוי כמו נוטל מברזא לקמן בס"ה.

וכל זה הוא דעת השו"ע, שהעתיק לדינא את דברי הטור, אבל הרבה פוסקים חולקין בזה, וס"ל דבכלי חרס המיוחד למשקין, אם היה נקב ככונס משקה, חשיב כולו שבר כלי, ואין נוטלין ממנו כלל אפילו דרך הנקב, (וכהסמ"ק והסמ"ג הנ"ל, ואינו דומה לברזא, דהתם עשוי מתחלה לכך), **ומ"מ** אם אין לו כלי אחר, יש לסמוך על דעת המחבר להכשיר דרך הנקב.

ובכלי חרס המיוחד לאוכלין, דשיעורו לענין טומאה כמוציא זיתים, וכן בשאר הכלים דאינם של חרס, דלא נטהרו מטומאתן לכו"ע ע"י נקב ככונס משקה, נראה ממ"א דלכו"ע מותר ליטול דרך הנקב, **וכ"ז** במקום הדחק, אבל לכתחלה בודאי נכון להדר שיהיה הכלי שלם. (כיון שקשה לכל אדם להבחין בשיעור הנקב - קצוה"ש).

ודע, דלפי המתבאר לקמן בסימן קס"ב ס"ג, במסקנת הרבה אחרונים שם, לא יהיה מותר דרך הנקב ליטול, רק כשהנקב יהיה עכ"פ גדול קצת, שקילוח המים יהיה נשפך ממנו בלי הפסק, **דאל"ה** יהיה אסור לכתחלה, משום דהוי כעין נטילה לחצאין, [**אבל** אינו כמוציא זית, דאז הו"ל שבר כלי ופסול לגמרי].

באר תגולה

יג ב"י | יד (וז"ל התוס' ד"ה דלא: וקשה לפירושו [הבה"ג], דהכא אמר אינו נוטל ממנו דלא אתי מכח גברא, משמע דבעינן כח גברא השופך, ומיהו י"ל דבעינן נטילה מן הכלי, בין טובל ידיו בתוך הכלי ובין שופך מן הכלי על ידיו יש כאן נטילה מן הכלי, אבל הכא ידיו חוץ לכלי הן, וכבר פסק כח הכלי כשהמים באים עליו, הלכך אין כאן נטילה מן הכלי, וגם טבילה אין כאן שהן שאובין, והא דנקט דלא אתו מכח גברא, לאו דוקא מכח גברא, אלא משום דלא אתו מכח כלי, דבעינן נטילה מן הכלי) | טו חולין ק"ז (קפדיתו אמנא) | טז חולין ק"ז (והאמר רבא: כלי שאין מחזיק רביעית אין נוטלין ממנו לידים). (קטע החסר מן הסעיף, נמצא במס' ידים פ"א מ"ב) | יז נדה מ"ט | יח הרא"ש שם בחולין | יט (מילואים) | כ רא"ש

יש מאחרונים שכתבו, דכ"ז בניקב, אבל בנסדק, אף אם מחזיק רביעית למטה מהסדק, ואפילו אינו רק כמוציא משקה, פסול, דחשיב כשבר כלי עי"ז גם לענין טומאה, **והטעם**, משום דבנסדק עתידה להסדק כולה, ב"ח, **והט"ז** חולק עליו, וסובר דנסדק דינו כניקב, ואין לפסול אא"כ יוצא דרך הסדק טיף אחר טיף, דאז הוי ככונס משקה, **ועיין** בח"א שכתב, דאם אין לו כלי אחר, יוכל לסמוך על דעת הט"ז להקל בזה.

ואפילו לדעת הב"ח, נראה דבכלי נחשת או שאר כלי מתכות, כמו בלע"ד וכיו"ב, דחזקים הם, וע"י שנסדק קצת לא יסדק כולה, לא גרע נסדק מניקב, (ואפשר דה"ה בכלי חרס, והדין הנ"ל יהיה מיירי בכלי זכוכית), **ועיין** בבה"ל שצדדנו, דבכלי זכוכית אפילו אם הסדק דק מאד, שאינו אפילו כמוציא משקה, אם אין הכלי יכול לקבל עתה החמין כצונן, אין ליטול בו, (**ואם יכול לקבל חמין, דינו כשאר כלים**).

כתב הט"ז, אם מועיל לסתום הנקב, יש ללמוד ממ"ש הראב"ד, דבטיט אינו מועיל בשום כלי, (ומה דלא מהני טיט בכלי חרס, הוא משום דלא נצרף בכבשן), וכן בסמרטוטין, **ובזפת** מועיל לכלי חרס דוקא, (ובשאר כלים צ"ע), **ובכל** דבר שהוא ממין אותו כלי, כגון של מתכות במתכות, או של עץ בעץ, בודאי מהני.

סימן קס סי"ג - [כא]צריך שיהא במים רביעית - שכן תקנו חכמים לנט"י, ושופכה בשני פעמים על ידיו, דבפעם ראשון מטהר הידים, ובשניה מטהר המים שעליהם כדלקמיה, **ואם** שפך הרביעית כולה בבת אחת על שתי ידיו, ג"כ נטהרו ידיו, אף שלא שפך אלא פעם אחת, וכמבואר בסי' קס"ב, [**אבל** לכתחילה טוב יותר לשפוך בשני פעמים, משום די"א דלעולם צריך מים שניים דוקא], **וכ"ז** במקום שאין מים מצוים, אבל במקום שמים מצוים, טוב שיטול בשפע, וכדלעיל בסימן קנ"ח ס"י.

אות ה'

מי רביעית נוטלין לידים לאחד, ואפילו לשנים

סימן קס סי"ג - והני מילי לאחד - בין שנוטל על שתי ידיו בבת אחת, כגון ע"י אחר שיטול עליהן, ובין שנוטל ידיו אחת אחת, לעולם סגי ברביעית אחת בשתי ידיו, **מיהו** אפילו אינו רוצה ליטול רק יד אחת, כגון דהיה ידו אחת טהורה מכבר, ג"כ אין לפחות משיעור רביעית, **ונראה** משום שבכלי צריך רביעית לעולם, דבפחות אין שיעור טהרה, אבל על יד אחת אין צריך לשפוך אותה כולה, **ולקמן** בסי' קס"ב העתקתי דברי האחרונים, שכתבו דיש לנהוג שלא לפחות משיעור רביעית מים לכל יד ויד, דבזה לא יצטרך ליזהר בהרבה דברים הצריכים ליזהר.

אבל לב' שבאו ליטול כאחד, האחרון א"צ - ודוקא כשיגיעו המים על ידיו סביב כל שיעור הנטילה שבידיו.

כתבו האחרונים, דהיינו שמתחלה כוונו ליטול ביחד, ולכן אף אם פשט השני ידו אחר שכבר התחיל הראשון ליצוק על עצמו, עולה הנטילה גם לו, דהוי כנוטל שניהם יחד, דאין מתטמאין זה מזה, **אבל** אם לא כוונו מתחלה, ויצק הראשון רק לעצמו, ואח"כ פשט השני ידיו, אפילו קודם שנפסק הקילוח, הוי כמו נוטל במי רחיצת חבירו, ולא עלתה לו נטילה, וצריך לנגב ידיו, ולחזור וליטול.

ואפילו בזה אחר זה - ר"ל לא מבעיא כשפשטו ידיהם בבת אחת זה תחת זה דמהני הנטילה לשניהם, **אלא** אפילו אם פשט השני ידיו אח"כ כשכבר התחיל ליצוק על הראשון, עלתה לו נטילה, כיון שמתחלה כוונו לזה ליטול יחד וכנ"ל.

[כב]ובלבד שלא יפסיק הקילוח - דעי"ז חשבינן כאילו נטל גם השני מרביעית שלמה, ומפני שבאים המים משיורי טהרה, הקילו זה לחשוב כנוטל מרביעית ע"י חיבור הניצוק.

כיצד, היה רביעית מים בכלי, ופשט אחד ידיו ואחר יוצק על ידיו, ובא שני ופשט ידיו למטה ממנו סמוך ליד הראשון - דאז חשבינן כיד אחת, אבל במרוחקים הוי כמו נוטל במי רחיצת חבירו, **וקילוח יורד על ידו של ראשון ולידו של שני שלמטה ממנו, ידי שניהם טהורות, אף על פי שפיחת שיעור הרביעית כשהם מגיעים לידיו של שני, ידיו טהורות מפני שהם באים משיורי טהרה.**

[כג]ויש מתירים אפי' כשנוטלים זה אחר זה - ר"ל שנוטלין לגמרי בפני עצמן כל אחד ואחד, ולדעה זו ג"כ דוקא כשבאו ליטול בבת אחת, אלא דהשני המתין עד שיטול הראשון, **אבל** כשבא השני אחר זמן, לא מהני לפחות משיעור רביעית עי"ז.

הואיל ובשעה שהתחיל האחד ליטול מהם היה בהם רביעית, גם לשני זה עולים, מפני שבאו משיורי טהרה - אך לדעה זו צריך הראשון לשפוך על ידיו שתי פעמים, ולצמצם בנטילתו, כדי שישאר גם לשני שיעור כדי שיוכל ליטול את ידיו, משא"כ לדעה ראשונה, צריך שישפוך הראשון כל הרביעית מים על ידיו.

ובשעת הדחק יש לסמוך להקל כדעה זו, דהוא דעת הרבה פוסקים.

באר הגולה

[כא] ריש פ"ק דידים וחולין ק"ז [כב] רשב"א ורמב"ן [כג] כ"כ רשב"א ‹הוא באמת דעת הרבה פוסקים, רש"י ותוס' ור"ש וסמ"ג ורא"ש ורי"ו וטור - בה"ל›

‹ודע דיש מחמירין לגמרי, {הוא דעת הראב"ד [כד] ורבינו יונה}, וס"ל דלעולם צריך רביעית מים לכל אחד, ולא מהני המעלה דשיורי טהרה, אלא לענין שאין צריך שיהיה בכלי רביעית שלמה כשבא השני ליטול ידיו, דאף דבעלמא אינו מטהר במכונס פחות משיעור רביעית, אבל כאן שמתחלה היה רביעית בכלי, ובאו ליטול בבת אחת, חשיב כאילו נטלו שניהם משיעור רביעית, אבל צריך ליטול עוד מים שניים בשביל שניהם, להשלים עד שיעור רביעית לכל אחד, ורש"ל פסק כן להלכה, וכן משמע בא"ר דיש להחמיר בזה כמותם, וכן משמע בביאור הגר"א, ומ"מ בשעת הדחק בודאי יש לסמוך להקל כדעת היש מתירין›.

[כה]**סימן קס סי"ד** - [כו]**צריך שיהא רביעית מכונס במקום א', שאם נטל משמינית וחזר ונטל משמינית, ידיו טמאות כשהיו** - ואפילו נטל שני השמינית על ידיו בקילוח אחד, לא מהני, דבעינן שיהיה הרביעית מכונס במקום אחד דוקא.

אות ו'

אחזותא

סימן קס ס"א - [כז]**מים שנשתנו מראיהן, בין מחמת עצמן** - כגון שעמד בכלי זמן רב, עד שנעשה ירוק ע"י האויר החם.

[כח]**והנה** המחבר העתיק זה מלשון הטור, אבל ברמב"ם לא נזכר לפסול אלא בנשתנה מחמת דבר אחר, וכן הוכיחו האחרונים, **והסכימו** לדינא דמותר בנשתנו מחמת עצמן.

בין מחמת דבר שנפל לתוכן - כגון דיו ושארי מיני סממנים וצבעים, ואף שלא נימוח גוף הצבע בתוכן, אלא שעל ידי שריתן נשתנה המראה, **וה"ה** אם נשתנה ע"י עשן ושום דבר, דרק מחמת עצמן כשרים, **אכן** מה שנשתנה ע"י עפר וטיט שנתערב בתוכו, לא חשיב שינוי מראה, וכדלקמיה בסעיף ט', משום דדרך גידול המים הוא כן, להיות מעורב בעפר וטיט, **וגם** דלבסוף כשישהו אותן, דרכן לצול, ועיין לקמיה בס"ט.

[כט]**בין מחמת מקומם** - בין שנשתנו כשהיו עומדין בקרקע, ובין אח"כ כששאבן בכלי ונשתנו ע"י הכלי. [**ואם** עמד במקום מעופש, עד שעי"ז נתקלקלו המים ונשתנה מראיתן, אפשר דהוי בכלל נשתנו מחמת מקומן].

פסולים - וילפינן זה ממים של כיור שהיה לקידוש ידים במקדש, דפסולין בשינוי מראה, **ואם** חזרו לברייתן, כשרים.

ודע, דמה שנפסלין המים בשינוי מראה כל דהו, הוא דוקא כשנוטל בכלי על ידיו, אבל בטובל ידיו במ' סאה, אינו פוסל מחמת שינוי מראה כל דהו, **וכמו** בטבילת הגוף, דאינו נפסל המקוה מחמת שינוי מראה, **אלא** א"כ נפל בתוכו גוף הצבע ונימוח בתוכו, או משקה כגון יין אדום, וכיו"ב שאר מי פירות, וכמבואר ביו"ד, **ובמעין** אינו פסול שינוי מראה כלל, כמבואר שם.

אות ז'

מגופת חבית שתקנה, נוטלין ממנה לידים

סימן קנט ס"ג - [ל]**כלי שמחזיק רביעית כשסומכים אותו, ואם לא יסמכוהו, ישפכו המים ולא ישאר בו רביעית, אינו כלי** - לאו דוקא שמחזיק רביעית, דה"ה אם מחזיק הרבה יותר מרביעית ע"י סמיכה, אינו אסור אא"כ ישפכו המים ולא ישאר בו רביעית כשלא יסמכוהו, **אבל** אם ישאר בו רביעית אחר שפיכה, לא נתבטל משם כלי.

והיינו כשלא היתה תחלת תיקונו כך, דאם היתה תחלת תיקונו כך, הלא חשיב כלי, וכדלקמן בס"ה, **אלא** מיירי כשנפחת אח"כ קצת ממקום מושבו, שאינו יכול לישב עי"ז שלא ע"י סמיכה, **או** שהיה כלי כעין מגופה, דאף אם נעשה מתחלה כך אינו חשיב כלי וכדלקמיה.

‹אבל כשמחזיק רביעית כשרה, בטור וב"י איתא, דה"ה בשבר כלי שהוא מחזיק רביעית שלא במסומך, כגון חבית שנחלקה לארכה, שהיא מקבלת על דופנה רביעית שלא במסומך, **אך** י"א דאפילו לדידהו אין להקל בזה אא"כ יחדה לתשמיש, [מ"א. **ומה** שכתבתי בשם י"א, משום דהפמ"ג כתב דמר"ש ורמב"ם משמע דלא ס"ל כן], **ועיין** במ"א שהאריך בזה והעלה, דאין להקל בזה רכל גווני, דהואיל והיא שבר כלי, לא חשיבא כלל, וכן הוא דעת הגר"א בבאורו.

באר הגולה

כד ‹ה"ר יונה פי' דהא דאמרינן בפרק כל הבשר, אשיעורא לא קפדינן, דתנן מרביעית נוטלין לידים לאחד ואפילו לשנים, לאו למימרא דבפחות מרביעית לא קפדינן, שזה אי אפשר, דודאי צריך רביעית שלם, כדאמרינן בעלמא חצי רביעית לטהר את הידים, וחצי רביעית לטהר את המים שעל הידים, **אלא** ה"ק, אם לא יהיה בכלי מתחלה שיעור שלם, כיון שמשלים אח"כ לשיעור, לא קפדינן בהכי, שהרי שנינו דמרביעית נוטלין לידים אפילו לשני בני אדם, וכשנוטל האחד נמצא שלא ישאר לשני אלא חצי רביעית, ואע"פ שאפשר שהיו נוטלים אח"כ עם חצי רביעית אחר, אפ"ה נמצא דלא קפדינן שיהיה בכלי מתחלה שיעור שלם, אלא כיון שהכלי מחזיק רביעית, אע"פ שלא יהיה בו מתחלה שיעור שלם, לא קפדינן בהכי, מאחר שמשלים אח"כ לשיעור רביעית, **ודחינן** ולא היא, שאני התם דקא אתו משירי טהרה, כלומר אין ללמוד מזה דלא בעינן שיהיה בו מתחלה שיעור שלם, דהתם מתוך כך אמרו שהוא מותר, מפני שבשעה שנוטל השני אע"פ שלא היה בו אלא חצי שיעור, אותו חצי שיעור בא משיעור שלם שהיה בו מתחלה ושיירו הראשון, ולפיכך מותר כיון שמשלימו אח"כ בחצי שיעור אחר, ואפילו לא תבוא ההשלמה משירי טהרה, **אבל** כשלא היה בו מתחלה שיעור אחד, אינו נוטל ממנו לידים, ואע"פ שמשלים הנטילה בחצי שיעור אחר, אין הנטילה כלום, עכ"ל - ב"י› כה ‹מילואים ע"פ הב"י שהביא על הלכה זו דברי רבינו יונה הנ"ל, ולכאורה כוונתו, דדוקא לשנים, דלהשני בא משיורי טהרה, אבל לאחד לא, ולפי שיטת רבינו יונה הנ"ל, היינו ציור של הלכה זו› כו **ספר א"ח בשם הרשב"א** ‹וכתב רש"ל, שנלמד מהא דאמרו בחולין: אתקין ר"י נטלא בת רביעותא - מגן גיבורים› כז **בפ"ק דמס' ידים** כח ‹ונראה שהטור למד ממ"ש בפרק כל הבשר, קפדיתו אחזותא, משמע בכל ענין, וכוון בזה לתרץ קושיית תוס' דחולין ק"ז. ד"ה קפדיתו כו', {דמקשי מאי מיבעי ליה קפדיתו אחזותא, הלא מתני' היא פ"ק דידים נפל לתוכו וכו' ונשתנו מראיתן פסול, ולהטור ניחא, דמיבעי בנשתנו מחמת עצמן}, אבל ליתא, {דכבר תירצו התוס' בטוב - דמשק אליעזר} - גר"א› כט **הרמב"ם** ל **חולין ק"ז לפי' התוס'** ‹ד"ה מגופות כו', וכן הכריחו תר"י, דאי כפירש"י, {שתקנה בחקק בה כדי קבלת רביעית} קשה, מאי קמ"ל פשיטא {דצריך רביעית, ואם יש בה רביעית דכשר}, דכלי גמור הוא - גר"א›

וכ"ז דוקא בדפנות הכלי וכנ"ל, אבל כלי שנפחתה מלמעלה ויכולה לעמוד על שוליה שלא במסומך ולקבל רביעית, נראה דיש להקל ליטול בה אם אין לו כלי אחר, **אך** שיזהר ליטול בה במקום שנפחת ששם הכלי נמוכה, דבשפה אחרת שהכלי גבוה, כמה אחרונים מחמירין, וס"ל דלא חשיבא כלי, כיון שאין הכלי מחזיק המים במקום ההוא, שנשפכין דרך הצד שנפחת, **ואם** בכלי זה ניקב אח"כ נקב קטן, אפילו רק כמוציא משקה בלבד, יש להחמיר שלא ליטול בו שוב כלל.

הלכך מגופה של חבית שהיא חדה - היינו שהיא חדה למטה במקום שיושבת בפי החבית, ולמעלה על גבה יש בה חלל לקבל, **ואינה מקבלת רביעית שלא מסומכת, אין נוטלים ממנה** - וה"ה בכיסוי כלים שהם חדין, ואין מקבלין רביעית שלא ע"י סמיכה, אסור אא"כ תקנן, [תוס' ‹ד"ה מגופת› ואור זרוע ומרדכי].

ואף דהיא נעשית מתחלה חדה, מ"מ לא נחשבה ככלי שתחלת תיקונו כך, המבואר בס"ה דמותר, משום שלא נעשית מתחלה בשביל לקבל בה משקין, רק עיקרה לכיסוי הוא.

ואם הרחיבה מלמטה עד שמקבלת רביעית כשהיא יושבת שלא מסומכת, נוטלים ממנה - ולא דמי לשק וקופה המבואר בס"ד, דמחמירין שם דלא מהני אף אם תקנן לשבת בלא סמיכה, משום דבזה עכ"פ משתמשין בה לפעמים לקבלת משקין.

ואם היו רחבים מתחלה ומקבלין רביעית, כשרים, משום דמשתמשין לפעמים בהן ג"כ לקבל, [לא]**ויש** מחמירין בזה, אא"כ יחדן בהדיא לקבלה.

אות ח' – ט'

חמת וכפישה שתקנן, נוטלין מהם לידים

שק וקופה אע"פ שמקבלים, אין נוטלין מהם לידים

סימן קנט ס"ד - [לב]חמת וכפישה, שהם מיני נאדות של עור, שתקנן ועשה להם בית מושב - ר"ל שתקנן במה שעשה וכו', **נוטלים מהם.**

והקשה הט"ז, הלא נודות עור עשויין לקבל משקין, ותחלת עשייתן כך הוא, ודמי לכלי שתחלת תיקונו כך שבס"ה, ולמה צריך תיקון, **ותירץ** דאינו חשיב בית קבול שלהן בלא תיקון מושב, שכשאין בהם מים אין בהם חלל, אלא מונח זה על זה.

אבל שק וקופה שהתקינן לשבת בלא סמיכה, וזפתן בזפת עד שהם מקבלים משקים, אין נוטלין מהם לידים, לפי שאינם עשויין לקבל משקים - היינו דאינם עשויים כלל מתחלה לקבל בהן משקין.

[לג]וה"ה לכובעים של לבדים (פי' בגד קשה, פילטר"ו בלע"ז) - היינו מה שאנו קורין קאפעלושין, וכן יארמעלקעס, ואפילו הם של עור, **אפי' כשהם קשים כ"כ שמקבלים מים ואינם זבים מהם, מ"מ אינם עשוים לקבל מים.**

ומ"מ ע"י הדחק מותרים - היינו כשהם קשים ואין המים זב מהם, **שעוברי דרכים רגילים לשתות בהם** - ודע דהרש"ל חולק, וס"ל דכובע לא נעשה לקבלה כלל, ולא עדיף משק וקופה, **וכתב** הח"א, דבשעת דחק גדול, כגון בדרך ואין לו כלי אחר מזה, יטול ובלי ברכה, וכתב, דאז יכרוך ידו במפה, **אבל** שלא בשעת דחק גדול יש להחמיר, דגם עוברי דרכים בזמנינו אין שותין מאלה, וכ"כ הפמ"ג, דלא יברך על נטילה זו.

אות י'

דשמואל אשכחיה לרב דקאכיל במפה

סימן קסג ס"א - [לד]אם אין מים מצויים לפניו ברחוק יותר מארבעה מילין, ולאחריו מיל - ר"ל כשהולך בדרך, ומשער שלא ימצא מים אף ברחוק יותר מארבעה מילין, והוא רוצה לאכול, אז התירו לו לאכול ע"י כריכת מפה על ידיו, **אבל** אם הוא משער שישיג מים תיכף אחר ד' מילין, מחוייב להמתין עד שיבוא לשם, [כן איתא בגמרא] ‹פסחים מ"ו.›, **ולאחריו** דיש לו טרחא לחזור מדרכו, סגי בשיעור מיל, כשמשער שלא ימצא בו מים, מותר ע"י מפה, [גם זה בגמרא דפחות ממיל דוקא חוזר].

יטול ידיו במפה - צ"ל "ילוט", ור"ל שכורך ידיו במפה או בשום דבר, גמרא, **אבל** כשמים מצויים, אסור אף במפה, דילמא אתי למינגע, [גמ'].

באר הגולה

לא ‹כן פי' ר"ש (ידים פ"א מ"ב) דבמגופה הטעם, דלאו לתשמיש לתוכו עבידא אלא לכיסוי לחבית, משמע דס"ל דמגופה שיש בה רביעית, וגם מושבה רחבה, פסולה משום דלא עשויה לקבלה, ואם התקינה, כלומר שייחדה מעתה והלאה לקבלה, נוטלין ממנה, **וזה** דלא כפי' רש"י ולא כפי' התוס' - ב"ח› לב **חולין שם** לג סמ"ק לד **רמב"ם** ‹בפרק כל הבשר (קז:) אסיקנא התירו מפה לאוכלי תרומה, ולא התירו מפה לאוכלי טהרות, ופירש רש"י, ולא התירו לאוכלי חוליהם בטהרה, לפי שאינם למודים להשמר כמו כהנים. וכבר כתבתי בסמוך שכתב שם הרא"ש, דלא התירו מפה לאוכלי טהרות כ"ש לחולין גרידי, דלא זהיר ואתי למנגע, וכ"כ רבינו יונה וכן דעת סמ"ג וסמ"ק. **אבל** הרמב"ם כתב: לט אדם ידיו במפה ואוכל בהן פת או דבר שטיבולו במשקה. נראה שדעתו לומר, דדוקא באוכלי חוליהם בטהרת קודש או תרומה, אמרו שלא התירו לאכול במפה, אבל לחולין גרידי לא, דכיון דלא בעו נטילת ידים אלא משום סרך תרומה, לא גזרו בהו טפי מבתרומה. **והערוך** כתב: והני מילי דבעינן ד' מילין, לפניו, אבל לאחריו אפילו מיל אין מטריחין אותו לחזור, אלא אוכל בבלאי חמתות בלא נטילה, עכ"ל. פירוש בלאי חמתות, שלט ידיו במפה, **ומשמע** מדברי רבינו יונה, דכשאין מים מצויים לפניו ד' מילין ולאחריו בפחות ממיל, יכול לאכול בלא נטילת ידים כלל, משום דהוי ליה כהולכים במחנה, שנתבאר בסימן קנ"ח שפטורים מנטילת ידים. **ולענין** הלכה נראה לי, דאין להתיר לאכול חולין ע"י מפה, מאחר דכמה רבוותא פליגי עליה דהרמב"ם, ומיהו היכא דאין מים מצויים לאחריו מיל ולפניו יותר מד' מילין, מותר לאכול ע"י מפה, דע"י שלט אדם ידיו במפה דוקא הוא דשרי, וכדברי הערוך, ונראה לי דהכי נקטינן – ב"י›

ואוכל פת או דבר שטיבולו במשקה - דגם בזה הצריכו נטילה, כדלעיל בסימן קנ"ח, ועיין מה שכתבנו שם במ"ב.

וכתבו האחרונים, דה"ה אם מסופק שמא לא ימצא מים, לפניו בשיעור ד' מילין, ולאחריו מיל, והוא תאב לאכול, מותר ג"כ ע"י מפה, (**ועיין בח"א שכתב, דוקא אם הוא רעב הרבה, ובחידושי הריטב"א משמע, דאפי' בודאי שלא ימצא מים, ג"כ אין להקל בסתמא, רק כשהוא צריך לזה הרבה, כגון שהוא חלוש מפני טורח הדרך וכיו"ב).**

(**ומסתברא דכשהוא נוסע בגמלא פרחא, כגון על פאס"ט וכיו"ב, אין חושבין לפי אורך הדרך, אלא לפי חשבון הזמן של הילוך ד' מילין לאדם בינוני, שהוא שיעור ע"ב מינוטי"ן, וכ"ז דוקא כשהוא רעב הרבה וכנ"ל).**

ושומרי גנות ופרדסין, כשצריכין לילך אחר מים, אינם מחוייבין אלא פחות ממיל כמו מלאחריו, משום שאינם יכולים לעזוב שמירתן, **והח"א** ושארי אחרונים הסכימו, דכל היושב בביתו ג"כ אינו מחוייב לטרוח אחר מים אלא פחות ממיל כמו מלאחריו, **דרק** לפניו בדרך שהולך בלא"ה לשם, הצריכוהו להמתין עד ד' מילין.

כתב הא"ר, דבמקום שאין לו מפה, מותר אף בלא מפה, כיון דאין יכול להשיג מים בשיעור זה, **אך** באמת הוא דבר שאינו מצוי, דאטו בגברי ערטילאי עסקינן, דלית ליה שום סודר שיהיה יכול לכרוך ידיו בו, **ובודאי** מחויב לעשות כן, דהערוך דמצריך מפה לאו יחידאה הוא, דגם הר"ח כתב בהדיא כן.

(או אוכל ע"י כף) - האחרונים נתקשו בזה, דמנ"ל לרמ"א דין זה, ושאני מפה שידו מכוסה, משא"כ בזה שידו מגולה חיישינן טפי דילמא אתי למינגע, ובא"ר יישבו בדוחק, ע"ש, **וע"כ** נראה דאם יש לו מפה, יכרוך במפה דוקא.

[**ולענין** כף, אם רק מסופק שמא לא ימצא מים וכנ"ל, עיין בפמ"ג שמצדד להחמיר, שלא להקל בספק זה, **ובדה"ח** העתיק, דאף ע"י כף מותר בספק, **ולמעשה** נראה להחמיר כהפמ"ג, דאפי' בודאי שלא ימצא מים, ג"כ כמה אחרונים והגר"א מכללם, מפקפקין על הרמ"א שמתיר, דאין לו מקור לזה, והבו דלא לוסיף עלה].

ולדעת המחבר מסתברא, דצריך לכרוך שתי ידיו דוקא, דאף שאוכל באחת, שמא יגע בחברתה, [**וכמו** נטילה שצריך ליטול שתי ידיו דוקא, וגם שיעור הכריכה מסתבר דהוא ג"כ כשיעור שצריך ליטול ידיו במים, המבואר בסי' קס"א ס"ד], **אמנם** לדעת רמ"א יש להקל בזה, (**דמדהתיר אפילו לאכול בכף, משמע דלדידיה ה"ה במפה ג"כ די ביד שהוא אוכל בו, ולא חיישינן דילמא אתי למינגע ביד השני, דבמה שהוא רואה בעצמו שמפה כרוך על ידו, מינכר ליה ולא אתי למנגע, ומ"מ צ"ע, דעיקר דינו של הרמ"א דמתיר ע"י כף כבר פקפקו עליו כמה אחרונים), וצ"ע.**

כתב בים של שלמה, דאותן שנוטלין ידיהם בלחות העשבים, כשאין להם מים, עבירה היא בידם, שמזלזלין בנט"י, **וגם** ברכתן לבטלה היא, שאין זה נטילה כל עיקר.

בלם ליה אומצא · פירוש ופת עמה: התם משום שיבתא · פירש בקונטרס רוח רעה שורה על הידים שלא נטלו שחרית ורבינו תם מפרש דבלא נתינת פת לתינוק מותר ליטול ידיו שחרית ביום הכפורים דלא גרע ממלוכלכות בטיט ובצואה דאמרינן* שרוחץ כדרכו ואינו חושש ואין לך מלוכלכות יותר מזה שאין יכול ליגע בפיו ובעיניו בחוטמו ובאזניו דבכולהו אמרינן בפ' שמונה שרצים (שבת דף קט.) דתקצץ ידו משום בת מלך ושיבתא דהכא יש לפרש כמו שפירש ר"ת שהוא רוח רעה השורה על האוכל שבא ליתן הפת לתינוק בן ד' וה' שנים ותובעת אותו אם לא נטל ידיו באותה שעה אע"פ שנטל שחרית ומה שאין אנו נזהרים עכשיו מזה לפי שאין אותה רוח רעה מצויה בינינו כמו שאין אנו נזהרין על הזוגות ועל הגילוי*:

בעין תפיסה אחת · ואם יש דבר מפסיק לא הוי כעין תפיסה אחת כההיא דמסכת ע"ז בפרק רבי ישמעאל (דף נ:) גבי אבני מרקוליס דאמר כאן בתפיסה אחת כאן בשתי תפיסות והיכי דמי כגון דאיכא גובה ביני וביני ולפיכך נוהגין עכשיו כשזה אוכל בשר וזה אוכל גבינה על שלחן אחד מניחין לחם או קנקן או שאר כלים להפסיק ביניהם או אוכל על מפה אחרת דהוי כעין שתי תפיסות וי"מ דלא אסרו אלא בתפיסה אחת כלומר שהן בהוצאה אחת כגון אחים שקנו אתרוג בתפיסת הבית דיש נוחלין (ב"ב קלז.) ופריך תפיסה אחת ס"ד מה לי בהוצאה אחת ומה לי בשתי הוצאות אם מכירין זה את זה ומשני כעין תפיסה אחת דהיינו שמכירין זה את זה ולפי' זה לא איירי כלל שיהא מותר לאכול על שלחן אחד בשביל הפסק שבינתיים:

טיפה

עבדין כדין אמר ליה דעתי קצרה עלי כי סליק ר' זירא אשכחינהו לר' אמי ור' אסי דקאכלי בבלאי חמתות אמר *תרי גברי רברבי כוותייכו ליטעו בדרב ושמואל הא דעתי קצרה קאמר אשתמיטתיה הא דאמר רב תחליפא בר אבימי אמר שמואל *התירו מפה לאוכלי תרומה ולא התירו מפה לאוכלי טהרות ורבי אמי ורבי אסי כהנים הוו איבעיא להו אוכל מחמת מאכיל צריך נטילת ידים או לא ת"ש דרב הונא בר סחורה הוה קאי קמיה דרב המנונא בלם ליה אומצא ואכיל אמר ליה אי לאו דרב המנונא את לא ספינא לך מאי טעמא לאו משום דזהיר ולא נגע לא דזריז קדים ומשי ידיה מעיקרא תא שמע דאמר רבי זירא אמר רב "לא יתן אדם פרוסה לתוך פיו של שמש אא"כ יודע בו שנטל ידיו "והשמש מברך על כל כוס וכוס "ואינו מברך על כל פרוסה ופרוסה ור' יוחנן אמר מברך על כל פרוסה ופרוסה (א) אמר רב פפא בשלמא דרב ורבי יוחנן לא קשיא הא "דאיכא אדם חשוב הא דליכא אדם חשוב מכל מקום הא קאמר אא"כ יודע שנטל ידיו שאני שמש דטריד תנו רבנן "לא יתן אדם פרוסה לשמש בין שהכוס בידו בין שהכוס בידו של בעל הבית שמא יארע דבר קלקלה בסעודה והשמש שלא נטל ידיו אסור ליתן פרוסה לתוך פיו איבעיא להו מאכיל צריך נטילת ידים או אינו צריך ת"ש *דתני דבי מנשה רבן שמעון בן גמליאל אומר "אשה מדיחה את ידה אחת במים ונותנת פת לבנה קטן אמרו עליו על שמאי הזקן שלא רצה להאכיל בידו אחת וגזרו עליו שיאכיל בשתי ידיו *אמר אביי התם משום שיבתא ת"ש דאבוה דשמואל אשכחיה לשמואל דקא בכי אמר ליה אמאי קא בכית דמחיין רבאי אמאי דאמר לי קא ספית לבראי ולא משית א] *ידיה ואמאי לא משית א"ל הוא אכיל ואנא משינא א"ל לא מיסתייה דלא גמיר מימחא נמי מחי "והלכתא אוכל מחמת מאכיל צריך נטילת ידים מאכיל אינו צריך נטילת ידים:

מתני' "צורר אדם בשר וגבינה במטפחת אחת ובלבד שלא יהו נוגעין זה בזה *רבן שמעון בן גמליאל אומר "שני אכסנאין אוכלין על שלחן אחד זה בשר וזה גבינה ואין חוששין: גמ' וכי נוגע זה בזה מאי הוי *צונן בצונן הוא אמר אביי נהי דקליפה לא בעי "הדחה מי לא בעי: רשבג"א שני אכסנאין אוכלין על שולחן וכו': *אמר רב חנן בר אמי אמר שמואל לא שנו אלא שאין מכירין זה את זה אבל "מכירין זה את זה אסור תניא נמי הכי *רבן שמעון בן גמליאל אומר ב' אכסנאים שנתארחו לפונדק אחד זה בא מן הצפון וזה בא מן הדרום זה בא בחתיכתו וזה בא בגבינתו אוכלין על שלחן אחד זה בשר וזה גבינה ואין חוששין ולא אסרו אלא "בתפיסה אחת תפיסה אחת סלקא דעתך אלא כעין תפיסה אחת א"ל רב יימר בר שלמיא לאביי שני אחין ומקפידין זה על זה מהו אמר ליה *"יאמרו כל הסריקין אסורין וסריקי בייתוס מותרין ולטעמיך הא *דאמר רבי אסי אמר רבי יוחנן "מי שאין לו אלא חלוק אחד מותר לכבסו בחולו של מועד "יאמרו כל

עבדין כדין · יוכי עושין כן לאכול בלא נטילה: דעתי קצרה · אסטניס אני דאע"פ שנטלתי ידי אי אפשי לאכול בידי: בבלאי חמתות · חמתות בלויין וכורכין ידיהן בהם ואוכלים בלא נטילת ידים: ליטעו בדרב [ושמואל] · כסבורים אתם דהא דאשכחיה שמואל לדרב דאכיל במפה משום דלא נטל ידיו הוה: והא דעתי קצרה קאמר ליה · אלמא נטל ידיו: התירו מפה לאוכלי תרומה · דהכהנים זריזין הן ולא נגעי: ולא התירו · לאוכלי חוליהם בטהרה לפי שאינם למודין להשמר כמו כהנים: אוכל מחמת מאכיל · אדם שאוכל מיד חבירו המושיט לתוך פיו צריך האוכל נטילת ידים או אין צריך: בלם ליה אומצא · חתך לו חתיכת בשר: בלם · במ"ס סתומה כמו (תהלים לב) עדיו לבלום שהמתג והרסן מחתכין עדיו (לבלום) של סוס ולי נראה בלם ליה אומצא לשון הטמנה בנחלים כמו (בכורות דף מ:) פיו בלום גבי מומין של בכור שפיו סגור שאין יכול לפותחו אלא מעט ורגליו מבולמות: אי לאו דרב המנונא את · אדם חכם וזריז כדמפרש ואזיל לא הויתי ספינא לך בלא נטילה: מאי · חוכמתיה: לאו דזהיר ולא נגע · אלמא אין צריך נטילת ידים ובלבד שלא יגע: לא · הכי קא"ל אי לאו דרב המנונא את ויודע אני בך שנטלת ידיך · זריז עדיף מזהיר זהיר שיודע להזהר בשעת מעשה שלא יעבור על המצוה זריז הרואה את הנולד ומתקן עצמו שלא יבא לידי כך והיינו דאמרינן בע"ז (דף כ:) זהירות מביאה לידי זריזות: השמש מברך על כל כוס וכוס · לפי שאין קבע לשתיית השמש שאינו יודע אם יתנו לו עוד הלכך אסח דעתיה מן השתיה: ואינו מברך על כל פרוסה ופרוסה · דבטוח הוא שלא ימנעו ממנו לחם: אי איכא אדם חשוב · בסעודה בטוח השמש שיתן לו לחם כל הצורך: דטריד · לשמש את המסובין ושוכח שלא נטל ונוגע באוכלין שיאכל ואע"פ שנוגע בכל הסעודה לא איכפת לן שלא הצריכו נטילה לנוגעין אלא לאוכלין: לא יתן אדם פרוסה לשמש · באחד מן האורחים קאמר (ב) שלא יכעוס בעה"ב כשהוא שותה חונקו לו יין ומזיק לו ובלאו כעס נמי מתוך שחס שלא יכלה הלחם לאורחים הוא מביט ומלין במה שזה נותן והכוס נשפך מידו ואפילו הכוס ביד השמש שמא ישפכנו: אשה מדיחה ידה במים · ביום הכפורים דאע"פ שאסור ברחיצה התירו לאשה להדיח ידה אחת וליגע בפת: שלא רצה להאכיל בידו אחת · אפילו ידו אחת לא רצה להדיח כדי ליתן פת לתינוק ביוה"כ ומונע מלהאכילו אלמא מאכיל צריך נטילה: התם משום שיבתא · רוח רעה שורה על ידים שלא נטלו שחרית אבל נטל ידיו שחרית ולא נזהר בהן ובא להאכיל את חבירו אין צריך נטילה ולא אמרינן דהאתם נותן לתוך פיו תקון רבנן נטילה: דמחיין רבאי · קספים לבראי כדלא משים · האכלת את בני ולא רחצת ידים תחלה: לא מסתייה דלא גמיר · לא די לו שאינו בקי בהלכות נטילה שהמאכיל אין צריך ליטול: מתני' שני אכסנאין · אין לחוש שיאכל זה משל חבירו: גמ' זה בא מן הצפון כו' · אלמא דוקא בשאין מכירין זה את זה קאמר: ולא אסרו · להעלות בשר עם הגבינה על השולחן: אלא בתפיסה אחת · בכרך אחד: תפיסה אחת ס"ד · הא בלא שלחן (ג) אוכל עליו נמי אסור: מהו · כיון דמקפידין שאין זה אוכל משל זה מותר או לא:

כל

עין משפט נר מצוה

מה א מיי' פ"ו מהלכות ברכות הלכה יט סמג עשין כז טוש"ע א"ח סי' קסג סעיף א [וברב אלפס ברכות פ"ח דף מו.]

מו ב ג ד מיי' שם פ"ז הלכה ז ועיין בכ"מ טוש"ע שם סעיף ג:

מז ה טוש"ע שם סעיף א:

מח ו מיי' פ"ג מהל' שביתת עשור הלכה ג:

מט ז מיי' פ"ו מהלכות ברכות הלכה יח וע"ש כמג עשין כז טוש"ע א"ח סי' קסג סעי' ב [וברב אלפס שם]:

נ ח מיי' פ"ט מהלכות מאכלות אסורות הלכה יז סמג לאוין קמא טוש"ע יו"ד סי' פח סעיף א:

נא ט מיי' שם הלכה כא סמג שם טוש"ע יו"ד סי' פח סעיף ב:

נב י מיי' שם הלכה יח סמג שם טוש"ע יו"ד סי' פח סעיף א:

נג כ ל מיי' שם הלכה כא סמג שם טוש"ע יו"ד סי' פח סעיף ב וע"ש בהג"ה:

נד מ מיי' פ"ז מהל' י"ט הלכה כא סמג לאוין סה טוש"ע א"ח סי' תקלד סעיף א:

[יומא עז:] [וע"ע תוס' יומא עז:]

מסורת הש"ס

פרובין סה: [עיין תוס' יומא פב: ד"ה הא] רש"ל מ"ז יומא פה [שם ע"ב] [צ"ל ידיך רש"ל]

[שבת יג:] [לעיל קד:] [שבת יג.] [תוספתא פ"ה] פסחים לז. [מו"ק יח.] תענית כט: מו"ק יז. יח.

הגהות הב"ח

(א) גמ' ואמר רב פפא בשלמא וכו' יודע בו שנטל: (ב) רש"י ד"ה לא יתן וכו' קאמר כדי שלא יכעוס וכו' וחונקו וכו' שמא ישפכנו מדאגת כעס בעל הבית הס"ד: (ג) ד"ה תפיסה וכו' שאוכל:

הגהות מהר"ב רנשבורג

א] גמ' דאמר לי קא ספית לבראי ולא משית ואמאי וכו' כצ"ל:

רבינו גרשום

בגמ' סוכה: א"ל דעתי קצרה כלומר אני נטלתי ידיי אלא מה שאני אוכל במפה דעתאי אנינא ואין אני יכול ליגע באוכל: דקא אכלי בבלאי חמתות כלומר כרכי ידייהו בחמת ישן ואכלי בלא נ"י: תרי גברי רברבי כרבנן ליטעו בדרב ושמואל כלו' דסבורין אתון דרב אכיל בלא נטילת ידים במפה הא קאמר ליה דעתי קצרה ונטל ידיו: ולא התירו מפה לאוכלי טהרות כלומר לאוכלי חולין שנעשו על טהרת הקדש: אוכל מחמת מאכיל צריך נ"י כלומר אם האוכל צריך נ"י: בלם ליה אומצא. כלומר תיקן אומצא: מאי לאו משום דזהיר ומשי ידיה מעיקרא. א) כלומר והא קא חזינן הכא דאוכל מחמת מאכיל צריך נט"י: הא דאיכא אדם חשוב כו' כלומר אם השמש אדם חשוב דיתנו לו פת כל צורכו אינו צריך לברך על כל פרוסה ופרוסה אבל אם אין אדם חשוב דלא יתנו לו כל צורכו אלא פרוסה אחת כי חוזרין ונותנין לו פרוסה אחרת דומה כנמלך ושוב צריך לברך: שאני שמש דטריד כלו' וחיישינן שמא יגע: מברך על כוס וכוס כלומר דעל כוס וכוס דמי כנמלך דעבדי אינשי דלא שתו אלא חד כסא ובאידך כסא דמי כנמלך · שמא יארע דבר קלקלה בסעודה כלומר שמא כשיטול הבעל הבית הכוס בידו יקפיד על אותה פרוסה שיתנו לשמש וישפוך מחמת כעס הכוס מידו ויקלקל הסעודה. מדיחה אשה ידה כו'. כלומר לא רצה ליטול ידו אחת וגזרו עליו שיטול שתי ידיו כשיאכיל בנו: התם משום שיבתא כלומר משום רוח רעה שלא נטל ידיו שחרית משום יוה"כ שאסור להרשים אצבעו במים ואסור ליגע בפת מי שלא נטל ידיו בשחרית אבל אדם שנוטל ידיו שחרית אינו צריך ליטול ידיו בשביל שמאכיל אחר: נהי דקליפה לא בעי הדחה מי לא בעי כלומר אם יהו נוגעים זה בזה נהי דלא בעי קליפה דצונן וצונן הוא אבל הדחה מי לא בעי מקום מגען: לא אסרו אלא בתפיסה אחת כלומר בהדי הדדי: בתפיסה אחת סלקא דעתך כלומר ב) בלא תפיסה על שלחן אחד מי שרי. אלא כעין תפיסה אחת שמכירין זה את זה · יאמרו כל הסריקין אסורין דאמרינן במס' פסחים מפני מה אמרו כל הסריקין אסור מפני שהאשה שוהה עליהן ומקבצתן ואיבעי' לזו מהו שיקבענה בדפוס שעושה סריקין בבת אחת כשהיו עושין בבית ביתוס. יאמרו כל הסריקים אסורים וסריקי ביתוס כו' הכא נמי יאמרו כל האחים אסורין לאכול על שלחן אחד בשר וגבינה מפני שסתם אחין אין מקפידין זה על זה ואחין המקפידין זה על זה יהו מותרין שמא יבוא הדבר לידי תקלה לפי שכל אדם אין יודעין שמקפידין זה על זה ויהיו מקילין במקום אחר:

א) נראה דצ"ל לא יתן אדם פרוסה וכו' אא"כ יודע בו שנטל ידיו כלומר והא קא חזינן כו'. ב) נראה דצ"ל בתפיסה אחת אפי' בלא על שלחן אחד אסור

§ מסכת חולין דף קז: §

אות א'* [לה]

התירו מפה לאוכלי תרומה, ולא התירו מפה לאוכלי טהרות

סימן קסג ס"א - עיין לעיל קז. אות י'.

[לו]

בלם ליה אומצא ואכיל

סימן קנח ס"ה - [לז]**ובשר צלי, יש מי שנראה מדבריו, אע"פ שמוהל טופח עליו, דינו כפירות** - כתבו האחרונים, דכו"ע מודים בזה דמוהל היוצא מן הבשר לא חשיב משקה, **אך** אם משקה טופח ממים שעליו שהודח קודם הצליה, פשיטא דנקרא משקה, אלא שאין דרך צלי להיות טופח מהמים, שמתייבש בעת הצליה, [לח]**ודעת** הגר"א, דאם הודח במים קודם הצליה, אז גם על המוהל היוצא מהבשר יש שם משקה.

[לט]**ותבשיל מחטים, והם נגובים, דינו כפירות** - ר"ל שנתנגבו מרוטב שעליהם, דאילו הם טופחים מהרוטב, הם בכלל דבר שטיבולו במשקה, וצריך נט"י.

והאחרונים הסכימו, דמיני תבשיל, כיון שאין דרך ליגע בו ביד, אלא לאכול בכף, א"צ נט"י, **ואפילו** אם נוגע בו בדרך מקרה בתוך הכף, ג"כ א"צ נטילה, וכן נוהגין, **אבל** מה שדרך ליגע בו בידיו, אע"פ שאוכל בכלי, לא מהני.

פירות המבושלים במים, יש דעות בין האחרונים אם צריכים נט"י, ‹דכיון שמברכים על הרוטב בורא פרי העץ, אין עליו דין משקה - ח"א›, **וע"כ** נכון להחמיר לאוכלן ע"י כף, אם יש משקה טופח עליהן.

ובכבושים, כגון אוגערקעס וכה"ג, בודאי נכון להחמיר ליטול ידים, [עיין בא"ר], ‹שמשם משמע דיש יותר סברא בזה שצריך נט"י›, **אם** לא שנתנגבו ממים שעליהן.

כתב בדה"ח, האוכל לעק"ד למתק השתיה, וטובל הלעק"ד ביי"ש, לא הוי דבר שטיבולו במשקה, משום דזיעה הוא מהתבואה, והוי מי פירות, ואף אם היי"ש מזוג הוא במים, מ"מ מועט הוא וא"צ נטילה, עכ"ל, **משמע** מזה, דאם המים הוא רוב, לפי הגראדי"ן, הוי בכלל משקה, **ואפי'** הלעק"ד הוא פחות מכזית, ג"כ אין להקל, וכמש"כ לעיל. ‹ע"פ הוצאה שניה ושונה הלכות›.

אות א'

לא יתן אדם פרוסה לתוך פיו של שמש, אא"כ יודע בו שנטל ידיו

סימן קסט ס"א - [מ]**ואסור ליתן לו** - פי' להשמש, **פרוסת פת, אא"כ יודע בו שנטל ידיו** - דחיישינן שמא מתוך טרדתו ישכח מליטול ידיו, **אבל** באחר לא חיישינן לזה, אא"כ רואהו שרוצה לאכול בלי נטילה, **ויש** מחמירין בזה, **אך** כשהוא נותן בתורת צדקה, בודאי יש להקל, כדלקמיה בס"ב בהג"ה.

[מא]**סימן קסט ס"ב** - [מב]**לא יתן לאכול אלא למי שיודע בו שיברך** - נלמד מסעיף הקודם, (ומסתברא דבמוחזק לכשר סגי), **אך** לפי סברא קמייתא, דדוקא להשמש משום טרדא, א"כ אין מקור לדין זה, **אם** לא שיודע בו שלא יברך, שבזה כו"ע מודו דאין נותנין לו.

ויש מקילין אם נותן לעני בתורת צדקה (הר"י ס"פ אלו דברים) - דלא מפקעינן מצות צדקה בשביל חשש שמא לא יברך, **ואע"ג** דגבי שמש בסעיף הקודם חיישינן, התם הנתינה לאו בתורת צדקה הוא, שנותן לו בעבור ששמשו, **אך** אם יודע בודאי שלא יברך, אסור ליתן לו אף בתורת צדקה, **ודוקא** אם מתוך רשעתו, אבל אם מתוך אונסו שאינו יכול לברך, לא נפקע מצות צדקה בשביל זה.

אות ב' - ג' - ד'

והשמש מברך על כל כוס וכוס

ואינו מברך על כל פרוסה, ופרוסה

דאיכא אדם חשוב

סימן קסט ס"ג - [מג]**השמש מברך "בורא פרי הגפן" על (כל) כוס וכוס שיתנו לו, לפי שהוא כנמלך** - שאינו יודע אם יתנו לו עוד, **אך** אם היה דעתו בשעת ברכה ראשונה על כל מה שיביאו לו, א"צ לברך, **וברכה אחרונה אינו מברך אלא לבסוף.**

ואינו צריך לברך על כל פרוסה ופרוסה, אם יש אדם חשוב בסעודה, שיודע שיתנו לו כל צרכו מפת - דמסתמא האדם חשוב יזהיר שיתנו לו כל צרכו מפת, ואינו נמלך מזה, **ומדנקט**

באר הגולה

[לה] ‹ע"פ מהדורת נהרדעא› [לו] ‹ע"פ הב"י› [לז] **מדברי הרשב"א שם** [ק"ז] ‹**והיה** נראה לי שבשר צלי טעון נטילה, מפני שיש בו משקה טופח, **אבל** מצאתי להרשב"א שכתב בפרק כל הבשר (קז: ד"ה הא דאמרינן, וכן הוא בתוס') דהא דאמרינן (בגמ' שם) בלם ליה אומצא, פת היה נותן לו עם הצלי, דאילו צלי לבדו לא היה צריך נטילת ידים, ואדרבה קיימא לן דהנוטל ידיו לפירות הרי זה מגסי הרוח, ע"כ, **וצ"ל** שהוא סובר דמוהל היוצא מן הצלי אין שם משקה עליו, **ואין** לפרש דהרשב"א לא קאמר דלצלי לא בעי נטילה, אלא כשהוא יבש ביותר, שאין בו שום לחלוחית משקה, אבל אם היה בו שום לחלוחית משקה היה צריך נטילת ידים, דא"כ אמאי איצטריך לאוקמי בשנתן לו פת עם הצלי, הא אפילו בלא נתן לו פת עם הצלי נמי אתי שפיר - ב"י› [לח] ‹וז"ל הגר"א: וצלי הנ"ל, משום דא"צ הדחה, ע"כ. ולכאורה ר"ל דאין להקשות כהרשב"א הנ"ל, דאמאי צריך לפת לוקים כגון שהדיחו אותו קודם, ע"ז קאמר, דצלי א"צ הדחה› [לט] **מרדכי פ"ח דברכות** [מ] **שם** ‹חולין ק"ז. **וסובר** רבינו דלרבותא נקט לתוך פיו אע"ג שאינו נוגע, וכ"ש שאסור ליתן בידו - כסף משנה› [מא] ‹ע"פ הגר"א וז"ל: מהנ"ל ס"א ואסור כו'› [מב] **רבי יונה בספ"ח דברכות בשם י"א** [מג] **חולין ק"ז**

המחבר פת, משמע דדוקא בפת יזהיר הת"ח את המסובין שיתנו לו, וה"ה כל דבר דאית ביה ריח וקיוהא, דמבואר לעיל דצריך ליתן לו, **אבל** בשאר דבר שהוא רק מדת חסידות, צריך לברך על כל מה שיתנו לו בכל פעם ופעם, דשמא הת"ח לא יזהיר על דבר שהוא מדת חסידות - ט"ז, [מד] **ועיין** במג"ג שמפקפק בדבריו.

ואם אין אדם חשוב בסעודה, צריך לברך על כל פרוסה ופרוסה, כמו על היין.

הגה: שנים שהיו אוכלין ביחד - ר"ל שהיו אוכלין מידי דמחייב בזימון, **השמש אוכל עמהם בלא נטילת רשות, כדי שילטרפו לזמון** - ומסתברא דאין לו רשות רק לאכול מעט, כדי שיתחייב בזימון ויצטרף עמהם, **וע"ל סי' ק"ע סכ"א.**

אות ה'

לא יתן אדם פרוסה לשמש, בין שהכוס בידו בין שהכוס בידו של בעל הבית, שמא יארע דבר קלקלה בסעודה

סימן קסט ס"א - [מה]כל דבר שמביאין לפני האדם שיש לו ריח - או קיוהא, דהיינו טעם חמוץ, **והאדם תאב לו, צריך ליתן ממנו לשמש מיד** - ובדבר מועט סגי, דבזה נמי מתיישבא דעתו, **דדבר** שיש לו ריח, מזיק לאדם כשאוכלין בפניו והוא תאב לו, ואין נותנין לו מיד, **אבל** דבר שאין לו ריח, יכול לאכול תחלה ואח"כ יתן לשמש, כדלקמן בסימן ק"ע ס"ג.

(**והיינו** אפילו הביאו לו כמה מינים שיש בו ריחא וקיוהא, צריך ליתן לו מכל דבר).

(**ומסתברא** דכשיש לו משרת שהשכירו לשנה, ואמר לו בתחלה: שאימת שתביא לי דבר שיש בו קיוהא וריחא, אני מרשה לך שתטעום מתחלה, דסגי בזה).

וכתבו האחרונים, דאפילו אם התנה עם משרתו בשעת שכירותו לפטור עצמו מזה, לא מהני התנאי, [**ולפי"ז** גם בימינו, אפי' אם נימא דהוי כהתנה, כיון דכל מזונותיה עליו כשאר בני ביתו, ג"כ לא מהני, וצריך ליזהר בזה].

(**ואפילו** אינו משמש בסעודה, רק מבשל המאכל, ואפילו אין מזונותן עליו, **ובש"ס** משמע עוד ביותר, דאפילו באדם דעלמא שאינו משמשו, אם אירע שעומד שם בשעה שמביאין לו דבר ריחא וקיוהא, צריך ליתן לו מעט לטעום, כדי שלא יבוא לידי סכנה, **והש"ס** וכן השו"ע דנקטו דינם בשמש, אפשר משום דאורחא דמלתא נקטי, שהשמש בודאי עומד שם בשעה שמביאו, משא"כ באדם אחר אינו דרך שיושב בשעה שאוכלין, **ואפשר** דמטעם זה המנהג בכל ישראל, כשאדם נכנס לבית חבירו בשעה שאוכלין, קורין לו לאכול).

ודוקא בשמש שעומד ומשמש ואינו אוכל עמהם ביחד, אבל אם גם הוא מסב על השלחן עמהם, (ואוכל מאותן האכילות שמביא לבעה"ב), לא צריך לאקדומי, (**ואפשר** דמטעם זה אין נוהגין העולם ליזהר בזה).

איתא בגמרא, דמי שהריח ריח מאכל והוא מתאוה לו, אם אינו יכול להשיגו, כל רוק שיבוא לתוך פיו מחמת תאות האוכל, לא יבלע, דיוכל לבוא לידי סכנה עי"ז, אלא ישליך הרוק מפיו.

ומדת חסידות הוא ליתן לו מיד מכל מין ומין - היינו אפילו בדבר דלית ביה ריחא וקיוהא, דעכ"פ גם בזה מצטער הוא, כשרואה שארי אנשים אוכלין והוא אינו אוכל.

[מו]ולא יתן לו - קאי אאחד מן המסובין, [רש"י], **כל זמן שהכוס בידו** - ביד השמש, דשמא מתוך שהוא טרוד בלקיחת הפרוסה, ישפך הכוס שמביא לשלחן.

יש אומרים דאף בעה"ב בעצמו לא יתן לשמש, כשהכוס ביד השמש, ג"כ מטעם הנ"ל, דמתוך שהוא טרוד בלקיחת הפרוסה, ישפך הכוס מידו, ויהיה קלקלה וגנאי להמסובין בסעודה.

וי"מ דאף כשהכוס ביד אורח לא יתן באותה שעה לשמש, דשמא ירגיש האורח בבעה"ב שמביט עליו בעין רעה, משום דשמא יחסר לאורחים, ומרתת, וישפך הכוס מידו.

או ביד בעה"ב - כנ"ל דשמא יקפיד בעה"ב, ומתוך כעסו ישפך הכוס מידו, ויהיה קלקלה בסעודה.

(ודוקא לשמש, אבל לאחר שבסעודה, מותר ליתן בכי האי גונא) (הר"י ס"פ אלו דברים) - פי' דשאר בני הסעודה יכולין לתת זה לזה כשהכוס ביד בעה"ב, שמאחר שהוא זימן אותם, אינו מקפיד במה שהם נותנים זה לזה, ולא חיישינן לקלקלה, [**וגם** כשהכוס ביד האורח, אפשר דלא שייך באורח טעמא דטריד בפרוסה, כמו בשמש].

ומוכח מזה, דלאחר שלא זימן, אסור ליתן, [היינו אפי' כשאין הכוס בידו, דאין אורח מכניס אורח].

באר הגולה

[מד] ‹אמנם מדברי הכ"מ משמע להיפך, שהרי כתב על מה שהשמיט הרמב"ם דין דאינו מברך על כל פרוסה ופרוסה, ומשמע שסובר דמברך כרב, והקשה מדוע פסק כרב נגד ר"י, וכתב הכ"מ דאפשר דבאמת פסק כר"י, והא דלא חילק בין איכא אדם חשוב לליכא אדם חשוב, משום דכיון דכבר כתב שדרך רחמניות הוא ליתן לתוך פיו מכל תבשיל ותבשיל, א"כ מסתמא בטוח השמש שיתנו לו מכל תבשיל, וא"צ לברך דלאו נמלך הוא, ע"ש, הרי מבואר דאף דליכא אדם חשוב, אפ"ה בטוח שיתנו לו מכל תבשיל משום מדת חסידות, מכ"ש היכא דאיכא אדם חשוב - מג"ג› [מה] **כתובות ס"א** [מו] **חולין ק"ז** ‹בפרק כל הבשר (חולין קז:) ופי' רש"י... משמע דבין שהכוס בידו, קאי אשמש, כלומר דלא יתן לו פרוסה בעוד שהכוס ביד השמש, **אבל** רבינו ירוחם כתב, דקאי אאורח, כלומר שלא יתן לו פרוסה בעוד שהכוס בידו של אורח, שמא יעיין בו בעל הבית על שלוקח המאכל, שמא יחסר לאורחים ויפול הכוס מידו, **וכתב** ה"ר יונה בפרק אלו דברים, אהא דלא יתן פרוסה לשמש וכו', דדוקא לשמש, אבל שאר בני הסעודה יכולים לתת זה לזה כשהכוס ביד בעל הבית, שמאחר שהוא זימן אותם, אינו מקפיד במה שהם נותנים אלו לאלו, ולא חיישינן לקלקלה - ב"י›

אות ו'

אשה מדיחה את ידה אחת במים ונותנת פת לבנה קטן

רמב"ם פ"ג מהל' שביתת עשור ה"ב - מי שהיה מלוכלך בצואה או טיט, רוחץ מקום הטנופת כדרכו ואינו חושש; ומדיחה אשה ידה אחת במים ונותנת פת לתינוק.

אות ז'

והלכתא: אוכל מחמת מאכיל, צריך נטילת ידים; מאכיל אינו צריך נטילת ידים

סימן קסג ס"ב - [מז]**המאכיל לאחרים אין צריך נט"י** - אע"פ שנוגע בהמאכל, דלא תקנו רבנן נטילה אלא להאוכל בלבד.

והאוכל צריך נטילת ידים, אע"פ שאחר נותן לתוך פיו ואינו נוגע במאכל - דלא פלוג רבנן באוכל, בין נוגע לאינו נוגע.

[מח]**וה"ה לאוכל במגריפה (פי' כלי שיש לו שינים, פירו"ק בלע"ז), שצריך נט"י** - דלא עדיף מאוכל מחמת מאכיל, דצריך נטילה.

(ואסור להאכיל למי שלא נטל ידיו, משום לפני עור לא תתן מכשול) (הר"י ס"פ אלו דברים) - דהיינו בלחם של המאכיל, דבלחם של האוכל, ויוכל לקחת בעצמו, אין כאן לפני עור, **מ"מ** כתבו האחרונים, דאסור גם בזה, משום דאסור לסייע ידי עוברי עבירה.

למי שלא נטל ידיו - ודוקא בידוע שלא נטל, אבל בספק מותר, **ובפרט** דלעני בתורת צדקה, בודאי אין להחמיר בספק, **ומ"מ** טוב דכשנותן לעני לאכול שלא קים ליה בגויה, שיאמר: קום נטול ידך.

ואסור להאכיל - (מלשון זה משמע, דדוקא בנותן לו כדי לאכול מיד, {ובאופן זה מיירי הגמרא דאסור ליתן לשמש}, **אבל** בלוקח לביתו, מותר ליתן לו, דמי יודע שיאכל שם בלי נט"י).

באר הגולה

מז חולין ק"ז | מח הר"ר יונה ספ"ח דברכות

מילואים לספר משנה ברורה חלק א-ב

§ סימן א – דין השכמת הבוקר §

סעיף ד - טוב מעט תחנונים בכוונה, מהרבות בלא כוונה - אבל אם המרבה כיון ג"כ, המרבה טוב יותר, **ואם** הממעט יש לו אונס ואינו יכול להאריך, או שהוא משער בעצמו שאם יאריך לא יהיה יוכל לכוין, וממעט בתחנונים ואומרם בכונה, נחשב לפני הש"י כמו אותו שיש לו פנאי ומאריך בתחנונים בכוונה, **וכן** לענין ת"ת הענין כן, כי הכל תלוי לפני הש"י אם עושה כל אשר בכוחו לעשות.

ומי שהוא בעל תורה ויש לו לב להבין וללמוד, יכול למנוע מלומר הרבה תחנות ובקשות הנדפסות בסידורים, וטוב יותר שילמוד במקומם.

וצריך האדם לקבוע לו עת ללמוד ספרי מוסר בכל יום ויום, אם מעט ואם הרבה, כי הגדול מחבירו יצרו גדול הימנו, ותבלין היצה"ר הוא תוכחת מאמרי חז"ל, [**והוא** יותר חיוב מלימוד משניות].

סעיף ו - פרשיות הקרבנות לא יאמר אלא ביום - דאין הקרבנות קרבין אלא ביום, **אבל** פרשת הכיור ופרשת תרומת הדשן יכול לאמר קודם היום, **ואם** אין לו פנאי, יכול לאמר גם פרשת הקרבנות בלילה. **ואם** צריך עמידה, עיין בסימן מ"ח במ"ב בס"א. **(וע"ל סי' מ"ז סעיף י"ג).**

כתב בשל"ה, דבשבת ויו"ט לא יאמר יה"ר, דאין קרבן נדבה בא בהם, אבל הפרשיות אין הפסד לאומרן כקורא בתורה, **ומ"מ** אם הוא בן תורה, מוטב יותר שיעסוק בפרשה דיומא.

מי שהוא אבל, לא יאמר פרשת הקרבנות.

סעיף ז - כשיסיים פרשת העולה יאמר: **יהי רצון מלפניך שיהיה זה חשוב ומקובל כאילו הקרבתי עולה, וכך יאמר אחר פרשת המנחה והשלמים, מפני שהם באים נדבה** - אבל אחר פרשת החטאת לא יאמר כן, לפי שאינה באה נדבה, אא"כ עבר עבירה שחייבים עליה חטאת, וכן אשם ואשם תלוי קי"ל דאינה באה בנדבה, **והאחרונים** כתבו בשם רש"ל, דיש לומר אף לאחר חטאת ואשם יה"ר, רק שיאמר בלשון ספק, דהיינו: יר"מ אם עברתי עבירה שחייבים עליה חטאת, שיהיה זה נחשב כאלו הקרבתי חטאת, ואם לאו יהיה כקורא בתורה, וכה"ג יאמר ג"כ אחר פרשת אשם, **אך** המ"א הקשה עוד, איך יאמר "אם נתחייבתי חטאת", הא קי"ל לענין חטאת דבעי ידיעה בתחלה שחטא, **ע"כ** העלה המ"א, דלענין חטאת לא יאמר כלל היה"ר, רק לענין אשם ודאי ואשם תלוי יוכל לאמר יה"ר זה דעל תנאי, **אך** אם לבו נוקפו שמא עבר על חטא, והיה לו ידיעה שחטא ושכח, יוכל לאמר ג"כ היה"ר אחר חטאת בדרך תנאי.

סעיף ח - יאמר עם הקרבנות פסוק: **ושחט אותו על ירך המזבח צפונה לפני ה'** - דאיתא במדרש: דכל מי שאומר פסוק זה, הקב"ה זוכר עקידת יצחק, **וכהיום** נוהגין לאמרו אחר פרשת התמיד.

סעיף ט - יש נוהגין לומר פרשת הכיור, ואח"כ פרשת תרומת הדשן, ואח"כ פרשת התמיד, ואח"כ פרשת מזבח מקטר קטורת, ופרשת סמני הקטורת ועשייתו.

§ סימן ב – דין לבישת בגדים §

סעיף א - לא ילבש חלוקו מיושב - דאז בהכרח יתגלה גופו, **אלא יקח חלוקו ויכניס בו [ראשו] וזרועותיו בעודנו שוכב, ונמצא כשיקום שהוא מכוסה** - ר"ל כשיקום ויצא מתחת כסוי סדינו, שהיה מונח שם ערום כשפשט חלוקו, יהיה עתה תיכף מכוסה, כי יפול חלוקו על כל גופו מעצמו.

שהאדם צריך להתנהג בצניעות ובושה לפני הקב"ה, ואפילו כשהוא לילה ובחדרי חדרים, הלא מלא כל הארץ כבודו, וכחשיכה כאורה לפניו יתברך.

(**ובפמ"ג** נסתפק בישן בכילה שאין גבוה עשרה, אי נוהג דין זה, דהוי כמכוסה, **ובספר** ארצות החיים מסיק לאיסור).

וכן צריך ליזהר תמיד מחמת טעם זה, שלא במקום הכרח, מלגלות מבשרו ואפילו מעט, כל מה שדרכו להיות מכוסה בבגדים לעולם, **אבל** רשאי לגלות ידו עד קוב"דו, וצוארו עד החזה.

ע"כ האנפלאות יראה ללבשם או לפשטם ג"כ תחת הסדין, שלא לגלות רגליו, שדרכן להיות מכוסות לעולם במדינות אלו, שאין הולכין יחף אפילו בקיץ, וכן כל כיוצא בזה, **אם** לא שאי אפשר בענין אחר.

וכן בבית המרחץ שדרכן של בני אדם לילך שם ערומים, וא"א בענין אחר, אין בזה משום פריצות, **וכן** כשרוחץ בנהר הדין כן, רק יזהר לפשוט וללבוש סמוך לנהר כל מה שאפשר, בכדי שלא ילך בגילוי הגוף שלא לצורך, **ואפילו** ערותו א"צ לכסות בירידתו לנהר, ולא עוד אלא שהמכסה נראה כאלו בוש בדבר, וכאלו כופר בבריתו של אברהם אבינו, **אך** בעלייתו מן הנהר שפניו כלפי העם, ישחה או ישים ידו כנגד ערותו לכסותה, ובלבד שלא יגע בה.

איתא בש"ס: חלוק של ת"ח, כל שאין בשרו נראית מתחתיו, והאידנא אין נזהרין בזה, משום שהולכין הכל בבתי שוקיים, ואין הבשר נראית.

המניח מלבושיו מראשותיו, משכח לימודו, ואפשר אם מניח דבר אחר המפסיק בין ראשו לבגדיו אין קפידא, **וכן** יזהר מללבוש ב' מלבושים יחד בפעם אחד, כי קשה לשכחה.

הקורא כתב שעל גבי הקבר, או המסתכל בפני המת, משכח לימודו, ועיין עוד בפמ"ג מדברים המחזירים הלימוד.

סעיף ב - אל יאמר: הנני בחדרי חדרים מי רואני, כי הקב"ה מלא כל הארץ כבודו.

סעיף ג - יזדקק בחלוקו ללובשו כדרכו שלא יהפוך הפנימי לחוץ - ויראו תפירות המגונות ואמרי החלוק, ויתגנה בעיני הבריות, ואע"פ שחלוקו תחת כל המלבושים, וכ"ש בשאר בגדים, **ואם** לא נזהר והפך, אם ת"ח הוא צריך לפושטו ולחזור ללבשו כדרכו, שלא יהיה בכלל "משנאי" ח"ו, **ושאר** כל אדם אין צריך, **ולתפלה** אפילו כל אדם צריך לפשטו וללבשו כדרכו, שראוי אז להדר בגדיו, כמבואר בסי' צ"א.

טוב שישים שני צדי המלבוש ביד ימינו, וילבש הימין ואח"כ השמאל, ויכוין: כי הכל נכלל בימין, ומן הימין בא לשמאל.

כתב הרמב"ם: מלבוש ת"ח יהיה מלבוש נאה ונקי, ואסור לו שימצא בבגדו כתם או שמנונית וכיוצא בהם, **ולא** ילבש לא מלבוש שרים שהכל מסתכלים בהם, ולא מלבוש עניים שהוא מבזה את לובשיו, אלא בגדים בינונים נאים.

סעיף ד - ינעול מנעל ימין תחלה - שכן מצינו בתורה שהימין חשוב תמיד, לענין בוהן יד ורגל, ולכל הדברים שמקדימים הימין להשמאל.

וגם אם נזדמן לו של שמאל, ימתין עד שיביאו לו של ימין.

ולא יקשרנו, ואח"כ ינעול של שמאל ויקשרנו, ויחזור ויקשור של ימין - דלענין קשירה מצינו שהתורה נתנה חשיבות אל השמאל, שקושר עליה תפילה של יד.

ובאנפלאות של לבד, א"צ להקדים שמאל לקשירה.

ואיטר יד שמניח תפילין בימין של כל אדם, ‹וכן איטר רגל – שע"ת›, יקדים ימין גם להקשירה.

כשהוא רוחץ וסך, ימין תחלה, ואם סך כל גופו, ראש תחלה, מפני שהוא מלך על כל האיברים.

הגה: ובמנעלים שלנו שאין להם קשירה, ינעול של ימין תחלה.

סעיף ה - כשחולץ מנעליו, חולץ של שמאל תחלה - שזהו כבודה של ימין.

סעיף ט - לא ישב במהרה ובחוזק, ולא יאנוס לדחוק עצמו יותר מדאי, שלא ינתק שיני הכרכשתא.

סעיף יד - יזהר שלא יאחוז באמה וישתין, אם לא מעטרה ולמטה - ואפילו אם האבר בקישוי, מותר מעטרה ולמטה, **מפני שמוציא שכבת זרע לבטלה** - ר"ל שע"י נגיעתו בגיד בא לידי חמום והרהור, ויבא לזה, וחומר עון הזה עיין באה"ע.

‹**ואפילו אם אין לו עפר תיחוח ומקום מדרון, וא"א לו להשתין בישיבה, ויכול לבוא עי"ז ללעז על בניו ע"י הניצוצות כשלא יאחוז באמה, אפ"ה אסור**›.

אא"כ הוא נשוי - דיש לו פת בסלו ואין יצרו תוקפו כ"כ, ואם היא נדה או שהוא בדרך, אסור.

ואפילו נשוי אינו מותר להושיט ידו לאמה כלל אלא בשעה שהוא צריך לנקביו.

ומדת חסידות ליזהר אפילו הנשוי.

ואם עומד במקום שיש לו פחד שלא יפול, אין להחמיר בנשוי כלל.

סעיף טו - אפילו מי שאינו נשוי, מותר לסייע בביצים - שאינו מתחמם ע"י כך.

ולפעמים מותר לאחוז באמה להשתין, כגון ע"י מטלית עבה שאינו מחמם, אבל ע"י החלוק אסור, **ויש** מפקפקין גם ע"י מטלית עבה, משום דלא ידעינן שיעורו.

סעיף טז - לא הותר לנשוי לאחוז באמה אלא להשתין, אבל להתחכך לא - לפי שהחיכוך מביא לידי חמום, ובקל יבוא לידי ש"ז, **ועיין** בח"א שמתיר ע"י בגד עב.

וכן מה שהותר למי שאינו נשוי למטה מעטרה, ג"כ לא הותר רק להשתין.

ומותר לסרוק זקן התחתון, אך שלא יגע אז באמה בידו.

סעיף יז - המשהה נקביו, עובר משום בל תשקצו - ואם משהא עצמו לקטנים, עובר משום "בל תשקצו", ומשום ש"לא יהיה עקר". **המשהא** מלהפיח, אינו עובר על "בל תשקצו".

האיסור "בל תשקצו" נדחה מפני כבוד הבריות, כגון המשהא נקביו עד שימצא מקום צנוע, וכה"ג.

יזהר מאוד לקנח היטיב, כי צואה במקומה במשהו, וטוב לרחוץ פי הטבעת במים או ברוק.

§ סימן ד – דיני נטילת ידים §

סעיף ב - ידקדק לערות עליהן מים ג' פעמים, להעביר רוח רעה ששורה עליהן - כי חוץ מהטעמים הנזכרים בס"א שצריך ליטול ידיו לתפלה, צריך ליטול גם משום רוח רעה השורה על הידים, **אך** היכא דהנטילה הוא משום רוח רעה לבד, לא היו מתקנים ע"ז ברכה, לכן אנו צריכים גם לטעמים הנ"ל.

ואפי' שופך הרבה בפעם אחד אינו מועיל, כי אין הרוח הולך אלא בג' פעמים, דהיינו פעם אחת על יד ימין, ואח"כ על יד שמאל, עד ג' פעמים בסירוגין.

ובספר מעשה רב כתב, ד' פעמים, ג"פ להעביר רוח רעה, והד' להעביר המים שנטמאו.

צריך להזהיר לנשים, שיזהרו בנט"י ג"פ בסירוגין כמו האנשים, וגם כי הם מתקנות המאכלים, שלא יטמאום בידיהם, **גם** יש ליזהר שהקטנים יטלו ידיהם בשחרית, כי נוגעים במאכל.

ובנגיעת עכו"ם במאכלים בלא נט"י, אין לחוש, דלא מקבלי טומאה.

(**ובדיעבד** אפילו **לא** נטל רק ידו אחת לבד, סר רוח רעה מאותו היד).

ויטלם לכתחילה עד פרק הזרוע, ואם אין לו מים, די עד קשרי אצבעותיו.

וצריך לפשוט הכפות, כמי שרוצה לקבל דבר, ויגביהם כנגד הראש.

גם טוב להדיח פיו, ובתענית צבור לא ידיח.

סעיף ג - לא יגע בידו קודם נטילה לפה, ולא לחוטם ולא לאזנים ולא לעינים - ויש ליזהר אפילו ע"ג עיניו מבחוץ, אם אפשר לו.

מפני שהרוח רעה השורה על הידים, יוכל להזיק לאלו האיברים.

סעיף ד - אפילו מי שנטל ידיו לא ימשמש בפי הטבעת תמיד, מפני שמביאתו לידי תחתוניות; לא יגע במקום הקזה, שמשמוש היד מזיק לחבורה.

וקודם נטילה, יש אוסרין מליגע בפי הטבעת אפילו במקרה, וכן לאמה במקום הנקב, אפילו אם הוא נשוי, וכן כה"ג במקום נקב הקזה, כי אז יוכל הרוח רעה להזיק לכל נקב שבגוף.

סעיף ה - לא יגע בגיגית שכר, שמשמוש היד מפסיד השכר – (ר"ל אחר נטילה ומשום קלקול השכר, אבל בקודם נטילה לא איירי מאומה, **אמנם** בב"ח וט"ז וביאור הגר"א הסכימו, דקודם נטילה אסור ליגע בגיגית של שכר, מפני שעי"ז יוכל להכניס רוח רעה לתוך השכר, ומזיק אח"כ להשותים, **ולדבריהם** פשוט דאפילו בדיעבד יש ליזהר מאוד מלשתות השכר הזה, **אמנם** בספר ארה"ח מסיק להקל בדיעבד, וצ"ע למעשה).

ואם נגע במאכל קודם שנטל ידיו, אין לאסור המאכל עי"ז, אבל לכתחילה מאוד יש ליזהר שלא ליגע אז בשום מאכל, **ואם** נגע באוכל, ידיחנו ג"פ, **וכן** אין לשתות עשן טבא"ק קודם נט"י.

סעיף ו - אין צריך רביעית לנטילת ידים לתפלה - ר"ל דיעבד אין מעכב הברכה, ומברך "על נטילת ידים", אבל לכתחילה טוב להקפיד שיהיה לו ג"כ רביעית, וכמו שכתב בסעיף שאחר זה.

סעיף ז - טוב להקפיד בנטילת ידים שחרית בכל הדברים המעכבים בנטילת ידים לסעודה. הגה: מיהו אינו מעכב, לא כלי ולא כח גברא, ושאר הדברים הפוסלים בנטילת הסעודה - ר"ל דיעבד לענין הברכה, ויוכל לברך ענט"י, או אפילו לכתחלה היכא דאי אפשר בענין אחר, אבל היכא דאפשר טוב להקפיד.

ומהני אף להעביר רוח רעה, ולכן אם אין לו כלי שלם, מותר ליטול מכלי נקוב, וכן מפלו"מף אף שאין כאן כח גברא.

(**נראה דדברים שאין בנט"י רק זהירות לכתחילה, א"צ כאן ליזהר בזה**).

סעיף ח - נטילת ידים שחרית, אין נוטלין ע"ג קרקע, אלא לתוך כלי - ואפילו ע"ג קיסמים אסור, מפני שרוח רעה שורה עליהם, **וטוב** שיניח שני כלים מראשותיו, אחד מלא ואחד ריקן.

סעיף ט - מים של נטילת ידים שחרית, אסור ליהנות מהם - ע"כ לא יתנם לפני בהמתו, **ולא ישפכם בבית, ולא במקום שעוברים שם בני אדם** - כי יוכלו להנזק ע"י הרוח רעה, וישפכם במקום מדרון או בעפר תיחוח.

סעיף י - נוטל כלי של מים ביד ימינו, ונותנו ליד שמאלו - כדי שיתגבר ימין שהוא חסד על שמאל שהוא דין, וגם באיטר אזלינן בתר ימין דעלמא, **כדי שיריק מים על ימינו תחילה.**

סעיף יב - אם שכשך ידיו לתוך כלי של מים, עלתה לו נטילה לק"ש ולתפלה - ויוכל לברך "על נטילת ידים", דאמרינן בכיור "ורחצו ממנו", ולא בתוכו, הא בעלמא אפילו בתוכו.

אבל לא לרוח רעה שעליהן - דלהעביר הרוח רעה בעי עירוי ג"פ דוקא, ושכשוך בכלי אפילו ק' פעמים לא חשיב אלא אחד, שמיד נטמאו המים והויין כמו שופכין, **ע"כ** יראה ליטול פעם שנית מן כלי, אפילו אחר התפלה.

אם שכשך ידיו בשלש מימות מחולפים, יש להסתפק אם עלתה לו להעביר רוח רעה שעליהן - דאפשר דלאו דוקא עירוי בעינן להעביר רוח רעה, ואפילו רחיצה סגי, או דבעינן דוקא עירוי מכלי על ידיו.

וכתב הפמ"ג, דלפי"ז אם תחב ידו בנהר ג"פ, או בשלג המונח על הארץ בשלשה מקומות מחולפים, אפ"ה לא מהני רק לתפלה, ויוכל לברך ענט"י, אבל ספק אם מהני להעביר רוח רעה, דאולי בעינן לזה עירוי מכלי, **והארה"ח** ולבושי שרד פסקו, דבנהר וכן בשלג ובמי מקוה, מהני אף להעביר רוח רעה, ואפילו אין בהם ארבעים סאה.

סעיף יג - אם היה נעור כל הלילה, יש להסתפק אם צריך ליטול ידיו שחרית להתפלל - דיש ספק אם הטעם של נט"י שחרית כהרשב"א, וא"כ אע"ג דהשתא לא נעשה בריה חדשה, לא פלוג רבנן וצריך נטילה, (**ועוד** דעל חידוש העולם צריך לברך אף שלא נהנה), **או** שמא עיקר הטעם כהרא"ש, ובניעור ולא נגע במקום מטונף א"צ נטילה.

(**וכן אם ישן בלילה בבתי ידים, שבוודאי לא נגע במקום מטונף, אין צריך להרא"ש ליטול ידיו בבוקר, רק משום רוח רעה ובלי ברכה).**

ואם ישן במקצתה, לכו"ע צריך ליטול ידיו בבוקר כדין, והוא שישן שינת קבע על מיטתו, ומשום דסתם ידים עסקניות הן, ובודאי נגע במקום מטונף, **אבל** אם ישן שינת ארעי, להרא"ש דינו בזה כאלו לא ישן כלל.

(**ואם היה ישן בתחלת הלילה, וקם ונטל ידיו כדי להעביר הר"ר, נ"ל דלהרשב"א צריך עוד הפעם בבוקר ליטול ידיו לתפלה ובברכה, דלא שייך לומר דכבר נעשה בריה חדשה כשקם בתחילת הלילה, דכתיב: חדשים לבקרים וגו', ורק כדי לצאת דעת הרא"ש, דלדידיה אין צריך שוב לברך בבוקר, גם בזה יעשה צרכיו קודם התפלה, ויתחייב ליטול ולברך לכו"ע).**

ולהעביר רוח רעה מידיו - יש ג"כ ספק, אם בעלמא השינה גורם הרוח רעה, וא"כ אפי' ישן ביום, שורה ר"ר וצריך ליטול ידיו, וניעור בלילה א"צ ליטול ידיו, **או** הלילה גורם הרוח רעה, וא"כ יהיה הדין בהיפוך.

הגה: ויטלם - ר"ל ג"פ מחמת ספק, וכן בשני הסעיפים שאחר זה, **בלא ברכה.**

יש מהאחרונים שחולקין על הכרעת הרמ"א בזה, וסוברים דצריך לברך, ויש שמסכימים עמו.

וכ"ז בלא עשה צרכיו, אבל אם עשה צרכיו קודם התפלה, הסכמת אחרונים דבזה צריך ליטול ידיו ולברך, **וכן** נכון לעשות לכתחילה במי שניעור כל הלילה, כגון בליל שבועות, יעשה צרכיו או יטיל מים וישפשף, שאז לכו"ע יתחייב לברך, ויברך ענט"י ו"אשר יצר".

סעיף יד - השכים קודם עמוד השחר ונטל ידיו, יש להסתפק אם צריך ליטול ידיו פעם אחרת כשיאור היום, להעביר רוח רעה השורה על הידים - כי י"א דבעמוד השחר חוזר הר"ר לשרות פעם שנית, **הכא** לא נקט "להתפלל" כמש"כ סעיף י"ג, דודאי משום תפלה אין צריך בזה עוד הפעם ליטול ידים.

(הגה: ויטלם בלא ברכה) - (**ומה שכתוב: ויטלם בלא ברכה, וכן בסט"ו, לא דמי למה שכתב בסי"ג, דהתם הוא רק מחמת ספק, והכא לכו"ע לא צריך לברך).**

ואפילו אם חזר וישן פעם שנית קודם עמוד השחר, דבזה בודאי צריך משום רוח רעה עוד הפעם ליטול ידים, ואפילו אם השינה היתה שינת קבע, מ"מ אין יכול לברך ענט"י, **דאנו** חוששין לשיטת הרשב"א, דס"ל דטעם הנטילה משום דבבוקר נעשה בריה חדשה, ופעם אחת נעשה האדם בריה חדשה ולא שתי פעמים, (מוכח מזה, דאף בשינה שלפני עלות השחר, ג"כ הוי בכלל חדשים לבקרים, ודלא כדלעיל בבה"ל בתחילת הלילה), ומשום רוח רעה בלבד לא תקנו ברכה.

ויטלם בלא ברכה - ונראה דאפילו אם בפעם הראשון כשנטל ידיו לא בירך ענט"י, מ"מ לא יברך עתה, דאיך יאמר "וציונו ענט"י", הלא כבר יצא ידי חובת הנטילה לתפלה לדעת הרא"ש, **ומ"מ** הנכון שיביא עצמו לידי חיוב ברכה, דהיינו שיעשה צרכיו קודם התפלה, ויתחייב לברך ענט"י, (**וכיון דאיירינן שלא בירך בפעם ראשונה, בזה י"ל גם לדעת הרשב"א דנוכל לברך עתה, וקאי הברכה על הנטילה הראשונה).**

סעיף טו - ישן ביום, יש להסתפק אם צריך לערות מים עליהם שלש פעמים - אי לילה גורם לרוח הטומאה, או שינה גורם, **(ויטלם בלא ברכה).**

ודוקא הישן שיתין נשמי, אבל פחות מזה, אין רו"ר שורה ואפי' בלילה.

סעיף טז - דוד היה נזהר שלא לישן שיתין נשמין, (פי' ששים נשימות), כדי שלא יטעום טעם מיתה - ר"ל שיתין נשמין רצופין, אלא היה מתנמנם כמה פעמים פחות משיתין נשמי עד חצות לילה, ומחצות ואילך היה מתגבר כארי.

(**רבו בו הדעות בשיעור זה: י"א דהוא ג' שעות, וראיה מהא דהאר"י ז"ל היה ישן בשבת ב' וג' שעות, ויש דוחין, דשאני ת"ח בשבת דמצוה לענג השבת, ועוד אינו מוכרח כלל, דשמא היה ניעור כמה פעמים בתוך שינתו, ולא היה ישן ס' נשמין בפעם אחת, וי"א דהוא יותר מחצי שעה, וי"א דהוא שיעור מעט יותר מג' מינוט, ע"כ בעל נפש יחמיר לפי כחו).**

הגה: ובגמרא פרק הישן משמע, דדוקא ביום היה נזהר - השיגו עליו האחרונים, דלא נמצא שם כן בגמרא רק על האמוראים, אבל דוד בעצמו גם בלילה היה נזהר, **ונ"מ** כ"ז לדידן, שבעל נפש יחמיר עכ"פ ביום, **ואין** שבת בכלל זה, **ואם** א"א לו ללמוד בלא שינת הצהרים, מותר לישן מעט אבל לא יאריך בה, **וגם** זה לא תהיה כונתו להנאת עצמו רק לעבודתו יתברך, **וענין** השינה ביום תלוי לפי מה שהוא אדם, וכפי הצורך לעבודתו ית'.

סעיף יז - יש נוהגין לרחוץ פיהם שחרית, מפני הרירים שבתוך הפה - כי צריך להזכיר את השם הגדול בקדושה ובטהרה, **ואם** הוא איסטניס ואינו רוצה להכניס המים לפיו, מפני שאינם זכים וצחים, אין מעכב מלברך.

סעיף יח - אלו דברים צריכים נטילה במים: הקם מהמטה - להסיר רוח רעה השורה עי"ז, ע"כ ימהר ליטול תיכף, והנטילה תהיה עד הפרק, ועכ"פ עד סוף קשרי אצבעותיו.

והיוצא מבה"כ - ואפילו לא עשה צרכיו, **ומבית המרחץ** - ואפילו לא רחץ שם, ומשום רו"ר ששורה באלו המקומות.

ואף דלתפלה וכ"ש לתורה די אחר כל אלו בנקיון בעלמא, מ"מ להסתלק רוח רעה צריך דוקא מים.

אבל אם ליכלך ידו בטיט וברפש, דאין בו משום רוח רעה, א"צ רק לקנח מקום המלוכלך בלבד, ודי.

והנוטל צפרניו.

והחולץ מנעליו - משום שנוגע בידיו בעת החליצה, אבל בלא נגע בהם אין צריך נטילה, **והנוגע ברגליו; והחופף ראשו.**

והחולץ מנעליו ונוגע ברגליו וחופף ראשו, אינו משום רוח רעה רק משום נקיות, ע"כ א"צ למהר ליטול ידיו תיכף, משא"כ באינך.

וי"א אף ההולך בין המתים - בבית הקברות, **וכתב** מהרי"ל שיש ליטול קודם שיתפלל על הקברות, ורוחצין שנית בשובו לחצר בית הקברות, שרוחות רעות מלוין החוזרין, **ויש** נוהגין אז לרחוץ גם הפנים.

ומי שנגע במת - ואפילו מי שנכנס אצל מת אחד, או שהלך ללותו, נוהגין בנטילה.

ונהגו להקפיד אם יכנס אדם לבית אחר קודם שירחץ, ומנהג אבותינו תורה היא.

ומי שמפליא כליו - אפילו לא נגע בכנה, שלא מצא. **והמשמש מטתו; והנוגע בכנה** - ובפרעוש אפשר דדי בנקיון בעלמא.

והנוגע בגופו בידו - במקומות המטונפות שיש בהם מלמולי זיעה.

ואין צריך ג' פעמים כי אם בקם מן המטה, **ויש** מחמירין בהולך בין המתים, ומשמש מיטתו, דבעינן ג"כ ג"פ, **ובספר** היכל הקודש מחמיר ביוצא מבהכ"ס ג"פ, **ובמ"א** סתר דבריו.

ומי שעשה אחת מכל אלו ולא נטל, אם תלמיד חכם הוא, תלמודו משתכח; ואם אינו תלמיד חכם, יוצא מדעתו - ר"ל דנתלבש בו רוח שטות, ועי"ז יוכל לבוא אח"כ לעבירה, וכמאמרם: דאין אדם עובר עבירה אא"כ נכנס בו רוח שטות.

סעיף יט - המקיז דם מהכתפים ולא נטל ידיו, מפחד ז' ימים - ואפשר עלוקה שקורין פייוקע"ס או ביינקע"ס, ג"כ צריך ליטול, וטוב להחמיר.

המגלח ולא נטל ידיו, מפחד ג' ימים, הנוטל צפרניו ולא נטל ידיו, מפחד יום אחד, ואינו יודע ממה מפחד.

סעיף כ - הרוחץ פניו ולא נגבם יפה, פניו מתבקעות או עולה בהן שחין, ורפואתו לרחוץ הרבה במי סילקא.

סעיף כא - צריך ליזהר בתפלה או באכילה - וה"ה בשעה שהוא עוסק בתורה, **שלא ליגע בשוק וירך ובמקומות המכוסים באדם, לפי שיש שם מלמולי זיעה (מלמולי זיעה פירוש: זוהמא כעין שעורים קטנים), וכן שלא לחכך בראשו** - עיין ביו"ד דצריך ליזהר מזיעה, דכל זיעה סם המות, חוץ מזיעת הפנים, וסימן לדבר: בזיעת אפיך תאכל לחם.

(ועיין לקמן סי' צ"ב סעי' ו') - דנתבאר שם, שאם עומד בתפלה ונזכר שנגע במקום מטונף, די בנקיון עפר, או שמחכך ידיו בכותל, דמה יעשה באמצע תפלה, **ומיהו** אם עומד עדיין בק"ש או בפסוקי דזמרה, צריך לילך וליטול ידיו.

(וסי' קס"ד) - דשם נתבאר, שאם עבר ונגע בתוך הסעודה, צריך ליטול ידיו שנית כדין, **אך** לענין ברכת ענט"י, הסכמת רוב האחרונים שלא לחזור ולברך.

אבל מקומות המגולים בראשו ובפניו, ובמקום המגולה שבזרועותיו - עד הפרק הנקרא איילי"ן בויגי"ן, **אין להקפיד.**

וכן אם הולך יחף ברגליו, אפשר דהוי בכלל המקומות המגולין.

וכן בצוארו עד החזה, וכתב במחצית השקל דזה תלוי לפי מנהג המקומות, אם הדרך להיות מגולה שם.

§ סימן ו – דין ברכת אשר יצר ואלהי נשמה ופירושיו §

סעיף ב - יש נוהגין להמתין לברך על נט"י עד בואם לבית הכנסת, ומסדרים אותו עם שאר הברכות - ודוקא אם הולך מיד לבהכ"נ, אבל אם לומד אחר הנטילה, וכ"ש כשמפסיק בשיחה בטלה, ואחר זה הולך לבהכ"נ ומברך שם ענט"י, לכו"ע לא עביד שפיר, דיש הפסק גדול בין נטילה לברכה, וכדלקמיה, **ע"כ** אותם שאומרים תהלים קודם ענט"י, לא יפה הם עושים, דהוי הפסק גדול.

כתב הלבוש, אותם שאומרים תהלים, טוב יותר שיאמרו קודם התפלה, ע"ש הטעם.

קבלה מר"י חסיד: היוצא מביתו לבהכ"נ קודם שיתפלל, יאמר פסוק שמע ישראל, אבל יכוון שלא לצאת בזה המ"ע דק"ש, אא"כ ירא שיעבור זמן ק"ש.

ובני ספרד לא נהגו כן - והסכמת האחרונים לנהוג כאנשי ספרד, שלא להפסיק לכתחלה בין ברכת ענט"י והנטילה, אלא מיד שנוטל ידיו צריך לברך ענט"י, **אך** אם בעת שנוטל ידיו הוא צריך לנקביו, שאפילו בד"ת אסור, ואפי' יכול להעמיד עצמו עד פרסה, אין לו לברך ענט"י עד שיעשה צרכיו, ויברך ענט"י ו"אשר יצר" - שע"ת.

ועיין לעיל בסימן ד' שכתבנו שם בשם הח"א, שלכתחלה יותר טוב להמתין מלברך ענט"י עד לאחר שמנקה עצמו ורוצה להתפלל, דאז יוצא לכו"ע, **וטוב** שאז יסדר אחר ברכת ענט"י ו"אשר יצר", גם שאר ברכות השחר, ובאופן זה מיירי הח"א שכתב דיוצא לכו"ע, **ומ"מ** העושה כהשע"ת יש לו ג"כ על מה לסמוך.

ועכ"פ לא יברך ב' פעמים, ומי שמברכם בביתו לא יברך בבהכ"נ, וכן מי שמברכם בבהכ"נ לא יברך בביתו -

סימן ו – דין ברכת אשר יצר ואלהי נשמה ופירושיו

ואפילו ש"ץ שבירך בביתו, שוב לא יברך בבהכ"נ, דבימינו הכל בקיאים, וכל אחד מברך לעצמו ואין רוצה לצאת בברכת הש"ץ, **ע"כ** במקום שהמנהג שהש"ץ אומר כל הברכות בצבור, כמו במקומותינו שהמנהג כן בימים נוראים, שמברך בצבור גם ענט"י ו"אשר יצר" וברכת התורה, יזהר מתחלה שלא יברך אותם בביתו, **ואם** אירע שכבר בירך אותם בביתו, יראה לבקש לאחד מהשומעים שעדיין לא בירך שיכוין לצאת בברכתו, **אך** אז יהיה זהיר הש"ץ מאוד להשמיע כל לשון הברכה, ולא כמו שנוהגין באיזה מקום, שהש"ץ משמיע רק לשון תחלת הברכה וסופה, דכיון שכונתו אז בהברכה להוציא, צריך להשמיע כל לשון הברכה.

ומי שלומד קודם שיכנס לבהכ"נ, או מתפלל קודם, יברכם בביתו ולא יברך בבהכ"נ. ואפילו בכהאי גוונא, יש נוהגין לסדרם עם שאר ברכות בבהכ"נ ואין מברכין בביתם - היינו מה שנוהגין רוב המון העם להתפלל סליחות קודם אור הבוקר בימי הסליחות, ושם מזכירין כמה פסוקים, ואח"כ מברכין ענט"י וברכת התורה, **ולענין** ברכת התורה יש ליישב קצת, דאותן הפסוקים אין אומרים אותן אלא דרך תפלה, ולא נתחייבו בהם בבה"ת לפי דעת איזו פוסקים, **אך** לענין נט"י שמפסיקין בהפסקה כזאת צ"ע ליישב, **והסכימו** האחרונים שלא לעשות כן, אלא יש לברך בביתו מיד בקומו, ושוב אין לברך ענט"י בבהכ"נ, **או** שבעת קומו לא יברך ענט"י, אלא אחר גמר הסליחות יבדוק עצמו לנקביו, או יטיל מים וישפשף, ואז יברך ענט"י ו"אשר יצר" ויתפלל, וכמש"כ לעיל בשם הח"א.

סעיף ד - יש נוהגין שאחר שבירך אחד ברכת השחר וענו אחריו אמן, חוזר אחד מהעונים אמן ומברך ועונין אחריו אמן, וכסדר הזה עושין כל אותם שענו אמן תחלה - וכונתם הוא שישלים כל אחד עד צ' אמנים ליום.

ואין לערער עליהם ולומר שכבר יצאו באמן שענו תחלה, מפני שהמברך אינו מכוין להוציא אחרים, ואפילו אם היה המברך מכוין להוציא אחרים, הם מכונים שלא לצאת בברכתו - ועיין בש"ת שיש שמפקפקין בזה, **ובתשובה** מאהבה העלה, דלדידן שנוהגין שלא לצאת בברכת הש"ץ, לכו"ע מותר לעשות כן, **ובפמ"ג** כתב דראוי עתה שלא לומר בקול רם כי אם הש"ץ, **ע"כ** כל מקום ומקום יעשה כפי מנהגו, שכל אחד יש לו על מי לסמוך.

בלבוש משמע, שאין יכול להוציא ברכת השחר בפחות מעשרה, **ועיין** בפמ"ג דמצדד לומר, דדוקא בבקי אין מוציא בפחות מעשרה, אבל בשאין בקי א"צ עשרה אף להלבוש.

§ סימן ז – דין לברך ברכת אשר יצר כל היום אחר הטלת מים §

סעיף א - כל היום כשעושה צרכיו, בין קטנים בין גדולים, מברך: אשר יצר - ואפי' אם נמשך זמן גדול אחר עשיית הצרכים, אפ"ה חייב לברך. **ואם** לא בירך "אשר יצר" עד שרוצה להטיל מים שנית, דעת הפמ"ג, דמקודם שיטיל יברך "אשר יצר" על ההטלה הראשונה, **אבל** בש"ת הסכים בשם כמה אחרונים, דאם נזכר לאחר שהתחיל לו תאוה, שוב לא יברך.

כתב רש"ל בתשו', מי שאכל דבר שחייב ברכה אחרונה, ושכח והטיל מים, ונזכר קודם שבא לברך "אשר יצר", איזה מהם קודם, **והשיב** ד"אשר יצר" קודם דתדיר.

מי ששותה סם המשלשל, דיש בדעתו מתחלה לפנות הבני מעיים עד שתכלה הזוהמא מהם, ע"כ י"א דלא יברך כי אם אחר גמר ההוצאה, **וי"א** דיברך בכל פעם, והמנהג כסברא אחרונה, **אך** בשלשול חזק, שמרגיש שמיד יצטרך לפנות שנית, אסור לברך, שאפי' בד"ת אסור.

ולא ענט"י, אף אם רוצה ללמוד או להתפלל מיד - אף דקיי"ל דלתפלת מנחה וכן לערבית, אפי' אינו יודע להן שום לכלוך, צריך ליטול ידיו, וכ"ש כשעשה צרכיו, מ"מ אינו מברך ענט"י אלא בשחרית.

ועיין בספר ארצות החיים שכתב, דדעת רוב הפוסקים, דאם עשה צרכיו לגדולים ואח"כ רוצה להתפלל, מברך ענט"י, **ומ"מ** לכתחלה אין לזוז מפסק השו"ע.

(עיין בפמ"ג שנסתפק, אם יזדמן על צד הקרי עוד ספק אחד, על דרך משל, שרוצה לטעום קודם תפלה דבר שטיבולו במשקה, דהוי תרי ספיקי, דשמא הלכה כמ"ד דעל טיבולו במשקה צריך לברך ענט"י, ועוד דשמא הלכה כמ"ד דכל היום צריך לברך לתפלה, **ובארה"ח** דעתו דמטעם ס"ס שלא לברך, רק משום דבלא"ה דעת רוב הפוסקים דלתפלה יוכל לברך).

הגה: היו ידיו מלוכלכות, שפשף בכן - הניצוצות של מי רגלים, וה"ה בגדולים שעשה צרכיו וקנח, **אפ"ה אינו מברך על נטילת ידים.**

סעיף ב - הטיל מים ולא שפשף, אע"פ שצריך לברך: אשר יצר, אין צריך ליטול ידיו אלא משום נקיות או משום הכון - ואם אין לו במה ליטול, אעפ"כ צריך לברך "אשר יצר".

(**ואם** שפשף, צריך מדינא ליטול, **ואם** שפשף ביד אחת, אין צריך מדינא רק אותו היד, והשנייה רק משום "הכון"), **ואפילו** אם שפשף, מהני לברכות אם מנקה ידיו בכל מידי דמנקי.

(**סעיף** זה לא מיירי לתפלה, דשם צריך ליטול אף בלא הטיל מים כלל).

סעיף ג - הטיל מים, והסיח דעתו מלהטיל מים, ואח"כ נמלך והטיל מים פעם אחרת, צריך לברך ב' פעמים אשר יצר - כדמצינו לענין תפלה, שאם טעה ולא התפלל שחרית, מתפלל מנחה שתים.

אבל הרבה מהאחרונים חולקין על פסק זה, וסוברין דשאני תפלה שהיא במקום קרבן ושייך בו תשלומין, משא"כ ב"אשר יצר" שהיא

סימן ז – דין לברך ברכת אשר יצר כל היום אחר הטלת מים

ברכת הודאה, יוצא בהודאה אחת על הרבה פעמים, כמי שאכל שתי פעמים והסיח דעתו בינתים, שמברך בהמ"ז אחת על שתיהן, **ויש** להקל בספק ברכות, ולכתחילה נכון ליזהר לברך תיכף "אשר יצר" אחר הטלת מים, דשמא יצטרך עוד אח"כ להטיל מים, וה"ה בגדולים.

סעיף ד - אין שיעור להשתין מים, כי אפילו לטפה אחת חייב לברך, שאם יסתם הנקב מלהוציא הטפה ההיא היה קשה לו, וחייב להודות.

§ סימן ח – הלכות ציצית ועטיפתו §

סעיף ח - יכוין בהתעטפו: שצונו הקב"ה להתעטף בו כדי שנזכור כל מצותיו לעשותם - וזהו מלבד הכוונה שצריך לכוין בלבישה: לקיים מצות ציצית, **ומ"מ** נראה דכ"ז לכתחלה כדי לקיים המצוה בשלמותה, אבל בדיעבד אף אם לא כיון רק לקיים המצות עשה, יצא.

וכתב הב"ח, שכן הדין בתפילין וסוכה, אף דבשאר מצות יוצא אף שלא מכוין בה דבר, כי אם שעושה המצוה לשם ד' שצוה לעשותה, הנך שאני, דבציצית כתיב: למען תזכרו, ובתפילין: למען תהיה תורת ה' בפיך, ובסוכה: למען ידעו דורותיכם.

סעיף ט - קודם שיברך, יעיין בחוטי הציצית אם הם כשרים, כדי שלא יברך לבטלה - (פשוט הוא, דבין טלית שלו ובין טלית שאולה, כיון ששאלו להתפלל בו, וא"כ צריך לברך עליו, דהוא כשלו, ממילא דצריך לבדקו, **אם** לא כשנוטל מיד המשאיל אחר תפלתו).

ואע"ג דבלא"ה יש חשש איסור, שילבש בגד של ד' כנפות בלי ציצית, מ"מ מוקמי ליה אחזקתיה שהיה כשר, רק משום חומר ד"לא תשא" שיש על ברכה לבטלה החמירו לבדקו, **ולפי"ז** מי שלובש כמה בגדים של ציצית, אין צריך לבדוק אלא אחד מהם, כיון דברכה אחת לכולם, **אבל** האחרונים כתבו דצריך לבדוק כולם, אחד, דלא סמכינן אחזקה במקום דיכולין לבררו, וגם דחזקה גרועה היא, דעשויין החוטין ליפסק, **ולכן** צריך לבדוק בכל יום בבוקר כשלובשן, ואז אף שהסירן והסיח דעתו מהם, אף דצריך ברכה כשחוזר ולובש, אפ"ה אין צריך לחזור ולבדוק, דבזמן מועט כזה אינו רגיל ליפסק, וסמכינן אחזקה.

גם צריך לבדקן למעלה במקום נקב הטלית עד הקשירה, דשם פסול אפילו בנפסק חוט אחד, (**ונ"ל דאפשר** דיש להקל **אם** הוא לובש כמה בגדים של ציצית, שלא יצטרך לבדוק גם במקום נקב הקשירה אלא זה שהוא מברך עליו בלבד, והשאר דיו בבדיקת חוטין בלבד, **וא"כ** אין צריך לבדוק הט"ק אלא החוטין, כיון שהברכה מברך על ט"ג, **ומ"מ** נכון לעיין קצת לפרקים, כי רגיל להתקלקל שם ג"כ, ובפרט אותן האנשים שישנים בהטלית קטן).

ואפילו בבוקר, אם ע"י הבדיקה יתבטל מתפלה בצבור, או שקראוהו לעלות לתורה, יכול ללבוש טליתו בלי בדיקה, והוא שיודע שהיו החוטין שלמים אתמול, **ומ"מ** נכון לעיין קצת מאי דאפשר.

ואם שאל טלית מאחר לעלות לתורה, דמנהגינו שלא לברך עליו, אין צריך לבדקו כלל.

(אך מי שלקח טלית של קהל לעלות לתורה, או לדרוש בו קודם בין השמשות, לכאורה פשוט דצריך לבדקו, דהלא פסקו הפוסקים דהוא כמו טלית של שותפין, **ואפילו** לדעת הט"ז, דרוצה להקל לסמוך אחזקה משום טורח ציבור, אפשר דהיינו בטלית שלו, שיש לו חזקה מעלייתא שבדקו בעצמו, **משא"כ** בטלית של קהל שמצוי מאוד להיות ציציותיו פסולין, והכנפות נעקרין ממקומן ואין משגיח עליו, אין ראוי לברך עליו בלי בדיקה, **ואפילו** אם ירצה ללבוש אותו בלי ברכה, ג"כ אין נכון, דהוא כמו טלית של שותפין, וגם מחשש ביטול עשה של ציצית, **ע"כ** צריך לבדוק עכ"פ את חוטי הציצית במקצת כל מה דאפשר).

ואם בדק הטלית כשהסיר אותו מעליו והניחו בכיסו שלו, אין צריך לחזור ולבדקו למחר כשמתעטף בו.

משמע מדברי הב"ח וא"ר, דגם בשבת יש לבדוק הטלית.

סעיף יב - אם יש לו כמה בגדים של ארבע כנפות, כולם חייבים בציצית - אם לובשם כולם, אבל אם מונחים בתיבתו פטורין, דקי"ל ציצית חובת גברא ולא חובת מנא.

ואם לבשם כולם בלא הפסק, והיה דעתו מתחלה על כולם, לא יברך אלא ברכה א'. ואם מפסיק ביניהם, צריך לברך על כל אחת ואחת - היינו בהפסק גדול שהוא בכלל היסח הדעת, אבל בשהיית זמן מה, פסק מ"א ושארי אחרונים, דשתיקה לא חשיבא הפסקה בדיעבד, ואפילו אם שהה הרבה יותר מכדי דיבור.

ואם שח ביניהם, אם היה הדיבור לצורך לבישה, כגון שאמר: תנו לי בגד ללבוש וכה"ג, פשיטא דאין צריך לחזור ולברך, **אבל** אם לא היה לצורך לבישה, יש דיעות בין הפוסקים, **ודעת** המחבר לקמן בסעיף י"ג ומ"א והרבה מן האחרונים, כהפוסקים דאפילו שיחה בעלמא ג"כ הוי בכלל הפסק לענין זה, **אבל** יש מן האחרונים שפוסקין, דכיון דיש שסוברין בזה דאין צריך לחזור ולברך, דהוי כמו שסח באמצע סעודה, מוטב שלא להכניס בספק ברכה, וכן הסכים הפמ"ג.

לכן יזהר כל אדם שלא לשוח, ואם דיבר אין חוזר ומברך, וכ"ש שיזהר שלא להפסיק הפסק גדול, דאסור לגרום ברכה שאינה צריכה.

וה"ה אם לא היה בדעתו מתחלה על כולם, הוי כמפסיק ביניהם - ר"ל שלא היה בדעתו בפירוש רק שבירך סתמא, **ומדסתם** משמע דמיירי אפילו היו מונחים לפניו כל הבגדים של הארבע כנפות בשעת הברכה, ואפ"ה צריך לחזור ולברך, דמיירי שהוא רגיל רק ללבוש אחת, וע"כ בסתמא אין עולה הברכה לכולם, דהוי כנמלך, אא"כ היה דעתו עליהם בפירוש.

(**ואם** דרכו ללבוש תמיד שנים או שלשה בגדים של ד' כנפות זו על זו, ועתה לבש את הבגד סתמא, אם היו כולם לפניו בשעת ברכה, אין צריך לחזור ולברך, **ואם** לא היו כולן לפניו, רק בשעה שהיו מביאין לפניו הבגד האחרון, יש עדיין לפניו מן הבגדים שהיו לפניו בשעת הברכה, או שהביאו לפניו מלבוש השני תיכף אחר ברכת הראשון וקודם שלבשו, בזה יש דיעות בין הפוסקים, ופסקו האחרונים דמספק לא יחזור ויברך, **ואם** אין נחוץ לו עתה זה הבגד האחרון, מוטב שלא ללבשו עד שיסיח דעתו מברכה ראשונה, כדי שיתחייב לברך עליו בבירור).

וה"ה אם בירך על ט"ק "על מצות" כמנהגנו, ולקח מיד הט"ג, אם היה דעתו בפירוש לפטור ב"על מצות", אין צריך לחזור ולברך, **ובסתמא** חוזר ומברך, דבסתמא אין דעתו ב"על מצות" כי אם על ט"ק, **אך** מ"מ לכתחלה בודאי יש לזהר שלא לברך על ט"ק אם דעתו ללבוש תיכף הט"ג, משום גרם ברכה שאינה צריכה.

אם לבש טלית בלא בדיקה ומצא אותו פסול, או שנפסלו ציציותיו אח"כ, ולובש טלית אחר, צריך לברך פעם אחרת, **אם** לא שהיה בדעתו בפירוש בשעת ברכה על כל מה שילבש אח"כ.

הגה: וכן אם פשט הראשון קודם שלבש השני, צריך לחזור ולברך - האחרונים חולקין ע"ז, וס"ל דהפשיטה לא הוי הפסק לכו"ע, **ואינו** דומה למש"כ המחבר בסעיף י"ד, דהפשיטה הוי הפסק, דהתם לא היה דעתו בשעת ברכה שיפשיטנו ויחזור וילבש, אבל הכא היה דעתו בשעת ברכה על לבישת הבגד השני.

סעיף יג - הלובש טלית קטן ומברך עליו, וכשהולך לבית הכנסת מתעטף בטלית גדול, צריך לברך עליו - אפילו אם תיכף הלך לבהכ"נ, ולא הסיח דעתו בינתיים כלל, **דהליכה מביתו לבית הכנסת חשיבה הפסק.**

והאחרונים הסכימו, דעצם הליכה לא חשיב הפסק, ואעפ"כ כתבו, דצריך לברך על הט"ג, משום שינוי מקום, **ולפי"ז** ה"ה אם כשיצא מביתו, חזר מיד לביתו ולבש שם הט"ג, ג"כ צריך לברך עליו, אף דהיה דעתו גם על הט"ג בשעת ברכה, דהוי כדברים שאין טעונין ברכה לאחריהם, דשינוי מקום הוי הפסק.

והח"א חשש לדעת הסוברים, דשינוי מקום לא הוי הפסק בזה, ע"כ החמיר שלא לברך, **אם** לא שהיה הבהכנ"ס רחוק מביתו, או שלא היה דעתו בשעת ברכה גם עליו, או שהסיח דעתו ביניהם.

ואם מתפלל בתוך ביתו, אם היה דעתו מתחלה גם על טלית גדול, ולא הפסיק בינתים בשיחה או בדברים אחרים, אינו צריך לחזור ולברך - ואפילו אם הט"ק לבש בחדר זה והט"ג בחדר אחר, דשינוי מקום לא הוי מחדר לחדר, כיון דהיה דעתו לזה.

(**לכאורה** אפי' לא היה דעתו לזה בפירוש רק בסתמא, כיון דרגיל ללבוש אותו בכל יום, הוי כאילו היה דעתו לזה, **ובשלמא** לדעת הרמ"א שפסק לעיל, דעל ט"ק יברך "על מצות ציצית", אתי שפיר, דבסתמא אין מכוין בברכה זו גם על ט"ג, **אבל** לדעת המחבר שפסק לעיל בס"ו, דיכול לברך "להתעטף", א"כ ממילא קאי הברכה גם על הט"ג, **וע"כ** אנו מוכרחין לומר, דמיירי כאן שלא היה הט"ג לפניו בשעת ברכה, ולפלא על מפרשי השו"ע שלא ביארו כל זה).

ומש"כ בשיחה, הוא אפילו תיבה אחת, ועיין לעיל בסעיף י"ב, במה שכתבנו בשם האחרונים לדינא.

סעיף יד - אם פשט טליתו, אפילו היה דעתו לחזור ולהתעטף בו מיד, צריך לברך כשיחזור ויתעטף בו - אפילו נשאר עליו ט"ק, ואפילו אם תיכף נתעטף בו ולא שינה מקומו כלל בינתים, דהפשיטה גופא הפסק הוא בזה.

(**מוכח** מהמ"א, דאם בשעת הברכה היה דעתו שיפשטנו ויחזור וילבשנו, לכו"ע א"צ לחזור ולברך, **וזהו** לענ"ד העצה היעוצה שיוכל לצאת בזה כל הדיעות, שיכוין בשעת ברכה שאם יצטרך לפשטו שיחזור וילבשנו).

הגה: וי"א שאין מברכין אם היה דעתו לחזור ולהתעטף בו - אפילו אם בעת הפשיטה לא נשאר עליו ט"ק, וכן פסקו האחרונים.

וטעם הי"א הוא, דכיון דבעת הפשיטה היה דעתו תיכף ללבשו, וכן עשה, לא הוי הפשיטה הפסק, **ואפילו** אם שינה מקומו בינתים, כגון שפשט אותו ליכנס לביהכ"ס וכל כיוצא בזה, לא הוי השינוי מקום בזה הפסק, כיון שחזר ולבש אותו טלית עצמו.

ואינו דומה למה דהסכימו הפוסקים בסימן כ"ה, דאם פשט תפילין אדעתא ליכנס לבהכ"ס, הוי הפסק ע"י זה, **דשאני** התם כיון דבהכ"ס אסור בתפילין, הוי הפסק גמור, משא"כ בטלית דמדינא אינו אסור, רק דאינו נכון לעשות כן, ע"כ לא הוי הפסק ע"ז.

ודע, דאם בעת הפשיטה לא היה דעתו ללבוש מיד רק אחר איזה זמן, אף שאח"כ חזר ונתעטף בו מיד, לכו"ע צריך לחזור ולברך, ואפילו אם נשאר עליו ט"ק, דתיכף שפשטו אזדא לה המצוה, **וה"ה** להיפך, אם בעת הפשיטה היה דעתו ללבוש מיד, ואח"כ נשתהא איזה זמן והסיח דעתו, גם בזה לכו"ע צריך לחזור ולברך, אפילו אם נשאר עליו ט"ק.

(**ולפי"ז** היוצא מבית המרחץ, צריך ברכה שנית על הט"ק, דאיכא הפסק גדול, והעולם אין נוהגין ליזהר בזה, **ואפשר** שטעמם דלא שייך בזה היסח הדעת, שמוכרח הוא לחזור וללבוש את בגדיו, **ולכאורה** נראה דלא מהני בזה אפילו אם יכוין בבקר בעת הברכה שיפשטנו ויחזור וילבשנו, כיון דמטעם הפסק אתינן עלה, **ואפשר** לומר, דכשמכוין לזה בעת ברכה בבקר, לא שייך בזה הפסק בין הפשיטה והלבישה, דהברכה קאי על לבישה השנית, **תדע**, דמשמע מהמ"א דעצה זו מהני אפילו להב"י, דס"ל דתיכף שפשט אזדא לה המצוה, ולא מהני מה שהיה דעתו לחזור וללבשו, וע"כ משום דהברכה קאי על לבישה השנית, **ואפשר** לדחות, דס"ל דע"י הכוונה שמכוין לזה בשעת ברכה, מהני אח"כ סמיכת הפשיטה להלבישה, וצ"ע, **ואולי** יש לחלק בין אם שהה הרבה אם לא,

סימן ח – הלכות ציצית ועטיפתו

ויותר טוב שיכוין בבקר בעת הברכה, שלא תפטור בברכה זו להט"ק רק עד שיפשטנו בבית המרחץ, ואז יוכל לברך אח"כ לכו"ע).

וי"א דוקא כשנשאר עליו טלית קטן, והכי נוהגין. (ע"ל סימן כ"ה סי' י"ב) - האחרונים פסקו כהי"א הזה, **אך** דמסקי דהי"א הזה לא איירי רק כשפשט הטלית היה בסתמא, לכן אמרינן דאם נשאר עליו ט"ק, עדיין לא הסיח דעתו מן המצוה, ובאם לאו, מסתמא הסיח דעתו, **אבל** אם היה דעתו בפירוש לחזור וללבשו מיד, אין צריך לחזור ולברך כשלובשו מיד, אפילו אם לא נשאר עליו ט"ק, **וכן** להיפך לא מהני הט"ק.

ונראה דאם פשט אותו בתוך התפלה, אפילו בסתמא הוי כמו שפשט אותו על דעת לחזור, **וכן** אם קיפלו והניחו בתוך כיסו, הוי כמו שפשט אותו בפירוש על דעת שלא לחזור.

(**ע"כ** סנדקי שתופס הילד למולו ומתעטף בציצית, **אם הטלית שאולה, לא** יברך עליו, **ואם** הטלית הוא שלו, **אם** אחר התפלה בעת הפשיטה היה דעתו ללבשו, ולא שהה הרבה בינתיים, אין צריך לחזור ולברך, אפילו היה שינוי מקום, כגון שהמילה היה בבית, **ואם** לא היה דעתו ללבשו, לא מהני אפילו המילה היה במקום התפלה, **ואם** הסירו סתמא, תלוי באם נשאר עליו ט"ק, אין צריך לחזור ולברך על הט"ג, **ואם** לאו חוזר ומברך בכל גווני, **ואם** קפלו והניחו בתוך כיסו, הוי כמו שפשט אותו בפירוש על דעת שלא לחזור וללבשו, וצריך אח"כ לחזור ולברך בכל גווני).

סעיף טו - אם נפלה טליתו שלא במתכוין, וחוזר ומתעטף, צריך לברך - אפי' אם לובשו מיד, ואפילו נשאר עליו ט"ק לא מהני, **ואפי'** למה דפסקינן, דבהסיר טליתו על דעת להחזירו א"צ לברך, בזה גרע יותר, דהא נפלה בלא דעת, ואזדא לה מצותה.

ואם נפל ממנו באמצע תפלת י"ח, והחזירוהו אחרים עליו, כשיסיים תפלת י"ח, ימשמש בציצית ויברך.

והוא שנפלה כולה, אבל אם לא נפלה כולה, אע"פ שנפלה רובה, אינו צריך לברך - הט"ז וא"ר חולקין על זה, וגם הגר"א מצדד לדברי הט"ז. **ולכו"ע** אם נפל מעל כל הגוף, אע"פ שנשארת בידו, צריך לברך, דאזדא לה מצותה, שעיקר מצות עיטוף הוא בגוף.

אם בירך על הטלית, ונפל מידו קודם שנתעטף בו, והגביהו ולבשו, א"צ לברך שנית, ואפילו נפסלו אז ציצותיו, והיה לו ציצית מזומנים ותקנם מיד, אין צריך לברך שנית, דכיון שעדיין לא עשה מצותו לא הסיח דעתו.

ומי שלקח טלית להתעטף בו, והתחיל לברך עליו, וקודם שסיים הברכה לקחוהו ממנו, ותפילין לפניו, יכול לסיים הברכה "אקב"ו להניח תפילין", ויוצא בזה.

§ סימן י – דיני כנפות הטלית §

סעיף ח - קאפ"ה שהיא פתוחה, בענין שיש לה ד' כנפות, אם יקבעו בה אשטרינג"ה - הוא דבר המחבר צדדי הבגד אחת אל אחת, **לעשותה כסתומה כדי לפוטרה מציצית, אינו מועיל תיקון זה אם לא תהיה קבועה מחצי ארכה ולמטה לכל הפחות** - ולכן אין לעשות בט"ק קרסים למטה מחציו, דהוי כסתום, והוא שנכפפין מאוד ראשי הקרסים לצד השני, שאינו יכול להתירן אלא ע"י מעשה, דבזה חשיבי חיבור גמור, הן לענין כלאים, והן לענין ציצית, אבל בלא"ה לא חשיב חיבור עי"ז.

(**כתב** בארה"ח, בגדים שיש להם ד' כנפות, ולובשם דרך מלבוש, וחוגר עליהם בחגורתו מחצי ארכה ולמטה, אפי' אם חוגר בחוזק, לא נפטר ע"י כן מחיוב ציצית, **אבל** אם קובע בהם לולאות בב' הצדדים, וקושרם בקשר של קיימא, יש להסתפק אם נפטרים עי"כ מחיוב ציצית, דאפשר דיש לדמותו לכלאים, דע"י קשירה נעשה חיבור, וא"כ בענינינו מבטלו מתורת ד' כנפות, או לא).

וגם שתהיה קבועה למטה מהחגור, למען יהיה הרוב הסתום רוב הנראה לעינים, דאל"כ יאסר משום מראית העין - ואם הוא תמיד תחת בגדיו, ואף כשהוא הולך ברה"ר הוא בהצנע, י"ל דלא שייך בזה מראית עין.

(וה"ה הבגדים שרובן פתוח, צריך שיהיה רוב הנראה לעינים ולא מצומצם, כדי שלא יחשבו עליו שהוא מברך לבטלה).

סעיף ט - הכנפים, צריך שיהיו מרובעות ולא שיהיו עגולות - דאין עיגול נקרא כנף, (צ"ע עד כמה נקרא בשם עגולות, דאין סברא לומר, דע"י משהו שיעגל חודו של הכנף, תפטר שוב הבגד מציצית).

סעיף י - מצנפת פטורה, אפילו של ארצות המערב שב' ראשיה מושלכים על כתפיהם וגופם, ואע"פ שמתכסה בה ראשו ורובו, פטור, כיון שעיקרה - הכין לו מתחלה רק בשביל **לכסות הראש, דכסותך אמר רחמנא, ולא כסות הראש** - (ובארה"ח החליט, דאם מתכסה בה ראשו ורובו חייב בציצית, מפני כמה קושיות שהקשה על הב"י והשו"ע, **ובאמת** אין בהם כדאי לדחות דברי השו"ע, והרוצה להחמיר, יעשה קרן א' עגול).

ומה שעושין עטרה לטלית, לא מפני שעיקרה נעשה לכיסוי הראש, אלא משום היכר שציצית העליונים לא יתחלפו למטה, **וע"ל** סי' ח' ס"ד כתבתי, שהאר"י ז"ל לא היה מקפיד ע"ז, וכן מכריע הא"ר להקל, אם נקרע למעלה וכיוצא בזה.

סעיף יא- סודר שנותנין על הצואר במלכות א"י, שנקרא בערבי שי"ד, וכן בוק"א שהיו נותנין בספרד על כתפיהם, פטורים - אף שהיה מחזיק אותה החתיכה כאמה או אמותים, ויש כדי לכסות ראשו ורובו של קטן, אפ"ה פטורים.

(**והטעם** לזה כתוב בב"י, שעיקר הבאת הסודרים ההם מתחלה, הוא כדי להתעטף בהם סביבות הראש מפני הקור, ולעשות צל על הראש בזמן החום, וגם לכסות בה הראש בהחתיכות הבגד בעת שהוא עולה לקרוא בתורה, ולכן אף שרוב היום הוא מביאה על הגוף, שוב הו"ל כסות ראש ופטור, **ועוד** י"ל, שעיקר הבאת הסודרים ההם, הוא להשתמש בהם לכמה דברים, לחגור בהם כשעושים שום עבודת משא, לקנח בהם את הידים, ולצרור בהם מעות, ולהביא בהם פירות, ולקנח הזיעה וכו', אעפ"י שנהנין בהם בחמה מפני החמה ובגשמים מפני הגשמים, כיון שהבאתם אינה לכך, לא חשיבה ולא קרינן: אשר תכסה בה).

(**ולפי** זה נראה, במקומינו שנתפשט מחדש ג"כ, להעלות כמין חתיכה גדולה של אמה ויותר על הכתפים, ואין בזה שום טעם מאלה הטעמים כפי שידוע לנו, שחייב בציצית, **אך** לטעמים אחרים שהביא בב"י, דאפשר דדוקא דרך לבישה ולא העלאה, או משום דאינו רק לכבוד ולא מפני הקור והחום, אפשר דיש להקל, **אך** הרבה חולקים על אלו הטעמים כמבואר בב"י ובד"מ, ע"כ ירא שמים יעשה קרן א' עגולה).

סעיף יב - מלבושים שבמצרים הנקראים גוחא"ש, וכן מינטינ"י ודואלמני"ש וקפטאני"ש ופידיני"ש שבתוגרמה, אע"פ שיש להם ד' כנפים, פטורים - הטעם עיין בב"י.

(הגה: וה"ה מלבושים של גלילות בני אשכנז וספרד, הואיל ואין כנפיהם עשוין שיהיו שנים לפניהם ושנים לאחריהם מכוונים זו כנגד זו, פטורים).

הב"י כתב: יש לדקדק במלבושים שלנו, שיש להם ב' כנפות סמוך לצואר, וב' כנפות סמוך לארץ, למה אין מטילין בהם ציצית, **ותירץ** ע"ז כמה תירוצים, ודחה אותם הד"מ, **ואמר** הוא טעם להמנהג: דמאחר דמצות ציצית הוא לכתחלה שיחזיר ב' לפניו וב' לאחריו, ומלבושים שלנו הם כל הד' כנפות לפניו, וא"א להלבישן בענין אחר, אין חייבין בציצית, {וזהו מה שכתב: הואיל ואין כנפיהם עשויין וכו'}, **ומלבוש** שקורין רא"ק, שמחובר למעלה חתיכת בגד מרובעת, ומונח על כתפיו מאחוריו, שקורין קאלנע"ר, פשוט הוא דפטור, שהרי לצד מעלה אין לו כנפות רק כנפות הקאלנע"ר המונחין לו קצת מאחוריו, ואין זה קרנות, הואיל ואין השני קרנות שמאחוריו מכוונות נגד הכנפות שלפניו, עכ"ל הד"מ.

(**וכתב הפמ"ג**: א"כ בסערדא"ק, שעושין חתוך לפניו לגמרי, ומצד שמאל חתוך ג"כ, לדעת הד"מ אין זה חייב בציצית, **ולפטור** לגמרי משום זה אין נכון, דמה שאנו צריכין שיהיו שתי הציצית לפניהם ושתים לאחריהם, איננו מעיקר הלכה רק למצוה בעלמא, **לכן** כדי שיתחייב בציצית, יראה לעשות ב' כנפות מימין ושתים משמאל, ורובו יהיה פתוח רוב הנראה לעינים, דאל"כ יש מראית עין בברכה וציצית).

וכ' המ"א: יען שהלכה זו רופפת בידי הגאונים, ולא מצאו טעם נכון, כי גם על טעם ד"מ יש לפקפק הרבה, ע"כ י"ש יעשה קרן א' עגולה, וכן דעת הפמ"ג ושארי אחרונים.

ובפרט בימינו, באותן הבגדים שנהגו מחדש לעשותן פתוח מאחריהם, והוא הבגד הנקרא קאפאט"ע, ומצוי הוא כמה פעמים שרובו פתוח, ולפי"ד הד"מ חייב הוא בציצית, שהרי ב' שלאחריו מכוונות כנגד ב' כנפות שלפניו, **ע"כ** הרוצה לפטור עצמו, מחוייב לעשות שם עכ"פ קרן אחת מאותן ד' כנפות עגולה, ותפטר מן הציצית, **ויותר** טוב שיעגל עוד שתי קרנות, כדי שתשאר רק בת שלש, כי עתה היא בת ששה.

מלשון "ושנים לאחוריהם", נמשך שגגה לאיזה אנשים, שמקפלין חלק אחד מהטלית מאוד, עד שנעשה דק ואין מכסה כלל רק הצואר, וכונתם שיהיה ב' ציצית לאחריהם ממש על כתפיהם, **ואין** זה מן המובחר, דא"כ אין כאן כיסוי גוף אלא כיסוי ראש, **ויותר** טוב כמנהג התוגרמים, שהיד מפסקת בחצי הטלית, באופן שמשני הצדדין יהיה אחת מהציצית לפניו וחלק לאחריו, דצדדין דלפניו ולאחריו נמי מיקרי לפניו ולאחריו, ולכן די בהפסק היד.

§ סימן יא – דיני חוטי הציצית §

סעיף ב - טוואן נכרי, וישראל עומד על גבו ואומר שיעשה לשמם, להרמב"ם פסול - ס"ל דעו"ג אדעתא דנפשיה עביד, ולא ציית למה שהישראל מצווהו שיעשה לשמה.

להרא"ש כשר - ובשעת הדחק כשאין לו ישראל שיטווהו לשמה, יש לסמוך ע"ז, אבל בלא"ה לא, כי הגר"א כתב, שדעת התוס' והמרדכי ג"כ כהרמב"ם.

ודוקא אם הטויה אינה נמשכת כ"כ, אבל אם הטויה נמשכת זמן הרבה, אז נראה דאפילו להרא"ש לא מהני, במה שלימד לעו"ג בתחלת הטויה שיעשה לשמה, **וכ"ש** אם הפסיק בהטויה, ואח"כ לזמן אחר התחיל לחזור ולטוות, בודאי כו"ע מודים דאדעתא דנפשיה עביד, ופסול, (**ואין** לומר דיאמר לא"י עוד הפעם שיעשה לשמה ועוד הפעם, דלא ציית ליה באופן זה).

[**ומשמע** מפמ"ג, שאפי' אמר בפירוש שעושה לשמה, לא מהני כל זמן שאין אחר עומד על גבו, דדלמא אין פיו ולבו שוין, וצ"ע].

(ו"**עומד ע"ג**" אינו נקרא באומר לו פעם אחת קודם העשייה, רק צריך להזהירו בכל שעה שלא יסיח דעתו כלל, אבל כל שאינו עומד על גבו ומזהירו תמיד, לכו"ע אין לו כוונה כלל, **ומכל** זה נמצינו למידין, שאותן הנוהגין ליתן לנערות קטנות לטוות ציצית, וסומכין ע"ז שאומרים להם לטוות לשמה, לא הועילו כלום, והציצית פסולות מן התורה לד"ה).

הגה: ונוהגין שיסייע הישראל מעט, וכדאיתא לקמן סימן ל"ב סעיף ט', וביו"ד סי' רע"א, גבי תפלין וספר תורה - וכ"ז להרא"ש, אבל להרמב"ם לא מהני כ"ז, **ועיין** באחרונים דמסקי, דמנהג זה הוא על צד היותר טוב, אבל בדיעבד כשר אפילו בלא סיוע

סימן יא – דיני חוטי הציצית

כלל להרא"ש, כיון שהישראל עומד ע"ג ומלמדהו לעשות לשמה, **ואם** אין הישראל עומד ע"ג לצוותו, לא מהני הסיוע לכו"ע, דקי"ל מסייע אין בו ממש.

(**ולעניין** טויית חש"ו, יש פלוגתא בזה בין הפוסקים, **ועולה** לדינא לפי הסכמת האחרונים, דאם א"א בענין אחר, מותר בעומד ע"ג אפי' ע"י עכו"ם, וכ"ש ע"י חש"ו, **אבל** לכתחלה יש להחמיר שלא לעשות ע"י עכו"ם וחש"ו אפילו עומד ע"ג, **ובלא** עומד על גבו פסול בכל הני אפילו בדיעבד. **חרש** מיקרי שאינו שומע ואינו מדבר, ושוטה עיין יו"ד, וקטן הוא עד שנעשה בר מצוה, וקטנה היא עד בת י"ב).

(**ודע** עוד, דבטוויה לשמה כיון שהיא דבר תורה, מוכח לדברי הפמ"ג, דאין ליתן לטוות אפילו לנער בן י"ג, וכן לנערה בת י"ב, כל זמן שלא ידעינן שהביאו שתי שערות, **אך** בדיעבד נ"ל שאפשר דאין להחמיר, דסמכינן אחזקה דרבא, **ובשגדול** עומד עליהם ומלמדם לעשות לשמה, נראה דיש להקל בזה לכתחלה).

וצריכין שזירה - אחוטי ציצית דעלמא קאי, ולא אטוואן עכו"ם, דשם לא מהני להפוסלין אפילו אם שזרן אח"כ ישראל לשמן.

וטעם להשזירה, דתנא בספרי: "ועשו להם ציצית", שומע אני יעשה ציצית כמות שהוא, ת"ל "ונתנו על ציצית הכנף פתיל תכלת", בטווי ושזור, {**פי'** כעין משכן דהוי שזור, א"נ דסתם פתילה היא שזורה}, **אין** לי אלא תכלת, לבן מנין, אמרה תורה תן תכלת תן לבן, מה תכלת טווי ושזור, אף לבן טווי ושזור.

והיינו שיכפלם אחר הטוויה לשנים וישזרם, ואם כפל כל חוט לשמונה ושזרו, ג"כ לית לן בה, (**ועיין** בארה"ח שהביא, די"א דלמצוה מן המובחר, טוב שיהיה כל חוט כפול לשמונה, **ואולם** באמת תמה אני על המהדרין לקנות דוקא כפול לשמונה, שהוא עכ"פ רק למצוה מן המובחר לכו"ע, הלא יותר ראוי להם לכתחילה להדר על הציצית, לידע אם הם טווים ושזורים לשמה כדין ע"י ישראל, כי יש מקומות שסומכין לטוות ציצית ע"י גוי בציווי ישראל, וכי האי גונא קולות).

ושיהיו שזורין לשמן - דמטוויה ואילך הוא הכל בכלל עשייה, דקי"ל דצריך לשמה, **וכתב** המ"א, דאף בדיעבד מעכב אם לא היו שזורין לשמן, **ויש** מקילין בדיעבד אף בלתי שזירה, ואין לסמוך ע"ז, (ומ"מ אם היו שזורין, אך שלא היו לשמן, יש לעיין, דאפשר דיש לסמוך בזה בשעת הדחק על המקילין הנ"ל לענין לשמה).

אך אם השזירה היה סתמא, יש להקל בדיעבד, כיון דהטוויה היה לשמה, וכל העושה על דעת הראשונה הוא עושה, (**אם** מי שטווה בעצמו שזרן, דהיכא דהשוזר לא היה בעצמו הטווה, לא שייך בזה כל העושה על דעת ראשונה הוא עושה).

(**נסתפקתי**, אם היו שזורים לשנים שלא לשמה, ואח"כ שזרם לשמונה לשמה, או להיפך, מי אזלינן בתר שזירה בתרא או קמא, וצ"ע).

סעיף ג - אם נתפרקו משזירתן - פי' כל השמונה חוטין, **ונעשו ט"ז, כשרים, והוא שישתייר בשזור כדי עניבה** - לרבותא דרישא נקט ט"ז, אבל ה"ה אם נתפרק ב' חוטין ונעשו ארבעה, ג"כ בעינן שישתייר כדי עניבה, דאל"ה פסול, דהוי כמו שנחסרו לו ב' חוטין בציציותיו, דפסול אם לא דקדק בשעת עשייה שיהיה לעולם ד' ראשים מצד אחד.

ואע"ג דיש פוסלין אם נפסקו כולן, אפילו נשתייר כדי עניבה, כמ"ש סימן י"ב, מ"מ בשזירה סמכינן אדיעה ראשונה, דהלכתא כוותה.

(**ונראה** דבלא נשתייר כ"ע דפסול, אפילו אם ירצה אח"כ לשזרם לא מהני, משום תעשה ולא מן העשוי).

(**ואם** נתפרק לו חוט אחד לשנים, ולא נשאר כדי עניבה, בודאי כשר, **אך** כדי שלא יעבור על בל תוסיף, יאמר בפירוש דלא ניחא ליה בתוספות, או שיחתוך להמותר וישאר רק שמנה חוטין).

(**אם** נפסק השזירה בחוט במקום הנקב, אפשר דכשר, דהא באמת לא נפסק החוט באותו מקום, רק דנחסר לו שם שזירה).

והשו"ע מיירי דוקא בשזור כל חוט לשנים, אבל אם כפול ושזור לארבעה או לשמנה, כמו שמצוי בזמנינו, ונתפרקו לי"ו, אפילו אם לא נשתייר כדי עניבה כשר, דהא עכ"פ נשארו החוטין שזור לשנים.

(הגה: ולכתחלה טוב לקשור החוטין למטה, כדלקמן בסעיף י"ד בסימן זה) - וי"א דאדרבה יותר טוב שלא לקשור, ונכון להחמיר אם הם שזורים יפה, דלא שכיח שיתפרקו.

סעיף ו - אם עשאם מצמר גזול, פסולים, דכתיב: ועשו להם, משלהם.

(**עיין** פמ"ג שכתב, דה"ה אם גזל טלית והטיל בו ציצית משלו, נמי לא קיים מצות ציצית ע"י לבישתו זו, וממילא ברכתו הוא לבטלה, ד"כסותך" כתיב בקרא).

נראה פשוט, דה"ה אם לקח הציצית בהקפה, והמוכר עייל ונפיק אזוזי, וזה אינו רוצה לשלם לו, דמדינא אינם שלו, כדאיתא בחושן משפט, וכל כי האי גונא, א"כ לא יצא מן הדין בהציצית, (וה"ה לענין טלית).

(**ועיין** בשע"ת מה שכתב בשם הספר מחנה אפרים, שהמדקדק במעשיו, יראה לשלם עבור הציצית קודם שיטילם בבגד, כדי דלהוי קנין דאורייתא תחת ידיו, ולא יסמוך על המשיכה לחוד).

(**נסתפקתי** במי שגזל חוטי ציצית מחבירו, ואחר שהטילם בבגדו שילם לו עבורם, או נתנם לו במתנה, אם מחויב לחזור ולהתירם, מי נימא כיון דכתיב: ועשו להם, בעינן שבעת העשייה יהיה שלו, או תגלי מילתא למפרע, וצע"ג).

הגה: ודוקא בגזל החוטין - ואז אפילו נתיאשו הבעלים פסול, דיאוש לא קנה, **ואפילו** אם לא היו החוטין שזורין, והוא שזרן, מכל מקום לא חשיב ע"ז שינוי, דלא נשתנה שמם עי"כ. (**וקשה** דהא יש לזה ג"כ שינוי השם, דמעיקרא חוטין והשתא אחר שהטילם בבגד, הכריכות שלמטה לא נוכל לקרוא אותו המקום בשם חוטין, רק בשם גדיל, **וא"כ** אף דהשינוי חוזר לברייתו כשיתירם, בצירוף יאוש יקנה, **ואולי** י"ל

סימן יא – דיני חוטי הציצית

ד"גדיל החוטין" מיקרי, **או** אולי כיון דכתיב "ועשו להם" משלהם, בעינן שיהיו משלהם בעת תחלת העשייה, דהוא התליה בבגד).

ואם גזל חוטין ומכרן לאחר לפני יאוש, לא יצא השני בהציצית, דשינוי רשות בלא יאוש לא קנה, ולא קרינא ביה "ועשו להם", **ואם** אחר שבא ליד השני נתיאשו הבעלים, עיין בח"מ, דיש דעות בזה.

ואם נתיאשו ואח"כ מכרן, קנה השני את הציצית, **ואף** לענין ברכה, משמע מהמ"א דיוכל לברך בזה, ואין בו משום מצוה הבאה בעבירה, כיון שהוא לא גזל, וכן פסק המחצית השקל, **אכן** הפמ"ג שם בשם הלבוש מחמיר בזה, וגם הט"ז והגר"א שם מחמירין בזה.

אבל אם גזל צמר ועשאן חוטין, כשרים - עיין במ"א, ולדבריו הג"ה זו חולק על המחבר, דס"ל דהקרא מיעט אפילו אם עשה החוטין מצמר הגזול.

הט"ז מבאר, דאיירי הרמ"א היכי דהוי יאוש ג"כ, וקניא ביאוש ושנוי השם, דמעיקרא צמר והשתא חוטין, **אבל** המ"א כתב, דמדסתם הרמ"א, משמע דס"ל דאפילו קודם יאוש כשר, דקניא בשינוי מעשה, **וכן** משמע מהגר"א, דהטעם משום שינוי מעשה, (מחמת הטוייה).

מיהו לכתחלה אסור לעשותן - ר"ל להטיל הציצית אלו בבגדו, משום מצוה הבאה בעבירה, (**ואף** דכבר קנה אותם תחלה ע"י יאוש ושינוי, ואין העבירה באה מן המצוה גופא, **מ"מ** כיון דכאן **בא** ע"י הטוייה, והטויה מן המצוה, דהא בעינן טוייה לשמה, ממילא בא הקנין ע"י המצוה, **ובביאור** הגר"א משמע שאין מחלק בזה, ומ"מ לדינא הסכים ג"כ דאסור לכתחלה להטיל הציצית בבגד, **אך** מטעם אחר, דהרי לא יוכל אח"כ לברך, דלענין ברכה דאית ביה אזכרה חמיר טפי, **ולא** עדיף משומע ואין מדבר, דאינו רשאי לתרום בשביל הברכה).

(ולענין ברכה ע"ל ריש סי' תרמ"ט) - דפסק שם דאין יכול לברך עליו, (ועיין בשע"ת שכתב, דלפי דברי המג"א, אם היה יאוש עם שינוי השם, מותר לברך, וה"ה יאוש ושינוי מעשה, או יאוש ושינוי רשות, **אכן** מדברי הח"י ומדברי הגר"א מוכח, דאפי' לאחר יאוש ושינוי השם או שינוי מעשה ושינוי רשות, אסור לברך).

סעיף ז - חוטין שאולין, הלואה היא דלא הדרי בעינייהו, וכדידיה דמי - פי' כל לשון "שאלה" משמע שיחזיר לו אותו דבר בעין, אבל לשון "הלואה" להוצאה נתנה, **ואילו** חוטין שאולין, מסתמא הוי הלואה, וקרינא ביה "משלהם".

אבל אם שאלם לו אדעתא שיחזירם לו בעין, לא יברך עלייהו, די"ל שהשאילם לו למלאכה אחרת, **אבל** אם השאיל לו ציצית מתוקנים כעין שלנו, שהם שזורים ופסוקים, מותר לתלותם בטליתו ולברך עלייהו, דבודאי נתנם לו במתנה ע"מ להחזיר.

(**ואם נטל** חוטין של שותפין והטילם בבגדו, בכעין זה אפשר דאינו יוצא ג"כ, דאולי חבירו לא הרשהו לזה, וצ"ע. **ובעיקר** הענין אם מקרי "להם" בציצית של שותפין, עיין לקמן בסי' י"ד ס"ה לענין טלית של שותפים, (דחייבת ציצית), **ויש** לחלק, וצ"ע).

סעיף ח - המשתחוה לבהמה, צמרה פסול לציצית - אף דדבר הנעבד (בבע"ח) אינו אסור אלא לקרבן, אבל להדיוט שרי, **מ"מ** אסור למצות ציצית, הואיל **וצרכי** גבוה הוא, מאיס כלפי גבוה, הואיל דלא אישתני כ"כ, דעדיין חזותיה עליו ונראה שהוא צמר.

עיין במ"א דמסיק, דלפי דעת המחבר, האי "פסול" אינו רק לכתחלה משום דמאיס, אבל בדיעבד יצא, וכן כתב הגר"א, דלענין דיעבד במחלוקות שנויה.

כתב ע"ת, דצמר שהיה עליה בעת השתחויה נאסרת, וכ"ש מה שגדל אח"כ, **ובספר** בני חיא כתב להיפך, דמה שגדל אחר שנעבד מותר.

(וה"ה בהמה הנרבעת נמי, צמרה אסור לציצית).

(**כתב הפמ"ג**, מודר הנאה מצמר, אסור בציצית מצמר, דבעינן "תעשה לך" משלך, **אבל** מודר הנאה מחבירו, **אפשר** שיכול ליקח טליתו, דמצות לאו ליהנות נתנו, **ולא** נהירא, דהלא הוא מתהנה מהבגד עצמו, ואל"כ יהיה מותר כלאים בהטלית עצמו, **ואולי** כוונתו ליטול ציצית מהמודר, ומה שכתב "טליתו" לא דק בלישנא).

המשתחוה לפשתן נטוע, כשר לציצית, שהרי נשתנה - דפשתן נטוע הוי כעץ, וכיון שעשאו חוטין, מראהו הראשון חלף והלך לו.

אבל המשתחוה לפשתן שהוא נעקר, אז נאסר אפילו להדיוט, כדין ע"ז ותקרובתה, ואינו מועיל לו שינוי, שכל שאתה מהייה ממנה הרי היא כמוה.

(**ודוקא** אם הפשתן התלוש הוא שלו, דאם הוא של חבירו, **אפילו** אם אין בו שינוי כלל לא נאסר, דאין אדם אוסר דבר שאינו שלו, **ואפילו** לגבוה, ס"ל לרוב הפוסקים דאין יכול לאסור).

סעיף יג - יזהר לחתוך ראשי החוטין לעשותם ח', קודם שיכרוך - ר"ל שאם עבר ולא חתכן קודם התחיבה, עכ"פ יזהר עתה קודם הכריכה.

שאם כרך אפילו חוליא אחד (פי' החלק מהחוליות שבין קשר לקשר) - אפילו של ג' כריכות, **וקשר אפילו קשר אחד** - ר"ל מהה' קשרים שרגילין לעשות, אבל הוא היה ב' פעמים זה על גב זה, דבלא"ה לא מיקרי קשר, שאינו מתקיים, **ואח"כ חתכן, פסול משום תעשה ולא מן העשוי, שהרי בפיסול עשאם** - ור"ל אם עשה חוליא וגם קשר אחר החוליא, אפילו רק קשר אחד, יצא ידי חובתו מדאורייתא, אפילו לא עשה כלל הקשר שסמוך לכנף, וא"כ הוי תעשה ולא מן העשוי, **אבל** אם לא עשה הקשר שאחר החוליא, אף שעשה הקשר ראשון שקודם החוליא, לא נגמר עדיין עשיית הציצית, דבלא הקשר החוליא אינו מתקיים כלל, ואין כאן גדיל, וע"כ יכול לחתוך החוטין, **ויש** מחמירין, ולכתחלה נכון לחוש לדבריהם.

§ סימן יד – דיני ציצית שעשאן א"י, ונשים, וטלית שאולה §

סעיף ד - מותר ליטול טלית חבירו ולברך עליה - פי' שלא מדעתו, דניחא ליה לאינש דליעבד מצוה בממוניה, **ודוקא** באקראי, אבל בקביעות אסור, **ואפילו** באקראי דוקא באותו מקום, אבל להוציאו מביתו לבהכ"נ או איפכא, אסור, דאפשר שמקפיד עליו והוי גזל, **ועיין** בפמ"ג שכתב, דבכל גווני ראוי ליזהר כשבעליו עמו, שישאלנו, ואין סומכין על החזקה במקום שיכולין לבררו בקל, וכ"ש אם יודע בו שהוא מקפיד.

עיין במ"א, וז"ל: וצ"ע, בשלמא ליטלו שרי, דניחא ליה לאינש למיעבד מצוה בממוניה, אבל למה יברך עליו, [שהרי כאן לא שייך לומר דהוה כאלו נתן לו במתנה על מנת להחזיר, כיון שאין בעל הטלית יודע מאומה - הגר"ז], וכ"כ לקמן סי' תרמ"ט ס"ה בהג"ה, וא"כ למה שרי כאן, **וצ"ל** כמש"ל, דאע"ג דפטור מציצית, רשאי לברך כמו הנשים, **ועיין** בדרך החיים שכתב, דיותר טוב שיכוין שלא לקנות ולא יברך.

ובלבד שיקפל אותה אם מצאה מקופלת - כקיפולה הראשון, ובשבת יקפל אותה ולא כקיפולה הראשון, **והמ"א** מיקל בשבת שלא לקפל כלל.

(**שאלה:** אם מחויב אדם להשאיל טלית שלו למי שדר בכפר, כדי שהוא יצטרך לשאול טלית מאחרים בעירו, **פסק בתשובת בית יעקב, דאין מחויב להשאיל טליתו לאחר, והוא יברך על טלית שאולה**).

הגה: וכ"כ בתפילין, אבל אסור ללמוד מספרים של חבירו בלא דעתו, דחיישינן שמא יקרע אותם בלמודו - אפילו באקראי בעלמא, דחיישינן שמא יקרא בהן הרבה עד שיתקרעו מרוב המשמוש,

והעולם נוהגין כשמוצאין סידור תפלה או מחזור בבהכ"נ, שלוקחין אותו כדי להתפלל בו, ואיני יודע היתר לזה, דמ"ש סידור מספרים.

סעיף ה - טלית של שותפין חייבת בציצית, דכתיב: על כנפי בגדיהם - ואיירי שחבירו מרוצה שילך חבירו בו, והוא בלי ציצית, חייב לעשות בו ציצית.

אבל שותפין ויש בו ציצית, ואחד מקפיד על חבירו שלא ילך בו, אפילו יש בו כדי חלוקה, ובכל חלק שיעור טלית, אפ"ה אם לובשו בגזילה ומברך עליו, עובר ב"לא תשא", כי חלק האחד שבו ב' ציצית אינן שלו, וכ"ש אם אין בו עדיין ציצית - פמ"ג, **ולפי"ז** בטלית שנשאר להיורש מאביו, ושארי אחיו מקפידין עליו, יש ליזהר שלא לברך עליו עד שיתפשרו ביניהם.

(**ולכאורה** יש להתיישב הרבה, דמאי גריעא זו מסתם טלית של שותפין, **דגם שם הלא חצי השני של הבגד אינו שלו בעצם, רק שאול לו, ושאול פטר התורה מציצית, וא"כ נשאר רק חצי הבגד בשני הציצית, ואפ"ה גילתה לנו התורה דלא בעינן רק שיהיה לו חלק בעצם הבגד, וה"נ בענינינו, ומ"מ דבריו אמת מטעם אחר, דהא קי"ל דאפילו במקום דלא בעינן "לכם", כגון בתפילין, אפ"ה פסול גזל משום מצוה הבאה בעבירה, וא"כ ה"נ בענינינו, כיון שנתערב בלבישתו איסור גזל, תו הוי מצות ציצית שלו בא בעבירה, ואינו יוצא בה ידי המצוה**).

וטלית של שותפות נכרי וישראל, או איש ואשה, חייבת בציצית ולא יברך עליה.

§ סימן כא – כדת מה לעשות בציצית שנפסקו ובטליתות ישנים §

סעיף א - חוטי ציצית שנפסקו - או שהתירן מהטלית, **יכול לזרקן לאשפה, מפני שהיא מצוה שאין בגופה קדושה** - וה"ה לכל תשמישי מצוה, כגון סוכה ולולב ושופר, וכל כה"ג, לאחר שנתבטלו ואינם עומדין עוד למצותן. **אבל** אסור לעשות בהם תשמיש מגונה, דלא גרע ציצית מטלית לקמן בס"ב. **וה"ה** דיכול לזרוק ציצית מקודם שעשאן בבגד, דהזמנה לאו מילתא היא.

אבל כל זמן שהם קבועים בטלית, אסור להשתמש בהם, כגון לקשור בהם שום דבר וכיוצא בזה, משום בזוי מצוה - אפילו אם אין לבוש עתה בהטלית, ואפילו בלילה, כיון שהוא עומד ללבישה ולצאת בהציצית ידי מצות ציצית.

וכן שופר נמי אפילו לאחר ר"ה, וכן לולב ישן, אם עומדין עדיין למצוה לשנה הבאה, אסור להשתמש בהן, משום ביזוי מצוה. (**עיין בפמ"ג שכתב, דאף בכל מצוה דרבנן שייך בה האיסור דביזוי מצוה**).

ובציצית לא מהני תנאי, באומר: איני בודל מהן, כמו בתרל"ח ס"ב, משום דביזוי מצוה הוא, דציצית ע"כ בהכרח לשם מצוה עושה, דמברך עליהן "להתעטף".

(וי"א דאף לאחר שנפסקו, אין לנהוג בהן מנהג בזיון לזורקן במקום מגונה, אלא שאינן צריכין גניזה) - ר"ל בידים אסור לזורקן לאשפה, אך אם מתוך שלא גנזן נזרקו ממילא, אין לחוש לזה.

וכן בסכך הסוכה ולולב ושופר, לאחר שנתבטלו ממצותן אין לזורקן לאשפה, וכל כה"ג דבר שאינו כבוד למצוה שעברה, **וכתב** הפמ"ג, דנכון שלא לעשות תשמיש מגונה אפילו בדפנות הסוכה.

(ויש מדקדקין לגונזן, והמחמיר ומדקדק במצות תע"ב). (וע"ל סימן תרס"ד סעיף ח' ט').

כתב מהרי"ל, דיניח הציצית בתוך הספר לסימן, או לעשות בהן שום מצוה, דהואיל ואיתעביד בהו מצוה חדא, יתעביד בהו אחריתא.

סימן כא – כדת מה לעשות בציצית שנפסקו ובטליתות ישנים

סעיף ב - טליתות של מצוה שבלו, אדם בודל עצמו מהם, ואינו מותר לקנח עצמו בהם - ר"ל אפילו לקנח הטיט מעל רגלו.

ולא לייחד אותם לתשמיש המגונה - אבל לשאינו מגונה שרי, **עיין** בפרי מגדים שכתב, דטלית של מצוה שנפסקו ציציותיו, לא יעשה ממנו מכנסים, דהוא בכלל תשמיש מגונה, ואפילו מטלית קטן אסור.

אלא זורקן - ר"ל לאשפה, **והם כלים** - ואפילו הי"א הנ"ל דאוסר בציצית גופא, משמע דמודה בזה.

ובעוד הציצית עליו, אם רשאי להשתמש בהטלית תשמיש שאינו מגונה, **דעת** הע"ת דשרי, דדוקא בציצית אוסר המחבר בס"א, **ולהט"ז** אסור, וכן הסכים הפמ"ג, וכתב דטלית של תפלה המיוחד לכך, חמיר הטלית כמו הציצית, **אבל** ט"ק, פשיטא דשרי לכל תשמיש שאינו מגונה, אפילו בעוד הציצית עליו, דהא לבוש הדיוט הוא, ורשאי לשכב בו בלילה וכבסמוך.

§ סימן כה – דיני תפילין בפרטות §

סעיף א - אחר שלבש טלית מצוייץ, יניח תפלין, שמעלין בקודש – (על האדם קאי, שצריך לילך מדרגא לדרגא ולהתעלות בקדושה, כי מתחלה הוא רק מכסה את עצמו בכיסוי של מצוה, וע"י התפילין הוא מקשר את עצמו בקשר היחוד והקדושה).

ואפילו אם הטלית אינו חייב אלא מדרבנן, כגון שאולה אחר ל' יום, וכל כה"ג, ג"כ יש להקדימו לתפילין.

ומי שאין ידו משגת לקנות ציצית ותפילין, הכריעו האחרונים דתפילין קודמין, כי ציצית הוא רק מצוה אם יש לו טלית של ד' כנפות, ותפילין הוא חובה, ומי שאינו מניחן הוא בכלל פושעי ישראל בגופן, **וכ"ש** לענין לקנות תפילין מהודרין וטלית נאה, דתפילין קודמין לכו"ע, והעולם נכשלין בזה.

מי שאין ידו משגת לקנות ציצית ותפילין, אין מחוייב לחזור על הפתחים כדי לקנותן, **אבל** מי שידו משגת, אך סומך על מה ששואל מאחרים אחר שיצאו בהן, כתב הב"ח דעונשו גדול, ‹דיגיע הרבה פעמים דבשעה שמגיע לק"ש ותפילה אין תפילין בידו להניחן›, [**גם** מצוי שעי"ז אינו מקיים מצות תפלין כדין, וגם מברך לבטלה ועובר על "לא תשא", כי לפעמים הקשר קטן או גדול לפי מדת ראשו, והוא מתעצל לתקנו, או שחבירו מקפיד ע"ז, וכבר כתב הפמ"ג, דתפילין שמונחין שלא במקומן, הם כמונחין בכיסן].

והמניחין כיס התפלין והטלית לתוך כיס אחת, צריכין ליזהר שלא יניחו כיס התפילין למעלה, כדי שלא יפגע בהם תחלה ויצטרך להניחם קודם הטלית כדי שלא יעבור על המצוה - אפילו לא יאחוז בהם בידו, רק לפי הושטת ידו הם מונחין לפניו תחלה, אין מעבירין עליהם וצריך להקדימן.

(**עיין** במג"א שכתב, דנ"ל דאין קפידא בזה, כיון דהתפילין עדיין מונחין בתוך כיסן, ומהלבוש והב"ח והט"ז משמע דאין לחלק בזה, וקשה מאוד להקל כהמ"א, אחרי דרבים חולקין עליו, **ואפילו** אם אירע לו כן כשהוא יושב בבהכ"נ ברבים ומתבייש עי"ז, מסתפיקנא אם יש להקל בזה, אחרי דמסיק בנ"א וכן משמע מהפמ"ג, דדינא דאין מעבירין על המצות הוא ד"ת, **וכבר** פסק בשו"ע, דד"ת אין נדחה מפני כבוד הבריות בכל גווני, אם לא בגנאי גדול, ולישב בלי טלית אפילו זמן ארוך, ס"ל להרמ"א דהוא רק גנאי קטן, וכ"ש כאן שהוא על רגעים אחדים עד שיניח הט"ג, **ואעפ"כ** צ"ע).

ואם עבר והניחם מידו ונטל הטלית, שוב אסור לעזבו וליטול התפילין.

ונ"ל פשוט דאם מתפלל בביתו, ורוצה להניח טלית ותפילין, ובתוך חדר שלפניו מונח התפילין, ובתוך חדר אחר מונח הטלית, **צריך** להניח תפילין ברישא כדי שלא יעבור על המצות, אחרי דהתפלין מזומנין לפניו תחלה, ואף שלא נטל עדיין התפלין בידו.

(**לכאורה** יש לעיין, אם פשט הטלית ותפלין רק לפי שעה, ודעתו להחזירם תיכף, דפסקינן לקמן דאין צריך לחזור ולברך, ואח"כ בעת לבישה נזדמן לו התפלין מקודם, אם מחוייב להניחן תחלה, דאולי כיון דלא הסיח דעתו, אפשר כאלו הוא עוסק עדיין בהמצוה, **ופשיטנא** בעזה"י דאין לחלק בזה).

וכל זה דוקא אם רוצה להניח עתה התפילין, אבל אם עדיין אין רוצה להניחם רק לאחר זמן, לא שייך בזה אין מעבירין על המצות.

הגה: מיהו אם תפלין מזומנים בידו ואין לו ציצית - אפילו הוא הולך בלי ד' כנפות, וכ"ש לפי מנהגנו דכל אחד זהיר בט"ק, **א"צ להמתין על הציצית, אלא מניח תפילין, וכשמביאים טלית מעטפו** - מפני שאין משהין את המצוה, אע"פ שי"ל שיעשה אח"כ יותר מן המובחר, מצוה בשעתא חביבא, **וכן** בתדיר ושאינו תדיר, דקי"ל דתדיר קודם, אם אין התדיר לפנינו א"צ להמתין.

סעיף ב - מי שהוא זהיר בטלית קטן, ילבשנו ויניח תפילין בביתו - כדי שיצא מפתח ביתו בציצית ותפילין, וכמו שהביא הב"י והד"מ בשם הזוהר, שהוא ענין גדול, (ור"ל דאם הוא זהיר בט"ק, יוכל לצאת כ"ז ע"י הטלית קטן), **וילך לבוש בציצית ומוכתר בתפילין לבית הכנסת, ושם יתעטף בטלית גדול** – (וכ"ש אם ירצה להתעטף גם בט"ג בביתו. **ואם** איננו זהיר בט"ק, מוכרח ע"י זה ללבוש בביתו הט"ג קודם התפילין).

ואע"פ שבא הט"ג לידו קודם שהניח התפילין, א"צ להתעטף בו בביתו, כיון שאין דעתו ללבשו כאן.

ואם יודע שילך דרך מבואות המטונפות, או שמצויין נכרים ברחוב, יניחם בחצר בהכ"נ, **ואם** אי אפשר, יניחם בביתו, ויכסם בכובעו או בידו.

ועיין באחרונים שכתבו, במשכים קודם אור הבוקר ובא לבהכ"נ, לא שייך אזהרת הזוהר, דעדיין לא מטי זמן חיובא, **ומ"מ** כשיאור היום, יותר טוב שיצא לחצר בהכ"נ וילבשם שם, ויכנס אח"כ לבהכ"נ.

הגה: והעולם נהגו להתעטף אף בטלית גדול קודם, ולברך עליו, ואח"כ מניח התפילין והולך לבהכ"נ - ויכוין לפטור בברכת "להתעטף" גם הט"ק, **ובמקום** שמצויין נכרים ברחוב, יתעטף בחצר בית הכנסת אם אפשר לו.

סעיף ג - הרא"ש היה מסדר הברכות עד "עוטר ישראל בתפארה", ואז היה מניח תפילין ומברך: עוטר ישראל בתפארה - כדי ליתן שבח והודאה בברכה זו גם על התפילין שנקראין "פאר", שנאמר: פארך חבוש עליך, וקאי על תפלין שהן פאר לישראל, כמו שנאמר: וראו כל עמי הארץ וגו' ויראו ממך, ודרשינן: אלו תפילין שבראש.

ובארה"ח כתב: לא ראיתי שנוהגין כן, רק מניחין תפלין קודם ברכת השחר או אח"כ, כל אחד לפי מנהגו, **רק** ראיתי מדקדקים למשמש בתש"י וש"ר בשעה שמברך ברכה זו.

סעיף ז - יברך "להניח" בקמץ תחת הה"א - שהוא לשון הנחה, כמו שכתוב: להניח ברכה אל ביתך, **ולא בפתח ובדגש** - שהוא לשון עזיבה, כמו שכתוב: אחיכם אחד הניחו אתי.

סעיף יא - אחר שקשר של יד על הזרוע, יניח של ראש קודם שיכרוך הרצועה סביב הזרוע - הטעם, כיון שברכת "להניח" חוזרת גם על של ראש, וכ"ש להמחבר דס"ל דאינו מברך אלא אחת, ע"כ ימעט ההפסק בכל מה שיוכל, והכריכה סביב הזרוע אינה מעיקר הדין, ע"כ טוב לאחר אותה עד שיניח של ראש.

ובספר כוונות האר"י ז"ל כתוב, שהיה נוהג לכרוך השבעה כריכות סביב זרועו תחלה, אבל לא הג' כריכות שעל האצבע, מפני שהוא סובר, כיון דלכתחלה גם הכריכות הוא מצוה, לפיכך אין זה הפסק, וכן המנהג בכל מקום, **ועיין** בתשובת משכנות יעקב, דעתו ג"כ כמנהגנו, לכרוך קודם על הזרוע לחיזוק, דבלא"ה לא מתקיים ואינו נקרא קשירה.

כתב בספר מאמר מרדכי, אם שמע קדיש וקדושה אחר שבירך על של יד, ואם יכרוך לא יהיה לו פנאי להניח ש"ר ולענות, יניח ש"ר קודם הכריכות, אם יכול להדק במקצת שלא ימיש התש"י ממקומו.

ויש מי שאומר שאסור להוציא תפלה של ראש מהתיק עד שתהא תפלה של יד מונחת - ר"ל שתהיה מהודקת יפה על הזרוע, ואז מותר, אפי' קודם שעשה השבעה כריכות.

והיינו אפילו אם ירצה להוציא הש"ר והש"י שניהן בשוה מן התיק, דבזה אין מעביר על המצות, אפ"ה יש ליזהר, כי יש בזה טעם על פי הקבלה, **וכ"ש** להניח הש"י מידו ולהתעסק בהוצאת הש"ר, מדינא אסור.

ואם אחר יכול להוציא ולתקן ש"ר, בעוד שחבירו מניח של יד, הפמ"ג מחמיר, וארה"ח מיקל.

הגה: ואף אם שניהם לפניו חוץ לתיק, לא יתקן לפתוח התפלה של ראש עד אחר הנחה של יד - ר"ל אפילו אם בעת תיקון הש"ר לא יניח הש"י ג"כ מידו, אפ"ה כשמניח אח"כ הש"ר להניח הש"י, הוי כמעביר על המצות.

יש מי שכתב להניח של יד מיושב, ושל ראש מעומד, (ובמדינות אלו לא נהגו כן, אלא שתיהן מעומד) - עיין במ"א שרוצה להכריע, דהנחה של יד תהיה מיושב, והברכה תהיה בעמידה, **אבל** בא"ר בשם רש"ל כתב, דמי לנו גדול מר"ש מקינון, אחר שלמד קבלה היה מתפלל כתינוק בין יומו, דמי שלא יכול להשיג סודה על נכון, יבוא לקצץ בנטיעות, ע"כ יהיה הברכה והנחה בעמידה, **ובביאור** הגר"א הוכיח, דגם לפי הזוהר מותר להניח התפילין של יד בעמידה, ע"כ אין לזוז מהמנהג.

כתב הכנה"ג בכללי הפוסקים: כל דבר שבעלי הקבלה והזוהר חולקין עם הגמ' והפוסקים, הלך אחר הגמ' והפוסקים, **מיהו** אם בעלי קבלה מחמירין, יש להחמיר ג"כ, (**אבל** אין אנו יכולים לכוף את הצבור להחמיר – גר"ז), **ודין** שאין מוזכר בהיפוך בש"ס ופוסקים, יש לילך אחר דברי קבלה, אבל אין אנו יכולין לכוף לנהוג כך, (תוקן ע"פ השונה הלכות), **וגם** במקום שיש פלוגתא בין הפוסקים, דברי קבלה יכריע.

סעיף יב - מי שמניח תפילין של יד ובירך, ובתחלת ההדוק נפסק הקשר של יד והוצרך לעשות קשר אחר, אמנם לא הסיח דעתו - ואפילו אם סח בינתיים לצורך ענין, אינו הפסק בדיעבד, **אינו צריך לחזור ולברך** - דכיון דלא נעשה עדיין מצות הנחה, נמצא דלא חלה עדיין הברכה על שום מצוה, ועשיית הקשר אינו מפסיק, כיון שהוא מענין המצוה, ע"כ חייל הברכה על הנחה שניה, **וה"ה** בתפילין של ראש דינא הכי, **ומזה** יש ללמוד, במי שיש בידו תפילין בלי קשר, ובירך ועשה קשר והניח, דבדיעבד שפיר עולה לו הברכה שעשה, דעשיית הקשר אינו הפסק.

(נ"ל דאין שום חילוק, בין אם הקשר מאותה הרצועה, או שהוצרך ליקח רצועה חדשה, דעיקר הברכה היא על התפילין בעצמם).

ומשמע מדברי השו"ע, דאם לאחר שהידק התפילין על הזרוע נפסק הקשר, צריך לחזור ולברך, דכבר נגמר מעשה המצוה, והו"ל כנשמטו ממקומם דצריך לברך כשמחזירם, **והאחרונים** חלקו ע"ז, וכתבו דכיון דברכת "להניח" שבירך קודם הנחת של יד, קאי גם על תפילין של ראש, כדאיתא לעיל, וא"כ כל זמן שלא הניח תש"ר, עדיין עסוק במצוה השייך לאותה ברכה, ולא נגמר עדיין המצוה שבירך עליו עד שהניח גם הש"ר, **ע"כ** כמו בהותר הקשר של יד קודם הנחת של ראש, פסק השו"ע

דאינו צריך לחזור ולברך, ה"ה נמי אם נפסק הקשר, ג"כ אינו צריך לחזור ולברך.

ואם נפסק הקשר של ראש או של יד לאחר שכבר הניח הש"ר והדקו, צריך לחזור ולברך, (**אף** דהמג"א כתב, דלפי מה שפסק השל"ה בנשמט שלא לברך, א"כ ה"ה בנפסק, **חדא** דדינא דשל"ה הוא דהוי כחולצן ע"מ להחזירן, ובחולצן גופא יש ויש הרבה מהראשונים והאחרונים, והב"י והגר"א בתוכם, דס"ל דצריך לברך, **ואפילו** לדעת רמ"א דס"ל, דבחולצן ע"מ להחזיר א"צ לברך, הא הרבה פליגי על של"ה, עיין בא"ר ובח"א, **ובפרט** בענינינו דהרבה חולקין יש בזה על המ"א, דיש לחלק בין זה לההיא דהשל"ה, דהתם רגיל להשמט בתוך התפלה, ע"כ בודאי היה דעתו בשעת ברכה, שכשישמט שיתקננו, משא"כ בנפסק דלא מצוי, **ע"כ** נ"ל פשוט דהמברך לא הפסיד בזה).

ואם אין שם מי שיודע לתקן הקשר, והוצרך לקחת תפילין אחרים, בכל גווני צריך לחזור ולברך.

(**ואם** נפסק הרצועה של הש"ר או הש"י לאחר שכבר נגמר מצות הנחתם, וחלץ את התפילין ותיקנם, נראה לכאורה דאם נשאר בם השיעור המבואר לקמן בסי' כ"ז, דמדינא כשר בלי שום תיקון, תו לא הוי כנשמט ממילא, רק כהזיזן מדעתו ע"מ להחזירן, דקי"ל דא"צ לחזור ולברך, **ובאופן** שפסולים לגמרי, צריך לחזור ולברך, דהו"ל כנשמט, **ואולי** כיון דבעת הפסיקה נשאר מהודק על הראש והזרוע, מקרי אח"כ בכל גווני כחולצן ע"מ להחזירן).

אם הותר של יד - וה"ה אם נשמטו ממקומם, **קודם הנחת של ראש, מהדקן וא"צ לחזור ולברך.**

אבל אם הניח של ראש - ר"ל שהדקו, דהוא עיקר מצות הנחה, **ואחר כך הותר של יד, מהדק ומברך** – (לאו דוקא, דהברכה צריך להיות קודם ההידוק).

דהו"ל כנשמטו ממקומם, וכן אם הותר הש"ר לאחר הידוקו, צריך לחזור ולברך כשמהדקו על ראשו.

(**ומשמע** מדברי האחרונים, דדוקא אם הותר מעצמו, שנתרפה הקשר ממילא, אבל אם התירו בידים וחזר ותיקנו, לדעת הרמ"א א"צ לחזור ולברך בכל גווני), **ולפי** מה שכתבנו לעיל בשם השל"ה, אין לברך אם הותר התפילין בזמן התפלה בכל גווני.

(**נסתפקתי**, אם פתח התפילין כדי לבדוק הפרשיות, ונמצאו כשרים והניחן בתוכו ותפרן כדין, דאפשר דצריך לחזור ולברך כשמניחן לכו"ע, אף דהיה דעתו בשעת חליצתן לחזור ולהניחן כשימצאו כשרים, משום דבאמצע נתבטל מינייהו שם תפילין, רק פרשיות ובתים, ואינו דומה להותר הקשר או נפסק, דתפילין בלי רצועות ג"כ שם תפילין עלייהו, משא"כ בזה, **וכעין** זה יש להסתפק לענין ציצית, דזה פשוט אם מצא בטליתו כשהוא לבוש, שאחת מציציותיו פסולין מן הדין ותקנו, צריך לחזור ולברך כשלובשו, דדמי ממש להא דנפסק הקשר אחר גמר קיום המצוה, **אך** אם מן הדין הם כשרים, אלא שרוצה לפשוט הטלית כדי להטיל בו ציצית אחרים מהודרים, ולחזור וללבשו מיד, לכאורה נראה דזה נקרא חלצו מדעתו ע"מ להחזירו, וא"צ לברך שנית, **אך** יש לדחות, דשם נשאר הטלית עם הציצית בשלמותו, ולא נתבטל מיניה מצותו, משא"כ בזה דנתבטל בינתיים מן הבגד מצות ציצית, **אפשר** דצריך לחזור ולברך שנית לכו"ע, **ואינו** דומה למה דמבואר בארה"ח, דאם נפסקו הציצית אחר הברכה קודם הלבישה, ומטיל בו ציצית אחרים, דא"צ לחזור ולברך, דשם הלא היה קודם קיום המצוה, משא"כ בזה, **וצ"ע** בכ"ז).

מותר לברך על תפילין שאולין - ואפי' בשואל שלא מדעת מותר, דניחא ליה לאיניש למיעבד מצוה בממוניה, רק שיקפלם כבראשונה, ולא יוציאם ממקומו הראשון.

ולא על גזולין - דהו"ל מצוה הבאה בעבירה, ואפילו אחר יאוש, ואפילו בדיעבד לא קיים מצות תפילין, **אך** אם מכר התפילין לאחר יאוש לאחר, דעת המ"א והמחה"ש, דיוכל השני לברך, דלדידיה הוי יאוש ושינוי רשות, **אכן** הט"ז והגר"א כתבו בהדיא, דבכל גווני אסור לברך, **אף** דלענין לצאת בהם, משמע מדברי הגר"א דיוצא בהם, אך לענין הברכה אסור מכל מקום משום "בוצע ברך", דעל ידי לקיחתו יצא הגזילה מרשות הבעלים, **אך** מי שלקח מהשני הזה, נראה דיוכל לברך.

סעיף יג- נהגו העולם שלא לחלוץ תפילין עד אחר קדושת "ובא לציון".

ויש מי שכתב על פי הקבלה שלא לחלוץ עד שאמר בהם ג' קדושות וד' קדישים, דהיינו לאחר קדיש יתום, והכי נוהגים המדקדקים - ט"ס הוא, ובאמת צ"ל: "ג' קדישים וד' קדושות", כי "ברכו את ד'" נחשב חדא, שהיא דבר שבקדושה, וקדושת "שפה ברורה" שניה, וקדושת העמידה, וקדושת "ובא לציון", **וג'** קדישים, הוא ח"ק שקודם ברכו, וחצי קדיש שאחר תפילת י"ח, וקדיש שלם שאחר "ובא לציון". ‹א"א לומר כן, שהרי סיימו רמ"א, דהיינו לאחר קדיש יתום - מאמ"ר. **וי"א** דר"ל, שלפני הרמ"א היה ט"ס›.

ובשם האר"י ז"ל כתבו, שלא היה חולץ עד אחר "על כן נקוה לך". **וביום** שיש בו מילה, ראוי שלא לחלוץ עד אחר המילה, כי מילה היא אות ותפילין הם אות.

ומ"מ משמע מפמ"ג ושארי אחרונים, דבמקומות שנוהגים לומר קדיש יתום בכל יום אחר "עלינו", טוב שלא לחלוץ עד אחר קדיש יתום.

ויש שאין משהין עליהם יותר מן החיוב, דצריכין גוף נקי, והכל לפי מה שהוא אדם, אם אין לו גוף נקי ומתיירא שמא יפיח, יסלק מיד, דמשו"ה אין רוב העולם נוהגים להניחם כל היום.

ואנשים שנוהגין לקפל הטלית ותפילין ולהניחן בתיקן בעת אמירת קדיש, לא יפה הן עושין, דמאוד יש לכוון בעניית איש"ר, ואיש"ר הוא עוד במדרגה גבוה יותר מקדושה, ובודאי לא גרע משאר ברכות דרבנן, דאסור לעשות אפי' תשמיש קל בשעה שהוא מברך.

וביום שיש בו ס"ת, נוהגים שלא לחלצם עד שיחזירו ס"ת ויניחוהו בהיכל - רמז לדבר: "ויעבור מלכם לפניהם", היינו הס"ת, "וד' בראשם", תפילין, **והחולצן** קודם, עכ"פ יזהר שלא יחלוץ

הש"ר בפני הס"ת, כדי שלא יגלה ראשו בפניה, אלא יסתלק לצדדין, **ובש"י** דליכא גילוי, או בתפילין ש"ר תחת הט"ג, שרי.

הגה: וכיינו במקום שמכניסין התורה לאחר "ובא לציון גואל", אבל לפי מנהג מדינות אלו שמכניסים התורה מיד לאחר הקריאה, אין לחלוץ רק כמו בשאר ימים.

ביום ראש חודש, חולצים אותם קודם תפלת מוסף - אחר שהחזירו הספר תורה בהיכל, ובמקומותינו שמכניסים תיכף אחר הקריאה, יחלצם אחר הקדיש שקודם תפילת מוסף, **ובאליהו** רבא כתב, דבר"ח יחלוץ אחר קדושת "ובא לציון", קודם שאומר: יהי רצון מלפניך וכו' שנשמור חוקיך, (כי במערבא היו מברכין "לשמור חקיו" בתר דמסלקי תפילין, בסי' כ"ט – א"ר), ולא ימתין מלחלצם עד אחר קדיש, כדי שלא להפסיק בין קדיש להתפלה.

הגה: וכ"ה בחול המועד - והאחרונים כתבו, כיון די"א שלא להניח כלל בחוה"מ, כדלקמן בסימן ל"א, ימהר לחלצן קודם הלל, והש"ץ אחר הלל, **ובחוה"מ** של סוכות, שיש פנאי בעוד שממתינין על האתרוג, אף הש"ץ יחלוץ קודם הלל.

הנוהגין ללבוש כל היום, יחזור וילבוש בר"ח אחר תפלת מוסף, וא"צ לחזור ולברך אם היה דעתו לזה בשעת חליצתן, לפי מה שפסק הרמ"א לעיל בסי"ב, **ובחוה"מ** לא יניחם שוב לגמרי עד הערב.

והאנשים המניחין תפילין דר"ת, בחוה"מ לא יניחום כלל, **ובר"ח** יוכלו להניחם אחר שיסיים הש"ץ תפלת מוסף, או שיסירו התפילין של רש"י קודם "ובא לציון", ושל ר"ת ילבשו בעת אמירת "ובא לציון".

ודוקא במקום שאומרים במוסף קדושת "כתר" - פי' במקום שאנו אומרים "נקדש" במוסף, אומרים בקצת מקומות "כתר יתנו לך", לכן אין נכון להיות אז כתר של תפילין עליו, ואפילו בעת תפלת הלחש, **ופשוט** דאם שכח והתחיל להתפלל בהם, לא יחלצם באמצע, דאינו רק מנהגא.

מיהו נוהגים לסלקם קודם מוסף בכל מקום - והט"ז כתב, דהנוהג שאינו חולץ במוסף, אין עליו תלונה, מאחר שאין אנו אומרים קדושת "כתר יתנו לך", **ושמעתי** על גדול הדור אחד, שלא היה חולצם במוסף, **אך** המתפלל בצבור, בודאי לא ישנה מנהגא דצבורא.

§ סימן כז – מקום הנחתן ואופן הנחתן §

סעיף ג - המנהג הנכון לתקן שהמעברתא שבה הרצועה עוברת, תהא מונחת לצד הכתף, והקציצה לצד היד.

ואיטר המניח תפילין ממי שאינו איטר או להיפוך, ואינו יכול להוציא הרצועה ולקבעה כדין, **(יוכל להפך להניח הקציצה לצד הכתף, והמעברתא לצד היד, כ"כ בתשו' שבו"י ובארה"ח, כי זה בודאי טוב יותר ממה שיניח כך, ויהיה התפילין סמוך ללב, ויהיה קשר היו"ד חוצה לה, וכמו שכתב הגר"א, שהסעיף ב' אף שכתב בשו"ע בשם מנהג, דינא דגמרא הוא לפי' הגאונים, ועיין בח"א דלא הזכיר שם עצה זו דשבו"י, והוא כתב שם, דטוב אם יכול להוציא הרצועה ולהכניסה מצד אחר, כדי שתהיה היו"ד סמוך ללב, אע"פ שאינו יכול להפוך הקשר של היו"ד שתהיה פניה לצד הבית, ועכ"פ לא יתבטל ממצות תפילין עבור זה ויניחם כך, ע"ש, ור"ל אף דיהיה קשר היו"ד לצד חוץ והתפילין לצד הלב, ולענ"ד בודאי טוב יותר לעשות כהשבו"י, דזה דינא דגמרא הוא לכמה ראשונים, וזה מנהג וכמו שכתב הגר"א, ואפילו אם יכול להוציא הרצועה, ג"כ יש לעיין, דאולי מה שהיו"ד לא יהיה פניו כלפי הבית, לא נחשב יו"ד, ועכ"פ באינו יכול להוציא יעשה כהשבו"י).**

סעיף ד - לא יהא דבר חוצץ בין תפילין לבשרו, לא שנא של יד - דכתיב: על ידך, **לא שנא של ראש** - דכתיב: בין עיניך, ואפילו חציצה כל דהוא, **ונכון** ליזהר לכתחילה אפי' בכנה חיה, שלא יהא מפסיק בין התפילין לבשר, ועכ"פ בכנה מתה ועפר יש ליזהר, **וע"כ** יש נוהגין לרחוץ מקום הנחת התפילין.

כתב בספר רביד הזהב, נראה דמה שרצועה חוצצת לפעמים בין תפילין לבשרו, לא מיקרי חציצה, דמין במינו אינו חוצץ, **ומלבושי** שרד משמע דנכון לכתחילה להחמיר בזה.

כתב בספר מחצית השקל: ורע עלי המעשה של אותן האנשים שמגדלין בלורותיהן, מלבד כי הוא דרך שחץ וגאוה, עיין מה שכתוב ביו"ד סי' קע"ח, יש בו איסור בהנחת תפילין, דכיון דגדולין הרבה ליכא למימר בהו היינו רביתייהו, וחוצצים, עי"ש, **ובלאו** חציצה נמי, בשביל הני שערות המרובים, א"א לצמצם שיהיו מהודקין ומונחין על מקומן כדין.

הגה: ודוקא בתפילין, אבל ברצועות אין להקפיד - והאחרונים כתבו, דאין להקל רק במקום הכריכות, אבל מה ששייך להקשירה, יש להחמיר אף ברצועות, בין בשל יד ובין בשל ראש, **וכתבו** תוכחת מגולה, על המניחים התפילין ע"ג פאה נכרית הנקרא פארוק"ה, ואפי' אם רק הרצועה מונח על הפאה נכרית.

ומ"מ משמע מדברי המ"א והח"א, דאם יש לו מכה בראשו, ורק במקום שהרצועות מונחים ולא במקום הקציצה, מותר לו להניח הרצועות ע"ג סמרטוטין שעל המכה, או ע"ג כובע דק, ולברך, **אע"ג** שיש חציצה בין הרצועות, כיון דבמקום הקציצה אין חציצה, **וכן** בשל יד, אם יש לו מכה אפילו במקום היקף הקשר שסביב ידו, מותר לו להניח היקף הקשר ע"ג סמרטוטין ולברך, **אך** בזה יזהר לכסות מלמעלה, כדי שיתקיים: לך לאות ולא לאחרים לאות.

סעיף ה - אדם שהוא עלול לנזילות - פי' שיש לו מכאוב או מיחוש בראשו, ואם יגלה ראשו יזיק לו הקרירות, **ואם יצטרך להניח תפלה של ראש על בשרו לא יניחם כלל, יש להתיר לו להניח תפלה של ראש על הכובע דק הסמוך לראש** - דכיון שהוא אנוס יכול לסמוך על הרשב"א, דס"ל דאין חשש בחציצה, ולא נאמר "בין עיניך" אלא לסיים להם מקום.

סימן כז - מקום הנחתן ואופן הנחתן

ויכסם מפני הרואים - ומשום "לך לאות ולא לאחרים לאות" ליכא בתש"ר, דבהו כתיב: וראו כל עמי הארץ כי שם ד' נקרא עליך, **ומ"מ** צריך לכסות מפני הרואים שאינם יודעים שהוא אנוס.

אבל על כובע עבה אסור להניחם, דלא יוכל לכוין ולצמצם מקום שהמוח של תינוק רופס.

הגה: והמניחים בדרך זה לא יברך על של ראש, רק יברך על של יד "להניח" - ויכוין להוציא הש"ר, דבלא"ה דעת הרבה פוסקים שאין מברך על שניהם אלא אחת.

ואם יש לו מכה ביד במקום הנחת הקציצה, והמכה מתפשטת בכל הקיבורת, מותר לו להניח על הרטיה, אם לא סגי בלא"ה, **ולא** יברך, דהא דעת רוב הפוסקים דחציצה פוסלת, ויברך שתים על הש"ר, כדלעיל בסימן כ"ו בהג"ה, **אך** ילבוש על התש"י מלמעלה בגד אחר כדי לכסותם, דהא כתיב בהו: והיה לך לאות, ודרשינן: לך לאות ולא לאחרים לאות, **ודוקא** על רטיה, אבל להניח תפילין על חלוקו, י"א דאסור אפילו ביש לו מכה, ואפילו אם ילבוש עליו בגד אחר.

ועיין בב"ח וע"ת דמשמע מדבריהם, דנכון ליזהר שעכ"פ בשעת ק"ש ותפלה יהיה בלי חציצה כלל.

סעיף ז - אעפ"י שיש לאדם מכה במקום הנחת תפילין, יניח תפילין, כי מקום יש בזרוע להניח שתי תפילין, כי העצם הסמוך לבית השחי מחציו עד הקובד"ו הוא מקום הנחת תפילין - ר"ל בבשר התפוח אשר לצד הקובד"ו, ולא עד הקובד"ו ממש, **ואם** נתפשט המכה בכל בשר התפוח אשר לצד הקובד"ו, יוכל לסמוך על דעת המקילין, להניח בבשר התפוח אשר בחצי העליון של עצם, **ואם** המכה גדולה ומצטער בהנחת התפילין, פטור מלהניח התפילין ש"י אפי' נשאר לו מקום, ויניח ש"ר לבד.

§ סימן ל' - זמן הנחתן §

סעיף ד - היה בא בדרך ותפילין בראשו ושקעה עליו חמה, ‹יניח ידו עליהן עד שיגיע לבית› - רישא זו מיירי בחול, ולחולצן ולנושאן בידו הוא מתיירא, שמא יפלו ממנו בדרך, והתירו לו להניח ידו עליהם ולכסותם, **ואע"ג** דבס"ב אמרינן, דמכיון שהם מכבר עליו א"צ לחולצן, **שאני** הכא, דמי שיפגע בו פן יטעה לומר, שמותר להניח אז תפילין, אבל בסמוך מיירי שיושב בביתו.

והאי "ושקעה חמה" פירוש סוף שקיעה, דהוא צאת הכוכבים, דבבין השמשות א"צ לחולצן, ומורין כן למעשה, **וכ"ז** מדינא, ובשם האר"י ז"ל כתוב, שהיה נזהר לחולצן אחר שקיעת החמה.

או שהיה יושב בבית המדרש ותפילין בראשו וקדש עליו היום - ר"ל דנעשה בין השמשות, וא"א לו לישא אותם בידו לביתו מפני קדושת שבת, ולהשאיר אותם שם אי אפשר, דבתי מדרשות שלהם היו בשדה, מקום שאין משומר מפני הגנבים.

יניח ידו עליהם עד שיגיע לבית - התירו לו חכמים לנושאם עליו דרך מלבוש עד ביתו, **אך** צריך לכסותם, שלא יראוהו שהוא נושא תפילין עליו בשבת, **ואם יש בית קרוב לחומה שמשתמרים שם, חולצם ומניחם שם.**

(**וה"ה דהוי מצי למינקט בחד גוונא: היה בא בדרך וקידש עליו היום ג"כ לענין שבת, אשמועינן רבותא, דאף שהוא עומד בתוך קהל ועדה, אפ"ה מועיל מה שהוא מניח ידו עליהם, ולא חיישינן פן ירגישו בו שהוא נושא עליו תפילין, וגם יוצא בם מבית המדרש לחוץ בשבת**).

(**והא דלא נקט האי בבא ג"כ לענין חול, תירץ הט"ז, דבחול אם יושב בבית המדרש א"צ להניח ידו עליהם, כל זמן שהוא בבית המדרש, דהכל יודעין שם שלבשן מבעוד יום וליכא איסור, והמג"א לא ס"ל האי חילוק, ונ"ל לתרץ לדידיה בפשיטות, דאשמועינן רבותא, דאף בבא בדרך צריך להניח ידו עליהם, פן יפגעו בו אנשים ויחשדוהו שהניח תפילין בלילה**).

(**ואינו דומה להא דס"ג, בהיה רוצה לצאת לדרך דמניחם, ולא זכרו הפוסקים כלל דצריך להניח ידו עליהם, דשאני התם שהוא קרוב לעלות השחר, והוא קרוב מאוד להזמן דכדי שיכיר, אך א"כ יולד מזה דין חדש, דאם השכים כמה שעות קודם אור הבקר ומניחם, דצריך להניח ידו עליהם, וצ"ע למעשה, והקרוב אלי, דלהכי השמיט הרמב"ם האי ברייתא דהשכים לצאת לדרך, שתמהו הפוסקים ע"ז, משום האי ברייתא דביצה דקאמרה: דצריך להניח ידו עליהם, ומשמע ליה דפליגי אהדדי בזה, ופסק כהאי ברייתא דביצה, משום דאביי דהוא בתרא סבר כוותה**).

סעיף ה - ויש מי שאומר שאם התפלל תפלת ערבית מבע"י עד שלא הניח תפילין, אין לו להניחם אח"כ - ואפי' עוד היום גדול קודם שקיעה, לפי שכבר עשאו לזמן הזה לילה וזמן שכיבה בק"ש ותפלה של ערבית, ואם יניח בו תפילין יחזור ויעשהו יום, והרי הן שתי קולות שסותרות זו את זו, (**ולפי"ז** לאותן האנשים הזהירין לקרות עוד הפעם ק"ש בזמנה, ואינן קוראין אז אלא כדי לעמוד בתפלה מתוך ד"ת, אפשר שישתנה זה הדין), **אך** האחרונים הסכימו, דמחוייב להניחן ובלי ברכה כל זמן שהוא קודם צה"כ.

ואם הוא לא התפלל עדיין, אע"פ שהצבור התפללו, אין בכך כלום, ויניחם בברכה אם הוא עדיין יום, כיון שהוא אינו עושה שתי קולות הסותרות זו את זו, (**דאם הוא ביה"ש, נ"ל דלא יברך אז,** דבלא"ה הפמ"ג מפקפק על דברי המ"א, דזמן הנחת תפילין הוא עד צה"כ, הגם דבודאי מחוייב להניחן כיון שלא קיים עדיין מצות תפילין, דבד"ת ספיקא לחומרא, ושמא הוא עדיין יום, עכ"פ הברכות אינן מעכבות), **ודוקא** אם לא הניחן באותו יום כלל, **אבל** אם כבר הניח, רק שרוצה להניח גם עתה, אין ראוי להניחם אם הצבור כבר התפללו ערבית.

§ סימן לב – סדר כתיבת תפילין §

סעיף ג - יכתבם בדיו שחור, בין שיש בו מי עפצים בין שלא במי עפצים.

(עיין לקמן בסי' תרצ"א, וביו"ד סימן רע"א, שכתב השו"ע, דאם כתב במי עפצים וקנקנתום כשר, **כתב הפמ"ג**, מדלא הזכיר גומא, משמע דאף אם לא הטיל בהן גומא כשר, **ועיין** עוד בדבריו שמסתפק לדינא, אם דוקא ע"י שניהן ביחד, כיון דאין בהן גומא, או אפילו בכל אחד יכול לעשות דיו, כיון שהוא שחור, **והגר"א** בביאורו פוסק, דממי עפצים בלבד, או מקנקנתום בלבד, פסול אפילו דיעבד, דלא מיקרי דיו כי אם משני מינים ביחד, מי עפצים וגומא, או מי עפצים וקנקנתום, **ומגומא** וקנקנתום יחד, בלי תערובת מי עפצים או עשן עצים ושמנים, לא ברירא לי דעת הגר"א בזה, **והגאון** מהר"מ בנעט מחמיר בזה לכתחלה, **ובקנקנתום** לבד או בגומא לבד, מחמיר אפילו בדיעבד כדעת הגר"א, **ובתשובת** משכנות יעקב מחמיר, אפילו במי עפצים וקנקנתום יחד בלי תערובת גומא, **והגם** דבדיעבד בודאי אין להחמיר ולפסול במי עפצים וקנקנתום יחד נגד פסק השו"ע, עכ"פ לכתחלה בודאי יש ליזהר כדבריו, שאם הוא עושה דיו ממי עפצים, אפילו אם הוא מערבו עם קנקנתום, לא יעשהו בלתי תערובת גומא, וה"ה דממי עפצים וגומא בלחוד נמי שפיר דמי, **גם** כתב שם בתשובה, דלכתחלה יש לדקדק לעשותו ע"י בישול, הואיל דאפשר).

בדיו שחור - (ועיין ברמב"ם שכתב, דההלמ"מ דנאמר שיהיו כותבין בדיו, לא נאמר רק למעט שאר מיני צבעונין, כגון האדום והירוק וכיוצא בהן, משמע דבכל דבר שיעשה ממנו מראה שחור כדיו, כשר, ורק שיהיה מתקיים, (וא"צ דיו ממש כמשמעות המחבר), **ואם** היה המראה דומה למראה הכחול, שקורין בל"א 'בלאה', נלענ"ד שיש להחמיר בזה, דאף דמהרמב"ם משמע, דהלכה לא נאמר רק שיהיה מראה שחור, ובירנו לקמן, דהרצועות שיש עליה גם כן הלמ"מ דצריכה להיות שחור, די בשחרות שהיא ככחול, שאני הכא, שכיון שהיתה ההלכה שיכתוב בדיו, אף דדיו לאו דוקא להרמב"ם, וה"ה כל מראה שחור, אבל עכ"פ שיהיה מראיתה שחור כמו דיו, **וכ"ש** לפירוש הרא"ש וש"פ, דסוברים שדיו ממש בעינן, מראה כחול בודאי איננו בכלל דיו, **אך** צל"ע קצת, דא"כ אם היה מראית הדיו דומה למראית העורב, ג"כ איננו בכלל דיו, וכדמוכח בנדה, דמראית הדיו שחור יותר ממראית העורב, **ואפי'** אם טבעו להיות נשחר לגמרי אחר הכתיבה, יש לעיין בזה טובא אי כשר בדיעבד, דהלא ההלכה נאמר שיהיו כותבין בדיו, ולא נאמר שיהיה כתוב הסת"מ בדיו, ולשון השו"ע ג"כ משמע, דבעת הכתיבה יהיה הדיו שחור, **ויש** לפרש עוד דכוונת השו"ע, כל שהוא שחור, אפילו ממי עפצים וקנקנתום, ודלא כר"ת וכמו שביאר בב"י, (וא"כ אינו חולק על הרמב"ם), וצ"ע).

הגה: ולכתחלה יחמיר לכתוב בדיו העשויה מעשן עלים או שמנים שרוים במי עפלים, וכמו שיתבאר בי"ד סי' רע"א - פי' ולא יטיל לתוכו קומא, או קנקנתום, שקורין בל"א קופער וואסער, כי לכתחלה בעינן כתב שיוכל להמחק, וע"י קומא או קנקנתום הכתב עומד ואין נמחק, (**א"נ** י"ל דבא הרמ"א להוסיף, דלכתחלה יחמיר כדברי רבינו תם, דדוקא בא מן העץ).

וזהו הכל למצוה מן המובחר בלבד, אבל לדינא גם הרמ"א מודה, דמותר לעשות ממי עפצים וקומא וקנקנתום, **וכן** נוהגין לעשות כהיום, ע"י תערובות שלשתן וע"י בישול, דהכי עדיף טפי, **ועיין** במ"א שכתב, דבימיו לא ראה ג"כ לאחד מן הגדולים, שנהג לעשות בדיו העשוי מעשן עצים ושמנים, **אך** אפשר דהיו עושין מדיו של קוצים, כמו שסיים בשם מהרי"ל, **וכן** פסק בס' גט מקושר ובס' ברכי יוסף לעשות כמנהגינו עכשיו, דהדיו העשוי מעשן עצים ושמנים מתקלקל ונמחק בנקל, ע"כ אין נוהגין בו עכשיו.

ודיו העשוי ממי עפצים בלבד בלא קומא, שקורין בל"א גומא, או מקנקנתום בלבד, פסול אפילו דיעבד, כן כתב הגר"א בביאורו.

דיו אין צריך לעשות לשמה. **מותר** לכתוב תפילין ומזוזות בדיו הנעשה מסתם יינם.

כתב אפי' אות אחת - לאו דוקא, דה"ה מקצת האות, כגון קוצו של יוד, **בשאר מיני צבעונים** - שאינם שחור, כגון האדום והירוק וכיוצא בהם, **או בזהב, הרי אלו פסולין.**

(**ואם** הוא אות ראשון, או שכתבו כולו כך, ורוצה אח"כ בתו"מ להעביר קולמוס כסדרן עליהן בדיו, צ"ע אם מהני – פמ"ג, **והחתם** סופר פסק דמספק פסול, דהוא בכלל דיו ע"ג סיקרא, והדין עם הא"ר (דפסול), דלא כהפמ"ג שמפקפק בזה).

אם זרק עפרות זהב על האותיות, מעביר הזהב וישאר כתב התחתון וכשר - ואע"ג דכל זמן שאין מעביר פסול, דכתב העליון מבטל כתב התחתון, לא מיקרי ע"י ההעברה כתיבה שלא כסדרן, כיון שאין כותב כי אם מעביר, ונשאר כתב התחתון ממילא.

(**הפרישה** כתב בשם ריב"ש, דיש לחוש משום כתב מנומר, אם יש הרבה אותיות כן בכמה דפין, וכ"כ הל"ח, **והא"ר** השיג עליהם, דהריב"ש לא קאי כלל כשזרק זהב על הדיו, דבזה לא שייך ענין מנומר, כיון דכתב דלמטה קיים, אלא הריב"ש קאי על עיקר הדין, אם כתב בזהב או בצבעונים עצמן, וגררן וכתבן בדיו, דבזה שייך ענין מנומר).

(**והיכא** דלא שייך תקנתא דמעביר, כגון אם זרק שאר מיני צבעונין על הדיו, אף אם ירצה אח"כ להעביר בדיו על הצבעונין והזהב, פסק הע"ת והא"ר דלא מהני).

אבל אם זרק הזהב על אות מאזכרות, אין לו תקנה, לפי שאסור להעביר הזהב, משום דהוי כמוחק את השם – (אבל מוחק ממש לא הוי, דנשאר כתב התחתון, ומשמע מכאן אפילו זרק זהב שלא בקדושת השם, אסור למחוק, דלא כמו שכתב הש"ך).

(אין לו תקנה משמע, אפילו רוצה לחפות בדיו מלמעלה פסול, כן מביאין א"ר וע"ת דלעיל ראיה, והפמ"ג דוחה, **ובאמת** לענ"ד יש לעיין בזה, אם יש בזה אפילו ספק פסול, כמו דיש בדיו ע"ג צבע, אחרי דכתב התחתון וגם העליון הוא כתב דיו).

סעיף ח - צריך הקלף להיות מעובד בעפצים או בסיד - (והעיבוד הוא הל"מ), ולעיכובא הוא, (דבלא זה אין עליו רק שם עור, ולא גויל וקלף ודוכסוסטוס), דלא מיקרי קלף בלא זה רק דיפתרא, (**וכל** אלו הסעיפין הנאמרין פה לענין עיבוד, הוא רק לענין הפרשיות של התפילין, וכן לענין כתיבת ספרים ומזוזות, ולענין עור הבתים יתבאר לקמן בסעיף ל"ז).

ויניח העור בסיד עד שיפול השער מאליו, ולא ע"י גרירה, ואם הוציאו קודם לכן לא יכתוב עליו, דהוי דיפתרא עדיין ופסול, **ויש** מי שחולק וכתב, דסופר שהוציא העורות לאחר ד' ימים, ועדיין לא עבר שערות מעליהן, נראה דבדיעבד אין קפידא, דלא תליא בשער כלל, דכיון דכבר הונח בסיד וניתקן כהוגן, לא מיקרי דיפתרא.

וצריך שיהיה מעובד לשמו – (ובלא זה פסולין, ואם הוא במקום שלא יוכל להשיג תפלין אחרים, כי אם אלו שנכתבו על עור המעובד שלא לשמה, **אף** דבס"ת כה"ג נראה דיוכל לברך עליה בצבור, אבל בתפילין יניחם כך בלא ברכה).

(**ודע עוד**, דהפמ"ג החליט בפשיטות, דעיבוד לשמה הוא מדרבנן, ונ"מ היכא שספק לו אם נתחלף לו עור בעד עור שלא לשמה, י"ל ספיקא דרבנן לקולא, **אך** מתשובת רע"א משמע, דהוא סובר שהוא דאורייתא, **ומ"מ** נראה דבשעת הדחק יש להקל בספיקן, דבלא"ה יש הרבה מהראשונים דס"ל, דא"צ עיבוד לשמן).

(**ודע עוד**, דעיבוד סתמא הוי כשלא לשמה, **ובספר** בית אהרן יצא לידון בדבר החדש, דהאידנא דאין כותבין ברוב על קלף שאר ספרים, רק ס"ת, הוי סתמא כלשמה, **ויש** לעיין).

טוב להוציא בשפתיו בתחלת העיבוד, שהוא מעבדו לשם תפילין - ובדיעבד דיו במחשבה.

ויותר אין צריך לא להוציא בשפתיו ולא לחשוב שמתעבדים לשמה, אלא בתחלתו בלבד, ואפילו נמשך העיבוד כמה ימים, דכל העושה על דעת ראשונה הוא עושה, **ותחילת** העיבוד מיקרי, כשמשימים העורות לתוך הסיד, ולא בעת שמשימם לתוך המים קודם, מפני דזה לא מיקרי עדיין עיבוד.

(**ואם** היה רק סוף העיבוד לשמה, הט"ז ביו"ד ס"ל דמהני, **והפמ"א** חולק ע"ז, וס"ל דלדינא יש ספק אם נאמר הוכיח סופו על תחילתו, וגם בביאור הגר"א כ"כ, **ונראה** דאעפ"כ אין להחמיר בדיעבד, אחרי שיש הרבה מקילים, כי גם דעת הגאון מהר"מ בנעט להקל בזה, **ואולי** גם דעת הגר"א כן, כמו לענין ספק אם צריך להוציא בפה דוקא, דגם שם מביא הגר"א דספק הוא, ואעפ"כ לא החמירו רק לכתחלה, וכדמוכח מהטוש"ע שכתב: טוב להוציא בשפתיו, כן נאמר בזה, **ומכ"ש** לפי דעת הפמ"ג שעיבוד לשמה הוא דרבנן, **היוצא** מדברינו, דאם שכח ליתן העורות לתוך הסיד לשמה, ונזכר בתוך עיבודו, בעוד שיש עליה עדיין שם דיפתרא, שיטלם מן הסיד ויחזור ויתנם לתוך הסיד לשמה, כנ"ל ברור בעזה"י).

(וכ"ז אם הוא מחשב לשמה במעשה העיבוד גופא, אבל אם מחשב לשמה בעת תיקון הקלף אח"כ, כגון מה שממחים אותו באבן הפימ"ס וכדומה, או בעת השירטוט של הסת"מ, או ברצועות בעת השחרתן לבד הוא מחשב לשמן, זה בודאי לא מהני, **ודע עוד**, דבהם קי"ל דא"צ כלל שיהא לשמה, ואפילו במזוזה דעצם השירטוט הוא הלמ"מ, אפ"ה אינה צריכה להיות לשמה, **אך** יש מן האחרונים שמחמירין בדבר לענין שירטוט אפילו דיעבד, להב"ח במזוזה, ולהבני יונה אף בס"ת, ונכון לחוש לדבריהם עכ"פ לכתחלה, **ועיין** בפמ"ג שכתב עוד, דלפי דברי הב"ח לא יועיל שירטוט אפילו דס"ת למזוזה, **אבל** לפי מאי דאנן פסקינן דס"ת ומזוזה שוין, מהני, **וע"ש** עוד, דשירטוט דתפילין למזוזה בודאי לא מהני להב"ח, ואף אם שרטטו לשמה, כמאן דליתא דמיא, **אך** כבר הכרענו דאין להחמיר בדיעבד, **וע"ש** בפמ"ג שכתב, דכ"ז בסתמא, אבל במחשב בהדיא בהשרטוט שלא לשמה, אפשר דגרע לד"ה).

או לשם ספר תורה - דקדושתה חמורה מתפילין, ובכלל מאתים מנה, ואעפ"כ מותר לשנות לתו"מ אף דקדושתם קלה ממנה, **אבל** לדבר חול אסור לשנותו, לבד אם התנה בפירוש בתחלת עיבודן, שיהא מותר לשנותו אף לדבר חול, אז מותר לשנותו, **והנכון** שינהגו כן הסופרים לכתחלה, בעת שמשימים העורות לתוך הסיד, שיאמרו: אני נותן עורות אלו לתוך הסיד לשם קדושת ס"ת, ואני מתנה לכשארצה שאוכל לשנותו לכל דבר, **ולא** כמו שנהגו הסופרים, שאומרים: לשם ס"ת או תפילין או מזוזות או שאר דבר רשות, דאז מסתפקים האחרונים אם מהני, (**דבדאורייתא** קי"ל אין ברירה, **ולפי** מה שכתב הפמ"ג, דעיבוד לשמה הוא דרבנן, יש להקל בדיעבד, וצ"ע למעשה).

אבל אם עיבדו לשם מזוזה, פסול - ולא מהני רק למזוזה בלבד, דקדושתה קלה מתפילין, **ואם** עיבד לתפילין, מהני אף למזוזה ולא לס"ת, **ואם** עיבד העור לשם רצועות, לא מהני לכתוב פרשיות עליו אם עשה אח"כ קלף מהן, דקדושתן חמורה, **ואפי'** לעשות מהן עור בתים, יש לומר נמי דפסול, דקדושתן חמורה מרצועה.

סעיף ט - אם עיבדו א"י, להרמב"ם פסול אפי' אמר לו ישראל לעבד לשמו - דס"ל להרמב"ם, דעכו"ם עושה אדעתא דנפשיה, ואף על פי שהעכו"ם אומר ששומע לישראל, אין פיו ולבו שוין בזה.

ולהרא"ש כשר אם ישראל עומד ע"ג וסייעו. (הגה: קצת בעיבודה) - אפי' אם לא סייעו רק בסוף העיבוד, ואפילו גם זה הסיוע לא היה רק בשותפות עם העכו"ם, כשר.

וכ"ז למצוה בעלמא, אבל בדיעבד להרא"ש כשר אפילו לא סייעו כלל, דעכו"ם אדעתא דישראל המצווהו לעשות לשמה עביד, דכיון שהוא עומד ע"ג בתחלה בעת שמשים העורות לתוך הסיד, ואומר לו שיתנם אז לתוך הסיד לשמה, ולא בעינן הכונה של העכו"ם לזה רק בעת רגע

נתינתם לסיד, ציית ליה אשעה מועטת כזה ונותנם אדעתא דהכי, [ואעפ"כ במקום שעבדנין ישראל מצויים, יתן להישראל].

אבל אם הישראל העומד ע"ג חישב בלבו לבד לשמה, לא מהני, **ואפילו** אומר לו בפירוש, כל שעומד מרחוק ואינו מלמדו, לא מהני אפילו להרא"ש.

וכן נוהגין, ועיין לעיל סי' י"א סעיף ג' - והמנהג לפי דברי אחרונים לכתחלה צריך להיות כך, שישים הישראל בעצמו העורות לתוך הסיד לשמה, ויאמר לעכו"ם שכל שאר מלאכת העיבוד שיעשה הוא, יעשה ג"כ לשמה, ויכול העכו"ם אח"כ להוציאו בעצמו ולתקנו, וא"צ עוד לעמוד ע"ג ולסייעו עוד.

ואם נתן הישראל העורות בעצמו לתוך הסיד לשמה, ולא אמר כלום להעכו"ם, כ' הפמ"ג דצ"ע בזה, **אכן** לפי דברי הנו"ב והגאון מהר"מ בנעט, יש להקל בדיעבד.

ואם סייעו הישראל להעכו"ם קצת בסוף, ובזה גמר מלאכת העיבוד, ולא אמר לעכו"ם כלל שיעשה לשמה, זה בודאי לא מהני, דמסייע אין בו ממש, **וה"מ** שזה גמר העיבוד לא עשה בעצמו, רק בסיוע עם העכו"ם, **אבל** אם גמרו הישראל בעצמו בלא סיוע העכו"ם, כגון שהוציא הישראל העורות מן הסיד קודם שנגמר עיבודן, וחזר והניחם בתוך הסיד לשמה, **הט"ז** והגאון מהר"מ מקילין בזה, ואין למחות ביד הנוהג להקל כדבריהן.

סעיף י - כשמסמנין הנקבים במרצע כעין אותיות – (כדי שלא יחליפם העכו"ם בעורות אחרים, ודוקא כעין אותיות, אבל נקבים כך לסימן לא מהני).

אע"פ שנקל לא"י לזייף – (שמניח העור ע"ג עור אחר, ועושה ג"כ במרצע כעין אותן האותיות).

אין חוששין, משום דמרתת הא"י פן יכיר ישראל בטביעות עין - שנתן בסימנין, או שאלו הנקבים נעשו יותר מחדש משלו, (הלא"ה לא שייך בזה ספק דרבנן לקולא, {כי לשיטת פמ"ג לשמה הוא דרבנן}, דכל שנהנה בו העכו"ם, רגיל וקרוב לודאי הוא, **ובמקום** דלא נהנה בו העכו"ם ע"י החליפין, קי"ל דלא חיישינן לאחלופי, פמ"ג).

וי"א שיכתוב בראש בפנים, במקום שאין דרך לעבד הראש, וישאר הכתב עד אחר העיבוד, ולא יסמן במרצע מחמת חשש זיוף, **ובדיעבד** יש להקל כהשו"ע.

(**כתב** המה"ש, דצריך זהירות מרובה, כשמעבד ע"י עכו"ם אומן, הוא מניח מטליתין על הנקבים הנמצאין בהקלף, ואותן טלאים קרוב לודאי שלא נתעבדו לשמה, שהן מחתיכות עורות שמקצע ונוטל מכל אשר יבא לידו להטיל טלאי, ובקושי ניכרים אחר העיבוד כי אם נגד השמש).

סעיף יא - עור שעיבדו שלא לשמו, אם יש תיקון לחזור לעבדו לשמו, יתבאר בטור יו"ד סימן רע"א.

סעיף יב - יהיה הקלף מעור בהמה וחיה ועוף הטהורים – (עוף משובח, ואחריו חיה, ואחריו בהמה, ושליל יותר טוב, שעדיין לא יצא לאויר העולם).

(**וטהורה** שנולדה מטמאה, עיין בתשובת יד אליהו שהאריך והעלה להחמיר, **אבל** טמאה שנולדה מטהורה, מתיר לכתוב עליה סת"מ. **ועור** של איסור הנאה עיין בפמ"ג).

אפילו מנבילה וטריפה שלהם – (ואפילו נתנבלה ע"י אחרים, כגון נחורות ועקורות).

אבל לא מעור בהמה וחיה ועוף הטמאים, דכתיב: למען תהיה תורת ה' בפיך, ממין המותר לפיך – (ואפילו שאר ספרים שאינם תנ"ך, שיש בהם שמות שאינם נמחקים, אסור לכתוב על עור בהמה טמאה, **ואם** הם כתובים רק ברמז לסימן השם, י"ל דשרי לכתוב, וה"ה ספרי הש"ס ופוסקים כה"ג שרי).

ולא מעור דג אפילו הוא טהור, משום דנפיש זוהמיה.

סעיף יג - יהיה הקלף שלם, שלא יהא בו נקבים שאין הדיו עובר עליו - ‹אלא› קטן כל כך, עד שכשמעביר עליו בקולמוס נסתם הנקב בדיו, ואין הנקב נרגש בקולמוס, כותבין עליו, אע"פ שנפל מעט דיו במקום ההוא, ונראה נקב דק כנגד השמש, כשר, **דהיינו שלא תהא האות נראית בו חלוקה לשתים** - שאם ניקב כ"כ שאין הדיו עובר עליו, פסול, שהאות נראית חלוקה לשתים על ידו, **ואפילו** אם הנקב באמצע עובי האות, בגגו או בירכו, ודיו מקיפה מכל צד, פסול, **ואפי'** אם עד מקום הנקב יש צורת אות.

וכ"ז קודם כתיבה, אבל אם לאחר כתיבה נחלק האות לשתים ע"י נקב, רואין אם יש בו צורת האות עד מקום הנקב, כשר, (**ואם** הנקב שנעשה לאחר הכתיבה, הוא רק באמצע עובי האות, אפשר דיש לצדד להקל כהט"ז, אפילו אם אין בו שיור אות עד המקום ההוא, כיון דלא נשתנה צורת האות עי"ז, **ומחדושי** רע"א שנשאר בצ"ע על הט"ז, נראה שמספקפק בזה להחמיר, **ולפי** ביאור הלבו"ש בהט"ז נוכל לומר בפשיטות, דגם הט"ז יודה בזה להחמיר, ולא מיירי הט"ז רק אם יש בו שיור אות עד המקום ההוא, לכן דין זה צ"ע).

סעיף יד - הסופרים הזריזים עושים שלשה מיני קלפים, העב יותר לכתוב בו פרשת "שמע" שהיא קטנה, והדק ממנו לפרשת "והיה אם שמוע" שהיא יותר גדולה, ולפרשת "קדש" ולפרשת "והיה כי יביאך", שהם ארוכות, עושים קלף דק מאד - ט"ס, וצ"ל: "והדק ממנו לפרשת 'והיה כי יביאך' שהיא יותר גדולה, ולפרשת 'קדש' ולפרשת 'והיה אם שמוע' שהם ארוכות" וכו'.

ובזה יתמלאו הבתים בשוה, וזהו נוי לתפילין - ורמ"י כתב, שהסופרים שלהם עושים תיקון אחר, שכל הקלפים הם שוים באורך א' ובעובי א', אלא שמניחין גליונין מפרשיות הקצרות.

סעיף יז - אם נפלה טפת דיו לתוך האות ואינה ניכרת האות - בין שנגע הטיפה בגוף האות או לא, **וה"ה** אם נפלה הטפה על קווי האות ממש, ונתפשט הטפה גם מבחוץ להאות, עד שאינו ניכר האות בתמונתו עי"ז.

בין שעי"ז נשתנה תמונתה לאות אחרת, כגון שנפלה טפה תוך חלל ב' ונראית כפ"א, **או** שאבדה תמונתה ואין שמה עליה, וה"ה בשאר אותיות, **ואפי'** אם ע"י הטיפה נחסר רק קוצה של יו"ד בין בימין או שמאל, פסול.

ואם מסתפק בהאות אם צורתו עליו או לא, מראה לתינוק דלא חכים ולא טיפש.

וה"ה צבע אחר, אם עי"ז נשתנה צורת האות, **אבל** נטף שעוה על האות, אף שמכסה להאות ואינה ניכרת, אעפ"כ מותר לסלק, דשעוה אין מבטל הכתב.

(**נטף** שעוה על אות, בחול יסירנה, **ואם** הנטיפה היא על אותיות משמות שאין נמחקין, אף בחול אסור, שהרי יש לחוש שיתקלף קצת מהאות עמו, כיצד יעשה, יראה לחמם היטיב הגויל מבחוץ נגד מקום הנטיפה, ועי"ז יוסר השעוה בנקל, ולא יודבק בו מהכתב כלל, **ואם** בשבת, דאסור מטעם אחר לא משום מחיקה, אם נראה האות מתוכה ויכול לקרות כך, כשר, **אך** אם הוא מכוסה שאינו נראה מתוך השעוה, אם נמצא זה בין גברא לגברא, כיון שאין לקרות בע"פ מה שמכוסה בשעוה, ואין קורין בחומשים מפני כבוד הציבור, וליכא פגמא של ספר, דתרי גברא בתרי ספרא לאו פגמא הוא, יש להוציא אחרת, **ואם** נמצא באמצע הקריאה, יש לקרות המכוסה בע"פ, ואחר כך יסיים בה מנין הקרואים, כיון דכבר קרא מה שמכוסה בשעוה, מותר לקרות להלן בס"ת הזה, דאין פסול בזה מה שמכוסה בשעוה).

(**אומן** ישראל המתקן סידור הבלוי, ומוכרח לו להניח נייר ולדבקו עם פא"פ על מקום היפה, ופוגע בשמות הקדושים שאינם נמחקים, דיש בזה חשש איסור מחיקה, כיון דא"א לקלפו שיהיה כל האותיות קיימים, וגרע יותר משעוה, **יעשה** האומן כך, יניח נייר על כל שם ושם, נייר בלי דבק, או ידבק מעט בשעוה דלא הוי מחיקה, ואח"כ ידבק הנייר בפא"פ, דיהיה הנייר הב' מדובק על הנייר ראשון שמונח על השם, וזה לא הוי מחיקה, דאם יקלפו הנייר השני יהיה השם שלם).

אין תקנה לגרור הדיו וע"י כך יהיה ניכר האות, דהוי חק תוכות ופסול - פי' שחוקק התוך של האות וסביבו, וממילא נשאר מה שאינו מוחק בצורת אות, **משום דבעינן "וכתב" ולא "וחקק"** - וזה ג"כ חקיקה מיקרי, כיון שאינו עושה מעשה בגוף האות, **אלא** יגרור ג"כ קצת מהאות עד שלא ישאר צורתו עליו, ואח"כ יתקננו, **אם** לא כתב עדיין אחר אות זו, דאל"ה פסול בתו"מ דבעינן כסדרן.

ואפילו אם הטפה לח עדיין, והאות כבר נתייבש, לא אמרינן שהיא ככסוי בעלמא על האות, כיון שעכ"פ נפסל צורת האות קודם התיקון. **ואפילו** מעביר קולמוס על האות לאחר שחק תוכו, אינו מועיל.

והשו"ע מיירי אפי' נפלה הטיפה אחר שנגמר האות, (**עיין** בס' בית מאיר דמחזיק בזה לשיטת הרשב"א, דס"ל דאין בזה משום חק תוכות, הואיל דמתחילה נעשה אות ע"י כתיבה, וכן בטעה וכתב ד' במקום רי"ש, ואין בזה רק משום לתא דחק תוכות מדרבנן, **אבל** הגרע"א בחידושיו פה חולק ע"ז, דהוא מדאורייתא).

וכ"ש אם נפלה קודם שנגמר האות כדין, וגמר מתחלה האות ואין ניכר עדיין, דבזה כו"ע סוברים דאין תקנה בגרירת הטפה, דהרי לא היה עליו מעולם שם אות, רק עתה ע"י גרירה, והוי חק תוכות ממש.

אך אם גרר מתחלה הטפה, ורוצה עתה לגמור האות, בזה יש דיעות בין הפוסקים, **דהרד"ך** סובר דלא מהני, דס"ל דכיון שנפלה הטפה על מקצת האות, נתבטל ממנו שם כתיבה והוי כחקיקה בעלמא, ומה מהני אף אם יגמר האות ע"י כתיבה, **וכ"ש** אם נפלה על הקלף טפת דיו ממש, ונעשה כמין חצי אות, דלא שרי להשלים האות ע"י כתיבה, **והב"י** והרמ"א מקילין אפילו בזה הדין האחרון, וסוברין דלא מיקרי חק תוכות אלא כשגומר האות ע"י חקיקה, **אך** האחרונים מצדדין להחמיר בזה הדין האחרון, אם לא שמושך הטפת דיו הלחה, ומזיזה ממקום למקום עד שעושה ממנה אות שלם, דזה הוי כתיבה.

וכ"ז הדין דשו"ע הוא מחמת שהאות אינו ניכר, ונתבטל עי"ז כתיבה הראשונה, **אבל** אם לא נשתנה צורת האות, יכול למחוק טיפת הדיו, **ואין** חילוק בין שנפל הדיו לתוך חלל האות בלבד, או גם על האות גופא ונתעבה גג האות או גם הירך עי"ז, אפ"ה יוכל לתקן ולא מיקרי חק תוכות, מאחר שהאות ניכר עדיין.

(**אף** דהפמ"ג מצדד להחמיר בזה, מטעם כתב על כתב, **אם** לאו שבעת נפילת הטיפה כבר נתייבש האות, **אין** להחמיר בזה, אחרי שרוב הפוסקים מקילין אפי' בכתב ע"ג כתב ממש, וכ"ש בזה הטפת דיו שנפלה מעצמה, שאין שייך **שם כתב עליו**, **ועוד** נ"ל בזה עצה אחרת אפי' בכתב ע"ג כתב ממש, והשני היה שלא לשמה, דיעביר עוד קולמוס עליו לשמה, וממ"נ מהני, ולא מיקרי שלא כסדרן לכאורה, **מאחר** דמעת כתיבה הראשונה צורתו עליו).

ומדינא אפילו תיקון לא בעי בזה, רק יותר טוב שיתקן, ע"כ יכול לעשות תיקון זה אפילו בתו"מ דבעינן כסדרן, (**ואם** נפלה הטפה מבחוץ להאות סמוך להאות בעת הכתיבה, אפילו אם האות ניכרת עדיין, ולא נגע עי"ז לאות אחרת, מדינא צריך לגרור את הטיפה במקום הנגיעה באות, דאל"ה לא מיתחשיב האות מוקף גויל).

וה"ה אם טעה וכתב דלי"ת במקום רי"ש, או בי"ת במקום כ"ף, אין תקנה למחוק התג לתקן האות, משום דהוי כחק תוכות - פי' ע"י המחיקה אין תקנה, ואפילו אם אח"כ ימשוך ג"כ גגו ותחתיתו של הכ', לא מהני, דבלא"ה צורתה עליה, **אבל** מותר להוסיף דיו ולעשותו עגול, **וכן** אם טעה וכתב רי"ש במקום ד', וכ'

במקום ב', והוו אותיות עבין, אין תקנה שיגררן ויעמידן בתמונת ד' וב', אבל מותר להוסיף עליהן דיו ולעשותן בתמונת ד' וב', **וכן** אם טעה וכתב במקום זיי"ן נו"ן פשוטה, אין תקנה שיגררו ויעמידו על זיי"ן, דזה הוי חק תוכות ממש, אלא צריך למוחקו לגמרי, **וכן** אם טעה וכתב ה"א במקום ד', אין תקנה לגרור הרגל של הה"א וישאר ד', דדומה לסמ"ך וב' שנפל טפת דיו שם, ונתקלקל תמונתו עי"ז, דלא מהני גרירת הטפה, משום דאין עושה מעשה בגוף האות, וה"נ כה"ג, **אלא** צריך לגרור ג"כ קצת הגג עד שישאר כמו וי"ו, או לגרור הירך [כולו], עד שלא ישאר צורת ד' עליו, [ובלא כולו, עדיין שם ד' עליו], ואח"כ יתקננו, **כללא** דמילתא: גורר לא מהני להיות כתיבה בכך ומיקרי חק תוכות, אבל כותב מהני, שמעבה האות מדלי"ת רי"ש, או מרי"ש ד' שכותב התג.

ולענין שלא כסדרן נהפוך הוא, גורר כשר, כגון בדיבוק אות לאות וכדלקמן, דזה לא מיקרי מעשה בגוף האות, וכותב פסול, **ומה** שהתרנו להוסיף דיו ולהעמידן על תמונתן, היינו כשלא כתב האותיות שאחר זה.

(**דע**, דבכל דבר שכתוב בשו"ע דלא מהני גרירה בלבד מחמת פסול דחק תוכות, מוכח מסתימת הפוסקים, דאין נ"מ בין אם נעשה בעת הכתיבה או לאחר הכתיבה, וה"ה אם נעשה ד' אחר שנגמר כתיבת הרי"ש, ג"כ אין להכשיר בחקיקה).

סעיף יח - מ"ם פתוחה שנדבק פתיחתה ונסתמה - והוי כמ"ם סתום, שמקומו רק בסוף תיבה ולא באמצעיתה, וכן כל אותיות מנצפ"ך הכפולין בא"ב, כותב את הראשונות בתחלת התיבה ובאמצעיתה, והאחרונות בסוף, ואם שינה פסול.

ואם פוסל בזה נגיעה דקה כחוט השערה, עיין מה שכתבנו לקמן לענין ה"א, (**ויותר** נלענ"ד לומר, דאפי' המקילין בדין ה' מודים בזה, דהרי עכ"פ מ"ם סתום הוא, ומה לי אם הסתימה דקה או עבה, **ושם** ראייתם הוא מדאמר הגמרא: חזינא לספרי דוקני דתלו לכרעיה דה"א, משמע דהוא רק למצוה בעלמא, אבל עצם תמונת ה"א אין צריך לתלות הכרעא, ואעפ"כ לא דמי לחי"ת, כמש"כ הגר"א או כמש"כ הרשב"א, **משא"כ** במ"ם, דאין לנו שום ראיה לקראו מ"ם פתוח ע"י שהסתימה היא דקה).

אין מועיל לגרור הדבק ולפתחה, משום דהוי כחק תוכות - דבגוף האות אין עושה שום מעשה אלא גורר הסתימה.

(**עיין** בט"ז שכתב, ודוקא שנסתם המ"ם אחר שנגמר, אבל אם סתם המ"ם קודם הגמר, בזה יכול לגרור הסיתום, כיון שעדיין צריך להוסיף ברצועה המשופעת כמין יו"ד, ע"כ יגרור תחלה הדבוק ואח"כ יגמור, **ונראה** דלפי דעת הרד"ך שכתבנו, גם בזה יש להחמיר).

ומה תקנתה, שיגרור כל החרטום ותשאר כצורת נו"ן כפופה, ואח"כ יכתוב מה שגרר - כי כתיבת המ' פתוחה הוא בב' כתיבות, דהיינו בתחלה כותבין כמו נו"ן כפופה, ואח"כ תולין בצדה כמו וי"ו, וא"כ כל שנעשה הפסול בו, דהיינו הו', צריך לגוררו כולו, אבל הנו"ן שנכתב בהכשר, אין צריך לגוררו, **וה"ה** בכל אות שנכתב בב' כתיבות, כגון ג' וכיו"ב, ונעשה פסול בכתיבה א', א"צ לגרור רק אותה,

לאפוקי ברי"ש שעשאה כמין ד', דבפעם א' נכתב הכל בפסול, צריך הכל לגרור.

(**נראה** לי פשוט, דדוקא שנדבק בעת כתיבת החרטום, דהחרטום נעשה בפסול, אבל אם נדבק לאחר הכתיבה, אין צריך לזה דוקא גרירת החרטום, דה"ה דיכול לגרור מהנו"ן עד שיבטלנו מצורת אות. **וצ"ע** אם מהני בזה שנכתב בכשרות ג"כ גרירת חצי חרטום, וזה תלוי אם בעלמא כל החרטום הוא לעיכובא במ"ם, או אפשר דהוא רק לכתחילה, וצ"ע).

וה"ה אם טעה וכתב ח' במקום ב' זייני"ן, אין מועיל לגרור הגג לבד, מהך טעמא, אלא צריך לגררם עד שיבטלם מתמונתם, (**אינו** מכוון, שאם זיי"ן נעשה בכתיבה אחת, צריך למחוק הכל, ואם הגג נעשה בכח אחד והרגל בכח שני, אכתי צריך למחוק כל הגג או כל הרגל - חזו"א), **וכן** אם טעה ועשה ד' פשוטה למעלה כעין דל"ת, שלפי דעת הרבה מן הפוסקים היא פסולה, ג"כ אין מועיל לגרור התג ולעשותה עגולה, דהוי חק תוכות, אלא יוסיף עליה דיו ויעשה עגולה, **ונראה** דלא מעכב שלא כסדרן בתיקון זה, דבלא"ה צורתה עליה.

וה"ה שאר אותיות שנתקלקל תמונתם בעת הכתיבה או אח"כ, וע"י הגרירה יעמדו על תמונתם, כגון ד' שהמשיך רגלו ודומה לך' פשוטה, וכל כה"ג, אין מועיל להן גרירה, כיון שאינו עושה מעשה בגוף האות הנשאר, אלא ימחוק רגלו ואח"כ יתקננו, **וה"ה** דמהני בזה, אם המשיך גגו של האות לרחבה עד שנראה לכל שהוא ד', **אבל** לעיל בכתב ה"א במקום ד', דכתבנו שם דצריך ג"כ למחוק רגל הד' או גגו מלבד רגל הה"א, לא מהני עצה זו דהמשכת גג הד', דהרי בלא"ה צורתו עליו, לכך לא מיקרי זה שום תיקון.

כל שכתוב בסעיף זה שיש תקנה, היינו קודם שכתב אות שאחריו, דאל"ה פסול בתו"מ דבעינן בהן כסדרן דוקא, לבד מהיכא שנבאר בהדיא דלא מעכב בזה כסדרן.

ורי"ש שעשאה כמין דלי"ת, יש להחמיר ולומר דלא סגי כשיגרור הירך לבד או הגג לבד ויחזור ויכתבנו כמין רי"ש, משום דבין הגג ובין הירך נעשו בפיסול, הילכך צריך לגרור שניהם - והוא הדין וי"ו שעשאו כמין רי"ש, וכל כה"ג שנעשה בכתיבה אחת. (**כי** בפעם אחת נכתב הכל כדרך הכותבין, ולפי"ז אם מתחלה כתב רי"ש, ואח"כ טעה ועשה בו תג כעין דלי"ת, סגי ליה כשיגרור הגג או הירך עם התג, ויחזור ויכתבנו כמין רי"ש).

וה"ה בגגו של כ' פשוטה שעשאו רחב, עד שנראה כד' או רי"ש, והסופרים נכשלין בזה בעו"ה. (**ואם** עשה גג רחב לך' פשוטה, עד שנראה כמו רי"ש, כתב המ"א דימשוך הרגל עד שיהיה כפלים כמו הגג, **ואם** אין לו מקום למשוך, כתב המ"א בשם הרי"ל, וכן סתם הפמ"ג, דתקונו הוא שימחוק כל הגג, דגרירת היתר בודאי לא מהני בזה, דהוי חק תוכות ממש, ואפילו במלת "אלהיך" יכול למוחקו, אך יזהר שלא ימחק הרגל, **וצ"ע**, הלא דמי לרי"ש שעשאו כמין ד', דפסק השו"ע דצריך לגרור כולו משום דנכתב בפ"א, וה"נ דכוותיה, **ועיין** ביד אפרים שמחלק קצת בזה, (דבשעת כתיבה היה בידו למשוך רגל הכ"ף, רק עתה א"א מחמת שכתב תחתיו שורות אחרות, עכ"פ בשעת מעשה נכתב בכשרות), ודוחק,

אח"כ מצאתי בחי' רע"א שכתב בפשיטות, דדמי לרי"ש שעשאו כמין ד', **אך** אי אתרמי כן בך' של "אלהיך", שעשאו רחב כמין ד' או רי"ש, נראה דיש לסמוך להקל דדי במחיקת הגג, אם אין לו מקום למשוך הרגל, אחרי שגם ברי"ש שעשאו כמין ד' מיקל הפר"ח, דדי שיבטלנו מצורת אות), ‹דלפי מש"כ המחבר להכשיר כשנפלה טפת דיו וגמר האות ע"י כתיבה דכשר, וכמש"כ לעיל, א"כ לאו דוקא מה שכתב: שצריך לגרור שניהן, אלא די בגורר מקצת הגג ומקצת הירך, וגומר אח"ז האות ע"י כתיבה – מחה"ש›.

ואם נדבקה אות לאות, בין קודם שתגמר, בין אחר שנגמרה - האות בארכו כראוי, כגון שכתב תיבת "לו", ונדבק הוי"ו בקצהו להלמ"ד, וכל כיוצא בזה, **פסול** - ואפילו בנגיעה כל דהו שלא נשתנית ע"ז האות מצורתה, אפ"ה פסול, דבעינן שיהא האות מוקף גויל.

(**ואין זה תליא בב' התירוצים שבב"י** ‹עיין בסט"ז›, **דכאן מיירי בעת הכתיבה גופא, אחר שנגמר צורת האות נגע אות בחבירו, משא"כ שם שכבר סילק ידו – סט"ז**).

ואם נתפשטו האותיות מכח לחות הדיו שקורין גיפלאסין, עד שנראין כדבוקין, ומ"מ נראה שאין האותיות נוגעין, כשר, **ואם** האותיות נוגעין, אף שנעשה זה לאחר הכתיבה, אפ"ה פסול.

ואם גרר והפרידה, כשר ולא מקרי חק תוכות, מאחר שהאות עצמה היתה כתובה כתקנה – (**אף אם נעשה הדביקות קודם שנגמר האות, ועיין בביאור הגר"א ובס' שערי אפרים, דדין זה דשו"ע יש לפקפק בו, ומוכח שם מדעת ש"א, דאין להקל בו אלא בתפילין ומזוזות, דכדיעבד דמי, דאם היה צריך מחיקה, היה נפסל משום שלא כסדרן, אבל בס"ת, וכן בתו"מ אם לא כתב עדיין התיבות שאח"ז, לא מהני גרירת הדביקות לבד, אם נדבק קודם שנגמר האות, וגמר האות בפסול**).

וה"ה אם רגלי האותיות או גגן ואמצען מגיע לסוף בלי היקף קלף, רשאי לגרר קצת, דלא גרע מנדבק אות לאות דמהני גרירה, **ודע** דבזה אין מעכב שלא כסדרן, מאחר דאין מוסיף בגוף האות, **ואפילו** באותיות השם שנגמרו ודיבוקן למטה, רשאי לגרור, [וכ"ש למעלה].

ומיירי שלא נשתנה האות מצורתה ע"י הדביקות, אבל אם נשתנית האות מצורתה, ואין התינוק יכול לקרותה, **וכ"ש** אם נשתנית לצורת אות אחרת, כגון וי"ו שנדבק בסופו לנו"ן כפופה דיבוק עב, שנראית כצורת טי"ת, עד שתינוק דלא חכים ולא טיפש יקרא אותו לטי"ת, לא מהני גרירת הדיבוק בזה, דהוי כמ"ם שנסתמה ומקרי חק תוכות, **וע"כ** צריך לגרור גם הנו"ן, שגם הוא נשתנה מצורתו ונפסל ע"י הדיבוק, וכן כל כיוצא בזה.

ובנפלה טפת דיו בסי"ז, אף דנכתבה מתחלה כתקונה, נתקלקלה ע"י הטפה ואינה ניכרת, **משא"כ** בזה דאפילו קודם הגרירה ניכר היטב כל אות בפני עצמה, **ולפי"ז** אם כל אורך האות דבוקה לחברתה, לא מהני גרירה, **והפר"ח** מיקל בזה, ‹שסובר שעדיין נכרת צורתה›.

אם נגעו רגלי הה"א והקו"ף בגג, יגרור הרגל - כולו, בין בה"א בין בקו"ף, כיון שנעשה בפיסול, **ויחזור ויכתבנו** - ולא מהני הפרדה בעלמא, משום דהוי כחק תוכות. **ואין צריך לגרור כל האות, כי הגג כדין נכתב.**

(**וה"מ** ‹דצריך לגרור כולו›, **שנעשה הנגיעה בעת הכתיבה, אבל אם נעשה לאחר הכתיבה, אין דין הה"א והקו"ף שוה, דבה"א צריך למחוק כל הרגל, דאם ישתייר כ"ש, עדיין שם ה"א הראשונה עליו להרא"ש, משא"כ בהקו"ף, די שיבטלנו מצורת אות, ודע עוד, דמ"ש הפמ"ג עוד עצה אחרת, דהיינו שיגרור קצת מהגג, עד שהרגל יהיה חוץ לגג, ועי"ז יתבטל צורתו, ואח"כ ימשוך גג הקו"ף למעלה מהרגל, דהיינו שיעשה מעט הפרש, ושפיר דמי כל שאין בזה משום שלא כסדרן, הוא מיירי בנעשה הנגיעה אח"כ, דאל"ה נעשה הרגל בפסול וצריך לגוררו**).

ואף אם נדבק רק כחוט השערה, באופן שהתינוק יודע שהוא ה"א, אפ"ה צריך לגרור כל הרגל, דכל שאין צורת אות עליו כמו שנמסרה למשה מסיני, אין שם אות עליו, וכן בקו"ף לא מהני קריאת התינוק, (**ואמנם אם נמצא כן בס"ת, שרגל הה"א והקו"ף נגע למעלה, ותינוק דלא חכים ולא טיפש קוראה כתיקונה, נ"ל דאין להוציא אחרת עבור זה, דבאמת בדין זה יש פלוגתא דרבוותא, והראיה מדמכשירין לזה במקום עיגון, א"כ לענין להוציא אחרת יש לצרף לזה דעת הרמב"ם, דמכשיר לקרות בס"ת פסולה, והוי ס"ס, אבל בתפילין לא יהא אלא ספיקא, וספיקא דאורייתא לחומרא, ודע עוד, דהגר"א בביאורו מסכים לשיטת המרדכי, דתליית הה"א {וכ"ש של הקו"ף} איננו רק למצוה, במקום דמנהג הסופרים לעשות החי"ת בחטוטרות, וא"כ יש היכר יפה בין חי"ת לה"א, ונ"ל פשוט, דמש"כ להקל, הוא רק דוקא אם נוגעת רק כחוט השערה, ומרחוק תמונת ה"א עליה, מדתינוק קוראה ג"כ לה"א, דבאמת באופן זה תמונת ה"א ולא חי"ת עליה, ורק משום שלא יראה כחי"ת, דהוי בכלל "חיתי"ן ההי"ן" דתני בברייתא ע"ז דיגנז, לכן אם עושין החי"ת בחטוטרות שוב יש היכר ג"כ, לכך אין לפסול בדיעבד, אבל אם נדבק רגל הה"א להגג דיבוק עב, עד שנראית חי"ת ממש, בודאי לא נשתנית שם ח' לה"א ע"י הסופרים, ומ"מ צ"ע אם יש לסמוך על דעת המרדכי להקל בזה אפי' ע"י הפרדה, אחרי שהשו"ע מחמיר בזה, ובמקום הדחק ואין תקנה במחיקת האות, כגון שכ' שם הקודש אח"ז, ובידוע שנעשה נגיעה דקה זה אחר שנגמר האות בהכשר, אפשר דיש לצרף לזה דעת הסמ"ק, דסובר להקל בזה ע"י גרירה, וצ"ע**).

אבל אם יש הפסק דק, אפילו רק כחוט השערה, כשר.

אם נגע רגל האל"ף בגג האל"ף, או פני האל"ף בפנים בגג שתחתיה - פני האל"ף היינו היו"ד העליון, דאין להיו"ד העליון והתחתון ליגע בהגג אלא בדקות שבהם.

פסול, ואין תקנה בגרירה להפרידה - פי' להפריד את הנגיעה לבדה, וישאר האות ממילא כראוי, **דהוי כחק תוכות.**

והיינו דוקא שנדבקה כולה, שנפסדה צורתה, אבל אם נתפשט מעט, ואינו דק כראוי ליופי הכתיבה, אם נשאר הפרש אין בכך כלום, ואין צריך שום תיקון.

סימן לב – סדר כתיבת תפילין

(עיין במ"א, דדוקא אם נדבק עצם היו"ד להאל"ף, משא"כ אם רק נגע עוקצה השמאלית של היו"ד להאל"ף, כשר, דהא אפילו בלא הקוצה מיקרי יו"ד, **פי'** דאף דע"י הנגיעה נחשב כאלו אין לו קוץ להיו"ד, הא אין מעכב בזה לענין תיקון, **וכתב** ע"ז הפמ"ג, ועכ"פ גרירה בעי, ודי, וא"צ למחוק כל היו"ד).

אלא יגרור כל מה שנעשה בפיסול, ויחזור ויכתבנו - היינו שיגרור הרגל כולו, ולא סגי שיפריד הרגל מעל האל"ף עד שיבטלנו מצורת אות לבד, כיון שנכתב כל הרגל בפסול.

(**דע**, דאין חילוק בין אם נגע בעת הכתיבה או לאח"כ, דומיא דנפלה טיפת דיו בסי"ז, **רק** דאם נגע בעת הכתיבה צריך למחוק הרגל כולו, ואם נגע אחר שהשלים האות כראוי, אין צריך למחוק כל הרגל, רק שיבטלנו מצורת אות).

וכן בנדבק יו"ד שעל האל"ף בגג שתחתיו, צריך לגרור כל היו"ד ולכותבו מחדש, **ויש** שמחמירין בנדבק היו"ד העליון בעת הכתיבה, לגרור כל האל"ף עבור זה, כי ממילא נכתב אח"כ שאר האות בפסול עי"ז, (**ע"כ** בודאי לכתחילה צריך להחמיר, ולגרור כל מה שנעשה בפסול אחר שעשה הנגיעה, דהיינו אפילו רגל התחתון של האל"ף, וכה"ג בשאר האותיות דקחשיב פה בהג"ה, **ובדיעבד** אם לא גרר רגל התחתון נראה דאין להחמיר, **ולענין** קו העקום יש לעיין, דלכאורה מסתימת לשון הב"י והד"מ והלבוש, משמע דהיו"ד צריך למחוק ולא הקו, **וצ"ע למעשה**), **אם** לא היכא דכתב מתחלה את הקו העקום, דהיינו מה שקורא בשו"ע גג האל"ף, ורגל התחתון, ואח"כ השלים ליו"ד שע"ג ונתדבק בו, דאז לכו"ע א"צ לגרור רק היו"ד, דהרי הקו נכתב בכשרות.

הגה: וכן הדין ביוד"י השי"ן והלדי"ק והעי"ן והפ"א, אם נגעו בגוף האות יותר ממקום דבוקם - דהיינו שהיו"ד נעשה קו ישר ולית ליה צורת יו"ד, אבל אין מזיק אם נתעבה הקו מעט.

וה"ה אם רגל השמאלי של התי"ו נעשה ישר, ולא יוצא למטה לחוץ.

ועיין בלבושי שרד שנשאר בצ"ע, למה צריך כלל גרירה, ימשיך אח"כ ויעבה מעט את יו"ד השי"ן עד שיהיה כהוגן, וכן כה"ג ברגל התי"ו, וכן משמע בפמ"ג, דמהני עצה זו אפילו באל"ף, **וכ"ז** כשלא כתב התיבות שאח"ז, דאל"ה בודאי לא מהני תיקון להתי"ו וכה"ג, משום שלא כסדרן, כיון שאין בו עתה צורת תי"ו.

סעיף יט - בתחלת הכתיבה יאמר בפיו: אני כותב לשם קדושת תפילין - דאם יהיה אף אות אחת שלא נכתב לשם תפילין, פסול, ולא מהני העברת קולמוס לשמה, **ולא** סגי במחשבה אף בדיעבד.

ו"תחלת", ר"ל תחלת כל הפרשיות, יאמר: אני כותב פרשיות אלו לשם וכו', ומהני זה מדינא אפילו אם הפסיק בין הפרשיות, **אך** מ"מ טוב יותר שיאמר תחלת כל פרשה וכו'.

יש שכתבו דנכון שיאמר אז ג"כ: וכל אזכרות שבו לשם קדושת השם, דשמא ישכח אח"כ לקדש השם במקומו, (כ"כ הט"ז, הביאו הפמ"ג, **וכתב** דלכתחלה גם הט"ז מודה, דצריך בכל פעם לקדש אזכרה, אף דקידש בתחלת הכתיבה, ולא מועיל זה אלא לענין דיעבד, **ולפלא** שלא הביא דהלו"ח פליג, וסובר דאפי' דיעבד לא מהני, ועיין בברכ"י שמחמיר בזה, **ועכ"פ** נ"ל, דאם יש לו ספק באיזה שם אי קידש או לא, ויודע שבתחלת הכתיבה אמר: וכל אזכרות שבו, דיש להקל, **עיין** בפמ"ג שמסתפק על הקידוש אי היא דאורייתא או דרבנן, ואפי' לדעת הדבר שמואל, דס"ל דמה שצריך לקדש האזכרות לשמן הוא דאורייתא, עכ"פ יש לצרף דעת הט"ז לזה ולהקל בזה, כן נלענ"ד).

ואם אחר כותב, צריך גם הוא לומר כן, אף באמצע כשהוא מתחיל.

נראה דה"ה בתיקון האותיות הנפרדות, דצריך לשמן, הואיל דבלא"ה התפילין הם פסולים, דאין עליהם צורת אותיות כראוי.

מלבד זה, בכל פעם שכותב אזכרה, צריך לומר שכותב לשם קדושת השם - ואם כותב ב' אזכרות בלי הפסק, די בקידוש אחד.

הגה: וי"א דסגי כשמחשב שכותב האזכרות לשמן, הואיל והוציא בתחלת הכתיבה בפיו - שהוא כותב לשם קדושת תפילין, **סגי בהכי, ויש להקל בדיעבד** - ואף דלא הזכיר בתחלה קדושת האזכרות, סגי, דמ"מ הרי הזכיר לשם קדושה.

אבל אם גם בתחלה לא הזכיר בפירוש, רק במחשבה בעלמא, או שעתה לא קידש את האזכרות אפי' במחשבה, אפילו בדיעבד לא יצא.

אבל לכתחלה צריך לומר בפירוש בכל פעם שכותב האזכרה: "לשם קדושת השם", אפי' אם אמר בתחלת הכתיבה "וכל האזכרות שבו".

וכשבא לנמנם לא יכתוב, דאינו כותב אז בכונה.

סעיף כא - כל פרשה אחר שיכתבנה, יקראנה היטב בכונה ודקדוק פעמים ושלש - שאם ימצא איזה אות חסר באיזה פרשה, לא היא לבדה נפסלה, אלא גם כל מה שאחריה, משום שיהיו שלא כסדרן.

ויחזור ויקראנה קודם שיתננה בתוך ביתה, כדי שלא תתחלף פרשה בפרשה.

סעיף כב - טוב לנסות הקולמוס קודם שיתחיל לכתוב הפרשה, שלא יהא עליו דיו יותר מדאי ויפסיד - אינו ר"ל בתחלת הפרשה דוקא, אלא קודם שיתחיל לכתוב בהפרשה.

וכן יזהר קודם שיכתוב כל שם, לקרות כל מה שכתב - באותה פרשה, ולא השלפניה, **כדי שלא יבואו לידי גניזה על ידו.**

וכשטובל הקולמוס לכתוב בו את השם, לא יתחיל לכתוב אותו מיד, שלא יפסידנו ברבוי דיו, או אולי יש עליו שער ולא יצא הכתב מיושר, וגם משום שצריך לקדש הדיו שעל הקולמוס טרם שיכתוב השם, לכן יכוון להניח אות אחת מלכתוב קודם השם, ובאותו אות יתחיל לכתוב, **ואם** לא עשה כן, יחפש אחר אות או תג שצריכה דיו, וימלאנה וכותב את השם, **ואם** צריך דיו קודם שיגמור השם, אז יטבול

באותיות שלפני השם שהם לחים עדיין, ויגמור השם, אבל לא יטבול באותיות השם עצמן, **ויש** מקילין לטבול באותיות השם עצמן, דביזוי ליכא כיון שהוא כדי להשלים בו את השם, **ואם** האותיות שלפניו אינם לחין, אזי יטבול מחדש, ויחפש אחר אות או תג שצריכין דיו וכנ"ל, **וכ"ז** הוא למצוה ולא לעיכובא בדיעבד.

סעיף כג - אם מצא שחסר אות אחת, אין לו תקנה - בהשלמה, ומיירי שמכאן עד סוף הפרשה יש שמות שאינם נמחקין, דאל"ה יגרוד עד סופה, (ר"ל דמתחלה יגרוד ואח"כ יכתוב מה שחסר ממנו ולהלן, דאל"ה צ"ע, כיון דבעת הכתיבה לא נכתב כסדרן. **שוב** ראיתי שזה אינו, וראיה מק"ש, לקמן סי' ס"ד ס"א – הגהה).

שאם כן היו כתובין שלא כסדרן, ופסולין משום דכתיב: והיו, בהוייתן יהו - פי' כסדר שנכתבות בתורה יהיו כתובין.

ואם יתר אות אחת, יש לו תקנה על ידי שיגרור אותה, אם היא בסוף תיבה או בתחלתה - ולא מיפסל הפרשה משום חק תוכות, כיון שאינו עושה מעשה בגוף התיבות והאותיות.

אבל אם היא באמצע תיבה לא, משום דכשיגרור יהיה נראה כשתי תיבות.

ופעמים שתיקון מועיל, ע"י שיגררנה וימשיך האות שלפניה שתמלא מקומה, כגון "לאבותיך" שכתב מלא וי"ו אחר הב', יגררנה וימשוך הב' שלפניה שתמלא מקומה, וכן אם התיקון תלוי בכ"ף או דלי"ת או רי"ש, שאפשר להמשיכן מעט למלא מקום אות היתרה שנגררה, **אבל** אם האותיות שאפשר להמשיכן הן אחר האות היתרה, שא"א להמשיכן לאחוריהן עד שיגרר מהם תחלה, כגון "שאר" שכתוב בתורה, שכתבה מלא וי"ו אחר האל"ף, שא"א למשוך הרי"ש לאחריה עד שיגרר רגלה תחלה, ונמצא שביטל צורתה, וכשמתקנה אח"כ נמצא כותב שלא כסדרן, **ואין** תקנה אא"כ יכול למלאות מקומו ע"י שיעבה קצת האות שלפניה ושלאחריה, שאין בזה משום שינוי האות, **משא"כ** כשהאותיות שאפשר להמשיכן הן לפני האות היתרה, אזי אפשר להמשיכן הרבה מבלי שיגרע מהם כלום.

אך יש להסתפק, "במצות" הראשון שדינו להיות חסר, וכתבו מלא, ומחק אח"כ הוי"ו, אם מועיל אריכת הצדי"ק למטה אח"כ, או דילמא כל עוד שאינו מאריך האות למעלה, נחשב כשני תיבות אע"פ שסמכה מלמטה, **וכן** "נתן", שמשפטו להיות חסר, וכן "הוצאך", אם כתבו מלא ביו"ד בין צדי"ק לאל"ף, בכל אלו יש להסתפק אם יש להם תיקון בהאריך האות שלפניו למטה, **ומ"מ** כל שנראה כב' תיבות פסולה.

אבל אם בתחלת הכתיבה ממשיך רגל התחתון של הנו"ן והצד"י, וכותב האות הסמוכה לתוכה, כגון "פני" או "ארצי", כשר, כיון דבתיבה אחת נכתבו, **ומכל** מקום לכתחלה אין נכון לעשות כן, להבליע אות בתוך אות, כי יש מחמירין בזה.

ואם כתב תיבה יתירה, יגררנה, ויוכל להניח המקום חלק, אם אין לו אותיות מהתיבות שלפניה שיהיה יוכל להמשיכן במקום ההוא, ואין החלק פוסל, כל שאין במקומו כשיעור הריוח שבין פרשה לפרשה, שהוא כדי ט' אותיות, **ולפעמים** יש תקנה אפילו בזה, כגון שיכול להמשיך האות מן התיבה שלפניה, כדי למעט הריוח של ט' אותיות, **ויותר** מזה, דבאופן זה שיפסל התפילין מחמת הריות, אז אפילו אם בסיום התיבה שלפניה יש שם ה"א או קו"ף, יוכל להמשיך גגן כדי למעט הריות, ואע"פ שע"י ההמשכה לא יהיה הרגל של הה"א והקו"ף בסופה, אין קפידא בדיעבד.

וכתב הפמ"ג, דבתיבה כפולה, טוב יותר למחוק השניה, דתיבה הראשונה כדין נכתב, **ואם** קודם הראשונה יש אות שיכול למושכו, טוב יותר שימחוק תיבה הראשונה, כדי לחוש אף לדעת ר"ת, דשיעור פרשה הוא ג' אותיות.

‹ועי"ש עוד שכתב: מעשה בסופר אחד שכתב "השמרו השמרו" ב' פעמים, ומחק וא"ו ראשונה ו"השמר" שני, ומשך הרי"ש עד וא"ו שניה, והכשיר זה, **ולדעת** הפמ"ג הנ"ל, גם לכתחלה צריך לעשות כך, **וכתב** שם עוד, דאפילו היה תיבה ב' תיבה אחרת שאינה מענין תפילין כלל, ובה וא"ו לבסוף, וגרר כנ"ל, נמי כשר, דמה בכך, **ואף** דנפסל תחלה שוא"ו מרוחק הרבה, "לאבותיך" ‹דלעיל› נמי כל זמן שלא תיקן ומשך הב' נראה כב' תיבות, **ולי צ"ע** בזה, דהלא בעינן שיכתוב לשמן, דהיינו לשם קדושת תפילין, ולעיכובא הוא אף בדיעבד, **ואף** את"ל דכיון בזה התיבה לשמן, מי יאמר דמהני בזה, אחרי דאין התיבה הזו מענין תפילין כלל, וצ"ע›.

סעיף כו - אם אותיות של שם דבוקות, יכול להפרידם - בין למעלה ובין למטה, ואין בו משום איסור מחיקה, כיון שמתקן בזה.

וה"מ שנדבקו בעת הכתיבה, אבל אם נדבקו לאחר גמר הכתיבה, אסור להפרידם, (דשמא הלכה כתירוץ שני של הב"י, דלא בעי מוקף גויל רק בעת הכתיבה, **ונראה לי פשוט**, דאם מסתפק אימת נעשה הדיבוק, יכול להפרידו מטעם ספק ספיקא, דשמא נעשה בעת הכתיבה, ואת"ל דנעשה אח"כ, שמא הלכה כתירוץ א' של **חב"י**, דבנגיעה אין חילוק, **ואפילו** להמחמירין בס"ס באיסור מחיקה, יש להקל בזה, לפי מה שכתב שם הנוב"י, דבמוחק מקצת אות ועדיין נשאר צורתו עליו, אין חייב בזה משום מוחק, ורק מדרבנן).

וכל שכן אם היו דבוקות לאותיות אחרות, דמותר להפריד האותיות האחרות מהם בכל גווני, ובלבד שיזהר שלא יגע הסכין באותה נקודה אחרונה המדובקת עם השם.

סעיף כז - אותיות ותיבות שנמחקו קצת - פי' שהלך מעל האותיות קצת מראה הדיו שלהן, **אם רישומן ניכר כל כך שתינוק דלא חכים ולא טיפש יכול לקרותם, מותר להעביר קולמוס עליה להטיב הכתב ולחדשו, ולא הוי שלא כסדרן.**

ואם בתחלת הכתיבה לא היה הדיו שחור, אלא דומה ללבן שהוכהה מראיתו, או לאדום, וצריך להעביר עליהם קולמוס, הוי שלא

כסדרן, **אבל** בהאי לא מיקרי שלא כסדרן, כיון שגם עכשיו הכתב הוא כשר, ומה שמוסיף עליו אינו אלא משמרו שלא יתמחק יותר.

בד"א כשמקצת צבע הדיו קיים, אבל אם קפץ כל הדיו מהקלף, ולא נשאר רק רושם אדמומית מהחלודה של הדיו, כשמעביר קולמוס עליהן הרי זה כותב שלא כסדרן, **ולפיכך** אם נקלף ממקצת אורך הוי"ו קצת דיו, ונשאר רק רושם החלודה באותו מקום, וצריכין להראותו להתינוק אם יש בחלק העליון שיעור וי"ו, צריך לכסות להחלק התחתון, שלא יצרפהו התינוק.

ודע עוד, דדעת הפמ"ג הוא, דאפילו נשאר ממשות דיו, רק שנקלף שחרות העליון ונשאר אדום, הוה שלא כסדרן, דאודם אין כשר לתפילין, **אבל** החתם סופר פליג עליו, וסובר דאם השינוי לאדמומית הוא מחמת יושן, הרי הוא כשר, שהרי הוא נכתב בדיו, ולהכי נאמרה ההלכה לכתוב בדיו, להורות דצריכה היא רק להכתב בדיו, וכך דרכו של רוב דיו לכשיזקין יכהה מראיתו ויתהפך קצת לאדמדם, ונעשית כעין מראה שקורין בל"א בראו"ן, **מ"מ** טוב להעבירו בקולמוס, ואפילו בשמות הקדושים קרוב לודאי דמותר, כדיו ע"ג דיו דאין כאן מחיקה, **ואם** נשתנה לאודם ממש, שאין כן דרכן של סתם דיו, **או** אפילו רק לאדמומית, רק שנשתנה מיד מהר לאחר הכתיבה, אין תקנה לאותה ס"ת, שנראה שאינו מחמת יושן, ועל כרחך יש חסרון בעיקר הדיו, שנעשית מסממנים אחרים, וע"כ פסול מעיקרא כי לא נכתב בדיו, ובשמות אסור להעביר עליו דיו וכו'.

סעיף כח - יש ליזהר שלא יכנס - אפילו כל שהוא, **ראש הלמ"ד** - בשורה שלמעלה הימנה, **באויר הה"א או החי"ת** - וה"ה באויר אל"ף או תי"ו וכדומה, וה"ה אם נכנס ראש למ"ד לתוך אויר של כ' פשוטה, **וכ"ש** שיזהר שלא יכנס באויר ד' או רי"ש, שלא יראה כה"א.

וה"ה בך' פשוטה וכדומה, שלא יכנס בשורה שלמטה באות ט' וע' וכדומה.

אפילו בלא נגיעה - דבנגיעה בלא"ה פסול משום חסרון הקפת גויל.

ומשמע מלשון השו"ע דכתב שיש ליזהר, דדוקא לכתחלה אבל לא לעיכובא בדיעבד, **וה"מ** שלא נכנס בענין שיפסד צורת האות ע"ז, כגון שנכנס רק מעט, אבל אם נכנס כ"כ בענין שנשתנה צורת האות, שתינוק דלא חכים ולא טיפש, אם נכסה לו שיטה התחתונה שלא יהא נראה רק ראש הלמ"ד ולא גוף הלמ"ד, לא יכיר האות מה הוא, הוי שינוי צורת האות ופסול, וגם לא יצוייר בו תיקון משום שלא כסדרן, **וכ"ש** אם נכנס ראש הלמ"ד בתוך חלל ד' או רי"ש, ונראית כה"א, דפסול ואינו מועיל בזה קריאת התינוק כהוגן, שהרי עינינו רואות שנשתנה ע"ז לאות אחר.

סעיף לד - שתי אותיות שהם תיבה אחת, לא יכתוב חוץ לשיטה – (אבל לכתוב אות א' ממנה חוץ לשיטה מותר).

ואם התיבה היא בת שלש, מותר לכתוב ממנה שתי אותיות חוץ לשיטה, אף שהם רוב התיבה, (**עיין במ"א שכתב, דאף הרמב"ם מודה בזה להקל, והגר"א** כתב, שלדעת הרמב"ם אסור בזה).

סעיף לה - אותיות השם צריך שיהיו כולם בתוך הדף, ולא יצא מהם כלל חוץ לדף - אפי' שאר שמות שאינם נמחקין, **ואפי'** אות אחת, ואפשר דאף רובו ככולו, **אבל** מקצת האות לית לן בה.

המ"א בשם הגאון מהר"ר יצחק מפוזנא אסיק, דדוקא לכתחלה, אבל בדיעבד אין להחמיר, **ומ"מ** אם אירע כן בס"ת, הורה למחוק כל השורות העליונות, אם אין בהם שום שם משמות שאינם נמחקין, ולמשוך אותם שיהיו שוות עם השם, דמאחר דאפשר לתקוני לא מיקרי דיעבד, **אבל** אם היה שָׁם למעלה איזה שם, או בתפילין ומזוזות דא"א למחוק משום שלא כסדרן, כשר כך בלי תיקון, **ויש** מחמירין אפילו בדיעבד, והסכים עמהם הגרע"א והדה"ח.

אך אם בשורות העליונות, אות האחרון ב' ד' ר' וכדומה, שיכול למושכן, כולהו מודו, דבין בס"ת ובין בתו"מ ימשוך אותן, כדי שיהיו שוות עם האות מהשם שיצא חוץ לשיטה, ואין בזה משום שלא כסדרן.

וכן אם לא כתב עוד רק שורה אחת, ובשורה שניה משך השם חוץ לשיטה, יעשה שרטוטים אחרים וימשכם שיהיו ארוכים עד סוף השם, ובשביל שורה הראשונה אין קפידא.

ובאותיות הנטפלות להשם, הסכמת אחרונים, דאין להחמיר בדיעבד ביוצא חוץ לשיטה.

ואם יצא השם כולו חוץ לגליון העמוד, כשר בדיעבד, ואינו דומה ליוצא אות אחד חוץ לשיטה, דמה שיוצא לחוץ הוא חשוב כתליה, וקי"ל ביו"ד, דמקצת השם אין תולין, משא"כ בזה, כ"כ הבני יונה, **והגרע"א** מחמיר גם בזה, **אבל** הגר"א מוכח בהדיא כהבני יונה להקל.

סעיף מא - אורך ורוחב הבתים וגובהן אין לו שיעור - ומ"מ נכון לחוש לדברי הגאונים שסוברין, שלכתחילה לא יעשה אותן קטנים מאצבעיים על אצבעיים, והיינו עם התיתורא, **ועיין** בע"ת שכתב, דאם אין מחזיק עם התיתורא רק כאצבע על אצבע, אפילו בדיעבד פסול, **ועיין** בספר א"ר שלמד עליהם זכות, ומ"מ סיים דכל בעל נפש יזהר לעשות התיתורא רחב ב' אצבעיים, **ולבד** כל אלו מצוי מאוד באלו התפילין הקטנים, שפרשיותיהן גרועות עד מאד מצד דחק המקום, כאשר בעיני ראיתי הרבה מהם, ע"כ השומר נפשו ישמור מהם.

(**ונלענ"ד דאפילו לפי דעת השו"ע, דסתם להלכה דאין להם שיעור**, מ"מ לפי מה דמוכח שם בגמרא, דבראש וכן ביד אין מקום רק להניח שני תפילין ולא שלשה, יש ליזהר עכ"פ שלא ללבוש תפילין פעם קטנים מאוד, ופעם שיהיו גדולים שלשה פעמים כמו הראשונים, כגון שבפעם הראשון היו כשיעור אצבע וחצי על אצבע וחצי, ובפעם שני היו ד' אצבעות וחצי על ד' אצבעות וחצי, וכה"ג, דממ"נ או דתפילין הראשונים היו קטנים מכשיעור, או דתפילין השניים מונחים שלא במקום תפילין, ואין לעשות תרתי דסתרי אפילו שלא ביום אחד, והנכון לאדם,

שיהיו תפיליו תמיד ממוצעים, דהיינו לא פחות משיעור אצבעיים על אצבעיים, ולא יותר מד' על ד' אצבעות, והיינו עם התיתורא ומעברתא, דבזה יצא עכ"פ מדינא ידי הכל).

(ועיין בספר שולחן שלמה שכתב, דמ"מ לא יעשה התפילין גדולים עד מאוד, שעי"ז לא יהיה באפשר להניחן על מקום צמיחת השערות, וכן בשל יד, שלא יבוא להניחן קצת על החצי עצם שסמוך לבית השחי, או במקום שאינו בשר התפוח).

סעיף מ"ד - וכורכם בקלף קטן - וה"ה בחתיכת בגד אם אין לו קלף. **ור"ל** לכתחלה, אבל אם לא כרכם כשר בדיעבד, אם אין לו אחרים. (**והטעם**, דהרא"ש והטור ושאר פוסקים ס"ל דלאו הלמ"מ הוא, ושנוהגין בצרפת ואשכנז שלא לכרוך עליו דבר לבד השער, **אלא** דלכתחילה חש השו"ע לדברי הרמב"ם, שכתב שהוא הלמ"מ, «לשון הרמב"ם: הלכה למשה מסיני שיכרוך הפרשיות במטלית», **ועיין בא"ר**, דמשמע מיניה דמותר ג"כ לברך אם אין לו אחרים, ושלא כמחה"ש שנסתפק בזה).

ויש מקפידין מלכורכן אלא בקלף כשר - ר"ל אבל לא מבהמה וחיה טמאה, אבל במטלית גם לדעה זו שפיר דמי, **ועיין** בב"י שכתב בטעם הדבר, דכיון שהוא מביא קלף, צריך להיות דוקא "מן המותר לפיך", כמו לבתים ולרצועות, **ובביאור** הגר"א מפקפק בדין זה.

והלכה למשה מסיני שיכרוך עליה שער בהמה או חיה הטהורים - לכן אם לא כרך השיער עליה פסול, אף שכרך עליה קלף. **הגה: ונוהגין לכרוך שער על הפרשה, ואחר כך כורכין עליו קלף כשר, וחוזרים וכורכים עליו שער** - כי י"א שיכרוך השער על גוף הפרשה, ואח"כ יכרוך הקלף למעלה, וי"א להיפך, לכך נוהגין לקיים דברי שניהם, **ועיין** בביאור הגר"א שכתב, דמדינא אין קפידא איזו קודם.

ונהגו שיהיה שער זה של עגל - כדי שיזכור מעשה עגל ולא יחטא, וגם כדי לכפר על עון זה, **וכתב** הא"ר, דמזה הטעם טוב לעשות כל תיקון תפילין מעור עגל, ולאפוקי מאותן שעושין הרצועות מעור תייש.

ואם לא מצא של עגל, כורך בשל פרה או של שור, ורוחץ השער היטב בתחלה עד שיהא נקי. קצת שער זה צריך שיראה חוץ לבתים - י"א שיהיה אצל הבית שמונח בו פרשת "קדש", וי"א אצל "והיה אם שמוע", **וטוב** שיצא מפרשת "והיה אם שמוע" בצד הפונה לפרשת "קדש". **עיין** במ"א ועיין בחידושי רע"א שהסכים, ששער היוצא יהיה פחות מאורך שעורה.

סעיף מט - הלכה למשה מסיני שיהיו תפילין נתפרים בגידי בהמה וחיה טהורים - אפילו מנבילות וטריפות שלהם, **ולוקחין** מהעקב שהם לבנים, **ואם** הם קשים מרככים באבנים עד שיעשו כפשתן, וטווין אותם ושוזרין אותם, **ודעת** המ"א דבעינן בזה הטויה לשמה, **והא"ר** ופמ"ג מפקפקין בזה.

וטוב לתפור בגידי שור - ואם אין לו, יקח מגידי בהמה דקה, אבל מטמאה אפילו בדיעבד פסול, **וצ"ע** אם מותר לתפור בגיד הנשה.

סעיף נ - אין לקנות גידים מא"י, משום דחיישינן שמא של בהמה טמאה הם - ודוקא כשהוא הולך לבתי הנכרים לקנות מהם גידין, וגם ידוע לו שמקצת מן הנכרים הנוטלין הגידין מבהמה טמאה, לכן אע"פ שהרוב נוטלין מטהורה, כיון שהוא הולך אצל נכרי בשעה שהם קבועין בבתיהם, אין הולכין אחר הרוב, שכל קבוע כמחצה על מחצה דמי, **אבל** אם הער"ג הביא לשוק, מותר לקנות ממנו, שכיון שפירש מקביעותו, אמרינן כל דפריש מרובא פריש, **אם** לא שמוכרין שם בשוק בחנויות, אז חוזרין לקביעותן, **וכן** אם אין ידוע שמקצתן נוטלין אותן מבהמה טמאה, ג"כ מותר לקנות מהם בכל ענין, שרוב גידין הם מבהמות טהורות.

אך כ"ז בגידין שאינן טווין, אבל בגידין טווין, דעת המ"א דאסור לקנות מהם, אפילו הוא יודע שהם מבהמה טהורה, שכיון שהוא הלמ"מ, צריך שתהיה עשייתן לשמה, וטויית הגידין זו היא עשייתן, ונכרים לאו בני לשמה נינהו, **וכבר** כתבנו דהא"ר ופמ"ג מפקפקים אי בעי כלל בזה טוייה לשמה.

מקום שאין גידין מצוים, תופרים בטאליאדור"ש שעושים מן הקלף - הם חוטין הנעשים מן הקלף, **עד שיזדמנו להם גידים** - במקום הדחק סבירא ליה, כיון דמינו הוא, הם כגידין עצמן וכשרים לתפור בהם סת"ם, כדי שלא להתבטל ממצות תפילין, וכשיזדמן לו גידים, יתירם ויתפור בגידים, (**דאם לא יתירם, נראה לכאורה דלא מהני, כיון שכבר תפור ועומד**).

ויש מאחרונים שחוששין שלא לצאת בהם אפילו בשעת הדחק, שהרי הלמ"מ הוא גידין, והטאליאדור"ש עור הוא שהוא הקלף, ועור לתפירה לא שמענו, **ולפי"ז** אם אין לו גידים אחרים, עכ"פ לא יברך עליהם.

וכן בני מעיים דקים ויבשים כמין חוטים של גידים, אין לתפור בהם, דהלמ"מ הוא דוקא גידים.

עוד כתבו, שאין לתפור בגידי עוף טהור, כי מי יכריע איזה מהם קרוי גידין, ואיזה מהם חוטין, ואיזה מהם וורידין, ואנן גידין בעינן.

§ סימן לג – דין תיקוני תפילין ודין הרצועות §

סעיף ד - טוב שישחירם ישראל לשמן, ולא א"י - אבל בדיעבד כשר לדידיה אפילו ע"י א"י, דס"ל דאפי' ברצועות לא בעינן השחרות כלל לשמן.

הגה: ומיהו בדיעבד כשר אם השחיר עור הבתים - חולק על המחבר, וס"ל דברצועות דהשחרות הוא הל"מ, צריך השחרות לשמן, וממילא בא"י דאינו עושה לשמה, או אפילו ישראל אך שלא

סימן לג – דין תיקוני תפילין ודין הרצועות

לשמן, פסול, ודינו כדלעיל בסימן ל"ב לענין קלף, **אבל** בעור הבתים, דלרוב פוסקים שחרותו הוא למצוה בעלמא ולא לעיכובא, ולכך לא בעינן ביה ג"כ השחרות לשמן בדיעבד, **והוה** ליה להרמ"א לכתוב הגהתו בלשון י"א, אך שמצינו כמה פעמים כיוצא בזה.

(**בפמ"ג** הביא בשם הב"ח, דיש להחמיר בהשחרת הבתים לשמה אם יש לו תפילין אחרים, **ונ"ל** פשוט, דבבתים בודאי יש לסמוך ולהקל אם יחזור הישראל וישחירם לשמן, וכמ"ש המ"א, דבלא"ה יש הרבה ספיקות בזה).

אבל ברצועות אפי' בדיעבד, פסול – (הטעם כתב ספר התרומות, כיון דעצם השחרות הוא הל"מ, לשמה ג"כ בעינן, כמו דבעינן לשמה בשעת טוייה וצביעה בתכלת, **ולפי"ז** נראה לכאורה, דה"ה עצם עשיית הרצועה, דהיינו חתיכתה מהעור, ג"כ בעינן לשמה).

וכ"ש בכל דבר שצריך בתפילין גופא לעיכובא, כמו עשיית הבית, והשי"ן שלו בכל פרטיו שיהיה כדין, או תפירתו או עשיית הקשר שלו, דכל אלו הוא הלמ"מ, אם עשאן ישראל שלא לשמן, פסול.

(**ואפילו** בדיעבד לא מהני בסתמא, ואולי דמה שאינן נזהרין הסופרים בכל זה לחשוב לשמה, כיון דבעל התרומות ‹מקור השו"ע› בעצמו לא ברירא ליה דין זה, די אם נחמיר בזה בדיעבד לענין אם עשאן עכו"ם, וכן ישראל שחישב שלא לשמן, אבל לא בסתמא, וצ"ע).

וכתב הפמ"ג, דיש למנוע מלעשות כ"ז ע"י קטן, אפי' אם גדול יעמוד ע"ג ויצויהו לעשות לשמה, וכן שלא לעשותם ע"י אשה, וכל הפסולין המבואר לקמן בסי' ל"ט.

והשחרת הרצועות, דזה איננו בגוף התפילין, מותר ע"י אשה, דהיא יודעת לעשות לשמה כמו איש, אבל ע"י א"י וקטן אינו מותר, עד שיעמוד אחר על גבם, וכדלעיל לענין קלף בסימן ל"ב, (**ומש"כ** דע"י עכו"ם כשאחר עומד על גביו מותר, **אף** דיש לפקפק בזה, מ"מ נלענ"ד דאין להחמיר בזה בדיעבד, אחרי שבעל התרומה גופא לא פסיקא ליה דינו כ"כ).

כתב המ"א, דאם חזר ישראל והשחירן לשמן, כשר, **והפמ"ג** ושארי אחרונים נשארו בדין זה בצ"ע, **ונתן** הפמ"ג לזה עצה אחרת, שישחיר בצד השני של הרצועות לשמן, דאף שהושחרו משני צדדים כשר כמבואר בס"ג, ויהפך הצד שהושחר לשמן למעלה, **וכ"ז** הוא אם אין לו רצועות אחרות.

(**ואעפ"כ נ"ל, דאם ישראל השחיר הרצועות בפעם ראשון, ולא חישב בהן לשמן רק בסתמא, בזה אפשר דנוכל לסמוך על המ"א**, שישחירו שנית בפירוש לשמן ודיו, דהוא כעין ס"ס, **ולכאורה** היה נ"ל עצה אחרת דהיה מועיל לכו"ע, אף אם השחירו עכו"ם בפעם ראשונה, דכל עיקר קושיתם על המ"א הוא, דהו"ל דיו ע"ג דיו, עתה יצבענו מתחלה על המראה השחור במראה סיקרא או ירוק ולבן וכה"ג, ואתי מראה זו ומבטל להשחור, ואח"כ יצבע מלמעלה במראה שחור לשמן, ודיו ע"ג סיקרא לכו"ע חייב, **ואע"ג** דאמרינן שם וכי מפני שאנו מדמין וכו', שאני הכא דתו הוי כעין ס"ס, דלבעל התרומה עצמו לא פסיק ליה וכנ"ל, **אך** עכ"ז צ"ע, דילמא דוקא כתב דיו ע"ג כתב סיקרא מבטל העליון להתחתון, דכתב דיו עדיף לכו"ע, משא"כ בצבע שחור ע"ג צבע סיקרא וכדומה, דילמא הצבע התחתון עדיף, והעושה כן בשבת אינו חייב משום צובע, ובדידן נמי הצבע העליון השחור אינו חשוב לבטל בשלימות הצבע שהיה תחתיו מתחילה, שישאר רק שם שחור עליו, וכמו דאמרינן שם בסיקרא ע"ג דיו, וצ"ע).

§ סימן לד – סדר הנחות הפרשיות בתפילין, והמהדרים אשר להם ב' זוגות תפילין §

סעיף ב - ירא שמים יצא ידי שניהם, ויעשה שתי זוגות תפילין ויניח שניהם - יחד על היד, ויברך ויהדקם בבת אחת, וה"ה בשל ראש, כדי שתהיה הנחת שתיהם סמוך להברכה.

והנוהג כן להניח ב' זוגות תפילין, כתב האר"י ז"ל, שיכניס תחלה של רש"י ויעמידם לצד הכתף, ואחריהם של ר"ת לצד היד, ושניהם על הקיבורת, ויניח בראשו של רש"י למטה, ושל ר"ת יותר למעלה, ושניהם במקום הראוי לתפילין, **והרצועות** דר"ת יהיה מכוסה תחת רצועות דרש"י, שלא יתגלו רק רצועות דרש"י, **ותפילין** דר"ת יהיו קטנים מתפילין דרש"י.

מי שמניח תפילין של יד של דעת ר"ת, ותש"ר כדעת רש"י והרמב"ם, אם יוצא ידי חובתו, **פסק** שבות יעקב דאינו יוצא אליבא דכו"ע, **אבל** בשעת הדחק מותר להניחם כך, דהא בשעת הדחק יוצא אם מניח אחת לבד, **ומ"מ** לא יברך רק על אותו שנכתבה ע"פ מנהגינו כדעת רש"י והרמב"ם, **ואם** של ראש נכתבה ע"פ דעת רש"י, יש להניח של ראש תחילה, וכשחולץ חולץ של יד תחלה.

ויכוין בהנחתם: באותם שהם אליבא דהלכתא אני יוצא ידי חובתי, והשאר הם כרצועות בעלמא – (דמצות צריכות כונה, וא"כ איך יעשה בהכונה הצריכה להמצוה, אם לא יכוין כלל, בודאי לא יצא ידי המצוה, **ואם** ירצה לברור לזוג אחד ויאמר שבאלו רוצה לקיים, ובאלו אינו רוצה, אינו יודע איזה הכשרים שיברר לקיים בהם המצוה), **ולא** יוכל לכוין בשתיהם בעת ההידוק שמהדקן יחד לשם תפילין, דהרי אחד מהם אינו תפילין, שהרי ממ"נ אחד מהם פסול, (והרי זה דומה למקדש שתי נשים כאחת, והיתה אחת שפחה או נכרית שאינה ראויה לקידושין, דהרמב"ם ובעל הלכות סוברין דאף הראויה אינה מקודשת), **וי"א** עוד דיש בזה משום בל תוסיף עכ"פ מדרבנן, [**בב"ח** משמע דהוא בבל תוסיף מדאורייתא], (לכך קאמר שיכוין סתם באותם שהם עשויים כתיקונם).

ודוקא בזה אינו עובר על בל תוסיף, שיש בזה שתים למעליותא, א'. שאחד מהם הוא פסול, ב'. שכל אחד עומד בפני עצמו, **אבל** אם הניח ב' זוגות תפילין כשרים, או שהתפילין של ראש עשה של ה' בתים, בין שעשהו מתחלה של ה', או שעשהו של ד' וחיבר לו אח"כ עוד בית

סימן לד – סדר הנחות הפרשיות בתפילין, והמהדרים אשר להם ב' זוגות תפילין

א', עבר בזה על הלאו דבל תוסיף, **ועיין** בביאור הגר"א שמשמע מדבריו, דאפי' אם הבית החמישי לא חיבר אותו לגמרי עם הד' בתים, רק בקשירה בעלמא, אפ"ה פסל להתפילין ע"ז, וממילא עבר הלאו דבל תוסיף.

(ואפילו אם לא קבע בהבית החמישי ההוא שום פרשה, אפ"ה פסול, מטעם דאמר שם בגמרא, דהבית החיצון אינו רואה את האויר, וי"א שעובר על בל תוסיף, וכן אם מניח בבית אחד ב' פרשיות, כגון "שמע" "והיה אם שמוע" בבית ג', וכן בבית ד', לצאת ב' הדעות, עובר משום בל תוסיף, ולא מהני אפי' אם יתנה שהשאר יהיו כקלף בעלמא).

כי מקום יש בראש להניח שתי תפילין, וכן בזרוע.

ואם אינו יודע לכוין המקום ולהניח שניהם יחד - פי' כשיהדק שניהם בבת אחת, לא יוכל לכוין המקום שיהיה כל אחד מונח על מקומו כדין, **ע"כ** צריך לקשרם עכ"פ תיכף זה אחר זה בלי הפסק, ויהיה מועיל הברכה שבירך מתחלה גם על תפילין השניים, וזהו מש"כ המחבר בסמוך, **יניח כדברי האחד** - המחבר סתם דבריו, ולפי הכרעת האחרונים טוב יותר שיסמוך הברכה להתפילין דרש"י, **של יד ושל ראש** - להמחבר בברכה א', ולפי מנהגינו בב' ברכות, **(ויסלקם מיד)** - לא גרסינן, **ויניח האחרים** - אצל הזוג הראשון, **על סמך ברכה הראשונה** - ואע"פ שמפסיק ביניהם בהנחת הש"ר של הזוג הראשון, וגם בהברכה שמברך עליה לפי מנהגינו, אפ"ה שפיר דמי, דהשני ברכות על תרווייהו קאי, **אבל** לא יוכל להניח מתחלה השתים של יד משתי הזוגות, ואח"כ השתים ש"ר, דנמצא מפסיק בין הש"י להש"ר בהנחת השניים.

(וי"א שאם) - ‹לא גרסינן וי"א, וצ"ל› **ואם לא יוכל להניח בבת אחת** - פי' אפילו בזה אחר זה לא יוכל להניח בבת אחת, כגון שיש לו מכה ואין לו מקום לשתיהן, או שמתבייש מפני הבריות המלעיגין עליו, **יניח של רש"י ויברך עליהם, ויהיו עליו בשעת ק"ש ותפלה** - דהם העיקר לדינא, **ואחר התפלה יניח של ר"ת בלא ברכה** - כדי לצאת לד"ה.

אחר התפילה - היינו כדין המבואר לעיל בסימן כ"ה סי"ג, ולא כאלו החולצין תפילין דרש"י ומניחין דר"ת תיכף לאחר קדושה של י"ח, **ובאמת** מלבד שעושין שלא כדין המבואר לעיל בסימן כ"ה סי"ג, גם צריך לכוין בתפלת י"ח להש"ץ, ולא לעסוק בדבר אחר.

ויקרא בהם "שמע" "והיה אם שמוע" - אבל אין צריך לומר פרשת ציצית, כי חששא דשמא העיד עדות שקר, כבר תיקן בב' פרשיות.

ועיין בפמ"ג דמשמע מיניה, דכן יש לנהוג המניח תפילין דר"ת, שיניחנו רק לאחר שסילק דרש"י.

ואם נזדמן שהוציא כיס של ר"ת תחלה, יעבירם, כי לדידן רש"י עיקר, ולא הוי בזה אין מעבירין על המצות, **ואעפ"כ** לכתחלה יזהר שלא יבוא לכך.

ופשוט דמי שלובש כל היום תפילין, שנכון יותר שילבוש תפילין דרש"י. **בחוה"מ** אין להניח של ר"ת, **ובט"ב** למנחה יניחם הרוצה.

ועיין בבה"ל שהוכחנו, דמאוד צריך להזהר שלא יכוין בהנחה של ר"ת רק משום ספקא, (דבזה לכו"ע לא עבר על בל תוסיף ובל תגרע), ולא בסתמא לשם מצוה, (**דאם** יכוין סתם בזה לקיים מ"ע דתפילין, הגם דאין בזה משום בל תוסיף, דהאי לחודיה קאי וכו', עכ"פ שמא באמת הדין כרש"י, ותפילין אלו פסולים דהחליף פרשיותיה, ונמצא דעובר בזה על בל תגרע, דהלא מבואר, דהעושה ג' טוטפות בתפילין עובר על בל תגרע, וה"נ דכוותיה, דהלא אין לו רק ב' פרשיות שקבועין במקומן, **אם** לא שנאמר כמ"ש העט"ז בשם המקובלים, דאלו ואלו כשרים הם, **אבל** אנו רואין שהטוש"ע וכל הפוסקים **לא** קיבלו דבר זה להלכה, וידוע דכל היכא שהפוסקים חולקים עם המקובלים, הדין כהפוסקים, **ועוד** שירא שמים המניח תפילין דר"ת הוא רוצה לצאת ידי כל הדיעות, ולא שעי"ז יפול בחשש ספקא דאוריתא, **ע"כ** הנכון לעשות כמו שכתבנו, שיכוין בפירוש שאינו מניחן רק משום ספיקא, **ואפילו** סתמא לא מהני בזה, דהא קי"ל לעבור בזמנו לא בעי כונה, ואף דשם איירי הענין לענין בל תוסיף, פשוט דה"ה לענין בל תגרע, ועצם זמנן הוא כל היום, והוא מברך עליהן בכל פעם שמניחן, ובפרט דיש דיעות בפוסקים דסברי, דחיוב תפילין מן התורה הוא להיותן עליו כל היום).

(מי שנתרשל לפעמים ממצות עשה, בדבר שהוא רק לכתחילה, לא די שחסר מצוה, אלא שג"כ עובר משום בל תגרע).

סעיף ג - לא יעשה כן אלא מי שמוחזק ומפורסם בחסידות - שכיון שהעולם נוהגין כרש"י, נראה כיוהרא מי שחושש להחמיר על עצמו בזה, אם אינו מוחזק שמחמיר על עצמו ג"כ בשאר דברים.

היינו אפילו אם ירצה להניחם רק אחר התפלה, **וכתב** הבה"ט באיש אחד, שהיה נוהג להניח תפילין דר"ת לאחר התפלה בפרהסיא בפני הקהל, אי מחזי כיוהרא, **פסק** בתשו' מהר"ש הלוי, דמחזי כיוהרא וצריך שיבטל מנהגו, **וכ"כ** בתשו' שבות יעקב, שאפילו אם מקצת עושין יש בו משום יוהרא, **ואם** מניחן בפני אדם גדול שאין נוהג להניחן כי אם בקרב ביתו, ודאי מחזי כיוהרא.

סעיף ד - לא יניח שני הזוגות בכיס אחד, שהאחד מהם הוא חול, ואסור להניחו בכיס תפילין, אלא יעשה שני כיסין וסימן לכל כיס, שלא יתן של זה בזה - אבל בתיק הטלית מותר להניח שניהם, אפילו הם בלא תיק, דהרי התיק מיוחד גם לדבר חול, דהוא הטלית.

ומיירי שהוזמן הכיס תחלה רק לדעת אחד מהם, אבל אם נעשה מתחלה להניח בו שניהם, שרי.

סימן לד – סדר הנחות הפרשיות בתפילין, והמהדרים אשר להם ב' זוגות תפילין

(**ונראה** דאפי' אם עשיית הכיס היה על דעת אחד, אם קודם שהניח בפעם האחד עקר בפירוש הזמנתו הראשונה, דמהני, **ואין** זה בכלל לא אתי דיבור ומבטל מעשה, דהעשייה זו לא נחשב רק הזמנה בעלמא).

(**ומיירי** שהזוג שנתייחד לו הכיס מתחלה הוא בלי תיק, **ואפילו** אם הוא בתיק, ופעמים בדרך עראי הם מונחין בו בלי תיק, נתקדש עי"ז, **אבל** אם הוא בתיק תמיד, הרי הכיס אין נעשה על ידו כי אם תשמיש דתשמיש ולית בו קדושה, **ולכאורה** יראה דדוקא אם התיק מכסה גם המעברתא והתיתורא, דגם הם מכלל גוף הקדושה, דלא חשיב תשמישי קדושה בתפילין רק התיק והרצועה).

שאחד מהם הוא חול - וממילא דאסור להחליף הכיסים, וכ"ש הבתים והרצועות והפרשיות, משל רש"י לר"ת או איפכא.

ואם לא הניחם אדם מעולם עליו לשם מצות תפילין, יוכל להחליפם, (**וצע"ק** לדינא, דהלא אין מותר רק להוריד מחמורה לקלה, **אבל** לא לחול, דהזמנה לגוף הקדושה מילתא הוא, והכא הלא המחבר הזה בעצמו ס"ל דזה הוא בכלל הורדה לחול).

ואם הניחן אדם עליו אפילו פעם אחת לשם מצות תפילין, והיו מסודרין ע"פ דעת אחד מהם, ר"ת או רש"י, אסור להחליפן שוב אח"כ, **ואפי'** אם התנה עליהן מעיקרא להחליפן כשירצה, לא מהני, דמקודש לחול לא מהני תנאי, (**עיין** בש"ת דמסיק, דברצועות מהני תנאי, והוא פשוט דהם רק תשמישי קדושה, ומהני תנאי בזה להורידן לחול, **ואפילו** בבתים ופרשיות לענ"ד יש לעיין בזה, דהלא בקלף שנתעבד לשם פרשיות, דהוא הזמנה לגוף הקדושה, ואסור להורידו לחול, יכול לכתוב עליו שאר ד"ת, משום דיש בזה עי"ז עכ"פ קצת קדושה, וה"נ בענינינו, הלא גם עתה אף דאין על הפרשיות קדושת תפילין, עכ"פ קדושה יש בהן, וה"נ הבתים הם תשמישים לקדושה, וא"כ ליהני תנאי, **ואפשר** דיש להקל ע"י תנאי בשל ראש דר"ת לרש"י, **אם אין לו פרשיות אחרים, וצ"ע**).

כתב הפמ"ג, דאם מצא רצועות ואינו יודע אם הם של רש"י או של ר"ת, יוכל להניחם לפרשיות של רש"י, דרובא מניחין של רש"י, **ואנן** סבירא לן ג"כ דרש"י עיקר, ומעלין בקודש. (**ובאמת** צע"ג בזה בזמנינו, ברצועה הנמצאת, דשמא רק נשחרה לשמה ולא נעבדה לשמה, דהרבה יש שמקילין בזה, ושלא כדין הוא).

ויש מן האחרונים שמקילין יותר, דלדידן דסוברין דרש"י עיקר וכנ"ל, יוכל להחליף וליטול רצועה משל ר"ת לרש"י כשאין לו אחרת, **אבל** משל רש"י לר"ת אסור ליטול בכל גווני.

§ משנת סופרים §

קיצור כללי שלא כסדרן מפמ"ג ושאר אחרונים - תו"מ צריכין שיהיו כתובין כסדרן מן התורה, דכתיב: והיו הדברים, כסדרן, בין הקדים פרשה לפרשה, ובין תיבה לתיבה, או אות לאות, פסול, **אבל** בזה האות גופא לא שייך שלא כסדרן, כגון צד"י שמורכב מיו"ד נו"ן, וכתב הנו"ן ואח"כ היו"ד, לא הוי שלא כסדרן, וכל כה"ג.

וכן אם כתב מקצת אות, ואחר כך כתב האות שמקודם, משלים האות ולא הוי שלא כסדרן, דכל שאין כותב אות שלם מקרי "והיו הדברים" כסדרן, דדבר שלם בעינן לא חצי דבר.

אבל אם כתב יו"ד בלא קוצו השמאלי, או אל"ף ועיי"ן ושי"ן וכדומה שאין נוגע היו"ד בהאות, ואח"כ כתב מקודם, יש בו משום שלא כסדרן, דהשתא לקולא אמרינן דיכול לתקן אח"כ, משום דעיקר הדברים כסדר נכתבו, דשם אות עליה אפי' בלא התיקון, וכמו שנכתוב אח"כ, כ"ש לחומרא דשם אות עליה, והוי שלא כסדרן.

וכ"ש אם לא נחסר בהאות רק תגין, או שאר דברים שאינם מעכבים, ואח"כ כתב מקודם, דיש בו משום שלא כסדרן.

ויש סופרים שנכשלין בענין שלא כסדרן בפסולי דאורייתא, והוא רק מחמת חסרון ידיעה, שטועין לחשוב ששלא כסדרן נקרא רק אם הוא מתקן איזה דבר אחר גמר הפרשיות, וע"כ מתקנים בעת הכתיבה כמה אותיות שכבר חלף ועבר מהן, **ובאמת** לא כן הוא, אלא תיכף כשכתב האות שאחריו, אסור לתקן האות שלפניו, אם לא בדבר שמדינא אפילו בלא התיקון יש עליו שם אותו האות, ולאו כו"ע דינא גמירי, לידע איזה דבר יש עליו שם אותו האות בלי התיקון, ומותר לתקנו אפילו אח"כ, ובאיזה דבר אין עליו שם האות בלי התיקון, וממילא אסור לתקנו אחר שכתב האות שאחריו, **ע"כ** מהנכון להסופר שיזהר בתו"מ, שלא להניף ידו על שום אות לתקנו באיזה תיקון אחר שכתב האות שאחריו, אם לא דבר שנמצא כתוב בפירוש בספרי הפוסקים שזה מותר לתקן אפי' אח"כ, ולא ידמה בעצמו מילתא למילתא.

וכ"ז הוא אפי' תיקון שע"י כתיבה, וכ"ש תיקון שע"י מחיקה, שיש בו חשש דחק תוכות, אפי' לא כתב עדיין שום אות אחר זה, שצריך מאד לידע כל פרטי הדינים שיש בזה, כי ענייניו ארוכים, **ועיין** בח"א שכתב, דהוא היה מתנה עם הסופר שלו, שלא להניף עליהם ברזל מחמת זה, **ובאמת** עצתו היא טובה מאד, אבל איננה מועלת רק לענין להנצל עי"ז מחשש דחק תוכות, אבל לא משלא כסדרן, אם לא שיזהר הסופר להתנהג במלאכתו מלאכת שמים לאט לאט, שלא להעתיק ידו מן האות עד שיעמידנו על תמונתו כדין.

וכבר ראיתי אנשים יראי אלוקים מפזרין ממון רב על תיקון תפיליהן, ולוקחין מסופר אומן שיכול לעשות בתים נאים ומהודרים כדין בכל פרטיהם, ואשרי חלקם, **אבל** ביותר מזה צריך ליזהר על ענין התפילין מבפנים, והם הפרשיות, שיעשה הסופר כל אותיותיהם כדין בכל פרטיהם והדוריהם, ולזה צריך שיהיה הסופר בקי בדיני כתיבת האותיות, וגם שיעשה מלאכתו במתינות, כי אפילו אם אות אחד לא נעשה כדין בכל פרטיו, הוא מעכב לכל התפילין.

אם חסר בהכתב התגין או הקוצו של יו"ד, מבואר דיש לתקן אפילו אחר שנכתבו, דכל שהאות צורתו עליה, אע"ג דבלא קוצו של יו"ד השמאלי פסול לר"ת, וגם תגין י"א דפסול אם לא תייגן, מ"מ "והיו הדברים", גוף הדברים כסדר נכתבו.

וכן להפריד נגיעות בין אות לאות שרי אח"כ, ופשוט דדוקא אם לא נשתנה צורתו ע"י הנגיעה.

וכן יוד"י האל"ף והשי"ן והעי"ן, ורגל התי"ו, שאין נוגעין, ותינוק דלא חכים ולא טיפש קורא אותן בצורתן, או בי"ת ודלי"ת וכדומה, שאין הגג מחובר לירך למעלה, ותינוק קורא אותן בצורתן, רשאי לתקן אח"כ.

ויראה דכ"ז דוקא אם אין ניכר פרידתו להדיא, הא אם ניכר להדיא, אע"ג דהתינוק קורא כן, כיון שאין צורתה עליה, הוי כותב שלא כסדרן, **והגרע"א** בחידושיו פליג ע"ז, (עיין סי' ל"ב סוף סכ"ה).

בד"א באלו וכדומה להן, שעל ידי שחסר להם איזה דבר לא נדמה על ידי זה תמונתם לאות אחרת, **אבל** יו"ד של צד"י שאין נוגעת להנו"ן שלו, ונראה עי"ז כיו"ד נו"ן, או חי"ת שברגל שמאלו יש הפרש דק בין הרגל להגג, ונראה כה"א, **אז** אפילו אם אירע שהתינוק קראה להאות כצורתה הראויה לה, אין מועיל תיקון משום שלא כסדרן.

ודע דדעת הפמ"ג בזה, דאפילו אם אין ניכר פרידתן להדיא, והתינוק קראה ג"כ לאות, לא מהני תיקון, **ועיין** בסימן ל"ב שבירנו שם, דעכ"פ בשעת הדחק יש להקל בזה דמהני תיקון.

כתב עוד הפמ"ג, כללא דמלתא: כל שאין כותב רק מוחק או מושך, לא הוי שלא כסדרן, **המשל**: "לאבותיך" מלא וא"ו, צריך למחוק הוא"ו, ואף דעי"ז יהיה התיבה כשני תיבות, ימשוך הבי"ת, ואע"פ שכותב, משיכה לאו כלום עביד, דתחלה נמי צורת בי"ת עליה.

אבל ודאי אם עשה בי"ת מתחלה כצורת נו"ן כפופה, ואח"כ משכו לבי"ת, הוה שלא כסדרן.

וכן אפילו אם נכתב האות מתחלה כסדר, ואחר כך נתקלקל מחמת איזה דבר שהוא, כיון שנתבטל צורת האות, כשחוזר אח"כ ומתקן הוה שלא כסדרן, דבכל שעה בעינן כסדרן, **ולא** דמי למוקף גויל, דלא קפיד קרא רק אשעת כתיבה.

ולפעמים אפילו ע"י כתיבת נקודה אחת יש בזה משום שלא כסדרן, כגון שכתב רי"ש במקום דלי"ת, וצריך לרבע בדיו, תו מיפסיל משום שלא כסדרן, **הכלל**: כל שאין צורתה עליה, וכותב נקודה ועי"ז נתכשר האות, יש בזה משום שלא כסדרן.

עוד דברים אחדים מענין חק תוכות - כל מקום שנאמר "וכתב", כגון בתפלין ומזוזות ס"ת גט, פסול בו חק תוכות, ואפי' אם רק קוצו של יו"ד נגמר ע"י חק תוכות, מעכב, כיון דבלא הקוץ לא היה מתכשר האות עדיין.

והנה ענין חק תוכות צריך הסופר ליזהר בו מאד, ועניניו ארוכין, אך נקוט האי כללא בידך: כי הפוך הוא משלא כסדרן, ששם גורר ומוחק ומושך לא הוי שלא כסדרן - גורר הוא ביבש ומוחק בלח - **ובחק** תוכות נהפוך הוא, גורר ומוחק ומושך, כל שאינו עושה מעשה בגוף האות ומשלימה, עדיין הוי חק תוכות.

הדמיון: בי"ת שנעשית כצורתה, או סמ"ך וכ"ף וכדומה, שנפל טיפת דיו לתוך החלל אחר שנגמרה בהכשר, ונפסד צורתה עי"ז, **ואפשר** אפי' התינוק קורא אותה, כל שאנו רואין שאין צורתה עליה, לא מהני לגרור הטיפה ההיא, דכל שנפסלה בטלה כתיבה קמייתא, ועתה הוי חק תוכות, דהא לא עביד מעשה בגופה כי אם ע"י חקיקה בעלמא, שחקק תוך האות, **ואפילו** מושך אח"כ הבי"ת גגה ושוליה, ג"כ לא מהני, דהרי בלא"ה צורתה עליה, ופסולה.

וגדולה מזו: חי"ת במקום ב' זייני"ן, לא מהני שיגרור החרטום וישארו ב' זייני"ן, דמה מעשה עשה בגוף האות.

אבל אם צריך להשלימה אח"כ, כשר ולא מיקרי חק תוכות, כן מבואר באה"ע סימן קכ"ה, ומ"א, **אבל** הט"ז פקפק ע"ז.

קצת כללי מוקף גויל מבעל פמ"ג - תחלת הכתיבה צריך מוקף גויל בכל צדדין של האותיות, ואפילו בקוצו של יו"ד השמאלי, מן התורה, דכתיב: וכתבתם, כתיבה תמה.

ומבפנים נמי בעינן מוקף גויל, **ויש** להחמיר דאפי' מצד א' בפנים אם אינו מוקף גויל פוסל כמבחוץ, ודלא כט"ז דמיקל בזה.

וכל זה בתחלת הכתיבה, אבל אם לאחר שנכתב ניקב או אכלו עכברים ותולעת, כשר אפילו מבחוץ.

ומיהו ודאי דיעבד דוקא כשר, הא כל מה שיש לתקן הוה כלכתחלה וצריך תיקון, **הלכך** אם ניקב בצד אות ועב הוא, מגרר קצת עוביו ויש לו היקף גויל, דאין שיעור לעוביו.

ודע עוד, דתיקון מועיל אפילו אם נכתב לכתחלה בלא היקף גויל, כגון ד' פשוטה בלי היקף, וה"ה שאר אותיות בין בארכן או בעוביין, אם תשאר צורת האות עליה, מוחק וגורר, ולא הוי שלא כסדרן בזה.

§ צורת האותיות §

(**וידע המעיין בקונטרס הזה, דבכמה מקומות לא ביארתי בפנים וגם בשער הציון, אם הדין הוא רק לכתחילה או דיעבד, והיא אחת משלשה סיבות: או דהוא פשוט דהוא לכתחילה או דיעבד, או דיש בזה פרטים המתחלפים, דיש בזה לפעמים לכתחילה ולפעמים דיעבד, כגון מה שכתוב דצריך האות לעשות כה וכה כדי שיהיה יוכל להסמיך אות אצלו, דפשוט דאם לא עשה כן, ועי"ז נעשה הפסק בתיבה שנראה כשני תיבות, דפסול, ואם זה האות הוא בסוף תיבה, כשר בדיעבד, ועוד הרבה כיוצא בזה, ולא רציתי להאריך ע"כ סתמתי הדבר, או דהיה אצלי ג"כ ספק, והנחתי הדבר כמות שהוא, ע"כ אל ימהר האדם להקל בדבר או להחמיר ולהפסיד לאחרים, אם לא שימצא ראיה ברורה**).

צורת אות אל"ף - תהיה נקודה העליונה כעין יו"ד, ועוקץ קטן עליה, ויהיה פניה עם העוקץ הפוך קצת כלפי מעלה, [כל זה לכתחילה].

ויהיה ירך היו"ד דבוק אל גג הגוף באמצע הגג, [גם זה לכתחילה, אבל עיקר הדביקה היא לעיכובא].

ויהיה סוף הגג של צד ימין לכתחלה עקום למעלה מאחוריו קצת.

והנקודה שלמטה תהיה רחוקה מן ראש של הגוף כשיעור עובי קולמוס וחצי, [לכתחילה], **עובי** קולמוס נקרא: רוחב הקו היוצא מן הקולמוס כשהוא כותב.

ולנקודה התחתונה יהיה לכתחילה עוקץ קטן למטה לצד ימין, מפני שתמונתה כמו יו"ד שתלוי בתג שלה בגוף האל"ף.

משנת סופרים

ויהיה עוקץ שמאל של נקודה עליונה, היינו התג שעל גבי היו"ד, מכוון כנגד עוקץ ימין של נקודה תחתונה, [לכתחילה], עכ"ל ב"י.

ומשמע מריהטא דלישניה, דא"צ עוקץ שמאל ליו"ד העליון שעל האל"ף, **אך** מפמ"ג משמע, דלכתחלה צריך להיות גם עוקץ שמאל כמו לשאר יו"ד.

אם נגעו יוד"י האל"ף העליון או התחתון בגג האל"ף יותר ממקום דיבוקו, דהיינו שאין ניכר הראש אלא קו משוך בשוה, **וכן** יוד"י השי"ן והעי"ן והפ"א והצד"י, או ראש השמאלי שבעיי"ן וצד"י, שצריך להיות כעין זיי"ן, אם נגעו בגוף האות יותר ממקום דיבוקם, פסול.

רק אם לא כתב עדיין יותר בתו"מ, מותר להעבות ולהרחיב הראשים כדי שיהיה ניכר הראש, ואופן התקנה ע"י גרירה, עיין בשו"ע סי' ל"ב סוף סי"ח.

אם לא היה הנקודה העליונה או שלמטה דבוק אל הגג, פסול.

צורת אות בי"ת- אות בי"ת צריך מאד ליזהר בריבועה, שלא תהא נראית ככ"ף, ואם נראית ככ"ף, פסולה, **ואם** ספק אזי מראין לתינוק.

וצריכה להיות מרובעת בימין בין למעלה בין למטה, **ואם** למעלה עגולה ולמטה מרובעת, צ"ע בזה, ואין להקל, (**כ"כ הפמ"ג, אמנם מדברי רי"ו מוכח, דהעיקר תלוי בלמטה, וע"כ נראה דאם התינוק קוראה כהלכה, אפשר דיש עכ"פ להקל להוסיף דיו לתקנה בתו"מ, ואין בזה משום שלא כסדרן**).

וצריך לכתחלה שיהא לה בראשה מצד שמאל על פניה תג קטן תמונתו כמו מקל, ועוקץ קטן למעלה בצד ימין נוטה לצד האל"ף, **כדאמרינן** בירושלמי דחגיגה: מפני מה יש לב' שני עוקצים, אחד למעלה ואחד לאחוריו, אומרים לבי"ת מי בראך, מראה להם בעוקצו שלמעלה, ומה שמו, מראה להם בעוקצו שמאחוריה לצד האל"ף, ר"ל אחד שמו.

גם יהיה לה עקב עב למטה, [והיינו לכתחילה], כי תמונתה כמו דלי"ת תוך גרון של וא"ו, **ע"כ** צריך להיות לה זוית למעלה, שיהיה כדלי"ת, ועקב טוב למטה, שיהיה במקום ראשה של וא"ו.

וטוב שאורך ורוחב הבי"ת יהיה כג' קולמוסים, ורוחב חללה כעובי קולמוס.

ואם קיצר הבי"ת, עד שנראה כנו"ן כפופה לתינוק דלא חכים ולא טיפש, נראה דיש להחמיר בזה, **אח"כ** מצאתי כן בהדיא בפמ"ג שכתב, דבתו"מ לא מהני בזה תיקון להמשיכו כמו בי"ת, משום שלא כסדרן.

צורת אות גימ"ל- אות גימ"ל תהיה גופה כמו זיי"ן לכתחילה, וכן כל ראשי שמאל שבאותיות שעטנ"ז ג"ץ דומה לזיי"ן, [ואם לא היה ראש כזיי"ן, כשר].

ויהיה ראשה עב, ורגל ימין דק, (**מדברי הגר"ז משמע דהוא רק לכתחילה, ולפי מה שכתב בב"י הטעם לזה, לכאורה הוא לעיכובא**).

וירד ימין יורד מעט למטה יותר מירך שמאל, (**ובדיעבד צ"ע, ועכ"פ תיקון מהני בזה אפילו בתו"מ**).

ולא יעשה ירך זה השמאל בשפוע הרבה אלא מעט, וגם לא יהיה עקום, אלא ימשוך בשוה, (**ובדיעבד אם היה עקום, צ"ע בזה, ועכ"פ תיקון מהני בזה אפילו בתו"מ**), **ויגביהנו** קצת כנגד הדלי"ת.

והירך שמאל יהיה משוך קצת עב אל הזיי"ן שבצדה, ולא בדקות, כי תמונתה שתהיה נראית כמין נו"ן כפופה.

והירך יהיה נמוך ‹שלא יהיה בולט הרבה› כדי להסמיך ‹אות› אצל ראשו. ‹ע"פ השונה הלכות›.

וג' תגין על ראשה.

אם נדבק הירך בהרגל, יגרור הירך ודי בכך.

צורת אות דלי"ת- אות דלי"ת צריך שיהא גגה ‹ארוך›, ורגלה קצרה, שאם תהא רגלה ארוכה מגגה, תדמה לכ"ף פשוטה, ותפסל כשלא יקראנה התינוק ד'.

ולכתחלה צריך שתהא הרגל פשוטה בשיפוע קצת לצד ימין, (**ונראה לי דזה רק לכתחילה, ואין להחמיר בדיעבד**).

ושיהא לה תג קטן בראש גגה מצד שמאל.

וצריך מאד ליזהר בריבועה, שלא תהא נראית כרי"ש, ותפסל ע"י קריאת התינוק.

ולכתחלה אין די בזה לבד שיהא לה זוית חדה מלאחוריה, אלא גם יהא לה שם עקב טוב, כי תמונתה הוא כמו ב' ווי"ן סגורים, והעקב הוא כנגד ראש הוי"ו האחד, והעוקץ שעל פניה הוא כנגד ראש וי"ו השנייה.

אם רגל הדלי"ת אין בו רק כמלא יו"ד, כשר.

אם כתב ה"א במקום דלי"ת, אין תקנה לגרור הרגל ולהניח הדלי"ת, מאחר שנפסל ודומה לצורת ה"א, לא עביד מידי והוי חק תוכות, **וגם** למשוך הגג נמי לא מהני, דכל שלא נפסל צורת האות הוי חק תוכות, **רק** צריך לגרור הגג עד שיהא כצורת וי"ו ומשלימה, או שיגרור גם הרגל ימין כולו, ולא ישאיר בו אפילו כמלא יו"ד, ואח"כ ישלימנו.

צורת אות ה"א- אות ה"א צריך לעשות לה לכתחלה תג קטן למעלה מצד שמאל.

ובאחוריה יזהר לכתחלה שתהיה מרובעת כדלי"ת, ולא עגולה כרי"ש, **וא"צ** לעשות לה עקב כמו בד', רק שתהיה אות חדה.

והנקודה שבתוכה לא תהיה סמוכה לגגה, אלא יהא ביניהם חלק כ"כ, בכדי שאדם בינוני יכירנו היטיב מעל ס"ת שע"ג הבימה כשקורא בו, **ולא** ירחיקה מגגה יותר מעובי הגג.

ואם נגע בגגה אפילו נגיעה דקה כחוט השערה, פסולה, אע"פ שהתינוק יודע שהוא ה"א.

ולא תהיה הנקודה נגד אמצע הגג, אלא נגד סופה בצד שמאל, ואם עשה באמצע פסולה וצריך לתקנה, דהיינו לגררה ולהעמידה בסופה, **ואם** כתב התיבות שאח"ז, ואין יכול לתקן משום שלא כסדרן, יגרור הגג שיהא שוה לרגל, **ובמקום** שגם תיקון זה אינו יכול לעשות, כגון שהה"א באמצע התיבה, ואם יגרור הגג יהיה כשתי תיבות,

אזי יש להכשיר בלא תיקון, כי יש הרבה מהראשונים שסוברים שתמונת ה"א כך.

ועתה נבאר איכות הנקודה: הנקודה תהיה לכתחלה דקה למעלה, ועבה קצת למטה כעין יו"ד.

ותהיה לכתחלה עקומה קצת למטה, ולצד ימין ולא לצד שמאל, פן תדמה לתי"ו.

ואורך הנקודה לא יפחות ג"כ מאורך יו"ד עם עוקץ התחתון שלה, ולעיכובא הוא אפי' בדיעבד, וצריך להזהיר הסופרים שנכשלין בזה מאד, **ונ"ל** דעכ"פ תיקון מהני בזה אפילו בתו"מ, אם התינוק קוראו לה"א, ואין בזה משום שלא כסדרן.

הפמ"ג מסתפק, אם צריך להיות הנקודה בסופה שוה דוקא לירך ימין, או אפילו אם נשלמה באמצע הירך שפיר דמי, רק שיהיה בה שיעורה דהיינו כמלא יו"ד, **ועכ"פ** נראה דיש להקל ע"י קריאת התינוק.

צורת אות וא"ו - אות וא"ו צריך להיות ראשה קצר, לא יותר מעובי קולמוס, כדי שלא תדמה לרי"ש.

ורגלה ארוך כעובי ב' קולמוסים, כדי שלא תדמה ליו"ד, ולא יעשנה ארוך יותר מדאי, פן תדמה לתינוק לנו"ן פשוטה.

ומטעם זה ג"כ טוב שתהיה ראשה עגולה לצד ימין, שלא תדמה לזיי"ן, **ואע"פ** שראש הזיי"ן עובר מב' צדדין, מ"מ יש לחוש שמא תינוק דלא חכים ולא טיפש יקראנה זיי"ן ותפסל.

ופניה יהיה שוה ולא באלכסון.

ורגלה תהיה פשוט תחתיה בשוה לא שבור באמצע, **גם** טוב שעוביה תתמעט והולך מעט מעט עד שתהיה חדה למטה.

אם רגל הוא"ו קצר, אם אין בו רק כמלא יו"ד פסול, ואם מעט יותר צריך להראות לתינוק, **וה"ה** אם ראש הוא"ו רחב ונדמה קצת לרי"ש.

אם כתב דלי"ת במקום וא"ו, צריך לגרור כל הגג, ואפשר דבעי נמי לגרור כל הירך, דדומה לדלי"ת שכתבו במקום רי"ש, שצריך למחוק כולו.

צורת אות זיי"ן - אות זיי"ן צריך ליזהר שלא תהיה רגלה ארוכה, שלא ידמה לנו"ן פשוטה, ותפסל ע"י קריאת התינוק, ע"כ לא יהיה רגלה ארוך יותר מב' קולמוסים.

וראשה צריך להיות עובר מב' צדדין, שלא תדמה לוא"ו, [**ולא** יטה לצד א' יותר מלצד חבירו, ואם מטה הרבה עד שנראה כדלי"ת, פסול].

ויהיה מרובע, [מכל זויותיה מפני הסוד, **אבל** שלא יהא הראש עגול, יש לזה מקור מן התלמוד], **וג'** תגין על ראשה.

ורגלה תהיה פשוט תחתיה לא שבורה, ויש שעושין הקו התחתון דק ביציאה, והולך ומתעבה עד חציה, ומחציה חוזר ומתמעט עד שתהיה חדה למטה.

ואם נתקצרה הרגל מזיי"ן, דינו כמו שכתבנו באות וא"ו, וכ"ש אם הראו לתינוק ולא קראו לזיי"ן, בודאי אין להקל בזה, **ונראה** דאפילו תיקון לא מהני בזה בתו"מ משום שלא כסדרן.

צורת אות חי"ת - אות חי"ת תהיה שתי רגליה כתמונת שני זייני"ן, **והזיי"ן** שבצד ימין, נכון לעשות קרן ראשו עגול בצד ימין, **ויהיו** הזייני"ן רחוקים זה מזה לכל היותר כעובי קולמוס, **ויהיו** מחוברים בחטוטרת יחדיו, הוא כמין גג גבוה.

ומקל, הוא כמין תג גדול, יעשה לה בראש רגל השמאל, ולא באמצע.

וצריך ליזהר שלא יאריך בגג החי"ת, ואם האריך פסול, ואין לו תיקון בתפילין ומזוזות, משום שלא כסדרן, **בד"א** שעשה ב' זייני"ן וגג רחב, דזה לא הוי כמין חטוטרת שהוא משופע, **אבל** אם עשה החי"ת כדעת רש"י, דהיינו חי"ת פשוטה בלא חטוטרת שעל גגה, אפילו אם האריך הרבה כשר בדיעבד, אע"פ שאינה מרובעת.

אם עשה החי"ת כתמונת שני ווי"ן, או כדלי"ת וא"ו, או כדלי"ת זיי"ן, וחטוטרת ע"ג, כשר בדיעבד, שהרי לא נשתנה לצורת אות אחר ע"ז.

ומ"מ אם אפשר לתקן לגרור יתרון האות, והחטוטרת ישאר במקומו, כגון בחי"ת שתמונתו היה כדלי"ת זיי"ן, והחטוטרת שלו נעשית באמצע הד' ולא בסופה, יגרור מן הד' מקצתו עד שתעשה כמו זיי"ן, **אבל** אם עומד בסופה, יחלק האות כשיגרור מן הדלי"ת, ולא יהיה לו תיקון אח"כ בתפילין ומזוזות, שמעכב בהן שלא כסדרן, ע"כ יש להכשיר בלא תיקון, **אבל** בס"ת, אם נמצא חי"ת שתמונתו היה כדלי"ת וזיי"ן, או שני ווי"ן, אף שאין להוציא אחרת משום זה, מ"מ בחול בכל גווני צריך לתקן האות, עד שיעמידו על תמונתו הראויה, **וצריך** להזהיר הסופרים ע"ז, כי תמונת החי"ת שכתבנו למעלה יש לו עיקר בתלמוד, ועמדו עליו גדולי הראשונים ז"ל.

ודע עוד, דבדיעבד אם עשה להחי"ת מקל לבד או חטוטרת לבד, כשר, **והגרע"א** מסיק בחידושיו, דאפילו נחסר להחי"ת החטוטרת וגם המקל, שהיה חי"ת פשוטה כחיתי"ן שלנו, כשר בדיעבד, **רק** אם אפשר לתקן בקל לעשות לה מקל, יעשה, דהוי כלכתחלה.

אם נפסק ירך החי"ת, ולא נשאר בו רק כמלא יו"ד, די בכך, בין ירך הימיני או השמאלי.

אם החטוטרת שעל החי"ת לא היה דבוק להחי"ת, אך לא היה ניכר להדיא ההפרדה, מותר לתקנה אפי' בתו"מ, ואין בזה משום שלא כסדרן, **אבל** אם היה ניכר להדיא, נתבטל ממנו שם האות, **ואם** נפרד החטוטרת מהחי"ת רק מצד אחד, אפשר דיש להקל לתקן, אפילו ניכר להדיא.

צורת אות טי"ת - אות טי"ת, הראש הימיני תהיה כפוף מעט לתוכה, **ול"נ** דאם לא היה כפוף כלל לתוכה, צריך להראות לתינוק, ובכל גווני ‹אף שיקראנה לאות› צריך לתקנה אח"כ, ולא מיקרי בזה שלא כסדרן, דבלא"ה תמונתה עליה, **ואם** התינוק לא קראה לאות, צ"ע אם יש לה תקנה בתפילין, משום שלא כסדרן, **ועיין** בסימן ל"ב בסעיף כ"ה לענין ח' דחטוטרות, ואפשר דה"ה בזה, דאין מורגל בטי"ת בלי כפיפה, ולא מקרי בזה נשתנית צורתה, וצ"ע.

ולא יהיה כפוף הרבה, (אף אם אין נוגע בקרקע הטי"ת), **ובדיעבד** צ"ע לדינא, (ותלוי במחלוקת, דלדעת התרומה והיראים והגה"מ פסול אף

בדיעבד, ולדעת הרא"ש והטור והרי"ו מותר, וכיון דהוא מילתא דאורייתא צריך להחמיר, **אמנם** קשה מאוד להחמיר בדבר בדיעבד נגד הב"ש והאגור, דמשמע מהם דמותר בלא נגיעה, אבל לכתחלה נ"ל דצריך לתקן במקום דאפשר, **וס"ת** אם נמצא כן בעת הקריאה, אין להוציא אחרת עבור זה, ויסמוך על המכשירים, אבל אח"כ ימחוק הט' עד שיבטלנו מצורת אות, ויתקננו, דאל"ה מיפסל משום חק תוכות, ובתו"מ דשלא כסדרן פסול, יסמוך בזה על המכשירים הנ"ל).

(**ואם** נגעה הכפיפה בקרקע הטי"ת, אף בתו"מ פסול, ואפשר דגם הרא"ש בזה מודה דפסול, מטעם דנשתנית צורתה בזה, **ואפילו** אם הראוה לתינוק וקראה טי"ת, הלא אינו מוקף גויל באותו מקום, אלא דמשום זה לחוד היה מהני גרירא לחודא באותו מקום, משא"כ להתרומה והגמ"מ דזהו בכלל טתי"ן פאי"ן, בכל גווני צריך לבטל האות מצורתו, וזה לא יצוייר בתו"מ).

והראש השמאלי תהיה כזיי"ן, וג' תגין על ראשה, **ואם** הראש השמאלי לא היה תמונתה כזיי"ן, שראשה היתה עגולה, אך שהיתה תגין עליה, צ"ע בדיעבד, לפי מה שהביא הב"י בשם הגה"מ בשם הרא"ם, דמה שאמרו בגמר' דשעטנ"ז ג"ץ צריכה ג' זיוני"ן, היינו לא בתגין, אלא שלא יעשה ראשיהם עגול, אלא משוך שיהא לכל ראש ג' פינים, ולעיכובא הוא, **וצ"ע** להרא"ם אם ע"י התגין מתכשרת או לא, וגם אולי אין הלכה כהרא"ם בזה, **ופמ"ג** שכתב, דבדיעבד כשר אם לא היה כזיי"ן, אפשר שלא היה עובר מב' צדדים כזיי"ן, אבל לא עגולה.

אבל הראש הימיני יהיה עגול כוא"ו, וגם למטה מצד הימיני תהיה עגולה, כי תמונתה כמו כ"ף וזיי"ן, **וכ"ז** אינו מעכב בדיעבד.

ויזהר שלא יגעו הראשים זה בזה, ובדיעבד אם יש להם תקנה ע"י גרירה, עיין לקמן בסוף אות שי"ן מה שכתבנו שם.

צורת אות יו"ד

- אות יו"ד, שיעור גופה מלא קולמוס אחד ולא יותר, שלא תדמה לרי"ש.

ויכתוב אותה ישרה, דהיינו שתהיה ראשה ופניה שוים, ולא פניה כלפי מעלה, **גם** תהיה למעלה עגולה לצד ימין לכתחלה.

ויעשה לה רגל מצד ימין, ויעקם הרגל לצד שמאל, ויהיה הרגל קצר ולא ארוך, שלא תדמה לוא"ו, ותפסל ע"י קריאת התינוק.

גם צריך להיות להיו"ד תג קטן מלמעלה על פניה, וכנגדה עוקץ קטן יורד מלמטה.

(**ואם** לא עשה תג קטן מלמעלה, בדיעבד צ"ע, ולכתחלה בודאי צריך לתקן, **אף** אם מצא כן בפרשיות ישנים, **וכל** שכן בעוקץ שמאלי דחייב לתקן, ולא לחזור ולהניחן כן בבתים).

והעוקץ יהיה קצר מן התג, וגם יהיה קצר יותר מרגלה שמצד ימיני, פן תדמה לחי"ת, **ואם** האריך העוקץ עד ששוה למטה לרגל ימיני, ונראית כחי"ת קטנה, פסולה, ולא מהני גרירת העוקץ עד שיהיה קצר כהלכתו, דהו"ל חק תוכות, **אלא** יגרור כל העוקץ ויחזור ויכתבנו כהלכתו, בס"ת, ולא בתו"מ דהוי שלא כסדרן, ולא מהני קריאת התינוק בזה, **ויש** מי שכתב דלדעת ר"י אכסנדרני דקי"ל כוותיה, צריך לגרור גם רגל ימיני ואח"כ יתקן, **ועיין** בביאור הלכה שביארנו דיש להחמיר כדעה זו, (דהלא כיון דנראית כחי"ת נשתנית צורתה ונפסלה, וא"כ אכתי הו"ל חק תוכות).

וס"ת שנמצאו בה יודי"ן כצורת למ"ד קטנה, פסולה, וצריך לגרור כל האות ולחזור ולכתוב יו"ד מחדש, דבלא"ה הוי חק תוכות, **וביודי"ן** של שם צריך לסלק כל היריעה, אך אם היו"ד נראה ממש כלמ"ד לעין כל, אזי יכול לגרור אפילו בשם, באופן שלא ישאר רק גוף הנקודה, ואח"כ יוסיף עליו מלמעלה ולמטה.

ע"כ יש ליזהר מאד במ"ש הברוך שאמר, דיעשה הקוצות קטנים ודקים שלא יקלקל היו"ד, כי אם יהיה תג גדול למעלה, יהיה נראה כלמ"ד קטן, ואם יאריך העוקץ שלמטה, יהיה נראה כחי"ת, ובעו"ה יש מהסופרים שאינם נזהרין בזה כלל, או מוסיפין כנ"ל, או גורעין, שאינן עושין כלל עוקץ לצד שמאלי, **ובאמת** רוב הפוסקים פסקו כר"ת, דעוקץ שמאלי מעכב כמו רגל ימיני, **אך** דיש חילוק ביניהם בדיעבד לענין תיקון, דבשמאלו מועיל תיקון אפילו בתו"מ, ולא הוי שלא כסדרן, אבל לא בימינו, וכבר צווח בפמ"ג בזמנו על זה, ע"כ יש ליזהר מאד שלא לחסרם, וגם שלא להוסיף עליהם, כי העוקץ השמאלי לא יהיה רק כמין נקודה או מעט יותר יוצא מגוף היו"ד.

צורת אות כ"ף

- אות כ"ף כפופה, יכתבנה עגולה מאחריה, שלא תדמה לבי"ת, ותהיה עגולה מאחוריה מב' הצדדים.

וחללה שבפנים יהיה לכל הפחות כעובי קולמוס, **ופניה** יהיה למעלה ולמטה שוין.

גם צריך ליזהר שלא לקצרנה ברחבה, כדי שלא תראה כנו"ן כפופה, לתינוק דלא חכים ולא טיפש.

ואם עשה לה זוית מאחוריה למעלה או למטה, פסולה, **ויש** מקילין ביש לה זוית מלמעלה, כיון שהיא עגולה למטה, **וכיון** שהוא מלתא דאורייתא צריך להחמיר כדעה הראשונה דפסולה, ולא יועיל לה תיקון ע"י גרירה, דהוי חק תוכות, אלא יוסיף עליה דיו לעשותה עגול, אם לא כתב עדיין יותר, כדי דלא ליהוי שלא כסדרן, **ואפשר** דבזה שיש לה זוית מלמעלה ועגולה מלמטה, אם התינוק קוראה כהלכתה, צורתה עליה מיקרי, ויכול לתקנה בתיקון הנ"ל אף שכתב יותר, ואין בזה משום שלא כסדרן, (ונלענ"ד להקל בשעת הדחק).

צורת אות כ"ף פשוטה

- אות כ"ף פשוטה, רגלה ארוך וגגה קצר, שלא תדמה לרי"ש, **ואעפ"כ** לא יקצר גגה יותר מדאי, שלא תראה כוי"ו ארוך או כנו"ן פשוטה לתינוק ותפסל.

ולכן לא ימשוך אותה בסוף השיטה לעשותה ארוכה כלל, ואע"ג דכל אותיות אין למשכן, זה למצוה, אבל בדיעבד לא פסול, אבל בכ"ף פשוטה, אם האריך גגה עד שנראה כרי"ש, פסול, **ואם** ספק, מראין לתינוק דלא חכים ולא טיפש.

ומאד צריך הסופר ליזהר עכ"פ לכתחלה, שיהיה הירך כפלים מן גג, כדי שאם כופפין אותה תוכל להיות כ"ף כפופה, שאין חילוק בין פשוטה לכפופה, רק שזה פשוטה וזה כפופה, **כי** יש מחמירין ופוסלין בזה אפילו דיעבד, וכן כל הפשוטות צריכות להיות לכתחלה כפלים מן הגג מטעם זה.

ובדיעבד אם נמצא בס"ת שהמשיך הגג של ד' עד שנראה כרי"ש, אם באפשרו להאריך הרגל למטה, יאריך, **ואם** לאו, ימחוק הכל ויכתבנו מחדש, **ויש** מקילין דדי בגרירת הרגל או הגג, אבל לגרור קצת מן הגג עד שיעמידנו על תמונת כ"ף, לא מהני, דהו"ל חק תוכות.

גם צריך הסופר ליזהר, שלא יעשה לכ"ף פשוטה זוית למעלה, אלא תהיה עגולה כמו רי"ש, שאם כופפין אותה תיעשה כ"ף כפופה, **ואם** עשה לה זוית למעלה כמו ד', פסולה, ודינה שצריך לגרור כולה ולכותבה מחדש, או שיוסיף עליה דיו לעשותה עגולה.

ועצה זו דהוספת דיו, מהני אפילו בתו"מ, דלא מיקרי שלא כסדרן, דקודם התיקון נמי צורת כ"ף פשוטה עליה.

אך אם נמצא כן בס"ת בעת הקריאה, אין להוציא אחרת, כי יש מכשירין בזה, והיכא דאיכא מחלוקת בין הפוסקים, אין להוציא אחרת.

כל אותיות הכפולין בא"ב, כותב את הראשונים בתחילת התיבה ובאמצעה, והאחרונים בסוף, ואם שינה פסול.

צורת אות למ"ד

- אות למ"ד צריך להיות צוארה ארוך כוא"ו, וראשה של הצואר יהיה עגול לצד ימין למעלה, **ולצד** שמאל זוית לראשה, כמו שהוא ראש הוא"ו, כי תמונת הלמ"ד היא כמו כ"ף כפופה ועליה וא"ו.

ומהאי טעמא תהיה יריכה עגולה מאחריה לצד ימין, וכפופה היטיב לפניה, כצורת כ"ף כפופה.

אך אם צריך להמשיך הקו התחתון של הכ"ף שיהיה שוה עם הקו העליון, יש דיעות בזה בין הפוסקים, די"א דצריך, **וי"א** דאדרבה דלא ימשיכו רק מעט, וכן הוא בשם הגר"א, ונהגו הסופרים כדעה זו, (**שאפילו אם לא המשיכו מלמטה רק כיו"ד, די**).

ולצד שמאל מקום חיבור כ"ף עם וא"ו, יהיה בזוית ולא בעיגול, **ויהא** חיבור הוא"ו אל הכ"ף בדקות, כי תמונתו כתמונת וא"ו, שעוביו מתמעט והולך בסופו, וכנ"ל בוא"ו.

ויכתוב הראש והצואר כפוף מעט על פניה, **ועל** ראש הצואר צריך להיות ב' תגין, מימין גדול ומשמאל קטן.

וכ"ז לכתחלה, לבד אם עשה צואר הלמ"ד כעין יו"ד, יש פוסקים שפוסלין בזה אפילו דיעבד, על כן צריך הסופר ליזהר בזה מאד, **וז"ל** הברוך שאמר: לאפוקי מכל הסופרים בורים, שמקצרים הצואר של הלמ"ד ועושים על הלמ"ד כמין יו"ד, מחמת שאינם עושים ריוח בין שיטה לשיטה כמלא שיטה וכו', **כי** הרוקח כתב בהדיא שיש לכתוב על הלמ"ד כמו וא"ו, ולא כמו יו"ד.

עוד ראיתי סופרים בורים, שכשטועין וכותבין קו"ף במקום למ"ד, עושין צואר תחלה על ראשו שיהיה למ"ד, ואח"כ כשנתייבש הדיו גוררין הרגל, **וה"ה** כשטועין וכותבין למ"ד במקום קו"ף, גומרין רגל הקו"ף, ואח"כ גוררין הצואר, **וזה** פסול גמור, כמו ה' במקום ד', שנתבאר לעיל בצורת ד'.

למ"ד שנמצא ע"ג רק כעין קו פשוט כזה, "**ל**", ולא וא"ו, יש להכשיר בשעת הדחק, דהיינו אם נמצא כן בשבת א"צ להוציא אחרת, ובחול יתקן, **ובתפילין** אם אין לו אחרים יניחם בלא ברכה.

צורת אות מ"ם פתוחה

- אות מ"ם פתוחה, תמונתה קצת כמו כ"ף וא"ו, **ע"כ** תהיה למעלה לצד ימין עגולה, אבל למטה יהיה לה זוית, ובלא עקב.

וגגה יהיה למעלה שוה ולא עגול, רק לצד ימין יהיה עגול, **גם** יהיה גגה ארוך עד כנגד מושבה התחתון, **וכ"ז** לכתחלה, [מלבד אם עשה למטה עגולה, אין ברור כ"כ להכשיר, **מיהו** תיקון מהני אף בתו"מ].

והחרטום שבצד שמאל, יזהר לדבוק אותו לגגו, ויהיה לכתחלה כמעט משוך בשוה עם הגג, רק שיהיה ביניהם לצד מעלה כמו פגם קטן.

ותמונת החרטום תהיה כמו וא"ו עומדת מוטה קצת באלכסון ולא הרבה, ויגיע עד כנגד מושב התחתון, ועד בכלל, (**ובדיעבד אם לא הגיע עד למטה, ותינוק קראו למ"ם, צ"ע, דאפשר דזהו אינו מעיקר צורת האות רק לכתחלה**).

ומאד יזהר שלא יגע בו, ומ"מ לא יהיה ביניהם הפסק גדול לכתחלה, כדי שלא יהיה עי"ז הוא"ו הרבה באלכסון.

ואם לא הדביק החרטום למעלה לגגו, ונראה ככ"ף וא"ו, פסול, ואין מועיל לו תיקון בתו"מ אם כתב אחריו, דהוי שלא כסדרן.

וה"ה אם הדביק החרטום למטה במקום פתיחתו להמ"ם, דפסול, ומבואר דינו לעיל בסי' ל"ב סי"ח לענין תיקון, אם לא כתב עדיין אחריו בתו"מ.

צורת אות מ"ם סתומה

- אות מ"ם סתומה תהיה לכתחלה עגולה למעלה לצד ימין, **ולמטה** יהיה לה זוית לימין ולשמאל, שלא תהא נראית כסמ"ך, **ואם** לא עשה כן והתינוק קראה כסמ"ך, פסולה, **והפמ"ג** כתב, שטוב יותר שתהיה מרובעת מכל צד, כי בקל יוכל לבא לידי טעות בסמ"ך.

ומ"ם זו תהיה סתומה מכל צד, וגגה יהיה עובר לכתחלה מחוץ לסתימה מעט, כראש הוא"ו, ולא ימשוך הגג לצד שמאלה הרבה, **ובדיעבד** יגרור המותר, ואין בזה משום חק תוכות ושלא כסדרן, **ואם** נמצא כן בשם הקודש, אין לתקנו, וישאר כך וכשר, **וגם** בשבת אין להוציא אחרת עבור זה, (**ומ"מ אם המשיכה כ"כ, עד שהתינוק לא הכיר להאות על ידי זה, לענ"ד צ"ע אם מהני גרירה**).

צורת אות נו"ן כפופה

- אות נו"ן כפופה, יעשה ראשה כמו ראש הזיי"ן, וג' תגין עליה, **ולא** יותר רחב מראש הזיי"ן, דלא תהוי דומה לבי"ת אם יהיה רחב מעט יותר, **ומטעם** זה יעשה ג"כ מושבה למטה משוך לצד שמאל היטיב יותר מן הראש, כדי שלא יתדמה לבי"ת או לכ"ף, [ואפשר דהוא לעיכובא, **ואם** המשיכה כ"כ עד שעי"ז נראה התיבה כב' תיבות, פסול].

וצוארו הנמשך מאמצע ראשו, יהיה לכתחלה קצת עב, וארוך קצת, ומוטה לצד ימין, כדי להסמיך אות אצל ראשו.

ותהיה הנו"ן לכתחלה עגולה למטה לצד ימין.

אם עשה הנו"ן כפופה למעלה צורת וא"ו, דהיינו שמשך הצואר מקצה ראשו, הניח הפמ"ג בצ"ע, **ומנחלת** דוד משמע דכשר בדיעבד.

ועכ"פ נראה פשוט, דאף לדעת הפמ"ג מהני תיקון, ואפילו בתו"מ, (ולא שייך בזה שלא כסדרן, דצורתן עליה מיקרי, דהכל מורגלין בנו"ן כזה), **ולא** מועיל בהוספת דיו מצד ימין לבד, דא"כ יהיה ראשו רחב מראש הזיי"ן, ואין לעשות כן, **אלא** שיגרור תחלה קצת מראשו לצד שמאל, ולא הרבה, כדי שישאר עדיין תמונת נו"ן עליו, (**דאם** יגרור הרבה יאבד תמונתו, וכשיתקן אח"כ יהיה בזה שלא כסדרן, ולא שייך בזה חק תוכות, כיון דאין מתכשר ע"י גרירה לחוד), **ואח"כ** יוסיף עליו דיו לצד ימין, לעשותו כמו ראש הזיי"ן, (דאם יעשה בהיפך, ויהיה רחב הרבה, אפשר דעי"ז יקרא אבד עיקר תמונתו, דאין הכל מורגלין בכזה, ולא יועיל אח"כ מה שיגרור מצד שמאל).

צורת אות נו"ן פשוטה - אות נו"ן פשוטה, תואר צורתה כמו זיי"ן, וג' תגין על ראשה, **אך** שהיא ארוכה כשיעור שתהא ראויה להעשות נו"ן כפופה אם תכפפנה, דהיינו לא פחות מד' קולמוסין עם גגה, **ואם** עשאה קצרה, מראין לתינוק דלא חכים ולא טיפש, ואם קראה זיין פסולה.

ואם משך הקו הארוך מקצה ראשו, ועשאו כצורת וא"ו ארוכה, הפמ"ג הניח בצ"ע, **אך** שאר האחרונים הסכימו בזה לפסול.

צורת אות סמ"ך - אות סמ"ך תהיה למעלה ארוכה, דהיינו שתהא גגה שוה לכתחלה, [כי תמונתה כמו כ"ף וא"ו], ולמטה מושבה קצר, כי צריכה להיות עגולה מג' זויותיה, דהיינו למעלה מצד ימין, ולמטה משני הצדדים.

ויסתום אותה לגמרי, וגגה למעלה יהיה לכתחלה עובר חוץ לצד שמאל, כשיעור גג הוא"ו.

צורת אות עיי"ן - אות עיי"ן, אות ראשון כעין יו"ד, [דאם הקו שוה, פסול אפי' בדיעבד], **ופניה** קצת כלפי מעלה לכתחלה.

וגופה משוך תחתיה בעמידה קצת, דאם ממשיכה הרבה באלכסון, לא יהיה יכול להסמיך אות אחר אצל עיי"ן אם יזדמן, [**ואם** לגמרי בעמידה אינה תמונת עיי"ן כראוי, וצ"ע אפי' לענין דיעבד].

ובה תהיה זיי"ן עומדת בשווה [לכתחילה], נוגעת בירכה למטה מחציה [לכתחילה], ויעשה על ראש הזיי"ן ג' תגין, [**ונ"ל** שעיקר תמונת ראשה, שהיא כזיי"ן עובר למעלה משני הצדדים, אינו מעכב בדיעבד, דבעינן רק שיהא ניכר הראש, ולא יהיה קו שוה].

ועיין לעיל בסוף אות א', לענין אם נגעו הראשין יותר ממקום דיבוקם.

ומאוד יזהר שלא יגעו הראשים זה בזה, **ובדיעבד** אם נגעו זה בזה כחוט השערה, אם מהני גרירה, עיין לקמן בסוף אות שי"ן.

צורת אות פ"א כפופה - אות פ"א כפופה, צריך להיות לה לכתחלה למעלה בצד ימין זוית מבפנים, וגם מבחוץ יהיה כזוית קטן.

ותהיה משוכה קצת לאחוריה, שתהיה עגולה מבחוץ, [גם זה רק לכתחילה], **וכן** למטה תהיה עגולה מבחוץ, וכמו כל הכפופות שצריך להיות עגולה למטה לכתחלה.

אבל מבפנים יהיה לה זוית כדי שיהיה בלובן שבפנים צורת בי"ת, [גם זה אינו מעכב בדיעבד].

ותהיה רחבה קולמוס וחצי, כדי לתלות בה הנקודה שבפנים, שלא תגע בהאות גופה.

ולא כמה שנהגו איזה סופרים, לעשות עקב מבחוץ בצדה, ואומרים שזה להטיב הבי"ת לבן מבפנים, כי הוא ממש אות שבור, ובאמת צריך להיות עגול מבחוץ כמו שכתבנו, ורק בפנים צריך להיות בי"ת לבן, **ומה** שנהגו כך, מפני שאינם יודעים ההרגל לעשות, לתפוס הקולמוס באלכסון, ולהמשיכה מעט לאחוריה הקולמוס בפנים, שעי"ז נעשה לה זוית בפנים, ע"כ יצא להם הטעות לעשות עקב מבחוץ, **ובאמת** מי שאינו יודע לעשות כמש"כ, יותר טוב לעשות בי"ת מבפנים בלא עקב, רק בזוית לבד, ממה שיעשה פ"א שבור מבחוץ, **כי** אפילו בתמונת הבי"ת גופא, העקב לא לעיכובא הוא כלל, וכ"ש בזה שלא נזכר עקב כלל, בודאי לא נכון הוא לעשות עי"ז הפ"א שבור.

ויהיה לה עוקץ על פניה לצד שמאל, [גם זה לכתחילה], ויורד למטה אל הנקודה שבתוכה, ותהיה הנקודה תלויה בה, **כי** הנקודה ומשך עוקצה יהיה בתמונת וא"ו כשיהפוך הפ"א, ומה"ט תהיה הנקודה למטה לצד שמאל עגולה, כתמונת ראש הוא"ו.

ומה שנהגו לכתוב משוכה מסוף גגה מעט, והנקודה עושים בזוית ולא עגולה, הם מקלקלים הוא"ו לגמרי, **ואם** לא תלה הנקודה בהעוקץ שעל פני הפ"א, והרחיקה מקצה הגג לבפנים, יש להסתפק בו, ודינו כמו בה' שתלה רגל שמאלו באמצע הגג, וכנ"ל באות ה"א.

ולא תגע הנקודה בשום מקום מבפנים, ואם נגעה פסולה.

גם יזהר בהנקודה שלא תהיה הפוכה לצד חוץ, דאל"ה צ"ע אפילו דיעבד.

ואם לא נגעה הנקודה בגגה, ותינוק קראה פ"א, יש לתקן, ותיקון מועיל אפילו בתו"מ.

ואם לא עשה הנקודה רק קו שוה, עיין לעיל סוף אות אל"ף.

צורת אות פ"א פשוטה - אות פ"א פשוטה צריך לעשותה לכתחלה בזוית למעלה, כמו שהכפופה היא למעלה.

גם צריכה להיות ארוכה לכתחלה, כשיעור שתהא ראויה לעשות פ"א כפופה אם תכפפנה, **ובדיעבד** אם יש ברגל ימיני, מכנגד מקום הנקודה ולמטה, כמלא יו"ד, די בכך, **ומ"מ** אם נמצא כן בס"ת ואפילו בתפילין, לכתחלה בודאי חייב לתקן האות ולהשלימו כדין, ואין בזה משום שלא כסדרן, כיון דבלא התיקון הוא כשר.

עשיית נקודת הפ"א ועוקצה, הוא הכל כמו בכפופה.

גם יזהר שלא תהיה הנקודה הפוכה לצד חוץ, כדי שלא תדמה לתי"ו.

אם לא נגעה הנקודה בגג, או שהרחיק הנקודה מקצה הגג לבפנים, הכל דינו כנ"ל בכפופה.

צורת אות צד"י כפופה - אות צד"י כפופה, תמונתו כמו נו"ן כפופה, ויו"ד ע"ג.

הראש הראשון שמימין שהוא כעין יו"ד, יהיה פניה נוטה קצת כלפי מעלה [לכתחילה].

וידבק רגל היו"ד דיבוק טוב בצואר הצד"י, ומאוד יזהר להדביק באמצע הצואר, ולא למטה, שלא תדמה לעיי"ן.

וראשה השני יהיה כמין זיי"ן נוטה לכאן ולכאן, כי אין להמשיך הצואר מקצה הראש, כי אם מאמצעו כמו בנו"ן לעיל, [ומ"מ אינו מעכב בדיעבד], וג' תגין על ראשה.

והצואר יהיה קצת עב, וארוך קצת, ומוטה לצד ימין, כדי להסמיך אות אצל ראשה.

ומושבה התחתון יהיה משוך לכתחלה לצד שמאלה היטיב יותר מן שני הראשים, **ותהיה** לכתחלה עגולה למטה בצד ימין, כמו כל הכפופות.

ואם לא נגע היו"ד בהנו"ן, עיין בסימן ל"ב סכ"ה.

ואם הראשים נוגעים יותר ממקום דיבוקם, דהיינו שאין ניכר הראש אלא קו שוה, עיין לעיל בסוף אות א'.

ויזהר מאד שלא יגעו הראשים זה בזה, ובדיעבד עיין בסוף אות שי"ן.

צורת אות צד"י פשוטה - אות צד"י פשוטה יהיו ראשיה כמו בשל כפופה, והיא מורכבת ג"כ מיו"ד ונו"ן, ואך מנו"ן פשוטה, ע"כ גופה פשוט כמו אות נו"ן פשוטה.

ושיעור אורכה, שתרד למטה מדיבוק הראשים, לכתחלה, בכדי שיהא ראוי לעשות צד"י כפופה, **ובדיעבד** פסק הפמ"ג, שאם הוציא ממקום דיבוק היו"ד לנו"ן רק כמלא יו"ד, כשר, **אבל** אם לא נשאר כמלא יו"ד, צ"ע.

אם נגעו הראשים יותר ממקום דיבוקם, או שנגעו זה בזה, או שנפסק בין היו"ד להנו"ן, דינו כמו בכפופה.

צורת אות קו"ף - אות קו"ף יהיה גגה שוה [לכתחילה], **ותג** קטן צ"ל על גגה בצד שמאל על פניה לכתחלה, **ויעשה** הקוץ דק, כדי שלא יקלקל בזה תמונת הקו"ף, דהיינו שלא יראה עי"ז כלמ"ד מצד אחד, **ובספר** מעשה רקח כתב, דמטעם זה יעתיק התג מקצה הגג.

וירכה הימנית צ"ל למטה כפוף היטיב לצד רגל שמאל, כמו צורת כ"ף כפופה, **אך** שתהיה קצרה הרבה מן הגג, (**ובדיעבד נראה אפילו כפוף מעט די**).

ורגל השמאלית תלויה בה, והיא כצורת נו"ן פשוטה, אך שקצרה מעט, **וע"כ** תהיה ראשה עב, ומתמעט והולך כמו בנו"ן.

ויש לכתחלה למשוך רגל שמאל התלויה באלכסון קצת לצד ימין, **ולא** ירחיקנו לכתחלה מן הגג יותר מעובי הגג, **ומאד** יזהר שלא יגע הרגל להגג או לירכו שבצדו, ואף לא יהיה סמוך להגג לכתחלה, אלא יהא בינו לבין הגג חלק כ"כ, בכדי שאדם בינוני יכירנו היטב מעל ס"ת שע"ג בימה כשהוא קורא בו.

ולא יהיה הרגל נגד אמצע הגג, אלא בסופו בצד שמאל, **ואם** נגע הרגל בגגו וה"ה בירכו שבצדו, או שעשה הרגל באמצע הגג, הכל דינו כמו באות ה'.

ואם אורך הרגל השמאלי הוא רק כמו יו"ד מכנגד מקום הכפיפה ולמטה, כשר בדיעבד.

צורת אות רי"ש - אות רי"ש גגה שוה לכתחלה, **ומאוד** יזהר שתהיה עגולה ממש מאחוריה, כדי שלא תדמה לדל"ת, ואם נראית כדל"ת פסולה, **ואם** ספק מראין לתינוק.

וירכה יהיה קצר, כדי שלא תדמה לכ"ף פשוטה, **וגגה** ארוך כאורך ב', כדי שלא תדמה לוא"ו, **ובדיעבד** אם יש ספק מראין לתינוק.

ואם עשה רגל הרי"ש קצר כמו יו"ד, די בזה בדיעבד.

צורת אות שי"ן - אות שי"ן יש לה ג' ראשים, ראשה הראשון עם ירך הנמשך ממנו, הוא כעין וא"ו, ופניה כלפי מעלה קצת.

והראש השני יהיה כעין יו"ד, ופניה כלפי מעלה, ועוקץ קטן עליה לכתחלה, **והראש** השלישי צריך לעשותו בתמונת זיי"ן, וג' תגין עליו, **וכן** כל אותיות "ש"ע"ט"נ"ז "ג"ץ, ראשם השמאלי הוא כזיי"ן.

הראש השמאלי הזה יהיה לכתחילה ירכו ממש בעמידה, וימשיך אליו הירך מן הראש הראשון, בשפוע למטה עד מקום חודו, **וירך** הראש השני ג"כ ימשיך בשפוע לצד שמאל למטה, עד שיהיו השלשה ראשים מחוברים למטה במקום אחד.

ואם היו"ד האמצעי לא נגעה בשוליה, או אם יש הפסק באיזה מהראשים, מבואר דינו לעיל בסי' ל"ב סכ"ה.

ויזהר שלא יגעו הראשים זו בזו, ואם נגעו אפילו כחוט השערה, פסול, **ולענין** תיקון, עיין בספר משנת אברהם שכתב, דרוב הפוסקים סוברים דמהני בזה גרירה, דלא מיקרי נשתנית צורתה עי"ז, ורק החסרון הוא משום דאינו מוקף גויל באותו מקום עי"ז, ולכך מהני גרירה אח"כ, **ולי** נראה אחרי דיש ג"כ הרבה מהפוסקים שמחמירין בזה, אין להקל רק בתו"מ אם כתב אחריו, דלא מהני בהו שלא כסדרן, **משא"כ** בס"ת, צריך לבטלו מצורת אות ולהשלימו.

ולא יהיה מושב השי"ן רחב ולא עגול, אלא חד, ואז יהיו כל הג' ראשים עומדים למטה על רגל אחד, כקו"ף ורי"ש, **ובדיעבד** אם עשה מושב השי"ן רחב, נשאר הפמ"ג בצ"ע.

אם כתב שי"ן של ד' ראשים, פסולה, **ולא** די בגרירת ראש אחת, דהוי חק תוכות, אלא צריך לבטל האות ולהשלימה, **ובתו"מ** אם כתב לאחריה אין מועיל תיקון, דהוי שלא כסדרן.

אם נגעו איזה מהראשין יותר ממקום דיבוקם, דהיינו שאין ניכר הראש אלא קו שוה, פסול, ואין תינוק מועיל בזה.

צורת אות תי"ו - אות תי"ו יהיה גגה עם רגל ימין כמו דלי"ת, **ורגל** שמאלו, יש שעושין בתוך התי"ו כעין וא"ו הפוכה, ויש שעושין כעין דלי"ת קטנה הפוכה, **וכל** מקום שהלכה רופפת בידך הלוך אחר המנהג, **וכ"ז** לכתחלה.

ורגל שמאל יגיע למעלה, כי כל האותיות שלימות גוף אחד, **וימשיך** להרגל בתוך התי"ו, כדי שיהיה סוף רגלה השמאלי כנגד סוף גגה, ולא בולט סוף הרגל לחוץ, כדי שיהיה יוכל להסמיך אליה אות אחרת מלמעלה למטה, **גם** לא יהיה הגג בולט להלאה מרגלה, **ובדיעבד** אם גגה עוברת להלאה מרגלה, והרגל באמצע, דינה כמו שנתבאר לעיל באות ה"א.

אם עשה רגל התי"ו קו שוה, ולא בולט סופו לחוץ, עיין לעיל בסימן ל"ב בסוף סי"ח ובמ"ב.

אם עשה רגל השמאלי קצר כיו"ד קטנה הפוכה בתוך התי"ו, י"ל שנשתנה כפ"א פשוטה ופסולה, **ואפילו** אם הגג רחב כפלים כירך, דפ"א פשוטה אין שיעור לרגלה, רק לכ"ף פשוטה יש שיעור לרגלה, כפלים כגג, שלא תדמה לרי"ש או לדלי"ת.

ורגל ימין יהיה קצר, שאם יהיה ארוך, שמא תדמה לתינוק דלא חכים ולא טיפש לפ"א פשוטה.

ואם רגל הימיני של התי"ו נפסק, ואין בו רק כמלא יו"ד, כשר, **ולפי"ז** ה"ה אם לכתחלה לא עשה רק כמלא יו"ד, כשר, כמו לענין ה"א, **ואם** הראינו לתינוק, והתינוק לא קראה לאות, צ"ע בזה.

כל אות שיש בה ספק, שמא אין בה כשיעור הראוי בענין שהיא פסולה, או שמא אין צורתה עליה בענין שהיא פסולה, מראין לתינוק שאינו לא חכים ולא טיפש, ואם יודע לקרותה כהלכתה כשרה, וא"צ תיקון.

אבל אם ידוע לנו שאין האות כהלכתה, אפילו אם הקלקול הזה נעשה לאחר הכתיבה, אין קריאת התינוק מועלת, כמו שנתבאר בסי' ל"ב סט"ז, וע"ש בסכ"ה, באיזה דבר מועיל תיקון.

אם יש הפסק באותיות הפשוטות, כגון וא"ו ונו"ן פשוטה וכדומה, שיש הפסק באורך האות, וצריך להראות להתינוק, צריך לכסות לו מה שלמטה, **וכל** שכן אם נשאר רושם החלודה למטה, דכו"ע מודים דצריך לכסות, שהתינוק יטעה לצרף זה להאות.

§ סימן לז – זמן הנחת תפילין §

סעיף ב - מצותן להיותם עליו כל היום, אבל מפני שצריכים גוף נקי שלא יפיח בהם, ושלא יסיח דעתו מהם, ואין כל אדם יכול ליזהר בהם, נהגו שלא להניחם כל היום. ומ"מ צריך כל אדם ליזהר בהם להיותם עליו בשעת ק"ש ותפלה - דבזמן קצר כזה בקל יכול ליזהר מהפחה ומהיסח הדעת, והקורא ק"ש בלא תפילין כאלו מעיד עדות שקר בעצמו, **ואם** לא נזדמן לו אז, או שהיה חולה מעיים בשעת מעשה, כל היום זמנו, ומחויב להניחן עכ"פ כדי שלא יבטל יום אחד ממצות תפילין.

וזהו לכל אדם, אבל אנשי מעשה נוהגין ללמוד אחר התפלה בתפילין, **אך** יש ליזהר שלא לדבר בהם דברים בטלים, דמלבד איסור דברים בטלים, הוא בא עי"ז לידי היסח הדעת.

(**עיין** בפמ"ג שמסתפק אם מן התורה חייב כל היום, או מן התורה די ברגע אחד שמניח, ומדרבנן כל היום, ובטלה עכשיו שאין לנו גוף נקי, **ומסיק** דעיקרן של דברים, דאם לא הניח יום א' כלל לתפילין, ביטל מ"ע, ובהניח רגע עליו קיים המצוה, אבל מצוה מן המובחר מן התורה להיותן עליו כל היום וכו', **ובספר** ישועות יעקב פסק, דמן התורה מצותן כל היום).

(**ועיין** בספר א"ר שמוכח מדבריו, דמי שיודע שיש לו גוף נקי, אין לו לפטור את עצמו ממצות תפילין כל היום, **ופשוט** דכונתו אם יודע שיוכל ליזהר את עצמו ג"כ מהיסח הדעת, דהיינו עכ"פ משחוק וקלות ראש, **ועיין** בספר מעשה רב שכתב, דאם חושש ליוהרא בפני הבריות, מותר בשל יד לבד, ומ"מ טוב לעשות של ראש קטן, והרצועות יהיה ג"כ מכוסות, מלילך בשל יד לבד, עכ"ד, **ואשרי** המקיים כדינו, כמשאחז"ל במגילה כ"ח: שאלו תלמידיו את ר"א במה הארכת ימים, א"ל וכו' ולא הלכתי ד"א בלא תורה ובלא תפילין).

(**ומנחם** עזריה כתב בתשובה, שתיקן להניחם שנית במנחה, ובערב שבת לא יניחם, של"ה).

§ סימן לח – דין מי הם החייבים בתפילין והפטורים §

סעיף א - חולה מעיים פטור מתפילין - משום דתפילין בעי גוף נקי, **והוא** הדין מי ששתה משקה המשלשל. **הגה: אפילו אין לו צער** - אפילו אם הולך בשווקים וברחובות, **ואסור** לו להחמיר על עצמו בזה אלא בשעת קריאת שמע ותפלה, אם יודע שיוכל להעמיד את עצמו בגוף נקי.

אבל שאר חולה, אם מצטער בחליו ואין דעתו מיושב עליו, פטור - שמא מתוך הצער יסיח דעתו מהם, ואם רוצה להחמיר על עצמו רשאי, **ואם לאו חייב.**

מי שביטל מצות תפילין מחמת חולי, ועברו עליו ל' יום שלא הניחם, כשחוזר ומניחם א"צ לברך "שהחיינו".

סימן לח – דין מי הם החייבים בתפילין והפטורים

מי שלבו ערום, דהיינו שהולך במכנסים לבד, ולמעלה הוא ערום, {ואין בכלל זה מה שבית הצואר פתוח}, לא יניח תפילין, **דאף** דלברך רשאי כיון שערותו מכוסה, אפ"ה אין נכון שיהא מגולה לבו ויניח תפילין.

סעיף ב - מי שברי לו שאינו יכול להתפלל בלא הפחה, מוטב שיעבור זמן התפלה ממה שיתפלל בלא גוף נקי (ועיין לקמן סימן פ') - לאפוקי אם אינו יודע בבירור, בודאי אין לבטל אפילו תפלה בצבור משום זה.

ודוקא תפלה, משום דהוא כעומד לפני המלך, וגנאי הוא לעמוד להתפלל על דעת שיפסוק באמצע עד שיכלה הריח, **אבל** ק"ש וברכותיה מותר, אך בלי תפילין.

ואם יראה לו שיוכל להעמיד עצמו בגוף נקי בשעת ק"ש, יניח תפילין בין אהבה לק"ש, ויברך - ויקרא בהן "שמע" ואח"כ יחלצן, **ואם** יודע שאין יכול לעצור עצמו מלהפיח אלא בכדי שיוכל לחלוץ השל ראש, אפ"ה מותר להניח לכתחלה את שניהם, מ"א, **אבל** הפמ"ג מפקפק בזה.

סעיף ד - המניח תפילין צריך ליזהר מהרהור תאות אשה - דבעינן גוף נקי גם ממחשבה רעה. **הגה: ואם א"א לו בלא הרהורים, מוטב שלא להניחם** - ומ"מ יראה בכל היכולת לכוף את עצמו ולמשוך הלב ליראת שמים, כדי להסיח הדעת מדברי הבאי המזיקים לגוף ולנפש, ולפנות הלב לקבל עליו עול מלכות שמים בקדושה.

סעיף ו - בט' באב חייבין בתפילין - דלא חמיר ת"ב משאר ימי אבילות, **(וע"ל סי' תקנ"ה).**

סעיף ז - חתן ושושביניו (פי' ריעיו השמחים עמו), וכל בני חופה, פטורים, משום דשכיח שכרות וקלות ראש - ודוקא במקום החופה, דשם שכיח שכרות וקלות ראש.

בתשובת רמ"א כתב, דהאידנא שאף החתן חייב בק"ש ותפלה, כמו שכתב בסימן ע', ממילא חייבין החתן וכל בני החופה גם בתפילין, **ועיין** במ"א שמפקפק בדינו, ומצדד לפסוק כהשו"ע דפטורין מתפילין בעת המשתה, **וגם** לענין תפלה המיקל כדעת רש"י לפטור בעת המשתה לא הפסיד, אם החתן מיסב אצלם, דאז הוי מצוה לדעת רש"י, **אבל** מדברי הגר"א בביאורו משמע, שאין להקל לענין תפלה, **ועיין** בעולת תמיד ובברכי יוסף שכתבו, דנתפשט המנהג כהרמ"א, שהחתן וכל סייעתו קורין ומניחין תפילין ומתפללין מיום הראשון עד יום השביעי.

סעיף ח - כותבי תפילין ומזוזות – (צ"ל: "כותבי ספרים תפילין ומזוזות" וכו'), **הם ותגריהם, ותגרי תגריהם** - הם הקונים מן הקונים למכור על יד על יד, **וכל העוסקים במלאכת שמים, פטורים מהנחת תפילין כל היום, זולת בשעת ק"ש ותפלה.**

אף שמרויחין מזה, ודוקא אם עיקר כוונתם כדי להמציאן למכור למי שצריך להם, אבל אם עיקר כוונתם רק להשתכר, לא מיקרי עוסק במצוה, (ומ"מ נ"ל, דאם כונתו לשניהם בשוה, מיקרי עוסק במצוה).

(**ודע עוד**, דלענין כתיבת סת"ם גופא, כמו שמצוי שהכותב כונתו להשתכר, מסתפיקנא לומר דאפ"ה מיקרי בכלל עוסק במצוה, דהוא תמיד בכלל עוסק במצוה, ואפילו אם אנו יודעין שעיקר התחלתו לכתוב היה רק בשביל שכר, ולולי זה לא היה מתחיל, מ"מ אמרינן דהשתא שכותב אין מכוין כלל רק שכותב סתם לשם מצות תפילין כדין, **משא"כ** בתגר, דאפילו אם נאמר דמה שהוא מוכר לאיזה אדם הצריך תפילין הוא בכלל עוסק במצוה, עכ"פ בשעה שהוא קונה התפילין מהסופר כדי לסחור בהם, אין שם לעת עתה עצם פעולת המצוה כלל בהמעשה גופא, לכן פירש"י הלוקחין כדי להמציאן למכור למי שצריך להם, ור"ל דאז ע"י מחשבתו שהוא לשם מצוה, מחשיב פעולתו לעוסק במצוה).

הגה: ואם היו צריכים לעשות מלאכתן בשעת ק"ש ותפלה, אז פטורין מק"ש ותפלה ותפילין - כגון שנזדמן לו קונה שרוצה לקנות סת"ם, והקונה רוצה לפרוש בים או בשיירא עכשיו, ואי אפשר לו להמתין עד שהסופר או התגר יקיים מצוה אחת שבאה לידו, כגון הנחת תפילין או ק"ש, וה"ה שאר כל המצות, ע"כ מותר לכתוב ולמכור לזה, אע"פ שעי"ז יעבור זמן המצוה - לבוש, **ומיירי** שכבר התחיל לכתוב קודם שהגיע זמן ק"ש, אבל משהגיע הזמן אסור להתחיל לכתוב, **אכן** לפי מה שציירנו מתחלה דא"א לו להמתין עד שהסופר יקיים ק"ש ותפלה, פשוט דאם הוא משער שישאר לו זמן לקרות, לכו"ע מותר הסופר לעשות לו מלאכתו, **ואם** יוכל לקרוא פרשה אחת מקודם יקרא.

(**ובדיעבד** אפילו אם התחיל באיסור, אעפ"כ אין צריך להפסיק, דמ"מ הרי עוסק במצוה).

(**ולולי** דברי הלבוש, היה אפשר לומר דכונת הרמ"א במה שכתב "שהיו צריכין", ר"ל דהסופר משער שיבוא היום לידו קונים הרבה, ע"כ הוא מקדים ומזרז עצמו לזה, **דאל"ה** מסתמא לא יעשה הסופר כן לכתוב תמיד יום ולילה, שלא ישאר לו מעט פנאי לשום מצוה, ואף לקבלת מלכות שמים ולתפילין).

(**ודעת** הרמ"א לפסוק כתלמודא דידן ולא כהירושלמי, ע"כ פטרו אף מק"ש ותפילה גופא, **ולא** כהמחבר, דלדידיה בכל גווני חייב בק"ש ותפילה, **ומשמע** מע"ת ומ"א דהלכה כהרמ"א).

דכל העוסק במצוה פטור ממצוה אחרת, אם צריך לטרוח אחר האחרת - ואפילו אם עי"ז לא יתבטל המצוה הראשונה, ואפילו אם המצוה השניה יותר גדולה, כיון שכבר התחיל לעסוק בראשונה, (דפטור אפילו ביכול לקיים שתיהן, **וטעם** הדבר כתב הר"ן, לפי שכל שעוסק במלאכתו של מקום, לא חייבתו תורה לטרוח ולקיים מצות אחרות, אע"פ שיכול אז לקיים כמה מצות, וכן החופר קבר למת פטור מכולם, אע"פ שנח מעט, שגם בשעת נוחו נקרא עדיין עוסק במצוה, שעי"ז יתחזק כוחו לחזור ולחפור, ולכן הוא פטור אז, אע"פ שיכול אז לתת פרוטה לעני העומד אצלו).

סימן לח – דין מי הם החייבים בתפילין והפטורים

ודוקא עוסק במצוה, כגון בשעה שהוא לובש התפילין, או עוסק בתיקוני האבידה, כגון לשוטחה לצורכה או להשיבה לבעליה, וכל כה"ג, **אבל** בשעה שהוא מקיים מצוה, כגון שהוא כבר לבוש תפילין, או שומר אבידה שהיא מונחת כבר בתיבתו, וכל כה"ג, אע"פ שהוא מקיים מצוה, איננו עוסק במצוה, ולא מיפטר ממצוה אחרת עי"ז.

(**ההולך** להקביל פני רבו, או לפדות שבויים, הוא ג"כ בכלל עוסק במצוה, ופטור מכל המצות).

אבל אם יכול לעשות שתיהן כאחת בלא טורח, יעשה שתיהן – (ר"ל שאינו מוסיף טרחה כלל בשביל מצוה השניה, אלא טורח אחד לשתיהן, וכדרכו במצוה הראשונה יכול לצאת ידי שתיהן, אז בודאי יראה לצאת ידי שתיהן, ד"מהיות טוב אל יקרא רע").

סעיף ט - מצטער ומי שאין דעתו מיושבת עליו ונכונה, פטור, מפני שאסור להסיח דעתו מהם - ואפילו מצטער מפני הצינה, **ומיירי** בשא"א לו ליישב דעתו, אבל אם אפשר לו, חייב ליישב דעתו ולהניחן.

סעיף י - הקורא בתורה, פטור מהנחת תפילין כל היום, זולת בשעת ק"ש ותפלה - ר"ל שא"צ לפסוק מלימודו כדי להניחם, **אבל** קודם לזה חייב, (**והעולם** נוהגין להקל בזה, **ואפשר** שטעמם, שסומכין על הא דסימן ל"ז ס"ב), **גם** באמצע אם רוצה לפסוק ולהניח ג"כ רשאי, ויכול לברך עליהן, **שאע"פ** שפטור מלהפסיק בשבילן, מ"מ כיון שרוצה להפסיק מלימודו, הרי חייב בתפילין מיד שמפסיק.

אפשר דדוקא בתורה שבכתב, אבל לא בעוסק בגמרא, דתורה י"ל שהיא עצמה אות, שנזכר בה יציאת מצרים, [כ"כ המג"א, **והעולם** לא נהגו לחלק בזה, גם בביאור הגר"א משמע דלא ס"ל חילוק זה].

ואע"ג שמחוייב להפסיק מת"ת כדי לקיים כל המצות שחיובן עליו, שאני מצות תפילין, שעיקר תועלתה הוא לתורה, כדכתיב: ולזכרון בין עיניך למען תהיה תורת ה' בפיך, ע"כ מכיון שכבר עוסק בתורה מקודם, אין צריך לבטל תורה בשביל זה, **זולת** בשעת ק"ש ותפלה כדי לקבל עליו עול מלכות שמים, וגם שאז עדיין אינו עוסק בתורה ומחוייב להיות עליו תפילין.

והגר"א פסק, דדוקא מי שתורתו אומנתו, כגון רשב"י וחבריו, אבל כגון אנו צריכין להפסיק אף לתפילין.

(**ועיין בביאור הגר"א שמשמע מדבריו, שאפילו לדעת השו"ע דלא מחלק** לענין תורתו אומנתו, לא מקילינן רק לענין שא"צ לפסוק מלימודו כדי להניחה, **אבל אם הם כבר עליו שלבשן לק"ש ותפלה, או קודם שהתחיל ללמוד, אז צריך שיהיו עליו אף בעת הלימוד, ולא יסלקם באמצע, דומיא** דמאי דפסק בהג"ה בסעיף הקודם, דהיכא דבלי טורח יוכל לעשות שתיהן, דצריך לעשות שתיהן).

סעיף יא - לא יחלוץ תפילין בפני רבו - היינו רבו מובהק דרוב חכמתו הימנו, **אלא יפנה לצד אחר מפני אימתו, ויחלוץ שלא בפניו** - דזלזול הוא שמגלה ראשו בפניו, **ולפי"ז** אפילו אם כבר חלץ רבו תחלה אסור, **ואם** מטה עצמו קצת לצד אחר, וזהיר מלגלות ראשו בפניו, נראה דיש להקל בכל גווני, כ"כ הפמ"ג, ‹וז"ל: עיין מש"כ בט"ז הטעם, דהוה כמורה הוראה בפני רבו, דהם היו מניחין תפילין כל היום, וכי חולץ התלמיד תחילה מחזי כמורה הוראה, שהגיע העת לחלוץ תפילין, **דעכשיו** שחולצין תפילין אחר ובא לציון, לא שייך מורה הלכה, ודוקא כשחולצין סמוך לשקיעת החמה איכא טעמא מורה הלכה, וא"כ כל שחולץ לצד אחר ולא מגלה ראשו, שרי היום שאין חולצין התפילין סמוך לביה"ש – פמ"ג›.

ועי"ש עוד דמשמע מיניה, דאם חולצן סמוך לחשיכה, יש להחמיר בכל גווני מלחלוץ אותם קודם שחלץ רבו, ‹אפי' מטה עצמו לצד אחר – שונה הלכות›, דנראה שמורה הלכה בפני רבו שהגיע זמנו לחלוץ.

סעיף יב - היה צריך לתפילין ומזוזה ואין ידו משגת לקנות שניהם, תפילין קודמים - דהיא מצוה שבגופו, ועוד דקדושת תפילין למעלה מקדושת מזוזה, **מיהו** לדידן שאין מניחין רק בשעת ק"ש ותפלה, אם אפשר בשאלה, מזוזה קודמת, דא"א בשאלה.

סעיף יג - מנודה ומצורע אסורים להניח תפילין - עיין בל"ח ובש"ך ובשארי אחרונים דפוסקים להיפך, **וכתב** הפמ"ג דיניחו בלי ברכה, **אבל** מביאור הגר"א משמע לכאורה, דצריכין לברך ג"כ.

§ סימן לט – מי הם הכשרים לכתוב תפילין ולקנות מהם §

סעיף ב - כל שפסול לכותבן, פסול בכל תיקון עשייתן - ודוקא שעושה מעשה בגוף התפילין, כגון חיפוי הבתים ותפירתן, וכ"ש עשיית השי"ן בעור הבתים, או להגיה איזה אות, דעתה הוא פסול וע"י הגהתו יוכשר, דזה הוא כתיבה ממש, (**ונ"ל פשוט דה"ה כריכת שער על הפרשיות, דזה מעכב אפילו בדיעבד, וכ"ש צימצום הבתים והתיתורא שיהיו מרובעין, וכל כה"ג, דכ"ז הוא בכלל תיקון עשייתן, ומ"מ נ"ל, דקטן בן י"ג שנה שלא ידעינן אם הביא ב"ש, אין להחמיר בו בדיעבד לענין חיפוי ותפירה, אם עשיית השי"ן היה ע"י גדול, דבלא"ה הנו"ב מקיל בדיעבד אפי' בכתיבה**).

אבל עיבוד הקלף איננו בכלל זה, וכשר ע"י עו"ג, וכ"ש ע"י אשה, **רק** דבעו"ג בעינן שיהיה ישראל עומד על גביו ויראה שיהיה לשמה, וכדלעיל סי' ל"ב ס"ט, וה"ה בקטן.

והשחרת הבתים והרצועות, עיין לעיל בסימן ל"ג, שבררנו שם דינם בעזה"י.

וגרירת דבק שבין אות לאות, לכתחלה יש ליזהר שלא לעשות על ידם, ובדיעבד אין להחמיר, דגרירה לא מיקרי כתיבה, ועיין היטב לעיל בסימן ל"ב סי"ח סק"פ, **וכ"ז** בתפילין דבעינן כסדרן, אבל בס"ת אם אפשר לגרור צדדי האותיות במקום שנגעו, ולחזור ולכותבן, יעשה, דזה מיקרי לכתחלה.

סימן לט – מי הם הכשרים לכתוב תפילין ולקנות מהם

(וה"ה כגון שהיה הפסק גדול בתיבה, עד שהיה נראה כשני תיבות, והמשיך האות לפניה, כגון בתיבת "לאבותיך" המשיך הבי"ת, וכל כה"ג, כדי שיהיה נראה כְּתֵיבָה אחת, דזה מותר מדינא אפילו בתפילין דבעינן כסדרן, דזה איננו בכלל כתיבה, לכן מותר זה אפילו ע"י פסולין, וכן עשיית התגין שעל שעטנ"ז ג"ץ, דגם בלא זה כשר בדיעבד, אין להחמיר בדיעבד גם בזה, וה"ה העברת קולמוס על איזו אות, דגם עתה יש שם אות עליו שרישומו ניכר, אלא ששומרו שלא יתמחק יותר ויפסל, דכ"ז אינו בכלל כתיבה),

(ולכאורה יש להסתפק, ביוד"י האלף והשין והעין שאין נוגעין, ותינוק דלא חכים ולא טיפש מכירם, וכן אם חסר קוץ השמאלי ביו"ד, אם מהני תיקון ע"י אלו הפסולין בדיעבד, מי נימא כמו דלענין שלא כסדרן מקילינן, ואמרינן דאין זה כתיבה חדשה, כיון דעיקר צורתו עליו, ה"נ לענין זה, ולא קרינן ביה: כל שאינו בקשירה אינו בכתיבה, או דילמא כיון דעכ"פ עתה האות פסול, וע"י תיקונן של אלו הפסולין יוכשר האות, פסול אפילו בדיעבד, ולא דמי לגרירה, דשם אינו עושה מעשה בגוף צורת האות כלל, וכן מסתבר).

(כתב הפמ"ג, דקשר של דלי"ת, ואף של יו"ד שבתפילין ש"י, יראה דאין לעשותם כי אם לשמה, ושלא לעשותם ע"י אשה וקטן, דבכלל כתיבה הוה כמו השי"ן שבשל ראש, ע"ש, ונ"ל דאין להחמיר בזה בקטן שהוא בן י"ג שנה, אם גדול עומד ע"ג ומצויהו לעשות לשמה, אף שלא ידעינן שהביא ב"ש, דבלא"ה יש הרבה מקילין בזה, וכ"ש דא"צ להחמיר הקטן הזה לעצמו בזה, דאם לא הביא ב"ש ואינו חייב במצות רק מדרבנן, הלא גם בתפילין אין חייב רק מדרבנן, אך הקשר שעשה הקטן הזה לעצמו קודם שנעשה בן י"ג, נ"ל דצריך להתירו לאחר שנעשה בן י"ג ולחזור לעשותו, דהרי יש הרבה פוסקים שסוברים דעתה מן התורה הוא בכלל איש, וחייב במצות מחמת חזקה דרבא, דכיון שהגיע לכלל שנים מסתמא הביא סימנים, וגם הלא עכ"פ כשיבדק אח"כ וימצא שיש לו ב"ש, הלא צריך לתלות שהביאם תיכף בזמנו, ונעשה גדול למפרע).

(ודע עוד, דלענין תפירת ס"ת ע"י נשים, וה"ה כל אלו הפסולין, יש הרבה מפקפקין בזה, ע"כ יש להזהיר מאד ע"ז, דלא כמו שנהגו איזה סופרים, להקל בתפירת ס"ת ע"י נשים בעת סיום הספר, ובדיעבד אם אפשר בקלות להתיר התפירות שתפרן האשה, ולחזור ולתופרן בהכשר, יחזור ויתקנם, דכיון דיודע המקומות, ואפשר לו לתקנם, הוי כלכתחלה גמור, אבל בלא"ה אין להחמיר בדיעבד, כן פסק המהר"ם לובלין, ובעל מגן האלף חולק עליו, ומצריך להתיר התפירות אפילו בדיעבד, ובמקום שהמנהג שנותנין לנשים לתפור הס"ת, וא"א לשנות המנהג, צריך להזהיר וליזהר שהתפירה ראשונה ואחרונה וגם באמצע, יעשה הסופר מקודם, ואח"כ יתן לנשים לתפור).

ומי שנקטעה ידו השמאלית, אע"פ שאינו בקשירה, יכול לכתוב תפילין, דגברא בר חיובא הוא, אלא פומא הוא דכאיב ליה.

סעיף ג - גר שחזר לדתו מחמת יראה - שלא יהרגוהו, **כשר לכתוב תפילין** - ואף דבאמת היה לו למסור נפשו על אמונת ה', מ"מ לא יצא מכלל ישראל ע"ז, כיון דהיה באונס, **ועיין** במ"א שהעלה דאין להקל בזה, אפי' אם בצינעא הוא שומר את התורה, רק שבהנחת תפילין הוא מתעצל, דהלא עכ"פ אינו בקשירה, וכ"ש אם הוא מומר לכל התורה כולה, **אם** לא שמחמת פחד שלא יהרגוהו הוא ירא לקיים את התורה אפילו בצינעא.

עוד כתב המ"א בשם הד"מ, דאף דבס"ת, ממזר וגר תושב, והיינו שקיבל עליו ז' מצות בני נח, פסולים לכתוב, **אפ"ה** בתפילין ומזוזות אין לחוש, **וכל** האחרונים הסכימו, דגר תושב פסול לכתיבת סת"ם, דהא אינו בקשירה.

סעיף ד - תפילין שכתבם אפיקורוס, ישרפו - עם אזכרותיהן, דסתמו כשכותב לשם עבודת גלולים הוא כותב.

(**אפיקורוס** הוא האדוק לעכו"ם, לאפוקי יהודי שאינו מאמין לדברי רז"ל, שהגם שלענינים אחרים גם זה הוא בכלל אפיקורס, אבל לא לענין זה דישרף, **ולענין** דינא, סופר כזה נ"ל פשוט דצריך לגנוז פרשיותיו, דשמא לא עיבד הקלף לשמה, ושמא לא כתב הפרשיות והאזכרות לשמה, ושמא לא היה זהיר בדין חק תוכות, כיון דאינו מאמין בדברי חז"ל, וגם חשוד הוא להכשיל לאחרים, **מיהו** אי איתרמי שעמדו אחרים ע"ג וראו שנעשה הכל כהלכה, כגון שהוא לא כתב אלא איזו אותיות בהפרשיות אלו בפניהם, או בהיריעות של הס"ת, אפ"ה יש לעיין אם איש כזה הוא בכלל בר קשירה, **אבל** הלא ידוע דאם שביק התירא ואכיל איסורא אף בדבר אחד, תו הוי בכלל אפיקורס, **ואנשים** כאלו בזמנינו ידוע שאינם חוששין כלל למצות, ומצוי אצלם חילול שבת בפרהסיא ג"כ, וא"כ דינם כמו שמסיק הש"ך שם לענין קראים, ע"כ יותר טוב שימחקם ויכתוב אחרים תחתיהם, **אך** אם אינו יכול למחקם מחמת כסדרן, או באותיות השם, צ"ע למעשה).

וי"א: יגנזו - דאין דרך אפיקורס להניח תפילין, ובודאי כתבו למכור לישראל, ואפשר שלא כתבו לשם ע"ז, **ודעת** המחבר לפסוק כדעה א', לכן כתבו בסתמא, וכן דעת הט"ז והפרישה והגר"א בביאורו.

סעיף ה - נמצאו ביד אפיקורוס ואין ידוע מי כתבן, יגנזו - מספק, שמא הוא כתבן, אבל אין לשרוף מספק, דהלא כתיב: לא תעשון כן לה' אלהיכם.

סעיף ו - נמצאו ביד א"י ואין ידוע מי כתבם, כשרים - דסתם עו"ג אין בקיאין לכתוב, ובודאי ישראל כתבו, **ובפרט** במקומותינו שידוע שאין א"י יודעין לכתוב, אפילו בס"ת שנמצא בידן, מסיק הש"ך דלכו"ע כשרה, דתלינן דהא"י בזזו אותה.

סעיף ז - אין לוקחין תפילין ומזוזות וספרים מן הכותים, יותר מכדי דמיהן הרבה, כדי שלא להרגיל לגנבן ולגזלן - אבל במעט יותר משויין, דהיינו עד כדי חצי דינר בתפילין, ולפי ערך זה בס"ת, חייבין לקנות מהן, **ואף** דס"ת שנמצא ביד א"י י"א דיגנז, אעפ"כ חייבין לקנות מהם, ואפילו במעט יותר, וכדי לגונזן, בכדי שלא יבואו הער"ג לזלזל בהם, **ופשוט** דה"ה אם הם פסולין מחמת עצמם, ג"כ חייבין לקנות מהער"ג כדי לגונזן, **אבל** בכתבן אפיקורס דטעונין שריפה, א"צ ליקח מהם.

סימן לט – מי הם הכשרים לכתוב תפילין ולקנות מהם

ואף שאומר הרבה, אעפ"כ לא יסלק עצמו הישראל תיכף ממנו, ומחוייב לעסוק אתו פן ישוה עמו, אך כשהעו"ג עומד על דבריו, מניחן בידו. **ומבואר** בש"ס, דאסור לומר לעו"ג שיתנם בזול יותר מדאי, דלמא ירגז העו"ג וינהג בהם מנהג בזיון. (**ולענין** כדי דמיהן, לכאורה דצריך לחשוב כמו אם היו התפילין כשרין, דהלא אם כתבו עו"ג ג"כ אין כדי דמיו שוה כלום, וע"כ מה דאיתא בש"ס "כדי דמיו ליגנז", היינו כמו **אם** היה ס"ת כשר, **ומחמת** זה לא יתרגל העו"ג, דהוא אין יודע שהס"ת זו אין שוה אצלנו כלום, א"כ פשוט דה"ה נמי בעניננו, וצע"ק).

§ סימן מא – דין הנושא משאוי איך ינהג בתפילין §

סעיף א - הנושא משאוי על ראשו - זה מיירי בכל היום, לא בשעת ק"ש ותפלה, **חולץ תפילין של ראש עד שיסיר המשאוי, ואפי' מטפחתו אסור להניח על הראש שיש בו תפילין** - ואם יכול לסלק המשאוי לצדדין שלא במקום התפילין, משמע מפמ"ג דמותר, **מ"מ** אם יש בהם משא ד' קבין, נראה שיש להחמיר אף בכה"ג.

ולהוציא זבל על ראשו, אפי' מעט ואפילו לצדדין אסור, דבכל גווני הוי בזה בזיון לתפילין שעל ראשו, **אם** לא כשמסלק אז התש"ר מעליו, שרי אף דנושא הש"י.

ואם הוא נושא משאוי על ידו במקום תפילין, דמסתמא מכוסין הן וליכא גנאי, א"צ לחלוץ, **כי** אם בשיש בהמשא ד' קבין, דאז מסתמא התפילין רוצצות עי"ז, **ואם** ירצה להוציא זבל על היד, אפשר דאפי' אם התפילין הם מכוסים בבגדיו, איכא בזה בזיון להתפילין שעליו.

אבל דבר שדרכו ליתן בראשו, כגון כובע או מצנפת, מותר - אף דהוא מונח על התפילין אין בזה בזיון לתפילין, כיון שהוא דרך מלבוש, **אך** אם הכובע גדולה, יזהר שכובד הכובע לא יסיר את התפילין ממקום הראוי להן.

הגה: ואפילו הכי אם הוא משאוי כבד ד' קבין והתפילין נדחקות, צריך להסירן - אין פירושו שהתפילין זזין ממקומן לגמרי, ואין מונחין כדין, דבזה פשיטא שאסור, ואפילו אם משאן קל, **אלא** ר"ל שמונחין במקומן בדוחק מחמת המשוי שמונח עליהם, ומקצר את מקומם, **והב"ח** מיקל בענין זה במצנפת וכובע.

ד' קבין - הם כ"ה לטראות ששוקלין בו הכסף בפראג.

§ סימן מה – דין תפילין בבית הקברות ובבית המרחץ §

סעיף ב - בבית המרחץ, בית החיצון שכל העומדים בו הם לבושים, יכולין להניח שם תפילין לכתחלה - שדרכם היה, לאחר שלבשו החלוק בבית האמצעי, לילך לבית החיצון ולגמור הלבישה.

ובבית האמצעי, שמקצת בני אדם עומדים שם לבושים ומקצתן ערומים, אינו יכול להניחם לכתחלה, ואם היו בראשו אינו צריך לחלצן - י"א דאם עתה אין שם אדם ערום, מותר להניח בו תפילין ולברך, **ויש** אוסרין, כיון דהמקום מיוחד לזה, דין מרחץ עליו במקצתו. **ובבית הפנימי שכל העומדים שם ערומים, אפילו היו בראשו, צריך לחלצן** - בזה לכו"ע אפילו אין שם אדם ערום, דנפישא זוהמיה, וכבית הכסא דמיא.

ובית הטבילה משמע בט"ז, דדין בית אמצעי יש לו לכל דבר, ורק ברכת הטבילה מותר לברך בה, **ומהמ"א** משמע, דבאין בה אדם ערום, מותר להניח בה תפילין ולברך, דדוקא במרחץ החמירו אע"פ שאין שם אדם, משום שזוהמתו רבה מהבל החמין שמשתמשין בה, משא"כ במקוה, **ואם** שופכין בה ג"כ חמין, יש לעיין, **אבל** אם יש שם אדם ערום, אסור לכנס בה בתפילין וכתבי הקודש, דאסור לעמוד לפני השם ערום, (**לכאורה** היינו דוקא כשהוא עומד כנגדו, דאל"ה הא מותר בבית האמצעי כשהם בראשו אע"פ שיש שם ערומים, וכ"כ בפסקי תשובות, **ומשמע** דאי לא היה כנגד הערום, היה מותר לכנס בתפילין, דזה היה נכלל ב'אם היו בראשו א"צ לחלצן').

§ סימן מו – דיני ברכת השחר §

סעיף ה - אם קדם וברך: זוקף כפופים קודם שברך: מתיר אסורים, לא יברכנה - שכיון שנתן הודאה שנזקף לגמרי, זה בכלל, דמתיר אסורים נתחייב מיד כשיושב, **ויש** חולקים בזה, ומסקי האחרונים להקל בזה, **וכתב** הפמ"ג, דטוב שיראה שישמע אח"כ מאחר הברכה, ויכוין לצאת, ויוצא ממ"נ.

אם בשעה שאמר "בא"י", היתה כוונתו לברך "זוקף כפופים", יסיים "זוקף כפופים", אע"ג דאז לא יוכל לברך "מתיר אסורים", **ומכ"ש** בשאר ברכות, שלא יקפיד על הסדר, אלא יסיים כמו שחשב בשעה שהזכיר השם.

אם בשעה שהגיע לברכת "פוקח עורים", ורצה לסיים "פוקח עורים", נכשל בלשונו וסיים "מלביש ערומים", ובתוך כדי דיבור נזכר וסיים "פוקח עורים", י"א דיצא בזה ידי ברכת "פוקח עורים", כי בזה עקר סיומו הראשון, **ויש** מסתפקין בזה, (כיון דבאמת חיובא רמי עליו לומר מלביש ערומים, אין לחשוב מה שאמר מלביש ערומים כמאן דליתא – שע"ת), **אבל** אם בשעה שאמר "בא"י אמ"ה", חשב ג"כ לסיים "מלביש ערומים", ואחר שסיים "מלביש ערומים" נזכר בתוך כדי דיבור ואמר "פוקח עורים", לכו"ע יצא ידי ברכת "מלביש ערומים", וחוזר ומברך "פוקח עורים", כי אין הסדר מעכב, וכן ה"ה בכל ברכת השחר, **לבד** מברכת "מתיר אסורים" ו"זוקף כפופים", אם הקדים ברכת "זוקף כפופים", ובתוך כדי דיבור סיים "מתיר אסורים", דאף דלא יצא בזה רק ברכה

סימן מו – דיני ברכת השחר

אחת, והיא ברכה ראשונה של "זוקף כפופים", אפ"ה לא יברך שוב "מתיר אסורים".

סעיף ו - יש נוהגין לברך: הנותן ליעף כח, ואין דבריהם נראין. הגה: אך המנהג פשוט בבני האשכנזים לאומרה - וכן הסכימו האחרונים, ור"ל בהזכרת שם ומלכות, **ואפילו** אם היה ניעור כל הלילה, ג"כ יש לברך אותה, לפי מה שאנו נוהגין היום כהג"ה שבסעיף ח'.

סעיף ז - יש נוהגים לברך ברכות אחרות נוספות על אלו, וטעות הוא בידם - והאומר ברכת "סומך נופלים" גוערין בו, **ולענין** ברכת "מגביה שפלים", עיין במ"א, **ועיין** בפמ"ג שכתב, דכהיום יש לגעור במי שנוהג לאומרה.

סעיף ט - לא יקרא פסוקים קודם ברכת התורה, אעפ"י שהוא אומרם דרך תחנונים. ויש אומרים שאין לחוש, כיון שאינו אומרם אלא דרך תחנונים, ונכון לחוש לסברא ראשונה. הגה: אבל המנהג כסברה אחרונה, שהרי בימי הסליחות מתפללים הסליחות ואח"כ מברכין על התורה עם סדר שאר הברכות, וכן בכל יום כשנכנסין לבהכ"נ אומרים כמה פסוקים ותחנונים ואח"כ מברכין על התורה - שכל זה הוא מעיקר הדין, וכמו שהביא זה בב"י בשם מהרי"ל, שכן המנהג באשכנז.

ונהגו לסדר ברכת התורה מיד אחר ברכת "אשר יצר", ואין לשנות - ר"ל שכהיום נהגו העולם להחמיר כדברי הטור, שלא לומר שום פסוקים קודם ברכת התורה, **וא"כ** יש לנהוג ג"כ בימי הסליחות, לומר בה"ת קודם הסליחות, ולדלגה אח"כ.

ויש אומרים דברכת "אלהי נשמה" סמוכה לברכת "אשר יצר", וע"כ יברך בה"ת אחר "אלהי נשמה", **וכתב** ע"ז הפמ"ג, דנהרא נהרא ופשטיה.

וטוב לומר בשחרית אחר "שמע ישראל" וגו', בשכמל"ו, כי לפעמים שוהין - הצבור **עם קריאת שמע לקרותה שלא בזמנה, ויוצא בזה** - לכן יאמרו בכל פעם בשכמל"ו, דבלא ברוך שכמל"ו לא נראה הק"ש רק כסיפור דברים, **ואפי'** המשכימים בבוקר השכם, ואומרים ק"ש קודם עמוה"ש, דשם בודאי אינו יוצא בזה ידי ק"ש, אעפ"כ נוהגין לסיים אחריו "ברוך שם" וכו', **אבל** מה שאומרים קודם "ישתבח" "ובתורתך כתוב לאמר שמע ישראל" וגו', אין לומר אחריו בשכמל"ו.

כשלא יעברו הצבור זמן ק"ש, יכוין שלא לצאת, דמוטב לצאת ידי ק"ש עם הצבור, שבצבור יקרא כל השלשה פרשיות ובברכותיה, כמו שתקנו חז"ל לכתחלה.

ובמקום שירא שהצבור יעברו זמן ק"ש, יכוין לבו כדין ק"ש, ויכוין לצאת בזה המצות עשה דק"ש, דבמצוה דאורייתא קי"ל דמצות צריכות כונה, **וי"א** שיקרא כל הפרשה ראשונה, **ויותר** טוב שאז יקרא כל השלשה פרשיות, כמו שכתב הפר"ח, כדי להזכיר יציאת מצרים בזמן ק"ש, וח"א הסכים להפר"ח.

כי לפעמים שוהין כו' - היינו אחר ג' שעות, שעבר זמן ק"ש, ועדיין לא עבר זמן ברכת ק"ש עד אחר שעה ד', **אבל** אם הוא ירא שהצבור יעברו גם זמן ברכות ק"ש, אין לו להמתין עליהם כלל, כי יפסיד על ידם הברכות, וגם הזמן תפלה שהוא ג"כ לכתחלה רק עד ארבע שעות, אלא יקרא בזמנה בברכותיה, ויתפלל ביחידי.

(ונ"ל, דאפי' אם הוא משער שהצבור לא יעברו זמן ק"ש דהנץ, אך הוא ירא שיעברו זמן ק"ש לפי החשבון שמחשבין מעמוד השחר, {כידוע שיש דיעות בפוסקים אם מחשבין הזמן ק"ש, דהוא עד ג' שעות, מעת עמוד השחר, או מנץ החמה ואילך}, יכוין לצאת עתה ידי ק"ש, דלא מיבעי לדעת הפוסקים דחושבין מעה"ש, דשפיר עביד, **ואפילו** לדעת הפוסקים דחושבין מהנץ, ג"כ יש לסמוך על דעת הב"י והרמ"א והא"ר מסכים עמהם, דאפי' אם הצבור לא יעברו זמן ק"ש, אעפ"כ מותר לכוין לצאת בזה). «ובהג' רעק"א כתב: לענ"ד בירא שהציבור יעברו זמן ק"ש, יכוין בדרך תנאי, אם יעברו יהא יוצא בזה, ואם לא יעברו לא יצא בזה. **ומביאים** בשם החזו"א, שתנאי שהוא בין אדם לקונו אין צריך משפטי התנאים, **ויתכן** שגם מועיל שעושה תנאי זה פעם אחת לכל ימי חייו – פסקי תשובות».

(ודעת הגר"א הוא לומר: "ואומרים פעמים בכל יום ד' אלקינו ד' אחד", בלא "שמע ישראל", **שכתב**: ול"נ שאין נכון בזה לצאת בלא ברכות, וגם לא יסמוך גאולה לתפלה, **אבל** אם הוא רואה שהצבור יעברו זמן ק"ש, אפשר דהוא מודה דיותר טוב שיכוין לצאת, כדי שלא ישאר בלא ק"ש, **או** אפשר שסובר הגר"א, דאפילו בזה יותר טוב שיקרא ק"ש בזמנה בברכותיה, ויסמוך גאולה לתפלה, ויתפלל ביחידי, ממה שיקרא בלא ברכות, ולהתפלל אח"כ עם הצבור, וצ"ע).

עיין בדגו"מ וכן בחידושי רע"א שכתבו, דבחול לא יכוין לצאת אא"כ הניח תפילין מקודם, דכל הקורא ק"ש בלי תפילין, כאלו מעיד עדות שקר בעצמו, **ופשוט** דאם א"א לו להניח תפילין עתה מאיזה ענין, אל ימנע מחמת זה המ"ע דק"ש, כי תפילין וק"ש שתי מצות הם, ואין מעכבין זה את זה, **ואפילו** איסורא ליכא, דלא אמרו: כל הקורא ק"ש וכו', רק במזיד, ולא כשיש לו איזה אונס, כמו שכתב הלבוש.

יאמר: "אתה הוא עד שלא נברא העולם", ולא "עד שלא בראת".

§ סימן מז – דיני ברכת התורה §

סעיף א - ברכת התורה, צריך ליזהר בה מאד - שלא ללמוד עד שיברך, **ויברך** אותה בשמחה גדולה, דמצינו שאחז"ל: על מה אבדה הארץ, ויאמר ה' על עזבם תורתי, ואחז"ל שדבר זה נשאל לנביאים על מה אבדה הארץ, שישראל היו עוסקים בתורה, ומצינו שכל זמן שהיו עוסקים בתורה ויתר הקב"ה על עונותיהם, ולכן לא ידעו על מה אבדה, והקב"ה הבוחן לבבות ידע, כי אע"פ שהיו עוסקין בתורה, לא היו עוסקין לשם לימוד התורה, אלא כמו שלומדין שאר חכמות, ולכן לא ברכו בה"ת, שלא היתה התורה חשובה בעיניהם, ולכן לא הגינה,

ולכן צריך ליזהר מאד, וליתן הודאה על שבחר בנו ונתן לנו כלי חמדתו, **גם** אחז"ל, שאינו זוכה ח"ו להיות לו בן ת"ח, עבור זה שאינו נזהר בבה"ת.

עיין בשאגת ארי' דמסיק, שברכת התורה הוא מן התורה, ולכן אם נסתפק לו אם בירך ברכת התורה, חוזר ומברך, **ומ"מ** כיון שהוא לו ספק, לא יברך אלא ברכת "אשר בחר בנו", שהיא המעולה שבברכות כדאיתא בגמ', **ועיין** בשע"ת שהביא בשם קצת אחרונים, דסוברין דמספק לא יחזור ויברך, **ובאמת** קשה מאד לסמוך עליהם, אחר דהרבה ראשונים סוברים דבה"ת הוא מן התורה, וידוע שעונש מי שאינו מברך על התורה גדול מאד, **אך** אם נזכר זה לאחר התפלה, שכבר בירך ברכת "אהבה רבה", אפשר דיש להקל בזה, אפילו אם לא למד תיכף לאחר התפלה, **ואם** יכול לבקש מאחר שיוציאנו בבה"ת, או שיכוין לכתחלה בברכת "אהבה רבה" לפטור, וללמוד תיכף לאחר התפלה, מה טוב, **ובפרט** לפי מה שמצאתי אח"כ בספר מאמר מרדכי, שמביא בשם הלבוש וע"ת, ג"כ דהוא מדרבנן, בודאי צריך ליזהר לכתחלה לעשות כן.

וברכת התורה בצבור לכו"ע דרבנן, משום כבוד הצבור, שהרי כבר בירך בשחרית.

סעיף ג. הכותב בדברי תורה, אע"פ שאינו קורא, צריך לברך - ס"ל דכתיבה עדיף מהרהור, **והטעם**, י"א משום דעביד מעשה, **וי"א** דדרך הכותב להוציא תיבות מפיו בשעת הכתיבה.

וכל זה בכותב ספרים לעצמו דרך לימודו, ומבין מה שהוא כותב, **אבל** סופר המעתיק ואינו מבקש להבין, א"צ לברך, דאין זה לימוד, **וכ"ש** אם כותב איזה פסוק באיגרת הרשות לדבר צחות, א"צ לברך, כיון שאינו מתכוין ללמוד.

ולענין מעשה הסכימו האחרונים, שלא לסמוך על דעת המחבר לברך על הכתיבה לבדה בכל גווני, שהרי מ"מ אינו רק מהרהר בדברי תורה, **אלא** ראוי לכל כותב בד"ת, שיוציא מפיו קצת תיבות, להנצל מברכה לבטלה, אם אינו אומר פסוקי ברכת כהנים או ברייתא ד"אלו דברים" אחר הברכה כמו שנוהגין.

(**ואם** הוא כותב ומעתיק, וכוונתו רק כדי להרויח ממון, אפשר דאפילו בקורא התיבות ג"כ אין צריך לברך, דאין זה בכלל לימוד, **ולפי"ז** אפילו אם הוא שכיר לכתוב סת"ם, דדינא הוא דצריך לקרות בפיו הדברים שכותב, אפשר דאין לו לברך ע"ז בה"ת, **ועיין** בט"ז שכתב, דאפילו לדעת המחבר דכתיבה הוא כדיבור, אם פעולתו הוא רק כדי להרויח ממון, אין זה בכלל לימוד, **ויש** לדחות, דשם כיון שכוונתו הוא רק כדי להרויח, אין נחשב הכתיבה לדיבור, משא"כ בדיבור ממש, אפשר דלא נפקא מכלל ד"ת בכל גווני, וצ"ע, **ולענין** מעשה יש להחמיר אם השכים בבוקר לכתוב סת"מ, לברך ברכת התורה מתחלה, ולאמור אח"כ הפסוקין שנוהגין).

סעיף יג. המשכים קודם אור היום ללמוד, מברך ברכת התורה, ואינו צריך לחזור ולברך כשילך לבית הכנסת - ואף אם חזר וישן אח"כ שינת קבע קודם אור היום, או ביום, א"צ לחזור ולברך, כי מסתמא דעתו של אדם לפטור בברכה זו עד שינת הלילה שאחריו, **וכ"ז** לפי הי"א שבסעיף י"א, אבל לפי מה שכתבנו שם, דאף בשינת קבע ביום המברך לא הפסיד, כ"ש בזה שהיה ישן שינת קבע קודם אור היום, דהמברך לא הפסיד.

המשכים קודם אור היום, מברך כל סדר הברכות - ואפילו במשכים אחר חצות לילה לאיזה ענין, ודעתו לחזור ולישן עוד אח"כ שינת קבע, אפ"ה יוכל לברך כל אלו הברכות, ושוב לא יצטרך לברך אותם כשיקום בבוקר, **לבד** ברכת "אלקי נשמה" יאמר בלי חתימה, ו"המעביר שינה" יאמר בלי הזכרת השם, ואח"כ כשיקום בבוקר יאמר אותן בהזכרת שם ומלכות כראוי.

(**ובדיעבד** אם בירך גם ברכת "אלהי נשמה" ו"המעביר שינה" כראוי בפעם הראשון, דעת הפר"ח, דחוזר ומברך אלו השתי ברכות כשקם בפעם שנית ממטתו, **והסכים** עמו הח"א לענין ברכת "המעביר שינה", **ומש"ת** משמע דלא יחזור ויברך, וכן משמע מדה"ח, **וספק** ברכות להקל, **ואם** תקפה עליו שינה, לכו"ע אין לו לחזור ולברך אותם).

חוץ מברכת "הנותן לשכוי בינה" - והאחרונים הסכימו, שגם ברכה זו יכול לברך אפילו קודם שיאיר היום, **אך** יש אומרים שלכתחלה יש ליזהר, שלא לברך אותה קודם שיאיר היום אם לא ששמע קול תרנגול, **ובדיעבד** יצא אפי' לא שמע קול תרנגול, **ודוקא** שיברך אותה מחצות לילה ואילך, אבל קודם חצות אפי' בדיעבד יחזור ויברך, ואפילו אם שמע קול תרנגול.

ופרשת התמיד - וכל משניות הקרבנות שאחריה, **(עיין לעיל סימן א' סעיף ו'), שימתין מלאומרה עד שיאור היום** - כי הם במקום הקרבתן, ואין הקרבתן אלא ביום.

הגה: ולכתחילה יטול ידיו קודם שיברך ללמוד. ואם לא היה לו מים, יכול ללמוד ולברך בלא נטילה, כמו בשאר ברכות שמברך קודם נטילה, כדלעיל סי' מ"ו - ויקנח ידיו בכל מידי דמנקי.

סעיף יד - נשים מברכות ברכת התורה – (הטעם, דהא חייבות ללמוד הדינים שלהם, ועוד דחייבת לומר פרשת הקרבנות כמו שחייבת בתפלה, א"כ קאי הברכה ע"ז – ב"י מ"א, **ולפי"ז** הטעם, יכולה להוציא בבה"ת את האיש, וכן כתב הפמ"ג בהדיא, **והגר"א** חולק ע"ז הטעם, אלא הטעם דמברכות הוא, דאף דפטירי מתורה, מ"מ יכולות לברך ולומר "וצונו", דלא גריעא מכל מ"ע שהזמן גרמא, דקי"ל דיכולות לברך עליהן, **ולפי"ז** אין יכולות להוציא את האיש).

(וקטן שהגיע לחינוך, בודאי אינו יכול להוציא את הגדול בבה"ת, לפי מה שסוברים הרבה פוסקים, דבה"ת הוי מן התורה, וכ"כ הפמ"ג).

§ סימן מח – פרשת התמיד, ופסוקי קרבן שבת §

הגה: ואומרים פרשת התמיד - והיא במקום הקרבת קרבן התמיד, שכן קבלו חז"ל, שבזמן שאין בהמ"ק קיים ואין יכולין להקריב קרבנות, מי שעוסק בהן ובפרשיותיהן מעלה עליו הכתוב כאלו הקריבום.

וי"א סדר המערכה, ו"רבון העולמים אתה צויתנו" וכו' - מטעם הנ"ל, והוא מה שנתפשט המנהג בימינו לומר בכל יום "אביי הוי מסדר" וכו'.

ונראה לי פשוט, דמי שיודע ספר, מצוה ללמוד בגמרא פירוש המימרא הזו, וכן מה שאנו אומרין בכל יום ענייני עשיית הקטורת, כדי שיבין מה שהוא אומר, ובזה תחשב לו האמירה במקום ההקטרה, **וכן** כתבו הספרים, דמה שאמר הגמרא "כל העוסק בפרשת עולה" וכו', הכוונה שהוא מתעסק להבין ענייניה, לא אמירת התיבות לבד.

כתב המ"א, פרשת הקרבנות יאמר בעמידה, דוגמת הקרבנות שהיה בעמידה, **ועיין** בש"ת בשם כמה אחרונים שחולקין ע"ז, **ובפמ"ג** כתב, דמ"מ בפרשת התמיד ראוי לעמוד, שקורין בצבור בקול רם.

גם מה שכתב בבה"ט בשם דרך חכמה, שיזהר לומר פ' התמיד בצבור עם הש"ץ, **עיין** בשע"ת שהשיג ע"ז.

כתב הפמ"ג, מה שכתוב בסידורים בנוסח היה"ר "כאלו הקרבנו קרבן התמיד", ויש גורסין "הקרבתי", **אינו** נכון, כי "הקרבתי" בפרשת חטאת אבעלים קאי, משא"כ בתמיד, אין יחיד מיקרי בעלים, **ובטור** הגירסא "כאלו קרב התמיד במועדו וכו'", וזה נכון, **ובש"ת** מיישב גם הגירסא שלנו.

ואם אי אפשר לאומרו בצבור - שדרכם באותו מקום לומר רק פרשת התמיד לבד בצבור, **יכול לאומרו בביתו, ולחזור פרשת התמיד לבד עם הצבור** - שמנהגם היה מקדם לומר הכל ביחד בקול רם, וא"כ לא יכול לשתוק בעת שיאמרו בצבור, דיהיה מנכר מלתא.

ויכוין בפעם השניה כקורא בתורה - עיין בטור, שהוא רק לרווחא דמלתא, שלא יהיה נראה כאלו מקריב שני תמידים.

ונהגו המדקדקים להתנועע בשעה שקורין בתורה, דוגמת התורה שנתנה ברתת, וכן בשעה שמתפללים, על שם "כל עצמותי תאמרנה י"י מי כמוך" - ויש פוסקים שחולקין ע"ז, ואומרים דבתפלה אין להתנענע, ורק בפסוקי דזמרה וברכת ק"ש, ולימוד התורה אפילו שבע"פ המנהג להתנענע, **וכתב** המ"א, ודעביד כמר עביד ודעביד כמר עביד, והכל לפי מה שהוא אדם, אם מכוין היטב ע"י תנועה, יתנענע, ואם לאו, יעמוד כך, ובלבד שיכוין לבו. **וקצת** מתנענעים תנועה משובשת, שהגוף עומד על עמדו, רק בראש הופך פעם לימין ופעם לשמאל דרך גאוה, אין לעשות כן.

סעיף א- בשבת אומרים אצל פרשת התמיד פסוקי מוסף דשבת, אבל לא בר"ח ויום טוב, מפני שקורין בתורה בפסוקי מוסף.

הגה: ויש אומרים שמזכירין גם מוסף ראש חודש, וכן נוהגין, כדי לפרסם שהוא ראש חודש, וכן הוא לקמן סימן תכ"א - אבל יום טוב אין צריכין לפרסם, שכבר הוא מפורסם מאתמול, **אבל** שבת אע"פ שהוא מפורסם, אומרים אותה בשחרית, שהרי אין יכולין לקרותה בתורה, מפני שאין בה אלא שני פסוקים.

‹**אבל** אנן בארץ הצבי לא נהגינן אף בשבת לומר פרשת וביום השבת, שלא כמ"ש מרן, ונראה הטעם, דתפלת שחרית היא במקום תמיד, ולכן לא אמרינן בזמירות פסוקי מוסף, כסברת המנהיג שהביא הטור, והסכים רבינו האר"י ז"ל על ידו, ובתריה גרירי בדוכתי טובא, הפך מרן, דקים להוא לרבנן דאי מרן שמיע ליה דברי האר"י, הוי הדר ביה – ברכי יוסף סי' תכ"א.

§ סימן מט – שיכול לומר ק"ש בעל פה §

סעיף א- אע"ג דקיימא לן: דברים שבכתב אי אתה רשאי לאומרם ע"פ, כל דבר שרגיל ושגור בפי הכל, כגון ק"ש וברכת כהנים ופרשת התמיד וכיוצא בהן, מותר - אבל אם אינו שגור בפי הכל, אע"ג ששגור בפיו, אסור. **כתב** המ"א, המעיין בבית יוסף יראה, שיש דעות שונות בטעם היתר אמירת אלו הדברים בעל פה, לכן יש ליזהר שלא לומר שום דבר בעל פה, כי אם מה שנזכר פה בשו"ע.

ובמוציא אחרים באמירתו את הכתובים, מצדד המ"א להחמיר, שלא לומר בע"פ בכל גווני, וכן משמע מדברי הגר"א בביאורו.

ובתשובת חו"י מתיר לומר כל ספר תהלים בע"פ, דכיון שהוא לעורר רחמי ד', הו"ל כתפלה, **ונ"ל** שיש לסמוך עליו, דבלא"ה דעת העט"ז והגר"א כהפוסקים, דדוקא להוציא רבים ידי חובתן אסור.

(ולענין אמירת הלל, משמע בתוס' ישנים דיומא, ג"כ שיש להקל, **אבל** כ"ז אם רגיל בפיו היטב, שלא יבוא לטעות בו, כי בקל יבוא לטעות באמירת 'לא לנו' לקאפטיל קל"ה, ולא יצא ידי הלל, וגם ברכתו יהיה לבטלה).

ומי שדורש ברבים בהרבה פסוקים שבתורה, וקשה לו לחפש בכל שעה בחומש מפני כבוד הצבור, אפשר שיש להקל.

כתב הרדב"ז, לקרות הפרשה בע"פ בשעה שש"ץ קורא, אני נזהר, אבל איני מוחה לאחרים, משום דיש פוסקים הרבה שסוברים, דהאיסור הוא דוקא אם מוציא בזה לאחרים ידי חובתן, וכ"כ בעט"ז וביאור הגר"א.

סומא מותר לקרות בע"פ, משום "עת לעשות לד' הפרו תורתך", **וה"ה** אם הוא בבית האסורים, ואין יכול להשיג שם חומש.

(ביאור הלכה) [שער הציון] ‹הוספה›

§ סימן נ – טעם למה אומרים משנת איזהו מקומן §

סעיף א - קבעו לשנות אחר פרשת התמיד, פרק "איזהו מקומן" ובריתא דר' ישמעאל, כדי שיזכה כל אדם ללמוד בכל יום מקרא משנה וגמרא, דברייתא דר' ישמעאל הוי במקום גמרא, שהמדרש כגמרא - ובחרו בברייתא זו, מפני שהיא תחלת תורת כהנים, שהוא ראש לכל פרשת הקרבנות, קבעוה אצל הקרבנות, **וכן** בחרו במשנת "איזהו מקומן" וקבעוה אחר התמיד, משום שנאמר: ובכל מקום מוקטר ומוגש לשמי, וכי בכל מקום מקטירין ומגישין, אלא אלו ת"ח שעוסקין בהלכות עבודה בכל יום בכל מקום שהם, מעלה אני עליהם כאלו מקטירין ומגישין לשמי, **ועוד** מפני שבפרק זה אין בו מחלוקת, והוא משנה ברורה למשה מסיני.

ואין קריאת פרק זה ובריתא זו עולה ללימוד משנה ותלמוד, אלא למי שמבין, אבל למי שאינו מבין, צריך ללמוד ולהבין, שאל"כ אינו נחשב ללימוד, **דדוקא** בתפלה, אף שאינו מבין, הקב"ה יודע כוונתו, אבל אם אומר המשנה והברייתא ואינו מבין, אינו נקרא לימוד, **ובפרט** עמי הארץ, צריך שיבינו הפירוש, כדי שיצאו בזה ידי לימוד מקרא ומשנה וגמ', שצריך האדם ללמוד בכל יום.

כתב של"ה, כשאומר "איזהו מקומן", או "במה מדליקין", או "פטום הקטורת", יעשה קול ניגון דמשניות.

יש מקומות שאין אומרין "איזהו מקומן" בבית האבל, מפני שאסור בת"ת, **ואין** זה נכון, שכל שהוא סדר היום, אין בו משום ת"ת לאבל.

§ סימן נא – דיני תפלה מן ברוך שאמר עד ישתבח §

סעיף א - אומרים "ברוך שאמר" קודם פסוקי דזמרה, ו"ישתבח" לאחריהם.

ברוך שאמר - שבח זה תקנוהו אנשי כנה"ג, ע"י פתקא דנפל מן שמיא ומצאוהו כתוב בו, ויש בו פ"ז תיבות, וסימנו: ראשו כתם פז, ר"ל ראש התפלה הוא ברכה של פ"ז תיבות, **ע"כ** אין לגרוע ולא להוסיף על פ"ז תיבות, **ונכון** לאומרו מעומד, ואפילו ביחידי, ואוחז ב' ציצית שלפניו בשעת אמירת ב"ש, ולאחר גמר ב"ש ינשקם. "**בפֶה** עמו" בסגול, "בתִשבחות" בחירק.

סעיף ב - אם סיים "ברוך שאמר" קודם שסיים החזן, עונה אחריו: אמן - ולא הוי הפסק בין הברכה להדבר, דפסוקי דזמרה שבח הוא, ו"אמן" שבח הוא, וכעין זמרה, ולא הוי הפסק, (ו"חזן" אורחא דמילתא נקט, וה"ה אם שמע עוד מאיזה אנשים אחרים, צריך לענות "אמן" על כל אחד ואחד).

(**ועיין בב"י דמסיק, דאינו מחוייב למהר כדי לסיים ולענות, אלא אם נזדמן לו שסיים, יענה "אמן"**).

אבל אם לא סיים, לא יענה "אמן", **ופשוט** דדוקא משעה שהתחיל "ברוך אתה ד' (האל האב הרחמן)" וכו', דמתחלה שבחא בעלמא הוא, (**וה"ה בברכת ישתבח, אם עומד באמצע הברכה,** אין לו לענות אמן על ברכה זו אחר סיום החזן, **והברכה** מתחלת מהתחלת ברכת ישתבח, **כדמוכח בסימן נ"ד ס"א**, (דאי לאו משום דהיא ברכה הסמוכה לחברתה, היה מתחיל שם ב"ברוך").

וכ"ז דוקא לענין אמן של ב"ש או של ישתבח, אבל שאר אמנים, מסיק המג"א, דמותר לענות אפילו באמצע ברכת ב"ש או ישתבח, כיון שלא הוזכרה ברכה זו בגמרא, **אך** אם הוא עומד אחר תיבת "ברוך אתה ד'", קודם שסיים "מלך מהולל בתשבחות", כתב הח"א דאסור לו לענות, דבזה מקלקל לגמרי את הברכה.

אבל אם סיים עם החזן בבת אחת, לא יענה אמן, דנראה כעונה אמן אחר ברכותיו, דקי"ל דהרי זה מגונה, **וה"ה** בכל הברכות הדין כן, לבד ב"ישתבח", או "יהללוך" אחר הלל, או אחר "שומר עמו ישראל לעד", אם סיים בשוה עם הש"ץ, או אם אדם אחר, עונה אמן, **דהא** הרבה פוסקים ס"ל, דבזה עונה אפילו אחר ברכת עצמו, ואף דאנן לא נהיגין הכי, מ"מ בכה"ג ודאי יש לסמוך על זה, **ואם** סיים הוא ברכה אחת, איזה ברכה שתהיה, והש"ץ ברכה אחרת, מותר לענות אמן.

ואם שח דברים בטלים בין ב"ש ל"הודו", אפשר דצריך לחזור ולברך משום הפסק, ואפילו מלה אחת הוי הפסק - פמ"ג, **ונ"ל** שלפי"ז, אפילו בשתיקה טוב לזהר לכתחלה, שלא לשהות הרבה בינתים.

סעיף ה - בין המזמורים האלו, שואל מפני הכבוד - בשלום אדם נכבד שראוי להקדים לו שלום, **ומשיב שלום לכל אדם.**

ובאמצע המזמור - ר"ל באמצע הפרק, **שואל מפני היראה, ומשיב מפני הכבוד** - ואלו הן באמצע הפרקים: מ"הודו" עד "אמן והלל לה'"; מן "תנו עוז וכו'" עד "ברוך אלהים"; מן "אל נקמות" עד "על גאים"; מן "נפשנו חכתה לד'" עד "יחלנו לך"; מן "יהי שם" עד "על השמים כבודו"; ובין הללויה להללויה; ומן "ברוך ד' לעולם" עד "אמן ואמן"; ומן "ויברך דויד" עד "לשם תפארתך"; ומן "אתה הוא ד' לבדך" עד "במים עזים"; ומן "ויושע" עד "ד' ימלוך לעולם ועד".

כתב בדרך החיים, כשצריך להפסיק והוא עומד סמוך לפרק, יש לו ליזהר ולמהר לסיים עד הפרק, כי טוב יותר להפסיק בין הפרקים מבאמצע הפרק.

בפסוק: ד' מלך ד' מלך ד' ימלוך לעולם ועד, לא יפסיק באמצע, כמו בין "ד' אלהיכם" ל"אמת".

ועיין במ"א, שכהיום שאין אנו רגילין לשאול בשלום בבהכ"נ בעת התפלה, חלילה לשאול או להשיב, לא בין הפרקים דק"ש ולא בפסוקי דזמרה.

סימן נא – דיני תפלה מן ברוך שאמר עד ישתבח

סעיף ו - צריך להפסיק בין "אלילים" ובין "וה' שמים עשה" - מעט, וכן יש להפסיק בין "כי" ל"כל", דיש פסיק בין "כי כל", לכן הכף דגושה; **ובין** "העמים ל"אלילים"; ובין "שמים" ל"עשה", צריך ג"כ להפסיק, שלא תבלע המ"ם.

סעיף ח - אין אומרים הזמירות במרוצה, כי אם בנחת - שלא ידלג שום תיבה ולא יבליעם, אלא יוציא מפיו כאלו מונה מעות. **וכתב** ר"י חסיד, מי שאינו מלובש היטב, יתפלל בביתו בחורף בנחת, **וצ"ע** מלקמן סימן נ"ב, ואפשר דר"ל, שמחמת הקור אינו יכול לכוין גם בתפלת י"ח כראוי.

סעיף ט - "מזמור לתודה" יש לאומרה בנגינה, שכל השירות עתידות ליבטל חוץ מ"מזמור לתודה".

הגה: וא"א "מזמור לתודה" בשבת ויו"ט - שאין תודה קריבה אז, **או בימי פסח, שאין תודה קריבה בהם משום חמץ** - כי עם התודה היו צריכין להביא עשרה לחמי חמץ, **ולא בערב פסח** - שמא לא יוכלו לאכלו עד זמן איסור חמץ, ויצטרכו לשרפו, ואסור לגרום לקדשים שיבואו לידי שריפה, **וע"ל סי' תכ"ט.**

ולא בערב יו"כ - מפני שממעט זמן אכילתם, ומביאם לידי פסול. **וע"ל סי' תר"ד, וכן נהגו במדינות אלו.**

ומטעם זה ג"כ הנוהג לומר בכל יום פרשת קרבנות השייכים ליחיד, לא יאמר בעיוה"כ, דאין מביאין אותם בעיוה"כ כמו תודה, **זולת** פרשת עולה יכול לומר.

יש מקומות שאומרים "מזמור לתודה" בר"ה ויוה"כ, משום דכתיב בו: הריעו לד' כל הארץ, **ובמדינותינו** אין המנהג לאומרו. **ואומרים** "מזמור לתודה" גם בעט"ב ובט"ב.

אין לדלג ביו"ט הפסוק "מזמור שיר ליום השבת", דגם יו"ט נקרא שבת.

§ סימן נב – דין מי ששהה לבוא לבהכ"נ עד ישתבח §

סעיף א - לכתחלה ראוי לבוא לבהכ"נ בהשכמה, כדי שלא יצטרך לדלג, כי כתבו הספרים, שהמגיד הזהיר לבית יוסף לבוא לבהכ"נ בהשכמה, כדי שיוכל להתפלל כסדר ולא בדילוג, כי העושה כן מהפך הצינורות, **והרבה** אנשי מעשה נוהגים להתפלל כסדר מטעם זה, אפילו אם אחרו לבוא לבהכ"נ, **אבל** בתשובת חכם צבי כתב, שמה שכתב בספר הזהר שיש להתפלל על הסדר, היינו כשאינו מתפלל עם הצבור, אבל אם איחר לבוא לבהכ"נ, ובא כשהצבור מתפללין, כו"ע מודו דידלג כדי להתפלל בצבור, וכן פסק הפר"ח.

ועיין בח"א שכתב, דאם נתאחר לבוא, יראה עכ"פ לומר קודם שיתחיל להתפלל: ברכת ענט"י, ו"אלהי נשמה", וברכת התורה, **דאל"ה** דעת הפר"ח ב"אלהי נשמה" שלא יאמר אחר התפלה, כי יצא בברכת "מחיה המתים", **ובבה"ת** יש דיעות בזה בסימן מ"ז ס"ח, אם לא למד מיד אחר התפלה, **ונטילת** ידים לא ניתקן רק קודם התפלה.

אם בא לבהכ"נ ומצא צבור בסוף פסוקי דזמרה - ר"ל אחר שיניח התפילין על ראשו, יהיו עומדים הצבור בסוף פסוקי דזמרה, **אומר: "ברוך שאמר" עד "מהולל בתשבחות", ואח"כ "תהלה לדוד" עד "מעתה ועד עולם הללויה", ואח"כ "הללו את י"י מן השמים" עד "לבני ישראל עם קרובו הללויה", ואח"כ "הללו אל בקדשו" עד "כל הנשמה תהלל יה".**

הגה: ואם יש לו שהות יותר - ר"ל שיש לו שהות יותר מכדי שיעור האמירה מ"תהלה לדוד" וכל הללויות עד "כל הנשמה תהלל יה", **דהם** קודמים מדינא לאמירת "הודו", שהם הם עיקר פסד"ז, **וכתב** המ"א עוד, דאמירת "ויברך דויד" עד "לשם תפארתך", ג"כ קודם ל"הודו", אבל לא קודם "הללויה", **יאמר: "הודו לה' קראו" עד "והוא רחום", וידלג עד "והוא רחום" שקודם "אשרי", כי בנתיים אינו רק פסוקים מלוקטים.**

ואח"כ "ישתבח", ואח"כ "יוצר", וק"ש וברכותיה, ויתפלל עם הצבור.

ואם אין שהות כ"כ, ידלג גם מזמור "הללו את י"י מן השמים", הגה: אם עוד אין שהות, לא יאמר רק "ברוך שאמר" ו"תהלה לדוד" ו"ישתבח".

ואפילו מי שאינו רגיל להתפלל עם הצבור בתמידות, שאינו משכים כ"כ, מ"מ אם אירע לו איזה פעם שבא לבהכ"נ, ומצא להצבור בסוף פסוקי דזמרה, יעשה כמו שכתב בשו"ע, דעכ"פ יש לו לזכות בפעם זה להתפלל עם הצבור, **ועיין** בשע"ת, דדוקא אם יוכל לומר עכ"פ "ברוך שאמר" ו"אשרי" ו"ישתבח".

כתב הח"א, בשבת ידלג המזמורים שמוסיפין בשבת, מן "למנצח" עד "יהי כבוד", ויאמר כמו בחול, כי הם תדירים, **ואם** יש שהות יותר, יאמר "למנצח" ו"לדוד בשנותו" ו"תפלה למשה", והם קודמים לשאר מזמורים, כדאיתא בזוהר, **עוד** כתב, דבשבת מחויב לומר "נשמת", והיא נקראת "ברכת השיר", ומוטב שידלג מזמורים, **ואם** אין לו שהות כלל, יאמר "ברוך שאמר" ו"תהלה לדוד" ו"נשמת" ו"ישתבח".

ואם כבר התחילו הצבור "יוצר", ואין שהות לומר פסוקי דזמרה אפי' בדילוג, יקרא ק"ש וברכותיה עם הציבור ויתפלל עמהם, ואחר כך יקרא כל פסוקי דזמרה בלא ברכה שלפניהם ולא של אחריהם - דהיינו ב"ש ו"ישתבח", כי לא נתקנו לרוב הפוסקים כי אם קודם התפלה.

סימן נג - דין מי ששהה לבוא לבהכ"נ עד ישתבח

אבל אם לא יגיע לתפלת צבור שמ"ע אפילו אם יתחיל ב"יוצר אור", לא יתחיל כלל לכו"ע, רק יתפלל כסדר בלא הצבור, **ולא** יתפלל השמ"ע לבד עם הצבור, דסמיכת גאולה לתפלה בשחרית עדיף מתפלה בצבור.

ובתשו' משכנות יעקב הוכיח, דברכת ב"ש ו"ישתבח" תקנה קדומה היא מימי התנאים, וע"כ מוטב להתפלל ביחידי, משידלג לגמרי ברכת ב"ש ו"ישתבח", **אך** אם לא יצטרך לדלג לגמרי, שיוכל לאמר "ב"ש" ו"אשרי" ו"ישתבח", בעת שהחזן מאריך המלות מ"יוצר" והלאה, לכו"ע יעשה כן, דעיקר קפידא הוא שיתפלל תפילת י"ח עם הצבור בלחש, כי התפלה עם הצבור רצויה ומקובלת לפני הקב"ה, **אך** פשוט דכ"ז הוא בתנאי, דעי"ז לא יחסר מצות קריאת שמע כדין המבואר לקמן בסי' ס"א, דלא דחינן מלקיים המצוה כתקונה בשביל תפלה בצבור.

הגה: ומכל מקום יאמר כל הברכות שמחויב לברך בבקר - ר"ל שמחוייב לאמרם אחר התפלה, אם לא אמרן קודם התפלה, **ועיין** בפר"ח שכ', דברכת "אלהי נשמה" לא יאמר אחר התפלה, שכבר יצא בברכת "מחיה המתים", **ועיין** בפמ"ג שכתב, דמדברי הרמ"א לא משמע כן, (**ואני אומר, דמי שירצה לסמוך בדיעבד על הפר"ח, אין למחות בידו, מאחר דהח"א והדה"ח העתיקו דבריו, אבל מי שירצה לברך ולסמוך על כל הני רבוותא שכתבנו, ג"כ לא הפסיד, והרוצה לצאת ידי שמים, נ"ל שיניח מעט לישן ביום, ואז כשיתעורר משנתו יברך "אלקי נשמה", דהא הב"י כתב, דהאגור בשם ר' יהודה משפירא כתב, דהניעור משנתו של שינת היום, צריך לברך "אלקי נשמה", רק שהב"י סיים שם ע"ז, ולא נהגו כן, א"כ בכאן יש לעשות כן לכו"ע), ומ"מ** יותר טוב לכתחלה לצאת אליבא דכו"ע, דהיינו שאם התחיל כבר להתפלל, ושכח מקודם ברכת "אלוקי נשמה", יכוין בפירוש בברכת "ונאמן אתה" שאינו רוצה לפטור בזה ברכת "אלוקי נשמה", ואז לכו"ע יברכנה אחר התפלה, **דנהי** דברכות א"צ כונה לצאת, מ"מ היכא דמכוין בפירוש שלא לצאת שפיר דמי.

ועיין לעיל בסימן מ"ז ס"ח לענין ברכת התורה, (דאם לא בירך ברה"ת, כדי לצאת באהבה רבה, צריך ללמוד מיד לאחר סיום התפלה), ובמ"ב שם מה שכתבנו בשם א"ר, (שפסק דק"ש אינה מועילה להיחשב כלימוד), (**ודע עוד, דהפמ"ג נתן עצה זו המוזכרת במ"ב** (ל"אלוקי נשמה") **לענין ברכת התורה, אם שכח והתחיל בברכת ק"ש, ולא אמר עדיין בה"ת, יכוין בפירוש ב"אהבה רבה" שלא לצאת בזה ידי המצוה של בה"ת, ואז לא נפטר בה"ת לכו"ע, ולענ"ד צע"ג בזה, לפי מה שכתב המאמר מרדכי, דלכן אמרו בגמרא שכבר נפטר ב"אהבה רבה", לפי ש"אהבה רבה" גופא היא בה"ת, כי ק"ש נמי תורה היא, א"כ איך יוכל לחלק הכונה לשניהם, דהיינו לענין ק"ש יכוין שהברכה זו תהיה לשם ברכה עליה, כי הגם דאין הברכות מעכבות, מ"מ לכתחלה בשבילה ניתקן, ולענין שאר דברי תורה יכוין, שהברכה זו קורואה ע"מ שלא לצאת בה ברכת התורה, וצ"ע למעשה), ועיין** בבה"ל שכתבנו, דאם שכח ברכת התורה, והתחיל ברכת ק"ש, יכוין בפירוש בברכת "אהבה רבה" לפטור ברכת התורה, ויראה ללמוד תיכף לאחר התפלה, ויצא בזה אליבא דכו"ע, (**ובעצה זו יצא ג"כ נקי לגמרי מחשש ברכה שאינה צריכה**).

ועיין בס' מאמ"ר ובס' נהר שלום, דזמן כל הברכות הוא כל היום בדיעבד, וכ"כ בס' מעשה רב להגר"א ז"ל, **והוסיף** שם עוד יותר, דאפילו בלילה עד שעת השינה הוא חיובן, אם שכח לאומרן קודם, **ונ"ל** דאם חוטפתו שינה, לכו"ע לא יכול תו לברך ברכת "המעביר שינה", **ומ"מ** לכתחלה צריך ליזהר, שלא לאחר הברכות יותר מד' שעות על היום, **אך** בדיעבד עכ"פ יכול לברך אותם עד חצות, כי כן מוכח מהרבה אחרונים, שלא הפסיד הברכות אחר ד' שעות, **והמקיל** לסמוך בדיעבד על הגדולים הנ"ל, ולברך אותם אחר חצות אין למחות בידו.

§ סימן נג- דין מי הראוי לירד לפני התיבה §

סעיף א- אומר ש"ץ "ישתבח" מעומד - כדי שיסמוך לו הקדיש מיד, ולא יצטרך להפסיק ביניהן בהעמידה לפני התיבה, **אבל** בסימן נ"א ס"ז בהג"ה משמע, דאפילו מי שמתפלל ביחידי, צריך ג"כ לעמוד באמירת "ישתבח", **ועיין** בא"ר שתירץ, דהתם ממנהגא והכא מדינא, וכן כתב הגר"א, וכן כתב בעט"ז.

כל הט"ו שבחים שבישתבח, מן "שיר ושבחה" עד "מעתה", יזהר מאד שלא להפסיק ביניהן, והמפסיק עונשו גדול, **אבל** א"צ שיהיה בנשימה אחת.

סעיף ב- אין לומר "ישתבח", אא"כ אמר "ברוך שאמר" וקצת פסוקי דזמרה - בין ש"ץ ובין אדם אחר, ד"ישתבח" היא הברכה אחרונה שניתקנה לומר לאחר פסד"ז, ומתחלת בלא "ברוך" כי היא סמוכה לברכת "ברוך שאמר", ע"כ אין לומר אותה בלא "ברוך שאמר", **ולא** כטועין, שכשהם בדרך או שאר שעת הדחק, מתחילין מ"ישתבח", שמברכין עי"ז ברכה לבטלה.

ע"כ אבל או יארצייט שהתאחרו לבוא לבהכ"נ עד קרוב ל"ברכו", ומוכרחים לעמוד עכ"פ לומר "ישתבח" לפני התיבה, כי אסור להפסיק בין "ישתבח" לקדיש, **יראו** עכ"פ לומר מתחלה לעצמם "ברוך שאמר" ו"אשרי", **וכן** החזן בשבת שהתאחר לבוא עד קרוב ל"ברכו", יראה עכ"פ לומר מתחלה לעצמו "ב"ש" ו"אשרי" ו"נשמת".

(**ובדיעבד מי שדילג ברכת ב"ש, ונזכר אחר שכבר אמר פסוקי דזמרה, ולא יוכל עוד לברך ב"ש, כי היא ניתקנה קודם פסוקי דזמרה דוקא, וכבר יצא ידי חובתו באמירתן, מ"מ יאמר "ישתבח", דאטו מי שלא בירך קודם האכילה לא יברך אח"כ – מפמ"ג, ופשוט דה"ה בברכות שלפניה ושלאחריה ד"הלל"**).

(**מי שמוכרח לצאת לנקביו קודם "ישתבח", נכון אח"כ לחזור עוד הפעם עכ"פ "תהלה לדוד" קודם "ישתבח", כדי שיהיה להברכה על מה לחול**).

סעיף ג- אין לברך על עטיפת ציצית בין פסוקי דזמרה ל"ישתבח" - אפי' אם לא היה לו טלית עד עתה, ואף שהוא בין הפרקים, **מ"מ** כיון שהברכה קאי על פסוקי דזמרה, אין ראוי שיהא

הפסק בינם לבין ברכה אחרונה דידהו, דהברכה ראויה להיות סמוך להמצוה, **וה"ה** לענין תפילין.

אבל מקודם לזה בפסוקי דזמרה, עכ"פ בין הפרקים, יניח הטלית ויברך, **ומכ"ש** לענין תפילין דמותר לברך עליהן בין הפרקים, **ובפרט** אם הוא ברבים ומתבייש לישב בלי טלית ותפילין.

(**א"כ** לפי"ז פשוט דכ"ש ברכת "אשר יצר", דמותר לברך בין הפרקים עכ"פ, ועיין בח"א שמסתפק בזה, **ע"כ** מי שהוצרך לנקביו באמצע הפרק של פסוקי דזמרה, והלך ועשה צרכיו, נוטל ידיו, ויגמור הפרק של פסד"ז, ויברך "אשר יצר", **ויניח** הטלית ולא יברך עליו, ויניח התפילין ויברך עליהן, דכיון שאינו רשאי לילך בבהכ"ס בתפילין, אידחיא ליה הברכה ראשונה).

אלא בין "ישתבח" "ליוצר", (ועי"ל סי' נ"ד ס"ג) - וכ"ז הוא דוקא אם לא היה לו מקודם, דאל"ה גם זה אסור, וזהו שציין רמ"א ועיין לקמן וכו'.

הגה: מיהו הש"ץ, אם לא היה לו טלית תחלה, יתעטף בציצית קודם שיתחיל "ישתבח", כדי שיאמר הקדיש מיד אחר "ישתבח", ולא יפסיק - דגנאי הוא לציבור להמתין עליו בין "ישתבח" לקדיש, וגם הקדיש קאי על "ישתבח", ע"כ יתעטף תיכף בטלית, וה"ה בתפילין, ויברך, **אך** אם לא הביאו לו הטלית עד לאחר שגמר "ישתבח" קודם שאמר הקדיש, יכול להניח שם ולברך, והקהל ימתינו, הואיל וא"א בלא"ה.

וכן אם אין מנין בבהכ"נ, ימתין הש"ץ עם "ישתבח" - כדי שיהיה יוכל להסמיך לו אח"כ הקדיש מיד, **וישתוק עד שיבא מנין** - פי' שלא יפסיק בדיבור, ויוכל להמתין חצי שעה עם "ישתבח", **ואפילו** שהא מחמת אונס כדי לגמור כולה, א"צ לחזור לראש, **ויאמר "ישתבח" וקדיש.**

ובדיעבד אם גמר ג"כ ברכת "ישתבח" ואח"כ באו מנין, יאמרו עכ"פ שלשה פסוקים מפסוקי דזמרה, ויוכל הש"ץ לומר קדיש, **כי** בלא"ה אין לומר קדיש, כיון שלא היו בעת אמירת קצת פסד"ז או "ישתבח" עכ"פ.

אבל היחיד יאמר "ישתבח" מיד, וכן בשבת אם גמר פסד"ז קודם הש"ץ, יאמר "ישתבח" מיד.

סעיף ד - ש"ץ צריך שיהיה הגון - דכתיב: נתנה עלי בקולה ע"כ שנאתיה, ואמרו חז"ל: זה ש"ץ שאינו הגון, **והספרים** האריכו מאד בגודל גנות הממנים ש"ץ שאינו הגון, כי מונעים עי"ז טוב מישראל.

וראוי שיהיו בגדי ש"ץ ארוכים, שלא יראו רגליו, **ויכנס** לבהכ"נ ראשון ויצא אחרון, **ולא** יהיה טפש וסכל, אלא שיהיה יוכל לדבר בעסקי הקהל כפי מה שצריך.

טוב להדר אחר ש"ץ צדיק בן צדיק, כי אינו דומה תפלת צדיק בן צדיק לתפלת צדיק בן רשע, **ומש"כ** הרא"ש שאין מעלת הש"ץ תלוי ביחוס משפחה, דאפי' אם הוא ממשפחה בזויה וצדיק, טוב לקרב מזרע רחוקים, **ר"ל** ג"כ רק שאינו מיוחס, אבל מ"מ אין אביו רשע.

אין מומין פוסלין אלא בכהנים ולא בש"ץ, ואדרבה "לב נשבר ונדכה אלקים לא תבזה", **ויש** מחמירין בזה לכתחלה היכא דאיכא ראוי והגון כיוצא בו, [**ועכ"פ** לענין ימים נוראים, **ופשוט** כי פסול זה אינו מצד הדין, דגם הלוים לדוכן כשרים בעלי מומין].

ואיזהו הגון, שיהא ריקן מעבירות - העובר על השבועה, אין ביתו ריקם, **ואע"פ** שעדיין לא העידו עליו, מ"מ יש לחוש לקול להושיב ב"ד על ככה, **ואפילו** אם לא עבר רק על שבועת ביטוי דלהבא, מ"מ אין ראוי למנותו לש"ץ - א"ר.

וכתב שם עוד בשם משפט צדק, דמי שהוא פסול מחמת עבירה, פסול להיות ש"ץ אפילו באקראי, **וכתב** הפמ"ג, דהיינו דוקא בשלא עשה תשובה.

ושלא יצא עליו שם רע אפילו בילדותו - אפילו נתברר לנו שעשה אז תשובה ע"ז הענין, אפ"ה אין למנותו לכתחלה לש"ץ.

דוקא למנותו לכתחלה, אבל להעבירו ולסלקו אחר שהוחזק ש"ץ, אין לנו, כיון שלא נשמע עליו עתה מאומה, **מיהו** כשיצא עליו עתה ש"ר, והוא קלא דלא פסק, אפי' יחיד מוחה עליו להעבירו, (עיין לקמן סכ"ה), **ואפילו** אם נתברר בעדים שחטא, אם עשה תשובה אין מעבירין אותו לכו"ע.

ושיהיה עניו ומרוצה לעם - כתב בתשו' מהר"מ מינ"ץ, יזהר החזן אם יש ריב וקטטה בין שני בע"ב, שיהא בשב ואל תעשה, הן בדיבור הן במעשה, הן בגלוי הן בסתר, **וכ"ש** אם יש עסק ריב עם אדם אחר שאינו מהעיר עם בע"ב, שיהא בשב ואל תעשה, **ואפילו** אם אותו האדם הוא מחותנו או קרוב שלו.

ואם יש לו שום קטט ואיבה עם אחד מהקהל, אז צריך להעמיד את הדבר לפני הרב או הקהל, לפשר ולעשות ככל אשר נראה להם נכון, **ואם** יש חסרון ומניעה מצד שכנגדו, אז הוא נקי, ומה יש לו לעשות.

ויש לו נעימה; וקולו ערב; ורגיל לקרות תורה נביאים וכתובים - כדי שיהיו הפסוקים המעורבים בתוך התפלה סדורים בפיו, **גם** אם אינו רגיל לקרות, הוא בכלל "מסיר אזנו משמוע תורה גם תפלתו תועבה".

כתב בפמ"ג: בסימן תקפ"א ס"א איתא, דבר"ה ויוה"כ בעינן שיהא נשוי ובן שלשים, ומשמע בשאר ימות השנה אפילו אינו נשוי, **מ"מ** נ"ל דנשוי קודם לבחור, ואפילו אם נתמלא זקנו, [**ונ"ל** דוקא אם הנשוי הוא ג"כ נתמלא זקנו, דזהו דינא דגמר', ולדעת הרבה פוסקים ראשונים, אפי' באקראי אינו יכול לירד].

סעיף ה - אם אין מוצאין מי שיהיה בו כל המדות האלו, יבחרו הטוב שבצבור בחכמה ובמעשים טובים.

הגה: ואם היה כאן ע"ה זקן וקולו נעים והעם חפלים בו, וכן י"ג שנה המבין מה שאומר ואין קולו נעים, הקטן הוא קודם - אפילו להיות ש"ץ קבוע, כל שהוא י"ג שנה והביא שתי שערות.

מי שעבר עבירה בשוגג, כגון שהרג הנפש בשגגה וחזר בתשובה, מותר להיות ש"ץ - דלא מיקרי אין פרקו נאה, אלא דוקא שהיה מועד לעשות דברים שאינן מהוגנים, אבל מי שבא לידו שגגת מעשה ומתחרט, הרי זה צדיק גמור לכל דבריו, ומותר למנותו לכתחלה לש"ץ.

אבל אם עשה במזיד, לא, דמ"מ יצא עליו שם רע קודם התשובה - לאו דוקא הרג, דה"ה שאר עבירות, וכדלעיל בסעיף ד', דבעינן שלא יצא עליו שם רע אפילו מילדותו, וכ"כ בכל בו בפירוש.

עיין במ"א שהביא בשם הרבה פוסקים, דאפילו במזיד, כל ששב שרי להיות ש"ץ קבוע, דדוקא לענין ת"צ מחמרינן, שלא יצא עליו ש"ר אפילו מילדותו, אבל להיות ש"ץ קבוע לשאר ימות השנה, מותר למנותו אפילו לכתחלה כל ששב בתשובה, **וכתב** בא"ר, דבימים נוראים עכ"פ יש להחמיר לדון כדין תעניות, דבאמת אפילו בשאר ימות השנה יש בזה הרבה דיעות בין הפוסקים, **וכ"ז** היינו שלא למנותו לכתחלה, אבל אין מסלקין אותו לכו"ע אם שב בתשובה.

ש"ץ שהוציא פעמים רבות טריפות מתחת ידו, מסלקין אותו מש"ץ, דשוב דיינינן ליה כמזיד, **ועיין** בפמ"ג דמסתפק, דאפילו בפעם אחת ידינוהו כמזיד, **ומ"מ** אם שב בתשובה אין מסלקין אותו מש"ץ, אפילו אם הוציא פעמים רבות.

סעיף ו - אין ממנין אלא מי שנתמלא זקנו, מפני כבוד הציבור - ואין הצבור יכולים למחול על כבודם בזה.

אבל באקראי, משהביא שתי שערות יוכל לירד לפני התיבה - ר"ל אחר שהגיע לי"ג שנה, דקודם לא מהני השערות, **ועיין** במ"א שכתב, דמסתמא אין צריך לבדוק אחר השערות בזה, דבדבר דרבנן אזלינן בתר רובא שמביאין ב' שערות באותו הזמן, **ועיין** בפמ"ג שכתב, דלהרמב"ם דסובר תפלה דאורייתא, יהיה אסור להש"ץ הזה להוציא ידי אחרים בתפלה, עד שנדע בודאי שהביא ב' שערות.

(עיין בר"ן שכתב, דמותר באקראי דוקא בשאין שם אלא הוא, **ושארי** ראשונים לא הזכירו דבר מזה).

כ"ז בשאר ימות השנה, אבל בתעניות ובר"ה ויוה"כ, אפילו באקראי אין מורידין למי שלא נתמלא זקנו, **וגם** בזה אין להקל אפילו ע"י מחילת הצבור.

ובלבד שלא יתמנה מפי הצבור, או מפי ש"ץ הממנה אותו להקל מעליו, להתפלל בעדו לעתים ידועים - דזה הוי קביעות לאותם העתים, **ואין** בכלל זה, אם מינוהו הקהל שיהיה הוא מוכן להתפלל, אם לפעמים לא יהיה החזן בבהכ"נ, שיעמוד זה להתפלל, אין בזה איסור כלל, דאין זה מיקרי קבוע, כיון שאפשר שלא יבוא לידי כך, ולא אסרו בקבוע אלא לעתים ידועים, שבאותו העת הוא קבוע בודאי - ט"ז, **וב"ח** וא"ר חולקין, דגם זה מיקרי קבוע, ולא מקרי אקראי אלא כשלא נתמנה כל עיקר.

(כתב בפמ"ג, דאפילו אם הוא אבל, לא ירד לפני התיבה בקבע אם לא נתמלא זקנו, ונ"ל דלענין תפלת ערבית יש להקל אפילו בקבע, דהא אין מחזירין התפלה, רק שאומר קדיש וברכו, **וידוע** דעת הרמב"ם, שמחלק בין פריסת שמע לירידה לפני התיבה, דלדעתו אין לחלק בין קבע לארעי, רק כמו שכתבנו, **וגם** מסתמא מוחלין הצבור להאבל, **וייש** לצרף בזה ג"כ דעת הב"י והש"ג שמקילין בזה).

סעיף ז - אם אין שם מי שיודע להיות ש"ץ, כי אם בן י"ג ויום א', מוטב שיהא הוא ש"ץ משיבטלו מלשמוע קדושה וקדיש – (היינו אפי' למנותו בקבע, **אבל** אין מכאן ראיה דלא כר"ן דלעיל, דבאין שם אלא הוא מותר רק באקראי, והלא באופן זה מותר לו ג"כ להיות שם ש"ץ בקבע, **דאפשר** דהכא מיירי כשאנו יודעין לפי ענין המקום, שבכל השנה לא יזדמן להם ש"ץ קבוע שנתמלא זקנו, לכן מותר למנות לבן י"ג אפילו לקבע, **משא"כ** בסתמא אין למנותו לקבע, כי פן יזדמן להם מחר ש"ץ שנתמלא זקנו).

סעיף ח - מי שאינו בעל זקן, כל שניכר בו שהגיע לכלל שנים שראוי להתמלאות זקנו, נתמלא זקנו קרינן ביה. הילכך בן כ' שנה, אע"פ שאין לו זקן, ממנין אותו - ולפי גירסת הגר"א במסכת סופרים פי"ד, יהיה תלוי דין זה בדין מינוי הסריס, המבואר בס"ט.

הגה: וכן אם היה לו זקן, אפילו מעט, קרינן ביה נתמלא זקנו אם הוא מבן י"ח ולמעלה.

סעיף ט - סריס - והיינו שנראו בו סימני סריס, דאל"ה, כיון שלא הביא שתי שערות אמרינן עדיין הוא קטן, **י"א שמותר למנותו אם הוא בן עשרים** - דקודם, אפילו נראו בו סימני סריס, בלא"ה לא יוכל להיות ש"ץ אפילו באקראי, דעדיין הוא קטן.

ומהרש"ל כתב, שאין למנות סריס, דגנאי הוא לצבור.

סעיף י - יש ללמוד זכות על מקומות שנוהגים שהקטנים יורדין לפני התיבה להתפלל תפלת ערבית במוצאי שבתות - לפי שאין מוציאין את הרבים ידי חובתן, שהרי אינן מחזירין את התפלה, רק שאומרים ברכו וקדיש, **ועוד** טעמים אחרים עיין בב"י.

וה"ה ערבית דחול, אלא שהמנהג שנהגו באותן המקומות היה במוצאי שבתות.

וכ"ז נדחק רק לקיים המנהג, אבל הוא בעצמו סובר דאין נכון לכתחלה לעשות כן.

סימן נג – דין מי הראוי לירד לפני התיבה

הגה: ובמקומות שלא נהגו כן, אין לקטן לעבור לפני התיבה אפי' בתפלת ערבית - משום ברכו שבה, **וה"ה** שלא יפרוס על שמע למי שלא שמע ברכו בשחרית, דבאמת ברכו נמי מצוה על כל הצבור לשמען שחרית וערבית, וקטן שאין חייב אינו מוציאם בזה.

אפילו הגיע לכלל י"ג שנים ביום השבת, אין להתפלל ערבית של שבת, דהרי עדיין אין לו י"ג שנה - ר"ל במקומות שנוהגין להתפלל של שבת בע"ש מבעוד יום משום תוספת שבת, מ"מ הרי עדיין לא נשלמו לו י"ג שנה עד ליל שבת, שתוספת שבת אינו מועיל לענין שנות ימי הנער, **אבל** אם מתפלל בלילה ערבית אחר צאת הכוכבים, מותר לירד לפני התיבה, **ומה** שאמר בכל מקום י"ג שנה ויום אחד, לא שצריך יום אחד יותר, אלא ר"ל שצריך י"ג שנים שלימות מיום אל יום, לאפוקי חסרון מקצת שעות, הלכך מיד בתחלת לילה נתמלאו שנותיו והוי גדול, **ואפילו** נולד ביום ר"ה קודם בין השמשות, נעשה בר מצוה בתחלת ליל ר"ה של שנת י"ד.

סעיף יב - אין ממנין מי שקורא לאלפי"ן עייני"ן ולעייני"ן אלפי"ן - פי' הברת העין הוא בחוזק ועמוקה יותר מהברת האלף, **וה"ה** למי שקורא חתי"ן ההי"ן, או שקורא ל"שיבולת" "סיבולת".

ואם כולם מדברים כך, מותר להיות ש"ץ, (**ועיין בט"ז דמיקל בזה בזמנינו,** ‹לענין קורא לאלפין עיינין›, **שאין רוב העם מבחינים בזה**).

ודע עוד, דה"ה לכל מי שאינו יכול להוציא האותיות כתיקונן, כגון שהוא כבד פה וכבד לשון, ג"כ אין מורידין אותו לפני התיבה.

(**לכאורה ה"ה באקראי אינו יכול לירד לפני התיבה להיות ש"ץ, עכ"פ בדאיכא אחר, כיון שהטעם הוא דאינו מוציא את התיבות מפיו כתיקונן**).

עיין בפר"ח שהעלה, דבזמן דליכא אחר ראוי כמותו, מותר להורידו לתיבה, אפילו בחתי"ן ההי"ן, **אבל** בעל פני משה חולק עליו, וסובר דאפילו בדליכא אחר לא שרי, כי אם היכא דכשהוא מכוין לקרות אותו לחי"ת על ידי טורח, יכול לקרות אותו שפיר, **ונראה** עוד, דאפי' לפר"ח אין מותר למנותו לש"ץ בקבע, פן יזדמן מחר אחר טוב ממנו, רק לפעם זה מותר להורידו בדליכא ראוי כמותו, כההיא מעשה דר"ח שם בגמרא.

סעיף יג - פוחח, והוא מי שבגדו קרוע וזרועותיו מגולים - וגם כתפיו, **לא ירד לפני התיבה** - להעשות ש"ץ להתפלל, **אבל** פורס הוא על שמע לבד, **וגם** אינו קורא בתורה, שגנאי הוא.

סעיף יד - סומא יורד לפני התיבה - אפילו סומא בשתי עיניו, וחייב בכל המצות מן התורה, דקי"ל כרבנן דר' יהודא, **ובתשובת** חות יאיר העלה, שאעפ"כ לא יתפלל סומא בימים נוראים, אפי' באחד מעיניו, היכא דאיכא אחר ראוי והגון כיוצא בו, ע"ש טעמו, **ובספר** אליהו רבא חולק עליו, **ונ"ל** דאף לדברי החו"י היינו רק שלא למנותו לכתחלה, אבל לא לסלקו מש"ץ אם נעשה סומא.

ובלבד שלא יקרא בתורה, משום: דברים שבכתב אי אתה רשאי לאומרם על פה.

ש"ץ שיש לו כבידות אזנים שאינו שומע כלל, מסיק בחידושי רע"א דלא יהיה ש"ץ, [אפי' בשאר ימי השנה], **דאף** דאם לא השמיע לאזנו יצא, מ"מ כיון דלכתחלה צריך להשמיע לאזנו, אינו מוציא אחרים לכתחלה, [**ונראה** דכשאין ש"ץ אחר, גם למהרע"א מותר].

סעיף יח - האומר: איני יורד לפני התיבה מפני שבגדי צבועין, או מפני שברגלי סנדל, לא ירד באותה תפלה כלל, מפני שדרך האפיקורסין להקפיד בכך, וחיישינן שמא אפיקורסות נזרקה בו - ואפילו אם הוא מתחרט אח"כ, ואומר: הריני עובר בצבועים, לא שבקינן ליה.

וכיון שלא שמענו ממנו בהדיא דברי אפיקורסות, די לחוש עי"ז לאותה תפלה לבד.

(הגה: ואפי' אם נותן אמתלא לדבריו, לא מהני) - כגון שאמר שדיבורו היה לכבוד המקום וללבוש לבנים, מ"מ כיון שהצבור בקשו ממנו להתפלל להם כך, לא היה לו להיות סרבן, כיון דמדינא מותר.

כתב הפר"ח, דוקא אם אח"כ אמר האמתלא, אבל אם מיד כשאמר שאיני עובר בצבועים, אמר תיכף הטעם, שאין דרך כבוד לד' כי אם בלבנים, ירד.

סעיף יט - יש מונעים גר מלהיות ש"צ - לפי שלא יוכל לאמר "אלהי אבותינו".

ונדחו דבריהם - דהוא יכול לומר ג"כ "אלהי אבותינו", דאברהם נקרא "אב המון גוים", כדכתיב: כי אב המון וגו', מפני שלמד לכל העולם אמונת ד'.

אבל כשהוא מתפלל בינו לבין עצמו, יאמר "אלהי אבות ישראל".

ש"ץ ממזר, תלוי במחלוקת אם ממזר כשר לכתוב תפילין, ולפי זה להמ"א שכתב בשם הד"מ, דמותר לכתוב תפילין, מותר להיות ש"ץ, **אמנם** בספר ברכי יוסף מסיק, דש"ץ לא יהיה, ותפילין שכתב כשרים.

אפי' יחיד יכול לעכב - בעת ההתמנות, **ולומר: איני רוצה שפלוני יהיה חזן** - והטעם, שהרי התפלות במקום התמידים תקנום, וכל ישראל יש להם חלק בתמידים, ומי יוכל להקריב קרבנו שלא מדעתו.

ודוקא שיש ש"ץ אחר שיוכלו הקהל להשכירו בדמיו, אבל אם אינו בנמצא, או שהוא בנמצא אלא שבא להוסיף בדמים, יכולין הקהל לומר לו: אין בידינו להוסיף, אלא הוא יוסיף משלו, **ואף** אם יברר טענתו, שזה השני הוא מעולה מן הראשון כנגד תוספות הדמים, אפ"ה יכולין הקהל לומר: אין יכולת כ"כ בידינו להוסיף בדמים.

סימן נג – דין מי הראוי לירד לפני התיבה

וה"ה בכל המינוים יכול למחות, אפילו בחכם מרביץ תורה תופס ישיבה,

ודוקא כשרוצה לקבל אחר, אבל אם מוחה שאינו רוצה שיהיה מרביץ תורה בקהל, פשיטא שאין במחאתו כלום, ואפי' המיעוט יכולין לכוף לרוב, **ואפילו** ברוצה למנות אחר, אם אותו שרוב הקהל מסכימים עליו הוא עדיף מזה, ג"כ אינו יכול למחות, **ואפשר** דאפילו מיעוט יכולין לכוף לרוב לשכור מעולה.

אם לא שכבר הסכים עליו מתחלה - ואז אין יחיד, וגם חצי הקהל, יכולין להעבירו, אפי' רוצים ליתן לו שכרו משלם, כיון שלא עשה שלא כהוגן, **אבל** רוב הקהל יכולין להעבירו, אם נותנין לו שכרו משלם.

ואם המוחים הם המנהיגים, הוי כאלו מוחים כל הקהל, אם לא במקום שיש בוררים, ויש תקנה שלא לשנות גזרתם, אז אין מועיל מחאת הפרנסים - ‹הובא מס"ד›.

ועכשיו הרשות להעבירו רק ביד ז' טובי העיר, או הנבררים, כל מקום ומקום לפי התקנה, וכדבסמוך.

ש"ץ שכבר העבירוהו, ועמד כך ימים ושנים בהסכמת הקהל, ורוצים עכשיו למנותו, הוי כתחלת קבלה, ואפי' מיעוט יכולים למחות - ‹הובא מסעיף ד'›.

ואם קבלוהו לזמן ונשלם הזמן, לא מקרי הסכים עליו מתחלה, דעכשיו הוי קבלה חדשה, וכאלו לא היה שם עדיין - ט"ז.

ראובן שהיה ש"ץ שכיר שנה, והשלים שנתו והתחיל להתפלל ימים מספר מהשנה החדשה, ומקצת אנשים מיחו בו, באמרם שכבר נשלם השנה שהשכירוהו, ושאינם רוצים אותו עוד, **והש"ץ** טען, שמאחר שכבר התחיל להתפלל בהימים נוראים, שהם מהשנה החדשה, ולא מיאנו בו, שלהיותו שכיר שנה מקצתה ככולה, ושיפרעו לו משלם, **פסק** בתשובת מ"ץ, דהדין עם הש"ץ.

הגה: ודוקא שיהיה לאותו יחיד טעם הגון על פי טובי העיר - ר"ל שהציע לפניהם איזה ענין שבשביל זה אינו מתרצה בו, כגון שמידותיו אינם ישרים בעיניו, וכה"ג, **ולא** טענת פסול, דבזה לכו"ע אין יחיד יכול למחות כל זמן שלא בירר, כי יש לחוש לפגמו. **אבל בלאו הכי אין היחיד יכול למחות בש"צ.**

ואם הוא שונאו, יכול למחות בו קודם שהסכים עליו - ר"ל שידוע באמת מכבר שהם שונאים זה לזה, לכך יכול למחות בו, דאינו נעשה שלוחו לתפלה בע"כ, [**ובהיום** שהולכים אחר ז' טובי העיר, או אחר הנבררים, לא שייך כלל זה], **אבל** אם אומר שהוא שונאו, לאו כל כמיניה.

אבל אם נעשה שונא לש"ץ לאחר שהסכים עליו, תו אין היחיד יכול למחות, אלא הש"ץ מחוייב לומר בפירוש, שיסיר הקנאה מלבו ויוציאנו בתפלתו, **גם** אם מכוין שלא להוציא השונא, גם אוהבים לא יצאו, ע"כ צריכין החזנים ליזהר בזה - פמ"ג.

כתב בד"מ בשם א"ז, אין ש"ץ צריך להחניף לצבור במילי דשמיא, וצריך להוכיחן, **אך** בענייני עצמו, יראה להעביר על מדותיו, ויהיה אהוב להקהל.

כתבו האחרונים, שזה הדין דשו"ע ‹דיחיד יכול למחות›, הוא דוקא בימיהם, אבל היום שידוע שבעו"ה הרבה מחזיקין במחלוקת בלי טעם וריח, וכונתם שלא לש"ש, אם היו צריכין לשאול לכל יחיד ויחיד בענין המינויים, בין לענין מינוי הש"ץ או מרביץ תורה ואב"ד בעיר וכל כה"ג, לא היו מסכימים לעולם, ע"כ הולכין אחר רוב פורעי המס, ואפילו פסולי קורבי ביניהם - מ"א, **ועכשיו** המנהג שהולכין אחר ז' טובי העיר, או אחר הנבררים מן הקהל ע"ז, כל מקום ומקום לפי מנהגו - פמ"ג, והכל שלא ירבו המחלוקת, ואין משגיחין על יחיד, **והמ"א** כתב עוד טעם, דלא שייך היום דין דעיכוב יחיד לענין ש"ץ, דדוקא בזמניהם שהיה הש"ץ מוציא רבים י"ח בתפילתו, אז היה יחיד יכול לעכב דאין נעשה שלוחו בע"כ, משא"כ עתה שכולם בקיאים, רק הש"ץ הוא לפיוטים, אע"פ שאומר קדיש וברכו, אין כל כך קפידא.

ומי שהוא שונא לש"ץ, לא יעלה לספר תורה כשקורא התוכחה - ר"ל כיון שהוא שונא לש"ץ, מסתמא הש"ץ ג"כ אינו אוהבו, כי כמים הפנים לפנים וגו', ואולי יכוין ש"ץ הקורא בהתוכחה נגד פניו, וחשש סכנה היא לו, ע"כ פסק, דמפני זה אפילו קראהו לא יעלה, **וכנה"ג** כתב, דיותר טוב שיעלה, משיכנס לעונש בשביל שהוא מבזה כבוד התורה, וכן הסכים הגר"א, **וכן** כתב בספר שערי אפרים, וז"ל: צריך שיהיה אהוב להצבור והוא אוהבם, ואם אירע שהקורא יש לו שנאה על אחד מהצבור, מוטל על הסגן שלא יצוה לקרות לזה לפרשת התוכחה, מפני שסכנה היא, **ואם** יודע שהקורא שונאו, ומתיירא שמא יקראוהו, יצא בין גברא לגברא מבהכ"נ, עד שיקראו אחר ויכנס אח"כ, **ואם** לא יצא וקראוהו, יעלה, כיון שהוא מתכוין משום כבוד התורה, "שומר מצוה לא ידע דבר רע", **ואסור** להקורא לחשוב בשעת קריאתו ענין קללה לנוכח שום אדם, **וכתב** בפתחי שערים, דאף להמג"א ‹שכתב דדוקא היוצא מבהכ"נ בשעת קריאת התורה עליו נאמר: ועוזבי ה' יכלו, אבל בין גברא לגברא מותר לצאת›, יעלה בדיעבד אם קראהו, ‹דכשקוראים אותו ואינו עולה, מקצר ימיו- מ"א›.

סעיף כ - אם אחד רוצה לומר תפלה בשביל אביו - פי' שמת אביו, ורוצה להתפלל כדרך האבלים, כי תפלה היא יותר מצוה מאמירת הקדיש, **ואחד רוצה לומר בשביל אחר, מי שירצה הקהל שיאמר התפלה, הוא יאמר** - הטעם, דדוקא קדיש יכול לומר בשביל אביו, ואין רשות ביד הקהל לדחותו, אבל לא יכול להיות שליח הקהל להתפלל על כרחם, **ולענין** זה הוא ג"כ כמו בש"ץ, שאין יחיד מוחה כדי שלא ירבה המחלוקת, אלא הולכין אחר רוב, או הנבררים לזה, וכמש"כ לעיל בשם האחרונים.

יש מקומות שיש להם תקנה בבהכ"נ, שאין מניחין לאבל להתפלל כל השבוע לפני התיבה, כי אם להש"ץ הקבוע שלהם, **אין** לדחות התקנה, ונעשית מפני ע"ה, שאינם יודעים ומבינים הברכות והתפילות, ואומרים טעות, ואיכא זילותא, לכך תקנו אפילו על היודעים שלא יתפללו, משום דלא ליתי לאנצויי.

אכן במקום דליכא תקנה ומנהג קבוע, מצוה לקהל להניח לאבל להתפלל, שהוא נחת רוח למת, ומצילו מדינו של גהינם, **ומיהו** ודאי כשאין יכול לחתוך האותיות וכדומה, אין לו להתפלל לפני העמוד.

ובתפלת מעריב שהיא אינו כנגד תמידים, רק כנגד איברים ופדרים, אפשר דא"צ דעת בעלים, ואין הקהל יכולין לעכב לאבל להתפלל מעריב, דמצוה שיתפלל מי שמת לו אביו ואמו, **ומ"מ** ודאי אין להתקוטט בשביל שום מצוה עם הצבור.

כתב המ"א, אם יש אבל ומוהל, נדחה האבל מן התפלה מחמת המוהל, **ויום** שמת בו אביו ואמו שקורין יארצייט, דוחה למוהל ולאבל, **וכ"ז** שאין הקהל מקפידין ע"ז, אבל יש רשות ביד הקהל לבחור עליהם מי שירצו.

סעיף כא - אין למנות ש"צ ע"פ השר עובד גלולים, אע"פ שרוב הצבור חפצים בו - והשר ביקש מהמיעוט הממאנים שיסכימו עליו, כי חלילה לקבל עבודת בוראנו ע"י העובדי כוכבים ומזלות.

סעיף כב - שליח צבור בשכר עדיף טפי מבנדבה - שבזה אין אחר שאינו הגון רשאי לפשוט רגלו להתפלל, ואם היה בנדבה, הרשות נתונה לכל, וכפרוץ הדבר יעלה מי שאינו הגון, **ועוד** הש"ץ יהיה בעצמו יותר נזהר בתפלתו ובתיקונו הואיל ושכיר הוא, **ואף** שיש בחנם, צריכין העניים ג"כ ליתן שכירות הש"ץ, שש"ץ בשכר עדיף.

הגה: ואין לאדם להתפלל - או לתקוע, **בלא רצון הקהל** - ואין לאדם להתקוטט בעבור שום מצוה, כגון גלילות ס"ת וכיוצא בו, שהרי שנינו: הצנועים מושכים את ידיהם מלחם הפנים, והגרגרנים חוטפים, ואכילת לחם הפנים הוא מצוה, **ופשוט** דדוקא אם המצוה תתקיים ע"י אחר, אבל אם המצוה תתבטל לגמרי, כגון הכנסת אורחים או החזקת ת"ת, ויש בידו למחות, בודאי מחוייב למחות כדי להחזיק המצוה, שהרי מדינא כופין על ענינים כאלו.

וכל מי שמתפלל בחזקה ודרך אלמות, אין עונין אמן אחר ברכותיו - שאין זה מברך אלא מנאץ, שנאמר: בוצע ברך נאץ ד'.

סעיף כג - שכר ש"צ פורעים מקופת הקהל - שנגבית לפי הממון, **אע"פ שהש"צ מוציא הדל כעשיר, מכל מקום אין יד העני משגת כעשיר** - ובסימן נ"ה סכ"א, שפוסק דחציו לפי ממון וחציו לפי נפש, עיין בספר א"ר שמחלק, דבחזן שאני, **ובביאור** הגר"א משמע, שהמחבר חזר בו, ופסק שם כהג"ה שבכאן.

הגה: וי"א שגובין חצי לפי ממון וחצי לפי הנפשות - כי יש סברא לומר שהעני צריך להחזן כמו העשיר, **ויש** לפעמים שהעשירים נותנים יותר ממון להחזן שקולו ערב יותר, **גם** שהעני יכול לילך למקום אחר, ע"כ עשו פשרה זאת.

וכן הוא מנהג הקהלות - בד"מ כתב, דמנהג מדינותינו דל ועשיר נותנין בשוה, וזהו החציו שלפי נפשות, **וגם** מכל נשואין מגיע לו כפי נדן, והוא החציו שלפי ממון, **ולבוש** כתב, דבמקום שאין מנהג יגבו לפי ממון.

ועיין בדרכי משה דמשמע מיניה, דאפי' לדעת הפוסקים דפוסקים לפי ממון, איננו רק בשכירות הש"ץ ששוכרין אותו לימים נוראים, **דבזה** ס"ל לפי ממון, כי העשירים מחמת עשרם לא יוכלו לצאת מבתיהם ולהניחם ריקם, והעניים יכולים לילך על עתים הללו לעיר אחרת, **משא"כ** בש"ץ ששוכרין על כל השנה, אין מחשבין לפי ממון לבד.

סעיף כד - צבור שצריכין לשכור רב ושליח ציבור, ואין בידם כדי שכר שניהם, אם הוא רב מובהק וגדול בתורה ובקי בהוראה, הוא קודם - אע"ג דיחסר להם עי"ז מצות תפלה, שלא יהיה להם מי שיוציאם ידי חובתם, זה שיהיה רב ומ"ץ שיודיעם תורת ד' ומשפטיה, עדיף מן התפלה.

וכתב בתשו' ח"ס, דכל אנשי העיר מחוייבים ליתן לזה, ואין אחד יכול לאמר: אין אני צריך לרב ומ"ץ, דמ"מ צריך לישא בעול עם הצבור, דומיא דכל אנשי העיר מחוייבין ליתן על המקוה.

ואם לאו, ש"צ קודם - ר"ל כיון דבלא"ה לא יוכל להורות לעם האיך שיתנהגו על פי התורה, ש"ץ קודם, שיוציאם עכ"פ ידי חובתם בתפלה.

(**ומזה יראה האדם גודל החיוב על כל עיר לשכור להם רב, שיורה להם במצות התורה ומשפטיה איך להתנהג, ולא יהיו כעורים המגששים באפילה**, דאפילו אם עי"ז נדחית לגמרי מצות תפלה אצלם, ג"כ החיוב הזה הוא קודם, ובפרט אם אנשי העיר יכולין ג"כ להתפלל לעצמן, בודאי זה קודם, ומזה ימלאו רתת ופחד איזה מהעיירות הנמצאים מחוץ למדינה, שאין להם רב ומורה צדק בעירם, ועון גדול הוא כמו שביארנו, **הגם** שלוקחין להם שוחט ובודק, עכ"ז הלא צריכין לאיש מו"צ, שיורה להם דיני שבת ויו"ט והלכות פסח החמורה, ודיני טבילת מקוה, וכל פרטי הלכות נדה, **ושאר** דיני תורתנו הקדושה אשר יעשה אותם האדם וחי בהם, **אם לא** שהשו"ב שלהם הוא למדן גדול ובקי בחדרי התורה, ויש לו סמיכה על הוראות מהגדולים המפורסמים דמדינה, **וכ"ש** שיש ששוכרין להם ש"ץ מפורסם למנגן גדול בעד כמה מאות רו"כ לשנה, שינגן להם בקול נעים, ובשיעור כזה היו יכולין ליקח להם רב ומ"ץ, וגם ש"ץ שיהיה יוכל לעבור לפני התיבה בשבת ויו"ט ור"ה ויוהכ"פ כאשר במדינתינו, **ובודאי** היה מתקבל עבור זה תפלתם למרום, משא"כ עתה שהתמנות הש"ץ הוא שלא לש"ש, ע"ז נאמר: נתנה עלי בקולה ע"כ שנאתיה, **וסוף** דבר הוא שעי"ז הולכת העיר מדחי לדחי, שאין להם מורה ומנהיג בדרכי ד', ובאים עי"ז לידי חילול שבת ויו"ט, ואכילת חשש חמץ ח"ו, ומי יודע עוד כמה איסורים מחייבי כריתות ח"ו, השם ישמרנו מאנשים כאלו).

סעיף כה - אין מסלקין חזן מאומנתו - וה"ה לכל התמנות, במקום שלא נהגו למנות לזמן ידוע, והטעם, שלא יחשדום שנמצא בהם פסול, **אלא אם כן נמצא בו פסול** - בעדים,

ואז אין מקבלין אותו עד שישוב בתשובה שלמה בלי ערמה ומרמה, **אבל** בשבועה בעלמא שלא ילך בדרכים אלו לא מהני, דבלא"ה מושבע ועומד מהר סיני הוא.

הגה: ואין מסלקין אותו משום רנון בעלמא, כגון שיצא עליו שם שנתפס עם הכותית, או שמסר אדם - ומ"מ יש לחוש לקול להושיב ב"ד על ככה.

אבל למנותו לכתחלה, אפילו בשביל רינון בעלמא יש למנוע, ואפילו אם הרינון היה עליו רק בילדותו, וכדלעיל בסעיף ד'.

אבל אם באו עליו עדים בזה, וכיוצא בזה, מעבירין אותו - ומדברי המ"א משמע, דאפילו בקלא דלא פסיק, יחיד מוחה עליו להעבירו, וכן משמע ביש"ש.

(ועיין בביאור הגר"א, ומשמע לכאורה דאפילו קלא דלא פסיק אין חוששין לה, **ובכל** בו משמע לכאורה, דקלא דלא פסיק לבדו בודאי לא מהני. **ובתשובות** חת"ס הביא דברי הכל בו, ומסיק דאפילו קלא דלא פסיק, אם הוא מרוצה לכל הקהל להחזיקו לחזן, אין צריך למחות בידם, **אמנם** אם ימצא אחד מהם שמוחה, ואומר: אני מאמין לקלא דלא פסיק הזה, יכול למחות בו להעבירו).

(**עוד** כתב שם, דלפעמים מורידין אותו ע"י קלא דלא פסיק, אפילו באין מוחה, כגון שיצא הקול שנעשה הכיעור בפני עדים, והלכו להם למדינת הים, אע"ג דליכא עדים בפנינו, כיון דאיכא קלא דעדים בצד אסתן, והקול יצא מעיקרא ע"י עדים כשרים, מורידים אותו מהתמנותו, **אבל** רננה שלא בעדים, אלא הקול יצא מעיקרא ע"י עבד ושפחה ונשים, בהא לא מורידין אותו, אם לא דנמצא איזה יחידים דמוחים בו, וכנ"ל).

(**וקלא** דלא פסיק נקרא, אם יום ומחצה לעזה עליו כל העיר, ואין לו אויבים בעיר, שנוכל לאמר עליהם שהם הוציאו הקול, **ובתשובת** מהרי"ק משמע, דלא נקרא קלא דלא פסיק, כי אם בקול שהרבים מסכימים עליו ואינו פוסק, דמסתמא י"ל שלא על חנם יצא הקול הזה, **אבל** אם ידוע לנו שרק אחד הוציא את הקול מתחלה, ועל ידו נשתרבב הקול בעיר, אין מונח עליו שם קלא דלא פסיק, ואפשר דה"נ בענינינו כן).

(**אמנם** לכאורה יקשה מאוד, דהאיך מועיל שום קלא דלא פסיק להורדת חזן, והלא ממילא יש לו הפסד ממון ג"כ, ולענין הפסד ממון בעלמא פשוט וברור, דלא מהני שום קלא, ואפילו אומדנא דמוכח לא מהני להוצאת ממון, וכ"ש קלא בעלמא, **ואפשר** דהיינו טעמא, דאיתא בגיטין פ"ט ע"א, דלהכי יצא לה שם מזנה אין חוששין לה, משום דאפשר דפריצות בעלמא חזו לה, ועי"ז בא לקול הזה, **ולענין** חזן אפשר דמסתמא לא ניחא להו לאינשי לכתחלה, למנות איש שיש לו כ"כ פריצות, שיבוא לידי קלא דלא פסיק על זנות כזה, והיה לו לשמור את עצמו שלא יבוא לזה, **ולענין** אם רואים בו כמה סימני פריצות, פשוט דצריך להתרות בו, כמ"ש רמ"א לענין ש"ץ המנבל פיו).

ואם עשה תשובה, מהני שלא לסלקו אף אם עבר במזיד, **אבל** למנותו, מבואר בס"ה בהג"ה, דבמזיד לא מהני תשובה, דאין פרקו נאה.

ואם עשה בילדותו עבירה ועדיין לא שב, אף אם מינוהו מעבירין אותו, דפסול בעבירה לעדות.

ש"ץ שבתו זינתה תחת בעלה, אין למנותו לכתחלה, **אך** אם נעשה זה אחר שכבר נתמנה, נראה דאין להורידו בשביל זה.

ש"ץ המאיים על חבירו למוסרו לעכו"ם ולא מסר, אע"פ שמכוער הדבר אפי' לאדם שאינו ש"ץ, אינו נפסל על כך, אלא גוערין בו ומתרין בו שאם יוסיף לומר כדברים הללו שיעבירוהו ממעלתו, **ואם** הוסיף במרדו, ראוי להעבירו.

וש"ץ שהוא שוחט ובודק, לא יתפלל בבגדים הצואין ומסריחין, ואם אינו רוצה להחליף בגדיו בשעת התפלה ולהתפלל, מעבירין אותו - וטוב שיחליף בגדיו המלוכלכים כל היום כשהולך בין הבריות, שלא יהא בכלל המשניאים, דכשם שת"ח אסור לצאת בשוק בבגדיו המלוכלכים, כך ש"ץ אע"פ שאינו ת"ח.

ש"ץ שמתוך חליו לאנסו א"א לנקות להיותו טהור מקרה לילה, ואין מטהר עצמו כלל, אפשר בימים נוראים יש לגעור בו שיטבול, ועכ"פ שיוציא הבגדים הצואים מעליו, **ואם** לא ישמע לדברי חכמים לרחוץ יפה, ולהסיר הבגדים הצואים מעליו, ראוי להעבירו.

וש"ץ המנבל פיו או שמרנן בשירי הנכרים - ר"ל בניגון שהנכרים מנגנים בו לעו"ג שלהם, וב"ח כתב, דוקא בניגון שמיוחד לזה, **ממחין בידו שלא לעשות כן, ואם אינו שומע מעבירין אותו.**

ההולך בערכאות של עו"ג, פסול להיות ש"ץ בר"ה ויוה"כ, אלא א"כ עשה תשובה, **ונ"ל** דמיירי שלא נשאר עי"ז ממון חבירו בידו, כגון שהיה בזה דיניהם כדיננו, אפ"ה פסול עכ"פ בר"ה ויוה"כ, דהוא עון גדול מצד עצמו, כדאיתא בח"מ, **דאל"ה** הלא הפסול מחמת עבירה, אפילו בשאר ימות השנה אין לו להיות ש"ץ, **ואולי** בזמנינו בעו"ה דנשתכח האיסור מכמה אנשים, ואפשר דהוא שוגג בדבר, אין לפוסלו, **ועכ"פ** לענין ש"ץ בר"ה ויוה"כ בודאי יש להחמיר.

ש"ץ שהיה שוחט, ונמצא שמכר טרפה בחזקת כשרה בשוגג, או שהיה מנקר, ונמצא אחריו חלב, אע"פ שאין מסלקין אותו מש"ץ, מ"מ אין למנותו לכתחלה, **ואם** עשה תשובה מותר אפי' למנותו, כדלעיל בס"ה בהג"ה.

קהל שחלקו תפלת ר"ה ויוהכ"פ כנהוג, אם חלה אחד מהם ולא יכול להתפלל, אינו רשאי להעמיד איש אחר במקומו, וביד הקהל דוקא להעמידו.

שליח ציבור שהזקין ורוצה למנות בנו לסייעו לפרקים, אע"פ שאין קול בנו ערב כקולו, אם ממלא מקומו בשאר דברים, בנו קודם לכל אדם ואין הצבור יכולין למחות בידו - ובלבד שלא יהא קולו משונה.

סימן נג - דין מי הראוי לירד לפני התיבה

וה"ה בכל המינויים ג"כ בנו קודם, (**אפילו אם תש כוחו**, ואין יכול לעשות כלל, ומוכרחים ליקח אחר, **אם** בנו ראוי הוא קודם לכל אדם), **ואפילו** יש אחרים גדולים ממנו, כיון שהוא ממלא מקום אבותיו.

י"א דבחכם הממונה להרביץ תורה או לדון, לא אמרינן שבניהן קודמין, **ויש** חולקין.

כתב הרשב"א, ה"ה דבכל עניני המינויים, אם רוצה המנוי שאחד יסייענו באותו מינוי לפרקים, הרשות בידו, (**וה"ה אפילו אם נשכר לב' וג'** שנים, וצריך לפעמים לעזר, הרשות בידו, **וא"צ** שקבלוהו לש"ץ כל ימי חייו), **וכתב** הכנה"ג, דוקא אם הוא ראוי לכך, הן בענין המלאכה, הן ביראת שמים.

אין להעביר ש"ץ בשביל אחר שקולו ערב, **ואם** הרוב חפצים באחר, ישמשו שניהם כאחד.

סעיף כו - קהל שנהגו למנות אנשים על צרכי הצבור לזמן, ובהגיע הזמן יצאו אלו ויכנסו אחרים תחתיהם, בין לחזן בין לקופה של צדקה בין לשאר מנויים הצריכין לצבור, בין שנוטלין עליהם שכר בין שאינם נוטלים, אפי' לא קבעו להם זמן, סתמם כפירושן מאחר שנהגו כך.

עיין בתשובת חמדת שלמה, בשכרו חזן לזמן ג' שנים, דמסיק אהך דינא דהכא, דהוא דוקא במקום שהמנהג שלאחר הזמן יצאו אלו, **אבל** בזמננו דאין דרך לסלק בלא חשדא, ודאי אין לסלקו בחנם, משום שלא לעשות עליו חשדא, **ועיין** בתשו' ח"ס ג"כ כעין זה, אם לא כשהתנו בפירוש, שלאחר הזמן שגבלו יהיה כלה זמנו, ושני הצדדים יהיו יכולין לחזור, וצריך קבלה ומנין חדש.

הגה: יש מי שכתב דשליח צבור יתפלל מתוך ספר המיוחד לצבור, דודאי נכתב לשמו - פי' נכתב לשם שמים ולא לשם התפארות, **ואפילו** אם הסידור של היחיד הוא בכתב נאה יותר מהצבור, **ובספרים** הנדפסים אין חילוק בין של צבור ליחיד.

כתב הפמ"ג, נכון אף ליחיד להתפלל מתוך הסידור, כ"ש ש"ץ שאימת צבור עליו, שיתפלל בפנים. **וקורין** ש"ץ "חזן", שצריך לראות האיך יקרא, ותרגום "וירא": וחזי.

§ סימן נד - דינים השייכים לישתבח §

סעיף ב - אין לענות אמן אחר "מלך מהולל בתשבחות" - זו היה נוסחתו, אבל נוסחתנו: "אל מלך גדול בתשבחות", **אלא אחר "חי העולמים", ששם הוא סיום הברכה** - ור"ל שאחר שסיים הש"ץ בישתבח "בא"י אל מלך גדול בתשבחות", לא יענה שום אדם ע"ז אמן, דאכתי לא הוי סיום הברכה, עד שאמר ג"כ "אל ההודאות וכו'", עד "חי העולמים".

צ"ע אי מותר אז להפסיק ולענות איש"ר וקדושה, כי מאמר אחד הוא עד סוף, **ועיין** בח"א, דבכל ברכה קצרה אסור להפסיק באמצע אפי' לאיש"ר וקדושה, **ויש** לחלק וצ"ע.

בנוסח "חי העולמים", יש גורסין בציר"י, **ויש** גורסין בפת"ח, ואפי' לדעה זו, מ"מ יאמר "העולמים" בה"א, כי פירושו: חי בשני העולמים, ושליט בעוה"ז ובעוה"ב.

סעיף ג - המספר בין "ישתבח" ל"יוצר", עבירה היא בידו, וחוזר עליה מעורכי המלחמה - ר"ל דכתיב בקרא: מי האיש הירא ורך הלבב ילך וישוב לביתו, ואחז"ל: הירא מעבירות שבידו, וזו ג"כ בכלל עבירה היא, **והא"ר** כתב בשם מטה משה, שהקליפות מבטלים לעלות התפלה, וע"י פסוקי דזמרה מכריתים אותם, וכששח, חוזרין עליה בשביל העבירה הזאת, אותם הגדודים שהם מעריכים מלחמה בינינו בעו"ה, ע"כ ראוי שלא לספר.

ובכתבים כתב לומר בעשי"ת, מזמור "ממעמקים קראתיך ד'" בין "ישתבח" ל"יוצר", וצ"ע.

ויש מי שאומר שלצרכי צבור או לפסוק צדקה למי שבא להתפרנס מן הצדקה, מותר להפסיק - וה"ה לכל דבר מצוה, **ודוקא** בין "ישתבח" ל"יוצר" (לפני הקדיש), שהוא ענין אחר, אבל בין קדיש וברכו, או בין הפרקים של ק"ש וברכותיה, או של פסוקי דזמרה, אסור להפסיק אפילו בצרכי רבים ולדבר מצוה.

הגה: ומזה נתפשט מה שנהגו בהרבה מקומות לברך חולה או לקבול בבהכ"נ שיעשה לו דין, בין "ישתבח" ל"יוצר", דכל זה מיקרי לצורך מצוה, ולאחר כך כשחוזרין להתפלל יאמר הש"ץ מקצת פסוקי דזמרה ויאמר קדיש עליהם - משמע דאפילו אם לא אמר רק ש"ץ לבד הפסוקים, יכול לומר קדיש, **ואם** לא אמר פסוקים לא יאמר קדיש, רק יתחיל "ברכו" בלא קדיש, **כי לעולם אין אומרים קדיש בלא תהלה שלפניו** - או אחר תפלה, כמו הש"ץ אחר חזרת התפלה או בלחש בערבית, שהקדיש קאי על התפלה, **ולכן מתחילין ערבית בלא קדיש.**

וכתב המ"א, שלכן נהגו לומר פריסת שמע {"ברכו" נקראת פריסת שמע כדלקמן בסי' ס"ט} אחר גמר תפלת י"ח בלחש, כדי שיאמר הקדיש על תפלת י"ח, אבל אח"כ לא שייך לומר קדיש, אם לא אמר תחלה מקצת פסוקים, **ועתה** חדשים מקרוב באו, שפורסין שמע אחר קדיש בתרא, ואומרים שנית קדיש, **ואינו** נכון, דמה ענין לומר שני קדישים סמוכין זה לזה, **ועכ"פ** יש ללמדם שיאמרו מקצת פסוקים בין שני קדישים.

וכן אחר שלמד איזה ענין מתורה שבע"פ, יוכל לומר קדיש דרבנן, **ועיין** במ"א שמסיק, דדוקא אם אמר אח"ז עכ"פ מקצת דבר אגדה, ואז יוכל לומר הקדיש דרבנן, כי עיקר הקדיש זה נתקן על דבר אגדה, **וע"כ** מנהג כל ישראל לומר אחר פרקי אבות, ואחר "במה מדליקין", המאמר ד"ר חנניא בן עקשיא", או "אר"א א"ר חנינא ת"ח מרבים שלום" וכו', **ולפי"ז** יש ליזהר כשלומדים משניות, יאמרו בסוף הלימוד המאמר

סימן נד – דינים השייכים לישתבח

ד"ר חנניא בן עקשיא" וכדומה, כדי שיהיו יכולים לומר עי"ז אח"כ הקדיש דרבנן.

ואחר תנ"ך אומרים קדיש שלם, אפילו רק אחר ג' פסוקים.

ואין לומר קדיש אא"כ היו עשרה אנשים בבהכ"נ בשעת אמירת הפסוקים והלימוד, **ואפילו** אם רק ב' וג' לומדים, אומרים קדיש כשיש שם עשרה, **ואפילו** מי שלא למד יכול ג"כ לומר הקדיש, כמו בפריסת שמע לקמן בסימן ס"ט.

וכן מי שלא היה לו ציצית או תפילין, והביאו לו בין ישתבח לקדיש, יכול להניחם ולברך עליהם - דכ"ז הוא צורך מצוה, ע"כ מותר להפסיק לאחר שגמר ברכת "ישתבח", בין ליחיד ובין לש"ץ, **ואע"פ** דגנאי הוא לצבור להמתין, מ"מ הואיל דא"א בלא"ה שרי, **ובזה** אין צריך הש"ץ לחזור ולומר פסוקים, דשהייה מועטת היא.

ונראה, דביחיד מיירי באופן שיהיה יכול לגמור הנחת טלית ותפילין קודם שיגיע הש"ץ לאיש"ר וברכו, או שכבר שמע קדיש וברכו, **דאל"ה** הלא קי"ל בסימן כ"ה, דאסור להפסיק בין השל יד להשל ראש אפילו לענות איש"ר וברכו, אלא שותק ושומע ומכוין למה שאומרים, **וזה** אין נכון לעשות כן לכתחלה לצאת בזה, אפילו למאי דקי"ל שומע כעונה, **ובאופן** זה טוב יותר שימתין מלהניח התפילין עד שיסיים הש"ץ "ברכו", ואז יניחם, ולענין הברכות עיין בסמוך.

אבל בין קדיש ל"ברכו" לא יפסיק בשום דבר - ר"ל משעה שהתחיל קדיש, דהקדיש ל"ברכו" ג"כ שייך.

ועיין באחרונים שכתבו, דבין קדיש לברכו דינו לכל מילי כבין הפרקים, **ע"כ** בין יחיד ובין ש"ץ, אם לא נזדמן לו טלית עד שהתחיל קדיש, יכול להתעטף בו תיכף, אבל לא יברך עד לאחר התפלה, ואז ימשמש בו ויברך, **ותפילין** אם נזדמן לו קודם ברכו, יכול לברך עליהן, לפי מש"כ בסי' ס"ו, דיוכל לברך על התפילין בין הפרקים.

(**וקשה לי**, דא"כ אמאי קאמר רמ"א דלא יפסיק בשום דבר, הא לענין תפילין דאיירי לעיל מיניה יוכל להפסיק, **ואפשר** דהרמ"א קאמר בזה לפי דעת הי"א סי' ס"ו ס"ב בהג"ה, ולא לדעת עצמו, **שוב** ראיתי בביאור הגר"א דמשמע מיניה, דמהתחלת קדיש והלאה הוא כאמצע הפרק, א"כ ניחא הכל אם נסבור דבאמצע הפרק אסור לברך על תפילין, **אמנם** בביאור הגר"א מוכח מיניה, דסובר דלהרמ"א דמיקל לענין תפילין, מותר אפי' באמצע הפרק, א"כ צ"ע אמאי החמיר הרמ"א פה לענין תפילין, **וע"כ** כתירוצנו הראשון, דהרמ"א אזיל פה לפי דעת הי"א).

וכ"ש שלא יפסיק לאחר שאמר הש"ץ "ברכו" קודם שמתחילין ברכת "יוצר" - דתיכף אחר "ברכו", אף שלא התחיל עדיין ברכת "יוצר", הוי כאמצע הפרק, דמשם ואילך הוא כהתחלת "יוצר", כי עיקר כונת הש"ץ מה שאומר "ברכו את ד'", היינו שיברכוהו אח"כ בברכת "יוצר", **ואם** לא נזדמן לו תפילין עד שהתחיל "ברכו", שוב לא יוכל לברך עליהן, אלא יניחן בלי ברכה, וכשיגיע קודם "אהבה רבה", ימשמש בהן ויברך עליהן.

מלשון זה מוכח, דאפי' יחיד לא יפסיק, **ונראה** דכ"ז דוקא באופן שמיירי בפנים, דהיינו שכבר גמר ברכת "ישתבח", ועומד להתחיל ברכת "יוצר אור", **אבל** אם הוא עוסק עדיין בפסוקי דזמרה, וכ"ש אם בא עתה להתפלל, ורוצה להתפלל כסדר ולא לדלג הפסד"ז ולפתוח מברכת "יוצר", ושמע קדיש וברכו, אין דינו בזה כאמצע הפרק, ולכו"ע יכול להניח טלית ותפילין ולברך עליהן.

§ סימן נה – דיני קדיש §

סעיף ב - אם התחיל לומר קדיש או קדושה בעשרה - קדושה לאו דוקא, דה"ה אפילו רק ב"אבות", וכדלקמיה בס"ג, **ואפשר** דנקט לרבותא דסיפא, דאפילו בזה דוקא אם נשתיירו רובן, **ויצאו מקצתן, גומרים אותו הקדיש** - וה"ה בכל דבר שצריך עשרה, כגון נשיאת כפים וקריאת התורה והפטרה בנביא, גומרין כל מה ששייך לענין זה, כיון שכבר התחילו בו בעשרה, **אבל** לא מתחילין מה שהוא ענין אחר.

ואם היה הקדיש שקודם "ברכו", כתב הדה"ח בשם א"ר, דיוכל לומר ג"כ ה"ברכו", דכולא חדא עניינא הוא, **ובספר** מאמר מרדכי חולק ע"ז.

ואם התחיל לומר "ישתבח" בעשרה ויצאו מקצתן, וכן אם התחיל לומר "אשרי" שקודם מנחה בעשרה ויצאו מקצתן, מסתפק הפמ"ג דאולי יוכל לומר הקדיש שאחר זה, כי הקדיש שייך ל"ישתבח" ו"אשרי", **אמנם** בס' מאמ"ר ובדה"ח ובח"א, כולם פסקו דלא יוכל לומר הקדיש בזה.

או אותה הקדושה שהתחיל - וה"ה כל תפלת י"ח, **ולפי** מה שמבואר בהג"ה שבס"ג, גומר גם החצי קדיש וקדיש שלם שלאחריה.

וכתבו האחרונים, דיאמר ג"כ ברכה ד"אלהינו ברכנו בברכה המשולשת" וכו', דכל שהתחיל בתפלת י"ח גומרה, **אע"ג** דתנן אין נושאין כפים בפחות מעשרה, ואפילו אם התחיל התפלה בעשרה, וכדאיתא בר"ן וב"י, **היינו** דוקא נשיאת כפים ממש, ומשום שהוא ענין אחר, אבל תפלת "אלקינו" יאמר, מאחר שהתחיל בתפלת י"ח וגם זה שייך לתפלת י"ח.

והוא שנשתיירו רובן - היינו ששה, ולא בעינן רובא דמינכר.

הגה: ומ"מ עבירה היא לצאת, ועליהם נאמר: ועוזבי ה' יכלו - נ"ל שר"ל אם אינו ממתין עד שיגמרו אותו הענין, אבל אם ממתין עד שיגמרו הענין, די בזה, **כגון** אם אחד הצטרף עם ט' ל"ברכו", אינו מחוייב להמתין על צירוף של חזרת הש"ץ, שהוא ענין אחר, **ואם** היה עמהם בצירופם בעת שהתחיל הש"ץ בקול רם, צריך להמתין עד שיגמרו כל סדר הקדושה וקדיש שלם שלאחריה, וכן כל כי האי גוונא.

אבל אם נשארו י', מותר לצאת - (והרמ"א אינו קאי על קדושה, דבאמצע יהא מותר לצאת, אלא על עיקר הדין דאם התחיל גומר, דהוא קאי על כל התפלה).

והוא שכבר שמעו קדושה והקדישים עד "עלינו".

(**אם העשירי עבר והלך, אם מותר התשיעי ג"כ לילך, כיון דבלא"ה ליכא עשרה להשראת השכינה, וגם בלא"ה מותר לגמור, צ"ע).**

סעיף ג - אם התחיל באבות ויצאו מקצתן, גומר אפילו קדושה - וה"ה דגומר הש"ץ כל תפלת י"ח, ולא נקט קדושה אלא משום דלא נימא דהוא ענין אחר.

הגה: ואם יצאו מקצתן לאחר שהתחילו להתפלל יוצר, לא יתחיל הש"ץ להתפלל התפלה בקול רם, דכבר נשלם תפלת יוצר - נקט האי לישנא לאפוקי ממהר"ש שהובא בד"מ, שרוצה להקל בזה, **אבל** באמת לפי הסכמת הפוסקים, הוא אפילו אם התפלה בלחש היה ג"כ בעשרה, דינא הוא שלא יתחיל הש"ץ בקול רם בפחות מעשרה.

עיין באחרונים שהסכימו, דאפילו לא אמרו רק קדיש וברכו בעשרה, ויצאו מקצתן קודם שהתחילו כלל ברכת יוצר, מקרי כמו שהתחילו כבר בעשרה, ויכולין להוציא אחרים עד שמ"ע, אפילו בפחות מעשרה, (**ויכולים הנשארים לומר קדושה שביוצר, אפילו להפוסקים דס"ל דאין נאמרת בפחות מעשרה).**

ואם יצאו לאחר שהתחיל בקול רם וקדושה - לאו דוקא, דאפילו עדיין לא אמרו קדושה, כיון שהתחילו להתפלל בקול רם, ואפילו רק ב"אבות" לבד, גומרים אף הקדיש שלם, **יכולים להשלים כל סדר קדושה ולומר הקדיש שלם שלאחריה דשייך לתפלה, שהרי אומר: תתקבל צלותהון וכו'** - וכ"ש החצי קדיש שאחר תפלת י"ח, **אבל** הקדיש שאחר "עלינו" לא יאמר בזה, ואפילו אם התחיל לומר "עלינו" בעשרה ויצאו מקצתן, ג"כ לא יאמר הקדיש, דאינו אלא מנהג, **ומכ"ש** לשיר היחוד, או לקדיש שאומרים למזמור או אחר הלימוד, דצריך דוקא מנין בשעת קדיש.

אבל אין קורין בתורה, דזהו ענין אחר.

ותפלת ערבית וקדיש שלאחריו לא שייך לקריאת שמע וברכותיה - ומשו"ה אם התחילו ברכת ערבית בעשרה, או אפילו רק "ברכו" לחוד, ואח"כ יצאו מקצתן, אין לו רק לגמור הקדיש שקודם התפלה, לפי שהקדיש שייך לברכת ק"ש, **אבל** לא יאמר הקדיש שאחר תפלת י"ח, לפי שהתפלה אינה חבור לברכות של ק"ש, **וכ"ש** סדר קדושה וקדיש במוצאי שבת.

אבל אם היו עשרה בשעה שהתחילו להתפלל תפלת ח"י בלחש, ואח"כ יצאו מקצתן, י"ל הקדיש שלם שלאחר התפלה, דהקדיש שייך לתפלה, **ובמו"ש** יכול לומר הח"ק שאחר התפלה, וגם הסדר קדושה וקדיש שלם שאח"כ, לפי שכל זה שייך לתפלה כמו בשחרית.

(**עיין בנ"ב שכתב, דבשחרית אם התפללו בלחש בעשרה, ואח"כ יצאו מקצתן, דמלבד שלא יכול הש"ץ לחזור תפלתו, גם לא יכול לומר שום קדיש אחר זה, ולא דמי לערבית, עי"ש מילתא בטעמא).**

סעיף ה - אם לא הביא שתי שערות - בשאר מקומות הגוף, אפי' הביא ב' שערות בזקן, **אפי' הוא גדול בשנים, דינו כקטן** - ואם הביא שתי שערות, נעשה גדול מיום שהביא, לא למפרע.

עד שיצאו רוב שנותיו - ולא בעינן רק יום אחד יותר על ל"ה שנה, **שאז יתברר שהוא סריס** - ר"ל ואז נעשה גדול למפרע משנת י"ג ויום אחד.

ואם נראו לו סימני סריס קודם לכן, דינו כגדול - סימני סריס מבואר באה"ע, ואפילו אחד מן הסימנים הנזכרים שם מהני להשוותו לסריס, אם לא הביא שתי שערות גם בזקן.

ודוקא כשהגיע לשנת עשרים, היינו ל' יום בשנת עשרים, ולא הביא שתי שערות, דאז מהני הסימנים לשויה לסריס למפרע, בין שנולדו לו הסימנים בשנת כ' או קודם לזה, **אבל** קודם שהגיע לשנת עשרים, אע"פ שיש לו כל הסימני סריסות, אמרינן עדיין הוא קטן, **ועיין** בפמ"ג שמצדד לומר, דלענין תפלה שהוא מדרבנן, אפשר דיש להקל לצרפו אפילו קודם עשרים, אם נראה בו סימני סריס.

הגה: ומיהו אין מדקדקין בשערות, אלא כל שהגיע לכלל שנותיו מחזיקין אותו כגדול, ואומרים לענין זה מסתמא הביא שתי שערות - ר"ל לענין תפלה שהיא מדרבנן, **ואפילו** לדעת הפוסקים דתפלה היא דאורייתא, עכ"פ צירוף עשרה לאו דאורייתא הוא, ע"כ סמכינן ע"ז, ואמרינן כיון שבא לכלל שנותיו מסתמא הביא שתי שערות, דרוב אנשים מכיון שהגיעו לכלל שנים מסתמא מביאין ב' שערות, **אבל** לענין שאר חיובא דאורייתא אינו מועיל, **ועיין** בפמ"ג שמסיק, דמשום דהוא מיעוט המצוי, ע"כ החמירו מדרבנן לענין דאורייתא, כמו לענין בדיקת הריאה.

סעיף ו - ואם התחיל אחד מהעשרה להתפלל לבדו ואינו יכול לענות עמהם, או שהוא ישן, אפילו הכי מצטרף עמהם - דבכל עשרה שהם גדולים שכינה שריא ביניהם, ד"ונקדשתי בתוך בני ישראל" קרינן בהו, **ולא** דמי לקטן דלאו בר קדושה הוא.

וה"ה יותר מאחד, ובלבד שישארו רובם שאין מתפללים שמ"ע, ויכולין לענות עמהם, **ויש** מחמירין ביותר מאחד, **ובישן** בודאי אין לצרף אפילו במקום הדחק ביותר מאחד, כי בלא"ה יש הרבה פוסקים המחמירים בישן וכדלקמיה.

או שהוא ישן - ועיין בט"ז שחולק לענין ישן, וס"ל דאין מצטרף, והסכים עמו הפר"ח, דישן חשיב כשוטה, **ע"כ** לכתחילה בודאי צריך להקיצו, ועכ"פ לעוררו שיהיה מתנמנם.

(**ואם אי אפשר ג"כ בזה, צ"ע למעשה, כי אף דבפמ"ג כתב: דאם א"א, הסומך על שו"ע לא הפסיד, וכן משמע מהח"א, הלא הברכי יוסף וכן הדה"ח הסכימו עם הט"ז והפר"ח, ואפשר דבמקום שמתפללין קדיש**

וקדושה בקול רם, והשאר בלחש, יש להקל במקום הדחק בישן, דלית בזה חשש ברכה לבטלה, וכן משמע מפמ"ג דזה קיל יותר).

עיין בפמ"ג שכתב, דה"ה לענין זימון עשרה ג"כ ישן מצטרף לדעת השו"ע, כמו לענין תפלה, **ולענין** קריאת התורה ונשיאת כפים צ"ע, **אך** לענין קריאת המגילה, בודאי אין הישן מצטרף לעשרה לכו"ע, דבמגילה בעי עשרה לפרסומי ניסא, ובישן ליכא פרסום.

סעיף ז - כשאחד מתפלל לבדו, נכון שהאחרים ימתינו מלומר קדיש עד שיגמור, כדי שיזכה גם הוא - ואפילו אם יש מנין בלעדו, ודוקא אם ישאר שהות ביום להתפלל.

וה"ה בישן צריך להקיצו, ואם לא רצה לעמוד, א"צ להמתין לדעת השו"ע ומצטרף, **אבל** יש חולקין בזה, וכמו שכתבתי לעיל.

סעיף ח - חרש המדבר ואינו שומע, או שומע ואינו מדבר, הן כפקחין ומצטרפים.

ודעת הט"ז, שאין מצרפין למנין מי שאינו שומע אע"ג שהוא מדבר, שלא ידע לענות אמן על הברכות שמברך הש"ץ, **אכן** הרבה מסכימין עם פסק השו"ע, וסוברין שאין זה מעכב לענין צירוף, **ואם** הוא מכוין הברכות, וכשרואה שעונין עונה עמהם, דומיא דהנפת הסודרין בבהכ"נ של אלכסנדריא, שמבין בשעה שמסיים הש"ץ סוף הברכה ועונה אמן, מצטרף לכו"ע.

(**עיין** בפמ"ג שמסתפק, בחרש המדבר ואינו שומע המכוין לצאת בברכת חבירו, והוא יודע אז הברכה שהוא מברך להוציאו, אם יצא בזה אפילו אם ענה אמן).

(**וע"ש** עוד דמשמע מדבריו, דמי שהוא מדבר ואינו שומע, אין ראוי להיות ש"ץ לדעת הט"ז, הנה משמע מזה דלפי מה שפסקו האחרונים דלא כט"ז, אין ראוי להורידו מש"ץ בשביל זה, **אמנם** בחידושי רע"א משמע, דלכו"ע אין נכון שיהיה ש"ץ כזה, דהלא לכתחלה לכו"ע צריך להשמיע לאזנו).

אבל מי שאינו שומע ואינו מדבר, הרי הוא כשוטה וקטן – (וה"ה אם היה פיקח בתולדה, אלא שאח"כ נעשה חרש שאינו שומע ואינו מדבר, ג"כ בכלל שוטה יחשב).

(**ולפי** מה דקי"ל, דקטן המוטל בעריסה אינו מצטרף לזימון, חרש ושוטה לא עדיפי מקטן המוטל בעריסה, וא"כ פשוט דה"ה לתפלה אינם יכולים לצרפם אפילו בשעת הדחק, אף אם הוא מכוין ומבין).

(**ומי** שהוא עתים חלים ועתים שוטה, בעת שהוא חלים הרי הוא כפקח לכל דבריו).

סעיף ט - לעולם הוא קטן עד שיביא ב' שערות, אחר שיהיה בן י"ג ויום אחד - שכן קבלו חז"ל הלמ"מ, שלא יקרא הזכר איש עד שישלמו לו י"ג שנה, ויביא ג"כ שתי שערות, והוא מכלל כל השיעורין שקבלו חז"ל הלכה למשה מסיני, **ואמנם** קי"ל, כיון שהגיעו לכלל שנים, חזקה שהביאו ב' שערות, **ולכן** אפילו אם אנו רואין שאין להם ב' שערות, חיישינן שמא היה להם אלא שנשרו, שכן דרך שערות הללו לנשור, פעמים מחמת כחישות, ופעמים מחמת שמנונית, **ומ"מ** לא סמכינן על חזקה זו לגמרי, אלא דדיינינן ליה כספק, ולכן אזלינן תמיד לחומרא בכל דבר שהוא מדאורייתא, ובדרבנן לקולא.

ויום אחד לאו דוקא, אלא כיון שנכנס תחלת היום משנת י"ד, ואפילו שעה אחת ואפילו רגע אחת, סגי, **ואפילו** נולד בסוף יום ר"ה, כיון שעדיין הוא ודאי יום, נעשה בן י"ג שנה בתחלת ליל ר"ה של שנת י"ד, **ואם** היה בין השמשות בעת הלידה, דיינין ליה לספק, ואזלינן לחומרא בכל דבר שהוא מדאורייתא.

ואביו מהימן ע"ז ולא איש אחר, ואם מת אביו ואינו יודע אימתי נעשה בן י"ג שנה, לכאורה דינא הוא, דמכיון שהביא ב' שערות חייב ליזהר במצות התורה, כדין שאר גדול, דספיקא דאורייתא הוא, ועיין.

ושנת העיבור בת י"ג חדש.

סעיף י - אם נער אחד נולד בכ"ט לאדר ראשון משנה מעוברת, ונער אחד נולד באדר שני באחד בו, ושנת י"ג אינה מעוברת, אותו שנולד בכ"ט לאדר הראשון, צריך להמתין עד כ"ט לאדר בשנת י"ג להיות בן י"ג שנה - דמהו דתימא, שיחשב האדר הראשון שנולד בו במקום שבט, וכיון שיגיע כ"ט בשבט בשנת י"ג יהיה נעשה בר מצוה, קמ"ל דלא אמרינן כן.

ואותו שנולד אחריו באחד באדר השני, יהיה בן י"ג שנה כיון שהגיע אחד באדר של שנת י"ג - אבל אם בשנת י"ג היה ג"כ עיבור, אז בודאי היינו אומרים הנולד בראשון יהיה בר מצוה באדר ראשון, והשני באדר שני.

הגה: ומי שנולד באדר ונעשה בר מצוה בשנת העיבור, אינו נעשה בר מצוה עד אדר השני - אע"ג דכבר כתב המחבר סעיף ט', דחודש העיבור בכלל, מ"מ הו"א דוקא בנולד בחודש אחר, כגון בר"ח ניסן, ושנת י"ג מעוברת, אין נעשה בר מצוה עד ר"ח ניסן, **אבל** נולד בר"ח אדר, הו"א דנעשה בר מצוה בר"ח אדר ראשון, קמ"ל דאדר ראשון לא נקרא אדר, אלא חודש העיבור מיקרי, שהרי אין קורין את המגילה באדר ראשון, ואנן בעינן י"ג שנים שלימים.

מי שנולד ביום ראשון בר"ח כסליו, והיו אז ב' ימים ר"ח, ובשנת י"ג היה חשון חסר, ור"ח כסליו אינו אלא יום אחד, אעפ"כ אינו נעשה בר מצוה עד ר"ח כסליו.

ומי שנולד בר"ח כסליו, ולא היה רק יום אחד ר"ח, ובשנת י"ג היו שני ימים ר"ח, נעשה בר מצוה ביום א' דר"ח.

סעיף יא - עבריין שעבר על גזירת הצבור או שעבר עבירה - אפי' עבירה שחייב עליה מיתה, **אם לא נידוהו נמנה למנין עשרה** - והטעם, דכתיב בעכן "חטא ישראל", אע"פ שחטא ישראל הוא, ובקדושתיה קאי, [ובעכן היה חילול שבת שחייב סקילה].

ודוקא עבירה שעבר לתיאבון, אבל להכעיס, אפילו בדבר אחד, או שהוא מומר לעבודת גלולים, או לחלל שבת בפרהסיא, דינו כעכו"ם ואינו מצטרף.

וכת הנקרא קראים, אינם מצטרפין לי', שאינם מודים בתורה שבע"פ, וכל מי שהוא כופר בתורה שבע"פ, אין מצטרף לכל דבר שבקדושה.

סעיף יב - מנודה, אין מצרפין אותו לכל דבר שצריך עשרה – (עיין בט"ז, דדוקא אם פירשו אז שלא יצטרף, אבל מלשון הפוסקים לא משמע כן).

(**כתב הפמ"ג**, דלמגילה אפשר דהוא מצטרף, עי"ש טעמו).

(**ואם** היה שלא מחמת שעבר על גזירת הצבור או עבירה, רק בשביל ממון, מותר להצטרף עמו לכל דבר שבקדושה).

אבל מותר להתפלל בבהכ"נ שהוא שם, אלא אם כן פירשו להחמיר עליו בכך.

סעיף יג - צריך שיהיו כל העשרה במקום אחד ושליח צבור עמהם - ואפילו אם אינן רואין אלו את אלו, כיון שהם בבית אחד, **אבל** אם מקצתם בחדר זה ומקצתם בחדר אחר, אינם מצטרפין, אע"פ שהפתח פתוח ביניהם, משום דאין שם פרצה, והפתח גופא כמחיצה חשובה, והו"ל שני בתים, ואפילו כשאין דלת ביניהם, כל שהם בשני רשויות ואין רואין זה את זה, אין מצטרפין, **ויש** מחמירין אפילו ברואין.

כשיש ט' במקום אחד, ואחד אחר הוילון שפורסין לצניעות, מצטרפין, **ודוקא** אם פירשו לצניעות בעלמא, אבל אי איכא תפילין או ס"ת, ופירשו סדין כי היכי דליהוי מחיצה לשמש מטתו, הוי נמי מחיצה לצירוף י', ולא מצטרפו, פר"ח, **ופמ"ג** מצדד דבכל גווני מצטרפי.

היו ט' בבית ואחד בסוכה, י"א דמצטרף, ויש חולקין.

והעומד בתוך הפתח, מן האגף ולחוץ, דהיינו כשסוגר הדלת ממקום (שפה) פנימית של עובי הדלת ולחוץ, כלחוץ - ר"ל דמקום סגירת הדלת הוי כלחוץ, אף שעכשיו היה הפתח פתוח, **ועיין** במ"א שכתב שיש שחולקין ע"ז, ומכריע כמותם, דמקום זה הוי כלפנים, **ועיין** בספר אבן העוזר שפסק ג"כ בפשיטות, דהיכא דהמיעוט עומדים תוך המקום הזה, מצטרפים לעשרה, **דלא** גרע מחצר קטנה שנפרצה לגדולה המבואר בסט"ז, וכן משמע מביאור הגר"א.

עיין ביד אפרים שכתב, דבחלל הפתח לבד ממקום הדלת, כגון היכא שהדלת קבוע לחוץ, וממקום הדלת ולפנים יש עוד חלל בתוך עובי הפתח, לכו"ע הוי כלפנים, ויש לסמוך ע"ז.

(**והיכא** שהדלת קבוע לצד פנים, והדלת נכנס רק לתוך מקצתו של חלל הפתח, והפתח פתוח, הנה לדעת רבינו ירוחם ולהשו"ע דפוסק כוותיה, נראה דלא מצטרפי, בין אם הוא עומד בתוך מקום עובי הדלת, ובין אם הוא עומד בתוך חלל הפתח, **אכן** לדעת התניא דפוסק המ"א כוותיה צ"ע, **אכן** לפי מה שכתב הגר"א לענין מקום האגף, דאפילו אם נאמר דהוי כלחוץ, עכ"פ לא גרע מחצר קטנה שנפרצה לגדולה, יש להקל גם בזה).

(**ואם** רואין אלו את אלו, יוכלו להצטרף אפילו עומדים לגמרי לחוץ, דומיא דמה שהקיל המחבר לקמן בסעיף י"ד, **ולכתחלה** יותר טוב להחמיר בזה שיכנסו לפנים, דקולא זו דמהני רואין אלו את אלו לענין צירוף, נובע מתשו' הרשב"א, והוא לא כתב זה רק בדרך אפשר).

סעיף יד - מי שעומד אחורי בהכ"נ וביניהם חלון, אפילו גבוה כמה קומות, אפילו אינו רחב ארבע, ומראה להם פניו משם, מצטרף עמהם לעשרה - דאף דיש הפסק מחיצה ביניהם, כיון דמראה להם פניו, דומה למה שמבואר לקמן בסי' קצ"ה לענין זימון, דאם מקצתן רואין אלו את אלו דמצטרפין, **וא"כ** לפי"ז פשוט, העומדים בעזרת נשים ובמחיצה המפסקת יש חלון, ומראה להם פניו משם, מצטרף עמהם לעשרה, **וכ"ש** דאם יש בלעדו עשרה, נחשב תפלה בצבור עי"ז, **ואעפ"כ** יותר טוב אם בנקל הוא לו לירד לבהכ"נ, שירד, דיש מהאחרונים שחולקין על עיקר הדין, וסוברין דענינינו אינו דומה כלל לזימון.

הגה: גגין ועליות אינן בכלל בית, והעומד עליהם אינו מצטרף - בכה"ג שאין רואין אלו את אלו, רבותא היה לו לומר: אפי' חלונות רחבות ונמוכות, כל שאינן שוות לקרקע בהכ"נ, ואף אם הוא עומד בתוכם אינו מצטרף.

סעיף טו - אם מקצתן בפנים ומקצתן בחוץ, ושליח צבור תוך הפתח, הוא מצרפן - דכיון שהוא ש"ץ, כל אחד נותן דעתו עליו והוא מחברן יחד, **וכ"ש** אם תשעה מבפנים והוא תוך הפתח, דהוא מצטרף להם, **וההיא** דסעיף י"ז שאני, דכיון שהוא בחצר הגדולה, הרי הוא מופלג מהצבור.

ובאדם אחר שאינו ש"ץ, אפילו הוא לבדו על מפתן הבית, אינו מצטרף עמהם, כדלעיל בסי"ג, **וכ"ז** דוקא בשאינן רואין אלו לאלו, אבל אם מקצתן רואין אלו את אלו, בכל גווני מצטרפי להדדי, **ויש** מחמירין אפילו ברואין, ובמקום הדחק אפשר שיש להקל.

סעיף טז - חצר קטנה שנפרצה במילואה לגדולה, דהיינו שנפרצה קטנה במקום חיבורה לגדולה, ונפל כל אותו כותל שהיה מפסיק ביניהם, ובגדולה נשארו משארית כותל זה שנפל, פסים (פי' מעט כותל ישר ושוה) מכאן ומכאן, הגדולה כמופלגת מן הקטנה, ואין הקטנה מופלגת מן הגדולה, אלא הרי היא כקרן זוית שלה. לפיכך, אם תשעה בגדולה ואחד בקטנה, מצטרפין, שהקטנה נגררת אחר הגדולה, והרי היא כאילו היא בתוך הגדולה, כיון שהרוב בגדולה, אבל אם היו תשעה בקטנה ואחד בגדולה, או חמשה בזו וחמשה בזו, אין מצטרפין - הכלל: דהגדולה א"א לה לימשך אחר הקטנה, לפי שהיא כמופלגת, וגם הצבור דחשיבי א"א

להם לימשך אחר היחיד, ואפי' חמשה אחר חמשה אי אפשר להם לימשך, רק היחיד נמשך אחר הצבור, משו"ה א"א שיצטרפו אא"כ היחיד בקטנה והצבור בגדולה.

סעיף יז - היה שליח צבור בקטנה וצבור בגדולה, מוציאן ידי חובתן, שהוא נגרר אחריהם. אבל אם היה ש"צ בגדולה וצבור בקטנה, אינו מוציאן ידי חובתן, שאין הרוב נגרר אחר היחיד - ואפילו אם היה עשרה בקטנה, אין הוא מוציאן ידי חובתן, **ואפילו** האידנא דכולן בקיאין, מ"מ אין לו לומר קדיש וקדושה שם, כיון שבמקום שהוא עומד אין שם מנין, **אבל** כשיש מנין במקום הש"צ, ודאי מוציא אפי' אותם שהם אחורי בהכ"נ ושומעין ומכוונין, וגם הוא מכוין שיוציא כל השומעים.

סעיף יח - אם קצת העשרה בבהכ"נ וקצתם בעזרה, אינם מצטרפים - משום דאין שם פרצה, והפתח גופא אפילו אין שם דלת כמחיצה חשובה, והו"ל שני בתים, **וה"ה** אפי' אם תשעה בבהכ"נ ויחיד בעזרה.

וכתב הח"א, לפי"ז כשיש בית ולפנים הימנו חדר, והחדר ההוא אינו פרוץ במילואו, המתפלל שם כאלו מתפלל ביחידי, ורק קדיש וקדושה יכול לענות כדלקמן בסעיף כ', **ובתשובת** הרדב"ז כתב, דזה דוקא לענין צירוף, אבל שיהיה כמתפלל עם הצבור, אם אין לחדר פתח אחר רק דוקא דרך הבית הגדול, חשיב כמתפלל עם הצבור.

כתב הפמ"ג, דההיא דסעיף י"ז וי"ח וי"ט, מיירי בשאינן רואין זה את זה, דברואין זה את זה אפי' בשני בתים ממש מצטרפין, דומיא דזימון לקמן בסימן קצ"ה, **ויש** מחמירין אפי' ברואין, ובמקום הדחק אפשר שיש להקל.

סעיף יט - ש"צ בתיבה ותשעה בבהכ"נ, מצטרפין, אע"פ שהיא גבוהה י' ורחבה ד' ויש לה מחיצות גבוהות י', מפני שהיא בטלה לגבי בהכ"נ - ה"ה אחר דמצטרף, ונקט ש"ץ, דלא נימא דכיון שהוא צריך להוציאן ידי חובתן מגרע גרע.

(הגר"א כתב, דיש לדחות כל הראיות לזה, ומ"מ נ"ל שאפילו לפי דעת הגר"א, אין להחמיר לכתחילה רק לענין צירוף, אבל לענין תפלה בצבור לענין השמש שעומד שם, יש להקל, דבלא"ה דעת הרדב"ז להקל לענין זה, אפילו בחדר שלפנים מן הבית, וכדלעיל).

ויש מי שכתב דהני מילי כשאין המחיצות מגיעות לתקרת הגג – (דס"ל דכשמגיעות אינו בטל לגבי בהכ"נ, ע"כ הוי כשני בתים בפני עצמן, כי זו גריעא מש"ץ בקטנה וצבור בגדולה, המבואר בסי"ז דמצטרפין, דהתם הקטנה פרוץ במילואה, משא"כ בזה, **ולפי** דעתם, ה"ה אם אחר שאינו ש"ץ הוא בתוך התיבה, ג"כ דינו הכי, כיון שבלתו אין עשרה, **אך** אם הש"ץ הוא בתוך התיבה הוא גריעא יותר, דאפילו אם יש עשרה בלתו למטה, ג"כ לא יוכל להוציאן ידי חובתן בקדיש וקדושה, כיון שאין מנין במקום שהוא עומד שם).

סעיף כ - היו עשרה במקום א' ואומרים קדיש וקדושה, אפילו מי שאינו עמהם יכול לענות - אמן ואיש"ר וקדושה וברכו, וכן יכול להוציאו ידי חובתו בתפלה אם אינו בקי.

ור"ל אפי' הוא בבית אחר רחוק לגמרי, שכיון שעשרה הם במקום אחד, שכינה שרויה ביניהם, ואז אפי' מחיצה של ברזל אינה מפסקת בין כל מי שרוצה לצרף עצמו עם אביו שבשמים השוכן בתוך אלו העשרה.

וי"א שצריך שלא יהא מפסיק טינוף או עכו"ם - ר"ל עבודת כוכבים או עובד כוכבים.

וטינוף ר"ל אפילו הוא מרוחק ממנו יותר מארבע אמות, דבעלמא מותר ע"י החזרת פניו, אם אינו מגיע לו הריח רע, **והכא** אינו מועיל, כיון שהוא מפסיק בין העשרה ובין זה שרוצה להצטרף עמהם, הוא מפסיק בין השכינה וגורם לשכינה שאינה שורה בכאן.

ואפילו אמן אינו יכול לענות לדעה זו אם הוא מפסיק.

(ונ"ל דמי רגלים לכו"ע אינו מפסיק בזה, ורק צריך להרחיק ממנו כדין הרחקה).

מדכתב השו"ע דין זה בלשון וי"א, משמע דדין זה לא פסיקא ליה, **וכן** משמע מהרמ"א בסימן ע"ט ס"א בהג"ה, דלא ס"ל כן, וכמש"כ המ"א שם, **ועיין** בח"א שכתב, דנ"ל דאיש"ר וקדושה יענה, דהוי רק פסוקים, אבל ברכו לא יענה, ועיין בלבושי שרד.

סעיף כא - עיר שאין בה אלא י', ואחד מהם רוצה לצאת בימים הנוראים, מחייבין אותו לישאר או להשכיר אחר במקומו - שכיון שמנהג בכל תפוצות ישראל, אפילו אותם שאין להם מנין שלם כל השנה, שוכרין להם אחד או שנים בימים נוראים, או הולכים למקום מנין, הרי זה דומה לס"ת ובהכ"נ, שבני העיר כופין זה את זה.

(נ"ל אם הורגלו מקדמת דנא לילך לעיר הסמוכה, שיש שם קיבוץ גדול והתפלה היא ברוב עם, ועכשיו רוצים תשעה לשכור ש"ץ שלא יצטרכו לילך להעיר, והעשירי ממאן בזה, אין יכולין לכופו לדעתם).

ואם הם י"א ורוצים לצאת שנים, ישכירו שניהם אחד בשותפות במקומם, ושניהם יפרעו בשוה - וה"ה י"ב ורוצים ג' לצאת, או י"ג ורוצים ד' לצאת, צריכים כולם לשכור אחד בשותפות.

ואם אחד עני ואחד עשיר, פורעין חציו לפי ממון וחציו לפי נפשות - האחרונים כתבו דט"ס הוא, דבזה פורעין שניהם בשוה, שכל אחד מחויב להעמיד איש במקומו, שמתחלה היה מנין שלם ואין רשאי לבטל המנין, **והא** דנותנין חציו לפי ממון, היינו כשאין דרים בישוב אלא שמונה, דצריכין לשכור שנים, דאז תליא גם לפי ממון, כי העניים יכולים ללכת לעיר הסמוכה, והעשירים אין יכולים להניח ביתם ורכושם.

סימן נה - דיני קדיש

ושכר החזן על היוצאים כעל הנשארים – (לכאורה קאי זה דוקא על מה שלמעלה, שהיו י"א, וכ"כ בספר עבודת היום, דאיירי שיצאו באופן שצריך לשכור אחר במקום זה, שנשאר פחות מעשרה, **אבל** אם השאיר מנין אחריו, אין צריך לתת שכר הש"ץ, דכיון שהוא מותר להיות שלא בביתו בזמן הזה, והש"ץ הוא רק על ימים נוראים, למה יתן, **אבל** אם כן יקשה מאוד, למה כתב המחבר על היוצאים כעל הנשארים, לא יהיו צריכים ליתן אלו השנים שאינם בביתם רק כפי חשבון אחד, דאף שאם היו שניהם בביתם היה מתחלק שכר החזן על י"א אנשים, מ"מ עתה שאיננו בביתו ואיננו נהנה מהחזן כלל, רק מפני שנשתעבד להמנין, אינו צריך להשלים יותר מכפי חשבון שהיה מוטל על מנין, **אם** לא שנאמר דלאו דוקא קאמר השו"ע על היוצאים כעל הנשארים, ולא בא רק לומר שאף שאיננו בביתו, אינו יכול לפטור עצמו, **ואולי** דלא כספר עה"י, אלא שיסבור המחבר דאפילו אם השאיר מנין בביתו, מחוייב ג"כ ליתן שכר החזן, דהו מכלל צרכי העיר, דומיא דבית חתנות או מקוה, המבואר בח"מ סי' קס"ג סוף סעיף ג' בהג"ה, **אח"כ** מצאתי בתשובת מהרי"ל, דמשמע כעבודת היום, **וצ"ע**).

הגה: ואין חילוק בין אם רוצה לילך זמן ארוך קודם יו"ט או לא, כל שלא יחזור ביו"ט.

מי שאינו יכול לחזור לביתו מחמת אונס, שאינו רשאי לבוא במדינה, פטור, אפילו הגיע זמן הרגל, **ודוקא** אם הוא אנוס ממש, אבל אם מחמת חוב ממון או פשיעה לא יוכל לבוא, לא יפסידו חביריו חלקם.

וכ"ז לענין השלמת המנין ושכירות החזן, אבל אתרוג לא דמי לכל הני, ע"ל סי' תרנ"ח ס"ט ומש"כ שם.

ישובים הצריכים לשכור מנין וחזן, ויש סביבות שרגילין לבוא שם ג"כ עם בני ביתם, א"צ ליתן כלום להישוב, דאי בעו ילכו לעיר אחרת שיש שם מנין בלעדם, ולא היו צריכין ליתן כלום אפילו לשכירות הש"ץ, כיון שגם בלעדם הם צריכין לשכור להם ש"ץ.

סעיף כב- אין כופין להשכיר להשלים מנין כי אם בימים הנוראים, וכגון שאין חסרים כי אם אחד או שנים - ר"ל אם יש ח' או ט' אנשים, יכולים לכוף אחד לחבירו שלא להשאר פה להתפלל ביחידות, **אבל** אם מי מהן רוצה לילך למקום אחר שיש בה מנין, אין יכולין לכופו כלל.

אלא אם כן מנהג קבוע ומפורסם בעיר לכוף להשכיר אפילו בחסרון ג' או ד'.

אם יש מנין מיושבי העיר, כופין לשכור חזן - כדי שיוציאם ידי חובתם בברכו וקדושה וכה"ג, ואפילו כל השנה כופין לזה.

ואפילו אין דר בעיר רק ג' או ד' בע"ב, אם יש להם משרתים ומלמדים למלאות המנין.

הגה: וכן במקום שאין מנין תמיד בבהכ"נ, כופין זה את זה בקנסות שיבואו תמיד מנין לבהכ"נ, שלא יתבטל התמיד - כי כיון שיש מנין בעירם, חל עליהם חובת המצוה, **ובקהלות** קטנות יש לכוף הבחורים והלומדים שילכו לבהכ"נ במקום שאין מנין תדיר, כי זמן תורה לחוד, **ודוקא** קהלות גדולות, אז יש ללומדים להתפלל במקום לימודם, שיש בלא"ה בבהכ"נ צבור, משא"כ בקיבוץ קטן כזה. **ועי"ל ריש סי' ק"ן אם כופין זה את זה לבנות ביה"כ.**

אמרו חז"ל, שר' אליעזר בא לבית הכנסת ולא מצא שם עשרה, ושחרר עבדו והשלימו לעשרה, כדי להוציא רבים ידי חובתם בקדושה, **מזה** נלמוד דכ"ש שלא יתעצל האדם בטרחא בעלמא לקבץ מנין לתפלה, וכמה גדולה היא מצות האיש שדירתו במקום קיבוץ קטן, כשרואה לקבץ תמיד המנין כדי שלא יתבטל התמיד, **כי** אפילו מי שהוא רק מעשרה הראשונים, אמרו חז"ל שנוטל שכר נגד כל הבאים אחריהם, ק"ו בזה שהוא עמל לקבצם ג"כ, **ואמרו** חז"ל: כל המזכה את הרבים אין חטא בא על ידו.

§ סימן נט – דין ברכה ראשונה ביוצר §

סעיף ג- יש אומרים שהקדושה שב"יוצר", יחיד אומרה, לפי שאינה אלא סיפור דברים. וי"א שיחיד מדלגה, ואינה נאמרת אלא בציבור - רק יאמר: ואומרים ביראה קדוש, והאופנים וכו', ואומרים ברוך.

כתב בפר"ח, אפילו אם היה יחיד מתפלל לבדו בשביל שאיחר לבוא, כיון דאיכא צבור, אומרים אפילו בלחש לכו"ע.

ויש לחוש לדבריהם וליזהר שיחיד יאמרנה בניגון וטעמים כקורא בתורה. הגה: וכבר פשט המנהג כסברא ראשונה, ויחיד אומר אותה - ובביאור הגר"א הסכים להלכה לדעה האחרונה, **ולפי** שאין לזוז מהמנהג, נכון להדר אם אומר ביחיד, לאמר בניגון וטעמים כקורא פסוקים, וכ"כ הפמ"ג בשם הלבוש, שטוב להדר בזה.

וכשעונין קדושה זאת, אומרים אותה בקול רם - דוקא בצבור, אבל ביחיד אומר בלחש, כ"כ בבא"ר, **אבל** בשע"ת כתב, שאין קפידא אף ביחיד אם יאמרה בקול רם. **וקדושה** זו אם אפשר טוב לומר מיושב.

סעיף ד - ברכת "יוצר" «וכן בשארי ברכות דשחרית... ערוה"ש» **ו"ערבית" אומר עם הש"צ בנחת** - וה"ה לכל הברכות דק"ש, **דאף** דמדינא יכול לכוין לצאת בברכת הש"ץ, אפי' הבקי, **דדוקא** בתפילה אין הש"ץ מוציא את הבקי, משום דרחמי נינהו, וצריך כל אחד לבקש רחמים על עצמו, **מ"מ** יהא רגיל לומר עם הש"ץ בנחת, שכיון שהם ברכות ארוכות, אין אדם יכול לכוין תדיר עם הש"ץ בשתיקה.

והיום אין נוהגין ליזהר לומר דוקא בנחת, (דלא אמר הרא"ש דבר זה, כי אם בזמנו שהיו נוהגין עדיין העולם לצאת בברכת הש"ץ, ע"כ הוא שהחמיר על עצמו לאמר בפיו עם הש"ץ, הוצרך לאמר בנחת שלא להגביה

קולו, כדי שלא לקלקל בזה לשארי אנשים השומעין ומכוונים לצאת בברכת הש"ץ, **וגם** אפשר דמטעם זה היה ממהר לסיים הברכה ולענות אמן אחר הש"ץ, כדי שלא לפרוש עצמו מן הצבור, שצריכין כולן לכתחלה לענות אמן אחר הש"ץ, ואפשר אף לעיכובא, וכמש"כ הרבינו יונה והובא בסימן זה במג"א, דבלא"ה לא יצאו בברכתו, (ובשאר ברכות עניית אמן אינו מעכב, והטעם כהגר"ז להלן), **משא"כ** כהיום, שנהוג שכל אחד מברך לעצמו ברכת ק"ש).

הגה: וימהר לסיים קודם שיסיים הש"צ, ויענה "אמן" אחר ש"צ - דבאמצע אסור לענות אמן, **אבל** "ברוך הוא וברוך שמו" לא יאמר, דאפילו בפסוקי דזמרה לא יפסיק לזה.

ויענה אמן - וה"ה אם שמע סוף ברכה מאדם אחר, בין ברכה זו ובין ברכה אחרת. (ע"ל סי' ס"ו ס"ג שמביא מחלוקת בענין ברכה אחרת).

ומיהו אם לא אמרה, רק שמעה מש"צ, יצא, דברכות אלו - של ק"ש, **הש"צ מוציא היחיד אע"פ שהוא בקי** - וה"ה לכל הברכות, לבד מברכות של תפילה, דאין הש"ץ מוציא את הבקי, **ודוקא** אם כיון לצאת, והש"ץ התכוין להוציאו.

ואפילו אם יצא כבר, מוציא, וה"ה בכל הברכות, **לבד** מברכת הנהנין, דמי שיצא אין יכול להוציא את האחר שהוא מחוייב עדיין בברכה, ואפי' למי שאינו בקי.

מיהו אין הש"צ מוציא היחיד בפחות מי' - אפי' אם אינו בקי, **וזהו** דוקא לענין ברכת ק"ש, (שהן ברכות שבח והודאה, ותקנו לאמרם בפיו, או שישמע אותן ברוב עם שהיא הדרת מלך, כשט' שומעין מא' ועונין אחריו אמן - גר"ז), **וגם** בברכת השחר הלבוש מחמיר כברכת ק"ש, (**והמג"א** פליג עליו, דכתב דלכו"ע בשאר ברכות שאינו בקי לא בעי יו"ד, **והפמ"ג** כתב דאפשר דהלבוש מיירי דוקא בבקי, **ואפילו** בבקי תמה עליו הפמ"ג, מנין ליה לחלק זה מברכת המצות, דקי"ל דמי שיצא מוציא, ולא בעי י', **ועיין** בח"א דסתם כדברי הלבוש, ומשמע מניה דהלבוש מחמיר בכל גווני, ובאמת כן משמע בלבוש, ועיי"ש ג"כ טעם לזה).

אבל שאר ברכות כגון ברכת המצות וברכת הנהנין, אפילו יחיד מוציא את היחיד, אפילו לבקי, **אך** בברכת הנהנין יש כמה חילוקים, דבברכה ראשונה של הלחם והיין, לכו"ע הדין כמו שכתבנו, אך צריך שיקבעו את עצמם לזה, דהיינו שישבו יחד, **ולענין** בהמ"ז, אם רק שנים אכלו, מצוה ליחלק ולברך כל אחד לעצמו, אם לא שאחד אינו בקי, ואז יוציא אותו הבקי, **ובשארי** דברים חוץ מפת ויין, בין בברכה ראשונה ובין בברכה אחרונה, יש דיעות בין הפוסקים אם אחד יכול להוציא חבירו, וכדלקמן בסי' רי"ג ע"ש.

(**ועיין** בטור וב"י שכתבו בשם תשובת הרא"ש, דאם היה מכוין לדברי ש"ץ בשתיקה, ובאמצע הברכה היה פונה לבו לדברים אחרים, הפסיד הכונה, שהפסיק באמצעיתה, **שכל** שהוא סומך על הש"ץ צריך לכוין לבו לכל מה שהוא אומר, ולא יפנה לבו לדברים אחרים, שאל"כ לא יצא, **אבל** כשהוא קורא בפיו, אף אם קרא מקצתה בלא כונה, יצא, **וצע"ג**, לפי מה דקי"ל שומע כעונה, והוי כאלו אמר ממש בפיו, א"כ אפילו אם נחשוב מה שבאמצע פנה לבו לד"א כאלו דילג באמצע, מאי

הוי, והא כתב הרשב"א, דאם שינה ודילג הרבה באמצע ברכות הארוכות, דיצא ידי חובתו, **ולא** אמר שהמשנה ממטבע שטבעו חכמים לא יצא, אלא כשמשנה בפתיחתן או בחתימתן, אבל שאר הנוסח אינו מעכב, **אלא** התיבות שפרטו חכמים בהן, כגון מה שאמרו ברית ותורה ומלכות בבהמ"ז, וכגון הזכרת יציאת מצרים ומלכות וקריעת ים סוף ומכת בכורות ב"אמת ויציב", וכל כיו"ב, **ואין** לומר דחשבינן מה שבאמצע פנה לבו לד"א, כאלו הפסיק ממש בפיו, כמו דחשבינן כל הברכה כאלו אמר בפיו, זה אינו, חדא דאפי' הפסיק ממש באמצע ברכה ארוכה, אין הדין ברור דצריך לחזור ולברך, **ועוד** דבשלמא תחלת הברכה וסופה ששמע מאחר, שהוציא בפיו והתכוין להוציאו, בזה ניחא מה דחשבינן ליה ג"כ כאלו הוציאו בפיו, אבל מה שבאמצע פנה לבו לד"א, איננו כי אם הרהור בעלמא, **ואפילו** מאן דאית ליה הרהור כדבור דמי, הוא רק במחשב במחשבתו איזה תיבות של ק"ש או תפלה וכיו"ב, אבל לא הרהור בעלמא באיזה דבר, **ואולי** דכוונת הרא"ש לומר, דלא יצא ידי מצוה מן המובחר).

ולא יענה אמן אחר סיום: הבוחר בעמו ישראל באהבה, משום דהוי הפסק - בין ק"ש להברכה, כמו שאסור להפסיק בין כל דבר מצוה או הנאה שמברכין עליו, להברכה שלפניו, **אבל** בברכת "יוצר אור" גם הוא מודה לדינא להרמ"א בזה, דאם סיים קודם הש"ץ יש לענות אמן אחריו.

(ועיין לקמן סי' ס"א) - בס"ג בהג"ה, דשם נתבאר, דגם בברכת "הבוחר" המנהג לסיים קודם הש"ץ, ולענות אמן אחר הש"ץ, **והטעם**, דברכות ק"ש אינן דומות לשאר ברכות המצות, שהרי אין מברכין "אקב"ו לקרות שמע", אלא ברכות בפני עצמן הן, ותיקנו לברך אותם קודם ק"ש, לכן אין חשש במה שמפסיק בינם לק"ש.

ועיין באחרונים שהעתיקו כולם את דברי הרמ"א לדינא, דאם סיים ברכת "הבוחר" קודם הש"ץ, יש לענות אמן אחר הש"ץ, **אך** לכתחלה יותר טוב שיסיים בשוה עם הש"ץ, ולא יצטרך לענות אמן אחריו.

ועיין בדה"ח שכתב, דאין לענות אמן אחר ברכה אחרת, בין "אהבה רבה" ל"שמע".

סעיף ה - אם טעה בברכות "יוצר" בענין שצריך לעמוד אחר תחתיו - דהיינו שאינו יודע לחזור למקומו, **אם טעה מקדושה ואילך** - דהיינו ב"האופנים" או ב"לאל ברוך נעימות", **אין השני צריך להתחיל אלא ממקום שפסק. הגה: דהיינו שמתחיל מקדושה ואילך** - אם ב"אופנים" טעה, צריך להתחיל מ"והאופנים", **ואם** ב"לאל ברוך נעימות", צריך לחזור לתחילת "לאל ברוך נעימות", **ואף** דקי"ל, דהשני צריך להתחיל מתחילת הברכה שטעה הראשון, **שאני** הכא, דמכיון שענו "קדוש קדוש", משם ואילך כתחילת ברכה דמי.

(**ואפי'** אם לא יצא זה השני עדיין במחצית הראשונה של הברכה, וא"כ יצטרך אח"כ לחזור ולברך בעצמו תחלת הברכה וחתימתה, אעפ"כ מותר, כיון שבזה מוציא רבים ידי חובתן, **ונראה** דזה דוקא בזמן שהמנהג להוציא בברכות, אבל כהיום אסור לו להתחיל מאמצע הברכה, אם עדיין לא אמר בעצמו).

ואם טעה קודם קדושה צריך להתחיל בראש - שאין חולקין ברכה אחת לשתים, **וזה** דוקא בזמן שהיו נוהגין להוציא בברכת ק"ש, אבל כהיום שהמנהג שכל אחד מברך לעצמו, ואין שום אחד יוצא בברכת ש"ץ, אם נשתתק הש"ץ בברכת "יוצר אור", וכה"ג בכל הברכות, לבד מתפלה, אסור השני העומד תחתיו לחזור ולהתחיל ממקום שכבר אמר מתחלה בעצמו.

§ סימן סא – דין כמה צריך לדקדק ולכוין בק"ש §

סעיף א - יקרא קריאת שמע בכוונה - היינו כל קריאת שמע, דמה שנתבאר בסוף סימן הקודם, הוא רק לענין דיעבד.

אליהו רבא הביא בשם הכלבו, והוא בירושלמי, דבק"ש מרומז עשרת הדברות: ב"ד' אלהינו" מרומז: אנכי ד' אלהיך, "ד' אחד", דיבור: לא יהיה לך, **ובפסוק** "ואהבת", מרומז דיבור: לא תשא, דמאן דרחים למלכא לא מישתבע בשמיה לשיקרא, **ובפסוק** "וכתבתם", דיבור: לא תחמוד, דכתיב: ביתך, ולא בית חבירך, **ובפסוק** "ואספת דגנך", דיבור: לא תגנוב, דדגנך, ולא תאסוף דגן חבירך, **ובפסוק** "ואבדתם מהרה", דיבור: לא תרצח, דמאן דקטל יתקטל, **ובפסוק** "למען ירבו ימיכם", דיבור: כבד את אביך, **ובפסוק** "ולא תתורו וגו' ואחרי עיניכם", דיבור: לא תנאף, **ובפסוק** "למען תזכרו וגו'", דיבור: זכור את יום השבת, שהוא שקול ככל התורה, **ובפסוק** "אני ד' אלהיכם", דיבור: לא תענה ברעך עד שקר, **ע"כ** צריך האדם להתבונן בהם בעת אמירת ק"ש, כדי שלא יבוא לעבור על אחת מהן.

באימה ביראה ברתת וזיע - ונראה דאימה ויראה זו היא באופן זה, שיכוין בשעה שהוא קורא את שמע לקבל עליו עול מ"ש, להיות נהרג על קידוש השם המיוחד, דזהו "בכל נפשך": אפילו נוטל את נפשך, ועל זה אמר הכתוב: כי עליך הורגנו כל היום, כי אז בכונה זו יקראנה באימה ויראה ורתת וזיע.

כתב הטור בשם רב עמרם: לישוייה איניש לק"ש בכל זמן דקרי לה כפרוטגמא חדשה, (הוא כתב צווי המלך על בני מדינתו), ויחשוב בלבו אלו מלך ב"ו שולח פרוטגמא חדשה, בודאי היו כל בני המדינה קוראין אותה באימה ויראה ברתת וזיע, ק"ו לק"ש שהוא פרוטגמא של מלך ממ"ה הקב"ה, שחייב כל אחד לקרותה באימה ויראה ברתת וזיע, **וכתב** הפרישה, דלהכי המשילו לפרוטגמא כתב וצווי המלך, לומר לך שלא תקרא ק"ש בחטיפה ובמרוצה ובעירבוב הדברים, אלא במתון מלה במלה, ובהפסק בין דבר לדבר, כאדם הקורא צווי המלך, שקורא במתון גדול כל צווי בפני עצמו להבינו על תכונתו, כך יקרא ק"ש כל צווי וצווי עונש ועונש הנזכר בו ישים אל לבו להבינו, כי הוא צווי המלך הגדול ב"ה.

סעיף ב - "אשר אנכי מצוך היום", היינו לומר: בכל יום יהיו בעיניך כחדשים, ולא כמי שכבר שמע אותו הרבה פעמים שאינו חביב אצלו - וכתב הפמ"ג, שעאכ"ו צריך שיראה להבין בכל פעם מה שאומר, ולא לקרותה במרוצה כפי ההרגל, ורק לצאת ידי קריאה.

סעיף ג - בקריאת שמע יש רמ"ח תיבות, וכדי להשלים רמ"ח כנגד איבריו של אדם, מסיים שליח צבור "ה' אלהיכם אמת", וחוזר ואומר בקול רם "ה' אלהיכם אמת" - כדאיתא במדרש הנעלם: פתח ר' יהודה ואמר, "רפאות תהי לשריך ושיקוי לעצמותיך", התורה היא רפואה לגוף ולעצמות בעוה"ז ובעוה"ב, דאמר ר' נהוראי אמר ר' נחמיה: בק"ש רמ"ח תיבות כמנין איבריו של אדם, והקורא ק"ש כתיקונו, כל אבר ואבר נוטל תיבה אחת ומתרפא בו, ודא "רפאות תהי לשריך" וכו', **והלא** בק"ש אין שם אלא רמ"ה תיבות וכו', מאי תקנתיה, תיקנו שיהא ש"ץ חוזר ג' תיבות, ומאן נינהו, "ד' אלהיכם אמת", כדי להשלים רמ"ח תיבות על הקהל וכו', **וכל** האומר ק"ש שלא עם הצבור אינו משלים איבריו, מפני שחסרו ג' תיבות שש"ץ חוזר, מאי תקנתיה, יכוין בט"ו וי"ן דב"אמת ויציב", **ועם** כל דא, היה קורא עליו אבא: מעוות לא יוכל לתקון וחסרון לא יוכל להמנות, אותם ג' תיבות דק"ש שש"ץ חוזר, לא יוכל להמנות אותם לתשלום רמ"ח כשאר הצבור, עכ"ל בקיצור.

ובמקום שלא נהגו לחזור, אין מוחין בידן. **ולא** יחזור ג"כ תיבת "אני".

ובספר עשרה מאמרות כתב, שהש"ץ לא יסיים בלחש בתיבת "אמת", כי אם כשחוזר ואומר בקול רם, ובזה ימצא החשבון רמ"ח, דאל"ה יהיה רמ"ט, **אך** המנהג כהשו"ע, שיש לומר גם בפעם הראשון "אמת", שלא להפריד ביניהם, "ואמת" השני אינו מן המנין, אלא ברכת "אמת ויציב" היא, כ"כ הפמ"ג, **והגר"א** כתב שהעיקר כהעשרה מאמרות.

והיחיד בלחש מסיים ג"כ בתיבת "אמת", אבל אח"כ אינו חוזר לומר "אמת", כי אם שמתחיל "ויציב ונכון" וכו'.

הגה: ובזה כל אדם יוצא הואיל ושומעין מפיו של ש"צ ג' תיבות אלו. ואם היחיד רוצה ג"כ לאמרם עם השליח צבור, אין איסור בדבר - אבל אינו אומר "אמת" לחודיה עם הש"ץ, דהוי כ"שמע שמע", **ואעפ"כ** אין משתקין אותו אם שהה בינתיים.

ואם הוא קורא ביחיד, יכוין בט"ו וי"ן שב"אמת ויציב" שעולים צ', והם כנגד ג' שמות ההויה, שכל שם עולה כ"ו, וד' אותיותיו הם ל' - ובערבית יכוין ש"אמת" עולה במקום ג' שמות הנ"ל.

הגה: ויש עוד טעם אחר בדבר, דט"ו וי"ן עולין צ', והקריאה נחשבת א', הרי צ"א - כמנין "אמן", וכמנין וכו' - ד"מ, **כמנין השם בקריאתו ובכתיבתו, והוי כאילו אמר: ה' אדנ"י אמת.**

ויש שכתבו דכל הקורא קריאת שמע ביחיד יאמר: אל מלך נאמן שמע וגו', כי ג' תיבות אלו משלימין המנין של רמ"ח, והוא

סימן סא – דין כמה צריך לדקדק ולכוין בק"ש

במקום "אמן" שיש לענות אחר "ברוך הבוחר בעמו ישראל באהבה", וכן נוהגין - עיין מ"א וב"ח, דמנהג קדום הוא.

ונראה לי מכל מקום כשקורא עם הצבור לא יאמר "אל מלך נאמן", רק יאמר "אמן" אחר הש"ץ כשמסיים הברכה, וכן נוהגין ונכון הוא - ומ"מ אין ללמוד מזה לענין אם בירך על הפרי, או שסיים ברכת "המוציא" ולא אכל עדיין, ובתוך כך סיים חבירו אותה הברכה, שיענה אחריו אמן, **שטעם** הג"ה בזה, משום שהברכות לא נתקנו דוקא על ק"ש.

ועיין במה שכתבנו לעיל, דלכתחילה יותר טוב שיסיים בשוה עם הש"ץ, ולא יצטרך לענות אמן אחריו.

סעיף ד - נוהגין לקרות פסוק ראשון בקול רם, כדי לעורר הכוונה.

סעיף ז - ידגיש בדלי"ת שלא תהא כרי"ש - ולא ידגיש יותר מדאי, שנראה כאלו הד' נקודה בשו"א או בציר"י, אלא הכונה שיטעימנה בפה יפה.

סעיף יג - אחר פסוק ראשון צריך לומר "בשכמל"ו" בחשאי - שכשקרא יעקב אבינו ע"ה לבניו, בקש לגלות להם את הקץ, כדכתיב: ואגידה לכם את אשר יקרא אתכם באחרית הימים, ונסתלקה ממנו שכינה ולא הניחתו לגלותו, אמר לבניו: שמא יש בכם מי שאינו הגון, פתחו כולם ואמרו: שמע ישראל ד' אלהינו ד' אחד, פתח הזקן ואמר: בשכמל"ו, **ואמרו** רבנן היכי נעביד, נימריה, לא אמר משה, לא נימריה, הא אמר יעקב, תקנו לאמר אותו בחשאי, והוא היכר שאינו מן הפרשה הכתובה בתורה, רק יעקב אמרו.

ואם לא אמר, יש דיעות בין הפוסקים אם מחזירין אותו, (המ"א הביא בשם הש"ג והב"ח, שאין מחזירין אותו, והלבוש פוסק דמחזירין אותו, והנה אף שמדברי המ"א משמע, דמסכים עם הלבוש שמחזירין אותו, והכונה, להחזירו לראש או עכ"פ לבשכמל"ו, מ"מ לענ"ד נראה שהדין עם הש"ג וב"ח דבכל גווני יצא, ומה שהביא המג"א ראיה מסימן ס"ו ס"ו, דשם פוסק דאין להפסיק באמירת בשכמל"ו, אם לא שירא שמא יהרגנו, אלמא דהוא בכלל קבלת מ"ש כמו פסוק ראשון של שמע, אין ראיה לזה, דגם אנו מודין דעצם אמירת בשכמל"ו הוא ענין גדול, אבל אין ראיה מזה שאם דילג שיצטרך לחזור לראש, דגם אם דילג מגופא של הפרשה, אם לא שגילתה לנו התורה "והיו" שלא יקרא למפרע, לא היה צריך עי"ז לחזור לראש, ומנין לנו להחמיר ג"כ באמירת בשכמל"ו, דתקנו והוסיפו רבנן, ולולי דמסתפינא הו"א, דגם הלבוש מודה בזה, דלא אמר רק שצריך לחזור, ולא הוי כשאר פסוק שבק"ש שאין צריך לחזור עבור הכונה אפילו אם לא התחיל עדיין הפסוק שאחריו, ונ"מ אם הוא עומד קודם "ואהבת", **אבל** אם כבר קרא ק"ש אף שדילג בשכמל"ו, אין צריך לחזור עבור זה, רק יאמר אותו במקום שנזכר, ואפשר דגם זה אין צריך מצד הדין).

סעיף יד - צריך להפסיק מעט בין "לעולם ועד" ל"ואהבת", כדי להפסיק בין קבלת מלכות שמים לשאר מצות - ד"בשכמל"ו" ג"כ בכלל קבלת מלכות שמים הוא, ע"כ צריך להמתין אחריו מעט.

הגה: ויש להפסיק בפסוק ראשון בין "ישראל" ל"ה'", ובין "אלהינו" ל"ה'" השני, כדי שיהא נשמע: שמע ישראל, כי ה' שהוא אלהינו, הוא ה' אחד. ויש להפסיק מעט בין "אחד" ל"ברוך", כי עיקר קבול מלכות שמים הוא פסוק ראשון.

סעיף טו - צריך להפסיק בין "היום" "על לבבך", ובין "היום" "לאהבה", שלא יהא נראה היום ולא למחר.

סעיף טז - צריך להפסיק בין "נשבע" ל"ה'", כדי להטעים יפה העי"ן, שלא תהא נראית כה"א.

סעיף יז - צריך להתיז זיי"ן של "תזכרו", דלא לשתמע "תשקרו", או "תשכרו", והוי כעבדים המשמשים על מנת לקבל פרס. וכן צריך להתיז זיי"ן של "וזכרתם".

סעיף יח - ידגיש יו"ד של "שמע ישראל", שלא תבלע ושלא תראה אל"ף; וכן יו"ד ד"והיו", דלא לשתמע "והאו" - השו"ע נקט בהני פסוקי, וה"ה בכל ק"ש יראה שלא להבליע האותיות, ולא להחליפם באותיות אחרות, **כגון** פסוק "ואהבת" וגו', לא יראה כמי שקורא "ואהפת", "לבפך", "נבשך", "מודיך", וכה"ג בכל ק"ש יזהר לקרות במתון כל תיבה ותיבה בפני עצמו, ולהוציא את התיבה מפיו כהלכתה, ויושלמו לו כל רמ"ח איבריו עי"ז.

סעיף יט - צריך ליתן ריוח בין "וחרה" ל"אף", דלא לשתמע "וחרף".

סעיף כא - צריך בכל אל"ף שאחר מ"ם להפסיק ביניהם, כגון: ולמדתם אותם; וקשרתם אותם; ושמתם את; וראיתם אותו; (וזכרתם את; ועשיתם את), שלא יהא נראה כקורא: "מותם" "מת" - א"ר הביא בשם של"ה, דה"ה בכל אלף שאחר מ"ם צריך להפסיק, כגון: ועבדתם אלהים אחרים; עיניכם אשר; זונים אחריהם; אלהיכם אשר; לאלהיכם אני; אלהיכם אמת.

גם כל תיבה שתחלתה אלף ואפשר שלא ירגישנה במבטא, צריך הפסק כגון: אשר אנכי; מטר ארצכם; ועצר את; אשר ד'; דברי אלה; ויאמר ד' אל; דבר אל; מצות ד'; אשר אתם; וכל כה"ג.

גם כל תיבה שתחלתה יו"ד, צריך להדגיש במבטא, שלא יראה כאלו נמשכת אחר התיבה שלפניה, כגון: פן יפתה, לא יראה כאלו קורא "פניפתה", או "פן איפתה", וכן בתיבת "ירבו", וכל כה"ג.

סעיף כב - אף בפסוקי דזמרה ובתפלה צריך לדקדק בכך. הגה: וכ"ה הקורא בתורה בנביאים וכתובים יש ליזהר - ולא הזהירו על ק"ש אלא משום שמסורה לכל, ויש בה יחוד שמים. (מבואר להדיא, דבכל עת שאדם קורא בתורה יש תורת קריאה עלה, ונאמר בזה דין שצריך לדקדק באותיותיה. מהגר"מ סאלאווייציק, והסכים עמו בזה אביו הגרי"ז זצ"ל).

סעיף כג - צריך לדקדק שלא ירפה החזק ולא יחזק הרפה, ולא יניח הנד ולא יניד הנח - שו"א הנחטפת נקראת נח, כגון בסוף תיבה, או באמצע תיבה הבאה אחר תנועה קטנה, **ושו"א** נד נקרא המתנועעת, כגון בראש תיבה, או באמצע תיבה הבאה אחר תנועה גדולה, **וסימן** תנועה גדולה "פִּיתּוּחֵי חוֹתָם", רק החיריק כשיש יו"ד אצלה נקראת תנועה גדולה, וכשאין יו"ד אצלה נקראת תנועה קטנה.

סעיף כד - צריך לקרות קריאת שמע בטעמים כמו שהם בתורה. הגה: אבל לא נהגו כן במדינות אלו - אך שצריך ליזהר לפסוק במקום הראוי להפסיק לפי הענין, כדי שיהיה טעם והבנה לדבריו, **ע"כ** יראה לקרותה בנחת, דאל"ה ישתנה לפעמים הבנת דבריו עי"ז.

ומ"מ המדקדקים מחמירים בכך - ובלבד שיכוין, כי הנגינה למי שלא הורגל בה מפסיד הכונה.

סעיף כה - כשיאמר: וקשרתם לאות על ידך, ימשמש בתפילין של יד, וכשיאמר: והיו לטוטפות בין עיניך, ימשמש בש"ר - וכן בפרשה שניה כשמזכיר ענין תפילין צריך למשמש, **וכשיאמר: וראיתם אותו, ימשמש בב' ציצית שלפניו. (וע"ל סי' כ"ד סעיף ד').**

סעיף כו - יש נוהגים לקרות ק"ש בקול רם, ויש נוהגים לקרותו בלחש. הגה: ומ"מ יאמרו פסוק ראשון בקול רם, וכן נוהגין.

לענין אם יוצא בק"ש ע"י אחר שיכוין להוציאו, עיין במ"א ופמ"ג, **ורוב** האחרונים סוברים דיוצא בזה, ועדיף זה מהרהור, דהרהור לאו כדיבור דמי, משא"כ בזה דשומע כעונה, **וכתב** ע"ת: ונראה דדוקא במבין הלשון, ואפילו בלה"ק בעינן דוקא שיבין השומע, עיין בסימן קצ"ג ס"א, **ובשכנה"ג** הביא בשם ברכת אברהם, דדוקא ביחיד המוציא את היחיד, אבל יחיד המוציא את הרבים, או יחיד המוציא את השנים בבהמ"ז, אפילו אינם מבינים בלה"ק, יוצאים.

§ סימן סב – מי שלא דקדק בק"ש או לא השמיע לאזנו §

סעיף ה - צריך שליח צבור להשמיע קולו ב"שמע ישראל", כדי שישמעו הקהל וימליכו שם שמים יחד – (ואפי' מי שאינו מתפלל עתה, צריך לאמר ג"כ עמהם, וטוב שיכוין אז שלא לצאת בזה ידי ק"ש, כדי שיקיים אח"כ ברכות עם ק"ש דבר תורה).

§ סימן סו – באיזה מקום יכול להפסיק, ובאיזה מקום לא יפסיק §

סעיף ד - כהן שהיה קורא ק"ש - או שהיה עוסק בברכותיה, **וקראוהו לקרות בתורה** - ובין שהוא עומד באמצע הפרק, או בין הפרקים, (הוא מדברי הפמ"ג, ונ"ל דדברי הפמ"ג לא יתכנו רק לפי מה שפסק הרמ"א בס"ב, דאין לברך על טלית אפילו בין הפרקים, משום דאין הטלית שייך לק"ש, משא"כ לפי מה שפסק המחבר לעיל, דבבין הפרקים מותר לברך אפילו על טלית, בודאי גם הרשב"א מודה לענין ברכת התורה דמותר לברך עכ"פ בבין הפרקים).

יש מי שאומר שמפסיק - דהא מפני כבוד הבריות ויראתם מפסיק, וכ"ש מפני כבוד התורה, **ולפי"ז** אפילו קראו לישראל לעלות לתורה ג"כ מפסיק, אפילו באמצע ק"ש, **ולא** נקט השו"ע כהן רק משום רבותא דהי"א השני, שס"ל דאינו מפסיק אפילו בכהן.

ויש מי שאומר שאינו מפסיק, והלכה כדבריו - וטעמם, דאין זה בזיון לתורה, כיון שאינו מפסיק משום שעוסק במצות ק"ש וברכותיה, **וגם** אע"פ שהוא כהן, אין לחוש לפגמו אם לא יעלה, שיוציאו עליו לעז שהוא פסול, כיון דמה שאינו עולה הוא משום שעומד במקום שאינו רשאי להפסיק, אין בזה פגם, וידעו הכל דמהאי טעמא הוא, **ועולה** אפילו ישראל במקומו אם אין כאן כהן אחר.

והאחרונים כתבו, דכהיום נוהגין העולם כהי"א קמא, ואפילו בקראו ישראל והוא עומד באמצע ק"ש, אף דנוכל להשיג ישראל אחר, אעפ"כ נוהגין שמפסיקין מפני כבוד התורה, **לבד** אם הוא עומד בפסוק "שמע ישראל" ו"בשכמל"ו", לא יפסיק באמצען, אלא יגמרם ואח"כ יעלה, ואין לשנות המנהג מפני המחלוקת, **אך** אם יוכל למהר ולסיים עד הפרק, ימהר, **ואם** אינו יכול לסיים עד הפרק, יסיים עכ"פ להיכא דסליק עניינא, אך לעכב בשביל זה לא יעכב, **אמנם** לא יקרא עם החזן, רק שיראה להטות אזנו ולשמוע ממנו, **ומכ"ש** שלא יפסיק לאמר להש"ץ לעשות "מי שבירך", **ונראה** דאם באמצע "מי שבירך" שכח החזן שמו ושואלו, לכו"ע מותר להשיבו מפני הכבוד, **וכשחוזר** אח"כ לק"ש, אין צריך לחזור רק למקום שפסק, אפילו היה פרשה ארוכה, ושהה עי"ז כדי לגמור כולה.

וכתב הא"ר ודה"ח, דבין גאולה לתפלה לא יעלה, אפילו אם קראוהו, ואצ"ל באמצע שמ"ע.

וכ"ז בדיעבד שכבר קראו אותו, אבל לכתחלה אפילו עומד בברכת ק"ש, וכ"ש בק"ש עצמה, לא יקראו אותו, אפי' אין שם כהן אלא הוא, דליכא למיחש בזה לפגמא, כיון שהוא עוסק בק"ש, רק יקראו לישראל

סימן סו – באיזה מקום יכול להפסיק, ובאיזה מקום לא יפסיק

במקומו, ומותר לקרותו בשמו, ויאמר "במקום כהן", **ויש** חולקין ואומרין, דגם בזה שייך פגמא להכהן, דאין הכל יודעין שהוא עוסק בק"ש, **ונראה** דיש לסמוך ולהקל לקרותו אם הוא עומד בבין הפרקים, **ויותר** טוב אם אין שם כהן אלא הוא, שילך מבהכ"נ קודם שיקראו להראשון, וכן הדין בלוי.

ונראה פשוט, דאם הס"ת מונח על השולחן, ואין להם מי שיוכל לקרות בה, כי אם זה שהוא עומד בק"ש וברכותיה, לכו"ע יכול להפסיק מפני כבוד התורה, **אך** אם בנקל הוא לסיים לו מתחלה עד הפרק, יסיים, **גם** ימנע אז את עצמו מלהיות הוא הקורא בשם הקרואים שיעלו להתורה, מטעם הפסק.

§ סימן סט – דין פורס על שמע §

סעיף א- פריסת שמע נקרא אמירת ה"ברכו" שאנו אומרין, וענין פריסת שמע מקומות מקומות יש, **יש** מקומות שנוהגין שפורסין על שמע בשביל המתאחרין לבוא לבהכ"נ, אחר גמר סיום תפלת י"ח בלחש, **ויש** מקומות שנוהגין שפורס הש"ץ על שמע בשביל המתאחרין, אחר קדיש בתרא, **ועיין** במ"א שמצריך לאלו הנוהגין אחר קדיש בתרא, לומר מתחלה קצת פסוקים אם רוצים לומר קדיש ו"ברכו".

ועיין בב"י דמוכח, דמנהגם הוא דאף אם אירע שלא בא אדם לבה"כ אחר "ברכו", אעפ"כ אין מדקדקין בכך, לבד משבתות ויו"ט כדאיתא שם, **ומ"מ** אין לבטל מנהגם בבה"כ מפני המחלוקת, **אבל** במקום שאין לחוש למחלוקת, יש לנהוג שלא יאמר הש"ץ "ברכו" אא"כ בא אחד אחר "ברכו", ולא שמע כלל באותו יום, **ואף** שכבר אמר "יוצר אור", מותר ג"כ לומר בשבילו, אע"פ שלא יסמוך אליה "יוצר אור".

וכן מי שכבר שמע "ברכו" קודם התפלה, ועתה מתפלל ביחידות, והגיע ל"ברכו" ונזדמן לו עשרה אנשים שכבר שמעו "ברכו", אעפ"כ מותר לפרוס על שמע ולומר "ברכו", הוא, או אחר בשבילו, כיון דיאמר מיד אח"כ ברכת "יוצר אור", **אבל** אם תרתי לגריעותא, דהיינו שכבר שמע "ברכו", או ששמע מהעולים בתורה שאמרו "ברכו", **וגם** הוא עתה אינו עומד קודם "יוצר אור", אינו יכול עוד לפרוס על שמע ולומר "ברכו", הוא, או אחר בשבילו.

אם יש בני אדם שהתפללו כל אחד בפני עצמו ביחיד, ולא שמעו לא קדיש ולא קדושה, עומד אחד מהם ואומר קדיש ו"ברכו" וברכה ראשונה "יוצר אור" ולא יותר, וזה נקרא פורס על שמע, לשון חתיכה פרוסה, שאין אומרים אלא קצת ממנה - עיין לעיל בסימן נ"ד בהג"ה, דצריך לומר מתחלה קצת פסוקים.

אף דבזמנינו כולם בקיאין, וא"צ לברכת המברך שיוציאן בהברכה, וכ"ש לפי מה דאיירי המחבר, שכבר בירכו כולם כל אחד בפני עצמו, **מ"מ** ס"ל להמחבר דאומר "יוצר אור", משום שלא יהיו נראין ככופרין ח"ו, שהוא אומר להם שיברכו, ואין אחד מהם שיברך, לכך אומר "יוצר אור" ובקול רם, והאחרים שומעים והשומע כעונה.

שהתפללו כל אחד - והרדב"ז פליג ע"ז וז"ל: אם התפללו עשרה כל אחד ביחידי, פרח מינייהו קדיש וקדושה, כדאמרינן גבי בהמ"ז, וכיון דפרח מינייהו, אע"ג שאח"כ נתחברו עשרה, אינם יכולים לחזור ולהתפלל בקדיש וקדושה, ואם חזרו והתפללו הוי ברכה לבטלה, והובא דבריו בקיצור במ"א ובספר מגן גיבורים, ובח"א הביאו דבריו להלכה, **ובתשו'** הרמ"ע ובדה"ח משמע, דפוסק כהשו"ע, **אכן** בתשו' חת"ס כתב, דכן עמא דבר כהרדב"ז.

אכן גם להרדב"ז, אם יש אחד מהם שלא התפלל עדיין, יכול לפרוס על שמע וגם לירד לפני התיבה, **אך** לא יתפלל מתחלה התפלה בלחש, רק יתפלל תיכף התפלה בקול רם, דבכה"ג לא שייך פרח חובת תפלה מינייהו, דהרי בשביל עצמו אומר, **וה"ה** דאחד מאותם שכבר יצאו, יכול לפרוס על שמע ולירד לפני התיבה בשבילו, וכדלקמיה בשו"ע, דכיון דיש עכ"פ אחד שלא יצא עדיין ידי תפלה, כל ישראל ערבים זה בזה.

הגה: ועכשיו לא נהגו לומר כל ברכת "יוצר אור", אלא אומרים קדיש ו"ברכו" והם עונים אחריו "ברוך ה'" וכו' - סבירא לן, דכיון שעונים "ברוך ד' המבורך לעולם ועד", תו לא מחזי ככופר, מידי דהוי אברכת התורה, **ועיין** בא"ר ובמג"ג שהסכימו ג"כ לזה.

י"א שפורסין בק"ש של ערבית כמו בשחרית - ר"ל אף אם כולם כבר התפללו כל אחד בפני עצמו.

ולא נהגו כן, משום דליכא קדיש קודם "ברכו" של ערבית - ומשום "ברכו" לחודיה לא קפדינן כ"כ, **ואע"ג** דבקצת מקומות אומרים ג' פסוקים וקדיש קודם "ברכו" בערבית, זהו רק מנהג בעלמא ולא קפדינן בהאי קדיש, **משא"כ** קדיש שאחר "ישתבח" שחרית, שהוא מנהג קדמונים, קפדינן טפי.

כתב הפמ"ג: נראה ודאי, אם יש אחד שלא התפלל עדיין מעריב, יכול לעמוד בפני העמוד עם ט' שהתפללו, ויאמר "ברכו" בקול רם, וגם יאמר הברכה ראשונה בקול רם, ויוצא אף להמחבר, **ואפשר** דיוכל לומר ג"כ הקדיש שקודם שמ"ע, עכ"ל.

לאחר שסיימו ברכת "יוצר אור", אומר "אבות" ו"גבורות" ו"קדושה" ו"אתה קדוש", וזה נקרא עובר לפני התיבה - ואין זה מצוי כהיום, משום דרגילין לפרוס על שמע בשביל המתאחרין לבוא אחר גמר סיום שמנה עשרה בלחש, קודם שמתחיל הש"ץ התפלה בקול רם, ויוצאין על ידו ענין הקדושה, **אבל** אם אירע שנתאחר לבוא להתפלל אחר התפלה, יוכל לפרוס על שמע ולירד לפני התיבה.

וצריכין ליזהר בעת שמתקבצין אז בפתח בהכ"נ לפרוס על שמע, שלא יעברו נגד המתפללין.

עיין בהג"ה בסמוך, שמסיים כל התפלה ג"כ, **ועיין** לעיל דדעת הרדב"ז, דאין לנהוג דין עובר לפני התיבה, אא"כ יש בהם עכ"פ אחד שלא התפלל עדיין, **וכתב** המ"א: מיהו נ"ל דאם אין שם ששה שלא התפללו, לא יתפלל הש"ץ בלחש, רק יתחיל מיד בקול רם, דהא עיקר הכונה בהחזרה בזה הוא רק משום קדושה, ויאמר הג' ראשונות בקול רם והשאר בלחש, **אבל** כשיש רוב מנין, הם כמו צבור גמור.

(**ובדיעבד** אם לא היה רוב מנין, והתפללו הי"ח בלחש, אם יכול אח"כ הש"ץ לעבור לפני התיבה, צ"ע, **דלפי** דעת השו"ע דפוסק בריש הסעיף, דאפי' אם התפללו מתחלה כל אחד ביחידי, יכול אח"כ אחד לעבור לפני התיבה, פשוט דכ"ש בזה, **כי** מיבעי לי לפי דעת הרדב"ז דנהגינן כוותיה, אם פליג ג"כ בזה, דזה יחשב רק תפלת יחיד, **או** דילמא דבזה עדיף, כיון דבעת התפלה היה מנין בבהכ"נ, וגם מכיון שנתקבצו לעשרה, היה עליהם חיוב קדושה קודם שהתחילו להתפלל, דעל הכל היה החיוב, **ותדע**, דלהרדב"ז דס"ל דפרח מינייהו חיובא דקדושה לאחר שהתפללו, הא דאנו עושין תמיד חזרת הש"ץ, אף דאנו בקיאין, ולפי דברי התוס' במגילה, הטעם הוא משום קדושה, ע"כ היינו משום דבעת שנתקבצו העשרה ביחד היה עליהם חיוב קדושה, וא"כ ה"נ בענינינו).

ואין עושין דברים אלו בפחות מי', משום דהוי דברים שבקדושה.

וצריך לחזור אחר ו' שלא שמעו, דהיינו רוב העשרה. ואם אינם נמצאים, אפי' בשביל אחד שלא שמע אומרים - ואם שמע מהעולים בתורה, די, ואין חוזרין בשבילו, אם לא שהוא עומד עתה קודם ברכת "יוצר אור", אז מותר לפרוס בשבילו.

ואפי' מי ששמע יכול לפרוס על שמע ולעבור לפני התיבה בשביל אותו שלא שמע, ומ"מ אם אותו שלא שמע בקי לפרוס על שמע ולעבור לפני התיבה, מוטב שיפרוס ויעבור לפני התיבה הוא, משיפרוס ויעבור לפני התיבה אחר שכבר שמע - ועכשיו נהגו שלעולם האבלים פורסים שמע, ואפילו שמעו ויש אחר שלא שמע, ואיננו נכון, כ"כ המ"א, **אבל** הפמ"ג יישב המנהג, משום דאין פנאי לבקש איש יודע בין תפלת ח"י בלחש, **אבל** ודאי אם יש פנאי, ויש מי שיודע ולא התפלל, ראוי שהוא יפרוס.

הגה: ומי שעובר לפני התיבה ואמר ג' הברכות הראשונות, ישלים כל התפלה – (ר"ל בלחש) **ולא יפסיק, אע"פ שכבר התפלל, אבל האחרים יכולין להפסיק אח"כ** - וללכת לדרכם, שהעיקר היה רק בשביל הקדושה.

וכל שכן שאם לא התפלל הפורס והעובר לפני התיבה תחלה, שישלים תפלתו - ר"ל דכ"ש דלא יפסיק בזה, מכיון שהתפלה צריכה לו בשביל עצמו לצאת בזה ידי תפלה, **אע"פ שיצטרך לקרות אח"כ ק"ש ולא יסמוך גאולה לתפלה.**

ולפי"ז אדם שנתאחר לבוא לבהכ"נ, ולא שמע "ברכו" וקדושה, וחושש שמא לא יהיה אח"כ מנין בבהכ"נ כשיגיע לתפלה, מותר לפרוס ולעבור לפני התיבה להתפלל כל הי"ח ברכות, כדי שיהיה יוכל לומר קדושה, ואח"כ יקרא ק"ש וברכותיה ולא יתפלל, **אבל** המ"א כתב, דלכתחלה אין נכון לעשות כן, לבטל מצות סמיכת גאולה לתפלה משום קדושה, **אלא** יתפלל כסדר ויסמוך גאולה לתפלה, ואם יהיה אז עשרה בבהכ"נ יאמר קדושה.

(ופשוט דבשביל פריסת שמע, אם אינם רוצים שארי האנשים להמתין עליו, יכול לדלוג מפסוקי דזמרה, ויאמר רק ב"ש ואשרי וישתבח, ויפרוס על שמע, **אך** אם אינם רוצים להמתין עליו כלל, יאמר קצת פסוקים ואח"כ קדיש וברכו, **אך** צ"ע קצת מה יעשה אח"כ, אם טוב יותר לדלג לגמרי, ויתחיל תיכף אחר הברכו מ"יוצר אור", דזהו פריסת שמע המעולה כשאומר תיכף "יוצר אור" אחריו כידוע, **או** דיתחיל אח"כ מב"ש, ועי"ל בסימן נ"ד מה שכתבנו בשם האחרונים, דב"ש וישתבח היא תקנה קדומה מאוד, ע"כ לכאורה טוב יותר שיתחיל אח"כ מ"ברוך שאמר").

ואסור להפסיק בדברים אלו בין גאולה לתפלה או בק"ש וברכותיה, ולכן אסור לש"ץ להפסיק בין ק"ש לתפלה או בק"ש וברכותיה, כדי לפרוס על שמע לאותן הבאים לבהכ"נ לאחר שהתפללו הקהל קדיש ו"ברכו" והתחיל בברכת "יוצר אור" - אבל אם לא התחיל, חוזר ואומר "ברכו" לאותם שבאו לבהכ"נ.

אבל בברכת ערבית שהיא רשות, יכול להפסיק להוציא אחרים י"ח - ר"ל בין גאולה לתפלה, דהיינו אחר סיום ברכת "השכיבנו", ובלא"ה מפסיקין ג"כ בפסוקים, **אבל** באמצע הברכות לא יפסיק. (**ואע"ג** דלעיל כתב דלא נהגו בערבית לפרוס על שמע, מ"מ נ"מ למקום שנהגו).

ומ"מ איש אחר יכול לפרוס על שמע או להתפלל ביו"ד כל התפלה – (ר"ל אע"ג דמנענו לש"ץ מלהפסיק להוציאם י"ח, אבל איש אחר וכו'). (ומה דאצל פריסת שמע לא נקט ביו"ד, ואצל להתפלל נקט ביו"ד, עיין בד"מ דאין מסכים בזה עם מהר"י מינץ לדינא, ‹דהוא מקור דין זה›, דס"ל דלתפלה בעינן דוקא עשרה שלא התפללו, **אלא** תפלה שוה עם פריסת שמע, וכ"כ המ"א).

אפי' באותו בהכ"נ שכבר התפללו, להוציא אחרים י"ח, רק שלא יעמוד החזן השני במקום שעמד הראשון, דזהו נראה גנאי לראשונים, דהוי כאילו לא יצאו בראשונה י"ח. וי"ל דוקא שעדיין הראשונים בבהכ"נ אלא שהשלימו סדרם, אבל אם יצאו הראשונים, יוכל לעמוד החזן אף במקום שעמד הראשון - וה"ה אם הוא קביעות, שיתפללו בזה בהכ"נ כמה פעמים זה אחר זה, אין קפידא. **ולא** עוד אלא אם אין חזן לאחרונים, יכול אפילו החזן הראשון להתפלל שנית להוציא גם האחרונים, **ופשוט** דבזה א"צ החזן לעמוד לפני התיבה כל עת התפלה, אלא כשיגיעו ל"ברכו" הוא יאמר לפניהם קדיש ו"ברכו", ואח"כ יאמרו בעצמן מ"יוצר אור" והלאה, עד גמר י"ח בלחש, **כי** במקומינו כולן בקיאין, ואין נוהגין לצאת בזה ע"י ש"ץ, **ואח"כ** יעמוד לפני התיבה לחזור התפלה כנהוג, עם כל הקדישים שאחר התפלה.

כתב במשפטי שמואל, שאם הראשונים הוציאו ס"ת וקראו בה, אין לשניים להוציא ס"ת פעם אחרת ולקרות בה, **ונתן** לזה טעם, שהוא משום פגמו של ס"ת, שמא יאמרו שמצאו פסול בס"ת ראשונה, ומפני כך הוציאו שנייה, **ואף** אם היא ס"ת זו עצמו, מ"מ שמא יאמרו הראשונים שאחרת היא שהוציאו משום פסול שמצאו בראשונה, **וגם** שיש פגם לראשונים, שיאמרו שלא יצאו ידי קריאה, **ומה"ט** אם הלכו

הראשונים לביתם כמו הוותיקים, או שהוא מקום קביעות שיתפללו פעמים זה אחר זה, אין קפידא.

וכ"ז מכח מנהגא, אבל מן הדין אין שום איסור בכל גווני, שאין לחוש לפגם ראשונה, אלא כשהיה עולה לקרות בשנייה מי שעלה כבר בראשונה, **וגם** דוקא אם עולה וקורא מיד זה אחר זה בלי הפסק איש בינתים, כמו שיתבאר בסימן קמ"ד, (ע"ש שמביא מחלוקת בזה), **אבל** כאן שמפסיקים הרבה, וגם הוא צבור אחר, אין לחוש בזה לכלום.

סעיף ב - סומא, אע"פ שלא ראה מאורות מימיו, פורס על שמע ומברך "יוצר המאורות", שהוא נהנה במאורות שרואין אחרים שיורוהו הדרך אשר ילך בה - וגם עובר לפני התיבה לתפלה.

יש למנוע לקטן שלא יפרוס על שמע, **ומיהו** כל שהגיע לי"ג שנים, אין מדקדקין אם הביא שתי שערות, דברכות ק"ש רבנן.

§ סימן ע – מי הם הפטורים מק"ש §

סעיף ד - היה עוסק בצרכי רבים והגיע זמן קריאת שמע, לא יפסיק - מיירי שאין שם מי שישתדל אלא הוא, ולכך אינו פוסק, דעוסק במצוה הוא, **ואפי'** אם הוא עוסק רק בהצלת ממונם.

(**ואם** עיקר כונתו רק להשתכר, לא מיקרי עוסק במצוה, **ומ"מ** כיון שאין שם מי שישתדל אלא הוא, צ"ע, **ואם** כונתו בשביל שניהם, מקרי עוסק במצוה).

ואם יכול להפסיק לק"ש, ואח"כ לחזור ולגמור צרכי צבור בלא טורח, יפסיק.

ומשמע מזה, דאם התחיל באיסור אחר שהגיע הזמן, צריך להפסיק, **ועיין** בפמ"ג שמצדד, דבכל גווני אינו צריך להפסיק.

כתב הפמ"ג, דאע"ג דהעוסק בצרכי רבים פטור מק"ש, מ"מ אם פסק וקרא, שפיר יצא ידי חובה, דלא פטור ממש מק"ש, אלא שהוא אז עוסק במצוה אחרת.

אלא יגמור עסקיהם - ומ"מ יעשה מה שיכול, ויקרא לפחות פסוק ראשון עם בשכמל"ו בזמנה, כי זה דבר קצר, ואפשר לו אפילו בשעה שעוסק בצרכי צבור.

ויקרא אם נשאר עת לקרות - ואם לא נשאר, מה יעשה, הרי עסק במצוה, **ומ"מ** חייב להזכיר יצ"מ אפילו לאחר שעבר זמן ק"ש, שזו היא מצוה בפני עצמה, ומצותה כל היום, **ע"כ** יאמר איזה פרשה שיש בה יצ"מ, אם כבר עבר הזמן שלא יוכל לאמר ברכת "אמת ויציב".

ודע, דאם נמשך זמן עסקו בצרכי צבור עד לאחר חצות, שאז פטור לכו"ע אף מן התפלה, מ"מ אסור לכו"ע לאכול קודם שמקיים מצות תפילין, דזמנו כל היום, **וגם** לפי מה שכתב הפמ"ג, אסור לו אז לאכול קודם שמתפלל תפלת המנחה, **ע"כ** כשיגיע חצי שעה שאחר חצות, יתפלל תפלת המנחה, ואח"כ יאכל.

סעיף ה - היה עוסק באכילה או שהיה במרחץ, או שהיה עוסק בתספורת, או שהיה מהפך בעורות, או שהיו עוסקים בדין - ומה נקרא התחלה, עיין לקמן בסימן רל"ב סעיף ב', **להרמב"ם גומר ואח"כ קורא ק"ש** - היינו כשהוא משער שישאר לו זמן לקרות.

ואם היה מתירא שמא יעבור זמן קריאה - ר"ל שמתירא שמא אין השערתו מכוונת היטב, **ופסק וקרא, הרי זה משובח.**

ולהראב"ד, מפסיק וקורא אע"פ שיש שהות לקרות - גזירה שמא ימשך בהם ויעבור זמן ק"ש, **ואינו** דומה לתפלת המנחה, דקי"ל בסימן רל"ב, שאם התחיל בכל אלו קודם שהתפלל, אינו צריך לפסוק, **לפי** שק"ש היא מן התורה, החמירו בה יותר.

(**עיין** במ"א שכתב, דמיירי שהתחיל אחר שהגיע החצי שעה שקודם עמוד השחר, דאז אסור לעשות כל אלה להראב"ד, והתחיל הדבר באיסור, **ולכך** מפסיק בכל אלו, דבמילתא דאורייתא היכא שהתחיל באיסור, **אפילו** אם התחיל פוסק, **וטעם** הרמב"ם, דס"ל שלא גזרו על כל אלו אלא סמוך למנחה, שהוא דבר המצוי, וא"כ התחיל הדבר בהיתר, ולכך אינו פוסק, וכ"כ בביאור הגר"א שזהו טעם הרמב"ם, **ועיין** במחה"ש ובחידושי רע"א שמוכח מדבריהם, דאם התחיל בכל אלו אחר שהגיע עמוד השחר, לכו"ע פוסק, דהרי התחיל באיסור, וכן לפי"ז אם התחיל בכל אלו בערב סמוך לזמן ק"ש של ערבית, צריך לפסוק אף להרמב"ם, **ויש** אחרונים שכתבו, דלהרמב"ם בכל גווני אינו צריך לפסוק בדיעבד, אחר שכבר התחיל, אם אחר שיגמר ישאר לו שהות, **ולהלכה** אין לנו נ"מ בזה, לפי הסכמת רוב האחרונים דבסמוך).

והסכמת רוב האחרונים וכמעט כולם, דהעיקר תלוי במילתא דאורייתא בהתחיל בהיתר או באיסור, **וא"כ** לפי"ז, במלאכה או בכל אלו הענינים לבד מאכילה, אם התחיל קודם עה"ש, א"צ לפסוק אם ישאר לו שהות אחר שיגמור לקרות ק"ש ולהתפלל, דהרי קי"ל דלא גזרו סמוך לשחרית, וא"כ התחיל בהיתר, **אבל** אם התחיל לאחר שעלה עה"ש, דהתחיל באיסור, פוסק לק"ש דהוא דאורייתא, אבל לא לברכות ולא לתפלה, ואח"כ כשגומר המלאכה קורא הק"ש עם הברכות ומתפלל, **ודוקא** שעדיין ישאר לו שהות, אבל אם רואה שהזמן עובר, צריך להפסיק מיד, **וכל** מקום שאינו פוסק, אפילו יעבור זמן תפלה בצבור אינו חייב להפסיק.

(**וראיתי** בסידור הגאון מליסא, דמשמע מדבריו, דסתם מלאכה חוץ ממרחץ ולהסתפר ובורסקי, דומה לאכילה, דאסור חצי שעה קודם עמוד השחר, **ומהרמב"ם** ושארי האחרונים הנ"ל לכאורה לא משמע כן, **ולדינא** צ"ע בזה).

ולענין אכילה, משמע מן המחבר בסימן פ"ט ס"ה, דס"ל לעיקר הדין, דמאכילה צריך לפסוק תיכף משעלה עמוד השחר, ואפילו אם התחיל בהיתר, ולא מהני שום עצה כל זמן שלא התפלל.

מפסיק וקורא - משמע דלאחר שיקרא ק"ש, אף שלא התפלל עדיין, מותר לגמור כל אלו הענינים שהתחיל, **והאי** לישנא לאו דוקא לענין אם היה עוסק באכילה, דבאכילה צריך ג"כ להתפלל מקודם, ונקטיה משום שאר דברים, **א"נ** משום ק"ש של ערבית נקטיה, דבהו שייך ג"כ כל אלו הדינים, ובשל ערבית ודאי אם התחיל בכל אלו החמשה דברים בתוך החצי שעה שקודם צאת הכוכבים, מפסיק מיד, וכשיצאו הכוכבים יקרא ק"ש בלא ברכותיה, ואח"כ גומר אכילתו או שאר דבר, ואח"כ קורא ק"ש וברכותיה ומתפלל.

(וע"ל סי' רל"ה) - ר"ל דשם מבואר חילוק בין התחיל בהיתר להתחיל באיסור.

§ סימן עט - מי שנזדמן לו צואה בשעת קריאה §

סעיף ג - חצר קטנה שנפרצה במלואה לגדולה, והגדולה עודפת עליה מן הצדדים, קטנה לא חשיבא כבית בפני עצמה, כיון שנפרצה במלואה לגדולה, אבל הגדולה כיון שכתליה עודפים על של קטנה מצד זה ומצד זה, חשיבא כבית בפני עצמה.

הלכך אם צואה בגדולה, אסור לקרות בקטנה עד שירחיק כשיעור - היינו ד"א ממקום שכלה הריח, כן מוכח בב"י, (ולפלא על השליט הגדול הב"י, איך פשיטא ליה זה כ"כ, ולא זכר אשר לפי דברי רש"י בעירובין, שפירש דכל הקטנה נחשבת למקום הפתח של הגדולה, ממילא יהיה הדין ג"כ לענין צואה, דאם הצואה בגדולה, ואין רחוק ד"א מן הפתח, ממילא אסור בכל הקטנה, וכ"כ הריטב"א שם בהדיא, והתוספות שם לבסוף הכריחו דפרש"י עיקר, א"כ יש לנו ג' עמודים לדין זה, ולא זכר כלל את שיטתם, וצ"ע, אח"כ מצאתי בספר יבשר טוב שהקשה ג"כ קושיא זו).

ואם צואה בקטנה, מותר לקרות בגדולה בלא הרחקה, אם אין מגיע לו ריח רע - סתם כדעה קמייתא שבסעיף הקודם.

(**ועיין** בפמ"ג שפי' דברי המחבר, דהכונה שאין מגיע ר"ר כלל בהגדולה, דאם היה מגיע היה אסור, אפילו אם לא הגיע הריח עד לו, לפי מה שפסק הלבוש למעלה, דגם בזה בעינן דוקא ד"א ממקום שכלה הריח).

§ סימן פ - מי שאינו יכול להשמר מהפיח §

סעיף א - מי שברי לו שאינו יכול לעמוד על עצמו מלהפיח עד שיגמור ק"ש ותפלה - ר"ל אפילו אם לא יאמר רק ק"ש ותפלה לבד, ג"כ לא יוכל להעציר עצמו מלהפיח באמצע, דאל"ה יותר טוב לעשות כך, מלבטל לגמרי תפלת י"ח.

לאפוקי אם אינו ברי לו, והוא משהא עצמו מחשש דשמא יבוא להפיח באמצע, שלא כדין הוא עושה, (דבודאי אין נכון לבטל בשביל זה אפילו תפלה בצבור, ויש להאדם לכתחילה רק לבדוק את עצמו, ויותר אין עליו חיוב כלל).

מוטב שיעבור זמן ק"ש ותפלה ולא יתפלל, ממה שיתפלל בלא גוף נקי - האחרונים הסכימו, דאין לו לעבור זמן ק"ש שהוא דאורייתא משום זה, וגם בתשובת הרא"ש שממנה מקור הדין, לא נזכר שם ק"ש, **ובמגן** גבורים כתב, דהוא רק שיגרא דלישנא, וראיה, דבסימן ל"ח ס"ב איתא ג"כ זה הדין, ולא נזכר שם רק תפלה לבדה, וגם כאן סיים רק בתפלה לבדה, **וכונת** השו"ע רק לומר, דעי"ז ישנה הנהגתו שמתפלל תמיד ק"ש ותפלה בזמנה, אלא יקרא ק"ש לבדה עם ברכותיה ולא יתפלל, כי בתפלה הוא עומד לפני המלך, וגנאי גדול הוא להפיח אז, אבל ק"ש אינו כמדבר עם המלך, אלא שמקיים בזה רצון הש"י, **ואף** שיקרא ק"ש בלי תפילין, שהתפילין צריכין גוף נקי, לא ימתין ויעבור זמן ק"ש כדי לקרותה בתפילין, אלא מתי שיוכל להניח תפילין ביום יניחם.

(**ובביאור** הגר"א משמע, דטעם השו"ע עיקר הוא דק"ש ותפילה צריכין להיות בתפילין, וכאן א"א בתפילין, **ולפי"ז** בתפלת המנחה שבלא"ה אין אנו מניחין תפילין, וכן בק"ש של ערבית ותפלתה, אף שאין יכול לשמור עצמו מלהפיח, אעפ"כ יקרא ק"ש ויתפלל בזמנה, וכשיצטרך להפיח יפסוק עד שיכלה הריח, **אך** לדברי כולם יקשה טעם השו"ע, דלדברי האחרונים קשה, וכי מפני חששא דהפחה יבטל לגמרי את המצוה, הלא אנוס הוא בזה, יתפלל וכשיזדמן לו האונס יפסיק באמצע עד שיכלה הריח, וכמו שהקשה באמת המגן גבורים, **וכן** לטעם הגר"א ג"כ קשה, וכי מפני שלא יכול לקיים ק"ש ותפלה עם תפילין, יבטל עי"ז לגמרי הק"ש ותפלה, והלא הלבוש הרחיב לנו הדבור בזה, ופשוט לו כביעתא בכותחא, דבמקום שהאדם אנוס ולא יכול לקיים מצות תפילין, לא יבטל בשביל זה ק"ש ותפלה בזמנה, **ופשוט** לי דמשום זה כתב הגר"א בסימן זה, אינו נראה כן להלכה) [כהשו"ע אף לענין תפילה].

ואם עבר זמן תפלה, אנוס הוא ומתפלל מנחה שתים. ואם יראה לו שיכול לעמוד על עצמו בשעת ק"ש, יניח תפילין בין "אהבה" לק"ש. הגה: ומברך עליהם - ותיכף אחר ק"ש יחלצן, **אבל** הטלית יכול ללבשו ולברך עליו קודם שיתחיל הברכות, וגם יוכל ללבשו כל היום, שא"צ גוף נקי לציצית, **ומיהו** אם לא הניח הטלית מקודם, ובא לו בין "אהבה" לק"ש, יכול להניח בלא ברכה, דלבישה לא הוי הפסק.

וכ"ז כשאירע לו מקרה זה בשביל שום מאכל שהזיק לו וכיוצא, באופן שלערב בודאי יכול להתפלל בגוף נקי, **אבל** מי שרגיל בכך, שיש לו חולי שמחמתו מוכרח להפיח בכל שעה, ואי לא יתפלל נפטר מן התפלה לעולם, מותר לו להתפלל בלא גוף נקי, **דלא** אתי איסור הפחה, שהוא ריח רע שאין לו עיקר, דהוא רק איסור דרבנן, ודחי לק"ש דאורייתא, או לתפלה שהוא מצוה דרבים, לכן יקרא ק"ש ויתפלל, **והפר"ח** כתב ג"כ ככה, אלא דהוסיף, דכשיגיע לו הפחה, יפסיק עד שיכלה הריח, כמו בר"ר שאין לו עיקר דפוסק, ויחזור ויתפלל.

והפמ"ג נסתפק עוד, דאפשר דשרי לו בכה"ג להניח תפילין ג"כ, דהאיך יעקור לעולם מ"ע דאורייתא דתפילין, **ונ"ל** דכונת הפמ"ג רק ההנחה על איזו רגעים, ורק כדי לקיים המ"ע, דיותר מזה בודאי אסור, **ואם** אין יכול להעציר עצמו מלהפיח עד כדי שיניח השל יד והשל ראש, יניחם אחד אחד, [כי אין מעכבין זה את זה]. **ולענין** ברכה, נ"ל דאל יברך עליהם, [כי פשטיות הגמר' משמע, דפטור איש כזה מתפילין].

כתב רמ"א בתשו', מי שיש לו חולי שמטפטף תמיד מ"ר לאונסו, וא"כ לא יוכל להתפלל לעולם, יש להתיר לעשות לו בגד סביב אברו, והבגדים העליונים יהיו נקיים, ויכנס לבית הכנסת ויתפלל, ובשעת הטפת מי רגלים יפסיק, ואח"כ יתפלל, **ודוקא** שלא הוצרך לטפטף בשעה שמתחיל להתפלל, ואף על פי שיודע שבתוך תפלתו יצטרך לטפטף.

§ סימן פא – דין צואת קטן §

סעיף א - קטן שהגיע לכלל שאחר כיוצא בו יכול לאכול כזית דגן, בכדי שיוכל גדול לאכול אכילת פרס, מרחיקין מצואתו או ממימי רגליו - שכל שהגיע לכלל זה, צואתו מסרחת, **ונראה** דכיון שהגיע לשיעור זה, גם נגד עמוד שלו הוא אסור מן התורה, כמו של שאר אדם גדול.

"**בכדי** שיוכל גדול", ר"ל אדם בינוני, כי יש שבטבעו מאריך באכילתו, ויש שהוא מקצר. **ושיעור** פרס, י"א ג' ביצים, וי"א ד' ביצים.

וכל ה' מינים קרויים דגן, וצואתם מסרחת, **ובמאכל** מבושל שעושין לתינוק, משערינן כפי מה שיכול גדול לאכול מאותו מין אכילת פרס.

ואם צריך הקטן לשהות באכילתו כזית יותר מזה השיעור, הרי הוא כמי שאוכל היום חצי זית ולמחר חצי זית, שכן הוא הלמ"מ בעלמא, שאין אכילה מצטרפת לשהייה ארוכה כזו.

"**שאחר** כיוצא בו", ר"ל אע"פ שלא ראינו לזה שאכל, כיון שאחר כיוצא בו יכול לאכול, מסתמא גם הוא יכול לאכול, **ואפילו** אם אין יכול לאכול אלא ע"י בישול, מיקרי אכילה, **אבל** אם הקטן הוא חלוש, וידוע לנו שאינו יכול לאכול כזית בכדי אכילת פרס, א"צ להרחיק מצואתו ומימי רגליו, אפילו הוא בן ג' וד' שנים.

(**וטעמא**, דבתר דידיה אזלינן, ונ"ל דכ"ש דאזלינן בתר דידיה להחמיר, ע"כ אם אנו רואין שהקטן הזה יכול לאכול כזית דגן בכדי אכילת פרס, ואחרים בזמנו עדיין לא הגיעו לזה השיעור, אפ"ה צריך מדינא להרחיק מצואתו ומימי רגליו).

והוא שמימיו לא היה יכול לאכול כזית בכדי אכילת פרס, **אבל** אם היה יכול לאכול פעם אחד, ואח"כ נחלש ואינו יכול, ואפילו לא אכל דגן זה ימים רבים, שבודאי צואה זו אינה באה מדגן, מ"מ דינו כגדול, שצריך תמיד להרחיק מצואתו ומימי רגליו (של גדול), אפילו אינו יכול לאכול כלל דגן מעולם, **ויותר** מזה, אפי' אם בעצם לא אכל הקטן מעולם עדיין מין דגן, מ"מ אם בטבעו היה יכול לאכול הכזית דגן בכדי אכילת פרס, (ואח"כ נחלש), הבני מעיים מסריחים כל מיני מאכל שיאכל דומיא דגדול.

ויש מקילין בקטן אם ידוע שלא אכל דגן זה ימים רבים, וכ"ש אם לא אכל מעולם, (ואפי' הוא בן כמה שנים, דידעינן דצואה זו אינה באה מאכילת דגן – ב"ח), **אך** לכתחלה בודאי יש להחמיר ולהרחיק אף מצואת קטן כזה, דספק איסור תורה הוא, [ואפשר דלענין מי רגלים יש להקל כוותייהו], **ובדיעבד** אם התפלל נגדם א"צ לחזור, דיש לסמוך על דעת המקילין, (**ולענ"ד**, **לענין קריאה יש להחמיר, לחזור ולקרות הפרשה של ק"ש עוד הפעם, אחרי שאין בזה חשש ברכה לבטלה, וגם הוא דאורייתא**), **אא"כ** ראינו הקטן הזה שבעצמו אכל ג"כ, (כזית בכדי אכילת פרס, בזמן לא רחוק, ויתכן שהצואה היא מהדגן), שאז לכו"ע דינו כגדול, ואף בדיעבד יחזור ויתפלל.

ודוקא קטן, אבל גדול, אפי' אינו יכול לאכול כלל דגן, מרחיקין מצואתו ומ"ר, **וגדול** מיקרי לענין זה, מי שהוא כבר שית כבר שבע.

וכ"ז מצד הדין, אבל טוב וישר הוא להרחיק מצואת קטן אפי' בן ח' ימים.

כתב המ"א בשם הרש"ל, דאין נכון לקרות ק"ש נגד תינוקות, דסתמן מטפחין באשפה מקום צואה, ובגדיהן ומנעליהן מטונפין.

§ סימן פג – דיני בית הכסא בק"ש §

סעיף ג - אמר בית זה יהא לבית הכסא, ואמר על בית אחר: וגם זה, דינם שוה.

ואם אמר על השני: ובית זה, ולא אמר: וגם זה, הרי השני ספק אם הזמינו לכך אם לאו - דשמא רצונו היה לסיים דבית זה יהיה לתשמישא בעלמא, אלא שפסק או נמלך ולא סיים דבריו, **לפיכך אין קורין בו לכתחלה, ואם קרא בו, יצא.**

סעיף ה - בני אדם שיש להם ספסל נקוב ונפנין עליו, מותר לקרות ק"ש כנגדו, כיון שאין הצואה על הנקב, וגם אין הגרף תחת הנקב, ועוד שהנקב תמיד מכוסה בדף - ס"ל דאין לו דין בה"כ ישן, דקי"ל דאסור לפניו במלא עיניו אפילו פינו ממנו הצואה, אלא רק דין בית שהזמינו לבה"כ המבואר בס"ב, כיון שאין עליו צואה מעולם, והגרף אין עומד תחתיו כי אם בעת הצורך.

אבל הרבה אחרונים חולקין עליו, וס"ל דיש לו דין בה"כ ישן, כיון שנפנין עליו, **וע"כ** צריך ליזהר כשרוצה לקרות ק"ש ולהתפלל, או לדבר איזה דברי קדושה, שיוציא הכסא מהבית, או שיעמידהו מלאחריו ד"א, או שיכסה כל הכסא בבגד או בדבר אחר, **ואפי'** הוא נקי ואין בו ריח רע, ואין הגרף עומד תחתיו, ומכוסה למעלה הנקב בדף.

וכן יש ליזהר, באותן בתים שיש בתוכם כסאות קטנים נקובים לצורך הילדים שבבית, שיהיו מכוסים בבגד בשעת ק"ש וד"ת, אע"פ שאין בהם צואה, או שיוציאם מהחדר שמדבר שם דברי קדושה, **ובפרט** כי

סימן פג - דיני בית הכסא בק"ש

הקטן רגיל ללכלך הכסא בעת שהוא נפנה, ולכו"ע יש עליו שם בה"כ אף בעת שהוא נקי, [ט"ז].

(**ואם** הקטן שנעשה בשבילו הכסא הזה שקורין שטוייעלקע, **לא הגיע** עדיין לשיעור שצואתו יהיה אסורה מן הדין, ושארי קטנים לא עמדו בו, לכאורה יש להקל בו שלא להצטרך להרחיק ממנו, **אם אין ריח רע מגיע ממנו**).

(**ובלא"ה** יש לעיין בדין הכסא הזה של קטנים, דהלא עיקר מלאכתו נעשה לעמידת התינוק, רק שבדרך אגב עושה ג"כ צרכיו שם, וא"כ לכאורה דומה זה לדינו של דה"ח דבסמוך, דיש להקל בו אם הוא נקי מצואה ואינו מגיע ממנו ר"ר, **וסבור** הייתי לומר, דכונת הט"ז מה שכתב כסא קטן הנקוב, אינו על מה שאנו קורין שטוייעלקע, **אלא** ממש על כסא שנעשה כמו ספסל נקוב, וכדי שיעשה בו הקטן צרכיו, **אבל** מדברי שולחן שלמה לא משמע כן, וצ"ע).

(**ובלא"ה** נכון להחמיר ולכסות השטוייעלקע בעת ד"ת, שאינו מצוי שיהיה נקי לגמרי כדין מצואה, ולפעמים יש עליו צואה יבישה).

כתב בדה"ח לענין ספסל נקוב, דאם הספסל מיוחד לישיבה, כמו כסא שמיחדין לישיבה ומכוסה בכר, וכשצריך להדבר מסיר הכר שעליו, ונפנין על הכלי הנצבת שם, **שיש** להתיר לקרות ולהתפלל בעת שהוא מכוסה בכר, אף אם אין מכוסה בדבר אחר כלל, דאין עליו שם בה"כ, עי"ש טעמו.

(**ואם** הגרף תחת הנקב, וכ"ש כשהצואה מונח על הקרקע תחת הספסל, לכו"ע דינו כבה"כ, ואסור לפניו כמלא עיניו, ולאחריו ד"א ממקום שכלה הר"ר, **אך** יש לעיין, דאולי עי"ז כל החדר דינו כבה"כ, ואסור אף מלאחריו בכל החדר אף אם הוא גדול, וכן משמע בח"א וכ"כ הא"ר, וכן משמע לכאורה מהמ"א, דאפילו בחדש אסר כל השטח שבתוך המחיצות, וכ"ש בישן, **ואפשר** דאם החדר ההוא מיוחד גם לשאר דברים, לכו"ע אין דין כל החדר כבה"כ, **וכל** דברינו הוא לאחר ד"א ממקום שכלה הריח, ובתוך שיעור זה לכו"ע דינו כבה"כ מן התורה).

(**ורע** המעשה שראיתי בבית קלי הדעת, שהיה לו חדר מיוחד לפנות שם, והגרף תחת הספסל, והר"ר היה מגיע בכל החדר, ובאותו החדר היו קבועים הספרים שלו, **וקריתי** עליו המקרא הזה: כי דבר ד' בזה, ושקליה למטרפסיה, שהיה לו בן יוצא לתרבות רעה ר"ל, ונתחלל גם גופו על הבריות בשביל זה, וכמאמר התנא באבות: כל המחלל את התורה גופו מחולל על הבריות).

(וכל מי שקורא במקום שאין קורין, חוזר וקורא) – (בחידושי רע"א כתב, דלענין מי רגלים כיון שהוא מדרבנן, בדיעבד אינו חוזר, **ובספר** שולחן שלמה ובדברי הגר"ז לא משמע כן).

§ סימן פט – הלכות תפלה וזמנה §

סעיף ה - ואם התחיל לאכול קודם עלות השחר - ואפי' היה בהיתר, דהיינו שהיה יותר מחצי שעה עד עה"ש, **דבתוך** החצי שעה אסור להתחיל לאכול, וכמ"ש הרמ"א לגבי לולב, וה"ה לגבי ק"ש דאורייתא, **ודוקא** אם אוכל יותר מכביצה דהוי דרך קבע, או לשתות בכשיעור זה, אבל בפחות מזה מותר עד עה"ש.

צריך להפסיק - כשעולה עה"ש, (כ"כ הרא"ש, **ועיין** לקמן בסימן רל"ה, דאם התחיל לאכול בתוך החצי שעה שקודם צה"כ, משמע שם מהפמ"ג, דצריך לפסוק תיכף, ואם כן לכאורה ה"ה הכא, **ואפשר** דהכא, משום דאפילו לאחר שיגיע עה"ש, ג"כ אין לצאת בזה ידי ק"ש לכתחלה, לכן לא החמירו כ"כ, **א"נ** אפשר דהרא"ש נקט הכי, משום דזה הדין כולל אפילו בהתחיל בהיתר).

ואע"ג דבתפלת המנחה א"צ להפסיק, **הכא** שאני, כיון דאסמכוה אקרא ד"לא תאכלו על הדם", לא תאכלו קודם שתתפללו על דמכם, צריך להפסיק.

ובשם הזוהר כתבו האחרונים, שאפילו קם בחצות הלילה, אסור לטעום קודם שמתפלל, **וכתב** הפמ"ג דדוקא כשהיה ישן, ואפשר דשתייה שרי, **ומדינא** אפילו ישן מותר לאכול ולשתות, **ומ"מ** נכון לכתחלה ליזהר בזה אם אינו מוכרח, **ועיין** במחצית השקל שכתב, דבתשו' שב יעקב כתב בשם סידור האר"י ז"ל, שהרח"ו עצמו כשהיה חלש לבו, אכל או שתה איזה דבר לחזק גופו, ולא אסר כי אם לאכול למלאות תאותו,

ובח"א כתב ג"כ, דהקם קודם אור היום ולבו חלש, ועי"ז מתבטל מלימודו, מותר לאכול.

וי"א שא"צ להפסיק - ר"ל לתפלה, אפי' התחיל באיסור, **אלא** לק"ש בלבד שהיא מן התורה, צריך להפסיק אם התחיל באיסור, וקורא ק"ש בלא ברכותיה, שברכותיה הם מד"ס, ולאחר שיגמור יקרא הק"ש עם ברכותיה ויתפלל, (ונ"ל דמחוייב ג"כ להניח תפילין מקודם שיאכל, דהרי הוא ג"כ דאורייתא, וזמנם ג"כ מתחיל בעת התחלת זמן ק"ש).

וכתבו האחרונים, שהעיקר כסברא הראשונה, **ואם** בירך בהמ"ז ועוסק בשתייה, צריך להפסיק לד"ה.

סעיף ז - מותר להסתפר וליכנס למרחץ סמוך לשחרית - דוקא סמוך לשחרית, דהיינו קודם שעלה עמוד השחר, **אבל** משעלה עמוד השחר גם זה אסור - א"ר.

שלא גזרו אלא סמוך למנחה שהוא דבר המצוי - שרוב העם נכנסין שם ביום, אבל בשחר דבר שאינו מצוי הוא, ולא גזרו בו, **ואותן** המלאכות שדרך בני אדם להשכים להם קודם עה"ש, יש שמחמירים וסוברים, דבחצי שעה שקודם עה"ש אסור, כמו סמוך למנחה, **ע"כ** טוב שיאמר ברכות מקודם.

וכתב הפמ"ג, דדין בורסקי וסעודה, אסור סמוך לשחרית כמו סמוך למנחה, **ולקנות** צרכי סעודה בע"ש קודם תפלה שרי, דחפצי שמים המה, **הא** בחול אסור.

§ סימן צ – מקום הראוי להתפלל, ולהתפלל עם הצבור, ודין ההולך בדרך §

סעיף טז - ההולך בדרך והגיע לעיר ורוצה ללון בה, אם לפניו עד ד' מילין מקום שמתפללים בי', צריך לילך שם - ודוקא בדרך ההולכת לפניו, שבלא"ה יצטרך לבסוף לילך שם, **אבל** בצדדין דינו כמלאחריו. **וה"ה** בבוקר, אם בדרך ההולכת לפניו בד' מילין יש מקום שמתפללין בעשרה, ימתין עד שיגיע שם, **והוא** שעי"ז לא יעבור זמן ק"ש ותפלה, [דאי יעבור זמן ק"ש בודאי יקרא, וממילא יחוייב אח"כ לסמוך תיכף גאולה].

ולאחריו, צריך לחזור עד מיל, כדי להתפלל בי' - וכ"ז דוקא באופן שלא יצטרך לילך יחידי עי"ז, וגם מיירי שעוד היום גדול, שאפילו אם ילך עד שם, יוכל להגיע שם בעוד השמש על הארץ, דאל"ה אינו מחוייב, דלעולם יכנס אדם ב"כי טוב". **והיושב** בביתו דינו כמלאחריו, ע"כ הדר בישוב תוך מיל למקום שמתפללין בעשרה, צריך לילך בכל יום בבוקר להתפלל בעשרה, אבל לא בערב, כי א"צ לילך בלילה בדרך בשביל מנין, **וזה** הסעיף הוא תוכחת מגולה לאותן האנשים שהם בעיר, ומתעצלים לילך לבהכ"נ להתפלל מנחה ומעריב.

וכתב הפמ"ג, דבדרך, אם נזדמן לו י' להתפלל מנחה אחר חצי שעה שאחר חצות, רשאי, אע"ג דבלא"ה אין כדאי לכתחילה, כדאיתא בסי' רל"ג, כאן מותר.

סעיף יז - יש מי שאומר שמכ"ש שלא ישכים אדם לילך מעיר שמתפללים בה בי' - מיירי בהולך לדבר רשות, **ועיין** בפמ"ג שהקשה, דכאן משמע דוקא אם עי"ז יתבטל אצלו תפלה בצבור, ובלא זה שרי, הא בלא"ה אסור לצאת לדרך קודם תפלת ח"י, כדלעיל בסי' פ"ט ס"ג, **אך** לפי מה שכתב הרמ"א שם בהג"ה ניחא, דמיירי שאמר הברכות שקודם התפלה, ואפ"ה אסר כאן משום ביטול תפלה בצבור.

אם יכול לבוא למחוז חפצו בעוד היום גדול, ושלא יהא צריך ללכת יחידי אחר התפלה - הא אם יש לו עתה שיירא, ואינו רוצה להמתין עליו, מותר.

סעיף כז - היה עומד בתפלה והשתין תינוק בבהכ"נ - וה"ה בק"ש ושאר דברי קדושה, וכמו שכתבנו למעלה, ונקט תפלה לרבותא, דבזה ג"כ צריך לילך לפניו ד"א, ולא אמרינן כיון שהוא עומד כבר בתפלה א"צ להרחיק.

ישתוק עד שיביאו מים להטיל על המי רגלים, או יהלך לפניו ד' אמות או לצדדיו, או יצא מבהכ"נ ויגמור תפלתו - דכ"ז לא מיקרי הפסק, **אבל** אסור להפסיק בדבור להביא לו מים, כיון דאיסור מי רגלים אינו אלא מדרבנן, וגם י"א דא"צ להרחיק בזה כלל, **ע"כ** אפילו אם גם אחרים עומדים בתוך הד"א של המי רגלים ומתפללים, אין לו להפסיק בדבור בשבילם להודיעם.

הגה: ויותר טוב לילך למקום אחר ולא לשתוק, שמא ישהה כדי לגמור את כולה ויצטרך לחזור לראש - ע"ל בסי' ע"ח במ"ב, דבברכת ק"ש אם נזדמן כן, וכן בכל הברכות, א"צ לחזור לראש, [ואא"כ בברכת ק"ש שהה כדי לגמור מתחילת "יוצר אור" עד "גאל ישראל", ואז יחזור מתחילת הברכה שפסק, **ובשאר** ברכות דרבנן, י"א שלא יחזור – שונה הלכות].

כתב הח"א, אם מתירא שמא ישהא כדי לגמור את כולו, ואי אפשר לו להרחיק ד' אמות, כגון שא"א לו לעבור נגד המתפלל, **יסמוך** על הרשב"א, דס"ל דמותר להתפלל כיון שכבר הוא עומד בתפלה, ואיסור מי רגלים דרבנן.

ואם תינוק טינף צואה בבהכ"נ באמצע תפלה, ואחרים עומדים שם ומתפללים ואינם יודעים מזה, אם א"א בענין אחר להודיעם אלא בדבור, מותר להפסיק בדבור להצילם מאיסור דאורייתא, **דמוטב** שיעשה הוא איסור קל, דהיינו איסור דרבנן להפסיק בתפלה, משיעשו אחרים איסור דאורייתא להתפלל במקום מטונף, **וכבר** נתבאר לעיל בסי' ע"ט במ"ב ובה"ל, האופנים שהם מדאורייתא בזה, **ודוקא** אם אין לו במה לכסות, אבל אם יש לו במה לכסות, בין בצואה ובין במי רגלים אסור להפסיק, ואפילו לזוז ממקומו, אם אין מגיע לו הריח רע.

§ סימן צא – שיאזור מתניו ויכסה ראשו בשעת תפלה §

סעיף ב - צריך לאזור אזור בשעת התפלה, אפילו יש לו אבנט שאין לבו רואה את הערוה - ר"ל אבנט של מכנסים המפסיק בין לבו לערוה, **משום "הכון לקראת" וגו'** - בדיעבד אם התפלל בלא אזור יצא, **וי"א** עוד, דדוקא מי שרגיל כל היום בחגורה, אבל מי שהולך כל היום בלא חגורה, גם בשעת תפלה א"צ לחגור, **ומיהו** מדת חסידות אף בכה"ג.

אבל שאר ברכות מותר לברך בלא חגורה, מאחר שיש לו מכנסים. הגה: ואין לבו רואה את הערוה - וה"ה אם בגדיו מונחים דבוקים ממש על הבטן, ומפסיקים בין לבו לערוה.

וה"ה ק"ש, דלא שייך "הכון לקראת אלקיך" כי אם כשעומד לפני המלך.

איתא בזוהר ואתחנן: מאן דקאים בצלותא, בעי לכסויי רישיה ועינוי, בגין דלא יסתכל בשכינתא, והיינו בטלית של מצוה, מאן דפקח עינוי בשעת צלותיה, מקדים עליה מלאך המות וכו', **וכן** נוהגין כהיום לכסות ראש עד עינים בטלית מצוה בשעת תפלת י"ח - פמ"ג. [ובבה"ח כותב בשם חסד לאלפים, שלא ינהג אדם כן בפני רבים, וכנראה כוונתו משום דמיחזי כיוהרא – פסקי תשובות].

סעיף ג - יש אומרים שאסור להוציא אזכרה מפיו בראש מגולה, וי"א שיש למחות שלא ליכנס בבהכ"נ

סימן צא – שיאזור מתניו ויכסה ראשו בשעת תפלה

בגלוי הראש – (ומה שכתוב לעיל סימן ב', דאפילו בלי אזכרה ושלא בבהכ"נ אסור לילך, עיין בבה"ט, והפמ"ג תירץ, דלעיל דוקא ד"א, וכאן אסור אפילו פחות מד"א, וע"ל שכתבנו שם בשם הט"ז, דבזמנינו אסור בכל מקום מדינא אפי' פחות מד"א).

סעיף ד - כובעים (קפיל"ש בלעז) הקלועים מקש, חשיבא כסוי, אבל הנחת יד על הראש לא חשיבא כסוי - דהראש והיד חד גוף אינון, ואין הגוף יכול לכסות עצמו, **וכתב** הב"ח, מיהו נוהגין להמשיך הבית יד של הבגד על היד ומכסה בו ראשו, ושפיר חשיב כיסוי.

ואם אחר מניח ידו על ראשו של זה, משמע דחשיבא כסוי.

סעיף ה - לא יעמוד באפונדתו (טאסק"ה בלעז) - הוא איזור חלול שמשימין בו מעות, ואיננו דרך כבוד לעמוד כן לפני הש"י. **וכן** אין נכון להתפלל בקאפטין ובגד התחתון, או בשלאף ראק.

ולא בראש מגולה - ובזמנינו צריך להשים בעת התפלה כובע בראשו, כדרך שהולך ברחוב, ולא בכובע הקטן שתחת הכובע, כי אין דרך לעמוד כן לפני אנשים חשובים, וכ"ש שלאף מיץ.

ולא ברגלים מגולים, אם דרך אנשי המקום שלא יעמדו לפני הגדולים אלא בבתי רגלים - מיהו אם הבגד ארוך שחופה את הרגלים, או בארצות החמין מאוד, שעומדים שם ג"כ בפני גדולים יחף, אין לחוש אפילו הבגדים קצרים ונראין הרגלים.

אין להתפלל בבתי שוקיים של פשתן לבד, דגנאי הוא לעמוד כן לפני גדולים, ומכ"ש כשלובשין סנדל והעקב מגולה, **ומהח"א** משמע, דאפי' בבתי שוקיים של צמר לבד ג"כ אין נכון, **והכל** תלוי לפי מנהג המקומות.

הרמ"מ תיקן שלא לכנס לבהכ"נ במנעלים ארוכים, והיינו שטיוויל, **ואם** דרך אותו המקום לעמוד כך בפני גדולים, מותר.

גם אין ללבוש בעת התפלה בתי ידים, שקורין הענטשי"ך, כדרך עוברי דרכים, וקורא אני עליהם: אל תבואני רגל גאוה ויד רשעים אל תנידני - ב"ח.

§ סימן צב – הנצרך לנקביו ודין רחיצה לתפלה ושאר הכנות לתפלה §

סעיף ח - המשתין - ר"ל בכלי וניטל הכלי, וכל כה"ג שאין אסור להתפלל מחמת המי רגלים גופא, **לא יתפלל עד שישהא כדי הלוך ד"א, משום ניצוצות** - ואחר ד"א שיערו חכמים שהניצוצות שבאמתו כלים בכסותו.

והמתפלל לא ישתין עד שישהא כדי הילוך ד"א, שכל ד"א תפלתו שגורה בפיו ורחושי מרחשין שפוותיה - ר"ל ישהה הזמן של הילוך ד"א, אבל לאחר ששהא שיעור זה, מותר להשתין אף במקום שהתפלל, **ומ"מ** מדת חסידות שלא להשתין בתוך ד"א של תפלה.

כתב בספר חסידים, שאין להשתין או לרוק במקום שכיסה דם חיה ועוף בבררה, בעוד הדם מכוסה.

סעיף ט - הרוקק לא יתפלל עד שישהא ד"א; המתפלל לא ירוק עד שישהא ד"א. ודוקא לרצונו - פי' מי שרוקק מחמת טיול, **אבל אם נזדמן לו רוק, מותר** – (ולא נזכר הקולא דנזדמן, רק ארוקק אחר התפלה, ולא קאי ארישא), **(וע"ל סי' צ"ז)** - ר"ל דלפעמים מותר אף בתוך התפלה.

סעיף י - טוב ליתן צדקה קודם תפלה - דכתיב: ואני בצדק אחזה פניך, **ובאיזה** קהלות קדושות ניתקן המנהג, ליתן צדקה כשמגיע להפסוק "והעושר וכו' ואתה מושל בכל", **ויש** מקומות שנוהגין לקבץ צדקה בעת קה"ת, והוא שלא כהוגן, דמבטלין עי"ז מלשמוע קה"ת, ועניית "ברכו את ד'" וכו'.

§ סימן צד – צריך לכוין נגד א"י, ודין הרוכב או יושב בספינה §

סעיף ו - חולה, מתפלל אפי' שוכב על צידו, והוא שיכול לכוין דעתו. (ואם א"א לו להתפלל, מ"מ יהרהר בלבו, שנאמר: אמרו בלבבכם על משכבכם) - ואפשר דיוצא בזה בדיעבד, וא"צ לחזור ולהתפלל אפי' אם הבריא בזמן תפלה, מאחר שאנוס הוא עתה, וע"ל בסי' ס"ב ס"ד במ"ב ובה"ל, (דהרוצה לחזור ולהתפלל לא הפסיד – שונה הלכות), **ואם** אינו יכול לכוין דעתו, קורא ק"ש לבדה אם אפשר לו, לפי שכונת ק"ש אינה אלא פסוק ראשון, ובקל יוכל לכוין.

וזקן שאינו יכול לעמוד, ישב במקומו ויתפלל, **ואם** יכול לעמוד במקום הכריעות כדי שיהיה כורע מעומד, יעמוד שם.

סעיף ז - מי שהיו לו אנסים מכאן ומכאן, ומתירא שמא יפסיקוהו תפלתו או יפסידו מקחו, ישב במקומו ויתפלל, לפי שאין דעתו מיושבת עליו; ואע"פ שצריך לעשות ג' פסיעות בסוף התפלה - (בכאן פטור, כיון דא"א כמובן), **יושב ומתפלל וכורע** - (מיושב – ערוה"ש).

סעיף ח - יש ליזהר שלא לסמוך עצמו לעמוד או לחבירו בשעת תפלה - הטעם, דתפלה צריכה עמידה, ועמידה שע"י סמיכה לא חשיבה עמידה, **ולפי** זה סמיכה קצת, דהיינו שסומך במקצת שאם ינטל אותו דבר לא יפול, שרי, **וי"א** הטעם, דצריכה להיות באימה, ולפי"ז בכל גווני אסור, **ובמקום** הדחק יש להקל כטעם הראשון.

ולכן יזהר שלא יסמוך עצמו ע"ג שטענדער, **וכן** בכל מקום שצריך עמידה, כגון בשעה שרואה ס"ת נגדו, וכל כיוצא בזה. **וחולה** שברי לו שיוכל לכוין בעמידה ע"י סמיכה, יעשה כן, ואם לאו יתפלל מיושב.

§ סימן צה – כיוון איבריו בשעת תפלה §

סעיף ב - צריך שיכוף ראשו מעט, שיהיו עיניו למטה לארץ - והב"ח כתב, דקודם שיתחיל להתפלל, יסתכל בחלונות כלפי שמים, כדי שיהא לבו נכנע.

ואותן המגביהים ראשיהם ועיניהם למעלה כמביטים על הגג, המלאכים מלעיגים עליהם.

וכתב הפמ"ג, שאין לעשות תנועה משונה, וביחיד רשות, ולא בצבור, ובפרט להרים קול וכדומה.

כתבו האחרונים, שכל מי שאינו עוצם עיניו בשעת תפילת י"ח, אינו זוכה לראות פני שכינה בצאת נפשו, **אך** אם מתפלל בסידור ועיניו פקוחות כדי לראות בו, לית לן בה, (הוא משכנה"ג המובא בבה"ט, ועיין בספר מאמר מרדכי שכתב, דמדין התלמוד אין איסור בעיניו פתוחות, רק שיהיו עיניו למטה כלפי ארץ, **אך** לפי מה שכתבו האחרונים בשם הזוהר, דצריך להעצים עיניו בשעת תפילה, נראה שהזוהר הקדוש חולק בזה על תלמודא דידן, ובחיי אדם משמע, דעיקר האיסור אף לפי הזוהר, הוא דוקא כשמסתכל בעיניו הפתוחות אז בשאר דברים, אבל אם עיניו למטה כלפי ארץ, ואין מכוין אז להסתכל בד"א, לכולי עלמא שרי, ולא פליגי כלל, ומ"מ לכתחילה נכון להחמיר לעצום עיניו, כדי שלא יסתכל בדבר אחר).

ויחשוב כאילו עומד בבהמ"ק, ובלבו יכוין למעלה לשמים.

סעיף ד - טוב לכוין רגליו גם בשעה שאומר קדושה עם ש"צ - שהרי אומרים: כשם שמקדישים אותו בשמי מרום וכו'.

§ סימן צז – שלא יגהק ושלא יפהק בשעת התפלה §

סעיף ה - הנושא משאוי על כתפיו והגיע זמן תפלה, פחות מד' קבין מפשילו לאחוריו ומתפלל; ד' קבין, מניחם על גבי קרקע ומתפלל - דמשוי של ד' קבין אם הם עליו מבטלים כונתו.

§ סימן צח – צריך שיהיה לו כוונה בתפלתו §

סעיף ב - לא יתפלל במקום שיש דבר שמבטל כוונתו - כגון שכר חדש שמריח וכה"ג, **ולא בשעה המבטלת כוונתו** - כגון שאין דעתו מיושבת עליו מאיזה צער, או כעס, או מטורח הדרך.

ועכשיו אין אנו נזהרין בכל זה, מפני שאין אנו מכוונים כ"כ בתפלה - ופשוט דמ"מ כשרוצה לעמוד להתפלל מתוך כעס וכדומה, יראה להסיר מתחילה המחשבות המטרידות אותו, וכדלעיל בס"א.

ובפמ"ג כתב בשם הלבוש, אע"ג שאין אנו מכוונין, מ"מ מה דאפשר לעשות עושין, ע"כ אין להתפלל בבית שיש שם שכר חדש, או מי דבש, וכ"ש ריח רע מעופש קצת.

§ סימן צט – דין שתוי ושכור לתפלה §

סעיף ב - דרך מיל - בין במהלך ובין ברוכב, וי"א דברוכב בעינן דוקא שלשה מילין, **ושינה כל שהוא, מפיגין את היין.**

וה"מ כששתה רביעית, אבל אם שתה יותר, כל שכן ששינה משכרתו ודרך טורדתו - דוקא שינה מעט, אבל שינה הרבה מפיגתו. **וה"מ במהלך ברגליו, אבל רוכב, ודאי דרך מפיגה היין** - שאין לו טורח כ"כ, והוא שרכוב ג' מילין, **ומ"מ** הכל לפי רוב היין, שאם הרבה לשתות מאוד, אין דרך ג' מילין מפיגתו.

סעיף ג - כל אחד שהוא שתוי, סגי ליה לפי מה שמרגיש בנפשו שיפיג יינו.

הגה: ולכן אין נזהרין ביינות שלנו, שאין חזקין, שמתפללין אע"פ ששתה רביעית ויותר - זה קאי אשתוי שאין בו איסור אלא לכתחילה, **אבל** בשיכור שתפילתו תועבה, ודאי יש ליזהר אפילו לדידן, וצריך לחזור ולהתפלל. **וכל שכן אם מתפללים מתוך סידור שבידו, שאין חוששין לשכרות מעט, כן נראה לי** - היינו ליישב המנהג, אבל מ"מ אין נכון - פמ"ג.

כתב ביש"ש, ובזו"ט יכול להתפלל מנחה אע"פ ששותה קצת, דא"א להמתין עד שיפוג יינו, **וכ"ש** האידנא דבלא"ה אין מכוונין כ"כ, שאין להקפיד בשתוי.

§ סימן ק – תפלת המועד צריך לסדר §

סעיף א - תפלות של מועדות, ושל ראש חודש - ר"ל תפלת מוסף, **צריך להסדיר תפלתו קודם שיתפלל, כדי שתהא שגורה בפיו** - והטעם, מפני שאין מתפלל אותן תדיר אלא לפרקים, אין רגיל בהן כ"כ. **(הגה: וי"א דוקא כשמתפללים על פה, אבל כשמתפללין מתוך הסידור, מותר, דהא רואה מה שמתפלל, וכן נוהגין).**

סימן ק – תפלת המועד צריך לסדר

ובפמ"ג בשם הב"ח ופר"ח כתב, דה"ה "יעלה ויבא" דשחרית, או "בימי" וכו' דחנוכה ופורים, ג"כ צריך להסדיר מתחלה, או שיתפלל מתוך הסידור.

ובשיורי כנה"ג תמה על מנהג האנשים שמקילין בכל זה להתפלל בע"פ, ואינם מסדרים מתחלה, שאינו יודע על מה סמכו, **ועיין** בשע"ת, (וז"ל: תשו' הרשב"ש ששמע מאביו, שקיבל שלא נהגו להסדיר תפלת מועדים, לפי שאין להסדיר רק כשהיא כולה תפלה מחודשת, **ונראה** דלכך מכ"ש שלא חששו בחנוכה ופורים, כיון דמלתא זוטרתי היא שגורה היא בפומי דרובא דאינשי, ואף שעבר עליו שנה זוכרים אותה היטב וא"צ סידור), **ולכתחלה** בודאי נכון ליזהר להתפלל בחנוכה ופורים ומועדים ור"ח, עכ"פ תפלה ראשונה מתוך הסידור, ודי.

כתב מחצית השקל, שלא כדין נוהגין העולם, שאומרים ברכת קידוש לבנה בע"פ, ואינם מסדרים אותה מתחלה, ועיין בשע"ת (הנ"ל).

ותפילות ופיוטים שחמור פירושם, צריך להסדיר תחלה, ולא מהני ספר בזה.

§ סימן קיא – דין סמיכת גאולה לתפלה §

סעיף ב - החזן, כשמתחיל י"ח בקול רם, חוזר ואומר: ה' שפתי תפתח ופי יגיד וכו' - דפסוק זה הוא שייך לתפלה וכנ"ל, **וטוב** שיאמרנו בלחש, **אבל** שאר פסוקים א"צ לומר, ואם רצה לומר רשאי.

(**ויש לעיין, אם האדם שכח לומר "ד' שפתי תפתח", אם זה מיקרי חסרון** בעצם התפלה, כיון דקבעוהו רבנן בתפלה, או לא, **ואין** להביא ראיה מכאן, דכתבו האחרונים שיאמר החזן בלחש, א"כ השומעים חסר להם זה הפסוק, ואפ"ה יוצאין ידי התפלה, שאני הכא דלא שייך גבייהו כלל זה הפסוק ד"אדני שפתי תפתח" וגו', כיון שאינם מתפללים בעצמן, משא"כ בעלמא, ויותר מסתברא דלא אמרו כתפלה אריכתא דמיא, רק לענין שלא יהא הפסק בין גאולה לתפלה, אבל לא כתפלה ממש עד שיצטרך לחזור בשביל זה, **תדע** דהא אמרינן נמי לענין "השכיבנו" כגאולה אריכתא דמיא, ואפ"ה קי"ל דברכות אין מעכבות זו את זו, ואם החסיר "השכיבנו", יוצא בברכת "אמת ואמונה", וא"כ ע"כ דלא נאמר רק לענין דלא הוי הפסק בין גאולה לתפלה, וה"נ לענייננו).

הש"ץ אינו רשאי להפסיק לאחר שהתפלל בלחש רק לדבר מצוה, כגון לענות איש"ר וכדומה, אבל לדבר הרשות נראה דלא - בפמ"ג.

סעיף ג - אם עד שלא קרא ק"ש מצא ציבור מתפללין, לא יתפלל עמהם, אלא קורא ק"ש - ר"ל עם ברכותיה, **ואח"כ יתפלל, דמסמך גאולה לתפלה עדיף.**

וכ"ז בשחרית, אבל בערבית יתפלל עמהם ואח"כ קורא ק"ש, כמש"כ בסימן רל"ו ס"ג.

§ סימן קיג – דיני הכריעות בשמונה עשרה ברכות §

סעיף ח - המתפלל ובא כנגדו נכרי, ויש לו שתי וערב בידו, והגיע למקום ששוחין בו, לא ישחה, אע"פ שלבו לשמים - מפני שנראה כמשתחוה לע"ז. **עיין** במ"א במש"כ, דאם הוא (שר שרי, וצ"ע), **אבל** במג"ג כ', שחלילה להקל בזה, ובפרט בעת התפלה.

§ סימן קיד – דין הזכרת הרוח וגשם וטל §

סעיף ב - אסור להזכיר הגשם עד שיכריז הש"צ. (וי"א - ט"ס הוא, וצ"ל: "פי'", ואין כאן מחלוקת כלל, **שקודם שמתחילין מוסף מכריז השמש: משיב הרוח וכו', כדי שהצבור יזכירו בתפלתן, וכן נוהגין)** - ר"ל אפי' הצבור שמתפללין תפלת מוסף, אסורין להזכיר גשם אם לא הכריז הש"ץ או השמש קודם התפלה, וכמו שמפרש הרמ"א, **וכן** הש"ץ ג"כ לא יזכיר רק כשמתפלל בקול רם, אבל לא בתפלת הלחש, כיון שלא הוכרז מקודם התפלה.

ומ"מ בדיעבד אם אמר אחד בקול רם בתוך תפלתו "מוריד הגשם", אף שאסור לעשות כן, שהרי לא שמע מן הש"ץ, (**וגם שהש"ץ** יזכיר בתוך התפלה בקול "משיב הרוח ומוה"ג" אין נכון לעשות כן), **מ"מ** מותרים השומעים להזכיר בתפלתם, דזו גופא כהכרזה דמי, כ"כ הח"א, **ונ"ל** דאם לא זכרו גשם בתפלה זו א"צ לחזור, דיש פוסקים שסוברים דהכרזה לא מיקרי אא"כ שהוכרז קודם התפלה, או ששמעו מש"ץ חזרת התפלה, שהזכיר גשם, **והח"א** ג"כ לא קאמר רק שמותרין להזכיר, אבל לא שחייבים.

עיין בח"א שהזהיר, שלא לעשות כמו שנוהגין, שמכריזין רק "משיב הרוח", שזה לא נקרא הכרזה, שהרי ביש מקומות אומרין גם בקיץ "משיב הרוח", אלא יסיים "ומוריד הגשם".

הלכך אף אם הוא חולה או אנוס, לא יקדים תפלתו לתפלת הצבור, לפי שאסור להזכיר עד שיאמר ש"צ - פי' דאם אינו חולה, בכל השנה אסור להקדים תפלתו לצבור, כמ"ש סי' צ'.

ואפילו אם הוא מתפלל בביתו, אסור להזכיר קודם שמתפללין הצבור, **ולכן** בני הישובים כשמתפללין בלא מנין, ימתינו בשמיני עצרת מלהתפלל מוסף, עד סמוך לסוף שש שעות, דבודאי לא יאחרו הצבור יותר מלהתפלל המוסף, ואז יתפללו מוסף ויאמרו "משיב הרוח".

סימן קיד – דין הזכרת הרוח וגשם וטל

אבל אם יודע שהכריז ש"צ, אע"פ שהוא לא שמע, מזכיר; ומטעם זה, הבא לבהכ"נ והצבור התחילו להתפלל, יתפלל ויזכיר, אע"פ שהוא לא שמע מש"צ - דמסתמא הכריזו כבר.

(**מסתפקנא**, אם התפללו מנין ותיקין בבהכ"נ זה גופא, והכריזו "משיב הרוח" כנהוג, אם מועלת זה למנין שני, שיהא מותר ליחיד להקדים, **ואפשר** דכיון דמנין אחר הוא, וגם דהלא בשחרית יצטרך לומר "מוריד הטל", ע"כ לא מהני זה לתפלת מוסף שאח"כ, וזה הספק יפול ג"כ במה שפסק הרמ"א בס"ג, דנוהגין הקהל להזכיר "משיב הרוח" ביו"ט א' של פסח במוסף, משום דעדיין לא שמעו מש"ץ דפסק לומר "משיב הרוח", **אם** באותו בהכ"נ התפללו מנין ראשון, וכבר פסק הש"ץ לומר "משיב הרוח" בחזרת הש"ץ, אם מועיל זה שלא יצטרכו שוב לומר "משיב הרוח" בתפילת המוסף, **וצ"ע**, ע"כ נראה שטוב לזהר שלא לעשות מנין ראשון בבהכ"נ ביו"ט א' של פסח).

סעיף ד - אם אמר "מוריד הגשם" בימות החמה, מחזירין אותו - דגשמים קשים לעולם בימות החמה.

והיינו אפילו ביום ראשון שפסק בו, דהיינו במוסף של יו"ט א' של פסח להמחבר, ולהרמ"א דוקא במנחה, **ולהש"ץ** לכו"ע אפי' במוסף בעת שחוזר התפלה בקול רם.

וחוזר לראש הברכה - (והגר"א פסק כהרמב"ם, דגם בזה חוזר לראש).

ובדיעבד אם לא חזר לראש הברכה, אלא ל"רב להושיע" וסיים ברכתו, לא מהדרינן ליה.

ואם סיים הברכה, חוזר לראש התפלה - והטעם, דג' ברכות ראשונות חשובות כחדא, **וא"צ** לחזור ולומר פסוק "ד' שפתי תפתח".

עיין בפמ"ג שכתב, דהיינו לאחר שאמר "בא"י", **אבל** השע"ת והח"א כתבו, דוקא אם סיים לגמרי, אבל אם נזכר לאחר השם, יסיים "למדני חוקיך", כדי שלא תהיה לבטלה, וא"כ הוא כאלו עומד עדיין באמצע הברכה, וחוזר ל"אתה גבור", (**ולא** דמי להא דס"ו דדוקא אם התחיל הברכה שאחריה, דהכא כיון שהזכיר מה שאין ראוי להזכיר, גרע).

ואפילו במקום שצריכים גשם בימות החמה, אם הזכיר גשם במקום טל, מחזירין אותו - ר"ל לפי מנהג ספרד, שאומר בימות החמה "ומוריד הטל", אמר זה "גשם" במקום "טל".

(**ואפי'** ארץ כולה כאשכנז ודידן, פמ"ג), **ואפי'** אם היה (עצירת גשמים) וכל אותה המדינה מתפללין ומתענים על הגשמים. **ואף** דלענין שאלה פסק לקמן בסי' קי"ז ס"ב, דאם שאל באופן זה מטר ב"ברכת השנים" בימות החמה, אין מחזירין אותו, **שאני** הזכרה דשבח הוא, ואין דרך להזכיר שבח בדבר שהוא קללה בשאר מקומות, [ח"א].

(**ובאמת** לא הבנתי דבריהם, דהרי טעם השו"ע שם לענין שאלה הוא, דלמא הלכתא כהרא"ש דמסתבר טעמיה, ובתשו' הרא"ש מבואר שם בהדיא דה"ה לענין הזכרה, **אבל** כיון דבלא"ה המ"א מסתפק בסי' קי"ז, דדלמא השו"ע לא מסתפק לפסוק כוותיה דהרא"ש רק כשיש עצירת גשמים, נראה לכאורה דאין לזוז מפסק הפמ"ג בזה, **אך** כשיש עצירת גשמים והתפלל והזכיר גשם, צ"ע אם חייב לחזור ולהתפלל, ויותר נראה דיתפלל בתורת נדבה בכל זה במדינותינו, וכל זה ששאל גם מטר, דאל"ה ממ"נ אינו יוצא בדיעבד).

(וכן אם הזכיר גשם וטל, נמי מחזירין אותו).

סעיף ו - במה דברים אמורים שמחזירין אותו, כשלא אמר בימות הגשמים "מוריד הגשם", היינו כשסיים כל הברכה והתחיל ברכה שאחריה - אפי' תיבת "אתה" לבד, וה"ה אם התחיל לומר "נקדש", **ואז חוזר לראש התפלה.**

אבל אם נזכר קודם שסיים הברכה, יאמר במקום שנזכר - כי לא קבעו חכמים מקום בתוך הברכה, אלא אמרו סתם: מזכירין גבורות גשמים בתחיית המתים, רק שנהגו לומר לפני "מכלכל", שהוא פרנסה, וגשמים ג"כ פרנסה, **הלכך** באיזה מקום שיזכור סגי, **ופשוט** דאם נזכר לאחר שאמר: ונאמן אתה להחיות מתים, דצריך לחזור ולומר: ונאמן אתה להחיות מתים, דבעינן מעין חתימה סמוך לחתימה.

(**כתבו האחרונים**, דאם נזכר במקום דלא סליק ענינא, כגון תיכף לאחר שאמר "ומקיים אמונתו", יסיים מקודם "לישיני עפר", וכל כה"ג).

(**כתב הפמ"ג**, דלענין שאלת מטר, אם שכח ונזכר קודם שסיים הברכה, יחזור ויאמר "ותן טו"מ" וגומר שם כסדר, **ומדברי שולחן שלמה** משמע, דגם "טל ומטר" יוכל לאמר אחר "ושבענו מטובה" אם רוצה, **אכן** לענין "על הניסים" בחנוכה ופורים, אם שכח ונזכר קודם שסיים ברכת "הטוב שמך", משמע מדברי שניהם, דיחזור ויאמר אח"כ "ועל כולם יתברך" וכו' כסדר).

ואפילו אם סיים הברכה, ונזכר קודם שהתחיל "אתה קדוש", א"צ לחזור, אלא אומר: משיב הרוח ומוריד הגשם, בלא חתימה - ונכון לכתחלה שיאמר מיד לבל ימתין לאחר כדי דיבור, ושוב אומר "אתה קדוש".

וכן אם נזכר לאחר שאמר השם, יסיים "מחיה המתים", ויאמר תיכף: משיב הרוח ומוריד הגשם.

וה"ה אם שכח "יעלה ויבא" בר"ח שחרית ומנחה, ונזכר לאחר שסיים ברכת "המחזיר", שאומר שם במקומו, ומתחיל "מודים", שכל שלא התחיל בברכה שלאחריה, לא נקרא סיום ברכה זו לגמרי, לענין כל הדברים שמחזירין אותו, **אע"פ** שנקרא סיום לענין דברים שאין מחזירין אותו, כגון הבדלה ב"חונן הדעת", ו"יעלה ויבא" בערבית ר"ח, "ועל הנסים" בחנוכה ופורים, וכל כה"ג, שאין לאמרם כשסיים הברכה, אע"פ שלא התחיל בברכה שלאחריה, וסיום ברכה נקרא תיכף כשאמר השם של הברכה.

ויש פוסקים שחולקין ואומרים, דאף בדברים שמחזירין אותו, תיכף משסיים הברכה כמו שהתחיל ברכה אחרת דמיא - (רש"ל).

(**ודין** זה דשו"ע בשם רבי"ה, למעשה לענ"ד יש לעיין טובא, דאף שהב"ח והמ"א ושארי אחרונים ס"ל, דלהלכה נקטינן כדעת השו"ע,

מ"מ צ"ע, **חדא**, כי הא"ר נשאר בצ"ע, דדברי המרדכי שכתב בשמו דאומר בלי חתימה, סותר את עצמו למה שכתב בשמו בפ' תפלת השחר, **שנית**, כי בביאור הגר"א נשאר ג"כ בקושיא על פסק השו"ע, ומשמע דס"ל ג"כ כדעת הרש"ל, **ולבד** כ"ז מצאתי עוד כמה גדולי הראשונים דס"ל דלא כראבי"ה, וכן בס' קיצור שו"ע פסק ג"כ דחוזר לראש, **וצ"ע** לדינא).

(והנה אף דלהכריע נגד השו"ע קשה מאוד, אחרי דהרבה והרבה מגדולי האחרונים קיימי בשיטת השו"ע, ויישבו בדוחק את כל הקושיות שעל השיטה הזו), **עכ"פ** נ"ל למעשה, אם נזכר אחר שאמר השם, לא יגמור "מחיה המתים", אלא יסיים "למדני חוקיך", ויהיה כקורא פסוק לבד, ודינו כאלו עומד עדיין באמצע ברכה, וחוזר "למשיב הרוח", וכן כה"ג בכל דברים שמחזירין אותו.

(וה"ה ב"יעלה ויבא" וכה"ג, אם שכח ונזכר אחר שאמר "בא"י", יסיים "למדני חוקיך", ויחזור אח"כ ויאמר "יעלה ויבא" "ותחזינה" כסדר, ולענין טל ומטר ג"כ לפי"ז, נראה דאם שכח להזכירו באמצע וסיים "ברכת השנים", אף שלא התחיל "תקע", מ"מ שוב לא יאמר כאן "טל ומטר", דהלא יכול לאמרו ב"שומע תפלה", ויצא לכו"ע).

הגה: שלשה ברכות הראשונות חשובות כאחת - נקט הראשונות משום דאיירי בהו, וה"ה ג' האחרונות, **והטעם**, דג' ראשונות ענינם אחד, לסדר שבחו של מקום קודם שאלת צרכיו, כעבד שמסדר שבח לפני רבו קודם שמבקש פרס ממנו, **וג'** אחרונות הן כעבד שקבל פרס מרבו שמשבחו והולך לו.

וכל מקום שטעה בהם, חוזר לראש, בין שהוא יחיד בין שהוא ציבור - ודוקא אם טעה בחתימתן, שחתם בברכה זו בענין ברכה אחרת, או שחתם בעשי"ת "האל הקדוש", ולא נזכר עד לאחר כדי דיבור, שא"א לו שוב לתקן טעותו, שאין חזרה מועלת אלא תוך כ"ד, **וכל** כה"ג איזה דבר שאם היה אירע כזה בברכה אחרת, היה צריך לחזור לראש אותה ברכה, לכך בג' ראשונות ואחרונות חוזר לראש, דחשובות כחדא, **אבל** אם טעה באמצע, אין מעכב.

(ומה שפסק בס"ד, דאם הזכיר גשם חוזר רק לראש הברכה, כתבו האחרונים, דס"ל, דכיון שלא סיים עדיין הברכה, אין זה טעות גמור לעת עתה, שיצטרך עי"ז לחזור לראש, ורק חזרה בעלמא בענין שיחזור הברכה ולא יאמר, ועיין לעיל בסימן ק"ד במ"ב, במש"כ שם בשם הח"א, דה"ה לענין שח, או שהזכיר מאורע שאר ימים בתפילה, כל זמן שלא סיים אותה ברכה, א"צ רק לחזור לתחלתה).

סעיף ז - בכל מקום שאנו אומרים חוזר לברכה שטעה בה, הני מילי שטעה בשוגג, אבל במזיד ומתכוין, חוזר לראש - (וכתבו הב"ח וא"ר, דאפילו אם היה הקלקול באיזה מן הברכות האמצעיות, ג"כ חוזר לראש התפלה, דכל י"ח ברכות נאמרו כסדר, וכולן חשובין כברכה א' לענין זה).

(עיין לעיל סימן ק"ד ס"ו לענין שיחה, דלכאורה סותר להך דהכא, ועיין באחרונים שחתרו ליישב זה, ובביאור הגר"א שם משמע, דלהרשב"א אין לחלק בין שוגג למזיד, **אבל** מדברי שארי כל האחרונים מוכח, דתופסים להלכה כמו שסתם הטוש"ע פה).

סעיף ט - אם ביום ראשון של פסח אומר ברכת "אתה גבור" עד "מוריד הטל" - ועד בכלל, והיינו לבני ספרד, שנוהגין להזכיר טל בימות החמה, **ולדידן** עד "מכלכל חיים" ועד בכלל, וכדלקמן בהגה.

ובספר שולחן שלמה כתב, דיתחיל מן "מחיה מתים אתה", ולא מן "אתה גבור", שלא יאמר השם לבטלה, **ואם** יבוא לשנות הזכרת השם, ניחוש שיבוא לשנות אח"כ מפני ההרגל גם בתפלה.

צ' פעמים, כנגד ל' יום שאומר אותו ג' פעמים בכל יום, משם ואילך אם אינו זוכר אם הזכיר גשם, הרי הוא בחזקת שלא הזכיר גשם, ואינו צריך לחזור - וטעם כ"ז, דבזה כבר הורגל לשונו לומר כהלכה, דאם הורגל בלשונו כשאומר במפוזרין, ק"ו ברצופין.

ע"כ ה"ה לענין שאלה, אם אמר צ' פעמים ברכת השנים, עד אחר תיבת "ותן ברכה" בימות החמה, או עד אחר תיבת "ותן טל ומטר" בימות הגשמים, די, **ולא** יתחיל מתחלת "ברך עלינו", רק מ"ואת כל מיני תבואתה" וכו'.

ובתשובת חתם סופר מורה ובא לכתחלה, לאומרו מאה פעמים ואחד, **אמנם** בדיעבד מי שאמר רק תשעים פעמים, אין בידינו לפסוק שיחזור ויתפלל נגד פסק השו"ע.

וכתב בשע"ת, שאם הרגיל עצמו מ"ה פעמים, שהם כנגד ט"ו יום, משעברו אח"כ ט"ו ימים, חזקה שאמר כהוגן.

(עיין בביאור הגר"א שחולק, ומסכים לשיטת רבינו פרץ המובא בטור, דלא ס"ל כן, וגם בט"ז מפקפק בפסק זה, **ושארי** כל האחרונים, רובם וכמעט כולם, העתיקו את דברי השו"ע להלכה).

הגה: וכן לדידן, אם אמר עד "מכלכל חיים" - ועד בכלל, **בלא "משיב הרוח ומוריד הגשם" שמזכירין בימות הגשמים** - וא"כ נתרגל לשונו לומר: רב להושיע מכלכל חיים. **ויש** חולקין על הרמ"א בזה, (כתב השל"ה, דדוקא בעשייה, דהיינו עקימת שפתיו שאומר צ' פעמים משיב הרוח בשמ"ע, מסתבר כן, אמנם בשב ואל תעשה, דהיינו לומר אתה גבור צ' פעמים בפסח ולדלג משיב הרוח, זה אינו כלום, ע"כ – א"ר), **ונכון** לחוש לכתחלה שלא לעשות כן לסמוך ע"ז, כן כתב בדה"ח, **ובח"א** לא משמע כן.

וכן אם אמר בשמיני עצרת צ' פעמים "אתה גבור" עד "מוריד הגשם" - ועד בכלל, **אם נסתפק אחר כך אם הזכיר או לא, חזקה שהזכירו.**

§ סימן קטז – פרוש ברכת רפאנו §

סעיף א - רפאנו ה' ונרפא - ולא יאמר: רפאנו ד' אלהינו ונרפא, כי לישנא דקרא הוא כך: רפאני ד' וארפא.

אע"ג דהכתוב ליחיד אין מכנין אותו לרבים - והוא הדין שאר שינוי, כגון מן מדבר בעדו, למדבר בנוכח. **ה"מ בזמן שמתכוין לקרות, אבל כשאומר אותו דרך תפלה ובקשה, מותר. ומ"מ אם אומר מזמור שלם, אסור לשנות מלשון יחיד לרבים, או**

להיפך - ר"ל אפילו אם אמרו דרך תפילה, וכשאינו אומרו דרך תפילה, גם להג"ה אסור אפילו פסוק אחד. **צריך** לומר "חולֵי" בציר"י הלמ"ד.

ויכול להתפלל על חולים ב"רפאנו", ויאמר: רפא נא פב"פ רפואה שלמה בתוך שאר חולי ישראל, **וה"מ** שלא בפניו, אבל בפניו א"צ להזכיר שמו.

י"א שלא יאמר "ראה נא בענינו", רק "ראה בענינו", **אבל** המ"א וא"ר ושארי גדולים כתבו, שאין לזוז מן המנהג שאומרים "ראה נא בענינו".

§ סימן קיז – דיני ברכת השנים §

סעיף ב - יחידים הצריכים למטר בימות החמה, אין שואלין אותו ב"ברכת השנים", אלא ב"שומע תפלה" - ואף דאיתא לקמן בסימן קי"ט, דאם היה צריך לפרנסה אומרה בברכת השנים, **שאני** פרנסה שהוא דבר הצריך לכל, ואין בו היזק לשום אדם, אבל מטר יש בו היזק לשאר ארצות.

ואפי' עיר גדולה כנינוה, או ארץ אחת כולה כמו ספרד בכללה, או אשכנז בכללה, כיחידים דמו ב"שומע תפלה".

ונראה דלפי"ז, דכ"ש שיש לנו לשאול מטר ב"שומע תפלה" אחר ז' מרחשון, או בין פסח לעצרת, במקומות הצריכין לכך, דהא אפילו בתקופת תמוז דסימן קללה הם, שואלין ב"שומע תפלה".

כתב ט"ז, הא דצבור מותר להתפלל בש"ת, היינו כשמתפללין בלחש, אבל לא יאמר אותו הש"ץ בקול רם אפילו בש"ת, **ומנהגנו** כהיום שאומר הש"ץ בש"ת, אבל אינו אומר "ותן טל ומטר" לחוד, כי אם בפסוקים ושאר לשונות, וכבר נדפס בסידורים.

ובשבת ור"ח ויו"ט מזכירין י"ג מדות, ואומרים מזמורי תהלים של מטר, כדאיתא בסידורים.

ומיהו אם בארץ אחת כולה הצריכים מטר בימות החמה, טעה בה יחיד ושאל מטר ב"ברכת השנים", (אם רולה) חוזר ומתפלל בתורת נדבה בלא שאלה ב"ברכת השנים", (אבל אינו מחויב לחזור כלל) – (טעם דין זה הוא ע"פ תשו' הרא"ש, שתמה למה אין אנו שואלים בז' חשון כבני ארץ ישראל, נהי דאנן בתר בני בבל גרירינן, היינו בדין מן הדינים שחולקין בני מערבא עם תלמוד בבלי, או בני חו"ל עם בני א"י, **משא"כ** זה תלוי בטבע הארצות, שבא"י היו צריכין למטר מיד בז' חשון, ולכן שואלין בז' חשון, ובני בבל לא היו צריכים לגשמים עד ס' יום אחר התקופה, לכן לא היו שואלים עד זמן זה, **וא"כ** בארצות שצריכין לגשמים בחשון, היה ראוי שינהגו בזה כבני א"י, לשאול בז' חשון, וכן אם מנהג הארצות שצריכין למטר גם בימות החמה, וכמו ארץ אשכנז שזכר שם הרא"ש, שצריכה למטר גם מימי הפסח עד עצרת, כל דינם בתפלה כמו בימי החורף בא"י, וכתב הרא"ש שלא נתקבלו דבריו לפני חכמי דורו, ועפ"ז

כתב הרב ב"י, נהי דלכתחלה לא קי"ל כוותיה, כיון שנתפשט בתפוצות ישראל דלא כוותיה, מ"מ בדיעבד אם יחיד טעה והזכיר בזמן וכו', אין חייב לחזור להתפלל אלא בתורת נדבה, ובזה יבואר דברי השו"ע).

(**נראה פשוט, דה"ה אם כל הצבור או הש"ץ טעו ושאלו "טל ומטר", ג"כ אין חייב לחזור, דהא הטעם הוא כמו שכתב מהרי"א, דבאמת נראין דברי הרא"ש, ויש לסמוך עליו עכ"פ לענין דיעבד, וא"כ מה לי יחיד או ש"ץ וצבור, והאי דנקט יחיד לרבותא, אפילו אם רק יחיד שאל "טל ומטר" שלא כמנהג כל הצבור שם, אפ"ה שפיר דמי, כיון שצורך רבים הוא, ועוד נראה בפשיטות, דהא דנקט יחיד, משום דבצבור אפילו בתורת נדבה אינו יכול לחזור ולהתפלל, וכדלעיל בסימן ק"ז ס"ג, אבל חיובא ליכא אפילו בצבור, ונראה דה"ה בש"ץ**).

(**גם במש"כ הפמ"ג דדוקא אם טעה, אבל אם הזיד חוזר לראש, לענ"ד לא נוכל לאמר זה בענינינו כלל, דהא הטעם הוא משום דיש לסמוך בדיעבד על הרא"ש, והרי לדידיה בודאי אפי' הזיד אינו חוזר, דנוסח הברכה כך היא**).

(**ומ"ש: אם בארץ וכו', פירוש לאפוקי אם איזו עיירות צריכין למטר, כל שאין עליהם שם ארץ, כיחידים דמי, אפילו לדברי הרא"ש, ואפילו בדיעבד אם שאל מטר בברכת השנים, חוזר**).

ומיירי שסיים כל תפלתו, ואז יחזור ויתפלל בנדבה מתחלת התפלה, **ואם** נזכר קודם שסיים, לא שייך לומר שיחזור לברכת השנים ויתפלל בנדבה, אלא יסיים מתחלה כל תפלתו, ואח"כ יחזור ויתפלל בתורת נדבה.

(**ומשמע** שבהזכרת גשם לא טעה, אלא התנהג כשאר בני אדם ולא הזכיר, ואפ"ה אינו מחוייב מצד הדין לחזור ולהתפלל, **ולכאורה** קשה, דהא הטעם הוא דלמא הלכתא כהרא"ש, דנמשך זמן השאלה שם יותר, וא"כ גם זמן הזכרה נמשך שם לדידיה, **וא"כ** יש לו לחזור בשביל שלא אמר גשם, דכי היכי דבא"י אם לא הזכיר עד פסח מחזירין אותו, ה"נ בזה עד עצרת, **וא"כ** ממ"נ אינו יוצא בתפלה הזו, **ולכאורה** יהיה מזה ראיה להפמ"ג שכתב בסימן קי"ד, דלדעת השו"ע בהזכרה אפילו ארץ אחת כולה הצריכה מטר אפ"ה מחזירין אותו, ולא ס"ל בזה כלל כהרא"ש, ועי"ש בבה"ל מה שכתבתי אודות זה).

מחבר　　רמ"א　　משנה ברורה

סימן קיז – דיני ברכת השנים

עיין בבה"ל, דאם לא היה עצירת גשמים, ושאל מטר במדינותינו מפסח ועד עצרת, צריך מדינא לחזור ולהתפלל בתורת נדבה, (**דמשמע** קצת מלשון השו"ע, דדוקא כשנעצר המטר, אבל בלא"ה מחזירין אותו, אע"פ שהגשם במקום ההוא אינו סימן קללה, **ולפי** מה דמשמע מתשובת הרא"ש שממנו מקור דין זה, המדינות שצריכות מטר בין פסח לעצרת כאשכנז וכדומה, אפילו בסתמא דינייהו כמו בימי החורף בא"י, **ונהי** דלכתחלה לא קי"ל כותיה, עכ"פ לענין דיעבד אין לחזור, וצ"ע, **ועיין** בס' זכור לאברהם שכתב, דלא יכנס בספק ברכות, (ולא יחזור ויתפלל אלא בתורת נדבה – מ"ב המבואר), **ומדברי** הדה"ח וח"א משמע, דס"ל דדוקא כשהיה עצירת גשמים, אבל בלא"ה חייב לחזור ולהתפלל, **ונ"ל** דהוא ספיקא דדינא, ע"כ יחזור ויתפלל, ויתנה: אם לא יצאתי ידי תפלה עד עתה, תהא לחובה, ואם יצאתי תהא לנדבה, דספיקא דדינא הוי כספק לו אם התפלל שבסימן ק"ז ס"א, וה"ה בכל זה אם טעה ושאל מטר מז' מרחשון ולהלן, במדינות שבחו"ל הצריכין מטר בתחלת החורף, יחזור ויתפלל ויתנה כנ"ל, והכל מהך טעמא).

סעיף ג - אם שאל מטר בימות החמה, מחזירין אותו - בין ששאל טל או לא.

היינו אם עקר רגליו חוזר לראש התפלה, **ואם** לא עקר רגליו, חוזר לתחלת ברכת השנים, **ואפי'** אם נזכר קודם שסיים הברכה, יחזור ג"כ לתחלת ברכת השנים, (**ואם** לא התחיל רק מ"ותן ברכה" וכו', לא מיבעי אם נזכר בתוך כדי דיבור, ודאי יצא בדיעבד, **אלא אפילו אם לאחר** כדי דיבור התחיל "ותן ברכה, וברך שנתנו" וכו' וסיים הברכה, **יצא בדיעבד**).

ועיין לעיל בבה"ל, דאם שאל מטר אחר החג אף קודם ס' יום דתקופה, במדינות הצריכות למטר בתחלת החורף, (ואין שם עצירת גשמים), צריך (מדינא) לחזור ולהתפלל רק בתורת נדבה, (ועיין שם דצריך להתנות).

§ סימן קכ – שראוי לומר רצה בכל תפלה §

סעיף ג - יחיד אין לו לומר ברכת כהנים. הגה: וכן עיקר, וכן נראה לי לנהוג, אבל המנהג הפשוט אינו כן, רק אפי' יחיד אומר אותו כל זמן שראוי לנשיאות כפים, ואינו נראה - ומ"מ אם אמר אין מחזירין אותו, וגם אין למחות ביד האומרים אותו. **אין** לומר "אלהינו ואלהי אבותינו" בבית האבל, כ"כ הבה"ט, והוא בשכנה"ג בשם ספר תניא, **וע"כ** אף שבדגול מרבבה חלק ע"ז, יש לחוש לדברי ראשונים.

§ סימן קכג – דיני הכריעות בסיום י"ח ברכות §

סעיף ג - כשפוסע, עוקר רגל שמאל תחלה - דמסתמא עוקר אינש כרעא דימינא ברישא, לכן עוקר כאן בשמאל, דמראה בעצמו כאלו כבד עליו ליפטר מן המקום.

(**וכתב** המ"א, דלפי"ז איטר רגל יעקור תחלה את שמאלו, שהוא ימין דעלמא, **ויש עוד טעם** (דצריך לפסוע לימין השכינה תחילה, וא"כ צריך לפסוע בשמאל תחלה), והובא ג"כ בהט"ז, דלפי"ז אין חילוק בין איטר לאינו איטר, וכן סתם הבה"ט, **אכן** הח"א והגר"ז העתיקו את טעם הראשון של המ"א, ובאיטר נשתנה הדין וכמו שכתבנו).

ושיעור פסיעות אלו, לכל הפחות הוא כדי שיתן גודל בצד עקב - וכמו פסיעות הכהנים בשעת עבודה, שהיו מהלכין עקב בצד גודל, **וכתב** המ"א, דבפחות משיעור זה אין עליה שם פסיעה כלל, ואין להקל אפילו המקום צר ודחוק, **ויש** מקילין במקום הדחק, **ודוקא** אם האדם העומד אחריו אינו מתפלל, אבל כשהוא מתפלל, בכל גווני אין לו לפסוע בתוך ד' אמותיו.

(ולכתחילה לא יפסיע פסיעות גסות יותר מזה) - לישנא דהרמ"א אינו מדוקדק, דהו"ל לכתוב בלשון וי"א, דהא חולק על המחבר דס"ל "לכל הפחות", ומשמע דפסיעות גסות יותר עדיף. **(ב"י בשם א"ח, וד"ע לפי הטעם שכתב ב"י לג' פסיעות בשם ר' האי)** - דתפילות כנגד תמידים תקנום, ובעינן דומיא דכהנים בעבודתן, ולכן לא יפסע פסיעות גסות יותר, **ועוד** דמיחזי כרץ מלפני המלך.

והנה סדר הג' פסיעות אלו הוא, תחלה יפסיע ברגל שמאל פסיעה קטנה, ואח"כ יפסיע בשל ימין פסיעה גדולה, ואח"כ יפסיע בשמאל באופן שיהיו רגליו שוים.

סעיף ד - מי שמוסיף על ג' פסיעות, הוי יוהרא - שנראה שהוא חולק כבוד לשכינה יותר משאר בני אדם.

סעיף ה - גם ש"צ צריך לפסוע ג' פסיעות כשמתפלל בלחש, וכשיחזור התפלה בקול רם א"צ לחזור לפסוע ג' פסיעות - דסומך על הפסיעות של הקדיש שאחר "ובא לציון", אע"פ שמפסיקין בקריאת התורה ו"הלל" ו"אבינו מלכנו", כולהו לסדר התפלה באים, וקדיש של אחריהם חוזר עיקר על תפלת י"ח - תרומת הדשן, **ומכאן** דקדקו האחרונים, דאין לש"ץ לדבר ביני וביני בשיחה שלא מענייני תפלה, כי הקדיש חוזר על התפלה.

ואם בא לפסוע גם אחר תפלת י"ח, אין למחות בידו.

(אם לא התפלל בלחש רק בקול רם, פוסע ג' פסיעות אחר תפלתו שבקול רם) - דמתחלה צריך לפסוע ולהפטר על התחנונים של עצמו, כגון "אלקי נצור", (ר"ל, כיון שלא התפלל בלחש, ודאי אומר עכשיו בסיום התפלה בקול רם, התחנונים שדרכו לומר סוף התפלה בלחש – מחה"ש, (ולא נוהגין כן – אשי ישראל), **ואח"כ** צריך אחר הקדיש על התפלה שהתפלל בעד הצבור.

סעיף ו - כשיחזור ש"צ התפלה, יאמר ג"כ: ה' שפתי תפתח; (אבל אינו אומר בסוף התפלה: יהיו לרצון) - דסומך על "תתקבל צלותהון" שאומר לבסוף, **ובשל"ה** כתב לומר "יהיו לרצון", וכתב הגר"א: ודברי השל"ה עיקר.

§ סימן קכד – דין הנהגת ש"ץ בי"ח ברכות, ודין ענית אמן §

סעיף א - לאחר שסיימו הצבור תפלתן, יחזור ש"צ התפלה, שאם יש מי שאינו יודע להתפלל יכוין למה שהוא אומר ויוצא בו - אבל הבקי אינו יוצא אפילו בדיעבד בתפלת הש"ץ, **ואפילו** בשאינו בקי, אינו יוצא כי אם ביש עשרה בבהכ"נ. **וצריך** שיבין בלשה"ק, דאל"כ לא מהני אף ששומע מש"ץ כל תיבה, (והנה בסי' קצ"ג מבואר דיש פוסקים דס"ל דנשים יוצאות בשמיעה אף בקידוש שהוא דאורייתא אף שאינן מבינות, **ואפשר** לומר דבזה חמירה תפלה יותר, שהרי בתפלה אין א' יוצא בברכת חבירו, כמו שהדין בכל הברכות, דדוקא בתפלת ש"ץ יוצאים, **מ"מ** נראה דהש"ץ מוציא את כולם בשמיעה – ערוה"ש), **אבל** המתפלל בעצמו בלשה"ק, אפילו אם אינו מבין הלשון, יצא, **ועיין** לעיל סימן ק"א במ"ב, דעכ"פ ברכת "אבות" יראה להבין מה שהוא אומר.

וצריך אותו שיוצא בתפלת ש"צ לכוין לכל מה שאומר ש"צ מראש ועד סוף; ואינו מפסיק ואינו משיח - היינו אפילו אם שמע מאחרים בתוך כך איזה קדושה או ברכו, וכ"ש דאסור לענות "ברוך הוא וב"ש", **אבל** אמן על כל ברכה צריך לענות, וכדלקמן בס"ו, דהוא שייך להתפלה.

(**כתב** המ"א, אם אומרים פיוטים, אין מוציא מי שאינו בקי, **והטעם**, דא"א לשמוע כל הפיוטים, והוא כעין הפסק, **ומ"מ** צריך לחזור ש"ץ התפילה אף בעת אמירת הפיוטים, כי לא ימנע לפעמים שיתכוין מי שאינו בקי ויוצא בזה, אלא שרחוק הוא – פמ"ג).

ופוסע ג' פסיעות לאחריו, כאדם שמתפלל לעצמו.

(**ומי** שספק לו אם התפלל שחרית בשבת, או מוסף בחוה"מ, שכתבנו בסי' ק"ז דאינו יכול לחזור ולהתפלל, מטעם דאין יכול לכוין זה בנדבה, מ"מ יש לו תקנה להיות ש"ץ, וחוזר התפלה בשביל התקנה, ויוצא נמי מספק – פמ"ג).

סעיף ב - ש"צ שנכנס לבהכ"נ ומצא צבור שהתפללו בלחש, והוא צריך לעמוד לפני התיבה לאלתר - דאין בהם א' שיוכל להתפלל לפני העמוד, **דאל"ה** אין נכון שהוא יתפלל להם בקול רם, כיון שלא התפלל מתחלה בלחש בשביל עצמו.

יורד לפני התיבה ומתפלל בקול רם לצבור, וא"צ לחזור ולהתפלל בלחש - דיצא בה גם בשביל עצמו, דכיון דלאחרים הוא מוציא, לעצמו לא כ"ש, **ואין** בזה משום קטני אמנה, או משמיע קולו בתפילתו, כיון דע"י הדחק הוא עושה כן.

(**מסתימת** הפוסקים משמע, דזה הדין איירי גם בשחרית, אע"ג דעי"ז לא יוכל לסמוך אח"כ גאולה לתפילה, אין לו לחוש לזה, דכל ישראל ערבים זה בזה, ומוטל עליו להוציאן ידי חובתן בקדושה, ולקיים תקנת חז"ל בחזרת הש"ץ, **ואף** דיש לדחוק ולומר, דלענין שחרית איירי זה הדין שהש"ץ התפלל כבר עם הצבור עד שמ"ע, ויצא בינתים, ועד שבא כילו הם את תפילתן, **אבל** א"כ היה להם לפרש).

כתבו האחרונים, אם הש"ץ התפלל כבר בלחש, ונזדמן לו להתפלל חזרת הש"ץ בשביל צבור אחר, לא יתפלל בלחש פעם שנית.

הגה: וכן אם הוא שעת הדחק, כגון שירא שיעבור זמן התפלה - פי' שלא יוכל לגמור הש"ץ כל י"ח ברכות תוך זמן התפילה, בין בשחרית שיכלה הזמן דד' שעות, דשוב אין לו שכר תפלה בזמנה, ובין במנחה, דיעבור זמנה לגמרי, כן משמע מפמ"ג, (**ולענ"ד** יש לעיין בזה, דבשלמא במנחה שיעבור הזמן לגמרי, מוטב לדלג חזרת הש"ץ, ולהוציא את הצבור רק בקדושה, **אבל** בשחרית, אפילו אם יעבור זמן דד' שעות, אפשר שלא עקרו חז"ל תקנתם, כדי להוציא את מי שאינו בקי בעצם חיוב התפלה שהוא עד חצות).

יוכל להתפלל מיד בקול רם, והצבור מתפללין עמו מלה במלה בלחש עד לאחר "האל הקדוש" - דהיינו גם נוסח הברכה "לדור ודור" עד "האל הקדוש", יאמר עם הש"ץ מלה במלה.

ואם אין השעה דחוקה כ"כ, לא יתחילו הצבור רק לאחר שאמר הש"ץ "האל הקדוש".

(**עיין** בפמ"ג שהסכים, דלכתחלה ראוי לצבור להתפלל עם הש"ץ מלה במלה עד אחר "שומע תפלה" ו"מודים", והם בלחש, והש"ץ יאמר הכל בקול, וכן בלבוש וביאור הגר"א משמע ג"כ לכאורה דסבר הכי, **והעולם** אין נוהגין כן, אלא תיכף לאחר "האל הקדוש" גם הש"ץ מתפלל בלחש, **ואולי** טעם המנהג, משום דברוב נוהגין הצבור להמתין עד שיסיים הש"ץ "האל הקדוש", וקשה להם להשיגו אח"כ לומר "שומע תפלה" ו"מודים" בשוה, וא"כ מה תועלת יהיה אם יתפלל בקול).

ובלא שעת הדחק, הסכימו הרבה מהאחרונים שלא לעשות כן, כי עיקר התקנה היתה מדינא להתפלל מתחלה בלחש, ואח"כ בקול רם.

וטוב שיהיה אחד לכל הפחות שיענה אמן אחר ברכת הש"ץ - היינו בשאין השעה דחוקה כ"כ, רק שיראים שמא יעבור הזמן, **אבל** אם השעה דחוקה ביותר, די במה שהתינוקות יענו אמן, או יזמינו לאחד שכבר התפלל שיענה אמן, אם אפשר להם בקלות, **ואם** לאו אין להקפיד ע"ז כלל, **ולא** דמי למה שכתב בס"ד, דאם אין ט' מכוונים לברכת הש"ץ, הוא קרוב לברכות לבטלה, **שאני** התם שכבר התפלל פעם אחת בלחש, והוא מכוין עתה רק בשביל תקנת חז"ל, משא"כ בזה שהוא מתפלל רק פעם אחת.

סעיף ג - קהל שהתפללו וכולם בקיאים בתפלה, אעפ"כ ירד ש"צ וחוזר להתפלל, כדי לקיים תקנת חכמים - שכשתקנו חכמים שיחזור ש"ץ התפלה, לא הצריכו לחפש בכל תפלה אחר כל איש ואיש שבבהכ"נ, אם יש שם מי שאינו בקי אם לאו, אלא תקנו שיהיה ש"ץ חוזר התפלה לעולם, שמא יהיה פעם אחת בבהכ"נ מי שאינו בקי, ויוציאנו הש"ץ י"ח.

הגה: ואם יש יחידים בקהל שמאריכין בתפלתן, אין לש"ץ להמתין עליהם אפי' היו חשובי העיר - מפני טורח הציבור,

ועכשיו נהגו שהש"ץ ממתין עד שיסיים האב"ד את תפלתו, לפי שרוב האנשים מתפללין במרוצה, והמתפלל מלה במלה לא יוכל לומר קדושה עם הצבור, לכן ממתינים, כי הם עושים שלא כדין, **לפיכך** אם אין אב"ד בעיר, ה"ה דימתינו על המתפלל מלה במלה, **אבל** כשמאריך אין להמתין עליו, וכמ"ש על רבי עקיבא, כשהיה מתפלל עם הצבור היה מקצר ועולה.

ומי שצריך להאריך וירא שיתלוצצו עליו, יכול לילך לאחוריו בשעה שמתחיל הש"ץ, אע"פ שעדיין לא גמר תפלתו, ויחזור למקומו ויגמור, **ובכל** זה אם כונתו לשם שמים בזה שפיר דמי.

וכן אם היה מנין בבהכ"נ, אין להמתין על אדם חשוב או גדול שעדיין לא בא - שכיון שיש עשרה ישנה שם השכינה, ועל מי ימתינו עוד, **ור"ל** אפילו אם עי"ז לא יעבור זמן ק"ש ותפלה, דאל"ה אפילו ביחידי צריך להתפלל, כדי שלא יעבור הזמן.

(**ובמקומות** שיש קלקול עי"ז כשלא ימתינו, כגון לענין תפלת ערבית, שיתפללו תיכף כשיתקבץ מנין, אף שלא הגיע עדיין הזמן של צה"כ, ובפרט במוש"ק, מנהג נכון הוא להמתין).

וכהיום נתפשט המנהג להמתין על אב"ד, ונראה הטעם, משום דהמנהג כהיום בערי ישראל, לקבוע עם האב"ד ביחד עת ללמוד אחר התפילה, ואם כשיתקבץ מנין תיכף יתפללו, ילך אח"כ כל אחד לדרכו, ויוגרם עי"ז ביטול תורה, **וקביעות** לימוד שלאחר התפילה הוא ענין גדול, ומ"מ לא יאחרו זמן ק"ש ותפלה בשביל זה. **כתב** הא"ר, יש לו להרב להקדים עצמו לבוא לבהכ"נ קודם, כדי שלא ימתינו עליו.

סעיף ד - כשש"צ חוזר התפלה, הקהל יש להם לשתוק ולכוין לברכות שמברך החזן ולענות אמן - היינו לא מיבעי שאסור לומר עם הש"ץ כל הברכה, דהוי ברכה לבטלה, **אפילו** למנקט עמו איזה תיבות מאמצעו ג"כ אין נכון, דיש לחוש משום שיגרא דלישנא יוציא ברכה מפיו, **וכ"ש** אותם המגביהים קולם ומזמרים עם הש"ץ, דהוי כיוהרא, ויש לגעור בהם, דהוי כקלות ראש.

ע"כ יש ליזהר מלומר תחנונים או ללמוד בעת חזרת הש"ץ, ואפילו אם מכוונים לסוף הברכה לענות אמן כראוי, שלא תהיה אמן יתומה, ג"כ לא יפה הם עושים, שאם הלומדים יפנו ללימודים, עמי הארץ ילמדו מהן שלא להאזין לש"ץ, ויעסקו בשיחה בטילה ח"ו, נמצאו מחטיאין את הרבים.

ואם אין ט' מכוונים לברכותיו, קרוב להיות ברכותיו לבטלה - ע"כ יראה לכתחילה לכוין לשמוע כל הברכה, ולא סוף הברכה בלבד.

לכן כל אדם יעשה עצמו כאילו אין ט' זולתו, ויכוין לברכת החזן - והעולם נוהגין לצרף למנין ולהתפלל חזרת הש"ץ, אפילו מי שיודעין בו שמשיח ואינו שומע חזרת הש"ץ כראוי, **ונ"ל** דבכגון זה טוב להתנהג כמו שכתב בספר שולחן שלמה, שיתנה הש"ץ בינו לבין עצמו בחזרת התפילה, שאם לא יענו תשעה אמן אחריו ויכונו לברכותיו, שיהא התפילה ההיא בתורת נדבה.

(וי"א שכל העם יעמדו כשחוזר הש"ץ התפלה) - טעמם, כיון שמכוונים ושומעים מש"ץ, ושומע כעונה, וכאלו מתפללין בעצמם דמיא, וכן היה מנהג הקדמונים, **ועכשיו** בעו"ה כל אחד עושה כפי דעתו, ומהם יושבים ומשיחים, **ובתוך** ד"א לש"ץ, לכו"ע אסור מדינא לישב בעת חזרת הש"ץ.

סעיף ה - על כל ברכה שאדם שומע בכל מקום, אומר: ברוך הוא וברוך שמו - ורמז לזה ממה שאמר הכתוב: כי שם ד' אקרא הבו גודל לאלהינו, **ועוד** אם כשמזכירין צדיק בשר ודם צריך לברכו, שנאמר: זכר צדיק לברכה, צדיקו של עולם עאכ"ו.

וברכות שחתימתן קצר רק כב' תיבות, כ"פוקח עורים" בברכת השחר, וכה"ג בשמנה עשרה וכל הברכות, מהנכון לש"ץ ליזהר אז שלא למהר כ"כ לחתום תיכף את הברכה, אלא לשהות מעט, כדי שכל העונים ישמעו איזה ברכה מסיים אח"כ, וגם יהיו יכולים לענות האמן תיכף, **דאל"ה** לפעמים ע"י הקול של עניית "ב"ה וב"ש", הרבה מהעונים אינם יודעים איזה ברכה מסיים, וגם ענייתם הוא אינו תיכף אחר שכלה הברכה, וכ"ז יש בו חשש של אמן יתומה, וכדלקמן בסעיף ח' בהג"ה.

ואם הוא עומד במקום שאינו רשאי להפסיק, כגון בפסד"ז, וכ"ש בברכת ק"ש אפילו בין הפרקים, אסור לאמרו, **וכן** אם שמע ברכה שחייב בו, והוא מתכוין לצאת ע"י המברך, כברכת שופר ומגילה וקידוש וכה"ג, אין לענות ב"ה וב"ש, דשומע כעונה, וכמאן דאמר בעצמו הברכה דמיא, והוי הפסק בברכה, **ועיין** בח"א דנשאר בצ"ע לענין דיעבד, ונ"ל דבדיעבד אין להחמיר בזה.

סעיף ו - ויענו אמן אחר כל ברכה, בין אותם שיצאו ידי תפלה, בין אותם שלא יצאו - ר"ל אע"פ שהם יוצאין עכשיו בתפילת הש"ץ, אינם כעונים אמן אחר ברכות עצמן, שהרי מ"מ הם אינם אומרים כלום אלא שומעים.

ובכוונה, שיכוין בלבו: אמת היא הברכה שבירך המברך, ואני מאמין בזה - וזהו בברכת הודאה, כגון "ברוך שאמר" ו"ישתבח" ו"גאל ישראל" וכה"ג, **אבל** בתפילה, צריך שיכוין אמת היא, וגם אני מתפלל שיהי רצון שיקויים דבר זה, **כגון** בברכת "אתה חונן", שביקש המתפלל "חננו מאתך" וכו', "בא"י חונן הדעת", יכוין אמת שהוא חונן דעה, ויהי רצון שיחונן לנו ג"כ דעה, וכה"ג בכל הברכות.

(זהו מדברי המג"א בשם הב"ח, ולפלא ששינה לשון הב"ח, **ששם כתב דזה יכוין דוקא באמצעיות, משמע דראשונות שהן מיוחדות לשבח, אין לכוין רק שאמת הוא דברי המברך, כמו שכתב בשו"ע, ומלשונו שכתב דזהו בברכת הודאה וכו', לא משמע כן, ואולי דהוא פליג בזה על הב"ח, וס"ל דברכת "מחיה מתים" ג"כ יש בו ב' הכונות, דהיינו אמת שהוא מחיה מתים, ויה"ר שיתקיים במהרה, ואולי דגם בברכה ראשונה**

סימן קכד – דין הנהגת ש"ץ בי"ח ברכות, ודין ענית אמן

שייך זה, דהיינו שעניית אמן הוא קאי על כל הברכה שבירך המברך, שהוא גומל חסדים וקונה הכל וזוכר חסדי אבות ומביא גואל וכו', וא"כ שייך בזה ג"כ ב' הכונות, לבד בברכת "אתה קדוש" לחוד לא שייך רק כונה אחת, **וצ"ע למעשה**).

ובקדיש צריך לכוין על העתיד לבד, שיאמנו דבריו מה שהוא מבקש: שיתגלה מלכותו בעגלא ובזמן קריב, דעיקר הענין בודאי יקויים לבסוף, כמו שכתוב: ביום ההוא יהיה ד' אחד וגו'.

עיין בח"א שכתב, דיכוין בענייתו אמן גם על מה שאמר המברך "ברוך אתה ד'", דהיינו שאמר הש"ץ "ברוך אתה ד' מגן אברהם", יכוין העונה את האמן: אמן שיהיה מבורך שם ד' שהיה מגן אברהם, וכה"ג בכל הברכות.

כתב הפמ"ג, דהעונה אמן אחר ברכת "המחזיר", לא יאמר ביחד "אמן מודים אנחנו לך", כי "אמן" קאי על הברכה כנ"ל, ו"מודים" הוא ענין בפני עצמו, רק ישהא מעט אחר תיבת "אמן".

מי שנזדמן לו לענות אמן על ב' דברים, עונה ב' אמנים זה אחר זה, ויכוין בכל אמן את הענין על מה הוא עונה, וטפי עדיף לומר "אמן ואמן".

סעיף ז - לא ישיח שיחת חולין בשעה שש"צ חוזר התפלה - ר"ל אפילו אם ירצה ליזהר בסוף כל ברכה לכוין ולענות אמן.

ואם שח, הוא חוטא וגדול עונו מנשוא, וגוערים בו - כתב בא"ר בשם הכל בו, אוי להאנשים שמשיחים בעת התפלה, כי ראינו כמה בתי הכנסת נחרבו בשביל עון זה, ויש למנות אנשים ידועים להשגיח ע"ז.

כתב בשל"ה: ראיתי מהחרדים אל דבר ד', שמשימין הסידור בפניהם בשעת חזרת התפילה, ועיניהם וליבם שם שלא יראו חוצה, ואז מכוונים ע"כ מלה ומלה.

הגה: וילמד בניו הקטנים שיענו אמן, כי מיד שהתינוק עונה אמן, יש לו חלק לעולם הבא - וצריך שיחנכם שיעמדו באימה ויראה, והקטנים ביותר הרצים ושבים בבהכ"נ בשחוק, מוטב שלא להביאם, דהרגל נעשה טבע, וגם שמטרידים להצבור בתפילתם, **ומלבד** כ"ז, נכון להאב המביא קטנים כאלו לבהכ"נ, להשגיח על בגדיהם וסנדליהם אם הם נקיים, כדי שלא להכשיל בזה להמתפללים בתוך ד' אמותיהם.

§ סימן קכה – דיני קדושה §

סעיף א - אין הצבור אומרים עם ש"ץ: נקדישך, אלא שותקין ומכוונין למה שש"צ אומר עד שמגיע לקדושה, ואז עונים הציבור: קדוש - הטעם, דניתקן שש"ץ יאמרנו בשביל הקהל ויהיה שלוחם, וכשגם הצבור אומרים אותו, איך יקרא הש"ץ שלוחם, וכן בקדיש יש ליזהר, שלא לומר עם החזן "יתגדל" וכו' עד איש"ר, **ואפילו** יש מנין מלבדו ששומעין ומאזינין לש"ץ, ג"כ אסור, כי על כל אחד שבבהכ"נ החיוב לשתוק ולהאזין לש"ץ ואח"כ לענות אחריו, **ומטעם** זה אפילו אם ירצה ללמוד ע"י הרהור, ג"כ אסור משעה שמתחיל החזן "נקדש", וכן בקדיש, **אם** לא בשעה שהחזן מאריך בניגון, ולא בשעה שמחתך האותיות.

(**ובשו"ע** של הגר"ז כתב, דהני מילי ליחיד שרוצה לומר "נקדש", אבל אם כל הקהל ירצו לומר, מותר מדינא אפי' שלא עם הש"ץ ביחד, **אך** שמ"מ אין לכתחילה להתנהג כן, וכמו בקדיש שעונין הצבור איש"ר אחר "יתגדל" שאומר הש"ץ, כן בקדושה יש לכתחילה לענות "קדוש" ו"ברוך" אחר "נקדישך" או "נקדש" שאמר הש"ץ).

ויש מקילין שיכול לאמר עם הש"ץ, [ט"ז ובשם כתבים], **והמנהג** הנכון כמ"ש השו"ע, כי עמו נמשכו האחרונים, וכן נהג הגר"א, **ומ"מ** המנהג בימינו שאומרים הקהל ג"כ "נקדש", (**והוא** ע"פ כתבי האר"י שהביא המ"א, או שסוברין כהט"ז).

ואינו נקרא קדושה אלא "נעריצך" וכו' [למנהג הספרד שאומרים כן בכל תפילת שחרית, וכן לאשכנזים שאומרים "נקדש"], "לעומתם" וכו', "ובדברי" וכו', **אבל** שאר הנוסח שמוסיפין בשבת אינו בכלל קדושה, ואינו צריך להאזין אחר החזן בזה, **וכן** המנהג כהיום, שאומרים זה קודם החזן, וכן מותר ללמוד אז ע"י הרהור, כן כתב המ"א בשם הגהת יש נוחלין, **אבל** כמה אחרונים סוברין, דאפילו "ימלוך" ג"כ אינו מעיקר הקדושה, וכ"ש "לעומתם" וכו' "ובדברי" וכו'.

ויראה הש"ץ לסיים "לעומתם" וכו' "ובדברי" וכו', קודם שיתחילו הקהל "ברוך" ו"ימלוך", כ"כ המ"א בשם הס"ח, **ור"ל** שלא ימשוך הש"ץ כ"כ באמירתו "לעומתם" וכו' "ובדברי" וכו', כדי שלא יתחילו הקהל "ברוך כבוד" וכו' וכן "ימלוך" קודם שיסיים, **וה"ה** לקדיש ולברכו ולכל דבר שעונים אחר הש"ץ או אחר המברך, לא ימשוך הש"ץ או המברך בסופו, כדי שלא יענו הקהל אחריו קודם שיסיים, ויהיה זה כעין אמן חטופה.

ויחיד שאמר "קק"ק" ועדיין הש"ץ היה ב"וקרא זה אל זה", י"א דלא יצא, וצריך לענות פעם אחרת, **והטעם** פשוט, דצריך לענות בי עשרה כאחד, (כי אין אומרים דבר שבקדושה פחות מעשרה), **וכן** יש ליזהר ג"כ שלא יאחר לומר את הקדושה אחר הקהל, **ויש** ליזהר בכל זה בעת אמירת הפייט, שכשרואה הצבור מתחילין לומר "קק"ק", תיכף יפסוק באמצע.

(**ומסתפקנא** לענין ש"ץ, אם הוא מחויב ג"כ לומר "קדוש" ו"ברוך" בשוה עם הצבור, כי הלא הוא אינו מוציא את עצמו מן הכלל, דהא אומר "נקדש" וכו', ואיך יאמר אח"כ שלא בעשרה, **ואין** לומר כיון דהש"ץ עומד להוציא רבים ידי חובה, חשוב כצבור, זה אינו, דהלא קדושה הצריכו חז"ל לכל אחד מהשומעים לאמר בעצמו "קדוש" ו"ברוך", **ואפשר** כיון דהעומד בתפלה קי"ל דישתוק ויכוין למה שאומר ש"ץ, כדי לצאת בזה, חשוב כעומד להוציא רבים ידי חובה, ויכול לומר אפי' אח"כ, **ואם** מתחיל הש"ץ או שאר יחיד לומר "קדוש" קודם שגמרו צבור אמירתם, בודאי חשוב כצבור).

מהרי"ל כשאמר "ברוך" ו"ימלוך" היה כורע וזוקף בשם, אבל לא מצינו ראיה לזה - ד"מ, **ע"כ** לא נהגו כן כהיום.

סימן קכה – דיני קדושה

סעיף ב - טוב לכוין רגליו בשעה שאומר קדושה עם שליח ציבור - כמ"ש בסי' צ"ה. **וצריך** לכוין ביותר בקדושה לקדש את השם ית', ובזכות זה ישרה עליו הש"י קדושה מלמעלה, **ויכוין** לקיים הפסוק: ונקדשתי בתוך בני ישראל, **והאר"י** ז"ל היה מזהיר מאוד ע"ז.

הנוסח "שמקדישים" ולא "שמקדישין", **גם** יפריש קצת בין תיבת "שמקדישים" לתיבת "אותו" שכתוב אח"כ, וכדלעיל בסי' ס"א לגבי ק"ש. **כתב** ב"ח, שצ"ל: וכן כתוב ע"י נביאך, **ונוסח** שלנו: ככתוב ע"י נביאך, וכ' המ"א שיש לו ג"כ סמך. **בשבת** אומרים: כדבר האמור בקמ"ץ.

הגה: ויש לישא העינים למרום בשעה שאומרים קדושה - כי כתבו בשם ספר היכלות, ז"ל: ברוכים אתם לד' שמים ויורדי מרכבה, אם תאמרו ותגידו לבני מה שאני עושה בשעה שמקדישים ואומרים קק"ק, ולמדו אותם שיהיו עיניהם נשואות למרום לבית תפלתם, ונושאים עצמם למעלה, כי אין לי הנאה בעולם כאותה שעה שעיניהם נשואות בעיני, ועיני בעיניהם, באותה שעה אני אוחז בכסא כבודי בדמות יעקב, ומחבקה ומנשקה, ומזכיר זכותם וממהר גאולתם.

דהיינו שיהיו סגורות, אבל לא בעינים פתוחות, כ"כ הט"ז, ‹דבסי' צ"ה קי"ל, דהמתפלל צריך שיתן עיניו למטה ולבו למעלה כו', ואמאי לא נימא גבי קדוש הכי›, **אבל** הרבה אחרונים חולקין ע"ז, ‹ולא דמי קדושה לתפילה, דהיא בקול רם והיא באה לאחר התפילה - ב"ח›, ופסק המג"ג כמותם.

וכן מנענעים גופן ונושאין אותו מן הארץ - כי איתא בתנחומא פ' צו: ובשתים יעופף, מכאן תקנו לעוף על רגליו בשעה שאומר "קדוש", **וכתב** המ"א, ודלא כאותם שדולגים וקופצים, ‹כוונתו בקפיצה לגמרי מעל הארץ - ערוה"ש›, **אבל** הא"ר ושארי אחרונים יישבו את המנהג, ומנהג ישראל תורה היא, ‹דהכי משמע לשון לעוף כו' - שע"ת›, **ומ"מ** במקום שאין המנהג כן פשיטא שאין לעשות כן, כי יבואו להתלוצץ, ויצא שכרו בהפסדו. **השל"ה** כתב שקבלה בידו, שירים גופו ועקבו למעלה ב"ברוך" ו"ימלוך", כמו ב"קדוש".

ואין לדבר באמצע הקדושה - כתב בד"מ, שמהרי"ל לא היה מדבר מתחלת הקדושה עד אחר אמן ד"האל הקדוש". **כתב** הפמ"ג, אם התחיל קדושה, ובאמצע שמע קדיש, מסתברא דלא יפסיק לענות איש"ר, **אלא** גומר "קדוש" ג"פ עד "כבודו", ואם שומע אז, יאמר איש"ר.

כתבו האחרונים, דאף שעניית איש"ר הוא עדיפא מקדושה, **מ"מ** אם קדיש כבר שמע, וקדושה לא שמע עדיין, ונזדמן לו לענות קדיש וקדושה, מוטב שיענה קדושה כדי לצאת ידי חובה.

ומי שאמר סדר קדושה, ובא לבהכ"נ ומצא צבור עונין קדושה, חוזר ועונה עמהם.

§ סימן קכו – דין שליח צבור שטעה §

סעיף ד - אם טעה ש"צ כשהתפלל בלחש, לעולם אינו חוזר ומתפלל שנית מפני טורח הצבור, אלא סומך על התפלה שיתפלל בקול רם - ואם בלחש במעריב, חוזר, שאין לו על מה לסמוך, **ומיהו** בשבת יסמוך על ברכה מעין שבע, דלא גרע מיחיד שסומך עליו. **והוא שלא טעה בג' ראשונות, שאם טעה בהם,**

לעולם חוזר כמו שהיחיד חוזר - ודוקא כשנזכר קודם שהשלים תפלתו, דלית בזה טורח צבור כ"כ, **אבל** אחר שהשלים תפילתו אינו חוזר, כ"כ הלבוש, וכן הסכימו עמו הרבה אחרונים.

ובטור פליג, ומקיל אפילו בג' ראשונות בכל גווני, והסומך עליו לא הפסיד - ח"א בשם א"ר, **וכן** משמע בביאור הגר"א, שהלכה כטור.

§ סימן קכז – דין מודים דרבנן §

סעיף ב - אם אין שם כהנים, אומר ש"צ: אלהינו ואלהי אבותינו ברכנו בברכה המשולשת וכו', ואני אברכם - ומנהגנו כהיום, שלא לומר רק עד "שלום", מ"א, וכן משמע מביאור הגר"א. **ובדיעבד** אם לא אמר, אין מחזירין אותו, (דבלא"ה דעת אנשי מערב, דאפילו לכתחילה אין לומר, וגם בתוספות כתבו דבזמן הגמרא לא היה המנהג לומר, **ולכאורה** אם נזכר קודם שאמר "ברוך אתה ה'", יחזור ויאמר, דלא גריעא דבר זה מ"זכרנו" ו"מי כמוך", דג"כ אין לו מקור מן הגמרא, ואפ"ה קי"ל, דאם נזכר קודם שסיים בא"י, יחזור, **ועיין** במ"א, דבדיעבד אין לחזור אפי' קודם שסיים הברכה, וצ"ע).

עיין לקמן סימן קכ"ח ס"י בהג"ה, שכתב דמנהגנו שאפילו יש שם כהנים, אומר הש"ץ "אלהינו ואלהי אבותינו" וכו', עד "עם קדושיך".

בברכה - בפת"ח. **כהנים** עם קדושיך - אין מלת "כהנים" דבוק למלת "עם קדושיך", לומר שהם כהני עם קדושיך, **דהא** קי"ל דכהנים שלוחי דרחמנא נינהו ולא שלוחי דידן, **אלא** כלומר שהכהנים נקראים "עם קדושיך". **כשאומר** "יברכך ד'", יראה לצד ההיכל, "וישמרך", יראה לצד ימין שלו, "יאר ד'", כלפי ההיכל, "פניו אליך ויחנך", יראה לצד שמאל שלו, ליחדו בימין - זוהר פרשת נשא.

ואין הצבור עונין אחריו אמן, אלא "כן יהי רצון" - ר"ל אחר סוף ברכה ג', דהכל ענין אחד הוא, שמסדר הש"ץ בתפלתו מה שהכהנים אומרים, **ויש** עונים "כן יהי רצון" אחר כל ברכה.

דאמן לא שייך כי אם כשעונה אחר כהן המברך, משא"כ הש"ץ שאינו אומר אלא דרך בקשה, שיברכנו הש"י בברכה שהכהנים מברכים.

הגה: ואין אומרים "אלהינו ואלהי אבותינו" וכו', רק בזמן שראוי לברכת כהנים ולישא כפים - ר"ל בשחרית ובמוסף ולא במנחה, **ובת"צ** גם במנחה, והטעם, משום דאומרים ברכת כהנים.

ונהגו לומר בשחרית "שים שלום", וכן כל זמן שאומר "אלהינו" כו' - ויחיד המתענה אומר ‹במנחה› "שלום רב".

סימן קכז – דין מודים דרבנן

אבל בלא"ה מתחילין "שלום רב" - ואם אמר "שים שלום", או בשחרית "שלום רב", יוצא, **ובסידור** האר"י ז"ל כתוב לעולם "שים שלום".

(**ואם** נזכר בבוקר כשהתחיל "שלום רב" קודם שאמר "בא"י", אפשר דיחזור ויאמר "שים שלום", ומטעם שכתבנו קודם לענין ברכת הש"ץ, **אבל** להיפך, אם אירע לו כן בערב שאמר "שים שלום", אפילו אם נזכר קודם שאמר "בא"י", נראה דא"צ לחזור, דכי משום שהוסיף בבקשה מגרע גרע).

ויש מתחילין "שים שלום" במנחה של שבת, הואיל וכתיב ביה: באור פניך נתת לנו, שהיא התורה שקורין במנחה בשבת.

§ סימן קכח – דיני נשיאת כפים ואיזה דברים הפוסלים בכהן §

סעיף יז - כשמחזירין פניהם, בין בתחלה בין בסוף, לא יחזירו אלא דרך ימין - פי' בתחלה כשעולין לדוכן ופניהם כלפי ההיכל שהוא במזרח, וקורין להם "כהנים", מתחילין להחזיר פניהם כלפי העם לצד ימין שלהם, שהוא בדרום, ואח"כ למערב נגד הצבור, **ובסוף** כשמתחיל הש"ץ "שים שלום", ומחזירין פניהם כלפי הקודש, מתחילין להחזיר פניהם דרך ימין שלהם שהוא בצפון, ואח"כ לצד המזרח נגד ההיכל, [**וגם** באטר אזלינן בתר ימין דעלמא].

כשיורדים מן הדוכן, לא יחזירו אחוריהם להיכל, אלא יצדדו ויחזירו פניהם קצת להיכל, כתלמיד הנפטר מרבו, שמחזיר פניו אליו בצאתו מלפניו.

הגה: כשיורדין מן הדוכן לא יגעו במנעליהם המטונפים - נראה דהכי קאמר: סתם מנעלים כמטונפים הם, **ואם נוגעים יטלו ידיהם לתפלה שיתפללו אחר כך.**

סעיף כג - בשעה שהכהנים מברכים העם, לא יביטו ולא יסיחו דעתם, אלא יהיו עיניהם כלפי מטה כמו שעומד בתפלה - שהרי מתפללין שיברך הש"י את ישראל.

והעם יכוונו לברכה, ויהיו פניהם כנגד פני הכהנים, ולא יסתכלו בהם - ר"ל לא בפני הכהנים ולא בידיהם, והטעם הוא ג"כ כדי שלא יסיחו דעתם מהברכה, ואח"כ כ"ש שלא יסתכלו במקום אחר, **ומדינא** אינו אסור אלא בהסתכלות מרובה שיכול לבוא לידי היסח הדעת, אבל ראיה קצת שרי, **דדוקא** בזמן המקדש שהיו מברכין בשם המפורש, והשכינה היתה שורה על ידיהם, היה אסור אפילו ראיה קצת, משא"כ בזה"ז, **ומ"מ** נוהגין גם עכשיו זכר למקדש שלא להביט בהם כלל.

הגה: וגם הכהנים לא יסתכלו בידיהם - גם זה משום היסח הדעת וכנ"ל.

על כן נהגו לשלשל הטלית על פניהם, וידיהם חוץ לטלית - ומנהג זה יותר נכון (מן המנהג דלקמן).

בד"מ מוסיף, שגם העם נוהגין לכסות פניהם בטלית, כדי שלא יוכלו להסתכל בידי הכהנים.

ויש מקומות שנהגו שידיהם בפנים מן הטלית, שלא יסתכלו העם בהם.

סעיף כז - כהן אינו רשאי להוסיף מדעתו יותר על השלשה פסוקים של ברכת כהנים; ואם הוסיף, עובר על בל תוסיף - וה"ה אם גרע מהברכות, עובר משום בל תגרע.

לשון הגמרא: שלא יאמר הואיל ונתנה תורה רשות לברך, אוסיף ברכה אחת משלי, כגון: ה' אלהי אבותיכם יוסף עליכם ככם אלף פעמים וגו', ת"ל: לא תוסיפו, **ומסיק** שם הגמרא, דאפילו כבר סיים כל ברכותיו, ג"כ עובר בלאו, וכ"ש אם הוסיפה באמצע הברכות.

ודוקא להוסיף פסוק אחר אסור, אבל לומר ברכת כהנים כמה פעמים, אינו משום בל תוסיף, דלא שייך בל תוסיף בעשיית המצוה שתי פעמים.

(**לכאורה** נראה, דדוקא אם גם זה היה בפריסת כפים, וכה"ג כל הדברים המעכבין בנ"כ, זה מקרי הוספה על המצוה, משא"כ בשבירך שלא בנ"כ, או שלא בהחזרת פנים וכה"ג, זה אין מקרי הוספה כי אם ברכה בעלמא, וכ"כ בשו"ע הגר"ז, וכן מוכח בחידושי רשב"א, **אמנם** מדברי הרמב"ם משמע שלא כדבריהם, שהרי כתב, אין הכהנים רשאין בכל מקום להוסיף ברכה על שלשת הפסוקים, כגון: ה' אלהי אבותיכם יוסף עליכם וגו', וכיוצא בה, לא בקול רם ולא בלחש, שנאמר: לא תוסיפו על הדבר וגו', עכ"ל, הרי דלדידיה עוברים על בל תוסיף כשמברך בלחש, אע"ג דקול רם הוא לעיכובא, ומסתמא דלדידיה ה"ה בלא פריסת כפים וכה"ג ג"כ עובר, וצ"ע).

סעיף כח - כהן שנשא כפיו, ואח"כ הלך לבהכ"נ אחר ומצא צבור שלא הגיעו לברכת כהנים, יכול לישא את כפיו פעם אחרת - דליכא בל תוסיף בעשיית המצוה שתי פעמים, **ומ"מ** חיובא ליכא עליו, כיון שכבר נשא כפיו ביום זה, וכנ"ל בס"ג, [**ואפי'** באותו ציבור גופא, שנושאין כפים בשחרית ומוסף בשבת ויו"ט, מ"מ לית עליו חיובא מן התורה לעלות בכל פעם], **ועיין** לעיל במ"ב, דאע"ג דאינו מחויב לישא כפיו כמה פעמים ביום אחד, מ"מ כל פעם שנושא כפיו הוא מברך: אשר קדשנו בקדושתו וכו'.

כהן המתפלל שמונה עשרה, אם אין שם כהן אחר בביהכ"נ, צריך להפסיק ולעלות לדוכן כדי שלא תתבטל הנשיאת כפים, [**ודוקא** אם מובטח לו שיחזור לתפלתו, ואם אין מובטח לא יפסיק, כמו בש"ץ], ואחר שיגמור הנ"כ ירד מהדוכן ויגמור תפלתו, **ואם** יש שם כהן אחר, אינו פוסק מתפלתו, אם לא שאמרו לו: עלה לדוכן או טול ידיך, דאז אפילו יש שם כהנים אחרים צריך להפסיק ולעלות, [**ואפי'** אינו מובטח, משום דעובר בעשה אם אינו עולה].

וכל מקום דמפסיק בתוך התפלה כדי לעלות לדוכן, צריך לעקור רגליו קצת בתוך התפלה כשאומר הש"ץ "רצה", **אבל** אם לא עקר רגליו כשאומר הש"ץ "רצה", אינו רשאי לעלות.

אמנם הא"ר מפקפק בעיקר היתר זה של הפסק באמצע התפלה, אפילו באמרו לו: עלה, דאע"ג דתפלה דרבנן היא, מ"מ אפשר דהעמידו חכמים דבריהם אפילו במקום עשה, **וכן** דעת הגאון יעב"ץ בסידורו, שלא להפסיק באמצע התפלה לנ"כ כשעומד בברכה אחרת, **אם** לא שהגיע בתפלתו למקום ברכת כהנים, שאז דעתו שמותר לו לעקור רגליו ולעלות לדוכן, שבמקום זה לא מקרי הפסק, שהוא מעין "שים שלום", **והנה** כשמשער בתוך התפלה שיגיע אז לאותו מקום בשוה עם הש"ץ, צריך ליזהר לעקור רגליו קצת לצד הדוכן בעת שמתחיל הש"ץ "רצה", וכמו שכתבנו למעלה, **וגם** זה דוקא אם הוא מובטח שלא תטרף דעתו ויחזור לתפלתו, ובלא"ה אסור בכל גווני להפסיק בתפלה, זהו תוכן דבריו שם ע"ש.

סעיף ל - מי שיש לו מום בפניו או בידיו, כגון שהם בוהקניות, (בוהקניות פי' מין נגע לבן, ורש"י פירש לינטלי"ש בלעז) - קאי גם אפניו, והוא המנומר בנקודות דקות לבנות, [והוא מה שכתוב בשו"ע "מין נגע לבן", ומה שציינו בשם רש"י לינטלי"ש, הוא ג"כ דבר זה], **ואותן** המנומרין בנקודות דקות שקורין זומר שפרענקלען, אם שכיח שם, אף דלא הוי רוב אנשי המקום כך, ישא את כפיו.

או עקומות או עקושות, (עקומות: כפופות; עקושות: לנדיכן. והר"ן פי' עקומות: שנתעקמה ידו אחורנית; עקושות: שאינו יכול לחלק אצבעותיו), לא ישא את כפיו, מפני שהעם מסתכלין בו - שהוא דבר המתמיה, ובשביל זה יסיחו דעתם מלכוין לשמוע הברכה.

וה"ה למי שיש מומין ברגליו, במקום שעולים לדוכן בלא בתי שוקים - היינו כעין פוזמקאות שלנו.

וכן מי שרירו יורד על זקנו; או שעיניו זולפות דמעה; וכן סומא באחד מעיניו, לא ישא את כפיו – (פשוט דדוקא אם סמיותו ניכר, ויבאו להסתכל בו, אבל אם אין סמיותו ניכר לאנשים, כמו שמצוי מיני סומים שעיניהם כעיני שאר בני אדם, רק שניטל המאור מהם, מותר).

ואם היה דש בעירו, דהיינו שהם רגילים בו, ומכירים הכל שיש בו אותו מום, ישא כפיו, ואפי' הוא סומא בשתי עיניו - דהטעם דמום פוסל בפניו ידיו ורגליו, וכן בכל הני, הוא משום דחיישינן שיסתכלו בו, ובדש לא יסתכלו בו, כי אינו חידוש בעיניהם.

וכל ששהה בעיר ל' יום, מקרי דש בעירו; ודוקא בעירו, אבל אם הולך באקראי לעיר אחרת, ושהה שם ל' יום, לא - דלא רגילי אינשי לישא וליתן עמו, ואינם מורגלים במומו, (**ועיין** במ"א שהביא דעת הב"ח שחולק בזה, **והנה** הלבוש והע"ת והפר"ח וש"א כולם הסכימו לדעת השו"ע, **ובח"א** כתב כעין הכרעה בזה, דאם היה בביהכ"נ בשעה שקוראים "כהנים", וגם עקר ב"רצה", יעלה).

ואפילו לא בא לדור שם להיות מבני העיר, אלא בא להיות שם מלמד או סופר או משרת שנה או חצי שנה, חשוב דש בעירו בל' יום - דכיון שעכ"פ בא להשתקע שם לאיזה זמן, רגילים לישא וליתן עמו, והורגלו במומו בשלשים יום.

איתא בש"ס, דפוחח לא ישא את כפיו, דגנאי הוא לצבור, ומהו פוחח מבואר לעיל בסי' נ"ג סי"ג.

כתב הפר"ח, דחולי מעים לא ישא את כפיו, ומ"מ נראה דטוב שיצא קודם "רצה", [דדבר זה לא נזכר בגמר' לאיסור, רק דהוא אונס].

(עיין ט"ז שכתב, דכל הנהו שאינם נ"כ, צריכין לילך מביהכ"נ בשעת הדוכן, דלא לימרו עליו בן גרושה הוא, **וא"ר** מגמגם בזה וכן בפמ"ג, ודחו ראיותיו, וכן בספר נהר שלום חולק עליו, דכל אלו ניכרים הם במומן, ולא אתו למיטעי, ולכך סתמו הפוסקים ולא הצריכו אותו לצאת, וכן משמע במ"א, **אך** מפני שלאו כו"ע דינא גמירי, אפשר שטוב יותר שיצאו לחוץ כדעת הט"ז).

(**כתב** הפר"ח, כל הני דאמרינן לא יעלה, אם עלה לא ירד).

סעיף לא - אם מנהג המקום לשלשל הכהנים טלית על פניהם, אפילו יש בפניו ובידיו כמה מומין, ישא את כפיו - דהא אין יכולין להסתכל בהן, **הגה: ודוקא אם היו ידיו בפנים מן הטלית, אבל אם הם מבחוץ, לא מהני הטלית לידיו.**

ואם אין המנהג כן, רק שהוא רוצה לעשות כן מפני המומין שבו, אסור, **ואפילו** רוצים כל הכהנים לעשות כמוהו, כדי שלא יהא בו שינוי משאר כהנים, **אפ"ה** אסור, דמ"מ יסתכלו בהם מפני ששינו מנהגם, ויסיחו דעתם.

אבל לא מהני מה שבאיזה מקומות הקהל מכסין פניהם, דמ"מ כשידעו שיש מום, אתו לאיסתכולי, וגם יש בחורים שאין להם טליתים.

סעיף לב - היו ידיו צבועות אסטיס ופואה, (אסטים ופואה פי' מיני צבעים), לא ישא את כפיו, מפני שהעם מסתכלין בהם - ובמקום שנהגו הכהנים לשלשל הטלית על פניהם, וידיהם בפנים מן הטלית, נושא כפיו וכנ"ל.

ואם רוב העיר מלאכתן בכך, ישא את כפיו - ומיירי כשאינו דש בעירו, **וכן אם הוא דש בעירו, ישא את כפיו** - אפילו אין אנשי העיר מלאכתן בכך.

סעיף לג - מי שאינו יודע לחתוך האותיות, כגון שאומר לאלפין עייני"ן, ולעייני"ן אלפי"ן, וכיוצא בזה, לא ישא את כפיו - וה"ה מי שהוא כבד פה וכבד לשון.

סימן קכח – דיני נ"כ ואיזה דברים הפוסלים בכהן

וה"ה מי שקורא לחיתי"ן ההי"ן, או שקורא ל"שבולת" "סבולת", **ואם** כל בני עירו קוראין כך, מותר לישא כפים שם באותו מקום, **ומטעם** זה כתבו האחרונים, דבזמנינו שרוב בני עמנו אין יודעים להבחין בין הברת העי"ן לאל"ף, ממילא מותר לישא כפיו, **וי"א** עוד, דבמדינת רוסיא שרגילין הרבה לקרוא "שבולת" "סבולת", אף דכלל אנשי המדינה יודעים ההפרש שבין שי"ן ימנית לשמאלית, מ"מ מותר לישא כפיו.

סעיף לד - קטן שלא הביא שתי שערות, אינו נושא את כפיו בפני עצמו כלל - אפי' באקראי, שאין כבוד צבור להיות כפופין לברכת קטן.

ואם נעשה בן י"ג שנה ויום אחד, תלינן לענין זה שמסתמא הביא ב' שערות, וכעין שפסק הרמ"א לעיל בסי' נ"ה בס"ה בהג"ה.

(**ננס לא ישא כפיו לבדו, אפילו דש בעירו, ומטעם שלא יאמרו קטן נושא כפיו, דחיישינן שמא יש כאן אנשים שאין מכירין אותו, ויאמרו קטן נושא כפיו, אבל אם יש לו זקן, זקנו מוכחת עליו**).

אבל עם כהנים שהם גדולים, נושא, ללמוד ולהתחנך – (עיין בע"ת שכתב, דר"ל שאז מותר אפילו בקבע).

ומטעם זה רשאי לברך ג"כ - מ"א, וכ"כ הרדב"ז, **וחינוך** זה אינו כשאר זמני החנוך שהוא כבר חמש כבר שית, כי אם בשיודע לישא כפיו כמנהגי הכהנים.

ומי שהביא שתי שערות, נושא את כפיו אפילו בפני עצמו, ומיהו דוקא באקראי בעלמא ולא בקביעות - גם זה הוא מטעם כבוד הצבור, שאין כבודם שיברכם תמיד בקבע וביחידי, איש שלא נתמלא עדיין זקנו, (**אבל עם אחרים מותר אפילו בקבע**).

ובמדינתנו שאין נושאין כפים אלא ביו"ט, מותר לישא כפיו בכל רגל אפילו בפני עצמו, כדי לאחזוקי נפשיה בכהני, דלא מקרי זה אלא אקראי.

(**עיין בתוס' סוכה, דמשמע דיו"כ ובשאר תעניות שמרבים ברחמים, אפילו אקראי חשיב כמו קבע, ולפלא שלא הביאו האחרונים, וצ"ע למעשה**).

(**כתב הע"ת, נראה דאם אין כהן אחר אלא זה שעדיין לא נתמלא זקנו, אם הוא מבן י"ג שנה ויום אחד, נושא את כפיו אפילו בקביעות, דומיא מה שמבואר לענין ש"ץ בסימן נ"ג ס"ז, והא"ר חולק עליו, דשם שאני שהקילו כדי שלא יבטלו מלשמוע קדושה וקדיש וברכו, ומספר האשכול משמע כהע"ת**).

עד שיתמלא זקנו, שאז יכול לישא כפיו אפילו יחידי בקבע. וכל שהגיע לשנים שראוי להתמלאות זקנו, אף על פי שלא נתמלא, קרינן ביה נתמלא זקנו. (וע"ל סי' נ"ג ס"ח)- כלומר דשם מבואר, דאפילו היה לו זקן מועט, קרינן ביה נתמלא זקנו, אם הוא מבן י"ח שנה ומעלה, וקודם לכן בעינן מילוי זקן ממש.

סעיף לח - שתה רביעית יין בבת אחת, לא ישא את כפיו - דברכת כהנים מדמינן לעבודה, ובעבודה במקדש בכה"ג חייב. **שתאו בשני פעמים, או שנתן לתוכו מעט מים** - ר"ל שלא היה יין חי רק מזוג מעט, **מותר** - דבכה"ג במקדש אינו חייב, ורק איסורא בעלמא, ולהכי בנ"כ דקילא מעבודה מותר לכתחלה.

ואם שתה יותר מרביעית, אע"פ שהוא מזוג, ואפילו שתאו בכמה פעמים, לא ישא את כפיו עד שיסיר יינו מעליו - דבכה"ג במקדש חייב, ועיין סימן צ"ט ס"ב, ושייך גם לכאן.

וכ"ז לענין יין, אבל בשאר משקין המשכרים, כתב המ"א דמותר לישא כפיו, אפילו נשתכר עד שאינו יכול לדבר בפני המלך, דבתפלה כה"ג תפלתו תועבה כדלעיל בסימן צ"ט, בנשיאת כפים מותר, **אם** לא שהגיע לשכרותו של לוט, דאז כשוטה יחשב, וכ"כ בספר מטה יהודה, **אבל** הרבה אחרונים חולקין ע"ז, וסוברין דגם בשאר משקין, כל שנשתכר בהן עד שאינו יכול לדבר לפני המלך, אינו נושא כפיו.

וביין מגתו, דעת מ"א לאסור בנ"כ, **וכמה** אחרונים חולקין עליו כיון שאינו משכר.

סעיף לט - לא היו בו אחד מהדברים המונעים נשיאת כפים, אף על פי שאינו מדקדק במצות - היינו אפילו מצות חמורות כעריות וכדומה, **וכל העם מרננים אחריו** - אפי' רינון של אמת, שהוא מפורסם לכל ברשעתו, [**ואין** רינון זה כרינון הנזכר בסל"ג, ששם אינו כי אם לעז בעלמא], **נושא את כפיו, (שאין שאר עבירות מונעין נשיאת כפים)** - פי' חוץ מע"ג ושפיכות דמים וכנ"ל.

והיינו אפילו לא עשה תשובה על חטאיו, והטעם כתב הרמב"ם, לפי שזו מ"ע על כל כהן וכהן שראוי לנשיאת כפים, ואין אומרים לאדם רשע, הוסף רשע והמנע מן המצות, **ואל** תתמה ותאמר ומה תועיל ברכת הדיוט זה, שאין קבול הברכה תלוי בכהנים אלא בהקב"ה, שנאמר: ושמו את שמי על בני ישראל ואני אברכם, הכהנים עושין מצותן שנצטוו בה, והקב"ה ברחמיו מברך את ישראל כחפצו, עכ"ל.

סעיף מ - כהן שנשא גרושה - וה"ה חללה וזונה או חלוצה, **לא ישא כפיו, ואין נוהגין בו קדושה, אפילו לקרות בתורה ראשון** - ומה שנתבאר בסמוך שאין שאר עבירות מונעים נ"כ, **היינו** דוקא בעבירות שאין שאר הכהנים מוזהרים יותר מישראל, **אבל** במה שהכהנים מוזהרים יותר מישראל, שקדושת כהנים גרם לו, והוא חיללו, לפיכך פסול מדרבנן לכל דבר כהונה, עד שידור על דעת רבים וכו'.

ואפילו גירשה או מתה, פסול, עד שידור הנאה על דעת רבים מהנשים שהוא אסור בהם - שנדר שהודר על דעת רבים אין לו התרה, אבל כשלא ידור על דעת רבים, חיישינן שמא ילך אצל חכם וישאל על נדרו, לפי שיצה"ר תוקפו לעריות.

סימן קכח – דיני נ"כ ואיזה דברים הפוסלים בכהן

וגם צריך לגרש אותה, כ"כ האחרונים, [**והיינו** דאפי' מגרש אותה אחר הנ"כ, ג"כ שרי, אלא דצריך עכ"פ לקבל על עצמו תכף באותו יום לגרשה]. **ומה** שלא הזכיר המחבר דבר זה, משום דקאי אף על גירשה ומתה שהוזכר בתחלה. **ואם** ירצה לשהותה עוד על איזה זמן שלא לגרשה, אף שהדיר ממנה הנאה, אסור לישא כפיו, וגם אינו עולה לתורה ראשון.

[**ואם** הוא מעוכב מחמת נפשות לגרשה, צ"ע].

סעיף מא - נטמא למת שאינו משבעה מתי מצוה, פסול מן הדוכן ומכל מעלות הכהונה - והיינו דוקא במזיד.

(והנה מלשון השו"ע משמע, דאפילו אם עבר פעם אחת באקראי ג"כ נפסל, **ולענ"ד** מלשון המשנה דקתני "והמטמא למתים", משמע כשהוא מועד לכך, אז קנסוהו חכמים, אבל לא בנטמא פעם אחת, **והא** דמיפסל בנושא נשים בעבירה, ואפילו בנשא גרושה אחת, התם כיון דהוא מחזיקה לאשה ועומד במרדו, הלא הוא מועד לאיסור זה, משא"כ בזה, **והא** דקתני "והנושא נשים", משום דכלל בזה גם חללה וזונה, **והרי** אפילו ברוצח שמפורש בש"ס לאיסור לישא כפיו, ג"כ דעת אבי העזרי והאור זרוע, דדוקא במועד לכך תדיר ולא באקראי, **ואף** דלא קי"ל כן, מ"מ בענינינו שבלא"ה לא הזכירוהו כל הפוסקים, **ומשמע** לכאורה דלא ס"ל כלל דין זה, וא"כ אף דאנן נקטינן להחמיר בנושא נשים ומטמא למתים לנ"כ כמר שמואל והרשב"א, די לנו אם להחמיר במועד לכך ולא באקראי, כיון שבאמת עיקר דין זה לכו"ע אף בעבודה אינו כי אם קנסא דרבנן בעלמא, **וצ"ע** לדינא).

עד שישוב ויקבל - בב"ד, **שלא יטמא עוד למתים** - ובזה א"צ לידור ולישבע כנ"ל בסעיף מ"ם, דשאני עריות דיצרו תקפו.

ועיין בתשו' כתב סופר, ברופא שמבקר מתים, שיש לו תועלת הרווחת ממון, לא סגי בקבלה לבד עד שידור ברבים, כמו בנשים בעבירה.

(ויש אומרים דמי שיש לו בת שהמירה לעבודת כוכבים, או שזנתה, אין מחייבין עוד לקדשו, כי אביה היא מחללת) - ומבואר במרדכי, דמ"מ יש רשות לקדשו, אלא שאין מחויבין, **והיינו** לענין לפתוח ראשון ולברך ראשון, אבל לא לענין נשיאת כפים, שהרי אפילו אם בעצמו עבר על איסור זנות ג"כ נושא כפיו, כדלעיל בסל"ט, וכ"ש שאין נפסל ע"י זנות בתו.

ועיין במ"א שהוכיח, דלא מחללת אביה רק בזנות, דהו"ל לשמרה, אבל לא בהמרה, **והא** דנקט שהמירה, משום דכיון שהמירה מסתמא זנתה ג"כ, ומש"כ "או זנתה", היינו או זנתה לחוד.

ודוקא כשזינתה ארוסה או נשואה, דבהכי מיירי קרא, אבל פנויה לא.

וכתבו אחרונים, דבזמן הזה אין מנהג לפסול כהן בשביל זנות או המרת דת של בנו ובתו.

סעיף מב - החלל - דהיינו הנולד מאיסורי כהונה, שהן גרושה זונה וחללה, **אינו נושא את כפיו** - לפי שאינו בכיהונו, והרי הוא כזר לכל דבר, כמ"ש באבן העזר סימן ז', **ואפילו** חלל של דבריהם, כגון הנולד מחלוצה, ג"כ אינו נושא כפיו.

סעיף מג - אחר שבעת ימי אבלות, נושא כפיו; ובתוך שבעת ימי אבילות, יצא מבהכ"נ בשעה שקורא "כהנים" - דמדינא חייב האבל לברך, שהרי חייב בכל מצות האמורות בתורה, **אלא** שנהגו שלא לישא כפים, משום שצריך הכהן להיות בשמחה וטוב לב בשעת הברכה, כדכתיב: וטוב לב הוא יברך, ולכך צריך לצאת, כדי שלא יקראוהו לעלות לדוכן, (וצריך לצאת קודם שמתחילין "רצה"), **ואפי'** בשבת ואין שם כהן אלא הוא, לא יעלה.

ובדיעבד אם לא יצא וקראוהו לעלות לדוכן, בין בשבת ובין בחול, בין שאין שם כהן אלא הוא, ובין עם כהנים אחרים, צריך לעלות, דאל"כ עובר בעשה.

הגה: וי"א דכל זמן האבילות, אפי' עד י"ב חדש על אביו ועל אמו, אינו נושא את כפיו, וכן נוהגין במדינות אלו - וה"ה כל שלשים על שאר קרובים שמחויב להתאבל עליהם, [**לאפוקי** קרובים שהם רק פסולי עדות לו, אף שצריך להראות קצת אבילות בשבת ראשונה, חייב לישא כפיו].

היינו אפילו בשבת ויו"ט, שאינו נקרא שרוי בשמחה, שהרי אסור לילך לשמחת נישואין וכיו"ב, **וה"ה** הקובר מתו ברגל, אע"פ שעדיין לא חל עליו האבלות, מ"מ הרי עכ"פ אסור בשמחה כל ימות הרגל, **וה"ה** אונן אפילו ביו"ט שהוא חייב בכל המצות, מ"מ הרי אינו שרוי בשמחה, **וכבר** כתבנו דמ"מ אם קראוהו לעלות, יעלה, **וי"א** דבאונן אפי' קראוהו לעלות, לא יעלה.

ואם אין שם בביהכ"נ ב' כהנים אחרים חוץ מהאבל, מותר להאבל לישא כפיו תוך י"ב חודש על אביו ואמו, או תוך ל' על שאר קרובים.

סעיף מד - כהן, אע"פ שהוא פנוי, נושא את כפיו. הגה: ויש אומרים דאינו נושא כפיו, דהשרוי בלא אשה שרוי בלא שמחה, והמברך יש לו להיות בשמחה - ומיהו נשוי שאין אשתו עמו, מותר לכו"ע.

ונהגו שנושא כפיו - היינו אפילו אין שם כהן אלא הוא, **אע"פ שאינו נשוי** - דדוקא באבלות מחמרינן ששרוי בצער, משא"כ בזה שאע"פ שאינו בשמחה, מ"מ אינו שרוי בצער.

ומכל מקום הרוצה שלא לישא כפיו, אין מוחין בידו, רק שלא יהא בבית הכנסת בשעה שקורין "כהנים", או אומרים להם ליטול ידיהם - באמת צריך לצאת בברכת "רצה", וכמ"ש כמה פעמים, אלא דגם בעת ברכת כהנים צריך שלא יהיה בביהכ"נ משום פגמא, וכנ"ל בס"ד.

נהגו בכל מדינות אלו שאין נושאים כפים אלא ביו"ט - בין שחל בחול או בשבת, **משום שאז שרויים בשמחת יו"ט, וטוב לב הוא יברך.**

מה שאין כן בשאר ימים, אפי' בשבתות השנה, שטרודים בהרהורים על מחייתם ועל ביטול מלאכתם - הלשון מגומגם, וח"ו ישראל קדושים יצטערו בשבת על בטול מלאכתם ביום הקדוש, **והנכון** שצ"ל "ובשביל בטול מלאכתם", וקאי טעם זה על הא דלעיל, שאין נושאין כפים בשאר ימים, **וכן** פלגינהו בד"מ, שכתב טעם לפי שטרודין בהרהורין וכו', להא דאין נושאין כפים בשבת, ואימות החול כתב הטעם משום בטול מלאכה.

ואפי' ביו"ט, אין נושאין כפים אלא בתפלת מוסף, שיוצאים אז מבהכ"נ וישמחו בשמחת יו"ט.

ויש מקומות שנוהגין שאין נושאין כפים אפילו ביו"ט כשחל בשבת, אבל אין מנהג זה עיקר כלל, כמו שכתבו הרבה אחרונים, [**ואף** שנוהגין כן משום שחוששין שאין נ"כ אא"כ שטובלין לקריין, ואין רוצין לבטל עונתן, **אין** כדאי בזה לדחות מ"ע, ומוטב שיהיו נ"כ אף ששמשו ולא יכולין לחזור ולטבול, **וגם** עיין בסי' שכ"ו, דרוב אחרונים סותמים להקל לטבול לקריו בשבת, ורק יזהר שלא יסחוט השער, **וכ"ש** מה שחושבין שהוא איסור גדול לשמש, ובאין עי"ז לחטא, והוא טעות, שאין בו איסור כלל, רק שהחמירו על עצמן].

נהגו הכהנים סלסול בעצמן, לטבול בעיו"ט משום נשיאת כפים שלמחר, וגם בלא"ה צריך אדם לטהר את עצמו ברגל, **ומ"מ** אין זה מעכב בדיעבד.

ובא"י ובכל מלכות מצרים המנהג לישא כפים בכל יום, והפוסקים קלסו למנהגם בזה. [**ודע** דנ"כ בחו"ל הוא ג"כ מדאורייתא, ודלא כמו"ק שמצדד דמדאורייתא הוא דוקא במקדש].

וכל שחרית ומוסף שאין נושאין בו כפים, אומר הש"צ: אלהינו ואלהי אבותינו וכו', כדלעיל סוף סי' קכ"ז.

ויוה"כ נושאים בו כפים כמו ביו"ט - שיש בו שמחת מחילה וסליחה, **ויש מקומות שנושאים בו כפים בנעילה, ויש מקומות אפי' בשחרית.**

סעיף מה - אלו תיבות שהכהנים הופכים בהם לדרום ולצפון - והטעם שנהגו כן, כדי שתתפשט הברכה לכל האנשים שעומדים מצדיהם, **יברכך; וישמרך; אליך; ויחונך; אליך; לך שלום** - המ"א כתב הטעם שהופכין פניהם באלו התיבות, משום דכל אלו התיבות הם לנוכח.

הגה: ונוהגין שמאריכין בניגון אלו תיבות, כי כל אחת מהן היא סוף ברכה בפני עצמה - הוא טעם גם על דברי המחבר, והכונה, דאע"ג דשלש ברכות הויין בברכת כהנים, מ"מ בכל ברכה בפני עצמה יש בה שתי ברכות, דהיינו "יברכך ה'" ברכה אחת, "וישמרך" ברכה שניה; "יאר וכו' אליך", היא ברכה אחת, "ויחנך" ברכה שניה; "ישא ה' וכו' אליך", ברכה אחת, "וישם לך שלום" ג"כ הוי ברכה אחת - לבוש.

כתב בא"ר בשם תשובת בית יעקב, מה שנוהגין לנגן אמירת "וישמר" בלא כ"ף, ואח"כ הכ"ף, וכן עושים ב"ויחנך", **הוא** טעות, דדוקא בסוף מאריך, דקודם שמסיים לא משמע כונת התיבה כלל, וכן החזנים יזהרו שלא יחלקו התיבות לשתים.

ואומרים: רבון, כמו שמפורש בסי' ק"ל, ובשעה - צ"ל: "בשעה", וכן הוא בספרי שו"ע ישנים, **שמאריכין בניגון התיבות שבסוף הפסוקים, דהיינו "וישמרך"; "ויחנך"; "שלום"** - והיינו בשעה שמאריכין בניגון הברת אות אחרונה של התיבה, אבל לא בעת שאומרים התיבה, דאז צריך לשתוק ולכוין, כמ"ש בסכ"ו.

(**ובמדינותינו** נוהגין הקהל לומר ה"רבון" אחר קריאת המקרא תיבה אחרונה של כל פסוק, והכהנים שותקין אז, או מנגנין, ואחר שמסיימין הצבור ה"רבון", מסיימין הכהנים התיבה האחרונה, ומנהג זה יש בו לכאורה טעם קצת, כדי שיוכלו אח"כ הקהל להאזין היטב הברכה מפי הכהנים, **אלא** דיש לפקפק בזה קצת, דיש הפסק בין קריאת המקרא לאמירת הכהנים, ובשלמא כשמנגנין, אפשר דגם זה הוא בכלל התחלת אמירת התיבה, אבל כששותקין מאי איכא למימר, **ועיין** לעיל בסי"ח, ואין הכהנים וכו' עד שתכלה התיבה מפי המקרא, **והוא** מש"ס דסוטה, ומשמע מלשון זה, דאחר שכלה המקרא תיכף צריכין לענות, **וכן** בשו"ע סי"ג: והם עונים אחריו על כל מלה, **משמע** דתיכף צריכין לענות, **ובאמת** הלא מבואר בכמה ראשונים, דטעם קריאת המקרא הוא שלא יטעו, וכשנמשך הדבר אפשר שיבוא לידי טעות, **וע"כ** עכ"פ מהנכון להציבור שלא ימשכו הרבה באמירתם).

והמקרא לא יאמר "רבון" וכו' - פי' ש"ץ המתפלל פשיטא שלא יאמר ה"רבון", דהוי הפסק בתפלה, **אלא** אפי' כשהש"ץ הוא כהן, ואחר הוא המקרא, ג"כ לא יאמר המקרא ה"רבון", שמא תטרף דעתו ולא יוכל לחזור ולהקרות, **מיהו** לאחר שהקריא לפניהם תיבת "שלום", יוכל אז לומר ה"רבון", דתו ליכא חשש דטירוף, דהא הוא אינו מסיים ברכת "שים שלום", רק הש"ץ.

כתב בתשובת מהר"מ לובלין, כשאין כהנים במוסף לעלות לדוכן, נוהגים שאין אומרים "ותערב".

אסור להשתמש בכהן אפי' בזה"ז, דהוי כמועל בהקדש - שהרי נאמר: וקדשתו כי את לחם אלהיך הוא מקריב, ואף עכשיו שאין לנו קרבנות, בקדושתו הוא עומד, ומשום זה אסור בגרושה ולטמא למתים.

אם לא מחל על כך - אבל אם מחל מותר, שכבוד הכהונה, כמו לפתוח ראשון, או ליטול מנה יפה ראשון, וכדומה, מדברים שאנו מחויבין לכבדם, ניתן להם רק להנאתם, לפיכך בידו למחול וליתן רשות לישראל להשתמש בו, **ויש** מי שאומר, שאינו יכול ליתן רשות להשתמש בו, אא"כ יש לו איזה הנאה, כגון בשכר, או אפילו בחנם, לאדם חשוב שהוא חפץ לשמשו ונהנה מזה, **אבל** אם אין לו שום הנאה מזה, אין יכול

למחול, דאע"ג דכבוד יוכל למחול, שימוש ענין של בזיון הוא, **וטוב** להחמיר לכתחלה, **ולהשתמש** בהם שירות בזויות, בודאי יש ליזהר.

(וכהן בכהן אפשר שמותר, וגם יש שמצדדים להקל בכהן ע"ה, ומ"מ בשירות בזויות בודאי נכון ליזהר).

§ סימן קכט – באיזה תפלות נושאים כפים §

סעיף א - אין נשיאת כפים אלא בשחרית ומוסף, ובנעילה, ביום שיש בו נעילה כמו ביוה"כ - היינו בתעניתים המבוארים לקמן סימן תקע"ט, שתקנו רבנן בהן תפלת נעילה כמו ביום הכיפורים.

היינו דבחול בכל יום בשחרית, ובשבת ויו"ט גם במוסף, וביוה"כ גם בתפלת נעילה, והוא כשהוא עדיין יום.

אבל לא במנחה, משום דשכיחא שכרות באותה שעה, שמא יהא הכהן שכור - שנשתכר בסעודתו, ושיכור אסור בנ"כ, וכנ"ל בסימן קכ"ח סל"ח, **משא"כ** במוסף לא גזרו, דכיון שאסור לסעוד סעודת קבע קודם מוסף, כי אם טעימה בעלמא, כמבואר בסימן רפ"ו ס"ג, ליכא למיחש לשכרות.

וגזרו במנחה של תענית - היינו של ת"צ שיש בהם נעילה הנ"ל, או של יוה"כ, **אטו מנחת שאר ימים** - לפי שביום שיש בו נעילה מתפללים מנחה בעוד היום גדול, כדי להתחיל נעילה קודם שקיעת החמה, **לכן** מתחלפת היא במנחה של שאר הימים, שהיו נוהגים ג"כ להתפלל בעוד היום גדול, מפני שהיו רוצים לאכול אח"כ, שאסור לאכול קודם תפלת המנחה, כמ"ש בסימן רל"ב, **ובנעילה** לא גזרו אטו שאר ימים, לפי דליכא תפלת נעילה כי אם בתענית.

אבל בתענית שאין בו נעילה - היינו כל הארבעה תעניות וצום אסתר, **הואיל ותפלת המנחה סמוך לשקיעת החמה** - שהיה מנהגם לאחרה סמוך לשקיעה, **היא דומה לתפלת נעילה, ואינה מתחלפת במנחה של שאר ימים, הלכך יש בה נשיאת כפים.**

(והמנהג שלנו כבר נתבאר לעיל סי' קכ"ח) - ר"ל שאין נושאין כפים כלל במדינותינו בכל ימות השנה רק בימים טובים, וגם זה רק בתפלת מוסף, **ומ"מ** כל הדינים הנזכרים בסעיף זה נ"מ גם לדידן, לענין אמירת "או"א ברכנו" וכו', ולפי המבואר לעיל בסי' קכ"ז, דבזמן שראוי מדינא לישא כפים, אומרים "או"א".

סעיף ב - כהן שעבר ועלה לדוכן ביוה"כ במנחה, כיון שהדבר ידוע שאין שם שכרות - ר"ל ולא אסרו בזה כי אם משום דמיחלף בשאר יומי וכנ"ל בס"א, **הרי זה נושא את כפיו, ואין מורידין אותו מפני החשד, שלא יאמרו: פסול הוא ולכך הורידוהו** - אבל במנחה של שאר יומי, אף אם עלה ירד.

הגה: ולכן אומרים במנחה ביום כפורים "אלהינו ואלהי אבותינו", אע"ג דאין ראוי לנשיאת כפים, מ"מ הואיל ואם עלה לא ירד, מיקרי קצת ראוי, וכן נוהגין במדינות אלו אע"פ שיש חולקים.

ומ"מ המתענים עד חצות ומתפללין מנחה, כגון בער"ה וכדומה, לא יאמר הש"ץ "אלהינו וא"א" אפי' לשיטה זו, [**והטעם**, דבתעניתים כאלו אין נ"כ במנחה מדינא ואפי' בדיעבד, כבשאר ימות השנה, דלא שייך בזה לומר שידוע שאין שם שכרות, כיון שאינו תענית גמור לכל היום, **ואפי'** במתענין כל היום אלא שאין ת"צ, כגון בז' אדר או בט"ו כסלו וכדו', או בה"ב, שמתאספים חבורות ומתענים, ג"כ דעת הרבה אחרונים דבכגון זה אסור בנ"כ במנחה מדינא, ואפי' בדיעבד, משום חשש שכרות כבשאר ימות השנה, ולא התירו אלא בת"צ גמור, וממילא אין אומרים אוא"א].

§ סימן קלא – דיני נפילת אפים §

סעיף ב - נפילת אפים מיושב, ולא מעומד - כתב ב"י שהטעם הוא על דרך הקבלה, **ובריב"ש** כתב שאין קפידא, **כתבו** אחרונים, בשעת הדחק נוכל לסמוך על הריב"ש, וע"כ אם סיים תפלתו וצריך לעמוד עכ"פ כדי הילוך ד' אמות, וקודם שיעור זה התחיל הציבור לומר תחנון, יעמוד שם במקומו ויפול על פניו מעומד עם הצבור, **וכן** אם אחר עומד נגדו ומתפלל שמ"ע, ואסור לי"א לישב נגדו אפילו כמלא עיניו, ואי אפשר לו לילך לצדדין, יפול על פניו מעומד, וכן כל כה"ג.

הגה: י"א דאין נפילת אפים אלא במקום שיש ארון וס"ת בתוכו - ארון לאו דוקא, אלא ה"ה ס"ת לחוד די, **וטעם** הי"א, משום דמצינו בקרא רמז שנפילה היא לפני ארון ה', וכדכתיב במלחמת העי: ויפול על פניו לפני ארון ה'.

אבל בלא זה אומרים תחינה בלא כיסוי פנים - הוא נפילת אפים שלנו, **וכן נוהגים.**

ואם אין שם ס"ת רק שאר ספרים, דעת הא"ר והדה"ח, דלא יפול על פניו, רק יאמר המזמור בלא נפילת אפים, **ויש** חולקין בזה, **ובמקום** שיש ס"ת, לכו"ע אפילו יחיד בביתו נופל על אפיו.

וחצר בהכ"נ הפתוח לבהכ"נ, ‹אומר תחינה בנפילת אפים› - היינו דבעת שהתפלל בחצר [וה"ה בעזרה], הוי פתח בהכ"נ פתוח, ונוכל לראות מאותו צד מקום הארון, הוי כמתפלל לפני הארון, **משא"כ** אם מתפלל בחצר בצדדים אחרים, כגון שפתח ביהכ"נ במערב, והעזרה נמשכת גם לצד דרום, והוא מתפלל שם, ואין שם ס"ת, א"צ נפילת אפים, **וה"ה** אם היה פתח ביהכ"נ נעול, אפי' הוא מתפלל בחצר נגדו, א"צ

נפילת אפים, [**ונ"ל** פשוט, דאם יש בעזרת ביהכ"נ בצדו חדר בפני עצמו, אפי' הוא פתוח להעזרה בשעה שפתח ביהכ"נ פתוח להעזרה, ג"כ אין נופלין שם אפים, כיון דהוא חדר בפני עצמו].

כתבו האחרונים, דאם הוא מתפלל בעזרת נשים, ג"כ צריך נפילת אפים, כיון שיוכל לראות מהחלונות מקום הארון.

או בשעה שהצבור מתפללין, אז אפי' יחיד בביתו אומר תחינה בנפילת אפים - והוא שהציבור ג"כ אומרים תחנון בשעה זו.

משמע דאפילו הוא רחוק מביהכ"נ ג"כ נופל על אפיו, **והנה** לפי המבואר בסימן נ"ה סעיף כ', איירי הכא דאין שם טינוף מפסיק בין ביתו לביהכ"נ.

סעיף ג - אין נפילת אפים בלילה - והטעם ע"פ קבלה עיין בב"י, ולכן אם נמשכה תפלת המנחה עד הלילה אין נופלין על פניהם, **ובין** השמשות של לילה נוהגין ליפול, **ובימים** שאומרים "אבינו מלכנו" במנחה, יוכל לדלג "אבינו מלכנו" כדי ליפול מבעוד יום.

ולומר המזמור של נפילת אפים, אין חשש אפילו בלילה.

ובלילי אשמורת נוהגים ליפול על פניהם, שהוא קרוב ליום - ובא"ר הביא להקל מחצות ולהלן, וכן משמע במ"א.

ויש נוהגין להאריך בסליחות עד נכון היום, ואז יפלו על פניהם, **אך** בער"ה לא יתכן מנהג זה, שהרי אין נופלין על פניהם בער"ה.

סעיף ד - נהגו שלא ליפול על פניהם לא בבית האבל - היינו כל שבעה, והטעם, דאז מדת הדין מתוחה עליו, וע"כ יש ליזהר מלהגביר מדת הדין, וכמו הטעם דאין נפילת אפים בלילה, **ואפילו** אחר שיצא מביתו א"צ לומר, דתחנון מקומו מיד אחר תפלת י"ח, וכנ"ל בריש הסימן, [**ואף** דבדה"ח חולק, בנפילת אפים שומעין להקל], **אבל** "והוא רחום" יאמר אח"כ בביתו, **ויש** מקילין בזה.

והנה כ"ז דוקא בבית האבל א"א תחנון שלא להגביר מדת הדין, אבל כשהאבל מתפלל בביהכ"נ או בבית אחר, אין הצבור נגררין אחריו ואומרים תחנון, **ומ"מ** האבל עצמו לא יאמר.

ועיין בא"ר שמסתפק, דאפילו כשמתפלל במקום המת, כשאין האבל בביתו, שלא לומר תחנון.

אין אומרים הלל בבית האבל, **ובר"ח** כשמתפלל בבית האבל, אפילו כשהולך אח"כ לביתו א"צ לאמרו, **ובחנוכה** שגומרים את ההלל, צריך לאמרו אח"כ בביתו.

אבל בשבת שחל בו ר"ח, או אם קבר את מתו ברגל, אפילו אם מתפללין בבית האבל אומרים הלל, כיון שאין בו אבלות.

ולא בבית החתן - היינו משעה שנכנס לחופה, אבל מקודם אומרים, **ויש** מקילין אף בשחרית.

וכתבו האחרונים, דאפי' יצא אח"כ לביתו, ג"כ א"צ לומר תחנונים, דכיון שהיה בבית החתן או בביהכ"נ בשעת התפלה, חלה עליו השמחה, **וכן** במילה דינא הכי.

ולא בבהכ"נ ביום מילה - ר"ל בביהכ"נ שימולו אח"כ בה את התינוק, אף שאין מתפללין שם הבעלי ברית, **וכתבו** האחרונים, דאם הבעלי ברית מתפללין שם, אף שהמילה בבית אחר אין נופלין על פניהם, **ונקראין** בעלי ברית, אבי הבן והסנדק והמוהל, ולא המוציא והמביא התינוק.

ולא כשיש שם חתן - ומשום דמצוה לשמוח עמו, השמחה נמשכת לכל הנלוים אליו.

הגה: ודוקא שהמילה או החתן באותו בהכ"נ - והמתפללין בעזרה, כיון שנגררין אחרי ביהכ"נ כשאין שם ארון ותיבה, א"כ כשם שבביהכ"נ אין אומרים, גם הם אין אומרים, **אבל אם אין המילה בבהכ"נ, אע"פ שהיה בבהכ"נ האחרת, אומרים תחנון.**

וביום המילה שאין אומרים תחנון, דוקא שחרית שמלין אז התינוק, אבל במנחה אע"פ שמתפללין אצל התינוק הנימול, אומרים תחנון - ודעת רש"ל וב"ח וט"ז, דאין אומרים כשמתפללים אצל התינוק, **ובא"ר** הכריע, דאם מתפללין מנחה בבית התינוק קודם הסעודה, או באמצע סעודה, א"א תחנון, **אבל** לאחר בהמ"ז אומרים תחנון, וכ"כ בדה"ח.

וכתב הח"א דכל זה כשמתפללין אצל התינוק, אבל כשמתפללין בבית אחר, אע"פ שהבעל ברית שם, אומרים תחנון, אפי' קודם הסעודה.

וכתב עוד, דבעל ברית וסנדק ומוהל א"א לעולם במנחה, אפילו לאחר בהמ"ז, דיו"ט שלהם הוא.

מה שאין כן בחתן, שאין אומרים תחנון כל היום כשמתפללין אצל החתן, ולא מקרי חתן אלא ביום שנכנס לחופה - ובזמנינו נוהגין שאין נופלין כל ז' ימי המשתה, **ואפילו** אם יום ז' הוא יום ח' של החופה, אם מתפללין קודם שהיה החופה, כגון אם היה החופה מעט קודם לערב ביום א', אין אומרים תחנון עד יום א' הבא מעט קודם לערב. **וכן** הדין ב"והוא רחום".

ולכן טוב ליזהר שלא יכנס החתן לביהכ"נ כל ז' ימי המשתה, שנמנעין לומר תחנון בעבורו.

ודוקא אם היה החתן בחור או הכלה בתולה, אבל אלמן שנשא אלמנה אין זה נוהג רק ג' ימים.

סעיף ה - אם חלה מילה בתענית צבור - וה"ה חתן, **מתפללים סליחות ואומרים וידוי** - שמניחין מקצת וא"צ להניח לגמריה, **ואין נופלים על פניהם ואין אומרים "והוא רחום",**

סימן קלא – דיני נפילת אפים

בשחרית, אפי' במקום שנהגו לאומרו בלא זה - ר"ל דנהגו באיזה מקומות לומר "והוא רחום" בכל תענית צבור, אף שאינו בב' וה', אפ"ה אם חל מילה בו אין אומרים "והוא רחום".

סעיף ו - נהגו שלא ליפול על פניהם בט"ו באב - דבגמרא איתא שהיה יו"ט גדול בזמן המקדש, **ולא בט"ו בשבט** - שהוא ר"ה לאילנות, ונוהגין האשכנזים להרבות אז במיני פירות של אילנות, **ולא בר"ח, ולא במנחה שלפניו** - משמע מזה, דבט"ו באב וט"ו בשבט נופלין במנחה שלפניו, **ואין** נוהגין כן.

ולא בחנוכה, וי"א גם במנחה שלפניו, (וכן נוהגין). בפורים אין נופלים על פניהם - היינו בשני ימים, וכן בפורים קטן בשנה מעוברת, **ובכל** אלו אין אומרים גם במנחה שלפניו.

(בל"ג בעומר אין נופלין - גם במנחה שלפניו, **בעיו"כ אין נופלין, וכן בערב ר"ה, אפי' שחרית)** - בער"ה ובעיו"כ אומרים במנחה שלפניהם. **ובשאר** עיו"ט א"צ לבאר, שהוא מבואר בסעיף הסמוך.

סעיף ז - ומנהג פשוט שלא ליפול על פניהם בכל חדש ניסן, ולא בט' באב, ולא בין יו"כ לסוכות - ובכל אלו אין אומרים תחנון גם במנחה שלפניהם. **(ולא מתחלת ר"ח סיון עד אחר שבועות)** - ויש מקומות נוהגין שלא ליפול כל הששה ימים שאחר שבועות, מפני שהקרבנות של חג השבועות היה להם תשלומין כל ז'.

והנה כל אלו הסעיפים הוא לענין תחנון, אבל "למנצח" אומרים בכולם, מלבד בר"ח וחנוכה ופורים וערב פסח וערב יוה"כ וט"ב, **וה"ה** שאין אומרים בשנה מעוברת ביום י"ד וט"ו באדר ראשון, **גם** אין אומרים אותו בבית האבל, אחרונים. **עוד** כתבו, ד"אל ארך אפים" ו"למנצח" דינם שוה.

§ סימן קלב – דיני קדושת ובא לציון §

סעיף א - מתרגמינן קדושת "ובא לציון" - כדי שיבינו הכל. **וצריך ליזהר בו מאד לאומרו בכוונה** - דאמרינן בגמרא: מיום שחרב המקדש, עלמא קאי אקדושא דסידרא.

כשמכריזין דבר, יש להכריז קודם שמתחיל הש"ץ לומר "אשרי", ולא בין "אשרי" ל"למנצח", וכש"כ בשעה שאומרים הקהל "אשרי" או סדר קדושה, שתתבטל על ידי זה כונתן.

הגה: ולענין אם יחיד אומרה, דינה כדין קדושה שב"יוצר", ועיין לעיל סי' נ"ט - דשם מסיק הרמ"א, דנתפשט המנהג לומר אף ביחיד, ומ"מ לכתחלה טוב יותר לומר בציבור, **וע"כ** אם הציבור התחילו לומר "ואתה קדוש", והוא לא אמר עדיין "אשרי" "ובא לציון", יש לו לאמרו עמהם, ואח"כ יאמר "אשרי" ו"למנצח", וגם השני פסוקים שקודם "ואתה קדוש", דהיינו "ובא לציון", "ואני זאת בריתי" וגו'.

[**ומ"א** כתב עוד, דיאמרנו אפי' קודם התפלה, כשבא לביהכ"נ ומצא שהציבור אומרים קדושה דסדרא, **וכמדומה** שהעולם לא נהגו כן]. ‹**אין** מנהגינו כך, כיון דאנו תופסים להלכה שיחיד אומרה כמו בקדושה דיוצר – ערוה"ש›.

ובקדושה שבתרגום, יחיד אומרה ולא שנים, ואין לאומרה בקול רם - ר"ל דפסוקי הקדושה שבלשון הקודש נאמרים דוקא ברבים, ופסוקי הקדושה שבתרגום נאמרים דוקא ביחיד, לפי שכל שהוא בלשון תרגום אין לומר אותם ברבים, **וע"כ** כשאומרים קדושה דסדרא בציבור, אומר כל יחיד בפני עצמו בלחש התרגום של הקדושה, דאז לא מיקרי בציבור, וזהו מה שסיים הרמ"א שלא לאמרם בקול רם, **ואם** מתפלל שלא בציבור, יכול לומר גם התרגום בקול רם.

סעיף ב - אסור לאדם לצאת מבהכ"נ קודם קדושה דסידרא - הוא קדושת "ובא לציון", דכיון דהעולם מתקיים ע"ז, צריך ליזהר מלזלזל בזה, **ולפי** מה שביארנו לעיל, דנכון להדר לאמרם בציבור, ממילא צריך ליזהר שלא לצאת מקודם אפי' אם ירצה לאמרם בפני עצמו, **אם** לא בשעת הדחק.

הגה: ואומרים אחר סיום התפלה "עלינו לשבח", מעומד; ויזהר לאומרו בכוונה - ויש לומר "עלינו" באימה וביראה, כי כל צבא השמים שומעים, והקב"ה עומד עם פמליא של מעלה, וכולם עונים ואומרים: אשרי העם שככה לו אשרי העם וכו'.

מ"א כתב בשם האר"י, שיאמרוהו אחר כל הג' תפלות, וכן נוהגין במדינתנו, **מלבד** בבתי כנסיות גדולות שמתפללין תפלת מעריב סמוך למנחה, אין אומרים "עלינו" אחר גמר תפלת מנחה, ד"עלינו" שיאמרו אחר תפלת מעריב קאי גם אמנחה.

ויש כמה נוסחאות ב"עלינו", והובא בא"ר, ואין לשנות שום נוסחא, כי כל נוסחא יש לה יסוד.

וכשמגיע אל "אל לא יושיע", יפסיק מעט קודם שיאמר "ואנחנו כורעים" וכו' - וצריך לכרוע שלא יהיה נראה ככופר ח"ו.

ואומרים קדיש יתום אחר "עלינו", ואפי' אין יתום בבית הכנסת, יאמר אותו מי שאין לו אב ואם - שהרי לעולם צריכין לומר קדיש אחר שאמרו פסוקים, וב"עלינו" יש ג"כ פסוקים וצריכים קדיש אחריו, **אלא** שנהגו בקדיש זה להניחו ליתום שמת אביו ואמו, מפני שיש יתומים קטנים, או אפילו גדולים שאינם יכולים להיות שלוחי ציבור ולומר קדיש וברכו אחר אביו ואמו, שאם היו יכולים להתפלל לפני העמוד, זהו טוב יותר מאמירת קדיש, **וכבר** ידוע ממעשה דר' עקיבא, תועלת הגדול שיש למת כשיש לו בן האומר קדיש וברכו, וביותר בתוך שנה ראשונה, **לכך** תקנו והניחו קדיש זה, שאין צריך שום דבר יותר ליתומים, הן קטנים הן גדולים.

(ביאור הלכה) [שער הציון] ‹הוספה›

ואפילו מי שיש לו אב ואם יכול לאומרו, אם אין אביו ואמו מקפידין - ר"ל דוקא כשהוא משער שלא יקפידו ע"ז, **ומסתברא** דכ"ז הוא לענין קדיש יתום, מפני שקדיש זה מיוחד ליתומים, אבל להתפלל לפני העמוד או לפרוס על שמע, אין לו לחוש כלל שמא יקפידו ע"ז.

ויש לומר "פטום הקטורת" ערב - היינו אחר תפלת מנחה או קודם לה, דהקטורת לא היו מקטירין בלילה, **ובוקר אחר התפלה** - מפני שהקטורת היו מקטירין פעמים בכל יום כמ"ש בתורה.

וצ"ע למה אנו אומרין אותה בשבת ויו"ט אחר מוסף, והלא הקטורת קודמת למוספין לכו"ע, והיא שייכא לקרבן תמיד, **ואפשר** דכונתנו ליפטר מתוך ד"ת, **ובכתבים** איתא, שהטעם להבריח הקליפות, **ובשל"ה** כתב לאמרו קודם תפלה ואחריה.

ואומרים תהלה "אין כאלהינו" וכו', ואומרים השיר שהלוים היו אומרים במקדש שחרית לבד - אף דבמקדש היו אומרים שירה על נסכי היין גם על תמיד של בין הערבים, **אכן** מפני שכמה פעמים היו הכהנים טרודין, והיו מביאין הנסכים של בין הערבים בלילה, ובלילה אין אומרים שירה, לפיכך נוהגין לומר השיר בשחרית לבד.

עיין במ"א שמסיק, דכונת הרמ"א, לומר בכל יום השיר השייך לאותו יום, דהיינו שביום א' היו הלוים משוררים "לדוד מזמור לה' הארץ ומלואה" וגו', עד סוף המזמור, וכן בכל יום המזמור השייך לו, **אבל** אין כונתו שיאמרו משנת "השיר שהיו הלוים אומרים" וכו', **אכן** נוהגין העולם לומר משנה זו אחר "פטום הקטורת" כמו שנדפס בסידורים.

ואיזה מזמור נוהגין לומר ביו"ט לשיר של יום, יבואר אי"ה לקמן בהלכות יו"ט. (ע"ש דאינו שם)

ויש שכתבו ליזהר לומר "פיטום הקטורת" מתוך הכתב, ולא בעל פה, משום שהאמירה במקום הקטרה, וחיישינן שמא ידלג אחד מסממניה, ואמרינן שהוא חייב מיתה אם חסר א' מסממניה; ולכן נהגו שלא לאומרו בחול, שממהרין למלאכתן וחיישינן שמא ידלג - ובב"י מפקפק בזה, דהלא אין מיתה אלא בהקטרה לא באמירה, ועוד דאין מיתה אלא במזיד, **לכן** המדקדקין נוהגין לאמרו בכל יום, **ויש** שכתבו, דאותן שאין אומרין רק בשבת, אין מרגלא בפומייהו כ"כ, יאמרו מתוך הסידור.

וכשיוצא מבהכ"נ אומר: ה' נחני וגו', ומשתחוה ויוצא - דבמקדש נמי כשגמרו העבודה היו משתחוין ויוצאין.

§ קונטרס מאמר קדישין §

(**חמשה חילוקים הם באמירת קדיש ואלו הם: בן שבעה; ובן שלשים; ובן י"ב חודש; ויום הפסקה, דהיינו שפוסק בו מלומר קדיש; ויאצ"ט,** ויש לכל אחד מדרגה בפני עצמו, **וטעם** חלוקות אלו ומדרגתם נראה, שיסדו חז"ל לפי מדת הדין המתוח, והקדיש הוא להגין, ולכך שבעה ימים הראשונים צריך יותר רחמים וזכות, ושלשים צריך יותר רחמים מי"ב חודש, **ויא"צ** הוא משני טעמים, או דבאותו יום איתרע מזלו של אבל, או כדי שיהיה נחת רוח לאביו ולאמו, להגין עליהם ולכפר לנפשם, **ויום** הפסקה נהגו האבלים לתת לו כל הקדישים, משום דכיון דנהגו להפסיק חדש קודם, ובשביל שמותר להם חדש ימים נתנו לו קדימה זו, **ומהאי** טעמא אינו קודם לדחות ליא"צ ולבן שלשים, כי אינם משתכרים כלום על ידו, דבלא"ה יש להם דין קדימה עליו).

(**אין מונין השבעה והשלשים כי אם מיום קבורתו, אף שעבר זמן רב בין** מיתה לקבורה, ואין מונין מיום המיתה ולא מיום שנודע לו, משום דעיקרי דינים של גיהנם מתחיל מסתימת הגולל).

(**ויא"צ מונין מיום המיתה, ואין חלוק בין שהיה אצל מיתה, או שהיה רק אצל הקבורה, ואפילו בשנה ראשונה**).

(**ויום הפסקה נראה דמונין מיום הקבורה, ואף אם יש ימים רבים בין מיתה לקבורה, אין מונין אלא מיום הקבורה**). (הגירסא של השונה הלכות)

(**ואין אומרים מקצת היום ככולו לענין שבעה ושלשים, דאפילו בתפלת המנחה יש לו עדיין זכות של שבעה ושלשים**).

(**פוסקין לומר קדיש חדש קודם היא"צ, ויום אחד קודם יום היא"צ בחדש שאחריו, דהיינו אם היא"צ שלו חל בז' שבט, צריך לומר קדיש** רק עד ששה ימים בטבת, ועד בכלל, **ואם** השנה מעוברת, מפסיקין שני חדשים קודם, דחדשים גרמו לפטור הדין מעליו, ומפסיקין ג"כ יום אחד קודם כנ"ל).

(**בן שבעה גדול שהולך בשבת בביהכ"נ, אפילו אם עשה מנין בביתו** בחול, מ"מ יש לו כל הקדישים, ומדחה לבן שלשים ויא"צ, וכש"כ לבן י"ב חדש, מכל הקדישים, והיינו קדישים של תפלה, אבל שיר של יום, או תהלים קדיש, יקח היא"צ קדיש אחד בלי גורל, **והשאר** קדישים של תהלים יפיל היא"צ גורל עם שאר האבלים).

(**בן שבעה קטן שהולך כל שבעה לביהכ"נ,** {וה"ה בגדול אם הוא יושב ימי אבלותו בביהכ"נ}, יש לו כל הקדישים תמידין, אפילו נגד בן ל', רק ליא"צ יש לו קדיש אחד, **ואם** יש הרבה יא"צ נגד כל הקדישים, נדחה הבן ז' קטן לגמרי).

(**אם נתבטל ממנו אבילות של שבעה מחמת הרגל, מ"מ כל שבעה ימים** מיום הקבורה יש לו דין שבעה לענין קדיש, וכן אין הרגל מבטל ממנו דין בן שלשים, ומ"מ אין לו רק דין בן ז' קטן, כיון שהולך כל שבעה לביהכ"נ).

(**וכן אם מת אביו ברגל, יש לו דין בן ז' קטן לענין קדיש ברגל, ואחר** הרגל אף שנוהג אבילות, מ"מ אין לו דין שבעה לענין קדיש, רק שמונין שבעה ימים מיום הקבורה, ואח"כ אין לו רק דין בן שלשים).

קונטרס מאמר קדישין

(מי שיש לו זכות יותר לענין קדיש, כגון בן שבעה ובן ל׳ ויא״צ, יש לו זכות לענין התפלה להתפלל ג״כ לפני העמוד).

(לענין קדיש בתוך ז׳, אורח ותושב שוין בכל הקדישים, ואורח בן זיי״ן מדחה לבן למ״ד ויאצ״ט תושבים).

(בן זיי״ן גדול ובן זיי״ן קטן שוים, ואפ״ה אם יש עוד יא״צ, ויש ג׳ קדישים, אז נדחה היא״צ לגמרי, ובן זיי״ן גדול אומר ב׳ קדישים, ובן זיי״ן קטן קדיש א׳, דיכול הגדול לומר להקטן אנא לא ממך קא שקילנא הקדיש, אלא מהיא״צ, שאני קודם לו לקדיש וכנ״ל).

(בן ל׳ יש לו כל הקדישים של חיוב נגד אבל י״ב חודש, אבל קדיש של תהלים, או שיר של יום, או של מזמור שיר חנוכת, הוא לאבלי י״ב חודש, וכן קדיש של פריסת שמע שעושין לפני הפתח).

(ובן שלשים עם יא״צ, יאמר היא״צ קדיש אחד ערבית, ובן ל׳ שחרית ומנחה ב׳ קדישים, ואם היא״צ לא בא לביהכ״נ ערבית, יאמר קדיש ראשון שחרית, ואם יש הרבה יא״צ, נדחה הבן ל׳ מכל וכל).

(ובן למ״ד דוחה ליום הפסקה שלא לומר רק קדיש אחד).

(ואם הוא בן למ״ד לאביו, ובן יב״ח לאמו, אין לו רק הקדישים של בן למ״ד, דזכרון אחד עולה לכאן ולכאן, אבל אם יש כמה יא״צ, באופן שנדחה בן למ״ד לגמרי, יש לו עכ״פ קדיש בקדישים של תהלים כשאר אבלי י״ב חודש).

(יא״צ דוחה לאבל יב״ח מכל התפלות והקדישים של חיוב מיום זה, והקדישים של תהלים ושיר של יום ושל מזמור שיר חנוכת, אין יכול לדחות להאבלים, וקדיש של מזמור שיר ליום השבת, אם חל היא״צ שלו ביום ו׳, בודאי אין לו חלק בהם, ואם חל היא״צ בשבת, משמע מא״ר דשייך להיא״צ, אך עתה נשתרבב המנהג שאין ליא״צ רק הקדיש של עלינו – פמ״ג, ובכנסת יחזקאל משמע, שיטילו גורל האבלים והיא״צ, וכן בקדיש שאומרים אחר חמש מגילות, או בקדיש דרבנן שאומרים אחר ״במה מדליקין״).

(אם יש שני אבלים שוים, כגון של שבעה או של שלשים או י״ב חודש או של יא״צ, יטילו גורל ביניהם, ומי שעלה הגורל עליו לומר ערבית, יש לשני קדיש אחד שחרית בלי גורל, ועל הקדיש הג׳ יטילו גורל, וכן אם יש הרבה ג״כ יטילו גורל, ומי שיאמר ערבית מחמת הגורל, לא יונח בגורל עד שיאמרו השאר אבלים כל אחד קדיש אחד, וכשיחזור חלילה יטילו כולם גורל יחדו מחדש).

(וכל זה מיירי באין יכולין להתפלל לפני העמוד, אבל אם יכולין שניהם להתפלל לפני העמוד, ושניהם מרוצים להקהל, יטילו ביניהם גורל באופן זה, שאחד יתפלל עד ״אשרי ובא לציון״, והשני יתפלל ״אשרי ובא לציון״, ואם האחד אינו יכול להתפלל והשני יכול להתפלל, מ״מ לא הפסיד זכותו בקדישים זה שהתפלל, כיון שהשני אינו יכול להתפלל, וכן אם אחד מרוצה להקהל והשני אינו מרוצה, הוי כמו שאינו יכול להתפלל).

(ב׳ שיש להם יא״צ, ואחד רוצה להשכים לדרך למחר, ואמר לו תן לי עתה הקדיש של ערבית, וטול אתה למחר, והב׳ אומר לא כי אלא נפיל גורל, הדין עם הב׳, דיכול לומר אני רוצה להקדים עצמי למצוה).

(אם יש כמה יא״צ והטילו גורל, והיה לשנים אותיות שוים גדולים במנין, הגורל בטל לגמרי, ויטילו גורל מחדש כל היא״צ, אמנם אם אחד היה לו אות גדול שעולה לו מנין הגורל, ואחריו שנים שוים, אזי הראשון זכה, והאחרים יטילו גורל כולם, אף זה שהיה לו אות פחות משנים אלו, ולא זכה רק הראשון).

(מי שהיה יא״צ ולא היה יכול לומר קדיש, כגון שהיה בדרך, או שלא הגיע לו קדיש, יכול לומר קדיש בתפלת ערבית של אחר יום היא״צ).

(מי ששכח יום מיתת אביו ואמו, יבחר לו יום א׳ בשנה שיאמר בו קדיש, ובלבד שלא ישיג זכות אחרים בקדישים, וה״ה אם ספק לו אם מת אביו ואמו, יכול לומר קדיש מספק אם אינו גוזל לאחרים).

(מי שהוא מתפלל בביהכ״נ או בביהמ״ד תמיד, אם בא לומר קדיש בביהכ״נ אחרת, האבלים שבשם יכולים לדחותו, ואפי׳ אם הוא בתוך ז׳, דגרע מאורח כי אין לו מקום להתפלל, וזה יש לו מקום להתפלל).

(כשיש בביהכ״נ אחים שאומרים קדיש אחר אביהם או אמם, ויש עוד אבל אחד שהוא יחיד לאביו, אז יחלקו כולם בגורל יחד, ולא חשבינן אותן האחים בני איש אחד כאיש אחד, כי כולם חייבים לומר קדיש בשביל כבוד אב ואם).

(כתב המ״א בשם תשובת רמ״א, דאם אין לו בן, ראוי ליתן לבן בנו קדיש, אך שאר האבלים יאמרו ב׳ קדישים והוא יאמר קדיש אחד, והולכים בזה אחר המנהג).

(האבל מתפלל לפני העמוד אפילו בימים שאין אומרים בהם תחנון, אבל בימים שאין אומרים בהם ״למנצח״ ו״אא״א״, אין להאבל להתפלל לפני העמוד, ומיהו בערב יוה״כ נוהגין שאבל מתפלל לפני העמוד).

(כתב המ״א, מוטב לבנו שישכור אחד לומר קדיש במקומו, משיאמר אחד בחנם, ועיין בתשו׳ חת״ס, דאין להשכיר זכיה במקום האבלים).

(ועתה נבאר קצת מדיני תושב ואורח: אם שניהם בני שלשים או בני י״ב חודש או שניהם יא״צ, דוחה התושב את האורח לגמרי מלהתפלל ולומר קדיש על העמוד, אך בפריסת שמע וקדיש שעל הפתח שניהם שוין, ויחלקו בגורל, ומ״מ פעם ראשונה יש רשות לאורח בן י״ב חודש להתפלל ולומר קדיש יתום במקום תושב בן י״ב חודש, וכן בכל ל׳ יום יש רשות לאורח להתפלל ולומר קדיש יתום פעם אחד).

(יא״צ תושב ובן ל׳ אורח, האורח יאמר קדיש ג׳, והתושב יאמר קדיש ראשון ושני).

(יא״צ אורח ובן ל׳ תושב, או בן י״ב חודש תושב, יש ליא״צ אורח רק קדיש אחד, דהיינו קדיש ראשון).

(בן ל׳ אורח ובן י״ב חודש תושב, שניהם שוין ויחלקו בכל התפלה בקדישים).

(**אם** יש בן ל' תושב, ויא"צ תושב, ויא"צ אורח, יש ליא"צ אורח ג"כ קדיש אחד, **ואינו** יכול היא"צ תושב לומר ליא"צ אורח: אני קודם נגדך, שיאמר לו היא"צ אורח: לאו ממך קא שקילנא אלא מבן ל', **ויאמר** היא"צ תושב קדיש ראשון, ויא"צ אורח קדיש ב', והבן ל' קדיש ג').

(**ועתה** נבאר מה יקרא אורח ותושב: **אם** אותו שמת יש לו בנים בעיר אחרת, ובאו לשם, אינם נקראים תושבים בשביל אביהם שדר בפה, וגם נקבר שם, רק אותם הדרים תוך הקהלה, **וכל** דרי הקהלה נקראים תושבים, הן אותם שנותנים מס, או משרתי הקהלה, ואפילו עניי העיר שיש להם דירת קבע, כולם חשבינן כתושבים).

(**אם** אדם קובע דירתו תוך הקהלה, אז משעה שהוא חייב לישא בעול עם דרי הקהלה, חשיב תושב).

(**אם** יש לבעה"ב מלמד, או בחורים הלומדים בישיבה, או שמש המושכר לזמן, והוא פנוי שאין לו אשה ובנים, אז גם הוא נקרא תושב, **אבל** אם יש לו אשה ובנים במקום אחר, אז דינו כאורח).

(**ואם** בעה"ב מגדל בביתו יתום אפי' בשכר, ואין לו אב ואם במקום אחר, אז נקרא תושב, **אבל** אם יש לו אב ואם במקום אחר, אינו נקרא תושב, אפילו אם מגדלו בתורת צדקה, מכש"כ אם הוא אצלו בשכר).

§ סימן קלג – דין ברכו בשבת §

סעיף א - בשבת ויו"ט אין אומרים "ברכו" אחר קדיש בתרא. הגה: אפי' במקום שנהגו לאומרו בימות החול, שמא לא היו יחידים בבהכ"נ כשאמרו "ברכו" - ר"ל דיש מקומות שנוהגין לומר קדיש ו"ברכו" אחר גמר התפלה שהתפללו כל הצבור, מפני שלפעמים יש איזה יחידים שבאו אחר "ברכו" ולא שמעו "ברכו", **מכל מקום בשבת ויו"ט אין לאומרו, דהכל באין לבהכ"נ קודם "ברכו"** - דאפילו אם אירע לאחד שנתאחר לבוא אחר "ברכו", מ"מ מסתמא כבר שמע "ברכו" מהעולים לתורה. **ועיין** לעיל במ"ב ריש סימן ס"ט, שבארנו שם הכל לדינא.

§ סימן קלד – סדר והוא רחום והגבהת התורה §

סעיף א - (הגה: נוהגין להרבות בתחנונים בשני ובחמישי, ואומרים) "והוא רחום" - ותיקון אמירתה היה ע"י מעשה נס גדול, כמובא בכל בו ונדפס בסידורים, **וצריך** לאמרו בכונה ובמתון ולא במרוצה.

יש מקומות שנוהגין לומר קודם "והוא רחום", י"ג מדות של רחמים ווידוי.

ואומרים אותו בקול רם - כדי לעורר הכונה.

ואם לא אמרו מעומד, עובר על התקנה ונקרא פורץ גדר - י"א דלא מקרי פורץ גדר אלא אם לא אמרו כלל, אבל אם אמרו שלא בעמידה לא הוי בכלל פורץ גדר.

וכן "אל ארך אפים" שאומרים אחר חצי קדיש, צריך לומר גם כן מעומד, מפני שיש בו "חטאנו", ווידוי צריך לומר מעומד.

הגה: וכן נוהגין לאומרו מעומד, אבל אומרים אותו בלחש - כמו בתפלת י"ח שאומרים אותו בלחש, ונהרא נהרא ופשטיה בענין זה.

י"א דכשמסיים "והוא רחום" קודם הש"ץ, ימתין עם "רחום וחנון" על הש"ץ ונופל עמו, **וכתב** בשע"ת, דהאידנא אין רוב צבור ממתינין על הש"ץ, וכל אחד נופל על אפיו בשעה שגומר.

ומה שנוהגים להרבות בתחנונים בשני וחמישי, משום שהם ימי רצון - שמ' יום של קבלת לוחות האחרונות, שהיו ימי רצון, עלה משה רבינו ע"ה ביום ה' וירד ביום ב', **ולכן נוהגין ג"כ להתענות בהם.**

סעיף ב - מראה פני כתיבת ס"ת לעם העומדים לימינו ולשמאלו, ומחזירו לפניו ולאחריו - כתבו האחרונים, כשמראה הס"ת לעם והוא עומד במזרח התיבה, יקיף ממזרח לדרום, כמ"ש בסימן קכ"ח לענין כהנים.

המגביה הס"ת מעל התיבה להראות לעם, גוללה עד ג' דפין ומגביה - מ"א, **ואפשר** דדוקא נקט ג', **ונ"ל** דתלוי לפי כח המגביה, שיהיה ביכלתו להגביה כשהיא נגללת הרבה.

שמצוה על כל אנשים ונשים לראות הכתב ולכרוע, ולומר: וזאת התורה וגו', תורת ה' תמימה וגו' - ואין לומר "וזאת התורה" רק נגד הכתב של הס"ת.

וטוב שיראה האותיות עד שיהיה יכול לקרותם, כי כתבו המקובלים, שעי"ז נמשך אור גדול על האדם.

ואפי' אם מתחלה היה עומד מבחוץ, מצוה ליכנס לביהכ"נ לראות כשמוציאין ומכניסין הס"ת, משום "ברב עם הדרת מלך".

המחבר כתב דין זה קודם הלכות קה"ת, שכן מנהג הספרדים להגביה קודם הקריאה, **ועיין** לקמיה בהג"ה, שמנהגנו לעשות ההגבה אחר הקריאה.

אומרים קדיש עד "לעילא" קודם הוצאת הס"ת, אבל ביום שיש בו מוסף, אומרים "תתקבל" קודם הוצאת הס"ת.

הגה: ונהגו לעשות כן אחר שקראו בתורה, אבל כשמוציאין אותו אומר הש"ץ "גדלו", והקהל אומרים: רוממו כו', אב הרחמים הוא ירחם עם עמוסים וכו' - וצריך להגביה התורה ג' פעמים, דהיינו בשעה שאומר "שמע" וגו', "אחד" וגו', "גדלו" וגו'.

סימן קלד – סדר והוא רחום והגבהת התורה

ומנהג העולם לומר "בריך שמיה" בשעת הוצאת הס"ת בין בחול בין בשבת, **ואם** לא אמרו בשעת הוצאה, יוכל לאמרו עד שעה שפותחין לקרותו.

ויש אומרים לומר: על הכל יתגדל, וכן נוהגים ביו"ט ובשבת;

ויש להחזיק התורה בימין - על שם הכתוב "וימינו תחבקני", ועוד דגם התורה נתנה בימין.

נוהגין בשבת בשחרית כשמחזירין הס"ת להיכל לומר המזמור: הבו לה' בני אלים וגו', ובמנחה בשבת וכן ביו"ט ובחול, לומר מזמור כ"ד.

וכשעולה הראשון לקרות אומרים: ברוך שנתן תורה כו' - ואח"כ אומרים: האל תמים וכו', שיש בו מ' אותיות, נגד מ' יום שהיה משה בהר.

§ סימן קנז – דיני זמן קביעת סעודה §

סעיף א - כשיגיע שעה רביעית, יקבע סעודתו - כשקם בעמוד השחר, חשבינן השעות מתחלת היום, **וכשקם** ממטתו אח"כ, חשבינן הזמן מעת שקם ממטתו. **והיינו** לכל אדם, אבל פועלים אמרינן בגמרא, דזמן סעודתן הוא בשעה חמישית.

ואם הוא ת"ח ועוסק בלימודו, ימתין עד שעה ו' - היינו תחלת שעה ו', ולא יאחר יותר עכ"פ מסוף שעה ו', **והאי** שעה רביעית ושעה ששית, ר"ל זמניות הן. **ולא יאחר יותר, דהוי כזורק אבן לחמת** - כגון חמת יין שחסר ועי"ז נפגם, וזורק לתוכו אבן שיתמלא, וזה לא מעלה ולא מוריד, דהיין גופא לא נתרבה עי"ז, וטוב היה שימלאהו יין, כך בזו, האכילה לא יתוסף לו כח על ידי זה. **אם לא טעם מידי בצפרא** - אבל אם טעם מידי, לא הוי כזורק אבן לחמת, **ומ"מ** לכתחלה נראה דנכון לקבוע סעודה בששית אף אם טעם מידי בצפרא, דהא דרכן היה לאכול פת שחרית קצת, וכדאמרינן בגמרא: כד טעם בר בי רב ועייל לכלה, ואפ"ה משמע בגמ' שבת, דזמן סעודה הוא עד שעה ששית, ובע"כ כמש"כ.

טוב שישים אכילתו ביום קלה מבלילה, ויאכל ב' פעמים ביום אם חלש לבו, ואל ימלא כריסו בפעם אחת, **ויתנהג** על פי מה שכתוב בענין המן: בערב בשר לאכול ולחם בבקר לשבוע, **וטוב** שיפנה קודם סעודתו.

איתא בזוהר פרשת בשלח: לא ליבעי אינש לבשלא מזונא מן יומא ליומא אוחרי, ולא לעכב מזונא מן יומא ליומא אוחרי, {והטעם, כדי שיבקש בכל יום על מזונותיו}, וישתכחו על ידו ברכאן בכל יומא ויומא לעילא.

§ סימן קנח – דיני נטילת ידים לסעודה §

סעיף ב - יש מי שאומר שאם אינו אוכל אלא פחות מכביצה, יטול ידיו ולא יברך - הטעם, משום דלענין טומאה, פחות מכביצה אינו מקבל טומאה מדאורייתא, ולא יטמא ע"י הידים, לכן יש לומר דגם על הנטילה לא גזרו, **או** אפשר כיון דלענין בהמ"ז חשיבא אכילה, דהא קי"ל דמברכין בהמ"ז על כזית, חשיבא גם לענין נט"י, ולא פלוג חכמים בתקנתן, **ולכן** יטול ידיו ולא יברך, דברכה אינה מעכבת הנטילה.

[**אך** הגר"א משמע דס"ל, דעל שיעור כזית צריך נטילה מדינא ובברכה].

ודע, דאם היה באוכל שיעור כביצה אפילו בלא קליפתה, לכו"ע צריך נטילה בברכה.

סעיף ג - אם אוכל פחות מכזית, יש מי שאומר שאין צריך נטילה - דזה לא חשיבי אכילה אף לענין בהמ"ז, **והנה** הט"ז פסק כן לדינא דא"צ נטילה, וכן הוא דעת הב"ח, וכן הסכים הגר"א והברכי יוסף, והביא כן בשם הרשב"ץ, **ודעת** הלחם חמודות והמ"א וא"ר ועוד אחרונים, דאף בפחות מכזית דינו כפחות מכביצה, ויטול ידיו ולא יברך, **וע"כ** לכתחלה נכון להחמיר בזה.

ודע, דשיעור כזית דצריך נטילה לכו"ע, הוא אף אם היה מפירורין דקין מצטרפין, **ואם** היה כביצה שלימה מהפירורין, צריך לברך על הנטילה ג"כ.

אם אכל מעט פת למתק חריפות השתיה, באופן המבואר לקמן סימן ר"ב דא"צ לברך "המוציא", משום דהוא טפל להשתיה, י"א דגם נט"י א"צ, אף אם יש בו כביצה, **וי"א** דצריך, **ובפחות** מכזית נראה שבודאי יש לסמוך שלא להצריך נטילה בזה אף לכתחלה, דבלא"ה יש מקילין וכנ"ל, **אך** בכזית או כביצה יטול ידיו, ולא יברך על הנטילה מחמת ספק.

סעיף ד - אם אוכל דבר - היינו אפילו ירק ופירות ובשר, **שטיבולו באחד משבעה משקין, שסימנם: י"ד שח"ט ד"ם, (דהיינו: יין, דבש, שמן, חלב, טל, דם, מים)** - אבל שאר מיני משקין הנסחטין מן הפירות, אינם חשובין משקין, **ולא נתנגב, ואפילו אין ידיו נוגעות במקום המשקה, צריך נטילה** - גזרה שמא יגע בו, **ואע"ג** דעל פירות לא תקנו נט"י, התם הפירות עצמן לא נטמאו מהידים, שהידים שניות הן, ואין שני עושה שלישי בחולין, **משא"כ** כשטבולין במשקה, ובמשקה קי"ל דנגיעה בידים מטמא אותן להיות תחלה, תקנו ליטול את הידים, שלא יתטמאו המשקין על ידם, ויפסלו אח"כ גם האוכל.

בלא ברכה - כי יש מקצת הראשונים דסברי, שלא הצריכו חכמים נט"י לדבר שטיבולו במשקה, אלא בימיהם שהיו אוכלים בטהרה, משא"כ עכשיו שכולנו טמאי מתים, **ולכך** לא יברך ענט"י, שספק ברכות להקל.

סימן קנח – דיני נטילת ידים לסעודה

ואותן ששוקעין פירות או ירק במים לנקותן, חשיב טיבולו במשקה.

ודבר שאין דרכו לטובלו או להיות עליו משקה, א"צ נט"י, דמלתא דלא שכיחא היא ולא גזרו בה רבנן. **הטובל** אצבעו במשקה ומוצץ, א"צ נטילה, דלא תקנו נט"י לשתיית משקין, וכדלקמיה בס"ו.

כתבו הפוסקים, כל המשקין שנקרשו בין ע"י בישול בין ע"י צינה, עד שאין בהם טופח ע"מ להטפיח, לא חשיבי משקה, **ודעת** התוס', שאפילו חזרו ונימוחו אח"כ, **זולת** יין או מים, וה"ה חלב שנקפא, כשחזרו ונימוחו חשיבי משקה, [דבלא חזרו ונימוחו, גם ביין ומים לא חשיבי משקה]. **ולפי"ז** מרקחת המטוגן בדבש, אם הדבש שעליהן קרוש עד שאין בהם טופח ע"מ להטפיח, לכו"ע מותר לאוכלן בלא נטילה.

ואם הדבש אינו קרוש, דעת הט"ז דחשיב משקה, **ודעת** המ"א דלא חשיב משקה, כיון שעומד הדבש הזה לאכילה ולא למשקה, שם אוכל עליו, **והח"א** הכריע דיש חילוק בזה, דאם קנה הדבש ועדיין הוא מעורב בשעוה, והתיכו ע"מ כן כדי לטגן בו, אם כן מעולם לא היה עליו שם משקה, כיון שהתיכו בשביל אכילה, וא"צ נט"י, **אבל** הקונה דבש שכבר מהותך מן העושים משקה מעד, וידוע שהם מהתכים כדי לעשות משקה, צריך נט"י, אע"ג שמטגן בו אוכל, **ועיין** בדה"ח שכתב, דאם אוכל המרקחת ע"י מזלג, יש להקל דא"צ נטילה, **וכל** זה במרקחת המטוגן בדבש, אבל המטוגן בצוקער א"צ נטילה לכו"ע, דלא הוי משקה.

דבש - דבורים, ולא של תמרים או של מין אחר.

שמן - היינו שמן זית, ומשמע דשאר שמנים אינם בכלל משקה.

חלב - וה"ה מי חלב או חמאה כשנימוחה, ולכן הטובל בהם דבר מאכל צריך ליטול ידיו, **ואם** היה החמאה קרושה א"צ ליטול ידיו, דחמאה קרושה הוי כאוכל.

והאוכל דבר המטוגן בחמאה כשהיא לחה ע"ג, צריך ליטול ידיו, **ובח"א** כתב, דדוקא כשנימוח החמאה במחבת בשעת הטיגון קודם שהניח האוכל לתוכו, ונעשה עליה שם משקה מקודם, אבל כשנימוח אח"כ, קי"ל דמשקה הבאה לתקן אוכל, אוכל הוא. **והאוכל** דבר המטוגן בשומן או במי ביצים, לכו"ע לא הוי משקה.

[**ואם** טבל בו מאכל חם ונימוח עי"ז, משמע מח"א דא"צ נטילה, **מיהו** כ"ז שייך אם לא טבל רק פעם אחת, אבל כשטבל המאכל אח"כ עוד פעמים, כשכבר היה החמאה נימוח, מסתברא דצריך נטילה].

דם - כדי נסבה, דהא אסור לאכול דם, **ודם** דגים וחגבים לא מקרי משקה, **ואולי** דמיירי שאוכל המאכל בטבול בדם מפני רפואה ופקוח נפש.

מים - ומלח העשוי ממים הוי משקה, ולכן אם אוכל צנון במלח, הוי דבר שטיבולו במשקה וצריך ליטול ידיו - דה"ח, **ונראה** דמיירי כשהמלח היה לח בשעת טיבול, דבסתם מלח שהוא קרוש, הלא אין שם משקה עליו, וכנ"ל. [**ומלח** שחופרין מן הקרקע, מצדד הפמ"ג להקל].

הגה: ואפילו אינו מטבל רק ראש הירק או הפרי, אפילו הכי יטול בלא ברכה - דחיישינן שמא יטבלנו כולו.

והנה במ"א הביא בשם הל"ח, דהעולם נוהגים שלא ליטול, ויש להם על מה שיסמוכו, היינו על מקצת הראשונים הנ"ל, **אבל** הרבה אחרונים החמירו מאד בדבר, וכתבו דהעיקר כרוב הפוסקים דצריך נטילה מדינא אף בזה"ז, **ועיין** בביאור הגר"א, שגם דעתו כן, והחמיר מאד בזה, שאף צריך לברך ע"ז, **ולכן** אף דהעולם אין נוהגין לברך, עכ"פ אין להקל לאכול בלי נטילה.

וצריך לזה כל דיני נטילה כמו לפת, ומ"מ בפחות מכזית, נ"ל פשוט שאין להחמיר בזה כלל, דאפי' בפת הרבה אחרונים מקילין, וכנ"ל, [**הג"ה** - אמנם מהטור לא משמע כן, ובטלה דעתי מפני דעתו הרחבה, **ואפשר** שיש להקל בכורך ידיו במפה, או שלובש בתי ידים].

סעיף ח - מי שהיה במדבר או במקום סכנה ואין לו מים - ואף כשיודע שאם יחזור אחריהם מיל ישיג שם מים, **פטור מנטילת ידים** - ומ"מ במפה צריך לכרוך ידיו, כדלקמן סימן קס"ג.

מדבר - הוא ג"כ הטעם מפני הסכנה, אם ילך ויחפש אחר מים, ונקט מדבר בפני עצמו לאשמועינן, דסתם מדבר לעולם מקום סכנה הוא.

סעיף י - אעפ"י ששיעורם ברביעית, (פירוש רביעית הלוג, דהיינו שיעור ביצה וחצי) - היינו רביעית אחת לשתי ידיו, **ולקמן** בסימן קס"ב ס"ד העתקתי דברי האחרונים, שכתבו דלא יפחות מרביעית לכל יד ויד, דבנוטל בפחות צריך ליזהר בהרבה דברים, ואין הכל בקיאין בהם.

יוסיף ליטול בשפע, דאמר רב חסדא: אנא משאי מלא חפני מיא, ויהבו לי מלא חפני טיבותא - מ"מ לכתחלה טוב יותר שלא יעשה בשביל זה, דהוא ע"מ לקבל פרס, אלא יעשה הכל לכבוד הש"י, והשכר ממילא יבוא, **ומי** שזהיר בזה ואינו מתעשר, הוא מפני שמעשיו מעכבין.

§ סימן קנט – באיזה כלי נוטלין הידים וכיצד יבואו המים לידיו §

סעיף ה - כלי שתחלת תיקונו כך, שאינו יכול לעמוד בלא סמיכה - ר"ל שנעשה מתחלה להשתמש בה ע"י סמיכה, **ואין משתמשין בו אלא ע"י סמיכה, חשוב שפיר כלי.**

לפיכך כלי שהוא מלא נקבים מתחתיו, ופיו צר למעלה, וכשמניח אדם אצבעו עליו אין המים יוצאים, וכשמסירו המים יוצאים, מותר ליטול ממנו - דהיינו שמסיר

סימן קנט – באיזה כלי נוטלין הידים וכיצד יבואו המים לידיו

האצבע והמים יוצאים מלמטה, **אע"פ שאינו מחזיק כלום, כיון שעשוי לקבלה בענין זה וזה עיקר תשמישו, נקרא כלי.**

הנה מסתימת המחבר משמע, דאין חילוק בין נקבים קטנים לגדולים, דהואיל בעת שמניח האצבע עליו אין המים יוצאים, מקרי שפיר כלי וכשר לנטילה, **ולפי"ז** ה"ה בליווע"ר שלנו, שיש רק נקב אחד רחב למטה במקום יציאת המים, וכשמסיר האצבע יוצאין המים בשפע, ג"כ מותר, **אבל** מלשון הרמב"ם משמע, דדוקא כשהנקבים שמהן יוצאין המים הם דקין מאד, שאף כשמסיר האצבע אין יוצאין המים מחמת זה רק מעט באיחור גדול, **אבל** כשהנקבים הם גדולים, אסור, וכ"ש בליווע"ר שלנו דאסור, (ונראה דיש להחמיר לכתחלה).

כתבו האחרונים, דאין ליטול ידיו מהכלי שקורין גיסקאן, דרך הדד, והיינו מה שעושין הדד כחצי עגולה, **ודוקא** כשהדד גבוה משפה של הכלי, ומשום דאין הכלי מחזיק המשקה רק עד השפה, לכן מהשפה ולמעלה אין שם כלי עליה, **אבל** אם הדד שוה לשפת הכלי, מותר ליטול גם מן הדד, **ואם** הדד נמוך משפת הכלי, יטול רק דרך הדד ולא מהשפה של הכלי, ומשום דאין הכלי מקבל מים רק עד הדד, נמצא דלמעלה מזה אין שם כלי עליה, **ויש** מקילין בזה, (וכן כשהדד גבוה מהשפה, מותר ליטול דרך הדד, כיון שנעשה מתחילה שישתמשו בו כך – מטה יהודה).

וכל זה דוקא כשהדד הוא כחצי עגולה, אבל אם הדד הוא כשפופרת, שקורין שנוי"ץ, אף שהוא בולט למעלה משפת הכלי, משמע ממ"א דמותר ליטול אף דרך הדד, (דראוי להחזיק מים – כה"ח), **ויש** אוסרין דרך הדד, [**ועיין** בסידור של היעב"ץ, שמיקל אף כשהדד חצי עגולה], (וכנ"ל).

הגה: וכ"ש כלי שיש בו ברזא - היינו מה שקורין צאפי"ן, או מה שקורין האנדפא"ס, שיש לו יתד מלמטה, ובשעה שרוצה ליטול ממנו, דוחה היתד למעלה ונשפך המים, **למטה** - ר"ל אף בשוליה, אפ"ה לא נתבטל ממנה שם כלי ע"י נקב זה, ומותר ליטול בין דרך הברזא, ובין למעלה דרך פי החבית.

רק שצריך ליזהר להחזיר בכל שפיכה ושפיכה, וכדלקמן בסוף ס"ט, **ועיין** במ"א, דכשנוטל מהאנדפאס צריך ליטול רביעית בבת אחת על היד, (דיש לחוש לאחר שנטל הראשונה וחוזר ודוחק הברזא בידו הלחה, נדבקו מים טמאים בברזא, וכשחוזר ודוחק בידו שניה נטמאה מהמים הלחים, לכן יטול רביעית כאחת – מ"א סי' קסב ס"ק י').

הואיל ומתחילה נעשה לקבל על ידי כך - ר"ל ע"י הברזא שתחוב שם, מחזיק המים שלא ישפכו דרך הנקב, **ומוכח** מאחרונים, דבכלי של חרס צריך שיהיה הברזא מהודקת, שלא יהא מנטפת דרך שם, דאם מנטף טיף, לא עדיף מאלו לא היה שם ברזא כלל, ואפילו ליטול דרך הנקב אסור, אף שמחזיק רביעית מן הנקב ולמטה, [היינו לדעת הפוסקים החולקים על השו"ע, והבאנו לעיל במ"ב בס"ב]. **ובשאר** כלים מותר ליטול דרך הנקב, אם מחזיק רביעית ממנה ולמטה, **ולפי"ז** בהאנדפא"ס שלנו, שהברזא בשולי הכלי מלמטה, אם אינה מהודקת ומטפטף המים דרך שם, נתבטלה מלהיות כלי עד שיתקנה, ואסור ליטול ממנה.

וה"ה אם נעשה נקב בכלי המבטלו משם כלי, ותיקן שם ברזא להשתמש דרך שם, חשיב ג"כ כאלו נעשה מתחלה לכך, כיון שעתה ייחד הברזא, נעשה כלי עי"ז.

סעיף טז - מ' סאה מים שאובים שבקרקע, להרמב"ם אין מטבילין בהם את הידים - דבעינן מים הכשרים לטבילת הגוף. **ולהראב"ד מטבילין** - משום דמצינו לענין טבילת בעלי קריין לד"ת, שטבילתן מדרבנן, דמותר בשאובין שבקרקע. (**והעיקר** כסברא הראשונה). **אבל** בכלי המחוברת לקרקע, אין בה טבילה לכו"ע, דאין טובלין בכלים, ועיין לעיל סעיף ח'.

ושאובה שהמשיכוה כולה - ר"ל דאף אם היתה כולה שאובין, רק שהמשיך את המים דרך הקרקע למקום אחר, **גם להרמב"ם מטבילין בהם הידים** - וכנ"ל בסעיף ז'.

סעיף יז - לא יטול מהנהר מים בידו אחת ויתן על ידו השנית, לפי שאין כאן לא נטילה ולא טבילה - דנטילה מכלי בעינן, והכא לא נטל כלל מהכלי, [**ור"ל** אפי' לדעת ר"ת לעיל בס"ו דמקיל שם, הכא גרע יותר].

סעיף יח - ידו אחת בנטילה וידו אחת בטבילה - פי' שנטל ידו אחת מכלי כדין, והשניה טבל בנהר או במקוה, **ידיו טהורות** - ולענין הברכה, מברך בזה "על נט"י", אף לדעת הרמ"א לקמן, כיון שידו אחת היתה בנטילה.

סעיף כ - המטביל ידיו, אינו מברך על טבילת ידים, אלא על נט"י - שהיכן צונו על הטבילה, אבל על נטילה נצטוינו, ויש בכלל מאתים מנה, שמחמת חיוב הנטילה שנצטוינו, אנו מטבילין עכשיו. **וי"א דמברכין על טבילת ידים או על שטיפת ידים, וכן עיקר** - והאחרונים הסכימו כדעת המחבר, לברך "ענט"י", **ורק** אם המים פסולים לנטילה, ורק לטבילה, וכדלקמן בסי' ק"ס ס"ט, מברך "על טבילת ידים".

§ סימן קס – איזו מים כשרים ואיזו פסולים לנטילה §

סעיף ג - מים שלפני הנפח, אע"פ שלא נשתנו מראיהם, פסולים, מפני שבידוע שנעשה בהם מלאכה, דהיינו שכיבה בהם הברזל. ושלפני הספר - שמדיח שם לפעמים כלי מלאכתו וכדומה, אבל אינו בחזקה שהדיח שם, **אם נשתנו מראיהם, פסולים; ואם לאו, כשרים** - מספק, וכדלקמיה בסי"א.

סעיף ד - מים ששתו מהם התרנגולים, או שלקק מהם הכלב, (פי' שתיית הכלב נקרא לקיקה) - לפי המבואר

סימן קס – איזו מים כשרים ואיזו פסולים לנטילה

בב"י, לאו דוקא אלו, אלא ה"ה בכל בהמה חיה ועוף, חוץ מיונה, **יש מי שפוסל** - דמדמינן למים של פרת חטאת, דנפסלין בשתית בהמה חיה ועוף, חוץ מיונה, **ויש** מפרשים שם הטעם משום מלאכה, דכשמגביהין ראשיהם רר מפיהם המים ששותין, ומים אלו חשיב כמו שנעשה בהם מלאכה, דנשתמשו בהן לשתיה, ופוסלים כל המים בתערובתן, **וה"ה** לנט"י דפוסלת בהן מלאכה.

ואין דבריו נראין - דדוקא בפרת חטאת נפסלת במלאכה כל דהו, **וגם** דכל הראשונים ס"ל דלא חשיב מלאכה גם בפרת חטאת, ופירשו שם טעמים אחרים דאינם שייכים כאן, **ומלבד** זה לענין נטילת ידים לא נפסלו ע"י זה כל המים, דנתבטלו בתערובתן ברובה כדלקמיה.

אלא בין באלו בין בכל שאר בהמה חיה ועוף, יש להכשיר - ואחרונים חילקו בענין זה, דאי בתרנגולים וכן בשאר חיות ועופות, כשרים כדעת המחבר וכנ"ל, **אבל** בשתית כלב וחזיר, פסול משום מיאוס, דנמאסין המים משתיה ונעשו כשופכין, **ובחיי** אדם כתב, דבשעת הדחק יש לסמוך על דעת המחבר להתיר אף באלו.

אם שתה מהם נחש, אין נוטלין מהם לידים, **ומים** שנתגלו בעלמא, אין חוששין האידנא לשמא שתה מהן נחש, דאינם מצוים, **ואף** מי שנזהר מזה לשתיה, לענין נטילה אין להחמיר.

מים פסולין שנתערבו במים כשרים, בטילין במיעוטן, ומשלימין אפילו לרביעית, אם לא נשתנו מראיהן.

סעיף ה - אין מלאכה פוסלת אלא במים שאובים, בין שהם בכלי בין שהם בקרקע - פי' אפילו היו בשעת מלאכה מונחים בקרקע, כיון שהיו שאובין מתחלה, מלאכה פוסלת בהם, **אבל לא במי מקוה או מעין בעודם מחוברים** - כשעשה מלאכה בהם במחובר, כשרים לנט"י בתלוש.

וכ"ז לענין עשית מלאכה, **אבל** לענין אם נפסלו משתיית בהמה, אין חילוק בין שאובין למי מקוה, ופסולין, **וכ"ז** לענין לשאוב בכלי מים ממי המקוה לנט"י, **אבל** להטביל ידיו בהמקוה גופא, מותר אף בזה, **ולענין** שינוי מראה, עיין לעיל במ"ב בס"א.

סעיף טו - רביעית שאמרו, בין לידיו של גדול בין לידיו של קטן - פי' של אדם קטן.

נטלו ב' בני אדם, זה ידו א' וזה ידו א', ואח"כ חזר השני ונטל ידו השניה - אראשון קאי, (ושני קרי, על שם האיש שנטל לפניו, שהוא עתה שני לו, **אבל** אם השני נטל גם ידו השניה תיכף אחר שנטל ידו הראשונה, בודאי מהני ליה הנטילה, דהא קי"ל מי רביעית נוטלין אפילו לשנים, משום דאתו משיורי טהרה, ומה מפסידו במה שהראשון נטל רק ידו אחת, כנ"ל פשוט), **הרי אלו כג' בני אדם, ולפיכך אם היה בכלי חצי לוג, ידיו טהורות, ואם לאו, אין ידו השניה טהורה** - עד שיטיל עליה מרביעית מים.

שאין נוטלין בפחות מחצי לוג יותר משני בני אדם - דהא דמקילינן מרביעית אחת לשני בני אדם, היינו דוקא כשנטל הראשון ב' ידיו זו אחר זו, וכן השני אחריו, [היינו ע"י חיבור הניצוק, או להיש מתירין בכל גווני וכנ"ל], **אבל** כאן שלא נטל מתחלה רק יד אחת, ונטל השני גם כן אחריו, חשוב בזה כאלו כבר נטלו שני אנשים, ולכן כשחוזר הראשון ליטול ידו השניה, חשוב כאדם שלישי דעלמא, וממילא אין די ברביעית.

§ סימן קסא – דיני חציצה בנטילה §

סעיף ב - כל דבר שאינו מקפיד עליו, אינו חוצץ - היינו אם הוא במיעוטו דוקא, אע"ג דכבר זכר זה המחבר בסוף סעיף הקודם, כפלו כאן, משום דכל הסעיף זה הוא דברי הרשב"א ממש, כמובא בב"י, ורצה להעתיקו בלשונו.

היה דרכו של זה להקפיד וזה אין דרכו להקפיד, למי שדרכו להקפיד, חוצץ; למי שאין דרכו להקפיד, אינו חוצץ.

כיצד, היה אחד צבע והיו ידיו צבועות - ר"ל מקצת ממקום הנטילה, דאלו היה רובו, הא קי"ל דאפילו אינו מקפיד חוצץ, **אין הצבע חוצץ על ידיו, אע"פ שיש על ידיו ממשות של צבעונים** - וכן אם הוא טבח, ויש דם על ידיו, אינו חוצץ, וכן אם היה מוכר שומן, ויש שומן על ידיו, אינו חוצץ, **ואם** היה טבח ומוכר שומן, ויש דם ושומן על ידיו, ג"כ מצדד המ"א להקל דאינו חוצץ.

ומי שכותב תדיר, אפילו יש ממשות של דיו יבש על אצבעותיו, אינו חוצץ, דהרי אין דרכו להקפיד ע"ז.

לא היה צבע, אם היו ידיו צבועות, ויש ממש הצבע על ידיו, הרי זה חוצץ, שהדיו היבש חוצץ, והלח אינו חוצץ - ור"ל כמו התם גבי דיו, שהלח אינו חוצץ, מטעם שנמחה במים, ומי הנטילה מגיעין לגופו, ה"ה לצבעים שהם כמו דיו, דוקא שממשו עליו, **הא** אם אין בו ממש, רק חזותא של צבע בעלמא, אין שייך חציצה, וה"ה שחרורית שאין בה ממש, אינה חוצצת.

וכן הנשים שדרכן לצבוע ידיהם לנוי וכיוצא בזה, אין אותו צבע חוצץ - אפילו כל ידיהן צבועות נמי, כיון שמתכוונות לעשות כן, ורוצות בזה, הרי הוא כגופן ממש, ולא חייצי, (**ולפי"ז** אינו מדוקדק קצת לשון השו"ע, במה שכתב "וכן הנשים" וכו', הא לענין נשים עדיפא, דאפילו צבוע כל היד אין שייך חציצה).

גלדי מכה שעל ידיו - היינו ריר היוצא מן המכה, ומתיבש ונעשה גליד, **ויש** מפרשים דהוא שחין שנתרפא, ועלה עור למעלה, ויש עליו גלד, **אם אינו מקפיד עליו** - להסירו מעל ידיו, מפני שהוא מצטער בנטילתו, **אינן חוצצין.**

סימן קסא – דיני חציצה בנטילה

סעיף ג - צריך להסיר הטבעת מעל ידו בשעת נט"י - משום חציצה, **ואפילו הוא רפוי** - ר"ל אף שהמים באים להאצבע, מ"מ יש להסיר, משום שאין אנו בקיאין איזה מקרי רפוי, וכדלקמיה, **ובדיעבד** עלתה לו נטילה ברפוי, והוא ששפך עליה רביעית בבת אחת, כמ"ש לקמן בסימן קס"ב ס"ט.

ואפי' אינו מקפיד עליו בשעת נטילה, הואיל ומקפיד עליו בשעה שעושה מלאכה, שלא יטנפו - ומסקי האחרונים, דדוקא אשה שדרכה להקפיד להסיר הטבעת בשעת מלאכה, היינו בשעת לישה, **אבל** איש שאין דרכו להקפיד להסירו בשעת מלאכה, כי אין דרכו ללוש, אין צריך להסיר אותו בשעת נטילה, אפילו אם אינו רפוי, **רק** אם יש בו אבן טוב, שגם איש דרכו להקפיד להסיר בשעת נטילה, שלא יתלכלך מהמים, אז יש לחוש להסירו משום חציצה.

ונהגו קצת להקל אם הוא רפוי, אבל יש להחמיר, כי אין אנו בקיאים איזה מיקרי רפוי.

§ סימן קסב – הגבהה ושפשוף הידים בנטילה §

סעיף י - מי שיש לו מכה בידו ורטיה עליה (פי' אינגו"נטו בלע"ז), די לו שיטול שאר היד שלא במקום הרטיה - מיירי שאינו יכול להסירה מחמת כאב המכה, וכמו שכתבנו שם לעיל סי' קס"א ס"א במ"ב, ולכך די לו, **ואין** זו נטילה לחצאין, כיון שאינו יכול ליטול חציה השני, דומה למי שנקטע אצבעו שנוטל שאר היד, **ואם** אינו יכול ליטול ידיו כלל מחמת חולי, יכרוך ידיו במפה.

וצריך ליזהר שלא יגע ברטיה - צ"ל שלא יגעו המים ברטיה, **שלא יחזרו המים שעל הרטיה ויטמאו היד** - והיינו דכל שנשפך מים ראשונים קצת על הרטיה, אין מים שניים יכולים לטהרם, וחוזרים אח"כ המים שעל הרטיה על היד ומטמאים אותם, וכמו בס"ט לעיל לענין צרור וקיסם.

או ישפוך רביעית על היד כאחת, שאז לא נטמאו המים - ר"ל ואפילו אם יחזרו המים אח"כ, אין חשש בדבר, **וכתבו** האחרונים, דעצה זו יפה יותר מאופן הראשון, דא"א להזהר ולשפוך ממש סמוך למקום הרטיה, ועל הרטיה לא יגיעו המים, [**דאם** ירחיק קצת ממקום הרטיה, הלא לא יצא ידי נטילה, דעד מקום הרטיה שידו מגולה, הלא מחוייב מן הדין ליטול].

עוד כתבו, דטוב לכרוך על הרטיה אחר הנטילה כשבא לאכול, בסמרטוט לבן ונקי, לכסות זוהמת הרטיה, [**דאי** יכרוך קודם הנטילה, יהיה צריך לצמצם, שיהיה שיעור הסמרטוט רק כרוחב שיעור הרטיה ולא יותר, דאל"ה לא יצא ידי נטילה, **דמקום** מהיד שאין עליו רטיה לא התירו לאכול ע"י מפה, משום דלמא אתי למינגע, **ורק** במקום הרטיה גופא הקילו משום דכאיב ליה, ובודאי לא יסיר הרטיה].

כתבו האחרונים, אם נפלה הרטיה בתוך הסעודה, צריך ליטול שנית, כדין מפה, באופן המבואר לקמן סימן קס"ג דמותר בזה, שאם הסיר המפה, אסור לאכול, כן בזה, [שע"ת בשם הבר"י, **ושם** מבואר שצריך ליטול עתה כל היד, ולא סגי במה שיטול עתה רק במקום הרטיה, דהוי בכלל נטילה לחצאין, ע"ש, **ולדידי** לא ברירא לי כולי האי זה הדין, אחרי דבעת נטילה הראשונה לא היה עליו חיוב יותר, וצ"ע, **ואולי** אם חזר וכיסה בסמרטוט דיצא בזה, ולא אמרינן דכיון שנפל ויש עליו חיוב נטילה עתה, שוב לא יפקע אף אם יכסהו].

נוטלים מים ראשונים - דהיינו מים שלפני המזון, **בין על גבי כלי בין על גבי קרקע** - ולאפוקי מים אחרונים, וכדלקמן סימן קפ"א ס"ב.

§ סימן קסד – דין שיכול להתנות על הנטילה §

סעיף ב - מי שעומד בסעודה ונזכר שנגע בשוק וירך ומקומות המכוסים באדם - ר"ל בשארי מקומות המכוסים שבגופו יש בהם זיעה, **ולאפוקי** במקומות המגולים, כגון פניו, ומקום המגולה שבזרועותיו, אין קפידא, וכמבואר בסימן ד' סכ"א, וע"ש במ"ב דינים השייכים לעניננו.

או שחיכך בראשו וכל כיוצא בזה - אבל אם לא חיכך אלא שנגע בשערותיו, א"צ נטילה, ואפי' אם קינח בהם, וכנ"ל בסימן קס"ב ס"ח.

(ובמקומות המטונפים, שיש בהם מלמולי זיעה) - צ"ל "במקומות" בלא וי"ו, ומה שכתב "שיש בהם", הוא טעם לכל הנ"ל.

(**נראה שנכון ליזהר מליגע אפי' באיזה בגד שידוע שיש שם הרבה זיעה, כגון בצד התחתון של הכובע המונח על הראש, שיש שם הרבה זיעה מן השער**).

צריך לחזור וליטול ידיו, ויברך: על נטילת ידים - וכ"ש אם נגע במקום הטינופת ממש, או עשה צרכיו, או אפילו הטיל מי רגלים ושפשף בידיו, כדלקמן בסימן ק"ע.

ואם נגע בעוד הפרוסה בפיו, אסור לבלוע עד שיטול ידיו.

וה"ה אם הסיח דעתו משמירתו, צריך ליטול, כמ"ש סימן ק"ע ס"א, ועי"ש במ"ב מה שכתבנו בזה.

ורש"ל חולק, וס"ל דא"צ לברך מחמת נגיעתו באמצע סעודה בזיעה, ואפילו בעשה צרכיו באמצע סעודתו, ג"כ ס"ל דא"צ לברך, אא"כ הלך והפליג באמצע סעודתו, **והנה** יש הרבה דעות באחרונים אם יש לנהוג למעשה כמותו, **ועיין** בבה"ל שהכרענו, ‹דמי שרוצה לנהוג כפסק השו"ע לברך, בודאי אין למחות בידו, **אכן** לכתחלה למעשה נראה שיש לנהוג›, דבעשה צרכיו או שנגע במקום מטונף ממש, או שהלך והפליג,

סימן קסד – דין שיכול להתעות על הנטילה

צריך נט"י בברכה, **אבל** אם נגע במקום המכוסה סתם, או שהשתין אף ששפשף, צריך נט"י כדין, אבל לא יברך.

(**ואם** נגע בטומאה באמצע אכילה, מצדד הפמ"ג דאין צריך לחזור וליטול ידיו, דבלא"ה בזה"ז כולנו טמאי מתים).

(**הנוגע** באמצע סעודתו בספר תור או בתפלין, או ברצועות כשהם עם התפילין, או במגילה מן המגילות הנכתבים על הקלף כדין, אין צריך ליטול ידיו, ומ"מ אפשר דלכתחלה נכון ליזהר בזה, שלא ליגע באמצע סעודה).

§ סימן קסה – דין העושה צרכיו ורוצה לאכול §

סעיף א - כתב בשל"ה, דכל אדם יבדוק עצמו לפנות קודם הנטילה, וכ"כ בספר סדר היום.

העושה צרכיו ורוצה לאכול, יטול ב' פעמים; על הראשונה מברך: אשר יצר, ועל השניה מברך: על נט"י - דאם יטול פעם אחת, ויברך מתחלה "אשר יצר", ואח"כ "על נט"י", הוי הפסק בין הנטילה לברכתה, **ואם** יברך מתחלה "ענט"י", ואח"כ "אשר יצר", הוי הפסק בין ברכת נטילה ל"המוציא", [ולכתחילה מצוה ליזהר להסמיך הנטילה להסעודה], **ולהניח** מלברך ברכת "אשר יצר" עד אחר ברכת "המוציא", ג"כ אין נכון, שחיובה חל עליו מיד כשעשה צרכיו, ואין לאחרה כ"כ.

וכתבו האחרונים, דצריך ליזהר שלא ליטול בפעם הראשון נטילה גמורה, ורק מעט משום נקיות, דאל"ה הרי נטהרו ידיו בפעם הראשון, ואין שייך לברך עוד על נטילה שניה, וכנ"ל בסימן קנ"ח ס"ז.

ודע דיש כמה פוסקים שס"ל, ד"אשר יצר" לא הוי הפסק בין ברכת נטילה ל"המוציא", משום דהכל לצורך טהרת ידים, והוי כמו "גביל לתורא" בסימן קס"ז, **וע"כ** אם בדיעבד נטל נטילה אחת כדין לשם נטילה לאכילה, יברך מתחלה "ענט"י", ואח"כ "אשר יצר", דיש לסמוך על הפוסקים אלו, [**דאי** נטל שלא לאכילה, רק מפני שצריך לומר "אשר יצר", אין ראוי לברך ע"ז "ענט"י"], **וה"ה** לכתחלה אם היה קשה לו ליטול שתי נטילות, מדוחק מים וכיו"ב, יטול אחת ויברך "ענט"י", ואח"כ "אשר יצר", [**דמלבד** אלו פוסקים המקילים, הלא דין דתיכף לנט"י סעודה אינו מוכרח, וגם דעת הגר"א דלכתחילה יעשה כן].

כתב מ"א, דהעושה צרכיו באמצע הסעודה, לכו"ע נוטל רק פ"א, ומברך "ענט"י", ואח"כ "אשר יצר", כיון דא"צ לברך "המוציא", כדלקמן בסי' קע"ח, א"כ אין כאן הפסק.

ואם אינו רוצה ליטול אלא פעם אחת, לאחר ששפך פעם אחת על ידיו ומשפשף, יברך: אשר יצר, ואח"כ בשעת ניגוב יברך: ענט"י - ר"ל דאומר ברכת "אשר יצר" קודם שהגיע זמן ברכת "ענט"י", היינו לאחר ששפך רק פעם אחת על ידיו בפחות מרביעית, ושפשף ידיו זו בזו, דעדיין לא נגמר הנטילה, **ואח"כ** שופך פעם שניה על ידיו לטהר המים הראשונים, ואז מברך "ענט"י" ומנגבן.

ואף דמבואר לעיל בסימן קס"ב, דהמשפשף ידיו אחר מים ראשונים, נטמאו ידיו זה מזה, ואין מועיל אח"כ המים שניים, **י"ל** דהכא מיירי שנשפך על שתי ידיו כאחת, דאז חשיבי כיד אחת, ומותר לשפשפם, וכדלעיל בסימן קס"ב ס"ה.

[**והא** דצייר המחבר באופן זה, ולא צייר דשפך על כל יד בפני עצמו, ולא שפשף עתה כלל, ובירך "אשר יצר", ואח"כ שפך שניים ושפשף ובירך "ענט"י", דכיון שעשה צרכיו, טוב שלא לברך קודם השפשוף, משום נקיות].

וכתבו האחרונים, דלדידן דנהיגן ליטול רביעית בבת אחת על כל יד ויד, א"כ נגמר תיכף טהרת ידים, וראוי לברך "ענט"י", וא"כ ברכת "אשר יצר" הוי הפסק בין נטילה לברכה, **ויותר** טוב לעשות כאופן הראשון המוזכר בשו"ע, ועיין לעיל מש"כ במ"ב.

§ סימן קסז – מקום וזמן הבציעה ומי הוא הבוצע §

סעיף ד - יתן שתי ידיו על הפת בשעת ברכה - היינו דטוב לעשות כן, **ואם** הוא לבוש בבתי ידים, נכון שיסירם בשעת הברכה. **שיש בהן י' אצבעות כנגד י' מצות התלויות בפת** - כי עשר מצות אדם עושה עד שלא יאכל פרוסת פת, **בשעת** החרישה: לא תחרוש בשור ובחמור יחדו, **בשעת** הזריעה: שדך לא תזרע כלאים, **בשעת** דישה: לא תחסום שור בדישו, **לקט**, שכחה, ופיאה, תרומה, ומעשר ראשון, ושני, וחלה.

ולכך יש י' תיבות בברכת "המוציא", וי' תיבות בפסוק: מצמיח חציר לבהמה, וי' תיבות בפסוק: עיני כל אליך ישברו, וי' תיבות בפסוק: ארץ חטה ושעורה, וי' תיבות

בפסוק: ויתן לך - כתבו האחרונים, כשיאמר השם יגביה הככר, ובשבת שמברכין על שתים, יגביה שתיהם.

סעיף יח - הבוצע נותן פרוסה לפני כל אחד ואחד - אבל לא יזרוק חתיכת המוציא על השלחן לפני האורחים, אפילו אם לא נמאס המאכל ע"י הזריקה, כמו שיתבאר בסימן קע"א, **ועוד** כיון שהיא פרוסת המוציא, הוי בזיון מצוה.

והאחר נוטל פרוסה בידו, ואין הבוצע נותן ביד האוכל אא"כ היה אבל - ובשבת פורס האבל כדרכו, דלא יהיה כאבילות דפרהסיא אם יתן לו בידו. (**"פרסה ליון בידיה", רמז לפרוסת המוציא שנותנין בידו בשעת אבילות**) - משמע דאין ראוי לעשות כן כשאינו אבל, דלא ליתרע מזליה.

סימן קסז – מקום וזמן הבציעה ומי הוא הבוצע

סעיף יט - מי שאינו אוכל, אינו יכול לברך ברכת "המוציא" להוציא האוכלים - אפי' אין השומע יכול לברך בעצמו.

וה"ה בכל ברכת הנהנין, דדוקא ברכת המצוה שכל ישראל ערבים זה בזה, וכאשר חבירו לא יצא ידי המצוה, הוי כאלו הוא לא יצא, משו"ה יכול להוציא אפילו הוא כבר יצא ידי המצוה, **משא"כ** בברכות הנהנין, שאע"פ שהן חובה על הנהנה לברך, דאסור ליהנות מהעוה"ז בלא ברכה, מ"מ בידו שלא ליהנות ולא לברך, לפיכך אותו שאינו נהנה אין נקרא מחויב בברכה זו.

אבל לקטנים יכול לברך אע"פ שאינו אוכל עמהם, כדי לחנכם במצות - ואפילו קטנים דעלמא שאין חנוכם מוטל עליו מדינא, ג"כ מותר לברך עמהם, כשרוצים ליהנות ואין יודעים לברך בעצמן, וכ"ש כשהם מבני ביתו, **ולגדולים**, אפילו לבני ביתו נמי לא.

סעיף כ - אפי' בשבת, שהוא חייב לאכול פת - היינו של כל הג' סעודות, **לא יברך לו חבירו ברכת "המוציא", אם אינו אוכל** - דאף שהם חוב, אין החוב עליו משום מצוה, אלא כדי שיהנה מסעודת שבת, ואין להמצוה עצמה חוב, **דהא** אם נהנה ממה שמתענה א"צ לאכול, כדאיתא בסימן רפ"ח, ע"כ הם בכלל שאר ברכות הנהנין.

ולא שרי לברך לאחרים אע"פ שאינו טועם, אלא ברכת "המוציא" דמצה בליל ראשון של פסח, וברכת היין דקידוש בין של לילה בין של יום - אע"פ שאינו טועם, וה"ה כשכבר קיים מצות אכילת מצה, וכבר קידש על היין, **והטעם** בכל זה, דברכת קידוש ואכילת כזית מצה היא מחובת המצות, שהיא חוב על האדם, דעיקרו נתקן רק למצוה ולא בשביל הנאה, וממילא הכל נכנסים בזה בכלל ערבות וכנ"ל, וע"כ ברכה זו היא בכלל שאר ברכת המצות, דקי"ל אע"פ שיצא מוציא, **וה"ה** בליל א' וב' דסוכות, שהוא חייב לאכול כזית פת בסוכה, יכול ג"כ להוציא אע"פ שאינו טועם בעצמו.

הגה: ויש לאכול הפרוסה שבצע עליה קודם שיאכל פת אחר, שתהא נאכלת לתאבון, והוא משום חבוב מצוה - כתב של"ה, שגם ישייר מן פרוסת המוציא מעט שיאכל אחר אכילתו, כדי שישאר טעם המוציא בפיו.

אין להאכיל לבהמה ועוף או לכותי מפרוסת המוציא, או מהחתיכה שנוגעת בה חתיכת המוציא, היינו דמאותה פרוסה שחתך מקודם מהלחם השלם, חותך אח"כ מן אותה פרוסה חתיכה קטנה להמוציא, וגם אותה הפרוסה לא יאכילם, שאין כבוד בזה להמצוה.

§ סימן קסח – על איזה מין פת מברכין §

סעיף ט - פת גמור, אפילו פחות מכזית מברך עליו "המוציא" - וה"ה אפילו על כל דהו, דאסור ליהנות מן העולם הזה בלי ברכה, **אבל לאחריו אינו מברך כלום, כל שלא אכל כזית** - היינו לא בהמ"ז ולא שום ברכה אחרונה.

סעיף יד - חלוט, (פירוש כמין פת חולטין אותו ברותחין), שאח"כ אפאו בתנור - וה"ה אם אפאו באילפס בלי משקה, **פת גמור הוא ומברך עליו "המוציא"** - דלא תימא כיון דחלטיה מעיקרא לאו בכלל לחם הוא, קמ"ל.

ואפילו היתה בלילתו רכה, שחלטה ברותחין ואח"כ אפאה בתנור, מברך "המוציא".

עוד הביא המ"א, דאפילו טגנו בשמן ואפאו אח"כ, מברך "המוציא", ומוכח שם מדבריו דס"ל, דאפילו בדלא קבע עלייהו מברך "המוציא", **אכן** הט"ז ועוד הרבה אחרונים הסכימו עמו, דטיגון בדבש או בשמן וכה"ג משוה אותו לפת הבאה בכיסנין, כמו אם נילוש באלו המינים, ובדלא קבע סעודה מברך במ"מ ו"על המחיה", **אכן** דע דאינו נקרא פת כיסנין, אלא בשטגנו בכ"כ שמן, עד שהיו הם העיקר בהטעם לגבי הקמח, וכמו דכתב הרמ"א בכללא דפת כיסנין בס"ז, ע"ש במ"ב.

הגה: וכן דבר שבלילתו רכה שאפאו בתנור בלא משקה, דינו כפת, ומברך עליו "המוציא" ושלש ברכות - אפילו בדלא קבע עלייהו, ועיין במ"א לעיל בס"ח, דדוקא אם לא היו דקין ביותר, דאל"ה הוי בכלל פת כיסנין, ועיין במה שכתבנו שם.

וכן אם אפאו באלפס בלא משקה; ומעט משקה שמושחין בו האלפס שלא ישרף העיסה, לא מיקרי משקה.

אבל דבר שבלילתו רכה וטגנו במשקה, לכולי עלמא לאו לחם הוא - ר"ל שלא אפאו ע"ג תנור, אלא באילפס עם משקה, ולהכי לכו"ע, היינו אפילו לדעת יש חולקים הנ"ל, לאו לחם הוא, כיון שלא חל עליו שם עיסה מעולם.

סעיף יז - פשטיד"א הנאפת בתנור - וה"ה הנאפה באילפס בלא משקה, **בבשר או בדגים או בגבינה, מברך עליה "המוציא" ובהמ"ז** - היינו אפילו בדלא קבע עלייהו, **ולא** דמי לפת הבאה בכיסנין, דפירושו פת הממולא בפירות ובתבלין המבואר בס"ז, דלא מברך עלייהו "המוציא" בדלא קבע סעודה עלייהו, **דשאני** התם דאין עשויין אלא לקינוח סעודה ולמתיקה, משא"כ פשטיד"א שממולא בבשר, דרך לאכלם לרעבון וכדי לשבוע, והוי כמו שאר פת ובשר כשאוכל כאחד.

ונראה פשוט דאם עשויין רקיקין קטנים, ומעורב בהם פתיתין של בשר, וניכר שאין עשוים כי אם לקינוח אחר הסעודה, דינו ממש כפת שמעורב בפירות ובשאר מיני מתיקה, דאינו מברך עלייהו בהמ"ז בדלא קבע עלייהו.

סימן קסח – על איזה מין פת מברכין

הגה: ודוקא שאפאו בתנור בלא משקה, אבל אם אפאו במחבת במשקה, אין לברך עליו, ואין לאכול רק תוך הסעודה, כמו שנתבאר - היינו אפי' קבע סעודה עלייהו, דדבר זה תליא בפלוגתא הנ"ל בסי"ג, **דלדעה** ראשונה כיון שנתבשל במשקה, יצא מתורת לחם לגמרי, ובכל ענין מברך עליו רק במ"מ, **ולדעה** שניה כיון דנילוש בלילה עבה, והיה עליו שם עיסה גמורה, תו לא נפקע ממנה ע"י הבישול והטיגון, ומברך עליו "המוציא" בכל ענין, [אפי' בדלא קבע], **וע"כ** אין כדאי ליר"ש לברך עליו ולאכול כי אם תוך הסעודה, וכדלעיל בסי"ג.

ודע דפת שנאפה במי ביצים, דהיינו מה שקורין קיכלי"ך, מסתפק במ"א אם הוא בכלל פת כיסנין, ‹דביצים נמי מזון נינהו, ולא מבטלי להו מתורת פת›, **ודה"ח** והגר"ז החליטו דהוא בכלל פת כיסנין, וכן במגן גבורים, וכן המנהג, אח"כ מצאתי שכך כתב גם כן בהנהגת הגר"א, [**ולפי"ז** אפי' היה רק הרוב מי ביצים, ג"כ מהני, כמו פת הנילוש על רוב דבש ומיעוט מים, וכנ"ל בס"ז במ"ב], **ומ"מ** כתב במגן גבורים, דירא שמים לא יאכל כי אם כשכל הלישה הוא על מי ביצים, ולא נתערב בו מים כלל, **ונראה** דאם הוא דק ויבש, אין להחמיר אפילו נתערב בו מים.

§ סימן קע – דברי מוסר שינהג אדם בסעודה §

סעיף א - אין משיחין בסעודה, שמא יקדים קנה לושט - שכשיוצא הקול, נפתח אותו כובע שע"פ הקנה, ונכנס בו המאכל ומסתכן.

ואפילו בד"ת, ודוקא בשעת אכילה גופא, ומשום סכנה, אבל בין תבשיל לתבשיל מותר, **ומצוה** על כל אדם ללמוד תורה על שלחנו, שכל שלחן שלא אמרו עליו ד"ת, כאלו אכלו מזבחי מתים, **וכתב** בשל"ה, דילמוד משנה או הלכה או אגדה או ספרי מוסר, ואינו יוצא במה שמברך בהמ"ז, **ועכ"פ** יאמר איזה מזמור, וטוב לומר אחר ברכת "המוציא": מזמור ה' רועי לא אחסר, דהוא ד"ת ותפלה על מזונותיו.

ואפי' מי שנתעטש (פי' שטארנודאר"י בלע"ז) בסעודה, אסור לומר לו: אסותא.

היו מסובין בסעודה ויצא אחד להטיל מים, נוטל ידו אחת ששפשף בה - ואם שפשף בשתי ידיו, צריך ליטול שניהם, וצריך לברך ענט"י אם רוצה לאכול - מ"א, [**דאם** רוצה רק לשתות, ‹והיינו הציור של הסעיף וכדלקמן›, א"צ ברכה, כיון דעיקר הנטילה הוא רק משום חשש בעלמא שמא יאכל, **ובמאמ"ר** חולק עליו בזה], **ועיין** מש"כ לעיל בסוף סי' קס"ד במ"ב בזה. ‹**דהכריע**, דבעשה צרכיו או שנגע במקום מטונף ממש, או שהלך והפליג, צריך נט"י בברכה, אבל אם נגע במקום המכוסה סתם, או שהשתין אף ששפשף, צריך נט"י כדין, אבל לא יברך›.

ואיתא בגמ', דמצוה לשפשף הניצוצות של מי רגלים אם נתזו על רגליו, שלא יראה ככרות שפכה, וכנ"ל בסימן ג', [**ובלא"ה** הלא צריך לברך "אשר יצר" וגם ברהמ"ז, וכשמי רגלים על רגליו הלא אסור לברך].

ואינו נוטל אלא בפני כולם, שלא יחשדוהו שלא נטל; הגה: ואם לא שפשף, אינו נוטל כלל - בין לאכילה בין לשתיה, **אם לא נגע במקום טנופת** - (בלבוש איתא: אם יודע שלא נגע וכו', וכן איתא בהגהת אשר"י).

[**ולא** חיישינן שיחשדוהו ששפשף בידיו, דא"כ אף ביוצא לחוץ ולא הטיל מים כלל, יוצרך ג"כ נטילה, שיחשדוהו שהטיל מים].

אבל אם עשה צרכיו, ודאי צריך נטילה - ולענין ברכת ענט"י, יש מהאחרונים שכתבו שלא לברך גם בזה, **ולעיל** בסימן קס"ד הכרענו כדעת הח"א, דבזה צריך לברך, ‹והיינו לכאורה אם רוצה לאכול וכדלעיל›, עי"ש.

וה"מ לשתות - פי' שחוזר לביתו רק לשתות, דאף לזה צריך נטילה, שמא יבוא לאכול, וכדלקמיה בהג"ה, **אבל לאכול, נוטל אפילו בחוץ, דמידע ידעי דאנינא דעתיה, (פי' שמתטרפת ומתבלבלת דעתו), ולא אכל בלא נטילה.**

ואם דבר עם חבירו והפליג - איצא לחוץ קאי, **נוטל שתי ידיו כיון שהסיח דעתו** - דכיון דהפליג שעה אחת או שתים, הסיח דעתו מסעודתו, ולא נזהר לשמור ידיו והן עסקניות, **ובין** אאכילה ובין אשתיה קאי כיון שהפליג, **ומ"מ** "המוציא" א"צ לברך שנית, אף אם בודאי נגע במקום הטנופת.

[**ועיין** במ"א, אם לענין זה ג"כ אמרינן דלאבילה אנינא דעתא, ומותר ליטול מבחוץ וליכנס, יש דעות בין הפוסקים, **ויש** להקל בזה].

וכתב הברכי יוסף בשם ספר צרור החיים, דכשנוטל פת בידו בשעה שמדבר, א"צ נטילה, שדעתו עליו ולא יסיח דעתו.

הגה: והא דבעינן נטילה לשתיה, היינו בתוך הסעודה, דחיישינן שמא יאכל, אבל בלאו הכי אין צריך נטילה לשתיה - וכמו שפסק המחבר לעיל בסימן קנ"ח ס"ו.

סעיף ג - משיירין פאה בקערה, כל אחד מהאוכלים, והוא מאכל השמש - ומ"מ מדת חסידות ליתן לו גם מיד דבר מועט, כמ"ש בסימן קס"ט וע"ש במ"ב.

אבל כשהשמש מערה מן האלפס לתוך הקערה, אין דרך להניח באלפס כלום לצרכו - פי' אינו מדרך המוסר שישייר לעצמו באילפס, אלא יערה הכל, והם יניחו כל א' בקערה מעט בשבילו.

סעיף ד - אין מסתכלין בפני האוכל ולא במנתו, שלא לביישו.

סעיף ה - הנכנס לבית, כל מה שיאמר לו בעל הבית יעשה - היינו אפילו דבר שיש בו קצת גסות ושררה, שלא היה עושה כן האורח משום ענוה, אעפ"כ יעשה, **ואם** האורח נוהג איזה

פרישות בדבר שעושה משום סרך איסור, אינו מחוייב לשמוע לבעה"ב לעבור, **אבל** דבר שהוא פרישות בעלמא, טוב לגבר להסתיר מעשיו.

עיין בבגדי ישע שמצדד, דהיינו דוקא זולת אכילה ושתיה, אבל באכילה ושתיה אם אינו תאב לאכול ולשתות יותר, והבעה"ב מפצירו, לזה אינו מחוייב, כדי שלא יזיק לו האכילה, ואין בזה מניעת כבוד לבעה"ב אם אינו עושה כדבריו.

(**בקצת** נוסחאות בש"ס פסחים איתא "חוץ מצא", ועיין בב"ח שפירש, כל שירות שיאמר לו בעה"ב שיעשה בתוך ביתו יעשה, חוץ מצא, כלומר אם יאמר לו שישרת אותו ביציאה חוץ לבית, כגון לשלחו לשוק, אין צריך לשרתו בכך, כי אין זה כבודו לילך לשווקים).

סעיף ו - לא יהא אדם קפדן (פי' כעסן או רגזן) בסעודתו - מפני שמונע בני ביתו לתת כלום לעניים, מפני יראת קפדנותו, **ועוד** כי האורחים ובני ביתו מתביישים אז לאכול, כי יחושו פן יתרגש ויקפיד על אכילתן.

סעיף ז - לא יאכל אדם פרוסה כביצה, ואם אכל (הרי) זה גרגרן - והב"י מצדד, דאפילו לאחוז בידו כביצה אינו כדאי, אע"פ שאינו אוכל בבת אחת, [**ולעיל** בסי' קס"ז ס"א מוכח, דדוקא יותר מכביצה אסור, אבל כביצה שרי לאחוז].

סעיף ח - לא ישתה כוסו בבת אחת, ואם שתה הרי זה גרגרן - ואם משייר אפי' מעט, תו לא הוי גרגרן, **שנים דרך ארץ** - פי' כששותהו בשני פעמים, **שלשה, הרי זה מגסי הרוח.**

הגה: מיהו כוס קטן מאד - היינו פחות מרביעית, **מותר לשתותו בבת אחת, וכן גדול מאד, בשלשה או ארבעה פעמים** - וכ"ז כשהאדם בינוני ובסתם יין, אבל מי שכריסו רחבה, או יין מתוק, נשתנה השיעור, והוא מותר בבת אחת, אפילו ביותר מזה, **ולפי"ז** בשכר שלנו שאינו חזק, בודאי שיעורו יותר מרביעית, [**אבל** בי"ש שלנו שהוא חריף מאד, מסתברא דאפי' כוס שהוא פחות מרביעית לא ישתה בבת אחת].

סעיף ט - לא יאכל שום או בצל מראשו, אלא מעליו - מצד העלין, **ואם אכל, הרי זה רעבתן** - פי' כי השום, הלבן שבו מבפנים הוא המשובח שבו, והעלין הירוקין שמלמעלה גרועין מהן, ומחזי כרעבתן כשיתחיל לאכול מראשו, **ובשבת** מותר משום חיבוב סעודת שבת.

הגה: ולא יאכל דרך רעבתנות, ולא יאחוז המאכל בידו אחת ויתלוש ממנו בידו השניה - ר"ל כמו הרוצה לקרוע בכח דבר מדבר, שמחזיק בשתי ידיו לקרוע, **ובמסכת** דרך ארץ שלפנינו הגירסא: הטיפש שבהן אחז הקלח בידו אחת ונשכו בשיניו, ע"ש, משמע דדוקא באופן זה הוי גנאי, ועיין בביאור הגר"א.

סעיף י - לא ישוך פרוסה ויניחנה על גבי השלחן - מפני שנמאסה לבריות, (ע"ל סט"ו).

סעיף יא - לא ישתה אדם שני כוסות בבת אחת בתוך סעודתו ויברך ברכת המזון, מפני שנראה כגרגרן - דנראה כששותה אותם בבת אחת, שעושה לשרות המאכל, כדי שיוכל לחזור ולאכול אחר בהמ"ז עוד הרבה, [**וכתב** המחה"ש, דמשמע שבתוך הסעודה מותר לשתות שתי כוסות בב"א].

ובטור הגירסא: לא יביא שתי כוסות, ופירשו הרבה אחרונים, דהכונה שרוצה לשתות עתה רק כוס אחד, והשני יניחנו לברך עליו בהמ"ז, אפ"ה לא יביאם בפעם אחד, מפני הרואים שסבורים שבשביל להרבות בשתיה מכוין.

סעיף יג - הנכנס לבית - בעה"ב, **לא יאמר: תנו לי לאכול, עד שיאמרו הם** - ופשוט דמיירי כשאינו מתארח שם בשכר, **ואם** נתנו לפניו, א"צ להמתין תו עד שיאמרו לו שיאכל.

הגה: לא יאמר אדם לחבירו: בא ואכול עמי מה שאכלתני, דהוי כפורע לו חובו ונראה כאילו הלוה לו, ויש לחוש שיאכילוהו יותר ואית ביה משום רבית - כלומר דמחזי כריבית, אבל מדינא לאו ריבית הוא, דלא היה מתכוין בשעה שהאכילו בראשונה לכך.

אבל מותר לומר לו: בא ואכול עמי ואאכול עמך בפעם אחרת - דאינו מתכוון כלל בזה לחוב, רק אומר כן דרך המוסר, שלא יסרב נגד דבריו ויאכל עמו, ולא יקשה בעיניו לאכול עמו בחנם, **והט"ז** חוכך גם בזה להחמיר.

ומותר לאכול עמו אח"כ אפי' בסעודה יותר גדולה - דהלא אינו אומר לו אז בשעת אכילה שהוא לפרעון על מה שעבר, רק בדרך מתנה בעלמא.

סעיף יד - לא יפרוס אדם פרוסה - היינו פרוסת פת, **על גבי הקערה** - והטעם, שמא תפול הפרוסה לתוך הקערה, וימאס האוכל.

אבל מקנח הקערה בפרוסה - ובלבד שיאכל אח"כ הפרוסה, דאל"ה איכא בזיון אוכלין, כדלקמן בסימן קע"א.

איתא בגמרא, כשיחתוך בשר, יחתכנו על גבי השלחן וכדומה, ולא על גבי היד, שמא יפגע בידו, **וגם** שמא יצא דם וימאס האוכל.

סעיף טו - לא ילקט פירורין ויניח על גבי השלחן, מפני שהוא ממחה (פי' מטריד) דעתו של חבירו.

ולא ישוך פרוסה ויתננה לפני חבירו או לתוך הקערה, לפי שאין דעת כל הבריות שוה - לכאורה הא נלמד זה במכ"ש דסעיף י', דאפילו ע"ג השלחן אסור, כ"ש ליתן לפני חבירו או בקערה, **אלא** באמת גרסינן הכא "מפרוסה", והיינו דאין הכונה על החתיכה גופא שאחזה בשיניו, דזה אין להניחו אפילו על השלחן וכדלעיל בס"י, **אלא** הכוונה על החתיכה שנשאר שנשך ממנה בשיניו איזה פרוסה, דגם זו החתיכה לא יתן לפני חבירו לאכול או בקערה.

סעיף טז - לא ישתה מהכוס ויתן לחבירו, מפני סכנת נפשות - שמא מחמת הבושה יקבל חבירו ממנו, וישתה בע"כ, ואולי חבירו מאיס ליה לשתות ממה ששייר זה, דאפשר דנתערב רוקו שם, ויחלה עי"ז, **ולפי"ז** דוקא אם נותנו לידו, אבל אם מניחו לפניו והוא לוקח מעצמו, לית לן בה, [**ועיין** בל"ח שדעתו, דזה הסעיף מיירי בלא תקנתא דסכ"ב, אבל בתקנתא שרי, **ועיין** בספר מאמ"ר שמצדד, דאפי' אם חבירו לוקח מעצמו, ג"כ צריך לעשות התקנתא דסכ"ב].

וט"ז כתב, אני ראיתי בצואת ר"א הגדול, שמזהיר מאד שלא לשתות ממה ששייר חבירו, כי שמא יש לו חולי בתוך גופו, ויצא רוח מפיו לאותו שיור, ע"ש, **ועיין** לקמן בסכ"ב, דמהני קינוח מקום נשיקת הפה, או במים כששופך מהם מעט דרך אותו מקום ששתה בפיו, ולכאורה סותר לדברי ר"א הגדול, **ואולי** דר"א הגדול מיירי, דהראשון ששתה היה אדם שאין אנו מכירין אותו אם הוא בריא, דאז יש לחוש יותר.

סעיף יז - ולא ישתה כוס ויניחנו על השלחן, אלא יאחזנו בידו עד שיבא השמש ויתננו לו - שאין זה דרך כבוד להניח על השלחן כוס ריקם - לבוש.

סעיף יח - הנכנס לסעודה, לא יקח חלקו ויתננו לשמש, שמא יארע דבר קלקול בסעודה, אלא יקחנו ויניחנו, ואח"כ יתננו לו - הב"ח פי' הטעם, שנראה שחלקו בזויה בעיניו, ולא חפץ בה ומסרה לשמש, ולכן יניחנה לפניו, דמראה שמקובל בעיניו, אלא דלפי שא"צ לאכול מסרה לבסוף לשמש, **ומ"ש** המחבר דבר קלקול, ר"ל שעי"ז יוכל לבוא לידי קטטה הבעה"ב עם האורח, **ולבוש** פי' כפשוטו, דלפיכך לא יתננו תיכף להשמש, שמא יהיה קלקול בסעודה, ויצטרך לחלק הזה לחלק לשאר המסובין, אלא יניחנו עד אחר הסעודה, ואח"כ יתן לו, **וכתב** הט"ז, דלפי"ז א"צ להמתין רק עד אחר שיניח לכל אחד חלקו כראוי.

כתב מ"א, כשעושה סעודה, דרך ארץ להשקות בעצמו למסובין, כדאיתא בקידושין ל"ב.

סעיף יט - אורחים הנכנסין אצל בעל הבית, אינם רשאים ליטול מלפניהם וליתן לבנו או לעבדו של בעל הבית, אא"כ נטלו רשות מבעל הבית - י"א דדוקא לעבדו אסור, אבל לשמש המשמש בסעודה שרי, [וכדמשמע לעיל בסי"ח, דעב"פ לאחר שיניחנו מותר ליתן לשמש]. **וי"א** דאף לשמש אסור, [**וההיא** דסי"ח מיירי כשכבר שבע האורח, או שהיה הרבה על השולחן, **או** דמיירי שאינו רוצה האורח לאכול כלל, ובכגון זה אפשר דלא תקנו כלל, ומתישב הענין גם אליבא דמעשה רוקח לקמן].

הוא תקנת חכמים מפני מעשה שהיה, כדאיתא בחולין צ"ד, מעשה באדם אחד שזימן ג' אורחים בשני בצורת, ולא היה לו להניח לפניהם אלא כשלש ביצים, בא בנו של בעה"ב, נטל אחד מהן חלקו ונתן לו, וכן שני וכן שלישי, בא אביו של תינוק מצאו שמחזיק אחד בפיו ושתים בידו, חבטו בקרקע ומת, כיון שראתה אמו עלתה לגג ונפלה ומתה, אף הוא עלה לגג ונפל ומת, ע"ש, **וכתבו** המ"א וא"ר, דדוקא בכה"ג דש"ס, שהיתה סעודה מצומצמת, ומתבייש בעה"ב כשיחסר להם, **אבל** אם יש הרבה על השלחן שלא יחסר עי"ז, רשאים ליתן להם, **ולפי"ז** כ"ש אם כבר כלו לאכול ונשתייר, מותר ליתן להם מהשיריים, **ובספר** שמן רוקח חוכך בכל זה להחמיר.

[**ואם** האורח אינו רוצה לאכול כלל, אפשר דלא תקנו כלל].

(**ולא** יפה הם עושים הבאים לסעודת מילה ונשואין וכדומה בסוף הסעודה, דפעמים אין לבעה"ב מה ליתן לפניהם, ונמצא מתבייש).

סעיף כ - נקיי הדעת שבירושלים לא היו מסובין בסעודה אא"כ יודעים מי מיסב עמהם, מפני שגנאי הוא לתלמיד חכם לישב אצל עם הארץ בסעודה - אפילו בסעודת מצוה, (**והוא** נובע מספר מטה משה, ולא ידעתי מקורו, וגם אין העולם נזהרין בזה כלל, **ומהש"ס** שילהי פרק כיצד מברכין דאיתא שם: דילמא אתי לאימשוכי בתרייהו, ג"כ אין ראיה כלל להחמיר, דאפשר דלא שייכא אלא בסעודת רשות, **משא"כ** בסעודה שהיא של מצוה, **אפשר** דע"ז שייך מה שאחז"ל: מצוה בעידנא דעסיק בה מגני מן היסורין, ומצלי מן החטא, ונ"ל שאפילו לדידיה, אם יכול להיות תועלת ממה שהת"ח מיסב שמה, כגון מה שנוהגין בזמנינו, חבורה של מכניסי אורחים או של גמ"ח וכדו', שעושין סעודה בזמן המיוחד להם, וממה שהת"ח יהיה אז ביניהם, יתחזק עי"ז הדבר יותר ויותר, **אין** שום חשש בדבר, ואדרבה כבוד התורה הוא כשמצותיה מתחזקין, **ועוד** אפשר דאפילו לדידיה אינו אסור, אא"כ יושב עמהם בחבורתם, דגנאי הוא לו, **אבל** כשהת"ח יושב בחבורה של איזה לומדים היושבים סביביו, או אפשר דה"ה כשיושב במקום מיוחד בפני עצמו, אף שבסעודה ההיא יש הרבה ע"ה, ג"כ לית לן בה).

סעיף כב - אחר ששתית ונשאר יין בכוס לשתיית חבירך, קנח מקום נשיקת הפה משום מיאוס - עיין לעיל בסט"ז במה שכתבנו שם במ"ב. **ולא תשפוך משום בל תשחית; אבל אחר שתיית מים שפוך מהם דרך שם** - כדי לשטוף הרוק שנגע דרך שם.

יזהר מאד שלא לאכול לב בהמה חיה ועוף.

כתב א"ר בשם של"ה, ייטיב לבו בסעודתו, אם מעט ואם הרבה יאכל פתו בשמחה.

יאכל הטוב והמועיל לו לרפואה, ולא מה שערב לו לפי שעה.

ולא יישן סמוך לאכילה, אלא ימתין אחר אכילה, **ועיין** ברמב"ם הל' דעות, שהאריך בדברים אלו והנהגתן.

גם האריך בשל"ה, ליזהר מרבוי אכילה ושתיה, אלא יאכל וישתה רק להעמיד ולהברות את גופו מזומן לעבודת הנפש, ובזה כל סעודותיו הוין סעודת מצוה.

§ סימן קעג – דין מים אמצעיים §

סעיף ב - בין בשר לדגים, חובה ליטול, משום דקשה לדבר אחר - צרעת, **וחמירא סכנתא מאיסורא** - ועיין במ"א שכתב, דאפשר דבזמנינו אין סכנה כ"כ, דבכמה דברים נשתנו הטבעים.

(ועיין יו"ד סי' קט"ז) - ושם נתבאר בהג"ה, דמנהגנו שאין חוששין לזה, וסיים דמ"מ יש לאכול דבר ביניהם ולשתות, דהוי קינוח והדחה, [**ובחכ"א** כתב וז"ל, יש נוהגין לרחוץ ידיהם בין בשר ודגים, אבל אין מן הצורך, **ומ"מ** ישתה דבר ביניהם שלא לאכלם יחד, עכ"ל].

סעיף ג - כל הדברים הנוהגים באחרונים נוהגים באמצעיים - היינו שבין תבשיל לגבינה, **בין להקל** - היינו שא"צ נטילה בכלי, וגם רק עד פרק השני, וגם אין חציצה מעכב בהם בדיעבד, **בין להחמיר** - (כתבו הרבה אחרונים, שאין נוטלין ע"ג קרקע כמים אחרונים, **אכן** בפמ"ג פסק להקל). [**אבל** אמצעיים מותרין אפי' לשפשפם בתוך הכלי, ודלא כאחרונים - סימן קפ"א ס"ב ע"ש].

חוץ מהיסח הדעת שפוסל באמצעיים, מפני שעדיין רוצה לאכול וידיו צריכים שימור - אין הכוונה שאם הסיח דעתו לאחר שהטיל לאמצעיים, נבטל נטילת האמצעיים, דמאי איכפת לן בהיסח דעתו, הרי עכ"פ ידיו נקיות מגבינה, **אלא** ר"ל שאם הסיח דעתו משמירת ידיו, נבטל נטילה ראשונה דמים ראשונים, כמו שמבואר בכמה מקומות, דהיסח הדעת משמירת ידיו פוסל הנטילה, **ומילתא** דפשיטא הוא, ולא נקט לה אלא משום דהשוה לה בכל דבר למים אחרונים, ובמים אחרונים לאחר שנטל לא איכפת לן בהיסח הדעת, שהרי לא יאכל יותר, **להכי** קאמר דבנטילה לאמצעיים אינו כן, דאף שהטיל לאמצעיים, אעפ"כ אינו רשאי להסיח דעתו מנטילה ראשונה, שהרי יאכל עוד.

וחוץ מניגוב הידים, שאמצעיים צריכים ניגוב כראשונים - דיש בו משום מיאוס אם יאכל בלי ניגוב.

הגה: ויש שאמרו שאמצעיים לריכים דוקא מים, מה שאין כן באחרונים, כדלקמן סי' קפ"א - ששאר משקין מתוך שהם עצמן שמנים, אינם מנקים את השומן והמאכל, **משא"כ** באחרונים שאינם באים רק להעביר הזוהמא מידים, אפי' משקין מעבירין הזוהמא, **ורש"ל** מיקל דמותר בשאר משקין, **אבל** כמה אחרונים הסכימו להרמ"א.

§ סימן קעד – דין ברכת היין בסעודה §

סעיף ה - כל מה ששותה בתוך הסעודה - ר"ל אפילו שלא בבת אחת, **די לו בברכה אחת** - דמסתמא כשבירך בפה"ג על כוס האחד, דעתו היה ג"כ על כל מה שישתה בתוך הסעודה.

אלא א"כ כשבירך לא היה דעתו לשתות אלא אותו הכוס, ונמלך לשתות אחר - ר"ל שהיה דעתו שלא לשתות אלא אותו הכוס ולא יותר, אלא שאח"כ נמלך לשתות עוד, [**דאם** היה בסתמא, בודאי אין צריך לחזור].

וכתב הט"ז, דה"ה לענין אכילה, כגון שקנה לעצמו לחם אחד לאכלו כולו, ועל דעת זה בירך, ואח"כ נתאוה לאכול עוד, ושולח לקנות עוד, צריך לברך שנית "המוציא", **והטעם**, דמעשיו מוכיחין דלא היה בדעתו לאכול כי אם הלחם שקנה, דאל"כ היה קונה יותר, **אלא** שאח"כ נתאוה לאכול עוד, **אבל** אם יש לו בבית לחם, וחותך לו חתיכה לאכול אותה, ‹ודעתו רק על חתיכה זו, כי חושב שדי לו בזה ולא יצטרך יותר›, ואח"כ רוצה לחתוך עוד, אין זה נמלך, ‹ולא הוי כמו שחושב שיותר לא יאכל – דברי סופרים›, דדרך אדם כן הוא, דלפעמים בשעת ברכה חושב שיהיה די לו בחתיכה אחת, ואח"כ כשרואה שאינו שבע בזה, לוקח עוד, [**ומסתברא** דבשתיית יין הוי נמלך בכל גווני, אפי' אם לא היה צריך להביא כוס שני מן השוק].

הגה: וכן מי שבא לסעודה - היינו שאינו מן הקרואים, אלא שבא דרך עראי לשם, **ומושיטין לו הרבה כוסות** - ר"ל שלא בבת אחת, אלא בזה אחר זה, **מברך על כל אחד ואחד, דהוי נמלך** - דבשעה שבירך לא היה יודע אם יתנו לו עוד, **וע"ל סי' קע"ט.**

וכן מי שבירך על כוס ברכת נישואין - שיש שם הרבה מסובין, וכל כיוצא בזה, **ואינו יודע להיכן יגיע הכוס, כל אחד לריך לברך, דמקרי נמלך** - דמסתמא אינו מכוון לצאת בברכת המברך, מאחר שאינו יודע אם יגיע לו.

סעיף ו - אין לברך אחר היין שבסעודה, דברכת המזון פוטרתו - כדין דברים הבאים מחמת הסעודה, שנפטרין בבהמ"ז, דהיין מחמת הסעודה הוא חשיב, דבא לשרות המאכל, ואף דברכה ראשונה מברך על היין, כנ"ל בס"א, ברכה אחרונה לא.

וכן פוטרת יין שלפני המזון - דכיון שבאים לפתוח המעיים, להמשיך האדם לתאות המאכל, הוי ג"כ כדברים הבאים מחמת הסעודה, **ופשוט** דזה דוקא אם שותה סמוך למזון עכ"פ, דהוי כאתחלתא דסעודה, אבל בלא"ה לא. **ואפי' [לא] היה לו יין בתוך המזון** - כצ"ל, **ור"ל** דאף דאז לא שייך לומר דהוא שתיה אחת עם אלה שבתוך הסעודה, אפ"ה פוטר, דהן עצמן בכלל סעודה הן וכנ"ל.

(וע"ל סוף סימן רע"ב) - ס"י, לענין קידוש, דשם מבואר, דגם בו ברכת המזון פוטרתו.

(ועיין ברמב"ן ובר"ן דסוברים, דבין ביין של קידוש, ובין שאר יין שלפני המזון, צריך ברכה אחרונה, וכן דעת התוס', ולפי"ז נראה שנכון לענין קידוש, שלא לשתות רק כמלא לוגמיו, אח"כ מצאתי שכ"כ בח"א, **ואם** שתה כל הכוס, יכוין בעת בהמ"ז לפטור היין ששתה מקודם, ויוצא בזה בדיעבד, **אכן** לפי מה שמבואר בפוסקים, דבמשקה יש דעות

סימן קעד – דין ברכת היין בסעודה

דמחייבי אפילו בכזית, וכ"ש ברוב רביעית, לכן הנכון שתמיד יכוין בבהמ"ז לפטור היין של קידוש).

ולענין מים ושארי משקין ששותה קודם המזון, ואינו שותה בתוך המזון, דעת הרבה אחרונים, דצריך לברך עליהם ברכה אחרונה, שאין בהמ"ז פוטרתן, דמכיון ששתה אותם קודם "המוציא", אינם שייכים לסעודה כלל, **לבד** יי"ש שוה ליין, דהוא מעורר תאות המאכל, (לפיכך אם שותה יי"ש קודם נט"י לעורר תאות האכילה, א"צ ברכה אחרונה, אף כששתה שיעור רביעית, דבהמ"ז פוטרתו).

(**וכתב** הח"א, דאפילו במים, אם הוא צמא הרבה ואינו תאב לאכול מחמת הצמאון, ושותה מים לפני נטילה כדי שיתאב לאכול אח"כ, ג"כ א"צ לברך ברכה אחרונה, דהוא שייך לסעודה).

(**ודע** דכ"ז שכתבנו למעלה דצריך לברך ברכה אחרונה על המשקין ששתה לפני המזון, הוא דוקא כשאינו שותה משקין בתוך המזון, **אבל** אם שותה גם בתוך המזון, נשאר המ"א בצ"ע אם צריך לברך ברכה אחרונה, ‹**ואע"פ** דפסק המ"ב בסי' קע"ו, דדבר שנפטר בלא"ה בברכת המוציא תוך הסעודה, מה דאוכל מהם קודם הסעודה אין שייך כלל להסעודה, וצריך לברכה אחרונה, **הכא** חושש לשיטת המ"א, כיון דיש שיטות להלן דשאר משקין אינן נפטרין בהמוציא, ולדידהו מה דשתה מהם גם קודם הסעודה חשיבא כסעודה אחת, ונפטר בבהמ"ז – דברי סופרים›, **וע"כ** כתב שם, דבאופן זה טוב שלא ישתה קודם הנטילה רק פחות מרביעית).

ולענין יין של הבדלה שלפני המזון - ר"ל דהם אינם באים לצורך סעודה, **(ע"ל סימן רל"ט סעיף ח')** - ועיין שם שכתבנו, דאם לא בירך קודם הסעודה, לא יברך עוד, ויפטרנו בברכת המזון, [**ונכון** שיכוין לפוטרו בבהמ"ז, דאז בודאי פוטרו].

ולענין אם פוטר בהמ"ז היין ששתה אחר גמר הסעודה, יש דעות בפוסקים, י"א דאין בהמ"ז פוטרו בסתמא, וצריך לברך על היין מעין שלש, אם לא שכוון בהדיא בבהמ"ז לפטור גם היין, דאז פטור בדיעבד, **וי"א** דאין צריך לברך ברכה אחרונה, ובהמ"ז פוטרו בסתמא אף לכתחלה, [**הטעם**, דאע"ג דלאחר הסעודה הוא, ואין היין שייך לסעודה, מ"מ כיון דבדין היה ראוי לברך על היין בהמ"ז לכתחילה, אלא דלא קבעי אינשי סעודתא עלה, והכא כיון דבסעודה הוא, מגו דהוי קביעות לפת, הוי נמי קביעות ליין, **וכתב** המ"א, דבשארי משקין דלא שייך טעם זה, ממילא לכו"ע אין בהמ"ז פוטרו, וצריך לברך גם ברכה אחרונה אחריו].

מיהו אין דין זה מצוי בינינו, דאין אנו מושכין ידינו מן הפת עד בהמ"ז, א"כ הוי הכל כבתוך הסעודה, ובהמ"ז פוטרו, **ומיהו** באמת לכתחלה טוב יותר שיכוון בעת בהמ"ז לפטור, [**מיהו** באמר: הב לן ונברך, ושותה שאר משקין, צריך לברך ברכה ראשונה ואחרונה לכו"ע].

§ סימן קעה – איזה דברים קרוים הפסק בסעודה §

סעיף א - אבל אם דבר עמו בתוך הבית, אע"פ ששינה מקומו מפנה לפנה - היינו באותו חדר, **א"צ לברך** - ואף שאין נראה לפניו מקומו הראשון מחמת הפסק דבר מתשמישי הבית, כמו תנור או פאראוואן וכיו"ב, אין זה שינוי מקום, כיון שהוא בחדר אחד.

(**ולפי"ז** אם אכל פירות ומשקין שאין טעונין ברכה במקומן, ונכנס באמצע לחדר אחר שאין רואה מקומו הראשון, אסור לו לאכול שם בלא ברכה לכו"ע, ואף בחזר למקומו יהא טעון ברכה לכתחלה, **והנה** דבר זה אף שהוא כתוב בכמה אחרונים, קשה מאד להזהר בזה, וכמדומה שאין העולם נוהגין כן, וחפשתי במקורי הדין, ומצאתי שאין דין זה מבואר, דהמעיין בפסחים בתוס' וברא"ש שם, יראה דזהו רק לפי גירסתם, **אבל** להרה"מ, דעת הרמב"ם דמחדר לחדר לא הוי שינוי מקום, וגם מדעת בה"ג ור"ח ורי"ף ע"פ גירסתם נראה כן, וגם מצינו לרש"י שסובר בהדיא לענין שינוי מקום דמבית לעליה לא הוי שינוי מקום, וה"ה מחדר לחדר, וכן באור זרוע העתיק דבריו לדינא, **וע"כ** אף דראוי ונכון לחוש לכתחלה לדעת האחרונים, שלא ליכנס אפילו מחדר לחדר באמצע אכילתו, בדברים שאין טעונין ברכה אחריהן במקומן, אם לא שהיה דעתו לזה מתחלה בשעת ברכה, מ"מ הנוהג להקל בזה אין למחות בידו, דיש לו על מי לסמוך וכנ"ל, **ועכ"פ** בדיעבד בודאי אין להצריך ברכה בהן, דמידי ספיקא לא נפקא, וספק ברכות להקל, **וביכול** לראות מקומו הראשון, בודאי יש להקל אף לכתחלה).

הגה: ועיין לקמן סימן רע"ג - ר"ל דשם מיירי לענין שינוי מקום גבי קידוש, וה"ה לענינינו.

אם היה דעתו לאכול במקום אחר - ר"ל שבשעת ברכה חשב לאכול גם במקום ההוא, **לא מיקרי שנוי מקום, והוא שיהיו שני המקומות בבית א'** - היינו תחת גג אחד, ואפילו מחדר לחדר או מבית לעליה, ואף שאין רואה מקומו, **וע"ל סימן קפ"ד.**

וה"ה אם רואה מקומו הראשון שאכל שם, אפילו דרך חלון, ואפילו מקצת מקומו, נמי מועיל, אף שלא היה דעתו מתחלה, [מ"א], **ודוקא** מחדר לחדר באותו בית, אבל מבית לבית אף שסמוכין זה לזה, מסתפקים האחרונים, דאפשר דאין להקל ע"י ראית מקום. [**וי"א** דמבית לבית מהני ראית מקום אם היתה דעתו לזה מתחלה]. ‹**ועיין** בסוף ס"ג, דסותם המ"ב דלא מהני›.

ודע שלפי המבואר לקמן בהג"ה, דאנו נוהגין כהפוסקים שלא לברך ע"י שינוי מקום כשעומד באמצע סעודת פת, **תו** אין נ"מ לדינא כל החילוקים האלו שהזכרנו לענין שינוי מקום, רק לענין מסובין לאכול פירות ושארי משקין, דבהם לכו"ע שייך דין שינוי מקום.

סעיף ב - חברים שהיו יושבים לאכול, ויצאו לקראת חתן או לקראת כלה - וה"ה כשיצא לדבר הרשות, והא דנקט לקראת חתן, לרבותא, דבלא הניחו שם אדם, צריך לברך בהמ"ז מקודם שיצאו, אף שיוצאין לדבר מצוה.

אם הניחו שם מקצתן, חוזרים למקומם וגומרין סעודתן ואינם צריכין לברך שניה - היינו ברכת "המוציא", אף ששינו

מקומן בינתים, דכיון שנשארו מקצתן במקומן, ואפילו רק אחד, לא פסקה סעודתן בהיציאה.

ואם לא הניחו שם אדם, כשהם יוצאים צריכים ברכה למפרע - דכיון שלא הניחו שם אדם, נפסקה סעודתן ע"י היציאה, וכשאוכל אח"כ הוי כסעודה חדשה.

וכשהם חוזרים צריכים ברכה לכתחלה - באמת כבר כתב זה בס"א, וכפל הדברים בשביל החידוש דהניח מקצת חברים, או למה שכתבנו בתחילת הסעיף.

וכן אם היו מסובין לשתות או לאכול פירות - אשמועינן דגם בזה מהני הניח מקצת חברים, כמו בסעודת פת.

שכל המשנה מקומו הרי פסק אכילתו, ולפיכך מברך למפרע על מה שאכל - היינו כשלא בירך ברכה אחרונה קודם יציאתו, מברך עתה כשחזר, וכמו לענין פת לעיל בס"א, **וגרע** מהיסח הדעת שאין מברכין רק ברכה לכתחלה כשחוזר לאכול, דזה נחשב כסעודה אחרת לגמרי.

ובזה א"צ לחזור למקומו דוקא, אלא יכול לברך אפילו במקום השני, **דרק** בפת מצותו לכו"ע לחזור ולברך במקומו, כדלקמן בס"ה.

וחוזר ומברך שנית על מה שהוא צריך לאכול.

והמשנה מקומו מפנה לפנה בבית א' - פי' בחדר אחד, **אינו צריך לחזור ולברך** - ואף ששינה מקומו לגמרי לאכול בזוית האחרת, א"צ לחזור ולברך, דזה אינו נחשב שינוי מקום, **ואף** שאין רואה מקומו הראשון, כגון שמפסיק תנור וכיו"ב, כיון שהוא בחדר א'.

אבל במזרחה של תאנה זו, ובא לאכול במערבה, צריך לברך - ואין חילוק בין שאכל שם פת ושארי דברים, או שאכל פירות התאנה עצמה, [**ואם** נסבור כדעת הי"א בסעיף ה', דכל ז' מינים טעונים ברכה במקומן, יהיה דין זה לדעת המחבר, דפסק דאפילו בדברים הטעונין ברכה במקומן נמי יש שנוי מקום, **משא"כ** לרמ"א, ע"כ יפרש דין זה דאכל במזרחה, בשאר פירות שאינם מז' מינים].

כיון שהתאנה מפסקת, ואינו רואה מקומו הראשון, **ומיירי** שלא עמדה התאנה בתוך היקף מחיצות, דאם עמדה בתוך היקף מחיצות, אף שאין רואה מקומו, א"צ לברך, דחשיב הכל מקום אחד, וכמש"כ לעיל בשינה מקומו בחדר אחד, **וע"ל** בס"ג לענין מאילן לאילן.

ואם היה דעתו בשעת ברכה לאכול גם במערבו של אילן, י"א דמהני בכל גווני, [דעת הראב"ד].

סעיף ג - יש מי שאומר שאם היה בגן, ורוצה לאכול מפירות כל אילן ואילן, כיון שברך על אילן אחד, א"צ לברך על האחרים - ואפילו אין רואה מקומו, שהאילנות מפסיקין, **ולא** דמי לאוכל במזרחה של תאנה ובא לאכול במערבה, דצריך לברך, דכאן מיירי שמוקף מחיצות, דחשיב כמו מקום אחד כנ"ל, [מ"א].

ויש מאחרונים שפירשו, דמיירי באין מוקף מחיצות, וטעם ההיתר בזה הוא, משום שהיה דעתו לזה מתחלה, וכמש"כ לעיל בהג"ה, דדעתו מהני אף מחדר לחדר, ואף שאין רואה מקומו מחמת הפסק האילנות, לא חשיב אלא כמו מחדר לחדר, ולפי"ז גם לענין מזרחה של תאנה מהני דעתו, **ולהכי** כתב המחבר בשם יש מי שאומר, משום דאין דין זה ברור דליהני דעתו באין מוקף מחיצות, דהוא רק שיטת הראב"ד - הגר"א.

[**והנה** אפשר היה לומר, דגם המ"א יסבור דלהראב"ד מהני דעתו ואפי' מאילן לאילן באין מוקף מחיצות, כמו לענין מזרחה של תאנה, **אך** לא רצה לפרש כן בהשו"ע, משום דהא חזינן דאין דעת השו"ע לסבור לדינא כהראב"ד, דהא לענין מזרחה של תאנה לא הזכיר כלל דעתו, ומשמע דלא ס"ל כוותיה, **וע"כ** מפרש דמיירי במוקף ואתיא ככו"ע, **והגר"א** יסבור דלהכי הזכיר דעת הראב"ד בסעיף זה, להשמיענו דאפי' במאילן לאילן מהני ג"כ דעתו, וכ"ש באילן אחד ממזרחו למערבו דמהני דעתו לדידיה].

והוא שבשעה שברך היה דעתו לאכול מאותם האחרים - כמו בחדר לחדר בעלמא, דבעינן דוקא דעתו, וכנ"ל בס"א בהג"ה.

ובח"א ראיתי שמחלק בענין זה בין מוקף מחיצות לאינו מוקף מחיצות, דבמוקף מחיצות לא בעינן דעתו בפירוש, אלא אפי' מסתמא אמרינן דדעתו על כל האילנות, **אם** לא שהיה דעתו מתחלה לאכול רק מהאחד, ואח"כ נמלך לאכול גם מהשני, דאז צריך לברך, ‹**שהמ"א** ס"ל, דמ"ש בשו"ע: והוא שהיה בדעתו לאכול מאותם אחרים, אין הכונה שיהיה דעתו לאכלם, דא"כ באמת אף בלא מחיצות א"צ לברך, אלא כוונת השו"ע לאפוקי אם היה דעתו בבירור שלא לאכול מן האחרים, דאז הוי נמלך ממש – נשמת אדם›, **ובאינו** מוקף מחיצות, בעינן שיהיה דעתו בשעת ברכה גם על השני.

ואם לא היה דעתו, אפי' רואה את מקומו הראשון, ג"כ אינו מועיל, כיון שאינו מוקף מחיצות, ט"ז ודה"ח, ‹אף דדעתו מועיל›, [**ובלבושי** שרד כתב דמשמע ממ"א, דרואה מועיל אפי' אין מוקף מחיצות, ‹אף דדעתו אינו מועיל לשיטת המ"א וכנ"ל›, **ולענ"ד** נראה דתלוי זה בזה, דאם נסבור דדעתו לא מהני באינו מוקף, ‹וכשיטת המ"א הנ"ל›, גם רואה אין מועיל], ‹**אבל** עכ"פ המ"ב הכריע כהט"ז והדה"ח, דדעתו מועיל, ורואה אינו מועיל›.

אבל מגן לגן, צריך לברך אפילו אם הם סמוכים, ואפילו אם כשבירך תחלה היה דעתו על הכל - משום שינוי מקום, דהוי כמבית לבית דלא מהני דעתו לכו"ע, כמש"כ לעיל בס"א בהג"ה, **ואפילו** אין הגן מוקף מחיצות, כיון שכל אחד הוא בפני עצמו, חשיב הוא כמו שני בתים, **ואפילו** רואה מקומו הראשון ג"כ אינו מועיל.

מי שבירך על הפרי לאכול כאן, ולא אכל ממנו, ושינה מקומו, כתב הא"ר בשם ברכת אברהם, דאינו יוצא בברכתו, **ולפי** מש"כ לעיל בס"ב בבה"ל, הוא דוקא מבית לבית, אבל מחדר לחדר לא, **וכתב** הח"א, דאפילו אם אוחז הפרי בידו והולך ואוכל, יש בו משום שינוי מקום, אם יצא ממקומו הראשון שקבע עצמו לאכול, לחדר אחר, ולא היה דעתו מתחלה לזה, דכל פתיחה ופתיתה הוא דבר אחר, עי"ש, **ולפי** מה שכתבתי לעיל יש ליזהר בזה רק לכתחלה, אבל בדיעבד אין לחזור ולברך מחמת שינוי מקום שמחדר לחדר.

סעיף ד - אם אכל פת במקום אחד, וחזר ואכל במקום אחר, אינו מברך בהמ"ז אלא במקום השני - דכאן הוא סיום סעודתו, [**ואם** רצונו לחזור למקומו ולאכול שם עוד, בודאי יש לו לחזור ולברך שם, וזה עדיף יותר, דיצא בזה גם דעת הסמ"ק].

ואף דלדעת המחבר לעיל בסעיף א' וב', אסור לאכול במקום השני על סמך סעודה הראשונה, אלא צריך לברך מקודם בהמ"ז על אכילה ראשונה, ו"המוציא" על להבא, וגם דעתו לא מהני מבית לבית, **צ"ל** דכאן מיירי שכבר אכל, דאז מברך במקום השני, דגם זה מקומו הוא.

ולפי מה שאנו נקטינן כדעת ההג"ה לעיל בסעיף ב', רק לכתחלה אין לעקור ממקומו עד שיברך במקומו, אבל אם כבר עקר, מותר לאכול כאן על סמך סעודה הראשונה, **ואם** היה דעתו לזה, מהני בסעודת פת אף לעקור לכתחלה מבית לבית וכנ"ל.

כמו שנהגו הולכי דרכים, שאוכלים דרך הילוכם, ויושבים ומברכין במקום סיום אכילתם - דהם לכו"ע מותר להם להלוך ולאכול, ואף אם אין רואין מקומן הראשון מחמת מרחק הדרך, או שמפסיקין אילנות, **משום** דהם לא קבעו עצמן לכתחלה לאכול במקום שברכו, ורק לילך ולאכול, ולכן אין נחשבין כלל עי"ז עוקרין ממקומן.

ואם היה דעתן לאכול סעודתן במקום שברכו "המוציא", ונמלכו לגמור סעודתן דרך הליכתן, כל זמן שרואין מקומו הראשון, מותר להם לאכול, דחשיב מקום אחד, **אבל** באין רואין מחמת מרחק הדרך, או מחמת הפסק אילנות, חשיב שינוי מקום, ובפירות צריך לברך שנית, **ובפת** ג"כ אף לדעת הג"ה לעיל, עכ"פ לכתחלה אין להם לעקור ממקומן בלא ברכה, כמבואר שם.

אך אם מתחלה חשב לאכול מעט במקומו, והשאר לאכול בדרך, מהני, ואף בהפסק אילנות, דרק מבית לבית לא מהני דעתו באכילת פירות, **אמנם** אם התחיל לאכול בבית, והלך לדרך, הרי הוא כמו מבית לבית דלא מהני דעתו בפירות, וצריך לחזור ולברך, [**ובח"א** מסתפק אולי אף מארץ לעגלה חשיב כמו מבית לבית, דלא מהני דעתו בפירות, ואין נראה כ"ב להחמיר בזה], **ובפת** מהני דעתו, ואף לענין לכתחלה.

סעיף ה - י"א ששבעת המינים טעונים ברכה לאחריהם במקומם - ואם הלך משם, צריך לחזור למקומו ולברך, כמו לגבי פת. **וי"א דדוקא מיני דגן** - מפני חשיבותן שנקרא מזון.

הגה: וי"א דוקא פת לבד - כתבו האחרונים, דלכתחלה יחמיר לברך במקומן אפי' בז' מינים, **וכן** לענין שינוי מקום, אין צריך לברך על כל השבעה מינים כמו על הפת, אם שינה מקומו, לפי מה שפסק בס"ב בהג"ה, [**בין** שהניח מקצת אנשים כשיצא מהן, ובין שלא הניח, ובין שחזר ואכל שם, ובין שאכל במקום שהלך, בכל גווני א"צ לחזור ולברך], **ודעת** הגר"א, דדעה האמצעית היא העיקר לדינא, ולפי"ז פירות של שבעת המינים דומים לסתם פירות, דשייך בהו שינוי מקום לכולי עלמא.

סעיף ו - מי שנזכר בתוך הסעודה שלא התפלל ועמד והתפלל, אפי' אם אין שהות לגמור סעודתו ולהתפלל, שחייב להפסיק ואי אפשר לו לאכול עד שיתפלל, עם כל זה לא הוי הפסק - ר"ל דלכאורה יש לדמותו ל"הב לן ונברך", דלמ"ד דאין רשאי לאכול, צריך לברך כשחוזר לאכול, **אבל** באמת לא דמי, דהתם הטעם משום דהוי היסח הדעת וסילוק, משא"כ הכא דלא הסיחו דעתם מלאכול.

ולדעת המחבר בס"א, הוא דוקא כשמתפלל בביתו, אבל אם הולך לבהכ"נ, הוי הפסק, **אכן** לפי מה שאנו נקטינן כדעת ההג"ה בס"ב, לא הוי הפסק אף כשהלכו לבהכ"נ, ורק אם לא הסיחו דעתם מלאכול.

כתב המ"א, דאף ד"המוציא" אין צריך לברך מחמת הפסק התפלה, אבל נטילת ידים צריך, דשמא לא שמר ידיו, **אבל** הרבה אחרונים חולקין עליו, וסבירא להו דאף נטילת ידים אינו צריך, דבעת התפלה בודאי שמר ידיו מלטנפם, **אבל** בזה דוקא אם מתפלל בביתו, אבל אם הלך לבית הכנסת והתפלל שם, כשחזר צריך ליטול ידיו ובלי ברכה.

סעיף ז - אדם שישן בתוך סעודתו שינת עראי, לא הוי הפסק - ואפילו אם שהה משך זמן לערך שעה, כיון שנאנס בשינה לא מקרי הפסק, וא"צ לברך "המוציא", **אבל** נט"י בעי ובלי ברכה - פמ"ג, **ואם** ישן על מטתו שינת קבע, הוי הפסק, דזהו סילוק והיסח הדעת לדברי הכל. **הגה: וכן אם הפסיק בשאר דברי רשות, כגון שהולרך לנקביו וכיולא בזה** - ונטילת ידים צריך כמבואר בסימן קס"ד, (**מבואר** לעיל, דזה דוקא בסעודת פת, אבל בפירות או משקין, הוי הפסק מחמת היציאה ממקומו, וכשחוזר למקומו צריך ברכה).

§ סימן קעט – איזה דברים קרויים היסח הדעת בסעודה שצריך לחזור ולברך §

סעיף ג - אם לא אמר "הב לן ונברך", וגם לא נטל ידיו, משנטל הכוס לברך הוי היסח הדעת - ועדיף מ"הב לן ונברך", דכיון שנטל הכוס בידו, אפילו בשיחה אסור להפסיק, ודינו כנטילת ידים, **ולפי"ז** לדעת המחבר לעיל בס"א, אסור שוב בין באכילה ובין בשתיה לכו"ע, **ועיין** לעיל בס"א במ"ב, מש"כ לענין נטילת ידים.

(**ולענין** שאר המסובין תלוי בזה, אם המברך הוא בעה"ב בעצמו, או גדול השלחן לפי דעת הא"ר הנ"ל, פשוט דכל המסובין בתריה גרירן, אבל אם המברך הוא אחד מהמסובין, המברך בעצמו בודאי חשוב היסח הדעת אצלו, ושאר מסובין תלוי דבר זה בדעות הפוסקים לקמן בסי' קפ"ג, אם המסובין רשאין להשיח אחר שנטל הכוס בידו, דלדידהו בודאי אין נגררין בתריה, כל זמן שלא הסיחו דעתם, ולא אמרו: נברך בהמ"ז).

סעיף ד - כשאדם נכנס לבית חבירו - היינו שלא קראוהו להיות נקבע עמהם לשתות ככל המסובין, **ויש שם חבורות הרבה שאוכלים, וכל אחד מושיט לו כוס** - והוא הדין

סימן קעט – איזה דברים קרויים היסח הדעת בסעודה שצריך לחזור ולברך

בחבורה אחת כשכל אחד מושיט לו כוס, **יש מי שאומר שמברך על כל אחד בפה"ג, כי בכל פעם הוא נמלך** - דאינו יודע אם יושיטו לו כוס אחר, **ואפילו** אם הושיטו לו כוס אחר בשעה דעדיין לא גמר לשתות כוס הראשון, נמי דינא הכי, דצריך לחזור ולברך עליו בפני עצמו, כיון שבשעה שבירך לא היה דעתו על זה, שלא היה יודע שיושיטו לו עוד.

וכ"ז דוקא בסתמא, אבל אם בשעת ברכתו היה דעתו שתעלה הברכה על כל מה שיתנו לו, א"צ לברך על כל כוס, אף שלא היה יודע אז אם יתנו לו, מ"מ מהני דעתו לזה, **ובמקום** שהמנהג שמושיטין כוסות הרבה למי שנכנס במסיבת הקבועים לשתיה, אז אפי' בירך בסתמא על כוס אחד, אמרינן דדעתו היה על כל מה שיתנו לו, וא"צ שוב לברך על כל כוס וכוס, **ומ"מ** טוב יותר שיכוין בשעת ברכה על כל מה שיתנו לו.

§ סימן קפ – דיני פירורי הפת §

סעיף ה - נוהגים לכסות הסכין בשעת בהמ"ז - בב"י ב' טעמים: האחד, דברזל מקצר ימי האדם, ואינו דין שיהיה מונח על השלחן, שדומה למזבח שמאריך ימי האדם, דע"כ כתיב: לא תניף עליהם ברזל, וע"כ אחר שגמר אכילתו ורוצה לברך בהמ"ז, מכסה הסכין, **וטעם** שני בשם רבינו שמחה, לפי שפעם א' הגיע אחד לברכת "בונה ירושלים", ונזכר חורבן הבית, ותקע סכין בבטנו, וע"כ נהגו לסלקו בשעת ברכה.

ונהגו שלא לכסותו בשבת ויו"ט - הטעם שאין מקפידין ע"ז בשבת ויו"ט, עיין באחרונים. ‹**דמעשה** כי הוה בחול הוה, ולא גזרו רק כעין מעשה שהיה, ועוד דבשבת ויו"ט אסור להצטער וא"א לבא לקלקול כזה, **ודע** דעכשיו אין רגילין ליזהר בזה, ואין מכסין הסכינים בשעת ברהמ"ז – ערוה"ש.

§ סימן קפא – דין מים אחרונים §

סעיף ד - א"צ ליטול אלא עד פרק שני של אצבעות - שלמעלה משני פרקי אצבעות אין מגיע לכלוך המאכל, **ומן** אצבע האגודל, צריך ליטול פרק ראשון, **ואם** היה המאכל מגיע מכאן ואילך, צריך רחיצה גם למעלה.

(**עיין בביאור הגר"א דמוכח מניה, דדין זה תלוי בפלוגתא הנ"ל בסימן קס"א ס"ד, דלדעת הדעה הראשונה שם, יהיה הדין בנטילת מים אחרונים עד סוף קשרי האצבעות עם פיסת היד, וטוב לנהוג כן לכתחלה לצאת ידי הכל כשיש לו מים**).

ורע עלי המעשה שראיתי, שיש אנשים אשר המה זהירים בנטילת מים האחרונים, אבל אינם יוצאים חובת הדין כלל וכלל, דאינם נותנים כי אם איזה טיפים מים על ראשי האצבעות, עד אשר אפילו עד סוף פרק הראשון אינה מגעת, ולפעמים יוצאים בנגיעה בעלמא במים, וידיהם נשארים מטונפות מזוהמת המאכל כבראשונה, ובאמת מן הדין צריך לרחוץ לפחות עד סוף שני פרקי אצבעות וכנ"ל.

סעיף ה - צריך שישפיל ראשי אצבעותיו למטה, כדי שתרד הזוהמא - מן הלכלוך שבידיו ע"י הנטילה.

סעיף ח - י"א שמים אחרונים אינם צריכים נגוב - כיון שאינם באים רק לנקות את הידים, גם בלא ניגוב הן נקיות. **ולהרמב"ם מנגב ואח"כ מברך** - ס"ל דלא נקרא נטילה בלי נגוב, **וע"ל** סוף סימן קע"ג, משמע דעת המחבר להקל בזה, **מ"מ** לכתחלה טוב לנגב ידיו לצאת דעת כולם.

כתב הב"י בשם ספר שלחן של ארבע, וכן הביא בא"ר בשם הכלבו, דמים אחרונים אין צריכין שיעור, אלא שיהא בהן כדי להדיח בהן את ידיו, **ובספר** מעשה רב הביא, דהנהגת הגר"א היתה ברביעית.

סעיף ט - מים אחרונים נוטלים בכל מיני משקים - שגם הם מנקין הידים מזוהמא כמו מים, ואפילו בשמן ודבש וחלב, **חוץ** מיין מפני חשיבותו, **ומיירי** באין לו מים כי אם משקין, הא יש לו מים אין ליטול במשקין.

כתבו האחרונים, שכל מיני מים הפסולים לראשונים, דהיינו שנעשה בהן מלאכה, או שנשתנו מראיהן, ואפי' מים שנפסלו משתית בהמה וכה"ג, מ"מ כשרים לאחרונים, **וגם** א"צ להם כלי וכח גברא כראשונים, ואין חציצת הידים פוסלת בהן, גם א"צ לשפוך על ידיו אלא פעם אחת.

§ סימן קפב – דין כוס ברכת המזון ושלא יהא פגום §

סעיף א - יש שאומרים שברכת המזון טעונה כוס אפילו ביחיד - שברוב הברכות שתקנו חז"ל, תקנום לסדר על הכוס, מפני שכן הוא דרך כבוד ושבח נאה להקב"ה, לסדר שבחו וברכתו ית' על הכוס, וכמו שכתוב: כוס ישועות אשא ובשם ה' אקרא.

וצריך לחזור עליו, ולא יאכל אם אין לו כוס לברך עליו, אם הוא מצפה ואפשר שיהיה לו, אפילו אם צריך לעבור זמן אכילה אחת - וכמו לענין הבדלה ברצ"ו, דאם מצפה שיהיה לו כוס למחר, מבטל סעודת לילה וימתין על הכוס, **ועיין** במ"א שחולק על זה, דמשום כוס בבהמ"ז אין למנוע מלאכול, ולא דמי להבדלה, ובביאור הגר"א משמע ג"כ דמסכים עם המ"א.

ולפי זה אם שנים אוכלים יחד, צריך לקחת כל אחד כוס לברכת המזון - דבשלשה ויותר שמזמנין יחד, אחד מברך על הכוס ומוציא את כולם, כמו שמוציאם בברכת הזימון, **אבל** בשנים דמצוה ליחלק, ואין אחד מוציא את חבירו, א"כ צריך כל אחד גם כוס בפני עצמו.

וי"א שאינה טעונה כוס אלא בשלשה; ויש אומרים שאינה טעונה כוס כלל, אפילו בשלשה. הגה: ומ"מ מצוה מן

סימן קפב – דין כוס ברכת המזון ושלא יהא פגום

המובחר לברך על הכוס - ר"ל דאף לדעה זו שאין טעון כוס כלל, היינו שאין בה חיוב, אבל כו"ע מודים דמצוה מן המובחר לברך על הכוס אם יש לו יין בביתו.

והנה המחבר לא הכריע בין הדעות, ודעת רש"ל וב"ח להחמיר, דבהמ"ז צריך כוס מדינא, **ומנהג** העולם להקל בזה כדעה השלישית, שלא לחזר אחר כוס, אם לא כשיש לו יין או שאר משקין דהוא חמר מדינה בביתו, דאז בודאי מצוה מן המובחר לכו"ע לברך על הכוס וכנ"ל, **ודוקא** כשהוא בזימון שלשה, אבל לענין יחיד מקילים כמה אחרונים לגמרי.

סעיף ב - כוס ברכת המזון אינו אלא של יין, ולא משאר משקים - כמו לענין קידוש והבדלה, דאינו על שאר משקין לכו"ע, במקום דלא הויין חמר מדינה.

אפי' קבע סעודתו עליהם - ר"ל שתוך הסעודה סמך על משקה והיה עיקר שתייתו מהם, אפי' הכי אין זה מחשב אותם לברך עליהם בהמ"ז, כיון דאין אנשי העיר רגילין לשתותו תמיד במקום הזה.

ואם אין יין מצוי באותו מקום - היינו בכל העיר, אף שבשאר עיירות במדינה זו נמצא יין הרבה, **והשכר או שאר משקין הוו חמר מדינה, מברכין עליהם.**

ואפי' נמצא יין בעיר אלא שאינו מצוי הרבה, ומפני זה עיקר שתיית בני העיר הוא שכר ושאר משקין, יש להקל לברך בהמ"ז על שכר, **ועיין** בב"ח שכתב, דאף דאינו מחויב להדר שם אחר יין לקנותו מן החנוני, מ"מ אם יש לו יין בביתו יברך על היין.

ואם יש לו שני מיני משקין, כגון שכר ומי דבש וכיו"ב, ואחד מהן חביב עליו, יברך על אותו המין שהוא חביב עליו, **וכ"ש** אם מתחלה קודם בהמ"ז שתה ממנו מפני חביבותו, בודאי מהנכון לברך ג"כ עליו ולא על משקה האחר, שלא יהא שלחנך מלא ושלחן רבך ריקם.

אבל כ"ז דוקא אם אותו המין הוא חמר מדינה, דהיינו שרגילין לשתותו במקום ההוא, **אבל** אם אין שותין אותו אלא לפרקים, אף דבעצם הוא חשיב יותר מחבירו, לא הוי חמר מדינה, מידי דהוי אשאר משקין כגון יין תפוחים ויין רמונים, [**ואולי** דוקא אם מה דאין שותין אותו רק לפרקים, הוא מפני שאין חשוב להם למשקה, אבל אם מניעתו הוא רק מפני היוקר, חשיב חמר מדינה].

חוץ מן המים - אע"פ שרוב שתייתן מים, אין מברכין עליו, וה"ה קווא"ס ומי בארש"ט, אף על פי שרוב שתית ההמונים מהם, אפ"ה לא חשיבי יותר ממים, **וטישביר** אפשר דיש להקל בשעת הדחק, כשרוב ההמונים שותין מהם.

הגה: ומה שנוהגין במדינות אלו לברך על השכר - ר"ל שנוהגין לברך על השכר אע"ג דיין מצוי בעיר, **אין למחות, דהא יי"א דאינו טעון כוס כלל, ועוד דהא עיקר חמר מדינה הוא שכר, וקובעין הסעודה עליו** - ר"ל אף אם לא נחשיב אותו לחמר מדינה כ"כ מפני שמצוי גם יין שם, מ"מ בלא"ה י"א דאם קבע סעודתו מתחלה על שאר משקין, מחשיב אותם בזה, ומברך עליהם בהמ"ז אף דאיכא יין, **אלא** דהמחבר סתם מעיקרא כהפוסקים דלא מהני קביעותא, מ"מ יש לצרף דעה זו להקל בזה שהיין ביוקר וקשה להשיגו.

ואע"ג דיין נמצא בעיר, מ"מ לא מיקרי מצוי לדבר זה, שהוא ביוקר ואי אפשר לקנות יין בכל סעודה לברך עליו - אבל אם יש לו יין בביתו, צריך לברך עליו, **ואם** יש לו יין בביתו רק מעט לצורך קידוש והבדלה, א"צ לברך עליו, דקידוש והבדלה לכו"ע טעון כוס וחמיר מבהמ"ז. **ולענין** קידוש והבדלה, משמע דגם רמ"א מודה דצריך לחזר דוקא אחר יין, כיון דיין נמצא בעיר אלא שהוא ביוקר.

אמנם המלוה מן המובחר לברך על יין.

ויש מדקדקין כשמברכין ביחיד על היין, שלא לאחוז הכוס בידם, רק מניחין אותו על השלחן לפניהם, ונכון מנהג זה על דרך הקבלה - ר"ל מה שאין אוחזין אותו בידים, **דהמדקדקים** שמברכין על הכוס, הוא לצאת ידי דעה הראשונה שבסעיף א', דגם ביחיד טעון כוס, **ורק** דמהזוהר משמע דיחיד לא יברך על הכוס, **וע"כ** מברכין ואין אוחזין בידם, ובזה יוצאים ידי הכל, דאפילו האומרים טעונה כוס, הרי הכוס לפניו על השלחן, ואחיזתו אינה אלא למצוה מן המובחר לד"ה, [**ועיקר** הקפידה שכתב שם בזוהר, הוא דוקא לאחוז אותו ביד בדרך המברכין].

וכהיום מנהג העולם שאין מברכין על הכוס כלל ביחיד.

סעיף ד - אם היו כוסות המסובין פגומים, צריך לתת מכוס הברכה לתוכם - פי' דפעמים שנותנין כוס לכל אחד ואחד מן המסובין, וכשבירך המברך בפה"ג שותים כל אחד כוסו, **ואם** היו שלהם פגומים, צריך שיתן המברך מכוסו מעט לכל אחד ואחד קודם שישתה, ויתקן פגימתם, וישתו כולם מכוס שאינו פגום.

ואם רק המברך לבדו אוחז כוס בידו, אף שאז המסובין בעל כרחם טועמין מכוס פגום אחר ששתה הוא, לא איכפת לן, כיון דמתחלה היה כוס שלם, וכולהו כחד חשיבי.

ויש מי שאומר שא"צ - דס"ל דלא קפדינן על כוס פגום אלא על המברך, ולא על המסובין, **(וע"ל סי' ק"ץ וסי' רע"א)** - ר"ל דשם סתם המחבר כסברא הראשונה.

סעיף ה - אם החזיר יין של כוס פגום לקנקן, היין שבקנקן כשר, משום דקמא קמא בטיל - ובלבד שיהיה היין שבקנקן יותר מהיין שבכוס, [וא"צ דוקא שישפוך מעט מעט].

ודוקא בדיעבד, אבל לכתחלה אסור לעשות כן, ולכן נוהגין להוסיף עליו מתחלה מעט מהקנקן, ובזה מתוקן כמו בס"ו, ואח"כ שופכין אותו להקנקן, ואז כשר היין להוציא לברכה, [**ואף** דמדינא קי"ל בס"ו,

סימן קפב - דין כוס ברכת המזון ושלא יהא פגום

דבשפיכה מעט יין או מים לתוכם סגי, **באופן** זה עדיף טפי, דיוצאין בזה לכו"ע, היינו אף לדעת מהר"מ מרוטנבורג, דלא ס"ל העצה דתיקון מעט מים או יין שנותנין בתוכו].

סעיף ז - בשעת הדחק - שאין לו כוס אחר, ואין לו במה לתקן הכוס זה, **מברכין על כוס פגום** - וקמ"ל, דהו"א דמוטב לברך בלא כוס כלל, קמ"ל דענין פגום הוא רק לכתחלה, אם יכול ליזהר בזה, ולא לעיכובא.

כתבו האחרונים, דכשצריך לברך על כוס פגום, אם יש לו כוס קטן המחזיק רביעית, ישפוך מהגדול לתוכו, דעי"ז נמי מתקן הפגימה קצת.

יש שמתקנים הפגימה ע"י נתינת פירור פת, והטור דחה מנהג זה, דלא מהני זה לפגימה, **ואם** אינו פגום, רק שאינו מלא, ובמה שיש בהכוס יש בו שיעור רביעית, לכו"ע מהני המלוי אפי' ע"י פת, **ודוקא** בחתיכה אחת, דבהרבה יש בו משום מיאוס, ד"הקריבהו נא" וגו', **וגם** אדרבה צריך להדיח הכוס מפירורי פת, וכדלקמן בסי' קפ"ג ס"א.

§ סימן קפג - המברך איך יתנהג בכוס של בהמ"ז §

סעיף ה - יש מי שאומר שאם המברך אטר (בלע"ז מנצ"ינו), אוחז הכוס בימינו שהוא שמאל כל אדם - ואם הוא שולט בשתי ידיו, אוחז בימין שהוא ימין לכל אדם.

ודע, דמה דהוזכר מסעיף ד' עד סעיף זה, הסכים בביאור הגר"א דהוא רק להידור מצוה לכתחלה.

סעיף ז - נכון הדבר שכל אחד מהמסובין יאמר בלחש עם המברך כל ברכה וברכה, ואפילו החתימות - היינו אף דמדינא היה יותר נכון שישמעו המסובין כל הבהמ"ז מפי המזמן, והוא יוציאם בברכתו, ובעצמן לא יברכו כלל, **מ"מ** בעבור שמצוי בעו"ה שהמסובין מסיחין דעתם, ואינם מכוונין לדברי המברך כלל, ונמצא שחסר להם בהמ"ז לגמרי, ומבטלין עשה דאורייתא בידים, **לכך** נכון כהיום יותר שהמסובין יאמרו בעצמן בלחש כל מלה ומלה עם המברך, כדי שיברכו יחדו, ונקרא עי"ז ברכת זימון, ומתקיים מה שאמר הכתוב: גדלו לה' אתי ונרוממה שמו יחדו, דמזה ילפינן ברכת זימון.

ועכ"פ יזהרו לומר עמו בלחש ברכה ראשונה, דאל"ה להרבה פוסקים לא מקרי זימון כלל, **ולפי"ז** מה שנוהגין הרבה אנשים, שאחר שאמרו: ברוך שאכלנו וכו', כל אחד ואחד מברך בקול רם בפני עצמו, שלא כדין הם עושין, **אלא** המברך צריך לברך ברכה ראשונה עכ"פ בקול רם, כדי שישמעו המסובין, והם יאמרו בלחש עמו מלה במלה, ורק בסיום הברכה יקדימו לסיים, כדי שיענו אמן, כמו שכתב רמ"א, **ועיין** במ"א שהוא מצדד להורות כהתשב"ץ, שס"ל דעד "הזן את הכל" צריכין לשתוק ולשמוע ולכוין לצאת מן המברך, ומשם ואילך יברכו בעצמן בלחש עם המברך, דעד שם היא ברכת הזימון, **אבל** אין אנו נוהגין כן, ומ"מ הטוב והישר כשיודע במסובין שיכוונו לדבריו, לעשות כהתשב"ץ, רק שיודיע להם מתחלה שיכוונו לצאת, וגם הוא יכוון להוציאם, **ודוקא** כשהשומעים כולם מבינים לשון הקדש, דאל"ה בודאי טוב יותר שיברכו בעצמן כל הבהמ"ז, ולא לצאת מן המברך.

הגה: ויקדים לסיים קצת קודם המברך, כדי שיענה אמן, כדלעיל סי' נ"ט.

אין נותנין כוס של ברכה אלא לטוב עין - שהוא שונא בצע, וגומל חסד בממונו, שנאמר: טוב עין הוא יבורך, אל תקרי "יבורך" אלא "יברך".

סעיף ח - לענין לשאול בבהמ"ז מפני היראה או מפני הכבוד, יש מי שאומר שדינה כתפלה - שאין שואלין ומשיבין כלל, **והטעם**, מדמצינו שהחמירו חכמים בבהמ"ז, שאין מברכין אלא במקום אחד כתפלה, **לאפוקי** ק"ש שיכול לאומרה במהלך מן פסוק ראשון ואילך, וי"א מ"על לבבך" ואילך, וכדלעיל סימן ס"ג, ע"ש במ"ב.

§ סימן קפד - לקבוע ברכה במקום סעודה, ועד כמה יכול לברך, ומי ששכח ולא בירך §

סעיף ג - י"א שכל שבעת המינים טעונים ברכה לאחריהם במקומם - ואם יצא ממקומו, הוי דינו כמ"ש סעיף א' ב'. **וי"א דחמשת מיני דגן דוקא. (וע"ל סי' קע"ח ס"ה)** - ששם הביא הרב עוד שיטה ג', דדוקא פת, **ולענין** דינא כתב שם הגר"א, דהעיקר כדעה השניה, דה' מיני דגן חשיבי כפת לענין זה, ועיין במש"כ שם במ"ב.

§ סימן קפח - נוסח ברכה ג', ודיני בהמ"ז בשבת, והטועה בבהמ"ז §

סעיף ט - ג' שאכלו בשבתות ויו"ט, ושכחו להזכיר מעין המאורע, והם צריכים לחזור לראש בהמ"ז, יברך כל אחד בפני עצמו, כי מידי זימון כבר יצאו.

סעיף י - היה אוכל ויצא שבת, מזכיר של שבת בבהמ"ז, דאזלינן בתר התחלת הסעודה - וכיון שהתחלת הסעודה היה מבעוד יום, כבר נתחייב להזכיר מעין המאורע, וע"כ אפילו נמשך זמן רב בלילה לא נפקע חיובו, **וכתבו** האחרונים, דאם התפלל מעריב קודם בהמ"ז, שוב אינו מזכיר של שבת בבהמ"ז, דמחזי כסתרי אהדדי.

(ומ"מ אם שכח להזכיר, ונזכר קודם שפתח ב"הטוב והמטיב", נ"ל שאין מברך "אשר נתן" וכו', לפי מה שכתב המ"א, דגם המחבר בסימן זה שפוסק דאזלינן בתר התחלת הסעודה, ג"כ ספוקי מספקא ליה, בודאי אין לברך מספק שום ברכה בשם ומלכות, וזה כתבנו לפי הכרעתנו

סימן קפח – נוסח ברכה ג׳, ודיני בהמ״ז בשבת, והטועה בבהמ״ז

למעלה, דגם בר״ח צריך לברך בשם ומלכות, **אכן** לפי מ״ש שארי אחרונים, שגם בר״ח וה״ה בסעודה שלישית של שבת, אפילו כשמברך מבע״י אינו מזכיר שם ומלכות, אין נ״מ בכל זה, דודאי גם עתה מותר לברך בלי שם ומלכות).

ולפיכך אף אם חל ר״ח במו״ש, יזכיר בבהמ״ז של שבת לבד ולא של ר״ח, **ודוקא** כשגמר סעודתו מבעוד יום, אבל אם אכל פת גם בלילה, ויש עליו חיוב להזכיר גם של ר״ח, ושניהן אי אפשר להזכיר דהוי תרתי דסתרי, דהיאך יאמר: ביום השבת הזה, ואח״כ יאמר: ביום ר״ח הזה, דהא ר״ח הוא ביום א׳, **א״כ** מוטב להזכיר של ר״ח, דזה יש חיוב לכו״ע, משא״כ בהזכרת שבת דיש פלוגתא בין הראשונים אם חייב להזכיר כלל כשמברך במו״ש, **ואף** דאנן פסקינן כאן בשו״ע דאזלינן בתר מעיקרא, וחייב להזכיר של שבת במו״ש, מ״מ כאן שהוא מקום הדחק, מוטב שידחה הזכרת שבת מפני הזכרת ר״ח דהוא חיוב לכו״ע.

אכן במו״ש לחנוכה ופורים, אפי׳ אם גמר סעודתו בלילה, אינו מזכיר של חנוכה ופורים רק של שבת לבד, **כיון** דבלא״ה הזכרה מעין המאורע דחנוכה ופורים אינו אלא רשות, כ״כ המ״א ועוד הרבה אחרונים.

וי״א דאם חל יו״ט או ר״ח במו״ש, יזכיר "רצה" וגם "יעלה ויבוא", דאזלינן בתר התחלת הסעודה וגם בתר שעה שהוא מברך בו, **ולא** קפדינן במה דנראה כסותרים אהדדי, דב"רצה" נתחייב משעה שהתחיל הסעודה ביום, ואח״כ כשנמשך הזמן ולא בירך, והגיע לילה של יו״ט או של ר״ח, ניתוסף עליו חיוב לזכור מעין המאורע של שעה שהוא מברך בו.

והוא הדין לראש חודש ופורים וחנוכה - ר״ל דאם אכל בהם ונתאחר הבהמ״ז עד הערב, צריך להזכיר, דאזלינן בתר זמן התחלת הסעודה, **והוא** שלא התפלל ערבית וכנ״ל.

§ סימן קצ – שתיית היין אחר הברכה ודיניה §

סעיף ב - אחר ששתה כוס של בהמ״ז, יברך ברכה אחת מעין שלש - ואם דעתו לשתות עוד, לא יברך אחריו, אלא לבסוף אחר גמר שתייתו, (**וכתב המ״א**, דאם טעה ובירך אחריו, א״צ לברך בתחלה, כיון שהיה דעתו לשתות עוד, והגר״ז וח״א העתיקו דבריו, **ועיין** בחידושי רע״א בשם תשובת קרית מלך רב, דדוקא כשטעה בדין, דחשב דצריך לברך ברכה אחרונה אע״פ שרצונו לשתות עוד, **אבל** בשכח שיש לו לאכול עוד ובירך ברכה אחרונה, צריך לברך על מה שיאכל אח״כ, עכ״ל, **ועיין** בא״ר שמסתפק בדינו של המ״א, ובגדי ישע ומאמר מרדכי חולקים על המ״א, ודעתם דברכה אחרונה הוא סילוק גמור בכל גווני, וכן מצדד בנהר שלום, **וע״כ** למעשה צ״ע).

ודוקא כשדעתו לשתות מיד, (הוא דאמרינן לא יברך אחריו, אלא לבסוף אחר גמר שתייתו), דאל״ה יש לחוש שמא יתעכל, דעיכול של שתיה איננו שיעור גדול כ״כ, (המ״א, **ונראה** שכוונת המ״א הוא, דיצטרך עי״ז לברך עוד ברכה ראשונה על השתיה שישתה אח״כ מחדש, **אך** באמת הרבה אחרונים הסכימו לדעת אבן העוזר בזה, שכל שלא סילק דעתו מהאכילה או מהשתיה לא נתבטלה ברכה ראשונה, אפילו שהה כל היום, **אכן** לבי מגמגם בזה, דנהי דאם שהה הרבה לא נתבטלה ברכה ראשונה, כיון שלא הסיח עכ״פ דעתו, מ״מ מאן יאמר לן דרשאי לעשות כן, דהרי עכ״פ מפסיד ברכה אחרונה של אכילה ושתיה זו, ומה שיברך לבסוף לאחר אכילה ושתיה שניה לא מהני כלל לזה, כיון שכבר נתעכל, והוי כמי שאינו, ומה גם שמצוי כמה פעמים שבהמשך איזה זמן נשתנה רצונו או מטריד מאיזה דבר, ואינו אוכל ושותה עוד, וא״כ בודאי מפסיד ברכתו לגמרי).

סעיף ג - שיעור שתיית יין - וה״ה בשאר משקין, **להתחייב בברכה אחרונה, יש ספק אם די בכזית** - כמו באכילה, דקי״ל בכל מקום שיעור אכילה בכזית, והוא כחצי ביצה, **ולפי״ז** במשקין יתחייב בברכה אחרונה בשליש רביעית, דרביעית הוא ביצה וחצי כידוע. **או ברביעית** - כמו שמצינו בכמה דיני התורה לענין משקין, דשיעורן ברביעית.

לכך יזהר לשתות או פחות מכזית או רביעית, כדי להסתלק מן הספק, והכא א״א לשתות פחות מכזית, דכל דבר שצריך כוס צריך לשתות ממנו כמלא לוגמיו, שהוא רוב רביעית - היינו באדם בינוני מחזיק שיעורו כך, **אבל** באדם גדול ביותר, משערינן במלא לוגמיו דידיה, **ומ״מ** לא בעי לשתות טפי מרביעית.

הלכך ישתה רביעית שלם - עיין ט״ז שכתב, דלעיקר הדין קי״ל במלא לוגמיו, **ולפיכך** אם לא שתה רק כמלא לוגמיו, חייב לברך ברכה אחרונה, אלא דלכתחלה יראה לשתות רביעית כדי לצאת לכו״ע, **אכן** כל האחרונים דחו דבריו, והעלו דכל שלא שתה רביעית שלם בין ביין בין בשאר משקין, אין רשאי לברך ברכה אחרונה, וכדעת השו״ע.

עוד הסכימו, דאין חילוק בין שאר משקין ובין יין שרף, אע״פ דביי״ש מייתבא דעתיה דאינשי בפחות מרביעית, דלא חילקו חכמים בשיעורן, **ודלא** כט״ז.

סעיף ד - אם המברך אינו רוצה לטעום, יטעום אחד מהמסובין כשיעור - דכיון שהמסובין שמעו מתחלה את הברכה, והוא כוון עליהם להוציאם, מהני טעימתם לכולם, (**ואפי׳** אם המסובין יודעים בעצמם לברך).

(**עיין** בחידושי רע״א שכתב, דהמברך בהמ״ז לא יברך בפה״ג, והטועם הוא יברך, דדילמא בהמ״ז אינה טעונה כוס, ובפרט דקי״ל כן לעיקר, א״כ לא הוי ברכת המצות, ואינו יכול לברך בשביל אחר אם אינו מברך גם לעצמו, עכ״ל, **והנה** המעיין בתשובת ח״צ המובא בשע״ת, לא משמע כן, דלפי דבריו שם, אם יברך אחר על הכוס, א״כ לא קיים הראשון מצות כוס כלל, ע״ש, **ובאמת** לשון המחבר משמע ג״כ, דמי

סימן קצ – שתיית היין אחר הברכה ודיניה

שאחז הכוס בשעת בהמ"ז, הוא המברך ג"כ על הכוס, אלא דהטעימה סגי באחר, ומה שהקשה, לפי מה דקי"ל לעיקר הדין דבהמ"ז אינה טעונה כוס, האיך יכול להוציא אם אינו טועם בעצמו, י"ל דכיון דלכו"ע הוא עכ"פ למצוה מן המובחר, וכמו שכתב הרמ"א לעיל בסימן קפ"ב, הוא בכלל ברכת המצות, דקי"ל דאע"פ שיצא מוציא).

ואין שתיית שנים מצטרפת - דבעינן שיטעום בעצמו או אחד מהמסובין, שיעור הנאה שתתיישב דעתו עליו, והיינו כמלא לוגמיו.

ומ"מ מצוה מן המובחר שיטעמו כולם - היינו טעימה בעלמא, וא"צ מלא לוגמיו רק לאחד.

והנה הכא איירי המחבר רק לענין מצות שתיית הכוס, ולפי מה שביאר המחבר לעיל בס"ג, דלצאת ידי ספק יראה לשתות רביעית שלם, לא יצוייר מה שכתב דמצוה מן המובחר שיטעמו כולם בכוס המחזיק רביעית, אם לא שהוא מחזיק יותר מרביעית.

(וע"ל סימן רע"א סעיף י"ד) - דיש מי שאומר דשתיית כולם מצטרפין למלא לוגמיו, ועיין לקמן בסימן רע"א במ"ב.

סעיף ה - כשמסובין בסעודה גדולה ואין יודעים עד היכן יגיע כוס של בהמ"ז, כל אחד מהמסופקים אם יגיע לו, צריך לברך "בורא פרי הגפן" - דמסתמא אינו מכוין לצאת בברכת המברך, מאחר שאינו יודע אם יגיע לו, **וכתב** המ"א, דאם המסובין נתכונו בהדיא אם יגיע להם הכוס שיצאו בברכתו, יוצאין בזה, אם גם המברך נתכוין להוציא בברכתו כל אחד מהמסובין, וכן הסכימו הרבה אחרונים, **ואך** יזהרו כולם, מי שרוצה לטעום מן הכוס על סמך ברכת המברך, שלא ישיחו עד שיטעמו מן הכוס, כדי שלא יהיה הפסק בין הברכה להטעימה.

(וע"ל סימן קע"ד סעיף ב' בהג"ה).

§ סימן רב – דיני ברכת פירות האילן §

סעיף ה - שקדים המרים, כשהם קטנים מברך "בורא פרי העץ"; גדולים, ולא כלום, דאזוקי מזקי; וטעמא דמלתא, כשהם קטנים עיקר אכילתם היא הקליפה ואינה מרה, וכשהם גדולים עיקר אכילתם מה שבפנים והוא מר - ואע"ג דבמתוקים קטנים אינו מברך אלא "שהכל", וכדלקמן סי' ר"ד, שאני התם דאינו גמר פירא, ובודאי לא נטעי להו אדעתא לאכלם קודם שיתבשלו, **משא"כ** הכא דבגדלם לא יהיו ראוין כלל לאכילה, נטעי להו שפיר אדעתא למיכל בקטנותם, וזהו גמר פירא שלהם. (**טעם** זה שכתב המחבר, בהרבה ראשונים לא נזכר דבר זה של קליפה, **אלא** בפשוטו דהשקדים המרים גופם בקטנותם אינם מרים, ובגדלם נעשו מרים, **וכל** טעם זה דקליפה לא נזכר רק בתר"י, אכן גם לדידיה משמע דכשנתגדל נעשה הקליפה בעצמה ג"כ מרה, ולשון המחבר לא משמע כן, **וצע"ק** לדברי המחבר אמאי לא יברך על קליפת הגדולים עכ"פ "שהכל" בגדלו, **אם** לא שנאמר דלהמחבר ג"כ בגדלו הקליפה לאו בר אכילה היא כלל מפני שהיא קשה, אבל לשונו אינו מדוקדק כ"כ לפי"ז).

ואם מתקן ע"י האור או דבר אחר, מברך: בפה"ע - דכיון דנשתנו למעליותא ע"י המיתוק באור, הו"ל כשאר פירות שאין ראוין לאכול חיין ונתבשלו, דמברך כשהן מבושלין בפה"ע, וכדלקמן בסי"ב.

וה"ה שאר מיני פירות שהם חמוצים או מרים ואינם ראוים לאכילה כלל, ומיתקן או בישלן, שמברך בפה"ע, דהלא באמת פרי הוא, אלא שאינו ראוי לאכילה כך, לכך מהני מיתוק.

§ סימן רג – דיני ברכת פירות הארץ §

סעיף ד - על פירות שמוציאין אילני סרק, "שהכל" - דלא חשיבי לברך עליהן בפה"ע, דכמו עץ בעלמא נינהו, **ולא** דמי לתותים שבס"ב דחשובין עכ"פ פרי, אף שגדילים נמי בסנה דהוא כאילן סרק, **דהם** טובים לאכילה חיים כשהם שוהים הרבה על הסנה ומתבשלין, אלא שאין הענף מתקיים משנה לחברתה, **אבל** כאן מיירי בפירות גרועים, כגון תפוחים קטנים ואגסים קטנים הגדילים בעצי היער, שאינם ראוים לאכילה כשהם חיים, וע"כ אינם חשובין בכלל פרי, ואפילו בשלם, ולכן מברך עליהם "שהכל".

(והיינו שגדילין מאליהן בלא זריעה ונטיעה, ואינן ראויין לאכול חיין רק ע"י בישול וטיגון, לכן ברכתן "שהכל", **אבל הגדילים** ע"י זריעה ונטיעה, אפילו כשאינן טובים לאכול חיין, מברך אחר שנתבשל, על של עץ בפה"ע, **ועל של אדמה בפה"א).**

ואגוזים קטנים הנלקטים בעצי היער שהם טובים לאכילה, פרי גמור הוא ומברך ע"ז בפה"ע, וכן על אגרע"ס, ובל"א קאסטעה"ר בערי"ן, אף שגדילים על קוצים נהגו העולם לברך בפה"ע, **אבל** על פרי אדום שגדל על קוצים שקורין בל"א האנפוטין, וכ"ש על המינים שגדל על אטדין, וקורין בל"א שלוים קערשין, ובלשון פולין פיאניצעס, מברכין "שהכל", שאינן חשובין וגם שגדילין על אטדין.

סעיף ה - בני אסא - היינו ענבים קטנים שרגילין להמצא בהדסים, **אף ע"ג דבישלן והויין כפירות, אינו מברך אלא "שהכל"** - דלא חשיבי והו"ל כפירות שמוציאין אילני סרק.

§ סימן רד – דיני הברכות ליתר מאכלים §

סעיף א - ועל עשבי דדברא שאינם נזרעים - ואפילו הם טובים לאכול, כמו עשב שקורין שצאוו"ע, שהן עלים חמוצים, ואפי' לאחר שבשלם שהוא מאכל שרים, מברכין "שהכל", דאינו חשוב כ"כ לפרי, **אבל** על שאלאטען וכיו"ב שנזרעו, מברכין בפה"א.

ודוקא בעשבים דאינם חשובין מצד עצמם, ולא מצד זריעה, דגדלים בלא זריעה, **אבל** פירות שהן טובים למאכל, אפילו גדלים ביערים מאליהן, כמו פזימקע"ס וכדומה, יש לברך עליהן בפה"א.

סעיף ב - על החומץ לבדו אינו מברך כלום, מפני שהוא מזיקו - ודוקא בחומץ חזק שנתחמץ כ"כ שמבעבע כשמשליכין אותו על הארץ, **אבל** בחומץ שאינו חזק כל כך, ודאי אית ליה הנאה מיניה ובעי ברוכי.

סעיף ג - ריחיה חלא (פי' חומץ), וטעמיה חמרא, חמרא הוא, ומברך עליו "בורא פה"ג" - סעיף זה וס"ד באו לבאר אודות יין שהתחיל להתקלקל, ומטבעו שמתחלה מתקלקל ריחו ואח"כ טעמו.

סעיף ד - כל שבני אדם נמנעים לשתותו מפני חמיצותו - היינו בשלא נעשה עדיין טעמיה חלא גמורה, רק שהתחיל טעמיה להתחמץ קצת, עד שבני אדם נמנעין לשתותו מפני זה, **אין מברכין עליו "בורא פרי הגפן" (אלא "שהכל").**

(והמ"א כתב, דלפי שאין אנו בקיאין בשיעור זה היטב, דיש בני אדם שותין ויש שאין שותין, לכך מספק ישתה יין ויפטרנו בברכה ראשונה ואחרונה).

סעיף ה - שמרי יין, מברך עליהם "בורא פרי הגפן" - היינו בשלא נתן עליהם מים, אלא שתה אותם גופא, ומפני שיש בהם לחלוחית יין מברך בפה"ג, **ואף** דשמרים אזוקי מזיק, אפשר דמיירי שמצץ רק הלחלוחית מהם.

נתן בהם מים, אם נתן שלשה מדות מים ומצא ארבעה, הוה ליה כיין מזוג ומברך "בורא פרי הגפן" - מיירי בשמרים של ענבים שדרכו אותן, שנעשה בלי תערובות מים, **אבל** ביין צמוקים שלנו שנשרה מתחלה הצמוקים עם מים, א"כ גם בלחלוחית יין שיש בהשמרים מעורב מתחלתו הרבה מים, וכשנותן עוד מים בודאי נתבטל כח היין שהיה בו תחלה.

ואם מצא פחות, אע"פ שיש בו טעם יין, קיוהא בעלמא הוא ואינו מברך אלא "שהכל" - ואחריו ברכת בנ"ר, ודוקא בשמרים ומשום דלחלוחית יין שיש בהן אינו חשוב כ"כ, **אבל** יין גופא שיצא מדריכת ענבים, אם שפך עליהם מים אפי' יותר משלשה חלקים עד קרוב לששה, ג"כ יין גמור הוא וכדלקמיה בהג"ה, **ובעינן** רק שיהיה בו טעם יין שראוי לשתיה ע"י מזיגה זו, ודרך בני אדם לשתותו במקום יין ע"י מזיגה זו, **דאל"ה** אמרינן דבטלה דעתו אצל כל אדם.

והיינו ביינות שלהם שהיו חזקים, אבל יינות שלנו שאינן חזקים כל כך, אפילו רמא תלתא ואתא ארבעה, אינו מברך עליו בפה"ג; ונראה שמשערים בשיעור שמוזגים יין שבאותו מקום. הגה: ובלבד שלא יהא היין אחד משש במים, כי אז ודאי בטל (אגור) - ואפילו יש בו טעם יין, ואף דבעלמא קי"ל טעם כעיקר דאורייתא, הכא לא חשיב טעם, דכקיוהא בעלמא דמי.

דברי הג"ה אין לו ביאור, דהמחבר הלא בא להחמיר, דביינות שלנו לא סגי שיהיה רק רביעית יין, **ואפילו** אם הדרך באותו מקום לעשות מזיגה גדולה, הלא פחות מרביעית יין בודאי לא מהני אפילו ביינות שלהם שהיו חזקים, **ומהרמ"א** משמע דמהני עד קרוב לששה חלקים מים, **ובאמת** דדברי האגור לא קאי על שמרים, דבשמרים השיעור כמו שכתב המחבר, **והוא** מיירי ביין ענבים גופא כשמוזגו עם מים, דעד קרוב לששה שם יין עליו וכנ"ל, ובלבד שיהיה בו טעם וריח של יין, ודרך בני אדם לשתות יין במזיגה כזו, וכנ"ל.

ודע, דדברי הג"ה זו מיירי ג"כ ביין חי שנעשה מתחלה בלי תערובת מים, ולכך ראוי שיתוסף עליו אח"כ הרבה מים, ויהיה שם יין עליו, **אבל** ביין צמוקים שלנו שנתערב מתחלה הצמוקים בהרבה מים, אין שייך כלל אח"כ מזיגה כזו, ואפילו פחות מזה מתבטל שם יין עי"ז.

סעיף ו - תמד שעושים מחרצנים שנותנים עליהם מים - היינו לאחר שנסחט היין מהענבים, נותנים מים על החרצנים לקלוט טעם היין שנשאר בהם, וזהו הנקרא תמד, **דינם כשמרים.**

וה"מ כשנעצרו בקורה - ועי"ז יצא מהענבים כמעט כל הלחלוחית שבהם, **אבל אם לא נדרכו אלא ברגל, אפילו נתן ג' מדות מים ולא מצא אלא ג' או פחות, מברכין עליו בפה"ג** - שדינם כצמוקים, **שיין הוא, והמים נבלעים בזגים, ובמה שיוצא יש בו יין מרובה** - ומ"מ דוקא כשיש בו טעמו של יין וריחו, וכנ"ל לענין יין שנתערב במים, [**ומ"מ** לכו"ע אם היה במים ששה פעמים כנגד החרצנים, בודאי אין שם יין עליו].

(**עיין** בתשב"ץ שמצדד לומר, דדין זה דוקא בחרצנים של ענבים, אבל בחרצנים של צמוקים אפשר דליתא להאי דינא כלל, **שאפילו** בצמוקים עצמם כתבו הפוסקים, דבעינן שיהא בהם דוקא לחלוחית קצת שאפשר לצאת מהם היין ע"י דריכה בלא שרייה, וכ"ש שהפסולת של צמוקים לא עדיפא מצמוקים שלמים גרועים, **עי"ש** שמצדד שדינם כדין שמרים, דבעינן דוקא רמא תלתא ואתי ארבעה).

הגה: זגים שנתנו עליהם תאנים לחזק כח היין - ר"ל שאחר שהוציאו היין מן הענבים, ונשארו הזגים, נתן עליהם תאנים או שאר פירות לחזק כח היין הנשאר בהם ולהוסיף באדמימותו, **אע"פ שהזגין הרוב, מ"מ כל כח התאנים במשקה** - דהתאנים היה בהם

כל כחם, שלא נתמצו מקודם, והזגים אע"פ שהם הרוב, הרי יצא מהם כבר עיקר הלחלוחית, **ואין לברך בפה"ג** - אלא "שהכל", דהוי כשכר תאנים דברכתו "שהכל", **ומסתברא** דאפילו רמי תלתא ואתי ד' ויותר, גם כן לא מהני, דלעולם אמרינן דעיקר המשקין הוא מהתאנים. **(צ"י בשם התשב"ץ).**

(וכ"ש שאין מקדשין עליו, ומיהו לענין הבדלה אם הוא חמר מדינה מבדילין עליו, דשכרא הוא, **ואפילו** אם נעשה בלי תאנים, מבדילין עליו כל שיש טעם וריח, דלאו קיוהא ממש הוא, **ואפילו** הוא מחרצנים של צמוקים, שמפקפק שלא לברך עליו בפה"ג כנ"ל, **ודבר** זה תלוי באומד הדעת בחוזק טעמו וטוב ריחו).

ועיין מ"א, דלענין ברכה אחרונה יש להסתפק בזה, דהתשב"ץ לא ברירא ליה סברא זו כ"כ, ומספיקא פסק דמברך "שהכל", דיוצא בזה על כל דבר, **וע"כ** לענין ברכה אחרונה יראה לשתות רביעית יין גמור, ויברך "על הגפן" לפטור גם משקה זו.

§ סימן רו – דיני הפסק וטעות בברכת הפירות §

סעיף ה - אין מברכין לא על אוכל ולא על משקה, עד שיביאוהו לפניו; ברך ואחר כך הביאוהו לפניו, צריך לברך פעם אחרת - ואפי' כוון דעתו עליהם בשעת ברכה, ג"כ לא מהני, כיון שאז לא היו לפניו, ולא היה להברכה על מה לחול, **ולא** דמי לאמת המים דס"ו, דהתם כיון שבודאי יבואו המים נגדו, כאלו היו לפניו דמיא, משא"כ הכא דתלוי בדעת אחרים.

ואם היה הדבר שבירך עליו מונח בתיבה בעת הברכה, ואחר הברכה לקחה משם, א"צ לחזור ולברך, כיון שהוא מוכן לפניו ואינו תלוי בדעת אחרים, **ובפמ"ג** מצדד דה"ה כל כה"ג שהוא ודאי שיובא אצלו, כגון שהוא בחדר הסמוך לו, ג"כ א"צ לחזור ולברך, **אך** לכתחלה בודאי יש ליזהר בזה: א', מטעם הפסק, **ועוד** דלכתחלה המצוה לאחוז בידו בשעת הברכה, וכנ"ל בס"ד.

אבל מי שברך על פירות שלפניו, ואח"כ הביאו לו יותר מאותו המין - היינו אפילו אחר שכבר אכל הראשונים, **או ממין אחר שברכתו כברכת הראשון** - ובלבד שיהיה ממין פירות, **א"צ לברך.**

ואם בירך על דגים והביאו לו שכר שהוא מין אחר לגמרי, אף שברכותיהם שוות, מ"מ אינם נפטרין בברכתו בסתמא, **אא"כ** היה דעתו בהדיא לפטור אותם בהברכה, או שהיו לפניו עכ"פ על השלחן בשעה שבירך.

והנה מדברי הרמ"א דבסמוך משמע, דהמחבר מיירי אפילו בשלא היה דעתו בהדיא על כל מה שיביאו, רק שבירך על פירות אלו שהיו לפניו בסתמא, ואמרינן דזה הוי כאלו אתני בפירוש שאם יביאו לו עוד שיאכל גם מהן, משום שכן דרך האדם לכנוס מאכילה קטנה לגדולה, **אא"כ** היה דעתו בהדיא שלא לאכול רק אלו הפירות שהם לפניו, **או** שבעת שגמר אכילתו הוסכם בדעתו שלא לאכול עוד, ואח"כ נמלך לאכול, דבזה לכו"ע צריך לחזור ולברך.

וכמה אחרונים חולקים בדין זה, וס"ל דדוקא באותו המין ממש, הוא דפוטר בברכתו בסתמא אף לאותן פירות שהביאו לו אח"כ, **אבל** למין אחר לא מהני ברכתו בסתמא, וצריך לברך, [**ויש** לסמוך ע"ז], **ומ"מ** אם הביאו לו המין האחר בעוד שלא כלה מין הראשון, נראה שאין לברך, כיון שהביאו לו בשעה שהיה עסוק עדיין באכילה, וכן נראה להלכה, **ויש** מן האחרונים שכתבו עוד, דאם קבע עצמו לאכילת הפירות, אף שבירך בסתמא על הפירות שהיו לפניו, והביאו לו מין אחר שכלה המין הראשון, א"צ לחזור ולברך, דכיון דקבע עצמו לאכילה, אינו מסיח דעתו מזה.

הגה: וטוב ליזהר לכתחלה להיות דעתו על כל מה שיביאו לו - דיש מן הפוסקים שסוברים, דבסתמא לא מהני בכל גווני, [היינו אפי' במין אחד, ואפי' קבע עצמו לאכילת פירות], אא"כ היו לפניו בשעת ברכה, אבל בלא"ה בעינן שיהיה דעתו על כל מה שיביאו לו אח"כ.

§ סימן רח – דין ברכה מעין שלש אחר חמשת מיני פירות וחמשת מיני דגן §

סעיף יג - אם אכל פירות מז' המינים ואכל תפוחים, א"צ לברך על התפוחים "בורא נפשות", שגם הם בכלל ברכת "על העץ", שגם הם פה"ע הם - פי' אלא שמפני שאין חשובין כ"כ לא קבעו עליהן ברכה זו, ועכשיו שמברך בלא"ה ברכה זו, פוטרת, **הא** לא"ה (סברא זו "שגם הם פה"ע הם"), אין ברכה מעין ג' פוטרת בנ"ר, וכן להיפך.

ודוקא אם אכל תפוחים עצמן, אבל סחטן ושתה מימיהן, אינו נפטר בברכת "על העץ", דלאו פרי הוא כלל.

אבל אם אכל תפוחים ושתה יין, צריך לברך "בורא נפשות" על התפוחים - ואפי' להפוסקים שסוברין דבחתימה שבברכת היין מסיים "על הארץ ועל הפירות", כנ"ל בסי"א, מ"מ כיון דבפתיחה הוא מזכיר רק גפן, אין תפוחים בכלל ואינו יוצא - מ"א, **ויש** מאחרונים שכתבו, דאם סיים בברכת היין "על הארץ ועל הפירות", אפשר דיוצא גם על התפוחים, **וע"כ** יש ליזהר היכא שאוכל תפוחים ושותה יין, שיברך תחלה בנ"ר על התפוחים, **או** שיסיים בברכת היין "על הארץ ועל פה"ג".

וכ"ש אם אכל בשר או פרי האדמה, ושתה יין או אכל מז' המינים, שצריך לברך על כל אחת ואחת - טעם הכ"ש, דיין ותפוחים הם עכ"פ תרווייהו מין עץ, כ"ש מה שאינו מין עץ.

וה"ה אם אכל בשר ודגים, ואכל מחמשת מינים, אין ברכת "על המחיה" פוטרת את הבשר ואת הדגים.

סימן רח – דין ברכה מעין שלש אחר חמשת מיני פירות וחמשת מיני דגן

סעיף יד - שתה יין וברך בפה"ג, ואכל ענבים, צריך לברך עליהם "בורא פרי העץ" - דלא תימא דענבים נמי פה"ג נינהו, ויפטרו בדיעבד בברכת היין, קמ"ל דלא.

וכן בברכה אחרונה, צריך להזכיר "על העץ ועל פרי העץ" - דלא תימא דיוצא בברכת "על הגפן" שמברך על היין, אלא צריך להזכיר ג"כ "על העץ", ויכלול עם ברכת הגפן בברכה אחת, וכנ"ל בסי"ב.

סעיף טו - אם בדיעבד בירך על הענבים בפה"ג או אחריהם "על הגפן", יצא - וה"ה אם שתה יין ונתכוין לפטור הענבים דיצא, כמ"ש סימן ר"ו ס"ב, **וע"ש** במ"ב מה שכתבנו בזה, וה"ה לעניננו, **ואינו** דומה לסי"ד, דהתם לא כוון בפירוש בברכת פה"ג לפטור הענבים, לכן אמרינן דממילא לא מיפטרי, דלכתחלה יש לו לברך על כל אחד ברכה מיוחדת.

ואם בירך על היין "בורא פה"ע", יש דעות בין הפוסקים, י"א דיצא בדיעבד, וי"א דלא יצא, **וספק** ברכות להקל.

סעיף יח - לא יכלול על הספק שום תוספת בברכת מעין ג', אע"פ שאינו מוסיף שם ומלכות, (פי' כגון ששתה משקה שספק אם ברכתו "על הגפן" וכו' או "בורא נפשות רבות" וכו', לא יאכל דבר שברכתו "בורא נפשות רבות" ודבר שברכתו "על העץ", ויכלול עמו ג"כ "על הגפן ועפה"ג" כו' מספק, וע"ל סט"ז) - והטעם דאסור, דשמא ברכתו בנ"ר, ואין שייך פה שם גפן כלל, ומוטב שלא להזכיר כלל.

ומיירי שיין אין לו, דאי יש לו, הלא יכול להוציא עצמו מספק, דיברך על היין "על הגפן", ועל מין אחר בנ"ר, ויצא ממ"נ, **ומ"מ** אם יש לו על איזה דבר לברך בנ"ר, יברך, דשמא ברכתו בנ"ר ומה שיוכל לתקן יתקן.

ודעת הט"ז, והסכימו אתו כמה אחרונים לדינא, דלא אמרינן סברא זו רק לענין לכתחלה, דהיינו שישתה משקה זו ויסמוך לענין ברכה אחרונה על סמך שיכלול אח"כ בתוכה שום תוספת, **אבל** לענין דיעבד, דהיינו שכבר שתה משקה שיש לו ספק, מוטב שיכלול בתוכה ממה שישאר בלי ברכה אחרונה כלל.

(**ודע עוד, דלהפוסקים שהבאתי לעיל סט"ו במ"ב, דאם בירך על היין בפה"ע יצא בדיעבד, שהיא ברכה כוללת, כמו פה"א שכוללת ג"כ העץ, וא"כ בודאי ה"ה בברכה אחרונה, אם בירך על היין "על העץ ועל פה"ע", דיצא בדיעבד, וא"כ אף אם ננקוט שלא כדעת הט"ז, ג"כ יש לו תקנה, דהיינו שיברך רק "על העץ ועל פרי העץ", ויכוין בהדיא להוציא גם הספק יין ששתה מקודם**).

לא יאכל... ויכלול - ואם אכל פרי עץ, ואינו יודע אם הוא מז' המינים, ואין לו פרי אחר שהוא משבעת המינים להוציאו בברכת מעין ג', **כתב** המ"א, דיוכל ליקח יין, והוא הדין אחד מה' מיני דגן שברכתו ג"כ מעין ג', ויוסיף לכלול בהברכה "על העץ ועל פרי העץ", ויצא ממ"נ, דאף אם הפרי זו אינה מז' המינים, שייך לומר עליה "פרי העץ", וכנ"ל בסי"ג.

§ סימן רטז – דיני ברכת הריח §

סעיף י - היו לפניו עצי בשמים ועשבי בשמים ומיני בשמים - פי' אם רוצה להריח בהם, **מברך על כל אחד ברכה הראויה לו** - ר"ל אין לו לפטור עצמו בברכה כוללת אחת, דהיינו בברכת "בורא מ"ב", אלא לכתחלה צריך לברך על כל אחד בפני עצמו, **ויברך** בתחלה על עצי בשמים ועשבי בשמים, ואח"כ יברך על שאר מינים "בורא מ"ב", וכמו דקי"ל לעיל סימן רי"א ס"ג לענין ברכת הפירות.

נתערבו כמה מינים יחד, או שהם באגודה אחת, וא"א להריח מכל מין בפני עצמו, מברך עליהם "בורא מ"ב", **מיהו** משמע בא"ר, דטוב לקטום מהאגודה איזה מין, כדי שיוכל לברך עליו ברכתו הראוי לכתחלה.

הגה: ואם בירך על כולם "מיני בשמים", יצא - וכנ"ל בס"ב, אלא דשם מיירי שנקט עצי בשמים או עשבי בשמים בידו, ובירך עליהם "בורא מ"ב", **והכא** מיירי שנקט רק מיני בשמים, ובברכתו כוון להוציא גם את העצי בשמים ועשבי בשמים, אפ"ה יצא, שברכה זו שייך בדיעבד גם עליהם. **ועיין** בסי' ר"ו, דיש חולקים ע"ז, דכשאין ברכתו לבטלה, לא יצא, ע"ש.

והיינו כשכיון בהדיא להוציא כל המינים, ואי לא"ה לא, **וכמו** לענין ברכת הפירות, כשיש לפניו דבר שברכתו פה"ע ופה"א, ויש לפניו דבר שברכתו "שהכל", אינו יוצא בסתמא בברכת "שהכל" על הכל, וכנ"ל בסי' ר"ו.

ואם צריך להקדים של עץ לשל עשבי בשמים, ע"ל סי' רי"א - ר"ל דשם איתא פלוגתא כעין זה בס"ג, לענין פה"ע ופה"א, אם צריך להקדים פה"ע, וה"נ בעניננו, **ודע** דשם הסכימו האחרונים, דמה שהוא חביב לו תמיד יותר צריך להקדימו, **אך** אם שניהם חביבין אצלו בשוה, נכון יותר להקדים הפה"ע, **וה"ה** הכא, אם חביבין אצלו שניהם בשוה, נכון יותר להקדים ה"עצי בשמים", שהיא ברכה מבוררת ופרטית ביותר, ואח"כ יברך "עשבי בשמים" **וכו'**"ע, הא שניהם שוים זה לזה, דאין זה כולל יותר מזה, ומיהו י"ל דעכ"פ שם עשב כולל לכל הגדל באדמה, ועצי אינו כולל אלא הגדל באילן - מ"א.

כתבו האחרונים, דכשם שברכת "עצי בשמים" אינו פוטר לברכת "עשבי בשמים", כן ברכת "עשבי בשמים" אינו פוטר לברכת "עצי בשמים", דבעשבים איננו נכלל עץ.

סעיף יד - המריח באתרוג של מצוה, מברך עליו - אין הכונה שנטלו בידו לצאת, ואגב אורחיה העלה ריח, **דבזה** לכו"ע אין לברך, וכדלעיל בס"ב, כיון דאין מתכוין להריח, **אלא** איירי כגון שנטלו

לצאת ולהריח, דבכה"ג פסקינן לעיל דמברך על אכילה ועל הריח, וסובר דעה ראשונה, דה"ה בזה דמברך על נטילת האתרוג ועל הריח.

ויש אומרים שאינו מברך - דלאו לריח עבידא כיון שהוא של מצוה.

לכך נכון שלא להריח בו - כדי לצאת מידי ספק ברכה, **ואם** מריח בו, דעת מג"א שלא לברך, וכן דעת הגר"א בביאורו.

וכתב מ"א בשם רש"ל, דדוקא בשעת נטילתו למצוה, אבל קודם לכן או אח"כ, מברך לכו"ע, **ויש** שחולקין בזה, (משום דהוקצה למצותו, ואינו עומד להריח, **אמנם** לענ"ד הדבר תמוה, אחרי כי בש"ס נאמר מפורש דאתרוג מותר להריח בו, שלא הקצהו אלא מאכילה שעומד בעיקרו לכך, אבל מריח לא אקצייה, ושפיר היה בדעתו ליהנות הימנו מריחו, א"כ אמאי לא יברך עליו עכ"פ בשעה שאינו לוקחו למצותו, **בשלמא** בשעה שלוקחו למצותו, אפשר לומר בטעם סברא שניה, דמאחר דבלא"ה חייב ליקחנו בשביל לצאת בו, הו"ל כדבר שלא נעשה להריח, ואע"ג דמתכוין ג"כ להריח, לית לן בה, **ועדיפא** מלקחו לאכלו ולהריח, דהתם רשות הוא עיקר לקיחתו, וכשלקחו לאכלו ולהריח, מאן מפיס שעיקר לקיחתו בשביל אכילה, והריח בא ממילא, ולא איפכא, דעיקר הוא בשביל הריח, או אפשר בשביל שתי הנאות בשוה, **משא"כ** הכא דבודאי עיקר נטילתו היה בשביל מצוה בשעתה דמחוייב בזה, א"כ ההנאה לכו"ע טפלית היא, **אבל** שלא בשעת מצוה מאי איכא למימר, **ולא** נוכל לתרץ ולומר, דכיון דעיקרו אינו עומד להריח אלא לעשות בו מצוה כל שבעה ימים, לכך לא נוכל לברך עליו ברכת "אשר נתן", זה אינו, דהא אתרוג בשאר ימות השנה כשלוקחו לאכלו, אע"ג דנהנה הוא מריח, סברי כולי עלמא ג"כ שלא לברך עליו, מטעם דעיקרו אינו עומד להריח אלא לאכילה, ואפ"ה כשנוטלו להריח לבד, לכו"ע יש לו לברך, **וה"נ** אע"ג דעיקרו עומד למצוה ולא להריח, עכשיו כשנטלו להריח לבד, יש לו לברך).

(ויש מן האחרונים שרוצים לומר באופן זה, דמאחר שאינו עומד להריח בעיקרו, א"כ אין לו לברך עליו "עצי" או "מיני בשמים", וא"כ אין לברך עליו רק "אשר נתן ריח טוב בפירות", ככל דבר שעומד בעיקרו לאכילה, והכא בחג דהוקצה מאכילה, א"כ גם ברכה זו אין לברך, **אבל** מ"מ לא מסתברא כלל, דכי בשביל שהקצה עצמו מאכילת פרי זה, אינה עומדת לאכילה בעיקרה, ולא שייך למקרי פרי).

(**וע"כ** נראה דהעיקר כהמג"א לדינא, דבשארי פעמים בכל ימי החג צריך לברך כשמריח לכו"ע, **ומ"מ** אחרי שהרבה אחרונים מחמירין בזה, והעתיקו הדה"ח והח"א את דבריהם, יש למנוע מלהריח באתרוג כל ימי החג).

(**ואם** ממשמש באתרוג ונשאר הריח בידו או בבגד, אינו מברך על אותו הריח כלל לכו"ע, אפי' בשאר ימות השנה, שריח זה אין לו עיקר).

הגה: י"א דהמריח בפת חם יש לו לברך: שנתן ריח טוב בפת - כמו בשאר פירות שעומדים לאכילה ויש להם ריח, שמברך עליהם כשנוטל אותם כדי להריח בהם, [**דקדקתי** בלשון זה, לאפוקי כשנכנס לבית והריח ריח תפוחים או ריח פת חם, דבודאי לכו"ע אין לברך, **דלא** עדיף מנכנס לאדם אחד, ושם בחדרו מונח שם בשמים, שא"צ לברך אף כשמתכוין להריח, משום דהנהו בשמים לאו לריח עבידא, וה"נ בזה, **אבל** כשנוטל הפירות בידו כדי להריח, דבר זה משוה להו כמו שעשוי להריח].

וי"א דאין לברך עליו - דאין זה ריח חשוב שיהא ראוי לברך עליו,

לכך אין להריח בו - ואם מריח אין מברך עליו. [**ולפי"ז** פשוט, דאף כשנוטל הפת כדי להריח לבד, ואין מתכוין לאכול כלל, ג"כ אין לברך, **אמנם** לפי ביאור הגר"א משמע, דאף לדעה אחרונה ס"ל דפת דינו כפרי שיש לו ריח, אלא שטעמם, כיון שאין עיקרו עומד להריח, לכך אין לו לברך, **ולפי"ז** אם נטלו להריח לבד, צריך לברך, **וספק** ברכות להקל].

§ סימן ריז – ברכת הבשמים והמוגמר §

סעיף ד - בשמים של ערוה - פי' של אשה שהיא ערוה עליו, אבל בפנויה אפשר דמותר - מ"א, **אבל** כמה אחרונים מחמירין, דאפי' בפנויה אסור, דעי"ז יבוא לידי הרהור, **וכ"ז** אפילו כשאינה נדה, ובתולות שלנו שסתמן בחזקת נדות הם, שאינן טובלות לנדותן, אסור לכו"ע, דבכלל עריות הן, **וכתב** בשע"ת בשם הברכ"י, דאפי' בבשמים של אשתו נדה אסור להריח. **כגון: קופה של בשמים תלוי בצוארה, או אוחזת בידה, או בפיה, אין מברכין עליהם, לפי שאסור להריח בהם, שמא יבא לידי הרגל נשיקה או קירוב בשר.**

יש מאחרונים שכתבו, דלאו דוקא בשהוא תלוי בצוארה, אלא רגילות נקט, **דבשמים** שהיא רגילה לשאת בצוארה, אפילו הם מונחים כעת על השלחן, ג"כ אין לברך עליהם, דעי"ז יבוא לידי הרהור אם מכירה ויודעה, [**ומיירי** בקופה של בשמים המיוחדת לנשים].

§ סימן רכה – דיני ברכת שהחיינו §

סעיף ב - הגה: י"א מי שנעשה בנו בר מצוה, יברך: בא"י אמ"ה שפטרני מענשו של זה - דעד עכשיו נענש האב כשחטא הבן, בשביל שלא חנכו למצות התורה, ועכשיו שנעשה איש מחוייב הוא להתחזק בעצמו למצות הש"י.

והיינו כשנעשה בן י"ג ויום אחד, **ועכשיו** נהגו שלא לברך עד שעה שהנער מתפלל בצבור בתורת ש"ץ, או שהוא קורא בתורה בשבת ראשונה, שאז נודע לרבים שהוא בר מצוה, [**ואף** דמבואר לקמן ברפ"ב דקטן עולה למנין ז', מ"מ להיות מקרא אינו יכול, **והנה** לפי המבואר שם באחרונים, דמנהגינו כהיום שקטן אינו עולה לתורה כלל, ממילא כשעולה נודע לכל שנעשה בר מצוה].

ודע, דאע"פ ששוב אין עליו ענין חינוך, מ"מ יש על האב מצות הוכחה כשרואה שאינו מתנהג כשורה, וכשאינו מוחה בידו נענש עליו, דלא גרע משאר ישראל, **וכידוע** מה שאחז"ל: כל מי שיש לו למחות באנשי ביתו ואינו מוחה, נתפס בעון אנשי ביתו, וכל מי שיש לו למחות באנשי עירו ואינו מוחה וכו'.

וטוב לברך בלא שם ומלכות (דעת עצמו) - משום שלא הוזכרה ברכה זו בגמרא, וכן העתיק בדה"ח, **אמנם** דעת הגר"א בביאורו, דמאחר שהוזכרה ברכה זו במדרש, ומהרי"ל עשה כן הלכה למעשה, יש לברך בשם ומלכות, **ועיין** בח"א שכתב ג"כ, דהמברך לא הפסיד.

מצוה על האדם לעשות סעודה ביום שנעשה בנו בר מצוה, כיום שנכנס לחופה, והיינו ביום שנכנס לשנת י"ד, **וטעם** הסעודה, משום דעכשיו נעשה איש ישראל שנצטוה במצות התורה, [**ובא"ר** בשם יש"ש כתב הטעם, משום דגדול המצווה ועושה, וכמו שאמרו לגבי רב יוסף דהוי עביד יומא טבא בשביל זה], **ואם** הנער דורש, הוי סעודת מצוה אפילו אינו באותו יום.

סעיף ג - הרואה פרי חדש מתחדש משנה לשנה - (בין פרי העץ, או פרי האדמה כגון דלעת וכיו"ב, ולענין פרי אדמה שקורין ער"ד עפי"ל עיין במ"ב בס"ו), **מברך: "שהחיינו"** - ואינה אלא רשות, דאי לא מברך לא מיענש, ומ"מ ראוי ליזהר שלא לבטלה.

(**כתבו האחרונים**, דלברכה זו אין צריך שיעור, דהיא על שמחת הלב שרואה שנגמר פרי).

(**כתב הבה"ט** בשם הלק"ט, דעל פירות המורכבים מין בשאינו מינו, אין מברכין עליו, לפי שבתחלתו נעשה נגד מצות הבורא, **ובתשובת** שאילת יעב"ץ חולק ע"ז, דלענין בריות נאות אף על הממזר יברך, ואין לך הרכבה פסולה יותר ממנו).

ואפילו רואהו ביד חבירו או על האילן - דעיקרה נתקן על שמחת הלב שמשמח על צמיחת פרי חדש.

(**נראה** דאף אם רואה בשבת, שאין יכול לתלשו ולאכלו, אפ"ה יברך, דבאמת כבר נגמר הפרי, אלא דאריה הוא דרביע עלה, **ועיין** בסימן רכ"ג בחי' רע"א, במש"כ לענין בנה בית חדש כשעדיין לא קבע מזוזה, ובמה שכתבנו שם).

ונהגו שלא לברך עד שעת אכילה - דמי שאין לבו שמח בראייתו רק באכילתו, לכו"ע מברך רק אאכילתו, ולכך נהגו תמיד בזה משום לא פלוג, **הגה: ומי שבירך בשעת ראיה, לא הפסיד.**

ועיין בפמ"ג שכתב, דלכתחלה נכון לברך "שהחיינו" קודם, ואח"כ יברך ברכה הראויה לה, **וה"ה** אם טועם מעט ואח"כ מברך "שהחיינו", אפשר דגם זה טוב הוא, **ובדיעבד** אם בירך "שהחיינו" אחר הברכה שבירך על האכילה, קודם שהתחיל לטעום, ג"כ אין זה הפסק.

ואין לברך עד שנגמר תשלום גידול הפרי - ר"ל דאף דלענין ברכה על הפרי, קי"ל בסימן ר"ב ס"ב, דמברכין על הבוסר בגפנים בפה"ע משהגיעו לשיעור פול הלבן, ובשאר כל האילנות משיוציאו פרי שהוא ראוי לאכול ע"י הדחק, **הכא** לענין "שהחיינו" אין לברך עד שיהיה נגמר תשלום גידולו, שיהיה טוב למאכל, **ואפילו** בדיעבד אם בירך מקודם שנגמר, ברכתו היא לבטלה, **ועיין** במ"א שהביא דדעת הרדב"ז הוא, דכשהגיע לפול הלבן, ומסתמא ה"ה בשאר כל האילנות משיוציאו פרין, כיון שמברך עליו ברכתו הראוי לו כשאוכלו, יוכל ג"כ לברך עליו "שהחיינו", **ולענין** דיעבד יש לסמוך עליו שלא לחזור ולברך, [דבלא"ה ברכת "שהחיינו" הוא רשות].

ואם לא בירך בראיה ראשונה, יכול לברך בראיה שניה - דהרי אנן נהגינן דאין מברכין עד שעת אכילה, אף שראה כמה פעמים מקודם, **ואם** לא בירך בשעת אכילה ראשונה, שוב לא יברך על אכילה שניה, **וכ"ש** שלא יברך על אותה אכילה עצמה, אף שעדיין לא נתעכל הפרי.

סעיף ד - אם בירך "שהחיינו" על שירזא"ש, כשיאכל גינדא"ש חוזר ומברך "שהחיינו". הגה: וכן בשני מיני גודגדניות, כגון ווייכסי"ל וקירש"ן וכל כיוצא בזה - ר"ל אע"פ שכולם נכנסים תחת סוג מין אחד, מ"מ כשני מינים הם לענין ברכת זמן, כי שתי שמחות הן, **ועיין** במ"א ובשארי אחרונים שכתבו, דאפילו אם אין חלוקין בשמן, אם חלוקין בטעמן, כגון תאנים לבנים ותאנים שחורים, ב' מינים הן לזה, וצריך לברך על כל אחד ברכת "שהחיינו", כשאין באין לפניו בבת אחת, **וכן** ב' מיני אגסים או תפוחים או אגוזים, ג"כ צריך לברך על כל אחד "שהחיינו", [**דכשבאין** בבת אחת, אפי' שני מינים חלוקין לגמרי בודאי די בברכה אחת].

ובביאור הגר"א מפקפק בכל זה ‹אף על דינא דמחבר› ודחה ראיותיהן, ומשמע שדעתו דכיון שבעצם הוא מין אחד, די במה שבירך בפעם ראשונה, וכן בספר מור וקציעה הביא בשם אביו החכם צבי, ג"כ כעין זה ממש, **אמנם** לבסוף מצדד שם, דאף דבאמת לשארי עניינים נקראין מין אחד, מ"מ לענין ברכת "שהחיינו" דנתקן על השמחה שבלב, מסתברא דנתחדש לו על כל דבר שמחה בפני עצמו, וניחא פסק השו"ע, [**וכנראה** שהיא מחלוקת ישנה בין הגדולים בזה, ודעביד כמר עביד ודעביד כמר עביד, **וטוב** יותר שיקח פרי של מין חדש שעדיין לא ברך עליה, ויכוין להוציא גם את זה].

[**והנה** במ"א הביא עוד, דאפי' מין אחד לגמרי גם בטעם, ורק שחלוקים במראה כגון קירש"ן שחורות ואדומות, ג"כ מברך על כל אחד בפני עצמו, **ולא** העתקתיו, דפקפקו בה כמה אחרונים, **וגם** הפמ"ג כתב ע"ז, דיש למעט בספק ברכות].

סעיף ה - אם בירך "שהחיינו" על ענבים, כששתה יין חדש אינו חוזר ומברך - ואפילו אם שתי ליה אחר מ"ם יום, שנתחזק היין ויש לו טעם אחר מן מוהל הענבים, **מ"מ** הכל שמחה אחת היא, דבעת שראה או שאכל הענבים, ידע שהיין יצא מהם.

ועיין באחרונים שהביאו, די"א דמ"מ צריך לברך "שהחיינו" גם על היין החדש, משום דיש בו שמחה יתירה מבענבים, **וע"כ** טוב שאם בירך "שהחיינו" על הענבים, אזי כששתה יין חדש יברך תחלה "שהחיינו" על איזה מין חדש או על מלבוש, כדי לפטור גם את היין.

אבל אם בירך תחלה "שהחיינו" על היין, דעת הע"ת, דלכו"ע אינו חוזר לברך "שהחיינו" על הענבים.

וכ"ז דוקא כששותה את היין כשהוא תירוש, שהוא ניכר שהוא יין חדש, **אבל** אם אינו שותהו עד שהוא יין, אפילו לא בירך "שהחיינו" על הענבים, אינו מברך עליו "שהחיינו", אף שהוא יודע שהוא יין חדש, משום דאינו ניכר בין חדש לישן.

סעיף ו - פרי שאינו מתחדש משנה לשנה - ר"ל שאפילו בימות החורף אינו משתנה ממראיתו, כגון אתרוג וכה"ג שדר באילנו משנה לשנה, **אפילו אם יש ימים רבים שלא אכל ממנו, אינו מברך "שהחיינו"** - שכיון שעומד בירקותו כל השנה, אין הנאה נרגשת בחידושו, **וכן** בא למעט דבר שאין לו זמן קבוע לגידולו, וכדלקמיה בהג"ה.

וכן דבר שאינו גידולי קרקע, כגון עופות ודגים שנזדמנו לו, אפילו אותן שלא טעם ממינן מעולם, **אפ"ה** אין מברך עליהם "שהחיינו", דזה המין אינו חדש בעצם, דאע"פ שהוא לא אכל מהם, אחרים אכלו מהם.

על כמהין ופטריות אין לברך "שהחיינו", דגם להם אין זמן קבוע, **וגם** מאויר הן גדלין ולא מקרקע.

על ריח המתחדש משנה לשנה כמו ורד, וכיו"ב שאר דברים שנעשׂו להריח, יש דעות בפוסקים אי מברך עליהם זמן, **ונהגו** שלא לברך.

י"א שעל גדיים וטלאים שרגילים להתחדש פעמים בשנה, שמברכין עליהם "שהחיינו", וצ"ע - מ"א, **והעולם** נהגו שלא לברך ע"ז.

הגה: פרי שמתחדש ב' פעמים בשנה, מברכין עליו "שהחיינו" - בכל פעם ופעם, כיון דעכ"פ בא מזמן לזמן. **אבל שאין לו זמן קבוע לגידולו, אין מברכין עליו; לכן אין מברכין "שהחיינו" על ירק חדש, דעומד כל השנה בקרקע** - ר"ל שיש ירק שדרכו לעמוד כל השנה בקרקע, וברכת "שהחיינו" לא נתקן אלא בדבר הבא מזמן לזמן, **אכן** באמת אינו מצוי זה כי אם באיזה ירקות ולא בכולן, **ואפשר** משום דאין לחלק בין ירק לירק - פרישה, **ויש** לפרש עוד דכונת רמ"א במה שכתב: דעומד כל השנה בקרקע, היינו שמטמינין אותו בקרקע בבורות, ועומד כל ימות השנה, ואינו ניכר בין ירק חדש שגדל בשנה זו, לישן שגדל אישתקד, **משא"כ** פירות, אע"ג דיש מטמינין אותן, הו"ל מיעוטא דמיעוטא ולא חיישינן להו - מג"א, **ולפי"ז** פשוט דאין לברך "שהחיינו" על פרי אדמה שקורין ער"ד עפי"ל, דהרי דרך העולם להטמין אותם בבורות בחורף, ומתקיים זמן רב, [**וכן** בצנון דדרכו ג"כ להטמינו].

[**ובחי'** רעק"א הביא בשם מהרי"ל, שהיה דרכו לברך "שהחיינו" בליל ר"ה על ער"ד עפי"ל, משמע דלא ס"ל האי סברא דמג"א, **ואפשר** דבזמן המהרי"ל לא נתפשט עדיין כ"כ זריעת זה המין בארץ, ולא היו זורעין אותו אלא מעט מן המעט, ולא היו צריכין להטמינו בחורף בקרקע כמו בימינו שהוא מעקרי מיני מזון, וחפשו עצה להעמידו שלא יכלה].

ובשם של"ה כתבו האחרונים, דאין לברך "שהחיינו" על שום ירק חדש, וכן על לחם חדש, דאין ניכר בין חדש לישן, והעולם יטעו ויבואו לידי ברכה לבטלה, **וכתב** המ"א, דמ"מ מברכין על הריפות שעושין מדגן חדש, שניכרין היטב שהם חדשים, **אכן** במור וקציעה חולק ע"ז, דאחרי שאין מינכר בטעמו, אין יתרון להם, ע"ש, ויש למעט בברכות.

ובקטניות כשהן חדשים וניכרין שהן חדשים, כגון שהם ירוקים עדיין במקצת, נראה שיוכל לברך "שהחיינו", וכן משמע בא"ר. **על** מיני לפתן שקורין מיירי"ן וריבי"ן ואוגערקע"ס, מברכין עליהם "שהחיינו".

סעיף ז - אינו מברך "שהחיינו" על הבוסר, אלא כשהבשילו האשכולות ענבים; וכן בכל פרי אחר גמרו - ר"ל שיהיה נגמר לגמרי וטוב למאכל, ועיין לעיל בס"ג.

כתבו האחרונים בשם הירושלמי, דמצוה לאכול מעט מכל מין חדש בשנה, **והטעם**, כדי להראות שחביב עליו בריאתו של הקב"ה.

§ סימן רלב – דברים האסורים לעשות בשעת המנחה §

סעיף א - אם השעה דחוקה - דהיינו שאין שהות ביום שיתפללו מתחלה הצבור בלחש, ואח"כ גם חזרת הש"ץ כראוי, **יתפללו בלחש** - היינו שלא יסמכו הצבור מפני הדחק לצאת רק בתפלת הש"ץ שיתפלל בקול רם, דעיקר תפלה בלחש הוא, **ואחר כך יאמר שליח ציבור: מגן, ומחיה, ויענה קדושה, ומסיים: האל הקדוש** - שיקצר בתפלתו שבקול, ולא יאמר כי אם ג' ראשונות להוציאן ידי חובתן בקדושה, **אם אין שהות ביום לגמור י"ח ברכות** - עיין לקמן בסימן רל"ג ס"א בהג"ה, מתי נגמר היום לענין תפלת המנחה, ועיין במ"ב שם.

הגה: ויש אומרים שיתפלל השליח צבור עם הקהל בקול רם - היינו שהש"ץ אומר מיד בקול רם, והקהל יאמר עמו בלחש מלה במלה עד לאחר "האל הקדוש", **וטוב** שיהיה עכ"פ אחד שיענה אמן על ברכת הש"ץ, **וכן נוהגין. ועיין לעיל סי' קכ"ד סעיף ב'.**

(**ופשוט** לפי מה שאנו נוהגין כהיום, **שהש"ץ אינו אומר בקול רק עד אחר ברכה ג' כדי להוציאן י"ח בקדושה, בודאי בת"צ א"צ הש"ץ לומר ברכת "עננו" רק בש"ת כשאר יחידים, דזה לא נקרא חזרת הש"ץ**).

סעיף ב - הנה מפני שבסעיף זה יש בו פרטים רבים, לכן מוכרח אנכי להאריך קצת, **הנה** כל זה הסעיף, לענין אכילה וכן לענין להסתפר וליכנס למרחץ ושאר דברים הנזכרים פה, הוא משנה בפ"ק דשבת, דאסור סמוך למנחה, **ולא** ביארה המשנה איזה מנחה, אי מנחה גדולה דהיא משש שעות ומחצה ולמעלה, וסמוך לה הוא חצי שעה קודם, דהיינו תיכף אחר חצות היום, **או** מנחה קטנה, דהוא מתשע שעות ומחצה ולמעלה, וסמוך לזה היינו מתחלת שעה עשירית.

גם לא ביארה המשנה מה דאסרה לענין אכילה, אי דוקא לסעודה גדולה דהיינו סעודת נישואין וכה"ג, אז אסור שמא יעבור זמן המנחה, **או** אפילו סעודה קטנה כסעודת כל אדם אסור, דלמא אתי לאמשוכי.

וכן כה"ג יש להסתפק בשאר דברים המוזכרים במשנה, דהיינו שאסור ליכנס למרחץ, אי דוקא לכולא מלתא דמרחץ, דהיינו לחוף ראשו ולהשתטף בחמין וצונן ולהזיע, **או** אפילו להזיע בעלמא אסור, שמא יתעלף מחמת חום המרחץ, **וכן** לענין בורסקי, אי דוקא לבורסקי גדולה, או אפי' לעיוני בעלמא, וכה"ג בשארי דברים כאשר מוזכרים בזה הסעיף.

ויש שם בגמרא שני תירוצים, ולתרוייהו איירי המשנה במנחה גדולה: תירוץ קמא, דכונת המשנה שאסרה סמוך למנחה גדולה איירי דוקא בסעודה גדולה, הא סעודה קטנה מותר להתחיל עד זמן סמוך למנחה קטנה, **ויש** שמקילין עוד לתירוץ זה, דאפילו סמוך למנחה קטנה ג"כ מותר להתחיל סעודה קטנה, (והיינו הי"א בתרא ברמ"א). **ותירוץ** בתרא, דכונת המשנה לאסור אפילו סעודה קטנה סמוך למנחה גדולה.

ונחלקו הפוסקים בזה, הרי"ף והרמב"ם פסקו כתירוצא בתרא, וזהו שסתם המחבר כמותם, **והרמ"א** בריש דבריו פסק כתירוצא קמא, זהו תורף הענין שבסעיף זה, ועתה נתחיל לבאר את דברי הסעיף.

לא ישב אדם להסתפר סמוך למנחה, עד שיתפלל - האי סמוך למנחה היינו סמוך למנחה גדולה, כאשר כתב המחבר בסוף דבריו, ואכולהו קאי, **והיינו** חצי שעה קודם, דהוא תחלת שעה שביעית שהוא מחצי היום ומעלה, **ואין** חילוק בין היום ארוך או קצר, לעולם חשבינן לדעה זו סמוך למנחה אחר חצי היום.

ואף שעד סוף זמן המנחה יש שהות הרבה, אפ"ה חיישינן שמא ישבר הזוג ויחזר אחר אחרת ויעבור המנחה, **ואפשר** שאם יש לו ב' או ג' זוגים מוכנים לפניו שרי, [מ"א, **וא"ר** מפקפק בזה].

כשמגיע זמן המנחה, נכון שלא יקח ילד בחיקו, דשמא יטנף בגדיו, ובעוד שיחזר אחר מים יעבור מנחה, או יתאחר לבוא לבהכ"נ.

ולא יכנס למרחץ - אפי' להזיע בעלמא, וכ"ש לכולא מלתא דמרחץ.

ולא לבורסקי (מקום שמעבדין שם העורות) - אפילו לעיוני בעלמא, שמא יראה שנתקלקלו העורות ויצטער, ויהיה טרוד בצערו ולא יתפלל - רש"י, [**וגם** שמא יתקן, ובתוך כך יעבור הזמן], **ומשמע** דהוא הדין לכל מלאכה או חשבון כיוצא בו שאפשר להמשך או לגרום טרדא, [מ"א], **ולכן** אותם היוצאים לירידים, שטרודים בקניית ומכירת סחורה, לא יתחילו לכתחלה סמוך לזמן מנחה גדולה עד שיתפללו מקודם, [ח"א].

(**ומצאתי** במאירי שכתב מענין זה וז"ל: קצת מפרשים כתבו, שלא נאסרה מלאכה בחול מזמן הסמוך למנחה גדולה, אלא במלאכות שאין רגילות עשייתן לחצאין, כגון תספורת או הבורסקי, שמאחר שאתה חושש על הפסד עורות, איך יפסיד וילך להתפלל, **ועוד** שדרכו ללבוש בגדים צואים באותה שעה, עד שישלים וירחץ רגליו וילביש בגדים הרגילים לו, ואיך יפסיק ע"מ לחזור לאלתר לסורו, **וכן** לדין קשה לו לזוז בעוד שטענתו בידו ועדיו מזומנים לו, וכן כל כיוצא בו, **אבל** תפירה וכתיבה ושאר דברים שאדם רגיל להסתלק מהן לחצי שיעור, מתחיל, וכשיגיע זמן תפלה מפסיק, עכ"ל, **ואפשר** שכן הוא ג"כ דעת המ"א, ולהכי כתב "כיוצא בזה", וכ"כ הפמ"ג, **אמנם** מסתימת לשון מהרי"ו שהביא המ"א, משמע דס"ל שבכל מלאכה אסור, **ובמקום** הצורך יש לסמוך להקל).

ולא לדין - אפילו שמעו טענותיהם מכבר, ועתה ראו לישב בשביל גמר דין, אסור, שמא יראו טעם ויסתרו הדין וימשך הענין, [**דאילו** כבר ישב מקודם שהגיע הזמן בשביל התחלת הדין, אף שגמר הדין הגיע סמוך למנחה, הלא קימ"ל אם התחילו אין מפסיקין, ופשוט].

ולא לאכול אפי' סעודה קטנה - היינו סעודת כל אדם, וסעודה גדולה הוא של נישואין ומילה, והטעם, דחיישינן שמא ימשך, **סמוך למנחה גדולה.**

ולענין להתחיל ללמוד קודם תפלת המנחה, ע"ל בסי' פ"ט ס"ו לענין לימוד קודם תפלת שחרית, וה"ה הכא כשמגיע זמן מנחה קטנה, (ודלא כשאר מלאכות שאסרו מזמן מנחה גדולה), [**ולכאורה** אין להחמיר לענין למוד אחצי שעה, **ופשוט** דאם התחיל בלמוד קודם שהגיע הזמן דחיוב תפילה, אינו חייב להפסיק אם ישאר לו שהות אח"כ להתפלל בזמן תפילה].

ואם התחיל באחת מכל אלו, אינו מפסיק אע"פ שהתחיל באיסור - היינו אפילו התחיל סעודה גדולה, או שנכנס לבורסקי גדולה, וכה"ג בשארי דברים כאשר הזכרנו בפתיחה, דבודאי יש לחוש בהו שמא ימשך הרבה, אפ"ה אינו מפסיק, כיון שיש שהות להתפלל אחר שיגמור סעודתו או מלאכתו.

ואפילו התחיל אחר שהגיע כבר זמן מנחה גדולה, ואפילו אחר כך, כל שלא הגיע עדיין החצי שעה שקודם מנחה קטנה, **דאלו** כשהתחיל בזו החצי שעה, מפסיק כשיגיע זמן מנחה קטנה, ואף שיש שהות הרבה עדיין עד הערב, דעיקר זמן מנחה הוא ממנחה קטנה ולמעלה, [ולכך מחמרינן יותר כשמתחיל סמוך לה], **ועיין** לקמן בהג"ה מה שעכשיו נוהגין להקל.

(**וכל** שא"צ להפסיק ומפסיק, נקרא הדיוט – מ"א בשם ירושלמי, **ובאדרת** אליהו חולק ע"ז, **ונראה** פשוט דאף למ"א, במקום דמן הדין יש להפסיק, כגון שהתחיל בזמן מנחה קטנה, ורק שאנו סומכין על קריאת השמש, המחמיר בזה בודאי לא נקרא הדיוט).

(**ודע**, דכל היכא שאמרו שאינו מפסיק, הוא אפילו אם ע"י יפסיד התפלה בצבור, אינו מחוייב מדינא, **דלא** אטרחוהו רבנן בדיעבד, כיון שיש לו שהות להתפלל אח"כ).

והוא שיהא שהות ביום להתפלל אחר שיגמור סעודתו או מלאכתו, אבל אם אין שהות להתפלל אח"כ - אפילו התחיל בהיתר, **צריך להפסיק מיד** - היינו אפי' עוד היום גדול, כל שיודע שתמשך סעודתו או מלאכתו עד שתחשך, [**ולאו** דוקא עד שתחשך ממש, אלא כל שלא ישאר זמן אחר סעודתו להתפלל כל

סימן רלב – דברים האסורים לעשות בשעת המנחה

התפילה בעוד יום], **צריך** להפסיק מיד, שמא ישכח ויעבור הזמן לגמרי, [**היינו** דלא אמרינן שיאבל ויפסיק בתוך הסעודה]. **ולא** יכול להמתין עד זמן מ"ק, ודלא כמ"ש הרמ"א לקמן בסמוך, וכן הוא במ"א, ועיין באשי ישראל].

ומאימתי התחלת תספורת - קאי אמה שכתב לעיל: ואם התחיל וכו', **משיניח סודר של ספרים על ברכיו; והתחלת מרחץ, משיפשוט לבושו העליון; והתחלת בורסקי, משיקשור בגד בין כתיפיו כדרך הבורסקים.**

והתחלת דין, אם היו עסוקים בו - פי' שכבר ישבו בדינין אחרים, **משיתחילו בעלי דינים לטעון; ואם לא היו עסוקים בו, משיתעטפו הדיינים** - שכך היו נוהגים מלפנים כשיושבין בדין, משום ששכינה שורה עמהם, **ולדידן משישבו אדעתא לדון.**

והתחלת אכילה, משיטול ידיו - ומי שרגיל להתיר איזורו בשעת אכילה, מקרי התחלה משיתיר איזורו אף קודם נטילה, [**ומשמע** מרשב"א, ‹דבסעודה גדולה› אם עדיין לא התחיל לאכול, אף כשהתיר חגורתו כדי לאבול, מפסיק, **והאחרונים** לא הזכירו בזה].

הגה: ויש חולקים וסבירא להו דסעודה קטנה מותר - היינו סמוך למנחה גדולה, ואחר מכן עד סמוך למ"ק, **אבל** סמוך למ"ק שהוא מתחלת שעה עשירית ולמעלה, גם לדידהו אסור בכל אלה, [היינו אפי' תספורת דידן, וכן בכל הדברים כמו לדעה קמייתא]. ‹**ואפילו סעודה** קטנה›, **ואפי'** בדיעבד אם התחילו אז, מפסיקין כשיגיע הזמן דמ"ק.

ואינו אסור רק בסעודת נשואין או מילה - היינו דלדידהו אינו אסור להתחיל סמוך למנחה גדולה אלא סעודה גדולה, דבדידהו דוקא שצריך שיהוי רב, ע"כ חיישינן שמא ימשך הרבה עד שיעבור הזמן.

וה"ה פדיון הבן, שיש שם הרבה בני אדם מסובין יחד, ועי"ז רגיל הדבר להמשך, **וסעודת** שבת ויו"ט לא מקרי סעודה גדולה.

ולדידהו תספורת דידן נמי שרי סמוך למנחה גדולה, ואינו אסור אלא תספורת של בן אלעשה, שהיא מלאכה גדולה כמבואר בגמרא, **ומרחץ**, דוקא כולא מילתא דמרחץ אסור אז, אבל להזיע בעלמא שרי, **ובורסקי**, דוקא בורסקי גדולה, **ודין**, דוקא התחלת דין שצריך לזה שיהוי הרבה, וחיישינן שמא יעבור עי"ז הזמן, אבל גמר דין שרי.

‹**ועיין** בביאור הגר"א שכתב, דהעיקר כדעה זו, **וע"כ** נראה דאף מי שאינו רוצה לסמוך על המנהג שנהגו להקל המבואר בהג"ה לקמיה, אין לו להחמיר רק כדעה זו האמצעית, אבל לא כ"כ כדעה ראשונה›.

וי"א דאפילו סעודה גדולה סמוך למנחה גדולה שרי; וי"א דסעודה קטנה אפי' סמוך למנחה קטנה שרי - שתי אלו הדעות מקילין יותר מדעות הקודמות, דלדידהו רק באופן אחד אסור, ונחלקין זה מזה, **דלי"א** הראשון רק סמוך למנחה קטנה אסור, ואפילו סעודה קטנה, [**היינו** לכתחילה, אבל אם התחילו אפי' סעודה גדולה, אין מפסיקין אף שהגיע זמן מנחה קטנה, כיון שיש שהות עדיין לגמור גם התפלה מבעו"י], **אבל** סמוך למנחה גדולה שרי הכל.

וי"א השני ס"ל בהיפך, דסעודה גדולה אסור אפילו סמוך למנחה גדולה, וסעודה קטנה מותר אפילו סמוך למנחה קטנה **ומשמע** דכשהגיע זמן מנחה קטנה מודה דאסור להתחיל, **ובהגהת** מרדכי מיקל גם בזה, ודעתו דאין איסור אלא בסעודה גדולה סמוך למ"ק, ‹וזה לכאורה כמו ה"נהגו להקל" בסמוך, דלהי"א השני אסור כבר מסמוך למנחה גדולה›, וכן משמע במהרי"ו, דנהגו העולם להקל אף לאחר שהגיע זמן מנחה קטנה, [מג"א].

ונהגו להקל בכל הסברות, דהיינו בסעודה גדולה סמוך למנחה גדולה, ובסעודה קטנה סמוך למנחה קטנה - ‹ויש מקילין אף לאחר שהגיע זמן מנחה קטנה, כדלעיל, עיין במ"א›. **וכן** העתיקו האחרונים.

ואפשר הטעם, משום דעכשיו קורין לבהכ"נ, לא חיישינן דלמא יפשע ולא יתפלל, (ועי"ל סי' פ"ט) - ומיירי שדרכו ג"כ לילך להתפלל בצבור בבהכ"נ, אבל אם דרכו להתפלל ביחידות בביתו, לא מהני. **אמנם** מיד שקורין לבהכ"נ צריך להפסיק ולהתפלל, דאל"ה מאי תקנתיה.

ודע, דדוקא סעודה קטנה סומכין על קריאת השמש לבהכ"נ, **אבל** סעודה גדולה אין סומכין על קריאה לבהכ"נ, להתיר להתחיל סמוך למ"ק, דהיינו מט' שעות ולמעלה, משום דשכיחא שכרות.

ומשמע מהאחרונים, דלענין לילך למרחץ אפילו לכולא מלתא דמרחץ, וכן לענין כל הדברים שמוזכר לעיל בסעיף זה, סמכינן על קריאת השמש לבהכ"נ כמו לענין סעודה קטנה, **והנה** לפי"ז מותר לילך בע"ש למרחץ אפילו כשהגיע זמן מנחה קטנה, במקום שהשמש קורא לבהכ"נ, **אמנם** אנשי מעשה נוהגין להתפלל מקודם שהולכין לבית המרחץ, [שאין רוצים לסמוך על קריאת שמש, דלאו היתר ברור הוא], **ויש** שמדקדקין ליזהר להתפלל מקודם אפילו כשהולכין לבית המרחץ סמוך למנחה גדולה, דהיינו אחר חצות, כמו שמוזכר במעשה רב, [שחוששין לדעת המחבר, שחשש שמא יתעלף, ומפני זה אסור אפי' להזיע בעלמא, וממילא לא מהני קריאת שמש], **אמנם** הנוהגין להקל בזה אין למחות בידן, דיש להם על מה שיסמכו וכנ"ל.

אבל כ"ז דוקא אם יכריז גם לאנשי בית המרחץ לצאת מבע"י איזה זמן קודם השקיעה, בכדי שיספיק להם העת אחר צאתם להתפלל בזמנה, דאל"ה לא נוכל לסמוך ע"ז כלל, [**ובאמת** בחורף בימים הקצרים כשבא מבית המרחץ, הלא ידוע דמצוה ע"כ אדם לזרז על הדלקת נרות שלא יעברו הזמן, ולא יהיה לו שהות עי"ז להתפלל מנחה בזמנה, בודאי מהנכון להקדים להתפלל מנחה מקודם, ואפי' ביחידי].

מיהו בסעודה גדולה יש להחמיר אפילו סמוך למנחה גדולה - היינו שלא לסמוך על קריאת השמש להתחיל אז הסעודה, דשכיח שכרות, ובשכרות לא מהני הקריאה, [**ר"ל** דלא כמנהג העולם שנהגו להקל גם בזה, וכמ"ש מתחילה]. **ולפי"ז** כשיש חתונה בשבת, ולא יצאו מבהכ"נ עד אחר חצות, יתפללו מנחה מקודם ואח"כ יאכלו, דסעודת נישואין הוי סעודה גדולה.

סימן רלב – דברים האסורים לעשות בשעת המנחה

ואפילו אם התחיל קודם לכן - דהיינו שהתחיל הסעודה גדולה קודם חצות, דאז עדיין זמן היתר לכו"ע, **כשמגיע מנחה קטנה והשעה עוברת** - ר"ל כיון שמשער שימשך סעודתו עד הלילה, **צריך לקום ולהתפלל** - תיכף כשיגיע זמן מ"ק, [**ולפי** היהיטת לשון רמ"א משמע, דהיינו אפי' במקום שקורין לביהכ"נ].

נראה דדוקא בסעודה גדולה ומשום דשכיחא שכרות, דלא סמכינן על קריאת השמש לביהכ"נ וכנ"ל, לכך פוסק מיד, **אבל** בסעודה קטנה א"צ לפסוק מיד, דיוכל לסמוך דיפסוק מסעודתו כשיקרא השמש לביהכ"נ, אפילו אם התחיל סעודתו אחר שהגיע זמן מנחה קטנה.

(ובדה"ח ראיתי שפוסק, דאם התחיל קודם שהגיע זמן דסמוך למ"ק, דהיינו קודם ג' שעות זמניות קודם הלילה, אפילו סעודה גדולה אין מפסיקין, ומשמע שם מיניה דהיינו אפילו יודע שתמשך סעודתו עד הלילה, אלא פוסק איזה זמן מועט קודם שיגמר זמן התפלה, ואפילו במקום שאין קורין לביהכ"נ, עי"ש, **ולכאורה** הוא דלא כדעת הרמ"א, ונראה שטעם הדה"ח, דמה שפוסק הטור דאם אין שהות להתפלל ביום אחר גמר סעודתו דפוסק מיד, ומובא כן לעיל בשו"ע, היינו כשהתחיל באיסור, אבל כשהתחיל בהיתר אין צריך לפסוק מיד, אלא פוסק איזה זמן מועט קודם שיגמר היום כדי שיוכל להתפלל, **ואנו** סומכין על דעת המאור, דעד שיגיע זמן סמוך למנחה קטנה, אפילו סעודה גדולה מותר להתחיל, וא"כ נקרא אז התחיל בהיתר, **אבל** מהרמ"א משמע דאפילו התחיל בזמן ההיתר, לכו"ע צריך לקום מיד כשיגיע זמן מ"ק, אם יודע שתמשך סעודתו עד הלילה, וצ"ע למעשה).

§ סימן רלד – הרוצה להתפלל מנחה גדולה ומנחה קטנה §

סעיף א - הרוצה להתפלל מנחה גדולה ומנחה קטנה - מנחה גדולה הוא משש שעות ומחצה, ומנחה קטנה הוא מתשע ומחצה ולמעלה, ורוצה להתפלל שניהם, א' לחיוב וא' לנדבה, **וכמו** דקי"ל בסי' ק"ז, דיכול אדם להתפלל כמה שירצה בתורת נדבה, ובלבד שיחדש דבר בתפלתו שהוא לנדבה, ע"ש, **אין ראוי לו להתפלל רשות, אלא הגדולה** - דאף דלעולם מתפללין החוב מקודם ואח"כ הרשות, **הכא** קודם תשע ומחצה לא הגיע עוד עיקר זמן מנחה, שעיקר זמנה לכתחלה הוא מט' ומחצה ולמעלה, שהיה זמן הקרבת התמיד בכל יום, כנ"ל בסימן רל"ג. [**ודע**, דדין זה של המחבר הוא רק דעת הרמב"ם, דס"ל דמנחה גדולה הוא רק דיעבד, **אבל** הרא"ש חולק ע"ז, וס"ל דמנחה גדולה מותר לכתחילה להתפלל, **וממילא** בענינינו יתפלל מנחה גדולה לשם חובה, ומנחה קטנה לשם רשות, כדאיתא בטור, **והמחבר** שלא הביא דעתם, משום דאזיל לטעמיה דפסק בריש סי' רל"ג כהרמב"ם, **אבל** לפי מה דמשמע מהט"ז והגר"א, שמצדדים לדינא כדעת הרא"ש והטור, ממילא נשתנה דין זה, **ולפלא** על האחרונים שלא העירו בזה].

ואם יתפלל הגדולה חובה, לא יתפלל הקטנה כי אם רשות - דבדיעבד יצא י"ח במנחה גדולה כנ"ל בסי' רל"ג, **ובסתמא**, שלא כוון בהדיא לשם נדבה, נמי נראה דעולה לשם חובה, ויתפלל השניה לשם נדבה אם ירצה.

אבל אין ראוי להתפלל תפלת רשות, אא"כ מכיר בעצמו שהוא זהיר וזריז ואמיד בדעתו לכוין בתפלתו מראש ועד סוף בלא היסח הדעת; אבל אם אינו מכוין בה יפה, קרינן ביה: למה לי רוב זבחיכם - ובריש סימן ק"ז משמע דבעינן ג"כ שיחדש בה דבר, **ואפשר** דהיכא שהוא מכיר בעצמו שיכוין היטב ותפלה טובה היא, לא בעינן חידוש, **אבל** מלישנא דטור לא משמע הכי.

§ סימן רלו – ברכות קריאת שמע של ערבית §

סעיף ד - אחר "שומר עמו ישראל", אומר אמן אחר ברכת עצמו - שהוא סיום ברכת ק"ש, ואזיל המחבר לטעמיה במה שפסק בסימן רט"ו ס"א, ע"ש.

ולא יענה אמן אחר ברכת "המלך בכבודו" - כי היא אינה שייך לברכת ק"ש, והויא ככל ברכה מיוחדת שאין עונה אמן אחר ברכת עצמו. **(ועיין לעיל סימן רט"ו)** - ר"ל ששם כתב הרמ"א, שבמדינותינו אין נוהגין לענות אחר ברכת עצמו, אפילו אחר ברכת "שומר עמו ישראל לעד".

באומרו "תמיד ימלוך עלינו", לא יהיה כונתו בלשון בקשה, שמתפלל שימלוך עלינו, דהיינו לקרב הגאולה, שאין תפלה בחתימת הברכה, אלא יהיה כונתו בלשון שבח, שהקב"ה ימלוך לעולם, [**ותיבת** "תמיד", כתב המ"א בשם עמק המלך, ששייך למטה, **וא"ר** בשם הפרישה כתב להיפך, ע"כ איך דעביד שפיר עביד].

§ סימן רלז – סדר תפלת ערבית §

סעיף א - אין שליח צבור חוזר התפלה בתפלת ערבית - שאין תפלת ערבית חובה רק מצוה, ולא נתחייב בה אדם שיצטרך הש"ץ להוציאו ידי חובתו, **ואפילו** האידנא דקבעוה חובה, מ"מ לא אלים מנהגא לשויה חובה כדי לאטרוחי צבורא להחזיר הש"ץ התפלה. **(ואין נופלין על פניהם לאחר ערבית)** - וכ"כ הב"ח ומ"א, **ואפילו** התפללו ערבית מבע"י, אין נופלין, דכבר שויא לילה, **ואפילו** תפלה שהוא מתפלל לשם תשלומין של תפלת מנחה, ג"כ אין ליפול. **כתב** שלטי גבורים ריש ברכות, נהגו בקצת מקומות לומר: "שיר המעלות הנה ברכו" וכו' קודם מעריב, משום דאמרינן "רגיל לקרות קורא", דצריך לקרות שמע מתוך ד"ת, **והא** דאמרינן מזמור זה יותר מאחרים, משום דכתיב ביה "העומדים בבית ה' בלילות", א"נ משום דכתיב: "שאו ידיכם קודש וברכו את ה'".

§ סימן רמ – איך יתנהג האדם בתשמיש מטתו §

סעיף א - אם היה נשוי, לא יהא רגיל ביותר עם אשתו - עיין רמב"ן בחומש פרשת קדושים בראשו, **אלא בעונה האמורה בתורה** - וצריך לקיים העונה גם כשהיא מעוברת או מניקה, ולא יבטל עונתה אלא מדעתה כשהיא מוחלת לו, וכבר קיים מצות פו"ר, (**ועיין** בא"ר, דאף כשהיא עקרה וזקנה שאינה יכולה שוב להתעבר, מ"מ שייך מצות עונה, **וצריך** גם אז לנהוג בקדושה, כי כתבו המקובלים, שגם אז נבראו נשמות קדושות עי"ז).

וכ"ז במי שגופו בריא, אבל מי שאינו בריא, אינו חייב אלא לפי מה שאומדין אותו שיכול לקיים.

הטיילים - בני אדם הבריאים והמעונגים, **שפרנסתן מצויה להם, ואין פורעין מס, עונתן בכל יום** - ואפילו הם בני תורה, כל זמן שאינו ת"ח, דבת"ח שהתורה מתשת כחו, בכל גווני הוא מע"ש לע"ש.

הפועלים שעושים מלאכה בעיר אחרת, ולנין בכל לילה בבתיהם, פעם א' בשבוע; ואם עושים מלאכה בעירם, פעמים בשבוע; החמרים, אחת בשבוע; הגמלים - שהם המביאים חבילות על הגמלים ממקום רחוק, **אחת לל' יום; הספנים, אחת לששה חדשים.**

ועונת ת"ח מליל שבת לליל שבת - שבחול צריכים לעסוק בתורה בלילה, שתורתן אומנותן. **יש** שכתבו שה"ה בר"ח ויו"ט, [המקובלים בשם האר"י, דלענין זווג, ראש חדש ויום טוב כשבת]. **ולכאורה** לפי הטעם שצריך לעסוק בתורה בלילה, אין שייך לחייב אותו בר"ח, [**ונלענ"ד** דאין כוונת האר"י לחייב בר"ח ויו"ט לת"ח שהתורה מתשת כחן, **אלא** כוונתו דאף שע"פ הקבלה נכון ליראי אלקים לזהר מלשמש בחול, אם לא שיצרו מתגבר עליו, כי אם בשבת, שאז ממשיך נפש קדושה על זרעו, **בר"ח** ויו"ט א"צ לזהר בכך, שגם אז ממשיך נפש קדוש, אבל לא שיהיה מחוייב בדבר].

ואל יאמר אדם אעשה עצמי כת"ח, כי כתיב: ועונתה לא יגרע - מ"א בשם הקנה, **ור"ל** להפקיע העונה שלא ברשותה, אבל ברשותה תבוא עליו ברכה - פמ"ג, **וע"ש** שמסתפק בזמנינו אם נקרא ת"ח לזה, ומ"מ מצדד דכיון דלפי הדור הוא ת"ח, והוא נשאה על דעת כן, לית חיוב עונה כי אם בליל שבת, (**וכ"כ** בתשו' מעיל צדקה, שכל מי שהוא לומד בתמידות, הן אם הוא מהמורים בעם או מן התלמידים, רשאי שלא לקיים עונתו כי אם אחת בשבת, **ואף** שאין לנו דין ת"ח בזה"ז לכמה דברים, מ"מ בזה רשאי לעשות עצמו ת"ח, **ומה** שכתב מ"א שאין רשאי, היינו כשהוא באמת פועל או טייל ואינו עוסק בתורה, אבל לעוסקי תורה שמתשת כחם, אין חילוק בין ת"ח שבזמניהם לזמנינו, **ומ"מ** כתב לבסוף שהיה מיעץ לסביביו, שיקיימו עונת פועלים שתים בשבת, **והעיקר** הכל לפי כח האדם).

אין לשמש בליל א' של פסח, וליל שבועות, ושני ימים של ר"ה, וליל שמיני עצרת, אם לא בליל טבילה, **וכ"ז** אינו אלא לאדם שהוא מלא בירא ולא יחטא ח"ו, **אבל** אלו שיצרם מתגבר עליהם, והם חושבים שהוא כעין איסור תורה, ועי"ז באים ח"ו לידי כמה מכשולים, מצוה לשמש אפילו בר"ה, ויטבול למחר, דמצד הדין אין איסור אלא ביוה"כ ובט"ב, ובימי אבלות שלו או שלה, (**ועיין** בספר ישועות יעקב שמצדד, דאם לא קיים עדיין פריה ורביה, אין להחמיר בכל זה).

וכל אדם צריך לפקוד את אשתו בליל טבילתה - ר"ל אפי' שלא בשעת עונתה, **ובשעה שיוצא לדרך, אם אינו הולך לדבר מצוה** - ר"ל אפי' שלא בשעת עונתה, **אך** ביוצא לדרך מהני מחילה דידה.

וכן אם אשתו מניקה, והוא מכיר בה שהיא משדלתו ומרצה אותו ומקשטת עצמה לפניו כדי שיתן דעתו עליה, חייב לפקדה - ר"ל אף שהיא מניקה או מעוברת מ"מ חייב לפקדה, **היינו** אפילו שלא בשעת עונתה.

ואף כשהוא מצוי אצלה לא יכוין להנאתו, אלא כאדם שפורע חובו שהוא חייב בעונתה - וזה יכוין אפילו בעת עיבור ויניקה, **ולקיים מצות בוראו שיהיו לו בנים עוסקים בתורה ומקיימי מצות בישראל; וכן אם מכוין לתיקון הולד, שבששה חדשים אחרונים יפה לו שמתוך כך יצא מלובן ומזורז, שפיר דמי.**

ואם הוא מכוין לגדור עצמה בה כדי שלא יתאוה לעבירה, כי רואה יצרו גובר ומתאוה אל הדבר ההוא, הגה: גם בזה יש קיבול שכר; אך (טור) יותר טוב היה לו לדחות את יצרו ולכבוש אותו, כי הענין הזה, מרעיבו שבע; משביעו רעב.

אבל מי שאינו צריך לדבר, אלא שמעורר תאותו כדי למלאות תאותו, זו היא עצת יצר הרע, ומן ההיתר יסיתנו אל האיסור, ועל זה אמרו רבותינו ז"ל: המקשה עצמו לדעת יהא בנדוי.

סעיף ב - לא ישתה אדם בכוס זה ויתן עיניו בכוס אחר - פי' שיתן מחשבתו בשעת תשמיש על האחרת, **ואפילו שתיהן נשיו.**

סעיף ג - "וברותי מכם המורדים והפושעים בי", אלו בני תשעה מדות: בני אנוסה - אפילו אינה אנוסה, רק שאינה מרוצה מפני כעס שיש לה עליו, **לכן** יפייס ואח"כ יבעול.

בני שנואה - בשעת תשמיש, אבל אם היא אז רצויה, אע"פ שהיא שנואה, שרי.

בני נידוי – (היינו כשהוא או היא היו אז בנידוים, וה"ה כשהוא או היא היו באבלם, ומה דאיתא ביו"ד דמותר לבוא על אשתו כשהיא אבלה ואינה יודעת, כל שאינה יודעת לאו איסורא הוי, **ויש** גורסין: בני נדה, דאף דאין הולד ממזר מזה, פגום מיהא הוי, ועליהם אמר הכתוב: וברותי וגו').

בני תמורה - אפילו שתיהן נשיו, וכגון שנתכוין לזו ונזדמנה לו אחרת, [**הקשה** המ"א, דהלא יעקב נתכוון לרחל ובא על לאה, **ותירץ** דדוקא כשנתכוון לגוף זה ונזדמנה לו גוף אחר תחתיו, **אבל** יעקב משעת כניסתו לחופה ראה לאה ונתכוון לגופה, רק שסבר ששמה רחל, ע"כ לית לן בה].

בני מורדת - דאמרה: לא בעינא לך לבעל, ואעפ"כ הוא משמש עמה, אע"פ שהיא מרוצה לו בשעת תשמיש.

בני שכרות - הוא או היא שכורה, **ומסתברא** דדוקא נתבלבל דעתו מחמת שכרות, ולא בששתה רביעית.

בני גרושת הלב - שבדעתו לגרשה אע"פ שהוא אוהבה, כגון מאותן שכופין להוציא.

בני ערבוביא - כגון שנותן אז דעתו על אחרת כמ"ש ס"ב, **בני חצופה** - שתובעתו בפה, **אבל** אי מקשטת עצמה ומרצה אותו שיתן דעתו עליה, אדרבה אז חייב בעונה כדלעיל בס"א, והו"ל בנים מהוגנים.

וכל אלו הדברים הנזכרים כאן צריך ליזהר אפילו כשהיא מעוברת או זקנה שאינה ראויה לילד.

כתבו האחרונים, דיש ליזהר מלבוא על אשתו כשהיא ישנה.

סעיף ד - אסור להסתכל באותו מקום, שכל המסתכל שם אין לו בושת פנים, ועובר על "והצנע לכת", ומעביר הבושה מעל פניו; שכל המתבייש אינו חוטא, דכתיב: "ובעבור תהיה יראתו על פניכם", זו הבושה, "לבלתי תחטאו"; ועוד דקא מגרה יצר הרע בנפשיה – (והעובר ע"ז הויין ליה בנים סומין).

וכל שכן הנושק שם, שעובר על כל אלה, ועוד שעובר על "בל תשקצו את נפשותיכם" – (והעובר ע"ז הוויין ליה בנים אלמים).

סעיף ה - הוא למטה והיא למעלה, זו דרך עזות; שמשו שניהם כאחד, זו דרך עקש.

סעיף ו - אסור לשמש מטתו בפני כל אדם אם הוא נעור, ואפילו ע"י הפסק מחיצה עשרה - הטעם, דמרגיש הוא בעת שהלה משמש מטתו ואין כאן צניעות, **ואם** הוא בענין שאין מרגישים כלל, מותר ע"י הפסק מחיצה.

(**ובפני** ישן מותר אפילו בלא הפסק מחיצה, ומ"מ לכתחלה טוב במקום שבני אדם ישנים בבית, שיעמיד מחיצה סביב המטה, שקורין פאראוואן).

ובפני תינוק שאין יודע לדבר, מותר.

סעיף ז - לא ישמש בתחלת הלילה ולא בסופה, כדי שלא ישמע קול בני אדם ויבא לחשוב באשה אחרת; אלא באמצע הלילה - ואם רואה שיצרו מתגבר עליו ובא לידי הרהורים, ויכול לבוא לידי טומאה ע"ז, לא יחמיר בזה.

סעיף ח - וישמש באימה וביראה, כמו שאמרו על רבי אליעזר שהיה מגלה טפח ומכסה טפח ודומה כמו שכפאו שד, פי' באימה וביראה כאלו כפאו שד.

וי"מ מגלה טפח ומכסה טפח, שלא היה ממרק האבר בשעת תשמיש כדי למעט הנאתו; ודומה כמו שכפאו שד, שעושה הדבר באונס.

וי"מ: מגלה טפח שבאשה, כלומר עכשיו מגלה אותה לצורך תשמיש, ועכשיו מכסה אותה, כלומר שלא היה מאריך באותה מעשה, ודומה לו כמו שבעתו השד ונבעת והניח המעשה, כל כך היה מקצר בתשמיש - עיין במ"א מש"כ בזה, וז"ל: וקשה הלא אמרו בשכר שמשהין עצמן על הבטן הו"ל בנים זכרים, **ותירץ** הראב"ד כל המעשים שהם לשם שמים טובים הן, מי שיודע בעצמו שיאריך ולא תכנס בו מחשבה אחרת, ומשהה עצמו כדי שתהנה האשה ממנו ותזריע תחלה, הקב"ה משלם לו בנים זכרים, **ומי** שאינו בוטח בעצמו וממהר כדי להנצל מן החטא, גם הוא עושה מצוה והקב"ה נותן לו זכרים).

ויש מפרשים: מגלה טפח, על הסינר שהיתה חוגרת בו, שאף בשעת תשמיש היה מצריכה לחגרה, ומגלה רק טפח ממנה, ומכסה מיד כדי למעט הנאתו; וכולהו פירושי איתנהו, וצריך בעל נפש ליזהר בהם.

כתבו התוס' בשם המדרש, דהקב"ה שונא המשמש ערום, ודוקא ערום ממש, ומשום דיש לו לאדם להיות צנוע, **אבל** אם מכסה עצמו מלמעלה, ליכא שום חשש בדבר, [**ובשם** המקובלים, אדרבה באופן זה עדיף טפי].

סעיף יא - אסור לשמש לאור הנר, אע"פ שמאפיל בטליתו - ואפילו אין שם אלא קצת אור, כגון שדולק הנר בתוך השפופרת שהנר מונח בתוכו, או שמאיר קצת דרך לאנטערנ"ע, אחר שאין שם מחיצה המפסקת, [**ואפי'** ע"י האפלת טלית אסור], (ועבור זה הוויין ליה בנים נכפין).

וה"ה לאור הלבנה ג"כ אסור, ודוקא אם אור הלבנה מאיר עליהם להדיא, אבל אם אינה מאירה עליהם, אע"פ שמאירה לבית, מותר,

סימן רמ – איך יתנהג האדם בתשמיש מטתו

ומ"מ נכון שיאפיל בטליתו, **ואם** הם תחת אויר השמים, אפי' אין אור הלבנה עליהם ממש, אלא הם בצלה, אפ"ה אסור, **והיינו** אפילו יש שם מחיצות סביבם, דבמקום מגולה שאין שם מחיצות, בלא"ה אסור לשמש, כמבואר באה"ע סימן כ"ה ס"ד.

הגה: אבל אם עושה מחילה גבוה עשרה לפני הנר - ומיירי שקשר אותה מלמטה שלא ינוד ברוח מצויה, דאל"ה אין דין מחיצה עליה, **אע"פ שהאור נראה דרך המחילה, כגון שהפסיק בסדין, שרי, (כן נראה לי מדברי רש"י בפ"ב דמסכת ביצה).**

וה"ה אם האור נראה למעלה מהמחיצה שרי, כיון שהיא מחיצה גמורה, **וכ"ז** דוקא כשמאפיל בטליתו, אבל בלא"ה אסור, דמאחר שהחדר מלא אור לא עדיף מביום, **ויש** שמחמירין אפילו ע"י האפלת טלית, כיון שמ"מ האור נראה באותו חדר, [**ואם** היריעות שסביב המטה עבות ומחשיכות, אפי' אין מחשיכות לגמרי, לכו"ע שרי, כיון דיש תרתי מעלות, א', שהוא הפסק מחיצה, ועוד, שאור הנר אינו משמש אורו, שהרי החשיך].

וכ"ש אם הנר בחדר אחר ומאיר לחדר זה דשרי, וכתב בחכ"א דמ"מ צריך האפלת טלית, [**ושרי** אפי' לדעת המקובלים דמחמירין בשהאור נראה דרך המחיצה, כאן דהוא חדר אחר עדיף טפי, **אכן** לא ביאר אם מותר אפי' כשמאיר עליהם להדיא, או דוקא כשאין מאיר עליהם להדיא, **ובפמ"ג** משמע דמותר ע"י האפלת טלית בכל גווני, ועכ"פ כשאין מאיר עליהם להדיא, בודאי יש להקל ע"י טלית].

גם אמרינן התם דשרי כשכופה כלי על הנר; ואם מותר לעשות מחילה זו בשבת, עיין לקמן ריש סימן שט"ו.

וכן אסור לשמש ביום - דאין זה דרך צניעות, **אלא אם כן הוא בית אפל.**

הגה: ותלמיד חכם מאפיל בטליתו ושרי - שהוא צנוע בדרכיו ולא יבוא להסתכל, ע"כ מותר ע"י האפלת טלית, **אבל** מ"מ אין להקל בדבר זה אלא לצורך גדול, דהיינו כשיצרו מתגבר עליו, [**ומחכמ"א** משמע, דכשיצרו מתגבר עליו ויכול לבא ח"ו לידי חטא, מותר ע"י האפלת טלית לכל אדם].

[**והנה** בכל הדינים הנזכרים למעלה דמותר ע"י האפלת טלית, לא ביארו הפוסקים דדוקא בת"ח, ומשמע דלכו"ע שרי, **והטעם**, משום דכאן שהוא ביום חמיר טפי, משום דהוא נגד גדר הקדושה, ופשוט].

סעיף יב - אסור לשמש מטתו בשני רעבון, אלא לחשוכי בנים (פי' מי שאין לו בנים) - ר"ל שלא קיים עדיין פריה ורביה, ולכן אפילו יש לו בנים, אם אין לו עדיין בת, מותר.

ואם יצרו מתגבר עליו, ויש חשש שיבוא לידי השחתת זרע, כתב א"ר בשם ספר דברי דוד ‹מבעל הט"ז› להקל, וכ"כ בספר ב"מ לאה"ע.

הגה: וע"ל סי' תקע"ד ס"ד - ר"ל דמתיר שם המחבר גם בליל טבילה, וע"ש באחרונים, **וה"ה בשאר צרות, שהם כרעבון.**

סעיף יג - אכסנאי אסור לשמש - היינו אפילו כשהבני בית כולם ישנים. **ואם יחדו לו ולאשתו בית** - וה"ה חדר, **מותר** - והיינו שאין לבעה"ב עסק באותו מקום, אלא מיוחד לשניהם לבדם, דאז הו"ל הוא כבעה"ב, **ובלבד שלא יישן בטליתו של בעה"ב** - שמא יראה קרי עליו.

איתא בעירובין ס"ג: הישן בקילעא {בחדר} שאיש ואשתו ישנים שם, עליו הכתוב אומר: ואת נשי עמי תגרשון מבית תענוגיה, [מפני שבושין ממנו לעסוק בדרך ארץ שמא הוא ניעור], **ואפי'** כשהיא נדה, [מפני שבושין ממנו לדבר דברים שבצנעא בינו לבינה], והובא בחי' רע"א, [**ולפי"ז** נראה, דאם שניהם בעצמן מבקשין אותו שיישן שם, ליכא איסורא].

סעיף יד - שכבת הזרע הוא כח הגוף ומאור העינים, וכל זמן שתצא ביותר, הגוף כלה וחייו אובדים; וכל השטוף בבעילה, זקנה קופצת עליו, וכחו תשש, ועיניו כהות, וריח רע נודף מפיו, ושער ראשו וגבות עיניו וריסי עיניו נושרים, ושער זקנו ושחיו ושער רגליו רבה, ושיניו נושרות, והרבה כאבים חוץ מאלו באים עליו; אמרו חכמי הרופאים: אחד מאלף מת משאר חלאים, והאלף מרוב תשמיש; לפיכך צריך אדם ליזהר.

סעיף טו - לא יבעול והוא שבע או רעב, אלא כשיתעכל המזון שבמעיו; ולא יבעול מעומד, ולא מיושב, ולא בבית המרחץ; ולא ביום שנכנס למרחץ, ולא ביום הקזה, ולא ביום יציאה לדרך או ביאה מן הדרך; ולא לפניהם, ולא לאחריהם. (והא דברים הסימן שחייב לפוקדה, איירי כשהוא רוכב או יושב בקרון, וכאן איירי במהלך) - ומ"א כתב דכאן איירי מצד הרפואה, ובס"א איירי מהדין, **ותדע**, דהא קאמר נמי ולא ביום שנכנס למרחץ ולא לפניהם ולא לאחריהם, וידוע דמצוה לרחוץ בכל ע"ש, ועונת ת"ח משבת לשבת, אע"כ דכל זה רק מצד רפואה הוא.

מי שחלה ונתרפא, יזהר מלשמש עד שיתחזק גופו, כי יכאיבהו ויחליאהו, ולא ידע כי בנפשו הוא.

היוצא מבהכ"ס קבוע, דהיינו שיש שם מקום מושב, לאפוקי בהכ"ס עראי, אל ישמש מטתו עד שישהה שיעור חצי מיל לפחות, מפני ששד של בהכ"ס מתדבק בו - גיטין דף ע', [**ואם** שימש הוין לו בנים נכפין], **וכ"כ** גם בסדה"י בשם הזוהר, אלא דהוא כתב שלא ישמש מטתו כל אותה שעה, **ועיין** ביד אפרים, דגם כונת הזוהר לאו דוקא שעה ממש, אלא ר"ל זמן מה, ע"ש.

כתב בבדק הבית בשם הזוהר והביאוהו האחרונים, דאשה מינקת לא תשמש אלא בשעה שהתינוק ישן, **ואחר** התשמיש לא תניק את הילד עד אחר שיעור הילוך שני מילין, **ואם** התינוק בוכה תמתין לפחות שיעור מיל.

סימן רמ – איך יתנהג האדם בתשמיש מטתו

ואשה שמאחרת טבילתה לצער בעלה, עבירה גדולה בידה, וגורמת כמה רעות.

כתב בס"ח, אסור להזכיר השם וכל דבר שבקדושה כשעדיין שכבת זרע עליו, רק ישטוף מים על מקומות שטינף עצמו.

וכתבו הספרים, שתמיד יהא אצל מטתו כלי מים, ויטלו ידיהם קודם התשמיש ואחריו.

וכשמתעורר בקישוי אבר בחלום, יזהר שלא לבעול אז, כי הבנים יהיו פגומין ח"ו, **ואף** אם היא מעוברת, תלד רוחין בישין - האר"י ז"ל.

יש ליזהר מלשום ספר על מטה שישן עליה, ובפרט עם אשתו, כי שכבת זרע מצוי עליו.

סעיף טז - המשמש מטתו על מטה שתינוק ישן עליה, אותו תינוק נכפה; ולא אמרן אלא דלא הוי בר שתא, אבל הוי בר שתא לית לן בה; ולא אמרן, אלא דגני להדי כרעיה (פי' סיסן לרגליו), אבל גני להדי רישיה לית לן בה; ולא אמרן אלא דלא מנח ידיה עליה, אבל מנח ידיה עליה, לית לן בה.

§ סימן רמא – שלא להשתין ערום לפני מטתו §

סעיף א - אחד מהדברים ששונא הקב"ה, המשתין בפני מטתו ערום - לאו דוקא ערום, אלא ה"ה אם היה לבוש, אלא אורחא דמלתא נקט, מתוך שהוא ערום אינו יוצא לחוץ להשתין.

מפני שרצון הקב"ה שיהיה האדם מתנהג בדרך נקיות וקדושה, וזה מתנהג עצמו בדרך מיאוס וטינופת, ולא יוכל להשרות שכינתו אצלו.

ומכ"ש אם משתין מים לפני מקומות אחרים שצריכים להתנהג יותר בנקיות, כגון לפני שלחנו וכיוצא בזה.

המשתין לפני מטתו ערום, מביא לידי עניות - קיצור לשון הוא, וכונתו, עוד אחז"ל: המשתין וכו', **דאמרינן** בערבי פסחים קי"א, דשרא דעניותא נבל שמיה, ואוהב לשרות במקום מיאוס, ומשו"ה קרי ליה נבל, שחפץ לנבל את עצמו, ומשתין לפני מטתו היינו מיאוס.

ולא אמרן, אלא דמהדר אפיה לפוריא (פי' למטה), אבל לבראי לית לן בה - שהקלוח הולך וניתז למרחוק, **וממילא** באשה אסור אפילו בכה"ג.

ודמהדר אפיה לפוריא נמי לא אמרן, אלא בארעא, אבל במנא לית לן בה.

וכשרוצה לברך אח"כ ברכת "אשר יצר", יטול ידיו, וגם יחגור עצמו כדי שלא יהא לבו רואה את הערוה, **וירחיק** את עצמו כדין ממקום המי רגלים, אם אין הכלי מכוסה כדין.

ומ"מ ת"ח צריך שיכפה עליו כלי מלמעלה, [ומן הצדדים אם היה עביט של מי רגלים, **ואם** אינו מיוחד לבך, די בהטלת רביעית מים לתוכה, או בכסוי מלמעלה לבד]. **דא"א** לו לת"ח בלא הרהור תורה, [**דאי** משום "אשר יצר", יש עצה שירחיק ד"א ממקום המי רגלים, ואח"כ יכול לקרב עצמו לצד המטה, **אבל** בת"ח זה אי אפשר].